Standard	Inhalt	Handbuch §
37	Rückstellungen, Eventualverbindlichkeiten und Eventualforderungen	10, 13
38	Immaterielle Vermögenswerte	4
39	Finanzinstrumente: Ansatz und Bewertung	3, 7, 10–12, 14, 23, 39
40	Als Finanzinvestition gehaltene Immobilien	6
41	Landwirtschaft	41

IFRS	Inhalt	Handbuch §
1	Erstmalige Anwendung der International Financial Reporting Standards	44
2	Anteilsbasierte Vergütung	24
3	Unternehmenszusammenschlüsse	34, 35, 38
4	Versicherungsverträge	40
5	Zur Veräußerung gehaltene langfristige Vermögenswerte und aufgegebene Geschäftsbereiche	28
6	Exploration und Evaluierung von Bodenschätzen	42
7	Finanzinstrumente: Angaben	3
8	Geschäftssegemente	21

IFRIC	Inhalt	Handbuch §
1	Änderung bestehender Rückstellungen für Entsorgungs-, Wiederherstellungs-, und ähnliche Verpflichtungen	5, 13
2	Geschäftsanteile an Genossenschaften und ähnliche Instrumente	12
3	(vom IASB zurückgezogen)	
4	Feststellung ob eine Vereinbarung ein Leasingverhältnis enthält	22
5	Rechte auf Anteile an Fonds für Entsorgung, Rekultivierung und Umweltsanierung	13
6	Verbindlichkeiten, die sich aus einer Teilnahme an einem spezifischen Markt ergeben – Elektro- und Elektronik-Altgeräte	13
7	Anwendung des Anpassungsansatzes unter IAS 29 (Rechnungslegung in Hochinflationsländern)	33
8	Anwendungsbereich von IFRS 2	24
9	Neubeurteilung eingebetteter Derivate	3
10	Zwischenberichterstattung und Wertminderung	43
11	IFRS 2 – Geschäfte mit eigenen Aktien und Aktien von Konzernunternehmen	24

IFRIC	Inhalt	Handbuch §
12	Dienstleistungskonzessionsvereinbarungen	4, 9, 15
13	Kundenbindungsprogramme	13, 15
14	IAS 19 – Die Begrenzung eines leistungsorientierten Vermögenswerts, Mindestdotierungsverpflichtungen und ihre Wechselwirkung	26
15	Errichtung von Immobilien	9, 15
16	Absicherung einer Nettoinvestition in einen ausländ. Geschäftsbetrieb	3, 33
17	Sachdividende	12
18	Übertragung von Vermögenswerten von Kunden	15

SIC	Inhalt	Handbuch §
SIC 1–3	*gestrichen*	
SIC 4, 5	*nicht besetzt*	
SIC 6	*gestrichen*	
SIC 7	Einführung des Euro	
SIC 8, 9	*gestrichen*	
SIC 10	Beihilfen der öffentlichen Hand – kein spezifischer Zusammenhang mit betrieblichen Tätigkeiten.	5
SIC 11	*gestrichen*	
SIC 12	Konsolidierung – Zweckgesellschaften	31, 32
SIC 13	Gemeinschaftlich geführte Unternehmen – Nicht monetäre Einlagen durch Partnerunternehmen	37
SIC 14	*gestrichen*	
SIC 15	Operating-Leasingverhältnisse – Anreize	22
SIC 16, 17	*nicht besetzt*	
SIC 18–20	*gestrichen*	
SIC 21	Ertragsteuern – Realisierung von neubewerteten, nicht planmäßig abzuschreibenden Vermögenswerten	25
SIC 22–24	*gestrichen*	
SIC 25	Ertragsteuern – Änderungen im Steuerstatus eines Unternehmens oder seiner Eigentümer	25
SIC 26	*nicht besetzt*	
SIC 27	Beurteilung des wirtschaftlichen Gehalts von Transaktionen in der rechtlichen Form von Leasingverhältnissen	22
SIC 28	*gestrichen*	
SIC 29	Dienstleistungskonzessionsvereinbarungen: Angaben .	19
SIC 30	*gestrichen*	
SIC 31	Umsatzerlöse – Tausch von Werbedienstleistungen ...	15
SIC 32	Immaterielle Vermögenswerte – Kosten von Internetseiten	4
SIC 33	*gestrichen*	

Beck'sches
IFRS-Handbuch

Beck'sches IFRS-Handbuch

Kommentierung der IFRS/IAS

Herausgegeben von

Dr. Werner Bohl
Wirtschaftsprüfer, Rechtsanwalt

Joachim Riese
Wirtschaftsprüfer, Steuerberater

Dr. Jörg Schlüter
Wirtschaftsprüfer, Steuerberater, Rechtsanwalt

Bearbeitet von

Dr. Peter Bartels, Wirtschaftsprüfer, Steuerberater und vereidigter Sachverständiger für Unternehmensbewertung in Hamburg; *Dr. Werner Bohl,* Wirtschaftsprüfer und Rechtsanwalt in Hamburg; *Dr. Jens Wilfried Brune,* Wirtschaftsprüfer und Steuerberater in Düsseldorf; *Ralf Clemens,* Wirtschaftsprüfer und Steuerberater in Köln; *Ulrich Diersch,* Wirtschaftsprüfer und Steuerberater in Düsseldorf; *Dr. Reiner-Peter Doll,* Wirtschaftsprüfer und Steuerberater in München; *Dirk Driesch,* Wirtschaftsprüfer, Steuerberater und Certified Public Accountant in Hamburg; *Dr. Kai Elprana,* Diplom-Kaufmann in Düsseldorf; *Bernhard Flintrop,* Wirtschaftsprüfer und Steuerberater in Düsseldorf; *Dr. Benita Hayn,* Diplom-Kauffrau in Hamburg; *Dr. Gernot Hebestreit,* Wirtschaftsprüfer und Steuerberater in Düsseldorf; *Dr. Martin Jonas,* Wirtschaftsprüfer und Steuerberater in Köln; *Hendrik Jung,* Wirtschaftsprüfer und Steuerberater in Berlin; *Dr. Christian Kirnberger,* Wirtschaftsprüfer und Rechtsanwalt in München; *André Prengel,* Wirtschaftsprüfer und Steuerberater in Düsseldorf; *Joachim Riese,* Wirtschaftsprüfer und Steuerberater in Düsseldorf; *Tim Robinson,* Wirtschaftsprüfer und Chartered Accountant in Hamburg; *Rainer Rudolph,* Wirtschaftsprüfer und Steuerberater in Köln; *Astrid Scharfenberg,* Wirtschaftsprüferin und Steuerberaterin in Hamburg; *Patrick Scheinpflug,* Wirtschaftsprüfer und Steuerberater in Leipzig; *Dr. Jörg Schlüter,* Wirtschaftsprüfer, Steuerberater und Rechtsanwalt in Hamburg; *Dr. Claudia E. Schrimpf-Dörges,* Wirtschaftsprüferin und Steuerberaterin in Düsseldorf; *Martin Schulz-Danso,* Wirtschaftsprüfer und Rechtsanwalt in Köln; *Hermann-J. Schulze Osthoff,* Wirtschaftsprüfer und Steuerberater in Düsseldorf; *Torsten Seemann,* Diplom-Mathematiker Aktuar (DAV/IVS) in Hamburg; *Dr. Thomas Senger,* Wirtschaftsprüfer und Steuerberater in Düsseldorf; *Cornelia von Oertzen,* Wirtschaftsprüferin, Steuerberaterin und Certified Public Accountant in Hamburg; *Dr. Wolfgang Wawrzinek,* Wirtschaftsprüfer, Steuerberater und Rechtsanwalt in Hamburg; *Dr. Jost Wiechmann,* Wirtschaftsprüfer, Steuerberater und Rechtsanwalt in Hamburg; *Petra Wolff,* Wirtschaftsprüferin, Steuerberaterin in Hamburg

3., vollständig überarbeitete und erweiterte Auflage

Verlag C. H. Beck München 2009
Linde Verlag Wien 2009
Stämpfli Verlag AG Bern 2009

Zitierweise: Beck-IFRS-HB/Autor § 1 Rz. 1

Verlag C. H. Beck im Internet:
beck.de

ISBN 978 3 406 58222 6 (C. H. Beck)
ISBN 978 3 7073 1610 0 (Linde)
ISBN 978 3 7272 1470 7 (Stämpfli)

Wilhelmstraße 9, 80801 München
Satz und Druck: Druckerei C. H. Beck Nördlingen
(Adresse wie Verlag)

Gedruckt auf säurefreiem, alterungsbeständigem Papier
(hergestellt aus chlorfrei gebleichtem Zellstoff)

Vorwort

Seit dem Stichtag der zweiten Auflage (31. Juli 2005) sind bis zum 1. Mai 2009 (Stichtag der 3. Auflage) fast vier Jahre vergangen. In dieser Zeit hat der IASB eine Reihe von Standards vollständig neu gefasst (IFRS 1, IFRS 3, IFRS 8, IAS 1, IAS 23, IAS 27). Andere Standards sind durch Amendments und im Rahmen der „Improvements to IFRSs" vom Mai 2008 und April 2009 zT deutlich geändert worden. Ferner sind IFRIC 6 bis IFRIC 18 hinzugekommen. Die Einzelheiten sind in § 1 Rz 14 und Rz 15 sowie Rz 17 und Rz 18 des Handbuchs aufgeführt.

Die EU-Kommission hat im November 2008 eine konsolidierte Fassung sämtlicher Standards und IFRIC's vorgelegt, die bis zum 15.Oktober 2008 in das europäische Recht übernommen worden waren (EU-VO Nr. 1126/08 vom 3. November 2008, EU-Amtsblatt vom 29. 11. 2008, L 320/1 ff). Der konsolidierte Text schließt die Änderungen von IAS 39 und IFRS 7 ein, die der IASB unter dem Druck der Finanzkrise am 13. Oktober 2008 beschlossen hatte und die von der EU mit EU-VO Nr. 1004/08 vom 15. Oktober 2008 in das Europarecht übernommen wurde (Umklassifizierungen von Finanzinstrumenten in Kategorien, die Abschreibungen auf den *fair value* nicht erfordern; zu Einzelheiten s § 3 Rz 10 und Rz 78 ff). Die von der EU erstellte konsolidierte Fassung liegt in englischer Sprache und in sämtlichen anderen EU-Sprachen vor. Die Wortwahl weicht zT von den früheren EU-Texten ab. Für die EU sind die konsolidierten Fassungen vom 3. November 2008 sowie die Ergänzungen verbindlich, die nach dem 3. November 2008 ein EU-Endorsement erhalten haben (s § 1 Rz 27).

Die dritte Auflage des Handbuchs berücksichtigt das vom IASB verabschiedete Regelwerk nach dem Stand vom 1. Mai 2009 (Londoner Fassung). Diese Texte waren am **1. Mai 2009** noch nicht vollständig in das europäische Recht (EU-Fassung) übernommen. Noch **nicht übernommen** waren die in § 1 Rz 15 aufgeführten Standards und die IFRIC's 15 bis 18 (§ 1 Rz 17).

Das Auseinanderklaffen der „Londoner Fassung" und der „EU-Fassung" der IFRS ist bei der Kommentierung der entsprechenden Standards/IFRIC's berücksichtigt und hervorgehoben. Die Problematik dieser Diskrepanzen und ihre Lösungsmöglichkeiten in der Praxis sind in § 1 Rz 28 erläutert.

Im Vorwort zur zweiten Auflage erwähnten wir die Bemühungen des IASB, einen Standard für kleine und mittlere Unternehmen zu schaffen. Diese Arbeiten waren am 1. Mai 2009 noch nicht abgeschlossen. Wir berichten über den Stand dieses Projekts in § 46.

Der deutsche Bundestag und der deutsche Bundesrat haben am 26. März 2009 bzw am 3. April 2009 das Bilanzrechtsmodernisierungsgesetz verabschiedet, das nach den Vorstellungen der Bundesregierung eine gleichwertige, aber einfachere und kostengünstigere Alternative zu den IFRS darstellen soll.

Die derzeitige **Finanzmarktkrise** hat die G20-Staaten, die EU-Kommission, private Institutionen und Wissenschaftler veranlasst, an einzelnen Vorschriften der IFRS Kritik zu üben. Wir gehen auf diese Kritik und ihre bisherigen Konsequenzen in § 1 Rz 41 ff und § 3 Rz 78 ff näher ein.

Auch der 3. Auflage des Handbuches ist eine Checkliste beigefügt, die es Erstellern und Abschlussprüfern erleichtern wird, die erforderlichen Angaben im Anhang eines IFRS-Abschlusses zusammenzustellen und zu prüfen. Zusätzlich bietet der Beck-Verlag eine erweiterte elektronische Version der Anhang-Checkliste auf CD-ROM für die Erstellung und Prüfung von IFRS-Abschlüssen an. Das Handbuch enthält ein erweitertes Glossar, das einschlägige Begriffe der Rechnungslegung nach IFRS in deutscher Sprache erläutert.

Die Herausgeber bedanken sich für das harmonisch-konstruktive Arbeitsklima, das die Zusammenarbeit mit den Autoren geprägt hat, die aus dem Kreis der IFRS-erfahrenen Partner und leitenden Mitarbeiter der Susat & Partner OHG Wirtschaftsprüfungsgesellschaft, Hamburg, und der Warth & Klein GmbH Wirtschaftsprüfungsgesellschaft, Düsseldorf, stammen.

Das Redaktionsteam wurde wiederum von Dr. Benita Hayn kenntnisreich, umsichtig und mit nie ermüdender Geduld geleitet. Dank schulden die Herausgeber auch *Katja Köhler*, die die Herausgeber und Autoren bei der Redaktion sachkundig unterstützt hat. Wertvolle Beiträge bei der Bearbeitung der Kommentierungen haben zudem *Martin Brendle, Dr. Matthias Diehl, Dr. Sascha Ernst, Karen Eyck, Christian Hänel* und *Heike Wilken* geleistet. *Albert Buchholz* und *Hans Josef Hunold* stellten uns einmal mehr ihre reiche Verlagserfahrung zur Verfügung und trugen damit entscheidend zum Gelingen der dritten Auflage des Handbuchs bei.

Hamburg/Düsseldorf im Juli 2009 Die Herausgeber

Vorwort zur 1. Auflage

Mit der Vorlage dieses Handbuchs haben Herausgeber, Autoren und Verlag eine über hunderte von Seiten gehende „Regelungsmasse“ gegliedert und kommentiert, die dem kontinentaleuropäischen Verständnis kurz gefasster und generalisierender Normen völlig fremd ist. Die IFRS sind vom 1. Januar 2005 an in sämtlichen EU-Staaten für Konzernabschlüsse börsenorientierter Gesellschaften verbindlich. Für die Bundesrepublik Deutschland ist eine gesetzliche Regelung zu erwarten, derzufolge auch Gesellschaften, die nicht an der Börse notiert sind, ihre Konzernabschlüsse vom Jahre 2005 an freiwillig nach den IFRS aufstellen können. Des Weiteren werden diese Gesellschaften ihre Veröffentlichungspflichten auch für den Einzelabschluss durch einen IFRS-Abschluss erfüllen können (Art. 5 der IAS-Verordnung).

In Anbetracht dieser Ausgangslage erwarten wir, dass die Internationalisierung der Rechnungslegung durch die IAS/IFRS auch die bisher nicht unmittelbar betroffenen Unternehmen in Deutschland Schritt für Schritt erfassen wird und dass sie die geltenden deutschen Grundsätze mittelfristig verdrängen werden. Für eine Zwischenzeit werden beide Systeme nebeneinander bestehen, weil insbesondere die deutschen Steuergesetze in den unmittelbar vor uns liegenden Jahren an den herkömmlichen Regeln der steuerlichen Gewinnermittlung festhalten werden. Es wird jedoch keiner der im Rechnungswesen Tätigen oder am Rechnungswesen Interessierten umhin können, sich mit den neuen Regeln vertraut zu machen.

Grundlage der vorgelegten Erläuterungen sind *zum Einen* die Standards in der Fassung, in der sie von der EU mit Datum vom 29. 9. 2003 im EU-Amtsblatt (L. 243 S. 1 ff.) veröffentlicht worden sind (IASB-Stand 14. September 2002). In *dieser* Fassung haben wir die Texte abgedruckt und in Fußnoten auf die wesentlichen Änderungen hingewiesen, die durch die Beschlüsse des IASB vom Dezember 2003 eingetreten sind.

Zum Anderen werden aber auch die vom IASB im Dezember 2003 beschlossenen Änderungen (sog. *Improvements)*, die von der EU bisher noch nicht im Amtsblatt veröffentlicht worden sind, mit kommentiert. Diese Improvements betreffen die Standards 1, 2, 8, 10, 16, 17, 21, 24, 27, 28, 31, 33 und 40 sowie die Neufassung der IAS 32 und 39. Ferner sind *IFRS 1* und *IFRS 2* erläutert und die weitere Entwicklung mit *IFRS 3, IFRS 4* und *IFRS 5* dargestellt.

Das vorliegende Handbuch erläutert damit beide Fassungen und stellt die Abweichungen zueinander dar. Rein technisch erfolgt dies dadurch, dass die durch die Improvements demnächst abgelösten „IAS-Altfassungen“ in der von der EU bekannt gemachten Fassung mit Buchstaben-Randziffern erläutert werden.

Um dem Leser den Einstieg in die „Neue Welt“ der IAS/IFRS-Rechnungslegung zu erleichtern, haben wir uns bei der Gliederung des Stoffes nicht von der mehr zufälligen und historisch bedingten Reihenfolge der Standards leiten lassen, sondern in Anlehnung an die in Deutschland üblichen Gliederungen des Jahresabschlusses – und damit ausgehend vom Einzelabschluss als Grundlage des Konzernabschlusses – die Bilanz und deren einzelne Posten in den Mittelpunkt gestellt. Dem *Konzernabschluss* haben wir sodann mit einem eigenen Kapitel einen besonderen Schwerpunkt gewidmet (§ 15 des Handbuchs). Derjenige Leser, der gedanklich von den Standards ausgeht, findet einen schnellen Zugang zu den Erläuterungen des Handbuchs über den beiliegenden *„Wegweiser IAS-Standards/Erläuterungen im Handbuch“.*

Vorwort

Das Handbuch verwendet – wie die in deutscher Sprache veröffentlichten IAS – die deutschen Fachbegriffe. Wir greifen nur dort auf englische Begriffe und Texte zurück, wo dies zum Verständnis der einzelnen Bilanzierungs- und Bewertungsfragen sinnvoll erscheint oder wo sich die englischsprachigen Worte in Deutschland eingebürgert haben, wie dies beispielsweise bei den Begriffen leasing, going concern, substance over form, fair value, equity, asset, liability, profit and loss der Fall ist. Dieses Vorgehen scheint uns sachgerecht, weil wir bei der Bearbeitung zu der Überzeugung gelangt sind, dass der im Rechnungswesen praktisch Tätige mit den deutschsprachigen Texten arbeiten kann und nur in Einzelfällen auf die englische Fassung zurückgreifen muss. Bei dieser Beurteilung spielt eine Rolle, dass die Standards im Amtsblatt der EU in allen EU-Sprachen veröffentlicht werden und damit eine amtliche Übersetzung vorliegt. Das gilt allerdings nicht für diejenigen Texte, die das Prüfverfahren der EU (§ 1 des Handbuchs) noch nicht durchlaufen haben.

Mit den am 1. Januar 2004 geltenden Standards ist die Entwicklung der IFRS noch nicht abgeschlossen. Wir gehen auf diese Entwicklung am Schluss eines jeden Kapitels ein. Folgende Teilbereiche, die für die praktische Umsetzung in der nahen Zukunft von besonderer Bedeutung sein werden, seien hier hervorgehoben:

- Die Regeln für Finanzinstrumente sind im Jahre 2003 besonders kontrovers diskutiert worden. Neben den im Dezember 2003 verabschiedeten Neufassungen der IAS 32 und IAS 39 sind im März 2003 weitere Änderungen beschlossen, und es ist damit zu rechnen, dass im Jahr 2004 ergänzende Bestimmungen erlassen werden, zumal die EU bisher (März 2004) weder die älteren Fassungen von IAS 32 und IAS 39 noch die Fassungen vom Dezember 2003 akzeptiert hat. Die Entwicklung ist in den §§ 3 und 18 des Handbuchs dargestellt.
- Für die Konzernbilanzierung hat das IASB im Dezember 2002 einen Entwurf (ED 3) veröffentlicht, der im März 2004 als **IFRS 3** verabschiedet wurde. Wir gehen darauf in § 15 des Handbuchs ausführlich ein.
- Für die Bilanzierung von Versicherungen ist im März 2004 mit **IFRS 4** eine erste Phase abgeschlossen, die wir in § 22 des Handbuchs allgemein darstellen.
- Ebenfalls im März 2004 sind die Regeln für den Bereich, der einzustellenden Geschäftsbereiche und der zum Verkauf stehenden Anlagen mit **IFRS 5** neu gestaltet (Hinweise in § 8 des Handbuchs).

Für die Prüfung von IAS/IFRS-Abschlüssen ist dem Handbuch eine umfangreiche **Checkliste auf CD** beigefügt, die ganz auf die Bedürfnisse der Abschlussprüfer zugeschnitten ist und direkt am PC bearbeitet werden kann.

Ergänzt wird das Handbuch schließlich noch um ein **Glossar,** das einschlägige Begriffe der Rechnungslegung nach IAS/IFRS enthält.

Die Herausgeber bedanken sich für das harmonisch-konstruktive Arbeitsklima, das die Zusammenarbeit mit den Autoren geprägt hat, die ohne Ausnahme aus dem Kreis der IFRS-erfahrenen Partner und leitenden Mitarbeiter der *Susat & Partner OHG,* Wirtschaftsprüfungsgesellschaft, Hamburg, und der *Warth & Klein GmbH,* Wirtschaftsprüfungsgesellschaft, Düsseldorf, stammen. Dank schulden die Herausgeber *Dr. Benita Hayn,* die neben ihrer Autorentätigkeit das Redaktionsteam geleitet hat, sowie *Heike Wilken,* die die Herausgeber und Autoren bei der Endredaktion sachkundig unterstützte. Durch wertvolle Impulse und Diskussionsbeiträge hat *Kai Elprana* die Kommentierung des Konzernkapitels wesentlich unterstützt. Und ohne die Verlagserfahrung von *Albert Buchholz* und *Hans Josef Hunold* wäre uns die jetzt vorgelegte Gestaltung des Buches nicht gelungen.

Hamburg/Düsseldorf im April 2004 *Die Herausgeber*

Inhaltsübersicht

Detaillierte Inhaltsverzeichnisse befinden sich vor dem jeweiligen Paragrafen

Teil A. Einleitung

Teil B. Abschluss

I. Bilanz

II. Gesamtergebnisrechnung/Gewinn- und Verlustrechnung

III. Eigenkapitalveränderungsrechnung

IV. Kapitalflussrechnung

V. Anhang

Teil C. Abschlussspezifische Sonderfragen

Inhaltsübersicht

Inhaltsverzeichnis

Teil A. Einleitung

Teil B. Abschluss

I. Bilanz

Inhaltsverzeichnis

II. Gesamtergebnisrechnung/Gewinn- und Verlustrechnung

V. Anhang

Teil C. Abschlussspezifische Sonderfragen

Inhaltsverzeichnis

Teil E. Branchenbesonderheiten

Teil F. Zwischenberichterstattung

Teil G. Sonderfälle der IFRS Anwendung

Inhaltsverzeichnis

Abkürzungsverzeichnis

aA	anderer Ansicht
AAA	American Accounting Association's Financial Accounting Standards Committee
AAB	Allgemeine Auftragsbedingungen für Wirtschaftsprüfer und Wirtschaftsprüfungsgesellschaften
aaO	am angegebenen Ort
AASB	Australian Accounting Standards Board
ABl	Amtsblatt
ABl EG	Amtsblatt der Europäischen Gemeinschaften
Abs	Absatz
Abschn	Abschnitt
Abt	Abteilung
AcSB	Canadian Accounting Standards Board
ADS[6]	Adler/Düring/Schmaltz, Rechnungslegung und Prüfung der Unternehmen, 6. Aufl, Stuttgart ab 1995
ADS[1]	Adler/Düring/Schmaltz, Rechnungslegung nach Internationalen Standards, Stuttgart ab 2002
aE	am Ende
aF	alte Fassung
AfA	Absetzung für Abnutzung
AfaA	Absetzung für außergewöhnliche Abnutzung
AFIZ	Ausschuss für Internationale Zusammenarbeit des Instituts der Wirtschaftsprüfer in Deutschland eV
AfS	Absetzung für Substanzverringerung
AFS	available for sale
AFV	at fair value through profit or loss
aG	auf Gegenseitigkeit
AG	Aktiengesellschaft oder Zeitschrift „Die Aktiengesellschaft“; auch: Application Guidance
AHK	Anschaffungs- oder Herstellungskosten (nur in Tabellen AHK)
AICPA	American Institute of Certified Public Accountants
AIN	Accounting Interpretation
AK	Anschaffungskosten (nur in Tabellen AK)
AktG	Aktiengesetz
AKU	Arbeitskreis Unternehmensbewertung
AKW	Arbeitskreis Weltbilanz des Instituts der Wirtschaftsprüfer in Deutschland eV
aM	anderer Meinung
AO	Abgabenordnung
AP	Abgrenzungsposten
APAG	Abschlussprüferaufsichtsgesetz
APB	Accounting Principles Board; Accounting Principles Board Opinion No
ARB	Accounting Research Bulletin
ARC	Accounting Regulatory Committee
arg ex	Argument aus
Art	Artikel
ARS	Accounting Series Release
ASB	Accounting Standards Board
ASBJ	Accounting Standards Board of Japan
ARC	Accounting Regulatory Committee
AStG	Außensteuergesetz

ATG ... Altersteilzeitgesetz
Aufl ... Aufl
Az ... Aktenzeichen

BaBiRiLiG ... Bankbilanzrichtlinie-Gesetz
Baetge/Kirsch/Thiele Bilanzrecht-Komm (*Bearbeiter* in) ... Bilanzrecht, Handelsrecht mit Steuerrecht und den Regelungen des IASB, hrsg von Baetge/Kirsch/Thiele, Bonn/Berlin ab 2002
Baetge ua IFRS-Komm[2] (*Bearbeiter* in) ... Rechnungslegung nach IFRS, hrsg von Baetge/Wollmert/Kirsch/Oser/Bischof, 2. Aufl, Stuttgart ab 2002
BaFin ... Bundesanstalt für Finanzdienstleistungsaufsicht
BAG ... Bundesarbeitsgericht
BAnz ... Bundesanzeiger
BauGB ... Baugesetzbuch
BAV ... Bundesaufsichtsamt für das Versicherungswesen
BAW ... Bundesaufsichtsamt für das Wertpapierwesen
BayObLG ... Bayerisches Oberstes Landesgericht
BB ... Betriebs-Berater (Zeitschrift)
BBK ... Buchführung, Bilanz, Kostenrechnung, Zeitschrift für das gesamte Rechnungswesen
BC ... Basis for Conclusions
BC ... Bilanzbuchhalter und Controller (Zeitschrift)
BCP ... Business Combinations Phase
BCP II ... Business Combinations Phase II
Bd ... Band
BdB ... Bundesverband deutscher Banken
BdF ... Bundesminister der Finanzen (auch BMF)
BDI ... Bundesverband der Deutschen Industrie
BdJ ... Bundesminister der Justiz (auch BMJ)
BDSG ... Bundesdatenschutzgesetz vom 20. Dezember 1990 BGBl I, 2954
bearb ... bearbeitet
BeBiKo[6] (*Bearbeiter* in) ... Beck'scher Bilanz-Kommentar, hrsg von Ellrott/Förschle/Hoyos/Winkeljohann, 6. Aufl, München 2006
Beck HdR (*Bearbeiter* in) ... Beck'sches Handbuch der Rechnungslegung, hrsg von Castan/Böcking/Heymann/Pfitzer/Scheffler (Loseblatt), München
BetrAV ... Betriebliche Altersversorgung (Zeitschrift)
BetrAVG ... Gesetz zur Verbesserung der betrieblichen Altersversorgung
BetrVG ... Betriebsverfassungsgesetz
BewDV ... Durchführungsverordnung zum Bewertungsgesetz
BFA ... Bankenfachausschuss des Instituts der Wirtschaftsprüfer in Deutschland eV
BFH ... Bundesfinanzhof
BFHE ... Sammlung der Entscheidungen des Bundesfinanzhofs, hrsg von Mitgliedern des Bundesfinanzhofs
BFH/NV ... Sammlung amtlich nicht veröffentlichter Entscheidungen des Bundesfinanzhofs
BFuP ... Betriebswirtschaftliche Forschung und Praxis (Zeitschrift)
BGB ... Bürgerliches Gesetzbuch
BGBl ... Bundesgesetzblatt
BGH ... Bundesgerichtshof
BGHZ ... Amtliche Sammlung von Entscheidungen des Bundesgerichtshofes in Zivilsachen
BilKoG ... Bilanzkontrollgesetz
BilMoG ... Bilanzrechtsmodernisierungsgesetz

BilReG	Gesetz zur Einführung internationaler Rechnungslegungsstandards und zur Sicherung der Qualität der Rechnungslegung (Bilanzrechtsreformgesetz)
BiRiLiG	Bilanzrichtlinien-Gesetz vom 19. Dezember 1985 BGBl I, 2355
BIZ	Bank für Internationalen Zahlungsausgleich
BMF	Bundesminister der Finanzen (auch BdF)
BMJ	Bundesminister der Justiz (auch BdJ)
BMW	Bundesminister für Wirtschaft
BörsG	Börsengesetz
BörsZulVo	Börsenzulassungs-Verordnung
BP	Betriebsprüfung
BPF	British Property Federation
BPGes/BPG	Buchprüfungsgesellschaft
BPg	Die steuerliche Betriebsprüfung (Zeitschrift)
Bp-Kartei	Betriebsprüfungs-Kartei
BRat	Bundesrat
BRat-Drs	Bundesrats-Drucksache
BReg	Bundesregierung
bspw	beispielsweise
BStBl	Bundessteuerblatt
BTag	Deutscher Bundestag
BT-Drs	Bundestags-Drucksache
BuW	Betrieb und Wirtschaft (Zeitschrift)
BVerfG	Bundesverfassungsgericht
BVerfGE	Amtliche Sammlung von Entscheidungen des Bundesverfassungsgerichts
BVerwG	Bundesverwaltungsgericht
BVerwGE	Entscheidungen des Bundesverwaltungsgerichts
bzgl	bezüglich
bzw	beziehungsweise
ca	circa
CAPEX	capital expenditures
CAPM	Capital Asset Pricing Modell
CESR	Committee of European Securities Regulators
CFROI	Cash Flow in Relation zum Return on Investment
CGU	Cash Generating Unit
chap	chapter
cif	cost insurance freight
CON	Statement of Financial Accounting Concepts
CPI	Consumer price Index
D	Draft
DAV	Deutsche Aktuarvereinigung eV
DAX	Deutscher Aktienindex
DB	Der Betrieb (Zeitschrift)
DBA	Doppelbesteuerungsabkommen
DBO	Defined Benefit Obligation (Barwert der bis zum Bilanzstichtag erdienten Pensionsansprüche)
DBW	Die Betriebswirtschaft (Zeitschrift)
DCF	Discounted Cashflow
DepotG	Gesetz über die Verwahrung und Anschaffung von Wertpapieren (Depotgesetz)
DGfB	Deutsche Gesellschaft für Betriebswirtschaft
DGRV	Deutscher Genossenschafts- und Raiffeisenverband
dh	das heißt
DIHK	Deutscher Industrie- und Handelskammertag
Diss	Dissertation
DJZ	Deutsche Juristenzeitung

DMBEG	D-Markbilanzergänzungsgesetz
DMBG	D-Markbilanzgesetz
DMEB	DM-Eröffnungsbilanz
DNotZ	Deutsche Notar-Zeitung
DP	Discussion Paper
DPR	Deutsche Prüfstelle für Rechnungslegung
Drs	Drucksache
DRÄS	Deutscher Rechnungslegungs Änderungsstandard
DRP	Deutsche Prüfstelle für Rechnungslegung
DRS	Deutscher Rechnungslegungs Standard
DRS C	Deutsches Rechnungslegungs Standards Committee eV
DSOP	Draft Statement of Principles
DSR	Deutscher Standardisierungsrat
DStJG Bd	Jahrbuch der Deutschen Steuerjuristischen Gesellschaft eV, Köln
DStR	Deutsches Steuerrecht (Zeitschrift)
DStZ/A	Deutsche Steuerzeitung Ausgabe A
DStZ/B	Deutsche Steuerzeitung Ausgabe B (Eildienst)
DV/DVO	Durchführungsverordnung
d Verf	der Verfasser/des Verfassers
DVFA/SG	Deutsche Vereinigung für Finanzanalyse und Anlageberatung eV/Schmalenbach-Gesellschaft – Deutsche Gesellschaft für Betriebswirtschaftslehre
E/ED	Exposure Draft
EBIT	Ergebnis vor Zinsen und Steuern
EBITDA	Ergebnis vor Zinsen, Steuern und Abschreibungen
EBT	Earnings before Taxes
E-DRÄS	Entwurf eines Deutschen Rechnungslegungs Änderungsstandards
E-DRS	Deutscher Rechnungslegungsstandard – Entwurf
ED-IAS	Exposure Draft International Accounting Standards
EDV	Elektronische Datenverarbeitung
EECS	European Enforcers Coordination Sessions
EFG	Entscheidungen der Finanzgerichte
EFRAG	European Financial Reporting Advisory Group
eG	Genossenschaft
EG	Einführungsgesetz oder Europäische Gemeinschaft (bis Oktober 1993)
EGAktG	Einführungsgesetz zum Aktiengesetz
EGAO	Einführungsgesetz zur AO
EGBGB	Einführungsgesetz zum Bürgerlichen Gesetzbuch
EGHGB	Einführungsgesetz zum Handelsgesetzbuch
EGHGB-E	Einführungsgesetz zum Handelsgesetzbuch – Entwurf
EG-RL	Richtlinie
EGV	EG-Vertrag
EG-VO	EG-Verordnung
EIR	Effective Interest Rate
EITF	Emerging Issues Task Force
entspr	entsprechend(e, em, en, er, es)
EPS	Earnings per Share
ErbStG	Erbschaftsteuer- und Schenkungsteuergesetz
ErgBd	Ergänzungsband
ERP	Enterprise Ressource Planning
ERS	Entwurf IDW Stellungnahme zur Rechnungslegung
EStÄndG	Einkommensteuer-Änderungsgesetz
EStDV	Einkommensteuer-Durchführungsverordnung
EStG	Einkommensteuergesetz
EStR	Einkommensteuer-Richtlinien
etc	et cetera
EU	Europäische Union (ab November 1993)

EuGH	Europäischer Gerichtshof
EuGHE	Entscheidungen des Europäischen Gerichtshofs
Euribor	European Interbank Offered Rate
EuroEG	Gesetz zur Einführung des Euro vom 9. Juni 1998 BGBl I, 1242
EU-RL	EU-Richtlinie
€	Euro
eV	eingetragener Verein
EVA	Economic Value Added
evtl	eventuell
EWG	Europäische Wirtschaftsgemeinschaft (siehe auch EG, EU)
EWiR	Europäisches Wirtschaftsrecht (Zeitschrift)
EWR	Europäischer Wirtschaftsraum
EWS	Europäisches Wirtschafts- und Steuerrecht (Zeitschrift)
EWWU	Europäische Wirtschafts- und Währungsunion
EZB	Europäische Zentralbank
f; ff	folgend; folgende
F	Framework
FAMA	Fachausschuss für moderne Abrechnungssysteme des Instituts der Wirtschaftsprüfer in Deutschland eV
FAR	Fachausschuss Recht des Instituts der Wirtschaftsprüfer in Deutschland eV
FASB	Financial Accounting Standards Board (der Financial Accounting Foundation USA)
FAUB	Fachausschuss für Unternehmensbewertung und Betriebswirtschaft
FB	Finanz Betrieb
FG	Finanzgericht
FG 1/19	Fachgutachten des Hauptfachausschusses des Instituts der Wirtschaftsprüfer in Deutschland eV (Nummer, Jahrgang) bis 1998
FGO	Finanzgerichtsordnung
FIFO	first-in-first-out
FIN	Interpretation of Statements of Financial Accounting
FinVerw	Finanzverwaltung
Fn	Fußnote
FN IDW	Fachnachrichten des Instituts der Wirtschaftsprüfer in Deutschland eV (internes Mitteilungsblatt)
fob	free on board
FördGG	Fördergebietsgesetz
FR	Finanz-Rundschau (Zeitschrift)
FRA	Forward Rate Agreement
FRD	Forward Rate Deposit
FRS	Financial Reporting Standards
FS	Festschrift
FWB-Regelwerk	Frankfurter Wertpapierbörse-Regelwerk
GAAP	Generally Accepted Accounting Principles
GA-Mittel	Mittel aus der Gemeinschaftsaufgabe zur Verbesserung der regionalen Wirtschaftsstruktur
GBO	Grundbuchordnung
GbR	Gesellschaft bürgerlichen Rechts
GE	Geldeinheit(en)
GEFIU	Gesellschaft für Finanzwissenschaft in der Unternehmensführung eV
gem	gemäß
GenG	Gesetz betreffend die Erwerbs- und Wirtschaftsgenossenschaften (Genossenschaftsgesetz)
GewESt	Gewerbeertragsteuer

GewSt	Gewerbesteuer
GewStDV	Gewerbesteuer-Durchführungsverordnung
GewStG	Gewerbesteuergesetz
GewStR	Gewerbesteuer-Richtlinien
GG	Grundgesetz
ggf	gegebenenfalls
ggü	gegenüber
Gj	Geschäftsjahr
GKV	Gesamtkostenverfahren
glA	gleicher Auffassung
GmbH	Gesellschaft mit beschränkter Haftung
GmbHG	Gesetz betreffend die GmbH
GmbHR	GmbH-Rundschau (Zeitschrift)
GoA	Grundsätze ordnungsmäßiger Abschlussprüfung
GoB	Grundsätze ordnungsmäßiger Buchführung
GoF	Geschäfts- oder Firmenwert
GoI	Grundsätze ordnungsmäßiger Inventur
GoS/GoBS	Grundsätze ordnungsmäßiger Speicherbuchführung
grds	grundsätzlich
GrEStG	Grunderwerbsteuergesetz
GrS	Großer Senat
GuV	Gewinn- und Verlustrechnung
GVBl/GVOBl	Gesetz- und Verordnungsblatt
GWG	Geringwertige Wirtschaftsgüter/Geringwertige Anlagegüter
H	Hinweis (zu Steuerrichtlinie)
hA	herrschende Auffassung
HB	Handelsbilanz
HdJ	Handbuch des Jahresabschlusses in Einzeldarstellungen, hrsg von von Wysocki/Schulze-Osterloh, Köln
HdKR[2] (*Bearbeiter* in)	Handbuch der Konzernrechnungslegung, hrsg von Küting/Weber, 2. Aufl, Stuttgart 1998
HdR[5] (*Bearbeiter* in)	Handbuch der Rechnungslegung Einzelabschluss, hrsg von Küting/Weber (Loseblatt), 5. Aufl, Stuttgart ab 2002
Heuser/Theile[3]	IAS/IFRS Handbuch Einzel- und Konzernabschluss, 3. Aufl, Köln 2007
HFA	Hauptfachausschuss des Instituts der Wirtschaftsprüfer in Deutschland eV
HFA 1/19	Stellungnahmen des HFA (Nummer, Jahrgang) bis 1998
HFA-E	Entwurf einer HFA-Stellungnahme
HFT	held for trading
HGB	Handelsgesetzbuch
HGB-E	Entwurf zum HGB
HK	Herstellungskosten
hM	herrschende Meinung
hrsg	herausgegeben
Hrsg	Herausgeber
HTM	held to maturity
IAASB	International Auditing and Assurance Standards Board
IAS-Komm	IAS-Kommentar
IAS	International Accounting Standards (Nr Tz)
IASB	International Accounting Standards Board
IAS C	International Accounting Standards Committee
IASCF	International Accounting Standards Committee Foundation
IAS-VO	International Accounting Standards Verordnung
ICC	International Chamber of Commerce
idF	in der Fassung
idR	in der Regel

idS	in diesem Sinne
IDW	Institut der Wirtschaftsprüfer in Deutschland eV
IDW EPH	IDW Prüfungshinweis Entwurf (Nummer) seit 1998
IDW EPS	IDW Prüfungsstandard Entwurf (Nummer) bis 1998 FG oder Stellungnahme
IDW ERS FAIT	IDW Entwurf Stellungnahmen des Fachausschusses für Informationstechnologie
IDW PH	IDW Prüfungshinweis (Nummer) seit 1998
IDW PS	IDW Prüfungsstandard (Nummer) bis 1998 FG oder Stellungnahme
IDW RH HFA	IDW Rechnungslegungshinweis (Fachausschuss, Nummer) seit 1998
IDW RS HFA	IDW Rechnungslegungsstandard (Fachausschuss, Nummer) bis 1998 FG oder Stellungnahme
IDW S	IDW Standard
IE	Illustrative Examples
ieS	im engeren Sinne
IFAC	International Federation of Accountants
IFRS	International Financial Reporting Standards
IFRIC	International Financial Reporting Interpretations Committee
IFSt	Institut Finanzen und Steuern eV Bonn
IG	Implementation Guidance
IGC Q&A	Implementation Guidance Committee – Question and Answers
IHK	Industrie- und Handelskammer
IKS	Internes Kontrollsystem
iL	in Liquidation
IN	Introduction
Inc	Incorporation
INLB	Informationsnetz landwirtschaftlicher Buchführungen
insbes	insbesondere
InsO	Insolvenzordnung
InvZulG	Investitionszulagengesetz
IOSCO	International Organization of Securities Commissions
IPO	Initial Public Offering
IRC	International Revenue Code
IRS	interest rate swap
IRS	International Revenue Service; auch Interest Rate Swap
ISA	International Standards on Auditing
ISACA	Information Systems Audit and Control Association
iSd	im Sinne der, des
iSe	im Sinne einer, eines
ISRE	International Standards on Review Engagements
IStR	Internationales Steuerrecht (Zeitschrift)
iSv	im Sinne von
IT	Informationstechnologie
iVm	in Verbindung mit
IVS	Institut der versicherungsmathematischen Sachverständigen für Altersversorgung eV
IVS C	International Valuation Standards Committee
IWB	Internationale Wirtschaftsbriefe
iwS	im weiteren Sinne
JAR	Journal of Accounting Research (Zeitschrift)
JbFSt	Jahrbuch der Fachanwälte für Steuerrecht
Jg	Jahrgang
JR	Juristische Rundschau (Zeitschrift)
JW	Juristische Wochenschrift
JWG	Joint Working Group of Standard Setters
JZ	Juristenzeitung

Kap	Kapitel
KapAEG	Kapitalaufnahmeerleichterungsgesetz
KapCo-Gesellschaft	Personenhandelsgesellschaft(en) iSv § 264a HGB (Kapitalgesellschaft & Co)
KapCoRiLiG	Kapitalgesellschaften- und Co-Richtliniengesetz
KapGes	Kapitalgesellschaft(en)
KapESt	Kapitalertragsteuer
Kfz	Kraftfahrzeug
KG	Kammergericht oder Kommanditgesellschaft
KGaA	Kommanditgesellschaft auf Aktien
Kj	Kalenderjahr
KMU	kleine und mittlere Unternehmen
KonBefrV	Konzernabschlussbefreiungsverordnung
KonTraG	Gesetz zur Kontrolle und Transparenz im Unternehmensbereich
KonÜV	Konzernabschlussüberleitungsverordnung
KoR	Zeitschrift für kapitalmarktorientierte Rechnungslegung
KostO	Kostenordnung
KPMG	Klynveld, Peat, Marwick und Goerdeler
KSt	Körperschaftsteuer
KStDV	Körperschaftsteuer-Durchführungsverordnung
KStG	Körperschaftsteuergesetz
KStR	Körperschaftsteuerrichtlinien
KWG	Kreditwesengesetz
LaR	loans and receivables
lfd	laufend (e, er, em, es)
Lfg	Lieferung
LG	Landgericht oder Leasinggeber
LIBOR	London Inter-Bank Offered Rate
LIFO	last-in-first-out
LIP	Landesförderprogramme
lit	litera, Buchstabe
LN	Leasingnehmer
LöschG	Löschungsgesetz
LStDV	Lohnsteuer-Durchführungsverordnung
LStR	Lohnsteuer-Richtlinien
lt	laut
Lüdenbach/Hoffmann IFRS[6] (*Bearbeiter* in)	IFRS-Kommentar, hrsg von Lüdenbach/Hoffmann, 6. Aufl, Freiburg 2008
MA	Musterabkommen
MaBV	Makler- und Bauträgerverordnung
MarkenG	Markengesetz
maW	mit anderen Worten
MD&A	Managements's Discussion and Analysis of Financial Condition and Results of Operations
MDR	Monatsschrift für Deutsches Recht
MinBl	Ministerialblatt
Mio	Million(en)
MitbestG	Gesetz über die Mitbestimmung der Arbeitnehmer (Mitbestimmungsgesetz)
Montan-MitbestG	Gesetz über die Mitbestimmung der Arbeitnehmer in den Aufsichtsräten und Vorständen der Unternehmen des Bergbaus und der Eisen und Stahl erzeugenden Industrie (Montan-Mitbestimmungsgesetz)
MoU	Memorandum of Understanding
MU	Mutterunternehmen

MünchKommBilR (*Bearbeiter* in) .... Münchner Kommentar zum Bilanzrecht, hrsg von Hennrichs/Kleindiek/Watrin, Band 1 IFRS, München 2009
mwN .... mit weiteren Nachweisen

nF .... neue Fassung
NIF .... Note Insurance Facilities
NJW .... Neue Juristische Wochenschrift (Zeitschrift)
NJW-RR .... NJW-Rechtsprechungs-Report Zivilrecht (Zeitschrift)
No .... Number
NPAE .... Non-publicity Accountable Entities
Nr; Nrn .... Nummer; Nummern
nrkr .... nicht rechtskräftig
NWB .... Neue Wirtschaftsbriefe (Zeitschrift)
NZG .... Neue Zeitschrift für Gesellschaftsrecht

oä .... oder ähnliches
OCI............................ other comprehensive income
OECD .... Organization for Economic Cooperation and Development
OECD-KA .... OECD Kommentar
OECD-MA .... OECD Musterabkommen
OECD-RL .... OECD Richtlinie
OFD .... Oberfinanzdirektion
OHG .... offene Handelsgesellschaft
OLG .... Oberlandesgericht
OTC .... over the counter
oV .... ohne Verfasser
OVG .... Oberverwaltungsgericht
OWiG .... Gesetz über Ordnungswidrigkeiten

pa .... per annum/pro anno
PartGG .... Partnerschaftsgesellschaftsgesetz
PersGes .... Personenhandelsgesellschaft(en)
PIR .... Praxis der internationalen Rechnungslegung (Zeitschrift)
POC-Faktor .... Percentage-of-Completion-Faktor
PPA .... Purchase Price Allocation
PPP .... Public Privat Partnerships
PS .... Prüfungsstandard
PSVaG .... Pensionssicherungsverein aG, Köln
PublG .... Gesetz über die Rechnungslegung von Unternehmen und Konzernen (Publizitätsgesetz)
PwC .... PricewaterhouseCoopers

Q&A .... Questions and Answers

R .... Richtlinie (zu Steuergesetzen)
RechKredV .... Verordnung über die Rechnungslegung der Kreditinstitute und Finanzdienstleistungsinstitute
RechVersV .... Verordnung über die Rechnungslegung der Versicherungen
RegE .... Regierungsentwurf
REIT.......................... Real Estate Investment Trust
REITG....................... Gesetz über deutsche Immobilien-Aktiengesellschaften mit börsennotierten Anteilen (REIT-Gesetz)
rev .... revised
RfB .... Rückstellung für Beitragsrückerstattung
RFH .... Reichsfinanzhof
RFHE .... Entscheidungen des Reichsfinanzhofs
RG .... Reichsgericht
RGBl .... Reichsgesetzblatt

RGj	Rumpfgeschäftsjahr
RGZ	Amtliche Sammlung von Entscheidungen des Reichsgerichts in Zivilsachen
Richtl	Richtlinien
RIC	Rechnungslegungs Interpretations Committee
RICS	Royal Institute of Chartered Surveyors
RiW	Recht der internationalen Wirtschaftspraxis (bis 1974 AWD) (Zeitschrift)
rkr	rechtskräftig
RL	Richtlinie
ROI	Return on Investment
RS	Rechnungslegungsstandard
RStBl	Reichssteuerblatt
RUF	Revolving Underwriting Facilities
RVO	Rechtsverordnung
RWP	Rechts- und Wirtschaftspraxis, Stuttgart (Zeitschrift)
Rz	Randziffer
s	siehe
S	Seite
SABI	Sonderausschuss Bilanzrichtlinien-Gesetz des IDW (1986–1988)
SAC	Standards Advisory Council
SAR	Stock Appreciation Rights
SARG	Standards Advice Review Group
SBPT	Share-Based Payment Transaction
Sec	Section
SEC	Securities Exchange Commission
SFAC	Statement of Financial Accounting Concepts
SFAS	Statement of Financial Accounting Standards
SG	Schmalenbach-Gesellschaft
S IC	Standing Interpretations Committee
S IC-D	Draft Standing Interpretations Committee
SME	Small and Medium Sized Entities
sog	sogenannt(e/em/en/er/es)
SOP	Statement of Position
SORIE	Statement of Recognised Income and Expense
Sp	Spalte
SPE	Special Purpose Entities
SpTrUG	Gesetz über die Spaltung der von der Treuhandanstalt verwalteten Unternehmen vom 5. April 1991 BGBl I, 854, mit Änderungen 1994
SSAP	Statement of Standard Accounting Practice
ST	Der Schweizer Treuhänder (Zeitschrift)
StÄndG	Steueränderungsgesetz
StAnpG	Steueranpassungsgesetz
StB	Der Steuerberater (Zeitschrift)
Stbg	Die Steuerberatung (Zeitschrift)
StbJb	Steuerberater-Jahrbuch
StBP	Die steuerliche Betriebsprüfung (Zeitschrift)
StGB	Strafgesetzbuch
St/HFA 1/19	Stellungnahmen des HFA (Nummer, Jahrgang) bis 1998
StSenkG	Steuersenkungsgesetz
StuB	Steuern und Bilanzen
StuW	Steuer und Wirtschaft (Zeitschrift)
T	Tausend
TAB	tax amortization benefit
TEGoVA	The European Group of Valuers' Association
TRANSACC	Transnational Accounting

TransPuG	Transparenz- und Publizitätsgesetz
TSFR	Tausend Schweizer Franken
TU	Tochterunternehmen
TUG	Transparenzrichtlinie-Umsetzungsgesetz
Tz	Textziffer
ua	unter anderem oder und andere
uÄ	und Ähnliches
überar	überarbeitet
uE	unseres Erachtens
überar	überarbeitet
UK	Vereinigtes Königreich (Großbritannien und Nordirland)
UKV	Umsatzkostenverfahren
Understanding IAS	Understanding IAS Analysis and Interpretation, hrsg von Coopers & Lybrand, 2. Aufl, Großbritannien 1998
UmwG	Umwandlungsgesetz vom 28. Oktober 1994 BGBl I, 3210
UmwStG	Umwandlungssteuergesetz vom 28. Oktober 1994 BGBl I, 3267
UmwSt-Erlass	Umwandlungssteuererlass; Zweifels- und Auslegungsfragen BMF Schreiben vom 25. März 1998 BStBl I 268
UR	Umsatzsteuer-Rundschau (Zeitschrift)
URüV	Unternehmensrückgabeverordnung vom 13. Juli 1991 BGBl I, 1542
US$	US Dollar
USA	United States of America
USReg	US Regulations
US-GAAP	United States Generally Accepted Accounting Principles
UStDV	Umsatzsteuer-Durchführungsverordnung
UStG	Umsatzsteuergesetz
UStR	Umsatzsteuer-Rundschau (Zeitschrift); Umsatzsteuer-Richtlinien
usw	und so weiter
uU	unter Umständen
UVR	Umsatzsteuer- und Verkehrsteuer-Recht (Zeitschrift)
VAG	Versicherungsaufsichtsgesetz
VBL	Versorgungsanstalt des Bundes und Länder
Vblk	Verbindlichkeiten
VerfGH	Verfassungsgerichtshof
VersR	Versicherungsrecht (Zeitschrift)
VersRiLiG	Versicherungsbilanzrichtlinie-Gesetz
VFA	Versicherungsfachausschuss des Instituts der Wirtschaftsprüfer in Deutschland eV
VFE-Lage	Vermögens-, Finanz- und Ertragslage
Vfg	Verfügung
vGA	verdeckte Gewinnausschüttung
vgl	vergleiche
vH	vom Hundert
VO	Verordnung
Vorb	Vorbemerkung
VorOG	Vorstandsvergütungs-Offenlegungsgesetz
VorstOG	Vorstandsvergütungs-Offenlegungsgesetz
vT	vom Tausend
VVaG	Versicherungsverein auf Gegenseitigkeit
VW	Versicherungswirtschaft (Zeitschrift)
VwGO	Verwaltungsgerichtsordnung
WACC	Weighted Average Cost of Capital
WertR	Wertermittlungsrichtlinie
WertV	Wertermittlungsverordnung

Winkeljohann IFRS[2] (Bearbeiter in)	Rechnungslegung nach IFRS, hrsg von Winkeljohann, 2. Aufl, Herne/Berlin 2005
wistra	Zeitschrift für Wirtschaft – Steuer – Strafrecht
Wj	Wirtschaftsjahr
WM	Wertpapiermitteilungen (Zeitschrift)
WiB	Wirtschaftsrechtliche Beratung (Zeitschrift)
WPG	Wirtschaftsprüfungsgesellschaft
WPg	Die Wirtschaftsprüfung (Zeitschrift)
WpHG	Wertpapier – Handelsgesetz
WPH I	Wirtschaftsprüfer-Handbuch, Band I, 13. Aufl, Düsseldorf 2006
WPH II	Wirtschaftsprüfer-Handbuch, Band II, 11. Aufl, Düsseldorf 1998
WPI	Wholesale Price Index
WPK	Wirtschaftsprüferkammer
WPK-Mitt	Wirtschaftsprüferkammer-Mitteilungen (Zeitschrift)
WPO	Wirtschaftsprüferordnung
WpÜG	Wertpapiererwerbs- und -übernahmegesetz
WuB	Entscheidungssammlung zum Wirtschafts- und Bankrecht (Zeitschrift)
WUD	Währungsumrechnungsdifferenz
zB	zum Beispiel
ZBB	Zeitschrift für Bank-Börsenrecht
ZfA	Zeitschrift für Arbeitsrecht
ZfB	Zeitschrift für Betriebswirtschaft
ZfbF	Zeitschrift für betriebswirtschaftliche Forschung
ZfgK	Zeitschrift für das gesamte Kreditwesen
ZfZ	Zeitschrift für Zölle und Verbrauchsteuern
ZGE	zahlungsmittelgenerierende Einheit(en)
ZGR	Zeitschrift für Unternehmens- und Gesellschaftsrecht
ZHR	Zeitschrift für das gesamte Handels- und Wirtschaftsrecht
Ziff	Ziffer
ZIP	Zeitschrift für Wirtschaftsrecht und Insolvenzpraxis
zT	zum Teil
ZVersW	Zeitschrift für die gesamte Versicherungswirtschaft

Teil A. Einleitung

§ 1. Rechtlicher und organisatorischer Rahmen der Rechnungslegung nach IFRS

Übersicht

Schrifttum: *Achleitner/Behr* International Accounting Standards, 3. Aufl, München 2002; *Alexander/Archer* International Accounting/Financial Reporting Standards Guide 2008, New York 2007; *Arbeitskreis Externe Unternehmensrechnung der Schmalenbach-Gesellschaft für Betriebswirtschaft* Enforcement der Rechnungslegung – Stellungnahme des Arbeitskreises Externe Unternehmensrechnung der Schmalenbach-Gesellschaft, DB 2002, 2173; *Ballwieser* IFRS-Rechnungslegung, München 2006; *Bieg/Bofinger/Küting/Kussmaul/Waschbusch/Weber* Die Saarbrücker Initiative gegen den Fair Value, DB 2008, 2549; *Black/Scholes* The pricing of Options and Corporate Liabilities, Journal of Political Economy, May/June 1973, 637; *Böcking/Flick* Die Saarbrücker Initiative gegen den Fair Value – Erwiderung, DB 2009, 185; *Buchheim/Knorr/Schmidt* Die Auswirkungen des neuen Endorsement-Verfahrens auf die Rechnungslegung, KoR 2008, 373; *Dobler/Kuhner* Die internationale Rechnungslegung im Belastungstest der subprime-Krise, WPg 2009, 24; *Eckes/Weigel* Die Fair Value-Option, KoR 2006, 415; *Epstein/Jermakowicz* IFRS 2008 Interpretation and Application of International Financial Reporting Standards New Jersey 2008; *Europäische Kommission* EU-Richtlinie 2006/46/EG EU-Amtsblatt vom 16. August 2006, L224; *Frühauf* „Fair Value" Das Dilemma in der Bilanzierung, FAZ vom 2. März 2009, 9; *G20-Staaten* Deklaration der G20-Staaten vom 15. November 2008, veröffentlicht von der deutschen Bundesregierung www.bundesregierung.de/nn_1272/Content/DE/Artikel/2008/11/2008-11-15-er06.12.2008; *Herzig* IAS/IFRS und steuerliche Gewinnermittlung – Eigenständige Steuerbilanz und modifizierte Überschußrechnung, Düsseldorf 2004; *Herzig* IAS/IFRS und steuerliche Gewinnermittlung, WPg 2005, 211; *Herzig/Bär* Die Zukunft der steuerlichen Gewinnermittlung im Licht des europäischen Bilanzrechts, DB 2003, 1; *IASB* IASB Homepage, http://www.iasb.org/about/history.asp; *IASB* IASB Insight April/May 2005, London 2005; *IASB* IASB Insight, 4. Quartal 2007, London 2007; *IASCF* Due Process Handbook for the IFRIC, London 2007; *IASCF* IASC Foundation Annual Report 2007, London 2008; *IASCF* IASC Foundation Revised Constitution Februar 2009, London 2009; *IDW* Stellungnahme des IDW zur IAS-Verordnung der EU sowie zum Richtlinienvorschlag zur Änderung der EU-Bilanzrichtlinien, FN IDW 2002, 485; *IDW* Stellungnahme des HFA 2/1993: Zur Bilanzierung bei Personenhandelsgesellschaften, Düsseldorf 1993; *Institut „Finanzen und Steuern" eV Bonn* IFSt-Schrift Nr 424 „Bilanzierung nach IAS/IFRS und Besteuerung", Bonn, Mai 2005; *IDW* Prüfungsfragen im Kontext der aktuellen Wirtschafts- und Finanzmarktkrise, WPg 2009, 226; *Kemper/Pellens/Schmidt* IASB, DB 2009, 359; *Kümpel ua* Kapitalmarktrecht: Ergänzbares Rechtshandbuch für die Praxis, Berlin 2003; *Kurznachrichten Internationale Rechnungslegung* DB 2009, 358; *Marten/Köhler* Vertrauen in öffentliche Aufsicht – Die Abschlussprüferaufsichtskommission als Kernelement der WPO-Novellierung, WPg 2005, 145; *Pellens/Fülbier/Gassen* Internationale Rechnungslegung, 7. Aufl, Stuttgart 2008; *Radwan* IFRS und die Überwachung des IASB, WPg 2008, 481; *Rechnungslegungs-Report international* Entwurf zum Budget des IASCF für das Kalenderjahr 2008, KoR 2007, 359; *Rechnungslegungs-Report international* Beschleunigung der Konvergenz zwischen IFRS und japanischen Rechnungslegungsnormen, KoR 2007, 502; *Rechnungslegungs-Report international* Überprüfung der Satzung durch die IASCF, KoR 2008, 349; *Säcker* Allgemeiner Teil: Einleitung in: Rebmann ua Münchner-Kommentar zum Bürgerlichen Gesetzbuch, Bd I, 4. Aufl, München 2001; *Schmalenbach-Gesellschaft* Enforcement der Rechnungslegung, DB 2002, 2173; *Weitnauer* Haftung für die Außendarstellung des Unternehmens, DB 2003, 1719; *Zwirner* Finanzkrise – Auswirkungen auf die Rechnungslegung, DB 2009, 353.

A. Die International Accounting Standards Committee Foundation (IASCF) und die vom IASB gesetzten Normen

I. Das International Accounting Standards Committee (IASC) als Vorläufer

1 Das IASC ist im Jahre 1973 von **Vertretern von Wirtschaftsprüfervereinigungen** aus Australien, Kanada, Frankreich, Deutschland, Japan, Mexiko, den Niederlanden, dem Vereinigten Königreich, Irland und den Vereinigten Staaten

von Amerika gegründet worden. Aus Deutschland traten die Wirtschaftsprüferkammer und das Institut der Wirtschaftsprüfer (IDW) als Gründer auf (*Epstein/Jermakowicz* 2008, 3; *Kleekämper/Kuhlewind/Alvarez* in: Baetge ua IFRS-Komm[2] Grundlagen Kap I Rz 23). Von 1983 bis zur Neuorganisation des IASC Mitte 2000 haben die Gründungsmitglieder sämtliche Vereinigungen als Mitglieder aufgenommen, die Mitglieder in der International Federation of Accountants (IFAC) sind. Im Januar 2000 waren dies 143 Mitglieder aus 104 Ländern.

II. Neuordnung des IASC/Namensänderung in IASB – Ziele

1. Rechtsform und Ziele

Die Mitglieder des IASC beschlossen auf einer Versammlung am 24. Mai 2000 in Edinburgh/Schottland eine **neue IASCF-Satzung**. Die Satzung sieht die Gründung einer Stiftung als Trägerin der Organisation vor. Diese ist als Stiftung nach dem Recht des US-Staates Delaware unter dem Namen „International Accounting Standards Committee Foundation IASCF“ errichtet worden. 2

Die IASC-Satzung ist durch Beschlüsse der Treuhänder (s Rz 6) mehrfach geändert worden. Am 1. Februar 2009 trat eine Neufassung in Kraft, die die Treuhänder am 15. Januar 2009 gebilligt hatten. Die Zahl der Treuhänder ist seit dem 1. Juli 2005 auf 22 Personen festgelegt. 3

Die **Ziele** des IASCF sind in der Satzung (*IASCF* Constitution 2009, Rz 2) wie folgt formuliert:

(1) im öffentlichen Interesse einen einzigen gültigen Satz an hochwertigen, verständlichen und durchsetzbaren globalen Standards der Rechnungslegung zu entwickeln, die hochwertige, transparente und vergleichbare Informationen in Abschlüssen und sonstigen Finanzberichten erfordern, um die Teilnehmer an den Kapitalmärkten der Welt und andere Nutzer beim Treffen von wirtschaftlichen Entscheidungen zu unterstützen,

(2) die Nutzung und rigorose Anwendung dieser Standards zu fördern,

(3) die Bedürfnisse der kleinen und mittleren Unternehmen und der Unternehmen in Entwicklungsländern – soweit möglich – bei der Erfüllung der vorgenannten Ziele zu berücksichtigen (zu Details s § 46) und

(4) eine Konvergenz der nationalen Standards der Rechnungslegung mit den IFRS zu hochwertigen Lösungen herbeizuführen.

Der Punkt (4) ist insbes im Verhältnis zu den US-amerikanischen Standards (US-GAAP) von Bedeutung. Der IASB bemüht sich zusammen mit dem FASB (US-Standardsetter) und unterstützt sowohl von der SEC als auch von der EU-Kommission auf der Basis des Norfolk Agreement vom Oktober 2002 eine **Konvergenz** zwischen IFRS und US-GAAP herbeizuführen (*IASB* IASB Insight April/May 2005, 1). Die neuere Entwicklung ist in Rz 21 ff dargestellt. 4

Nach der neu gefassten Satzung (*IASCF* Constitution 2009, Rz 19) wird ein ***„Monitoring Board“*** eingerichtet, in dem die EU-Kommission, die IOSCO, die US-amerikanische SEC und das Basel Committee on Banking vertreten sein sollen. Der *Monitoring Board* soll als ein Verbindungsglied zwischen den Treuhändern und öffentlichen Stellen *(public authorities)* wirken. Er soll an der Bestellung der Treuhänder mitwirken, die Erfüllung ihrer Aufgaben überwachen und mindestens einmal jährlich tagen. Fraglich ist, ob mit der Einrichtung des *Monitoring Board* die Forderungen erfüllt sind, die die sog G20-Staaten in der *„Declaration of the Summit on Financial Markets and the World Economy“* vom 15. November 2008 erhoben haben. 5

In der Deklaration fordern die G20-Staaten, dass die Leitung (*governance*) der Internationalen Standardsetter weiter verbessert wird. Dabei soll die Mitgliedschaft in den Standardsetter-Organisationen (*standard setting bodies*) überprüft werden, mit dem Ziel ihre Transparenz und ihre Rechnungslegung zu verbessern und eine angemessene Zusammenarbeit zwischen den unabhängigen Standardsetter-Organisationen und den entspr staatlichen Behörden sicherzustellen. Europäische Politiker plädieren für einen größeren Einfluss des Europa-Parlaments auf die Arbeit des IASB (*Radwan* WPg 2008, 481 ff).

2. Treuhänder

6 Die Stiftung wird durch 22 (bis 30. Juni 2005 = 19) **Treuhänder** regiert. Die Treuhänder sollen nach Rz 6 der Satzung aus folgenden Regionen stammen:

Nordamerika	6
Europa	6
Asien/Ozeanien	6
Verschiedene	4
	22

Zwei der Treuhänder sollen Partner von renommierten internationalen Wirtschaftsprüfungsgesellschaften sein (*IASCF* Constitution 2009, Rz 7).

Vorsitzender der Treuhänder ist seit dem 1. Januar 2008 Gerrit Zalm, vormals Finanzminister der Niederlande. Bis Ende 2007 war Philip A. Laskany Vorsitzender; er ist derzeit stellvertretender Vorsitzender. Philip A. Laskany war zuvor Chairman der WP-Gesellschaft Ernst & Young. Deutsches Mitglied der Treuhänder ist Max Dietrich Kley (BASF AG).

3. Der Board und seine Mitglieder

7 Die Treuhänder wählen die 14 Mitglieder des **Board (IASB)**, der das **entscheidende Beschlussgremium** ist. Dabei sind die (reinen) Praktiker des Rechnungswesens, also die Personen, die langjährig in kaufmännischen Unternehmen für die Abschlusserstellung verantwortlich waren, ggü den Mitgliedern aus der Wirtschaftsprüfung in der Minderheit. Chairman des Board ist Sir David Tweedie. Er ist zugleich Leiter der Organisation des IASB. Sir David Tweedie war vormals als Wirtschaftsprüfer in Großbritannien tätig. Er befasst sich seit 1990 hauptamtlich mit Standardsetting, zunächst im UK-ASB *(Accounting Standards Board)* und seit 2000 als Chairman des IASB.

Die Treuhänder planen derzeit (Mai 2009), die Anzahl der IASB-Mitglieder von 14 auf 16 zu erhöhen. Dabei soll eine geografisch ausgewogene Verteilung sichergestellt werden (*Rechnungslegungs-Report international* KoR 2008, 349). Geplant ist eine Besetzung mit vier Mitgliedern aus dem asiatisch-pazifischen Raum, vier Mitgliedern aus Europa, vier Mitgliedern aus Nordamerika, jeweils einem Mitglied aus Afrika und Südamerika sowie zwei Mitgliedern ohne geografische Festlegung (*Kurznachrichten Internationale Rechnungslegung* DB 2009, 359).

4. IFRIC und SAC

8 Neben dem Board besteht das **International Financial Reporting Interpretations Committee** (**IFRIC**) (früher: Standing Interpretations Committee **SIC**) mit 14 (bis Oktober 2007: 12) Mitgliedern. Ferner ist der **Standards Advisory Council (SAC)** zurzeit (Mai 2009) mit 45 Mitgliedern und drei „*Official Observer*" zu nennen. Zu den „*Official Observer*" gehört die EU-Kommission (die

IASCF-Satzung sieht für SAC 30 Mitglieder oder mehr vor; *IASCF* Constitution 2009, Rz 45).

Die Mitglieder des IFRIC werden von den Treuhändern ernannt. Das IFRIC soll zeitnah Rechnungslegungsfragen erörtern, die eine über den Einzelfall hinausgehende Bedeutung haben. Die Auslegungen der Standards durch das IFRIC haben deswegen hohe Verbindlichkeit, weil die IFRIC-Interpretationen erst veröffentlicht werden, wenn ihr mindestens neun (bis Oktober 2007: acht) Mitglieder des IASB zugestimmt haben. Die IFRIC-Verlautbarungen werden wie die Standards selbst in das europäische Recht nach dem in Rz 25 ff beschriebenen Verfahren übernommen.

Ein Beschluss des IFRIC wird wirksam, wenn ihm nicht mehr als drei Mitglieder widersprechen (*„Approval of Draft or final Interpretation shall require that no more than three voting members vote against the Draft or final Interpretation“; IASCF* Due Process 2007, Appendix A, Rz 35).

Der Standard Advisory Concil (**SAC**) ist ein Beratungsgremium, das Vorschläge für die Agenda des IASB unterbreiten, über die Meinungen von am Rechnungswesen interessierten Organisationen informieren und das IASB oder die Treuhänder in anderen Fragen **beraten** kann.

5. Finanzierung des IASB

Dem IASB standen im Jahre 2007 Einnahmen in Höhe von Mio £ 16,9 zur Verfügung. Die Einnahmen stammen aus **Spenden** (Mio £ 11,3 = 67%), aus **Publikationen** und diesen ähnlichen Einkünften (Mio £ 5 = 30%), sowie aus **Zinsen** und sonstigen Einnahmen (*IASCF* Annual Report 2007, 40). Die Spenden stammen einerseits von international tätigen Wirtschaftsprüfungsgesellschaften (Mio £ 3,2) sowie von Unternehmen und Institutionen aus Europa (Mio £ 3,6), den USA (Mio £ 2,1), Japan (Mio £ 1,0), Australien (Mio £ 0,3) und anderen Staaten (Mio £ 1,1) (*IASCF* Annual Report 2007, 54 ff). Für 2008 waren Gesamtausgaben von Mio £ 16 geplant (*IASCF* Annual Report 2007, 45). Dem Budget für 2008 wurde die Beschäftigung von 45 Vollzeit-Fachkräften zugrunde gelegt (*Rechnungslegungs-Report international* KoR 2007, 359). 9

Der hohe Spendenanteil der großen Wirtschaftsprüfungsgesellschaften ist aus der Sicht aller am Rechnungswesen Interessierten nicht unproblematisch. Die Treuhänder der IASCF sind bestrebt, die Finanzierung neu zu gestalten. Die Treuhänder verfolgen das Ziel, sämtliche wichtigen Kapitalmarktteilnehmer der Welt, eingeschlossen staatliche Stellen, zur Finanzierung heranzuziehen. Die Finanzierungsvereinbarungen sollen strikt und durchsetzbar sein, wobei die **Regulierungsbehörden** zur Mitwirkung gewonnen werden sollen. Angestrebt werden zeitlich unbegrenzte Vereinbarungen, die keine Beschränkung auf einzelne Aktionen des IASB vorsehen. Die Finanzierungslast soll angemessen auf die großen Ökonomien der Welt verteilt werden (*IASCF* Annual Report 2007, 45).

6. Verfahren des „Standardsetting“ (Gesetzgebungsverfahren)

Das Gesetzgebungsverfahren des IASB, das sog *„Standardsetting“*, wird nach einem vorgeschriebenen Verfahren, einem ***Due Process***, durchgeführt (vgl *IASCF* Constitution 2009, Rz 15 ff und *IASCF* Due Process 2007). Das Verfahren ist in folgende Abschnitte gegliedert: 10

(1) Festlegung der Agenda: Welche Projekte werden auf die Tagesordnung gesetzt?
(2) Planung der Projekte,
(3) Entwicklung und Veröffentlichung eines ***„Discussion Paper“***, daran anschließend eines ***„Exposure Draft“*** und sodann eines ***Standards*** (IFRS). In dieser

Phase werden „*field tests*" vorgenommen, um die Praktikabilität geplanter Regeln zu prüfen,

(4) Verfahren nach Erlass eines Standards.

Das **Verfahren** ist ebenso wie die **Board-Sitzungen öffentlich**. Jede Organisation und jede Einzelperson hat die Möglichkeit, sich kritisch oder zustimmend zu äußern bzw konstruktive Verbesserungsvorschläge zu unterbreiten. Die Board-Mitglieder prüfen die Kritiken und Anregungen. Für die Verabschiedung eines Standards sind neun (von insgesamt 14) Stimmen erforderlich. Die Abstimmungsergebnisse werden bekannt gegeben. Abweichende Meinungen einzelner Board-Mitglieder, die nicht selten vorkommen, werden veröffentlicht. Diese Ordnung des Verfahrens soll eine gewisse „demokratische" Legitimation herbeiführen und die Unabhängigkeit des Board verstärken.

Der IASB stellt seine Beschlüsse in Form von Standards fest, die im nächsten Kapitel dargestellt werden.

Die Treuhänder der Stiftung nehmen Einfluss auf die Agenda des IASB. Sie üben jedoch weder eine fachliche Aufsicht hinsichtlich des Inhalts der Standards aus, noch wurden Leitlinien verabschiedet, an die sich der Board bei seinen Einzelentscheidungen halten müsste.

7. Unabhängigkeit der Treuhänder und der Board-Mitglieder

11 Die Treuhänder müssen **„im Interesse der Öffentlichkeit handeln"** (*IASCF* Constitution 2009, Rz 17); entspr gilt auch für die Mitglieder des IASB (*IASCF* Constitution 2009, Rz 29). Zudem sind die *full-time* Board-Mitglieder verpflichtet, sämtliche anderen Beschäftigungsverhältnisse aufzugeben (*IASCF* Constitution 2009, Rz 31). Sie dürfen keine Stellung innehaben, die sie beeinflussen könnte, nicht unabhängig zu urteilen. Die Entlohnung erfolgt durch das IASCF. Zudem soll das **Verfahren** (*Due Process*) selbst die Unabhängigkeit sichern und eine gewisse demokratische Legitimation garantieren. Das Verfahren ist in Rz 10 beschrieben.

III. Die Normen des IASB und deren Interpretationen

1. Die Standards

12 Das **Regelwerk** setzt der IASB in Form von **Standards** fest (zu den bisher (Stand: 1. Mai 2009) erlassenen Standards s Rz 14). Sie werden gültig, nachdem sie ein geregeltes Verfahren (*Due Process*) durchlaufen haben und vom Board mit der erforderlichen Stimmenmehrheit (neun Stimmen; bis 30. Juni 2005: acht) verabschiedet worden sind. Die bis zum Mai 2003 vom IASC erlassenen Standards werden mit **IAS** (International Accounting Standards) bezeichnet, während danach verabschiedete Standards als **IFRS** (International Financial Reporting Standards) bezeichnet werden (s Rz 14). Das Kürzel IFRS wird auch als Oberbegriff für das gesamte Regelwerk verwendet.

13 **IAS 1** hat insofern eine **herausgehobene** Bedeutung, als dass er allgemeine Grundsätze festlegt. Er bildet zusammen mit **IAS 8** einen **„Allgemeinen Teil"**. Diese Funktion hat das im Jahre 1989 veröffentlichte ***„Framework"*** für die Aufstellung und Darstellung von Abschlüssen nicht. In F. 2 heißt es ausdrücklich: „Dieses Rahmenkonzept ist kein International Accounting Standard und definiert damit keine Grundsätze für bestimmte Fragen der Bewertung oder von Angaben. Keine Passage aus diesem Framework geht einem International Accounting Standard vor". Das Framework hat dennoch für die Arbeit des IASB und als Anker für die Auslegung eine zunehmende Bedeutung. Im Oktober

2004 vereinbarten der IASB und der FASB ein gemeinsames *Conceptual Framework* zu erarbeiten. Ein erster Teil wurde unter dem Titel *„Preliminary Views on an Improved Conceptual Framework for Financial Reporting“* im Juli 2006 veröffentlicht.

Am 1. Mai 2009 waren die nachfolgenden IFRS vom IASB in englischer 14
Sprache verabschiedet und mit Ausnahmen (s Rz 15) grds für Berichtsperioden, die am oder nach dem 1. Januar 2009 beginnen, anzuwenden.

Bei jedem Standard ist das Jahr der letzten **Gesamtneufassung** angeführt. Ferner sind die Änderungen angegeben, die die einzelnen Standards seit **August 2005** erfahren haben, um darzustellen, welche Änderungen sich seit der Vorauflage (Rechtstand: 31. Juli 2005) ergeben haben.

Im Mai 2008 veröffentlichte der IASB erstmals *„Improvements to IFRS“* (im Folgenden: *Annual Improvements* Projekt 2008). Diese „Verbesserungen“ zu einzelnen Standards sollen jährlich erscheinen und weniger bedeutsame Änderungen und Klarstellungen enthalten. Die EU hat den Änderungen des *Annual Improvements* Projekt 2008 durch VO vom 23. Januar 2009 (Amtsblatt vom 24. Januar 2009 L 21/16) das *Endorsement* erteilt.

International Financial Reporting Standards (IFRS)

IFRS	Änderungen	Zeitpunkt der Änderung
IFRS 1	Erstmalige Anwendung der IFRS *(First-time Adoption of IFRS)* Letzte vollständige Neufassung: 2003 Änderungen seit August 2005 durch folgende Standards:	
	IFRS 7 Finanzinstrumente (Angaben)	Aug 2005
	IFRS 8 Segmentberichterstattung	Nov 2006
	IAS 23 Fremdkapitalkosten	März 2007
	IAS 1 Darstellung des Abschlusses	Sep 2007
	IFRS 3 Unternehmenszusammenschlüsse	Jan 2008
	IAS 27 Konzern- und Einzelabschlüsse	Jan 2008
	IFRS 1/ IAS 27 Anschaffungskosten von Anteilen an TU, gemeinschaftlich geführten Unternehmen oder assoziierten Unternehmen	Mai 2008
	Annual Improvements 2008	Mai 2008
	IFRS 1 Neufassung von IFRS 1 (anzuwenden ab 1. Juli 2009)	Nov 2008
IFRS 2	Aktienbasierte Vergütung *(Share-based Payment)* Letzte vollständige Neufassung: 2004 Änderungen seit August 2005 durch folgende Standards:	
	IAS 1 Darstellung des Abschlusses	Sep 2007
	IFRS 3 Unternehmenszusammenschlüsse	Jan 2008
	IFRS 2 Ausübungsbedingungen für Optionen und für ihre Aufhebung	Jan 2008
	Annual Improvements 2009	Apr 2009

IFRS	Änderungen	Zeitpunkt der Änderung
IFRS 3	Unternehmenszusammenschlüsse *(Business Combinations)* Letzte vollständige Neufassung: März 2004 Änderungen seit August 2005 durch folgende Standards: IAS 1 Darstellung des Abschlusses IFRS 3 Neufassung von IFRS 3 (anzuwenden ab 1. Juli 2009)	 Sep 2007 Jan 2008
IFRS 4	Versicherungsverträge *(Insurance Contracts)* Letzte vollständige Neufassung: März 2004 Änderungen seit August 2005 durch folgende Standards: IFRS 7 Finanzinstrumente (Angaben) IAS 39/ IFRS 4 Finanzgarantien IFRS 8 Segmentberichterstattung IAS 1 Darstellung des Abschlusses IFRS 3 Unternehmenszusammenschlüsse IAS 27 Konzern- und Einzelabschlüsse IFRS 7 Finanzinstrumente: Angaben	 Aug 2005 Aug 2005 Nov 2006 Sep 2007 Jan 2008 Jan 2008 März 2009
IFRS 5	Zur Veräußerung gehaltene langfristige Vermögenswerte und aufgegebene Geschäftsbereiche *(Non-current Assets Held for Sale and Discontinued Operations)* Letzte vollständige Neufassung: März 2004 Änderungen seit August 2005 durch folgende Standards: IFRS 8 Segmentberichterstattung IAS 1 Darstellung des Abschlusses IFRS 3 Unternehmenszusammenschlüsse IAS 27 Konzern- und Einzelabschlüsse *Annual Improvements* 2008 *Annual Improvements* 2009	 Nov 2006 Sep 2007 Jan 2008 Jan 2008 Mai 2008 Apr 2009
IFRS 6	Exploration und Evaluierung von mineralischen Ressourcen *(Exploration for and Evaluation of Mineral Resources)* Letzte vollständige Neufassung: Dezember 2004 Änderungen seit August 2005 durch folgende Standards: IFRS 8 Segmentberichterstattung IAS 1 Darstellung des Abschlusses	 Nov 2006 Sep 2007

IFRS	Änderungen	Zeitpunkt der Änderung
IFRS 7	Finanzinstrumente: Angaben *(Financial Instruments: Disclosures)*	
	Letzte vollständige Neufassung: August 2005	
	Änderungen seit August 2005 durch folgende Standards:	
	IAS 39/ IFRS 4 Finanzgarantien	Aug 2005
	IAS 1 Darstellung des Abschlusses	Sep 2007
	IFRS 3 Unternehmenszusammenschlüsse	Jan 2008
	IAS 32/ IAS 1 Kündbare Finanzinstrumente und bei Liquidation entstehende Verpflichtungen	Feb 2008
	Annual Improvements 2008	Mai 2008
	IAS 39/ IFRS 7 Umgliederung finanzieller Vermögenswerte	Okt/Nov 2008
	IFRS 7 Finanzinstrumente: Angaben	März 2009
IFRS 8	Geschäftssegmente *(Operating Segments)*	
	Letzte vollständige Neufassung: November 2006	
	Änderungen seit August 2005 durch folgende Standards:	
	IAS 1 Darstellung des Abschlusses	Sep 2007
	Annual Improvements 2009	Apr 2009

International Accounting Standards (IAS)

IAS	Änderungen	Zeitpunkt der Änderung
IAS 1	Darstellung des Abschlusses *(Presentation of Financial Statements)*	
	Letzte vollständige Neufassung: Dezember 2003	
	Änderungen seit August 2005 durch folgende Standards:	
	IAS 23 Fremdkapitalkosten	März 2007
	IAS 1 Darstellung des Abschlusses (Neufassung)	Sep 2007
	IAS 27 Konzern- und Einzelabschlüsse	Jan 2008
	IAS 32/ IAS 1 Kündbare Finanzinstrumente und bei Liquidation entstehende Verpflichtungen	Feb 2008
	Annual Improvements 2008	Mai 2008
	Annual Improvements 2009	Apr 2009

IAS	Änderungen	Zeitpunkt der Änderung
IAS 2	Vorräte *(Inventories)* Letzte vollständige Neufassung: Dezember 2003 Änderungen seit August 2005 durch folgenden Standard: IFRS 8 Segmentberichterstattung	 Nov 2006
IAS 7	Kapitalflussrechnungen *(Cash Flow Statements)* Letzte vollständige Neufassung: Dezember 1992 Änderungen seit August 2005 durch folgende Standards: IFRS 8 Segmentberichterstattung IAS 23 Fremdkapitalkosten IAS 1 Darstellung des Abschlusses IAS 27 Konzern- und Einzelabschlüsse *Annual Improvements* 2009	 Nov 2006 März 2007 Sep 2007 Jan 2008 Apr 2009
IAS 8	Bilanzierungs- und Bewertungsmethoden, Änderungen von Schätzungen und Fehler *(Accounting Policies, Changes in Accounting Estimates and Errors)* Letzte vollständige Neufassung: Dezember 2003 Änderungen seit August 2005 durch folgende Standards: IAS 23 Fremdkapitalkosten IAS 1 Darstellung des Abschlusses *Annual Improvements* 2008	 März 2007 Sept 2007 Mai 2008
IAS 10	Ereignisse nach dem Bilanzstichtag *(Events after the Balance Sheet Date)* Letzte vollständige Neufassung: Dezember 2003 Änderungen seit August 2005 durch folgende Standards: IAS 1 Darstellung des Abschlusses *Annual Improvements* 2008	 Sep 2007 Mai 2008
IAS 11	Fertigungsaufträge *(Construction Contracts)* Letzte vollständige Neufassung: Dezember 1993 Änderungen seit August 2005 durch folgende Standards: IAS 23 Fremdkapitalkosten IAS 1 Darstellung des Abschlusses	 März 2007 Sep 2007
IAS 12	Ertragsteuern *(Income Taxes)* Letzte vollständige Neufassung: Oktober 1996 Änderungen seit August 2005 durch folgende Standards: IAS 1 Darstellung des Abschlusses IFRS 3 Unternehmenszusammenschlüsse	 Sep 2007 Jan 2008

IAS	Änderungen	Zeitpunkt der Änderung
IAS 16	Sachanlagen *(Property, Plant and Equipment)* Letzte vollständige Neufassung: Dezember 2003 Änderungen seit August 2005 durch folgende Standards: IAS 23 Fremdkapitalkosten IAS 1 Darstellung des Abschlusses IFRS 3 Unternehmenszusammenschlüsse *Annual Improvements* 2008	 März 2007 Sep 2007 Jan 2008 Mai 2008
IAS 17	Leasingverhältnisse *(Leases)* Letzte vollständige Neufassung: Dezember 2003 Änderungen seit August 2005 durch folgende Standards: IFRS 7 Finanzinstrumente (Angaben) IAS 1 Darstellung des Abschlusses *Annual Improvements* 2009	 Aug 2005 Sep 2007 Apr 2009
IAS 18	Umsatzerlöse *(Revenue)* Letzte vollständige Neufassung: Dezember 1993 Änderungen seit August 2005 durch folgende Standards: IAS 1 Darstellung des Abschlusses IFRS 1/ IAS 27 Anschaffungskosten von Anteilen an TU, gemeinschaftlich geführten Unternehmen oder assoziierten Unternehmen *Annual Improvements* 2008 *Annual Improvements* 2009	 Sep 2007 Mai 2008 Mai 2008 Apr 2009
IAS 19	Leistungen an Arbeitnehmer *(Employee Benefits)* Letzte vollständige Neufassung: Februar 1998 Änderungen seit August 2005 durch folgende Standards: IFRS 8 Segmentberichterstattung IAS 1 Darstellung des Abschlusses *Annual Improvements* 2008	 Nov 2006 Sep 2007 Mai 2008
IAS 20	Bilanzierung und Darstellung von Zuwendungen der öffentlichen Hand *(Accounting for Government Grants and Disclosure of Government Assistance)* Letzte vollständige Neufassung: 1994 Änderungen seit August 2005 durch folgende Standards: IAS 1 Darstellung des Abschlusses *Annual Improvements* 2008	 Sep 2007 Mai 2008

IAS	Änderungen	Zeitpunkt der Änderung
IAS 21	Auswirkungen von Änderungen der Wechselkurse *(The Effects of Changes in Foreign Exchange Rates)* Letzte vollständige Neufassung: Dezember 2003 Änderungen seit August 2005 durch folgende Standards: IAS 21 Nettoinvestition in einen ausländischen Geschäftsbetrieb IAS 1 Darstellung des Abschlusses IAS 27 Konzern- und Einzelabschlüsse IFRS 1/ IAS 27 Anschaffungskosten von Anteilen an TU, gemeinschaftlich geführten Unternehmen oder assoziierten Unternehmen	Dez 2005 Sep 2007 Jan 2008 Mai 2008
IAS 23	Fremdkapitalkosten *(Borrowing Costs)* Änderungen seit August 2005 durch folgende Standards: IAS 23 vollständige Neufassung *Annual Improvements* 2008	März 2007 Mai 2008
IAS 24	Angaben über Beziehungen zu nahe stehenden Unternehmen und Personen *(Related Party Disclosures)* Letzte vollständige Neufassung: Dezember 2003 Änderungen seit August 2005 durch folgenden Standard: IAS 1 Darstellung des Abschlusses	Sep 2007
IAS 26	Bilanzierung und Berichterstattung von Altersversorgungsplänen *(Accounting and Reporting by Retirement Benefit Plans)* Letzte vollständige Neufassung: 1994 Keine Änderungen seit August 2005	
IAS 27	Konzern- und separate Einzelabschlüsse nach IFRS *(Consolidated and Separate Financial Statements)* Letzte vollständige Neufassung: Dezember 2003 Änderungen seit August 2005 durch folgende Standards: IFRS 8 Segmentberichterstattung IAS 1 Darstellung des Abschlusses IFRS 1/ IAS 27 Anschaffungskosten von Anteilen an TU, gemeinschaftlich geführten Unternehmen oder assoziierten Unternehmen *Annual Improvements* 2008	Nov 2006 Sep 2007 Mai 2008 Mai 2008

IAS	Änderungen	Zeitpunkt der Änderung
IAS 28	Anteile an assoziierten Unternehmen *(Investments in Associates)* Letzte vollständige Neufassung: Dezember 2003 Änderungen seit August 2005 durch folgende Standards: IAS 1 Darstellung des Abschlusses IFRS 3 Unternehmenszusammenschlüsse IAS 27 Konzern- und Einzelabschlüsse *Annual Improvements* 2008	 Sep 2007 Jan 2008 Jan 2008 Mai 2008
IAS 29	Rechnungslegung in Hochinflationsländern *(Financial Reporting in Hyperinflationary Economies)* Letzte vollständige Neufassung: 1994 Änderungen seit August 2005 durch folgende Standards: IAS 1 Darstellung des Abschlusses *Annual Improvements* 2008	 Sep 2007 Mai 2008
IAS 31	Anteile an Joint Ventures *(Interests in Joint Ventures)* Letzte vollständige Neufassung: Dezember 2003 Änderungen seit August 2005 durch folgende Standards: IAS 1 Darstellung des Abschlusses IAS 27 Konzern- und Einzelabschlüsse	 Sep 2007 Jan 2008
IAS 32	Finanzinstrumente: Darstellung *(Financial Instruments: Presentation)* Letzte vollständige Neufassung: Dezember 2003 Änderungen seit August 2005 durch folgende Standards: IFRS 7 Finanzinstrumente (Angaben) IAS 39/ IFRS 4 Finanzgarantien IAS 1 Darstellung des Abschlusses IFRS 3 Unternehmenszusammenschlüsse IAS 27 Konzern- und Einzelabschlüsse IAS 32/ IAS 1 Kündbare Finanzinstrumente und bei Liquidation entstehende Verpflichtungen	 Aug 2005 Aug 2005 Sep 2007 Jan 2008 Jan 2008 Feb 2008
IAS 33	Ergebnis je Aktie *(Earnings per Share)* Letzte vollständige Neufassung: Dezember 2003 Änderungen seit August 2005 durch folgende Standards: IFRS 7 Finanzinstrumente (Angaben) IFRS 8 Segmentberichterstattung IAS 1 Darstellung des Abschlusses IFRS 3 Unternehmenszusammenschlüsse IAS 27 Konzern- und Einzelabschlüsse	 Aug 2005 Nov 2006 Sep 2007 Jan 2008 Jan 2008

IAS	Änderungen	Zeitpunkt der Änderung
IAS 34	Zwischenberichterstattung *(Interim Financial Reporting)* Letzte vollständige Neufassung: Februar 1998 Änderungen seit August 2005 durch folgende Standards: IFRS 8 Segmentberichterstattung IAS 1 Darstellung des Abschlusses IFRS 3 Unternehmenszusammenschlüsse *Annual Improvements* 2008	 Nov 2006 Sep 2007 Jan 2008 Mai 2008
IAS 36	Wertminderung von Vermögenswerten *(Impairment of Assets)* Letzte vollständige Neufassung: März 2004 Änderungen ab August 2005 durch folgende Standards: IFRS 8 Segmentberichterstattung IAS 1 Darstellung des Abschlusses IFRS 3 Unternehmenszusammenschlüsse IFRS 1/ IAS 27 Anschaffungskosten von Anteilen an TU, gemeinschaftlich geführten Unternehmen oder assoziierten Unternehmen *Annual Improvement* 2008 *Annual Improvements* 2009	 Nov 2006 Sep 2007 Jan 2008 Mai 2008 Mai 2008 Apr 2009
IAS 37	Rückstellungen, Eventualschulden und Eventualforderungen *(Provisions, Contingent Liabilities and Contingent Assets)* Letzte vollständige Neufassung: September 1998 Änderungen seit August 2005 durch folgende Standards: IAS 39/ IFRS 4 Finanzgarantien IAS 1 Darstellung des Abschlusses IFRS 3 Unternehmenszusammenschlüsse	 Aug 2005 Sep 2007 Jan 2008
IAS 38	Immaterielle Vermögenswerte *(Intangible Assets)* Letzte vollständige Neufassung: März 2004 Änderungen seit August 2005 durch folgende Standards: IAS 23 Fremdkapitalkosten IAS 1 Darstellung des Abschlusses IFRS 3 Unternehmenszusammenschlüsse *Annual Improvements* 2008 *Annual Improvements* 2009	 März 2007 Sep 2007 Jan 2008 Mai 2008 Apr 2009

IAS	Änderungen	Zeitpunkt der Änderung
IAS 39	Finanzinstrumente: Ansatz und Bewertung *(Financial Instruments: Recognition and Measurement)* Letzte vollständige Neufassung: Dezember 2003 Änderungen seit August 2005 durch folgende Standards: IAS 39/ IFRS 4 Finanzgarantien IFRS 7 Finanzinstrumente (Angaben) IAS 1 Darstellung des Abschlusses IFRS 3 Unternehmenszusammenschlüsse IAS 27 Konzern- und Einzelabschlüsse IAS 32/ IAS 1 Kündbare Finanzinstrumente und bei Liquidation entstehende Verpflichtungen *Annual Improvements* 2008 IAS 39 *Eligible Hedged Items* IAS 39/ IFRS 7 Umgliederung finanzieller Vermögenswerte IAS 39/ IFRIC 9 Eingebettete Derivate *Annual Improvements* 2009	 Aug 2005 Aug 2005 Sep 2007 Jan 2008 Jan 2008 Feb 2008 Mai 2008 Juli 2008 Okt/Nov 2008 März 2009 Apr 2009
IAS 40	Als Finanzinvestition gehaltene Immobilien *(Investment Property)* Letzte vollständige Neufassung: Dezember 2003 Änderungen seit August 2005 durch folgende Standards: IAS 1 Darstellung des Abschlusses *Annual Improvements* 2008	 Sep 2007 Mai 2008
IAS 41	Landwirtschaft *(Agriculture)* Letzte vollständige Neufassung: Februar 2001 Änderungen seit August 2005 durch folgende Standards: IAS 1 Darstellung des Abschlusses *Annual Improvements* 2008	 Sep 2007 Mai 2008

Am 1. Mai 2009 waren folgende Standards des IASB (noch) **nicht** in das europäische Recht übernommen (zum Endorsement-Verfahren im Einzelnen vgl Rz 25, zu den IFRICs Rz 17): **15**

IFRS 1	***First-time Adoption of IFRS*** (Revised, vom IASB am 26. November erlassen)
IFRS 3	***Business Combinations*** (Revised, vom IASB am 10. Januar 2008 erlassen)
IFRS 7	***Financial Instruments: Disclosures*** (Amendment, vom IASB am 5. März 2009 erlassen)

IAS 27	***Consolidated and Separate Financial Statements*** (Amendments, vom IASB am 10. Januar 2008 erlassen)
IAS 39	***Financial Instruments: Recognition and Measurement: Eligible Hedged Items*** (Amendment, am 31. Juli 2008 vom IASB erlassen)
IAS 39	***Reclassification of Financial Assets: Effective Date and Transition*** (Amendment, am 27. November 2008 vom IASB erlassen)
IAS 39/ IFRIC 9	***Embedded Derivatives*** (Amendments, am 12. März 2009 vom IASB erlassen)
	Annual Improvements 2009 (am 16. April 2009 vom IASB erlassen)

16 Ferner sind Teile von IAS 39 zum *hedge accounting* unverändert nicht von der EU übernommen. Die entspr Texte sind in der EU-Fassung von IAS 39 mit [] gekennzeichnet, zB IAS 39.AG107A, IAS 39.AG130A.

Die Übersicht in Rz 14 zeigt, dass die Standards nicht systematisch geordnet sind. Sie wurden ohne ein methodisch geschlossenes Gesamtkonzept (*Pellens/ Fülbier/Gassen*[7], 81 ff; *Ballwieser*, 223 ff) von Fall zu Fall beraten und beschlossen und seit ihrer erstmaligen **Verabschiedung** teils mehrfach geändert.

Eine bessere Übersicht über die IFRS erhält man bei Strukturierung der Standards nach den Sektionen des Standardentwurfs für kleine und mittlere Unternehmen (KMU; s ausführlich § 46):

	KMU Abschn	IFRS	IAS
Konzepte und allgemeine Grundsätze	2 und 3		1
Bestandteile des Jahresabschlusses			
• Bilanz	4		1
• Gewinn- und Verlustrechnung	5		1
• Eigenkapitalverwendungsrechnung	6		1
• Kapitalflussrechnung	7		7
• Anhangangaben	8		1
Konzernabschluss, Unternehmenszusammenschlüsse	9 und 18	3	27
Bilanzierungs- und Bewertungsmethoden, Änderungen von Schätzungen und Fehlern	10		8
Regelungen für einzelne Posten der Bilanz			
• Finanzielle Vermögenswerte und finanzielle Schulden	11	7	32, 39
• Vorräte	12		2
• Anteile an assoziierten Unternehmen	13		28
• Anteile an Joint Ventures	14		31

	KMU Abschn	IFRS	IAS
• Als Finanzinvestition gehaltene Immobilien	15		40
• Sachanlagen	16		16
• Immaterielle Vermögenswerte (ohne Geschäfts- oder Firmenwert)	17		38
• Leasing	19		17
• Rückstellungen, Eventualschulden und -forderungen	20		37
• Eigenkapital	21		1 und 32
Regelungen für einzelne Erträge und Aufwendungen			
• Erträge (inklusive solcher aus Fertigungsaufträgen)	22		11 und 18
• Zuwendungen der öffentlichen Hand	23		20
• Fremdkapitalkosten	24		23
• Aktienbasierte Vergütung	25	2	
• Wertminderung von nicht finanziellen Vermögenswerten	26		2 und 36
• Leistungen an Arbeitnehmer	27		19
• Ertragsteuern	28		12
Ausländische Währungen			
• Rechnungslegung in Hochinflationsländern	29		29
• Änderung von Wechselkursen	30		21
Segmentberichterstattung	31	8	14
Regelungen für Sonderfälle und einzelne Branchen			
• Ereignisse nach dem Bilanzstichtag	32		10
• Angaben über Beziehungen zu nahe stehenden Unternehmen und Personen	33		24
• Ergebnis je Aktie	34		33
• Landwirtschaft	35		41
• Versicherungen	35	4	
• Exploration und Evaluierung von Mineralien	35	6	
• Zur Veräußerung gehaltene langfristige Vermögenswerte und aufgegebene Geschäftsbereiche	36	5	
Zwischenberichterstattung	37		34
Erstmalige Anwendung der IFRS	38	1	

2. Die IFRIC-Interpretationen

17 Am 1. Mai 2009 waren folgende IFRICs (s Rz 8) veröffentlicht und mit Ausnahme von IFRIC 15 bis IFRIC 18 in das europäische Recht übernommen (zum Endorsement-Verfahren im Einzelnen vgl Rz 25):

IFRIC 1	Änderungen bestehender Rückstellungen für **Entsorgungs**-, Wiederherstellungs- und ähnliche **Verpflichtungen**	*Changes in Existing Decommissioning, Restoration and Similar Liabilities*
IFRIC 2	Geschäftsanteile an **Genossenschaften** und ähnliche Instrumente	*Members's Shares in Cooperative Entities and Similar Instruments*
IFRIC 3	**zurückgezogen**	
IFRIC 4	Feststellung, ob eine Vereinbarung ein **Leasingverhältnis** enthält	*Determining whether an Arrangement Contains a Lease*
IFRIC 5	Rechte auf Anteile an **Fonds für Entsorgung**, Wiederherstellung und Umweltsanierung	*Rights to Interests arising from Decommissioning, Restoration and Environmental Rehabilitation Funds*
IFRIC 6	Verbindlichkeiten, die sich aus einer Teilnahme an einem spezifischen Markt ergeben – Elektro- und **Elektronik-Altgeräte**	*Liabilities arising from Participating in a Specific Market-Waste Electrical and Electronic Equipment*
IFRIC 7	Anwendung des Anpassungsansatzes unter IAS 29 (Rechnungslegung in **Hochinflationsländern**)	*Applying the Restatement Approach under IAS 29 (Financial Reporting in Hyperinflationary Economies)*
IFRIC 8	Anwendungsbereich von **IFRS 2** (Aktienbasierte Vergütung)	*Scope of IFRS 2 (Share-based Payment)*
IFRIC 9	Neubeurteilung **eingebetteter Derivate**	*Reassessment of Embedded Derivatives*
IFRIC 10	**Zwischenberichterstattung** und Wertminderung	*Interim Financial Reporting and Impairment*
IFRIC 11	**IFRS 2** – Geschäfte mit eigenen Aktien und Aktien von Konzernunternehmen	*IFRS 2 – Group and Treasury Share Transactions*
IFRIC 12	Dienstleistungskonzessionsvereinbarungen	*Service Concession Arrangements*
IFRIC 13	**Kundenbindungsprogramme**	*Customer Loyalty Programmes*

IFRIC 14	**IAS 19** – Die Begrenzung eines leistungsorientierten Vermögenswerts, Mindestdotierungsverpflichtungen und ihre Wechselwirkung	*IAS 19 – The Limit on a Defined Benefit Asset, Minimum Funding Requirements and their Interaction*

Am 1. Mai waren die nachfolgenden IFRIC 15 bis IFRIC 18 noch nicht endorsed:

IFRIC 15	Am 3. Juli 2008 vom IFRIC erlassen, Anwendung ab dem 1. Januar 2009	*Agreement for the Contruction of Real Estate*
IFRIC 16	Am 3. Juli 2008 vom IFRIC erlassen, Anwendung ab dem 1. Oktober 2008	*Hedges in a Net Investment in a Foreign Operation*
IFRIC 17	Am 27. November 2008 vom IFRIC erlassen, Anwendung ab dem 1. Juli 2009	*Distributions of Non-Cash Assets to Owners*
IFRIC 18	Am 29. Januar 2009 vom IFRIC erlassen, Anwendung ab dem 1. Juli 2009	*Transfer of Assets from Customers*

Neben diesen formellen Stellungnahmen veröffentlicht das IFRIC informelle Meinungsäußerungen, die sog „no-IFRICs" **(NIFRICs)**. Zu diesen informellen Meinungsäußerungen kommt es, wenn das IFRIC eine Anfrage nicht auf seine Agenda nimmt, also die Abfassung einer offiziellen Interpretation ablehnt. Im Rahmen dieser sog *„agenda decisions"* veröffentlicht das IFRIC in einzelnen Fällen die Überlegungen, die zu der ablehnenden *„agenda decision"* geführt haben. Diese Überlegungen haben zwar für die IFRS-Bilanzierer keinen bindenden Charakter, sie können jedoch bei der praktischen Arbeit nicht außer Acht gelassen werden. Beispiele für NIFRICs werden jeweils in den vom IASB herausgegebenen IFRIC Updates veröffentlicht. 18

3. Die SIC-Interpretationen

Am 31. Dezember 2008 waren noch folgende SICs (Rz 8) in Kraft und in europäisches Recht übernommen (zum Endorsement-Verfahren im Einzelnen vgl Rz 25): 19

SIC 7	Einführung des Euro	*Introduction of the Euro*
SIC 10	Beihilfen der öffentlichen Hand – kein spezifischer Zusammenhang mit betrieblichen Tätigkeiten	*Government Assistance – No Specific Relation to Operating Activities*
SIC 12	Konsolidierung – Zweckgesellschaften	*Consolidation – Special Purpose Entities*
SIC 13	Gemeinschaftlich geführte Einheiten – Nicht monetäre Einlagen durch Partnerunternehmen	*Jointly Controlled Entities – Non Monetary Contributions by Venturers*
SIC 15	Operating-Leasingverhältnisse – Anreizvereinbarungen	*Operating Leases – Incentives*

SIC 21	Ertragsteuern – Realisierung von neubewerteten, nicht planmäßig abzuschreibenden Vermögenswerten	*Income Taxes – Recovery of Revalued Non-Depreciable Assets*
SIC 25	Ertragsteuern – Änderungen im Steuerstatus eines Unternehmens oder seiner Anteilseigner	*Income Taxes – Changes in the Tax Status of an Enterprise or its Shareholders*
SIC 27	Beurteilung des wirtschaftlichen Gehalts von Transaktionen in der rechtlichen Form von Leasingverhältnissen	*Evaluating the Substance of Transactions Involving the Legal Form of a Lease*
SIC 29	Angabe – Vereinbarungen von Dienstleistungslizenzen	*Disclosure – Service Concession Arrangements*
SIC 31	Erträge – Tausch von Werbeleistungen	*Revenue – Barter Transactions Involving Advertising Services*
SIC 32	Immaterielle Vermögenswerte – Websitekosten	*Intangible Assets – Web Site Costs*

4. Entwurf eines Standards für kleine und mittelgroße Unternehmen

20 Die IFRS sind an börsennotierten Unternehmen ausgerichtet. Nach dem Selbstverständnis der IASCF sind sie jedoch auch für kleinere Unternehmen geeignet. Der IASB hat im Februar 2007 den Entwurf eines Standards **„IFRS for Small and Medium-sized Entities"** vorgelegt (s ausführlich § 46). Die deutsche Bundesregierung hält den Entwurf für den deutschen Mittelstand für nicht geeignet. Sie hat als Alternative am 23. Mai 2008 den Entwurf für ein modernisiertes HGB, das Bilanzrechtsmodernisierungsgesetz (BilMoG), veröffentlicht (s Rz 39 ff), das am 26. März 2009 bzw 3. April 2009 vom Deutschen Bundestag bzw Bundesrat verabschiedet wurde.

B. Geltung und Bedeutung der IFRS für Unternehmen in der EU

I. Die IFRS auf dem Weg zum weltweiten Standard

21 Die IASCF strebt an, den IFRS **weltweit Geltung** zu verschaffen. Ein wesentlicher Schritt zu diesem Ziel ist der Beschluss der **EU** vom 19. Juli 2002, die IFRS für Konzernabschlüsse börsennotierter Gesellschaften in den Mitgliedsstaaten der EU ab 2005 vorzuschreiben (Einzelheiten nachstehend in Rz 25 ff).

Von großer Bedeutung ist ferner der am 21. Dezember 2007 veröffentlichte Beschluss der **US-amerikanischen SEC**, wonach ausländische (nicht US-) Unternehmen der SEC anstelle eines Abschlusses nach US-GAAP einen IFRS-Abschluss einreichen können. Bisher mussten diese Unternehmen eine Überleitungsrechnung auf US-GAAP vorlegen. Die neuen Regelungen traten am 4. März 2008 in Kraft. Es gibt Bestrebungen, diese Möglichkeit auch börsennotierten US-Gesellschaften einzuräumen (*IASB* IASB Insight Q4 2007, 11).

22 Der am 21. Dezember 2007 veröffentlichte Beschluss der SEC geht einher mit den Bestrebungen des IASB und des US-amerikanischen FASB, zu einer Konver-

genz zwischen US-GAAP und den IFRS zu kommen. Diese Bestrebungen gehen auf ein *Memorandum of Understanding* (MoU) vom April 2005 zurück, das unter Mitwirkung des zuständigen EU-Kommissars zustande kam. Das MoU sieht vor, dass bis 2008 in folgenden Bereichen eine Konvergenz erreicht werden soll:

Borrowing Costs	Fremdkapitalkosten
Government Grants	Zuwendungen der öffentlichen Hand
Joint Ventures	Joint Ventures
Segment Reporting	Segmentberichterstattung
Impairment	Wertminderungen
Income Tax	Ertragsteuern
Fair Value Option	Möglichkeit, Finanzinstrumente zum *fair value* zu bewerten
Investment Properties	als Finanzinvestition gehaltene Immobilien
Research and Development	Forschung und Entwicklung
Subsequent Events	Ereignisse nach dem Bilanzstichtag

Für die *„**Borrowing Costs**"* wurde im Mai 2006 ein ED (Amendments zu IAS 23) und im März 2007 ein Standard erlassen. Die Arbeiten an *„**Government Grants**"* sollen bis zu einer Revision von IAS 20 verschoben werden. Zu den ***Joint Ventures*** liegt seit März 2007 ein ED vor (s § 29). Im November 2006 wurde der neue Standard IFRS 8 *„**Operating Segments**"* verabschiedet (s § 21). Der Bereich *„**Impairment**"* wird in einem gemeinsamen Projekt von IASB und dem amerikanischen FASB bearbeitet. Gleiches gilt für den Bereich *„Income Tax"*. Zur *„**Fair Value Option**"* liegt seit Juni 2005 ein Amendment zu IAS 39 vor. Ausgelöst durch die Finanzkrise des Jahres 2008 wird die *fair value*-Bewertung neu diskutiert (Rz 42).

Die Bereiche *„**Investment Properties**", „**Subsequent Events**"* sowie *„**Research and Development**"* werden vom amerikanischen FASB diskutiert. Daneben laufen Arbeiten an einem gemeinsamen *„**Conceptual Framework**"*.

Im April 2008 haben IASB und FASB die Fortschritte erörtert, die auf dem Weg zu einer Konvergenz erreicht sind. Zugleich fassten sie die weiteren Schritte ins Auge, die am Ende jedes Paragraphen dieses Handbuchs dargestellt sind.

Der *„**Canadian Accounting Standards Board**"* hat nach Angaben des IASB **23**
angekündigt, bis 2011 die IFRS in **Kanada** für diejenigen Unternehmen einzuführen, die öffentlich Rechnung legen müssen (*IASCF* Annual Report 2007, 13).

Von den Staaten in Asien und Afrika seien Japan, China und Südafrika erwähnt:

Der **japanische** Standardsetter (ASBJ) hat mit dem IASB am 8. August 2007 ein Abkommen unterzeichnet, wonach bis 2011 eine vollständige Konvergenz zwischen den IFRS und den japanischen Standards erreicht werden soll (*Rechnungslegungs-Report international* KoR 2007, 502).

Im Jahresbericht 2007 der IASCF wird ausgeführt, die zuständigen Stellen in **China** hätten Anfang 2007 eine Reihe neuer Standards der Rechnungslegung erlassen, die eine wesentliche Übereinstimmung *(substantial convergence)* mit den IFRS mit sich gebracht hätten (*IASCF* Annual Report 2007, 13).

Südafrika hat die IFRS im Jahre 2004 übernommen (*IASB* IASB Insight Q4 2007, 10).

24 Der IASB hat eindrucksvolle **Zwischenergebnisse** auf dem Weg zum weltweiten Standard erreicht (Rz 21 ff). Dennoch bleiben Zweifel, ob eine einheitliche Anwendung der Regelungen in allen Details möglich und durchsetzbar ist. Dagegen sprechen die vielen nationalen Besonderheiten der Rechtsordnungen und der wirtschaftlichen Usancen. Wirtschaftsprüfer stellen immer wieder fest, dass sog IFRS-Abschlüsse nicht allen IFRS-Regeln entsprechen, sodass nur ein eingeschränktes Testat (*qualified opinion*) möglich ist.

Die G20-Staaten haben in ihrer Erklärung vom 15. November 2008 festgestellt, dass weltweit einheitliche Standards angestrebt werden sollten.

II. Geltung der IFRS in der EU für Konzernabschlüsse börsennotierter Gesellschaften

1. Die IFRS-Übernahmeverordnungen der EU

25 Das europäische Parlament und der europäische Rat haben mit der Verordnung EU Nr 1606/2002 vom 19. Juli 2002, **der sog IAS-VO** (EU-Amtsblatt vom 11. September 2002, L 243) geändert durch die VO (EG) Nr. 207/08 des europäischen Parlaments und des europäischen Rats vom 11. März 2008 (Amtsblatt vom 9. April 2008) die Einführung der IFRS in das Recht der EU für **Konzernabschlüsse börsennotierter Unternehmen ab 2005** vorgeschrieben (zu Einzelheiten vgl Rz 26 ff). Die VO ist im September 2002 in Kraft getreten. Sie ist in allen ihren Teilen verbindlich und gilt unmittelbar in jedem Mitgliedsstaat. Eine Transformation durch die Gesetzgeber der Mitgliedsstaaten in das jeweilige nationale Recht ist nicht erforderlich (sog Komitologie-Verfahren von lateinisch committere, auch **Ausschußverfahren** genannt). Die Rechtslage ist hier anders als bei der Einführung der EU-Bilanzrichtlinie (sog 4. EG-Richtlinie) vom 25. Juli 1978, die eine Transformation in nationales Recht erforderte.

Der IAS-VO unterliegen Unternehmen, deren Wertpapiere zum Handel an einem geregelten Markt zugelassen sind (Art 4). Die Mitgliedsstaaten konnten nach Art 9 eine über den 1. Januar 2005 hinausgehende **Übergangsfrist** bis 2007 – für Geschäftsjahre, die am oder nach dem 1. Januar 2007 begonnen haben – für zwei Gruppen von Unternehmen gewähren: Zum einen für Unternehmen, die bereits im Jahre 2002 andere international anerkannte Standards (US-GAAP) anwenden und deren Wertpapiere in einem Nichtmitgliedsstaat (insbes den USA) zum öffentlichen Handel zugelassen sind. Zum anderen für Unternehmen, von denen lediglich Schuldtitel zum öffentlichen Handel zugelassen sind. Der deutsche Gesetzgeber hat von dieser Möglichkeit mit dem Bilanzrechtsreformgesetz (BilReG) vom 4. Dezember 2004 Gebrauch gemacht (Art 57 EGHGB).

26 Art 3 der IAS-VO enthält zugunsten der EU-Kommission ein begrenztes **Prüfungsrecht**, bevor die Standards im EU-Amtsblatt veröffentlicht und erst damit für Unternehmen in der EU verbindlich werden (Endorsement).

Es wird geprüft, ob die jeweiligen IFRS

(1) mit Art 16 Abs 3 der 7. EG-Richtlinie und Art 2 Abs 3 der 4. EG-Richtlinie in Einklang stehen (Vermittlung eines den tatsächlichen Verhältnissen entspr Bilds der VFE-Lage),
(2) nicht europäischen öffentlichen Interessen entgegenstehen,
(3) verständlich, für die Benutzer relevant und verlässlich sind und mit früheren Abschlüssen des gleichen Unternehmens und mit denjenigen anderer Unternehmen vergleichbar sind, um den Benutzern für ihre wirtschaftlichen Entscheidungen zu dienen und ihnen zu ermöglichen, die Leistungen der Unternehmensleitung zu beurteilen.

Die EU beschließt die Übernahme jedes einzelnen Standards und jedes einzelnen IFRIC (Endorsement) im sog **Ausschussverfahren** (auch **Komitologie-Verfahren** genannt; s Rz 25). An der Entscheidung der EU-Kommission wirken mit:

(1) Das *Accounting Regulatory Committee* (ARC), das mit Regierungsvertretern der Mitgliedsstaaten besetzt ist.

(2) Ein Ausschuss des europäischen Parlaments, das seit dem Kommissionsbeschluss vom 17. Juli 2006 eingeschaltet werden muss.

(3) Beratend wirken die European Financial Reporting Advisory Group (EFRAG) und seit dem 17. Juli 2006 die Standards Advice Review Group (SARG) mit. Die EFRAG besteht aus elf Personen, die aus den Bereichen Rechnungslegung, Wirtschaftsprüfung und Finanzanalyse der EU-Mitgliedsstaaten stammen. SARG wurde von der EU-Kommission ins Leben gerufen und soll zu den Übernahmeempfehlungen der EFRAG Stellung nehmen.

(4) Ein Endorsement kommt nur zustande, wenn das ARC einem entspr Kommissionsvorschlag zustimmt und das europäische Parlament nicht widerspricht.

Die **EU-Kommission** trifft die Entscheidungen zur Übernahme einzelner IFRS in Form von IFRS-Übernahme-VO, die nachfolgend nach dem Stand vom 1. Mai 2009 aufgeführt sind: 27

EU-VO Nr	**Datum**	**EU-Amtsblatt**	**Neue/Geänderte Regelungen**
707/04	6. 4. 2004	L 111 S 3ff	IFRS 1 SIC 8
2086/04	19. 11. 2004	L 363 S 1ff	IAS 39
2236/04	29. 12. 2004	L 392 S 1ff	IAS 22 IFRS 3, 4 und 5 IAS 36 IAS 38 SIC 9, 22 und 28
2237/04	29. 12. 2004	L 393 S 1ff	IAS 32 IFRIC 1
2238/04	29. 12. 2004	L 394 S 1ff	IAS 1, 2, 8, 10, 16, 17, 21, 24, 27, 28, 31, 33, 40 IAS 15 SIC 1, 2, 3, 6, 11, 14, 18, 19, 20, 23, 24, 30, 33
211/05	4. 2. 2005	L 41 S 1f	IFRS 2
1073/05	7. 7. 2005	L 175 S 3ff	IFRIC 2
1751/05	25. 10. 2005	L 282 S 3ff	IFRS 1 IAS 39 SIC 12
1910/05	8. 11. 2005	L 305 S 4ff	IFRS 1, 6 IAS 1, 16, 19, 24, 38, 39 IFRIC 4 und 5

EU-VO Nr	Datum	EU-Amtsblatt	Neue/Geänderte Regelungen
1864/05	15. 11. 2005	L 299 S 45ff	IFRS 1 IAS 32 und 39
2106/05	21. 12. 2005	L 337 S 16ff	IAS 39
108/06	11. 1. 2006	L 24 S 1ff	IFRS 1, 4, 6, 7 IAS 1, 14, 17, 32, 33, 39 IFRIC 6
708/06	8. 5. 2006	L 122 S 19ff	IFRIC 7 IAS 21
1329/06	8. 9. 2006	L 247 S 3ff	IFRIC 8 IFRIC 9
610/07	1. 6. 2007	L 141 S 46ff	IFRIC 10
611/07	1. 6. 2007	L 141 S 49ff	IFRIC 11
1358/07	21. 11. 2007	L 304 S 9ff	IFRS 8 IAS 2, 7, 19, 27, 33, 34, 36 IFRS 5, 6
1004/08	15. 10. 2008	L 275 S 37ff	IAS 39 IFRS 7

Die EU-Kommission hat am 3. November 2008 eine **konsolidierte Fassung** sämtlicher IFRSs, IFRICs und SICs in sämtlichen EU-Sprachen vorgelegt, die bis zum 15. Oktober 2008 durch Endorsements in das europäische Recht übernommen wurden (VO-EG Nr 1126/08, Amtsblatt vom 29. November 2008). Die VO-EG 1126/08 tritt an die Stelle der vorstehend zitierten achtzehn Einzelverordnungen und ersetzt die VO-EG 1725/03 vom 29. September 2003. Die konsolidierten Texte weichen in der Wortwahl zT von den Texten der vorstehend zitierten Einzelverordnungen ab.

Die EU-VO 1126/08 enthält die vom IASB beschlossenen Neufassungen und Änderungen (noch) nicht, die am 15. Oktober 2008 noch kein Endorsement erhalten hatten. In der Zeit vom 3. November 2008 bis 1. Mai 2009 beschloss die EU-Kommission folgenden IASB-Verlautbarungen das **Endorsement** zu erteilen:

EU-VO Nr	Datum	Amtsblatt	Standard	
1260/08	10. 12. 08	L 338/10ff	IAS 23	Fremdkapitalkosten
1261/08	16. 12. 08	L 338/17ff	IFRS 2	Anteilsbasierte Vergütung
1262/08	16. 12. 08	L 338/21ff	IFRIC 13	Kundenbindungsprogramme
1263/08	16. 12. 08	L 338/25ff	IFRIC 14	Interpretation von IAS 19 betreffend Leistungen an Arbeitnehmer
1274/08	17. 12. 08	L 339/3ff	IAS 1	Darstellung des Abschlusses

EU-VO Nr	Datum	Amtsblatt	Standard	
53/09	21. 1. 09	L 17/23	IAS 32, IAS 1	Kündbare Finanzinstrumente (ua Eigenkapital bei PersGes)
69/09	23. 1. 09	L 21/10	IFRS 1, IAS 27	Anschaffungskosten von Anteilen an TU, gemeinschaftlich geführten Unternehmen oder assozierten Unternehmen
70/09	23. 1. 09	L 21/16		*Annual Improvements* (Verbesserungen) 2008
254/09	25. 3. 09	L 80/5	IFRIC 12	Dienstleistungskonzessionsvereinbarungen

Die **Anwendung** der IFRS wird durch die Differenzierung zwischen EU-anerkannten und (noch) nicht anerkannten Standards und Interpretationen (s Rz 14f und Rz 17) **erschwert.** Die EU-Kommission hat ihre Auffassung zu den sich daraus ergebenden Fragen in einer Stellungnahme vom November 2003 niedergelegt (http://europa.eu.int/comm/internalmarket/accounting/docs/ias/ias-200.311-comments en.pdf). Danach muss ein von der EU (noch) nicht akzeptierter Standard nicht und darf in „besonderen Fällen" nicht angewandt werden, wobei im Text offen bleibt, wann ein besonderer Fall vorliegt. Gedacht ist wohl in erster Linie an Regeln, die den europäischen öffentlichen Interessen widersprechen. Aus der Sicht der EU liegt eine Regelungslücke vor, wenn bestimmte Standards – zB Teile von IAS 39 – nicht angewendet werden müssen oder dürfen. Diese Lücke ist nach den Regeln auszufüllen, die für die Lückenausfüllung gelten. Dabei können nach Meinung der EU-Kommission die (noch) nicht akzeptierten Standards als Auslegungshilfe herangezogen werden, wenn und soweit sie mit den in IAS 8.10f, IAS 1.22 genannten Prinzipien übereinstimmen und nicht im Widerspruch zu den Standards stehen, die die EU akzeptiert hat. 28

Im Rahmen der vorstehenden Ausführungen kann eine vorzeitige freiwillige Anwendung von einzelnen IFRS in Betracht kommen, die noch kein Endorsement erhalten haben (zu Einzelheiten s *Buchheim/Knorr/Schmidt*, KoR 2008, 373.

2. Zusammenwirken von IFRS und deutschem Konzernrecht

Für den **Konzernabschluss** von börsennotierten AG's mit Sitz in Deutschland müssen **ergänzend** zu den IFRS folgende Vorschriften beachtet werden: 29

§ 297 Abs 2 Satz 4 HGB	Erklärung des Vorstands zur wirtschaftlichen Lage (sog „Bilanzeid")
§§ 244, 315a HGB	Aufstellung in deutscher Sprache und in Euro
§§ 245, 315a HGB	Unterzeichnung des Abschlusses durch den Vorstand
§ 313 Abs 2 bis 4 HGB	Anhangangaben

§ 314 Abs 1 Nr 4, 6, 8 und 9 HGB	Angaben – zu den Konzernunternehmen, – zur durchschnittlichen Zahl der Arbeitnehmer, – zu den Bezügen von Vorstand und Aufsichtsrat, – zu den Honoraren des Abschlussprüfers
§ 161 AktG	Erklärung zum Corporate Governance-Codex
§§ 315, 315a HGB	Erstellung eines Konzernlageberichts

Der vom **Vorstand** aufgestellte Konzernabschluss einer AG muss dem **Aufsichtsrat** vorgelegt und von diesem geprüft werden (§ 170 AktG). Über das Ergebnis der Prüfung hat der Aufsichtsrat schriftlich an die Hauptversammlung zu berichten. Darin hat er ua mitzuteilen, ob er den Konzernabschluss billigt. Billigt er den Konzernabschluss nicht, so entscheidet die Hauptversammlung über die Billigung (§ 173 Abs 1 HGB). Das Verfahren zur Aufstellung und Billigung des IFRS-Konzernabschlusses richtet sich also nach den Vorschriften des HGB und des AktG; gleiches gilt für die Veröffentlichung. Eine förmliche „Feststellung" ist für den Konzernabschluss weder nach HGB und AktG noch nach IFRS vorgeschrieben.

Wegen weiterer Einzelheiten wird auf die Ausführungen zum Konzernabschluss in § 31 verwiesen.

3. Zuständigkeiten deutscher Gerichte und des EuGH

30 Für die **Auslegung der IFRS**, die in das europäische Recht übernommen wurden, sind im Streitfall zunächst die **nationalen Gerichte** zuständig (Art 234 Abs 1 EGV). Ein nationales Gericht unterer Instanz ist berechtigt und ein Gericht der letzten Instanz ist verpflichtet, den **EuGH** anzurufen, um eine Vorabentscheidung einzuholen (Art 234 Abs 2, 3 EGV). Da der Konzernabschluss keine rechtsbegründende Wirkung hat, er zB nicht die Grundlage für Dividendenzahlungen ist, führen Konzernabschlüsse seltener als Einzelabschlüsse zu gerichtlichen Auseinandersetzungen. Gerichtliche Entscheidungen sind bei Meinungsverschiedenheiten zwischen einer AG und dem Abschlussprüfer nach § 324 HGB denkbar. Sie sind ferner gem § 37o und u WpHG möglich bei Streitigkeiten zwischen der BaFin und einer AG, die Feststellungen der BaFin nicht anerkennt.

III. Anpassung von EU-Recht an die Gedankenwelt der IFRS

1. Die EU-Modernisierungsrichtlinie vom 18. Juni 2003

31 Mit der EU-Modernisierungsrichtlinie vom 18. Juni 2003 (2003/51 EG, am 17. Juli 2003 im Amtsblatt L 178/16 veröffentlicht) wurden die für die **Rechnungslegung wesentlichen EG-Richtlinien so umgestaltet, dass eine Anwendung der IFRS möglich ist.** Es handelte sich um die Anpassung folgender Richtlinien:

Bezeichnung	Vom	Nr.
4. EG-RL sog Jahresabschlussrichtlinie	25. Juli 1978	78/660/EWG
7. EG-RL sog Konzernrichtlinie	13. Juni 1983	83/349/EWG
Banken RL	08. Dezember 1986	86/635/EWG
Versicherungs RL	19. Dezember 1991	91/674/EWG

Die 4. und die 7. EG-RL wurden ua dahin geändert und ergänzt, dass
(1) der Jahresabschluss weitere Bestandteile umfassen kann (Art 1.1),
(2) die Posten der Bilanz und der GuV nach dem wirtschaftlichen Gehalt der zugrunde liegenden Geschäftsvorfälle gegliedert werden dürfen (Art 1.2),
(3) die Bilanz nach kurz- und langfristigen Posten gegliedert werden darf (Art 1.6),
(4) bestimmte Arten von Vermögensgegenständen mit Ausnahme von Finanzinstrumenten auf der Grundlage des beizulegenden Zeitwerts *(fair value)* bewertet werden dürfen. Die Ausnahme für die Finanzinstrumente hängt damit zusammen, dass IAS 39 von der EU ursprünglich nicht anerkannt wurde und heute nur mit Ausnahmen akzeptiert ist (Art 1.12; s Rz 16 und § 3 Rz 60),
(5) für den Begriff des Konzerns auch das Kriterium der Kontrolle eingeführt wurde (Art 2.1),
(6) in jedem Fall ein (von den IFRS nicht geforderter) Lagebericht zu erstellen ist, dessen Inhalt in Art 20 definiert wird.

2. Die EU-Transparenzrichtlinie vom 14. Juni 2006

Am 14. Juni 2006 erging eine weitere Richtlinie zur Änderung der 4. und der 32
7. EG-RL, die sog **Transparenzrichtlinie**. Diese Richtlinie sorgt für mehr Transparenz bei der Finanzberichterstattung. Sie verlangt die Offenlegung von bestimmten nicht bilanzierten Geschäften und von Geschäften mit nahe stehenden Personen im Anhang. Ferner statuiert sie die Verpflichtung für börsennotierte Unternehmen, jährlich eine **Corporate Governance-Erklärung** abzugeben (EU-Richtlinie 2006/46/EG vom 14. Juni 2006, EU-Amtsblatt vom 16. August 2006, L224).

IV. Anpassung deutscher Gesetze an die internationale Praxis der Rechnungslegung

1. Deutsche Gesetze der Jahre 2004 bis 2006

Seit dem Dezember 2004 wurden folgende **Gesetze** erlassen, die in dem hier 33
erörterten Zusammenhang von Bedeutung sind:
(1) Bilanzrechtsreformgesetz (BilReG) vom 4. Dezember 2004,
(2) Bilanzkontrollgesetz (BilKoG) vom 15. Dezember 2004,
(3) Abschlussprüferaufsichtsgesetz (APAG) vom 31. Dezember 2005,
(4) Vorstandsvergütungs-Offenlegungsgesetz (VorOG) vom 10. August 2005,
(5) Transparenzrichtlinie-Umsetzungsgesetz (TUG) vom 30. November 2006.

Das **Bilanzrechtsreformgesetz (BilReG)** vom 4. Dezember 2004 erwei- 34
terte die Berichtspflichten ua um (*Ellrott* ua in BeBiKo[6], VII):

(1) Angaben zu Kategorien derivativer Finanzinstrumente und zu Finanzanlagen, die über dem Zeitwert ausgewiesen werden (§ 285 Satz 1 Nr 18 und 19 HGB bzw § 314 Abs 1 Nr 10 und 11 HGB),
(2) Angabe der Honorare des (Konzern-)Abschlussprüfers bei kapitalmarktorientierten Unternehmen (§ 285 Satz 1 Nr 17 bzw § 314 Abs 1 Nr 9 HGB),
(3) Erweiterung der (Konzern-)Lageberichterstattung
  (a) um eine Risikoberichterstattung in Bezug auf Finanzinstrumente (§ 289 Abs 2 Nr 2 HGB bzw § 315 Abs 2 Nr 2 HGB),
  (b) um eine Analyse des Geschäftsverlaufs und der Lage der Gesellschaft unter Einbeziehung und Erläuterung bedeutsamer finanzieller Leistungsindikatoren sowie bei großen (Kapital-)Gesellschaften um Angaben auch nichtfinanzieller Leistungsindikatoren (zB Umwelt- oder Arbeitnehmerbelange) und
  (c) um eine Beurteilung und Erläuterung der zukünftigen Entwicklung mit ihren wesentlichen Chancen und Risiken sowie um eine Angabe der ihnen zugrunde liegenden Annahmen (§ 289 Abs 1 und 3 HGB sowie § 315 Abs 1 HGB).

Darüber hinaus wurden durch das BilReG die sog „IAS-VO“ durch Einfügung eines neuen § 315a HGB „Konzernabschluss nach internationalen Rechnungslegungsstandards“ sowie Vorschriften zur Offenlegung eines IFRS-Einzelabschlusses (§§ 325 Abs 2a, 324a HGB) in nationales Recht umgesetzt.

35 Durch das **Bilanzkontrollgesetz (BilKoG)** vom 15. Dezember 2004 (BGBl I S 3408) wurden
(1) die §§ 342b bis 342e HGB eingefügt, die die Grundlagen für die Prüfstelle für Rechnungslegung (DPR) legen,
(2) die §§ 37n bis 37u WpHG eingefügt, die die Rechte und Pflichten der BaFin zur Kontrolle der Unternehmensabschlüsse ergänzen.

36 Das **Abschlussprüferaufsichtsgesetz (APAG)** vom 31. Dezember 2004 ordnet die Berufsaufsicht über die Wirtschaftsprüfer neu. Eine neu errichtete Abschlussprüferaufsichtskommission (APAK) führt eine letztverantwortliche, berufstandsunabhängige fachliche Aufsicht über die Wirtschaftsprüferkammer (*Marten/Köhler* WPg 2005, 145ff).

37 Das **Vorstandsvergütungs-Offenlegungsgesetz (VorstOG)** vom 10. August 2005 regelt die Berichtspflichten für die Mitglieder eines Geschäftsführungsorgans neu und nähert die Regeln an IAS 24 an (eingefügt in § 285 Nr 9 HGB). Bei börsennotierten AG sind die Bezüge jedes einzelnen Vorstandsmitglieds unter Namensnennung offen zu legen.

38 Das **Transparenzrichtlinien-Umsetzungsgesetz (TUG)** vom 30. November 2006 regelt:
(1) die Verbreitung und Speicherung unternehmensbezogener Mitteilungen und Daten,
(2) erweiterte Veröffentlichungs- und Meldepflichten nach dem WpHG,
(3) die Erweiterung der Rechnungslegungspflichten in folgenden Bereichen:
  (a) Neuregelung der Offenlegung nach § 325 HGB,
  (b) Hinweisbekanntmachung auf Jahresfinanzbericht (§ 37v WpHG) und Offenlegung,
  (c) Inhalt des Halbjahresfinanzberichts (§ 37w Abs 2 WpHG),
  (d) Berichtszeitraum,
  (e) Zwischenmitteilungen,
  (f) „Bilanzeid“,
  (g) Zuständigkeit der Prüfstelle für Rechnungslegung (DPR) auch für Halbjahresfinanzberichte.

2. Deutsches Bilanzrechtsmodernisierungsgesetz (BilMoG) 2009

a) Ziele

Der Bundestag und der Bundesrat haben am 26. März bzw 3. April 2009 das **Bilanzrechtsmodernisierungsgesetz (BilMoG)** beschlossen. In der **Gesetzesgründung** heißt es einleitend: „Mit der Modernisierung des Bilanzrechts wird das Ziel verfolgt, den Unternehmen – im Verhältnis zu den International Financial Reporting Standards (IFRS) … eine gleichwertige, aber einfachere und kostengünstigere Alternative zu bieten. Dabei bleibt der handelsrechtliche Jahresabschluss Grundlage der Gewinnausschüttung und werden die Vorzüge der Maßgeblichkeit des handelsrechtlichen Jahresabschlusses für die steuerliche Gewinnermittlung bewahrt, bleiben die Eckpfeiler der handelsrechtlichen Rechnungslegung ebenso bestehen, wie das System der Grundsätze ordnungsmäßiger Buchführung.“ 39

Zu den Eckpfeilern, die bestehen bleiben, gehören insbes das **Vorsichtsprinzip,** das **Anschaffungskostenprinzip** und das **Verbot unrealisierte Gewinne** auszuweisen. Ferner sieht das HGB auch nach seiner „Modernisierung“ nicht so umfassende Erläuterungen im Anhang vor, wie sie die IFRS fordern.

b) Angleichung einzelner Vorschriften an die IFRS

Das HGB wird insbes in folgenden Punkten an die IFRS angeglichen: 40

HGB	
§ 246 Abs 1 Satz 4	Ein entgeltlich erworbener **Geschäfts- oder Firmenwert** wird als zeitlich begrenzt nutzbarer **Vermögensgegenstand** fingiert.
§ 247 Abs 3	Steuerliche **Sonderposten mit Rücklageanteil** werden **nicht** mehr zugelassen.
§ 248 Abs 2	Selbst geschaffene **immaterielle Vermögensgegenstände** sind zur Aktivierung zugelassen, soweit es sich nicht um Marken, Drucktitel, Verlagsrechte, Kundenlisten oder vergleichbare Vermögensgegenstände des Anlagevermögens handelt.
§ 249 Abs 1 Satz 3 und Abs 2	Werden aufgehoben. Damit dürfen Rückstellungen für **unterlassene Instandhaltungen,** die nach Ablauf von drei Monaten innerhalb des folgenden Geschäftsjahrs nachgeholt werden, nicht mehr gebildet werden. Zudem wurde das Wahlrecht zur Passivierung von **Aufwandsrückstellungen** gestrichen.
§ 250 Abs 1 Satz 2	Wird aufgehoben, sodass **Zölle**, **Verbrauchssteuern** und **Umsatzsteuern nicht** mehr aktiv abgegrenzt werden dürfen.
§ 252 Abs 1 Nr 6	Bewertungsmethoden „sind“ (vorher: „sollen“) beizubehalten.
§ 253 Abs 2	**Rückstellungen** mit einer Laufzeit von mehr als einem Jahr müssen **abgezinst** werden.
§ 253 Abs 3	**Abschreibungen** zur Verhinderung **zukünftiger** Wertschwankungen sind **nicht** mehr zulässig.

HGB	
§ 253 Abs 5	**Wertaufholungen** müssen zwingend vorgenommen werden, wenn die Gründe für Abschreibungen nicht mehr bestehen (Ausnahme: Geschäfts- oder Firmenwert).
§ 254	Nur steuerlich zulässige Abschreibungen dürfen handelsrechtlich nicht mehr vorgenommen werden. Die Bildung von Bewertungseinheiten wird nach Maßgabe des neu gefassten § 254 HGB (BilMoG) ermöglicht.
§ 256	Als Bewertungsvereinfachung werden nur noch **Lifo** und **FiFo** zugelassen.
§ 269	Die **Bilanzierungshilfe** für Ingangsetzungs- und Erweiterungsaufwendungen wird gestrichen.
§ 274	Das **bilanzorientierte** Konzept der IFRS wird eingeführt. Passive latente Steuern müssen, aktive latente Steuern können bilanziert werden.
§ 340e Abs 3 und 4	Neue Bewertungsregel für Kreditinstitute und Finanzdienstleistungsinstitute. Finanzinstrumente des Handelsbestands sind zum **beizulegenden Zeitwert** zu bewerten, jedoch abzüglich eines Risikoabschlags.

Die vorstehende Aufzählung stellt die Änderungen des deutschen Bilanzrechts nicht vollständig dar, sondern listet nur einzelne Punkte auf, die als Angleichung an die IFRS interpretiert werden können.

V. Ausblick: Bewährung der IFRS in der Finanzmarktkrise 2008?

41 Haben sich die IFRS in der Finanzmarktkrise bewährt? Welche Auswirkungen hat die Finanzmarktkrise auf die Rechnungslegung? Diese Fragen haben sich Regierungen und die EU-Kommission, nationale und internationale Organisationen und Vertreter der Wissenschaft gestellt (Deklaration der G20-Staaten vom 15. November 2008, veröffentlicht von der deutschen Bundesregierung www.bundesregierung.de/nn_1272/Content/DE/Artikel/2008/11/2008-11-15-er 06.12.2008). Eine Zusammenfassung der Reaktionen des IASB findet sich in KoR 2009, 145; darüber hinaus sei hingewiesen auf *Dobler/Kuhner* WPg 2009, 24ff sowie auf die Saarbrücker Initiative gegen den Fair Value (*Bieg/Bofinger/Küting/Kussmaul/Waschbusch/Weber* DB 2008, 2549ff mit Erwiderungen durch *Böcking/Flick* DB 2009, 185ff und *Zwirner* DB 2009, 353ff). Das IDW hat seine „Erkenntnisse aus der Finanzmarktkrise" in einem 8-seitigen Papier zusammengefasst (*IDW* WPg 2009, 226ff).

42 Die Kernpunkte der Kritik lassen sich wie folgt zusammenfassen:

(1) ***fair value*** Bewertung: Wie sollen Verbriefungen von Hypothekenforderungen minderer Bonität sachgerecht bewertet und dargestellt werden? Wie soll man den *fair value* von Wertpapieren ermitteln, wenn kein aktiver Markt mehr vorhanden ist? Welchen Nutzen haben in dieser Lage die verschiedenen Bewertungsmodelle? *Dobler/Kuhner* (WPg 2009, 24ff) kommen in einer ausführlichen Analyse zu dem Ergebnis, dass die IFRS in diesem Bereich den „hohen Erwartungen nicht gerecht geworden sind" (*Dobler/Kuhner* WPg 2009, 33).
Wie soll man der Abwärtsspirale in den Märkten begegnen, die nach Auffassung vieler Beobachter durch die *fair value*-Bewertung von Wertpapieren in

Gang gesetzt wurde, für die es zurzeit keine Käufer gibt? Der IASB hat versucht, diesen volkswirtschaftlich bedrohlichen Effekten mit einer Sofortmaßnahme vom 13. Oktober 2008 zu begegnen. Die Umgliederung der betroffenen Wertpapiere in andere Kategorien wurde zugelassen, in Kategorien, die die *fair value*-Bewertung nicht erfordern (Einzelheiten in § 3 Rz 78 ff). Die EU übernahm die Änderung vom 13. Oktober 2008 bereits zwei Tage später in das europäische Recht.

Frühauf (FAZ vom 2. März 2009, 9) hat auf die Widersprüche hingewiesen, die die *fair value* Bewertung von eigenen Schulden auslösen kann. Die Deutsche Bank hätte für 2008 einen sehr viel niedrigeren Verlust ausgewiesen, wenn sie die sog *fair value*-Option in größerem Umfang genutzt hätte (Kategorisierung von eigenen Verbindlichkeiten als erfolgswirksam zum beizulegenden Zeitwert gem IAS 39.9 und Abwertung der Verbindlichkeiten, dh der eigenen Schuldtitel auf deren unter dem Nominalwert liegenden *fair value* gem IAS 39.47(b) (zur *fair value*-Option vgl nur *Eckes/Weigel* KoR 2006, 415 ff).

(2) **Nichtkonsolidierung von Zweckgesellschaften:** *Dobler/Kuhner* (WPg 2009, 27 ff) sehen eine Schwachstelle der IFRS-Bilanzierung darin, dass Banken (zB die IKB) Zweckgesellschaften nicht in die Konzernbilanzen einbezogen. Dies hätte bei sachgerechter Anwendung des Grundsatzes „*substance over form*" geschehen müssen; war aber nach Auffassung der entspr Banken und ihrer Abschlussprüfer nach IAS 27 und SIC-12 nicht erforderlich. Diese Nichtbilanzierung schwächte auch die Effizienz der Bankenaufsicht, weil die aufsichtsrechtlichen Normen an die IFRS-Konzernbilanz anknüpfen (s § 39 Rz 21 ff; *Dobler/Kuhner* WPg 2009, 27; und Deklaration der G20-Staaten vom 15. November 2008, wo die „*standards for off-balance sheet vehicles*" ausdrücklich kritisch erwähnt werden).

(3) **Zur Organisation und Kontrolle des IASB und anderer Standardsetter**: Die G20-Staaten haben in der Deklaration vom 15. November 2008 auch eine Verbesserung der „*governance of the international accounting standard setting body*" angemahnt, und zwar eingeschlossen eine Überprüfung der Mitglieder dieser Gremien, um Transparenz, Rechnungslegung und eine angemessene Zusammenarbeit dieser unabhängigen Institutionen mit den zuständigen staatlichen Stellen zu gewährleisten („*to ensure transparency, accountability and an appropriate relationship between this independent body and the relevant authorities*"; s *Deklaration der G20-Staaten*, Rz 9 ff).

Die Fragen an die Rechnungslegung, die die Finanzmarktkrise aufgeworfen hat, werden von den G20-Staaten als Teil einer Neuordnung der Finanzmärkte angesehen. Es ist zurzeit (Mai 2009) noch nicht abzusehen, ob den Regierungen trotz unterschiedlicher Interessen kurzfristig sachgerechte Kompromisse gelingen und welche Konsequenzen sich für die Rechnungslegung nach IFRS ergeben werden.

Teil B. Abschluss

I. Bilanz

§ 2. Ansatz, Bewertung und Ausweis sowie zugrunde liegende Prinzipien

Übersicht

Schrifttum: *Arens/Loebbecke* Auditing, 8. Aufl, New Jersey 2000; *Bischoff/Molzahn* IAS 1 (revised 2007) „Presentation of Financial Statements", IRZ 2008, 171; *EFRAG* „Stewardship/Accountability as an objective of Financial Reporting", Brüssel 2007; *IASB* IFRIC-Update Oktober 2004, London 2004; *IASB* IASB-Update Juli 2005, London 2005; *IASB* Discussion Paper „Management Commentary", London 2005; *IASB* Discussion Paper „Preliminary Views on an Improved Conceptual Framework of Financial Reporting", London 2006; *IASB* IASB-Update September 2006, London 2006; *IASB* Exposure Draft „An Improved Conceptual Framework for Financial Reporting", London 2008; *IASB* Exposure Draft Simplifying Earnings per Share, London 2008; *IDW* Fachnachrichten IFRS, Conceptual Framework, WPg 2006, 1474; *Hitz* Fair value in der IFRS-Rechnungslegungs-Konzeption, Inhalt und Zweckmäßigkeit, WPg 2005, 1013; *Köhler/Marten* Diskussionsstand der IFRS-Konversion nicht kapitalmarktorientierter Unternehmen in Deutschland, in Marten/Quick/Ruhnke (Hrsg): IFRS für den Mittelstand?, Düsseldorf 2005, 7; *Kümmel* Grundsätze für die Fair Value-Ermittlung mit Barwertkalkülen – Eine Untersuchung auf der Grundlage des Statement of Financial Accounting Concepts No. 7, Düsseldorf 2002; *Kümpel* Bilanzielle Behandlung von Wertminderungen bei Vermögenswerten nach IAS 36, BB 2002, 984; *Küting/Reuter* Unterschiedliche Erfolgs- und Gewinngrößen in der internationalen Rechnungslegung: Was sollen diese Kennzahlen aussagen?, DB 2007, 2549; *Oversberg* Ein Abschied auf Raten – IASB legt die Grundlage für die Abschaffung des Ausweises eines Jahresüberschusses, Ein Überblick über die Anpassungen des IAS 1 – Presentation of Financial Statements, PiR 2008, 339; *Pfitzer/Dutzi* Stichwort „Fair value", in Ballwieser/Coenenberg/von Wysocki (Hrsg): Handwörterbuch der Rechnungslegung und Prüfung, 3. Aufl, Stuttgart 2002, 750; *Wenk/Jagosch* Änderung zur Darstellung von IFRS-Abschlüssen – IAS 1 (revised 2007) „Presentation of Financial Statements", DStR 2008, 1251; *Wiedmann* Fair value in der internationalen Rechnungslegung, in FS für Havermann, Düsseldorf 1995, 779 ff; *Zülch* Das IASB Improvement Projekt: wesentliche Neuerungen und ihre Würdigung, KoR 2004, 153; *Zülch/Fischer* Die Neuregelungen des überarbeiteten IAS 1 – Financial Statement Presentation, PIR 2007, 257; *Zülch/Nellessen* Die Überarbeitung der Rahmenkonzepte von IASB und FASB: aktueller Stand des „Conceptual Framework-Projekt", PIR 2008, 270.

Wesentliche Rechtsgrundlagen: Rahmenkonzept, IAS 1 und IAS 8

A. Grundlagen

I. Das Rahmenkonzept des IASB

1 Das Rahmenkonzept (*framework*) bildet das theoretische Fundament der IFRS, indem es die Ziele und die Grundannahmen dieser Rechnungslegungsnormen definiert. Es gibt jedoch nicht an, wie diese Ziele im Einzelfall erreicht werden sollen. Die Einzelregelungen sind in den Standards (§ 1 Rz 12ff) niedergelegt, die allein verbindlich sind, sodass sich ein Unternehmen nicht unter Verweis auf das Rahmenkonzept über die Regelung in einem Standard hinwegsetzen kann (F. 2). Das gilt auch, wenn in einem Fall das Rahmenkonzept in offensichtlichem Widerspruch zu einer Regelung in einem Standard steht (F. 3). Das **Rahmenkonzept** ist auch nicht Bestandteil der in der EU gültigen IFRS, da es bislang **nicht** das **EU-Anerkennungsverfahren** durchlaufen hat.

Das Rahmenkonzept hat insbes für den IASB und das IFRIC eine große Bedeutung, weil der IASB die von ihm zu beschließenden Einzelregelungen hieran ausrichtet und das IFRIC bei Auslegungsfragen hierauf zurückgreift. Außerdem sollen sich auch Standardsetter bei der Entwicklung nationaler Standards am Rahmenkonzept orientieren (F. 1(c)) und Wirtschaftsprüfer bei der Beurteilung der Konformität von IFRS-Abschlüssen auf das Rahmenkonzept zurückgreifen (F. 1(e)).

Das zurzeit geltende Rahmenkonzept wurde im Jahre 1989 von dem damaligen IASC veröffentlicht. Es ist in Aufbau und Sprache und auch in der Gewichtung einzelner Themenbereiche durch neuere Entwicklungen zT überholt, jedoch in seinen wesentlichen Aussagen unverändert maßgebend. Der IASB arbeitet zusammen mit dem US-amerikanischen Standardsetter, dem FASB, an einem neuen „*Conceptual Framework*“ (s Rz 181ff), von dem dann beide Standardsetter ausgehen wollen.

2 Wesentliche Grundaussagen des Rahmenkonzepts sind in die Standards IAS 1 und IAS 8 übernommen worden, wodurch sie verbindlich geworden sind. Neben den Zielen von Abschlüssen werden im Rahmenkonzept zwei grundlegende Annahmen (Periodenabgrenzung, Unternehmensfortführung) sowie vier wesentliche qualitative Anforderungen (Verständlichkeit, Relevanz, Wesentlichkeit und Verlässlichkeit) beschrieben. Aus der nachfolgenden Übersicht sind die wesentlichen Rechnungslegungsgrundsätze des Rahmenkonzepts sowie der IFRS, die sowohl vom Rahmenkonzept als auch von IAS 1 bzw IAS 8 erwähnt werden, zu ersehen:

Rahmen-konzept	**Grundsätze**	**IAS 1**	**IAS 8**	**Rz**
12–14	**Die Zielsetzung von Abschlüssen**	9	–	5ff
46	*fair presentation*	15–24	10	13ff
	Zu Grunde liegende Annahmen			
22	Periodenabgrenzung	27, 28	–	16f
23	Unternehmensfortführung	25, 26	–	18f
24	**Qualitative Anforderungen an den Abschluss**			
25	Verständlichkeit			20

Rahmen-konzept	Grundsätze	IAS 1	IAS 8	Rz
26–30	Relevanz – Wesentlichkeit	29–31	–	21 ff
31 f	Verlässlichkeit			28 ff
33–34	• Glaubwürdige Darstellung	–	10	29
35	• wirtschaftliche Betrachtungsweise	–	10	30 f
36	• Neutralität	–	10	32
37	• Vorsicht	–	10	33 ff
38	• Vollständigkeit	–	10	37
39–42	• Vergleichbarkeit – Stetigkeit	38–46	–	38 ff
	Beschränkungen für relevante und verlässliche Informationen			
43	Zeitnähe			41
44	Abwägung von Nutzen und Kosten			42 f

IAS 1 (Darstellung des Abschlusses) ist der zentrale Standard zu den Grundlagen der Abschlusserstellung. Er wurde mehrmals überarbeitet und zuletzt im September 2007 als Neufassung veröffentlicht und im Dezember 2008 in EU-Recht übernommen. Die Neufassung des IAS 1 gilt für alle Abschlüsse, deren Berichtszeitraum am oder nach dem 1. Januar 2009 beginnt. **IAS 8** (Bilanzierungs- und Bewertungsmethoden, Änderungen von Schätzungen und Fehler) befasst sich ua mit der Frage der Anwendung von Bilanzierungs- und Bewertungsmethoden. IAS 1 und IAS 8 können somit nach ihrem Inhalt neben dem Rahmenkonzept als allgemeine Teile der IFRS bezeichnet werden. Sie sollen sicherstellen, dass die im Rahmenkonzept formulierten Ziele auch umgesetzt werden. 3

Aus IAS 1 und IAS 8 wird zugleich auch die praktische Bedeutung des Rahmenkonzepts ersichtlich. **Nur in äußerst seltenen Ausnahmefällen** – die nicht näher spezifiziert werden – **kann auf die Anwendung der Regelung in einem IFRS verzichtet werden**, wenn das Unternehmen zu dem Ergebnis gelangt, dass die Regelung im Widerspruch zu den Grundsätzen des Rahmenkonzepts steht (IAS 1.19). Diese Tatsache ist dann entspr anzugeben (IAS 1.20). Außerdem ist das Rahmenkonzept dann als **Deduktionsgrundlage** heranzuziehen, wenn die bilanzielle Abbildung eines Sachverhalts weder mit einem anderen Standard oder einer Interpretation, noch durch Verlautbarungen anderer Standardsetter, denen ein ähnliches Rahmenkonzept zugrunde liegt, beantwortet werden kann (IAS 8.11(b)). 4

II. Ziele des Abschlusses

1. Informationsfunktion

IAS 1.9 definiert die **Ziele des Abschlusses** wie folgt: 5

Die Zielsetzung eines allgemeinen Abschlusses ist es, **Informationen** über die Vermögens- und Finanzlage, die Ertragskraft und die Cashflows eines Unternehmens bereitzustellen, die für eine breite Palette von Adressaten **nützlich** sind, um wirtschaftliche Entscheidungen zu treffen. Darüber hinaus zeigt ein Abschluss die Ergebnisse der Verwaltung des dem Management anvertrauten Vermögens. Um diese Zielsetzung zu erfüllen, stellt ein Abschluss Informationen über

(1) Vermögenswerte;
(2) Schulden;
(3) Eigenkapital;
(4) Erträge und Aufwendungen, einschließlich Gewinne und Verluste aus Veräußerungen langfristiger Vermögenswerte und aus Wertänderungen;
(5) Transaktionen mit den Anteilseignern und
(6) Cashflows

eines Unternehmens zur Verfügung.

Diese Informationen helfen den Adressaten, zusammen mit den anderen Informationen in den Anhangangaben die künftigen Cashflows des Unternehmens sowie insbes Zeitpunkt und Sicherheit des Entstehens von Zahlungsmitteln und Zahlungsmitteläquivalenten vorauszusagen.

6 Der Abschluss soll gem IAS 1.9 **Informationen** bereitstellen, die **„für ein breites Spektrum von Adressaten** nützlich" für deren Entscheidungen sind. Die breite Palette der Adressaten sind Personen und Institutionen, die idR keinen Zugang zu unternehmensinternen Daten haben, in erster Linie also Aktionäre oder am Kauf von Aktien interessierte Investoren oder Gesellschafter von nicht an Börsen gehandelten Anteilen und deren Berater. Ferner kommen als Adressaten Banken, Lieferanten und andere Gläubiger, Kunden, die Berufsgruppe der Analysten, daneben Arbeitnehmer und deren Organisationen und nicht zuletzt staatliche Organe und die Öffentlichkeit in Betracht (F. 9). Im Framework macht der IASB deutlich, dass das Kriterium der Entscheidungsnützlichkeit in erster Linie aus Sicht von Investoren zu beurteilen ist. Abschlüsse, die entscheidungsnützlich für Investoren sind, sollen demnach auch die Bedürfnisse der übrigen Bilanzadressaten erfüllen (F. 10).

7 Die Adressaten, die IAS 1.9 fokussiert, interessieren sich insbes für die künftigen Cashflows, die das Unternehmen generieren kann, und für die Leistungen des Managements in der abgelaufenen Periode. Für diese beiden Aspekte soll der Abschluss nach IAS 1.9 Informationen bereitstellen. Dies gelingt, indem er Informationen über Vermögenswerte und Schulden zum Stichtag liefert und die Erträge und Aufwendungen und Cashflows der jeweils abgelaufenen Berichtsperiode darstellt, und zwar mit den bekannten Instrumenten, die in IAS 1.10 mit teilweise neuen – nicht verbindlichen – Bezeichnungen und zT mit neuen Inhalten aufgeführt sind (s Übersicht nächste Seite).

8 Der IASB bricht durch diese (noch fakultativen) Neubezeichnungen der Abschlussbestandteile mit einer langen Tradition für die international anerkannten Bezeichnungen. Er will dadurch die Funktion der Abschlussbestandteile verdeutlichen und eine Übereinstimmung mit der Terminologie des IASB-Frameworks herstellen. Aus der deutschen Übersetzung des IAS 1 (2007) werden die geänderten Begrifflichkeiten jedoch nicht erkennbar, vielmehr wird hier die bisherige Terminologie soweit wie möglich beibehalten.

Für die GuV und die Eigenkapitalveränderungsrechnung sieht IAS 1 darüber hinaus auch eine **inhaltliche Neuordnung** vor (s ausführlich Rz 164ff, § 15 Rz 46ff und § 17). So wird die GuV nunmehr grds Teil der Gesamtergebnisrechnung (erfolgswirksamer Teil), während die bislang in der verkürzten Eigenkapitalveränderungsrechnung (SORIE) bzw in der Eigenkapitalveränderungsrechnung erfassten erfolgsneutralen Verrechnungen mit Eigenkapitalposten nach der Überarbeitung des IAS 1 als sonstiges Ergebnis den erfolgsneutralen Teil der Gesamtergebnisrechnung darstellen. In der Eigenkapitalveränderungsrechnung selbst sind mittels einer Überleitungsrechnung für jede Eigenkapitalkomponente vom

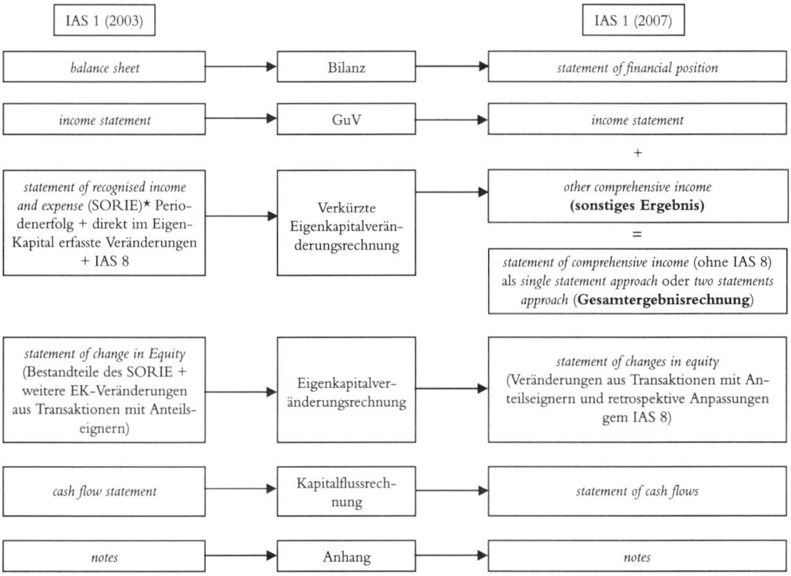

* Nach IAS 1 (2003) zwingend erforderlich, wenn versicherungsmathematische Gewinne und Verluste direkt im Eigenkapital verrechnet werden; erforderte zusätzliche Anhangangaben betreffend weitere Eigenkapitalveränderungen.

Periodenbeginn zum Periodenende die Veränderungen infolge des Gesamtperiodenergebnisses bestehend aus dem Periodenerfolg und dem sonstigen Ergebnis sowie aus Transaktionen mit Anteilseignern in Bezug auf das Beteiligungsverhältnis darzustellen. Zudem sind in der Eigenkapitalveränderungsrechnung für jede Eigenkapitalkomponente die Beträge, die auf die retrospektive Anpassung oder retrospektive Korrektur nach IAS 8 entfallen, separat darzustellen (s ausführlich § 17 Rz 15ff).

Zusätzlich ist für bestimmte Fälle neben den Vorjahreszahlen der Bilanz (Periode T-1) auch eine **dritte Vergleichsbilanz** (T-2) zu erstellen (IAS 1.10(f); s Rz 40).

Für deutsche Unternehmen, die einen Konzernabschluss nach IFRS aufstellen, schreibt § 315a HGB auch die Erstellung eines **Konzernlageberichts** vor.

2. Vergleich zum HGB

Von den dargestellten Informationszielen lässt sich der IASB bei der Fest- 9
legung neuer Regelungen und Interpretationen leiten. Auch der Anwender muss sich nach diesen Zielen richten.

Damit **unterscheidet** sich das IFRS-Konzept von den **Grundgedanken,** die dem **HGB** und den anderen in Deutschland geltenden Regeln der Rechnungslegung zugrunde liegen. Das **HGB** verfolgt **mehrere** Ziele und versucht, zwischen den vielfältigen Zielen einen Kompromiss zu erreichen (*Winkeljohann/Schellhorn* in BeBiKo[6] § 264 HGB Rz 35), der – wie jeder Kompromiss – nicht alle Interessen zufrieden stellt. Zu den Aufgaben des Jahresabschlusses nach dem **HGB** gehören die Rechenschafts-, die Gewinnermittlungs-, die Ausschüttungsbemessungs-, die Gläubigerschutz- und die Informationsfunktion (*Winkeljohann/Schellhorn* in BeBiKo[6] § 264 HGB Rz 35).

10 Gedanken der **Rechenschaftsfunktion** finden sich auch in den IFRS, indem sie Informationen über die Leistungen des Managements bereitstellen wollen. Die Gewinnermittlungsfunktion lässt sich insofern mit den IFRS-Zielen in Einklang bringen, als der nach den IFRS-Regeln ermittelte Erfolg ein sehr wesentliches Element der Informationen ist, die dem Adressaten für seine Entscheidungen gegeben werden. Die Gewinnermittlung nach HGB ist aber auch **maßgeblich** für die **Besteuerung** (§ 5 EStG) und hat insofern eine Bedeutung und eine Funktion, die nicht in das IFRS-Gedankengebäude passt. IFRS-Abschlüsse sollen sachdienliche **Informationen,** nicht aber sachgerechte Besteuerungsgrundlagen liefern. Funktionen des **Gläubigerschutzes** und der **Ausschüttungsbemessung** kann ein IFRS-Abschluss ebenfalls nicht erfüllen, auch wenn dies zumindest theoretisch möglich wäre. Der Gläubigerschutzgedanke verlangt nach dem HGB-Verständnis, dass „vorsichtig" in dem Sinne bewertet wird, dass Vermögenswerte tendenziell niedrig und Schulden und Risiken tendenziell hoch angesetzt werden (Imparitätsprinzip). Nur der nach diesen – „vorsichtigen" – Regeln ermittelte Gewinn darf ausgeschüttet werden, weil der Gläubigerschutz höher als das (mögliche) Gesellschafterinteresse an hohen Ausschüttungen gewichtet wird. Nur der **tatsächlich realisierte** Gewinn darf als Gewinn ausgewiesen und ausgeschüttet werden. Diese Gedanken folgen aus § 252 Abs 1 Nr 4 HGB, der wie folgt lautet:

11 „Es ist vorsichtig zu bewerten, namentlich sind alle vorhersehbaren Risiken und Verluste, die bis zum Abschlussstichtag entstanden sind, zu berücksichtigen, selbst wenn diese erst zwischen dem Abschlussstichtag und dem Tag der Aufstellung des Jahresabschlusses bekannt geworden sind; Gewinne sind nur zu berücksichtigen, wenn sie am Abschlussstichtag realisiert sind." Die **Gläubigerschutzfunktion** des HGB nimmt ggü der Informationsfunktion in einem IFRS-Abschluss einen deutlich niedrigeren Stellenwert ein. Investitionsentscheidungen werden schließlich üblicherweise nicht auf Basis der Tatsache getroffen, ob das Unternehmen im Liquidationsfall seine bestehenden Schulden vollständig begleichen kann, sondern welche zukünftige Ertragskraft in einem Unternehmen steckt.

12 Der IFRS-Abschluss will deshalb auch **nicht** Auskunft über die Höhe der möglichen Gewinnausschüttung geben. Die Antwort auf diese Frage richtet sich nach anderen Regeln, wie zB den Bestimmungen des Gesellschaftsvertrags oder Vereinbarungen, die das Management mit seinen Banken und anderen Gläubigern trifft. Der IFRS-Abschluss hat auch **nicht** das Ziel, Gläubigerschutz zu betreiben, indem ein tendenziell zu niedriges Eigenkapital ausgewiesen wird.

3. Fair Presentation

13 Um die beschriebene Informationsfunktion erfüllen zu können, müssen die Abschlüsse die VFE-Lage „*fairly*" darstellen (IAS 1.15). Dieser Begriff der „*fair presentation*" entspricht dem ***„true and fair view"***, den das englische Bilanzrecht verwendet. Der Begriff hat über die 4. EG-RL in das deutsche HGB mit der Formulierung „... ein den tatsächlichen Verhältnissen entsprechendes Bild ..." (§ 264 Abs 2 Satz 1 HGB) Eingang gefunden. Der deutsche Gesetzgeber hat jedoch einen einschränkenden Zusatz aufgenommen: „... unter Beachtung der Grundsätze ordnungsmäßiger Buchführung ...". Dieser Zusatz soll nach dem Verständnis, das § 264 Abs 2 Satz 1 HGB in der deutschen Kommentarliteratur erfahren hat (*Winkeljohann/Schellhorn* in BeBiKo[6] § 264 HGB Rz 24) besagen, dass nicht jeder Bilanzierende frei entscheiden kann, was er im konkreten Fall für „*fair*" (sachgerecht, angemessen) hält. Er muss sich vielmehr im Rahmen der allgemein anerkannten GoB bewegen. Auch IAS 1.15 enthält eine vergleichbare Einschränkung: *fair pre-*

sentation bedeutet danach, dass der Abschluss gewissenhaft *(faithfully)* die Folgen der Geschäftsvorfälle und anderer Ereignisse widerspiegeln muss, und zwar in Übereinstimmung mit den Definitionen und Ansatzkriterien für Vermögenswerte, Schulden, Erträge und Aufwendungen, wie sie im Framework niedergelegt sind. Wer die IFRS-Regeln vollständig beachtet, erfüllt nach Ansicht des IASB in aller Regel den Anspruch einer *fair presentation* (IAS 1.15 letzter Satz). Um dies auch dem Bilanzadressaten zu verdeutlichen, hat jeder IFRS-Abschluss im Anhang eine uneingeschränkte Bestätigung zu enthalten, dass der Abschluss in Übereinstimmung mit den geltenden Standards erstellt wurde (IAS 1.16).

IAS 1.19 erkennt jedoch an, dass es **Sonderfälle geben kann,** wo der Bilan- 14
zierende sich über Einzelregelungen hinwegsetzen muss, um eine *fair presentation* zu gewährleisten. In diesem Fall muss die Unternehmensleitung entscheiden, was sie für eine sachgerechte Darstellung iSe „*fair presentation*" gem (IAS 1.17) hält. Allerdings kann es sich nur um „äußerst seltene Fälle" (IAS 1.19) handeln, in denen der Bilanzierende hierauf zurückgreift und sich über einzelne Bestimmungen von Standards hinwegsetzt. Von einem solchen Fall kann dann gesprochen werden, wenn die Darstellung eines Sachverhalts nach Maßgabe eines Standards nicht glaubhaft ist und damit zu falschen Entscheidungen auf Seiten der Bilanzadressaten führen kann (IAS 1.24).

Ein Abweichen von Standards auf Grundlage des IAS 1.19 zieht entspr **An-** 15
gabepflichten nach sich (IAS 1.20). Dies sollte unmittelbar mit der obligatorischen Übereinstimmungserklärung gem IAS 1.16 erfolgen.

III. Wesentliche Grundlagen

1. Periodenabgrenzung

„Ein Unternehmen hat seinen Abschluss, mit Ausnahme der Kapitalflussrech- 16
nung, nach dem **Konzept der Periodenabgrenzung** *(accrual basis)* aufzustellen" (IAS 1.27). Geschäftsvorfälle sollen in derjenigen Periode in der Buchhaltung erfasst und im Abschluss derjenigen Periode ausgewiesen werden, der sie „zuzurechnen" (F. 22) sind.

Dieses Prinzip ist einfach umzusetzen, wenn es um die Abgrenzung zwischen dem Geschäftsvorfall und dem Zahlungsvorgang geht: Zu beurteilen ist der Geschäftsvorfall, nicht der Zeitpunkt der entspr Zahlungen (so auch § 252 Abs 1 Nr 5 HGB für das insoweit übereinstimmende deutsche Handelsrecht). Im Einzelfall schwierig und vielfach nicht eindeutig ist es jedoch festzulegen, **welchem Geschäftsjahr** einzelne **Aufwendungen und Erträge wirtschaftlich zuzuordnen** sind. Das Rahmenkonzept bestimmt in F. 95, dass Aufwendungen im gleichen Zeitraum wie die entspr Erträge erfasst werden sollen. Das ist dann nicht einfach zu beantworten, wenn der Zusammenhang „nur grob oder indirekt" ist, wie es in F. 96 heißt. Erwirbt ein Unternehmen zB eine Maschine im Wege des Finanzierungsleasings (§ 22 Rz 25) und wendet es zur Anbahnung des Geschäfts Kosten auf, ist es nicht von vornherein eindeutig, ob diese Transaktionskosten im Jahr ihrer Entstehung als Aufwand erfasst werden sollen oder über die Nutzungsdauer der Maschine verteilt werden müssen. IAS 17.24 entscheidet sich für die zuletzt genannte Alternative. Ähnliche Abgrenzungsfragen treten zB bei Zinsaufwendungen (hierzu IAS 23.7 ff (1993); ab 2009 zwingende Aktivierung gem IAS 23.8 ff (2007)) auf. In jedem dieser Fälle bedarf es einer Entscheidung, welchen Perioden spezielle Aufwendungen und Erträge zuzurechnen sind (s F. 94 f).

Die Forderung nach einer wirtschaftlich sachgerechten Periodenzuordnung 17
von Aufwendungen und Erträgen wird begrenzt und relativiert durch eine andere grundlegende Entscheidung des IASB, den sog ***„asset-liability-approach"***. Aufwendungen und Erträge dürfen im Jahresabschluss nur insoweit aktiviert/

passiviert werden, als sie entweder direkt als Vermögenswert *(asset)* oder Schuld *(liability)* iSd Rahmenkonzepts (s F. 49 ff) eingeordnet werden können oder Teil der Bewertung eines(r) anderen *asset* oder *liability* sind (vgl Rz 71 ff). Der Grundsatz der Periodenabgrenzung wird deshalb immer dort durchbrochen, wo ein Geschäftsvorfall nicht die Kriterien eines Vermögenswerts nach IAS 1.15 erfüllt, sodass die entspr Aufwendungen nicht aktiviert werden dürfen.

Beispiel: Durch das *Annual Improvements* Projekt 2008 wurde am Beispiel von Werbematerialien wie Flyern oder Katalogen klargestellt, dass das Unternehmen die betreffenden Ausgaben zu erfassen hat, sobald es die Kataloge erhält, und nicht erst, wenn sie verteilt werden. Fallen der Zeitpunkt des Erhalts und der Zeitpunkt der Verteilung der Kataloge in unterschiedliche Perioden, so werden die Ausgaben nicht der Periode zugeordnet, in der die (voraussichtlichen) Einnahmen aus dieser Werbemaßnahme erzielt werden. Das spezielle Aktivierungsverbot für Werbekampagnen gem IAS 38.69(c) durchbricht hier den allgemeinen Grundsatz der Periodenabgrenzung.

Das Prinzip der Periodenabgrenzung hat somit dort seine **Grenze,** wo aktive oder passive **Abgrenzungsposten** notwendig wären, die die Anforderungen nicht erfüllen, die das Rahmenkonzept an bilanzierungsfähige Vermögenswerte oder Schulden stellt (s Rz 71 ff), es sei denn, ein IFRS fordert explizit eine Aktivierung/Passivierung zur periodengerechten Abgrenzung bestimmter Aufwendungen oder Erträge (zB passiver Abgrenzungsposten bei *sale-and-lease-back*-Transaktionen gem IAS 17.60).

2. Unternehmensfortführung

18 Die IFRS legen der Bilanzierung das Prinzip der Unternehmensfortführung *(going-concern)* zugrunde (F. 23 und IAS 1.25), das auch für das deutsche Handelsrecht gilt (§ 252 Abs 1 Nr 2 HGB).

19 Dieses Prinzip besagt, dass bei der **Bewertung** der Vermögenswerte und Schulden von der Fortführung des Unternehmens auszugehen ist, sofern das Management nicht zur Einstellung des Geschäftsbetriebs entschlossen oder gezwungen ist. Unmittelbare Folge dieses Prinzips ist, dass die Bilanz nicht auf Basis von Zerschlagungs-, sondern Fortführungswerten erstellt wird. Die Tatsache, dass zuweilen auch Nettoveräußerungswerte als Bewertungsmaßstab herangezogen werden, steht dem nicht entgegen, da es sich dabei im Regelfall nur um eine bestimmte Kategorie von Vermögenswerten wie zB Vorräte (IAS 2.28) handelt.

Als zeitlichen Horizont, für den die Unternehmensfortführung beurteilt werden soll, nennt IAS 1.26 einen Zeitraum von **zwölf Monaten**, gerechnet vom jeweiligen Bilanzstichtag.

Der Bilanzierende und der Abschlussprüfer müssen bei jeder Bilanzierung fragen, ob das Unternehmen mindestens in dem erwähnten Zwölf-Monatszeitraum fortgeführt werden kann. Grundlage dieser Beurteilung sind die Unternehmensplanungen, deren einzelne Bestandteile darauf zu untersuchen sind, ob die ihnen zugrunde liegenden Annahmen nachvollziehbar sind. Dabei kommt der Liquiditätsplanung eine besondere Bedeutung zu. Die Einschätzung über die Unternehmensfortführung kann auch durch Ereignisse nach dem Bilanzstichtag beeinflusst werden. Dies wird durch IAS 10.14 f explizit klargestellt.

3. Verständlichkeit

20 Finanzinformationen sollen für den Adressaten leicht verständlich (*„understandable“*) dargestellt werden. Dabei wird vorausgesetzt, dass die Adressaten angemessene **Kenntnisse** in wirtschaftlichen Fragen und auf dem Gebiet der Rechnungslegung besitzen und auch bereit sind, die Informationen mit der entspr Sorgfalt zu lesen. F. 25 stellt klar, dass es nicht zulässig ist, Informationen zu

komplexen Themen allein deswegen wegzulassen, weil sie für bestimmte Adressaten schwer verständlich sein können.

4. Relevanz – Wesentlichkeit

Informationen in einem Abschluss sind nützlich und damit relevant, wenn sie 21
die Entscheidungen der Adressaten beeinflussen bzw geeignet sind, diese zu beeinflussen. Das ist der Fall, wenn sie für die Adressaten einen Prognosewert (*predictive value*), einen Bestätigungswert (*confirmatory value*) oder beides haben (F. 27). Informationen haben einen **Prognosewert**, wenn sie eine Bedeutung für Kapitalgeber und andere Adressaten haben bei deren Beurteilung von vergangenen, gegenwärtigen oder zukünftigen Entwicklungen. Dabei muss die Information selbst nicht den Charakter einer Vorhersage oder Prognose haben, sie muss nur einen Einfluss haben bei einer Einschätzung des Adressaten. Einen **Bestätigungswert** haben Informationen, wenn sie Beurteilungen aus der Vergangenheit bestätigen oder korrigieren. Die Aspekte der Prognose und Bestätigung sind miteinander verknüpft. So sind zB Informationen über die Vermögenswerte relevant für Adressaten, wenn sie versuchen zu prognostizieren, ob das Unternehmen Chancen nutzen oder auf ungünstige Situationen reagieren, Löhne zahlen und seinen Verpflichtungen nachkommen kann. Dieselben Informationen haben einen bestätigenden Charakter im Hinblick auf frühere Prognosen.

Ausfluss der Anforderung an die Relevanz einer Information ist der **Wesent-** 22
lichkeitsgrundsatz. Das Prinzip der Wesentlichkeit („*materiality*") ist als allgemeiner Grundsatz im Rahmenkonzept (F. 29) enthalten und auch in IAS 1.29 ff niedergelegt. Es gilt damit als verbindliche Norm: Eine Information muss nicht mitgeteilt werden, wenn sie nicht wesentlich ist (IAS 1.29). Das bedeutet konkret, dass das Weglassen einer Information keine Auswirkung auf die Entscheidungen der Abschlussadressaten haben darf (F. 30). Die Wesentlichkeit ist somit eine Größe, die den Grad der Relevanz determiniert.

Wichtig ist, wie das Prinzip in der **Praxis der Bilanzierung** ausgestaltet wird, und zwar insbes wenn es darum geht, Angaben und Informationen unter Berufung auf dieses Prinzip wegzulassen, bzw Bilanzierungs- und Bewertungsmethoden nicht anzuwenden. Die konkrete Ausgestaltung des Wesentlichkeitspostulats und dessen künftige Entwicklung in Literatur und Rechtsprechung dürfte auch Auswirkungen haben auf die **Wesentlichkeitsgrenzen**, die **von Abschlussprüfern** im Rahmen ihrer risikoorientierten Prüfungsansätze zugrunde gelegt werden.

Nach F. 30 sind Informationen wesentlich, wenn ihr Weglassen oder ihre fehlerhafte Darstellung die auf der Basis des Abschlusses getroffenen wirtschaftlichen Entscheidungen der Adressaten beeinflussen könnten. Die Wesentlichkeit ist von der Natur und der Größe des Postens oder des Fehlers abhängig, die sich nach den besonderen Umständen des Weglassens oder der fehlerhaften Darstellung ergibt. Somit ist die Wesentlichkeit eher eine Schwelle oder ein Grenzwert und weniger eine primäre quantitative Anforderung, die eine Information haben muss, um nützlich zu sein.

Es sind kaum Fälle denkbar, bei denen die geforderten Mindestbestandteile eines Abschlusses (IAS 1.10) und die Mindestgliederungen der Bilanz und der Gesamtergebnisrechnung (IAS 1.82) verkürzt werden, weil einzelne Posten unwesentlich sind. Freiwillige Erweiterungen der Gliederungsschemata sollten jedoch nur vorgenommen werden, wenn die Erweiterungen wesentlich sind, also für den Bilanzleser wichtige Informationen enthalten.

Das **Wesentlichkeitsprinzip** kann zB in folgenden Fällen Einfluss auf das 23
Zahlenwerk eines Abschlusses haben:

(1) **Fehler** iSv IAS 8.4ff und IAS 10.9(c) bleiben unbeachtet, wenn ihre Auswirkungen auf die Vermögenslage oder auf die Ertragslage unwesentlich sind;
(2) ein ggü dem **„marktüblichen Zinssatz"** abweichender Zinssatz führt uE nur dann zu den in IAS 17.42 (Finanzierungsleasing) geforderten Neuberechnungen des Verkaufsgewinns, wenn die Abweichung wesentlich ist;
(3) die steuerlichen Auswirkungen von **Umrechnungsdifferenzen** iSv IAS 21.50 brauchen uE nur dann bilanziert zu werden, wenn sie wesentlich sind;
(4) **Wertminderungen** sind nach IAS 36 nur zu berücksichtigen, wenn sie wesentlich sind. Das kommt zB in einer Reihe von Formulierungen in IAS 36.12 zum Ausdruck („deutlich" gesunkener Zins, „signifikante" Veränderungen, „wesentlich" verminderter erzielter Betrag, „substanzielle" Hinweise auf Überalterung);
(5) auf eine an sich gebotene, im konkreten Fall aber unwesentliche **Abzinsung einer Rückstellung** kann verzichtet werden (IAS 37.46);
(6) im Rahmen der Konzernrechnungslegung kann auf die **Eliminierung von Zwischenergebnissen** verzichtet werden, wenn sie – insgesamt – unwesentlich sind (§ 35 Rz 102).

24 **Berichtspflichten** können unterbleiben, wenn es um unwesentliche Sachverhalte geht. Hierzu seien folgende Beispiele angeführt:
(1) IAS 1.117 bestimmt, dass nur die „maßgeblichen" Bilanzierungs- und Bewertungsmethoden zusammenfassend darzustellen sind. IAS 1.122 spricht von „wesentlichen" Methoden;
(2) spielen bei einem Handelsbetrieb halbfertige Arbeiten nur eine ganz untergeordnete Rolle, kann auf die Darstellung der bei der Berechnung der Herstellungskosten angewandten Methoden verzichtet werden;
(3) Zahlungsmittel, über die ein Konzern nicht verfügen kann, brauchen nach IAS 7.48 nicht angegeben zu werden, wenn sie nur einen unwesentlichen Teil der aktivierten Zahlungsmittel bilden, was uE relativ (im Verhältnis zur Gesamtsumme) beurteilt werden muss;
(4) Erläuterungen zu Schätzungen iSv IAS 8.39 brauchen mit ihren Beträgen nur genannt zu werden, wenn sie wesentlich sind;
(5) nach IAS 12.79 sind nur die „Hauptbestandteile" des Steueraufwands oder Steuerertrags anzugeben, was bedeutet, dass unwesentliche Bestandteile nicht erwähnt zu werden brauchen;
(6) berichtspflichtig nach IFRS 8 sind idR nur wesentliche Segmente. Das sind zB Segmente, deren Erlöse an externe Kunden und von Transaktionen mit anderen Segmenten 10% oder mehr der gesamten externen und internen Erlöse aller Segmente ausmachen (IFRS 8.13; Ausnahme in IFRS 8.13 (a));
(7) die in IAS 16.73ff für Sachanlagen geforderten Angaben brauchen nicht aufgeführt zu werden, wenn sie unwesentlich sind;
(8) Beträge im IFRS-Abschluss können in Währungseinheiten von Tausend oder Millionen angegeben werden, solange dadurch keine wesentlichen Informationen verloren gehen (IAS 1.53).

25 Die Wesentlichkeit einer Information ist aus der **Sicht der Adressaten** zu beurteilen. Adressaten sind diejenigen, die die IFRS-Abschlüsse auswerten und gestützt auf diese Informationen **wirtschaftliche Entscheidungen treffen** (F. 12). Informationen sind nur wesentlich, wenn sie die wirtschaftlichen Entscheidungen der Adressaten „beeinflussen könnten" (F. 30), dh ohne die Information hätte der Adressat möglicherweise anders entschieden. Dies ist in jedem Einzelfall unter Berücksichtigung aller Umstände zu beurteilen. Zu diesen Umständen gehört ua die wirtschaftliche Lage des Unternehmens. Auf Einzelheiten kann es ankommen, wenn sich ein Unternehmen in einer kritischen Verlustlage oder in Liquiditätsschwierigkeiten befindet. Hat ein Unternehmen einen

neuen Geschäftszweig eröffnet, kann eine Information hierzu wesentlich sein, auch wenn es sich – auf das Ganze des Konzerns gesehen – um geringe Zahlen handelt. Bei der Beurteilung aus der Sicht des Adressaten ist uE auch von Bedeutung, auf welchen (gesicherten oder weniger gesicherten) Grundlagen die Schätzungen zu einzelnen Abschlussposten basieren, zB im Bereich der Rückstellungen, der Schätzung latenter Steuern, der Wertminderungstests mit Hilfe von Bewertungsmodellen oder der Schätzung von anteiligen Gewinnen bei der Bewertung halbfertiger Arbeiten.

Weil somit eine Gesamtschau im Einzelfall notwendig ist, gibt es **keine schematischen Regeln**, an denen der Abschlussersteller sich ausrichten kann. 26
Winkeljohann/Schellhorn (in BeBiKo[6] § 264 HGB Rz 57) weisen daraufhin, dass die zur *materiality* entwickelten anglo-amerikanischen Grundsätze (s zB *Arens-Loebbecke*[8], 249 ff) hilfreich sein können. Es besteht ein praktisches Bedürfnis nach Anhaltspunkten. Als Messgrößen kommen Prozentsätze vom Umsatz, von den Zwischengewinnen (wenn es um Gewinneliminierung geht), vom „*free-cashflow*", vom Eigenkapital, von der Summe aller Vorräte oder anderen im Einzelfall relevanten Größen in Betracht.

Peemöller (in Wiley IAS/IFRS 2008 Abschn 19 Rz 33) nennt bei einem von ihm zitierten Beispiel eine Grenze von 5% der Umsatzerlöse. Nach unserer Auffassung sollte unabhängig von konkreten Prozentsätzen eine Einzelfallbetrachtung erfolgen, da auch Werte unterhalb von 5% entscheidungsrelevant sein können (vgl *Baetge/Schulze* in Baetge ua IFRS-Komm[2] IAS 27 Rz 161 f sowie § 35 Rz 102 in Bezug auf die Zwischengewinneliminierung im Rahmen der Vollkonsolidierung). Um zu beurteilen, ob eine Diskrepanz zwischen den Zahlen des Abschlusses und den „tatsächlichen" Verhältnissen iSd deutschen HGB (§ 264 Abs 2 HGB) **wesentlich** ist, führen *Winkeljohann/Schellhorn* (in BeBiKo[6] § 264 HGB Rz 57) als **quantitative Anhaltspunkte** ua an

(1) 10% vom **Jahresüberschuss** bzw -fehlbetrag und außerdem 0,25% der Bilanzsumme;
(2) 5% der **Bilanzsumme**;
(3) bei **wichtigen Einzelposten** 10% dieser Posten.

Diese Prozentsätze liegen nach unserer Einschätzung an einer oberen Grenze des Ermessensrahmens, der dem Bilanzaufsteller zur Verfügung steht.

Quantitative Wesentlichkeitsgrenzen liegen zweifellos im Interesse der 27
IFRS-Anwender. Allerdings ist der IASB gut beraten, an den lediglich qualitativen Grenzen weiterhin festzuhalten, da feste Prozentsätze die Gefahr in sich bergen, dass bilanzielle Sachverhaltsgestaltungen ausschließlich mit dem Ziel vorgenommen werden, diese Grenzen künstlich zu unterschreiten. Die Beurteilung der Wesentlichkeit und die Einschätzung der Auswirkung auf die Entscheidungsnützlichkeit müssen in letzter Instanz im Ermessen des Abschlussprüfers liegen. Die in der Literatur diskutierten Wesentlichkeitsgrenzen können lediglich Anhaltspunkte liefern.

Es erscheint sachgerecht und auch erforderlich, wenn zur Beurteilung der Wesentlichkeit im Einzelfall ergänzend auch **qualitative Beurteilungskriterien** mit herangezogen werden, wie dies für den US-amerikanischen Rechtskreis in SAB 99 niedergelegt ist: Unzulässig ist danach eine bewusste oder unbewusste Abweichung von den Regeln, wenn dadurch zB

(1) die **Umkehrung eines Verlusts** in einen Gewinn erfolgt,
(2) die **Umkehrung eines Trends** verschleiert wird,
(3) die **Einhaltung von Budgetvorgaben oder Analystenerwartungen** erreicht wird,
(4) das **Erreichen von Zielvorgaben** zur Gewährung von Tantiemen, Boni oder anderen Vorteilen für das Management bewirkt wird.

Den Gedanken einer **Vermeidung von Missbräuchen** verfolgt auch IAS 8.8; danach ist es unzulässig, bestimmte unwesentliche Abweichungen von den IFRS vorzunehmen oder unberichtigt zu lassen, wenn dadurch eine bestimmte Darstellung erreicht werden soll.

5. Verlässlichkeit

a) Überblick

28 Um nützlich zu sein, müssen Informationen auch **verlässlich** sein (F. 31). Sie sind dann verlässlich, wenn sie keine wesentlichen Fehler enthalten und frei von verzerrenden Einflüssen sind. Die Adressaten müssen sich darauf verlassen können, dass die Darstellung glaubwürdig wiedergibt, was von ihr vernünftigerweise erwartet werden kann. Informationen, die für den Adressaten zwar relevant sind, können so unzuverlässig sein, dass ihr Ansatz im Abschluss möglicherweise irreführend ist.

Beispiel: Sind in einem Gerichtsverfahren Grund oder Höhe eines Schadenersatzanspruchs strittig, kann es unangebracht sein, den vollen Betrag des Anspruchs zu bilanzieren (F. 32).

Die **Verlässlichkeit** als vierte grundlegende qualitative Anforderung wird in F. 31 ff mit verschiedenen Grundsätzen erörtert:

F.	**Verlässlichkeit**
33	Glaubwürdigkeit *(reliability)*
35	wirtschaftliche Betrachtung *(substance over form)*
36	Neutralität *(neutrality)*
37	Vorsicht *(prudence)*
38	Vollständigkeit *(completeness)*
39	Vergleichbarkeit – Stetigkeit

Die in F. 35 bis F. 38 genannten vier Grundsätze sind in IAS 8.10 als maßgebend für die Auslegung festgelegt. Sie haben damit eine Bedeutung und ein Gewicht erhalten, das über allgemeine Grundsätze hinausgeht. Eine Rangfolge der Prinzipien hat der IASB bisher nicht festgelegt. Hieran wird jedoch im Rahmen der Diskussion über ein neues *Conceptual Framework* gearbeitet (s Rz 181 ff).

b) Glaubwürdige Darstellung

29 Um verlässlich zu sein, müssen Informationen alle Geschäftsvorfälle und anderen Informationen **glaubwürdig** darstellen (F. 33). Es bestehen allerdings unvermeidbare inhärente Risiken beim Ansatz und der Bewertung von Geschäftsvorfällen. So kann die Bewertung der finanziellen Auswirkung eines Sachverhalts so ungewiss sein, dass dieser nicht in den Abschluss aufgenommen wird. Es kann aber auch sachgerecht sein, den Sachverhalt zu erfassen und das mit dem Ansatz und der Bewertung verbundene Fehlerrisiko anzugeben (F. 34).

c) Wirtschaftliche Betrachtungsweise

30 Die Abschlüsse insgesamt und insbes die Bilanzierung und Bewertung der Vermögenswerte und Schulden müssen den **wirtschaftlichen Gehalt** der Geschäftsvorfälle und Ereignisse widerspiegeln und dürfen sich nicht nur an der rechtlichen Form orientieren (IAS 8.10(b)(ii)).

Im – nicht verbindlichen (s § 1 Rz 13) – Framework ist der Grundsatz in F. 5 unter der Überschrift ***„substance over form"*** angeführt und erläutert. Er ist unter dieser schlagwortartigen Bezeichnung auch in Deutschland seit langem bekannt und als Grundsatz der Rechnungslegung nach HGB als **wirtschaftliche Betrachtungsweise** anerkannt (*Winkeljohann/Philipps* in BeBiKo[6] § 240 HGB Rz 56 ff; *Förschle/Kroner* in BeBiKo[6] § 246 HGB Rz 4 ff; *WPH I* 2006 E 98; *ADS*[6] § 249 HGB Rz 52 ff). Bei *Förschle/Kroner* (in BeBiKo[6] § 246 HGB Rz 4 ff) sind eine Reihe von Beispielen für die Anwendung einer wirtschaftlichen Betrachtung genannt, die auch zur Erläuterung des hier erörterten IFRS-Grundsatzes herangezogen werden können (wirtschaftliches Eigentum, Treuhandverhältnisse, dingliche Sicherungsrechte, Kommissionsgeschäfte, Pensionsgeschäfte, Leasing, Nießbrauch). In F. 35 wird als Beispiel eine formelle Eigentumsübertragung erwähnt, bei der schuldrechtliche Vereinbarungen gewährleisten, dass der künftige wirtschaftliche Nutzen aus dem Vermögenswert weiterhin bei dem früheren Eigentümer bleibt.

Einschränkend muss jedoch darauf hingewiesen werden, dass es in der oben 31
zitierten Formulierung aus IAS 8.10(b) nicht zufällig heißt, dass bei der Bilanzierung „**nicht nur** die rechtliche Form" maßgebend sein soll, was bedeutet, dass die rechtliche Form der Geschäftsvorfälle eine wesentliche – idR **die** wesentliche – Bedeutung bei der Bilanzierung hat, weil die rechtliche Form idR auch den wirtschaftlichen Inhalt wiedergibt. Die Bedeutung der rechtlichen Form kommt zB in IAS 39.14 bei der Bilanzierung von Finanzinstrumenten zum Ausdruck.

Deutlich wurden die Bemühungen des IASB, den Grundsatz der wirtschaftlichen Betrachtungsweise in den Standards und Interpretationen umzusetzen, insbes bei der Einbeziehung sog **Zweckgesellschaften** in den Konsolidierungskreis (SIC-12) oder den Regelungen zur Ausbuchung von Finanzinstrumenten (IAS 39.15 ff). Durch bestimmte rechtliche Konstruktionen ließen sich leicht bilanzneutrale Finanzierungsgestaltungen herbeiführen. Die wirtschaftliche Betrachtungsweise wurde hier deshalb in einem sog *risk-and-rewards-approach* umgesetzt. Dabei ist für die Frage der Bilanzierung entscheidend, wer die wesentlichen Chancen und Risiken aus einem Sachverhalt trägt, und nicht, wer als rechtlicher Eigentümer gilt.

d) Neutralität

Die Neutralität („*neutrality*") einer Darstellung ist gegeben, wenn sie **frei von** 32
verzerrenden Einflüssen ist, mit denen ein bestimmtes Ergebnis erreicht oder ein bestimmtes Verhalten beeinflusst werden soll (F. 36). Nur ohne verzerrende Einflüsse kann eine glaubwürdige Darstellung erreicht werden. Finanzinformationen sind nicht neutral, wenn sie durch die Auswahl oder Darstellung einer Information eine Entscheidung oder Meinung so beeinflussen, dass sie zu einem bestimmten Resultat oder Ergebnis führen. Dies bedeutet nicht, dass Finanzinformationen zweckfrei sein müssen oder Verhalten nicht beeinflussen sollen, denn Informationen sollen definitionsgemäß gerade geeignet, dh relevant sein, um die Entscheidungen eines Adressaten zu beeinflussen. Sie sollen jedoch neutral, dh nicht verzerrend oder tendenziös sein, damit der Adressat sich ein unbeeinflusstes eigenes Urteil bilden kann.

e) Eingeschränkter Vorsichtsgrundsatz

HGB und IFRS kennen den Grundsatz der Vorsicht („*prudence*"). Seine **Aus-** 33
prägung und Bedeutung ist jedoch in beiden Rechtskreisen sehr **unterschiedlich.**

Für das **HGB** gibt es in § 252 Abs 1 Nr 4 1. Halbsatz (Imparitätsprinzip) und § 252 Abs 1 Nr 4 2. Halbsatz (Realisationsprinzip) klare gesetzliche Grundlagen für den Vorsichtsgrundsatz. Für die **IFRS** gibt es hingegen nur eine Erwähnung in F. 37 und in IAS 8.10(b)(iv). Nach den geplanten Änderungen des Rahmenkonzepts (s Rz 181 ff) soll der Vorsichtsgrundsatz als eigenständiger Grundsatz künftig sogar ganz entfallen, weil er mit dem Grundsatz der Neutralität unvereinbar sei (*ED Conceptual Framework*, BC2.21). Das erscheint für das **HGB** undenkbar, weil es sich um einen **fundamentalen** Grundsatz handelt, „der in allen Fragen der Bilanzierung und Bewertung zu beachten ist" (*Winkeljohann/Geißler* in BeBiKo[6] § 252 HGB Rz 30). Somit ist die Vorsicht nach IFRS **nur ein Teil der Sorgfalt,** die man bei der Bilanzierung walten lassen muss. Die Erwähnung der Vorsicht in F. 37 geht als Ausgangslage davon aus, dass die Lage des Unternehmens zum Bilanzstichtag oftmals durch viele Ungewissheiten, durch Risiken und Chancen geprägt ist, die nicht leicht richtig einzuschätzen sind.

34 Dies wird in F. 37 mit folgenden Worten **praxisnah** dargestellt:
„Die mit der Aufstellung des Abschlusses befassten Personen müssen sich allerdings mit den Ungewissheiten auseinandersetzen, die mit vielen Ereignissen und Umständen unvermeidlich verbunden sind, bspw mit der Wahrscheinlichkeit, zweifelhafte Forderungen einzutreiben, der voraussichtlichen Nutzungsdauer von technischen Anlagen und Betriebs- und Geschäftsausstattung sowie der Zahl von Garantieansprüchen, die auftreten können. Solchen Ungewissheiten wird durch die Angabe ihrer Art und ihres Umfangs sowie dadurch Rechnung getragen, dass bei der Aufstellung des Abschlusses die Vorsicht berücksichtigt wird. Vorsicht bedeutet, dass ein gewisses **Maß an Sorgfalt bei der Ermessensausübung,** die für die erforderlichen Schätzungen unter ungewissen Umständen erforderlich ist, einbezogen wird, sodass Vermögenswerte oder Erträge nicht zu hoch und Schulden oder Aufwendungen nicht zu niedrig angesetzt werden. Allerdings gestattet eine vorsichtige Vorgehensweise bspw nicht, stille Reserven zu legen oder Rückstellungen überzubewerten, den bewusst zu niedrigen Ansatz von Vermögenswerten oder Erträgen oder den bewusst zu hohen Ansatz von Schulden oder Aufwendungen, da der Abschluss dann nicht neutral wäre und deshalb das Kriterium der Zuverlässigkeit nicht erfüllen würde."

35 Diese Formulierungen sind ggü dem HGB von einem anderen Verständnis des Vorsichtsprinzips geprägt, obwohl die Schlussformulierungen das darstellen, was auch nach deutschem HGB gilt: Auch das Handelsrecht verbietet einen „**bewusst** zu niedrigen Ansatz von Vermögensgegenständen … oder den **bewusst** zu hohen Ansatz von Schulden …" (vgl die Ausführungen zum Willkürverbot bei *Winkeljohann/Geißler* in BeBiKo[6] § 252 HGB Rz 68 f). Weil bei vielen Bewertungsentscheidungen Zweifel in der einen oder anderen Richtung nicht ausgeräumt werden können, verbleibt – nach HGB wie nach IFRS – schlussendlich eine **subjektive Ermessensentscheidung** und es ist nicht auszuschließen, dass der deutsche IFRS-Bilanzierer diese Entscheidung anders als der US-amerikanische IFRS-Bilanzierer trifft.

36 Die Vernachlässigung des Vorsichtsgrundsatzes im IFRS-Regelwerk beruht letztlich auch darauf, dass der **Gläubigerschutz** – anders als im HGB – **kein primäres Ziel der IFRS-Rechnungslegung** darstellt. Es bleibt dem Gläubiger als einem der potentiellen Adressaten daher selbst überlassen, welche Schlüsse er aus der ihm vorgelegten IFRS-Bilanzierung zieht. Ihm wird daher – insbes vor dem Hintergrund des Ausweises nicht realisierter, dh erfolgsneutral erfasster Gewinne – eine höhere Eigenverantwortung zur Beurteilung der VFE-Lage zugewiesen als durch das HGB.

In einigen IFRS sind gleichwohl **Tendenzen** zu erkennen, die dem deutschen Vorsichtsprinzip nahe kommen. Werden zB von dritter Seite Erstattungen für bestimmte Risiken erwartet, so sollen diese nach IAS 37.53 nur aktiviert werden, wenn deren Einlösung „so gut wie sicher ist". Immaterielle Vermögenswerte dürfen nur dann mit dem *fair value* bewertet werden, wenn für sie ein aktiver Markt vorhanden ist (IAS 38.81).

f) Vollständigkeit

Vollständig („*complete*") ist eine Darstellung, wenn sie alle Informationen enthält, die **notwendig** sind für eine **glaubwürdige Darstellung**. Ein Weglassen kann dazu führen, dass eine Information falsch oder irreführend und somit nicht hilfreich ist für die Adressaten (F. 38). 37

g) Vergleichbarkeit – Stetigkeit

In F. 39 wird gefordert, dass Abschlüsse eines Unternehmens „über die Zeit hinweg" **vergleichbar** („*comparable*") sein müssen und dass darüber hinaus auch die Abschlüsse verschiedener Unternehmen vergleichbar sein sollten. Die zuletzt genannte Forderung ist kaum zu erfüllen, weil die IFRS viele Möglichkeiten eröffnen, gleiche Sachverhalte unterschiedlich zu beurteilen und entspr unterschiedlich zu bilanzieren und weil in der wirtschaftlichen Wirklichkeit vollkommen gleiche Sachverhalte nur selten anzutreffen sind. Demgegenüber ist das Ziel, eine Vergleichbarkeit von Jahresabschlüssen eines Unternehmens im Zeitvergleich zu erreichen, realisierbar. Eine wesentliche Voraussetzung hierfür ist es, die Bilanzierungs- und Bewertungsmethoden **stetig** („*consistent*") anzuwenden (IAS 8.13). Änderungen dieser Methoden sind daher nur in den Grenzen von IAS 8.14ff zulässig (vgl im Einzelnen § 45 Rz 14ff). 38

Für Zwecke der Vergleichbarkeit sind für alle Betragsangaben **Vergleichszahlen** (Periode T – 1) anzugeben, sofern die IFRS nichts anderes erlauben oder vorschreiben. Vergleichsinformationen sind auch anzugeben für alle beschreibenden Informationen (zB im Anhang), wenn dies für das Verständnis bedeutsam ist (IAS 1.38). Wird die **Darstellung oder Gliederung von Posten** im Abschluss **geändert**, sind auch die Vergleichsbeträge – unter Angabe von Art, Betrag und Grund der Neugliederung – neu zu gliedern, es sei denn, dass dies nicht praktikabel ist (dann sind Zusatzangaben erforderlich; s IAS 1.41f). Dies gilt nach IAS 8.22 auch für Änderungen der Bilanzierungs- und Bewertungsmethoden sowie für Fehlerkorrekturen. 39

Um die Vergleichbarkeit zu erhöhen wird für alle Jahresabschlüsse, die am oder nach dem 1. Januar 2009 beginnen, für bestimmte Fälle eine **dritte Bilanz** (Periode T – 2) vorgeschrieben: 40

Immer dann,

(1) wenn eine Bilanzierungs- oder Bewertungsmethode retrospektiv angewendet wird bzw werden muss,
(2) wenn Fehlerkorrekturen retrospektiv durchzuführen sind oder
(3) wenn Abschlussposten umgegliedert worden sind,

ist eine **Eröffnungsbilanz des Vergleichszeitraums** zu erstellen und offen zu legen (IAS 1.10(f) sowie IAS 1.38). In der Praxis dürfte dies künftig für eine Vielzahl von Unternehmen dazu führen, dass drei Bilanzen zu erstellen sind. Die Korrektur von Fehlern und Umgliederungen sowie insbes retrospektiv anzuwendende Bilanzierungsmethoden, die sich schon allein aus der Arbeit des IASB aufgrund lfd Projekte ergeben, dürften dies zur Folge haben.

6. Zeitnähe

Informationen können Ihre **Relevanz** verlieren, wenn sie mit **unangemessenen Verzögerungen** offengelegt werden (F. 43). Wird zeitnah berichtet, kann 41 das zu Lasten der Richtigkeit gehen. Umgekehrt kann eine vollständige Aufklärung aller Aspekte dazu führen, dass der Nutzen einer Information für den Adressaten nur noch gering ist. Das Management muss daher in vielen Fällen die Vorteile einer zeitnahen Berichterstattung gegen die Vorteile einer verlässlichen Information abwägen. Insbes bei Großunternehmen hat sich durch die vorherrschende ***Fast-Close*-Praxis** das Gewicht zugunsten einer zeitnahen Berichterstattung verschoben. Das lässt sich insbes im Hinblick auf die nach dem Rahmenkonzept allein maßgebliche Sicht der Anleger rechtfertigen. Durch die Überarbeitung des Rahmenkonzepts wird der Grundsatz der Zeitnähe (*„timeliness“*) inhaltlich nicht wesentlich verändert (*ED Conceptual Framework*, QC22, BC2.29).

7. Abwägung von Kosten und Nutzen

42 Die **Kosten** (*„cost“*) einer IFRS-Rechnungslegung werden vielfach als **zu hoch** kritisiert (*Köhler/Marten*, 7f). Dieser Gesichtspunkt spielt bei der Diskussion über Erleichterungen eine wesentliche Rolle, die für kleinere und mittlere Unternehmen angestrebt werden (s § 46). In F. 44 wird der „Sachzwang“ bestätigt, ein angemessenes Verhältnis von Kosten und Nutzen zu finden. Dabei soll der aus einer Information **ableitbare Nutzen höher** sein als die für die Bereitstellung der Information **erforderlichen Kosten**. Während die Kosten der Informationsbereitstellung ermittelbar oder verlässlich schätzbar sind, ist dies für den Nutzen nicht möglich, den der Informationsnutzer hat. In F. 44 heißt es, die Abschätzung von Kosten und Nutzen sei „im Wesentlichen eine Ermessensfrage“. Man wird davon ausgehen müssen, dass der IASB diese Ermessensfrage bei Erlass der einzelnen Standards bedacht hat und zu dem Ergebnis gekommen ist, dass die in einem Standard geforderte Information mit angemessenen Kosten erreichbar ist. Der Bilanzierer wird sich daher nur in seltenen Fällen auf den hier erörterten Grundsatz berufen können, um Bilanzierungs- und Bewertungsmethoden nicht anzuwenden oder geforderte Informationen nicht im Anhang anzugeben.

43 Umgesetzt wurde der Grundsatz der Abwägung zwischen Kosten und Nutzen einer Information insbes bei **retrospektiven Anpassungsmaßnahmen** wie der erstmaligen Anwendung der IFRS gem IFRS 1. In IFRS 1.1(c) (2008)/ IFRS 1.1(c) (2003) wird explizit zum Ausdruck gebracht, dass der erstmalige vollständige IFRS-Abschluss nicht zu Kosten erstellt werden darf, die den Nutzen für die Abschlussadressaten übersteigen. Durch verschiedene Ausnahmen vom Gebot der retrospektiven Anpassung wurde dieser Grundsatz in IFRS 1 umgesetzt (s § 44 Rz 12ff).

IV. Formelle Grundlagen

1. Identifikation des Abschlusses

44 Der Abschluss eines Unternehmens muss eindeutig als solcher zu identifizieren sein und sich von im **gleichen Dokument** veröffentlichten Informationen unterscheiden (IAS 1.49ff), da die IFRS nur auf den Abschluss und nicht auf andere Informationen Anwendung finden.

Folglich sind neben der eindeutigen **Bezeichnung** eines jeden **Bestandteils** des Abschlusses (IAS 1.10: Bilanz, Gesamtergebnisrechnung (*statement of comprehensive income)*, Eigenkapitalveränderungsrechnung, Kapitalflussrechnung, Anhang) eine Reihe von **Informationen deutlich sichtbar** darzustellen und im Laufe der weiteren Darstellung zu wiederholen, wenn es für das Verständnis der

Informationen erforderlich ist (IAS 1.51 ff; bzgl der Bestandteile im Einzelnen s Rz 141 ff), ua
(1) Name des berichtenden Unternehmens,
(2) Art des Abschlusses (Jahresabschluss, Konzernabschluss),
(3) Bilanzstichtag bzw Berichtsperiode,
(4) Berichtswährung (und ggf Rundungseinheit, zB T€ oder Mio €).

Diese Angaben müssen auch bei elektronisch veröffentlichten Abschlüssen zweifelsfrei erkennbar sein (IAS 1.51 f).

Bei **Non-Profit-Unternehmen** (Stiftungen, gemeinnützige Vereine, etc) kann die Bezeichnung des Abschlusses oder des jeweiligen Abschlussbestandteils angepasst werden (IAS 1.5), zB Jahresrechnung oder Vermögensrechnung.

2. Übereinstimmungserklärung

Im Anhang ist eine ausdrückliche und vorbehaltslose Angabe dazu zu machen, 45
dass der Abschluss in **Übereinstimmung mit den IFRS** erstellt wurde (*compliance statement*; IAS 1.16). Es ist nicht erforderlich oder üblich, diesen Hinweis zB bereits in der Überschrift zu machen (zB „IFRS-Jahresabschluss zum 31.12.X1"). Darüber hinaus sind weitere Angaben zu den angewandten IFRS und bei einer erstmaligen Anwendung der IFRS zu machen (s näher § 19 Rz 27).

Nach der EU-IAS-Verordnung und deren Umsetzung in § 315 a HGB sind die IFRS insoweit anzuwenden, als sie von der **EU anerkannt** (*endorsed*) wurden. Das ARC (Accounting Regulatory Committee) empfiehlt daher die folgende Übereinstimmungserklärung: „Dieser Abschluss ist in Übereinstimmung mit den IFRS, soweit diese von der EU angenommen wurden, erstellt" (*ARC* Sitzung vom 30. November 2005).

3. Berichtszeitraum

Die IFRS gehen – ebenso wie das HGB – grds von einer **Jahresperiode** als 46
Berichtsperiode aus (IAS 1.36; § 240 Abs 2 Satz 2 HGB). Daneben akzeptieren die IFRS im Gegensatz zum HGB jedoch auch eine Periode von 52 Wochen (IAS 1.37). Dies wurde in IAS 1.50 (2003) damit begründet, dass „sich der daraus resultierende Abschluss wahrscheinlich nicht wesentlich von denen unterscheidet, die für den Zeitraum eines vollen Jahres aufgestellt werden". Für die Praxis in Deutschland ist diese Regelung ohne Bedeutung (zur Zwischenberichterstattung s § 43).

Sofern sich der **Bilanzstichtag ändert**, ist es nach IFRS zulässig, einen Ab- 47
schluss für einen **Zeitraum** aufzustellen, der **länger** oder **kürzer** als **ein Jahr** ist. Das Unternehmen hat dann zusätzliche Angaben über den Grund der abweichenden Berichtsperiode zu machen und die Tatsache zu benennen, dass die Bestandteile des Abschlusses nicht vergleichbar sind (IAS 1.36). Ein zwingendes **Rumpfgeschäftsjahr** als Folge von § 240 Abs 2 Satz 2 HGB kennen die IFRS nicht, seine Bildung ist aber wahlweise zulässig. Will ein Unternehmen seinen Abschlussstichtag daher zB vom Jahresende auf den 31. März eines Jahres umstellen, dann könnte es nach IFRS grds auch einen Jahresabschluss über 15 Monate aufstellen. In Deutschland hat diese Möglichkeit allerdings keine Bedeutung, da nach HGB das Geschäftsjahr eines Abschlusses zwölf Monate nicht überschreiten darf (§ 240 Abs 2 Satz 2 HGB). Es müsste daher zwingend neben dem Jahresabschluss zum 31. Dezember auch ein Abschluss für ein Rumpfgeschäftsjahr von 3 Monaten aufgestellt werden. Im Konzern müsste ebenfalls ein Konzernabschluss zum Jahresende aufgestellt werden, da zu diesem Stichtag kein befreiender IFRS-Abschluss vorliegt (§ 315 a HGB) und ein IFRS-Konzernabschluss für 15 Monate keine befreiende Wirkung hat.

4. Stichtagsprinzip und Ereignisse nach dem Bilanzstichtag

48 Während das Stichtagsprinzip im HGB explizit geregelt ist (§ 252 Abs 1 Nr 3 HGB), ergibt sich dieses in den **IFRS** nur **mittelbar** aus den Vorschriften zur Behandlung der „Ereignisse nach dem Bilanzstichtag“ (IAS 10), die durch Einzelfallregelungen, wie zB in IAS 1.72, IAS 1.74 und IAS 1.76, ergänzt werden.

Das Stichtagsprinzip besagt, dass im Zahlenwerk des Abschlusses nur solche Sachverhalte berücksichtigt werden dürfen, die bereits am Bilanzstichtag vorgelegen haben (IAS 10.2, IAS 10.3(a), IAS 10.8 und IAS 10.19). Die **Wertbegründung,** zB die Erteilung eines Patents, muss vor dem Stichtag oder am Stichtag eingetreten sein, um im Abschluss erfasst zu werden.

49 Ereignisse nach dem Bilanzstichtag werden im Zahlenwerk nur insofern berücksichtigt, als sie die bilanzierten Vermögenswerte und Schulden **bestätigen** oder **relativieren** können (IAS 10.20). Ein im Januar eröffnetes Insolvenzverfahren kann ein anderes Licht auf die im vorhergehenden Dezember gegen das betreffende Unternehmen gebuchten Forderungen werfen und zu einer Neubewertung dieser Forderungen führen. Wird nach dem Bilanzstichtag festgestellt, dass das bilanzierende Unternehmen nicht fortgeführt werden kann, muss die Tatsache in jedem Fall berücksichtigt werden (s Rz 18f).

50 Von praktischer Bedeutung ist die Frage, **bis zu welchem Zeitpunkt Ereignisse** nach dem Bilanzstichtag zu berücksichtigen sind. Die IFRS definieren diesen Zeitpunkt als das **Datum,** an dem der Abschluss zur **Veröffentlichung** freigegeben wird (IAS 10.7). Der **Zeitpunkt** der Veröffentlichung entspricht dabei nicht deutschen Vorstellungen. Es ist der Zeitpunkt an dem das Management (idR Vorstand oder Geschäftsführer) beschließt, den **(vollständigen)** Abschluss an ein übergeordnetes Gremium (idR Aufsichtsrat) **weiterzugeben** oder den Abschluss **unmittelbar** zu **veröffentlichen** (IAS 10.5 oder IAS 10.6; s Erläuterungen in Beispielen dort). Informelle Besprechungen über den Abschluss, zB mit dem Audit Committe, können diese Voraussetzungen nicht erfüllen, da es sich um vorläufige Daten handelt. Auch erfüllt die Veröffentlichung des Jahresergebnisses oder ausgewählter Finanzinformationen diese Kriterien nicht (IAS 10.7), da es sich nicht um den vollständigen Abschluss handelt.

51 Da der Abschluss keine Ereignisse nach dem Zeitpunkt der Veröffentlichung widerspiegelt, ist es für die Adressaten wichtig zu erfahren, **wann** die entspr **Freigabe** zur Veröffentlichung erfolgt ist. Dementsprechend sind im Abschluss das **Datum** der Freigabe, das die Freigabe autorisierende **Organ** und (soweit zutreffend) die Tatsache anzugeben, dass die **Gesellschafter** den Abschluss nach diesem Datum noch **ändern** können (IAS 10.17 und IAS 10.18).

Für **deutsche** prüfungspflichtige **Unternehmen** ist das Datum der **Freigabe** der Veröffentlichung damit idR das Datum des **Bestätigungsvermerks,** da das Management idR erst zu diesem Zeitpunkt den Abschluss an den Aufsichtsrat oder die Gesellschafter weiterleitet. Das Datum der **Aufstellung** des Abschlusses ist für die hier erörterten Fragen unbedeutend, da die aufstellenden Organe den Abschluss bis zur Erteilung des Bestätigungsvermerks noch ändern können. Bzgl der Besonderheiten in Abhängigkeit von der Rechtsform des Unternehmens, der Art des Abschlusses und der Behandlung von Einzelfällen s *ADS*[1] Abschn 2 Rz 23ff.

5. Einzelbewertungsgrundsatz

52 Der Grundsatz der Einzelbewertung ist **explizit** in **einzelnen IFRS** geregelt und lässt sich aus dem Rahmenkonzept (F. 82ff) mittelbar ableiten, zB aus den Formulierungen der IFRS („*an item*“, „*an individual asset*“) im Zusammenhang mit den Bestimmungen zum Einzelausweis von Abschlussposten (IAS 1.29; s

Baetge/Kirsch/Wollmert/Brüggemann in Baetge ua IFRS-Komm[2] Teil A II Rz 148; *ADS*[1] Abschn 1 Rz 256).

Der Einzelbewertungsgrundsatz ist zB in IAS 2.23, Einzelzuordnung von individuellen Anschaffungs- oder Herstellungskosten im Vorratsvermögen, formuliert (s § 8 Rz 81). Daneben finden sich in einzelnen IFRS auch Ausnahmen vom Einzelbewertungsgrundsatz (zB Gruppenbewertung von Vorräten nach IAS 2.29).

Über die in einzelnen IFRS enthaltenen Vorschriften hinaus kann zusammenfassend davon ausgegangen werden, dass der **Grundsatz** der **Einzelbewertung Allgemeingültigkeit** hat, soweit die IFRS keine Ausnahmeregelung vorsehen oder bei Regelungslücken die Aussagefähigkeit des Jahresabschlusses durch eine Einzelbewertung nicht beeinträchtigt wird (s *Baetge/Kirsch/Wollmert/Brüggemann* in Baetge ua IFRS-Komm[2] Teil A II Rz 149).

6. Saldierung von Posten

Die IFRS **untersagen** die **Saldierung** von Vermögenswerten mit Schulden 53
und von Erträgen mit Aufwendungen, soweit nicht die Saldierung in den IFRS **gefordert** bzw **gestattet** wird (IAS 1.32) oder die Saldierung dem **wirtschaftlichen Gehalt** eines Geschäftsvorfalls, eines Ereignisses oder einer sonstigen Bedingung entspricht (IAS 1.33). Die Befugnis zur Saldierung befindet sich in zahlreichen Einzelregelungen, insbes für die **Bilanz**:

(1) Kürzung von **Investitionszuwendungen** von den Anschaffungs- oder Herstellungskosten (IAS 20.24). Neben dieser Nettomethode ist wahlweise auch ein Bruttoausweis möglich, indem die Zuwendungen in einen passivischen Abgrenzungsposten eingestellt werden;

(2) Kürzung für aus Teilabrechnungen (*progress billings*) **vereinnahmte Zahlungen** auf die **Forderungen aus nach der *percentage-of-completion*-Methode bilanzierten Fertigungsaufträgen** (IAS 11.43 f), soweit sie den Leistungsfortschritt nicht überschreiten. Anderenfalls erfolgt der Ausweis unter den erhaltenen Anzahlungen;

(3) Verrechnung von **aufrechnungsfähigen finanziellen Vermögenswerten (Forderungen)** und **Verbindlichkeiten** aus Finanzinstrumenten, wenn das Unternehmen einen Rechtsanspruch auf die Verrechnung hat und auch beabsichtigt, davon Gebrauch zu machen (IAS 32.42 ff);

(4) Verrechnung von Vermögenswerten und Schulden aus **Pensionsplänen** (IAS 19.116; s § 26 Rz 11);

(5) Verrechnung von **tatsächlichen Steueransprüchen und -schulden** (IAS 12.71 ff; s § 25 Rz 27);

(6) Verrechnung von **latenten Steueransprüchen und -schulden** (IAS 12.74 ff; s § 25 Rz 182).

Voraussetzung für alle dargestellten Verrechnungen von Forderungen und 54
Schulden ist, dass das Unternehmen das **Recht** und die **Absicht** zur Aufrechnung der Posten hat. Das setzt auf beiden Seiten gleiche Vertragspartner voraus. Im Fall von tatsächlichen und latenten Steuern muss es sich um die gleiche Steuerbehörde handeln, was insbes im Konzernabschluss ein Hinderungsgrund für die Saldierung ist. Nach der **generellen Konzeption** des Saldierungsverbots soll durch diese zahlreichen Sonderregelungen in den IFRS möglichst der wirtschaftliche Gehalt der Geschäftsvorfälle abgebildet werden.

Die Berücksichtigung von **Wertberichtigungen,** zB **auf Vorräte** oder **auf** 55
Forderungen, ist nicht als Saldierung anzusehen (IAS 1.33).

Ebenfalls zusammengefasst werden können Posten (mit gleichen Vorzeichen), die für sich allein betrachtet **nicht wesentlich** sind (IAS 1.30).

56 In der **Gesamtergebnisrechnung** bzw **gesonderten GuV** (sofern erstellt; s ausführlich § 15 Rz 46ff) können bzw sollen saldiert werden:

(1) Erlöse aus **Erlösminderungen** wie Preisnachlässe, Mengenrabatte, Skonti oder Boni (IAS 1.34). Demgegenüber kann für zeitversetzte Leistungen (zB nachfolgende Serviceleistungen) die Bildung eines Passivpostens sachgerecht sein, um den Ertrag nicht sofort, sondern über den gesamten Leistungszeitraum zu erfassen (IAS 18.13).

(2) Erträge und Aufwendungen aus Geschäftsvorfällen, die selbst zu keinen Erträgen führen, aber mit den Hauptumsatzträgern anfallen (Nebengeschäfte). Als Beispiele hierfür werden genannt:

(a) Erlöse aus dem **Abgang von Anlagevermögen** (langfristige Vermögenswerte einschließlich Finanzinvestitionen) sind mit dem Restbuchwert und den Veräußerungskosten zu saldieren (IAS 1.34(a)). Ausgewiesen wird damit der Veräußerungsgewinn oder -verlust. Bei einem wesentlichen Abgang von Posten der Sach- oder Finanzanlagen sind Art und Betrag dieser Posten jedoch gesondert anzugeben (IAS 1.97, IAS 1.98(c) und (d)).

(b) Aufwendungen aus der Bildung einer Rückstellung können mit Erträgen aus zugehörigen vertraglichen **Erstattungsansprüchen** verrechnet werden (zB Gewährleistungsansprüche von Subunternehmern, Lieferanten, Versicherungen; IAS 1.34(b)).

57 (3) **Unwesentliche** Gewinne und Verluste, die aus einer Gruppe von ähnlichen Geschäftsvorfällen entstehen, bspw

(a) **Wechselkursgewinne** mit **Wechselkursverlusten** (IAS 1.35),

(b) Gewinne und Verluste aus der **Zeitbewertung** von zu Handelszwecken gehaltenen Finanzinstrumenten (IAS 1.35),

(c) Gewinne und Verluste aus dem **Abgang von Anlagevermögen;** wesentliche Abgänge sind gesondert anzugeben (IAS 1.97, IAS 1.98(c) und (d)),

(d) Aufwendungen aus der Bildung von **Wertberichtigungen auf Forderungen** mit Erträgen aus der Auflösung von Wertberichtigungen,

(e) Aufwendungen und Erträge aus der Bildung und Auflösung von **Rückstellungen.** Wesentliche Auflösungen von Rückstellungen sind jedoch gesondert anzugeben (IAS 1.98(g)).

58 (4) Weitere Saldierungen können aus den Bezeichnungen von Posten der **Gesamtergebnisrechnung** bzw **gesonderten GuV** (sofern erstellt) abgeleitet werden, weil sie in den Standards als **Saldogröße** angegeben werden, zB

(a) **Bestandsveränderungen** von fertigen und unfertigen Erzeugnissen (IAS 1.102). Danach ist zB eine Saldierung einer Bestandserhöhung bei unfertigen Erzeugnissen mit einer Bestandsminderung von Fertigerzeugnissen zulässig;

(b) **Ergebnis aus Equity-Beteiligungen** (IAS 1.82(c));

(c) **Steueraufwand** (*tax expense;* IAS 1.82(d)).

7. Vorgehen bei Regelungslücken

59 Trotz einer hohen Regelungsdichte ist es auch bei der Anwendung der IFRS nicht ausgeschlossen, dass für eine spezielle bilanzielle Fragestellung im IFRS-Regelwerk keine eindeutige Antwort zu finden ist. In diesem Fall von unspezifischen oder fehlenden Regelungen für die Bilanzierung und Bewertung von Geschäftsvorfällen hat gem IAS 8.10ff die Geschäftsführung **eigene Methoden** zu entwickeln, die den Adressaten relevante Informationen liefern und zu verlässlichen Abschlussinformationen führen (s Rz 28ff). Bei der Entwicklung einer Methode gem den Vorgaben in IAS 8.10 sind von der Geschäftsführung anhand einer vorgegebenen Hierarchie verschiedene Quellen zur Urteilsfindung heran-

zuziehen: An erster Stelle sind die Regelungen in anderen Standards heranzuziehen (IAS 8.11(a)) und an zweiter Stelle die im Rahmenkonzept enthaltenen allgemeinen Bilanzierungs- und Bewertungskriterien (IAS 8.11(b)). Zusätzlich kann die Geschäftsführung auch die Aussagen anderer Standardsetter (zB DSR, FASB) zu ähnlichen Sachverhalten zu Hilfe nehmen, sofern sich ein Sachverhalt nicht durch andere IFRS oder IFRIC lösen lässt. Das Institut der Wirtschaftsprüfer in Deutschland eV (IDW) ist nicht als Standardsetter idS anzusehen, da es nicht wie das DRSC rechtskräftige Rechnungslegungsnormen erarbeitet, sondern Stellungnahmen bzw Verlautbarungen verabschiedet, die an den Berufsstand der Wirtschaftsprüfer gerichtet sind. Allerdings können gem IAS 8.12 auch sonstige Rechnungslegungs-Verlautbarungen und anerkannte Branchenpraktiken mit berücksichtigt werden. Dazu zählen auch die Verlautbarungen des IDW. Diese zusätzlichen Quellen dürfen allerdings nicht im Konflikt zu den zentralen IFRS-Grundsätzen stehen (IAS 8.12). Damit sind die in IAS 1 sowie im Framework aufgeführten Grundsätze gemeint (s Rz 2ff).

In der Literatur wird immer wieder die Frage diskutiert, ob auch **Entwürfe** 60
von Standards bzw deren Überarbeitung oder **Interpretationen** herangezogen werden dürfen oder nicht (*ADS*[1] Abschn 1 Rz 16; *Achleitner/Wollmert* in Baetge ua IFRS-Komm[2] Teil A Rz 22ff). Grds ist dies **nicht zulässig**, da der Abschluss eines Unternehmens in Europa die Bemerkung enthalten muss, dass dieser nach den in der EU geltenden Standards erstellt wurde, was dann gerade nicht der Fall ist. Es gibt aber auch Ausnahmefälle: Bei Sachverhalten, zu denen überhaupt keine Regelung durch einen IFRS existiert, sollte es auch möglich sein, sich auf einen Standardentwurf zu berufen. Hierzu ist eine entspr Bemerkung im Rahmen der Übereinstimmungserklärung mit den IFRS erforderlich.

einstweilen frei 61–70

B. Ansatzregeln

I. Grundlagen

Elementare Bedeutung zum Verständnis der IFRS kommt der Definition des 71
Vermögenswerts ***(asset)*** und der **Schuld** ***(liability)*** **zu.**

Diese beiden Begriffe sind die **zentralen Anknüpfungspunkte für die Rechnungslegung nach IFRS** und bilden zusammen mit dem Eigenkapital *(equity)* die drei übergeordneten Abschlussposten (F. 49). Was nicht als Vermögenswert qualifiziert werden kann, darf nicht aktiviert werden, es sei denn, ein Standard sieht eine Aktivierungspflicht explizit vor. Aufwendungen und Ausgaben dürfen nur dann aktiviert werden, wenn sie einem Vermögenswert als Anschaffungs- oder Herstellungskosten zugeordnet werden können. Was nicht als Schuld eingeordnet werden kann, darf nicht passiviert werden. Rückstellungen werden als Untereinheit der Schulden aufgefasst und müssen den Schuldbegriff erfüllen. Auch die Darstellung des **Periodenerfolgs** und seiner Abgrenzung ggü den Vorperioden und den Folgeperioden ist maßgeblich durch die Bilanzierung bestimmt. **Rechnungsabgrenzungsposten** iSd deutschen HGB sehen die IFRS nicht vor. IdR begründen die sich dahinter verbergenden Sachverhalte aber den Ansatz eines (sonstigen) Vermögenswerts bzw einer (sonstigen) Schuld (s Rz 78 und Rz 86f).

Sind die Kriterien des Vermögenswerts oder der Schuld erfüllt, so kommt ein Ansatz in der Bilanz nur in Betracht, wenn sich der Wert oder die Anschaffungs- oder Herstellungskosten des Sachverhalts verlässlich bewerten lassen (F. 83(b)).

II. Vermögenswerte

1. Definition

72 Der Vermögenswert ist im **Rahmenkonzept** (F. 49) definiert. Auf diese Definition wird in IAS 1.15 Bezug genommen, wodurch sie die verbindliche Wirkung eines Standards erhält. Ein Vermögenswert ist nach F. 49 (a) eine Ressource, die auf Grund von Ereignissen der Vergangenheit in der Verfügungsmacht eines Unternehmens steht und von der erwartet wird, dass dem Unternehmen aus ihr künftiger wirtschaftlicher Nutzen zufließt. Damit müssen in jedem Fall **drei Kriterien kumulativ** erfüllt sein, um einen Sachverhalt als Vermögenswert zu qualifizieren:
(1) Die Ressource muss aus einem Ereignis der Vergangenheit resultieren;
(2) das Unternehmen übt die Verfügungsmacht über die Ressource aus;
(3) aus der Ressource wird ein zukünftiger wirtschaftlicher Nutzen erwartet.

Das englische Wort „*resource*" könnte auch mit „Ertragsquelle" übersetzt werden, weil zu dem Begriff der Ressource die begründete Erwartung gehört, dass aus ihr künftiger wirtschaftlicher Nutzen, also schließlich Geld fließt (IAS 38.8). So kann zB eine selbsterstellte Software entweder zukünftige Erträge generieren, indem sie verkauft wird, oder durch die unternehmensinterne Nutzung Ausgaben für den Kauf einer Software gespart werden.

Den IFRS liegt ein **zweistufiges Ansatzkonzept** zugrunde, indem diesen drei allgemeinen definitorischen Kriterien noch zwei Nebenbedingungen hinzugefügt wurden: Ein Vermögenswert darf gem F. 89 nur aktiviert werden, wenn der Zufluss künftigen wirtschaftlichen Nutzens wahrscheinlich ist und die Kosten oder der Wert zuverlässig messbar sind.

Konkrete Bilanzierungsverbote können trotz Erfüllung dieser Kriterien einer Aktivierung entgegenstehen. Beispiele dafür finden sich insbes im Bereich des selbsterstellten immateriellen Vermögens wie zB selbstgeschaffene Markennamen oder Kundenlisten (IAS 38.63).

2. Ereignis der Vergangenheit

73 Die Verfügungsmacht über die Ressource (Ertragsquelle) muss dem Unternehmen aufgrund **vergangener Geschäftsvorfälle** oder anderer Ereignisse zugefallen sein, dh vor dem Bilanzstichtag (F. 58). Dies kann zB durch Vertragsabschlüsse, durch eine staatliche Genehmigung oder durch die Entdeckung eines Erzvorkommens verbunden mit einer entspr Abbauerlaubnis geschehen sein.

Zukünftige Erwartungen oder Absichten, zB Vorräte zu kaufen (Beispiel aus F. 58), erfüllen die Definition eines Vermögenswerts damit nicht.

Bei **schwebenden Verträgen** liegt zwar mit dem Vertragsabschluss ein Ereignis der Vergangenheit vor; jedoch ist vor dem Bilanzstichtag die wirtschaftliche Verfügungsmacht noch nicht auf den Käufer übergegangen bzw ein Vertrag wurde noch nicht vollständig erfüllt, sodass schwebende Geschäfte – abgesehen vom Sonderfall der drohenden Verluste aus schwebenden Geschäften (s Rz 81) und bestimmten Finanzinstrumenten – keinen bilanziellen Niederschlag finden.

3. Verfügungsmacht

74 Das Unternehmen muss bei **wirtschaftlicher Betrachtungsweise** über den Vermögenswert verfügen, also andere von der Nutzung ausschließen können (F. 57). Dies ist idR nur durch entspr **Rechtstitel** möglich, wie Eigentumsrechte, Vertragsrechte (zB aufgrund eines Leasingvertrags) oder staatliche Verleihungen.

Die Verfügungsmacht kann ua darin bestehen, dass der wirtschaftliche Eigentümer das Recht hat, für den Vermögenswert einen Kaufpreis oder Gebühren für seine Nutzung zu verlangen.

4. Zufluss wirtschaftlichen Nutzens

Der Zufluss wirtschaftlichen Nutzens drückt sich in einem direkten oder indirekten Beitrag zur **Erhöhung** des **Cashflow** aus (F. 53). Dabei spielt es keine Rolle, ob der Nutzenzufluss durch den Vermögenswert selbst oder nur in Kombination mit anderen Vermögenswerten generiert wird (F. 55(a)). 75

Ein künftiger wirtschaftlicher Nutzen kann sich aber auch in der **Verhinderung** eines **Abflusses** von Geld ausdrücken. So kann auch eine Technik zur Verminderung der Produktionskosten diese Anforderung erfüllen (F. 53). Aktive latente Steuern – insbes solche auf werthaltige steuerliche Verlustvorträge – führen zwar ebenfalls nicht zu einem Zufluss an wirtschaftlichem Nutzen; sie verringern aber den zusätzlichen Abfluss von Geldmitteln für zukünftige Steuerzahlungen, was dem gleichzusetzen ist.

Der zukünftige wirtschaftliche Nutzen muss **wahrscheinlich** sein. Die Erwartung muss begründet, darf also nicht nur Hoffnung sein. Es geht aber uE zu weit, eine 100%ige Sicherheit zu verlangen. Es muss mehr für als gegen die Erwartung sprechen (Gedanke aus IAS 37.23; s *ADS*[1] Abschn 1 Rz 151; *Lüdenbach/Hoffmann* in Lüdenbach/Hoffmann IFRS[6] § 1 Rz 91). Der Ansatz eines Vermögenswerts hat zu unterbleiben, wenn ein wirtschaftlicher Nutzen über die Berichtsperiode hinaus nicht wahrscheinlich ist. Dies impliziert allerdings kein automatisches Aktivierungsverbot für falsche Investitionsentscheidungen des Managements (F. 90).

Die Beurteilung des Zuflusses künftigen wirtschaftlichen Nutzens ist eine **Ermessensentscheidung**, die unter Beachtung des Vorsichtsgrundsatzes gem F. 37 auszuüben ist. Solche Fälle liegen zB bei der Beurteilung der Werthaltigkeit eines steuerlichen Verlustvortrags vor (IAS 12.34).

Die Einschätzung des zukünftigen wirtschaftlichen Nutzens schlägt sich aber auch in der Bewertung des Vermögenswerts nieder:

Beispiel: Über einen Kunden wurde ein Insolvenzverfahren eröffnet. Nach Auskunft des Insolvenzverwalters ist mit einer Bedienungsquote der Schulden von 20% zu rechnen. Die Forderung ggü dem Kunden wird weiterhin angesetzt; da der Zufluss zukünftigen wirtschaftlichen Nutzens aus der Forderung aber nur noch in Höhe von 20% besteht, ist sie in dieser Höhe zu bewerten.

5. Verlässliche Bewertbarkeit

Ein Ansatz von Vermögenswerten ist nur möglich und zulässig, wenn dieser **verlässlich** bewertet werden kann (F. 86). Das ist dann der Fall, wenn die Bewertung ohne „wesentliche Fehler" und „frei von verzerrenden Einflüssen" durchführbar ist (F. 31). **Schätzgrößen** schließen eine verlässliche Bewertbarkeit nicht aus. Nur in Ausnahmefällen ist es denkbar, eine verlässliche Bewertung nicht durchführen zu können. Als Beispiel ist in F. 86 Folgendes ausgeführt: 76

Die erwarteten Erlöse aus einem **Rechtsstreit** können sowohl den Definitionen eines Vermögenswerts und eines Ertrags entsprechen, als auch das Kriterium der Wahrscheinlichkeit für die Erfassung erfüllen. Kann die Höhe des Anspruchs jedoch nicht verlässlich bewertet werden, sodass er nach dem zweistufigen Ansatzkonzept (s Rz 72) nicht als Vermögenswert oder Ertrag zu erfassen ist, wäre die Existenz eines solchen Anspruchs als sog **Eventualforderung** im Anhang, den Erläuterungen oder in den ergänzenden Übersichten anzugeben.

6. Materielle und immaterielle Vermögenswerte

77 Der Vermögenswertbegriff der IFRS beschränkt sich nicht auf materielle Werte (Grundstücke, Maschinen usw), sondern umfasst auch immaterielle Werte „ohne physische Substanz“ (IAS 38.8), wie Computersoftware, Patente, Urheberrechte, Kundenlisten, Fischereilizenzen, Importquoten (Beispiele aus IAS 38.9). **Voraussetzung** für die Bilanzierung dieser Vermögenswerte ist ihre **Identifizierbarkeit,** um sie vom Geschäfts- oder Firmenwert unterscheiden zu können (IAS 38.11). Ein immaterieller Vermögenswert ist identifizierbar (IAS 38.12), wenn

(1) er separierbar ist, dh er kann vom Unternehmen getrennt und somit verkauft, übertragen, lizenziert, vermietet oder getauscht werden. Dies kann einzeln oder iVm einem Vertrag, einem Vermögenswert oder einer Schuld erfolgen; oder wenn

(2) er aus vertraglichen oder anderen gesetzlichen Rechten entsteht, unabhängig davon, ob diese Rechte vom Unternehmen oder von anderen Rechten und Verpflichtungen übertragbar oder separierbar sind.

7. Sonderregeln

78 **Aktivische Rechnungsabgrenzungsposten** sind im Rahmenkonzept als solche **nicht definiert;** einen vergleichbaren Begriff kennen die IFRS nicht. Die aus dem Konzept der **Periodenabgrenzung** resultierenden antizipativen und transitorischen Posten sind in der Bilanz **nicht anzusetzen,** wenn diese nicht den Begriff des Vermögenswerts nach Maßgabe des Frameworks erfüllen (IAS 1.28).

Die nach **deutschem Handelsrecht** aktivierten Rechnungsabgrenzungsposten erfüllen idR die Ansatzkriterien von Vermögenswerten (*ADS*[1] Abschn 1 Rz 154), zumindest soweit diese sich nach § 250 Abs 1 HGB bemessen bzw Ausgaben für eine bestimmte Zeit nach dem Abschlussstichtag darstellen und ggü Dritten aus Lieferungs- oder Leistungsverträgen entstanden sind. Dies gilt insbes, nachdem § 250 Abs 1 Satz 2 HGB durch das Bilanzrechtsmodernisierungsgesetz (BilMoG) gestrichen worden ist.

Dagegen ist das Disagio des Kreditnehmers (vgl § 250 Abs 3 HGB) nach den IFRS nicht als Abgrenzungsposten zu behandeln, sondern wird von den Anschaffungskosten der Verbindlichkeit abgezogen und erhöht über die Laufzeit den Buchwert der Verbindlichkeit (IAS 18.30(a)).

8. Vergleich zum HGB

79 Der Begriff des **Vermögenswerts** ist **nicht gleichzusetzen** mit dem handelsrechtlichen Begriff des **Vermögensgegenstands,** sondern ist weiter gefasst und beinhaltet gerade im immateriellen Bereich nach deutschem Handelsrecht nicht zu aktivierende Vermögenswerte. Im Rahmen der (konkreten) Ansatzvorschriften werden die (abstrakten) Unterschiede von HGB und IFRS aber weitgehend angeglichen. Die Bilanzierung von Vermögenswerten erfolgt grds nach den Vorschriften der einzelnen IFRS; erst wenn diese oder andere IFRS keine Regelungen enthalten, ist gem IAS 8.11(b) auf die Definitions- und Ansatzkriterien des Rahmenkonzepts zurückzugreifen.

Ansatzverbote des HGB für bestimmte immaterielle Vermögensgegenstände, die nicht entgeltlich erworben worden sind, finden keine Entsprechung in den IFRS (§ 4 Rz 4).

Selbst erstellte immaterielle Vermögenswerte sind nach IAS 38.19 anzusetzen, sofern diese nicht originäre Geschäfts- oder Firmenwerte (IAS 38.36), Werbungskosten, Kundenstammlisten oder Forschungskosten (IAS 38.42) betreffen.

Ein **Ansatzgebot** besteht nach den IFRS bei Vorliegen der definierten Voraussetzungen für Entwicklungskosten (IAS 38.57), den derivativen Geschäfts- oder Firmenwert (IFRS 3.41) und für bestimmte Guthaben aus latenten Steuern (IAS 12.24). Nach dem Bilanzrechtsmodernisierungsgesetz (BilMoG) sollen Unterschiede zwischen HGB und IFRS verringert werden. So wurde bspw ein Aktivierungswahlrecht für selbst geschaffene immaterielle Vermögensgegenstände geschaffen.

III. Schulden

1. Definition

Eine **Schuld** ist definiert als eine **gegenwärtige Verpflichtung** eines Unternehmens, die aufgrund eines **Ereignisses** in der Vergangenheit entstanden ist und deren **Erfüllung** erwartungsgemäß zu einem Abfluss von Ressourcen führt, mit denen ein **wirtschaftlicher Nutzen** verbunden ist (F. 49(b)). Die Definition ist somit ein Spiegelbild zur Definition von Vermögenswerten (s Rz 72f). 80

Auch für Schulden sieht das Framework ein zweistufiges Ansatzkonzept vor, indem neben diesen definitorischen Voraussetzungen verlangt wird, dass der Abfluss wirtschaftlichen Nutzens wahrscheinlich ist und zuverlässig gemessen werden kann (F. 91).

2. Gegenwärtige Verpflichtungen

Die **gegenwärtige** Verpflichtung ist ein **wesentliches Merkmal** einer Schuld. Die Verpflichtung besteht bei Vorliegen eines **einklagbaren Rechts,** zB aus einem Vertrag, einer **gesetzlichen Vorschrift** oder auch als faktische Verpflichtung bei **freiwillig übernommenen Pflichten,** zB aus Kulanzleistungen, wenn das Unternehmen sich diesen Verpflichtungen auf Grund des üblichen Geschäftsgebarens faktisch nicht entziehen kann (F. 60). 81

Eine Verpflichtung kann auch aus einem sog „**belastenden Vertrag**" resultieren, der dadurch gekennzeichnet ist, dass die unvermeidbaren Kosten zur Erfüllung der Verpflichtung höher als der voraussichtliche Nutzen sind. Belastende Verträge führen zum Ansatz einer Rückstellung für drohende Verluste aus schwebenden Geschäften, sofern kein mit der Verpflichtung verbundener Vermögenswert vorhanden ist, für den ein Wertminderungsaufwand verrechnet werden kann (IAS 37.66 ff).

Die im Rahmenkonzept dargestellten Beispielsfälle lassen erkennen, dass **ausnahmslos Drittverpflichtungen** bzw **Außenverpflichtungen** – nicht dagegen Eigenverpflichtungen – die Tatbestandsmerkmale erfüllen (F. 63). Hieraus leitet sich das **Verbot** der Bildung von **Aufwandsrückstellungen** iSv § 249 Abs 2 HGB ab. Eine Ausnahme hiervon bilden **Rückstellungen für Restrukturierungsmaßnahmen** (IAS 37.70 ff), die zwar ihrem Grunde nach Rückstellungen für zukünftige Aufwendungen sind; unter bestimmten Voraussetzungen sind sie aber als eine faktische Verpflichtung anzusehen und somit passivierungspflichtig (s § 13 Rz 162 ff).

Die Entscheidung des Managements, in der **Zukunft** Vermögenswerte zu **erwerben,** führt allein **nicht** zu einer **gegenwärtigen Verpflichtung** (F. 61). Verbindliche Verträge können aber in einigen Fällen schon zur Entstehung einer bilanziellen Schuld führen, obwohl eigentlich noch ein schwebendes Geschäft vorliegt. Dies gilt zB gem IAS 37.66 immer dann, wenn ein sog **belastender Vertrag** vorliegt, dh die unvermeidbaren Kosten zur Erfüllung einer vertraglichen Schuld sind höher als der wirtschaftliche Nutzen aus dem Vertrag. Allerdings begründet ein belastender Vertrag erst dann den Ansatz einer Rückstellung, wenn keine Vermögenswerte im Zusammenhang mit dem Vertrag vorhanden sind (zB unfertige Erzeugnisse), die wertgemindert werden können (IAS 37.69).

3. Ereignis der Vergangenheit

82 Eine Schuld liegt nur dann vor, wenn diese aus einem vergangenen Geschäftsvorfall oder einem anderen Ereignis der Vergangenheit resultiert (F. 63). Analog zu den Bestimmungen bei den Vermögenswerten (Rz 73) muss es sich damit um Geschäftsvorfälle oder Ereignisse **vor dem Bilanzstichtag** handeln.

Konsequenterweise ist in IAS 10.12 klargestellt, dass **Dividenden** für das abgelaufene Geschäftsjahr, die zwar nach dem Bilanzstichtag, aber noch vor dem Zeitpunkt der Freigabe des Abschlusses beschlossen wurden, nicht als Schuld zu passivieren sind. Als „Ereignis" ist hierbei der Ausschüttungsbeschluss anzusehen, der aus Sicht des abgelaufenen Geschäftsjahrs nicht in der Vergangenheit liegt und somit keine passivierungspflichtige Schuld begründet. Es sind in diesem Fall aber entspr Angaben im Anhang zu machen (IAS 1.137).

4. Abfluss einer Ressource mit wirtschaftlichem Nutzen

83 Mit der **Erfüllung** einer **Schuld** muss das Unternehmen idR **Ressourcen aufgeben,** die einen wirtschaftlichen Nutzen enthalten. Dabei kann die Erfüllung auf verschiedene Weise erfolgen, zB durch Zahlung mit Geld, Übertragung anderer Vermögenswerte, etc (F. 62).

Nur wenn es **wahrscheinlich** ist, dass die den künftigen wirtschaftlichen Nutzen repräsentierende Ressource aus dem Unternehmen abfließt, darf eine Schuld passiviert werden. Die Wahrscheinlichkeit soll dabei als Erfassungskriterium dem Grad der **Unsicherheit** des tatsächlichen Abflusses Rechnung tragen und gleichzeitig verhindern, dass der Ansatz (nur) aufgrund einer Unsicherheit unterbleibt (F. 85). Sofern die Ansatzkriterien für eine Schuld erst zu einem **nachfolgenden Stichtag** erfüllt sind, muss diese nach den Vorschriften von IAS 8 dann nachgeholt werden (s § 45).

Das Kriterium der **Wahrscheinlichkeit** für den Ansatz von Schulden wird vom Rahmenkonzept nicht näher definiert. Es wird zwischen **Rückstellungen** und **sonstigen Schulden** unterschieden. Unterscheidungsmerkmal ist dabei der Grad der Gewissheit über den Eintritt und/oder die Höhe der Schuld.

84 **Rückstellungen** sind Schulden, bei denen die Fälligkeit oder die Höhe ungewiss ist (IAS 37.10). Eine Rückstellung ist **zu bilden,** wenn „mehr dafür als dagegen spricht" (IAS 37.16(a)). Hiermit ist eine Wahrscheinlichkeit von **mehr als 50%** für das Bestehen der Verpflichtung bzw den Abfluss der Ressource gemeint. Bei den sonstigen Schulden ist der Grad der Gewissheit dagegen sehr hoch. Sie sind gem IAS 37.11(b) als **abgegrenzte Schulden** anzusehen. Beispiele hierfür sind Urlaubsansprüche von Mitarbeitern oder ausstehende Rechnungen.

Bei **Eventualverbindlichkeiten** ist entweder der Abfluss künftigen wirtschaftlichen Nutzens nicht mehr als wahrscheinlich, oder ihre Höhe kann nicht zuverlässig geschätzt werden (IAS 37.10). Eventualverbindlichkeiten erfüllen deshalb nicht die Passivierungskriterien, sind aber im Anhang anzugeben (IAS 37.28; s auch § 13 Rz 16ff).

5. Verlässliche Bewertbarkeit

85 Neben dem wahrscheinlichen Abfluss von Ressourcen, die einen künftigen Nutzen repräsentieren (Rz 83; § 13 Rz 47), ist die weitere (konkrete) Voraussetzung zur Erfassung einer Schuld, dass der Erfüllungsbetrag **verlässlich bewertet** werden kann (F. 91; zu Einzelheiten s § 13 Rz 48f).

Sofern eine zukünftige Verpflichtung nicht die Ansatzkriterien für eine **Schuld** erfüllt, aber dennoch von wesentlicher **Bedeutung** ist, kann aber eine **Angabe** als Eventualschuld im Anhang oder anderen Bestandteilen des Abschlusses erforderlich sein (F. 88).

6. Abgrenzungsposten

Trotz des Konzepts der Periodenabgrenzung (F. 22) dürfen Schulden nur dann im Abschluss erfasst werden, wenn diese die im Rahmenkonzept enthaltenen Definitionen und Erfassungskriterien erfüllen (IAS 1.28). 86

Die nach **deutschem Handelsrecht** passivierten Rechnungsabgrenzungsposten erfüllen idR die Ansatzkriterien von Schulden, zumindest soweit diese sich nach § 250 Abs 2 HGB bemessen bzw **Einnahmen** für eine bestimmte **Zeit nach** dem **Abschlussstichtag** darstellen und ggü Dritten aus Lieferungs- oder Leistungsverträgen entstanden sind (vgl *ADS*[1] Abschn 1 Rz 177). Dagegen ist das **Disagio** des Kreditgebers nach den IFRS nicht als Abgrenzungsposten zu behandeln, sondern erhöht über die Laufzeit den Buchwert der anfänglich mit den Anschaffungskosten bewerteten Forderung (IAS 18.30(a)).

Dennoch kennen auch die **IFRS passivische Abgrenzungsposten**, die für Zwecke der periodengerechten Gewinnermittlung gebildet werden. Beispiele hierfür sind das Wahlrecht zur Bildung eines passivischen Abgrenzungspostens für Zuwendungen der öffentlichen Hand (IAS 20.24) oder die Pflicht zur passivischen Abgrenzung eines Gewinns aus einem *sale-and-lease-back*-Geschäft, wenn dieses die Kriterien für ein Finanzierungs-Leasingverhältnis erfüllt (IAS 17.59). Umsatzabgrenzungsposten ergeben sich aus Sachverhalten wie sog Mehrkomponentengeschäften (IAS 18.13) oder bei Kundentreueprogrammen (IFRIC 13). Unklar ist der bilanzielle Charakter dieser Posten, da sie sich nicht unter den Schuldbegriff der IFRS subsumieren lassen. So findet in beiden Fällen kein künftiger Abfluss wirtschaftlichen Nutzens statt. Die Passivseite einer IFRS-Bilanz kann somit neben Schulden und Eigenkapital auch reine Erfolgsabgrenzungsposten enthalten. 87

7. Vergleich zum HGB

Deutlicher und praktisch bedeutsamer als beim Begriff des Vermögenswerts ist die Abweichung ggü dem HGB bei dem **Begriff der Schuld.** 88

Eine dem deutschen handelsrechtlichen Grundsatz des **Imparitätsprinzips** vergleichbare Vorschrift existiert in den IFRS nicht. Der Ansatz von Rückstellungen im Zusammenhang mit künftigen betrieblichen Verlusten ist ausdrücklich untersagt (IAS 37.63). Jedoch besteht für **belastende Verträge** eine **Ausnahme,** soweit unvermeidbare Kosten zur Erfüllung der vertraglichen Verpflichtung höher als der erwartete wirtschaftliche Nutzen sind (IAS 37.66 ff). Insoweit besteht eine weitgehende Übereinstimmung mit der Rückstellungsbildung für **drohende Verluste** nach dem HGB (§ 249 Abs 1 Satz 1 2. Alternative). 89

Aufwandsrückstellungen iSv § 249 HGB sind nach den IFRS **unzulässig,** da diese nicht aus Leistungsbeziehungen oder Verträgen mit Dritten resultieren und daher keinen Schuldcharakter haben. Durch den Wegfall des Passivierungswahlrechts für bestimmte Aufwandsverpflichtungen wie bspw unterlassene Instandhaltungsmaßnahmen wurde dieser Unterschied im Rahmen des BilMoG aber verringert.

Bestimmte ungewisse Verbindlichkeiten, die nach IFRS als abgegrenzte Schulden angesehen werden, wie zB Urlaubsansprüche der Mitarbeiter oder ausstehende Rechnungen, werden im HGB-Abschluss als Rückstellungen ausgewiesen. 90

IV. Erträge und Aufwendungen

1. Grundlagen

91 Analog zu den Vorschriften der Bilanz enthält das Rahmenkonzept eine **zweistufige Regelung** hinsichtlich des Ansatzes von Erträgen und Aufwendungen. In der ersten Stufe werden Erträge und Aufwendungen, die in der Gesamtergebnisrechnung bzw gesonderten GuV (sofern erstellt) berücksichtigt werden können, (abstrakt) definiert (F. 70 ff). In der zweiten Stufe werden (konkrete) Ansatzkriterien definiert, nach denen bestimmt wird, wann Erträge und Aufwendungen in der Gesamtergebnisrechnung bzw gesonderten GuV (sofern erstellt) zu erfassen sind (F. 92 ff).

Das Rahmenkonzept **definiert** die erste (abstrakte) Stufe wie folgt: **Erträge/Aufwendungen** stellen eine **Zunahme/Abnahme** des **wirtschaftlichen Nutzens** in der Berichtsperiode in Form von Zuflüssen/Abflüssen oder von Erhöhungen/Verminderungen von Vermögenswerten oder einer Abnahme/Erhöhung von Schulden dar, die zu einer **Erhöhung/Abnahme** des **Eigenkapitals** führen, welche nicht auf eine Einlage/Ausschüttung der/an die Anteilseigner zurückzuführen ist (F. 70).

Diese abstrakte Formulierung besagt weder etwas über die **Höhe** der zu bilanzierenden Erträge und Aufwendungen, noch kann daraus der **Zeitpunkt** abgeleitet werden, zu dem Aufwendungen und Erträge zu erfassen sind. Höhe und Zeitpunkt werden durch die Vermögenswerte und Schulden bestimmt, die den Erträgen und Aufwendungen entsprechen.

Da in den IFRS kein dem § 252 Abs 1 Nr 4 HGB vergleichbares Realisationsprinzip existiert, können Erträge auch nach HGB unrealisierte Wertsteigerungen enthalten. Deutlich wird dies insbes bei der Bilanzierung von langfristigen Fertigungsaufträgen, bei der unter bestimmten Voraussetzungen ein Ertrag in Abhängigkeit vom Projektfortschritt ausgewiesen werden kann (IAS 11), sowie bei der erfolgswirksamen Bewertung bestimmter Finanzinstrumente oder als Finanzinvestition gehaltener Immobilien zum Zeitwert (IAS 39 und IAS 40).

2. Erträge

92 Die **Höhe** der Erträge hängt von den Bewertungen der entspr Bilanzwerte ab. Der **Zeitpunkt** ihrer Erfassung wird durch Regelungen in einzelnen Standards bestimmt:

(1) **IAS 18** enthält allgemeine Regelungen zur Gewinnrealisierung ua für den Verkauf von Gütern (IAS 18.14 ff), das Erbringen von Dienstleistungen (IAS 18.20 ff) und für die Nutzung von Vermögenswerten des Unternehmens durch Dritte (zB Zinsen, Nutzungsentgelte und Dividenden) (IAS 18.29 ff);

(2) **IAS 11** regelt die Gewinnrealisierung bei **Fertigungsaufträgen,** die sog ***percentage-of-completion* (POC)-Methode** (§ 9 Rz 51 ff);

(3) **IAS 17** bestimmt die Einbuchung von Erträgen aus **Leasingverträgen** beim Leasinggeber (IAS 17.39 ff);

(4) **IAS 39** enthält Regelungen zur Ertragserfassung aus Finanzinstrumenten, (§ 3 Rz 86 ff).

93 Erträge werden idR **erfolgswirksam** in der Gesamtergebnisrechnung bzw gesonderten GuV (sofern erstellt) erfasst. Im Gegensatz zu der Bilanzierung nach HGB gibt es jedoch **Ausnahmen,** in denen ein Ertrag direkt in das **Eigenkapital** gebucht wird (IAS 1.7). Durch dieses Konzept ist sichergestellt, dass Werterhöhungen, die noch nicht durch eine Veräußerung tatsächlich realisiert sind, nicht ertragswirksam erfasst werden. Entspr Buchungen sind zB vorgesehen für

(1) Erträge aus der Neubewertung einer Sachanlage (IAS 16.39) oder eines immateriellen Vermögenswerts (IAS 38.85),
(2) Erträge aus Wertveränderungen von Finanzinstrumenten, die als zur Veräußerung verfügbar klassifiziert wurden (IAS 39.55(b)),
(3) den effektiven Teil der Werterhöhung eines Sicherungsgeschäfts, das der Absicherung von Zahlungsströmen dient (IAS 39.95), oder
(4) in Ausübung des Wahlrechts gem IAS 19.93A erfasste versicherungsmathematische Gewinne.
(5) Erträge aus der Umrechnung des Abschlusses eines ausländischen Geschäftsbetriebs.

Diese erfolgsneutralen Vorgänge werden nach der Neufassung des IAS 1 (2007) als sonstiges Ergebnis („*other comprehensive income*") in der Gesamtergebnisrechnung („*statement of comprehensive income"*) (IAS 1.7, IAS 1.81, IAS 1.90ff) erfasst.

3. Aufwendungen

94 Auch für die Erfassung der Aufwendungen stellt das Rahmenkonzept darauf ab, wann und in welcher Höhe die entspr **Bilanzposten** eingebucht werden (F. 94ff). Zwar gilt allgemein das ***matching principle***, wonach die Aufwendungen zeitgleich mit den entspr Erträgen erfasst werden sollen (F. 95). Übergeordnet ist jedoch die Regel, wonach Aufwendungen nur dann aktiv abgegrenzt werden dürfen, wenn der entspr Aktivposten die Definition eines Vermögenswerts erfüllt. Beispiele hierfür sind Vorauszahlungen für Mieten oder Versicherungen, die wirtschaftlich erst in die nächste Periode gehören.

Forschungskosten dürfen zB nach IAS 38.54ff nicht aktiviert werden. Sie werden vielmehr unmittelbar als Aufwand erfasst, obwohl der entspr Ertrag erst in späteren Perioden erwartet wird. Dies lässt sich damit begründen, dass der erwartete Nutzenzufluss noch nicht den notwendigen Grad der Wahrscheinlichkeit erreicht hat.

Beispiele für die zunächst erfolgsneutrale Erfassung von Aufwendungen stellen die in Rz 93 dargestellten Sachverhalte dar, wenn es sich im umgekehrten Fall um einen Verlust handelt.

4. Vergleich zum HGB

95 Der Zeitpunkt der Gewinnrealisierung (Ertragserfassung) spielt beim Vergleich zwischen HGB und IFRS eine bedeutende Rolle. Eine ggü dem HGB (§ 252 Abs 1 Nr 4) vorgezogene Gewinnrealisierung sehen die IFRS nach Maßgabe des Fertigstellungsgrads grds für die Erbringung von **Dienstleistungen** (IAS 18.20ff) und für die Behandlung von **Fertigungsaufträgen** (IAS 11.22ff) vor. Demgegenüber weicht der Zeitpunkt der Gewinnrealisierung **beim Verkauf von Gütern nicht** von den HGB Regeln ab (IAS 18.14).

C. Bewertungsregeln

I. Allgemeine Grundsätze

96 Für das Bewertungssystem der IFRS sind folgende Werte von zentraler Bedeutung:
(1) Die **Anschaffungs- oder Herstellungskosten** spielen für die Zugangsbewertung die Hauptrolle und nehmen als fortgeführte Anschaffungs- oder

Herstellungskosten auch bei der Folgebewertung weiterhin einen hohen Stellenwert ein.

(2) Die Bewertung zum **beizulegenden Zeitwert** *(fair-value* Bewertung*)*, wurde seit etwa 1990 in den USA als Bewertungsmethode zunehmend anerkannt, dann vom damaligen IASC aufgegriffen und weltweit kontrovers diskutiert (*Wiedmann* in FS für Havermann, 779ff; *Pfitzer/Dutzi*[3], Rz 50ff; *Kümmel,* 30ff; *Hitz* WPg 2005, 1013ff). Der *fair value* als Wertmaßstab ist unter dem Gesichtspunkt der Entscheidungsnützlichkeit von Abschlüssen zu sehen. Es steht dem Ziel, den „wahren Wert" eines Unternehmens zu zeigen, entgegen, wenn ein Unternehmen durch die Bewertung zu fortgeführten Anschaffungs- oder Herstellungskosten stille Reserven bildet. Die Bewertung zum beizulegenden Zeitwert fand zunehmend Eingang in einzelne IFRS (nachstehend Rz 99 und Rz 102), sodass von einem Paradigmenwechsel gesprochen werden kann (*Hitz* WPg 2005, 1018ff), der jedoch bisher nur teilweise umgesetzt worden ist, wie die nachfolgende Darstellung zeigt.

Der beizulegende Zeitwert wird in einzelnen Vorschriften modifiziert, zB ist nach der Definition in IFRS 5.15 der beizulegende Zeitwert abzüglich Veräußerungskosten anzusetzen.

97 Neben den beiden zuvor erwähnten zentralen Wertmaßstäben spielen in Teilbereichen **andere Werte** eine Rolle, zB der Nettoinvestitionswert bei der Leasingbilanzierung (IAS 17.36; § 22 Rz 124) oder versicherungsmathematische Werte bei Pensionsverpflichtungen (§ 26 Rz 58ff).

Maßgebend für eine Bewertung unter den ursprünglichen Anschaffungskosten ist bei Wertminderungen der **erzielbare Betrag**, der sich im

(1) **Nettoveräußerungswert** (*net realisable value*; IAS 2.28) oder dem

(2) **Nutzungswert** (*value in use*; zB IAS 36.30)

ausdrücken kann, auf die im Zusammenhang mit den Wertminderungstests (Rz 105ff) eingegangen wird.

II. Zugangsbewertung und Folgebewertung

98 Die IFRS unterscheiden zwischen der erstmaligen Bewertung eines Vermögenswerts oder einer Schuld **(Zugangsbewertung)** und den Bewertungen an späteren Bilanzstichtagen **(Folgebewertung).**

1. Zugangsbewertung

99 Beim **Zugang** werden Vermögenswerte in der Bilanz mit den **Anschaffungs- oder Herstellungskosten** bewertet, die idR dem beizulegenden Zeitwert *(fair value)* entsprechen. Ausnahmen gelten für Tiere und Pflanzen (IAS 41.12 iVm IAS 41.5), bei denen der erstmalige Ansatz zum beizulegenden Zeitwert abzgl der geschätzten Veräußerungskosten erfolgt, sowie für Zuwendungen der öffentlichen Hand (IAS 20.24), bei denen der Betrag der erhaltenen Zuwendung von den Anschaffungskosten gekürzt werden kann. Bei Tauschgeschäften werden die Anschaffungskosten durch den beizulegenden Zeitwert definiert (IAS 16.24 für Sachanlagen und IAS 38.45 für immaterielle Vermögenswerte). Die **Anschaffungs- oder Herstellungskosten** sind für Vorräte in IAS 2.9ff (§ 8 Rz 19ff), für Sachanlagen in IAS 16.16ff (§ 5 Rz 22ff) und für Fertigungsaufträge in IAS 11.16ff (§ 9 Rz 33ff) definiert.

100 Bei der **Abbildung von Unternehmenszusammenschlüssen** sind die Anschaffungskosten aus den **beizulegenden Zeitwerten** *(fair values)* der entrichteten Vermögenswerte, eingegangenen oder übernommenen Schulden und der vom Erwerber emittierten Eigenkapitalinstrumente zu ermitteln, zuzüglich „aller

dem Unternehmenszusammenschluss direkt zurechenbaren Kosten" (IFRS 3.24 (2004); Einzelheiten in § 34 Rz 205).

Die Güter und Dienstleistungen, die bei **aktienbasierten Vergütungsaktionen** dem bilanzierenden Unternehmen zugeflossen sind, werden zum **beizulegenden Zeitwert** bewertet (IFRS 2.10; Einzelheiten in § 24 Rz 36ff). Leasingnehmer haben beim **Finanzierungsleasing** die Vermögenswerte und Schulden ggf zum **beizulegenden Zeitwert** anzusetzen (IAS 17.20). Der Leasinggeber bilanziert in diesem Fall eine Forderung in Höhe des „**Nettoinvestitionswerts** aus dem Leasingverhältnis" (IAS 17.36; Einzelheiten in § 22 Rz 124ff). 101

2. Folgebewertung

Für die Bewertung an den jeweils nachfolgenden Bilanzstichtagen sehen die IFRS – differenziert nach den verschiedenen Vermögenswerten – die Bewertung zu **fortgeführten Anschaffungs- oder Herstellungskosten** (definiert für Sachanlagen in IAS 16.30) einerseits und eine Bewertung zum **beizulegenden Zeitwert** andererseits vor. Im Übrigen unterliegen alle Vermögenswerte den Regelungen zur Durchführung von **Wertminderungstests** (s Rz 105ff), sofern sie nicht durch IAS 36.2 explizit vom Anwendungsbereich des IAS 36 ausgenommen sind. 102

Der **beizulegende Zeitwert** hat als Bewertungsmaßstab, der auch die ursprünglichen Anschaffungs- oder Herstellungskosten überschreiten kann, für folgende Bereiche Bedeutung: 103

(1) **Sachanlagen:** Als Alternative zum Anschaffungskostenmodell regeln IAS 16.29, IAS 16.31ff ein Neubewertungsmodell.
(2) **Immobilien, die als Finanzinvestitionen gehalten werden:** IAS 40.30 bestimmt die Bewertung zum beizulegenden Zeitwert gleichberechtigt neben dem Anschaffungskostenmodell.
(3) **Finanzinstrumente:**
   (a) Der **beizulegende Zeitwert ist** für Derivate, eingeschlossen eingebettete Derivate, vorgeschrieben.
   (b) Ebenfalls ist der **beizulegende Zeitwert zwingend** für Wertpapiere, Eigenkapitaltitel und sonstige finanzielle Vermögenswerte, die zu **Handelszwecken** gehalten werden oder die diesen durch Zuordnung gleichgestellt sind (IAS 39.9), vorgeschrieben.
   (c) Auch zur Veräußerung gehaltene Wertpapiere sind zwingend zum beizulegenden Zeitwert zu bilanzieren.

Die Bewertung zum beizulegenden Zeitwert ist **nicht** zugelassen für Kredite und Forderungen, die nicht zu Handelszwecken gehalten werden, und für Finanzinvestitionen mit fester Laufzeit, die bis zur Endfälligkeit gehalten werden. Ebenfalls **nicht zugelassen** ist die Bewertung zum beizulegenden Zeitwert für finanzielle Vermögenswerte, deren beizulegender Zeitwert nicht verlässlich bestimmt werden kann (s nur IAS 39.IN17), wie zB nicht notierte GmbH-Anteile.

Für **immaterielle Vermögenswerte** ist zwar eine Neubewertungsmethode als Alternative zugelassen, jedoch mit der Einschränkung, dass ein aktiver Markt für den jeweiligen Wert vorliegen muss. Dies ist nach Einschätzung von IAS 38.78 idR nicht der Fall.

Verbindlichkeiten sind bei erstmaligem Ansatz mit ihrem beizulegenden Zeitwert zu bewerten (IAS 39.48), der den Anschaffungskosten entspricht. Für die Folgebewertung sind nach IAS 39.47 „die fortgeführten Anschaffungskosten unter Anwendung der Effektivzinsmethode" anzusetzen. Ausnahmen von dieser Regel sind in IAS 39.47 festgelegt (s § 14 Rz 74). **Rückstellungen** sind mit dem Betrag anzusetzen, den das Unternehmen bei vernünftiger Betrachtung zur Erfüllung der Verpflichtung aufwenden muss (zu Einzelheiten s § 13 Rz 53ff). 104

III. Wertminderungen

1. Grundlagen

105 Eine Differenzierung nach vorübergehender und dauerhafter Wertminderung wie für Finanzanlagen in § 253 Abs 3 Satz 4 HGB (BilMoG) wird in IAS 36 nicht vorgenommen. Das gilt sowohl für die Beurteilung der Anhaltspunkte einer Wertminderung als auch für die Ermittlung der Wertminderung selbst (vgl ausführlich § 27 Rz 10ff und Rz 27 ff).

Für derivative **Geschäfts- oder Firmenwerte,** die im Rahmen von Unternehmenszusammenschlüssen entstanden sind, und für **immaterielle** Vermögenswerte, deren Nutzungsdauer unbestimmbar ist, muss mangels planmäßiger Abschreibung **jährlich** ein Werthaltigkeitstest durchgeführt werden (IAS 36.10). Gleiches gilt für immaterielle Vermögenswerte, die noch nicht genutzt werden können.

Alle anderen Vermögenswerte müssen zu jedem Bilanzstichtag daraufhin überprüft werden, ob **Anhaltspunkte** für Wertminderungen vorliegen. Solche Anhaltspunkte sind in IAS 36.12 (vgl auch § 27 Rz 10f) aufgezählt. Die Regeln sind für die nachfolgend angeführten Vermögenswerte in den angegebenen Standards dargestellt und für alle anderen Vermögenswerte in IAS 36 zentral bestimmt.

106 Bestimmungen in den einzelnen Standards finden sich für:

	Standard	**Kommentierung in §**
Vorräte	IAS 2	8
Vermögenswerte, die aus Fertigungsaufträgen entstehen	IAS 11	9
Latente Steueransprüche	IAS 12	7 und 25
Vermögenswerte aus Leistungen an Arbeitnehmer	IAS 19	26
Finanzielle Vermögenswerte aus dem Anwendungsbereich des IAS 39	IAS 39	3, 7, 10, 11 und 23
Als Finanzinvestitionen gehaltene Immobilien, die zum beizulegenden Zeitwert bewertet werden	IAS 40	6
Biologische Vermögenswerte aus landwirtschaftlicher Tätigkeit, gem IAS 36.2(g)	IAS 41	41
Rechte aus Versicherungsverträgen gem IAS 36.2(h)	IFRS 4	40
Zur Veräußerung gehaltene Vermögenswerte gem IAS 36.21 und aufgegebene Geschäftsbereiche	IFRS 5	28
Exploration und Wertbestimmung mineralischer Ressourcen	IFRS 6	42

107 IAS 36 ist für alle anderen Vermögenswerte anzuwenden, also im Wesentlichen für:

(1) **Sachanlagen** (IAS 16),

(2) **immaterielle** Vermögenswerte (IAS 38),

(3) Geschäfts- oder **Firmenwerte** aus Unternehmenszusammenschlüssen (IFRS 3),
(4) **Anteile** an **TU** (IAS 27), assoziierten Unternehmen (IAS 28) und Gemeinschaftsunternehmen (IAS 31) im Einzelabschluss mit Ausnahme der Anteile, die in den Anwendungsbereich des IAS 39 fallen,
(5) als Finanzinvestition gehaltene **Immobilien,** sofern die Bewertung zu Anschaffungskosten erfolgt (IAS 40),
(6) Vermögenswerte, die im Rahmen eines **Finanzierungsleasings** beschafft wurden (IAS 17).

2. Identifizierung der Wertminderung

An jedem Berichtsstichtag ist zu prüfen, ob Anhaltspunkte für eine Wertminderung bestehen (IAS 36.9). Hinweise auf Wertminderungen können sowohl unternehmensinterne als auch unternehmensexterne Informationsquellen liefern, die in IAS 36.12 beispielhaft – aber nicht abschließend – aufgezählt sind. 108

Hinweise aus **unternehmensexternen Informationsquellen** sind:
(1) der Marktwert eines Vermögenswerts ist deutlich stärker gesunken, als sich dies durch seine gewöhnliche Nutzung ergeben hätte;
(2) das Marktumfeld des Unternehmens hat sich in technischer, ökonomischer oder rechtlicher Hinsicht signifikant geändert;
(3) die Marktzinssätze oder Marktrenditen haben sich erhöht. Bei der Berechnung des Nutzungswerts (s Rz 109) ergibt sich dann aufgrund der höheren Diskontierung ein niedrigerer Wert;
(4) der Buchwert des Reinvermögens des Unternehmens ist größer als seine Marktkapitalisierung.

Hinweise aus **unternehmensinternen Informationsquellen** können sein:
(1) der Vermögenswert hat einen technischen Schaden oder ist überaltert;
(2) es gibt signifikante Änderungen im Unternehmen, die auch die Nutzung des Vermögenswerts beeinflussen. Beispiele dafür können Stilllegungen, Produktionskürzungen oder Restrukturierungen sein;
(3) aus dem internen Berichtswesen werden Hinweise gemeldet, dass sich die Ertragskraft eines Vermögenswerts verschlechtert hat. Solche Hinweise ergeben sich idR aus der Cashflow-Planung (IAS 36.14).

3. Beizulegender Zeitwert abzüglich Veräußerungskosten und Nutzungswert

Ein Vermögenswert ist in seinem Wert gemindert, wenn der **erzielbare Betrag** unter dem Buchwert liegt. IAS 36.18 definiert den erzielbaren Betrag als den höheren Wert aus Nutzungswert und beizulegendem Zeitwert abzüglich Veräußerungskosten (s ausführlich § 27 Rz 18ff). 109

Der **beizulegende Zeitwert abzüglich Veräußerungskosten** ist ein Betrag „der durch den Verkauf eines Vermögenswerts oder einer zahlungsmittelgenerierenden Einheit (ZGE) in einer Transaktion zu Marktbedingungen zwischen sachverständigen, vertragswilligen Parteien nach Abzug der Veräußerungskosten erzielt werden könnte" (IAS 36.6, IAS 36.25ff).

Der **Nutzungswert** bestimmt sich nach dem individuellen Nutzen, den ein Vermögenswert für ein Unternehmen erbringt. Er wird an den künftigen Cashflows gemessen, die mit dem zu bewertenden Vermögenswert erzielt werden können.

Durch den Vergleich zwischen Nettoveräußerungspreis und Nutzungswert soll ein rationales Managementverhalten nachgebildet werden, welches zwischen Verkauf des Vermögenswerts und fortgesetzter Nutzung entscheiden muss (*Kümpel* BB 2002, 984).

Beispiel: Bei einer Spezialmaschine, die auf die individuellen Bedürfnisse eines Unternehmens zugeschnitten wurde, liegen Anhaltspunkte für eine Wertminderung vor. Da die Maschine von einem anderen Unternehmen nicht genutzt werden kann, entspricht der Nettoveräußerungspreis höchstens dem Schrottwert. Es wäre irrational, diesen Wert anzusetzen, wenn das Unternehmen gar keine Veräußerung der Maschine beabsichtigt, sondern aus ihrer Nutzung weiterhin Cashflows generiert. In diesem Fall stellt der (höhere) Nutzungswert einen aussagekräftigeren Wertmaßstab dar.

110 Häufig ist die Bestimmung des erzielbaren Betrags isoliert für einen Vermögenswert nicht möglich. In diesen Fällen muss auf die **zahlungsmittelgenerierende Einheit (ZGE)** zurückgegriffen werden, zu der der zu bewertende Vermögenswert gehört. Nach IAS 36.6 ist eine ZGE die jeweils kleinste identifizierbare Gruppe von Vermögenswerten, die Mittelzuflüsse aus der fortgesetzten Nutzung erzeugt, die weitestgehend unabhängig von den Mittelzuflüssen anderer Vermögenswerte oder Gruppen von Vermögenswerten sind. Wesentliches Kriterium bei der Bildung von ZGE ist die unabhängige Erzielung von Zahlungsströmen. Die Einzelheiten zur ZGE sind in § 27 Rz 86 ff dargestellt.

4. Erfassung eines Wertminderungsaufwands

111 Der **Wertminderungsaufwand** eines einzelnen Vermögenswerts ergibt sich aus dem Vergleich des Buchwerts des Vermögenswerts zum Abschlussstichtag mit dem erzielbaren Betrag. Nur wenn der erzielbare Betrag geringer ist, ist ein Wertminderungsaufwand zu erfassen (IAS 36.59; s ausführlich § 27 Rz 121).

Die **Wertminderung** wird grds als lfd **Aufwand** der Periode im erfolgswirksamen Teil der Gesamtergebnisrechnung bzw der gesonderten GuV (sofern erstellt) erfasst, es sei denn, der Vermögenswert wird zB gem IAS 16 nach der Neubewertungsmethode (s Rz 103) angesetzt.

Sofern aus einer vorangegangenen Neubewertung **dieses** Vermögenswerts eine **Neubewertungsrücklage** vorhanden ist, muss der **Wertminderungsaufwand** von der Neubewertungsrücklage **erfolgsneutral** über das sonstige Ergebnis abgesetzt werden. Soweit der Wertminderungsaufwand größer als der Betrag der entspr Neubewertungsrücklage ist, wird der **überschießende Teil** als **Aufwand** erfolgswirksam erfasst (IAS 36.61).

112 **Über** den **Buchwert** hinaus gehende **Wertminderungen** (einschließlich zugehöriger Aufwendungen) sind als Schuld zu erfassen, soweit dies von anderen Standards verlangt wird (IAS 36.62) und die Definition einer Schuld erfüllt ist (Rz 80). Als Beispiel hierfür kann die Drohverlustrückstellung angeführt werden, die zwingend zu passivieren ist, wenn ein belastender Vertrag zu einem Verlust führt, und dieser Verlust nicht durch Abschreibung eines bereits aktivierten Vermögenswerts (zB unfertiges Erzeugnis) berücksichtigt werden kann (IAS 37.69).

113 Nach der Erfassung einer Wertminderung hat eine Anpassung des Abschreibungs- bzw Amortisationsaufwands eines Vermögenswerts zu erfolgen, um den berichtigten Buchwert (ggf abzüglich eines Restwerts) systematisch über die **Restnutzungsdauer** zu verteilen (IAS 36.63).

IV. Wertaufholung

1. Grundlagen

114 Eine Wertaufholung ist erforderlich, wenn der **erzielbare Betrag** für einen Vermögenswert oder eine ZGE **nach** einer vorangegangenen **Wertminderung gestiegen** ist **(Wertaufholungspflicht).**

Grundgedanke der Regelungen ist es, zu **jedem Abschlussstichtag** die in Vorperioden vorgenommenen Wertminderungen dahingehend zu **überprüfen,**

ob Anhaltspunkte für eine zwischenzeitliche Werterhöhung vorliegen, und jede Erhöhung des **erzielbaren Betrags** als Wertaufholung zu erfassen.

Für **Geschäfts- oder Firmenwerte** sind Wertaufholungen **nicht** zulässig 115
(IAS 36.124). Begründet wird dies damit, dass es sich bei einer Erhöhung des erzielbaren Betrags wahrscheinlich um einen selbst geschaffenen Geschäfts- oder Firmenwert handelt, für den nach IAS 38 ein Ansatzverbot besteht (IAS 36.125).

Die **Regelungen** zur Identifizierung, Ermittlung und Erfassung von Wertauf- 116
holungen sind **analog** zum System der **Wertminderungen** (s Rz 105ff) **aufgebaut.** Das gilt auch für ZGE (s ausführlich § 27 Rz 125ff).

2. Identifizierung der Wertaufholung

Wurden in Vorperioden Wertminderungen erfasst, ist zu jedem Abschluss- 117
stichtag zu prüfen, ob **Anhaltspunkte für Wertaufholungen** dieser Vermögenswerte oder ZGE bestehen (IAS 36.110). Dabei sind analog zur Identifizierung von Wertminderungen unternehmens**externe** und **-interne** Anhaltspunkte zu berücksichtigen, deren Mindestumfang nachfolgend dargestellt ist (vgl auch § 27 Rz 14ff):

Externe Informationsquellen (IAS 36.111(a) bis (c)):

(1) Signifikante Steigerung des Marktwerts während der Berichtsperiode,
(2) der Eintritt während der Berichtsperiode oder zu erwartende Eintritt von günstigen signifikanten Veränderungen im technischen, ökonomischen, marktbezogenen oder gesetzlichen Unternehmensumfeld oder im preisbildenden Markt für den betreffenden Vermögenswert,
(3) Verminderung der Marktzinssätze oder -renditen während der Berichtsperiode, die wahrscheinlich Auswirkungen auf den heranzuziehenden Abzinsungssatz zur Ermittlung des Nutzungswerts haben werden und den erzielbaren Betrag des Vermögenswerts wesentlich erhöhen.

Interne Informationsquellen (IAS 36.111(d) und (e)):

(1) Eingetretene oder erwartete signifikante günstige Entwicklungen mit Auswirkungen auf Art und Umfang der Nutzung des betreffenden Vermögenswerts. Dazu zählen Investitionen, die zur Verbesserung der Ertragskraft des Vermögenswerts im Vergleich zum Zustand vor der Investition führen oder die Verpflichtung zur Einstellung oder Restrukturierung des Betriebs oder Betriebsteils,
(2) substanzielle Hinweise aus dem internen Rechnungswesen über eine eingetretene oder zu erwartende Verbesserung der Ertragskraft des Vermögenswerts.

Analog zum Wertminderungstest kann die vorangegangene Aufzählung **nicht** 118
als **abschließend** betrachtet werden und somit kann auch jedes über diesen Mindestumfang an Informationsquellen hinaus bekannte Ereignis oder jede Entwicklung analog zur Durchführung eines Wertaufholungstests verpflichten (zB positive Entwicklung spezieller Unternehmens- oder Branchenkennzahlen).

Aus den Anhaltspunkten zur Identifizierung von Wertaufholungen können darüber hinaus Hinweise zu notwendigen Anpassungen von **Nutzungsdauern** oder **Abschreibungsmethoden** abgeleitet werden, auch wenn tatsächlich keine Wertaufholung erfolgt (IAS 36.113).

3. Ermittlung der Wertaufholung

Eine **Wertaufholung** (ausgenommen Geschäfts- oder Firmenwerte) ist not- 119
wendig, wenn der **erzielbare Betrag** eines Vermögenswerts gestiegen ist, wobei auf eine **„Änderung der Schätzung“** abgestellt wird (IAS 36.114). Dies kann aber nicht dahin ausgelegt werden, dass nur eine Änderung der spezifischen

Annahmen (Gründe) bei der Ermittlung der vorangegangenen Wertminderung eines Vermögenswerts eine Wertaufholung rechtfertigt. Bei der Bestimmung einer Wertaufholung sind jedoch die Regelungen über die Ermittlung des erzielbaren Betrags zugrunde zu legen (IAS 36.18 ff).

120 Die Ermittlung einer **Wertaufholung** ist ausschließlich durch **Schätzung** des beizulegenden Zeitwerts abzüglich Veräußerungskosten oder des Nutzungswerts vorzunehmen. Dh, dass Entwicklungen im internen oder externen Unternehmensumfeld, die sich nicht in einer Erhöhung des erzielbaren Betrags konkretisieren, nicht zu einer Wertaufholung führen.

Als **Beispiele für geänderte Schätzungen** werden in IAS 36.115 genannt:
(1) eine Änderung der Grundlage des erzielbaren Betrags (Nettoveräußerungspreis anstatt des Nutzungswerts und umgekehrt),
(2) eine Änderung der Höhe der geschätzten Cashflows, des zeitlichen Anfalls oder des Abzinsungssatzes bei der Ermittlung des Nutzungswerts (Minderung des risikofreien Zinses oder des Risikozuschlags),
(3) eine Änderung der Bestandteile des beizulegenden Zeitwerts abzüglich Veräußerungskosten (Bruttopreis, Veräußerungskosten oder Fertigstellungskosten).

121 Ein **Wertaufholungsverbot** ist vorgesehen, wenn die Werterhöhung allein durch den Zeitablauf verursacht ist (Erhöhung des Barwerts, weil der Mittelzufluss zeitlich näher gekommen ist; IAS 36.116).

4. Erfassung der Wertaufholung

122 Bei **einem Vermögenswert** wird die **Wertaufholungsobergrenze** durch die Höhe der fortgeführten Anschaffungs- oder Herstellungskosten bestimmt, die sich ergäben, wenn in Vorperioden keine Wertminderung erfasst worden wäre (planmäßiger Abschreibungsverlauf; IAS 36.117).

Wird bei einem Wertminderungs- oder Wertaufholungstest festgestellt, dass der erzielbare Betrag **über** der **Wertaufholungsobergrenze** liegt, ist zu prüfen, ob eine Erfassung des überschießenden Betrags nach anderen IFRS zulässig ist, zB im Rahmen der **Neubewertung** (IAS 36.118; s § 5 Rz 211). Da die Anwendung der Neubewertungsmethode für Sachanlagen gem IAS 16 aber nur ein Wahlrecht ist, muss hiervon kein Gebrauch gemacht werden.

Die **Wertaufholung** ist im erfolgswirksamen Teil der Gesamtergebnisrechnung bzw einer gesonderten GuV (sofern erstellt) als Ertrag der lfd Periode zu erfassen, sofern es sich nicht um die Umkehr einer früheren Neubewertung handelt (IAS 36.119). Der Ausweis erfolgt dabei unter den sonstigen betrieblichen Erträgen.

Nach Wertaufholungen für abnutzbare Vermögenswerte ist eine **Anpassung** der **Abschreibungsbeträge** vorzunehmen, um den Restbuchwert auf systematischer Basis über die Restnutzungsdauer zu verteilen (IAS 36.121).

123 Bei **einer ZGE** erfolgt die **Erfassung der Wertaufholung,** indem die Wertaufholung **anteilig** auf die **Buchwerte** der Vermögenswerte der ZGE **verteilt** und nach den Regeln über die Erfassung von Wertaufholungen bei einzelnen Vermögenswerten bilanziert wird (IAS 36.122).

Die **Verteilung des Wertaufholungsbetrags darf** nicht dazu führen, dass der **erzielbare Betrag** eines einzelnen Vermögenswerts oder die **Wertaufholungsobergrenze** (planmäßig fortgeführte Anschaffungs- oder Herstellungskosten) überschritten wird (IAS 36.123). Ist eine anteilige Erfassung auf einen oder mehrere Vermögenswerte deshalb nicht zulässig, ist der überschießende Betrag auf die übrigen Vermögenswerte der Einheit – mit Ausnahme des Geschäfts- oder Firmenwerts – zu verteilen (IAS 36.123; § 27 Rz 130 zur ZGE).

V. Anhangangaben zu Wertminderungen und Wertaufholungen

Nach IAS 36 sind grds alle **Wertminderungen und Wertaufholungen** der 124
Periode im Anhang anzugeben. Dabei ist einzeln darzustellen, in welchem Umfang die Wertminderungsaufwendungen und Wertaufholungen erfolgswirksam im erfolgswirksamen Teil der Gesamtergebnisrechnung bzw der gesonderten GuV (sofern erstellt) vorgenommen wurden oder bei Bilanzierung nach der **Neubewertungsmethode** direkt mit dem **Eigenkapital** über das sonstige Ergebnis verrechnet wurden (IAS 36.126).

Diese Angaben sind jeweils für **Gruppen von Vermögenswerten,** zusammengefasst nach ähnlicher Art und Verwendung im Unternehmen, vorzunehmen (IAS 36.127). Die Informationen können zB auch in einen Sachanlagespiegel integriert werden (IAS 36.128).

Enthält der Abschluss eine **Segmentberichterstattung** nach IFRS 8, sind die vorstehenden Angaben jeweils für die gebildeten Segmente zu ergänzen (IAS 36.129).

Für aus Unternehmenssicht **einzelne wesentliche Wertminderungen** oder Wertaufholungen sind darüber hinaus folgende Angaben erforderlich (IAS 36.130):

(1) Höhe, Ereignisse und Umstände, die zu Wertminderungen oder Wertaufholungen geführt haben,
(2) für einzelne Vermögenswerte die Art und das berichtspflichtige Segment, zu dem der Vermögenswert gehört,
(3) für eine ZGE eine Beschreibung derselben, inklusive etwaiger Änderungen in der Zusammenfassung der Vermögenswerte sowie die Höhe der Wertminderungen oder Wertaufholungen pro Gruppe und Segment,
(4) die Basis des erzielbaren Betrags (Nettoveräußerungspreis oder Nutzungswert),
(5) die verwendete Grundlage bei Ermittlung des Nettoveräußerungspreises (Kaufvertrag, aktiver Markt etc), und
(6) der verwendete Abzinsungssatz bei Ermittlung des Nutzungswerts.

Ist der **Gesamtbetrag der Wertminderungen oder Wertaufholungen** für 125
den Abschluss des Unternehmens wesentlich bei der Einschätzung der VFE-Lage, so sind folgende Angaben (soweit nicht bereits bei den Angaben über wesentliche Wertminderungen oder Wertaufholungen einzelner Vermögenswerte enthalten) zu ergänzen (IAS 36.131):

(1) Die wichtigsten Gruppen von Vermögenswerten, die von Wertminderungen und Wertaufholungen betroffen sind,
(2) die wichtigsten Ereignisse und Umstände, die Ursachen für die Wertminderung oder Wertaufholung waren.

Darüber hinaus wird empfohlen, die in der Berichtsperiode verwendeten **Grundannahmen des Unternehmens** zur Bestimmung des **erzielbaren Betrags,** wie zB Regeln über die Basis (Nettoveräußerungspreis oder Nutzungswert) und Prognosezeiträume, anzugeben (IAS 36.132).

Zu **weitergehenden Erläuterungen** der **Anhangangaben** zu Wertminderungen wird auf die Kommentierung zu den einzelnen Bilanzposten verwiesen. Angaben zu Wertminderungen bei ZGE und Geschäfts- oder Firmenwerten sind außerdem in § 27 Rz 149 ff und der Anhangcheckliste in Anlage I dieses Handbuchs erläutert.

VI. Fremdwährungsumrechnung in Einzelabschlüssen

1. Grundlagen und Abgrenzung

126 Die Bilanzierung von Geschäftsaktivitäten in Fremdwährung ist in IAS 21 geregelt. Für Finanzinstrumente enthält IAS 39.AG83 ergänzende Vorschriften. IAS 21 geht davon aus, dass das Rechnungswesen eines Unternehmens in der Währung seines wirtschaftlichen Umfelds geführt wird, der sog **funktionalen Währung** (IAS 21.8). Das wirtschaftliche Umfeld ist idR dasjenige, in dem das Unternehmen hauptsächlich Zahlungsmittel erwirtschaftet und aufwendet.

Die Faktoren, nach denen das Umfeld zu beurteilen ist, sind in IAS 21.9 ff aufgeführt und werden in § 33 Rz 4 ff näher erläutert. IdR wird ein Unternehmen auch in der **funktionalen Währung** berichten und seine Abschlüsse in dieser Währung veröffentlichen (**Darstellungswährung**; IAS 21.8). Es ist jedoch denkbar, dass die funktionale Währung von der Darstellungswährung abweicht. Für diesen Fall enthält IAS 21.38 ff Vorschriften zur Umrechnung der Darstellungswährung in die funktionale Währung.

127 Umrechnungen sind im **Einzelabschluss** erforderlich, wenn Geschäftsvorfälle in Fremdwährung berechnet werden. Umrechnungen sind im **Konzernabschluss** vorzunehmen, wenn die Konzernwährung von der funktionalen Währung des Einzelabschlusses abweicht. Für den Konzernabschluss ist die Umrechnung in § 33 erläutert.

2. Umrechnung im Einzelabschluss

128 Für den Einzelabschluss ist die Fremdwährungstransaktion beim **erstmaligen Ansatz** mit dem Wechselkurs (Kassakurs) am Tag des Geschäftsvorfalls (IAS 21.21) umzurechnen. Dies ist der Tag, an dem der Geschäftsvorfall erstmals nach IAS 21.22 im Rechnungswesen zu erfassen ist.

Die Verwendung eines **Durchschnittskurses** für eine Woche oder einen Monat für alle Geschäftsvorfälle der jeweiligen Währung ist dann zulässig, wenn die Wechselkurse in diesem Zeitraum nicht stark schwanken (IAS 21.22).

Da die Unterschiede zwischen den Euro-Briefkursen und -Geldkursen keinen wesentlichen Einfluss auf die Darstellung im Abschluss haben, kann der **Euro-Mittelkurs** angewendet werden (vgl *ADS*[1] Abschn 5 Rz 31).

129 Für die Bilanzierung in **Folgeperioden** werden monetäre und nicht monetäre Posten unterschieden und für diese in IAS 21.23 unterschiedliche Bewertungsvorschriften bestimmt:

(1) **Monetäre** Posten sind (erneut) zum **Stichtagskurs** umzurechnen.
(2) **Nicht monetäre** Posten, die zu **historischen Anschaffungs- oder Herstellungskosten** bewertet wurden, sind (nur einmalig) mit dem Kurs am Tag des Geschäftsvorfalls (Erwerbszeitpunkt) umzurechnen.
(3) **Nicht monetäre** Posten, die mit dem beizulegenden **Zeitwert** bewertet wurden, sind mit dem Kurs am Tag der (erneuten) Ermittlung des Zeitwerts umzurechnen.

Als **monetäre Posten** sind Geschäftsvorfälle zu qualifizieren, die auf eine **Geldleistung** gerichtet sind, zB Finanzanlagen mit einem Rückzahlungsanspruch, Forderungen, Bank- und Kassenguthaben sowie Verbindlichkeiten (IAS 21.16).

Mit **nicht monetären Posten** ist kein Recht auf eine Gegenleistung in einer Währungseinheit verbunden. Hierzu zählen zB Sachanlagen, immaterielle Vermögenswerte, Vorräte und Anzahlungen.

130 **Besonderheiten** in der Bewertung **ggü** dem **HGB** sind bei den **monetären** Posten die **fehlende Begrenzung** auf die Anschaffungskosten (nach oben) oder den Rückzahlungsbetrag (nach unten).

3. Erfassung der Umrechnungsdifferenzen

Umrechnungsdifferenzen, die sich aus **monetären Posten** ergeben, sind grds im **Ergebnis** der **Periode** zu erfassen, in der diese Differenzen entstehen, zB bei einer erneuten Stichtagsbewertung oder bei der Zahlung einer im alten Geschäftsjahr erfassten Verbindlichkeit im neuen Geschäftsjahr (IAS 21.28). Dabei führen Umrechnungsdifferenzen zu einem in der GuV zu erfassenden Ertrag oder Aufwand (zur Behandlung von Umrechnungsdifferenzen bei **Sicherungsgeschäften** und **Finanzinstrumenten** des Handelsbestands s IAS 39.AG83). Bei Nettoinvestitionen in einen ausländischen Geschäftsbetrieb werden Umrechnungsdifferenzen aus monetären Posten im Konzernabschluss zunächst im Eigenkapital im sonstigen Ergebnis (*other comprehensive income*) und erst bei Veräußerung der Nettoinvestition erfolgswirksam erfasst (IAS 21.32f). 131

Bei **nicht monetären Posten** entstehen nach der erstmaligen Einbuchung idR keine Umrechnungsdifferenzen, weil sie zu späteren Stichtagen nicht neu bewertet werden (IAS 21.23(b)). Kommt es jedoch zB zu einer Neubewertung von Sachanlagen gem IAS 16.31ff, so ist der Neubewertungsbetrag zum Umrechnungskurs am Neubewertungsstichtag umzurechnen. Die Umrechnungsdifferenz ist dann korrespondierend zu der erfolgsneutralen Neubewertung ebenfalls im sonstigen Ergebnis zu erfassen (IAS 21.31). 132

VII. Latente Steuern

IAS 12 regelt die Bilanzierung der tatsächlichen und der latenten Ertragsteuern, wobei auf letzteren der Schwerpunkt liegt (s ausführlich § 25). Die **Abgrenzung latenter Steuern** dient der Erfassung künftiger steuerlicher Konsequenzen, die sich bei der künftigen Realisierung eines Vermögenswerts oder der künftigen Erfüllung einer Schuld ergeben werden. Ihr Ansatz trägt in erster Linie zu einer zutreffenderen Darstellung der Vermögenslage bei, da zukünftige Steuermehr- oder -minderbelastungen in der Bilanz abgebildet werden. Latente Steuern iSd IFRS sind deshalb auch nicht als bloße Abgrenzungsposten zu interpretieren, die einer periodengerechten Gewinnermittlung dienen, sondern werden als echte Vermögenswerte bzw Schulden betrachtet. 133

Der Wert, der einem Vermögenswert bzw einer Schuld in der Steuerbilanz beigemessen wird, wird als **Steuerwert** bezeichnet (IAS 12.7). Nach dem Konzept der temporären Differenzen, welches IAS 12 zugrunde liegt, sind sämtliche Differenzen zwischen dem IFRS-Buchwert und dem Steuerwert zu berücksichtigen. Dies schließt sog quasi-permanente Differenzen, die sich erst bei der Veräußerung eines Vermögenswerts umkehren, mit ein. **Permanente Differenzen** kehren sich dagegen nie um und dürfen deshalb in die Steuerabgrenzung nicht mit einbezogen werden.

Da die Bewertungs- und Ansatzregeln der **IFRS** und die daraus resultierende Bilanzierung von Vermögenswerten und Schulden dem Grunde und der Höhe nach oftmals von den Vorschriften des **Steuerrechts** und den damit einhergehenden Steuerbilanzwerten **abweichen,** ist im Rahmen der Anpassungen an die IFRS stets die Notwendigkeit der Abgrenzung latenter Steuern zu überprüfen. Dabei hat die Erfassung der aktiven und passiven latenten Steuern entspr dem zugrunde liegenden Ausgangssachverhalt entweder erfolgswirksam oder erfolgsneutral zu erfolgen. Dh, wurden zB Wertänderungen bei Vermögenswerten oder Schulden erfolgswirksam erfasst, hat auch die ggf erforderliche korrespondierende Abgrenzung latenter Steuern erfolgswirksam zu erfolgen. Umgekehrt ist vorzugehen, wenn die Wertänderungen des Grundgeschäfts erfolgsneutral durch direkte Erfassung im sonstigen Ergebnis berücksichtigt wurden. Die Abgrenzung der latenten Steuern erfolgt dann ebenfalls erfolgsneutral.

Eine ausführliche Kommentierung der Abgrenzung latenter Steuern ist in § 25 zu finden.

134–140 *einstweilen frei*

D. Ausweisregeln

I. Bestandteile des Einzel- und des Konzernabschlusses

141 Ein vollständiger Abschluss enthält nach IAS 1.10 mindestens **folgende Bestandteile:**

(1) Bilanz *(statement of financial position),*
(2) Gesamtergebnisrechnung *(statement of comprehensive income),*
(3) Eigenkapitalveränderungsrechnung *(statement of changes in equity),*
(4) Kapitalflussrechnung *(statement of cash flows),*
(5) Anhang *(notes),*
(6) Eröffnungsbilanz für die früheste Vergleichsperiode, sofern im Berichtsjahr retrospektive Anpassungsmaßnahmen oder Umgliederungen vorgenommen wurden.

Diese Bestandteile gelten für **sämtliche** Unternehmen sowie für **Einzel-** und **Konzernabschlüsse** (IAS 1.4). Der IASB hat einige Bezeichnungen mit der Neufassung des IAS 1 (2007) sprachlich (nicht verpflichtend) und teilweise auch inhaltlich geändert (s dazu Rz 8).

142 Für alle Abschlussinformationen sind **Vergleichsinformationen** hinsichtlich der vorangegangenen Periode anzugeben (s Rz 39), sofern einzelne IFRS nichts Anderes erlauben oder vorschreiben. Dabei haben quantitative Informationen verpflichtend zu erfolgen und sind um verbale Informationen zu ergänzen, wenn dies für das Verständnis des Abschlusses von Bedeutung ist (IAS 1.38). Sofern die **Gliederung** oder **Darstellung** von Posten ggü dem Vorjahr **geändert** worden ist, sind detaillierte Angaben über die Neugliederung zu machen (IAS 1.41).

143 Für Unternehmen, deren **Wertpapiere** (Dividendenpapiere oder schuldrechtliche Wertpapiere) öffentlich gehandelt werden oder die eine entspr Ausgabe in die Wege geleitet haben, ist nach IFRS 8 (der für Berichtsperioden ab dem 1. Januar 2009 anzuwenden ist und IAS 14 ersetzt) ergänzend eine **Segmentberichterstattung** gefordert (IFRS 8.2; s § 21). Nicht berichterstattungspflichtige Unternehmen können die Angaben freiwillig machen; sie dürfen aber nur als Segmentberichterstattung bezeichnet werden, wenn sie vollständig den Anforderungen von IFRS 8 entsprechen (IFRS 8.3).

Unternehmen, deren **Stammaktien** bzw potenzielle Stammaktien öffentlich gehandelt werden, oder die die Ausgabe solcher Aktien in die Wege geleitet haben, müssen in ihrem Abschluss das **Ergebnis je Aktie** entspr IAS 33 angeben (s § 16).

144 Nach deutschem Konzernbilanzrecht ist zusätzlich nach § 315 bzw § 315a HGB ein **Konzernlagebericht** anzufertigen, der dadurch auch zum Pflichtbestandteil eines IFRS-Konzernabschlusses deutscher Unternehmen wird.

II. Ausweisvorschriften für die Bilanz und die Gesamtergebnisrechnung/Gewinn- und Verlustrechnung

1. Grundlagen und Abgrenzung

Verpflichtende detaillierte **Gliederungsschemata** für die Bilanz und die GuV enthalten die IFRS **nicht;** es sind jedoch bestimmte Posten verpflichtend anzugeben, die eine Bilanz (IAS 1.54) und eine Gesamtergebnisrechnung (IAS 1.82) bzw gesonderte GuV (sofern erstellt) enthalten muss. Das Rechnungslegungs Interpretation Committee (RIC) des DRSC hat am 19. Juli 2005 eine Interpretation (RIC 1) zur Darstellung einer IFRS-Bilanz veröffentlicht, auf die weiter unten eingegangen wird (Rz 159f). 145

Die IFRS gewähren **Darstellungserleichterungen** ähnlich dem HGB-Abschluss, wonach Informationen wahlweise im Anhang oder in der Bilanz (IAS 1.77ff) bzw der Gesamtergebnisrechnung (IAS 1.97ff) dargestellt werden können.

Im Übrigen sind **detaillierte Vorschriften** zu Ansatz, Bewertung und Ausweis **einzelnen Standards** vorbehalten. **Branchenspezifische** Abschlussdarstellungen werden daneben in gesonderten Abschnitten erläutert (s §§ 39, 40 und 41 für Banken, Versicherungen und Landwirtschaft).

2. Gliederung nach Fristigkeit oder Liquidität

a) Allgemeine Kriterien

Die Vermögenswerte und Schulden müssen jeweils in **langfristige** und **kurzfristige** Posten eingeteilt werden, sofern eine Darstellung nach der **Liquidität** nicht zuverlässiger oder relevanter ist (IAS 1.60). Die Darstellung nach der Liquidität stellt somit ein Ausnahmewahlrecht dar, welches explizit für Banken (s § 39) als geeignet angesehen wird (IAS 1.63). Gem RIC 1 gilt das Ausnahmewahlrecht auch für Versicherungen sowie für Investment- und Beteiligungsgesellschaften, sofern die Bilanz solcher Unternehmen nahezu vollständig aus Finanzinstrumenten besteht (RIC 1.23). Für alle übrigen Unternehmen, die Güter und Dienstleistungen innerhalb eines **eindeutig zu identifizierenden Geschäftszyklus** anbieten, ist eine Untergliederung nach der Fristigkeit grds vorgeschrieben (IAS 1.62). 146

Der **Geschäftszyklus** ist für die Einordnung eines Vermögenswerts oder einer Schuld als langfristig oder kurzfristig von Bedeutung. Der Geschäftszyklus ist als Zeitraum zwischen dem Erwerb von Vermögenswerten (die in Prozesse eingehen) und deren Umwandlung in Zahlungsmittel oder deren Äquivalente definiert (IAS 1.68). Der Geschäftszyklus wird idR, insbes bei Handelsunternehmen, einen Zeitraum von weniger als zwölf Monaten umfassen, ist aber nicht auf diesen Zeitraum beschränkt. Soweit der Geschäftszyklus nicht eindeutig identifizierbar ist, wird von einem Zeitraum von zwölf Monaten ausgegangen, wobei kurzfristige Vermögenswerte und Schulden demselben Geschäftszyklus zugeordnet werden (IAS 1.68 und IAS 1.70). 147

In der Praxis wird der **Darstellung nach der Liquidität** üblicherweise dadurch (ohne Verpflichtung) Rechnung getragen, dass innerhalb der kurz- oder langfristigen Klassen die Vermögenswerte und Schulden zusätzlich nach ihrer Liquiditätsnähe geordnet werden (*Kleekämper/Knorr/Somes/Bischoff/Dolieczik* in Baetge ua IFRS-Komm[2] IAS 1 Rz 81; gem RIC 1.24 kann eine solche (Unter-) Gliederung nach Liquiditätsnähe sachgerecht sein). 148

149 Betreibt ein Unternehmen **unterschiedliche Geschäftsfelder**, darf es nach IAS 1.64 einige Vermögenswerte und Schulden nach der Liquidität, andere nach der Fristigkeit darstellen, wenn dies der Informationsvermittlung dient; dies dürfte vor allem dann in Betracht kommen, wenn in einem Konzern Finanzinstitute und andere Unternehmen konsolidiert werden (*Lüdenbach* in Lüdenbach/Hoffmann IFRS[7] § 2 Rz 29). Dagegen empfiehlt das RIC ausdrücklich, auf eine Mischung der Gliederungsprinzipien zu verzichten (RIC 1.24) und ggf als Ergänzung zur Bilanzgliederung im Anhang für die relevanten Posten eine Segmentierung nach Liquiditätsnähe anzugeben (RIC 1.25).

150 Unabhängig von der Darstellungsweise nach Fristigkeit oder Liquidität haben die Unternehmen **fristenspezifische Angaben** zu machen, um den Adressaten Informationen über die erwarteten Fälligkeitstermine von Vermögenswerten und Schulden zu vermitteln (IAS 1.65). Danach ist für jeden Abschlussposten der Betrag anzugeben, von dem eine Realisierung oder Erfüllung erst nach mehr als zwölf Monaten nach dem Bilanzstichtag erwartet wird (IAS 1.61). Die Angabepflicht ist vergleichbar der Angabe von Forderungen mit einer Restlaufzeit von mehr als einem Jahr entspr § 268 Abs 4 HGB und kann sowohl in der Bilanz als auch im Anhang erfolgen. Auf die besonderen Angabepflichten für Finanzinstrumente (IAS 32; s § 3 Rz 202ff) wird hingewiesen (IAS 1.65).

151 In IAS 1.66 und IAS 1.69 wird definiert, was **kurzfristig** ist: Dazu zählen alle Sachverhalte, die idR innerhalb eines **normalen Geschäftszyklus** realisiert bzw erfüllt werden (s Rz 152). Alle anderen Vermögenswerte und Schulden gelten demnach als langfristig.

Das **HGB** kennt den Begriff der kurz- und langfristigen Vermögenswerte und Schulden nicht, sondern klassifiziert nach **Anlagevermögen** und **Umlaufvermögen**. Aus der Definition des Anlagevermögens gem § 247 Abs 2 HGB, wonach als Anlagevermögen alle Gegenstände auszuweisen sind, die dauernd dem Geschäftsbetrieb dienen sollen, ergibt sich aber kein wesentlicher Abgrenzungsunterschied zu IAS 1. Denn der Umkehrschluss dieses Wortlauts deutet darauf hin, dass das Umlaufvermögen nach HGB genauso wie das kurzfristige Vermögen gem IAS 1.66 innerhalb eines gewöhnlichen Geschäftszyklus realisiert werden soll, auch wenn dieser in Einzelfällen ein Geschäftsjahr überschreiten kann. Ein Unterschied zwischen HGB und IFRS ergibt sich lediglich bei der Klassifizierung der Schulden, da gem IAS 1.69(c) der kurzfristig fällige Teil einer langfristigen Schuld als kurzfristige Schuld auszuweisen ist. Im HGB existiert keine vergleichbare Regelung.

b) Einordnung von Vermögenswerten in kurz- und langfristige Werte

152 **Kurzfristige Vermögenswerte** sind solche, die mindestens eines der nachfolgenden Kriterien erfüllen:

(1) Die **Realisation** des Vermögenswerts wird innerhalb des normalen Geschäftszyklus **oder** bis zu zwölf Monate nach dem Bilanzstichtag des Unternehmens erwartet (IAS 1.66(a) oder (c)).
(2) Der Vermögenswert wird zum **Verkauf** oder **Verbrauch** innerhalb des normalen Geschäftszyklus gehalten (IAS 1.66(a)).
(3) Der Vermögenswert wird primär für **Handelszwecke** gehalten (IAS 1.66(b)).
(4) Es handelt sich um **Zahlungsmittel** oder deren Äquivalente, es sei denn, der Tausch oder die Nutzung des Vermögenswerts zur Erfüllung einer Verpflichtung sind auf einen Zeitraum von mindestens zwölf Monaten nach dem Bilanzstichtag **beschränkt** (IAS 1.66(d)).

Typische kurzfristige Vermögenswerte sind demnach Vorräte, Forderungen aus Lieferungen und Leistungen, Anzahlungen sowie nicht verpfändete Guthaben bei Kreditinstituten. Vorräte und Forderungen aus Lieferungen und Leistungen gelten – unter der Bedingung, dass sie im gewöhnlichen Geschäftszyklus verkauft, verbraucht oder realisiert werden – selbst dann als kurzfristig, wenn deren Realisation nicht innerhalb von zwölf Monaten nach dem Bilanzstichtag erwartet wird (IAS 1.68). Forderungen aus Lieferungen und Leistungen sind aber dann den langfristigen Vermögenswerten zuzuordnen, wenn zB ungewöhnlich lange Zahlungsziele vereinbart worden sind, die nicht dem üblichen Geschäftszyklus des Unternehmens entsprechen (RIC 1.16).

Dagegen sind **typische langfristige** Vermögenswerte Sachanlagen und imma- 153
terielle Vermögenswerte und Anteile an assoziierten Unternehmen. Wenn die Bilanz nach kurz- und langfristigen Vermögenswerten und Schulden gegliedert ist, gelten **latente Steuern** gem IAS 1.56 immer als langfristig. Dies hat selbst dann zu erfolgen, wenn sie für temporäre Differenzen gebildet wurden, die sich kurzfristig wieder umkehren, zB latente Steuern aufgrund unterschiedlicher Herstellungskosten für Vorräte. Aufgrund dieser strikten Regelung erfährt der Bilanzleser somit nichts darüber, wann mit der zukünftigen Steuermehr- oder -minderbelastung zu rechnen ist.

Wertpapiere sind langfristig, wenn die erwartete Haltedauer oder die Restlaufzeit über 12 Monate – gerechnet vom Bilanzstichtag – hinausgeht. Kurzfristige Teile sind zu separieren. Wertpapiere, die bei der Einbuchung als zu Handelszwecken gehalten eingeordnet werden (§ 3 Rz 56 ff) sind kurzfristig. Ausnahmen gelten für Derivate (IAS 1.68; s auch § 3 Rz 38).

Sofern ein langfristiger Vermögenswert oder eine Gruppe von Vermögenswerten **veräußert** werden soll, hat eine Umgliederung in „kurzfristig" zu erfolgen, wenn die Kriterien „zur Veräußerung gehalten" gem IFRS 5 (vor dem Bilanzstichtag) erfüllt sind (IFRS 5.3). Grundvoraussetzung hierfür ist, dass der Buchwert eines Vermögenswerts überwiegend nicht mehr durch die Nutzung im Unternehmen realisiert wird, sondern durch ein Veräußerungsgeschäft (IFRS 5.6 ff; s im Einzelnen § 28). Zur **Stilllegung** bestimmte Vermögenswerte (oder Veräußerungsgruppen) dürfen nicht als zur Veräußerung gehalten klassifiziert werden, soweit es sich nicht um aufgegebene Geschäftsbereiche (iSv IFRS 5.32) handelt, da der zugehörige Buchwert überwiegend durch die fortgesetzte Nutzung realisiert wird (IFRS 5.13). Gleiches gilt uE für die zur **Verschrottung** bestimmten langfristigen Vermögenswerte.

c) Einordnung von Schulden in kurz- und langfristige Werte

Schulden sind als **kurzfristig** zu qualifizieren, wenn sie mindestens eines der 154
nachfolgenden Kriterien erfüllen:

(1) Die **Tilgung** wird innerhalb des normalen Geschäftszyklus **oder** innerhalb von zwölf Monaten nach dem Bilanzstichtag des Unternehmens erwartet (IAS 1.69(a) oder (c)).

(2) Die Schuld wird primär für **Handelszwecke** gehalten (IAS 1.69(b)).

(3) Das Unternehmen hat kein uneingeschränktes Recht, die Erfüllung der Verpflichtung um mindestens zwölf Monate nach dem Bilanzstichtag (IAS 1.69(d)) zu verschieben.

Schulden für Verbindlichkeiten aus Lieferungen und Leistungen sowie für personalbezogene und andere betriebliche Aufwendungen sind **immer** als **kurzfristige** Schulden zu klassifizieren, da sie einen Teil des kurzfristigen Betriebskapitals bilden (IAS 1.70).

Wird eine finanzielle Schuld innerhalb von zwölf Monaten nach dem Bilanz- 155
stichtag fällig, so ist ein Ausweis als **kurzfristig** notwendig. Dies gilt selbst dann, wenn die ursprüngliche Laufzeit mehr als zwölf Monate betrug und wenn nach dem Bilanzstichtag eine langfristige Refinanzierungsvereinbarung getroffen wor-

den ist (IAS 1.72). Der im folgenden Geschäftsjahr zu tilgende Betrag aus einer langfristigen Schuld ist daher immer als kurzfristig darzustellen.

Ein Ausweis als **kurzfristig** ist auch notwendig, wenn das Unternehmen an oder vor dem Bilanzstichtag eine Kreditvereinbarung verletzt hat und daher vertragsgemäß die (ursprünglich langfristige) Verpflichtung sofort fällig wird. Dies gilt selbst dann, wenn der Kreditgeber nach dem **Bilanzstichtag** und vor der Freigabe zur Veröffentlichung des Abschlusses nicht mehr auf Zahlung aufgrund der Verletzung besteht.

156 Eine eigentlich kurzfristige Schuld ist als **langfristig** zu klassifizieren, wenn

(1) das Unternehmen aufgrund einer **bestehenden Kreditvereinbarung** erwarten und verlangen kann, dass eine Verpflichtung **refinanziert** oder verlängert wird, selbst wenn diese sonst innerhalb von zwölf Monaten nach dem Bilanzstichtag fällig wäre (IAS 1.73);

(2) der Kreditgeber **vor** dem **Bilanzstichtag** eine Nachfrist von mindestens zwölf Monaten zur Behebung der Verletzung des Kreditvertrags gewährt hat und die sofortige Zahlung nicht mehr verlangen kann (IAS 1.75).

157 Für als **kurzfristige Schulden klassifizierte Darlehen** sind für Ereignisse nach dem Bilanzstichtag folgende Angaben zu machen

(1) langfristige Refinanzierung (IAS 1.76(a));

(2) Behebung der Verletzung einer langfristigen Kreditvereinbarung (IAS 1.76(b));

(3) Gewährung einer mindestens zwölf Monate nach dem Bilanzstichtag ablaufenden Nachfrist durch den Kreditgeber zur Behebung der Verletzung einer langfristigen Kreditvereinbarung (IAS 1.76(c)).

3. Gliederung der Bilanz und der Gesamtergebnisrechnung/ Gewinn- und Verlustrechnung

a) Bilanz

158 Bestandteile der IFRS-Bilanz zur Darstellung der Vermögens- und Finanzlage sind entspr F. 49 Vermögenswerte, Schulden und Eigenkapital.

Im Vergleich zum HGB (§ 247) fehlen die Rechnungsabgrenzungsposten, die IAS 1 nicht vorsieht, die aber unter bestimmten Voraussetzungen innerhalb der sonstigen Vermögenswerte bzw Verbindlichkeiten zu finden sind (s Rz 78 und Rz 87). Eine Anwendung des Bilanzgliederungsschemas nach § 266 Abs 2 und 3 HGB ist nicht mit IAS 1 vereinbar (RIC 1.35).

Einen **Mindestumfang** der in der Bilanz darzustellenden Informationen, unabhängig von der Darstellungsform, enthält die „Liste von Posten" (IAS 1.57) in IAS 1.54.

159 Das Rechnungslegungs Interpretations Committee (RIC) des DRSC hat am 19. Juli 2005 in RIC 1 ein **Beispiel für die Gliederung einer Bilanz** veröffentlicht:

AKTIVA

Langfristige Vermögenswerte

Immaterielle Vermögenswerte
Biologische Vermögenswerte
Sachanlagen
Als Finanzinvestition gehaltene Immobilien
At-Equity bewertete Beteiligungen
Forderungen aus Lieferungen und Leistungen
Wertpapiere
Sonstige Vermögenswerte
Latente Steueransprüche

Summe langfristige Vermögenswerte

Kurzfristige Vermögenswerte
Vorratsvermögen
Forderungen aus Lieferungen und Leistungen
Wertpapiere
Lfd Ertragsteueransprüche
Zahlungsmittel und Zahlungsmitteläquivalente
Sonstige Vermögenswerte
Zwischensumme kurzfristige Vermögenswerte
Zur Veräußerung gehaltene langfristige Vermögenswerte und Veräußerungsgruppen
Summe kurzfristige Vermögenswerte
BILANZSUMME

PASSIVA 160
Eigenkapital
Den Gesellschaftern des MU zurechenbarer Anteil am Eigenkapital
– Gezeichnetes Kapital
– Rücklagen
– Kumulierte, direkt im sonstigen Ergebnis erfasste Erträge oder Aufwendungen in Zusammenhang mit zur Veräußerung gehaltenen langfristigen Vermögenswerten und Veräußerungsgruppen sowie aufgegebenen Geschäftsbereichen[1]
– Eigene Anteile
Anteile nicht-beherrschender Gesellschafter
Summe Eigenkapital
Schulden
Langfristige Schulden
– Rückstellungen
– Finanzverbindlichkeiten
– Verbindlichkeiten aus Lieferungen und Leistungen
– Abgegrenzte Zuwendungen der Öffentlichen Hand
– Sonstige Verbindlichkeiten
– Latente Steuerverbindlichkeiten
Summe langfristige Schulden
Kurzfristige Schulden
– Rückstellungen
– Lfd Ertragsteuerverbindlichkeiten
– Finanzverbindlichkeiten
– Verbindlichkeiten aus Lieferungen und Leistungen
– Sonstige Verbindlichkeiten
Zwischensumme kurzfristige Schulden
– Schulden in direktem Zusammenhang mit zur Veräußerung gehaltenen langfristigen Vermögenswerten
Summe kurzfristige Schulden
Summe Schulden
BILANZSUMME

161 Der IASB hat in seinen *Guidances on Implementing* (IG6 Part I) zu IAS 1 (2007) ein **Beispiel für die Gliederung einer Konzernbilanz** veröffentlicht:

VERMÖGENSWERTE *(assets)*
Langfristige Vermögenswerte *(non-current assets)*
– Sachanlagen *(property, plant and equipment)*
– Geschäfts- oder Firmenwerte *(goodwill)*
– Sonstige immaterielle Vermögenswerte *(other intangible assets)*
– Anteile an assoziierten Unternehmen *(investments in associates)*
– Zum Verkauf verfügbare finanzielle Vermögenswerte *(available for sale financial assets)*
Summe langfristige Vermögenswerte

[1] Anpassungen der Nomenklatur an Neufassung des IAS 1 (2007).

Kurzfristige Vermögenswerte *(current assets)*
– Vorratsvermögen *(inventories)*
– Forderungen aus Lieferungen und Leistungen *(trade receivables)*
– Sonstige kurzfristige Vermögenswerte *(other current assets)*
– Zahlungsmittel und Zahlungsmitteläquivalente *(cash and cash equivalents)*
Summe kurzfristige Vermögenswerte
SUMME VERMÖGENSWERTE *(total assets)*

EIGENKAPITAL UND VERBINDLICHKEITEN
Eigenkapital
Den Gesellschaftern des MU zurechenbares Eigenkapital *(equity attributable to owners of the parent)*
– Gezeichnetes Kapital *(share capital)*
– Rücklagen *(retained earnings)*
– Sonstige Eigenkapitalkomponenten (*other components of equity*)
Summe Gesellschafterkapital
Anteile nicht-beherrschender Gesellschafter *(non-controlling interests)*
Summe Eigenkapital *(total equity)*
Langfristige Schulden *(non-current liabilities)*
– Finanzverbindlichkeiten *(long-term borrowings)*
– Latente Steuerverbindlichkeiten *(deferred tax)*
– Langfristige Rückstellungen *(long-term provisions)*
Summe langfristige Schulden (total non-current liabilities)
Kurzfristige Schulden *(current liabilities)*
– Verbindlichkeiten aus Lieferungen und Leistungen und sonstige Verbindlichkeiten *(trade and other payables)*
– Kurzfristige Finanzverbindlichkeiten *(short-term borrowings)*
– Kurzfristiger Anteil der langfristigen Finanzverbindlichkeiten *(current portion of long-term borrowings)*
– Steuerverbindlichkeiten *(current tax payable)*
– Rückstellungen *(short-term provisions)*
Summe kurzfristige Schulden (total current liabilities)
SUMME SCHULDEN *(total liabilities)*
SUMME EIGENKAPITAL UND VERBINDLICHKEITEN *(total equity and liabilities)*

162 Sofern es für das Verständnis der Finanzlage des Unternehmens relevant ist, sind **zusätzliche Posten**, Überschriften und Zwischensummen in der Bilanz darzustellen (IAS 1.55). Ob zusätzliche Posten auszuweisen sind, hängt von der Art und Liquidität von Vermögenswerten, der Funktion der Vermögenswerte innerhalb des Unternehmens sowie der Beträge, der Art und des Fälligkeitszeitpunkts der Schulden ab (IAS 1.58).

Eine **Definition** der einzelnen **Posteninhalte** nehmen die IFRS nicht vor. In IAS 1.59 wird hervorgehoben, dass die Anwendung unterschiedlicher Bewertungsgrundlagen für Vermögensgruppen (zB zT Anschaffungskosten, zT Neubewertung) vermuten lässt, dass diese sich in Art und Funktion unterscheiden und deshalb als gesonderte Posten auszuweisen sind.

Das Unternehmen hat darüber hinaus **weitere Unterposten** in einer für die Geschäftstätigkeit geeigneten Weise anzugeben; die Angabe kann **wahlweise** in der **Bilanz** oder im **Anhang** erfolgen (IAS 1.77). IAS 1.78 nennt Beispiele wie das Sachanlagevermögen, Vorräte, Rückstellungen oder das Eigenkapital, bei denen weitere Untergliederungen vorzunehmen sind.

163 IAS 1.79 enthält darüber hinaus eine Auflistung der in Bilanz oder Anhang verpflichtend zu nennenden Bestandteile des **gezeichneten Kapitals** einschließlich einer Überleitungsrechnung zur Anzahl der im Umlauf befindlichen

Anteile (s § 12 Rz 130) zum Anfang und zum Ende einer Periode (IAS 1.79(a)). Daneben ist die Beschreibung von Art und Zweck jeder Rücklage innerhalb des Eigenkapitals (s § 12) vorzunehmen (IAS 1.79(b)). Für weiterführende Erläuterungen zum Ausweis von ausstehenden Einlagen, Agien, Neubewertungsrücklagen, Gewinnrücklagen, vorgeschlagenen oder beschlossenen Dividenden, eigenen Anteilen, Anteilen nicht-beherrschender Gesellschafter etc wird auf die §§ 12 und 17 verwiesen.

Veröffentlichte IFRS-Abschlüsse sind ua über die Internetpräsenzen vieler kapitalmarktorientierter Unternehmen zugänglich (oft unter dem Stichwort „*Investor Relations*").

b) Gesamtergebnisrechnung/Gewinn- und Verlustrechnung

Alle in einer Periode erfassten **Ertrags- und Aufwandsposten** sind im Periodenerfolg (Jahreserfolg) zu berücksichtigen, es sei denn, die IFRS schreiben an anderer Stelle etwas Abweichendes vor (IAS 1.88). Ein Ausweis von Erträgen oder Aufwendungen als **außerordentliche Posten** ist, entgegen früheren Regelungen, nicht mehr zulässig (IAS 1.87). 164

Die **Mindestgliederung** der in der GuV darzustellenden Informationen (s ausführlich § 15 Rz 49) endete **bisher** mit dem Posten **Periodenerfolg** (*profit or loss)*, der alle in der Geschäftsperiode realisierten Erfolge umfasste (s die Liste von beispielhaften GuV-Posten in IAS 1.81 (2003)). Ab dem Jahr 2009 wird durch IAS 1.82 ein Rechenwerk vorgeschrieben, das zusätzlich zum Jahreserfolg auch die direkt im Eigenkapital zu erfassenden erfolgsneutralen Komponenten (sonstiges Ergebnis – *other comprehensive income*) darstellt und dadurch ein **Gesamtergebnis** (*total comprehensive income*) der Periode ausweist. Diese Darstellung wird als **Gesamtergebnisrechnung** *(statement of comprehensive income)* bezeichnet (s ausführlich § 15 Rz 46 ff). Das erfolgswirksame Jahresergebnis wird dadurch zur Zwischensumme (erfolgswirksames Teilergebnis) und um bestimmte Eigenkapitalveränderungen (erfolgneutrales Teilergebnis) erweitert. Durch diese Darstellung wird das Verhältnis zwischen **realisierten** und **unrealisierten**, dh erfolgsneutral erfassten **Gewinnen** deutlicher als durch den bisherigen Ausweis der unrealisierten Gewinne in der Eigenkapitalveränderungsrechnung. Allerdings kann die GuV unverändert erhebliche nach HGB unrealisierte Gewinne enthalten (zB aus den Wertänderungen von erfolgswirksam zum beizulegenden Zeitwert bewerteten Finanzinstrumenten). In der Eigenkapitalveränderungsrechnung (s ausführlich § 17) werden im Detail nur noch die Transaktionen mit den Anteilseignern in Form von Kapitalzuführungen und -rückzahlungen sowie von Dividenden erfasst, während das Gesamtergebnis darin nur noch als Saldo zu berücksichtigen ist. Ziel der Anpassung war es insbes, eine Übereinstimmung mit den amerikanischen Rechnungslegungsvorschriften herbeizuführen (IAS 1.BC 7 ff). 165

Inhaltlich hat sich hinsichtlich der Ermittlung des Jahreserfolgs **keine Änderung** ergeben. Auch die erfolgsneutral im sonstigen Ergebnis darzustellenden Posten entsprechen den bisher bekannten Posten, wie 166

(1) der Neubewertung von Sachanlagen (IAS 16.31) und immateriellem Anlagevermögen (IAS 38.75),
(2) den erfolgneutralen Wertänderungen zur Veräußerung gehaltener Wertpapiere (IAS 39.55(b)),
(3) den erfolgneutralen Wertänderungen von Cashflow Hedges (IAS 39.95 a),
(4) versicherungsmathematischen Gewinnen und Verlusten bei Option zur erfolgsneutralen Erfassung (IAS 19.93Aff),
(5) Währungsumrechnungsdifferenzen im Konzern (IAS 21.39(c)).

167 IAS 1.81 gewährt ein **Wahlrecht** für die Darstellung der Gesamtergebnisrechnung und des Gesamtergebnisses entweder als

(1) **einheitliche Darstellung** in einem Rechenwerk (*single statement approach*; s dazu das Beispiel aus IAS 1.IG6 Part I in Rz 53 und § 15 Rz 168), oder als

(2) **zweigeteilte Darstellung** (*two statement approach*). In diesem Fall wird die bisherige GuV (bis zum Jahreserfolg) als eigene Teilrechnung gesondert dargestellt (IAS 1.84). Im Anschluss daran sind in einer zweiten Teilrechnung, der eigentlichen Gesamtergebnisrechnung, beginnend mit dem Jahreserfolg die Komponenten des sonstigen Ergebnisses darzustellen (s § 15 Rz 54).

Die Mindestbestandteile des erfolgswirksamen Teils der Gesamtergebnisrechnung bzw der gesonderten GuV (sofern erstellt) bestehen nach IAS 1.82(a) bis (f) aus den

(a) Umsatzerlösen,
(b) Finanzierungsaufwendungen,
(c) Gewinn- und Verlustanteilen an assoziierten Unternehmen und Gemeinschaftsunternehmen, die nach der Equity-Methode bilanziert werden,
(d) Steueraufwendungen,
(e) Ergebnis aus aufgegebenen Geschäftsbereichen (IFRS 5.33),
(f) Periodenerfolg.

168 Als **Beispiel** wird in IAS 1.IG6 Part I folgende **(Konzern-)**Gesamtergebnisrechnung nach dem UKV dargestellt:

Bisherige GuV (IAS 1 2003)	**Neue Gesamtergebnisrechnung** (IAS 1 2007)
(1) Umsatzerlöse	(1) Umsatzerlöse
(2) Umsatzkosten	(2) Umsatzkosten
(3) Bruttoergebnis	(3) Bruttoergebnis
(4) Sonstige betriebliche Erträge	(4) Sonstige betriebliche Erträge
(5) Vertriebskosten	(5) Vertriebskosten
(6) Verwaltungskosten	(6) Verwaltungskosten
(7) Sonstige betriebliche Aufwendungen	(7) Sonstige betriebliche Aufwendungen
(8) Finanzierungskosten	(8) Finanzierungskosten
(9) Ergebnisanteil aus assoziierten Unternehmen	(9) Ergebnisanteil aus assoziierten Unternehmen
(10) Betriebsergebnis	(10) Betriebsergebnis
(11) Ertragsteuern	(11) Ertragsteuern
(12) Ergebnis aus fortgeführten Geschäftsbereichen	(12) Ergebnis aus fortgeführten Geschäftsbereichen
(13) Ergebnis aus aufgegebenen Geschäftsbereichen	(13) Ergebnis aus aufgegebenen Geschäftsbereichen
(14) **Jahreserfolg**	(14) **Jahreserfolg**
	(15) Währungsumrechnungsdifferenzen aus der Umrechnung ausländischer Geschäftsbetriebe (16) Rücklage für zur Veräußerung gehaltene Wertpapiere

Bisherige GuV (IAS 1 2003)	**Neue Gesamtergebnisrechnung** (IAS 1 2007)
	(17) Rücklage für *cashflow hedges* (18) Versicherungsmathematische Gewinne oder Verluste aus Pensionsverpflichtungen (19) Anteil am sonstigen Ergebnis von nach der Equity-Methode bilanzierten assoziierten und Gemeinschaftsunternehmen (20) Ertragsteuern auf die Komponenten des sonstigen Ergebnisses
	(21) **sonstiges Ergebnis der Periode nach Steuern**
	(22) **Gesamtergebnis der Berichtsperiode**

169 Gesamtergebnisrechnung und gesonderte GuV (sofern erstellt) sind um Angaben zur **Ergebniszuordnung** zu erweitern. So sind jeweils die auf die **Anteilseigner des MU** und die auf die Anteile nicht-beherrschender Gesellschafter entfallenden Anteile am Jahreserfolg (IAS 1.83(a)) und am Gesamtergebnis (s IAS 1.83(b)) darzustellen (s im Einzelnen § 15 Rz 52 und Rz 116). Außerdem haben börsennotierte AG das **Ergebnis je Aktie** (zutreffender: Periodenerfolg je Aktie) in der Gesamtergebnisrechnung bzw im Fall einer gesonderten Darstellung in dieser separaten GuV anzugeben (IAS 33.66ff; s auch § 16 Rz 45). Die früher auch in der GuV ausweisbaren **beschlossenen Dividenden** sowie der **Betrag je Anteil** sind nunmehr verpflichtend nur noch in der Eigenkapitalveränderungsrechnung oder im Anhang anzugeben (IAS 1.107).

Beispiel (s IAS 1.IG6):

Jahreserfolg zurechenbar auf	
Anteilseigner des MU	97
Anteile nicht-beherrschender Gesellschafter	24
	121
Gesamtperiodenergebnis zurechenbar auf	
Anteilseigner des MU	86
Anteile nicht-beherrschender Gesellschafter	21
	107
Ergebnis je Aktie	0,46

170 Eine **Definition** der **Posteninhalte** nehmen die IFRS grds nicht vor. Eine inhaltliche Beschreibung enthält § 15 Rz 66ff. Ggf anfallende **Finanzierungserträge** sind aufgrund des Saldierungsverbots nicht mit den Finanzierungsaufwendungen zu saldieren und innerhalb eines Finanzergebnisses gesondert auszuweisen (*IASB* IASB-Update September 2006, 5; s Rz 54; *Lüdenbach* in Lüdenbach/Hoffmann IFRS[7] § 2 Rz 70; *Heuser/Theile*[3] Rz 4237). Außerdem ist das Ergebnis aus Equity-Beteiligungen bei Vorliegen anderer Beteiligungserträge gesondert im Beteiligungsergebnis darzustellen (IAS 1.81). Zur Zusammensetzung des Ergebnisses der aufgegebenen Geschäftsbereiche s § 28 Rz 113ff.

171 Sofern es für das Verständnis der Ertragslage des Unternehmens relevant ist, sind **zusätzliche Posten, Überschriften** und **Zwischensummen** in der Gesamtergebnisrechnung bzw gesonderten GuV (sofern erstellt) darzustellen (IAS 1.85).

Ob zusätzliche Posten auszuweisen sind, hängt von der Wesentlichkeit sowie der Art und Funktion der Bestandteile von Erträgen und Aufwendungen ab (IAS 1.86).

172 **Wesentliche** Ertrags- oder Aufwandsposten sind hinsichtlich Art und Betrag **immer gesondert** anzugeben (IAS 1.97). Dies kann wahlweise auch im Anhang erfolgen. Hierzu nicht abschließende Beispiele für die Angabe von Ertrags- oder Aufwandsposten sind in IAS 1.98 angegeben:

(1) Außerplanmäßige Abschreibungen und Wertaufholungen derselben,
(2) Restrukturierungsaufwendungen oder die Auflösung von Rückstellungen hierfür,
(3) Abgang von Sachanlagen,
(4) Veräußerung von Finanzanlagen,
(5) aufgegebene Geschäftsbereiche,
(6) Beendigung von Rechtsstreitigkeiten und
(7) sonstige Auflösungen von Rückstellungen.

173 Die Aufwendungen können entweder nach Aufwandsarten (**Gesamtkostenverfahren** – GKV) oder nach Funktionen (**Umsatzkostenverfahren** – UKV) gegliedert werden (s näher § 15 Rz 61 ff). Zwischen beiden Verfahren soll das im Einzelfall aussagekräftigere gewählt werden (IAS 1.105). Die IFRS heben hervor, dass das UKV idR aussagekräftiger ist, aber die Zuordnung von Aufwendungen zu Funktionen willkürlich sein kann und insoweit erhebliche Ermessensentscheidungen enthält (IAS 1.103). Sofern das in der Praxis verbreitete UKV gewählt wird, sind zusätzliche Angaben über die Art der Aufwendungen, einschließlich des Aufwands für planmäßige Abschreibungen und Leistungen an Arbeitnehmer entspr IAS 19 (IAS 1.104) zu machen.

Details zur Gesamtergebnisrechnung bzw gesonderten GuV – einschließlich Mindestgliederungen – sind in § 15 dargestellt.

174 **aa) Ausweis von Umgliederungsbeträgen betreffend das sonstige Ergebnis (*reclassification adjustments*).** Wertveränderungen, die in früheren Perioden im sonstigen Ergebnis erfasst wurden, müssen grds (zu Ausnahmen s Rz 175) spätestens im Zeitpunkt der Veräußerung des betreffenden Vermögenswerts erfolgswirksam erfasst werden (s IAS 1.93 ff). Das ist zB der Fall bei zur Veräußerung verfügbaren Wertpapieren, bei denen die erfolgsneutral im Eigenkapital aus den Zeitwerten angesammelten Bewertungsergebnisse beim Abgang erfolgswirksam zu übernehmen sind (s IAS 39) oder bei der Erfolgsrealisation von bisher erfolgsneutral erfassten *cashflow hedges* (IAS 39.97). Es liegt dann ein Fall der sog **Umgliederungsbeträge** (***reclassification adjustments***) vor (IAS 1.7 und IAS 1.92 ff). Um eine Doppelerfassung dieser Teile des sonstigen Ergebnisses im kumulierten sonstigen Ergebnis und in der Gesamtergebnisrechnung bzw der gesonderten GuV (sofern erstellt) zu vermeiden, wird der bisher erfolgsneutral im (kumulierten) sonstigen Ergebnis erfasste Betrag über das periodische sonstige Ergebnis in den erfolgswirksamen Teil der Gesamtergebnisrechnung bzw in die gesonderte GuV (sofern erstellt) umgegliedert.

Beispiel für eine Darstellung der Umgliederung im **Anhang** enthält IAS 1 in IG6 Part I:

Sonstiges Ergebnis (*other comprehensive income*)	
Zur Veräußerung verfügbare Vermögenswerte	
Erfolgsneutral erfasste Gewinne der Periode	1.333
Abzüglich Umgliederungsbeträge (*reclassification adjustments*) von Gewinnen in die GuV	- 25.333
	- 24.000

Die Angabe kann wahlweise auch durch eine entspr Darstellung in der **Gesamtergebnisrechnung** erfolgen (IAS 1.94).

175 Nicht von dieser Regelung erfasst werden zum einen erfolgsneutrale Neubewertungen, die gem IAS 16 oder IAS 38 direkt in einer **Neubewertungsrücklage** berücksichtigt wurden, und zum anderen **versicherungsmathematische Gewinne und Verluste** aus leistungsorientierten Plänen, die gem IAS 19.93A im sonstigen Ergebnis erfasst werden. Veränderungen der Neubewertungsrücklage gem IAS 16 und IAS 38 können in späteren Perioden bei Nutzung des Vermögenswerts oder bei seiner Ausbuchung in die Gewinnrücklagen umgegliedert werden, während versicherungsmathematische Gewinne und Verluste in der Periode, in der sie als sonstiges Ergebnis erfasst werden, in der Eigenkapitalveränderungsrechnung unter den Gewinnrücklagen auszuweisen sind. Infolge der Umgliederung in die anderen Gewinnrücklagen liegt bei beiden Sachverhalten kein Fall von Umgliederungsbeträgen (*reclassification adjustments*) gem IAS 1.92 vor (IAS 1.96; s ausführlich § 15 Rz 112).

176 **bb) Ausweis von Steuereffekten für das sonstige Ergebnis der Periode.** Für jeden in der Gesamtergebnisrechnung im (periodischen) sonstigen Ergebnis ausgewiesenen Posten sind die Ertragsteuereffekte gesondert darzustellen (s ausführlich § 15 Rz 113). Dies kann wahlweise in der Gesamtergebnisrechnung oder im Anhang erfolgen (IAS 1.90). Dadurch ergibt sich ein Wahlrecht (IAS 1.91) für die Darstellung dieser Ergebnisse in der Gesamtergebnisrechnung vor Steuern (**Bruttomethode**) oder nach Steuern (**Nettomethode**). Wird die Darstellung vor Steuern gewählt, dann können die Ertragsteuereffekte in der Gesamtergebnisrechnung in einem Posten zusammengefasst angegeben werden. Allerdings ist dann im **Anhang** eine Aufgliederung der Steuereffekte für jeden einzelnen Posten des erfolgsneutralen Ergebnisses anzugeben (IAS 1.90).

4. Zusammenfassung von Abschlussposten

177 Nach den IFRS ist jede **wesentliche Postengruppe** in Erweiterung der Mindestgliederung (Rz 159 ff) im Abschluss **gesondert** darzustellen; sofern wesentliche Posten nicht einer Gruppe (hinsichtlich der Art oder Funktion) zugeordnet werden können, sind sie gesondert zu erfassen (IAS 1.29). Der **Wesentlichkeitsmaßstab** leitet sich dabei aus den allgemeinen Grundsätzen ab (s Rz 21 ff), dh, eine gesonderte Erfassung ist geboten, wenn ein Unterlassen der Angabe die wirtschaftliche Entscheidung des Adressaten beeinflussen könnte. Entspr qualitative und quantitative Dimensionen der Auslegung sind vor dem Hintergrund der besonderen Umstände **für jeden Posten** abzuwägen (IAS 1.7). Die **besonderen Umstände** beziehen sich dabei auf den **Informationsinhalt** im **Einzelfall** und können sich auch in der Unternehmenssituation widerspiegeln, zB in einer angespannten wirtschaftlichen Lage, einem neuen Segment etc. Unwesentliche Posten können in anderen Abschlussposten gleicher Art und Funktion mit erfasst werden.

Wenn ein Posten für sich allein nicht wesentlich ist, kann er dennoch eine **Angabe** im Anhang notwendig machen (IAS 1.30), wobei für die Aufnahme in den Anhang eine geringere Wesentlichkeitsschwelle als für die Abbildung eines Abschlusspostens zugrunde zu legen ist (*Kleekämper/Knorr/Somes/Bischoff/Dolieczik* in Baetge ua IFRS-Komm[2] IAS 1 Rz 48).

178 Der **Spielraum** für die Gestaltung der Bilanz und der Gesamtergebnisrechnung bzw gesonderten GuV (sofern erstellt) ist nach IFRS **weiter** als nach HGB, das für KapGes und für diesen gleichgestellte Gesellschaften verbindliche Schemata für die Bilanz und die GuV vorschreibt (§§ 265 ff HGB) und auch eine Zusammenfassung von Posten explizit reglementiert (§ 265 Abs 7 HGB).

einstweilen frei 179, 180

E. Aktuelle Entwicklungen/IASB-Projekte

I. Überarbeitung des Rahmenkonzepts – Projektverlauf

181 Der IASB arbeitet zusammen mit dem US-amerikanischen Standardsetter, dem FASB, an einem **Konvergenzprojekt** für ein **neues gemeinsames Rahmenkonzept**, dem „*conceptual framework project*" (*IASB* IASB-Update Juli 2005, 2), als neue Grundlage für beide Standardsetter. IASB und FASB haben ihr langfristig angelegtes Projekt in 8 Phasen (A – H) wie folgt unterteilt:

Phase	Inhalt	Stand der Bearbeitung
A	Adressaten, Ziele und qualitative Merkmale von Rechnungslegungsinformationen	Exposure Draft (ED), veröffentlicht am 29. Mai 2008
B	Ansatzkriterien für Jahresabschlussposten	Discussion Paper (DP), angekündigt für das 2. Halbjahr 2009
C	Bewertung von Jahresabschlussposten	Discussion Paper (DP), angekündigt für das 1. Halbjahr 2009
D	Definition zur berichterstattenden Einheit	Discussion Paper (DP), veröffentlicht am 29. Mai 2008
E	Darstellung und Ausweis von Rechnungslegungsinformationen	derzeit inaktiv
F	Überprüfung der Zielsetzung und verpflichtende Anwendung	derzeit inaktiv
G	Anwendbarkeit für den Non-Profit-Sektor	derzeit inaktiv
H	Zusammenführung zum einheitlichen Rahmenkonzept	derzeit inaktiv

Zur Phase A erschien zunächst im Juli 2006 ein Diskussionspapier, zu dem 179 Stellungnahmen eingegangen sind (vgl ua *IDW* WPg 2006, 1474 sowie das Positionspapier der EFRAG vom 25. Juni 2007). Am 29. Mai 2008 haben beide Standardsetter zwei weitere Dokumente veröffentlicht. Das erste Dokument ist ein **Entwurfspapier** (*ED Conceptual Framework*, Phase A), mit dem die Zielsetzung der Finanzberichterstattung, die qualitativen Eigenschaften von Finanzinformationen sowie die Grenzen und Beschränkungen der Berichterstattung dargestellt werden sollen (s dazu *Zülch/Nellessen* PiR 2008, 270ff). Das zweite Dokument ist ein **Diskussionspapier** (*Discussion Paper* 2006), mit dem der bisher nicht explizit geregelte Begriff der „berichterstattenden Einheit" bestimmt werden soll. Weitere Entwürfe auch für andere Teile des Rahmenkonzepts sollen in der nahen Zukunft folgen.

II. Ziele der Finanzberichterstattung

Nach dem am 29. Mai 2008 neu veröffentlichten Standardentwurf zur Überarbeitung des IFRS-Rahmenkonzepts werden aus dem Kreis der Adressaten die **Kapitalgeber** als **primäre Nutzer** der Unternehmensinformationen identifiziert (*ED Conceptual Framework*, OB6). Darunter werden aktuelle und potentielle **Eigenkapitalgeber** verstanden, aber nunmehr auch **Fremdkapitalgeber** und **andere Gläubiger** (*ED Conceptual Framework*, OB6 und OB7). Die Gleichsetzung der Informationsinteressen von Eigenkapital- und Fremdkapitalgebern ist neu. Sie entspricht der Zielsetzung der Standardsetter, die Finanzberichterstattung künftig nicht primär an der Sicht der Eigner, sondern an der **Sichtweise des Unternehmens** auszurichten (*ED Conceptual Framework*, OB5). Ausdrücklich ausgeschlossen als Zielgruppe wird das **Management** des Unternehmens, da es lediglich für die Erstellung der Finanzinformationen verantwortlich ist. Die Selbstinformation des Managements ist mithin kein Zweck der Finanzberichterstattung (*ED Conceptual Framework*, OB8). 182

Nach diesem Standardentwurf sollen künftig auch Informationen zu Ereignissen dargelegt werden, die zu **Veränderungen** der **Ressourcen** und **Ansprüche** führen werden (*ED Conceptual Framework*, OB18). Dies wird künftig ua auch durch die neu aufgestellte Anforderung eines **Lageberichts** für einen Einzelabschluss (*management explanation*) erfüllt werden (*ED Conceptual Framework*, OB25). Umfang und Grad einer solchen Berichterstattung wollte der IASB bis Ende 2008 durch das *management commentary project* festlegen (dazu bisher *Discussion Paper* 2005). 183

III. Qualitative Anforderungen und Beschränkungen

Das derzeit noch gültige Rahmenkonzept kennzeichnet die vier wichtigsten qualitativen Anforderungen für **nützliche Informationen** mit den Merkmalen Relevanz, Verlässlichkeit, Verständlichkeit und Vergleichbarkeit (F. 24 ff; s Rz 2). 184

Die Überarbeitung des Rahmenkonzepts ordnet diese Systematik neu und kennt nur noch **zwei Primärgrundsätze** („*fundamental qualitative characteristics*" – *ED Conceptual Framework*,QC2): Neben dem unverändert bestehenden Grundsatz der **Relevanz** (s Rz 21 ff) soll künftig als alleiniger weiterer Primärgrundsatz das Konzept der **glaubwürdigen Darstellung** (*faithful representation*) treten (*ED Conceptual Framework*, QC7 ff). Eine glaubwürdige Darstellung wird ereicht, wenn sie vollständig, neutral und frei von wesentlichen Fehlern ist (*ED Conceptual Framework*, QC7). Die glaubwürdige Darstellung soll das **Merkmal der Verlässlichkeit** (F. 31, F. 32; s Rz 28) ersetzen, das **künftig aufgegeben** wird (*ED Conceptual Framework*, BC2.15 f). Der IASB begründet diese Neuordnung damit, dass der Begriff der Verlässlichkeit sich einer klaren Definition entzieht und immer wieder zu Auslegungsproblemen und Missverständnissen führt. Letztlich umfasse das Konzept der glaubwürdigen Darstellung alle Merkmale der Verlässlichkeit und sei somit identisch mit dem Begriff der Verlässlichkeit.

Alle weiteren grundlegenden qualitativen Anforderungen werden nach der geplanten Neuregelung künftig als sog **Sekundärgrundsätze** („*enhancing qualitative characteristics*") bezeichnet (*ED Conceptual Framework*, QC15). Es handelt sich dabei um die zT bereits bekannten Grundsätze der Vergleichbarkeit, Nachprüfbarkeit, Zeitnähe und Verständlichkeit. Der Board sieht diese Anforderungen als etwas weniger nützlich an für einen Abschluss als die Primärgrundsätze. Rechtsfolgen werden daran aber – soweit ersichtlich – nicht geknüpft. 185

186 Schließlich stellt der neue Entwurf des Rahmenkonzepts zwei **einschränkende Bedingungen** („*pervasive constraints*") dar, den Grundsatz der Wesentlichkeit und die Abwägung zwischen Nutzen und Kosten (*ED Conceptual Framework*, QC27ff).

187 Die folgende Übersicht stellt die Neustrukturierung der Grundsätze dem bisherigen Rahmenkonzept gegenüber:

	Rahmenkonzept (ED 2008)	**Rahmenkonzept (1989)**	**IAS 1**
1. Zugrunde liegende Annahmen			
a) Periodenabgrenzung		F. 22	27, 28
b) Unternehmensfortführung		F. 23	25, 26
2. Primärgrundsätze: Grundlegende qualitative Anforderungen *(fundamental qualitative characteristics)*	QC2, 12 bis 14		
a) Relevanz *(relevance)*	QC3 bis 6 BC2.3ff	F. 26ff	
b) Glaubwürdige Darstellung *(faithful representation)*	QC7, 8 BC 2.11ff	F. 33, 34	
• Vollständigkeit *(completeness)*	QC9	F. 38	
• Neutralität *(neutrality)*	QC10 BC2.20f	F. 36	
• Freiheit von wesentlichen Fehlern *(free from material errors)*	QC11	F. 31	
3. Sekundärgrundsätze: Ergänzende qualitative Anforderungen *(enhancing qualitative characteristics)*	QC15, QC25, 26		
a) Vergleichbarkeit *(comparability)*	QC16 bis 19 BC2.25f	F. 39ff	38ff
b) Nachprüfbarkeit *(verifiability)*	QC20, 21 BC2.27f		
c) Zeitnähe *(timeliness)*	QC22 BC2.29f	F. 43	
d) Verständlichkeit (*understandability*)	QC23, 24 BC2.31ff	F. 25	
4. Einschränkende Nebenbedingungen (*pervasive constraints*)	QC27, QC32, 33		
a) Wesentlichkeit (*materiality*)	QC28 BC2.58f	F. 29	29ff
b) Abwägung von Nutzen und Kosten *(cost)*	QC29 bis 31 BC2.60ff	F. 44	

1. Zu Grunde liegende Annahmen

a) Periodenabgrenzung

Der Grundsatz der Periodenabgrenzung hat ggü seinem bisherigen Inhalt **keine Änderung** erfahren (s Rz 16f). 188

b) Unternehmensfortführung

Der Grundsatz der Unternehmensfortführung hat ggü seinem bisherigen Inhalt **keine Änderung** erfahren (s Rz 18f). 189

2. Primärgrundsätze

a) Relevanz

Der Grundsatz der Relevanz hat ggü seinem bisherigen Inhalt **keine Änderung** erfahren (s Rz 21ff). 190

b) Glaubwürdige Darstellung

aa) Vollständigkeit. Der Grundsatz der Vollständigkeit hat ggü seinem bisherigen Inhalt **keine Änderung** erfahren (s Rz 37). 191

bb) Neutralität. Der Grundsatz der Neutralität hat ggü seinem bisherigen Inhalt **keine Änderung erfahren** (s Rz 32). Nach den geplanten Änderungen des Rahmenkonzepts soll aber der Vorsichtsgrundsatz als eigenständiger Grundsatz künftig ganz entfallen, weil er mit dem Grundsatz der Neutralität unvereinbar sei (*ED Conceptual Framework*, BC2.21). 192

cc) Freiheit von wesentlichen Fehlern. Die **Freiheit von wesentlichen Fehlern** („*freedom from material errors*") wird nach dem Entwurf des neuen Rahmenkonzepts künftig als **eigenständige Komponente** einer glaubwürdigen Darstellung aufgeführt (*ED Conceptual Framework*, QC11). Sie wurde im bisherigen Rahmenkonzept als Element der Verlässlichkeit betrachtet, allerdings nicht näher umschrieben (F. 31). Im Entwurf des Rahmenkonzepts wird darauf hingewiesen, dass eine vollständige Fehlerfreiheit schon deshalb kaum erreicht werden kann, weil die Bewertung ökonomischer Vorgänge häufig mit Unsicherheiten verbunden ist. Daher beruhen Bewertungen häufig auf verschiedenen Schätzungen, in die die Beurteilung des Managements eingeht. Um eine glaubwürdige Darstellung zu gewährleisten, müssen Schätzungen auf geeigneten Grundlagen und den besten verfügbaren Informationen beruhen. Dazu kann es im Einzelfall notwendig sein, den Grad der Unsicherheit anzugeben. 193

3. Sekundärgrundsätze

Als **Sekundärgrundsätze** („*enhancing qualitative characteristics*") sieht der IASB solche an, die für Entscheidungen förderlich („*enhancing*") sind, die auf einer relevanten und glaubwürdig dargestellten Information getroffen werden sollen. Sie ergänzen die Primärgrundsätze (*ED Conceptual Framework*, QC15). Diese Kategorisierung des IASB erscheint zweifelhaft, insbes weil eine Zuordnung letztlich nicht klar und zweifelsfrei getroffen werden kann und eine Relevanz auch nur schwer erkennbar ist. Auch die Auffassung des IASB über die Bedeutung einzelner Grundsätze hat sich gewandelt. So sollen nach aktueller Auffassung des IASB die Merkmale Vergleichbarkeit, Verständlichkeit, Nachprüfbarkeit und Zeitnähe Sekundärgrundsätze darstellen (*ED Conceptual Framework*, QC15). Demgegenüber werden nach dem bisher noch gültigen Rahmenkonzept die Merkmale Vergleichbarkeit (F. 39ff) und Verständlichkeit (F. 25) bei weit- 194 gehend gleichem Inhalt als qualitative Anforderungen an den Abschluss aufgefasst (F. 24) und die Zeitnähe wird bisher als eine Beschränkung für relevante und verlässliche Informationen angesehen (F. 43).

a) Vergleichbarkeit

195 Der Grundsatz der Vergleichbarkeit erfährt nach den geplanten Änderungen des Rahmenkonzepts **keine wesentlichen Änderungen** (*ED Conceptual Framework*, QC16 bis QC19, BC2.25 ff; s Rz 38 ff).

b) Nachprüfbarkeit

196 Der Grundsatz der **Nachprüfbarkeit** wird bisher nicht explizit geregelt. Dieser Grundsatz soll nach den geplanten Änderungen des Rahmenkonzepts neu als Sekundärgrundsatz eingeführt werden (*ED Conceptual Framework*, QC20 f, BC2.27). Darunter wird die einvernehmliche Einschätzung von sachkundigen und unabhängigen Dritten verstanden, dass die Information frei von wesentlichen Fehlern und systematischen Verzerrungen ist oder dass angewandte Bilanzierungs- und Bewertungsmethoden im Wesentlichen fehlerfrei angewendet wurden. Eine solche Nachprüfbarkeit kann **direkt** erfolgen, etwa durch Nachzählen von Zahlungsmitteln oder das Übernehmen des Marktpreises eines Wertpapiers. Sie kann aber auch **indirekt** erfolgen durch Überprüfung der Grundlagen und eine Nachkalkulation des Ergebnisses, bspw bei einer Überprüfung der Vorratsbestände (Menge, Kosten, Verbrauchsfolgeverfahren, etc; *ED Conceptual Framework*, QC21).

c) Zeitnähe

197 Der Grundsatz der Zeitnähe erfährt nach den geplanten Änderungen des Rahmenkonzepts **keine wesentlichen inhaltlichen Änderungen** (*ED Conceptual Framework*, QC22; s Rz 41). Die Pflicht zur zeitnahen Berichterstattung wird jedoch nicht länger als einschränkendes Merkmal, sondern als Sekundärgrundsatz klassifiziert (*ED Conceptual Framework*, QC15).

d) Verständlichkeit

198 Die **Pflicht zur Verständlichkeit** erfährt nach dem Entwurf des neuen Rahmenkonzepts **keine Änderung** (*ED Conceptual Framework*, QC23 f; s Rz 20).

e) Wirtschaftliche Betrachtungsweise und Vorsichtsgrundsatz

199 Der **Grundsatz der wirtschaftlichen Betrachtungsweise** und der **Vorsichtsgrundsatz** sollen nach den geplanten Änderungen des Rahmenkonzepts künftig nicht mehr als eigenständige Merkmale erwähnt werden. Der Grundsatz der wirtschaftlichen Betrachtungsweise ist nach Meinung des IASB Bestandteil des Grundsatzes der glaubwürdigen Darstellung und soll daher keiner gesonderten Nennung mehr bedürfen (*ED Conceptual Framework*, BC2.19). Der Vorsichtsgrundsatz soll entfallen, weil er als unvereinbar mit dem Neutralitätsgrundsatz angesehen wird (*ED Conceptual Framework*, BC2.21). Es bleibt abzuwarten, ob diese Auffassung hilfreich ist und sich durchsetzen und bewähren wird.

4. Einschränkende Nebenbedingungen

Die Präsentation entscheidungsnützlicher Informationen wird durch zwei **einschränkende Nebenbedingungen** („*pervasive constraints*") begrenzt. Dies erfolgt nach den geplanten Änderungen des Rahmenkonzepts durch den **Grundsatz der Wesentlichkeit** (*ED Conceptual Framework*, QC28; s Rz 22ff), der nach dem bislang noch geltenden Rahmenkonzept als untergeordnetes Merkmal der Relevanz zugeordnet war, sowie unverändert durch das **Kosten-Nutzen-Postulat** (F. 44; *ED Conceptual Framework*, QC27, BC2.61; s Rz 42f). In F. 38 wird hervorgehoben, dass die Vollständigkeit nur in den Grenzen von Wesentlichkeit und Kosten angestrebt werden soll. Die bisher unter den einschränkenden Nebenbedingungen kodifizierte Forderung nach einer **angemessenen Ausgewogenheit der qualitativen Kriterien** (F. 45) soll künftig als eigenständiges Merkmal entfallen (*ED Conceptual Framework*, BC2.53). 200

§ 3. Finanzinstrumente

Übersicht

Schrifttum: *Brücks/Kerkhoff/Stauber* IFRS 7: Darstellung und Umsetzungsaspekte, Der Konzern 2006, 432; *CESR* The Committee of European Securities Regulators 2nd extract from EECS's database of enforcement decisions, Paris, December 2007; *DRSC* Rechnungslegungs-Interpretation Nr 1 (RIC 1) Bilanzgliederung nach Fristigkeit gemäß IAS 1 Darstellung des Abschlusses, Berlin 2005; *Ernst & Young* International GAAP 2008, London 2007; *Ernst & Young* International GAAP 2009, London 2008; *Feld* IAS und US-GAAP: Aktuelle Unterschiede und Möglichkeiten zur Konvergenz, WPg 2001, 1025; *Feld* Bilanzierung von ABS-Transaktionen im IFRS Abschluss, Düsseldorf 2007; *Gebhardt/Naumann* Grundzüge der Bilanzierung von Financial Instruments und von Absicherungszusammenhängen nach IAS 39, DB 1999, 1461; *Glaum/Förschle* Rechnungslegung für Finanzinstrumente und Risikomanagement: Ergebnisse einer empirischen Untersuchung, DB 2000, 1525; *IASB* IASB Update Oktober 2003, London 2003; *IASB* IASB Update Mai 2008, London 2008; *IASB Expert Advisory Panel* Measuring and disclosing the fair value of financial instruments in markets that are no longer active, London 2008; *IDW* RS HFA 8, IDW Stellungnahme zur Rechnungslegung: Zweifelsfragen der Bilanzierung von asset backed securities-Gestaltungen oder ähnlichen securitisations-Transaktionen, WPg 2004, 138; *IDW* RS HFA 9, IDW Stellungnahme zur Rechnungslegung: Einzelfragen zur Bilanzierung von Finanzinstrumenten nach IFRS, WPg 2007, 83; *IDW* S 1: Grundsätze zur Durchführung von Unternehmensbewertungen (Stand: 2. April 2008), FN IDW 2008, 271; *IDW* Stellungnahme Financial Instruments – Proposed Amendments to IAS 32 and IAS 39, WPg 2002, 1179; *IDW* Positionspapier des IDW zu Bilanzierungs- und Bewertungsfragen im Zusammenhang mit der Subprime-Krise vom 10. 12. 2007, www.idw.de/idw/download/Subprime-Positionspapier.pdf?id=424920; *IDW* RS HFA 2 (Stand: September 2008) Einzelfragen zur Anwendung der IFRS, FN IDW 2008, 483; *IDW* RS HFA 22 IDW Stellungnahme zur Rechnungslegung: Zur einheitlichen oder getrennten handelsrechtlichen Bilanzierung strukturierter Finanzinstrumente, FN IDW 2008, 455; *IDW* ERS HFA 24 IDW Stellungnahme zur Rechnungslegung: Einzelfragen zu den Angabepflichten des IFRS 7 zu Finanzinstrumenten, FN IDW 2008, 51; *IDW* RS HFA 25 IDW Stellungnahme zur Rechnungslegung: Einzelfragen zur Bilanzierung von Verträgen über den Kauf oder Verkauf von nicht-finanziellen Posten nach IAS 39, FN IDW 2009, 255; *Jerzembek/Große* Die Fair Value Option nach IAS 39, KoR 2005, 221; *Joint Working Group of Standard Setters (JWG) on Financial Instruments* Draft Standard and Basis for Conclusions „Financial Instruments and Similar Items", London 2002; *Kirsch* Erstellung der IFRS-Eröffnungsbilanz auf der Basis einer HGB-Handelsbilanz, KoR 2005, 384; *KPMG* Offenlegung von Finanzinstrumenten und Risikoberichterstattung nach IFRS 7, London 2007; *KPMG* Insights into IFRS, 5th Edition 2008/9, London 2008; *Kropp/Klotzbach* Der Exposure Draft zu IAS 39 „Financial Instruments" – Darstellung und kritische Würdigung der geplanten Änderungen des IAS 39, WPg 2002, 1010; *Kuhn* Finanzinstrumente: Fair Value-Option in IAS 39 überarbeitet, DB 2005, 1341; *Kuhn/Scharpf* Rechnungslegung von Financial Instruments nach IAS 39, 3. Aufl, Stuttgart 2006; *Kuhn/Scharpf* Finanzinstrumente: neue Vorschläge zum Portfolio hedging zinstragender Positionen nach IAS 39: Überwindung „tradierter Abbildungsregeln" oder lediglich Reparatur?, DB 2003, 2293; *Löw/Blaschke* Verabschiedung des Amendment zu IAS 39 Financial Instruments: Recognition and Measurement – The Fair Value Option, BB 2005, 1727, *Ludenbach* Geplante Neuerungen bei Bilanzierung und Ausweis von Finanzinstrumenten nach IAS 32 und IAS 39, BB 2002, 2113; *Mayer-Wegelin/Gahlen* Abgang von Handelsforderungen nach IAS 39: Voraussetzungen und Grenzen, BB 2008, 882; *Pape/Bogajewskaja/Borchmann* Der Standardentwurf des IASB zur Änderung von IAS 32 und IAS 39 – Darstellung und kritische Würdigung, KoR 2002, 219; *PwC PricewaterhouseCoopers* IFRS Manual of Accounting 2008, Global Guide to International Financial Reporting Standards, London 2007; *PwC PricewaterhouseCoopers* IFRS für Banken, 4. Aufl, Frankfurt am Main 2008; *Scharpf* Handbuch Bankbilanz, 2. Aufl, Düsseldorf 2004; *Schmidt* Neue Amendments zu IAS 39 im Juni 2005: Die revidierte Fair Value-Option, KoR 2005, 269; *Watrin/Struffert* Probleme der Ausbuchungsregeln in IAS 39 – Anmerkungen zum Entwurf einer Fortsetzung von IDW RS HFA 9, WPg 2007, 237.

Wesentliche Rechtsgrundlagen: IAS 32, IAS 39, IFRS 7, IFRIC 9, IFRIC 16

A. Einführung

1 Der **IASB** ist seit Ende der 80er Jahre bemüht, für finanzielle Vermögenswerte, finanzielle Verbindlichkeiten und Eigenkapitalinstrumente (zusammengefasst **Finanzinstrumente**) besondere Regeln zu entwickeln, die der zunehmenden Komplexität der Instrumente und den Informationsbedürfnissen der Bilanzleser Rechnung tragen.

Nach mehrjährigen Vorarbeiten wurde 1995 zunächst **IAS 32** verabschiedet, **Ende 2003** überarbeitet und neu gefasst. In IAS 32 werden alle Offenlegungs- und Erläuterungspflichten zusammengefasst. In **IAS 39 (1998)** wurden 1998 erstmals die Ansatz- und Bewertungsvorschriften für originäre Finanzinstrumente, für Finanzderivate und für Sicherungsbeziehungen niedergelegt. IAS 39 (1998) übernahm für die Bewertung nicht den ursprünglich vorgesehenen vollen Zeitwertansatz für alle Finanzinstrumente, da dies nicht mehrheitsfähig war. Für einen Teilbereich finanzieller Vermögenswerte und Schulden verblieb es daher bei der Bewertung zu (fortgeführten) Anschaffungskosten, während im Übrigen die erfolgswirksame oder erfolgsneutrale Bewertung zum beizulegenden Zeitwert vorgeschrieben wurde. IAS 39 (1998) enthält im Gegensatz zu den bisherigen deutschen handelsrechtlichen Vorschriften Bestimmungen zur Bilanzierung von Sicherungsbeziehungen *(hedge accounting)* und von derivativen Finanzinstrumenten.

IAS 39 wurde im **Jahr 2000** (noch vor seinem erstmaligen In-Kraft-Treten) zur Beseitigung von Unklarheiten **überarbeitet**. Es verblieb jedoch eine Fülle offener Fragen, für die ein *Implementation Guidance Committee (IGC)* 2000/2001 Anwendungsrichtlinien in Form von Fragen und Antworten (Q&A) verabschiedete (dazu *Lüdenbach* BB 2002, 2113).

2 Im Juni 2002 wurde ein neuer Entwurf vorgelegt, der bei anhaltend kontroverser Diskussion mit zahlreichen beteiligten Gruppen im Rahmen des *Improvement Projects* am 17. Dezember 2003 zur Veröffentlichung einer Neufassung führte. **IAS 39 (2003)** ersetzt die alte Fassung und hat seit dem 1. Januar 2005 Gültigkeit. Viele bisher im Standard enthaltene Regelungen sind in eine Anwendungsleitlinie *(Application Guidance, AG)* verlagert worden. Die Anwendungsrichtlinien (Q&A) des *IGC* wurden gleichzeitig aufgehoben und der Standard selbst klarer und knapper gefasst. Er enthält zunächst die allgemeinen Definitionen sowie Ansatz- und Bewertungsvorschriften (IAS 39.1 bis IAS 39.70). Dann folgen Regelungen für Sicherungsgeschäfte (IAS 39.71 bis IAS 39.102) sowie zum In-Kraft-Treten und Übergangsvorschriften (IAS 39.103 bis IAS 39.110). Die Anwendungsleitlinien *(Application Guidance)* als **Anhang A** sind nunmehr integraler Bestandteil des Standards (IAS 39.AG1 bis IAS 39.AG132).

3 Nach dieser Phase der grundlegenden Überarbeitungen wurden eine Reihe von Ergänzungen *(amendments)* zu IAS 39 verabschiedet, die im Folgenden aufgeführt werden:

März 2004: **IAS 39 – *Fair Value Hedge Accounting for a Portfolio Hedge of an Interest Rate Risk.*** Mit dieser Regelung wurde es möglich, unter bestimmten Bedingungen Portfolien von Grundgeschäften, die gegen Zinsänderungsrisiken abgesichert werden, bilanziell als *fair value hedge* darzustellen. Die Regelung betrifft im Wesentlichen Banken und gilt für Geschäftsjahre, die am oder nach dem 1. Januar 2005 beginnen (s ausführlich § 23 Rz 50).

4 Dezember 2004: **IAS 39 – *Transition and Initial Recognition of Financial Assets and Financial Liabilities.*** Die Änderung enthält ua Regelungen zur Ermittlung des beizulegenden Zeitwerts, wenn kein aktiver Markt besteht (IAS 39.AG76) sowie Regeln für die Erfassung von *„day one profits"* (IAS 39.AG76A). Sie ist **retro-**

spektiv anzuwenden oder aber **prospektiv** entweder für Transaktionen, die am oder nach dem 25. Oktober 2002 abgeschlossen wurden, oder alternativ für Transaktionen, die am oder nach dem 1. Januar 2004 abgeschlossen wurden.

April 2005: **IAS 39 – *Cashflow Hedge Accounting of Forecast Intragroup*** 5
Transactions. Die Änderung gilt für Geschäftsjahre, die am oder nach dem 1. Januar 2006 beginnen, und stellt klar, dass monetäre Posten im Rahmen eines Konzernabschlusses als Grundgeschäft für die Absicherung von Fremdwährungsrisiken dienen können, wenn diese Risiken bei der Konsolidierung nicht vollständig eliminiert werden. Außerdem sind geplante konzerninterne Transaktionen als Grundgeschäft im Rahmen der Absicherung von Fremdwährungsrisiken zulässig, wenn die Transaktion in einer anderen Währung als der funktionalen Währung durchgeführt wird und sich das Währungsrisiko erfolgswirksam auswirkt (s ausführlich § 23 Rz 52).

Juni 2005: **IAS 39 – *The Fair Value Option.*** Die Neufassung des IAS 39 6
(2003) sah erstmalig ein Wahlrecht vor, nach dem grds alle finanziellen Vermögenswerte und Schulden zum Zeitpunkt der erstmaligen Erfassung unwiderruflich zum beizulegenden Zeitwert bilanziert werden können. Ausgenommen waren Finanzinvestitionen in Eigenkapitalinstrumente, für die kein auf einem aktiven Markt notierter Marktpreis existiert und deren beizulegender Zeitwert auch nicht anderweitig (zB durch Bewertungsmodelle) verlässlich bestimmt werden kann. Diese **umfassende *fair value option*** berücksichtigte insbes die durch Kreditinstitute und Versicherungen geäußerte Kritik zum *hedge accounting*. Gegen eine umfassende *fair value option* haben jedoch insbes die Europäische Zentralbank, der Baseler Ausschuss für Bankenaufsicht sowie die Wertpapierregulierungsbehörden der EU-Mitgliedstaaten erhebliche Bedenken geäußert. Die Aufsichtsgremien sahen die Gefahr missbräuchlicher Anwendungen. Die Option könnte bspw generell auf Finanzinstrumente angewendet werden, deren beizulegender Zeitwert nicht oder nur schwer nachprüfbar ist. Folglich würde sich die Ergebnisvolatilität der Abschlüsse erhöhen. Zudem wiesen die Aufsichtsbehörden auf die bekannte Anomalie hin, nach der eine Ratingherabstufung eigener Verbindlichkeiten zu einer positiven Auswirkung auf das Ergebnis des Schuldners führen kann.

Die Kritik führte im April 2004 zu einem *Exposure Draft* und nach weiteren Diskussionen zu einem überarbeiteten Entwurf im Februar 2005. Auf dieser Grundlage wurde am **16. Juni 2005** eine **entspr Änderung des IAS 39** veröffentlicht, die seit dem 1. Januar 2006 gilt. Die neue, auf bestimmte Situationen **begrenzte *fair value option,*** soll den Bedenken der Aufsichtsgremien Rechnung tragen und dabei die Vorteile der *fair value option* weitgehend erhalten (*Schmidt* KoR 2005, 269). Die Nutzung der *fair value option* wird nunmehr auf bestimmte Situationen begrenzt (s Rz 60 f), in denen die Bewertung von finanziellen Vermögenswerten oder finanziellen Verbindlichkeiten zum beizulegenden Zeitwert entweder zu einer Erhöhung der Relevanz der Abschlussinformationen, zu einer Komplexitätsreduktion oder einer Erhöhung der Zuverlässigkeit der Bewertung führt.

August 2005: **IAS 39 – *Financial Guarantee Contracts.*** Mit dieser Ergänzung 7
des IAS 39 wird die Bilanzierung von Finanzgarantien beim Garantiegeber geregelt. Finanzgarantien werden hiernach grds nach IAS 39 behandelt. Wenn der Garantiegeber aber bisher und ausdrücklich solche Verträge als Versicherungsverträge behandelt und damit nach IFRS 4 bilanziert hat, kann er dies beibehalten. Kreditzusagen sind nach IAS 37 zu behandeln. Die Ergänzung gilt für Geschäftsjahre, die am oder nach dem 1. Januar 2006 beginnen (s ausführlich § 14 Rz 11).

Mai 2008: ***Annual Improvements*** **Projekt 2008/Änderungen des IAS 39.** 8
Das *Annual Improvements* dient insbes zur Klarstellung nicht immer eindeutig geregelter Sachverhalte und behandelt Anpassungen verschiedenster Standards.

Im Rahmen der Ergänzungen zu IAS 39 wird ua klargestellt, dass eine Darstellung von Derivaten als lang- oder kurzfristig zulässig ist, auch wenn sie grds zu Handelszwecken kategorisiert werden. Die Änderungen gelten für Geschäftsjahre, die am oder nach dem 1. Januar 2009 beginnen.

9 Juli 2008: ***Eligible Hedged Items, Amendments to IAS 39 Financial Instruments.*** Entspr IAS 39.81 und IAS 39.81A ist es unter bestimmten Bedingungen zulässig, im Rahmen der Designation eines Sicherungszusammenhangs Grundgeschäfte anzusetzen, bei denen nur ein Teil der Cashflows bestimmten Risiken ausgesetzt ist.

Durch die Einfügung einiger Absätze in den Anwendungsleitlinien zu IAS 39 werden diese Fälle konkretisiert und klargestellt. Hiernach ist es zulässig, einseitige Risiken wie Veränderungen des beizulegenden Zeitwerts oberhalb einer bestimmten Maßgröße oder anderer Variablen als Grundgeschäfte im Rahmen des *hedge accounting* anzusetzen. Solche Sicherungszusammenhänge sind nur dann zulässig, wenn die zu sichernden Komponenten des Grundgeschäfts separat identifizierbar sind und verlässlich bewertet werden können. Die Regelungen des *amendments* sind – vorbehaltlich einer Übernahme durch die EU – retrospektiv für Geschäftsjahre anzuwenden, die am oder nach dem 1. Juli 2009 beginnen (s ausführlich § 23 Rz 51).

10 Oktober 2008: **IAS 39 & IFRS 7 – *Reclassification of Financial Assets.*** Ausgelöst durch die Finanzmarktkrise hat der IASB kurzfristig Änderungen beschlossen, die unter bestimmten Bedingungen Umgliederungen von finanziellen Vermögenswerten aus der Kategorie erfolgswirksam zum beizulegenden Zeitwert bewertet oder zur Veräußerung verfügbar in die übrigen Kategorien ermöglichen. Die Umgliederungen sind mit entspr Angaben nach IFRS 7 verbunden. Die *amendments* gelten vom Zeitpunkt ihrer Verabschiedung rückwirkend ab dem 1. Juli 2008. Umgliederungen von finanziellen Vermögenswerten nach dem 1. November 2008 dürfen nur prospektiv erfolgen.

November 2008: **IAS 39 & IFRS 7 – *Reclassification of Financial Assets – Effective Date and Transition.*** Diese Ergänzung der im Oktober 2008 verabschiedeten *amendments* dient der Klarstellung, dass die Änderungen ab dem 1. November 2008 **prospektiv** erfolgen müssen. Eine retrospektive Anwendung ab diesem Zeitpunkt ist nicht zulässig. Ein Endorsement dieser Änderung steht derzeit (Stand 1. Mai 2009) noch aus.

Die *amendments* sollen letztlich die **Probleme eindämmen**, die die Bewertung zum beizulegenden Zeitwert im Rahmen der **Finanzmarktkrise** bereitet. Der IASB war bei seiner Verabschiedung erheblichem öffentlichen Druck ausgesetzt, die Bewertung zum beizulegenden Zeitwert durch geeignete Maßnahmen abzumildern, ohne dabei konzeptionelle Überlegungen anstellen zu können. Letztlich kann die Frage, ob der beizulegende Zeitwert oder das Anschaffungskostenprinzip als grundlegender Maßstab für die Bewertung von Finanzinstrumenten sinnvoller ist, uE nur grds entschieden werden. Daher ist es zu begrüßen, wenn diese Diskussion, die eigentlich schon als abgeschlossen galt, aber in Zeiten der Finanzmarktkrise wieder aufgelebt ist, nunmehr in den Gremien geführt wird. Nicht hilfreich ist es, wenn ein Regelwerk nur in Schönwetterzeiten gilt und in Krisenzeiten je nach Bedarf angepasst werden kann.

11 März 2009: ***Embedded Derivatives, Amendments to IFRIC 9 and IAS 39 – Embedded Derivatives.*** Auch zum Zeitpunkt der Umgliederung eines zusammengesetzten Finanzinstruments aus der Kategorie erfolgswirksam zum beizulegenden Zeitwert bewertet ist für den Zeitpunkt des Vertragsbeginns zu überprüfen, ob ein eingebettetes Derivat trennungspflichtig ist. Wenn eingebettete Derivate nicht bewertet werden können, die im Falle einer Umgliederung aus der Kategorie erfolgswirksam zum beizulegenden Zeitwert bewertet zu trennen

wären, ist eine Umgliederung des gesamten zusammengesetzten Instruments nicht zulässig. Diese Neuregelungen gelten – vorbehaltlich eines Endorsements – für Geschäftsjahre, die am oder nach dem 30. Juni 2009 beginnen.

April 2009: ***Annual Improvements* Projekt 2009/Änderungen des IAS 39**. 12
Im Rahmen des *Annual Improvements* Projekts 2009 werden Anpassungen geltender Standards und Interpretationen geregelt, die zwar notwendig sind, aber eher geringfügigen Charakter haben. In IAS 39.2(g) wird klargestellt, dass Termingeschäfte über Unternehmenskäufe oder -verkäufe zu einem zukünftigen Zeitpunkt zwischen einem Käufer und einem verkaufenden Gesellschafter nicht in den Anwendungsbereich des IAS 39 fallen. Dabei darf entspr den Vertragsbedingungen die Laufzeit nicht den Zeitraum überschreiten, der üblicherweise notwendig ist, um alle für die Abwicklung der Transaktion erforderlichen Genehmigungen einzuholen. Die Änderungen des IAS 39 gelten – vorbehaltlich eines Endorsement – prospektiv für Geschäftsjahre, die am oder nach dem 1. Januar 2010 beginnen.

Des Weiteren sind folgende Standards, Interpretationen und Änderungen für 13
die Bilanzierung von Finanzinstrumenten bedeutsam:

Februar 2008: **IAS 32 – *Puttable Financial Instruments and Obligations Arising on Liquidation.*** Diese Ergänzung ermöglicht, durch Gesellschafter kündbare Anteilsrechte unter bestimmten Bedingungen auch nach IFRS als Eigenkapital zu klassifizieren. Die Ergänzung gilt für Geschäftsjahre, die am oder nach dem 1. Januar 2009 beginnen (s ausführlich § 12 Rz 94 ff).

August 2005: **IFRS 7 – *Financial Instruments: Disclosures*.** Durch IFRS 7 14
wird IAS 30, *Disclosures in the Financial Statements of Banks and Similar Financial Institutions*, ersetzt. Gleichzeitig werden die in IAS 32 geregelten Anhangangaben zu Finanzinstrumenten mit neuen Regeln zur Risikoberichterstattung über Finanzinstrumente zusammengefasst. IFRS 7 enthält einen umfassenden Katalog zusätzlicher Angabepflichten zu Finanzinstrumenten, die dazu dienen sollen, die Bilanzierung von Finanzinstrumenten für die Abschlussadressaten transparenter zu machen. IFRS 7 ist für Geschäftsjahre anzuwenden, die am oder nach dem 1. Januar 2007 beginnen.

März 2009: ***Improving Disclosures about Financial Instruments, Amendments*** 15
to IFRS 7 Financial Instruments: Disclosures. Zusätzliche Angaben sind erforderlich, wenn die Bewertungsmethode von Finanzinstrumenten geändert wird. Dabei ist zu erläutern, dass die Methodik verändert wurde und dies zu begründen. Analog den US-amerikanischen Vorschriften (SFAS 157) wird eine dreistufige *fair value*-Hierarchie eingeführt (IFRS 7.27B):

(1) **Level 1**: Börsenkurse aus aktiven Märkten für gleichartige Vermögenswerte oder Verbindlichkeiten;
(2) **Level 2**: *fair values*, die auf Basis von beobachtbaren Inputdaten für Vermögenswerte oder Verbindlichkeiten ermittelt werden, die entweder direkt (auf Basis von Preisen) oder indirekt (abgeleitet von Preisen) ermittelt werden;
(3) **Level 3**: *fair values* von Vermögenswerten und Verbindlichkeiten, die nicht auf beobachtbaren Marktdaten basieren (unbeobachtbare Inputdaten).

Hierauf basierend sind im Rahmen einer tabellarischen Darstellung Angaben zur Ermittlung der *fair values* zu machen, außer eine andere Darstellungsform ist hierfür geeigneter (IFRS 7.IG13A und IFRS 7.IG.13B). Anzugeben sind

(1) der Level der *fair value*-Bewertung nach der oben dargestellten Hierarchie;
(2) wesentliche Änderungen von *fair value*-Bewertungen, bei denen Level 1-Bewertungen durch Level 2-Bewertungen ersetzt werden und umgekehrt unter Angabe der Gründe. Dabei ist zu trennen zwischen Angaben zu Zu- und Abgängen eines Bewertungslevels. Wesentlichkeit bemisst sich dabei nach dem Ergebnis und der Bilanzsumme.

(3) Zusätzliche Angaben sind für Level 3-Bewertungen erforderlich:
  (a) sämtliche Gewinne und Verluste, die erfolgswirksam erfasst wurden, und den Posten in der Gesamtergebnisrechnung oder ggf einer separaten GuV, in denen diese Gewinne und Verluste ausgewiesen werden,
  (b) sämtliche Gewinne und Verluste, die im sonstigen Ergebnis erfasst werden,
  (c) Verkäufe, Käufe, Ausgaben und Glattstellungen jeweils in einer getrennten Darstellung,
  (d) Zu- und Abgänge bei Level 3-Bewertungen einschließlich der jeweiligen Gründe. Wesentliche Zu- oder Abgänge sind hierbei gesondert und einzeln anzugeben.

(4) Sämtliche Gewinne und Verluste, die erfolgswirksam erfasst wurden für Vermögenswerte und Verbindlichkeiten, die am Jahresende bilanziert werden, und den Posten in der Gesamtergebnisrechnung oder ggf einer separaten GuV, in dem diese Gewinne und Verluste ausgewiesen werden.

(5) Sofern die Veränderung von Inputdaten für Level 3-Bewertungen unter Verwendung grds möglicher Annahmen zu einer wesentlichen Veränderung des *fair value* führen würde, ist dies anzugeben und die Auswirkung dieser Veränderung darzustellen. Dabei ist die Berechnungsmethode offenzulegen. Wesentlichkeit bemisst sich hierbei nach dem Ergebnis, der Bilanzsumme oder, sofern die Veränderungen im sonstigen Ergebnis erfasst werden, nach dem Eigenkapital.

Neben diesen zusätzlichen Angaben werden die Angaben zum Liquiditätsrisiko klargestellt und erweitert. In diesem Zusammenhang sind die Fälligkeiten für nicht derivative finanzielle Verbindlichkeiten (einschließlich Finanzgarantien) getrennt von den Fälligkeiten für derivative finanzielle Verbindlichkeiten darzustellen. Ebenso ist die Beschreibung, wie das Unternehmen das Liquiditätsrisiko steuert, zu trennen nach derivativen und nicht derivativen finanziellen Verbindlichkeiten.

Die Änderungen des IFRS 7 gelten – vorbehaltlich einer Übernahme durch die EU – für Geschäftsjahre, die am oder nach dem 1. Januar 2009 beginnen. Im ersten Jahr der Anwendung können die Vorjahresangaben entfallen. Die frühere Anwendung ist zulässig und muss erläutert werden.

16 März 2006: **IFRIC 9 – *Reassessment of Embedded Derivatives***. Die Interpretation klärt, dass die Beurteilung über das Vorliegen eines eingebetteten Derivats ausschließlich bei Vertragsbeginn erfolgt und nur geändert wird, wenn es durch eine Änderung der Vertragsbedingungen zu einer erheblichen Abweichung der Zahlungsströme kommt. Ebenso wird darauf hingewiesen, dass ein IFRS-Erstanwender seine Beurteilung auf Tatbestände zum Zeitpunkt des Vertragsabschlusses zu stützen hat und nicht auf Bedingungen, die zum Zeitpunkt der Umstellung auf IFRS bestehen. Die Interpretation gilt für Geschäftsjahre, die am oder nach dem 1. Juni 2006 beginnen.

März 2009: ***Embedded Derivatives, Amendments to IFRIC 9 and IAS 39 – Embedded Derivatives***. Vgl die Ausführungen unter Rz 11.

April 2009: ***Annual Improvements* Projekt 2009/Änderungen des IFRIC 9**. IFRIC 9 ist nach dem im Rahmen des *Annual Improvements* Projekts 2009 geänderten IFRIC 9.5 auf sämtliche Verträge mit eingebetteten Derivaten, die im Zuge von Unternehmenszusammenschlüssen iSd IFRS 3 (2008), iVm Unternehmenserwerben unter gemeinsamer Kontrolle gem IFRS 3.B1 (2008) bis IFRS 3.B4 (2008) sowie im Rahmen der Entstehung von Joint Ventures gem IAS 31 erworben wurden, nicht anzuwenden. Die Änderungen des IFRIC 9 gelten – vorbehaltlich einer Übernahme durch die EU – für Geschäftsjahre, die am oder nach dem 1. Januar 2009 beginnen.

Juli 2006: **IFRIC 10 – *Interim Financial Reporting and Impairment.*** Diese Interpretation regelt, dass ein in einem Zwischenbericht erfasster Wertminderungsaufwand für finanzielle Vermögenswerte, die zu Anschaffungskosten bewertet wurden, weil ihr beizulegender Zeitwert nicht verlässlich ermittelt werden kann, zu einem späteren Bilanzstichtag nicht erfolgswirksam rückgängig gemacht werden darf. Das Gleiche gilt für Wertminderungsaufwendungen für zur Veräußerung verfügbare Eigenkapitalinstrumente. Die Interpretation gilt für Geschäftsjahre, die am oder nach dem 1. November 2006 beginnen (s ausführlich § 43 Rz 71). 17

Juli 2008: **IFRIC 16 – *Hedges of a Net Investment in a Foreign Operation.*** Die Interpretation klärt ua, welche Risiken im Rahmen der Absicherung einer Nettoinvestition in einen ausländischen Geschäftsbetrieb gesichert werden können, auf welcher Ebene des Konzerns das Sicherungsinstrument gehalten werden kann und welche Buchungen bei Abgang der Nettoinvestition in einen ausländischen Geschäftsbetrieb in Bezug auf das Sicherungsgeschäft durchzuführen sind. Die Interpretation ist für Geschäftsjahre anzuwenden, die am oder nach dem 1. Oktober 2008 beginnen. 18

April 2009: ***Annual Improvements* Projekt 2009/Änderungen des IFRIC 16.** IFRIC 16 wurde geändert, nachdem durch eine Anfrage deutlich wurde, dass Währungsdifferenzen zwischen der funktionalen Währung des MU, dem Sicherungsinstrument und der Nettoinvestition in einen ausländischen Geschäftsbetrieb nicht in allen Fällen erfolgsneutral im Währungsausgleichsposten erfasst werden: Sofern kein *hedge accounting* vorliegt, ist in diesen Fällen ein Teil der Währungsdifferenzen erfolgswirksam zu erfassen. Künftig ist es nach dem Änderungsvorschlag daher zulässig, dass das Sicherungsinstrument im Rahmen der Absicherung einer Nettoinvestition in einen ausländischen Geschäftsbetrieb von diesem selbst gehalten werden darf. Die Änderung zu IFRIC 16 ist analog zum ursprünglichen IFRIC prospektiv für Geschäftsjahre anzuwenden, die am oder nach dem 1. Juli 2009 beginnen. Die frühere Anwendung ist zulässig und erfordert besondere Angabepflichten. Die Übernahme durch die EU ist zum jetzigen Zeitpunkt (1. Mai 2009) noch nicht erfolgt. 19

Weitere Veröffentlichungen des Board: 20

Februar 2008: ***Discussion Paper Financial Instruments with the Characteristics of Equity.*** Der IASB plant im Rahmen eines langfristigen Projekts gemeinsam mit dem FASB einen Standard zu entwickeln, der die Abgrenzung von Eigenkapital und Fremdkapital regelt. Der FASB hat in diesem Zusammenhang bereits im November 2007 ein Dokument veröffentlicht, das *preliminary views* zum Projekt darstellt. Hierauf aufbauend stellt das Papier zur Diskussion, ob und inwieweit die vom FASB gewählten Ansätze ein sinnvoller und geeigneter Aufsatzpunkt für das IASB-Projekt sind.

März 2008: ***Discussion Paper Reducing Complexity in Reporting Financial Instruments.*** Ein wesentlicher Kritikpunkt an IAS 39 ist die Komplexität der Regelungen. Im Papier werden drei wesentliche Punkte zur Diskussion gestellt: 21

(1) Komplexität, die entsteht, weil es viele verschiedene Bewertungsmethoden für Finanzinstrumente gibt,
(2) mögliche Ansatzpunkte, die Komplexität mittelfristig zu verringern und
(3) die *fair value*-Bewertung.

Das Projekt wird gemeinsam mit dem FASB durchgeführt und soll dazu dienen, die Boards bei der Entwicklung prinizipienorientierter Standards zu unterstützen, die weniger komplex und damit anwenderfreundlicher sind.

Dezember 2008: ***Exposure Draft Amendments to IFRS 7 – Investment in Debt Instruments.*** Der ED sieht vor, dass für alle Finanzinvestitionen in Schuldinstrumente, die **nicht** der Kategorie erfolgswirksam zum beizulegenden Zeitwert 22 bewertet zugeordnet werden, gesonderte Angaben zu den Auswirkungen auf das Vorsteuerergebnis zu machen sind, die sich ergeben hätten, wenn diese Instrumente, anstelle zu fortgeführten Anschaffungskosten, zum beizulegenden Zeitwert bewertet worden wären. Daneben ist die Methodik zu erläutern, nach der die Instrumente in der Bilanz, zum Zeitwert und zu fortgeführten Anschaffungskosten bewertet wurden. Die Neuregelungen sollen in Geschäftsjahren angewendet werden, die am oder nach dem 15. Dezember 2008 beginnen. Die aktuellen Diskussionen deuten aber darauf hin, dass der Board diese Neuregelungen im Rahmen eines längerfristigen Projekts bearbeiten wird, sodass der im ED vorgesehene Anwendungszeitpunkt obsolet wird.

23 April 2009: ***Exposure Draft Derecognition – Proposed Amendments to IAS 39 and IFRS 7.*** Der Exposure Draft entstand in Zusammenarbeit mit dem US-amerikanischen Standardsetter, die für dieses Projekt im *memorandum of understanding* (MoU) bereits im Jahr 2006 vereinbart wurde. Vor dem Hintergrund der Finanzmarktkrise bzw auf Basis der Empfehlungen des *Financial Stability Forum* wurde die Veröffentlichung des ED vorgezogen.

Ziel ist es, die Inkonsistenz und Komplexität der bisher geltenden Ausbuchungsregeln zu beseitigen, die ua dadurch entstehen, dass den bisherigen Ausbuchungsregelungen keine einheitlichen Konzepte zugrunde liegen (*risk and rewards*, *control* und *continuing involvement*). Nach den neuen Regelungen wird Beherrschung (*control*) als maßgebliches Kriterium für die Ausbuchung herangezogen. Vermögenswerte werden entspr IAS 39.17A ausgebucht, wenn

(1) vertragliche Rechte auf die Zahlungsströme eines Vermögenswerts auslaufen,
(2) ein Vermögenswert übertragen wird, ohne dass anhaltendes Engagement (*continuing involvement*) vorliegt,
(3) das Unternehmen zwar den Vermögenswert überträgt, aber ein bestimmtes Engagement behält und der Erwerber die praktische Möglichkeit besitzt, den Vermögenswert zu seinem Nutzen zu übertragen.

Anhaltendes Engagement liegt nicht mehr vor, wenn nach der Übertragung eines Vermögenswerts keine vertraglichen Rechte oder Verpflichtungen in Bezug auf den Vermögenswert mehr bestehen und auch keine neuen vertraglichen Rechte und Verpflichtungen in Bezug auf den Vermögenswert generiert werden.

Neben den Ausbuchungsregelungen für Vermögenswerte wurden auch die Ausbuchungsregeln für finanzielle Verbindlichkeiten angepasst und die Angabepflichten erweitert.

Die Kommentierungsfrist endet im Juli 2009.

Die folgende Darstellung sowie die Kommentierung der einzelnen Bilanzposten erläutern IAS 32 und IAS 39 mit dem Rechtsstand zum 1. Mai 2009.

B. Grundlagen der Bilanzierung von Finanzinstrumenten

I. Zielsetzung

24 Finanzinstrumente werden von Unternehmen im Rahmen ihrer **kurz- oder langfristigen Anlagestrategien** und zur **Finanzierung** eingesetzt. Neben der klassischen Kredit- und Avalfinanzierung werden immer mehr Finanzinstrumente entwickelt, die differenzierter und komplexer ausgestaltet sind, sodass ihre Funktionsweise und Reaktion auf Veränderungen der zugrundeliegenden Parameter nicht einfach zu durchschauen ist. Die **Zunahme der Komplexität** bedeutet in vielen Fällen, dass die Risiken, die den Produkten innewohnen, nicht ohne Weiteres zu erkennen sind, wie sich anhand der Subprime-Krise eindrucksvoll

belegen lässt. Selbst die Kreditwirtschaft, für die viele komplexe Produkte zum Tagesgeschäft gehören, wurde von dem Ausmaß der Subprime-Risiken und dem Umfang des Abwertungsbedarfs überrascht.

Die vielfältigen Möglichkeiten der Finanzinstitutionen, bestimmte Produkte bedarfsgerecht zusammenzustellen, führen dazu, dass mitunter Instrumente entwickelt werden, deren Marktentwicklung von unterschiedlichen Faktoren abhängt und die daher zahlreichen Risiken ausgesetzt sind.

Die **Vielzahl** der **Derivate** und **Sicherungsmöglichkeiten** ist für Unternehmer, die nicht Finanzexperten sind, daher **kaum noch übersehbar**. Für viele Unternehmen ist der Umgang mit komplexeren Produkten ungewohnt und schwer durchschaubar. Für die Kreditwirtschaft, Finanzinstitutionen und für bestimmte Branchen bzw Unternehmen sind diese Finanzinnovationen hingegen gängig und werden ständig weiterentwickelt.

Diesem **Trend** tragen die Regelungen der für Finanzinstrumente geltenden Standards Rechnung. Bisher allerdings folgen die Regelungen der Standards den Produkten nach dem Motto „komplexe Produkte bedingen komplexe Bilanzierungsregelungen", was den Unternehmen erhebliche Schwierigkeiten bei der Umsetzung der gesetzten Anforderungen bereitet.

IAS 32 „Finanzinstrumente: Darstellung", IAS 39 „Finanzinstrumente: Ansatz und Bewertung" und IFRS 7 „Finanzinstrumente: Angaben" haben das Ziel, Bilanzierung, Bewertung, Ausweis und Zusatzangaben für **sämtliche Finanzinstrumente** grundlegend zu regeln. Dies betrifft originäre wie derivative, bilanzwirksame wie bilanzunwirksame Finanzinstrumente.

Inhaltlich **unterscheiden** sich die Standards fundamental von den nach **HGB** 25
geltenden Normen und fordern auch für deutsche Unternehmen, die nach IFRS bilanzieren, eine grundlegende Neuorientierung:

(1) Nur **Vermögenswerte und Schulden** dürfen bilanziert werden *(asset-liability-approach)*. Was nicht die Kriterien eines Vermögenswerts oder einer Schuld erfüllt, darf nicht bilanziert werden. Der Begriff des Vermögenswerts ist aus dem dynamischen Bilanzdenken abgeleitet und nicht identisch mit den Begriffen Vermögensgegenstand oder Wirtschaftsgut der deutschen Rechnungslegung (§ 2 Rz 71).

(2) Die **Bilanzierung von Sicherungsbeziehungen** wird verbindlich vorgeschrieben; dabei sind sowohl Grundgeschäfte als auch Sicherungsinstrumente abzubilden. Eine *off-balance*-Behandlung schwebender Geschäfte ist im Zusammenhang mit Finanzinstrumenten iSd IAS 39 nicht zulässig.

(3) Die **Bewertung zum beizulegenden Zeitwert** und damit ggf eine Bilanzierung nicht realisierter Gewinne wird nur teilweise eingeführt. Sie gilt für weite Teile der Finanzaktiva und für alle Derivate. Im Übrigen gilt das Anschaffungskostenprinzip. Im Juni 2005 wurde für alle Finanzinstrumente die Möglichkeit einer Option für eine Bewertung zum beizulegenden Zeitwert *(fair value option)* eingeführt (Rz 61), die allerdings auf bestimmte Sachverhalte begrenzt ist (s Rz 60f). Infolge des Mischansatzes (*mixed model*) zwischen Anschaffungs- und Zeitwertprinzip erhält die Abgrenzung der Vermögenswerte und Schulden und die Einteilung in Kategorien eine erhebliche Bedeutung. Sicherungsbeziehungen bedürfen bei diesem Modell besonderer Regelungen.

II. Begriffe

Unter dem Begriff **Finanzinstrumente** werden finanzielle Vermögenswerte, 26
finanzielle Schulden und Eigenkapitalinstrumente zusammengefasst (s Rz 27ff). Die Definition findet sich in IAS 32.11:

„Ein Finanzinstrument ist ein Vertrag, der bei dem einen Unternehmen zu einem **finanziellen Vermögenswert** und bei dem anderen Unternehmen zu einer **finanziellen Verbindlichkeit** oder einem **Eigenkapitalinstrument** führt."

Damit sollen Finanzinstrumente grds von materiellen (Sachanlagevermögen, Vorräten) und immateriellen Vermögenswerten (Konzessionen, Patente, Lizenzen, Geschäfts- oder Firmenwerte) abgegrenzt werden. **Wesentliches Abgrenzungsmerkmal** ist dabei, dass die als Finanzinstrumente erfassten vertraglichen Rechte und Verpflichtungen unmittelbar oder mittelbar auf den Austausch von Zahlungsmitteln gerichtet sind. Demgegenüber geben andere Vermögenswerte und Schulden, die erst noch den Leistungsprozess des Unternehmens durchlaufen oder diesem dienen, dem Unternehmen zwar die Möglichkeit, Zahlungsmittelzuflüsse zu generieren, führen aber nicht zu einem bestehenden Rechtsanspruch auf Zahlungsmittel oder andere finanzielle Vermögenswerte (IAS 32.AG10). Vermögenswerte und Verbindlichkeiten, die nicht auf vertraglicher Vereinbarung beruhen, wie Ertragsteuern oder faktische Verpflichtungen (iSd IAS 37) gelten nicht als finanzielle Vermögenswerte oder Verbindlichkeiten (IAS 32.AG12).

27 **Finanzielle Vermögenswerte** umfassen gem IAS 32.11:

(1) flüssige Mittel,
(2) ein als Aktivum gehaltenes Eigenkapitalinstrument eines anderen Unternehmens (zB Aktien),
(3) das vertragliche Recht, flüssige Mittel oder andere finanzielle Vermögenswerte von anderen Unternehmen zu erhalten (zB Anleihen),
(4) das vertragliche Recht, finanzielle Vermögenswerte oder finanzielle Verbindlichkeiten mit einem anderen Unternehmen zu potenziell vorteilhaften Bedingungen austauschen zu können (zB Derivate wie Optionen, Termin- oder Swapgeschäfte), oder
(5) einen Vertrag, der in eigenen Eigenkapitalinstrumenten des Unternehmens erfüllt werden wird oder kann und
  (a) der ein nicht derivatives Finanzinstrument ist, durch den das Unternehmen zur Annahme einer variablen Anzahl eigener Eigenkapitalinstrumente verpflichtet ist oder sein kann, oder
  (b) der ein derivatives Finanzinstrument ist, das auf andere Weise erfüllt werden wird oder kann als durch den Austausch eines bestimmten Geldbetrags oder einer bestimmten Anzahl anderer finanzieller Vermögenswerte gegen eine bestimmte Anzahl von eigenen Eigenkapitalinstrumenten des Unternehmens. Die eigenen Eigenkapitalinstrumente umfassen dabei keine
    (i) kündbaren Instrumente, die entspr den Regelungen des IAS 32.16A und IAS 32.16B als Eigenkapital klassifiziert werden,
    (ii) Instrumente, die das Unternehmen zum Zeitpunkt seiner Liquidation verpflichten, an einen Dritten einen bestimmten Anteil des Nettovermögens auszukehren und deshalb als Eigenkapitalinstrumente klassifiziert werden oder
    (iii) Instrumente, die Verträge über den zukünftigen Erwerb oder die zukünftige Lieferung von eigenen Eigenkapitalinstrumenten darstellen.

Danach sind finanzielle Vermögenswerte grds in originäre ((1), (2), (3), (5(a))) und derivative ((4), (5(b))) finanzielle Vermögenswerte zu unterteilen (zu den derivativen finanziellen Vermögenswerten s § 23 Rz 4). Beispiele für finanzielle Vermögenswerte sind Forderungen aus Lieferungen und Leistungen, Wechsel- oder Darlehensforderungen sowie Anleiheforderungen (IAS 32.AG4). Finanzielle Vermögenswerte sind in der Bilanz gesondert auszuweisen, es sei denn es handelt sich um nach der Equity-Methode bilanzierte Finanzanlagen, Forderungen aus Lieferungen und Leistungen oder sonstige Forderungen oder

Zahlungsmittel und Zahlungsmitteläquivalente, für die besondere Ausweispflichten bestehen (IAS 1.54(d)).

Finanzielle Verbindlichkeiten sind nach IAS 32.11 jede vertragliche Verpflichtung, 28

(1) flüssige Mittel oder einen anderen finanziellen Vermögenswert an ein anderes Unternehmen abzugeben (zB Kreditverbindlichkeiten, Lieferverbindlichkeiten), oder

(2) finanzielle Vermögenswerte oder finanzielle Verbindlichkeiten mit einem anderen Unternehmen unter potenziell nachteiligen Bedingungen austauschen zu müssen, oder

(3) ein Vertrag, der in eigenen Eigenkapitalinstrumenten des Unternehmens erfüllt werden wird oder kann und

  (a) der ein nicht derivatives Finanzinstrument ist, durch das das Unternehmen zur Abgabe einer variablen Anzahl eigener Eigenkapitalinstrumente verpflichtet ist oder sein kann, oder

  (b) der ein derivatives Finanzinstrument ist, das auf andere Weise erfüllt werden wird oder kann als durch Austausch eines bestimmten Geldbetrags oder einer bestimmten Anzahl anderer finanzieller Vermögenswerte gegen eine bestimmte Anzahl von eigenen Eigenkapitalinstrumenten. Die eigenen Eigenkapitalinstrumente umfassen dabei keine

    (i) kündbaren Instrumente, die entspr den Regelungen des IAS 32.16A und IAS 32.16B als Eigenkapital klassifiziert werden,

    (ii) Instrumente, die das Unternehmen zum Zeitpunkt seiner Liquidation verpflichten, an einen Dritten einen bestimmten prozentualen Anteil des Nettovermögens auszukehren und deshalb als Eigenkapitalinstrumente klassifiziert werden oder

    (iii) Instrumente, die Verträge über den zukünftigen Erwerb oder die zukünftige Lieferung von eigenen Eigenkapitalinstrumenten darstellen.

Die eigenen Eigenkapitalinstrumente umfassen dabei keine Instrumente, die selbst Verträge über den künftigen Erwerb oder die zukünftige Lieferung von eigenen Eigenkapitalinstrumenten darstellen.

Auch auf der Passivseite kann zwischen originären finanzielle Verpflichtungen und Verpflichtungsüberhängen aus derivativen Finanzinstrumenten unterschieden werden. Finanzielle Verbindlichkeiten sind in der Bilanz gesondert auszuweisen (IAS 1.54(m)) wenn sie nicht unter die Posten Rückstellungen oder Verbindlichkeiten aus Lieferungen und Leistungen sowie sonstige Verbindlichkeiten fallen, die gesondert auszuweisen sind (s § 14 Rz 27).

Ein **Eigenkapitalinstrument** ist nach IAS 32.11 definiert als ein Vertrag, der einen Residualanspruch an den Vermögenswerten eines Unternehmens nach Abzug aller dazugehörenden Verbindlichkeiten begründet. 29

Verträge, die dem Namen nach Eigenkapital sind, wirtschaftlich betrachtet aber zu einem Abfluss von flüssigen Mitteln oder anderen finanziellen Vermögenswerten führen (kündbare Instrumente) sowie ähnliche Instrumente sind entspr IAS 32.18(b) grds Fremdkapital.

Diese Definition hat zur Folge, dass das Eigenkapital von PersGes wie OHGs, KGs und Genossenschaften Fremdkapital ist, weil die Einlagen der Gesellschafter bzw Genossen kündbar sind und dann idR Rückzahlungsansprüche auslösen (s näher § 12 Rz 92). Am 14. Februar 2008 wurde durch Druck der deutschen Fachgremien vom Board eine Ergänzung zu IAS 32 (insbes die Einfügung von IAS 32.16A, IAS 32.16B sowie IAS 32.16C und IAS 32.16D in den IAS 32) verabschiedet. Dabei handelt es sich um Regelungen, die unter bestimmten Bedingungen auch deutschen PersGes den Ausweis der Kapitalkonten als Eigenkapital ermöglichen. Hierbei wird grds auf die Nachrangigkeit der Instrumente abgestellt. Weitere Einzelheiten zur Abgrenzung von Eigenkapital und Fremdkapital sowie insbes zu den neuen Regelungen des IAS 32 sowie bestimmter weiterhin bestehender Probleme für deutsche PersGes finden sich in § 12 Rz 94ff.

30 Zu den **Eigenkapitalinstrumenten** gehören **typischerweise** nicht kündbare Aktien, idR auch Vorzugsaktien und GmbH-Anteile sowie Options- und Bezugsrechte, bei deren Ausübung an den Inhaber Anteile gegen einen festen Betrag an flüssigen Mitteln oder anderen finanziellen Vermögenswerten zu liefern sind. Auch eine Verpflichtung, eine bestimmte Zahl an Eigenkapitalinstrumenten gegen einen festen Betrag an flüssigen Mitteln oder anderen finanziellen Vermögenswerten zu liefern oder zu erwerben, ist ein Eigenkapitalinstrument. Zu den Eigenkapitalinstrumenten gehören auch bestimmte kündbare Instrumente, die ein Unternehmen nur im Falle der Liquidation des Unternehmens verpflichten, einen prozentualen Anteil am Nettovermögen der Gesellschaft zu liefern (IAS 32.16C; vgl hierzu auch § 12 Rz 119).

Ob ein Instrument Eigenkapital- oder Fremdkapitalcharakter hat, ist nach der wirtschaftlichen Substanz der vertraglichen Vereinbarung zu beurteilen (IAS 32.15). Grds liegt ein Eigenkapitalinstrument **nur dann** vor, wenn beide Grundbedingungen des IAS 32.16 erfüllt sind:

(1) Das Finanzinstrument beinhaltet keine vertragliche Verpflichtung,
   (a) flüssige Mittel oder einen anderen finanziellen Vermögenswert an ein anderes Unternehmen abzugeben, oder
   (b) finanzielle Vermögenswerte oder finanzielle Verbindlichkeiten mit einem anderen Unternehmen zu potenziell nachteiligen Bedingungen für den Emittenten auszutauschen.
(2) Kann das Finanzinstrument in Eigenkapitalinstrumenten des Emittenten erfüllt werden, handelt es sich um:
   (a) ein nicht derivatives Finanzinstrument, das keine vertragliche Verpflichtung seitens des Emittenten beinhaltet, eine variable Anzahl eigener Eigenkapitalinstrumente abzugeben, oder
   (b) ein Derivat, das vom Emittenten nur durch den Austausch eines festen Betrags an flüssigen Mitteln oder anderen finanziellen Vermögenswerten gegen eine feste Anzahl eigener Eigenkapitalinstrumente erfüllt wird. Nicht als Eigenkapitalinstrumente des Emittenten gelten für diesen Zweck Instrumente, die alle Voraussetzungen und Bedingungen des IAS 32.16A, IAS 32.16B, IAS 32.16C oder IAS 32.16D erfüllen, die nach dem *amendment* zu IAS 32 für „*puttable instruments*" in IAS 32 übernommen wurden sowie Instrumente, die Verträge über den künftigen Empfang oder die Abgabe von Eigenkapitalinstrumenten des Emittenten darstellen.

31 Abweichend von diesen Regeln wird ein Instrument, das der Definition einer finanziellen Verbindlichkeit entspricht, als Eigenkapitalinstrument eingestuft, wenn es über alle in IAS 32.16A bis IAS 32.16D beschriebenen Merkmale verfügt und die dort genannten Bedingungen erfüllt.

Ein Finanzinstrument setzt definitionsgemäß einen **Vertrag** voraus (IAS 32.11, IAS 32.AG12). Auf die Form der vertraglichen Vereinbarungen kommt es dabei nicht an. Entscheidend ist, dass die vertragliche Vereinbarung unmittelbar oder mittelbar auf den Erhalt und die Gewährung von Zahlungsmitteln oder Eigenkapitalinstrumente gerichtet ist. Sind zB (schwebende) Verträge auf die Lieferung oder den Erwerb von Sachen oder Dienstleistungen für den Unternehmensbedarf gerichtet, so liegen regelmäßig keine Finanzinstrumente vor (IAS 39.5, s auch IAS 32.AG10). Auch Verbindlichkeiten, die durch Sachleistungen zu erfüllen sind, sind keine Finanzinstrumente (zB Gewährleistungs- oder Abbruchverpflichtungen), sofern nicht Gegenstand der Sachleistungsverpflichtung die Lieferung eines Finanzinstruments ist (zB Leerverkäufe bei Wertpapierleihegeschäften). Erst das aus der Erfüllung eines Vertrags abgeleitete Recht auf Erfüllung eines Zahlungsanspruchs erfüllt die Definitionskriterien eines Finanzinstruments, da auf beiden Seiten finanzielle Vermögenswerte bzw Schulden vorliegen.

Ein vertragliches Recht oder eine vertragliche Verpflichtung auf Empfang, Lieferung oder Übertragung von Finanzinstrumenten stellt selbst ein Finanzinstrument dar. Eine Kette von vertraglich vereinbarten Rechten oder Verpflichtungen erfüllt die Definition eines Finanzinstruments, wenn sie letztendlich zum Empfang oder zur Abgabe von Finanzmitteln oder zum Erwerb oder zur Emission von Eigenkapitalinstrumenten führt (IAS 32.AG7).

Unerheblich ist, ob die Erfüllung des Vertrags zB an eine **künftige Bedin- 32**
gung geknüpft ist (IAS 32.AG8). Deshalb sind Bürgschaften als Finanzinstrumente anzusehen (s Rz 47), obgleich Verpflichtungen aus Bürgschaften nach IAS 37 zu beurteilen sind. Dabei erfüllen solche Instrumente die Definition von finanziellen Vermögenswerten bzw finanziellen Verbindlichkeiten, selbst wenn sie nicht immer im Abschluss bilanziert werden (IAS 32.AG8).

Finanzgarantien sind Verträge, bei denen der Garantiegeber zur Leistung 33
verpflichtet ist, die den Garantienehmer für einen Verlust entschädigt, der entsteht, weil ein bestimmter Schuldner seinen Zahlungsverpflichtungen gem den ursprünglichen oder geänderten Bedingungen eines Schuldinstruments nicht fristgemäß nachkommt (IAS 39.9).

Ergeben sich Vermögenswerte oder Schulden aufgrund **gesetzlicher Vor- 34**
schriften (zB Forderungen oder Verbindlichkeiten aus Steuern, Abgaben oder Sozialleistungen oder aufgrund gesetzlicher Schadensersatzansprüche), liegen keine Finanzinstrumente vor (s IAS 32.AG12). Das Gleiche gilt für **faktische Verpflichtungen** (s dazu IAS 37.10). Hierfür sind eigene Posten innerhalb der sonstigen Forderungen oder sonstigen Schulden zu bilden (s Rz 48).

Finanzinstrumente sind nach der Definition in IAS 32.11 an ein **anderes Un- 35**
ternehmen geknüpft. Dieses Kriterium ist unglücklich gewählt. Bei korrekter Subsumption wären zB Kundenforderungen ggü Privatpersonen keine Finanzinstrumente und bei vertraglichen Schadensersatzansprüchen müsste unterschieden werden, ob der Anspruchsgegner ein Unternehmen oder eine Privatperson ist. Die Bilanzierungspraxis ignoriert diese Definitionsbestandteile.

Regelungen über **finanzielle Vermögenswerte, finanzielle Schulden und Eigenkapitalinstrumente** sind übergreifend für diverse Bilanzposten in IAS 32 und IAS 39 zusammengefasst. Die Bilanzierung von **Anteilen an Unternehmen** jedweder Art (originäre finanzielle Vermögenswerte) ist grds in IAS 27, IAS 28 und IAS 31 geregelt. Nur in bestimmten Fällen werden diese Anteile nach IAS 39 bilanziert (s Rz 45).

Für Vermögenswerte oder Schulden, die Grundgeschäft oder Sicherungs- 36
instrument im Rahmen von **Sicherungsbeziehungen** sind, enthält IAS 39 besondere Regeln (s Rz 192 und § 23 Rz 46 ff). Bis auf wenige Ausnahmefälle (s § 23 Rz 47) sind als Sicherungsinstrumente ausschließlich Derivate zulässig.

Ein **Derivat** ist ein Finanzinstrument oder ein anderer Vertrag, der alle folgenden **Merkmale** aufweist (IAS 39.9):

(1) sein Wert ändert sich infolge der Änderung eines bestimmten Zinssatzes, Preises eines Finanzinstruments, Rohstoffpreises, Wechselkurses oder einer anderen Variablen,
(2) es erfordert keine Anschaffungszahlung oder eine, die im Vergleich zu anderen Vertragsformen, von denen zu erwarten ist, dass sie in ähnlicher Weise auf Änderungen der Marktbedingungen reagieren, geringer ist und
(3) die Begleichung erfolgt zu einem späteren Zeitpunkt.

37 Die Definitionskriterien des IAS 32 umfassen sowohl **originäre** als auch **derivative** Finanzinstrumente (IAS 32.AG15).

IAS 32 und IAS 39 teilen Finanzinstrumente **(Vertragsverhältnisse)** ein in:

Originäre Finanzielle Vermögenswerte	**Originäre Finanzielle Verbindlichkeiten**	**Eigenkapitalinstrumente**
• Zahlungsmittel • Zahlungsmitteläquivalente • Guthaben bei Kreditinstituten • Forderungen aus Lieferungen und Leistungen • Forderungen aus Darlehen/Ausleihungen • Sonstige Forderungen auf vertraglicher Grundlage • Börsennotierte Eigenkapitalinstrumente (Anteile, Bezugsrechte, Optionen) eines anderen Unternehmens • Eigenkapitalinstrumente (Anteile) an sonstigen Unternehmen • Schuldtitel (Anleihen, Schuldverschreibungen, Schuldscheine) • Wechselforderungen • Investmentanteile • Vertragsverhältnisse wie Rückkaufvereinbarungen über finanzielle und nichtfinanzielle Basiswerte	• Verbindlichkeiten ggü Kreditinstituten • Verbindlichkeiten aus Lieferungen und Leistungen • Wechselverbindlichkeiten • Darlehensverbindlichkeiten • Börsennotierte und nichtbörsennotierte Schuldtitel (zB Anleiheschulden) • Genussrechtskapital mit dem Fremdkapitalanteil • Vorzugsaktien, wenn Rücknahme gegen Ausgleich vereinbart ist • Wandel- und Optionsanleihen mit dem schuldrechtlichen Anteil • Fixdividende aus Vorzugsaktien • Minderheitenanteile an TU in der Rechtsform einer PersGes	• Eigene Aktien oder sonstige eigene Anteile • Verpflichtung zur Ausgabe eigener Eigenkapitalinstrumente (zB Aktien, Anteile) aufgrund emittierter Bezugs- und Optionsrechte • Zurückerworbene Options- oder Bezugsrechte auf eigene Anteile • Vorzugsaktien ohne Rückgabeanspruch des Aktionärs

Derivative Vermögenswerte	**Derivative Verbindlichkeiten**	
Derivate (Optionen, Swaps, Termingeschäfte, Futures, Zinsbegrenzungsvereinbarungen, strukturierte Produkte, bestimmte Warenkontrakte und Kreditzusagen)		
• Positive Marktwerte	• Negative Marktwerte	

38 Für eine Aufteilung in **kurz- und langfristige Finanzinstrumente** kommt es auf die Art und die mit dem Erwerb oder dem Halten verbundenen Absichten des Unternehmens an (zur Abgrenzung von langfristigen finanziellen Vermögenswerten s § 7 Rz 7ff; zur Abgrenzung der Fristigkeit von Verbindlichkeiten s § 14 Rz 26). Nach Klarstellung durch den Board (s IAS 1.BC38C geändert durch das *Annual Improvements* Projekt 2008) gilt dies auch für Derivate, die dann als langfristig auszuweisen sind, wenn sie für einen längeren Zeitraum als 12 Monate abgeschlossen wurden.

39, 40 *einstweilen frei*

III. Anwendungsbereich des IAS 32 und IAS 39

Branchenspezifische Einschränkungen sind nicht vorgesehen, sodass die Standards sowohl für Handels-, Dienstleistungs- und Industriebetriebe als auch für die Bank-, Finanzdienstleistungs- und Versicherungswirtschaft relevant sind. 41

Beide Standards sind grds auf **alle Finanzinstrumente** anzuwenden. Es bestehen jedoch umfangreiche Kataloge mit **Ausnahmen** aus dem **Anwendungsbereich von IAS 32 und IAS 39,** die allerdings nicht deckungsgleich sind. Durch die Aneinanderreihung wichtiger und unwichtiger Regelungen, durch das Bemühen um eine exakte Fallbeschreibung sowie durch verschiedene Rückausnahmen sind die Ausnahmetatbestände zudem nur schwer lesbar (IAS 32.4 und IAS 39.2). Die vom IASB intendierten Abgrenzungen erschließen sich auch unter Hinzunahme der in IAS 39.AG1 ff genannten Sachverhalte daher teilweise nur begrenzt. Ziel der Ausnahmen ist es, die Grundregeln der beiden Standards für Bilanzierung und Bewertung sowie Angaben und Darstellung von den Fällen abzugrenzen, in denen abweichende Regeln anderer Standards gelten sollen.

Übereinstimmend **aus beiden Standards ausgenommen** sind: 42

(1) **konsolidierungspflichtige Anteile** an Unternehmen im Konzernabschluss, die gem IAS 27, IAS 28 oder IAS 31 bilanziert werden. Nur in Ausnahmefällen werden Anteile an TU, assoziierten oder Gemeinschaftsunternehmen nach IAS 39 bilanziert. Dagegen gilt für die Bilanzierung von Derivaten auf Anteile an TU, assoziierten und Gemeinschaftsunternehmen grds IAS 39 (IAS 32.4(a), IAS 39.2(a); s § 7 Rz 43 ff). Die deutsche Übersetzung des IAS 32.4(a) ist insoweit misslungen.

(2) Vermögenswerte und Schulden eines Arbeitgebers aus **Altersvorsorgeplänen** nach IAS 19 (IAS 32.4(b), IAS 39.2(c)),

(3) emittierte Eigenkapitalinstrumente von **Mitarbeiterbeteiligungsprogrammen** (IAS 32.4(f) mit Rückausnahmen, IAS 39.2(i); s IFRS 2 und § 24 Rz 1 ff),

(4) Ansprüche und Verpflichtungen aus **Versicherungsverträgen** und solchen Verträgen gem IFRS 4, die eine ermessensabhängige Überschussbeteiligung gewähren. Das gilt nicht für Finanzgarantien (s Rz 47) und eingebettete Derivate (IAS 32.4(d) und IAS 32.4(e), IAS 39.2(e); s § 40).

(5) Verträge im Rahmen von **Unternehmenserwerben** mit bedingter Gegenleistung, auf Seiten des Erwerbers waren bislang nach IAS 32.4(c) bzw IAS 39.2f noch ausgenommen; durch die (Folge-)Änderungen (Löschung) im Rahmen des IFRS 3 (2008) wurde diese Ausnahme aber aufgehoben.

Nur aus dem Anwendungsbereich des **IAS 39 ausgenommen** sind darüber hinaus: 43

(6) Rechte und Pflichten aus **Leasingverträgen** gem IAS 17. Dagegen finden die Vorschriften von IAS 39 auf die Ausbuchung und Wertminderung von Leasingforderungen (IAS 39.2(b)(i)) und Leasingverbindlichkeiten (IAS 39.2(b)(ii)) sowie auf die in Leasingverhältnisse eingebetteten Derivate (IAS 39.2(b)(iii)) Anwendung (s auch § 23 Rz 25),

(7) vom Unternehmen selbst emittierte Aktien, Optionen und sonstige **Eigenkapitalinstrumente** (IAS 39.2(d)),

(8) Termingeschäfte zwischen dem Käufer und dem verkaufenden Gesellschafter auf den zukünftigen Erwerb oder Verkauf eines Unternehmens, wenn die Bedingungen des Termingeschäfts hierfür einen Zeitraum vorsehen, in dem unter üblichen Bedingungen alle notwendigen Genehmigungen für den Abschluss der Transaktion erteilt werden,

(9) Verträge, die eine Zahlung bei Eintritt bestimmter klimatischer, geologischer oder sonstiger physikalischer Variablen vorsehen sog Wetterderivate

(IAS 39.AG1), wenn sie Versicherungsverträge iSd IFRS 4 darstellen (zB Sturm- oder Hagelversicherungen). Verträge über Wetterereignisse, wie zB die Sonnenscheindauer in Sommermonaten oder die Zahl der Hitzetage, die nicht typischer Gegenstand von Versicherungsverträgen sind, sind demgegenüber nicht ausgenommen.

44 **Darlehenszusagen** fallen außer in Bezug auf die Vorschriften zur Ausbuchung grds nicht unter die Regeln von IAS 39, sondern unter IAS 37. Nur wenn Darlehenszusagen als finanzielle Verbindlichkeiten eingestuft sind und vom Unternehmen (freiwillig) in die Kategorie erfolgswirksam zum beizulegenden Zeitwert bewertet (s Rz 51, Rz 59ff) eingeordnet sind (IAS 39.2(h) und IAS 39.4(a)) oder ein Unternehmen für gewöhnlich die Vermögenswerte aus seinen Kreditzusagen kurz nach der Ausreichung verkauft, werden sie entspr IAS 39 bilanziert. Dies gilt ebenfalls für Darlehenszusagen, die durch Zahlung oder Lieferung eines anderen Finanzinstruments abgelöst werden können (IAS 39.4(b)) oder für Zusagen, einen Kredit unterhalb des Marktzinssatzes zur Verfügung zu stellen (IAS 39.4(c)).

45 Anteile an assoziierten Unternehmen und an Gemeinschaftsunternehmen, die von **Risikokapitalgesellschaften**, offenen Investmentfonds und ähnlichen Gesellschaften gehalten werden, fallen für den Konzernabschluss in den Anwendungsbereich des IAS 39, wenn diese Anteile beim erstmaligen Ansatz zu Handelszwecken oder erfolgswirksam zum beizulegenden Zeitwert bewertet werden (IAS 28.1, IAS 31.1; s § 36 Rz 3 und § 37 Rz 6).

46 Ausdrücklich in den Anwendungsbereich des IAS 39 fallen **Warenkontrakte**, die nicht zur Deckung des erwarteten Einkaufs-, Verkaufs- oder Nutzungsbedarfs des Unternehmens geschlossen und gehalten werden (IAS 39.5). Damit können nicht nur die als Derivate definierten **Warenterminkontrakte**, sondern „auch Lieferverträge und **Verträge über nichtfinanzielle Vermögenswerte mit Optionscharakter**" – wie ein Finanzinstrument – zu erfassen sein.

47 Infolge der Änderung vom August 2005 (*Financial Guarantee Contracts*; s Rz 7) werden Verpflichtungen aus **finanziellen Garantien** wie zB Bürgschaften oder Akkreditive beim Garantiegeber in den Anwendungsbereich beider Standards einbezogen (IAS 39.9, IAS 32.4(d)). Finanzgarantien fallen auch dann unter den Standard, wenn sie als Versicherungsvertrag zu qualifizieren sind. Hat der Garantiegeber eine Finanzgarantie zuvor ausdrücklich als Versicherungsvertrag behandelt, steht ihm ein Wahlrecht zu, IAS 39 oder IFRS 4 anzuwenden (s IAS 39.2(e), IAS 39.IN6, IAS 39.AG4, IAS 39.4A und IFRS 4.B18(g)).

48 Die dargestellten Anwendungsausnahmen sind für die **Praxis vieler Unternehmen** nicht relevant.

Die große Bedeutung von IAS 32 und IAS 39 wird deutlich durch die Vielzahl der Bilanzposten, die von diesen Regelungen betroffen sind. Folgende **Übersicht** zeigt, in welchen **Bilanzposten** Finanzinstrumente enthalten sind:

Bilanzposten	**Finanz-instrument**	**Anderer Vermögenswert/ Schuld**	**Anwendungsbereich**
Aktiva			
Geleistete Anzahlungen auf Sachanlagen oder immaterielle Vermögenswerte	Nein	Ja	IAS 16, IAS 38
Immaterielle Vermögenswerte	Nein	Ja	IAS 38, IAS 36
Sachanlagen	Nein	Ja	IAS 16, IAS 36
Anteile an TU	Ja	Nein	IAS 27, IAS 32, IAS 39
Anteile an assoziierten Unternehmen	Ja	Nein	IAS 28, IAS 32, IAS 39

Bilanzposten	**Finanz-instrument**	**Anderer Vermögenswert/ Schuld**	**Anwendungsbereich**
Aktiva			
Beteiligungen an Gemeinschaftsunternehmen	Ja	Nein	IAS 31, IAS 32, IAS 39
Ausleihungen	Ja	Nein	IAS 32, IAS 39
Vorräte und Fertigungsaufträge sowie erhaltene und geleistete Anzahlungen	Nein	Ja	IAS 2, IAS 11
Sonstige Wertpapiere/ Minderheitenanteile	Ja	Nein	IAS 32, IAS 39
Eigene Anteile	Ja	Nein	IAS 32, IAS 1, IAS 24
Derivate (aktiv und passiv) – auf Eigenkapitalinstrumente des eigenen Unternehmens – alle anderen	 Nein Ja	 Ja Nein	 IAS 1 IAS 32, IAS 39
Forderungen aus Lieferungen und Leistungen	Ja	Nein	IAS 32, IAS 39
Forderungen aus Ertragsteuern	Nein	Ja	IAS 12
Latente Steuern (aktiv und passiv)	Nein	Ja	IAS 12
Sonstige Forderungen – vertragliche Ansprüche – nichtvertragliche Ansprüche	 Ja Nein	 Nein Ja	 IAS 32, IAS 39 IAS 1
Forderungen an Kreditinstitute, Kassen- und Bankbestand, sonstige liquide Mittel	Ja	Nein	IAS 32, IAS 39
Abgrenzungsposten	Nein	Ja	IAS 1
Passiva			
Eigenkapital	Ja	Nein	IAS 32, IAS 39
Pensionsverpflichtungen	Nein	Ja	IAS 19
Steuerverpflichtungen	Nein	Ja	IAS 12
Rückstellungen	Nein	Ja	IAS 37
Verbindlichkeiten aus Lieferungen und Leistungen	Ja	Nein	IAS 32, IAS 39
Sonstige Verbindlichkeiten – vertragliche Ansprüche – nichtvertragliche Ansprüche	 Ja Nein	 Nein Ja	 IAS 32, IAS 39 IAS 1
Verbindlichkeiten ggü Kreditinstituten	Ja	Nein	IAS 32, IAS 39
Anleihe- und Genußrechtsverbindlichkeiten	Ja	Nein	IAS 32, IAS 39
Produkt oder Leistungsgarantien	Nein	Ja	IAS 37
Abgrenzungsposten	Nein	Ja	IAS 20, IAS 1
Schwebende Geschäfte			
Warentermingeschäfte	Ja	Nein	IAS 32, IAS 39
Sonstige Warenkontrakte, Verträge mit Optionscharakter, Rückkaufvereinbarungen auf nicht-finanzielle Vermögenswerte	Nein	Nein	Bei zu erwartendem Nettoausgleich gelten IAS 32, IAS 39 („*own use exemption*")
Bestimmte Kreditzusagen (IAS 39.4(a) bis (c))	Ja	Nein	IAS 32, IAS 39 wie Derivate (s IAS 39.4), sonst IAS 37
Sicherungsgeschäfte	Ja	Nein	IAS 32, IAS 39
Finanzielle Garantien beim Garantiegeber	Ja	Nein	IAS 39, Ausnahme IFRS 4

C. Kategorien von Finanzinstrumenten

I. Einteilung

49 Finanzinstrumente werden nach IAS 39.9 in **vier Kategorien** eingeteilt. An die Einteilung in die Kategorien knüpfen sich **unterschiedliche Bewertungskonsequenzen** im Rahmen der Folgebewertung von Finanzinstrumenten. Die Einteilung hat daher materielle Folgen für die Bilanzierung, wie die folgende Gegenüberstellung zeigt:

	Kategorie	Bewertung
(1)	Finanzielle Vermögenswerte und Schulden, die erfolgswirksam zum beizulegenden Zeitwert bewertet werden *(„at fair value through profit or loss"):* a) zu Handelszwecken gehaltene *(„held for trading")* oder b) designierte Finanzinstrumente	Beizulegender Zeitwert, erfolgswirksam
(2)	Bis zur Endfälligkeit gehaltene Finanzinvestitionen *(„held to maturity")*	Fortgeführte Anschaffungskosten
(3)	Kredite und Forderungen *(„loans and receivables")*	Fortgeführte Anschaffungskosten
(4)	Zur Veräußerung verfügbare finanzielle Vermögenswerte *(„available for sale")*	Beizulegender Zeitwert, erfolgsneutral

50 Für die Bilanzierung hat daher **zuerst** die **Kategorisierung** und dann die **Bewertung** zu erfolgen. Die Zuordnung zu den einzelnen Kategorien muss **willkürfrei** und **nachvollziehbar** sein. Mithin ist es erforderlich, die unternehmensinternen Abgrenzungskriterien zu definieren und die Zuordnung von Finanzinstrumenten zu den einzelnen Kategorien zu dokumentieren (*Heuser/Theile*[3], Rz 1821). Dies ist allein schon vor dem Hintergrund der Anwendung von IFRS 7 geboten, der umfangreiche Berichtspflichten zu den einzelnen Kategorien fordert.

Die erste Kategorie umfasst Vermögenswerte und Schulden. Die anderen Kategorien stehen nur für Vermögenswerte zur Verfügung. Soweit originäre und derivative **finanzielle Schulden** (zB Verpflichtungsüberhänge aus Derivaten) nicht in die Kategorie 1 eingeordnet werden können, sind sie der Kategorie andere Schulden zuzuordnen (*Bellavite-Hövermann/Barckow* in Baetge ua IFRS-Komm[2] IAS 39 Rz 69).

51 Die erste Kategorie ist ggü IAS 39 (2000) ausgeweitet. Sie enthält danach nicht nur die zu **Handelszwecken** gehaltenen Finanzinstrumente (*„held for trading"*), sondern umfasst jetzt darüber hinaus auch solche Finanzinstrumente (Vermögenswerte und Schulden), die ein Unternehmen dieser Kategorie zuweist.

Die **Designation** von Finanzinstrumenten in diese Kategorie wurde durch die Neufassung der ***fair value option*** im Jahr 2005 (s Rz 6) auf bestimmte Sachverhalte begrenzt (s Rz 60f). Die Gesamtkategorie wird im englischen Text und in diesen Erläuterungen mit *„at fair value through profit or loss“* oder erfolgswirksam zum beizulegenden Zeitwert bewertet bezeichnet (zur *fair value option* s Rz 59ff).

Bei der **Folgebewertung** werden die in der Kategorie (1) erfassten Finanzinstrumente grds zum beizulegenden Zeitwert bewertet (s Rz 146, Rz 156ff). Die sich bei Neubewertungen ergebenden Unterschiedsbeträge werden über den erfolgswirksamen Teil der **Gesamtergebnisrechnung** (s ausführlich § 15 Rz 97f) bzw die gesonderte **GuV** (sofern erstellt) geleitet.

Die zweite Kategorie (**bis zur Endfälligkeit gehaltene Finanzinvestitionen**, *„held to maturity“*) umfasst alle nicht-derivativen finanziellen Vermögenswerte, die nicht den anderen Kategorien zugeordnet sind und die Voraussetzungen für die Zuordnung zu dieser Kategorie erfüllen. Die Bewertung erfolgt zu fortgeführten Anschaffungskosten. 52

Die dritte Kategorie **(Kredite und Forderungen**, *„loans and receivables“*) ist insofern ggü IAS 39 (2000) vereinfacht worden, als die Begrenzung auf „vom Unternehmen ausgereichte“ (originäre) Kredite und Forderungen weggelassen wurde. In diese Kategorie fallen nach der Neufassung **sämtliche** Kredite und Forderungen, also auch erworbene. Kredite und Forderungen dieser Kategorie werden in der Folgebewertung nicht mit dem beizulegenden Zeitwert, sondern mit den fortgeführten Anschaffungskosten *(at amortized cost)* bewertet (IAS 39.46). 53

Die vierte Kategorie (**Zur Veräußerung verfügbare finanzielle Vermögenswerte** oder *„available for sale“)* stellt das Auffangbecken für alle Finanzinstrumente dar, die nicht einer anderen Kategorie zugeordnet werden können oder sollen. Die Bewertung erfolgt zum beizulegenden Zeitwert, wobei die Wertänderungen **erfolgsneutral** im sonstigen Ergebnis *(other comprehensive income)* erfasst werden. 54

II. Finanzielle Vermögenswerte und Schulden, die erfolgswirksam zum beizulegenden Zeitwert bewertet werden

Wie in Rz 51 ausgeführt, umfasst diese Kategorie zwei Untergruppen: 55
(1) zu **Handelszwecken** gehaltene Finanzinstrumente und
(2) dieser Kategorie vom Unternehmen **zugeordnete Finanzinstrumente.**

1. Zu Handelszwecken gehaltene Finanzinstrumente

Bei der Einordnung in diese Kategorie wird auf die **Absicht** des Unternehmens zum Erstcrfassungszeitpunkt abgestellt. Ein Unternehmen soll Finanzinstrumente in diese Kategorie einordnen (IAS 39.9(a)): 56
(1) die erworben oder eingegangen werden mit der Absicht, diese in naher Zukunft zu verkaufen oder zurück zu kaufen (IAS 39.9(a)(i)),
(2) die beim erstmaligen Ansatz Teil eines einheitlich geführten Portfolios sind, welches gehalten wird, um kurzfristige Gewinne zu erzielen und in den aktiven Handel einbezogen ist (IAS 39.9(a)(ii)),
(3) die Derivate sind (mit Ausnahme von Derivaten, die Finanzgarantien sind oder in einer effektiven Sicherungsbeziehung stehen (IAS 39.9(a)(iii))).

Der Zeitraum „Veräußerungsabsicht in naher Zukunft“ ist unternehmensindividuell anhand der „tatsächlichen Handelsaktivitäten und der individuellen Handelsphilosophien“ zu bestimmen (*Kuhn/Scharpf*[3], 397). Vermögenswerte und Verbindlichkeiten dieser Kategorie spielen bei Banken und Versicherungen eine große Rolle. Für andere Unternehmen ist diese Kategorie idR weniger bedeutsam. Es werden hier typischerweise börsennotierte Aktien und Schuldtitel erfasst, die zu spekulativen Zwecken gehalten werden.

57 **Finanzielle Verbindlichkeiten,** die dieser Kategorie zuzuordnen sind, sind
(1) derivative Verbindlichkeiten, die nicht als Sicherungsinstrument bilanziert werden,
(2) Lieferverpflichtungen eines Leerverkäufers,
(3) finanzielle Verbindlichkeiten, die mit der Absicht eingegangen wurden, in kurzer Frist zurückgekauft zu werden und
(4) finanzielle Verbindlichkeiten, die Teil eines Portfolios eindeutig identifizierter und gemeinsam gemanagter Finanzinstrumente sind, für die in der jüngsten Vergangenheit Nachweise für kurzfristige Gewinnmitnahmen bestehen.

Es genügt nicht, dass Verbindlichkeiten der Finanzierung von Handelsaktivitäten dienen (IAS 39.AG15).

58 Soweit sich aus einem Derivat am Bilanzstichtag ein negativer beizulegender Zeitwert (Verpflichtungsüberhang) ergibt, handelt es sich um eine **finanzielle Verbindlichkeit** aus Handelszwecken. Daneben dürfte eine Einordnung in diese Kategorie für sämtliche anderen **finanziellen Verbindlichkeiten** von Unternehmen außerhalb der Finanzdienstleistungsbranche nicht möglich sein (s zum Bankenbereich § 39 Rz 41 ff).

Umwidmungen in diese oder aus dieser Kategorie sind grds nicht möglich. Daher ist die Zuordnung von Finanzinstrumenten zu dieser Kategorie sorgfältig zu planen.

Grds handelt es sich bei Finanzinstrumenten dieser Kategorie um **kurzfristige Vermögenswerte oder Schulden.** Eine Ausnahme hiervon betrifft freistehende Derivate, die bei entspr Laufzeit auch langfristig sein können (s Rz 258). Nach dem erstmaligen Ansatz sind Wertänderungen von Finanzinstrumenten dieser Kategorie **erfolgswirksam** in der **Gesamtergebnisrechnung** bzw der gesonderten **GuV** (sofern erstellt) zu erfassen (IAS 39.46; s Rz 49, Rz 51).

2. Vom Unternehmen der Kategorie erfolgswirksam zum beizulegenden Zeitwert bewertet zugeordnete Finanzinstrumente

59 Die Unternehmen können – nach ihrer freien Wahl – hier grds sämtliche **aktiven Finanzinstrumente** einordnen, die innerhalb des Bereichs von IAS 39 liegen (s Rz 41 ff) und die entspr Voraussetzungen (s Rz 26 ff) erfüllen. Ausgenommen sind Eigenkapitalinstrumente, die keinen Marktpreis haben, der an der Börse ermittelbar ist, und deren Wert auch anderweitig nicht verlässlich ermittelt werden kann (IAS 39.9; s Rz 183). Mit der Einführung dieser *„fair value option"* wird bezweckt, ökonomisch nicht gerechtfertigte **Volatilitäten** im erfolgswirksamen Teil der **Gesamtergebnisrechnung** bzw der gesonderten **GuV** (sofern erstellt) zu mindern. Solche Volatilitäten ergeben sich zB durch die Pflicht zum Ansatz und zur erfolgswirksamen Bewertung von Finanzinstrumenten zum beizulegenden Zeitwert, die wirtschaftlich der Sicherung bestimmter Grundgeschäfte dienen, die zu fortgeführten Anschaffungskosten bewertet werden und für die *hedge accounting* nicht in Betracht kommt.

Durch die Möglichkeit, entspr Grundgeschäfte der gleichen Bewertungskategorie wie das zur Sicherung eingesetzte Derivat zuzuordnen, kann eine automatische **Synchronisation** zwischen Grund- und Sicherungsgeschäft erreicht werden. Das Wahlrecht ist zum Zeitpunkt der erstmaligen Erfassung auszuüben. Dies ist grds der Zeitpunkt des Vertragsabschlusses (Handelstag), bei marktüblichen Geschäften auch der Erfüllungstag (s Rz 96). Eine spätere Umgliederung in eine andere Kategorie ist nicht zulässig (IAS 39.50). Daneben dient die *fair value* *option* im Wesentlichen der Komplexitätsreduktion insbes bei der Darstellung bestimmter strukturierter Produkte.

Die ***fair value option*** war ursprünglich auch für **Finanzverbindlichkeiten** unbegrenzt eingeräumt worden. Die EU-Kommission hat diese Bestimmung wegen einiger Bedenken jedoch nicht übernommen (s Rz 6). Daraufhin hat der IASB nach intensiver Diskussion im Juni 2005 die Ausübung der Option in IAS 39 auf **drei normierte Fälle** begrenzt. Die *fair value option* bleibt für finanzielle Vermögenswerte sowie auch für finanzielle Verbindlichkeiten anwendbar, sie ist aber nur dann erlaubt, wenn sich dadurch verbesserte Informationen ergeben, es zu einer **Reduktion** der **Komplexität** kommt oder eine **Erhöhung** der **Zuverlässigkeit** der **Bewertung** besteht, sei es, 60

(1) weil Inkonsistenzen bei der Bewertung oder beim Erfolgsausweis *(„accounting mismatch“)* beseitigt oder wesentlich reduziert werden (IAS 39.9(b)(i)) oder

(2) weil ein Portfolio aufgrund einer dokumentierten Risikomanagement- oder Investmentstrategie auf Zeitwertbasis geführt und dem verantwortlichen Management auf dieser Basis entspr Bericht erstattet wird (IAS 39.9(b)(ii)).

(3) Außerdem ist die *fair value option* für eingebettete Derivate anwendbar, bei denen auf eine Trennung verzichtet werden kann, weil sie als Ganzes zum beizulegenden Zeitwert bewertet werden (IAS 39.11A).

Eine **Konkretisierung** dieser Fälle gibt der IASB bewusst nicht (IAS 39. BC75B), soll doch die *fair value option* dazu dienen, unter wirtschaftlichen Gesichtspunkten sinnvoll gestaltete Geschäftsvorfälle auch bilanziell kongruent abzubilden und damit zu einer höheren Relevanz des Abschlusses zu gelangen. 61

Im **ersten Fall** ist es erforderlich, dass das bilanzierende Unternehmen über die entspr (inkongruenten) Vermögenswerte und Schulden verfügt und zwischen beiden ein **nachweisbarer ökonomischer Zusammenhang** besteht (*Kuhn/Scharpf*[3], 108) und durch die Designation in die Kategorie zur Veräußerung verfügbar eine Verminderung der Inkongruenz entsteht. Verschiedene Anwendungsbeispiele für diese drei Sachverhaltsgruppen sind dargestellt in IAS 39.AG4E sowie bei *Löw/Blaschke* BB 2005, 1727, 1732ff. *Kuhn/Scharpf* zB halten es grds für zulässig, synthetische variable Verbindlichkeiten, die aus einer festverzinslichen Verbindlichkeit und einem Zinsswap bestehen, der Kategorie zuzuordnen, sofern dadurch eine Verminderung der Inkongruenz erreicht wird (*Kuhn/Scharpf*[3], 111). Im Rahmen einer *enforcement*-Entscheidung hält es das CESR für zulässig, die *fair value option* für Verbindlichkeiten einzusetzen, die zur Finanzierung von Renditeobjekten verwendet wurden, die nach dem Zeitwertmodell bewertet waren (*CESR*, Decision ref EECS/1207–06).

Gem IFRS 7 sind bei Ausübung der Option **umfangreiche Angaben** zu Art, Höhe, Wert und Methoden von zum Zeitwert bewerteten finanziellen Vermögenswerten und finanziellen Verbindlichkeiten zu machen (IFRS 7.9 bis IFRS 7.11).

III. Bis zur Endfälligkeit gehaltene Finanzinvestitionen

Eine Einordnung eines finanziellen Vermögenswerts in die Kategorie bis zur Endfälligkeit gehaltene Finanzinvestitionen ist nur möglich, wenn aufgrund der **Art der Finanzinvestition,** der **Vertragsgestaltung,** der **Absichten** und **Fähigkeiten** des Unternehmens von einem Halten des Vermögenswerts bis zum Ende seiner vertraglichen Laufzeit auszugehen ist (zB möglich bei schuldrechtlichen Wertpapieren; IAS 39.AG16). Die Bewertung erfolgt dann zu fortgeführten Anschaffungskosten. 62

Auf **allgemeine Risiken,** wie zB Ausfallrisiken, die mit dem Erwerb eines finanziellen Vermögenswerts verbunden sein können, kommt es nicht an (IAS 39.AG17).

Aktien sowie Aktienoptionen, sonstige Options- und Bezugsrechte **(Eigenkapitalinstrumente)** und Investmentanteile ohne fixierte Laufzeitvereinbarungen *(perpetuals)* scheiden aus, da es an einer bestimmbaren Höhe oder einem bestimmbaren Zeitpunkt von Zahlungen mangelt.

63 In die Kategorie fallen damit im Wesentlichen **schuldrechtliche Wertpapiere** wie Inhaberschuldverschreibungen und sonstige festverzinsliche Wertpapiere. **Variable Zinsvereinbarungen** sind unschädlich (IAS 39.AG17). Eine Bestimmbarkeit auf Basis eines Zinsindexes reicht aus. Aufgrund mangelnder bestimmbarer Zahlungen fallen zB Gewinnschuldverschreibungen nicht in diese Kategorie. Eine fehlende Vereinbarung über Zinszahlungsperioden erfüllt ebenfalls nicht die Anforderungen an ein bis zur Endfälligkeit zu haltendes Wertpapier (IAS 39.AG17). Vertraglich vorgesehene Kündigungsrechte oder Put-Optionen des Inhabers sind schädlich (IAS 39.AG19). Ein Kündigungsrecht des **Emittenten** ist unschädlich, soweit für den Fall der Ausübung keine wesentlichen Verluste aus der Einlösung zu erwarten sind (IAS 39.AG18).

64 Neben den objektiven vertraglichen Voraussetzungen muss das Unternehmen subjektiv bei Erwerb und den darauf folgenden Bilanzstichtagen auch die **Absicht** haben, den Vermögenswert bis zu seiner **Endfälligkeit zu halten** (IAS 39.AG16). Die Absicht, einen finanziellen Vermögenswert bis zu seiner Endfälligkeit zu halten, setzt auch die **Fähigkeit des Unternehmens** hierzu voraus. Deshalb müssen innerhalb der Laufzeit die Refinanzierung des Vermögenswerts selbst und die Unternehmensliquidität sichergestellt sein. Daneben dürfen keine gesetzlichen oder sonstigen Beschränkungen bestehen. Die Gestellung des Vermögenswerts als Sicherheit ist unschädlich.

65 Die Absichten des Unternehmens sind durch die Beurteilung der Einhaltung in vergangenen Perioden zu verifizieren. Danach ist eine Zuordnung von finanziellen Vermögenswerten zu der Kategorie bis zur Endfälligkeit zu haltende Finanzinvestitionen nicht möglich, wenn das Unternehmen im lfd und den beiden vorangegangenen Jahren „**mehr als einen unwesentlichen Teil**" der bis zur Endfälligkeit zu haltenden Finanzinvestitionen vor Endfälligkeit verkauft, übertragen, darauf eine Verkaufsoption ausgeübt oder umklassifiziert hat (IAS 39.9; **Zuordnungssperre *„tainting"***). In der Literatur wird der im Standard nicht weiter bestimmte Umfang mit bis zu 10% angegeben (*Kuhn/Scharpf*[3], 118, mit Bezug auf die Vorauflage). Dieser Umfang ist aufgrund des **Gesamtvolumens** innerhalb des genannten Zeitraums zu bestimmen (keine Einbeziehung von Zeiträumen vor Geltung des Standards). Explizit **unschädlich** sind nachfolgende Sachverhalte aufgrund ihrer unwesentlichen Abweichung von einem Halten bis zur Endfälligkeit oder weil sie vom Unternehmen unverschuldet waren (IAS 39.9):

(1) Verkäufe kurz vor der Endfälligkeit oder dem Ausübungstag ohne wesentliche Auswirkungen des Marktzinses auf den beizulegenden Zeitwert des Vermögenswerts (zB weniger als drei Monate vor Fälligkeit),
(2) Verkäufe von finanziellen Vermögenswerten, die zum Verkaufszeitpunkt im Wesentlichen getilgt sind (zB 90% der Tilgungen),
(3) Verkäufe aufgrund einzelner isolierter unvorhersehbarer Sachverhalte, die außerhalb der Kontrolle des Unternehmens liegen.

66 Nicht einzubeziehen in die Bestimmung des unwesentlichen Teils des Bestands sind **Verkäufe vor Endfälligkeit** aufgrund

(1) wesentlicher Verschlechterung der Bonität des Emittenten (internes oder externes Rating),

(2) nachteiliger Änderungen der Steuergesetzgebung bezogen auf die Steuerfreiheit von Zinserträgen aus den Vermögenswerten,
(3) von Unternehmenszusammenschlüssen oder Veräußerungen einzelner Unternehmenssegmente, wenn sie zur Aufrechterhaltung von Zinsänderungsrisikopositionen oder der Ausfallrisikopolitik notwendig sind,
(4) einer Änderung gesetzlicher oder aufsichtsrechtlicher Bestimmungen,
(5) aufsichtsrechtlich geforderter erhöhter Eigenkapitalausstattung oder erhöhter Risikokapitalgewichtung der Finanzinvestition (IAS 39.AG22).

Es handelt sich dabei um eine abschließende Aufzählung der Ausnahmetatbestände (*Bellavite-Hövermann/Barckow* in Baetge ua IFRS-Komm² IAS 39 Rz 127).

Der schädliche Verkauf oder die Umklassifizierung eines wesentlichen Teils 67
der Finanzinvestitionen, die bis zur Endfälligkeit gehalten werden sollten, führt zu einer **zweijährigen Zuordnungssperre,** innerhalb derer Finanzinvestitionen nicht dieser Kategorie zugeordnet werden können (IAS 39.54). Aus diesen Gründen sind alle vorhandenen Vermögenswerte umzugliedern, in der Kategorie zur Veräußerung verfügbare finanzielle Vermögenswerte zu erfassen und folglich erfolgsneutral mit dem beizulegenden Zeitwert zu bewerten (IAS 39.51). Nach Ablauf der 2-jährigen Sperrfrist werden die Finanzinvestitionen in die Kategorie bis zur Endfälligkeit gehaltene Finanzinvestitionen zum dann bestehenden Buchwert, der dem beizulegenden Zeitwert entspricht, zurückgeführt. Die im kumulierten sonstigen Ergebnis erfassten Gewinne oder Verluste werden bei Vermögenswerten mit fester Laufzeit über die Laufzeit des Instruments nach der Effektivzinsmethode aufgelöst (IAS 39.54), bei Vermögenswerten ohne feste Laufzeit werden Gewinne oder Verluste so lange im kumulierten sonstigen Ergebnis erfasst, bis der Vermögenswert abgeht oder verkauft wird.

Da die Umgliederung in die Kategorie zur Veräußerung verfügbare finanzielle Vermögenswerte erhebliche Auswirkungen auf die Bewertung haben kann, empfiehlt es sich, insbes bei **größeren Volumina**, die Kategorie bis zur Endfälligkeit gehaltene Finanzinvestitionen zentral zu steuern.

Keine Fälligkeitswerte sind finanzielle Vermögenswerte, die 68
(1) die objektiven Kriterien nicht erfüllen (zB Wandelanleihen beim Inhaber (IAS 39.IG C.3) oder Finanzinstrumente ohne feste Laufzeit),
(2) die subjektiven Kriterien nicht erfüllen, zB bei schuldrechtlichen Wertpapieren für die zwar die Absicht (und die Fähigkeit) besteht, diese langfristig (länger als zwölf Monate nach dem Bilanzstichtag) aber nicht bis zu deren individuellen Endfälligkeit zu halten, oder
(3) die während einer Zuordnungssperre zu bewerten sind.

Es verbleiben hierfür die Kategorien **zu Handelszwecken gehaltene Finanzinstrumente** oder **zur Veräußerung verfügbare finanzielle Vermögenswerte,** auch wenn im Einzelfall eine Langfristigkeit angenommen werden kann, ohne dass die Kriterien für bis zur Endfälligkeit zu haltende finanzielle Vermögenswerte erfüllt werden (§ 7 Rz 11).

Das Halten des finanziellen Vermögenswerts bis zu seiner Endfälligkeit führt regelmäßig zu einer Darstellung des Vermögenswerts innerhalb der **Finanzanlagen** bzw **langfristiger Vermögenswerte** (s Rz 196 und § 7 Rz 1ff). Soweit die Restlaufzeit der Finanzinvestition weniger als zwölf Monate beträgt, ist ein kurzfristiger Ausweis geboten (IAS 1), die Bilanzierung folgt unverändert der Kategorisierung.

IV. Kredite und Forderungen

69 Nach IAS 39.9 gehören hierher **originäre** und **erworbene Darlehen** und **Forderungen** mit festen oder bestimmbaren Zahlungen. Sie dürfen nicht an einem aktiven Markt gehandelt werden, wie zB notierte Anleihen (s IAS 39.AG26). **Einschränkend** gilt weiter, dass die hier eingeordneten Forderungen

(1) nach den Zielen des Unternehmens nicht in naher Zukunft veräußert werden sollen, weil sie dann der Unterkategorie zu Handelszwecken gehaltene Finanzinstrumente zuzuordnen sind,
(2) vom Unternehmen beim erstmaligen Ansatz nicht der Kategorie erfolgswirksam zum beizulegenden Zeitwert (Rz 55 ff) bewertet,
(3) oder der Kategorie zur Veräußerung verfügbar (Rz 71) zugerechnet werden,
(4) es sich nicht um Forderungen aus Investitionen handelt, für die der Gläubiger nicht seinen vollen Einsatz weitgehend zurückerhält und dies auf anderen Gründen beruht als einer Bonitätsverschlechterung, und die dann als zur Veräußerung verfügbar kategorisiert werden oder
(5) es sich nicht um Anteile an einem Pool von Vermögenswerten handelt, die weder Kredite noch Forderungen sind (zB Anteile an einem offenen Fonds) (IAS 39.9).

70 Als Kredite und Forderungen kommen nur Ansprüche aus einer **vertraglichen Grundlage** in Betracht, gesetzliche Schadensersatzansprüche, Rückzahlungen aus Steuern oder Forderungen aus Investitionszulagen fallen daher nicht in diese Kategorie. Solche Forderungen werden unter den sonstigen Forderungen ausgewiesen und gehören nicht zu den finanziellen Vermögenswerten, mithin auch in keine Kategorie iSd IAS 39. Sie werden nach den allgemeinen Grundsätzen des Frameworks bilanziert.

Beispiele für Kredite und Forderungen sind Ausleihungen, Forderungen aus Lieferungen und Leistungen, Zins- und Dividendenansprüche, Boni- und Rückvergütungsforderungen gegen Lieferanten sowie vertragliche Schadensersatzforderungen.

Die als Kredite und Forderungen klassifizierten Vermögenswerte werden zu **fortgeführten Anschaffungskosten** bewertet. Werden die Kredite oder Forderungen beim erstmaligen Ansatz als erfolgswirksam zum beizulegenden Zeitwert oder als zur Veräußerung verfügbar eingestuft (IAS 39.AG26), dann sind sie zum beizulegenden Zeitwert zu bewerten.

V. Zur Veräußerung verfügbare finanzielle Vermögenswerte

71 Diese Kategorie von finanziellen Vermögenswerten ist als **„Rest"-Kategorie** aufzufassen. Finanzielle Vermögenswerte sind immer dann als zur Veräußerung verfügbare finanzielle Vermögenswerte einzuordnen, wenn eine andere Kategorisierung mangels erforderlicher objektiver oder subjektiver Voraussetzungen nicht möglich ist. Dabei kommen vor allem gehaltene Eigenkapitalinstrumente (zB Aktien, GmbH-Anteile) und Investmentanteile in Betracht (s § 7 Rz 43 ff). Finanzinstrumente in dieser Kategorie sind grds erfolgsneutral zum beizulegenden Zeitwert zu bewerten. Die Wertänderungen werden im sonstigen Ergebnis erfasst. Soweit für Finanzinvestitionen in Eigenkapitalinstrumente (und Derivate darauf) kein Marktpreis vorliegt und der Zeitwert auch nicht anderweitig ermittelt werden kann, hat die Bewertung zu Anschaffungskosten zu erfolgen. Die Zuordnung zur Kategorie zur Veräußerung verfügbar ändert sich dadurch nicht.

VI. Umwidmung zwischen den Kategorien

Umwidmungen von Finanzinstrumenten in andere Kategorien sind grds nur dann möglich, wenn diese Umwidmungen erforderlich sind, den geänderten Absichten, Fähigkeiten oder Ereignissen und Geschäftsvorfällen bezogen auf das Finanzinstrument an nachfolgenden Bilanzstichtagen Rechnung zu tragen (IAS 39.51). Im Grundsatz gilt das **Stetigkeitsgebot** (F. 40). Es bestehen im Einzelnen in IAS 39.50 bis IAS 39.54 festgelegte Beschränkungen, die dazu führen, dass nur bestimmte Umwidmungen **zulässig** sind: 72

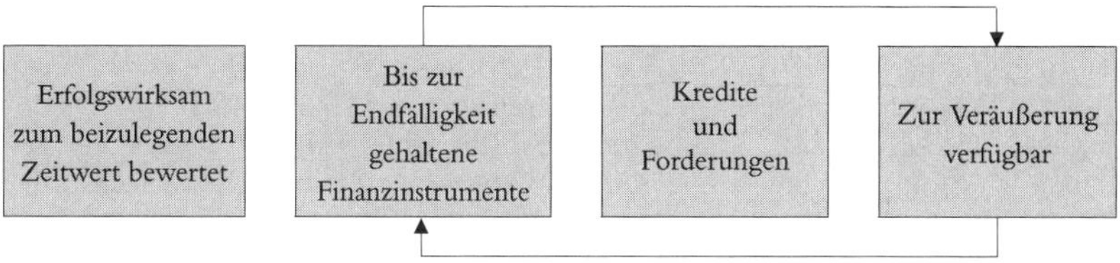

(1) Eine Umwidmung von Vermögenswerten **aus** der **Kategorie zu Handelszwecken gehaltene** oder **erfolgswirksam zum beizulegenden Zeitwert designierte Finanzinstrumente** in andere Kategorien ist grds **unzulässig,** da die Handelsabsicht zum Erwerbszeitpunkt bzw die freiwillige Einordnung in diese Kategorie das maßgebliche Zuordnungskriterium ist (IAS 39.50). Vermögenswerte in dieser Kategorie müssen bis zu ihrem Abgang in dieser Kategorie verbleiben, auch wenn sich die ursprünglichen Annahmen über die Handelsaktivitäten verändern oder die Handelsaktivitäten ggf eingestellt werden. Auch eine Umwidmung von Vermögenswerten **in** die Kategorie zu Handelszwecken gehaltene Finanzinstrumente ist grds nicht möglich, selbst wenn eine Handelsabsicht an späteren Bilanzstichtagen besteht oder zB das Handelsvolumen eines Portfolios, dem ein Vermögenswert zugeordnet ist, zunimmt, sodass Handelsabsicht für das Portfolio anzunehmen ist (vgl auch *Kehm/Lüdenbach* in Lüdenbach/Hoffmann IFRS[7] § 28 Rz 180; *Kuhn/Scharpf*[3], 125). Wird zB für Finanzinvestitionen in Eigenkapitalinstrumente, für die ein beizulegender Zeitwert bisher nicht verlässlich ermittelt werden konnte, nunmehr ein verlässlicher Zeitwert verfügbar (zB weil Aktien börsennotiert werden), wird das Instrument neu bewertet, nicht aber aus diesem Grunde der Kategorie zu Handelszwecken gehalten oder zur Veräußerung verfügbar zugeordnet. (IAS 39.53). 73

(2) Eine Umgliederung **aus** der **Kategorie bis zur Endfälligkeit zu haltende Finanzinvestition** in die Kategorie zur Veräußerung verfügbar ist notwendig, wenn die Absicht oder Fähigkeit entfällt, eine Finanzinvestition bis zur Fälligkeit zu halten (IAS 39.51). Eine Umgliederung aller übrigen Finanzinvestitionen dieser Kategorie ist vor allem auch notwendig, wenn ein wesentlicher Teil von Vermögenswerten aus einem bislang als zur Veräußerung verfügbar geführten Portfolio vorfristig verkauft wurde (IAS 39.52). 74

(3) Nach Ablauf der zweijährigen Sperrfrist (IAS 39.9) können Finanzinstrumente **aus** der Kategorie **zur Veräußerung verfügbar** in die Kategorie bis zur Endfälligkeit zu haltende Finanzinstrumente umgewidmet werden, wenn die Absicht besteht, diese bis zur Endfälligkeit zu halten. Die im kumulierten sonstigen erfassten Wertänderungen aus der Sperrfrist sind jedoch nicht sofort mit der Umgliederung zu vereinnahmen, sondern über die „Rest"-Laufzeit bis zur Fälligkeit des Vermögenswerts gleichmäßig erfolgswirksam zu buchen (IAS 39.54). 75

76 (4) Bei Krediten und Forderungen der Kategorie Kredite und Forderungen ist es möglich, dass erst im Nachhinein ein **aktiver Markt** entsteht, der beim erstmaligen Ansatz eine Zuordnung zu dieser Kategorie ausschließen würde. Trotzdem ist unter diesen Umständen eine Umwidmung nicht geboten, weil sämtliche möglichen Umklassifizierungen in IAS 39.50 bis IAS 39.54 abgehandelt werden (*IDW* RS HFA 9 Rz 88; *Kuhn/Scharpf*[3], 127).

77 Die **Wertänderungen** bei Umwidmung von zu Anschaffungskosten bilanzierten Finanzinstrumenten in Kategorien, die eine Folgebewertung zum beizulegenden Zeitwert vorsehen, werden bei Vermögenswerten mit fester Laufzeit nach der Effektivzinsmethode über die Restlaufzeit erfasst, bei Vermögenswerten ohne feste Laufzeit so lange im kumulierten sonstigen Ergebnis geparkt, bis der Vermögenswert abgeht oder veräußert wird (IAS 39.53 iVm IAS 39.55).

78 Aufgrund der **Finanzmarktkrise** hat der Board kurzfristig, ohne vorher einen ED zur Diskussion zu stellen, eine **Ergänzung** von IAS 39 und IFRS 7 verabschiedet, die bereits zwei Tage später durch die EU anerkannt wurde. Mit den neuen Regelungen wird das in IAS 39.50 verankerte generelle Umklassifizierungsverbot durch Änderungen und Ergänzungen zT aufgehoben.

Das **Umklassifizierungsverbot** bleibt bestehen für Derivate sowie Finanzinstrumente, die beim erstmaligen Ansatz freiwillig der Kategorie erfolgswirksam zum beizulegenden Zeitwert bewertet zugeordnet wurden. Diese Finanzinstrumente dürfen auch weiterhin nicht in eine andere Bewertungskategorie umklassifiziert werden (IAS 39.50(a) und (b)).

79 Für alle anderen erfolgswirksam bewerteten Finanzinstrumente – also Wertpapiere die zu Handelszwecken gehalten werden, die keine Derivate sind, wie zB Handelsforderungen oder Aktien – besteht unter bestimmten Voraussetzungen das **Wahlrecht**, diese einer der drei anderen Kategorien zuzuordnen, sofern sie nicht kurzfristig veräußert werden sollen (IAS 39.50(c)). Diese Umklassifizierungen können zu einem späteren Zeitpunkt **nicht** wieder **rückgängig** gemacht werden, da der geänderte Standard eine Umklassifizierung in die Kategorie der erfolgswirksam zum beizulegenden Zeitwert zu bewertenden Finanzinstrumente ausdrücklich verbietet (IAS 39.50 Satz 2).

Das Umklassifizierungswahlrecht gem IAS 39.50(c) besteht allerdings nicht generell, sondern darf nur unter **selten eintretenden Umständen** („*rare circumstances*") ausgeübt werden (IAS 39.50B). Unter solchen außergewöhnlichen Umständen versteht die EU-Kommission in ihrer Begründung zur Übernahme der Änderungen eine Situation wie die derzeitige **Finanzmarktkrise**. Aus der Formulierung „[...] *rare circumstances arise from a single event that is unusual and highly unlikely to recur in the near term*" (IAS 39.BC104D) geht hervor, dass eine Umklassifizierung auch zukünftig nur sehr restriktiv gestattet sein soll.

80 Das **Wahlrecht betrifft** Umgliederungen von der Kategorie zu Handelszwecken gehaltene Finanzinstrumente in die Kategorien bis zur Endfälligkeit zu haltende oder zur Veräußerung verfügbare Finanzinstrumente. Für Finanzinstrumente, die zwar der Definition von Krediten und Forderungen entsprechen, aber beim erstmaligen Ansatz als zu Handelszwecken gehalten klassifiziert wurden, wird die Voraussetzung, dass selten eintretende Umstände vorliegen müssen, allerdings ausdrücklich nicht verlangt (IAS 39.50B mit Verweis auf IAS 39.50D). Das gleiche gilt für Finanzinstrumente die aus der Kategorie zur Veräußerung verfügbar in die Kategorie Kredite und Forderungen umgegliedert werden (IAS 39.50E). In diesen beiden Fällen wird als zusätzliche Voraussetzung verlangt, dass das Finanzinstrument von Anfang an die Kriterien der neuen Kategorie Kredite und Forderungen erfüllt hätte und darüber hinaus nicht nur eine vorübergehende Halteabsicht besteht, sondern der Wille und die Fähigkeit, das Instrument auf absehbare Zeit oder bis zur Endfälligkeit zu halten (IAS 39.50D

und IAS 39.50E). Dies **schränkt** die **Umgliederungsmöglichkeiten stark ein**. So ist es aus den beschriebenen Gründen nicht möglich, eine Aktie, die beim erstmaligen Ansatz als zu Handelszwecken gehalten klassifiziert wurde, nachträglich den bis zur Endfälligkeit zu haltenden Wertpapieren oder den Krediten und Forderungen zuzuordnen. Dagegen können bspw Handelsforderungen, die ursprünglich erworben wurden, um sie später weiterzuveräußern, nachträglich den anderen Kategorien zugewiesen werden. Zusammengefasst lassen sich die neuen Umklassifizierungsmöglichkeiten und die jeweiligen Voraussetzungen wie folgt darstellen:

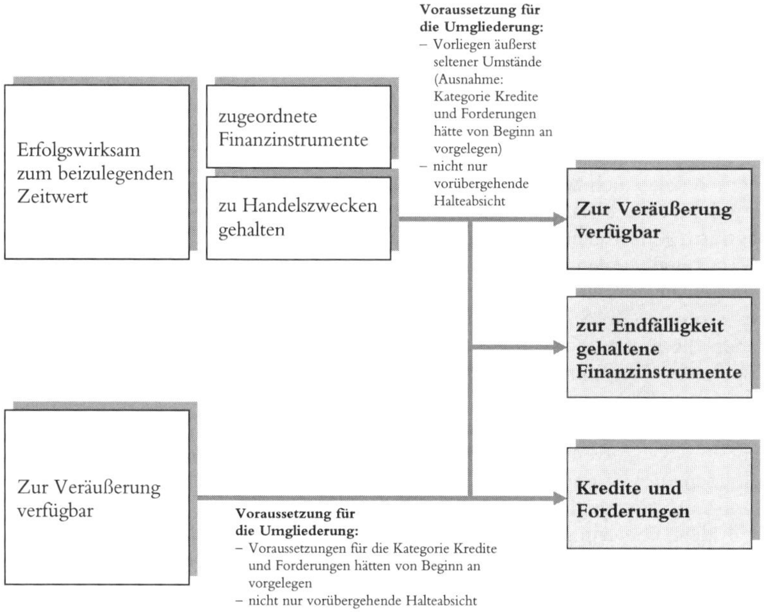

Die Umgliederung aus der Kategorie zu Handelszwecken gehaltene Finanzinstrumente erfolgt grds zu dem **beizulegenden Zeitwert**, der dem Finanzinstrument zum Zeitpunkt der Umgliederung beizumessen ist. Dieser Wert bildet zugleich die neuen bzw fortgeführten Anschaffungskosten. Bereits erfolgswirksam erfasste Gewinne und Verluste dürfen nicht zurückgebucht werden (IAS 39.50C, IAS 39.50F Sätze 1 bis 3). Im Zeitpunkt der Umklassifizierung selbst können sich somit keine Erfolgswirkungen ergeben. Bei einer Umklassifizierung aus der Kategorie zur Veräußerung verfügbar, die ebenfalls zum beizulegenden Zeitwert vorzunehmen ist, sind die im sonstigen Ergebnis bereits erfassten früheren Wertänderungen gem IAS 39.54 zu behandeln: Hat das Finanzinstrument eine **feste Laufzeit**, so ist der im Eigenkapital erfasste Wertänderungsbetrag über die Restlaufzeit unter Anwendung der Effektivzinsmethode erfolgswirksam aufzulösen. Dies gilt auch für eine Differenz zwischen den neuen fortgeführten Anschaffungskosten und dem bei Endfälligkeit rückzahlbaren Betrag (IAS 39.54(a)). Hat das Finanzinstrument **keine feste Laufzeit**, ist der im Eigenkapital erfasste Wertänderungsbetrag dort zu belassen und erst bei Veräußerung des Finanzinstruments erfolgswirksam als Umgliederungsbetrag *(reclassification adjustment)* zu berücksichtigen (IAS 39.54(b)). 81

Die Änderungen des IAS 39 sind auf eine **kurzfristige Wirksamkeit** ausgerichtet. Sie sind deshalb rückwirkend ab dem 1. Juli 2008 anzuwenden und kön- 82 nen somit bereits in den Zwischenabschlüssen für das dritte Quartal 2008 ihre Wirkung entfalten. Demgegenüber treten Umklassifizierungen, die am oder nach dem 1. November 2008 vorgenommen werden, prospektiv in Kraft. Dies wurde explizit in einer am 27. November 2008 veröffentlichten Änderung zu IAS 39 zur Anwendung der Umklassifizierungsregelungen korrigierend klargestellt; für ab dem 1. November 2008 vorgenommene Umklassifizierungen besteht damit kein Wahlrecht zur rückwirkenden Anwendung.

83–85 *einstweilen frei*

D. Ansatz von Finanzinstrumenten

I. Erstmaliger Ansatz

86 Finanzinstrumente sind grds in dem Zeitpunkt anzusetzen, in dem ein Unternehmen **Vertragspartner** und zur Leistung oder Gegenleistung berechtigt oder verpflichtet wird (IAS 39.14). Der Standard stellt nicht auf eine bestimmte Vertragsform (schriftlich, mündlich) ab. Damit sind sämtliche rechtswirksamen Erklärungen über Angebot und Annahme sowie konkludentes Handeln für den Ansatz maßgeblich. **Geplante Transaktionen** sind grds von einer Ansatzpflicht ausgenommen (IAS 39.AG35(e)). Solange keine vertraglichen Beziehungen bestehen, kommt es auch auf die Wahrscheinlichkeit eines zukünftigen Vertragsabschlusses nicht an. Die Einzelheiten sind bei der Erläuterung der jeweiligen Bilanzposten dargestellt.

87 Die **Ansatzregeln** für Finanzinstrumente **basieren nicht** auf den allgemeinen Ansatzvoraussetzungen des **Rahmenkonzepts** für Vermögenswerte und Schulden (F. 53 ff und F. 60 ff). Nach IAS 39.14 wird lediglich auf das Vorliegen eines Vertrags abgestellt (eine Ausnahme bilden hier Zinsforderungen auf ausfallgefährdete Forderungen; IAS 18.29). Der Zufluss eines zukünftigen wirtschaftlichen Nutzens oder eine Verpflichtung aus dem Finanzinstrument sind nicht als Ansatzkriterium formuliert.

Beispiele für die nach IAS 39.14 geltenden Ansatzregeln liefert IAS 39.AG35:

(1) Unbedingte Forderungen und Verbindlichkeiten sind anzusetzen, wenn das Unternehmen Vertragspartei wird (IAS 39.AG35(a)).

(2) Feste Verpflichtungen *(firm commitments)* zum Kauf oder Verkauf von Gütern und Dienstleistungen führen erst dann zum Ansatz eines Vermögenswerts, wenn mindestens eine Vertragspartei den Vertrag erfüllt hat, die Lieferung oder die Dienstleistung erfolgt ist. In der Zwischenzeit handelt es sich um schwebende Geschäfte *(executory contracts)*, die auch nach IAS 39 nicht zu bilanzieren sind. Sofern aber feste Verpflichtungen zum Erwerb oder dem Verkauf von Gütern oder Dienstleistungen durch Nettoausgleich erfüllt werden können, fallen sie in den Anwendungsbereich des IAS 39 und werden folglich bereits zum Zeitpunkt des Abschlusses des Vertrags als Vermögenswert oder Verbindlichkeit erfasst (s Rz 89 ff). Werden für feste Verpflichtungen auf den Kauf und Verkauf von Gütern Sicherungsgeschäfte abgeschlossen, gelten die besonderen Regelungen des *hedge accounting* (s § 23 Rz 46 ff; IAS 39.AG35(b)).

(3) Termingeschäfte sind grds zum Zeitpunkt, zu dem die Verpflichtung eingegangen wird, als Vermögenswert bzw Verbindlichkeit zu erfassen. Zum Zeitpunkt des Vertragsabschlusses haben Rechte und Verpflichtungen aus Termingeschäften häufig den gleichen beizulegenden Zeitwert, sodass der Nettozeitwert Null ist und somit ein Ansatz unterbleibt (IAS 39.AG 35(c)).

(4) Optionen, die in den Anwendungsbereich des Standards fallen (IAS 39.2 bis IAS 39.7) werden als Vermögenswerte bzw Verbindlichkeiten angesetzt, wenn der Inhaber oder Stillhalter Vertragspartner wird (IAS 39.AG35(d)).

Ziel der Ansatzregelungen ist es, sämtliche originären und derivativen Finanz- 88
instrumente sowie bestimmte **schwebende Vertragsverhältnisse** mit Abschluss des Vertragsverhältnisses zu erfassen. Vor allem derivative Finanzinstrumente (zB *forwards, futures*) sind daher vollständig als Aktiv- oder Passivposten anzusetzen, sofern sie einen Wert ungleich Null haben. In der Praxis ergeben sich daraus beim erstmaligen Ansatz originärer Finanzinstrumente nur geringe Unterschiede zum handelsrechtlichen Ansatz. Beim Ansatz derivativer Finanzinstrumente ergeben sich Unterschiede zur Bilanzierung nach HGB, wenn der beizulegende Zeitwert des Derivats von Null abweicht.

Der Zielsetzung des Standards entspricht es, wenn **Verträge über den Kauf** 89
oder den Verkauf von nicht-finanziellen Vermögenswerten dann wie derivative Finanzinstrumente bilanziert werden, wenn sie durch Nettoausgleich erfüllt werden können. IAS 39.6 skizziert 4 mögliche Szenarien eines Nettoausgleichs:

(1) Die Vertragsbedingungen gestatten es (zumindest) einem der Kontrahenten, den Vertrag durch Nettoausgleich zu erfüllen (IAS 39.6(a)).
(2) Die Möglichkeit eines Nettoausgleichs ist nicht explizit in den Vertragsbedingungen vorgesehen. Das Unternehmen erfüllt jedoch ähnliche Verträge für gewöhnlich durch einen Nettoausgleich (IAS 39.6(b)).
(3) Das Unternehmen nimmt bei ähnlichen Verträgen den Vertragsgegenstand für gewöhnlich an und veräußert ihn kurz nach der Anlieferung weiter, um Gewinne aus kurzfristigen Schwankungen von Preisen oder von Händlermargen zu erzielen (IAS 39.6(c)).
(4) Der nicht-finanzielle Posten, der Gegenstand des Vertrags ist, kann jederzeit in Zahlungsmittel umgewandelt werden (IAS 39.6(a)).

Hieraus leiten sich Fälle ab, in denen der Vertrag **in jedem Fall** entspr IAS 39 90
zu bilanzieren ist und Fälle, in denen IAS 39 nur angewendet werden muss, wenn die **sonstigen Bedingungen** des IAS 39.5 erfüllt sind.

Sofern (2) oder (3) gegeben ist, ist der Vertrag **zwingend** dem Anwendungsbereich des IAS 39 zuzuordnen. Entscheidend für die Beurteilung ist, ob in Bezug auf die nicht-finanziellen Posten Preisdifferenzen realisiert werden oder eine güterwirtschaftliche Veredelung stattfindet. Dies ist vor dem Hintergrund der spezifischen Situation und im Gesamtkontext der zu beurteilenden Verträge zu würdigen. *IDW* ERS HFA 25 Rz 14 nennt folgende Abgrenzungsparameter:

(1) Art des operativen Geschäfts sowie der Führung des Geschäfts (Führung auf Basis der Zeitwertänderungen des Vertrags oder auf Basis einer Planung von Beschaffung, Produktion und Absatz). Für eine güterwirtschaftliche Wertschöpfung sprechen bspw folgende Leistungen:
   (a) Veredelung der eingekauften Ware in ihrer Beschaffenheit,
   (b) Losgrößentransformation der Ware nach Anlieferung bzw
   (c) Dienstleistung im Bereich der Distribution oder der Lagerhaltung (räumliche oder zeitliche Transformation).
(2) Art der Erfolgsrealisierung aus dem Vertrag (Erfolgsrealisierung auf Basis kurzfristiger Preisschwankungen bzw der Marge zwischen Angebots- und Nachfragepreisen oder Schaffung eines Markts zwischen Verkäufer und Käufer bzw Weiterverkauf an einen festen Kundenstamm zu relativ konstanten Konditionen).

Der **Nettoausgleich** kann dabei durch Rückkauf/Rückverkauf des Vertrags, Abschluss eines Gegengeschäfts mit einem Dritten oder den Verkauf des Vertrags an einen Dritten bewirkt werden (*IDW* RS HFA 25 Rz 10).

91 Enthält der Vertrag eine **geschriebene Option** auf den Kauf oder Verkauf eines nicht finanziellen Postens, der durch Ausgleich in bar oder anderen Finanzinstrumenten oder durch den Tausch von Finanzinstrumenten iSd IAS 39.6(a) oder IAS 39.6(d) erfüllt werden kann, fällt er in den Anwendungsbereich des IAS 39. Ein derartiger Vertrag kann nicht zum Zweck des Empfangs oder Verkaufs eines nicht finanziellen Postens gem dem erwarteten Einkaufs-, Verkaufs- oder Nutzungsbedarf des Unternehmens abgeschlossen werden (IAS 39.7), weil in einem solchen Fall der Warenfluss durch das Unternehmen nicht steuerbar ist (*IDW* RS HFA 25 Rz 37). Dies ist ebenfalls gegeben, wenn der Vertragspartner das Wahlrecht hat, ob die Lieferung durch Warenfluss oder Nettoausgleich erfolgt, sodass der Vertrag als Derivat bilanziert werden muss (IAS 39IG. A.2) (*IDW* RS HFA 25 Rz 38).

In der **Praxis** ist folglich zu prüfen, ob der Vertrag eine geschriebene Option enthält. Dies ist zB der Fall, wenn explizit eine Prämienzahlung zur Kompensation des Zeitwertrisikos aus der Option vorgesehen ist (*IDW* RS HFA 25 Rz 39ff). Mehrmengenoptionen, bei denen der Vertragspartner das Recht hat, neben der Mindestmenge (die auch Null sein kann) noch weitere Einheiten des nicht-finanziellen Postens zum Vertragspreis zu beziehen oder Fälle, in denen die zugrunde liegenden Vertragsmengen den Bedarf des Kunden überschreiten, sind Hinweise auf das Vorliegen einer geschriebenen Option.

92 Fällt ein Vertrag unter IAS 39.6(a) oder IAS 39.6(d) ist zunächst zu prüfen, ob **IAS 39 anzuwenden** ist, da das vertragliche Recht auf Nettoausgleich wie auch die Option zur Umwandlung des zugrunde liegenden nicht-finanziellen Postens in Zahlungsmittel nur **möglich** ist. Wird von dieser Möglichkeit kein Gebrauch gemacht, weil die physische Erfüllung des Geschäfts im Einklang mit dem erwarteten Einkaufs-, Verkaufs- oder Nutzungsbedarf des Unternehmens steht, ist IAS 39 nicht anwendbar (*IDW* RS HFA 25 Rz 28).

93 Von dieser Regelung sieht IAS 39.5ff Ausnahmen vor, mit der Folge, dass die Verträge nicht in den Anwendungsbereich des IAS 39, sondern des IAS 37 fallen ***(own use exemption)***.

Nur wenn Verträge über den Kauf oder Verkauf von nicht-finanziellen Posten gem dem erwarteten Einkaufs-, Verkaufs- oder Nutzungsbedarf des Unternehmens abgeschlossen werden und zu dem vertraglichen Zweck weiter gehalten werden, handelt es sich um Verträge iSd *own use exemption*, die nicht unter IAS 39 fallen.

94 Der Ansatz von **Finanzgarantien beim Garantiegeber** (s Rz 33) wurde durch ein im August 2005 verabschiedetes *amendment* zu IAS 39 geregelt. Grds handelt es sich hierbei um Fälle, in denen der Garantiegeber für einen Schuldner ggü einem Dritten bürgt (Garantienehmer) und daher zu bestimmten Leistungen verpflichtet ist, wenn der Schuldner ausfällt **oder** bestimmten Bedingungen eines Schuldinstruments nicht nachkommt. Der **erstmalige Ansatz** von Finanzgarantien erfolgt nach den allgemeinen Regelungen zum beizulegenden Zeitwert. Wird eine Finanzgarantie mit einem fremden Dritten zu marktgerechten Konditionen abgeschlossen, entspricht ihr *fair value* regelmäßig der erhaltenen Prämie, solange das Gegenteil nicht erwiesen ist (IAS 39.AG4a). Grds ist dann die Prämie zu aktivieren und gleichzeitig eine Verbindlichkeit zu passivieren. Wird die Prämie in Raten gezahlt, kommt für die Darstellung der Bruttoausweis des Barwerts der Prämien und einer korrespondierenden Verbindlichkeit oder der Nettoausweis in Betracht, bei dem zu Beginn ausstehende Prämie und Verbindlichkeit miteinander verrechnet werden (*Kuhn/Scharpf*[3], 267f).

II. Wahlrecht Handelstag oder Erfüllungstag bei finanziellen Vermögenswerten

Für Verträge über den Kauf oder den Verkauf von Wertpapieren, Devisen, anderen finanziellen Vermögenswerten oder Waren, die innerhalb ganz kurzer Fristen entspr den Marktvorschriften oder -konventionen eines Wertpapierhandels- oder Börsenhandelsplatzes zu erfüllen sind **(marktüblicher Vertrag oder auch Kassageschäfte),** besteht ein **Wahlrecht** (IAS 39.38) zum Ansatz des Vermögenswerts am **Handelstag** (IAS 39.AG55) oder am **Erfüllungstag** (IAS 39.AG56). Der Handelstag ist der Tag, an dem das Unternehmen die Verpflichtung zum Kauf eingegangen ist (IAS 39.AG55), der Erfüllungstag der Tag, an dem ein Vermögenswert an oder durch das Unternehmen geliefert wird (IAS 39.AG56). Weicht der Handelstag vom Erfüllungstag ab, entsteht in diesem Zeitraum ein Derivat, das aber aufgrund der sehr kurzen Laufzeiten nicht nach den Regelungen über Derivate zu erfassen ist (IAS 39.AG12). Für die Qualifizierung eines Vertrags als üblicher Vertrag ist nach dem Standard ein formal eingerichteter Handelsplatz nicht zwingend erforderlich (IAS 39.IG B.28). Als **marktüblicher Vertrag** ist daher auch ein Vertrag über den Verkauf von GmbH-Anteilen anzusehen, der innerhalb eines üblichen Zeitrahmens abgewickelt wird, der notwendig ist, um das Eigentum an den Anteilen dem Erwerber zu verschaffen (IAS 39.AG53 ff). 95

Kein **Kassageschäft (kein marktüblicher Vertrag)** liegt vor, wenn im Vertrag über den Kauf oder Verkauf eines Vermögenswerts vereinbart wird, dass anstelle der gegenseitigen Leistungen nur der Saldo ausgeglichen wird, der sich aus Leistung und Gegenleistung ergibt. Derartige Verträge sind im Zeitraum zwischen Handels- und Erfüllungstag als Derivate zu behandeln und deshalb zum Handelstag zu erfassen (IAS 39.AG54). Das Entstehen **originärer Forderungen** durch Lieferung oder Leistung sowie die Ausreichung von **Darlehen** oder die Umwandlung von Forderungen in ein Darlehen sind keine Kassageschäfte; ein Ansatz vor Erfüllung durch den Verkäufer ist hier ausgeschlossen. 96

Das Wahlrecht ist auf den Kauf oder Verkauf von **finanziellen Vermögenswerten** anzuwenden (zB börsengehandelte Aktien und sonstige Wertpapiere), nicht dagegen auf das Eingehen von **finanziellen Verbindlichkeiten.** 97

Die Wahlrechtsausübung kann nur jeweils pro **Kategorie** (zu Handelszwecken gehaltene Finanzinstrumente und, getrennt hiervon, die der Kategorie erfolgswirksam zum beizulegenden Zeitwert bewertet zugeordneten Finanzinstrumente, bis zur Endfälligkeit zu haltende Vermögenswerte und zur Veräußerung zur Verfügung stehende Vermögenswerte) von Finanzinstrumenten erfolgen und ist **stetig** für diese Kategorie beizubehalten (IAS 39.AG53).

Wird das Wahlrecht dahingehend ausgeübt, dass eine **Erfassung** des Vermögenswerts **am Handelstag** vorgenommen wird, ist die Behandlung einer Wertänderung bis zum Erfüllungstag nach den allgemeinen Regelungen über die Folgebewertung von finanziellen Vermögenswerten entspr der Kategorie vorzunehmen. 98

Wählt das Unternehmen die Bilanzierung zum **Erfüllungstag,** so ist jede Änderung des beizulegenden Zeitwerts in der **Zeit zwischen Handels- und Erfüllungstag** in der gleichen Weise zu erfassen, wie dies bei einer Bilanzierung des Vermögenswerts selbst zu erfolgen hätte (IAS 39.AG56). Bei erworbenen Vermögenswerten, die zum beizulegenden Zeitwert bewertet (klassifiziert) werden, erfolgt daher eine erfolgswirksame Erfassung der Wertänderungen, und bei Vermögenswerten, die als zur Veräußerung verfügbar eingestuft sind, werden die Wertänderungen im sonstigen Ergebnis abgebildet. Die Gegenbuchung erfolgt 99 gegen Forderungen bzw Verbindlichkeiten. Wertänderungen bei Vermögenswerten, die zu (fortgeführten) Anschaffungskosten angesetzt werden, werden nicht erfasst (IAS 39.57). Letztendlich hat dadurch die Ausübung des Wahlrechts keine Auswirkungen auf Ergebnis oder Kapital (vgl das Beispiel in § 11 Rz 14).

III. Ausbuchung finanzieller Vermögenswerte

1. Grundkonzept

100 Die Ausbuchungskriterien für einen finanziellen Vermögenswert drücken sich in **vier Konzepten** aus, denen die Regelungen in IAS 39.15 bis IAS 39.38 zugrunde liegen. Die Kriterien müssen **nicht kumulativ** erfüllt sein, sondern ergeben sich aus einem Entscheidungsbaum, der in IAS 39.AG36 die Prüfung der Ausbuchungsvoraussetzungen veranschaulicht (s Übersicht nächste S).

(1) Die Höhe der Ausbuchung hat sich daran zu orientieren, ob der gesamte Vermögenswert oder nur ein Teil die Kriterien erfüllt *(component approach).*

(2) Außerdem sind finanzielle Vermögenswerte nur dann auszubuchen, wenn das Unternehmen nahezu keine Risiken und Chancen aus diesem Vermögenswert zurückbehält. Dieser Grundsatz findet sich als sog *risks and rewards approach* in IAS 39 wieder.

(3) Ist nicht eindeutig feststellbar, ob das Unternehmen im Wesentlichen alle Risiken und Chancen zurückbehalten hat, so ist darauf abzustellen, ob es noch die wirtschaftliche Verfügungsmacht über den finanziellen Vermögenswert innehat *(control approach).*

(4) Eine weitere Besonderheit in IAS 39 stellt der sog *continuing involvement approach* dar, der eine Bilanzierung in Höhe des verbleibenden Risikopotenzials zum Ausdruck bringen soll.

101 Die umfangreichen Regelungen zur Ausbuchung finanzieller Vermögenswerte sind vor dem Hintergrund zu sehen, dass ***off-balance*-Geschäfte** wie Factoring oder *asset-backed-securities* (ABS) eine besondere Herausforderung für die Vermittlung eines tatsächlichen Bildes der VFE-Lage darstellen (*Ernst & Young* 2009, 2151). Im Folgenden sollen die Ausbuchungskriterien in Anlehnung an den Entscheidungsbaum gem IAS 39.AG36 dargestellt werden.

2. Ausbuchungskriterien

102 In einem IFRS-Konzernabschluss ist die Prüfung der Ausbuchungskriterien für einen finanziellen Vermögenswert aus **Konzernsicht** vorzunehmen (IAS 39.15). Das bedeutet, dass zunächst alle TU zu konsolidieren sind. Dabei ist insbes zu prüfen, ob es sich bei **Zweckgesellschaften** *(special purpose entities)*, die zB im Rahmen von ABS-Transaktionen finanzielle Vermögenswerte erwerben, evtl um konsolidierungspflichtige TU handelt (vgl hierzu § 32). Die Transaktion zwischen dem Forderungsverkäufer und der Zweckgesellschaft würde sich dann ggf nur in den IFRS-Einzelabschlüssen der beteiligten Gesellschaften niederschlagen. Im Konzernabschluss werden dagegen nur Transaktionen zwischen der Zweckgesellschaft und konzernexternen Marktteilnehmern ausgewiesen.

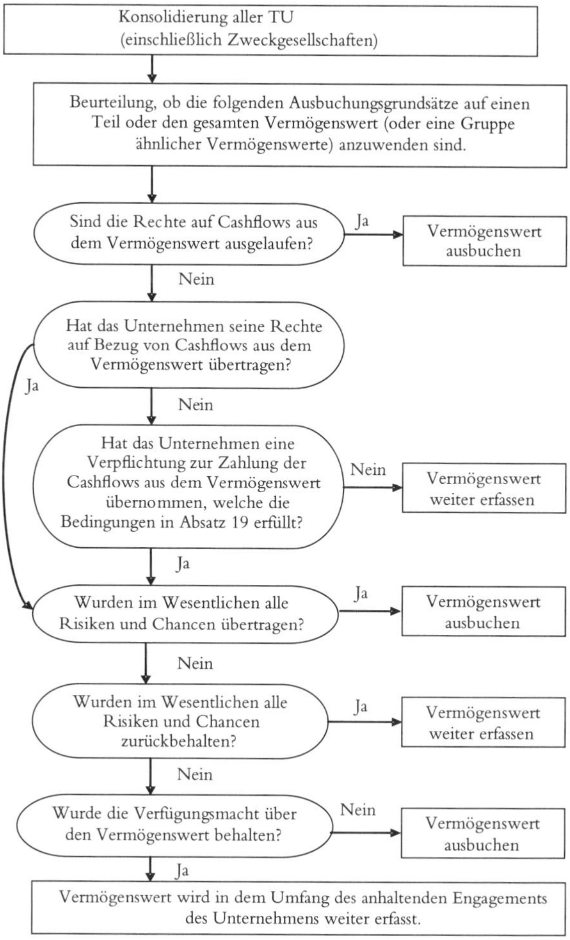

a) Component Approach

Die **Prüfung** der **Ausbuchungskriterien** beginnt mit der Beantwortung der Frage, ob die Ausbuchung für den **gesamten Vermögenswert** bzw eine Gruppe ähnlicher Vermögenswerte vorgenommen werden soll oder nur für einen **Anteil** davon. Die anteilige Ausbuchung eines finanziellen Vermögenswerts setzt zunächst voraus, dass sich der auszubuchende Anteil eindeutig bestimmen lässt. Während dies bspw bei der vollständigen Begleichung einer Forderung durch einen Schuldner oder dem Verkauf eines Wertpapiers keine weiteren Probleme bereitet, führt IAS 39.16 drei verschiedene Voraussetzungen auf, von denen **eine** erfüllt sein muss, wenn eine Ausbuchung nur für einen Teil eines finanziellen Vermögenswerts oder einer Gruppe ähnlicher finanzieller Vermögenswerte vorgenommen werden soll *(component approach)*. Denkbar ist, dass 103

(1) nur ein **klar abgrenzbarer Anteil** an Cashflows eines finanziellen Vermögenswerts (oder einer Gruppe finanzieller Vermögenswerte) veräußert wird. Möglich ist dies bei *stripped bonds*, bei denen entweder nur die Zinszahlungen oder nur der zugrunde liegende Tilgungsanspruch auf die Nominal-

schuld übertragen werden (IAS 39.16(a)(i)). Die Ausbuchungskriterien sind hier nur für diesen abgrenzbaren Teil anzuwenden, welcher sich dann als separater Vermögenswert betrachten lässt.

(2) In Frage kommt auch der Fall, dass nur ein **proportionaler Anteil** an Cashflows eines finanziellen Vermögenswerts (oder einer Gruppe finanzieller Vermögenswerte) veräußert wird (IAS 39.16(a)(ii)). Dieser Fall tritt ein, wenn nicht ein gesamtes Forderungsportfolio veräußert wird, sondern bspw nur 80% davon. Wird der Vertrag mit mehr als einer Partei abgeschlossen, ist es unerheblich, ob jede der Parteien den gleichen Prozentsatz erhält, vorausgesetzt, dass das übertragende Unternehmen einen exakt proportionalen Anteil abgibt.

(3) Als dritte Möglichkeit sieht IAS 39.16(a)(iii) den Fall vor, dass nur ein **proportionaler Anteil an speziell abgegrenzten Cashflows** veräußert wird. Von diesem Fall ist auszugehen, wenn von einem finanziellen Vermögenswert bzw einer Gruppe ähnlicher finanzieller Vermögenswerte nur 90% der Ansprüche auf die Zinszahlungen – nicht aber zugleich auch auf die Tilgungszahlungen – veräußert werden. Auch in diesem Fall gilt, dass es nur darauf ankommt, dass das übertragende Unternehmen einen exakt proportionalen Anteil abgibt. Unerheblich ist, ob jede der Parteien den gleichen Prozentsatz erhält, wenn der Vertrag mit mehr als einer Partei abgeschlossen ist.

In den drei beschriebenen Fällen lassen sich die Ansprüche auf die Cashflows, die veräußert bzw behalten wurden, klar voneinander abgrenzen. Sofern keine dieser Voraussetzungen erfüllt werden kann, lässt sich eine Ausbuchung nicht für einen Anteil des Vermögenswerts vornehmen, sondern nur für den Vermögenswert in seiner **Gesamtheit**. IAS 39.16(b) enthält Beispielsfälle, in denen trotz der Übertragung von Teil-Cashflows die Ausbuchungsregeln auf den gesamten Vermögenswert anzuwenden sind.

b) Risks and Rewards Approach

104 Der Beantwortung der Frage, ob ein finanzieller Vermögenswert vollständig oder nur teilweise auszubuchen ist, schließt sich eine **Prüfung der speziellen Ausbuchungskriterien** an. Relevant ist diese Beurteilung nur für den Fall, dass die vertraglichen Rechte auf die Cashflows aus einem finanziellen Vermögenswert nicht erlöschen, sondern übertragen werden. Die vertraglichen Rechte **erlöschen**, wenn ein finanzieller Vermögenswert durch einen Schuldner getilgt wurde oder ein Rechtsanspruch darauf verfallen ist, sodass mit keinen weiteren Zahlungsmittelzuflüssen aus dem Vermögenswert mehr zu rechnen ist. Das Auslaufen einer Option oder der Wegfall einer Forderung nach Abschluss eines Insolvenzverfahrens über das Schuldnervermögen ist ebenfalls als Erlöschen anzusehen (*PwC*[4], 442). Wesentliche Änderungen der Vertragsbedingungen von finanziellen Verbindlichkeiten oder der Austausch von Schuldinstrumenten mit substantiell verschiedenen Vertragsbedingungen führen dazu, dass die ursprüngliche Verbindlichkeit erlischt (IAS 39.40). Ein Erlöschen der vertraglichen Rechte führt unmittelbar zur Ausbuchung (IAS 39.17(a)) und wirft daher keine weiteren Fragen der Ausbuchung auf.

105 Eine **Übertragung** *(transfer)* findet dagegen durch ein Rechtsgeschäft statt, durch das die vertraglichen Rechte auf die Cashflows aus dem finanziellen Vermögenswert auf den Erwerber übergehen (IAS 39.18(a)). Zweifelsfragen können entstehen, wenn nicht eindeutig ist, ob mit der Übertragung des finanziellen Vermögenswerts auch tatsächlich **alle wirtschaftlichen Chancen und Risiken** auf den Erwerber übergegangen sind *(risks and rewards approach)*. Unter den Chancen sind dabei die Möglichkeit einer Realisierung von Wertsteigerungen,

aber auch Zahlungsansprüche zB auf Dividenden zu verstehen. Risiken resultieren aus einem finanziellen Vermögenswert in erster Linie aus möglichen Wertminderungen oder Zahlungsausfällen. Für die Beurteilung, ob eine Übertragung von Chancen und Risiken vorliegt, sind nur solche Chancen und Risiken relevant, die sich auf die Variabilität der Cashflows aus dem übertragenen Vermögenswert auswirken (*Kuhn/Scharpf*[3], 202). IAS 39.20 bis IAS 39.22 konkretisieren für den *risks and rewards approach* die entspr Kriterien:

Die Bestimmung, ob mit der Übertragung im Wesentlichen alle Risiken und **106**
Chancen übergegangen sind, hat gem IAS 39.21 durch einen **Vergleich der Nettorisikoposition** vor und nach der Übertragung zu erfolgen. Die zurückbehaltenen Risiken können in einem **Ausfall-, Wechselkurs- oder Zinsänderungsrisiko** bestehen (*IDW* RS HFA 9 Rz 130). Die Risikoposition beurteilt sich dabei nach den Schwankungen des Barwerts der künftigen Netto-Cashflows aus dem Vermögenswert. Hat sich diese nicht signifikant geändert, so findet keine Ausbuchung statt (IAS 39.20(b)), da die übertragende Gesellschaft weiterhin die wesentlichen Chancen und Risiken trägt. Dies ist zB der Fall, wenn ein Verkauf mit einer **Rückkaufverpflichtung** zu einem festgelegten Preis gekoppelt ist (IAS 39.AG51(a)). Dieser Sachverhalt ist wirtschaftlich vergleichbar mit einer besicherten Kreditaufnahme und wird folglich analog dazu abgebildet (*PwC*[4], 451). Für die aus der Transaktion erhaltene Gegenleistung ist dann eine korrespondierende Verbindlichkeit einzubuchen (IAS 39.29).

Ergibt die Überprüfung, dass die mit dem Vermögenswert verbundenen **107**
Chancen und Risiken übergegangen sind, so ist der finanzielle Vermögenswert auszubuchen. Eventuelle Ansprüche oder Verpflichtungen, die durch die Übertragung entstanden sind, werden als Vermögenswerte bzw Schulden gesondert erfasst (IAS 39.20(a)). Verwaltet der Forderungsverkäufer weiterhin die Forderungen, und erhält er dafür eine Gebühr, so hindert ihn dies an einer Ausbuchung nicht, sofern die dargelegten Bedingungen erfüllt sind. Vielmehr ist dann ein Vermögenswert für die Ansprüche aus der Verwaltung zu aktivieren. Sind die Kosten der Verwaltung höher als die veranschlagten Gebühren, so ist entspr eine Verbindlichkeit auszuweisen (IAS 39.24).

Beispiel: Ein Unternehmen veräußert Forderungen mit einem Buchwert von T€ 1.000 zu einem Preis von T€ 980. Das Unternehmen übernimmt keine weiteren Garantien.

Die Forderungen werden vollständig ausgebucht, da der Überträger keine Chancen und Risiken mehr trägt. Die Buchung lautet:

per	liquide Mittel	980	
	sonstiger betrieblicher Aufwand	20	
an	Forderungen		1.000.

IAS 39.21 gibt nicht konkret vor, wann die Chancen und Risiken **im Wesentlichen** übergegangen sind. In der Praxis wird ein Übergang von mehr als 90% der Risiken als wesentlich angesehen (*Watrin/Struffert* WPg 2007, 242). Dabei sollte eine Gesamtbeurteilung der Verhältnisse vorgenommen werden und nicht jedes mögliche Risiko individuell betrachtet werden (*KPMG* 2008/9, 460).

Eine Beurteilung des Übergangs der Chancen und Risiken aus dem finanziel- **108**
len Vermögenswert kann nach IAS 39 auch danach vorgenommen werden, ob evtl eine **Rückkaufoption** des Veräußerers bzw eine **Verkaufsoption** des Erwerbers besteht. Ob die Chancen und Risiken übergegangen sind, richtet sich nach dem Marktwert dieser Option am Stichtag. Wurde zB ein Wertpapier veräußert und hat der Veräußerer die Möglichkeit, dieses zurückzuerwerben, so wird er davon Gebrauch machen, wenn der Marktpreis zwischenzeitlich gestiegen ist und die Option so weit im Geld ist, dass es äußerst unwahrscheinlich ist, dass sie vor Fälligkeit aus dem Geld gehen wird. In diesem Fall sind die Chancen

beim Veräußerer verblieben. Im umgekehrten Fall, dass der Erwerber eine Verkaufsoption ggü dem Veräußerer hat, ist die Option weit im Geld, wenn der Marktpreis zwischenzeitlich stark gesunken ist und es äußerst unwahrscheinlich ist, dass sie vor Fälligkeit aus dem Geld gehen wird. Auch hier liegen die Chancen aus dem Wertpapier weiterhin beim Veräußerer, da davon ausgegangen werden kann, dass der Erwerber die Verkaufsoption in Anspruch nehmen wird. Der Vermögenswert darf deshalb in den beschriebenen Fällen nicht ausgebucht werden (IAS 39.AG51(f)).

Ist die Option dagegen **weit aus dem Geld**, so ist der Vermögenswert **auszubuchen**, da nicht davon auszugehen ist, dass dieser wieder auf den Veräußerer zurückübertragen wird (IAS 39.AG51(g)). Hat ein Unternehmen das Recht einen veräußerten Vermögenswert zurückzuerwerben und ist diese Option weder weit im noch aus dem Geld, so ist der Vermögenswert auszubuchen, weil das Unternehmen zwar die wesentlichen Chancen und Risiken weder übertragen noch behalten, aber die Verfügungsmacht verloren hat. Wenn Vermögenswerte nicht jederzeit am Markt verfügbar sind, ist die Ausbuchung für den Teil des Vermögenswerts, der der Kaufoption unterliegt, ausgeschlossen, da insoweit Verfügungsmacht besteht (IAS 39.AG51(h)). Weitere Beispiele bietet IAS 39.AG51.

109 Insbes **ABS-Transaktionen** zeichnen sich dadurch aus, dass die vertraglichen Rechte an den Cashflows **nicht übertragen** werden, der Veräußerer des Vermögenswerts sich aber vertraglich verpflichtet hat, die Cashflows an einen oder mehrere Empfänger **weiterzuleiten** (Durchleitungsvereinbarung, *pass-trough-arrangement*, IAS 39.18(b)). Der Veräußerer bleibt zwar rechtlicher Eigentümer; da ihm aber die Cashflows aus dem Vermögenswert nicht zustehen, kann er nicht mehr als wirtschaftlicher Eigentümer angesehen werden. Auch in diesem Fall kann eine Übertragung iSd IAS 39.18 vorliegen, wenn drei Kriterien **kumulativ** erfüllt sind (IAS 39.19):

(1) Der Veräußerer darf nicht verpflichtet sein, Zahlungen zu leisten, die nicht aus dem Vermögenswert stammen.

(2) Außerdem darf er nicht das Recht haben, den Vermögenswert zu verpfänden oder zu veräußern, außer an den oder die Berechtigten selbst.

(3) Die dritte Voraussetzung ist, dass die erhaltenen Cashflows unmittelbar an die Empfänger weitergeleitet werden. Reinvestitionen im Zeitraum zwischen Inkasso und Weiterleitung außer in kurzfristige Zahlungsmittel und Zahlungsmitteläquivalente iSd IAS 7 sind schädlich.

Die speziellen Anforderungen an die Ausbuchung bei ABS-Transaktionen werden noch weiter erörtert (s Rz 124ff). Die Übernahme einer **Inkassofunktion** durch den Überträger ist idR ebenfalls als eine Übertragung anzusehen, die zur Ausbuchung führt, wenn die beschriebenen Kriterien erfüllt sind (*IDW* RS HFA 9 Rz 120).

c) Control Approach

110 In vielen Fällen lässt sich nicht eindeutig feststellen, ob mit der Übertragung im Wesentlichen alle Chancen und Risiken auf den Erwerber übergegangen sind. Hier ist zu bestimmen, ob der Überträger die Kontrolle iSe wirtschaftlichen **Verfügungsmacht** über den finanziellen Vermögenswert verloren hat *(control approach)*. Davon ist auszugehen, wenn der Erwerber in der Lage ist, den Vermögenswert zu verkaufen, ohne dass der Überträger dies verhindern kann (IAS 39.23). IAS 39.AG42 unterstellt, dass der Empfänger die Möglichkeit hat, den finanziellen Vermögenswert zu veräußern, wenn dieser auf einem **aktiven Markt** gehandelt wird. Dies ist bei allen börsengehandelten Wertpapieren der Fall. Der Empfänger könnte dann den Vermögenswert wieder zurückerwerben,

wenn er ihn an den Überträger zurückgeben müsste. Liegt kein aktiver Markt vor oder sind dem Empfänger Beschränkungen auferlegt, die ihn von einer freien Verfügung darüber abhalten könnten, so hat der Überträger die wirtschaftliche Kontrolle noch nicht verloren (IAS 39.AG43). Folglich darf er den finanziellen Vermögenswert dann nicht ausbuchen. Durch die Weiterführung muss der Überträger dann auch evtl Wertminderungen auf den Vermögenswert berücksichtigen.

Auch eine **Garantie des Veräußerers** oder eine **Verkaufsoption** auf den Vermögenswert kann den Erwerber von einer Veräußerung abhalten, wenn sich herausstellt, dass die Inanspruchnahme dieses Rechts aufgrund der Wertentwicklung des Vermögenswerts für den Erwerber sinnvoll ist. Er ist somit faktisch daran gehindert, den Vermögenswert an einen Dritten weiterzuveräußern (*Kuhn/Scharpf*[3], 210). Auch in diesem Fall hat der Veräußerer noch nicht die wirtschaftliche Verfügungsmacht an den Erwerber übertragen. 111

Stellt sich heraus, dass das Unternehmen die **wirtschaftliche Verfügungsmacht verloren** hat, so ist der finanzielle Vermögenswert auszubuchen. Im Zuge der Übertragung eingegangene Rechte und Verpflichtungen sind als Vermögenswerte bzw Schulden anzusetzen (IAS 39.20(a)). Dazu gehören Dienstleistungen im Zusammenhang mit den veräußerten Vermögenswerten *(servicing rights)* wie bspw Erträge und Aufwendungen aus der Verwaltung von Forderungen. 112

Lässt sich nicht genau bestimmen, ob das Unternehmen **sämtliche Chancen und Risiken** aus dem Vermögenswert übertragen oder behalten hat, steht aber fest, dass es weiterhin die **wirtschaftliche Verfügungsmacht** darüber ausübt, so hat es den Vermögenswert nach dem sog *continuing involvement approach* zu behandeln (IAS 39.20(c)(ii)).

d) Continuing Involvement Approach

Nach dem *continuing involvement approach* gem IAS 39.30 hat ein Unternehmen einen finanziellen Vermögenswert in dem Umfang weiterhin zu bilanzieren, indem es voraussichtlich noch an **Wertänderungen** aus dem Vermögenswert **partizipiert**. So kann bspw vereinbart sein, dass beim Überträger ein festgelegtes Ausfallrisiko aus den übertragenen Forderungen verbleibt. Es wird dann nur ein Teil der Forderungen als Abgang erfasst, und zwar derjenige, aus dem das Unternehmen keine Zahlungsmittelzu- oder -abflüsse und somit auch keine Chancen und Risiken mehr zu erwarten hat. 113

Nach dem *continuing involvement approach* weist das Unternehmen auch eine damit **verbundene Verbindlichkeit** aus, da neben den Rechten aus dem Vermögenswert zugleich auch die nach der Übertragung verbleibenden Risiken sichtbar werden sollen. Dazu wird die als *associated liability* bezeichnete Verbindlichkeit aus der Zurückbehaltung von Risiken in der Höhe bewertet, dass der Saldo aus der verbliebenen Forderung und der Verbindlichkeit die Ansprüche bzw Verpflichtungen des Unternehmens widerspiegelt (IAS 39.31). Hierbei ergeben sich sowohl für den beizubehaltenden Vermögenswert als auch die Verbindlichkeit Bewertungsfragen.

Besteht das *continuing involvement* in einer **Garantie** (zB gegen Ausfallverluste), so ist gem IAS 39.30(a) der Vermögenswert mit dem niedrigeren Betrag aus dem Buchwert und dem Höchstbetrag der erhaltenen Gegenleistung, die der Veräußerer zurückzahlen müsste, zu bewerten. 114

Handelt es sich bei dem anhaltenden Engagement dagegen um eine **Option** auf den übertragenen Vermögenswert, wird diese mit dem Betrag des übertragenen Vermögenswerts bewertet, den das Unternehmen zurückkaufen kann

(IAS 39.30(b)). Der Betrag der verbundenen Verbindlichkeit ermittelt sich aus dem vereinbarten Garantiebetrag zuzüglich des Zeitwerts der Garantie (IAS 39.AG48(a)).

115 Die Aktiv- und Passivposten aus dem *continuing involvement* werden in **Abhängigkeit** von der **Bewertung** der **zugrunde liegenden Vermögenswerte** behandelt (*IDW* RS HFA 9 Rz 141). Handelt es sich zB um Wertpapiere, die der Kategorie zur Veräußerung verfügbare finanzielle Vermögenswerte zugeordnet wurden, so werden die Posten aus dem *continuing involvement* ebenso erfolgsneutral zum beizulegenden Zeitwert bewertet.

Beispiel: Unternehmen A veräußert an Gesellschaft B ein Forderungsportfolio im Wert von T€ 1.000. A übernimmt eine Ausfallgarantie in Höhe von T€ 40 über einen Zeitraum von 2 Jahren. Die historischen Ausfallraten lagen bei 3%. Der beizulegende Zeitwert der Garantie beträgt somit T€ 30. B darf die Forderungen nicht weiterveräußern, außerdem existiert kein aktiver Markt, auf dem die Forderungen gehandelt werden könnten.

A hat weder im Wesentlichen alle Risiken aus den Forderungen veräußert noch zurückbehalten. Er übt weiterhin die Kontrolle über die Forderungen aus, da B diese nicht selbständig weiterveräußern kann. A hat daher die zurückbehaltenen Risiken im Umfang des anhaltenden Engagements zu bilanzieren. Nach dem *continuing involvement approach* sind die Forderungen bei A mit dem niedrigeren Wert aus dem Betrag des Vermögenswerts und der maximal rückzahlbaren Gegenleistung zu bewerten (IAS 39.30(a)). Diese beträgt hier T€ 40. A bucht:

per	liquide Mittel	1.000	
an	Forderungen		960
	sonstige Verbindlichkeiten		40.

In Höhe von T€ 40 können sich aus den Forderungen für A noch Risiken ergeben. Deshalb sind sie nicht komplett auszubuchen. Gleichzeitig ergibt sich für A eine Verbindlichkeit in dieser Höhe, da er den vollen Kaufpreis bereits vereinnahmt hat. In dieser Höhe müsste A bei einem Ausfall den Kaufpreis zurückzahlen. Der verbleibende Forderungsbetrag darf nicht mit der damit verbundenen Verbindlichkeit verrechnet werden (IAS 39.36). Wäre die Transaktion so ausgestaltet gewesen, dass A keine Ausfallgarantie in Höhe von T€ 40 gibt, sondern B diesen Betrag als Kaufpreisabschlag einbehalten hätte, so hätte A in dieser Höhe einen niedrigeren Zahlungseingang aus dem Kaufpreis, dafür aber eine Forderung ggü B (*Kuhn/Scharpf*[3], 219).

Des Weiteren ist die Verbindlichkeit mit dem Garantiebetrag zuzüglich dem beizulegenden Zeitwert der Garantie zu bewerten (IAS 39.AG48(a)). Letzterer Betrag ist aufwandswirksam einzubuchen:

per	sonstiger Aufwand	30	
an	sonstige Verbindlichkeiten		30.

Insgesamt bilanziert A jetzt weiterhin einen Forderungsbetrag in Höhe von T€ 40 sowie eine verbundene Verbindlichkeit in Höhe von T€ 70, die dem maximal rückzahlbaren Betrag zuzüglich dem beizulegenden Zeitwert der Garantie entspricht.

Der Garantiebetrag in Höhe von T€ 30 ist über die Restlaufzeit der Garantie zu amortisieren (*IDW* RS HFA 9 Rz 144):

per	sonstige Verbindlichkeiten	15	
an	sonstiger Ertrag		15.

Für die korrekte Amortisation empfiehlt es sich, die verbundene Verbindlichkeit aufzusplitten, auch wenn sie in der Bilanz als ein Betrag ausgewiesen wird, und zwar in den beizulegenden Zeitwert der Garantie, der planmäßig aufgelöst wird, und den maximal rückzahlbaren Betrag, der zum Ende der Garantielaufzeit ausgebucht wird.

Die verbleibenden Forderungen sowie die damit verbundene Verbindlichkeit sind auszubuchen, wenn der Garantiezeitraum abgelaufen ist und A nicht in Anspruch genommen worden ist:

per	sonstige Verbindlichkeiten	40	
an	Forderungen		40.

Wird A hingegen während des Garantiezeitraums aufgrund eines Forderungsausfalls in Anspruch genommen, so hat er die verbleibende Forderung abzuschreiben

(IAS 39.AG48(a)). Entspr ist dann ein Ausfallbetrag an den Erwerber B zu zahlen und die Verbindlichkeit auszubuchen:

per	sonstiger Aufwand	40	
an	Forderungen		40
per	sonstige Verbindlichkeiten	40	
an	liquide Mittel		40
per	sonstige Verbindlichkeit	15	
an	sonstiger Ertrag		15.

Wird ein zu fortgeführten Anschaffungskosten bewerteter Vermögens 116
wert übertragen ohne dass die Voraussetzungen für eine Ausbuchung erfüllt sind, ist die damit **verbundene Verbindlichkeit** auch zu **fortgeführten Anschaffungskosten** zu bewerten. Fortgeschrieben werden die Verbindlichkeiten um die Differenz zwischen den Anschaffungskosten des Vermögenswerts und den fortgeführten Anschaffungskosten des Vermögenswerts am Fälligkeitstag (IAS 39.AG48(b)). Bei Vermögenswerten, die zum beizulegenden Zeitwert bewertet werden, wird die korrespondierende Verbindlichkeit so bewertet, dass der Nettobuchwert aus dem übertragenen Vermögenswert und der damit verbundenen Verbindlichkeit gleich dem beizulegenden Zeitwert der vom Unternehmen behaltenen Rechte und Pflichten ist, wenn diese eigenständig bewertet würden (IAS 39.31 b)). Beispiele hierzu bieten IAS 39.AG48(a) bis IAS 39.AG48(e).

3. Gewinne und Verluste aus der Ausbuchung

Wird ein finanzieller Vermögenswert **vollständig** ausgebucht, so ist die Diffe- 117
renz zwischen dem Buchwert und dem Wert der erhaltenen Gegenleistung als Gewinn bzw Verlust **erfolgswirksam** zu erfassen (IAS 39.26). Handelt es sich bei dem Finanzinstrument um einen Vermögenswert, der erfolgsneutral zum beizulegenden Zeitwert bewertet wurde, so ist der zuvor im kumulierten sonstigen Ergebnis berücksichtigte Gewinn oder Verlust bei der Ausbuchung erfolgswirksam zu erfassen (IAS 39.26(b) iVm IAS 39.55(b)).

Wird ein Vermögenswert dagegen nur **teilweise** ausgebucht, da zB nur die Zinsansprüche aus einem Schuldschein abgetreten werden, müssen der zu veräußernde und der fortzuführende Vermögenswert auf Basis ihrer **beizulegenden Zeitwerte** aufgeteilt werden, um den zu vereinnahmenden Gewinn oder Verlust ermitteln zu können (IAS 39.27). Bilanzierte *servicing assets* gelten dabei als Bestandteil des fortzuführenden Vermögenswerts.

4. Anwendungsfälle

a) Factoring

Bei Factoringgeschäften werden Forderungen verkauft, um die Zahlungsmit- 118
telzuflüsse aus den Forderungen schneller realisieren zu können. Da bei einem Forderungsverkauf die Rechte auf die Cashflows aus den Forderungen noch nicht erloschen sind, muss für den Abgang geprüft werden, ob eine wirksame Übertragung gem IAS 39.20 vorliegt. Es wird unterschieden zwischen echtem und unechtem Factoring. Beim **echten Factoring** übernimmt der Erwerber der Forderungen (= Factor) auch das damit verbundene Ausfallrisiko. Dieser Vorgang entspricht sowohl juristisch als auch wirtschaftlich einem Forderungsverkauf ohne Rückbehalt evtl Risiken. Die Forderung ist daher auszubuchen. Beim **unechten Factoring** verbleibt das Ausfallrisiko dagegen beim Veräußerer (= Zedent). Eine Übertragung der wesentlichen Chancen und Risiken hat hier nicht stattgefunden. Diese Form führt deshalb nicht zur Ausbuchung der Forderung.

Übernimmt der Überträger weiterhin das Inkasso der Forderungen, so ist dies kein Hinderungsgrund für eine Ausbuchung, wenn die Rechtsansprüche auf die

Zahlungsströme aus den Forderungen unwiderruflich auf den Erwerber übertragen worden sind (*IDW* RS HFA 9 Rz 120).

b) Pensionsgeschäfte

119 Pensionsgeschäfte sind Verträge, durch die der Veräußerer eines Vermögenswerts (= Pensionsgeber) sich verpflichtet, den Vermögenswert vom Erwerber (= Pensionsnehmer) nach einem bestimmten Zeitraum **zurückzunehmen**. Der Veräußerer kann sich dadurch kurzfristig Liquidität beschaffen, die in nicht betriebsnotwendigem Vermögen gebunden ist; ggf muss er den erhaltenen Betrag aber bei einer Rücknahme des Vermögenswerts zurückzahlen.

Pensionsgeschäfte werden vom **Anwendungsbereich des IAS 39** erfasst, wenn sie finanzielle Vermögenswerte zum Gegenstand haben, wie bspw Wertpapiere. Bei Pensionsgeschäften ist insbes zu prüfen, ob nicht der Charakter einer besicherten Darlehensaufnahme überwiegt, sodass die Vermögenswerte weiterhin beim Pensionsgeber bilanziert werden und der Zahlungsmittelzufluss durch eine korrespondierende Schuld abgebildet wird.

120 Je nachdem welche Rechte dem Pensionsnehmer zustehen, ist nach der Art des Pensionsgeschäfts zu differenzieren. Bei einem **echten Pensionsgeschäft** hat der Pensionsnehmer die **Pflicht**, das Wertpapier zu einem bestimmten Zeitpunkt an den Pensionsgeber zurückzugeben. Bei einem **unechten Pensionsgeschäft** hat er dagegen das **Recht**, das Wertpapier zurückzugeben. Aus Sicht des Pensionsnehmers liegt im zweiten Fall eine Put-Option vor, bei der der Pensionsgeber als Stillhalter fungiert (*IDW* RS HFA 9 Rz 205). Von diesem Recht wird der Pensionsnehmer dann Gebrauch machen, wenn der beizulegende Zeitwert des Wertpapiers zwischenzeitlich gesunken ist.

121 Bei der Beurteilung, ob ein bilanzwirksamer Abgang des finanziellen Vermögenswerts beim Pensionsgeber vorliegt, ist auf die Chancen und Risiken abzustellen, denen er durch das Geschäft weiterhin ausgesetzt ist. Bei einem **echten Pensionsgeschäft** ist keine Ausbuchung vorzunehmen, da der Pensionsgeber aufgrund der unbedingten Rückgabe weiterhin die **Chancen und Risiken aus den Marktpreisschwankungen** des Wertpapiers trägt (*IDW* RS HFA 9 Rz 207). Die Risikoposition, die sich gem IAS 39.21 aus den Schwankungen des Barwerts der Netto-Cashflows vor und nach der Veräußerung ableitet, hat sich nicht geändert. In Höhe des erhaltenen Betrags hat der Pensionsgeber folglich eine Verbindlichkeit zu passivieren (IAS 39.29). Der Pensionsnehmer bucht in diesem Fall eine Forderung, die der Kategorie Kredite und Forderungen zugeordnet werden kann. Unterschiedsbeträge zwischen den Anschaffungskosten der Forderung und dem Betrag, der bei Rückübertragung zu leisten ist, sind erfolgswirksam nach der Effektivzinsmethode zu verteilen (*Kuhn/Scharpf*[3], 223 und IAS 39.AG50).

122 Schwieriger gestaltet sich die Beurteilung bei **unechten Pensionsgeschäften**. Hier ist am Stichtag darauf abzustellen, ob die Rückgabe des Wertpapiers durch den Pensionsnehmer eher wahrscheinlich oder eher unwahrscheinlich ist. Ist der beizulegende Zeitwert gestiegen, so ist eine Rückgabe unwahrscheinlich, da der Pensionsnehmer den Vermögenswert am Markt zu einem höheren Preis verkaufen könnte. Es kann dann davon ausgegangen werden, dass die Risiken und Chancen übertragen worden sind (IAS 39.AG51(g)). Problematisch ist, wann genau dies der Fall ist. IAS 39.AG51(g) spricht hinsichtlich des Werts der Put-Option von *deeply out of the money*, und zwar so, dass es unwahrscheinlich ist, dass sie vor Ablauf der Optionsfrist wieder im Geld sein wird. Fraglich ist außerdem, ob das Wertpapier dann wieder einzubuchen ist, wenn der beizulegende Zeitwert am darauffolgenden Stichtag so weit gesunken ist, dass eine Rückgabe durch den

Pensionsnehmer wieder sehr wahrscheinlich geworden ist. Diese Frage stellt sich insbes bei der Erstellung von Quartalsabschlüssen. Da idR nicht eindeutig geklärt werden kann, ob im Wesentlichen alle Chancen und Risiken übertragen worden sind, ist zu prüfen, ob die **Verfügungsmacht übergegangen** ist. Dies ist gem IAS 39.AG42 der Fall, wenn die Wertpapiere auf einem **aktiven Markt** gehandelt werden können. Die Wertpapiere sind dann auszubuchen. Gleichzeitig ist eine Stillhalterverpflichtung zu passivieren (IAS 39.20(c)(i)), die an jedem Stichtag zum beizulegenden Zeitwert zu bewerten ist (IAS 39.43 und IAS 39.47).

Handelt es sich dagegen **nicht** um **börsengehandelte Wertpapiere**, hat der 123 Veräußerer noch nicht die wirtschaftliche Verfügungsmacht verloren, und es liegt ein Fall des *continuing involvement* vor, bei dem der Pensionsgeber weiterhin an den Chancen und Risiken aus dem Wertpapier beteiligt ist (*IDW* RS HFA 9 Rz 218). Da sich die Risiken und Chancen idR auf das gesamte nicht-marktgängige Wertpapier beziehen, wird das *continuing involvement* dazu führen, dass das Wertpapier in voller Höhe beizubehalten ist (*Kuhn/Scharpf*[3], 225). Die Stillhalterverpflichtung wird hierbei allerdings nicht gesondert als Derivat erfasst, wenn dies zu einer Doppelerfassung der Rechte bzw Verpflichtungen aus dem Derivat und der Verbindlichkeit führen würde (IAS 39.AG49).

c) Asset Backed Securities

Bei *asset backed securities* (ABS) handelt es sich um eine Finanzierungsform, bei 124 der Vermögenswerte – idR **Forderungen** – an eine eigens dafür vorgesehene **Zweckgesellschaft** (*special purpose entity*, SPE) **veräußert** werden. Dadurch kann die in den Forderungen gebundene Liquidität schneller freigesetzt werden. Die Zweckgesellschaft finanziert den Kaufpreis durch Ausgabe von Schuldverschreibungen und bedient diese aus den Zahlungsströmen der Forderungen. Die Forderungsverwaltung sowie den Forderungseinzug übernimmt aber häufig weiterhin der Veräußerer (*IDW* RS HFA 8 Rz 4). Wirtschaftlich vergleichbar sind ABS-Transaktionen mit Factoringgeschäften.

Dass es bei der Ausbuchung finanzieller Vermögenswerte nach IAS 39 nicht auf den Übergang des rechtlichen Eigentums, sondern den **Übergang der wirtschaftlichen Risiken** auf den Erwerber ankommt, wird bei ABS besonders deutlich (*IDW* RS HFA 8 Rz 7). Neben der Frage, ob es sich bei der Zweckgesellschaft evtl um ein konsolidierungspflichtiges TU des Veräußerers (= Originator) handelt (vgl hierzu § 32 Rz 11 ff), interessiert besonders, wann die Kriterien für eine Ausbuchung der Forderung **aus Konzernsicht** erfüllt sind. Dazu ist zu beurteilen, ob das Vertragsverhältnis zwischen der Konzerngesellschaft und den konzernexternen Teilnehmern die Kriterien für eine Ausbuchung erfüllt.

Handelt es sich bei der SPE um ein konsolidierungspflichtiges TU des Forde- 125 rungsverkäufers, so ist aus Konzernsicht zu beurteilen, ob eine wirksame **Durchleitungsvereinbarung** (*pass-through-arrangement*) zwischen der SPE und den Investoren besteht, sodass die Forderungen den Konzern wirtschaftlich verlassen. Hieran wird deutlich, dass es nicht darauf ankommt, wer der rechtliche Eigentümer der Forderung selbst ist, sondern wem die **Cashflows aus den Forderungen** zustehen. Gem IAS 39.19 müssen dazu folgende Kriterien erfüllt sein:

(1) Es werden nur Zahlungen geleistet, die aus dem ursprünglichen Vermögenswert stammen. Kurzfristige Vorauszahlungen verletzen dieses Kriterium allerdings nicht (IAS 39.19(a)). Die Garantie einer bestimmten Zahlung aus den Forderungen steht einer Ausbuchung entgegen (*IDW* RS HFA 9 Rz 123), da hierdurch gerade nicht gewährleistet ist, dass tatsächlich nur die Zahlungen aus den Forderungen weitergeleitet werden, sondern möglicherweise darüber hinaus Zahlungen geleistet werden.

(2) Der Vermögenswert darf durch den (rechtlichen) Veräußerer nicht verkauft oder verpfändet werden, sondern höchstens als Sicherheitsleistung für die Zahlungsansprüche ggü den Berechtigten gestellt werden (IAS 39.19(b)).

(3) Das Unternehmen muss die Zahlungsmittelzuflüsse aus dem Vermögenswert unverzüglich weiterleiten (IAS 39.19(c)). Das Merkmal der nur unwesentlichen Verzögerung der Weitergabe der Zahlungen wird teilweise sehr großzügig ausgelegt. So sieht das IDW einen Zeitraum von drei Monaten als unbedenklich an (*IDW* RS HFA 9 Rz 124). Dem kann nicht ohne Weiteres zugestimmt werden, da in diesem Zeitraum Zinserträge aus der kurzfristigen Anlage der Einzahlungen erzielt werden können. Der Überträger behält dann weiterhin die Chancen *(rewards)* aus den Forderungen, sodass das Kriterium gem IAS 39.20(a) nicht erfüllt ist. Dies kann nur dadurch geheilt werden, dass die dann aufgelaufenen Zinsen vertraglich dem Erwerber zustehen.

126 Wird die **SPE nicht** in den **Konsolidierungskreis** einbezogen, gelten die allgemeinen Regeln für die Ausbuchung von Forderungen.

127 Um die Bonität eines ABS zu erhöhen, weisen die Transaktionen häufig Merkmale auf, durch die ein Teil der Risiken beim Veräußerer zurückbehalten wird (sog ***credit enhancements***). Bei den Ausgestaltungsmerkmalen ist zu prüfen, ob sie ggf ausbuchungsschädlich sind. Das ist der Fall, wenn sie so ausgestaltet sind, dass der Veräußerer einen wesentlichen Teil der Risiken zurückbehält. Gängig sind

(1) ein Kaufpreisabschlag,

(2) eine Übersicherung, indem das Volumen der an die SPE übertragenen Forderungen die in den ABS verbrieften Zahlungsansprüche übersteigt;

(3) ein Reservefonds, in welchem finanzielle Mittel zur Absicherung gegen Zahlungsausfälle gesammelt werden,

(4) Rückkaufzusagen durch den Veräußerer für den Fall, dass sich die Forderungen als nicht werthaltig erweisen sowie

(5) Forderungsausfallgarantien, die eine Ausgleichszahlung in beschränkter oder unbeschränkter Höhe vorsehen.

128 Bei einem **festen Kaufpreisabschlag** behält der Veräußerer keine weiteren Risiken zurück. Die Forderungen werden folglich ausgebucht. Dagegen ist ein **variabler Kaufpreisabschlag**, der erst bei Eingang bestimmter Zahlungen gezahlt wird, vergleichbar mit einem vorläufigen Rückbehalt (*Mayer-Wegelin/Gahlen* BB 2008, 884). Hier ist der Veräußerer weiterhin in die Risiken aus den Forderungen involviert. Rückkaufzusagen und Forderungsausfallgarantien in unbeschränkter Höhe haben ebenfalls zur Folge, dass der Veräußerer weiterhin die wesentlichen Risiken aus den Forderungen trägt und daher bei ihm keine Ausbuchung vorgenommen werden kann.

129 Der Abschluss einer **Kreditversicherung** zwischen der Zweckgesellschaft und einem externen Kreditversicherer führt zwar dazu, dass die Zweckgesellschaft keine Ausfallrisiken mehr trägt. Dies hindert nicht die Übertragung vom Verkäufer auf die Zweckgesellschaft, weil der Abschluss der Kreditversicherung eine Transaktion auf Ebene der Zweckgesellschaft ist. Wird die Prämie für die Kreditversicherung vom Verkäufer übernommen, ist im Fall variabler Zahlungen davon auszugehen, dass das Risiko beim Verkäufer bleibt (*Mayer-Wegelin/Gahlen* BB 2008, 884). Durch Übersicherungen wird gewährleistet, dass der Forderungspool auch bei Ausfällen genügend Zahlungsmittel generiert, um die Zins- und Tilgungsansprüche der Investoren bedienen zu können. Der Originator hat regelmäßig erst nach Abwicklung der Transaktion einen Anspruch auf Auszahlung der Cashflows, die nach vollständiger Bedienung der Wertpapiere verblieben sind (*Feld*, 40). Das Risiko verbleibt im Regelfall beim Veräußerer.

Wird ein **Reservefonds** aus Zahlungen aus den übertragenen Forderungen angesammelt, so kann dies einen Verstoß gegen den Grundsatz der unmittelbaren Weiterleitung der Cashflows darstellen (*Watrin/Struffert* WPg 2007, 242). 130

Hat die ABS-Transaktion einen **revolvierenden Charakter**, indem die Zahlungsmittelzuflüsse aus den Forderungen durch die SPE dazu verwendet werden, um neue Forderungen zu erwerben, so liegt keine bilanzwirksame Durchleitungsvereinbarung vor (*KPMG* 2008/9, 456f; aA *Kehm/Lüdenbach* in Lüdenbach/Hoffmann IFRS[7] § 28 Rz 76). Dies würde gegen die Anforderung an Durchleitungsvereinbarungen gem IAS 39.19(c) verstoßen, wonach die abzuführenden Cashflows bis zur Überweisung nicht reinvestiert werden dürfen, außer zur Anlage in Zahlungsmitteln oder Zahlungsmitteläquivalente. 131

Erfüllt die Veräußerung nicht die Kriterien für eine Ausbuchung, sind die Forderungen weiterhin beim Veräußerer zu bilanzieren. In Höhe des **Verkaufspreises** ist dann eine **finanzielle Schuld** zu passivieren, da der Veräußerer einen Zufluss an Zahlungsmitteln verzeichnet, ohne dafür das wirtschaftliche Eigentum an den Forderungen verloren zu haben.

IV. Ausbuchung finanzieller Verbindlichkeiten

Eine finanzielle Verbindlichkeit ist auszubuchen, wenn sie durch **Tilgung** oder **Erlassung** seitens des Gläubigers erloschen ist (IAS 39.39). 132

Auch die **Schuldübernahme** durch einen Dritten führt zu einer Ausbuchung, allerdings nur dann, wenn der Gläubiger der Übernahme zugestimmt hat (IAS 39.AG60).

Im Rahmen von **Umschuldungen** führt der Austausch von Schuldinstrumenten mit substanziell verschiedenen Vertragsbedingungen zur Ausbuchung der ursprünglichen Schuld und der gleichzeitigen Einbuchung einer neuen Schuld (IAS 39.40). Die Vertragsbedingungen gelten als substanziell verschieden, wenn die Cashflows des neuen Vertrags unter Berücksichtigung evtl Gebühren um mindestens 10% vom Barwert der ausstehenden Cashflows der ursprünglichen Verbindlichkeit abweichen (IAS 39.AG62). Da die Umschuldung wie eine Tilgung behandelt wird, ergeben sich ggf Erfolgswirkungen. Die neue Verbindlichkeit ist mit dem *fair value* einzubuchen. Die Umschuldung ist deshalb in zwei getrennte Buchungsvorgänge aufzuspalten (*Scharpf/Kuhn*[3], 251). Umschuldungen können dabei durch **Veränderungen von Vertragsbedingungen** oder durch die Tilgung eines Darlehens und Wiederaufnahme eines Darlehens unter veränderten Kreditbedingungen dargestellt werden. Häufig sind in diesem Zusammenhang Gebühren zu entrichten. In einem nächsten Schritt ist auf Basis eines aktuellen Marktzinssatzes der Barwert der neuen Verbindlichkeit zu bestimmen, um Gewinne bzw Verluste aus der Transaktion zu ermitteln. Diese ergeben sich als Differenz aus dem Barwert des ursprünglichen Bonds abzüglich des Barwerts des neuen Bonds und den durch die Umschuldung entstandenen Kosten. 133

Beispiel: Am 1. Januar X1 emittiert A einen Bond in Höhe von T€ 1.000 mit einer Laufzeit von 10 Jahren. Der Zinssatz beträgt 10% und ist jährlich am 31. Dezember fällig. Die Tilgung ist am 31. Dezember X10 fällig. Am 1. Januar X6 einigen sich A und die Inhaber des Bonds auf folgende vertragliche Änderungen: Es werden keine Zinsen mehr gezahlt, der Bond ist am 31. Dezember X10 mit T€ 1.600 zurückzuzahlen. Hierfür fallen Kosten in Höhe von T€ 50 an.

Der Vergleich des Barwerts der bestehenden Verbindlichkeit in Höhe von T€ 1.000 mit dem Barwert der angepassten Verbindlichkeit (€ 993.474; T€ 1.600 abgezinst über 5 Jahre zu 10%) zuzüglich der entstandenen Kosten in Höhe von T€ 50 ergibt, dass die Verbindlichkeit nicht auszubuchen ist, da die Veränderung der Cashflows die 10%-Grenze nicht übersteigt. Die ursprüngliche Schuld darf nicht ausgebucht werden.

Variante: Gleiche Ausgangssituation wie oben, nur werden diesmal folgende Bedingungen vereinbart: Verlängerung des Bonds bis zum 31. Dezember X12, die jährlichen Zinszahlungen werden auf T€ 50 reduziert, der Bond ist am 31. Dezember X12 zu T€ 1.500 zu tilgen und dabei entstehen Kosten in Höhe von T€ 50.

Der Vergleich der Barwerte ergibt, dass die Anpassung nun die Grenze von 10% überschreitet: Der Barwert der ursprünglichen Verbindlichkeit beträgt T€ 1.000, der Barwert der neuen Verbindlichkeit beträgt € 1.113.158 (T€ 1.500 abgezinst über 7 Jahre zu 10% zuzüglich des Barwerts der jährlichen Zinszahlungen in Höhe von je T€ 50 und den Kosten in Höhe von T€ 50). Im Zuge der Ausbuchung der ursprünglichen Verbindlichkeit und der Einbuchung der neuen Verbindlichkeit zum beizulegenden Zeitwert resultiert ein erfolgswirksam zu erfassender Verlust in Höhe von € 113.158.

134, 135 *einstweilen frei*

E. Bewertung von Finanzinstrumenten

I. Bewertung bei erstmaliger Erfassung

136 In IAS 39.43 wird festgelegt, dass ein Unternehmen finanzielle Vermögenswerte oder finanzielle Verbindlichkeiten beim **erstmaligen Ansatz** unabhängig von der Zuordnung zu einer Kategorie grds mit dem **beizulegenden Zeitwert** zu bewerten hat.

Der beizulegende Zeitwert entspricht bei der erstmaligen Erfassung in der ganz überwiegenden Zahl der Fälle dem Transaktionspreis bzw den **Anschaffungskosten**. Nur wenn ein Teil der gegebenen Gegenleistung sich auf etwas anderes als auf das Finanzinstrument bezieht, wird der beizulegende Zeitwert des Finanzinstruments unter Anwendung einer Bewertungsmethode geschätzt. **Un- oder unterverzinsliche Kredite oder Forderungen** werden zum Barwert aller künftigen Einzahlungen angesetzt. Dabei wird ein Marktzins verwendet, der für ein vergleichbares Instrument ähnlicher Bonität gelten würde (IAS 39.AG64). Die Differenz wird nach der Effektivzinsmethode über die Laufzeit des zugrunde liegenden Instruments verteilt.

Bei kurzfristigen Forderungen kann auf eine **Abzinsung** mangels **Wesentlichkeit** idR verzichtet werden (IAS 39.AG79). Entspr dürfte für unterverzinsliche Darlehen gelten, deren Verzinsung nicht wesentlich unter dem Marktniveau liegt (s *Kehm/Lüdenbach* in Lüdenbach/Hoffmann IFRS[7] § 28 Rz 122).

137 Bei einem **Darlehen,** das mit einem **Disagio** oder Agio ausgereicht wird, erfolgt die erstmalige Bewertung ebenfalls mit den Anschaffungskosten, dh dem ausgezahlten Betrag. Die Differenz zum Nominalbetrag ist nicht (wie nach HGB) in einem Rechnungsabgrenzungsposten abzubilden, sondern wird bei den Folgebewertungen durch die Effektivzinsmethode amortisiert (IAS 39.AG65; § 14 Rz 75 ff).

138 Beim **Erwerb einer Finanzinvestition** waren im Einzelabschluss eines Unternehmens bisher Dividenden, die auf thesaurierte Gewinne aus der Zeit vor dem Erwerb entfallen, von den Anschaffungskosten der Wertpapiere abzuziehen (IAS 18.32 (1993)). Als Folge der Änderungen des IAS 27 im Mai 2008 wurden einerseits die Regelungen des IAS 18 angepasst und gleichzeitig die Definition der Anschaffungskostenmethode aus IAS 27 entfernt. Dies hat zur Folge, dass nunmehr **Dividenden** aus der Zeit vor dem Erwerb der Wertpapiere grds Bestandteil der Anschaffungskosten sind. Bei späterer Ausschüttung an den neuen Anteilseigner sind sie in dessen Einzelabschluss erfolgswirksam zu erfassen (IAS 27.BC66H). Um auszuschließen, dass die Anteile überbewertet sind, wurde IAS 36 um IAS 36.12 h erweitert: Als **Anhaltspunkt** für die **Wertminderung**

einer Finanzinvestition (in ein TU, Gemeinschaftsunternehmen oder assoziiertes Unternehmen) gilt künftig auch, dass Dividenden erfasst werden und gleichzeitig der Buchwert der Finanzinvestition im Einzelabschluss höher ist als das Nettovermögen der Finanzinvestition im Konzernabschluss zu Buchwerten einschließlich des damit verbundenen Geschäfts- oder Firmenwerts oder die erfassten Dividenden das Gesamtergebnis (s Rz 230 ff) in der Periode übersteigen, in der die Dividende beschlossen wird (IAS 36.12(h)). Die Neuregelungen gelten für Geschäftsjahre, die am oder nach dem 1. Januar 2009 beginnen.

Transaktionskosten (Anschaffungsnebenkosten) sind nur solchen finanziellen Vermögenswerten oder Verbindlichkeiten zuzuordnen, deren Wertänderungen nicht erfolgswirksam zum beizulegenden Zeitwert erfasst werden (IAS 39.43). 139

Als Transaktionskosten (Definition in IAS 39.9) kommen zB Provisionen, Maklerkosten, Notarkosten sowie Steuern und Gebühren in Betracht (IAS 39.AG13). Agien oder Disagien gehören grds nicht zu den Transaktionskosten, ebenfalls nicht interne Verwaltungs- und Haltekosten (Gemeinkosten).

Die Behandlung der angefallenen Anschaffungsnebenkosten erfolgt **nicht einheitlich.** Sie ist abhängig davon, in welche Kategorie der finanzielle Vermögenswert eingeordnet wird bzw wie die Folgebewertung zu erfolgen hat. Sofern die finanziellen Vermögenswerte in Folgeperioden **nicht erfolgswirksam zum beizulegenden Zeitwert** bewertet werden (zB bei Fälligkeitswerten, ausgereichten Darlehen und Forderungen und zur Veräußerung verfügbaren Finanzinstrumenten), sind die Anschaffungsnebenkosten zunächst zu aktivieren. Im Rahmen der Folgebewertung werden sie grds **erfolgswirksam** nach der Effektivzinsmethode verteilt; dies gilt auch bei zur Veräußerung verfügbaren Wertpapieren mit **festen oder bestimmbaren Zahlungen**. Bei Instrumenten **ohne** bestimmbare Laufzeiten und Zahlungen (zB Aktien) werden Transaktionskosten erst beim Verkauf erfolgswirksam erfasst (s *Bellavite-Hövermann/Barckow* in Baetge ua IFRS-Komm[2] IAS 39 Rz 120). Für Wertpapiere der Kategorie zur Veräußerung verfügbar ohne feste oder bestimmbare Zahlungen werden daher bei Erwerb zunächst die Transaktionskosten erfasst und zum Zeitpunkt der ersten Folgebewertung erfolgsneutral als Minderung des sonstigen Ergebnisses gebucht, da in die sich daran anschließende Marktbewertung Transaktionskosten nicht eingehen. Erst bei Verkauf des Instruments werden die im kumulierten sonstigen Ergebnis für das Instrument erfassten Beträge in den erfolgswirksamen Teil der Gesamtergebnisrechnung bzw in die gesonderte GuV (sofern erstellt) umgebucht und damit aufwandswirksam erfasst (IAS 39.AG67 mit einem Beispiel). 140

Demgegenüber sind bei Finanzinstrumenten, die **erfolgswirksam zum beizulegenden Zeitwert** zu bilanzieren sind, die Anschaffungsnebenkosten sofort im Aufwand zu verrechnen (Umkehrschluss aus IAS 39.43). Das betrifft alle zu Handelszwecken gehaltenen sowie vom Unternehmen entspr designierten Finanzinstrumente. **In Zukunft** bei Veräußerung ggf anfallende Transaktionskosten sind weder bei der Erstbewertung noch bei der Folgebewertung zu berücksichtigen. 141

Transaktionskosten beim Eingehen von **Verbindlichkeiten** sind von den Anschaffungskosten abzusetzen und über die Laufzeit zu amortisieren. Es handelt sich hierbei zB um Bereitstellungs- oder Zusageentgelte, Gebühren für die Bearbeitung oder Prüfung der Kreditwürdigkeit, Vermittlungs- oder Abschlussprovisionen. Obwohl diese Kosten keinen Zinscharakter bzw nur einen begrenzten Laufzeitbezug (ggf Anbahnung einer dauerhaften Geschäftsbeziehung) aufweisen, sind sie vom Auszahlungsbetrag abzusetzen und effektivzinsmäßig zu verteilen. Die direkt zurechenbaren Transaktionskosten werden daher wie Disagien als Bestandteil der Effektivverzinsung ratierlich realisiert und erfolgswirksam als Zinsaufwand erfasst (s auch *Kuhn/Scharpf*[3], 263 f). 142

143 **Disagien bzw Agien** können nicht wie nach HGB separat ausgewiesen werden, sondern sind ebenfalls nach der Effektivzinsmethode über die Laufzeit des Instruments zu verteilen.

144 **Optionsprämien** beim Vertragsabschluss von Optionen oder *upfront-payments* bei **Termingeschäften** stellen Anschaffungskosten dieser Finanzinstrumente dar und sind zu aktivieren.

II. Folgebewertung von finanziellen Vermögenswerten

145 Die **Folgebewertung** ist nach IAS 39.45 für die **einzelnen Kategorien** der finanziellen Vermögenswerte **unterschiedlich** geregelt. Die folgende Übersicht gibt dies wieder:

	Kategorie	**Folgebewertung**		
		erfolgswirksam	sonstiges Ergebnis	andere
(1)	Zu Handelszwecken gehaltene Finanzinstrumente und Finanzinstrumente die der Kategorie erfolgswirksam zum beizulegenden Zeitwert bewertet zugeordnet werden	a) Beizulegender Zeitwert (ohne Abzug von zukünftigen Verkaufskosten)		b) Ausnahme: **Eigenkapitalinstrumente** ohne verlässlichen Wert: fortgeführte Anschaffungskosten
(2)	Bis zur Endfälligkeit zu haltende Finanzinvestitionen	Fortgeführte Anschaffungskosten		
(3)	Kredite und Forderungen	Fortgeführte Anschaffungskosten		
(4)	Zur Veräußerung verfügbare finanzielle Vermögenswerte		a) Beizulegender Zeitwert (ohne Abzug von zukünftigen Verkaufskosten)	b) Ausnahme: Eigenkapitalinstrumente ohne verlässlichen Wert: fortgeführte Anschaffungskosten

146 Finanzinstrumente die der Kategorie erfolgswirksam zum beizulegenden Zeitwert bewertet (einschließlich Derivate mit positivem Wert) zuzuordnen sind, werden nach dem erstmaligen Ansatz grds mit dem **beizulegenden Zeitwert** bewertet (1). Künftige Transaktionskosten sind nicht abzuziehen. Die gesonderte Berücksichtigung einer Wertminderung ist nicht erforderlich, da diese inzident bei der Ermittlung des beizulegenden Zeitwerts erfolgt.

147 **Bis zur Endfälligkeit zu haltende Finanzinvestitionen** (2) und **Kredite und Forderungen** (3) sind mit ihren **fortgeführten Anschaffungskosten** zu bewerten (IAS 39.46(a) und (b)). Die Berechnung erfolgt mit der **Effektivzinsmethode** (IAS 39.9; s *Kuhn/Scharpf*[3], 275 f). Der Effektivzinssatz ist über die Laufzeit bei festverzinslichen Instrumenten gleichbleibend. Bei variabel verzinslichen finanziellen Vermögenswerten oder finanziellen Verbindlichkeiten ändert sich der Effektivzinssatz durch die periodisch vorgenommene Neueinschätzung

der Cashflows aufgrund der geänderten Marktbedingungen (IAS 39.AG7). Sofern sich durch die Anpassung nur unwesentliche Auswirkungen ergeben, kann auf sie verzichtet werden.

Nach der Effektivzinsmethode werden sämtliche ausstehenden Cashflows eines Instruments (Nominalverzinsung, Tilgungen, Agien, Disagien, Transaktionskosten etc) auf den Buchwert zum Zeitpunkt des Erwerbs bezogen. Hieraus ergibt sich der Effektivzinssatz (interner Zinsfuss), der in den Folgeperioden auf die fortgeführten Anschaffungskosten angewendet wird.

Beispiel (vgl *Bellavite-Hövermann/Barckow* in Baetge ua IFRS-Komm[2] IAS 39 Rz 124): Eine Bank erwirbt ein festverzinsliches Wertpapier über nominal GE 1.250 und einer Restlaufzeit von fünf Jahren zum beizulegenden Zeitwert in Höhe von GE 1.000. Der Titel ist mit einem Kupon von 4,7% ausgestattet, woraus sich jährliche Zinszahlungen von GE 58,75 ergeben (GE 1.250 × 0,047 = GE 58,75). Die Anwendung der Discounted Cashflow-Methode ergibt aus den vorliegenden Daten eine Effektivverzinsung von 9,9722037%:

$$1000 = 58{,}75/(1+i) + 58{,}75/(1+i)^2 + 58{,}75/(1+i)^3 + 58{,}75/(1+i)^4 + 1.250 + 58{,}75/(1+i)^5$$
$\Rightarrow$ **i = 0,09972**

Jahr	fortgeführte Anschaffungskosten zum Beginn des Jahres	Zinserträge	Cashflows	fortgeführte Anschaffungskosten zum Ende des Jahres
2006	1.000	100	58,75	1.041
2007	1.041	104	58,75	1.087
2008	1.087	109	58,75	1.137
2009	1.137	114	58,75	1.191
2010	1.191	119	1.308,75	0

Bestehen (objektive) Anhaltspunkte für Wertminderungen von Finanzinstrumenten, deren Folgebewertung zu (fortgeführten) Anschaffungskosten erfolgt, sind diese grds erfolgswirksam zu erfassen (s Rz 173 ff).

Zur Veräußerung verfügbare Finanzinstrumente (4) werden bis zur Aus- 148
buchung bei jeder Folgebewertung grds zum beizulegenden Zeitwert (Ausnahme Eigenkapitalinstrumente für die kein aktiver Markt besteht, s Rz 151) bewertet (IAS 39.55(b)). Die Wertänderungen werden im sonstigen Ergebnis erfasst, unabhängig davon, ob hierdurch das sonstige Ergebnis erhöht oder vermindert wird.

Handelt es sich um finanzielle Vermögenswerte, die **monetäre Posten** iSd 149
IAS 21 sind, werden die diesbezüglichen Wertänderungen erfolgswirksam erfasst (IAS 39.AG83). Das wesentliche Merkmal eines monetären Postens besteht in dem Recht auf Erhalt (oder Verpflichtung zur Zahlung) einer festen oder bestimmbaren Anzahl von **Währungseinheiten** (zB Forderungen oder verzinsliche Wertpapiere). Nicht zu den monetären Posten gehören zB Anzahlungen für Waren oder Dienstleistungen, Geschäfts- oder Firmenwerte, immaterielle Vermögenswerte, Sachanlagen oder Aktien (IAS 21.16).

Für alle anderen finanziellen Vermögenswerte der Kategorie zur Veräußerung verfügbar werden auf Fremdwährungsdifferenzen entfallende Wertänderungen mit den anderen Marktwertänderungen zusammengefasst und im sonstigen Ergebnis erfasst. Für Wertminderungen gelten gesonderte Regelungen, die unter Rz 173 erläutert werden.

Werden **verzinsliche Instrumente** in der Kategorie zur Veräußerung verfüg- 150
bar erfasst, sind die mittels der Effektivzinsmethode berechneten Zinsen erfolgs-

wirksam zu buchen. Nur in Höhe der Differenz zwischen den fortgeführten Anschaffungskosten und dem Marktwert erfolgt eine Erfassung im sonstigen Ergebnis.

151 Finanzinvestitionen in **Eigenkapitalinstrumente** (zB GmbH-Anteile, nicht notierte Aktien), für die kein auf einem aktiven Markt notierter Marktpreis existiert (s dazu Rz 183) und deren Zeitwert auch nicht verlässlich bestimmt werden kann, sind mit den **Anschaffungskosten** zu bewerten (IAS 39.46(c)). Dies gilt auch für Derivate auf solche Eigenkapitalinstrumente, die nur durch Andienung erfüllt werden können. Der beizulegende Zeitwert derartiger Instrumente kann verlässlich bestimmt werden, wenn

(1) die Schwankungsbreite der vernünftigen Schätzungen des beizulegenden Zeitwerts für dieses Instrument nicht signifikant ist, was den Regelfall darstellt (IAS 39.AG81) oder

(2) die Eintrittswahrscheinlichkeiten der verschiedenen Schätzungen innerhalb dieser Bandbreite auf angemessene Weise beurteilt und bei der Schätzung des beizulegenden Zeitwerts verwendet werden können (IAS 39.AG80).

Ist eine **Bewertung** zum beizulegenden Zeitwert **nicht möglich**, scheidet eine Kategorisierung erfolgswirksam zum beizulegenden Zeitwert bewertet oder zu Handelszwecken gehaltene Finanzinstrumente entspr IAS 39.9 aus. Folglich kommt nur noch eine Zuordnung zur Kategorie zur Veräußerung verfügbar in Frage.

152 Sind Finanzinstrumente der Kategorie zur Veräußerung verfügbare finanzielle Vermögenswerte **Bestandteil** einer **effektiven Sicherungsbeziehung**, gelten die besondere Regelungen des IAS 39.85 ff, die in § 23 Rz 46 ff dargestellt werden.

153 Auch **zinstragende Posten** (Fremdkapitalinstrumente) sind in dieser Kategorie zum beizulegenden Zeitwert zu bewerten. Parallel ist aber zu fortgeführten Anschaffungskosten zu bewerten, da die Vereinnahmung der Zinsen auf Basis der Effektivzinsmethode erfolgt. Agien und Disagien sowie Transaktionskosten, die zu einer Abweichung zwischen dem Nominalbetrag und dem Kauf- oder Ausgabebetrag führen, sind unter Anwendung der Effektivzinsmethode erfolgswirksam zu amortisieren (vgl dazu § 7 Rz 25 f).

Praktisch erfolgt bei diesen Instrumenten eine stufenweise Bewertung in folgender Reihenfolge: zunächst erfolgswirksame Bewertungen auf Basis der Effektivzinsmethode sowie hinsichtlich Fremdwährungsdifferenzen und anschließend erfolgsneutrale Bewertung der Anpassung an den beizulegenden Zeitwert.

154 **Finanzgarantien** werden im Rahmen der Folgebewertung entweder der Kategorie erfolgswirksam zum beizulegenden Zeitwert bewertet zugeordnet oder alternativ zum höheren Betrag des

(1) ursprünglich angesetzten Betrags abzüglich der kumulierten, in Übereinstimmung mit IAS 18 bereits erfolgswirksam erfassten Amortisationen bzw dem

(2) nach IAS 37 bestimmten Betrag

bewertet (s ausführlich § 14 Rz 82 ff).

III. Folgebewertung von Schulden

155 Finanzielle Schulden werden nach IAS 39.47 bei den jeweiligen Folgebewertungen zu **fortgeführten Anschaffungskosten** angesetzt, jedoch mit folgenden Ausnahmen:

(1) Finanzielle Schulden, die der Kategorie erfolgswirksam zum beizulegenden Zeitwert bewertet zugeordnet wurden (Rz 49), und Derivate mit negativem Marktwert werden mit dem **beizulegenden Zeitwert** bewertet. Für Derivate gilt dies nicht, soweit sie an ein nicht notiertes Eigenkapitalinstrument

gebunden sind, dessen beizulegender Zeitwert nicht verlässlich festgestellt werden kann.

(2) Werden Schulden eingebucht, weil die Ausbuchung eines Vermögenswerts trotz entspr Parteivereinbarung nicht möglich ist, gelten die Sonderregeln von IAS 39.29 und IAS 39.31.

(3) Finanzgarantien und Kreditzusagen mit Zinssätzen unterhalb des Marktzinses sind im Rahmen der Folgebewertung entweder zum ursprünglichen Betrag abzüglich der kumulierten Amortisationen oder zum höheren Betrag, der sich bei einer Bewertung nach IAS 37 ergibt, zu bewerten (IAS 39.47(c) und (d)).

IV. Wertansätze

1. Beizulegender Zeitwert – Definition und Ermittlung

Der **beizulegende Zeitwert** *(fair value)* ist nach IAS 39.9 der Betrag, „zu dem ein Vermögenswert oder eine Schuld zwischen sachverständigen, vertragswilligen und voneinander unabhängigen Geschäftspartnern getauscht bzw beglichen werden kann". Die Grundsätze, die für die Ermittlung des beizulegenden Zeitwerts von Finanzinstrumenten angewandt werden sollen, sind in Abschn IAS 39.AG69 bis IAS 39.AG82 des Anhang A niedergelegt, auf die in IAS 39.48 ausdrücklich verwiesen wird. Der Anhang ist Bestandteil des Standards. 156

Aufgrund der *Basis for Conclusions* (IAS 39.BC102f), die der IASB zu IAS 39 veröffentlicht hat, kann eine zweistufige Hierarchie zur Bestimmung des beizulegenden Zeitwerts angenommen werden:

(1) Gibt es einen **aktiven Markt** für das zu bewertende Finanzinstrument, ist der an diesem Markt ermittelte und veröffentlichte Wert der beizulegende Zeitwert.

(2) Gibt es **keinen aktiven Markt** für das zu bewertende Finanzinstrument, ist der beizulegende Zeitwert anhand von **anerkannten Bewertungstechniken** zu ermitteln. Zu diesen Bewertungstechniken, auf die nachstehend in Rz 165 eingegangen wird, gehören auch Verfahren, die den Preis aus früheren Markttransaktionen ableiten.

2. Wertermittlung bei aktivem Markt

Der Begriff „aktiver Markt" wird nicht nur in IAS 39, sondern auch in IAS 36, IAS 38 und IAS 41 verwendet. Dort wird eine **einheitliche Charakterisierung** eines aktiven Markts verwendet (*IDW* RS HFA 9 Rz 64): 157

(1) homogene Güter,

(2) vertragswillige Käufer und Verkäufer, die jederzeit gefunden werden können und

(3) Preise, die der Öffentlichkeit zur Verfügung stehen.

Diese Regelungen gelten grds auch nach den Vorschriften des IAS 39, sie werden aber durch weitere Erläuterungen ergänzt.

Von einem **öffentlich notierten Marktpreis** ist auszugehen, wenn der Marktpreis unverzüglich und regelmäßig öffentlich oder kommerziell zugänglich ist und der Preis aktuelle und regelmäßig auftretende Markttransaktionen wie unter fremden Dritten widerspiegelt (IAS 39.AG71). Diese Anforderungen erfüllen regelmäßig Preise, die an organisierten Wertpapierhandelsplätzen notiert werden, dh Märkten, die von staatlich anerkannten Stellen geregelt und überwacht werden, regelmäßig stattfinden und für das Publikum zugänglich sind (*IDW* RS HFA 9 Rz 76ff; der Freiverkehr zählt in Deutschland zwar nicht zu den organisierten Märkten, kann aber ein aktiver Markt sein) sowie an Waren- und Terminbörsen oder an außerbörslichen (OTC) Märkten. Sog *market maker* 158 stellen verbindliche Preise für den An- und Verkauf bestimmter Finanzinstrumente zur Verfügung. Diese Preise können für Zwecke der Bewertung zum beizulegenden Zeitwert herangezogen werden, da sich ein *market maker* dazu verpflichtet, zum notierten Preis tatsächlich einen Geschäftsabschluss mit dem Kontrahenten zu tätigen (*IDW* RS HFA 9 Rz 80). Hiervon zu unterscheiden sind Preise, die von Preis-Service-Agenturen veröffentlicht werden, die keinen Verbindlichkeitscharakter haben und denen keine Markttransaktionen zugrunde liegen. Diese Preise sind keine Preise eines aktiven Markts.

159 Ein aktiver Markt liegt nicht mehr vor, wenn **keine Marktliquidität** mehr besteht, weil keine oder nicht genügend Markttransaktionen stattfinden oder die *market maker* über einen längeren Zeitraum keine verbindlichen Kurse mehr stellen. Auch wenn Transaktionen im Wesentlichen gezwungenermaßen, dh durch Liquidationen oder Notverkäufe stattfinden, liegt ein aktiver Markt nicht mehr vor (*IDW* Positionspapier des IDW zu Bilanzierungs- und Bewertungsfragen im Zusammenhang mit der Subprime-Krise, 3).

Eine **abnorme Preisnotierung** kann auch vorliegen, wenn unüblich geringe Handelsvolumen erhebliche Preisschwankungen verursachen, die nicht im Einklang mit der bisherigen Entwicklung des Kurses stehen. Preisnotierungen von Anteilen bei geringer Marktkapitalisierung können ähnlich zu bewerten sein.

160 Wird ein Titel in **unterschiedlichen Börsensegmenten** gehandelt, muss das Unternehmen in seiner **Bilanzierungsrichtlinie** oder an anderer geeigneter Stelle festlegen, welches Marktsegment für die Bewertung herangezogen wird (*IDW* RS HFA 9 Rz 81 f).

161 Steht ein **Marktpreis**, der auf einem aktiven Markt ermittelt wurde, zur Verfügung, so ist die Bewertung **zwingend** nach diesem vorzunehmen. Damit ist zB für Schätzungen des beizulegenden Zeitwerts von Unternehmensanteilen kein Raum, wenn ein Börsenpreis für diese Anteile notiert wird und unter normalen Bedingungen zustande gekommen ist (IAS 39.AG71).

162 Von einem börsennotierten Stichtagspreis kann nur abgewichen werden, wenn eine **abweichende Bewertung**, zB durch einen Verkaufsvertrag mit Wirksamkeit, unmittelbar nach dem Bilanzstichtag mit einer fremden dritten Vertragspartei **nachgewiesen** werden kann. Unternehmensinterne Annahmen über Paketzu- oder -abschläge bei Veräußerung reichen für eine abweichende Bewertung nicht aus (s Beispiel in IAS 39.IG E.2.2.). Das liegt zum einen daran, dass derartige Zu- oder Abschläge stark von aktuellen Verhältnissen abhängig sind und damit eine tatsächliche Veräußerung auch voraussetzen würden, und zum anderen daran, dass es an einer zuverlässigen Messbarkeit von Paketzu- oder -abschlägen mangelt.

163 Für **gehaltene Vermögenswerte** ist der Geldkurs, für **Verbindlichkeiten** der Briefkurs am Stichtag heranzuziehen. Bestehen gleich hohe finanzielle Vermögenswerte und finanzielle Schulden, lässt der Standard die Verwendung von Mittelkursen zu (IAS 39.AG72). Geld- bzw Briefkurse sind auf ggf offene Nettorisikopositionen anzuwenden.

164 Aufgrund der **Finanzmarktkrise** hat der IASB im Jahr 2008 ein Expertengremium formiert, dessen Aufgabe es war, Methoden für die Bewertung und den Ausweis von Finanzinstrumenten in inaktiven Märkten zusammenzustellen. Im Oktober 2008 wurde der Abschlussbericht dieses Gremiums veröffentlicht, der wesentliche Hinweise zu Bewertung und Ausweis von Finanzinstrumenten nach IFRS bietet. Der Bericht ist weder vom Board verabschiedet, noch enthält er neue Regelungen oder Anforderungen an die Bewertung und den Ausweis von Finanzinstrumenten. Für den **Praktiker** enthält er aber Hinweise, die gerade in Zeiten inaktiver Märkte bei der Bewertung hilfreich sein können.

3. Wertermittlung nach anerkannten Bewertungsmethoden

Gibt es für das zu bewertende Finanzinstrument **keinen aktiven Markt**, ist 165
der beizulegende Zeitwert anhand von **anerkannten Bewertungstechniken** zu ermitteln. Dabei sind Risikoanpassungen insbes für das Kredit- und Liquiditätsrisiko vorzunehmen.

Ziel der Berechnungen ist es, einen Wert (Preis) zu ermitteln, zu dem unter verkaufsbereiten/kaufbereiten Vertragspartnern eine Kauf- bzw Verkaufsvereinbarung zustande kommen könnte. Wichtige **Voraussetzung** für die Bewertung eines Instruments ist es, ein vollständiges Verständnis der Funktionsweise des Instruments zu haben. Erst auf dieser Basis ist es möglich zu beurteilen, ob beobachtbare Markttransaktionen als Vergleichstransaktionen herangezogen werden können und welche Anpassungen ggf vorgenommen werden müssen (*IASB Expert Advisory Panel,* Rz 30).

Wie in Rz 156 bereits aufgeführt, soll in erster Linie versucht werden, den bei- 166
zulegenden Zeitwert aus **Preisen** abzuleiten, die in **jüngster Vergangenheit** bei vergleichbaren anderen Finanzinstrumenten unter verkaufsbereiten/kaufbereiten Vertragspartnern *at arm's length* vereinbart wurden (IAS 39.AG74). Nicht jede Markttransaktion kann dabei für die Bemessung des beizulegenden Zeitwerts herangezogen werden. Dies ist abhängig von den jeweiligen Umständen. Es können zB größere zeitliche Abstände zwischen den Transaktionen vorliegen, in denen sich die Marktbedingungen geändert haben, die Berücksichtigung finden müssen. Markttransaktionen ähnlicher Instrumente können eine Indikation für den beizulegenden Zeitwert bieten, müssen aber ggf angepasst werden. Hierfür sind geeignete Modelle zu entwickeln. Mögliche Gründe für die Anpassung des Marktwerts eines ähnlichen Instruments sind der Zeitpunkt der Transaktion, die Bedingungen des Instruments, mit dem Instrument verbundene Transaktionen sowie die Korrelation der Instrumente (*IASB Expert Advisory Panel,* Rz 42).

Die von **Brokern** oder **Preisagenturen** ermittelten Preise können für die 167
Ermittlung des Marktwerts herangezogen werden, sind aber nicht unbedingt maßgeblich, wenn ein aktiver Markt nicht vorhanden ist. Die Bewertung von Brokern oder Preisagenturen basiert in diesen Fällen auch auf Modellen, deren Eckdaten idR nicht bekannt sind. Um solche Bewertungen zu übernehmen ist es daher erforderlich zu verstehen, wie die Bewertung zustande gekommen ist und ob die Bewertung mit den Zielen der Ermittlung des beizulegenden Zeitwert iSd IAS 39 in Übereinstimmung steht. Im Zweifel sind Bewertungen, die aktuelle Marktbewertungen berücksichtigen, verlässlicher. Wenn es möglich ist, Preise aus unterschiedlichen Quellen zu bekommen, ist zu klären, wie hoch die Unterschiede sind und worauf diese beruhen. Bei materiellen Differenzen muss das Unternehmen einschätzen, welcher Preis am besten den Marktpreis widerspiegelt. Die Anwendung eines **Durchschnittspreises** aus allen Notierungen ist keine angemessene Methode, um den beizulegenden Zeitwert zu ermitteln (*IASB Expert Advisory Panel,* Rz 52 ff).

Sind solche Werte **nicht angemessen** oder für den Bilanzierenden **nicht zu-** 168
gänglich, wendet er Bewertungstechniken an, die Marktteilnehmer (zB Banken) nutzen, um ein Finanzinstrument „einzupreisen". Die **Marktgerechtigkeit** dieser Verfahren wird dadurch „bewiesen", dass unter den Marktteilnehmern Transaktionen zustande kommen, denen Wertermittlungen nach den genannten Bewertungstechniken zugrunde liegen. Die angewandte Bewertungsmethode stützt sich so weit wie möglich auf marktbezogene Daten, berücksichtigt alle Faktoren, die Marktteilnehmer bei der Preisfestlegung beachten würden und entspricht anerkannten wirtschaftlichen Methoden für die Preisfindung von Finanzinstrumenten (IAS 39.AG75 f). Faktoren, die Marktteilnehmer bei der Preisfestlegung

beachten, sind solche, die potentielle Auswirkungen auf den beizulegenden Zeitwert haben können. In IAS 39.AG82 werden einige **wesentliche Einflussfaktoren** beschrieben:

169 (1) **Zeitwert des Geldes** – Der Markt bestimmt den Zinssatz, mit dem erwartete Cashflows kapitalisiert werden. In IAS 39.AG82 werden als Beispiele Zinssätze für Staatsanleihen oder allgemein anerkannte und leicht feststellbare Zinsraten wie LIBOR genannt. Die Sätze dürfen jedoch nicht schematisch angewandt werden. Es gibt zB Staaten, deren Anleihen einem erhöhten Ausfallrisiko unterliegen. Einzelne in diesen Staaten ansässige Unternehmen können einen höheren Status als Kreditnehmer als der Staat haben.

(2) **Ausfallrisiko** – Das Kreditrisiko, das bei der Kapitalisierung von Bedeutung ist, wird aus Marktpreisen für gehandelte Finanzinstrumente abgeleitet.

(3) **Wechselkurse** – Für die meisten größeren Währungen gibt es amtliche Devisenkurse.

(4) **Warenpreise** – Hierfür wird auf beobachtbare Marktdaten zurückgegriffen.

170 Der Anwender kann die Grundsätze nur umsetzen, wenn er **Zugang zu Datenbanken** hat, aus denen er die Angaben (Zinssätze, Währungskurse, Indexzahlen über Aktien und Anleihekurse, Preise für *commodities* usw) abrufen kann. Solche Datenbanken stellen im internationalen Bereich zB die Agenturen Bloomberg und Reuters zur Verfügung. Banken unterhalten für wiederkehrende Geschäftsvorfälle Programme (*fair value*-Rechner), mit deren Hilfe sie schnell zu Ergebnissen kommen.

171 Trotz der in Rz 165 ff genannten „Anbindung" der Rechenverfahren an Marktdaten bleibt bei der Bewertung von Finanzinstrumenten, die nicht an einem aktiven Markt gehandelt werden, ein nicht unerheblicher Bereich, der nicht frei von **subjektiven Einschätzungen** ist: Die Schätzung der künftigen Cashflows muss individuell für den einzelnen Fall vorgenommen werden.

172 Während IAS 39.43 und IAS 39.AG74 ff davon ausgehen, dass für Finanzinstrumente in aller Regel ein beizulegender Zeitwert verlässlich ermittelbar ist, wird auch der Fall gesehen, dass für **Eigenkapitalinstrumente** ein beizulegender Zeitwert nicht verlässlich ermittelbar ist (IAS 39.AG80 f). Eigenkapitalinstrumente sind dann zu **Anschaffungskosten** *(at cost)* zu bewerten (IAS 39.46(c)).

V. Wertminderung originärer finanzieller Vermögenswerte (Risikovorsorge)

173 IAS 39 sieht einen gesondert geregelten **Wertminderungstest** nur für finanzielle Vermögenswerte vor, die zu Anschaffungskosten bzw zu fortgeführten Anschaffungskosten (Kategorien bis zur Endfälligkeit gehaltene Finanzinvestitionen und Kredite und Forderungen) und solche, die als zur Veräußerung verfügbar erfolgsneutral zum beizulegenden Zeitwert bewertet werden. Für finanzielle Vermögenswerte, die erfolgswirksam zum beizulegenden Zeitwert bewertet werden, erfolgt die Erfassung von Wertminderungen inzident im Rahmen der Ermittlung des beizulegenden Zeitwerts (Kategorie erfolgswirksam zum beizulegenden Zeitwert bewertet). Es werden neben dem **Marktpreisrisiko** auch alle anderen denkbaren Risiken (insbes das **Bonitätsrisiko**) unmittelbar in die Zeitwertbewertung einbezogen, sodass hier ein gesonderter Wertminderungstest nicht erforderlich ist. Bei den zur Veräußerung verfügbaren finanziellen Vermögenswerten wird zwar regelmäßig ein Zeitwert ermittelt, die Wertänderungen aber nicht erfolgswirksam erfasst, sodass durch die allgemeinen Regelungen einem Wertverlust nicht Rechnung getragen wird.

Der Ermittlung von Wertminderungen von finanziellen Vermögenswerten nach IAS 39 liegt das sog *„incurred loss"*-**Modell** zugrunde, das in einem zweistufigen Verfahren durchgeführt wird. Im **ersten Schritt** wird untersucht, ob substanzielle Hinweise *(objective evidence)* auf Wertminderungen einzelner Vermögenswerte oder Gruppen von Vermögenswerten vorliegen. Im **zweiten Schritt** wird die Höhe der zu erfassenden Wertminderung anhand der erwarteten zukünftigen Zahlungsströme ermittelt (ua *IDW* RS HFA 9 Rz 240). Eine Wertminderung muss folglich aufgrund eines Ereignisses nach der erstmaligen Erfassung eines finanziellen Vermögenswerts bereits entstanden sein (*Kuhn/Scharpf*[3], 294ff). Nicht zulässig ist die Erfassung einer Wertminderung bereits im Zeitpunkt des Zugangs eines finanziellen Vermögenswerts. Dies ergibt sich allerdings auch bereits aus der Definition eines Vermögenswerts. 174

Substanzielle Hinweise auf Wertminderung bieten bspw die folgenden in IAS 39.59 aufgeführten Vorfälle: 175

(1) erhebliche finanzielle Schwierigkeiten des Schuldners/Emittenten,
(2) Vertragsbruch durch Ausfall oder Verzug von Zins- oder Tilgungszahlungen,
(3) Zugeständnisse des Gläubigers aufgrund wirtschaftlicher oder rechtlicher Gründe bei finanziellen Schwierigkeiten des Schuldners/Emittenten,
(4) hohe Wahrscheinlichkeit eines Insolvenzverfahrens oder umfangreichen Sanierungsbedarfs beim Schuldner/Emittenten,
(5) Verlust eines aktiven Markts für den Vermögenswert aufgrund finanzieller Schwierigkeiten des Emittenten,
(6) Erfahrungen aus der Vergangenheit über die Einbringlichkeit eines Portfolios finanzieller Vermögenswerte einer Gruppe.

Für **gehaltene Eigenkapitalinstrumente**, aber auch für **Schuldtitel** ergeben sich **substanzielle Hinweise** zB aus: 176

(1) negativen Entwicklungen im technologischen, wirtschaftlichen und rechtlichen Unternehmensumfeld eines Unternehmens an dem Eigenkapitalanteile oder Schuldtitel gehalten werden oder
(2) signifikanten und andauernden Rückgängen des beizulegenden Zeitwerts eines Eigenkapitalinstruments (IAS 39.61).

Die Beurteilung, ob **substanzielle Hinweise auf Wertminderungen** vorliegen, ist unter Berücksichtigung der Gesamtumstände vorzunehmen. Mögliche zukünftige Ereignisse werden dabei nicht berücksichtigt (IAS 39.59). 177

Werterhellende Tatsachen sind iSd allgemeinen Regelungen zu berücksichtigen. Sofern objektive Nachweise für das Vorliegen eines Wertminderungsbedarfs bereits vor dem Stichtag vorliegen, aber erst nach dem Stichtag bekannt werden, liegt eine Indikation für eine Wertminderung vor. Pauschale Annahmen über erfahrungsbedingte künftige Ausfälle sind nicht regelkonform (*Kuhn/Scharpf*[3], 295).

Die **Aussetzung des öffentlichen Handels** mit Wertpapieren eines Unternehmens muss nicht zwangsläufig mit finanziellen Schwierigkeiten oder anderen Wertminderungsursachen korrespondieren, obgleich dies wohl praktisch die häufigste Ursache ist. Daneben führt auch ein herabgestuftes **Bonitätsrating** nicht zwangsweise zum Vorliegen substanzieller Hinweise auf Wertminderungen, wenn Zins- und Tilgungszahlungen aus dem Vermögenswert vertragsgerecht geleistet werden. Für langfristige Vermögenswerte in den Kategorien Kredite und Forderungen und bis zur Endfälligkeit gehaltene Finanzinvestitionen macht ein steigendes **Marktzinsniveau** einen Wertminderungstest nicht erforderlich, da für diese Vermögenswerte nur Bonitätsrisiken und nicht das Marktzinsrisiko Gegenstand der Wertminderungsüberlegungen sind (IAS 39.63 und IAS 39.AG84). Für die Bewertung der Wertminderung wird der ursprüngliche Effektivzinssatz herangezogen; bei variabel verzinslichen Produkten dient der aktuelle, vertraglich vereinbarte Referenzzinssatz als Grundlage für die Abzinsung der künftigen Cashflows. 178

Liegt ein substanzieller Wertminderungshinweis vor, ist nach IAS 39.63 ff für die einzelnen Kategorien unterschiedlich vorzugehen:

179 (1) **Vermögenswerte, die zu fortgeführten Anschaffungskosten bewertet werden** (Kredite und Forderungen sowie Vermögenswerte, die bis zur Endfälligkeit zu halten sind (s Rz 145)): Die zu erwartenden Cashflows sind zu schätzen und mit demjenigen Zinssatz zu kapitalisieren, der der **erstmaligen** Aktivierung des Vermögenswerts zugrunde lag. Dieser Wert ist mit dem Buchwert zu vergleichen. Ein so errechneter Abwertungsbetrag wird aufwandswirksam ausgebucht. Die Abwertung kann bilanziell entweder direkt gegen den Vermögenswert oder indirekt durch Bildung eines Wertberichtigungspostens erfolgen (IAS 39.63). Veränderungen des Marktzinses wirken sich bei dieser Rechnung nicht aus. Spätere **Wertaufholungen** sind nur bis zur Höhe des Buchwerts zulässig, der sich ohne die Abwertung ergeben hätte (IAS 39.65) und sind erfolgswirksam zu erfassen. Eine detaillierte Beschreibung der Regelungen zur Wertminderung oder Uneinbringlichkeit von Darlehen und Forderungen (mit Beispielen) findet sich in *IDW* RS HFA 9 Rz 237 ff.

Beispiel: Es wird im Jahr X1 ein endfälliger Festkredit von € 100.000 mit einer Laufzeit von fünf Jahren und einem Zinssatz von 6% pa vergeben. Im Jahr X2 stellt sich heraus, dass der Kreditnehmer keine Zinszahlungen mehr leisten kann. Eine Tilgung zum Ende der Laufzeit im Jahr X5 wird nur noch in Höhe von € 50.000 erwartet.

Zum 31. Dezember X2 ist eine Wertberichtigung zu bilden, in Höhe der Differenz zum Barwert der künftigen Cashflows für die Restlaufzeit (drei Jahre). Bei einem Barwert von € 41.981 ist eine Wertberichtigung von € 58.019 aufwandswirksam (Aufwand Risikovorsorge) zu bilden. Im Folgejahr X3 beträgt der Barwert € 44.500. Der Effekt aus dem im Zeitablauf zunehmenden Barwert wird erfolgswirksam X3 mit € 2.519, X4 mit € 2.670 und X5 mit € 2.830 als Zinsertrag erfasst. Die Ermittlung der Barwerte erfolgt immer mittels des ursprünglichen Zinssatzes, der auch für die Abzinsung der künftigen Cashflows bei der Bestimmung des Wertminderungsaufwands verwendet wurde (6%) (vgl IAS 39.AG84 und IAS 39.AG93).

180 Die Analyse der **Wertminderungen von Forderungen** erfolgt in mehreren Stufen. Zunächst ist für jede Forderung einzeln zu prüfen, ob objektive Hinweise für eine Wertminderung vorliegen. Liegt für einzelne Forderungen kein Hinweis vor, sind die Forderungen in einer Gruppe zusammenzufassen, die ähnlichen Ausfallrisiken ausgesetzt sind. Dabei werden Forderungen, für die bereits einzeln Wertminderungen erfasst wurden, nicht mit einbezogen (IAS 39.64). Diese Portfoliobetrachtung ist auch für solche Forderungen durchzuführen, die einzeln von untergeordneter Bedeutung sind (*IDW* RS HFA 9 Rz 253 ff).

Die **Zusammensetzung der Portfolien** richtet sich nach den spezifischen unternehmensinternen Maßgrößen für Ausfallwahrscheinlichkeiten (in IAS 39.AG87 werden folgende Maßgrößen beispielhaft aufgeführt: Art des Vermögenswerts, Branche, geographischer Standort, Art der Sicherheiten, Verzugsstatus oder andere relevante Faktoren). Die Bildung von pauschalen Länder-Wertberichtigungen ist entspr *IDW* RS HFA 9 Rz 258 nicht zulässig; die Berücksichtigung von Länderrisiken erfolgt über die Einbeziehung des geografischen Standorts bei der Portfoliobetrachtung. Letztlich führen diese Regelungen zu der Verpflichtung, auf der Ebene einzelner Portfolien Ausfallrisiken zu identifizieren; pauschale und geschätzte Ansätze sind nicht zulässig.

181 Sind Kreditsicherheiten für Forderungen (zB für ausgereichte Darlehen oder Lieferantenforderungen) vorhanden, so ist bei der Ermittlung des Wertminderungsaufwands der erzielbare Betrag für die Sicherheit zu berücksichtigen, wenn mit einer Verwertung wahrscheinlich zu rechnen ist (IAS 39.AG84).

(2) **Vermögenswerte der Kategorie zur Veräußerung verfügbar** (Rz 145): 182

(a) Die in der Kategorie zur Veräußerung verfügbar erfassten **Finanzinstrumente** werden zu jedem Bilanzstichtag mit dem beizulegenden Zeitwert bewertet. Ergeben sich Wertänderungen, werden diese Beträge nach IAS 39.55(b) erfolgsneutral im sonstigen Ergebnis erfasst. Es wird jedoch verlangt, dass die Ursachen für Abwertungen untersucht werden. Ergeben die Untersuchungen, dass zB nicht die allgemeine Zinsentwicklung, sondern andere, in dem Vermögenswert liegende Gründe für einen Wertverfall ursächlich sind (zB Bonitätsrisiken), ist der Unterschied zwischen den Anschaffungskosten und dem beizulegenden Zeitwert zum Stichtag **aufwandswirksam** zu buchen abzüglich der bereits in den Vorjahren erfolgswirksam erfassten Wertminderungen. Der aufwandswirksam erfasste geleitete Betrag wird aus dem sonstigen Ergebnis umgebucht. Dies ergibt sich aus dem Wortlaut des IAS 39.68 und dient der Klarheit der Darstellung im sonstigen Ergebnis. Für den Wertverfall müssen objektive Hinweise vorliegen. Sofern die Verlustsituation anhält, sind alle weiteren hierauf beruhenden Wertänderungen in Folgeperioden ebenfalls erfolgswirksam zu erfassen.

(b) Bei **Eigenkapitalinstrumenten**, die der Kategorie zur Veräußerung verfügbare finanzielle Vermögenswerte zugeordnet sind, liegt ein objektiver Hinweis auf eine Wertminderung vor, wenn eine signifikante oder länger anhaltende Abnahme des beizulegenden Zeitwerts unter dessen Anschaffungskosten vorliegt (IAS 39.61). Da die Begriffe im Standard nicht konkretisiert werden, haben sich in der Praxis hierzu Näherungswerte entwickelt. Signifikant ist ein Kursrückgang um 20% unabhängig von der Dauer der Wertminderung (*Kuhn/Scharpf*[3], 306 ff mit Verweis auf die Aufgriffsgrenzen des VFA des IDW). Eine länger anhaltende Wertminderung liegt nach hM vor, wenn der Börsenkurs mehr als sechs bis zu zwölf Monaten unterhalb der Anschaffungskosten lag. In diesem Fall ist auf den *fair value* am Bilanzstichtag abzuschreiben. *Kuhn/Scharpf* (*Kuhn/Scharpf*[3], 307) schlagen darüber hinaus folgenden *„impairment trigger"* vor, wenn keiner der beiden Schwellenwerte einzeln erreicht wird: Rückgang des beizulegenden Zeitwerts um mehr als 15% über mehr als sechs Monate oder um 10% über mehr als neun Monate. Letztlich muss jedes Unternehmen unter Würdigung aller maßgeblichen Faktoren selbst entscheiden, wann eine signifikante und länger anhaltende Abnahme des beizulegenden Zeitwerts derartiger Instrumente vorliegt. In jedem Fall ist dies in einer Bilanzierungsrichtlinie festzuhalten, um Stetigkeit und Willkürfreiheit zu gewährleisten.

(c) Erfolgswirksam erfasste Wertminderungen für **Eigenkapitalinstrumente**, die als zur Veräußerung verfügbar eingestuft werden, dürfen **nicht erfolgswirksam rückgängig** gemacht werden (IAS 39.69). Steigt der beizulegende Zeitwert nach einer Wertminderung wieder an, wird diese Wertaufholung folglich erfolgsneutral im sonstigen Ergebnis erfasst.

(d) **Wertaufholungen** bei **Schuldinstrumenten** hingegen sind nur aufgrund neuer Ereignisse zulässig und werden bis zur Höhe der zuvor vorgenommenen Wertminderung erfolgswirksam erfasst (IAS 39.70).

(3) **Sonderregelung für nicht notierte Eigenkapitalinstrumente und Derivate:** Eine Sonderregelung wird in IAS 39.66 für Eigenkapitalinstrumente getroffen, die nicht mit dem beizulegenden Zeitwert bewertet werden, weil der beizulegende Zeitwert nicht verlässlich ermittelt werden kann. In diesem Ausnahmefall ist eine Bewertung zu Anschaffungskosten *(at cost)* zulässig (IAS 39.AG80 f). Für den Werthaltigkeitstest ist der Cashflow zu schätzen und mit dem jeweiligen Kapitalmarktzins zu kapitalisieren, der für vergleichbare Vermögenswerte gilt. Ergibt sich ein Abwertungsbedarf, ist dieser aufwands- 183

wirksam zu buchen (IAS 39.66). **Wertaufholungen** bei späteren Wertänderungen sind nach IAS 39.66 untersagt.

VI. Derivate

184 Es wird auf § 23 dieses Handbuchs verwiesen.

VII. Warenkontrakte

185 Verträge über **nicht-finanzielle Posten** fallen grds nicht in den Regelungsbereich des IAS 39. Wenn allerdings die Vertragsbedingungen so ausgestaltet sind, dass die Verträge **Finanzinstrumenten angenähert** sind, sind die Verträge nach IAS 39 zu bilanzieren. Diese relativ strikten Regelungen dienen dazu, dem Bilanzleser Risiken aus *commodity-trading* offen zu legen, wenn die Verträge nicht nahezu ausschließlich dem Eigenverbrauch dienen (*own use exemption*).

Wenn ein Vertrag über den Kauf oder Verkauf von nicht-finanziellen Posten durch Ausgleich in bar, durch ein anderes Finanzinstrument oder den Tausch von Finanzinstrumenten erfüllt werden kann, ist verpflichtend IAS 39 anzuwenden (IAS 39.5).

186 Als Warenkontrakte kommen zum einen klassische **Warenterminkontrakte** (*commodity-futures* zB auf Kaffee, Getreide, Strom, Metalle) und zum anderen **Verträge mit Optionscharakter** auf beiden Seiten des Vertrags in Betracht. Auf das zugrunde liegende Basisgeschäft kommt es bei den Optionsverträgen nicht an. Es können somit Optionsgeschäfte zB auf Waren, Sachanlagen oder immaterielle Vermögenswerte (sämtliche nicht-finanziellen Vermögenswerte) nach IAS 39 zu bilanzieren sein (IAS 39.5 f). **Warenkontrakte** sind zu erfassen, wenn:

(1) ein Nettoausgleich vertraglich möglich ist und
(2) der Warenkontrakt nicht zur Deckung des erwarteten Einkaufs-, Verkaufs- oder Nutzungsbedarfs eingegangen wird und nicht durch Lieferung erfüllt werden soll, oder
(3) wenn in der Unternehmensvergangenheit derartige Verträge durch Nettoausgleich abgewickelt wurden.

187 Als **Nettoausgleich** gilt auch das Eingehen von Deckungsgeschäften vor Fälligkeit des Vertrags mit einer dritten Vertragspartei (IAS 39.6(c)).

Es wird im Wesentlichen auf die **Unternehmensabsicht**, die Lieferung aus dem Vertragsverhältnis physisch entgegenzunehmen, und auf die vergangene **Unternehmenspraxis** bei der Abwicklung solcher Verträge abgestellt. Damit werden sämtliche Warenkontrakte, die auf kurzfristige Preisunterschiede abzielen, als Derivate in den Anwendungsbereich des IAS 39 einbezogen.

188 Wickelt ein Unternehmen sowohl Verträge ab, die auf physische Lieferung gerichtet sind, als auch Verträge die durch Nettoausgleich erfüllt werden, sind grds alle Verträge entspr IAS 39 zu bilanzieren (**Infektion**). Nur wenn das Unternehmen eine strikte Trennung der Transaktionsarten vornimmt, zB durch das Führen von unterschiedlichen Büchern kann die *own use exemption* für die Verträge, die eine physische Lieferung vorsehen, in Anspruch genommen werden. Umgliederungen von einem Buch zum anderen infizieren den Bestand und führen zu einer Bewertung aller Verträge entspr IAS 39. Hierbei können Wesentlichkeitsgrenzen festgelegt werden, die aber entspr dem Sinn der Vorschrift niedrig sein sollten.

189 **Warenterminkontrakte** im Anwendungsbereich des IAS 39 sind nach den Regelungen der Kategorie zu Handelszwecken gehaltene Finanzinstrumente zu bilanzieren. Die Folgebewertung bis zur Erfüllung oder dem Auslaufen erfolgt

mit dem beizulegenden Zeitwert. Der beizulegende Zeitwert des Warenterminkontrakts ergibt sich aus einem Vergleich des Terminpreises mit dem Börsen-/Marktpreis zum Bilanzstichtag.

Der Standard entfaltet nach analogen Regelungen über die Warenterminkon- 190
trakte Wirkung für **Verträge mit Optionscharakter** über nicht-finanzielle Vermögenswerte. Diese Verträge sind ebenfalls in die Kategorie zu Handelszwecken gehaltene Finanzinstrumente einzuordnen. Für verkaufte Optionen auf Warenlieferungen zu einem bestimmten Preis sind über die Optionslaufzeit entstehende Verpflichtungsüberschüsse aus einem über den Optionspreis steigenden Börsen-/Marktpreis zu bilanzieren.

Ist bei **Optionsverträgen,** die zB in Zusammenhang mit dem Verkauf von 191
Sachanlagen geschlossen werden, von einer physischen Lieferung auszugehen, so ist der Kauf-/Verkaufsvertrag mit Option nicht in den Anwendungsbereich eingeschlossen und Ausbuchung und Ansatz der Sachanlage sind ausschließlich nach IAS 16 zu beurteilen (IAS 32.AG20); zur Beurteilung von Optionen im Rahmen von Leasingverträgen s § 22 Rz 51 ff.

VIII. Bilanzierung von Sicherungsbeziehungen

IAS 39 enthält Regelungen über Sicherungsgeschäfte mit **derivativen Finanz-** 192
instrumenten *(hedge accounting).* Hierzu wird auf die Ausführungen in § 23 Rz 47 f verwiesen.

einstweilen frei 193–195

F. Ausweis von Finanzinstrumenten

I. Ausweis

Als **Mindestgliederung** für die Bilanz (IAS 1.54) sind finanzielle Vermögens- 196
werte und Schulden regelmäßig wie folgt darzustellen:

Mindestgliederung für Finanzinstrumente

Aktiva

Langfristige Vermögenswerte
- Beteiligungen, die nach der Equity-Methode bewertet werden
- Forderungen aus Lieferungen und Leistungen und sonstige Forderungen
- Finanzielle Vermögenswerte (soweit sie nicht unter den obigen Posten bereits ausgewiesen werden)

Kurzfristige Vermögenswerte
- Forderungen aus Lieferungen und Leistungen und sonstige Forderungen
- Finanzielle Vermögenswerte (soweit sie nicht unter den obigen Posten oder unter den Zahlungsmitteln bereits ausgewiesen werden)
- Zahlungsmittel und Zahlungsmitteläquivalente

Passiva

Langfristige Verbindlichkeiten
- Finanzverbindlichkeiten (soweit sie nicht unter den anderen Posten bereits ausgewiesen werden)
- Verbindlichkeiten aus Lieferungen und Leistungen und sonstige Verbindlichkeiten

Kurzfristige Verbindlichkeiten
- Finanzverbindlichkeiten (soweit sie nicht unter den anderen Posten bereits ausgewiesen werden)
- Verbindlichkeiten aus Lieferungen und Leistungen und sonstige Verbindlichkeiten

197 Die Unterscheidung zwischen **lang- und kurzfristigen Vermögenswerten** erfolgt nach den Regeln von IAS 1.60ff. Ergänzend kann dazu auch RIC 1 „Bilanzgliederung nach Fristigkeit gem IAS 1 Darstellung des Abschlusses" herangezogen werden (hrsg am 19. Juli 2005 vom Rechnungslegungs Interpretations Committee – RIC – des Deutschen Rechnungslegungs Standards Committee eV – DRSC; s auch § 7 Rz 1ff). Eine weitere Untergliederung der **finanziellen Vermögenswerte** nach Art, Verwendung oder nach Liquidierbarkeit ist in der Bilanz oder wahlweise im Anhang erforderlich, wenn diese Darstellung zum Verständnis der Vermögens- und Finanzlage notwendig (relevant) ist (IAS 1.55). Der Einzelausweis von Kapitalanlagen (Beteiligungen an assoziierten und Gemeinschaftsunternehmen) gilt sowohl für einen Konzernabschluss als auch für Einzelabschlüsse.

198 Für **finanzielle Verbindlichkeiten** kann eine weitere Untergliederung in der Bilanz oder wahlweise im Anhang nach Art, Betrag und Fälligkeit in Betracht kommen (IAS 1.58(c) und IAS 1.77).

Zu den Informationen, die wahlweise in die Bilanz oder in den Anhang aufzunehmen sind, zählen die **Aufteilung** von Forderungs- und Verbindlichkeitsbeträgen ggü Kunden, ggü verbundenen Unternehmen, Anzahlungen und sonstige Forderungen und Verbindlichkeiten (IAS 1.78(b)).

Zur Gliederung des **Eigenkapitals** wird auf § 12 Rz 23ff verwiesen.

II. Saldierung

199 IAS 32.42 sieht als Ausnahme vom grds **Saldierungsverbot** eine Verrechnungspflicht von finanziellen Vermögenswerten und finanziellen Verbindlichkeiten vor, sofern ein Unternehmen

(1) einen Rechtsanspruch hat, die erfassten Beträge gegeneinander aufzurechnen

(2) beabsichtigt, entweder den Ausgleich auf Nettobasis herbeizuführen, oder gleichzeitig mit der Verwertung des betreffenden Vermögenswerts die dazugehörige Verbindlichkeit abzulösen.

Die Voraussetzungen müssen kumuliert vorliegen. Danach reicht ein rechtswirksam **durchsetzbarer Anspruch** auf Verrechnung nicht aus, wenn die entspr Absicht fehlt.

200 Diese Voraussetzungen sind in den folgenden Fällen im Allgemeinen **nicht erfüllt** (IAS 32.49):

(1) wenn mehrere Finanzinstrumente kombiniert werden, um die Merkmale eines einzelnen Finanzinstruments (eines „synthetischen Finanzinstruments") nachzuahmen;

(2) wenn aus Finanzinstrumenten sich ergebende finanzielle Vermögenswerte und finanzielle Verbindlichkeiten, die das gleiche Risikoprofil haben (wenn sie bspw zu einem Portfolio von Termingeschäften oder anderen Derivaten gehören), ggü unterschiedlichen Partnern bestehen;

(3) wenn finanzielle oder andere Vermögenswerte und finanzielle Verbindlichkeiten ohne Rückgriff verpfändet wurden;

(4) wenn finanzielle Vermögenswerte von einem Schuldner in ein Treuhandverhältnis gegeben werden, um eine Verpflichtung zu begleichen, ohne dass

die Vermögenswerte vom Gläubiger zum Ausgleich der Verbindlichkeit akzeptiert worden sind (bspw eine Tilgungsfondsvereinbarung); oder

(5) wenn bei Verpflichtungen, die aus Schadensereignissen entstehen, zu erwarten ist, dass diese durch Ersatzleistungen von Dritten beglichen werden, weil aus einem Versicherungsvertrag ein entspr Entschädigungsanspruch abgeleitet werden kann.

Sachlich ist die Saldierung auf die Höhe der verrechenbaren Beträge beschränkt. Bedingte Ansprüche zur Aufrechnung, die etwa für den Fall der Zahlungsunfähigkeit zwischen den Vertragsparteien vereinbart sind, reichen nicht aus (IAS 32.50, auch zu Globalverrechnungsverträgen).

Einer direkten **Aufrechnung** kommt der Ausgleich über eine Clearingstelle am Finanzmarkt gleich (IAS 32.48).

Für die **Saldierung von Posten erfolgswirksamen Teil** der **Gesamtergebnisrechnung** bzw der **gesonderten GuV** (sofern erstellt) bieten IAS 32 201
und IAS 39 keine gesonderten Regelungen. Gewinne und Verluste aus einer Gruppe ähnlicher Geschäftsvorfälle werden saldiert dargestellt, wie zB Gewinne und Verluste aus Währungsumrechnung oder aus Finanzinstrumenten, die zu Handelszwecken gehalten werden (IAS 1.35). Hierunter fallen auch die Bildung und Auflösung von Wertberichtigung von Forderungen, Zuführungen und Auflösungen von Rückstellungen sowie Gewinne und Verluste aus dem Abgang von Anlagevermögen (*Kuhn/Scharpf*[3], 134).

G. Angaben im Anhang

Finanzinstrumente müssen im **Anhang ausführlich** und **sehr differenziert** 202
erläutert werden. Die Einzelheiten können der Checkliste (Anlage I) entnommen werden. Mit der Übernahme von IFRS 7 „Finanzinstrumente: Angaben“ am 11. Januar 2006 durch die EU sind die Anhangangaben zu Finanzinstrumenten in diesem Standard geregelt, der für Geschäftsjahre gilt, die am oder nach dem 1. Januar 2007 beginnen.

I. Entwicklung

Die Vorschriften für die **Anhangangaben** wurden durch den IASB **mehr-** 203
fach geändert und **ausgeweitet**. Nach dem bis 2006 geltenden Rechtsstand waren die Anhangangaben für Finanzinstrumente zusammengefasst geregelt in **IAS 32.51 ff** (früher in IAS 32 und IAS 39) ergänzt um die Neuregelung der *fair value option* (am 16. Juni 2005) einschließlich zahlreicher zusätzlicher Angaben bei Ausübung der Option (s Rz 220 ff). Ergänzend sind die allgemeinen Vorschriften des IAS 1.112 ff hinzuzuziehen (vgl § 19). Einen Überblick über die Anhangangaben zu Finanzinstrumenten gibt Anlage I dieses Kommentars.

II. IFRS 7

Mit der Verabschiedung von **IFRS 7** (am 18. August 2005; vgl Rz 8) wurden 204
die Vorschriften für die Anhangangaben zu Finanzinstrumenten **grundlegend neu überarbeitet**. Alle Anhangangaben des IAS 32 (insbes IAS 32.51ff) wurden dort gestrichen und sind nun in IFRS 7 geregelt, weitere Angabepflichten wurden neu aufgenommen (*Ernst & Young* 2008, 1621):

(1) Zusätzliche Angaben zu Vermögenswerten, Schulden, Gesamtergebnisrechnung sowie Posten des Eigenkapitals einschließlich detaillierter Informationen über Hedgingergebnisse und *day one profits*,

(2) zusätzliche Angaben zu den Bilanzierungs- und Bewertungsmethoden und Informationen zum Risikomanagement des Unternehmens,
(3) Angaben zu Kreditrisiken einschließlich Wertberichtigungen, überfällige Vermögenswerte und Sicherheiten,
(4) Informationen zu den Liquiditätsrisiken sowie
(5) ausführliche Informationen zu den Marktrisiken, denen das Unternehmen ausgesetzt ist, einschließlich Sensitivitätsanalysen.

Mit IFRS 7 wurden die Anhangangaben zu Finanzinstrumenten nochmals **erheblich erweitert**. Da der Standard keine genauen Vorgaben macht, wie die Anforderungen zu erfüllen sind, bedarf die erstmalige Umsetzung von IFRS 7 erheblicher Überlegungen und vor allem ausreichender **Ressourcen** in zeitlicher Hinsicht.

IFRS 7 besteht aus dem **eigentlichen Standard**, einem Anhang A, der **Begriffsbestimmungen** sowie einem Anhang B, der **Anwendungsleitlinien** enthält. Die *Implementation Guidance* gehört zwar nicht zu dem von der EU verabschiedeten Standard, ist aber für das Verständnis und die Umsetzung des Standards hilfreich.

1. Anwendungsbereich

205 IFRS 7 ist von **allen Unternehmen** anzuwenden. Der für Banken geltende IAS 30 entfiel daher vollständig und wurde durch IFRS 7 (IFRS 7.45) ersetzt. IFRS 7 gilt für Geschäftsjahre, die am oder nach dem 1. Januar 2007 beginnen. Bei früherer Anwendung des Standards, die empfohlen wird, gelten gewisse Erleichterungen (keine Vergleichsangaben für Risiken; IFRS 7.44). Die frühere Anwendung ist anzugeben (IFRS 7.43).

Ziel der Anhangangaben ist es, im Jahresabschluss die Bedeutung der Finanzinstrumente für die Finanzlage und die Ertragskraft des Unternehmens sowie die Art und das Ausmaß der Risiken, die sich aus Finanzinstrumenten ergeben und denen das Unternehmen während des Berichtszeitraums und zum Berichtszeitpunkt ausgesetzt ist, sowie die Art und Weise der Handhabung dieser Risiken herauszustellen (IFRS 7.1).

Der Standard ist grds auf **alle Arten von Finanzinstrumenten** anzuwenden. Einige Ausnahmen hiervon werden in IFRS 7.3 aufgelistet. Explizit gilt der Standard für angesetzte und nicht angesetzte Finanzinstrumente (zB Kreditzusagen) sowie für Verträge über den Kauf und Verkauf nicht-finanzieller Posten, die unter IAS 39 fallen (s Rz 41 ff; IFRS 7.4 f). In Teilbereichen geht IFRS 7 über den Anwendungsbereich des IAS 39 und IAS 32 hinaus, so zB bei den verpflichtenden Angaben zu Finanzierungs-Leasingverhältnissen.

206 Wie die **Zielsetzungen** des Standards vom Unternehmen **umgesetzt** werden, bleibt dem Unternehmen grds selbst überlassen. Ausdrücklich wird in IFRS 7.B4 darauf hingewiesen, dass Unternehmen im Lichte ihrer Verhältnisse selbst entscheiden, wie detailliert die Angaben im Hinblick auf die Erfüllung der Anforderungen des Standards sind. Dabei sollte, immer mit Blick auf das Ziel, die Risiken und Auswirkungen von Finanzinstrumenten auf das Unternehmen darzustellen, die Berichterstattung weder zu detailliert noch zu stark zusammengefasst erfolgen. Informationen über unwesentliche Sachverhalte müssen nicht geliefert werden. Dieser Grundsatz gilt auch für IFRS 7 (IFRS 7.IG3 f). Obwohl es explizite Erleichterungen für kleine oder mittlere Unternehmen nicht gibt (IAS 39.BC10), eröffnet daher der **Wesentlichkeitsgrundsatz** (s § 2 Rz 21 ff) für solche Unternehmen die Möglichkeit, den Umfang der Angaben erheblich zu reduzieren. Unternehmen mit wenigen Finanzinstrumenten und Risiken wie zB Produktionsbetriebe, deren einzige Finanzinstrumente Forderungen und Ver-

bindlichkeiten aus Lieferungen und Leistungen sind, müssen daher nur wenige Angaben machen (*Ernst & Young* 2009, 2534).

Weil aber Angaben zu allen Finanzinstrumenten erforderlich sind, kann aus Wesentlichkeitsgründen nicht generell auf die Angabepflichten nach IFRS 7 verzichtet werden. Auch ein fehlendes bzw unzureichendes **Managementinformationssystem** ist kein hinreichender Grund, auf Angaben zu verzichten.

Wenn die Angaben nach IFRS 7 den Einfluss bestimmter Transaktionen, Ereignisse oder Bedingungen nicht hinreichend wiedergeben, sind **zusätzliche**, über IFRS 7 hinausgehende Angaben zu machen (IFRS 7.IG6 iVm IAS 1.17(c)). Es ist davon auszugehen, dass jedes Unternehmen von den Angabepflichten des IFRS 7 betroffen ist.

2. Kategorien und Klassen

Zunächst wird in IFRS 7 zwischen **Kategorien und Klassen** unterschieden. 207
Die deutsche Übersetzung des amtlichen EU-Textes war in der ersten Version, leider in erheblichem Maße fehlerhaft, sodass es für die korrekte Anwendung zwingend notwendig war, den englischen Text parallel zu lesen. Insbes die Begriffe „Klasse" und „Kategorie" werden vielfach synonym verwendet, obwohl sie nach IFRS 7 eine unterschiedliche Bedeutung haben. Die Korrektur erfolgte durch Veröffentlichung im Amtsblatt der EU vom 29. November 2008.

Kategorien entspr IFRS 7 sind für **Vermögenswerte** die oben beschriebenen Bewertungszuordnungen erfolgswirksam zum beizulegenden Zeitwert bewertet mit den Unterkategorien zu Handelszwecken gehaltene Finanzinstrumente bzw erfolgswirksam zum beizulegenden Zeitwert designiert, zur Veräußerung verfügbar, bis zur Endfälligkeit gehalten und Kredite und Forderungen sowie für **Verbindlichkeiten** zu Handelszwecken gehaltene Finanzinstrumente und zu fortgeführten Anschaffungskosten bewertete Verbindlichkeiten.

Klassen sind vom Unternehmen selbst zu bestimmen. Sie werden gebildet 208
nach den Charakteristika der Finanzinstrumente und der Art der vermittelten Information (IFRS 7.B1). Mindestens ist aber zu unterscheiden zwischen

(1) Finanzinstrumenten, die zu fortgeführten Anschaffungskosten
(2) und solchen, die zum beizulegenden Zeitwert bewertet werden (dh Instrumente der Kategorien bis zur Endfälligkeit gehaltene Finanzinvestitionen und Kredite und Forderungen sowie der Kategorien zu Handelszwecken gehalten und erfolgswirksam zum beizulegenden Zeitwert bewertet) sowie
(3) Finanzinstrumenten, die außerhalb des Anwendungsbereiches des IFRS 7 liegen (IAS 39.B2).

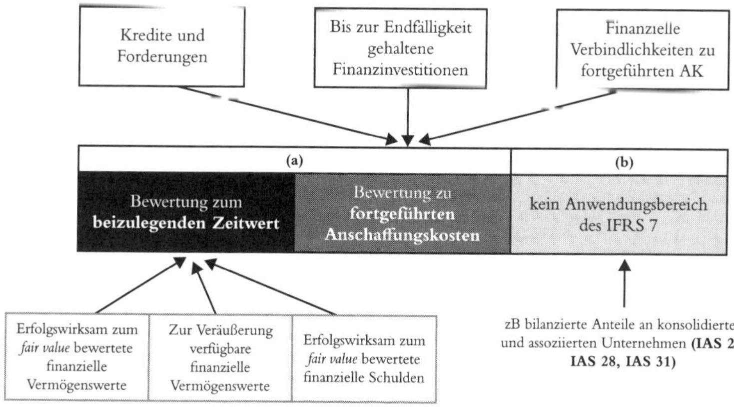

209 Gesonderte Klassen sind bspw zu bilden für (s auch *KPMG*, 14 ff):

(1) Als **Sicherungsinstrumente** designierte derivative Finanzinstrumente, denn sie gehören keiner Kategorie gem IAS 39.9 an. Sie sind folglich als eigene Klasse iSv IFRS 7.6 zu behandeln (*IDW* ERS HFA 24 Rz 10).

(2) **Zahlungsmittel und Zahlungsmitteläquivalente**, da eine pauschale Zuordnung zu den fortgeführten Anschaffungskosten oder den zum beizulegenden Zeitwert bewerteten Finanzinstrumenten nicht sachgerecht ist; in der Praxis wird dies jedoch unterschiedlich gehandhabt.

(3) **Finanzgarantien**, wenn sie in der Folge weder zu fortgeführten Anschaffungskosten noch zum beizulegenden Zeitwert bewertet werden (s Rz 154).

(4) **Verbindlichkeiten aus Finanzierungs-Leasingverhältnissen**, da diese explizit aus dem Anwendungsbereich des IAS 39 ausgeschlossen sind, aber es sich dennoch um finanzielle Verbindlichkeiten handelt.

(5) **Finanzinstrumente, die in den Anwendungsbereich des IFRS 5** fallen, sind nicht explizit vom Anwendungsbereich des IFRS 7 ausgeschlossen. Bei IFRS 5 handelt es sich in Bezug auf Finanzinstrumente, die entspr IAS 39 bewertet werden, um eine reine Ausweisvorschrift, sodass davon auszugehen ist, dass die Angabepflichten des IFRS 7 zusätzlich zu erfüllen sind und somit für Finanzinstrumente, die einer Veräußerungsgruppe iSd IFRS 5 zuzuordnen sind, eine gesonderte Klasse zu bilden ist

(6) **Finanzinstrumente, die nicht in den Anwendungsbereich des IFRS 7** fallen und daher gesondert auszuweisen sind, unterliegen den grds Angabeerfordernissen der Standards, in denen ihre Bilanzierung und Bewertung geregelt ist. Für Zwecke des IFRS 7 sind sie in einer gesonderten Klasse auszuweisen. Hierzu gehören:
   (a) Anteile an TU, Gemeinschaftsunternehmen und assoziierten Unternehmen,
   (b) Vermögenswerte und Verbindlichkeiten aus Altersversorgungsplänen,
   (c) Verträge mit bedingten Gegenleistungen aus Unternehmenszusammenschlüssen beim erwerbenden Unternehmen (IFRS 3),
   (d) Versicherungsverträge (IFRS 4),
   (e) Finanzinstrumente aus aktienbasierter Vergütung (IFRS 2).

Die Angaben haben so zu erfolgen, dass dem Bilanzleser eine **Überleitung** von den ausgewiesenen Klassen zu den jeweiligen Bilanzposten möglich ist (IFRS 7.6).

3. Angaben zur Bilanz

a) Buchwerte und beizulegende Zeitwerte

210 Gem IFRS 7.8 sind für jede der in IAS 39.9 definierten **Kategorien** von Finanzinstrumenten sowie für finanzielle Verbindlichkeiten die **Buchwerte in der Bilanz oder im Anhang** anzugeben. Hierbei ist bei der Angabe hinsichtlich der erfolgswirksam zum beizulegenden Zeitwert bewerteten Finanzinstrumente zwischen den zu Handelszwecken gehaltenen und den designierten Finanzinstrumenten zu unterscheiden (IFRS 7.8(a) und (e)).

Die Angabe der Kategorien in der Bilanz ist ohne zusätzliche Darstellungen kaum praktikabel, weil die Gliederungsvorschriften des IAS 1 nicht kongruent zu den Kategorien sind. Insofern kommt grds nur die Angabe im Rahmen des Anhangs in Betracht.

211 Für jede der nach IFRS 7.6 gebildeten Klassen von finanziellen Vermögenswerten und finanziellen Verbindlichkeiten ist gem IFRS 7.25 der nach den Regelungen in IAS 39 ermittelte **beizulegende Zeitwert** so anzugeben, dass

ein Vergleich mit dem in der Bilanz ausgewiesenen Buchwert möglich ist. Eine Zusammenfassung von Klassen ist dabei nur insoweit zulässig, als auch in der Bilanz ein saldierter Ausweis der Buchwerte erfolgt (IFRS 7.26).

Da Bilanzposten, die finanzielle Vermögenswerte und Schulden beinhalten, zumeist unterschiedliche Klassen finanzieller Vermögenswerte und Schulden umfassen, kann diese Anforderung in aller Regel nur über eine **Matrix-Darstellung** gelöst werden, indem entweder die Klassen auf die Bilanzposten oder umgekehrt, die Bilanzposten auf die Klassen übergeleitet werden. Letzteres ist die in der bisherigen Praxis am häufigsten vorzufindende Darstellungsform.

	Wertansatz Bilanz nach IAS 39						
	Bewertungskategorie IAS 39	Buchwert zum 31.12.0X (T€)	fortgeführte Anschaffungskosten (T€)	*fair value* erfolgsneutral (T€)	*fair value* erfolgswirksam (T€)	nicht von IFRS 7 erfasste Finanzinstrumente (T€)	*fair value* zum 31.12.0X (T€)
Aktiva							
Finanzanlagen							
davon langfristige Wertpapiere	zur Veräußerung verfügbar						
davon sonstige Ausleihungen	Kredite und Forderungen						
Langfristige sonstige finanzielle Vermögenswerte	Kredite und Forderungen						
Forderungen	Kredite und Forderungen						
Sonstige finanzielle Vermögenswerte	Kredite und Forderungen						
Zahlungsmittel- und Zahlungsmitteläquivalente	Kredite und Forderungen						
Passiva							
langfristige Finanzverbindlichkeiten	finanzielle Verbindlichkeiten zu fortgeführten Anschaffungskosten						
langfristige sonstige finanzielle Verbindlichkeiten (Finanzierungsleasing)	Finanzielle Verbindlichkeiten zu fortgeführten Anschaffungskosten						

	Wertansatz Bilanz nach IAS 39						
	Bewertungskategorie IAS 39	Buchwert zum 31.12.0X (T€)	fortgeführte Anschaffungskosten (T€)	*fair value* erfolgsneutral (T€)	*fair value* erfolgswirksam (T€)	nicht von IFRS 7 erfasste Finanzinstrumente (T€)	*fair value* zum 31.12.0X (T€)
kurzfristige Finanzverbindlichkeiten	Finanzielle Verbindlichkeiten zu fortgeführten Anschaffungskosten						
Verbindlichkeiten aus Lieferungen und Leistungen	Finanzielle Verbindlichkeiten zu fortgeführten Anschaffungskosten						
sonstige finanzielle Verbindlichkeiten	Finanzielle Verbindlichkeiten zu fortgeführten Anschaffungskosten						

212 Darüber hinaus sind nach IFRS 7.27 für **jede Klasse von Finanzinstrumenten** Angaben zu machen über die bei der Ermittlung des beizulegenden Zeitwerts **angewandten Methoden** sowie – bei Verwendung von Bewertungsverfahren – die diesen **zugrundeliegenden Annahmen**. Hierzu gehören zB Angaben zu den Annahmen in Bezug auf die Vorauszahlungssätze, den Prozentsatz der geschätzten Kreditverluste, der Zins- oder der Diskontierungssätze. Bei Änderungen der Bewertungsmethoden sind diese zu erläutern und die Gründe hierfür anzugeben.

Durch das im März 2009 verabschiedete Amendment des IFRS 7 *Improving Disclosures about Financial Instruments* wird analog zu den US-amerikanischen Vorschriften eine **dreistufige** Bewertungshierarchie eingeführt (IFRS 7.27B):

Level 1: Börsenkurse aus aktiven Märkten für gleichartige Vermögenswerte oder Verbindlichkeiten.

Level 2: *fair values*, die auf Basis von beobachtbaren Inputdaten für Vermögenswerte oder Verbindlichkeiten ermittelt werden, die entweder direkt (auf Basis von Preisen) oder indirekt (abgeleitet von Preisen) ermittelt werden.

Level 3: *fair values* von Vermögenswerten oder Verbindlichkeiten, die nicht auf beobachtbaren Marktdaten basieren (unbeobachtbare Inputdaten).

Zu den Bewertungsstufen sind entspr IFRS 7.27B zusätzliche Angaben zu machen (s Rz 15).

213 Ein **aktiver Markt** liegt vor, wenn notierte Preise an einer Börse, von einem Händler oder *broker*, einer Branchengruppe, einer Preis-Service-Agentur oder einer Aufsichtsbehörde leicht und regelmäßig erhältlich sind und diese Preise aktuelle und regelmäßige Markttransaktionen wie unter fremden Dritten repräsentieren (IAS 39.AG71). Dabei ist das Ziel, den Preis zu ermitteln, den das Unternehmen auf dem vorteilhaftesten aktiven Markt, zu dem es Zugang hat, am Stichtag bekommen würde. Für die Beurteilung, ob die Preise leicht und regelmäßig verfügbar sind, ist das Alter der Notierungen zu beachten, wobei ein konkreter Zeithorizont nicht vorgegeben wird. Sind in einem engen Markt keine aktuellen (Geld-Brief)-Preisnotierungen verfügbar, gibt der Preis der letzten Transaktion Hinweise auf den gegenwärtigen beizulegenden Zeitwert, soweit sich die wirtschaftlichen Verhältnisse nicht wesentlich verändert haben. Haben sich hingegen die wirtschaftlichen Verhältnisse wesentlich geändert, ist der beizulegende Zeitwert unter Zugrundelegung von sachgerechten Verfahren (zB durch Zu- und Abschläge in Abhängigkeit von der Entwicklung branchenspezifischer Indices bei Eigenkapitalinstrumenten) zu ermitteln (*IDW* RS HFA 9 Rz 68 ff).

Organisierte Märkte gem § 2 Abs 5 WpHG sind grds aktive Märkte. Dazu gehören der „Amtliche Markt" der „Geregelte Markt" sowie der Handel an der Eurex Deutschland und der Startup Market der Hamburger Wertpapierbörse. Der „Freiverkehr" zu dem auch der Entry-Standard gehört, ist kein organisierter Markt iSd WpHG (*IDW* RS HFA 9 Rz 76 f). Auch bei Preisen an organisierten Märkten ist bei **geringen Handelsvolumina** zu überprüfen, ob die Voraussetzungen für einen aktiven Markt vorliegen (*IDW* RS HFA 9 Rz 78). Paketzu- oder -abschläge werden nicht berücksichtigt, wenn ein Preis auf einem organisierten Markt verfügbar ist (IAS 39.IG E2.2 und *IDW* RS HFA 9 Rz 86). **214**

Werden An- und Verkaufskurse für bestimmte Finanzinstrumente von sog ***market makern*** bestimmt, liegt idR ein aktiver Markt vor, wenn ein oder mehrere *market maker* in einem Markt tätig sind. Im Einzelfall ist dies zu überprüfen. **Indikativen Kursen**, wie sie zB von Preis-Service-Agenturen veröffentlicht werden, liegen keine Markttransaktionen zugrunde und haben keinen Verbindlichkeitscharakter. Folglich sind die so ermittelten Preise keine Preise auf einem aktiven Markt. Kein aktiver Markt liegt vor, wenn keine **Marktliquidität** mehr vorhanden ist, weil sich Käufer und Verkäufer vollständig und längerfristig aus dem Markt zurückgezogen haben und keine Markttransaktionen zu beobachten sind (*IDW* Positionspapier des IDW zu Bilanzierungs- und Bewertungsfragen im Zusammenhang mit der Subprime-Krise, 2 f). **215**

Wird der beizulegende Zeitwert aufgrund eines **nicht aktiven Markts** im Rahmen der Ersterfassung unter Zugrundelegung von Bewertungsverfahren bestimmt, kann es zu Differenzen zwischen dem beizulegenden Zeitwert und dem nach dem Bewertungsverfahren ermittelten Wert kommen *(day one profit)*. In diesen Fällen ist nach IFRS 7.28 für jede Klasse von Finanzinstrumenten **216**

(1) die Methode anzugeben, nach der entspr Differenzen erfolgswirksam amortisiert werden, um der Änderung von Faktoren Rechnung zu tragen, die Marktteilnehmer bei der Preisbildung berücksichtigen würden, und

(2) der Gesamtbetrag der noch nicht amortisierten Differenzbeträge zum Beginn und Ende der Berichtsperiode sowie eine Überleitungsrechnung hinsichtlich der Änderungen in der Bilanz aufgrund dieser Differenz.

Der beste Nachweis des beizulegenden Zeitwerts eines Finanzinstruments ist der **Transaktionspreis**, es sei denn, der beizulegende Zeitwert des Finanzinstruments wird durch einen Vergleich mit anderen beobachtbaren Markttransaktionen desselben Instruments nachgewiesen oder beruht auf einer Bewertungsmethode, deren Variablen nur Daten von beobachtbaren Marktdaten umfassen (IAS 39.AG76). Hieraus folgt, dass *day one profits* bzw *losses* zum Zeitpunkt der Transaktion nicht realisiert werden, sondern erst dann, wenn sich Faktoren (einschließlich Zeit) ändern, die ein Marktteilnehmer bei der Festlegung eines Preises berücksichtigen würde (IAS 39.AG76A). Wie die Verteilung dieser Gewinne bzw Verluste erfolgen soll, wird vom Standard nicht behandelt (*Kuhn/ Scharpf*[3], 647). Es bleibt vielmehr dem Unternehmen überlassen und ist entspr zu **217** erläutern. Denkbar ist eine Verteilung nach der Effektivzinsmethode oder eine lineare Verteilung, sofern dies auf Änderungen von Faktoren zurückzuführen ist und mithin der Maßgabe des IAS 39.AG76A entspricht.

218 **Angaben zum beizulegenden Zeitwert** sind nach IFRS 7.29 **nicht erforderlich**, wenn

(1) der Buchwert eine vernünftige Annäherung an den beizulegenden Zeitwert darstellt (zB bei **kurzfristigen Forderungen und Verbindlichkeiten aus Lieferungen und Leistungen**),
(2) es sich um **Eigenkapitalinstrumente** handelt, für die kein Preis auf einem aktiven Markt besteht (und mit diesen verbundene Derivate) und die nach den Regelungen in IAS 39 zu ihren Anschaffungskosten angesetzt werden, da ein beizulegender Zeitwert nicht zuverlässig ermittelt werden kann,
(3) es sich um einen **Vertrag iSv IFRS 4** handelt, der eine ermessensabhängige Überschussbeteiligung vorsieht, deren beizulegender Zeitwert nicht zuverlässig bestimmt werden kann.

219 In den Fällen von IFRS 7.29(b) und (c) sieht IFRS 7.30 **ergänzende Angaben** vor, die dem Informationsempfänger ein Urteil über mögliche Differenzen zwischen dem Buchwert und dem beizulegenden Zeitwert ermöglichen.

Zu diesen Angaben gehört der Umstand, dass keine Angabe des beizulegenden Zeitwerts erfolgt, da dieser

(1) nicht verlässlich bestimmt werden kann,
(2) eine Beschreibung der Finanzinstrumente und deren Buchwert sowie eine Erklärung, warum deren beizulegender Zeitwert nicht zuverlässig bestimmt werden kann,
(3) Informationen über den für diese Instrumente bestehenden Markt sowie
(4) Informationen, ob bzw wie eine Veräußerung vorgesehen ist.
(5) Darüber hinaus sind für Finanzinstrumente, die ausgebucht werden, zusätzlich ihr Buchwert zum Zeitpunkt der Ausbuchung sowie das dabei entstandene Ergebnis anzugeben.

b) Zusätzliche Angaben bei Anwendung der Fair Value Option

220 Die ***fair value option*** kann nur unter bestimmten unter Rz 60 aufgeführten Bedingungen angewandt werden. Gleichzeitig bedingt ihre Anwendung bestimmte **zusätzliche Berichtspflichten** nach IFRS 7, die sich auf der Aktivseite auf Angaben zu Krediten und Forderungen beschränken.
Für erfolgswirksam zum beizulegenden Zeitwert bewertete **Kredite und Forderungen** (oder entspr Portfolien) sind nach IFRS 7.9 offenzulegen:

(1) das **maximale Kreditrisiko**. Das Kreditrisiko ist das Risiko, dass eine Partei eines Finanzinstruments der anderen Partei einen finanziellen Verlust verursacht, indem sie einer Verpflichtung nicht nachkommt (IFRS 7 Anhang A).
(2) der Betrag, um den das **Kreditrisiko durch Derivate gemindert** wird. Die Sicherung von Ausfallrisiken durch Kreditderivate (zB *credit default swaps*, *total return swaps* oder *credit linked notes*) wird zumeist nur von Banken oder großen Unternehmen angewandt. Diese Instrumente erlauben es, Kreditrisiken abzuspalten, aber auch zu bündeln, zu kaufen oder zu verkaufen. Angabepflichtig ist die Minderung des Risikos, die sich aus der Anwendung solcher Instrumente ergibt.
(3) Weiterhin sind Angaben zur **Änderung des beizulegenden Zeitwerts** erforderlich, die darauf beruhen, dass sich die **Bonitäten geändert** haben (im Berichtszeitraum und kumuliert). Hierfür sind zwei Verfahren zulässig:
    (a) Angabe der Änderungen des beizulegenden Zeitwerts, die nicht aufgrund von Änderungen der Marktbedingungen entstehen oder

(b) durch Verwendung einer anderen sachgerechten Methode, von der das Unternehmen annimmt, dass sie den Betrag der Änderungen des Kreditrisikos widerspiegelt.

(4) die **Höhe der Änderung** des beizulegenden Zeitwerts des verbundenen Kreditderivats (im Berichtszeitraum und kumuliert).

Für **Verbindlichkeiten, die erfolgswirksam zum beizulegenden Zeitwert bewertet werden**, sind die folgenden gesonderten Angaben entspr IFRS 7.10 verpflichtend: 221

(1) der Betrag der Änderung des beizulegenden Zeitwerts, der sich aus der **Änderung der Bonität** ergibt (im Berichtszeitraum und kumuliert) und resultiert aus:
  (a) Änderungen des beizulegenden Zeitwerts, die nicht aufgrund von Änderungen der Marktbedingungen entstehen (Saldogröße zwischen *fair-value*-Änderung der Verbindlichkeit insgesamt und der zinsinduzierten Veränderung der Verbindlichkeit; *KPMG*, 34) oder
  (b) durch Verwendung einer anderen sachgerechten Methode, von der das Unternehmen annimmt, dass sie den Betrag der Änderungen des Kreditrisikos widerspiegelt.

(2) der **Unterschiedsbetrag** zwischen dem **Buchwert** und dem bei Fälligkeit vereinbarten **Rückzahlungsbetrag**.

Durch diese Regelungen sollen **bonitätsbedingte Veränderungen** von Instrumenten, die erfolgswirksam zum beizulegenden Zeitwert bewertet sind, erkennbar werden. Eine Methodik der Ermittlung kreditrisikobezogener Veränderungen des beizulegenden Zeitwerts, in Fällen, in denen sich ausschließlich der Referenzzinssatz ändert, wird in IFRS 7.B4 beschrieben. Hierfür wird der Barwert auf Basis des Referenzzinssatzes dem Barwert auf Basis der internen Rendite gegenübergestellt. 222

IFRS 7.9 bis IFRS 7.11 bedingen nur besondere Angabepflichten für Finanzinstrumente, die **ohne Anwendung** der *fair value option* den Kategorien Kredite und Forderungen bzw Verbindlichkeiten zu fortgeführten Anschaffungskosten zuzuordnen wären. Für Finanzinstrumente, für die zwar die *fair value option* geltend gemacht wird, die aber grds anderen Kategorien zuzuordnen wären, müssen die Angaben folglich nicht gemacht werden. Strukturierte Finanzinstrumente, die grds trennungspflichtig wären, aber aufgrund der Anwendung der *fair value option* einheitlich zum beizulegenden Zeitwert bewertet werden, werden als ein Instrument behandelt (*IDW* ERS HFA 24 Rz 15). 223

c) Umwidmungen

Zur besseren **Vergleichbarkeit der Abschlüsse** bestimmt IFRS 7.12, dass für finanzielle Vermögenswerte, die bisher 224

(1) zu Anschaffungskosten oder zum Restbuchwert statt zum beizulegenden Zeitwert oder

(2) zum beizulegenden Zeitwert statt zu Anschaffungskosten oder zum Restbuchwert bewertet wurden und die im Geschäftsjahr in Übereinstimmung mit IAS 39.51 ff umgewidmet wurden,

die Höhe des Betrags und die Gründe für die Umwidmung anzugeben sind. Dabei ist sowohl über die Zu- als auch die Abgänge bei den entspr Kategorien zu berichten. Hierfür kommen im Wesentlichen Umwidmungen aus der Kategorie bis zur Endfälligkeit gehaltene Finanzinvestitionen in die Kategorie zur Veräußerung verfügbare finanzielle Vermögenswerte und umgekehrt in Frage.

Erfolgt die Umgliederung nach den Regeln für Umklassifizierungen, die im Rahmen der Finanzmarktkrise verabschiedet wurden (IAS 39.50B, IAS 39.50D und IAS 39.50 E) aus den Kategorien zum beizulegenden Zeitwert bewertet oder zur Veräußerung verfügbar, sind zusätzliche Angaben nach IFRS 7.12A erforderlich:

(1) die Höhe der aus und in eine Kategorie umgegliederten Posten;
(2) der Buchwert und der Zeitwert aller finanziellen Vermögenswerte, die in der lfd oder in Vorperioden umgegliedert wurden und zwar in jeder Berichtsperiode bis zu dem Zeitpunkt, zu dem die Vermögenswerte ausgebucht werden;
(3) sofern der Vermögenswert entspr IAS 39.50 B umgegliedert wurde, ist die „äußerst seltene Situation" darzustellen, die Voraussetzung für die Anwendung von IAS 39.50 B ist. Gleichzeitig ist zu begründen, warum die Umstände „äußerst selten" sind;
(4) anzugeben sind darüber hinaus erfolgswirksam erfasste Gewinne oder Verluste aus der Bewertung zum beizulegenden Zeitwert für die Berichtsperiode, in der der finanzielle Vermögenswert umgegliedert wurde. Für Gewinne oder Verluste, die im sonstigen Ergebnis erfasst wurden, sind diese Angaben für die Berichtsperiode und das Vorjahr erforderlich;
(5) außerdem sind erfolgswirksame und erfolgsneutrale Gewinne und Verluste anzugeben, die sich ergeben hätten, wären die finanziellen Vermögenswerte nicht umgegliedert worden, sowie die tatsächlichen Gewinne und Verluste. Diese Angaben sind für alle Berichtsperioden bis zur Ausbuchung des Vermögenswerts erforderlich, einschließlich der Periode, in der die Umgliederung erfolgt;
(6) ferner sind anzugeben der Effektivzinssatz und die geschätzten Rückflüsse, die das Unternehmen nach eigener Einschätzung erzielen wird.

d) Ausbuchungen

225 Sofern Vermögenswerte aufgrund der unter Rz 102 ff beschriebenen Regelungen des IAS 39 **nicht oder nicht vollständig übertragen** werden, sind nach IFRS 7.13 ergänzende Angaben verpflichtend zu leisten. Dies betrifft die Art des Vermögenswerts, den Buchwert des Vermögenswerts, die Art der zurückbehaltenen Chancen und Risiken und bei *continuing involvement* (s Rz 113 ff), den Buchwert des ursprünglichen Vermögenswerts, den fortgeführten Wert des Vermögenswerts und den Buchwert einer damit verbundenen Verbindlichkeit.

e) Sicherheiten

226 Angaben sind nach IFRS 7 auch für gewährte oder erhaltene **Sicherheiten** zu machen. Gem IFRS 7.14 hat der **Sicherungsgeber** den Buchwert der als Sicherheit dienenden finanziellen Vermögenswerte anzugeben sowie die Sicherungsbedingungen darzustellen. Dies gilt sowohl für Sicherheiten für eigene als auch für fremde Verbindlichkeiten (*IDW* ERS HFA 24 Rz 21).

Die nach IFRS 7.15 für den **Sicherungsnehmer** geltenden Angabepflichten sind wohl nur in wenigen Fällen einschlägig, da sie nur bestehen, wenn die Sicherheiten ohne Ausfall des Kreditnehmers verwertet werden dürfen. Ggf sind anzugeben

(1) der beizulegende Zeitwert der Sicherheit,
(2) der beizulegende Zeitwert von bereits verwerteten Sicherheiten und zusätzlich, ob eine Rückgabeverpflichtung ggü dem Sicherungsgeber besteht,
(3) die Vereinbarungen zur Sicherheitenverwertung.

f) Wertberichtigungskonto für Kreditausfälle

227 Soweit **Kreditausfälle** nicht unmittelbar buchwertmindernd, sondern über ein **gesondertes (Wertberichtigungs-)Konto** erfasst werden, ist nach

IFRS 7.16 für jede Klasse eine **Überleitungsrechnung** anzugeben, aus der die Entwicklung der Risikovorsorge hervorgeht. Die Art der Darstellung in der Überleitungsrechnung ist in IFRS 7 nicht vorgegeben. In der Praxis wird die Darstellung ähnlich einem Wertberichtigungsspiegel aufgebaut, in dem die Entwicklung der Wertberichtigung pro Klasse angegeben wird. Da IFRS 7.16 den Begriff *period* verwendet, dürften die Angaben auch zu Zwischenabschlüssen erforderlich sein (*Kuhn/Scharpf*[3], 621). Die Regelung betrifft insbes Finanzinstitutionen. Bei Industrie- und Handelsunternehmen sind aufgrund dieser Regel zB Angaben zu den Wertberichtigungen auf Forderungen aus Lieferungen und Leistungen geboten.

In Mio €	20X1	20X2
Stand Wertberichtigungen am 1. Januar		
Kursdifferenzen		
Zuführungen (Aufwendungen für Wertberichtigungen)		
Verbrauch		
Auflösungen		
Stand Wertberichtigungen am 31. Dezember		

g) Strukturierte Produkte

Bei vom Unternehmen emittierten **strukturierten Produkten,** in die neben einer Verbindlichkeit und einem Eigenkapitalinstrument mehrere Derivate eingebettet sind, deren Werte voneinander abhängen, sind nach IFRS 7.17 dieser Umstand sowie ergänzende Informationen zu den Bestandteilen des strukturierten Produkts anzugeben (IFRS 7.BC28 bis IFRS 7.BC31). Hiervon betroffen sind zB Wandelanleihen (Eigenkapital- und Fremdkapitalkomponente) mit Kündigungsrechten des Emittenten oder des Inhabers, nicht aber *„plain-vanilla"*-Wandelanleihen (*KPMG*, 60). 228

h) Zahlungsstörungen

Mit Blick auf die Kreditwürdigkeit des bilanzierenden Unternehmens sieht IFRS 7 ergänzende Angaben zu **Zahlungsverzug oder Vertragsverletzungen bei eigenen Darlehensverbindlichkeiten** vor. IFRS 7.18 verlangt diesbezüglich für finanzielle Verbindlichkeiten die Angabe 229

(1) von Einzelheiten zu in der Berichtsperiode aufgetretenen Ausfällen, die Zins oder Tilgung, Tilgungsfonds oder Tilgungsbedingungen betreffen,
(2) des Buchwerts der ausgefallenen Verbindlichkeiten zum Bilanzstichtag und
(3) Angaben für den Fall, dass der Ausfall bis zur Freigabe des Abschlusses behoben wurde oder ob Darlehensbedingungen bis zu diesem Zeitpunkt geändert wurden.

Entspr Angaben sind nach IFRS 7.19 ebenfalls zu machen, wenn es während der Berichtsperiode zu einer **anderen Verletzung von Kreditbedingungen** gekommen ist, die es dem Kreditgeber erlaubt, eine vorzeitige Rückzahlung zu fordern, es sei denn die Verstöße werden **am oder vor** dem Bilanzstichtag behoben oder neu ausgehandelt. Dies trifft insbes in Fällen zu, in denen Kreditbedingungen *(covenants)* verletzt werden. Neben diesen zusätzlichen Angaben ist zu beachten, dass ein derartiger Verstoß gegen Kreditbedingungen zu einem Ausweis der Verbindlichkeit als kurzfristig führt (IAS 1.77). Führt der Verstoß gegen Kreditbedingungen hingegen nur zu einer Erhöhung des Zinssatzes, sind die zusätzlichen Angaben entbehrlich (*IDW* ERS HFA 24 Rz 26).

Für **Kredite**, die zum Stichtag getilgt sind, entfallen die Angaben.

4. Angaben zur Gesamtergebnisrechnung

a) Nettogewinne und -verluste

230 IFRS 7.20(a) verlangt die Angabe eines **Nettoergebnisses** für jede Kategorie von Finanzinstrumenten entweder in der **Gesamtergebnisrechnung** oder im **Anhang**. Entspr der in IFRS 7.8 für die Bilanz getroffenen Regelung hat die Angabe für die Kategorie erfolgswirksam zum beizulegenden Zeitwert bewertet **differenziert** für die zu Handelszwecken gehaltenen und die designierten Finanzinstrumente zu erfolgen.

Für die Kategorie zur Veräußerung verfügbar ist ergänzend anzugeben, welcher Betrag in der Berichtsperiode **erfolgsneutral** im periodischen sonstigen Ergebnis erfasst wurde und welcher Betrag dem Eigenkapital **erfolgswirksam** entnommen wurde (IFRS 7.10(a)(ii)). Zur Abgrenzung der Nettoergebnisse enthält IFRS 7 keine Vorgaben; nach IFRS 7.B5(e) ist über die Ermittlung des Nettoergebnisses jedoch zu berichten und zB anzugeben, ob hierin auch Zins- und Dividendenerträge einfließen.

Bestandteil der Nettogewinne und -verluste sind Wertminderungen, Zuschreibungen, realisierte Abgangserfolge und nachträgliche Eingänge aus abgeschriebenen Finanzinstrumenten (*Kuhn/Scharpf*[3], 628).

Angaben in T€

		aus der Folgebewertung			Nettoergebnis			
	aus Dividenden und Zinsen	zum *fair value*	Währungsumrechnung	Wertberichtigung	davon erfolgswirksam	davon erfolgsneutral	davon erfolgswirksam	davon erfolgsneutral
					30.09.20X1		30.09.20X2	
Kredite und Forderungen								
bis zur Endfälligkeit gehalten								
zur Veräußerung verfügbar								
erfolgswirksam zum beizulegenden Zeitwert bewertet								
Finanzverbindlichkeiten zu fortgeführten Anschaffungskosten bewertet								
	0	0	0	0	0	0	0	0

Nach IFRS 7.20 sind darüber hinaus die unter Rz 232 bis Rz 235 dargestellten **Ergebniskomponenten** gesondert in der Gesamtergebnisrechnung oder im Anhang anzugeben. 231

b) Gesamtzinserträge und -aufwendungen

Nach der **Effektivzinsmethode** ermittelte Gesamtzinserträge und -aufwendungen aus den nicht der Kategorie erfolgswirksam zum beizulegenden Zeitwert bewertet zugeordneten finanziellen Vermögenswerten und Verbindlichkeiten (IFRS 7.20(b)) sind gesondert anzugeben. Dies betrifft insbes nach der Effektivzinsmethode verrechnete Transaktionskosten, Agien und Disagien, aber auch Zinsen aus Leasingverbindlichkeiten. 232

Die Angabe kann für die betroffenen Kategorien **zusammengefasst** werden, sodass eine Angabe je Kategorie nicht erforderlich ist.

c) Erträge und Aufwendungen aus Gebühren und Provisionen

Erträge und Aufwendungen aus Gebühren und Provisionen, die nicht in die Ermittlung des Effektivzinssatzes eingeflossen sind und die nicht aus Finanzinstrumenten der Kategorie erfolgswirksam zum beizulegenden Zeitwert bewertet stammen (IFRS 7.20(c)(i)) oder aus Treuhandtätigkeiten resultieren (IFRS 7.20(c)(ii)), sind ebenfalls **gesondert anzugeben**. 233

Die Regelung umfasst Provisionen, die zum Zeitpunkt ihrer Entstehung **erfolgswirksam** erfasst werden und verlangt eine sachgerechte Aufschlüsselung der Beträge.

d) Zinserträge auf wertberichtigte Forderungen

Gem IAS 39.AG93 sind abgegrenzte Zinserträge auf wertberichtigte Forderungen (IFRS 7.20(d)) **gesondert anzugeben**. 234

e) Wertminderungen

Für **jede Klasse** finanzieller Vermögenswerte ist der Betrag der erfassten **Wertminderungen** (IFRS 7.20(e)) anzugeben. Die Angabe der Wertminderungen ist entspr IFRS 7.20(a) bereits Bestandteil der Nettogewinne und -verluste, die allerdings nach Kategorien auszuweisen sind. Sofern die Darstellung der Nettogewinne und -verluste innerhalb einer **Matrix** erfolgt, in der die Bestandteile einzeln aufgeführt werden, sind die Angaben um Klassen zu erweitern. 235

Für erfolgswirksam zum beizulegenden Zeitwert bewertete finanzielle Vermögenswerte, für die die Regelungen der IAS 39.58 ff nicht einschlägig sind, entstehen keine Angabepflichten bzgl der Wertminderungen (*IDW* ERS HFA 24 Rz 30).

5. Sonstige Angaben

a) Bilanzierungs- und Bewertungsmethoden

IFRS 7 selbst enthält **keine eigenen Angabepflichten** zu den Bilanzierungs- und Bewertungsmethoden. Vielmehr verweist IFRS 7.21 auf die diesbezüglichen Regelungen in IAS 1.117. Eine Konkretisierung erfolgt hingegen in den **Anwendungsleitlinien** (*Application Guidance* Anhang B). Nach IFRS 7.B5 sind im Einzelnen anzugeben: 236

(1) bei zum **beizulegenden Zeitwert** bewerteten finanziellen Vermögenswerten und Verbindlichkeiten
 (a) die Art,
 (b) die Kriterien für die Designation im Rahmen der Ersterfassung,

(c) wie das Unternehmen die in IAS 39 geregelten Voraussetzungen für eine entspr Designation erfüllt.

Dabei genügt es nicht, den Text des Standards wiederzugeben, gefordert ist vielmehr eine **erläuternde Beschreibung,** wie das Unternehmen die Bedingungen für die Anwendung der *fair value option* erfüllt hat. Der reine Hinweis auf das Bestehen eines „*accounting mismatch*" dürfte zB nicht ausreichend sein.

(2) Die Kriterien, nach denen das Unternehmen finanzielle Vermögenswerte der Kategorie **zur Veräußerung verfügbar** zuordnet. Durch diese Angabe soll dem Bilanzleser verdeutlicht werden, welche Finanzinstrumente das Unternehmen der Kategorie zuordnet und welche Auswirkungen damit in Bezug auf die Folgebewertung verbunden sind (*KPMG*, 87).

(3) Ob die Verbuchung finanzieller Vermögenswerte zum **Handels- oder Erfüllungstag** erfolgt (IAS 39.39).

(4) Bei Verwendung eines **Wertberichtigungskontos**

(a) die Kriterien für eine Direktabschreibung/Zuschreibung von finanziellen Vermögenswerten und wann ein Wertberichtigungskonto verwandt wird,

(b) die Kriterien für eine Verwendung der auf einem Wertberichtigungskonto erfassten Beträge zur Buchwertreduzierung wertgeminderter finanzieller Vermögenswerte.

(5) Wie die nach IFRS 7.20(a) anzugebenden **Nettoergebnisse** ermittelt werden,

(6) und anhand welcher Kriterien eine objektiv eingetretene **Wertminderung** festgestellt wird. Auch hier reichen allgemeine Hinweise nicht aus (*IDW* ERS HFA 24 Rz 32).

(7) Bei **finanziellen Vermögenswerten**, deren Konditionen geändert wurden, da sie ansonsten fällig oder wertgemindert wären, die **Bewertungsmethoden**.

Daneben müssen entspr IAS 1.122 die **Ermessensentscheidungen** des **Managements** bei der Anwendung der Bilanzierungs- und Bewertungsmethoden angegeben werden.

b) Sicherungsgeschäfte

237 Für jede der in IAS 39 geregelten **Arten von Sicherungsgeschäften** (s § 23 Rz 46) ist nach IFRS 7.22 anzugeben:

(1) eine Beschreibung der Art der Sicherungsgeschäfte,

(2) eine Beschreibung der als Sicherungsinstrument eingesetzten Finanzinstrumente sowie ihr beizulegender Zeitwert und

(3) die Art der abgesicherten Risiken.

238 Zu ***cashflow hedges*** sind gem IFRS 7.23 ergänzend folgende Angaben zu machen:

(1) In welcher Berichtsperiode mit dem Eintritt des abgesicherten Cashflow gerechnet wird und wann diese erfolgswirksam werden. Obwohl nicht explizit genannt, kann es sich hierbei nur um die Cashflows aus dem gesicherten Grundgeschäft handeln. Angaben zu den Cashflows von Sicherungsgeschäften sind nicht vorgeschrieben, werden aber empfohlen (*IDW* RS HFA 24 Rz 34).

(2) Beschreibung jeder in eine Sicherungsbeziehung einbezogenen geplanten Transaktion, mit deren Eintritt nicht mehr gerechnet wird. Die Angabe dient dazu dem Bilanzleser zu verdeutlichen, wie verlässlich „*highly probable transactions*" sind, die durch das Unternehmen gesichert werden.

(3) Die während der Berichtsperiode direkt im periodischen sonstigen Ergebnis erfassten Beträge. Dabei genügt es, den Gesamtbetrag aller effektiven

Änderungen der beizulegenden Zeitwerte von Sicherungsinstrumenten insgesamt anzugeben, unabhängig davon, ob sie positiv oder negativ sind (*Kuhn/Scharpf*[3], 638).

(4) Die während der Berichtsperiode dem sonstigen Ergebnis erfolgswirksam entnommenen Beträge (der Betrag ist für jeden hiervon betroffenen Posten des erfolgswirksamen Teils der Gesamtergebnisrechnung bzw der gesonderten GuV (sofern erstellt) gesondert anzugeben).

(5) Die während der Berichtsperiode dem sonstigen Ergebnis entnommenen Beträge, die dem Buchwert eines nicht finanziellen Vermögenswerts oder einer nicht finanziellen Verbindlichkeit zugeordnet wurden, der ein mit hoher Wahrscheinlichkeit erwartetes abgesichertes Geschäft zugrunde lag.

Darüber hinaus ist für ***cashflow hedges*** (IFRS 7.24(b)) sowie für Absiche- **239**
rungen von **Nettoinvestitionen in eine ausländische Geschäftseinheit** (IFRS 7.24(c)) der Betrag anzugeben, der aufgrund der Ineffektivität der Sicherungsbeziehung unmittelbar erfolgswirksam erfasst wurde.

Bei ***fair value hedges*** ist nach IFRS 7.24(a) anzugeben, welche Gewinne oder **240**
Verluste aus der Änderung des beizulegenden Zeitwerts des Sicherungsinstruments stammen (IFRS 7.24(a)(i)) sowie die Änderung des beizulegenden Zeitwerts des Grundgeschäfts, die auf das abgesicherte Risiko zurückzuführen ist (IFRS 7.24(a)(ii)).

c) Angaben zu Risiken aus Finanzinstrumenten

Durch die in IFRS 7.31 ff geregelten Angaben sollen die Adressaten des Ab- **241**
schlusses in die Lage versetzt werden, sich ein Urteil über Art und Umfang der Risiken aus Finanzinstrumenten zu bilden, denen das Unternehmen am Bilanzstichtag ausgesetzt war (IFRS 7.31). Hierzu werden typische Risiken benannt und das Erfordernis sowohl **qualitativer wie quantitativer** Angaben begründet.

Risikoberichterstattung		
typische Risiken (IFRS 7.32)		
Kreditrisiko	Liquiditätsrisiko	Marktrisiko
qualitative Angaben (IFRS 7.33)		quantitative Angaben (IFRS 7.34)
(a) Risikoexposition und -entstehung (b) Ziele, Strategien und Verfahren zur Risikosteuerung, Risikomessungsmethoden (c) Änderungen zu den vorstehenden Sachverhalten ggü früheren Berichtsperioden		(a) Ausmaß des Risikos am Abschlussstichtag (je Risikoart) (b) Entspr den Regelungen in IFRS 7.36 bis IFRS 7.42, soweit nicht bereits in den Angaben zu (a) enthalten oder unwesentlich (c) Risikokonzentrationen

Wo die geforderten Angaben gemacht werden sollen, wird dem Unternehmen **242**
weitgehend freigestellt *(„some other statement")*, sofern Querverweise auf die Quelle im Abschluss vorliegen. So können entspr IFRS 7.B6 die Angaben im **Abschluss**, im **Lagebericht** oder **Risikobericht** erfolgen, vorausgesetzt, diese Berichte stehen dem Adressaten unter den gleichen Bedingungen und zur gleichen Zeit zur Verfügung.

Die Darstellung der Risiken bezieht sich explizit auf den **Abschlussstichtag** (IFRS 7.31). Dennoch sind zusätzliche Angaben erforderlich, wenn die zum Abschlussstichtag angegebenen quantitativen Daten für die Risikoexposition eines Unternehmens nicht repräsentativ für die Berichtsperiode ist (IFRS 7.35). Damit ist die Strategie, Finanzinstrumente vor dem Stichtag zu verkaufen und sie nach dem Stichtag wieder zu kaufen, um Angabepflichten zu umgehen, weitgehend obsolet.

243 **Qualitative Angaben** bestehen im Wesentlichen in der Beschreibung der oben genannten Punkte. Hinweise auf den Umfang der erforderlichen Angaben gibt IFRS 7.IG15ff. **Quantitative Angaben** basieren nach IFRS 7.34(a) auf dem internen Managementinformationssystem *(management approach)*. Erfolgt die interne Risikoberichterstattung in unterschiedlichen Formen bzw nach unterschiedlichen Methoden, ist für den Abschluss die Form zu wählen, die die höchste Relevanz und Verlässlichkeit aufweist (IFRS 7.B7).

Unzulänglichkeiten des internen Systems werden jedoch insoweit nicht gedeckt, als die Angaben nach IFRS 7.36 bis IFRS 7.42 auch dann gefordert werden, wenn sie trotz Wesentlichkeit nicht Gegenstand des Managementinformationssystems sind. Hierdurch wird in entspr Fällen faktisch der Zwang zu einer Weiterentwicklung des Systems begründet, um den Berichtspflichten nach IFRS 7 gerecht werden zu können.

244 **aa) Kreditrisiko**. Das **Kreditrisiko** umfasst nach der in Anhang A von IFRS 7 gegebenen Definition das Risiko, dass es, aufgrund der Nichteinhaltung vertraglicher Vereinbarungen einer Vertragspartei, zu finanziellen Verlusten kommt.

Nach IFRS 7.36 ist **für jede Klasse** von Finanzinstrumenten anzugeben:

(1) der Betrag des maximalen Kreditausfallrisikos ohne Berücksichtigung von Sicherheiten. Nach IAS 32 saldierte Beträge sowie nach IAS 39 gebildete Wertberichtigungen sind entspr den Vorgaben in IFRS 7.B9 abzusetzen:

	Bruttobuchwert (ohne Berücksichtigung von Sicherheiten)
./.	gem IAS 32 saldierter Beträge (IFRS 7.B9(a))
./.	gem IAS 39 gebildete Wertberichtigungen (IFRS 7.B9(b))
=	**maximales Kreditrisiko (IFRS 7.36(a))**

(2) eine Beschreibung der hinsichtlich der zu Nummer (1) genannten Beträge erhaltenen Kreditsicherheiten und sonstigen risikomindernden Vereinbarungen (IFRS 7.BC51 bis IFRS 7.BC53, IFRS 7.IG22),

(3) Informationen über die Qualität der finanziellen Vermögenswerte, die nicht überfällig und nicht wertgemindert sind,

(4) der Buchwert der finanziellen Vermögenswerte, deren Vertragsbedingungen geändert wurden und die ansonsten überfällig oder wertgemindert wären.

Am Tag 1 nach Fälligkeit einer Zahlung ist ein Vermögenswert **überfällig** (IFRS 7 Anhang A). Dies gilt auch dann, wenn hinsichtlich der Zahlungsfähigkeit und -willigkeit keinerlei Einschränkungen gelten. Die Beurteilung erfolgt dabei auf Basis der aktuellen Vertragsverhältnisse (IFRS 7.IG26f).

245 Für **überfällige oder wertberichtigte finanzielle Vermögenswerte** ist darüber hinaus für jede Klasse anzugeben:

(1) eine Analyse der Altersstruktur der nicht wertberichtigten Kredite. Als Beispiel für die Überfälligkeitsanalyse enthält IFRS 7.IG28 folgende Untergliederung:
   (a) bis drei Monate,
   (b) über drei Monate bis sechs Monate,
   (c) über sechs Monate bis ein Jahr,
   (d) über ein Jahr.

	Buchwert 31.12.X2	davon zum Abschluss-stichtag weder wertge-mindert noch überfällig	weniger als 30 Tage	zwischen 31 und 60 Tage	zwischen 61 und 90 Tage	zwischen 91 und 180 Tage	zwischen 181 und 360 Tage	mehr als 360 Tage
Ausleihungen an Unter-nehmen, mit denen ein Beteiligungs-verhältnis besteht								
sonstige Ausleihun-gen, Genos-senschaftsan-teile und Rück-deckungs-ansprüche aus Lebensver-sicherungen								
Langfristige sonstige finanzielle Vermögens-werte								
Forderungen aus Lieferun-gen und Leistungen								
Forderungen gegen assozi-ierte Unter-nehmen								
Forderungen gegen Unter-nehmen, mit denen ein Beteiligungs-verhältnis besteht								
sonstige finanzielle Vermögens-werte								

(2) eine Analyse der finanziellen Vermögenswerte, für die am Abschlussstichtag Einzelwertberichtigungsbedarf festgestellt wurde, einschließlich Angaben zu den Kriterien, nach denen der Wertberichtigungsbedarf ermittelt wird. Bei der in IFRS 7.IG29 ausgesprochenen Empfehlung zur Angabe des Buchwerts (vor Wertberichtigung), der Wertberichtigung sowie Art und beizu-

legender Zeitwert der erhaltenen Sicherheiten dürfte es sich mit Blick auf IFRS 7.37(c) oft um eine Pflichtangabe handeln;

(3) hinsichtlich der unter den Nummern (1) und (2) angegebenen Beträge eine Beschreibung der erhaltenen Sicherheiten und – soweit möglich – eine Schätzung des beizulegenden Zeitwerts (IFRS 7.BC51 bis IFRS 7.BC53).

246 Ergänzend zu IFRS 7.15 enthält IFRS 7.38 weitere Angabepflichten hinsichtlich **erhaltener Sicherheiten,** die verwertet wurden und beim Sicherungsnehmer zur Bilanzierung von Vermögenswerten führen (zB Rettungserwerbe). Anzugeben ist die Art und der Buchwert der erworbenen Vermögenswerte (IFRS 7.38(a)) sowie – soweit die erworbenen Vermögenswerte nicht leicht in liquide Mittel umgewandelt werden können – in welcher Form eine weitere Verwertung erfolgen soll oder wie sie beim Sicherungsnehmer selbst genutzt werden können (IFRS 7.38(b)).

247 **bb) Liquiditätsrisiko.** Das Liquiditätsrisiko umfasst das Risiko, dass ein Unternehmen **Schwierigkeiten** bei der **Erfüllung** seiner Verpflichtungen aus finanziellen Verbindlichkeiten hat (IFRS 7 Anhang A).

248 Als **quantitative Angaben** hierzu verlangt IFRS 7.39 eine **Fälligkeitsanalyse** für **nicht-derivative** finanzielle Verbindlichkeiten (einschließlich begebene Finanzgarantien), aus denen die vertraglichen Laufzeiten hervorgehen (IFRS 7.39(a)). Für **derivative** finanzielle Verbindlichkeiten ist eine Fälligkeitsanalyse für Instrumente darzustellen, deren vertragliche Laufzeiten für das Verständnis des zeitlichen Eintretens der Cashflows entscheidend sind (IFRS 7.39(b)), wie zB bei einem Zinsswap mit einer Restlaufzeit von 5 Jahren, der als Sicherungsinstrument in einem Cashflow-Hedge eines variablen Vermögenswerts oder Verbindlichkeit eingesetzt wird oder bei allen Kreditzusagen (IFRS 7.B11B).

249 Für die danach zu erstellende **Restlaufzeitengliederung** enthält der Standardtext selbst keine Vorgaben, vielmehr sind die Laufzeitbänder – so IFRS 7.B11 – nach dem Ermessen des Unternehmens zu bilden. IFRS 7.B11 gibt hierzu folgendes Beispiel:

(1) bis zu einem Monat,
(2) mehr als ein Monat bis zu drei Monaten,
(3) mehr als drei Monate bis zu einem Jahr,
(4) mehr als ein Jahr bis zu fünf Jahren.

250 Durch die Änderung des IFRS 7.B11C werden die **Zeitpunkte** konkretisiert, die für die **Zuordnung zu den Laufzeitbändern** maßgeblich sind:

Für die Zuordnung in die Laufbahnstufen ist jeweils die frühest mögliche Fälligkeit zu wählen. Steht der Rückzahlungstermin **im Ermessen des Gläubigers**, ist der Betrag dem Laufzeitband der frühest möglichen Rückzahlung zuzuordnen; so sind Verbindlichkeiten, die auf Anforderung fällig sind, dem frühesten Zeitband zugeordnet (IFRS 7.B11C(a)). Bei Ratenzahlungen sind die einzelnen Raten in den Perioden auszuweisen, in denen sie frühest möglich fällig werden. Noch nicht abgerufene Kreditzusagen und begebene Finanzgarantien sind in dem frühesten Laufzeitband zu zeigen, in dem sie genutzt bzw gezogen werden können (IFRS 7.B11C(b) und (c)).

Der Ausweis der in den Zeitbändern darzustellenden Beträge erfolgt brutto, dh vor Abzinsung. Damit ist die **Höhe der in den Zeitbändern auszuweisenden Beträge** unabhängig von der Darstellung in der Bilanz.

251 IFRS 7.B11D führt **Beispiele** für angabepflichtige Fälligkeiten auf:

(1) Bruttoverpflichtungen aus Finanzierungs-Leasingverhältnissen vor Abzug der Finanzierungskosten,

(2) Preise, die in Terminkontrakten über den Erwerb von finanziellen Vermögenswerten in bar genannt werden,

(3) Nettobeträge aus *pay-floating/receive-fix* Zinsswaps, die mit Nettozu- oder -abflüssen verbunden sind,
(4) vertraglich vereinbarte Beträge, die gegen ein Derivat getauscht werden, für das Brutto-Cashflows ausgetauscht werden (zB Währungsswaps oder Zins-/Währungsswaps) und
(5) Bruttokreditzusagen.

Bei Verkaufsoptionen die **jederzeit ausübbar** (amerikanische Option) und 252
am Stichtag im Geld sind, erfolgt beim Optionskäufer die Einordnung in das Laufzeitband mit dem frühestmöglichen Fälligkeitszeitpunkt. Ist ein Barausgleich vereinbart, wird der auszuweisende Betrag aufgrund der Bedingungen am Stichtag ermittelt. Keine Angabepflichten bestehen für Optionen, die am Stichtag aus dem Geld sind (*IDW* ERS HFA 24 Rz 59). Müssen die Angaben entspr IFRS 7.39(a) und (b) zu **hybriden Finanzinstrumenten** gemacht werden, gilt das Gesamtinstrument als nicht-finanzielle Verbindlichkeit und ist in der Folge nach den Regeln des IFRS 7.39(a) zu behandeln. Das eingebettete Derivat ist nicht abzuspalten.

	31.12.X2				**31.12.X1**			
	Restlaufzeit				**Restlaufzeit**			
Art der finanziellen Verbindlichkeiten	Buchwert 31.12.X2 (T€)	bis 1 Jahr (T€)	1–5 Jahre (T€)	mehr als 5 Jahre (T€)	Buchwert 31.12.X1 (T€)	bis 1 Jahr (T€)	1–5 Jahre (T€)	mehr als 5 Jahre (T€)
Verbindlichkeiten ggü Kreditinstituten (Kontokorrent-darlehen)								
noch nicht in Anspruch genommen								
Verbindlichkeiten ggü Kreditinstituten (Schuldschein-darlehen)								
sonstige finanzielle Verbindlichkeiten								
sonstige finanzielle Verbindlichkeiten aus Finanzierungs-leasing								
sonstige unverzinsliche finanzielle Verbindlichkeiten								
Finanzielle Verbindlichkeiten	0	0	0	0	0	0	0	0

Im Rahmen der **qualitativen Darstellung** von Liquiditätsrisiken hat nach 253
IFRS 7.39(c) eine Beschreibung der Art und Weise der Liquiditätssteuerung nicht-derivativer und derivativer Verbindlichkeiten zu erfolgen. Sofern es für die Beurteilung der Art und des Ausmaßes des Liquiditätsrisikos notwendig ist, ist eine Fälligkeitsanalyse der Vermögenswerte darzustellen, die das Unternehmen zur Sicherung des Liquiditätsrisikos hält. Beispielhaft, aber nicht abschließend, werden die Faktoren, die bei der Darstellung der Liquiditätssteuerung berücksichtigt werden können, in IFRS 7.B11F aufgeführt.

254 cc) **Marktrisiko.** Das Marktpreisrisiko umfasst das Risiko, dass der beizulegende Zeitwert oder künftige Zahlungsstrom eines Finanzinstruments aufgrund **veränderter Marktpreise** schwankt (IFRS 7 Anhang A). Zum Marktpreisrisiko gehören das **Wechselkursrisiko**, das **Zins(änderungs)risiko** sowie sonstige **Preisrisiken**. Anzugeben sind Risiken sämtlicher marktrisikobehafteter Posten, dh originärer und derivativer Finanzinstrumente. Dabei sind sowohl Instrumente einzubeziehen, die der Risikosteuerung dienen als auch Grund- und Sicherungsinstrumente im Rahmen des *hedge accounting*, da sich Ineffektivitäten ergeben können, die sich erfolgswirksam auswirken (*IDW* ERS HFA 24 Rz 61 ff).

255 Vorbehaltlich einer Berichterstattung gem IFRS 7.41 sind nach IFRS 7.40 folgende Angaben zu machen:

(1) Für jede Marktrisikoart, der das Unternehmen am Abschlussstichtag ausgesetzt ist, eine **Sensitivitätsanalyse,** aus der die **Auswirkungen auf den Erfolg und das Eigenkapital** hervorgehen, wenn eine nach vernünftigem Ermessen mögliche Veränderung einer Risikovariablen (zB Wechsel-, Aktienkurs, Zinssatz) eintritt. Dabei sind *„worst-case"* Betrachtungen ebenso wenig geboten wie die Darstellung nur marginaler Veränderungen (IFRS 7.B18).

(2) Die bei der Sensitivitätsanalyse verwendeten bzw zugrunde gelegten Methoden bzw Annahmen.

(3) Änderungen bzgl der Methoden bzw Annahmen der Sensitivitätsanalyse ggü der früheren Berichtsperiode unter Angabe der Änderungsgründe.

256 Die **Sensitivitätsanalyse** stellt viele Unternehmen vor **besondere Probleme**, die einerseits die erforderliche **Datenerhebung** im Konzernkreis betreffen und andererseits die **Rechentechnik**. In der Praxis ist es sinnvoll, die notwendigen Daten über ein entspr ausgestaltetes Konzernreporting abzufragen und auf Ebene des MU zu aggregieren.

257 **Alternativ** zur Sensitivitätsanalyse nach IFRS 7.40 kann nach IFRS 7.41 auch eine Analyse dargestellt werden, die mögliche wechselseitige Abhängigkeiten einzelner Risikovariablen erfasst (zB *value-at-risk*), wenn diese Methode auch zur Risikosteuerung verwendet wird. In diesem Fall sind gem IFRS 7.41 Angaben erforderlich

(1) zur Erläuterung der Methode sowie zu den wichtigsten Parametern und Annahmen (IFRS 7.B20) sowie

(2) zur Erläuterung der mit dieser Methode verfolgten Ziele und der Restriktionen, die möglicher Weise dazu führen, dass die Angaben den beizulegenden Zeitwert der einbezogenen Vermögenswerte und Verbindlichkeiten nicht angemessen berücksichtigen.

258 **Das Zinsrisiko** umfasst das Risiko, dass der beizulegende Zeitwert oder die künftigen Zahlungsströme eines Finanzinstruments aufgrund von Änderungen des Marktzinssatzes schwanken. Betroffen hiervon sind nur Finanzinstrumente, bei denen Änderungen des Marktzinssatzes Auswirkungen auf die Gesamtergebnisrechnung bzw die gesonderte GuV (sofern erstellt) haben. Dies gilt vor allem für variabel verzinsliche Finanzinstrumente und Zinsderivate mit oder ohne Sicherungsbeziehung. Freistehende Derivate werden in der Kategorie finanzielle Vermögenswerte und Schulden, die erfolgswirksam zum beizulegenden Zeitwert bewertet werden erfasst und wirken sich folglich bei Wertänderungen auf den Erfolg aus. Derivate in Sicherungsbeziehungen wirken sich entweder erfolgswirksam *(fair value hedge)* oder erfolgsneutral *(cashflow hedge)* aus. Weil die Kompensation der Wertänderungen des Grundgeschäfts mit den Wertänderungen des Sicherungsinstruments nicht immer vollständig ist und erfolgswirksam erfasst wird, sind bei einem *fair value hedge* sowohl Angaben zu den Zinsrisiken des Grundgeschäfts als auch des Sicherungsinstruments zu machen. Bei *cashflow hedges* wirken sich die Wertänderungen der Sicherungsinstrumente auf das sons-

tige Ergebnis und bei Ineffektivität auch erfolgswirksam aus, sodass im Rahmen der Berichterstattung zu den Zinsrisiken auch hierzu zu berichten ist.

Zu **fortgeführten Anschaffungskosten** bewertete festverzinsliche Finanzinstrumente sind dann in die Angaben nach IFRS 7.39(a) einzubeziehen, wenn sie entweder der Kategorie finanzielle Vermögenswerte und Schulden, die erfolgswirksam zum beizulegenden Zeitwert bewertet werden zugeordnet werden oder Grundgeschäfte im Rahmen von *fair value hedges* sind. In beiden Fällen werden Wertänderungen erfolgswirksam erfasst.

Das **Währungsrisiko** betrifft das Risiko, dass der beizulegende Zeitwert oder künftige Cashflows aufgrund von Wechselkursänderungen schwanken (IFRS 7 Anhang A). Kein Währungsrisiko besteht bei nicht-monetären Posten und bei Finanzinstrumenten, die auf die funktionale Währung lauten. Die Angaben zum Währungsrisiko sind für **jede Währung**, die ein signifikantes Risiko für das Unternehmen darstellt, gesondert zu machen (IFRS 7.B23f). Sofern wesentliche Zinsrisiken in verschiedenen Währungen bestehen, sollte eine nach Währungen getrennte Angabe erfolgen (IFRS 7.IG34). Wenn sowohl Währungs- als auch Zinsrisiken vorliegen wie bei bestimmten Derivaten und eines der Risiken von untergeordneter Bedeutung ist, erfolgt die Berichterstattung über das signifikante Risiko (*IDW* ERS HFA 24). Obwohl im Standard nicht explizit erläutert, sind aufgrund der möglichen Ineffizienzen für Grund- und Sicherungsgeschäfte im Rahmen von *hedge accounting* Angaben zu den Währungsrisiken zu machen (*IDW* ERS HFA 24 Rz 65). Sofern sich hieraus aber keine Auswirkungen auf den Erfolg oder das sonstige Ergebnis ergeben, weil der Sicherungszusammenhang zu 100% effektiv ist, kann uE eine Angabe unterbleiben. 259

Sonstige Preisrisiken betreffen das Risiko, dass der beizulegende Zeitwert oder künftige Cashflows eines Finanzinstruments aufgrund von Änderungen der Marktpreise schwanken und zwar unabhängig davon, ob diese Änderungen durch Faktoren verursacht werden, die für jedes einzelne Finanzinstrument oder seinen Emittenten spezifisch sind, oder durch Faktoren, die alle ähnlichen auf dem Markt gehandelten Finanzinstrumente betreffen (IFRS 7 Anhang A). Solche Risiken sind Aktienkursrisiken, Risiken, die sich aus der Änderung von Rohstoffpreisen ergeben oder Risiken aus Restwertgarantien (IFRS 7.B25). 260

Eigene Eigenkapitalinstrumente brauchen nicht in die Sensitivitätsanalyse einbezogen zu werden, da sie nicht folgebewertet werden (IFRS 7.B28). 261

Sind die nach IFRS 7.40 oder IFRS 7.41 dargestellten **Sensitivitätsanalysen nicht repräsentativ** für das einem Finanzinstrument inhärente Risiko, da zB der Risikoumfang zum Abschlussstichtag erheblich vom unterjährigen Risikoumfang abweicht, ist dieser Umstand sowie die Gründe, warum die Sensitivitätsanalysen nicht für repräsentativ gehalten werden, anzugeben (IFRS 7.42). 262

H. Wesentliche Änderungen und deren Anwendungszeitpunkte

IAS 32 ist auf Berichtsperioden anzuwenden, die am oder nach dem 1. Januar 2005 beginnen (IAS 32.96). Die Änderungen in IAS 32.11(a)(ii), IAS 32.16(a)(ii), IAS 32.16A bis IAS 32.16D und IAS 32.18(b) infolge der Überarbeitung von IAS 32 und IAS 1 im Februar 2008 sind für Berichtsperioden beginnend am oder nach dem 1. Januar 2009 verbindlich anzuwenden; eine frühere Anwendung ist zulässig (IAS 32.96A). Entspr gilt für die Änderungen infolge des *Annual Improvements* Projekts 2008 in IAS 32.4(a) (IAS 32.97D). Folgeänderungen aus der Überarbeitung von IFRS 3 (2008) in IAS 32.4(c) sind für Berichtsperioden beginnend am oder nach dem 1. Juli 2009 verbindlich anzuwenden; 263

eine frühere Anwendung ist nur iVm einer früheren Anwendung des IFRS 3 (2008) zulässig (IAS 32.97B).

IAS 39 ist auf Berichtsperioden anzuwenden, die am oder nach dem 1. Januar 2005 beginnen (IAS 39.103). Folgeänderungen aus der Überarbeitung von IAS 1 (2007) in IAS 39.14, IAS 39.54, IAS 39.55, IAS 39.68 und IAS 39.95(a), IAS 39.97, IAS 39.98, IAS 39.100 bis IAS 39.102 sowie IAS 32.AG51(a) und IAS 39.AG67 sind für Berichtsperioden beginnend am oder nach dem 1. Januar 2009 verbindlich anzuwenden; eine frühere Anwendung ist nur iVm einer früheren Anwendung des IAS 1 (2007) zulässig (IAS 39.103C). Ebenso sind die Änderung in IAS 39.2(d) infolge der Überarbeitung von IAS 32 und IAS 1 im Februar 2008 und die Änderung in IAS 39.9 infolge des *Annual Improvements* Projekts 2008 für Berichtsperioden beginnend am oder nach dem 1. Januar 2009 verbindlich anzuwenden; eine frühere Anwendung ist zulässig (IAS 39.103F und IAS 39.108C). Änderungen infolge der Überarbeitung von IAS 27 (2008) in IAS 39.102 sowie Folgeänderungen aus der Überarbeitung von IFRS 3 (2008) in IAS 39.2(f) sind für Berichtsperioden beginnend am oder nach dem 1. Juli 2009 verbindlich anzuwenden; eine frühere Anwendung ist nur iVm einer früheren Anwendung des IAS 27 (2008) und des IFRS 3 (2008) zulässig (IAS 39.103D, IAS 39.103E). Ergänzungen der Anwendungsleitlinien in IAS 39.AG99BA, IAS 39.AG99E, IAS 39.AG99F, IAS 39.AG110A und IAS 39.AG110B hervorgehend aus der Änderung des IAS 39 im Juli 2008, sind für Berichtsperioden beginnend am oder nach dem 1. Juli 2009 verbindlich anzuwenden (IAS 39.103G9). Eine frühere Anwendung ist erlaubt und entspr im Anhang anzugeben. Ein *Endorsement* steht bisher (Stand 1. Mai 2009) noch aus. Die im Oktober 2008 veröffentlichten Änderungen in IAS 39.50 und Ergänzungen in IAS 39.50B bis IAS 39.50F sind rückwirkend für Berichtsperioden, die am oder nach dem 1. Juli 2008 beginnen, anzuwenden (IAS 39.103G). Die aus der Überarbeitung von IAS 39 und IFRIC 9 im März 2009 resultierende Änderung in IAS 39.12 ist für Berichtsperioden endend am oder nach dem 30. Juni 2009 anzuwenden (IAS 39.103J). Ein *Endorsement* steht bisher (Stand 1. Mai 2009) noch aus. Änderungen in IAS 39.2(g), IAS 39.97 und IAS 39.100 infolge des *Annual Improvements* Projekts 2009 im April 2009 sind prospektiv für Berichtsperioden beginnend am oder nach dem 1. Januar 2010 anzuwenden (IAS 39.103K). Der in diesem Rahmen ebenfalls geänderte IAS 39.80 ist bereits für Berichtsperioden beginnend am oder nach dem 1. Januar 2009 anzuwenden (IAS 39.108C). Die Übernahme durch die EU steht bisher (Stand 1. Mai 2009) noch aus.

IFRS 7 ist auf Berichtsperioden anzuwenden, die am oder nach dem 1. Januar 2007 beginnen (IFRS 7.43). Die Folgeänderungen aus der Überarbeitung des IAS 1 (2007) in IFRS 7.20, IFRS 7.21, IFRS 7.23 und IFRS 7.B5, IFRS 7.B14, IFRS 7.B23(c) sowie IFRS 7.IG3, IFRS 7.IG6 sind für Berichtsperioden beginnend am oder nach dem 1. Januar 2009 anzuwenden; eine frühere Anwendung ist nur iVm einer früheren Anwendung des IAS 1 (2007) zulässig (IFRS 7.44A). Die im Oktober 2008 veröffentlichten Änderungen in IFRS 7.12 und IFRS 7.12A sind ab dem 1. Juli 2008 anzuwenden (IFRS 7.44E). Eine Übernahme in EU-Recht steht noch aus (Stand 1. Mai 2009). Änderungen in IFRS 7.27, IFRS 7.39 und Ergänzungen in IFRS 7.27B und IFRS 7.27C infolge der Überarbeitung von IFRS 7 im März 2009 sind für Berichtsperioden beginnend am oder nach dem 1. Januar 2009 anzuwenden. Eine frühere Anwendung ist erlaubt und entspr im Anhang anzugeben (IFRS 7.44G). Die Übernahme durch die EU steht bisher (Stand 1. Mai 2009) noch aus.

Die überarbeitete Fassung des **IAS 27** wurde im Januar 2008 veröffentlicht und ist für Berichtsperioden, die am oder nach dem 1. Juli 2009 beginnen, verpflichtend anzuwenden. Eine frühere Anwendung ist erlaubt und entspr im Anhang anzugeben IAS 27.45 (2008).

Darüber hinaus wurden weitere Absätze dieser Neufassung des IAS 27 (2008) bereits im Mai 2008 wieder geändert: IAS 27.38 durch das *Annual Improvements* Projekt 2008 und IAS 27.4, IAS 27.38A bis IAS 27.38C durch die Änderungen des IAS 27 iVm IFRS 1 (*Cost of an Investment in a Subsidiary, Jointly Controlled Entity or Associate*). Diese Folgeänderungen sind indessen bereits für Geschäftsjahre, die am oder nach dem 1. Januar 2009 beginnen, anzuwenden; eine frühere Anwendung ist erlaubt und entspr im Anhang anzugeben (IAS 27.45A bis IAS 27.45C). Damit sind diese spezifischen Regelungen ab dem Geschäftsjahr 2009 anzuwenden, während alle anderen Änderungen des IAS 27 grds erst ab dem Geschäftsjahr 2010 zur Anwendung kommen (sofern das Geschäftsjahr dem Kalenderjahr entspricht), es sei denn, es wird von der Möglichkeit der vorzeitigen Anwendung Gebrauch gemacht.

IFRIC 9 wurde im März 2006 verabschiedet. Die Interpretation ist für Berichtsperioden anzuwenden, die am oder nach dem 1. Juni 2006 beginnen. Infolge des *Annual Improvements* Projekts 2009 wurde IFRIC 9.5 geändert und ist auf Geschäftsjahre, die am oder nach dem 1. Juli 2009 beginnen, anzuwenden. Bei einer Anwendung des im Jahr 2008 überarbeiteten IFRS 3 vor diesem Zeitpunkt ist eine frühere korrespondierende Anwendung des geänderten IFRIC 9 angezeigt und entspr im Anhang anzugeben (IFRIC 9.11).

IFRIC 16 wurde im Juli 2008 verabschiedet. Die Interpretation ist für Geschäftsjahre anzuwenden, die am oder nach dem 1. Oktober 2008 beginnen. Die Änderung in IFRIC 16.14 infolge des *Annual Improvements* Projekts 2009 ist für Berichtsperioden, die am oder nach dem 1. Juli 2009 beginnen, anzuwenden (IFRIC 16.18). Ein *Endorsement* steht bisher (Stand 1. Mai 2009) sowohl für die Interpretation als auch für die Änderung noch aus.

In der vorliegenden Kommentierung werden wesentliche materielle Änderungen dargestellt, darüber hinaus haben die Überarbeitungen klarstellenden Charakter.

I. Gegenüberstellung zum HGB

I. Grundsätze

Im HGB **fehlt** es an einem geschlossenen **System** von Regelungen zur Erfassung und Bewertung von **Finanzinstrumenten.** Schwebende Verträge mit Derivaten und Warenkontrakten sowie Sicherungsbeziehungen werden entspr dem Realisations- und Vorsichtsprinzip des HGB nur erfasst, wenn sich Verpflichtungsüberschüsse aus den schwebenden Geschäften ergeben (Rückstellung für drohende Verluste; § 249 Abs 1 HGB) oder wenn die Geschäfte realisiert werden (s Rz 87). 264

Allerdings sind entspr § 285 Nr 18 und 19 HGB sowie § 289 Nr 2 HGB im Einzelabschluss und gem § 314 Nr 10 und 11 HGB sowie § 315 Abs 2 Nr 2 HGB für den Konzernabschluss besondere Angaben zu Finanzinstrumenten im Anhang bzw Lagebericht zu machen.

Bedeutende Abweichungen treten bei der Bilanzierung von **Derivaten** (s § 23 Rz 7 ff) und von **Sicherungsbeziehungen** auf (s § 23 Rz 46 ff). Dies betrifft vor allem die Finanzdienstleistungsbranche sowie größere Unternehmen. Die **Folgebewertung von Finanzinstrumenten** zum beizulegenden Zeitwert führt allerdings ebenfalls zu erheblichen Unterschieden, sodass sich auch für alle anderen Unternehmen ein großer Umstellungsbedarf durch IFRS ergibt.

Die Bilanzierung von Sicherungszusammenhängen wird in § 254 HGB (BilMoG) erstmalig im Gesetz verankert.

II. Kategorisierung und Fristigkeit

265 Eine vergleichbare **Kategorisierung,** wie sie nach IAS 39.9 vorgenommen wird (s Rz 46), gibt es nach HGB nicht. Das HGB nimmt eine Einteilung nach der Art der Vermögensgegenstände vor (§ 266 HGB). An diese **Ausweisvorschrift** knüpfen abweichende Bilanzierungsfolgen an.

Zur bilanziellen Einteilung **in kurzfristige und langfristige Vermögenswerte** wird in beiden Regelungswerken auf die Absicht des Unternehmens, den Vermögenswert länger als zwölf Monate zu halten, abgestellt (Daueranlageabsicht; s § 7 Rz 3, Rz 7 ff). Die Einteilung nach der Fristigkeit ist in den IFRS allerdings eine reine Darstellungsregelung des Bilanzausweises ohne jegliche materielle Bilanzierungsfolgen. Demgegenüber entscheidet nach dem HGB die Zuordnung zum Finanzanlagevermögen darüber, ob vorübergehende **Wertminderungen** zwingend oder wahlweise zu erfassen sind (§ 253 Abs 2, 3 HGB).

Zu Unterschieden bei finanziellen Verbindlichkeiten s § 14 Rz 126 ff.

III. Ansatz

1. Erstmaliger Ansatz

266 Der erstmalige Ansatz eines **Finanzinstruments** wird nach HGB unter Berücksichtigung des Gesamtbildes der Verhältnisse nach der Zurechnung des wirtschaftlichen Eigentums beurteilt (§§ 246 und 264 Abs 2 HGB). Dabei enthält das HGB allerdings nur Grundregeln. Für Sonder- und Grenzfälle müssen die GoB herangezogen werden. In IAS 39 sind demgegenüber detaillierte Regelungen über die Zurechnung von Finanzinstrumenten enthalten. Dies betrifft neben der Einbuchung insbes Fragen der Ausbuchung von Finanzinstrumenten (IAS 39.15 ff, IAS 39.AG34 ff). Im Gegensatz zum HGB werden nach IFRS alle schwebenden Verträge mit Finanzderivaten grds erfasst (ggf mit einem Zeitwert von null) unabhängig davon, ob der beizulegende Zeitwert positiv oder negativ ist. Nach HGB werden nur solche schwebenden Verträge erfasst, deren beizulegender Zeitwert negativ ist.

Der Unterscheidung zwischen Geschäften, die durch physische Erfüllung geschlossen werden und solchen die einen Nettoausgleich in Zahlungsmitteln ermöglichen, wird im Grundsatz auch im Handelsrecht gefolgt, wenn auch nur für Angabepflichten (§ 285 Satz 2 HGB). Das Wahlrecht, „übliche Verträge" über den Erwerb von finanziellen Vermögenswerten entweder zum Handelstag (Tag des Vertragsabschlusses) oder zum Erfüllungstag zu erfassen, besteht nach HGB nicht. Hier ist ein Ansatz grds mit Verschaffung der Verfügungsmacht am Erfüllungstag vorzunehmen.

Für **Verbindlichkeiten** ergeben sich im Ergebnis keine Abweichungen zum HGB.

2. Ausbuchung

267 Ein **Vermögensgegenstand** wird nach HGB ausgebucht, wenn der Vermögensgegenstand übertragen wird, Ansprüche daraus erfüllt werden oder Rechte aus dem Vermögensgegenstand verfallen. Bei einer **Übertragung** wird auf den Zeitpunkt abgestellt, an dem das **wirtschaftliche Eigentum** an dem Vermögensgegenstand auf den Erwerber übergeht. Der wirtschaftliche Eigentümer ist

derjenige, der „die tatsächliche Sachherrschaft über den Vermögensgegenstand in der Weise ausübt, dass dadurch der nach bürgerlichem Recht Berechtigte auf Dauer von der Einwirkung ausgeschlossen ist“ (*Förschle/Kroner* in BeBiKo[6] § 246 HGB Rz 6). Die **tatsächliche Sachherrschaft** übt derjenige aus, bei dem Besitz, Gefahr, Nutzen und Lasten des Vermögensgegenstands liegen. Für Finanzinstrumente ist damit die Frage entscheidend, wer Nutzen, Lasten, Risiken und Chancen aus den Rechten an dem Finanzinstrument trägt. Es ist nach HGB jeweils eine Einzelentscheidung nach dem Gesamtbild der Verhältnisse zu fällen. Regelmäßig hindern nach HGB zB Rückkaufvereinbarungen oder Optionsrechte an Vermögensgegenständen eine Übertragung des wirtschaftlichen Eigentums vor Ausübung nicht (BFH-Urteil vom 27. September 1979 IV R 149/72; BFH-Urteil vom 16. Mai 1989 VIII R 196/84; BFH-Urteil vom 17. Juni 1998 XI R 55/97). Sind die Vereinbarungen jedoch derart ausgestaltet, dass die Übertragung wirtschaftlich hinter das Optionsrecht zurücktritt, wird keine Übertragung angenommen.

Nach IFRS ist die Ausbuchung von Finanzinstrumenten detailliert geregelt (s Rz 100ff).

Die **Ausbuchung** von **Verbindlichkeiten** knüpft nach HGB und IFRS an das rechtliche Bestehen an. Insoweit ergeben sich keine Unterschiede.

IV. Bewertung

Die Bewertung von finanziellen Vermögenswerten **bei erstmaliger Erfassung** ist in beiden Regelungswerken grds identisch geregelt. Ein wesentlicher Unterschied besteht aber bei Darlehen mit **Disagien oder Agien**. Während nach dem HGB der Unterschiedsbetrag in einem Rechnungsabgrenzungsposten erfasst werden kann, ist nach IFRS stets die ausgereichte Summe zu aktivieren. Der Differenzbetrag wird im Rahmen einer Effektivzinsrechnung über die Laufzeit amortisiert. Die **Folgebewertung finanzieller Vermögenswerte** nach IAS 39 ist von der Kategorisierung der Finanzinstrumente abhängig (IAS 39.45). Wertänderungen in der Kategorie zu Handelszwecken gehaltene oder erfolgswirksam zum beizulegenden Zeitwert bewertete Finanzinstrumente werden dabei erfolgswirksam und für zur Veräußerung verfügbare Vermögenswerte erfolgsneutral im sonstigen Ergebnis erfasst. Damit ist nach IFRS eine erfolgswirksame **Zeitwertbilanzierung** zB für Unternehmensanteile (Aktien) und für schuldrechtliche Wertpapiere (Anleihen) möglich, wogegen nach HGB ausnahmslos das **Anschaffungskostenprinzip** gilt. Im Entwurf des BilMoG war vorgesehen, Finanzinstrumente des Handelsbestands zum Zeitwert zu bewerten (§ 253 Abs 1 HGB-E). Nach der umfassenden Überarbeitung des Regierungsentwurfs wurde dies wieder verworfen und die Verpflichtung zur Zeitwertbilanzierung von Finanzinstrumenten des Handelsbestands nur für Kreditinstitute und Finanzdienstleistungsinstitute in das HGB übernommen (s § 340e Abs 3 und 4 HGB (BilMoG)). Auch eine erfolgsneutrale Zeitwertbilanzierung, in der Zeitwertänderungen ohne Berührung der GuV in einer Rücklage erfasst werden, ist dem HGB unbekannt. 268

Für **Derivate** werden die Unterschiede zur Bilanzierung nach HGB oftmals erst im Rahmen der Folgebewertung sichtbar: 269

Besteht bei einem **Termingeschäft** ein Forderungsüberhang, ist ein Anspruch aus dem Termingeschäft zu aktivieren, was nach Handelsrecht nicht zulässig ist, da es sich nach wie vor um ein schwebendes Geschäft handelt, das nach den handelsrechtlichen Vorschriften nicht bilanzierungsfähig ist. Bei einem Verpflichtungsüberhang ist nach IAS 39 eine Verbindlichkeit zu passivieren. Nach

HGB ist in diesem Fall eine Drohverlustrückstellung (§ 249 Abs 1 HGB) zu bilden.

270 Der erstmalige Ansatz einer **Verbindlichkeit** nach HGB erfolgt grds mit dem Rückzahlungsbetrag (§ 253 Abs 1 Satz 2 HGB), eine Abzinsung erfolgt im Gegensatz zu IFRS nach HGB nicht. Auch Fremdwährungsverbindlichkeiten sind nach HGB grds zum Rückzahlungsbetrag am Bilanzstichtag anzusetzen. Im Unterschied zu den IFRS ist eine Vereinnahmung nicht realisierter Kursgewinne aus sinkenden Wechselkursen aufgrund des Realisationsprinzips unzulässig (§ 252 Abs 1 Nr 4 HGB). Nach § 256a HGB (BilMoG) wird die Währungsumrechnung im Einzel- und Konzernabschluss erstmalig einheitlich geregelt. Die Umrechnung erfolgt zum Devisenkassakurs.

V. Wertminderung

271 Ein System zur Erkennung und Erfassung von Wertminderungen mittels **substanzieller** Hinweise ist im HGB formal nicht enthalten.

IAS 39 sieht eine Bewertung zum **beizulegenden Zeitwert** zum Bilanzstichtag vor, unabhängig davon, ob es sich um eine vorübergehende oder eine dauerhafte Wertminderung handelt. Nach HGB besteht bei vorübergehender Wertminderung von Finanzanlagen ein Abwertungswahlrecht (§ 279 Abs 1 Satz 2 HGB), das nach § 253 Abs 3 HGB (BilMoG) bestehen bleibt, aber auf Finanzanlagen beschränkt wird.

Während nach IAS 39 konzeptionell die Berücksichtigung des **Zinsänderungsrisikos** nur in den Kategorien zu Handelszwecken gehaltene bzw erfolgswirksam zum beizulegenden Zeitwert zu bewertende Finanzinstrumente und zur Veräußerung verfügbare Vermögenswerte im Rahmen der Zeitwertbilanzierung vorgesehen ist, wird nach HGB grds sowohl das **Bonitäts-** als auch das **Zinsrisiko** bei der Bestimmung des niedrigeren beizulegenden Zeitwerts berücksichtigt (s *Hoyos/Gutike* in BeBiKo[6] § 253 HGB Rz 410).

Für **nichtverbriefte Ausleihungen** und Kreditforderungen wird in beiden Regelungswerken auf den Zeitwert der zu erwartenden Zahlungen abgestellt. Nach HGB führt eine nach erstmaligem Ansatz eingetretene **Unterverzinslichkeit** im Verhältnis zum Marktzinsniveau zu einer Wertminderung.

272 Bei **Unternehmensanteilen** ist der niedrigere beizulegende Zeitwert nach überwiegender Meinung durch Ertragswert- oder DCF-Verfahren oder durch Ermittlung eines Veräußerungswerts bestimmt. Dabei ist auf *IDW* S 1 abzustellen, der vorhandene Börsenkurse zur Plausibilisierung der Wertermittlung verwendet (zur Kritik daran s *Lüdenbach* BB 2002, 2113). Bei speziellen Bewertungsanlässen ist der Börsenkurs maßgebend (*IDW* S 1 Rz 16). Daneben kann die Werthaltigkeit von Unternehmensanteilen auf positive Kombinationseffekte (Preis- oder Wettbewerbsvorteile, Entlastung von eigenen Aufwendungen, Einflussnahme) gestützt werden. Dabei ist eine rechnerische Greifbarkeit nicht erforderlich (s *Hoyos/Gutike* in BeBiKo[6] § 253 HGB Rz 402). Nach IAS 39 ist eine Ausrichtung am Börsen- oder Marktwert gefordert. Mit dem Halten von Unternehmensanteilen verbundene Vorteile fließen nur in die Bewertung ein, soweit diese Marktwerte haben, was letztlich eine Übertragbarkeit voraussetzt. Ertrags- oder Cashflow-Berechnungen sind nur als Hilfsverfahren vorgesehen, wenn keine Börsen-/Transaktionspreise vorhanden sind. Die Ertragswertberechnungen müssen dabei auf die Einschätzung der Marktteilnehmer fokussieren. Ist kein Marktwert ermittelbar, sind die Anteile zu Anschaffungskosten anzusetzen.

273 **Schuldrechtliche Wertpapiere** sind in beiden Regelungswerken mit dem Börsenkurs am Bilanzstichtag zu bewerten. Nach IAS 39 kommt es hingegen auf

unterschiedliche Absichten (Halten oder Veräußerung) bei der Einbeziehung von Nebenkosten in die Bewertung nicht an (s *Ellrott/St. Ring* in BeBiKo[6] § 253 HGB Rz 609 ff).

Wertaufholungen sind nach HGB auf den Wegfall des Grundes beschränkt, der zuvor zur Wertminderung geführt hat. Nach IFRS kann prinzipiell jedes unternehmensexterne Ereignis zu einer Wertaufholung führen, was jedoch praktisch zu keinen großen Abweichungen führen wird. Nach HGB sind Wertaufholungen der Höhe nach auf die fortgeführten Anschaffungskosten beschränkt. Solche Beschränkungen gibt es nach IAS 39 nur für Vermögenswerte in der Kategorie Forderungen und Darlehen und bis zur Endfälligkeit gehaltene Finanzinvestitionen. 274

Nach HGB **zulässige Wahlrechtsabschreibungen** zur Erfassung zukünftiger Wertschwankungen nach § 253 Abs 3 Satz 3 sind nach IFRS nicht möglich. Dieses Wahlrecht wird im Rahmen der Reformierung des HGB durch das BilMoG abgeschafft.

VI. Strukturierte Produkte

Die **Bilanzierung strukturierter Produkte** ist bisher im HGB **nicht geregelt**. Hilfsweise wird bisher die Stellungnahme des Bankenfachausschusses *BFA* 1.003 herangezogen, die unter bestimmten Voraussetzungen die Trennung derartiger Produkte vorsieht. In der Praxis werden diese Produkte zumeist zu **Anschaffungskosten** bilanziert. Nach IFRS müssen diese Produkte unter bestimmten Bedingungen aufgespalten und getrennt bilanziert werden, es sei denn für diese Produkte wird die *fair value option* in Anspruch genommen. Durch *IDW* RS HFA 22 „Zur einheitlichen oder getrennten handelsrechtlichen Bilanzierung strukturierter Finanzinstrumente" werden Regelungen aufgezeigt, die nunmehr für alle Unternehmen gelten sollen und dazu führen, dass auch nach HGB sowohl die Bilanzierung als auch die Anhangangaben und die Dokumentationspflichten für solche Instrumente an IFRS angenähert werden (im Übrigen siehe § 23 Rz 20 ff). 275

einstweilen frei 276, 277

VII. Angaben im Anhang

Die Anhangangaben für Finanzinstrumente sind in IFRS 7 konzentriert. Sie gehen erheblich über die Anhangangaben nach HGB hinaus, wobei auch nach HGB der Umfang der Anhangangaben mit jeder Gesetzesreform zunimmt. 278

J. Aktuelle Entwicklungen/IASB-Projekte

Es wird auf die Ausführungen in Rz 1 ff verwiesen. 279

§ 4. Immaterielle Vermögenswerte

Übersicht

Schrifttum: *Alexander/Archer* International Miller Accounting Standards Guide 2008, New York 2007; *Arbeitskreis „Immaterielle Werte im Rechnungswesen" der Schmalenbach-Gesellschaft für Betriebswirtschaft eV* Kategorisierung und bilanzielle Erfassung immaterieller Werte, DB 2001, 989; *Cairns* Applying International Accounting Standards, 4. Aufl,

Butterworths/London ua 2004; *DRSC* Rechnungslegungs-Interpretation Nr 1 (RIC 1) Bilanzgliederung nach Fristigkeit gemäß IAS 1 Darstellung des Abschlusses, Berlin 2005; *Epstein ua* GAAP 2008, New Jersey 2007; *Epstein/Jermakowicz* IFRS 2008 Interpretation and Application of International Financial Reporting Standards, New Jersey 2008; *Füllbier/Honold/Klar* Bilanzierung immaterieller Vermögenswerte, RiW 2000, 833; *Hommel/Buhleier/Pauly* Bewertung von Marken in der Rechnungslegung – eine kritische Analyse des IDW ES 5, BB 2007, 371; *IDW* HFA 1/1986 Zur Bilanzierung von Zero-Bonds; *IDW* S 1: Grundsätze zur Durchführung von Unternehmensbewertungen (Stand: 2. April 2008), FN IDW 2008, 271; *IDW* Stellungnahme HFA 1/1984, Ausweis von Zuschüssen in der Bilanz, WPg 1984, 612; *IDW* PS 340: Die Prüfung des Risikofrüherkennungssystems nach § 317 Abs. 4 HGB, WPg 1999, 658; *IDW* S 5 Grundsätze zur Bewertung immaterieller Vermögenswerte, WPg Supplement 2007, 64; *IDW* RS HFA 16 Bewertungen bei Abbildungen von Unternehmenserwerben und bei Werthaltigkeitsprüfungen, WPg 2005, 1415; *Kasperzak/Nestler* Zur Berücksichtigung des Tax Amortisation Benefit bei der Fair Value-Ermittlung immaterieller Vermögenswerte nach IFRS 3, DB 2007, 473; *Küting/Harth* Herstellungskosten von Inventories und Self-Constructed Assets nach IAS und US-GAAP (Teil I und II), BB 1999, 2343 und 2393; *Küting/Pilhofer/Kirchhof* Die Bilanzierung von Software aus Sicht des Herstellers nach US-GAAP und IAS, WPg 2002, 73; *Küting/Zwirner* Bilanzierung und Bewertung bei Film- und Medienunternehmen des Neuen Marktes, FB 2001, Beilage 3; *Leibfried/Pflanzelt* Praxis der Bilanzierung von Forschungs- und Entwicklungskosten gemäß IAS/IFRS, KoR 2004, 491; *Schellhorn/Weichert* Ansatz und Bewertung von Forschungs- und Entwicklungskosten nach IAS 38 im Vergleich zu IAS 9, DStR 2001, 86; *Wehrheim* Die Bilanzierung immaterieller Vermögensgegenstände („Intangible Assets“) nach IAS 38, DStR 2000, 86.

Wesentliche Rechtsgrundlagen: IAS 38

A. Grundlagen

I. Überblick über die Standards

1 Für die Bilanzierung von **Immateriellen Vermögenswerten** ist IAS 38 maßgebend. Der Standard regelt die Besonderheiten von Ausgaben, die zur Anschaffung und Herstellung von immateriellen Vermögenswerten führen können. Ergeben sich keine Besonderheiten aus der Eigenart immaterieller Vermögenswerte, entsprechen die Regelungen denen zur Bilanzierung von Sachanlagen (IAS 16; s auch § 5).

Umfangreiche **Definitions- und Ansatzkriterien** sollen eine Abgrenzung immaterieller Werte zu originären und derivativen Geschäfts- oder Firmenwerten sicherstellen. Darüber hinaus führen die speziellen Regelungen für immaterielle Vermögenswerte zu einem erhöhten Maß an bilanzieller Vorsicht, die in der Eigenart dieser Vermögenswerte begründet ist.

Der Standard enthält ein Ansatzverbot für **originäre Geschäfts- oder Firmenwerte** und diesen wesensähnliche Werte wie Marken, Drucktitel, Verlagsrechte und Kundenlisten (zu derivativen Geschäfts- oder Firmenwerten s § 34 Rz 239 ff).

2 Der Entstehungsprozess von **selbstgeschaffenen immateriellen Vermögenswerten** wird in eine Forschungs- und eine Entwicklungsphase zerlegt.

Entspr der Bilanzierung von Sachanlagen sind die ergänzenden Regelungen des IAS 20 (Bilanzierung und Darstellung von Zuwendungen der öffentlichen Hand), IAS 21 (Auswirkungen von Änderungen der Wechselkurse), IAS 23 (Fremdkapitalkosten) und IAS 36 (Wertminderungen) anzuwenden (s § 5 Rz 1).

IAS 38 trifft besondere Regelungen zur **Abschreibung** und enthält Beschränkungen bei der Neubewertung von immateriellen Vermögenswerten.

II. Begriff und Definitionen

„Ein **immaterieller Vermögenswert** ist ein identifizierbarer, nicht monetärer Vermögenswert ohne physische Substanz" (IAS 38.8). 3

Als immaterielle Vermögenswerte kommen **folgende Werte** in Betracht:

(1) Rechte, wie zB Patente, Gebrauchsmuster, Warenzeichen, Unternehmensmarken, Dach- oder Produktmarken, Drucktitel, Verlagsrechte, Urheberrechte, Leistungsschutzrechte, Filmmaterial, Sende- oder Verwertungsrechte, Merchandisingrechte,
(2) Software, Datenplattformen, Websites (s SIC-32),
(3) Rechtspositionen, vertragliche Nutzungsrechte, Belieferungsrechte, wie zB Bierlieferungsverträge, Vertriebsrechte, langfristige vertragliche Geschäftsbeziehungen (auch auf der Beschaffungsseite), staatlich verliehene oder privatvertragliche Lizenz- und Franchiseverträge, so zB auch UMTS – Lizenzen oder Fischereilizenzen, Wettbewerbsverbote, Konkurrenzklauseln, Stillhaltevereinbarungen, Gewerbeberechtigungen, Konzessionen, Im- und Exportquoten, Kontingente, gewerbliche Schutzrechte, Rahmenlieferverträge,
(4) wirtschaftliche Werte wie ungeschützte Erfindungen, Rezepte, Geheimverfahren, Know-how, Technologien, Modelle, Prototypen, Produktionsverfahren, Auftragsbestände, Kundenlisten,
(5) künstlerische Werte wie Archive, Film- und Tonaufzeichnungen, Rechte an Theaterstücken, Oper- oder Ballettaufführungen, Kompositionen, Texten, Bildern, Fotografien, Videos (*Hoyos/F. Huber* in BeBiKo[6] § 247 HGB Rz 375; *IDW* S 5 Rz 3),
(6) Erbbaurechte,
(7) Emmissionsrechte,
(8) Dienstleistungskonzessionen ausgestaltet mit dem Recht zur direkten Gebührenerhebung vom Nutzer bei dem Betrieb einer Infrastruktureinrichtung (IFRIC 12.17; s § 9 Rz 97 ff; § 15 Rz 42),
(9) Abbau-, Schürf- und Gewinnungsrechte, Verwertungsrechte,
(10) derivative Geschäfts- oder Firmenwerte,
(11) Spielervermögen zB im Profifußball.

IAS 38 enthält kein grds Ansatzverbot **selbstgeschaffener immaterieller Vermögenswerte,** sondern bei der kumulativen Erfüllung der einzelnen Voraussetzungen und Definitionen eine **Ansatzpflicht** (Entwicklungskosten für zB eigen entwickelte Produkte, Filme, Produktionsverfahren, Rezepturen; zu speziellen Ansatzvoraussetzungen s Rz 26 ff, zu expliziten Ansatzverboten s Rz 40 ff). Auch eine Entgeltlichkeit (s § 248 Abs 2 HGB) wird nicht gefordert. Eine Marktobjektivierung, die im HGB bis zur Änderung durch das BilMoG (s Rz 125) durch die Entgeltlichkeit sichergestellt werden soll, wird in IAS 38 durch das Ansatzkriterium „künftiger wirtschaftlicher Nutzen" erreicht (IAS 38.21(a)). 4

Zur Qualifizierung als **immaterieller Vermögenswert** sind folgende **Kriterien** zu erfüllen (IAS 38.11 ff): 5

(1) Identifizierbarkeit,
(2) nichtmonetärer Vermögenswert ohne physische Substanz,
(3) langfristiger Vermögenswert und
(4) Beherrschung.

Es wird eine **Identifizierbarkeit** des einzelnen Vermögenswerts gefordert, um eine eindeutige **Abgrenzung bzw Separierbarkeit von Geschäfts- oder Firmenwerten** des Unternehmens sicherzustellen (IAS 38.12). Eine Identifizierbarkeit des Vermögenswerts liegt immer dann vor, wenn eine vom Unternehmen **getrennte Verwertung** erfolgen kann oder der Vermögenswert aus 6 vertraglichen oder gesetzlichen **Rechten** resultiert. Als Verwertung wird der separate Verkauf, die Lizenzierung, die Vermietung sowie der Tausch der aus der künftigen Nutzung entstehenden Zahlungsströme angesehen. Bei erworbenen Rechten, zB Eintritt in schwebende Absatzverträge, wird die Identifizierbarkeit gerade durch den Erwerb des Rechts begründet. „Die Identifizierbarkeit kann zB durch Besitz- oder Schutzrechte gegeben sein" (*Wehrheim* DStR 2000, 87). Aufgrund der wirtschaftlichen Betrachtungsweise ist hier, vergleichbar zum HGB, nicht auf die konkrete Einzelveräußerbarkeit, sondern auf die Möglichkeit der Übertragung des wirtschaftlichen Werts des Vermögenswerts getrennt von einem Geschäfts- oder Firmenwert abzustellen (*Hoyos/F. Huber* in BeBiKo[6] § 247 HGB Rz 390).

7 Die **Verkehrsfähigkeit** ist indes nur in Abgrenzung zum Geschäfts- oder Firmenwert erforderlich (IAS 38.11 f). Im Verhältnis zu anderen Vermögenswerten (zB Sachanlagen) ist eine Einzelverkehrsfähigkeit nicht erforderlich. Ein immaterieller Vermögenswert liegt demnach auch vor, wenn durch die gemeinsame Nutzung mit anderen Vermögenswerten zukünftiger wirtschaftlicher Nutzen wahrscheinlich erzielt werden kann. Die grds Übertragbarkeit oder Verwertbarkeit gemeinsam mit einem Vertrag, einem Vermögenswert oder einer Schuld reicht aus. Die Identifizierbarkeit und der künftige wirtschaftliche Nutzen des immateriellen Vermögenswerts kann durch Nutzung eines damit in Zusammenhang stehenden Vermögenswerts nachgewiesen werden.

Beispiel: Die Verlagsgruppe X erwirbt im Rahmen eines Unternehmenserwerbs die Vermögenswerte und Schulden des Zeitschriftenverlags Y. Gegenstand des Vertrags sind unter anderem lfd Verträge mit 800.000 Abonnement Kunden (Kundenstamm). Nach IAS 38.33 ff ist der Kundenstamm separat zu aktivieren, da die Identifizierbarkeit aus den zugrunde liegenden Abonnementverträgen resultiert und vertraglich abgesichert ist.

Beispiel: Ein Ticketing-Unternehmen vereinbart mit dem Opernhaus der Stadt J einen Exklusivvertrag über Ticketing-Dienstleistungen für die kommenden 5 Jahre. Das Opernhaus nutzt die Online Software des Ticketing-Unternehmens für das komplette Ticketmanagement auf eigener Hardware. a) Das Unternehmen zahlt eine Einmalprämie an das Opernhaus. b) Das Unternehmen hat Aufwendungen für die Anpassung der eigenen Software an die speziellen Bedürfnisse des Opernhauses.

Die Einmalprämie (Fall (a)) ist als immaterieller Vermögenswert mit begrenzter Nutzungsdauer anzusehen. Es liegt ein vertraglich geschütztes Recht zur Ausführung der Dienstleistungen vor (IAS 38.12), welches derivativ erworben wurde. Die Kosten aus der Anpassung der Software (Fall (b)) könnten Folgeausgaben für die Software sein (Entwicklungskosten). Da diese Kosten jedoch spezifisch zur Anpassung des Kunden „Opernhaus" anfallen, liegen Anschaffungs- bzw Anschaffungsnebenkosten des „Servicerechts" vor. Beide Kostenbestandteile sind durch die künftigen Erträge aus dem Ticketing gedeckt.

Beispiel: Ein Kunststoffunternehmen beschließt bestimmte Produktarten und Regionen im Rahmen eines Reorganisationsprogramms nicht zu bedienen. Dazu wird ein Rahmenvertrag zur Belieferung eines Hygieneartikelherstellers mit Verpackungsfolie an die Folien GmbH zu einem Kaufpreis von T€ 50 verkauft. Eine Zustimmung des Vertragspartners liegt vor. Der Rahmenvertrag regelt technische Spezifikation, das Prozedere zur jährlichen Preisfindung sowie allgemeine Lieferbedingungen. Fest- oder Mindestabnahmemengen sind nicht vereinbart. Eine Aktivierung bei der Folien GmbH scheidet aus, da zwar nach IAS 38.16 gerade die Übertragung eines solchen Vertrags ein Indiz für die Beherrschung ist, aber eine konkrete Erwartung über abzunehmende Mengen nicht vorhanden ist. Ist dieser Rahmenvertrag Teil eines Unternehmenszusammenschlusses, so ist die Betrachtung differenzierter. Das Vertragsverhältnis besteht unverändert fort und führt zu lfd Auftragseingängen. Es ist davon auszugehen, dass dieser Kundenbeziehung im Rahmen der Kaufpreisbestimmung ein entspr Wert zugeordnet wurde. Die fehlende Beherrschung über konkrete Gewinnerwartungen führt dazu, dass diese Kundenbeziehung als Teil des Geschäfts- oder Firmenwerts anzusehen ist. In der Bilanzierungspraxis ist in vorgenannten Fällen ein Bilanzansatz für die Kundenbeziehungen zu finden, der mangels Erfüllung des Kriteriums Identifizierbarkeit uE abzulehnen ist.

In Abgrenzung zu Sachanlagen sind **immaterielle Vermögenswerte** ohne **physische Substanz.** Vielfach sind materielle Vermögenswerte Träger oder Speichermedium eines immateriellen Vermögenswerts (zB Daten-/Tonträger bei Software und Filmen). Ob ein immaterieller Vermögenswert oder eine Sachanlage vorliegt ist danach zu beurteilen, welches der beiden Elemente überwiegt (IAS 38.4). Im Standard werden Beispiele genannt, bei denen jeweils die Sachanlage nicht ohne den immateriellen Vermögenswert funktionsfähig ist und deshalb der immaterielle Vermögenswert als integraler Bestandteil der Sachanlage aufzufassen ist (Software einer Werkzeugmaschine, Betriebssystem eines Computers (IAS 38.4)). Damit ist Systemsoftware regelmäßig ein Bestandteil der aktivierten Sachanlage (*Küting/Pilhofer/Kirchhof* WPg 2002, 75). Durch die Abgrenzung nach der Funktionsfähigkeit liegen damit Kosten der Versetzung in einen betriebsbereiten Zustand der Sachanlage vor. 8

Ob das materielle oder das immaterielle Element eines Vermögenswerts überwiegt, ist daneben auch nach den Wertverhältnissen feststellbar. ZB treten regelmäßig materielle Speichermedien wertmäßig hinter den Wert der darauf gespeicherten immateriellen Werte zurück (*Hoyos/F. Huber* in BeBiKo[6] § 247 HGB Rz 376). 9

Ein immaterieller Vermögenswert kann auch vorliegen, wenn **Entwicklungsleistungen** eines Unternehmens zu materiellen Prototypen führen, wenn das entstandene Know-how in einer Gesamtbetrachtung überwiegt und sich über den Prototyp hinaus in Verfahrens- und Design Know-How niederschlägt (IAS 38.5). Die Herstellungskosten für den **Prototypen** (soweit eine Trennung möglich ist) sind als Sachanlage zu aktivieren (IAS 16.7). Neben den allgemeinen Aktivierungsvoraussetzungen ist hier entscheidend, ob der **Prototyp** zu künftigem wirtschaftlichem Nutzen für das Unternehmen führt (zB Tests, Vorführung, Markteinführung).

Ist der Wertanteil des immateriellen Bestandteils eines Vermögenswerts zwar geringer als der Wertanteil der Sachanlage, aber im Rahmen einer Gesamtbetrachtung als wesentlicher Bestandteil anzusehen, der eine abweichende Nutzungsdauer von der Gesamtnutzungsdauer aufweist, ist eine getrennte Bilanzierung nach dem **Komponentenansatz** sachgerecht (zB Steuersoftware einer Werkzeugmaschine; IAS 16.13). 10

Eine Aktivierung im Anlagevermögen setzt eine **langfristige Nutzung** im Leistungsprozess des Unternehmens voraus. Dabei gelten die gleichen Grundsätze wie für die Beurteilung bei Sachanlagen (s § 5 Rz 2). Bei der Beurteilung ist die Verwendungsabsicht des Managements maßgebend. Eine Abgrenzung zu kurzfristigen immateriellen Vermögenswerten erfolgt bereits durch den beschränkten Anwendungsbereich des IAS 38 (s IAS 38.3 und Rz 13). 11

Dabei ergibt sich zB für eine entwickelte Software ein **langfristiger immaterieller Vermögenswert,** wenn die Herstellung nicht im Kundenauftrag, sondern für einen anonymen Markt erfolgt. Die zum Vertrieb gefertigten Kopien stellen jeweils aufgrund der Veräußerungsabsicht kurzfristige Vermögenswerte dar, die nach IAS 2 zu erfassen sind (*Baetge/Keitz* in Baetge ua IFRS-Komm[2] IAS 38 Rz 17).

Neben dem allgemeinen Erfordernis der **Verfügungsmacht** (Ansatzkriterium iSd Sicherung des wahrscheinlichen Nutzenzuflusses; s § 5 Rz 12) wird aufgrund der Eigenart immaterieller Vermögenswerte die Fähigkeit des Unternehmens gefordert, Dritte von der Nutzung des Vermögenswerts auszuschließen (IAS 38.13). Diese **Beherrschung** über den immateriellen Vermögenswert er- 12 gibt sich grds, wenn dem Vermögenswert **rechtlich durchsetzbare Ansprüche** zugrunde liegen. Das sind sowohl vertragliche Rechte (zB erworbene Lieferrechte, Gebietsschutz aus Händlerverträgen, Wettbewerbsverbote, Erbbaurechte) als auch gesetzliche Rechte (zB Patente, Warenzeichen, geschützte Marken nach § 27 MarkenG).

Ein Ausschluss Dritter von dem künftigen wirtschaftlichen Nutzen kann auch bei **nicht** durch **rechtlich durchsetzbare Ansprüche** gesicherten Vermögenswerten vorliegen (F. 57). ZB kann ein Unternehmen technische Erkenntnisse aus Entwicklungsleistungen durch Geheimhaltung oder vertragliche Vertraulichkeitspflichten der Mitarbeiter oder durch vereinbarte Wettbewerbsverbote schützen (IAS 38.14). Bei Erwerb von Know-how sollten entspr pönalisierte Vertragsvereinbarungen vorliegen, die den Veräußerer von einer weiteren Verwendung abhalten (*Füllbier/Honold/Klar* RiW 2000, 838). Ist das Unternehmen nicht in der Lage, einen wirksamen Ausschluss Dritter sicherzustellen, liegt kein immaterieller Vermögenswert vor. Ggf sind dafür geleistete Ausgaben Bestandteile eines selbstgeschaffenen Geschäfts- oder Firmenwerts (zB Mitarbeiterqualifikation aus Schulungen oder vorhandenem Know-how, Kundenstamm, Marktanteile, Kundenbeziehungen (vgl IAS 38.15 f)), für den ein Aktivierungsverbot besteht.

III. Anwendungsbereich

13 IAS 38 regelt **Ansatz, Bewertung, Ausweis und Anhangangaben** für immaterielle Vermögenswerte und wesensähnliche Ausgaben (wie Gründungs- und Anlaufkosten, Werbung, Personalentwicklungskosten).

Der Standard ist **nicht anzuwenden** auf:

(1) immaterielle Vermögenswerte, für die Regelungen in anderen Standards getroffen sind; dazu zählen nach IAS 38.3:
 (a) immaterielle Vermögenswerte, die zum Verkauf in einem normalen Geschäftsgang vorgehalten werden (IAS 2),
 (b) immaterielle Vermögenswerte, die im Kundenauftrag hergestellt werden (Softwareerstellung, Erarbeitung von Planungs- und Verfahrensunterlagen; IAS 11),
 (c) latente Steueransprüche (IAS 1),
 (d) Vermögenswerte aus Leasingverhältnissen im Anwendungsbereich des IAS 17,
 (e) Vermögenswerte aus Leistungen an Arbeitnehmer (IAS 19),
 (f) Geschäfts- oder Firmenwerte aus Unternehmenszusammenschlüssen (IFRS 3),
 (g) finanzielle Vermögenswerte (IAS 32, IAS 39, IAS 27, IAS 28, IAS 31),
 (h) langfristige immaterielle Vermögenswerte, die zur Veräußerung vorgesehen sind und deshalb in den Anwendungsbereich des IFRS 5 fallen.

(2) **branchenspezifische** immaterielle Vermögenswerte, wie zB:
 (a) Abbau- und Schürfrechte und Ausgaben für die Erschließung, Förderung oder den Abbau von Mineralien, Öl, Erdgas und ähnlichen nicht regenerativen Ressourcen (IFRS 6; s § 42),
 (b) immaterielle Vermögenswerte, die aus vertraglichen Rechten eines Versicherers bei Versicherungsverträgen resultieren (IFRS 4; s § 40 Rz 44 ff).

14 Nicht unter **Leasingverhältnisse** im Anwendungsbereich des IAS 17 sind „Lizenzvereinbarungen bspw über Filme, Videoaufnahmen, Theaterstücke, Manuskripte, Patente und Copyrights“ (IAS 17.2 (b)) zu subsumieren. Diese sind nach den Regeln des IAS 38 zu bilanzieren. Werden aufgrund eines Finan-

zierungsleasing-Verhältnisses immaterielle Vermögenswerte im Abschluss des Leasingnehmers erfasst, fällt die Folgebewertung in den Anwendungsbereich des IAS 38 (IAS 38.6). Ist ein immaterieller Vermögenswert Gegenstand einer Operatingleasing-Vereinbarung, so ist die Erfassung beim Leasinggeber ebenfalls nach IAS 38 vorzunehmen.

In IAS 38.7 werden spezielle **branchentypische Sachverhalte** ausgeschlos- 15
sen zB Vermögenswerte, die bei der Erschließung von Rohstoffvorkommen oder in der Versicherungswirtschaft entstehen können. Eine Nichtanwendung setzt voraus, dass eine Bilanzierung nach IAS 38 nicht zur Vermittlung eines den tatsächlichen Verhältnissen entspr Bilds der VFE-Lage des Unternehmens führen würde (IAS 1.15ff; s § 2 Rz 13ff) oder Branchenregelungen vorhanden sind (IFRS 4, IFRS 6).

In den **Anwendungsbereich** eingeschlossen sind hingegen immaterielle 16
Vermögenswerte, die zB in der rohstoffgewinnenden Industrie und der Versicherungsbranche auftreten, aber selbst keine branchenspezifischen Besonderheiten aufweisen (zB Standardsoftware, Patente (IAS 38.7)). Eine Konkretisierung und **branchenspezifische Anwendung** des IAS 38 durch Berücksichtigung vorhandener branchenspezifischer Regelungen der US-GAAP ist sachgerecht, soweit diese Regelungen nicht im Widerspruch zu den IFRS stehen (IAS 8.12; *Küting/Zwirner* FB 2001, 13). Für die Film- und Medienbranche kann hierbei auf SFAS 139 und SOP 00–2 zurückgegriffen werden. Dort sind ua konkrete Hinweise zum Umfang der Herstellungskosten und zur Abschreibungsmethode für das Film- oder Vorführvermögen enthalten (SOP 00–2.34, SOP 00–2.28; s Rz 81).

Durch die Regelungen über die Erfassung von **Forschungs- und Entwick-** 17
lungskosten ist der Standard insbes für Branchen relevant, die umfangreiche Forschungs- und Entwicklungsleistungen erbringen oder Kosten zur Entstehung von immateriellen Vermögenswerten aufwenden (zB Pharma-, Software-, Automobil- sowie Film- und Medienindustrie). Auf die Art der Forschung und Entwicklung oder des Entstehungsprozesses kommt es dabei nicht an. Ob es sinnvoll ist, für die Entwicklung von Software, die zum Verkauf an einem anonymen Markt bestimmt ist, SFAS 86 heranzuziehen, ist umstritten (s Rz 36; *Küting/Pilhofer/Kirchhof* WPg 2002, 83). Das Gleiche gilt für SOP–98, der Regelungen über die Bilanzierung selbsterstellter Software, die zur Eigennutzung vorgesehen ist, enthält (s Rz 36).

Der Standard regelt weiterhin die Erfassung bestimmter **Ausgaben,** wie zB 18
für Werbung, Marken, Aus- und Weiterbildung, Gründungs- und Anlaufkosten eines Geschäftsbetriebs und die Schaffung oder Erhaltung von Geschäfts- oder Firmenwerten (IAS 38.5).

einstweilen frei 19, 20

B. Ansatz von immateriellen Vermögenswerten

I. Grundsätze

Die **Ansatzvoraussetzungen** für immaterielle Vermögenswerte sind differen- 21
ziert nach der Zugangsart der Vermögenswerte geregelt. Für **erworbene Vermögenswerte** (Anschaffung) sind die allgemeinen Ansatzvoraussetzungen des Rahmenkonzepts zu erfüllen (§ 2 Rz 72ff). **Selbstgeschaffene immaterielle Vermögenswerte** (Herstellung) müssen darüber hinaus die konkretisierten Ansatzvoraussetzungen in IAS 38.51ff erfüllen. Insoweit sind die im Folgenden

dargestellten Ansatzvoraussetzungen für erworbene immaterielle Vermögenswerte (s Rz 23ff) als Basisansatzvoraussetzungen für selbstgeschaffene Vermögenswerte (s Rz 26) aufzufassen (IAS 38.51).

22 Der Bilanzierung von **langfristigen Vermögenswerten** liegt jeweils die Grundkonzeption zugrunde, dass eine mangelnde Zuverlässigkeit bei der **Ermittlung der Anschaffungs- oder Herstellungskosten** oder der beizulegenden Zeitwerte des Vermögenswerts (ieS Bewertungsfragen) zu einem **Ansatzverbot** führt, auch wenn die übrigen Ansatzvoraussetzungen erfüllt werden (IAS 16.7(b); IFRS 3.10ff (2008)/IFRS 3.37 (2004); IAS 38.21(b)). IdS ist die Zuverlässigkeit der Ermittlung der Anschaffungs- oder Herstellungskosten oder der beizulegenden Zeitwerte in den getroffenen Bewertungsregelungen der immateriellen Vermögenswerte als **Ansatzvoraussetzung** aufzufassen (bei gesonderter Anschaffung IAS 38.25ff (geändert 2008)/IAS 38.25ff, s Rz 48f; Erwerb im Rahmen eines Unternehmenszusammenschlusses IAS 38.33 (geändert 2008)/ IAS 38.33, s Rz 58; Erwerb durch Zuwendung der öffentlichen Hand IAS 38.44, s Rz 47; Tausch IAS 38.45ff, s Rz 63; Herstellung IAS 38.51ff, s Rz 64). Bei einer gesonderten Anschaffung eines immateriellen Vermögenswerts wird – abgeleitet aus einer direkten Kaufpreiszuordnung – unterstellt, dass die zuverlässige Ermittlung der Anschaffungskosten gegeben ist (IAS 38.25 (geändert 2008)/ IAS 38.25). Mangelnde Zuverlässigkeit kann sich zB aus einer fehlenden oder unsicheren Zuordnung von Ausgaben zu einem Vermögenswert oder aus einer nicht vermögenswertbezogenen Erfassung von Ausgaben ergeben.

II. Ansatz von erworbenen immateriellen Vermögenswerten

23 Bei Erfüllung der Definitionskriterien (s Rz 3ff) ist ein **immaterieller Vermögenswert** anzusetzen, wenn und nur, „... wenn:

(a) es wahrscheinlich ist, dass dem Unternehmen der künftige wirtschaftliche Nutzen aus dem Vermögenswert zufließen wird; und

(b) die Anschaffungs- oder Herstellungskosten des Vermögenswerts verlässlich bewertet werden können“ (IAS 38.21).

Damit sind die **allgemeinen Ansatzkriterien** nach dem Rahmenkonzept (F. 53ff und F. 82ff) zum Zeitpunkt der Aufstellung des Abschlusses zu erfüllen (s § 2 Rz 72ff).

24 Der **Zufluss des künftigen wirtschaftlichen Nutzens** setzt bei erworbenen immateriellen Vermögenswerten zunächst wirtschaftliches Eigentum an dem Vermögenswert voraus. Zu dieser Voraussetzung ist vollumfänglich auf die Ausführungen zu den Sachanlagen zu verweisen (s § 5 Rz 12ff).

Darüber hinaus muss das Unternehmen „anhand von vernünftigen und begründeten Annahmen“ (IAS 38.22) beurteilen, ob ein **künftiger wirtschaftlicher Nutzen** erwartet werden kann.

Maßgeblich ist, wie das **Management** die Rahmenbedingungen einschätzt, die während der Nutzungsdauer des Vermögenswerts bestehen werden (*best estimate of the set of economic conditions that will exist over the useful life of the asset*). Externe substanzielle Hinweise sind stärker zu gewichten als unternehmensinterne Informationen (IAS 38.23).

25 Der **künftige wirtschaftliche Nutzen** eines Vermögenswerts kann sich sowohl absatzseitig aus Marktchancen von Produkten oder Dienstleistungen als auch durch Verbesserungen im Beschaffungs- und Produktionsprozess, die zu Kosteneinsparungen oder sonstigen Vorteilen führen, ergeben (IAS 38.17).

Führen etwa verbesserte Produktionsverfahren zu Kosteneinsparungen, könnten im Einzelfall jedoch auch **nachträgliche Anschaffungs- oder Herstel-**

lungskosten für bereits vorhandene immaterielle Vermögenswerte oder Sachanlagen vorliegen (IAS 16.12; s § 5 Rz 85). Dabei besteht grds die Problematik, dass mögliche Kosteneinsparungen sich nicht in erhöhter Ertragskraft auswirken, wenn Rationalisierungsvorteile an den Markt weitergegeben werden müssen. Eine Aktivierung scheidet dann aus.

Die Wahrscheinlichkeit des **künftigen wirtschaftlichen Nutzens** setzt bei immateriellen Vermögenswerten auch die Fähigkeit des Unternehmens voraus, Dritte von diesem Nutzen auszuschließen. Diese Anforderung ist explizit Teil der Definitionskriterien für immaterielle Vermögenswerte (s Rz 12; F. 57, IAS 38.13).

Das zweite allgemeine Ansatzkriterium – eine **zuverlässige Ermittlung** der Anschaffungs- oder Herstellungskosten – ist regelmäßig technischer Natur. Die Ermittlung von Anschaffungs- oder Herstellungskosten ist aus dem Erwerb bzw aus dem internen Rechnungswesen ableitbar.

III. Ansatz von selbstgeschaffenen immateriellen Vermögenswerten

IAS 38 sieht aufgrund der Komplexität der Identifizierung von **selbstgeschaffenen** immateriellen Vermögenswerten und der Ermittlung ihrer Herstellungskosten zusätzliche **Ansatzvoraussetzungen** vor (IAS 38.51). Hierfür wird der interne Erstellungs- oder Entstehungsprozess in eine **Forschungs- und eine Entwicklungsphase** zerlegt und versucht, die Wahrscheinlichkeit des zukünftigen Nutzens aus selbstgeschaffenen immateriellen Vermögenswerten zu konkretisieren (IAS 38.52). Der typisierte Erstellungs- oder Entstehungsprozess aufgeteilt in eine Forschungs- und Entwicklungsphase ist auf sämtliche denkbaren immateriellen Vermögenswerte anzuwenden, so zB auf die Softwareerstellung für die eigene Nutzung oder die Massenvermarktung, Medikamentenentwicklung, Entwicklung von Fertigungs- oder Dienstleistungsprozessen oder Produktentwicklung, wenngleich die Definitionen schon erkennen lassen, dass zB marketingbezogene oder kundenorientierte immaterielle Vermögenswerte nicht erfasst sind, sondern auf technologiebasierte Entwicklung abgestellt wird. 26

Die **Forschung** ist danach „... die eigenständige und planmäßige Suche mit der Aussicht, zu neuen wissenschaftlichen oder technischen Erkenntnissen zu gelangen" (IAS 38.8).

„**Entwicklung** ist die Anwendung von Forschungsergebnissen oder anderem Wissen auf einen Plan oder Entwurf für die Produktion von neuen oder beträchtlich verbesserten Materialien, Vorrichtungen, Produkten, Verfahren, Systemen oder Dienstleistungen. Die Entwicklung findet dabei vor Beginn der kommerziellen Produktion oder Nutzung statt" (IAS 38.8).

Die Anforderungen an die Zuordnung von **Ausgaben** zu einer der beiden Phasen und die eindeutige Trennung der Ausgaben von Kosten der allgemeinen Unternehmensentwicklung sind als Kriterien der Zuverlässigkeit der Ermittlung der Anschaffungs- oder Herstellungskosten zu interpretieren (IAS 38.53, IAS 38.57 f, IAS 38.62). 27

Ist eine Trennung der beiden Phasen nicht möglich, sind sämtliche Ausgaben als Ausgaben der Forschungsphase anzusehen und unterliegen dem **Ansatzverbot** (IAS 38.53). Demnach ist eine ausschließlich pauschale Aufteilung von Kosten einer Forschungs- und Entwicklungsabteilung unzulässig.

Die Aktivierung von Entwicklungskosten führt grds zu **passiven latenten Steuern** (s § 25 Rz 102).

1. Forschungsphase

28 Innerhalb der Forschungsphase entstehende immaterielle Vermögenswerte bzw Ausgaben, die dieser Phase zugeordnet werden können, sind als Aufwand der Periode zu erfassen, in der sie anfallen (IAS 38.54). Dieses pauschale **Ansatzverbot** selbst bei entstandenen immateriellen Vermögenswerten wird damit begründet, dass in der Forschungsphase (die der Entwicklungsphase regelmäßig zeitlich vorgelagert ist) ein künftiger wirtschaftlicher Nutzen für selbstgeschaffene Werte nicht nachweisbar ist (IAS 38.55).

29 Das pauschale **Ansatzverbot** ist jedoch nicht auf erworbene immaterielle Vermögenswerte auszudehnen, die für Forschungszwecke im Unternehmen eingesetzt werden, wie zB Standardsoftware in der Forschungsabteilung (gegenteilige Auffassung für Software *Küting/Pilhofer/Kirchhof* WPg 2002, 75). Eine zwingende Aufwandserfassung von Ausgaben, die aufgrund des Einsatzes für Forschungstätigkeiten grds als Sachanlagen oder erworbene immaterielle Vermögenswerte aktivierungsfähig sind, widerspricht dem Grundgedanken, dass der künftige wirtschaftliche Nutzen von gemeinschaftlichen Vermögenswerten mit Hilfe des erzielbaren Betrags einer zahlungsmittelgenerierenden Einheit (ZGE) gemessen werden kann (SFAS 2.11(a), IAS 36.100ff; s § 27 Rz 109). Daneben fällt auch der Erwerb eines Entwicklungsprojekts, bei dem ggf neben Entwicklungsleistungen auch Aufwendungen für die zugrunde liegenden Forschungsleistungen mitbezahlt werden, auch nicht teilweise unter das Ansatzverbot.

30 In Abgrenzung zur Entwicklungsphase ist die **Forschungsphase** von Aktivitäten geprägt, die zu neuen wissenschaftlichen oder technischen Erkenntnissen führen können. Es mangelt an einem unmittelbaren Bezug zu konkreten Produkten oder Produktionsverfahren und damit an einer marktorientierten Beurteilungsbasis. Als Beispiele für Forschungsaktivitäten werden genannt:" ...:

(a) die Suche nach sowie die Abschätzung und endgültige Auswahl von Anwendungen für Forschungsergebnisse und anderem Wissen,

(b) die Suche nach Alternativen für Materialien, Vorrichtungen, Produkte, Verfahren, Systeme oder Dienstleistungen; und

(c) die Formulierung, der Entwurf sowie die Abschätzung und endgültige Auswahl von möglichen Alternativen für neue oder verbesserte Materialien, Vorrichtungen, Produkte, Verfahren, Systeme oder Dienstleistungen" (IAS 38.56); s zur Abgrenzung die Beispiele zur Entwicklungsphase in Rz 32).

31 Da unternehmerische **Forschungstätigkeiten** letztlich immer auf die Vermarktung oder Verwertung der Ergebnisse ausgerichtet sind, sind sämtliche Tätigkeiten, die gedanklich den Entwicklungstätigkeiten vorgelagert sind, als Forschungstätigkeiten aufzufassen. Eine Zuordnung zur Forschungsphase ist demnach im Wesentlichen durch **Negativabgrenzung** zur Entwicklungsphase vorzunehmen (zu praktischen Problemen bei der Abgrenzung in Unternehmen der Biotechnologiebranche vgl *Füllbier/Honold/Klar* RiW 2000, 837f). Wird in praktischen Fällen von dieser idealtypischen Reihenfolge abgewichen oder ist keine Trennung möglich, scheidet eine Aktivierung aus.

2. Entwicklungsphase

32 In der **zeitlich nachgelagerten** Entwicklungsphase hält der IASB es für grds möglich, dass ein zukünftiger wirtschaftlicher Nutzen für entstehende immaterielle Vermögenswerte nachgewiesen werden kann (IAS 38.58). Dies wird im Wesentlichen mit dem **Reifegrad** der Entwicklungsprojekte und mit konkreten Umsetzungsplänen, die zu einer Marktfähigkeit der immateriellen Vermögenswerte führen, begründet.

„**Beispiele für Entwicklungstätigkeiten** sind:
(a) der Entwurf, die Konstruktion und das Testen von Prototypen und Modellen vor Aufnahme der eigentlichen Produktion und Nutzung;
(b) der Entwurf von Werkzeugen, Spannvorrichtungen, Prägestempeln und Gussformen unter Verwendung neuer Technologien;
(c) der Entwurf, die Konstruktion und der Betrieb einer Pilotanlage, die von ihrer Größe her für eine kommerzielle Produktion wirtschaftlich ungeeignet ist; und
(d) der Entwurf, die Konstruktion und das Testen einer gewählten Alternative für neue und verbesserte Materialien, Vorrichtungen, Produkte, Verfahren, Systeme oder Dienstleistungen" (IAS 38.59).

Anhand der Beispiele wird deutlich, dass die Einordnung von Tätigkeiten in die **Entwicklungsphase** konkrete Umsetzungspläne in Form von Entwürfen, Konstruktionsplanungen, sonstige Planungsunterlagen oder Projektbeschreibungen für zu entwickelnde Produkte, marktfähige Techniken oder Fertigungsverfahren voraussetzt (IAS 38.57). Für die Nachweisführung sind Unterlagen erforderlich, die regelmäßig erst im Stadium konkreter Produkt- oder Verfahrensentwicklung vorliegen (zB Unterlagen zur technischen Realisierbarkeit, Schätzung von Investitionskosten, Marktanalysen, Ertragsprognosen, Unternehmenspläne zur Finanzierung und Projektbetreibung).

Der **künftige wirtschaftliche Nutzen** eines selbstgeschaffenen immateriel- 33
len Vermögenswerts ist durch folgende **Nachweise** zu belegen:
(1) die technische Realisierbarkeit bis zur Fertigstellung des immateriellen Vermögenswerts für die interne Nutzung oder den Verkauf (zB durch Konstruktionspläne, Programmdesign, Modelle, Verfahrens- oder Produktbeschreibungen, technische Einschätzungen über die Realisierbarkeit; IAS 38.57(a)),
(2) die Absicht des Unternehmens, den Vermögenswert fertig zu stellen, zu nutzen oder zu verkaufen (zB durch Investitions- oder Entwicklungsplanungen, projektbezogene Finanzierungspläne, die die Kosten für die Fertigstellung und Markteinführung beinhalten; IAS 38.57(b)),
(3) die Fähigkeit des Unternehmens, den immateriellen Vermögenswert zu nutzen oder zu verkaufen und die Verfügbarkeit der dafür erforderlichen technischen, finanziellen und sonstigen Ressourcen (zB durch Unternehmens- und Finanzierungspläne, die sämtliche Kosten für die Nutzung im Leistungsprozess enthalten, durch Finanzierungspläne oder -zusagen für die Entwicklungskosten oder Vermarktung (IAS 38.57(c) und (e), IAS 38.61),
(4) die Art des zukünftigen wirtschaftlichen Nutzens durch Nachweis eines Markts für den Vermögenswert oder für Produkte und Verfahren, die mit Hilfe des Vermögenswerts hergestellt oder verkauft werden sollen oder durch Nachweis von verminderten Kosten im Leistungsprozess oder sonstiger Vorteile aus der Nutzung des Vermögenswerts (zB durch Marktanalysen, Wirtschaftlichkeitsberechnungen; IAS 38.57(d)) und
(5) die Ermittlung des erzielbaren Betrags nach IAS 36 (durch Dokumentation der Berechnungen nach IAS 36, IAS 38.60; s § 5 Rz 164ff; § 27 Rz 20ff, Rz 154).

Werden die vorstehenden Kriterien kumulativ erfüllt und die Entwicklungsleistungen unterliegen nicht dem expliziten Ansatzverbot des IAS 38.63ff, besteht nach IAS 38.57 eine Ansatzpflicht.

Beispiel: Die Maschinenbau GmbH lässt verschiedene Materialen auf Belastbarkeit bei einem Materialprüfungsinstitut prüfen. Auf Basis der Belastbarkeitstests entscheidet sich das Unternehmen, eine neue Rahmenkonstruktion für die Baumaschinen zu entwickeln, da ab diesem Zeitpunkt die Ingenieure keine Bedenken hinsichtlich der technischen Realisierung haben. Die Nachfrage nach diesem neuen Maschinentyp ist vorhanden und die übrigen Voraussetzungen nachgewiesen. Die Maschinenbau GmbH aktiviert ab diesem Zeitpunkt die Entwicklungskosten.

Beispiel: Im Gegensatz zur Pharmaindustrie werden Entwicklungskosten in der Automobilindustrie regelmäßig aktiviert. Die Marktchancen eines neuen Modells einer etablierten Automarke sind deutlich besser und zeitlich früher in der Entwicklungsphase nachweisbar, als Marktchancen eines neuen Medikaments. Ob die Zulassung des Medikaments erteilt wird, hängt neben der Wirksamkeit von einer Reihe weiterer Faktoren (wie zB Nebenwirkungen, Testergebnisse, Verträglichkeit) ab. Der Erhalt der allgemeinen Betriebserlaubnis für neue Modelle in der Autoindustrie hat durch die technische Variierbarkeit nicht diesen Ausschließlichkeitscharakter. Unternehmen der Pharmaindustrie geben die Ausgaben für Forschung und Entwicklung im Anhang an (IAS 38.126).

34 Nach US-GAAP wird für die **Softwareentwicklung** für einen anonymen Markt und für die Eigennutzung auf die **technische Durchführbarkeit** abgestellt (SFAS 86, SOP 98–1.17). Das Kriterium beinhaltet neben der technischen Komponente auch eine Beurteilung über die Absicht und die Fähigkeit des Unternehmens, den Entstehungsprozess erfolgreich abzuschließen. Insoweit besteht kein wesentlicher Unterschied zu IAS 38.57. Als Konkretisierung wird für selbsterstellte und zur Eigennutzung vorgesehene **Software** eine Einteilung des Softwareentstehungsprozesses in **drei Phasen** empfohlen (SOP 98–1.17):

(1) Projektvorbereitungsphase (Auswahl und Bewertung von konzeptionellen Alternativen, Erstellung eines Programmdesigns),

(2) Entwicklungsphase (Erarbeitung des Quellcodes, Konfigurationen, Schnittstelleneinrichtung, Test),

(3) Einführungs- und Anwendungsphase (sämtliche Prozesse nach Fertigstellung der Software wie Mitarbeiterschulung und Training).

35 **SIC-32** enthält für die Erstellung einer Firmen Website ein ähnliches Phasenmodell, nachdem eine Aktivierung grds erst nach Abschluss der Planungsphase möglich ist und beendet werden soll, wenn die Entwicklung abgeschlossen ist, dh die Website für den beabsichtigten Gebrauch nutzbar ist. Voraussetzung ist allerdings, dass die Website zum Leistungsprozess des Unternehmens unmittelbar beiträgt, zB durch Übernahme von Bestellfunktionen. Kosten für die Erstellung einer Website für überwiegend Marketing- und Werbezwecke unterliegen dem Aktivierungsverbot (SIC-32.8, IAS 38.69(c); s Rz 43).

36 Für **Software**, die auf einem **anonymen Markt** vertrieben werden soll, wird ebenfalls ein Phasenmodell verwendet. Hiernach wird der Entstehungsprozess in eine Planungs-, Design- und Herstellungsphase unterteilt (SFAS 86). Handelt es sich um ein Softwarepaket, das für einen anonymen Markt bestimmt ist, trifft SFAS 86 folgende Regel: Das Entwicklungsprojekt kann als technisch durchführbar angesehen werden, wenn ein detailliertes Programmdesign vorliegt. Regelmäßig wird dies innerhalb der Designphase erarbeitet. Liegt dieses nicht vor, wird auf ein Arbeitsmodell der zu entwickelnden Software abgestellt (bereits verwendbare Software; *Epstein ua* 2008, 1105 f). Damit wird das Ansatzkriterium an das Vorhandensein bestimmter Unterlagen (detailliertes Programmdesign) geknüpft. Mit den branchenspezifischen Regelungen wird letztlich die allgemeingültige Abgrenzung der Forschungs- und Entwicklungsphase des IAS 38.57 für den Softwareentwicklungsprozess konkretisiert. Während in IAS 38.57 ein Ansatz aufgrund einer **Gesamtbetrachtung** zu beurteilen ist, versucht SFAS 86 eine **Objektivierung** durch das Vorhandensein eines detaillierten Programmdesigns zu erreichen. Hieran knüpft auch die Kritik in der Literatur (*Küting/Pilhofer/Kirchhof* WPg 2002, 81). Je nachdem, ob oder zu welchem Zeitpunkt ein Unternehmen ein detailliertes Programmdesign erstellt, schwankt der erstmalige Ansatzzeitpunkt und kann zur Aufwandsverrechnung des überwiegenden Kos-

tenanteils führen. Die Berücksichtigung des SFAS 86 und SOP 98 bei der Beurteilung der Ansatzkriterien des IAS 38.57ff beschränkt sich damit auf eine branchenspezifische Konkretisierung der Forschungs- und Entwicklungsphase (IAS 38.52). Abgrenzungsprobleme ergeben sich in der Praxis zB auch dann, wenn erworbene Software (im Rahmen von Unternehmenszusammenschlüssen) weiterentwickelt wird. Eine Aktivierung der Aufwendungen scheidet regelmäßig aus, wenn die Software lediglich marktfähig gehalten wird (s Rz 67).

Entwicklungsprozesse bergen ihrer Natur nach das grds **Risiko** eines ungewis- 37
sen Projekterfolgs, sodass ein sicherer Nachweis für die **Realisierbarkeit** erst nach Fertigstellung des Projekts möglich ist. Die Anforderungen an das Kriterium „technische Realisierbarkeit“ (IAS 38.57(a)) können indes nicht über die grds Anforderungen der Wahrscheinlichkeit eines künftigen wirtschaftlichen Nutzens hinaus gehen. Danach muss es zum Bilanzierungszeitpunkt **wahrscheinlich** sein, dass das Projekt technisch realisiert werden kann und etwaige erforderliche Genehmigungsverfahren (zB Zulassungsverfahren in der Pharmaindustrie) positiv durchlaufen werden. In diese Beurteilung können grds vergleichbare abgeschlossene Entwicklungsprojekte des Unternehmens mit einbezogen werden, da sich hieraus Hinweise auf vorhandenes Know-how und die allgemeine Fähigkeit des Unternehmens, derartige Projekte durchzuführen, ergeben. **Anhaltspunkte** können dabei aus einer Betrachtung der in der Vergangenheit erfolgreich durchgeführten Entwicklungsprojekte im Vergleich zu den gesamten Entwicklungsprojekten abgleitet werden. Eine Annahme des Realisierungskriteriums, zB erst bei abschließender Sicherheit über die Realisierbarkeit, geht über die Anforderungen des Wahrscheinlichkeitskriteriums hinaus, wenn nicht im Einzelfall besondere Umstände vorliegen (zB keine Entwicklungshistorie, junge Unternehmensgeschichte, besondere Entwicklungsrisiken).

Eine Aktivierung **selbstgeschaffener immaterieller Vermögenswerte** der 38
Entwicklungsphase ist neben Vermögenswerten, die (oder deren Kopien) an einem anonymen Markt verkauft werden sollen, auch für Vermögenswerte, die der unternehmensinternen Verwendung dienen, grds möglich. In beiden Fällen muss nachgewiesen werden, dass ein wirtschaftlicher Nutzen erwartet wird. Der Nachweis des künftigen wirtschaftlichen Nutzens ist durch die Ermittlung des erzielbaren Betrags (IAS 36) für beide Nutzungsarten erforderlich (IAS 38.60).

Beispiel: Die X-AG betreibt ein Softwaresystem welches Veranstaltern einen Internet-Vertrieb von Eintrittskarten ihrer Veranstaltungen ermöglicht. Die X-AG betreibt eine ständige Verbesserung der Buchungssystematik und der Komfortabilität der Software sowohl für die Besucher als auch für die Veranstalter. Die Softwareentwicklung führt ua zu mehreren neuen Auswertungsmöglichkeiten für die Veranstalter und ermöglicht eine direkte Platzwahl für die Internet-Besteller. Es handelt sich um lfd Programmpflege, die lediglich zu einer Erhaltung der Wettbewerbsfähigkeit führt. Eine Aktivierung als Folgeausgaben (nachträgliche Herstellungskosten des bestehenden Systems) würde eine Steigerung der Ertragschancen bzw Einsatzmöglichkeiten voraussetzen, die nicht erkennbar ist bzw nicht separat nachgewiesen werden kann.

Beispiel: Daneben programmiert die X-AG eine Schnittstelle und Anpassung ihrer Software, die den Vertrieb von Fußballveranstaltungen ermöglichen. Die X-AG aktiviert diese Kosten, da damit eine deutliche Ausweitung der Einsatzmöglichkeiten verbunden ist, die zu zusätzlichen Einnahmen im bisher nicht bedienten Geschäftsfeld „Fußball Ticketing“ führen werden.

Für die **Ansatzvoraussetzung „verlässliche Ermittlung der Herstel-** 39
lungskosten“ fordert IAS 38.62 interne Kostenrechnungssysteme, die in der Lage sind, sämtliche Ausgaben der Entwicklungsphase eindeutig sachlich zuzu-

ordnen (IAS 38.53). Das kann durch eine Kostenträger- und eine ausreichend gegliederte Kostenstellenrechnung gewährleistet werden, die direkte Kosten und Gemeinkosten der Entwicklungsprojekte erfassen.

Eine Aktivierung von Ausgaben für immaterielle Vermögenswerte in der Entwicklungsphase ist frühestens ab dem Zeitpunkt möglich, in dem die vorgenannten Nachweise (s Rz 33) vollständig erbracht wurden (IAS 38.65). Diese Regelung über den **Ansatzzeitpunkt** ist dynamisch aufzufassen. Kosten, die vor diesem Zeitpunkt angefallen sind, sind nicht aktivierungsfähig, auch wenn sie dem Entwicklungsprozess explizit zugeordnet werden können und durch den erzielbaren Betrag gedeckt sind (Beispiel zu IAS 38.65). Jegliche Wertaufhellung ist ausgeschlossen, es ist auf den speziellen unterjährigen Zeitpunkt abzustellen (*Epstein/Jermakowicz* 2008, 306 f).

Beispiel: Die Industrie AG stellt für ein lfd internes ERP-Softwareprojekt fest, dass die Vorbereitungen abgeschlossen sind und dass unter Berücksichtigung der Finanzierungszusage am 27. Mai des lfd Jahrs von der Realisierung des Projekts ausgegangen werden kann. Alle sonstigen Voraussetzungen lagen bereits vor. Sämtliche Aufwendungen, die zeitlich nach dem 27. Mai anfallen, wie Programmierungsleistungen eines EDV Dienstleisters, eigene Personalkosten für die Projektdurchführung und Kosten für Testläufe, sind bis zur Fertigstellung des Projekts zu aktivieren.

Eine Nachaktivierung von Kosten aus Vorperioden für später ansatzfähige immaterielle Vermögenswerte ist unzulässig (IAS 38.65, IAS 38.71). Dieses Nachaktivierungsverbot gilt nicht für die nachträgliche Identifizierung oder Bewertungsänderung von immateriellen Vermögenswerten im Rahmen von Unternehmenserwerben (IFRS 3.45 ff (2008)/IFRS 3.61 ff (2004); zum Regelungsgehalt § 34 Rz 93 ff und Rz 250 ff).

3. Ansatzverbote

40 Ein Ansatzverbot besteht für aus **Forschungstätigkeit** entstandene immaterielle Vermögenswerte (IAS 38.54; s Rz 28).

Daneben nennt IAS 38.63 **verschiedene Kostenarten,** für die ein Ansatz immaterieller Vermögenswerte ausgeschlossen ist, da eine Trennung von der Entwicklung des Unternehmens als Ganzes nicht möglich ist. Diese Kostenarten erfüllen demnach nicht die Definitionskriterien eines immateriellen Vermögenswerts aufgrund mangelnder Identifizierbarkeit oder Beherrschung (IAS 38.64). Darunter fallen Kosten für Markennamen, Verlagsrechte, Drucktitel, Kundenlisten sowie Kosten für wesensähnliche Sachverhalte (IAS 38.16, IAS 38.63). Dieser Beispielkatalog kann darüber hinaus verwendet werden, um die Definitionskriterien für das Vorliegen eines **erworbenen immateriellen Vermögenswerts** bei externen Ausgaben dieser Art zu beurteilen.

41 Die genannten Kosten können Teil eines **selbstgeschaffenen Geschäfts- oder Firmenwerts** sein, der einem expliziten Ansatzverbot unterliegt (IAS 38.48). Das Ansatzverbot hat vor allem klarstellende Bedeutung, da ein selbstgeschaffener Geschäfts- oder Firmenwert sich aus einer Reihe von Vorteilen oder Chancen im wirtschaftlichen Verkehr zusammensetzt, die regelmäßig nicht die Definitionskriterien für immaterielle Vermögenswerte – insbes Identifizierung und Beherrschung – erfüllen.

42 Daneben werden weitere **Ausgaben für wesensähnliche Sachverhalte** (IAS 38.69 (geändert 2008)/IAS 38.69; s Rz 1) explizit von einer Aktivierung als immaterielle Vermögenswerte ausgenommen. Dazu zählen:

(1) Gründungskosten (Rechts- und sonstige Kosten bei der Gründung einer rechtlichen Einheit für ein Unternehmen, Eröffnungskosten),

(2) Anlauf- und Erweiterungskosten für Geschäftsbetriebe, Betriebsstätten, Produktionsstätten, Produktfelder, Tätigkeitsbereiche, Produktionsverfahren, soweit die Kosten keine Bestandteile von Sachanlagen sind,
(3) Ausgaben für Aus- und Weiterbildungen von Personal,
(4) Ausgaben für Werbung, Verkaufsförderung, sonstige Maßnahmen zur Gewinnung der Kundenloyalität,
(5) Ausgaben für Verlegung oder Reorganisation von Unternehmensteilen oder des Gesamtunternehmens.

Scheidet eine Erfassung als immaterieller Vermögenswert aus, sind die Aus- 43
gaben **periodengerecht abzugrenzen** und **aufwandswirksam** zu erfassen (IAS 38.68). Mit der Änderung von IAS 38.69 und der Ergänzung von IAS 38.69A durch das *Annual Improvements* Projekt 2008 wird der konkrete **Zeitpunkt der Aufwandserfassung** klargestellt. Danach ist eine Aufwandserfassung zu buchen im Zeitpunkt der Erlangung der Verfügungsmacht über zB Werbemittel wie Kataloge oder zum Erfüllungszeitpunkt einer Dienstleistung. Eine Verteilung nach dem *matching principle* oder nach dem Verbrauch zB Verteilung der Kataloge oder Werbemittel scheidet aus. Bei Vorauszahlungen für nichtaktivierungsfähige Güter oder Leistungen ist bis zur Erfüllung ein entspr Vermögenswert für die Rückgewähr der geleisteten Anzahlung zu bilanzieren (IAS 38.70).

Beispiel: Die Erstellung einer Website kann grds in eine Forschungs- und Entwicklungsphase unterteilt werden. Dient die Website ausschließlich zu Werbezwecken oder Kundeninformationen, so scheidet eine Aktivierung der Entwicklungskosten aufgrund des Ansatzverbots aus (SIC-32.8). Die Erfassung des Werbeaufwands ist vorzunehmen in dem Zeitpunkt, in dem das Unternehmen über die Website verfügt und der Dienstleister oder die eigene Entwicklungsabteilung die Arbeiten abgeschlossen haben.

einstweilen frei 44, 45

C. Bewertung von immateriellen Vermögenswerten

I. Bewertung beim erstmaligen Ansatz

Der Ermittlung der Anschaffungs- oder Herstellungskosten bei erstmaligem 46
Ansatz eines immateriellen Vermögenswerts liegt grds das Prinzip der Maßgeblichkeit der Gegenleistung zugrunde (IAS 38.24 ff). Es wird bei der **Erstbewertung** differenziert nach der Art des Erwerbs in:
(1) gesonderte Anschaffung (IAS 38.25 ff (geändert 2008)/IAS 38.25 ff),
(2) Erwerb im Rahmen eines Unternehmenszusammenschlusses (IAS 38.33 ff (geändert 2008)/IAS 38.25 ff),
(3) Tausch (IAS 38.45 ff) und
(4) Herstellung (IAS 38.66 ff).

Für die Bilanzierung von immateriellen Vermögenswerten bei **Finanzie-** 47
rungsleasing-Verhältnissen sind in IAS 17 spezielle Regelungen für die Bestimmung der Anschaffungskosten getroffen (§ 22 Rz 130).

Die Anschaffungskosten der einzelnen Vermögenswerte bei **Unternehmenserwerben** bestimmen sich grds nach den beizulegenden Zeitwerten im Erwerbszeitpunkt (IAS 38.33 (geändert 2008)/IAS 38.33; IFRS 3.18 (2008)/IFRS 3.36 ff (2004); s § 34 Rz 80 ff).

Für den Erwerb eines immateriellen Vermögenswerts durch eine **Zuwendung der öffentlichen Hand** (kostenlose Übertragung oder Übertragung mit vermindertem Entgelt durch die öffentliche Hand) besteht für die Erstbewertung ein Wahlrecht, den erhaltenen Vermögenswert mit dem beizulegenden Zeitwert oder den Anschaffungskosten (bei kostenloser Übertragung mit einem Merkposten) zu erfassen (IAS 38.44, IAS 20.23; s § 5 Rz 59ff; zu unentgeltlichem Erwerb s § 5 Rz 29). Für die Emissionsrechte sah der mittlerweile zurückgezogene IFRIC 3 hier eine Bewertung der ausgereichten Rechte zum beizulegenden Zeitwert und damit einen korrespondierenden Ausweis der Zuwendung im Sonderposten vor (s Rz 139).

1. Bewertung bei gesonderter Anschaffung

48 Die Erstbewertung von **immateriellen Vermögenswerten** bei gesonderter Anschaffung entspricht grds der Erstbewertung von Sachanlagen. Insoweit wird bei der nachfolgenden Kommentierung auf die Ausführungen zu den Sachanlagen verwiesen (s § 5 Rz 22ff). Die Anschaffungskosten umfassen:

(1) Kaufpreis,
(2) Anschaffungsnebenkosten:
  (a) Einfuhrzölle und nicht erstattungsfähige Erwerbssteuern (zB nicht abzugsfähige Vorsteuer),
  (b) alle direkt zurechenbaren Kosten, die zur Versetzung des immateriellen Vermögenswerts in einen betriebsbereiten Zustand nach der vom Management beabsichtigten Nutzung notwendig sind (verwendungsbereiter Zustand), einschließlich der Kosten für Funktionstests,
  (c) die Anschaffungsnebenkosten sind zu kürzen um Nettoerlöse, die im Rahmen der Versetzung in den betriebsbereiten (verwendungsbereiten) Zustand oder der Entwicklung (aus Nebenaktivitäten) des immateriellen Vermögenswerts anfallen,
(3) Abzug von Anschaffungspreisminderungen wie Rabatte, Skonti und Boni (s vollumfänglich § 5 Rz 36),
(4) Fremdkapitalkosten nach IAS 23 soweit es sich bei der Anschaffung um einen qualifizierten Vermögenswert handelt (Wegfall des Aktivierungswahlrechts in IAS 23).

49 Der **Anschaffungspreis** ist nach den entrichteten Zahlungsmitteln bzw Zahlungsmitteläquivalenten zu bestimmen (IAS 38.25f (geändert 2008)/IAS 38.25f). Wenn bei der Zahlung des Kaufpreises übliche Zahlungsfristen überschritten werden, sind die Anschaffungskosten nach dem **Barpreisäquivalent** zu bestimmen (IAS 38.32; s § 5 Rz 25).

Für die Ermittlung der **Anschaffungskosten in Fremdwährung** und bei Erwerb von immateriellen Vermögenswerten durch ausländische Teileinheiten eines Unternehmens und Umrechnung dieses Postens ist der Kassakurs am Transaktionstag zugrunde zu legen (IAS 21.21; s § 2 Rz 128). Unter Wesentlichkeitsgesichtspunkten und praktischen Erwägungen sind Durchschnittskurse anwendbar (IAS 21.22).

Sind im Anschaffungspreis Bestandteile enthalten, die unter Ansatzverbote fallen (zB Schulungskosten bei Softwareanschaffung), ist eine **sachgerechte Aufteilung** vorzunehmen (IAS 38.63, IAS 38.68).

50 **Anschaffungsnebenkosten** sind bei erstmaligem Ansatz nur einzubeziehen, wenn sie dem Anschaffungsvorgang **direkt** zugeordnet werden können. Beispiele des IAS 38.28 für **direkt zurechenbare Kosten** sind

(1) in direktem Zusammenhang mit der Versetzung in einen betriebsbereiten (verwendungsbereiten) Zustand angefallene Leistungen an Arbeitnehmer nach der Definition in IAS 19 (im weitesten Sinn Personalkosten),
(2) Honorare und
(3) Kosten für Testläufe, die sicherstellen, dass der Vermögenswert ordnungsgemäß funktioniert.

Beispiele für **nicht einzubeziehende Kosten** sind
(1) Kosten, die nach der Versetzung in einen betriebsbereiten (verwendungsbereiten) Zustand aber vor Verwendung/Einsatz des immateriellen Vermögenswerts anfallen,
(2) Anlaufkostenverluste, Betriebsverluste, Einführungskosten, Werbe- und Produktförderungskosten sowie Schulungskosten,
(3) sämtliche Kosten, für die Ansatzverbote nach IAS 38.63 und IAS 38.69 bestehen (s Rz 40ff) und
(4) Verwaltungs- und andere allgemeine Gemeinkosten (IAS 38.29(c)).

Gründe für eine abweichende Ermittlung von Anschaffungskosten für Sachanlagen und immaterielle Vermögenswerte sind nicht erkennbar. Insoweit ist auch für immaterielle Vermögenswerte davon auszugehen, dass mit dem Kriterium **direkte Zurechenbarkeit** auf eine **sachliche Zuordnung** abzustellen ist (IAS 38.28(a), IAS 38.28(c)). IAS 16.16f enthält keine spezielle Definition, in welchem Umfang **Gemeinkosten** (Kosten, die nur über die Anwendung von Mengen- und Zeitschlüsseln auf Einzelkosten/Kostenträger zuzurechnen sind) in die Berechnung von Anschaffungsnebenkosten mit einzubeziehen sind. Nach dem Grundsatz der Neutralität des Anschaffungsvorgangs ist bei der Bewertung der Anschaffungsnebenkosten auf IAS 2.10ff zurückzugreifen (IAS 8.11; s § 5 Rz 30ff; § 2 Rz 32). Damit sind Gemeinkosten, die dem Prozess der Versetzung in den betriebsbereiten (verwendungsbereiten) Zustand zugerechnet werden können (iSv Produktions- oder Auftragsgemeinkosten), mit einzubeziehen (IAS 2.10ff, IAS 38.27(b)). Daneben werden beispielhaft Personalaufwendungen zur Versetzung des Vermögenswerts in den betriebsbereiten Zustand als Anschaffungskosten genannt (IAS 38.28(a)). Insoweit kann der von *Hoffmann* (*Hoffmann* in Lüdenbach/Hoffmann IFRS[7] § 13 Rz 53) geäußerten Auffassung, wonach nur direkte Kosten aktiviert werden können und eine Zurechnung von Gemeinkosten ausscheidet, nicht gefolgt werden. Es ist nicht erkennbar, dass die Aktivierung auf Personalkosten iSv Einzelkosten (zB Leihpersonal ausschließlich für diesen Zweck) beschränkt sein soll. Die sachgerechte Zurechnung von Personalkosten auf den Anschaffungsvorgang ist zulässig (IAS 38.28(a)). 51

Der ggü der Steuerbilanz erweiterte Umfang aktivierbarer Anschaffungsnebenkosten führt zu **passiven latenten Steuern** (s § 25 Rz 102).

Allgemeine Verwaltungskosten und Vertriebskosten (Einzel- und Gemeinkosten) sind dagegen von einer Aktivierung ausgenommen (IAS 38.29(c)). 52

Fremdkapitalkosten für erworbene qualifizierte immaterielle Vermögenswerte sind nach IAS 23 zu aktivieren (für Geschäftsjahre, die vor dem 1. Januar 2009 beginnen, Wahlrecht; IAS 38.32; s § 5 Rz 37ff). Anwendungsfälle gibt es vor allem bei immateriellen Vermögenswerten, bei denen ein erheblicher Zeitraum für die Versetzung in einen betriebsbereiten Zustand erforderlich ist (zB Softwareinstallationen oder -umstellungen).

Die Aktivierung von **Fremdkapitalkosten** ist grds der Höhe nach auf den erzielbaren Betrag beschränkt (IAS 23.16). Deshalb ist für den Fall der Aktivierung von Fremdkapitalkosten bei qualifizierten Vermögenswerten ein **Wertminderungstest** nach IAS 36 durchzuführen (s Rz 92; s § 5 Rz 152). Soweit die unter Einbeziehung der Fremdkapitalkosten ermittelten Anschaffungs- oder Herstellungskosten über dem erzielbaren Betrag des Vermögenswerts liegen, ist ein Wertminderungsaufwand für den Vermögenswert zu erfassen.

Zuwendungen der öffentlichen Hand für immaterielle Vermögenswerte können nach dem Wahlrecht des IAS 20.24 entweder vom Buchwert des immateriellen Vermögenswerts abgesetzt (Bilanzierung des Vermögenswerts zum Nominalwert) oder als passivischer Abgrenzungsposten dargestellt werden (Erfassung des zugewendeten Vermögenswerts zum beizulegenden Zeitwert). Für Zuwen- 53 dungen betreffend immaterielle Vermögenswerte gelten die Regelungen des IAS 20 vollumfänglich (s § 5 Rz 59ff).

54 Nach Einschätzung des IASB ergeben sich Anwendungsfälle für **nichtmonetäre Zuwendungen** insbes bei immateriellen Vermögenswerten (IAS 38.44; IAS 20.23). Beispiele dafür sind die kostenlose oder preisreduzierte Übertragung von Flughafenlanderechten, Lizenzen für Rundfunk- oder Fernsehanstalten, Importlizenzen oder -quoten und ähnliche Übertragungen von Rechten für begrenzt zugängliche Ressourcen. Es besteht ein Wahlrecht, den zugewendeten Vermögenswert zum beizulegenden Zeitwert oder zu seinem Nominalwert zu erfassen (IAS 20.23). Eine Bilanzierung zum beizulegenden Zeitwert setzt bei immateriellen Vermögenswerten die Ermittlung des beizulegenden Zeitwerts auf Basis eines aktiven Markts für den zugewendeten Vermögenswert voraus (IAS 38.75). Eine Ableitung aus den Wiederbeschaffungskosten ist unzulässig. Ob danach noch Anwendungsfälle in der Praxis verbleiben, ist im Einzelfall zu beurteilen. Wird der zugewendete Vermögenswert mit seinem beizulegenden Zeitwert bilanziert, ist ein korrespondierender Betrag in einem passivischen Abgrenzungsposten zu erfassen (zu Anhangangaben s § 5 Rz 81). Der Nominalbetrag (bei kostenloser Übertragung ein Merkposten) oder der beizulegende Zeitwert treten an die Stelle des Kaufpreises.

Der **passivische Abgrenzungsposten** ist über die Nutzungsdauer des zugewendeten Vermögenswerts planmäßig ertragswirksam aufzulösen (IAS 20.26; § 5 Rz 70).

2. Erwerb im Rahmen eines Unternehmenszusammenschlusses

55 IFRS 3.13f (2008), IFRS 3.B31ff (2008) regeln die Voraussetzungen zum Ansatz von immateriellen Vermögenswerten im Rahmen eines Unternehmenszusammenschlusses (s § 34 Rz 102ff). Im Rahmen von **Unternehmenserwerben** können grds auch **immaterielle Vermögenswerte** identifiziert werden, die im Abschluss des erworbenen Unternehmens nicht angesetzt waren. Die Regelungen in IFRS 3 zielen darauf ab, sämtliche **identifizierbaren immateriellen Vermögenswerte** zu erfassen. Sie sind nicht auf langfristige immaterielle Vermögenswerte beschränkt. Die Identifizierbarkeit ist gegeben, wenn entweder der Vermögenswert vom Unternehmen abgetrennt und separat verwertet werden kann (IFRS 3.B33 (2008)) oder der Vermögenswert auf einem vertraglichen oder gesetzlichem Recht beruht (IFRS 3.B32 (2008); s Rz 6). Das Kriterium **Verkehrsfähigkeit** ist nicht bezogen auf den immateriellen Vermögenswert allein zu erfüllen, eine grds Übertragbarkeit oder Verwertung zusammen mit einem anderen Vermögenswert ist ausreichend (IFRS 3.B33f (2008); s Rz 7). Bei dem zweiten Kriterium – vertragliches oder gesetzliches Recht – ist eine vom Unternehmen getrennte Verwertung oder Verwertungsmöglichkeit nicht gefordert.

Beispiele für identifizierbare immaterielle Vermögenswerte aus vertraglichen oder gesetzlichen Rechten sind:

(1) Vorteilhafte Vertragsbedingungen in Leasing-, Miet- oder Pachtverträgen vor allem in Bezug auf den Preis im Verhältnis zu Marktverhältnissen im Zeitpunkt des Unternehmenszusammenschlusses (IFRS 3.B32(a) (2008)),
(2) Genehmigungen zum Betrieb von industriellen Großanlagen, die grds übertragbar sind, aber aufgrund der Investitionsbindung praktisch nicht abtrennbar von dem Unternehmen sind (Kraftwerk oä, IFRS 3.B32(b) (2008)),
(3) geschützte Patente und auf deren Basis erteilte Lizenzen stellen separate identifizierbare immaterielle Vermögenswerte dar, auch wenn eine getrennte Verwertung nicht möglich ist (IFRS 3.B32(c) (2008)).

56 In der vor Überarbeitung des IFRS 3 geltenden Fassung verweist IFRS 3.45 (2004) für die Identifizierung von immateriellen Vermögenswerten im Rahmen

eines Unternehmenszusammenschlusses auf die Ansatz- und Definitionsregeln des IAS 38 (vgl Rz 5). Weiterhin erfolgt in IFRS 3.46(a) und (b) (2004) ein direkter Verweis auf die Ansatzvoraussetzungen des IAS 38, die teilweise wiederholt wurden. Diese Verweisung wurde aufgegeben, da IFRS 3 (2008) die Ansatzvorschriften für immaterielle Vermögenswerte bei Unternehmenszusammenschlüssen regelt und nicht auf den Anwendungsbereich des IAS 38 beschränkt ist (zB kurzfristige immaterielle Vermögenswerte oder spezielle Regelungen zu *reacquired rights*).

Im Rahmen von **Unternehmenserwerben** können grds auch **immaterielle** 57
Vermögenswerte identifiziert werden, die im Abschluss des erworbenen Unternehmens nicht angesetzt waren. Wesentliche Voraussetzung ist dabei, dass aus Sicht des erwerbenden Unternehmens die Definitionskriterien erfüllt werden. Hierzu zählen bspw beim Verkäufer nicht aktivierte Forschungs- und Entwicklungsprojekte, selbstgeschaffene aber vertraglich gesicherte Kundenbeziehungen, Produkt- oder Dachmarken oder besondere Produktionsverfahren. Kann insbes eine Abgrenzung zum **Geschäfts- oder Firmenwert** oder eine vertragliche Grundlage nicht sichergestellt werden, scheidet ein separater Ansatz aus und es liegt ein Bestandteil des Geschäfts- oder Firmenwerts vor (IAS 38.36f ua mit weiteren Beispielen). Ist eine Trennung des immateriellen Vermögenswerts vom Unternehmen, aber nicht von einem anderen Vermögenswert möglich, so ist ein zusammengefasster Ansatz zulässig (zB Warenzeichen für Mineralwasser und dazugehöriger Brunnen). Auf die konkrete Veräußerungsabsicht kommt es sowohl vor als auch nach Überarbeitung des IFRS 3 (2008) nicht an (s Rz 6; IAS 38.12(a) (geändert 2008)).

Im Rahmen des *Annual Improvement* Projekts 2009 wurde durch eine Änderung des IAS 38.36 klargestellt, dass es für die Frage der Separierbarkeit von einem anderen Vermögenswert nicht darauf ankommt, ob eine individuelle Bewertung zuverlässig vorgenommen werden kann oder nicht. Entscheidend ist allein, ob der Vermögenswert nur im Zusammenhang mit dem verbundenen Vermögenswert vom Geschäfts- oder Firmenwert separiert werden kann (IAS 38.36f (geändert 2009)).

IAS 38.33 (geändert 2008)/IAS 38.33 sieht für immaterielle Vermögenswerte, 58
die im Rahmen eines **Unternehmenszusammenschlusses** (IFRS 3.37 (2008)/IFRS 3.24 (2004)) angeschafft werden, **eine Erstbewertung zum beizulegenden Zeitwert** vor (s § 34 Rz 114ff; zum Erwerbszeitpunkt s § 34 Rz 57ff). Der IASB geht in den Erläuterungen zu IAS 38.35ff davon aus, dass eine Ermittlung des beizulegenden Zeitwerts grds möglich ist. Mit Überarbeitung des IFRS 3 in 2008 wurde in IAS 38.35 (geändert 2008) klargestellt, dass für einen identifizierbaren immateriellen Vermögenswert grds ausreichend Informationen verfügbar sind, um eine Ermittlung des beizulegenden Zeitwerts im Rahmen eines Unternehmenserwerbs vorzunehmen. Eine Wertermittlung auf Basis von Wiederbeschaffungs- oder Reproduktionskosten ist für immaterielle Vermögenswerte nicht vorgesehen (IAS 38.41; keine Nennung von kostenorientierten Verfahren). Im Folgenden stellt IAS 38.39ff darauf ab, dass Markt-/Angebotspreise auf einem aktiven Markt, Vergleichspreise für ähnliche Transaktionen oder Preise aus Transaktionen in jüngerer Vergangenheit heranzuziehen sind. Für den Fall, dass beide Informationen nicht verfügbar sind, ist eine Bewertung mit anerkannten und branchenüblichen Bewertungsverfahren vorzunehmen. Aufgrund der Individualität von immateriellen Vermögenswerten ist zur Ermittlung des beizulegenden Zeitwerts mangels eines aktiven Markts nur für bestimmte Vermögenswerte eine marktpreisorientierte Bewertung möglich (zB Spielervermögen aus Transferpreisen, künstlerische Verwertungs-/Senderechte aus Anteilen an den Einspielerlösen). Infolge des Erfordernisses, dass ansonsten

verwendete Bewertungsverfahren branchenüblichen Schätzungen und Praktiken folgen müssen, werden in IAS 38.41 genannt:

(1) **Multiplikatormodelle** auf Basis von Rentabilitätskennziffern wie Erlöse, Marktanteile, Absatzmengen oder Erfolgskennzahlen (marktpreisorientierte Analogiemethode),
(2) **Lizenzpreismethode** (kapitalwertorientiertes Verfahren),
(3) ***Discounted cash flow*** Methode der Netto Cashflows aus diesem Vermögenswert (kapitalwertorientiertes Verfahren).

Die durch das *Annual Improvement* Projekt 2009 geänderten IAS 38.40f sehen darüber hinaus vor, dass auch Kosten, die das Unternehmen durch den Besitz des immateriellen Vermögenswerts im Vergleich zur Beschaffung oder Lizenzierung von einem fremden Dritten eingespart hat, als Bewertungsmaßstab berücksichtigt werden können.

59 **Voraussetzung** für die Bewertung von immateriellen Vermögenswerten im Rahmen der Kaufpreisallokation (s § 34 Rz 102ff) ist die **Isolierung der Zahlungsströme**, die auf die immateriellen Vermögenswerte entfallen (*IDW* S 5 Rz 24). Während für kunden- oder leistungsbezogene immaterielle Vermögenswerte eine Ableitung von Zahlungsströmen zB aus gesicherten Liefer-/Abnahme- oder Fördervolumina oder aus einem Auftragsbestand unmittelbar möglich ist, ist zB eine Isolierung von Zahlungsströmen für Unternehmensmarken regelmäßig mit Problemen behaftet. Wiederum zB bei Produktmarken, bei denen der Herstellungsprozess sowie das Unternehmen für die Kundenakzeptanz von ungeordneter Bedeutung sind, ist eine produktbezogene Ableitung möglich.

Beispiel: Im Rahmen der Übernahme eines internationalen Nahrungs- und Genussmittelkonzerns ist der beizulegende Zeitwert der Produktmarke für einen kakao- und nusshaltigen Brotaufstrich zu ermitteln. Ein Produktpreisvergleich weist nach, dass dieses Markenprodukt mit einem Aufschlag ggü vergleichbaren Produkten verkauft wird. Ergebnisse einer Verbraucherbefragung zeigen, dass die Kunden die Produktmarke und den Geschmack miteinander verbinden, aber überwiegend weder das Unternehmen kennen, noch das Produkt mit anderen Produkten des Unternehmens in Verbindung bringen. Deshalb ist eine Ermittlung des beizulegenden Zeitwerts der Produktmarke nach der Mehrgewinnmethode (*IDW* S 5 Rz 33ff; *Hommel/Buhleier/Pauly* BB 2007, 371) durch Bewertung der zusätzlichen Zahlungsströme sinnvoll und möglich, da eine Abhängigkeit vom Unternehmen nicht erkennbar ist und der markenbezogene Vorteil dominiert. Eine Zusammenfassung der Rezeptur, des Produktionsverfahrens und der Produktmarke erscheint aufgrund der Produktmarke/Geschmack-Assoziation der Verbraucher geboten. Bei dieser Vorgehensweise wird unterstellt, dass das Produktionsverfahren keine höheren Kosten als die Produktionsverfahren der Vergleichsprodukte verursacht.

Beispiel: Der Sportgerätehersteller Rot-Weiß AG hat sich auf die Herstellung von Alpin-Skiausrüstungen spezialisiert und andere Produkte bereits in Vorjahren im Rahmen einer Reorganisation entweder abgestoßen oder eingestellt. Bei einer Kaufpreisallokation ist eine Trennung der eingeführten und unbestritten werthaltigen Produktmarke für die Modelle der Rot-Weiß AG vom Geschäfts- oder Firmenwert aufgrund der Einproduktausrichtung nicht möglich. Ein besonderer Vorteil (Mehrgewinn) ist aus der Preisstruktur und dem Preisvergleich mit anderen Produkten nicht erkennbar. Damit wird deutlich, dass die Ermittlung isolierter Zahlungsströme scheitert, obgleich eine Übertragung der geschützten Produktmarke denkbar wäre.

60 *IDW* S 5 stellt die **betriebswirtschaftlich verfügbaren Bewertungsverfahren** in Rz 18 zusammen und führt neben der in IAS 38.41(a) genannten Methode der Lizenzpreisanalogie, die Methode der unmittelbaren Cash Flow Prognose, die Residualwertmethode und die Mehrgewinnmethode als kapitalwertorientierte Verfahren an, die unter IAS 38.41(b) verwendbar sind (*IDW* RS HFA 16; s § 34 Rz 113ff, § 27 Rz 47ff).

61 Die Ermittlung des beizulegenden Zeitwerts erfordert eine Berücksichtigung von **Unternehmenssteuern** bei der Ableitung der künftigen Zahlungsströme (kapitalwertorientierte Verfahren) und korrespondierend eine Berücksichtigung des Steuersatzes bei der Ermittlung des Diskontierungssatzes (s § 34 Rz 84). Weiterhin ist bei den kapitalwertorientierten Verfahren die steuerliche Abschreibungsfähigkeit des immateriellen Vermögenswerts zu berücksichtigen (*IDW* RS HFA 16 Rz 38; *tax amortization benefit*) und der Steuervorteil in die Berechnung des beizulegenden Zeitwerts einzubeziehen. Dabei kommt es auf die tatsächliche Abschreibungsfähigkeit (Erwerb im Rahmen eines *asset deal* oder eines *share deal*, bei dem die Anschaffungskosten für die Finanzanlage den Kaufpreisanteil für den immateriellen Vermögenswert enthalten) bei der Ermittlung des beizulegenden Zeitwertes nicht an, da typisiert von einem abschreibungsbedingten Steuervorteil ausgegangen wird (*IDW* S 5 Rz 47; *Kasperzak/Nestler* DB 2007, 473 mit Hinweis auf die Regelungslücke in den IFRS). Der abschreibungsbedingte Steuervorteil (*tax amortization benefit* (TAB)) wird auf Basis eines typisierten Unternehmenssteuersatzes ermittelt und mit dem vermögenswertspezifischen Kapitalisierungszinssatz abgezinst (s § 34 Rz 84). Ist eine steuerliche Abschreibungsfähigkeit für den konkreten immateriellen Vermögenswert nicht gegeben oder liegt ein abweichender Ansatz oder Abschreibungsverlauf der Steuerbilanz zugrunde, so ergibt sich eine temporäre Steuerlatenz (IAS 12.15; s § 34 Rz 164ff).

62 Als neue Sonderfallregelung beschreibt IFRS 3.B35f (2008), IFRS 3.29 (2008) die Bilanzierung von ***reacquired rights*** – Rechte, die vor dem Unternehmenszusammenschluss dem erworbenen Unternehmen vom Erwerber eingeräumt wurden (zurückerworbene Rechte; zB Franchisegeber übernimmt Franchisenehmer, Lizenzgeber erwirbt Lizenznehmer). Ein – aus Konzernsicht – zurückerworbenes Recht ist ein identifizierbarer immaterieller Vermögenswert (IFRS 3.B35 (2008)). Der beizulegende Zeitwert des zurückerworbenen Rechts ermittelt sich aus dem Barwert über die Restlaufzeit des dem Recht zugrundeliegenden Vertrags (zur Bewertungstechnik s § 34 Rz 119ff). Vertragsverlängerungen sind explizit nicht zu berücksichtigen (IFRS 3.29 (2008); s Beispiel in Rz 77).

3. Tausch

63 Die Regelungen zum Erwerb von Sachanlagen durch **Tausch** (IAS 16.24ff) wurden **inhaltsgleich** in den IAS 38.45f übertragen (s § 5 Rz 55ff). IFRIC 12 (s ausführlich § 9 Rz 97ff) mit den entspr Regelungen über ***service concession arrangements*** verweist auf die Regelungen zum Tausch für diese Anwendungsfälle. Die erstmalige Bewertung von immateriellen Service-Rechten, die ein Unternehmen erwirbt, erfolgt nach IAS 38.45 mit dem beizulegenden Zeitwert der hingegebenen Leistung (zB bei Übernahme eines Abwasser- und Wassernetzes im Rahmen einer Privatisierung, zuzüglich Verpflichtung zu entspr Bau- und Instandhaltungsmaßnahmen, verbunden mit dem Anspruch auf Gebühren der privaten und industriellen Nutzer). Die Anschaffungskosten für das Service-Recht sind mit dem beizulegenden Zeitwert der übernommenen Netze und den Herstellungskosten der durchgeführten Baumaßnahmen zu bewerten und in den Folgeperioden planmäßig abzuschreiben, da in den Verträgen regelmäßig bestimmte Laufzeiten vereinbart sind (IFRIC 12.IE14ff; zur Behandlung von Instandhaltungskosten s IFRIC 12.IE19).

4. Herstellung

64 Ab dem Zeitpunkt, ab dem ein selbstgeschaffener Wert in der Entwicklungsphase die Definitionskriterien eines immateriellen Vermögenswerts erfüllt,

sind alle anfallenden Entwicklungskosten (Herstellungskosten) zu aktivieren (IAS 38.65; Rz 39). Die **Herstellungskosten** umfassen alle direkt zurechenbaren Kosten, die für die Entwicklung, Herstellung und Versetzung des immateriellen Vermögenswerts in seinen betriebsbereiten (verwendungsbereiten) Zustand anfallen (IAS 38.66f). Dazu gehören

(1) Ausgaben für Material und Dienstleistungen (IAS 38.66(a)),
(2) Lohn-, Gehalts- und andere Personalkosten für Mitarbeiter, die direkt mit der Erzeugung des Vermögenswerts beschäftigt sind (IAS 38.66(b)),
(3) sämtliche der Erzeugung des Vermögenswerts direkt zurechenbaren Kosten wie Rechts-, Patent-, Registrierungs- und Lizenzkosten sowie deren Abschreibungen für eingesetzte Vermögenswerte (IAS 38.66(c) und (d)),
(4) Fremdkapitalkosten, wenn qualifizierte Vermögenswerte hergestellt werden (IAS 23; s § 5 Rz 37ff).

Produktionsbezogene Gemeinkosten sind nach den Regelungen des IAS 2 auf einer planmäßigen und vernünftigen Basis zuzurechnen (vgl § 5 Rz 24ff; abweichend in SOP 98–1.31 keine Materialgemeinkosten). Dabei ist die sachliche Zuordnung zum Erzeugungs-/Herstellungsprozess entscheidend (IAS 38.67(a); zu Leerkosten s § 5 Rz 24).

65 **Allgemeine Verwaltungsgemeinkosten und Vertriebskosten** (Einzel- und Gemeinkosten) sind ausgenommen (IAS 38.67(a) und IAS 38.29(c); IAS 2.14). Wird in der Film- und Medienindustrie SFAS 139 mit Verweis auf SOP 00–2 zur Konkretisierung des IAS 38 angewandt, ist zu beachten, dass die dort aktivierungsfähigen Kosten in Zusammenhang mit der Veröffentlichung des Films (SOP 93–7) nach IAS 38 nicht angesetzt werden können (IAS 38.67(a), keine Aktivierung von projektbezogenen Marketingkosten; IAS 2.14).

66 **Nicht einzubeziehende Kosten** sind zB Anlaufverluste in der Phase der Einführung des Vermögenswerts, sonstige damit verbundene Ineffizienzen und Schulungskosten von Mitarbeitern (IAS 38.67; s Rz 50).

Aus der Aktivierung von Entwicklungskosten resultieren regelmäßig passive latente Steuern (s § 25 Rz 102).

II. Folgeausgaben

67 Ausgaben für einen immateriellen Vermögenswert nach Versetzung in den betriebsbereiten (verwendungsbereiten) Zustand sind als **nachträgliche Anschaffungs- oder Herstellungskosten** zu dem Buchwert des immateriellen Vermögenswerts zu aktivieren, wenn und nur wenn, es wahrscheinlich ist, dass durch diese Ausgaben der zukünftige Nutzen des immateriellen Vermögenswerts erhöht wird. Als Vergleichsmaßstab für die Feststellung eines erhöhten Nutzens ist die übliche Leistung des immateriellen Vermögenswerts im Zeitpunkt unmittelbar vor der Ausführung des nachträglichen Anschaffungs- oder Herstellungsvorgangs heranzuziehen (s § 5 Rz 85).

Dies bedeutet zB für Softwareweiterentwicklungskosten bei Softwareunternehmen, dass mit den Aufwendungen eine **Steigerung der Ertragskraft** am Absatzmarkt verbunden sein muss. Eine gesteigerte Ertragskraft könnte sich aus einer verlängerten Absatzdauer oder weiteren Absatzmöglichkeiten nach Ausweitung der Leistungsparameter ergeben. Beim Erwerb von Softwareaktualisierungen für vorhandene System- oder Standardsoftware ist entscheidend, ob durch die Aktualisierung ein erhöhter Nutzen im Produktions- oder Dienstleistungsprozess (zB aus verlängerter Nutzungsdauer oder erweiterbare Anwendungsmöglichkeiten) des Unternehmens gegeben ist. Keine aktivierungsfähigen Ausgaben liegen regelmäßig beim Erwerb von Software-Updates vor.

68 Dabei sind die allgemeinen **Aktivierungsvoraussetzungen,** eine zuverlässige Ermittlung der Anschaffungs- oder Herstellungskosten und Zuordnung der Ausgaben zu dem Vermögenswert, zu erfüllen (s Rz 23).

69 Die besonderen **Ansatzvoraussetzungen und Ansatzverbote** für selbstgeschaffene immaterielle Vermögenswerte sind bei erstmaligem Ansatz zu beachten (IAS 38.63, IAS 38.69 (geändert 2008)/IAS 38.69; s Rz 26ff). Dabei dehnt IAS 38.20 das Ansatzverbot auf nachträgliche Ausgaben für „Markennamen, Drucktitel, Verlagsrechte, Kundenlisten und ihrem Wesen nach ähnliche Sachverhalte" sowie extern „erworbene" immaterielle Vermögenswerte aus. Der IASB geht hier davon aus, dass eine Abgrenzung dieser nachträglichen Ausgaben von einem selbstgeschaffenen Geschäfts- oder Firmenwert nicht möglich ist (IAS 38.20) und weist darauf hin, dass die Aktivierungsfähigkeit nachträglicher Ausgaben für immaterielle Vermögenswerte nur unter engen Voraussetzungen gegeben ist. Voraussetzung ist die direkte Zurechnung zu einem bestimmten immateriellen Vermögenswert.

III. Folgebewertung

70 Für die Folgebewertung kann grds eine Bewertung mit den **fortgeführten Anschaffungs- oder Herstellungskosten** oder eine **Neubewertung** gewählt werden (IAS 38.72). In der Praxis hat die Neubewertungsmethode für immaterielle Vermögenswerte wegen der Anwendungseinschränkungen – die Anwendung erfordert einen aktiven Markt – bislang keine Bedeutung erlangt. Der zu Beginn des Jahres 2005 eingeführte Handel mit Emissionsrechten erfüllt die Voraussetzungen grds (s Rz 88).

Ob und in welchem Umfang **Wertminderungen** vorliegen und zu erfassen bzw fortzuführen sind, ist für beide Bewertungsmethoden nach IAS 36 zu beurteilen (IAS 38.110f; s § 5 Rz 152ff).

Um die Besonderheiten immaterieller Vermögenswerte zu berücksichtigen wird eine Unterscheidung in immaterielle Vermögenswerte mit **begrenzter und unbegrenzter Nutzungsdauer** vorgenommen. Die Regelungen über die **Folgebewertung** von immateriellen Vermögenswerten mit begrenzter Nutzungsdauer entsprechen den Grundsätzen der Bilanzierung von Sachanlagen.

Wesentliche Besonderheiten ergeben sich daneben für die Ermittlung des Restwerts und aus eingeschränkten Anwendungsmöglichkeiten der Neubewertungsmethode.

1. Begrenzte oder unbegrenzte Nutzungsdauer

71 Für die Fortführung der Anschaffungs- oder Herstellungskosten unterscheidet der Standard in immaterielle Vermögenswerte mit unbegrenzter und begrenzter Nutzungsdauer. Nach der Definition liegt ein immaterieller Vermögenswert mit einer **unbegrenzten Nutzungsdauer** vor, „wenn es aufgrund einer Analyse aller relevanten Faktoren keine vorhersehbare Begrenzung der Periode gibt, in der der Vermögenswert voraussichtlich Netto Cashflows für das Unternehmen erzeugen wird" (IAS 38.88). Es ist auf die Einschätzung künftiger Cashflows als einzig anerkanntes Kriterium abzustellen. Sind die erwarteten Cashflows für einen bestimmbaren Zeitraum zu erwarten, so liegt eine begrenzte Nutzungsdauer vor (zB befristete Lizenzverträge ohne kostenfreie Verlängerungsoption, durch Produktlebenszyklus begrenzte Nutzungsdauer). Als relevante Faktoren sind dabei unternehmensinterne und -externe Erwartungen sowie die Planung des Managements über die Zukunft des Vermögenswerts bzw den daraus resul-

tierenden Einnahmenstrom zu berücksichtigen. **Relevante Faktoren** sind (IAS 38.90):

(1) erwarteter Nutzen im Unternehmen,
(2) typischer Produktlebenszyklus für diesen Vermögenswert,
(3) technische und kommerzielle Veralterung,
(4) Entwicklung des Markts oder der Industrie, in der der Vermögenswert eingesetzt wird,
(5) erwartetes Marktverhalten der Wettbewerber,
(6) notwendige bzw erwartete Kosten zur Instandhaltung oder Erhaltung der Marktfähigkeit des Vermögenswerts und die Unternehmensabsicht diese Kosten aufzuwenden,
(7) Zeitraum, über den die Beherrschung des Vermögenswerts gegeben ist,
(8) Abhängigkeit der Nutzungsdauer von anderen Vermögenswerten.

Eine unbegrenzte Nutzungsdauer ist bei dem Erwerb von bedeutenden Marken denkbar, die aufgrund ihrer Tradition eine unbegrenzte Nutzung erwarten lassen. In den *Illustrative Examples* zu IAS 38 sind Beispiele aufgeführt. Danach ist bspw die Nutzungsdauer von erworbenen Kundenlisten, Patenten oder Copyrights durch das Kundenverhalten bzw die Erwartungen des Managements über den Zeitraum von erzielbaren Cashflows begrenzt. Vermögenswerte mit unbegrenzten Nutzungsdauern liegen bspw bei unbefristet erteilten Rundfunklizenzen oder mit geringen Kosten ständig verlängerbaren Warenzeichen vor.

2. Fortführung der Anschaffungs- oder Herstellungskosten bei begrenzter Nutzungsdauer

72 Die Folgebewertung von immateriellen Vermögenswerten erfolgt in diesem Fall zu Anschaffungs- oder Herstellungskosten abzüglich kumulierter Abschreibungen und kumulierter Wertminderungsaufwendungen (IAS 38.74). Die Abschreibung ist systematisch über den Zeitraum vorzunehmen, in dem der wirtschaftliche Nutzen des immateriellen Vermögenswerts in dem jeweiligen Unternehmen verbraucht wird.

73 Das **Abschreibungsvolumen** ermittelt sich grds aus den Anschaffungs- oder Herstellungskosten unter Abzug des Restwerts des immateriellen Vermögenswerts (IAS 38.101). Es besteht die widerlegbare Vermutung, dass der Restwert eines immateriellen Vermögenswerts null ist. Ein Restwert kann gem IAS 38.100 nur angesetzt werden, wenn:

(1) eine Verpflichtung seitens einer dritten Partei besteht, den Vermögenswert am Ende seiner Nutzungsdauer zu erwerben; oder
(2) ein aktiver Markt für den Vermögenswert besteht, und
  (a) der Restwert unter Bezugnahme auf diesen Markt ermittelt werden kann; und
  (b) es wahrscheinlich ist, dass ein solcher Markt am Ende der Nutzungsdauer des Vermögenswerts bestehen wird.

74 Der **Restwert** ist definiert als der durch Veräußerung erzielbare Betrag für einen ähnlichen immateriellen Vermögenswert, der zum Zeitpunkt der Schätzung bereits das Ende der Nutzungsdauer erreicht hat und unter ähnlichen Bedingungen genutzt wurde wie der immaterielle Vermögenswert, für den der Restwert ermittelt werden soll (IAS 38.102).

In der Bilanzierungspraxis haben Restwerte immaterieller Vermögenswerte kaum Bedeutung, da nach Ablauf der Nutzungsdauer regelmäßig eine Zugriffsbeschränkung Dritter rechtlich nicht mehr möglich ist und darüber hinaus der wirtschaftliche Nutzen regelmäßig verbraucht ist. Aus diesen Gründen ist der vorausgesetzte **Veräußerungsmarkt** für immaterielle Vermögenswerte mit abgelaufener Nutzungsdauer regelmäßig nicht vorhanden.

Wird ein **Restwert** nach Erfüllung der genannten Voraussetzungen angesetzt, ist dieser zu jedem Abschlussstichtag **zu überprüfen** (IAS 38.102). **Änderungen des Restwerts** sind als Änderungen von Schätzungen für lfd und zukünftige Abschreibungsbeträge zu berücksichtigen (IAS 38.102, IAS 8.24), indem das geänderte Abschreibungsvolumen auf die Restnutzungsdauer verteilt wird. Die Verminderung eines Restwerts kann dabei ein Anhaltspunkt für eine Wertminderung des immateriellen Vermögenswerts sein (IAS 36.12).

Die **Nutzungsdauer** bestimmt sich grds nach dem Zeitraum, in dem der 75
immaterielle Vermögenswert wirtschaftlichen Nutzen für das betreffende Unternehmen erbringt. Es ist auf den **betriebsindividuellen erwarteten Zeitraum** abzustellen. Allgemeine oder branchenspezifische durchschnittliche Nutzungsdauern können lediglich Anhaltspunkte sein, da dabei marktspezifische Einflüsse, Technologiewandel und rechtliche Beschränkungen in der Nutzbarkeit unberücksichtigt bleiben. Insbes die fiskalisch beeinflussten Tabellen zur Absetzung für Abnutzung (BStBl I 2000, 1552) und standardisierte oder pauschalierte Abschreibungssätze (§ 255 Abs 4 Satz 2 HGB; § 7 Abs 1 Satz 3 EStG) stellen nicht auf die geforderte betriebsindividuelle Ermittlung ab und sind daher nicht pauschal verwendbar (IAS 38.90; s auch § 5 Rz 105 ff; zu latenten Steuern s § 25 Rz 102).

Der zugrunde zu legende Nutzungszeitraum ist durch die **technische, wirt-** 76
schaftliche Nutzbarkeit im Rahmen des Leistungsprozesses des Unternehmens und durch äußere Einflussfaktoren, insbes die Kontrolle des Nutzenzuflusses bestimmt. Folgende Faktoren sind bei der Schätzung der Nutzungsdauer eines immateriellen Vermögenswerts zu berücksichtigen (IAS 38.90):

(1) Abhängigkeit der Nutzung des Vermögenswerts vom Management,
(2) Orientierung an typischen Produktlebenszyklen oder anderen Informationen über die geschätzte Nutzungsdauer des Vermögenswerts selbst oder der damit hergestellten Produkte oder Leistungen,
(3) technische, technologische, kommerzielle oder andere Arten der Veralterungen,
(4) erwartete Branchenentwicklung (Stabilität, Nachfrageentwicklung, Entwicklung des spezifischen Wettbewerbs) im Einsatzgebiet des Vermögenswerts selbst oder der damit hergestellten Produkte oder Dienstleistungen,
(5) erforderliche Erhaltungsaufwendungen und die Absicht und Fähigkeit des Unternehmens, diese aufzuwenden,
(6) Zeitraum, in dem die Kontrolle über den Vermögenswert sichergestellt werden kann und
(7) Abhängigkeit der Nutzungsdauer des immateriellen Vermögenswerts von der Nutzungsdauer anderer Vermögenswerte.

Die **Nutzungsdauer** beschränkt sich bei immateriellen Vermögenswerten auf 77
den Zeitraum, in dem das Unternehmen Dritte von dem Nutzenzufluss aus dem Vermögenswert ausschließen kann (IAS 38.94 (geändert 2008)/IAS 38.94; Definitionskriterium Beherrschung s Rz 12).

Eine **Nutzungsdauer,** die über den zum Bilanzierungszeitraum geltenden Zeitraum gesicherter Rechtsansprüche (vertraglich oder gesetzlich) hinaus geht, ist nur denkbar, wenn die Rechtsansprüche erneuerbar sind, die Erneuerung bzw Verlängerung so gut wie sicher ist und ohne erhebliche Kosten vorgenommen werden kann (IAS 38.94 (geändert 2008)/IAS 38.94). Der Sicherheitsgrad (so gut wie sicher) geht damit über das allgemeine Wahrscheinlichkeitskriterium hinaus und erfordert, dass zum Bilanzierungszeitpunkt keine Informationen bekannt sein dürfen, die gegen eine Erneuerung oder Verlängerung sprechen (IAS 38.94 ff (geändert 2008)/IAS 38.94). Für sog *reacquired rights* legt IAS 38.94 (geändert 2008)/IAS 38.94 die Nutzungsdauer auf die vertragliche Restlaufzeit fest.

Beispiel: Ein Unternehmen, das auf der Grundlage eines Franchise-Vertrags 10 Coffee Shops im Marktraum Berlin betreibt, fällt infolge einer Marktübersättigung und Managementfehlern in die Krise. Der Franchisegeber erwirbt das Unternehmen zur Fortführung und ggf Weiterverkauf nach mittelfristiger Markterholung. Eine unmittelbare Weiterverkaufsabsicht besteht nicht. Im Abschluss zum Erwerbszeitpunkt wird ein Restwert für die Franchise Gebühr von T€ 120 ausgewiesen (Recht zur Verwendung des Namens und Konzepts des Franchisegebers). Der Franchise-Vertrag hat eine Restlaufzeit von 3 Jahren. Der Franchisegeber führt auf Basis aktueller Preisverhältnisse 50% des Restbuchwerts des Rechts fort und erfasst 50% als Aufwand bei Erfassung des Unternehmenserwerbs (IFRS 3.29 (2008)). Die Abschreibung beim Franchisegeber erfolgt über die Restlaufzeit des Vertrags von 3 Jahren. Verlängerungsoptionen werden bei der Bestimmung der Restlaufzeit ausdrücklich nicht berücksichtigt (IFRS 3.29 (2008)).

78 Die **Nutzungsdauer** eines immateriellen Vermögenswerts ist mindestens zum Ende eines jeden Geschäftsjahrs **zu überprüfen** (IAS 38.104). Ergibt sich eine Abweichung von der bisherigen zugrunde gelegten Nutzungsdauer, so ist eine **Anpassung der Abschreibungsbeträge** für die lfd Periode und für die zukünftigen Perioden vorzunehmen (Änderung des Abschreibungsplans). Dabei kann insbes die **Veränderung der betriebsindividuellen Faktoren,** die maßgeblichen Einfluss auf die ursprüngliche oder vorhergehende Schätzung des Nutzungszeitraums hatten, zu verlängerten oder verkürzten Nutzungsdauern führen (IAS 38.105 ff).

79 **Nachträgliche Anschaffungs- oder Herstellungskosten,** die zu einer Verlängerung der Nutzungsdauer führen, machen regelmäßig eine Anpassung der Nutzungsdauer erforderlich (IAS 38.105).

Die **Anpassung der Nutzungsdauer** wirkt damit als Ereignis der Rechnungslegungsperiode auf die Abschreibung der lfd und der zukünftigen Perioden durch Abschreibungsermittlung auf Basis des Restbuchwerts und der neuen Restnutzungsdauer. Eine Korrektur für vergangene Perioden wird nicht vorgenommen (IAS 38.104; keine Änderung von vorangegangenen Perioden bei Änderung einer geschätzten Nutzungsdauer s IAS 8.27).

Sachverhalte oder Ereignisse, die zu einer **Verkürzung der geschätzten Nutzungsdauer** führen (zB verminderte Marktgängigkeit), sind gleichzeitig Anhaltspunkte für **Wertminderungen von Vermögenswerten** (IAS 36.12). Liegt nach einem Wertminderungstest der erzielbare Betrag unter dem Buchwert des Vermögenswerts, ist ein entspr Wertminderungsaufwand zu erfassen. Die Anpassung der Abschreibungsbeträge ist dann auf Basis des wertgeminderten Restbuchwerts für die Folgejahre vorzunehmen (IAS 36.63).

Eine Erhöhung des Buchwerts bei einer **Verlängerung der Nutzungsdauer** scheidet hingegen aus, da Wertaufholungen nur bei vorangegangener Wertminderung möglich sind (IAS 36.117).

80 Die angewandte **Abschreibungsmethode** soll das Abschreibungsvolumen auf systematischer Grundlage verteilen und dabei den **Verbrauch des wirtschaftlichen Nutzens** des Vermögenswerts widerspiegeln (IAS 38.97; zu steuerlichen Abschreibungsmethoden und Sonderposten s § 5 Rz 120 ff). Die Anforderungen an eine systematische Verteilung werden ua durch die lineare, die degressive (degressive und arithmetisch degressive) und die leistungsabhängige Abschreibungsmethode erfüllt. Die Anwendung anderer systematischer Abschreibungsmethoden ist nicht ausgeschlossen, wenn diese den tatsächlichen Nutzungsverlauf des Vermögenswerts abbilden. Einschränkungen bzw besondere Nachweispflichten bei der Methodenwahl sind mit Überarbeitung des IAS 38.98 durch das *An-*

nual Improvements Projekt 2008 nicht mehr gegeben. Bis zur Änderung wurde verlangt, dass die gewählte Abschreibungsmethode mindestens zu einem Abschreibungsaufwand entspr der linearen Methode führen muss oder besonders zu begründen ist (s IAS 38.98).

Hinsichtlich branchenspezifischer Abschreibungsmethoden für **Filme oder** 81
Lizenzrechte an Filmen in der Film- und Medienindustrie kann auf SFAS 139 und SOP 00–2 zurückgegriffen werden. Die Abschreibungen sind danach aus dem Verhältnis der im Berichtszeitraum erzielten Verwertungserlöse (Vorführung, Verleih) und den gesamten geschätzten Erlösen im Verwertungszeitraum (Nutzungsdauer) zu ermitteln. In die Erlöse sind auch Nebenerlöse mit einzubeziehen (*Küting/Zwirner* FB 2001, 22).

Die gewählte Abschreibungsmethode ist **stetig beizubehalten,** solange keine 82
Änderungen im erwarteten Nutzenverlauf eintreten (IAS 38.98).

Es ist mindestens am Ende eines Geschäftsjahrs eine **Überprüfung der Abschreibungsmethode** dahingehend vorzunehmen, ob die Abschreibungsmethode noch der Verbrauchsstruktur des wirtschaftlichen Nutzens des Vermögenswerts entspricht (IAS 38.104, IAS 38.106). Eine **Änderung der Abschreibungsmethode** aufgrund eines geänderten Nutzenverlaufs ist als Änderung einer Schätzung zu behandeln (IAS 38.104, IAS 8.27).

Eine **Abschreibung** ist vorzunehmen, sobald sich der Vermögenswert in 83
einem betriebsbereiten (verwendungsbereiten) Zustand befindet (IAS 38.97).

Mangels expliziter Regelung und unter Beachtung des *matching principle* ist im **Erstjahr** nur eine **zeitanteilige Abschreibung** zulässig (pro rata temporis; s § 5 Rz 118).

Abschreibungen sind in jeder Periode der Nutzungsdauer zu erfassen, auch 84
wenn der Wert des Vermögenswerts (erzielbarer Betrag) über dem Buchwert liegt (IAS 16.42). Die Abschreibung ist auszusetzen, wenn der Restwert über dem Buchwert liegt (IAS 38.103). Eine Saldierung mit einem etwaigen Neubewertungsbetrag bei Anwendung der Neubewertungsmethode ist unzulässig (IAS 38.75).

Unterlassene Abschreibungen sind als Fehler rückwirkend zu korrigieren, die Auswirkungen der Vorperioden sind dabei jeweils mit dem Eigenkapital zu verrechnen (IAS 8.31 ff; s § 45 Rz 41 ff).

3. Folgebewertung von Vermögenswerten mit unbegrenzter Nutzungsdauer

Vermögenswerte mit **unbegrenzter Nutzungsdauer** werden nicht plan- 85
mäßig abgeschrieben. IAS 38.108 fordert einen jährlichen **Wertminderungstest** bzw einen Wertminderungstest, wenn Anzeichen für eine Wertminderung vorliegen (Rz 92; s auch § 27 Rz 6 ff). Wertminderungen werden dann ebenso wie ggf später eintretende Wertaufholungen erfolgswirksam erfasst. Eine Zuschreibung über die Anschaffungs- oder Herstellungskosten hinaus ist nicht möglich (keine Durchbrechung des Anschaffungskostenprinzips). Die Neubewertungsmethode ist für immaterielle Vermögenswerte mit unbegrenzter Nutzungsdauer nicht anwendbar. Damit stützt sich die Bewertung überwiegend auf den **Nutzungswert** des immateriellen Vermögenswerts (§ 27 Rz 57 ff; § 5 Rz 168 ff). Die zweite Bewertungskategorie des erzielbaren Betrags nach IAS 36, der beizulegende Zeitwert unter Abzug von Transaktionskosten, kann für frei bzw losgelöst übertragbare immaterielle Vermögenswerte (zB Lizenzrechte) relevant sein.

Bei Lizenzvergaben oder Einräumung von ähnlichen Rechten an einen Dritten können Zahlungsströme direkt dem Vermögenswert zugerechnet werden.

Beispiel (in Anlehnung an IAS 38.IG7 und IAS 38.IG8): Ein Warenzeichen ist noch für weitere 5 Jahre geschützt und darüber hinaus gegen geringe Gebühren verlängerbar. Die Analyse des Produktlebenszyklus, der Markt-, Wettbewerbs- und Umweltentwicklung sowie der Markenentwicklung lassen keine Begrenzung der Cashflows erkennen. Die Anschaffungskosten des Warenzeichens werden nicht planmäßig abgeschrieben und jährlich auf Wertminderung getestet.

Zwei Jahre später kommen Konkurrenzprodukte erstmals auf den Markt, die zu erheblichen Absatzrückgängen führen. Das Management entscheidet, das Produkt für weitere drei Jahre herzustellen und zu vertreiben, das Warenzeichen nicht zu verlängern und dann die Produktion einzustellen. Zunächst ist ein Wertminderungstest durchzuführen und der Buchwert ggf erfolgswirksam anzupassen. Ab dem Jahr X3 ist das Warenzeichen planmäßig mit einer Nutzungsdauer von drei Jahren abzuschreiben. Umstellungen sind als Änderungen von Schätzungen prospektiv zu bilanzieren (IAS 8.32).

86 Die Annahme einer unbegrenzten Nutzungsdauer ist in jeder Berichtsperiode und damit auch für Zwischenabschlüsse zu überprüfen (IAS 38.109). Die Feststellung einer Begrenzung der Nutzungsdauer wird gleichzeitig als Hinweis für eine Wertminderung angesehen (IAS 38.110; s Rz 92).

Regelmäßig werden immaterielle Vermögenswerte ein Teil einer zahlungsmittelgenerierenden Einheit (ZGE) sein, durch deren Zusammenwirken die Zahlungsströme generiert werden (zB Nachweis von Werthaltigkeit von Entwicklungskosten durch Produkt/Spartenbetrachtung inklusive der Produktions-, Vertriebs- und Verwaltungsabteilungen).

Beispiel: Die traditionsreiche Schokoladenfabrik „die Marke vergesst Ihr nie" hat den Geschäftsbetrieb im Zusammenhang mit dem Ruhestand des Fabrikanten auf die Luxusgüter AG übertragen. Im Rahmen der Kaufpreisallokation wurden dem Markenrecht Mio € 15 des Kaufpreises zugeordnet. Diese Zuordnung basiert auf der Überlegung des Managements, dass bei normaler Produkt- und Imagepflege keine Begrenzung der Nutzungsdauer zu erkennen ist. Die erworbene Marke wurde in den Nachkriegsjahren eingeführt und wird seither von Generationen übertragen.

Zu jedem Bilanzstichtag führt die Luxusgüter AG einen Wertminderungstest der ZGE Schokoladenfabrik „die Marke vergesst Ihr nie" durch. Der erzielbare Betrag auf Basis der Planung für die Fabrik liegt jeweils über dem Anschaffungspreis. Die Luxusgüter AG bilanziert zu jedem Stichtag die Anschaffungskosten von Mio € 15.

Die nicht planmäßige Abschreibung dieses Vermögenswerts sowie die lfd erfolgswirksame Bewertung führt zu Steuerlatenzen (s § 25 Rz 102).

4. Neubewertungsmethode

87 Bei immateriellen Vermögenswerten mit **begrenzter** Nutzungsdauer kann nach dem Standard grds die **Neubewertungsmethode** angewandt werden (IAS 38.75). Ziel der Neubewertungsmethode ist es, den Abschluss unverzerrt von **Inflationseffekten** zu präsentieren (*Epstein/Jermakowicz* 2008, 261). Die praktische Bedeutung der Neubewertungsmethode liegt jedoch fast vollständig bei Sachanlagen mit langen Nutzungsdauern (oder Grundstücken), bei denen Inflationseffekte dazu führen können, dass die Wiederbeschaffungskosten dieser Sachanlagen deutlich über den durch Abschreibung aufgezehrten historischen Anschaffungs- oder Herstellungskosten liegen.

88 Für **immaterielle Vermögenswerte** ist die Bewertungsgrundlage für eine Neubewertung auf einen vorhandenen aktiven Markt beschränkt. Eine Neubewertung durch Schätzungen des beizulegenden Werts oder auf Basis von (indizierten) Wiederbeschaffungskosten ist unzulässig. Ein individueller Angebotspreis ist nicht ausreichend. Der Standard selbst hält es für überwiegend unwahrscheinlich, dass repräsentative **aktive Märkte** für immaterielle Vermögenswerte vorhanden sind (IAS 38.78). Als Gründe werden die Individualität immaterieller Vermögenswerte und die überwiegend einzelvertraglich vereinbarten Transaktio-

nen genannt. Im Ergebnis setzt eine standardkonforme Ermittlung frei handelbare immaterielle Vermögenswerte voraus (*Epstein/Jermakowicz* 2008, 307). Selbst bei denkbaren Anwendungsfällen für staatlich ausgereichte Lizenzen (zB Taxi- oder Fischereilizenzen; s *Baetge/Keitz* in Baetge ua IFRS-Komm[2] IAS 38 Rz 92) ist die Anwendung der Neubewertungsmethode mangels Fungibilität fraglich. Für Entwicklungskosten erscheint aufgrund deren Einzigartigkeit die Anwendung nahezu ausgeschlossen (*Epstein/Jermakowicz* 2008, 308). Einen praktisch relevanten Anwendungsfall bieten die ab 2005 ausgereichten und handelbaren Emissionsrechte (s Rz 139), für die eine entspr Notierung vorliegt.

Daneben unterliegt die **Neubewertungsmethode Anwendungseinschränkungen.** Eine Bewertung zum beizulegenden Zeitwert bei der Ersterfassung scheidet aus (IAS 38.76; Ausnahmen: Erwerb im Rahmen von Unternehmenszusammenschlüssen s Rz 58 und Erwerb durch Zuwendung s Rz 91). 89

Grundlegende Voraussetzung ist eine vorangegangene Erfassung eines **immateriellen Vermögenswerts** mit seinen Anschaffungs- oder Herstellungskosten. Damit ist es unzulässig, einen Vermögenswert, der in Vorperioden nicht angesetzt wurde (weil die Definitionskriterien oder Ansatzvoraussetzungen nicht oder noch nicht erfüllt waren), erstmalig mit dem Neubewertungsbetrag zu erfassen (IAS 38.76).

Für Vermögenswerte, deren künftiger wirtschaftlicher Nutzen innerhalb der **Entwicklungsphase** nachgewiesen wurde und für die ab diesem Zeitpunkt Entwicklungskosten (Herstellungskosten) aktiviert wurden, ist theoretisch eine **Neubewertung** zu jedem Abschlussstichtag nach der erstmaligen Erfassung mit den Anschaffungs- oder Herstellungskosten (oder Teilen davon) zulässig (IAS 38.77). Orientiert am Wortlaut ist die Neubewertung auch nicht auf den nach Identifizierung eines Vermögenswerts aktivierten Anteil der Entwicklungskosten beschränkt. Daraus wird in der Literatur teilweise gefolgert, dass die in Vorjahren als Aufwand erfassten Entwicklungskosten (IAS 38.77) zeitlich nachgelagert aktiviert und in einer Neubewertungsrücklage ausgewiesen werden können (am Wortlaut orientiert ohne Diskussion *Baetge/Keitz* in Baetge ua IFRS-Komm[2] IAS 38 Rz 95; *Alexander/Archer* 2008 chap 21.18). Unklar ist, aus welchen Gründen ein Abschluss ein zutreffendes Bild von der Vermögens- und Ertragslage eines Unternehmens sowohl in dem Geschäftsjahr liefert, in dem (Teil-)Entwicklungskosten vor Entstehung eines Vermögenswerts als Aufwand erfasst werden als auch in Folgeperioden, in denen nach Neubewertung gerade dieser Aufwand uU aktiviert wird. Ein unterschiedlicher Sicherheitsgrad über den zukünftigen Nutzenzufluss kann nach den Ansatzvorschriften nicht ursächlich sein. Für eine derartige Auslegung wären ergänzende Regelungen, etwa zur Frage, ob eine Neubewertung bereits während einer noch andauernden Entwicklungsphase zulässig ist oder in welchem Umfang Kosten zurückliegender Perioden einbezogen werden können, im Standard erforderlich. Diese Regelungsunklarheiten können nur mit der praktischen Irrelevanz der Neubewertungsmethode insbes für selbstgeschaffene immaterielle Vermögenswerte erklärt werden. 90

Explizit zulässig ist hingegen die Anwendung der Neubewertungsmethode bei **Vermögenswerten, die durch Zuwendung der öffentlichen Hand** (s Rz 53) erworben wurden und beim erstmaligen Ansatz mit dem Nominalwert (ggf Merkposten) angesetzt wurden (IAS 38.77). Eine Regelung zur Erfassung eines Neubewertungsbetrags in diesen Fällen ist indes in IAS 38 nicht enthalten. Als sachgerecht ist eine erstmalige Erfassung des Neubewertungsertrags in einem passivischen Abgrenzungsposten anzusehen, da eine unterschiedliche Behandlung nur aufgrund des Zeitpunkts der Ermittlung des beizulegenden Zeitwerts nicht gerechtfertigt ist (IAS 20.23f). Problematisch ist dabei, dass der beizulegende 91

Zeitwert Schwankungen zwischen dem Erwerbs- und Neubewertungszeitpunkt unterliegen kann.

Die Gruppenbildung, Stetigkeit, Häufigkeit, Methoden zur Anpassung des Buchwerts und der kumulierten Abschreibungen sowie die Ermittlung und Erfassung der Neubewertungserträge in der Neubewertungsrücklage entsprechen den Regelungen für Sachanlagen (s § 5 Rz 123 ff). Der **Buchwertansatz** ermittelt sich auf Basis des **beizulegenden Zeitwerts** am Tag der Neubewertung abzüglich nachfolgend kumulierter planmäßiger Abschreibungen und nachfolgender Wertminderungen (IAS 38.75).

5. Wertminderungen

92 Die **Anlässe** und **Regelungen** zur Ermittlung und Erfassung von Wertminderungen oder Wertaufholungen sind für immaterielle Vermögenswerte in **IAS 36** geregelt (IAS 38.111; s § 27 Rz 6 ff) zu Anlässen von Wertminderungen). Für immaterielle Vermögenswerte sind **Wertminderungstests** darüber hinaus zwingend vorgeschrieben

(1) zum Nachweis des erzielbaren künftigen wirtschaftlichen Nutzens bei Ersterfassung eines selbstgeschaffenen Vermögenswerts (Entwicklungskosten; IAS 38.60), und

(2) jährlich bei immateriellen Vermögenswerten, die noch nicht zum Gebrauch verfügbar sind (zB innerhalb der Entwicklungsphase nach Erstaktivierung),

(3) zu jedem Bilanzstichtag bei immateriellen Vermögenswerten mit unbegrenzter Nutzungsdauer.

Bei der jährlichen Überprüfung der Anhaltspunkte für Wertminderungen (IAS 36.9 ff) sind die immateriellen Vermögenswerte selbst sowie die Produkte und Leistungen eines Unternehmens einzubeziehen, die mittels der immateriellen Vermögenswerte hergestellt werden (SOP 00–2 enthält einen Katalog zu speziellen Anhaltspunkten für Filme und Lizenzrechte an Filmen).

Für die Ermittlung des **Nutzungswerts** immaterieller Vermögenswerte, die erstmalig im Rahmen eines Unternehmenserwerbs bilanziert wurden, ist auf die nach IAS 38.41 zulässigen Bewertungsverfahren zurückzugreifen (s § 27 Rz 47 ff). Die bei erstmaliger Bewertung zugrunde gelegte Berechnung ist unter Verwendung aktueller Planannahmen und Bewertungsparameter zu wiederholen, soweit die immateriellen Vermögenswerte nicht Teil einer ZGE sind (s § 27 Rz 21ff, Rz 86 ff).

6. Stilllegungen und Abgänge

93 Ein **immaterieller Vermögenswert** ist auszubuchen bei Abgang oder wenn kein zukünftiger wirtschaftlicher Nutzen von der weiteren Nutzung oder dem Abgang zu erwarten ist (IAS 38.112). Der Ertrag oder Aufwand aus dem Abgang ermittelt sich als Differenz zwischen dem Nettoveräußerungserlös und dem Buchwert zum Zeitpunkt des Abgangs. Der **Nettoveräußerungserlös/-verlust** ergibt sich aus der Differenz zwischen Veräußerungserlös und Veräußerungskosten.

Der **Veräußerungserlös/-verlust** ist erfolgswirksam im Jahr des Verkaufs oder des Abgangs zu erfassen. Der Zeitpunkt ist dabei nach allgemeinen Grundsätzen über den Verkauf von Gütern zu bestimmen (IAS 38.114, IAS 18.1 ff). Der Ausweis erfolgt saldiert mit dem Anlagenabgang und den Veräußerungskosten in den sonstigen betrieblichen Erträgen bzw den sonstigen betrieblichen Aufwendungen (IAS 1.34(a), IAS 38.113). Ein Ausweis als Umsatzerlös ist unzulässig (IAS 38.113).

Wird ein immaterieller Vermögenswert mit bestimmter Nutzungsdauer **vorübergehend stillgelegt**, ist die Abschreibung planmäßig fortzuführen (IAS 38.117). Der Buchwert ist durch einen Wertminderungstest zu überprüfen (IAS 36.12(f)). 94

Für Verkäufe im Rahmen von ***sale-and-lease-back*-Transaktionen** ist für die Bestimmung des Verkaufs-/Abgangszeitpunkts und die Erfassung eines Veräußerungserlöses IAS 17 anzuwenden (IAS 38.113; s § 22 Rz 156ff). 95

Forderungen aus dem Verkauf immaterieller Vermögenswerte sind mit ihrem beizulegenden Zeitwert anzusetzen, der sich regelmäßig aus dem vereinbarten Kaufpreis ergibt (s § 10 Rz 24ff). Ist die Forderung gestundet, ist sie mit ihrem Barwert zu bewerten. Differenzen zwischen Nominalwert der Forderung und ihrem Barwert sind dann als Zinsertrag zeitproportional über die Laufzeit der Stundung zu erfassen (IAS 38.116, IAS 18.20). 96

7. Zur Veräußerung gehaltene immaterielle Vermögenswerte

Nach IFRS 5 sind **(langfristige) immaterielle Vermögenswerte**, deren künftiger wirtschaftlicher Nutzen zu einem Stichtag durch **Veräußerung** realisiert werden soll, gesondert von den langfristigen Vermögenswerten zu erfassen, zu bewerten und in der Bilanz auszuweisen (IFRS 5.6; zur Einordnung in diese Kategorie § 28 Rz 30ff). Immaterielle Vermögenswerte können dabei sowohl einzeln gesondert bilanziert werden, als auch Teil einer Gruppe von zur Veräußerung gehaltenen langfristigen Vermögenswerten sein. Zu den Bilanzierungsfolgen einer Einordnung der Vermögenswerte in diese Kategorie s § 5 Rz 141ff. 97

einstweilen frei 98–104

D. Ausweis von immateriellen Vermögenswerten

Nach der **Mindestgliederung** (IAS 1.54) sind **immaterielle Vermögenswerte** getrennt von den als Finanzinvestitionen gehaltenen Immobilien (IAS 40) und von den Sachanlagen (IAS 16) in der Bilanz darzustellen. Eine weitere **Untergliederung immaterieller Vermögenswerte** nach Art, Verwendung oder nach Liquidierbarkeit ist in der Bilanz erforderlich, wenn diese Darstellung zum Verständnis der Vermögens- und Finanzlage notwendig ist (IAS 1.55ff; RIC 1.22ff). Für eine Gruppenbildung nach Art und Funktion im Unternehmen kann auf die Beispielgliederung in IAS 38.119 zurückgegriffen werden, die gleichsam für Angaben im Anhang relevant ist (s Rz 115). Danach können zB folgende Gruppen von immateriellen Vermögenswerten gebildet werden: 105

(1) Markennamen,
(2) Drucktitel und Verlagsrechte,
(3) Computersoftware,
(4) Lizenzen und Franchiseverträge,
(5) Urheberrechte, Patente und sonstige gewerbliche Schutzrechte, Nutzungs- und Betriebskonzessionen,
(6) Rezepte, Geheimverfahren, Modelle, Entwürfe und Prototypen und
(7) in der Entwicklung befindliche immaterielle Vermögenswerte.

Eine Zusammenfassung je nach Informationsgehalt für ein Unternehmen ist möglich. Für immaterielle Vermögenswerte, die zum Verkauf vorgesehen sind (IFRS 5), ist ein separater Ausweis erforderlich (IAS 1.54; s § 28 Rz 107).

Ein separater Ausweis von **Anzahlungen** für immaterielle Vermögenswerte ist in IAS 38 nicht explizit vorgesehen. Eine Erfassung für derartige Ausgaben erfolgt regelmäßig unter den entspr Gruppen von Vermögenswerten, für die Vorauszahlungen geleistet werden (IAS 38.70). 106

107 **Abschreibungen** auf immaterielle Vermögenswerte sind grds in der Gesamtergebnisrechnung bzw gesonderten GuV (sofern erstellt; s § 15 Rz 46ff) unter Aufwendungen für Abschreibungen auszuweisen (IAS 1.104). Sind die Abschreibungen Bestandteil von Anschaffungsnebenkosten oder Herstellungskosten anderer Vermögenswerte, werden diese in deren Buchwert mit einbezogen (IAS 38.99).

Wertminderungsaufwendungen sind als sonstiger Aufwand zu erfassen (IAS 38.111, IAS 1.88f).

108–114 *einstweilen frei*

E. Angaben im Anhang

115 Die für den Anhang erforderlichen **Basisangaben** sind jeweils für **Gruppen von immateriellen Vermögenswerten** darzustellen (IAS 38.118). Die Gruppen sind für immaterielle Vermögenswerte ähnlicher Art und Verwendung zu bilden (s Rz 105). Für jede Gruppe sind anzugeben (IAS 38.118):

(1) Begrenzung der Nutzungsdauer und hierbei angewandte Abschreibungsmethode, Nutzungsdauer, Abschreibungssätze,
(2) Bruttobuchwert (historische Anschaffungs- oder Herstellungskosten) und kumulierte Abschreibungen jeweils zum Beginn und Ende der Periode,
(3) die Posten in der Gesamtergebnisrechnung bzw gesonderten GuV, die Abschreibungen enthalten,
(4) Überleitung des Buchwerts vom Beginn bis zum Ende einer Periode, die Zugänge, Abgänge, Erwerbe durch Unternehmenszusammenschlüsse, Erhöhungen und Verminderungen aus Neubewertungen, Wertminderungen und Wertaufholungen (beide vorgenannten inklusive direkt im Eigenkapital erfasster Beträge), Abschreibungen, Nettoumrechnungsdifferenzen aus Währungsumrechnung und sonstige Buchwertänderungen während der Periode,
(5) Vermögenswerte, die nach IFRS 5 zur Veräußerung gehalten bilanziert werden.

116 Nach § 315a HGB ist ein **Bruttoanlagespiegel** nach HGB nicht mehr erforderlich, praktisch jedoch sinnvoll.

117 Die Angaben zu **Wertminderungen** sind neben den Angaben nach IAS 38 erforderlich (s § 5 Rz 214).

Weiterhin sind anzugeben (IAS 38.122):

(1) Gründe für die Einschätzung der unbegrenzten Nutzungsdauer eines immateriellen Vermögenswerts und dessen Buchwert (IAS 38.122),
(2) eine Beschreibung, der Buchwert und die Restnutzungsdauer einzelner Vermögenswerte, die für den Abschluss von wesentlicher Bedeutung sind,
(3) für immaterielle Vermögenswerte, die durch Zuwendung erworben wurden und mit dem beizulegenden Zeitwert erfasst wurden:
   (a) der beizulegende Zeitwert bei Ersterfassung,
   (b) der Buchwert,
   (c) die Folgebewertungsmethode,
(4) Beschränkungen der Eigentumsrechte an Vermögenswerten, die Gewährung von Vermögenswerten als Sicherheiten und die jeweiligen Buchwerte sowie
(5) vertragliche Verpflichtungen für den Erwerb von immateriellen Vermögenswerten.

118 Bei Anwendung der **Neubewertungsmethode** sind folgende Angaben für jede Gruppe von Vermögenswerten zu ergänzen (IAS 38.124):

(1) Stichtag der Neubewertung,
(2) Buchwert der neubewerteten immateriellen Vermögenswerte,

(3) Buchwert dieser Vermögenswerte, der sich bei Fortführung der Anschaffungs- oder Herstellungskosten ergeben hätte,
(4) Höhe und Veränderung der Neubewertungsrücklage und etwaige Ausschüttungsbeschränkungen sowie
(5) Methoden und grundlegende Annahmen, die bei der Ermittlung des beizulegenden Zeitwerts angewandt wurden.

Im Anhang ist darüber hinaus die Summe der **Forschungs- und Entwicklungsausgaben,** die als Aufwand erfasst wurden, anzugeben (IAS 38.126). 119

Werden **Änderungen von Schätzungen** (zB Nutzungsdauern oder Abschreibungsmethoden) mit wesentlichem Effekt auf den Abschluss vorgenommen, so sind Angaben über Art und Auswirkung der Änderungen erforderlich (IAS 38.121, IAS 8).

Weitere Anhangangaben sind notwendig bei der **Aktivierung von Fremdkapitalkosten** (IAS 23.26; § 5 Rz 227), bei der **Bilanzierung von Zuwendungen** der öffentlichen Hand (IAS 20.39; s § 5 Rz 50) und Angaben in Zusammenhang mit Dienstleistungskonzessionen (SIC 29.6). 120

Werden immaterielle Vermögenswerte in der Bilanz des Unternehmens ausgewiesen, die durch **Finanzierungsleasing-Verhältnisse** finanziert werden, sind ergänzende Angaben erforderlich (IAS 17.31; s § 22 Rz 146).

Über die vorgenannten Pflichtangaben hinaus, enthält IAS 38.128 einen Katalog von **freiwilligen,** vom IASB empfohlenen Angaben:
(1) Beschreibung der Vermögenswerte, die vollständig abgeschrieben und noch im Gebrauch des Unternehmens sind und
(2) kurze Beschreibung von Ressourcen in der Verfügungsmacht des Unternehmens, die nicht als immaterielle Vermögenswerte aktiviert sind.

F. Wesentliche Änderungen und deren Anwendungszeitpunkte

IAS 38 ist auf Berichtsperioden, die am oder nach dem 31. März 2004 beginnen (IAS 38.130) anzuwenden. Die Änderungen des ***Annual Improvement* Projekts 2008** in IAS 38.69, IAS 38.70, IAS 38.98 sowie die Ergänzung in IAS 38.69A wurden im Mai 2008 verabschiedet und sind für Berichtsperioden, die am oder nach dem 1. Januar 2009 beginnen anzuwenden. Eine frühere Anwendung ist erlaubt und entspr im Anhang anzugeben. Folgeänderungen aus der Überarbeitung von **IAS 1 (2007)** in IAS 38.85 bis IAS 38.87, IAS 38.118 und IAS 38.130B sowie IAS 20 sind ebenfalls für Berichtsperioden beginnend am oder nach dem 1. Januar 2009 verbindlich. Die Folgeänderungen des **IFRS 3 (2008)** in IAS 38.11, IAS 38.12, IAS 38.25, IAS 38.33 bis IAS 38.35, IAS 38.68 und IAS 38.69, IAS 38.94, IAS 38.115A sowie die Streichungen in IAS 38.38 und IAS 38.129 sind prospektiv für Berichtsperioden die am oder nach dem 1. Juli 2009 beginnen anzuwenden. Die Änderungen von IAS 38.36, IAS 38.37, IAS 38.40 und IAS 38.41 durch das ***Annual Improvement* Projekt 2009** wurden im April 2009 verabschiedet und sind – vorbehaltlich eines Endorsement durch die EU – prospektiv für Geschäftsjahre, die am oder nach dem 1. Juli 2009 beginnen, anzuwenden. 121

Die vorliegende Kommentierung hat wesentliche materielle Änderungen herausgehoben. Darüber hinaus haben die Überarbeitungen klarstellenden Charakter. Eine frühere Anwendung der geänderten Standards erfordert eine korrespondierende frühere Anwendung der Folgeänderungen in IAS 38 (IAS 38.130C).

einstweilen frei 122–124

G. Gegenüberstellung zu HGB/DRS

125 Ziel des IAS 38 ist die Gleichbehandlung erworbener und selbstgeschaffener immaterieller Vermögenswerte. Damit bildet das **pauschale Ansatzverbot** für nicht entgeltlich erworbene immaterielle Vermögensgegenstände des Anlagevermögens gem § 248 Abs 2 HGB einen wesentlichen Unterschied zu den Regelungen des IAS 38 (zu Unterschieden, die gleichwohl für Sachanlagen gelten, s § 5 Rz 234ff). Im Zuge des BilMoG wird in § 248 Abs 2 Satz 1 HGB (BilMoG) dieses Ansatzverbot zugunsten eines Aktivierungswahlrechts aufgehoben. Damit sind gem § 255 Abs 2a HGB (BilMoG) die bei der Entwicklung eines selbst geschaffenen immateriellen Vermögensgegenstands des Anlagevermögens angefallenenen (Herstellungs-)Kosten aktivierungsfähig.

126 Weiterhin geht der IASB davon aus, dass es immaterielle Vermögenswerte gibt, die **keiner begrenzten Nutzungsdauer** unterliegen. In diesem Fall wird auf die Schätzung einer Nutzungsdauer verzichtet und der Vermögenswert einem jährlichen Wertminderungstest unterzogen. Festgestellte Wertminderungen werden in der Periode ergebniswirksam erfasst. Nach Änderung von § 246 Abs 1 HGB (BilMoG) wird eine Definition des Geschäfts- oder Firmenwerts eingefügt und geregelt, dass im HGB von einer zeitlich begrenzten Nutzbarkeit ausgegangen wird.

127 Die Rechnungslegung für **KapGes** ist durch die Rechnungslegungsstandards des DRSC geprägt. Der für immaterielle Vermögenswerte maßgebliche DRS 12 basiert zwar auf IAS 38, geht aber über den gesetzlichen Rahmen des HGB nicht hinaus. Mit der Gesetzesänderung wurde die Intention des DRS 12 (Appendix A) nur eingeschränkt umgesetzt. Darüber hinaus ist DRS 12 in der vorliegenden Fassung als Auslegung der bestehenden gesetzlichen Regelungen des HGB aufzufassen.

Die nachfolgende Kommentierung geht deshalb im Wesentlichen auf die unterschiedlichen Ansatzvorschriften ein und soll als Leitlinie bei der Umstellung eines Abschlusses auf IFRS dienen (für ausführliche Hinweise zur erstmaligen Anwendung s § 44).

I. Ansatz

128 Die **Definitions- und Ansatzkriterien** für immaterielle Vermögenswerte nach IAS 38 sind geprägt von Abgrenzungsmerkmalen zu Geschäfts- oder Firmenwerten.

Im Ergebnis führen die **Definitions- und Abgrenzungskriterien** des IAS 38 dazu, dass nach deutschen steuerlichen- und HGB-Regelungen ansatzfähige immaterielle Vermögensgegenstände gleichzeitig immaterielle Vermögenswerte darstellen (*Förschle* in BeBiKo[6] § 248 HGB Rz 23). Der Begriff des immateriellen Vermögenswerts ist indes weiter gefasst, da eine Identifizierbarkeit eines künftigen wirtschaftlichen Nutzens im Zusammenhang mit einem anderen Vermögenswert (getrennt von einem Geschäfts- oder Firmenwert) ausreicht (IAS 38.12). Damit wird nicht die Einzelverkehrsfähigkeit gefordert, die zur Qualifizierung eines Vermögensgegenstands erforderlich ist (s Rz 6).

129 § 248 Abs 1 Satz iVm § 255 Abs 2a HGB (BilMoG) führt ein **Aktivierungswahlrecht für Entwicklungskosten** ein. Die Definition der Entwicklung ist in § 255 Abs 2a HGB (BilMoG) abweichend zu IFRS 38.8 gefasst, lässt aber praktische Unterschiede nicht erkennen. Korrespondierend geregelt ist, dass Aktivierungsverbot von Forschungskosten, das Aktivierungsverbot für den Fall, dass For-

schung und Entwicklung nicht verlässlich voneinander getrennt werden können, sowie das Aktivierungsverbot für nicht entgeltlich erworbene Marken, Drucktitel, Verlagsrechte, Kundenlisten oder vergleichbare immaterielle Vermögensgegenstände des Anlagevermögens (§ 248 Abs 2 Satz 2 HGB (BilMoG)). Damit nähert sich dieser wesentliche und für eine Reihe von Branchen relevante Regelungsbereich den IFRS an. Die in IAS 38.57 ff niedergelegten Aktivierungsvoraussetzungen sowie der notwendige Wertminderungstest nach IAS 36 sind im HGB nicht explizit geregelt und im Rahmen des **Vorsichtsprinzips** in § 252 Abs 1 Nr 4 HGB und § 253 Abs 3 HGB (BilMoG) zu beachten. Das gilt ebenso für die konkrete Auslegung der Neuregelung. Das Gliederungsschema wird in § 266 Abs 2 HGB (BilMoG) um selbstgeschaffene immaterielle Vermögensgegenstände erweitert. Nach § 268 Abs 8 HGB (BilMoG) sind die Erträge aus der Aktivierung von selbstgeschaffenen immateriellen Vermögensgegenständen mit einer Ausschüttungssperre belegt. In der Steuerbilanz bleibt es weiterhin bei dem Ansatzverbot in § 5 Abs 2 EStG für nicht entgeltlich erworbene Vermögensgegenstände und führt damit ggf zum Ansatz latenter Steuern (§ 274 HGB (BilMoG)).

Von einem **expliziten Ansatzverbot** durch das BilMoG erfasst sind indes 130
auch Kosten für die **Ingangsetzung und Erweiterung des Geschäftsbetriebs,** die bislang im HGB als Bilanzierungshilfe abgebildet werden können (§ 269 HGB; IAS 38.69 (geändert 2008)/IAS 38.69). **Gründungskosten** sind in keinem der beiden Regelwerke bilanzierungsfähig (§ 248 Abs 1 Nr 1 HGB; IAS 38.69 (geändert 2008)/IAS 38.69 (a)). In IAS 38.69 (geändert 2008)/ IAS 38.69 werden einzelne Ausgaben für Schulungsmaßnahmen und Kosten für Verlegung und Reorganisation von Unternehmen oder Unternehmensteilen mit einem expliziten Ansatzverbot belegt. Mit Streichung des § 269 HGB sind keine Regelungsunterschiede zu Anlaufkosten erkennbar.

II. Bewertung

Für immaterielle Vermögenswerte, für die **keine Nutzungsdauer** bestimmbar 131
ist, wird ein jährlicher **Wertminderungstest** vorgesehen. IAS 38.108 verpflichtet die Anwender, bei entspr Anzeichen wie zB Preisverfall am Absatzmarkt, technischem Verschleiß etc einen Wertminderungstest auch unterjährig durchzuführen. Eine planmäßige Abschreibung erfolgt nicht. Das HGB regelt mit Änderung des § 246 Abs 1 HGB (BilMoG) ausdrücklich, dass Geschäfts- oder Firmenwerte, die im IAS 38 eine wesentliche Gruppe nichtabnutzbarer Vermögenswerte bilden, als zeitlich begrenzt nutzbare Vermögensgegenstände anzusehen sind und damit einer planmäßigen Abschreibung unterliegen. Derzeit sind Geschäfts- oder Firmenwerte gem § 255 Abs 4 HGB in jedem auf den Erwerb folgenden Geschäftsjahr zu mindestens einem Viertel oder aber planmäßig über die Nutzungsdauer abzuschreiben.

Die nach IAS 38 grds mögliche **Neubewertung** von immateriellen Vermögenswerten ist weder nach HGB noch nach DRS 12 vorgesehen.

Für **Entwicklungskosten** nach IAS 38 ist sowohl beim erstmaligen Ansatz als auch während der Entwicklungsphase ein Wertminderungstest als Nachweis für den Ansatz zu führen. Eine vergleichbare Regelung fehlt im HGB, obgleich die Bilanzierung von selbstgeschaffenen immateriellen Vermögensgegenständen neu geregelt wurde.

III. Ergänzende Angaben

Der **DRS 12** sieht **vergleichbare Anhangangaben** wie IAS 38 vor, die 132
über die Angaben nach HGB deutlich hinausgehen. Darüber hinaus empfiehlt

DRS 12 ergänzende Lageberichtsangaben über immaterielle Nutzenpotenziale wie Kunden- und Lieferantenbeziehungen, Mitarbeiter- und Verfahrensknow-how und sonstige Wettbewerbsvorteile, die notwendige Informationen für Kapitalanleger liefern sollen.

133–136 *einstweilen frei*

H. Aktuelle Entwicklungen/IASB-Projekte

137 Der IASB beabsichtigt, IAS 38 hinsichtlich seiner Konsistenz in Bezug auf die Behandlung **erworbener und selbstgeschaffener immaterieller Vermögenswerte** außerhalb von Unternehmenserwerben zu überprüfen. Die bestehende Kritik an IAS 38, der Standard biete keine ausreichend eindeutigen Regelungen zur Bilanzierung, soll dabei mit einfließen. Im Rahmen der Konvergenzbestrebungen hat der IASB den IAS 38 für ein Forschungsprogramm vorgesehen, aber derzeit noch nicht terminiert. Ziel des Projekts soll es sein, die Erst- und Folgebilanzierung selbstgeschaffener immaterieller Vermögenswerte zu überarbeiten.

138 Darüber hinaus ist der IASB in Forschungsaktivitäten zur internationalen Anwendung der **Neubewertungsmethode** von Sachanlagen eingebunden, deren Ergebnisse auch Auswirkungen auf die Regelungen zur Neubewertung von immateriellen Vermögenswerten haben können.

139 Anfang Juli 2005 wurde IFRIC 3 „*Emission Rights*“ zur Bilanzierung der Ausgabe und des Handels von Emissionsrechten aufgehoben. Die Rücknahme erfolgte im Wesentlichen aufgrund von Inkonsistenzen, die ein Endorsement der EFRAG verhinderten. Im Rahmen des Projekts „*Emission Trading Schemes*“ werden Bilanzierungsvorschläge erarbeitet. Aktuell hat damit die Bilanzierung von Emissionsrechten nach den allgemeinen Grundsätzen des IAS 37, IAS 38 und des IAS 20 zu erfolgen.

§ 5. Sachanlagen

Übersicht

Schrifttum: *Alexander/Archer* Miller International Accounting Standards Guide 2007, New York 2006; *Alexander/Archer* Miller International Accounting Standards Guide 2008, New York 2007; *Andrejewski/Böckem* Praktische Fragestellungen der Implementierung des Komponentenansatzes nach IAS 16, Sachanlagen, KoR 2005, 75; *Arbeitskreis „Immaterielle Werte im Rechnungswesen" der Schmalenbach-Gesellschaft für Betriebswirtschaft eV* Kategorisierung und bilanzielle Erfassung immaterieller Werte, DB 2001, 989; *Cairns* Applying International Accounting Standards, 4. Aufl, Butterworths/London ua 2004; *Epstein/Jermakowicz* IFRS 2008 Interpretation and Application of International Financial Reporting Standards, New Jersey 2008; *Füllbier/Honold/Klar* Bilanzierung immaterieller Vermögenswerte, RiW 2000, 833; *Heide* Außerplanmäßige Abschreibung von Sachanlagen und immateriellen Vermögenswerten nach IAS 36 und nach § 6 Abs 1 EStG, DStR 2002, 645; *IDW* Stellungnahme HFA 1/1984, WPg 1984, 612; *IDW* Stellungnahme HFA 1/1986 Zur Bilanzierung von Zero-Bonds; *IDW* HFA 1/1994 Zur Behandlung von Genussrechten im Jahresabschluss von Kapitalgesellschaften; *IDW* PS 340: Die Prüfung des Risikofrüherkennungssystems nach § 317 Abs. 4 HGB, WPg 1999, 658; *IDW* S1: Grundsätze zur Durchführung von Unternehmensbewertungen (Stand: 2. April 2008), FN IDW 2008, 271; *Knorr/Ebbers* IASC – Individual Accounts, in: TRANSACC Transnational Accounting, Ordelheide/KPMG (Hrsg), Vol 2, 2. Aufl, Houndsmill et al. 2001, 1451; *Kümpel* Bilanzielle Behandlung von Wertminderungen bei Vermögenswerten nach IAS 36, BB 2002, 983; *Küting* Die Erfassung von erhaltenen und gewährten Zuwendungen im handelsrechtlichen Jahresabschluss (Teil I), DStR 1996, 276; *Küting/Harth* Herstellungskosten von Inventories und Self-Constructed Assets nach IAS und US-GAAP (Teil I und II), BB 1999, 2343, 2393; *Küting/Koch* Öffentliche Zuwendungen im Jahresabschluss nach IFRS, DB 2006, 569; *Küting/Koch* Neukonzeption der Bilanzierung von Zuwendungen der öffentlichen Hand – Die Vorschläge des IASB, DB 2006, 742; *Küting/Pilhofer/Kirchhof* Die Bilanzierung von Software aus Sicht des Herstellers nach US-GAAP und IAS, WPg 2002, 73; *Küting/Ranker* Umsetzung des Komponentenansatzes bei Immobilien in der IFRS-Bilanzierung, DB 2007, 753; *Küting/Zwirner* Bilanzierung und Bewertung bei Film- und Medienunternehmen des Neuen Marktes, FB 2001, Beilage 3; *Schellhorn/Weichert* Ansatz und Bewertung von Forschungs- und Entwicklungskosten nach IAS 38 im Vergleich zu IAS 9, DStR 2001, 86; *Schmidt/Seidel* Planmäßige Abschreibungen im Rahmen der Neubewertung des Sachanlagevermögens gemäß IAS 16: fehlende Systematik und Verstoß gegen das Kongruenzprinzip, BB 2006, 596; *Telkamp/Bruns* Wertminderungen von Vermögenswerten nach IAS 36: Erfahrungen aus der Praxis, FB 2000, Beilage 1/2000, 24; *Vater* Überarbeitung von IAS 23 „Fremdkapitalkosten"– Konvergenz um der Konvergenz willen?, WPg 2006, 1337; *Wehrheim* Die Bilanzierung immaterieller Vermögensgegenstände („Intangible Assets") nach IAS 38, DStR 2000, 86; *Wiechers* Bilanzierung des Sachanlagevermögens nach IAS 16, BBK 2006, 2158; *Wohlgemuth/Radde* Bewertungsmaßstab „Anschaffungskosten" nach HGB und IAS, WPg 2000, 903.

Wesentliche Rechtsgrundlagen: IAS 16, IAS 20, IAS 23, IAS 36, IAS 38, IFRIC 1, IFRIC 18

A. Grundlagen

I. Überblick über die Standards

Die Bilanzierung der **Sachanlagen** ist in folgenden IFRS geregelt: 1

(1) IAS 16 (Sachanlagen),
(2) IAS 20 (Bilanzierung und Darstellung von Zuwendungen der öffentlichen Hand),
(3) IAS 21 (Auswirkungen von Änderungen der Wechselkurse),
(4) IAS 23 (Fremdkapitalkosten),
(5) IAS 36 (Wertminderungen)

IAS 40 enthält für als Finanzinvestition gehaltene **Immobilien** ein Wahlrecht zur Bewertung dieser Immobilien zum beizulegenden Zeitwert (IAS 40.30 ff; s § 6 Rz 34 ff). Wird das Wahlrecht nicht ausgeübt, ist die Bewertung dieser Immobilien zu fortgeführten Anschaffungs- oder Herstellungskosten nach IAS 16 vorzunehmen (IAS 40.56 mit Verweis auf IAS 16).

Die in IAS 21 geregelten **Auswirkungen von Änderungen der Wechselkurse** betreffen ua Sachanlagen beim Erwerb in Fremdwährungen oder die Bilanzierung von Sachanlagen eines ausländischen Geschäftsbetriebs als Teil des berichtenden Unternehmens (IAS 21).

IAS 16 war Gegenstand des ***Annual Improvements* Projekts 2008** des IASB (s Rz 231.

II. Begriff

2 Die „**Sachanlagen** umfassen **materielle Vermögenswerte,**
(a) die ein Unternehmen für Zwecke der Herstellung oder der Lieferung von Gütern und Dienstleistungen, zur Vermietung an Dritte oder für Verwaltungszwecke besitzt; und die
(b) erwartungsgemäß länger als eine Periode genutzt werden" (IAS 16.6).

3 Zu den **Sachanlagen** gehören insbes (IAS 16.37):
(1) unbebaute Grundstücke,
(2) Grundstücke und Gebäude,
(3) Maschinen und technische Anlagen,
(4) Schiffe,
(5) Flugzeuge,
(6) Kraftfahrzeuge,
(7) Betriebsausstattung und
(8) Geschäftsausstattung.

In **Einzelfällen** kann nach der Eigenart des Vermögenswerts und des Geschäftsgegenstands des Unternehmens ein Ausweis im Sachanlagevermögen auch bei einer kürzeren Nutzungsdauer denkbar sein (*Ballwieser* in Baetge ua IFRS-Komm[2] IAS 16 Rz 10 im Ergebnis gleich, jedoch mit anderer Begründung). Scheidet eine Erfassung im Sachanlagevermögen aus, ist ein gesonderter Posten innerhalb der sonstigen Vermögenswerte zu bilden (zur Bilanzierung von zur Veräußerung vorgesehenen Sachanlagen s Rz 142f).

4 Ein separater Ausweis von **Anlagen im Bau** oder von **Anzahlungen für Sachanlagen** ist in IAS 16 nicht explizit vorgesehen. Eine Erfassung derartiger Ausgaben erfolgt regelmäßig unter den entspr Gruppen von Sachanlagen, für die Vorauszahlungen geleistet werden (analog IAS 38.70; s Rz 218). Ein Ausweis als sonstiger Vermögenswert ist in der Praxis ebenfalls anzutreffen.

III. Anwendungsbereich

5 IAS 16 regelt **Ansatz, Bewertung, Ausweis und Anhangangaben für Sachanlagen.** Dabei werden **biologische Vermögenswerte** in Zusammenhang mit land- oder forstwirtschaftlicher Tätigkeit nicht erfasst (IAS 16.3 (b)), da IAS 41 besondere Regeln für landwirtschaftliche Unternehmen enthält (s § 41). Auch **Waldbestände** sind als biologische Vermögenswerte entspr IAS 41.6 zu erfassen. Aus dem Anwendungsbereich des IAS 16 ist die Bilanzierung von **Abbau- und Schürfrechten (Gewinnungsrechten) und Rohstoffvorkommen** wie Öl, Gas und ähnlichen nichtregenerativen Ressourcen ausgenommen (IAS 16.3(c)). Für ähnliche nichtregenerative Ressourcen wie zB für Braun- und Steinkohle-, Kies- sowie Tonvorkommen ist damit IFRS 6 anzuwenden (s § 42). Sachanlagen, die für landwirtschaftliche Tätigkeiten oder Aktivitäten in Zusammenhang mit Gewinnungsrechten und Rohstoffvorkommen verwendet werden und von biologischen Vermögenswerten oder Gewinnungsrechten und Rohstoffvorkommen getrennt werden können, sind nach IAS 16 zu bilanzieren (IAS 16.3; dazu gehören zB Grundstücke und Sachanlagen, die zur Herstellung, Aufzucht, zum Anbau, zur Pflege von lebenden Tieren und Pflanzen sowie Sachanlagen, die zur Erkundung, Messung, Bewertung, Freilegung, Förderung, zum Abbau, Transport von Rohstoffvorkommen und zur Verwaltung in solchen Unternehmen dienen).

6 Bei **Immobilien** erfolgt innerhalb der Sachanlagen eine Unterscheidung in Immobilien, die für eigene Zwecke des Unternehmens gehalten werden und in

Immobilien, die als Finanzinvestition einzuordnen sind (IAS 40.5ff) und nach IAS 40 bilanziert werden. Danach ist eine Immobilie als Finanzinvestition zu qualifizieren, wenn die Immobilie „zur Erzielung von Mieteinnahmen und/oder zum Zwecke der Wertsteigerung gehalten" wird (IAS 40.5; zur Abgrenzung s § 6 Rz 8ff; zur Abgrenzung zum Vorratsvermögen s § 8 Rz 6). Nebenleistungen, die üblicherweise im Rahmen der Immobilienvermietung erbracht werden und insgesamt einen unbedeutenden Bestandteil der Nutzungsvereinbarung darstellen, führen nicht zu einer abweichenden Qualifizierung (IAS 40.11). Nebenleistungen von erheblicher Bedeutung, zB bei kurzfristiger Vermietung im Rahmen eines Hotelbetriebs durch den Eigentümer der Immobilie, führen zu einer Bilanzierung nach IAS 16 (IAS 40.10). Ausdrücklich vom Anwendungsbereich des IAS 40 ausgenommen sind an Arbeitnehmer des Unternehmens vermietete Immobilien. Dabei spielt es keine Rolle, ob der Mietzins marktüblich ist (IAS 40.9(c)). Bei gemischter Nutzung einer Immobilie ist ggf eine Aufteilung möglich (IAS 40.10; Rz 15).

Immobilien, die **nach Fertigstellung** oder Entwicklung als Finanzinvestition gehalten werden sollen, sind für Geschäftsjahre, die vor dem 1. Januar 2009 beginnen, gem IAS 40.9(d) bis zur Fertigstellung nach IAS 16 zu erfassen. Nach der für Geschäftsjahre, die am oder nach dem 1. Januar 2009 beginnen, geltenden Fassung des IAS 40.8(e) können Immobilien, die sich in der Bau-/Entwicklungsphase befinden als Finanzinvestition klassifiziert werden (s § 6 Rz 9f). Demgegenüber sind vorhandene Immobilien, die als Finanzinvestition gehalten werden und sich in der Sanierung befinden, nach IAS 40 zu bilanzieren. 7

Immobilien, die nach der Nutzung im Leistungsprozess des Unternehmens **kurzfristig veräußert** werden sollen, sind nach IAS 16 und IFRS 5 zu bilanzieren (s Rz 142f).

Nicht nach IAS 16, sondern nach IFRS 3 werden Sachanlagen bei der Erstérfassung bilanziert, die im Rahmen von **Unternehmenszusammenschlüssen** erworben wurden (s § 34 Rz 99ff).

In IAS 17 sind im Rahmen von **Leasingverhältnissen,** die nach IAS 17.20ff als Finanzierungs-Leasingverhältnisse zu qualifizieren sind, für den Leasingnehmer besondere Regeln für die Erstbewertung von Sachanlagen enthalten (s § 22 Rz 130). 8

einstweilen frei 9, 10

B. Ansatz von Sachanlagen

I. Ansatzkriterien

Die beiden **Ansatzkriterien** des IAS 16.7 sind kumulativ zu erfüllen. Danach ist eine Sachanlage als „Vermögenswert anzusetzen, wenn und nur wenn 11

(1) es wahrscheinlich ist, dass ein mit ihm verbundener künftiger wirtschaftlicher Nutzen dem Unternehmen zufließen wird, und

(2) seine Anschaffungs- oder Herstellungskosten oder bei Fortführung des Neubewertungsbetrags der beizulegende Zeitwert verlässlich ermittelt werden können" (IAS 16.7; zum Vermögenswertbegriff s § 2 Rz 72ff).

Grundvoraussetzung dafür, dass der künftige wirtschaftliche Nutzen zufließen kann, ist, dass ein Übergang auf das bilanzierende Unternehmen stattgefunden hat. Es ist eine **Gesamtbetrachtung** vorzunehmen, die den Übergang des wirtschaftlichen Eigentums an der Sachanlage (zB Rücktrittsmöglichkeiten und sonstige Vertragsbedingungen) und die Faktoren im Unternehmensumfeld 12

(Nutzbarkeit, Amortisation der Sachanlage im Unternehmen) berücksichtigt. Vor dem Übergang der Chancen und Risiken der Sachanlage auf das Unternehmen ist der erforderliche Grad an Sicherheit über den zukünftigen Nutzenzufluss regelmäßig nicht gegeben. Das rechtliche Eigentum an der Sachanlage tritt hinter das der Bilanzierung zugrunde zu legende wirtschaftliche Eigentum zurück (IAS 17.5 bei Leasingverhältnissen). Der Grad der Wahrscheinlichkeit, mit der ein künftiger Nutzen für den Vermögenswert zufließen muss, um das Ansatzkriterium zu erfüllen, wird weder in den IFRS noch im Framework angegeben. Die Quantität für den Wahrscheinlichkeitsbegriff in IAS 37.23 für den Ansatz einer Schuld – es spricht mehr dafür als dagegen – entfaltet keine standardübergreifende Wirkung und ist insbes nicht auf Vermögenswerte zu übertragen. In der Literatur wird teilweise eine Wahrscheinlichkeit von 70 bis 80% gefordert, mit der ein künftiger wirtschaftlicher Nutzen erwartet werden muss, um einen Vermögenswert anzusetzen (*Knorr/Ebbers*[2], 1479; *Ballwieser* in Baetge ua IFRS-Komm[2] IAS 16 Rz 14). Es handelt sich um eine Ansatztechnik, die dem Unsicherheitsgrad zukünftiger Ereignisse Rechnung tragen soll. Es wird dabei nicht auf die Höhe der zukünftigen Nutzenzuflüsse abgestellt. So kann zB die Aktivierung einer Fehlinvestition im Erwerbsjahr an diesem Ansatzkriterium scheitern, wenn keine Zuflüsse aus der angeschafften Sachanlage zu erwarten sind. Das Ansatzkriterium ist beim erstmaligen Ansatz zu erfüllen (IAS 16.9).

IFRIC 18 – *Transfer of Assets from Customers* – enthält Erläuterungen zur Beurteilung der Ansatzkriterien für Sachanlagen, die von Kunden, vor allem von **Versorgungsunternehmen**, bereitgestellt werden. Nach IFRIC 18.9 sind die Ansatzkriterien erfüllt, wenn das Versorgungsunternehmen über die wirtschaftliche Kontrolle, zB über die auf Kosten der Kunden installierten Leitungs-, Anschluss- oder Zählereinrichtungen, verfügt. Es reicht danach aus, dass das Versorgungsunternehmen in Erfüllung des Servicevertrags über den Betrieb, die Instandhaltung sowie den Austausch der Sachanlage entscheidet. Die rechtliche Eigentümerstellung ist für den Ansatz bei dem Unternehmen nicht erforderlich (IFRIC 18.10). IFRIC 18 ist ebenfalls anzuwenden, wenn im Rahmen von **Outsourcing-Verträgen** (zB IT-Rechenzentrumsdienstleistungen) Sachanlagen an das Serviceunternehmen übertragen werden. Auch wenn das rechtliche Eigentum nicht übertragen wird, erfolgt ein Ansatz, wenn dem Serviceunternehmen die wirtschaftliche Verfügungsmacht zusteht (zur Bilanzierung der Zuwendung s § 15 Rz 43).

13 Das zweite allgemeine Ansatzkriterium – eine **zuverlässige Ermittlung** der Anschaffungs- oder Herstellungskosten oder des beizulegenden Zeitwerts bei Neubewertung – ist regelmäßig technischer Natur. Die Ermittlung von Anschaffungs- oder Herstellungskosten ist aus dem Preis bzw aus dem internen Rechnungswesen ableitbar. Diese werden als historische Kosten fortgeschrieben.

14 Soweit bei **Folgebewertungen** einer Sachanlage eine **Neubewertung** nach IAS 16.31 vorgenommen wird, ist die zuverlässige Ermittlung des beizulegenden Zeitwerts der Sachanlage **Anwendungsvoraussetzung**. Damit ist jedoch keine – über die Anforderungen des IAS 16.34 hinausgehende, etwa jährliche – Neubewertung der Sachanlagen verbunden. Vielmehr soll sichergestellt werden, ob die grds Bewertungsbasis – Marktwert – zu den einzelnen Bilanzstichtagen noch vorhanden ist oder sich daraus Hinweise auf Wertminderungen ergeben (s Rz 154ff). Ist eine zuverlässige Ermittlung des beizulegenden Zeitwerts nicht möglich, können Neubewertungen nicht oder nicht länger vorgenommen werden (IAS 38.81f). Dies dürfte jedoch nur begrenzte Anwendungsfälle betreffen, da zumindest die Wiederbeschaffungskosten einer Sachanlage regelmäßig ermittelbar sind. Analog IAS 38.82 wird es für diese Fälle als zulässig angesehen werden können, den letzten Neubewertungsbetrag fortzuführen (zu Hinweisen auf Wertminderungen s Rz 154ff).

II. Komponentenansatz

Eine **Aufteilung eines Vermögenswerts** in seine Komponenten (Bestandteile) ist vorgeschrieben, wenn 15
(1) der Vermögenswert aus Komponenten mit unterschiedlichen Nutzungsdauern besteht, die regelmäßig und ggf mehrmals während der Gesamtnutzungsdauer eines Vermögenswerts ausgetauscht werden und
(2) jede Komponente einen signifikanten Teil der Anschaffungs- oder Herstellungskosten ausmacht.

Der **Anwendungsbereich** liegt bei **Großanlagen**, die bei regelmäßigem Austausch oder Erneuerung von wesentlichen – eigenständigen – Komponenten längere Nutzungsdauern aufweisen oder bei unterschiedlich genutzten Gebäudeteilen (für Gebäudebestandteile im Ergebnis keine wesentliche Abweichung zur HGB Bilanzierung s *Hoyos/Schramm/M. Ring* in BeBiKo[6] § 253 HGB Rz 334 ff, 351 ff und als Finanzinstrumente gehaltene Immobilien Rz 6). Eine Einzelverwertbarkeit ist nicht gefordert. In der Literatur wird als erforderliche Signifikanz für den Ansatz einer Komponente mindestens 5 bis 10% von den Anschaffungs- oder Herstellungskosten des Vermögenswerts oder der Abschreibungsdifferenz genannt (*Küting/Ranker* DB 2007, 753). Mit Blick auf das Regelungsziel – sachgerechte Verteilung des Abschreibungsaufwands – ist zu fordern, dass sich die Nutzungsdauern der Komponenten so unterscheiden, dass sich materielle Auswirkungen auf die Ertragslage ergeben. Insoweit kann eine Zusammenfassung von Komponenten sachgerecht sein, die zwar jeweils einen wesentlichen Anteil an den Anschaffungs- oder Herstellungskosten des Vermögenswerts ausmachen, aber nur geringe Abweichungen der Nutzungsdauern oder des Abschreibungsverlaufs aufweisen (IAS 16.45). IAS 16.47 sieht für Komponenten mit nicht signifikanten Anteilen an den Anschaffungskosten ein Wahlrecht zur Anwendung des Komponentenansatzes vor.

Der **Komponentenansatz** ist auch anzuwenden auf die Kosten für **Generalüberholungen oder Großinspektionen.** Soweit solche Kosten nicht einzeln im Buchwert ausgewiesen werden, kann die Komponente mit den zu erwartenden Kosten für Generalüberholungen oder Großinspektionen bewertet werden (IAS 16.13). Das gilt nicht für normale Reparatur- und Serviceausgaben (IAS 16.12, IAS 16.14). Der Austausch von **Komponenten** oder die Durchführung einer Großreparatur führen zum Abgang des Restbuchwerts der verbrauchten Komponente und zur Aktivierung der Kosten für den Komponentenersatz oder der Großreparatur, vorausgesetzt die allgemeinen Ansatzbedingungen des IAS 16.7 sind erfüllt (s Rz 11ff). Der Buchwert des Abgangs der Komponente kann hilfsweise auf der Basis des fortgeschriebenen Werts der Kosten für den Komponentenaustausch ermittelt werden. 16

Beispiel: Die Chemie AG betreibt eine neu in 20X0 errichtete Polymerisationsanlage. Die Anschaffung hat Mio € 16 gekostet und die Nutzungsdauer wird mit 20 Jahren geschätzt. In einem zweijährigen Turnus ist die Anlage stillzulegen und eine Großinspektion durchzuführen. Die Kosten für diese Großinspektionen werden auf T€ 400 geschätzt. Daneben wird erwartet, dass der Anlagenteil Extruder nach 10 Jahren ausgetauscht werden muss. Die anteiligen Anschaffungskosten dafür betragen Mio € 2. Nach Errichtung der Anlage aktiviert die Chemie AG folgende Sachanlagen:

Polymerisationsanlage Mio € 13,6	Nutzungsdauer 20 Jahre
Komponente Extruder Mio € 2,0	Nutzungsdauer 10 Jahre
Komponente Großinspektion Mio € 0,4	Nutzungsdauer 2 Jahre

Der Wert der Großinspektion erscheint verhältnismäßig gering. Jedes zweite Geschäftsjahr der Chemie AG ist allerdings neben den Kosten der Großinspektion auch mit den Opportunitätskosten des Anlagestillstands von drei Wochen belastet. Vor diesem Hintergrund führt der Komponentenansatz auch für die Inspektionskosten zu einer besseren Darstellung der Ertragslage.

17 Bei der **Bilanzierung von Gebäuden** nach IAS 16 sind neben dem Dach und dem Mauerwerk auch die Fassade, Fenster, Heizung/Lüftung/Klima, Elektrotechnik sowie der Innenausbau (oder Teile) zu untersuchen, ob abweichende Nutzungsdauern und wiederholte Erneuerung über die Gesamtnutzungsdauer des Gebäudes vorliegen (IAS 16.13). Sollten die Aufteilung bzw die Schätzung mit **erheblichen Unsicherheiten** zB bei Erwerb eines gebrauchten Gebäudes verbunden sein, so wird in der Literatur auch die Auffassung vertreten, dass entweder zwei Komponenten (Bauwerk und Technik) oder eine Substanz- und eine Erneuerungskomponente die Anforderungen des IAS 16 erfüllen können. Wesentlich ist, dass bei Erneuerung einer Komponente (zB eines Dachs) die ursprünglich fortgeführten Anschaffungskosten für diese Komponente entspr ermittelt und ausgebucht werden (*Wiechers* BBK 2006, 2158 ff).

Soweit bei **vermieteten Objekten** die Bilanzierung nach IAS 16 gewählt wird, können Komponenten für den Innenausbau zu bilden sein, wenn davon ausgegangen wird, das entspr Raumaufteilungen und Innenausstattungen auf Mieterwunsch eingebaut wurden und bei Anschlussvermietung nicht mehr verwendbar und zu erneuern sind.

III. Zusammenfassungen von Vermögenswerten

18 Unter Berücksichtigung der Eigenart einzelner Sachanlagen oder Gruppen von Sachanlagen und des Geschäftsbetriebs des Unternehmens ist eine **Zusammenfassung von einzelnen unbedeutenden Vermögenswerten** und die Anwendung der Bilanzierungsregeln auf den zusammengefassten Wert sachgerecht. Exemplarisch nennt IAS 16.9 Press- und Gussformen sowie Werkzeuge. Auf eine selbstständige Nutzbarkeit der einzelnen Vermögenswerte oder die Fähigkeit, zukünftige Nutzenzuflüsse für den zusammengefassten Wert zu ermitteln, kommt es nicht an. Es handelt sich um eine Vereinfachungsregelung, orientiert an der Zielsetzung des Abschlusses, entscheidungsrelevante Informationen zu liefern. Eine **Wertgrenze** ist explizit – vergleichbar zu den Regelungen über geringwertige Wirtschaftsgüter in § 6 Abs 2 EStG nF und aF/R 44 Abs 2 EStR – **nicht** gegeben und ist daher anhand der Wertverhältnisse im Sachanlagevermögen unter Berücksichtigung der Vermögensstruktur und des Geschäftsbetriebs des einzelnen Unternehmens zu ermitteln (s Rz 122). Die Vereinfachungsregelung ist damit grds mit der **Gruppenbildung** nach § 240 Abs 4 HGB vergleichbar. Das HGB setzt jedoch für Sachanlagen eine Gleichartigkeit oder annähernde Gleichwertigkeit der einbezogenen Vermögensgegenstände voraus und ist nicht auf Vermögensgegenstände von untergeordneter Bedeutung beschränkt. Nach HGB gebildete Gruppen für einzelne unbedeutende Vermögenswerte können in einen IFRS-Abschluss übernommen werden.

19 **Festwertansätze** für Vermögenswerte von untergeordneter Bedeutung entspr § 240 Abs 3 HGB sind in den IFRS **nicht** explizit vorgesehen. Eine Übernahme der HGB-Festwertansätze ist aufgrund des Rahmenkonzepts F. 24 ff und von IAS 1.24 ff aus Wesentlichkeits- oder Kosten-/Nutzenüberlegungen grds zulässig (*Ballwieser* in Baetge ua IFRS-Komm[2] IAS 16 Rz 66).

20 Für **Ersatzteile und Wartungsgeräte,** deren Nutzung an eine bestimmte Sachanlage gebunden ist, ist eine Aktivierung als Sachanlage vorzunehmen (IAS 16.8). Dabei kommt eine längere Nutzungsdauer als die Nutzungsdauer des verbundenen Vermögenswerts **nicht** in Betracht. Für Bereitschaftsausrüstungen

und auch für ungenutzte Ersatzteile sind planmäßige Abschreibungen zu verrechnen.

Sachanlagen, die nicht unmittelbar für den Leistungsprozess des Unternehmens erforderlich sind, aber zB aus **Sicherheits- oder Umweltschutzgründen** erworben werden, sind als Vermögenswerte anzusetzen, auch wenn aus diesen Vermögenswerten kein eigenständiger künftiger wirtschaftlicher Nutzen zufließt. Der Ansatz begründet sich aus dem Erfordernis solcher Investitionen zum Weiterbetrieb vorhandener Anlagen. Der Ansatz dieser Sachanlagen hat jedoch nur zu erfolgen, soweit deren Buchwert durch den erzielbaren Betrag der produktiven Sachanlage gedeckt ist (IAS 16.11). 21

C. Bewertung von Sachanlagen bei erstmaligem Ansatz

Der **Ermittlung der Anschaffungs- oder Herstellungskosten bei erstmaligem Ansatz** einer Sachanlage liegt grds das Prinzip der Maßgeblichkeit der Gegenleistung zugrunde (IAS 16.15). Nach IAS 16 ist die Ermittlung der Anschaffungskosten für Sachanlagen zu differenzieren nach der Art des Erwerbs in Kauf, Herstellung und Tausch. Für die Bilanzierung von Sachanlagen bei Finanzierungs-Leasingverhältnissen sind in IAS 17 spezielle Regelungen für die Bestimmung der Anschaffungskosten getroffen. Anschaffungskosten der einzelnen Vermögenswerte bei **Unternehmenserwerben** bestimmen sich grds nach den beizulegenden Zeitwerten (IFRS 3.18 (2008)/IFRS 3.36 (2004); zu Anpassungen der Gegenleistung oder Änderung der Anschaffungskosten bei Unternehmenserwerben s § 34 Rz 93 ff und Rz 211 ff; zu Anpassungen der Anschaffungskosten bei erworbenen Sachanlagen, bei denen der Erwerber in die Stellung des Leasinggebers eintritt (IAS 16.44 (geändert 2008) s § 22 Rz 104). 22

I. Bestandteile der Anschaffungs- oder Herstellungskosten

Die **Anschaffungs- oder Herstellungskosten umfassen:** 23

(1) Kaufpreis oder Herstellungskosten,

(2) die Anschaffungsnebenkosten:
   (a) wie Einfuhrzölle und nicht erstattungsfähige Erwerbsteuern (zB nicht abzugsfähige Vorsteuer),
   (b) alle direkt zurechenbaren Kosten für Transport, Standortvorbereitung und sonstige Kosten, die zur Versetzung der Sachanlage in einen betriebsbereiten Zustand nach der vom Management beabsichtigten Nutzung notwendig sind, einschließlich der Kosten für Funktionstests,
   (c) die Anschaffungsnebenkosten sind zu kürzen um Nettoerlöse, die aus dem Verkauf von Gütern stammen, die in Zusammenhang mit dem Transport, der Standortvorbereitung, Montage oder dem Funktionstest der Sachanlage anfallen,

(3) Abzug von Anschaffungspreisminderungen wie Rabatte, Skonti und Boni,

(4) Fremdkapitalkosten nach IAS 23,

(5) Kosten für den Abbruch, den Abbau und die Beseitigung der Sachanlage von ihrem Standort und für die Wiederherstellung des Standorts.

Bei der **Herstellung** treten an die Stelle des Anschaffungspreises die Herstellungskosten der Sachanlage. Dabei ist mangels besonderer Definition in IAS 16.22 und aufgrund des Verweises auf IAS 2 auf die Definition der Herstellungskosten nach IAS 2 zurückzugreifen (s § 8 Rz 31 ff). Der Verweis erfolgt jedoch explizit nur für den Fall, dass vergleichbare Vermögenswerte auch für den 24

Verkauf im normalen Geschäftsgang hergestellt werden. Es ist jedoch nicht erkennbar, dass selbsterstellte Sachanlagen anders behandelt werden sollen, zumal insbes für typische Vorfälle bei – einmaliger/nicht regelmäßiger – Eigenherstellung von Sachanlagen ergänzende Regelungen (Ausschluss von Kosten für ungewöhnliche Ausschussmengen, erhöhte Inanspruchnahme von Arbeitsaufwand und anderen Produktionsfaktoren) in IAS 16.22 getroffen sind. Danach sind neben den Einzel- und Sondereinzelkosten der Fertigung auch variable und fixe Material- und Fertigungsgemeinkosten (Produktionsgemeinkosten) in die Herstellungskosten einzubeziehen (zu den Anforderungen an die angemessene und systematische Verteilung von Gemeinkosten s § 8 Rz 36ff). Eine Aktivierung nicht produktionsbezogener Gemeinkosten, wie zB allgemeinen Management- und Verwaltungskosten, ist unzulässig (IAS 16.19(d)).

Bei der Ermittlung und Hinzurechnung der Produktionsgemeinkosten ist auf die **Normalauslastung** der Produktionskapazitäten abzustellen. Leerkosten sind zu eliminieren, da diese Kosten nicht in Zusammenhang mit der Herstellung anfallen (IAS 16.19f; *Küting/Harth* BB 1999, 2345).

1. Anschaffungspreis

25 Der Anschaffungspreis ist nach den **entrichteten Zahlungsmitteln bzw Zahlungsmitteläquivalenten** zu bestimmen. Wenn bei der Zahlung des Kaufpreises übliche Zahlungsfristen überschritten werden, sind die Anschaffungskosten nach dem **Barpreisäquivalent** zu bestimmen (IAS 16.23; auch bei Erwerb auf Rentenbasis). Übliche Zahlungsfristen sind nach der tatsächlichen Branchenübung des jeweiligen Lieferanten zu bestimmen (*Wohlgemuth/Radde* WPg 2000, 907). Für Sachanlagen, die dem Begriff eines qualifizierten Vermögenswerts nach IAS 23.5 entsprechen (zB Fabrikationsanlagen, Energieversorgungseinrichtungen; Voraussetzung: bestimmte Zeit von Beginn der Investition bis Betriebsbereitschaft), kommt eine Abzinsung nur für Zeiträume nach Herstellung der Betriebsbereitschaft bis zur Fälligkeit der Verbindlichkeit in Betracht. Die Nichtabzinsung im Anschaffungs- oder Herstellungszeitraum führt zur Aktivierung der Fremdkapitalkosten (IAS 23.8). Für Berichtsperioden, die vor dem 1. Januar 2009 begannen, war eine Abzinsung im Rahmen der Wahlrechtsausübung möglich (IAS 23.8 (1993)).

26 Für die Ermittlung der **Anschaffungskosten in Fremdwährung** und bei Erwerb von Sachanlagen durch ausländische Teileinheiten eines Unternehmens und Umrechnung dieses Postens von der funktionalen Währung der Teileinheit in die Darstellungswährung des Abschlusses ist der Kassakurs am Transaktionstag zugrunde zu legen (IAS 21.21; s § 2 Rz 128). Unter Wesentlichkeitsgesichtspunkten und praktischen Erwägungen sind Durchschnittskurse der Erwerbsperiode anwendbar (IAS 21.22; § 2 Rz 128). Die Bilanzierung von Kurssicherungsgeschäften bei Anschaffungsvorgängen ist nach IAS 39 zu beurteilen (IAS 21.27; s § 23 Rz 46ff).

27 Nachträgliche **Anschaffungspreisänderungen** beeinflussen grds die Anschaffungskosten. Auf den Zeitraum zwischen Ersterfassung und Änderung kommt es nicht an, solange der Vermögenswert noch in der Bilanz erfasst ist. Basieren Anschaffungspreisänderungen auf Fehlern vergangener Perioden (unzulässiger Vorsteuerabzug, nicht vollständige Aktivierung), so ist eine Korrektur nach den Grundsätzen über die Berücksichtigung von Fehlern in der Rechnungslegung vorzunehmen (IAS 8.41; § 45 Rz 45ff; zu Anschaffungspreisänderungen aus Vorsteuerberichtigungen nach § 15(a) UStG s Rz 34). Ergeben sich Anschaffungspreisänderungen aufgrund vertraglicher Bedingungen, so ist eine

Änderung im Zeitpunkt des Bedingungseintritts zu erfassen, soweit die Vermögenswerte noch in der Bilanz erfasst sind.

Werden mehrere Vermögenswerte erworben (zB Grundstücke und Gebäude) und ist ein **unaufgeteilter Kaufpreis** vereinbart, so bestimmen sich die Anschaffungskosten der getrennt zu erfassenden Vermögenswerte nach dem Verhältnis der beizulegenden Zeitwerte (*Ellrott/Brendt* in BeBiKo[6] § 255 HGB Rz 80ff). Das gilt analog für die Aufteilung eines Gesamtkaufpreises oder von Gesamtherstellungskosten auf identifizierte Komponenten. **28**

Eine Regelungslücke in den IFRS bildet der **unentgeltliche Erwerb** von Vermögenswerten (zB durch Schenkung, Erbschaft, Gesellschafterzuwendung). Dies betrifft sowohl die Frage nach der Bewertung des erhaltenen Vermögenswerts mit einem Merkposten oder seinem beizulegenden Wert als auch die Frage nach der Erfassung der Vermögensmehrung im Ertrag oder dem Eigenkapital. Analog zu den Regelungen über den Erwerb durch Tausch (IAS 16.24) wird eine Erfassung von unentgeltlich erworbenen Vermögenswerten zum beizulegenden Zeitwert im Erwerbszeitpunkt für sachgerecht gehalten (F. 53ff; *Ballwieser* in Baetge ua IFRS-Komm[2] IAS 16 Rz 59, insbes für Sacheinlagen). Problematisch ist jedoch, dass sowohl beim Tausch als auch bei entgeltlichem Erwerb grds auf den beizulegenden Wert der Gegenleistung, auf marktübliche Transaktionen bzw die wirtschaftliche Substanz des Tauschgeschäfts abgestellt wird, an denen es für den Fall des unentgeltlichen Erwerbs mangelt. Eine direkte Anwendung der Regelung über den Erwerb durch Zuwendung (IAS 38.44; IAS 20.23) scheidet nach dem Anwendungsbereich des IAS 20 aus. Eine Erfassung von unentgeltlich übertragenen Vermögenswerten zum beizulegenden Zeitwert ist in Analogie zum Erwerb durch Zuwendung zulässig, solange die IFRS keine explizite Regelung treffen. Aufgrund der Regelungslücke wird auch eine Erfassung mit einem Merkposten für zulässig gehalten (*ADS*[1] Abschn 9 Rz 71). Nach IAS 1.109 ist davon auszugehen, dass Zuwendungen, die im Gesellschaftsverhältnis begründet sind, bei der Erfassung zum beizulegenden Zeitwert direkt im Eigenkapital zu erfassen sind (s § 12 Rz 59). Für von Kunden übereignete Sachanlagen, vor allem bei **Versorgungsunternehmen,** ist in IFRIC 18 geregelt, dass die Anschaffungskosten entspr IAS 16.24 mit dem beizulegenden Zeitwert – hier abgeleitet von den vom Kunden aufgewendeten Kosten – bei der erstmaligen Erfassung zu ermitteln sind (s Rz 12). Für alle übrigen unentgeltlichen Erwerbe, die zum beizulegenden Zeitwert erfasst werden, ist eine ertragswirksame Erfassung vorzunehmen (*ADS*[1] Abschn 9 Rz 71). **29**

2. Anschaffungsnebenkosten

Das Kriterium für die Einbeziehung von Kosten bei erstmaligem Ansatz ist die sachlich **direkte Zurechenbarkeit** zum Anschaffungs- oder Herstellungsvorgang der Sachanlage. Beispiele in IAS 16.17 für **direkt zurechenbare Kosten** in Zusammenhang mit der Anschaffung oder Herstellung einer Sachanlage sind: **30**

(1) Kosten für Leistungen an Arbeitnehmer, die direkt durch den Bau oder Erwerb einer Sachanlage verursacht werden;
(2) Standortvorbereitungskosten;
(3) Kosten der erstmaligen Lieferung und Verbringung;
(4) Installations-, Einbau-, Montage- und Testkosten, und
(5) Honorare.

Beispiele für **nicht einzubeziehende Kosten** sind: **31**

(1) Kosten der Eröffnung für neue Verkaufs-, Produktions- oder Lagereinrichtungen,

(2) Einführungskosten für neue Produkte und Dienstleistungen einschließlich Kosten für Werbung und Verkaufsförderung,
(3) Kosten für Geschäftsaktivitäten in einer neuen Umgebung/Markt oder Kosten für Geschäftsaktivitäten mit einer neuen Klasse von Kunden einschließlich Kosten der dafür notwendigen Personalschulungsmaßnahmen,
(4) Kosten der Entscheidungsvorbereitung,
(5) Verwaltungs- und andere allgemeine – nicht produktionsbezogene – Gemeinkosten (IAS 16.19).

32 Bei der Einbeziehung von **„innerbetrieblichen" Anschaffungsnebenkosten** ist analog der Herstellung auf IAS 2 zurückzugreifen (s Rz 24).

Hinsichtlich der **zeitlichen Abgrenzung** ist für die Zurechnung der Anschaffungsnebenkosten der Bezug auf den konkreten Anschaffungs- oder Herstellungsvorgang erforderlich.

33 Kosten, die nach der **Erlangung der Betriebsbereitschaft** – in der vom Management beabsichtigten Weise – der Sachanlage anfallen, sind von einer Aktivierung ausgeschlossen (IAS 16.20).

Hierunter fallen zB:
(1) Kosten der Wiedereinsetzung (zu unterscheiden von Kosten, die zur Verbesserung der Leistungsfähigkeit der Sachanlage anfallen),
(2) Kosten der Unterauslastung,
(3) Anlaufverluste,
(4) Kosten der Verlegung oder Umorganisation von Geschäftsbereichen oder dem Geschäftsbetrieb.

34 Die Anwendung der Vereinfachungsregelung nach § 9b Abs 1 EStG zur Aufwandserfassung von **nicht abzugsfähigen Vorsteuerbeträgen** bis € 250 kann unter Wesentlichkeitsgesichtspunkten als zulässig angesehen werden (F. 29). Grds zählen nicht abzugsfähige Vorsteuerbeträge ebenso wie Grunderwerbsteuern zu den Anschaffungsnebenkosten (IAS 16.16).

Ob sich nachträgliche Änderungen der Anschaffungsnebenkosten aus **Vorsteuerberichtigungen** nach § 15a UStG ergeben, hängt vom Berichtigungsumfang ab. Eine betragsunabhängige Aufwands- oder Ertragserfassung ohne Berührung der Anschaffungskosten nach § 9b Abs 2 EStG kann nicht als sachgerecht angesehen werden. Es kommt vielmehr auf die Wertverhältnisse im Einzelfall und deren Auswirkungen auf die Darstellung der Vermögens- und Ertragslage des Unternehmens an.

35 **Nebenerlöse** und damit korrespondierende Kosten, die während oder in Vorbereitung der Entwicklung oder Errichtung von Sachanlagen anfallen, sind nicht Bestandteil der Anschaffungs- oder Herstellungskosten, da ein direkter Zusammenhang zur Herstellung eines betriebsbereiten Zustands nicht vorliegt (zB kurzfristige Vermietung oder Verpachtung eines Bauplatzes während der Planung und Vorbereitung eines Bauvorhabens). Sie sind als lfd Ertrag und Aufwand zu erfassen (IAS 16.21). IAS 16 enthält keine expliziten Regelungen zu derartigen Nebenerlösen. Zu unterscheiden sind jedoch Nettoerlöse, die in unmittelbarem Zusammenhang mit der Versetzung von Sachanlagen in die Betriebsbereitschaft erzielt werden (zB aus dem Verkauf von Produkten, die während des Anlagentests produziert werden; IAS 16.17(e)). Diese Erlöse sind von den Anschaffungs- oder Herstellungskosten zu kürzen.

3. Anschaffungspreisminderungen

36 Sämtliche **Rabatte, Skonti und Boni,** die für den Kaufpreis oder die Anschaffungsnebenkosten in Anspruch genommen worden sind oder die aufgrund vertraglicher Vereinbarungen wahrscheinlich vereinnahmt werden, sind von den

Anschaffungs- oder Herstellungskosten abzusetzen (IAS 16.16(a)). Nach dem zugrunde liegenden Prinzip der Erstbewertung nach der hingegebenen Gegenleistung sind sämtliche Formen von Kaufpreisminderungen zu kürzen, soweit diese in unmittelbarem Zusammenhang mit dem Anschaffungsvorgang stehen (zB Anschaffungskostenminderung wegen Schlechtlieferung). Abweichungen zur Erfassung von Anschaffungspreisminderungen nach HGB bestehen insoweit nicht (*Ellrott/Brendt* in BeBiKo[6] § 255 HGB Rz 61 ff).

4. Fremdkapitalkosten

Für die Anschaffung (IAS 16.23) und Herstellung (IAS 16.22) von Sachan- 37
lagen und immateriellen Vermögenswerten enthält IAS 23 Regelungen zur Erfassung von **Fremdkapitalkosten.** IAS 23 regelt die Erfassung sämtlicher Fremdkapitalkosten, nicht jedoch tatsächliche oder kalkulatorische Eigenkapitalkosten, die ggf mit Sachanlageinvestitionen in Zusammenhang stehen können. Der Anwendungsbereich des IAS 23 ist nicht auf Sachanlagen beschränkt, sondern stellt auf qualifizierte Vermögenswerte ab (s Rz 41). Die Kommentierung orientiert sich deshalb an Fremdkapitalkosten für langfristige Vermögenswerte und gilt gleichermaßen für Sachanlagen und immaterielle Vermögenswerte. Der Anwendungsschwerpunkt liegt jedoch im Bereich Sachanlagen und in der Auftragsfertigung (s § 9 Rz 43 ff).

IAS 23.8 führt eine **Aktivierungspflicht** von Fremdkapitalkosten für qualifi- 38
zierte Vermögenswerte ein. Für eine sachgerechte Ermittlung der zu aktivierenden Fremdkapitalkosten ist eine Erfassung der Anschaffungs- oder Herstellungszeiträume sowie eine zeitbezogene Erfassung von Projektein- und -auszahlungen notwendig (projektbezogener Liquiditätssaldo bei Anschaffung von qualifizierten Vermögenswerten zB Errichtung von Produktionsanlagen etc).

Für Berichtsperioden, die vor dem 1. Januar 2009 begannen, bestand ein Aktivierungswahlrecht. Nach der **Benchmark-Methode** war eine aufwandswirksame Erfassung von Fremdkapitalkosten in der Periode vorgesehen, in der der Fremdkapitalaufwand entstand (IAS 23.7 (1993)). Als **alternativ zulässige Methode** war eine Aktivierung von Fremdkapitalkosten für qualifizierte Vermögenswerte möglich. Das Bilanzierungswahlrecht musste dabei unternehmensweit auf alle qualifizierten Vermögenswerte angewandt werden. Eine selektive Wahlrechtsausübung – für Sachanlagen, immaterielle Vermögenswerte oder Vorräte verschieden – war nicht möglich (SIC-2, IAS 23.11 (1993); *Alexander/Archer* 2007 chap 11.08). Nach der **Übergangsvorschrift** in IAS 23.27 f ist bei Änderung der Bilanzierungsmethode eine Aktivierung von Fremdkapitalkosten für qualifizierte Vermögenswerte vorgeschrieben, bei denen erstmals nach dem Erstanwendungszeitpunkt (1. Januar 2009, wenn Geschäftsjahr gleich Kalenderjahr) die folgenden Kriterien kumulativ erfüllt werden (**prospektive Anwendung**):

(1) Ausgaben und Fremdkapitalkosten sind angefallen und
(2) mit der Herstellung oder der Versetzung des Vermögenswerts in den betriebsbereiten Zustand wurde begonnen.

Werden diese Kriterien bezogen auf den qualifizierten Vermögenswert (Einzelbewertungsgrundsatz) **vor** dem **Erstanwendungszeitpunkt** erfüllt, so können Fremdkapitalkosten für diesen Vermögenswert weiterhin – auch nach – dem Erstanwendungszeitpunkt als Aufwand erfasst werden. Nach IAS 23.8 besteht das Wahlrecht, einen früheren Erstanwendungszeitpunkt zu wählen, der dann für alle qualifizierten Vermögenswerte **einheitlich** gilt.

Eine Erfassung von **Eigenkapitalkosten** im Rahmen von Sachanlageinvesti- 39
tionen ist nach IFRS nicht zulässig (ausführlich *Schönbrunn* in Baetge ua IFRS-Komm[2] IAS 23 Rz 29 f; IAS 23.3).

40 Nach der Begriffsdefinition können **Fremdkapitalkosten** Folgendes umfassen:

(1) Zinsen für Kontokorrentkredite sowie kurz- und langfristige Kredite,
(2) Abschreibung von Disagien oder Agien auf Fremdkapital (zB Schuldverschreibungen, Fremdkapitalkostenanteil bei Wandelschuldverschreibungen),
(3) Abschreibung von Nebenkosten, die im Zusammenhang mit der Fremdkapitalaufnahme angefallen sind,
(4) Finanzierungskosten aus Finanzierungs-Leasingverhältnissen, die gem IAS 17 Leasingverhältnisse bilanziert werden und
(5) Währungsdifferenzen aus Fremdwährungskrediten, soweit sie als Zinskorrektur anzusehen sind (Zinsparität, IAS 23.6).

Es findet damit eine sehr weite Definition der **Fremdkapitalkosten** Anwendung, die auch Kosten der Fremdkapitalbeschaffung einbezieht (Vermittlungs-, Makler- und Ratingkosten bedingt durch Fremdkapitalaufnahme, Vorfälligkeitsentschädigungen, Bereitstellungsprovisionen). Daneben können auch „derivative Finanzierungskosten (Aufwendungen für Zinsswaps, Zinsoptionen, Caps und ähnliche Zinsderivate) in die Fremdkapitalkosten" (*Schönbrunn* in Baetge ua IFRS-Komm[2] IAS 23 Rz 5) grds mit einbezogen werden. Aufwendungen für Derivate, die zu Handelszwecken gehalten werden, sind nicht als Finanzierungskosten anzusehen.

41 Ein **qualifizierter Vermögenswert** liegt nach IAS 23.5 vor, wenn „... ein beträchtlicher Zeitraum erforderlich ist, um ihn in seinen beabsichtigten gebrauchs- oder verkaufsfähigen Zustand zu versetzen." Mit Bezug auf das Anlagevermögen nennen IAS 23.7 und IAS 23.17 ff als Beispiele Vorräte, Fabrikationsanlagen, Energieversorgungseinrichtungen, Immobilien, in der Erschließung befindliche Gewerbeparks und als Finanzinvestition gehaltene Immobilien; letztere bei entspr Wahlrechtsausübung (s § 6 Rz Rz 34). Bei Grundstücken liegt ein qualifizierter Vermögenswert nur bei Erschließung, Parzellierung zur Bauvorbereitung oder sonstiger Versetzung in einen nutzungsfähigen Zustand vor. Das reine Vorhalten von Grundstücken berechtigt ebenso wenig zu einer Aktivierung von Zinsen, wie Zeiträume nach Fertigstellung bis zum Einzug von Mietern oder bis zum eigenen Nutzungsbeginn (IAS 23.17, IAS 23.22, IAS 23.25). Soweit ein Vermögenswert zum Zeitpunkt des Erwerbs bereits den beabsichtigten gebrauchsfertigen Zustand aufweist, liegt kein qualifizierter Vermögenswert vor. Die Regelungen zum Aktivierungszeitraum in IAS 23.17 bis IAS 23.25 verdeutlichen, dass qualifizierte Vermögenswerte vorliegen, wenn die Herstellung, Errichtung oder die Versetzung in den betriebsbereiten Zustand einen beträchtlichen Zeitraum in Anspruch nimmt. Eine Eingrenzung des Zeitraums wird nicht gegeben. Ziel der Aktivierung von Fremdkapitalkosten ist die Gleichbehandlung von Investitionen über längere Zeiträume mit wesentlichem Vorfinanzierungsbedarf. Dabei soll kein Unterschied in der Höhe von aktivierungsfähigen Ausgaben entstehen, unabhängig davon, ob der Erwerber/Hersteller oder der Lieferant den Vorfinanzierungsaufwand übernimmt und dieser im Kaufpreis entspr kalkuliert ist (*Epstein/Jermakowicz* 2008, 329 f). In Anlehnung an SFAS 34 sind **qualifizierte Vermögenswerte** anzunehmen, wenn:

(1) Vermögenswerte für die Eigennutzung durch das Unternehmen errichtet werden oder Sicherheiten hinterlegt oder Fortschrittzahlungen geleistet werden,
(2) Einzelprojekte errichtet werden, mit der Absicht, diese zu vermieten oder zu verkaufen (*Epstein/Jermakowicz* 2008, 275).

42 Als **weitere Voraussetzung** muss eine **direkte Zuordnung der Fremdkapitalkosten** zum Erwerb, dem Bau oder der Herstellung des qualifizierten Vermögenswerts möglich sein (IAS 23.9). In der Definition der Fremdkapitalkosten

mit direkter Zuordnung in IAS 23.10 wird jedoch deutlich, dass ein kausaler mittelbarer Zusammenhang zwischen Investition in den Vermögenswert und Fremdkapitalinanspruchnahme ausreicht. Danach sind Fremdkapitalkosten, die direkt zugeordnet werden können, solche, „... die vermieden worden wären, wenn die Ausgaben für den qualifizierten Vermögenswert nicht getätigt worden wären“ (IAS 23.10). Aktivierungsfähige Fremdkapitalkosten liegen damit immer vor, wenn **Fremdkapital mit dem Verwendungszweck** der Anschaffung von qualifizierten Sachanlagen oder immateriellen Vermögenswerten aufgenommen wird. Eine direkte Zuordnung kann aber auch gegeben sein, wenn Fremdkapitalmittel im Rahmen einer **allgemeinen Unternehmensfinanzierung** aufgenommen werden oder vorhanden sind und diese Mittel für Investitionen in qualifizierte Vermögenswerte verwendet werden. Nach IAS 23.11, IAS 23.15 und IAS 23.18 sind Mittel, die im Rahmen von Konzernfinanzierungen TU zur Verfügung gestellt werden, mit eingeschlossen. Eine vertraglich vereinbarte Zweckbindung ist nicht erforderlich (*Vater* WPg 2006, 1337).

Daneben muss als allgemeine Aktivierungsvoraussetzung eine **verlässliche Ermittlung der Fremdkapitalkosten** möglich sein.

43 Die Ermittlung der **aktivierbaren Fremdkapitalkosten** unterscheidet sich nach der Art der Finanzierung des Vermögenswerts. Liegt eine **speziell zuordenbare Fremdkapitalaufnahme** für eine qualifizierte Sachanlageninvestition vor, so sind die tatsächlich in dieser Periode (bis zum Abschluss aller wesentlichen Arbeiten am qualifizierten Vermögenswert; s Rz 48) angefallenen Nettofremdkapitalkosten zu aktivieren (IAS 23.12). Zur Ermittlung der Nettofremdkapitalkosten sind etwaige Fremdkapitalerträge, die aus einer vorübergehenden Anlage der ausgereichten Finanzierungsmittel bis zu den jeweiligen Investitionsauszahlungen erzielt worden sind, von den aufgewendeten Fremdkapitalkosten abzusetzen (IAS 23.13).

44 Wenn die Investition in einen qualifizierten Vermögenswert durch eine **allgemeine Unternehmensfinanzierung** abgedeckt wird, sind die aktivierbaren Fremdkapitalkosten durch Anwendung eines gewogenen Durchschnittskostensatzes der allgemeinen Fremdkapitalaufnahmen des Unternehmens auf die geleisteten Investitionsauszahlungen zu ermitteln (IAS 23.14). Die Höhe der so ermittelten aktivierbaren Fremdkapitalkosten ist dabei auf die tatsächlich angefallenen Fremdkapitalkosten beschränkt. Ein zeitraumbezogener Vergleich beschränkt auf den Investitionszeitraum wird nicht gefordert. Die Ermittlung des **gewogenen Durchschnittskostensatzes** ist auf Basis aller allgemeinen Unternehmensfinanzierungen (uU unter Einbeziehung der Unternehmensfinanzierungen des MU (IAS 23.15)) vorzunehmen. Speziell aufgenommene Fremdmittel für die Finanzierung von qualifizierten Vermögenswerten dürfen nicht in die Durchschnittsberechnung eingehen (IAS 23.14). Etwaige allgemein erzielte Zinserträge sind nicht zu berücksichtigen (*Schönbrunn* in Baetge ua IFRS-Komm[2] IAS 23 Rz 24).

Eine Verwendung von **Konzernfinanzierungssätzen** ist nur möglich, wenn das zugrunde liegende Prinzip – Orientierung an der aufgewendeten Gegenleistung – für das berichtende Gesamtunternehmen beachtet wird.

45 Wird ein gewogener Fremdkapitalkostensatz auf die Investitionsauszahlungen angewandt, sind aus der Bemessungsgrundlage sämtliche mit der qualifizierten Sachanlageninvestition zusammenhängende **Einzahlungen,** wie **erhaltene Abschlagszahlungen** (regelmäßig nur im Bereich Vorräte) und Zuwendungen, auszuklammern (IAS 23.18). Neben den Zuwendungen der öffentlichen Hand sind zB **Mieterzuschüsse** bei Errichtung von Einkaufszentren von den Investitionsausgaben zu kürzen. Die Ausgaben für die qualifizierte Sachanlage können näherungsweise auf Basis des **durchschnittlichen Buchwerts** im betreffenden Zeitraum ermittelt werden (IAS 23.18).

Neben den sachlichen Grenzen der Aktivierung von Fremdkapitalkosten (Zuordenbarkeit Rz 42, Nettoauszahlungen Rz 43 und Aktivierungszeitraum Rz 46) ist die Aktivierung der Fremdkapitalkosten grds der Höhe nach auf den **erzielbaren Betrag** für den Vermögenswert beschränkt (IAS 23.16). Deshalb ist bei Fremdkapitalkostenaktivierungen auf qualifizierte Sachanlagen und immaterielle Vermögenswerte grds ein **Wertminderungstest** nach IAS 36 durchzuführen (s Rz 159f). Soweit die unter Einbeziehung der Fremdkapitalkosten ermittelten Anschaffungs- oder Herstellungskosten über dem erzielbaren Betrag der Sachanlage liegen, ist ein Wertminderungsaufwand für den Vermögenswert zu erfassen.

46 Der **Aktivierungszeitraum** beginnt, wenn
(1) Ausgaben für den Vermögenswert anfallen;
(2) Fremdkapitalkosten anfallen und
(3) die erforderlichen Arbeiten begonnen haben, um den Vermögenswert für seinen beabsichtigten Gebrauch oder Verkauf herzurichten (IAS 23.17).

Dies schließt nicht die nach IAS 23.13 vorzunehmende Kürzung von Anlageerträgen (s Rz 43) aus einem Anlagezeitraum vor Auszahlungen oder vor Beginn der Arbeiten aus. Der Beginn der erforderlichen Arbeiten ist erfolgt, wenn das Unternehmen vorbereitende Tätigkeiten wie Planungs- und Konstruktionsarbeiten oder die Einholung von Genehmigungen ausführen lässt. Da die genannten Voraussetzungen kumulativ zu erfüllen sind, kann der Aktivierungszeitraum nicht vor Aufnahme/Einsatz des Fremdkapitals erfolgen. Ein davor liegender Zeitraum, in dem Investitionsausgaben aus Eigenkapital geleistet werden, scheidet aus. Entscheidend ist die Absicht, die Sachanlage zur Nutzung im Unternehmen herzustellen, zu entwickeln oder zu errichten. Ein bloßes Halten eines Vermögenswerts ohne jedwede Bearbeitung oder Entwicklung, die seinen Zustand verändert, schließt eine Aktivierung aus (IAS 23.19).

47 Die Fremdkapitalkostenaktivierung ist auszusetzen, wenn die aktive Entwicklung, Herstellung oder Errichtung für einen längeren **Zeitraum unterbrochen** ist. Eine **Aktivierung von Fremdkapitalkosten** für das bloße Halten von teilweise fertig gestellten Vermögenswerten (zB aufgrund der Marktsituation ruhende Erschließung/Entwicklung eines Gewerbeparks) ist nicht zulässig. Eine Unterbrechung der aktiven Tätigkeit für prozessbedingte Unterbrechungen (einkalkulierte wetterbedingte Unterbrechungen der Arbeiten) ist hingegen unschädlich (IAS 23.21). Produktionsprozessbedingte Trocknungs- oder Reifephasen führen zu keiner Unterbrechung des Aktivierungszeitraums (*Vater* WPg 2006, 1337).

48 Der **Aktivierungszeitraum** endet, wenn im Wesentlichen alle Arbeiten abgeschlossen sind, um den qualifizierten Vermögenswert für seinen beabsichtigten Gebrauch oder Verkauf herzurichten (IAS 23.22). Abgestellt wird dabei auf die physische Fertigstellung der Sachanlage. Geringfügige Änderungen oder ausstehende Arbeiten stehen der Beendigung des Aktivierungszeitraums nicht entgegen (zB Ausstattung eines Gebäudes nach individuellen Käufer- oder Nutzerwünschen). Das **Ende des Aktivierungszeitraums** ist bei Sachanlagen, deren Teile einzeln genutzt werden können (zB Gewerbepark mit mehreren Einzelgebäuden), nach dem Abschluss der wesentlichen Arbeiten für die einzelnen Teile zu ermitteln (IAS 23.24). Damit sind insbes Zeiträume zwischen Abschluss der wesentlichen Arbeiten und vollständiger bestimmungsgemäßer Nutzung (zB Vermietung oder Eigennutzung bei Gebäuden – schrittweiser Bezug) nicht vom Aktivierungszeitraum erfasst. Bei industriellen Großanlagen, die schrittweise fertig gestellt werden können, aber erst bei Fertigstellung der Gesamtanlage genutzt werden können, endet der Aktivierungszeitraum für alle Teile (ggf Komponenten) erst mit Gesamtfertigstellung (zB Stahlwerk oder Polymerisationsanlagen). Streng genommen setzt IAS 23 eine auszahlungsbezogene Betrachtung voraus, dh, dass die Zeitpunkte der Investitionsauszahlungen für die Ermittlung der

Fremdkapitalkosten herangezogen werden müssen. Damit ist zB eine Schlussrechnungszahlung (10%), die bei Inbetriebnahme/Nutzungsbeginn gezahlt wird, nicht in die Berechnung der aktivierungspflichtigen Zinsen einzubeziehen. In der Literatur wird vereinfachend davon ausgegangen, dass die aktivierungspflichtigen Zinsbeträge aus den Investitionskosten abgeleitet werden können (*Heuser/Theile*[3] Rz 1145).

Beispiel: Die XYZ-AG lässt im Geschäftsjahr X1 ein Produktions- und Verwaltungsgebäude auf eigenem Grund und Boden errichten. Das Unternehmen finanziert sich durch ein langfristiges Darlehen zum Nominalbetrag von Mio € 10. Das Darlehen ist prolongiert bis zum Jahr X5 und wird mit 10% pa verzinst. Daneben besteht eine Kontokorrentlinie in Höhe von Mio € 6, die in X1 mit durchschnittlich Mio € 5 in Anspruch genommen und mit 12% pa verzinst wird. Das im Januar X1 beginnende Bauvorhaben wird in Höhe von Mio € 8 durch ein Darlehen mit einer Laufzeit von zehn Jahren und einem Zins von 7% pa finanziert. Die Auszahlung betrug 97,5%. Zwischenzeitlich nicht benötigte Darlehensmittel werden mit 4% angelegt. Die letzte Zahlung wurde mit Fertigstellung am 30. November X1 geleistet. Es ergibt sich folgende Übersicht für das speziell aufgenommene Darlehen:

Zeitraum	Darlehensauszahlungen in €	Ausgaben in €	Zinsen/Kosten in €
31. März X1	1.800.000	1.000.000	93.333
31. Mai X1	2.000.000	2.000.000	70.000
31. August X1	2.000.000	4.000.000	35.000
30. November X1	2.000.000	4.000.000	0
Summe	7.800.000	11.000.000	198.333
Anlageertrag			– 13.333
Abschreibung Disagio			15.000
Zinskosten gesamt			200.000

Für die allgemeine Unternehmensfinanzierung ergibt sich bedingt durch die Investitionsauszahlungen folgende Übersicht:

Finanzierung	Durchschnittliche Inanspruchnahme in €	Zinssatz	Zinsen pa in €
Kontokorrent	5.000.000	12,00%	600.000
Langfristiges Darlehen	10.000.000	10,00%	1.000.000
Summe/Durchschnitt	15.000.000	10,67%	1.600.000
Inanspruchnahme 31. August X1	1.200.000	10,67%	32.010
Inanspruchnahme 30. November X1	2.000.000	10,67%	0
Zinskosten gesamt			32.010

Insgesamt ergeben sich damit aktivierungsfähige Fremdkapitalkosten in Höhe von € 232.010. Eine Wertminderung ist nicht erkennbar. Im Anhang ist die Wahlrechtsausübung und der aktivierte Betrag von € 232.010 sowie der Zinssatz von 10,67% für den nicht unmittelbar zuordenbaren Finanzierungsanteil anzugeben.

Bei **allgemeiner Unternehmensfinanzierung** reicht ein mittelbarer Zusammenhang zwischen Fremdkapitalaufnahme und Investitionsauszahlungen aus. 49
Gefordert wird lediglich, dass das Fremdkapital für die Beschaffung eines qualifizierten Vermögenswerts verwendet wird (IAS 23.14). Eine Verwendung von

allgemeinen Fremdkapitalmitteln ist aber nur dann gegeben, wenn im Rahmen der Gesamtunternehmensfinanzierung die betreffende Sachanlageninvestition durch Fremdkapital tatsächlich „mit-"finanziert wird. Ein detaillierter Nachweis ist indes nach IAS 23 nicht zu erbringen und wird auch von der Literatur nicht gefordert (*Epstein/Jermakowicz* 2008, 279 ff; *Alexander/Archer* 2008 chap 6.06; *Schönbrunn* in Baetge ua IFRS-Komm[2] IAS 23 Rz 19), obgleich nach allgemeinen Finanzierungsregeln auch eine anteilige Eigenkapitalfinanzierung im Rahmen der Finanzierung des Sachanlagevermögens unterstellt werden muss. IAS 23.10 enthält keine Regelungen zur Berücksichtigung der Finanzierungsstruktur und stellt ausschließlich auf die Finanzierungskosten ab, die bei Nichtinvestition vermieden worden wären. Die Auswirkungen werden an folgendem Beispiel deutlich:

Beispiel: Die Schrauben AG produziert Befestigungsmaterial wie Schrauben, Nägel und Beschläge in großen Stückzahlen. Diese Vorräte sind nicht als qualifizierte Vermögenswerte anzusehen (IAS 23.4). Das Unternehmen errichtet ein neues Produktionsgebäude. Die Bauzeit beträgt 10 Monate und es entstehen Baukosten inklusive der notwendigen Betriebsvorrichtungen von Mio € 20. Zur Finanzierung wird ein Darlehensvertrag über Mio € 14 geschlossen. Weitere Mio € 6 Investitionskosten sollen durch Eigenmittel bzw aus der lfd Unternehmensfinanzierung erbracht werden. Für das steigende Working Capital stehen lfd Kreditlinien zur Verfügung. Die Bilanz unmittelbar nach Investitionsabschluss und Erhalt der Schlussrechnung über Mio € 4 zeigt folgendes Bild:

AKTIVA			PASSIVA	
	Mio €			Mio €
Anlagevermögen (alt)	7		Eigenkapital	20
Anlagevermögen (neu)	20		Kontokorrent	13
Vorräte	17		Investitionskredit	10
Liquide Mittel	1		Sonstige Verbindlichkeiten	4
Sonstige Aktiva	6		Investitionsverbindlichkeiten	4
	51			51

Je nachdem auf welcher Basis eine Verrechnung des Eigenkapitals vorgenommen wird, ergeben sich folgende unterschiedlichen Bemessungsgrundlagen zur Ermittlung der aktivierungspflichtigen Fremdkapitalkosten:

Finanzierungsstruktur	Verrechnung Eigenkapital auf:		
	Bestand	Kreditvereinbarung	gewichtet
Working Capital	20,0	20,0	20,0
Anlagevermögen Bestand	7,0	7,0	7,0
Eigenkapital	– 20,0	– 14,0	– 12,6
Fremdkapitalbedarf auf Bestand	**7,0**	**13,0**	**14,4**
Inanspruchnahme Kontokorrentlinie Bestandsfinanzierung	7,0	13,0	13,0
Investitionsausgaben	**16,0**	**16,0**	**16,0**
Investitionskredit	10,0	10,0	8,6
Eigenkapital	0,0	6,0	7,4
Inanspruchnahme Kontokorrentlinie für Investition	6,0	0,0	0,0
Bemessungsgrundlage Zinsaktivierung	**16,0**	**10,0**	**8,6**

Das Vermeidungsprinzip des IAS 23.10 führt zu einer Eigenkapitalverrechnung auf den vorhandenen Bestand an Vermögenswerten und Schulden und impliziert, dass – ohne Investition – die Inanspruchnahme der Kontokorrentlinie rückläufig verlaufen wäre. Zudem wird die allgemeine Unternehmensfinanzierung in die Ermittlung der Bemessungsgrundlage mit einbezogen (Mio € 16). Die anzuwendenden Zinssätze ergeben sich für den Investitionskredit von Mio € 10 aus dem Kreditvertrag und für den Restbetrag von Mio € 6 aus dem durchschnittlichen Zinssatz der Kontokorrentkreditvereinbarungen.

Im **Anhang** sind der aktivierte Betrag an Fremdkapitalkosten der Berichts- 50
periode und der Kapitalisierungszinssatz anzugeben (IAS 23.26). Bei spezieller zuordenbarer Fremdkapitalaufnahme dürfte aufgrund der Fremdkapitalkostenermittlung anhand der aufgewendeten Beträge (IAS 23.12) keine Angabe des Fremdkapitalkostensatzes erforderlich sein.

5. Abbruch-/Beseitigungs- und Wiederherstellungskosten

Kosten für den Abbruch und die Beseitigung der Sachanlagen und die Wie- 51
derherstellung des Standorts, die in Zusammenhang mit der Anschaffung oder Herstellung oder der Nutzung stehen, sind Bestandteile der Anschaffungs- oder Herstellungskosten (IAS 16.16 (c)). IAS 16.18 ist eine separate **Ansatzvorschrift** für diese Kosten. Die Bewertung der Kosten hat nach den Bewertungsregeln des IAS 2 und IAS 37 zu erfolgen. Der Anwendungsbereich umfasst damit Abbruch- und Wiederherstellungskosten für industrielle Anlagen und Gebäude oder -teile, deren Beseitigung auf vertraglicher Vereinbarung oder öffentlich-rechtlicher Verpflichtung beruht. Ziel ist es, die Gesamtkosten der Sachanlagen über die Abschreibungsverteilung den Erlösen während der Nutzungsdauer gegenüber zu stellen.

Für **Wiederherstellungskosten von Grundstücken** ist eine entspr Behand- 52
lung vorgesehen (IAS 16.59). Die Wiederherstellungskosten sind dem Grundstück zuzuschlagen (soweit diese nicht Bestandteil der darauf errichteten Anlagen sind) und über die Laufzeit der korrespondierenden Erträge abzuschreiben. Wenn das Grundstück selbst eine begrenzte Nutzungsdauer aufweist (abnutzbar ist, zB Abbaugrundstücke im Bergbau s § 42 Rz 28), ist eine Abschreibung des Grundstücks unter Berücksichtigung der Art der korrespondierenden Erlöse vorzunehmen (IAS 16.59). Keine Einbeziehung in die Anschaffungs- oder Herstellungskosten erfolgt zB für Rekultivierungskosten, Tagebaue und Kiesgruben, die mit schrittweisem Abbau verursacht werden. Wird der Grundstückswert für die Abbauflächen mit verbraucht (zB bei anschließend kostenloser Übereignung an öffentliche Gebietskörperschaften), sind die originären Anschaffungskosten des Grundstücks mit abzuschreiben. Einzubeziehen sind hingegen zB Deponienachsorgekosten für einen zu aktivierenden Deponiekörper, da diese Kosten durch die Nutzung der Sachanlage verursacht sind (IAS 16.16, IFRIC 1.2).

Soweit **Schrotterlöse oder Restwerte** aus verwertbaren Sachanlagen erwar- 53
tet werden, sind diese nicht mit den Abbruch- und Wiederherstellungskosten zu saldieren, sondern bei der Bestimmung des Abschreibungsvolumens zu berücksichtigen (IAS 16.53; s Rz 104).

Die **Bewertung** der Abbruch-, Beseitigungs- und Wiederherstellungskos- 54
ten basiert auf der bestmöglichen Schätzung (IAS 37.36) mit dem Barwert (IAS 37.45, IAS 16.16 (c); s § 13 Rz 53).

Soweit sich die Kosten für Abbruch/Beseitigung der Sachanlagen und Wiederherstellung des Standorts im **Zeitablauf ändern,** ergibt sich nach den Grundsätzen des IAS 8 (Änderungen einer Schätzung) unter analoger Anwendung von IAS 37.36 eine Erhöhung oder Verminderung des Buchwerts der Sachanlage zu Beginn des lfd Geschäftsjahrs mit Folgewirkungen des geänderten Abschreibungsvolumens (IFRIC 1.5(a)). Bei einer Verminderung des Rückstellungsbetrags (der Abbruch-/Wiederherstellungskosten), die größer als der Restbuchwert der Sachanlage ist, ist der überschießende Betrag erfolgswirksam zu erfassen (IFRIC 1.5(b)). Eine Erhöhung des Rückstellungsbetrags (der Abbruch-/Wiederherstellungskosten) ist als Anlass zu einem Wertminderungstest anzusehen (IFRIC 1.5(c)). Die lfd Aufzinsung der Rückstellungen ist im Aufwand zu erfassen; eine Aktivierung der Aufzinsungsbeträge scheidet auch nach den Regeln des IAS 23 aus (IFRIC 1.8). Zur Behandlung von Änderungen des Abzinsungssatzes s § 45 Rz 36.

Beispiel: Die Kies KG erwirbt Anfang X1 eine Kiesaufbereitungs- und Sortieranlage für Mio € 8. Das vorhandene Vorratsvolumen reicht für eine Auskiesung über zehn Jahre. Das entspricht der Nutzungsdauer der Aufbereitungs- und Sortieranlage, deren Abbruchkosten auf € 400.000 und deren Schrottwert auf € 60.000 geschätzt werden. Im landschaftspflegerischen Begleitplan zum Betrieb des Kieswerks sind für die Wiederherstellung der durch die Aufbereitungs- und Sortieranlage in Anspruch genommenen Fläche € 80.000 vorgesehen. Der Abzinsungssatz beträgt 5% pa.

	Erwerb X1 in €	AK X1 in €	Rückstellung X1 in €
Kaufpreis	8.000.000	8.000.000	
Abbruchkosten geschätzt	400.000	245.560	245.560
Wiederherstellung Fläche	80.000	49.112	49.112
Schrottwert	60.000	0	
Summe		8.294.672	294.672
Abschreibungsvolumen		8.234.672	
Abschreibung pa		823.467	

Nach vollständiger Abschreibung beträgt der Restwert am Ende des 10. Jahrs € 60.000 in Höhe des Schrottwerts. Die Rückstellung weist nach jährlicher Zuführung des Verzinsungsbetrags € 480.000 aus.

II. Anschaffungskosten bei Tausch

55 Nach IAS 16.24 ist jeder **Erwerb von Sachanlagen** durch Tausch grds zum beizulegenden Zeitwert zu bewerten. Ein Tausch von Sachanlagen liegt vor, wenn die Gegenleistung durch Übertragung von Sachanlagen oder anderer Vermögenswerte erbracht wird. Die Gegenleistung ist nicht auf Sachanlagen beschränkt. Auf den Anteil an Ausgleichszahlungen kommt es dabei nicht an. Voraussetzung ist, dass die zugrunde liegende Transaktion wirtschaftlichen Gehalt hat, also auf einen Leistungsaustausch gerichtet ist (IAS 16.24). Dies wird angenommen wenn:

(1) Risiko, Zeit und Betrag des zu erwartenden Cashflow unterschiedlich vom Cashflow des hingegebenen Vermögenswerts ist, oder
(2) der unternehmensspezifische Wert eines Teils der Geschäftstätigkeit des Unternehmens durch den Tausch beeinflusst ist und
(3) die Unterschiede wesentlich im Vergleich zum beizulegenden Zeitwert der getauschten Vermögenswerte sind (IAS 16.25).

Unerheblich ist, ob vergleichbare oder nicht vergleichbare Vermögenswerte getauscht werden. Es kommt beim Tausch von Vermögenswerten regelmäßig zur Erfolgsrealisierung.

56 Die **Anschaffungskosten des erworbenen Vermögenswerts** bestimmen sich dabei durch den beizulegenden Zeitwert des **hingegebenen** Vermögenswerts zum Zeitpunkt des Sachanlagentauschs. Ausgleichszahlungen in Form von

Zahlungsmitteln oder Zahlungsmitteläquivalenten sind entspr zu berücksichtigen.

Für den **Ausnahmefall,** dass der beizulegende Zeitwert des erworbenen Vermögenswerts eindeutig verlässlicher als der beizulegende Zeitwert des abgegebenen Vermögenswerts bestimmt werden kann, ist dieser als Anschaffungskosten zugrunde zu legen (IAS 16.26). Kann weder der beizulegende Zeitwert des hingegebenen noch des erworbenen Vermögenswerts verlässlich bestimmt werden, ist der Buchwert des abgegebenen Vermögenswerts als Anschaffungskosten des erworbenen Vermögenswerts anzusehen (Buchwertfortführung). 57

Eine **zuverlässige Ermittlung der beizulegenden Zeitwerte** der zu tauschenden Vermögenswerte ist zB nicht möglich, wenn kein oder nur ein Markt mit geringem Transaktionsvolumen für die Vermögenswerte vorliegt oder eine alternative Berechnung des Nutzungswerts nicht möglich ist (IAS 16.26).

Beispiel 1: Die Maschinenbau AG verhandelt mit der Stadt N über einen Flächentausch mit Barausgleich. Dabei sollen Randflächen rund um den derzeitigen Standort und Verkehrsflächen auf die Stadt N übertragen werden und die Maschinenbau AG soll den unmittelbar angrenzenden Sportplatz als Vorführfläche erhalten. Die Rand- und Verkehrsflächen sind 30.000 m^2 groß und bisher mit einem Buchwert von € 15 pro m^2 bilanziert. Der Sportplatz ist 20.000 m^2 groß. Als Bodenwert haben die Vertragspartner € 20 pro m^2 vereinbart. Ein wirtschaftlicher Gehalt liegt nach IAS 16.25 vor, da sowohl die Stadt N als auch die Maschinenbau AG ein wirtschaftliches Interesse haben. Die Stadt N möchte durch Infrastrukturmaßnahmen den Industriestandort aufwerten und die Rahmenbedingungen für weitere Ansiedlungen in der Nachbarschaft schaffen. Die Maschinenbau AG benötigt die Fläche dringend für Vorführ-, Präsentations- und Lagerzwecke.

Die Maschinenbau AG bucht für Erwerb, Abgang und Wertausgleich:

per Grundstück Sportplatz	€ 400.000	
per Liquide Mittel	€ 50.000	
an Altgrundstück		€ 450.000

Liegt wirtschaftliche Substanz vor, so kann bei Tauschvorgängen eine entspr Gewinnrealisierung eintreten.

Beispiel 2: Im Zuge von Straßenbaumaßnahmen soll die Tankstelle M verlegt werden. Das bisherige zentrumsnahe Grundstück wird mit € 220 pro m^2 bewertet und ist 10.000 m^2 groß. Der Buchwert beträgt € 180 pro m^2. Die Gebäude und Anlagen sind vollständig abgeschrieben. Die Neubewertungsrücklage für das Grundstück wird mit € 1.400.000 ausgewiesen. Die Stadt L übernimmt die Abbruchkosten von € 60.000. Im Zuge der Verhandlungen mit der Stadt L beschließt der Tankstellenbetreiber seine Tankstelle in das Gewerbegebiet der Stadt nahe der Autobahn zu verlegen. Hier werden 8.000 m^2 benötigt. Der Bodenrichtwert liegt bei 80 € pro m^2. Die Tankstelle erfasst den Tauschvorgang wie folgt (ohne latente Steuern):

Erwerb und Abgang		
per neues Grundstück im Gewerbegebiet	€ 640.000	
per Liquide Mittel	€ 1.560.000	
an Veräußerungsgewinn		€ 400.000
an Grundstück alte Tankstelle		€ 1.800.000
Umbuchung Neubewertungsrücklage		
per Neubewertungsrücklage	€ 1.400.000	
an Gewinnrücklagen		€ 1.400.000
Abbruchkosten		
per Rückstellung für Beseitigungskosten	€ 60.000	
an Ertrag aus der Rückstellungsauflösung		€ 60.000

Es wird ein erfolgswirksam zu erfassender Ertrag von € 460.000 erzielt sowie die gebildete Neubewertungsrücklage realisiert und im Eigenkapital umgegliedert. Tatsächliche und latente Steuern sind im Beispiel aus Vereinfachungsgründen nicht dargestellt.

einstweilen frei 58

III. Bilanzierung von Zuwendungen der öffentlichen Hand

59 Die Buchwerte von Sachanlagen (oder immateriellen Vermögenswerten und sonstigen Vermögenswerten) können bei Erstverbuchung, aber auch bei Folgebewertungen durch **Zuwendungen der öffentlichen Hand** beeinflusst werden (IAS 16.28, IAS 20.24). Die IFRS fassen Zuwendungen der öffentlichen Hand als Finanzierungen auf, die keinen Einfluss auf die Anschaffungs- oder Herstellungskosten haben. Definitionsgemäß wird nach dem Bilanzierungswahlrecht des IAS 20.24 ff von der Darstellung als passivischer Abgrenzungsposten oder von der Berücksichtigung bei der **Feststellung des Buchwerts** des Vermögenswerts gesprochen (IAS 20.24, IAS 20.27). Nach den Stetigkeitsgrundsätzen (F. 39, IAS 8) und dem Wortlaut von IAS 20.24 ist der **Wahlrechtsausübung** eine **stetige Anwendung** für alle vergleichbaren Zuwendungen zugrunde zu legen. Das Wahlrecht ist bei der erstmaligen Erfassung der Zuwendung auszuüben.

1. Anwendungsbereich

60 **Zuwendungen der öffentlichen Hand** werden in IAS 20 unterteilt in Beihilfen, Zuwendungen in Zusammenhang mit der Erfüllung von Bedingungen, Zuwendungen für Vermögenswerte, erfolgsbezogene Zuwendungen und erlassbare Darlehen. Geregelt – mit Bezug auf Sachanlagen und immaterielle und sonstige Vermögenswerte – sind damit Zuwendungen für Vermögenswerte, die unter der Hauptbedingung der **Anschaffung** von langfristigen Vermögenswerten (insbes Sachanlagen und immaterielle Vermögenswerte) gewährt werden (Investitionszuschüsse). Dabei soll eine am ***matching principle*** orientierte Erfassung der Zuwendungen erfolgen. Nicht im Regelungsumfang des IAS 20 enthalten sind Beihilfen für Unternehmen in Form von Vorteilen aus der Minderung der Einkommensteuerschuld oder deren Erlass, Investitionssteuergutschriften, erhöhte Abschreibungsmöglichkeiten und ermäßigte Einkommensteuersätze, die ggf in Zusammenhang mit Investitionen in Sachanlagen stehen. Für unbedingt rückzahlbare Zuwendungen und für Zuwendungen, die vor Erfüllung der Hauptbedingungen (zB Durchführung von Investitionen) ausgezahlt werden, enthält IAS 20 keine Regelungen. Diese sind nach den allgemeinen Grundsätzen als Schuld zu erfassen. Nach IAS 20.2 ist die Bilanzierung von indirekten Vorteilen aus der Beteiligung der öffentlichen Hand an diesem Unternehmen nicht im Standard erfasst. Es werden umfangreiche Anhangangaben gefordert (IAS 20.39). Die Behandlung von **Zuwendungen der öffentlichen Hand für landwirtschaftliche Betriebe** ist in IAS 41.34 ff gesondert geregelt (s § 41 Rz 21 ff). Zu Zuwendungen der öffentlichen Hand, die nicht durch die Anschaffung oder Herstellung von Sachanlagen oder immateriellen Vermögenswerten bedingt sind (zB Ertragszuschüsse), s § 8 Rz 23 und § 15 Rz 38.

2. Grundlagen und Begriffsabgrenzung

61 Der Begriff **öffentliche Hand** schließt lokale, nationale und internationale Regierungsbehörden, Gebiets- und andere Körperschaften und Institutionen mit hoheitlichen Aufgaben ein. Damit ist jede Übertragung von Ressourcen, die ausgerichtet an öffentlichen Interessen gewährt werden, erfasst. Auf die Bezeichnung kommt es dabei nicht an. **Sach- oder Geldleistungen** werden gleich behandelt (Erfassung von Sachleistungen zum beizulegenden Zeitwert zulässig nach IAS 20.7, IAS 20.23, IAS 38.44). Für Sachleistungen ist alternativ der Ansatz eines Merkpostens möglich (IAS 20.23, IAS 38.44). Unerheblich ist, ob die Zuwendungen direkt oder durch zwischengeschaltete Institutionen (zB Kredit-

institute) gewährt werden, solange dabei der öffentliche Zuwendungscharakter erhalten bleibt. Es muss sich um eine unmittelbare Zuwendung für ein bestimmtes Unternehmen oder eine bestimmte Gruppe von Unternehmen handeln, die die jeweiligen Zuwendungsbedingungen erfüllen. Dabei reicht es aus, wenn sich die Zuwendungsbedingungen auf die Aufrechterhaltung eines Industriezweigs in einer bestimmten Region beschränken und keine weiteren Bedingungen, wie zB Investitionsmaßnahmen, zu erfüllen sind (SIC-10). Allgemeine Förderungen von Unternehmen durch Bereitstellung von Infrastruktur oder ordnungspolitische Maßnahmen, durch die Unternehmen indirekte Vorteile bei der Ausübung ihrer Geschäftstätigkeit erfahren, sind von IAS 20 nicht erfasst (s Rz 60). Hierunter fallen auch Vorteile, die keiner zuverlässigen Bewertung zugänglich sind (unentgeltliche Beratung durch die öffentliche Hand) oder Vorteile, die aus Geschäftsbeziehungen mit der öffentlichen Hand resultieren, die von der normalen Geschäftstätigkeit nicht zu unterscheiden sind (IAS 20.3 und IAS 20.34 ff; zB Vorteile aus der Gewährung von Bürgschaften). Nach Streichung des IAS 20.37 (2002) und Einfügung des IAS 20.10A im Rahmen des *Annual Improvements* Projekts 2008 sind Zinsvorteile aus der Überlassung von zinslosen oder verbilligten Darlehen der öffentlichen Hand als Zuwendung zu bilanzieren (IAS 20.BC3 f). Nicht erfasst von IAS 20.3 sind **nichtöffentliche Zuwendungen** (Schenkungen, Erbschaften sowie Gesellschafterzuschüsse, Zahlungen, die dem Gesellschaftskapital zugeführt werden, auch bei Kapitalbeteiligungen der öffentlichen Hand).

Unterschieden wird in IAS 20.3 in **Zuwendungen für Vermögenswerte,** 62
erlassbare Darlehen sowie **erfolgsbezogene Zuwendungen** und **Beihilfen.** Soweit erlassbare Darlehen mit dem Verwendungszweck „Investition in Vermögenswerte" ausgereicht wurden und der Darlehenserlass an ähnliche Bedingungen wie bei Zuwendungen für Vermögenswerte geknüpft ist (Investitions- und Arbeitsplatzverpflichtung), ist eine Bilanzierung nach den Grundsätzen für Zuwendungen geboten, da wirtschaftlich vergleichbare Sachverhalte vorliegen (F. 35).

3. Voraussetzungen für die Erfassung von Zuwendungen für Vermögenswerte

Eine Erfassung von Zuwendungen ist nach den speziellen Ansatzkriterien des 63
IAS 20.7 nur zulässig, wenn **angemessene Sicherheit** darüber besteht, dass:
(1) das Unternehmen die damit verbundenen Bedingungen erfüllen wird und
(2) die Zuwendungen gewährt werden.

Der Umstand, dass eine Zuwendung ausgezahlt bzw geleistet wurde, reicht für die **Erfüllung der Voraussetzungen** nicht aus (IAS 20.8).

Die Anforderungen, die IAS 20.7 an den Grad der Wahrscheinlichkeit über den Zufluss der Zuwendungen stellt (angemessene Sicherheit), sind im Verhältnis zum Vermögenswertbegriff (F. 53 ff, F. 85 ff) und den Abgrenzungsregeln zu Eventualforderungen („so gut wie sicher"; IAS 37.33) weniger streng (umfangreich *Pfitzer/Wirth* in Baetge ua IFRS-Komm[2] IAS 20 Rz 18). Aus dem Wortlaut „angemessene Sicherheit" ist abzuleiten, dass eine höhere Eintrittswahrscheinlichkeit gefordert wird, als mit dem allgemeinen Wahrscheinlichkeitsbegriff verbunden ist (*Küting/Koch* DB 2006, 569).

Zuwendungen für Vermögenswerte der öffentlichen Hand sind durch eine 64
Hauptbedingung wie Anschaffung/Erwerb oder Herstellung und Versetzung in einen betriebsbereiten Zustand eines langfristigen Vermögenswerts sowie regelmäßig durch **Nebenbedingungen** wie Standort-, Beschäftigungs-, Ausbildungs- oder weitere Investitionsgarantien, Verbleibensvoraussetzungen, Einsatzreglemen-

tierungen oder sonstige Verwendungsbedingungen gekennzeichnet. Daneben sind regelmäßig allgemeine Verwendungsbedingungen (zB Förderrichtlinien, Landessubventionsschutzgesetze, sonstige Nebenbestimmungen der Förderprogramme) hinsichtlich der Einordnung und Bewertung der erworbenen Vermögenswerte zu erfüllen. Die Verwendungsbestimmungen orientieren sich regelmäßig an steuerlichen Vorschriften (zB Qualifizierung als Wirtschaftsgut, Aktivierung beim Leasingnehmer, Beschränkungen bei Erwerb/Herstellung im Unternehmensverbund) unter Einbeziehung der Begriffssystematik des HGB. Ferner sind Nebenbedingungen über den zeitlichen Investitionsverlauf (regelmäßig Beginn nach Antragstellung oder Bewilligung, Abschlusszeitpunkt etc), vorgesehen.

65 Zentrale Voraussetzung zur Erfassung der Zuwendung für einen Vermögenswert im Abschluss ist die zum Bilanzstichtag erfüllte Hauptbedingung – Investition in einen langfristigen Vermögenswert – unter Berücksichtigung allgemeiner Förderbedingungen. Dabei ist zu unterscheiden in **Zuwendungen mit Rechtsanspruch** (zB Investitionszulagen nach InvZulG), die bei Erfüllung gesetzlicher Förderbedingungen bestehen, und **Zuwendungen ohne Rechtsanspruch** (zB Förderungen aus dem Rahmenprogramm der Gemeinschaftsaufgabe – Verbesserung der regionalen Wirtschaftsstruktur).

66 Für **Zuwendungen mit Rechtsanspruch** besteht angemessene Sicherheit, wenn die gesetzlichen Anforderungen zum Bilanzstichtag erfüllt sind und wenn darüber hinaus aufgrund betrieblicher Übung davon ausgegangen werden kann, dass weitere Zuwendungsbedingungen erfüllt werden. Dies betrifft eine erforderliche Antragstellung (zB § 5 InvZulG) und ggf Hinweise auf eine förderschädliche Verwendung (zB § 2 Abs 1 InvZulG) des Vermögenswerts oder die Unmöglichkeit des Unternehmens, allgemeine Förderbedingungen zu erfüllen (zB Unternehmensfortführung). Soweit nach den Unternehmensplanungen das Management von einer beabsichtigten Verwendung der Investition entspr dem Förderzweck ausgeht und keine Hindernisse hinsichtlich der Erfüllung der **formellen Voraussetzungen** bekannt sind, dürfte regelmäßig das Kriterium angemessene Sicherheit erfüllt sein. Die Vorlage eines formellen Zuwendungsbescheids zum Zeitpunkt der Abschlussaufstellung ist nicht Voraussetzung für eine Erfassung der Zuwendung (keine Ausschlussfrist nach InvZulG 1999).

67 Eine angemessene Sicherheit über den Zufluss von **Zuwendungen ohne Rechtsanspruch** (zB aus dem Rahmenprogramm der Gemeinschaftsaufgabe – Verbesserung der regionalen Wirtschaftsstruktur oder Landesförderprogrammen) besteht erst dann, wenn, neben der ggf teilweise durchgeführten Investition, ein **Zuwendungsbescheid** vorliegt. Diese Voraussetzung leitet sich daraus ab, dass es sich bei diesen Förderungen grds um Ermessensentscheidungen in Abhängigkeit von individuellen Förderzielen und dem Stand der Mittelverwendung der Gebietskörperschaften handelt. Darüber hinaus ist aufgrund der Vielzahl der detaillierten Förderkriterien (wie Unternehmensgröße, Struktur der Anteilseigner, Veränderung rechtlicher Rahmenbedingungen bei lfd Umstrukturierungen, Einordnung des Unternehmens in Förderklassen, ausstehende Gutachten, Beachtung von Förderhöchstgrenzen) eine angemessene Sicherheit vor Vorlage eines Zuwendungsbescheids nicht zu erreichen. Verschiedene Landesförderprogramme sehen zB eine Investitionsdurchführung erst nach Bewilligung vor.

68 Sowohl bei Zuwendungen mit Rechtsanspruch als auch ohne Rechtsanspruch kann bei ausstehenden **EU-Notifizierungsverfahren** grds davon ausgegangen werden, dass dadurch die angemessene Sicherheit nicht beeinträchtigt ist, soweit nicht andere Erkenntnisse im Einzelfall vorliegen. Anders ist die Genehmigungspflicht der EU für entspr KMU-Zuschläge (15%) zu sehen, die derzeit für Investitionsvorhaben mit einer Gesamtsumme von Mio € 25 besteht. Eine Aktivierung der Ansprüche scheidet vor Genehmigung aus.

Ob das Unternehmen die mit den Zuwendungen **verbundenen Bedingungen** in Zukunft erfüllen wird, ist anhand der Unternehmensplanungen und der Entwicklung, die unter normalen Geschäftsbedingungen zu erwarten ist, zu beurteilen. Die regelmäßig über eine gewisse Laufzeit nach Sachanlageninvestition zu erfüllenden Verwendungsbedingungen stehen der Erfassung der Zuwendungen grds nicht entgegen, da es sich hierbei um **auflösende Bedingungen** handelt (*IDW* WPg 1984, 613). 69

Sind die Kriterien angemessener Sicherheit nicht erfüllt, zB bei **vorausgezahlten Zuwendungen oder Überzahlungen** im Verhältnis zu den durchgeführten Investitionen, sind diese nach den allgemeinen Grundsätzen als Schulden zu erfassen.

4. Darstellung und Erfassung von Zuwendungen für Vermögenswerte

IAS 20.24 sieht für die **bilanzielle Darstellung** von Zuwendungen für Vermögenswerte zwei gleichwertige Alternativen vor (keine Hervorhebung einer Benchmark-Methode). Dabei kann zwischen der Darstellung der Zuwendungen als **passivischer Abgrenzungsposten** und der **Absetzung der Zuwendung vom Buchwert des Vermögenswerts** gewählt werden. 70

Wird die Zuwendung der öffentlichen Hand als **passivischer Abgrenzungsposten** dargestellt, so ist dieser Bilanzposten planmäßig während der Nutzungsdauer der geförderten Investition aufzulösen und als Ertrag zu erfassen (IAS 20.26). Um abweichende Ertragsauswirkungen beider Methoden zu vermeiden, ist der **Auflösung** des passivischen Abgrenzungspostens grds die Nutzungsdauer des geförderten Vermögenswerts zugrunde zu legen. Eine zusammengefasste Behandlung einer Zuwendung für mehrere Vermögenswerte einer geförderten Investitionsmaßnahme und Auflösung auf Basis einer durchschnittlichen Nutzungsdauer ist unter Beachtung von IAS 1.24 ff zulässig.

Änderungen aus der **Neuschätzung der Nutzungsdauer** (s Rz 107), dem **Wechsel der Abschreibungsmethode** (s Rz 116) und aus der **Erfassung von Wertminderungen/Wertaufholungen** (s Rz 162 ff) sind sowohl im Buchwert als auch im passivischen Abgrenzungsposten korrespondierend zu erfassen. 71

Soweit einzelne Zuwendungsbedingungen **längere Bindungsfristen** (zB längere Aufrechterhaltung des Produktionsstandorts als die Nutzungsdauer des einzelnen Vermögenswerts) vorsehen, rechtfertigt dies keine Änderung der Verteilungsbasis (Verstoß gegen das *matching principle*; *Pfitzer/Wirth* in Baetge ua IFRS-Komm[2] IAS 20 Rz 38).

Bei **Absetzung der Zuwendung der öffentlichen Hand vom Buchwert des Vermögenswerts** bleiben die historischen Anschaffungs- oder Herstellungskosten unberührt. Das Abschreibungsvolumen wird auf Basis des verminderten Buchwerts ermittelt (IAS 20.27). Nach beiden zulässigen Methoden beginnt die ertragswirksame Vereinnahmung korrespondierend mit dem Abschreibungsbeginn (s Rz 117). 72

Wird eine Zuwendung für einen **nicht abschreibungsfähigen Vermögenswert** gewährt (Hauptanwendungsfall Grund und Boden), ist eine ertragswirksame Auflösung der Zuwendung auf Basis der Nutzungsdauern der damit verbundenen Investitionen in Vermögenswerte vorzunehmen (IAS 20.18). Danach kann es angemessen sein, zB die Nutzungsdauer der auf dem Grund und Boden errichteten Produktionsanlagen oder Gebäude zugrunde zu legen (IAS 20.18). Nach aA (*Pfitzer/Wirth* in Baetge ua IFRS-Komm[2] IAS 20 Rz 41) wird abweichend vom Wortlaut des IAS 20.18 kein Zwang zur erfolgswirksamen Auflösung gesehen. Der Auffassung, dass die auf dem Grund und Boden errichteten Anlagen und Gebäude nur Hilfsmittel bei der Erreichung der Förderziele 73 sind, kann jedoch nicht gefolgt werden. Die Anschaffung von Grund und Boden tritt vielmehr hinter den Förderzweck zurück. Wirtschaftlich zutreffender und explizit geregelt ist die ertragswirksame Verteilung der Zuwendung für den Erwerb des Grund und Bodens über den Zeitraum der Zuwendungsverpflichtungen (IAS 20.18). Problematisch ist jedoch, dass sich aus der Anwendung von IAS 20.18 eine abweichende Ertragsentwicklung ergibt, wenn die Zuwendung vom **Buchwert des Grundstücks** abgesetzt wird.

74 Die **Auflösung des passivischen Sonderpostens** ist als **sonstiger Ertrag** zu erfassen (IAS 20.26, IAS 1.74 ff). Bei wesentlichen Posten ist ein Einzelausweis von Zuwendungserträgen sachgerecht (IAS 1.83 „Erträge aus Zuwendungen der öffentlichen Hand"; *Küting/Koch* DB 2006, 569). Eine Saldierung mit den korrespondierenden Abschreibungen ist ausdrücklich nicht vorgesehen. Das Wahlrecht zur Saldierung von ertragsbezogenen Zuwendungen mit den korrespondierenden Aufwendungen (IAS 20.29 ff) ist nicht auf Zuwendungen für Vermögenswerte auszudehnen. Bei Darstellung der Zuwendungen in einem passivischen Sonderposten ist eine Saldierung der Auflösungserträge mit den Abschreibungen irreführend und daher unzulässig (Vermischung von Bilanzierungsfolgen der Wahlrechte; F. 25).

Eine direkte Erfassung der Zuwendungen bei Erhalt oder bei Auflösung des passivischen Abgrenzungspostens im **Eigenkapital** ist unzulässig (IAS 20.12; lediglich Darstellung unterschiedlicher Auffassungen in IAS 20.13 ff).

5. Erfassung von Rückzahlungsrisiken und -verpflichtungen

75 Nach erstmaliger Erfassung sind Erkenntnisse und Geschäftsvorfälle, die zu Rückzahlungen oder Nachzahlungen führen können, nach IAS 37.27 ff in den Kategorien **Eventualschuld, Rückstellung und Eventualforderung** zu behandeln (s § 13 Rz 4 ff). Dabei ist zwischen Zuwendungen mit und ohne Rechtsanspruch zu unterscheiden.

76 Bei **Zuwendungen mit Rechtsanspruch** führt ein Verstoß gegen die gesetzlich verankerten Zuwendungsbedingungen (zB Verbleib/Einsatz im Fördergebiet nach § 2 Abs 1 Nr 2 InvZulG oder in einem Betrieb des verarbeitenden Gewerbes) automatisch zu einer Rückzahlungsverpflichtung, soweit nicht der sachliche Rückzahlungsgrund auf berechtigten Auslegungszweifeln von Fördergesetzen basiert.

77 In die Beurteilung, ob eine **Zuwendung ohne Rechtsanspruch** zurückzuzahlen ist, ist der Ermessensspielraum des Zuwendungsgebers mit einzubeziehen. In den Förderrichtlinien einzelner Bundesländer sind Befreiungen und der Erlass von Rückzahlungen bei unverschuldeter Nichterfüllung oder Andersererfüllung der Zuwendungsbedingungen in das Ermessen des Zuwendungsgebers gestellt.

Eine Zuwendung, die rückzahlungspflichtig wird, ist als Berichtigung einer Schätzung zu behandeln (IAS 20.32) und führt nicht zu einer Berichtigung von Abschlüssen der Vorperioden (IAS 8.24 ff). **Rückzahlungsverpflichtungen für Zuwendungen für Vermögenswerte** führen je nach ursprünglicher Wahlrechtsausübung zu einer Zuschreibung zum Buchwert des Vermögenswerts oder Verminderung des passivischen Abgrenzungspostens.

78 Hat die Zuwendung den Buchwert des Vermögenswerts gemindert, ist eine **Abschreibungsberichtigung** vorzunehmen. Der Buchwert des Vermögenswerts und korrespondierend der kumulative Abschreibungsbetrag müssen so erfasst werden, als wäre die zurückzuzahlende Zuwendung (oder der zurückzuzahlende Teil) von Anfang an nicht gewährt worden (IAS 20.32). Dabei ergibt sich aus der Korrektur des Zuwendungsbetrags keine Ertragsauswirkung. Erst durch die Abschreibungskorrektur wird das Jahresergebnis beeinflusst.

Wird die Zuwendung in einem **„passivischen Abgrenzungsposten"** erfasst, fehlt in IAS 20.32 eine explizite Regelung zur Anpassung des passivischen Abgrenzungspostens an den Auflösungsverlauf nach verminderter Zuwendung. Es ist indes kein Grund für eine abweichende Behandlung erkennbar, sodass eine entspr Korrektur des passivischen Sonderpostens vorzunehmen ist (IAS 20.12, IAS 8.5; *Pfitzer/Wirth* in Baetge ua IFRS-Komm[2] IAS 20 Rz 72, die von *Pfitzer/Wirth* in der Vorauflage abweichende Auffassung wurde aufgegeben; *Cairns*[4], 712f). Eine Verteilung des Rückzahlungsbetrags über die Restlaufzeit des passivischen Abgrenzungspostens (regelmäßig gleich der Restnutzungsdauer des Vermögenswerts) würde bei summarischer Betrachtung beider Bilanzposten zu einer Unterbewertung der Position oder einzeln zu einer Überbewertung des passivischen Abgrenzungspostens führen (F. 37, IAS 8.5). 79

Beispiel: Die Anschaffung einer Sachanlage mit Anschaffungskosten von € 20.000 wird mit € 4.000 durch eine Zuwendung der öffentlichen Hand gefördert. Die Anlage hat eine Nutzungsdauer von fünf Jahren. Aufgrund einer nicht eingehaltenen Personalverpflichtung macht der Zuwendungsgeber im Jahr X3 eine Teilrückzahlung der Zuwendung in Höhe von € 2.000 geltend. Nachfolgend ist die Bilanzierung für beide alternativen Methoden dargestellt.

Methode	Kürzung Buchwert		Passivischer Ausweis			
	Sachanlage		Sachanlage		Abgrenzungsposten	
Jahr	Buchwert in €	Abschreibung in €	Buchwert in €	Abschreibung in €	Buchwert in €	Auflösung in €
AK	20.000		20.000			
Zuwendung	4.000				4.000	
X1	12.800	3.200	16.000	4.000	3.200	800
X2	9.600	3.200	12.000	4.000	2.400	800
Rückzahlung	2.000	800			– 2.000	– 800
X3	7.200	3.600	8.000	4.000	800	400
X4	3.600	3.600	4.000	4.000	400	400
X5	0	3.600	0	4.000	0	400

Es ergeben sich folgende Buchungssätze:
Bei Kürzung Buchwert:
per Sachanlage € 2.000 an Verbindlichkeit aus Rückzahlung € 2.000
per sonstiger Aufwand € 800 an Sachanlage € 800.

Bei passivischem Ausweis:
per passivischer Abgrenzungsposten € 2.000 an Verbindlichkeit aus Rückzahlung € 2.000
per sonstiger Aufwand € 800 an passivischer Abgrenzungsposten € 800.

Ist der **passivische Abgrenzungsposten** bei Erfassung der Rückzahlungsverpflichtung bereits vollständig aufgelöst oder der Buchwert kleiner als die Rückzahlung, so ergeben sich unmittelbare Ertragsauswirkungen. 80

Für beide Bilanzierungsmethoden sind die **ertragswirksamen Auswirkungen** im lfd Periodenergebnis unter den ursprünglichen Posten in der GuV bzw im erfolgswirksamen Teil der Gesamtergebnisrechnng (*statement of comprehensive income*; s ausführlich § 15 Rz 46ff) zu erfassen und entspr zu erläutern (IAS 8.24ff).

In IAS 20.33 wird ein Hinweis gegeben, dass die Rückzahlung von Zuwendungen für Vermögenswerte ein Anlass sein kann, den Buchwert hinsichtlich seines **erzielbaren Betrags** zu überprüfen. Dies ist insbes dann zu erwarten, wenn die ursprünglich geplanten Zahlungsrückflüsse aus der Investition nur unter Einbeziehung der Zuwendungen für den Vermögenswert eine Deckung der Investitionsausgaben gewährleisten. Der **Wertminderungstest** ist nach IAS 36 vorzunehmen.

6. Anhangangaben zu Zuwendungen

81 Im **Anhang** sind, neben den angewandten Bilanzierungs- und Bewertungsmethoden einschließlich der Darstellungsmethode nach IAS 20.24 ff, Art und Umfang der erfassten Zuwendungen anzugeben. Weiterhin sind unerfüllte Zuwendungsbedingungen und Erfolgsunsicherheiten über den Eintritt der Bedingungen zu nennen (IAS 20.39, IAS 37.86). Sonstige Beihilfen der öffentlichen Hand, die ggf nicht betragsmäßig bewertbar sind, sind bei wesentlichem Einfluss auf die VFE-Lage im Anhang mit Beschreibung des Umfangs anzugeben (IAS 20.39(b)).

IV. Folgeausgaben für Vermögenswerte

1. Ersatz oder Erneuerung von Komponenten

82 Für **wesentliche Teile** (Komponenten) einer Sachanlage ist eine separate Erfassung vorgeschrieben, soweit die Komponenten abweichende Nutzungsdauern aufweisen (IAS 16.13, IAS 16.46; s Rz 15). Auf eine selbstständige Nutzbarkeit oder Veräußerbarkeit der Komponenten kommt es dabei nicht an.

Fallen während der Nutzungsdauer der „Gesamt-"Sachanlage Kosten für den **Ersatz oder die Erneuerung von einzelnen Komponenten** (zB Auskleidungen von Hochöfen, Flugzeugsitze oder Bordküchen, wobei die Komponenten mehrmals während der Nutzungsdauer der „Gesamt-"Sachanlage ausgetauscht werden) an, so sind diese wie die Anschaffung von einzelnen Vermögenswerten zu behandeln (IAS 16.13). Danach ist eine Ausbuchung des Buchwerts für die verbrauchte (auszutauschende oder zu erneuernde) Komponente vorzunehmen. Die Kosten für den Ersatz oder die Erneuerung der Komponente ist nach den Grundsätzen der Anschaffung von Vermögenswerten zu aktivieren (IAS 16.7 ff). Die Nutzungsdauer für die einzelne Komponente ist dabei separat, allerdings unter Berücksichtigung der Restnutzungsdauer für die Gesamtanlage, zu bestimmen (s Beispiel Rz 16).

83 Der **Komponentenansatz** ist weiterhin auf während der Nutzungsdauer einer Sachanlage in regelmäßigen Intervallen durchzuführende **Generalüberholungen und Großinspektionen** anzuwenden (IAS 16.13). Voraussetzung ist, dass die allgemeinen Ansatzkriterien (wahrscheinlicher Zufluss von künftigem Nutzen und verlässliche Ermittlung der Kosten für die Generalüberholung oder Großinspektion) erfüllt sind (IAS 16.13, IAS 16.7). Diese Regelung zielt auf Anwendungsfälle von zB gesetzlich vorgeschriebenen oder technisch notwendigen Wartungsarbeiten mit bedeutendem Umfang (zB an Flugzeugen) ab. Eine Außenverpflichtung ist nicht erforderlich. Technisch erforderliche oder nach dem Anlagenverschleiß zu erwartende Generalüberholungen und Großinspektionen erfüllen das Kriterium. Der Komponentenansatz ist hier allerdings auf Generalüberholungen und Großinspektionen, die mit wesentlichen Ausgaben verbunden sind, beschränkt. Lfd Instandhaltungen und Reparaturen, die zur Aufrechterhaltung der Betriebsfähigkeit dienen, sind auch für Komponenten nicht aktivierungsfähig (IAS 16.12). Das Wesentlichkeitskriterium ist anhand der Sachanlagenstruktur und der Wertverhältnisse der einzelnen Sachanlage zu bestimmen.

Angefallene Ausgaben für **Generalüberholungen und Großinspektionen** sind zu aktivieren. Die Nutzungsdauer bestimmt sich dabei nach dem Überholungs- oder Inspektionsintervall. Vorhandene Buchwerte, resultierend aus der Aktivierung von Ausgaben für das vorherige Überholungs- oder Inspektionsintervall, sind auszubuchen bzw abzuschreiben (IAS 16.13). 84

Fortführung Beispiel Rz 16: Aufgrund einer Havarie am 29. Juni 20X3 am Extruder wird beschlossen, dass die für das Ende des Jahrs 20X3 vorgesehene Großinspektion der Anlage zusammen mit der Instandsetzung des Havarieschadens durchgeführt wird, um einen weiteren Anlagenstillstand zu vermeiden. Die Beseitigung des Havarieschadens führt nicht zu einer Verlängerung der Nutzungsdauer des Extruders und kostet ca Mio € 0,3.

Im Halbjahresabschluss zum 30. Juni 20X3 wird der Restbuchwert der Komponente Großinspektion von Mio € 0,1 als Abgang erfasst. Die Kosten für die Beseitigung des Havarieschadens werden nach Anfall im Juli im Aufwand erfasst. Im Juli 20X3 werden nach durchgeführter Großinspektion die angefallenen Kosten von Mio € 0,4 mit dem folgenden Buchungssatz erfasst:

Komponente Großinspektion Juni 20X5 Mio € 0,4 an Verbindlichkeiten Mio € 0,4.

Wurde bei der Erstaktivierung keine Komponente Großinspektion gebildet (zB mangels verlässlicher Kostenschätzung), so ist auf Basis der ersten durchgeführten Großinspektion der Buchwert der anderen Anlagen zu korrigieren (*Heuser/Theile*[3] Rz 1117).

Fortführung Beispiel Rz 16: Nach 10 Jahren wird der Extruder planmäßig ausgetauscht. Die Kosten für den ausgetauschten neuen Extruder betragen Mio € 2,5 und werden als Komponente Extruder aktiviert und über 10 Jahre abschrieben. Eine Anpassung der Anschaffungskosten für einzelne Komponenten aufgrund von Preissteigerungen innerhalb der Nutzungsdauer ist nicht vorgesehen, da jeweils nur angefallene Anschaffungs- oder Herstellungskosten auf die entspr Perioden verteilt werden (anders bei in die Anschaffungs- oder Herstellungskosten einbezogenen Abbruch-/Rekultivierungskosten s Rz 54).

2. Nachträgliche Anschaffungs- oder Herstellungskosten

Ausgaben für eine Sachanlage **nach Versetzung in den betriebsbereiten Zustand** sind als nachträgliche Anschaffungs- oder Herstellungskosten zu dem Buchwert der Sachanlage zu aktivieren, wenn und nur wenn es wahrscheinlich ist, dass durch diese Ausgaben der **zukünftige Nutzen** der Sachanlage **erhöht** wird (IAS 16.10). Als Vergleichsmaßstab für die Feststellung eines erhöhten Nutzens ist die übliche Leistung der Sachanlage im Zeitpunkt unmittelbar vor der Ausführung des nachträglichen Anschaffungs- oder Herstellungsvorgangs heranzuziehen (IAS 16.10). 85

Eine Änderung der Leistung der Sachanlage kann in folgenden Fällen gegeben sein:

(1) Änderungen an einer Anlage/Maschine, die zu einer Verlängerung der Restnutzungsdauer führen,
(2) Änderungen an einer Anlage/Maschine, die zu einer Kapazitätserhöhung führen,
(3) Aufrüstung von Maschinenteilen zur Erzielung einer wesentlich verbesserten Produktqualität,
(4) Entwicklung eines neuen Produktionsverfahrens zur wesentlichen Minderung der Produktionskosten.

Die Regelung verdeutlicht, dass IAS 16 darauf abzielt, sämtliche Ausgaben, denen nach dem ***matching principle*** **zukünftige Mehrerlöse** oder **Mehrerlösanteile** zugerechnet werden können, zu aktivieren sind. Damit gilt für nachträgliche Anschaffungs- oder Herstellungskosten eine identische Ansatz- und Bewertungsdefinition wie für erstmalige Anschaffungs- oder Herstellungskosten. Demnach sind die nach der Durchführung der nachträglichen Anschaffungs- 86 oder Herstellungsmaßnahmen zu erwartenden Zuflüsse aus der Sachanlage mit den zu erwartenden Zuflüssen im Zustand unmittelbar vor Durchführung der Maßnahme zu vergleichen. Damit können nachträgliche Ausgaben, die zB zu Produktionskostenvorteilen führen, nicht aktiviert werden, wenn anzunehmen ist, dass diese Kostenvorteile an den Absatzmarkt der Produkte weitergegeben werden müssen.

Beispiel: Die Moderna AG betreibt eine Maschinenbaufabrik. In der Lackiererei wird die Heizleistung der Trockenräume erhöht, um eine bessere Qualität der Beschichtung zu erzielen. Mit dieser Maßnahme verkürzt sich die Trockenzeit. Die Abläufe in der darauffolgenden Montage führen aber nicht zu einer kürzeren Gesamtproduktionszeit, sodass sich hieraus keine Vorteile ergeben. Die entspr Beschichtungsqualität wird von den Kunden erwartet und nicht separat vergütet. Die Umbauarbeiten der Heizung führen in einer Gesamtbetrachtung nicht zu künftigen wirtschaftlichen Vorteilen über den Zustand der Trocknungsanlage hinaus, der unmittelbar vor Ausführung der Umbaumaßnahmen bestand. Die Moderna AG aktiviert diese Kosten nicht, sondern erfasst diese im lfd Aufwand.

87 Bei **nachträglichen Anschaffungskosten zu Grundstücken** ist ein erhöhter zukünftiger Nutzen durch eine Wertsteigerung des Grundstücks oder die Erhöhung der Nutzbarkeit des Grundstücks erforderlich. Erstanschlüsse für Gas, Strom, Kanalisation und Erstanbindung an eine öffentliche Straße führen als Ersterschließungsmaßnahmen regelmäßig zu Wertsteigerungen. Ob bei Ergänzungsabgaben für vorhandene Kanalisation und weiteren Anliegerbeiträgen für Straßenumbauten oder -sanierungen nachträgliche Anschaffungskosten vorliegen, ist nach vorgenannten Kriterien im Einzelfall zu entscheiden. Die steuerliche Rechtsprechung des BFH kann grds nicht übertragen werden (*Ellrott/Brendt* in BeBiKo[6] § 255 HGB Rz 110ff).

88 Für **nachträgliche Herstellungskosten** kann nicht auf die steuerlich geprägten Grundsätze zur Auslegung des § 255 Abs 2 Satz 1 HGB – **Erweiterungen und wesentliche Verbesserungen** einer Sachanlage – zurückgegriffen werden. § 255 Abs 2 Satz 1 HGB basiert auf einem Vergleich des ursprünglichen Zustands zum Zeitpunkt der Anschaffung.

89 Nachträgliche Anschaffungs- oder Herstellungskosten liegen regelmäßig vor, wenn die notwendig durchzuführenden nachträglichen Anschaffungs- oder Herstellungsmaßnahmen der Grund für eine **vorangegangene Abschreibung** auf den erzielbaren Wert waren (IAS 36).

Ausgaben, die in **Zusammenhang mit der Anschaffung** von Sachanlagen anfallen und kaufpreismindernd berücksichtigt wurden (zB erforderlicher Renovierungsbedarf eines Gebäudes, Abbruchkosten), führen ebenfalls regelmäßig zu einer nachträglichen Aktivierung.

90 **Nachträgliche Ausgaben,** die wahrscheinlich nicht zu einem erhöhten Nutzen der Sachanlage führen (zB lfd Instandhaltungen und Wartungen, Reparaturen – Wiederherstellung der Funktionsfähigkeit), sowie **unwesentlicher Ersatz oder Erneuerung** sind als lfd Aufwand zu erfassen (IAS 16.10). Betreffen die Ausgaben den Ersatz oder die Erneuerung einer Komponente, so ist die Bilanzierung dieser Ausgaben nach dem **Komponentenansatz** zu beurteilen (s Rz 82; IAS 16.13).

91 Eine zur Aktivierung der nachträglichen Anschaffungs- oder Herstellungskosten **alternative Methode** der Herabsetzung der Abschreibungsbeträge, insbes bei Verlängerung der Nutzungsdauer, ist von IAS 16.56f nicht gedeckt. Eine Anpassung der Nutzungsdauer ist nach IAS 16.51 zu beurteilen und kann neben der Aktivierung der nachträglichen Anschaffungs- oder Herstellungskosten erforderlich sein (s Rz 107ff).

92–101 *einstweilen frei*

D. Folgebewertung von Sachanlagen

Für die Folgebewertung stehen die Bewertung mit den **fortgeführten Anschaffungs- oder Herstellungskosten** und die **Neubewertungsmethode** zur Verfügung (IAS 16.29f; zur Stetigkeit s Rz 123). Es besteht ein echtes Wahlrecht für die Folgebewertung von Sachanlagen. Ob und in welchem Umfang **Wertminderungen** vorliegen und zu erfassen bzw fortzuführen sind, ist nach IAS 36 zu beurteilen (IAS 16.63; s Rz 154, Rz 202ff). Daneben ist explizit die Folgebewertung für zum Verkauf vorgesehene Sachanlagen (IFRS 5) und vorübergehend ungenutzte/stillgelegte Sachanlagen geregelt (IAS 16.55ff). 102

I. Fortgeführte Anschaffungs- oder Herstellungskosten

Die Buchwerte von Sachanlagen oder Komponenten ergeben sich aus den **Anschaffungs- oder Herstellungskosten abzüglich kumulierter Abschreibungen** und kumulierter Wertminderungsaufwendungen (IAS 16.30). Die Abschreibung ist **systematisch** über den Zeitraum vorzunehmen, in dem der wirtschaftliche Nutzen der Sachanlage oder Komponente in dem jeweiligen Unternehmen verbraucht wird (IAS 16.50). Werden zum Bilanzstichtag Verbindlichkeiten in Fremdwährung aus dem Erwerb von Sachanlagen oder Komponenten ausgewiesen, so sind diese nach der Zeitbezugsmethode umzurechnen und entstehende Differenzen erfolgswirksam zu erfassen (IAS 21.15). 103

1. Ermittlung des Abschreibungsvolumens

Das Abschreibungsvolumen ergibt sich aus den Anschaffungs- oder Herstellungskosten unter Abzug des Restwerts der Sachanlage oder Komponente (IAS 16.50ff). Der **Restwert** ist definiert als der durch Veräußerung erzielbare Betrag für eine ähnliche Sachanlage im Zeitpunkt der Schätzung, die bereits das Ende der Nutzungsdauer erreicht hat und unter ähnlichen Bedingungen genutzt wurde, wie die Sachanlage genutzt werden soll (IAS 16.6). Mit dieser Definition ist der Restwert dynamisch definiert und bestimmt das Preisniveau stichtagsaktuell, um Prognoseunsicherheiten aus der Ermittlung des Restwerts am Ende der eigenen Nutzungsdauer zu vermeiden. Eine Berücksichtigung nach dem Bilanzstichtag erwarteter Preissteigerung ist nicht zulässig. 104

Der Standard weist darauf hin, dass der Restwert in der Praxis oft von **untergeordneter Bedeutung** sein kann, zumal etwaige Verkaufskosten abzusetzen sind. Wenn der Restwert voraussichtlich wesentlich sein wird, ist zum Anschaffungs- oder Herstellungszeitpunkt eine Schätzung des Restwerts vorzunehmen und bei der Ermittlung des Abschreibungsvolumens zu berücksichtigen.

Wird ein **Restwert** angesetzt, ist dieser zu jedem Abschlussstichtag **zu überprüfen** (IAS 16.51). Ein sachlicher Grund für kürzere Überprüfungsintervalle als bei der Überprüfung der Nutzungsdauer oder der Angemessenheit der Abschreibungsmethode (jeweils mindestens zum Ende eines jeden Geschäftsjahrs) ist nicht erkennbar.

Änderungen des Restwerts sind als Änderungen von Schätzungen für lfd und zukünftige Abschreibungsbeträge zu berücksichtigen (IAS 16.51, IAS 8.32), indem das geänderte Abschreibungsvolumen auf die Restnutzungsdauer verteilt wird. Die Verminderung eines Restwerts kann dabei ein Indikator für eine Wertminderung der Sachanlage sein (IAS 36.9ff; analoge Behandlung s § 27 Rz 9ff).

2. Ermittlung der Nutzungsdauer

105 Die Nutzungsdauer bestimmt sich grds nach dem Zeitraum, in dem die Sachanlage oder Komponente wirtschaftlichen Nutzen für das betreffende Unternehmen erbringt. Es ist auf den **betriebsindividuell erwarteten Zeitraum** abzustellen. Allgemeine oder branchenspezifische durchschnittliche Nutzungsdauern können lediglich Anhaltspunkte sein, da dabei marktspezifische Einflüsse, betriebsindividuelle Investitionszyklen und rechtliche Beschränkungen in der Nutzbarkeit unberücksichtigt bleiben. Insbes die fiskalisch beeinflussten Tabellen zur Absetzung für Abnutzung (BStBl I 2000, 1552) und die gesetzlich kodifizierten Abschreibungsregelungen (standardisierte Gebäudeabschreibungssätze § 7 Abs 4, 5 EStG) stellen nicht auf die geforderte betriebsindividuelle Ermittlung ab und sind daher nicht pauschal verwendbar (IAS 16.56ff).

106 Der zugrunde zu legende Nutzungszeitraum ist durch die **technische und wirtschaftliche Nutzbarkeit** im Rahmen des Leistungsprozesses des Unternehmens und durch äußere Einflussfaktoren bestimmt. Folgende Faktoren sind bei der Schätzung der Nutzungsdauer zu berücksichtigen (IAS 16.56):

(1) Nutzung der Sachanlage/Komponente anhand der geplanten Kapazität oder Ausbringungsmenge des Unternehmens (zB Abbauvorkommen, geplante Stückzahlen),

(2) erwarteter physischer Verschleiß in Abhängigkeit der Nutzungsintensität (zB Mehrschichtnutzung, Auslastungsgrad) und des betrieblichen Wartungs- und Instandhaltungsprogramms,

(3) technische Überholung der Sachanlage/Komponente aufgrund von Weiterentwicklungen,

(4) Einfluss von Produktänderungen oder Marktnachfrage nach den mit der Sachanlage/Komponente hergestellten Gütern oder Leistungen (zB Produktlebenszyklen, wirtschaftlicher Verschleiß),

(5) rechtliche, vertragliche oder ähnliche Nutzungsbeschränkungen aus Laufzeitabreden (zB Mietverträge, Leasingverträge, Lizenzverträge),

(6) betriebliche Investitionspolitik oder -zyklen entspr betrieblicher Übung oder Erfahrung im Unternehmen (zB vorbestimmte Veräußerungszeitpunkte, kurze Ersatzinvestitionszyklen aufgrund modischen Geschmackwandels, projektbezogene Anschaffungen).

Sachanlagen oder Komponenten, die keiner Abnutzung unterliegen (im Regelfall Grundstücke), haben – Unternehmensfortführung unterstellt – eine unbegrenzte Nutzungsdauer. Etwaige Wertsteigerungen eines Grundstücks sind bei der Schätzung der Nutzungsdauer des darauf stehenden Gebäudes außer Acht zu lassen (IAS 16.58; s Rz 28).

107 Die **Nutzungsdauer** einer Sachanlage oder Komponente ist mindestens zum Ende eines jeden Geschäftsjahrs **zu überprüfen** (IAS 16.51). Ergibt sich eine Abweichung von der bisher zugrunde gelegten Nutzungsdauer, so ist eine **Anpassung der Abschreibungsbeträge** für die lfd und die zukünftigen Perioden vorzunehmen (Änderung des Abschreibungsplans). Dabei kann insbes die **Veränderung der betriebsindividuellen Faktoren,** die maßgeblichen Einfluss auf die ursprüngliche oder vorhergehende Schätzung des Nutzungszeitraums hatten, zu verlängerten oder verkürzten Nutzungsdauern führen (s Rz 105; IAS 16.56).

108 **Nachträgliche Anschaffungs- oder Herstellungskosten,** die zu einer Verlängerung der Nutzungsdauer führen, machen regelmäßig eine Anpassung der Nutzungsdauer erforderlich.

109 Die **Anpassung der Nutzungsdauern** wirkt damit als Ereignis der Rechnungslegungsperiode auf die Abschreibung der lfd und zukünftigen Perioden. Die Abschreibung ist auf der Basis des Restbuchwerts und der neuen Restnut-

zungsdauer zu ermitteln. Eine Korrektur für vergangene Perioden wird nicht vorgenommen (IAS 16.51; keine Änderung von vorangegangenen Perioden bei Änderung einer geschätzten Nutzungsdauer IAS 8.27).

Sachverhalte oder Ereignisse, die zu einer **Verkürzung der geschätzten Nutzungsdauer** führen (zB verminderte Marktgängigkeit von auf einer spezifischen Sachanlage hergestellten Produkten, vorzeitige Einstellung der Produktlinie aus betrieblichen oder rechtlichen Gründen), sind gleichzeitig Anhaltspunkte für **Wertminderungen von Vermögenswerten** (IAS 36.9). Liegt nach einem Wertminderungstest der erzielbare Betrag unter dem Buchwert des Vermögenswerts, ist ein entspr Wertminderungsaufwand zu erfassen. Die Anpassung der Abschreibungsbeträge ist dann auf Basis des wertgeminderten Restbuchwerts vorzunehmen (IAS 36.63). 110

Eine Erhöhung des Buchwerts bei einer **Verlängerung der Nutzungsdauer** scheidet hingegen aus, da Wertaufholungen nur bei vorangegangener Wertminderung möglich sind (IAS 36.117 ff). Durch Anwendung der alternativ möglichen Neubewertungsmethode ist jedoch grds eine Anpassung des Buchwerts möglich (IAS 16.31; s Rz 123 ff).

3. Planmäßige Abschreibungsmethoden

Die **angewandte Abschreibungsmethode** soll das Abschreibungsvolumen auf systematischer Grundlage verteilen und dabei den **Verbrauch des wirtschaftlichen Nutzens** des Vermögenswerts oder der Komponente widerspiegeln (IAS 16.60). Die Anforderungen an eine systematische Verteilung können ua durch die lineare, die degressive und die leistungsabhängige Abschreibungsmethode erfüllt werden. Die Anwendung anderer systematischer Abschreibungsmethoden ist nicht ausgeschlossen (IAS 16.62). IAS 16.62 enthält **kein echtes Wahlrecht** zwischen Abschreibungsmethoden, sondern stellt lediglich fest, dass die genannten Abschreibungsmethoden systematisch sind. Es ist die Abschreibungsmethode auszuwählen, die den wirtschaftlichen Nutzungsverlauf der jeweiligen Sachanlage oder Komponente am besten abbildet (*Epstein/Jermakowicz* 2008, 254). 111

Ziel ist es, – orientiert am ***matching principle*** – die Anschaffungskosten über die Nutzungsdauer sachgerecht nach diesem Nutzenverbrauch (jährliche Produktionsstückzahlen, erwarteter Verschleiß, notwendige Wartungs- und Reparaturausgaben) den Erlösen gegenüber zu stellen. Dabei können unterschiedliche Komponenten einer Sachanlage entspr dem individuellen Nutzungsverlauf mit unterschiedlichen Abschreibungsmethoden abgebildet werden (IAS 16.45, zB mengenabhängige Abschreibung für chemische Produktionsanlage und gleichmäßiger, linearer Werteverzehr für Komponente Tanklager ohne wesentlichen Verschleiß).

Ist der wirtschaftliche **Nutzenverlauf** der Sachanlage oder Komponente nicht zuverlässig ermittelbar, so ist die lineare Abschreibungsmethode anzuwenden (IAS 38.97). Das gilt jedoch nicht für den Fall, dass ein künftiger wirtschaftlicher Nutzen nicht wahrscheinlich ist oder nicht zuverlässig bestimmt werden kann (IAS 16.7(a)). 112

Die **lineare Abschreibungsmethode** dürfte vor allem für Sachanlagen und Komponenten, die produktionsmengenunabhängig eingesetzt werden, die geringe Instandhaltungskosten verursachen (zB Betriebs- und Geschäftsausstattung) oder bei Sachanlagen/Komponenten, in deren Anschaffungspreis Instandhaltungskosten pauschal mit abgegolten sind, zur Anwendung kommen.

Degressive oder leistungsabhängige Abschreibungsmethoden spiegeln regelmäßig den Nutzenverlauf von produktionsmengenabhängig eingesetzten 113

Sachanlagen oder zB Rohstoffvorkommen wider, die insbes unter Gesichtspunkten von Mengen oder Produktionseinheiten angeschafft werden und gegen Ende der Nutzungsdauer überproportionalen Instandhaltungsaufwand verursachen.

114 Durch die erforderlichen **Anhangangaben** kann der Bilanzadressat den Einfluss der gewählten Abschreibungsmethode auf die Vermögens- und Ertragslage ausreichend einschätzen (IAS 16.73; *Epstein/Jermakowicz* 2008, 247).

115 Eine **Kombination oder ein planmäßiger Wechsel** zwischen den Abschreibungsmethoden ist grds möglich, wenn der sich dadurch ergebende Abschreibungsverlauf den Nutzenverbrauch der Sachanlage oder Komponente widerspiegelt.

Die gewählte Abschreibungsmethode ist **stetig beizubehalten,** so lange keine Änderungen im erwarteten Nutzenverlauf eintreten (IAS 16.61).

116 Es ist mindestens am Ende eines Geschäftsjahrs eine **Überprüfung der Abschreibungsmethode** dahingehend vorzunehmen, ob die Abschreibungsmethode noch der Verbrauchsstruktur des wirtschaftlichen Nutzens des Vermögenswerts entspricht (IAS 16.61). Eine **Änderung der Abschreibungsmethode** aufgrund eines geänderten Nutzenverlaufs ist als Änderung einer Schätzung zu behandeln (s § 45 Rz 31 ff; IAS 16.61, IAS 8.32 (d)).

117 Der **Abschreibungsbeginn** und die Ermittlung der Abschreibungsbeträge im Erstjahr ist für Rechnungslegungsperioden ab dem 1. Januar 2005 explizit geregelt. Eine Abschreibung ist ab dem Zeitpunkt zu erfassen, ab dem die Sachanlage oder Komponente sich in betriebsbereitem Zustand befindet (IAS 16.55).

118 Mangels expliziter Regelung und unter Beachtung des *matching principle* ist im **Erstjahr** nur eine **zeitanteilige Abschreibung** zulässig (pro rata temporis; s Rz 111). Für homogene Gruppen von Sachanlagen/Komponenten, die regelmäßigen Zugängen und Abgängen unterliegen, wird eine Erfassung einer Halbjahresabschreibung oder einer Ganzjahresabschreibung im Erstjahr mit korrespondierender Auswirkung im letzten Abschreibungsjahr für anwendbar gehalten.

119 **Abschreibungen** sind in jeder Periode der Nutzungsdauer zu erfassen, auch wenn der Wert des Vermögenswerts (erzielbarer Betrag) über dem Buchwert liegt (IAS 16.52).

Unterlassene Abschreibungen sind als Fehler rückwirkend zu korrigieren, die Auswirkungen der Vorperioden sind dabei jeweils mit dem Eigenkapital zu verrechnen (IAS 8.31 ff; s § 45 Rz 45).

4. Steuerliche Abschreibungen und Sonderposten

120 In deutschen Abschlüssen finden über die §§ 254, 279 Abs 2 und § 281 HGB bis zum Inkrafttreten des BilMoG (erstmalige Anwendung in Geschäftsjahren, die am oder nach dem 1. Januar 2010 beginnen) Abschreibungen Eingang, die auf steuerrechtlichen Bestimmungen beruhen. Hierbei sind zwei Arten von Abschreibungen zu unterscheiden. Zum einen können Abschreibungen aufgrund des **Bewertungsvorbehalts** (§ 5 Abs 6 und § 7 EStG) der Steuerbilanz korrespondierend in der Handelsbilanz erfasst werden, weil gleichzeitig die Anforderungen der §§ 243, 253 und 255 HGB beachtet werden. Hierzu zählen die steuerlichen Abschreibungsmethoden (§ 7 Abs 1, 2 EStG) und die **standardisierten Abschreibungssätze** für Bauten (§ 7 Abs 4, 5 EStG).

121 Zum anderen ist für die **Inanspruchnahme** von steuerlichen Sonderabschreibungen (FördGG; § 7c bis k EStG; Sonderabschreibungen nach dem Rahmenkatalog Naturkatastrophen) und sonstigen steuerlichen Bewertungswahlrechten (Übertragung stiller Reserven nach § 6b EStG; Ersatzbeschaffung nach R 6.6 EStR; Übertragung einer Ansparrücklage gem § 7g Abs 3 EStG bis zum 31. Dezember 2007; Rücklagenbildung nach dem Rahmenkatalog Naturkatastrophen)

die gleichzeitige Erfassung in der Handelsbilanz eine grds **Anerkennungsvoraussetzung** (§ 5 Abs 1 Satz 2 EStG; §§ 253, 254, 279 Abs 2 HGB). Nach Streichung der §§ 254, 273 HGB durch das BilMoG entfallen diese Posten im Abschluss nach HGB.

Daneben sind die **Grundsätze der ordnungsgemäßen Buchführung** (§ 243 Abs 1, § 264 Abs 2 HGB) in Deutschland durch eine Reihe von steuerlichen Vereinfachungsregeln geprägt (geringwertige Wirtschaftsgüter (§ 6 Abs 2 und § 6 Abs 2a EStG); Halbjahresabsetzung für Abnutzung bei beweglichen Wirtschafsgütern (R 44 Abs 2 EStR) bis zum 31. Dezember 2003; Methodenwechsel von degressiver zu linearer Abschreibung gem § 7 Abs 3 EStG für Investitionen bis zum 31. Dezember 2007).

Nach IAS 16.61 muss die gewählte **Abschreibungsmethode** in einem Abschluss nach IFRS zwingend den Nutzenverbrauch des Vermögenswerts widerspiegeln. Diese Voraussetzung ist insbes bei ausschließlich auf steuerlichen Vorschriften beruhenden Abschreibungen (die wesentlich investitionsfördernden Charakter haben) nicht erfüllt. Das gilt insbes für:

(1) Sonderabschreibungen nach dem Fördergebietsgesetz (§§ 2, 4 FördGG),
(2) Sonderabschreibungen zur Förderung kleinerer und mittlerer Betriebe (§ 7g EStG),
(3) Sonderabschreibungen für Investitionen, die dem Umweltschutz dienen (§ 7d EStG),
(4) Bewertungsfreiheit für abnutzbare Wirtschaftsgüter in Krankenhäusern (§ 7f EStG),
(5) erhöhte Absetzungen diverser Baumaßnahmen (§ 7c EStG; § 7k bis h EStG).

Korrespondierend sind **steuerliche Rücklagenbildungen** (Sonderposten mit Rücklageanteil gem § 281 Abs 1 HGB für Rücklage nach § 6b EStG; Rücklage für Ersatzbeschaffung nach R 6.6 EStR und Ansparrücklage nach § 7g EStG bis 31. Dezember 2007) unzulässig. 122

Bei Abschreibungsregeln, die dem Bewertungsvorbehalt unterliegen oder die steuerliche Vereinfachungen enthalten, ist es dagegen nicht ausgeschlossen, dass deren Abschreibungsverlauf dem **Verbrauch des wirtschaftlichen Nutzens** des Vermögenswerts entspricht. Das ist insbes deshalb möglich, da in § 7 EStG deckungsgleiche Methoden (lineare, degressive und leistungsabhängige Methode) vorgesehen sind. Eine Ausnahme kann hier die Begrenzung der degressiven Abschreibung auf 20 % des Restbuchwerts bilden (§ 7 Abs 2 EStG).

Gegen eine Übertragung der **Regelung über geringwertige bewegliche Wirtschaftgüter** (§ 6 Abs 2 EStG – auch nach Änderung der Regelung ab 2008) auf einen IFRS-Abschluss bestehen keine Bedenken. Aus Wesentlichkeits- und Kosten-Nutzenerwägungen (F. 29, F. 44, IAS 1.29ff) ist eine entspr Regelung mit betragsmäßig höheren Nichtaktivierungsgrenzen für alle Vermögenswerte oder auch die Fortführung der bis zum 31. Dezember 2007 geltenden Regelung denkbar, die unter Abwägung der Wertverhältnisse der Sachanlagen bestimmt werden können.

Die Anwendung der **Vereinfachungsregelung (R 44 Abs 2 EStR)** für Jahresabschlüsse bis zum 31. Dezember 2003 für bewegliche Wirtschaftsgüter führte insbes bei betragsmäßig umfangreichen Investitionen in Betriebsvorrichtungen zu erheblichen Ergebnisverfälschungen (speziell bei Anschaffung oder Herstellung gegen Ende der jeweiligen Halbjahreszeiträume) und erfüllt die Anforderungen an eine Abbildung des Nutzenverbrauchs des Vermögenswerts nicht. Eine Fortführung der Vereinfachungsregelung ist deshalb nur unter Wesentlichkeitsgesichtspunkten möglich (IAS 1.29ff).

II. Neubewertungsmethode

1. Überblick

123 Als **gleichberechtigte Bewertungsmethode** kann bei der Fortführung der Buchwerte von Sachanlagen eine **Neubewertung** erfolgen (IAS 16.31). Ziel der Neubewertungsmethode ist es, den Abschluss unverzerrt von **Inflations-effekten** zu präsentieren (*Epstein/Jermakowicz* 2008, 261). Insbes bei Vermögenswerten mit langen Nutzungsdauern können Inflationseffekte dazu führen, dass die Wiederbeschaffungskosten dieser Sachanlagen deutlich über den durch Abschreibung aufgezehrten historischen Anschaffungs- oder Herstellungskosten liegen. Die Neubewertungsmethode hat damit Kapitalerhaltungsfunktion vor allem in anlagenintensiven Branchen. Es wird sichtbar, ob die erwirtschafteten Investitionsrenditen ausreichen, gestiegene Wiederbeschaffungskosten abzudecken oder ob die nominalen Renditen unterhalb der Inflationsraten liegen und damit über Jahre ein Substanzverzehr erfolgt. Der Bilanzadressat ist dadurch in der Lage einzuschätzen, ob das Unternehmen ausreichend rentabel ist Ersatzinvestitionen durchzuführen, oder ob für Ersatzinvestitionen Fremdkapital oder Eigenkapital benötigt werden wird, was zu einer Verminderung der erwarteten Eigenkapitalrendite führen könnte.

Die Neubewertung ist nicht auf die Anschaffungs- oder Herstellungskosten als **Bewertungsobergrenze** beschränkt. Überschreitungen der Anschaffungs- oder Herstellungskosten dürften insbes bei Vermögenswerten ohne Nutzenverbrauch auftreten; insofern stellen nicht abnutzbare Vermögenswerte wie Grund und Boden auch den Hauptanwendungsfall für die Neubewertungsmethode in der Praxis dar.

Der **Buchwertansatz** wird auf Basis des **beizulegenden Zeitwerts** am Tag der Neubewertung abzüglich nachfolgend kumulierter planmäßiger Abschreibungen und nachfolgender Wertminderungen ermittelt (IAS 16.31).

Wird das **Bewertungswahlrecht** für eine Sachanlage ausgeübt, so ist die Neubewertung für die ganze Gruppe dieser Sachanlage vorzunehmen (IAS 16.36f).

Nach **Ausübung des Bewertungswahlrechts** sind Neubewertungen stetig vorzunehmen. Eine Änderung ist nur nach allgemeinen Grundsätzen möglich (IAS 1.24).

Praktische Relevanz hat die Neubewertungsmethode in Deutschland vor allem bei **Grundstücken** erreicht, ua weil die Ertragslage der Geschäftsjahre nach Neubewertung nicht durch höhere Abschreibungen belastet wird und bei einer Vielzahl von Unternehmen erhebliche stille Reserven in den Grundstücken liegen.

2. Gruppenbildung

124 **Neubewertungen** sind grds für **Gruppen von Sachanlagen** ähnlicher Art und ähnlicher Verwendung vorzunehmen (IAS 16.36f). Danach sind beide Kriterien durch die Sachanlagen einer Gruppe zu erfüllen. Beispiele für eigenständige Gruppen sind unbebaute Grundstücke, Grundstücke und Gebäude, Maschinen und technische Anlagen, Schiffe, Flugzeuge, Kraftfahrzeuge und Betriebs- und Geschäftsausstattung (IAS 16.36).

Die Bildung getrennter Gruppen für **betriebsnotwendige und für nicht betriebsnotwendige Sachanlagen** (insbes für Grundstücke) ist als sachgerecht anzusehen, da jeweils eine unterschiedliche Verwendung vorliegt. Für nicht betriebsnotwendige Vermögenswerte besteht (ohnehin außerhalb der Neubewertungsmethode) eine jährliche Pflicht zur Überprüfung der Werthaltigkeit (IAS 36.9).

Ausgerichtet an der Zielsetzung der Neubewertungsmethode – Berücksichtigung von Inflationseffekten – wäre eine **Gruppenbildung** anhand regionaler Gesichtspunkte sinnvoll (Neubewertung für Vermögenswerte in Ländern mit erheblichen Inflationsraten und Benchmark-Methode für ähnliche Vermögenswerte mit unwesentlichen Inflationsraten). Nach dem Wortlaut stellt der Standard jedoch bei der Gruppenbildung auf Art und Verwendung ab. Eine weitere Gruppendifferenzierung (zB auf Basis von Segmenten nach IFRS 8 oder zahlungsmittelgenerierenden Einheiten (ZGE) nach IAS 36) ist nicht gefordert und nicht zulässig, soweit dadurch Untergruppen entstehen.

Ziel der **Gruppenbildung** ist es, eine selektive Neubewertung und eine Mischung der beiden Methoden der Folgebewertung unter ähnlichen Sachanlagen zu vermeiden.

3. Ermittlung des Neubewertungsbetrags

Die Ermittlung des Neubewertungsbetrags (beizulegender Zeitwert) erfolgt grds **absatzmarktorientiert**. Der Neubewertungsbetrag ist der Marktwert eines Vermögenswerts auf einem aktiven Absatzmarkt ohne Berücksichtigung von Transaktionskosten (IAS 16.32; zu Anforderungen an einen aktiven Markt s Glossar). Ausgerichtet am Ziel der Neubewertung (Berücksichtigung von Inflationseffekten bei Unternehmensfortführung) ist der **beizulegende Zeitwert** nicht um etwaige Veräußerungskosten zu kürzen. 125

Kann ein Marktwert nicht unmittelbar aus lfd und aktuellen Transaktionen abgeleitet werden, können durch **Schätzung** ermittelte Marktwerte anstelle eines direkt ermittelten Marktwerts der Neubewertung zugrunde gelegt werden. Der Schätzung sind zB Marktwerte ähnlicher Vermögenswerte oder zurückliegende Transaktionspreise zugrunde zu legen (zur marktbezogenen Ermittlung s Rz 165 ff). Auf die tatsächliche Verwendung des Vermögenswerts im Unternehmen kommt es nicht an. Damit ist zB eine Neubewertung selbstgenutzter Immobilien (Verwaltungs- oder Produktionsgebäude) auf den Ertragswert zu stützen, der sich auf Basis des aktuellen Mietpreisniveaus oder von Transaktionspreisen vergleichbarer Objekte ergibt. Erst wenn es zB für spezielle Sachanlagen nicht möglich ist, Marktwerte direkt oder durch Schätzung zu ermitteln, kann die Neubewertung auf Basis von Wiederbeschaffungskosten erfolgen (IAS 16.33). Nur für den Fall, dass absatzmarktorientierte Werte nicht ermittelbar sind, ergibt sich damit die Möglichkeit, auf fortgeführte Wiederbeschaffungskosten abzustellen. Ein Wahlrecht über die Bewertungsgrundlagen besteht insoweit nicht.

Beizulegende Zeitwerte von **Grundstücken und Gebäuden** sind regelmäßig durch **Ertragswertberechnungen** hauptamtlicher Gutachter zu ermitteln (IAS 16.32; ausführlich zu zulässigen Bewertungsverfahren s § 27 Rz 27 ff). Unternehmenseigene Berechnungen sind nach dem Wortlaut nur in Ausnahmefällen zulässig und nur wenn vergleichbare Objektivierungskriterien erfüllt sind (IAS 16.32). Aufgrund der Absatzmarktorientierung der Neubewertungsmethode ist die Ermittlung der fortgeführten Anschaffungs- oder Herstellungskosten mit Hilfe von Baukostenindizes nur in Ausnahmenfällen zulässig, wenn zB aufgrund der speziellen Art des Grundstücks oder Gebäudes keine absatzmarktorientierte Ermittlung möglich ist. Für ungenutzte Immobilien reduziert sich die Bewertung ggf auf eine Ermittlung des Werts des Grund und Bodens unter Berücksichtigung von Abbruch- oder Umbaukosten und Altlastenbeseitigungskosten. 126

Für **technische Anlagen sowie Betriebs- und Geschäftsausstattung** ist der Bewertung eine Schätzung des Marktwerts zugrunde zu legen (IAS 16.32). Diese dürfte regelmäßig für marktgängige Sachanlagen möglich sein, da für diese ein entspr Markt vorhanden ist (zB Gebrauchtmaschinenpreise anhand Markt- 127 preissammlungen, Angebotsbörsen, Sachverständigengutachten). Ist eine Marktpreisableitung nicht möglich, so kommt regelmäßig nur eine Ermittlung auf Basis fortgeführter Wiederbeschaffungskosten in Betracht (s Beispiel in Rz 128).

128 Ist für **spezifische** technische Anlagen kein Markt vorhanden, ist der beizulegende Zeitwert ebenfalls durch **fortgeführte Wiederbeschaffungskosten** zu ermitteln (IAS 16.33). Dabei können die Wiederbeschaffungskosten aus den aktuellen Anschaffungskosten für eine technische und leistungsmäßig vergleichbare Anlage ermittelt werden. Da technische Weiterentwicklungen regelmäßig mit Leistungssteigerungen verbunden sind, sind entspr Abschläge auf die aktuellen Wiederbeschaffungskosten zu verrechnen, um die Vergleichbarkeit sicherzustellen.

Beispiel: Der Chemie AG liegt ein Angebot zur Errichtung einer zweiten Fertigungsanlage (Linie II) vor, die bautechnisch identisch mit der vorhandenen und seit 3 Jahren genutzten Anlage der Linie I ist. Während Linie I Anschaffungskosten von Mio € 3,5 verursacht hat und eine Nutzungsdauer von 8 Jahren aufweist, so betragen die endverhandelten Investitionskosten für die geplante Linie II Mio € 4,2. Die Kostensteigerung von 20% führt zu einem Neubewertungsbetrag von Mio € 2,625 (Restbuchwert Linie I nach 3 Jahren Mio € 2,187 erhöht um 20%). Der Neubewertungsertrag beträgt Mio € 0,438. Anzupassen sind die kumulierten Abschreibungen und die historischen Anschaffungskosten entspr (vgl Beispiel in Rz 130).

129 Die Anwendung von Indexverfahren ist ausdrücklich zulässig (IAS 16.35(a); indirekte Neubewertung). Der zu verwendende Index muss die branchenspezifische Preisentwicklung widerspiegeln. Auch hier sind Preissteigerungen aufgrund technischer Weiterentwicklung auszuschließen.

130 Für die Behandlung der **kumulierten Abschreibung** für den Zeitraum bis zur Neubewertung (von der Anschaffung oder Herstellung oder der vorangegangenen Neubewertung) sind zwei Methoden vorgesehen (IAS 16.35):

(1) proportionale Anpassung der kumulierten Abschreibung zur Änderung des Wiederbeschaffungs- oder Marktwerts,

(2) Kürzung von den ursprünglichen Anschaffungs- oder Herstellungskosten und direkte Ermittlung des Nettoneubewertungsbetrags.

Die **Methode (1)** wird regelmäßig angewandt, wenn die Neubewertung durch Schätzung der **fortgeführten Wiederbeschaffungskosten** erfolgt. Dabei wird das Verhältnis der ursprünglichen Anschaffungs- oder Herstellungskosten (oder der Anschaffungs- oder Herstellungskosten entspr der letzten Neubewertung) und der fortgeführten Wiederbeschaffungskosten auf die kumulierte Abschreibung übertragen.

Beispiel: Eine Kiesaufbereitungsanlage wird für Mio € 1 angeschafft, die Nutzungsdauer beträgt anhand der geschätzten Ausbeutedauer im Kieswerk zehn Jahre. Die Abschreibung erfolgt linear. Das Unternehmen nimmt in Intervallen von drei Jahren Neubewertungen der technischen Anlagen vor. Danach ergibt sich folgende Berechnung:

Jahr X9	Fortgeführte AHK in €	Neubewertung in €
Anschaffungskosten	1.000.000	1.120.000
Neubewertungssatz		12%
Kumulierte Abschreibung	300.000	336.000
Buchwert	700.000	784.000
Neubewertungsertrag brutto		120.000
Anpassung kumulierter Abschreibung		– 36.000
Neubewertungsertrag netto		84.000

Bei Anwendung der **Methode (2)** wird dem Buchwert (ermittelt durch Absetzung der kumulierten Abschreibungen von den Anschaffungs- oder Herstellungskosten) direkt der **Nettoneubewertungsbetrag** gegenübergestellt. Diese Methode wird angewendet, wenn für die Sachanlage **Marktwerte** zum Neubewertungsstichtag vorliegen. 131

Beispiel: Ein Industrieunternehmen nimmt eine Neubewertung für ein selbstgenutztes Verwaltungsgebäude vor, welches vor fünf Jahren errichtet wurde. Das zugrunde liegende Ertragswertgutachten weist einen Ertragswert zum Neubewertungsstichtag von Mio € 19,8 aus. Aufgrund von Bodenrichtwerten ergibt sich ein Bodenwertanteil von Mio € 4,8.

	Grund und Boden in €	Gebäude in €	Summe in €
AHK	4.000.000	16.000.000	20.000.000
Kumulierte Abschreibungen	0	2.000.000	2.000.000
Buchwerte nach fortgeführten AHK	4.000.000	14.000.000	18.000.000
Ertragswert (Neubewertungsbetrag)	4.800.000	15.000.000	19.800.000
Neubewertungsertrag netto	800.000	1.000.000	1.800.000

Bei beiden Methoden wird der Nettoneubewertungsertrag/-aufwand **saldiert ausgewiesen**. Eine getrennte Darstellung des Neubewertungsertrags (brutto) und der Anpassung der kumulierten Abschreibung (nach Methode (1)) ist unzulässig (IAS 16.35).

Innerhalb einer Gruppe von Sachanlagen ist eine **rollierende Neubewertung** zulässig, sofern die Neubewertungen aller Sachanlagen dieser Gruppe in kurzen Zeitabständen erfolgt (IAS 16.38). Dieser Zeitabstand ist unter Beachtung der Volatilität der beizulegenden Zeitwerte der Sachanlagen der betreffenden Gruppe zu bestimmen. Das gilt sowohl für die erstmalige Neubewertung als auch für Folgeperioden. 132

Mit der Vornahme von **Neubewertungen** ist eine Prüfung der **Erzielbarkeit des „Neubewertungs-"Buchwerts** für in die Neubewertung einbezogene Vermögenswerte verbunden (IAS 36.5; s Rz 159). Danach ist ein **Wertminderungstest** (IAS 36) durchzuführen, wenn eine Neubewertung auf Basis von Marktwerten vorgenommen wurde (IAS 16.32) und anzunehmen ist, dass durch bedeutende **Veräußerungskosten** der Nettoveräußerungspreis unter dem beizulegenden Zeitwert liegt (IAS 36.5(a)(ii)). Ein Wertminderungstest ist grds erforderlich, wenn die Neubewertung auf Basis von **Wiederbeschaffungskosten** erfolgte (IAS 36.5(b)). 133

4. Fortführung der Neubewertung

In welcher **Häufigkeit Neubewertungen** durchzuführen sind, ist nach der Volatilität des beizulegenden Zeitwerts für die betreffende Art von Sachanlagen zu bestimmen (IAS 16.34). Sind für die Gruppe von Sachanlagen signifikante Marktwertschwankungen zu erwarten, kann eine jährliche Neubewertung erforderlich sein. Für Sachanlagen, deren beizulegende Zeitwerte keinen wesentlichen Schwankungen unterliegen, reichen Neubewertungen alle drei bis fünf Jahre aus (IAS 16.34). Die **Neubewertungsintervalle** sind für die Gruppen von Sachanlagen so zu wählen, dass sichergestellt ist, dass die beizulegenden Zeitwerte nicht wesentlich von den fortgeführten Neubewertungsbeträgen abweichen (IAS 16.31). 134

Bei der **Ermittlung der Abschreibungsbeträge** nach Neubewertungen ist zu unterscheiden zwischen den beiden Methoden der Ermittlung des Neubewertungsbetrags (s Rz 130).

Werden der Neubewertung die **Wiederbeschaffungskosten** eines neuen Äquivalents der Sachanlage zugrunde gelegt (Methode (1), s Rz 130), kann die Abschreibung auf Basis dieser Bruttowiederbeschaffungskosten erfolgen.

Erfolgt indes eine **Marktwertermittlung** auf den Stichtag der Neubewertung, stehen die Wiederbeschaffungskosten nicht zu Verfügung (Methode (2), s Rz 131). Die **Abschreibungen** sind auf Basis des Neubewertungsbetrags und der Restnutzungsdauer am Neubewertungsstichtag zu ermitteln und erfolgswirksam zu erfassen. Eine Verrechnung von Abschreibungsanteilen mit der Neubewertungsrücklage ist unzulässig (*Schmidt/Seidel* BB 2006, 599).

135 Ergeben sich im Rahmen der Neubewertung Erkenntnisse darüber, ob die **Nutzungsdauer** von der bisherigen Nutzungsdauer abweicht oder die gewählte **Abschreibungsmethode** nicht mehr den Nutzenverbrauch des Vermögenswerts abbildet, sind entspr Anpassungen vorzunehmen (IAS 16.51; s Rz 107 und Rz 116).

Ergebnisauswirkungen aus der Neubewertung und der Anpassung der Nutzungsdauer oder der Änderung der Abschreibungsmethode sind dabei getrennt zu erfassen.

5. Erfassung der Neubewertungserträge und -aufwendungen

136 Neubewertungserträge oder -aufwendungen setzen sich aus der **Differenz** zwischen dem Neubewertungsbetrag und dem fortgeführten Buchwert und dem Anpassungsbetrag für die vor Neubewertung kumulierte Abschreibung zusammen. Die Ermittlung des „Netto-"Neubewertungsertrags/-aufwands ist für jeden Vermögenswert ungeachtet der Gruppenbildung einzeln vorzunehmen.

Neubewertungserträge sind wie folgt zu behandeln:

(1) gesonderte Darstellung im sonstigen Ergebnis *(other comprehensive income)* (IAS 1.7 iVm IAS 16.39; s § 12 Rz 71; § 15 Rz 50 und Rz 111; § 17 Rz 37 ff),

(2) erfolgswirksame Erfassung als sonstiger betrieblicher Ertrag, soweit für den Vermögenswert in Vorperioden aufwandswirksame Wertminderungen erfasst wurden (IAS 16.39 ff).

Dabei kommt es nicht darauf an, ob in Vorperioden erfasste Wertminderungen aus der Anwendung der Neubewertungsmethode (IAS 16.31 ff) oder aus einem Wertminderungstest (IAS 16.63, IAS 36.119) für den Vermögenswert resultieren (*Epstein/Jermakowicz* 2008, 261 f). **Die Wertaufholung** ist erfolgswirksam zu erfassen und betragsmäßig auf in Vorperioden erfasste Wertminderungen beschränkt. Der Anteil des Neubewertungsbetrags, der in Vorperioden erfasste Wertminderungen übersteigt, ist erfolgsneutral im sonstigen Ergebnis zu erfassen. Eine Wertaufholung planmäßiger Abschreibungen ist unzulässig.

Neubewertungsaufwendungen sind wie folgt zu behandeln:

(1) gesonderte Darstellung im sonstigen Ergebnis der Periode,

(2) erfolgswirksame Erfassung, soweit keine Neubewertungsrücklage für den Vermögenswert vorhanden ist oder der Neubewertungsaufwand eine vorhandene Neubewertungsrücklage übersteigt (IAS 16.40).

Die Neubewertungserträge und -aufwendungen sind jeweils **pro Vermögenswert** zu ermitteln und dann in der Summe als Veränderungen der Neubewertungsrücklage im sonstigen Ergebnis (der Periode und kumuliert) darzustellen.

Eine direkte **Umgliederung der Neubewertungsrücklage** in die Gewinnrücklagen ohne Berührung der Gesamtergebnisrechnung (*statement of comprehensive income;* s ausführlich § 15 Rz 46ff) bzw der gesonderten GuV (sofern dargestellt) kann vorgenommen werden, soweit der Vermögenswert realisiert ist. Als Realisierung gelten planmäßige Abschreibung, Stilllegung oder Verschrottung und Verkauf (IAS 16.41, IAS 16.67, IAS 18; für *sale-and-lease-back*-Transaktionen gem IAS 17, s § 22 Rz 159f). 137

Wird im Rahmen des Abgangs oder des Verkaufs der Buchwert des Vermögenswerts nicht realisiert, ist zuerst eine Verminderung der noch vorhandenen Neubewertungsrücklage für diesen Vermögenswert vorzunehmen. Ein übersteigender **Buchverlust** ist erfolgswirksam zu erfassen.

Bei **schrittweiser Realisierung** des Nutzens des Vermögenswerts durch jährliche Abschreibung ist eine schrittweise Umgliederung von der Neubewertungsrücklage in die Gewinnrücklagen vorzunehmen (IAS 16.41; s § 17 Rz 38). Der jährlich freiwerdende Umgliederungsbetrag ergibt sich aus der Differenz zwischen dem Abschreibungsbetrag nach (höherer) Neubewertung und dem ursprünglichem Abschreibungsbetrag (zu notwendigen Anhangangaben s Rz 224). Es kommt auf eine korrespondierende Erfassung mit dem Abschreibungsaufwand an. 138

In die **Gewinnrücklagen** umgegliederte Beträge (bei schrittweiser Realisierung entspr der planmäßigen Abschreibung) bleiben bei der Erfassung von späteren Wertminderungsaufwendungen des Vermögenswerts unberührt (IAS 16.40). 139

Orientiert am Wortlaut des Standards (IAS 16.41 „... *may be transferred* ...“) wird in der Literatur die Vorschrift zT dahingehend interpretiert, dass eine schrittweise Umgliederung aus der **Neubewertungsrücklage** in die Gewinnrücklage nicht zwingend erforderlich ist (*Heuser/Theile*[3] Rz 609). Mit Blick auf den Informationsgehalt der Eigenkapitalgliederung ist jedoch zu jedem Bilanzstichtag nur der Teil in der Neubewertungsrücklage auszuweisen, der dem nicht realisierten Anteil des Neubewertungsertrags entspricht (IAS 1.96). Insoweit ist eine **schrittweise Umgliederung** in Höhe der erfolgswirksam verrechneten Abschreibungen **geboten**. Da nach der Erfassung eines Neubewertungsertrags in der Neubewertungsrücklage bei später auftretenden Neubewertungs- oder Wertminderungsaufwendungen Ergebnisunterschiede durch unterschiedlich hoch zur Verfügung stehende Neubewertungsrücklagen auftreten können, wäre eine Klarstellung wünschenswert. Praktisch relevant könnte dieser Fall bei Industrieanlagen mit langen Nutzungsdauer werden, die zB nach inflationsbedingten Aufwertungen aufgrund sich ändernder Umweltschutzbestimmungen oder Markteinflüsse in späteren Jahren Wertminderungen erfahren. Eine Umbuchung des Neubewertungsertrags **in einer Summe** in die Gewinnrücklage zum Abgangszeitpunkt ist nur für Vermögenswerte ohne planmäßige Abschreibung zB Grundstücke sachgerecht (s § 17 Rz 38).

Darüber hinaus ist nicht einsichtig, dass ein endgültig realisierter Neubewertungsertrag, zB nach Anlagenverkauf, weiterhin in der **Neubewertungsrücklage** ausgewiesen werden kann (*Alexander/Archer* 2008 chap 27.18 halten hingegen diese Behandlung bei Bilanzierung nach dem Neubewertungsmodell für theoretisch korrekt). 140

Beispiel: Bei einer Sachanlage mit historischen Anschaffungs- oder Herstellungskosten von € 800.000 (Nutzungsdauer acht Jahre, lineare Abschreibungsmethode, vereinfachend ohne latente Steuern) ergeben sich im Jahr X3 Wiederbeschaffungskosten von € 840.000 und im Jahr X6 von € 780.000.

Jahr	Buchwert in €	Abschreibung in €	Neubewertung in €		Gewinnrücklage in €	Wertminderung in €
	31. Dezember		Betrag	Rücklage		Aufwand
X1	700.000	100.000				
X2	600.000	100.000				
X3	500.000	100.000				
	525.000	15.000	840.000	25.000		
X4	420.000	105.000		20.000	5.000	
X5	315.000	105.000		15.000	10.000	
X6	210.000	105.000		10.000	15.000	
	195.000		780.000	0	15.000	5.000
X7	97.500	97.500				
X8	0	97.500				

Der Bruttoneubewertungsertrag von € 40.000 im Jahr X3 reduziert sich um die Anpassung der kumulierten Abschreibung der Jahre X1 bis X3 (€ 40.000/8 × 3 = € 15.000) auf € 25.000 (Nettoneubewertungsbetrag) und wird in der Neubewertungsrücklage ausgewiesen. Korrespondierend mit der Abschreibung erfolgt eine erfolgsneutrale Umgliederung des jeweils freiwerdenden Betrags von € 5.000 (€ 105.000 – € 100.000 = € 5.000 aus Abschreibungsdifferenz) in die Gewinnrücklage. Im Jahr X6 ergibt die Neubewertung einen Neubewertungsaufwand von € 15.000, der zuerst in Höhe von € 10.000 erfolgsneutral über das sonstige Ergebnis der Periode mit der vorhandenen Neubewertungsrücklage verrechnet wird. Der übersteigende Betrag von € 5.000 wird als Aufwand aus Neubewertung erfolgswirksam erfasst.

III. Stilllegungen und Abgänge

141 **IFRS 5** regelt die Bilanzierung von zur Veräußerung gehaltenen langfristigen Vermögenswerten und aufgegebenen Geschäftsbereichen. Davon zu unterscheiden sind sonstige Abgänge und Stilllegungen. Sonstige Abgänge und Stilllegungen sind weiterhin in IAS 16.67 ff geregelt. Die Regelungen des IFRS 5 gelten für alle langfristigen Vermögenswerte. Insoweit sind die folgenden Ausführungen sowohl für Sachanlagen als auch für immaterielle Vermögenswerte maßgeblich.

1. Zur Veräußerung gehaltene Sachanlagen

142 Liegen die **Voraussetzungen** zur Klassifizierung einer Sachanlage (oder eines immateriellen Vermögenswerts) als zur Veräußerung gehalten vor, sind nicht mehr die Regelungen der Folgebewertung des IAS 16 und die Ausweisregelungen anzuwenden (s § 28 Rz 39 ff und Rz 107 ff).

Die **zur Veräußerung vorgesehenen Sachanlagen** sind ggf zu **Veräußerungsgruppen** zusammenzufassen (IFRS 5.4; zB rechtlich unselbstständige Betriebsteile, die durch *asset deal,* oder Vermögenswerte von TU, die im Konzernabschluss übertragen werden sollen; s § 28 Rz 14). Der Bilanzausweis erfolgt gesondert innerhalb der kurzfristigen Vermögenswerte (s § 28 Rz 107). Die Bewertung erfolgt zum niedrigeren Wert aus Buchwert und beizulegendem Zeitwert abzüglich der Veräußerungskosten. Der Zeitpunkt der erstmaligen Bewertung nach diesen Grundsätzen ist der erste Berichtszeitpunkt, nach dem die

Voraussetzungen vorliegen. IFRS 5.18 ist dynamisch auszulegen. Bis zum Eintritt der Voraussetzungen ist die Folgebewertung des IAS 16 fortzuführen, danach ist die planmäßige Abschreibung auszusetzen.

Beispiel: Der Vorstand der Industrie AG beschließt in einer Vorstandssitzung am 31. Oktober X1, dass die Betriebsstätte zur Herstellung von Spezialbaumaschinen veräußert werden soll, da entspr der strategischen Ausrichtung des Unternehmens diese Produkte nicht mehr zur Kernkompetenz gehören. Unmittelbar im Anschluss werden die Verkaufsvorbereitungen getroffen und der Betriebsteil dem bisherigen Kooperationspartner Spezialbaumaschinen GmbH auf Basis einer Unternehmensbewertung zu einem Kaufpreis von Mio € 1,2 angeboten. Die Abschreibung der Vermögenswerte des Betriebsteils wird bis zum 31. Oktober X1 planmäßig fortgeführt. Ab dem 1. November X1 werden keine Abschreibungen mehr verrechnet. Abgeleitet aus der Bewertung des Betriebsteils sind die Buchwerte der Vermögenswerte unter Abzug von Transaktionskosten gedeckt. Alle langfristigen Vermögenswerte des Betriebsteils werden zu einer Gruppe von Vermögenswerten zusammengefasst.

Betriebsteil Spezialbaumaschinen	**Buchwert zum 31.10.X1 T€**
Grundstück	800
Produktionshallen	380
Produktionsanlagen	420
Vorräte	60
Forderungen	140
Schulden	– 860
Eigenkapital des Betriebsteils	**940**
Kaufpreis auf Basis Bewertung	1.200
geplante Veräußerungskosten	– 80
Deckung der Buchwerte	**180**

Im Jahresabschluss zum 31. Dezember X1 werden die langfristigen Vermögenswerte mit dem Restbuchwert zum 31. Oktober X1 ausgewiesen, da die beizulegenden Zeitwerte unter Berücksichtigung der Veräußerungskosten die Restbuchwerte übersteigen. Die Vermögenswerte und Schulden sowie die Erfolgsrechnung des Betriebsteils sind separat im Jahresabschluss auszuweisen (s § 28 Rz 107 ff).

Wird bei der Bewertung der Sachanlagen in der Kategorie „zur Veräußerung gehaltene langfristige Vermögenswerte" ein **beizulegender Zeitwert** nach Abzug der **Veräußerungskosten** ermittelt, der unterhalb der Buchwerte liegt, so ist ein Wertminderungsaufwand erfolgswirksam zu erfassen (s § 28 Rz 51). Führt die Bewertung in einer späteren Berichtsperiode zu einem höheren beizulegenden Zeitwert unter Berücksichtigung der Transaktionskosten, so ist die Wertaufholung erfolgswirksam zu erfassen. Steht für den Vermögenswert allerdings eine Neubewertungsrücklage zur Verfügung, ist die Wertminderung in Höhe der Neubewertungsrücklage zunächst erfolgsneutral im sonstigen Ergebnis und nur der überschießende Teil erfolgswirksam zu erfassen (IFRS 5.19). Die Wertaufholung kann bis zu der Höhe erfolgen, zu der Wertminderungen nach IAS 36 über die Nutzungsdauer des Vermögenswerts oder nach IFRS 5 erfasst wurden (IFRS 5.21). Damit können auch Wertminderungen vor dem Tag der erstmaligen Kategorisierung des Vermögenswerts als zur Veräußerung gehalten, wertaufgeholt werden. Eine Erfassung von Bewertungsgewinnen über die historischen Wertminderungen hinaus ist nicht zulässig (keine Erfassung in einer Neubewertungsrücklage). 143

Bewertungen nach der Sondervorschrift des IFRS 5 führen regelmäßig zu passiven latenten Steuern, wenn die Abschreibungen ausgesetzt werden (§ 25 Rz 55).

Wird der **Veräußerungsplan** vom Management **geändert** bzw die Veräußerungsabsicht **aufgegeben**, so scheiden die betreffenden Vermögenswerte aus der 144

Kategorie „zur Veräußerung gehaltene Vermögenswerte" zum nächsten Berichtsstichtag aus und werden wieder innerhalb der Sachanlagen oder immateriellen Vermögenswerte ausgewiesen. Die Bewertung ist anzupassen. Soweit die Abschreibungsbeträge ausgesetzt wurden, sind diese **nachzuholen**. Ergänzend ist ein Wertminderungstest vorzunehmen. Die Bewertung ist mit dem niedrigeren Wert aus der Fortführung des Buchwerts für die Perioden, in denen der Vermögenswert als „zur Veräußerung gehalten" kategorisiert wurde, und dem erzielbaren Betrag nach IAS 36 anzusetzen (IFRS 5.27). Sämtliche Ergebnisauswirkungen aus der Bewertungsanpassung sind als Ergebnis aus fortzuführenden Geschäftsbereichen separat in der Gesamtergebnisrechnung bzw der gesonderten GuV (sofern erstellt) auszuweisen (IFRS 5.28 iVm IFRS 5.33A).

Beispiel in Fortführung des Falls unter Rz 142: In der Vorstandssitzung der Industrie AG am 30. Mai X2 wird folgender Beschluss gefasst: Die Verhandlungen mit der Spezialbaumaschinen GmbH führten zu keinem messbaren Ergebnis, da der gebotene Preis weit unter den Vorstellungen des Vorstands liegt und zudem die Spezialbaumaschinen GmbH die Verhandlungen verschleppt, da sie bislang die Finanzierung der Übernahme nicht sicherstellen konnte. Die zwischenzeitlich akquirierten Auslandsaufträge für den Betriebsteil sind renditestark, sodass diese Geschäftstätigkeit zwar nach wie vor nicht zur Kernkompetenz der Industrie AG zählt, aber ein Handlungsbedarf nicht mehr gesehen wird. Die Verkaufsbemühungen werden eingestellt.

Im Quartalsabschluss weist die Industriebau AG die langfristigen Vermögenswerte nach IAS 16 und IAS 38 unter den ursprünglichen Bilanzposten aus (entspr gilt dies auch für die übrigen Vermögenswerte und Schulden der ehemaligen Veräußerungsgruppe). Der ausgesetzte Abschreibungsbetrag zwischen dem 1. November X1 und dem 30. Mai X2 betrug T€ 200 und wird gesondert in der Gesamtergebnisrechnung bzw der gesonderten GuV (sofern erstellt) als Aufwand aus fortzuführenden Geschäftsbereichen ausgewiesen. Die ermittelten Buchwerte sind durch den Nutzungswert des Betriebsteils gedeckt. Für den Monat Juni X2 werden Abschreibungen planmäßig erfasst.

2. Anlagenverkauf und Abgänge

145 Eine Sachanlage ist auszubuchen, wenn der Vermögenswert abgegangen ist oder wenn **kein zukünftiger wirtschaftlicher Nutzen** von der weiteren Nutzung zu erwarten ist (IAS 16.67). Ertrag oder Aufwand aus dem Anlagenabgang ermitteln sich als Differenz aus dem Nettoveräußerungserlös und dem Buchwert zum Zeitpunkt des Abgangs. Der **Nettoveräußerungserlös/-verlust** ergibt sich dabei aus der Differenz zwischen Veräußerungserlös und Veräußerungs- oder Verschrottungskosten. Soweit etwaige Abbruchkosten nicht im Rahmen der Ermittlung der Anschaffungskosten als Rückstellungen erfasst wurden (IAS 16.16(c); s Rz 51), mindern diese den Veräußerungserlös.

146 Der **Veräußerungsgewinn/-verlust** ist erfolgswirksam im Jahr des Anlagenverkaufs oder des Abgangs zu erfassen. Der Zeitpunkt ist dabei nach allgemeinen Grundsätzen über den Verkauf von Gütern zu bestimmen (IAS 16.58; IAS 18.14ff; s § 15 Rz 11ff).

Für Anlagenverkäufe im Rahmen von ***sale-and-lease-back*-Transaktionen** ist für die Bestimmung des Verkaufs-/Abgangszeitpunkts und die Erfassung eines Veräußerungserlöses IAS 17 anzuwenden (IAS 16.68f; s § 22 Rz 156ff; zu Verkäufen im regelmäßigen Geschäftsverkehr nach Vermietung s Rz 217).

147 **Forderungen aus dem Anlagenverkauf** sind mit ihrem beizulegenden Zeitwert anzusetzen. Ist die Forderung gestundet, ist die Forderung mit ihrem Barwert zu bewerten. Differenzen zwischen dem Nominalwert der Forderung und ihrem Barwert sind als Zinsertrag zeitproportional über die Laufzeit der Stundung zu erfassen (IAS 16.72, IAS 18.29ff).

3. Vorübergehende oder endgültige Stilllegung

Für Sachanlagen, die vorübergehend nicht genutzt (*stand by*) oder die stillgelegt werden, ist die **Abschreibung** nicht auszusetzen, soweit noch Restbuchwerte vorhanden sind (IAS 16.55). Bei fortdauernder Stilllegung ist für die Bilanzierung die Frage nach der Veräußerbarkeit relevant. Fehlt ein Markt für die Veräußerung der Sachanlage, so ist die planmäßige Abschreibung nach IAS 16 fortzusetzen und ein entspr Wertminderungstest vorzunehmen. Eine Bilanzierung nach IFRS 5 scheidet aus, da gerade der zur Bestimmung des beizulegenden Zeitwerts notwendige Markt nicht vorhanden ist (s § 28 Rz 7, Rz 23). Bei Anwendung einer verbrauchsabhängigen Abschreibungsmethode kann es zu einer Abschreibung von null kommen. 148

Für alle vorübergehend oder endgültig stillgelegten Sachanlagen ist ein **Wertminderungstest** nach IAS 36 mindestens am Ende eines jeden Geschäftsjahrs vorzunehmen (s Rz 162). Stilllegung gilt als Indiz für eine Wertminderung. Daneben ist die Nutzungsdauer und die angewandte Abschreibungsmethode mindestens am Ende eines jeden Geschäftsjahrs zu überprüfen (IAS 16.51). 149

Beispiel: Die Harstein- und Kiesabbau AG beschließt aufgrund der schlechten Nachfrage am 1. Juli X1, drei Werke vorübergehend stillzulegen, bis in den betreffenden Lieferregionen wieder ein ansteigender Bedarf zu verzeichnen ist. Das Bergwerkseigentum wurde bislang verbrauchsabhängig abgeschrieben. Die Produktionsanlagen der Werke werden mit Nutzungsdauern zwischen 10 und 30 Jahren linear abgeschrieben. Mangels Abbau wird auf das Bergwerkseigentum im 2. Halbjahr X1 keine Abschreibung mehr erfasst. Die lineare Abschreibung für die Produktionsanlagen wird fortgeführt, da die Nutzungsdauern noch nicht erreicht sind. Damit werden auch die in der Abschreibungsbemessungsgrundlage enthaltenen Abbruch- und Rekultivierungskosten für die Produktionsanlagen weiter aufwandswirksam verteilt. Sowohl für das Bergwerkseigentum als auch für die Produktionsanlagen werden Wertminderungstests durchgeführt. Mangels Nutzung ist auf Veräußerungspreise abzustellen.

Sobald für stillgelegte Sachanlagen eine **Veräußerung überwiegend wahrscheinlich** wird, also nach den Kriterien des IFRS 5.6 vom Management geplant bzw aktiv begonnen worden ist, folgt die Bilanzierung IFRS 5 (IFRS 5.13, IFRS 5.32; s auch Rz 142ff und § 28 Rz 23; zum geänderten Ausweis in der Gesamtergebnisrechnung bzw der gesonderten GuV (sofern erstellt) vgl § 28 Rz 113ff).

einstweilen frei 150, 151

E. Wertminderungen von Vermögenswerten

I. Vorbemerkungen

In § 27 ist das System der IFRS zur Identifizierung und Ermittlung von **Wertminderungen** nach IAS 36 dargelegt und es werden dort die zugrunde liegenden Bewertungskonzeptionen erläutert (s § 27 Rz 1ff; zu ZGE s § 27 Rz 23ff und Rz 86ff). In diesem Abschn werden Anwendungsbeispiele aufgegriffen und die Bilanzierung der **Wertminderung** von Vermögenswerten, die in den Anwendungsbereich des IAS 36 fallen, kommentiert (zum Anwendungsbereich des IAS 36 s § 27 Rz 3f). IAS 36 beinhaltet darüber hinaus Regelungen zur Erfassung und Darstellung der **Wertaufholung** für diese Vermögenswerte. Der vorliegende Abschn basiert auf der ausführlichen Darstellung der Bewertungskonzeption in § 27. 152

Ziel des IAS 36 ist es, ein System zu installieren, das sicherstellt, dass der Buchwert eines Vermögenswerts nicht über dem erzielbaren Betrag für diesen Vermögenswert liegt (Wertminderung). Der **erzielbare Betrag** ist dabei als der höhere Betrag, der dem Unternehmen aus der fortgesetzten Nutzung (Nutzungswert) oder der Veräußerung des Vermögenswerts (Nettoveräußerungspreis) zufließen wird, definiert (IAS 36.15; Begriffsdefinitionen s Glossar). Damit soll ein rationales Managementverhalten nachgebildet werden, welches zwischen Verkauf des Vermögenswerts und fortgesetzter Nutzung entscheiden muss (s § 27 Rz 19; *Kümpel* BB 2002, 984).

Eine Differenzierung wie im deutschen HGB nach vorübergehender und dauerhafter **Wertminderung** (§ 253 Abs 3 HGB (BilMoG)/§ 253 Abs 2 HGB) wird in IAS 36 nicht vorgenommen. Das gilt sowohl für die Beurteilung der Anhaltspunkte einer Wertminderung als auch für die Ermittlung und Beurteilung der Wertminderung selbst.

Wesentliche **Wertminderungsrisiken** ergeben sich aus Entwicklungen auf Absatz- oder Beschaffungsmärkten, die nachteilig auf ein Unternehmen wirken. Marktbedingte Wertminderungen erfassen dabei nicht nur isoliert einzelne Vermögenswerte, sondern regelmäßig bestimmte Gruppen von Vermögenswerten, denen oftmals auch derivative Geschäfts- oder Firmenwerte zuzuordnen sind. Für spezifische Vermögenswerte (zB Produktionsanlagen) kann oftmals kein isolierter Nettoveräußerungspreis festgestellt werden, da sich der Wert solcher Vermögenswerte nur durch seine Nutzung im Produktions- oder Dienstleistungsprozess (durch damit bediente Marktanteile) rechtfertigt. Das gilt oftmals auch für vielseitig einsetzbare Vermögenswerte, deren Nettoveräußerungspreis erheblichen Abschlägen aufgrund eines vorherrschenden Käufermarkts unterliegt.

Der Schwerpunkt des IAS 36 liegt deshalb auf der Identifizierung, Bestimmung und Erfassung von Wertminderungen für **zahlungsmittelgenerierende Einheiten** (ZGE) auf Basis von **Nutzungswerten** (s § 27 Rz 27 ff). Die nachfolgende Kommentierung gilt für Wertminderungs- und Wertaufholungstests für **einzelne** Vermögenswerte im Anwendungsbereich des IAS 36.

Der Anhang zu IAS 36 enthält **ausführliche Beispiele** zu allen Ermittlungsschritten, auf die verwiesen wird.

II. Anwendungsbereich

153 Der **Anwendungsbereich** des IAS 36 ist durch Negativabgrenzung („Anwendung auf alle Vermögenswerte ausgenommen …“) festgelegt. Danach sind folgende Vermögenswerte von IAS 36 erfasst:

(1) Immaterielle Vermögenswerte (IAS 38.60, IAS 38.105),
(2) Geschäfts- oder Firmenwerte aus Unternehmenserwerben und Konsolidierungsvorgängen (IFRS 3.32 (2008)/IFRS 3.51 ff (2004)),
(3) Sachanlagen, mit Ausnahme von Immobilien, die mit dem beizulegenden Zeitwert nach IAS 40.27 ff bewertet werden,
(4) grds Anteile an TU (IAS 27), assoziierten Unternehmen (IAS 28) und Gemeinschaftsunternehmen (IAS 31) im Konzern- und Einzelabschluss mit Ausnahme der Anteile, die in den Anwendungsbereich des IAS 39 fallen.

Negativ abgegrenzt sind Vermögenswerte, für die besondere Regelungen zur Sicherstellung der Werthaltigkeit oder zur grds Bewertung existieren, wie Vorräte, Fertigungsaufträge, latente Steuern, Arbeitnehmeransprüche, Finanzinstrumente, Immobilien, die nach IAS 40 bilanziert werden, und biologische Vermögenswerte (s § 27 Rz 3 f).

III. Identifizierung von potenziell wertgeminderten Vermögenswerten

1. Anhaltspunkte für Wertminderungen

154 IAS 36 verpflichtet die Unternehmen, den sog „***triggering approach***" umzusetzen. Danach ist zu jedem Abschlussstichtag (auch Zwischenabschlüsse) einzuschätzen, ob für die erfassten Vermögenswerte Anhaltspunkte für mögliche Wertminderungen vorliegen (IAS 36.9). Liegen Anhaltspunkte vor, ist der Wertminderungstest formal durchzuführen und der erzielbare Betrag für den oder die betreffenden Vermögenswerte zu bestimmen. Die Beurteilung der unternehmensinternen und -externen Anhaltspunkte mit Einfluss auf die Wertentwicklung von Sachanlagen und immateriellen Vermögenswerten ist zu dokumentieren (IAS 36.7 ff). Die im Standard katalogisierten Anhaltspunkte sind in § 27 Rz 10 f aufgelistet.

155 Der **Betrachtungszeitpunkt** richtet sich dabei grds nach den allgemeinen Regeln des IAS 10. Danach sind sämtliche berücksichtigungspflichtigen Ereignisse (wertaufhellende Ereignisse) nach dem Bilanzstichtag bis zum Veröffentlichungszeitpunkt (Aufstellungszeitpunkt) bei der Identifizierung von wertgeminderten Vermögenswerten zu berücksichtigen. Das bedeutet, dass für die Anhaltspunkte des IAS 36.12(a), (c) und (e) nachteilige Entwicklungen bis zum Veröffentlichungs-/Aufstellungszeitpunkt des Jahresabschlusses nur zu einem Wertminderungstest verpflichten, wenn die Ereignisse (Gründe) für diese Entwicklungen bereits am Abschlussstichtag eingetreten waren (bestanden haben; IAS 10.2). Es besteht eine Angabepflicht im Anhang.

156 Über den allgemeinen **Betrachtungszeitpunkt** hinaus sehen IAS 36.12(b), (f) und (g) bei diesen Anhaltspunkten eine Einbeziehung von zu erwartenden negativen Entwicklungen vor. Der Betrachtungszeitraum kann dabei nicht über den Zeitraum der Einschätzung der **Unternehmensfortführung** (IAS 1.12) hinausgehen und wird regelmäßig zwölf Monate nach dem Bilanzstichtag betragen.

157 Bei der **Identifizierung von wertgeminderten Vermögenswerten** sind Erkenntnisse aus vorangegangenen Wertminderungstests zu verwerten. Ist aufgrund dieser Erkenntnisse nicht zu erwarten, dass zwischenzeitlich eingetretene Ereignisse zu einer Wertminderung führen, kann trotz vorliegender Anhaltspunkte auf einen Wertminderungstest verzichtet werden (IAS 36.15). Zum Nachweis können dabei Ergebnisse von in Vorperioden vorgenommenen **Sensitivitätsanalysen** dienen (IAS 36.15).

158 Die Regelungen über die Anhaltspunkte von Wertminderungen von Vermögenswerten sind analog für einmal wertgeminderte Vermögenswerte anzuwenden, um festzustellen, ob **Wertaufholungen** vorliegen können (IAS 36.110 ff).

Aus den Anhaltspunkten zur Identifizierung von Wertminderungen können darüber hinaus Hinweise zu notwendigen Anpassungen von **Nutzungsdauern** oder **Abschreibungsmethoden** abgeleitet werden (IAS 36.17, IAS 16.51 und IAS 16.61).

Beispiel 1: Ein Betriebsteil der Mineraljungbrunnen AG in O weist per 30. September X1 eine erhebliche negative Planabweichung auf. Die Auslastung sinkt auf 65% ab. Nach Einschätzung des Managements wird das Ergebnis zum Jahresende zwar leicht positiv sein, aber erheblich von den Erwartungen bei Errichtung des Betriebsteils abweichen. Der Investitionsrechnung war eine 88% ige Auslastung unterstellt.

Die Mineraljungbrunnen AG ist verpflichtet, einen Wertminderungstest durchzuführen. Ein Wertminderungstest ist nicht erst bei Eintritt von Verlusten durchzuführen, eine derartige Planabweichung bzw Absinken der Ertragserwartungen reicht aus.

Beispiel 2: Der mittelständische Möbelhändler „Eiche-Rustikal" hat vor drei Jahren mehrere Möbelkaufhäuser im Umkreis der Großstadt L von einem Konkurrenten übernommen. In unmittelbarer Nähe zum Möbelkaufhaus in L beginnt die Handelskette „Moose" mit der Errichtung eines neuen Möbelmarkts. Der Möbelhändler geht davon aus, dass sich der Wettbewerb nicht nur in L, sondern im gesamten Umland von L erheblich verändern und er Marktanteile verlieren wird.

Es liegt ein externes Ereignis vor, das den Möbelhändler zu einem Wertminderungstest verpflichtet. Dabei sind die Unternehmensplanungen zu überarbeiten und die Umsatzerwartungen an die bevorstehende Markteröffnung anzupassen. Davon sind alle Kaufhäuser im Einzugsgebiet betroffen. Ob dabei eine zusammengefasste Beurteilung erfolgen kann, hängt von den Wechselwirkungen im Marktraum ab.

2. Sonstige Anlässe für Wertminderungstests

159 IAS 36 selbst und einzelne Standards sehen in nachstehend beschriebenen Fällen die zwingende Durchführung von **Wertminderungstests** vor und unterstellen dabei, dass Anhaltspunkte für Wertminderungen vorliegen.

Wertminderungstests sind danach zwingend im Rahmen von **Neubewertungen** von Sachanlagen und immateriellen Vermögenswerten erforderlich (IAS 36.5).

Bei der erstmaligen (innerhalb der Entwicklungsphase schrittweisen) Erfassung von selbstgeschaffenen immateriellen Vermögenswerten ist der zukünftige wirtschaftliche Nutzen durch die Ermittlung des erzielbaren Betrags nachzuweisen (IAS 38.60).

Für vorübergehend oder abschließend **stillgelegte** (s Rz 148) oder zum **Verkauf vorgesehene** Sachanlagen und immaterielle Vermögenswerte iSv IFRS 5 ist ein Wertminderungstest unmittelbar vor Klassifizierung als langfristige zur Veräußerung vorgesehene Vermögenswerte durchzuführen (IFRS 5.18; s § 28 Rz 43).

Werden im Rahmen der Ersterfassung eines Vermögenswerts **Fremdkapitalkosten** aktiviert, ist mittels eines Wertminderungstests sicherzustellen, dass nicht durch Aktivierung der Fremdkapitalkosten der erzielbare Betrag überschritten wird (IAS 23.16).

160 Unabhängig von der Identifizierung von möglichen Wertminderungen sind für folgende **immateriellen Vermögenswerte** zwingend mindestens jährliche Wertminderungstests durchzuführen:

(1) immaterielle Vermögenswerte, die noch nicht zum Gebrauch verfügbar sind und

(2) immaterielle Vermögenswerte mit unbegrenzter Nutzungsdauer (IAS 38.108; s § 4 Rz 85f, IFRS 3.B63(a) (2008)/IFRS 3.54 (2004), für Geschäfts- oder Firmenwerte s § 34 Rz 239).

IV. Vorgehen bei Wertminderungen

1. Grundsätze

161 Die Einschätzung, ob **Wertminderungen** vorliegen, basiert auf dem Vergleich des Buchwerts mit dem erzielbaren Betrag aus der fortgeführten Nutzung oder dem Verkauf eines Vermögenswerts (zu den Anlässen eines Wertminderungstests s § 27 Rz 6ff). Können diese potenziellen Einnahmen nicht einem Vermögenswert einzeln zugeordnet werden, ist die Bildung von **ZGE** vorgesehen (IAS 36.66, § 27 Rz 23ff). Das kann sowohl bei der Zuordnung eines Nettoveräußerungspreises als auch bei der Zuordnung des Nutzungswerts erforderlich sein (IAS 36.66, IAS 36.18). Als Beispiel seien hier einzelne Vermögenswerte genannt, die aufgrund technischer Gründe nur gemeinsam veräußert werden, oder gemeinschaftlich genutzte Vermögenswerte, die keine eigenen Zahlungsströme generieren. So haben Verwaltungsgebäude oder Geschäfts- oder Firmenwerte nur in Zusammenhang mit Sachanlagen und funktionierenden Geschäftsbetrieben überhaupt einen Wert (s § 27 Rz 21 ff).

Ein **Wertminderungsaufwand** ergibt sich grds, wenn der Buchwert eines 162
Vermögenswerts oder einer ZGE über dem erzielbaren Betrag liegt (IAS 36.59). Der **erzielbare Betrag** ist definiert als der höhere „der beiden Beträge aus Nettoveräußerungspreis und Nutzungswert" (IAS 36.18).

Liegt bereits der **Nettoveräußerungspreis** über dem Buchwert, kann demnach auf eine Ermittlung des Nutzungswerts verzichtet werden (IAS 36.19; s § 27 Rz 18 ff; analog wenn der Nutzungswert über dem Buchwert liegt).

Auf eine Ermittlung des Nutzungswerts kann auch verzichtet werden, wenn der **Nutzungswert** nicht wesentlich von dem ermittelbaren Nettoveräußerungspreis abweicht (zB bei Vermögenswerten, deren Nutzen durch Veräußerung bestimmt ist; IAS 36.21 f).

Bei ausschließlicher Bestimmung des **Nettoveräußerungspreises** ist es grds unerheblich, ob für den Vermögenswert konkret auch ein Verkauf vorgesehen ist. IAS 36 stellt lediglich auf die **marktorientierte Ermittelbarkeit** (und damit Veräußerungsmöglichkeit) eines Nettoveräußerungspreises ab und impliziert, dass das Management eines Unternehmens rational nach der Prämisse des höheren Werts handelt.

Wertminderungen von **gemeinschaftlichen Vermögenswerten** (zB Fabrik- 163
oder Verwaltungsgebäuden) können oftmals nur durch Bestimmung des Nutzungswerts der entspr ZGE ermittelt werden. Ist vom Management der Verkauf des gemeinschaftlichen Vermögenswerts beschlossen, so ergibt sich der erzielbare Betrag aus dem Nettoveräußerungspreis (*Telkamp/Bruns* FB 2000, 25).

Bei **nicht betriebsnotwendigen Immobilien** ist nur der Nettoveräußerungspreis als Liquidationswert ermittelbar, soweit nicht zB aus einer Vermietung ein Nutzungswert abgeleitet werden kann.

2. Ermittlung des erzielbaren Betrags

Der erzielbare Betrag ist als der höhere Betrag aus Nettoveräußerungspreis 164
(beizulegender Zeitwert abzüglich Veräußerungskosten) und Nutzungswert definiert (IAS 16.6; s § 27 Rz 27 ff). Liegt bereits der Nettoveräußerungspreis über dem Buchwert, kann auf die Ermittlung des Nutzungswerts verzichtet werden (zB Grundstückspreise). Hier wird im Wesentlichen auf Transaktions- oder sonstige Vergleichspreise für die Vermögenswerte abgestellt (s § 27 Rz 37 ff). Praktisch bedeutsamer ist die Ermittlung des Nutzungswerts, der letztlich auch für eine fiktive Veräußerung die Bewertungsgrundlage bildet (s § 27 Rz 57 ff).

a) Nettoveräußerungspreis

Die grds **marktbezogene Ermittlung** kann auf Basis eines vorliegenden 165
bindenden Verkaufsvertrags, aus einem gegenwärtigen Angebotspreis auf einem aktiven Markt, aus jüngsten Transaktionen oder aufgrund der besten verfügbaren Informationen erfolgen (IAS 36.25 ff; s § 27 Rz 37 ff). Dabei ist jeweils die Grundlage zu verwenden, die die höhere Marktnähe aufweist. Liegt ein Angebotspreis vor, der Fremdvergleichsgrundsätzen entspricht, so kann die Bewertung nicht auf sonstige verfügbare Informationen gestützt werden.

Beispiel: Für die nicht betriebsnotwendige Lagerhalle der Logistik GmbH liegt ein notarielles Kaufangebot vor. Der Angebotspreis berücksichtigt den Bodenrichtwert und den Zustand der Lagerhalle. Der Erwerber möchte die Lagerhalle für das eigene Unternehmen nutzen und hat im Angebotspreis keine wesentlichen baulichen oder Nutzungsänderungen unterstellt. Das Management stützt die Bewertung auf in Zukunft steigende Grundstückspreise, die aufgrund geplanter Industrieansiedlungen eintreten sollen. Nach IAS 36.25 ff ist zu diesem Bilanzstichtag auf das Kaufangebot abzustellen.

166 Eine Ermittlung des **Nettoveräußerungspreises** auf Basis der **Wiederbeschaffungskosten** (IAS 16.31) ist unzulässig, da im Rahmen von Wertminderungen nicht auf den Beschaffungsmarkt, sondern **ausschließlich** auf den Absatzmarkt abgestellt wird.

Bei der Preisbestimmung ist dabei ein **üblicher Verkaufsverlauf** zu unterstellen, soweit das Unternehmen nicht zB im Rahmen von Unternehmenskrisen oder Umstrukturierungen zum Verkauf gezwungen ist (IAS 36.27). Eine Berücksichtigung von Umständen, die zu Verkaufszwängen oder Aufgabezwängen führen, ist trotz unterstellter **Unternehmensfortführung** (F. 23, IAS 1.25) gerechtfertigt, da die Veräußerung/Liquidation des Vermögenswerts wertbildend ist, wenn eine fortgeführte Nutzung geringeren Nutzen erwarten lässt.

Deshalb sind auch direkt zuordenbare **Veräußerungskosten** zu berücksichtigen. Veräußerungskosten können zB Kosten für die Versetzung des Vermögenswerts in einen verkaufsfähigen Zustand (Fertigstellungs- oder Aufbereitungskosten), Gerichts- und Anwaltskosten, Transaktionskosten oder Abbruch-/Beseitigungskosten (soweit nicht als Schuld nach IAS 16.16(c) erfasst; s Rz 51 f) sein.

167 Nicht zu den **Veräußerungskosten** zählen Kosten, die nicht direkt mit der Veräußerung in Zusammenhang stehen, wie etwa Personalabfindungskosten oder Umstrukturierungs-/Reorganisationskosten, auch wenn diese Kosten mit der Veräußerung von Vermögenswerten, Unternehmensbereichen oder Teileinheiten mittelbar einhergehen (IAS 36.28).

Soweit im Rahmen einer Veräußerung der Käufer eine **Schuld** mit übernimmt, zB für die mit der Nutzung verbundenen Kosten (zB Rekultivierungsverpflichtungen eines Bergwerks oder Wiederauffüllungsverpflichtungen bei Deponien, nicht dagegen Finanzierungsschulden), ist der Nettoveräußerungspreis und korrespondierend der Buchwert um die Höhe der Schuld zu vermindern (IAS 36.28 ff, IAS 36.78; *Telkamp/Bruns* FB 2000, 29).

b) Nutzungswert

168 Der **Nutzungswert** ermittelt sich auf Basis der zukünftigen abgezinsten Cashflows, die durch die Nutzung des Vermögenswerts inklusive dem Abgang dem Unternehmen zufließen werden (IAS 36.31; s § 27 Rz 57 ff).

169 Für die **Schätzung der künftigen Cashflows** von Vermögenswerten sind in IAS 36.33ff **Grundsätze** enthalten, die zu einer Begrenzung der Prognoseunsicherheit führen sollen, die mit der Schätzung von zukünftigen Zahlungsströmen verbunden sind. Die Grundsätze beinhalten:

(1) vernünftige und vertretbare Annahmen des Managements über die ökonomischen Rahmenbedingungen während der Restnutzungsdauer des Vermögenswerts,
(2) Schätzung muss die zum Zeitpunkt des Wertminderungstests besten Informationen des Managements über die zukünftige Entwicklung repräsentieren,
(3) externe Informationen und substanzielle Hinweise sind bei der Schätzung stärker zu berücksichtigen als interne Unternehmensinformationen,
(4) Cashflow-Prognosen sollen auf genehmigten Finanzplänen des Managements beruhen, der Prognosezeitraum soll regelmäßig fünf Jahre nicht übersteigen,
(5) Schätzung der Netto-Cashflows unter Berücksichtigung aller Mittelzu- und -abflüsse, die aus der Nutzung des Vermögenswerts resultieren,

(6) Schätzung der künftigen Cashflows grds auf Basis des Zustands des Vermögenswerts zum Schätzungszeitpunkt,
(7) keine Berücksichtigung von Mittelzu- oder -abflüssen aus Finanzierungstätigkeit,
(8) keine Berücksichtigung von Ertragsteuerwirkungen und
(9) Einbeziehung des Nettozuflusses aus dem Abgang/Verkauf des Vermögenswerts am Ende der Nutzungsdauer unter Berücksichtigung geschätzter Veräußerungskosten.

Nach diesen Grundsätzen soll eine sachgerechte Bewertung durch stärkere 170 Gewichtung von Informationen aus dem **externen Unternehmensumfeld** sichergestellt werden. Daneben muss die Ermittlung des Nutzungswerts auf vom Management **genehmigten Unternehmensplanungen** inklusive der dort berücksichtigten Einschätzung über die Entwicklung des Absatz- und des Beschaffungsmarkts des Unternehmens basieren. Der **Prognosezeitraum** soll dabei regelmäßig fünf Jahre nicht übersteigen. Eine Prognoserechnung über einen Zeitraum von mehr als fünf Jahren muss durch sachliche Gründe gerechtfertigt sein. Dabei kommen insbes langfristige Kundenbindungen aufgrund vertraglicher Basis oder aufgrund einer besonderen Marktstellung in Betracht. Auch für Vermögenswerte mit längeren planmäßigen Nutzungsdauern ist ein längerer Prognosezeitraum sachgerecht. Das gilt insbes dann, wenn längere planmäßige Nutzungsdauern sich aufgrund der Art des Vermögenswerts (zB industrielle Großanlagen, Kraftwerke, Gebäude, Grundstücke) ergeben oder im Rahmen der Investitionsplanung vor der Anschaffung oder Herstellung des Vermögenswerts zugrunde gelegt wurden. Die Identifikation eines Wertminderungspotenzials kann indes ein Grund für eine Verkürzung des Prognosezeitraums sein (zB gesetzliche/behördliche Betriebsbeschränkungen). Für Prognosezeiträume über den detaillierten Planungshorizont von fünf Jahren hinaus sind gleichbleibende oder rückläufige Wachstumsraten zugrunde zu legen. In die Prognose sollen nur erwartete Cashflows Eingang finden, die innerhalb branchenüblicher langfristiger Durchschnittswachstumsraten liegen, da überdurchschnittliche Wachstumsraten über längere Zeiträume aufgrund des Eintritts von Mitbewerbern in den Markt des Unternehmens unwahrscheinlich sind. Diese Beschränkungen entsprechen den üblichen Anforderungen an die pauschalierte Fortschreibung im ferneren Prognosezeitraum bei Unternehmensbewertungen.

Zukünftige Gemeinkosten des Unternehmens sind als Mittelabflüsse den 171 Cashflows des Vermögenswerts direkt oder auf vernünftiger und stetiger Basis zuzurechnen (IAS 36.41). Für die Fälle, in denen der zu überprüfende Vermögenswert sich nicht in einem betriebsbereiten Zustand befindet, sind die noch **erforderlichen Kosten bis zur Versetzung in den betriebsbereiten Zustand** (s Rz 30 ff) in die zukünftigen Mittelabflüsse einzubeziehen (zB bei im Bau befindlichen Betriebsgebäuden, sonstigen Industrieanlagen des Sachanlagevermögens oder Softwareprojekten).

Die Schätzung der künftigen Cashflows ist auf Basis des **gegenwärtigen Zustands** des Vermögenswerts vorzunehmen. Das bedeutet, dass Einflüsse von 172 nicht durch das Management verpflichtend beschlossenen **Restrukturierungen** und ggf zusätzliche Zahlungszuflüsse aus künftigen **Investitionen** nicht einzubeziehen sind (IAS 36.IE44 ff). **Restrukturierungseinflüsse** (wie geringere Personalkosten und sonstige Kosteneinsparungen) sind nur in die Cashflow-Prognose einzubeziehen, wenn eine faktische Verpflichtung für das Unternehmen zur Durchführung der Restrukturierung nach IAS 37.70 ff besteht (IAS 36.47; s § 13 Rz 36 f).

Nach IAS 36.52 enthalten die prognostizierten Cashflows Einzahlungen aus dem **Abgang**/Verkauf des Vermögenswerts am Ende seiner Nutzungsdauer (ggf nur Schrottwert) und die Auszahlungen für damit verbundene **Veräußerungskosten.** Die Ermittlung des Cashflows aus dem Anlagenabgang ist dabei nach den Verhältnissen am Bewertungsstichtag für einen ähnlichen Vermögenswert vorzunehmen, der das Ende seiner Nutzungsdauer erreicht hat und unter vergleichbaren Bedingungen betrieben wurde, wie sie für den zu bewertenden Vermögenswert geplant sind (IAS 36.53).

173 Ergeben sich aus der fortgesetzten Nutzung des Vermögenswerts **Zahlungsströme in ausländischer Währung,** so sind diese jeweils mit dem für die Fremdwährung angemessenen Zinssatz abzuzinsen und zum Devisenkassakurs des Bewertungsstichtags umzurechnen (IAS 36.54).

174 Die ermittelten Cashflows sind abzuzinsen mit einem **Zinssatz,** der die gegenwärtigen Marktbewertungen über den Zinseffekt und die spezifischen Risiken des Vermögenswerts widerspiegelt (IAS 36.55; s § 27 Rz 71 ff). Es ist ein Vorsteuerzinssatz zu verwenden. Risiken des Eintritts der prognostizierten Zahlungsströme sind durch einen Risikozuschlag zu berücksichtigen und nicht von den geschätzten Cashflows abzusetzen.

175 Das Ziel ist es, einen **marktadäquaten Zinssatz** zu ermitteln, indem die Schätzung soweit wie möglich auf von Investoren geforderten Renditen vergleichbarer Finanzinvestitionen basieren soll (IAS 36.57). Aus dem Standard ergibt sich damit insgesamt die Forderung einer marktorientierten Ermittlung des Abzinsungssatzes. Die Verwendung des Zinssatzes aus der Refinanzierung des Vermögenswerts ist unzulässig, weil Finanzierungszinssätze regelmäßig aufgrund vertraglicher Sicherungsabreden unter den Marktzinssätzen liegen.

3. Ermittlung und Erfassung des Wertminderungsaufwands

176 Der **Wertminderungsaufwand** eines einzelnen Vermögenswerts ergibt sich aus dem Vergleich seines Buchwerts zum Abschlussstichtag mit dem erzielbaren Betrag (IAS 36.59; zu den Regelungen bei ZGE s § 27 Rz 121 ff).

Die **Wertminderung** wird grds als lfd **Aufwand** der Periode in der Gesamtergebnisrechnung bzw der gesonderten GuV (sofern erstellt) erfasst. Steht für Sachanlagen oder für immaterielle Vermögenswerte eine **Neubewertungsrücklage** aus vorangegangener Neubewertung des Vermögenswerts (IAS 16.39, IAS 38.76) zur Verfügung, ist der Wertminderungsaufwand von der Neubewertungsrücklage abzusetzen (Behandlung als Neubewertungsabnahme; IAS 36.59). Nach IAS 1.7 und IAS 1.96 sind diese Änderungen gesondert im sonstigen Ergebnis der Periode und im kumulierten sonstigen Ergebnis auszuweisen (s § 17 Rz 39). Soweit der Wertminderungsaufwand größer als der Betrag der Neubewertungsrücklage ist, wird der überschießende Teil aufwandswirksam in der Gesamtergebnisrechnung bzw der gesonderten GuV (sofern erstellt) erfasst (s Rz 136).

Überschreitet der Wertminderungsaufwand den Buchwert des Vermögenswerts, ist eine Erfassung der Wertminderung bis zu einem Buchwert von null vorzunehmen (IAS 36.62). Über den Buchwert hinausgehende Wertminderungen sind als Schuld zu erfassen, soweit die Voraussetzungen nach IAS 37.14 erfüllt sind (IAS 36.62; zB Abbruchkosten für stillgelegte Anlagen auf gemieteten Betriebsgrundstücken).

177 Wurden Wertminderungen für einen Vermögenswert verrechnet, ist eine **Anpassung des Abschreibungsbetrags** vorzunehmen, um eine systematische Abschreibung über die Restnutzungsdauer zu erreichen (IAS 36.63).

V. Entschädigung für Wertminderungen und Wiederbeschaffungen

Entschädigungen Dritter, die ein Unternehmen für Wertminderungen, Verlust, Untergang oder Beschädigung von Sachanlagen erhält, sind grds als getrennte Geschäftsvorfälle in den sonstigen betrieblichen Erträgen zu erfassen (IAS 16.65 ff). Eine **Saldierung** mit zB der Wertminderung oder dem Anlagenabgang ist ebenso unzulässig wie eine Saldierung mit dem Ersatz der Sachanlage. 178

Unzulässig ist auch eine schrittweise **Vereinnahmung** nach den Grundsätzen über die Bilanzierung von Zuwendungen der öffentlichen Hand (IAS 20; s Rz 59). Das gilt auch, soweit zB öffentliche Entschädigungen unter Auflagen zur Durchführung von Ersatzinvestitionen gewährt werden, da mit der Entschädigung der bereits erfasste Aufwand für das außerordentliche Ereignis korrespondiert.

Je nach **Wesentlichkeit** des Betrags ist eine separate Erfassung der Entschädigung in der Gesamtergebnisrechnung bzw der gesonderten GuV oder eine Anhangangabe möglich (IAS 16.65).

Beispiele für **Entschädigungen Dritter** sind:

(1) Leistungen von Versicherungsunternehmen,
(2) Abfindungs- oder Entschädigungszahlungen der Regierung bei Enteignungen oder der öffentlichen Hand bei Verlegung von Sachanlagen aufgrund öffentlicher Baumaßnahmen,
(3) Ersatz oder Entschädigungszahlungen bei Wertminderung oder Untergang infolge Naturkatastrophen.

Dabei sind monetäre und nicht-monetäre Entschädigungen gleich zu behandeln. Die Bewertung erhaltener **nicht-monetärer Entschädigungen** ist auf der Grundlage des Gegenleistungsprinzips zum beizulegenden Zeitwert vorzunehmen.

Der Zeitpunkt der Erfassung von Entschädigungen richtet sich nach den allgemeinen Grundsätzen (IAS 1).

einstweilen frei 179–201

F. Wertaufholungen von Vermögenswerten

I. Grundsätze

Eine **Wertaufholung** liegt grds vor, wenn der erzielbare Betrag für einen Vermögenswert nach einer vorangegangenen Wertminderung gestiegen ist. Es besteht **Wertaufholungspflicht.** Grundgedanke der Regelungen ist, zu jedem Abschlussstichtag die in Vorperioden vorgenommenen Wertminderungen zu überprüfen und jede Erhöhung des **erzielbaren Betrags** als Wertaufholung zu erfassen. Ausgerichtet am *matching principle* kann sich zB eine Wertaufholung bereits ergeben, wenn der Vermögenswert Bestandteil eines verbindlich beschlossenen Restrukturierungsplans geworden ist und die entspr Aufwendungen als Restrukturierungsverpflichtung erfasst sind und zu einer gestiegenen Ertragskraft des Vermögenswerts führen werden. 202

Eine Wertaufholung von **Geschäfts- oder Firmenwerten** ist nicht zulässig (IAS 36.124). Begründet wird das Wertaufholungsverbot für Geschäfts- oder Firmenwerte damit, dass es sich hier regelmäßig um selbst geschaffene Werte handelt, die dem Ansatzverbot des IAS 38 unterliegen. 203

Die Regelungen zur Identifizierung, Ermittlung und Erfassung von Wertaufholungen sind analog zum System der Wertminderungen (s Rz 152 ff) aufgebaut.

II. Identifizierung von potenziellen Wertaufholungen

204 Wurden in Vorperioden Wertminderungen erfasst, ist zu jedem Abschlussstichtag zu prüfen, ob **Anhaltspunkte für Wertaufholungen** dieser Vermögenswerte bestehen (IAS 36.110). Dabei sind analog zur Identifizierung von Wertminderungen unternehmensexterne und -interne Anhaltspunkte zu berücksichtigen.

205 Mindestens sind folgende **externe Informationsquellen** relevant (IAS 36.111(a) bis (c)):

(1) signifikante Steigerung des Marktwerts,
(2) der Eintritt während der Berichtsperiode oder zu erwartende Eintritt von günstigen signifikanten Veränderungen im technischen, ökonomischen, marktbezogenen oder gesetzlichen Unternehmensumfeld oder im preisbildenden Markt für den betreffenden Vermögenswert,
(3) Verminderung der Marktzinssätze oder -renditen während der Berichtsperiode, die wahrscheinlich Auswirkungen auf den heranzuziehenden Abzinsungssatz haben werden.

206 Zum Mindestumfang **interner Informationsquellen** gehören (IAS 36.111(d) und IAS 36.111(e)):

(1) eingetretene oder erwartete signifikante günstige Entwicklungen mit Auswirkungen auf Art und Umfang der Nutzung des betreffenden Vermögenswerts, dazu zählen Investitionen, die zur Verbesserung der Ertragskraft des Vermögenswerts im Vergleich zum Zustand vor der Investition führen oder die Verpflichtung zur Einstellung oder Restrukturierung des Betriebs oder Betriebsteils,
(2) substanzielle Hinweise aus dem internen Rechnungswesen über eine eingetretene oder zu erwartende Verbesserung der Ertragskraft des Vermögenswerts.

Jeder über den **Mindestumfang** hinaus vorliegende Anhaltspunkt verpflichtet analog zur Durchführung eines Wertaufholungstests. Auf die Regelungen zur Identifizierung von Wertminderungen kann vollumfänglich verwiesen werden (s Rz 154 ff).

Aus den Anhaltspunkten zur Identifizierung von Wertaufholungen können darüber hinaus Hinweise zu notwendigen Anpassungen von **Nutzungsdauern** oder **Abschreibungsmethoden** abgeleitet werden (IAS 36.113, IAS 16.74).

III. Ermittlung einer Wertaufholung

207 Eine **Wertaufholung** ergibt sich, wenn der **erzielbare Betrag** eines Vermögenswerts gestiegen ist (IAS 36.114). Die Regelung stellt auf eine **„Änderung der Schätzung“** (IAS 36.114) ab, kann aber nicht dahingehend ausgelegt werden, dass nur eine Änderung der spezifischen Annahmen (Gründe) bei der Ermittlung der vorangegangenen Wertminderungen eines Vermögenswerts eine Wertaufholung rechtfertigt. Regelungszweck ist vielmehr, dass bei der Bestimmung einer Wertaufholung die Regelungen über die Ermittlung des erzielbaren Betrags zugrunde zu legen sind (IAS 36.18 ff). Eine Wertaufholung kann sich zB dadurch ergeben, dass in einer Folgeperiode ein Nettoveräußerungspreis bestimmbar ist, der in der Periode der Wertminderung nicht ermittelbar war.

Die Ermittlung einer **Wertaufholung** ist ausschließlich durch **Schätzung** des Nettoveräußerungspreises oder des Nutzungswerts vorzunehmen. Dh, dass Entwicklungen im internen oder externen Unternehmensumfeld, die sich nicht in einer Erhöhung des erzielbaren Betrags konkretisieren, nicht zu einer Wertaufholung führen. Der **erzielbare Betrag** ist dabei analog der Wertminderungen als der höhere Betrag aus Nettoveräußerungspreis und Nutzungswert definiert (IAS 36.114).

Als **Beispiele für geänderte Schätzungen** werden in IAS 36.115 genannt:

(1) Änderung der Grundlage des erzielbaren Betrags (Nettoveräußerungspreis anstatt des Nutzungswerts und umgekehrt),

(2) eine Änderung der Höhe der geschätzten Cashflows, des zeitlichen Anfalls oder des Abzinsungssatzes bei der Ermittlung des Nutzungswerts (Minderung des risikofreien Zinses oder des Risikozuschlags),

(3) Änderung der Bestandteile eines zugrunde gelegten Nettoveräußerungspreises (Bruttopreis, Veräußerungskosten oder Fertigstellungskosten).

Dieser Beispielkatalog macht deutlich, dass die Regelungen lediglich auf eine **Veränderung des erzielbaren Betrags** abstellen. Es ist auch keine Stetigkeit der Ermittlung, zB auf Basis des Nettoveräußerungspreises, vorgeschrieben, wenn die vorangegangene Wertminderung auf dieser Basis ermittelt wurde. Vielmehr sind die Regelungen über die Ermittlung der Wertminderung wiederholt anzuwenden. Welche Gründe zur Erhöhung des erzielbaren Betrags geführt haben, ist nicht relevant (Ausnahme bei Geschäfts- oder Firmenwerten, für die ein Wertaufholungsverbot besteht).

Ein **Wertaufholungsverbot** ist vorgesehen, wenn die ermittelte Wertaufho- 208
lung ausschließlich auf der verminderten Diskontierung infolge des Zeitablaufs zwischen der letzten Wertminderung und der Überprüfung beruht (IAS 36.116).

IV. Erfassung einer Wertaufholung

Die **Wertaufholungsobergrenze** wird durch die Höhe der fortgeführten 209
Anschaffungs- oder Herstellungskosten bestimmt, die sich ergäben, wenn keine Wertminderung in Vorperioden erfasst worden wäre (planmäßiger Abschreibungsverlauf, IAS 36.117). Wird bei einem Wertminderungs- oder Wertaufholungstest festgestellt, dass der erzielbare Betrag über der Wertaufholungsobergrenze liegt, ist zu prüfen, ob eine Erfassung des überschießenden Betrags nach anderen IFRS zulässig ist (IAS 16.31; s Rz 123).

Für **Sachanlagen** kommt zB eine Erfassung in Betracht, wenn für den betref- 210
fenden Vermögenswert **Neubewertungen** vorgenommen werden (IAS 16.31). Wird dabei der erzielbare Betrag aufgrund des Nettoveräußerungspreises ermittelt, kann dieser unter Korrektur der Veräußerungskosten der Neubewertung zugrunde gelegt werden (Rz 125). Ein auf Basis des Nutzungswerts bestimmter erzielbarer Betrag ist indes nicht für eine Neubewertung maßgebend (IAS 16.32f).

Die **Wertaufholung** ist in der Gesamtergebnisrechnung bzw der gesonderten GuV (sofern erstellt) als Ertrag der lfd Periode zu erfassen. Der Ausweis erfolgt dabei unter den sonstigen betrieblichen Erträgen (s § 15 Rz 92).

Für Vermögenswerte (Sachanlagen oder immaterielle Vermögenswerte), die 211
nach der **Neubewertungsmethode** bilanziert werden, erfolgt eine Erfassung von Wertaufholungen analog den Regelungen zur Erfassung von Neubewertungserträgen in der Neubewertungsrücklage (IAS 36.119, IAS 16.41ff; nach IAS 1.7 und IAS 1.96 Ausweis im sonstigen Ergebnis). Wurde also eine bestehende Neubewertungsrücklage durch eine Wertminderung in Vorperioden her-

abgesetzt, ist eine Wertaufholung erfolgsneutral als Veränderung der Neubewertungsrücklage im sonstigen Ergebnis bis zur Höhe der ursprünglichen Neubewertungsrücklage zu erfassen (IAS 36.119). Eine ertragswirksame Erfassung der Wertaufholung erfolgt hingegen lediglich in der Höhe, in der eine vorangegangene Wertminderung aufwandswirksam berücksichtigt wurde (s IAS 36.120 und § 17 Rz 40).

212 Nach Wertaufholungen für abnutzbare Vermögenswerte ist eine **Anpassung** der **Abschreibungsbeträge** vorzunehmen, um den Restbuchwert auf systematischer Basis über die Restnutzungsdauer zu verteilen (IAS 36.121).

V. Anhangangaben zu Wertminderungen und Wertaufholungen

213 Nach IAS 36 sind grds alle **Wertminderungen und Wertaufholungen** der Periode im Anhang anzugeben. Dabei ist einzeln darzustellen, in welchem Umfang die Wertminderungsaufwendungen und Wertaufholungen erfolgswirksam in der **GuV** bzw dem erfolgswirksamen Teil der Gesamtergebnisrechnung vorgenommen wurden oder bei Bilanzierung von Sachanlagen oder immateriellen Vermögenswerten nach der **Neubewertungsmethode** im sonstigen Ergebnis verrechnet wurden (IAS 36.126).

Diese Angaben sind jeweils für **Gruppen von Vermögenswerten** (IAS 36.127, zusammengefasst nach ähnlicher Art und Verwendung analog IAS 16.36f; s Rz 3) vorzunehmen. Die Informationen können zB auch in einen Sachanlagespiegel integriert werden (IAS 36.128).

Enthält der Abschluss eine **Segmentberichterstattung** nach IFRS 8, sind die vorstehenden Angaben jeweils für die gebildeten Segmente zu ergänzen (IAS 36.129).

214 Für aus Unternehmenssicht **einzelne wesentliche Wertminderungen** oder Wertaufholungen sind darüber hinaus folgende Angaben erforderlich (IAS 36.130):

(1) Höhe, Ereignisse und Umstände, die zu Wertminderungen oder Wertaufholungen geführt haben,
(2) für einzelne Vermögenswerte: die Art und das berichtspflichtige Segment, zu dem der Vermögenswert gehört,
(3) die Basis des erzielbaren Betrags (Nettoveräußerungspreis oder Nutzungswert),
(4) die verwendete Grundlage bei Ermittlung des Nettoveräußerungspreises (Kaufvertrag, aktiver Markt etc),
(5) der verwendete Abzinsungssatz bei Ermittlung des Nutzungswerts.

Ist der **Gesamtbetrag der Wertminderungen oder Wertaufholungen** für den Abschluss des Unternehmens wesentlich bei der Einschätzung der **VFE-Lage,** so sind folgende Angaben (soweit nicht bereits bei den Angaben über wesentliche Wertminderungen oder Wertaufholungen einzelner Vermögenswerte enthalten) zu ergänzen (IAS 36.131):

(1) die wichtigsten Gruppen von Vermögenswerten, die von Wertminderungen und Wertaufholungen betroffen sind,
(2) die wichtigsten Ereignisse und Umstände, die Ursachen für die Wertminderung oder Wertaufholung waren.

215 Darüber hinaus wird empfohlen, die in der Berichtsperiode verwendeten **Grundannahmen des Unternehmens** zur Bestimmung des **erzielbaren Betrags,** wie zB Regeln über die Basis Nettoveräußerungspreis oder Nutzungswert und Prognosezeiträume, anzugeben (IAS 36.132).

G. Ausweis von Sachanlagen

Nach der **Mindestgliederung** (IAS 1.54) sind die **Sachanlagen** getrennt von den als Finanzinvestitionen gehaltenen Immobilien (IAS 40) und von den immateriellen Vermögenswerten (IAS 38) in der Bilanz darzustellen. Eine weitere **Untergliederung der Sachanlagen** nach Art, Verwendung oder Liquidierbarkeit ist in der Bilanz erforderlich, wenn diese Darstellung zum Verständnis der Vermögens- und Finanzlage notwendig ist (IAS 1.55 ff). Für eine Gruppenbildung nach Art und Funktion im Unternehmen kann auf die Beispielsgliederung in IAS 16.37 zurückgegriffen werden, die gleichsam für Angaben im Anhang relevant ist (IAS 16.37; s Rz 3). Danach können zB folgende Gruppen von Sachanlagen gebildet werden: 216
(1) unbebaute Grundstücke,
(2) Grundstücke und Gebäude,
(3) Maschinen und technische Anlagen,
(4) Schiffe,
(5) Flugzeuge,
(6) Kraftfahrzeuge,
(7) Betriebsausstattung und
(8) Geschäftsausstattung.

Für wesentliche Sachanlagen, die zum Verkauf vorgesehen sind, ist eine separate Darstellung als Sachanlagen des **kurzfristigen Vermögens** erforderlich (IFRS 5.38). 217

In IAS 16.68A, eingefügt durch das *Annual Improvements* Projekt 2008, wird geregelt, dass **vermietete Vermögenswerte**, die im Rahmen des gewöhnlichen Geschäftsbetriebs veräußert werden (zB regelmäßiger Verkauf von Mietwagen durch das Vermietungsunternehmen), bei beabsichtigter Veräußerung nicht nach IFRS 5 zu bilanzieren sind, sondern vielmehr in den Vorräten des Vermietungsunternehmens auszuweisen sind. Entspr Erträge und Aufwendungen sind solche der gewöhnlichen Geschäftstätigkeit und damit in den Umsatzerlösen und im Materialaufwand auszuweisen.

Anlagen im Bau oder Anzahlungen für Sachanlagen werden unter den entspr Gruppen von Sachanlagen ausgewiesen, für die Vorauszahlungen geleistet wurden (IAS 38.70). Es ist eine Anhangangabe über den aktivierten Betrag für Anlagen im Bau erforderlich (IAS 16.74). Ist der erfasste Betrag für Anlagen im Bau oder geleistete Anzahlungen für Sachanlagen wesentlich für die Darstellung der Vermögens- und Finanzlage, ist eine entspr Untergliederung in der Bilanz geboten. 218

Abschreibungen auf Sachanlagen sind grds in der GuV bzw dem erfolgswirksamen Teil der Gesamtergebnisrechnung unter Aufwendungen für Abschreibungen auszuweisen (zum UKV s § 15 Rz 75). Sind die Abschreibungen Bestandteil von Anschaffungsnebenkosten oder Herstellungskosten anderer Vermögenswerte, werden diese in deren Buchwert einbezogen (IAS 16.49). 219

Soweit Wertminderungsaufwendungen, Erträge aus Wertaufholungen, Neubewertungserträge oder Gewinne und Verluste aus dem Abgang von Sachanlagen wesentlich für die Einschätzung der Ertragslage des Unternehmens sind, ist ein **gesonderter Ausweis** in der GuV bzw dem erfolgswirksamen Teil der Gesamtergebnisrechnung vorzunehmen. 220

H. Angaben im Anhang

221 Die für den Anhang erforderlichen **Basisangaben** sind jeweils für **Gruppen von Sachanlagen** darzustellen. Die Gruppen sind für Sachanlagen ähnlicher Art und Verwendung zu bilden (s Rz 216). Für jede Gruppe von Sachanlagen ist anzugeben (IAS 16.73):
(1) Bewertungsgrundlage für die Bestimmung des Bruttobuchwerts der Anschaffungs- oder Herstellungskosten,
(2) angewandte Abschreibungsmethoden,
(3) verwendete Nutzungsdauern oder Abschreibungssätze,
(4) Bruttobuchwert (historische Anschaffungs- oder Herstellungskosten) und kumulierte Abschreibungen jeweils zum Beginn und Ende der Periode,
(5) Überleitung des Buchwerts von Beginn bis zum Ende einer Periode mit Ausweis der Zugänge, Abgänge, Erwerbe durch Unternehmenszusammenschlüsse, Erhöhungen und Verminderungen aus Neubewertungen, Wertminderungen und Wertaufholungen (beide vorgenannten inklusive Erfassung im Eigenkapital), Abschreibungen, Nettoumrechnungsdifferenzen aus Währungsumrechnung und sonstige Bewegungen.

222 Nach § 315 a HGB ist ein **Bruttoanlagespiegel** nicht mehr erforderlich, praktisch jedoch sinnvoll.

223 Die Angaben zu **Wertminderungen** sind neben den Angaben nach IAS 16 (s Rz 214) erforderlich.

Weiterhin sind anzugeben (IAS 16.74):
(1) Beschränkungen der Verfügungsrechte von Sachanlagen und die Gewährung von Sachanlagen als Sicherheiten,
(2) Betrag an aktivierten Ausgaben für Anlagen im Bau,
(3) Betrag für vertragliche Verpflichtungen für den Erwerb von Sachanlagen.

224 Bei Anwendung der **Neubewertungsmethode** sind folgende Angaben zu ergänzen (IAS 16.77):
(1) Grundlage und Zeitpunkt der Neubewertungen von Vermögenswerten,
(2) Angaben, ob die Neubewertungen auf Gutachten unabhängiger Gutachter basieren,
(3) Methoden und grundlegende Annahmen, die bei der Schätzung der Wiederbeschaffungskosten verwendet wurden,
(4) in welchem Umfang der beizulegende Zeitwert aus Marktpreisen, Transaktionspreisen oder anderen Bewertungsmethoden ermittelt wurde,
(5) Buchwerte jeder Gruppe von Vermögenswerten, die sich bei Anwendung der Benchmark-Methode (Fortführung der Anschaffungs- oder Herstellungskosten) ergeben hätten,
(6) Höhe und Veränderung der Neubewertungsrücklage und etwaige Ausschüttungsbeschränkungen.

225 Über die vorgenannten Pflichtangaben hinaus enthält IAS 16.79 einen Katalog von **Sachverhalten,** deren Angabe empfohlen wird:
(1) Buchwert vorübergehend ungenutzter Sachanlagen,
(2) Bruttobuchwert voll abgeschriebener aber noch genutzter Sachanlagen,
(3) Buchwert ungenutzter und zum Verkauf vorgesehener Sachanlagen,
(4) ergänzende Angabe des beizulegenden Zeitwerts bei Anwendung der Anschaffungs- oder Herstellungskostenmethode.

226 Werden **Änderungen von Schätzungen** (zB Nutzungsdauern oder Abschreibungsmethoden) mit wesentlichem Effekt auf den Abschluss vorgenommen, so sind Angaben über Art und Auswirkung der Änderungen erforderlich (IAS 16.76, IAS 8).

Weitere Anhangangaben sind notwendig bei der **Aktivierung von Fremdkapitalkosten** (IAS 23.26; s Rz 50), bei der **Bilanzierung von Zuwendungen** der öffentlichen Hand (IAS 20.39; s Rz 81) und der Erfassung von **Wertminderungen oder Wertaufholungen** (IAS 36.113 ff; s Rz 213 ff). 227

Werden Sachanlagen, die durch **Finanzierungs-Leasingverhältnisse** finanziert werden, in der Bilanz des Unternehmens ausgewiesen, sind ergänzende Angaben erforderlich (IAS 17.23; s § 22 Rz 146). 228

einstweilen frei 229, 230

I. Wesentliche Änderungen und deren Anwendungszeitpunkte

Am 23. März 2007 hat der IASB den **überarbeiteten IAS 23 Fremdkapitalkosten** verabschiedet. Dieser ist verpflichtend für Rechnungslegungsperioden ab dem 1. Januar 2009 anzuwenden. Eine frühere Anwendung wird empfohlen und ist im Anhang zu erläutern (s Rz 38). Im Dezember 2008 wurde der geänderte Standard von der EFRAG durch das Endorsement Verfahren für eine Anwendung in der EU freigegeben. SIC-2 ist ab Anwendung des überarbeiteten IAS 23 obsolet. Die (vorzeitige) Anwendung des IAS 23 führt zu Folgeänderungen in IAS 16.23. Daneben wurde IAS 23.6 geändert und IAS 23.29A im Rahmen des *Annual Improvements* Projekts 2008 eingefügt. Beide Änderungen sind für Geschäftsjahre, die am oder nach dem 1. Januar 2009 beginnen, anzuwenden. 231

Eine Anwendung des in 2007 überarbeiteten **IAS 1** (Erstanwendung zwingend für Geschäftsjahre, die am oder nach dem 1. Januar 2009 beginnen; s § 2 Rz 3) erfordert die korrespondierende Berücksichtigung der Folgeänderungen in IAS 16.39, IAS 16.40, IAS 16.73(e) (iv), neu IAS 16.81B, IAS 20.14, IAS 20.15, IAS 20.28, neu IAS 20.29A und IAS 20.42, sowie IAS 36.61, IAS 36.120, IAS 36.126, IAS 36.129 und neu IAS 36.140A. Eine frühere Anwendung ist erlaubt und entspr im Anhang anzugeben. IAS 1 wurde im Dezember 2008 von der EU übernommen.

Die Änderungen des ***Annual Improvements*** Projekts 2008 in IAS 16.5, IAS 16.6, IAS 16.69 sowie die neu eingefügten IAS 16.68A, IAS 16.81D und IAS 16.81E sowie die Streichung des IAS 20.37 und Neueinfügung von IAS 20.10A, Änderungen von IAS 36.134(e), IAS 36.2 und IAS 36.5 sowie neu eingefügt IAS 36.140C wurden im Mai 2008 verabschiedet und sind für Berichtsperioden, die am oder nach dem 1. Januar 2009 beginnen, anzuwenden. Eine frühere Anwendung ist erlaubt und entspr im Anhang anzugeben. Die Änderungen des *Annual Improvements* Projekts 2008 wurden im Januar 2009 von der EU endorsed.

Soweit **IFRS 3 (2008)** zusammen mit den Änderungen des **IAS 27 (2008)** vorzeitig angewendet wird (Erstanwendung zwingend für Unternehmenszusammenschlüsse, die in Geschäftsjahre fallen, die ab dem 1. Juli 2009 beginnen; s § 34 Rz 301) sind die Folgeänderungen in IAS 16.44, der neu eingefügte IAS 16.81C sowie IAS 36.6, IAS 36.65, IAS 36.81, IAS 36.85, IAS 36.139, IAS 36.140B, sowie die Löschung von IAS 36.91 bis IAS 36.95 und IAS 36.138 korrespondierend zu berücksichtigen.

Die vorliegende Kommentierung hat wesentliche materielle Änderungen herausgehoben; darüber hinaus haben die Überarbeitungen klarstellenden Charakter.

J. Gegenüberstellung zum HGB

I. Ansatz

232 Der **Einzelbewertungsgrundsatz** des HGB (§ 252 Abs 1 Nr 3 HGB) hat in den IFRS nicht die zentrale Bedeutung (s § 2 Rz 52). Nach der dynamischen Bilanzauffassung wird auf zukünftige Zahlungsströme aus der Nutzung von Vermögenswerten oder Gruppen von Vermögenswerten abgestellt (zB Zusammenfassung unwesentlicher Vermögenswerte s Rz 18; Komponentenansatz s Rz 15; Erfassung von Großinspektionen und Generalüberholungen Rz 16; Einbeziehung von Abbruchkosten in die Anschaffungskosten s Rz 51).

233 Das wird insbes an den Regelungen zum **Komponentenansatz** deutlich (IAS 16.13, IAS 16.43f). Hier wird darauf abgestellt, dass einzelne wesentliche Komponenten einer Sachanlage eine von der Gesamtnutzungsdauer abweichende Nutzungsdauer haben. Nach HGB ist grds eine weitere Aufteilung eines Vermögensgegenstands nicht möglich. Eine Ausnahme hat sich hier hinsichtlich der Trennung von Gebäuden und Grundstücken sowie bei Gebäudebestandteilen herausgebildet. Danach kann ein Gebäude aus einzelnen Vermögensgegenständen bestehen, wenn Gebäudeteile unterschiedlichen Nutzen und Funktion haben (*Hoyos/F. Huber* in BeBiKo[6] § 247 HGB Rz 450).

Verschiedene Bilanzierungswahlrechte (Aktivierung von Fremdkapitalkosten bis 31. Dezember 2008, Bilanzierung von Zuwendungen der öffentlichen Hand, Neubewertungen) können nach IFRS nicht für einzelne Vermögenswerte unterschiedlich ausgeübt werden, sondern sind für bestimmte Gruppen bzw konzerneinheitlich vorzunehmen.

Aus der mit dem BilMoG geregelten Fiktion eines Vermögensgegenstands für Geschäfts- oder Firmenwerte in § 246 Abs 1 HGB (BilMoG) ist keine materiell abweichende Bilanzierungspraxis zu erwarten.

II. Bewertung

1. Ermittlung der Anschaffungs- oder Herstellungskosten

234 Auf der Basis des für beide Regelungswerke geltenden Gegenleistungsprinzips ergeben sich keine grds Unterschiede bei der Ermittlung der Anschaffungs- oder Herstellungskosten. Abweichungen zu § 255 HGB bestehen für folgende Sachverhalte:

235 (1) Nach IAS 16.16(b) ist keine Einzelzurechenbarkeit der **Anschaffungsnebenkosten** (§ 255 Abs 1 Satz 1 HGB) erforderlich. Produktionsbezogene Gemeinkosten, die entstehen, um den Vermögenswert in einen betriebsbereiten Zustand zu versetzen, können einbezogen werden (s Rz 30).

236 (2) Das Wahlrecht nach § 255 Abs 3 HGB, **Zinsen für Fremdkapital** als Herstellungskosten (iSe handelsrechtlichen Bewertungshilfe, *Ellrodt/Brendt* in BeBiKo[6] § 255 HGB Rz 502) zu aktivieren, ist nach IAS 16.23 (1994) bis zum 31. Dezember 2008 nicht auf die Herstellung von Sachanlagen beschränkt, sondern umfasst auch Anschaffungsvorgänge. IAS 23 stellt auf die Anschaffung oder Herstellung von qualifizierten Vermögenswerten ab. Damit kann auch für Anschaffungsvorgänge, die durch längere Zeiträume der Versetzung in den betriebsbereiten Zustand geprägt sind, eine Aktivierung von Fremdkapitalkosten erfolgen (IAS 23.6; s Rz 37). Mit Abschaffung des Aktivierungswahlrechts von Fremdkapitalkosten (s Rz 38) durch Überarbeitung des

IAS 23 (2007) wurde eine Aktivierungspflicht von Fremdkapitalkosten, die im Rahmen der Anschaffung oder Herstellung von qualifizierten Vermögenswerten anfallen für Berichtsperioden eingeführt, die zu Bewertungsunterschieden führt. Der Umfang der aktivierungsfähigen Kosten ist nach IAS 23.6 nicht auf Fremdkapitalzinsen ieS beschränkt (§ 255 Abs 3 HGB; *WPH I* E 260), sondern schließt zB auch Nebenkosten der Fremdkapitalbeschaffung mit ein (s Rz 40), sodass auch bei Wahlrechtsausübung nach § 255 Abs 3 HGB Bewertungsunterschiede verbleiben können.

(3) In die Anschaffungs- oder Herstellungskosten sind die geschätzten und abgezinsten Kosten für den **Abbruch von Sachanlagen** und die Wiederherstellung von Grundstücken einzubeziehen und über die Abschreibungen während der Nutzungsdauer erfolgswirksam zu erfassen. Derartige Kosten werden nach § 249 Abs 1 HGB als Rückstellungen antizipiert. Hierbei wird unterschieden in echte und unechte Ansammlungsrückstellungen (zB verursachungsgerechte Ansammlung von Rekultivierungsrückstellungen und zeitanteilige Ansammlung von Abbruchkostenrückstellungen). Mit der Einführung des BilMoG sind Rückstellungen mit einer Laufzeit größer ein Jahr nach § 253 Abs 2 HGB (BilMoG) abzuzinsen und damit die Ergebnisauswirkungen (IAS 16 über Abschreibung, § 253 Abs 2 HGB (BilMoG) Ansammlung der Rückstellung) systematisch gleich. Unterschiede ergeben sich aus der Ermittlung des Zinssatzes (s § 13 Rz 74 ff). Die konkrete Zinsberechnung wird von der Deutschen Bundesbank vorgenommen und in einer Rechtsverordnung geregelt. 237

(4) Für die Ermittlung von **Herstellungskosten** für Sachanlagen und immaterielle Vermögenswerte bestehen hinsichtlich des Umfangs der einzubeziehenden Kostenbestandteile keine zu § 255 Abs 2 HGB vergleichbaren Wahlrechte. Die Herstellungskosten für Sachanlagen und immaterielle Vermögenswerte umfassen nach IFRS Material- und Fertigungseinzelkosten, Sonderkosten der Fertigung und produktionsbezogene Material- und Fertigungsgemeinkosten (produktionsbezogener Vollkostenansatz, s Rz 24). Verwaltungskosten, die den produktiven Bereich betreffen (Verwaltungskosten für die Bereiche Materialwirtschaft und Fertigung) sind Material- und Fertigungsgemeinkosten und damit in die Herstellungskosten mit einzubeziehen (keine Abweichungen zu § 255 Abs 2 Satz 4 HGB; *WPH I* E 271; *Jacobs* in Baetge ua IFRS-Komm[2] IAS 2 Rz 27). Allgemeine Verwaltungskosten hingegen und Vertriebskosten (Einzel- und Gemeinkosten) sind nicht einzubeziehen. Dadurch ist eine differenziertere Erfassung von Verwaltungskosten nach produktionsbezogenen und allgemeinen Kostenstellen als nach HGB erforderlich. Eine annähernde Synchronisation mit dem Herstellungskostenumfang nach § 255 Abs 2 HGB ist möglich, wenn auf das HGB-Wahlrecht zur Aktivierung von Kosten der allgemeinen Verwaltung und von Aufwendungen für soziale Einrichtungen des Betriebs (fixe produktionsunabhängige Kosten) verzichtet wird. Aufwendungen für freiwillige soziale Leistungen und für betriebliche Altersversorgung sind, soweit diese auf produktionsbezogene Bereiche entfallen, in die Herstellungskosten nach IFRS mit einzubeziehen. Anteile an diesen Kosten, die dem allgemeinen Verwaltungsbereich zuzuordnen sind, unterliegen hingegen dem Ansatzverbot (IAS 16.19, IAS 38.67(a)). Diese Aufteilung nach produktionsbezogenen und allgemeinen Kosten für freiwillige soziale Leistungen und Altersvorsorge kennt § 255 HGB nicht. 238

Nach der Neufassung des § 255 Abs 2 HGB (BilMoG) besteht eine Aktivierungspflicht nicht nur für Einzelkosten, sondern darüber hinaus auch für Material- und Fertigungsgemeinkosten, Abschreibungen sowie produktionsbezogene Verwaltungskosten (s die Übersicht in § 8 Rz 56). Insofern kommt es zu 239 einer deutlichen Annäherung der aktivierungspflichtigen Herstellungskosten nach HGB (BilMoG) und IFRS.

(5) Der **unentgeltliche Erwerb** ist weder in den IFRS noch im HGB explizit geregelt. Die Literatur zum HGB und zum IFRS geht von einem Wahlrecht aus, unentgeltlich erworbene Sachanlagen (oder immaterielle Vermögenswerte) zum beizulegenden Zeitwert oder mit einem Merkposten zu erfassen.

240 (6) Die Bilanzierung von **Zuwendungen der öffentlichen Hand** für Investitionen in Sachanlagen und immaterielle Vermögenswerte ist in IAS 20 und *IDW* HFA 1/1994 grds übereinstimmend geregelt. Es bestehen Ausweisunterschiede, wenn das Wahlrecht zur Bilanzierung der Zuwendung in einem Passivposten ausgeübt wird. Während *IDW* HFA 1/1994 einen Ausweis als Sonderposten mit Rücklageanteil (§ 265 Abs 5 Satz 2 HGB) vorschreibt und eine Erfassung in einer passivischen Rechnungsabgrenzung für unzulässig hält, wird in IAS 20.24 eine Darstellung als passivischer Abgrenzungsposten gefordert. Aufgrund des Einzelbewertungsgrundsatzes im HGB kann die Wahlrechtsausübung grds für jeden Vermögensgegenstand einzeln erfolgen, während IAS 20.24 eine unternehmensweite identische Ausübung für alle Zuwendungen für Vermögenswerte fordert.

241 (7) Um Ausgaben als **nachträgliche Anschaffungs- oder Herstellungskosten** zu qualifizieren, ist nach § 255 Abs 1 und 2 HGB eine Erweiterung oder eine über den ursprünglichen Zustand hinausgehende Verbesserung des Vermögensgegenstands erforderlich. Ausgerichtet am *matching principle* können nach IAS 16.7 und IAS 16.12 ff sämtliche Ausgaben aktiviert werden, die im Vergleich zum Zustand des Vermögenswerts unmittelbar vor Ausgabe (bzw des zugrunde liegenden Geschäftsvorfalls) zu einer erhöhten Ertragskraft führen. Eine Erhöhung der Ertragskraft über die ursprüngliche Ertragskraft zum Zeitpunkt der Anschaffung oder Herstellung hinaus (nach HGB unterstellt bei Erweiterungen und Verbesserungen) ist nicht erforderlich.

2. Folgebewertung

242 Für die Folgebewertung ist nach HGB ausschließlich die **Fortführung der Anschaffungs- oder Herstellungskosten** vorgesehen (§ 253 Abs 1 HGB). Eine Inflationsanpassung durch eine Neubewertung von Sachanlagen ist nur nach IFRS möglich.

Die Regelungen für **Abschreibungsmethoden** und die Ermittlung der **Nutzungsdauer** sind vergleichbar, obgleich in IAS 16.56 die Orientierung am individuellen Nutzenverlauf der Sachanlage stärker betont wird (*Hoyos/Schramm/M. Ring* in BeBiKo[6] § 253 HGB Rz 238). Daneben ist die Bilanzierungspraxis nach HGB in erheblichem Umfang von steuerlichen und pauschalen Nutzungsdauern geprägt (Rz 120). Insoweit ist nach IAS 16 eine differenziertere Berücksichtigung des Nutzenverlaufs der Sachanlagen bei der Bestimmung der Nutzungsdauer und der Abschreibungsmethode erforderlich (zu steuerlichen Abschreibungen und Rücklagen, Sonderposten, Vereinfachungsregeln und Methodenwechsel s Rz 120 ff).

Aus der ausschließlichen Orientierung am Nutzenverlauf der Sachanlage folgt auch, dass Abschreibungen, die wesentlich von Risikovorsorgeaspekten geprägt sind, nach IAS 16.56 unzulässig sind. Das betrifft **Wahlrechtsabschreibungen** nach § 253 Abs 4 HGB für Einzelunternehmen und PersGes, die nicht unter § 264 a HGB fallen und mit Einführung des BilMoG abgeschafft wurden, sowie grds Abschreibungen bei Versicherungen und Banken nach §§ 341 a, 340 a und f HGB.

In beiden Regelungswerken werden Restwerte bei der Ermittlung des Abschreibungsvolumen nur berücksichtigt, wenn es sich um wesentliche Beträge handelt (s Rz 104; *Hoyos/Schramm/M. Ring* in BeBiKo[6] § 253 HGB Rz 222). Wird ein Restwert berücksichtigt, so unterscheidet sich allerdings dessen Bewertung. Während nach HGB der Restwert am Ende der Nutzungsdauer des Vermögensgegenstands zu schätzen ist, soll nach IAS 16.51 eine Bewertung zum Stichtag anhand eines ähnlichen Vermögenswerts vorgenommen werden, der bereits das Ende der Nutzungsdauer erreicht hat (s Rz 104).

3. Wertminderungen

Zwischen den Regelungen zur Identifizierung, Ermittlung und Erfassung von Wertminderungen nach IAS 36 und den Vorschriften zur Ermittlung des niedrigeren beizulegenden Werts nach § 253 Abs 2 Satz 3 HGB bestehen folgende konzeptionellen Unterschiede: **243**

(1) IAS 36 enthält umfangreiche Erläuterungen und Regelungen zu einer systematischen **Identifizierung von Wertminderungen** (Rz 154 ff). Dazu gehören auch die Pflichten zur jährlichen Überprüfung der Abschreibungsmethode, der Nutzungsdauer und des Restwerts in IAS 16 und IAS 38. Diese Regelungen können als Konkretisierung des Vorsichtsprinzips nach § 252 Abs 1 Nr 4 HGB angesehen werden.

(2) Die Ermittlung des niedrigeren **beizulegenden Werts** nach HGB kann grds aus Käufer- oder Verkäufersicht erfolgen. Bei gegebener Unternehmensfortführung kann die Werthaltigkeit von Sachanlagen oder immateriellen Vermögenswerten auf die Wiederbeschaffungs- oder Reproduktionswerte gestützt werden (*Hoyos/Schramm/M. Ring* in BeBiKo[6] § 253 HGB Rz 288 ff). Der Absatzmarkt hat für die Wertbestimmung von Vermögenswerten nach HGB untergeordnete Bedeutung und ist nur heranzuziehen, soweit kein Wiederbeschaffungswert ermittelt werden kann. Identisch in beiden Regelwerken ist indes, dass der auf dem Absatzmarkt gebildete Liquidationswert die Bewertungsuntergrenze darstellt (IAS 36.15, § 6 Abs 1 Nr 1 Satz 3 EStG, § 253 Abs 2 HGB). IAS 36 beruht auf der ausschließlichen Wertermittlung auf Basis des Absatzmarkts. Dabei ist davon auszugehen, dass der Nutzenwert eines Vermögenswerts grds den Nettoveräußerungswert induziert. Ob sich die Werthaltigkeit aus der fortgesetzten Nutzung oder der Veräußerung des Vermögenswerts ergibt, ist grds unerheblich (s Rz 162).

(3) Der niedrigere beizulegende Wert nach HGB ist unter wesentlicher Berücksichtigung des **Einzelbewertungsgrundsatzes** zu ermitteln. Deshalb kann der Ertragswert zur Bestimmung des niedrigeren beizulegenden Werts nur für Beteiligungen oder zB Patente und Lizenzen herangezogen werden. Für die absatzseitige Bestimmung des erzielbaren Betrags nach IAS 36 sind umfangreiche Regelungen zur Bildung von ZGE vorhanden.

(4) Wertminderungen sind nach IAS 36 unabhängig davon zu erfassen, ob es sich um **dauernde oder vorübergehende Wertminderungen** handelt, während nach § 253 Abs 2 Satz 3 HGB und § 253 Abs 3 Satz 3 HGB (BilMoG) eine Abwertungspflicht für KapGes und PersGes nach § 264 a HGB nur bei dauernder Wertminderung besteht. Auf die Auslegung des Begriffs dauernde Wertminderung durch die steuerliche Rechtsprechung (Wertminderung muss während der Hälfte der Restnutzungsdauer vorliegen) kommt es deshalb nicht an. Nach § 253 Abs 3 Satz 3 HGB (BilMoG) besteht für Vermögensgegenstände des Anlagevermögens, die nicht Finanzanlagen sind, ein Abwertungsverbot bei nur vorübergehender Wertminderung

(5) **Wertaufholungen** für Sachanlagen sind nach § 280 Abs 1 HGB bzw nach § 253 Abs 5 HGB (BilMoG) auf den Wegfall des Grunds beschränkt, der in Vorperioden zu außerplanmäßigen Abschreibungen geführt hat. Das Wertminderungssystem des IAS 36 fasst Wertaufholungen eher als Überprüfung vorangegangener Wertminderungen auf und führt eine jährlich wiederholte Bestimmung des erzielbaren Betrags durch. Aus welchen Gründen sich dabei verminderte Wertminderungen ergeben, ist grds unerheblich (Ausnahme Zinsänderung, s Rz 208). Für Geschäfts- oder Firmenwerte ist eine Wertaufholung unzulässig (§ 253 Abs 5 HGB (BilMoG)).

(6) Die Erfassung von **Aufwendungen für Wertminderungen** oder **Erträgen aus Wertaufholungen** weicht nach IFRS ab, soweit für den Vermögenswert Erträge aus Neubewertungen in Vorperioden in der Neubewertungsrücklage erfasst wurden (Ausweis im sonstigen Ergebnis). Nach HGB sind Wertminderungen und Wertaufholungen grds erfolgswirksam zu erfassen.

III. Ausweis und Angaben im Anhang

244 Mangels detaillierter Gliederungsangaben für langfristige Vermögenswerte in IAS 16 wird die **Bilanzgliederung** für Sachanlagen und immaterielle Vermögenswerte regelmäßig von § 266 HGB abweichen. Zur **Veräußerung** vorgesehene Sachanlagen oder immaterielle Vermögenswerte sind im kurzfristigen Vermögen auszuweisen, während nach HGB ein unveränderter Ausweis innerhalb des Anlagevermögens möglich ist.

245 Die IFRS sehen grds erheblich umfangreichere und detailliertere Angaben für Sachanlagen und immaterielle Vermögenswerte im **Anhang** vor. Ein **Anlagespiegel** in der durch § 268 Abs 2 HGB geforderten Form ist jedoch nach IAS 16 nicht erforderlich, obgleich ähnliche Informationen nach IAS 16.73 ff anzugeben sind.

K. Aktuelle Entwicklungen/IASB-Projekte

246 Im Rahmen des lfd **Gemeinschaftsprojekts von IASB und FASB** „*Short-Term Convergence*" ist die Neufassung von IAS 20 (Zuwendungen der öffentlichen Hand) auf der Grundlage der Regelungen in IAS 41.34 ff geplant. Nach dem aktuellen Arbeitsplan des IASB ist die Bearbeitung zurückgestellt. Ob sich aus den mittelfristigen Konvergenzbestrebungen beider Standardsetter weitere Änderungen für die Bilanzierung von Sachanlagen – insbes zum Wertminderungstest und für „als Finanzinvestitionen gehaltene Immobilien" – ergeben werden, kann derzeit nicht abschließend beurteilt werden.

247 Der IASB ist in Forschungsaktivitäten zur internationalen Anwendung der **Neubewertungsmethode** von Sachanlagen eingebunden, deren Ergebnisse grds in Änderungen der bestehenden Regelungen münden können.

§ 6. Als Finanzinvestition gehaltene Immobilien

Übersicht

Schrifttum: *DRSC* Rechnungslegungs-Interpretation Nr 1 (RIC 1) Bilanzgliederung nach Fristigkeit gemäß IAS 1 Darstellung des Abschlusses, Berlin 2005; *Fierz* Wert und Zins bei Immobilien, 4. Aufl, Zürich 2001; *Gottschalk* Immobilienwertermittlung, 2. Aufl, München 2003; *Heidenheim/Kormaier* Fair-Value-Ermittlung von Investment Properties mit Hilfe des Ertragswertverfahrens nach WertV, DStR 2004, 2024; *Hoffmann/Lüdenbach* IFRS 5 – Bilanzierung bei beabsichtigter Veräußerung von Anlagen und Einstellung von Geschäftsfeldern, BB 2004, 2006; *IDW* S 1 Grundsätze zur Durchführung von Unternehmensbewertungen (Stand: 2. April 2008), FN IDW 2008, 271; *International Valuation Standards Committee* International Valuation Standards, 8. Aufl, London 2007; *Kleiber* WertR 06 Wertermittlungsrichtlinien 2006, 9. Auflage, Köln 2006; *Kleiber/Simon* Verkehrswertermittlung von Grundstücken, 5. Auflage, Köln 2007; *Matzen* Unternehmensbewertung von Wohnungsbauunternehmen, Köln 2005; *Mol* Problemkind Ertragswert: „Undurchsichtig" und „schwer vermittelbar", Immobilien Zeitung vom 10. Februar 2005; *Moser* Behandlung der Reinvestitionen bei der Ermittlung des Terminal Value, BB 2002, Beilage 6 zu Heft 38, 17; *Perridon/Steiner* Finanzwirtschaft der Unternehmung, 13. Aufl, München 2004; *Schäfer/Conzen* Praxishandbuch Immobilien-Investition, München 2005; *The European Group of Valuers' Association (TEGoVA)* Europäische Bewertungsstandards, Bonn 2004; *Trappmann/Ranker* Immobilienportfolios im IFRS Abschluss, DB 2008, 1450; *Zülch* Die Bilanzierung von Investment Properties nach IAS 40, Düsseldorf 2003; *Zülch/Lienau* Die Bedeutung der Steuerabgrenzung für die fair-value-Bilanzierung nicht-finanzieller Vermögenswerte nach den Rechnungslegungsvorschriften des IASB, WPg 2004, 565; *Zülch/Willms* Anwendung des Fair Value Model nach IAS 40 im Sanierungsfall, BB 2005, 372.

Wesentliche Rechtsgrundlagen: IAS 40

A. Einführung

1 IAS 40 regelt die Bilanzierung und Bewertung von **als Finanzinvestition gehaltenen Immobilien** sowie damit verbundene Anhangangaben. Der Standard ersetzt frühere Bestimmungen aus IAS 25 (Bilanzierung von Finanzinvestitionen), soweit hierin Regelungen zu Immobilien iSe Finanzinvestition enthalten waren.

Als Finanzinvestition gehaltene Immobilien sind Grundstücke und Gebäude definiert, die langfristig unter Renditegesichtspunkten, dh **zur Erzielung von Mieteinnahmen und zum Zwecke von Wertsteigerungen,** gehalten werden **(Renditeimmobilien).** Sie unterscheiden sich insofern von den von der Gesellschaft selbst im operativen Geschäft als Produktions- oder Verwaltungsgebäude genutzten Immobilien, die nach IAS 16 als **Sachanlagen** zu bilanzieren sind.

Der IAS 40 bietet das **Wahlrecht**, die als Finanzinvestition gehaltenen Immobilien entweder nach
(1) der Methode des **beizulegenden Zeitwerts** oder
(2) nach dem **Anschaffungskostenmodell**
zu bewerten.

Entspr der vom IASB bei Finanzanlagen grds favorisierten Bewertung zum beizulegenden Zeitwert sah der ursprüngliche Entwurf E64 zunächst auch für Renditeimmobilien nur das Zeitwertmodell vor. Da es sich bei Immobilien allerdings um nicht-finanzielle Vermögenswerte *(non-financial assets)* handelt, für die im Regelfall keine Börsenpreise existieren, und den daraus resultierenden Bilanzierungs- und Bewertungsfragen, wurde das Anschaffungskostenmodell als Alternativmethode ebenfalls mit in den IAS 40 aufgenommen. Hiermit sollte den Bilanzerstellern auch die Möglichkeit und zusätzliche Zeit eingeräumt werden, zunächst entspr Erfahrungen mit der fortlaufenden Bewertung von Immobilien und den hierfür notwendigen Methoden und Instrumenten zu entwickeln. 2

Der **grundsätzlichen Zielrichtung** einer **kapitalmarktorientierten Rechnungslegung** entspr sind dennoch unabhängig von der bilanziellen Bewertungsmethode die beizulegenden Zeitwerte der als Finanzinvestition gehaltenen Immobilien immer zu ermitteln. Bei Anwendung des Anschaffungskostenmodells sind diese alternativ zum direkten Bilanzausweis im **Anhang** darzustellen. 3

Die wohl wesentlichste Auswirkung hat IAS 40 für Gesellschaften, bei denen Immobilien einen Großteil des Vermögens ausmachen bzw deren Geschäftszweck insbes in der Verwaltung und Renditeerzielung aus eigenem Grundbesitz besteht. Nach einer zunächst anfänglichen Zurückhaltung hat sich inzwischen bei der überwiegenden Zahl der in Deutschland börsennotierten **Immobiliengesellschaften** die Bilanzierung nach der Methode zum beizulegenden Zeitwert als „*best practice*" durchgesetzt.

Ursächlich hierfür dürfte auch die **Erholung** auf dem Immobilienmarkt in der Zeit zwischen 2004 und 2007 gewesen sein und der mit dem Zeitwertmodell verbundene **erfolgswirksame Ausweis von Wertsteigerungen** in der GuV. So wendeten von den neun im RX Real Estate Index von der Deutschen Börse zusammengefassten Immobilie-AG acht Gesellschaften die Methode zum beizulegenden Zeitwert im Jahresabschluss 2007 an. Hierbei ist anzumerken, dass die IVG Immobilien AG und die Deutsche Wohnen AG erst in 2007 den Methodenwechsel vollzogen haben. 4

Eine besondere Bedeutung hat der IAS 40 für die mit dem REITG vom 28. Mai 2007 in Deutschland eingeführten **REIT-AG**, da diese Gesellschaften per Gesetz (§ 12 REITG) verpflichtet sind, einen Konzern- bzw Einzelabschluss nach IFRS zu erstellen. Hintergrund dieser Anforderung ist im Wesentlichen, dass deren besondere steuerliche Ausgestaltung unmittelbar an die Erfüllung bestimmter Quoten iVm der Immobilienbewertung nach IAS 40 anknüpft (§ 12 REITG). 5

Im Rahmen des *Improvement Projects* 2003 wurde der Anwendungsbereich von IAS 40 ggü IAS 40 (2000) auf bestimmte im Rahmen eines **Operating-Leasingverhältnisses** gehaltene Immobilien erweitert, sodass diese ebenfalls als Finanzinvestitionen klassifiziert werden können. Bei Ausübung dieses Wahlrechts ist die Zeitwertmethode für **alle** als Finanzinvestition gehaltenen Immobilien zwingend anzuwenden. 6

Mit dem *Annual Improvements Projekt* 2008 wird die Anwendung des IAS 40 abermals ausgedehnt. Waren in der **Projektentwicklung** befindliche Immobilien im IAS 40.9 d (2003) ausdrücklich von den als Finanzinvestitionen gehaltenen Immobilien ausgenommen, so werden diese nun in den Katalog der Renditeimmobilien nach IAS 40.8 unter Punkt e aufgenommen. Voraussetzung hierfür ist, dass die noch in Entwicklung befindlichen Objekte nach Fertigstellung als **Renditeimmobilien** im eigenen Bestand gehalten werden sollen. Besteht eine Veräußerungsabsicht oder erfolgt die Entwicklung für einen Dritten, gelten die Ansatzvorschriften des IAS 40 nicht. 7

B. Definition von als Finanzinvestition gehaltenen Immobilien

I. Definition

8 Als Finanzinvestitionen gehaltene Immobilien sind solche Immobilien (Grundstücke oder Gebäude, oder Teile von Gebäuden), die vom Eigentümer oder vom Leasingnehmer im Rahmen eines Leasingverhältnisses zur **Erzielung von Mieteinnahmen** und/oder zum Zwecke der **Wertsteigerung** gehalten werden (IAS 40.5). Ein wesentliches Abgrenzungskriterium ist dabei, dass die erzielten Einnahmen unabhängig von sonstigen Wertschöpfungsprozessen im Unternehmen generiert werden. Immobilien, die von Unternehmen zur Herstellung von Gütern oder zur Erbringung von Dienstleistungen oder für eigene Verwaltungszwecke genutzt werden, sind keine als Finanzinvestition gehaltenen Immobilien und fallen daher auch nicht unter die Regelungen von IAS 40. Auf derartige Immobilien ist idR IAS 16 (Sachanlagen; s § 5) anzuwenden (IAS 40.7).

9 Unter IAS 40.8(a) bis (e) sind **Beispiele** für als Finanzinvestition gehaltene Immobilien aufgeführt:

(1) Grundstücke, die langfristig zum Zwecke der Wertsteigerung und nicht kurzfristig zum Verkauf im Rahmen der gewöhnlichen Geschäftstätigkeit gehalten werden,
(2) Grundstücke, die für eine gegenwärtig unbestimmte künftige Nutzung gehalten werden,
(3) Gebäude, die sich im Besitz des Unternehmens befinden (oder vom Unternehmen im Rahmen eines Finanzierungs-Leasingverhältnisses gehalten werden) und im Rahmen eines oder mehrerer Operating-Leasingverhältnisse vermietet werden,
(4) leer stehende Gebäude, die zur Vermietung im Rahmen eines oder mehrerer Operating-Leasingverhältnisse gehalten werden,
(5) in der Entwicklung oder im Bau befindliche Objekte, die zukünftig als Renditeimmobilien gehalten werden sollen.

Anhand der Beispiele wird deutlich, dass diejenigen Immobilien eine gesonderte Bilanzierung und Bewertung nach IAS 40 erfahren, die im Wesentlichen den Charakter einer Kapitalanlage aufweisen.

10 Die unter (5) aufgeführte Klasse von Immobilien, die sich zwar noch im Stadium der **Entwicklung** befinden, allerdings mit dem Ziel, diese nach Fertigstellung als Renditeobjekte im eigenen Bestand zu halten, wurden erst im Rahmen des *Annual Improvements* Projekts 2008 in den IAS 40 aufgenommen. Mit dieser Erweiterung des Anwendungsbereichs sollte ua die widersprüchliche Behandlung zu bereits als Renditeimmobilien klassifizierten Objekten behoben werden, die sich allerdings zum Bewertungszeitpunkt noch in der Revitalisierungsphase befinden (IAS 40.BC15). Als **Besonderheit** sind die für die unter (5) aufgeführten Entwicklungsobjekte angepassten Bewertungsvorschriften zu beachten (IAS 40.53), die auch noch einen späteren Wechsel vom **Anschaffungskostenmodell** zum **Modell des beizulegenden Zeitwerts** zulassen (s Rz 46).

II. Abgrenzung zu nicht als Finanzinvestition gehaltenen Immobilien

Die wichtigsten **Abgrenzungskriterien** für als Finanzinvestition gehaltene 11
Immobilien iSd IAS 40 sind zum einen die vom Unternehmen beabsichtigte **Haltedauer** sowie zum anderen die Art der **Nutzung**.

Wie in IAS 40.8(a) angeführt, ist das **langfristige Festhalten** an einer Immobilie eine Grundvoraussetzung für die Klassifizierung von als Finanzinvestition gehaltenen Immobilien. Insofern sind daher alle Immobilien, die im Rahmen der gewöhnlichen Geschäftstätigkeit zum sofortigen Wiederverkauf oder der baldigen Weiterveräußerung gehalten werden, keine als Finanzinvestition gehaltenen Immobilien.

Hierzu zählen ua unbebaute bzw bebaute Grundstücke oder im **Erstellungs- und Entwicklungsprozess** befindliche Objekte, die mit der Absicht erworben wurden, diese nach der Weiterentwicklung (als eigentlichem Wertschöpfungsprozess) wieder zu veräußern. In diesen Fällen ist IAS 2 (Bilanzierung von Vorräten; s § 8) maßgeblich (IAS 40.9(a)).

Immobilien, die für Dritte erstellt oder entwickelt werden, stellen ebenfalls 12
keine Finanzinvestition dar, sondern sind den **Fertigungsaufträgen** nach IAS 11 (s § 9) zuzuordnen (IAS 40.9(b)).

Neben der mit der Immobilie verbundenen Haltedauer ist die damit verbundene **Nutzung** das zweit wichtigste Abgrenzungskriterium. Sämtliche Immobilien, die vom Unternehmen selbst genutzt bzw für die spätere **Eigennutzung** gekauft oder entwickelt werden, sind keine Finanzinvestitionen iSd IAS 40 (IAS 40.9(c)) sondern sind nach IAS 16 zu bilanzieren. Hierzu zählen beispielhaft Produktions-, Lager- und Verwaltungsgebäude, die im Rahmen des lfd operativen Geschäfts für den eigentlichen im Unternehmen stattfindenden Wertschöpfungsprozess Verwendung finden. Bei einer Immobiliengesellschaft ist dementsprechend das selbst genutzte Verwaltungsgebäude keine Renditeimmobilie und ebenfalls unter IAS 16 zu erfassen.

Ausdrücklich ausgenommen vom IAS 40 sind auch Immobilien, die an **Arbeitnehmer vermietet** werden (IAS 40.9(c)). Dies gilt unabhängig von den vereinbarten Mietkonditionen. Eine Begründung hierfür ist, dass der Arbeitgeber mit der Vermietung Ziele verfolgt, die über die reine Erwirtschaftung von Mieteinnahmen hinausgehen, wie zB die Motivation und Bindung von Mitarbeitern.

Korrespondierend zu der im Rahmen des *Annual Improvements* Projekts 2008 vorgenommenen Erweiterung des Anwendungsbereichs des IAS 40 auf in der Entwicklung befindliche Immobilien, die nach Fertigstellung zur Renditeerzielung weiter gehalten werden sollen, wurden diese Immobilien aus der Negativabgrenzung entfernt (Löschung von (IAS 40.9(d)). Bisher wurde hier unterschieden: Entwicklungsprojekte waren erst nach Fertigstellung als Finanzinvestition zu erfassen. Während der Erstellungsphase hatte die Bilanzierung nach IAS 16 zu erfolgen.

III. Abgrenzung zu gemischt genutzten Immobilien

Die Abgrenzung von als Finanzinvestition gehaltenen Immobilien kann er- 13
schwert werden, wenn diese an Dritte vermietet werden und daher grds den Charakter einer Renditeimmobilie aufweisen, ein Teil des Gebäudes aber auch

vom Unternehmen selbst genutzt wird (**Eigennutzung**). IAS 40.10 sieht in diesen Fällen eine **Aufteilung des Gebäudes** vor, jedoch unter der Voraussetzung, dass der fremd vermietete Teil gesondert verkauft oder im Rahmen eines Finanzierungsleasings vermietet werden könnte. Das Kriterium der Veräußerbarkeit scheint dabei eher theoretischer Natur zu sein. Im Vordergrund steht vielmehr der Gedanke, dass die jeweilige Vermietung keine oder nur vernachlässigbare Interdependenzen mit der Eigennutzung aufweist und umgekehrt.

Gelingt diese Aufteilung nicht, so ist die Immobilie nur dann als Finanzinvestition zu erfassen, wenn der Anteil der **Eigennutzung unbedeutend** ist. Das Kriterium der untergeordneten Bedeutung gilt auch, wenn über die reine Vermietung hinaus Nebenleistungen wie Sicherheits- oder Instandhaltungsmaßnahmen vereinbart sind (IAS 40.11).

Was im konkreten Fall als bedeutend bzw unbedeutend gilt, ist bewusst nicht geregelt (IAS 40.BC39). Stattdessen sind die vom Unternehmen in diesen Fällen angesetzten Kriterien nach IAS 40.14 im **Anhang** offenzulegen.

In der Literatur werden Schwellenwerte diskutiert, die von 5% bis zu 30% Eigennutzungsanteil reichen (*Hoffmann/Freiberg* in Lüdenbach/Hoffmann IFRS[7] § 16 Rz 16).

IV. Leasingobjekte

14 Leasingimmobilien können grds als Finanzanlagen gehaltene Immobilien klassifiziert werden, soweit sie die oben genannten Ansatzkriterien nach IAS 40 erfüllen. Für die Bilanzierungsfähigkeit ist bei geleasten und verleasten Immobilien dabei die Frage zu klären, wer das wirtschaftliche Eigentum an der Immobilie hält. Zivilrechtliche Eigentumsverhältnisse spielen bei der Beurteilung eher eine untergeordnete Rolle. Bei Leasingverhältnissen kann zwischen dem **Finanzierungs-Leasing** und dem **Operating-Leasing** unterschieden werden. Aus der Abgrenzung dieser beiden Leasingformen lässt sich idR bereits das wirtschaftliche Eigentum ableiten, wobei als Besonderheit bei Immobilien, die im Rahmen eines Operating-Leasingverhältnisses gehalten werden, nochmals differenziert werden kann. Entspr der Zuordnung ergeben sich für den Leasingnehmer und Leasinggeber unterschiedliche Bilanzierungsformen.

Im Rahmen eines **Finanzierungs-Leasingverhältnisses** geleaste Renditeimmobilien sind beim **Leasingnehmer** nach den Vorschriften von IAS 40 zu bilanzieren (IAS 40.3). Der **Leasinggeber** hingegen hat nach den Ansatzvorschriften von Leasingverhältnissen zu bilanzieren (s § 22 Rz 124ff), da dieser Vorgang wirtschaftlich einem Verkauf gleichzusetzen ist. Vor diesem Hintergrund sind solche Leasingverhältnisse unter IAS 40.9(e) aufgeführt, da diese nicht die Ansatzkriterien für Renditeimmobilien erfüllen. Eine bilanzielle Doppelerfassung von ein und derselben Immobilie als Finanzinvestition, ist damit ausgeschlossen, soweit von beiden Vertragsparteien der Vorgang einheitlich als Finanzierungs-Leasing eingestuft wird.

15 Im Rahmen eines **Operating-Leasingverhältnisses** gehaltene Immobilien unterliegen hingegen beim **Leasinggeber** den Vorschriften des IAS 40 (s IAS 17.2(a)), während der **Leasingnehmer** im **Normalfall** gem IAS 17.33ff die korrespondierenden Leasingraten aufwandswirksam wie ein Leasingverhältnis erfasst (s § 22 Rz 115).

16 Erfüllt die vom **Leasingnehmer** im Rahmen eines **Operating-Leasingverhältnisses** geleaste Immobilie jedoch die Definition von als Finanzinvestition

gehaltenen Immobilien, darf der Leasingnehmer diese gem IAS 40.6 ebenfalls als eine als Finanzinvestition gehaltene Immobilie klassifizieren und folglich entspr den Regeln des IAS 40 bilanzieren.

Da Grundstücke eine zeitlich unbegrenzte Nutzungsdauer besitzen, sind gem IAS 17.14 Grundstücks-Leasingverhältnisse grds immer als Operating-Leasingverhältnisse zu klassifizieren, soweit das Eigentum bei Vertragsende nicht auf den Leasingnehmer übertragen wird (s § 22 Rz 91). Dennoch kann aufgrund der langen Laufzeit und der Vertragsausgestaltung das wirtschaftliche Eigentum beim Leasingnehmer liegen.

Die größte praktische Bedeutung und Verbreitung von solchen Rechtsgeschäf- 17
ten dürften hierbei in Deutschland das **Erbbaurecht**, der **Nießbrauch** oder die **Erbpacht** haben.

Mit diesem **Wahlrecht** hat auch der Leasinggeber gem IAS 40.6 die Möglich- 18
keit, eine im Rahmen eines Operating-Leasingverhältnisses geleaste Immobilie wie ein **Finanzierungs-Leasingverhältnis** zu behandeln und gem IAS 40 zu bilanzieren. Voraussetzung hierfür ist allerdings, dass im Wesentlichen sämtliche Chancen und Risiken an der Immobilie auf den Leasingnehmer übertragen wurden (IAS 40.BC4 ff). Das **Wahlrecht,** ein Operating-Leasingverhältnis als Finanzierungs-Leasingverhältnis zu klassifizieren, kann vom Leasingnehmer für jede die entspr Voraussetzungen erfüllende Immobilie **einzeln** in Anspruch genommen werden.

Wird ein solches Operating-Leasingverhältnis als Finanzierungs-Leasingver- 19
hältnis behandelt, besteht nach IAS 17.19 die Besonderheit, dass die Bilanzierung als Finanzierungs-Leasing auch dann beizubehalten ist, wenn zu einem späteren Zeitpunkt eine **Nutzungsänderung** dergestalt vorgenommen wird, dass die Immobilie dem Grunde nach nicht mehr als Finanzinvestition klassifiziert werden kann (s die Beispiele in IAS 17.19(a) und (b)).

Darüber hinaus kann diese Vorgehensweise zu einer **Doppelbilanzierung** 20
führen, soweit der rechtliche Eigentümer (Leasinggeber) die Immobilien ebenfalls in seiner Bilanz als Finanzinvestition nach IAS 40 ausweist.

Die Bilanzierung von Renditeimmobilien im Rahmen von Operating- und Finanzierungs-Leasingverhältnissen ist in folgender Tabelle zur besseren Veranschaulichung nochmals zusammengefasst:

	Anwendungs-bereich	Erstbewertung	Folgebewertung
Operating-Leasingverhältnisse			
Leasinggeber			
Normalfall (unabhängig, ob *sublease* vorhanden)	IAS 40 (IAS 40.3, 40.8(c), IAS 17.2 (a))	IAS 40.20: Anschaffungs- oder Herstellungskosten	IAS 40.30: fortgeführte Anschaffungs- oder Herstellungskosten oder beizulegender Zeitwert
Leasingnehmer klassifiziert Renditeimmobilie um (*sublease;* Wahlrecht)	IAS 40 (IAS 40.3, 40.8(c), IAS 17.2 (a))	IAS 40.20: Anschaffungs- oder Herstellungskosten	IAS 40.30: fortgeführte Anschaffungs- oder Herstellungskosten oder beizulegender Zeitwert

	Anwendungsbereich	Erstbewertung	Folgebewertung
Operating-Leasingverhältnisse			
Leasingnehmer			
Normalfall (unabhängig, ob *sublease* vorhanden)	IAS 17 (IAS 40.2(a))	Kein Vermögenswert; Leasingzahlungen werden gem IAS 17.33 ff aufwandswirksam erfasst	
Leasingnehmer klassifiziert Renditeimmobilie um (*sublease;* Wahlrecht)	IAS 40 (IAS 17.19; IAS 40.6)	IAS 40.25 iVm IAS 17.20: niedrigerer Wert von beizulegendem Zeitwert und Barwert der Mindestleasingraten	IAS 40.34: beizulegender Zeitwert (zwingend für alle Renditeimmobilien, IAS 40.6)
Finanzierungs-Leasingverhältnisse			
Leasinggeber			
Immer *sublease*	IAS 17 (IAS 40.3, 40.9 (e))	IAS 17.36 ff: Ansatz einer Leasingforderung zum Nettoinvestitionswert	IAS 17.39 ff: Aufteilung der Leasingraten in Tilgungs- und Zinsanteil
Leasingnehmer			
Immer *sublease*	IAS 40 (IAS 40.3, 40.8(c), IAS 17.2(a))	IAS 40.25 iVm IAS 17.20: niedrigerer Wert von beizulegendem Zeitwert und Barwert der Mindestleasingraten	IAS 40.30: fortgeführte Anschaffungs- oder Herstellungskosten oder beizulegender Zeitwert

Beispiel: Eine Fondsgesellschaft A ist zivilrechtliche Eigentümerin eines Hotels. Sie vermietet das Hotel im Rahmen eines Leasingverhältnisses an die Objektgesellschaft B. Die Mietdauer entspricht der wahrscheinlichen Nutzungsdauer des Gebäudes verbunden mit einem fest vereinbarten Mietzins. Ein zivilrechtlicher Eigentumsübergang am Ende der Laufzeit ist nicht vorgesehen. Sämtliche Aufwendungen verbunden mit dem Grundstück und der Immobilie sind von B zu tragen. In einem zweiten Schritt vermietet wiederum B das Hotel an eine Betreibergesellschaft C im Rahmen eines Operating-Leasingverhältnisses.

Das Leasingverhältnis zwischen A und B ist gem IAS 17.14 als Operating-Leasingverhältnis einzustufen, da am Ende der Laufzeit kein Eigentumsübergang zu erwarten ist. Hieraus folgt, dass der Leasinggeber A die fremd vermietete Immobilie in seiner Bilanz als Finanzinvestition erfasst und bewertet.

Die Objektgesellschaft B kann nach IAS 40.6 von dem Wahlrecht Gebrauch machen, die im Rahmen eines Operating-Leasingverhältnisses geleaste Immobilie als Finanzierungs-Leasingverhältnis zu klassifizieren und so die Immobilie ebenfalls als Finanzinvestition bilanziell erfassen. Zum einen erfüllt die Immobilie die grds Ansatzkriterien einer als Finanzinvestition gehaltenen Immobilie, da sie fremd vermietet und nicht selbst genutzt wird. Zum anderen wurden im Rahmen der vertraglichen Ausgestaltung des Leasingverhältnisses mit A sämtliche wesentlichen Chancen und Risiken, die mit der Immobilie verbunden sind, auf B übertragen.

Die Betreibergesellschaft C hat das Leasingverhältnis nach den Vorschriften von Leasingverhältnissen gem IAS 17 zu erfassen.

21, 22 *einstweilen frei*

V. Entscheidungsbaum

23 Zur Illustration der als Finanzinvestition zu klassifizierenden Immobilien und der nach IAS 40 bestehenden **Wahlmöglichkeiten** dient folgender Entscheidungsbaum:

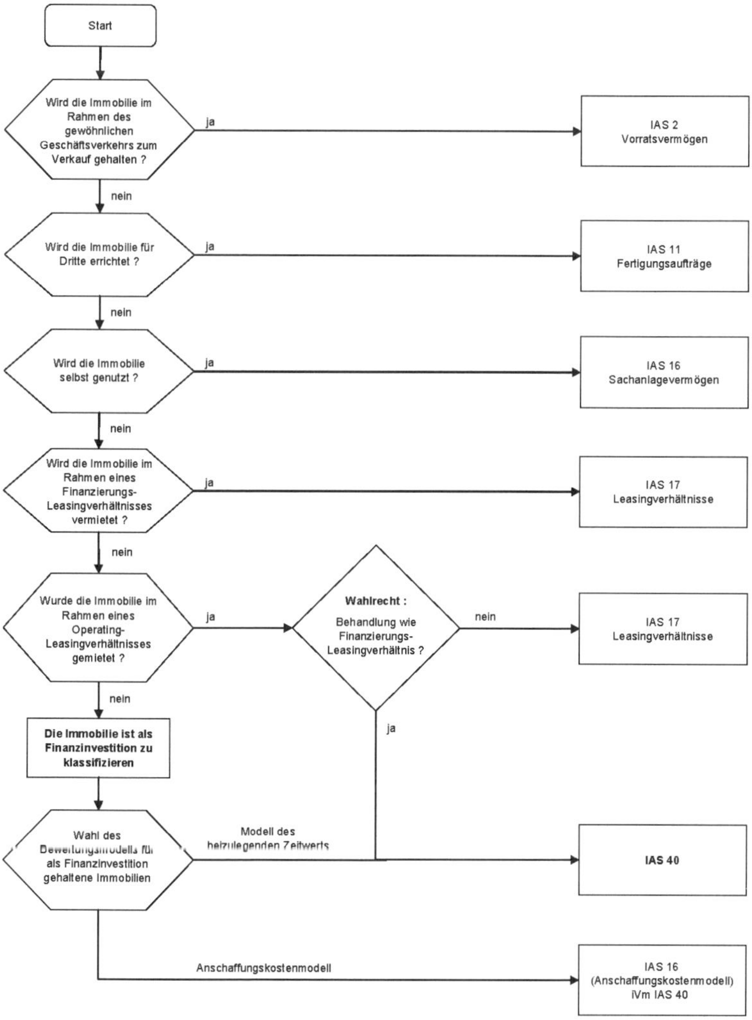

Die Darstellung ist angelehnt an den in IAS 40 (2000) Appendix A veröffentlichten Entscheidungsbaum und wurde um den Bereich der Leasingverhältnisse erweitert. **Keine gesonderte Abfrage** besteht für in der Entwicklung befindliche Immobilien, die nach Fertigstellung als Renditeimmobilien gehalten werden sollen, da diese nach der Erweiterung des Anwendungsbereichs im Rahmen des *Annual Improvements* Projekts 2008 bereits von Beginn an nach IAS 40 zu bilanzieren sind.

VI. Als Finanzinvestition gehaltene Immobilien im Konzernabschluss

24 Immobilien, die von einem Unternehmen an ein verbundenes Unternehmen vermietet werden, sind für Zwecke des Konzernabschlusses **nicht als Finanzinvestition** nach IAS 40 zu klassifizieren, da es sich aus Konzernsicht um selbst genutzte Immobilien handelt. Im Einzelabschluss sind solche Immobilien gleichwohl als Renditeimmobilien zu bilanzieren, soweit sie die Kriterien hierfür erfüllen.

25 Wird das **Modell des beizulegenden Zeitwerts** (s Rz 40ff) als Bewertungsmethode für als Finanzinvestition gehaltene Immobilien gewählt, können sich hieraus für dieselbe Immobilie unterschiedliche Bewertungsansätze im Einzel- und Konzernabschluss ergeben. Diese Bewertungsunterschiede lassen sich vermeiden, wenn die im Konzernabschluss nach IAS 16 erfassten Immobilien jeweils zum Bilanzstichtag ebenfalls mit ihrem beizulegenden Zeitwert neu bewertet werden (Neubewertungsmethode; s § 5 Rz 123ff). Es verbleibt dennoch die **unterschiedliche Behandlung in der Gesamtergebnisrechnung bzw der gesonderten GuV (sofern erstellt),** da Bewertungsanpassungen nach der Methode des beizulegenden Zeitwerts immer erfolgswirksam (s Rz 93), Bewertungsanpassungen im Rahmen der Neubewertungsmethode hingegen erfolgsneutral nur über die Neubewertungsrücklage im sonstigen Ergebnis *(other comprehensive income)* und ggf bei darüber hinausgehenden Abwertungen aufwandswirksam erfasst werden (s § 5 Rz 136).

C. Ansatz und Bewertung

I. Ansatz

26 Als Finanzinvestition gehaltene Immobilien sind entspr IAS 40.16 grds nur anzusetzen, wenn es einerseits wahrscheinlich ist, dass dem Unternehmen hieraus **ein wirtschaftlicher Nutzen** zufließt und andererseits die **Anschaffungs- oder Herstellungskosten** verlässlich ermittelt werden können. Damit gelten auch für als Finanzinvestition gehaltene Immobilien die allgemeinen Aktivierungsvoraussetzungen für Vermögenswerte (s § 2 Rz 72ff). Entscheidend für die Beurteilung sind dabei nicht die zivilrechtlichen Eigentumsrechte. Vielmehr kommt es auf die wirtschaftlichen Eigentumsrechte an, dh ob das Unternehmen durch die Verfügungsgewalt über die Immobilie einen wirtschaftlichen Nutzen erzielen kann (wirtschaftliche Betrachtungsweise).

II. Bewertung beim erstmaligen Ansatz

1. Anschaffungs- oder Herstellungskosten

27 Als Finanzinvestition gehaltene Immobilien sind beim erstmaligen Ansatz zunächst mit den Anschaffungs- oder Herstellungskosten zu bewerten (IAS 40.20). Bei der Abgrenzung und Zuordnung der aktivierbaren Kosten gelten hierbei die Ansatzkriterien für Anschaffungs- oder Herstellungskosten von Sachanlagen nach IAS 16. Die **Anschaffungskosten** setzen sich dabei im Wesentlichen aus dem Kaufpreis und den mit dem Anschaffungsvorgang verbundenen Nebenkosten zusammen. Für eine detaillierte Darstellung der Anschaffungs- oder Herstel-

lungskosten von Sachanlagen nach IAS 16 wird an dieser Stelle auf § 5 Rz 22ff verwiesen.

28 Über die Anschaffungs- oder Herstellungskosten hinaus sind die **Kosten** zu aktivieren, die entstanden sind, um die als Finanzinvestition gehaltene Immobilie in einen vom Management **beabsichtigten Zustand zu versetzen** (IAS 40.23(a)). Hierbei wird insbes auf Sanierungsobjekte oder Immobilien, an denen Erweiterungsinvestitionen vorgenommen werden sollen, abgestellt. Eine Aktivierungsfähigkeit besteht nur, sofern diese Maßnahmen zu einer wirtschaftlichen Verbesserung der Immobilie führen. Soweit die geplanten nachträglichen Aufwendungen beim Erwerb bereits als Kaufpreisminderung berücksichtigt worden sind, sollte die Nachaktivierung dieser Kosten nicht zu einer Überbewertung des Objekts führen.

29 Erfolgt die Anschaffung in **fremder Währung,** sind die jeweiligen Beträge (Anschaffungs- oder Herstellungskosten) zum Zeitpunkt des Geschäftsvorfalls mit dem entspr Wechselkurs in die Berichtswährung umzurechnen (IAS 21.21). Zu Auswirkungen von Wechselkursänderungen im Rahmen der Folgebewertung s Rz 45.

30 Erfolgt die Anschaffung nicht durch Zahlung eines Kaufpreises sondern im Rahmen eines **Tauschgeschäfts,** so entsprechen die Anschaffungskosten der erworbenen Immobilie ihrem **beizulegenden Zeitwert.** Kann dieser nicht verlässlich ermittelt werden, ist alternativ der hingegebene Tauschgegenstand zum beizulegenden Zeitwert zu bewerten und dieser Betrag anzusetzen. Wenn selbst das nicht gelingt, ist der Buchwert des hingegebenen Tauschgegenstands zu übernehmen (IAS 40.27).

2. Nachträgliche Anschaffungskosten

31 Nachträgliche Anschaffungskosten für bereits als Finanzinvestition gehaltene Immobilien sind dem bereits bestehenden **Buchwert hinzuzurechnen,** wenn hierdurch ein zusätzlicher wirtschaftlicher Nutzen für das Unternehmen generiert wird. Alle anderen nachträglichen Ausgaben sind dementsprechend als Aufwand zu erfassen. Eine Erhöhung des wirtschaftlichen Nutzens ist dann anzunehmen, wenn die durchgeführten Maßnahmen zu einer direkten **Steigerung der Ertragskraft** der Immobilie führen – entweder durch steigende Mieteinnahmen, eine wesentliche Verminderung der Betriebskosten oder eine wesentliche Verlängerung der Nutzungsdauer. Abzugrenzen hiervon sind lfd Instandhaltungsmaßnahmen, da diese den bestehenden Leistungsgrad der Immobilie nicht erhöhen, sondern lediglich erhalten. Abgrenzungsprobleme sind dabei nicht ausgeschlossen, da fast jede Investition zu einer Leistungssteigerung der Immobilie und damit Erhöhung des wirtschaftlichen Nutzens führt.

Beispiel: Das bisher nicht nutzungsfähige Dachgeschoss einer Immobilie wird ausgebaut und in einen vermietungsfähigen Zustand versetzt. Die zusätzlich geschaffene Vermietungsfläche erhöht die Ertragskraft der Immobilie und dementsprechend den Gesamtwert des Objekts. Bei den in diesem Zusammenhang entstandenen Aufwendungen handelt es sich um nachträgliche Anschaffungskosten, die aktivierungsfähig sind. Ob der Buchwert durch die nachträgliche Aktivierung den beizulegenden Zeitwert der Immobilie übersteigt, ist anschließend durch einen Wertminderungstest zu überprüfen.

3. Leasingobjekte

32 Beim erstmaligen Ansatz sind im Rahmen eines **Operating-Leasingverhältnisses** gehaltene Renditeimmobilien vom **Leasinggeber** gem IAS 40.20 zu ihren Anschaffungs- oder Herstellungskosten zu bewerten.

Als Finanzinvestition gehaltene Immobilien sind bei **Finanzierungs-Leasingverhältnissen** beim **Leasingnehmer** zunächst entspr den Kriterien für den erstmaligen Ansatz von Leasingverhältnissen nach IAS 17.20ff anzusetzen. Hierbei ist der niedrigere Wert aus beizulegendem Zeitwert oder dem Barwert der Mindestleasingzahlungen (IAS 40.25) zu ermitteln. Dasselbe gilt im Übrigen auch bei Inanspruchnahme des Wahlrechts gem IAS 40.6 durch den Leasingnehmer (s Rz 16).

33 Bei der Ermittlung des **beizulegenden Zeitwerts** ist zu beachten, dass nicht die Immobilie selbst, sondern lediglich das erworbene Recht an der Immobilie zu bewerten ist (IAS 40.26). So sollte der beizulegende Zeitwert des zu Marktkonditionen abgeschlossenen Leasingverhältnisses in etwa dem Barwert sämtlicher Leasingzahlungen entsprechen (IAS 40.41). Ein höherer Wertansatz (Einwertungsgewinn) erscheint grds unwahrscheinlich und sollte nochmals überprüft werden. Für die Bewertung eines Leasingverhältnisses zum beizulegenden Zeitwert gelten dabei die Regelungen von IAS 40.33ff entspr (s Rz 51ff). Dieser beizulegende Zeitwert ist den **Anschaffungskosten** der Leasingimmobilie gegenüberzustellen. Hierzu zählen der Barwert der vereinbarten Mindestleasingzahlungen (s § 22 Rz 29) sowie sämtliche bereits geleisteten Sonderzahlungen (IAS 40.26). Der erstmalige Ansatz erfolgt dann zu dem niedrigeren der beiden Werte. In Höhe des Barwerts der noch zu leistenden Leasingzahlungen ist eine **Schuld** anzusetzen (IAS 17.20; zu Einzelheiten betreffend die Bilanzierung von Finanzierungs-Leasingverhältnissen s § 22 Rz 130ff).

III. Folgebewertung

1. Wahlrecht der Bewertungsmethode

34 Im Rahmen der Folgebewertung gewährt IAS 40.30 das Wahlrecht, die als Finanzinvestition gehaltenen Immobilien entweder nach dem **Anschaffungskostenmodell** oder nach dem **Modell des beizulegenden Zeitwerts** zu bewerten. Das gewählte Bewertungsmodell ist grds einheitlich auf **sämtliche** als Finanzinvestition gehaltene Immobilien anzuwenden (IAS 40.30).

35 Trotz des bestehenden Wahlrechts ergeben sich für Unternehmen, die sich für das **Anschaffungskostenmodell** entschieden haben, **keine Erleichterungen** hinsichtlich des jeweils zum Bilanzstichtag zu erhebenden Datenmaterials. Unternehmen, die als Finanzinvestition gehaltene Immobilien zu fortgeführten Anschaffungs- oder Herstellungskosten in der Bilanz bewerten, sind nach IAS 40.32 verpflichtet, ebenfalls die beizulegenden Zeitwerte zu ermitteln und zusätzlich im Anhang anzugeben (IAS 40.79(e)).

36 Das Wahlrecht besteht nicht, wenn im Rahmen eines **Operating-Leasingverhältnisses** gehaltene Immobilien beim Leasingnehmer gem IAS 40.6 als Finanzinvestition klassifiziert wurden. Entscheidet sich ein Unternehmen nur bei einer im Rahmen eines Operating-Leasingverhältnisses geleasten Immobilie, diese wie ein Finanzierungs-Leasingverhältnis zu behandeln, so sind **sämtliche** als Finanzinvestition gehaltenen Immobilien ausschließlich nach dem **Modell des beizulegenden Zeitwerts** zu bilanzieren (IAS 40.6). Das grds bestehende Wahlrecht bei Renditeimmobilien zwischen dem Ansatz zum beizulegenden Zeitwert einerseits und dem Anschaffungskostenmodell andererseits (IAS 40.30; s Rz 32) entfällt hierdurch.

37 ISd Bewertungsstetigkeit ist ein **Methodenwechsel** nur zulässig, wenn dies zu einer sachgerechteren Darstellung der VFE-Lage führt. IAS 40.31 impliziert, dass dies nur für den Wechsel vom Anschaffungskostenmodell zum Zeitwertmodell gegeben ist. Der umgekehrte Methodenwechsel vom beizulegenden Zeitwert

zurück zum Anschaffungskostenmodell wird hingegen als unwahrscheinlich dargestellt (aA im Sanierungsfall von Immobilien, wobei zur Lösung von Bewertungsproblemen ein Methodenwechsel nach IAS 8 vorgeschlagen wird, *Zülch/Willms* BB 2005, 372).

Bei einem Methodenwechsel ist hinsichtlich der bilanziellen Auswirkungen und des Ausweises IAS 8 zu beachten (s § 45 Rz 21f).

38 Grds wird vom IASB empfohlen, bei der Bewertung der Immobilien auf externe **Gutachter** mit entspr beruflicher Qualifikation und Kenntnis zurückzugreifen (IAS 40.32). Dennoch kann, auch vor dem Hintergrund der damit verbundenen Kosten, die Bewertung vom Unternehmen selbst durchgeführt werden. Voraussetzung hierfür ist allerdings das Vorhandensein ausreichender interner Ressourcen (IAS 40.BC55f) und die Einhaltung der Anforderungen an die Ermittlung von beizulegenden Zeitwerten von Immobilien (s hierzu auch Rz 51ff).

2. Anschaffungskostenmodell

39 Bei der Bewertung nach dem **Anschaffungskostenmodell** ist der gesamte als Finanzinvestition gehaltene Immobilienbestand nach den Vorschriften von IAS 16 für dieses Modell zu bewerten (IAS 40.56). Hiernach sind die als Finanzinvestition gehaltenen Immobilien zu ihren Anschaffungskosten abzüglich kumulierter plan- und außerplanmäßiger Abschreibungen (Wertminderungen) zu bewerten. Die Anwendung der **Neubewertungsmethode** (IAS 16.31) ist hierbei **nicht zulässig** (für eine detaillierte Darstellung des Anschaffungskostenmodells s § 5 Rz 102ff, für Ausführungen zu Wertminderungen von Vermögenswerten s § 5 Rz 152ff und § 27).

3. Modell des beizulegenden Zeitwerts

a) Bilanzierung nach dem Zeitwertmodell

40 Wird das Modell des beizulegenden Zeitwerts gewählt, sind sämtliche **Immobilien,** die als Finanzinvestition gehalten werden, grds zu **Marktwerten** (zum beizulegenden Zeitwert) zu bewerten (s Rz 43). Planmäßige Gebäudeabschreibungen und außerplanmäßige Abschreibungen aufgrund von Wertminderungen werden hierdurch hinfällig. Stattdessen sind die jeweiligen Wertdifferenzen, die sich aus der Neubewertung ergeben, **erfolgswirksam** (s Rz 93) zu erfassen (IAS 40.35). Nicht realisierte Gewinne werden ebenso erfolgswirksam berücksichtigt wie Verluste durch Wertminderungen. Im Vergleich zum Anschaffungskostenmodell nach IAS 16 werden keine stillen Reserven aufgebaut. Die Folge ist eine höhere Volatilität im Ausweis der Vermögenssituation und der Ergebnisentwicklung (*Schäfer/Conzen*, 158).

41 Der beizulegende Zeitwert hat jeweils die am Markt vorherrschenden Bedingungen zum Bilanzstichtag zu berücksichtigen. Hieraus ergibt sich, dass der gesamte Bestand von als Finanzinvestition gehaltenen Immobilien einmal pro Berichtsperiode zum Berichtsstichtag nach marktorientierten Gesichtspunkten neu zu bewerten ist. IAS 40 unterstellt dabei, dass es dem Unternehmen grds möglich ist, fortwährend verlässliche Marktwerte für die als Finanzinvestition gehaltenen Immobilien zu bestimmen (zur Ermittlung des beizulegenden Zeitwerts s Rz 68ff und Rz 81ff).

42 Ist es im Rahmen der **fortlaufenden Bewertung** zu einem Bewertungsstichtag nicht möglich, den beizulegenden Zeitwert, zB aufgrund inaktiver Teilmärkte oder sonstiger fehlender Bemessungsgrundlagen, zu bestimmen, so ist es gestattet, hilfsweise den Verkehrswert der Vorperiode anzusetzen (IAS 40.55).

43 Liegen hingegen bei der **erstmaligen Bewertung** mangels vergleichbarer Markttransaktionen oder der fehlenden Möglichkeit anderweitiger zuverlässiger Schätzungen Hinweise dafür vor, dass eine verlässliche Bewertung zum beizulegenden Zeitwert fortlaufend nicht möglich sein wird, so ist diese Immobilie nach dem **Anschaffungskostenmodell** nach IAS 16 zu bewerten. Dabei ist diese Bewertungsmethode bis zum Abgang der Immobile aus dem Bestand der als Finanzinvestitionen gehaltenen Immobilien beizubehalten. Eine Bewertung zum beizulegenden Zeitwert in späteren Perioden ist nicht gestattet (IAS 40.53). Darüber hinaus sind bei Inanspruchnahme der Ausnahmeregelung die Gründe hierfür im **Anhang** offenzulegen (IAS 40.78).

44 Von dem Verbot, einen Methodenwechsel in späteren Perioden vorzunehmen, ausgenommen, sind noch in der **Entwicklung befindliche Immobilien** (IAS 40.53 ff; s Rz 46).

Ungeachtet der dargestellten Besonderheiten für Immobilien, bei denen eine verlässliche Bewertung nicht möglich ist, sind die übrigen als Finanzinvestition gehaltenen Immobilien weiterhin zum beizulegenden Zeitwert zu bewerten (IAS 40.54).

45 Werden von einem Unternehmen als Finanzinvestition klassifizierte Immobilien im Ausland gehalten, so sind deren beizulegende Zeitwerte auf Basis der **Fremdwährung** zum **Wechselkurs,** der am **Bewertungsstichtag** gültig war, umzurechnen (IAS 21.23(c)). Sich daraus ergebende Wechselkursgewinne oder -verluste sind ebenfalls **erfolgswirksam** zu erfassen (IAS 21.30; s auch § 2 Rz 131).

b) In der Entwicklung befindliche Immobilien

46 Mit dem *Annual Improvements* Projekt 2008 wurden auch noch in der Entwicklung befindliche Immobilien in den **Katalog** der nach **IAS 40** zu bilanzierenden Immobilien (IAS 40.8(e)) aufgenommen.

Entwicklungsobjekte sind, soweit eine Bewertung zu Verkehrswerten von Beginn an nicht möglich erscheint, zunächst mit ihren Anschaffungs- oder Herstellungskosten zu bewerten. Mit steigendem Fertigstellungsgrad und damit verbundener zunehmender Verlässlichkeit bei der Bewertung, ist ein **Methodenwechsel** zum beizulegenden Zeitwert nicht nur erlaubt, sondern ausdrücklich **vorgesehen** (IAS 40.53A). Hiermit unterscheiden sich Entwicklungsobjekte von den übrigen Renditeimmobilien (s Rz 43).

47 Spätestens nach der **Fertigstellung** ist die Immobilie zum beizulegenden Zeitwert zu bilanzieren. Nur wenn auch dann noch keine verlässliche Verkehrswertermittlung möglich ist, ist das Anschaffungskostenmodell bis zum Abgang der Immobilie anzuwenden. Eine während der Entwicklungsphase zu Verkehrswerten bilanzierte Immobilie darf nach Fertigstellung nicht wieder nach der Anschaffungskostenmethode bewertet werden (IAS 40.53B).

48 UE führt die Bewertung von Entwicklungsobjekten zum beizulegenden Zeitwert vor der Fertigstellung nur unter sehr **begrenzten Voraussetzungen** zu einer **verbesserten Darstellung** der Vermögens- und Ertragslage, da die Bewertung insbes am Anfang der Realisierung mit einer erheblichen **Ungewissheit** verbunden ist. Aktive Märkte für solche Objekte bestehen idR nicht, sodass Immobilien in ihrer Entwicklungsphase quasi unverkäuflich sind. Zumindest muss davon ausgegangen werden, dass sich der tatsächliche Wert kaum am Markt realisieren lässt. Ursächlich hierfür sind insbes für einen Käufer schwer abschätzbare Baukostenrisiken, Baumängel sowie die anschließende Vermietungssituation.

49 Die Bilanzierung nach dem Zeitwertmodell von noch in der Entwicklung befindlichen Immobilien erscheint insofern nur bei Objekten **sachgerecht**, die

eine **hohe Vorvermietungsquote** aufweisen und bei denen die Baukosten bis zur Fertigstellung entweder auf Basis bestehender Verträge oder anderweitig abgesichert eingeschätzt werden können.

c) Auswirkung auf den Ausweis latenter Steuern

Im Zuge der Bewertung zum beizulegenden Zeitwert werden die Immobilien mit ihren **voraussichtlich zu erzielenden Marktwerten** ausgewiesen. Damit unterscheiden sich die Wertansätze idR im Vergleich zu den Buchwerten der steuerlichen Gewinnermittlung. Soweit dieser **Buchgewinn** eine entspr Steuerbelastung auf Ebene des Unternehmens nach sich ziehen würde, ist hierfür korrespondierend eine **latente Steuerrückstellung** in Höhe der Differenz zwischen dem Buchwert lt Steuerbilanz und dem im Jahresabschluss ausgewiesenen beizulegenden Zeitwert unter Berücksichtigung des geltenden Steuersatzes zu bilden. Bildung und Auflösung der latenten Steuerrückstellungen sind **erfolgswirksam** zu erfassen (weiterführend zu latenten Steuern s § 25). 50

4. Immobilienbewertung nach IAS 40

a) Definition des beizulegenden Zeitwerts von Immobilien

Der beizulegende Zeitwert einer Immobilie ist in IAS 40.36 wie folgt **definiert**: 51

„Der beizulegende Zeitwert von als Finanzinvestition gehaltenen Immobilien entspricht dem Preis, zu dem die Immobilien zwischen sachverständigen, vertragswilligen und voneinander unabhängigen Geschäftspartnern getauscht werden könnten. Der beizulegende Zeitwert schließt insbes geschätzte Preise aus, die durch Nebenabreden oder besondere Umstände erhöht oder gesenkt werden, zB untypische Finanzierungen, *sale-and-lease-back*-Vereinbarungen oder besondere iVm dem Verkauf gewährte Vergünstigungen oder Zugeständnisse."

Der beizulegende Zeitwert ist in erster Linie ein **theoretischer Preis,** zu dem ein Vermögenswert am Markt veräußert werden könnte. Durch geeignete Methoden und Verfahren ist dieser Betrag zu schätzen bzw abzuleiten. Unterstellt werden dabei unabhängige Marktteilnehmer mit entspr Sachverstand und Marktkenntnis, die hinsichtlich ihrer Kaufentscheidung weder übereilt handeln noch unter Kaufzwang stehen. Subjektive Entscheidungsparameter bleiben außer Ansatz (**objektivierter Wert**). Der beizulegende Zeitwert hat dabei sämtliche Marktbedingungen und öffentlich zugängliche Informationen am Bilanzstichtag widerzuspiegeln. 52

Die vom IASB gewählte Definition des beizulegenden Zeitwerts ist dabei inhaltlich identisch mit dem Begriff des **Marktwerts** nach den International Valuation Standards (IAS 40.BC53) des RICS (*red book*) sowie den Europäischen Bewertungsstandards der European Group of Valuers' Association (*The European Group of Valuers' Association (TEGoVA)*, 4.10). 53

Eine ähnliche Definition findet sich auch in der deutschen Gesetzgebung. In § 194 BauGB wird der Begriff des **Verkehrswerts** definiert als der Preis, der zu dem Zeitpunkt, auf den sich die Ermittlung bezieht, im gewöhnlichen Geschäftsverkehr nach den rechtlichen Gegebenheiten und tatsächlichen Eigenschaften, der sonstigen Beschaffenheit und Lage des Grundstücks oder des sonstigen Gegenstands der Wertermittlung ohne Rücksicht auf ungewöhnliche oder persönliche Verhältnisse zu erzielen wäre. 54

Dem Grunde nach sind die verschiedenen Begriffe **„beizulegender Zeitwert"**, **„Marktwert"** bzw **„Verkehrswert"** in ihrer wirtschaftlichen Bedeutung identisch. Sie beschreiben einen objektivierten, stichtagsbezogenen, auf 55 einem entspr Markt theoretisch erzielbaren Preis für einen zu bewertenden Vermögenswert. Die Idealausprägung hierfür sind in erster Linie **Börsenpreise**, da diese auf einem der Definition nach (fast) perfekten Markt zustande kommen, jederzeit zur Verfügung stehen und frei von Zwang und subjektiven Wertkomponenten sind.

b) Bewertungshierarchie

56 Anders als bei Wertpapieren, bei denen sehr hohe Stückzahlen einer Aktie, Anleihe oder anderer verbriefter Werte (finanzielle Vermögenswerte) täglich an Börsen gehandelt werden, handelt es sich bei Immobilien (nicht-finanzielle Vermögenswerte) idR um **Unikate**, für die aufgrund der **geringen Umschlagshäufigkeit** kaum echte stichtagsbezogene Marktpreise vorliegen. Ein Ablesen des beizulegenden Zeitwerts anhand von Börsen- oder anderen Marktnotierungen ist insofern nur in seltenen Fällen möglich.

IAS 40.45ff nähert sich diesem grds bei nicht börsennotierten Vermögenswerten bestehenden Bewertungsproblem mit der Schaffung einer abgestuften marktorientierten Vergleichsmethodik.

57 Auf der **ersten Bewertungsebene** erfolgt die Ableitung des beizulegenden Zeitwerts auf Basis notierter **Marktpreise** ähnlicher Immobilien.

58 Sind aktuelle Preise auf einem aktiven Markt für identische Immobilien hinsichtlich Typ, Alter, Lage und Vermietungsstand nicht verfügbar, ist der beizulegende Zeitwert alternativ auf der **zweiten Bewertungsebene** durch Vergleiche mit Preisen auf weniger aktiven Märkten oder von abweichenden Immobilien zu bestimmen.

Wird auf vergangene Preise zurückgegriffen, sind diese dahingehend anzupassen, dass sie die geänderten wirtschaftlichen Rahmenbedingungen seit dem Zeitpunkt der Vergleichstransaktion und dem Bewertungsstichtag widerspiegeln. Dienen andere Immobilien als Bewertungsbasis, sind die bestehenden Unterschiede in der Lage, Größe, Alter, Vermietungsstand etc bei der Bewertung zu berücksichtigen.

Die Bewertung auf Ebene eins und zwei sind reine Marktansätze (*market approach*). Der beizulegende Zeitwert wird entweder direkt aus dem Markt oder durch den Vergleich mit **annähernd identischen Bewertungsobjekten** ermittelt. In der Praxis sind diese Ansätze kaum kontinuierlich durchführbar, da sie zumindest einen vergleichsweise idealtypischen Markt voraussetzen. Immobilienmärkte sind hiervon allerdings idR deutlich entfernt.

59 Auf der **dritten Bewertungsebene** löst sich IAS 40 daher weitgehend vom Konzept direkter Preisvergleiche und lässt zur Bestimmung beizulegender Zeitwerte einen höheren Abstraktionsgrad hinsichtlich der Marktnähe zu. Die Bewertung erfolgt hiernach auf Basis **allgemeingültiger Bewertungsverfahren und -techniken** unter Berücksichtigung der jeweils vorliegenden Informationen (*income approach*). Da bei als Finanzinvestition gehaltenen Immobilien nicht das Objekt als solches, sondern die damit erzielbaren Erträge bzw Veräußerungserlöse im Vordergrund stehen, wird unterstellt, dass diese den maßgeblichen Einfluss auf die Bewertung haben. IAS 40.46(c) schlägt vor diesem Hintergrund explizit Verfahren vor, die auf diskontierten Cashflows basieren.

c) Einzelbewertung und Unterschiede zur Portfoliobewertung

60 Nach den Bewertungsvorschriften des IAS 40 sind als Finanzinvestition gehaltene Immobilien **einzeln** mit ihrem beizulegenden Zeitwert zu bewerten. **Synergieeffekte** zwischen den gehaltenen Immobilien oder zusätzliche Werte aus der Bildung eines Portfolios von Immobilien dürfen nicht berücksichtigt werden (IAS 40.49).

61 Der Wert eines **Immobilienportfolios** kann von der Summe der Einzelwerte der Immobilien abweichen. Zum Tragen kommt diese Unterscheidung insbes bei der Bilanzierung von Unternehmenszusammenschlüssen nach IFRS 3 (s § 34) im Zusammenhang mit dem Kauf oder der Übernahme einer Immobiliengesellschaft oder eines Immobilienportfolios. Aus dem Kaufpreis kann nicht direkt auf den nach IAS 40 zu bilanzierenden Wert der Renditeimmobilien geschlossen werden. Ein Unterschiedsbetrag kann sich unter anderem aus positiven Zukunftserwartungen oder durch Fehleinschätzungen ergeben (*Trappmann/Ranker* DB 2008, 1450). Darüber hinaus kann sich auch die zum Erwerbszeitpunkt bestehende Situation am Kapitalmarkt auf den gezahlten Preis eines Portfolios auswirken, wobei sich die am Kapitalmarkt gebildeten Risikoeinschätzungen für ein Immobilienportfolio von den Risikoeinschätzungen der eigentlichen Immobilienanlage gelöst haben (*Trappmann/Ranker* DB 2008, 1450).

62 Dennoch ist eine **Trennung zwischen Einzel- und Portfoliowert** häufig nicht praktikabel unter anderem dann, wenn dem Kaufpreisangebot im Wesentlichen nur eine Verkehrswertschätzung des Immobilienvermögens zugrunde liegt und sonst keine Auf- oder Abschläge in der Berechnung vorgenommen wurden. In der Praxis ist in solchen Fällen zu beobachten, dass die zum Zwecke der Kaufpreisfindung festgestellten Werte eins zu eins im Rahmen der Kaufpreisallokation nach IFRS 3 (s § 34 Rz 65 ff) unter den als Finanzinvestition gehaltenen Immobilien nach IAS 40 ausgewiesen werden.

Dies ist nach unserer Auffassung nur dann vertretbar, wenn die der Kaufpreisbestimmung zugrunde gelegte Immobilienbewertung den Anforderungen an die Bestimmung des beizulegenden Zeitwerts entsprochen hat und die Bewertung differenziert für jede einzelne Immobilie vorgenommen wurde.

Eine aggregierte Bewertung des Gesamtportfolios nach bestimmten Ertragsgesichtspunkten oder anderen Parametern (zB undifferenzierte Bewertung des Immobilienportfolios oder der Gesellschaft nach der DCF-Methode) ist für die Bewertung nach IAS 40 nicht ausreichend.

d) Internationale Standards der Immobilienbewertung

63 Im Zuge der Entwicklung und Etablierung **vereinheitlichter internationaler Rechnungslegungsstandards** wird auch darauf hingewirkt, die ausgewiesenen Vermögenswerte nach vergleichbaren Verfahren und Methoden zu bewerten. Ohne die landes- und markttypischen Faktoren zu vernachlässigen, sind hierfür **allgemeingültige Bewertungsgrundsätze** und **Qualitätsstandards** festzulegen.

64 Auf internationaler Ebene wurde hierzu 1981 das **International Valuation Standards Committee** (IVSC) gegründet. Das wesentliche Ziel des IVSC besteht darin, allgemeingültige Bewertungsstandards zu entwickeln und deren Anwendung und Verbreitung zu fördern (*International ValuationStandards Committee*[8], 3 ff). Ein Schwerpunkt ist die Vereinheitlichung der Bewertung in der IFRS-Rechnungslegung. Das IVSC (s www.ivsc.org) als private Organisation arbeitet hierzu neben dem IASB auf internationaler Ebene mit verschiedenen Organisationen auf lokaler Ebene zusammen. Die vom IVSC entwickelten Grundsätze sind in den International Valuation Standards zusammengefasst (sog ***white book***).

65 Auf europäischer Ebene ist der Dachverband der nationalen Verbände von Immobilienbewertern, **The European Group of Valuers Association (TEGoVA),** zu nennen. Die entwickelten Standards, Bewertungsmethoden und grds bei der Bewertung zu berücksichtigenden Rahmenbedingungen sind in den Europäischen Bewertungsstandards (sog ***blue book***) zusammengefasst.

66 Als weiterer Standardsetter mit dem Schwerpunkt Immobilienbewertung versteht sich das **Royal Institute of Chartered Surveyors (RICS)** mit Sitz in Großbritannien. Die Zielrichtung und Unterstützung der international darin vereinigten Mitglieder ist vergleichbar mit der TEGoVA. Die vom RICS herausgegebenen Qualitätsstandards und Anwendungshinweise, The Red Book – RICS Appraisal and Valuation Standards, sind dabei von den im RICS vereinigten Bewertern einzuhalten und führen dadurch zu einer Vereinheitlichung der angewendeten Standards.

67 Im Zuge der Verbreitung der **IFRS** wächst insbes der Einfluss der **International Valuation Standards** in der Bewertungspraxis mit einer entspr Ausstrahlwirkung auf die Standards der TEGoVA und des RICS. Insofern haben sie allgemeingültigen Charakter und erlangen über Landesgrenzen hinweg globale Bedeutung. Sie schreiben vor, welche Wertmaßstäbe in den einzelnen Bewertungssituationen relevant sind, ohne jedoch dabei spezielle Bewertungsmethodiken vorzuschreiben. Diese Entscheidung ist weiterhin dem Bewerter vorbehalten.

68 In der internationalen Bewertungspraxis dominiert das **DCF-Verfahren** zur rechnerischen Ableitung des beizulegenden Zeitwerts. Immobilien werden ebenso wie andere Investitionsobjekte behandelt. Insofern ergeben sich hinsichtlich der Berechnung auf Basis der DCF-Methode keine grds Unterschiede zu anderen Finanzierungs- und Investitionsentscheidungen.

Der im Ergebnis des DCF-Verfahrens ermittelte Wert der Immobilie entspricht dabei dem **Barwert sämtlicher diskontierten Einzahlungsüberschüsse**, die sich aus der Bewirtschaftung und einer ggf späteren Veräußerung der Immobilie im gewöhnlichen Geschäftsverkehr erzielen lassen. ISe objektivierten Bewertung sind dabei nicht marktübliche eigentümer- oder investorenspezifische Kriterien zu vernachlässigen. Sämtliche Ein- und Ausgabenpositionen sollten dabei einem Drittvergleich standhalten und aktuelle und zukünftig erwartete Marktkonditionen widerspiegeln.

69 Die **Prognose der Einnahmenüberschüsse** erfolgt üblicherweise auf Jahresbasis für einen Zeitraum von bis zu 10 Jahren (*Zülch*, 246). In Ausnahmefällen kann der Zeitraum auch länger sein. Mit steigendem Prognosehorizont steigt idR der Grad der Ungewissheit hinsichtlich der unterstellten **Zahlungsströme,** was sich als begrenzender Faktor auf die Länge des Prognosezeitraums auswirkt. Allerdings besteht bei Immobilien der Vorteil, dass sich Einnahmen und Ausgaben im Vergleich zu anderen Vermögenswerten (zB Unternehmensbeteiligungen) auch über einen längeren Zeitraum relativ genau prognostizieren lassen. Für das Ende des Prognosezeitraums ist idR ein **Veräußerungspreis** für die Immobilie (Restwert oder *terminal value*) zu schätzen. Wird der Prognosezeitraum zu kurz (wenige Jahre) gewählt, so wird der Gesamtwert der Cashflowreihe ggf durch diesen Restwert dominiert (vgl analog zum DCF-Verfahren bei Unternehmensbewertungen *Moser* BB 2002, 17; *IDW* S 1 Rz 79).

70 Ausgangspunkt der Berechnung sind bei Immobilien die erwarteten **Mieten,** Pachten und anderen Erträge. Hierzu muss eine wahrscheinliche Prognose über einen längeren Zeitraum abgegeben werden. Zu berücksichtigen sind aktuelle Mietverträge und deren Entwicklung, der Objektzustand, die Lage, allgemeine wirtschaftliche Rahmenbedingungen etc, dh sämtliche Faktoren, die die Höhe der Einnahmen innerhalb des Prognosezeitraums wesentlich beeinflussen werden.

71 Von den Einnahmen sind sämtliche lfd **Mittelabflüsse** aus dem Vermietungsgeschäft abzuziehen. Hierzu zählen Instandhaltungs-, Bewirtschaftungs- und nicht umlagefähige Betriebskosten. In der Planung können hierbei auch zyklische Entwicklungen abgebildet werden, wie nur selten durchzuführende Großinstandsetzungen, Incentives für Neuvermietungen, Leerstände etc.

Der als Differenzbetrag von Einnahmen und Ausgaben verbleibende prognostizierte **Zahlungsmittelüberschuss** pro Planungsperiode ist auf den Bewertungsstichtag abzuzinsen.

Am Ende des Planungszeitraums wird bei den DCF-Bewertungsverfahren idR ein theoretischer Veräußerungswert für die Immobilie angesetzt (***terminal value***). Als Ausgangsbasis zur Ableitung dieses **Restwerts** wird idR der Zahlungsmittelüberschuss am Ende des Prognosezeitraums herangezogen (*Zülch*, 276). Hierbei ist die noch zu erwartende Restnutzungsdauer der Immobilie sowie die zu unterstellende Rendite zu berücksichtigen. Aufgrund der Komplexität der zu treffenden Annahmen ist es ebenfalls nicht unüblich, den Restwert nach der **Maklermethode** (*Gottschalk*[2], 473) zu schätzen. Dieser errechnet sich dabei pauschal aus dem x-fachen der zuletzt prognostizierten Netto-Kalt-Miete. 72

Die Barwertberechnung erfolgt auf Basis eines **marktorientierten Vergleichszinssatzes,** wie er für ähnliche Investitionen zu erzielen wäre. 73

Idealerweise sollte dieser aus **Börsennotierungen** bzw anderen Transaktionen auf einem relevanten Markt gewonnen werden. Eine Herleitung mittels CAPM-Modell aus dem Vergleich mit börsennotierten Immobilien-AG ist grds möglich.

Die verschiedenen Ansätze zur Ableitung des Diskontierungszinses werden in der Fachliteratur konträr diskutiert. Vor dem Hintergrund ineffizienter Immobilienmärkte und den daraus resultierenden Schwierigkeiten wird daher als praktischer Ansatz die mit dem Objekt erzielte **Anfangsrendite** als Diskontierungszins vorgeschlagen (*Zülch*, 272).

In der Praxis ist ebenfalls ein weiterer Ansatz zu beobachten. Ausgangspunkt hierfür ist die Annahme, dass eine starke Korrelation zwischen marktüblichen Refinanzierungszinsen und den Renditeanforderungen an eine Immobilie besteht. Der **Diskontierungszins** wird aus einem am Kapitalmarkt ableitbaren Basiszins (zB die Umlaufrendite) und einem **immobilienspezifischen Risikoaufschlag** zusammengesetzt. In dem immobilienspezifischen Risikoaufschlag spiegeln sich Kriterien wie Immobilientyp (Gewerbe-, Wohn- oder Spezialimmobilie), Lage, Ausstattung, Zustand, etc wider. Auch wenn diese Herleitung des Diskontierungszinses nicht unmittelbar auf tatsächlichen Immobilientransaktionen aufbaut, hat sie doch den Vorteil, dass die Vorgehensweise für den Bilanzleser transparent und auch zu einem anderen Bewertungsstichtag nachvollziehbar ist. Dennoch verbleibt auch hier die Schwierigkeit, die immobilienspezifischen Komponenten vollständig im Risikoaufschlag abzubilden. 74

e) Nationale Standards der Immobilienbewertung

Da die Bewertung von Immobilien neben Fragen der Rechnungslegung und Kaufpreisfindung auch im Bereich der Bewertung für Finanz-, Justiz- und andere Behörden wesentliche Bedeutung hat, sind die Grundlagen für die Ermittlung von Grundstückswerten und die Beschaffung und Veröffentlichung der dafür benötigten Daten in Deutschland **gesetzlich** geregelt. 75

Maßgebliche Gesetze und Richtlinien hierfür sind das **Baugesetzbuch** (BauGB), die **Wertermittlungsverordnung** (WertV) und die **Wertermittlungsrichtlinie** (WertR).

Nach § 192 BauGB sind zur Ermittlung von Grundstückswerten selbstständige und unabhängige **Gutachterausschüsse** zu bilden. In Hinblick auf die Schaffung eines transparenten Immobilienmarkts besteht eine der wichtigsten Aufgaben in der Führung einer Kaufpreissammlung. Um für die Kaufpreissammlung auf entspr Datenmaterial zurückgreifen zu können, ist nach § 195 BauGB jeder Grundstücksverkauf (auch Tausch) den Gutachterausschüssen zu melden und die entspr (Kauf-)Verträge sind in Kopie einzureichen. Hierdurch liegen den Gut- 76 achterausschüssen jegliche am Markt realisierten Preise und die entspr Objektdaten vor. Auf Basis der erhobenen Marktdaten werden durch die Gutachterausschüsse **Bodenrichtwerte** ermittelt (§ 196 BauGB). Der Bodenrichtwert wird einmal jährlich angepasst und stellt einen typisierten Marktpreis für ein Grundstück entspr seiner Lage dar. Darüber hinaus werden aus der Kaupreissammlung **Liegenschaftszinssätze** (§ 11 WertV) sowie Umrechnungskoeffizienten abgeleitet. Diese marktorientierten Bewertungsfaktoren werden anonymisiert öffentlich zur Verfügung gestellt und ermöglichen so interessierten Bewertern ein gewisses Maß an Markttransparenz.

77 Die für die Wertermittlung von Grundstücken angemessenen **Bewertungsmethoden** und -verfahren sowie die dabei zu berücksichtigenden wertbeeinflussenden Ausgangsdaten werden in der WertV geregelt. Nach § 7 WertV ist der Verkehrswert einer Immobilie auf Basis des Vergleichs-, Ertrags- oder Substanzwertverfahrens zu ermitteln. Mit der Novellierung der WertR im Jahr 2002 wurde die eingeschränkte Verfahrenswahl erweitert. Nach Nr 1.5.5 Abs 1 WertR können auch andere Verfahren angewendet werden, wenn diese zu sachgerechten Ergebnissen führen und das Wertbild nicht verzerren. Im Rahmen dieser Öffnungsklausel erhalten damit auch sämtliche internationalen Bewertungsstandards Eingang in die deutsche Bewertungspraxis.

78 Das **Vergleichswertverfahren** nach § 13f WertV entspricht im Wesentlichen der Ableitung des beizulegenden Zeitwerts anhand von Marktpreisen oder aus Vergleichstransaktionen nach IAS 40.45 (*market approach*). Dieses Bewertungsverfahren wäre iSd Bewertungshierarchie nach IAS 40 die bevorzugte Bewertungsmethode. In der Praxis ist das Vergleichswertverfahren bei der Bewertung von Gebäuden allerdings fast nie umsetzbar, da kaum vergleichbare Immobilientransaktionen vorliegen, anhand derer der Vergleichswert abgeleitet werden kann. Vergleichspreise werden im Wesentlichen bei der Schätzung des Werts des **Grund und Bodens** herangezogen, da es sich hierbei um ein vergleichsweise homogenes Gut handelt. Unterschiede in Lage, maximal zulässiger Bebauung, Form und Beschaffenheit werden anhand geeigneter Umrechnungskoeffizienten berücksichtigt.

79 Das **Ertragswertverfahren** (*income approach*) leitet den Wert einer Immobilie auf einer abstrakteren Ebene analog zu IAS 40 auf Basis der erzielbaren Erträge ab.

80 Als dritte Bewertungsmethode beinhaltet die WertV das **Sachwertverfahren** (*cost approach*). Dabei orientiert sich die Wertableitung an Herstellungskosten für ein typisiertes Objekt mit vergleichbaren Eigenschaften wie Alter, Ausstattung und Güte. Die Herleitung des beizulegenden Zeitwerts einer Immobilie anhand alternativer Kosten findet in IAS 40 keine explizite Erwähnung. Auch vor dem Hintergrund einer marktorientierten Wertfindung anhand von Veräußerungspreisen erscheint das Sachwertverfahren grds ungeeignet. Dennoch ist nicht auszuschließen, dass insbes auf sonst inaktiven Märkten, bei denen die Errichtung eines neuen Objekts eine echte Alternative zum Erwerb der zu bewertenden bereits bestehenden Immobilie darstellt, mittels des Sachwertverfahrens ein plausibler beizulegender Zeitwert abgeleitet werden kann (zum Sachwertverfahren s *Fierz*[4], 129ff). Ob die Anwendung im Ergebnis zu einem verlässlichen beizulegenden Zeitwert führt, ist im Einzelfall zu prüfen.

81 In Deutschland ist unter den Grundstückswertgutachtern immer noch das **Ertragswertverfahren** nach §§ 15ff WertV das gebräuchlichste Verfahren zur Bewertung von Renditeimmobilien. Hinsichtlich der anzusetzenden Prämissen und Vergleichsdaten können die Bewerter dabei auf die von den Gutachterausschüssen zur Verfügung gestellten Marktdaten wie Bodenrichtwerte und Liegenschaftszinsen zurückgreifen.

Das Ertragswertverfahren **differenziert** bei der Berechnung des Verkehrswerts zwischen **Grund- und Bodenwert** und dem **Gebäude** und nimmt eine entspr Aufteilung vor. Für die Zeitwertbewertung nach IAS 40 ist diese Aufteilung idR unerheblich, da hier Grund und Boden sowie das Gebäude als eine Bewertungseinheit Immobilie angesehen und dementsprechend als ein Vermögenswert bilanziert werden.

Ausgangsbasis für die Ertragswertberechnung ist der nachhaltig erzielbare 82
Rohertrag der Immobilie, der in § 17 WertV näher definiert ist. Der Rohertrag ist der jährliche Gesamtbetrag der Miet- oder Pachtzahlungen, die bei marktüblichen Konditionen unter Berücksichtigung der Nutzungsart, der Lage und Güte durch das Objekt erwirtschaftet werden kann. Hierbei bleiben die gezahlte Umsatzsteuer und idR umgelegte Kostenbestandteile der Miete wie Betriebskosten außer Ansatz. Der Rohertrag ist insoweit die marktübliche Nettokaltmiete für das zu bewertende Objekt. Unterschiede zwischen den tatsächlichen Vertragsmieten und dem angesetzten Rohertrag sind im späteren Verlauf der Berechnung als Zu- und Abschläge in Form von **Überrenditen** bzw **Unterrenditen** anzusetzen.

Vom Rohertrag abzusetzen sind die Aufwendungen, die nicht auf die Mieter 83
umgelegt werden können, sondern vom Eigentümer selbst zu tragen sind. Zu den wesentlichen **Bewirtschaftungskosten** zählen Instandhaltungs- und Verwaltungskosten sowie das Mietausfallwagnis. Da das Ertragswertverfahren im Wesentlichen ein Einperiodenmodell ist, sind für die Bewirtschaftungskosten Durchschnittsbeträge anzusetzen, wie sie im Laufe der Nutzungsdauer der Immobilie zu erwarten sind. Hierfür existieren empirische Untersuchungen und Aufstellungen, an denen man sich orientieren kann (*Kleiber/Simon*[5], 1414 f; WertR 2006 Anlage 3). Besondere einmalige Aufwendungen zB für eine notwendige Großinstandsetzung, oder aber auch auf einen bestimmten Zeitraum begrenzte geringere Kosten als Üblich, sind idR durch entspr **Zu- oder Abschläge** zu berücksichtigen.

Der Rohertrag abzüglich der Bewirtschaftungskosten ergibt den **Reinertrag** der Immobilie. Dieser Betrag entspricht dem jährlichen Nettoertrag, den die Immobilie bei Bewirtschaftung zu marktüblichen Konditionen erzielen kann. Da es sich hierbei um einen kalkulatorischen Durchschnittsertrag handelt, unterscheidet sich dieser idR von den tatsächlich erzielten Erträgen.

Für die weitere Berechnung ist die Ermittlung des Liegenschaftszinses von Be- 84
deutung. Der **Liegenschaftszins** ist das Pendant zum Diskontierungszinsfuß in der DCF-Methode. Er unterscheidet sich insofern, als er primär nicht durch objektbezogene Anfangsrenditen, Vergleichszinssätze am Kapitalmarkt oder modellhaft durch das CAPM abgeleitet wird, sondern durch retrograde Berechnungen aus vergangenen tatsächlichen Immobilientransaktionen (§ 11 WertV). Er spiegelt immobilienspezifische Besonderheiten, wie das mit dem Objekt verbundene Risiko, die erwartete Geldentwertung sowie Entwicklungen über zukünftige Mieteinnahmen wider (*Kleiber/Simon*[5], 1092). Die Liegenschaftszinssätze werden, wenn auch nicht in allen Regionen, von den Gutachterausschüssen ermittelt und in Form von ortsüblichen Bandbreiten bereitgestellt. Es obliegt dem Gutachter, sich an diesen Bandbreiten zu orientieren oder auf Basis eigener Erfahrung und Erkenntnisse einen anderen Zins festzulegen. Auch Vergleichsüberlegungen anhand aktueller Anlagezinssätze am Kapitalmarkt können in die Schätzung mit einbezogen werden. Liegenschaftszinssätze sind ebenfalls (idR geringer als am Kapitalmarkt) Schwankungen unterworfen. Dauerhaft gültige Richtgrößen anzugeben ist daher nicht möglich. Mit aller Vorsicht betragen diese für Wohnimmobilien idR zwischen 2,0% bis 6,0%, für Gewerbeimmobilien 5,0% bis 7,0% und für Spezialimmobilien 7,0% bis über 10% (*Kleiber/Simon*[5], 1084).

85 Vom Reinertrag ist die kalkulatorische Verzinsung des Grund und Bodens **(Bodenwertverzinsung)** abzuziehen. Die Bodenwertverzinsung entspricht dem Bodenwert verzinst zum beizulegenden Liegenschaftszins (Bodenwert × Liegenschaftszins in %; *Kleiber/Simon*[5], 1393). Hierzu wird der Wert des Grund und Bodens anhand von Vergleichswerten, dem Bodenrichtwert, geschätzt. Die Bodenrichtwerte werden von den Gutachterausschüssen ermittelt und als Wert pro Quadratmeter sowie mit der für das entspr Grundstück vorgesehenen Nutzungsart veröffentlicht.

86 Der Reinertrag vermindert um die Bodenverzinsung ist der **Gebäudeertragsanteil,** dh der wirtschaftliche Ertrag, der kalkulatorisch auf das Gebäude entfällt. Im Ertragswertverfahren wird der Gebäudeertragsanteil wie eine jährliche Rente behandelt. Der **Gebäudeertragswert** entspricht dabei dem Barwert dieser Rentenzahlung und errechnet sich als Produkt aus Gebäudeertragsanteil und Rentenbarwertfaktor. Der **Rentenbarwertfaktor** ist determiniert durch die Restnutzungsdauer des Gebäudes und dem zugrunde gelegten Liegenschafts-zins. Er kann entweder konkret berechnet oder in entspr Tabellen abgelesen werden.

87 Die Summe aus Gebäudeertragswert und Bodenwert ergibt den **Ertragswert** der Immobilie. Dieser unterscheidet sich vom Verkehrswert insofern, als es sich hierbei lediglich um einen rechnerisch hergeleiteten Wert handelt und dieser nicht zwangsläufig einem am Markt erzielbaren Preis entsprechen muss. Er dient im Wesentlichen als Referenzwert und ist Grundlage für die **Überleitung zu einem Verkehrswert.** Dabei sind ggf Zu- oder Abschläge zu berücksichtigen, zB für
(1) Marktgängigkeit,
(2) Instandhaltungsstau,
(3) Vermietbarkeit etc.

Beispiel: Bei der zu bewertenden Immobilie handelt es sich um ein Gewerbeobjekt in guter Lage. Das Grundstück hat eine Fläche von 1.000 m². Die vermietbare Fläche des Gebäudes ist 2.500 m². Zurzeit ist eine Fläche von 1.500 m² zu einer marktüblichen Miete in Höhe von 15,00 €/m²/Monat vermietet, der Rest steht leer. Es wird geschätzt, dass der Leerstand noch für 12 Monate besteht und danach das Objekt voll vermietet sein wird. Der Gutachterausschuss gibt für die Adresse einen Bodenrichtwert von 900 €/m² und einen Liegenschaftszins von 6% an.

Auf Basis der Angaben ergibt sich ein Wert für das Grundstück von T€ 900 (1000 m² × € 900/m²). Die Bodenwertverzinsung beträgt hiernach T€ 54 (€ 900.000 × 6%).

Mit dem Gebäude kann ein Rohertrag in Höhe von T€ 450 (2.500 m² x € 15 × 12 Monate) erzielt werden. Entspr der Lage und dem Objektzustand wird bei einer Nutzungsdauer von 30 Jahren mit Instandhaltungskosten von T€ 25/pa (€ 10/m²/pa), einem Mietausfall von T€ 18/pa (4% der Nettomiete) und Verwaltungskosten in Höhe von T€ 9/pa (2,0% der Nettomiete) gerechnet.

Der Reinertrag beträgt hiernach T€ 398. Von diesem Reinertrag entfallen T€ 54 auf die Bodenwertverzinsung, sodass für das Gebäude ein Betrag von T€ 344 verbleibt. Aus der Nutzungsdauer von 30 Jahren und einem Liegenschaftszins von 6% ergibt sich ein Bewertungsfaktor von 13,76. Der Ertragswert für das Gesamtobjekt setzt sich aus dem Gebäudewert in Höhe von T€ 4.733 und dem Grundstückswert in Höhe von T€ 900 zusammen. Da zum Bewertungsstichtag noch eine Fläche von 1.000 m² für einen Zeitraum von 12 Monaten unvermietet bleibt, ist der Mietausfall in einer Nebenrechnung als *underrent* wertmindernd zu berücksichtigen. Soweit keine weiteren Anpassungen an die Marktverhältnisse notwendig sind, beträgt der Verkehrswert auf Basis des Ertragswertverfahrens für dieses Objekt T€ 5.453 (Gebäudewert zuzüglich Grundstückswert abzüglich *underrent* in Höhe von T€ 180) bzw gerundet Mio € 5,5.

f) Methodenvergleich und praktische Anwendung im IAS 40

88 Zusammenfassend lässt sich feststellen, dass das gesetzlich normierte Ertragswertverfahren eine Reihe von **Unterschieden** im Vergleich zum nicht normierten DCF-Verfahren aufweist (s hierzu auch *Matzen*, 38 ff).

Das Ertragswertverfahren sieht eine **Aufteilung** zwischen einem **Boden- und Gebäudewert** vor. Im DCF-Verfahren wird idR keine Aufteilung vorgenommen.

Dem **Ertragswertverfahren** liegt eine **einperiodische Betrachtungsweise** zugrunde. Die Einnahmenschätzung fußt auf einem dauerhaft und nachhaltig zu erzielenden Rohertrag (Marktmiete). Diese kann von den tatsächlichen Vertragsmieten erheblich abweichen. Für die Bewertung nach dem **DCF-Verfahren** wird eine **Ertragsprognose** über einen längeren Zeitraum (idR über 10 Jahre) vorgenommen, wobei die Erträge aus den tatsächlichen Mietvertragsverhältnissen und objektspezifischen Mietprognosen abgeleitet werden. Die für das Gebäude zu **erwartende Restnutzungsdauer** wird im Ertragswertverfahren über den Rentenbarwertfaktor abgebildet. Im DCF-Modell spielt diese Annahme eher eine untergeordnete Rolle und ist ein Bestandteil der Restwertschätzung.

Der im Ertragswertverfahren zugrunde gelegte **Liegenschaftszins** wird von den lokalen Gutachterausschüssen auf Basis von Grundstücksverkäufen abgeleitet. Da hierbei auf Transaktionen der letzten Jahre zurückgegriffen wird, spiegelt der Liegenschaftszins teilweise die **Renditeforderungen** der Vergangenheit wider, sodass eine schätzweise Anpassung an die Verhältnisse zum Bewertungsstichtag notwendig wird.

Ein weiterer wesentlicher Unterschied zum **Diskontierungszins** im DCF-Verfahren ist, dass durch die einperiodige Betrachtung im Ertragswertverfahren zukünftige Mietsteigerungen ua für den Inflationsausgleich im Liegenschaftszins als Wachstumsabschlag berücksichtigt sind. Der Liegenschaftszins ist dementsprechend in Höhe der inflationsbedingten Mietsteigerungsrate geringer als der Diskontierungszins im DCF-Modell.

Vor diesem Hintergrund der **zahlreichen Unterschiede** und der starken Anlehnung an nationale Gegebenheiten werden teilweise Kritik und Bedenken geäußert, ob das deutsche Ertragswertverfahren geeignet ist, den beizulegenden Zeitwert zu bestimmen. Im Fokus stehen insbes nicht marktgerechte Nutzungsdauern bzw Mietansätze (*Mol* Immobilien Zeitung vom 10. Februar 2005). Nur wenn diese Unterschiede ausreichend in der Ertragswertberechnung berücksichtigt werden sowie lückenlos marktkonforme Annahmen und Prämissen zum Ansatz gelangen, scheint das deutsche Ertragswertverfahren nach WertV geeignet, den beizulegenden Zeitwert von Immobilien nach IAS 40 zu bestimmen (*Heidenheim/Kormaier* DStR 2004, 2024). 89

g) Übersicht zur Bewertungsmethodik

Im Folgenden ist die **Bewertungsmethodik** im Rahmen der Bewertung zum beizulegenden Zeitwert zusammenfassend grafisch dargestellt: 90

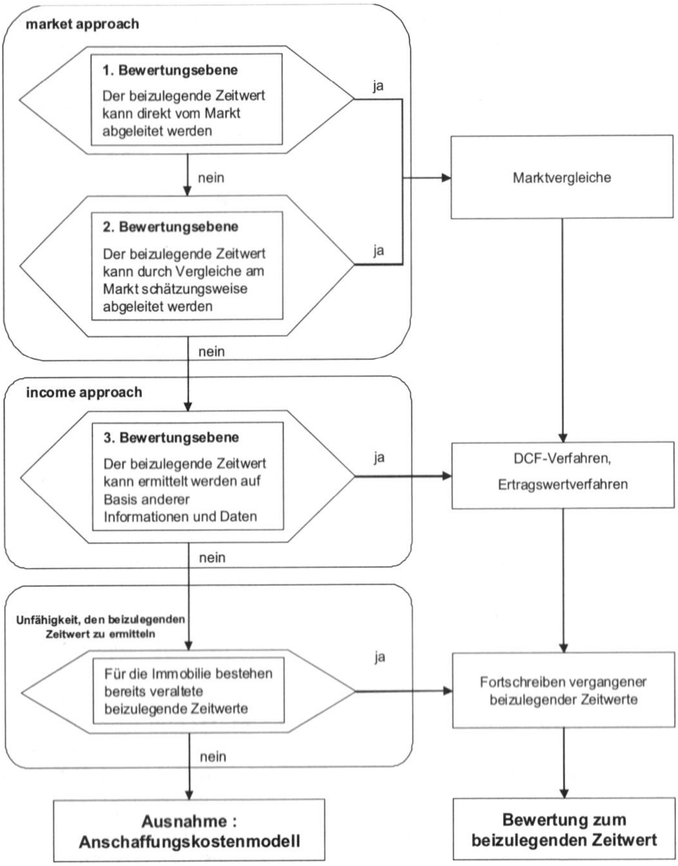

(Erweiterte Darstellung in Anlehnung an *Heidenheim/Kormaier* DStR 2004, 2024).

D. Ausweis

I. Bilanz

91 Der Ausweis der als Finanzinvestition gehaltenen Immobilien hat in der Bilanz als gesonderter Posten zu erfolgen. Dieser ist entspr mit **„Als Finanzinvestition gehaltene Immobilien"** oä zu bezeichnen. Dem Gliederungsvorschlag gem RIC 1 folgend, sollte der Ausweis unter den langfristigen Vermögenswerten neben den Sach- und Finanzanlagen erfolgen.

II. Gesamtergebnisrechnung/Gewinn- und Verlustrechnung

92 Erfolgt die Bewertung der als Finanzinvestition gehaltenen Immobilien auf Basis der **Anschaffungskostenmethode,** ist IAS 16 entspr anzuwenden. Hiernach sind planmäßige Abschreibungen und außerplanmäßige Abschreibungen wegen Wertminderungen aufwandswirksam zu erfassen (s im Einzelnen § 5

Rz 102ff). Erfolgswirkungen aufgrund von Änderungen des beizulegenden Zeitwerts ergeben sich nicht.

Bei der Bewertung von als Finanzinvestition gehaltenen Immobilien nach der **Methode des beizulegenden Zeitwerts** sind Wertschwankungen grds **erfolgswirksam** zu erfassen (IAS 40.35, s auch IAS 40.65). Dabei ist in IAS 40 allerdings nicht spezifiziert, wie und an welcher Stelle diese Erfolgsauswirkungen auszuweisen sind. 93

Soweit Immobilien, die als Finanzinvestition gehalten werden, einen **wesentlichen Bestandteil** des Geschäftsmodells und der unternehmerischen Tätigkeit des Unternehmens darstellen, können nicht nur reine Bewirtschaftungsergebnisse (Mieten, Bewirtschaftungskosten etc), sondern auch Schwankungen des Immobilienwerts dem betrieblichen Bereich des Unternehmens zugeordnet werden. Schließlich kann bei solchen Unternehmen idR nicht nur die Erzielung von Mietüberschüssen, sondern auch die Erhaltung und Mehrung der Substanz als zentrales Element der Unternehmenstätigkeit angenommen werden. Insofern kann der erfolgswirksame Ausweis von Änderungen des beizulegenden Zeitwerts als **gesonderter Posten** bei der Ermittlung des betrieblichen Ergebnisses erfolgen (*Hoffmann/Freiberg* in Lüdenbach/Hoffmann IFRS[7] § 16 Rz 94). In der Praxis wird dieser Posten bspw mit „Nettoergebnis aus der Bewertung von Renditeimmobilien", „Ergebnis aus der Fair Value Anpassung..." oä bezeichnet. Manche Immobilienunternehmen nehmen bei diesem Posten eine weitere Unterteilung in positive und negative Erfolganpassungen vor. 94

Kritisch hierzu anzumerken ist, dass, wie in jüngster Zeit zu beobachten war, Gewinne aus der Wertanpassung andere Erfolgskomponenten teilweise deutlich überstiegen. Diese Steigerungen waren nicht alleinig auf die operative Tätigkeit des Unternehmens, wie die Verbesserung des Mietniveaus oder die Reduzierung von Leerstand zurückzuführen, sondern standen mehrheitlich im Zusammenhang mit Entwicklungen auf dem Immobilienmarkt. Da hierdurch die Beurteilung der operativen Leistungsfähigkeit des Unternehmens erschwert wird, führt uE ein **separater Ausweis** ohne Einfluss auf das betriebliche Ergebnis und Finanzergebnis zu einer sachgerechteren Darstellung der Ertragslage. 95

Stellen Renditeimmobilien eher eine **Nebentätigkeit** des Unternehmens dar, wird auch ein Ausweis im **Finanzergebnis** vorgeschlagen (*Zülch*, 342f). 96

E. Behandlung von Zu- und Abgängen

I. Umgliederungen

Im Zuge von **Nutzungsänderungen** sind **Umgliederungen** von als Finanzinvestition gehaltenen Immobilien in andere Bilanzposten (Vorräte, selbst genutzte Immobilien) vorzunehmen und umgekehrt. 97

1. Anschaffungskostenmodell

Bei Anwendung des **Anschaffungskostenmodells** führen Umgliederungen von und zu den als Finanzinvestition gehaltenen Immobilien weder zu Buchwertänderungen noch zu Anpassungen der Anschaffungs- oder Herstellungskosten (IAS 40.59). Erfolgsauswirkungen ergeben sich nicht, da bestehende Buchwerte lediglich unter anderer Bezeichnung fortgeschrieben werden. Dies gilt auch für den Fall, dass in der Entwicklung befindliche Immobilen, die weiterhin zu **Anschaffungs- oder Herstellungskosten** bewertet werden, nunmehr aufgrund 98 von IAS 40.8(e) vom Sachanlagevermögen (IAS 16) in die als Finanzinvestition gehaltenen Immobilien (IAS 40) umgegliedert werden.

2. Modell des beizulegenden Zeitwerts

99 Bei Anwendung des **Modells des beizulegenden Zeitwerts** ist hinsichtlich der bilanziellen Behandlung und dem Ergebnisausweis nach dem Anlass und der Richtung der Umgliederung zu differenzieren.

100 Eine Umgliederung mit einem entspr **Abgang** bei den als Finanzinvestition gehaltenen Immobilien ist vorzunehmen, wenn

(1) eine bisher als Finanzinvestition gehaltene Immobilie in Zukunft selbst genutzt werden soll (IAS 40.57(a)),

(2) begonnen wird, eine bisher als Finanzinvestition gehaltene Immobilie mit der Absicht zu entwickeln, diese im späteren Verlauf zu veräußern (IAS 40.57(b)). Eine reine **Veräußerungsabsicht** ohne eine vorgelagerte Entwicklung begründet hingegen keinen Umgliederungsanlass in das Vorratsvermögen (IAS 40.58); es ist jedoch **IFRS 5** zu beachten (s Rz 108).

Aus diesen **Abgängen** ergeben sich **keine Erfolgsauswirkungen.** Als Anschaffungs- oder Herstellungskosten werden die Zeitwerte zum Zeitpunkt der Nutzungsänderung unterstellt. Entspr den für diese Bilanzposten anzuwendenden Bewertungsvorschriften (IAS 16, IAS 2) sind diese dann fortzuführen (IAS 40.60).

101 **Zugänge** zu den als Finanzinvestitionen gehaltenen Immobilien sind zu erfassen, wenn

(1) eine bisher selbst genutzte Immobilie in Zukunft vermietet werden soll und damit nun die Voraussetzungen für eine als Finanzinvestition gehaltene Immobilie erfüllt werden (IAS 40.57(c)),

(2) eine bisher im Vorratsvermögen ausgewiesene Immobilie in Zukunft im Rahmen eines Operating-Leasingverhältnisses vermietet wird (IAS 40.57(d)).

102 Da mit dem *Annual Improvements* Projekt 2008 selbst erstellte oder in Entwicklung befindliche Immobilien, die später als Renditeimmobilien gehalten werden sollen, bereits von Beginn an als Finanzinvestitionen zu klassifizieren sind, ergibt sich hieraus kein Sachverhalt mehr, der einen Zugang begründet.

Im Rahmen des **Zugangs** sind die bisher nach den Vorschriften für Vorräte (IAS 2) oder Sachanlagen (IAS 16) ermittelten **Buchwerte** durch den **beizulegenden Zeitwert** zu ersetzen (IAS 40.61). IdR dürfte der Bilanzansatz zum beizulegenden Zeitwert stille Reserven aufdecken und zu einem höheren Bilanzausweis führen. Ein geringerer Wertansatz ist aufgrund der bis dahin lfd durchzuführenden Wertminderungstests seltener zu erwarten. Auszuschließen ist dies dennoch nicht. Zum einen können sich die Marktbedingungen seit der letzten Bewertung verschlechtert haben oder aber der der Immobilie beigemessene Nutzungswert lag oberhalb des beizulegenden Zeitwerts als Vermietungsobjekt. Derartige – erfolgswirksam zu erfassende (IAS 40.65) – Bewertungsdifferenzen können auch aus der nach IAS 40.8(e) zwingenden Umgliederung von in der Entwicklung befindlichen Immobilen in den Posten als Finanzinvestition gehaltene Immobilien resultieren, wenn zeitgleich eine Bewertung zum Verkehrswert vorgenommen wird.

103 Im Falle einer **bisher selbst genutzten Immobilie,** die zukünftig vermietet werden soll und damit die Vorraussetzungen einer als Finanzinvestition gehaltenen Immobilie erfüllt, wird hinsichtlich der Erfolgsauswirkung und der bilanziellen Behandlung zwischen einer positiven oder einer negativen Bewertungsdifferenz unterschieden. **Buchwertminderungen** sind dabei **erfolgswirksam** zu erfassen. Nur soweit für die Immobilie noch eine Neubewertungsrücklage

besteht, sind die Wertminderungen zunächst erfolgsneutral mit dieser zu verrechnen (IAS 40.62(a)). **Buchwerterhöhungen** sind generell **erfolgsneutral** im sonstigen Ergebnis (Neubewertungsrücklage) zu erfassen. Lediglich wenn die Erhöhung zur Aufhebung eines früheren Wertminderungsaufwands führt, ist dies erfolgswirksam (maximal in Höhe des ursprünglichen Wertminderungsaufwands) zu zeigen (IAS 40.62(b)). Bei einem späteren Abgang der als Finanzinvestition gehaltenen Immobilie ist die Neubewertungsrücklage erfolgsneutral in die Gewinnrücklagen umzubuchen (IAS 40.62(b)(ii)).

Bei Zugängen von bisher im **Vorratsvermögen** ausgewiesenen Immobilien, 104
die durch eine Nutzungsänderung nunmehr als Finanzinvestition klassifiziert werden, sind die Bewertungsunterschiede zwischen dem bisherigen Buchwert und dem beizulegenden Zeitwert (unabhängig ob positiv oder negativ) **erfolgswirksam** zu erfassen (IAS 40.63).

II. Veräußerungen und Abgänge

Mit dem **Verkauf** oder dem Abschluss eines **Finanzierungs-Leasingverhältnisses** ist eine als Finanzinvestition gehaltene Immobilie auszubuchen 105
(IAS 40.66f). Der Unterschiedsbetrag zwischen dem Nettoveräußerungserlös und dem Buchwert der Immobilie ist **erfolgswirksam** zu zeigen (IAS 40.69). In welcher Form der Erfolgsausweis zu erfolgen hat, ist in IAS 40 nicht vorgeschrieben. Sollten solche Unterschiedsbeträge in größerem Umfang vorliegen, erscheint uE der Ausweis in einem **separaten Posten** zur Verbesserung der Transparenz sinnvoll (s Geschäftsbericht der *IVG Immobilien AG* 2007, 105). Darüber hinaus lassen sich hierdurch auch bessere Rückschlüsse auf die Güte der ausgewiesenen Verkehrswerte ziehen.

Ausnahmen können sich für *sale-and-lease-back*-Transaktionen ergeben (s 22 Rz 156f). Unterschiede in der bilanziellen Behandlung des Abgangs und der erfolgsmäßigen Erfassung zwischen der Methode des beizulegenden Zeitwerts oder dem Anschaffungskostenmodell bestehen grds nicht.

Die im Rahmen des Abgangs erhaltene Gegenleistung ist mit ihrem beizule- 106
genden Zeitwert zu erfassen. Unterschiede zwischen beizulegendem Zeitwert und Nennwert der Gegenleistung entstehen ua bei langen Zahlungszielen. Diese Differenz ist als Zinsertrag zu berücksichtigen.

Ebenfalls **auszubuchen** sind Immobilien, denen dauerhaft kein Nutzen mehr 107
beigemessen wird und bei denen auch durch Abverkauf kein Veräußerungserlös mehr zu erwarten ist. Allerdings dürfte dies bei Immobilien nur selten der Fall sein, da idR der Grund und Boden nicht vollkommen wertlos werden dürfte (soweit nicht belastet). Die Buchwertdifferenz ist erfolgswirksam als außerplanmäßige Abschreibung **(Anschaffungskostenmodell)** bzw als Bewertungsanpassung **(Methode des beizulegenden Zeitwerts)** im entspr Posten in der GuV bzw dem erfolgswirksamen Teil der Gesamtergebnisrechnung (s Rz 94) zu erfassen (IAS 40.69).

III. Übertragungen durch Veräußerungsabsicht (IFRS 5)

Neben den in IAS 40 dargestellten Umgliederungsanlässen aufgrund von Nut- 108
zungsänderungen enthält IFRS 5 für zum Verkauf stehende langfristige Vermögenswerte gesonderte Bilanzierungs- und Bewertungsvorschriften (s § 28), die grds auch auf als Finanzinvestition gehaltene Immobilien anzuwenden sind.

Werden die entspr Ansatzkriterien von IFRS 5 erfüllt (s ausführlich § 28 Rz 30ff), ist die Immobilie in den **Bilanzposten** „zur Veräußerung gehaltene langfristige Vermögenswerte" **umzugliedern** (hinsichtlich der Kritik an den geltenden unscharfen Klassifizierungs- und Umgliederungskriterien s *Hoffmann/Lüdenbach* BB 2004, 2006).

109 Darüber hinaus scheint die gesonderte **Ausweispflicht** zunächst im Widerspruch zu IAS 40.58 (s Rz 100) zu stehen, wonach zum Verkauf bestimmte Immobilien auch weiterhin als Finanzinvestition zu behandeln sind. IAS 40.58 muss dabei allerdings als Erläuterung dahingehend interpretiert werden, dass eine lediglich bestehende Veräußerungsabsicht keine Umklassifizierungspflicht einer ursprünglich langfristigen Finanzanlage vom Anlagevermögen in das Umlaufvermögen (Vorratsvermögen) bewirken kann.

110 Ist das **Veräußerungsvorhaben** schließlich **hinreichend konkretisiert**, ist eine Umgliederung von den Finanzanlagen in die zur Veräußerung bestimmten Vermögenswerte vorzunehmen. Der grds Charakter einer als Finanzinvestition gehaltenen Immobilie als Finanzanlage wird dadurch nicht verändert.

111 IFRS 5 beinhaltet neben der bilanziellen **Ausweispflicht** gesonderte **Bewertungsvorschriften.** Diese sind bei als Finanzinvestitionen gehaltenen Immobilien nur bei der **Anschaffungskostenmethode** anzuwenden. Der in diesem Fall anzusetzende Buchwert ist der niedrigere Wert aus dem bisherigen Buchwert und dem beizulegenden Zeitwert abzüglich Veräußerungskosten (IFRS 5.15). Planmäßige Abschreibungen sind dann nicht mehr vorzunehmen (s im Einzelnen § 28).

Werden die als Finanzinvestition gehaltenen Immobilien nach der **Methode des beizulegenden Zeitwerts** bilanziert, ist diese Bewertung **beizubehalten** (IFRS 5.5(d)).

F. Angaben im Anhang

I. Allgemeine Angaben

112 Mit als Finanzinvestition gehaltenen Immobilien sind vielfältige Angabepflichten im Anhang verbunden. Dabei richtet sich ein Teil der Angaben nach der gewählten Bewertungsmethode.

Grds und **unabhängig von der Bewertungsmethode** sind folgende Angaben zu machen (IAS 40.75):

(1) die gewählte **Bewertungsmethode** (beizulegender Zeitwert oder Anschaffungskostenmodell),
(2) ob und unter welchen Umständen im Rahmen von **Operating-Leasingverhältnissen** gehaltene Immobilien beim **Leasingnehmer** als Finanzinvestition eingestuft worden sind,
(3) sofern sich bei der **Abgrenzung** von als Finanzinvestition gehaltenen Immobilien Schwierigkeiten ergeben (s Rz 11), sind die verwendeten **Zuordnungskriterien** (zB weniger als 15% Eigennutzung, mehr als 90% Vermietungsumsätze etc) darzulegen,
(4) **Bewertungsmethoden** und **wesentliche Annahmen** zur Bestimmung der beizulegenden Zeitwerte des Immobilienbestands,
(5) ob und in welchem Umfang die Bewertung des Immobilienbestands durch **unabhängige Gutachter** erfolgte,
(6) **Mieteinnahmen** und sämtliche mit den als Finanzinvestition gehaltenen Immobilien verbundenen Bewirtschaftungskosten,
(7) Existenz und Höhe von **Beschränkungen** hinsichtlich der Veräußerbarkeit oder Abführungsverpflichtungen von Erträgen und Veräußerungserlösen,
(8) mit den Immobilien verbundene **sonstige vertragliche Verpflichtungen.**

II. Anschaffungskostenmodell

Erfolgt die Bilanzierung nach dem **Anschaffungskostenmodell,** ergeben sich folgende zusätzliche Pflichtangaben zum Buchwert (IAS 40.79(a) bis (d)): 113
(1) die verwendete Abschreibungsmethode,
(2) die zugrunde gelegten Nutzungsdauern,
(3) Darstellung der Buchwertentwicklung zu fortgeschriebenen Anschaffungskosten (von Anfang bis Ende der Berichtsperiode) in Form eines Anlagenspiegels, aufgeteilt nach Bruttobuchwerten, kumulierten Abschreibungen, Zugängen, Abgängen, lfd Abschreibungen und Wertminderungen.

Die Wahl des Anschaffungskostenmodells entbindet den Bilanzierenden nicht davon, den als Finanzinvestitionen gehaltenen Immobilienbestand einmal jährlich nach marktorientierten Gesichtspunkten zu bewerten, denn IAS 40.79(e) verpflichtet das bilanzierende Unternehmen, im Anhang die **beizulegenden Zeitwerte** der als Finanzinvestition gehaltenen Immobilien anzugeben.

Ist in Ausnahmefällen die Bewertung von Einzelobjekten (IAS 40.53) zum beizulegenden Zeitwert nicht möglich, sind gem IAS 40.79(e) 114
(1) diese Objekte zu beschreiben,
(2) die Gründe darzustellen, warum eine Bewertung nicht möglich ist,
(3) wenn möglich, Schätzwerte anzugeben.

III. Modell des beizulegenden Zeitwerts

Wurde das Modell des **beizulegenden Zeitwerts** gewählt, ist über die allgemeinen Angaben hinaus Folgendes anzugeben (IAS 40.76): 115
(1) Darstellung der Buchwertentwicklung zu Zeitwerten (von Anfang bis Ende der Berichtsperiode) in Form eines Anlagespiegels aufgeteilt nach Zugängen, Abgängen, Wertänderungen, Übertragungen etc (IAS 40.76),
(2) Überleitungsrechnung bei wesentlichen Anpassungen von Bewertungsgrundlagen und Verfahrensänderungen (IAS 40.77).

Nimmt ein Unternehmen im Rahmen der Methode des beizulegenden Zeitwerts die **Ausnahmeregelung** nach IAS 40.53 (Bestimmung des Zeitwerts nicht möglich) in Anspruch und bewertet einen Teil seiner als Finanzinvestition gehaltenen Immobilien alternativ nach dem Anschaffungskostenmodell, sind gem IAS 40.78 116
(1) die jeweiligen Immobilien zu beschreiben,
(2) Erklärungen erforderlich, warum eine Bewertung zum beizulegenden Zeitwert nicht möglich war,
(3) wenn möglich, die Zeitwerte zu schätzen,
(4) Abgänge dieser Immobilien zu erläutern.

G. Wesentliche Änderungen und deren Anwendungszeitpunkte

Im Rahmen des ***Annual Improvements*** **Projekts 2008** sind IAS 40.8(e), IAS 40.9(d), IAS 40.22, IAS 40.48, IAS 40.53, IAS 40.53A, IAS 40.53B, IAS 40.54, IAS 40.57 und IAS 40.85B eingefügt, gelöscht oder geändert worden. Sämtliche Anpassungen betreffen die Bilanzierung und Bewertung von in der **Entwicklung befindlichen Immobilien,** die nach Fertigstellung als Renditeimmobilien gehalten werden sollen. Diese sind nunmehr von Beginn an als Finanzinvestition gehaltene Immobilien zu klassifizieren (IAS 40.8). Bisher waren 117 diese Immobilien bis zur Fertigstellung nach IAS 16 mit ihren Anschaffungs- oder Herstellungskosten zu bewerten und erst nach Fertigstellung nach IAS 40 zu bilanzieren. Die Änderungen sind für den Berichtszeitraum beginnend ab dem 1. Januar 2009 anzuwenden. Eine frühere Anwendung ist möglich und entspr im Anhang anzugeben (IAS 40.85B). Soweit Entwicklungsobjekte weiterhin zu **Anschaffungs- und Herstellungskosten** bewertet werden, ergeben sich **keine Bewertungsunterschiede**. Es ist lediglich eine **Umklassifizierung** vom Sachanlagevermögen (IAS 16) zu den als Finanzinvestition gehaltenen Immobilien (IAS 40) vorzunehmen. Wird im Rahmen der Umgliederung hingegen zeitgleich eine Bewertung zum Verkehrswert vorgenommen, so ist die **Bewertungsdifferenz,** die sich im Vergleich zum Buchwert ergibt, **erfolgswirksam** zu erfassen (IAS 40.65).

Darüber hinaus wurden IAS 40.31 und IAS 40.50 durch das *Annual Improvements* Projekt 2008 **redaktionell** geändert. Auch diese Änderungen sind – vorbehaltlich einer früheren freiwilligen Anwendung – für Berichtsperioden, die am oder nach dem 1. Januar 2009 beginnen, anzuwenden.

(Redaktionelle) Folgeänderungen aus der Überarbeitung von **IAS 1 (2007)** in IAS 40.62(a) sind ebenfalls für Berichtsperioden beginnend am oder nach dem 1. Januar 2009 verbindlich (IAS 40.85A).

Die vorliegende Kommentierung hat wesentliche materielle Änderungen herausgehoben, darüber hinaus haben die Überarbeitungen klarstellenden Charakter.

H. Gegenüberstellung zu HGB/DRS

118 In der handelsrechtlichen Rechnungslegung werden Immobilien des Anlagevermögens nicht dahingehend unterschieden, ob sie vom Unternehmen selbst genutzt oder als Finanzinvestition gehalten werden. Sie werden einheitlich nach den Grundsätzen für **Sachanlagen** bilanziert.

Im Rahmen des **Zugangs** sind als Finanzinvestition gehaltene Immobilien zu ihren **Anschaffungs- oder Herstellungskosten** zu bewerten. Die nach handelsrechtlichen Gesichtspunkten zu aktivierenden Anschaffungs- oder Herstellungskosten entsprechen dabei weitestgehend den nach IFRS anzusetzenden Kosten. Unterschiede ergeben sich bei der Behandlung von Gemein- sowie Finanzierungskosten und bei Tauschvorgängen oder Leasingverhältnissen. Da nach den Anpassungen im Rahmen des Bilanzrechtsmodernisierungsgesetzes (BilMoG) zukünftig (für Geschäftsjahre, die am oder nach dem 1. Januar 2010 beginnen) auch produktionsbezogene Gemeinkosten aktivierungspflichtig sind (§ 255 Abs 2 HGB (BilMoG)), vermindern sich die bislang existierenden Unterschiede zu den Herstellungskosten nach IFRS.

119 Im Rahmen der **Folgebewertung** besteht im Gegensatz zum HGB nach IAS 40 das Wahlrecht, als Finanzinvestition gehaltene Immobilien entweder nach der

(1) Anschaffungskostenmethode oder
(2) Methode des beizulegenden Zeitwerts

zu bewerten.

Hinsichtlich der **Anschaffungskostenmethode** bestehen keine wesentlichen Unterschiede im methodischen Vorgehen zwischen Handelsrecht und IAS 40. Die Buchwerte werden vermindert um plan- und außerplanmäßige Abschreibungen fortgeschrieben. Bilanzielle und erfolgswirksame Abweichungen können sich durch unterschiedliche Abschreibungsdauern ergeben. Eine Offenlegungspflicht im Anhang der beizulegenden Zeitwerte besteht nach HGB nicht, jedoch für Versicherungen gem § 56 RechVersV.

Die Anwendung **der Methode des beizulegenden Zeitwerts** ist nach HGB hingegen vollkommen unbekannt. Die Bewertung von Vermögenswerten zu Marktwerten mit einem entspr Ergebnisausweis von Wertschwankungen steht dabei im Widerspruch zu den deutschen GoB sowie dem HGB innewohnenden Vorsichtsprinzip.

I. Anwendung im Zusammenhang mit dem REITG

Eine besondere Bedeutung erhält IAS 40 durch die mit dem Gesetz über deutsche Immobilien-AG mit börsennotierten Anteilen (**REITG**) nun auch in Deutschland zugelassenen REIT-AG. Hierbei handelt es sich um Immobilien-AG, die von der KSt- sowie der GewSt befreit sind. Die Besteuerung erfolgt stattdessen vollständig auf Ebene der Anteilseigner. **120**

REIT-Gesellschaften sind verpflichtet einen Konzern- oder ggf Einzelabschluss nach IFRS zu erstellen. Den **steuerlichen Sonderstatus** erhält ein REIT nur, wenn (neben einer Reihe von weiteren Anforderungen) mindestens 75% der Aktiva zum unbeweglichen Vermögen gehören (§ 12 Abs 2 REITG) sowie zum Bilanzstichtag mindestens 45% des unbeweglichen Vermögens durch Eigenkapital finanziert sind. Zum Zwecke der Bewertung des unbeweglichen Vermögens ist für die als Finanzinvestition gehaltenen Immobilien der beizulegende Zeitwert iSd IAS 40 maßgebend (§ 12 Abs 1 REITG).

Um den Status eines REITs zu erlangen ist damit in Deutschland erstmalig eine Gesellschaft gezwungen, einen **Jahres- oder Konzerabschluss** nach IFRS zu erstellen und die als Finanzinvestition gehaltenen Immobilien zum beizulegenden Zeitwert zu bilanzieren. Erstaunlich daran ist insbes die Geschwindigkeit, mit der der Gesetzgeber auf die noch nicht allzu lange bestehende Zeitwertbewertung von nicht-finanziellen Vermögenswerten zurückgriff und dies zur Grundlage eines Gesetzes gemacht hat. Auch hierdurch wird deutlich, dass auch im Bereich des Immobilienvermögens dem beizulegenden Zeitwert zum Zwecke der wirtschaftlichen Beurteilung ein höheres Maß an Bedeutung und Maßgeblichkeit beigemessen wird, als die Bewertung zu Anschaffungs- oder Herstellungskosten. **121**

Allerdings können uE mit den über die Bilanzierung hinausgehenden zusätzlichen Anforderungen auch Risiken verbunden sein, da, insbes wenn Mindestquoten zu erfüllen sind, **Zielkonflikte** im Zusammenhang mit der Immobilienbewertung bestehen. Diesen kann entgegengewirkt werden, indem bekannte und unabhängige Sachverständige für die Bewertung herangezogen und wesentliche wertbestimmende Parameter im Anhang offengelegt werden, sodass die Bewertung plausibilisiert und nachvollzogen werden kann.

J. Aktuelle Entwicklungen/IASB-Projekte

Durch die im ***Annual Improvements*** **Projekt 2008** vorgenommenen Anpassungen fallen auch noch in der Entwicklung befindliche Immobilien, die später als Renditeimmobilien gehalten werden sollen, bereits in den Anwendungsbereich des IAS 40 und sind als Finanzinvestition gehaltene Immobilien zu bilanzieren. Mit dieser Erweiterung, die für Berichtsperioden beginnend ab dem 1. Januar 2009 anzuwenden ist, ist die Überarbeitung des IAS 40 vorerst abgeschlossen. **122**

§ 7. Sonstige langfristige Vermögenswerte

Übersicht

Schrifttum: *DRSC* Rechnungslegungs-Interpretation Nr 1 (RIC 1) Bilanzgliederung nach Fristigkeit gemäß IAS 1 Darstellung des Abschlusses, Berlin 2005; *IDW* HFA 1/1986 Zur Bilanzierung von Zero-Bonds, WPg 1986, 248; *IDW* RS HFA 9 Einzelfragen zur Bilanzierung von Finanzinstrumenten, FN IDW 2007, 326; *Kirsch* Erstellung der IFRS-Eröffnungsbilanz auf der Basis einer HGB-Handelsbilanz, KoR 2005, 384; *Kropp/Klotzbach* Der Exposure Draft zu IAS 39 „Financial Instruments" – Darstellung und kritische Würdigung der geplanten Änderungen des IAS 39, WPg 2002, 1010; *Kuhn/Scharpf* Rechnungslegung von Financial Instruments nach IAS 39, 3. Aufl, Stuttgart 2006; *Lüdenbach/Hoffmann* IFRS-Rechnungslegung für Personengesellschaften als Theater des Absurden, DB 2005, 404; *Meyer/Bornhofen/Homrighausen* Anteile an Personengesellschaften nach Steuerrecht und nach IFRS, KoR 2005, 285; *Pape/Bogajewskaja/Borchmann* Der Standardentwurf des IASB zur Änderung von IAS 32 und IAS 39 – Darstellung und kritische Würdigung, KoR 2002, 219.

Wesentliche Rechtsgrundlagen: IAS 1, IAS 27, IAS 28, IAS 31, IAS 32, IAS 39, IFRS 5, IFRS 7

A. Grundlagen

I. Vorbemerkungen

1 **Vermögenswerte** sind neben den gesondert dargestellten immateriellen Vermögenswerten (s § 4), materiellen Vermögenswerten (Sachanlagen (§ 5), Renditeimmobilien (§ 6), Vorräte (§ 8) insbes die **finanziellen Vermögenswerte** einschließlich **Eigenkapitalwerte** (§ 3) und die **übrigen Vermögenswerte,** wie zB Steuererstattungsansprüche (§ 11) und latente Steuern (§ 25).

Finanzielle Vermögenswerte und Eigenkapitalwerte werden als **Finanzinstrumente** in IAS 32.11 näher bestimmt. **Finanzielle Vermögenswerte** umfassen insbes vertragliche Rechte, die unmittelbar auf den Austausch von Zahlungsmitteln gerichtet sind (zB Forderungen). Hierzu gehören auch **Eigenkapitalinstrumente.** Eigenkapitalinstrumente sind definitionsgemäß Verträge, die einen Residualanspruch an den Vermögenswerten eines Unternehmens nach Abzug aller dazugehörigen Schulden begründen (zB Aktien, GmbH-Anteile oder Optionen darauf).

2 **Materielle Vermögenswerte** (wie zB Sachanlagevermögen oder Vorräte) und immaterielle Vermögenswerte (zB Konzessionen, Patente, Geschäfts- oder Firmenwerte) sind **keine finanziellen Vermögenswerte** iSv IAS 32, da sie keine unmittelbaren Rechtsansprüche auf flüssige Mittel gewähren. Ansprüche aufgrund von gesetzlichen Vorschriften (zB aus Steuern und Abgaben oder gesetzliche Schadensersatzansprüche) stellen ebenfalls keine finanziellen Vermögenswerte idS dar. Finanzielle Vermögenswerte sind in der Bilanz getrennt von anderen Vermögenswerten auszuweisen (IAS 1.54(d)), soweit sie nicht bereits unter einem anderen vorgeschriebenen Posten separat ausgewiesen werden müssen (nach der Equity-Methode bewertete Beteiligungen, Forderungen aus Lieferungen und Leistungen und sonstige Forderungen sowie Zahlungsmittel und Zahlungsmitteläquivalente). Zur Abgrenzung der finanziellen Vermögenswerte im Einzelnen wird auf die Ausführungen in § 3 Rz 11 ff verwiesen.

Langfristige Vermögenswerte liegen insbes dann vor, wenn mit ihrer Realisierung erst nach einem Zeitraum von **mehr als zwölf Monaten** gerechnet werden kann und wenn sie **nicht für Handelszwecke** gehalten werden (IAS 1.66). Langfristige Vermögenswerte sind in der Bilanz von kurzfristigen Vermögenswerten getrennt auszuweisen, sofern nicht eine Gliederung nach der Liquidität verlässlich und relevanter ist (IAS 1.60 ff; zB für Banken, IAS 1.63). Sofern das zutrifft, sind alle Vermögenswerte nach der Liquidität anzuordnen. **Latente Steueransprüche** sind ebenfalls getrennt auszuweisen (IAS 1.54(o)), und zwar stets als langfristig (IAS 1.56; s auch RIC 1.28). Demgegenüber sind **tatsächliche Steuererstattungsansprüche** idR als kurzfristige Vermögenswerte auszuweisen (s § 11 Rz 44). 3

Die Vorschriften zum **Ansatz** und zur **Bewertung** von langfristigen finanziellen Vermögenswerten sind in IAS 39 enthalten (s im Einzelnen § 2 und § 3). Den **Ausweis** in der Bilanz regeln IAS 1 und IFRS 7. 4

Die Kommentierung basiert auf den Neufassungen der Standards **IAS 1, IAS 32 und IAS 39** mit den bis zum 1. Mai 2009 ergangenen Änderungen des IASB (s dazu § 3 Rz 1 ff) und in dem von der EU übernommenen Umfang (zu der teilweisen Übernahme von IAS 39 durch die EU – *carve out* – s § 3 Rz 6). IFRS 7 ist anzuwenden auf Geschäftsjahre, die am oder nach dem 1. Januar 2007 beginnen, konnte aber freiwillig auch früher angewandt werden (IFRS 7.43). Für die Darstellung der Bilanzgliederung nach Fristigkeit gem IAS 1 wird auch der am 19. Juli 2005 veröffentlichte **RIC 1** berücksichtigt. 5

II. Überblick über die sonstigen langfristigen Vermögenswerte

Es können folgende sonstige langfristige Vermögenswerte unterschieden werden: 6

(1) **nicht verbriefte Ausleihungen** (zB Darlehensforderungen, Kredite, sonstige Kapitalforderungen, auch an verbundene Unternehmen, Anleihen, Personaldarlehen; Rz 13 ff),
(2) **schuldrechtliche Wertpapiere** (zB Schuldverschreibungen, Handels- und Industrieobligationen, Zero-Bonds, öffentliche Anleihen, Schatzwechsel des Bundes oder der Länder, Bundesschatzbriefe, Kommunalobligationen, abgetrennte Zins- oder Dividendenscheine, Pfandbriefe, Wechselforderungen; Rz 35 ff),
(3) **Unternehmensanteile** (zB Aktien, GmbH-Anteile, Anteile an PersGes, Genossenschaften oder Gemeinschaftsunternehmen, Anteile an Investment- oder offenen Immobilienfonds, Gewinnschuldverschreibungen, Eigenkapitalinstrumente, Genussrechte oder -scheine; Rz 43 ff),
(4) **übrige langfristige Vermögenswerte** (zB latente Steuerguthaben; Rz 69 ff).

III. Abgrenzung zu kurzfristigen (finanziellen) Vermögenswerten

Der Ausweis eines finanziellen Vermögenswerts in der Bilanz unter den **langfristigen Vermögenswerten** in Abgrenzung zu den kurzfristigen finanziellen Vermögenswerten ergibt sich gem IAS 1.66 aus der **Absicht des Unternehmens,** den finanziellen Vermögenswert: 7

(1) **nicht** im **gewöhnlichen Geschäftsverlauf** (IAS 1.68) zu realisieren oder nicht zum Verkauf oder Verbrauch zu halten,
(2) **nicht** vorrangig zu **Handelszwecken** zu halten, oder
(3) **nicht** innerhalb von **zwölf Monaten** nach dem Bilanzstichtag zu realisieren.

Damit wird auf die Art des Vermögenswerts und auf die beabsichtigte Nutzung durch das Unternehmen am Bilanzstichtag abgestellt. **Forderungen aus Lieferungen und Leistungen** und liquide Mittel sind bereits nach ihrer Art als kurzfristig anzusehen, während bei Anteilen an Unternehmen, Wertpapieren oder ausgereichten Darlehen auf die Absicht des Unternehmens abzustellen ist. Forderungen aus Lieferungen und Leistungen, die im Rahmen des gewöhnlichen Geschäftszyklus realisiert werden, sind selbst dann als kurzfristige Vermögenswerte auszuweisen, wenn ihre Realisation nicht innerhalb von zwölf Monaten erwartet wird (IAS 1.68). Langfristige Forderungen aus Lieferungen und Leistungen liegen daher ausnahmsweise nur dann vor, wenn sie außerhalb des typischen Geschäftsverlaufs entstanden sind und eine entspr Laufzeit aufweisen.

8 Gesonderte Regeln bestehen für **langfristige Vermögenswerte und aufgegebene Geschäftsbereiche,** die gem IFRS 5 **zur Veräußerung bestimmt** sind. Diese Posten sind in der Bilanz unter der Bezeichnung „zur Veräußerung gehaltene langfristige Vermögenswerte" gesondert (IFRS 5.38) auszuweisen. In Anlehnung an die *Implementation Guidance* zu IFRS 5 (IFRS 5.IG Beispiel 5) schlägt das RIC den Ausweis als letzten Posten der kurzfristigen Vermögenswerte, getrennt durch eine Zwischensumme vor (RIC 1.19).

9 Maßgeblich für die Absicht des Unternehmens sind stets die **Verhältnisse zum Bilanzstichtag.** Dieses strenge Stichtagsprinzip gilt auch für die Realisationseinschätzung bei allen anderen finanziellen Vermögenswerten (IAS 1.66 ff). Dies gilt ebenfalls für finanzielle Schulden (IAS 1.69 ff). Sachverhalte, die zwischen Bilanzstichtag und Bilanzfeststellung eintreten, haben somit grds keine Rückwirkung auf den Bilanzstichtag, sie können jedoch Anhangangaben auslösen (IAS 10.3).

Für eine **Umgliederung** in die kurzfristigen Vermögenswerte kommt es auf die geänderten zukunftsbezogenen Absichten des Unternehmens am Bilanzstichtag an. Eine Umgliederung von Vermögenswerten, die gem IAS 1 als langfristige Vermögenswerte eingestuft wurden, in kurzfristige Vermögenswerte ist nur zulässig, wenn sie die Kriterien für eine Klassifizierung als „zur Veräußerung gehalten" gem IFRS 5.6 f erfüllen (IFRS 5.3).

10 Der **kurzfristige Anteil** von langfristigen Vermögenswerten (zB der innerhalb von zwölf Monaten fällige Anteil an einer langfristigen ratierlich zu tilgenden Forderung) wird unter den kurzfristigen Vermögenswerten gezeigt (IAS 1.68) außer wenn die Darstellung nach Liquidität verlässlicher und relevanter ist. Nach IAS 1.61 ist bei allen Posten, die kurz- und langfristige Anteile enthalten, der langfristige Betrag anzugeben. Nach RIC 1.27 ist der langfristige Vermögenswert aufzuteilen und der Anteil, der innerhalb von zwölf Monaten realisiert wird, unter den kurzfristigen Vermögenswerten auszuweisen.

Soweit ursprünglich langfristige Vermögenswerte nur noch eine **kurzfristige Restlaufzeit** haben, ist eine Umgliederung in die kurzfristigen Vermögenswerte vorzunehmen.

11 Aus der Einteilung in kurzfristige und langfristige Finanzinstrumente kann grds nicht auf deren **Kategorisierung** (s Rz 14) und umgekehrt geschlossen werden (Ausnahme: zu Handelszwecken gehalten; s Rz 7). Es handelt sich um eine reine Frage des bilanziellen Ausweises (IAS 1.60 f). Mit der Kategorisierung hingegen ist die Bewertung von finanziellen Vermögenswerten verknüpft (§ 3 Rz 49 ff, Rz 136 ff).

12 Im Vergleich zum **HGB** ergibt sich für **Wertpapiere des Anlagevermögens** und **Ausleihungen** mit einer Gesamtlaufzeit von mehr als zwölf Monaten hinsichtlich der Abgrenzung zu den kurzfristigen Vermögenswerten grds keine Abweichung, da auch zur Qualifizierung als Finanzanlage auf die subjektive Ab-

sicht des Unternehmens abgestellt wird, den Vermögensgegenstand dauerhaft im Unternehmen zu nutzen (*Hoyos/F. Huber* in BeBiKo[6] § 247 HGB Rz 356ff). Allerdings ist nach HGB nicht vorgesehen, kurzfristige Bestandteile langfristiger Vermögenswerte separat auszuweisen.

Die Bezeichnungen „Anlagevermögen" für langfristige Vermögenswerte und „Umlaufvermögen" für kurzfristige Vermögenswerte des HGB sind für IFRS-Abschlüsse wegen der unterschiedlichen Konzeption jedoch nicht sachgerecht (RIC 1.21 und RIC 1.35).

B. Nicht verbriefte Ausleihungen

I. Anwendungsbereich und Fristigkeit

Nicht verbriefte Ausleihungen sind finanzielle Vermögenswerte, die in den Anwendungsbereich des IAS 32, IAS 39 und IFRS 7 fallen (s § 3 Rz 38, Rz 48, Rz 70). 13

Beispiele für nicht verbriefte Ausleihungen sind Darlehensforderungen (Kredite), Konsortialkredite, partiarische Darlehen, Bauspardarlehen, sonstige Kapitalforderungen, auch an verbundene Unternehmen, staatliche oder private Anleihen, Pfandbriefe (s dazu *IDW* RS HFA 9 Rz 273ff), Personaldarlehen sowie nicht notierte (Inhaber-)Schuldverschreibungen. Auch stille Beteiligungen ohne Verlustübernahme oder partiarische Darlehen können aufgrund ihres Ausleihungscharakters hierunter fallen (zur Abgrenzung von Schuldscheindarlehen, *corporate bonds* und *asset backed securities* s *Kuhn/Scharpf*[3], 343f; zur Abgrenzung von Schuldscheindarlehen zu börsennotierten Anleihen vgl *IDW* RS HFA 9 Rz 278ff). Ob und in welcher Höhe Risiken mit der Ausleihung verbunden sind, ist für die Zuordnung grds unerheblich, daher können auch hoch risikoreiche Anleihen *(junk bonds)* zu den Ausleihungen zählen.

Hinsichtlich einer Einteilung in kurzfristige und langfristige finanzielle Vermögenswerte kommt es auf die **Restlaufzeit** der Ausleihung am Bilanzstichtag an (s Rz 7). Eine Restlaufzeit unter zwölf Monaten führt zu einem Ausweis innerhalb der kurzfristigen Vermögenswerte. Bei unbefristeten Ausleihungen ist Langfristigkeit anzunehmen, soweit keine Rückzahlung innerhalb von zwölf Monaten nach dem Bilanzstichtag zu erwarten ist (zB Rückzahlung auf Veranlassung des Schuldners oder aufgrund eigenen Finanzmittelbedarfs).

II. Kategorisierung

Durch die seit dem 1. Januar 2005 geltende Fassung von IAS 39 wurde die frühere Unterscheidung von **Ausleihungen** in originäre und erworbene aufgegeben. Auf die Art der Entstehung kommt es somit nicht mehr an. Damit können originäre und erworbene **Forderungen oder Darlehen** grds in der **Kategorie Kredite und Forderungen** erfasst werden (IAS 39.AG26). Voraussetzung sind feste oder bestimmbare Zahlungen und kein Handel auf einem aktiven Markt (IAS 39.9, IAS 39.AG71). Eine Zuordnung zu der Kategorie Kredite und Forderungen ist daher für börsennotierte finanzielle Vermögenswerte ausgeschlossen (IAS 39.9). Instrumente der Kategorie Kredite und Forderungen können sowohl kurz- als auch langfristigen Charakter haben. 14

Wird bei der Ausleihung das Ziel verfolgt, den Vermögenswert kurzfristig nach der Ausreichung zu veräußern, oder besteht Handelsabsicht, so ist dieser finanzielle Vermögenswert in die **Kategorie zu Handelszwecken** gehaltene

Finanzinstrumente einzuordnen (IAS 39.9; zur Bilanzierung von Vermögenswerten dieser Kategorie s § 3 Rz 56 ff) und als kurzfristig auszuweisen (IAS 1.68).

15 Im Übrigen besteht für Ausleihungen beim erstmaligen Ansatz das **Wahlrecht,** diese als **erfolgswirksam zum beizulegenden Zeitwert** (unter den Voraussetzungen der eingeschränkten *fair value option* (s § 3 Rz 60)) oder als **zur Veräußerung verfügbar** einzustufen (IAS 39.AG26).

16 Eine Einordnung von Ausleihungen in die **Kategorie bis zur Endfälligkeit zu haltende Finanzinvestitionen** ist wohl nur möglich, wenn für die Ausleihungen ein aktiver Markt besteht. Dies lässt sich aus der Formulierung der Legaldefinition ableiten, wonach in diese Kategorie einzuordnende Vermögenswerte nicht die (übrigen) Definitionsmerkmale der Kategorie Kredite und Forderungen erfüllen dürfen. Damit kommt diese Kategorie im Wesentlichen für börsennotierte Schuldverschreibungen (ieS schuldrechtliche Wertpapiere) in Betracht.

Auch erworbene Ausleihungen sind nach der mit dem Erwerb oder dem Halten verbundenen Absicht des Unternehmens in die Kategorie Kredite und Forderungen, zu Handelszwecken gehaltene Finanzinstrumente, zur Veräußerung verfügbare finanzielle Vermögenswerte oder bis zur Endfälligkeit zu haltende Finanzinvestitionen einzuordnen (IAS 39.9).

III. Ansatz

17 Ein Unternehmen hat einen finanziellen Vermögenswert dann in der Bilanz anzusetzen, wenn das Unternehmen **Vertragspartei** der Regelungen des Finanzinstruments wird (IAS 39.14, IAS 39.AG35; s § 3 Rz 82). Dies ist bei einer originären Ausleihung der Fall, wenn die Leistung erbracht wurde, dh Zahlungen an den Schuldner aufgrund des Vertragsverhältnisses geleistet wurden (unbedingte Forderung). Erworbene Ausleihungen sind grds zu dem Zeitpunkt anzusetzen, zu dem das Unternehmen vertragsgemäß Berechtigter von Leistung oder Gegenleistung wird.

Geplante Ausleihungen sind grds von einer Ansatzpflicht ausgenommen (IAS 39.AG35(e)). Dies gilt idR auch für den Zeitraum, in dem das Vertragsverhältnis noch von keiner Seite erfüllt wurde (**schwebendes Geschäft**; s IAS 39.AG35(b)). Sonderregelungen gelten für Kreditzusagen (IAS 39.2(h) und IAS 39.4), die Regelungen betreffen jedoch unmittelbar nur die Bilanzierung beim Kreditgeber (Verbindlichkeiten).

18 Das Entstehen **originärer Ausleihungen oder Darlehensforderungen** ist kein Kassageschäft, deshalb ist ein Ansatz vor Erfüllung durch den Gläubiger ausgeschlossen. Der Ansatz erfolgt immer am **Erfüllungstag.** Auch der Erwerb von **nicht verbrieften Ausleihungen** wird regelmäßig kein Kassageschäft darstellen, da es an einem durch Marktvorschriften und Marktkonventionen regulierten Handel mangelt (IAS 39.AG71). Der Ansatzzeitpunkt wird daher durch den Zeitpunkt bestimmt, zu dem der Anspruch entsteht. Dies entpricht im Regelfall dem Zeitpunkt der Übertragung der finanziellen Vermögenswerte.

Grds ist beim Ansatz von erworbenen Ausleihungen die **Interaktion** mit den **Ausbuchungsvoraussetzungen** beim Veräußerer zu berücksichtigen (IAS 39.AG50).

IV. Bewertung bei erstmaliger Erfassung

19 Die **Bewertung** von nicht verbrieften Ausleihungen beim erstmaligen Ansatz erfolgt, unabhängig von der Einordnung in die verschiedenen Kategorien von

Finanzinstrumenten, in der Bilanzierungspraxis idR mit den **Anschaffungskosten.** IAS 39.43 schreibt den Ansatz mit dem **beizulegenden Zeitwert** vor, der beim erstmaligen Ansatz in aller Regel den Anschaffungskosten entspricht (s IAS 39.AG64: Transaktionspreis; s auch § 3 Rz 136). Damit ist zB bei Ausreichung von Darlehen vom Grundansatz her auf den beizulegenden Zeitwert des hingegebenen Darlehensbetrags und bei Erwerb auf den beizulegenden Zeitwert der hingegebenen Gegenleistung unter Berücksichtigung von Anschaffungsnebenkosten abzustellen.

20 Stehen keine **Markt- oder Transaktionspreise** zur Verfügung (zB bei originärer Ausreichung), so sind die Anschaffungskosten aus dem Barwert der zu erwartenden Einzahlungen zum Zeitpunkt der Ausreichung zu ermitteln. Eine **Abzinsung** ist vorzunehmen, wenn bei Anwendung eines Marktzinses für vergleichbare Ausleihungen wesentliche Diskontierungseffekte entstehen. Dies führt regelmäßig zu Abzinsungen bei ausgereichten **un- oder unterverzinslichen Ausleihungen** (s IAS 39.AG64 und IAS 39.AG76). Schon aus pragmatischen Gründen wird man eine gesonderte Bewertung zum beizulegenden Zeitwert nur bei wesentlicher Unterverzinslichkeit vornehmen (vgl auch kritisch *Kehm/Lüdenbach* in Lüdenbach/Hoffmann IFRS[7] § 28 Rz 101 ff; s IAS 39.AG79 zur Wesentlichkeit bei kurzfristigen Forderungen).

Zwischen **fremden Dritten** werden un- oder unterverzinsliche Ausleihungen idR nur gegen ein Entgelt, zB ein **Disagio,** gewährt. Die Ausleihung ist dann zum beizulegenden Zeitwert, dh ohne das Disagio, anzusetzen. Bei den Folgebewertungen wird dann das Disagio erfolgswirksam unter Anwendung der Effektivzinsmethode zugeschrieben (IAS 39.AG65).

21 Auf die zukünftigen Zuflüsse aus dem Vermögenswert ist auch abzustellen, wenn der Anschaffungspreis des Finanzinstruments auch **andere Leistungen** des Erwerbers enthält und aus diesem Grund die Anschaffungskosten nicht direkt ermittelbar sind (Aufteilung nach dem Wert der zu erwartenden Gegenleistung). Der IASB hat dabei Fälle vor Augen, in denen zB nichtverzinsliche Ausleihungen gewährt werden und der Kreditgeber sich damit gleichzeitig **Lieferungsrechte** zusichern lässt. Die Nichtverzinsung wird in diesem Fall als Teil der Anschaffungskosten interpretiert, der auf den Vorteil – Lieferungsrechte – entfällt (*Kropp/Klotzbach* WPg 2002, 1020). Damit ist eine Aufteilung der erwarteten Gegenleistung vorzunehmen und die Aktivierungsfähigkeit für jede Gegenleistung einzeln zu beurteilen. Bei in Zusammenhang mit der Ausleihung gewährten Lieferrechten wäre in Abhängigkeit von der vertraglichen Vereinbarung das Vorliegen eines immateriellen Vermögenswerts zu prüfen.

22 **Transaktionskosten,** die bei der Ausgabe oder beim Erwerb einer Ausleihung entstehen, sind grds im Rahmen der Anschaffungskosten mit **zu aktivieren** (IAS 39.43), es sei denn, dass eine Einordnung in die Kategorie erfolgswirksam zum beizulegenden Zeitwert erfolgt. Bei finanziellen Vermögenswerten dieser Kategorie werden Transaktionskosten stets unmittelbar erfolgswirksam erfasst. Unzulässig ist daher eine Aktivierung von Transaktionskosten bei Handelswerten.

Transaktionskosten sind zusätzlich anfallende Kosten, die der Ausgabe, dem Erwerb oder der Veräußerung eines Vermögenswerts **unmittelbar** zurechenbar sind (IAS 39.9). Dazu gehören an Vermittler, Berater, Makler und Händler gezahlte Gebühren sowie Steuern (zB Verkehrs- und Stempelsteuern), Abgaben und Gebühren. Disagien, Finanzierungs- oder Verwaltungskosten stellen keine Transaktionskosten dar (IAS 39.AG13).

23 Die Behandlung von **Stückzinsen** ist in IAS 39 nicht ausführlich geregelt (s ansatzweise IAS 39.AG6). Stückzinsen erhöhen den Kaufpreis einer verzinslichen Ausleihung, weil der Verkäufer für die aufgelaufenen, aber noch nicht fälligen

Zinsen (Stückzinsen) eine Vergütung erwartet. Stückzinsen stellen daher dem Grunde nach eine kurzfristige Zinsforderung dar, die von den Anschaffungskosten zu trennen und als **kurzfristiger finanzieller Vermögenswert** auszuweisen ist (s *Heuser/Theile*[3] Rz 1939; *Kuhn/Scharpf*[3], 146f; s auch IAS 39.16(a)(i) und RIC 1.27). Auch insoweit wird der Grundsatz der Wesentlichkeit zu beachten sein (*Kehm/Lüdenbach* in Lüdenbach/Hoffmann IFRS[7] § 28 Rz 138: Stückzinsen können separiert werden). Nur Zinsen nach dem Erwerb eines zinstragenden Papiers führen zu Zinsertrag. Zinsen, die auf den Zeitraum vor dem Erwerb fallen, sind erfolgsneutral zu erfassen (IAS 18.32).

V. Folgebewertung

24 **Ausleihungen** in der Kategorie Kredite und Forderungen sind mit **fortgeführten Anschaffungskosten** unter Anwendung der Effektivzinsmethode zu bewerten (IAS 39.46(a)). Demgegenüber sind Ausleihungen, die in der Kategorie erfolgswirksam zum beizulegenden Zeitwert (einschließlich der Handelswerte) eingeordnet werden, mit dem beizulegenden **Zeitwert** anzusetzen (IAS 39.9). Wertänderungen sind erfolgswirksam zu erfassen. Wurden die Ausleihungen freiwillig in die Kategorie zur Veräußerung verfügbar eingestellt, sind Wertänderungen des beizulegenden Zeitwerts erfolgsneutral im sonstigen Ergebnis (*other comprehensive income*; s ausführlich § 15 Rz 111) zu erfassen. Die Berechnung erfolgt bei zinstragenden Vermögenswerten ebenfalls mit der Effektivzinsmethode.

25 Ob **Disagien** oder **Agien** schrittweise vereinnahmt werden können, ist davon abhängig, ob für die Ausleihung ebenso wie für das schuldrechtliche Wertpapier feste Laufzeiten vereinbart wurden oder der Vermögenswert keine feste Laufzeit hat (IAS 39.46; s Rz 27ff).

26 Unabhängig davon, ob eine Laufzeitabrede vorliegt oder nicht, hat das Unternehmen zu jedem Bilanzstichtag zu prüfen, ob objektive substanzielle Hinweise auf eine **Wertminderung** der Vermögenswerte vorliegen (IAS 39.58; s Rz 33). Bei Ausleihungen ggü assoziierten Unternehmen oder Gemeinschaftsunternehmen können Verluste dieser Unternehmen, die das im Konzernabschluss anteilig nach der Equity-Methode bilanzierte Kapital übersteigen, zu Wertminderungen der Ausleihung führen (IAS 28.29ff; s ausführlich § 36 Rz 70ff).

1. Ausleihungen mit fester Laufzeit

27 Ausleihungen mit fester Laufzeit sind typischerweise Schuldverschreibungen, Anleihen sowie Fest- und Ratenkredite. Die Anschaffungskosten sind unter Verwendung der **Effektivzinsmethode** fortzuschreiben (IAS 39.46).

28 Damit wird eine **zeitanteilige Realisierung** von Disagien, Agien oder Barwertabschlägen aufgrund von Unter- oder Nichtverzinslichkeit vorgenommen. Soweit die zugrunde liegenden Vertragsbedingungen keine Laufzeitabrede vorsehen oder die Laufzeit des Vermögenswerts nicht befristet ist, scheidet die Anwendung der Effektivzinsmethode aus und es kommt keine Realisierung vor Fälligkeit in Betracht (s Rz 29).

Beispiel: Ein Unternehmen erwirbt eine Schuldverschreibung mit einer Laufzeit von fünf Jahren. Die Anschaffungskosten inklusive Transaktions- und sonstigen Anschaffungsnebenkosten betragen € 1.000. Der Nominalwert des Wertpapiers liegt bei € 1.250 und es ist eine jährliche Verzinsung mit 4,7% vereinbart. Daraus ergeben sich jährliche Zinszahlungen von € 58,75. Der effektive Zins des Wertpapiers beträgt 9,972%.

Jahr	Buchwert am Perioden-anfang in €	Zinszahlung in €	Rück-zahlung in €	Gesamtertrag in €	Buchwert am Periodenende in €
	(a)	(b)	(c)	(d) = (a) * 9,972%	(e) = (a) + (d) – (b) – (c)
1	1.000,00	58,75		99,72	1.040,97
2	1.040,97	58,75		103,81	1.086,03
3	1.086,03	58,75		108,30	1.135,58
4	1.135,58	58,75		113,24	1.190,07
5	1.190,07	58,75	1.250,00	118,67	–

Die dargestellte Bewertung führt nicht zu einem gleich bleibenden Zinsertrag. Vielmehr entsteht aufgrund der periodischen Zuschreibung ein Anstieg des Zinsertrags (s *Bellavite-Hövermann/Barckow* in Baetge ua IFRS-Komm[2] IAS 39 Rz 124).

Die jährliche Zuschreibung des Buchwerts ist als **Zinsertrag** zu erfassen (IAS 39.55; zur Erfassung nach Wertminderungen s Rz 34). 29

Neben der im Standard ausdrücklich genannten **Effektivzinsmethode** kann unter Berücksichtigung des Wesentlichkeitsgrundsatzes auch eine lineare Verteilung der Disagien oder Agien als zulässig angesehen werden (*Bellavite-Hövermann/Barckow* in Baetge ua IFRS-Komm[2] IAS 39 Rz 124).

Darlehen im Konzernkreis werden in vielen Fällen zu Zinsen ausgereicht, 30 die nicht marktgerecht sind oder ohne Tilgungsplan. Der beizulegende Zeitwert des Darlehens entspricht in diesem Fall dem Barwert der Zahlungen auf Basis eines Zinssatzes, der unter vergleichbaren Bedingungen unter fremden Dritten vereinbart würde.

Wenn ein MU einem TU ein Darlehen zu festgelegten, aber nicht marktadäquaten Konditionen gewährt, ist daher der Unterschied zwischen dem beizulegenden Zeitwert des Darlehens und dem Darlehensbetrag als Investition in die Beteiligung zu erfassen. Das TU erfasst diesen Betrag korrespondierend im **sonstigen Ergebnis.** In der Folge ist der Differenzbetrag nach der Effektivzinsmethode erfolgswirksam gegen das Zinsergebnis aufzulösen. Wird das gleiche Darlehen zwischen TU gewährt, ist der Unterschiedsbetrag erfolgswirksam zu erfassen, es sei denn die Kreditgewährung erfolgt auf Veranlassung des MU. In diesem Fall ist es uE auch zulässig, den Differenzbetrag im sonstigen Ergebnis zu erfassen.

Ist nicht festgelegt, wann oder ob ein Darlehen von einem TU **getilgt** wird, ist 31 zunächst aus Sicht des MU zu klären, wann die Rückzahlung erfolgen wird. Ist keine Rückzahlung in absehbarer Zukunft vorgesehen, handelt es sich um eine **Einlage**. Erfolgt keine Rückzahlung, weil das TU nicht zahlen kann, liegt eine Wertminderung vor.

Beispiel: MU gewährt TU ein zinsloses Darlehen in Höhe von 100 am 31. Dezember X1 mit einer Laufzeit von 15 Jahren. Der marktadäquate Zins für Darlehen ähnlicher Laufzeit für TU ist 8%. Damit beträgt der Barwert des Darlehens 79 (Nominalbetrag 100 diskontiert über 3 Jahre zu 8%). MU erfasst die Differenz zwischen dem Nominalbetrag des Darlehens und dem beizulegenden Zeitwert als Einlage und bucht:

zum 31. Dezember X1

Beteiligung TU	21
Darlehen	79

an Bank 100

TU bucht korrespondierend:

Bank	100		
		an Darlehensverbindlichkeit	79
		und Eigenkapital (Kapitalrücklage)	21.

In X2 und den Folgejahren wird das Darlehen aufgezinst, sodass insgesamt 21 im Zinsertrag (bei TU Zinsaufwand) erfasst werden.

Im Konzernabschluss werden Transaktionen zwischen Konzernunternehmen eliminiert (s § 35 Rz 96). Diese differenzierte Bilanzierung von Darlehen im Konzernkreis im Rahmen der Erstellung von IFRS-Einzelabschlüssen ist nur dann vorzunehmen, wenn die Auswirkungen auf Bilanz und/oder Gesamtergebnisrechnung bzw gesonderte GuV (sofern erstellt) wesentlich sind.

2. Ausleihungen ohne feste Laufzeit

32 Vermögenswerte ohne feste Laufzeit können unbefristet ausgereichte Ausleihungen *(perpetuals)* sein (IAS 32.AG6). Die **Folgebewertung** erfolgt grds zu fortgeführten Anschaffungskosten (IAS 39.46(a)). Für die Bilanzierung ist auch auf den wirtschaftlichen Hintergrund der Ausreichung abzustellen (s Beispiel Rz 28).

VI. Wertminderung

33 Für **nicht verbriefte Ausleihungen** (und schuldrechtliche Wertpapiere) der Kategorie Kredite und Forderungen oder bis zur Endfälligkeit zu haltende Finanzinvestitionen sind **Wertminderungen** im Wesentlichen für Bonitätsrisiken und Währungsrisiken zu prüfen. Das Risiko einer vom Marktzinsniveau abweichenden Verzinsung wird in diesen Kategorien nicht als Wertminderungsrisiko erfasst (s § 3 Rz 178).

Damit sind vor allem Zahlungsverzug beim Ausgleich von Zins- und Tilgungszahlungen, Beitreibungsmaßnahmen und verschlechtertes Bonitätsrating als **Wertminderungshinweise** und gleichzeitig -ursachen zu nennen (s ausführlich § 3 Rz 175 ff).

Die zu erwartenden **Cashflows** sind mit dem **ursprünglichen Zins** (bei festen Zinsvereinbarungen) bzw mit dem vertraglich vereinbarten Zins (bei variablen Zinsvereinbarungen) zu diskontieren. Werden aufgrund finanzieller Schwierigkeiten des Schuldners oder Emittenten Vertragsbedingungen geändert, so ist auf die zu erwartenden Zahlungseingänge der ursprüngliche Zinssatz und nicht ein ggf nachverhandelter Zinssatz anzuwenden (IAS 39.AG84). Bei Ausleihungen in Fremdwährung ist der Stichtagskurs zugrunde zu legen.

34 Der Wertminderungsumfang ist grds durch den beizulegenden Zeitwert von verwertbaren **Sicherheiten** (zB Pfandrechte, Hypotheken, Grundschulden, Sicherungsübereignungen, Bürgschaften und Garantien) unter Berücksichtigung von Verwertungskosten beschränkt. Wertminderungen und **Wertaufholungen** sind für beide Kategorien erfolgswirksam zu erfassen und auf die fortgeführten Anschaffungskosten begrenzt (s § 3 Rz 179).

Die fortgesetzte Erfassung von **Zinserträgen** für wertgeminderte Darlehensforderungen, bei denen der Schuldner die Zins- und Tilgungszahlungen nicht mehr oder nicht vertragsgemäß leistet, ist unzulässig. Tritt für wertgeminderte Darlehensforderungen eine **Wertaufholung** ein, so ist der Zinssatz, der zuvor zur Ermittlung des erzielbaren Betrags verwendet wurde, der schrittweisen Vereinnahmung von Zinsanteilen zugrunde zu legen (IAS 39.AG93).

C. Schuldrechtliche Wertpapiere

I. Anwendungsbereich und Fristigkeit

Schuldrechtliche Wertpapiere sind finanzielle Vermögenswerte, die in den Anwendungsbereich des IAS 32, IAS 39 und IFRS 7 fallen (s Rz 6 und § 3 Rz 24). Hinsichtlich einer Einteilung in kurzfristige und langfristige finanzielle Vermögenswerte kommt es auf die Restlaufzeit am Bilanzstichtag an. Eine Restlaufzeit unter zwölf Monaten führt zu einem Ausweis innerhalb der kurzfristigen Vermögenswerte (s Rz 7). 35

II. Kategorisierung

Schuldrechtliche Wertpapiere, wie zB Inhaberschuldverschreibungen, Wechselforderungen oder sonstige festverzinsliche Wertpapiere können in die Kategorie **bis zur Endfälligkeit zu haltende Wertpapiere** eingeordnet werden, wenn neben den objektiven vertraglichen Voraussetzungen die Absicht und die Fähigkeit des Unternehmens besteht, diese Wertpapiere bis zu ihrer Endfälligkeit zu halten (s § 3 Rz 62). 36

Für **schuldrechtliche Wertpapiere**,

(1) die objektive Kriterien nicht erfüllen (vertragliche Voraussetzungen wie bestimmbare Zahlungen, Laufzeit), oder

(2) die subjektive Kriterien nicht erfüllen, zB bei schuldrechtlichen Wertpapieren zwar die Absicht (und die Fähigkeit) besteht, diese langfristig (länger als zwölf Monate nach dem Bilanzstichtag), aber nicht bis zu deren individuellen Endfälligkeit zu halten, oder

(3) denen es an der Fähigkeit fehlt, die Wertpapiere bis zu ihrer Endfälligkeit zu halten (zB Liquiditätsbedarf vor Endfälligkeit), oder

(4) die einer Zuordnungssperre unterliegen,

scheidet eine Erfassung in dieser Kategorie aus.

Das dürfte auch gelten, sofern für die Wertpapiere **kein aktiver Markt** besteht (s Rz 16).

Bei bestehender Handelsabsicht sind erworbene schuldrechtliche Wertpapiere in die Kategorie zu **Handelszwecken gehaltene Finanzinstrumente** einzuordnen und dann als kurzfristig auszuweisen (s Rz 7). Sie können nach IAS 39.9 anderenfalls wahlweise (und unter den Begrenzungen der begrenzten *fair value option*; s dazu § 3 Rz 60) auch in die Kategorie **erfolgswirksam zum beizulegenden Zeitwert** oder in die „Restkategorie" zur **Veräußerung verfügbare finanzielle Vermögenswerte** eingeordnet werden, auch wenn im Einzelfall eine Langfristigkeit angenommen werden kann, ohne dass die Kriterien für bis zur Endfälligkeit gehaltene finanzielle Vermögenswerte erfüllt werden. 37

III. Ansatz

Beim Erwerb von börsennotierten **schuldrechtlichen Wertpapieren** kann regelmäßig davon ausgegangen werden, dass es sich um Kassageschäfte handelt und das Wahlrecht zum Ansatz am **Handelstag** oder am **Erfüllungstag** für die gesamte Kategorie ausgeübt werden kann (IAS 39.38). Für nicht börsennotierte schuldrechtliche Wertpapiere ist dies im Einzelfall zu prüfen (s § 3 Rz 48f). 38

Für **schuldrechtliche Wertpapiere,** die in der Kategorie bis zur Endfälligkeit gehaltene Finanzinvestition erfasst werden, sind Wertsteigerungen zwischen

Handels- und Erfüllungstag unbeachtlich und Wertminderungen nach den allgemeinen Regeln zu erfassen (s § 3 Rz 147, Rz 173).

Bei Erwerb von **Wertpapieren** ist grds die Interaktion zwischen Ausbuchung beim Veräußerer und Ansatz beim Erwerber zu berücksichtigen.

IV. Bewertung bei erstmaliger Erfassung

39 Die **Bewertung** von schuldrechtlichen Wertpapieren beim erstmaligen Ansatz erfolgt unabhängig von der Einordnung in die verschiedenen Kategorien von Finanzinstrumenten mit dem beizulegenden Zeitwert, der idR den Anschaffungskosten entspricht (s Rz 19; IAS 39.43, IAS 39.AG64). Markt- oder Transaktionspreise stehen regelmäßig zur Verfügung.

Mit dem Kaufpreis mitvergütete **Stückzinsen** gelten nicht als Anschaffungskosten, sondern sind getrennt als Zinsansprüche zu erfassen (Rz 23).

Für Wertpapiere in **Fremdwährung** ist den Anschaffungskosten der **Stichtagskurs** im Zeitpunkt der erstmaligen Erfassung zugrunde zu legen.

V. Folgebewertung

40 Für **schuldrechtliche Wertpapiere** in der Kategorie bis zur Endfälligkeit gehaltene Finanzinvestitionen oder in der Kategorie Kredite und Forderungen ist eine Folgebewertung zu **fortgeführten Anschaffungskosten** vorgesehen (IAS 39.46; s § 3 Rz 145 ff). Zur Folgebewertung schuldrechtlicher Wertpapiere in der Kategorie zu Handelszwecken gehaltene und in der Kategorie zur Veräußerung verfügbare finanzielle Vermögenswerte s Rz 24.

Eine schrittweise Vereinnahmung von Disagien oder Agien bei der Fortführung der Anschaffungskosten ist nach denselben Regeln wie für nicht verbriefte Ausleihungen zu bilanzieren (zB Zero-Bonds; s Rz 28).

Wird zB ein schuldrechtliches Wertpapier mit **Zu- oder Abschlägen** zur Anpassung an den Marktzins oder zur Berücksichtigung geänderter Bonität des Schuldners erworben, so ist die Differenz zum Nominalbetrag über die Laufzeit bis zur nächsten Preisfestsetzung bzw bis zur Endfälligkeit zu vereinnahmen.

Beispiel: Eine Schuldverschreibung mit einer Laufzeit von zehn Jahren und einem Rückzahlungsbetrag von € 1.000.000 wird variabel mit 1% über dem Dreimonats-LIBOR verzinst. Der Erwerber zahlt € 950.000 aufgrund eines verschlechterten Bonitätsratings des Emittenten und ordnet das Wertpapier in die Kategorie Halten bis zu Endfälligkeit ein. Das Disagio ist über die Laufzeit bis zur Endfälligkeit zu vereinnahmen, da der Abschlag bonitätsbedingt verursacht ist. Der Erwerber nimmt an jedem Bilanzstichtag eine Überprüfung der Wertminderung vor.

41 Hat das Unternehmen die Wertpapiere in die Unterkategorie **erfolgswirksam zum beizulegenden Zeitwert** eingeordnet, wird die Folgebewertung zum beizulegenden Zeitwert vorgenommen (§ 3 Rz 145 ff).

VI. Wertminderung

42 Unabhängig davon, ob eine Laufzeitabrede vorliegt oder nicht, hat das Unternehmen zu jedem Bilanzstichtag zu prüfen, ob objektive substanzielle Hinweise auf eine **Wertminderung** der Vermögenswerte vorliegen (IAS 39.58). Es wird auf Rz 26 verwiesen.

Die Bestimmung des **erzielbaren Betrags** schuldrechtlicher Wertpapiere anhand der Börsennotierung führt im Wertminderungsfall zu einer Zeitwertbewertung, da im Börsenpreis das Marktpreisrisiko der Zinsentwicklung enthalten ist. Eine Verwendung von Börsennotierungen zur Ermittlung von Wertminderungen für schuldrechtliche Vermögenswerte in der Kategorie bis zur Endfälligkeit gehaltene Finanzinvestitionen ist aus praktischen Erwägungen sowohl für Vermögenswerte mit festen als auch mit variablen Zinsvereinbarungen zulässig.

D. Unternehmerische Beteiligungen

I. Anwendungsbereiche

Unter Anteilen an Konzernunternehmen werden hier Anteile an TU, Gemeinschaftsunternehmen sowie assoziierten Unternehmen (s § 32 Rz 19f) verstanden. Die so abgegrenzten Unternehmensanteile sind Finanzinstrumente und fallen grds in den Anwendungsbereich des IAS 32, IAS 39 und IFRS 7. Nach IAS 32.4(a) sind Unternehmensanteile jedoch den Sonderregeln von IAS 27 (Konzernabschlüsse und Einzelabschlüsse), IAS 28 (Bilanzierung von Anteilen an assoziierten Unternehmen) und IAS 31 (Rechnungslegung über Anteile an Joint Ventures) unterworfen und damit zunächst dem Anwendungsbereich von IAS 39 entzogen, es sei denn, dies wird in IAS 27, IAS 28 und/oder IAS 31 gefordert. Darauf wird nachstehend eingegangen. 43

Anteile an **TU** werden im **Konzernabschluss** idR nicht gesondert ausgewiesen, weil sie im Rahmen der Kapitalkonsolidierung eliminiert werden (§ 35 Rz 16). Von diesem Grundsatz wird nur abgewichen, wenn die TU aus **Wesentlichkeitsgründen** nicht in den Konsolidierungskreis einbezogen werden. Dann erfolgt die Bilanzierung entspr IAS 39, da IAS 27 für den Konzernabschluss keine Sonderregelungen vorsieht und somit die allgemeinen Bilanzierungsregeln für Finanzinstrumente nach IAS 39 zur Anwendung gelangen. Besteht für diese Anteile Veräußerungsabsicht, richtet sich die Bilanzierung hingegen nach IFRS 5. 44

Anteile an **assoziierten Unternehmen** sind im Konzernabschluss nach der Equity-Methode zu bewerten (IAS 28.13), es sei denn, 45

(1) die Anteile werden als zur Veräußerung gehalten gem IFRS 5 klassifiziert (IAS 28.13(a)) oder
(2) das MU erfüllt die Voraussetzungen des IAS 27.10 (2008)/IAS 27.10 (2003) und stellt folglich keinen Konzernabschluss auf,
(3) IAS 28.13(c) ist anwendbar (s § 36 Rz 10), oder
(4) es handelt sich um unwesentliche Anteile.

Wenn die Equity-Bewertung wegen vorstehender Ausnahmen nicht anwendbar ist, wird nach **IAS 39 bilanziert** bzw im Fall des IAS 28.13(a) (Veräußerungsabsicht) nach **IFRS 5** (IAS 28.14). IAS 28.1 sieht darüber hinaus vor, dass Anteile an assoziierten Unternehmen nach IAS 39 (Kategorie erfolgswirksam zum beizulegenden Zeitwert bewertet) zu bilanzieren sind, wenn diese von Wagniskapital-Organisationen oder Investmentfonds, *unit trusts* und ähnlichen Unternehmen einschließlich fondsgebundener Versicherungen gehalten werden, die diese Anteile bei ihrer Erstbilanzierung in die Kategorie erfolgswirksam zum beizulegenden Zeitwert bewertet designiert haben oder diese zu Handelszwecken halten. In diesen Fällen sind zusätzliche Angaben im Anhang erforderlich.

Anteile an einem **Gemeinschaftsunternehmen** im Konzernabschluss eines Partnerunternehmens sind entspr IAS 31 quotal zu konsolidieren (IAS 31.30) oder nach der Equity-Methode zu bewerten (IAS 31.38; zu den Änderungen, die sich aus ED 9 Joint Ventures ergeben werden s § 29 Rz 22ff). Auch hier gelten Ausnahmen von der Anwendung dieser Methoden, wenn 46

(1) Anteile als zur Veräußerung gehalten gem IFRS 5 klassifiziert werden (IAS 31.2(a)) oder
(2) das MU die Voraussetzungen des IAS 27.10 (2008)/IAS 27.10 (2003) erfüllt und folglich keinen Konzernabschluss aufstellt,
(3) IAS 31.2(c) anwendbar ist (s § 37 Rz 6), oder
(4) es sich um unwesentliche Anteile handelt.

Sind die Quotenkonsolidierung oder die Equity-Bewertung wegen vorstehender Ausnahmen **nicht anwendbar**, ist nach **IAS 39** zu bilanzieren bzw im Fall des IAS 31.2(a) (Veräußerungsabsicht) nach **IFRS 5** (IAS 31.42). Anteile an Gemeinschaftsunternehmen; die von Wagniskapital-Organisationen oder Investmentfonds, *unit trusts* und ähnlichen Unternehmen einschließlich fondsgebundener Versicherungen gehalten werden, die diese Anteile bei ihrer Erstbilanzierung in die Kategorie erfolgswirksam zum beizulegenden Zeitwert bewertete finanzielle Vermögenswerte designiert haben oder diese zu Handelszwecken halten, sind nach IAS 39 (Kategorie erfolgswirksam zum beizulegenden Zeitwert bewertete finanzielle Vermögenswerte) zu bilanzieren.

Der **Gesellschafter** eines Gemeinschaftsunternehmens, der **nicht** über eine gemeinschaftliche Kontrolle verfügt, bilanziert nach IAS 39 oder – bei Vorliegen eines maßgeblichen Einflusses – nach IAS 28 (IAS 31.51).

47 Im **Einzelabschluss** des MU richtet sich die Bilanzierung von Anteilen an TU, Gemeinschaftsunternehmen und assoziierten Unternehmen ebenfalls nach IAS 27 (IAS 27.3 (2008)/IAS 27.3 (2003)).

Für Anteile an **TU,** die nicht als zur Veräußerung gehaltene Vermögenswerte/ Veräußerungsgruppen gem IFRS 5 klassifiziert werden, besteht nach IAS 27.38 (2008)/IAS 27.37 (2003) ein Wahlrecht zur Bilanzierung der Anteile **zu Anschaffungskosten oder gem IAS 39**. Besteht Veräußerungsabsicht muss die Bilanzierung für Anteile, die zu Anschaffungskosten erfasst werden, nach den Regelungen des IFRS 5 erfolgen, für Anteile, die nach IAS 39 bilanziert werden, bleibt es auch bei Veräußerungsabsicht bei der Bewertung nach IAS 39 (IAS 27.38 (2008) (geändert durch das *Annual Improvements* Projekt 2008); im Folgenden bezeichnet mit IAS 27.38 (2008)).

48 Für Anteile an **assoziierten Unternehmen** gelten im **Einzelabschluss** die gleichen Grundsätze wie für Anteile an TU (IAS 28.35 (geändert 2008)/IAS 28.35, welcher auf die analoge Anwendung der IAS 27.38ff (2008)/IAS 27.37ff (2003) verweist).

Für die Bilanzierung von Anteilen an **Gemeinschaftsunternehmen** im **Einzelabschluss** des Partnerunternehmens *(venturer)* verweist IAS 31.46 (geändert 2008)/IAS 31.46 ebenfalls auf die analoge Anwendung der IAS 27.38ff (2008)/ IAS 27.37ff (2003). Somit besteht auch hier ein Wahlrecht zur Bilanzierung zu Anschaffungskosten oder gem IAS 39 bzw im Fall der Veräußerungsabsicht die Pflicht zur Bilanzierung nach IFRS 5. Der Gesellschafter eines Gemeinschaftsunternehmens, der nicht über eine gemeinschaftliche Kontrolle verfügt, bilanziert nach IAS 39.

Die Zusammenhänge zwischen der Anteilsbilanzierung im Einzelabschluss und der Einbeziehung von Beteiligungen an Konzernunternehmen im konsolidierten Abschluss zeigt die nachfolgende Übersicht:

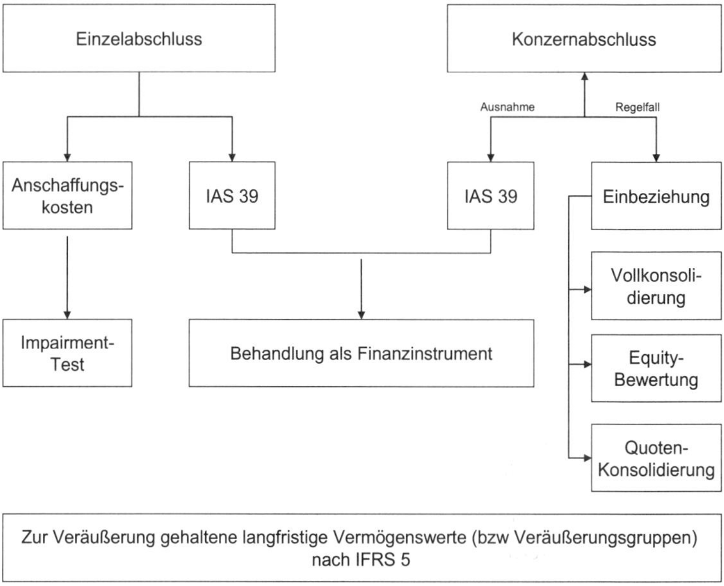

II. Zugangsbilanzierung

Der Zeitpunkt des **erstmaligen Ansatzes** von Unternehmensanteilen im Einzelabschluss entspricht grds dem Erstbilanzierungszeitpunkt im Konzernabschluss. Dies ist der Zeitpunkt, in dem das bilanzierende Unternehmen *control* (Beginn des Kontrollverhältnisses), gemeinschaftliche einheitliche Leitung oder aber maßgeblichen Einfluss auf das betreffende Unternehmen erlangt. Dies gilt sowohl für Anteile, die nach den Kategorien des IAS 39 als auch für solche, die zu Anschaffungskosten bilanziert werden (IAS 27.38 (2008)/IAS 27.37 (2003)). 49

Werden Anteile an TU, assoziierten Unternehmen oder an Gemeinschaftsunternehmen im Konzernabschluss oder im Einzelabschluss **nach IAS 39** bilanziert, ist eine **Kategorisierung** erforderlich. 50

Da es sich bei Unternehmensanteilen nicht um Forderungen handelt und diese finanziellen Vermögenswerte auch keiner festen Laufzeit unterliegen, kommen naturgemäß für die Kategorisierung von Anteilen an TU, Gemeinschaftsunternehmen und assoziierten Unternehmen im **Konzernabschluss** lediglich die Kategorien erfolgswirksam zum beizulegenden Zeitwert bewertete finanzielle Vermögenswerte (wegen tatsächlich bestehender Veräußerungsabsicht in naher Zukunft oder aufgrund der Designation in diese Kategorie) oder zur Veräußerung verfügbar (IAS 39.9; vgl auch § 3 Rz 49) in Betracht. IAS 27.40 (2008)/ IAS 27.39 (2003) bestimmt, dass die Bilanzierung, und damit auch die Kategorisierung von Finanzinstrumenten im Konzernabschluss nicht von derjenigen im Einzelabschluss abweichen darf.

Beim erstmaligen Ansatz von Unternehmensanteilen, die nach IAS 39 bilanziert werden, erfolgt die Bewertung grds mit dem **beizulegenden Zeitwert zuzüglich Anschaffungsnebenkosten** (zur Bewertung in Zusammenhang mit Sicherungszusammenhängen vgl § 23 Rz 46 ff). Da der beizulegende Zeitwert eines finanziellen Vermögenswerts nach IAS 39.9 als der Betrag definiert ist, zu dem der Vermögenswert zwischen fremden Dritten ausgetauscht werden könnte, dürfte der beizulegende Zeitwert der Anteile im Zugangszeitpunkt im Normal- 51 fall deren Kaufpreis einschließlich der direkt zurechenbaren Anschaffungsnebenkosten entsprechen. Im Fall der Kategorie erfolgswirksam zum beizulegenden Zeitwert bewertete finanzielle Vermögenswerte sind die Anschaffungsnebenkosten hingegen im lfd Aufwand zu erfassen (IAS 39.43).

Die erstmalige Bewertung mit dem Kaufpreis einschließlich Anschaffungsnebenkosten gilt in einem **Einzelabschluss** uneingeschränkt für im Konzernabschluss konsolidierungspflichtige Anteile, für die das Wahlrecht zur Bewertung mit den Anschaffungskosten ausgeübt wurde (s Rz 47).

52 **Unternehmensanteile an assoziierten Unternehmen** und **Gemeinschaftsunternehmen,** die in einen **Konzernabschluss** des Anteilseigners nach IAS 28 und IAS 31 einzubeziehen sind, sind durch Erstbewertung nach der Equity-Methode oder durch anteilige Konsolidierung zu erfassen (s § 36 Rz 26ff und § 37 Rz 5ff). Wird aufgrund von Ausnahmetatbeständen (wie unter Rz 45f erläutert) kein Konzernabschluss aufgestellt oder sind die Anteile aus Konzernsicht unwesentlich, richtet sich die Erstbewertung nach den gleichen Grundsätzen des IAS 39.43 wie bei Anteilen an TU.

Die Bilanzierung von Anteilen an assoziierten Unternehmen und Gemeinschaftsunternehmen im **Einzelabschluss** des Anteilseigners richtet sich entspr IAS 28.35 bzw IAS 31.46 – identisch zur Behandlung von TU – nach den Grundsätzen des IAS 27.38ff (2008)/IAS 27.37ff (2003) (Wahlrecht zwischen der Bilanzierung nach dem Anschaffungskostenprinzip bzw gem IAS 39; s Rz 51).

Die Bilanzierung von Anteilen an TU, an assoziierten Unternehmen und Gemeinschaftsunternehmen, die zum Bilanzstichtag aus dem **Konsolidierungskreis** ausscheiden und aus diesem Grund in den Anwendungsbereich des IAS 39 fallen wird in § 38 erläutert.

III. Folgebilanzierung

1. Fortführung der Anschaffungskosten

53 Wird das Wahlrecht hinsichtlich einer Bilanzierung **konsolidierungspflichtiger Anteile** zu Anschaffungskosten in einem zusätzlichen **Einzelabschluss** ausgeübt, ist die Folgebewertung zu Anschaffungskosten vorzunehmen. Durch die Ausübung des Wahlrechts in IAS 27.38 (2008)/IAS 27.37 (2003) für die Anschaffungskostenbilanzierung richtet sich die Folgebewertung hinsichtlich einer möglichen Wertminderung nicht nach IAS 39, sondern nach IAS 36, da der Anwendungsausschluss des IAS 36.2 in diesem Fall nicht greift (*Meyer/Bornhofen/Homrighausen* KoR 2005, 292). Somit ist zu jedem Bilanzstichtag durch Vergleich des Beteiligungsbuchwerts mit dessen erzielbarem Betrag (der höhere Wert von Nutzungswert und beizulegendem Zeitwert abzüglich Veräußerungskosten) ein möglicher Wertminderungsbedarf zu prüfen und ggf erfolgswirksam zu erfassen (IAS 36.59).

54 Dies gilt inhaltlich ebenso für **Unternehmensanteile,** die zwar generell gem IAS 39, ausnahmsweise aber zu Anschaffungskosten im Konzernabschluss oder im Einzelabschluss bilanziert werden, weil es sich um Eigenkapitalinstrumente handelt, die nicht auf einem aktiven Markt gehandelt werden und deren beizulegender Zeitwert nicht zuverlässig bestimmbar ist (IAS 39.46(c); s Rz 64; analog für Anteile, die aus Wesentlichkeitsgründen nicht konsolidiert werden). Für diese Anteile ist ein Wertminderungstest jedoch nicht nach IAS 36, sondern nach IAS 39.66 durchzuführen. Zu jedem Bilanzstichtag ist zu prüfen, ob objektive substanzielle Hinweise auf eine **Wertminderung** der Unternehmensanteile vorliegen. Für Unternehmensanteile sind dabei insbes negative Entwicklungen im

technologischen, wirtschaftlichen und rechtlichen Unternehmensumfeld relevant (IAS 39.59). Obgleich eine Bilanzierung zu Anschaffungskosten erfolgt, ist ein nachhaltiger wesentlicher Rückgang des Barwerts der erwarteten zukünftigen Zahlungsströme aus den Anteilen ein substanzieller Hinweis auf eine Wertminderung. Liegen solche Hinweise vor, so ist ein möglicher Wertminderungsbedarf für die Anteile durch Vergleich des Buchwerts der Beteiligung mit dem Barwert der erwarteten zukünftigen Zahlungsströme aus diesen Anteilen zu ermitteln. Die Diskontierung erfolgt mittels eines aktuellen Marktzinses, der den Rückflüssen vergleichbarer finanzieller Vermögenswerte entspricht. Eine solche Wertminderung darf in der Folgezeit nicht mehr rückgängig gemacht werden (IAS 39.66).

Vereinnahmungen von Gewinnen sind nach IAS 18.29 iVm IAS 18.30(c) 55
zu erfassen, sobald der Rechtsanspruch auf Zahlung entstanden ist und es hinreichend wahrscheinlich ist, dass der Gewinn vereinnahmt wird und dessen Höhe zuverlässig ermittelt werden kann. Eine hinreichende Sicherheit kann jedoch sowohl bei KapGes als auch bei PersGes frühestens nach Feststellung des Jahresabschlusses entstehen, sodass rechtsformunabhängig nach den Kriterien des IAS 18.30(c) keine phasengleiche Gewinnvereinnahmung möglich ist (*Meyer/Bornhofen/Homrighausen* KoR 2005, 290). Diese Regelung wurde im Mai 2008 durch *„Amendments to IFRS 1 und IAS 27"* in IAS 27 übernommen (s IAS 27.38A). Gleichzeitig wurde die Definition der Anschaffungskostenmethode aus IAS 27.4 gestrichen, Damit entfällt die Notwendigkeit, bei der Vereinnahmung von Dividenden zwischen Dividenden zu unterscheiden, die sich auf Ergebnisse **vor** dem Erwerb der Anteile und **nach** dem Erwerb beziehen. Bisher waren nach der Anschaffungskostenmethode Dividenden aus der Zeit vor dem Erwerb von der Beteiligung abzusetzen. Hierfür war es aber erforderlich, den Gewinnvortrag entspr IFRS zu bestimmen, was zu erheblichem Aufwand führen konnte. Dem Board schien es daher die einfachste Lösung, die Definition der Anschaffungskostenmethode zu entfernen und das Risiko, dass Anteile zu hoch ausgewiesen werden, über eine Ergänzung des IAS 36 zu regeln (IAS 27.BC66Dff (2008)). Als Anhaltspunkt für eine Wertminderung gelten daher für Geschäftsjahre, die am oder nach dem 1. Januar 2009 beginnen, auch Fälle, in denen

(1) Dividenden vereinnahmt werden und nachweislich der Buchwert im Einzelabschluss den Buchwert des Nettovermögens einschließlich Geschäfts- oder Firmenwert im Konzernabschluss übersteigt (IAS 36.12(h)(i) (2008)) oder
(2) die Dividende zum Zeitpunkt ihrer Vereinnahmung das gesamte sonstige Ergebnis (s § 15 Rz 53) übersteigt (IAS 36.12(h)(ii) (2008)).

Lediglich bei Bestehen eines **Ergebnisabführungsvertrags** (§ 291 Abs 1 AktG) entsteht der Rechtsanspruch des MU auf das Jahresergebnis der Tochter-KapGes bereits mit Ablauf dessen Geschäftsjahrs, sodass nur in diesem Fall eine Bilanzierung einer entspr Forderung mit Ausweis eines Beteiligungsertrags bereits zum Abschlussstichtag des abgelaufenen Geschäftsjahrs möglich ist.

Die **Übernahme von Verlusten** führt nur dann zur Bilanzierung einer 56
Schuld beim MU, wenn eine gesetzliche oder vertragliche Verpflichtung zum Verlustausgleich besteht. Dies ist bei **KapGes** grds nicht der Fall. Bei PersGes ist der **Komplementär** erst im Fall der Liquidation der Gesellschaft zum Ausgleich verpflichtet. Hat er hingegen die Verlustübernahme erklärt oder ist er hierzu gesellschaftsvertraglich verpflichtet, sind die anteiligen Verluste beim MU durch Berücksichtigung einer Schuld abzubilden. Der **Kommanditist** ist nach Leistung seiner Hafteinlage grds nicht zum Verlustausgleich verpflichtet. Auch hier kann es somit nur im Fall der vereinbarten Nachschussverpflichtung zu einer Berücksichtigung einer Schuld beim MU kommen. Gleiches gilt für KapGes im

Fall einer erklärten Verlustausgleichsverpflichtung. Da es sich in diesen Fällen um eine Schuld zur Zahlung von Finanzmitteln aufgrund einer vertraglichen Verpflichtung handelt, ist die Definition des IAS 32.11 für eine finanzielle Schuld erfüllt. Somit handelt es sich um einen Schuldposten, dessen Ansatz und Bewertung sich nach den Grundsätzen des IAS 39 richtet.

Wurde im Einzelabschluss des MU für die Anschaffungskostenbilanzierung optiert (IAS 27.38 (2008)/IAS 27.37 (2003)), führt die Erfassung dieser Finanzschuld zu einer entspr Erhöhung der Anschaffungskosten des Beteiligungsbuchwerts. Werden die Anteile hingegen zum beizulegenden Zeitwert bilanziert, führt die Finanzschuld zunächst zu einer Aufwandserfassung. In beiden Fällen muss zum Stichtag jedoch rechtsformunabhängig zusätzlich geprüft werden, ob infolge der eingetretenen Verluste beim TU eine Wertminderung der Anteile beim MU eingetreten ist. Dies erfolgt bei Anschaffungskostenbilanzierung nach den Grundsätzen des IAS 36, bei Zeitwert-Bilanzierung nach den Prinzipien des IAS 39, dh grds durch Neubewertung des beizulegenden Zeitwerts der Anteile zum Stichtag oder – falls kein aktiver Markt vorhanden ist und der beizulegende Zeitwert nicht zuverlässig ermittelbar ist – gem IAS 39.66 (*Meyer/Bornhofen/Homrighausen* KoR 2005, 293).

2. Folgebewertung zum beizulegenden Zeitwert

57 Wird das Wahlrecht für die Anteile an Konzernunternehmen in einem Einzelabschluss dahingehend ausgeübt, dass nach den Kategorien des IAS 39 bilanziert wird, so sind die Anteile mit den beizulegenden Zeitwerten in der Kategorie zur Veräußerung verfügbare finanzielle Vermögenswerte bzw **erfolgswirksam zum beizulegenden Zeitwert bewertete finanzielle Vermögenswerte** zu bewerten (IAS 39.46). Veränderungen der beizulegenden Zeitwerte sind gem IAS 39.55 für die Kategorie erfolgswirksam zum beizulegenden Zeitwert bewertete finanzielle Vermögenswerte **erfolgswirksam** im Periodenerfolg und für die Kategorie zur Veräußerung verfügbare finanzielle Vermögenswerte gehalten **erfolgsneutral** als Bestandteil des sonstigen Ergebnisses zu erfassen, wobei Wertminderungsverluste bei der letztgenannten Kategorie erfolgswirksam nach IAS 39.67 ff zu behandeln sind.

3. Folgebewertung nach IAS 28 und IAS 31

58 Anteile an **assoziierten Unternehmen** oder an **Gemeinschaftsunternehmen** im **Konzernabschluss** des Anteilseigners sind durch Folgekonsolidierung zu erfassen (s Rz 45). Etwaige Wertminderungen sind dem Grunde nach gem IAS 39 zu beurteilen (IAS 28.31). Die Höhe der Wertminderung ist nach den Grundsätzen des IAS 36 zu ermitteln (IAS 28.33). Im **Einzelabschluss** ist je nach Ausübung des Wahlrechts nach IAS 27.38 (2008)/IAS 27.37 (2003) (IAS 28.35 (geändert 2008)/IAS 28.35 bzw IAS 31.46 (geändert 2008)/IAS 31.46) zu fortgeführten Anschaffungskosten bzw nach den Grundsätzen des IAS 39 zu bewerten (beizulegende Zeitwerte oder im Fall eines nicht vorhandenen aktiven Markts und nicht zuverlässig ermittelbarer beizulegender Zeitwerte zu Anschaffungskosten gem IAS 39.46(c), IAS 39.66).

E. Finanzbeteiligungen

Für Anteile an Unternehmen (Rz 6), die nicht in einen Konzernabschluss des MU gem IAS 27, 28 oder 31 einbezogen, dh **nicht konsolidiert** werden (Beteiligungsquote unter 20%, kein Kontrollverhältnis oder unwesentliche Anteile), gelten die allgemeinen **Regeln des IAS 39 für Finanzinstrumente.** 59

I. Kategorisierung

Die Anteile (zB Aktien, GmbH-Anteile, Anteile an PersGes oder Genossenschaften, an Gemeinschaftsunternehmen, an Investment- oder offenen Immobilienfonds) können einer der drei folgenden Kategorien zugeordnet werden: 60

(1) Besteht eine Handelsabsicht, kommt die Kategorie **zu Handelszwecken gehaltene Finanzinstrumente** in Betracht. Der Ausweis erfolgt dann als kurzfristiger Vermögenswert (Rz 7).

Weiter stehen die Kategorien:

(2) **erfolgswirksam zum beizulegenden Zeitwert** und

(3) **zur Veräußerung verfügbare finanzielle Vermögenswerte** zur Auswahl.

Bei der Wahl für die Kategorie erfolgswirksam zum beizulegenden Zeitwert sind die Begrenzungen der neu eingeführten sog begrenzten *fair value option* zu berücksichtigen (s § 3 Rz 60). In der Bilanzierungspraxis werden Unternehmensanteile zumeist in der Restkategorie zur Veräußerung verfügbar erfasst.

Besondere Fragen ergeben sich für **Anteile an PersGes** und für **Genossenschaftsanteile** (s § 12 Rz 92ff). Nach der bisherigen Auffassung des IASB verfügen diese Unternehmen (wegen des Kündigungsrechts ihrer Mitglieder) nur unter bestimmten Bedingungen über Eigenkapital, und haben insoweit eine finanzielle Verbindlichkeit auszuweisen (IAS 32.18(b); s § 12 Rz 101f). Stellen die Unternehmensanteile keine Eigenkapitalinstrumente iSv IAS 32.11 dar, sind sie als finanzielle Vermögenswerte zu erfassen. Die Konsequenzen aus einer solchen Beurteilung sind vielfältig und noch nicht abschließend zu beurteilen (vgl zB *Meyer/Bornhofen/Homrighausen* KoR 2005, 285, 294; kritisch *Lüdenbach/Hoffmann* DB 2005, 404). Für die Kategorisierung selbst ergeben sich keine Auswirkungen, da in jedem Falle Finanzinstrumente vorliegen (diese umfassen finanzielle Vermögenswerte und Eigenkapitalinstrumente) und die übrigen Kategorisierungsmerkmale für KapGes und PersGes identisch sind. 61

II. Ansatz

Unabhängig von der Kategorisierung sind die Anteile zu dem Zeitpunkt zu bilanzieren, zu dem „das (bilanzierende) Unternehmen **Vertragspartei** der Regelungen des Finanzinstruments wird" (IAS 39.14). Dies ist idR der Zeitpunkt, von dem an das bilanzierte Unternehmen die Rechte aus den Anteilen wahrnehmen kann (s § 3 Rz 86). 62

III. Bewertung bei erstmaliger Erfassung

Ebenfalls unabhängig von der Kategorisierung sind die Anteile beim **erstmaligen Ansatz** mit dem **beizulegenden Zeitwert** zu bewerten. Dies sind idR die **Anschaffungskosten** (§ 3 Rz 136; IAS 39.AG64). Die Behandlung von 63

Anschaffungsnebenkosten (IAS 39.AG13: Transaktionskosten wie zB Provisionen, Maklerkosten, Notarkosten sowie Steuern und Gebühren) erfolgt nicht einheitlich. Sie ist abhängig von der Kategorisierung bzw der daraus resultierenden Folgebewertung (s § 3 Rz 140f). In den Kategorien zu Handelszwecken gehalten (nur für **kurzfristige Vermögenswerte**; s Rz 7) oder erfolgswirksam zum beizulegenden Zeitwert sind die Anschaffungsnebenkosten sofort erfolgswirksam zu erfassen. Demgegenüber sind sie in der Kategorie zur Veräußerung verfügbar zu aktivieren. Sie werden erst beim Verkauf der Anteile erfolgswirksam.

IV. Folgebewertung

64 Die **Folgebewertung** wird für alle drei vorgesehenen Kategorien nach dem beizulegenden Zeitwert ohne Abzug von Transaktionskosten, die beim Verkauf oder einer anders gearteten Veräußerung anfallen könnten, vorgenommen (IAS 39.46). Das gilt unabhängig davon, ob es sich um ein Eigen- oder Fremdkapitalinstrument handelt.

Eine wichtige **Ausnahme** erfährt die Regel jedoch in IAS 39.46 (c): **Finanzinvestitionen** in **Eigenkapitalinstrumente,** für die **kein** auf einem **aktiven Markt** (s dazu *IDW* RS HFA 9 Rz 64ff) notierter **Preis** vorliegt und deren beizulegender Zeitwert **nicht verlässlich** ermittelt werden kann, sind mit den Anschaffungskosten zu bewerten. Eine verlässliche Bewertung ist nach IAS 39.AG80 möglich, wenn

(1) die Schwankungsbreite der vernünftigen Schätzung für dieses Instrument nicht signifikant ist oder

(2) die Eintrittswahrscheinlichkeit der verschiedenen Schätzungen innerhalb dieser Bandbreite auf angemessene Weise beurteilt und bei der Schätzung des beizulegenden Zeitwerts verwendet werden kann.

Sollte aber nach diesen Kriterien eine „verlässliche Bewertung" nicht möglich sein, wären die Anteile mit den **Anschaffungskosten** zu bewerten (s § 3 Rz 183).

Für **nicht notierte Aktien, GmbH-Anteile** etc fehlt idR ein aktiver Markt. Darüber hinaus wird der Einfluss des Inhabers von kleineren Unternehmensanteilen häufig nicht ausreichen, um qualifizierte Daten erhalten zu können, die ihm eine verlässliche Unternehmensbewertung zum Zeitwert ermöglichen. In der Praxis werden daher idR die (fortgeführten) Anschaffungskosten anzusetzen sein. Für **PersGes und Genossenschaftsanteile** kann die Ausnahmeregel des IAS 39.46(c) nicht genutzt werden, wenn die Anteile **keine Eigenkapitalinstrumente** darstellen (s Rz 61). Ein finanzieller Vermögenswert ist zwingend zum beizulegenden Zeitwert anzusetzen. Daraus können sich insbes bei steigenden nachhaltigen Gewinnerwartungen und bei Gewinnthesaurierungen Zuschreibungspflichten ergeben, die je nach Kategorie erfolgswirksam bzw erfolgsneutral zu erfassen sind. Da die Problematik der Informationsbeschaffung jedenfalls für Prognosewerte auch bei kleineren Anteilen an PersGes besteht, werden auch insoweit häufig die fortgeführten Anschaffungskosten angesetzt werden können.

V. Wertminderungstest, Wertaufholung

65 Die mit den Anschaffungskosten bewerteten Anteile müssen zu jedem Bilanzstichtag daraufhin untersucht werden, ob „objektive Hinweise darauf schließen lassen, dass eine Wertminderung vorliegt" (IAS 39.58). Wegen der Einzelheiten wird auf § 3 Rz 173ff verwiesen. Kommt es zu einer **Abwertung**, ist der Ab-

wertungsbetrag **erfolgswirksam** zu erfassen (IAS 39.63). Das gilt unabhängig davon, ob es sich um Eigenkapitalinstrumente oder Fremdkapitalinstrumente handelt. Kommt es in der Folgezeit zu **Wertaufholungen**, so sind diese allerdings unterschiedlich zu behandeln: Während Wertaufholungen bei Eigenkapitalinstrumenten **erfolgsneutral** zu behandeln sind (IAS 39.69), sind diese bei Fremdkapitalinstrumenten **erfolgswirksam** zu erfassen (IAS 39.70).

VI. (Keine) Equity-Bewertung

Eine Bewertung von Beteiligungen nach der Equity-Methode ist im Einzelabschluss des MU **nicht zugelassen** (IAS 28.35 (geändert 2008) iVm IAS 27.38 (2008)/IAS 28.35 iVm IAS 27.37 (2003)). 66

VII. Zur Veräußerung gehaltene Anteile

Anteile an anderen Unternehmen sind nach **IFRS 5** zu bilanzieren, wenn sie als zur Veräußerung gehalten zu klassifizieren sind (Details s § 28). 67

VIII. Gewinnansprüche, Verluste

Ansprüche auf Dividenden aus Minderheitenanteilen sind beim Anteilseigner an dem Zeitpunkt einzubuchen, an dem der **Dividendenanspruch entsteht**; an dem also die notwendigen Beschlüsse beim Beteiligungsunternehmen gefasst sind (s Rz 55). Dies dürfte auch bei Anteilen an PersGes entspr gelten (s *Meyer-Bornhofen/Homrighausen* KoR 2005, 285, 289f). Eine phasengleiche Gewinnvereinnahmung ist daher grds nicht möglich (s Rz 55). Für die Berücksichtigung von Verlusten wird auf Rz 56 verwiesen. Diese ab dem 1. Januar 2009 geltenden Neuregelungen des IAS 27 und IAS 36 zur Vereinnahmung von Gewinnansprüchen aus der Zeit vor dem Erwerb einer Minderheitsbeteiligung sind unter Rz 55 beschrieben. 68

F. Latente Steuerguthaben

Die Bilanzierung latenter Steuern dient der **Erfassung künftiger steuerlicher Konsequenzen**, die sich bei der zukünftigen Realisierung eines Vermögenswerts oder der zukünftigen Erfüllung einer Schuld ergeben. Nach den IFRS beruht die Abgrenzung latenter Steuern auf dem in IAS 12 zugrunde gelegten *temporary*-Konzept iVm der *liability*-Methode. Danach sind latente Steuern grds auf alle Bilanzierungs- und Bewertungsdifferenzen zwischen den in der IFRS-Bilanz und der Steuerbilanz eines Unternehmens ausgewiesenen Vermögenswerten und Schulden zu bilden, sofern sich diese in zukünftigen Geschäftsjahren auflösen und hierdurch zu einer Ertragsteuerbe- oder -entlastung führen (vgl im Einzelnen § 25 Rz 36ff, Rz 47ff). Die Anwendung des *temporary*-Konzepts trägt in erster Linie zu einer zutreffenderen Darstellung der Vermögenslage bei. 69

Latente Steuerguthaben sind grds dann anzusetzen, wenn **zukünftig niedrigere Ertragsteuerzahlungen** zu leisten sind, als sich nach dem handelsrechtlichen Gewinnausweis ergeben würden. Ihre Aktivierung setzt allerdings voraus, dass in zukünftigen Geschäftsjahren mit hinreichender Wahrscheinlichkeit steuerpflichtige Gewinne erwirtschaftet werden, die mit den latenten Steuerguthaben verrechnet werden können (vgl § 25 Rz 50ff). 70

71 Das Prinzip der Steuerabgrenzung wird für einige **Ausnahmetatbestände** durchbrochen. **Ansatzverbote** für latente Steuerguthaben finden sich in IAS 12.24(a) und (b) sowie IAS 12.44 (vgl im Einzelnen § 25 Rz 93ff, 133ff).

72 Gem IAS 12.34 sind auch auf **steuerliche Verlustvorträge** latente Steuerguthaben zu aktivieren, soweit eine Verrechnung mit zukünftigen Gewinnen als wahrscheinlich anzunehmen ist (vgl im Einzelnen § 25 Rz 60ff).

73 Für die **Bewertung latenter Steuerguthaben** sind grds diejenigen Steuervorschriften und Steuersätze anzuwenden, die zum Zeitpunkt der Auflösung der Steuerlatenzen Gültigkeit entfalten. Da die zukünftige Entwicklung des Steuerrechts idR jedoch nicht mit hinreichender Sicherheit vorherzusehen ist, ist in der Praxis auf die geltenden Steuergesetze zurückzugreifen (vgl § 25 Rz 160ff).

G. Ausbuchung

74 Die Ausbuchung von finanziellen Vermögenswerten ist **zentral** in § 3 Rz 100ff dargestellt (zur Ausbuchung im Zusammenhang mit Zweckgesellschaften s § 10 Rz 69).

Die Ausbuchung latenter Steuerguthaben wird in § 25 Rz 112ff ausführlich dargestellt.

H. Ausweis und Angaben im Anhang

75 **Langfristige finanzielle Vermögenswerte** sind getrennt von den kurzfristigen finanziellen Vermögenswerten auszuweisen. Als Mindestgliederung ist eine Aufteilung in Kapitalanlagen, die nach der Equity-Methode bewertet werden, und in sonstige langfristige finanzielle Vermögenswerte gefordert. Besondere Angabepflichten für finanzielle Vermögenswerte ergeben sich aus IFRS 7 (s § 3 Rz 204ff). Da die sonstigen langfristigen Vermögenswerte je nach Art höchst unterschiedlich ausgestaltet sein können, ist zu prüfen, ob die nach IFRS 7 geforderten Angaben anwendbar sind oder nicht.

76 Für langfristige finanzielle Vermögenswerte ist im Rahmen der Angaben zur Bilanz darzustellen, welchen **Kategorien und Klassen** die langfristigen finanziellen Vermögenswerte zugeordnet werden und welche Buchwerte die einzelnen Kategorien haben (IFRS 7.8). Für jede Klasse von finanziellen Vermögenswerten ist der beizulegende Zeitwert anzugeben (IFRS 7.25). Darüber hinaus sind Angaben zu den Methoden der Ermittlung der beizulegenden Zeitwerte zu machen, und zu den Annahmen, die bei der Ermittlung der beizulegenden Zeitwerte jeder Klasse von finanziellen Vermögenswerten und Verbindlichkeiten zugrunde gelegt werden. Über Änderungen von Bewertungsmethoden und die Gründe hierfür ist ebenfalls zu berichten (IFRS 7.27). Besondere Angaben sind erforderlich, wenn die Bewertung zum beizulegenden Zeitwert erfolgt. Der Umfang dieser Angaben, die für jede Klasse von Finanzinstrumenten einzeln erfolgen, ergibt sich aus IFRS 7.27B und stützt sich auf das Hierarchiestufenmodell des beizulegenden Zeitwerts, das in IFRS 7.27A dargestellt wird (s im Einzelnen § 3 Rz 15 und Rz 212).

77 Wird die *fair value option* in Anspruch genommen, sind zusätzliche Angaben fällig.

Für **langfristige finanzielle Vermögenswerte** sind insbes die Angaben der Nettoergebnisse für jede Kategorie von Finanzinstrumenten relevant. Im Einzelnen ist in diesem Zusammenhang über Nettogewinne und -verluste aus Wertminderungen, Zuschreibungen, Abgangserfolgen und nachträglichen Eingängen aus abgeschriebenen Finanzinstrumenten zu berichten (*Kuhn/Scharpf*[3], 628). Dabei ist auch anzugeben, ob Zins- und Dividendenerträge Bestandteil des Nettoergebnisses sind (IFRS 7.B5(e)).

Entspr IFRS 7.20 ist daneben über die **Gesamtzinserträge** und -aufwendungen, Erträge und Aufwendungen aus Gebühren und Zinserträge aus wertberichtigten Forderungen sowie Wertminderungen in der Gesamtergebnisrechnung oder im Anhang zu berichten. 78

Ähnlich wie nach **HGB** sind gesonderte Angaben zu den Bilanzierungs- und Bewertungsmethoden zu machen, die aber bei weitem den Umfang der nach HGB gewohnten Angaben übersteigen. Ein Überblick dieser Angaben findet sich in IFRS 7.B5 und in § 3 Rz 236. 79

Im Rahmen der Berichterstattung zu den Risiken sind für sonstige langfristige Vermögenswerte Angaben zu Kreditrisiken und Marktpreisrisiken gefordert. Im Rahmen der Berichterstattung zu den **Kreditrisiken** sind entspr IFRS 7.36 folgende Angaben zu jeder Klasse von Finanzinstrumenten zu machen: 80

(1) der Betrag des maximalen Kreditausfallrisikos ohne Berücksichtigung von Sicherheiten. Nach IAS 32 saldierte Beträge sowie nach IAS 39 gebildete Wertberichtigungen sind entspr den Vorgaben in IFRS 7.B9 abzusetzen,
(2) eine Beschreibung der mit den unter Ziffer (1) genannten Beträge korrespondierenden erhaltenen Kreditsicherheiten und sonstigen risikomindernden Vereinbarungen (IFRS 7.BC51 bis IFRS 7.BC53, IFRS 7.IG22),
(3) Informationen über die Qualität der finanziellen Vermögenswerte, die nicht überfällig und nicht wertgemindert sind,
(4) der Buchwert der finanziellen Vermögenswerte, deren Vertragsbedingungen geändert wurden und die ansonsten überfällig oder wertgemindert wären.

Für **überfällige oder wertberichtigte finanzielle Vermögenswerte** ist darüber hinaus für jede Klasse anzugeben: 81

(1) eine Analyse der Altersstruktur der nicht wertberichtigten Kredite. Als Beispiel für die Überfälligkeitsanalyse enthält IFRS 7.IG28 folgende Untergliederung:
    (a) bis drei Monate,
    (b) über drei Monate bis sechs Monate,
    (c) über sechs Monate bis ein Jahr,
    (d) über ein Jahr;
(2) eine Analyse der finanziellen Vermögenswerte, für die am Abschlussstichtag Einzelwertberichtigungsbedarf festgestellt wurde, einschließlich Angaben zu den Kriterien, nach denen der Wertberichtigungsbedarf ermittelt wird. Bei der in IFRS 7.IG29 ausgesprochenen Empfehlung zur Angabe des Buchwerts (vor Wertberichtigung), der Wertberichtigung sowie Art und beizulegender Zeitwert der erhaltenen Sicherheiten dürfte es sich mit Blick auf IFRS 7.37(c) oft um eine Pflichtangabe handeln;
(3) hinsichtlich der unter den Nummern (1) und (2) angegebenen Beträge eine Beschreibung der erhaltenen Sicherheiten und – soweit möglich – eine Schätzung des beizulegenden Zeitwerts (IFRS 7.BC51 bis IFRS 7.BC53).

Marktpreisrisiken sind Zinsrisiken, Währungsrisiken und sonstige Preisrisiken. Für diese Risiken sind **Sensitivitätsanalysen** zu erstellen, aus denen ersichtlich wird, welche Auswirkungen sich auf das Eigenkapital (sonstiges Ergebnis) und den Periodenerfolg ergeben, wenn eine nach vernünftigem Ermessen mögliche Veränderung einer Risikovariablen eintritt (IFRS 7.40). Dabei sind die verwendeten Methoden und Annahmen offenzulegen sowie Änderungen von Methoden ggü Vorperioden einschließlich der Gründe für die Änderungen. Sensitivitäten, die sich auf den Erfolg auswirken, sind getrennt von denen, die sich auf das sonstige Ergebnis auswirken darzustellen (IFRS 7.B27). Eigenkapitalinstrumente, die keiner Folgebewertung unterliegen, werden für diese Zwecke nicht neu bewertet, da weder der Periodenerfolg noch das sonstige Ergebnis durch das Kursrisiko dieser Instrumente beeinflusst werden (IFRS 7.B28).

82 Anhangangaben zu langfristigen finanziellen Vermögenswerten sind in der Anhangcheckliste in Anlage I dieses Handbuchs aufgeführt.

83 Da sich **latente Steuerguthaben** erst in zukünftigen Geschäftsjahren wieder auflösen, sind sie in der Bilanz als langfristige Vermögenswerte **gesondert auszuweisen**. Für bestimmte Fälle fordert IAS 12.74 eine Saldierung latenter Steuerguthaben mit latenten Steuerschulden (vgl hierzu § 25 Rz 182).

Die Bilanzierung latenter Steuern erfordert zahlreiche **Anhangangaben**, welche ausführlich in § 25 Rz 212ff dargestellt werden.

I. Wesentliche Änderungen und deren Anwendungszeitpunkte

84 Auswirkungen im weitesten Sinne auf Bilanzierung, Bewertung und Ausweis der langfristigen Vermögenswerte nach IFRS hatten die Änderungen der folgenden Standards:

Der 2007 überarbeitete **IAS 1** ist auf Berichtsperioden anzuwenden, die am oder nach dem 1. Januar 2009 beginnen (IAS 1.139). Das *Annual Improvements* Projekt 2008, durch das IAS 1.68 geändert wurde, wurde im Mai 2008 verabschiedet und ist für Berichtsperioden, die am oder nach dem 1. Januar 2009 beginnen, anzuwenden. Eine frühere Anwendung ist erlaubt und entspr im Anhang anzugeben (IAS 1.139C).

IAS 18 ist verpflichtend auf Berichtsperioden anzuwenden, die am oder nach dem 1. Januar 1995 beginnen (IAS 18.37). Die Folgeänderung aus der Ergänzung von IFRS 1 und IAS 27 in IAS 18.32 ist für Berichtsperioden beginnend am oder nach dem 1. Januar 2009 verbindlich (IAS 18.38).

Die überarbeitete Fassung des **IAS 27** wurde im Januar 2008 veröffentlicht und ist für Berichtsperioden, die am oder nach dem 1. Juli 2009 beginnen, verpflichtend anzuwenden. Eine frühere Anwendung ist erlaubt und entspr im Anhang anzugeben IAS 27.45 (2008).

Darüber hinaus wurden weitere Absätze dieser Neufassung des IAS 27 (2008) bereits im Mai 2008 wieder geändert: IAS 27.38 durch das *Annual Improvements* Projekt 2008 und IAS 27.4, IAS 27.38A bis IAS 27.38C durch die Änderungen des IAS 27 iVm IFRS 1 (*Cost of an Investment in a Subsidiary, Jointly Controlled Entity or Associate*). Diese Folgeänderungen sind indessen bereits für Geschäftsjahre, die am oder nach dem 1. Januar 2009 beginnen, anzuwenden; eine frühere Anwendung ist erlaubt und entspr im Anhang anzugeben (IAS 27.45A bis IAS 27.45C). Damit sind diese spezifischen Regelungen ab dem Geschäftsjahr 2009 anzuwenden, während alle anderen Änderungen des IAS 27 grds erst ab dem Geschäftsjahr 2010 zur Anwendung kommen (sofern das Geschäftsjahr dem Kalenderjahr entspricht), es sei denn, es wird von der Möglichkeit der vorzeitigen Anwendung Gebrauch gemacht.

IAS 28 ist auf Berichtsperioden anzuwenden, die am oder nach dem 1. Januar 2005 beginnen (IAS 28.41). Die aus der Überarbeitung des IAS 27 im Januar 2008 resultierende Änderung in IAS 28.18 ist auf Berichtsperioden anzuwenden, die am oder nach dem 1. Juli 2009 beginnen. Sofern IAS 27 (2008) vorzeitig angewendet wird, ist auch IAS 28.18 (2008) vorzeitig anzuwenden (IAS 28.41). Die Änderungen des *Annual Improvements* Projekts 2008 in IAS 28.1 und IAS 28.33 wurden im Mai 2008 verabschiedet und sind für Berichtsperioden, die am oder nach dem 1. Januar 2009 beginnen, anzuwenden. Eine frühere Anwendung ist mit einer korrespondierenden früheren Anwendung von IFRS 7.3 erlaubt und entspr im Anhang anzugeben (IAS 28.41C).

IAS 32 ist auf Berichtsperioden anzuwenden, die am oder nach dem 1. Januar 2005 beginnen (IAS 32.96). Die Änderungen in IAS 32.1 ff und IAS 32.18 in Folge der Überarbeitung von IAS 32 und IAS 1 im Februar 2008 ist für Berichtsperioden beginnend am oder nach dem 1. Januar 2009 verbindlich (IAS 32.96A). Die Änderung des *Annual Improvements* Projekts 2008 in IAS 32.4(a) wurde im Mai 2008 verabschiedet und ist für Berichtsperioden, die am oder nach dem 1. Januar 2009 beginnen, anzuwenden. Eine frühere Anwendung ist mit einer korrespondierenden früheren Anwendung von IFRS 7.3 erlaubt und entspr im Anhang anzugeben (IAS 32.97D).

IAS 39 ist auf Berichtsperioden anzuwenden, die am oder nach dem 1. Januar 2005 beginnen (IAS 39.103). Folgeänderungen aus der Überarbeitung von IAS 1 (2007) in IAS 39.14, IAS 39.55 sowie IAS 39.AG67 sind für Berichtsperioden beginnend am oder nach dem 1. Januar 2009 verbindlich. Die Änderung des *Annual Improvements* Projekts 2008 in IAS 39.9 wurde im Mai 2008 verabschiedet und ist für Berichtsperioden, die am oder nach dem 1. Januar 2009 beginnen, anzuwenden. Eine frühere Anwendung ist erlaubt und entspr im Anhang anzugeben (IAS 39.108C).

IFRS 5 ist auf Berichtsperioden anzuwenden, die am oder nach dem 1. Januar 2005 beginnen (IFRS 5.44). Folgeänderungen aus der Überarbeitung von IAS 1 (2007) in IFRS 5.3 und IFRS 5.38 sind für Berichtsperioden beginnend am oder nach dem 1. Januar 2009 verbindlich (IFRS 5.44A).

IFRS 7 ist auf Berichtsperioden anzuwenden, die am oder nach dem 1. Januar 2007 beginnen (IFRS 7.43). Die Folgeänderungen aus der Überarbeitung des IAS 1 (2007) in IFRS 7.20, IFRS 7.27 und IFRS 7.B5 sind für Berichtsperioden beginnend am oder nach dem 1. Januar 2009 anzuwenden (IFRS 7.44A). Die Änderungen des IFRS 7 *„Improving Disclosures about Financial Instruments"* betreffen IFRS 7.27, IFRS 7.27A und B, IFRS 7.39, IFRS 7.44G sowie IFRS 7.B10A bis IFRS 7.B16 und gelten grds für Berichtsperioden, die am oder nach dem 1. Januar 2009 beginnen. Durch Verzögerungen beim Endorsement dieser Änderungen ist zu erwarten, dass der Erstanwendungszeitpunkt in der EU später liegen wird.

In der vorliegenden Kommentierung werden materielle Änderungen dargestellt, darüber hinaus haben die Überarbeitungen klarstellenden Charakter.

Die (Folge-)Änderungen des IAS 12 sind zentral in § 25 Rz 211 dargestellt.

J. Gegenüberstellung zu HGB und DRS

Es wird auf § 3 Rz 264 ff und § 25 Rz 215 ff verwiesen. **85**

K. Aktuelle Entwicklungen/IASB-Projekte

Es wird auf § 3 Rz 1 ff sowie § 25 Rz 233 verwiesen. **86**

§ 8. Vorräte

Übersicht

Schrifttum: *Achleitner/Behr* International Accounting Standards – Ein Lehrbuch zur Internationalen Rechnungslegung – 3. Aufl, München 2003; *Ammann/Müller* Vergleichende Darstellung der Gewinnrealisierung gem HGB, US-GAAP und IAS bei langfristiger Fertigung, BBK 2002, Fach 20, 601; *Henselmann/Roos* Bilanzierung von Vorräten nach IFRS, KoR 2007, 496; *IASB* IFRIC Update November 2004; *Kümpel* Vorratsbewertung nach IAS 2, DStR 2005, 1153; *Küting* Die Ermittlung der Herstellungskosten nach den Änderungen durch das Bilanzrechtsmodernisierungsgesetz, StuB 2008, 419; *Küting/Harth* Herstellungskosten von Inventories und Self-Constructed Assets nach IAS und US-GAAP (Teil I und II), BB 1999, 2343 und 2393; *Kuhner* Die immateriellen Vermögensgegenstände und Werte des Anlagevermögens, in HdJ 2007 Abt. II/1; *Padberg* IFRS: Vorräte, Fertigungsaufträge, Forderungen, Berlin 2008; *Reinhart* Bilanzierung langfristiger Fertigungsaufträge nach IAS und HGB, RIW 1999, 417; *Streich* Bilanzierung des Vorratsvermögens nach HGB und IAS, Albeck bei Ulm 2001; *Wohlgemuth/Radde* Der Bewertungsmaßstab „Anschaffungskosten" nach HGB und IAS – Darstellung der Besonderheiten und kritische Gegenüberstellung, WPg 2000, 903; *Wohlgemuth/Ständer* Der Bewertungsmaßstab „Herstellungskosten" nach HGB und IAS, WPg 2003, 203.

Wesentliche Rechtsgrundlagen: IAS 2

A. Allgemeines

I. Vorbemerkung

1 Dieses Kapitel behandelt Bilanzierungs- und Bewertungsfragen sowie Regelungen zu erforderlichen Anhangangaben hinsichtlich solcher Vermögenswerte, die innerhalb des kurzfristigen Vermögens als Vorräte zu erfassen sind. Relevanter Standard ist IAS 2. Die Vorräte umfassen die auch nach HGB hierunter auszuweisenden Posten Roh-, Hilfs- und Betriebsstoffe, unfertige Erzeugnisse und unfertige Leistungen, Fertigerzeugnisse sowie Handelswaren.

II. Zielsetzung und Anwendungsbereich von IAS 2

2 **IAS 2** regelt die bilanzrechtliche Behandlung von Vorräten. **Primäre Fragestellung** ist die Bestimmung der Anschaffungs- oder Herstellungskosten, die bis zur Erlösrealisierung aktiviert und sodann als Aufwand erfasst werden. Auch Abwertungen auf den Nettoveräußerungswert führen in der Periode des Anfalls des Wertverlusts zu Aufwand. Neben Bewertungs- und Bilanzierungsregeln enthält der Standard Anwendungshilfen sowie Anleitungen zu Verfahren, nach denen die Anschaffungs- oder Herstellungskosten den Vorräten zugeordnet werden (IAS 2, Zielsetzung).

Die Bilanzierungsfähigkeit von den Vorräten zuzurechnenden Vermögenswerten ist, als vorgelagerte Fragestellung, nicht Gegenstand dieses Standards; Ansatzvorschriften werden im Rahmenkonzept geregelt (§ 2 Rz 71f; *Jacobs* in Baetge ua IFRS-Komm[2] IAS 2 Rz 1).

3 **Nicht anzuwenden** ist der Standard gem IAS 2.2 auf:

(1) Unfertige Erzeugnisse einschließlich damit verbundener Dienstleistungsverträge, die als Fertigungsaufträge zu qualifizieren sind. Diese werden durch IAS 11 erfasst und regelmäßig nach der sog *percentage-of-completion*-Methode bilanziert (s § 9). Zugehörige Dienstleistungen, zB von Projektleitern und Architekten (IAS 11.5(a)), werden nach denselben Grundsätzen behandelt. Dies gilt auch für andere Dienstleistungen, sofern derartige Geschäfte bestimmte, in IAS 18.20 genannte Voraussetzungen erfüllen. Deren bilanzielle Behandlung erfolgt dann analog IAS 11 (s § 9 Rz 15ff).

(2) Finanzinstrumente, deren bilanzielle Behandlung durch IAS 32 und 39 geregelt wird.

(3) Biologische Vermögenswerte im Zusammenhang mit landwirtschaftlicher Tätigkeit und Produktion zum Zeitpunkt der Ernte. Diese werden in IAS 41 geregelt (s § 41). Danach erfolgt die Bewertung grds zum beizulegenden Zeitwert abzüglich geschätzter Veräußerungskosten (IAS 41.12).

Der Standard gilt nicht für die **Bewertung** von Vorräten in folgenden Fällen:

4 (1) Vorräte von Erzeugern, die land- und forstwirtschaftliche Güter produzieren, landwirtschaftliche Produkte nach der Ernte sowie Mineralien und mineralische Stoffe (zB Erze, Erdöl, Erdgas), die iSd branchenüblichen Bilanzierungspraxis mit dem Nettoveräußerungserlös bewertet werden. Die von der Anwendung dieses Standards ausgenommenen mineralischen Produkte werden nach deutscher HGB-Bilanzierung üblicherweise zu Anschaffungs- oder Herstellungskosten bewertet. Eine hiervon abweichende Bewertung zum Nettoveräußerungswert hat auch für deutsche Anwender Bedeutung, sofern sie als „gut eingeführte Praxis ihrer Branche" in anderen wichtigen Ländern anerkannt ist (vgl *Hoffmann* in Lüdenbach/Hoffmann IFRS[7] § 17 Rz 1). In

diesem Falle sind Änderungen des Nettoveräußerungserlöses in der Periode zu erfassen, in der die Wertänderung eintritt (IAS 2.3 (a)).

(2) Bestände von Handelsmaklern, die ihre Handelswaren zum beizulegenden 5
Zeitwert abzüglich Verkaufskosten bewerten. Änderungen dieses Werts sind gleichfalls in der Periode zu erfassen, in der diese Wertänderung eintritt (IAS 2.3 (b)). Soweit Warentermingeschäfte abgeschlossen werden, ist zu prüfen, ob diese als Finanzinstrumente nach IAS 39 zu qualifizieren sind (vgl § 3 Rz 46). Zielen solche Geschäfte jedoch auf die physische Lieferung zB eines Rohstoffs entspr dem Einkaufs- oder Nutzungsbedarf des Unternehmens ab (IAS 39.AG10), so fallen derartige Geschäfte nicht in den Anwendungsbereich von IAS 39.

III. Terminologie von IAS 2

Nach IAS 2.6 fallen unter den **Begriff der Vorräte** alle Vermögenswerte, 6
(1) die zum Verkauf innerhalb des normalen Geschäftsgangs bestimmt sind (Fertigerzeugnisse oder Handelswaren),
(2) die sich im Herstellungsprozess für den Verkauf befinden (unfertige Erzeugnisse) oder
(3) die als Roh-, Hilfs- und Betriebsstoffe im Produktionsprozess oder bei der Erbringung von Dienstleistungen verbraucht werden.

Vermögenswerte, die einem der genannten Kriterien entsprechen und nicht unter den Ausnahmebereich des IAS 2.2 fallen, sind unter den kurzfristigen Vermögenswerten separat als Vorräte auszuweisen. Hierzu können neben den im klassischen Produktionsprozess verwendeten oder hergestellten Vermögenswerten zB auch zum Weiterverkauf gehaltene Grundstücke oder Gebäude gehören. Bei Dienstleistungsunternehmen sind unter den Vorräten die Kosten der erbrachten Leistungen zu erfassen (IAS 2.8, IAS 18).

Nach IAS 2 sind damit im Wesentlichen die auch nach HGB unter den Vorräten zu erfassenden Vermögenswerte zu subsumieren (vgl IAS 2.37, IAS 2.8):
(1) Handelswaren,
(2) Roh-, Hilfs- und Betriebsstoffe,
(3) unfertige Erzeugnisse und unfertige Leistungen,
(4) Fertigerzeugnisse.

Als wesentliche Ausnahme sind die als **Fertigungsaufträge** iSv IAS 11 zu 7
qualifizierenden Vermögenswerte zu nennen, die entspr ihrem Charakter eher als Forderungen zu verstehen sind (s § 9 Rz 2ff; zum Ausweis der Vorräte s Rz 116).

Nicht unter die Vorräte nach IFRS fallen die geleisteten Anzahlungen, welche gem HGB innerhalb der Vorräte ausgewiesen werden (§ 264 Abs 2 HGB). Allerdings wird in der IFRS-Bilanzierungspraxis eine Einbeziehung in die Vorräte für vertretbar gehalten (vgl Rz 118, so auch *Hoffmann* in *Lüdenbach*/Hoffmann IFRS[7] § 17 Rz 32, und *Kümpel* DStR 2005, 1153; aA *Henselmann/Roos* KoR 2007, 496).

Die Bewertung der Vorräte erfolgt zum niedrigeren Wert aus **Anschaffungs-** 8
oder **Herstellungskosten** und dem Nettoveräußerungswert. Der **Nettoveräußerungswert** bestimmt sich nach IAS 2.6 als der geschätzte, im normalen Geschäftsgang erzielbare Verkaufserlös abzüglich der geschätzten Kosten bis zur Fertigstellung und der geschätzten notwendigen Vertriebskosten.

Die Ermittlung des Nettoveräußerungswerts erfolgt grds über den Absatzmarkt. Dabei werden – unter Berücksichtigung des Zwecks des jeweiligen Vermögenswerts – vom geschätzten Verkaufserlös alle noch zu erwartenden Kosten abgezogen. Somit weicht der Nettoveräußerungswert vom Marktpreis eines Vermögenswerts ab. Der **beizulegende Zeitwert (*fair value*)** ist definiert als der Betrag, zu dem ein Vermögenswert zwischen sachverständigen und voneinander unabhängigen Geschäftspartnern getauscht oder eine Verbindlichkeit beglichen werden könnte (IAS 2.6). Während sich der Nettoveräußerungswert somit als unternehmensspezifische Wertkategorie darstellt, weist der beizulegende Zeitwert diesen Bezug nicht auf. Der Nettoveräußerungspreis und der beizulegende Zeitwert abzüglich Vertriebskosten können somit voneinander abweichen (IAS 2.7).

Unfertige Erzeugnisse und Roh-, Hilfs- und Betriebsstoffe werden nur dann zum Nettoveräußerungswert bilanziert, wenn der erwartete Verkaufserlös der Fertigerzeugnisse, in die sie eingehen, unter die Anschaffungs- oder Herstellungskosten sinkt.

9, 10 *einstweilen frei*

B. Ansatz von Vorräten

11 IAS 2 beinhaltet **keine Ansatzvorschriften** für Vorräte. Diese sind den allgemeinen Regelungen des Frameworks zu entnehmen. Danach sind folgende wesentliche Voraussetzungen für den Ansatz von Vorräten als Vermögenswerte zu nennen:

(1) Die Vorräte liegen, als Ergebnis vergangener Geschäftsvorfälle oder anderer Ereignisse der Vergangenheit, in der Verfügungsgewalt des Bilanzierenden (F. 57, F. 58).

(2) Aus den Vorräten fließt dem Bilanzierenden wahrscheinlich ein wirtschaftlicher Nutzen zu, zB durch Verkauf oder Tausch (F. 83, F. 89, F. 55).

(3) Die Anschaffungs- oder Herstellungskosten der Vorräte lassen sich verlässlich ermitteln (F. 89).

Hinsichtlich weiterer Einzelheiten vgl § 2 Rz 71 ff.

12–15 *einstweilen frei*

C. Bewertung von Vorräten

16 Vorräte sind nach IAS 2.9 mit dem **niedrigeren Wert** aus Anschaffungs- oder Herstellungskosten und dem Nettoveräußerungswert zu bewerten.

Zur Ermittlung der Anschaffungs- oder Herstellungskosten der Vorräte sind dabei alle Kosten des Erwerbs und der Be- und Verarbeitung zu berücksichtigen, die angefallen sind, um den Vermögenswert an seinen derzeitigen Ort und in seinen derzeitigen Zustand zu versetzen (IAS 2.10).

17 Grds ist hinsichtlich der Ausübung der Bewertungswahlrechte das **Stetigkeitsgebot** zu beachten. Gem IAS 8.13 sind daher für jede Periode dieselben Bilanzierungs- und Bewertungsmethoden anzuwenden. Eine **Änderung** ist nur vorzunehmen, wenn dies durch einen Standard oder eine Interpretation verlangt wird oder wenn mit der Änderung der Bilanzierungs- oder Bewertungsmethode eine bessere Darstellung von Ereignissen oder Geschäftsvorfällen im Abschluss verbunden ist und dies zu einer besseren oder verlässlicheren Information über die Lage oder die Finanzströme des Unternehmens führt (IAS 8.14). In Fällen neuer oder wesentlich geänderter Produkte oder Produktpaletten, der Einführung neuer Fertigungsverfahren etc ist dagegen das Stetigkeitsgebot nicht zu beachten (IAS 8.16). Die Bewertungswahlrechte dürfen dann unabhängig von der Bewertungsentscheidung in Vorperioden ausgeübt werden (s auch § 45 Rz 16 ff).

18 IFRS 5 sieht besondere Bewertungs- und Ausweisregeln vor, falls ein **Geschäftsfeld aufgegeben** (*discontinued operations*) oder eine **Sachgesamtheit** (*disposal group*) **veräußert** werden soll. Vorräte können Bestandteil solcher Veräußerungsgruppen sein (IFRS 5.4; vgl im Einzelnen § 28).

Gleichwohl finden auf Vorräte, die Bestandteil einer Veräußerungsgruppe sind, zunächst die Bewertungsvorschriften von IAS 2 Anwendung (IFRS 5.4 und IFRS 5.18). Die Bewertungsregeln von IFRS 5 sind dagegen auf die Veräußerungsgruppe insgesamt anzuwenden. Der Ausweis des betreffenden Vorratsvermögens in der Bilanz richtet sich nach IFRS 5.

I. Begriff und Abgrenzung von Anschaffungskosten

19 IAS 2 geht konzeptionell von den historischen Kosten aus. Daher sind fremdbezogene Vorräte grds mit den **Anschaffungskosten** zu bewerten. Sie „sind der ursprüngliche Bewertungsmaßstab aller fremdbezogenen Vermögensgegenstände, dh all derjenigen Güter, die eine Unternehmung von Dritten erworben hat" (*Wohlgemuth/Radde* WPg 2000, 903). Die historischen Kosten bilden grds den Ausgangspunkt für die Bewertung, sofern nicht der Nettoveräußerungswert darunter liegt (*Streich*[1], 35).

Eine Übersicht zu den Bestandteilen der Anschaffungskosten gibt IAS 2.11. Die Anschaffungskosten enthalten iSe **Wertuntergrenze** folgende **Bestandteile:**

	Kaufpreis
+	Anschaffungsnebenkosten
–	Anschaffungspreisminderungen
+	sonstige Kosten bzw nachträgliche Anschaffungskosten
=	Anschaffungskosten

20 Den Hauptbestandteil der Anschaffungskosten bildet der **Kaufpreis** (Rechnungsbetrag), ggf vermindert um die abziehbare Vorsteuer. Nicht abziehbare Umsatzsteuer und sonstige, von den Steuerbehörden nicht rückforderbare Steuern sind in den Kaufpreis einzubeziehen.

Im Falle langfristiger zinsloser oder -begünstigter Lieferantenkredite ist, wesentliche Zinseffekte vorausgesetzt, analog IAS 16.23 eine Abzinsung des Kaufpreises zur Ermittlung des als Anschaffungskosten anzusetzenden Barpreisäquivalents geboten (so auch *ADS*[1] Abschn 15 Rz 40).

21 Nach IAS 2.11 gehören zu den **Anschaffungsnebenkosten** die dem Anschaffungsvorgang direkt zurechenbaren Kosten wie Einfuhrzölle (sofern das Unternehmen keinen korrespondierenden Erstattungsanspruch hat) und Transportkosten sowie sonstige Kosten der Beschaffung, wie zB Vermittlungsgebühren, Kommissionskosten, Kosten für Zwischenlagerungen etc (s *ADS*[1] Abschn 15 Rz 41).

22 Als **Anschaffungspreisminderungen** sind nach IAS 2.11 Skonti, Rabatte und andere vergleichbare Beträge vom Kaufpreis zu kürzen.

Dies entspricht auch der Interpretation des IFRIC, wonach Skonti nicht ertragswirksam zu vereinnahmen, sondern von den Anschaffungskosten abzusetzen sind (s *IASB* IFRIC Update November 2004, 3).

Sonstige Kosten sind nach einem weiten Anschaffungskostenbegriff gem IAS 2.15 insoweit einzubeziehen, als sie angefallen sind, um den jeweiligen Vermögenswert an seinen aktuellen Ort und in seinen derzeitigen Zustand zu versetzen. Die hier angesprochenen Gemeinkosten des Anschaffungsvorgangs lassen sich in der Praxis kaum durch plausible Schlüsselungen ermitteln, sodass unter

Beachtung des Grundsatzes der Wesentlichkeit von einer Aktivierung abgesehen werden kann (so *Kümpel* DStR 2005, 1155).

23 Keine expliziten Regelungen enthält IAS 2 zur Behandlung **privater** oder **öffentlicher Zuschüsse** zu Vorräten. Diese sind, insbes im Vergleich zu Zuwendungen für langfristige Vermögenswerte, eher selten anzutreffen. Der Regelungsbereich von IAS 20, der sich auf die Bilanzierung von Zuwendungen der öffentlichen Hand erstreckt, unterscheidet zwischen objektbezogenen Zuwendungen für langfristige Vermögenswerte und erfolgsbezogenen Zuwendungen. Für erfolgswirksame Zuwendungen nimmt IAS 20.3 eine Negativabgrenzung vor. Danach sind Zuschüsse für Vorräte, da es sich bei ihnen auf Grund ihrer Zweckbestimmung regelmäßig nicht um langfristige Vermögenswerte handeln wird, nach den für erfolgsbezogene Zuwendungen geltenden Regelungen zu behandeln. Grds sieht IAS 20.12 eine erfolgswirksame Behandlung für Zuschüsse vor. Dabei sind die Zuschüsse **ertragswirksam** den Perioden zuzuordnen, die durch die korrespondierenden Aufwendungen belastet sind. Im vorliegenden Kontext kann dies zB der Verbrauch bezuschusster Materialien im Zusammenhang mit der Herstellung und Veräußerung von Erzeugnissen sein. Zuschüsse für Vorräte werden danach überwiegend in der Periode der Anspruchsentstehung, periodengleich mit der Aufwandsbelastung, vereinnahmt, es sei denn, dass die Bildung eines passiven Abgrenzungsposten (*deferred income*) erforderlich ist, weil sich die bezuschussten Vorräte am Stichtag noch im Bestand befinden. Eine aktivische Kürzung der Zuschüsse von den Anschaffungskosten der Vorräte kann nicht in Betracht kommen, weil das diesbezügliche Wahlrecht gem IAS 20.24 auf langfristige Vermögenswerte begrenzt ist (aA offenbar *Jacobs* in Baetge ua IFRS-Komm[2] IAS 2 Rz 13).

24 Nach IAS 23.11 (1995) besteht für Geschäftsjahre, die vor dem 1. Januar 2009 beginnen, unter bestimmten Voraussetzungen noch das Wahlrecht, **Fremdkapitalkosten** in die Anschaffungskosten einzubeziehen. Für danach beginnende Geschäftsjahre ist dieses Wahlrecht weggefallen. Aufgrund der Revision von IAS 23 besteht nach IAS 23.8 nunmehr eine **Aktivierungspflicht** für Fremdkapitalkosten unter folgenden Voraussetzungen:

(1) Vorliegen eines qualifizierten Vermögenswerts,

(2) direkte Zuordnung der Fremdkapitalkosten zu einem Anschaffungsvorgang.

Liegen diese Voraussetzungen nicht vor, sind die Fremdkapitalkosten bei Anfall im Periodenaufwand zu erfassen (IAS 23.8).

Unter einem **qualifizierten Vermögenswert** wird nach IAS 23.5 ein Vermögenswert verstanden, für den ein erheblicher Zeitraum erforderlich ist, um ihn in einen Zustand der beabsichtigten Nutzung zu versetzen oder verkaufsfähig zu machen. Daher sind bei der Anschaffung von Vorräten idR nicht die Voraussetzungen eines qualifizierten Vermögenswerts nach IAS 23.5 und IAS 23.7 erfüllt und somit eine Aktivierung von Fremdkapitalkosten bei der Anschaffung von Vorräten regelmäßig nicht möglich. Nach den handelsrechtlichen Vorschriften des HGB kommt eine Aktivierung von Fremdkapitalkosten bei der Anschaffung von Vorräten ebenfalls nicht in Betracht. (Zur abweichenden Auffassung in Einzelfällen vgl *Jacobs* in Baetge ua IFRS-Komm[2] IAS 2 Rz 16).

25 Werden Vorräte in **Fremdwährung** angeschafft, so sind die Anschaffungskosten mit dem Kassakurs in die Berichtswährung (= funktionale Währung iSv IAS 21.8) umzurechnen (IAS 21.21). Aus Vereinfachungsgründen ist es nach IAS 21.22 auch zulässig, anstelle des Tageskurses, unter der Voraussetzung relativ konstanter Wechselkurse, einen Wochen- oder Monatsdurchschnittskurs zu verwenden.

26 Soweit **Fremdwährungsdifferenzen** aus der monetären Abwicklung eines in Fremdwährung erworbenen Vorrats anfallen, sind die Unterschiede in der

Periode des Entstehens dieser Differenzen erfolgswirksam zu berücksichtigen (IAS 21.28). Eine Einbeziehung in die Anschaffungskosten ist nicht möglich.

Dagegen können sich **Sicherungsgeschäfte,** die zB zur Absicherung von Währungsrisiken im Rahmen von Beschaffungskontrakten über Rohstoffe abgeschlossen werden, auf die Anschaffungskosten dieser Vorräte auswirken. Änderungen des **beizulegenden Zeitwerts (*fair value*)** eines für die Absicherung solcher Geschäfte häufig getätigten ***cashflow hedges*** (vgl § 23 Rz 57) werden zunächst erfolgsneutral im sonstigen Ergebnis (*other comprehensive income*) erfasst und dort bis zur Abwicklung des gesicherten Grundgeschäfts gespeichert (IAS 39.95). Erst bei Lieferung der dem Sicherungsgeschäft zugrunde liegenden Rohstoffe wird die *fair value*-Differenz dem sonstigen Ergebnis entnommen und gegen die **Anschaffungskosten der Rohstoffe** – erhöhend oder vermindernd – gebucht (IAS 39.98(b)).

Alternativ ist es denkbar, diesen zunächst vom sonstigen Ergebnis aufgefangenen Bewertungsunterschied in der Periode erfolgswirksam werden zu lassen, in der auch die korrespondierenden gesicherten Vermögenswerte erfolgswirksam werden; im vorliegenden Fall im Zeitpunkt der Erfassung in den Umsatzkosten (IAS 39.98(a)).

Die gewählte Methode ist im Anhang anzugeben. Im Geschäftsbericht der Evonik Industries AG 2007 (S 108) wird hierzu beispielhaft ausgeführt: „Die Kosten für Vorräte können auch aus dem Eigenkapital entnommene Gewinne oder Verluste aus qualifizierten Cashflow-Hedges, die für den Kauf von Rohstoffen abgeschlossen wurden, sowie Fremdkapitalkosten beinhalten."

Nachträgliche Anschaffungskosten können entweder durch eine Erhöhung 27 des Anschaffungspreises oder der Anschaffungsnebenkosten – zB infolge eines Prozesses oder Vergleichs – oder auch durch nachträgliche Ausgaben für bereits angefallene Vorräte entstehen (*ADS*[1] Abschn 15 Rz 48). Letztere sind in der Praxis selten anzutreffen.

Werden Vorräte im Wege des **Tauschs** erworben, so ist nach den für Sachan- 28 lagen entwickelten Grundsätzen (IAS 16.24) zu verfahren (s § 5 Rz 55ff). Danach bestimmen sich die **Anschaffungskosten** des erworbenen grds nach dem **beizulegenden Zeitwert** des **hingegebenen Vermögenswerts.** Der Anschaffungsvorgang ist insoweit erfolgswirksam, als die so ermittelten Anschaffungskosten über oder unter dem bisherigen Bilanzansatz des abgehenden Vermögenswerts liegen. Nur in einigen Ausnahmefällen ist gem IAS 16.21 der beizulegende Zeitwert des erworbenen oder der Buchwert des hingegebenen Vermögenswerts als Anschaffungskosten anzusetzen.

Weder IAS 2 noch andere IFRS enthalten Regelungen zur Bemessung der 29 Anschaffungskosten **unentgeltlich** erworbener Vorräte. Es ist sachgerecht, in Analogie zu den für Zuwendungen der öffentlichen Hand bestehenden Regelungen (IAS 20.23, IAS 38.44) die Anschaffungskosten nach dem beizulegenden Zeitwert des Vermögenswerts zu bemessen (*Kahle* in Baetge/Kirsch/Thiele ua Bilanzrecht-Komm § 255 Rz 542; *Ellrott/Pastor* in BeBiKo[6] § 255 HGB Rz 572). Auch ein Ansatz mit Anschaffungskosten von null wird als zulässig erachtet, so lange in IAS 2 keine explizite Klarstellung erfolgt (ADS 1 Abschn 15 Rz 53).

einstweilen frei 30

II. Begriff und Abgrenzung von Herstellungskosten

Die Definition der Herstellungskosten in IAS 2.10 und IAS 2.12 führt zu 31 einem Vollkostenansatz von Vorräten. Es sind alle Kosten anzusetzen, die anfallen, um die Vorräte in ihren gegenwärtigen Zustand und an ihren gegenwärtigen Ort zu versetzen. IAS 2 lässt bei der Ermittlung der Herstellungskosten insoweit keine Ansatzspielräume. Eine Ausnahme bilden lediglich Fremdkapitalkosten für Geschäftsjahre, die vor dem 1. Januar 2009 beginnen (s Rz 43 ff). Folgende Kosten sind als **Pflichtbestandteil** in die Herstellungskosten einzubeziehen:

(1) Einzelkosten, dh den Produktionseinheiten direkt zurechenbare Kosten,
(2) Produktionsgemeinkosten, die als fixe oder variable Gemeinkosten anfallen,
(3) sonstige Kosten, die angefallen sind, um die Vorräte an ihren derzeitigen Ort und in ihren derzeitigen Zustand zu versetzen.

32 Nach IAS 2.12 fallen unter die Herstellungskosten die Kosten, die einer Produkteinheit direkt zugerechnet werden können, zB Fertigungslöhne als **Einzelkosten,** sowie alle systematisch zurechenbaren **fixen** (zB Abschreibung von Betriebsgebäuden) und **variablen Gemeinkosten** (zB Materialgemeinkosten). Gemeinkosten fallen idR bei der Umwandlung von Rohstoffen in Fertigerzeugnisse an. Ein Ansatzverbot besteht für **Vertriebskosten** und sämtliche anderen Kosten, die dem Herstellungsvorgang nicht direkt zugerechnet werden können (IAS 2.15 f). Nachlaufende Kosten sind erst bei Umsatzrealisierung aufwandsmäßig als Rückstellungsbildung zu erfassen, ohne im Vorfeld zu den Herstellungskosten zu gehören (*Jacobs* in Baetge ua IFRS-Komm[2] IAS 2 Rz 20 f).

33 Das **Handelsrecht** enthält in § 255 Abs 2 HGB eine umfassende Definition der Herstellungskosten, ohne jedoch ihren Umfang einheitlich festzulegen. Pflichtbestandteile sind Materialeinzel-, Fertigungseinzel- und Sondereinzelkosten der Fertigung (§ 255 Abs 2 und 3 HGB). Für jegliche Gemeinkosten beste-. hen Aktivierungswahlrechte (zB Material- und Fertigungsgemeinkosten). Somit besteht nach den handelsrechtlichen Vorschriften des HGB, anders als nach IFRS, die Möglichkeit, zwischen einem Teil- oder einem Vollkostenansatz zu wählen.

Durch die Änderungen des HGB durch das BilMoG entfällt in Zukunft diese Wahlmöglichkeit. Die Material- und Fertigungsgemeinkosten sowie der Wertverzehr des Anlagevermögens, soweit er durch die Fertigung veranlasst ist, müssen in die Herstellungskosten einbezogen werden. Es erfolgt insoweit eine Angleichung an den Vollkostenansatz nach IFRS (s § 255 Abs 2 HGB (BilMoG)).

34 Das **Vollkostenprinzip** nach IFRS ist Ausdruck des *matching principle*, wonach alle Aufwendungen der Periode zuzurechnen sind, in der die die Aufwendungen verursachenden Leistungen realisiert und die mit den Leistungen korrespondierenden Erträge in der Gesamtergebnisrechnung bzw gesonderten GuV (sofern erstellt; s ausführlich § 15 Rz 46 ff) erfasst werden. Für die Ermittlung der Herstellungskosten bedeutet dies, dass sämtliche während des Produktionsvorgangs angefallenen Aufwendungen erst dann erfolgswirksam zu erfassen sind, wenn die entspr Güter abgesetzt wurden (*Küting/Harth* BB 1999, 2343 f).

35 Die **Wertuntergrenze** für Kosten bilden nach IAS 2.12 alle einem Herstellungsvorgang direkt zurechenbaren Einzelkosten sowie fixe und variable Produktionsgemeinkosten in einem angemessenen Umfang.

Im Bereich der **Einzelkosten** nennt IAS 2.12 explizit Fertigungseinzelkosten. Zusätzlich sind den Herstellungskosten alle Materialeinzel- und Sondereinzelkosten der Fertigung zuzuordnen. Hierzu gehören entspr der für die Anschaffungskosten geltenden Regelung gem IAS 2.11 auch bereits angefallene Verbrauchsteuern, für die kein Rückforderungsanspruch besteht (*ADS*[1] Abschn 15 Rz 74).

36 Neben den Einzelkosten sind bestimmte **fixe und variable Produktionsgemeinkosten** in die Herstellungskosten der Vorräte einzubeziehen. Diese sind in angemessener Höhe zu berücksichtigen, wenn sie produktionsbezogen und während der Herstellung angefallen sind. Hinsichtlich des Umfangs der einzubeziehenden Gemeinkosten besteht grds kein Unterschied zu den Regelungen des § 255 Abs 2 HGB, wonach – dort allerdings derzeit noch als Wahlrecht – nur angemessene und auf die Herstellung entfallende Gemeinkosten sowie der durch die Fertigung anfallende Werteverzehr des Anlagevermögens einzurechnen sind (*Küting/Harth* BB 1999, 2344; *Wohlgemuth/Ständer* WPg 2003, 207).

37 Unter **fixen Produktionsgemeinkosten** (IAS 2.12) sind Kosten zu verstehen, die der Produktion nicht direkt zugerechnet werden können und von der Produktionsmenge unabhängig und weitgehend konstant anfallen. Als Beispiel sind hier der Werteverzehr des Sachanlagevermögens, Aufwendungen für die Instandhaltung der Produktionsgebäude und -anlagen, Kosten der Betriebsleitung und der Qualitätskontrolle sowie fertigungsbezogene Verwaltungskosten zu nennen. Anstelle von linearen Abschreibungen ist, bei Vorliegen entspr produktionsbedingter Gegebenheiten, auch der Ansatz degressiver Abschreibungen denkbar (so auch *Jacobs* in Baetge ua nach IFRS-Komm[2] IAS 2 Rz 26). Die fixen Produktionsgemeinkosten werden auf Basis einer **Normalauslastung** der Produktionskapazitäten zugerechnet.

38 Unter die **variablen Produktionsgemeinkosten** fallen alle nicht direkt zurechenbaren Kosten eines Herstellungsvorgangs, die sich unmittelbar mit dem Produktionsvolumen ändern, zB Material- und Fertigungsgemeinkosten. Dazu zählen auch die unechten Gemeinkosten, dh Kosten, die einem Kostenträger unmittelbar zugerechnet werden können, jedoch aus wirtschaftlichen Gründen geschlüsselt aufgeschlagen werden.

39 Dem Konzept des produktionsbezogenen Vollkostenansatzes folgend sind alle einem Produktionsvorgang zurechenbaren Kosten zu aktivieren, unabhängig davon, ob es sich um Einzel- oder Gemeinkosten handelt. Dazu gehören auch die direkt zurechenbaren **Kosten der Verwaltung.** Vor dem Hintergrund der grds Einbeziehungspflicht produktionsbezogener Kosten müssen daher alle **Verwaltungskosten** aufgeschlüsselt und einer betrieblichen Funktion zugeordnet werden. Betreffen sie den Fertigungs- oder Materialbereich, werden sie in die fixen oder variablen Produktionsgemeinkosten einbezogen. Handelt es sich dagegen um Verwaltungskosten des Vertriebs, so unterliegen sie wie die primären Vertriebskosten einem Aktivierungsverbot.

40 Verbleibende **Kosten der allgemeinen Verwaltung** müssen ebenfalls daraufhin untersucht werden, ob ein Bezug zum Produktionsbereich besteht; in diesem Falle müssen diese Kosten als Herstellungskosten aktiviert werden. So lassen sich zB die Kosten des Rechnungswesens dem Produktionsbereich (zB Lohnbuchhaltung), dem Vertriebsbereich (zB Umsatzstatistiken) und dem allgemeinen Verwaltungsbereich (zB Jahresabschlusserstellung) zurechnen. Für die der Fertigung zuzurechnenden Kosten besteht eine Aktivierungspflicht, für die dem Vertriebsbereich zuzuordnenden allgemeinen Verwaltungskosten und für diejenigen des allgemeinen Verwaltungsbereichs dagegen ein Aktivierungsverbot.

41 Eine derart differenzierte Kostenaufteilung setzt das Vorhandensein einer funktionierenden **Kostenrechnung** voraus, die Daten für die aktivierungspflichtigen Bestandteile der Kosten der allgemeinen Verwaltung bereitstellt. Eine sinnvolle Anwendung des Grundsatzes der Wesentlichkeit sollte bei Fehlen einer solchermaßen differenzierten Kostenrechnung auch eine pauschalierte Verrechnung der produktionsbezogenen Kosten der allgemeinen Verwaltung ermöglichen (so auch *Hoffmann* in Lüdenbach/Hoffmann IFRS[7] § 8 Rz 21). Aus der Abwägung von Nutzen und Kosten bei der Bereitstellung von Informationen (F. 44) kann es im Einzelfall auch vertretbar erscheinen, die Kosten des allgemeinen Verwaltungsbereichs in voller Höhe als Periodenaufwand zu erfassen.

42 Nach handelsrechtlichen Vorschriften gelten Verwaltungskosten als eigenständiger Bestandteil der Herstellungskosten, für die ein Aktivierungswahlrecht besteht (§ 255 Abs 2 HGB; *Küting/Harth* BB 1999, 2393f).

Als **sonstige Kosten** dürfen in die Herstellungskosten nur die Kosten einbezogen werden, die, ohne Einzel- oder Produktionsgemeinkosten zu sein, mit dem Vermögenswert in einem kausalen Zusammenhang stehen. Hierzu zählen nach IAS 2.15 zB kundenspezifische Kosten der Produktentwicklung.

43 Die Hinzurechnung von **Fremdkapitalkosten** zu den Herstellungskosten eines Produktionsvorgangs entspricht der Vorgehensweise zur Ermittlung der Anschaffungskosten. Grds sind Fremdkapitalkosten zu aktivieren, wenn folgende Voraussetzungen vorliegen (IAS 23.8):

(1) Es muss sich um die Herstellung eines qualifizierten Vermögenswerts handeln und
(2) die Fremdkapitalkosten können dem Bau oder dem Herstellungsvorgang direkt zugeordnet werden.

Liegen diese Voraussetzungen nicht vor, sind die Fremdkapitalkosten als Periodenaufwand zu erfassen (IAS 23.8)

Aufgrund der Revision des IAS 23 (2007) ist die Ausübung des bisher gegebenen Aktivierungswahlrechts nach IAS 23.11 (1995) nur noch für vor dem 1. Januar 2009 beginnende Geschäftsjahre möglich. Ein direkter Zusammenhang zwischen Fremdkapitalkosten und Herstellungsvorgang ist nach IAS 23.10 gegeben, wenn ohne die Herstellung des betreffenden Vermögenswerts die Fremdkapitalaufnahme vermieden worden wäre. Zudem müssen die Finanzierungskosten zuverlässig ermittelt werden können (IAS 23.9) und auf den entspr Produktionszeitraum entfallen (IAS 23.17).

44 Unter den Definitionsbereich des qualifizierten Vermögenswerts fallen keine **Massenprodukte,** da diese routinemäßig, in hohen Stückzahlen und in kurzer Zeit hergestellt werden (IAS 23.7). Eine Aktivierung von Fremdkapitalkosten ist in diesem Fall ebenso wenig möglich wie bei Handelswaren. Sie wird vorwiegend im Bereich der Auftrags- bzw Einzelfertigung in Betracht kommen.

45 Aktivierungsfähige Finanzierungskosten nach IAS 23.5 sind **Zinsaufwendungen** sowie jegliche Kosten, die mit der Aufnahme von **Fremdkapital** verbunden sind. IAS 23.6 ordnet auch Disagien den Finanzierungskosten zu. Nach Änderung durch das *Annual Improvements* Projekt 2008 verweist IAS 23.6 hinsichtlich der wesentlichen Bestandteile von Fremdkapitalkosten nunmehr auf IAS 39.9, der eine Abgrenzung der bei Anwendung der Effektivzinsmethode zu berücksichtigenden Kosten vornimmt. Eine materielle Änderung ergibt sich hieraus jedoch nicht. Wird Fremdkapital ausschließlich zur Finanzierung eines qualifizierten Vermögenswerts aufgenommen, so sind die spezifisch angefallenen Finanzierungskosten eindeutig bestimmbar (objektgebundene Fremdfinanzierung). Nicht objektgebundene Fremdmittel, die gleichwohl der Finanzierung eines qualifizierten Vermögenswerts dienen, werden pauschaliert durch die Anwendung eines Finanzierungskostensatzes auf den investierten Betrag berücksichtigt. Der Finanzierungskostensatz wird als gewogener Durchschnitt der Fremdkapitalkosten der nicht objektgebundenen Kredite ermittelt (IAS 23.14). Weitere Erläuterungen finden sich in § 5 Rz 44ff.

46 IAS 2 beinhaltet keine expliziten Regelungen, ob **Kosten des sozialen Bereichs,** wie zB Kosten für freiwillige soziale Leistungen, für soziale Einrichtungen und für betriebliche Altersversorgung, in die Herstellungskosten einzubeziehen sind. Unter Berücksichtigung des Vollkostenprinzips müssen Sozialkosten in die Herstellungskosten einbezogen werden, wenn sie dem Herstellungsvorgang direkt zugeordnet werden können. Dafür bedarf es in den meisten Fällen einer

Aufschlüsselung der sozialen Kosten auf die Funktionsbereiche. Der nicht auf den Produktionsprozess entfallende Teil der Sozialkosten ist in der Periode des Anfalls als Aufwand zu verbuchen. Eine Aufteilung der **betrieblichen Altersversorgung** und der **freiwilligen sozialen Leistungen** (zB Wohnungsbeihilfen, Jubiläen) kann insofern sachgerecht erfolgen, als sämtliche Personaleinzelkosten einschließlich der Aufwendungen für Altersversorgung für im Produktionsprozess beschäftigte Mitarbeiter den aktivierungspflichtigen Herstellungskosten zuzurechnen sind. Eine analog der Verrechnung der allgemeinen Verwaltungskosten vereinfachende Vorgehensweise dergestalt, dass nur die Kosten des sozialen Bereichs einbezogen werden, die einen eindeutigen Zusammenhang mit dem Produktionsprozess aufweisen, ist uE jedenfalls einer pauschalierenden, nicht willkürfreien Aufschlüsselung vorzuziehen. Aufwendungen für **soziale Betriebseinrichtungen** weisen dagegen häufig keinen engen Zusammenhang mit der Produktion auf (zB medizinische Versorgung), sodass aus diesem Bereich aktivierbare Kosten auf Ausnahmefälle beschränkt bleiben. Nach handelsrechtlichen Vorschriften brauchen Aufwendungen für soziale Einrichtungen des Betriebs, für freiwillige soziale Leistungen und für die betriebliche Altersversorgung nicht in die Herstellungskosten einbezogen zu werden (Wahlrecht nach § 255 Abs 2 Satz 4 HGB/§ 255 Abs 2 Satz 3 HGB (BilMoG)).

47 IAS 2 enthält keine explizite Regelung zur Einbeziehung von **Steuern** in die Herstellungskosten. Vielmehr ist unter Beachtung des Vollkostenprinzips zu prüfen, ob einzelne Steuerarten in die Herstellungskosten einzubeziehen sind. Soweit Substanzsteuern, wie zB die Grundsteuer, auf einen Vermögenswert entfallen, der der Herstellung dient und auf den entspr Zeitraum der Herstellung entfällt, sind sie als Fertigungsgemeinkosten in die Herstellungskosten einzubeziehen. Unter diesen Voraussetzungen besteht nach HGB ein Aktivierungswahlrecht. Ein Einbeziehungsverbot besteht für ertragsabhängige Steuern (zB ESt und KSt), da sie nicht einem bestimmten Vorrat zugeordnet werden können und ihre Entstehung nicht in den entspr Herstellungszeitraum fällt, sondern diesem nachgelagert ist. Hinsichtlich des Ansatzes der Ertragsteuern bestehen zwischen IFRS und HGB keine Unterschiede.

48 In IAS 2 findet sich für die bilanzielle Behandlung von **Forschungs- und Entwicklungskosten** keine besondere Regelung, da dies durch IAS 38 gesondert erfolgt. IAS 38.8 definiert **Forschung** als „eigenständige und planmäßige Suche mit der Aussicht, zu neuen wissenschaftlichen oder technischen Erkenntnissen zu gelangen". Nach IAS 38.54 dürfen Forschungskosten nicht aktiviert werden, sondern sind in der Periode des Anfalls als Aufwand zu verrechnen. Hier bestehen keine Unterschiede zwischen IFRS und den handelsrechtlichen Vorschriften des HGB. Allerdings ist die Auftragsforschung für Dritte, dh die von einem Kunden in Auftrag gegebene und zu vergütende Auftragsforschung, von dem Aktivierungsverbot ausgenommen, da diese einen Vermögenswert darstellt (so *Kuhner*, Rz 75). Unter **Entwicklungskosten** versteht IAS 38.8 Aufwendungen, die bei der Anwendung von Forschungsergebnissen oder von anderem Wissen auf einen Plan oder Entwurf für die Schaffung von neuen oder beträchtlich verbesserten Materialien, Produkten oder Verfahren anfallen. Die Entwicklung ist dabei der Aufnahme der kommerziellen Produktion oder Nutzung zeitlich vorgelagert. Entwicklungskosten weisen eine größere Nähe zum Absatzmarkt auf als Forschungskosten und bilden die Verbindung zwischen der Grundlagenforschung und der wirtschaftlichen Verwertung. In IAS 38.57 ist geregelt, unter welchen Voraussetzungen Entwicklungskosten als immaterielle Vermögenswerte aktiviert werden müssen. Können die aktivierten Entwicklungskosten einem Produktionsvorgang zugeordnet werden, besteht die Pflicht, sie als Herstellungskosten der betreffenden Produkte anteilig zu aktivieren. Die Abschreibungen auf

den immateriellen Vermögenswert sind dann analog dem Werteverzehr des Sachanlagevermögens auf die Herstellungskosten zu verrechnen (IAS 38.90). Nach HGB können Entwicklungskosten dagegen nicht aktiviert werden, da unterstellt wird, dass ein Bezug zur aktuellen Produktion bzw zu den zu bewertenden Erzeugnissen fehlt. Die Entwicklungskosten einer Periode werden daher im Aufwand gebucht. **Weiterentwicklungskosten** sind nach IAS 38.20 nur unter engen Voraussetzungen ebenfalls als Fertigungsgemeinkosten in den Herstellungskosten zu aktivieren. In aller Regel stellen sie Periodenaufwand dar.

49 Praktische Probleme können sich bei der Abgrenzung der Forschungs- von den Entwicklungskosten ergeben, da häufig Interdependenzen bestehen. Dies führt im Ergebnis zu einem nicht unerheblichen Ermessensspielraum für den Bilanzierenden hinsichtlich der Aktivierung oder Aufwandsverrechnung (*Küting/Harth* BB 1999, 2398f).

50 IAS 2.16 enthält keine abschließende Aufzählung von **Aktivierungsverboten.** Vielmehr werden beispielhaft einzelne Kosten aufgeführt, die aufgrund des produktionsbezogenen Vollkostenprinzips von der Aktivierung ausgeschlossen sind.

51 Nicht aktivierungsfähig sind danach **Lagerkosten,** da sie nicht anfallen, um ein Produkt in seinem derzeitigen Zustand an seinen jeweiligen Ort zu versetzen, sondern idR dem Produktionsprozess nachgelagert sind. Sie können nur dann in die Produktionsgemeinkosten einbezogen und als solche den Herstellungskosten zugeordnet werden, wenn sie vor oder während des Herstellungsprozesses anfallen, zB bei der Lagerung von Rohstoffen oder der Zwischenlagerung unfertiger Erzeugnisse. Diese Abgrenzung stimmt mit der Vorgehensweise nach HGB überein.

52 Zu den nicht aktivierungsfähigen Kosten gehören ebenfalls die **Leerkosten** (s Rz 62).

53 Auch **überhöhte Kosten,** die für nicht angemessenen Materialaufwand, durch Fehlarbeiten oä anfallen, dürfen nicht in die Herstellungskosten einbezogen werden. Sie werden in der jeweiligen Periode als Aufwand verrechnet. Diese Regelung stimmt mit den handelsrechtlichen Vorschriften überein, nach denen Gemeinkosten nur in angemessener Höhe einbezogen werden dürfen (*Jacobs* in Baetge ua IFRS-Komm^{2} IAS 2 Rz 35; *Küting/Harth* BB 1999, 2398).

54 **Vertriebskosten** dürfen weder nach IAS 2.16 noch nach § 255 Abs 2 Satz 6 HGB in die Herstellungskosten einbezogen werden. Eine Zuordnung der Vertriebskosten zu einem Herstellungsvorgang ist nicht möglich, daher werden sie in der Periode ihres Anfalls als Aufwand erfasst.

55 Nach IAS 2.19 beinhalten **Herstellungskosten bei Dienstleistungsunternehmen** (unfertige Leistungen) im Wesentlichen Personalkosten des für die Leistungserbringung eingesetzten Personals. Dazu gehören auch Kosten für das Aufsichtspersonal und die zurechenbaren Gemeinkosten. Personalkosten des Vertriebs und der allgemeinen Verwaltung dürfen nicht in die Herstellungskosten einbezogen werden. Diese Kosten werden in der anfallenden Periode als Aufwand erfasst. Einem Ansatzverbot unterliegen auch nicht direkt zuordenbare Gemeinkosten sowie der Gewinnaufschlag.

Unter bestimmten, in IAS 18.20 genannten Voraussetzungen erfolgt die bilanzielle Behandlung von Dienstleistungsgeschäften nach der *percentage-of-completion*-Methode analog der für Fertigungsaufträge nach IAS 11 geltenden Regeln (§ 9 Rz 15ff).

56 Zusammenfassende Darstellung über den **Umfang der Herstellungskosten:**

Einzelkosten	**Herstellungskosten nach IFRS**	**Herstellungskosten nach § 255 Abs 2 HGB geltende Regelung**	**Herstellungskosten nach § 255 Abs 2 HGB nach BilMoG**
Materialeinzelkosten	Pflicht	Pflicht	Pflicht
Fertigungseinzelkosten	Pflicht	Pflicht	Pflicht
Sondereinzelkosten der Fertigung	Pflicht	Pflicht	Pflicht
Gemeinkosten			
Materialgemeinkosten	Pflicht	Wahlrecht	Pflicht
Fertigungsgemeinkosten	Pflicht	Wahlrecht	Pflicht
Abschreibungen	Pflicht	Wahlrecht	Pflicht
Verwaltungskosten des Materialund Fertigungsbereichs sowie produktionsbezogene allgemeine Verwaltungskosten	Pflicht	Wahlrecht	Pflicht
Verwaltungskosten des Vertriebsbereichs	Verbot	Verbot	Verbot
Übrige allgemeine Verwaltungskosten	Verbot	Wahlrecht	Wahlrecht
Kosten für freiwillige soziale Leistungen, soziale Einrichtungen und betriebliche Altersvorsorge, soweit produktionsbezogen	Pflicht	Wahlrecht	Wahlrecht
Übrige Kosten für freiwillige soziale Leistungen, soziale Einrichtungen und betriebliche Altersvorsorge	Verbot	Wahlrecht	Wahlrecht
Fremdkapitalkosten	Pflicht[1)]	Wahlrecht	Wahlrecht
Steuern			
Substanzsteuern, soweit produktionsbezogen	Pflicht	Wahlrecht	Wahlrecht
Ertragsteuern und sonstige Substanzsteuern	Verbot	Verbot	Verbot
Forschungs- und Entwicklungskosten			
Grundlagenforschung	Verbot	Verbot	Verbot
Kosten der Neuentwicklung	Pflicht[2)]	Verbot	Verbot
Kosten der Weiterentwicklung	Pflicht[2)]	Wahlrecht	Wahlrecht
Vertriebskosten	Verbot	Verbot	Verbot
Sonstige Kosten			
Leerkosten	Verbot	Verbot[3)]	Verbot
Lagerkosten für Fertigerzeugnisse	Verbot	Verbot	Verbot

1) Zu den Voraussetzungen s IAS 23; Aktivierungswahlrecht für Geschäftsjahre, die vor dem 1. Januar 2009 beginnen.
2) Zu den Voraussetzungen s IAS 38.
3) Soweit nicht auf kurzfristigen Beschäftigungsschwankungen beruhend.

Die Tabelle veranschaulicht, dass aufgrund des produktionsbezogenen Vollkostenansatzes die **Wertuntergrenze** nach IFRS über derjenigen nach HGB liegt.

Nach handelsrechtlichen Vorschriften liegt dagegen die **Wertobergrenze** der Herstellungskosten über dem Ansatz nach IFRS, weil nach HGB Kosten der allgemeinen Verwaltung und soziale Kosten aktiviert werden dürfen, soweit sie nicht ausschließlich der Produktion, sondern auch anderen Betriebsbereichen zuzurechnen sind (*Jacobs* in Baetge ua IFRS-Komm[2] IAS 2 Rz 33f).

57 Soweit sich Unterschiede im Umfang der Herstellungskosten der Vorräte in der nach IFRS aufgestellten Bilanz zur Steuerbilanz ergeben, ist die Notwendigkeit zu einer Abgrenzung **latenter Steuern** zu prüfen (zu Beispielsfällen s § 25 Rz 105).

58–60 *einstweilen frei*

III. Kalkulation von Herstellungskosten

61 **Einzelkosten** wie Rohstoffe oder Löhne können den Kostenträgern regelmäßig direkt zugeordnet werden. Im Gegensatz dazu sind **Gemeinkosten,** zB Mietkosten für Produktionshallen oder Abschreibungen auf maschinelle Anlagen, nicht ohne weiteres den Kosten einzelner Produkte zuordenbar. Die Aufschlüsselung der Gemeinkosten, welche häufig einen wesentlichen Teil der Gesamtkosten ausmachen, auf die Kostenträger erfolgt mittels der Kostenrechnung (*Achleitner/Behr*[3], 163).

62 **Produktionsgemeinkosten** beinhalten sowohl **variable** (zB Kosten der Arbeitsvorbereitung) als auch **fixe** Bestandteile. Während **variable Produktionsgemeinkosten** in tatsächlich angefallener Höhe, also auf Basis der tatsächlichen Beschäftigung den Herstellungskosten zugerechnet werden, wird für **fixe Produktionsgemeinkosten** nach IAS 2.13 als Kalkulationsbasis die Normalauslastung der Produktionskapazitäten verwendet. Die **Normalkapazität** wird dabei als unter normalen Umständen über verschiedene Perioden bzw Saisons zu erwartendes durchschnittliches Produktionsvolumen verstanden. In diese Betrachtung werden Ausfälle aufgrund planmäßiger Instandhaltungen einbezogen. Der Kalkulation kann auch der Umfang der aktuellen Produktion zugrunde gelegt werden, wenn die aktuelle Auslastung auf ähnlichem Niveau liegt wie die Normalauslastung. Die Normalauslastung determiniert die zurechenbaren fixen Produktionsgemeinkosten pro Stück, die bei Unterauslastung nicht erhöht werden. Dadurch wird der Ansatz von **Leerkosten** vermieden (IAS 2.13). Diese werden somit als Periodenaufwand verrechnet. Liegt die Auslastung einer Produktion über der Normalauslastung, muss der auf jede Produktionseinheit entfallende Betrag an fixen Gemeinkosten vermindert werden. Somit bestimmen die tatsächlich angefallenen Istkosten die **Obergrenze** für den Ansatz der Vorräte. Auch nach handelsrechtlichen Vorschriften ist es zulässig, für eine Kalkulation der fixen Gemeinkosten die Normalauslastung zugrunde zu legen. Der Bezug auf die Normalbeschäftigung entspricht dem Grundsatz, nur angemessene Kosten in die Herstellungskosten einzubeziehen.

63 **Kuppelproduktion** ist dadurch gekennzeichnet, dass ein einheitlicher Produktionsvorgang zwei unterschiedliche Produkte hervorbringt. Überwiegend handelt es sich um ein Haupt- und ein oder mehrere Nebenprodukte; es ist aber auch denkbar, dass zwei Hauptprodukte hergestellt werden.

Regelungen zur **Kalkulation** von Kuppelprodukten finden sich in IAS 2.14. Durch den einheitlichen Herstellungsvorgang sind die Herstellungskosten jedes Kuppelprodukts nicht separat ermittelbar. Die in IAS 2.14 genannten Kalkulationsmethoden entsprechen auch den nach HGB gängigen Kalkulationsverfahren. Bei der **Marktwertmethode** erfolgt die Zurechnung der Herstellungskosten nach Maßgabe der jeweiligen Verkaufswerte der Hauptprodukte. Relevanter Zeitpunkt der Zurechnung ist der, zu dem es möglich ist, die Hauptprodukte als solche zu identifizieren, oder der Zeitpunkt der Beendigung der Herstellung.

Bei Vorliegen eines Haupt- und eines Nebenprodukts kommt häufig die 64
Restwertmethode zur Anwendung. Dieser liegt die Annahme zugrunde, dass Nebenprodukte relativ unbedeutend sind, dh im Vergleich zum Hauptprodukt einen sehr geringen Wert besitzen. In diesem Fall wird das Nebenprodukt mit seinem Nettoveräußerungswert bewertet und von den gesamten Herstellungskosten des Produktionsvorgangs abgezogen, um so die Herstellungskosten des Hauptprodukts zu ermitteln. Der Buchwert des Hauptprodukts unterscheidet sich dadurch nicht wesentlich von seinen Herstellungskosten. Die Nebenprodukte werden mit ihren Veräußerungswerten in der Bilanz angesetzt (*Ellrott/Brendt* in BeBiKo[6] § 255 HGB Rz 468; *Jacobs* in Baetge ua IFRS-Komm[2] IAS 2 Rz 40).

einstweilen frei 65–70

IV. Bewertungsvereinfachungsverfahren

Grds werden zur Ermittlung der aktivierbaren Kosten die tatsächlich angefal- 71
lenen **Istkosten** herangezogen. Diese Art der Ermittlung ist uU aufwendig und nicht immer zweckmäßig. Daher können die Anschaffungs- oder Herstellungskosten nach IAS 2.21 auch mittels **vereinfachender Verfahren** nach der Standardkostenmethode oder der retrograden Methode ermittelt werden. Voraussetzung hierfür ist, dass die auf Basis dieser Methoden ermittelten Anschaffungs- oder Herstellungskosten sich den tatsächlichen Anschaffungs- oder Herstellungskosten auf Istkosten-Basis annähern (*Achleitner/Behr*[3], 165).

Die **Standardkostenmethode** basiert auf einer Normalauslastung der Ka- 72
pazitäten sowie einem normalisierten Materialverbrauch und Lohnaufwand. Die Standardkosten werden auf Grundlage regelmäßiger Schätzungen der entstehenden Kosten, der Betriebstätigkeit und Effizienz kalkuliert. Nach IAS 2.21 ist eine **regelmäßige Überprüfung** der Standardkostensätze geboten. Bei Bedarf ist eine Anpassung an die aktuellen Gegebenheiten erforderlich. Dabei ist nicht vorgeschrieben, in welchem Abstand die Überprüfung vorzunehmen ist. Dies ist vielmehr abhängig von den Gegebenheiten des jeweiligen Betriebs. Ob eine periodische Überprüfung anlässlich einer jeden Zwischenberichterstattung sinnvoll ist (*Jacobs* in Baetge ua IFRS-Komm[2] IAS 2 Rz 42) erscheint fraglich, da andernfalls der Zweck der Standardisierung, nämlich eine vereinfachende Kostenermittlung, nur bedingt erreicht würde. Nur bei Vorliegen weiterer Gesichtspunkte (erheblicher Umfang der Vorräte, hohe Preisvolatilität etc) erscheint eine mehrfache unterjährige Überprüfung der Standards angezeigt.

Vorräte dürfen nur auf Basis der Standardkostenmethode bewertet werden, solange die nach dieser Methode ermittelten Kosten den tatsächlichen Kosten weitgehend entsprechen. Treten Abweichungen zu häufig oder in zu hohem Umfang auf, müssen die verwendeten Kostensätze überarbeitet werden.

Neben der vereinfachenden Kostenermittlung liegt ein weiterer Vorteil dieser 73
Methode darin, dass eine **Überbewertung der Vorräte** grds **nicht möglich** ist: Auf der Kalkulationsgrundlage einer Normalauslastung sind Kosten der Unterbeschäftigung von der Aktivierung systematisch ausgeschlossen. Die Istkosten bilden bei der Standardkostenmethode die Obergrenze. Unter bestimmten Voraussetzungen wird die Verwendung von Standardkosten auch nach HGB für

zulässig erachtet (*Ellrott/Brendt* in BeBiKo[6] § 255 HGB Rz 417; *Jacobs* in Baetge ua IFRS-Komm[2] IAS 2 Rz 44f).

74 Der Einzelhandel ist regelmäßig durch eine große Anzahl von Vorräten mit hoher Umschlagshäufigkeit charakterisiert. IAS 2.22 ermöglicht für solche Vorratsposten, die gleichzeitig eine ähnliche Bruttogewinnspanne aufweisen müssen, die Bewertung nach der **retrograden Methode.** Nach dieser Methode werden die Anschaffungskosten in der Weise ermittelt, dass der Bilanzierende den Verkaufswert eines Produkts um einen **prozentualen Gewinnabschlag** (zB Bruttomarge, Handelsspanne) vermindert. Für Vorräte, deren Preise bereits herabgesetzt wurden, zB im Rahmen eines Sonderverkaufs, ist nach IAS 2.22 bei der Ermittlung der Bruttogewinnspanne von den bereits verminderten Preisen auszugehen, nicht von den ursprünglichen Anschaffungskosten.

Um eine sachgerechte Ermittlung zu gewährleisten, müssen spezifische Bruttogewinnspannen für jede Warengruppe ermittelt werden (*Achleitner/Behr*[3], 165). Auch nach HGB kann die retrograde Methode der Bilanzierung zugrunde gelegt werden (*Ellrott/Brendt* in BeBiKo[6] § 255 HGB Rz 211f).

75–80 *einstweilen frei*

V. Verfahren zur Zuordnung der Anschaffungs- oder Herstellungskosten

81 Das grds anzuwendende Verfahren zur Ermittlung der Anschaffungs- oder Herstellungskosten ist nach IAS 2.23 die **Einzelzuordnung (Einzelbewertung).** Hierbei werden einzelnen Vorratsgegenständen die individuellen Kosten anhand ihrer tatsächlichen Verbrauchsfolge zugeordnet. Waren, die für bestimmte Aufträge beschafft oder die nach spezifischen Kundenwünschen hergestellt wurden, sind demnach einzeln zu bewerten.

Eine Einzelbewertung ist nach IAS 2.24 für solche Vorräte ungeeignet, die in großer Stückzahl vorhanden und untereinander austauschbar sind. Hier handelt es sich zB um Rohstoffe oder Massenprodukte.

Auch nach handelsrechtlichen Vorschriften des HGB ist grds eine Einzelbewertung durchzuführen (§ 252 Abs 1 HGB). Sammelbewertungen sind jedoch nach § 256 HGB unter bestimmten Voraussetzungen zulässig. Die Anwendungsvoraussetzungen für die Verfahren weisen nach IFRS und HGB keine Unterschiede auf.

82 IAS 2 lässt neben der Einzelbewertung vereinfachend auch **Durchschnitts- und Verbrauchsfolgeverfahren** zu. Nach IAS 2.25 sind Anschaffungs- oder Herstellungskosten, wenn sie nicht nach IAS 2.23 einzeln bewertet werden, mit dem ***first-in-first-out*-Verfahren (FIFO)** oder mit der Methode des gewogenen Durchschnitts zu ermitteln. Das FIFO-Verfahren gehört zu den **Verbrauchsfolgeverfahren** und geht davon aus, dass zuerst angeschaffte Vorräte auch zuerst verbraucht werden. Diesem Ansatz liegt demnach die Annahme zugrunde, dass zuletzt beschaffte oder produzierte Vermögenswerte noch im Bestand sind (IAS 2.27). Diese Bewertungsmethode erfasst mithin die aktuellen Preisentwicklungen im Bestand der Vorräte. Bei steigenden Preisen wird der Vorratsverbrauch tendenziell niedriger verrechnet. Fallende Preise führen dagegen durch höheren Materialverbrauch eher zu einem niedrigeren Ausweis der Bestände.

83 Andere Verbrauchsfolgeverfahren, wie zB das ***last-in-first-out*-Verfahrens (LIFO),** sind nach IFRS nicht zulässig. Dies gilt auch für die KIFO-Methode (*Konzern-in-first-out*), die unter gewissen Voraussetzungen zu praktischen Erleichterungen im Rahmen der Zwischengewinneliminierung bei konzernintern gelieferten Vorräten führt (vgl auch *Heuser/Theile*[3] Rz 1631).

Bei der **Methode des gewogenen Durchschnitts** werden den Anschaffungs- oder Herstellungskosten ähnlicher Vorräte zu Periodenbeginn die Anschaffungs- oder Herstellungskosten der entspr Vorräte der lfd Periode hinzugerechnet, um hieraus den gewogenen Durchschnitt zu bilden. Berechnet werden kann dieser Durchschnitt pro Berichtsperiode oder als gleitender Durchschnitt mit jeder neuen Lieferung. Auch nach den handelsrechtlichen Vorschriften des HGB ist der gewogene Durchschnitt gem § 256 Satz 2 HGB iVm § 240 Abs 4 HGB für Gruppenbewertungen zulässig und wird auf dieselbe Weise ermittelt wie nach IFRS. Zusätzlich ist nach HGB eine Bewertung mit dem gleitenden Durchschnitt möglich. Wurden alle Vorräte aufgebraucht, besteht die Möglichkeit, eine neue Durchschnittsbewertung zu beginnen (*Winkeljohann/Phillips* in BeBiKo[6] § 240 HGB Rz 139; *Achleitner/Behr*[3], 166). 84

IAS 2.25 verlangt, dass für artgleiche und in einem gleichen Gebrauchszusammenhang stehende Vermögenswerte des Vorratsvermögens die Bewertungsverfahren **einheitlich anzuwenden** sind (vgl *Padberg*, 24). Unterscheiden sich die Vorräte jedoch hinsichtlich ihrer Art oder ihres Gebrauchszusammenhangs in einem Unternehmen oder einem Konzern, so ist die Anwendung **unterschiedlicher Bewertungsverfahren** für gleiche Vorräte gestattet. Dies gilt zB für Rohstoffe, die in verschiedenen Geschäftssegmenten verwendet werden (vgl *Jacobs* in Baetge ua IFRS-Komm[2] IAS 2 Rz 53). Dagegen sind nach IAS 2.26 unterschiedliche geographische Standorte der Vorräte oder spezifische steuerliche Vorschriften für sich keine Merkmale, die zu einer differenzierenden Anwendung der Bewertungsverfahren führen können. Zu beachten bleibt jedoch das **Stetigkeitsgebot** für das einmal gewählte Verfahren. 85

In IAS 2 finden **Festpreisverfahren** keine Erwähnung. Die Bildung von Festwerten ist uE gleichwohl auch in IFRS-Abschlüssen denkbar, da Festwerte ohnehin den tatsächlichen Werten regelmäßig anzunähern sind und die zum Festwert bewerteten Vermögenswerte in Relation zu den gesamten Vermögenswerten eher nachrangig sein müssen (so auch *Jacobs* in Baetge ua IFRS-Komm[2] IAS 2 Rz 47; aA *Achleitner/Behr*[3], 167). 86

einstweilen frei 87–90

VI. Nettoveräußerungswert

Grds werden die Vorräte zu historischen Anschaffungs- oder Herstellungskosten bewertet. Die Bewertung zum **Nettoveräußerungswert** ist nach IAS 2.9 zwingend, wenn dieser niedriger als die Anschaffungs- oder Herstellungskosten ist. Nach der Definition von IAS 2.6 wird der Nettoveräußerungswert als der geschätzte, im normalen Geschäftsbetrieb erzielbare Erlös abzüglich der geschätzten noch anfallenden Kosten der Fertigstellung und des Vertriebs definiert. Der zwingende Ansatz zum niedrigeren Nettoveräußerungswert folgt dem Prinzip, dass Vermögenswerte nicht mit höheren als bei ihrem Verkauf oder Gebrauch realisierbaren Beträgen bilanziert werden dürfen (IAS 2.28). 91

Ermittelt wird der Nettoveräußerungswert idR über den **Absatzmarkt** und nicht über den Beschaffungsmarkt (retrograde Ermittlung). Die Ermittlung über den Absatzmarkt bedeutet indes nicht, dass der Nettoveräußerungswert dem **Marktpreis** entspricht. Anderenfalls erfolgte für Vermögenswerte, für die keine Verkaufsabsicht vorliegt oder für die derzeit kein Verkauf angestrebt ist, kein sachgerechter Ausweis (*Jacobs* in Baetge ua IFRS-Komm[2] IAS 2 Rz 56). Diese Güter würden zum Stichtag mit einem Nettoverkaufswert von null bewertet, wenn sie – wie etwa unfertige Erzeugnisse – uU keinen eigenständigen Wert als marktfähiges Produkt haben. Eine Bewertung zum niedrigeren Nettoveräuße- 92 rungswert ist nicht möglich, wenn die Erzeugnisse, in die die Vorräte eingehen werden, wenigstens zu deren Anschaffungs- oder Herstellungskosten verkauft werden können. Der Nettoveräußerungswert ist wie folgt abzuleiten:

	geschätzter Verkaufspreis
–	geschätzte noch anfallende Kosten der Fertigstellung
–	Erlösschmälerungen
–	geschätzte notwendige Vertriebskosten
=	Nettoveräußerungswert am Bilanzstichtag

Die Ermittlung des Nettoveräußerungswerts nach IFRS unterscheidet sich damit grds nicht von der Ermittlung des beizulegenden Werts nach HGB (§ 253 Abs 3 Satz 2 HGB/§ 253 Abs 4 Satz 2 HGB (BilMoG)). Dieser wird für fertige und unfertige Erzeugnisse sowie Waren ebenfalls absatzmarktorientiert am Stichtag festgestellt. Zu Besonderheiten bei Roh-, Hilfs- und Betriebsstoffen (s Rz 97 ff).

93 Eine **Abschreibung auf den Nettoveräußerungswert** muss erfolgen, wenn dieser unterhalb der Anschaffungs- oder Herstellungskosten des jeweiligen Vorratswerts liegt (IAS 2.28). Angesetzt werden Vorräte mit dem niedrigern Wert aus Anschaffungs- oder Herstellungskosten und dem Nettoveräußerungswert (Niederstwertprinzip). Gründe für eine Abwertung können allgemein fallende Verkaufspreise (unter die Herstellungskosten), wesentliche Kostenerhöhungen, die nicht weitergegeben werden können, Beschädigungen oder Überalterung der Vorräte sein.

94 Nach IAS 2.29 werden Vorräte idR auf Basis einer **Einzelbetrachtung** abgewertet (Einzelwertberichtigung). Bei einer homogenen Gruppe von Vorräten hingegen kann in Ausnahmefällen eine **pauschale Betrachtung** durch Zusammenfassung zu einer Gruppe sachgerecht sein. IAS 2.29 nennt hier als Beispiel Vorräte, die derselben Produktlinie angehören, die in derselben Region hergestellt und vermarktet werden und die nicht unabhängig von anderen Vorratswerten dieser Produktlinie bewertet werden können (*Kümpel* DStR 2005, 1157). Die Abwertung von Vorräten auf Basis einer Gruppenbildung mittels pauschaler Klassifizierungen, zB Fertigerzeugnisse oder Vorratswerte eines bestimmten Industriezweigs, kommt nach IAS 2.26 nicht in Betracht. Insofern ist eine Gruppenbildung bei Dienstleistungsunternehmen prinzipiell ausgeschlossen. Abwertungen über den Nettoveräußerungswert hinaus auf darunter liegende Wiederbeschaffungs- oder Wiederherstellungskosten sind, anders als nach HGB, nicht zulässig. Ein Abwertungsverbot besteht für Vorräte, für die eine **Festpreisvereinbarung** besteht, da der Verkaufpreis unabhängig vom Marktpreis ist.

95 Zum Stichtag muss der Nettoveräußerungswert anhand der zuverlässigsten Angaben, die zu diesem Zeitpunkt zur Verfügung stehen, **geschätzt** werden (IAS 2.30). Berücksichtigt werden müssen Preis- und Kostenänderungen, die zwar nach dem Stichtag auftreten, aber Sachverhalte vor dem Bilanzstichtag aufhellen. Insoweit fließen **wertaufhellende Ereignisse** in die Ermittlung des Nettoveräußerungswerts ein. **Wertbeeinflussende Ereignisse** sind dagegen nicht zu berücksichtigen.

96 Der **Börsen- oder Marktpreis** stellt idR den besten verfügbaren Schätzwert dar. Nur wenn dieser nicht zu ermitteln oder nicht vorhanden ist, muss eine weiterführende Ermittlung des Nettoveräußerungswerts vorgenommen werden (so auch *Jacobs* in Baetge ua IFRS-Komm[2] IAS 2 Rz 60). Die Bezugnahme auf Schätzungen zur Ermittlung des Nettoveräußerungswerts folgt ähnlichen Grundsätzen wie die handelsrechtlichen Bewertungsvorschriften des § 253 Abs 3

Satz 1 und 2 HGB/§ 253 Abs 4 Satz 1 und 2 HGB (BilMoG). Danach ist der niedrigere beizulegende Wert anzusetzen, wenn Börsen- oder Marktpreise nicht feststellbar sind.

Weitere Anknüpfungspunkte, Vorratswerte unter ihren Anschaffungs- oder Herstellungswerten anzusetzen, bestehen nach IFRS dagegen nicht. Insofern sind die Rechnungslegungsvorschriften nach IFRS weitaus enger als diejenigen des **HGB:** nach § 253 Abs 3 HGB sind auch Abwertungen auf einen niedrigeren Zukunftswert oder nach § 254 HGB zur Synchronisierung handels- und steuerrechtlicher Bewertungsansätze gestattet. Ferner sind Abschreibungen im Rahmen vernünftiger kaufmännischer Beurteilung möglich (§ 253 Abs 4 HGB). Aufgrund dieser unterschiedlichen Abschreibungsmöglichkeiten können die Bilanzansätze von Vorräten nach IFRS und HGB zu **deutlichen Unterschieden** führen. Auf die hieraus ggf resultierende Notwendigkeit zur Abgrenzung **latenter Steuern** bei Abweichen der IFRS-Bilanzansätze von den steuerlichen Ansätzen sei hingewiesen (s Rz 5; § 25 Rz 105). Mit der Änderung der Bewertungsvorschriften des HGB durch das BilMoG wird die Möglichkeit von Abschreibungen nach § 253 Abs 3 Satz 3 HGB und § 253 Abs 4 HGB künftig entfallen.

Nach IAS 2.31 ist bei der Schätzung des Nettoveräußerungserlöses auch der 97
Zweck, zu dem der jeweilige Vermögenswert gehalten wird, zu berücksichtigen. Dies ist insbes bei **Roh-, Hilfs- und Betriebsstoffen** sowie bei **Festpreisvereinbarungen** von Bedeutung. Der im Vertrag vereinbarte Festpreis gilt als Nettoveräußerungswert. Fällt nur ein Teil der im Bestand befindlichen Vorräte unter diese Festpreisvereinbarung, müssen die Nettoveräußerungswerte der übrigen, nicht der Vertragsbindung unterliegenden Vorräte auf Basis der Verkaufspreise ermittelt werden. Im Bereich der Festpreisvereinbarungen legt IAS 2 lediglich den Ausgangswert fest, von dem aus Vorräte aus einem schwebenden Absatz- oder Beschaffungsgeschäft verlustfrei bewertet werden.

Zur Berücksichtigung von Verlusten aus schwebenden Geschäften ist davon 98
auszugehen, dass zunächst eine aktivische Absetzung der Wertminderung von den korrespondierenden Vorratswerten zu erfolgen hat, bevor über den aktivierten Vorrat hinausgehende Verluste durch die Bildung einer **Rückstellung** abgedeckt werden (vgl hierzu auch § 13 Rz 105). Hiernach zu bildende Rückstellungen oder anzugebende Eventualschulden sind nach den Regeln von IAS 37 zu behandeln.

IAS 2.32 regelt die Ermittlung der Nettoveräußerungswerte von **Roh-, Hilfs-** 99
und Betriebsstoffen gesondert. Für die Frage, ob sie auf den unter ihren Anschaffungs- oder Herstellungskosten liegenden Nettoveräußerungswert abzuwerten sind, ist von Bedeutung, ob die Erzeugnisse, in die sie im Rahmen der Weiterveräußerung eingehen sollen, wenigstens zu den Herstellungskosten veräußert werden konnen. Ist dies der Fall, ist eine Abschreibung der jeweiligen Vorratswerte ausgeschlossen. Bewertungsrelevant ist somit zunächst der **Absatzmarkt** der jeweiligen **Fertigerzeugnisse**.

Zeichnet sich hingegen ein Preisrückgang der Fertigerzeugnisse ab, der zu 100
Nettoveräußerungswerten unterhalb ihrer Herstellungskosten führt, werden die Roh-, Hilfs- und Betriebsstoffe mit dem Nettoveräußerungswert bewertet. In diesem Fall ist für die Schätzung nicht vom Absatzmarkt, sondern vom **Beschaffungsmarkt,** dh vom Wiederbeschaffungswert der Stoffe auszugehen (IAS 2.32). Zukünftige Preisschwankungen sind zu beachten und mit in die Bewertung einzubeziehen, wenn es sich um wertaufhellende Vorgänge handelt.

Wie vorstehend erläutert, ist nach IAS 2.31 in die Überlegungen zur Ermittlung des Nettoveräußerungswerts eines Vorrats der Zweck, zu dem der jeweilige Vermögenswert gehalten wird, einzubeziehen. Bei Roh-, Hilfs- und Betriebsstoffen weitet sich das Betrachtungsfeld auf ihre Weiterverarbeitung zu Fertigerzeugnissen aus. Insoweit unterscheidet sich diese Vorgehensweise fundamental von den **Bewertungsprinzipien nach HGB.** Hier dominiert der Grundsatz der Einzelbewertung, wonach die Abwertung eines Vermögensgegenstands der Roh-, Hilfs- und Betriebsstoffe beschaffungsmarktorientiert erfolgt und nicht von der Höhe des Verkaufserlöses eines anderen Vermögensgegenstands beeinflusst wird (*Jacobs* in Baetge ua IFRS-Komm[2] IAS 2 Rz 57 ff; *Achleitner/Behr*[3], 169).

101 **Beispiel:** Ein Produzent von Rasenmähern hat neben einem Bestand von Fertigprodukten auch fremdbezogene Elektromotoren am Lager, die zur Montage in die Rasenmäher vorgesehen sind. Ausgangsdaten am Abschlussstichtag: Die Anschaffungskosten des Elektromotors betragen € 50, die Wiederbeschaffungskosten liegen bei € 40. Die Rasenmäher können beim Abnehmer zu € 150 abgesetzt werden, es fallen noch € 15 Vertriebskosten an. Die Herstellungskosten betragen € 125.

Bewertung Rasenmäher	IFRS/HGB €
geschätzter Verkaufserlös	150
geschätzte Vertriebskosten	– 15
Nettoveräußerungswert	135

Der Nettoveräußerungswert von € 135 liegt oberhalb der Herstellungskosten von € 125, sodass nach IFRS und nach HGB die Bilanzbewertung zu Herstellungskosten erfolgt.

Bewertung Elektromotor

Für die Bewertung nach HGB ist eine Abwertung auf die Wiederbeschaffungskosten von € 40 geboten. Nach IFRS kommt eine Wertberichtigung dagegen nicht in Betracht, da das Endprodukt Rasenmäher voraussichtlich zu einem über seinen Herstellungskosten liegenden Preis veräußert werden kann.

In der Weiterführung des Beispiels sei der Preisrückgang der Elektromotoren ein Indiz dafür, dass auch die voraussichtlichen Verkaufspreise der Rasenmäher (auf € 130) sinken werden.

Bewertung Rasenmäher	IFRS/HGB €
geschätzter Verkaufserlös	130
geschätzte Vertriebskosten	– 15
Nettoveräußerungswert	115

Die Rasenmäher sind um € 10 abzuwerten und in der Bilanz mit € 115 anzusetzen, da der Nettoveräußerungswert unter die Herstellungskosten von € 125 gefallen ist.

Bewertung Elektromotor

Der nach IAS 2.32 herzustellende Bezug zu den Fertigungserzeugnissen führt zu einer zwingenden Abwertung der Elektromotoren auf die Wiederbeschaffungskosten von € 40, falls keine besseren Bewertungsgrundlagen für den Nettoveräußerungswert gegeben sind.

102 Nach IAS 2.33 ist der Nettoveräußerungswert in jeder Folgeperiode neu zu ermitteln. Entfallen die Voraussetzungen für eine Abwertung oder weisen geänderte wirtschaftliche Verhältnisse eindeutig auf eine Erhöhung des Nettoveräußerungswerts hin, so muss die Abwertung rückgängig gemacht werden. Bewertet wird der Vorrat demnach mit dem niedrigeren Wert aus Anschaffungs- oder Herstellungskosten und dem ggf adjustierten Nettoveräußerungswert. Die **Wertaufholung** ist zwingend. Hat sich der Verkaufspreis eines in der Vorperiode zum Nettoveräußerungswert bilanzierten Vorrats zum folgenden Bilanzstichtag wieder erhöht, ist eine Wertaufholung auf den nun höheren Nettoveräußerungswert vorzunehmen. Dabei ist die Wertaufholung auf den Betrag der ursprünglichen Abschreibung begrenzt. Die **Anschaffungs- oder Herstellungskosten** bilden die **Obergrenze** der Wertaufholung. Dies folgt aus IAS 2.9, wonach der Vorrat zu dem niedrigen Wert aus Anschaffungs- oder Herstellungskosten und dem Nettoveräußerungswert anzusetzen ist. Das Wertaufholungsgebot nach

IFRS bedingt, dass die **Bildung stiller Reserven** nicht möglich ist. Die sich aus der Erhöhung des Nettoveräußerungswerts ergebende Wertaufholung ist in der Gesamtergebnisrechnung bzw gesonderten GuV (sofern erstellt) als Minderung des Materialaufwands in der Periode, in der die Wertaufholung eintritt, zu erfassen (IAS 2.34).

Im HGB besteht demgegenüber für Nicht-KapGes eine von IFRS abweichen- **103**
de Regelung. Diese haben nach § 253 Abs 5 HGB ein Wertaufholungswahlrecht. Sie können eine Wertaufholung unterlassen, auch wenn der Grund für eine Abwertung entfallen ist. Das für die KapGes gem § 280 Abs 2 HGB bestehende Wahlrecht zur Beibehaltung eines niedrigen Wertansatzes ist faktisch aufgrund des in § 6 Abs 1 Nr 2 Satz 2 EStG kodifizierten steuerlichen Wertaufholungsgebots entfallen. Insoweit ist für KapGes hinsichtlich des Wertaufholungsgebots im Ergebnis eine analoge Vorgehensweise zu den Regelungen nach IFRS festzustellen. Mit der Änderung des HGB durch das BilMoG wird das Wertaufholungswahlrecht nach § 253 Abs 5 HGB künftig entfallen.

einstweilen frei **104–110**

VII. Erfassung als Aufwand

Nach IAS 2.34 werden verkaufte Vorräte in der Periode als **Aufwand** erfasst, **111**
in der die entspr Erträge realisiert wurden, dh es kommt zu einer periodengerechten Verrechnung. Das Prinzip der **periodengerechten Verrechnung** von Aufwendungen und Erträgen gilt ebenso für alle Abschreibungen von Vorräten auf den Nettoveräußerungswert und alle Verluste im Bereich der Vorräte. Sie sind in der Periode des Verlusteintritts als Aufwand zu erfassen. Entspr gilt für Wertaufholungen. Diese mindern den Materialaufwand in der Periode, in der die Wertaufholung eintritt. Durch diese Art der Zurechnung von Aufwendungen zu den Erträgen wird eine sachgerechte Zuordnung erreicht.

Eine Verteilung des Buchwerts auf mehrere Perioden kommt nur in Ausnahmefällen zum Tragen. Dies kann nach IAS 2.35 der Fall sein, wenn die Vorräte als Teil selbst erstellter Sachanlagen verwendet und aktiviert werden. In diesem Fall wird der dem selbsterstellten Vermögenswert zugeordnete Vorrat über die Nutzungsdauer als Aufwand erfasst.

einstweilen frei **112–115**

D. Ausweis von Vorräten

IAS 2 schreibt für Vorräte kein **Gliederungsschema** vor. IAS 2.37 und **116**
IAS 2.8 führen jedoch die im Allgemeinen für die Vorräte vorzunehmende Untergliederung wie folgt auf: Handelswaren, Roh-, Hilfs- und Betriebsstoffe, unfertige Erzeugnisse, Fertigerzeugnisse. Vorräte eines Dienstleisters können als unfertige Erzeugnisse bezeichnet werden (IAS 2.37).

Nach IAS 2.36(b) ist die Gliederung der Vorräte jedoch den unternehmensspezifischen Besonderheiten anzupassen und ggf zu erweitern. Die Aufgliederung kann nach IAS 1.77 iVm IAS 1.78 wahlweise in der Bilanz oder im Anhang vorgenommen werden.

Im Wesentlichen sind unter den Vorräten nach IFRS und HGB die gleichen Vermögenswerte zu subsumieren. **Unterschiede** ergeben sich lediglich im Bereich der Betriebsstoffe und bei den geleisteten und erhaltenen Anzahlungen auf Vorräte.

Nach IFRS dürfen dem Vorratsvermögen nur **Betriebsstoffe** zugerechnet **117**
werden, die unmittelbar in den Produktionsprozess einfließen. Werden diese in

anderen Bereichen verbraucht, sind sie außerhalb des Vorratsvermögens auszuweisen. Zu nennen sind hier zB Büromaterial, nicht für die Produktion bestimmte Heizmittel, dem Vertrieb zuzurechnende Treibstoffe etc (*ADS*[1] Abschn 15 Rz 22). Oft wird eine Trennung dieser Betriebsstoffe hinsichtlich der vorgesehenen Verwendung nicht möglich sein. Daher wird unter dem Aspekt der Wesentlichkeit häufig auf die Bildung eines gesonderten Postens verzichtet. Nach handelsrechtlichen Vorschriften des HGB sind dagegen die unter den Vorräten auszuweisenden Betriebsstoffe hinsichtlich ihrer Verwendung nicht auf den Fertigungsbereich beschränkt (*Jacobs* in Baetge ua IFRS-Komm[2] IAS 2 Rz 7).

118 **Geleistete Anzahlungen auf Vorräte** sind grds, zusammen mit anderen geleisteten Anzahlungen, als gesonderter Posten außerhalb der Vorräte auszuweisen. Gleichwohl wird ihre Einbeziehung in die Vorräte als vertretbar erachtet (*ADS*[1] Abschn 15 Rz 149; *Hoffmann* in Lüdenbach/Hoffmann IFRS[7] § 17 Rz 32; aA *Henselmann/Roos* KoR 2007, 496).

Danach ist eine Gliederung des Bilanzpostens Vorräte möglich, die mit dem HGB-Gliederungsschema deckungsgleich ist:

Gliederungsschema Vorräte
Roh-, Hilfs- und Betriebsstoffe
Unfertige Erzeugnisse, unfertige Leistungen
Fertige Erzeugnisse und Waren
Geleistete Anzahlungen

Der Ausweis von Vorräten, die Bestandteil einer Veräußerungsgruppe sind, unterliegt den besonderen Regelungen in IFRS 5 (s im Einzelnen § 28 Rz 107).

119, 120 *einstweilen frei*

E. Angaben im Anhang

121 Nach IAS 2.36ff sind für den Bereich der Vorräte im Jahresabschluss **zusätzliche Angaben** zu machen. Es besteht keine Verpflichtung, die zusätzlichen Angaben in den Anhang aufzunehmen, sondern auch die Möglichkeit, diese in Bilanz oder Gesamtergebnisrechnung bzw gesonderten GuV (sofern erstellt) offen zu legen. Es erscheint jedenfalls zweckmäßig, die relevanten Angaben im Zusammenhang im Anhang darzustellen.

Obwohl IAS 2 keine spezifische Untergliederung des Postens Vorräte vorgibt, muss die aus IAS 2.37 abzuleitende Klassifizierung als übliche Bilanzierungspraxis angesehen werden. Danach wäre der Posten Vorräte in Handelswaren, Roh-, Hilfs- und Betriebsstoffe, unfertige Erzeugnisse und Fertigerzeugnisse aufzuteilen. Bei Dienstleistungsunternehmen ist die Bezeichnung der Vorräte als „unfertige Leistungen" sinnvoll.

122 Im Einzelnen sind folgende Angaben zu machen:

(1) Angabe der angewendeten Bilanzierungs- und Bewertungsmethoden einschließlich der angewendeten Bewertungsvereinfachungsverfahren (Durchschnittsmethode oder FIFO-Methode, IAS 2.36 (a)),

(2) Angabe der Einbeziehung von Fremdkapitalkosten in die Bewertung der Vorräte unter Angabe des Betrags und des angewendeten Finanzierungskostensatzes (IAS 23.26),

(3) Angabe des Gesamtbetrags der zum beizulegenden Zeitwert (*fair value*) bewerteten Vorräte (IAS 2.36(c)),

(4) bei Aufstellung der GuV nach dem UKV: Angabe der als Aufwand der Berichtsperiode erfassten Anschaffungs- oder Herstellungskosten. Hier sind auch bisher nicht aktivierte Produktionskosten und ggf Vertriebskosten zu berücksichtigen (IAS 2.36(d), IAS 2.38),
(5) bei Aufstellung der GuV nach dem GKV: Angabe der für die gesamten Periodenerträge erforderlichen Aufwendungen, unterteilt nach Kostenarten, sowie Angabe der Bestandsveränderungen (IAS 2.36 (d), IAS 2.39),
(6) Angabe der gesamten Buchwerte der Vorräte sowie eine der Geschäftstätigkeit des Unternehmens entspr Untergliederung der Buchwerte (IAS 2.36 (b)),
(7) Angabe des Gesamtbetrags aller Abwertungen von Vorräten (IAS 2.36(e)),
(8) Angabe des gem IAS 2.31 im Geschäftsjahr aufwandsmindernd erfassten Betrags der vorgenommenen Wertaufholungen (IAS 2.36(f)),
(9) Angabe der Ursachen, die zu den Wertaufholungen geführt haben (IAS 2.36(g)),
(10) Angabe des Buchwerts der als Sicherheit für Verbindlichkeiten verpfändeten Vorräte (IAS 2.36(h)),
(11) Angabe wertbeeinflussender Ereignisse mit Bezug zu den Vorräten (IAS 10.20).

einstweilen frei **123, 124**

F. Wesentliche Änderungen und deren Anwendungszeitpunkte

IAS 23 ist in 2007 überarbeitet und im Dezember 2008 durch die EU „endorsed" worden. Der Standard ist für am oder nach dem 1. Januar 2009 beginnende Geschäftsjahre anzuwenden; eine frühere Anwendung ist möglich und angabepflichtig. Entspr gilt für die redaktionellen Anpassungen der IAS 2.26 und IAS 2.29 im Zuge des IFRS 8 sowie des IAS 2.20 im Rahmen des *Annual Improvements* Projekts 2008. **125**

G. Gegenüberstellung zu HGB/DRS

I. Regelungen nach HGB

Nach HGB sind Vorräte „Vermögensgegenstände, die zum Verbrauch oder zur Weiterveräußerung angeschafft oder hergestellt worden sind" (*Ellrott/St. Ring* in BeBiKo[6] § 247 HGB Rz 60). Diese **Begriffsabgrenzung** ist umfassender als diejenige nach IAS 2.6. Betriebsstoffe, die nicht der Fertigung dienen, wie zB Büromaterial oder Heizmittel, sind nach IFRS nicht Bestandteil der Vorräte, sondern unter den sonstigen Vermögenswerten zu aktivieren. Dies trifft auch auf geleistete Anzahlungen auf das Vorratsvermögen zu (*Jacobs* in Baetge ua IFRS-Komm[2] IAS 2 Rz 6, Rz 14). **126**

Hinsichtlich des **Umfangs der Anschaffungskosten** weichen HGB und IFRS in der Behandlung von Fremdkapitalkosten voneinander ab, die nach IAS 2.17 unter bestimmten Voraussetzungen aktivierungsfähig (für Geschäftsjahre, die vor dem 1. Januar 2009 beginnen) bzw aktivierungspflichtig (für Geschäftsjahre, die am oder nach dem 1. Januar 2009 beginnen) sind; nach HGB ist das grds nicht möglich. Auch im Rahmen des **BilMoG** bleibt diese Regelung bestehen. **127**

Vereinnahmte finanzielle Zuschüsse der öffentlichen Hand für Vorräte sind nach IFRS grds erfolgswirksam zu behandeln; ggf ist die Bildung eines passiven Abgrenzungspostens erforderlich. Die nach HGB denkbare direkte Absetzung des Zuschussbetrags von den Anschaffungskosten ist dagegen nach IFRS bei Vorräten nicht möglich.

128 Hinsichtlich des **Umfangs der Herstellungskosten** weichen IFRS und HGB schon aufgrund unterschiedlicher Bewertungskonzepte erheblich voneinander ab: Während das HGB ein Wahlrecht zwischen einem Ansatz zu Vollkosten oder Teilkosten einräumt, sind die Herstellungskosten nach IFRS auf der Basis einer produktionsbezogenen Vollkostenkonzeption definiert (*Wohlgemuth/Ständer* WPg 2003, 208). Die Wertuntergrenze der Herstellungskosten nach HGB umfasst lediglich die Einzelkosten. Dagegen sind nach IFRS auch die Material- und Fertigungsgemeinkosten sowie der Werteverzehr der Sachanlagen anteilig aktivierungspflichtig. Für die nach IFRS weiteren Pflichtbestandteile der produktionsbezogenen allgemeinen Verwaltungskosten und Kosten des sozialen Bereichs besteht nach HGB ein Einbeziehungswahlrecht. Die Aktivierung von Entwicklungskosten ist nach IFRS umfassender möglich als nach HGB, da unter bestimmten Voraussetzungen als immaterielle Vermögenswerte aktivierte Neuentwicklungskosten mit ihrem Werteverzehr als Bestandteil der Herstellungskosten zu behandeln sind. Kosten der Weiterentwicklung dagegen, die handelsrechtlich als Fertigungsgemeinkosten aktiviert werden können, sind nach IFRS nur unter bestimmten Voraussetzungen als Herstellungskosten zu behandeln (*Küting/Harth* BB 1999, 2399).

Durch das **BilMoG** erfolgt eine Annäherung der HGB-Regelungen an IFRS. Auch angemessene Teile der Materialgemeinkosten, der Fertigungsgemeinkosten sowie des Wertverzehrs des Anlagevermögens, soweit er durch die Fertigung veranlasst ist, müssen zukünftig aktiviert werden. Das Wahlrecht für die Einbeziehung der allgemeinen Verwaltungskosten und der Kosten des sozialen Bereichs bleibt bestehen (s § 255 Abs 2 HGB (BilMoG)).

129 Die Anwendungsvoraussetzungen für **Verfahren der Durchschnittsbewertung** oder des **FIFO-Verfahrens** sind nach HGB und IFRS deckungsgleich. Darüber hinaus sind weitere nach dem HGB zulässige Zuordnungsverfahren (zB Hifo-, Kilo- und Kifo-Verfahren) nach IFRS nicht gestattet. Durch das **BilMoG** werden die HGB-Regelungen künftig weiter eingeschränkt, sodass nach HGB nur noch die Anwendung des LiFo-Verfahrens und des FiFo-Verfahrens sowie die Bewertung zu Durchschnittskosten zulässig sind (§ 256 Satz 1 HGB (BilMoG)). Nach der hier vertretenen Auffassung ist die Festbewertung mit IFRS vereinbar, sodass sich hier keine Unterschiede zum HGB ergeben.

130 Im Hinblick auf **Wertminderungen der Vorräte** verfolgen sowohl IFRS als auch HGB das strenge Niederstwertprinzip. Während nach IFRS die Abwertung auf den zum Stichtag anzusetzenden Nettoveräußerungswert die einzige Form der Abwertung darstellt, sind nach HGB bisher neben dem Ansatz zum niedrigeren beizulegenden Wert auch andere Abwertungsverfahren denkbar. Durch das **BilMoG** entfällt diese Möglichkeit. Die Ermittlung des Nettoveräußerungswerts nach IFRS erfolgt grds absatzmarktbezogen; als Besonderheit tritt hinzu, dass bei Roh-, Hilfs- und Betriebsstoffen darauf abgestellt wird, ob das Erzeugnis, in das die zu bewertenden Roh-, Hilfs- und Betriebsstoffe eingehen wird, zu seinen vollen Anschaffungs- oder Herstellungskosten verkauft werden kann. Dagegen kommt bei der Ermittlung des niedrigeren beizulegenden Werts nach HGB neben dem absatzmarktbezogenen auch ein beschaffungsmarktorientierter Wertansatz in Betracht.

131 Wesentliche Unterschiede im **Ausweis** ergeben sich im Wesentlichen nur im Bereich der Anzahlungen. Erhaltene Anzahlungen auf Vorräte dürfen nach IFRS

nur bei langfristigen Aufträgen von den Vorräten abgesetzt werden. Nach HGB besteht diese Einschränkung nicht. Geleistete Anzahlungen sind nach HGB unter den Vorräten auszuweisen; nach IFRS erfolgt der Ausweis grds gesondert unter den sonstigen Vermögenswerten. Hier ergeben sich nach **BilMoG** keine Änderungen.

II. Regelungen nach DRS

Derzeit besteht kein Standard, der den Bereich der Vorräte regelt. **132**

H. Aktuelle Entwicklungen/IASB-Projekte

Änderungen von IAS 2 sind derzeit nicht zu erwarten. **133**

§ 9. Fertigungsaufträge

Übersicht

Schrifttum: *Ammann/Müller* Vergleichende Darstellung der Gewinnrealisierung gem HGB, US-GAAP und IAS bei langfristiger Fertigung, BBK 2002, Fach 20, 601; *Baetge/Kirsch/Thiele* Bilanzen, 9. Aufl, Düsseldorf 2007; *Busse von Colbe/Seeberg* (Hrsg) Vereinbarkeit internationaler Konzernrechnungslegung mit handelsrechtlichen Grundsätzen, ZfbF Sonderheft 43/1999; *Deutsches Rechnungslegungs Standards Committee* (Hrsg) Deutscher Rechnungslegungs Standard E-DRS 17, Berlin 2002; *Epstein/Jermakowicz* IFRS 2008 Interpretation and Application of International Financial Reporting Standards , New Jersey; *IASB* IFRIC – Items under Consideration, IAS 11 – Construction Contracts: Combining and Segmenting Contracts, http://www.iasb/current/ifric.asp; *IDW* RS HFA

2 Stellungnahme zur Rechnungslegung: Einzelfragen zur Anwendung von IFRS (Stand: 2. September 2008), FN IDW 2008, 483; *Kirsch* Bewertung von Fertigungsaufträgen nach der Percentage-of-Completion-Methode, KoR 2006, 52; *Krawitz* Die bilanzielle Behandlung der langfristigen Auftragsfertigung und Reformüberlegungen unter Berücksichtigung internationaler Entwicklungen, DStR 1997, 886; *Kühnberger* Ausgewählte Probleme der Bilanzierung von Fertigungsaufträgen nach IAS 11, KoR 2006, 658; *Pottgießer/Velte/Weber* Die langfristige Auftragsfertigung nach IAS 11, KoR 2005, 310; *Reinhart* Bilanzierung langfristiger Fertigungsaufträge nach IAS und HGB, RIW 1999, 417; *von Keitz/Schmieszek* Ertragserfassung – Anforderungen nach den Vorschriften des IASB und deren praktische Umsetzung, KoR 2004, 121.

Wesentliche Rechtsgrundlagen: IAS 11, IFRIC 12, IFRIC 15

A. Allgemeines

I. Vorbemerkung

1 Dieses Kapitel behandelt Bilanzierungs- und Bewertungsfragen sowie Regelungen zu erforderlichen Anhangangaben hinsichtlich solcher Vermögenswerte, die innerhalb des kurzfristigen Vermögens als Fertigungsaufträge zu erfassen sind oder bilanziell als solche behandelt werden. In der Gedankenwelt des HGB handelt es sich bei diesen Vermögenswerten klassischerweise als unter den Vorräten auszuweisende Vermögensgegenstände. Angesprochen sind **unfertige Arbeiten** oder **unfertige Leistungen** im Anlagen-/Großanlagenbau, in der Bauindustrie oder im Dienstleistungsbereich. Nach der Konzeption der IFRS erfolgt bei solchen Aufträgen die Umsatz- und Gewinnrealisierung entspr dem Auftragsfortschritt. Die damit einhergehende bilanzielle Behandlung führt daher zum Ausweis von Forderungen in der Bilanz und von Umsatzerlösen im erfolgswirksamen Teil der Gesamtergebnisrechnung (s ausführlich § 15 Rz 70 ff) bzw der gesonderten GuV (sofern erstellt).

IAS 11 befasst sich primär mit Regelungen zur **Aufwands**- und **Ertragserfassung** bei den in diesem Standard speziell definierten Fertigungsaufträgen.

II. Zielsetzung und Anwendungsbereich von IAS 11

2 **IAS 11** regelt die Bilanzierung von Aufwendungen und Erträgen periodenübergreifender **Fertigungsaufträge** zu den einzelnen Berichtsperioden. Fertigungsbeginn und Fertigungsende fallen in unterschiedliche Berichtszeiträume (IAS 11, Zielsetzung). IAS 2 als relevanter Standard für die bilanzielle Behandlung von Vorräten schließt die Fertigungsaufträge explizit aus seinem Anwendungsbereich aus (IAS 2.2) und verweist auf deren gesonderte Behandlung in IAS 11.

3 Die **primäre Frage** ist der **Zeitpunkt der Gewinnrealisierung,** dh die Verteilung der Auftragserlöse und Auftragskosten auf die einzelnen Perioden. Durch die Regelungen des IAS 11 soll die Ertragskraft des Auftragnehmers im Abschluss unverfälscht dargestellt werden, indem Erlöse, Aufwendungen und damit das Auftragsergebnis nicht unter Beachtung formaler Gegebenheiten, sondern nach wirtschaftlichen Gesichtspunkten erfasst werden. Dies bedeutet, dass eine Gewinnrealisierung grds nach Maßgabe des Auftragsfortschritts **(*percentage-of-completion* (POC)-Methode)** erfolgt. Die Anwendung dieser Methode führt zu einer Glättung des Erfolgsausweises über die Auftragsdauer (*Reinhart* RIW 1999, 418).

Nach den handelsrechtlichen Vorschriften des HGB ist eine Gewinnrealisierung nach dem Leistungsfortschritt grds nicht zulässig, da sie gegen das handelsrechtliche Anschaffungskostenprinzip und das Realisationsprinzip verstößt. Die Rechnungslegungsgrundsätze des HGB sehen als maßgeblichen Ansatzpunkt erst die Endabnahme und Stellung einer Endabrechnung (s ausführlich Rz 127). Erst dann sind bei kurzfristigen Fertigungsaufträgen ein Umsatzausweis und eine entspr Erfolgsrealisierung möglich **(*completed-contract*-Methode).** 4

Die Anwendung des IAS 11 ist vor dem Hintergrund des **Wesentlichkeitsgrundsatzes** (F.19; vgl auch § 2 Rz 22ff) nur für solche Fertigungsaufträge verpflichtend, die für die Darstellung der VFE-Lage relevant sind. Insoweit können uU kurzfristige oder unbedeutende Aufträge, die hinsichtlich der Gewinnrealisierung nach dem Leistungsfortschritt keine wesentlichen Unterschiede zu einer Realisierung nach Endabrechnung aufweisen, nach den allgemeinen Grundsätzen des IAS 2 behandelt werden (ähnlich *ADS*[1] Abschn 16 Rz 13). 5

Verträge über die kundenspezifische Fertigung bestimmter Gegenstände werden nur dann nach den Regeln des IAS 11 bilanziert, wenn die definitorischen Voraussetzungen nach IAS 11.3 für einen Fertigungsauftrag vorliegen (s Rz 8). Fehlt es an einzelnen Kriterien, müssen Bilanzierung und Bewertung dieses Auftrags nach den allgemeinen Grundsätzen des IAS 2 erfolgen.

IFRS 5 sieht besondere Bewertungs- und Ausweisregeln vor, falls ein **Geschäftsfeld aufgegeben** *(discontinued operations)* oder eine **Sachgesamtheit** *(disposal group)* **veräußert** werden soll. Fertigungsaufträge können Bestandteil solcher Veräußerungsprozesse sein (IFRS 5.4; vgl im Einzelnen auch § 28). 6

Gleichwohl finden auf die Fertigungsaufträge, die Bestandteil einer Veräußerungsgruppe sind, bei der erstmaligen Klassifizierung als „zur Veräußerung gehalten" zunächst die Regelungen von IAS 11 Anwendung (IFRS 5.4 und IFRS 5.18). Die speziellen Bewertungsregeln von IFRS 5 sind dagegen auf die **Veräußerungsgruppe insgesamt** anzuwenden. Der Ausweis der betreffenden Fertigungsaufträge in der Bilanz richtet sich entspr ebenfalls nach IFRS 5.

Der **Anwendungsbereich** des IAS 11 bezieht sich auf die Bilanzierung periodenübergreifender Fertigungsaufträge beim Auftragnehmer (IAS 11.1). Gültig ist der bereits überarbeitete Standard nach IAS 11.46 für Berichtsperioden, die am oder nach dem 1. Januar 1995 beginnen. 7

III. Terminologie von IAS 11

1. Fertigungsaufträge

Nach IAS 11.3 wird der **Fertigungsauftrag** definiert als „ein Vertrag über die kundenspezifische Fertigung einzelner Gegenstände oder einer Anzahl von Gegenständen, die hinsichtlich Design, Technologie und Funktion oder hinsichtlich ihrer Verwendung aufeinander abgestimmt oder voneinander abhängig sind". Wesentliches Merkmal eines Fertigungsauftrags ist mithin **die kundenspezifische Projektierung;** die Erstellung des Vertragsobjekts erfolgt speziell für den Auftraggeber (*ADS*[1] Abschn 16 Rz 8). Nach deutschen Rechtsvorschriften sind der Werkvertrag nach §§ 631ff BGB oder der Werklieferungsvertrag nach § 651 BGB die dem Fertigungsauftrag nach IAS 11 entspr Vertragstypen (*Ammann/Müller* BBK 2002, 601f). Weitere Charakteristika von Fertigungsaufträgen sind die Komplexität der Projekte (geringer Standardisierungsgrad), die Einbeziehung in Projektphasen mit definierten Projektabschnitten und die Vereinbarung von Voraus- bzw Abschlagszahlungen. Auch das Fehlen eines Absatzrisikos aufgrund des bereits feststehenden Abnehmers ist ein Kriterium für das Vorliegen eines Fertigungsauftrags (*Heuser/Theile*[3] Rz 1701). 8

9 Unter die Begriffsabgrenzung für Fertigungsaufträge fallen nach IAS 11.5 auch **Dienstleistungsverträge,** die direkt mit der Fertigung von Vermögenswerten zusammenhängen, zB mit Projektleitern oder Architekten. Besonderheiten gelten für Einzelverträge über die Erbringung von Dienstleistungen, zB für die Entwicklung kundenspezifischer Software. Diese Verträge werden in IAS 18 behandelt und fallen nicht originär in den Regelungsbereich von IAS 11. Sie werden bilanziell aber analog den Regeln für Fertigungsaufträge behandelt (s Rz 15 ff).

10 **Beispiele** für langfristige Fertigungsaufträge nach IAS 11.4 sind die Fertigung einer Brücke, eines Damms, eines Gebäudes oder einer Pipeline. Fertigungsaufträge können auch die Erbringung einer Anzahl von Leistungen beinhalten, wodurch zB die Fertigung komplexer Anlagen, etwa von Kraftwerken oder industriellen Anlagen, charakterisiert ist. Denkbar sind auch Verträge über die – nicht standardisierte – Fertigung von Flugzeugen oder Schiffen. Ferner gehören hierzu auch diesbezügliche Beratungsverträge von Architekten oder Engineeringfirmen.

11 Verträge außerhalb der Auftragsfertigung werden nicht von IAS 11 erfasst. Auch wenn nach kundenspezifischen Vorgaben gefertigt wird, sind solche Verträge nicht hier zu subsumieren, wenn die Fertigung im Rahmen **standardisierter Herstellungsprozesse** erfolgt und der Verkauf dieser Produkte im Rahmen der vorhandenen Vertriebsstrukturen abgewickelt wird (ähnlich *Seeberg* in Baetge ua IFRS-Komm[2] IAS 11 Rz 3). Als Beispiel hierfür ist die Automobilindustrie zu nennen. Zwar werden hier typischerweise kundenspezifische Ausstattungswünsche berücksichtigt, ohne dass jedoch der Charakter einer Massenfertigung vom Grundsatz in Frage steht. Ähnliches gilt für die Möbelindustrie. In solchen Fällen kann nicht von speziell ausgehandelten Verträgen gesprochen werden, weil sich die Ausstattungsvarianten regelmäßig innerhalb eines feststehenden Katalogs bewegen.

12 In IAS 11.3 wird die **Dauer eines Fertigungsauftrags** nicht als Abgrenzungsmerkmal verwendet (so auch *Heuser/Theile*[3] Rz 1702). Die Zielvorstellung des IAS 11 impliziert jedoch, dass ein Fertigungsauftrag mindestens zwei Berichtsperioden betrifft (*Reinhart* RIW 1999, 417 f). Dies ist deswegen von Bedeutung, weil unter einer „Berichtsperiode" auch eine kein volles Geschäftsjahr umfassende Periode zu verstehen ist, soweit sie durch einen **Zwischenabschluss** begrenzt wird. Somit ist, wenn die übrigen Voraussetzungen für das Vorliegen eines Fertigungsauftrags gegeben sind, auch ein unterjährig abgewickelter Auftrag nach IAS 11 zu behandeln, sofern zwischen Auftragsbeginn und Auftragsende der Stichtag eines Zwischenabschlusses liegt (zur Zwischenberichterstattung s § 43 Rz 81). Inwieweit in solchen Fällen der Grundsatz der Wesentlichkeit zu Vereinfachungen führen kann, ist im Einzelfall zu prüfen. Dieser Grundsatz kann jedoch nicht willkürlich herangezogen werden und zu unterschiedlichen Abgrenzungsergebnissen in Zwischen- und Jahresabschluss führen.

Als weiteres Kriterium für das Vorliegen eines Fertigungsauftrags sind die **begrenzte Anzahl** der insgesamt gefertigten Vermögenswerte sowie deren Exklusivität (Fertigung für einen **beschränkten Abnehmerkreis)** zu nennen (*IDW* RS HFA 2 Rz 1).

2. Vertragstypen

13 IAS 11 unterscheidet hinsichtlich der **Vertragstypen** für Fertigungsaufträge Festpreisverträge und Kostenzuschlagsverträge. Nach IAS 11.3 wird bei einem **Festpreisvertrag** ein fester Preis bzw ein fester Preis pro Outputeinheit festgelegt. Dabei können die Preise an Preisgleitklauseln gekoppelt sein. Bei **Kosten-**

zuschlagsverträgen bekommt der Auftragnehmer die vertraglich abrechenbaren Kosten zuzüglich eines vereinbarten Prozentsatzes der Kosten oder ein festes Entgelt (Marge) vergütet (IAS 11.3).

Weisen Verträge Bestandteile **beider Vertragsarten** auf, zB in Form eines 14
Kostenzuschlagsvertrags mit vereinbartem Höchstpreis, so hat die Gewinnrealisierung nach Maßgabe der für beide Vertragstypen formulierten Voraussetzungen (IAS 11.23 und IAS 11.24) zu erfolgen (IAS 11.6).

Bedeutung hat die Unterscheidung der Vertragstypen insofern, als hieraus **unterschiedliche Anforderungen** an die Verlässlichkeit von Schätzungen der für die Bilanzierung von Fertigungsaufträgen relevanten Determinanten (Auftragserlöse, Auftragskosten und Fertigstellungsgrad) anknüpfen (vgl Rz 52f; *ADS*[1] Abschn 16 Rz 20).

3. Dienstleistungsverträge

Die **bilanzielle Behandlung** von Dienstleistungsverträgen nach den Re- 15
gelungen von IAS 11 ist nicht nur auf mit Fertigungsaufträgen unmittelbar zusammenhängende Dienstleistungen (zB von Projektleitern oder Architekten; IAS 11.5(a)) beschränkt. IAS 18, der Regelungen zur Ertragserfassung beinhaltet, weist auch andere Dienstleistungen grds der Methode der Gewinnrealisierung nach dem Auftragsfortschritt zu. Wesentliche Voraussetzung hierfür ist, dass das Ergebnis eines Dienstleistungsgeschäfts **verlässlich geschätzt** werden kann (IAS 18.20). Dies ist dann der Fall, wenn folgende Bedingungen kumulativ erfüllt sind:

(1) verlässliche Bestimmung der Auftragserlöse,
(2) hinreichende Wahrscheinlichkeit für den Nutzenzufluss aus dem Geschäft,
(3) verlässliche Bestimmung des Fertigstellungsgrads am Bilanzstichtag,
(4) verlässliche Bestimmung der angefallenen bzw Schätzung der noch anfallenden Auftragskosten.

Diese Bestimmungen entsprechen den in IAS 11 für Fertigungsaufträge bestehenden Regelungen. Daher ist von einer **analogen Anwendbarkeit** der Regelungen nach IAS 11 auch für Dienstleistungsaufträge auszugehen (*von Keitz/Schmieszek* KoR 2004, 121). Softwareentwickler, die Werbebranche, aber auch Wirtschaftsprüfungsleistungen werden somit von IAS 18 erfasst. Ein Verweis auf IAS 11 findet sich in IAS 18.21.

Die **Fristigkeit** des Auftragsverhältnisses ist auch bei den nach IAS 18.20 zu 16
behandelnden Dienstleistungsverträgen kein Abgrenzungsmerkmal. Demnach ist auch hier davon auszugehen, dass Dienstleistungen nach der *percentage-of-completion*-Methode zu bilanzieren sind, sofern Auftragsbeginn und Auftragsende in zwei Berichtsperioden fallen (s Rz 12).

Soweit Dienstleistungen auf **Zeithonorarbasis** erbracht werden, erfolgt die 17
Erlösrealisierung auf Basis der geleisteten, abrechenbaren Stunden. Bei Dienstleistungsverträgen, die eine **pauschalierte Vergütung** vorsehen, kann aus Praktikabilitätsgründen eine lineare Ertragserfassung, bezogen auf den Leistungszeitraum, vorgenommen werden (IAS 18.25).

Beispiel: Eine Werbeagentur schließt einen Vertrag über Beratungsleistungen gegen ein Pauschalhonorar von € 200.000. Leistungszeitraum ist November X1 bis Juni X2. Der Auftrag umfasst eine Vielzahl von Teilleistungen. Zum 31. Dezember X1 ist ein Erlös von € 50.000 zu realisieren.

Eine **pro rata-Rechnung** wäre jedoch **nicht sachgerecht**, wenn bestimmte 18
Teilleistungen von wesentlichem Umfang erst im Jahr X2 anfielen, also einen deutlich **asymmetrischen Leistungsverlauf** charakterisierten.

Beispiel: Eine Jahresabschlussprüfung mit einem (in den berufsrechtlichen Grenzen) pauschalierten Honorar von € 100.000 beginnt im November X1 mit der Vorprüfung und ist mit der Hauptprüfung in den Monaten Februar und März X2 und der Berichtsauslieferung beendet. In diesen beiden Monaten fallen 85% der kalkulierten Stunden an. Eine lineare Erlösverrechnung, die zu einem Umsatzausweis von € 40.000 in X1 führen würde, wäre in diesem Fall nicht sachgerecht; in X1 sind € 15.000 als Erlös zu realisieren.

19, 20 *einstweilen frei*

B. Segmentierung und Zusammenfassung von Fertigungsaufträgen

I. Vorbemerkung

21 Grds ist IAS 11 auf jeden Fertigungsauftrag separat anzuwenden. Bilanzierungsobjekte sind damit regelmäßig die in **einem Vertrag** festgelegten Ansprüche und Verpflichtungen. Liegen jedoch bestimmte in IAS 11.8f genannte Voraussetzungen vor, besteht die Notwendigkeit, eine **Gruppe von Verträgen** zu einer Bewertungseinheit zusammenzufassen oder aber einzeln **abgrenzbare Teile** eines Fertigungsauftrags getrennt zu bilanzieren. So soll der wirtschaftliche Gehalt eines Vertrags oder einer Gruppe von Verträgen besser bestimmt und bilanziell abgebildet werden (IAS 11.7). Sowohl die **Zusammenfassung** einer Gruppe von Verträgen zu einem Fertigungsauftrag als auch die **Segmentierung** von Fertigungsaufträgen führt zu einer anderen Abbildung im Jahresabschluss. So kann die Zusammenfassung von Verträgen eine Kompensation von Auftragsverlusten durch Auftragsgewinne bewirken und eine andernfalls gebotene Verlustantizipation eines Einzelauftrags vermeiden. Die Segmentierung kann dagegen nach Maßgabe unterschiedlicher Erfolgsperiodisierung der disaggregierten Vertragsteile zu einer anderen zeitlichen Verteilung des Erfolgsanfalls führen (*Epstein/Jermakowicz* 2008, 241). Willkürliche Abgrenzungen sollen durch die Regelungen von IAS 11.8f verhindert werden; ein Wahlrecht zur Segmentierung oder Zusammenfassung von Verträgen besteht nicht (*ADS*[1] Abschn 16 Rz 25).

II. Segmentierung von Fertigungsaufträgen

22 Nach IAS 11.8 sind bei einem Vertrag oder einer Gruppe von Verträgen, die mehrere Einzelleistungen umfassen, diese jeweils als einzelne Fertigungsaufträge **(Segmentierung)** zu behandeln, wenn folgende **Voraussetzungen gleichzeitig** erfüllt sind:

(1) Für jede Einzelleistung werden separate Angebote unterbreitet.
(2) Über jede Einzelleistung wird getrennt verhandelt, und sowohl Auftragnehmer als auch der Kunde können die Vertragsbestandteile jeder Einzelleistung getrennt voneinander ablehnen oder akzeptieren.
(3) Bei jeder Einzelleistung können Kosten und Erlöse getrennt voneinander ermittelt werden.

23 Die **Intention** der **Vertragspartner** im Hinblick auf die Vertragsgestaltung kann im Ergebnis darauf Einfluss nehmen, ob entspr den vertraglichen Vereinbarungen zB eine Segmentierung von Einzelleistungen angezeigt ist. Bspw sei hier ein Konvolut verschiedener Einzelverträge hinsichtlich der Erstellung einer Großanlage genannt. Hierbei ist es durchaus nicht unüblich, Engineering, Bereitstellung der Komponenten und Montage als Einzelleistungen getrennt voneinander anzubieten. Auch die separate Ermittlung von Kosten und Erlösen stellt für diese Einzelleistungen grds kein Problem dar. Gleichwohl finden sich häufig Verträge, die die vorgenannten Leistungen als einheitliches Paket anbieten. Dieses Beispiel zeigt, dass die Grenzziehung zwischen einheitlichem Fertigungsauftrag und einzeln zu betrachtenden Vertragsteilen in der Praxis verschwimmen kann und in gewissen Grenzen einer Sachverhaltsgestaltung der Vertragspartner unterliegt. Ein Indiz für die Disaggregation von Verträgen könnte in der Vereinbarung von Teilgewinnrechnungen gesehen werden; gleichwohl schließt auch die getrennte Abnahme von Teilleistungen eine Vertragsaggregation nicht aus, sofern die übrigen Voraussetzungen hierfür vorliegen.

einstweilen frei 24, 25

III. Zusammenfassung von Fertigungsaufträgen

Eine **Gruppe von Verträgen** mit einem oder mehreren Kunden ist zu einem **Fertigungsauftrag zusammenzufassen,** wenn folgende Voraussetzungen gleichzeitig erfüllt sind (IAS 11.9): 26

(1) Die Verträge werden gemeinsam als Paket verhandelt und somit wie ein Einzelvertrag behandelt. IdR finden die Verhandlungen dabei zeitgleich oder innerhalb einer kurzen Zeitspanne statt.
(2) Die einzelnen Verträge sind so eng miteinander verbunden, dass sie als einheitliches Projekt mit einer (Gesamt-)Gewinnmarge zu verstehen sind.
(3) Die Aufträge werden gleichzeitig oder unmittelbar aufeinanderfolgend abgewickelt.

Beispiel: Hersteller und Kunde schließen im Zusammenhang verhandelte Verträge (Vertragspaket) zur Herstellung und Lieferung von zehn Flugzeugen eines neuen Typs. Die Flugzeuge seien baugleich, unterscheiden sich aber in der Ausstattung in verschiedenen wesentlichen Details. Für die Flugzeuge werden einheitliche Stückpreise vereinbart, sie werden jeweils nach Fertigstellung innerhalb eines Zeitraums von drei Jahren ausgeliefert. Grds ist hier von einem in den Anwendungsbereich von IAS 11 fallenden Fertigungsauftrag auszugehen (zur Abgrenzung zur standardisierten – und damit nicht IAS 11 unterliegenden – Fertigung vgl Rz 11; s auch *ADS*[1] Abschn 16 Rz 14). Es ist zu entscheiden, ob hier ein **einheitlicher** Fertigungsauftrag vorliegt. In der geschilderten Konstellation könnte die Behandlung als Einzelaufträge dazu führen, dass die ersten Einheiten aufgrund noch nicht optimierter Produktionsabläufe Verluste, die letzten Einheiten hingegen aufgrund produktionsspezifisch positiver Lernkurveneffekte hohe Erfolgsbeiträge erwirtschaften. Daher wird für solche Aufträge häufig sinnvollerweise eine Gesamtgewinnmarge kalkuliert. Die Gesamtumstände indizieren die bilanzielle Abbildung der zehn Einheiten als eine Gruppe von Verträgen und damit als einen einheitlichen Fertigungsauftrag.

Ein Vertrag kann bereits einen **Folgeauftrag** vorsehen oder nachträglich darum ergänzt werden. Nach IAS 11.10 wird ein Folgeauftrag unter folgenden Voraussetzungen als **eigenständiger Fertigungsauftrag** behandelt: 27

(1) Der Vertrag unterscheidet sich wesentlich vom ursprünglichen Vertrag, zB hinsichtlich Funktion, Technik oder Design, oder
(2) die Preisverhandlungen über den Folgeauftrag werden losgelöst von den Verhandlungen zum ursprünglichen Vertrag geführt.

Sind diese Voraussetzungen nicht erfüllt, ist der Folgeauftrag mit dem ursprünglichen Vertrag zusammenzufassen. In diesem Fall müssen wiederum die Voraussetzungen des IAS 11.9 erfüllt sein. Ist dies nicht der Fall, werden Folgeaufträge als Änderungen des zugrunde liegenden Vertrags betrachtet (s *Seeberg* in Baetge ua IFRS-Komm[2] IAS 11 Rz 10).

Beispiel: Flugzeugbauer und Kunde (s Beispiel Rz 27) haben in den vertraglichen Vereinbarungen zusätzlich die Option zum Kauf weiterer fünf Flugzeuge dieses Typs in ähnlicher Ausstattung vereinbart. Die Preise waren, unter Anwendung einer Gleitklausel, vertraglich fixiert. Die optionierten Flugzeuge bilden mit dem ursprünglichen Auftragsvolumen einen einheitlich zu bilanzierenden Fertigungsauftrag.

War dagegen über die Preisstellung des Optionsvolumens nichts vereinbart, sondern werden separate Preisverhandlungen erforderlich, so bilden die fünf optionierten Flugzeuge eine eigene Auftragseinheit.

28 Abgrenzungsprobleme können sich in der Praxis regelmäßig zwischen Folgeaufträgen und **Nachträgen** ergeben (vgl Rz 37). Nachträge haben per se einen unmittelbaren Bezug zum Ursprungsauftrag und bilden im Allgemeinen eine Auftragseinheit mit dem Hauptauftrag.

29–32 *einstweilen frei*

C. Ansatz und Bewertung von Fertigungsaufträgen

33 Fertigungsaufträge werden zwingend nach der ***percentage-of-completion*-Methode** erfasst, sofern eine verlässliche Ermittlung von Auftragserlösen, Auftragskosten und des Fertigstellungsgrads möglich ist. Danach kommt es grds zu einem dem Fertigungsfortschritt folgenden Ausweis des Auftragserfolgs im Jahresabschluss.

I. Abgrenzung von Auftragserlösen und Auftragskosten

1. Auftragserlöse

34 Der **Auftragserlös** umfasst nach IAS 11.11 den im Vertrag vereinbarten Erlös als Gegenleistung für die Vertragserfüllung durch den Auftragnehmer. Dieser setzt sich idR zusammen aus:

(1) dem vertraglich vereinbarten Preis,
(2) Zahlungen für Abweichungen vom ursprünglich vereinbarten Vertrag (Erhöhungen oder Minderungen),
(3) Zahlungen für Nachforderungen, die nicht einkalkuliert waren (sog *claims*),
(4) Prämien.

Die Erlöskomponenten dürfen jeweils nur dann einbezogen werden, wenn sie wahrscheinlich zu Erlösen oder Erlösminderungen führen und zudem **verlässlich ermittelt** werden können. Die Wahrscheinlichkeit der zukünftigen Realisierung muss regelmäßig überprüft werden. Schätzungen sind an geänderte Verhältnisse anzupassen, zB vereinbarte Abweichungen für Folgeperioden, durch Preisgleitklauseln oder Vertragsstrafen etc (dazu IAS 11.12).

35 Nach IAS 11.13 ist eine **Abweichung** eine Anweisung des Kunden, den vertraglich zu erbringenden Leistungsumfang zu ändern. Diese kann zu einer Erhöhung oder Minderung des Auftragserlöses führen. Die Gesamterlöse sind am nächstmöglichen Stichtag um Ansprüche aus den Abweichungen zu ergänzen, soweit über die Abweichung und eine eventuell aus ihr resultierende Preiserhöhung oder Preisminderung wahrscheinlich Einvernehmen erzielt wird. Aus den Abweichungen resultierende Kosten sind bei der Ermittlung der Gesamtkosten und des Fertigstellungsgrads zu berücksichtigen. Besteht nur Einvernehmen über die Abweichung, nicht aber über die damit verbundenen Preisänderungen, dürfen diese nur in dem Umfang berücksichtigt werden, in dem sie vom Auftraggeber voraussichtlich genehmigt werden.

36 **Nachforderungen** nach IAS 11.14 sind Beträge, die dem Kunden oder einer anderen Partei als Vergütung für nicht im Vertragspreis enthaltene Kosten in Rechnung gestellt werden. Nachforderungen resultieren idR aus Auftragsmodifikationen, vom Kunden verursachten zeitlichen Verzögerungen oder im Vertrag nicht enthaltenen, zur Auftragsausführung aber erforderlichen Kosten. Für den

Auftragnehmer besteht im Fall eines ***claims*** die Unsicherheit, ob dieser vom Kunden akzeptiert wird. Daher dürfen Nachforderungen nur unter folgenden **Voraussetzungen** in den erwarteten Erlös einberechnet werden:

(1) Die Verhandlungen sind so weit fortgeschritten, dass die Nachforderung voraussichtlich vom Kunden akzeptiert wird, und

(2) die Höhe der Nachforderung kann zuverlässig bestimmt werden.

Diese Voraussetzungen sind nur dann als erfüllt anzusehen, wenn es sich um identifizierbare, verhältnismäßige und nicht durch mangelnde Leistungsfähigkeit des Auftragnehmers begründete Zusatzkosten handelt; diese müssen unter rechtlicher Würdigung als Ansprüche aus dem zugrunde liegenden Vertrag auf anderer rechtlicher Grundlage bestehen (ähnlich *Seeberg* in Baetge ua IFRS-Komm[2] IAS 11 Rz 28).

In der Baubranche und im Anlagenbau wird die Anmeldung von *claims* häufig 37
mit Gegenclaims beantwortet. Es ist offensichtlich, dass die vorgenannten Voraussetzungen zur Einbeziehung eines *claims* in den Auftragserlös unter solchen Umständen kaum gegeben sein werden. Darüber hinaus ist aber sorgfältig zu prüfen, inwieweit Gegenclaims den Auftragskosten zuzurechnen sind.

Nach IAS 11.15 sind **Prämien** zusätzlich an den Auftragnehmer zu zahlende 38
Beträge bei Erreichen oder Überschreiten vertraglicher Leistungsanforderungen. Als Teil der Auftragserlöse sind die Prämien zu berücksichtigen, wenn das Gesamtprojekt so weit fortgeschritten ist, dass ein Erreichen oder Überschreiten der Leistungsanforderungen wahrscheinlich ist und die Prämie hinreichend sicher quantifiziert werden kann.

Die vorgenannten Erlösbestandteile sind idR mit nicht unerheblichen **Ermessensspielräumen** behaftet; gerade zu Beginn eines Auftrags lassen sich diese Erlöskomponenten häufig nur grob schätzen (*Pottgießer/Velte/Weber* KoR 2005, 314).

2. Auftragskosten

Hinsichtlich der **Auftragskosten** unterscheidet IAS 11.16 **drei Kategorien**: 39
direkte, dem Vertrag zurechenbare Kosten, indirekte und dem Vertrag allgemein zurechenbare Kosten sowie sonstige, dem Kunden vertragsgemäß in Rechnung zu stellende Kosten. Die Auftragskosten umfassen alle dem Vertrag zurechenbaren Kosten von der Auftragserlangung bis zur Vertragserfüllung (IAS 11.21), unabhängig davon, ob sie bereits entstanden sind oder noch bis zur endgültigen Vertragserfüllung anfallen werden. Die Kosten, die zur **Erlangung eines konkreten Auftrags** erforderlich sind, gehören ebenfalls zu den Auftragskosten, auch wenn sie naturgemäß zeitlich vor der Auftragserlangung anfallen. Zu den Voraussetzungen s IAS 11.21. Eine **Nachaktivierung** bereits als Aufwand erfasster Kosten ist nicht zulässig. **Nachlaufende Herstellungskosten** (zB für Nacharbeiten oder Erfüllung von Gewährleistungsansprüchen) entfallen ursächlich auf den Zeitraum der Herstellung und sind daher ebenfalls in die Auftragskosten einzubeziehen (*IDW* RS HFA 2 Rz 8).

Im Bereich der Fertigungsaufträge werden häufig **Generalunternehmer-Verträge** abgeschlossen. Der Generalunternehmer, der die komplette Vertragsleistung schuldet, bedient sich zur Leistungserbringung idR sog Nachunternehmer. Die dem Generalunternehmer seitens der Subunternehmer in Rechnung gestellten Leistungen stellen für den Generalunternehmer entspr Auftragskosten dar (*Epstein/Jermakowicz* 2008, 235).

Insbes im Rahmen einer langfristigen, über mehrere Perioden reichenden Auftragsfertigung ist es unerlässlich, voraussichtliche Lohn- und/oder Preisveränderungen zu berücksichtigen.

40 Nach IAS 11.17 umfassen die **direkten Kosten:**
(1) Fertigungslöhne und Löhne bzw Gehälter für die Projektüberwachung,
(2) Fertigungsmaterial,
(3) Abschreibungen der für die Vertragsleistung eingesetzten Maschinen und Anlagen,
(4) Transportkosten für Anlagen, Maschinen, Ausrüstung und Materialien zum und vom Erfüllungsort,
(5) Kosten für die Anmietung von Anlagen und Maschinen,
(6) Kosten der Ausgestaltung und der technischen Projektunterstützung,
(7) Kosten für Nachbesserungen und Garantieleistungen einschließlich Gewährleistungsaufwand (als Schätzgrößen),
(8) Nachforderungen Dritter.

41 Werden **zusätzliche Erträge** erzielt, die nicht zum vereinbarten Auftragserlös gehören, zB durch den Verkauf von überschüssigem Material oder nicht mehr benötigten Anlagen nach Fertigstellung des Projekts, sind die Kosten um diese Beträge zu reduzieren (IAS 11.17). Entspr gilt für sich im Projektverlauf einstellende sog Einkaufsvorteile beim Fertigungsmaterial oder konkretisierte Minderkosten durch Kalkulationsunterschreitungen im Bereich der Fertigungslöhne (*Epstein/Jermakowicz* 2008, 232). Während dies bei Festpreisaufträgen zu einer Margenerhöhung führt, erfahren bei Kostenzuschlagsverträgen auch die Gesamterlöse eine entspr erlösmindernde Korrektur. Kosten, die auf einen **überhöhten Materialverbrauch** zurückzuführen sind und einem bestimmten Auftrag zugeordnet werden können, sind als Bestandteil der Auftragskosten zu erfassen (*IDW* RS HFA 2 Rz 6). Gleiches gilt für **Leerkosten**, zB wenn sie auf planmäßigen Abschreibungen zeitweilig ungenutzter Anlagen beruhen, die speziell zur Abwicklung eines bestimmten Auftrags eingesetzt werden. Darüber hinaus sind Leerkosten aus nicht genutzten Anlagen dem Auftrag weder direkt noch als Gemeinkosten zuzurechnen und daher sofort im Periodenaufwand zu verrechnen (IAS 11.20(d)).

42 Nach IAS 11.18 umfassen die **indirekten Kosten:**
(1) Versicherungsprämien (zB Sachversicherungen für eingesetzte Maschinen und Anlagen),
(2) Kosten der Ausgestaltung und der Projektunterstützung, die nicht unmittelbar mit dem Projekt zusammen hängen, sowie
(3) Fertigungsgemeinkosten. Hierunter fallen zB auch Kosten für die Lohnabrechnung der im Fertigungsbereich eingesetzten Mitarbeiter.

43 Fertigungsaufträge sind häufig (aber nicht notwendigerweise) durch **langfristige Fertigungszeiten** charakterisiert. Sie erfüllen dann regelmäßig die Merkmale eines **qualifizierten Vermögenswerts**, womit eine Einbeziehung von Fremdkapitalkosten in die Auftragskosten erfolgt (IAS 11.18, IAS 23.9). Zu den Voraussetzungen der Aktivierung von Fremdkapitalkosten s ausführlich § 5 Rz 37 ff.

44 Mit der **Neufassung** von IAS 23 (2007) entfällt ab 1. Januar 2009 das Wahlrecht, Fremdkapitalkosten zu aktivieren. IAS 23.8 sieht bei Vorliegen der entspr Voraussetzungen eine **Aktivierungspflicht** vor, soweit es sich bei dem betreffenden *asset* um einen qualifizierten Vermögenswert handelt. Der bisherige Verweis in IAS 11.18 auf die Einbeziehung von Fremdkapitalkosten in die Herstellungskosten nach IAS 23 ist jedoch in IAS 11.18 gestrichen worden (s IAS 23.BC27). Dies ist sachlogisch, weil IAS 11 konzeptionell nicht eine Aktivierung von Kosten, sondern von (anteiligen) Erlösen beinhaltet. Dies schließt eine Aktivierung von Zinsen systematisch aus. Die Zuordnung von Fremdkapitalkosten zu den Herstellungskosten der Aufträge hat vielmehr einen Einfluss auf den Ausweis im erfolgswirksamen Teil der Gesamtergebnisrechnung bzw der

gesonderten GuV (sofern erstellt): Bei ihrer Einbeziehung in die Herstellungskosten sind die Zinsen bereits im Betriebsergebnis verrechnet, ohne ihre Einbeziehung erfolgt die Erfassung dagegen im Zinsaufwand. Der Periodenerfolg insgesamt ist nicht tangiert.

In IAS 11 ist die Behandlung von Zinseffekten, die sich aus **vereinbarten** 45
Zahlungsbedingungen ergeben können, nicht geregelt. So wird im Falle der Gewährung längerfristiger Zahlungsziele befürwortet, dass nur der abgezinste Betrag der Kaufpreisforderung als Auftragserlös zu erfassen ist (*IDW* RS HFA 2 Rz 11). Aufzinsungserträge in Folgeperioden sind dann in die Umsatzerlöse einzubeziehen. *Lüdenbach/Hoffmann* weisen diesbezüglich auf praktische Probleme hin (welcher Zinssatz wird angewendet; Bestimmung des Aufzinsungszeitraums; vgl *Lüdenbach* in Lüdenbach/Hoffmann IFRS[7] § 18 Rz 58). Entspr soll für Zinsvorteile gelten, die aus einer überwiegenden oder vollständigen Vorfinanzierung durch vom Auftraggeber erhaltene Anzahlungen resultieren (*IDW* RS HFA 2 Rz 11; *Kühnberger* KoR 2006, 682).

Der Ermittlung der indirekten Kosten wird nach IAS 11.18 eine **normale** 46
Kapazitätsauslastung zugrunde gelegt. Alle ähnlichen bzw vergleichbaren Kosten(-arten) sind auf Basis einer einheitlichen und stetigen Zuordnungsmethode zu bewerten. Die Kosten müssen grds auf den Herstellungszeitraum entfallen und mittels planmäßiger und sachgerechter Methoden zugerechnet werden.

Zu den **sonstigen,** dem Kunden in Rechnung zu stellenden und hier zu er- 47
fassenden **Auftragskosten** zählen nach IAS 11.19 zB vertragsgemäß abrechenbare allgemeine Verwaltungskosten und Entwicklungskosten. Kosten zur Erlangung eines konkreten Auftrags **(Sondereinzelkosten des Vertriebs)** gehören zu den Auftragskosten, sofern sie einzeln bestimmbar sind und verlässlich ermittelt werden können. Zudem muss es wahrscheinlich sein, dass es zum Vertragsabschluss kommt (IAS 11.29). Zu diesen Kosten zählen zB Beraterhonorare, Rechtsanwaltskosten (*ADS*[1] Abschn 16 Rz 96) sowie direkt dem Vertrag zurechenbare Abschlussprovisionen oÄ (vgl *Lüdenbach* in Lüdenbach/Hoffmann IFRS[7] § 18 Rz 65). In einer Periode als Aufwand erfasste Akquisitionskosten für einen in einer späteren Periode zum Vertragsabschluss gelangten Fertigungsauftrag sind dagegen nach IAS 11.21 von einer Nachaktivierung ausgeschlossen.

Können Kosten einzelnen Aufträgen nicht direkt zugeordnet werden, ist es 48
nach IAS 11.20 nicht zulässig, diese unter den Kosten eines Fertigungsauftrags auszuweisen. Unter das **Einbeziehungsverbot** fallen folgende Kosten:

(1) Kosten der allgemeinen Verwaltung, soweit deren Abrechnung nicht vertraglich vereinbart wurde,
(2) Vertriebskosten,
(3) Forschungs- und Entwicklungskosten, soweit eine Erstattung nicht vertraglich vereinbart wurde, sowie
(4) planmäßige Abschreibungen auf ungenutzte Anlagen, die nicht für die Erfüllung eines bestimmten Fertigungsauftrags verwendet werden (Leerkosten).

Darüber hinaus sind alle einem Auftrag nicht sinnvoll zurechenbaren Kosten nicht in die Auftragskosten einzubeziehen, sondern als Periodenaufwand zu verrechnen.

Auch im Rahmen der Kostenabgrenzung spielt das Ausüben **von Ermessen** 49
in der Praxis eine bedeutende Rolle. Die relativ weite und nicht immer trennscharfe Abgrenzung des Kostenbegriffs, verbunden mit dem Gebot einer verlässlichen Kostenschätzung, kann zu nicht unerheblichen bilanzpolitischen Gestaltungsspielräumen führen (vgl *Pottgießer/Velte/Weber* KoR 2005, 315).

einstweilen frei 50

II. Gewinnrealisierung nach Leistungsfortschritt

1. Grundsätze

51 Die Methode der Gewinnrealisierung nach dem Leistungsfortschritt (***percentage-of-completion*-Methode)** ist nach IAS 11.22 auf alle Fertigungsaufträge anzuwenden, bei denen Gesamterlöse, Gesamtkosten und Fertigstellungsgrad zuverlässig ermittelt werden können. Ein **Erfolgsbeitrag** entsteht nicht erst im Zeitpunkt der Vertragserfüllung, sondern fällt bereits nach Maßgabe des Leistungsfortschritts an. So erfolgt eine Gewinnrealisierung bereits auch dann, wenn noch kein rechtlicher Anspruch auf Abrechnung des Gesamtauftrags besteht.

Ist nach IAS 11.22 eine **verlässliche Schätzung** von Auftragskosten, Auftragserlös und Fertigstellungsgrad möglich, so sind entspr dem Leistungsfortschritt des Auftrags die Kosten und Erlöse am Bilanzstichtag jeweils als Aufwendungen oder Erträge zu erfassen. Ein erwarteter Verlust ist in voller Höhe zu bilanzieren (IAS 11.22, IAS 11.36).

52 Bei **Festpreisverträgen** liegen nach IAS 11.23 die Voraussetzungen für eine verlässliche Schätzung nur vor, wenn

(1) die Auftragserlöse zuverlässig ermittelt werden können,
(2) dem Unternehmen wahrscheinlich der wirtschaftliche Nutzen aus dem Fertigungsauftrag zufließen wird,
(3) die noch anfallenden Kosten bis zum Ende der Fertigstellung und der Fertigstellungsgrad des Projekts am Bilanzstichtag zuverlässig ermittelt werden können,
(4) die im Rahmen des Fertigungsauftrags anfallenden Kosten eindeutig bestimmt und verlässlich ermittelt werden, sodass ein Vergleich der bereits angefallenen Kosten mit vorherigen Schätzungen möglich ist.

53 Bei Vorliegen eines **Kostenzuschlagsvertrags** kann das Ergebnis des Auftrags nach IAS 11.24 zuverlässig geschätzt werden, wenn folgende Voraussetzungen gleichzeitig erfüllt sind:

(1) Aller Voraussicht nach fließt der wirtschaftliche Nutzen dem Auftragnehmer zu und
(2) die zurechenbaren Auftragskosten können eindeutig und verlässlich bestimmt werden, auch wenn sie nicht gesondert abrechenbar sind.

Sind die genannten Voraussetzungen nicht sämtlich erfüllt, muss eine **Schätzung** nach IFRS als **nicht verlässlich eingestuft** werden. In diesem Fall kann eine Realisierung der Ergebnisse nach dem Leistungsfortschritt nicht vorgenommen werden; die Erträge sind nur bis zur Höhe der angefallenen Aufwendungen anzusetzen (IAS 11.32; s Rz 68).

54, 55 *einstweilen frei*

2. Ermittlung des Fertigstellungsgrads

56 IAS 11.30 beschreibt **verschiedene Verfahren**, nach denen der **Fertigstellungsgrad** (auch als **POC-Faktor** bezeichnet) eines Auftrags **bestimmt** werden kann. Anzuwenden ist dasjenige, mittels dessen die erbrachte Leistung verlässlich zu ermitteln ist. Welche dieser Methoden am Besten geeignet ist, hängt von der Art des Auftrags und den vorhandenen Instrumenten der betrieblichen Kosten- und Leistungsrechnung ab. Der Bilanzierende ist in der Wahl der Methode unter der Voraussetzung frei, dass die erbrachte Leistung verlässlich bewertet werden kann (IAS 11.29). **Bilanzpolitischer Gestaltungsspielraum** wird auch durch die Methodenwahl eröffnet (vgl *Pottgießer/Velte/Weber* KoR 2005, 315).

57 Die Methoden zur Bestimmung des Fertigstellungsgrads eines Auftrags lassen sich grds in **inputorientierte Methoden** (Orientierung am Faktoreinsatz) und **outputorientierte Methoden** (Orientierung an der erbrachten Leistung) einteilen (s auch *Kirsch* KoR 2006, 53ff):

Methode	Kurzbeschreibung	Voraussetzung
inputorientierte Verfahren		
cost-to-cost-Methode	Verhältnis der bis zum Stichtag angefallenen Kosten zu den Gesamtkosten	funktionierende Kostenrechnung
effort-expended-Methode	Verhältnis des erbrachten Faktoreinsatzes zum gesamten Faktoreinsatz	homogener Faktoreinsatz, zB Stundenabrechnung
outputorientierte Verfahren		
units-of-delivery-Methode	Verhältnis der produzierten Teile zur Gesamtmenge lt Vertrag	gleichmäßige Entnahme von Teilen, Massengeschäft
value-added-Methode	Erreichen von zuvor vereinbarten milestones	objektiv messbare Zwischenergebnisse

58 Bei den inputorientierten Verfahren ist die ***cost-to-cost*-Methode** am weitesten verbreitet. Hierbei wird der Fertigstellungsgrad anhand der Relation der am Stichtag angefallenen Auftragskosten zu den geschätzten gesamten Auftragskosten ermittelt. Diese Methode kann nur dort sinnvolle Ergebnisse liefern, wo auf eine **verlässliche Kostenrechnung** zurückgegriffen werden kann.

Bei Anwendung der *cost-to-cost*-Methode sind nur diejenigen Auftragskosten in den bereits angefallenen Kosten zu erfassen, die mit der erbrachten Leistung **korrespondieren**. Dies schließt nach IAS 11.31 aus, dass bereits bezogene, aber noch auf Lager befindliche und zur Verarbeitung bestimmte Materialien in die Ermittlung des Fertigstellungsgrads einbezogen werden. Dies gilt ebenso für an Subunternehmer geleistete Vorauszahlungen für noch zu erbringende Leistungen. Dagegen sind dem Leistungsfortschritt entspr Anzahlungen an Subunternehmer sowie noch nicht verbrauchte, jedoch speziell für den Auftrag hergestellte Materialien (auftragsgebundenes Material IAS 11.31(a)) in die Auftragskosten einzubeziehen.

Der POC-Faktor wird zu jedem Stichtag unter Berücksichtigung neuester Erkenntnisse aus der Schätzung der gesamten Auftragskosten wie folgt ermittelt:

$$\text{POC-Faktor} = \frac{\text{zum Stichtag gebuchte Kosten (Eigenkosten + Fremdkosten)}}{\text{neueste geschätzte Gesamtkosten}}$$

Beispiel: Die geschätzten Auftragskosten betragen insgesamt € 500.000. Bislang sind Eigenkosten von € 90.000 angefallen, Subunternehmer haben € 120.000 in Rechnung gestellt. In den Eigenkosten sind noch auf Lager befindliche, noch nicht verbaute allgemeine Materialien von € 10.000 enthalten. Der Grad der Fertigstellung beträgt somit 40%.

59 Ist die Auftragsleistung durch einen relativ homogenen Faktoreinsatz gekennzeichnet, kann zur Ermittlung des POC-Faktors einfacher und dennoch verlässlich auf einen Vergleich des erbrachten Faktoreinsatzes mit dem geschätzten gesamten Faktoreinsatz ***(effort-expended-method)*** abgestellt werden, zB anhand der Relation der erbrachten zu den insgesamt kalkulierten Engineeringstunden ***(labour-hours-method).*** Der POC-Faktor wird dann aus der nachfolgenden Relation abgeleitet:

$$\text{POC-Faktor} = \frac{\text{Geleistete Arbeitsstunden}}{\text{Kalkulierte Gesamtstunden}}$$

60 Die **outputorientierten Verfahren** stellen auf die Leistungsseite ab und ermitteln den Fertigstellungsgrad anhand des Verhältnisses der erreichten zur insgesamt geschuldeten Leistung. Maßstab für die Ermittlung des Fertigstellungsgrads des Auftrags ist hier zB die Anzahl produzierter oder ausgelieferter Teile zur Zahl der lt Vertrag insgesamt zu liefernden Teile ***(units-of-delivery-method).***

Beispiel: Von dem als ein einheitlicher Fertigungsauftrag behandelten Vertragsvolumen von zehn Flugzeugen (s Beispiel Rz 27) sind bereits drei Einheiten ausgeliefert: der POC-Faktor beträgt mithin 30%.

61 Ferner kann auf die Vollendung eines physischen Teils des Vertragswerks, zB anhand erreichter *milestones*, abgestellt werden ***(value-added-method).*** Diese Methode ist bspw in der Bauindustrie denkbar, wo gem Makler- und Bauträgerverordnung festgeschriebene Sätze für den Bauablauf der einzelnen Gewerke angegeben sind (MaBV § 3 Abs 2).

Erhaltene Abschlagszahlungen und Anzahlungen sind nach IAS 11.30 idR kein geeigneter Maßstab zur Ermittlung des Fertigstellungsgrads.

62 Zur Ermittlung des jeweiligen **Periodengewinns** wird der nach Maßgabe des POC-Faktors ermittelte Teilgewinn um die in vergangenen Perioden bereits vereinnahmten Gewinne vermindert.

Beispiel: Der Vertrag zur Errichtung einer Großanlage sieht eine vierjährige Fertigstellungszeit vor. Dem vereinbarten Festpreis von T€ 160.000 stehen kalkulierte Gesamtkosten von T€ 140.000 ggü. Eine auf Wunsch des Auftraggebers in Periode X2 beantragte technische Abänderung führt bei Mehrkosten von T€ 4.000 zu einer Vertragspreiserhöhung von T€ 6.000. In Periode X3 ist konkret absehbar, dass zur vertragsgemäßen Fertigstellung in Periode X4 noch Beschleunigungskosten in Höhe von T€ 10.000 anfallen werden. Der Fertigstellungsgrad wird nach der *cost-to-cost-method* ermittelt. Aus diesen Angaben lassen sich zunächst folgende Daten gewinnen:

		Periode X1 T€	Periode X2 T€	Periode X3 T€	Periode X4 T€
(1)	Vertragspreis	160.000	160.000	160.000	160.000
(2)	Nachträge	–	6.000	6.000	6.000
(3)	= Auftragserlöse	160.000	166.000	166.000	166.000
(4)	Kalkulierte Auftragskosten (urspr)	140.000	140.000	140.000	140.000
(5)	Mehrkosten aus Nachträgen und mitlaufender Kalkulation	–	4.000	14.000	14.000
(6)	Auftragskosten	140.000	144.000	154.000	154.000
(7)	Angefallene Kosten (kumulativ)	28.000	72.000	123.200	154.000
(8)	Geschätzter Gesamtgewinn (3) – (6)	20.000	22.000	12.000	12.000
(9)	Fertigstellungsgrad (7) : (6)	20%	50%	80%	100%

Nach Maßgabe des Fertigstellungsgrads werden die anteiligen Erlöse und Kosten der jeweiligen Periode gegenübergestellt und daraus, unter Berücksichtigung der in den jeweiligen Vorperioden bereits vereinnahmten Gewinnanteile, der Periodenerfolg abgeleitet. Es ergibt sich folgende Ermittlung:

Periode		kumuliert T€	lfd Periode T€
X1	Umsatz	32.000	32.000
	Kosten	28.000	28.000
	Erfolge	4.000	4.000
X2	Umsatz	83.000	51.000
	Kosten	72.000	44.000
	Erfolge	11.000	7.000
X3	Umsatz	132.800	49.800
	Kosten	123.200	51.200
	Erfolge	9.600	– 1.400
X4	Umsatz	166.000	33.200
	Kosten	154.000	30.800
	Erfolge	12.000	2.400

Infolge des in Periode X3 geschätzten Gesamtgewinns von nur noch T€ 12.000 ggü der Schätzung aus Periode X2 von bisher T€ 22.000 ergibt sich die Notwendigkeit, in den Perioden X1 und X2 bereits vereinnahmte Teilgewinne zu korrigieren; dies führt in Periode X3 zu einem Verlust von T€ 1.400 (T€ 12.000 × 0,8 = T€ 9.600 abzüglich Periodengewinn X1 und X2 von zusammen T€ 11.000).

einstweilen frei 63–65

III. Schätzung zukünftiger Ergebnisse

IAS 11.29 beschreibt sowohl vertragsspezifische als auch unternehmensspezifische **Voraussetzungen,** nach denen davon auszugehen ist, dass Schätzungen der relevanten Komponenten der *percentage-of-completion*-Methode mit der erforderlichen Verlässlichkeit möglich sind. So muss der Vertrag jeder Vertragspartei **durchsetzbare Rechte und Pflichten** hinsichtlich der zu erbringenden Leistung einräumen, die zu erbringende Gegenleistung sowie Art und Bedingungen der Auftragserfüllung festlegen. Das Unternehmen muss darüber hinaus über ein geeignetes **Kostenrechnungssystem** verfügen, das eine Kostenzurechnung und eine Kostenbudgetierung ermöglicht. Schließlich sind Kosten, Erlöse und Fertigstellungsgrad regelmäßig zu überprüfen und ggf anzupassen. Dies bedingt das Vorhandensein eines funktionierenden Auftragscontrollings mit den relevanten Instrumenten der mitlaufenden Kalkulation und der Restkostenschätzung (vgl *IDW* RS HFA 2 Rz 13). In diesem Zusammenhang kann bei AG, die im Bereich von Fertigungsaufträgen tätig sind, auch die Qualität des nach § 91 AktG erforderlichen **Risikofrüherkennungssystems** Hinweise auf die Verlässlichkeit von Schätzungen geben. Sollten im Rahmen der Prüfung dieser Systeme durch den Abschlussprüfer erhebliche Einwendungen bestehen, könnte die Anwendbarkeit der POC-Methode fraglich sein. Es wäre dann nach der *zero-profit*-Methode zu bilanzieren (s Rz 68; *ADS*[1] Abschn 15 Rz 51). 66

Weitere Indikatoren für die **Verlässlichkeit** von Schätzungen sind uU vorhandene Erfahrungen mit ähnlichen Projekten und die Bewährung der Vorgehensweise bei Schätzungen in der Vergangenheit. Gelegentlich wird eingewandt, dass das Kriterium „Verlässlichkeit" als Anwendungsvoraussetzung der *percentage-* 67 *of-completion*-Methode letztlich große Wertungsspielräume und damit ein faktisches Methodenwahlrecht einräume (so *Lüdenbach* in Lüdenbach/Hoffmann IFRS[7] § 18 Rz 37f). Die Bilanzierungspraxis scheint den nicht von der Hand zu weisenden Prognoseunsicherheiten auftragsbezogen durch einen zeitlich verzögerten Einstieg in die *percentage-of-completion*-Bewertung zu begegnen (vgl Rz 69).

Eine verlässliche Schätzung des Auftragsergebnisses, insbes der Auftragskosten, ist häufig nur innerhalb von **Bandbreiten** möglich. Relevant ist dann unter analoger Anwendung der Regelungen in IAS 37 der **wahrscheinliche Wert** (hierzu ausführlich § 13 Rz 53ff; so auch *ADS*[1] Abschn 15 Rz 52).

68 Ist es tatsächlich nicht möglich, das Ergebnis eines Fertigungsauftrags verlässlich zu schätzen, sind die Voraussetzungen zur Anwendung der *percentage-of-completion*-Methode nicht kumulativ erfüllt. Insbes in der **Anfangsphase eines Fertigungsauftrags** kann das Ergebnis uU nicht sicher geschätzt werden. In diesem Fall sind gem IAS 11.32f Erlöse nur in der Höhe der angefallenen, wahrscheinlich einbringbaren Auftragskosten zu erfassen **(*zero-profit*-Ertragsrealisierung).** Es wird kein Gewinn ausgewiesen, da das Ergebnis noch nicht zuverlässig geschätzt werden kann. Übersteigen die Auftragskosten voraussichtlich die Auftragserlöse, wird dieser erwartete Differenzbetrag sofort im **Aufwand** erfasst (IAS 11.32f). Erst bei Wegfall der Unsicherheiten erfolgt eine den Regelungen von IAS 11.22ff folgende Erfassung von Auftragserlösen und Auftragskosten (IAS 11.35).

Beispiel: Eine Großanlage, mit der eine neue Technologie zum Einsatz kommen wird *(first of it's kind)*, soll in dreijähriger Bauzeit zu einem Festpreis von T€ 30.000 und kalkulierten Kosten von T€ 26.000 errichtet werden. In der Anfangsphase treten erhebliche technische Probleme auf, die keine verlässliche Kostenschätzung zum Bilanzstichtag X1 ermöglichen. Gleichwohl ist es wahrscheinlich, dass das Projekt mit einem positiven Erfolg abgeschlossen werden kann. In Periode X2 sind die Probleme überwunden, zusätzliche Kosten sind nicht angefallen. Bei Anwendung der *cost-to-cost-method* ergeben sich folgende Ausgangsdaten:

	Periode X1 T€	Periode X2 T€	Periode X3 T€
Vertragspreis	30.000	30.000	30.000
Kalkulierte Auftragskosten	ungewiss	26.000	26.000
Angefallene Kosten (kumuliert)	5.000	19.500	26.000
Geschätztes Gesamtergebnis	ungewiss	4.000	4.000
Fertigstellungsgrad	ungewiss	75%	100%

Aufgrund der Zweifel an der Verlässlichkeit der Schätzung darf in Periode X1 kein anteiliger Gewinn realisiert werden. Der Erlösausweis ist daher nur in Höhe der angefallenen Kosten von T€ 5.000 möglich. Nach Wegfall der Zweifel wird in Periode X2 der sich auf Basis des POC-Faktors von 75% ergebende Teilgewinn von T€ 3.000 realisiert, der auch den zuvor nicht realisierten Gewinn der Periode X1 mit umfasst. Es ergibt sich:

Periode		kumuliert T€	lfd Periode T€
X1	Umsatz	5.000	5.000
	Kosten	5.000	5.000
	Erfolg	0	0
X2	Umsatz	22.500	17.500
	Kosten	19.500	14.500
	Erfolg	3.000	3.000

Periode		kumuliert T€	lfd Periode T€
X3	Umsatz	30.000	7.500
	Kosten	26.000	6.500
	Erfolg	4.000	1.000

Da gerade die Anfangsphase eines langfristigen Fertigungsauftrags häufig von Prognoseunsicherheiten gekennzeichnet ist, wird in der Praxis in solchen Fällen – vereinfachend und zur Vermeidung von Prognoserisiken – die Ertragsrealisation nach Maßgabe des Fertigstellungsgrads oft erst mit Erreichen eines vor-gegebenen POC-Faktors begonnen. Solche Unsicherheiten treten insbes bei sog *first-of-it's-kind*-Aufträgen im Großanlagenbau auf. Liegt der Anarbeitungsgrad zum Stichtag unter dieser ***percentage-of-completion*-Einstiegsschwelle,** werden die Umsatzerlöse entspr der *zero-profit*-Methode nur in Höhe der Auftragskosten ausgewiesen; es kommt zu einem **„Null-Gewinn-Ausweis"** und damit im Projektverlauf zu einer verzögerten Gewinnrealisierung. Daneben finden sich in der Bilanzierungspraxis häufig **Wesentlichkeitsgrenzen** für Auftragswerte, bei deren Nichterreichen auf die Anwendung der *percentage-of-completion*-Methode generell verzichtet und stattdessen nach der *completed-contract*-Methode bilanziert wird. Diese **Vereinfachungen** der Praxis sind uE so lange nicht zu beanstanden, als dem Wesentlichkeitsgrundsatz entsprochen und das Postulat der *„fair presentation"* beachtet wird. 69

Im Verlauf eines Projekts können Ereignisse eintreten, die zu einer veränderten Schätzung von Auftragserlösen oder -kosten und damit auch zu einem anderen Auftragsergebnis führen. Die Effekte dieser **geänderten Schätzungen** werden nach IAS 11.38 entspr den Grundsätzen von IAS 8.32ff behandelt. Danach werden die Effekte der Änderungen erfolgswirksam in der Berichtsperiode, in der die Änderung vorgenommen wurde, sowie den nachfolgenden Berichtsperioden verrechnet. Eine Anpassung vorausgegangener Perioden erfolgt nicht (*cumulative catch-up method*; s hierzu das Beispiel unter Rz 69). Eine zeitanteilige Aufteilung der Schätzungsänderungen auf die Folgejahre *(reallocation method)* wird hier als nicht mit IAS 8 in Einklang stehend beurteilt (ebenso *ADS*[1] Abschn 16 Rz 140; *Seeberg* in Baetge ua IFRS-Komm[2] IAS 11 Rz 41). 70

einstweilen frei **71–75**

IV. Behandlung erwarteter Verluste

Übersteigen die gesamten Kosten voraussichtlich die gesamten Erlöse, müssen die **erwarteten Verluste** sofort als Aufwand erfasst werden (IAS 11.36). Verluste drohen ua, wenn die angefallenen Auftragskosten als **nicht werthaltig** einzuschätzen sind. Dies ist nach IAS 11.34 ua der Fall, wenn 76

(1) Verträge aufgrund zweifelhafter Gültigkeit nicht in vollem Umfang durchsetzbar sind,
(2) die Fertigstellung eines Auftrags vom Ausgang eines schwebenden Rechtsstreits oder Gesetzgebungsverfahrens abhängig ist,
(3) die Beschlagnahme oder Enteignung mit dem Auftrag in Verbindung stehender Vermögenswerte droht,
(4) der Kunde seinen Verpflichtungen nicht oder nicht in voller Höhe nachkommen kann,
(5) der Auftragnehmer nicht in der Lage ist, den Auftrag vertragsgemäß durchzuführen oder durchführen zu lassen.

Die Höhe des Verlusts wird unabhängig davon bestimmt, ob mit der Auftragsfertigung bereits begonnen wurde, wie hoch der Fertigstellungsgrad des Auftrags 77 ist und ob Gewinne aus anderen unabhängigen Verträgen anfallen (IAS 11.37). Die sofortige **Antizipierung** des Verlusts gilt sowohl für die *percentage-of-completion*-Methode als auch für die *zero-profit*-Ertragsrealisierung (dazu IAS 11.22, IAS 11.32 und IAS 11.36). Damit ist in jeder Phase der Auftragsabwicklung eine Gesamtbetrachtung des voraussichtlichen Auftragsergebnisses erforderlich: Verluste werden immer voll und nicht nur nach dem Fertigstellungsgrad berücksichtigt. Bereits vereinnahmte Gewinne bzw Verluste aus vorangegangenen Perioden erhöhen oder mindern den periodenbezogen zu berücksichtigenden Verlust. Schlägt ein Auftrag, für den bereits in Vorperioden Gewinne ausgewiesen wurden, in einen Verlustauftrag um, kumuliert sich der negative Ergebniseffekt, indem nunmehr nicht nur der erwartete Verlust, sondern auch die Korrektur des vorherigen Gewinnausweises den Periodenerfolg belastet. In einem solchen Fall kehrt sich die mit der Anwendung der *percentage-of-completion*-Methode intendierte Verstetigung des Erfolgsausweises in eine erhöhte Ergebnisvolatilität.

Beispiel: Anknüpfend an das Beispiel in Rz 61 werden aufgrund einer in Periode X3 erkannten Fehleinschätzung weitere T€ 15.000 Mehrkosten anfallen. Damit schlägt die Gewinnschätzung von T€ 12.000 in eine Verlusterwartung von T€ 3.000 um. Dies führt zu nachfolgender Entwicklung:

		Periode X1 T€	Periode X2 T€	Periode X3 T€	Periode X4 T€
(1)	Vertragspreis	160.000	160.000	160.000	160.000
(2)	Nachträge	–	6.000	6.000	6.000
(3)	= Auftragserlöse	160.000	166.000	166.000	166.000
(4)	Kalkulierte Auftragskosten	140.000	140.000	140.000	140.000
(5)	Mehrkosten	–	4.000	29.000	29.000
(6)	= Auftragskosten	140.000	144.000	169.000	169.000
(7)	Angefallene Kosten (kumuliert)	28.000	72.000	135.200	169.000
(8)	Geschätzter Gesamterfolg	20.000	22.000	– 3.000	– 3.000
(9)	Fertigstellungsgrad	20%	50%	80%	100%

Der erwartete Verlust von T€ 3.000 ist sofort, dh in Periode X3, in voller Höhe zu erfassen. Eine anteilige Verlustrealisation, zB nach Maßgabe des Fertigstellungsgrads, ist nicht möglich. Die Verrechnung des Verlusts ist innerhalb des gem IAS 11.42 ff zu bildenden aktiven oder passiven Postens für Fertigungsaufträge vorzunehmen (vgl Rz 84 ff).

Periode		kumuliert T€	lfd Periode T€
X1	Umsatz	32.000	32.000
	Kosten	28.000	28.000
	Erfolg	4.000	4.000
X2	Umsatz	83.000	51.000
	Kosten	72.000	44.000
	Erfolg	11.000	7.000
X3	erwarteter Verlust	– 3.000	– 3.000
	Umsatz	132.800	49.800
	Kosten	132.800	60.800
	Erfolg	– 3.000	– 14.000
X4	Umsatz	166.000	33.200
	Kosten	166.000	33.200
	Erfolg	– 3.000	0

Infolge der sofortigen Verlustverrechnung in Periode X3 stellt sich der Periodenverlust auf T€ 14.000 und beinhaltet neben dem erwarteten Gesamtverlust von T€ 3.000 auch das „Zurückdrehen" der bereits in Vorperioden vereinnahmten Gewinne von T€ 11.000. Für die Periodisierung der Kosten stehen daher ab der Periode X3 nur noch T€ 166.000 zur Verfügung. Die Differenz der in den Perioden X3 und X4 tatsächlich angefallenen Auftragskosten (Periode X3: T€ 135.200 – T€ 72.000 = T€ 62.200; Periode X4: T€ 169.000 – T€ 135.200 = T€ 33.800) zu den aufwandswirksam erfassten Kosten (Periode X3: T€ 60.800; Periode X4: T€ 33.200) ist als „Inanspruchnahme" der Verlustantizipation (Periode X3: T€ 2.400; Periode X4: T€ 600) zu verstehen (vgl *ADS*[1] Abschn 16 Rz 137).

Rückstellungen aus Fertigungsaufträgen können ua aus Gewährleistungskosten, Nachforderungen oder Vertragsstrafen erwachsen und werden nach IAS 37 behandelt (IAS 11.45), allerdings muss dabei IAS 37.5(a) beachtet werden. 78

einstweilen frei 79, 80

V. Währungsumrechnung

Besondere Überlegungen sind anzustellen, wenn Fertigungsaufträge in fremder Währung abgeschlossen werden. Die **Grundproblematik** besteht darin, dass sich die Umsatzrealisierung in diesen Fällen über einen längeren Zeitraum vollzieht. 81

Grds schreibt IAS 21.21 vor, dass beim **erstmaligen Ansatz** eine Umrechnung der relevanten Posten mit dem Kassakurs am Tag des Geschäftsvorfalls zu erfolgen hat. Dieser Kurs ist zB beim Verkauf einer Ware einfach und eindeutig zu bestimmen. Bezogen auf die Bilanzierung von Fertigungsaufträgen bedeutet dies jedoch, dass die Währungsumrechnung mit dem Kassakurs zu dem Zeitpunkt (oder den Zeitpunkten) durchzuführen ist, die in Einklang mit den nach IAS 11 relevanten Zeitpunkten der Erlösrealisierung stehen. Diese hat nach Maßgabe des Auftragsfortschritts zu erfolgen. Hieraus folgt, dass unter dem Gesichtspunkt der Währungsumrechnung

(1) die Bestimmung des umzurechnenden Auftragserlöses in der fremden Währung und
(2) die Umrechnung dieses Fremdwährungsumsatzes in die funktionale Währung mit dem Kassakurs zum jeweiligen Realisierungszeitpunkt vorzunehmen ist.

In der Praxis werden oftmals monatliche **Durchschnittskurse** verwendet; dies ist sachgerecht, wenn innerhalb der jeweiligen Periode die Wechselkursschwankungen nur geringfügig sind (IAS 21.22).

Die **Folgebewertung** unterscheidet hinsichtlich der anzuwendenden Umrechnungskurse danach, ob es sich bei den umzurechnenden Vermögenswerten oder Schulden um monetäre oder nicht-monetäre Posten handelt (IAS 21.23; vgl § 2 Rz 129). Aktivisch auszuweisende Forderungen aus Fertigungsaufträgen oder zu passivierende Verpflichtungen aus Fertigungsaufträgen sind sachlogisch als monetäre Posten zu behandeln; ihre „Umsatznähe" indiziert ein Recht auf Zahlungen für Leistungen, die nach dem Verständnis des IAS 11 erbracht wurden oder spiegeln eine entspr Verpflichtung wider.

Beispiel: Ein deutscher Anlagenbauer wickelt einen Auftrag vom 1. 1. X1 bis zum 31. 12. X1 für einen amerikanischen Kunden ab, Auftragswert $ 100.000.

Fertigstellungsgrad am 30. 11. X1 = 60%, entspr werden $ 60.000 realisiert.

Fertigstellungsgrad am 31. 12. X1 = 100%, entspr werden $ 100.000 realisiert.

In diesem Zeitraum haben sich die Währungskurse wie folgt entwickelt:

1. 1.–30. 11. X1: Durchschnittskurs € 0,6 = $ 1 (keine Schwankungen in diesem Zeitraum) Dezember X1: Durchschnittskurs € 0,7 = $ 1 31. 12. X1: Stichtagskurs € 0,8 = $ 1.

Fall 1: Zahlungseingang zu 100% nach dem 31. 12. X1.
Die monatlichen Umsätze sind zum jeweiligen Durchschnittskurs umzurechnen:
1. 1.–30. 11. X1: $ 60.000 × 0,6 = € 36.000 Dezember X1: $ 40.000 × 0,7 = € 28.000
Der Gesamterlös beträgt somit € 64.000.

Da die Forderungen aus Fertigungsaufträgen monetäre Posten darstellen, sind sie zum Stichtagskurs am Periodenende umzurechnen. Die Währungsgewinne/-verluste sind nicht innerhalb der Umsatzerlöse, sondern als sonstige Erträge auszuweisen. Zum 31. 12. X1 ergibt sich nach folgenden Überlegungen ein Währungsgewinn von € 16.000:

Zwischen dem 1. 1. X1 und dem 30. 11. X1 sind keine Währungsverschiebungen aufgetreten, sodass der in diesem Zeitraum entstandene, zum Durchschnittskurs umgerechnete (nicht fakturierte) Umsatz zum Jahresende zum Stichtagskurs umzurechnen ist. Entspr gilt für den Dezember-Umsatz:

$ 60.000 × (0,8–0,6) = € 12.000
$ 40.000 × (0,8–0,7) = € 4.000.

Zum 31. 12. X1 realisiert der Anlagenbauer $ 100.000, die nach dem Stichtagskurs € 80.000 entsprechen. Dies korrespondiert mit dem in Euro umgerechneten Umsatz von € 64.000 und dem Währungsgewinn von € 16.000.

Fall 2: Anzahlung von 100% am 1. 1. X1.
Die Anzahlung wird als monetärer Posten behandelt. Da vom 1. 1. X1 bis 30. 11. X1 keine Wechselkursänderungen zu verzeichnen waren, ist lediglich die zum 30. 11. nicht durch entspr Auftragsfortschritt verbrauchte Anzahlung von $ 40.000 umzurechnen; diese entspricht dem auf Dezember entfallenden Auftragserlös von $ 40.000. Es entsteht ein Währungsverlust von € 4.000:

$ 40.000 × (0,7–0,6) = € 4.000.

In der Summe ergibt sich ein Erlös von € 60.000, der mit € 64.000 auf den Auftragserlös und mit € 4.000 auf den Währungsverlust entfällt. Dies korrespondiert mit der am 1. 1. X1 erhaltenen Anzahlung von $ 100.000, umgerechnet zum Stichtagskurs am 1. 1. X1 von € 0,6 = $ 1.

82, 83 *einstweilen frei*

D. Ausweis von Fertigungsaufträgen in Bilanz und Gesamtergebnisrechnung/Gewinn- und Verlustrechnung

84 Die **bilanzielle Abbildung** von Fertigungsaufträgen ist in IAS 11 nicht dezidiert geregelt. Gleichwohl ist hier IAS 11.42 einschlägig. Danach sind Fertigungsaufträge mit einem **aktiven Saldo** als **Vermögenswert**, mit einem **passiven Saldo** als **Schuld** anzusetzen. Nach IAS 11.43 beinhaltet der aktive Posten die aktivierbaren Auftragskosten zuzüglich anteiliger Gewinne, gekürzt um die ausgewiesenen kumulierten Verluste und die herausgelegten Teilabrechnungen. Ein passiver Saldo ergibt sich dagegen für alle lfd Aufträge, bei denen nach IAS 11.44 die Teilabrechnungen die angefallenen Kosten zuzüglich Gewinnanteile abzüglich ausgewiesener Verluste übersteigen. Eine Verrechnung aktiver mit passiven Posten bei mehreren Fertigungsaufträgen widerspricht dem **Saldierungsverbot** nach IAS 1.32, sodass in der Bilanz häufig beide Posten zu finden sind.

85 Hinsichtlich der **Zuordnung** der Aktiv- oder Passivposten aus Fertigungsaufträgen zu bestimmten **Bilanzposten** trifft IAS 11 keine Aussage. Entspr dem Grundgedanken der Bilanzierung von Fertigungsaufträgen mit der Maßgabe der Umsatz- und Teil-/Gewinnrealisierung unabhängig von formalrechtlichen Gesichtspunkten (Abnahme, Gefahrenübergang) überwiegt der Forderungscharakter des **Aktivpostens;** dies führt zu einem Ausweis unter den Forderungen (so auch *IDW* RS HFA 2 Rz 17; *Krawitz* DStR 1997, 839). Vereinzelte Auffassungen halten dagegen einen Ausweis unter den Vorräten (vgl *Busse von Colbe/Seeberg* ZfbF 1999, 79) für zwingend geboten; diese Ansicht findet in IAS 11 jedoch keine Stütze. Auch die Bilanzierungspraxis präferiert überwiegend einen Ausweis unter den Forderungen. Der Ausweis des Postens kann, soweit er einen aktivischen Saldo ausweist, zB als **„Künftige Forderungen aus Fertigungsaufträgen“** erfolgen. Das IDW sieht als Postenbezeichnung **„Fertigungsaufträge mit einem aktivischen Saldo ggü Kunden“** vor (vgl *IDW* RS HFA 2 Rz 17). Vereinzelt ist in der Praxis eine Zusammenfassung mit den übrigen Forderungen bei entspr Angabe im Anhang zu finden; diese Ausweismöglichkeit wird vom IDW abgelehnt (vgl *IDW* RS HFA 2 Rz 20), sollte aber bei stark aggregierten Bilanzen möglich sein.

Für Posten mit **passivischem Saldo** ist hinsichtlich des Ausweises zu **differenzieren**. Je nachdem, ob ein passiver Posten auf überhängende Teilabrechnungen oder aber auf eine Verlustantizipation zurückzuführen ist, kommt im Falle eines Bilanzausweises die Zuordnung zu den sonstigen Schulden oder den Rückstellungen in Betracht (zur Abgrenzung sonstiger Schulden von Rückstellungen s § 13 Rz 4f). Im Fall des Überwiegens von Teilabrechnungen als Ursache eines Passivpostens sollte nach überwiegender und auch nach der hier vertretenen Auffassung die Bildung eines gesonderten Postens unter den Schulden (zB *ADS*[1] Abschn 16 Rz 155), zB als **„Verpflichtungen aus Fertigungsaufträgen“**, erfolgen. In Betracht kommt auch die Postenbezeichnung **„Fertigungsaufträge mit passivischem Saldo ggü Kunden“** (vgl *IDW* RS HFA 2 Rz 19). Ist der Passivposten dagegen ausschließlich auf eine Verlustantizipation zurückzuführen, wird ein Ausweis unter den Rückstellungen für möglich gehalten (auch *ADS*[1] Abschn 16 Rz 155; aA zB *Heuser/Theile*[3] Rz 1734). **86**

Sind **verschiedene Fertigungsaufträge** mit passivem Saldo, aber **unterschiedlichem Charakter** (Rückstellung bzw Schuld) vorhanden, würde eine dem Charakter der Verpflichtung folgende Zuordnung zu verschiedenen Bilanzposten zu einer Aufsplittung des gem IAS 11.44 für alle Aufträge zusammen anzugebenden Passivpostens führen. Diese spezifische Aufteilung in der Bilanz sollte möglich sein, wenn gleichzeitig die gem IAS 11.44 geforderte zusammengefasste Darstellung des Passivpostens im Anhang gemacht wird. **87**

Eine **Saldierung** von aktivischen und passivischen Salden aus Fertigungsaufträgen ist nicht zulässig (vgl *IDW* RS HFA 2 Rz 19). **88**

Teilabrechnungen und **erhaltene Anzahlungen** werden nach folgenden Grundsätzen ausgewiesen: **89**

Teilabrechnungen, die vor Fertigstellung des Gesamtauftrags bereits geleistete Auftragsteile zur Abrechnung bringen ***(progress billings)***, sind unabhängig davon, ob bereits eine Zahlung erfolgt ist, aus dem POC-Auftrag abzuziehen (IAS 11.43(b)). Ist die Zahlung noch nicht eingegangen, erfolgt ein Ausweis des offenen Betrags unter Forderungen aus Lieferungen und Leistungen:

Beispiel:	Auftrag A	Auftrag B
Auftragskosten	80.000	60.000
Realisierter Erfolg		
– Gewinn		5.000
– Verlust	– 10.000	
Teilabrechnungen	– 75.000	– 40.000
Künftige Forderungen		
aus Fertigungsaufträgen		25.000
Verpflichtungen aus		
Fertigungsaufträgen	5.000	

90 **Anzahlungen** *(advances)* werden im Allgemeinen unabhängig vom Leistungsfortschritt als Vorauszahlung auf noch nicht erbrachte Leistungen vereinnahmt. Erhaltene Anzahlungen sind grds als gesonderter Posten in der Bilanz auszuweisen. Sowohl in der Literatur (zB *Lüdenbach* in Lüdenbach/Hoffmann IFRS[7] § 18 Rz 76) als auch in der Praxis wird, entgegen dem Wortlaut von IAS 11.43, überwiegend die Auffassung vertreten, dass erhaltene Anzahlungen zunächst gegen den Fertigungsauftrag verrechnet werden können. Ein noch verbleibender Zahlungsüberhang ist sodann als Verbindlichkeit auszuweisen (ähnlich *Heuser/Theile*[3] Rz 1743).

91 In der **Gesamtergebnisrechnung** (erfolgswirksamer Teil) bzw der gesonderten **GuV** (sofern erstellt) wird gedanklich eine Teilfakturierung unterstellt, indem die erbrachte Leistung als Umsatz gebucht und der Fertigungsaufwand ergebnisbelastend verrechnet wird. Die Erlöse aus Fertigungsaufträgen sind bei den Umsatzerlösen gesondert anzugeben; alternativ kommt eine Anhangangabe in Betracht (*IDW* RS HFA 2 Rz 22).

92 Die Differenz aus Umsatz einschließlich Gewinnanteil und Fertigungsaufwand ergibt den anteiligen Gewinn der Periode. IAS 11.22 verlangt dabei die Erfassung der Auftragserlöse und der Auftragskosten jeweils entspr dem Fertigstellungsgrad. Werden zur Ermittlung des Fertigstellungsgrads Methoden verwendet, die sich nicht wie die *cost-to-cost-method* an den als Aufwand erfassten Auftragskosten orientieren, so kann zur Darstellung des zutreffenden Periodengewinns eine **Kostenabgrenzung** erforderlich werden. Überschreiten die gebuchten Auftragskosten einer Periode die nach Maßgabe des Fertigstellungsgrads zu verrechnenden Auftragskosten, so ist eine aktive Anpassung, im umgekehrten Fall eine passive Abgrenzung vorzunehmen.

Beispiel: Hinsichtlich der Ermittlung des Fertigstellungsgrads einer innerhalb von drei Perioden zu errichtenden Großanlage wird das *milestones*-Verfahren angewendet. Bei Gesamtkosten von T€ 9.000 wird ein Festpreis von T€ 12.000 vereinbart.

			Periode X1 T€	Periode X2 T€	Periode X3 T€
	Ausgangsdaten				
(1)	Auftragserlöse		12.000	12.000	12.000
(2)	Auftragskosten		9.000	9.000	9.000
(3)	angefallene Auftragskosten		3.000	2.000	4.000
(4)	kumulierte Auftragskosten		3.000	5.000	9.000
(5)	Gesamtgewinn		3.000	3.000	3.000
(6)	Fertigstellungsgrad		20%	70%	100%
	Periodenerfolge				
(7)	Umsatzerlöse		2.400	6.000	3.600
(8)	Auftragskosten		1.800	4.500	2.700
(9)	Periodengewinn		600	1.500	900
(10)	Abgrenzung	aktiv	1.200	–	–
		passiv	–	1.300	–

Die in Periode X1 gebuchten Auftragskosten von T€ 3.000 sind in Höhe von T€ 1.200 mittels eines aktiven Abgrenzungspostens zu neutralisieren (3.000 – 9.000 × 0,2). Dagegen unterschreiten in Periode X2 die kumulierten gebuchten Auftragskosten von T€ 5.000 die nach Maßgabe des Fertigstellungsgrads von 70% zu verrechnenden Auftragskosten von T€ 6.300 (9.000 × 0,7) um T€ 1.300, sodass hier die Bildung eines entspr passiven Abgrenzungspostens erforderlich ist.

93 Die **Anpassung** der gebuchten Auftragskosten an die entspr dem Fertigstellungsgrad auszuweisenden Auftragserlöse und -kosten steht mit IAS 11.22 in

Einklang (***revenue-cost approach***). Die alternative Vorgehensweise, nämlich eine Anpassung der Umsatzerlöse entspr dem zu verrechnenden Gewinnanteil unter Ansatz der tatsächlichen Kosten vorzunehmen (*gross-profit approach*), ist dagegen als mit IAS 11.22 nicht vereinbar abzulehnen (so auch *ADS*[1] Abschn 16 Rz 161; aA *Seeberg* in Baetge ua IFRS-Komm[2] IAS 11 Rz 43).

einstweilen frei **94–96**

E. Anwendung von IAS 11 in besonderen Fällen

I. Dienstleistungskonzessionsvereinbarungen nach IFRIC 12

Vor dem Hintergrund knapper Mittel der öffentlichen Hand sind in den vergangenen Jahren im Bereich von **Infrastrukturmaßnahmen** zunehmend Partnerschaften zwischen Privatunternehmen und dem öffentlichen Sektor entstanden. Diese sind darauf gerichtet, an Infrastrukturaufgaben, die traditionell dem öffentlichen Sektor zugewiesen sind – Straßen-, Brücken- und Tunnelbau, Einrichtungen der Wasser- oder Energieversorgung, Krankenhäuser, Gefängnisse etc – auch Privatunternehmen zu beteiligen. Im Rahmen dieser sog **PPP-Projekte** *(public private partnership)* übernimmt der private Partner *(operator)* je nach Vereinbarung die Entwicklung, Finanzierung, Betrieb und Unterhaltung eines solchen Projekts. **97**

IFRIC 12 *(Service Concession Arrangements)* behandelt Bilanzierungsfragen solcher **Infrastrukturkonzessionsverträge** auf Seiten des **privaten Partners** in den Fällen, in denen dieser die Erstellung der neuen oder die grundlegende Verbesserung einer bereits vorhandenen Infrastruktur übernimmt und diese für einen definierten Zeitraum betreibt und unterhält. Hierfür erhält der Konzessionsnehmer seitens des öffentlichen Vertragspartners *(grantor)* eine Vergütung. **98**

Die Anwendung von IFRIC 12 setzt voraus, dass

(1) der öffentliche Partner maßgeblichen Einfluss auf die Art der Dienstleistung, den Empfänger der Dienstleistung und die von den Nutzern der Einrichtung erhobenen Gebühren (IFRIC 12.5(a), IFRIC 12.AG3) hat,

(2) der öffentliche Partner über den Restwert der Einrichtung nach Vertragsablauf verfügen kann; dies beschränkt den Konzessionsnehmer praktisch, die Einrichtung zu verkaufen oder zu verpfänden (IFRIC 12.5(b), IFRIC 12.AG4).

Anderenfalls ist zu prüfen, ob die Vereinbarungen zwischen dem Konzessionsgeber und dem Konzessionsnehmer nicht ein **Leasingverhältnis** begründen, das eine Bilanzierung nach IAS 17 erfordert (IFRIC 12.AG8).

Typische Merkmale von nach IFRIC 12 zu behandelnden Dienstleistungskonzessionsvereinbarungen sind ferner (IFRIC 12.3): **99**

(1) der private Partner ist wesentlich für die Leitung des Infrastrukturprojekts verantwortlich,

(2) der Vertrag legt den Preis sowie Modalitäten zu Preisanpassungen fest,

(3) der private Partner ist verpflichtet, die Einrichtung am Ende der Vertragslaufzeit in einem festgelegten Zustand an den Konzessionsgeber zurückzugeben.

Hinsichtlich der Bilanzierung von unter IFRIC 12 fallende Dienstleistungskonzessionsverträge ist die **Errichtungsphase** und die **Betriebsphase** zu unterscheiden. **100**

Die im Rahmen der **Errichtungsphase** entstehenden Erlöse und Kosten sind nach IAS 11 zu behandeln und im Jahresabschluss mittels der POC-Methode als Umsatzerlöse und Forderungen aus Fertigungsaufträgen abzubilden (IFRIC 12.14).

101 Eine je nach Vertragsgestaltung differenzierte Betrachtung erfordert dagegen die **Betriebsphase**: Sieht der Vertrag ein unbedingtes Recht auf Zahlung durch den **öffentlichen Partner** für die Errichtung und den Betrieb des Infrastrukturprojekts vor, so ist diese Gegenleistung beim Konzessionsnehmer als **finanzieller Vermögenswert** zu behandeln (*financial asset model*, IFRIC 12.16, IFRIC 12.23 ff, IFRIC 12.BC 37). Danach werden die im Laufe der Betriebsphase anfallenden Einnahmen mit der POC-Forderung verrechnet. Sind hingegen die **Nutzer** des Infrastrukturprojekts zur Zahlung von **Nutzungsentgelten** verpflichtet, ist das seitens des öffentlichen Partners eingeräumte Recht/die Lizenz, Nutzungsgebühren zu erheben, als ein **immaterieller Vermögenswert** zu behandeln (*intangible asset model*, IFRIC 12.17 und IFRIC 12.26). In diesem Fall ist das Recht über die Laufzeit des Vertrags abzuschreiben. Dagegen stehen Erlöse aus dem POC-Auftrag als auch aus den Nutzungsentgelten.

102 Schließlich sind Konstellationen denkbar, nach denen ein Vertrag sowohl zu einem **finanziellen** als auch einem **immateriellen Vermögenswert** führt (IFRIC 12.18): Garantiert der Konzessionsgeber Mindesteinnahmen für im Übrigen von den Nutzern der Infrastruktur aufzubringenden Entgelte, so ist für die kapitalisierten Mindesteinnahmen von einem *financial asset*, für die darüber hinausgehenden Ertragserwartungen dagegen von einem *intangible asset* auszugehen (vgl *Lüdenbach* in Lüdenbach/Hoffmann IFRS[7] § 18 Rz 68).

103 Die Erfassung von **Erlösen** und **Kosten** für **Dienstleistungen** im Rahmen des Betriebs der Einrichtung richtet sich nach IAS 18 (IFRIC 12.20). Oftmals beinhalten die Vertragsvereinbarungen eine Verpflichtung des privaten Partners, die Infrastruktureinrichtung instand zu halten oder sie am Ende der Vertragslaufzeit in einem definierten Zustand zu übergeben. Hierfür sind nach den Regeln von IAS 37 **Rückstellungen** zu bilden (IFRIC 12.21).

Beispiel (Grundsachverhalt): Eine Kommune vergibt den Bau eines Tunnels an die private Tube AG; dieser obliegt Bau und Finanzierung dieses Projekts. Die kalkulierten Baukosten belaufen sich auf T€ 2.000, der kalkulatorische Gewinnaufschlag beträgt 12%. Die Vertragsdauer beläuft sich auf 6 Jahre nach Errichtung und Inbetriebnahme. Nach Vertragsablauf geht der Tunnel ohne Entschädigung auf die Kommune über. Die Voraussetzungen für eine Einordnung des Vertrags unter IFRIC 12 sollen vorliegen.

Fall 1 ***(financial asset model)***: Als Gegenleistung erhält die Tube AG für die Vertragslaufzeit jährliche Zahlungen von T€ 484, insgesamt also T€ 2.904. Der Kalkulationszinssatz beträgt 8%. Die POC-Forderung entwickelt sich in der **Bilanz** danach wie folgt (vgl auch das ausführliche Beispiel in IFRIC 12.IE8 ff):

(1) Ausweis einer POC-Forderung von T€ 2.240 entspr der Fertigstellung des Tunnels im Jahr X1 unter Realisierung des Gewinns von T€ 240.

(2) Verrechnung der Forderung in den Jahren X2 bis X7 mit den jährlichen (annuitätischen) Zahlungen unter Berücksichtigung der vorzunehmenden Aufzinsung der Forderung.

Bilanz							
Jahr	X1	X2	X3	X4	X5	X6	X7
Forderung 1. 1.		2.240	1.935	1.606	1.249	864	449
Zahlung		– 484	– 484	– 484	– 484	– 484	– 484
Aufzinsung		179	155	127	99	69	35
Forderung 31. 12.	2.240	1.935	1.606	1.249	864	449	0

In der **Gesamtergebnisrechnung** bzw der gesonderten **GuV** (sofern erstellt) wird bei den Erlösen zum Ende des ersten Jahrs ein Umsatz aus POC-Aufträgen von T€ 2.240 ausgewiesen; in den Jahren X2 bis X7 wird der Ertrag aus der Aufzinsung der Forderung von insgesamt T€ 664 vereinnahmt. Die Summe aus Umsatzerlös und Zinsertrag entspricht mit T€ 2.904 den erzielten Einnahmen.

Gesamtergebnisrechnung/GuV								
Jahr	X1	X2	X3	X4	X5	X6	X7	Gesamt
POC-Umsatz	2.240							2.240
Zinsertrag		179	155	127	99	69	35	664
								2.904

Fall 2 ***(intangible asset model)***: Die Kommune räumt der Tube AG als Gegenleistung für die Errichtung und den Betrieb des Tunnels das Recht ein, für eine Laufzeit von 6 Jahren von den Nutzern des Tunnels Mautgebühren in einer kalkulierten Gesamtsumme von T€ 2.904 zu erheben. Die **bilanzielle** Behandlung der POC-Forderung hat zu berücksichtigen, dass die Tube AG mit Fertigstellung des Tunnels die durch die Fertigungsleistung begründete Forderung gegen einen immateriellen Vermögenswert, nämlich das Recht, Mautgebühren zu erheben, eintauscht. Dieser immaterielle Vermögenswert ist über die 6-jährige Vertragslaufzeit abzuschreiben.

Bilanz							
Jahr	X1	X2	X3	X4	X5	X6	X7
Immaterielles Vermögen 1. 1.		2.240	1.867	1.494	1.121	748	375
Abschreibung		– 373	– 373	– 373	– 373	– 373	– 375
immaterielles Vermögen 31. 12.	2.240	1.867	1.494	1.121	748	375	0

In der **Gesamtergebnisrechnung** bzw der gesonderten **GuV** (sofern erstellt) werden neben dem POC-Umsatz von T€ 2.240 auch die jährlichen Mauterlöse von T€ 484 sowie gegenläufig die Abschreibung des immateriellen Vermögenswerts wirksam.

Gesamtergebnisrechnung/GuV								
Jahr	X1	X2	X3	X4	X5	X6	X7	Gesamt
POC-Umsatz	2.240							2.240
Mautgebühren		484	484	484	484	484	484	2.904
Abschreibung		– 373	– 373	– 373	– 373	– 373	– 375	– 2.240
								2.904

IFRIC 12 wurde vom IASB am 30. November 2006 veröffentlicht und liegt in einer geänderten Fassung vom 12. Januar 2008 vor. IFRIC 12 wurde am 25. März 2009 von der EU in europäisches Recht übernommen und ist damit für alle **IFRS-Anwender in der EU** für Geschäftsjahre, die am oder nach dem 29. März 2009 beginnen, verbindlich anzuwenden. 104

einstweilen frei 105

II. Vereinbarungen über die Errichtung von Immobilien nach IFRIC 15

Der am 3. Juli 2008 herausgegebene IFRIC 15 befasst sich mit der bilanziellen Behandlung des **Verkaufs von Immobilien** in solchen Fällen, in denen bei Vertragsabschluss das **Bauvorhaben noch nicht abgeschlossen** oder noch gar nicht begonnen wurde. Die Interpretation zeigt die Leitlinien auf, nach denen zu entscheiden ist, ob die jeweilige Vereinbarung in den Anwendungsbereich des 106

IAS 11 Fertigungsaufträge oder des **IAS 18 Erträge** fällt und wann die Umsatzrealisierung zu erfolgen hat (IFRIC 15.6; s auch § 15 Rz 41).

Generell ist festzustellen, dass IFRIC 15 die Voraussetzungen für das Vorliegen eines Fertigungsauftrags iSv IAS 11 für die hier relevanten Vereinbarungen **spezifiziert**. Dies kann zur Folge haben, dass ein bisher als Fertigungsauftrag nach IAS 11 behandelter Vertrag hinsichtlich der Umsatz- und Ertragserfassung nach der Interpretation des IFRIC 15 nun nicht mehr nach der POC-Methode entspr dem Auftragsfortschritt zu behandeln ist, sondern dass eine Realisierung zu einem einzigen Zeitpunkt (Fertigstellung oder Lieferung) zwingend ist.

107 Als **Fertigungsauftrag iSv IAS 11** sind Vereinbarungen über die Errichtung einer Immobilie dann anzusehen, wenn der **Käufer** vertraglich in der Lage ist, die strukturellen Hauptelemente des Bauplans vor Baubeginn oder die Änderung wesentlicher Elemente nach Baubeginn zu **bestimmen**. In diesem Fall erfolgt die Bilanzierung des Fertigungsauftrags, ggf einschließlich der hiermit in unmittelbarem Zusammenhang stehenden Verträge für weitere Dienstleistungen, entspr den Regeln von IAS 11 (Anwendung der POC-Methode), sofern die erforderlichen Schätzungen des Baufortschritts und der Kosten verlässlich erfolgen können (IFRIC 15.11 und IFRIC 15.13).

108 Dagegen ist die **Anwendung von IAS 18** geboten, wenn dem **Erwerber** diese **Rechte nicht zustehen**. Der Vertrag lässt es in diesen Fällen idR nur zu, dass der Käufer in einem untergeordneten Maß Einfluss auf die Gestaltung nimmt, zB durch die Möglichkeit der Auswahl von Ausstattungselementen aus einem vom Verkäufer vorgegebenen Katalog (IFRIC 15.12). In diesen Fällen ist in einer zweiten Stufe zu prüfen, ob die vertragliche Vereinbarung als ein **reiner Dienstleistungsvertrag** zu beurteilen ist; dies kann der Fall sein, wenn der Vertrag den Kauf und die Bereitstellung der Baumaterialien nicht mit einschließt. Die bilanzielle Abbildung hat dann nach IAS 18.20 zu erfolgen, der eine Umsatzrealisierung nach Auftragsfortschritt (entspr IAS 11) fordert (IFRIC 15.15). Damit kommt in diesen Fällen die *percentage-of-completion*-Methode zur Anwendung. Umfasst der Vertrag aber sowohl die Bereitstellung der Materialien als auch die Errichtung der Immobilie, handelt es sich um eine **reine Lieferung**, auf die die Grundsätze von IAS 18.14 anzuwenden sind. Die Umsatz- und Ergebnisrealisierung ist im Zeitpunkt der Verschaffung der Verfügungsmacht und dem Übergang der Rechte und Pflichten auf den Käufer vorzunehmen (IFRIC 15.16 und IFRIC 15.18).

109 Die **Anwendung** von IFRIC 15 ist für Geschäftsjahre verpflichtend, die am oder nach dem 1. Januar 2009 beginnen. Das Endorsement des IFRIC 15 steht derzeit (Stand 1. Mai 2009) noch aus.

110–112 *einstweilen frei*

F. Angaben im Anhang

113 Folgende Angaben sind, sofern nicht aus Bilanz oder Gesamtergebnisrechnung bzw gesonderter GuV (sofern erstellt) unmittelbar ersichtlich, im **Anhang** zu machen:

(1) die in der Berichtsperiode erfassten Erlöse aus Fertigungsaufträgen (IAS 11.39(a)),

(2) die Methoden zur Ermittlung der in der Berichtsperiode erfassten Erlöse aus Fertigungsaufträgen (IAS 11.39(b)), dh Anwendung der *percentage-of-completion*-Methode und/oder der *zero-profit-margin*-Methode,

(3) die Methoden zur Ermittlung des Fertigstellungsgrads der lfd Projekte (IAS 11.39(c)).

Zu lfd Projekten sind nach IAS 11.40 zusätzlich folgende Angaben zu machen:

(4) die kumulierten angefallenen Kosten und realisierten Gewinne (abzüglich geschätzter Verluste) für lfd Projekte (IAS 11.40(a)),

(5) der Betrag erhaltener Anzahlungen für lfd Projekte (IAS 11.40(b)),

(6) Beträge für Einbehalte lfd Projekte, die dem Kunden in Rechnung gestellt wurden und erst bei der Erfüllung bestimmter Voraussetzungen oder nach erfolgter Fehlerbehebung fällig werden (IAS 11.40(c)).

Weiterhin sind nach IAS 11.42 folgende Angaben von einem Unternehmen zu machen, die aber idR durch den Ausweis entspr Bilanzposten erfüllt sind (s Rz 85 ff):

(7) als Vermögenswert sind Aufträge ggü dem Kunden mit aktivem Saldo anzugeben und

(8) Aufträge mit passivem Saldo sind als Schulden auszuweisen.

Darüber hinaus können sich **weitere Angabepflichten** hinsichtlich der mit 114
Fertigungsaufträgen in Verbindung stehenden Rückstellungen, Eventualschulden und -forderungen (Gewährleistungen, Vertragsstrafen etc) ergeben. Es wird auf entspr Angabepflichten aus IAS 37 verwiesen.

Nachfolgend wird **ein Beispiel** für die Pflichtangaben sowie deren betragsmäßige Ermittlung dargestellt.

Beispiel: Ein Anlagenbauer hat in der Periode X1 drei Aufträge in Bearbeitung, die in Folgeperioden zum Abschluss kommen werden. Es ist von folgenden Daten auszugehen:

	A T€	B T€	C T€	Gesamt T€
Auftragserlöse	100.000	80.000	80.000	260.000
Angefallene Auftragskosten	80.000	50.000	80.000	210.000
Realisierte Gewinne	20.000	–	–	20.000
Verrechnete Verluste	–	30.000	15.000	45.000
Teilabrechnungen	70.000	–	–	70.000
Abschlagszahlungen	–	40.000	–	40.000
Erhaltene Anzahlungen	–	–	30.000	30.000

Aus den vorstehenden Angaben lassen sich die nachstehenden Angabenpflichten ableiten; auf die Nennung qualitativer Angaben (zB Methoden zur Ermittlung des Fertigstellungsgrads) wird hier verzichtet.

IAS 11	Angaben	Betrag T€
39(a)	In Periode X1 erfasste Auftragserlöse	260.000
40(a)	In Periode X1 angefallene Auftragskosten und ausgewiesene Gewinne abzüglich ausgewiesener Verluste	185.000
40(b)	Erhaltene Anzahlungen	30.000
42(a)	Fertigungsaufträge mit aktivem Saldo ggü Kunden	95.000
42(b)	Fertigungsaufträge mit passivem Saldo ggü Kunden	– 20.000

Die Berechnung der obenstehenden Betragsangaben ist nachstehender Tabelle zu entnehmen:

	A T€	B T€	C T€	Gesamt T€
Angefallene Auftragskosten	80.000	50.000	80.000	210.000
Ausgewiesene Gewinne	20.000	–	–	20.000
Ausgewiesene Verluste	–	– 30.000	– 15.000	– 45.000
	100.000	20.000	65.000	185.000
Teilabrechnungen, Abschlagszahlungen	70.000	40.000	–	110.000
Fertigungsaufträge mit aktivem Saldo	30.000		65.000	95.000
Fertigungsaufträge mit passivem Saldo	–	– 20.000	–	– 20.000

115 Die Angabe gem IAS 11.39(a) im Anhang ist entbehrlich, soweit die Periodenerlöse aus der Auftragsfertigung in der Gesamtergebnisrechnung bzw gesonderten GuV (sofern erstellt) separat ausgewiesen werden. Entspr gilt für die Angaben gem IAS 11.42(a) und IAS 11.42(b), soweit die Aktiv- und Passivposten in der Bilanz zB als „künftige Forderungen aus Fertigungsaufträgen" oder „Verpflichtungen aus Fertigungsaufträgen" ausgewiesen werden (s Rz 84f).

116–119 *einstweilen frei*

G. Latente Steuern

120 Über das handelsrechtliche Maßgeblichkeitsprinzip wird die steuerliche Gewinnermittlung ua vom **Realisationsprinzip** getragen. Danach kann der gesamte Gewinn eines Fertigungsauftrags erst im Zeitpunkt der Fertigstellung mit Gefahrenübergang auf den Kunden realisiert werden. Nach IAS 11 ist dagegen über die Anwendung der *percentage-of-completion*-Methode eine anteilige Gewinnrealisierung entspr dem Auftragsfortschritt vorzunehmen. Es kommt damit zu einem höheren Bilanzausweis parallel zur vorgezogenen (anteiligen) Gewinnrealisierung. Die **temporären Differenzen** führen zum Ansatz eines **Passivpostens** für latente Steuern (s § 25 Rz 105).

121 Bei **Verlustaufträgen** ist sowohl nach IAS 11 als auch nach den handelsrechtlichen Vorschriften des HGB der voraussichtliche Verlust sofort in die Bilanzierung einzubeziehen. Jedoch sind nach Auffassung der Finanzverwaltung Auftragsverluste nur begrenzt zu berücksichtigen. Soweit Fertigungsaufträge zum Bilanzstichtag angearbeitet sind, ist ein voraussichtlicher Auftragsverlust lediglich in Höhe des Aktivpostens als Teilwertabschreibung zu erfassen. Die Bildung einer **Rückstellung für drohende Verluste** aus schwebenden Geschäften für über die aktive Kürzung hinausgehende Verlustbeträge ist steuerlich nicht gestattet. Die von der steuerlichen Vorgehensweise abweichende vollständige Verlusterfassung im IFRS-Abschluss führt zur Abgrenzung eines **aktiven latenten Steueranspruchs** (vgl § 25 Rz 110).

122–125 *einstweilen frei*

H. Gegenüberstellung zu HGB/DRS

I. Regelungen nach HGB

Die Bilanzierung bei langfristiger Auftragsfertigung nach HGB ist vom **Realisationsprinzip** geprägt und weicht insoweit und mit materiellen Auswirkungen von den IFRS-Regeln ab. Die langfristige Fertigung von Vermögensgegenständen ist nach handelsrechtlicher Auffassung dadurch gekennzeichnet, dass zwischen Auftragsbeginn und Fertigstellung mindestens ein Bilanzstichtag liegt (*Baetge/Kirsch/Thiele*[9], 681) bzw der Herstellungsprozess sich sogar über mehrere Geschäftsjahre erstreckt (*Ellrott/Brendt* in BeBiKo[6] § 255 HGB Rz 457 mwN). Dagegen ist nach IFRS die Dauer der Abwicklung eines Fertigungsauftrags kein Abgrenzungskriterium (*IDW* RS HFA 2 Rz 3; *Heuser/Theile*[3] Rz 1702); auch nur wenige Monate lfd Aufträge werden, wenn die Voraussetzungen von IAS 11.3 ff erfüllt sind, nach den relevanten IFRS behandelt. Dies hat unterjährig insbes bei der Aufstellung von Zwischenabschlüssen Bedeutung, in denen ebenso wie im Jahresabschluss eine Gewinnrealisierung entspr dem Leistungsfortschritt zu erfolgen hat. **126**

Infolge des Realisationsprinzips nach HGB ist eine Realisierung des Auftragsgewinns erst dann möglich, wenn der Auftraggeber das Werk abgenommen und dieses damit die Gefahrensphäre des Leistenden verlassen hat. Die Gewinnrealisierung stellt mithin auf die vollständige Vertragsabwicklung ab **(*completed-contract*-Methode).** Dagegen sind die vor oder während des Herstellungsprozesses anfallenden nicht aktivierungsfähigen Kosten (zB Vertriebskosten; Teile der Verwaltungskosten) bereits bei Anfall aufwandsmäßig zu verrechnen. Dies kann im Ergebnis zu einem Ertragsausweis führen, der einem den tatsächlichen Verhältnissen entspr Bild iSd Generalnorm des § 264 Abs 2 Satz 1 HGB entgegensteht (s zB *Ellrott/Brendt* in BeBiKo[6] § 255 HGB Rz 457). Dagegen wird der dem Leistungsfortschritt entspr Ergebnisausweis entspr der ***percentage-of-completion*-Methode** als eher mit der **Generalklausel** in Einklang stehend beurteilt (vgl *Baetge/Kirsch/Thiele*[9], 685). **127**

Um zu vermeiden, dass, bedingt durch die Anwendung der HGB-konformen *completed-contract*-Methode mit der Folge eines uU auftretenden verzerrten Gewinnausweises, ein unzutreffendes Bild von der Lage des Unternehmens gezeichnet wird, finden sich in der Praxis häufig Vertragsgestaltungen, die handelsrechtlich zulässige Teilgewinnrealisierungen mittels **Teilabrechnungen** ermöglichen. Einheitliche Kriterien für die Zulässigkeit haben sich gleichwohl nicht herausgebildet. Es darf aber davon ausgegangen werden, dass folgende Voraussetzungen für die Zulässigkeit von Teilabrechnungen zwingend vorliegen müssen (s zB *Baetge/Ziesemer* in Baetge/Kirsch/Thiele Bilanzrecht-Komm[1] § 252 HGB Rz 204): **128**

(1) Im Auftrag müssen qualifizierte Teilabnahmen vereinbart sein;
(2) der Gesamtauftrag muss sich, gleichsam als Rahmenvertrag, wirtschaftlich sinnvoll in Teilleistungen zerlegen lassen;
(3) die abgenommene Teilleistung darf das Gesamtfunktionsrisiko für den Auftrag nicht mehr beeinflussen;
(4) aus dem Gesamtauftrag darf sich voraussichtlich kein Verlust ergeben.

Darüber hinaus wird diskutiert, ob die Langfristfertigung nicht einen **Ausnahmefall** nach § 252 Abs 2 HGB begründet, wonach eine Durchbrechung des Realisationsprinzips gerechtfertigt wäre (zum Meinungsstand vgl *Ellrot/Brendt* in BeBiKo[6] § 255 Rz 460). Dabei wird die zustimmende Position vom Vorliegen verschiedener Voraussetzungen abhängig gemacht, die kumulativ erfüllt sein **129** müssen (vgl *ADS*[6] § 252 HGB Rz 86ff). In diesem Rahmen wird diskutiert, welchen **Umfang** die **Teilgewinnrealisierung,** die sich faktisch aus einem Ansatz der unfertigen Leistungen über die bilanziell höchstmöglichen Herstellungskosten hinaus ergibt, annehmen kann. Hier reichen die Auffassungen von einer Erhöhung der Herstellungskosten bis zu den am Stichtag erreichten Selbstkosten, also unter Einschluss der Vertriebskosten und der nicht aktivierungsfähigen Teile der Verwaltungskosten, bis zu einer Einbeziehung anteiliger Gewinne. Letztgenannte Position, die nach der hier vertretenen Auffassung jedoch abzulehnen ist, kommt einer Teilgewinnrealisierung nach IFRS durch Anwendung der *percentage-of-completion*-Methode im Ergebnis sehr nahe; allerdings sind die Voraussetzungen, nach denen eine Teilgewinnrealisierung als Ausnahmefall des § 252 Abs 2 HGB als zulässig erachtet wird, wesentlich enger als die allgemeinen Voraussetzungen nach IAS 11 (vgl hierzu *ADS*[1] Abschn 16 Rz 181).

130 Im **Ergebnis** bleibt festzuhalten, dass die nach handelsrechtlichen Prinzipien zwingend anzuwendende *completed-contract*-Methode nach IAS 11 unzulässig ist und daher bei der Bilanzierung von Fertigungsaufträgen regelmäßig **materielle Bewertungsunterschiede** zwischen einem HGB- und einem IFRS-Abschluss auftreten. Diese werden im Falle von Teilabrechnungen oder von Teilgewinnrealisierungen als Ausnahmefall des § 252 Abs 2 HGB graduell abgemildert.

Auch durch die Änderungen des **BilMoG** bleibt das handelsrechtliche Realisationsprinzip bestehen. Explizite Regelungen zur Behandlung von Fertigungsaufträgen werden auch durch die Änderungen des BilMoG nicht in das HGB aufgenommen.

II. Regelungen nach DRS

131 Im Hinblick auf die Bilanzierung von Fertigungsaufträgen ist **E-DRS 17 „Erlöse“** zu nennen, der Regelungen für die Behandlung und Bewertung von Erlösen im Zusammenhang mit dem Verkauf von Dienstleistungen aus der gewöhnlichen Geschäftstätigkeit für den Konzernabschluss trifft. In diesem Rahmen befasst sich E-DRS 17 auch mit Erlösen aus periodenübergreifenden Aufträgen. Konzeptionell fasst dieser Standard die innerhalb der IFRS in zwei unterschiedlichen Standards, nämlich IAS 11 und IAS 18, getroffenen Regelungen zusammen.

132 **E-DRS 17** trifft im Hinblick auf die Bilanzierung von Fertigungsaufträgen Regelungen, die im Ergebnis denen nach **IAS 11 vergleichbar** sind. Dies betrifft namentlich die Anwendung der *percentage-of-completion*-Methode, wonach für die Gewinnrealisierung eine förmliche Abnahme von Teilleistungen und ein Gefahrenübergang auf den Kunden nicht erforderlich sind.

Ob E-DRS 17 in seiner jetzigen Form in Kraft tritt, erscheint uE aus heutiger Sicht fraglich. Die in diesem Entwurf für Fertigungsaufträge vollzogene **Abkehr** vom **Realisationsprinzip** ist mit den geltenden handelsrechtlichen Vorschriften des HGB, die dieser Standard ja interpretiert, nicht vereinbar. Die weitere Entwicklung bleibt daher abzuwarten.

133–135 *einstweilen frei*

I. Aktuelle Entwicklungen/IASB-Projekte

136 Derzeit arbeitet das IASB gemeinsam mit dem amerikanischen Standardsetter FASB an einem **Konvergenzprojekt zur Erlöserfassung** (Projekt *revenue recognition*). Der derzeitige Zeitplan des IASB sieht einen Entwurf des Standards für das zweite Halbjahr 2009 vor, die endgültige Verabschiedung nicht vor 2011. Inwieweit dieser Standard Auswirkungen auf IAS 11 hat, bleibt abzuwarten.

§ 10. Forderungen aus Lieferungen und Leistungen und sonstige Forderungen

Übersicht

Schrifttum: *Feld* Bilanzierung von ABS-Transaktionen im IFRS-Abschluss, Düsseldorf 2007; *Hultsch* Wirtschaftliche Zurechnung von Forderungen bei Asset-Backed-Securities-Transaktions, DB 2000, 2129; *Kuhn/Scharpf* Rechnungslegung von Financial Instruments nach IAS 39, 3. Aufl, Stuttgart 2006,

Wesentliche Rechtsgrundlagen: IAS 32, IAS 39, IFRS 7

A. Grundlagen

In diesem Kapitel wird die Bilanzierung von **Forderungen aus Warenlieferungen und Leistungen und sonstigen Forderungen** bilanzpostenorientiert dargestellt (zu Eventualforderungen s Rz 73f, zu den Grundlagen der Bilanzierung von Finanzinstrumenten s § 3 Rz 24ff). Zu den Regelungen über **Ausweis** und **Anhangangaben** von Forderungen wird auf das Kapitel Finanzinstrumente 1

(§ 3 Rz 196ff) sowie die Anhangcheckliste (s Anlage I dieses Handbuchs) verwiesen.

2 Für die Bilanzierung von Forderungen nach IFRS ist zunächst zwischen Forderungen auf **vertraglicher Basis** und Forderungen auf **nicht vertraglicher Basis** zu unterscheiden.

(1) Forderungen aufgrund von Verträgen sind zB Forderungen aus Warenlieferungen und Leistungen, sonstige Forderungen, wie zB aus dem Verkauf von Anlagevermögen, Bonus- und Prämienansprüchen, Rückvergütungen, Reisekosten- und Gehaltsvorschüssen, Schadensersatz aus Verträgen, Rückgriffsansprüchen aus Bürgschaften, separaten Zinsansprüchen, Dividendenansprüchen oder durch Abtretung erworbene Forderungen zB aus Factoring;

(2) sonstige Forderungen ohne vertragliche Grundlage betreffen zB gesetzliche Schadensersatzansprüche, Zuwendungen der öffentlichen Hand, Rückzahlungsansprüche aus Sozialabgaben, Steuerforderungen und Forderungen aus Investitionszulagen.

3 Forderungen auf vertraglicher Basis sind **Finanzinstrumente** und daher entspr IAS 32 und IAS 39 zu bilanzieren. Liegen keine vertraglichen Ansprüche zugrunde, handelt es sich um sonstige Vermögenswerte, die nach den allgemeinen Grundsätzen des Rahmenkonzepts bzw aufgrund spezieller Standards zu bilanzieren sind (zB Forderungen aus öffentlichen Zuwendungen nach IAS 20).

4 Eine Abgrenzung zwischen Forderungen aus Lieferungen und Leistungen und sonstigen Forderungen nach der Haupttätigkeit des Unternehmens wie nach HGB wird nach IFRS nicht vorgenommen (*Ellrott/Krämer* in BeBiKo[6] § 266 HGB Rz 112f). Insoweit werden Forderungen aus Lieferungen und Leistungen und sonstige Forderungen regelmäßig gemeinsam ausgewiesen (Anhang zu IAS 1).

Nach IAS 1.54 sind Forderungen aus Lieferungen und Leistungen und sonstige Forderungen in der Bilanz gesondert auszuweisen und entspr IAS 1.77 **in der Bilanz oder im Anhang** entspr der Geschäftstätigkeit des Unternehmens weiter **aufzugliedern**. Mindestens sind Forderungen wie folgt aufzugliedern (IAS 1.78(b)):

(1) Forderungen ggü Handelskunden,
(2) Forderungen ggü nahestehenden Personen und Unternehmen (s § 20 Rz 31),
(3) Vorauszahlungen,
(4) sonstige Beträge.

5 Es wird deutlich, dass der Begriff Forderungen iSd IAS 1 weit mehr beinhaltet als Forderungen aus Lieferungen und Leistungen

In der **Bilanz** ist eine Untergliederung in weitere Posten vorzunehmen, wenn sich die Vermögenswerte nach ihrer Art oder Funktion unterscheiden (IAS 1.59). Gleichermaßen sind die Art und die Liquidität sowie der Zweck von Vermögenswerten Maßgrößen zur Abgrenzung von Posten (IAS 1.58(a) und (b)).

Forderungen aus Lieferungen und Leistungen sind **grds als kurzfristige** Vermögenswerte (s § 7 Rz 7) anzusehen, da ihre Realisation zumeist innerhalb von zwölf Monaten bzw dem normalen Geschäftszyklus erwartet wird. Nur in Ausnahmefällen kommt ein Ausweis unter den langfristigen Vermögenswerten in Betracht.

6 Im Gegensatz hierzu liegen **Ausleihungen** regelmäßig erst dann vor, wenn nicht mehr der Zahlungsausgleich für Lieferungen oder Leistungen im Vordergrund steht, sondern die Kapitalgewährung. Werden zB Maschinen bei gleichzeitiger langfristiger Kreditgewährung durch den Händler veräußert, so sind diese Forderungen innerhalb der Finanzanlagen auszuweisen (zur Abgrenzung langfristiger Vermögenswerte s § 3 Rz 38; zu Leasingverträgen s § 22 Rz 1).

B. Forderungen aus Lieferungen und Leistungen

I. Anwendungsbereich

Forderungen aus Lieferungen und Leistungen oder sonstigen Lieferungen (zB Anlagenverkäufen, Forderungserwerb) sind entspr IAS 32.11 **finanzielle Vermögenswerte**, deren Bilanzierung und Bewertung durch IAS 32 und IAS 39 geregelt ist (s § 3 Rz 48). 7

II. Kategorisierung

Finanzielle Vermögenswerte sind nach den Regelungen des IAS 39 bestimmten Kategorien zuzuordnen. Für Forderungen kommt dabei im Wesentlichen die Kategorie **Kredite und Forderungen** *(„loans and receivables")* in Frage, der nach der aktuellen Fassung des IAS 39 sowohl originär entstandene als auch erworbene Forderungen zugeordnet werden können. Voraussetzung für die Zuordnung ist, dass der Forderung **feste** oder **bestimmbare Zahlungen** zugrunde liegen und die Forderungen nicht auf einem aktiven Markt gehandelt werden dürfen (zum Begriff § 3 Rz 69). Forderungen, die das Unternehmen kurzfristig zu verkaufen beabsichtigt oder die Handelszwecken dienen, sind hingegen der Kategorie **zu Handelszwecken gehalten** *(„held for trading")* zuzuordnen. 8

Besteht **keine Handelsabsicht**, so verbleibt die „Restkategorie" **zur Veräußerung verfügbare** *(„available for sale")* Vermögenswerte (zB für erfüllungshalber abgetretene Forderungen, erworbene Forderungen mit Realisierung durch Zahlungseingang). Wenn durch die Bewertung der Forderungen zum beizulegenden Zeitwert Inkongruenzen vermieden werden können oder das Unternehmen Portfolien, die Forderungen beinhalten, nach dem Zeitwert steuert und dies der vom Unternehmen verfolgten Risikostrategie entspricht, ist unter bestimmten engen Voraussetzungen (s § 3 Rz 60) auch eine Zuordnung in die Kategorie **erfolgswirksam zum beizulegenden Zeitwert bewertet** *(„at fair value through profit or loss")* zulässig. Eine Übersicht über die Zuordnungsmöglichkeiten gibt die folgende Tabelle: 9

Kredite und Forderungen	Regelfall	Kein aktiver Markt: feste oder bestimmbare Zahlungen
Zu Handelszwecken gehalten	Ausnahme	Kurzfristiger Verkauf
Zur Veräußerung verfügbar	Wahlmöglichkeit	Restkategorie
Erfolgswirksam zum beizulegenden Zeitwert bewertet	Ausnahme, umfangreiche Dokumentationsanforderungen	Verringerung von Inkongruenzen (IAS 39.9(b)(i)) Portfoliosteuerung zum Zeitwert (IAS 39.9(b)(ii))
Bis zur Endfälligkeit gehalten	Entfällt für Forderungen aus Lieferungen und Leistungen	Feste oder bestimmbare Zahlungen; Halteabsicht bis zur Endfälligkeit

III. Ansatz

10 Forderungen, die aufgrund **eigener Werk-** oder **Dienstleistungen** entstehen, sind in der Bilanz erstmalig in dem Zeitpunkt zu erfassen, in dem die Lieferung oder Leistung erbracht wurde, dh wenn die vertraglich geschuldete Verpflichtung zur Lieferung von Waren oder Erbringung von Dienstleistungen erfüllt ist und damit ein Anspruch auf das vereinbarte Entgelt besteht (unbedingte Forderung; IAS 39.AG35(b); zum Zeitpunkt der Ertragsrealisierung nach IAS 18 s § 2 Rz 91). Das verbleibende **Ausfallrisiko** ist durch die Forderungsbewertung und das **Gewährleistungsrisiko** durch entspr Gewährleistungsrückstellungen zu berücksichtigen (s § 13 Rz 127).

11 Bei **Kaufverträgen** kommt es grds wie nach HGB auf den Zeitpunkt der Übertragung der Chancen und Risiken an (durch Übergabe, Auslieferung an den Spediteur, *fob-* oder *cif-*Klauseln; s *Ellrott/St.Ring* in BeBiKo[6] § 247 HGB Rz 80ff auch nach Modernisierung des Schuldrechts ab 1. Januar 2002). Sind Anzeichen vorhanden, dass der Verkäufer wesentliche Chancen und Risiken aus dem Verkauf zurückbehält, ist keine Forderung anzusetzen. **Beispiele** hierfür sind (IAS 18.16(a) bis IAS 18.16(d)):

(1) Übernahme von Gewährleistungsverpflichtungen über das übliche Mass hinaus,
(2) Abhängigkeit der Erlöse vom Weiterverkauf der Ware,
(3) Erbringen von wesentlichen Zusatzleistungen noch ausstehend (zB wesentliche Montage und Aufstellungsleistungen),
(4) Rücktrittsrechte, wenn der Verkäufer die Wahrscheinlichkeit des Rücktritts nicht einschätzen kann.

12 Über die Wahrscheinlichkeit der Inanspruchnahme von **Rücktritts- oder Rückgaberechten** sind im Rahmen des üblichen Lieferverkehrs idR Erfahrungswerte vorhanden, die beim Ansatz der Forderung berücksichtigt werden (nach HGB wird hier eine Rückstellung gebildet). Sind Forderungen ausgeglichen, bevor die Ware zurückgeht, ist für das Rückgaberisiko eine Rückstellung zu bilden. Sind keine Erfahrungswerte vorhanden, kann die Forderung erst erfasst werden, wenn die Rückgabefrist beendet ist oder der Käufer zu einem früheren Zeitpunkt die Ware endgültig abgenommen hat.

13 Verträge über **Verkäufe mit Rückkaufsrechten** des Verkäufers *(call-option)* oder Vereinbarungen, bei denen der Käufer dem Verkäufer die Ware wieder andienen kann und der Verkäufer dies annehmen muss (geschriebener *put*) müssen auf ihren wirtschaftlichen Inhalt untersucht werden. Bleiben die wesentlichen Chancen und Risiken beim Verkäufer, werden keine Forderungen erfasst.

14 Bei **Werkverträgen** gehen abhängig von der Vertragsgestaltung die Chancen und Risiken mit Fertigstellung (§ 646 BGB) oder mit Abnahme (§ 644 Abs 1 BGB) auf den Besteller über. Handelt es sich dabei um **langfristige Fertigungsaufträge,** sind Forderungen entspr dem Fertigstellungsgrad zu aktivieren, sofern die Voraussetzungen des IAS 11 erfüllt sind (weiteres hierzu s § 9 Rz 51ff) mindestens aber in Höhe der angefallenen Herstellungskosten *(zero-profit-method).* Teilabrechnungen *(progress billings)* für vertragsbedingt erbrachte Leistungen aus Fertigungsaufträgen mindern die Forderungen (IAS 11.43; s § 9 Rz 89).

15 Für die Bilanzierung von **Mehrkomponentenverträgen** gibt es nach IFRS im Gegensatz zu US-GAAP noch keine umfassenden Regelungen, daher lehnt man sich idR an die allgemeinen Regelungen des Frameworks und US-GAAP an (IAS 8.10ff). Mehrkomponentenverträge treten häufig beim Verkauf von Software auf. Einzelheiten zur Erlösrealisierung finden sich in § 15 Rz 32. Die korrespondierenden Forderungen sind einzubuchen, wenn die entspr Leistungen (Lieferung der Lizenz, Hotline, Wartung etc) erbracht werden.

Allgemein kommt es für Forderungen aus **Dienstleistungsverträgen** auf den Zeitpunkt der Erbringung der Dienstleistung an (zur Ertragsvereinnahmung bei Dienstleistungsverträgen s § 15 Rz 18). Handelt es sich um eine Forderung, deren Entstehen an den Eintritt von weiteren Bedingungen geknüpft ist (wie zB Geschäftsabschluss bei Vermittlungsprovisionen), so kann eine Forderung erst mit Eintritt der Bedingung bilanziert werden, da die Leistungserbringung hier nicht ausreicht. 16

Für die Bilanzierung von Forderungen aus **Zinsen** oder **Nutzungsentgelten** ist eine zeitproportionale bzw periodengerechte Ermittlung zugrunde zu legen (zur Erfassung von Dividendenforderungen s § 7 Rz 55). 17

Vertraglich vereinbarte **Anzahlungen** – auch wenn diese zB nach Leistungsfortschritt eines Bauvorhabens fällig werden – sind entspr der Definition des IAS 32.11 keine Finanzinstrumente. Bis zum Zeitpunkt der Zahlung bzw des Erhalts handelt es sich um schwebende Geschäfte, die weder nach HGB noch nach IFRS zu bilanzieren sind. 18

Geleistete Anzahlungen auf Vorräte sind unter den kurzfristigen Vermögenswerten zu zeigen. **Erhaltene Anzahlungen auf Vorräte** sind im Gegensatz zu § 268 Abs 5 HGB nicht offen von den Vorräten abzusetzen, sondern als kurzfristige Verbindlichkeiten getrennt auszuweisen, da entspr IAS 1.60 kurz- und langfristige Vermögenswerte und kurz- und langfristige Schulden getrennt voneinander auszuweisen sind. Saldierungen sind nur zulässig, wenn dies von einem Standard erlaubt oder gefordert wird (IAS 1.32). 19

Anzahlungen für Sachanlagen sind langfristige Vermögenswerte, die unter dem Posten zu erfassen sind, für den sie geleistet wurden (s § 5 Rz 218). 20

Bei **Forderungen** aus dem eigenen Lieferungs- und Leistungsverkehr gibt es keine Unterschiede zwischen Handels- und Erfüllungstag. Der Ansatz erfolgt damit immer am **Erfüllungstag.** 21

Erworbene Forderungen sind grds in dem Zeitpunkt anzusetzen, in dem das Unternehmen Vertragspartner ist und zur Leistung oder Gegenleistung berechtigt bzw verpflichtet wird (IAS 39.14). Der Ansatzzeitpunkt wird regelmäßig durch den Übertragungszeitpunkt (Abtretung) der Forderung bestimmt. 22

Grds ist beim Ansatz von erworbenen Ausleihungen die **Interaktion** mit den **Ausbuchungsvoraussetzungen** beim Veräußerer zu berücksichtigen (IAS 39.AG50). 23

IV. Bewertung bei erstmaliger Erfassung

Die Bewertung von Forderungen aus Lieferungen und Leistungen beim erstmaligen Ansatz erfolgt unabhängig von der Einordnung in die verschiedenen Kategorien von Finanzinstrumenten zu **Anschaffungskosten**. Die Anschaffungskosten entsprechen dem beizulegenden Zeitwert der zB durch Lieferung einer Ware hingegebenen Gegenleistung (IAS 39.43; § 3 Rz 136). 24

Der **beizulegende Zeitwert** entspricht dem Wert der vereinbarten Gegenleistung und leitet sich dabei regelmäßig aus dem vereinbarten Preis für die Lieferung oder Leistung abzüglich von Preisnachlässen oder Mengenrabatten ab (IAS 18.10). Nebenleistungen sind nicht mit einzubeziehen.

Für **erworbene Forderungen** ergeben sich die Anschaffungskosten ebenfalls aus dem Wert der Gegenleistung. In den meisten Fällen entspricht diese dem Betrag an hingegebenen oder vereinbarten Zahlungsmitteln. Der ursprüngliche Nominalwert der erworbenen Forderungen ist unerheblich. 25

Nicht- oder unterverzinsliche Forderungen sind mit ihrem **Barwert** zum Zeitpunkt der Ausreichung oder des Erwerbs anzusetzen, wenn der Diskon- 26 tierungsbetrag wesentlich ist (IAS 39.AG79, F. 29f; zum Zinssatz s § 3 Rz 169). Zur Abzinsung wird ein Zinssatz verwendet, der für Finanzinstrumente gleicher Bedingungen, Laufzeit, Bonität, Währung und sonstiger den Zinssatz determinierende Faktoren verwendet wird (IAS 39.AG79). Kurzfristige Forderungen aus Lieferungen und Leistungen sind deshalb regelmäßig zum Nominalwert zu erfassen.

27 *einstweilen frei*

V. Folgebewertung

28 Forderungen, die in der Kategorie Kredite und Forderungen erfasst werden, sind mit **fortgeführten Anschaffungskosten** zu bewerten (IAS 39.46). Fortgeführte Anschaffungskosten im Zusammenhang mit Forderungen entsprechen der Fortentwicklung der Erstbewertung wie folgt:

Gegenleistung ggf Barwert
+ Aufzinsung
./. Tilgung
./. Wertminderung
= fortgeführte Anschaffungskosten

Wird beim erstmaligen Ansatz von un- oder unterverzinslichen Forderungen der Barwert angesetzt, ist die Forderung bis zur Fälligkeit aufzuzinsen. Dies erfolgt nach der **Effektivzinsmethode** unter Anwendung des beim erstmaligen Ansatz verwendeten Zinssatzes. Die entspr Zinsen sind Bestandteil des Finanzergebnisses.

Regelmäßig sind bei Forderungen aus Lieferungen und Leistungen bis zum Zahlungseingang die ursprünglichen Anschaffungskosten zu bilanzieren, so lange keine substanziellen Hinweise auf Wertminderungen vorliegen und damit kein Wertminderungstest ausgelöst wird (s § 3 Rz 173).

29 Bei **Fremdwährungsforderungen** ist der Stichtagskurs der Bewertung zugrunde zu legen. Wertänderungen sind erfolgswirksam zu erfassen.

30 Werden Forderungen aus Lieferungen und Leistungen aufgrund bestehender **Handelsabsicht** bis zur Veräußerung in der Kategorie zu Handelszwecken gehaltene Finanzinstrumente erfasst oder werden sie nach IAS 39.9 der Kategorie erfolgswirksam zum beizulegenden Zeitwert bewertet zugeordnet, ist die Folgebewertung zum beizulegenden Zeitwert vorzunehmen. Dieser wird auf Basis des Barwerts der zu erwartenden Zahlungen unter Berücksichtigung der entspr Bonitäten ermittelt.

VI. Wertminderung

31 Für **Forderungen** der Kategorie Kredite und Forderungen sind Wertminderungen im Wesentlichen für **Bonitätsrisiken** zu prüfen. Das Risiko einer vom Marktzinsniveau abweichenden Verzinsung wird in dieser Kategorie nicht als Wertminderungsrisiko erfasst (s § 3 Rz 173ff). Währungsrisiken werden durch die Umrechnung von Fremdwährungsforderungen zum Stichtagskurs berücksichtigt.

32 Die Ermittlung von Wertminderungen von Forderungen nach IAS 39 erfolgt nach dem ***„incurred loss"*-Modell**. Wertminderungen liegen hiernach vor, wenn es objektive Hinweise auf Wertminderungen gibt, die auf konkreten Ereignissen nach dem erstmaligen Ansatz der Forderung beruhen und Auswirkungen auf

künftige Zahlungsströme aus der Forderung haben, die verlässlich ermittelt werden können (IAS 39.59). Künftige Ereignisse sind nicht in Ermittlung der Wertminderung einzubeziehen.

Die Ermittlung des Wertminderungsbedarfs erfolgt nach einem **zweistufigen** 33 **Verfahren**, das in § 3 Rz 175f beschrieben ist. Hierfür werden Forderungen zunächst **einzeln** auf Wertminderungsbedarf untersucht.

Neben den zum Bilanzstichtag einzeln als wertgemindert identifizierten Forderungen enthalten Forderungsbestände grds immanente Wertminderungsrisiken (IAS 39.58). Bestehen **substanzielle Hinweise** auf Wertminderungsrisiken, die den Forderungsbestand über die einzeln erfassten Risiken hinaus treffen können, ist eine **pauschale Wertberichtigung auf Portfoliobasis** vorzunehmen (s § 3 Rz 180). Für diese Beurteilung sind die bereits einzeln wertgeminderten Forderungen nicht einzubeziehen (IAS 39.64). Die Gruppierung des **Forderungsportfolios** erfolgt nach möglichen Kreditrisiken (zB Art des Vermögenswerts, Branche des Schuldners, Art der Besicherung, Warenkreditversicherung, Zahlungsverhalten der Vergangenheit). Durch die Gruppenbildung ist insbes auszuschließen, dass Wertminderungen nicht mit Wertsteigerungen verrechnet werden (IAS 39.64). Hat ein Unternehmen keine Gruppe von Vermögenswerten mit ähnlichen Risikoeigenschaften, entfällt die Schätzung des Wertminderungsbedarfs auf Gruppenebene (IAS 39.AG87). Die Vorgehensweise wird an folgendem Beispiel deutlich:

Beispiel: Die Mayer AG (M-AG) vertreibt Maschinenbauteile an eine Vielzahl von Kunden unterschiedlichster Art. M-AG teilt die Kunden in 3 Bonitätsgruppen auf:

1. Gruppe Staatliche und Großunternehmen: Bei diesen Unternehmen kam es in der Vergangenheit zu minimalen Ausfällen. Im Durchschnitt wurden Rechnungen innerhalb von 45 Tagen bezahlt. Trotzdem zahlen manche der Kunden sehr schleppend. Der Marktzinssatz für kurzfristige ungesicherte Darlehen an diese Kundengruppe wird mit 4% geschätzt. Forderungen von diesen Kunden sind für sich betrachtet wesentlich.

2. Gruppe Mittlere Unternehmen und Unternehmen mit guter Bonität: In dieser Gruppe gab es in der Vergangenheit Ausfälle von ca 1 bis 2%. Im Durchschnitt wurden Rechnungen innerhalb von 45 Tagen bezahlt. Trotzdem ist es nicht ungewöhnlich, dass manche Kunden erst in 60 Tagen zahlen. Vergangenheitsdaten belegen, dass das Ausfallrisiko 5% beträgt, wenn Beträge 60 bis 90 Tage ausstehen; danach steigt es. Der Marktzinssatz für kurzfristige ungesicherte Darlehen an diese Kundengruppe wird mit 10% geschätzt. Keiner der Beträge ist einzeln betrachtet wesentlich.

3. Gruppe Kleine Unternehmen und Unternehmen mit begrenzter oder unbekannter Bonität: In dieser Gruppe gab es in der Vergangenheit Ausfälle von ca 5%. Im Durchschnitt wurden Rechnungen innerhalb von 90 Tagen bezahlt. Vergangenheitsdaten belegen, dass das Ausfallrisiko 10% beträgt, wenn dieser Zeitraum überschritten wird und danach weiter steigt. Der Marktzinssatz für kurzfristige ungesicherte Darlehen an diese Kundengruppe wird mit 25% geschätzt. Keiner der Beträge ist einzeln betrachtet wesentlich.

Für die Identifizierung des Wertminderungsaufwand verfährt M-AG wie folgt:

	Gruppe 1	Gruppe 2	Gruppe 3
Erstansatz	Rechnungsbetrag	Rechnungsbetrag	Barwert auf Basis eines Zinssatzes von 25% über 90 Tage (5,7% entspricht dem erwarteten Ausfallrisiko)
Einzelbetrachtung	Alle	Bei Vorliegen entspr Informationen	Bei Vorliegen entspr Informationen

	Gruppe 1	Gruppe 2	Gruppe 3
Gruppenbetrachtung	Alle Forderungen, die im Rahmen der Einzelanalyse nicht wertgemindert waren	Alle Forderungen, die im Rahmen der Einzelanalyse nicht wertgemindert waren	Alle Forderungen, die im Rahmen der Einzelanalyse nicht wertgemindert waren
Typische Verlustereignisse	Einzeln: Finanzielle Schwierigkeiten, Insolvenzen Auf Gruppenebene: Wesentliche Veränderung der Zahlungszeitpunkte	Einzeln: Finanzielle Schwierigkeiten, Insolvenzen Auf Gruppenebene: Forderungen sind älter als 60 Tage	Einzeln: Finanzielle Schwierigkeiten, Insolvenzen Auf Gruppenebene: Forderungen sind überfällig
Ermittlung des Wertminderungsbedarfs	Einzeln: Wertminderung wird erfasst, wenn sicher ist, dass weniger als 100% der Forderung realisiert wird Auf Gruppenebene: Da keine Erfahrungswerte vorhanden sind, je nach Einschätzung des Unternehmens	Für Forderungen: 60 Tage nach Überfälligkeitskategorien, die auf Vergangenheitsdaten beruhen. Keine Abzinsung, da unwesentlich	Auf Basis von Überfälligkeitskategorien, denen Prozentsätze zugeordnet werden, die sich aus Vergangenheitsdaten ableiten lassen. Abzinsung auf Basis des ursprünglichen Zinssatzes

34 **Pauschalwertberichtigungen** sind nach den oben beschriebenen Grundsätzen nicht zulässig, **pauschalierte Einzelwertberichtigungen** sind grds nur auf Basis von belegbaren Ausfallraten ansetzbar. Dennoch verkennt der Standardsetter nicht, dass gerade im Bereich der Forderungen das erforderliche Datenmaterial zur Beurteilung des erwarteten Ausfalls nur begrenzt zur Verfügung steht. Das Unternehmen greift dann auf Erfahrungswerte zurück und stützt sich, wenn keine eigenen Daten vorhanden sind, auf Daten von Vergleichsunternehmen (IAS 39.62 iVm IAS 39.AG89). Im Zweifel müssen vernünftige Schätzungen verwendet werden, wobei in IAS 39.AG86 auf das in IAS 37 angewandte Verfahren zur Ermittlung von bestmöglichen Schätzungen hingewiesen wird (s § 13 Rz 53ff). Methoden und Annahmen zu den Schätzungen werden regelmäßig überprüft und angepasst.

35 Einen Überblick über den Wertminderungstest bei Forderungsportfolien gibt die folgende Darstellung:

Ablaufdiagramm für eine Werthaltigkeitsprüfung des Bestands der Forderungen aus Lieferungen und Leistungen 36

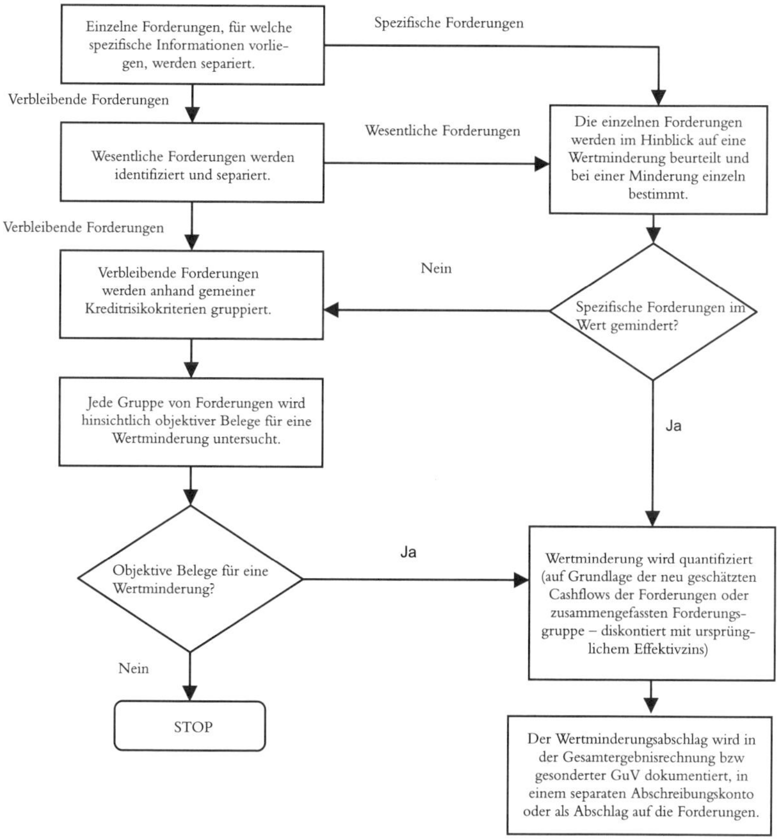

Beispiel: Ein Kreditkartenunternehmen stellt fest, dass einer der Hauptgründe für den Forderungsausfall bei Kreditkartenforderungen der Tod des Kreditnehmers ist. Zwar ändert sich die Sterblichkeitsrate vom einem zum anderen Jahr nicht, dennoch kann das Unternehmen davon ausgehen, dass einige Kreditnehmer zum Bilanzstichtag nicht mehr zu den Lebenden gehören, was aber dem Unternehmen zu diesem Zeitpunkt noch nicht bekannt ist. In diesem Fall ist es zulässig, einen Wertminderungsaufwand für die eingetretenen, aber noch nicht bekannt gewordenen Verluste zu bilden, nicht aber für Sterbefälle die erwartungsgemäß in künftigen Perioden eintreten werden.

Verzögern sich die Zahlungen aus der Forderung oder werden Ratenzahlun- 37
gen vereinbart, sind, soweit die Abzinsungseffekte als wesentlich anzusehen sind, die zu erwartenden **Cashflows** mit dem ursprünglichen (bei festen Zinsvereinbarungen) bzw vertraglich vereinbarten Zins (bei variablen Zinsvereinbarungen) zu diskontieren. Bei Forderungen in Fremdwährung ist der Stichtagskurs zugrunde zu legen.

Die Wertminderung ist durch einen pauschalen **Wertminderungsabschlag** 38
jeweils für die gebildete Gruppe zu erfassen.

Der Wertminderungsumfang ist grds durch den beizulegenden Zeitwert 39
von verwertbaren **Sicherheiten** (zB Pfandrechte, Sicherungsübereignungen, Bürgschaften und Garantien) unter Berücksichtigung von Verwertungskosten

beschränkt (IAS 39.AG84). Analog sind Versicherungsleistungen von Warenkreditversicherungen zu berücksichtigen. Dabei kommt es auf die Höhe der Versicherungsleistung, den vereinbarten Selbstbehalt und die Einhaltung der Versicherungsbedingungen an. Stehen einer Forderung aufrechnungsfähige Verbindlichkeiten des Unternehmens ggü, kann eine Wertminderung auf den überschießenden Forderungsbetrag beschränkt sein.

40 **Wertminderungen** sowie **Wertaufholungen** sind für diese Kategorie **erfolgswirksam** zu erfassen (s § 3 Rz 179). Wertaufholungen sind der Höhe nach auf die fortgeführten Anschaffungskosten beschränkt. Bei einzeln identifizierten Wertminderungen kann die Wertminderung direkt im Bilanzansatz der wertgeminderten Forderungen oder wahlweise unter Verwendung eines Wertberichtigungspostens gebucht werden. Für Wertminderungen von Forderungsportfolios kommt nur die Erfassung in einem Wertberichtigungsposten in Betracht (IAS 39.63 und IAS 39.AG89).

C. Sonstige Forderungen

I. Anwendungsbereich

41 Beruhen sonstige Forderungen auf vertraglichen Ansprüchen, so handelt es sich definitionsgemäß um **finanzielle Vermögenswerte**, die vom Anwendungsbereich des IAS 32 und IAS 39 erfasst sind (s Rz 7; § 3 Rz 48). **Sonstige vertragliche Forderungen,** denen keine Lieferungen oder Leistungen des Unternehmens zugrunde liegen, wie zB aus Reisekostenvorschüssen, aus Boni- oder Rückvergütungsvereinbarungen mit Lieferanten oder aus vertraglichen Schadensersatzansprüchen, sind ebenfalls als Finanzinstrumente nach IAS 32 und IAS 39 zu bilanzieren (zu Dividendenansprüchen s § 7 Rz 55).

42 Forderungen, die nicht auf vertraglicher Grundlage basieren (zB gesetzlicher Schadensersatz, Sozialabgaben), sind definitionsgemäß keine Finanzinstrumente und daher nicht vom Anwendungsbereich des IAS 32 und IAS 39 erfasst **(sonstige nichtvertragliche Forderungen)**. Sie sind nach den allgemeinen Grundsätzen des Rahmenkonzepts über die Bilanzierung von Vermögenswerten zu bilanzieren (s § 2 Rz 72; F. 89f, F. 101) oder nach anderen speziellen Grundsätzen wie zB IAS 20 (s § 2 Rz 99). Die Aktivierung erfolgt, wenn das Unternehmen die Verfügungsmacht über die Ressource besitzt, der Nutzenzufluss wahrscheinlich ist und die Anschaffungs- oder Herstellungskosten verlässlich ermittelt werden können. Für die Bewertung gilt das Anschaffungskostenprinzip.

II. Kategorisierung

43 Für die seit dem 1. Januar 2005 geltende Neufassung des IAS 39 ist die Kategorie **Kredite und Forderungen** nicht mehr auf originär entstandene Forderungen beschränkt, sondern umfasst auch erworbene Kredite und Forderungen. Für sonstige Forderungen besteht, wenn die entspr Voraussetzungen erfüllt werden (s Rz 8f und § 3 Rz 49ff) die Möglichkeit der **Kategorisierung** als zur Veräußerung verfügbar („*available for sale*"), zu Handelszwecken gehalten („*held for trading*") oder erfolgswirksam zum beizulegenden Zeitwert bewertet („*at fair value through profit or loss*"). Daneben ist im Gegensatz zu den Forderungen aus Lieferungen und Leistungen zB für Mitarbeiterdarlehen eine Kategorisierung bis zur Endfälligkeit gehaltene Finanzinstrumente („*held to maturity*") denkbar.

44 Für **nichtvertragliche Forderungen** erfolgt keine Kategorisierung (s § 3 Rz 42).

III. Ansatz

45 Der Ansatz sonstiger vertraglicher Forderungen erfolgt im **Zeitpunkt der Entstehung des vertraglichen Anspruchs** (zu vertraglichen Ansprüchen, die von zukünftigen Ereignissen abhängen (Eventualforderungen) s Rz 73f).

46 Bei **Boni- oder Rückvergütungsvereinbarungen** mit Lieferanten entsteht der Anspruch bei Erreichen oder Überschreiten der vereinbarten Abnahme, Bestellmenge oder sonstiger Zielvereinbarung. Der Ansatzzeitpunkt ist nach den individuellen Vertragsvereinbarungen zu bestimmen.

47 Ansatzkriterium für **nichtvertragliche Forderungen** ist nach dem Rahmenkonzept die Wahrscheinlichkeit, dass ein zukünftiger wirtschaftlicher Nutzen aus dem Vermögenswert zufließt und die Anschaffungskosten zuverlässig bestimmbar sind (F. 83). Damit ist zB das tatsächliche Bestehen eines gesetzlichen Schadensersatzanspruchs sowie die Wahrscheinlichkeit der Realisierung bereits in die Beurteilung über den Ansatz mit einzubeziehen (zur Abgrenzung zu Eventualforderungen s Rz 73f; zum Ansatz von Forderungen aus öffentlichen Zuwendungen s § 5 Rz 63).

IV. Bewertung bei erstmaliger Erfassung

48 Die Bewertung von sonstigen vertraglichen Forderungen beim erstmaligen Ansatz erfolgt unabhängig von der Einordnung in die verschiedenen Kategorien von Finanzinstrumenten mit dem **beizulegenden Zeitwert**, der zum Zeitpunkt des Erwerbs idR dem Nominalwert bzw den Anschaffungskosten entspricht (IAS 39.43; § 3 Rz 136).

Alternativ werden **Bewertungsverfahren** angewendet. Hierbei wird im Falle von langfristigen Forderungen die Summe der künftigen Einzahlungen auf den Ersterfassungszeitpunkt abgezinst, wenn der Zinseffekt wesentlich ist (IAS 39.AG64).

49 **Sonstige nichtvertragliche Forderungen** sind bei erstmaliger Erfassung mit dem Betrag der voraussichtlichen Einzahlungen zu bewerten (F. 83ff).

V. Folgebewertung

50 Für sonstige vertragliche Forderungen in der **Kategorie** Kredite und Forderungen oder bis zur Endfälligkeit gehaltene Finanzinstrumente ist eine Folgebewertung zu **fortgeführten Anschaffungskosten** vorgesehen (IAS 39.46). Soweit zum Ersterfassungszeitpunkt der Barwert einer Forderung angesetzt wurde und die Forderung eine definierte Endfälligkeit besitzt, ist die Forderung nach der Effektivzinsmethode (§ 3 Rz 136) fortzuentwickeln. Hiernach ist der Zinsanteil auf Basis des ursprünglichen Zinssatzes in jeder Periode erfolgswirksam zuzuschreiben (Buchung: Forderung an Zinsertrag). Die Erfassung der Zinserträge außerhalb des Finanzergebnisses ist uE nicht sachgerecht.

Auch für sonstige vertragliche Forderungen ist bei Vorliegen von objektiven substanziellen Hinweisen ein **Wertminderungstest** durchzuführen (s Rz 31f). Der erzielbare Betrag ergibt sich regelmäßig aus den zu erwartenden Rück- oder Einzahlungen auf den Vermögenswert.

51 Für **sonstige vertragliche Forderungen** der Kategorie zur Veräußerung verfügbare Vermögenswerte, zu Handelszwecken gehaltene Finanzinstrumente

oder erfolgswirksam zum beizulegenden Zeitwert bewertet ist eine Folgebewertung zum **beizulegenden Zeitwert** vorzunehmen, der sich zB aus der Höhe der bestehenden Ansprüche oder den zu erwartenden Einzahlungen am Bilanzstichtag ergibt. Sämtliche Wertminderungsaspekte sind dabei unmittelbarer Bewertungsbestandteil (s § 3 Rz 145; zur Erfassung von Wertminderungen bei Vermögenswerten der Kategorie zur Veräußerung verfügbare Vermögenswerte s § 3 Rz 182).

52 Bei **sonstigen nichtvertraglichen Forderungen** sind der Folgebewertung die zu erwartenden Zahlungseingänge zugrunde zu legen.

D. Ausbuchung

I. Ausbuchung vertraglicher Forderungen

53 Die Grundlagen der **Ausbuchung** von finanziellen Vermögenswerten sind in § 3 Rz 132f ausführlich dargestellt. Für die Ausbuchung von Forderungen aus Lieferungen und Leistungen kommen im Wesentlichen die folgenden zwei Möglichkeiten in Betracht.

54 **Erlöschen des Anspruchs:** Der vertragliche Anspruch auf den Erhalt einer Zahlung oder eines anderen finanziellen Vermögenswerts ist erloschen (Zahlung, Verzicht, Verjährung und Umschuldung).

Das Erlöschen eines Anspruchs erfolgt idR durch **Zahlung** des Schuldners. Bei einem **Forderungsverzicht** durch den Gläubiger kommt es auf die rechtliche Gestaltung des Einzelfalls an. Verzichtet der Gläubiger auf die Zahlung der Forderung ist diese grds erloschen, was zu einer Ausbuchung führt (*Kehm/Lüdenbach* in Lüdenbach/Hoffmann IFRS[7] § 28 Rz 64f).

Dagegen führt die **Umschuldung sowie die Modifizierung von Krediten** erst bei einem substanziellen Unterschied der ursprünglichen und der neuen Vertragsbedingungen zu einer Ausbuchung der alten bzw Einbuchung der neuen Forderung. Als substanzieller Unterschied wird eine **Differenz von 10%** des Barwerts der ursprünglichen und der neuen Forderung angenommen. Zur Berechnung des Barwerts ist die Effektivverzinsung des alten Kredits maßgeblich (IAS 39.AG62; s auch § 3 Rz 133).

55 **Übertragung des Anspruchs:** Der bestehende vertragliche Anspruch auf den Erhalt einer Zahlung oder eines anderen Vermögenswerts wird auf eine andere Person übertragen (Abtretung, Factoring und *asset-backed-securities*-Transaktionen).

Während das Erlöschen einer Forderung idR durch die Prüfung der Vertragsgrundlagen zu keinen Schwierigkeiten führt, sind die Regelungen zur Übertragung einer Forderung sehr komplex. Vor der Betrachtung der Frage, ob eine Forderung auszubuchen ist, muss zunächst geprüft werden, ob die Regelungen der Ausbuchung auf die gesamte Forderung oder nur auf einen Teil der Forderung anzuwenden sind (IAS 39.16). Eine Ausbuchung ist nach den Grundsätzen des IAS 39.15ff zu beurteilen. Demnach ist die Ausbuchung einer Forderung **nur** möglich, wenn die vertraglich festgelegten Ansprüche auf den **Erhalt der Zahlungsströme** auf den Käufer einer Forderung übertragen werden.

Dies ist auch dann gegeben, wenn der Verkäufer das Recht auf den Erhalt der Zahlungsströme zurückbehält, sich aber vertraglich verpflichtet, die Zahlungsströme und nur diese unverzüglich an den Erwerber weiterzuleiten ***(pass-through arrangement)***. Darüber hinaus muss es dem Verkäufer vertraglich untersagt sein, die den Zahlungsströmen zugrunde liegenden Forderungen zu verpfänden oder an Dritte zu verkaufen (IAS 39.19). Garantien, Optionen oder sonstige Entschädigungsvereinbarungen, die es dem Factor ermöglichen, Forderungen zurückzuübertragen sind Indizien dafür, dass die Übertragung nicht oder nicht vollständig erfolgt ist.

Neben der vollständigen Übertragung ist auch eine **partielle Ausbuchung** 56
der Forderung möglich, wenn es sich bei den auszubuchenden Komponenten um **genau identifizierbare Cashflows**, wie zB einen Anspruch auf den Zinsanteil, nicht aber die Kapitalzahlung der Forderung handelt oder der übertragene Teil einen strikt proportionalen Anteil der gesamten Cashflows darstellt (zB 70% des gesamten Cashflows aus der Forderung). Als dritte Möglichkeit nennt IAS 39.16 eine Kombination der beiden zuvor beschriebenen Sachverhalte (zB 80% des Cashflows aus dem Zinsstrip einer Forderung). In allen anderen Fällen sind die nachfolgenden Regelungen auf die gesamte Forderung anzuwenden.

In einem zweiten Schritt ist zu prüfen, ob **wesentliche Risiken und Chan-** 57
cen („*substantially all*", IAS 39.20(b)) zurückbehalten werden. Die Risikoverteilung ist nach IAS 39.21 anhand eines Vergleichs der Risikoposition des Veräußerers vor und nach der Übertragung zu beurteilen. Verändert sich die Risikosituation des Veräußerers hinsichtlich der Höhe und des Eintrittszeitpunkts der Netto Cashflows einer Forderung nach der Veräußerung nicht signifikant zu der Risikosituation vor der Veräußerung, sind die wesentlichen Risiken und Chancen nicht übertragen worden. In IAS 39.AG39 und IAS 39.AG40 werden Fälle dargestellt, bei denen die mit dem Eigentum verbundenen Risiken und Chancen übergehen bzw nicht übergehen:

Der Übergang von Risiken und Chancen liegt vor bei 58
(1) einem unbedingten Verkauf eines Vermögenswerts,
(2) dem Verkauf mit der gleichzeitigen Option auf den Rückkauf des Vermögenswerts zum beizulegenden Zeitwert,
(3) dem Verkauf eines Vermögenswerts in Kombination mit einer Verkaufs- oder Kaufoption, die weit aus dem Geld ist, sodass es unwahrscheinlich ist, dass sie vor Fälligkeit im Geld sein wird.

Kein Übergang von Risiken und Chancen liegt vor bei 59
(1) einem Verkauf mit anschließendem Rückkauf zu einem festgelegten Rückkaufspreis oder dem Verkaufspreis zuzüglich Verzinsung,
(2) Wertpapierleihe,
(3) einem Verkauf gekoppelt mit einem *total-return-swap*, bei dem das Marktrisiko auf das Unternehmen zurückübertragen wird,
(4) dem Verkauf eines Vermögenswerts in Kombination mit einer Verkaufs- oder Kaufoption, die weit im Geld sind, sodass es unwahrscheinlich ist, dass sie vor Fälligkeit aus dem Geld sein wird.

Beispiel: A schließt mit F folgenden Vertrag: F zahlt an A 85% des Nominalwerts von Forderungen bestimmter Kunden, die T€ 100 übersteigen. Die Kunden werden angewiesen, an F zu zahlen. F zieht von den eingegangenen Beträgen seine Servicegebühren sowie Zinsen ab und überweist den Restbetrag an A. Wenn weniger als 85% der Forderung gezahlt werden, hat F keine Ersatzansprüche an A. A erwartet 5% Ausfälle und hält es für möglich, dass bis zu 10% insgesamt ausfallen.

In diesem Fall muss F nur Verluste tragen, die 15% übersteigen, die wesentlichen Ausfallrisiken verbleiben bei A. Daher erfüllt diese Vereinbarung nicht die Voraussetzungen für die Ausbuchung der Forderungen, da weder das rechtliche Eigentum übertragen wird, noch die übertragenen Rechte rechtlichem Eigentum entsprechen. Fraglich ist, ob es sich bei der Vereinbarung um einen Vertrag handelt, bei dem nur 85% der Cashflows übertragen werden. Dies scheitert uE auch, da F letztlich keinen prozentualen Anteil der Cashflows erhält. Die Forderungen dürfen daher nicht ausgebucht werden. Für die Zahlungen des F bucht A eine Verbindlichkeit ein.

60 Überträgt der Veräußerer alle wesentlichen Risiken und Chancen aus einer Forderung, so hat er diese auszubuchen und sämtliche neu entstandenen oder zurückbehaltenen Rechte und Verpflichtungen getrennt als Vermögenswert oder Verbindlichkeit zu bilanzieren (IAS 39.20(a)).

Beispiel: Die B-AG überträgt Forderungen an die P-GmbH mit einem Nominalwert von T€ 100. Die B-AG erhält T€ 98 und verpflichtet sich, uneinbringliche Forderungen zu gleichen Bedingungen zurückzukaufen. Das Risiko des Forderungsbestands wird mit 15% eingeschätzt.

Erwarteter Cashflow vor Übertragung: T€ 100 ./. 15% = T€ 85

Erwarteter Cashflow nach Übertragung: T€ 98.

Die Abweichung beträgt 13%. Unabhängig von der prozentualen Ermittlung der signifikanten Abweichung ist das gesamte Risiko bei der B-AG verblieben. Der Forderungsbestand darf nicht ausgebucht werden. Die Wertminderung von T€ 15 ist zu bilanzieren, wenn sie die entspr Voraussetzungen erfüllt. Die Zahlung der P-GmbH in Höhe von T€ 98 ist als Verbindlichkeit auszuweisen (besicherte Kreditaufnahme).

61 Werden die wesentlichen Risiken und Chancen **weder übertragen noch zurückbehalten**, ist zu prüfen, welche Partei die tatsächliche **Verfügungsmacht** über die Forderung besitzt (IAS 39.AG42 bis IAS 39.AG44). Dabei kommt es darauf an, ob der Erwerber die Forderung veräußern kann, ohne dazu der Zustimmung eines Dritten zu bedürfen (IAS 39.23). Hat der Veräußerer die Verfügungsmacht aufgegeben, ist die Forderung vollständig auszubuchen und die zurückbehaltenen oder neu entstandenen Rechte und Verpflichtungen (s § 3 Rz 54) sind zu bilanzieren (IAS 39.20(c)(i)).

Wird dagegen die **Verfügungsmacht** an der übertragenen Forderung **beibehalten**, hat der Verkäufer die Forderung in dem Umfang fortzuführen, der seinem fortdauernden Engagement *(continuing involvement)* entspricht (IAS 39.20(c)(ii)). Übernimmt der Verkäufer der Forderungen zB eine Forderungsausfallgarantie, wird die Forderung in Höhe des Garantiebetrags fortgeführt und gleichzeitig eine entspr Verbindlichkeit (*associated liability;* IAS 39.31) erfasst.

Beispiel: A veräußert den Anspruch auf die Zahlungsströme aus einem Forderungsbestand in Höhe von T€ 100 für T€ 85 an F. Es gilt als unwahrscheinlich, dass mehr als T€ 10 der Forderungen ausfallen. Es wird vereinbart, dass A 30% der Forderungsausfälle übernimmt. Es besteht keine eindeutige Risikoallokation.

a) A besitzt keine Verfügungsmacht mehr an dem Forderungspool

Per Bank	85			
Aufwand	15	an	Forderung	100

b) A besitzt die Verfügungsmacht an dem Forderungspool

Per Bank	85	an	Verbindlichkeit	3
Aufwand	15		Forderung	97.

62 Eine **Forderungsausfallgarantie** ist nur zu berücksichtigen, wenn der tatsächliche Eintritt eines Forderungsausfalls wahrscheinlich ist. Bspw ist es unwahrscheinlich, dass Forderungen ggü einem öffentlichen Träger ausfallen. Eine solche Risikoübernahme hat keine Auswirkung auf eine bilanzbefreiende Übertragung der Forderung.

Das folgende **Prüfschema** veranschaulicht, ob und in welchem Umfang ein finanzieller Vermögenswert ausgebucht wird (IAS 39.AG36).

63

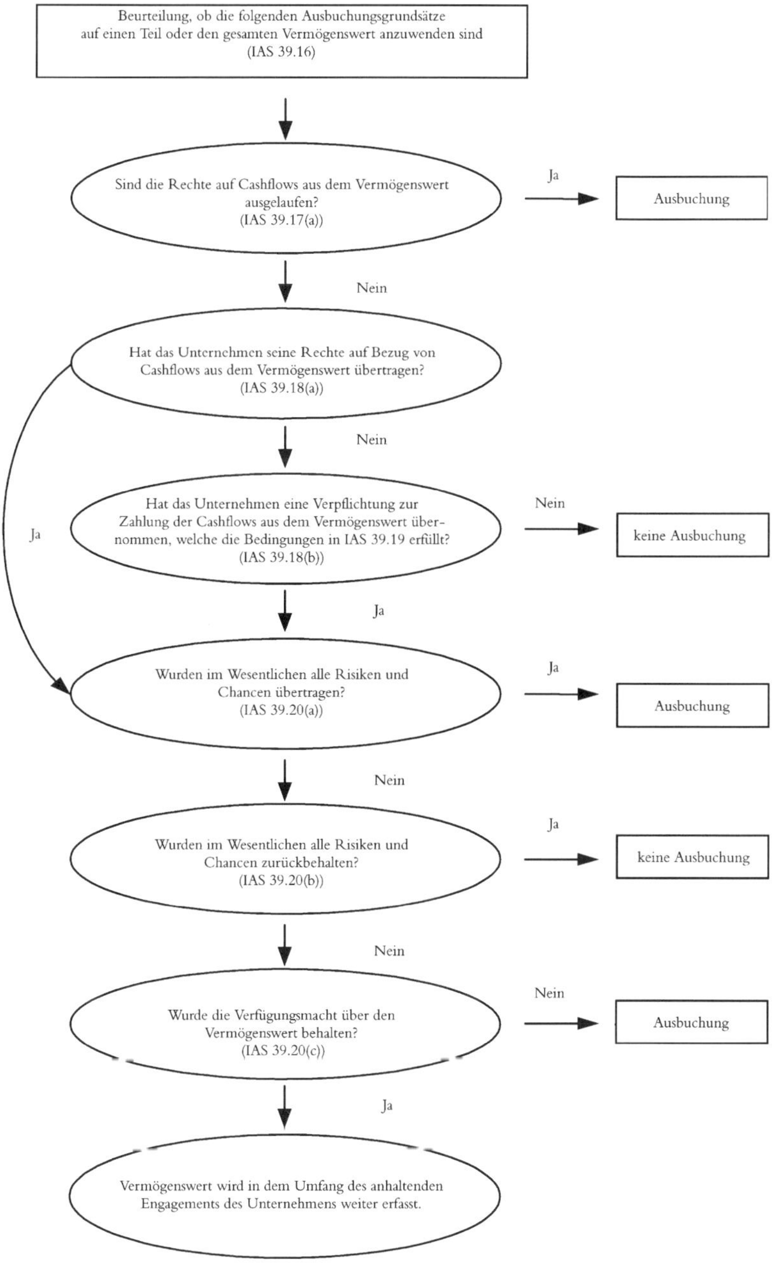
Beurteilung, ob die folgenden Ausbuchungsgrundsätze auf einen Teil oder den gesamten Vermögenswert anzuwenden sind (IAS 39.16)
Sind die Rechte auf Cashflows aus dem Vermögenswert ausgelaufen? (IAS 39.17(a))
Ja
Ausbuchung
Nein
Hat das Unternehmen seine Rechte auf Bezug von Cashflows aus dem Vermögenswert übertragen? (IAS 39.18(a))
Nein
Hat das Unternehmen eine Verpflichtung zur Zahlung der Cashflows aus dem Vermögenswert übernommen, welche die Bedingungen in IAS 39.19 erfüllt? (IAS 39.18(b))
Nein
keine Ausbuchung
Ja
Ja
Wurden im Wesentlichen alle Risiken und Chancen übertragen? (IAS 39.20(a))
Ja
Ausbuchung
Nein
Wurden im Wesentlichen alle Risiken und Chancen zurückbehalten? (IAS 39.20(b))
Ja
keine Ausbuchung
Nein
Wurde die Verfügungsmacht über den Vermögenswert behalten? (IAS 39.20(c))
Nein
Ausbuchung
Ja
Vermögenswert wird in dem Umfang des anhaltenden Engagements des Unternehmens weiter erfasst.

II. Einzelfälle der Forderungsübertragung

1. Factoring

64 Das Factoring ist ein **Finanzierungsgeschäft**, bei dem genau definierte Forderungen im Wege einer entgeltlichen Veräußerung auf ein Finanzinstitut („*factor*") übertragen werden. Hinsichtlich der Risikoübernahme werden zwei konzeptionell verschiedene Varianten unterschieden.

65 Beim **echten Factoring** wird neben dem rechtlichen Zahlungsanspruch das vollständige Ausfallrisiko der Forderungen auf den *factor* übertragen, sodass die entspr Forderungen auszubuchen sind. Hingegen kommt eine Ausbuchung nicht in Betracht, wenn der Factoring-Vertrag einen Rückkauf der Forderung durch das abtretende Unternehmen oder eine Put-Option des Factors für den Fall vorsieht, dass die Forderung wertgemindert ist oder ausfällt (schädliche Rückkauf- bzw Optionsvereinbarungen). In der Praxis ist es üblich, dass der Zahlungseinzug und das Debitorenmanagement („*servicing*") vom Verkäufer zurückbehalten wird. Übersteigt die für die Forderungsverwaltung vereinbarte Vergütung bzw der vereinbarte Anteil an den Zahlungsströmen die zu erwartenden Verwaltungs- und Servicekosten, so entsteht regelmäßig ein immaterieller Vermögenswert („*servicing asset*", IAS 39.24) im umgekehrten Fall eine Verbindlichkeit.

66 Dieser **Vermögenswert** ist **bilanziell** als **separater Teil der übertragenen Forderungen** zu betrachten. Die **Bewertung** erfolgt durch eine Aufteilung des Buchwerts der gesamten Forderungen in einen zu übertragenden Teil und einen Teil, der dem ***servicing asset*** entspricht. Bei der Aufteilung des übertragenen Vermögenswerts sind die relativen Anteile des beizulegenden Zeitwerts zum Zeitpunkt der Übertragung maßgeblich (IAS 39.27). Ist keine Gebühr für die verbleibende Verwaltungspflicht vereinbart oder übersteigen die zu erwartenden Kosten die vereinbarte Gebühr, so entsteht eine finanzielle Verbindlichkeit, die ebenfalls mit ihrem beizulegenden Zeitwert anzusetzen ist. Weicht der Verkaufserlös des verkauften Teils von dessen Buchwert ab, so ist diese Differenz erfolgswirksam zu erfassen.

Beispiel:

Buchwert des verkauften Forderungspools:	T€ 100
Verkaufspreis des Forderungspools:	T€ 80
servicing asset mit einer Laufzeit von 2 Jahren (wird vom Verkäufer übernommen):	T€ 10

a) Aufteilung der Komponenten

Komponenten	fair value	relativer Anteil/ Gesamtzeitwert	Buchwert	verkauft	zurück-behalten
	T€		T€	T€	T€
servicing asset	10	12%	12	–	12
Forderungspool	80	88%	88	88	–
Summe	**90**	**100%**	**100**	**88**	**12**

b) Zugangs- bzw Abgangsbewertung in X1

	Soll	**Haben**
	T€	T€
Bank	80	
servicing asset (immaterieller Vermögenswert)	10	
Verlust aus dem Forderungsverkauf	8	
Verlust aus der *fair value* Bewertung des *servicing assets*	2	
Buchwert der Forderungen		100

c) Folgebewertung des *servicing asset* in X2	**Soll**	**Haben**
	T€	T€
Abschreibung *servicing asset*	5	
servicing asset		5

d) Folgebewertung des *servicing asset* in X3	**Soll**	**Haben**
	T€	T€
Abschreibung *servicing asset*	5	
servicing asset		5

Das *servicing asset* darf maximal mit dem beizulegenden Zeitwert bilanziert werden. Die Differenz zwischen anteiligem Buch- und Zeitwert ist erfolgswirksam zu erfassen. Zur Ermittlung des beizulegenden Zeitwerts sind die allgemeinen Regeln in IAS 39.AG69 bis IAS 39.AG82 anzuwenden.

Die zweite Variante des Factoring ist das sog **unechte Factoring,** bei dem der Käufer nur den rechtlichen Anspruch an den Zahlungsströmen der Forderung erwirbt und das vollständige Ausfallrisiko vom Verkäufer der Forderung getragen wird. In diesem Fall führt die Übertragung nicht zu einer Ausbuchung der Forderung, da der Verkäufer die wesentlichen Risiken (IAS 39.20(b)) behalten hat. Die Forderungen sind weiterhin vollständig zu erfassen, für den erhaltenen Kaufpreis ist eine Verbindlichkeit zu passivieren (IAS 39.29). 67

Neben den beiden oben genannten Varianten des Factorings sind Vereinbarungen in der Praxis anzutreffen, bei denen die Risiken aus den übertragenen Forderungen zwischen dem Forderungsverkäufer und dem Factor aufgeteilt werden. In diesem Fall ist die **Risikoverteilung** (s Rz 57 ff) zwischen beiden Parteien zu beurteilen und festzustellen, ob die wesentlichen Risiken und Chancen übertragen wurden. Ist eine abschließende Beurteilung der Verteilung der wesentlichen Risiken nicht möglich, ist zu bestimmen, ob die **Verfügungsmacht** übertragen wurde (IAS 39.20(c)). Die bilanzielle Übertragung wird nach den oben genannten allgemeinen Regeln der Ausbuchung (Abgang, Teilabgang s Rz 56) bestimmt. 68

2. Zweckgesellschaften

Zweckgesellschaften (SPE – *Special Purpose Entities*) sind in der Praxis ua zur **Finanzierung** von **Waren- oder Kreditforderungen** anzutreffen. Hierzu werden Forderungen bester Bonität von einem Unternehmen (Originator) auf eine Zweckgesellschaft übertragen, die sich durch Ausgabe von Wertpapieren (meist Schuldverschreibungen) am Kapitalmarkt refinanziert (*asset-backed-securities*-Transaktionen; zur Grundstruktur s SIC 12; *Kuhn/Scharpf*[3], 238 ff; *Feld*, 22 ff). Die Vertragsgestaltungen sind dabei vielfältig und im Kern darauf ausgelegt, dass die Vermögenswerte vom Bonitätsrisiko des Originators losgelöst werden, wodurch das Risiko einer mangelnden Bedienung der Zins- und Tilgungsleistungen aus den Zahlungseingängen durch den Originator für die Zweckgesellschaft bzw für die Investoren nahezu ausgeschlossen wird. Hinsichtlich der bilanziellen Forderungsübertragung im Einzelabschluss sind die allgemeinen Regeln der Ausbuchung (Abgang, Teilabgang) anzuwenden. Problematisch gestaltet sich dagegen die bilanzbefreiende Ausbuchung unter Konzerngesichtspunkten. Qualifiziert die Übertragung der Forderungen auf eine SPE im Einzelabschluss zur Ausbuchung, so muss im Konzernabschluss die Ausbuchung rückgängig gemacht werden, wenn die Zweckgesellschaft in den Konzernabschluss nach IAS 27 und SIC-12 einzubeziehen ist (IAS 39.15; s § 31 Rz 26). 69

3. Ausbuchung nichtvertraglicher Forderungen

70 Nichtvertragliche Forderungen sind auszubuchen, wenn die Forderung zB durch Zahlungsausgleich erloschen ist oder aus anderen Gründen der Vermögenswert nicht mehr in der **Verfügungsmacht** des Unternehmens steht (F. 49 ff). Für die Übertragung der Verfügungsmacht ist dabei eine Gesamtbetrachtung des **wirtschaftlichen Gehalts** der Übertragung vorzunehmen. Nach den Gesamtumständen muss davon ausgegangen werden können, dass die nichtvertraglichen Forderungen erloschen oder endgültig auf den Erwerber übergegangen sind.

E. Ausweis und Anhangangaben

71 Zum **Ausweis** von Forderungen aus Lieferungen und Leistungen und sonstigen Forderungen wird auf § 3 Rz 196 verwiesen.

72 Hinweise zu **Anhangangaben** finden sich in der Anhangcheckliste (s Anlage dieses Handbuchs).

Wesentliche Änderungen ergeben sich durch die **erweiterten Angabepflichten** des IFRS 7, die für Geschäftsjahre gelten, die am oder nach dem 1. Januar 2007 beginnen.

Für vertragliche Forderungen und sonstige Vermögenswerte iSd IAS 32 sind hiernach insbes folgende Angaben zu machen:

(1) Nettogewinne und -verluste (IFRS 7.20(a); s § 3 Rz 230 f),
(2) Gesamtzinserträge und -aufwendungen (IFRS 7.20(b); § 3 Rz 232),
(3) Wertminderungsverluste (IFRS 7.20; § 3 Rz 235),
(4) Angaben zum Kreditrisiko (IFRS 7.36; § 3 Rz 244),
(5) Altersstruktur der Posten, die weder überfällig noch wertgemindert sind (IFRS 7.37; § 3 Rz 245),
(6) Ausbuchung (IFRS 7.13; § 3 Rz 225),
(7) Allgemeine Angaben zur Kategorisierung: Buchwerte (IFRS 7.8) und beizulegende Zeitwerte, sofern ein wesentlicher Unterschied zwischen diesen Werten besteht (IFRS 7.29; § 3 Rz 218 f) sowie zu Krediten und Forderungen, die zum beizulegenden Zeitwert bewertet werden (*„at fair value through profit or loss“*) (IFRS 7.9; § 3 Rz 220 ff).

F. Eventualforderungen

73 Die IFRS kennen Eventualforderungen, die definiert sind als „**mögliche Vermögenswerte**, die aus vergangenen Ereignissen resultieren und deren Existenz durch das Eintreten oder Nichteintreten eines oder mehrerer unsicherer **künftiger Ereignisse** erst noch bestätigt werden, die nicht vollständig unter der Kontrolle des Unternehmens stehen“ (IAS 37.10).

Eventualforderungen können vertragliche oder nichtvertragliche Beziehungen zugrunde liegen. Damit soll die Bilanzierung von möglichen zukünftigen Zuflüssen geregelt werden, für die aufgrund ausstehender zukünftiger Ereignisse noch keine Qualifizierung als Vermögenswert möglich ist, aber aus vergangenen Ereignissen ein Nutzenpotenzial vorhanden sein kann (zB Schadensersatzforderungen aus Wettbewerbsprozessen, Vertragsverletzungen oder aus sonstigen gerichtlichen Verfahren, Entschädigungszahlungen der öffentlichen Hand). Ob die Eventualforderungen nach Eintritt zukünftiger Ereignisse ggf zu **finanziellen Vermögenswerten** führen können, ist unerheblich.

Eine Eventualforderung darf nicht bilanziert werden (IAS 37.31). Liegt die Wahrscheinlichkeit, dass aus der Eventualforderung zukünftig mit einem Zufluss eines **wirtschaftlichen Nutzens** zu rechnen ist, unter 50%, ist weder eine **Erfassung** noch eine **Anhangangabe** zulässig. Bei einer Wahrscheinlichkeit über 50% ist eine kurze Beschreibung der Art der Eventualforderung und eine Schätzung der finanziellen Auswirkungen (soweit praktikabel) in den **Anhang** aufzunehmen (IAS 37.89). Ein **Ansatz** als Forderung ist erst zulässig, wenn die Unsicherheit durch Eintritt der ausstehenden Ereignisse beseitigt ist oder so gut wie sicher mit der Realisation der Erträge gerechnet werden kann – also ein **Vermögenswert** vorliegt (IAS 37.33). 74

G. Wesentliche Änderungen und deren Anwendungszeitpunkte

IFRS 7 ist auf Berichtsperioden anzuwenden, die am oder nach dem 1. Januar 2007 beginnen (IFRS 7.43). Die Folgeänderungen aus der Überarbeitung des IAS 1 (2007) in IFRS 7.20 ist für Berichtsperioden beginnend am oder nach dem 1. Januar 2009 anzuwenden (IFRS 7.44A). 75

In der vorliegenden Kommentierung werden wesentliche materielle Änderungen dargestellt, darüber hinaus haben die Überarbeitungen klarstellenden Charakter. Eine ausführliche Darstellung der (Folge-)Änderungen betreffend Finanzinstrumente findet sich in § 3 Rz 263.

H. Gegenüberstellung zum HGB

Eine Gegenüberstellung der Bilanzierung und Bewertung von finanziellen Vermögenswerten mit dem HGB enthält § 3 Rz 264 ff. 76

Grds Unterschiede bei **Ansatz** und **Bewertung** von Forderungen aus Lieferungen und Leistungen sowie sonstigen Vermögensgegenständen nach HGB zu IFRS bestehen zum einen beim Ansatz sowie auch bei der Bewertung.

Insgesamt ergeben sich in vielen Fällen keine wesentlichen Unterschiede zum Ansatz von **Forderungen nach HGB** (s auch *Ellrott/St.Ring* in BeBiKo[6] § 247 HGB Rz 80 ff; *Bellavite-Hövermann/Barckow* in Baetge ua IFRS-Komm[2] IAS 39 Rz 88). Bei Besonderheiten wie Fertigungsaufträgen oder Verkäufen von Software oä kann aber die Bilanzierung nach IFRS zu erheblichen Unterschieden zu HGB führen.

Nach HGB ist es nur unter bestimmten engen Voraussetzungen zulässig, Forderungen aus **Teilgewinnrealisierung** zu erfassen, nach IAS 11 ist dies Pflicht, wenn die entspr Voraussetzungen erfüllt sind. Bei **Mehrkomponentenverträgen** wird nach IFRS in Anlehnung an US-GAAP eine Trennung der Vertragskomponenten erforderlich, während dies nach HGB idR unterbleibt.

Nach HGB sind Forderungen aus Lieferungen und Leistungen und sonstige Vermögenswerte Posten des Umlaufvermögens und somit bei der Erstbewertung zu **Anschaffungskosten** und in der Folge zum niedrigeren beizulegenden Wert zu erfassen. Nach IFRS ergeben sich je nach Art des Vermögenswerts unterschiedliche Bewertungsmöglichkeiten (s Rz 8 ff). Für Wertminderungen gibt IAS 39 Regelungen vor, die im Gegensatz zu HGB den dort herrschenden bilanzpolitischen Spielraum einschränken. Pauschalwertberichtigungen sind nach IAS 39 gänzlich unzulässig. Der **Unterschied zum HGB** ergibt sich uE insbes aus der verpflichtenden Objektivierung der Grundlagen der Schätzung und der 77 damit einhergehenden Dokumentation sowie dem Grundsatz, dass nur für bereits bestehende Ausfälle Wertminderungen zu erfassen sind.

Darüber hinaus ergeben sich Abweichungen insbes in Zusammenhang mit der Übertragung von Forderungen auf Factoring-Unternehmen und Zweckgesellschaften. Im Rahmen der Änderungen des HGB durch das BilMoG werden entspr § 290 Abs 2 Nr 4 Zweckgesellschaften selbst dann konsolidiert, wenn bei nur wirtschaftlicher Betrachtung Risiken und Chancen von MU getragen werden, sodass sich mittelfristig Annäherungen ergeben werden.

78 Für eine Bilanzierung nach HGB werden **Factoring-Verträge** in echtes und unechtes Factoring unterschieden. Verbleibt das Ausfallrisiko der Forderungen beim übertragenden Unternehmen (unechtes Factoring), so wird eine gesicherte Darlehensaufnahme bilanziert und die Forderungen verbleiben bis zum Zahlungseingang durch die Kunden in der Bilanz des übertragenden Unternehmens erfasst. Auf welcher vertraglichen Grundlage das Ausfallrisiko bei dem übertragenden Unternehmen verbleibt (Rückkaufvereinbarung oder Bonitätsgarantie), ist im Unterschied zu IFRS unerheblich. Es kommt auf eine Gesamtbetrachtung des wirtschaftlichen Gehalts an. Die Übernahme einer Bonitätsgarantie steht einer Ausbuchung nach HGB regelmäßig entgegen. In Teilen der Literatur wird bei unechtem Factoring unterschieden in Konstruktionen mit stiller und offener Abtretung an den Factor. Im Falle einer offenen Abtretung wird eine Ausbuchung beim übertragenden Unternehmen für zulässig erachtet (*WPH I* E 45).

Bei der Übertragung des Ausfallsrisikos auf den Factor (echtes Factoring) wird in beiden Regelungswerken, soweit die übrigen Voraussetzungen erfüllt sind, eine Ausbuchung vorgenommen.

79 *einstweilen frei*

I. Aktuelle Entwicklungen/IASB-Projekte

80 Es wird auf § 3 Rz 1 ff verwiesen.

§ 11. Sonstige kurzfristige Vermögenswerte

Übersicht

Schrifttum: *DRSC* Rechnungslegungs-Interpretation Nr. 1 (RIC 1) Bilanzgliederung nach Fristigkeit gemäß IAS 1 Darstellung des Abschlusses, Berlin 2005; *Epstein/Jermakowicz* Wiley-Kommentar zur internationalen Rechnungslegung nach IAS/IFRS, Braunschweig 2008; *IDW* RS HFA 2 Stellungnahme zur Rechnungslegung: Einzelfragen zur Anwendung von IFRS (Stand: 2. September 2008), FN IDW 2008, 483; *Küting/Kessler/Wirth* Die IFRS-Bilanzierung von nur einem temporären Controleinfluss unterliegenden Tochterunternehmen, KoR 2003, 533; *Naumann/Naumann* Folgebewertung von Beteiligungen im Jahresabschluss nach HGB und im Konzernabschluss nach IFRS, WPg-Sonderheft

2004, 130; *Ruhnke/Schmidt/Seidel* Einbeziehungswahlrechte und -verbote im IAS-Konzernabschluss, DB 2001, 657; *Schaber/Kuhn/Eichhorn* Eigenkapitalcharakter von Genussrechten in der Rechnungslegung nach HGB und IFRS, BB 2004, 315; *Scharpf/Kuhn* Erfassung von Aufwendungen und Erträgen im Zusammenhang mit Finanzinstrumenten nach IFRS, KoR 2005, 154.

Wesentliche Rechtsgrundlagen: IAS 12, IAS 27, IAS 27 (2008), IAS 28, IAS 31, IAS 32, IAS 39, IFRS 5, IFRS 7

A. Übrige finanzielle Vermögenswerte

I. Allgemeines

1 Die Bilanzierung und Bewertung finanzieller Vermögenswerte ist in IAS 32 und IAS 39 geregelt. Zusätzliche Angabepflichten ergeben sich aus IFRS 7, der für Geschäftsjahre gilt, die am oder nach dem 1. Januar 2007 beginnen (s § 3 Rz 14). Welche Vermögenswerte den finanziellen Vermögenswerten zuzurechnen sind, ergibt sich aus IAS 32.11 (s § 3 Rz 26f). IAS 32.AG10ff grenzen den Begriff der **finanziellen** Vermögenswerte negativ ab. Vermögenswerte, die nicht auf einer **vertraglichen Vereinbarung** basieren, gelten nicht als finanzielle Vermögenswerte. Ebenso sind Vermögenswerte bei denen der Zufluss künftigen wirtschaftlichen Nutzens nicht in flüssigen Mitteln oder anderen finanziellen Vermögenswerten besteht, keine finanziellen Vermögenswerte.

2 Finanzielle Vermögenswerte sind gem IAS 1.54 als gesonderter Bilanzposten darzustellen, wenn sie nicht bereits aufgrund der Gliederungsvorschriften unter einem anderen Posten auszuweisen sind (als nach der Equity-Methode bilanzierte Finanzanlagen, Forderungen aus Lieferungen und Leistungen und sonstige Forderungen oder als Zahlungsmittel und Zahlungsmitteläquivalente; IAS 1.54(e), (h) und (i)). Kurz- und langfristige Vermögenswerte (Gleiches gilt für Schulden) sind als getrennte Gliederungsgruppen in der Bilanz darzustellen (IAS 1.60). Im Bereich der Aktiva tritt diese Unterteilung an die Stelle der im HGB kodifizierten Einteilung in Anlage- und Umlaufvermögen. Dabei ist die Übernahme der Begriffe Anlage- und Umlaufvermögen nicht sachgerecht (RIC 1.21). Die übrigen kurzfristigen Vermögenswerte nach IFRS enthalten in der Diktion des HGB weitgehend die sonstigen Vermögensgegenstände, Wertpapiere des Umlaufvermögens und Rechnungsabgrenzungsposten, soweit diese überhaupt Vermögenswerte sind (IAS 1.28; zur begrifflichen Abgrenzung zwischen **Vermögenswert** iSd IFRS und Vermögensgegenstand iSd HGB s § 2 Rz 79).

Die Kriterien für **Kurzfristigkeit** sind in IAS 1.66 dargestellt, wobei das Vorliegen einer der nachfolgenden Voraussetzungen ausreichend ist:

(1) die Realisation des Vermögenswerts wird innerhalb des normalen Verlaufs des Geschäftszyklus des Unternehmens erwartet oder er wird zum Verkauf oder Verbrauch innerhalb dieses Zeitraums gehalten,

(2) er wird primär für Handelszwecke gehalten,

(3) seine Realisation wird innerhalb von zwölf Monaten nach dem Bilanzstichtag erwartet oder

(4) es handelt sich um Zahlungsmittel oder Zahlungsmitteläquivalente (gem der Definition in IAS 7), es sei denn, der Tausch oder die Nutzung des Vermögenswerts zur Erfüllung einer Verpflichtung sind für einen Zeitraum von mindestens 12 Monaten nach dem Bilanzstichtag eingeschränkt.

3 Im Gegensatz zu den Regelungen des HGB, nach denen **Restlaufzeiten** über davon-Vermerke abgebildet werden, ist nach IAS 1.66ff jeweils der **kurzfristige**

Teil langfristiger Posten umzugliedern. Auswirkungen auf die Bewertung ergeben sich hieraus nicht. Bewertungsfragen knüpfen ausschließlich an die Kategorisierung der Vermögenswerte an. Das Rechnungslegungs Interpretation Committee (RIC) des DRSC setzt sich in seiner Interpretation RIC 1 mit einzelnen Fragestellungen zur Bilanzgliederung nach der Fristigkeit gem IAS 1 auseinander.

In diesem Kapitel werden zunächst die übrigen kurzfristigen finanziellen Vermögenswerte nach IAS 32 und IAS 39, anschließend kurzfristige Unternehmensbeteiligungen kommentiert. Zu den Regelungen über die **Ausbuchung** und den **Ausweis** von kurzfristigen finanziellen Vermögenswerten wird auf das Kapitel „Finanzinstrumente" (§ 3 Rz 100 ff, Rz 196 ff) sowie hinsichtlich der Anhangangaben auf die Anhangcheckliste (s Anlage I dieses Handbuchs) verwiesen.

II. ABC der übrigen kurzfristigen finanziellen Vermögenswerte

In der nachstehenden **Übersicht** werden häufig auftretende kurzfristige finanzielle Vermögenswerte zusammengestellt. Die Bewertung nach IAS 39 richtet sich nach der Kategorisierung der Vermögenswerte (s Rz 16 ff). Die Tabelle gibt Auskunft darüber, welchen Kategorien die angegebenen Vermögenswerte grds zugeordnet werden können. Die tatsächliche Zuordnung ist abhängig von den im Einzelfall vereinbarten vertraglichen Bedingungen und den unternehmensspezifischen Voraussetzungen die für eine Zuordnung in eine bestimmte Kategorie erfüllt sein müssen (s § 3 Rz 50). 4

Kategorie 1: Erfolgswirksam zum beizulegenden Zeitwert bewertete finanzielle Vermögenswerte (*at fair value through profit or loss*) sind dieser Kategorie unter bestimmten Bedingungen zugeordnete Vermögenswerte (s § 3 Rz 59 ff) oder zu Handelszwecken gehaltene Vermögenswerte (s § 3 Rz 56 ff).

Kategorie 2: Bis zur Endfälligkeit gehaltene Finanzinvestitionen (*held to maturity*; s § 3 Rz 62 ff).

Kategorie 3: Kredite und Forderungen (*loans and receivables*; s § 3 Rz 69 f).

Kategorie 4: Zur Veräußerung verfügbare finanzielle Vermögenswerte (*available for sale*; s § 3 Rz 71).

5

	Kategorie			
	1	2	3	4
Aktien	×			×
Anteile an assoziierten Unternehmen	×			×
Anteile an Gemeinschaftsunternehmen	×			×
Anteile an TU	×			×
Ausleihungen (verbrieft oder nicht verbrieft)	×	×	×	×
Aktivwert einer Rückdeckungsversicherung	×		×	×
Debitorische Kreditoren, Überzahlungen	×		×	×
Dividendenforderungen	×		×	×
Freistehene Derivate	×			
Forderungen an Broker	×		×	×
Genossenschaftsanteile	×			×

	Kategorie			
	1	2	3	4
Genussrechte	×	×	×	×
Gesellschaftsanteile (zB GmbH-Anteile)	×			×
Kautionen	×		×	×
Mitarbeiterdarlehen	×		×	×
Partiarische Darlehen	×		×	×
Reisekostenvorschüsse	×		×	×
Schuldrechtliche Wertpapiere (zB Schuldverschreibungen, Pfandbriefe, öffentliche Anleihen, Bundesschatzwechsel, Zero-Bonds)	×	×	×	×
Stille Beteiligungen	×		×	×
Versicherungserstattungen	×		×	×
Vorauszahlungen (zB Mietvorauszahlungen)	×		×	×

6 Zum **Aktivwert einer Rückdeckungsversicherung** s § 26 Rz 31, Rz 40, Rz 43.

7 **Dividenden** sind mit dem Ausschüttungsbeschluss (Entstehung des Rechtsanspruchs auf Zahlung) zu bilanzieren (IAS 18.30(c)). Eine **phasengleiche Vereinnahmung** von Dividenden (BGH-Urteil vom 12. Januar 1998 DB 1998, 567; BGH-Urteil vom 3. November 1975 WPg 1976, 80) durch den Mehrheitsgesellschafter steht **nicht** in Übereinstimmung mit den **IFRS.** Aus dem Verbot der Passivierung von Dividenden zum Bilanzstichtag, die das ausschüttende Unternehmen erst nach diesem Zeitpunkt beschlossen hat (IAS 10.12), ergibt sich im Umkehrschluss, dass eine Aktivierung des Anspruchs beim Gesellschafter ebenfalls ausscheidet (s *IDW* RS HFA 2 idF vom 2. September 2008, Vorbemerkung Abs 6). Zur Bilanzierung von Dividenden aus der Zeit vor dem Erwerb einer Beteiligung s § 7 Rz 55.

8 **Genussrechte** können je nach vertraglicher Gestaltung beim Emittenten Eigen- oder Fremdkapital darstellen. Räumen Genussrechte ein Recht zur ordentlichen Kündigung ein oder sind sie von vornherein befristet, so liegt Fremdkapital vor (IAS 32.18(b), IAS 32.16f; s § 12 Rz 94). Der **Inhaber** bilanziert in diesem Fall eine Finanzforderung. Erfüllen die Genussrechtsbedingungen in Ausnahmefällen die Fremdkapitaldefinition nach IFRS nicht (zB Ertragszuschuss), sondern handelt es sich um ein Eigenkapitalinstrument, bilanziert der Inhaber eine Unternehmensbeteiligung.

9 **Partiarische Darlehen** und **stille Beteiligungen** sind als Ausleihungen anzusehen, sofern sie mit einer zeitlichen Befristung eingegangen wurden. Eine Unterscheidung der **Ausleihungen** hinsichtlich der Schuldner (entspr § 266 Abs 2 A. III. HGB, § 42 Abs 3 GmbHG) ist für die Bilanzierung nach IFRS grds unerheblich, kann aber aufgrund der erforderlichen Angaben über die Beziehungen zu nahe stehenden Unternehmen und Personen notwendig sein (IAS 1.78(b), IAS 24; s auch § 20).

10 **Derivate** sind ebenfalls Finanzinstrumente (Definition in IAS 39.9; s auch § 23 Rz 4). Zum Zeitpunkt des Vertragsschlusses beträgt der Marktwert idR null (Termingeschäfte, Forwards), sodass kein Ansatz erfolgt. Finden bei Abschluss des Geschäfts Zahlungen zB für *upfront-payments* oder Optionsprämien statt, sind diese zu aktivieren. Sofern Derivate nicht zu Sicherungszwecken verwendet werden, sind sie grds der Kategorie *held for trading* zuzuordnen und folglich zu jedem

Bewertungszeitpunkt zum Zeitwert zu bewerten. Dienen Derivate Sicherungszwecken, bilden sie eine Klasse eigener Art. Je nach Laufzeit bzw Fälligkeit erfolgt der Ausweis unter den kurz- oder langfristigen finanziellen Vermögenswerten (IAS 1.68 und IAS 1.BC38C (für finanzielle Verbindlichkeiten)).

Eigene Anteile sind definitionsgemäß keine Finanzinstrumente und grds als Abzug vom Eigenkapital darzustellen (IAS 32.33; s auch § 12 Rz 80 ff). Dies gilt auch für Anteile an einem MU, die von einem TU gehalten werden. Im Einzelabschluss des TU ist eine Erfassung als kurzfristiger finanzieller Vermögenswert geboten, da ein langfristiger Ausweis aufgrund des Herausgaberechts des MU ausscheidet (§ 71 d AktG). 11

III. Übrige finanzielle Vermögenswerte nach IAS 32 und IAS 39

1. Ansatz

Hinsichtlich der übrigen finanziellen Vermögenswerte nach IAS 32 und IAS 39 ist als **Ansatzvorschrift** IAS 39.14 zu berücksichtigen. Danach darf und muss das bilanzierende Unternehmen den finanziellen Vermögenswert in seiner Bilanz ansetzen, wenn es **Vertragspartei** der Regelungen des Finanzinstruments wird. IAS 39.AG35 regelt Besonderheiten hinsichtlich des Ansatzzeitpunkts für näher definierte Einzelfälle (s § 3 Rz 86 f). 12

Für sog marktübliche Verträge (Kassa-Geschäfte) über den Kauf oder Verkauf finanzieller Vermögenswerte besteht ein **Wahlrecht hinsichtlich des Ansatzzeitpunkts:** Die Bilanzierung kann zum **Handelstag** oder zum **Erfüllungstag** erfolgen (IAS 39.AG53). Die gewählte Methode ist innerhalb der einzelnen Kategorien finanzieller Vermögenswerte einheitlich auszuüben, wobei für diesen Zweck als zu Handelszwecken gehaltene Vermögenswerte und solche, die beim erstmaligen Ansatz als erfolgswirksam zum beizulegenden Zeitwert designiert wurden, gesondert berücksichtigt werden können. Die praktische Bedeutung dieses Wahlrechts betrifft allein den **Ansatzzeitpunkt** des Vermögenswerts, nicht jedoch den Ansatzwert (vgl IAS 39.44). Die Erfassung der Ergebnisauswirkung durch zwischenzeitliche Wertänderungen wird durch die Zuordnung zu einer Kategorie finanzieller Vermögenswerte bestimmt. 13

Beispiel: Ein Unternehmen ist zum Bilanzstichtag 31. Dezember X1 eine Verpflichtung zum Kauf kurzfristiger finanzieller Vermögenswerte zu T€ 70 eingegangen (Handelstag). Am Erfüllungstag 4. Februar X2 liegt der beizulegende Zeitwert bei T€ 85. Die Übersicht stellt die Ansatzwerte innerhalb der jeweiligen Kategorie (s Rz 5) sowie die Behandlung der Wertänderung zwischen Handels- und Erfüllungstag dar (in T€): 14

	Kategorie (s Rz 5)		
	1	**2 und 3**	**4**
(1) Bilanzierung zum Handelstag			
Handelstag (31. Dezember X1)	70	70	70
Erfüllungstag (4. Februar X2)	85	70	85
Abbildung der Wertänderung in der GuV (in X2)	+ 15	–	–
Abbildung der Wertänderung im periodischen sonstigen Ergebnis (in X2)	–	–	+ 15
(2) Bilanzierung zum Erfüllungstag			
Handelstag	–	–	–

	Kategorie (s Rz 5)		
	1	2 und 3	4
Erfüllungstag (4. Februar X2)	85	70	85
Erfolgswirksame Abbildung der Wertänderung	–	–	–
Abbildung der Wertänderung im periodischen sonstigen Ergebnis	–	–	–

Bei einer Bilanzierung zum **Handelstag** werden die Vermögenswerte bereits im Jahresabschluss zum 31. Dezember X1 erfasst. Die Art und Weise der Berücksichtigung der Wertänderung bis zum Erfüllungstag ist von der Kategorisierung der Vermögenswerte abhängig.

Bei einer Bilanzierung zum **Erfüllungstag** erfolgt ein erstmaliger Ansatz der Vermögenswerte erst in X2. Wertänderungen sind folglich nicht zu erfassen.

Unabhängig vom gewählten Ansatzzeitpunkt stimmen die Wertansätze zum Erfüllungstag pro Kategorie jeweils überein. Dies wird durch den Ansatz des beizulegenden Zeitwerts am Handelstag für Vermögenswerte der Kategorien bis zur Endfälligkeit gehaltene Finanzinvestitionen und Kredite und Forderungen erreicht, für die die Bilanzierung zum Erfüllungstag gewählt wurde (IAS 39.44).

Sofern zum Erfüllungstag bilanziert wird, zwischen Handels- und Erfüllungstag ein Bilanzstichtag liegt und eine Wertänderung bereits bis zum Bilanzstichtag eingetreten ist, wird diese bei Vermögenswerten, die zu Anschaffungskosten bzw fortgeführten Anschaffungskosten angesetzt werden, nicht erfasst. Bei Vermögenswerten, die erfolgswirksam zum beizulegenden Zeitwert bewertet werden, erfolgt eine Erfassung im Periodenerfolg und bei Vermögenswerten, die zur Veräußerung verfügbar eingestuft sind, eine Erfassung im periodischen sonstigen Ergebnis (IAS 39.AG56). Wenn demnach die Wertänderung zu erfassen ist und eine Bilanzierung zum Erfüllungstag gewählt wird, aktiviert das Unternehmen zum Bilanzstichtag eine **Forderung** in Höhe der Wertänderung.

2. Bewertung, Kategorisierung, Wertminderung

15 Die **Zugangsbewertung** (IAS 39.43) erfolgt zum **beizulegenden Zeitwert** (*fair value* zu Einzelheiten s § 2 Rz 96ff und § 3 Rz 55ff), der bei Transaktionen zwischen fremden Dritten regelmäßig den **Anschaffungskosten** des Vermögenswerts entspricht. Maßgeblicher Zeitpunkt für die Bestimmung des beizulegenden Zeitwerts ist der Zugangszeitpunkt. Dies ist grds der Zeitpunkt des Vertragsabschlusses (s Rz 13). Bei einer (erstmaligen) Bilanzierung zum Erfüllungstag gilt dieser Tag als Zugangstag; dennoch ist der beizulegende Zeitwert des Handelstags der Zugangsbewertung zugrunde zu legen, wenn die Folgebewertung zu Anschaffungskosten bzw fortgeführten Anschaffungskosten vorzunehmen ist (s Rz 14). Die Art und Weise der Berücksichtigung von Transaktionskosten bzw **Anschaffungsnebenkosten** ist abhängig von der nachstehend dargestellten Kategorisierung des Vermögenswerts: Anschaffungsnebenkosten sind nur dann unmittelbar erfolgswirksam zu erfassen, wenn es sich um erfolgswirksam zum beizulegenden Zeitwert bewertete finanzielle Vermögenswerte handelt; anderenfalls sind sie im Rahmen der Zugangsbewertung zu aktivieren.

16 Sämtliche finanziellen Vermögenswerte sind für Zwecke der **Folgebewertung** einer der nachfolgenden **Kategorien** zuzuordnen (IAS 39.9). Diese Zuordnung determiniert einerseits die **Bewertung** und andererseits **Art und Weise** sowie **Zeitpunkt** der **Erfolgsrealisierung** (zu weiteren Einzelheiten hinsichtlich der verschiedenen Kategorien s § 3 Rz 49ff; zur Frage der **Umgliederung** zwischen den einzelnen Kategorien s § 3 Rz 72ff).

a) Erfolgswirksam zum beizulegenden Zeitwert bewertete finanzielle Vermögenswerte

Der Kategorie **erfolgswirksam zum beizulegenden Zeitwert bewertete finanzielle Vermögenswerte** (*„at fair value through profit or loss"*) sind finanzielle Vermögenswerte zuzuordnen, 17

(1) die für Zwecke einer kurzfristigen Weiterveräußerung, dh zu Handelszwecken (*„held for trading"*; genau definiert in IAS 39.9), erworben wurden, **oder**

(2) die das Unternehmen **bei dem erstmaligen Ansatz** (diese Einschränkung dient der Begrenzung der Bilanzpolitik) entspr zuordnet. Es handelt sich hierbei um die *fair value option*, deren Ausübung an verschiedene Bedingungen geknüpft ist (s § 3 Rz 60f). Eigenkapitalinstrumente für die kein auf einem aktiven Markt notierter Marktpreis existiert und deren beizulegender Zeitwert nicht verlässlich bestimmt werden kann, können dieser Kategorie nicht zugeordnet werden.

Derivate, die keiner Sicherungsbeziehung zuzuordnen sind, werden als zu Handelszwecken gehaltene Finanzinstrumente kategorisiert.

Wertmaßstab für die Folgebewertung ist der **beizulegende Zeitwert** (IAS 39.46). Bewertungsbedingte **Änderungen** des Postens sind in der jeweiligen Berichtsperiode unter den übrigen Finanzerträgen bzw unter den übrigen Finanzaufwendungen **erfolgswirksam** abzubilden (IAS 39.55(a)). Die Bestimmung des beizulegenden Zeitwerts eines finanziellen Vermögenswerts ist IAS 39.48, IAS 39.AG69ff zu entnehmen (s § 3 Rz 146ff, Rz 156ff). Eine Überprüfung auf Wertminderung nach IAS 39.58ff und IAS 39.AG84ff ist entbehrlich (IAS 39.46).

b) Bis zur Endfälligkeit gehaltene Finanzinvestitionen

Der Kategorie **bis zur Endfälligkeit gehaltene Finanzinvestitionen** (*„held to maturity"*) sind – nicht derivative – finanzielle Vermögenswerte zuzuordnen, 18

(1) die feste oder bestimmbare Zahlungsströme generieren,

(2) eine feste Laufzeit aufweisen **und**

(3) die das Unternehmen bis zur Endfälligkeit halten will und kann.

Für Vermögenswerte dieser Kategorie besteht die Möglichkeit, im Anschaffungszeitpunkt auch eine Zuordnung zur Kategorie erfolgswirksam zum beizulegenden Zeitwert bewertete finanzielle Vermögenswerte vorzunehmen, sofern die Voraussetzungen der *fair value option* (s § 3 Rz 60) erfüllt werden.

Die Zuordnung zur sehr **restriktiv** definierten Kategorie bis zur Endfälligkeit gehaltene Finanzinvestitionen hängt von der Einschätzung und Planung des Managements ab. Sofern ein Unternehmen im Berichtsjahr oder in den beiden vorangegangenen Jahren mehr als einen unwesentlichen Teil dieser Kategorie vor Endfälligkeit veräußert oder umgegliedert hat, darf es dieser Kategorie grds neu angeschaffte Finanzinstrumente nicht mehr zuordnen (*tainting*; s § 3 Rz 65ff). Sofern finanzielle Vermögenswerte die Definition der Kategorie Kredite und Forderungen erfüllen, hat die Zuordnung dort zu erfolgen (IAS 39.9). Insoweit hat die Kategorisierung unter Kredite und Forderungen Vorrang. Dies ergibt sich aus IAS 39.9 (s hierzu § 3 Rz 69f).

Wertmaßstab für die Folgebewertung sind die **fortgeführten Anschaffungskosten** (s § 2 Rz 102) unter Anwendung der **Effektivzinsmethode** (IAS 39.46(b)). Hierbei wird der Effektivzinssatz des Finanzinstruments zur Diskontierung der zukünftigen Zins- und Tilgungszahlungen herangezogen, sodass bei erstmaliger Erfassung der ermittelte Barwert genau dem Buchwert des Finanzinstruments entspricht. In der Folge wird mit dem ursprünglichen Zinssatz auf- bzw abgezinst. Wertänderungen werden jeweils erfolgswirksam im Zinsergebnis erfasst.

Nachhaltige **Wertminderungen** führen zu einer außerplanmäßigen Abschreibung des finanziellen Vermögenswerts nach IAS 39.58 ff (IAS 36 ist nicht anwendbar) auf den Barwert der erwarteten Cashflows (IAS 39.63). Maßgeblich ist der bei Anschaffung des Finanzinstruments ermittelte Effektivzins (IAS 39.AG84). Der Abschreibungsbetrag ist **erfolgswirksam** zu erfassen. Gleiches gilt für eine ggf zu berücksichtigende Verminderung des Wertberichtigungsbedarfs in Folgeperioden.

c) Kredite und Forderungen

19 Der Kategorie **Kredite und Forderungen** (*loans and receivables*) sind – nicht derivative – finanzielle Vermögenswerte zuzuordnen, die
(1) feste oder bestimmbare Zahlungsströme generieren **und**
(2) nicht in einem aktiven Markt notiert sind.

Für Vermögenswerte dieser Kategorie besteht die Möglichkeit, im Anschaffungszeitpunkt auch eine Zuordnung zur Kategorie erfolgswirksam zum beizulegenden Zeitwert bewertete finanzielle Vermögenswerte vorzunehmen, wenn die Voraussetzung der *fair value option* erfüllt werden (s § 3 Rz 60).

Wertmaßstab für die Folgebewertung sind – wie bei bis zur Endfälligkeit gehaltenen Finanzinvestitionen – die **fortgeführten Anschaffungskosten** unter Anwendung der **Effektivzinsmethode.** Auch hinsichtlich nachhaltiger Wertminderungen besteht Übereinstimmung mit der Kategorie bis zur Endfälligkeit gehaltener Finanzinvestitionen.

d) Zur Veräußerung verfügbare finanzielle Vermögenswerte

20 Die Kategorie **zur Veräußerung verfügbare finanzielle Vermögenswerte** („*available for sale*") betrifft als Auffangtatbestand – nicht derivative – finanzielle Vermögenswerte, die keiner anderen Kategorie zugeordnet wurden (erfolgswirksam zum beizulegenden Zeitwert bewertete finanzielle Vermögenswerte) oder durften (alle übrigen Kategorien). Eine alsbaldige Veräußerungsabsicht ist jedoch nicht erforderlich.

Wertmaßstab für die Folgebewertung ist der **beizulegende Zeitwert** (IAS 39.46). Bewertungsbedingte **Änderungen** des Postens sind – anders als im Rahmen der Kategorie erfolgswirksam zum beizulegenden Zeitwert bewertete finanzielle Vermögenswerte – grds in der jeweiligen Berichtsperiode **erfolgsneutral** im sonstigen Ergebnis (Rücklage für Marktbewertung; s § 17 Rz 42f) zu erfassen (IAS 39.55(b)). Diese Behandlung ist auf die Tatsache zurückzuführen, dass hinsichtlich des Vermögenswerts noch keine explizite Verwertungsabsicht besteht. Erst im Zeitpunkt der Ausbuchung wird das Abgangsergebnis unter gleichzeitiger Auflösung der Rücklage erfolgswirksam realisiert (Umgliederungsbeträge *(reclassification adjustments)*). Transaktionskosten, die Bestandteil der Erstbewertung sind (s Rz 15), sind dabei erst im Veräußerungszeitpunkt zu berücksichtigen.

Beispiel: Ein Unternehmen erwirbt am 10. Oktober X1 kurzfristige Aktiva zu T€ 100, die der Kategorie zur Veräußerung verfügbare finanzielle Vermögenswerte zugeordnet werden. Zum 31. Dezember X1 beträgt der beizulegende Zeitwert T€ 104. Am 20. Februar X2 werden die Vermögenswerte zu T€ 107 veräußert. Folgende Buchungen sind erforderlich:

10. Oktober X1:	Per kurzfristige Vermögenswerte	T€ 100	
	An Bank		T€ 100
31. Dezember X1:	Per kurzfristige Vermögenswerte	T€ 4	
	An Rücklage für Marktbewertung		T€ 4

20. Februar X2:	Per Bank	T€ 107	
	Rücklage für Marktbewertung	T€ 4	
	An kurzfristige Vermögenswerte		T€ 104
	übrige Finanzerträge		T€ 7

Sofern ein Agio oä vereinbart wurde, welches den Charakter eines Effektivzinsbestandteils aufweist, ist der mittels der Effektivzinsmethode errechnete Zinsanteil **erfolgswirksam** zu berücksichtigen.

In den nachstehenden Fällen sieht IAS 39.55(b) ebenfalls **Ausnahmen von der erfolgsneutralen Erfassung** von Wertänderungen vor:
(1) Wertberichtigungen wegen Wertminderungen,
(2) Wertänderungen aus der Währungsumrechnung.

Zu Einzelheiten im Rahmen der Bilanzierung von Wertminderungen von zur Veräußerung verfügbaren Instrumenten, s § 3 Rz 173ff. Nachhaltige **Wertminderungen** führen zu einer außerplanmäßigen Abschreibung des finanziellen Vermögenswerts nach IAS 39.58f (IAS 36 ist nicht anwendbar) auf den aktuellen beizulegenden Zeitwert (IAS 39.68). Die Bestimmung des beizulegenden Zeitwerts eines finanziellen Vermögenswerts ist IAS 39.48, IAS 39.AG69ff zu entnehmen (s § 3 Rz 146ff, Rz 156ff).

3. Ausbuchung

Die im Vergleich zur Fassung des IAS 39 (2000) völlig neu gefassten Ausbuchungsgrundsätze (IAS 39.15ff) stellen auf folgende Voraussetzungen ab (s zu Einzelheiten § 3 Rz 102ff): 21
(1) Auslaufen der vertraglichen Rechte auf Cashflows aus einem finanziellen Vermögenswert **oder**
(2) Übertragung des finanziellen Vermögenswerts auf eine andere Person, wobei die relevanten Risiken und Chancen ganz oder teilweise auf den Erwerber übergehen.

Bei **vollständiger Ausbuchung** eines finanziellen Vermögenswerts ist das Abgangsergebnis (Veräußerungserlös abzüglich Buchwert zuzüglich (bei Haben-Saldo)/abzüglich (bei Soll-Saldo) Rücklage für Marktbewertung) **erfolgswirksam** zu realisieren. (Ausführlich zum Thema Ausbuchung von finanziellen Vermögenswerten § 3 Rz 100ff).

4. Ausweis

Kurzfristige finanzielle Vermögenswerte sind **getrennt** von den langfristigen finanziellen Vermögenswerten auszuweisen. Zur Verbesserung der Einschätzung der Vermögens- und Finanzlage des Unternehmens ist eine **weitere Untergliederung** nach den Kategorien des IAS 39 sinnvoll und nach IFRS 7 als Wahlrecht geregelt (s § 3 Rz 196f, Rz 210). Ggf kann weiter nach der Art der Vermögenswerte untergliedert werden. 22

einstweilen frei 23–26

IV. Unternehmensbeteiligungen

Unternehmensbeteiligungen sind idR langfristig gehaltene finanzielle Vermögenswerte. Da für Unternehmensbeteiligungen, die einen kurzfristigen Charakter haben, keine Sonderregelungen bestehen, wird auf die Erläuterungen unter § 7 Rz 43ff verwiesen. 27

Ein Kriterium für **Kurzfristigkeit** gem IAS 1.66 ist die erwartete Realisation der Anteile innerhalb von zwölf Monaten nach dem Bilanzstichtag. Nach

IFRS 5.8 liegen demgegenüber **zur Veräußerung gehaltene langfristige Anteile** vor, sofern die Veräußerung innerhalb eines Jahres (ab dem Zeitpunkt der Klassifizierung als zur Veräußerung gehalten) stattfinden soll.

Eine wörtliche Auslegung dieser Vorschriften führt zu dem Schluss, dass **langfristige** Anteile, die innerhalb eines Jahres veräußert werden sollen, nicht existieren und IFRS 5 insoweit nicht anzuwenden ist. IFRS 5 kann aber nur dann den angestrebten Regelungsgehalt entfalten, wenn eine weiter gefasste Interpretation der Fristigkeit zur Anwendung gelangt. *Lüdenbach* (in Lüdenbach/Hoffmann IFRS[7] § 29 Rz 6f) ordnet langfristige Vermögenswerte in Vermögenswerte, die ursprünglich mit Dauerverwendungsabsicht erworben oder hergestellt wurden und solche die beim Unternehmen „typischerweise" Anlagevermögen sind. Entfällt zu einem späteren Zeitpunkt die Weiterverwendungsabsicht, handelt es sich um langfristige Vermögenswerte, die zum Verkauf stehen, die entspr IFRS 5 bilanziert werden.

Bei Erwerb von **Konzernen** oder **Teilkonzernen** mit geplanter Weiterveräußerung einzelner Unternehmen innerhalb von zwölf Monaten ist ein Ausweis dieser Anteile als zur Veräußerung gehaltene langfristige Anteile gem IFRS 5.38 und IAS 1.54(j) sachgerecht. Sofern ein Unternehmen Anteile primär zu Handelszwecken erwirbt, handelt es sich dagegen um kurzfristige Vermögenswerte. Die Abgrenzung zwischen der Zuordnung zu kurzfristigen Vermögenswerten oder zu als zur Veräußerung gehaltenen langfristigen Anteilen ist nicht allgemeingültig definierbar, sondern einer Einzelfallbetrachtung zu unterziehen. Die gewählte Zuordnung determiniert die maßgebenden Bewertungsvorschriften.

V. Veräußerungsgruppen und aufgegebene Geschäftsbereiche

28 Mit Hilfe des IFRS 5 soll den Bilanzadressaten ermöglicht werden, eine höhere Prognosesicherheit insbes in Bezug auf die zukünftige wirtschaftliche Tätigkeit und den Erfolg eines Unternehmens zu erhalten, indem die Absicht (zu den einzelnen Voraussetzungen für die Anwendung von IFRS 5 s § 28 Rz 30 ff) zur Veräußerung von **langfristigen** Vermögenswerten und Veräußerungsgruppen bzw zur Aufgabe von Unternehmensbereichen im Abschluss offen zu legen ist. IFRS 5 hält für diese Fälle besondere Bewertungs- und Ausweisvorschriften bereit.

Kurzfristige Vermögenswerte werden zwar generell **nicht** vom Anwendungsbereich des IFRS 5 erfasst; sie können jedoch Bestandteil von Veräußerungsgruppen oder aufgegebenen Geschäftsbereichen sein (IFRS 5.4; vgl im Einzelnen auch § 28 Rz 9 ff). Gleichwohl unterliegen gem IFRS 5.18 kurzfristige finanzielle Vermögenswerte in diesen Fällen zunächst den Bewertungsvorschriften des IAS 39 bzw den übrigen einschlägigen Bewertungsregeln (Unternehmensanteile im Einzelabschluss zu Anschaffungskosten oder nach IAS 39 gem IAS 27.38(a) und (b) (2008)/IAS 27.37(a) und (b) (2003)). Die Bewertungsregeln von IFRS 5 sind dagegen auf die Veräußerungsgruppe insgesamt anzuwenden. Sofern sich ein Abwertungsbedarf ergibt, ist eine anteilige Zuordnung dieses Betrags zu den einzelnen Bestandteilen von Veräußerungsgruppen oder aufgegebenen Geschäftsbereichen davon abhängig, welche Bewertungsregeln auf die einzelnen Bestandteile angewendet wurden (s § 28 Rz 52, Rz 57 ff). Der Ausweis der betreffenden kurzfristigen finanziellen Vermögenswerte in der Bilanz richtet sich nach IFRS 5.38. Sie sind entspr RIC 1.19 auf der Aktivseite **separat** als **letzter Posten der kurzfristigen Vermögenswerte** unter der Postenbezeichnung „Zur Veräußerung gehaltene Vermögenswerte" auszuweisen (zu Einzelheiten s § 28).

VI. Angaben im Anhang

Es wird auf die Anhangcheckliste in der Anlage I dieses Handbuchs verwiesen. 29

B. Sonstige übrige Vermögenswerte

I. Allgemeines

Neben den übrigen finanziellen Vermögenswerten, für die die Vorschriften des 30 IAS 32, IAS 39 und IFRS 7 einschlägig sind, gibt es Vermögenswerte, die **nicht auf einem Vertrag** basieren, der bei dem einen Unternehmen zu einem finanziellen Vermögenswert und bei dem anderen Unternehmen zu einer finanziellen Verbindlichkeit führt (IAS 32.11). Dies sind insbes Vermögenswerte, die auf Basis gesetzlicher Vorschriften entstehen (zB Steuererstattungsansprüche (s auch Rz 41 ff), Zuwendungen der öffentlichen Hand oder Rückzahlungsansprüche aus Sozialabgaben) und verschiedene andere Vermögenswerte, die nicht zu finanziellen Verbindlichkeiten führen (Anzahlungen).

II. Ansatz, Bewertung, Ausweis, Anhangangaben

Sofern für diese Vermögenswerte keine gesonderten Regelungen bestehen (zB 31 IAS 20), ist für Ansatz und Bewertung auf die **allgemeinen Regelungen** des Rahmenkonzepts zurückzugreifen.

Der Ausweis dieser Vermögenswerte erfolgt unter dem Posten Forderungen und sonstige Vermögenswerte, (IAS 1.54(h)), es sei denn, die Mindestausweispflichten werden aus Gründen der Klarheit erweitert.

Der Umfang der Anhangangaben richtet sich nach den anzuwendenden Standards, bzw den allgemeinen Regelungen. Einzelheiten zu den sonstigen Forderungen werden ausführlich in § 10 erläutert.

C. Zahlungsmittel und Zahlungsmitteläquivalente

I. Allgemeines

Bei Zahlungsmitteln und Zahlungsmitteläquivalenten handelt es sich grds um 32 **finanzielle Vermögenswerte** (s Rz 2), die in den Anwendungsbereich von IAS 32, IAS 39 und IFRS 7 fallen.

Zahlungsmittel umfassen Kassenbestände inländischer und ausländischer 33 Währungen, sonstige Barbestände und Sichteinlagen. Zu den **Zahlungsmitteläquivalenten** zählen „... kurzfristige, äußert liquide Finanzinvestitionen, die jederzeit in bestimmte Zahlungsmittelbeträge umgewandelt werden können und nur unwesentlichen Wertschwankungsrisiken unterliegen" (IAS 7.6), zB Schecks und Wertzeichen (Postwertzeichen, verfügbare Frankierreserven, Wechselmarken). Eine Einlage flüssiger Mittel auf einem Bankkonto ist ein finanzieller Vermögenswert, weil sie das vertragliche Recht darstellt, flüssige Mittel von der Bank zu erhalten bzw einen Scheck oder ein ähnliches Finanzinstrument zu Gunsten des Gläubigers zur Bezahlungen einer finanziellen Verbindlichkeit zu verwenden (IAS 32.AG3). Finanzinvestitionen sind grds nur dann den Zahlungsmitteläquivalenten zuzurechnen, wenn sie eine Restlaufzeit von nicht mehr als drei Monaten (**ab Erwerbszeitpunkt**) besitzen (IAS 7.7). Damit sind zB Finanzinstrumente der Kategorie bis zur Endfälligkeit gehaltene Finanzinvestitionen mit einer verbleibenden Restlaufzeit von 3 Monaten keine Zahlungsmitteläquivalente. Kapitalbeteiligungen gehören ausnahmsweise dann zu den Zahlungsmitteläquivalenten, wenn dies ihrem wirtschaftlichen Gehalt entspricht (IAS 7.7; bspw Vorzugsaktien mit kurzer Restlaufzeit und festgelegtem Einlösungszeitpunkt). Sofern Kontokorrentkredite einen integralen Bestandteil der Zahlungsmitteldisposition des Unternehmens bilden, werden sie den Zahlungsmitteln und -äquivalenten zugerechnet (IAS 7.8).

34 Soweit es sich bei Bankguthaben um **langfristige nicht disponible** Guthaben handelt (zB *compensating balances*, dh Zahlungsmittel, über die der Eigentümer nicht sofort verfügen kann), ist eine Zuordnung zu den langfristigen Vermögenswerten zu prüfen. Sofern eine kurzfristige Verfügungsbeschränkung besteht, wird ein Ausweis unter einer separaten Überschrift innerhalb der kurzfristigen Vermögenswerte als praktikabel erachtet. *Compensating balances* sind jedoch in keinem Fall im Posten Zahlungsmittel und Zahlungsmitteläquivalente auszuweisen (*Beine/Meyer* in Wiley IAS/IFRS 2008 Abschn 5 Rz 18).

II. Ansatz

35 **Zahlungsmittel und -äquivalente** sind anzusetzen, wenn das Unternehmen diese erhalten hat. **Erhaltene Schecks** sind anzusetzen, sobald das Unternehmen im Besitz der Schecks ist (IAS 39.14 und IAS 39.AG35). Das gilt analog für Zahlungseingänge auf Bankkonten. Für zurückerhaltene Schecks oder Schecks mit Protestvermerk ist die zugrunde liegende Forderung zu bilanzieren (*Ellrott/Krämer* in BeBiKo[6] § 266 HGB Rz 158).

Ein bilanzverlängernder Ansatz nicht ausgeschöpfter Kreditlinien ist unzulässig (IAS 39.AG35).

III. Kategorisierung und Bewertung

36 **Zahlungsmitteln und Zahlungsmitteläquivalenten** stehen grds die Kategorien **erfolgswirksam zum beizulegenden Zeitwert** bewertete finanzielle Vermögenswerte und **zur Veräußerung verfügbare finanzielle Vermögenswerte** offen. Werden zB Fremdwährungsbestände mit dem Zweck kurzfristiger Gewinnerzielung erworben bzw gehalten, so sind diese der Kategorie zu Handelszwecken gehaltene Finanzinstrumente zuzuordnen.

37 Die **Bewertung** von Zahlungsmitteln und Zahlungsmitteläquivalenten erfolgt mit dem **beizulegenden Zeitwert.** Bei Zahlungsmitteln und Zahlungsmitteläquivalenten in der Berichtswährung des Unternehmens entspricht dieser dem Nominalwert der flüssigen Mittel. Für Fremdwährungsbestände ermittelt sich der beizulegende Zeitwert durch Umrechnung in die Berichtswährung mit dem Stichtagskurs. Dabei ist grds der Kassakurs zugrunde zu legen. Wertänderungen an Folgestichtagen sind entspr der vorgenommenen Kategorisierung zu erfassen.

IV. Ausbuchung

38 Die Grundlagen für die Ausbuchung von finanziellen Vermögenswerten sind zentral in § 3 Rz 100ff dargestellt.

V. Ausweis

Gem IAS 1.54(i) sind Zahlungsmittel und -äquivalente innerhalb eines **gesonderten Bilanzpostens** unter identischer Bezeichnung auszuweisen. Zahlungsmittel und Zahlungsmitteläquivalente stellen für Zwecke der Darstellung nach IFRS 7 idR eine eigene Klasse dar (s § 3 Rz 209), wobei dies in der Praxis recht unterschiedlich gehandhabt wird. Des Weiteren wird auf § 3 Rz 196ff verwiesen. 39

VI. Angaben im Anhang

Es wird auf die Anhangcheckliste in der Anlage I dieses Handbuchs verwiesen. 40

D. Steuererstattungsansprüche

Steuerüberzahlungen für das lfd oder frühere Geschäftsjahre sind als Steuererstattungsansprüche zu aktivieren. Sie sind mit dem Betrag anzusetzen, in dessen Höhe eine Zahlung seitens der Steuerbehörden erwartet wird. 41

Der Ansatz **möglicher** Steuererstattungen setzt voraus, dass der erwartete Mittelzufluss so gut wie sicher ist. Soweit ein Zufluss aus diesem Steuererstattungsanspruch auf Basis einer sachverständigen Einschätzung nur wahrscheinlich ist, ist gem IAS 12.88 eine **Eventualforderung** im Anhang anzugeben. Soweit ein Ressourcenzufluss unwahrscheinlich ist, erfolgt gem IAS 37.31ff weder eine Erfassung eines Steueranspruchs, noch die Angabe einer Eventualforderung. 42

Die **Bewertung** der Steuererstattungsansprüche ergibt sich aus der Differenz zwischen Steueraufwand und den geleisteten Vorauszahlungen. Für Unternehmen mit Sitz in Deutschland kommen als anwendbare Ertragsteuern im Wesentlichen die KSt, der Solidaritätszuschlag, die GewSt sowie entspr ausländische Ertragsteuern in Betracht. 43

Steuererstattungsansprüche zählen grds zu den **kurzfristigen Vermögenswerten** und sind daher getrennt von latenten Steueransprüchen auszuweisen. 44

Verfügt ein Unternehmen über die Möglichkeit, Ertragsteueransprüche gem §§ 226 AO, 387ff BGB mit tatsächlichen Steuerschulden aufzurechnen und beabsichtigt es, von diesem Recht Gebrauch zu machen, so besteht gem IAS 12.71 eine **Saldierungspflicht.** Die Saldierung von Vermögenswerten und Schulden aus GewSt ggü unterschiedlichen Gemeinden ist mangels Aufrechnungsmöglichkeit grds unzulässig und darf nur dann vorgenommen werden, wenn die zu saldierenden Beträge als unwesentlich einzustufen sind. 45

Die Bilanzierung von Steuererstattungsansprüchen ist ausführlich in § 25 Rz 9ff erläutert.

E. Wesentliche Änderungen und deren Anwendungszeitpunkte

Auswirkungen im weitesten Sinne auf Bilanzierung, Bewertung und Ausweis der sonstigen kurzfristigen Vermögenswerte nach IFRS hatten die Änderungen der folgenden Standards: 46

Der 2007 überarbeitete **IAS 1** ist auf Berichtsperioden anzuwenden, die am oder nach dem 01. Januar 2009 beginnen (IAS 1.139). Die Änderung des *Annual*

Improvements Projekts 2008 in IAS 1.68 wurde im Mai 2008 verabschiedet und ist für Berichtsperioden, die am oder nach dem 1. Januar 2009 beginnen, anzuwenden. Eine frühere Anwendung ist erlaubt und entspr im Anhang anzugeben (IAS 1.139C).

Der im Januar 2008 überarbeitete **IAS 27** ist auf Berichtsperioden anzuwenden, die am oder nach dem 1. Juli 2009 beginnen (IAS 27.43A). Die Änderung des *Annual Improvements* Projekts 2008 in IAS 27.38 wurde im Mai 2008 verabschiedet und ist für Berichtsperioden, die am oder nach dem 1. Januar 2009 beginnen, anzuwenden (zum diesbezüglichen Widerspruch s § 7 Rz 84). Eine frühere Anwendung ist erlaubt und entspr im Anhang anzugeben (IAS 27.43A).

IAS 32 ist auf Berichtsperioden anzuwenden, die am oder nach dem 1. Januar 2005 beginnen (IAS 32.96). Die Änderungen in IAS 32.11 ff und IAS 32.18 in Folge der Überarbeitung von IAS 32 und IAS 1 im Februar 2008 sind für Berichtsperioden beginnend am oder nach dem 1. Januar 2009 verbindlich (IAS 32.96A).

IAS 39 ist auf Berichtsperioden anzuwenden, die am oder nach dem 1. Januar 2005 beginnen (IAS 39.103). Folgeänderungen aus der Überarbeitung von IAS 1 (2007) in IAS 39.14, IAS 39.55 sowie IAS 39.68 sind für Berichtsperioden beginnend am oder nach dem 1. Januar 2009 verbindlich. Die Änderung des *Annual Improvements* Projekts 2008 in IAS 39.9 wurde im Mai 2008 verabschiedet und ist für Berichtsperioden, die am oder nach dem 1. Januar 2009 beginnen, anzuwenden. Eine frühere Anwendung ist erlaubt und entspr im Anhang anzugeben (IAS 39.108C).

IFRS 5 ist auf Berichtsperioden anzuwenden, die am oder nach dem 1. Januar 2005 beginnen (IFRS 5.44). Die Folgeänderung aus der Überarbeitung von IAS 1 (2007) in IFRS 5.38 ist für Berichtsperioden beginnend am oder nach dem 1. Januar 2009 verbindlich (IFRS 5.44A).

Die vorliegende Kommentierung hat wesentliche materielle Änderungen herausgehoben, darüber hinaus haben die Überarbeitungen klarstellenden Charakter.

Die (Folge-)Änderungen des IAS 12 sind zentral in § 25 Rz 211 dargestellt.

F. Gegenüberstellung zu HGB/DRS

47 Verwiesen wird auf § 3 Rz 264 ff und § 25 Rz 215 ff. Für Zahlungsmittel und -äquivalente sind für die praktische Bilanzierung keine Unterschiede gegeben.

G. Aktuelle Entwicklungen/IASB-Projekte

48 Verwiesen wird auf § 3 Rz 1 ff und § 25 Rz 233 ff.

§ 12. Eigenkapital

Übersicht

Schrifttum: *Bieker/Schmidt* Der Vorschlag der Europäischen Kommission zur Änderung der Bilanzrichtlinien, KoR 2002, 206; *BMF* Schreiben vom 4. Juli zur Zinsschranke, BStBl I 2008, 718; *Coenenberg* Solvenztest statt Mindestkapital – Zukunft des bilanziellen Kapitalschutzes, PiR 2007, 275; *DRSC* Rechnungslegungs-Interpretation Nr. 1 (RIC 1) Bilanzgliederung nach Fristigkeit gemäß IAS 1 Darstellung des Abschlusses, Berlin 2005; *DRSC* Rechnungslegungs-Interpretation Nr. 3 (RIC 3) Near Final Draft Auslegungsfragen zu den Amendments to IAS 32 Finacial Instruments: Presentation and IAS 1 Presentation of Financial Statements Puttable Financial Instruments and Obligations Arising on Liquidation, Berlin 2008; *Ebeling* Zuordnung der im Konsolidierungsprozess auftretenden Eigenkapitaldifferenzen im IFRS-Konzernabschluss, BB 2007, 1609; *Epstein/Jermakovicz* IFRS 2008 Interpretation and Application of International Financial Reporting Standards, New Jersey 2008; *Ernst & Young* International GAAP 2008, London 2007; *Europäische Kommission* Kommentare zu bestimmten Artikeln der Verordnung (EG) Nr. 1606/2002 des Europäischen Parlaments und des Rates vom 19. Juli 2002 betreffend die Anwendung internationaler Rechnungslegungsstandards und zur Vierten Richtlinie 78/660/EWG des Rates vom 25. Juli 1978 sowie zur Siebten Richtlinie 83/349/EWG des Rates vom 13. Juni 1983 über Rechnungslegung, Beck'sche Textausgaben IFRS-Texte, München 2007; *FAR* Konsequenzen unterlassener Pflichtprüfungen für die Prüfung des Folgeabschlusses, FN IDW 2002, 214; *Freiberg* Wechselseitige Optionen bei Wandelschuldverschreibungen, PiR 2008, 239; *Hennrichs* Zinsschranke, Eigenkapitalvergleich und IFRS, DB 2007, 2101; *Hoffmann/Lüdenbach* IFRS-Rechnungslegung für Personengesellschaften als Theater des Absurden, DB 2005, 404; *Holzer/Ernst* (Other) Comprehensive Income und Non-Ownership Movements in Equity – Erfassung und Ausweis des Jahresergebnisses und des Eigenkapitals nach US-GAAP und IAS, WPg 1999, 353; *Hüttche/Lopatta* Bilanzierung von Kosten der Eigenkapitalbeschaffung nach IFRS, BB 2007, 2447; *IDW* RS

HFA 7 Zur Rechnungslegung bei Personenhandelsgesellschaften, FN IDW 2008, 370; *IDW* RS HFA 9 Einzelfragen zur Bilanzierung von Finanzinstrumenten nach IFRS, FN IDW 2007, 326; *IDW* Stellungnahme HFA 1/1994: Zur Behandlung von Genussrechten im Jahresabschluss von Kapitalgesellschaften, FN IDW 2002, 395; *Isert/Schaber* Bilanzierung von Wandelanleihen nach IFRS, BB 2005, 2287; *Kampmann* Die Kapitalstruktur der Unternehmung in der handelsrechtlichen Rechnungslegung, Bielefeld 2001; *Kelle* Die Bilanzierung von Stock Options, Düsseldorf 2002; *Knorr/Wiederhold* IASB Exposure Draft 2 „Share-based Payment" – Ende der Diskussion in Sicht, WPg 2003, 49; *Köster* Zinsschranke: Eigenkapitaltest und Bilanzpolitik, BB 2007, 2278; *KPMG* Eigenkapital versus Fremdkapital nach IFRS, Stuttgart 2006; *Kuhn/Scharpf* Rechnungslegung von Financial Instruments nach IFRS, 3. Aufl, Stuttgart 2006; *Leuschner/Weller* Qualifizierung rückzahlbarer Kapitaltitel nach IAS 32 – ein Informationsgewinn, WPg 2005, 261; *Redeker* Kontrollerwerb an Krisengesellschaften: Chancen und Risiken des Debt-Equity-Swap, BB 2007, 673; *Rückle* Das Eigenkapital der Personengesellschaft, IRZ 2008, 227; *Schmidt* IAS 32 (rev 2008): Ergebnis- statt Prinzipienorientierung, BB 2008, 434; *Schmidt* Die drei Ansätze des FASB zur Abgrenzung zwischen Eigen- und Fremdkapitalinstrumenten, IRZ 2008, 235; *Thiele* Das Eigenkapital im handelsrechtlichen Jahresabschluß, Düsseldorf 1998; *Weidenhammer* Die Eigenkapitalqualität kündbarer Anteile nach dem Amendment zu IAS 32 – Diskussion von Zweifelsfragen, PiR 2008, 213; *Zülch/Fischer* Das Joint Financial Statement Presentation Project von IASB und FASB – Arbeitsergebnisse und mögliche Auswirkungen, DB 2007, 1765.

Wesentliche Rechtsgrundlagen: IAS 1, IAS 32, IAS 39, IFRIC 2, IFRIC 17

A. Allgemeines

Aussagen zu **gesellschaftsrechtlichen Aspekten** wie Kapitalaufbringungs- 1
bzw -erhaltungsgrundsätzen oder zu den **Funktionen** des Eigenkapitals enthalten die IFRS nicht. Insoweit sind die jeweiligen nationalstaatlichen Vorschriften einschlägig.

Quellen des Eigenkapitals sind die Gegenwerte der dem Unternehmen von 2
seinen Anteilseignern aufgrund (gesellschafts-)vertraglicher Verpflichtungen überlassenen Vermögenswerte sowie nicht entzogene bzw entziehbare Gewinne (s IAS 1.109; *Epstein/Jermakowicz* 2008, 67 und 677). Bilanziell wird nach F. 49(c) das Eigenkapital als Residualgröße aus bilanzierten Vermögenswerten abzüglich Schulden ermittelt. Auf das so ermittelte Reinvermögen bzw bilanzielle Eigenkapital nehmen die Bilanzierungs- und Bewertungsmethoden der einzelnen IFRS sowie das Rahmenkonzept Einfluss (s F. 67).

Aufgrund der erheblichen Beeinflussung von Definition und Ausweis des 3
Eigenkapitals durch gesellschaftsrechtliche Vorschriften einzelner Nationalstaaten beschränken sich die IFRS-Regelungen im Wesentlichen auf die **Abgrenzung** von **Eigenkapital** und **Schulden** sowie einzelne Ausweispflichten, die unabhängig von der Rechtsform zu beachten sind. KapGes bzw KapCo Gesellschaften mit Sitz in der EU haben neben IAS 1 grds auch die jeweiligen gesellschaftsrechtlichen Vorschriften zu beachten. Die Einhaltung der Gliederungsschemata der 4. und 7. EG-RL ist den gem § 315a Abs 1 oder Abs 2 HGB verpflichtend nach IFRS bilanzierenden Unternehmen freigestellt. Entspr gilt für Unternehmen, die gem § 315a Abs 3 HGB freiwillig einen Konzernabschluss nach IFRS aufstellen sowie für Unternehmen, die gem § 325 Abs 2a HGB einen für Offenlegungszwecke befreienden Einzelabschluss nach IFRS aufstellen. Aus Gründen der Vergleichbarkeit und wegen der engen Verzahnung der Eigenkapitalbilanzierung mit dem Gesellschaftsrecht empfehlen wir die Berücksichtigung der Gliederungsvorschriften des § 266 Abs 3 lit A HGB bei der Gliederung des Eigenkapitalausweises.

B. Abgrenzung von Eigenkapital und Schulden

4 Die IFRS unterscheiden nur zwischen Eigenkapital und Schulden (dichotome Kapitalstruktur bzw Zweiteilung der Kapitalgliederung; *Kampmann,* 76 ff). Da das Eigenkapital eine **Residualgröße** aus bilanzierten Vermögenswerten abzüglich Schulden darstellt, sind die Kriterien für Schulden von ausschlaggebender Bedeutung. Anhand dieser Kriterien ist für jeden Finanzierungsvertrag bzw sich ergebende Finanzinstrumente zu beurteilen, ob es sich um Eigenkapital oder Schulden handelt.

Entspr der Zweiteilung der Kapitalgliederung ist nach IAS 32.15 der Ausweis als Eigenkapital oder Schuld zwingend; ein besonderer Posten zwischen Eigenkapital und Schulden ist nicht zulässig. Die Festlegung des Ausweises erfolgt bei der erstmaligen Bilanzierung vorwiegend nach dem wirtschaftlichen Charakter eines Finanzinstruments und nicht seiner rechtlichen Ausgestaltung (sog Grundsatz der wirtschaftlichen Betrachtungsweise, *substance over form;* s § 2 Rz 30 f). Im Einzelnen kann folgende Unterscheidung getroffen werden:

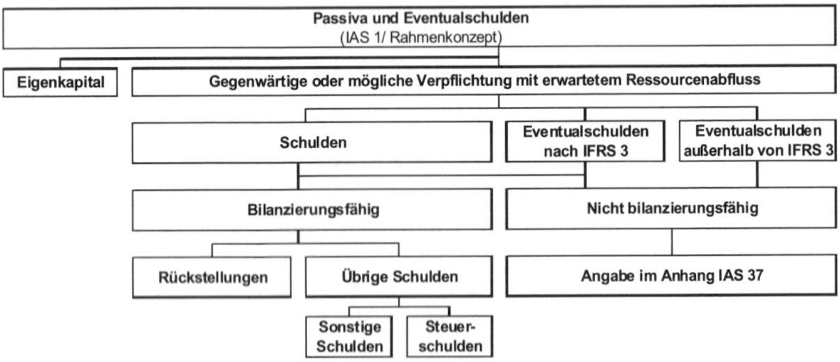

I. Eigenkapital

5 Eigenkapital wird nach F. 49(c) als Residualgröße aus bilanzierten Vermögenswerten abzüglich bilanzierter Schulden ermittelt. Entspr wird unter einem Eigenkapitalinstrument ein Finanzinstrument verstanden, das dem Vertragspartner ausschließlich einen **Residualanspruch** an den nach Abzug aller Schulden verbliebenen Vermögenswerten gewährt (s IAS 32.11, IAS 39.8; *Epstein/Jermakowicz* 2008, 676). Hieraus folgt, dass ggü dem Vertragspartner zu keiner Zeit eine vertragliche Verpflichtung zur Übertragung von Geld oder anderen finanziellen Vermögenswerten bestehen darf; eine Rangfolge der Bedienung von (nicht kündbaren) Eigenkapitalinstrumenten mit Dividenden und/oder Liquidationserlösen ist unerheblich (s IAS 32.16 f und IAS 32.25(b); vgl *IDW* RS HFA 9 Rz 6; *Kuhn/Scharpf*[3], 527). Dies gilt nicht für Verpflichtungen im Rahmen der Ergebnisverwendung, soweit sie auf einem gültigen Gesellschafterbeschluss beruhen (s IAS 32.17 Satz 3). Zu den Besonderheiten bei kündbaren Finanzinstrumenten, die wie Eigenkapital bilanziert werden vgl Rz 95 ff. Die Frage, wie ein Finanzinstrument zu bilanzieren ist, ist nach IAS 32.15 bei seinem erstmaligen Ansatz zu beantworten. **Konsequenzen** ergeben sich **neben dem Ausweis auch für die Bewertung;** so sind Eigenkapitalinstrumente nur im Zeitpunkt der Emission zu bewerten, eine Folgebewertung wird anders als bei Schulden nicht durchgeführt (vgl *IDW* RS HFA 9 Rz 7).

Beispiele für Eigenkapitalinstrumente sind Aktien, GmbH-Anteile (nicht-derivative Eigenkapitalinstrumente), aber auch Optionsscheine und Rückkaufsrechte für eigene Anteile (derivative Eigenkapitalinstrumente; vgl *Kuhn/Scharpf*[3], 83; zu Besonderheiten bei Vorzugsaktien s Rz 41 ff). Zu den möglichen bilanziellen Problemen bei Komplementär- und Kommanditeinlagen bzw Geschäftsanteilen bei Genossenschaften s Rz 92 ff.

1. Nicht-derivative Eigenkapitalinstrumente

Nach IAS 32.19 ist Voraussetzung für die Qualifikation eines nicht-derivativen 6
Finanzinstruments – auch als **Kassainstrument** bezeichnet – als Eigenkapitalinstrument, dass ein Unternehmen über das uneingeschränkte Recht verfügt, sich bei der Erfüllung der vertraglichen Verpflichtung der Abgabe von flüssigen Mitteln oder anderen finanziellen Vermögenswerten zu entziehen, mithin keine **Rückzahlungsverpflichtung** besteht. Ein Kündigungsrecht des Emittenten ist unbeachtlich, da die Rückzahlung im Ermessen des Emittenten steht. Im Einzelfall reicht nach IAS 32.20 eine rein faktische Rückzahlungsverpflichtung aus, um eine Qualifikation als Eigenkapitalinstrument zu verhindern. Gleiches gilt nach IAS 32.25 bei Finanzinstrumenten, deren Erfüllungsart vom Eintritt unsicherer zukünftiger Ereignisse abhängt, die sowohl außerhalb der Kontrolle des Emittenten wie des Inhabers liegen (sog *contingent settlement provisions*; vgl IAS 32.25 mit Erläuterung der Ausnahmen, die zu einer Qualifikation als Eigenkapitalinstrument führen). Nach IAS 32.16(b)(i) kann ein nicht-derivatives Finanzinstrument ferner nur dann als Eigenkapitalinstrument bilanziert werden, wenn es keine vertragliche Verpflichtung seitens des Unternehmens zur Abgabe bzw Erfüllung mit einer variablen Anzahl eigener Eigenkapitalinstrumente beinhaltet. Gem der „*fixed-for-fixed*"-Regel dieser Norm ist nur bei bereits zu Beginn der Emission des nicht-derivativen Finanzinstruments feststehender Erfüllungsrelation, also fixer Anzahl eigener Eigenkapitalinstrumente, ein Eigenkapitalausweis möglich.

Nach IAS 32.18(b) sind **Finanzinstrumente mit** (ordentlichen) **Kün-** 7
digungsrechten zu Gunsten der Inhaber (sog *puttable instruments*) ebenfalls nicht als Eigenkapitalinstrumente zu qualifizieren, sofern nicht sämtliche Kriterien für die in IAS 32.16A ff aufgeführten Bedingungen erfüllt sind (vgl Rz 95); die Länge der Kündigungsfristen ist unbeachtlich. Bedingte Kündigungsrechte sind wie unbedingte Kündigungsrechte zu behandeln. Außerordentliche Kündigungsrechte, die an den Wegfall der Geschäftsgrundlage (vgl § 313 BGB) geknüpft sind und bei denen der Eintritt dieser Voraussetzungen sehr unwahrscheinlich ist, sind hingegen unschädlich (s IAS 32.25(a); vgl *IDW* RS HFA 9 Rz 19).

2. Derivative Eigenkapitalinstrumente

Derivative Instrumente, die in eigenen Eigenkapitalinstrumenten des bilan- 8
zierenden Unternehmens (also des Emittenten) erfüllt werden, stellen nach IAS 32.16(b)(ii) ihrerseits Eigenkapitalinstrumente dar, wenn im Emissionszeitpunkt die **Anzahl der zu liefernden Eigenkapitalinstrumente** sowie der **Betrag der Gegenleistung** feststehen (*gross physical settlement*). In diesem Fall ist die erhaltene Prämie für die Stillhalterverpflichtung bzw die gezahlte Prämie für das Optionsrecht nach IAS 32.22 im Eigenkapital zu erfassen. Besteht für eine der beiden Vertragsparteien (Emittent oder Inhaber) ein **Wahlrecht im Hinblick auf die Art der Erfüllung** (*settlement options*), so müssen nach IAS 32.26 alle Erfüllungsalternativen zu einer Qualifikation als Eigenkapitalinstrument führen; andernfalls ist das Finanzinstrument unter den Schulden auszuweisen. Erfolgt am Ausübungs- bzw Erfüllungstag ein Ausgleich zwischen dem Emittenten

und dem Vertragspartner durch Verrechnung der gegenseitigen Ansprüche und Verpflichtungen zu diesem Zeitpunkt in bar (*net cash settlement*) oder in Anteilen des Emittenten (*net share settlement*) handelt es sich hingegen nicht um ein Eigenkapitalinstrument (vgl *KPMG*, 30 f).

9 Ist ein Emittent aufgrund vertraglicher Vereinbarungen verpflichtet, Eigenkapitalinstrumente zu einem späteren Zeitpunkt zurückzukaufen, stellen diese Finanzinstrumente zwar rechtlich, aber nicht mehr wirtschaftlich Eigenkapitalinstrumente dar (s IAS 32.BC11 und IAS 32.IN7). Daher ist nach IAS 32.23 in diesem Fall eine finanzielle Verbindlichkeit in Höhe des Barwerts des Ausübungspreises bzw Terminpreises zu erfassen (zu Beispielen vgl IAS 32.IE5 f sowie 32.IE30 f). Zu diesen sog **Finanzinstrumenten mit einer synthetischen Verbindlichkeit** (zum Begriff vgl *KPMG*, 37ff) gehören Verkaufsoptionen mit Stillhalterverpflichtung des Emittenten (*written put option*) oder Terminrückkaufvereinbarung (*forward to buy shares*). Dazu wird im Zugangszeitpunkt der Barwert der möglichen Zahlungsverpflichtung vom Eigenkapital in die finanziellen Verbindlichkeiten umgegliedert. Die Folgebewertung der finanziellen Verbindlichkeit erfolgt entspr den Regelungen in IAS 39 (s § 3 Rz 155 sowie § 14 Rz 73 ff; vgl *KPMG*, 37 ff). Läuft der dem Finanzinstrument zugrunde liegende Vertrag ohne Durchführung aus, ist der zu diesem Zeitpunkt bestehende Buchwert wieder in das Eigenkapital umzugliedern (zu Beispielen vgl IAS 32.IE2 ff, IAS 32.IE27 ff; umfassend *Kuhn/Scharpf*[3], 547 ff). Bilanziell sollten diese Buchungen uE wie der Erwerb eigener Anteile behandelt werden (s Rz 80 ff), wobei die Vorgehensweise einheitlich zur Bilanzierung eigener Anteile erfolgen sollte. Latente Steuern sind für synthetische Verbindlichkeiten nach IAS 12.8 nicht zu bilden, da der Buchwert dem Steuerwert entspricht. Zu den Besonderheiten bei der Bilanzierung bestehender Optionen der Minderheitsgesellschafter im Konzern zum Verkauf ihrer Anteile an das MU vgl § 35 Rz 55 ff sowie § 38 Rz 39 f.

3. Prüfungsschema zur Abgrenzung von Schulden

10 Das *IDW* hat zur Abgrenzung von Eigenkapital und Schulden (Fremdkapital) in RS HFA 9 Rz 62 ein **Prüfschema** veröffentlicht, an welches das nachfolgend dargestellte Prüfschema, ergänzt um die Neuregelungen des IAS 32.16Aff, angelehnt ist:

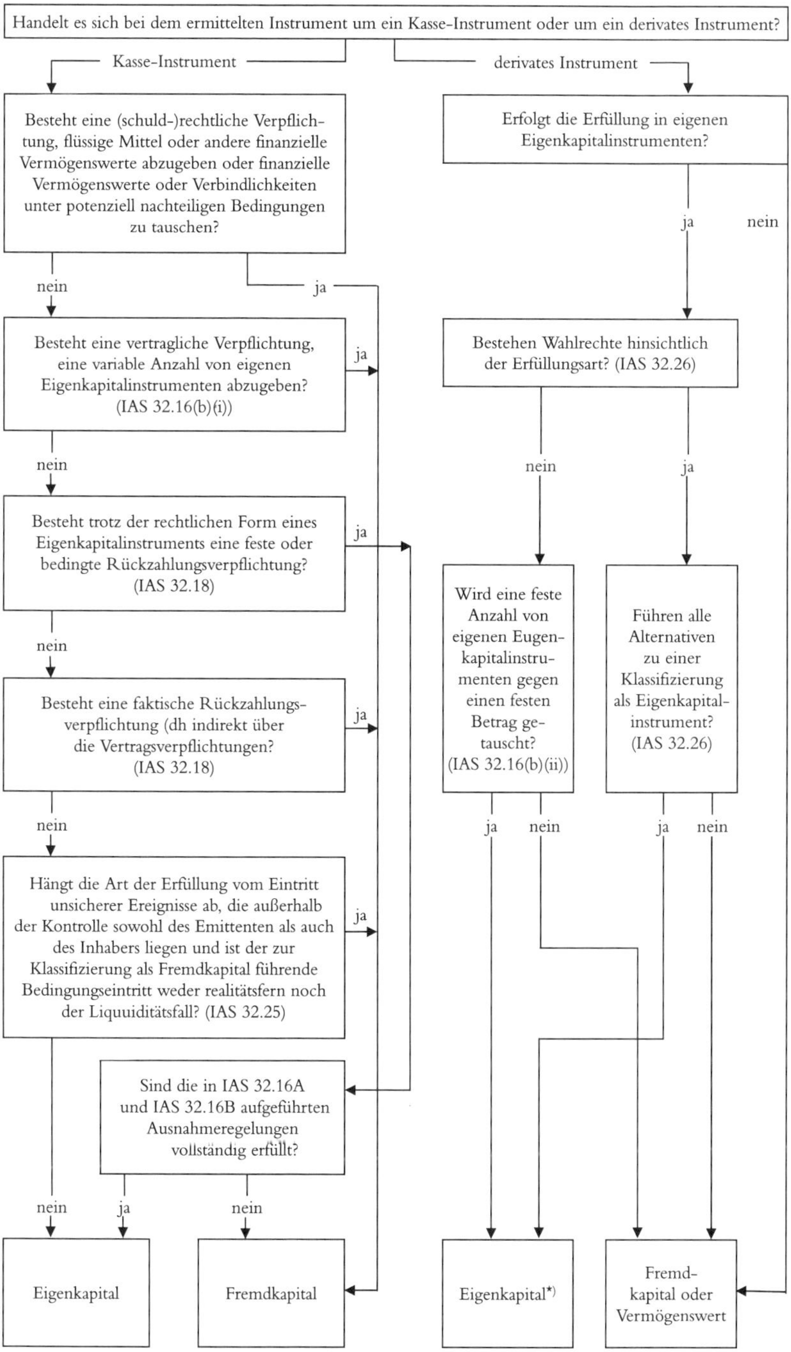
Handelt es sich bei dem ermittelten Instrument um ein Kasse-Instrument oder um ein derivates Instrument?
Kasse-Instrument
derivates Instrument
Besteht eine (schuld-)rechtliche Verpflichtung, flüssige Mittel oder andere finanzielle Vermögenswerte abzugeben oder finanzielle Vermögenswerte oder Verbindlichkeiten unter potenziell nachteiligen Bedingungen zu tauschen?
Erfolgt die Erfüllung in eigenen Eigenkapitalinstrumenten?
nein
ja
ja
nein
Besteht eine vertragliche Verpflichtung, eine variable Anzahl von eigenen Eigenkapitalinstrumenten abzugeben? (IAS 32.16(b)(i))
Bestehen Wahlrechte hinsichtlich der Erfüllungsart? (IAS 32.26)
Besteht trotz der rechtlichen Form eines Eigenkapitalinstruments eine feste oder bedingte Rückzahlungsverpflichtung? (IAS 32.18)
Wird eine feste Anzahl von eigenen Eugenkapitalinstrumenten gegen einen festen Betrag getauscht? (IAS 32.16(b)(ii))
Führen alle Alternativen zu einer Klassifizierung als Eigenkapitalinstrument? (IAS 32.26)
Besteht eine faktische Rückzahlungsverpflichtung (dh indirekt über die Vertragsverpflichtungen? (IAS 32.18)
Hängt die Art der Erfüllung vom Eintritt unsicherer Ereignisse ab, die außerhalb der Kontrolle sowohl des Emittenten als auch des Inhabers liegen und ist der zur Klassifizierung als Fremdkapital führende Bedingungseintritt weder realitätsfern noch der Liquuiditätsfall? (IAS 32.25)
Sind die in IAS 32.16A und IAS 32.16B aufgeführten Ausnahmeregelungen vollständig erfüllt?
Eigenkapital
Fremdkapital
Eigenkapital*)
Fremdkapital oder Vermögenswert

*) Erfassung einer Verbindlichkeit in Höhe des Barwerts des Ausübungspreises *(written put option)* bzw des Terminpreises *(forward to buy shares)* bei *gross physical settlement* (s IAS 32.32; vgl Rz 9).

4. Hybride Finanzinstrumente

11 Als hybride Finanzinstrumente bezeichnet man solche Finanzierungsverträge, deren rechtlicher bzw wirtschaftlicher Charakter **Elemente von idealtypischem Eigenkapital und Schulden** kombiniert (vgl *Thiele*, 225 ff). Sie lassen sich wie folgt systematisieren (vgl *Kampmann*, 120 ff):

(1) situativ hybride Finanzinstrumente,
(2) strukturell hybride Finanzinstrumente,
(3) zusammengesetzte Finanzinstrumente.

12 Als situativ hybrid gelten iwS **kapitalersetzende Gesellschafterdarlehen** und **Rangrücktrittsdarlehen,** da diesen nur im Insolvenzfall ggf wesentliche Funktionen des Eigenkapitals (Verlustübernahmefunktion) zugeordnet werden. Sie sind als Schulden zu bilanzieren, da nach IAS 39.39 eine Ausbuchung grds nur nach Tilgung oder Erlass zulässig ist.

13 Zu den strukturell hybriden Finanzinstrumenten zählen Genussrechte, stille Beteiligungen, Gewinnschuldverschreibungen sowie ggf Vorzugsaktien. Für die nach der Stellungnahme *HFA* 1/1994 handelsrechtlich als Eigenkapital klassifizierten **Genussrechte** führt das Bestehen eines ordentlichen Kündigungsrechts nach IAS 32.18 ff idR zur Qualifikation als finanzielle Verbindlichkeit, sofern nicht die Ausnahmeregelungen des IAS 32.16A ff vollständig erfüllt sind (vgl *IDW* RS HFA 9 Rz 15; s Rz 95). Die Bedienung der Genussrechte ist in diesem Fall nach IAS 32.35 ff erfolgswirksam zu erfassen. Entspr gilt für **stille Beteiligungen,** die handelsrechtlich als Eigenkapital ausgewiesen werden können. Bereits nur mögliche Rückzahlungsansprüche der stillen Gesellschafter führen zwingend zu einem Ausweis als Verbindlichkeit. Dies gilt entspr für **Gewinnschuldverschreibungen** (zu **Vorzugsaktien** s Rz 41 ff). Sollte ein solches Finanzinstrument ein **Gewinnbezugsrecht** vorsehen, dessen Gewährung im Ermessen der Organe des Emittenten steht (zB Dividendenzahlung), ist die stille Beteiligung nach IAS 32.AG37 als zusammengesetztes Finanzinstrument zu bilanzieren. Dabei sind nach IAS 32.AG26 zB bestehende Absichten bzgl der Ausschüttungspolitik bzw das in der Vergangenheit realisierte Ausschüttungsverhalten nicht entscheidungserheblich. Dividenden, die für die Eigenkapitalkomponente gezahlt werden, sind als Ergebnisverwendung und damit als sonstige Verbindlichkeit zu erfassen (s Rz 90). Zur Ermittlung des Buchwerts des Eigenkapitalinstruments s Rz 15 (vgl *IDW* RS HFA 9 Rz 29).

14 Als zusammengesetzte Finanzinstrumente (*compound financial instruments*) werden solche bezeichnet, die aus mindestens zwei Komponenten bestehen, wovon eine als finanzielle Verbindlichkeit und eine als Eigenkapitalinstrument zu qualifizieren ist (s IAS 32.28; vgl § 23 Rz 20 ff). Zu dieser Kategorie gehören insbes **Wandel-** und **Optionsanleihen** (s IAS 32.AG31). Bei Wandlungsrechten ist nach IAS 32.16(b)(ii) Voraussetzung für eine Qualifizierung als Eigenkapital, dass im Emissionszeitpunkt die Art und Anzahl der zu liefernden Eigenkapitalinstrumente sowie die Höhe der Gegenleistung feststehen („*fixed-for-fixed*"-Regel). Hat der Emittent hingegen bei der Ausübung des Wandlungsrechts ein Wahlrecht, entweder in eigenen Anteilen zu erfüllen oder in bar auszugleichen, handelt es sich um ein derivatives Fremdkapitalinstrument iSv IAS 32.26 und IAS 32.AG27(c), dessen Bilanzierung nach IAS 39 zu erfolgen hat (vgl § 23 Rz 40 ff; *Freiberg* PiR 2008, 241). Anleihebedingungen, die eine Verwässerung des Anteils der möglichen zukünftigen Anteilseigner durch Anpassungen des Wandlungsverhältnisses vermeiden sollen, sind für die Einstufung des Wandlungsrechts als Eigenkapitalinstrument unschädlich, solange die die Anpassung auslösenden Entscheidungen im Ermessen der Organe des Emittenten stehen (zB Aktiensplit, außerordentliche Bardividenden oder Gratisaktien, Kapitalerhöhun-

gen etc; vgl *IDW* RS HFA 9 Rz 34f; *Isert/Schaber* BB 2005, 2292). Die zusätzliche Gewährung einer Anpassung bei Nichteinhaltung von *financial covenants* (zB Eigenkapitalquote oder Herabstufung eines Ratings) führt hingegen zur vollständigen Erfassung als Fremdkapital (vgl *IDW* RS HFA 9 Rz 36).

Bei Emission solcher nicht derivativen Finanzinstrumente ist nach IAS 32.29 15
iVm IAS 32.AG31(b) der Erlös in den der finanziellen Verbindlichkeit (zB Anleihe) und den dem Eigenkapitalinstrument (zB Wandlungs- bzw Optionsrecht oder Dividendenbezugsrecht) zuzurechnenden Ausgabebetrag **erfolgsneutral** aufzuteilen (sog **gesplittete Bilanzierung** bzw *split accounting*). IAS 32.31f nennt nur die **Restwertmethode** als zulässiges Aufteilungsverfahren. Hierbei wird zunächst der Wert der finanziellen Verbindlichkeit ermittelt und anschließend vom Gesamtwert abgezogen; der Restwert wird dem Eigenkapitalinstrument zugeordnet. Diese Vorgehensweise ist auch für die Bilanzierung im handelsrechtlichen Jahresabschluss zulässig. Zur Frage der Entstehung und Bilanzierung latenter Steuern bei zusammengesetzten Finanzinstrumenten s § 25 Rz 108.

Zu beachten ist, dass die Summe der Komponenten dem Buchwert des Finanzinstruments entsprechen muss, der bei dessen nicht gesplittetem Ausweis anzusetzen wäre (*IDW* RS HFA 9 Rz 33). Der dem Eigenkapitalinstrument (zB Wandlungs- bzw Optionsrecht) zugerechnete Wert wird in der Kapitalrücklage erfasst (vgl Rz 59). Die in einer Vorfassung des IAS 32 noch zulässige **Aufteilung entspr dem Verhältnis der Zeitwerte** der beiden Komponenten ist nicht mehr zulässig.

Beispiel: Im Rahmen ihrer Finanzierungsstrategie emittiert eine AG eine Wandelschuldverschreibung mit niedrigerer Verzinsung als marktüblich. Insgesamt werden 10.000 Wandelanleihen mit einem Wert von T€ 1 ausgegeben, sodass das Emissionsvolumen insgesamt T€ 10.000 beträgt. Der Nominalzinssatz beträgt 4,5%, während für eine Industrieobligation mit vergleichbarem Rating ohne Wandlungsrecht ein Marktzinssatz von 6% zu beobachten ist. Je Wandelanleihe werden bei Wandlung 100 Aktien mit einem Nennwert von € 1 gewährt. Die Laufzeit beträgt 3 Jahre. Aufgrund der festzustellenden Zinsdifferenz (4,5% zu 6%) ist der Emissionserlös entspr IAS 32.31f aufzuteilen.

Im ersten Schritt ist der Wert der finanziellen Verbindlichkeit zu ermitteln. Hierzu werden die Barwerte des Anleihebetrags sowie der nachschüssigen Zinsen ermittelt.

Jahr	Zahlungsreihe T€	Barwertfaktor bei 6%	Barwert T€
X1	450	0,943396	424,53
X2	450	0,889996	400,50
X3	10.450	0,839619	8.774,02
			9.599,05

Dieser Barwert wird vom Emissionserlös von T€ 10.000 abgezogen und der sich ergebende Restwert von T€ 401 dem Wandlungsrecht und damit der Eigenkapital-Komponente zugeordnet. Der Buchungssatz lautet per Bank T€ 10.000 an Kapitalrücklage T€ 401 und an Schulden T€ 9.599.

Die finanzielle Verbindlichkeit erhöht sich aufgrund der Anwendung der Effektivzinsmethode nach IAS 39.9, IAS 39.47 im Zeitablauf in Höhe der Differenz zwischen dem effektiven Zinsaufwand und dem hypothetischen Marktzins (Wert der finanziellen Verbindlichkeit × Marktzinssatz):

Jahr	Buchwert zum 1. 1. T€	Effektiv-zins T€	Aus-zahlungen T€	Zusätzlicher Zinsaufwand T€	Buchwert der finanziellen Verbindlichkeit am Periodenende T€
X1	9.599,05	575,94	450	125,94	9.724,99
X2	9.724,99	583,50	450	133,50	9.858,49
X3	9.858,49	591,51	10.450	141,51	0,00
		1.750,91		400,95	

Bei einer Wandlung nach Ablauf der zweiten Periode würde der Buchungssatz lauten: per Schulden T€ 9.858 an gezeichnetes Kapital T€ 1.000 und an Kapitalrücklage T€ 8.858. Unter Berücksichtigung der bereits bei der erstmaligen Bilanzierung gebuchten Eigenkapital-Komponente ergäbe sich insgesamt eine Erhöhung des Eigenkapitals um T€ 10.259. Die Differenz zum Emissionsvolumen in Höhe von T€ 259 entspricht dabei dem zuvor aufwandswirksam – und damit das Eigenkapital mindernd – gebuchten zusätzlichen Zinsaufwand aufgrund der Anwendung der Effektivzinsmethode. Nach Wandlung oder Rückzahlung darf nach IAS 32.AG32 der aufwandswirksam gebuchte zusätzliche Zinsaufwand von T€ 401 aus der Kapitalrücklage wieder in die Gewinnrücklagen umgebucht werden (per Kapitalrücklage an Gewinnrücklagen). Zu weiteren Beispielen vgl *Isert/Schaber* BB 2005, 2287 ff.

16 Zu den zusammengesetzten Finanzinstrumenten zählen auch **strukturierte (zusammengesetzte) Finanzinstrumente** (auch: *hybrid (combined) instruments* bzw *embedded derivatives*). Hierunter werden Verträge verstanden, die ein nichtderivatives mit einem derivativen Finanzinstrument kombinieren wie Wertpapiere oder Schuldscheindarlehen mit Kündigungsrechten und Aktienanleihen (vgl § 23 Rz 20 ff; s *Kuhn/Scharpf*[3], 477 ff).

Nach IAS 39.11, IFRIC 9.2 ist eine **gesplittete Bilanzierung** strukturierter (zusammengesetzter) Finanzinstrumente zwingend, wenn

(1) die wirtschaftlichen Merkmale und Risiken des derivativen Finanzinstruments nicht eng mit denen des nicht derivativen verbunden sind (IAS 39.11(a)),

(2) das hier kombinierte derivative Finanzinstrument auch eigenständig als derivativ anzusehen wäre (IAS 39.11(b)) und

(3) das strukturierte Produkt nicht mit dem beizulegenden Zeitwert bilanziert wird, dessen Änderung den Periodenerfolg beeinflusst (IAS 39.11(c); zu Beispielen vgl IAS 39.AG30 ff).

Die Aufteilung der Komponenten erfolgt ebenfalls nach der Restwertmethode. Hierzu ist vom Emissionserlös der beizulegende Zeitwert des eingebetteten Derivats abzuziehen. Der Restwert wird dem nicht-derivativen Basisinstrument zugeordnet (vgl IAS 39.AG28). Nach IAS 39.12 kann auf eine gesplittete Bilanzierung nur dann verzichtet werden, wenn eine zuverlässige Bewertung des eingebetteten Derivats zu keinem Zeitpunkt möglich ist; in diesem Fall ist das gesamte Finanzinstrument wie eine zu Handelszwecken gehaltene finanzielle Verbindlichkeit (*held for trading*; IAS 39.9) zu bilanzieren (s § 23 Rz 35).

17 Zu den Angabepflichten nach IFRS 7.17 bei emittierten zusammengesetzten Finanzinstrumenten s § 23 Rz 72 f.

18 Zur bilanziellen Behandlung der mit der **Emission** von hybriden Finanzinstrumenten verbundenen **Aufwendungen** s IAS 32.38 (vgl Rz 36).

II. Schulden und Eventualschulden

19 Nach F. 49(b), F. 60 ff ist eine **Schuld** eine zum Stichtag bestehende Verpflichtung der Gesellschaft aus vor dem Stichtag eingetretenen Ereignissen, die sich nicht auf ein Eigenkapitalinstrument bezieht und deren Erfüllung wahrscheinlich zu einem Abfluss solcher Ressourcen führt, die für die Gesellschaft einen wirtschaftlichen Nutzen verkörpern. Wesentliches Merkmal ist das Bestehen einer gesetzlichen, vertraglichen oder wirtschaftlichen Verpflichtung ggü einem Dritten, deren Erfüllung zu einem Abfluss von Vermögenswerten führen wird. Zu den Schulden zählen Rückstellungen wie Verbindlichkeiten.

20 Nach IAS 37.10 sind **Rückstellungen** (*provisions*) solche Schulden, die der Höhe oder der Fälligkeit nach sicher sind (zu Rückstellungen vgl ausführlich § 13 Rz 8). Voraussetzung für den Ansatz ist eine zuverlässige Schätzung der Höhe dieser Verpflichtung (IAS 37.14(c)).

21 Eine **sonstige Schuld** (*liability*) besteht in Abgrenzung zu Rückstellungen dann, wenn sie dem Grund, der Höhe sowie der Fälligkeit nach (quasi-)sicher ist (zu sonstigen Schulden vgl ausführlich § 14 Rz 1 f). Zu einer **finanziellen Verbindlichkeit** führt nach IAS 39.8 iVm IAS 32.11 jeder Vertrag bzw jedes Finanzinstrument, das eine Verpflichtung
(1) zur Übertragung von Geld oder anderen finanziellen Vermögenswerten auf einen Dritten oder
(2) zum Tausch von Finanzinstrumenten mit einem Dritten unter potenziell nachteiligen Bedingungen begründet.

Sofern ein Unternehmen eine vertragliche Verpflichtung durch Eigenkapitalinstrumente erfüllen kann, ist sie nach IAS 32.11, IAS 32.21 als finanzielle Verbindlichkeit zu behandeln, sofern die Anzahl der zu liefernden Eigenkapitalinstrumente mit den Änderungen des Zeitwerts dieser Eigenkapitalinstrumente korreliert, dh immer dem Betrag der vertraglichen Verpflichtung entspricht. Ansonsten handelt es sich um eine **sonstige Verbindlichkeit.**

22 Für Verpflichtungen, die keine Schuld iSd IFRS darstellen sowie für Schulden, die nicht bilanzierungsfähig sind, ist das Bestehen einer **Eventualschuld** und damit eine Angabe im Anhang zu prüfen (vgl ausführlich § 13 Rz 16 ff).

C. Mindestgliederung

23 Nach IAS 1.54(r) sind mindestens das gezeichnete Kapital sowie die Rücklagen in der Bilanz auszuweisen. Nach IAS 1.55 sowie F. 65 ist unter Berücksichtigung des Grundsatzes der *fair presentation* eine angemessene Untergliederung des Eigenkapitals erforderlich. Die **Mindestangaben** nach IAS 1.79 können alternativ in der Bilanz, der Eigenkapitalveränderungsrechnung oder im Anhang ausgewiesen werden, wobei der Anhang uE zu präferieren ist.

24 Unternehmen, die gem § 315 a Abs 1 oder 2 HGB verpflichtet sind nach IFRS zu bilanzieren, ist die Einhaltung des **handelsrechtlichen Gliederungsschemas** freigestellt (vgl *EU-Kommission* Ziff 4.2 aE). Entspr gilt für Unternehmen, die gem § 315 a Abs 3 HGB freiwillig einen Konzernabschluss nach IFRS aufstellen sowie für Unternehmen, die gem § 325 Abs 2 a HGB einen für Offenlegungszwecke befreienden Einzelabschluss nach IFRS aufstellen. Aus Gründen der Vergleichbarkeit und wegen der engen Verzahnung der Eigenkapitalbilanzierung mit dem Gesellschaftsrecht empfehlen wir jedoch die Berücksichtigung der Gliederungsvorschriften des § 266 Abs 3 lit A HGB bei der Gliederung des Eigenkapitalausweises. PersGes wird unter Berücksichtigung der spezifischen Ausweisfragen (vgl Rz 92 ff) eine entspr Anwendung wegen IAS 1.80 aE empfohlen (vgl *Lüdenbach* in Lüdenbach/Hoffmann IFRS[7] § 20 Rz 35 ff). Ggf sind weitere rechtsformspezifische Vorschriften zu beachten.

25 Ferner können Modifikationen der Gliederung zur Einhaltung von Vorgaben durch **Aufsichtsbehörden,** zB BaFin für Kreditinstitute und Versicherungen, oder **nationaler branchenspezifischer Gesetzgebung** sinnvoll sein, auch wenn eine (gesetzliche) Pflicht hierzu nicht besteht (*EU-Kommission* Ziff 4.2 aE).

26 Unter Berücksichtigung der einzelnen IFRS sowie des Rahmenkonzepts empfehlen wir für die Eigenkapitalbilanzierung im Vergleich zu IAS 1.54(r) folgende **Gliederung:**

Gliederung des Eigenkapitals		Mindestgliederung nach IAS 1.54(r) *und RIC 1*	
Eigenkapital		Eigenkapital *bzw Den Gesellschaftern des MU zurechenbarer Anteil am Eigenkapital*	
I.	Gezeichnetes Kapital	I.	Gezeichnetes Kapital
II.	Kapitalrücklage	II.	Rücklagen
III.	Neubewertungsrücklage		
IV.	Gewinnrücklagen 1. gesetzliche Rücklage 2. satzungsmäßige Rücklage 3. andere Gewinnrücklagen		
V.	Rücklage für Marktbewertungen		
VI.	Ausgleichsposten für Währungsumrechnungsdifferenzen		
VII.	Ergebnisvortrag		
VIII.	Ergebnis des Geschäftsjahrs		
ggf	abzüglich eigene Aktien zu Anschaffungskosten	*ggf*	*abzüglich eigene Anteile*
ggf	direkt im Eigenkapital erfasste Erträge oder Aufwendungen in Zusammenhang mit zur Veräußerung gehaltenen langfristigen Vermögenswerten und Veräußerungsgruppen sowie aufgegebenen Geschäftsbereichen	*ggf*	*direkt im Eigenkapital erfasste Erträge oder Aufwendungen in Zusammenhang mit zur Veräußerung gehaltenen langfristigen Vermögenswerten und Veräußerungsgruppen sowie aufgegebenen Geschäftsbereichen*
ggf	abzüglich Eigenkapitalbeschaffungskosten		

27 IAS 1 verwendet für die unter der Neubewertungsrücklage, der Rücklage für Marktbewertungen und dem Ausgleichposten für Währungsumrechnungsdifferenzen erfolgsneutral erfassten Gewinne und Verluste erstmals den Begriff „**sonstiges Ergebnis**" („*other comprehensive income*"), der bereits bislang in Anlehnung an die Terminologie der US-GAAP in der Praxis verwendet wurde. Insoweit ist wohl auch gegen die Zusammenfassung dieser Eigenkapitalposten als „kumuliertes sonstiges Ergebnis" oder „Rücklage für erfolgsneutral erfasste Ergebnisse" keine Einwendungen zu erheben.

In der **Praxis** werden oftmals in der Bilanz nur das gezeichnete Kapital und die Kapitalrücklage gesondert ausgewiesen und die übrigen Eigenkapitalbestandteile als „sonstige Rücklagen" zusammengefasst; in diesen Fällen erfolgt dann eine weitere Untergliederung entspr dem vorgeschlagenen Schema im Anhang.

Nach IAS 1.38 sind die entspr Vorjahreswerte auszuweisen. Die gewählte Darstellung sowie der Ausweis des Eigenkapitals sind nach IAS 1.45 grds beizubehalten. Zu Anhangangaben im Zusammenhang mit dem Eigenkapitalausweis s Rz 130ff.

28 Nach IAS 1.106 (geändert 2008)/IAS 1.106 iVm IAS 1.10(c) ist für den (Konzern-)Jahresabschluss zwingend eine gesonderte **Eigenkapitalverände-**

rungsrechnung zu erstellen, die sämtliche Veränderungen des Eigenkapitals aus **Transaktionen mit Anteilseignern** in deren Eigenschaft als Eigentümer einerseits und alle realisierten oder unrealisierten, direkt im Eigenkapital verrechneten **Ergebnisse** andererseits darstellt (vgl zur Eigenkapitalveränderungsrechnung ausführlich § 17). Zusätzlich sind dort oder im Anhang die an die Anteilseigner gezahlten Dividendenbeträge anzugeben (IAS 1.107).

29 Nach IFRS 1.23 (2008)/IFRS 1.38 (2003) muss ein Unternehmen bei **erstmaliger Anwendung** der IFRS im ersten IFRS-Abschluss im Anhang die Effekte erläutern, die die erstmalige Anwendung der IFRS auf die VFE-Lage hatte. Hierzu gehört die nach IFRS 1.24 (2008)/IFRS 1.39 (2003) zu erstellende Überleitungsrechnung. Nach IFRS 1.24(a) (2008)/IFRS 1.39(a) (2003) ist das Eigenkapital zum Zeitpunkt der Umstellung von HGB auf IFRS, also für die IFRS-Eröffnungsbilanz („*date of transition*"; IFRS 1.6 (2008)/IFRS 1.6 (2003)), sowie zum Ende des ersten nach IFRS bilanzierten Geschäftsjahrs („*transition period*") von HGB auf IFRS überzuleiten. Ferner ist nach IFRS 1.24(b) (2008)/IFRS 1.39(b) (2003) der im letzten Abschluss nach HGB ausgewiesene Periodenerfolg auf den Periodenerfolg derselben Periode nach IFRS überzuleiten. Nach IFRS 1.26 (2008)/IFRS 1.41 (2003) sind in der Überleitungsrechnung

(1) reine Umstellungseffekte aufgrund differierender Bilanzierungs- und Bewertungsgrundsätze und

(2) die Korrektur von Fehlern, die zuvor im Rahmen der HGB-Bilanzierung entstanden, getrennt darzustellen.

Die kumulierten Eigenkapitaländerungen aus der Umstellung werden in den **anderen Gewinnrücklagen** bzw, sofern diese nicht ausreichen, im Ergebnisvortrag erfasst. Damit werden den Abschlussadressaten die Auswirkungen der Umstellung auf das Eigenkapital transparent dargestellt und eine nachvollziehbare Überleitung zwischen dem letzten Abschluss nach HGB auf die Vorjahreswerte im ersten (vollständigen) IFRS-Abschluss geboten (vgl § 44 Rz 172ff).

D. Gezeichnetes Kapital

I. Begriff und Abgrenzung

30 Bei KapGes wird das Kapital, auf welches die Haftung der Gesellschafter für Verbindlichkeiten der Gesellschaft ggü Gläubigern beschränkt ist und welches die Beteiligung der Gesellschafter am Gesellschaftsvermögen repräsentiert, für bilanzielle Zwecke einheitlich als gezeichnetes Kapital bezeichnet (s § 152 Abs 1 Satz 1 AktG, § 42 Abs 1 GmbHG). Die Höhe des gezeichneten Kapitals wird unter Beachtung der rechtsformspezifischen Mindestbeträge durch die Gesellschafter im **Gesellschaftsvertrag** festgelegt.

II. Bewertung und Ausweis

1. Bewertung

31 Der Ansatz des gezeichneten Kapitals erfolgt zum **Nennwert.** Die Höhe wird durch das im Gesellschaftsvertrag festgelegte und im Handelsregister eingetragene Grundkapital (§ 152 Abs 1 Satz 1 AktG) bzw Stammkapital (§ 42 Abs 1 GmbHG) bestimmt. Bei Kapitalveränderungen ist unabhängig von der Rechtsform der zum Bilanzstichtag im Handelsregister festgeschriebene Wert maßgeblich (s Rz 44).

Sofern die Ausnahmevorschriften nach **IAS 32.16A und IAS 32.16B** nicht vollständig erfüllt sind, können gesellschaftsvertragliche Regelungen dazu führen, dass das Stammkapital nicht als Eigenkapital zu bilanzieren ist. Beispiele sind ein bestehendes Gesellschafterkündigungsrecht oder der automatische Einzug von Geschäftsanteilen in Abhängigkeit vom Eintritt unsicherer künftiger Ereignisse, die weder das Unternehmen noch der Gesellschafter kontrollieren kann, zB Insolvenz oder Tod des Gesellschafters (vgl *IDW* RS HFA 9 Rz 59f; s Rz 7).

32 Bei **Sacheinlagen** ist auf Basis der für die jeweilige Rechtsform geltenden Vorschriften die Einlagefähigkeit der Vermögenswerte zu prüfen. Sofern die Einlagefähigkeit gegeben ist und das im Gegenzug herausgegebene Finanzinstrument als Eigenkapitalinstrument zu werten ist (vgl Rz 5ff), ist die Sacheinlage erfolgsneutral zu buchen. Sofern es aufgrund unterschiedlicher Vorschriften zwischen HGB und IFRS zu **Bewertungsdifferenzen** bei Sacheinlagen kommen sollte, ist für das gezeichnete Kapital der Wertansatz nach HGB wegen seiner Verzahnung mit dem Gesellschaftsrecht maßgebend. Differenzen sind entspr in der Kapitalrücklage zu erfassen und im Anhang hinreichend zu erläutern. Zu Besonderheiten beim Erwerb eines anderen Unternehmens vgl Rz 46, zu Besonderheiten bei Anwendung von IFRS 2 s Rz 51ff.

2. Aufwendungen der Eigenkapitalbeschaffung

33 Aufwendungen, die unmittelbar einer tatsächlich durchgeführten Beschaffung von Eigenkapital zuzurechnen sind, zB durch die Ausgabe neuer Aktien im Rahmen eines Börsengangs, sind nach IAS 32.35 als **Abzug vom Eigenkapital** zu bilanzieren. Aufwendungen im Zusammenhang mit einer Kapitalerhöhung aus Gesellschaftsmitteln, einem Aktiensplitt oder einem Börsengang ohne Ausgabe neuer Aktien sind hingegen **aufwandswirksam** zu erfassen, da es sich zwar um eine Eigenkapitaltransaktion handelt, diese jedoch nicht zu einem Nettozufluss an Eigenkapital führt (vgl *ADS*[1] Abschn 22 Rz 97).

34 Als **abzugsfähige Aufwendungen** nennt IAS 32.37 bspw Register- und andere behördliche Gebühren, Honorare von Rechtsberatern und Wirtschaftsprüfern sowie Druckkosten und Börsenumsatzsteuer, die ohne die Eigenkapitalbeschaffung vermieden worden wären. Interne Gemeinkosten wie Personalaufwand sind grds nicht abziehbar, da sie nicht unmittelbar zuzurechnen sind (vgl *Lüdenbach* in Lüdenbach/Hoffman IFRS[7] § 20 Rz 61; zwischen echten und unechten Gemeinkosten differenzierend *Hüttche/Lopatta* BB 2007, 2450). Der abzuziehende Betrag ist um **Ertragsteuervorteile** zu mindern (s IAS 12.61A). Sofern bei einer verschobenen Transaktion einzelne Arbeitsergebnisse zukünftig noch genutzt werden können, sind die diesen eindeutig zurechenbaren Aufwendungen durch Abgrenzung erfolgsneutral vorzutragen und im Anhang zu erläutern (s Beispiel in Rz 35; vgl erläuternd *Hüttche/Lopatta* BB 2007, 2452f). Aufwendungen für eine nicht durchgeführte Eigenkapitalmaßnahme sind aufwandswirksam zu erfassen.

35 Zwar besagt IAS 32.35, dass Transaktionskosten, die unmittelbar im Zusammenhang mit einem **Unternehmenserwerb** stehen, **nach IFRS 3** zu bilanzieren sind; jedoch kann aus IAS 32.35 geschlossen werden, dass die Aufwendungen der Eigenkapitalbeschaffung nicht zu den Anschaffungskosten eines Unternehmenszusammenschlusses gehören; daher sind auch in diesem Fall die Aufwendungen als Abzug vom Eigenkapital zu bilanzieren.

Beispiel: Eine AG hat Mitte des Jahres X2 durch die Emission von neuen Aktien das gezeichnete Kapital um T€ 10.000 erhöht. Der Emissionserlös betrug T€ 50.000. Die Vorbereitung der Kapitalerhöhung begann Mitte des Jahres X1. In den Jahren X1 und X2 sind folgende Aufwendungen angefallen:

	Jahr X1 T€	Jahr X2 T€	Gesamt T€
Investmentbank	0	1.500	1.500
Rechtsberater	250	500	750
Wirtschaftsprüfer	25	125	150
Prospektdruck	0	150	150
Werbung für Emission	0	250	250
Sonstige Aufwendungen	25	175	200
Summe	300	2.700	3.000

Zum Stichtag 31. Dezember X1 werden die Aufwendungen in Höhe von T€ 300 in einem aktiven Abgrenzungsposten erfasst, da sie nicht den Erfolg der Periode X1 mindern dürfen. Da es sich nach Steuerrecht um Aufwand der Periode X1 handelt, ist eine passive latente Steuer zu bilanzieren; bei einem Steuersatz von 40% somit T€ 120 (Buchungssatz: Per Steueraufwand an passive latente Steuern). Entspr werden die in der Periode X2 anfallenden Aufwendungen gebucht, sodass nach Abschluss der Emission der aktive Abgrenzungsposten T€ 3.000 und die passiven latenten Steuern T€ 1.200 betragen. Die im Rahmen der Emission gebuchte Erhöhung der Kapitalrücklage um T€ 40.000 ist abschließend – über ein gesondertes Korrekturkonto – um T€ 1.800 zu mindern (Buchungssatz: Per Kapitalrücklage T€ 1.800 und per passive latente Steuern T€ 1.200 an aktiven Abgrenzungsposten T€ 3.000). Der von *Hüttche/Lopatta* BB 2007, 2453 vertretenen Auffassung, dass die in Periode X1 angefallenen Aufwendungen bereits mit dem Eigenkapital vor Durchführung der Kapitalmaßnahme verrechnet werden können, kann uE nicht gefolgt werden (im Ergebnis gleicher Ansicht *Lüdenbach* in Lüdenbach/Hoffman IFRS[7] § 20 Rz 59, der davon spricht, die Aufwendungen vom zugegangenen Eigenkapital zu kürzen).

Sofern durch die Aufwendungen ein bestehender steuerlicher Verlustvortrag erhöht wird, ist zu prüfen, inwieweit sich der hieraus gem IAS 12.34 resultierende latente Steueranspruch erhöht. Im Beispiel würde der steuerliche Verlustvortrag entspr um T€ 3.000 erhöht; bei einem Steuersatz von 40% würde sich der latente Steueranspruch um T€ 1.200 erhöhen (Buchungssatz: Per aktive latente Steuern an Steuerertrag (vgl § 25 Rz 60 ff)). Durch diese Buchung wird bei unterstellter Realisierbarkeit des Verlustvortrags der steuerliche Vorteil der Abzugsfähigkeit der Aufwendungen erst generiert, während bei einem Jahresüberschuss sich dieser Vorteil in einem entspr niedrigeren effektiven Steueraufwand ausdrückt. Der steuerliche Vorteil der Abzugsfähigkeit der Aufwendungen wird bei Erhöhung des steuerlichen Verlustvortrags erst dann realisiert, wenn die AG zu versteuerndes Einkommen erzielt und dieses gegen den steuerlichen Verlustvortrag verrechnet wird. Falls die AG endgültig die steuerlichen Verlustvorträge nicht mehr in Anspruch nehmen kann, zB bei (anteiligem) Wegfall aufgrund von § 8 c KStG, ist der steuerliche Verlustvortrag aufwandswirksam auszubuchen und der steuerliche Vorteil der Abzugsfähigkeit der Aufwendungen der Eigenkapitalbeschaffung geht endgültig verloren.

Bei einem **Börsengang** mit gleichzeitiger Ausgabe neuer Aktien sind die Aufwendungen, die eindeutig der Kapitalerhöhung zugerechnet werden können, unmittelbar vom Eigenkapital abzusetzen. Aufwendungen, die eindeutig der Börsennotierung zugerechnet werden können, sollten in der Periode aufwandswirksam erfasst werden. Aufwendungen, die nicht zugeordnet werden können sind entspr IAS 32.38 sachgerecht auf die Kapitalerhöhung und den Börsengang aufzuteilen, zB entspr dem Verhältnis der neuen Anteile zur Summe der alten und neuen Anteile. 36

Beispiel: Eine AG geht an die Börse wobei das Kapital um 500.000 Aktien erhöht wird und insgesamt 750.000 Aktien gelistet werden. Die anfallenden Aufwendungen umfassen mit T€ 200 *underwriting fees*, mit T€ 100 Börsenzulassungsgebühren, mit T€ 300 Rechtsanwalts- und Beraterkosten sowie T€ 150 für eine Roadshow und PR-Aufwendungen. Unter Vernachlässigung der steuerlichen Effekte sind nur die T€ 200 *underwriting fees* sowie anteilig T€ 200 der Rechtsanwalts- und Beraterkosten vom Eigenkapital abzuziehen (T€ 300 x 500.000 Aktien / 750.000 Aktien).

Wird die Kapitalerhöhung zunächst von einem **Bankenkonsortium** übernommen und später zusammen mit einer Börseneinführung an die Aktionäre weitergegeben, kann dies die Zuordnung der insgesamt entstehenden Aufwendungen erleichtern.

Abzugsfähige Aufwendungen, die im Zusammenhang mit **zusammengesetzten Finanzinstrumenten** stehen, sind nach IAS 32.38 der Eigen- und Schuldkomponente proportional zuzurechnen.

Beispiel: Die AG aus dem Beispiel in Rz 35 hatte abzugsfähige Aufwendungen in Höhe von T€ 250. Davon sind T€ 10 (T€ 250 × (T€ 401/T€ 10.000)) dem Eigenkapital zuzurechnen. Für die verbleibenden T€ 240 geltenden die Regelungen für Transaktionskosten bei finanziellen Verbindlichkeiten (vgl § 3 Rz 139 f).

37 Nach IAS 32.39 sind die Abzugsbeträge inklusive Steuervorteile der Berichtsperiode gesondert in Bilanz oder Anhang anzugeben. Aufgrund der gesellschaftsrechtlichen Verwendungsrestriktionen des gezeichneten Kapitals bzw der Kapitalrücklage kommt uE nur eine **Absetzung in einem gesonderten Posten** oder ein **offener Ausweis in einer Vorspalte zur Kapitalrücklage** bzw zum gezeichneten Kapital in Frage. In der Bilanzierungspraxis lässt sich aber auch eine Saldierung in der Bilanz beobachten.

3. Ausweis

38 Das gezeichnete Kapital ist als **erster Posten des Eigenkapitals** auszuweisen (s Rz 26). Nach § 152 Abs 1 AktG haben AG zusätzlich innerhalb dieses Postens oder im Anhang folgende Angabepflichten:
(1) bei mehreren Aktiengattungen der jeweilige Anteil am Grundkapital,
(2) der Nennwert eines bestehenden bedingten Kapitals,
(3) bei noch bestehenden Mehrstimmrechtsaktien die Gesamtstimmenzahl der Mehrstimmrechtsaktien und die der übrigen Aktien.

Bei der KGaA sind nach § 286 Abs 2 Satz 1 AktG die Kapitalanteile der persönlich haftenden Gesellschafter nach dem Posten gezeichnetes Kapital als gesonderter Posten auszuweisen, sofern Vermögenseinlagen der persönlich haftenden Gesellschafter als Eigenkapital zu qualifizieren sind. Aufgrund des hybriden Charakters der Rechtsform KGaA gelten jedoch für diese Vermögenseinlagen aufgrund von § 278 Abs 2 AktG die §§ 161 Abs 2, 105 Abs 2 HGB und §§ 705 ff BGB, also die Vorschriften für PersGes (vgl ausführlich Rz 92 ff).

III. Ausstehende Einlagen

39 Gesellschaftsrechtliche Vorschriften können vorsehen, dass **Bareinlagen** vor Eintragung der Gesellschaft in das Handelsregister nur teilweise geleistet werden müssen. Nach § 152 Abs 1 Satz 1 AktG ist das in der Satzung festgelegte Grundkapital jedoch in voller Höhe als gezeichnetes Kapital auszuweisen. Entspr gilt für die GmbH.

40 Der Ausweis ausstehender Einlagen auf das gezeichnete Kapital ist in den IFRS nicht geregelt. Unter Berücksichtigung des Regelungsgedankens in IAS 32.33 sowie allgemeiner Grundsätze ist bzgl des Ausweises der **noch nicht eingeforderten ausstehenden Einlagen** als Vermögenswert wie folgt zu differenzieren. Da bei AG/KGaA die Einforderung der ausstehenden Einlagen der Aktionäre gem § 63 Abs 1 AktG durch den Vorstand erfolgt, liegt uE grds ein bilanzierungsfähiger Vermögenswert iSd Rahmenkonzepts vor. Bei GmbH liegt

das Recht zur Einforderung nach § 46 Nr 2 GmbHG hingegen grds bei den Gesellschaftern; es handelt sich insoweit nicht um eine Ressource, über die das Unternehmen verfügen kann und damit nicht um einen bilanzierungsfähigen Vermögenswert (vgl § 2 Rz 72ff). Bei GmbH sind daher uE die noch nicht eingeforderten ausstehenden Einlagen offen vom Posten gezeichnetes Kapital abzusetzen (vgl *ADS*[1] Abschn 22 Rz 31f; *Förschle/Kroner* in BeBiKo[6] § 272 HGB Rz 246). Alternativ ist rechtsformunabhängig auch die Darstellung des gesamten gezeichneten Kapitals sowie eines Korrekturpostens für die ausstehenden Einlagen innerhalb des Eigenkapitals, wie bei den eigenen Anteilen, denkbar (s Rz 80f; vgl *Lüdenbach* in Lüdenbach/Hoffmann IFRS[7] § 20 Rz 39 und Rz 57). **Eingeforderte ausstehende Einlagen** sind hingegen unter den kurzfristigen Forderungen auszuweisen, sofern die allgemeinen Voraussetzungen erfüllt sind (vgl § 10 Rz 42).

IV. Vorzugsaktien

Vorzugsaktien iSd §§ 11, 139ff AktG sind unter dem Posten **gezeichnetes Kapital** zu erfassen; ein mögliches Recht auf Nachzahlung der im Vorjahr ausgefallenen Vorzugsdividende steht dem nicht entgegen, wenn über eine Dividendenzahlung erst zukünftig beschlossen wird (vgl *IDW* RS HFA 9 Rz 61). 41

Sehen die Satzungsregelungen vor, dass eine – betragsmäßig feststehende – **Mehrdividende** gewährt wird, deren Zahlung unabhängig von Organbeschlüssen des Emittenten – also ermessensunabhängig – erfolgt, liegt insoweit eine (Rück-)Zahlungsverpflichtung vor. In diesem Fall ist die Vorzugsaktie als zusammengesetztes Finanzinstrument zu werten und der Barwert der erwarteten ermessenunabhängigen Mehrdividende ist als finanzielle Verbindlichkeit zu erfassen; es gelten in diesem Fall für die Vorzugsaktie die Regelungen für zusammengesetzte Finanzinstrumente (s Rz 15; vgl *IDW* RS HFA 9 Rz 32; zur Kritik hieran vgl *Lüdenbach* in Lüdenbach/Hoffmann IFRS[7] § 20 Rz 14f; im Ergebnis ist *Lüdenbach* zuzustimmen, dass nach deutschem Aktienrecht sowohl Vorzugsaktien mit Vorwegdividenden, wie auch solche mit Mehrdividenden, als reine Eigenkapitalinstrumente anzusehen sind, da in jedem Fall ein Beschluss der Hauptversammlung über die Gewinnverwendung notwendig ist). 42

Außerhalb des Geltungsbereichs des AktG sind Vorzugsaktien bekannt, die dem Inhaber zu einem bestimmten oder von ihm bestimmbaren Zeitpunkt den **Anspruch auf Rücknahme durch den Emittenten** gewähren. Diese Vorzugsaktien sind nach IAS 32.18(a), IAS 32.19f, IAS 32.AG 25f als Schuld zu charakterisieren und auszuweisen (vgl *WPH I* N 327). Dividenden auf diese Vorzugsaktien sind aufwandswirksam zu erfassen (s Rz 89). 43

V. Veränderungen des gezeichneten Kapitals

1. Kapitalerhöhungen

Die Durchführung und Bilanzierung von Kapitalerhöhungen bestimmt sich im Wesentlichen nach **gesellschaftsrechtlichen Vorschriften** unter Beachtung der allgemeinen Bilanzierungsmethoden nach IFRS. Es wird zwischen Kapitalerhöhungen gegen Einlagen und aus Gesellschaftsmitteln unterschieden. Bei AG sind ferner die bedingte Kapitalerhöhung (§§ 192 bis 201 AktG) sowie das genehmigte Kapital (§§ 202 bis 206 AktG) zu berücksichtigen (vgl ausführlich *Förschle/Hoffmann* in BeBiKo[6] § 272 HGB Rz 19ff). 44

45 Voraussetzung für die Bilanzierung der Kapitalerhöhung ist die konstitutiv wirkende Eintragung der Durchführung der Kapitalerhöhung im Handelsregister. Solange diese Eintragung aussteht, sind geleistete Einlagen als gesonderter Posten **„Zur Durchführung der beschlossenen Kapitalerhöhung geleistete Einlagen“** innerhalb der finanziellen Verbindlichkeiten auszuweisen, da die Zeichner bei Insolvenz der Gesellschaft Insolvenzgläubiger wären (vgl zum Ausweis nach HGB *ADS*[6] § 272 HGB Rz 19). Der für die Handelsbilanz als zulässig erachtete gesonderte Ausweis innerhalb des Eigenkapitals bei Eintragung der Kapitalerhöhung im Handelsregister bis zur Bilanzaufstellung (vgl *ADS*[6] § 272 HGB Rz 19) ist uE nicht mit IAS 10.10 vereinbar und daher unzulässig; eine Angabe im Anhang ist nach IAS 10.21 geboten. *Lüdenbach* in Lüdenbach/Hoffmann IFRS[7] § 20 Rz 58) vertritt unter Bezugnahme auf IAS 32.16 und IAS 32.19 die Auffassung, dass die geleisteten Einlagen auch vor der Eintragung der Kapitalerhöhung im Handelsregister im Eigenkapital ausgewiesen werden können, sofern a) die Einlage zur freien Verfügung der Gesellschaft steht, b) die Geschäftsführung die Kapitalerhöhung beim Handelsregister angemeldet hat und c) ihr keine möglichen Eintragungshindernisse wie Mängel beim Zustandekommen des Gesellschafterbeschlusses oder Zweifel an der Werthaltigkeit von Sacheinlagen bekannt sind (diese Auffassung teilend *ADS*[1] Abschn 22 Rz 91).

46 Bei Unternehmenszusammenschlüssen zB in Form einer **Verschmelzung** erfolgt die Übernahme des Zielunternehmens durch eine Kapitalerhöhung des übernehmenden Unternehmens und der Ausgabe neuer Anteile an die vormaligen Gesellschafter des Zielunternehmens. Nach IFRS 3.33 (2008)/IFRS 3.27 (2004) ist in diesem Fall der Wert der Sacheinlage grds nach dem beizulegenden Zeitwert der auszugebenden neuen Anteile des übernehmenden Unternehmens ggf zuzüglich der direkt zurechenbaren Anschaffungsnebenkosten zu bestimmen. Dies gilt nur dann nicht, wenn der Börsenkurs zum Transaktionszeitpunkt ausnahmsweise nicht ein verlässlicher Wertindikator ist, zB bei Illiquidität des Marktes. In diesem Fall ist der Marktwert zu schätzen, wobei auch eine Orientierung am Wert der erworbenen Anteile zulässig ist, sofern dieser zuverlässig ermittelbar ist; nur wenn also der beizulegende Zeitwert der zu übernehmenden Anteile zuverlässiger zu ermitteln ist, als der Wert der auszugebenden neuen Anteile, bestimmt sich der Wert der Sacheinlage nach dem beizulegenden Zeitwert der zu übernehmenden Anteile (vgl *Lüdenbach* in Lüdenbach/Hoffmann IFRS[7] § 31 Rz 36 ff). Werden Finanzinstrumente iSv IAS 39 eingelegt, sind diese nach IAS 39.43 mit ihrem beizulegenden Zeitwert im Zeitpunkt ihrer Übertragung zu bewerten (zu Besonderheiten der Bewertung beim zeitlichen Auseinanderfallen der obligatorischen und dinglichen Übertragung der Finanzinstrumente vgl § 3 Rz 93 ff sowie *Lüdenbach* in Lüdenbach/Hoffmann IFRS[7] § 20 Rz 66).

47 Eine **Kapitalerhöhung aus Gesellschaftsmitteln** führt zu keinem Zugang neuen Eigenkapitals; entspr ist sie als Umbuchung zwischen den Gewinnrücklagen und dem gezeichneten Kapital auszuweisen; maßgeblicher Zeitpunkt ist uE dabei die Eintragung der Kapitalerhöhung in das Handelsregister.

2. Kapitalherabsetzung

48 Nach IAS 32.33 ff sowie IAS 32.AG36 ist eine Kapitalherabsetzung im IFRS Einzel- oder Konzernabschluss zwingend erfolgsneutral darzustellen. Die **ordentliche Kapitalherabsetzung** ist für AG und KGaA in den §§ 222 bis 228 AktG, für die GmbH in § 58 GmbHG geregelt. Bei der AG wird sie mit der Eintragung in das Handelsregister wirksam (§ 224 AktG). Für die GmbH gilt entspr, wobei jedoch der Gesellschafterbeschluss nach § 58 Abs 1 Nr 3 GmbHG

erst nach Ablauf des Sperrjahrs zur Eintragung in das Handelsregister angemeldet werden kann.

49 Die bei einer **vereinfachten Kapitalherabsetzung** nach § 234 AktG bzw § 58e GmbHG zulässige bilanzielle Rückwirkung ist mit IAS 10.9 unvereinbar und daher unzulässig. Entspr gilt für gleichzeitige Kapitalerhöhungen (vgl § 235 AktG, § 58f GmbHG).

50 Bei AG/KGaA ist nach §§ 240, 158 Abs 1 AktG der aus der Kapitalherabsetzung gewonnene Betrag grds in der **GuV** als Posten „Ertrag aus der Kapitalherabsetzung" nach dem Posten „Entnahmen aus Gewinnrücklagen" gesondert auszuweisen. Einstellungen in die Kapitalrücklage im Rahmen der vereinfachten Kapitalherabsetzung nach §§ 229 Abs 1, 232 AktG sind grds in der GuV als gesonderter Posten „Einstellung in die Kapitalrücklage" nach den Vorschriften über die vereinfachte Kapitalherabsetzung auszuweisen. Ferner haben AG die nach § 240 Satz 3 AktG geforderten Anhangangaben zu machen; für die GmbH wird dies empfohlen (vgl *ADS*[6] § 240 AktG Rz 1). Ein entspr Ausweis ist aus Gründen der *fair presentation* für den IFRS-Abschluss zu empfehlen wozu entweder in der Gesamtergebnisrechnung oder im Anhang die nach IAS 1.83(a) geforderten Angaben unter explizitem Hinweis auf die nationalen, gesellschaftsrechtlichen Vorschriften entspr ergänzt werden.

3. Aktienbasierte Vergütungstransaktionen mit Kapitalerhöhung

51 Nach IFRS 2.2 werden aktienbasierte **Vergütungstransaktionen** unterschieden, die als Gegenleistung
(1) Eigenkapitalinstrumente inklusive Aktienoptionen (*equity-settled share-based payment transactions*) oder
(2) Zahlungsmittel (*cash-settled share-based payment transactions*) vorsehen.

Entspr können aktienbasierte Vergütungstransaktionen in solche
(1) mit und
(2) ohne Kapitalerhöhung eingeteilt werden.

52 Zu den aktienbasierten Vergütungstransaktionen gehören insbes **Aktienoptionsprogramme** (vgl hierzu ausführlich § 24; zu unterschiedlichen Programmarten vgl auch *Förschle/Hoffmann* in BeBiKo[6] § 272 HGB Rz 301 ff). Programme, die als Gegenleistung Optionsbezugsrechte für den zukünftigen Erwerb neuer Aktien aus bedingtem Kapital gewähren (§ 192 Abs 2 Nr 3 AktG), stellen Aktienoptionsprogramme mit Kapitalerhöhung dar. Für diese schreibt IFRS 2.7 vor, dass das Eigenkapital in Höhe des bereits erhaltenen oder erworbenen Vorteils aus Gütern oder Dienstleistungen zu erhöhen ist. Nach IFRS 2.10f erfolgt die Bewertung idR mit dem beizulegenden Wert der erhaltenen oder erworbenen Güter oder Dienstleistungen; nur wenn dieser Wert ausnahmsweise nicht zuverlässig ermittelbar ist, erfolgt die Bewertung mit dem beizulegenden Zeitwert der auszugebenden Anteile am Tag der Anteilsgewährung (vgl ausführlich § 24 Rz 28; *Lüdenbach* in Lüdenbach/Hoffmann IFRS[7] § 20 Rz 65). Die Erhöhung des Eigenkapitals erfolgt nach IFRS 2.15 idR ratierlich. Nur wenn das gewährte Eigenkapitalinstrument sofort ausübbar ist, wird nach IFRS 2.14 das Eigenkapital unmittelbar in voller Höhe zu erhöhen sein.

53 **Bedingte aktienbasierte Vergütungstransaktionen** im Zusammenhang mit bedingten Gegenleistungen im Rahmen von Unternehmensverbindungen iSv IFRS 3.39 (2008) sind nach IFRS 3.30 (2008) grds entspr den Regelungen in IFRS 2 zu bewerten. Zu beachten ist in diesem Zusammenhang die Klarstellung in IFRS 2.5 im Rahmen des *Annual Improvements* Projekts 2009, wonach die Einbringung eines Geschäftsbetriebs *(business)* bei der Gründung eines Gemeinschaftsunternehmens bzw Joint Ventures sowie Transaktionen zwischen Un-

ternehmen unter gemeinsamer Beherrschung *(transactions under common control)*, nicht in den Anwendungsbereich von IFRS 2 fallen. Dabei ist die Frage, ob es sich bei der Vergütung um ein Eigenkapitalinstrument handelt oder nicht, gem IFRS 3.40 (2008) nach den allgemeinen Kriterien des IAS 32.11 zu beurteilen. Sofern die bedingte Gegenleistung als Eigenkapitalinstrument zu beurteilen ist, schreibt IFRS 3.58(a) (2008) vor, dass nachträgliche Anpassungen der gem IFRS 3.39 (2008) ursprünglichen Schätzung der erwarteten Gegenleistung nicht erfolgen, sondern bei Erfüllung unmittelbar das Eigenkapital zu korrigieren ist. Mit Ausnahme dieses späteren Anpassungsverbots entspricht diese Regelung der Lösung nach IFRS 3.32ff, wonach die Gegenleistungen uE nur im Eigenkapital zu erfassen sind, wenn die Anzahl der auszugebenden Anteile feststeht und die Ausgabe der Anteile lediglich vom Eintritt der Bedingung(en) abhängig ist. Ist ihre Zahl hingegen variabel und bemisst sich an einem festen oder bedingten monetären Wert, hat der Ausweis der bedingten Gegenleistung uE als Verbindlichkeit zu erfolgen. Im Gegensatz zur Neuregelung des IFRS 3.58(a) (2008) sind spätere Anpassungen der Zahl der zu emittierenden Anteile aber mit dem Wert der Anteile zum Erwerbszeitpunkt zu erfassen und der Geschäfts- oder Firmenwert ist entspr anzupassen. Hiervon zu unterscheiden sind aktienbasierte Vergütungstransaktionen für Leistungen nach Inkrafttreten der Unternehmensverbindung („*post-acquisition services*"), für welche die nachfolgend dargestellten Regelungen des IFRS 2 gelten.

Beispiel: Am 31. Dezember X1 erwirbt die A-AG die B-GmbH von B. Als Gegenleistung erhält B 80.000 Aktien von A sowie einen bedingten Anspruch auf weitere 20.000 Aktien, wenn die B-GmbH bestimmte Ertragsziele in den Geschäftsjahren X2 und X3 erreicht. Die zusätzlichen 20.000 Aktien werden bei Zielerreichung am 31. Dezember X4 emittiert; annahmegemäß gibt es keine weiteren Akquisitionskosten. Der beizulegende Zeitwert der Vermögenswerte, Schulden und Eventualschulden beträgt T€ 750. Zum Erwerbszeitpunkt geht der Vorstand der A-AG davon aus, dass die B-GmbH die Ertragsziele nicht erreichen wird. Aufgrund der Verbesserung der Ertragslage der B-GmbH im Geschäftsjahr X2 schätzt der Vorstand der A-AG zum 31. Dezember X2, dass es nunmehr wahrscheinlich ist, dass die B-GmbH ihre Ziele erreichen wird. Der beizulegende Zeitwert der A-Aktien beträgt zum 31. Dezember X1 € 10, der erwartete Zeitwert der A-Aktien zum 31. Dezember X4 beträgt hingegen nur € 9. Zum 31. Dezember X2 beträgt der beizulegende Zeitwert der A-Aktien € 15, der erwartete Zeitwert der A-Aktien zum 31. Dezember X4 € 14. Zum 31. Dezember X3 steht fest, dass die B-GmbH ihre Ertragsziele erreicht hat und die 20.000 zusätzlichen Aktien zum 31. Dezember X4 emittiert werden.

Nach der Regelung des IFRS 3.58(a) (2008) wird das Eigenkapital zum 31. Dezember X1 um T€ 800 erhöht (80.000 Aktien zu € 10) und neben den Vermögenswerten, Schulden und Eventualschulden in Höhe von T€ 750 ein Geschäfts- oder Firmenwert in Höhe von T€ 50 eingebucht. Aufgrund der Einschätzung, dass die bedingte aktienbasierte Vergütung nicht fällig wird, erfolgt keine Berücksichtigung bei der Erstbewertung. Eine spätere Anpassung des Geschäfts- oder Firmenwerts scheidet aus. Die zum 31. Dezember X4 zusätzlich zu emittierenden 20.000 zusätzlichen Aktien sind entspr erfolgsneutral durch Umbuchung innerhalb des Eigenkapitals zu erfassen – dies entspricht der Vorgehensweise bei einer Kapitalerhöhung aus Gesellschaftsmitteln.

Nach den Regelungen vor Inkrafttreten des IFRS 3.58(a) (2008) wird zum 31. Dezember X1 das Eigenkapital um T€ 800 erhöht (80.000 Aktien zu € 10) und neben den Vermögenswerten, Schulden und Eventualschulden in Höhe von T€ 750 ein Geschäfts- oder Firmenwert in Höhe von T€ 50 eingebucht. Zum 31. Dezember X2 ist aufgrund der geänderten Einschätzung des Vorstands der A-AG die zusätzliche Gegenleistung in Höhe von 20.000 Aktien als Kaufpreisverbindlichkeit zu erfassen. Die Bewertung sollte uE mit dem am 31. Dezember X1 erwarteten Zeitwert der A-Aktien zum 31. Dezember X4, also zu € 9 je Anteil erfolgen; alternativ ist auch der am 31. Dezember X2 erwartete Zeitwert der A-Aktien zum 31. Dezember X4 vertretbar. Entspr ist zum 31. Dezember X2 das Eigenkapital um T€ 180 (20.000 Aktien zu € 9) und korrespondierend der Geschäfts- oder Firmenwert zu erhöhen. Aufgrund der fehlenden rechtlichen Emission der Aktien vor dem 31. Dezember X4 hat ein gesonderter Ausweis zu erfolgen.

IFRS 2 beinhaltet keine detaillierten Ausweisvorschriften. Der vom DRSC 54
nicht weiter verfolgte E-DRS 11.7f iVm E-DRS 11.15f sah für den Ausweis nach HGB im Zusammenhang mit Aktienoptionsprogrammen in analoger Anwendung von § 272 Abs 2 Nr 2 HGB vor, dass der Gesamtwert des Vorteils ratierlich über den Personalaufwand in der **Kapitalrücklage** zu erfassen sei. Dieses Ergebnis war in der Literatur umstritten, erfuhr jedoch überwiegend Zustimmung (*Kelle*, 91 mwN; *WPH I* F 126; *Förschle/Hoffmann* in BeBiKo[6] § 272 HGB Rz 306). UE ist zur Erfüllung der Regelung des IFRS 2.7 der Wert der Optionsbezugsrechte auch nach IFRS ratierlich in der Kapitalrücklage zu erfassen. Welchen rechtlichen Charakter diese Kapitalrücklage hat und welche Verwendungsrestriktionen sich hieraus ergeben ist bislang nicht geklärt; jedoch ist uE eine Einstellung in die Kapitalrücklage nach § 272 Abs 2 Nr 1 sachgerecht (glA *Ebeling* BB 2007, 1610; *Förschle/Hoffmann* in BeBiKo[6] § 272 HGB Rz 306; zu den sich hieraus ergebenden Einschränkungen bzgl der Eigenkapitalverwendung vgl Rz 60). Die Veränderung ist nach IAS 1.106 (geändert 2008)/IAS 1.106 in der Eigenkapitalveränderungsrechnung anzugeben.

4. Umwandlung von Schulden in Eigenkapital

Die IFRS enthalten **keine spezifischen Regelungen** zur Bilanzierung der 55
Umwandlung von Schulden in Eigenkapital („*debt-equity-swap*") beim Schuldner. Regelmäßig werden solche Umwandlungen durchgeführt bei drohender Insolvenz des Schuldners im Rahmen einer Sanierung (auch „*turnaround management*" oder „*workout*"). Rechtstechnisch erfolgt dies idR im Rahmen einer Kapitalherabsetzung (s Rz 48) mit anschließender Kapitalerhöhung, wobei der Gläubiger seine Forderungen als Sacheinlage einbringt. Die Einbringung der Forderung erfolgt entweder durch Übertragung der Forderung auf den Gläubiger, wobei diese dann durch Konfusion entfällt, oder durch einen Erlassvertrag gem § 387 BGB (vgl zu den rechtlichen Rahmenbedingungen und Risiken *Redeker* BB 2007, 673f). Nach IFRS sind theoretisch **zwei Buchungsalternativen** denkbar: entweder werden die auszugebenden neuen Anteile mit dem Buchwert der Schulden zum Zeitpunkt der Umwandlung in Eigenkapital bewertet oder zunächst die Schulden ertragswirksam auf den beizulegenden Zeitwert zum Zeitpunkt der Umwandlung korrigiert und anschließend mit dem neuen Buchwert in Eigenkapital umgewandelt; beide Alternativen haben im Ergebnis die gleichen Auswirkungen auf das Eigenkapital des Schuldners, nicht aber auf dessen Struktur, da im zweiten Fall die Umwandlung erfolgswirksam wird.

Beispiel: Die börsennotierte A-AG schließt am 1. Januar X1 mit der X-Bank einen Darlehensvertrag über Mio € 50 mit einer Laufzeit von 5 Jahren. Zum 31. Dezember X3 ist die A-AG in finanziellen Schwierigkeiten und die X-Bank stimmt einer Umwandlung des Darlehens in Eigenkapital zu. Die auszugebenden Anteile haben einen Marktwert von Mio € 30. Alternativ wird das Eigenkapital um € 50 Mio erhöht und das Darlehen entspr ausgebucht oder das Darlehen zunächst ertragswirksam um € 20 Mio vermindert und sodann der verbleibende Buchwert von Mio € 30 in Eigenkapital umgewandelt.

Handelsrechtlich wird die Umwandlung von Schulden in Eigenkapital regelmäßig im Rahmen einer Kapitalerhöhung gegen Sacheinlage erfolgen. Der Wert der Sacheinlage kann dabei maximal dem beizulegenden Zeitwert des Darlehens im Zeitpunkt der Umwandlung entsprechen; folglich führt handelsrechtlich die Umwandlung von Schulden in Eigenkapital regelmäßig zu einem Ertrag in Höhe der Differenz zwischen dem Buchwert der Schulden sowie ihres beizulegenden Zeitwerts zum Zeitpunkt der Umwandlung. Daher sind uE zunächst die Schulden ertragswirksam auf den beizulegenden Zeitwert zum Zeitpunkt der Umwandlung zu korrigieren und anschließend mit dem neuen Buchwert in das Eigenkapital umzugliedern (für Schulden so im Ergebnis auch *Kuhn/Scharpf*[3], 252f mit Bezug auf IAS 39.42), wobei die Aufteilung auf gezeichnetes Kapital und Kapitalrücklage jener nach Handelsrecht entspricht. Zur Umschuldung und Schuldumwandlung ohne Eigenkapitalinstrumente s § 14 Rz 52ff.

E. Kapitalrücklage

I. Begriff und Abgrenzung

56 Eine Kapitalrücklage existiert aus gesellschaftsrechtlichen Gründen grds nur bei KapGes. Sie enthält im Wesentlichen Beträge, die dem Unternehmen im Rahmen der Außenfinanzierung über das gezeichnete Kapital hinaus als **Agio** zufließen. Der Posten Kapitalrücklage wird weder im Rahmenkonzept noch in einem IFRS verwendet. Das Rahmenkonzept erwähnt zwar in F. 66 die Dotierung von Rücklagen aufgrund gesetzlicher Vorschriften bzw Gesellschaftsvertrag, trennt jedoch nicht zwischen Rücklagen, deren Dotierung Ergebnisverwendung darstellt, und solchen, die zu keinem Zeitpunkt Bestandteil des Ergebnisses waren. Aufgrund von IAS 1.79 ist die Kapitalrücklage getrennt von den übrigen Rücklagen auszuweisen. Unterschiede zwischen der nach HGB und IFRS zu bilanzierenden Kapitalrücklage bestehen grds nicht (zu Einflüssen von Aufwendungen für die Eigenkapitalbeschaffung auf die Kapitalrücklage vgl Rz 37; zu möglichen Bewertungsdifferenzen bei Sacheinlagen vgl Rz 32).

57 Eine Emission von Anteilen unter Nennwert ist nach deutschem Recht nicht zulässig (s § 9 Abs 1 AktG, § 5 Abs 3 Satz 3 GmbHG). Ausländische Rechtsvorschriften können jedoch eine solche Emission erlauben, sodass ein **Disagio** zu verzeichnen ist. In diesem Fall ist die Postenbezeichnung entspr anzupassen. Besteht darüber hinaus aus einer anderen Emission ein Agio, hat ein gesonderter Ausweis zu erfolgen; eine Verrechnung von Agio und Disagio ist nicht zulässig (vgl *Förschle/Kroner* in BeBiKo[6] § 272 HGB Rz 251).

II. Veränderungen der Kapitalrücklage

58 Einstellungen sowie Auflösungen der Kapitalrücklage sind bei der Aufstellung der Bilanz zu berücksichtigen, sofern die entspr **Beschlussfassung** spätestens bis zum Bilanzstichtag erfolgt ist (arg ex IAS 10.10; vgl ausführlich *Förschle* in BeBiKo[6] § 270 HGB Rz 7ff).

1. Einstellung

59 Unter dem Posten Kapitalrücklage sind folgende **Sachverhalte** zu erfassen (vgl ausführlich *Förschle/Hoffmann* in BeBiKo[6] § 272 HGB Rz 57ff):
(1) das Agio bei der Emission von Anteilen einschließlich von Bezugsanteilen,
(2) das Agio bei der Emission von Schuldverschreibungen für Wandlungs- oder Optionsrechte,
(3) Zuzahlungen der Gesellschafter als Gegenleistung für die Gewährung eines Vorzugsrechts,
(4) andere Zuzahlungen der Gesellschafter in das Eigenkapital.

Bei einer vereinfachten Kapitalherabsetzung nach den §§ 229, 230, 232 AktG bzw §§ 58 a ff GmbHG sind jene Beträge, die nicht dem Ausgleich von Bilanzverlusten dienen, in die Kapitalrücklage einzustellen (s § 232 AktG, § 58 b Abs 2 GmbHG).

Bei AG/KGaA sind unter der Kapitalrücklage auch die nach § 218 Satz 2 AktG zu bildende Rücklage für bedingtes Kapital nach einer Kapitalerhöhung aus Gesellschaftsmitteln sowie die Kapitalrücklage aus der vereinfachten Einziehung von Aktien gem § 237 Abs 5 AktG zu erfassen (vgl *ADS*[6] § 272 HGB Rz 88; *Förschle/Hoffmann* in BeBiKo[6] § 272 HGB Rz 57).

Bei der GmbH ist in Höhe der von den Gesellschaftern eingeforderten Nachschüsse innerhalb der Kapitalrücklage nach § 42 Abs 2 GmbHG ein gesonderter Posten „Nachschusskapital" auszuweisen (vgl *Förschle/Hoffmann* in BeBiKo[6] § 272 HGB Rz 75 ff).

2. Verwendung

Die Verwendung der Beträge nach (1) bis (3) unterliegt den **Verwendungsrestriktionen** nach § 150 Abs 3, 4 AktG (Verwendung nur zum Verlustausgleich bzw zur Kapitalerhöhung aus Gesellschaftsmitteln). Hingegen können Beträge nach (4) frei verwendet werden (vgl *ADS*[6] § 272 HGB Rz 86; *ADS*[6] § 150 AktG Rz 48, Rz 52 ff; ausführlich *Förschle/Hoffmann* in BeBiKo[6] § 272 HGB Rz 72 ff). Für die GmbH bestehen grds keine gesetzlichen Vorschriften. 60

Neben diesen allgemeinen Verwendungsrestriktionen sind weitere rechtsformspezifische Normen zu beachten. 61

Bei **AG/KGaA** sind dies:

(1) nach § 218 AktG zu bildende Rücklagen, die bei Ausübung des Wandlungs- oder Optionsrechts in entspr Höhe in das gezeichnete Kapital umgebucht werden,
(2) Kapitalrücklage aus vereinfachter Kapitalherabsetzung nach §§ 229 Abs 1, 232 AktG sowie
(3) Rücklagen nach § 237 Abs 5 AktG aus der vereinfachten Einziehung von Aktien, die jeweils den Verwendungsrestriktionen nach § 150 Abs 3, 4 AktG unterliegen.

Bei **GmbH** sind dies: 62

(1) Kapitalrücklage aus vereinfachter Kapitalherabsetzung nach §§ 58 b Abs 2, 58 c GmbHG, solange diese nach § 58 b Abs 3 GmbHG nur eingeschränkt verwendbar ist,
(2) Nachschüsse der Gesellschafter nach § 42 Abs 2 Satz 3 GmbHG, sofern deren Einziehung bereits beschlossen ist und sich der Gesellschafter nicht nach § 27 Abs 1 GmbHG durch Verweis auf seinen Gesellschaftsanteil entziehen kann.

Aufgrund der unterschiedlichen Beschränkungen der Nutzung der einzelnen Teilbeträge der Kapitalrücklage sind Art und Höhe der Teilbeträge sowie der Beschränkung im **Anhang** gesondert anzugeben (arg ex IAS 1.78(e); für HGB einen getrennten Ausweis empfehlend *ADS*[6] § 272 HGB Rz 87). 63

F. Gewinnrücklagen

I. Begriff und Abgrenzung

Aus IAS 1.54 iVm IAS 1.79(b) ergibt sich, dass die IFRS keine verpflichtende **Untergliederung** der Gewinnrücklagen iSd Art 9 und 10 der 4. EG-RL bzw § 266 Abs 3 lit A III HGB in der **Bilanz** kennen. Aufgrund von IAS 1.79(b) 64 empfehlen wir jedoch einen entspr Ausweis (s Rz 24). Einstellungen sowie Auflösungen von Gewinnrücklagen sind bei der Bilanzaufstellung zu berücksichtigen, sofern die Beschlussfassung spätestens bis zum Bilanzstichtag erfolgt (arg ex IAS 10.10; vgl *Förschle* in BeBiKo[6] § 270 HGB Rz 25ff).

65 Aus Gründen der *fair presentation* empfehlen wir auch für den IFRS-Abschluss die Erstellung einer **Gewinnverwendungsrechnung** nach § 158 AktG, wozu entweder in der Gesamtergebnisrechnung oder im Anhang die nach IAS 1.83(a) geforderten Angaben unter explizitem Hinweis auf die nationalen, gesellschaftsrechtlichen Vorschriften entspr ergänzt werden.

66 Über die anderen Gewinnrücklagen bzw, sofern diese nicht ausreichen, über den Ergebnisvortrag werden auch die **Berichtigung fehlerhafter Abschlüsse** und die **Änderung von Bilanzierungs- und Bewertungsmethoden** nach IAS 8 vorgenommen (vgl § 44 Rz 21, Rz 45ff) sowie ggf spezielle Übergangsvorschriften eines IFRS abgebildet. Dies gilt auch für Anpassungen im Rahmen der Erstellung der **IFRS-Eröffnungsbilanz** nach IFRS 1 (vgl Rz 29).

II. Arten

1. Gesetzliche Rücklage

67 Für AG/KGaA besteht zum Schutz der Gläubiger nach §§ 150 Abs 1 und 2, 300 AktG die Verpflichtung zur **Bildung** einer gesetzlichen Rücklage. In diese sind nach § 150 Abs 2 AktG zwingend 5% des um einen Verlustvortrag gekürzten Jahresüberschusses einzustellen, bis die Summe aus gesetzlicher Rücklage und der Kapitalrücklage den zehnten oder den in der Satzung festgelegten höheren Teil des gezeichneten Kapitals erreicht. Die Bildung ist wegen der gesetzlichen Verpflichtung bei der Bilanzaufstellung zwingend vorzunehmen. Die Nichtbeachtung führt gem § 256 Abs 1 Nr 4 AktG zur Nichtigkeit des festgestellten Jahresabschlusses (vgl *ADS*[6] § 256 Rz 33; *Förschle/Hoffmann* in BeBiKo[6] § 272 HGB Rz 87ff). Der maßgebliche Jahresüberschuss ist dabei solange nach handelsrechtlichen Vorschriften zu ermitteln, bis das Verhältnis der gesellschaftsrechtlichen Vorschriften zu den IFRS abschließend geregelt ist (vgl *Bieker/Schmidt* KoR 2002, 216).

68 **Entnahmen** sind hingegen nur zu berücksichtigen, sofern eine entspr Beschlussfassung spätestens bis zum Bilanzstichtag erfolgt ist (arg ex IAS 10.10). Aufgrund der Verwendungsrestriktionen gem § 150 Abs 3 und 4 AktG ist die Nutzung der gesetzlichen Rücklage im Zusammenhang mit IAS 8 uE grds nicht zulässig.

2. Satzungsmäßige Rücklagen

69 Satzungsmäßige Rücklagen sind aufgrund von Regelungen im **Gesellschaftsvertrag/Satzung** zwingend zu bilden. Ihre **Verwendung** kann an einen Zweck gebunden oder zweckfrei sein. Die Voraussetzungen der Zulässigkeit von Zuführungen bzw Entnahmen bei der Bilanzaufstellung entsprechen denen der gesetzlichen Rücklage (vgl Rz 61f; ausführlich *ADS*[6] § 272 HGB Rz 151ff). Soweit satzungsmäßige Rücklagen zweckgebunden sind, ist uE wie bei der gesetzlichen Rücklage ihre Nutzung im Zusammenhang mit IAS 8 nicht zulässig.

3. Andere Gewinnrücklagen

70 Andere Gewinnrücklagen sind alle **übrigen** aus dem Ergebnis gebildeten (freien) Gewinnrücklagen, die weder gesetzliche noch satzungsmäßige Rücklagen sind (vgl *Förschle/Hoffmann* in BeBiKo[6] § 272 HGB Rz 97ff). **Gründe** für die Bildung von anderen Gewinnrücklagen können sein:

(1) satzungsmäßige Einstellungen nach § 58 Abs 1 AktG,
(2) Einstellungen durch Vorstand/Aufsichtsrat nach § 58 Abs 2 AktG bzw durch die Geschäftsführung einer GmbH aufgrund einer Ermächtigung im Gesellschaftsvertrag,
(3) Einstellung des Eigenkapitalanteils von Wertaufholungen durch Vorstand/Aufsichtsrat nach § 58 Abs 2a AktG, § 29 Abs 4 GmbHG (vgl Rz 75),
(4) Einstellung durch Beschluss der Hauptversammlung bzw Gesellschafterversammlung im Rahmen der Ergebnisverwendung (§ 58 Abs 3 AktG, § 29 Abs 2 GmbHG).

Einstellungen nach (4) können wegen des **strengen Stichtagsprinzips** nach IAS 10.10 nur im der Berichtsperiode folgenden Jahresabschluss erfolgen; dies wird durch das in IAS 10.12 niedergelegte Verbot der Bilanzierung von (vorgeschlagenen) Dividenden als Verbindlichkeit bestätigt.

G. Spezifische Eigenkapitalposten

I. Neubewertungsrücklage

Für immaterielle Vermögenswerte (IAS 38.75 f) und Sachanlagevermögen 71
(IAS 16.31 f) ist die **Neubewertungsmethode** (*revaluation model*) als alternativ zulässige Bewertungsmethode anerkannt (vgl § 4 Rz 87,; § 5 Rz 123).

Die Neubewertung wirkt sich bei der erstmaligen Anwendung aufgrund des Konzepts der Reinvermögensbilanzierung – unter Vernachlässigung von Steuereffekten – unmittelbar in Höhe der **Differenz** zwischen **Marktwert** bzw beizulegendem Zeitwert des neu bewerteten Vermögenswerts und dessen **Buchwert** auf das Eigenkapital aus. Die Differenz ist um die anteiligen lfd bzw latenten Ertragsteuern zu korrigieren (s IAS 12.61A) und wird als Aufwertungsbetrag bezeichnet (vgl *Förschle/Kroner* in BeBiKo[6] § 272 HGB Rz 277). Der **Aufwertungsbetrag** ist nach F. 81 kein Erfolgsbeitrag und daher entspr dem finanzwirtschaftlichen Kapitalkonzept der IFRS (s F. 104 (a), F. 108) grds nicht im erfolgswirksamen Teil der Gesamtergebnisrechnung bzw in der gesonderten GuV (sofern erstellt), sondern unmittelbar über das periodische sonstige Ergebnis **in** der **Neubewertungsrücklage zu erfassen** (IAS 16.39, IAS 38.85 Satz 1).

Der Neubewertungsbetrag im Anlagevermögen wird in den nachfolgenden 72
Perioden zwingend **planmäßig abgeschrieben** und mindert somit den Jahreserfolg bzw im Zeitablauf die Gewinnrücklagen (vgl § 5 Rz 136 ff; *Hoffmann* in Lüdenbach/Hoffmann IFRS[7] § 8 Rz 84). Zur Vermeidung, dass für bereits (teilweise) abgeschriebene Vermögenswerte noch (anteilige) Aufwertungsbeträge in der Neubewertungsrücklage bestehen, sollte daher die Auflösung der Neubewertungsrücklage nach IAS 16.41 bzw IAS 38.87 über die Nutzungsdauer des Vermögenswerts durch anteilige Umbuchung des Aufwertungsbetrags in die Gewinnrücklagen erfolgen. Da diese Umbuchung erfolgsneutral erfolgt, verbleibt der Einfluss der höheren Abschreibungen auf den Jahreserfolg.

Sofern nach der erstmaligen Neubewertung eine **außerplanmäßige Abschreibung** nach IAS 36 vorzunehmen ist, hat diese Abwertung nach IAS 36.61 Satz 2 soweit möglich zunächst erfolgsneutral zu Lasten des Aufwertungsbetrags zu erfolgen; nur ein eventuell darüber hinausgehender Betrag ist erfolgswirksam zu erfassen. Steigt der beizulegende Zeitwert nach einer außerplanmäßigen Abschreibung wieder an, ist nach IAS 36.120 wie bei der erstmaligen Anwendung der Neubewertungsmethode der Aufwertungsbetrag zwischen den fortgeführten Anschaffungskosten und dem Neubewertungsbetrag in die Neubewertungsrücklage einzustellen. Nur ausnahmsweise ist nach IAS 16.39 bzw IAS 38.85 die Differenz als Ertrag zu erfassen, soweit eine in vorangegangenen Perioden erfolgswirksam erfasste Abwertung rückgängig gemacht wird. Im Übrigen wird auf die Ausführungen und Beispiele in § 5 Rz 136 ff verwiesen.

73 Bei einem **Wechsel von einer eigentümergenutzten Immobilie zu einer als Finanzinvestition gehaltenen Immobilie** sind nach IAS 40.61 die Regeln von IAS 16 entspr anzuwenden. Danach ist eine positive Differenz zwischen Buchwert und beizulegendem Zeitwert am Tag des Bestimmungswechsels in die Neubewertungsrücklage einzustellen (vgl § 6 Rz 103; *Ballwieser* in Baetge ua IFRS-Komm[2] IAS 40 Rz 38; *ADS*[1] Abschn 9 Rz 158).

74 Nach IFRIC 1.6(d) sind Änderungen von **Rückstellungen für Entsorgungs-, Wiederherstellungs- und ähnliche Verpflichtungen** als erfolgsneutrale Änderung der Neubewertungsrücklage zu behandeln, wenn der zugehörige Vermögenswert nach der Neubewertungsmethode bewertet wird. Zu Besonderheiten bei der Eigenkapitalveränderungsrechnung vgl § 17 Rz 41.

Zu Besonderheiten bei sukzessivem Anteilserwerb im Rahmen von Unternehmenszusammenschlüssen vgl Rz 108 ff.

75 Die nach den Vorschriften des § 58 Abs 2a AktG, § 29 Abs 4 GmbHG zulässige **Rücklagenbildung bei Wertaufholungen** stellt keine Neubewertung iSv IAS 16.31 bzw IAS 38.64f dar. Diese Wertaufholungen sind zwingend erfolgswirksam zu bilanzieren. Die Rücklagenbildung in Höhe des Eigenkapitalanteils stellt eine Ergebnisverwendung dar und ist unter den anderen Gewinnrücklagen auszuweisen. Die Rücklage ist entweder in der Bilanz gesondert auszuweisen oder im Anhang anzugeben (vgl *ADS*[6] § 58 AktG Rz 89 ff).

II. Rücklage für Marktbewertung

76 Kumulierte Gewinne/Verluste aus der **Bewertung von Finanzinstrumenten** sind unmittelbar in einer Rücklage für Marktbewertung zu erfassen, wenn es sich um Sicherungsinstrumente handelt, deren Wertänderung nicht oder nur teilweise in der GuV ausgewiesen werden muss *oder* der Gewinn/Verlust aus einer **Wechselkursdifferenz eines finanziellen Vermögenswerts** resultiert, der Teil einer Nettobeteiligung eines Unternehmens an einem wirtschaftlich selbstständigen ausländischen TU ist (vgl § 23 Rz 46 ff). In Art 42c Abs 1 der 4. EG-RL wird die Rücklage für Marktbewertung als Zeitwertrücklage bezeichnet.

77 Nach IAS 39.55(b) sind Änderungen des beizulegenden Zeitwerts von finanziellen Vermögenswerten **(Finanzinstrumente)**, die **der Kategorie „zur Veräußerung verfügbar"** zugeordnet wurden, innerhalb der Rücklage für Marktbewertung zu erfassen, bis der entspr finanzielle Vermögenswert verkauft, eingezogen oder anderweitig abgegangen ist. Ausgenommen von dieser Regelung sind uU Wertminderungsverluste und Ergebnisse aus Fremdwährungsumrechnungen sowie Zinsen und Dividenden. Nach IAS 39.67 sind dauerhafte Wertminderungen, die zuvor als negative Rücklage für Marktbewertungen berücksichtigt wurde, aufwandswirksam zu erfassen. Differenzen aus Fremdwährungsumrechnungen sind nach IAS 39.AG83, IAS 21.28 und IAS 21.30 bei monetären Posten erfolgswirksam, bei nicht-monetären Posten grds erfolgsneutral zu berücksichtigen (vgl *Kuhn/Scharpf*[3], 278, 303). Soweit bei der Bewertung von dieser Kategorie zugewiesenen Wertpapieren die Effektivzinsmethode nach IAS 39.9 zur Anwendung kommt, ist zunächst der Barwert zu berechnen, der im Zugangszeitpunkt als Anschaffungskosten zu Grunde gelegt wird. In den nachfolgenden Perioden werden diese Aufzinsungsbeträge als Zinsertrag und damit

erfolgswirksam erfasst (IAS 39.55; vgl *Kehm/Lüdenbach* in Lüdenbach/Hoffmann IFRS[7] § 28 Rz 156). Die übrigen Marktwertänderungen werden dagegen erfolgsneutral in der Rücklage für Marktbewertung erfasst. Bei Abgang des Wertpapiers ist die Rücklage für Marktbewertung nach IAS 39.55(b) erfolgswirksam aufzulösen. Die Nutzung fortgeführter Anschaffungskosten als ersatzweisen Bewertungsmaßstab wird von IAS 39.46(c) auf solche Eigenkapitalinstrumente beschränkt, für die keine an einem aktiven Markt ermittelten Marktpreise bestehen und deren beizulegender Zeitwert auch nicht auf andere Weise zuverlässig ermittelt werden kann. Anleitungen zur Ermittlung des beizulegenden Zeitwerts sind in IAS 39.AG69 ff enthalten. Die gewählte Bilanzierungsmethode ist im Anhang zu erläutern und stetig anzuwenden. Im Gegensatz zur Bewertung der Vermögenswerte im Rahmen der Neubewertungsmethode ist die Bewertung der zu beizulegenden Zeitwerten bilanzierten Vermögenswerte zu jedem Bilanzstichtag zu prüfen (vgl hierzu ausführlich § 3 Rz 145 ff).

Bei **derivativen Sicherungsinstrumenten,** die als *cashflow hedges* (s IAS 78
39.95(a)) oder Absicherungen einer Nettoinvestition in eine wirtschaftlich selbstständige ausländische Teileinheit (s IAS 39.102(a)) zu charakterisieren sind, werden Bewertungsänderungen zunächst zwingend erfolgsneutral innerhalb der Rücklage für Marktbewertung erfasst. Sie werden erst erfolgswirksam aufgelöst, wenn Verluste bzw Gewinne aus dem durch sie gesicherten Grundgeschäft auszugleichen sind (vgl hierzu ausführlich § 23 Rz 57 ff).

Eine Zusammenfassung der Rücklage für Marktbewertung mit der Neu- 79
bewertungsrücklage sollte aufgrund der expliziten Differenzierung in der 4. EG-RL zwischen „Neubewertungsrücklage" (*revaluation reserve*) und „Zeitwertrücklage" (*fair value reserve*) uE nicht erfolgen (ebenfalls einen getrennten Ausweis präferierend *ADS*[1] Abschn 7 Rz 118). Zur Darstellung in der Eigenkapitalveränderungsrechnung s § 17 Rz 45.

III. Eigene Anteile

Die Zulässigkeit des Erwerbs eigener Anteile (*treasury shares*) hängt von der 80
Rechtsform ab (s §§ 71 bis 71 e, 93 Abs 3 Nr 3 AktG; §§ 33, 43 Abs 3 GmbHG). Da eigene Anteile weder finanzielle Vermögenswerte oder Schulden noch Sicherungsinstrumente (IAS 39.AG97) darstellen, ist nach IAS 32.33 das **Eigenkapital** zwingend **erfolgsneutral um** die **Anschaffungskosten** der eigenen Anteile zu **mindern** (vgl auch IAS 32.AG36); dies gilt auch dann, wenn das Eigenkapital im Konzern durch den Rückkauf negativ wird, zB weil es aufgrund früherer Verrechnungen von Geschäfts- oder Firmenwerten mit Gewinnrücklagen gemindert und diese in Folge der Ausübung des Wahlrechts nach IFRS 1.B2 nicht rückgängig gemacht wurde. Die Minderung des Eigenkapitals entspricht auch dem von DRS 7.11 ff geforderten Ausweis in der Eigenkapitalveränderungsrechnung, welcher nach dem Bilanzrechtsmodernisierungsgesetz zukünftig auch handelsrechtlich verpflichtend anzuwenden ist (vgl Rz 155).

Der Abzugsbetrag ist in der Bilanz oder im Anhang anzugeben und die Ver- 81
änderung des Eigenkapitals in der Eigenkapitalveränderungsrechnung darzustellen. Die Art und Weise der Verrechnung wird durch IAS 32 nicht festgelegt, nachfolgend werden **drei zulässige Methoden** dargestellt (vgl *Epstein/Jermakowicz* 2008, 696 ff):

(1) Verminderung des Eigenkapitals in Höhe der Anschaffungskosten durch einen gesonderten Posten (sog *cost method* oder *one-line adjustment*),
(2) Verrechnung des Nennwerts der erworbenen Anteile mit dem gezeichneten Kapital sowie des ursprünglichen Agios mit der Kapitalrücklage. Ein ggf ver-

bleibender Restbetrag zu den Anschaffungskosten wird von jenen Gewinnrücklagen abgezogen, die keinen Verwendungsrestriktionen unterliegen (sog *par value method*),

(3) Verrechnung des Nennwerts der erworbenen Anteile mit dem gezeichneten Kapital. Die ggf verbleibende Differenz zu den Anschaffungskosten wird nach Ermessen des Unternehmens unter Beachtung der gesellschaftsrechtlichen Beschränkungen mit den übrigen Eigenkapitalposten verrechnet (sog *constructive retirement method* oder modifizierte *par value method*).

In diesem Zusammenhang sind auch die ggf bilanzierten anteiligen Eigenkapitalbeschaffungskosten zu korrigieren.

Beispiel: Eine AG hat 1 Mio eigene Aktien mit einem Nennwert von jeweils € 1 zu € 10 erworben. Das gezeichnete Kapital beträgt T€ 15.000, die Gewinnrücklagen T€ 10.000. Bei der ursprünglichen Emission betrug die Kapitalrücklage a) € 9, b) € 6 bzw c) € 11 pro Aktie. Der Vorstand hat eine Bilanzierung nach der *par value method* beschlossen. Hieraus ergeben sich folgende Auswirkungen:

	Fall a) T€	Fall b) T€	Fall c) T€
Gezeichnetes Kapital (alt)	15.000	15.000	15.000
Nennwert erworbene Aktien	./. 1.000	./. 1.000	./. 1.000
Gezeichnetes Kapital (neu)	14.000	14.000	14.000
Kapitalrücklage (alt)	135.000	90.000	165.000
abzüglich anteiliger Kaufpreis erworbene Aktien	./. 9.000	./. 6.000	./. 9.000
Kapitalrücklage (neu)	126.000	84.000	156.000
Gewinnrücklage (alt)	10.000	10.000	10.000
abzüglich anteiliger Kaufpreis erworbene Aktien	0	– 3.000	0
Gewinnrücklage (neu)	10.000	7.000	10.000

Da das Grundkapital bei einem Aktienrückkauf zunächst unverändert bleibt ist der Betrag wie bei ausstehenden Einlagen uE **offen vom Posten gezeichnetes Kapital abzusetzen** bis eine Kapitalherabsetzung wirksam geworden ist (vgl Rz 40). Solange eigene Anteile gehalten werden, ist für jede Klasse von Anteilen der Betrag im Anhang anzugeben (IAS 32.34, IAS 1.79(a)(vi)), wobei auch die gewählte Art der Verrechnung angegeben werden sollte.

82 Für die Bilanzierung eines erneuten Verkaufs der eigenen Anteile regelt IAS 32.33, dass auch der **erneute Verkauf der eigenen Anteile** wie eine erstmalige Emission erfolgsneutral zu erfassen ist. Bei ursprünglicher Anwendung der *cost method* ist der gesonderte Posten um den Ausgabekurs der verkauften eigenen Anteile zu mindern. Unterschreitet der Emissionserlös die ursprünglichen Anschaffungskosten ist im Zeitpunkt des Verkaufs zum Ausgleich des gesonderten Postens zunächst die Kapitalrücklage anteilig aufzulösen; ein ggf verbleibender Betrag ist mit den Gewinnrücklagen zu verrechnen. Insgesamt ist sicherzustellen, dass der gesonderte Posten bei vollständigem Verkauf der eigenen Anteile vollständig aufgelöst wird. Wurden eigene Anteile zu unterschiedlichen Zeitpunkten und/oder Kursen erworben, können die Anschaffungskosten der veräußerten eigenen Anteile nach der Durchschnittsmethode oder einem anderen sachgerechten Verbrauchsfolgeverfahren ermittelt werden (vgl *IDW* RS HFA 9 Rz 44 aE).

83 Für die Emission und den Rückkauf von **Optionen auf eigene Anteile,** zB Going Public-Optionsanleihen, sieht IAS 32.22, IAS 32.23 vor, dass Einzahlungen bzw Auszahlungen aus der Emission bzw dem Erwerb keinen Vermögenswert darstellen, sondern erfolgsneutral als Veränderung des Eigenkapitals zu erfassen sind. Dies gilt nach IAS 32.22A jedoch nicht für solche Eigenkapitalinstrumente des Emittenten, die kündbare Finanzinstrumente darstellen und nur aufgrund der Erfüllung sämtlicher in IAS 32.16A und IAS 32.16B bzw IAS 32.16C und IAS 32.16D genannten Merkmale als Eigenkapital ausgewiesen werden dürfen. Entspr gilt nach IAS 32.16(a)(i) auch nicht, wenn die Erfüllung der Verpflichtung auch in Geld oder anderen finanziellen Vermögenswerten erfolgen kann; es gelten dann die Regeln des IAS 39.9, IAS 32.11.

Erwerbe von **nahestehenden Unternehmen** oder **Personen** sind nach IAS 32.34 gesondert im Anhang anzugeben. Dabei sind die Art der Beziehung, die Transaktion selbst sowie die zum Verständnis des Abschlusses notwendigen wesentlichen Konditionen zu erläutern (s IAS 24.17f). Bei AG/KGaA ist § 160 Abs 1 Nr 2 AktG zu beachten. Die Regelungen zur Bilanzierung eigener Anteile sowie die damit verbundenen Angabepflichten sind bei Erwerb durch konsolidierte TU im Konzernabschluss entspr anzuwenden. 84

IV. Versicherungsmathematische Gewinne und Verluste nach IAS 19

Aufgrund der internationalen Diskussion um den zutreffenden Ausweis leistungsorientierter Zusagen an Arbeitnehmer der Höhe nach in der Bilanz – insbes bei Pensionszusagen – wurde in IAS 19.93B ein Wahlrecht zur **erfolgsneutralen** Erfassung von versicherungsmathematischen Ergebnissen eingeführt, welches nach IAS 19.93A nur **einheitlich** für alle bestehenden leistungsorientierten Pläne sowie versicherungsmathematischen Ergebnisse ausgeübt werden kann (vgl ausführlich § 26 Rz 80ff, insbes Rz 86). Hierzu sind nach IAS 19.93D die lfd, um Ertragsteuervorteile (betrifft gem IAS 12.61A Belastungen und Gutschriften, je nachdem ob Gewinn oder Verlust) modifizierten Beträge am Periodenende mit den (nicht zweckgebundenen bzw freien) Gewinnrücklagen zu verrechnen. Bei Ausübung des Wahlrechts werden versicherungsmathematische Ergebnisse somit nach IAS 1.96 zu keinem Zeitpunkt mehr erfolgswirksam. Ein separater Ausweis innerhalb des Eigenkapitals bzw der Gewinnrücklagen ist nicht zulässig, der kumulierte verrechnete Betrag kann nur der verpflichtenden Anhangangabe nach IAS 19.120A(i) entnommen werden. 85

Die Neufassung des IAS 1 unterscheidet nicht mehr zwischen der Gesamtergebnisrechnung (**SORIE**) und einer erweiterten Eigenkapitalveränderungsrechnung in Abhängigkeit von der erfolgswirksamen oder erfolgsunwirksamen Erfassung versicherungsmathematischer Gewinne und Verluste. Vielmehr sind diese aufgrund der Neudefinition des periodischen sonstigen Ergebnisses bereits in der Gesamtergebnisrechnung (*statement of comprehensive income)* enthalten (vgl *Zülch/Fischer* DB 2007, 1766; s § 17 Rz 47). Vor dieser Neufassung galt nach IAS 1 (2004), dass, sofern von diesem Wahlrecht Gebrauch gemacht wurde, die Verpflichtung bestand, die Eigenkapitalveränderungsrechnung als Gesamtergebnisrechnung aufzustellen (vgl § 17 Rz 13).

V. Angabepflichten nach IFRS 5

Nach IFRS 5.38 aE sind alle direkt im Eigenkapital erfassten kumulativen Erträge oder Aufwendungen, die iVm langfristigen Vermögenswerten oder Veräußerungsgruppen stehen, die als zur Veräußerung gehalten klassifiziert werden, gesondert innerhalb des Eigenkapitals auszuweisen; der Bilanzposten kann als 86

„**Eigenkapitalbestandteile gem IFRS 5**“ bezeichnet und nach der Rücklage für Marktbewertungen ausgewiesen werden. Entspr sind die jeweiligen Beträge, soweit sie bisher in anderen Eigenkapitalposten erfasst wurden, umzugliedern (vgl Rz 26). Die nach IAS 1.10(c) zu erstellende Eigenkapitalveränderungsrechnung soll ua die Entwicklung des Eigenkapitals detailliert aufzeigen, um die Höhe der vorgenommenen Ausschüttungen beurteilen und im Zusammenspiel mit der Gesamtergebnisrechnung und dem bilanziellen Eigenkapitalausweis weitere Ausschüttungspotenziale ableiten zu können (vgl § 17 Rz 4ff). Entspr sollte die Eigenkapitalveränderungsrechnung um den gesonderten Bilanzposten ergänzt und die Umgliederung transparent dargestellt werden (zu weiteren Einzelheiten bzgl IFRS 5 vgl § 28).

H. Ergebnisdarstellung

87 Die IFRS sehen keine **Aufgliederung** der erwirtschafteten Ergebnisse in Gewinnrücklagen, Ergebnisvortrag und Ergebnis der Berichtsperiode vor. Wir empfehlen jedoch eine solche Aufgliederung. Danach sind der Ergebnisvortrag sowie das Ergebnis der lfd Periode getrennt von den Gewinnrücklagen auszuweisen (s Rz 24).

88 Der **Gewinnvortrag** ergibt sich nach Abzug der Gewinnverwendung gem Beschluss der Hauptversammlung bzw Gesellschafterversammlung über die Verwendung des Bilanzgewinns der Vorperiode (s § 174 Abs 2 Nr 4 AktG; § 29 Abs 2 GmbHG; zu möglichen Besonderheiten bei anschließendem Rumpf-Geschäftsjahr s *Ellrott/Krämer* in BeBiKo[6] § 266 HGB Rz 181; zu Angabepflichten s IAS 1.107). Der **Verlustvortrag** entspricht dem Bilanzverlust der Vorperioden. Die Deckung des Verlustvortrags durch Auflösung von Gewinn- bzw Kapitalrücklagen steht ausschließlich im Ermessen der Gesellschafter. **Jahresüberschuss** bzw **Jahresfehlbetrag** ergeben sich als Residualgröße der im erfolgswirksamen Teil der Gesamtergebnisrechnung bzw in der gesonderten GuV (sofern erstellt) erfassten Erträge und Aufwendungen der jeweiligen Berichtsperiode (vgl hierzu ausführlich § 15 Rz 110; *ADS*[1] Abschn 7 Rz 152ff). Bei Vorliegen eines wirksamen Ergebnisabführungsvertrags nach § 291 Abs 1 AktG ist die sich hierzu zum Stichtag ergebende finanzielle Forderung bzw Verbindlichkeit erfolgswirksam zu erfassen; wir empfehlen einen gesonderten Ausweis im erfolgswirksamen Teil der Gesamtergebnisrechnung bzw in der gesonderten GuV (sofern erstellt) entspr § 277 Abs 3 Satz 2 HGB.

89 **Zahlungen auf als Eigenkapital qualifizierte Finanzinstrumente** werden als Ausschüttungen – ggf gemindert um damit verbundene Ertragsteuervorteile – erfolgsneutral vom Eigenkapital abgezogen. Nach dem Bilanzstichtag vorgeschlagene oder beschlossene Dividenden auf Eigenkapitalinstrumente dürfen nach IAS 10.12 zum Bilanzstichtag weder als Rückstellungen noch als Verbindlichkeiten bilanziert werden; eine phasengleiche Gewinnvereinnahmung ist damit ausgeschlossen (vgl *Kuhn/Scharpf*[3], 158f mwN). Sie sind jedoch nach IAS 1.137 ebenso im Anhang anzugeben wie der Betrag aufgelaufener, noch nicht bilanzierter Vorzugsdividenden. Bei **Sachdividenden** ist nach IFRIC 17.11 zunächst die aus dem Ausschüttungsbeschluss resultierende Verbindlichkeit mit dem beizulegenden Zeitwert der an die Gesellschafter zu übertragenen nicht finanziellen Vermögenswerte zu bewerten. Zu jedem Berichtszeitpunkt sowie zum Zeitpunkt der Erfüllung der Verbindlichkeit ist die Bewertung der Verbindlichkeit zu prüfen und ggf zu Lasten des Eigenkapitals anzupassen (Anpassung des Ausschüttungsbetrags). Bei Erfüllung der Sachdividende ist dann nach IFRIC 17.14 ein

möglicher Unterschiedsbetrag zwischen dem Buchwert der übertragenen Vermögenswerte und dem Buchwert der Verbindlichkeit erfolgswirksam zu erfassen und nach IFRIC 17.15 gesondert auszuweisen.

Zahlungen auf als Schulden qualifizierte Finanzinstrumente sind hingegen unabhängig von ihrer Behandlung im handelsrechtlichen Jahresabschluss in der Periode aufwandswirksam zu erfassen, für die sie geleistet werden (s IAS 32.36; vgl *IDW* RS HFA 9 Rz 46; für PersGes s Rz 108f). Die Höhe richtet sich nach den vertraglichen Bedingungen des Finanzinstruments; ggf ist sie zu schätzen, zB anhand des Gewinnverwendungsvorschlags. Aufgrund der ggf bestehenden Unsicherheit sollte der Ausweis uE entspr dem in IAS 32.40 enthaltenen Wahlrecht in einem gesonderten Posten im erfolgswirksamen Teil der Gesamtergebnisrechnung bzw der separaten GuV (sofern erstellt) erfolgen.

Für Zwecke der Ergebnisverwendung ist das **Ergebnis so lange nach handelsrechtlichen Vorschriften** zu ermitteln, bis das Verhältnis der gesellschaftsrechtlichen Vorschriften zu den IFRS abschließend geregelt ist (vgl hierzu sowie zu einem möglichen Alternativkonzept *Coenenberg* PiR 2007, 275ff). Das auf diese Weise ermittelte, verwendbare Ergebnis – also der Bilanzgewinn nach HGB – ist uE im Anhang anzugeben, um den Adressaten mögliche Unterschiede zwischen dem wirtschaftlich möglichen und dem rechtlich zulässigen Ausschüttungspotenzial zu verdeutlichen. 90

Bei AG/KGaA sind die gem § 158 Abs 1 AktG geforderten zusätzlichen Angaben zu den **Veränderungen der Kapital- und Gewinnrücklagen** entweder durch eine entspr Fortführung der Gesamtergebnisrechnung auszuweisen oder im Anhang anzugeben. Eine entspr Anwendung für GmbH ist zu empfehlen (für HGB vgl *Förschle* in BeBiKo[6] § 275 HGB Rz 311). Aus Gründen der *fair presentation* empfehlen wir auch für den IFRS-Abschluss die Erstellung einer **Gewinnverwendungsrechnung** nach § 158 AktG, wozu entweder in der Gesamtergebnisrechnung oder im Anhang die nach IAS 1.83(a) geforderten Angaben unter explizitem Hinweis auf die nationalen, gesellschaftsrechtlichen Vorschriften entspr ergänzt werden. 91

I. Besonderheiten des Eigenkapitalausweises bei Personenhandelsgesellschaften und Genossenschaften

Nach IAS 32.19 führt grds jede bei einem Finanzinstrument bestehende **Rückzahlungsverpflichtung**, derer sich das Unternehmen nicht entziehen kann, zur Qualifizierung dieses Finanzinstruments als **Schuld**. Ob diese Rückzahlungsverpflichtung aufgrund vertraglicher Regelungen oder im Rahmen vertraglicher oder gesetzlicher Kündigungsrechte besteht, ist unerheblich (vgl Rz 6). Somit wird **die Definition des Residualanspruchs** (vgl Rz 5) sehr eng gefasst. Die unverändert kontroverse Diskussion um die Bilanzierung von Eigenkapital bei PersGes und Genossenschaften zeigt, dass der vom IASB gewählte Maßstab für die Definition von als Eigenkapital zu qualifizierenden Finanzinstrumenten den deutschen gesellschaftsrechtlichen Regelungen sowie der bilanziellen Praxis unter HGB nicht in ausreichendem Maße Rechnung trug und trägt. Das *IDW* hat Gesichtspunkte zusammengetragen, die aus deutscher Sicht bei wirtschaftlicher Betrachtungsweise für eine Behandlung von Kapitaleinlagen bei PersGes als Eigenkapital sprächen. Aufgrund des bestehenden Wortlauts von IAS 32.19 sah das IDW aber keinen Raum für eine entspr Auslegung des Standards und hat deshalb in *IDW* RS HFA 9 Rz 49 eine enge Auslegung des IAS 32 im Hinblick auf die Behandlung von Kapitaleinlagen bei deutschen PersGes ver- 92 treten, die demnach als Schulden auszuweisen sind. Auch bislang fanden sich bereits Meinungen, die die Auffassung vertraten, dass die Qualifikation des Gesellschaftskapitals einer PersGes als Fremdkapital nicht notwendig dazu führt, dass innerhalb des IFRS-Abschlusses dieser PersGes kein Eigenkapital ausgewiesen wird (vgl *Ernst & Young* 2008, 1346). Der hierbei angesprochene Eigenkapitaleffekt resultiert dabei aus der Bewertung des Rückzahlungsanspruchs der Gesellschafter mit dem beizulegenden Zeitwert, der systematisch über die Erfolgsrechnung als Eigenkapitalbestandteil zu qualifizieren ist; damit führt gerade jene Bewertungsanomalie zu einem Eigenkapitaleffekt, die insbes in der deutschen Literatur kritisiert wurde (vgl das Beispiel in § 17 Rz 31). *Lüdenbach* in Lüdenbach/Hoffmann IFRS[7] § 20 Rz 24 vertrat hingegen bereits vor der Neufassung von IAS 32 (2008) die Auffassung, dass bei entspr Gestaltung des Gesellschaftsvertrags auch ein Eigenkapitalausweis mit den bisherigen Regelungen des IAS 32 vertretbar sei. Für Genossenschaften wurden Ende November 2004 die Regelungen des IAS 32 durch IFRIC 2 „Mitgliedsanteile an Genossenschaften und ähnliche Instrumente" ergänzend interpretiert, ohne das grds Problem aus deutscher Sicht zu lösen. Aufgrund der divergierenden Meinungen haben wir in der Vorauflage empfohlen für den konkreten Einzelfall die vom Unternehmen angestrebte Vorgehensweise im Anhang darzustellen und zu erläutern.

93 Im Februar 2008 hat der IASB nach langen Diskussionen eine ergänzte Version des IAS 32 (mit Folgeänderungen insbes für IAS 1) verabschiedet, mit der **Ausnahmeregelungen** vom zuvor beschriebenen Grundprinzip eingeführt werden, ohne das Grundproblem der „zutreffenden" Abgrenzung von Eigenkapital und Schulden zu lösen. Die geänderten Fassungen der Standards gelten für Geschäftsjahre, die am oder nach dem 1. Januar 2009 beginnen; eine vorzeitige Anwendung ist möglich. Das für IFRS-Anwender innerhalb der EU erforderliche Endorsement durch die EU ist im Januar 2009 erfolgt. Die Ausnahmeregelungen betreffen gem IAS 32.16A und IAS 32.16B kündbare Instrumente sowie gem IAS 32.16C und IAS 32.16D Finanzinstrumente, aus denen im Fall der Liquidation eine Zahlungspflicht resultiert. Damit wird neben dem originären Eigenkapital nunmehr auch **„gewillkürtes" Eigenkapital** geschaffen. Die Definition von Schulden und damit der residuale Charakter des Eigenkapitals bleibt im Übrigen jedoch unberührt. Damit bleibt das Grundproblem der Abgrenzung von Eigenkapital und Schulden unverändert bestehen.

I. Eigenkapitalausweis bei Personenhandelsgesellschaften nach Änderungen des IAS 32 (Februar 2008)

94 Nach §§ 131 f HGB haben Gesellschafter von PersGes (*partnerships*) ein **gesetzliches ordentliches Kündigungsrecht,** das durch den Gesellschaftsvertrag zwar ausgestaltet, nicht aber ausgeschlossen werden darf. Damit gehören die Anteile an PersGes zu den kündbaren Finanzinstrumenten. Finanzinstrumente, die im Fall der Liquidation eine Zahlungspflicht auslösen, liegen vor, wenn nur für den Fall der Liquidation für den Emittenten eine vertragliche Verpflichtung besteht, einen Anteil am verbliebenen Nettovermögen auszuzahlen, die Liquidation sicher ist und außerhalb des Einflussbereichs des Emittenten liegt, zB bei Gesellschaften mit bestimmter Lebensdauer. Entspr gilt, wenn die Entscheidung zur Liquidation im Ermessen des Emittenten liegt, aber nicht sicher ist, ob und wenn ja, wann die Liquidation tatsächlich erfolgt.

95 **Kündbare Instrumente** sind nach IAS 32.16A und IAS 32.16B **als Eigenkapital** zu klassifizieren, **wenn alle Voraussetzungen erfüllt** sind (vgl *Rückle* IRZ 2008, 232f):

(1) bei Liquidation des Emittenten hat der Inhaber des Finanzinstruments einen beteiligungsproportionalen Anspruch auf dessen Nettovermögen,
(2) das Finanzinstrument befindet sich im Vergleich zu den anderen Finanzinstrumenten in der aus rechtlicher Sicht nachrangigsten Klasse; dh im Falle der Liquidation sind erst alle anderen Finanzinstrumente zu bedienen, bevor ein Auszahlungsanspruch aus dem Finanzinstrument entsteht. Es dürfen auch weder Vorzugsrechte im Verhältnis zu anderen Inhabern vergleichbarer Finanzinstrumente bestehen, noch darf eine vorherige Umwandlung erforderlich sein,
(3) sofern nur eine Klasse von Finanzinstrumenten emittiert wird, gilt diese als die nachrangigste Klasse,
(4) alle Finanzinstrumente dieser Klasse haben die gleichen rechtlichen Ausstattungsmerkmale: sie sind zB alle kündbar und basieren auf der gleichen Berechnungsformel oder -methode für die Bemessung des Rückkaufwerts,
(5) das Finanzinstrument enthält keine weiteren vertraglichen Ansprüche, Zahlungsmittel oder andere finanzielle Vermögenswerte an eine andere Einheit zu Bedingungen abzugeben, die für den Emittenten unvorteilhaft sind. Ferner darf es sich nicht um einen Vertrag handeln, der durch die Ausgabe von Eigenkapitalinstrumenten des Emittenten erfüllt werden kann,
(6) die Cashflows aus dem Finanzinstrument basieren über dessen Laufzeit im Wesentlichen aus dem erzielten Ergebnis, dh Gewinnen und Verlusten oder der Veränderung des bilanziellen Nettovermögens oder den beizulegenden Zeitwerten des bilanzierten und nicht bilanzierten Nettovermögens des Emittenten,
(7) der Emittent hat kein weiteres Finanzinstrument ausgegeben oder Vertrag abgeschlossen, dessen Cashflows denen aus Ziffer (6) entsprechen und hierdurch die Zahlung an die Inhaber des kündbaren Finanzinstruments begrenzt oder festlegt.

Weidenhammer (PiR 2008, 218) stellt nach Diskussion der **Kriterien** fest, dass **deutsche PersGes** diese idR **erfüllen** und damit künftig ihr gesellschaftsrechtliches Eigenkapital auch nach IFRS als **bilanzielles Eigenkapital** ausweisen können (so auch *Schmidt* BB 2008, 439; zu den Besonderheiten im Konzernabschluss vgl Rz 119 und § 35 Rz 10f). Nach dem *Near Final Draft* RIC 3.9 stellt die unterschiedliche Außenhaftung von Komplementären und Kommanditisten keine Verletzung der Bedingung in IAS 32.16A(a) dar, da die persönliche Haftung des Komplementärs gem IAS 32.AG14F und IAS 32.AG14G von der Einlage abgespalten und als gesondertes Finanzinstrument betrachtet wird. Insoweit können auch bei einer KG bzw GmbH & Co KG die Einlagen der Kommanditisten bei Erfüllung der übrigen Voraussetzungen als Eigenkapital ausgewiesen werden. Auch eine ergebnisunabhängige Vergütung für den Komplementär ändert nach Ansicht des *Near Final Draft* RIC 3.19 hieran nichts, solange die Vergütung einem Fremdvergleich iSv IAS 32.AG14I standhält. 96

Im Hinblick auf die **Abfindungsklausel** stellt *Weidenhammer* fest, dass die Buchwertklausel vor dem Hintergrund des IAS 32.AG14E kritisch zu sehen ist; allerdings werde der beizulegende Zeitwert des Unternehmens regelmäßig nicht in unangemessener Weise unterschritten, da dem die einschlägige BGH-Rechtsprechung entgegenstünde (PiR 2008, 214f; vgl auch *Schmidt* BB 2008, 437). Schädlich für die Eigenkapitalqualifizierung sind auch Zahlungen an Gesellschafter, die nicht vom Gewinn, Änderungen des realisierten Nettovermögens oder Änderungen des beizulegenden Zeitwerts abhängen. *Rückle* (IRZ 2008, 232) vertritt die Auffassung, dass daher das erfolgsunabhängige Entnahmerecht der Gesellschafter einer deutschen PersGes im Gesellschaftsvertrag auszuschließen ist, was nach § 109 HGB aufgrund des dispositiven Charakters auch möglich ist. 97

In jedem Fall sind bestehende Abfindungsklauseln auf ihre Konformität mit IAS 32.16A(e) zu überprüfen und ggf anzupassen (vgl umfassend *Near Final Draft* RIC 3.29ff).

98 Da die Neuregelung des IAS 32 (2008) keine spezifischen Übergangsvorschriften beinhalten, ist von einer **retrospektiven Anwendung** gem IAS 8 auszugehen. Bei einer Umbuchung vom Fremdkapital sind Differenzen zwischen dem Buchwert und dem Nominalwert bislang im Fremdkapital ausgewiesener Finanzinstrumente mit dem Eröffnungsbilanzwert der Gewinnrücklagen zu verrechnen. Der erstmalige Ausweis von Eigenkapital führt auch dazu, dass erstmals eine Eigenkapitalveränderungsrechnung erstellt werden muss. Zu detaillierten Übergangsregelungen in Abhängigkeit von der bisherigen Bilanzierungspraxis und den Auswirkungen auf die Eigenkapitalveränderungsrechnung vgl ausführlich § 17 Rz 34.

99 Nach IAS 1.80 haben PersGes **Angaben** zum Gesellschaftskapital zu machen, die denen von IAS 1.79 gleichwertig sind. Soweit also nicht ohnehin aufgrund der Klassifizierung Teile des Gesellschaftskapitals von PersGes als Eigenkapital auszuweisen sind, sind insbes die Veränderungen innerhalb jeder Kategorie des Gesellschaftskapitals sowie die Rechte, Vorrechte und Beschränkungen zu jeder Kategorie anzugeben. Diese relativ offene Formulierung trägt der Vielfalt nationaler Besonderheiten bei PersGes Rechnung und lässt entspr Ermessensspielräume offen. Zu weiteren Anhangangaben vgl Rz 132.

100 Zwar ist mit den Ergänzungen des IAS 32.16A ff das vordringliche Problem der deutschen PersGes zumindest für den Einzelabschluss behoben. Es bleiben jedoch Probleme wie der Ausweis von **Minderheiten** an **PersGes** im **Konzernabschluss** (vgl Rz 118ff). Insgesamt sind diese Ergänzungen des Standards zur kurzfristigen Behebung des in der Bilanzierungspraxis empfundenen Problems statt einer auch formal überzeugenden Neuregelung nur aus dem Druck der interessierten Öffentlichkeit an einer kurzfristigen Lösung einerseits und den mittel- bis langfristigen Bemühungen des IASB, in Zusammenarbeit mit dem FASB den Begriff der Verbindlichkeiten und Schulden neu zu definieren, zu verstehen (vgl auch Rz 160).

II. Eigenkapitalausweis bei Personenhandelsgesellschaften vor Änderungen des IAS 32 (Februar 2008)

1. Vermögenseinlagen

a) Ausweis als Schulden

101 Trotz der vorstehend beschriebenen Veränderungen aufgrund der Ergänzungen in IAS 32.16A ff haben die nachfolgenden Ausführungen unverändert Gültigkeit, sofern ein Finanzinstrument die dort aufgeführten Bedingungen nicht vollständig erfüllt.

102 Bei PersGes (*partnerships*) haben die Gesellschafter nach §§ 131f HGB ein **gesetzliches ordentliches Kündigungsrecht,** welches sie im Gesellschaftsvertrag zwar ausgestalten, nicht aber ausschließen dürfen. Dieses Inhaberkündigungsrecht ist nach IAS 32.18(b) iVm IAS 32.13 wie ein vertragliches Kündigungsrecht zu beurteilen und führt zu einem Abfindungsanspruch der sowohl gegen die Gesellschafter als auch die Gesellschaft gerichtet ist. **Vermögenseinlagen** bei PersGes sind daher **als Schulden zu qualifizieren.** Nach *IDW* RS HFA 9 Rz 47 lässt sich diese Qualifikation auch nicht durch vertragliche Regelungen verhindern, nach denen

(1) die Mitgesellschafter aufgrund eines Andienungsrechts zur Übernahme des Anteils des ausscheidenden Gesellschafters verpflichtet sind oder

(2) sich der Auseinandersetzungsanspruch des ausgeschiedenen Gesellschafters ausschließlich gegen die verbleibenden Gesellschafter richtet,

sofern eine subsidiäre Verpflichtung der PersGes nicht ausgeschlossen werden kann.

Aus der Qualifikation als Schulden folgt, dass sich die Bewertung der Ver- **103**
mögenseinlagen nach den Vorschriften für Schulden richtet, also eine Bewertung zu jedem Stichtag erforderlich ist. Für die **Erstbewertung** der Verbindlichkeit ist nach IAS 32.23 der Barwert des möglichen Abfindungsanspruchs als beizulegender Zeitwert heranzuziehen. Dieser Wert darf nach IAS 39.49, IFRIC 2.10 jedoch nicht niedriger sein als der maximal an den Gesellschafter bei Kündigung rückzahlbare Betrag, diskontiert ab dem Tag, zu dem dieser Betrag bei Kündigung frühestens zurückgezahlt werden müsste – also über die Kündigungsfrist. Ein Ansatz mit dem handelsrechtlichen Eigenkapital ergänzt um IFRS-spezifische Eigenkapitalposten ist nicht zulässig, da idR der Abfindungsanspruch nur zufällig betragsmäßig übereinstimmen wird.

Eine Regelung zur **Folgebewertung** ist IAS 39 nicht zu entnehmen; das **104**
IDW geht davon aus, dass auch in diesem Fall der Barwert des Abfindungsanspruchs als beizulegender Zeitwert angesetzt werden muss (vgl *IDW* RS HFA 9 Rz 53). Die Höhe des Abfindungsanspruchs richtet sich dabei – unter Beachtung der einschlägigen Rechtsprechung – nach den Berechnungsregelungen im Gesellschaftsvertrag. Änderungen des Abfindungsanspruchs im Zeitablauf sind grds aufwandswirksam zu erfassen. Wie genau die Veränderungen des Rückzahlungsanspruchs jedoch buchhalterisch zu erfassen sind, ist unklar (vgl die Probleme darstellend *Heuser/Theile*[3] Rz 2040ff). Eine klarstellende Regelung sehen weder IAS 32, IAS 39 noch IFRIC 2 vor; vielmehr wird in IFRIC 2.BC19 hervorgehoben, dass die Umgliederung vom Eigenkapital in die Schulden im Vordergrund der bisherigen Überlegungen des IASB steht und die Problematik der Folgebewertung einem weiteren, zukünftigen (!) Projekt vorbehalten bleibt; auch die Neufassung von IAS 32 (2008) hat keine Klärung dieses Problems gebracht (vgl die daher unverändert berechtigte Kritik von *Hoffmann/Lüdenbach* DB 2005, 404). Insoweit muss die weitere Entwicklung auf internationaler Ebene abgewartet werden (zu Lösungsansätzen unter den bestehenden Regelungen vgl Rz 94ff; zu einer möglichen Neuregelung der Abgrenzungskriterien von Eigenkapital und Schulden s Rz 160).

Nach IAS 32.18(b) ist ein **Ausweis** innerhalb der Schulden **in einem geson-** **105**
derten Posten zulässig, der dem besonderen Charakter der Schulden Rechnung trägt; dieser ist im Anhang zu erläutern (vgl das Anwendungsbeispiel in IAS 32.IE32ff). Vom IASB wird im englischen Original die Bezeichnung „*net asset value attributable to unitholders*" vorgeschlagen, was in der amtlichen EU-Übersetzung mit „Inventarwert pro Anteil" übersetzt wird. Denkbare Varianten sind „Reinvermögen der Anteilseigner", „den Anteilseignern zuzurechnender Nettovermögenswert", „Nettovermögen der Anteilseigner", „wirtschaftliches Eigenkapital" (vgl *Lüdenbach* in Lüdenbach/Hoffman IFRS[7] § 20 Rz 25; *Heuser/Theile*[3] Rz 2032). Alternativ können auch Vermögenseinlagen und Gesellschafterdarlehen als Posten „Finanzierung durch Gesellschafter" zusammengefasst werden. In beiden Fällen ist im Anhang zu erläutern, dass den Vermögenseinlagen nach deutschem Recht Eigenkapitalcharakter zukommt.

b) Ausweis als Kapitalanteile

Im Hinblick auf die unbefriedigende Lösung des Ausweises von Vermögens- **106**
einlagen bei PersGes als Schulden vertritt *Lüdenbach* in Lüdenbach/Hoffmann IFRS[7] § 20 Rz 24) die **Meinung,** dass auf Basis einer Auslegung der Kriterien in

IAS 32.16 und IAS 32.19 eine **Qualifizierung der Vermögenseinlagen bei PersGes als Eigenkapital** vertretbar sei. Nach *Lüdenbach* ist von Bedeutung, ob der einzelne Gesellschafter das Recht hat, von der Gesellschaft die Rückzahlung seiner Einlage zu verlangen. Dies ist nach § 131 Abs 3 Nr 3 HGB der Fall, sofern der Gesellschaftsvertrag keine abweichenden Bestimmungen enthält. Insofern kann durch eine entspr Gestaltung des Gesellschaftsvertrags eine Eigenkapitalqualifizierung erreicht werden. Inwieweit dieser Lösungsansatz für das Problem – auch vor dem Hintergrund des Grundsatzes der wirtschaftlichen Betrachtungsweise (vgl Rz 4) – Eingang in die Rechnungslegungspraxis gefunden hätte, kann jedoch aufgrund der Neuregelung in IAS 32 (2008) offen bleiben.

Werden die Vermögenseinlagen als Eigenkapital qualifiziert, wird statt vom gezeichneten Kapital von Kapitalanteilen gesprochen (vgl *IDW* RS HFA 7 Rz 31). Bei KG ist die Kommanditeinlage in Höhe der bedungenen Einlage (Pflichteinlage) und nicht in Höhe der nach § 171 Abs 1 HGB im Handelsregister eingetragenen Hafteinlage auszuweisen (vgl *Förschle/Hoffmann* in BeBiKo[6] § 264c HGB Rz 30ff). Im Anhang ist unter Beachtung des Gedankens aus IAS 1.80 aE eine noch ausstehende Hafteinlage analog zu § 264c Abs 2 Satz 9 HGB anzugeben.

Eine Erhöhung der Kapitalanteile tritt ein, wenn eine entspr Änderung des Gesellschaftsvertrags bzw ein entspr Beschluss der Gesellschafter erfolgt ist. Zur Erhöhung der Hafteinlage von Kommanditisten ist zusätzlich die Eintragung im Handelsregister erforderlich. Eine Verminderung der Kapitalanteile tritt nur dann ein, sofern eine entspr Änderung des Gesellschaftsvertrags bzw ein entspr Beschluss der Gesellschafter erfolgt ist. Zur Verminderung der Hafteinlage von Kommanditisten ist zusätzlich die Eintragung im Handelsregister erforderlich.

Unter Berücksichtigung von IAS 1.80 aE ist bei PersGes aufgrund der unterschiedlichen Veränderlichkeit der den persönlich haftenden Gesellschaftern und Kommanditisten zuzurechnenden Kapitalanteile ein getrennter Ausweis zu fordern; Entspr gilt für positive und negative Kapitalkonten innerhalb einer Gesellschaftergruppe (vgl *IDW* RS HFA 7 Rz 33).

Der bei PersGes nach *IDW* RS HFA 7 Rz 34 im handelsrechtlichen Abschluss ebenso zulässige aktivische Ausweis ausstehender Einlagen ist im IFRS-Abschluss nicht statthaft (s Rz 40).

2. Rücklagen

107 Bei PersGes werden Rücklagen ausschließlich aufgrund des Gesellschaftsvertrags oder eines Mehrheitsbeschlusses der Gesellschafter gebildet. Eine Aufteilung in Kapital- und Gewinnrücklagen ist nicht vorgeschrieben. Da es sich um gesamthänderisch gebundene Rücklagen handelt, für die ohne weiteren Gesellschafterbeschluss keine Rückzahlungsverpflichtung besteht, sind diese grds als **Eigenkapital** zu qualifizieren. Erstreckt sich jedoch ein möglicher Abfindungsanspruch der Gesellschafter auch auf die Rücklagen, so sind diese als **Schuld** zu qualifizieren (vgl *IDW* RS HFA 9 Rz 55).

Für den Ausweis innerhalb des Eigenkapitals ist der Bilanzposten als Rücklage zu bezeichnen (vgl *IDW* RS HFA 7 Rz 35); ein gleichzeitiger Ausweis von Vermögenseinlagen als Kapitalanteile ist keine Voraussetzung hierfür.

3. Ergebnisdarstellung

108 Bei PersGes wird den Gesellschaftern nach Handelsrecht das Ergebnis grds zum Abschlussstichtag zugerechnet, wobei Gewinne entnommen werden können. Daher sind **Gewinnanteile** der persönlich haftenden Gesellschafter (§ 120 Abs 2 HGB) sowie der Kommanditisten (§ 167 Abs 2 HGB) nach IAS 32.11,

IAS 32.16f unmittelbar **als Schuld** zu bilanzieren (vgl *IDW* RS HFA 9 Rz 55), sofern nicht der Gesellschaftsvertrag einen Gesellschafterbeschluss fordert oder wegen fehlender Abschlussprüfung bei PersGes iSd § 264a HGB ein Jahresergebnis bzw bis zur erfolgten Abschlussprüfung in Folgeperioden ein Gewinnvortrag auszuweisen ist (vgl *FAR* FN IDW 2002, 217ff).

Die Einbuchung der Schuld ist **erfolgswirksam** vorzunehmen, wenn die Vermögenseinlage eine **finanzielle Verbindlichkeit** darstellt, sodass es insoweit nicht zum Ausweis eines Jahresüberschusses in der Erfolgsrechnung kommt. Dies kann dazu führen, dass eine PersGes – wie eine KapGes mit wirksamem Ergebnisabführungsvertrag – in der Erfolgsrechnung keinen Jahresüberschuss bzw Jahresfehlbetrag mehr ausweist. Wird die Vermögenseinlage hingegen abweichend von der hM als **Eigenkapitalinstrument** bilanziert, ist das Ergebnis bei der Aufstellung des Jahresabschlusses den Gesellschaftern im Rahmen der Ergebnisverwendung **erfolgsneutral** zuzurechnen und – soweit Entnahmerechte bestehen – als finanzielle Verbindlichkeit auszuweisen. Diese Vorgehensweise ist Konsequenz der Würdigung des geltenden Gesellschaftsrechts vor dem Hintergrund des IAS 32. Sie erschwert jedoch den Vergleich des Ergebnisses einer PersGes mit dem einer KapGes. Daher sollte im erfolgswirksamen Teil der Gesamtergebnisrechnung bzw in der gesonderten GuV (sofern erstellt) in jedem Fall ein **gesonderter Posten „Den Anteilseignern zuzurechnendes Ergebnis“** aufgenommen werden. Ein Jahresüberschuss bzw Jahresfehlbetrag wird uE daher nur in den Fällen ausgewiesen, in denen der Gesellschaftsvertrag einen Gesellschafterbeschluss fordert oder die gesetzliche Abschlussprüfung aussteht. 109

Die Zurechnung des Ergebnisses wird auch in der **Eigenkapitalveränderungsrechnung** dargestellt. 110

III. Auswirkungen auf den Eigenkapitalausweis bei Genossenschaften

Deutsche Genossenschaften stellen *mutual entities* iSv IAS 32.18(b) dar. Für Genossenschaftsanteile bestehen nach §§ 65, 73 GenG **nicht abdingbare Kündigungsrechte der Genossen**. Sie sind daher wie Vermögenseinlagen bei PersGes als kündbares Instrument (*puttable instrument*) und damit als Schulden zu qualifizieren. Insoweit kann auf die Ausführungen zu den PersGes – inklusive der von *Lüdenbach* vertretenen abweichenden Meinung – verwiesen werden (s Rz 102ff). 111

Nur in Ausnahmefällen wäre eine Qualifikation als Eigenkapital denkbar; nach IFRIC 2.7 zB, wenn die Genossenschaft ein uneingeschränktes Recht auf Ablehnung der Rücknahme von Geschäftsanteilen hätte; dies ist jedoch nach dem GenG nicht möglich. Bei einem nur partiellen gesetzlichen oder vertraglichen Verbot der Rücknahme von Geschäftsanteilen sind nach IFRIC 2.9 die nicht dem Verbot unterliegenden Geschäftsanteile als finanzielle Verbindlichkeit zu erfassen (zu Beispielen vgl IFRIC 2.A7ff); auch eine solche Regelung steht im Widerspruch zum GenG.

Zu Fragen der **Bewertung** sowie dem **Ausweis** der Genossenschaftsanteile wird auf die Ausführungen in Rz 103 verwiesen. Ergänzend sei angemerkt, dass der Abfindungsanspruch – ein hinreichendes Vermögen der Genossenschaft unterstellt – gem § 73 Abs 2 GenG das anteilige Geschäftsguthaben des Genossen nicht unterschreiten darf.

J. Besonderheiten des Konzerneigenkapitals

112 Im Konzernabschluss sind das gezeichnete Kapital und die – ggf um konzernspezifische Korrekturen aufgrund von IFRS 2 bzw dem Erwerb eigener Anteile angepasste – Kapitalrücklage des MU sowie die vom Konzern erwirtschafteten Gewinne auszuweisen (vgl ausführlich *Ebeling* BB 2007, 1613 ff). Für die Gliederung des Konzerneigenkapitals sollte uE neben den IFRS aus Gründen der Vergleichbarkeit auch das nach Artikel 17 der 7. EG-RL für den Konzernabschluss geltende Gliederungsschema der Artikel 9 bis 10a der 4. EG-RL beachtet werden (s Rz 24 ff).

I. Währungsumrechnungsdifferenzen nach IAS 21

113 Nach IAS 21.15, IAS 21.32 werden wirtschaftlich selbständige TU, deren lokale Rechnungslegung nicht in Euro erfolgt, nach dem Konzept der funktionalen Währung umgerechnet (vgl zur Währungsumrechnung im Konzern ausführlich § 33). Die Umrechnung erfolgt gem IAS 21.39 nach der modifizierten Stichtagskursmethode. Die entstehenden Umrechnungsdifferenzen werden nach IAS 21.39(c) bis zum Ausscheiden des TU aus dem Konsolidierungskreis erfolgsneutral als **gesonderter Bestandteil des Konzern-Eigenkapitals** erfasst. Zu weiteren Einzelheiten vgl ausführlich § 33 und § 35 Rz 31 f. Besonderheiten bei der Aufstellung der **IFRS-Eröffnungsbilanz** sind in IFRS 1.D12 f (2008)/IFRS 1.21 f (2003) geregelt (vgl § 44 Rz 93 ff).

II. Sukzessiver Anteilserwerb

114 Finden innerhalb eines Konzerns **mehrere Transaktionen** zum Erwerb weiterer Anteile statt, ist zu differenzieren, ob durch die jeweilige Transaktion erstmals ein Beherrschungsverhältnis begründet wird. Ist dies der Fall, so ist nach IFRS 3.58 (2004) jede dieser Transaktionen hinsichtlich der sich ergebenden Unterschiedsbeträge **einzeln zu beurteilen.** Bei einem sukzessiven Anteilserwerb beeinflussen jedoch die im Rahmen der jeweils jüngsten Transaktion ermittelten beizulegenden Zeitwerte gem IFRS 3.58 (2004) auch den Wertansatz von Vermögenswerten und Schulden aus zurück liegenden Teilakquisitionen. Die **Anpassung der Wertansätze** für diese Vermögenswerte und Schulden hat nach IFRS 3 (2004) den Charakter einer Neubewertung und ist auch als solche erfolgsneutral innerhalb des Eigenkapitals darzustellen (IFRS 3.59 (2004); zum sukzessiven Anteilserwerb im Konzern vgl § 34 Rz 253 ff; § 38 Rz 138 ff). Damit ergibt sich (ggf) auch im Falle des sukzessiven Anteilserwerbs die Notwendigkeit zum Ausweis einer erfolgsneutral zu dotierenden Neubewertungsrücklage innerhalb der Eigenkapitalüberleitungsrechnung. Zu beachten ist allerdings, dass eine so entstandene Neubewertungsrücklage keine Bindungswirkung für gleichartige Vermögenswerte oder im Zeitverlauf entfaltete. Deshalb bietet es sich an, die Neubewertungsrücklage aus sukzessivem Anteilserwerb getrennt, von der nach IAS 16 bzw IAS 38, innerhalb der Eigenkapitalveränderungsrechnung darzustellen. Weiterhin können erläuternde Anhangangaben zur Differenzierung sinnvoll sein. Nach **IFRS 3 (2008)** sind die Anpassungsbeträge aus der zwingenden Bewertung zum beizulegenden Zeitwert der bereits vor dem Statuswechsel dem MU zuzurechnenden Anteile an dem betrachteten TU nicht mehr erfolgsneutral, sondern vielmehr **erfolgswirksam** zu erfassen (s auch § 17 Rz 55 ff; § 34 Rz 253 ff; § 38 Rz 6 ff).

III. Umgekehrter Unternehmenserwerb

115 Für die Abbildung eines Unternehmenserwerbs im IFRS-Konzernabschluss ist ausschließlich der wirtschaftliche Gehalt des Unternehmenserwerbs, nicht aber dessen formalrechtliche Gestaltung maßgeblich. Von einem umgekehrten Unternehmenserwerb (*reverse acquisition*) wird gesprochen, wenn die im Rahmen der Transaktion **aus dem erworbenen Unternehmen ausscheidenden Gesellschafter** nach Durchführung der Transaktion **das erwerbende Unternehmen beherrschen** können; dies wird idR bei Stimmrechtsmehrheit der Fall sein (s IFRS 3.B15 (2008)/IFRS 3.21 (2004)). Die Bilanzierung des umgekehrten Unternehmenserwerbs wird in IFRS 3.B19 (2008)/IFRS 3.B3ff (2004) ausführlich geregelt und dargestellt (vgl auch § 34 Rz 199f).

116 Bei einem umgekehrten Unternehmenserwerb wird als **Eigenkapital** nicht das Eigenkapital des rechtlichen MU, sondern das **des wirtschaftlichen MU** (in diesem Fall des rechtlichen TU) ausgewiesen. Die Auswirkungen auf das Konzerneigenkapital sind in IFRS 3.B21 (2008)/IFRS 3.B7(c) (2004) geregelt. Danach ergibt sich die Höhe des konsolidierten Konzerneigenkapitals unmittelbar nach Abschluss des umgekehrten Unternehmenserwerbs aus der Summe des Eigenkapitals des wirtschaftlichen MU zum Erwerbszeitpunkt sowie den Anschaffungskosten des Unternehmenserwerbs. Als **gezeichnetes Kapital** ist dabei jedoch das gezeichnete Kapital des rechtlichen MU auszuweisen, wie es im Handelsregister eingetragen ist. Die Überleitung des gezeichneten Kapitals auf das des wirtschaftlichen MU erfolgt entweder über eine Vorspalte oder einen gesonderten Ausgleichsposten. Soweit die Konsolidierungsbuchungen über den Ausgleichsposten zum gezeichneten Kapital hinausgehen, ist der Differenzbetrag von der **Kapitalrücklage** abzusetzen bzw in die Kapitalrücklage einzustellen (vgl *Förschle/Deubert* in BeBiKo[6] § 301 HGB Rz 390). Ein offener Ausweis wie bei dem gezeichneten Kapital ist nicht erforderlich. Wir empfehlen daher die Angabe der Kapitalrücklage des rechtlichen MU im Anhang. Das Ergebnis je Aktie wird auf Basis der Anzahl der Aktien des rechtlichen MU ermittelt (s IFRS 3.B26 (2008)/IFRS 3.B13 (2004)).

117 Besonderheiten bestehen für ggf bestehende **Anteile anderer Gesellschafter bzw konzernfremder Dritter.** Da bei einem umgekehrten Unternehmenserwerb das wirtschaftliche MU rechtlich das TU ist, werden die Anteile anderer Gesellschafter an dem rechtlichen TU als Minderheitenanteil im Konzerneigenkapital des wirtschaftlichen MU ausgewiesen. Da das rechtliche TU jedoch wirtschaftlich als Erwerber die ursprünglichen Buchwerte fortführt, wird nach IFRS 3.B24 (2008)/IFRS 3.B11 (2004) auch der Anteil anderer Gesellschafter auf Basis der fortgeführten Buchwerte berechnet.

IV. Anteile nicht-beherrschender Gesellschafter

118 Nach IAS 27.27 (2008)/IAS 27.33 (2003) iVm IAS 1.54 werden die Anteile anderer, nicht beherrschender Gesellschafter bzw konzernfremder Dritter, als **gesonderter Posten innerhalb** des **Konzerneigenkapitals** ausgewiesen; dies entspricht der Vorgehensweise nach HGB. In diesem Posten sind ua auch das anteilige Konzernergebnis (IAS 27.28 (2008)/IAS 27.34f (2003); bzgl Vorzugsaktien des TU vgl *Förschle/Kroner* in BeBiKo[6] § 272 HGB Rz 265), die anteiligen Währungsumrechnungsdifferenzen (IAS 21.39(c)) sowie die übrigen anteiligen Posten des sonstigen Ergebnisses zu erfassen. Nach IAS 27.35 (2003) durfte der Posten innerhalb des Konzerneigenkapitals grds nicht negativ werden; dies ist

mit IAS 27.28 (2008) nunmehr abgeschafft, sodass ein negativer Ausweis innerhalb des Eigenkapitals möglich ist (vgl ausführlich § 35 Rz 50 ff).

119 Unabhängig von den Neuregelungen in IAS 32.16A ist auch zukünftig das im Einzelabschluss eines TU in der Rechtsform einer PersGes ausgewiesene Eigenkapital im Konzernabschluss des MU entspr den Regelungen in IAS 32.AG29A als **Fremdkapitalinstrument** auszuweisen, soweit es auf nicht-beherrschende Gesellschafter (*non-controlling interests*) entfällt. Zur Begründung wird angeführt, dass eine **Liquidationshierarchie** innerhalb des Konzerns zu beachten ist, bei der die TU zeitlich vor dem MU zu liquidieren seinen. Deshalb könnten Anteile von nicht-beherrschenden Gesellschaftern das zur Eigenkapitalqualifikation erforderliche Nachrangigkeitskriterium des IAS 32.16A(b) bzw IAS 32.16C(b) nicht erfüllen. Die Bewertung erfolgt entspr mit dem Anspruch bei fiktiver Ausübung des Kündigungsrechts; zu den hiermit verbundenen Problemen wird auf Rz 104 verwiesen.

120 Bei Unternehmenszusammenschlüssen iSv IFRS 3 übernehmen uU Mitglieder der Unternehmensleitung des TU Anteile oder behalten Alt-Gesellschafter Anteile, die sie erst zu einem späteren Zeitpunkt an das MU verkaufen wollen bzw können. Die Bilanzierung **erworbener Call-Optionen** (*minority interest call options*: Recht des MU, die Anteile anderer Gesellschafter zu erwerben) bzw **geschriebener Put-Optionen** (*minority interest put options*: Recht der Minderheitsgesellschafter des TU, ihre Anteile an das MU zu verkaufen) bzgl der Anteile anderer Gesellschafter eines TU muss grds entspr der Bilanzierung vergleichbarer Optionen für eigene Anteile des MU erfolgen, dh wenn die Voraussetzungen für die Existenz eines Eigenkapitalinstruments vorliegen vgl ausführlich § 35 Rz 55 ff).

121–129 *einstweilen frei*

K. Angaben im Anhang

130 Sowohl **diverse IFRS** wie auch **gesellschaftsrechtliche Vorschriften** verlangen bzw erlauben zusätzliche Angaben im Anhang (vgl § 19 Rz 15).

Zum Eigenkapital sind nach IAS 1.79(a) entweder in der Bilanz oder im Anhang von KapGes folgende Angaben für jede Kategorie von Anteilen zu machen (vgl *ADS*[1] Abschn 7 Rz 115; *Epstein/Jermakowicz* 2008, 679 ff):

(1) Anzahl der ausgegebenen und voll eingezahlten sowie nicht voll eingezahlten Anteile (IAS 1.79(a)(ii); s auch § 160 Abs 1 Nr 3 AktG),
(2) Nennwert der Anteile bzw Angabe, dass kein Nennwert besteht (IAS 1.79 (a)(iii); s auch § 160 Abs 1 Nr 3 AktG),
(3) Überleitungsrechnung der im Umlauf befindlichen Anteile von Beginn bis Ende der Berichtsperiode (IAS 1.79(a)(iv)),
(4) Anzahl der genehmigten Anteile bzw das genehmigte Kapital (s § 160 Abs 1 Nr 4),
(5) Rechte, Vorzugsrechte und Beschränkungen, einschließlich der Beschränkungen bzgl der Gewinnverwendung und Kapitalrückzahlung (IAS 1.79(a)(v)),
(6) Beschreibung von Art und Zweck jeder Eigenkapitalrücklage unter Angabe bestehender Verwendungsrestriktionen (IAS 1.79(b)),
(7) die vom Unternehmen, einem TU oder assoziierten Unternehmen gehaltenen eigenen Anteile (s IAS 1.79(a)(vi)),
(8) die für die Ausgabe aufgrund bestehender Optionen oder Verkaufsverträge vorgehaltenen eigenen Anteile unter Angabe der Modalitäten und Beträge (s IAS 1.79(a)(vii)),

(9) Betrag der Dividenden, der nach dem Bilanzstichtag, jedoch vor Freigabe des Abschlusses zur Veröffentlichung vorgeschlagen oder angekündigt wurde (s IAS 1.137(a) iVm IAS 10.12),
(10) Betrag der aufgelaufenen, noch nicht bilanzierten Vorzugsdividenden (s IAS 1.137(b)); vgl auch *ADS*[1] Abschn 7 Rz 122).

PersGes haben nach IAS 1.80 vergleichbare Angaben zu machen, insbes die Veränderungen je Eigenkapital-Kategorie darzustellen sowie deren Rechte, Vorzugsrechte und Beschränkungen zu beschreiben.

In IAS 1.134 werden **rechtformunabhängige Erläuterungspflichten** im Zusammenhang mit dem **Kapitalmanagement** gefordert. Als Kapital gilt dabei die Summe aus Schulden und Eigenkapital. Offenzulegen sind zunächst die Ziele und Verfahren des Eigenkapitalmanagements. Dabei sollten auch alle das Kapital betreffenden gesellschaftsrechtlichen Beschlüsse erläutert und über den Status ihrer Umsetzung berichtet werden (vgl *Lüdenbach* in Lüdenbach/Hoffmann IFRS[7] § 20 Rz 83ff). Nach IAS 1.135 sind darüber hinaus die qualitative Abgrenzung des (wirtschaftlichen) Eigenkapitals, die Art von sowie der Umgang mit regulatorischen Eigenkapitalanforderungen (zB bei Banken), die Zielsetzung der Unternehmensleitung hinsichtlich der Entwicklung des Kapitals, der Eigenkapitalquote sowie der Grad der Zielerreichung sowie quantitative Informationen zur Zusammensetzung und Entwicklung des Kapitals angabepflichtig. In das wirtschaftliche Eigenkapital könnten zB nachrangige Schulden oder auch unter Berücksichtigung der Änderungen von IAS 32 (2008) nicht als Eigenkapital zu qualifizierende Finanzinstrumente einbezogen werden, die in der nationalen Rechnungslegung jedoch als Eigenkapital qualifiziert werden dürfen (zB bestimmte Ausgestaltungen stiller Gesellschaften; vgl auch Rz 13) und aufgrund des Zusammenhangs zwischen Insolvenzrecht und nationaler Rechnungslegung im Fokus des Kapitalmanagements stehen. Damit erhält der Abschlussadressat Informationen, welche das mit der Kapitalstruktur verbundene Risiko sowie dessen intendierte Entwicklung aufzeigen und die Transparenz des Investitionsrisikos erhöht. 131

Im Zusammenhang mit den Änderungen von IAS 32 (2008) wurden ferner in IAS 1.136A **ergänzende Anhangangaben** eingeführt. Danach sind anzugeben: 132
(1) der Gesamtbetrag der als Eigenkapital klassifizierten Instrumente,
(2) eine Beschreibung der Ziele, Strategien und Prozesse bei der Steuerung der Rückzahlungsverpflichtung, wenn das Kündigungsrecht ausgeübt wird sowie Veränderungen zum Vorjahr,
(3) der erwartete Betrag, der im Falle des Rückkaufs oder der Rückgabe zu leisten wäre sowie,
(4) Informationen darüber, wie der (voraussichtliche) Rückkaufs- bzw Rückzahlungsbetrag ermittelt wurde.

Nach IAS 1.136A(c) ist im Anhang der erwartete Zahlungsmittelabfluss anzugeben, der sich aufgrund des **gesetzlichen Kündigungsrechts** eines Gesellschafters ergeben kann, um eine Einschätzung der voraussichtlichen Auswirkungen auf die Liquiditätslage der PersGes zu ermöglichen. Auf eine quantitative Angabe im Anhang kann daher wohl in solchen Fällen verzichtet werden, bei denen unter Berücksichtigung der Vergangenheit sowie den Erwartungen für die Zukunft mit keiner Kündigung zu rechnen ist. Sofern eine Kündigung nicht als unwahrscheinlich betrachtet werden kann, ist zusätzlich zur notwendigen quantitativen Angabe auch die Art und Weise sowie die grundlegenden Annahmen anzugeben, wie der Ermittlung des angegebenen Abfindungsbetrags zugrunde liegen. Diese umfangreichen Angabepflichten sind als Kompromiss der Diskussion im und mit dem IASB im Rahmen der Neuregelung von IAS 32 (2008) anzusehen, der **„gewillkürtes" Eigenkapital** zulässt. Als wesentliche Belastung für die Praxis wird sich die Angabepflicht unter Ziffer (3) erweisen, die im Regelfall für jeden Abschlussstichtag eine Unternehmensbewertung erforderlich macht, damit der Zeitwert des kündbaren Finanzinstruments ermittelt werden kann. Vor dem Hintergrund der weitgehenden Methodenfreiheit geht der *Near Final Draft* in RIC 3.41 jedoch davon aus, dass auch überschlägige oder branchenspezifisch übliche Vereinfachungsverfahren akzeptabel sind.

133–139 *einstweilen frei*

L. Wesentliche Änderungen und deren Anwendungszeitpunkte

140 Der im Jahr 2007 überarbeitete **IAS 1** ist auf Berichtsperioden anzuwenden, die am oder nach dem 1. Januar 2009 beginnen (IAS 1.139). Die im Zusammenhang mit der Veröffentlichung von **IAS 27** im Januar 2008 stehende Ergänzung von IAS 1.106 ist gem IAS 1.139A erstmals verpflichtend für Perioden anzuwenden, die am oder nach dem 1. Juli 2009 beginnen. Eine Anwendung der geänderten Regelungen des IAS 27 vor dem 1. Juli 2009 bedingt eine zeitgleiche Berücksichtigung der ergänzten Fassung des IAS 1.106.

141 **IAS 32** ist auf Berichtsperioden anzuwenden, die am oder nach dem 1. Januar 2005 beginnen (IAS 32.96). Folgeänderungen aus der Überarbeitung von IAS 1 in IAS 32.18, IAS 32.29 und IAS 32.40 sind ebenso wie Folgeänderungen aus dem *Annual Improvements* Projekt 2008 in IAS 32.4(a) für Berichtsperioden anzuwenden, die am oder nach dem 1. Januar 2009 beginnen. Infolge der Überarbeitung von IFRS 3 im Jahr 2008 wurde IAS 32.4(c) gelöscht, dies ist für Berichtsperioden zu berücksichtigen, die am oder nach dem 1. Juli 2009 beginnen.

142 Im Februar 2008 veröffentlichte der IASB **Änderungen** zu **IAS 1 (2007)** und **IAS 32** unter dem Titel „*Puttable Instruments and Obligations Arising on Liquidation*". Die Änderungen in IAS 32.11 hinsichtlich der Definitionen von finanziellen Vermögenswerten und finanziellen Verbindlichkeiten, die Ergänzung von IAS 32.16A bis IAS 32.16F, die Änderungen in IAS 32.17 bis IAS 32.19 und IAS 32.22 – inklusive der Ergänzung von IAS 32.22A –, die Änderungen in IAS 32.23 und IAS 32.25 sind auf Berichtsperioden anzuwenden, die am oder nach dem 1. Januar 2009 beginnen (IAS 32.96A). Eine frühere Anwendung ist unter der Voraussetzung einer korrespondierenden Anwendung der verbundenen Änderungen in IAS 1, IAS 39, IFRS 7 und IFRIC 2 erlaubt und muss veröffentlicht werden. IAS 1 (2007) wurde im Zuge dieser Änderungen um IAS 1.8A, IAS 1.80A und IAS 1.136A ergänzt sowie in IAS 1.138 geändert. Diese Neuerungen sind auf Berichtsperioden anzuwenden, die am oder nach dem 1. Januar 2009 beginnen (IAS 1.139B). Eine frühere Anwendung ist unter der Voraussetzung einer korrespondierenden Anwendung der verbundenen Änderungen in IAS 32, IAS 39, IFRS 7 und IFRIC 2 erlaubt und muss veröffentlicht werden.

143 **IAS 39** ist auf Berichtsperioden anzuwenden, die am oder nach dem 1. Januar 2005 beginnen (IAS 39.103). Folgeänderungen aus der Überarbeitung von IAS 1 (2007) ergaben sich ua für IAS 39.11, IAS 39.12, IAS 39.55 und IAS 39.102 und sind für Berichtsperioden anzuwenden, die am oder nach dem 1. Januar 2009 beginnen. Die Änderungen des *Annual Improvements* Projekts 2008 in IAS 39.9, IAS 39.73 und IAS 39.50 sind für Berichtsperioden, die am oder nach dem 1. Januar 2009 beginnen, anzuwenden (IAS 39.108C). Aus den Änderungen von IAS 1 (2007) und IAS 32 „*Puttable Instruments and Obligations Arising on Liquidation*", hat sich für IAS 39.2(d) hinsichtlich des Anwendungsbereichs eine Folgeänderung ergeben, welche für Berichtsperioden anzuwenden ist, die am oder nach dem 1. Januar 2009 beginnen (IAS 39.103F).

IFRIC 17 wurde am 27. November 2008 veröffentlicht und ist – vorbehaltlich einer Übernahme durch die EU – auf Berichtsperioden anzuwenden, die am oder nach dem 1. Juli 2009 beginnen. Eine frühere Anwendung ist unter der Voraussetzung einer korrespondierenden Anwendung von IFRS 3 (2008), IAS 27 (2008) und den Folgeänderungen in IFRS 5 gestattet (IFRIC 17.18). **144**

Die vorliegende Kommentierung hat wesentliche materielle Änderungen herausgehoben; darüber hinaus haben die Überarbeitungen klarstellenden Charakter. **145**

einstweilen frei **146–149**

M. Gegenüberstellung zu HGB/DRS

Da weder die IFRS noch das Rahmenkonzept detaillierte Aussagen zum Eigenkapital enthalten, ergeben sich die zu beachtenden Vorschriften im Wesentlichen aus den **nationalen Gesetzen** bzw dem **jeweiligen Gesellschaftsvertrag**. Es bestehen jedoch einige wesentliche Unterschiede. **150**

I. Ansatz

Der Ansatz von Finanzinstrumenten als Eigenkapital unterliegt nach HGB dem Grundsatz der wirtschaftlichen Betrachtungsweise. So ist in der Literatur allgemein anerkannt, dass zB **Genussrechte** oder das **Kapital stiller Gesellschafter** unter bestimmten Voraussetzungen, die ihre rechtliche Ausgestaltung betreffen, als Eigenkapitalinstrumente ausgewiesen werden dürfen. Dem steht der strenge, nicht auslegbare Begriff der Schulden nach IFRS entgegen. Dieser führt dazu, dass Genussrechte bzw das Kapital stiller Gesellschafter idR nicht als Eigenkapital ausgewiesen werden dürfen (vgl Rz 13). Bei **deutschen PersGes** lag bis zur Neufassung des IAS 32 im Februar 2008 nach hM gem IFRS aufgrund gesellschaftsrechtlicher Regelungen idR kein Eigenkapital vor. Nach dem Endorsement der Änderungen von IAS 32, das im Januar 2009 erfolgte, besteht nunmehr idR auch für PersGes die Möglichkeit zum Eigenkapitalausweis (vgl Rz 94ff). Trotzdem bleibt der Ansatz von Eigenkapital nach IFRS ggü dem HGB eingeschränkt, da die Definition von Schulden zunächst unverändert bleibt (vgl Rz 93). **151**

II. Bewertung

Die Bewertung von Vermögenswerten zum beizulegenden Zeitwert und damit die Bilanzierung von **Neubewertungs- und Zeitwertrücklage** bzw Rücklage für Marktbewertung stehen im Widerspruch zu den Bilanzierungs- und Bewertungsmethoden für Vermögensgegenstände nach HGB. Auf die Umsetzung der Regelungen zur Neubewertung von Sach- und Finanzanlagen nach Art 33 Abs 1 lit (c), Abs 2 4. EG-RL hat der deutsche Gesetzgeber im Rahmen des BiRiLiG von 1985 verzichtet. Die Umsetzung des zur Harmonisierung mit IAS 39 in die 4. EG-RL eingefügten Abschn 7 in deutsches Recht erfolgt im Bilanzrechtsmodernisierungsgesetz (BilMoG) nur eingeschränkt durch § 253 Abs 1 Satz 4 HGB (BilMoG); danach sind nur nach § 246 Abs 2 Satz 2 HGB (BilMoG) zu verrechnende Vermögensgegenstände (im Wesentlichen im Zusammenhang mit Altersversorgungsverpflichtungen) mit ihrem beizulegenden Zeitwert zu bewerten. Die im Regierungsentwurf noch vorgesehene Möglichkeit, für Handelszwecke erworbene Finanzinstrumente mit ihrem beizulegenden **152**

Zeitwert zu bewerten, wurde im Rahmen des Gesetzgebungsverfahrens – wohl unter dem Eindruck der Finanzmarktkrise der Jahre 2008/2009 – wieder verworfen. Im Übrigen bleiben die Bewertungsregelungen des HGB also unverändert, sodass methodische Unterschiede bestehen bleiben und auch zukünftig im handelsrechtlichen Eigenkapital weder eine Neubewertungsrücklage noch eine Rücklage für Marktbewertungen enthalten sein werden.

III. Ausweis

153 Der nach § 272 Abs 1 Satz 2 HGB bislang geforderte Ausweis der **ausstehenden,** nicht **eingeforderten Einlagen** auf das gezeichnete Kapital/die Kapitalanteile als gesonderter Posten auf der Aktivseite der Bilanz (sog „Bruttomethode") ist nach IFRS nicht zulässig. Vielmehr sind diese nach IFRS entspr dem Wahlrecht gem § 272 Abs 1 Satz 3 HGB offen von dem Posten gezeichnetes Kapital bzw Kapitalanteile abzusetzen (sog „Nettomethode"). Mit dem Inkrafttreten des BilMoG wird durch § 272 Abs 1 Satz 3 HGB (BilMoG) die handelsrechtliche Bilanzierung an die IFRS-Vorgehensweise angepasst, dh ausstehende, nicht eingeforderte Einlagen sind offen von dem Posten „gezeichnetes Kapital" abzusetzen; der verbleibende Betrag soll als Posten „Eingefordertes Kapital" ausgewiesen werden. Ein eingeforderter, aber noch nicht eingezahlter Betrag ist demnach unter den Forderungen gesondert auszuweisen und entspr zu bezeichnen.

154 Eine Minderung des Eigenkapitals um die unmittelbar durch die tatsächliche **Eigenkapitalbeschaffung** verursachten **Aufwendungen** wie nach IFRS vorgesehen, ist nach HGB nicht zulässig. Die Aufwendungen sind nach HGB erfolgswirksam in der Periode des Anfalls zu erfassen; eine Aktivierung ist gem § 248 Nr 2 HGB verboten.

155 Die nach § 266 Abs 2 B.III.2 HGB auf der Aktivseite auszuweisenden **eigenen Anteile** sind nach IFRS zwingend vom Eigenkapital abzusetzen. Die Vorgehensweise nach IFRS entspricht somit grds der in § 272 Abs 1 Satz 4 bis 6 HGB geregelten Ausnahmevorschrift zur Bilanzierung von zur Einziehung vorgesehenen Anteilen bzw eigenen Anteilen, deren Wiederverkauf der Zustimmung der Gesellschafter bedarf. Einer Rücklage für eigene Anteile nach § 272 Abs 4 HGB bedarf es nach IFRS somit nicht. Mit dem Inkrafttreten des BilMoG wird durch die neu eingefügten § 272 Abs 1a HGB (BilMoG) auch in diesem Bereich die handelsrechtliche Bilanzierung an die IFRS-Vorgehensweise angepasst. Die Anschaffungskosten für die eigenen Anteile sind demnach zunächst vom gezeichneten Kapital abzusetzen und ein ggf verbleibender Differenzbetrag ist mit den frei verfügbaren Rücklagen zu verrechnen; diese Gesetzesformulierung schließt lediglich die sog *cost method* aus (vgl Rz 81). Anschaffungsnebenkosten stellen handelsrechtlich nach § 272 Abs 1a Satz 3 HGB (BilMoG) Aufwand der Periode dar, während nach IFRS die Anschaffungsnebenkosten nicht gesondert betrachtet werden. Für den erneuten Verkauf der nicht eingezogenen eigenen Anteile sieht § 272 Abs 1b HGB (BilMoG) vor, dass die Korrekturposten aus dem vorangegangenen Erwerb rückgängig gemacht werden; ein möglicher Mehrerlös ist hingegen zwingend in die Kapitalrücklage nach § 272 Abs 2 Nr 1 HGB einzustellen. Auch hier stellen die Verkaufsnebenkosten Aufwand der Periode dar. Unverändert zur bisherigen Regelung ist nach § 272 Abs 4 HGB (BilMoG) eine Rücklage für Anteile an einem herrschenden oder mit Mehrheit beteiligten Unternehmen in Höhe deren Buchwerts zu bilden; ihre Bildung und Auflösung entspricht der Vorgehensweise bei der bisherigen Rücklage für eigene Anteile nach § 272 Abs 4 HGB.

Nach § 268 Abs 3 HGB ist bei **negativem Eigenkapital** auf der Aktivseite der das Eigenkapital übersteigende Betrag als gesonderter Posten „Nicht durch Eigenkapital gedeckter Fehlbetrag“ auszuweisen; das nach HGB auf der Passivseite bilanzierte Eigenkapital wird somit niemals negativ ausgewiesen. Ein solcher Ausweis ist nach IFRS nicht zulässig; vielmehr wird das Eigenkapital mit seinem negativen Wert auf der Passivseite ausgewiesen. 156

Zu Unterschieden zwischen der **Eigenkapitalveränderungsrechnung** nach IAS 1.106 ff (geändert 2008)/IAS 1.106 ff und jener nach § 297 Abs 1 Satz 2 iVm DRS 7 vgl § 17 Rz 63 ff.

Sowohl nach HGB wie auch nach der 7. EG-RL ist die Bilanzierung eines Unternehmenserwerbs als **umgekehrter Unternehmenserwerb** nicht zulässig (vgl erläuternd DRS 4.A5). 157

IV. IFRS und deutsches Steuerrecht

Mit der Unternehmenssteuerreform 2008 wurde mit § 4h EStG eine **Zinsabzugsbegrenzung („Zinsschranke“)** im deutschen Ertragsteuerrecht eingeführt, die unter bestimmten Voraussetzungen die sofortige Berücksichtigung des Zinsaufwands als eine die steuerliche Bemessungsgrundlage mindernde Betriebsausgabe beschränkt. Nach § 4h Abs 2 lit c Satz 8 EStG hat der Eigenkapitalvergleich grds auf Abschlüssen, die nach IFRS erstellt wurden, zu erfolgen (vgl auch Rz 77 des *BMF*-Schreibens vom 4. Juli 2008 zur Zinsschranke). Alternativ sind auch unter bestimmten Bedingungen Abschlüsse nach dem Handelsrecht eines anderen EU-Mitgliedsstaats oder nach US GAAP zulässig; andere Rechnungslegungsstandards sind nicht zulässig. Wurde der (Jahres-)Abschluss des Betriebs nicht nach denselben Rechnungslegungsvorschriften wie der Konzernabschluss aufgestellt, ist nach § 4h Abs 2 lit c Satz 11 f EStG für den Betrieb eine Überleitungsrechnung zu erstellen, die einer prüferischen Durchsicht („*review*“) iSv *IDW* PS 900 zu unterziehen ist, sofern nicht die Finanzverwaltung gar eine Prüfung durch einen Abschlussprüfer verlangt. Im Ergebnis wird damit erstmals in der deutschen Rechtsgeschichte eine steuerlich induzierte Obliegenheit zur IFRS-Rechnungslegung auf Betriebsebene festgeschrieben (vgl *Hennrichs* DB 2007, 2101). 158

Von den drei in § 4h Abs 2 EStG genannten **Ausnahmeregelungen** zur Zinsschranke haben zwei einen Bezug zur Rechnungslegung nach IFRS. Die Zinsschranke gilt demnach nicht, wenn 159

(1) der negative Zinssaldo eine Mio Euro nicht übersteigt (§ 4h Abs 2 lit a EStG),
(2) der Betrieb nicht zu einem Konzern gehört (§ 4h Abs 2 lit b EStG), oder
(3) der Betrieb zwar zu einem Konzern gehört, aber die Eigenkapitalquote des Betriebs die Eigenkapitalquote des Konzerns nicht um mehr als einen Prozentpunkt unterschreitet („Escape-Klausel“; § 4h Abs 2 lit c EStG).

Nach Rz 59 des *BMF*-Schreibens gehört ein Betrieb zu einem Konzern, wenn er nach dem einschlägigen Rechnungslegungsstandard in einen Konzernabschluss einzubeziehen ist oder einbezogen werden könnte. Nach Rz 67 des *BMF*-Schreibens sind Zweckgesellschaften grds konzernangehörige Betriebe, wenn nach den jeweils zur Anwendung kommenden Rechnungslegungsstandards eine Konsolidierung in den Konzernabschluss zu erfolgen hat. Dabei ist nach Rz 68 des *BMF*-Schreibens grds auf die Verhältnisse am vorangegangenen Abschlussstichtag abzustellen. Nach Rz 72 des *BMF*-Schreibens werden bestehende Konzernabschlüsse in den Fällen des § 4h Abs 3 Satz 5 EStG grds unverändert für den Eigenkapitalvergleich herangezogen, wenn entweder die handelsrechtlichen Vorschriften erfüllt werden oder ihnen nach §§ 291, 292 oder 315a HGB befreiende Wirkung zukommt. Zulässigerweise nicht konsolidierte Unternehmen müssen nicht aufgenommen werden. Eine quotale Einbeziehung von Unternehmen ist grds nicht zulässig, der Konzernabschluss ist entspr zu bereinigen. Auch sog Verbriefungszweckgesellschaften sind aus dem Konzernabschluss herauszurechnen, wenn sie nach Rz 67 des *BMF*-Schreibens als nicht konzernzugehörig gelten. Die Korrekturen können unterbleiben, sofern sich dadurch keine „erheblichen" (sic!) Veränderungen der Konzerneigenkapitalquote ergäben; dabei bleibt unklar, wie die Erheblichkeit bestimmt werden kann. Um die Auswirkungen beurteilen zu können, ist jedoch eine Proberechnung erforderlich, sodass diese Ausnahmeregelung keine Erleichterung für die Praxis mit sich bringen dürfte. Nach Rz 73 des *BMF*-Schreibens sind die dem Betrieb zugeordneten Vermögenswerte und Schulden mit den im Konzern zugeordneten Werten anzusetzen; ein im Konzernabschluss enthaltener Geschäfts- oder Firmenwert sowie mitbezahlte stille Reserven sind dem Betrieb zuzuordnen (zu näheren Einzelheiten zu den Bereinigungsrechnungen auf Betriebsebene wird auf die Rz 75f des *BMF*-Schreibens verwiesen; vgl auch *Henrichs* DB 2007, 2105f). Zu den Möglichkeiten und Grenzen zur Beeinflussung der Eigenkapitalquote durch bilanzpolitische Maßnahmen vgl *Köster* BB 2007, 2282ff.

N. Aktuelle Entwicklungen/IASB-Projekte

160 Im Februar 2008 hat der IASB das Diskussionspapier „***Discussion Paper, Financial Instruments with Characteristics of Equity***" zur Abgrenzung von Eigen- und Fremdkapitalinstrumenten veröffentlicht. Das Diskussionspapier fasst die ersten Zwischenergebnisse des von IASB und FASB gemeinsam betriebenen Projekts zur Überarbeitung der Abgrenzung zwischen Eigen- und Fremdkapital zusammen. Ferner werden die im Diskussionspapier „***Distinguishing between equity and liabilities***" im Januar 2008 veröffentlichten Überlegungen der EFRAG, des DRSC sowie weiterer europäischer Standardsetter dargestellt, welche im Rahmen der *Proactive Accounting Activities in Europe (PAAinE)* erarbeitet wurden. Gemeinsam ist allen Überlegungen, dass die bisherige Zweiteilung der Kapitalgliederung auch zukünftig erhalten bleiben soll.

Das FASB hat in seinem Diskussionspapier drei Ansätze vorgestellt:

(1) ***Basic-ownership*-Ansatz:** Ein Finanzinstrument stellt Eigenkapital dar, wenn entweder der Anspruch des Inhabers dem Anteil am Nettovermögen des Unternehmens im Liquidationsfall entspricht oder die Konditionen des Finanzinstruments dessen Rückzahlung für den Fall untersagt, dass hierdurch Rückzahlungsansprüche anderer Kapitalgeber beeinträchtigt würden. Damit würden Finanzinstrumente unabhängig von ihrer Laufzeit niemals Eigenkapital darstellen, sofern (theoretisch) eine Rückzahlungsverpflichtung bestünde. Bei der Bewertung sieht der Ansatz die Erfolgswirksamkeit sämtlicher Kapitalbeschaffungskosten vor. Die Folgebewertung sieht den Ansatz zum jeweils gültigen Rückzahlungsbetrag vor, wobei Änderungen erfolgsneutral innerhalb des Eigenkapitals gesondert erfasst werden sollen.

(2) ***Ownership-settlement*-Ansatz**: Zusätzlich zum *basic-ownership*-Ansatz würden bei diesem Ansatz auch Finanzinstrumente, die keine Tilgungsverpflichtung vorsehen, solange für den Emittenten der Grundsatz der Unternehmensfortführung gilt, als Eigenkapital gewertet. Auch auf Eigenkapitalinstrumente bezogene Derivate würden als Eigenkapital gewertet, so-

fern diese weitere Bedingungen erfüllen; zu diesen Bedingungen gehört insbes die Art der Erfüllung: danach muss entweder das als *underlying* fungierende Eigenkapitalinstrument oder ein sonstiges indirektes „Eigentumsinstrument" (*ownership instrument*) geleistet werden. Die Bewertung entspricht dem *basic-ownership*-Ansatz, wobei aber für die in diesem Ansatz zusätzlich als Eigenkapital klassifizierten Finanzinstrumente keine Folgebewertung vorgesehen ist.

(3) ***Reassessed-expected-outcomes*-Ansatz**: Wesentlicher Unterschied dieses Ansatzes zum *ownership-settlement*-Ansatz ist die lfd Aufteilung der Finanzinstrumente in Eigenkapital- und Schuldinstrumente. Danach stellen Finanzinstrumente sowie Komponenten von Finanzinstrumenten Eigenkapital dar, wenn ihr Wert entspr dem Wert eines Eigenkapitalinstruments iSd *basic-ownership*-Ansatzes variiert. Die Bewertung der Finanzinstrumente ist für beide Komponenten an jedem Folgezeitpunkt neu vorzunehmen und Veränderungen des Zeitwerts sind erfolgswirksam zu erfassen.

Obwohl das gemeinsame Projekt von IASB und FASB positiv zu bewerten ist, 161
zeigen sich jedoch **methodische Probleme**, die aus der Zweiteilung der Kapitalstruktur bei einer nahezu unüberschaubaren Anzahl von Finanzinstrumenten resultiert. So stellen die Ansätze des FASB den Versuch dar, Eigenkapitalinstrumente positiv zu definieren statt als Residualgröße zu betrachten. Gleichzeitig bleibt jedoch die im Framework enthaltene positive Definition von Schulden erhalten, sodass entweder Inkonsistenzen unvermeidbar sind oder per Mehrheitsbeschluss der Standardsetter Abgrenzungen im Gegensatz zum theoretischen Grundkonzept festgelegt werden müssen, wie dies der IASB mit den Ergänzungen des IAS 32 (2008) faktisch getan hat. Finanzinstrumente, die ein Kündigungsrecht der Inhaber vorsehen, könnten damit ggf auch zukünftig nicht als Eigenkapital zu qualifizieren sein. So hat der FASB seine (derzeitige) Präferenz für den *basic-ownership*-Ansatz kundgetan; dieser Ansatz bleibt jedoch ggü der bisherigen Fassung von IAS 32 zurück, sodass zumindest in der deutschen Bilanzierungspraxis die Bilanzierungsprobleme eher zu- als abnehmen würden.

Bei dem von der EFRAG vorgestellten *loss-absorption*-Ansatz soll als entscheidendes Kriterium für die Eigenkapitalabgrenzung die Fähigkeit des Finanzinstruments zum Verlustausgleich herangezogen werden. Danach könnte ein Finanzinstrument als Eigenkapital klassifiziert werden, dass von den Eigentümern zur Verfügung gestellt wird und gegen den eingetretenen Verlust verrechnet würde. Dies entspricht in seiner Grundausrichtigung der bisherigen handelsrechtlichen Bilanzierungspraxis. Daher ist dieser Ansatz aus deutscher Sicht wohl zu präferieren.

Im Rahmen der kommenden Diskussionen ist vom IASB und FASB eine 162
ganzheitliche Betrachtung der möglichen Unterscheidungskriterien von Finanzinstrumenten, ihrer wirtschaftlichen Wirkungsweise sowie ihrer Entscheidungsrelevanz bzw -nützlichkeit zu fordern, dh eine Diskussion, die das Framework und damit die Definition von Schulden einbezieht. Die ersten Diskussionen im deutschsprachigen Schrifttum (zB *Schmidt* IRZ 2008, 235 ff) zeigen, dass eine Vielzahl von Problemen in der bisherigen Diskussion offensichtlich noch nicht bzw nicht hinreichend Berücksichtigung fanden. Aufgrund des grundlegenden Charakters des Projekts ist jedoch nicht mit einer kurzfristigen Neuordnung der Definitionen von Eigenkapital und Schulden zu rechnen.

§ 13. Rückstellungen

Übersicht

Schrifttum: *Baetge/Zülch/Brüggemann/Nellessen* Management's best estimate – Abbildung singulärer Risiken im HGB- und IFRS-Abschluss, PiR 2007, 316; *Busse von Colbe/Seeberg* Vereinbarkeit internationaler Konzernrechnungslegung mit handelsrechtlichen Grundsätzen, ZfbF 1997 Sonderheft 39, 122; *Dangel/Hofstetter/Otto* Analyse von Jahresabschlüssen nach US-GAAP und IAS, Stuttgart 2001; *Daub* Rückstellungen nach HGB, US-GAAP und IAS, Baden-Baden 2000; *DRSC* Rechnungslegungs-Interpretation Nr. 1 (RIC 1) Bilanzgliederung nach Fristigkeit gemäß IAS 1 Darstellung des Abschlusses, Berlin 2005; *Epstein/Jermakowicz* IFRS 2008 Interpretation and Application of International Financial Reporting Standards, New Jersey 2008; *Ernsting/von Keitz* Bilanzierung von Rückstellungen nach IAS 37 – Eine kritische Analyse des neuen Standards sowie ein Vergleich zu IAS 10, DB 1998, 2477; *Europäische Kommission* Prüfung der Vereinbarkeit von IAS 1 bis IAS 41 mit den europäischen Rechnungslegungsrichtlinien, Brüssel 2001, http://ec.europa.eu/internal_market/accounting/docs/markt-2001–6926/6926 de. pdf; *Europäische Kommission* Empfehlung der Kommission vom 30. Mai 2001 zur Berücksichtigung von Umweltaspekten in Jahresabschluss und Lagebericht von Unternehmen: Ausweis, Bewertung und Offenlegung ABl EG L 156 vom 13. Juni 2001, 39; *Fischer* IAS-Abschlüsse von Einzelunternehmungen: Rechtliche Grundlage und finanzwirtschaftliche Analyse, Herne/Berlin, 2001; *Fladt/Feige* Die Änderungsvorschläge des IASB zu IAS 37 und IAS 19, WPg 2006, 274; *Förschle/Holland/Kroner* Internationale Rechnungslegung: IAS und HGB – Geplante Änderungen des IASB und Anhang-Checkliste, 6. Aufl, Heidelberg 2003; *Förschle/Kroner/Heddäus* Ungewisse Verpflichtungen nach IAS 37 im Vergleich zum HGB, WPg 1999, 41; *Freiberg/Lüdenbach* Die risiko- und laufzeitäquivalente Diskontierung von Rückstellungen nach IAS 37, PiR 2007, 330; *Gantzkow/Gröner* Bilanzierung von Umweltlasten und -maßnahmen nach IAS, DB 1998, 993; *Haaker* Das Wahrscheinlichkeitsproblem bei der Rückstellungsbilanzierung nach IAS 37 und IFRS 3, KoR 2005, 8; *Happe* Rückstellungen im internationalen Vergleich: HGB – US-GAAP – IAS, DStZ/A 2002, 360; *Hayn/Pilhofer* Die neuen Rückstellungsregeln des IAS C im Vergleich zu den korrespondierenden Regeln der US-GAAP (Teil I und II), DStR 1998, 1729, 1765; *Henselmann* Ungewisse Verpflichtungen nach IFRS, KoR 2007, 232; *Hommel* Rückstellungsbewertung im Spannungsfeld von Management-Approach und Fair-Value-Approach, PiR 2007, 323; *Hommel/Wilch* Neues zur Entwicklung der Rückstellungsbilanzierung nach IFRS, WPg 2007, 509; *IDW* Modernisierung der EU-Bilanzrichtlinien, FN IDW 2003, 288; *IDW* RS HFA 3 Stellungnahme zur Rechnungslegung: Bilanzierung von Verpflichtungen aus Altersteilzeitregelungen nach IAS und nach handelsrechtlichen Vorschriften, FN IDW 1998, 594; *Kessler/Scholz-Görlach* Die Abgrenzung des Saldierungsbereichs bei Drohverlustrückstellungen, PiR 2007, 305; *Kirchhof* Die Bilanzierung von Restrukturierungsrückstellungen nach IFRS, WPg 2005, 589; *Köttner/Schween* in Wiley Änderungskommentar 2007, ED IAS 37, Bielefeld 2007; *Kühne/Schween* Konzeptionelle Basis der Rückstellungsbilanzierung: Verbesserung durch Bilanzierung von ‚stand ready'-Verpflichtungen?, KoR 2006, 171; *Kümpel* Bilanzielle Behandlung von Entsorgungs-, Rekultivierungs- und ähnlichen Verpflichtungen im IFRS-Regelwerk, DStR 2004, 1227; *Küting/Wohlgemuth* Implikationen der angedachten Änderungen der Rückstellungsbilanzierung nach ED IAS 37 für die Bilanzanalyse, DStR 2006, 2327; *Lüdenbach/Hoffmann* Imparitätische Wahrscheinlichkeit – Zukunftswerte im IAS-Regelwerk, KoR 2003, 5; *Marx/Berg* Rückstellungen für Dokumentationsverpflichtungen nach HGB, IFRS und EStG, DB 2006, 169; *Moxter* Rückstellungen nach IAS: Abweichungen vom geltenden deutschen Bilanzrecht, BB 1999, 519; *Oser/Roß* Rückstellungen aufgrund der Pflicht zur Rücknahme und Entsorgung von sog. Elektroschrott beim Hersteller, WPg 2005, 1069; *Pilhofer* Rückstellungen im internationalen Vergleich – Bilanzierung und Bewertung nach HGB, US-GAAP und IAS, Wiesbaden 1997; *Reinhart* Rückstellungen, Contingent Liabilities sowie Contingent Assets nach der neuen Richtlinie IAS 37, BB 1998, 2514; *Ruhnke* Rechnungslegung nach IFRS und HGB, 2. Aufl, Stuttgart 2008; *Schmidbauer* Bilanzierung umweltschutzbedingter Aufwendungen im Handels- und Steuerrecht sowie nach IAS, BB 2000, 1130; *Schrimpf-Dörges* Umweltschutzverpflichtungen in der Rechnungslegung nach HGB und IFRS, Wiesbaden 2007; *Theile* Sozialplanverpflichtungen und Restrukturierungen, PiR 2007, 298; *Thiele* Schwebende Rechtsstreitigkeiten in der Rechnungslegung nach IFRS/IAS, WPg 2004, 737; *Vater* ua (Hrsg) IFRS Änderungskommentar 2007, Weinheim 2007; *Wollmert/Achleitner* Konzeptionelle Grundlagen der IAS-Rechnungslegung (Teil I), WPg 1997, 209; *Zülch/Willms*

Rückstellungen für Entsorgungs-, Wiederherstellungs- und ähnliche Verpflichtungen: Umstellung von HGB auf IFRS, DB 2005, 1178.

Wesentliche Rechtsgrundlagen: IAS 1, IAS 10, IAS 19, IAS 37, IFRS 3, IFRIC 1, IFRIC 5, IFRIC 6

A. Allgemeines

1 Ansatz und Bewertung von Rückstellungen, Eventualschulden und Eventualforderungen sowie die im Anhang anzugebenden Informationen sind grundlegend in **IAS 37** geregelt. Dieser Standard findet erstmalig Anwendung für den Abschluss eines Geschäftsjahrs, das am oder nach dem 1. Juli 1999 begonnen hat.

Der IASB hat im Juni 2005 einen neuen Standardentwurf mit geplanten Änderungen zu IAS 37 (*Exposure Draft Amendments* to IAS 37, kurz: ED-IAS 37) zur Kommentierung vorgelegt. Der Entwurf resultiert zum einen aus Konvergenzbestrebungen zwischen IASB und FASB, namentlich dem *short-term-convergence*-Projekt; zum anderen geht der Entwurf aus der zweiten Phase des *business-combination*-Projekts hervor (s § 34). Eine sich an die Veröffentlichung anschließende Diskussion führte zu einer nochmaligen Beratungs- und Überarbeitungsphase (sog *redeliberation phase*), die noch nicht abgeschlossen ist. Mit der Verabschiedung eines endgültigen Standards wird erst im Jahre 2010 gerechnet. Der Standardentwurf enthält **einschneidende Änderungsvorschläge**, die in Rz 212ff erläutert werden.

B. Anwendungsbereich

2 IAS 37 ist grds auf die Bilanzierung und Bewertung von **Rückstellungen, Eventualschulden** und **Eventualforderungen** von Unternehmen aller Rechtsformen anzuwenden, die ihren Abschluss nach IFRS erstellen (*Hayn/Pilhofer* DStR 1998, 1729).

3 **Ausnahmen** hinsichtlich des Anwendungsbereichs von IAS 37 bestehen für folgende Sachverhalte:

(1) Noch zu erfüllende (schwebende) Verträge ohne Belastungen.

(2) Drohende Verluste aus Fertigungsaufträgen nach IAS 11: Übersteigen bei Fertigungsaufträgen die prognostizierten Auftragskosten die voraussichtlichen Auftragserlöse, ist der erwartete Verlust von den aktivierten Auftragskosten abzusetzen und nur ein hierüber hinausgehender Verlust als Rückstellung auszuweisen (s § 9 Rz 76ff sowie Rz 101ff).

(3) Tatsächliche und latente Ertragsteuerschulden nach IAS 12: Neben tatsächlichen Ertragsteuerschulden sind nach IAS 12 latente Ertragsteuerschulden bilanziell auszuweisen, wenn temporäre oder quasi-permanente Differenzen zwischen den Ansätzen in der IFRS-Bilanz und der Steuerbilanz in späteren Perioden zu einer erhöhten bzw verminderten Steuerlast in der IFRS-Bilanz führen (s § 7, § 14 und § 25).

(4) Verpflichtungen aus Leasingverhältnissen beim Leasingnehmer nach IAS 17, mit Ausnahme drohender Verluste aus Operating-Leasingverhältnissen (s § 22 und Rz 103ff).

(5) Leistungen an Arbeitnehmer (Altersversorgung, sonstige Leistungen an Arbeitnehmer nach IAS 19; s Rz 133ff, Rz 137, Rz 139ff): Dieser Standard ist gleichermaßen für kurzfristige (zB Urlaubs- oder Weihnachtsgeld, Tantiemen) wie auch langfristig fällige Leistungen sowie Leistungen aus Anlass der

oder nach Beendigung des Arbeitsverhältnisses (zB Abfindungen, Pensionen, Altersteilzeitvereinbarungen) an Arbeitnehmer anzuwenden. Leistungen an Arbeitnehmer beinhalten Leistungen sowohl an die Arbeitnehmer selbst, als auch an von diesen wirtschaftlich abhängige Personen (Ehepartner, Kinder). Neben Geldleistungen werden auch Sachleistungen erfasst. Zu den Arbeitnehmern iSd Standards zählen ebenfalls Mitglieder der Geschäftsführungs- und der Aufsichtsratorgane sowie sonstige leitende Angestellte (IAS 19.6). Für die bilanzielle Abbildung von betrieblichen Altersversorgungen s § 26. Hinsichtlich des Ansatzes und der Bewertung anderer Leistungen an Arbeitnehmer s Rz 133ff, Rz 137, Rz 139ff.

(6) Finanzielle Haftungsverhältnisse nach IAS 39 (*financial guarantee contracts*, IAS 37.2): Ansatz und Ausbuchung einer entspr Rückstellung richten sich nach IAS 39.14 und IAS 39.39ff. Die erstmalige Bewertung erfolgt zum beizulegenden Zeitwert (IAS 39.43) und in der Folge zum höheren Wert, der sich aus IAS 37 und dem fortgeführten beizulegenden Zeitwert ergibt (IAS 39.47(c)).

(7) Verpflichtungen im Zusammenhang mit aktienbasierten Vergütungen nach IFRS 2 (s § 24 Rz 17ff).

(8) Eventualschulden nach IFRS 3, die im Rahmen von Unternehmenszusammenschlüssen angesetzt werden (IFRS 3.23 (2008)/IFRS 3.50 (2004)). Gem IFRS 3 sind Unternehmenszusammenschlüsse unter Anwendung der Erwerbsmethode zu bilanzieren (IFRS 3.4 (2008)/IFRS 3.1 (2004); s § 34 Rz 19). Nach dieser Methode setzt der Erwerber zum Erwerbszeitpunkt im Rahmen der Verteilung der Anschaffungskosten neben den identifizierbaren Vermögenswerten und Schulden auch die Eventualschulden des erworbenen Unternehmens zu ihren im Erwerbszeitpunkt beizulegenden Zeitwerten an (IFRS 3.23 (2008) iVm IFRS 3.18 (2008)/IFRS 3.15 (2004) iVm IFRS 3.37 (c) (2004); zu den Unterschieden s Rz 22 und § 34 Rz 152ff).

(9) Verpflichtungen aus Versicherungsverträgen nach IFRS 4 (s § 40 Rz 22ff).

C. Definitionen und Abgrenzungen

I. Grundlagen

In den IFRS gibt es keinen expliziten **Oberbegriff** für die im Rahmenkonzept und in IAS 37 verwendeten Begriffe „Schulden" und „Eventualschulden". 4
In der Definition einer Schuld nach F. 49(b) und IAS 37.10 sowie einer Eventualschuld nach IAS 37.10 wird als gemeinsame Voraussetzung die Existenz einer gegenwärtigen bzw möglichen **Verpflichtung** gefordert, die auf vergangenen Ereignissen beruht. Insofern erscheint es sachgerecht, den Begriff der Verpflichtung als Oberbegriff zu verwenden.

Da die Zuordnung eines verpflichtenden Ereignisses zu einer bestimmten Verpflichtungsart Ansatz-, Bewertungs- und Ausweisfolgen hat, sind Rückstellungen von anderen Verpflichtungsarten abzugrenzen. Im Einzelnen können Verpflichtungen wie folgt differenziert werden:

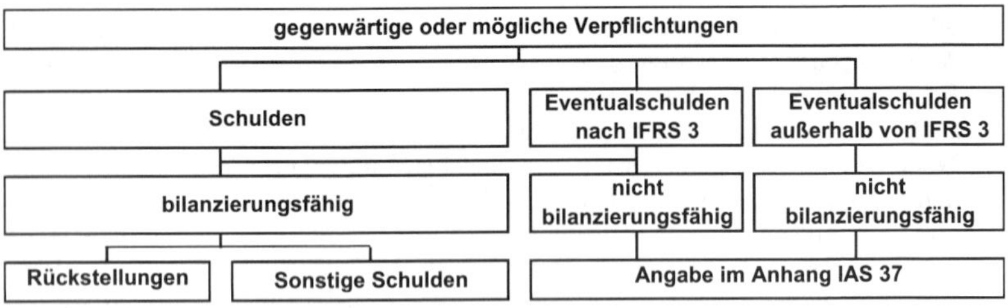

5 Allgemein stellt eine **Schuld** eine gegenwärtige Verpflichtung des Unternehmens aus Ereignissen der Vergangenheit dar, von deren Erfüllung erwartet wird, dass aus dem Unternehmen Ressourcen mit wirtschaftlichem Nutzen abfließen (F. 49(b)). Diese Definition ist notwendige Voraussetzung für das Vorliegen einer Schuld, jedoch für den bilanziellen Ansatz nicht hinreichend (F. 50). Für die **Bilanzierungsfähigkeit** und die damit einhergehende **Bilanzierungspflicht** einer Schuld muss zusätzlich zu diesen Kriterien deren Erfüllungsbetrag verlässlich ermittelt werden können (F. 91). Ist die Bilanzierungspflicht gegeben, ist die Schuld als Rückstellung oder sonstige Schuld auszuweisen.

6 Nicht bilanzierungsfähige Schulden und Verpflichtungen, die nicht die notwendigen Bedingungen einer Schuld erfüllen, stellen **Eventualschulden** dar, die grds im Anhang anzugeben sind. In Einzelfällen findet auch keine Berücksichtigung im Anhang statt. Zu den nach IFRS 3 passivierungsfähigen und -pflichtigen Eventualschulden s Rz 22 und § 34 Rz 152ff.

7 Wesentliches **Unterscheidungskriterium** von Rückstellungen zu anderen Verpflichtungsarten ist der **Grad der Unsicherheit** hinsichtlich Grund, Höhe und Zeitpunkt eines verpflichtenden Sachverhalts (*Ernsting/von Keitz* DB 1998, 2477). Charakteristisches Merkmal sämtlicher Rückstellungen ist, dass sie zu einem gewissen Grad unsicher sind. Bei sonstigen Schulden ist entweder ein niedrigerer Grad an Unsicherheit vorhanden oder sogar Sicherheit. Eventualschulden weisen hingegen ein noch höheres Maß an Unsicherheit als Rückstellungen auf.

II. Rückstellungen

8 Nach IAS 37.14 besteht eine Pflicht zum **Ansatz** einer Rückstellung, wenn folgende **Kriterien** kumulativ erfüllt sind:

(1) Ein Unternehmen hat eine gegenwärtige rechtliche oder faktische Verpflichtung, die durch ein Ereignis der Vergangenheit verursacht worden ist, und
(2) es ist wahrscheinlich, dass es zu einem Abfluss von Ressourcen mit wirtschaftlichem Nutzen zur Erfüllung dieser Verpflichtung kommen wird, und
(3) es ist eine zuverlässige Ermittlung der Verpflichtungshöhe möglich.

Neben diese allgemeinen Kriterien für eine bilanzierungspflichtige Schuld (F. 49(b) und F. 50) treten für die Qualifizierung einer Verpflichtung als Rückstellung vier weitere Kriterien, die die Rückstellungen immanente **Unsicherheit** repräsentieren:

(1) Unsicherheit hinsichtlich des Bestehens,
(2) Unsicherheit hinsichtlich des Ressourcenabflusses,
(3) Unsicherheit hinsichtlich der Höhe oder
(4) Unsicherheit hinsichtlich der Fälligkeit.

IAS 37.16 geht davon aus, dass es in nahezu allen Fällen eindeutig sein wird, ob am Bilanzstichtag eine gegenwärtige Verpflichtung aus einem Ereignis der Vergangenheit vorliegt oder nicht. In unklaren Fällen sind alle substanziellen

Hinweise für das Bestehen einer gegenwärtigen Verpflichtung zum Bilanzstichtag heranzuziehen (IAS 37.15). Diese substanziellen Hinweise umfassen alle zusätzlichen, durch Ereignisse nach dem Bilanzstichtag entstandenen Fakten, Meinungen und Beweisanzeichen (s Rz 53 und Rz 87). Es kann zweckdienlich sein, den Rat von Sachverständigen, zB bei Gerichtsverfahren, hinzuzuziehen.

Auf der Grundlage dieser verfügbaren Hinweise ist bei Vorliegen aller weiteren Voraussetzungen in der Bilanz eine Rückstellung anzusetzen, wenn zum Bilanzstichtag für das **Bestehen einer gegenwärtigen Verpflichtung** mehr Gründe als dagegen sprechen. Es ist dagegen im Anhang grds eine Eventualschuld auszuweisen, wenn am Bilanzstichtag für das Nichtbestehen einer gegenwärtigen Verpflichtung mehr Gründe als dagegen sprechen, es sei denn, ein Abfluss von wirtschaftlichen Ressourcen ist (gänzlich) unwahrscheinlich (IAS 37.16; zum Wahrscheinlichkeitsbegriff s Rz 26ff). Damit ist eine Rückstellung auch durch Unsicherheit hinsichtlich des Bestehens einer gegenwärtigen Verpflichtung aus einem vergangenen Ereignis gekennzeichnet (IAS 37.23f), selbst wenn dies in den grundlegenden Definitionen so nicht ausgeführt wird. 9

Auch wenn eine gegenwärtige Verpflichtung besteht, ist ein zukünftiger **Ressourcenabfluss** nicht immer wahrscheinlich bzw (so gut wie) sicher. Für einen Ressourcenabfluss kommt es darauf an, dass der Gläubiger mit ausreichender Wahrscheinlichkeit von dem Anspruch Kenntnis gewinnen kann und diesen auch einfordern wird. Nicht erforderlich ist hingegen, dass der Gläubiger den Anspruch bereits kennt und ggf geltend gemacht hat (s Rz 41, Rz 47). Eine Rückstellung kann somit auch durch Unsicherheit über den zukünftigen Ressourcenabfluss gekennzeichnet sein. Nach der geplanten Neufassung von IAS 37 soll ein Ressourcenabfluss nicht mehr zu den Ansatzkriterien zählen (s ausführlich Rz 213ff). 10

Ferner sind bei Rückstellungen **Höhe** und **Fälligkeit** entweder mit ausreichender Wahrscheinlichkeit bestimmbar oder (so gut wie) sicher. Kann die Höhe nicht zuverlässig ermittelt werden, liegt keine bilanzierungsfähige Schuld vor, und es ist eine Angabe im Anhang zu prüfen. Ist nur die Fälligkeit unsicher, bleibt es bei einer bilanzierungsfähigen und -pflichtigen Rückstellung. 11

Für die Passivierung einer Rückstellung kommt es somit darauf an, dass **Unsicherheit** in Bezug auf eines der vier obigen Kriterien besteht. Sind alle vier Kriterien (so gut wie) sicher, liegt eine sonstige Schuld vor. Ist eines der ersten drei Kriterien nicht ausreichend wahrscheinlich, kann eine im Anhang angabepflichtige Eventualschuld vorliegen. Unsicherheit in Bezug auf die Fälligkeit reicht hingegen nicht aus, um eine Eventualschuld zu begründen. 12

III. Sonstige Schulden

Nach IAS 37.11 sind Rückstellungen und sonstige Schulden zu unterscheiden. Auch sonstige Schulden müssen die allgemeinen Kriterien bilanzierungsfähiger Schulden erfüllen (s Rz 5). Bestehen, Ressourcenabfluss, Höhe und Fälligkeit der sonstigen Schulden weisen jedoch im Unterschied zu Rückstellungen einen deutlich niedrigeren **Grad der Unsicherheit** auf; sie sind so gut wie sicher oder sogar sicher (zum Wahrscheinlichkeitsbegriff s Rz 26ff). IAS 37.11 nennt als Beispiele für sonstige Schulden Verbindlichkeiten aus Lieferungen und Leistungen sowie abgegrenzte Schulden. 13

Verbindlichkeiten aus Lieferungen und Leistungen sind nach IAS 37.11(a) Schulden aus erhaltenen Gütern oder Dienstleistungen, die vom Lieferanten in Rechnung gestellt oder formal vereinbart worden sind. Diese Verbind- 14 lichkeiten haben sich durch das Vorliegen von Rechnungen bzw formaler Vereinbarungen (ggf Lieferscheinen, Bestellungen etc) soweit konkretisiert, dass für den Faktor Unsicherheit in Bezug auf Bestehen, Ressourcenabfluss, Höhe und Fälligkeit (so gut wie) kein Raum mehr besteht. Verbindlichkeiten aus Lieferungen und Leistungen stellen grds (so gut wie) sichere Verpflichtungen dar, die bilanziell als sonstige Schulden auszuweisen sind.

15 Inhaltliche Abgrenzungsprobleme treten regelmäßig bei der Verwendung des Begriffs **„abgegrenzte Schuld“** (*accrual*) auf. Abgegrenzte Schulden sind nach IAS 37.11(b) Schulden aus erhaltenen Gütern oder Dienstleistungen, die weder vom Lieferanten in Rechnung gestellt noch formal vereinbart worden sind. Ein Leistungsaustausch hat zwar bereits stattgefunden, sodass das Bestehen einer Verpflichtung und ein zukünftiger Ressourcenabfluss (so gut wie) sicher ist, die Höhe und/oder Fälligkeit des Entgelts ist allerdings noch in einem gewissen Rahmen unsicher, zB wenn noch keine endgültige Einigung hinsichtlich der abschließenden Höhe des Entgelts erzielt werden konnte. Auch wenn zur Bestimmung der Höhe oder der Fälligkeit der abgegrenzten Schulden Schätzungen erforderlich sind, ist die Unsicherheit im Allgemeinen deutlich geringer als bei Rückstellungen (*Pilhofer*, 65). Abgegrenzte Schulden sind daher nicht unter den Rückstellungen, sondern unter den sonstigen Schulden auszuweisen (*ADS*[1] Abschn 18 Rz 27; *Heuser/Theile*[3] Rz 2303; *Förschle/Kroner/Heddäus* WPg 1999, 44), sodass sich das Abgrenzungsproblem Verbindlichkeit/abgegrenzte Schuld in praxi nicht ergibt.

Nach der geplanten Neufassung von IAS 37 soll nicht mehr zwischen Rückstellungen und sonstigen Schulden unterschieden werden. Es gilt dann der Oberbegriff „nicht finanzielle Schulden“ (s ausführlich Rz 213 ff).

IV. Eventualschulden

1. Grundsatz

16 **Eventualschulden** sind dadurch gekennzeichnet, dass sie deutlich unsicherer sind als Rückstellungen. Das Vorliegen einer Eventualschuld ist immer dann zu prüfen, wenn die Ansatz- und Bewertungskriterien von Rückstellungen negiert werden müssen.

IAS 37.10 definiert eine Eventualschuld als

(1) eine mögliche Verpflichtung, die aus vergangenen Ereignissen resultiert und deren Existenz durch das Eintreten oder Nichteintreten eines oder mehrerer unsicherer künftiger Ereignisse erst noch bestätigt wird, die nicht vollständig unter der Kontrolle des Unternehmens stehen (IAS 37.10(a)), oder

(2) eine gegenwärtige Verpflichtung, die auf vergangenen Ereignissen beruht, jedoch nicht als Rückstellung erfasst wird, weil ein Abfluss von Ressourcen mit wirtschaftlichem Nutzen zur Erfüllung dieser Verpflichtung unwahrscheinlich ist oder die Höhe der Verpflichtung nicht ausreichend zuverlässig geschätzt werden kann (IAS 37.10(b)).

17 **Eventualschulden nach IAS 37.10(a)** unterscheiden sich somit von Rückstellungen dadurch, dass noch keine gegenwärtige, sondern lediglich eine mögliche Verpflichtung vorliegt. Die Existenz einer derartigen Verpflichtung hängt noch von dem Eintreten eines oder mehrerer ungewisser zukünftiger Ereignisse ab, die nicht im Einflussbereich des Unternehmens liegen und deren Eintritt bzw Nichteintritt die künftige finanzielle Situation des Unternehmens beeinflussen (*Pilhofer*, 115; *Daub*, 304).

Unter Eventualschulden nach IAS 37.10(a) sind grds die **Haftungsverhältnisse** nach § 251 HGB zu subsumieren (*Ellrott* in BeBiKo[6] § 251 HGB Rz 60;

Rz 205). Bei Haftungsverhältnissen fehlt es vor Eintritt der Bedingung (des haftungsbegründenden Ereignisses) an einer gegenwärtigen Verpflichtung.

Bei Eventualschulden nach IAS 37.10(b) liegt im Gegensatz zur ersten Alternative bereits eine gegenwärtige Verpflichtung und damit keine Unsicherheit hinsichtlich des Bestehens vor. Gegenwärtige Verpflichtungen begründen nach IAS 37.13 stets Eventualschulden und somit keine Rückstellungen, wenn die weiteren Voraussetzungen der Rückstellungsbildung, die Wahrscheinlichkeit des Ressourcenabflusses und die zuverlässige Schätzbarkeit des Erfüllungsbetrags nicht gegeben sind. 18

Eventualschulden sind nach IAS 37.27 nicht zu bilanzieren. Sie sind jedoch grds im **Anhang** anzugeben. Von einer Berichterstattung im Anhang ist nach IAS 37.28 lediglich abzusehen, wenn der zukünftige Ressourcenabfluss (gänzlich) unwahrscheinlich ist (s Rz 31). 19

Eventualschulden, die erst im Zeitablauf die Merkmale einer Rückstellung erfüllen, sind zum ersten Bilanzstichtag als **Rückstellung** auszuweisen, an dem die Kriterien erfüllt sind (*Förschle/Holland/Kroner*[6], 122). 20

Als **Beispiel** für Eventualschulden kann eine in den USA anhängige Schadensersatzklage angeführt werden, bei der auch *punitive damages* eingefordert werden und bei der davon ausgegangen werden kann, dass die Klage abgewiesen wird oder deren Höhe nicht mit der gebotenen Zuverlässigkeit bestimmt werden kann, was den Regelfall darstellen dürfte (*Epstein/Jermakowicz* 2008, 488). 21

Nach der geplanten Neufassung von IAS 37 soll der Begriff Eventualschulden (wie auch der Begriff der Eventualforderungen) nicht mehr verwendet werden. Eventualschulden sind dann unter dem neu geschaffenen Begriff „finanzielle Schulden" zu subsumieren oder werden im Abschluss nicht mehr angesetzt (s ausführlich Rz 213ff).

2. Unternehmenszusammenschlüsse

Gem IFRS 3 sind Unternehmenszusammenschlüsse unter Anwendung der **Erwerbsmethode** zu bilanzieren (IFRS 3.4 (2008)/IFRS 3.1 (2004); s § 34 Rz 19). Nach dieser Methode setzt der Erwerber zum Erwerbszeitpunkt im Rahmen der Verteilung der Anschaffungskosten neben den identifizierbaren Vermögenswerten und Schulden auch bestimmte **Eventualschulden** des erworbenen Unternehmens zu ihren beizulegenden Zeitwerten an, wenn diese verlässlich ermittelt werden können (IFRS 3.23 (2008) iVm 3.18 (2008)/IFRS 3.15 (2004) iVm IFRS 3.36 (2004) und IFRS 3.37(c) (2004)). 22

Eventualschulden, die im Rahmen der Verteilung des Kaufpreises **nach IFRS 3 (2004)** angesetzt werden, sind vom Anwendungsbereich des IAS 37 ausgeschlossen (IFRS 3.50 (2004)). Nach dem erstmaligen Ansatz zum beizulegenden Zeitwert hat der Erwerber bilanzierte Eventualschulden zu dem höheren Wert aus einer fiktiven Anwendung von IAS 37 und dem erstmalig angesetzten Betrag, abzüglich einer ggf nach IAS 18 erfassten kumulativen Abschreibung anzusetzen (IFRS 3.48 (2004); s § 34 Rz 152ff). Sowohl für im Rahmen der Kaufpreisallokation erfasste als auch für alle nicht erfassten Eventualschulden sind die jeweiligen Angabepflichten nach IAS 37 zu beachten (IFRS 3.47(c) (2004) und IFRS 3.50 (2004)). 23

Nach **IFRS 3.23 (2008)** sind nur noch Eventualschulden nach IAS 37.10(b) (i) bei der Kaufpreisallokation zu passivieren. Es kommen demnach nur Eventualschulden zum Ansatz, die auf einer gegenwärtigen, unbedingten Verpflichtung beruhen. Damit entfällt zukünftig die Passivierung von möglichen (bedingten) Verpflichtungen (s zur Unterscheidung zwischen unbedingten und bedingten Verpflichtungen auch Rz 216). Erst- und Folgebewertung bis zur Erfüllung 24 oder Ausbuchung der Verpflichtung sowie die Angabepflichten im Anhang unterscheiden sich nicht von IFRS 3 (2004) (IFRS 3.23 (2008) iVm IFRS 3.18 (2008)/IFRS 3.15 (2004) iVm IFRS 3.16 (2004) und IFRS 3.37(c)) (2004), IFRS 3.56 (2008)/IFRS 3.48 (2004), IFRS B.64(j) (2008)/IFRS 3.47(c) (2004) und IFRS 3.50 (2004)).

25 Kann der beizulegende Zeitwert einer Eventualschuld nicht **verlässlich bewertet** werden, wirkt sich dies auf den als Geschäfts- oder Firmenwert angesetzten oder nach IFRS 3.34 (2008)/IFRS 3.56 (2004) bilanzierten passiven Unterschiedsbetrag aus. Der Erwerber hat die Gründe für die fehlende Bewertbarkeit und weitere Informationen über diese Eventualschuld gem den Angabepflichten von IAS 37 anzugeben (IFRS 3.B64(j) (2008)/IFRS 3.47 (2004)).

V. Wahrscheinlichkeitsbegriff

26 Der Begriff der **Wahrscheinlichkeit** ist für die Abgrenzung von sonstigen Schulden, Rückstellungen und Eventualschulden von entscheidender Bedeutung. Für den Ansatz einer Rückstellung sind die wahrscheinliche Existenz einer gegenwärtigen Verpflichtung und der wahrscheinliche Abfluss von Ressourcen notwendige, wenn auch nicht hinreichende Voraussetzungen. UE ist der Wahrscheinlichkeitsbegriff im Kontext von IAS 37 **einheitlich auszulegen.**

IAS 37 enthält keine genauen Werte, ab wann eine gegenwärtige Verpflichtung als wahrscheinlich zu werten ist. Gerade diese **inhaltliche Konkretisierung** ist jedoch notwendig, da dem Wahrscheinlichkeitsbegriff international unterschiedliche Bedeutung zukommt (*Ernsting/von Keitz* DB 1998, 2479; *Daub*, 308). Eine Interpretation des Wahrscheinlichkeitsbegriffs in einer internationalen Rechnungslegung darf nicht anhand nationaler Bilanzierungspraktiken erfolgen. Vielmehr ist der Wahrscheinlichkeitsbegriff aus dem IFRS-Normensystem selbst zu interpretieren.

27 Die Interpretation des Wahrscheinlichkeitsbegriffs hängt eng zusammen mit der Stellung des **Vorsichtsprinzips.** Wird dem Vorsichtsprinzip eine hohe Bedeutung iSv *overriding principle* beigemessen, wird der Wahrscheinlichkeitsbegriff tendenziell recht weit ausgelegt; wird das Vorsichtsprinzip hingegen auf ein reines Ansatz- und Bewertungsprinzip zurückgedrängt, wird der Wahrscheinlichkeitsbegriff tendenziell eher restriktiv gehandhabt.

Im IFRS-Normensystem ist gem F. 46 davon auszugehen, dass die Anwendung der grundlegenden qualitativen Anforderungen des Rahmenkonzepts und der geltenden IFRS im Regelfall zu einem Abschluss führt, der ein den tatsächlichen Verhältnissen entspr Bild vermittelt. Das Rahmenkonzept führt in F. 37 aus, dass Vorsicht ein gewisses Maß an Sorgfalt bei der Ermessensausübung bedeutet, damit Vermögenswerte und Schulden nicht zu hoch oder zu niedrig angesetzt werden. Auch wenn die IFRS daher keine explizite Aussage zu der Stellung des *true and fair view* und des Vorsichtsprinzips im Verhältnis zu einem *overriding principle* treffen, ist uE das Vorsichtsprinzip als **reines Ansatz- und Bewertungsprinzip** zu verstehen und damit die Auslegung des Wahrscheinlichkeitsbegriffs eher restriktiv zu handhaben.

28 Gem IAS 37.15 führt ein Ereignis der Vergangenheit zu einer gegenwärtigen Verpflichtung, wenn unter Berücksichtigung aller substanziellen Hinweise für das Bestehen einer gegenwärtigen Verpflichtung zum Bilanzstichtag **mehr als dagegen** spricht. Nach IAS 37.23 wird ein Abfluss von Ressourcen ebenfalls als wahrscheinlich angesehen, wenn mehr dafür als dagegen spricht, dh die Wahrscheinlichkeit, dass ein Ereignis eintritt, ist größer als die Wahrscheinlichkeit, dass

es nicht eintritt (*Förschle/Kroner/Heddäus* WPg 1999, 47). Dabei ist nicht die Anzahl der Gründe, sondern deren Inhalt entscheidend.

Mathematisch betrachtet ergibt die Summe aus Wahrscheinlichkeit und Gegenwahrscheinlichkeit immer 100%. Wenn die geforderte Wahrscheinlichkeit größer als die Gegenwahrscheinlichkeit sein muss (*Ernsting/von Keitz* DB 1998, 2479), liegt die geforderte Mindestwahrscheinlichkeit folglich bei mehr als 50% (*Lüdenbach/Hoffmann* KoR 2003, 5; *Herzig/Köster* in HdJ Abt III/5 Rz 68; *Förschle/Holland/Kroner*[6], 120).

29 Die Ausführungen in IAS 37 zum Wahrscheinlichkeitsbegriff legen die Schlussfolgerung nahe, dass die Auslegung des Begriffs anhand **mathematisch-statistischer Maßstäbe** zu erfolgen hat (*Lüdenbach/Hoffmann* KoR 2003, 6). Wenn eine entspr große Grundgesamtheit gegeben ist, gilt das Gesetz der großen Zahl. Sind darüber hinaus die Verhältnisse innerhalb der Grundgesamtheit im Zeitverlauf unverändert geblieben, ist die Verwendung mathematisch-statistischer Wahrscheinlichkeiten sachgerecht (*Lüdenbach/Hoffmann* KoR 2003, 6). Bei Einzelsachverhalten, bei denen keine statistisch belastbaren Grundgesamtheiten vorliegen, ist uE aufgrund der wirtschaftlichen Betrachtungsweise eher die Qualität – iSv intersubjektiver Nachvollziehbarkeit – aller Gründe und Begründungen für einen bilanzierungsfähigen Sachverhalt maßgeblich. Vor allem bei Einzelsachverhalten wird daher idR an die Stelle einer statistisch begründbaren Wahrscheinlichkeit die Wahrscheinlichkeit des besseren Arguments treten (*Lüdenbach/Hoffmann* KoR 2003, 6f).

30 Bei einer **großen Anzahl** (wirtschaftlich) **ähnlicher Verpflichtungen** wird die Wahrscheinlichkeit des Bestehens einer Verpflichtung oder des Mittelabflusses nicht in Bezug auf die einzelne Verpflichtung, sondern in Bezug auf die jeweilige Grundgesamtheit ermittelt. Auch wenn daher die Wahrscheinlichkeit des Bestehens einer Verpflichtung oder des Mittelabflusses im Einzelfall niedrig ist, können bei der Betrachtung der ganzen Grundgesamtheit das Bestehen einer gegenwärtigen Verpflichtung und ein Mittelabfluss durchaus wahrscheinlich sein (IAS 37.24), wie zB bei Produktgarantien oder Retouren.

31 Sind die Existenz einer gegenwärtigen Verpflichtung oder ein Ressourcenabfluss **unwahrscheinlich,** dh die Wahrscheinlichkeit ist 50% oder kleiner als 50%, ist im Anhang eine Eventualschuld anzugeben, sofern ein Abfluss von Ressourcen mit wirtschaftlichem Nutzen nicht gänzlich unwahrscheinlich ist. Wie der Wahrscheinlichkeitsbegriff **„gänzlich unwahrscheinlich"** zu verstehen ist, bleibt nach IAS 37 ebenfalls offen. Absolute oder relative Grenzwerte werden nicht genannt. Der Begriff „gänzlich unwahrscheinlich" sollte grds sehr restriktiv ausgelegt werden, um die Informationsfunktion des Anhangs nicht zu unterlaufen. Im Umkehrschluss zur Definition des Begriffs „so gut wie sicher" (s Rz 69) sollte eine Wahrscheinlichkeit von rund 10% oder weniger als Anhaltspunkt herangezogen werden.

32 Die Beurteilung, ob nach dem **Gesamtbild der Verhältnisse** mehr Gründe für oder gegen eine Rückstellung sprechen, ist in der Praxis grds lösbar. Weitaus schwieriger gestaltet sich die Abgrenzung zwischen Rückstellungen und sonstigen Schulden bzw angabepflichtigen und nicht angabepflichtigen Eventualschulden, bei denen zu beurteilen ist, ob eine hinreichend große Wahrscheinlichkeit (rund 90% oder mehr bzw rund 10% oder weniger) für oder gegen den Ansatz einer sonstigen Schuld bzw Eventualschuld vorliegt. In diesen Fällen verbleibt auch bei der sorgfältigsten Analyse aller Argumente und Gegenargumente immer ein (relativ großer) **subjektiver Ermessensspielraum.** Dabei ist die Unterscheidung zwischen Rückstellung und sonstiger Schuld lediglich eine Ausweisfrage. Der Sachverhalt wird in jedem Fall passiviert. Im Hinblick auf die Abgrenzung zwischen passivierungspflichtigen Rückstellungen und lediglich an-

gabepflichtigen Eventualschulden bzw angabepflichtigen und nicht angabepflichtigen Eventualschulden sollte uE hingegen in Zweifelsfällen der Passivierung bzw der Angabe im Anhang der Vorzug gegeben werden.

D. Ansatz

I. Ereignis der Vergangenheit

33 Notwendige Voraussetzung einer Schuld im Allgemeinen und einer Rückstellung im Besonderen ist gem F. 49(b) bzw IAS 37.15f, dass ein Unternehmen eine gegenwärtige Verpflichtung aus einem vergangenen Ereignis hat. Diese beiden Periodisierungskriterien sind eng durch eine **Ursache** (vergangenes Ereignis) – **Wirkung** (gegenwärtige Verpflichtung) – **Beziehung** miteinander verbunden.

Nach IAS 37.19 sind Rückstellungen nur für diejenigen aus Ereignissen der Vergangenheit resultierenden Verpflichtungen anzusetzen, die **unabhängig von der künftigen Geschäftstätigkeit** eines Unternehmens bestehen. Eine in der Vergangenheit begründete Verpflichtung darf damit nicht durch künftiges Handeln des Unternehmens noch umgangen werden können (*Herzig/Köster* in HdJ Abt III/5 Rz 66). Die Entscheidung über die Erfüllung der Verpflichtung muss folglich dem Einfluss des Unternehmens entzogen sein (F. 61). Soweit daher ein Unternehmen zB aufgrund veränderter gesetzlicher Rahmenbedingungen – möglicherweise aufgrund von Umweltauflagen – verpflichtet wird, in seine Produktionsverfahren zu investieren, besteht keine gegenwärtige Verpflichtung, da das Unternehmen diese Verpflichtung zB durch eine Änderung oder Aufgabe der Produktion vermeiden kann.

34 Eine kalendermäßige Bestimmung, für welchen Zeitraum der Vergangenheit eine Schuld begründet werden kann, existiert nicht. Da der Vergangenheitszeitraum nicht eingeschränkt ist, ist für das **Ereignis** der Vergangenheit ein Geschäftsvorfall seit Unternehmensgründung **bis zum Bilanzstichtag** in Betracht zu ziehen.

35 Von den vergangenen Ereignissen abzugrenzen sind **zukünftige Ereignisse.** Verpflichtungen, die erst aus Ereignissen nach dem Bilanzstichtag resultieren, begründen keine Schuld (IAS 37.18).

II. Gegenwärtige Verpflichtung

36 Voraussetzung einer gegenwärtigen Verpflichtung ist ein Ereignis der Vergangenheit, das spätestens bis zum Bilanzstichtag eine **rechtliche oder faktische Verpflichtung** begründet, aufgrund welcher das Unternehmen keine realistische Alternative hat, sich der Erfüllung der Verpflichtung zu entziehen. Das Kriterium der **Unentziehbarkeit** bedeutet, dass neben der Erfüllung der Verpflichtung keine **Alternativen** bestehen dürfen, mittels derer ein Abfluss von Ressourcen an einen Dritten vermieden werden kann, zB durch Einstellung, Änderung oder Verlagerung der Produktion. Diese führen stets zum Passivierungsverbot (ADS[1] Abschn 18 Rz 35; *Hayn/Pilhofer* DStR 1998, 1730ff; *Hoffmann* in Lüdenbach/Hoffmann IFRS[7] § 21 Rz 20). Die Alternative der **Unternehmensliquidation** scheidet aus, sofern das Unternehmen nicht bereits in die Liquidationsphase eingetreten ist (ähnlich *Moxter* BB 1999, 521f). Rückstellungsfähig sind damit nur Verpflichtungen, die nicht mehr durch die künftige Geschäftstätigkeit beeinflusst werden können. Dies schließt auch zukünftige Ausgaben mit ein, die zwingend erforderlich sind, um das Unternehmen in einer bestimmten Weise fortzuführen

(zB Ausgaben für die Durchführung behördlich angeordneter Maßnahmen), wenn diese Ausgaben durch künftige Handlungen vermieden werden könnten (zB durch die Einstellung oder Verlagerung der Produktion).

Ein **verpflichtendes Ereignis** als **Passivierungsvoraussetzung** liegt nach IAS 37.20 nur vor, wenn die zugrunde liegende Verpflichtung ggü einem einzelnen oder mehreren Dritten oder ggü der (gesamten) Öffentlichkeit besteht (*Förschle/Holland/Kroner*[6], 121). Folglich muss es sich um eine **Außenverpflichtung** handeln. In Abgrenzung dazu sind bloße Innenverpflichtungen nicht passivierungsfähig. Innenverpflichtungen können sich jedoch durch das Handeln des Unternehmens in eine Außenverpflichtung wandeln, ohne dass hierzu eine rechtliche Verpflichtung begründet werden muss. Für die Beantwortung der Frage, ob eine Innen- oder Außenverpflichtung vorliegt, ist der Zeitpunkt entscheidend, ab dem sich das Unternehmen aufgrund einer für Dritte erkennbar nach außen gerichteten Willenserklärung der Erfüllung der Innenverpflichtung aus tatsächlichen oder wirtschaftlichen Gründen nicht mehr entziehen kann. Daher können auch solche Restrukturierungsmaßnahmen, die zunächst nur auf einer Innenverpflichtung beruhen, nach IAS 37.70ff unter bestimmten Voraussetzungen unter die Außenverpflichtungen zu subsumieren sein (s Rz 162ff). 37

Rechtliche Verpflichtungen leiten sich gem IAS 37.10 aus Verträgen und ihren Bedingungen, Gesetzen oder sonstigen unmittelbaren Auswirkungen gesetzlicher Regelungen ab. Merkmal einer rechtlichen Verpflichtung ist ihre tatsächliche Durchsetzbarkeit (F. 60). 38

Eine **gesetzliche Verpflichtung** liegt nach IAS 37.22 auch bei noch nicht endgültigen Gesetzentwürfen vor, wenn die Verabschiedung des Gesetzentwurfs so gut wie sicher feststeht. Für die Rückstellungsbildung wird in diesem Fall die rechtliche Verpflichtung bereits fingiert. In vielen Fällen dürfte es aber unmöglich sein, die tatsächliche Verabschiedung eines Gesetzes mit der erforderlichen Sicherheit vorherzusagen. 39

Im Normenwerk der IFRS wird der wirtschaftlichen ggü der rechtlichen Betrachtungsweise der Vorrang eingeräumt. Aus diesem Grund ist hinsichtlich des Vorliegens einer Schuld die rechtliche Durchsetzbarkeit keine notwendige Passivierungsvoraussetzung, es reicht das Vorliegen einer wirtschaftlichen Verpflichtung. Ein Unternehmen hat daher unabhängig von etwaigen gesetzlichen oder vertraglichen Regelungen zu prüfen, welche Konsequenzen die wirtschaftlichen Auswirkungen eines Geschäftsvorfalls haben (F. 51). Daher sind neben den rechtlichen Verpflichtungen auch faktische Verpflichtungen passivierungspflichtig.

Aus F. 61 ergeben sich keine Hinweise darauf, ob befristete **Widerrufsrechte** kraft Gesetz oder rechtsgeschäftlicher Vereinbarung oder **Wandlungsrechte** aufgrund von Sachmängeln einer gegenwärtigen Verpflichtung entgegenstehen. In Übereinstimmung mit dem deutschen Recht ist bis zum Eintreten der Bedingung ein unbedingtes Rechtsgeschäft und somit eine gegenwärtige Verpflichtung anzunehmen (*Wollmert/Achleitner* WPg 1997, 216). 40

Eine (rechtliche) Verpflichtung liegt auch dann vor, wenn dem Schuldner die **Identität des** anspruchsberechtigten **Gläubigers** (noch) nicht bekannt ist (*Reinhart* BB 1998, 2515; *Ernsting/von Keitz* DB 1998, 2478). 41

Faktische Verpflichtungen werden in IAS 37.10 als aus den Aktivitäten eines Unternehmens entstehende Verpflichtungen ohne Rechtsgrund definiert, wenn das Unternehmen durch sein bisher übliches **Geschäftsgebaren, öffentlich angekündigte Maßnahmen** oder eine ausreichend **spezifische, aktuelle Aussage anderen Parteien ggü** die Übernahme gewisser Verpflichtungen angedeutet hat, und es dadurch bei ihnen eine gerechtfertigte Erwartung geweckt hat, diesen Verpflichtungen nachzukommen. Faktische Verpflichtungen sind somit nicht einklagbare Leistungspflichten, denen sich das Unternehmen aus tat- 42 sächlichen oder wirtschaftlichen Gründen nicht entziehen kann. Aus IAS 37.10 und F. 60ff ergeben sich keine Maßstäbe, anhand derer beurteilt werden kann, ab wann ein faktischer Leistungszwang so stark ist, dass sich das Unternehmen ihm nicht entziehen kann. Nach dem deutschen Handelsrecht ist diese Frage dagegen unter objektiven Gesichtspunkten aus der Sicht eines ordentlichen Kaufmanns zu beurteilen und zu entscheiden (*Hoyos/M. Ring* in BeBiKo § 247 HGB Rz 204). Dieser Maßstab kann uE auch nach IFRS herangezogen werden.

Für Unternehmen kann es aus diversen Gründen notwendig sein, eine tatsächliche wirtschaftliche Verpflichtung zu erfüllen, zB aus dem Wunsch, gute Geschäftsbeziehungen zu pflegen, aus Reputationsgründen oder aufgrund von Handelsbräuchen und Usancen (F. 60). Die Verpflichtung kann auf sittlichen, moralischen oder geschäftlichen Erwägungen beruhen (*Pilhofer* 87). Auch freiwillige Selbstverpflichtungen sind faktische Verpflichtungen (s hierzu auch IAS 37.C4).

43 Notwendige Voraussetzung für den Ansatz einer faktischen Verpflichtung ist, dass das Unternehmen wesentliche **nachteilige Entwicklungen** befürchtet, sollte es die Verpflichtung nicht erfüllen. Eine faktische Verpflichtung ist zB bei einem vom Unternehmen verursachten Umweltschaden gegeben, wenn sich das Unternehmen ohne gesetzliche Verpflichtung aufgrund einer bestehenden veröffentlichten Umweltleitlinie zur Beseitigung des Schadens verpflichtet (*Förschle/Kroner/Heddäus* WPg 1999, 45) und bereits mehrfach bewiesen hat, dass es diese veröffentlichte Politik auch einhält (IAS 37.C2B). Bei Nichterfüllung droht dem Unternehmen die Gefahr, sich massivem öffentlichem Druck auszusetzen und erhebliche wirtschaftliche Einbußen in Kauf nehmen zu müssen (*Förschle/Kroner/Heddäus* WPg 1999, 45; *Förschle/Holland/Kroner*[6], 120).

Offen ist, wie das Unternehmen den **Nachweis** erbringen kann, dass es eine gerechtfertigte Erwartung ggü Dritten geweckt hat, einer Verpflichtung nachzukommen, insbes wenn das Unternehmen erstmals eine freiwillige Selbstverpflichtung eingeht. UE setzt eine faktische Verpflichtung die Kenntnis des/der Dritten über die Selbstverpflichtung voraus. Rein interne Entscheidungen, die den Betroffenen ggü (noch) nicht kommuniziert worden sind, führen damit nicht zu einer faktischen Verpflichtung. Bei kommunizierten Selbstverpflichtungen tritt hinzu, dass sich das Unternehmen durch sein bisheriges Verhalten nicht in Widerspruch zur angekündigten Verhaltensweise gesetzt hat.

44 Von den gegenwärtigen Verpflichtungen abzugrenzen sind **zukünftige Verpflichtungen.** Künftige Verpflichtungen begründen keine Rückstellung. Eine Passivierung künftiger Verpflichtungen würde gegen das *matching principle* verstoßen, nach dem die entstandenen Aufwendungen sachlich und zeitlich den zugehörigen realisierten Erträgen zugeordnet werden. Aufwendungen, die erforderlich sind, um künftige Erträge zu erzielen, sind daher nicht als Rückstellung passivierungsfähig (*Herzig/Köster* in HdJ Abt III/5 Rz 67; *Ernsting/von Keitz* DB 1998, 2478).

Plant ein Unternehmen zB aufgrund von **öffentlichem Druck** oder **gesetzlichen Anforderungen** bestimmte Ausgaben, um seine Betriebstätigkeit künftig in einer bestimmten Weise zu ermöglichen, liegt keine gegenwärtige Verpflichtung vor. Das Unternehmen kann diese Ausgaben durch seine künftigen Aktivitäten vermeiden. Auch die Entscheidung des Unternehmens, in der Zukunft Vermögenswerte herzustellen oder zu erwerben, führt grds nicht zu einer gegenwärtigen Verpflichtung (F. 61), da sich das Unternehmen diesen Verpflichtungen noch entziehen kann. Selbst wenn dieser Entscheidung eine rechtliche Verpflichtung folgt, kommt eine Verpflichtung, die eine Rückstellung begründet, nur dann in Betracht, wenn es sich um einen belastenden Vertrag handelt (s Rz 101ff).

Auch **künftige betriebliche Verluste,** die nicht auf einem belastenden Vertrag beruhen, entsprechen nicht der Definition einer Schuld und sind nicht rückstellungsfähig (IAS 37.63). Sie sind als Anzeichen einer möglichen Wertminderung (IAS 36) bestimmter Vermögenswerte des Unternehmensbereichs zu werten. 45

Nicht zulässig ist die Bildung von Rückstellungen, für die weder eine gegenwärtige rechtliche noch faktische Verpflichtung ggü Dritten vorliegt, zB bei

(1) Kosten für eine beabsichtigte oder notwendige Änderung der Produktionsmethoden aufgrund geschäftspolitischer Notwendigkeiten oder gesetzlicher Auflagen (IAS 37.19),
(2) künftig entstehenden Geschäftsverlusten (die Verluste wären ggf ein Indiz für notwendige Wertminderungen (IAS 36)),
(3) unterlassener Instandhaltung,
(4) Großreparaturen,
(5) künftigen Aufwendungen für Schulungsmaßnahmen, Werbung oder Forschung sowie
(6) sämtlichen Innenverpflichtungen.

Die folgenden **Beispiele** sollen den Tatbestand der gegenwärtigen Verpflichtung aus einem vergangenen Ereignis verdeutlichen: 46

Beispiel: Ein Hersteller übernimmt für seine verkauften Produkte die Gewährleistung für drei Jahre ab Verkaufszeitpunkt. Diese Gewährleistungsfrist ist im Kaufvertrag fixiert. Aus der Erfahrung der Vergangenheit ist es wahrscheinlich, dass aus diesen Gewährleistungen Verpflichtungen hervorgehen.

Lösung: Das verpflichtende Ereignis ist der Verkauf der Produkte mit einer Gewährleistung, die zu einer rechtlichen Verpflichtung führt. Ein Abfluss von wirtschaftlichen Ressourcen erscheint wahrscheinlich. Eine Rückstellung wird in Höhe der bestmöglichen Schätzung des Aufwands angesetzt, der für die Beseitigung von Fehlern an Produkten entsteht, die vor dem Bilanzstichtag mit Gewährleistung verkauft wurden (IAS 37.C1).

Beispiel: Ein Händler gestattet unzufriedenen Kunden die Wandlung ihrer Käufe, obwohl keine rechtliche Verpflichtung vorliegt. Den Kunden ist diese Unternehmenspolitik bekannt. Sie machen regen Gebrauch von der Rückgabe der Produkte.

Lösung: Das verpflichtende Ereignis ist der Verkauf des Produkts. Es entsteht eine faktische Verpflichtung, da die bisherige betriebliche Praxis bei dem Kunden eine gerechtfertigte Erwartung geweckt hat, dass sie vom Vertrag zurücktreten können und der Händler den Kaufpreis erstattet. Ein Abfluss von wirtschaftlichen Ressourcen ist wahrscheinlich. Eine Rückstellung ist in Höhe der bestmöglichen Schätzung des Aufwands für die Zurücknahme zu bilden (IAS 37.C4).

Beispiel: Aufgrund einer Gesetzesänderung ist ein Unternehmen zum Einbau von Rauchfiltern in seine Fabriken bis zum 30. Juni X1 verpflichtet. Die Rauchfilter werden nicht eingebaut.

Lösung: Zum 31. Dezember X0 liegt keine gegenwärtige Verpflichtung vor, da nach dem Gesetz weder für die Einbaukosten noch für Geldstrafen ein verpflichtendes Ereignis eingetreten ist. Zum 31. Dezember X1 besteht unverändert keine Verpflichtung für die Einbaukosten, da kein verpflichtendes Ereignis hinsichtlich des Einbaus der Filter vorliegt. Das Unternehmen kann sich dem Einbau durch eine Stilllegung der Fabriken bzw eine Verlagerung der Produktion in ein anderes Land entziehen. Es kann aber eine Verpflichtung zur Zahlung einer Geldstrafe existieren, für die das nicht den gesetzlichen Anforderungen entspr Betreiben der Fabriken das verpflichtende Ereignis darstellt. Es wird dann keine Rückstellung für die Einbaukosten, sondern für die drohende Geldstrafe angesetzt (IAS 37.C6).

III. Wahrscheinlicher Abfluss von Ressourcen mit wirtschaftlichem Nutzen

47 Ein Abfluss wirtschaftlicher Ressourcen liegt regelmäßig bei der **Erfüllung einer Verpflichtung** vor. Grds erfolgt die Erfüllung einer Verpflichtung durch Zahlung flüssiger Mittel, Übertragung anderer Vermögenswerte, Erbringung von Dienstleistungen, Ersatz der bestehenden Verpflichtung durch eine andere Verpflichtung oder Umwandlung der Verpflichtung in Eigenkapital (F. 62). Für einen wahrscheinlichen Ressourcenabfluss ist es nicht erforderlich, dass der Gläubiger seinen Anspruch tatsächlich kennt. Es reicht aus, wenn der Gläubiger die Möglichkeit der Kenntnisnahme hat und seinen Anspruch mit ausreichender Wahrscheinlichkeit auch durchsetzen wird. Zum Begriff der Wahrscheinlichkeit s Rz 26ff.

IV. Zuverlässige Schätzbarkeit der Verpflichtung

48 Zwingende Ansatzvoraussetzung einer Rückstellung ist nach IAS 37.14 iVm IAS 37.25f eine zuverlässige Schätzbarkeit der Verpflichtungshöhe. Anders als nach deutschem Handelsrecht stellt die Schätzbarkeit der Verpflichtungshöhe ein **Ansatz- und kein Bewertungskriterium** dar. Die Schätzbarkeit der Verpflichtungshöhe sowie die eigentliche Bewertung einer Rückstellung sind jedoch eng verbunden, sodass eine strikte Trennung von Ansatz und Bewertung nur schwer möglich ist. Die Frage, ob ein Sachverhalt bilanziert wird (Ansatz), zielt ausschließlich darauf ab, ob für das Bestehen sowie den Ressourcenabfluss einer Verpflichtung mit einem bestimmten (Minimum-)Betrag eine Wahrscheinlichkeit größer 50% gegeben ist. Die Frage, mit welchem Wert dieser Sachverhalt in der Bilanz berücksichtigt wird (Bewertung), geht darüber hinaus und berücksichtigt grds die gesamte Bandbreite aller Beträge, auch wenn einzelnen Beträgen eine Eintrittswahrscheinlichkeit von weniger als 50% beizumessen ist (*Lüdenbach/Hoffmann* KoR 2003, 8).

Die Frage der **Bewertung** ist damit eine von der Frage des Ansatzes zu trennende Fragestellung. Wird der Ansatz einer Rückstellung bejaht, sind für die Ermittlung der Rückstellungshöhe sämtliche ermittelbaren bzw ermittelten Eintrittswahrscheinlichkeiten und Werte zu berücksichtigen, auch wenn einzelne dieser Parameter bei der Entscheidung über den Ansatz der Rückstellung außer acht geblieben sind.

Regelmäßig ist ein Unternehmen in der Lage, zumindest eine **Bandbreite möglicher Werte** zu bestimmen und daher auch eine Schätzung der Verpflichtung vorzunehmen. Die Bestimmung einer Bandbreite möglicher Werte reicht für den Umfang der erwarteten Verpflichtung hinsichtlich des Kriteriums der zuverlässigen Schätzbarkeit bereits aus (*Herzig/Köster* in HdJ Abt III/5 Rz 69).

49 Nur in Ausnahmefällen kann die Verpflichtungshöhe nicht zuverlässig bestimmt werden. In diesem seltenen Fall ist nach IAS 37.26 keine Rückstellung zu passivieren. Derartige Verpflichtungen sind gem F. 86 und IAS 37.26 grds im Anhang als **Eventualschulden** offen zu legen. Zudem sind im Anhang die Gründe anzugeben, warum keine verlässliche Schätzung vorgenommen werden kann (*ABl EG* L 156 vom 13. Juni 2001, 39). Die Angabepflicht entfällt, wenn der Sachverhalt (gänzlich) unwahrscheinlich ist (*Epstein/Jermakowicz* 2008, 488).

V. Zeitpunkt der Rückstellungsbildung

Eine Rückstellung ist zu bilden, sobald die grundlegenden **Ansatzkriterien erfüllt** sind. Insbes bei Eventualschulden ist daher regelmäßig zu prüfen, ob sich die Wahrscheinlichkeit in Bezug auf das Bestehen einer Verpflichtung und eines zukünftigen Ressourcenabflusses so weit konkretisiert hat, dass nunmehr eine Rückstellung zu passivieren ist (IAS 37.30). 50

VI. Ausbuchung

In Anlehnung an IAS 39.39 ist eine Rückstellung grds dann auszubuchen, wenn die zugrunde liegende **Verpflichtung erfüllt, aufgehoben** oder **verjährt** ist. Da die Ausbuchung der Auflösung einer Rückstellung wirtschaftlich entspricht, wird auf die Ausführungen in Rz 83 verwiesen. 51

einstweilen frei 52

E. Bewertung

I. Bestmögliche Schätzung

Der als Rückstellung anzusetzende Betrag stellt die bestmögliche Schätzung der Ausgabe dar, die zur Erfüllung einer gegenwärtigen Verpflichtung zum Bilanzstichtag erforderlich ist (IAS 37.36). Die Verpflichtungshöhe entspricht nach IAS 37.37 dem Betrag, den das Unternehmen bei vernünftiger Betrachtung zur **Erfüllung der Verpflichtung** (Eigenerfüllungsbetrag) respektive zur **Übertragung dieser Verpflichtung auf einen unabhängigen Dritten** (Entpflichtungsbetrag) zum Bilanzstichtag zahlen müsste. IAS 37 lässt keine Präferenz für einen dieser Werte erkennen (*Hoffmann* in Lüdenbach/Hoffmann IFRS[7] § 21 Rz 110). Die Wertmaßstäbe können jedoch zu unterschiedlichen Wertansätzen führen. Während der Eigenerfüllungsbetrag die Berücksichtigung schuldnerspezifischer Risiken zulässt, zB bei der Einbeziehung der Bonität des Unternehmens in den Diskontierungssatz, stellt der Entpflichtungsbetrag ausschließlich auf marktspezifische Risiken ab, würde also zB die Bonität des Unternehmens außer acht lassen (s hierzu Rz 75 ff sowie weiterführend *Hommel* PiR 2007, 323 f). 53

Die Schätzung der finanziellen Auswirkungen aus der Begleichung respektive Übertragung der Verpflichtung obliegt dem **Management** (*Ernsting/von Keitz* DB 1998, 2480; *Forschle/Kroner/Heddäus* WPg 1999, 48). Hilfreich für die Ermittlung des Erfüllungsbetrags können Erfahrungswerte aus ähnlichen Transaktionen, Einschätzungen von Experten oder unabhängige Sachverständigengutachten sein. Die zugrunde liegenden **substanziellen Hinweise**, die das Management zu beachten hat, umfassen alle zusätzlichen, durch Entwicklungen nach dem Bilanzstichtag entstandenen werterhellenden Tatsachen, Ereignisse und Informationen (IAS 37.38).

Die Ausführungen in IAS 37 zur Bewertung von Rückstellungen weisen wie bereits bei der Auslegung des Wahrscheinlichkeitsbegriffs im Rahmen der Ansatzkriterien auf eine **mathematisch-statistische Bestimmung** der bestmöglichen Schätzung hin, die nach IAS 37.39 grds dem Erwartungswert entspricht. Da der Erwartungswert jedoch bei singulären Sachverhalten oder bei größeren Grundgesamtheiten mit sich im Zeitablauf verändernden Verhältnissen nicht aussagefähig ist (*Lüdenbach/Hoffmann* KoR 2003, 6), weil er zu Ergebnissen führt, 54 die nicht annähernd dem späteren Ressourcenabfluss entsprechen, nimmt IAS 37.39f eine entspr Differenzierung vor.

55 Umfasst der zu bewertende Sachverhalt eine **große Anzahl ähnlicher Geschäftsvorfälle** (zB Gewährleistungsverpflichtungen) und liegt den möglichen Erfüllungsbeträgen eine Wahrscheinlichkeitsverteilung zugrunde, ist nach IAS 37.39 die **Erwartungswertmethode** anzuwenden. Der gesamte Verpflichtungsumfang wird durch Gewichtung aller möglichen Verpflichtungseinzelbeträge mit den korrespondierenden Eintrittswahrscheinlichkeiten geschätzt. Bei einer Bandbreite möglicher Ereignisse, innerhalb derer die Eintrittswahrscheinlichkeit der einzelnen Ereignisse gleich groß ist, ist nach IAS 37.39 der Mittelpunkt der Bandbreite zu verwenden. Aufgrund des Gesetzes der großen Zahl ist es in diesen Fällen hinreichend wahrscheinlich, dass der zukünftige Ressourcenabfluss zur Erfüllung der Verpflichtung durch den Erwartungswert zuverlässig repräsentiert wird.

IAS 37.39 lässt im Zusammenhang mit dem Erwartungswert zwei Fragestellungen offen. Zum einen wird nicht näher ausgeführt, ab wann eine **hinreichend große Anzahl** von **Geschäftsvorfällen** vorliegt. Zum anderen wird nicht definiert, unter welchen **Voraussetzungen** gleichartige bzw ähnliche Verpflichtungen gegeben sind. Hinsichtlich der erforderlichen großen Anzahl ergibt sich die Antwort aus dem Gesetz der großen Zahl und den Anwendungsvoraussetzungen des Verfahrens, mit dem die Wahrscheinlichkeitsverteilung bestimmt werden soll, und dürfte in praxi grds wenig Schwierigkeiten bereiten. Die Beurteilung, welche Geschäftsvorfälle zu einer weitgehend homogenen Grundgesamtheit zusammengefasst werden können, sollte in praxi idR ebenfalls unproblematisch sein. Bei der Identifikation dieser Geschäftsvorfälle ist nicht der rechtliche, sondern der wirtschaftliche Verpflichtungscharakter maßgeblich. Dies bedeutet zB bei Gewährleistungsrückstellungen, dass verschiedene Produktgruppen zu einer Grundgesamtheit zusammengefasst werden können. Rückstellungsbegründendes Moment ist der Verkauf der Produkte, wertbestimmend der Schadensverlauf innerhalb der Grundgesamtheit im Zeitablauf.

56 Bei **einzelnen Geschäftsvorfällen** oder im Zeitablauf **inhomogenen größeren Grundgesamtheiten** sind die statistischen Voraussetzungen für die Anwendung des Erwartungswertverfahrens nicht gegeben. In diesen Fällen sieht IAS 37.40 grds die Bewertung der Verpflichtung mit dem **wahrscheinlichsten Ereignis** vor. Die Berücksichtigung des wahrscheinlichsten Ereignisses impliziert, dass das bilanzierende Unternehmen eine Schätzung mehrerer möglicher Ereignisse, zB in Form einer Bandbreitenschätzung, vorgenommen hat.

57 Aufgrund der im Vergleich zu einer großen Anzahl von Geschäftsvorfällen deutlich höheren Unsicherheit hinsichtlich des wahrscheinlichsten Verpflichtungsumfangs wird dieser Grundsatz jedoch durchbrochen, indem nach IAS 37.40 auch die anderen möglichen Ereignisse nicht zu vernachlässigen sind. Bestehen **größtenteils höhere oder größtenteils niedrigere Erfüllungsbeträge** als der Betrag mit der höchsten Wahrscheinlichkeit, ist eine Betrachtung der gesamten Bandbreite möglicher Ereignisse erforderlich. In diesem Fall ist auf den Wert mit der höchsten Eintrittswahrscheinlichkeit ein letztendlich subjektiver Zu- oder Abschlag vorzunehmen.

Offen bleibt, was genau unter größtenteils höheren oder größtenteils niedrigeren Erfüllungsbeträgen zu verstehen ist. IAS 37 gibt keine nähere Erläuterung dazu, ob sich der Begriff „größtenteils" auf die Wahrscheinlichkeiten, Erfüllungsbeträge oder eine etwaige Gewichtung aus beiden Faktoren bezieht. Insbes ist fraglich, ob sich die inhaltliche Interpretation des Begriffs „größtenteils" auf die Gesamtwahrscheinlichkeit erstreckt oder Bezug zu nehmen ist auf das Ereignis mit der höchsten Eintrittswahrscheinlichkeit. Da zudem die Höhe des

Zuschlags/Abschlags nicht geregelt ist, verbleibt dem Bilanzierenden ähnlich wie nach HGB ein nicht **unerheblicher Ermessensspielraum** (*Ernsting/von Keitz* DB 1998, 2481).

UE ist diese Vorgehensweise nur in den Fällen mit dem **Grundprinzip** – Ansatz des wahrscheinlichsten Werts – vereinbar, wenn bei mehreren möglichen Erfüllungsbeträgen keiner dieser Beträge eine Eintrittswahrscheinlichkeit von mehr als 50% aufweist. Ist bei einem Erfüllungsbetrag eine Eintrittswahrscheinlichkeit von mehr als 50% gegeben, stellt dieser Wert per definitionem die bestmögliche Schätzung dar. Hieraus folgt, dass bei einem wahrscheinlichsten Wert, dessen Eintrittswahrscheinlichkeit kleiner oder gleich 50% ist, ein Zuschlag erforderlich werden kann, der so bemessen ist, dass ein Wert erreicht wird, dessen Eintrittswahrscheinlichkeit mehr als 50% beträgt (*ADS*[1] Abschn 18 Rz 79; *Ruhnke*[2], 586 f). Falls der wahrscheinlichste Wert nicht den untersten Wert darstellt, sondern auch geringere Werte mit niedrigeren Eintrittswahrscheinlichkeiten abdeckt, kann der Ansatz des wahrscheinlichsten Werts ausreichend sein, wenn über diesen Ansatz bereits ein Wert erfasst wird, dessen kumulierte Eintrittswahrscheinlichkeit mehr als 50% beträgt. In diesem Fall kann auch ein Abschlag auf den wahrscheinlichsten Wert in Betracht kommen. 58

Beispiel: Ein Unternehmen schätzt die Höhe einer Schadensersatzverpflichtung aus verspäteter Fertigstellung eines Hotels wie folgt ein: Mio € 5 mit 40%, Mio € 7 mit 35% und Mio € 10 mit 25%.

Lösung: Der niedrigste Wert (Mio € 5), den das Unternehmen erwartet, ist zugleich der wahrscheinlichste Wert. Dieser Wert hat eine *stand-alone*-Eintrittswahrscheinlichkeit von kleiner 50%, ist aber als niedrigster Wert in allen anderen Werten, die das Unternehmen für wahrscheinlich hält, enthalten. Die kumulierte Eintrittswahrscheinlichkeit für diesen Wert liegt damit bei 100%. Die Rückstellung ist folglich mit mindestens Mio € 5 zu dotieren.

Die Wahrscheinlichkeit, dass der „wahre" Wert der Rückstellung größer als Mio € 5 ist, liegt nach den subjektiven Einschätzungen des Unternehmens allerdings bei 60%. Der nächst höhere Wert beträgt Mio € 7 und schließt den Wert von Mio € 5 mit ein. Ein Wert mit einer Eintrittswahrscheinlichkeit von mindestens 50% wird somit zwischen Mio € 5 und Mio € 7 liegen, sodass ein Zuschlag bis zu Mio € 2 erforderlich sein kann. Die Dotierung der Rückstellung mit Mio € 10 kommt hingegen nicht in Betracht.

Beispiel: Ein Unternehmen schätzt die Höhe einer Schadensersatzverpflichtung aus verspäteter Fertigstellung eines Hotels wie folgt ein: Mio € 5 mit 35%, Mio € 7 mit 40% und Mio € 10 mit 25%.

Lösung: Der wahrscheinlichste Wert ist Mio € 7. Dieser Wert hat jedoch eine *stand-alone* Eintrittswahrscheinlichkeit von weniger als 50%. Wie im vorherigen Beispiel stellt der Betrag von Mio € 5 den Erfüllungsbetrag dar, den das Unternehmen in allen Szenarien (mindestens) erwartet.

Da der wahrscheinlichste Wert den niedrigsten Erfüllungsbetrag von Mio € 5 mit einschließt, beträgt die kumulierte Wahrscheinlichkeit, dass der Wert von Mio € 7 zur Erfüllung der Verpflichtung ausreicht, 75%. In diesem Fall kann ein Abschlag von dem wahrscheinlichsten Wert vorgenommen werden, der in Anlehnung an das vorhergehende Beispiel bis zu Mio € 2 betragen kann.

Hinweis: Wäre der wahrscheinlichste Wert, der höchste Wert, ohne dass dieser eine Eintrittswahrscheinlichkeit von mehr als 50% hat, würde sich an der grds Lösung nur die Höhe des Abschlags ändern, der dann bis zu Mio € 5 betragen kann.

Besteht eine Bandbreite möglicher **Erfüllungsbeträge,** die **gleichwahrscheinlich** sind, existiert kein Ereignis mit einer höchsten Eintrittswahrscheinlichkeit. Da IAS 37.40 nicht näher auf diesen Fall eingeht, wird in der Literatur analog zu der Bewertung einer großen Anzahl von Sachverhalten IAS 37.39 herangezogen und der Mittelpunkt der Bandbreite angesetzt (*Förschle/Holland/Kroner*[6], 121; *Hayn/Pilhofer* DStR 1998, 1766). Dies ist uE jedoch nicht sachge- 59 recht. Da die Eintrittswahrscheinlichkeit gleichwahrscheinlicher Ereignisse stets bei oder unter 50% liegt, sind solche Fälle uE ebenfalls mit Hilfe obiger Vorgehensweise zu lösen.

60 Trotz der vorstehend aufgezeigten Hinweise zur Konkretisierung des Wahrscheinlichkeitsbegriffs bzw zum Umgang mit subjektiv geschätzten Wahrscheinlichkeiten darf nicht verkannt werden, dass der Ermittlung von Eintrittshöhen und -wahrscheinlichkeiten ein hoher Grad an **subjektivem Ermessensspielraum** inhärent ist. Dieser wird nur dann iS einer belastbaren intersubjektiven Nachprüfbarkeit reduziert, wenn das Gesetz der großen Zahl gilt. In allen anderen Fällen, also insbes bei singulären Fällen, kommt es durch den Ansatz subjektiv geschätzter Erfüllungsbeträge und Wahrscheinlichkeiten zwangsläufig zu einer **Scheingenauigkeit**, die aus der Sicht des Bilanzierenden zwar die bestmögliche Schätzung darstellen mag, aber nicht notwendigerweise von einem Dritten (also auch dem Abschlussprüfer) geteilt werden muss. Hierin unterscheiden sich die IFRS nicht vom HGB.

61 Die in die Ermittlung einzelner Rückstellungsbeträge einzubeziehenden **Kostenarten** umfassen analog zur verlustfreien Bewertung beim Vorratsvermögen alle der Verpflichtung zuzurechnenden Einzel- und Gemeinkosten. Allgemeine Verwaltungs- und Vertriebsgemeinkosten sind nicht zu berücksichtigen (*Hayn/Pilhofer* DStR 1998, 1766; *Dangel/Hofstetter/Otto*, 105; *ADS*[1] Abschn 18 Rz 66 ff).

62 Die **Bewertung** der Rückstellungen hat **vor Steuern** zu erfolgen (IAS 37.41). Steuerliche Auswirkungen aus der Passivierung von Rückstellungen sind gem IAS 12 zu behandeln (s § 7 und § 25).

63 Bei der Bewertung von Rückstellungen verbleibt ähnlich wie nach HGB ein erheblicher **subjektiver Ermessensspielraum,** der allerdings nach IAS 37 enger gefasst ist. Einerseits hat auch nach IAS 37.43 eine vorsichtige Bewertung sämtliche wertrelevanten Faktoren zu berücksichtigen und demzufolge auch negativen Entwicklungen ausreichend Rechnung zu tragen (*Ernsting/von Keitz* DB 1998, 2481). Mit dieser Interpretation des Vorsichtsgrundsatzes soll vermieden werden, dass Verbindlichkeiten zu niedrig und somit der Periodenerfolg zu hoch ausgewiesen wird (*Ernsting/von Keitz* DB 1998, 2481). Andererseits rechtfertigen Unsicherheiten nicht die Bildung stiller Reserven durch übermäßige Rückstellungsbildung und somit eine Überbewertung von Schulden. Der Vorsichtsgedanke darf daher nicht im handelsrechtlichen Sinne verstanden werden (s Rz 27).

II. Zukünftige Ereignisse

64 Bei der Bewertung von Rückstellungen sind künftige Ereignisse, die den zur Erfüllung einer Verpflichtung erforderlichen Betrag beeinflussen können, zu berücksichtigen, soweit **objektiv mit ausreichender Sicherheit** mit ihrem Eintritt gerechnet werden kann (IAS 37.48). Die Einbeziehung künftiger Ereignisse wie rechtlicher, technischer oder wirtschaftlicher Entwicklungen und daraus resultierender Veränderungen kann sowohl zu einem höheren als auch zu einem niedrigeren Rückstellungsbetrag führen als eine ausschließlich auf den Verhältnissen am Bilanzstichtag basierende Bewertung.

Voraussetzung für die bilanzielle Berücksichtigung eines künftigen Ereignisses ist, dass sein Eintritt „begründet sowie hinreichend und objektiv nachprüfbar ist" (*Gantzkow/Gröner* DB 1998, 995). Die bloße Ermessensentscheidung des Managements reicht nicht aus.

65 Die Wirkung einer **möglichen Gesetzesänderung** oder eines neuen Gesetzes wird bei der Rückstellungsbewertung berücksichtigt, wenn ausreichend ob-

jektive und substanzielle Hinweise über den Inhalt des Gesetzes vorliegen und seine Verabschiedung so gut wie sicher ist (IAS 37.50; s zum Wahrscheinlichkeitsbegriff Rz 26 ff). In vielen Fällen dürfte jedoch bis zur Verabschiedung eines Gesetzes im Bundestag und Bundesrat nicht die nach IAS 37.50 geforderte Sicherheit gegeben sein. Es besteht dann keine objektive Vorhersehbarkeit der Wirkungen, sodass eine Berücksichtigung bei der Bemessung der Rückstellung nicht erfolgen darf.

Die geforderte **Objektivierung technischer Entwicklungen** ist grds anzunehmen, wenn „der Eintritt des zukünftigen Ereignisses durch einen neutralen und technisch qualifizierten Begutachter bestätigt und seine Aussage durch Beweismaterial determiniert" wird (*Schmidbauer* BB 2000, 1133 f; *Gantzkow/Gröner* DB 1998, 995; *Hayn/Pilhofer* DStR 1998, 1767; *Ernsting/von Keitz* DB 1998, 2481). ZB führt die begründete Annahme, dass sich die Kosten für die Erfüllung der Verpflichtung zur Entsorgung einer Anlage aufgrund bereits erwiesener technischer (Weiter-)Entwicklungen vermindern, grds zu einer Reduzierung des Rückstellungsbetrags. Die Auswirkungen vollständig neuer Technologien, für deren Entwicklung bzw Bestehen noch keine substanziellen Hinweise existieren, sind dagegen nicht in die Bewertung einzubeziehen.

III. Preisänderungen

In Analogie zur Berücksichtigung künftiger Ereignisse sind auch Preisände- 66
rungen in die Rückstellungsbewertung einzubeziehen, sofern ausreichend **objektive** und **nachprüfbare Hinweise** über ihren Eintritt vorliegen (*Schmidbauer* BB 2000, 1133; *Hayn/Pilhofer* DStR 1998, 1767). Die Objektivierung hat anhand der Kriterien zu erfolgen, die allgemein für die Berücksichtigung künftiger Ereignisse gelten (s Rz 64). Die Einbeziehung künftiger Tariferhöhungen hat zB in dem Fall eines kurz vor dem Abschluss stehenden Tarifvertrags zu erfolgen, sofern der Inhalt des Tarifvertrags feststeht und seine Verabschiedung so gut wie sicher ist. Bei langfristigen Rückstellungen entspricht der Erfüllungsbetrag normalerweise nicht dem Betrag, der am Bilanzstichtag für die Begleichung dieser Verpflichtung aufgewendet werden müsste. Es sind bei langfristigen Rückstellungen idR Preissteigerungen einzukalkulieren.

IV. Erwarteter Abgang von Vermögenswerten

Erträge aus dem erwarteten Abgang von zum Bilanzstichtag aktivierten Ver- 67
mögenswerten sind bei der Bildung einer Rückstellung **nicht** zu **berücksichtigen**, selbst dann, wenn der Abgang des Vermögenswerts in engem Zusammenhang mit der Bildung der Rückstellung steht (IAS 37.51 f). Die zur Veräußerung vorgesehenen Vermögenswerte sind auf eine Wertminderung gem IAS 36 zu prüfen. Eine Ausnahme besteht bei Rückstellungen für belastende Verträge, bei denen ein Verpflichtungssaldo zu passivieren ist (s Rz 101 ff).

Soweit Vermögenswerte in Erfüllung der Verpflichtung erst **zukünftig erworben** werden, zB bei Verpflichtungen zur Rücknahme verkaufter Produkte, und aus der Veräußerung (von Bestandteilen) der Vermögenswerte Erträge resultieren, zB Schrotterlöse, sind diese Erträge bei der Bemessung der Rückstellung zu berücksichtigen, wenn die Veräußerung hinreichend sicher und der Erlös zuverlässig schätzbar ist (ähnlich *ADS*[1] Abschn 18 Rz 101).

V. Erstattungsansprüche

68 Die Berücksichtigung von Erstattungsansprüchen gegen Dritte, die die zur Erfüllung einer Verpflichtung erforderlichen Ausgaben ganz oder teilweise abdecken, zB aus Versicherungsverträgen, Entschädigungsklauseln oder Gewährleistungsansprüchen, ist davon abhängig, ob das Unternehmen bei Nichtzahlung des Dritten für den Verpflichtungsbetrag haftbar bleibt (IAS 37.53 ff). Ist die Haftung des Unternehmens bei Nichtzahlung des Dritten unverändert gegeben, wird eine **Rückstellung in voller Höhe** der Schuld sowie ein **separater Vermögenswert** für die erwartete Erstattung angesetzt, wenn der Erhalt der **Erstattung so gut wie sicher** ist (s Rz 69).

69 Die bilanzielle Behandlung eines zu erwartenden Erstattungsanspruchs ist damit von der **Eintrittswahrscheinlichkeit der Erstattung** abhängig. An den Ansatz von Erstattungsansprüchen werden höhere Ansprüche gestellt als an den Ansatz von Rückstellungen (sog imparitätischer Wahrscheinlichkeitsbegriff: *Lüdenbach/Hoffmann* KoR 2003, 5 ff). Zwar reicht als Ansatzvoraussetzung eines Erstattungsanspruchs grds seine Realisierbarkeit aus (*Daub*, 311). Dennoch ist der bilanzielle Ansatz eines Anspruchs abzulehnen, wenn er lediglich das Wahrscheinlichkeitskriterium für Rückstellungen erfüllt (größer 50%). Aufgrund des restriktiveren Kriteriums „so gut wie sicher" muss daher eine deutlich höhere Wahrscheinlichkeit gegeben sein. Als Anhaltewert kann von einer Wahrscheinlichkeit von rund 90% ausgegangen werden (*Pilhofer*, 116; weitergehend *Ruhnke*[2], 576, der einen Anhaltewert von 95% fordert). Dies ist etwa der Fall, wenn ein Versicherungsunternehmen in einem Schreiben den Erstattungsanspruch des Unternehmens anerkennt und keine Zweifel an der Bonität des Versicherers bestehen. Der Erstattungsanspruch darf der Höhe nach die passivierte Rückstellung nicht übersteigen (IAS 37.53).

Steht (noch) nicht so gut wie sicher fest, dass dem Unternehmen ein Erstattungsanspruch zusteht, ist der Ansatz eines Vermögenswerts aufgrund der fehlenden Ansatzvoraussetzung **ausgeschlossen**. Häufig bestehen Zweifel, ob ein Dritter überhaupt in Anspruch genommen werden kann bzw ob dieser den Anspruch tatsächlich anerkennt. In einigen Fällen weiß der Dritte bis zum Tag der Bilanzaufstellung noch nicht um seine Inanspruchnahme. In anderen Fällen wird sich der Dritte so lange der Erstattungsverpflichtung entziehen, bis eindeutig feststeht, ob bestimmte Kriterien für eine Haftung, wie Vorsatz oder grobe Fahrlässigkeit, vorliegen. In diesen Fällen kann die Angabe einer Eventualforderung im Anhang in Betracht kommen oder überhaupt keine Angabepflicht bestehen.

70 Besteht eine **gesamtschuldnerische Haftung** für eine Verpflichtung, ist zu prüfen, ob die anderen Gesamtschuldner ihrer Verpflichtung nachkommen (können). Sofern dies nach Einschätzung des Unternehmens der Fall ist, sind für den Teil der Gesamtschuld, der durch Dritte erfüllt wird, die Voraussetzungen für den Ansatz einer Rückstellung nicht gegeben, weil ein Ressourcenabfluss unwahrscheinlich ist. Eine Rückstellung ist nur in Höhe des Betrags zu passivieren, für den das Unternehmen anteilig haftet (IAS 37.58 iVm IAS 37.29).

Wirtschaftlich ist dieser Sachverhalt mit dem Bestehen eines Erstattungsanspruchs **vergleichbar**. Wird das Unternehmen aufgrund der Gesamtschuld vom Gläubiger auf den gesamten Betrag in Anspruch genommen, steht dem Unternehmen im Innenverhältnis ein Anspruch gegen die anderen Gesamtschuldner zu. An die Aktivierung dieses Regressanspruchs sind uE die gleichen Anforderungen zu stellen wie an alle anderen Erstattungsansprüche. Hieraus folgt uE zugleich, dass an die Beurteilung der Wahrscheinlichkeit, mit der die anderen Gesamtschuldner ihrer Verpflichtung nachkommen, ebenfalls die gleichen

Anforderungen zu stellen sind. Eine Passivierung des auf die anderen Gesamtschuldner entfallenden Anteils kann somit nur dann unterbleiben, wenn das Eintreten der anderen Gesamtschuldner so gut wie sicher ist, mithin eine Wahrscheinlichkeit von rund 90% oder mehr gegeben ist (s Rz 69). Sofern nach Prüfung des Sachverhalts nur der anteilige Betrag zu passivieren ist, ist für den durch Dritte zu erfüllenden Betrag die Angabe einer Eventualschuld im Anhang erforderlich (IAS 37.58).

Eine Saldierung von Rückstellung und Erstattungsanspruch ist nach IAS 1.32 71 verboten; IAS 37 sieht von diesem **bilanziellen Saldierungsverbot** keine Ausnahme vor. Das Saldierungsverbot von Verpflichtung und Erstattung steht jedoch im Widerspruch zum Grundsatz der wirtschaftlichen Betrachtungsweise. Wenn ungewisse Verpflichtungen aufgrund ihrer Absicherung durch Versicherungsverträge oder anderweitiger Weiterleitung an Dritte aller Voraussicht nach keine zukünftige Vermögensbelastung begründen, müsste der bilanzielle Ansatz einer Rückstellung eigentlich unterbleiben, weil ein Abfluss von wirtschaftlichem Nutzen unwahrscheinlich ist (*Fischer*, 221).

In den seltenen Fällen, in denen das Unternehmen unter Bezug auf Rück- 72 griffsansprüche vom Gläubiger nicht mehr in Anspruch genommen werden kann, ist dagegen eine Saldierung von Rückstellung und Rückgriffsrecht geboten (IAS 37.57 iVm IAS 1.32 und IAS 1.34(b)). Diese Situation ist möglich, wenn das bilanzierende Unternehmen seine **Haftung rechtswirksam ausgeschlossen** und/oder der Gläubiger der Übertragung der Verpflichtung auf den Dritten im Rahmen einer **befreienden Schuldübernahme** zugestimmt hat (*Ernsting/von Keitz* DB 1998, 2482). Das bilanzierende Unternehmen darf selbst dann nicht mehr haftbar sein, wenn der Dritte insolvent geworden ist (*Gantzkow/Gröner* DB 1998, 995). Für das Unternehmen besteht dann keine Verpflichtung mehr, sodass die Ansatzvoraussetzungen einer Rückstellung in Höhe des Erstattungsanspruchs nicht mehr vorliegen (*Schmidbauer* BB 2000, 1134). Im Anhang sollten die unsaldierten Beträge der Rückstellung sowie des Erstattungsanspruchs offengelegt werden (*ABl EG* L 156 vom 13. Juni 2001, 37). Gleiches gilt uE auch, wenn das Unternehmen eine Aufrechnungsmöglichkeit hat und diese auch ausüben wird.

Im Unterschied hierzu besteht für die **Gesamtergebnisrechnung** bzw ge- 73 sonderte GuV (sofern erstellt) (IAS 1.81 ff) ein **Saldierungswahlrecht.** Der Aufwand aus der Rückstellungsbildung kann nach IAS 37.54 in der Gesamtergebnisrechnung bzw gesonderten GuV (sofern erstellt) vor oder nach Abzug der Erstattung ausgewiesen werden. Diese Bestimmung steht im Widerspruch zu IAS 1.34(b), der in diesen Fällen ein Saldierungsgebot vorsieht. UE ist eine entspr Überarbeitung von IAS 37.54 zu erwarten, sodass in der Gesamtergebnisrechnung bzw gesonderten GuV (sofern erstellt) ein saldierter Ausweis erfolgen sollte.

VI. Abzinsung

Nach IAS 37.45 ist eine Rückstellung abzuzinsen und mit dem Barwert anzu- 74 setzen, wenn der aus der Diskontierung resultierende Zinseffekt (Unterschiedsbetrag zwischen Barwert und Rückzahlungsbetrag) wesentlich ist. Dabei ist es unerheblich, ob die Rückstellung einen **Zinsanteil** enthält. Maßgebliche Einflussfaktoren zur Beurteilung der Wesentlichkeit sind die Fristigkeit, die absolute Höhe der Verpflichtung sowie der Zinssatz (*Heuser/Theile*[3] Rz 2357).

In der Literatur wird die Auffassung vertreten, dass eine Abzinsung aufgrund des Wesentlichkeitsgrundsatzes grds nur in Betracht kommt, wenn der **Erfül-**

lungszeitpunkt nicht vor Ablauf eines Jahrs nach dem Bilanzstichtag zu erwarten ist (*Busse von Colbe/Seeberg* ZfbF 1997 Sonderheft 39, 122). UE kann auch bei kurzfristigen Rückstellungen eine Abzinsung erforderlich werden, wenn es sich um Rückstellungen mit sehr hohen Beträgen handelt und hohe Diskontierungszinsfüße zugrunde zu legen sind (ähnlich *Hoffmann* in Lüdenbach/Hoffmann IFRS[7] § 21 Rz 122, 213; *Heuser/Theile*[3] Rz 2357). Gleichzeitig kann die Abzinsung von Verpflichtungen, deren Erfüllungszeitpunkt nach Ablauf eines Jahrs erwartet wird, unterbleiben, wenn der Zinseffekt unwesentlich ist. Sofern der zeitliche Anfall der zukünftigen Ressourcenabflüsse nicht zuverlässig bestimmbar ist, hat ebenfalls eine Abzinsung zu unterbleiben (*Hayn/Pilhofer* DStR 1998, 1767).

Nach dem Wortlaut von IAS 37.45 ist grds für **jede Rückstellung gesondert zu prüfen,** ob eine Abzinsung einen wesentlichen Einfluss hat. UE ist aber die Wesentlichkeit des Abzinsungseffekts auch für jede Gruppe (s Rz 190) von Rückstellungen sowie den gesamten Bilanzposten Rückstellungen zu prüfen. In diese Prüfung sind alle Rückstellungen einzubeziehen, die nicht bereits aufgrund der individuellen Analyse zu diskontieren sind.

IAS 37.45 gibt keine Anhaltspunkte dafür, nach welchen Kriterien die **Wesentlichkeit** zu bestimmen ist. In Übereinstimmung mit der allgemeinen Definition des Wesentlichkeitsgrundsatzes ist daher von einem wesentlichen Zinseffekt auszugehen, wenn durch die Abzinsung eine einzelne Rückstellung, eine einzelne Gruppe von Rückstellungen, der gesamte Bilanzposten Rückstellungen oder das Jahresergebnis wesentlich beeinflusst wird (F. 30).

Eine Bewertung zum Barwert erfordert Informationen über die Faktoren, die die Zeitpunkte und Beträge der für die Bewertung erforderlichen Zahlungsabflüsse beeinflussen können sowie die Festlegung eines Abzinsungssatzes (*ABl EG* L 156 vom 13. Juni 2001, 39). Eine doppelte Berücksichtigung von **(Risiko-) Faktoren** sowohl bei den zugrunde gelegten zukünftigen Zahlungsströmen als auch im Zinssatz ist nach IAS 37.47 nicht zulässig.

75 Als **Abzinsungssatz** ist gem IAS 37.47 ein Satz vor Steuern heranzuziehen, der die aktuellen Markteinschätzungen im Hinblick auf die Fristigkeit der Ressourcenabflüsse und die für die Schuld spezifischen Risiken widerspiegelt. Bei den für die Schuld spezifischen Risiken ist zwischen schuldspezifischen Risiken, also Risiken im Zusammenhang mit Bestehen und Höhe der Schuld, und schuldnerspezifischen Risiken, dem Bonitätsrisiko zu differenzieren. IAS 37 lässt uE nicht erkennen, dass schuldnerspezifische Risiken nicht zu berücksichtigen sind (aA *Hoffmann* in Lüdenbach/Hoffmann IFRS[7] § 21 Rz 125 f; *Freiberg/Lüdenbach* PiR 2007, 333).

76 UE kommt als Diskontierungszinssatz grds nur der **fristadäquate Zinssatz** in Betracht, zu dem das Unternehmen gegenwärtig Fremdkapital aufnehmen kann, da dieser Zinssatz die individuellen Finanzierungsrisiken des gesamten Unternehmens und damit den tatsächlichen Zinseffekt aus der Bildung der Rückstellung am zutreffendsten widerspiegelt. Dabei ist uE der fristadäquate Zinssatz für die Restlaufzeit der Verpflichtung maßgebend (so auch *ADS*[1] Abschn 18 Rz 82). Bei der Ableitung des frist- und risikoadäquaten Zinssatzes aus dem risikofreien Zinssatz bedeutet dies, dass der risikoadjustierte Zinssatz unter dem risikofreien Zinssatz liegt, also ein Risikoabschlag vorgenommen wird, weil es sich um eine Schuld handelt.

77 **Alternativ** wird in der Literatur auch der **marktübliche Zinssatz** für Kredite vergleichbarer Laufzeit (unabhängig von der spezifischen Kapitalstruktur bzw dem Bonitätsrisiko des Unternehmens) oder der Zinssatz für risikolose Anlagen (Staatsanleihen) mit fristgerechter Laufzeit (unabhängig von jedwedem schuldnerspezifischen Risiko) in Betracht gezogen (*Hoffmann* in Lüdenbach/

Hoffmann IFRS[7] § 21 Rz 125f; *Freiberg/Lüdenbach* PiR 2007, 333; *Pilhofer*, 154; *Busse von Colbe/Seeberg* ZfbF 1997 Sonderheft 39, 122; *Ernsting/von Keitz* DB 1998, 2481).

Gesonderte Zu- oder Abschläge zum Diskontierungszinsfuß aufgrund der **schuldspezifischen Risiken**, die dem rückstellungsbegründenden Sachverhalt zugrunde liegen und die den Ansatz und die Höhe der Rückstellung beeinflussen, sind nicht vorzunehmen, da diese Risiken aufgrund der unter Rz 53ff diskutierten Bewertungsmethodik bereits explizit in die Ermittlung des rückzustellenden Betrags eingeflossen sind (ähnlich *Hoffmann* in Lüdenbach/Hoffmann IFRS[7] § 21 Rz 124; differenzierend *Freiberg/Lüdenbach* PiR 2007, 334). Risiken, die den Zeitpunkt der zukünftigen Ressourcenabflüsse betreffen, sollten uE eher über eine ausgewogene Festlegung dieser Zeitpunkte als über Zu- oder Abschläge zum Diskontierungszinsfuß berücksichtigt werden. 78

Bei realen Zahlungsabflüssen ist in Analogie zu IAS 36.40 ein realer Diskontierungssatz (Nominalzinssatz abzüglich Inflationsrate), bei nominalen Abflüssen ein nominaler Diskontierungssatz heranzuziehen.

Die in den Folgejahren durchzuführende **Aufzinsung** der Rückstellung ist nach IAS 37.60 erfolgswirksam unter dem Posten Fremdkapitalkosten, dh „Zinsen und ähnliche Aufwendungen", zu erfassen. Dies gilt auch dann, wenn die Verpflichtung, für die eine Rückstellung gebildet wurde, als Bestandteil der Anschaffungs- oder Herstellungskosten aktiviert wurde (s Rz 92, Rz 116). 79

Die **Frist- und Risikoadäquanz** des bisher verwendeten Diskontierungszinsfußes **ist zu jedem Bilanzstichtag zu überprüfen.** Allein durch Zeitablauf kann sich somit über die eigentliche Aufzinsung hinaus eine Veränderung der Rückstellung durch Verwendung eines anderen, fristadäquateren Zinssatzes ergeben. Der sich aus einer Zinsänderung ergebende Anpassungsbetrag einer Rückstellung ist in vollem Umfang in der Periode erfolgswirksam als Zinsaufwand oder -ertrag zu erfassen, in der die Anpassung erforderlich wurde mit Ausnahme von Anpassungsbeträgen der unter IFRIC 1 fallenden Rückstellungen für Entsorgungs-, Wiederherstellungs- und ähnliche Verpflichtungen (s Rz 115ff). Gegenläufige Effekte aus Restlaufzeit- und Marktrisikoänderungen können saldiert und der gesamte Anpassungsbetrag als Zinsaufwand oder Zinsertrag ausgewiesen werden (*ADS*[1] Abschn 18 Rz 92). 80

VII. Folgebewertung

Ansatz und Bewertung von Rückstellungen sind zu jedem Bilanzstichtag neu zu prüfen. Bei **Änderungen** der zugrunde gelegten **Prämissen** und **Schätzungen** sowie bei **neuen Erkenntnissen** sind die gebildeten Rückstellungen anzupassen, damit sie die bestmögliche Schätzung widerspiegeln (IAS 37.59). Änderungen können sich sowohl dem Grunde (Ansatz) als auch der Höhe (Bewertung) nach ergeben (*Pilhofer*, 65; *Ernsting/von Keitz* DB 1998, 2483). Es ist zwischen Anpassungseffekten der eigentlichen Verpflichtung und Änderungen des Zinssatzes zu unterscheiden (*Heuser/Theile*[3] Rz 2360). 81

Eine Änderung in der Beurteilung, ob aufgrund neuer Erkenntnisse die Ansatzkriterien erfüllt sind oder die Bewertung anzupassen ist, führt idR nicht zu einem **Fehler** iSv IAS 8.41ff. Die sich aus der Änderung ergebende Anpassung oder der erstmalige Ansatz einer Rückstellung ist in der Periode in vollem Umfang erfolgswirksam zu erfassen, in der der Anpassungsbedarf erkannt wird, es sei denn, es handelt sich um unter IFRIC 1 fallende Rückstellungen für Entsorgungs-, Wiederherstellungs- und ähnliche Verpflichtungen (s Rz 115ff).

1. Verbrauch/Inanspruchnahme

82 Hat ein Unternehmen eine Verpflichtung beglichen, für die es in früheren Jahren eine Rückstellung gebildet hat, hat die Inanspruchnahme der Rückstellung **erfolgsneutral** zu erfolgen. Lediglich die Differenz zwischen den tatsächlich angefallenen Ausgaben und dem zurückgestellten Betrag ist erfolgswirksam als Aufwand bzw Ertrag (Auflösung der Rückstellung) zu behandeln.

Die Inanspruchnahme einer Rückstellung darf nur für diejenigen **Zwecke** erfolgen, für die die Rückstellung ursprünglich gebildet wurde (IAS 37.61). Die angefallenen Ausgaben müssen daher in unmittelbarem Zusammenhang mit der Bildung der Rückstellung stehen.

Eine Rückstellung darf folglich nicht **umgewidmet** werden, wenn ihr Grund entfallen ist, gleichzeitig aber die Passivierungsvoraussetzungen für eine andere ungewisse (ähnliche) Verpflichtung erfüllt sind, für die bisher keine Rückstellung passiviert worden ist. In diesem Fall ist die bereits gebildete Rückstellung erfolgswirksam aufzulösen und die neue Rückstellung ebenfalls erfolgswirksam zu bilden (IAS 1.32).

2. Auflösung

83 Sind die Kriterien für die Passivierung einer in früheren Jahren gebildeten Rückstellung nicht mehr (in voller Höhe) erfüllt, ist die Rückstellung (insoweit) aufzulösen/auszubuchen (IAS 37.59; s Rz 51). Eine erfolgsneutrale **Umwidmung** der Rückstellung für einen neuen (ähnlichen) Sachverhalt ist nicht zulässig (IAS 37.62; s Rz 82; *Epstein/Jermakowicz* 2008, 477). Bei Auflösung einer Rückstellung ist zu prüfen, ob die Voraussetzungen für eine (angabepflichtige) **Eventualschuld** gegeben sind.

Nach IAS 1.35 sind Gewinne und Verluste aus einer Vielzahl von ähnlichen Transaktionen in der Gesamtergebnisrechnung bzw gesonderten GuV (sofern erstellt) (IAS 1.81 ff) **saldiert** auszuweisen. UE ist dieser Grundsatz auch auf die Zuführung zu und die Auflösung von pauschalen Rückstellungen, zB der pauschalen Gewährleistungsrückstellung, übertragbar.

Der **gesonderte Ausweis** einer Auflösung (nach Saldierung) in der Gesamtergebnisrechnung bzw gesonderten GuV (sofern erstellt) ist nach IAS 1.35 und IAS 1.97 nur bei Wesentlichkeit vorgesehen. In IAS 1.98(b) werden als Beispiele die Auflösung von Restrukturierungsrückstellungen (s hierzu Rz 162 ff) und sonstigen Rückstellungen genannt.

3. Zuführung

84 Ist davon auszugehen, dass die Rückstellungshöhe aufgrund neuer Erkenntnisse den Erfüllungsbetrag nicht mehr abdeckt, entspricht sie nicht mehr der bestmöglichen Schätzung. Die Differenz zwischen dem neuen, nach den Rz 53 ff ermittelten, voraussichtlichen Erfüllungsbetrag und der bisherigen Rückstellungshöhe ist **erfolgswirksam** zuzuführen, es sei denn, es handelt sich um Rückstellungen für Entsorgungs-, Wiederherstellungs- und ähnliche Verpflichtungen, die unter IFRIC 1 fallen.

In Ausnahmefällen kommen **erfolgsneutrale** Anpassungen von Rückstellungen in Betracht (*ADS*[1] Abschn 18 Rz 51), zB Anpassungen nach einem Unternehmenszusammenschluss (IFRS 3) oder aufgrund eines materiellen Fehlers (IAS 8). Unter bestimmten Voraussetzungen sind Rückstellungen für (faktische) Verpflichtungen zum Abbruch, zur Entfernung oder zur Wiederherstellung des ursprünglichen Zustands zugleich als Anschaffungs- oder Herstellungskosten der zugrunde liegenden Vermögenswerte zu erfassen. Auch in diesen Fällen ist die Zuführung zur Rückstellung erfolgsneutral.

Der **gesonderte Ausweis** einer Zuführung in der Gesamtergebnisrechnung bzw gesonderten GuV (sofern erstellt) ist nach IAS 1.35 und IAS 1.97 nur bei Wesentlichkeit vorgesehen.

In den Zuführungen zu den Rückstellungen spiegeln sich auch die periodischen Erhöhungen der Buchwerte der Rückstellungen in Folge vorausgegangener **Abzinsungen** wider. In der Gesamtergebnisrechnung bzw gesonderten GuV (sofern erstellt) wird diese Erhöhung sowie eine ggf vorzunehmende Anpassung aufgrund einer Änderung des Diskontierungszinssatzes unter den Fremdkapitalkosten erfasst (s zur ggf bestehenden alternativen Vorgehensweise Rz 80).

VIII. Fremdwährungsumrechnung

Rückstellungen für Verpflichtungen in ausländischer Währung sind, wie ande- 85
re Bilanzposten auch, gem IAS 21.21 mit dem **Kurs** des Tags, an dem **erstmalig** die Voraussetzungen für die Passivierung der Rückstellung vorliegen, in die funktionale Währung umzurechnen. In der Folge sind die Rückstellungen als grds monetäre Verpflichtungen gem IAS 21.23 mit dem jeweiligen Kurs am Bilanzstichtag in die funktionale Währung zu übertragen. **Umrechnungsdifferenzen** sind gem IAS 21.28 **erfolgswirksam** zu erfassen.

F. Ausweis

Nach IAS 1.54(l) und IAS 37.11 bilden Rückstellungen einen **eigenstän-** 86
digen Bilanzposten (s § 2 Rz 160 ff). Eine **weitere Untergliederung** in Bilanz oder Anhang richtet sich gem IAS 1.77 f iVm IAS 1.58(c) und IAS 37.87 nach Art, Größe und Fristigkeit einzelner Rückstellungen oder Rückstellungsgruppen (s Rz 190 ff). IAS 1.78(d) nennt als Beispiel eine Untergliederung in Leistungen an Arbeitnehmer und andere Rückstellungen. Grds sind Rückstellungen mit einer (wahrscheinlichen) Erfüllung von mehr als zwölf Monaten nach dem Bilanzstichtag in Bilanz oder Anhang gesondert auszuweisen. Hiervon unberührt bleiben die weiteren Angabepflichten im Anhang nach IAS 37.84 ff (s Rz 190 ff).

G. Berücksichtigung von Ereignissen und Erkenntnissen nach dem Bilanzstichtag

Für den Ansatz und die Bewertung von Rückstellungen sowie für die Angabe 87
von Eventualschulden im Anhang sind sämtliche **substanziellen Hinweise** heranzuziehen, die für die Abbildung eines Sachverhalts im Abschluss Bedeutung haben. Insbes zählen zu diesen Hinweisen zusätzliche, durch Ereignisse nach dem Bilanzstichtag erlangte Informationen (IAS 37.16). Die Berichtspflicht für Ereignisse nach dem Bilanzstichtag ist in IAS 10 geregelt.

Nach IAS 10.3 sind Ereignisse nach dem Bilanzstichtag danach zu unterscheiden, ob sie lediglich weitere substanzielle Hinweise zu Gegebenheiten liefern, die bereits am Bilanzstichtag vorgelegen haben **(werterhellende Tatsachen)** oder ob sie Gegebenheiten anzeigen, die erst nach dem Bilanzstichtag eingetreten sind **(wertbegründende Tatsachen).** Werterhellende Tatsachen sind nach IAS 10.8 in Bilanz oder Anhang zu berücksichtigen, während wertbegründende

Tatsachen nach IAS 10.10 keine Wertänderungen zur Folge haben, unter bestimmten in IAS 10.21 definierten Voraussetzungen aber zu Angaben im Anhang führen. Der Werterhellungszeitraum reicht nach IAS 10.4f bis zum Tag der Freigabe der Veröffentlichung des Abschlusses (s § 2 Rz 50ff).

Eine werterhellende Tatsache liegt zB bei Abschluss eines Gerichtsverfahrens nach dem Bilanzstichtag vor, durch den das Bestehen einer gegenwärtigen Verpflichtung bestätigt wird, sodass eine Rückstellung oder sonstige Schuld an Stelle der bloßen Angabe einer Eventualschuld anzusetzen oder eine bereits passivierte Rückstellung anzupassen ist (IAS 10.9(a)).

Sind wesentliche wertbegründende Tatsachen eingetreten, könnte das **Unterlassen von Angaben** über diese Tatsachen die Möglichkeiten der Abschlussadressaten zur angemessenen Einschätzung und Entscheidungsfindung beeinträchtigen. Aus diesem Grund ist im Anhang über die Art des Ereignisses und grds auch über die möglichen finanziellen Auswirkungen zu berichten (IAS 10.21). Beispiele für derartige Sachverhalte stellen eine Restrukturierung dar, die erst nach dem Bilanzstichtag angekündigt oder begonnen wurde und deshalb die Voraussetzungen für eine Rückstellung zum Bilanzstichtag noch nicht erfüllte (IAS 10.22(e)) sowie der Beginn umfangreicher Rechtsstreitigkeiten, die ausschließlich auf Ereignissen beruhen, die nach dem Bilanzstichtag eingetreten sind (IAS 10.22(j)).

H. Nachholung bisher unterlassener Rückstellungen

88 Rückstellungen sind ab dem Zeitpunkt nachzuholen, dh erstmalig zu passivieren, ab dem die Unterlassung einer Rückstellung erkannt wird, sofern die grundlegenden Ansatzvoraussetzungen erfüllt sind (s auch Rz 8ff, Rz 33ff). Dabei ist der gesamte Betrag **erfolgswirksam** in der Periode zu erfassen, in der die Unterlassung erkannt wird, es sei denn, es handelt sich um unter IFRIC 1 fallende Rückstellungen für Entsorgungs-, Wiederherstellungs- und ähnliche Verpflichtungen. Zudem darf es sich nicht um einen **Fehler** iSv IAS 8.41ff handeln. In diesem Fall sind entweder die Vorjahreszahlen oder aber die Eröffnungsbilanzwerte anzupassen.

I. ABC der Rückstellungen

89 Im Folgenden werden **praxisorientiert** Erläuterungen zu bestimmten Anwendungsfällen gegeben. Dabei ist stets zu beachten, dass die Voraussetzungen für eine Rückstellungsbildung erfüllt sein müssen. Ungeachtet folgender Ausführungen sind in einem ersten Schritt die allgemeinen Ansatzkriterien zu prüfen. Es muss eine gegenwärtige rechtliche oder faktische Verpflichtung aus einem vergangenen Ereignis vorliegen, für die es wahrscheinlich zu einem Abfluss von Ressourcen mit wirtschaftlichem Nutzen kommen wird und eine zuverlässige Ermittlung der Verpflichtungshöhe grds möglich ist.

Ferner ist eine **Abgrenzung** zu Eventualschulden bzw sonstigen Schulden vorzunehmen. Hat sich der abzubildende Sachverhalt so sehr konkretisiert, dass er eine (so gut wie) sichere Verpflichtung darstellt, ist bilanziell eine sonstige Schuld zu passivieren (s Rz 13ff). Ergibt sich aus dem Sachverhalt eine nur mögliche Verpflichtung, die zwar aus vergangenen Ereignissen resultiert, deren Existenz aber durch das Eintreten oder Nichteintreten eines oder mehrerer unsicherer künftiger Ereignisse erst noch bestätigt wird, ist wie bei einer gegenwärtigen

Verpflichtung, deren Abfluss wirtschaftlicher Ressourcen unwahrscheinlich ist, im Anhang eine Eventualschuld anzugeben (s Rz 16ff).

Abfindungen
Altersteilzeit
Ansammlungsrückstellungen
Aufbewahrung und Dokumentation
Aufsichtsratsvergütungen
Aufwandsrückstellungen
Ausstehende Rechnungen
Belastende Verträge/drohende Verluste aus schwebenden Geschäften
Berufsgenossenschaftsbeiträge
Boni- und Rabatte
Bonusprogramme
Bürgschaften
Darlehenszinsen
Elektroschrott
Emissionsrechte
Entsorgungs-, Wiederherstellungs- und ähnliche Verpflichtungen
Erbbaurechte
Finanzierungs-Leasingverträge
Garantie-/Gewährleistungsverpflichtungen
Instandhaltung (unterlassene)
Jahresabschlusskosten
Jubiläumsverpflichtungen
Künftige betriebliche Verluste
Kundenbindungsprogramme
Kurzfristig fällige Leistungen an Arbeitnehmer
Langfristig fällige Leistungen an Arbeitnehmer
Leistungen an Arbeitnehmer aus Anlass der Beendigung des Arbeitsverhältnisses
Mietereinbauten
Pauschalrückstellungen
Pensionsverpflichtungen
Rechtsstreitigkeiten
Rekultivierung
Restrukturierungsmaßnahmen
Rückbauverpflichtungen
Schulden im Zusammenhang mit zur Veräußerung gehaltenen langfristigen Vermögenswerten und Veräußerungsgruppen
Steuerschulden
Tantiemen und Prämien
Urlaubsgeld.

I. Abfindungen

Zu Abfindungen s Rz 139ff Leistungen an Arbeitnehmer aus Anlass der Beendigung des Arbeitsverhältnisses. **90**

II. Altersteilzeit

Zu Altersteilzeitverpflichtungen s Rz 144ff Leistungen an Arbeitnehmer aus Anlass der Beendigung des Arbeitsverhältnisses. **91**

III. Ansammlungsrückstellungen

92 Ansammlungsrückstellungen, zB für Rückbauverpflichtungen, sind nach IFRS grds nicht vorgesehen, wenn die Verpflichtung im Zusammenhang mit einem **langfristigen Vermögenswert** steht. IdR sind Erwerb/Herstellung des langfristigen Vermögenswerts, zB der Bau eines Kraftwerks oder einer Ölplattform, das verpflichtungsbegründende Ereignis. Voraussetzung ist auch in diesen Fällen, dass sich das Unternehmen der Verpflichtung rechtlich oder faktisch nicht mehr entziehen kann, zB durch einen Produktionsstop oder die Verlagerung des Geschäftsbetriebs an einen anderen Standort bei behördlichen Auflagen. Daher ist zu diesem Zeitpunkt eine Vollrückstellung anzusetzen. Die Rückstellung wird in Höhe des abgezinsten und unter Berücksichtigung zukünftiger Preissteigerungen ermittelten Verpflichtungsumfangs im Zugangszeitpunkt des Vermögenswerts gleichzeitig quasi Bestandteil der Anschaffungs- bzw Herstellungskosten des Vermögenswerts (Buchung: per Vermögenswert an Rückstellung) und über die Abschreibung des Vermögenswerts erfolgswirksam (IAS 16.16(c); s auch Rz 116).

93 Bei Verpflichtungen, die sich aus der **Nutzung von** im Eigentum stehenden oder angemieteten **langfristigen Vermögenswerten** bzw dem Erwerb, der Herstellung oder der Nutzung kurzfristiger Vermögenswerte ergeben, sind auch nach IFRS Ansammlungsrückstellungen denkbar. Dies gilt insbes für das Vorratsvermögen, bei dem IAS 2.12ff indirekt eine IAS 16.16(c) vergleichbare Einbeziehung der Verpflichtung in die Anschaffungs- oder Herstellungskosten vorsieht (IAS 16.18 iVm IAS 2.12ff).

Beispiel: Wird zB eine Kiesgrube ausgebeutet, kann sich das Unternehmen nur in Höhe des bisher vorgenommenen Abbaus der Rekultivierungsverpflichtung nicht mehr entziehen. Jede weitere künftige Verpflichtung kann hingegen durch einen Produktionsstop vermieden werden.

Lösung: Die Rekultivierungsverpflichtung ist somit ratierlich entspr dem Abbauvolumen anzusammeln (*Hoffmann* in Lüdenbach/Hoffmann IFRS[7] § 21 Rz 84). Die Gegenbuchung erfolgt erfolgsneutral, dh über eine Einbeziehung in die Herstellungskosten des Kieses und nicht der Anschaffungskosten der Kiesgrube (IAS 16.16(c)), soweit der Kies am Bilanzstichtag als Vorratsvermögen bilanziert wird.

In allen Fällen ist zu prüfen, ob Erwerb/Herstellung oder erst die ggf spätere Nutzung des Vermögenswerts das **verpflichtungsbegründende Ereignis** darstellen. Soweit erst die Nutzung zu einer Verpflichtung führt, ist stets auch nach IFRS eine Ansammlung der Rückstellung vorzunehmen.

94 Die **Bewertung** richtet sich nach allgemeinen Grundsätzen. Aufgrund der idR gegebenen Langfristigkeit ist zu prüfen, ob der anteilig am Bilanzstichtag verursachte Barwert oder nicht abgezinste Erfüllungsbetrag zurückzustellen ist.

IV. Aufbewahrung und Dokumentation

95 Unternehmen sind durch § 257 HGB und § 147 AO allgemein zur **Aufbewahrung** von Belegen, Handelsbriefen und -büchern sowie Jahresabschlüssen bzw zur **Dokumentation** bestimmter Geschäftsvorfälle verpflichtet. Daneben besteht mit § 147 Abs 6 AO für Finanzbehörden die Möglichkeit des Zugriffs auf die elektronischen Datenverarbeitungssysteme von Unternehmen. Zudem wurde mit § 90 Abs 3 AO die Verpflichtung geschaffen, die Ermittlung von Verrechnungspreisen bei grenzüberschreitenden Geschäftsbeziehungen mit nahe stehenden Personen zu dokumentieren (im Folgenden *Marx/Berg* DB 2006, 169ff).

Für diese öffentlich-rechtliche Verpflichtung ist gem IAS 37.10 eine **Rückstellung** zu passivieren, da sich rechtliche Verpflichtungen aus Gesetzen oder Verwaltungsakten ableiten. Bei der Bewertung ist grds der beste Schätzwert heranzuziehen, wobei der Höhe nach die Aufwendungen zu berücksichtigen sind, die erforderlich sind, um die Verpflichtung am Abschlussstichtag zu erfüllen. Werden Teilprozesse outgesourct, ist der allgemeine Marktpreis zB für das Scannen von Belegen bis hin zur Bereitstellung eines Online-Archivierungssystems anzusetzen. Für Prozesse, die das Unternehmen selbst durchführt, sind alle Einzel- und Gemeinkosten anzusetzen, die den Tätigkeiten direkt zurechenbar sind (s Rz 61). Dies sind im allgemeinen Personal-, Material- sowie Raumkosten (Miete und Energie). Bei der Erfüllung der Verrechnungspreisdokumentation gehört zu den rückstellungsfähigen bzw -pflichtigen Kosten auch die Erstellung und Pflege eines Datenbanksystems.

Wegen der mehrjährigen Laufzeit ist grds eine Abzinsung auf den Barwert der Rückstellung vorzunehmen (s Rz 74 ff).

V. Aufsichtsratsvergütungen

Sind Aufsichtsratsmitglieder im abgelaufenen Geschäftsjahr für das Unternehmen tätig geworden, ist für die **Entlohnung** grds eine abgegrenzte sonstige Schuld und keine Rückstellung anzusetzen, da das zugrunde liegende Entlohnungssystem regelmäßig die Höhe und auch die Fälligkeit der Verpflichtung benennt (s Rz 13 ff). 96

VI. Aufwandsrückstellungen

Aufgrund des Erfordernisses eines Dritten und damit einer **Außenverpflichtung** (IAS 37.20) kommt die Erfassung von Aufwandsrückstellungen, wie sie das Handelsrecht in § 249 Abs 1 Nr 1 HGB, § 249 Abs 1 Satz 3 HGB und § 249 Abs 2 HGB zulässt, nicht in Betracht. 97

Es wird die Auffassung vertreten, dass entgegen diesem Grundsatz IAS 37 eingeschränkt Aufwandsrückstellungen für **Restrukturierungsmaßnahmen** zulässt (*Daub*, 307; *Happe* DStZ/A 2002, 365). Hierbei wird verkannt, dass bei Erfüllung der an Restrukturierungsrückstellungen gestellten Anforderungen ggü den Betroffenen zumindest eine Außenverpflichtung in Form einer faktischen Verpflichtung besteht (s Rz 162 ff). 98

Nach IAS 16.13 und IAS 16.14 können die Aufwendungen, die während der Nutzungsdauer eines Vermögenswerts des Sachanlagevermögens in regelmäßigen Zeitabständen für **Großinspektionen oder Generalüberholungen** anfallen und eine weitere Nutzung des Vermögenswerts ermöglichen, unter bestimmten Voraussetzungen aktiviert und als Bestandteil des Vermögenswerts über die Restlaufzeit abgeschrieben werden (s § 5 Rz 83 ff). Eine Rückstellung kann hierfür nicht gebildet werden (s auch IAS 37.C11A und IAS 37.C11B). 99

VII. Ausstehende Rechnungen

Sind Lieferungen und Leistungen im abgelaufenen Geschäftsjahr erbracht worden, die zugehörigen Rechnungen bis zur Bilanzaufstellung aber noch nicht eingegangen, sind nach IAS 37 keine Rückstellungen, sondern **sonstige Schulden** anzusetzen (s Rz 13 ff). 100

VIII. Belastende Verträge/Drohende Verluste aus schwebenden Geschäften

101 Drohverlustrückstellungen können sich grds auf Absatz- und Beschaffungsverträge (IAS 2.31) sowie auf Dauerschuldverhältnisse beziehen (IAS 37.C8; *Heuser/Theile*[3] Rz 2335). Prämisse für die Passivierung einer Drohverlustrückstellung ist das Vorliegen eines **belastenden Vertrags** (IAS 37.66). Dabei handelt es sich um einen Vertrag (IAS 37.10), bei dem die unvermeidbaren Kosten zur Erfüllung der vertraglichen Verpflichtungen (Leistung) höher sind als der erwartete wirtschaftliche Nutzen (Gegenleistung), folglich ein Verpflichtungsüberhang besteht (*Heuser/Theile*[3] Rz 2335).

Bei Verträgen, die erst durch das Handeln des Unternehmens belastend werden, ist fraglich, ob eine Rückstellung bereits mit der Entscheidung des Managements oder erst mit Beginn der Umsetzung der Entscheidung zu passivieren ist. Gem vorstehender Definition wird ein Vertrag zu dem Zeitpunkt zu einem belastenden Vertrag, zu dem die unvermeidbaren Kosten den zukünftigen Nutzen übersteigen. Dieser Zeitpunkt ist idR der Zeitpunkt, zu dem die Entscheidung des Managements getroffen wird, wenn mit einer Umsetzung der Entscheidung ernsthaft zu rechnen ist, da ab diesem Zeitpunkt eine Betrachtung des Vertrags über die gesamte verbleibende Restlaufzeit erfolgt und bereits in diesem Zeitraum die unvermeidbaren Kosten regelmäßig höher sind als der künftige Nutzen.

Beispiele für Verträge, die ggf belastend werden können, sind:
(1) Leasingverträge, bei denen die angemietete Kapazität ungenutzt bleibt,
(2) Festpreis-Kaufverträge oder -Verkaufverträge (soweit diese keine Finanzinstrumente darstellen),
(3) Bohrverpflichtungen über das Datum hinaus, an dem die Entscheidung zum Abbruch von Explorationstätigkeiten getroffen wurde.

Eine Rückstellung ist nicht anzusetzen, wenn die realistische Möglichkeit besteht, einen belastenden Vertrag einseitig zu kündigen, ohne dass hierdurch Kosten entstehen, und diese Möglichkeit vom Unternehmen auch voraussichtlich wahrgenommen wird (IAS 37.67; *Ernsting/von Keitz* DB 1998, 2480).

102 Die **unvermeidbaren Kosten** stellen den niedrigeren der beiden alternativen Beträge aus Kosten für die Erfüllung oder Entschädigungszahlungen bzw Strafgeldern für die Nichterfüllung dar (IAS 37.68). Kritisch zu prüfen ist die Wahl zwischen Vertragserfüllung und Entschädigungszahlung, wenn zwischen dem Grundgeschäft und evtl Folgeaufträgen Verbundeffekte entstehen. Werden negative Folgen aus den Verbundgeschäften mit einbezogen, könnten auch die höheren Erfüllungskosten als unvermeidbare Kosten zu werten sein (*Henselmann* KoR 2007, 238). UE ist hier kritisch zu prüfen, ob diese Verbundeffekte Bestandteil des belastenden Vertrags und somit rückstellungsfähig sind oder zukünftige betriebliche Verluste darstellen.

103 Drohverlustrückstellungen sind von vornherein auf eine **Saldierung von Aufwendungen und Erträgen** angelegt, da nur ein drohender Verpflichtungsüberhang bilanziell berücksichtigt wird. Die unvermeidbaren Kosten spiegeln somit die anfallenden Nettokosten wider.

IAS 37 trifft keine Aussage zur Abgrenzung des Saldierungsbereichs bei Drohverlustrückstellungen. UE ist bei einem engen wirtschaftlichen Zusammenhang zwischen zwei oder mehr Verträgen mit dem gleichen Vertragspartner zu prüfen, inwieweit die sich bei isolierter Betrachtung eines Vertrags ergebende Belastung durch positive Effekte aus einem anderem (Folge-)Vertrag kompensiert wird.

Beispiel (entnommen aus *Kessler/Scholz-Görlach* PiR 2007, 306): Ein Hersteller von Druckergeräten geht die Verpflichtung ein, diese unter dem Niveau der Herstellungskosten an diverse Großkunden zu verkaufen. Die Drucker funktionieren nur mit Spezialpatronen des Druckerherstellers. Die Druckerpatronen werden mit einem hohen Gewinnaufschlag verkauft, der den Verlust aus dem Geräteverkauf kompensiert.

Lösung: Das Unternehmen ist bewusst einen belastenden Vertrag zur Erzielung der mit dem Verkauf der Druckerpatronen einhergehenden Vermögensvorteile eingegangen. Bei wirtschaftlicher Betrachtung droht aus dem schwebenden Geschäft mit den Druckerpatronen kein Verlust, sodass keine Drohverlustrückstellung anzusetzen ist.

Dem Vorschlag von *Kessler/Scholz-Görlach* folgend sollte bei bewusst eingegangenen, belastenden Verträgen folgende widerlegbare Ausgeglichenheitsvermutung gelten: Wenn aus einem Vertrag oder mehreren verbundenen Verträgen ein Verpflichtungsüberschuss bewusst begründet wird, um an anderer Stelle Vorteile zu erzielen, so ist insgesamt von der Ausgeglichenheit von Leistungen und Vorteilen auszugehen, es sei denn, es liegt eine deutliche Indikation für das Gegenteil vor (*Kessler/Scholz-Görlach* PiR 2007, 307).

Bei schwebenden Geschäften ist zur Ermittlung der drohenden Verluste grds eine **absatzmarktorientierte Bewertung** vorzunehmen. Soweit daher bei schwebenden (Beschaffungs-)Verträgen die Vermögenswerte oder die fertigen Erzeugnisse und Leistungen, in die sie eingehen, mindestens noch zu Anschaffungs- oder Herstellungskosten verkauft werden können, ist keine Drohverlustrückstellung zu passivieren (IAS 2.31 f; s § 8 Rz 98 ff). **104**

Eine **Wertminderung** auf das mit dem schwebenden Geschäft in unmittelbarem Zusammenhang stehende Aktivvermögen geht der Passivierung einer Rückstellung vor (IAS 37.69). Rückstellungen für drohende Verluste aus schwebenden Geschäften sind daher erst dann zu passivieren, wenn die unvermeidbaren Nettokosten größer sind als die Buchwerte der betroffenen Vermögenswerte (*Fischer*, 218). IAS 37.69 verweist diesbezüglich zwar ausschließlich auf IAS 36 und schließt damit für bestimmte Vermögenswerte, insbes für das Vorratsvermögen, die **vorrangige aktivische Absetzung** aus (IAS 36.2). Nach IAS 2.9 sind jedoch zB Vorräte mit dem niedrigeren Wert aus Anschaffungs- oder Herstellungskosten und Nettoveräußerungswert anzusetzen. Letzterer ist nach IAS 2.28 und IAS 2.31 unter Berücksichtigung drohender Verluste zu ermitteln. UE handelt es sich daher um eine sprachliche Ungenauigkeit, sodass in allen Fällen erst eine aktivische Abwertung vorzunehmen ist (s § 8 Rz 98 ff; *ADS*[1] Abschn 18 Rz 154). **105**

Entspr dem Grundsatz, dass Rückstellungen nur für Verpflichtungen ggü Dritten zu passivieren sind, sind für **zukünftige betriebliche Verluste,** die sich nicht auf am Bilanzstichtag bilanzierte Vermögenswerte oder belastende Verträge zurückführen lassen, keine Drohverlustrückstellungen anzusetzen. **106**

Zu drohenden Verlusten bei **langfristiger Fertigung** vgl § 9 Rz 76 ff. **107**

IX. Berufsgenossenschaftsbeiträge

Beiträge zu Berufsgenossenschaften stellen nach IAS 37 keine Rückstellungen, sondern **abgegrenzte, sonstige Schulden** dar (s Rz 13 ff). Zu den Berufsgenossenschaftsbeiträgen zählt auch die Umlage für das **Konkursausfallgeld**. **108**

X. Boni und Rabatte

Wird einem Kunden eine Rückvergütung für die im abgelaufenen Geschäftsjahr abgenommenen Lieferungen und Leistungen gewährt, ist eine Rückstel- **109** lungsbildung vorzunehmen, sofern aufgrund der in der Vergangenheit getätigten Umsätze eine **Verpflichtung ggü den Kunden** besteht, der Abfluss von Ressourcen mit wirtschaftlichem Nutzen wahrscheinlich ist sowie die zu gewährenden Boni und Rabatte zuverlässig schätzbar sind. In Abhängigkeit von den getroffenen Vereinbarungen können Bestehen, Ressourcenabfluss, Höhe und Fälligkeit auch so sicher sein, dass eine sonstige Schuld zu passivieren ist (s Rz 13 ff). Ist die Gewährung der Rückvergütung noch von künftigen Ereignissen abhängig, liegt dagegen keine gegenwärtige Verpflichtung vor. Ggf ist in diesem Fall eine **Eventualschuld** im Anhang anzugeben.

In der Gesamtergebnisrechnung bzw gesonderten GuV (sofern erstellt) (IAS 1.81 ff) erfolgt der Ausweis der Rückstellungszuführung nur dann unter den **Umsatzerlösen**, wenn sich die Rückstellung auf Umsatzerlöse der gleichen Periode bezieht.

XI. Bonusprogramme

110 Zu Verpflichtungen aus Bonusprogrammen s Rz 132. **Kundenbindungsprogramme**.

XII. Bürgschaften

111 Ansatz und Ausbuchung von **Finanzbürgschaften** werden in **IAS 39** geregelt, der dem Anwendungsbereich des IAS 37 **vorrangig** ist (s Rz 3). Bei **sonstigen** übernommenen Bürgschaften, die nicht unter IAS 39 fallen, ist danach zu differenzieren, ob eine Inanspruchnahme zum Bilanzstichtag wahrscheinlich ist oder nicht. Ist eine Inanspruchnahme unwahrscheinlich, darf nach IAS 37 keine Rückstellung bilanziert werden. Ggf ist eine Eventualschuld im Anhang offenzulegen. Droht dem Unternehmen dagegen eine Inanspruchnahme, ist nach IAS 37 eine Rückstellung anzusetzen (s Rz 8). Eine Rückgriffsforderung ggü dem Schuldner ist, sobald die Rückstellung passiviert wird, zu aktivieren und ggf mangels Werthaltigkeit abzuschreiben. Zur Bilanzierung von Erstattungsansprüchen s Rz 68 ff und zur (gesamtschuldnerischen) Haftung von Unternehmen s Rz 70.

XIII. Darlehenszinsen

112 Hat das Unternehmen **feste Darlehenszinsen** aus einem abgeschlossenen Darlehensvertrag zu entrichten und ist das allgemeine Zinsniveau nach Vertragsabschluss gesunken, ist zu prüfen, ob ein **belastender Vertrag** vorliegt. Kann das Unternehmen den Vertrag nicht entschädigungslos kündigen, ist ein belastender Vertrag grds gegeben. Die Drohverlustrückstellung ist in Abhängigkeit von der Differenz aus beiden Zinssätzen zu bilden. Besteht seitens des Unternehmens die Möglichkeit der Kündigung, ggf gegen eine Vorfälligkeitsgebühr, bestimmt sich die Rückstellung nach der Entschädigung, wenn diese niedriger ist als die Kosten der Vertragserfüllung (s Rz 101).

XIV. Elektroschrott

113 Mit dem ElektroG vom 16. März 2005 hat der deutsche Gesetzgeber die sog Elektroschrott-Richtl in nationales Recht umgesetzt. Inhaltlich führt das Gesetz für bestimmte Unternehmen zu einer **Verpflichtung zur Rücknahme und**

Entsorgung von Elektroschrott, wobei zeitlich zu unterscheiden ist, ob die betreffenden Geräte vor oder nach dem 13. August 2005 in den Verkehr gebracht wurden (Alt-Altgeräte bzw Neu-Altgeräte) und ob die Rücknahme von privaten Haushalten oder gewerblichen Nutzern erfolgt. Zu dieser Richtl hat das IFRIC am 1. September 2005 IFRIC 6 veröffentlicht, der sich allerdings gem IFRIC 6.7 grds nur mit der Bilanzierung von historischem Abfall privater Haushalte beschäftigt (im Folgenden *Oser/Roß* WPg 2005, 1069 ff).

Für **Alt-Altgeräte**, die von **privaten Haushalten** zurückgegeben werden, ergibt sich eine grds Rücknahme- und Entsorgungsverpflichtung der Hersteller aus § 10 Abs 1 ElektroG. Dabei bestimmt sich die Abholverpflichtung jedes Herstellers nach seinem Anteil an der im Jahr des Rücklaufs in Verkehr gebrachten Menge an Elektro- und Elektronikgeräten pro Geräteart. Nach IAS 37 ist notwendige Bedingung für die Bildung einer Rückstellung eine gegenwärtige Verpflichtung aus einem vergangenen Ereignis. IFRIC 6.9 stellt klar, dass erst die künftige Marktteilnahme das rückstellungsbegründende Ereignis sei. Es wird seitens des IFRIC abgelehnt, dass es sich bei der Anknüpfung an einen künftigen Marktanteil nur um eine Bewertungskomponente handele, die die Rückstellungspflicht dem Grunde nach zum Zeitpunkt der Herstellung bzw des Verkaufs unberührt lasse (*Oser/Roß* WPg 2005, 1072). Die Bildung einer Rückstellung zum Zeitpunkt des Inverkehrbringens der Alt-Altgeräte kommt folglich nicht in Betracht.

Bei **Alt-Altgeräten**, die von **gewerblichen Nutzern** zurückgegeben werden, sieht die Richtl ein Mitgliedstaatenwahlrecht hinsichtlich der Kostenübernahme vor. Der deutsche Gesetzgeber hat sich in der Folge dahingehend entschieden, die Rücknahme- und Entsorgungskosten den gewerblichen Nutzern und nicht den Herstellern aufzuerlegen. Vor dem Hintergrund der deutschen Umsetzung der Richtl ist demzufolge wegen fehlender Verpflichtung und Kosten bei den Herstellern keine Rückstellung zu bilanzieren. UE hat bei den gewerblichen Nutzern die Passivierung einer Rückstellung zu erfolgen. Die Gegenbuchung erfolgt bei Nutzung der Geräte als langfristige Vermögenswerte oder als kurzfristige Vermögenswerte zur Produktion von Vorratsvermögen erfolgsneutral, dh anschaffungs- bzw herstellungskostenerhöhend, und in allen anderen Fällen erfolgswirksam im Zeitpunkt des Erwerbs der Geräte.

Für **Neu-Altgeräte** aus **privaten Haushalten** besteht ebenfalls eine Abholverpflichtung seitens der Hersteller. Dabei lässt der deutsche Gesetzgeber nach Wahl des Herstellers zwei Verfahren zur Ermittlung der abzuholenden Abfallmenge zu. Zum einen kann die abzuholende Altgerätemenge nach dem Anteil der Altgeräte des Herstellers an der gesamten Altgerätemenge pro Geräteart berechnet werden (§ 14 Abs 5 Satz 3 Nr 1 ElektroG). Dafür muss der jeweilige Hersteller seinen Anteil am Abfallstrom nachweisen. Zum anderen berechnet sich die Verpflichtung nach dem Anteil des Herstellers an der gesamten im Kalenderjahr in Verkehr gebrachten Menge an Elektro- und Elektronikgeräten pro Geräteart (§ 14 Abs 5 Satz 3 Nr 2 ElektroG). Die Wahl des Verfahrens hat Konsequenzen auf die Rückstellungsbildung. Im ersten Fall ist das Inverkehrbringen der Geräte direkt mit der Verpflichtung der Rücknahme des Herstellers verbunden. Das rückstellungsbegründende Ereignis liegt in der Vergangenheit. Hinsichtlich der zweiten Alternative gibt IFRIC 6.7 den Hinweis, dass eine ähnliche Behandlung von Neu-Altgeräten und Alt-Altgeräten denkbar sei und dann IFRIC 6 auch auf die Bilanzierung von Neu-Altgeräten ausstrahle. Diese Ausstrahlungswirkung hat die Nichtpassivierung einer Rückstellung zum Zeitpunkt des Invehrkehrbringens bzw die Passivierung einer Rückstellung erst im Zeitpunkt der Rücknahme zur Folge.

Hinsichtlich **Neu-Altgeräten** von **gewerblichen Nutzern** sind die einzelnen Hersteller verpflichtet, eine zumutbare Möglichkeit zur Rückgabe zu schaffen und die Altgeräte zu entsorgen. Die dabei anfallenden Entsorgungskosten tragen die Hersteller. Das rückstellungsbegründende Ereignis ist das Inverkehrbringen der Elektrogeräte. Zu diesem Zeitpunkt ist daher eine Rückstellung zu bilden.

Die **Bewertung** der Rückstellung richtet sich nach allgemeinen Grundsätzen.

XV. Emissionsrechte

114 Die bisherige Behandlung von Emissionsrechten und Verpflichtungen aus der Nutzung solcher Rechte ergab sich aus **IFRIC 3**. Am 25. Juni 2005 hat der IASB diese Interpretation aufgrund der unterschiedlichen Bewertung des Rechts (Anschaffungskosten) und der Verpflichtung (Marktwert) und sich hieraus ergebender Ergebnisauswirkungen (*accounting mismatch*) **zurückgezogen**. Bis zur Veröffentlichung eines neuen IFRIC sind Emissionsverpflichtungen daher nach den **allgemeinen Grundsätzen** von **IAS 37** zu behandeln. Die Verpflichtung ist mit dem besten Schätzwert anzusetzen, der auf den Erfüllungszeitpunkt – dh den Erwerbszeitpunkt entspr Rechte – zu ermitteln ist. Der sich hiernach ergebende Wert kann von dem Marktwert der Emissionsrechte im Bewertungszeitpunkt abweichen.

XVI. Entsorgungs-, Wiederherstellungs- und ähnliche Verpflichtungen

115 Entsorgungs-, Wiederherstellungs- und ähnliche Verpflichtungen stellen zB Verpflichtungen zur Stilllegung von Kernkraftwerken, zur Demontage von Sachanlagen wie Ölplattformen oder Erdgasförderanlagen wie auch Rekultivierungsverpflichtungen, Rückbauverpflichtungen von Mietereinbauten oder Verpflichtungen zur Beseitigung von Fabrik- oder Lagerhallen dar (vgl im folgenden *Kümpel* DStR 2004, 1227 ff; *Zülch/Willms* DB 2005, 1178 ff; *Schrimpf-Dörges*, 235 ff). Die Verpflichtungen können öffentlich-rechtlich, privatrechtlich oder rein faktisch begründet sein. Die Verpflichtung entsteht regelmäßig zum Zeitpunkt der **Anschaffung/Herstellung** oder **Inbetriebnahme** eines Vermögenswerts.

116 Für eine Entsorgungs-, Wiederherstellungs- und ähnliche Verpflichtung (zB Abbruch) ist grds eine Rückstellung nach IAS 37 zu bilden (s IAS 37.C3). Da Entsorgungs-, Wiederherstellungs- und ähnliche Verpflichtungen oftmals langfristiger Natur sind, ist aufgrund des Umfangs der Verpflichtung regelmäßig der **Barwert der Verpflichtung** anzusetzen (s Rz 74 ff). Liegt ein unbefristeter Vertrag vor, steht die mangelnde Schätzbarkeit des Vertragsendes einer Rückstellungsbildung nicht entgegen. In diesem Fall kann für die Bewertung die (Rest-)Nutzungsdauer des zugrunde liegenden Vermögenswerts herangezogen werden.

Die Bildung einer **Ansammlungsrückstellung** kommt dagegen nicht in Betracht. Das Spannungsverhältnis zwischen einem korrekten Vermögensausweis und einer sachgerechten Periodisierung wird vielmehr über die gleichzeitige Aktivierung dieser Aufwendungen gelöst (*Zülch/Willms* DB 2005, 1179). Nach IAS 16.18 sind die Aufwendungen für die Entsorgung und Wiederherstellung, die im Zusammenhang mit der Anschaffung oder Herstellung eines langfristigen Vermögenswerts stehen, mit ihrem abgezinsten Erfüllungsbetrag als **Bestandteil der Anschaffungs- oder Herstellungskosten** zu aktivieren und über die betriebsgewöhnliche (Rest-)Nutzungsdauer abzuschreiben (§ 5 Rz 51 ff). Die Rückstellungsbildung erfolgt somit de facto **erfolgsneutral**.

Beispiel Die Genehmigung einer Müllverbrennungsanlage beinhaltet die Verpflichtung der Standortwiederherstellung, deren Kosten auf ca Mio € 50 geschätzt werden. Es ist geplant, die Anlage 30 Jahre zu betreiben.

Lösung: Zunächst ist der Barwert der Kosten zum Anschaffungszeitpunkt zu ermitteln. Bei einem angenommenen Diskontierungszinsfuß von 5,5% pa sind dies Mio € 10,3. Diese Kosten werden aktiviert, und in gleicher Höhe wird eine Rückstellung nach IAS 37 dotiert. Eine Wertminderung des Vermögenswerts ist nicht vorzunehmen, da die Entsorgungsverpflichtung ein Nutzenpotenzial verkörpert. Die Inbetriebnahme ist nur unter der Restriktion der Entsorgung möglich. In der Folge wird der um die Entsorgungs- und Wiederherstellungskosten erhöhte Vermögenswert planmäßig abgeschrieben. Zudem wird die Rückstellung entspr IAS 37.60 jährlich erfolgswirksam aufgezinst. Wegen des höheren Abschreibungspotenzials des Vermögenswertes wirkt die Regelung wirtschaftlich wie eine Ansammlungsrückstellung (*Schrimpf-Dörges*, 244).

Soweit die Aufwendungen hingegen mit der **Nutzung eines Vermögenswerts** im Zusammenhang stehen, kommt eine Einbeziehung in die Anschaffungs- oder Herstellungskosten des Vermögenswerts nicht in Betracht. Stattdessen ist eine aufwandswirksame (ratierliche) Dotierung der Rückstellung vorzunehmen. 117

Eine Aktivierung nach IAS 16.18 kommt auch dann bei langfristigen Vermögenswerten nicht in Betracht, wenn die Verpflichtung während der Nutzung des Vermögenswerts für die Produktion von Vorratsvermögen entsteht (*Schrimpf-Dörges,* 244). Allerdings sind dann, bei Bilanzierung des entspr Vorratsvermögens zum Bilanzstichtag, die Aufwendungen als Herstellungskosten bei den Vorräten zu aktivieren (IAS 16.16c iVm IAS 2.12ff) und passivisch als Rückstellung zu erfassen.

Aufgrund des Langfristcharakters und der damit verbundenen Unsicherheit dieser Rückstellung können folgende **Ereignisse mit Auswirkungen auf die Bewertung** eintreten (IFRIC 1.3): 118

(1) eine Änderung des geschätzten Abflusses von Ressourcen mit wirtschaftlichem Nutzen, der für die Erfüllung der Verpflichtung erforderlich ist (Zahlungsstromänderungen),
(2) eine Änderung des aktuellen auf dem Markt basierenden Abzinsungssatzes gem IAS 37.47 (Zinssatzänderungen) und
(3) eine Erhöhung, die den Zeitablauf widerspiegelt (Aufzinsungsänderungen).

Die Behandlung dieser Änderungen hängt von der Folgebewertung des korrespondierenden Vermögenswerts (Anschaffungskosten- oder Neubewertungsmethode) ab.

Wird der korrespondierende Vermögenswert nach der **Anschaffungskostenmethode** bewertet, sind **Zahlungsstrom- und Zinssatzänderungen** erfolgsneutral zu den Anschaffungskosten des dazugehörigen Vermögenswerts in der lfd Periode hinzuzufügen oder davon abzuziehen (IFRIC 1.5(a)). Soweit diese Änderungen zu einem negativen Buchwert des Vermögenswerts führen würden, bildet der Nullwert die Untergrenze (IFRIC 1.5(b)). Ein evtl Überhang ist sofort erfolgswirksam zu erfassen. Umgekehrt ist in den Fällen, in denen eine Schätzdatenänderung einen Zugang zum Rückstellungsbetrag zur Folge hat, der entspr Vermögenswert grds einem Werthaltigkeitstest nach IAS 36 zu unterziehen (IFRIC 1.5(c)). 119

Wird der korrespondierende Vermögenswert nach der **Neubewertungsmethode** bewertet, sind **Zahlungsstrom- und Zinssatzänderungen** nach IFRIC 1.6 in Übereinstimmung mit IAS 16.39f zu berücksichtigen. Eine Reduzierung der Verpflichtung ist grds erfolgsneutral im sonstigen Ergebnis in der Gesamtergebnisrechnung zu erfassen und in die Neubewertungsrücklage der entspr Sachanlage einzustellen (IFRIC 1.6(a)(i)). Macht die Abnahme der Rück- 120 stellung allerdings eine in der Vergangenheit als Aufwand erfasste Abwertung desselben Vermögenswerts rückgängig, ist sie erfolgswirksam zu erfassen. Ebenso ist nach IFRIC 1.6(b) in den Fällen, in denen der Abstockungsbetrag der Rückstellung die fortgeführten historischen Kosten nach der Anschaffungskostenmethode übersteigt, eine erfolgswirksame Erfassung vorzunehmen. Umgekehrt wird eine Rückstellungserhöhung, soweit sie den Betrag der entspr Neubewertungsrücklage nicht übersteigt, erfolgsneutral im sonstigen Ergebnis in der Gesamtergebnisrechnung erfasst und zu Lasten der Neubewertungsrücklage passiviert (nur IFRIC 1.6(a)(ii)). Nur in den Fällen, in denen die Rückstellungserhöhung nicht durch eine Neubewertungsrücklage gedeckt ist, hat eine erfolgswirksame Passivierung zu erfolgen. Die Anpassung der Neubewertungsrücklage aufgrund von Zahlungsstrom- und Zinssatzänderungen ist nach IFRIC 1.6(d) in der Gesamtergebnisrechnung gesondert zu zeigen.

Nach beiden Methoden werden **Aufzinsungsänderungen** gem IFRIC 1.8 erfolgswirksam als Zinsaufwand in der Periode gebucht, in der die Änderung auftritt. Eine Aktivierung als Finanzierungskosten gem IAS 23 kommt nicht in Betracht.

121 Nach **vollständiger Abschreibung des Vermögenswerts** ist jede Änderung der Verpflichtung im Zeitpunkt der Änderung erfolgswirksam als Aufwand oder Ertrag zu berücksichtigen. Dies gilt gleichermaßen für die Anschaffungskosten- und Neubewertungsmethode (IFRIC 1.7).

122 Auf Verpflichtungen im Zusammenhang mit der **Exploration von Bodenschätzen** findet IAS 37 und damit IFRIC 1 entspr Anwendung (IFRS 6.11).

123 Die **Bewertung** der Rückstellung richtet sich nach den allgemeinen Grundsätzen von IAS 37.

124 Da Entsorgungs-, Wiederherstellungs- und ähnliche Verpflichtungen meist einen beträchtlichen Umfang haben, werden in praxi zunehmend **Fonds** aufgelegt. Ziel der Fonds ist die Deckung dieser Verpflichtungen mittels Ansammlung von Vermögenswerten (IFRIC 5.1). IFRIC 5 regelt, wie Unternehmen Anteile an diesen Fonds sowie die zugrundeliegenden Verpflichtungen zu bilanzieren haben (IFRIC 5.6).

Die **(lfd) Beitragszahlungen** an den Fonds sind idR als sonstige Schulden zu passivieren. Sofern das bilanzierende Unternehmen verpflichtet ist, **Sonderbeiträge bzw Nachschüsse** zu leisten, die über die anteiligen Beitragszahlungen hinaus gehen, zB bei Insolvenz eines anderen Beitragszahlers, liegt nach IFRIC 5.10 eine Eventualschuld oder ggf eine Rückstellung/sonstige Schuld vor, die nach den allgemeinen Grundsätzen zu bilanzieren ist.

Hat das Unternehmen seine **Verpflichtung zur Entsorgung oder Wiederherstellung** rechtswirksam und ohne ein Rückgriffsrecht Dritter auf den Fonds übertragen, kommt die Bilanzierung einer Rückstellung wegen fehlender Verpflichtung nicht mehr in Betracht (IFRIC 5.7). Gleichzeitig werden auch keine **Anteile am Fondsvermögen** bilanziert.

Verbleibt die Verpflichtung zur Entsorgung oder Wiederherstellung dagegen beim Unternehmen, ist aufgrund des Saldierungsverbots nach IAS 1.32 eine Rückstellung zu passivieren und der Anteil des Unternehmens am Fondsvermögen bzw der Erstattungsanspruch (IFRIC 5.7) zu aktivieren. Die Rückstellung ist gem den Bestimmungen des IAS 37 sowie des IFRIC 1 abzubilden und zu bewerten. Der Anteil am Fondsvermögen bzw der Erstattungsanspruch ist mit dem niedrigeren Wert aus der bilanzierten Verpflichtung (IFRIC 5.9(a)) und einem um Zugriffsbeschränkungen auf das Fondsvermögen angepassten *fair value* des Anteils am Fonds (IFRIC 5.9(b)) zu bilanzieren. IFRIC 5 übernimmt hierbei faktisch die Vorschriften, die IAS 37 zur Bilanzierung von Erstattungsansprüchen aufstellt (*Schrimpf-Dörges*, 322). Sofern die Anteile am Fonds in einen Konzernabschluss einbezogen werden, gelten für diese Anteile die Bestimmungen von IAS 27, IAS 28, IAS 31 oder SIC 12.

XVII. Erbbaurecht

Wird ein Erbbaurecht wie ein gewöhnliches Miet- oder Pachtverhältnis be- 125
handelt, liegt ein schwebendes Geschäft vor, das bilanziell nicht zu erfassen ist, wenn sich Leistung und Gegenleistung **gleichwertig** gegenüberstehen. Übersteigt dagegen der Barwert der zu erbringenden Leistung (Erbbauzinsen) den Barwert der Gegenleistung (Nutzung des Grundstücks), ist die Existenz eines belastenden Vertrags zu prüfen (s Rz 101 ff), zB bei einer fehlenden zukünftigen Nutzungsmöglichkeit des Grundstücks.

XVIII. Finanzierungs-Leasingverträge

Finanzierungs-Leasingverträge werden **nicht** durch **IAS 37** erfasst (IAS 37.5). 126
Aufgrund der Zurechnung des Leasinggegenstands zum Leasingnehmer geht bei einem belastenden Vertrag die aktivische Absetzung der Passivierung einer Rückstellung für drohende Verluste vor.

XIX. Garantie-/Gewährleistungsverpflichtungen

Gewährleistungsverpflichtungen und sonstige Garantien sind grds danach zu 127
unterscheiden, ob ihnen ein Finanz- oder Handelsgeschäft zugrunde liegt.

Finanzielle Garantien, die den Garanten zur Zahlung verpflichten, falls der Schuldner seinen Zahlungsverpflichtungen nicht nachkommt, stellen insbes Bürgschaften (*ADS*[1] Abschn 18 Rz 172; s Rz 3 und Rz 111) dar. Ansatz und Ausbuchung finanzieller Haftungsverhältnisse richten sich nach IAS 39 (s Rz 3). Gewährleistungsverpflichtungen in Zusammenhang mit einem **Handelsgeschäft** treten regelmäßig bei Produktverkäufen auf (s Beispiel Rz 46). Dabei ist der Hersteller oder Händler gesetzlich, vertraglich oder faktisch (Kulanz) verpflichtet, für eine bestimmte Zeit nach der Veräußerung Reparaturen durchzuführen bzw Ersatz zu leisten, falls das Produkt bei Erwerb nicht fehlerfrei war.

Sind insbes der Eintritt wahrscheinlich sowie die Schätzbarkeit gegeben (s Rz 47 ff), sind diese Verpflichtungen grds bilanziell als Rückstellungen zu erfassen, falls der Anwendungsbereich des IAS 37 gegeben ist (s Rz 3). Da Gewährleistungsverpflichtungen regelmäßig in größerer Anzahl zu erwarten sind, ist für die Bewertung die Bildung von **Erwartungswerten** geboten (s Rz 55; zur Bildung von Pauschalrückstellungen s Rz 154). Zu Rückgriffs- bzw Erstattungsansprüchen s Rz 68 ff. Liegen die Voraussetzungen hinsichtlich der Eintrittswahrscheinlichkeit oder Schätzbarkeit nicht vor, sind die Gewährleistungsverpflichtungen als Eventualschulden grds im Anhang anzugeben (s Rz 16 ff).

XX. Instandhaltung (unterlassene)

Da bei (unterlassener) Instandhaltung das Erfordernis einer Außenverpflich- 128
tung regelmäßig fehlt, kommt eine **Rückstellung** nach IAS 37 **nicht** in Betracht (s Rz 97 ff). Zu prüfen ist jedoch, ob die durchzuführende Maßnahme als sog Komponente der Anschaffungs- oder Herstellungskosten des betroffenen Vermögenswerts zu **aktivieren** ist (s § 5 Rz 82 ff).

Etwas anderes gilt, wenn sich die Verpflichtung zur Durchführung der Instandhaltung aus einer **vertraglichen Vereinbarung** ergibt, zB bei Miet- und Pachtverträgen. In diesem Fall ist eine Rückstellung zu bilden, die über den Verpflichtungszeitraum anzusammeln ist (s auch Rz 92ff).

XXI. Jahresabschlusskosten

129 Für die Aufstellung, Prüfung sowie Veröffentlichung des Jahresabschlusses liegt regelmäßig eine gegenwärtige rechtliche Verpflichtung vor, die mit Ablauf des Geschäftsjahrs entsteht und der sich das Unternehmen nicht entziehen kann. In Abhängigkeit des Grads der Unsicherheit ist entweder eine **Rückstellung** nach IAS 37 (s Rz 8ff) oder eine **abgegrenzte, sonstige Schuld** (s Rz 13ff) zu bilden für:

(1) die gesetzliche Verpflichtung zur Aufstellung, Prüfung und Veröffentlichung von Jahresabschluss und Lagebericht,
(2) die privatrechtliche Verpflichtung zur Prüfung von Jahresabschluss und Lagebericht,
(3) die gesetzliche Verpflichtung zur Erstellung der die Betriebsteuern des abgelaufenen Geschäftsjahrs betreffenden Steuererklärungen.

Neben externen Kosten sind auch unvermeidbare interne Einzel- und Gemeinkosten zu berücksichtigen (*ADS*[1] Abschn 18 Rz 125).

XXII. Jubiläumsverpflichtungen

130 Zu Jubiläumsverpflichtungen s Rz 137f **langfristig fällige Leistungen** an Arbeitnehmer.

XXIII. Künftige betriebliche Verluste

131 Künftige betriebliche Verluste, die nicht auf einem belastenden Vertrag beruhen, entsprechen nicht der Definition einer Schuld und sind nach IAS 37 **nicht rückstellungsfähig** (IAS 37.63). Sie sind ggf Anzeichen einer möglichen Wertminderung bestimmter Vermögenswerte des Unternehmensbereichs.

XXIV. Kundenbindungsprogramme

132 Kundenbindungsprogramme gem IFRIC 13 werden als **Mehrkomponentenvertrag** qualifiziert, bei dem das Unternehmen zwei Leistungen erbringt (Lieferung der Produkte und Lieferung der Prämie). Die für die Kauftransaktion erhaltene Gegenleistung ist folglich auf die beiden Leistungen aufzuteilen (IFRIC 13.5). Es wird nur der Teil der Gegenleistung als Umsatz realisiert, für den die üblichen Bedingungen für die Umsatzrealisation erfüllt sind. Der andere Teil ist als **sonstige Schuld** zu erfassen und wird erst dann realisiert, wenn die Bonuspunkte eingelöst werden oder verfallen (IFRIC 13.7).

Gem IFRIC 13.9 kann eine Drohverlust-**Rückstellung** nach IAS 37 in den Fällen in Betracht kommen, in denen eine für das Unternehmen nachteilige Prämiengewährung vorliegt, weil zB mehr Kunden als erwartet ihre Bonuspunkte tatsächlich eintauschen und sich hierbei für eine bestimmte Prämie entscheiden, die mit besonders hohen unvermeidbaren Kosten verbunden ist.

Eine Rückstellung kann ferner bei transaktionsunabhängigen Vergünstigungen, dh bei der Zuteilung von Bonuspunkten für eine Handlung, die keinen

Umsatz generiert, bei Vorliegen aller anderen Voraussetzungen zu bilanzieren sein. Die als Werbekosten zu qualifizierenden Aufwendungen sind im Zeitpunkt der Zuteilung der Bonuspunkte als Rückstellung zu passivieren (so auch *Hütten/Nehmeyer-Srocke* in IFRS Änderungskommentar 2007 IFRIC D20, Rz 34f).

XXV. Kurzfristig fällige Leistungen an Arbeitnehmer

Die Erfassung und die Bewertung kurzfristig fälliger Leistungen an Arbeitnehmer (IAS 19.7f), wie zB **Urlaubsgeld, Tantiemen und Prämien,** richtet sich nach IAS 19.10. Die Verpflichtung des Arbeitgebers ist als abgegrenzte, sonstige Schuld mit dem nicht abgezinsten Betrag der kurzfristig fälligen Leistungen aufwandswirksam zu erfassen (s § 26 Rz 102ff). 133

Bei kurzfristig fälligen **Abwesenheitsvergütungen,** wie zB Urlaubsgeld, ist zwischen ansammelbaren und nicht ansammelbaren Ansprüchen zu unterscheiden (s § 26 Rz 104f). Ansammelbare Ansprüche auf vergütete Abwesenheit sind Ansprüche, die in die Zukunft vorgetragen und in späteren Perioden genutzt werden können, sofern die die Berichtsperiode betreffenden Ansprüche nicht vollständig genutzt wurden (IAS 19.13). Derartige Verpflichtungen sind zu passivieren, sobald die Arbeitsleistung durch den Arbeitnehmer erbracht worden ist, durch die sich der Anspruch auf vergütete künftige Abwesenheit ergibt (IAS 19.11(a)). Zum Bilanzstichtag ist der Betrag anzusetzen, den das Unternehmen aufgrund der bis zu diesem Stichtag angesammelten, nicht genutzten Ansprüche voraussichtlich zahlen muss. Bei nicht ansammelbaren Ansprüchen bestehen zum Bilanzstichtag keine Verpflichtungen des Arbeitgebers zur Vergütung zukünftiger Abwesenheit (IAS 19.11(b) und IAS 19.16). Eine Passivierung derartiger Ansprüche scheidet daher aus. 134

Die erwarteten Aufwendungen aus einer **Gewinn- oder Erfolgsbeteiligung** (Tantiemen, Prämien) sind dann zu bilanzieren, wenn die allgemeinen Erfassungskriterien einer Schuld erfüllt sind (s § 26 Rz 105). Bei faktischen Verpflichtungen (s Rz 42f) darf das Unternehmen darüber hinaus keine realistische Alternative zur Zahlung der Gewinn- oder Erfolgsbeteiligung haben (IAS 19.17). Eine Verpflichtung zur Zahlung einer Gewinn- oder Erfolgsbeteiligung kann nur dann verlässlich geschätzt werden, wenn ein formaler Plan eine Methode zur Bestimmung der Leistungshöhe vorsieht und das Unternehmen die zu zahlenden Beträge bis zur Freigabe der Veröffentlichung des Abschlusses ermittelt hat oder aber aufgrund früherer Übung die Höhe der faktischen Verpflichtung des Unternehmens eindeutig bestimmbar ist (IAS 19.20). Bei freiwilligen Leistungen liegt uE ein ausreichend formaler Plan vor, wenn bei den Mitarbeitern aufgrund einer Ankündigung durch den Arbeitgeber oder einer betrieblichen Übung in vergleichbaren Fällen die gerechtfertigte Erwartung geweckt worden ist, dass das Unternehmen auch für die aktuelle Berichtsperiode eine Gewinn- oder Erfolgsbeteiligung zahlen wird und der Kreis der betroffenen Mitarbeiter namentlich und mit den zu zahlenden Beträgen feststeht. 135

Kurzfristig fällige Leistungen an Arbeitnehmer erfüllen zwar grds die allgemeinen Erfassungskriterien für Rückstellungen. Aufgrund der bei diesen Verpflichtungen idR weitgehenden Konkretisierung von Bestehen, Ressourcenabfluss, Höhe und Fälligkeit (so gut wie sicher; s Rz 31 und Rz 69) ist ein Ausweis unter den **sonstigen Schulden** vorzunehmen (s § 26 Rz 103; ähnlich *Heuser/Theile*[3] Rz 2480). 136

XXVI. Langfristig fällige Leistungen an Arbeitnehmer

137 Andere langfristig fällige Leistungen an Arbeitnehmer (IAS 19.7) stellen insbes **Jubiläumsverpflichtungen** dar (IAS 19.126(b)). Es handelt sich um Verpflichtungen, die dem Grunde und der Höhe nach unsicher und damit als Rückstellung auszuweisen sind. Die Bewertung dieser Verpflichtungen richtet sich grds nach den gleichen versicherungsmathematischen Grundsätzen wie die Bewertung von Pensionsverpflichtungen (IAS 19.128 und § 26 Rz 106ff). Da Jubiläumszusagen jedoch nicht den gleichen Unsicherheiten wie Pensionsrückstellungen unterliegen, sind versicherungsmathematische Gewinne und Verluste sofort, dh im Jahr ihres Entstehens zu erfassen. Gleichermaßen ist nachzuverrechnender Dienstzeitaufwand sofort in voller Höhe zu berücksichtigen (IAS 19.127). De facto ist damit die gesamte Veränderung im Verpflichtungsumfang zwischen zwei Bilanzstichtagen aufwandswirksam zu berücksichtigen.

138 Erfüllungsrückstände aus aufgeschobenen Vergütungen im sog Blockmodell bei **Altersteilzeitvereinbarungen** stellen ebenfalls langfristig fällige Leistungen an Arbeitnehmer dar, werden jedoch nachfolgend zusammen mit den Aufstockungsbeträgen behandelt, die als Leistungen an Arbeitnehmer aus Anlass der Beendigung des Arbeitsverhältnisses zu qualifizieren sind (s Rz 144ff und § 26 Rz 107ff). Sie unterliegen hinsichtlich Bestehen, Ressourcenabfluss, Höhe und Fälligkeit einer Quasi-Sicherheit, die einen Ausweis unter den sonstigen Schulden rechtfertigt. Unter dem Gesichtspunkt eines einheitlichen Ausweises ist eine Zusammenfassung von Erfüllungsrückständen mit den deutlich unsicheren Aufstockungsbeträgen in einem Betrag unter dem Posten Rückstellungen oder sonstige Schulden vertretbar (s Rz 149 und § 26 Rz 110).

XXVII. Leistungen an Arbeitnehmer aus Anlass der Beendigung des Arbeitsverhältnisses

1. Abfindungen

139 **Abfindungen** an Mitarbeiter, die keine Restrukturierungsmaßnahme iSv IAS 37.10 darstellen, sind als Leistungen an Arbeitnehmer aus Anlass der Beendigung des Arbeitsverhältnisses iSv IAS 19.7 zu qualifizieren. Erfassung und Bewertung richten sich nach IAS 19.133ff.

140 Eine Verpflichtung des Unternehmens liegt nur dann vor, wenn für die vorzeitige Beendigung des Arbeitsverhältnisses ein hinreichend detaillierter, formaler Plan existiert und für das Unternehmen keine realistische Möglichkeit besteht, sich der Verpflichtung zu entziehen (s § 26 Rz 112). Der **formale Plan** muss mindestens folgende Angaben enthalten:

(1) Standort, Funktion und ungefähre Anzahl der Arbeitnehmer, deren Arbeitsverhältnis beendet werden soll,
(2) die Leistungen aus Anlass der Beendigung des Arbeitsverhältnisses, die für jede Arbeitsplatzkategorie oder Funktion vorgesehen sind; und
(3) den Zeitpunkt der Umsetzung des Plans. Die Umsetzung des Plans sollte so schnell wie möglich beginnen und die Zeitspanne bis zur vollständig erfolgten Durchführung so bemessen sein, dass wesentliche Planänderungen unwahrscheinlich sind.

Diese Kriterien entsprechen den Anforderungen, die an einen formalen Plan bei Restrukturierungsmaßnahmen gestellt werden (s Rz 162ff). Im Unterschied zu IAS 37.72 wird zwar für die Erfassung einer Schuld nicht gefordert, dass der Plan inhaltlich angekündigt oder mit seiner Umsetzung bereits begonnen worden ist. UE ist jedoch die Voraussetzung in IAS 19.134, dass das Unternehmen keine realistische Alternative zur Erfüllung des Plans hat, nur gegeben, wenn eine Ankündigung des Plans erfolgt ist oder mit der Umsetzung des Plans iSv IAS 37.72(b) begonnen worden ist (s Rz 172f).

Die vorstehenden Ausführungen gelten gleichermaßen für **Lohn- und Gehaltsfortzahlungen** bis zum Ende der Kündigungsfrist – ohne dass der Arbeitnehmer weitere Arbeitsleistungen erbringt, die dem Unternehmen einen wirtschaftlichen Nutzen verschaffen – und die Erhöhung von **Altersversorgungsleistungen** oder anderer Leistungen nach Beendigung des Arbeitsverhältnisses (IAS 19.135). 141

Die **Bewertung** der Verpflichtungen richtet sich nach der Höhe der im formalen Plan vorgesehenen Leistungen. Bei einer Fälligkeit von mehr als zwölf Monaten nach dem Bilanzstichtag sind die Verpflichtungen zu diskontieren. Der Zinssatz hat sich am fristadäquaten Zinssatz für erstrangige, festverzinsliche Industrieanleihen zu orientieren (IAS 19.139, IAS 19.78 und § 26 Rz 114). 142

Beruhen die Leistungen des Arbeitgebers auf rechtlichen, idR vertraglichen Vereinbarungen, ist uE die Verpflichtung soweit konkretisiert, dass diese unter den **sonstigen Schulden** und nicht mehr unter den Rückstellungen auszuweisen ist. Bei faktischen Verpflichtungen dürfte uE hingegen die erforderliche Konkretisierung idR noch nicht so weit fortgeschritten sein, sodass ein Ausweis unter den **Rückstellungen** vorzunehmen ist. Für die Abgrenzung sind sämtliche bis zum Aufstellungszeitpunkt erlangten Kenntnisse zu berücksichtigen. 143

2. Altersteilzeit

Das Altersteilzeitgesetz sieht zwei verschiedene Modelle vor, wie die Tätigkeit des Arbeitnehmers während der Altersteilzeitphase zeitlich ausgestaltet werden kann. Nach dem **Gleichverteilungsmodell** ist der Arbeitnehmer während des gesamten Altersteilzeitraums bis zur Pensionierung mit einer reduzierten Arbeitszeit tätig, während er nach dem **Blockmodell** in der ersten Phase des Altersteilzeitraums (sog Beschäftigungsphase) weiterhin mit unverminderter Arbeitszeit arbeitet und in der zweiten Phase (sog Freistellungsphase) vollständig von seiner Arbeitszeit freigestellt ist (*IDW* RS HFA 3 Rz 3). Hinsichtlich der bilanziellen Berücksichtigung von Altersteilzeitverhältnissen wird im Folgenden davon ausgegangen, dass mit der Altersteilzeitvereinbarung in bestehende Arbeitsverhältnisse eingegriffen wird (*IDW* RS HFA 3 Rz 7). 144

Wird über eine tarifvertragliche, betriebsinterne oä Vereinbarung einem bestimmten **Personenkreis** die unentziehbare Möglichkeit zur Inanspruchnahme der Altersteilzeitregelung eingeräumt, kann sich der Arbeitgeber seiner Verpflichtung nicht entziehen, wenn betroffene Arbeitnehmer in die Altersteilzeitregelung einwilligen. Der Tarifvertrag bzw die Betriebsvereinbarung begründen eine Stillhalterverpflichtung des Arbeitgebers, der das Optionsrecht des einzelnen Arbeitnehmers gegenübersteht (*IDW* RS HFA 3 Rz 9). Diese Vereinbarung stellt dabei einen detaillierten, formalen Plan dar, dessen Vorliegen nach IAS 19.134 notwendige Voraussetzung für die bilanzielle Behandlung als Verpflichtung ist. Regelmäßig beinhaltet eine solche Vereinbarung alle erforderlichen Angaben nach IAS 19.134(a) bis (c). 145

Bei der Beurteilung, wie viele der Anspruchsberechtigten die **Option ausüben** werden (Wahrscheinlichkeit der Inanspruchnahme), ist von inner- oder zwischenbetrieblichen Erfahrungswerten bzw von Umfrageergebnissen innerhalb der relevanten Belegschaft auszugehen (IAS 19.140 und *IDW* RS HFA 3 Rz 11). Eine unreflektierte Einbeziehung aller Anspruchsberechtigten scheidet somit aus.

Sieht der Tarifvertrag bzw die Betriebsvereinbarung eine Ablehnungsmöglichkeit des Arbeitgebers für den Fall vor, dass eine bestimmte Anzahl potenzieller Anspruchsberechtigter die Altersteilzeitregelung bereits in Anspruch genommen hat, ist die Passivierung einer Rückstellung auf die Zahl der Anspruchsberechtigten begrenzt, für die keine Ablehnungsmöglichkeit des Arbeitgebers besteht. Eine Berücksichtigung als Rückstellung ist nur insoweit zulässig, als der Arbeitgeber aus einem dem Arbeitnehmer unterbreiteten Angebot zur vorzeitigen Beendigung des Arbeitsverhältnisses nachweisbar verpflichtet ist (IAS 19.133(b)). Ansonsten liegt keine Unentziehbarkeit iSd IAS 19.134 vor (*IDW* RS HFA 3 Rz 10).

146 Bei der Altersteilzeitregelung in der Ausgestaltung des Blockmodells baut sich beim Arbeitgeber während der Beschäftigungsphase in Höhe des noch nicht entlohnten Anteils der Arbeitsleistung ein **Erfüllungsrückstand** ggf unter Berücksichtigung eines Gehaltstrends auf (s § 26 Rz 110). Diesem wird durch die Ansammlung einer Rückstellung Rechnung getragen. In den Perioden, in denen der Arbeitnehmer entspr der Altersteilzeitregelung entlohnt wird, ohne eine Arbeitsleistung zu erbringen, erfolgt die Inanspruchnahme (evtl Auflösung) der Rückstellung (*IDW* RS HFA 3 Rz 16). Bei dem Gleichverteilungsmodell entsteht kein Erfüllungsrückstand.

147 Die **Aufstockungsbeträge** stellen hingegen keinen Entgeltbestandteil der erhaltenen Arbeitsleistung dar (*IDW* RS HFA 3 Rz 5). Die Verpflichtung zur Leistung der Aufstockungsbeträge entsteht rechtlich mit Abschluss einer Altersteilzeitvereinbarung zwischen dem Arbeitgeber und dem Arbeitnehmer und stellt eine Leistung bei Beendigung des Arbeitsverhältnisses dar, die nach IAS 19.133(b) sofort aufwandswirksam als Rückstellung zu passivieren ist (s § 26 Rz 115). Die Rückstellung wird über die Laufzeit der Altersteilzeit in Anspruch genommen. Bei der Bewertung der Aufstockungsbeträge ist unter versicherungsmathematischen Grundsätzen zu berücksichtigen, dass die Verpflichtung mit dem Eintritt von Invalidität oder Tod des Arbeitnehmers erlischt. Ebenso sind zukünftige Gehaltstrends zu berücksichtigen.

148 Sind die passivierten Verpflichtungen (Erfüllungsrückstand und Aufstockungsbetrag) erst nach Ablauf von zwölf Monaten fällig, sind sie nach IAS 37.45 mit dem **Barwert** anzusetzen (IAS 19.128(a) und IAS 19.139). Der Abzinsung ist grds der durchschnittliche, am Abschlussstichtag für Industrieanleihen geltende frist- und währungsadäquate Marktzinssatz zugrunde zu legen (s Rz 76f). Eine Abzinsung kann unterbleiben, wenn die Zinseffekte unwesentlich sind.

149 Hinsichtlich des **Ausweises** als Rückstellung oder sonstige Schuld ist grds zwischen Erfüllungsrückstand und Aufstockungsbetrag zu differenzieren. Erster stellt idR wegen der höheren Konkretisierung eine sonstige Schuld, letzterer insbes wegen der Möglichkeit des Erlöschens infolge Invalidität oder Tod eine Rückstellung dar. Unter dem Gesichtspunkt eines einheitlichen Ausweises ist eine Zusammenfassung von Erfüllungsrückständen und Aufstockungsbeträgen in einem Betrag unter dem Posten Rückstellungen oder sonstige Schulden vertretbar.

150 Unter den Voraussetzungen der Wiederbesetzung des frei gewordenen Arbeitsplatzes mit einem Arbeitslosen, einem Arbeitnehmer nach Abschluss der Ausbildung oder ggf einem Auszubildenden erstattet die Bundesversicherungsanstalt für Angestellte dem Arbeitgeber nach § 4 ATG gesetzlich vorgesehene Mindestzahlungen (Mindestaufstockungszahlungen und die Aufstockungen zur gesetzlichen Rentenversicherung). Nach IAS 37.53 sind **Erstattungsansprüche** als Vermögenswert zu aktivieren, wenn so gut wie sicher ist, dass sie dem Bilanzierenden zufließen werden. Das künftige Entstehen eines Anspruchs auf die Leistung von Erstattungsbeiträgen kann jedoch vor der Wiederbesetzung regelmäßig nicht mit der geforderten Sicherheit erwartet werden. Erstattungsansprüche sind nur dann zu aktivieren, wenn sämtliche in den §§ 2, 3 ATG aufgeführten Voraussetzungen tatsächlich vorliegen. Die Erstattungsbeiträge können entspr IAS 37.53 vor Erfüllung der Leistungsvoraussetzungen auch nicht rückstellungsmindernd berücksichtigt werden (*IDW* RS HFA 3 Rz 14; s Rz 68ff). Im Blockmodell findet damit frühestens zu Beginn der Freistellungsphase eine Aktivierung des Erstattungsanspruchs statt.

Der Gesetzgeber fordert für den Erfüllungsrückstand für das Blockmodell eine Insolvenzsicherung zum Schutz der Vorleistungen des Arbeitnehmers. Soweit diese Insolvenzsicherung die Voraussetzungen für ein **Plan-Vermögenswert** erfüllt, sind Plan-Vermögenswert und Rückstellung zu saldieren. **151**

Nach **ED-IAS 19** (s Rz 232ff) sind die **Aufstockungsbeträge** dann als Leistungen an Arbeitnehmer anlässlich der Beendigung des Arbeitsverhältnisses anzusehen, wenn das Angebot des Arbeitgebers an den Arbeitnehmer zum Abschluss einer Altersteilzeitvereinbarung nur eine kurze Zeit besteht. In diesem Fall ist die Rückstellung sofort in voller Höhe zu bilden. In allen anderen Fällen wäre die Rückstellung ratierlich anzusammeln. **152**

XXVIII. Mietereinbauten

Zu Verpflichtungen im Zusammenhang mit Mietereinbauten s Rz 115ff zu **Entsorgungs-, Wiederherstellungs- und ähnlichen Verpflichtungen**. **153**

XXIX. Pauschalrückstellungen

Pauschalrückstellungen sind auch nach IFRS zulässig, wenn sich – bei Erfüllung aller anderen Voraussetzungen – die Pauschalierung aus der zusammengefassten Bewertung einer **größeren Anzahl von ähnlichen Geschäftsvorfällen** ergibt (s Rz 55), zB bei Gewährleistungen (ähnlich *ADS*[1] Abschn 18 Rz 45; *Heuser/Theile*[3] Rz 2324). Des Weiteren erfordert die zuverlässige Bewertbarkeit der Verpflichtung, dass der beste Schätzwert durch in der Vergangenheit beobachtete Ressourcenabflüsse unterlegt werden kann. **154**

XXX. Pensionsverpflichtungen

Pensionszusagen können in **unterschiedlichen Ausgestaltungen** vorliegen. Sofern der Versorgungsbeitrag durch den Arbeitgeber nahezu zeitgleich mit der erbrachten Arbeitsleistung geleistet wird, ist der Arbeitgeber durch die Zahlung von Beiträgen in eine Pensionskasse oÄ von jeder weiteren Verpflichtung entbunden (sog **beitragsorientierte Zusagen**). IdR wird die Leistung des Arbeitgebers jedoch erst in ferner Zukunft fällig. Sowohl das Kapitalanlage- als auch das versicherungstechnische Risiko liegen beim Arbeitgeber (sog **leistungsorientierte Zusagen**). **155**

Pensionsverpflichtungen sind, sofern es sich um vom Unternehmen als Arbeitgeber zugesagte **Leistungen an Arbeitnehmer** (aktive oder ehemalige) handelt, nach IAS 19 zu behandeln. Liegen dagegen **Altersversorgungspläne** (zB eine Unterstützungskasse oder ein Pensionsfonds) vor, bei denen die Verpflichtungen vom Arbeitgeber der Begünstigten losgelöst sind, so erfolgt die Rechnungslegung und Berichterstattung dieses externen Versorgungsträgers nach IAS 26 (§ 26 Rz 117ff). **156**

Nach der Zielsetzung von IAS 19 ist eine **Schuld** immer dann zu bilanzieren, wenn ein Arbeitnehmer bereits Arbeitsleistungen im Austausch gegen erst in der **157**

Zukunft zu zahlende Leistungen erbracht hat. Dies ist bei leistungsorientierten Pensionsverpflichtungen regelmäßig der Fall, da die Leistungen erst nach Beendigung des Arbeitsverhältnisses fällig werden.

158 Den **Aufwand** hat das Unternehmen nach IAS 19 in dem Jahr zu erfassen, in dem es den wirtschaftlichen Nutzen aus der im Austausch für spätere Leistungen von einem Arbeitnehmer erbrachten Arbeitsleistung vereinnahmt hat. Die zu bilanzierende Verpflichtung ergibt sich aus dem hinzugekommenen Anspruch des lfd. Geschäftsjahrs und der Verzinsung der in den vorangegangenen Geschäftsjahren entstandenen Aufwendungen, soweit noch kein Verbrauch oder keine Auflösung stattgefunden hat. Die Verpflichtung ist unter bestimmten Voraussetzungen mit dem Zeitwert eines ggf vorhandenen Planvermögens zu saldieren (§ 26 Rz 26 und Rz 37 ff).

Wegen weiterer Einzelheiten zur Behandlung der Leistungen an Arbeitnehmer nach Beendigung des Arbeitsverhältnisses und zur Bilanzierung externer Versorgungsträger s § 26 Rz 112 ff und 117 ff.

XXXI. Rechtsstreitigkeiten

159 Bei **Passivprozessen** liegt eine unvermeidbare Verpflichtung aus einem vergangenen Ereignis vor. Häufig ist jedoch die Wahrscheinlichkeit des Ressourcenabflusses nicht hinreichend sicher oder der Erfüllungsbetrag nicht zuverlässig schätzbar. Verpflichtungen aus Rechtsstreitigkeiten sind daher oftmals im Anhang als Eventualschulden anzugeben. Soweit Ressourcenabfluss und Höhe, zB aufgrund von entspr (belastbaren) Stellungnahmen der eingeschalteten Anwälte oder von Gutachtern, mit hinreichender Sicherheit bestimmt werden können, ist eine Rückstellung in Höhe der voraussichtlichen Rechtsverfolgungskosten und des Erfüllungsbetrags zu passivieren. Während Prozesskosten (s zu den einzelnen Kostenarten *Thiele* WPg 2004, 737) erst mit Kenntnis von der Klage zu passivieren sind (*Thiele* WPg 2004, 739), kann eine Rückstellung für den möglichen Erfüllungsbetrag bei Vorliegen aller anderen Voraussetzungen auch schon vor diesem Zeitpunkt gebildet werden.

160 Bei **Aktivprozessen** kann sich das Unternehmen einer Verpflichtung jederzeit durch die Einstellung des Verfahrens entziehen. Rückstellungsfähig sind daher nur die zum Bilanzstichtag noch nicht abgerechneten außerprozessualen Rechtsverfolgungskosten und Prozesskosten (Gerichtskosten und außergerichtliche Kosten). Eine Rückstellung für Prozesskosten kommt nur insoweit in Betracht, als der Kläger davon ausgeht, dass er das Verfahren verliert bzw nur teilweise obsiegt, da ihm in diesem Fall die Kosten vollständig oder anteilig auferlegt werden (*Thiele* WPg 2004, 737).

XXXII. Rekultivierung

161 Unter Rekultivierung sind Maßnahmen zur **wirtschaftlichen Neugestaltung** des **oberflächennahen und -fernen Bodens** zu subsumieren mit dem Ziel der Wiederherstellung des durch die Tätigkeit des Unternehmens in Mitleidenschaft gezogenen, aber zuvor vorhandenen Umweltzustands. Rekultivierungsverpflichtungen ergeben sich zB aus der Wiederauffüllung von Kiesgruben bzw Tagebaugebieten oder aus der Wiederherstellung des Meeresbodens nach der Förderung von Öl bzw Gas. Für diese Verpflichtungen ist nach IAS 37 eine Rückstellung zu bilden. Soweit keine Aktivierung des entspr Rückstellungsbetrags bei dem betroffenen Vermögenswert vorzunehmen ist, zB bei angemieteten Vermögenswerten oder in der Nutzung eines aktivierten Vermögenswerts be-

gründeten Verpflichtungen (s Rz 93), ist zum Abschlussstichtag nur der Betrag zurückzustellen, dessen Ursache in der Vergangenheit liegt (verursachungsgerechter, sukzessiver Aufbau der Rückstellung), da nur für diesen Teil eine gegenwärtige Verpflichtung besteht (s auch Rz 92ff zu Ansammlungsrückstellungen und Rz 115ff zu Entsorgungs-, Wiederherstellungs- und ähnlichen Verpflichtungen).

XXXIII. Restrukturierungsmaßnahmen

1. Grundsatz

Voraussetzung für die Passivierung einer Restrukturierungsrückstellung ist zunächst, dass die **Definition** einer Restrukturierungsmaßnahme iSv IAS 37.10 erfüllt ist. Erst danach sind die allgemeinen Ansatz- und Bewertungskriterien für Rückstellungen und die diese weiter konkretisierenden Kriterien aus IAS 37.70ff zu prüfen. **162**

Eine **Restrukturierungsmaßnahme** ist ein Programm, das vom Management geplant und kontrolliert wird und entweder ein vom Unternehmen abgedecktes Geschäftsfeld oder die Art, in der dieses Geschäft durchgeführt wird, wesentlich verändert (IAS 37.10). Konkret werden unter Restrukturierungsmaßnahmen zB der Verkauf oder die Einstellung eines Geschäftszweigs, die Stilllegung von Standorten in einem Land oder einer Region, die Verlegung von Geschäftsaktivitäten von einem Land oder einer Region in ein anderes bzw eine andere, Strukturänderungen im Management und grundlegende Umorganisationen mit wesentlichen Auswirkungen auf den Charakter und Schwerpunkt der Geschäftstätigkeit des Unternehmens verstanden (IAS 37.70).

Aus der Definition einer Restrukturierungsmaßnahme und den Anwendungsbeispielen folgt, dass nicht jede **Freisetzung von Mitarbeitern** als Restrukturierungsmaßnahme verstanden werden kann. Zu einem Abbau von Mitarbeitern müssen weitere Maßnahmen hinzutreten, um das in IAS 37.10 geforderte Kriterium einer wesentlichen Veränderung der Geschäftsaktivitäten zu erfüllen. IdR wird die Aufgabe einzelner Funktionsbereiche, zB Einstellung oder Outsourcing der Forschungs- und Entwicklungsaktivitäten oder der Logistik, als Restrukturierungsmaßnahme zu qualifizieren sein, wenn hierdurch eine bisher durch das Unternehmen selbst ausgeübte Aktivität ersatzlos entfällt oder aber vollständig auf einen Dritten übertragen wird. Eine Zusammenlegung von zB administrativen Funktionsbereichen wird hingegen idR nicht die Voraussetzungen für eine Restrukturierungsmaßnahme erfüllen, da hierdurch nicht die Art, in der die Unternehmenstätigkeit durchgeführt wird, wesentlich verändert wird. **163**

Auch bei Änderungen in der **Struktur des Managements** ist nicht jede Veränderung als Restrukturierungsmaßnahme zu qualifizieren. Durch den Bezug auf die Struktur des Managements müssen durch die Restrukturierung einzelne Führungsebenen aufgelöst, zusammengelegt oder in der Aufgabenverteilung zwischen den Mitgliedern grundlegend neu ausgerichtet werden, zB bei einem Wandel von einer Management-Holding in einen Stammhaus-Konzern. Eine Zusammenlegung von Zuständigkeiten bei Ausscheiden eines Mitglieds des Managements reicht somit nicht aus. Durch die Verwendung des Begriffs „Management" ist zugleich klargestellt, dass nicht nur Veränderungen im Vorstand oder in der Geschäftsführung, sondern auch auf nachgelagerten Führungsebenen zu einer Restrukturierungsmaßnahme iSv IAS 37.10 führen können. **164**

Ferner wird durch die Verwendung des Begriffs **„Geschäftsfeld"** anstelle von „Segment" (IFRS 8.5) verdeutlicht, dass sich die Restrukturierungsmaßnahme nicht nur auf diese größeren, übergeordneten, sondern auch auf kleinere, untergeordnete Organisationseinheiten beziehen kann.

165 Bei Restrukturierungsmaßnahmen kann zwischen **personalbezogenen und sonstigen Maßnahmen** differenziert werden (zur Systematik s *Theile* PiR 2007, 300). Abfindungszahlungen und Sozialpläne sind zwar idR Bestandteil einer Restrukturierungsmaßnahme iSv IAS 37, ihre Passivierung richtet sich gleichwohl nach IAS 19. Allerdings sind die Passivierungsvoraussetzungen materiell die gleichen wie die nach IAS 37 für sonstige Maßnahmen (*Theile* PiR 2007, 299 f)

166 Bei den Ausführungen in IAS 37.70 ff handelt es sich um eine Konkretisierung der allgemeinen Ansatz- und Bewertungskriterien (*Hoyos/Pastor* in BeBiKo[6] § 249 HGB Rz 339), um klarzustellen, ab wann Restrukturierungsmaßnahmen als **faktische Verpflichtungen** nach IAS 37.10 und IAS 37.17(b) zurückzustellen sind (IAS 37.71). Dementsprechend kommen die Ausführungen in IAS 37.70 ff nur so lange zur Anwendung, wie durch den Abschluss vertraglich bindender Vereinbarungen keine rechtliche Verpflichtung begründet wurde (ähnlich *Hoyos/Pastor* in BeBiKo[6] § 249 HGB Rz 339).

Nach IAS 37.10 liegt eine **faktische Verpflichtung** vor, wenn das Unternehmen durch öffentlich angekündigte Maßnahmen oder eine ausreichend spezifische, aktuelle Aussage anderen Parteien ggü vor dem Bilanzstichtag die Übernahme gewisser Verpflichtungen angedeutet hat und hierdurch bei den anderen Parteien eine gerechtfertigte Erwartung geweckt hat, dass es diesen Verpflichtungen nachkommt. Ferner darf das Unternehmen keine realistische Alternative zur Erfüllung der Verpflichtung haben. Zur **Konkretisierung** dieser allgemeinen Kriterien muss daher ein detaillierter, formaler Restrukturierungsplan vorliegen und durch die Ankündigung seiner wesentlichen Bestandteile oder den Beginn der Umsetzung des Plans bei den Betroffenen eine gerechtfertigte Erwartung geweckt worden sein, dass der Restrukturierungsplan tatsächlich durchgeführt wird (IAS 37.72).

Beide Voraussetzungen, Restrukturierungsplan und Ankündigung bzw Umsetzungsbeginn, müssen **am Bilanzstichtag** erfüllt sein (s auch IAS 37.C5A und IAS 37.C5B).

167 Der **Restrukturierungsplan** hat nach IAS 37.72 mindestens folgende **Angaben** zu enthalten:

(1) den betroffenen (Teil des) Geschäftsbereich(s) und
(2) die wichtigsten betroffenen Standorte und
(3) Standort, Funktion und ungefähre Anzahl der Arbeitnehmer, die für die Beendigung ihres Beschäftigungsverhältnisses eine Abfindung erhalten werden, und
(4) die entstehenden Ausgaben und
(5) den Umsetzungszeitpunkt.

Der Restrukturierungsplan muss formal, dh uE **schriftlich,** ausgearbeitet sein und ein Konzept darstellen, das alle wesentlichen Maßnahmen, einschließlich der Ausgaben und Umsetzungszeitpunkte für die einzelnen Maßnahmen, benennt. Falls für die Umsetzung einzelner Maßnahmen mehrere Alternativen bestehen, muss sich das Unternehmen für eine der **Alternativen** entscheiden. Ist diese Entscheidung nicht bis zum Bilanzstichtag getroffen, weil zB noch Informationen benötigt werden, scheidet uE zumindest diese Maßnahme aus dem Kreis der rückstellungsfähigen bzw -pflichtigen Maßnahmen aus, weil das Unternehmen seine Meinung noch nicht abschließend festgelegt hat und damit die erforderliche inhaltliche und zeitliche Konkretisierung für das Bestehen einer faktischen Verpflichtung noch nicht gegeben ist (ähnlich IAS 37.79 in Verkaufsfällen). Diese Maßnahme darf allerdings innerhalb des Gesamtplans nicht von so zentraler Bedeutung sein, dass die Definition eines Restrukturierungsplans nicht mehr erfüllt ist.

Soweit der Restrukturierungsplan des Vorstands oder der Geschäftsführung der **Zustimmung eines Aufsichtsgremiums** bedarf, liegt ein formaler Plan iSv IAS 37.72(b) erst ab dem Zeitpunkt der Erteilung der Zustimmung durch das Aufsichtsgremium vor (IAS 37.76).

Sofern die Maßnahmen des Restrukturierungsplans den **Verkauf** eines Ge- **168**
schäftsfelds oder von Teilen hiervon vorsehen, entsteht so lange keine faktische Verpflichtung, bis das Unternehmen den Verkauf verbindlich abgeschlossen hat, dh ein bindender Verkaufsvertrag existiert (IAS 37.78 f). Dies gilt auch dann, wenn der Verkauf bereits vor dem Bilanzstichtag öffentlich verkündet wurde. Ohne einen bindenden Verkaufsvertrag liegt kein verpflichtendes Ereignis nach IAS 37.10 vor, aufgrund dessen das Unternehmen keine realistische Alternative zur Erfüllung der Verpflichtung hat. Zum einen kann das Unternehmen seine Meinung jederzeit noch ändern. Zum anderen wird das Unternehmen andere Maßnahmen ergreifen müssen, wenn kein Käufer zu akzeptablen Bedingungen gefunden werden kann (IAS 37.79). Bis zum Abschluss eines bindenden Verkaufsvertrags kann jedoch eine Bewertung der zur Veräußerung vorgesehenen Vermögenswerte nach IFRS 5.15 ff erforderlich werden (s § 28 Rz 1 ff) bzw können diese auf eine Wertminderung nach IAS 36 zu prüfen sein (IAS 37.79). Wenn ein Verkauf Teil eines Restrukturierungsplans ist, kann für die anderen Teile des Restrukturierungsplans eine faktische Verpflichtung entstehen, bevor für den zum Verkauf stehenden Teil ein bindender Verkaufsvertrag vorliegt (IAS 37.79).

Als bindende Verkaufsverträge sind uE auch **aufschiebend** oder **auflösend bedingte Verträge** zu qualifizieren, wenn der Bedingungseintritt nicht durch das Unternehmen, sondern nur durch den Vertragspartner bzw Dritte, zB Kartellbehörde, herbeigeführt werden kann und mehr dafür als dagegen spricht, dass die Bedingung nicht eintreten wird. In diesem Fall hat sich das Unternehmen festgelegt und hat aus eigener Kraft keine realistische Alternative zur Erfüllung des Vertrags.

Entspr dem Wortlaut von IAS 37.72 muss zwar der **Abfindungsbetrag** für **169**
die Gesamtheit der betroffenen Mitarbeiter zuverlässig schätzbar sein, nicht aber die Abfindungshöhe für jeden einzelnen betroffenen Arbeitnehmer bereits am Bilanzstichtag feststehen (*Dangel/Hofstetter/Otto*, 107).

Unter **Umsetzungszeitpunkt** des Plans ist uE nicht nur der Zeitpunkt der **170**
Durchführung der ersten Maßnahme zu verstehen. Vielmehr sind für alle wesentlichen Maßnahmen, die zu einer Verpflichtung führen werden, der geplante Umsetzungsbeginn und das Umsetzungsende anzugeben. Erst hierdurch wird erkennbar, ob der Umsetzungsbeginn des Plans zum frühest möglichen Zeitpunkt vorgesehen ist und die Umsetzung des Plans in einem Zeitraum vollzogen wird, der wesentliche Änderungen unwahrscheinlich erscheinen lässt. Wenn der Beginn der Umsetzung des Plans erst nach einer längeren Verzögerung erwartet wird oder ein unverhältnismäßig langer Zeitraum für die Durchführung geplant ist, besteht die unwiderlegbare Vermutung, dass bei den Betroffenen nicht die gerechtfertigte Erwartung an eine gegenwärtige Bereitschaft des Unternehmens zur Durchführung der Restrukturierung geweckt wurde (IAS 37.74). Die Begriffe „längere Verzögerung“ und „unverhältnismäßig langer Zeitraum“ stellen unbestimmte Rechtsbegriffe dar, die anhand des konkreten Sachverhalts zu beurteilen sind.

Soweit bei einzelnen Maßnahmen Beginn oder Umsetzungszeitraum diesen Anforderungen nicht genügen, gefährdet dies uE nicht zwangsläufig die **Rückstellungsfähigkeit** der übrigen Maßnahmen. Allerdings darf es sich hierbei nicht um Maßnahmen handeln, die – wenn sie nicht Bestandteil des Plans wären – bei den Betroffenen den Eindruck erwecken würden, dass das Unternehmen die Restrukturierung nicht ernsthaft betreiben wird.

171 Die bloße Entscheidung des Managements zur Restrukturierung einschließlich der Zustimmung eines Aufsichtsgremiums reicht auch bei Existenz eines detaillierten, formalen Restrukturierungsplans für eine Rückstellung grds nicht aus. Bei den durch die Restrukturierung **Betroffenen** muss zusätzlich die Erwartung geweckt worden sein, dass der Plan auch tatsächlich durchgeführt wird. Erst dann liegt eine faktische Verpflichtung bzw Außenverpflichtung vor.

Durch die Verwendung des Begriffs „Betroffene" wird der Kreis der Personen, die über einen Restrukturierungsplan zu informieren sind, **enger** gefasst als in der allgemeinen Definition einer faktischen Verpflichtung in IAS 37.10. Nach IAS 37.10 reicht es aus, wenn das Unternehmen ggü der Öffentlichkeit und anderen Parteien die Übernahme einer Verpflichtung angedeutet hat. Für eine rückstellungsfähige und -pflichtige Restrukturierungsmaßnahme müssen damit alle Personen, denen ggü eine faktische Verpflichtung bilanziert werden soll, über den Plan informiert worden sein.

UE ist es nicht erforderlich, dass der Plan ggü jedem einzelnen Betroffenen unmittelbar bekannt gegeben worden ist. Es ist vielmehr ausreichend, wenn den betroffenen Personengruppen vor dem Bilanzstichtag die angemessene Möglichkeit geboten worden ist, sich zu informieren, zB über eine Mitarbeiterzeitung, die Einstellung in das Intranet oder Mitteilungen an Kunden und Lieferanten (s auch IAS 37.C5B).

172 Die Information der Betroffenen über die Restrukturierung und damit die Weckung einer gerechtfertigten Erwartung an deren Durchführung kann entweder durch den Beginn der Umsetzung des Plans oder durch die Mitteilung seiner wesentlichen Bestandteile erfolgen (IAS 37.72). Hinweise für den **Beginn der Umsetzung** liefert die Vornahme eindeutiger Handlungen des Unternehmens, zB die Demontage von Anlagen oder der Verkauf von Vermögenswerten (IAS 37.73). Nach dem Wortlaut von IAS 37.72(b) ist es in diesem Fall nicht erforderlich, dass die wesentlichen Bestandteile des Plans den Betroffenen vorher angekündigt wurden. Vielmehr ist durch den der Ankündigung grds zeitlich nachgelagerten Eintritt in die Umsetzungsphase davon auszugehen, dass bei den Betroffenen eine hinreichende Erwartung an die Durchführung des Plans geweckt worden ist. Dies setzt jedoch voraus, dass die Betroffenen den Eintritt in die Umsetzungsphase als Teil eines umfassenden Restrukturierungsplans erkennen können. Hierzu wird idR ein Mindestmaß an Vorabinformationen bereitgestellt worden sein müssen, das grds mit den wesentlichen Bestandteilen des Plans identisch ist, da ohne diese Informationen der konkrete Verpflichtungsumfang für Dritte nicht ausreichend erkennbar ist.

173 Ist noch nicht mit der Umsetzung des Plans begonnen worden, kann eine faktische Verpflichtung bereits dann bestehen, wenn ggü den Betroffenen eine **Ankündigung der wesentlichen Bestandteile des Restrukturierungsplans** bis zum Bilanzstichtag erfolgt ist. Zu den wesentlichen Bestandteilen zählen uE die nach IAS 37.72(a) im Plan anzugebenden Mindestinformationen. Durch diese Konkretisierung soll die Unentziehbarkeit der beschlossenen Maßnahmen objektiviert werden (*Förschle/Kroner/Heddäus* WPg 1999, 50).

Bei der Freisetzung von Mitarbeitern reicht bereits die Information der **Arbeitnehmervertreter** über die wesentlichen Bestandteile des Plans aus (IAS 37.73 und IAS 37.77). Soweit der Plan der Genehmigung durch ein Aufsichtsgremium bedarf, dem Arbeitnehmervertreter angehören, oder die Zustimmung des Betriebsrats erforderlich ist, ist bereits mit der Zustimmung dieser Gremien in Bezug auf die Maßnahmen, die zu Verpflichtungen ggü Mitarbeitern führen werden, eine faktische Verpflichtung begründet worden (IAS 37.77).

Restrukturierungsrückstellungen sind grds für **Sach- und Personalaufwendungen** zu bilden (*Dangel/Hofstetter/Otto*, 106). Rückstellungsfähig sind nur solche Aufwendungen, die zwangsweise im Zuge der Restrukturierung entstehen, wie zB Abfindungsleistungen an die betroffenen Mitarbeiter oder Beratungsleistungen für Unternehmen, die die Restrukturierung durchführen (*Heuser/Theile*[3] Rz 2342) und die nicht mit den lfd Geschäftstätigkeiten des Unternehmens im Zusammenhang stehen (IAS 37.80). Aufwendungen für Umschulungsmaßnahmen, die Versetzung weiterbeschäftigter Mitarbeiter, Marketing in Bezug auf neue Geschäftsfelder sowie (nicht aktivierbare) Investitionen in neue Systeme und Vertriebsnetze sind der künftigen Geschäftstätigkeit zuzuordnen und daher nicht rückstellungsfähig (IAS 37.81; *Hoffmann* in Lüdenbach/Hoffmann IFRS[7] § 21 Rz 153; *Kirchhof* WPg 2005, 596). 174

Für die Passivierung der Sach- und Personalaufwendungen reicht es nach hM (vgl ua *ADS*[1] Abschn 18 Rz 68) bisher aus, wenn in Bezug auf die geplanten Restrukturierungsmaßnahmen die vorstehenden **Voraussetzungen insgesamt erfüllt** sind. Es ist nicht erforderlich, dass in Bezug auf jeden einzelnen Sachverhalt, für den ein Betrag zurückgestellt wird, die Voraussetzungen für die Passivierung einer Rückstellung vorliegen. Dies wird sich zukünftig durch ED-IAS 37.61 (ggf iVm ED-IAS 19) ändern (s Rz 226). UE sind jedoch auch nach IAS 37 nur solche Sach- und Personalaufwendungen zu passivieren, die auf Maßnahmen zurückzuführen sind, die ihrerseits innerhalb eines Restrukturierungsplans die Anforderungen nach IAS 37.72 erfüllen (s hierzu Rz 165 ff). 175

In diesem Zusammenhang ist auch zu prüfen, ob die Restrukturierungsmaßnahme nicht zu einem belastenden Vertrag führt, für den eine **Drohverlustrückstellung** zu bilden ist (s Rz 101 ff), zB bei Miet- und Pachtverträgen. Ein Vertrag wird erst mit einer auf den konkreten Vertrag bezogenen Ankündigung oder Umsetzung der Restrukturierungsmaßnahme zu einem belastenden Vertrag. Aus der Ankündigung oder Umsetzung muss somit für den Vertragspartner (Betroffenen) zumindest abstrakt erkennbar sein, dass auch das bestehende Vertragsverhältnis durch die Restrukturierungsmaßnahme betroffen ist. 176

Eine Restrukturierungsmaßnahme kann zugleich der Definition **„von zur Veräußerung gehaltenen langfristigen Vermögenswerten“** oder **„aufgegebenen Geschäftsbereichen“** nach IFRS 5 entsprechen (IAS 37.9). In diesem Fall sind die betroffenen Vermögenswerte nach IFRS 5.15 ff zu bewerten und zusätzliche Anhangangaben nach IFRS 5.30 ff zu machen (s § 28 Rz 39 und Rz 106 ff). Umgekehrt stellt uE die Aufgabe eines Geschäftsbereichs grds immer eine Restrukturierungsmaßnahme nach IAS 37.70 dar. 177

Falls zum Bilanzstichtag die Voraussetzungen für die Passivierung einer Restrukturierungsrückstellung nicht erfüllt sind, kann unter den Voraussetzungen von IAS 10 (Ereignisse nach dem Bilanzstichtag) eine **Angabe im Anhang** erforderlich werden. 178

In der **Gesamtergebnisrechnung** bzw gesonderten GuV (sofern erstellt) (IAS 1.81 ff) sind die Aufwendungen aus der Passivierung der Rückstellung bei **Wesentlichkeit** gesondert auszuweisen (IAS 1.97 f). Zu Recht kritisch zu diesem Ausweis *Theile* PiR 2007, 298. 179

Die restriktiven Zusatzvoraussetzungen für die Bildung von Restrukturierungsrückstellungen sind erforderlich, um dem Kriterium der **Verlässlichkeit** zu genügen. Die Konkretisierungserfordernisse sind in praxi allerdings nicht unproblematisch, da bspw durch die bewusste Hinauszögerung einer in IAS 37.72 geforderten Angabe im Restrukturierungsplan die bilanzielle Erfassung einer entspr Verpflichtung ggf erst über einen Abschlussstichtag hinaus erfolgt (*Kirchhof* WPg 2005, 592).

2. Unternehmenszusammenschlüsse

180 Von den in IAS 37 dargestellten Restrukturierungsrückstellungen sind Restrukturierungsmaßnahmen zu unterscheiden, die sich im Rahmen von Unternehmenszusammenschlüssen nach IFRS 3.11 (2008)/IFRS 3.41 ff (2004) ergeben (s § 34 Rz 183). Im Rahmen der **Verteilung der Anschaffungskosten** des Zusammenschlusses setzt der Erwerber nur die Vermögenswerte und Schulden (einschließlich Eventualschulden) an, die zum Erwerbszeitpunkt bereits bestanden haben. Der Ansatz von Restrukturierungsrückstellungen ist daher nur möglich, wenn die Restrukturierungsverpflichtung bereits vor der Übernahme beim erworbenen Unternehmen existierte.

181 Sofern sich Unternehmen außerhalb des Unternehmenskaufvertrags vertraglich verpflichtet haben, **Zahlungen** bspw an Arbeitnehmer oder Lieferanten zu leisten, **falls ein Unternehmenszusammenschluss erfolgt**, ist zu prüfen, ob diese Zahlungen Gegenleistungen für zukünftig noch zu erbringende Leistungen darstellen. Ist dies der Fall, ist die Zahlung erfolgsneutral abzugrenzen und entspr der Realisation der Leistung erfolgswirksam zu erfassen. Ist dies nicht der Fall, handelt es sich uE um Eventualschulden iSv möglichen, dh bedingten Verpflichtungen nach IAS 37.10(a) (s zur Unterscheidung zwischen unbedingten und bedingten Verpflichtungen Rz 216). Diese Verpflichtungen stellen so lange Eventualschulden des erworbenen Unternehmens dar, bis eine ausreichende Wahrscheinlichkeit für einen Unternehmenszusammenschluss gegeben ist. UE kommt hierfür der Zeitpunkt eines das Unternehmen bindenden (Vor-)Vertrags in Betracht, wenn zu diesem Zeitpunkt mehr dafür als dagegen spricht, dass der Unternehmenszusammenschluss realisiert wird. Ab diesem Zeitpunkt liegen gegenwärtige, unbedingte Verpflichtungen vor. Da die Schuld regelmäßig verlässlich bewertet werden kann, ist eine Rückstellung nach IAS 37 zu bilden. An dieser Beurteilung ändert uE auch ED-IAS 37 (2005) nichts (s hierzu Rz 213 ff). Der bedingten Zusage des Unternehmens liegt eine sog *stand ready* Verpflichtung zugrunde (s hierzu Rz 216), die erst dann den für einen Ansatz erforderlichen Grad der Sicherheit erfüllt, wenn die vorgenannten Bedingungen erfüllt sind.

Beim Erwerber ist die Verpflichtung des erworbenen Unternehmens in die Kaufpreisallokation zu übernehmen und mit dem Zeitwert zu bewerten, da es sich nicht um eine durch Vereinbarung zwischen Erwerber und Verkäufer, sondern um eine durch den Verkäufer vor Abschluss des Unternehmenskaufvertrags mit einem Dritten begründete Verpflichtung handelt (IFRS 3.10 (2008)/IFRS 3.42 (2004)).

182 Ein **Restrukturierungsplan,** dessen Ausführung vom Zustandekommen des Unternehmenszusammenschlusses abhängig bzw dessen Folge ist, stellt im Zeitpunkt des Zusammenschlusses keine gegenwärtige, unbedingte Verpflichtung dar (s zur Unterscheidung zwischen unbedingten und bedingten Verpflichtungen Rz 216). Es liegt auch keine Eventualschuld vor, da keine mögliche Verpflichtung aus einem vergangenen Ereignis besteht, deren Existenz durch das Eintreten oder Nichteintreten eines oder mehrerer unsicherer künftiger Ereignisse bedingt ist, die nicht vollständig unter der Kontrolle des erworbenen Unternehmens stehen. Beim Erwerber ist daher weder nach IFRS 3 (2008) noch nach IFRS 3 (2004) eine Schuld für derartige Restrukturierungspläne im Rahmen der Verteilung der Anschaffungskosten des Zusammenschlusses anzusetzen. Restrukturierungspläne des Erwerbers finden folglich keinen Eingang in die Kaufpreisallokation (IFRS 3.11 und IFRS 3.22 f (2008)/IFRS 3.43 (2004)).

XXXIV. Rückbauverpflichtungen

183 Zu Rückbauverpflichtungen s auch Rz 92ff zu Ansammlungsrückstellungen und Rz 115ff zu Entsorgungs-, Wiederherstellungs- und ähnlichen Verpflichtungen.

Ein **Sonderfall** der Rückbauverpflichtungen betrifft Verpflichtungen in Zusammenhang mit der Nutzung geleaster/gemieteter Vermögenswerte, bei denen der Vermögenswert dem Leasinggeber/Vermieter zuzurechnen ist *(operating lease)* und die Rückbaukosten nicht bereits in der Leasingrate/Miete enthalten sind. In diesem Fall fehlt es an aufstockungsfähigen Anschaffungs- bzw Herstellungskosten.

UE scheidet aufgrund des insoweit eindeutigen Wortlauts von IAS 16.16 iVm IAS 16.15 eine „Aktivierung" und Passivierung der Verpflichtung aus. AA *Hoffmann* (in Lüdenbach/Hoffmann IFRS[7] § 21 Rz 156), der den Ansatz eines „Quasi-"Vermögenswerts und damit eine erfolgsneutrale Passivierung der Verpflichtung befürwortet.

Stattdessen bestehen in diesem Fall grds zwei Varianten zur Erfassung und Bewertung der Verpflichtung, die sich hinsichtlich des Zeitpunkts ihrer Aufwandswirksamkeit unterscheiden. Zum einen kann die Verpflichtung zum Zeitpunkt des Nutzungsbeginns als auslösendem Ereignis mit ihrem Barwert bilanziert werden. Zum anderen kann die Rückstellung ratierlich über die Leasingdauer angesammelt werden. UE führt allein die erste Variante – Erfassung der Verpflichtung mit dem Barwert im Zeitpunkt des Nutzungsbeginns – zu einem zutreffenden Ergebnis, da nur hierdurch ein vollständiger Ausweis der gegenwärtigen Verpflichtungen des Unternehmens erreicht wird.

XXXV. Schulden im Zusammenhang mit zur Veräußerung gehaltenen langfristigen Vermögenswerten und Veräußerungsgruppen

184 Schulden, die mit zur Veräußerung gehaltenen langfristigen Vermögenswerten und Veräußerungsgruppen in Zusammenhang stehen, sind nach IFRS 5.18 unmittelbar vor der ersten Umklassifizierung neu zu bewerten. Dabei richtet sich die Bewertung der Schulden nach den für sie einschlägigen Normen. Rückstellungen, die unter den Anwendungsbereich des IFRS 5 fallen, sind demnach weiterhin gem IAS 37 zu bewerten.

Für diese Schulden (Rückstellungen) sind ferner die Ausweisvorschriften des IFRS 5 zu beachten. Nach IFRS 5.38 sind solche Schulden (Rückstellungen) in der Bilanz gesondert und als letzter Posten der kurzfristigen Schulden auszuweisen, wobei die übrigen kurzfristigen Schulden durch eine Zwischensumme zu trennen sind (RIC 1.19f). Geboten ist ein Ausweis als „Schulden in direktem Zusammenhang mit zur Veräußerung gehaltenen langfristigen Vermögenswerten und Veräußerungsgruppen". Der gesonderte Posten ist nach IFRS 5.38 entweder in der Bilanz oder im Anhang in wesentliche Gruppen zu untergliedern (s hierzu auch Rz 190). Eine Saldierung der Rückstellung mit dem korrespondierenden Vermögenswert kommt nicht in Betracht (IFRS 5.38).

XXXVI. Steuerschulden

185 Verpflichtungen ggü dem Finanzamt aus Steuern vom Einkommen und vom Ertrag sind nach IAS 12 zu berücksichtigen (s § 14 Rz 140f). Dabei sind die

tatsächlichen Ertragsteuern für die lfd und frühere Perioden in dem Umfang, in dem sie noch nicht bezahlt sind, als sonstige Schuld anzusetzen (IAS 12.12). Die Anwendbarkeit von IAS 37 ist nicht gegeben. Für Steuerschulden, die nicht in den Anwendungsbereich von IAS 12 fallen, wie Umsatzsteuerschulden, ist zu prüfen, ob nach IAS 37 eine Rückstellung anzusetzen ist. Regelmäßig wird sich die noch zu zahlende Umsatzsteuer am Abschlussstichtag der Höhe nach bemessen lassen. Da die Fälligkeit der Umsatzsteuerlast nach dem UStG feststeht und die Verpflichtung damit so gut wie sicher ist, ist grds eine sonstige Schuld auszuweisen.

XXXVII. Tantiemen und Prämien

186 Zur Behandlung von Tantiemen s Rz 133 ff **kurzfristig fällige Leistungen** an Arbeitnehmer.

XXXVIII. Urlaubsgeld

187 Zur Behandlung von Urlaubsgeld s Rz 133 ff **kurzfristig fällige Leistungen** an Arbeitnehmer.

188, 189 *einstweilen frei*

J. Angaben im Anhang

190 Für die quantitativen und qualitativen Angabepflichten nach IAS 37.84 ff sind die einzelnen **Rückstellungen oder Eventualschulden zu Gruppen zusammenzufassen.** Nach IAS 37.87 sind nur solche Rückstellungen in einer Gruppe zusammenzufassen, die nach ihrer Art, ihrer Fälligkeit, dem Grad der Unsicherheit und der Berücksichtigung zukünftiger Ereignisse hinreichend ähnlich sind (*ADS*[1] Abschn 18 Rz 252; *Heuser/Theile*[3] Rz 2390; ähnlich *Hoffmann* in Lüdenbach/Hoffmann IFRS[7] § 21 Rz 163). Die Grenzen der Untergliederung ergeben sich aus dem Grundsatz der Wesentlichkeit.

Rückstellungen für **pauschale Gewährleistungsverpflichtungen** können auch für unterschiedliche Produkte grds in einer Gruppe zusammengefasst werden. Individuelle (Sonder-)Gewährleistungsrückstellungen sind, insbes wenn der Sachverhalt rechtshängig ist, ebenfalls wie Restrukturierungsrückstellungen als eigene Gruppe auszuweisen (IAS 37.87). Weitere Gruppen können Verpflichtungen ggü Mitarbeitern, Umweltschutzverpflichtungen, Vertragsstrafen und Schadensersatz, drohende Verluste aus schwebenden Geschäften, Abbruch-, Entfernungs- oder Wiederherstellungsverpflichtungen sowie Rechtsstreitigkeiten darstellen. Als Rückstellungsgruppen können daher grds die bisher auch nach HGB üblichen Zusammenfassungen verwendet werden (*Herzig/Köster* in HdJ Abt III/5 Rz 79).

191 IAS 37.84 verlangt für jede Gruppe die **betragsmäßige Angabe** der Buchwerte zu Beginn und zum Ende der Berichtsperiode sowie der Inanspruchnahmen, Zuführungen und Auflösungen während der Berichtsperiode. Ferner sind Erhöhungen von diskontierten Rückstellungen aus dem Zeitablauf und aufgrund der Änderung des Zinssatzes gesondert anzugeben. Dabei sind Rückstellungen mit einer (wahrscheinlichen) Erfüllung von mehr als zwölf Monaten nach dem Bilanzstichtag gem IAS 1.61 in Bilanz oder Anhang gesondert auszuweisen. Vorjahresbeträge müssen nicht genannt werden.

Langfristige Rückstellungen sind in einen kurzfristigen Teil, dessen Erfüllung innerhalb von zwölf Monaten zu erwarten ist, und einen tatsächlich langfristigen Teil zu trennen. Auch der kurzfristige Teil einer langfristigen Rückstellung ist stets als Rückstellung auszuweisen.

Das Rechnungslegungs Interpretations Committee (RIC) des DRSC hat am 19. Juli 2005 die Rechnungslegungs Interpretation Nr 1 (RIC 1) „Bilanzgliederung nach **Fristigkeit** gem IAS 1 Darstellung des Abschlusses" veröffentlicht. Die Interpretation folgt der Vorgehensweise des IASB, die Grenze zwischen kurzfristigen Vermögenswerten und Schulden grds bei zwölf Monaten zu ziehen (RIC 1.11). Alternativ ist eine Klassifizierung in kurzfristig geboten, wenn die erwartete Realisation von Vermögenswerten bzw Tilgung von Schulden innerhalb des normalen Verlaufs eines Geschäftszyklusses zu erwarten ist (RIC 1.13). Für den Bereich der sonstigen Rückstellungen stellt die Interpretation klar, dass auch der kurzfristige Teil einer langfristigen Rückstellung trotz ggf höherer Sicherheit hinsichtlich Bestehen, Ressourcenabfluss, Höhe und Fälligkeit als Rückstellung auszuweisen ist. Ein Ausweis des kurzfristigen Teils bspw bei Garantierückstellungen unter den sonstigen Schulden kommt nicht in Betracht (RIC 1.31). Daneben macht die Interpretation deutlich, dass in Vermögensgruppen enthaltene Schulden (Rückstellungen), die gem IFRS 5 zur Veräußerung bestimmt sind, gesondert unter dem Posten „Schulden in direktem Zusammenhang mit zur Veräußerung gehaltenen langfristigen Vermögenswerten" auszuweisen sind. Dabei ist der Posten von den übrigen kurzfristigen Schulden durch eine Zwischensumme zu trennen und unterhalb dieser Summe auszuweisen (RIC 1.19f).

Die geforderten Angaben sind zweckmäßigerweise in einem **Rückstellungsspiegel** zusammenzufassen, der unter Berücksichtigung konsolidierungsspezifischer Sachverhalte wie folgt aussehen kann:

Rückstellungsart	**Buchwert 1. 1.**	**Änderungen im Konsolidierungskreis (+/–)**	**Währungsumrechnungsdifferenz (+/–)**	**Zuführung (+)**	**Zinseffekt (+/–)**	**Inanspruchnahme (–)**	**Auflösung (–)**	**Buchwert 31. 12.**
langfristig								
kurzfristig								
IFRS 5								

Eine Trennung der Zinseffekte in Aufzinsungs- und Zinsänderungseffekte kann im Rückstellungsspiegel oder über gesonderte Angaben erfolgen.

Der **gesonderte Ausweis** von Zuführungen bzw Auflösungen einzelner Rückstellungen ist grds nicht vorgesehen. Eine Angabepflicht kann sich aber unter den in IAS 1.97 genannten Voraussetzungen ergeben. Gleiches gilt nach IAS 1.35 bei der Saldierung von Zuführungen und Auflösungen für die jeweiligen Salden.

Darüber hinaus sind nach IAS 37.85 für jede einzelne Rückstellungsgruppe 192
erläuternde Angaben in Form einer kurzen Beschreibung der Art und des

Erfüllungszeitpunkts der zugrunde liegenden Verpflichtungen, der Unsicherheit hinsichtlich Höhe und Zeitpunkt des Ressourcenabflusses sowie der Höhe aller erwarteten Erstattungsansprüche und der entspr aktivierten Beträge zu machen (*Herzig/Köster* in HdJ Abt III/5 Rz 78; *Förschle/Kroner/Heddäus* WPg 1999, 50). Zusätzlich sollten Faktoren angegeben werden, von deren Einfluss die Schätzung der zukünftigen finanziellen Auswirkungen abhängt; dies sind die der Bewertung zugrunde liegenden Annahmen wie Zinssätze, Nominalbetrag der Verpflichtung auf gegenwärtiger und künftiger Preisbasis und Preissteigerungsfaktoren (*Busse von Colbe/Seeberg* ZfbF 1997 Sonderheft 39, 127).

Beispiel: Ein im Bereich der Kernenergie tätiges Unternehmen setzt im Jahr 2000 eine Rückstellung für Entsorgungsverpflichtungen in Höhe von Mio € 300 an. Die Rückstellung beruht auf der Prämisse, dass die Entsorgung in ca 60 bis 70 Jahren stattfinden wird, jedoch kann das Unternehmen nicht ausschließen, dass die Entsorgung erst in 100 bis 110 Jahren erfolgen könnte. In diesem Fall wäre der Barwert der Rückstellung deutlich geringer (IAS 37.D2).

Lösung: Für Umweltschutzverpflichtungen (Entsorgungsaufwendungen) wurde eine Rückstellung von Mio € 300 bilanziert. Erwartungsgemäß wird der Aufwand zwischen 2060 und 2070 anfallen. Bewertet wurde die Rückstellung auf der Grundlage bestehender Technologie und aktueller Preise sowie mit einem Real-Zinssatz von 2% abgezinst. Es besteht jedoch die Möglichkeit, dass die Entsorgung erst in den Jahren zwischen 2100 und 2110 stattfinden wird. Auf Basis des letzteren Zeitrahmens würde sich die Rückstellung auf lediglich Mio € 164 belaufen (IAS 37.D2).

193 In äußerst seltenen Fällen kann die **Angabe** einiger oder aller nach IAS 37 geforderten Anhangangaben **unterbleiben,** wenn durch die Offenlegung die Unternehmensinteressen in erheblichem Maße gefährdet werden (IAS 37.92; *Pilhofer*, 67 f; *Ernsting/von Keitz* DB 1998, 2484). Nachteilige Angaben liegen vor, wenn zB durch die Offenlegung die eigene Position in einem Rechtsstreit mit einem Dritten beeinträchtigt wird. In diesem Fall sind allerdings allgemeine Ausführungen zum Rechtsstreit zu machen, und es ist anzugeben, dass und aus welchem Grund den Offenlegungsvorschriften nicht gefolgt wird (IAS 37.92 und IAS 37.D3). UE können für die Beurteilung, ob dem Unternehmen ernsthafte Nachteile drohen, die Kommentierungen zu § 286 HGB herangezogen werden (*Ellrott* in BeBiKo[6] § 286 HGB Rz 1 ff).

K. Wesentliche Änderungen und deren Anwendungszeitpunkte

194 Der 2007 überarbeitete **IAS 1** ist auf Berichtsperioden anzuwenden, die am oder nach dem 1. Januar 2009 beginnen (IAS 1.139).

Im Januar 2008 veröffentlichte der IASB den überarbeiteten **IFRS 3**, welcher prospektiv auf Berichtsperioden anzuwenden ist, die am oder nach dem 1. Juli 2009 beginnen. Eine frühere Anwendung ist bei korrespondierender Anwendung von IAS 27 (2008) – bei entspr Angabe im Anhang – erlaubt, jedoch nicht für Berichtsperioden die vor dem 30. Juni 2007 beginnen. Nach Maßgabe des überarbeiteten IFRS 3 entfällt zukünftig die Passivierung von möglichen (bedingten) Verpflichtungen (IFRS 3.23 (2008)). Künftig sind nur noch Eventualschulden nach IAS 37.10(b)(i) bei der Kaufpreisallokation zu passivieren (s Rz 22 ff).

IAS 10 ist ist auf Berichtsperioden anzuwenden, die am oder nach dem 1. Januar 2005 beginnen (IAS 10.23). Folgeänderungen aus der Überarbeitung von IAS 1 (2007) in IAS 10.21 sind für Berichtsperioden beginnend am oder nach dem 1. Januar 2009 verbindlich.

IAS 19 ist ist auf Berichtsperioden anzuwenden, die am oder nach dem 1. Januar 2006 beginnen. Die Änderung des *Annual Improvements* Projekts 2008 in IAS 19.7 wurde im Mai 2008 verabschiedet und ist für Berichtsperioden, die am oder nach dem 1. Januar 2009 beginnen, anzuwenden (19.159D).

IAS 37 ist auf Berichtsperioden anzuwenden, die am oder nach dem 1. Juli 1999 beginnen. Die aus der Überarbeitung des IAS 1 (2007) resultierenden Folgeänderungen in IAS 37.25 und IAS 37.75 sind auf Berichtsperioden anzuwenden, die am oder nach dem 1. Januar 2009 beginnen. Die Folgeänderung aus der Überarbeitung von IFRS 3 im Januar 2008 in IAS 37.5 ist auf Berichtsperioden anzuwenden, die am oder nach dem 1. Juli 2009 beginnen.

IFRIC 1 ist auf Berichtsperioden anzuwenden, die am oder nach dem 1. September 2004 beginnen (IFRIC 1.9). Die aus der Überarbeitung von IAS 1 resultierende Folgeänderung in IFRIC 1.6 ist gem IFRIC 1.9A für Berichtsperioden anzuwenden, die am oder nach dem 1. Januar 2009 beginnen. In Folge der Überarbeitung von IAS 23 in 2007 wurde IFRIC 1.8 geändert und ist für Berichtsperioden, die am oder nach dem 1. Januar 2009 beginnen, anzuwenden.

IFRIC 5 ist in der aktuellen Fassung auf Berichtsperioden anzuwenden, die am oder nach dem 1. Januar 2005 beginnen. Folgeänderungen aus der Überarbeitung von IAS 1 (2007) ergaben sich für die *Basis for Conclusions* und sind für Berichtsperioden beginnend am oder nach dem 1. Januar 2009 verbindlich.

Die vorliegende Kommentierung hat wesentliche materielle Änderungen herausgehoben, darüber hinaus haben die Überarbeitungen klarstellenden Charakter.

L. Gegenüberstellung zu HGB/DRS

Unterschiede zwischen IFRS und HGB bestehen sowohl bei dem Ansatz als 195
auch der Bewertung von Rückstellungen (s die Synopse bei *Hayn/Pilhofer* DStR 1998, 1769). Rückstellungen nach IFRS sind durch **Unsicherheit** über das Bestehen, den Ressourcenabfluss, die Höhe und die Fälligkeit einer Verbindlichkeit gekennzeichnet. Der Ansatz einer Rückstellung erfolgt nach IFRS nur, wenn mehr Gründe für als gegen eine Verpflichtung sprechen. Nach HGB/DRS reichen bereits stichhaltige Gründe für die Existenz einer Verpflichtung, um eine Rückstellung zu passivieren. In Einzelfällen können daher Verpflichtungen nach IFRS als Eventualschulden zu qualifizieren sein, während der gleiche Sachverhalt nach HGB zur Passivierung einer Rückstellung führt. Ferner begründet nach HGB Unsicherheit über die Fälligkeit nicht den Ausweis einer Rückstellung, sondern führt zum Ausweis einer Verbindlichkeit.

Der Ansatz von Rückstellungen unterscheidet sich auch durch die Beschrän- 196
kung auf **Außen- bzw Drittverpflichtungen.** Die Bildung von Aufwandsrückstellungen ist nach IFRS nicht zulässig

Die für Außenverpflichtungen geltenden Ansatzvoraussetzungen entsprechen 197
grds dem HGB. Abweichungen zwischen IFRS und HGB können sich im Zusammenhang mit der **zuverlässigen Schätzbarkeit des Erfüllungsbetrags** ergeben. Während nach IFRS in diesem Fall eine Angabe im Anhang erforderlich sein kann, wird nach HGB in praxi oft eine vorsichtig bemessene Rückstellung bilanziert. Im Gegensatz hierzu wird nach IFRS bei ausreichender Wahrscheinlichkeit hinsichtlich des Bestehens einer Verpflichtung keine Rückstellung, sondern eine sonstige Verbindlichkeit bilanziert, zB bei Urlaubs- oder Tantiemeverpflichtungen (s Rz 133 ff).

Soweit sog **Ansammlungsrückstellungen** im Zusammenhang mit einem 198
aktivierten Vermögenswert stehen, sehen die IFRS einen vollständigen Ansatz

der Rückstellung im Zugangszeitpunkt des Vermögenswerts als Bestandteil der Anschaffungs- bzw Herstellungskosten vor, während die Rückstellung nach HGB sukzessive im Zeitablauf aufgebaut wird. Nach IFRS wird die Rückstellung über die Abschreibung des Vermögenswerts erfolgswirksam, nach HGB über die periodische Rückstellungszuführung.

199 Die Anforderungen in IAS 19.134 und IAS 37.72 an Rückstellungen für **Abfindungen** und für **Restrukturierungsmaßnahmen** sind enger gefasst als die entspr Formulierung in der 4. EU-RL (*Europäische Kommission* 2001; IAS 19 und IAS 37). Aufgrund des Erfordernisses der 4. EU-RL, alle voraussehbaren und vermuteten Verluste zu berücksichtigen, würde die Entscheidung des Unternehmens, entspr Maßnahmen durchzuführen, für die Passivierung einer Rückstellung ausreichen, ohne dass zugleich ein detaillierter formaler Plan vorliegen muss, der entweder angekündigt wurde oder umgesetzt wird. Insoweit sind IAS 19.134 und IAS 37.72 nicht mit der Rückstellungsdefinition der 4. EU-RL vereinbar. Mit der Verabschiedung der sog Modernisierungsrichtlinie wurde diese Inkongruenz zwischen EU-Recht und IFRS beseitigt. Börsennotierte Unternehmen, die IFRS anwenden, können daher nunmehr durch den geänderten Art 31 der 4. EU-RL Rückstellungen für Abfindungen und für Restrukturierungsmaßnahmen iSv IAS 19.134 und IAS 37.72 passivieren (*IDW* FN IDW 2003, 288).

200 Bei der **Bewertung** ist nach IFRS grds der beste Schätzwert heranzuziehen. Nach HGB ist der nach vernünftiger kaufmännischer Beurteilung maßgebliche Schätzwert relevant, der aufgrund des im HGB dominierenden Vorsichtsprinzips tendenziell höher ausfällt als der nach IFRS ermittelte Wert. So wird zB nach HGB idR der höchste der möglichen Wertansätze zurückgestellt, während nach IFRS bei einer großen Anzahl ähnlicher Verpflichtungen der Erwartungswert und bei einer Einzelverpflichtung der ggf um Zu- oder Abschläge modifizierte wahrscheinlichste Wert zum Tragen kommt (s Rz 55 ff).

201 Die nach IFRS einzubeziehenden **Kostenarten** umfassen alle dem Herstellungsprozess zuzurechnenden Einzel- und Gemeinkosten. Allgemeine Verwaltungs- und Vertriebsgemeinkosten sind nicht anzusetzen. Nach HGB ist strittig, ob die variablen Kosten oder Vollkosten, die auch allgemeine Verwaltungs- und Vertriebsgemeinkosten enthalten können, zu berücksichtigen sind (*Hoyos/M. Ring* in BeBiKo[6] § 253 HGB Rz 169 ff).

202 Zukünftige **Preissteigerungen** und **neue Technologien** sind nach IFRS zu berücksichtigen, wobei dies nach HGB strittig ist (*Hoyos/M. Ring* in BeBiKo[6] § 253 HGB Rz 160).

203 Eine **Abzinsung** ist nach IFRS bei einem wesentlichen Unterschied zwischen Buch- und Nominalwert, nach HGB hingegen nur bei langfristigen Verbindlichkeiten, die einen offenen oder verdeckten Zinsanteil enthalten, vorzunehmen.

204 Unterschiede zwischen IFRS und HGB können sich auch bei der Behandlung von **Rückgriffs- bzw Erstattungsansprüchen** im Rahmen der Bewertung von Rückstellungen ergeben (IAS 37.53 ff und *Hoyos/M. Ring* in BeBiKo[6] § 253 HGB Rz 157).

205 **Haftungsverhältnisse** nach § 251 HGB sind oft, aber nicht immer Eventualschulden nach IFRS. Haftungsverhältnisse sind nach HGB auch dann anzugeben, wenn ein Abfluss von Ressourcen so gut wie ausgeschlossen ist (*Ruhnke*[2], 569 f).

206 Die vorgenannten Unterschiede in Ansatz und Bewertung von Rückstellungen und Eventualschulden nach IFRS und HGB/DRS begründen regelmäßig auch die Notwendigkeit zu überprüfen, ob eine Abgrenzung aktiver oder passiver latenter Steuern zu erfolgen hat (s § 25). Zusätzlich sei auf die fehlende steuerliche Akzeptanz von Rückstellungen für bestimmte faktische Verpflichtungen, wie zB für Restrukturierungsmaßnahmen, und Drohverlustrückstellungen hingewiesen.

Ein Schwerpunkt des am 26. März 2009 vom Bundestag und am 3. April 2009 vom Bundesrat verabschiedeten Bilanzrechtsmodernisierungsgesetzes **(BilMoG)** liegt auf dem Ansatz und der Bewertung von Rückstellungen. Die §§ 249, 253 Abs 1 und 2 sowie § 285 Nr 24 HGB (BilMoG) sind grds für Abschlüsse zu beachten, die nach dem 31. Dezember 2009 beginnende Geschäftsjahre umfassen. Gem Art 66 Abs 3 EGHGB (BilMoG) können diese Vorschriften auch bereits auf Abschlüsse für nach dem 31. Dezember 2008 beginnende Geschäftsjahre angewendet werden, dies jedoch nur, wenn auch alle anderen ab 2010 geltenden Änderungen vorzeitig angewendet werden. Die vorzeitige Anwendung ist im (Konzern-)Anhang anzugeben. 207

Hinsichtlich des **Ansatzes** besteht ein explizites Passivierungsverbot für Rückstellungen für bestimmte Innenverpflichtungen, namentlich unterlassene **Instandhaltungsmaßnahmen** iSv § 249 Abs 1 Satz 3 HGB und der allgemeinen **Aufwandsrückstellung** nach § 249 Abs 2 HGB. Hiernach kommt es insoweit zu einer Angleichung von HGB und IFRS, als dass nach IAS 37.20 ebenfalls nur eine Außenverpflichtung zu einer Rückstellungsbildung führt (s ausführlicher Rz 37). Anzumerken ist, dass die ersatzlose Streichung betroffenen Unternehmen die Möglichkeit nimmt, Aufwendungen für Großreparaturen und umfangreiche Wartungsmaßnahmen periodengerecht – wie in den IFRS aktivisch über die Erhöhung der Anschaffungskosten nach IAS 16.13f (s Rz 99) erreicht – zu allokieren. 208

In dem Abschluss für das letzte vor dem 1. Januar 2010 beginnende Geschäftsjahr ausgewiesene Aufwandsrückstellungen dürfen gem Art 67 Abs 3 EGHGB (BilMoG) entweder (teilweise) beibehalten oder (teilweise) aufgelöst werden. Der aufgelöste Betrag ist unmittelbar in die Gewinnrücklagen einzustellen. Dies gilt nicht für im letzten Geschäftsjahr zugeführte Beträge, die erfolgswirksam zu erfassen sind.

Die **Bewertung** von Rückstellungen hat sich gem § 253 Abs 1 HGB (BilMoG) zukünftig am sog Erfüllungsbetrag zu orientieren. Mithin darf die handelsrechtlich umstrittene Frage der Einbeziehung von Preis- und Kostensteigerungen in die Rückstellungsbemessung *(Hoyos/M. Ring* in BeBiKo[6] § 253 HGB Rz 160) dahingehend als beantwortet angesehen werden, dass Wertentwicklungen, denen am Bilanzstichtag eine hinreichende Eintrittswahrscheinlichkeit zugesprochen werden kann, bei der Rückstellungsbewertung zwingend zu berücksichtigen sind. Soweit sich die Höhe von Altersversorgungsverpflichtungen ausschließlich nach dem beizulegenden Zeitwert von Wertpapieren des Anlagevermögens bestimmt, sind Rückstellungen hierfür mit dem beizulegenden Zeitwert dieser Wertpapiere anzusetzen, soweit er einen garantierten Mindestbetrag übersteigt. 209

Gleichzeitig sehen die Regelungen des BilMoG die **obligatorische Diskontierung** von Rückstellungen für Verpflichtungen mit einer Restlaufzeit von über einem Jahr vor. Diese sind gem § 253 Abs 2 Satz 1 HGB (BilMoG) mit dem ihrer Restlaufzeit entspr durchschnittlichen Marktzinssatz der vergangenen sieben Jahre abzuzinsen. Hiervon abweichend darf gem § 253 Abs 2 Satz 2 HGB (BilMoG) für Altersversorgungsverpflichtungen oder vergleichbare langfristig fällige Verpflichtungen pauschal eine Restlaufzeit von 15 Jahren unterstellt werden (s § 26 Rz 137). Die zu verwendenden Zinssätze werden gem § 253 Abs 2 Satz 4 HGB (BilMoG) zentral von der Deutschen Bundesbank auf Grundlage erstklassiger deutscher Industrieanleihen ermittelt und den bilanzierenden Unternehmen monatlich bekannt gegeben. 210

211 Im **Anhang** sind zusätzlich zur bisherigen Angabepflicht nach § 285 Nr 12 HGB (BilMoG) nunmehr gem § 285 Nr 24 HGB (BilMoG) bei **Rückstellungen für Pensionen und ähnliche Verpflichtungen** das angewandte versicherungsmathematische Verfahren sowie die grundlegenden Annahmen über den Zinssatz, die erwarteten Lohn- und Gehaltssteigerungen und die zugrunde gelegten Sterbetafeln anzugeben.

M. Aktuelle Entwicklungen/IASB-Projekte

212 Im Juni 2005 wurde **ED Amendments 37** als Ergebnis des kurzfristigen Konvergenzprojekts zwischen IASB und FASB sowie der zweiten Phase des Projekts Unternehmenszusammenschlüsse veröffentlicht (s zu *Proposed Amendments* to *IFRS 3* Vorauflage § 37 Rz 7 ff). Ferner wurde als Folge der zu IAS 37 vorgeschlagenen Änderungen auch ein ED Amendments zu IAS 19 herausgegeben. Eine sich an die Veröffentlichung anschließende Diskussion führte zu einer nochmaligen Beratungs- und Überarbeitungsphase (sog *redeliberation phase*), die noch nicht abgeschlossen ist. Mit der Verabschiedung eines endgültigen Standards wird erst im Jahre 2010 gerechnet.

Konzeptionell wendet sich der IASB dem *full-fair-value accounting* zu (*Hommel/Wilch* WPg 2007, 509). Dabei steht der Ertragswert des Unternehmens als relevante Entscheidungsgröße der Investoren im Vordergrund. Die Bilanz als Informationsbilanz sollte daher alle Ein- und Auszahlungspotenziale widerspiegeln, sodass die Bilanzposition Rückstellungen von dieser konzeptionellen Änderung massiv betroffen wird (*Haaker* KoR 2005, 8).

Die wesentlichen Änderungen von ED-IAS 37 (2005) und ED-IAS 19 (2005) werden nachfolgend zusammengefasst vorgestellt.

I. ED-IAS 37 (2005)

213 ED-IAS 37 (2005) gibt den Begriff der Rückstellung auf und führt stattdessen als Oberbegriff den Begriff der **nicht finanziellen Schulden** ein. ED-IAS 37 (2005) soll damit gleichermaßen für die bisher als Rückstellungen bezeichneten Verpflichtungen als auch die sonstigen Schulden gelten (ED-IAS 37.9 (2005)).

214 Hinsichtlich der **Ansatzkriterien** stellt ED-IAS 37.10f (2005) klar, dass nur gegenwärtige (unentziehbare) und nicht nur mögliche Verpflichtungen und Vermögenswerte passiviert bzw aktiviert werden dürfen. Entscheidend für den Ansatz einer Rückstellung ist, dass die Erfüllung der Verpflichtung zu (irgendeinem) Ressourcenabfluss führen wird. Das bisher gültige Ansatzkriterium der Wahrscheinlichkeit des Ressourcenabflusses wird abgeschafft. Diese Unsicherheit bzw Wahrscheinlichkeit wird zukünftig nur noch bei der Bewertung heranzuziehen sein. Damit entscheiden unterschiedliche subjektive Einschätzungen von Wahrscheinlichkeiten nicht mehr über den Ansatz einer Rückstellung, sondern wirken sich auf die Bewertung der Rückstellung aus.

215 Aufgrund der Überarbeitung der Ansatzkriterien eliminiert ED-IAS 37 (2005) die Begriffe **Eventualschulden und -forderungen.** Sofern zukünftige Ereignisse den Betrag, der zur Erfüllung der Verpflichtung erforderlich ist, beeinflussen können, ist diesem Umstand ausschließlich bei der Bewertung der Schuld Rechnung zu tragen. Mit diesen Änderungen harmonisiert ED-IAS 37 (2005) die Definition von Schulden und Vermögenswerten zwischen Rahmenkonzept und Standard. Als Folge dieser Harmonisierung sind bisher als Eventualschulden bezeichnete Verpflichtungen entweder als nicht finanzielle Schuld (idR als

Rückstellung) im Abschluss (Bilanz oder Anhang) oder gar nicht im Abschluss auszuweisen. Eventualschulden mit gegenwärtiger Verpflichtung und nicht wahrscheinlichem Ressourcenabfluss, die bisher nach IAS 37.13(b)(ii) angegeben wurden, führen folglich nach ED-IAS 37 zur Rückstellungsbilanzierung. Für bestimmte bisher unter IAS 37.13(b)(i) subsumierte Eventualschulden entfällt hingegen grds eine Angabepflicht im Anhang, sofern nicht eine Angabepflicht nach IAS 1.114(d) besteht (s § 19 Rz 18). Tendenziell ist davon auszugehen, dass mehr Sachverhalte bzw Sachverhalte früher passivierungspflichtig werden, die gegenwärtig lediglich als Eventualschuld im Anhang ausgewiesen werden (*Köttner/Schween* in Änderungskommentar 2007 ED IAS 37, Rz 4).

Mit ED-IAS 37 (2005) wird zudem die unterschiedliche Behandlung von **Eventualschulden nach IFRS 3 und IAS 37** aufgehoben (*Kühne/Schween* KoR 2006, 171).

Nach ED-IAS 37.11 (2005) reicht für das Vorliegen einer nicht finanziellen 216
Schuld die Existenz einer gegenwärtigen Verpflichtung und ein damit verbundener Ressourcenabfluss aus, um den bilanziellen Ansatz zu begründen (*Küting/Wohlgemuth* DStR 2006, 2327), vorausgesetzt, die Verpflichtung ist verlässlich bestimmbar. Das Wahrscheinlichkeitskriterium ist für den Ansatz einer Schuld irrelevant. Zur Untersuchung, ob das Merkmal der gegenwärtigen Verpflichtung gegeben ist, soll zukünftig das vergangene, verpflichtende Ereignis darauf untersucht werden, ob die aus ihm resultierende Verpflichtung unbedingt oder bedingt ist (*Küting/Wohlgemuth* DStR 2006, 2327). Eine **unbedingte Verpflichtung** besteht unabhängig von künftigen Ereignissen. Wenn zum Bilanzstichtag eine solche unbedingte Verpflichtung besteht, ist die Verpflichtung zu passivieren (*Hommel/Wilch* WPg 2007, 513). **Bedingte Verpflichtungen** sind dadurch gekennzeichnet, dass sie von zukünftigen Ereignissen abhängen und somit unsicher sind. Bedingte Verpflichtungen sind nicht bilanzierungsfähig.

Bei den bedingten Verpflichtungen ist jedoch stets zu prüfen, ob diese nicht mit einer unbedingten, sog ***stand-ready*-Verpflichtung** verbunden sind. *Stand-ready*-Verpflichtungen zeichnen sich dadurch aus, dass das Unternehmen in der Vergangenheit sich zu einem bestimmten Verhalten verpflichtet hat (Gegenwärtigkeit der Verpflichtung), dass in der Vergangenheit auch ein Ereignis eingetreten ist, das ein potenzielles Leistungs- oder Auszahlungsrisiko abstrakt begründet, aber noch kein konkretes Ereignis vorliegt, das die abstrakte Verpflichtung zu einer konkreten Verpflichtung werden ließe (*Kühne/Schween* KoR 2006, 172). *Stand-ready*-Verpflichtungen sind grds bilanzierungsfähig und -pflichtig. Dabei ist Voraussetzung, dass die *stand-ready*-Verpflichtung selbst sicher, dh gegenwärtig ist (*Köttner/Schween* in Wiley Änderungskommentar 2007 ED IAS 37, Rz 32f).

In Bezug auf Gewährleistungsverpflichtungen ergibt sich die unbedingte Verpflichtung aus der vertraglichen oder faktischen Verpflichtung des Unternehmens, bei Eintritt eines Garantiefalls Ersatz zu leisten und dem Absatz von Produkten, auf die sich diese Zusage erstreckt (*stand ready to provide a service*). Die bedingte Verpflichtung bezieht sich auf den Umstand, dass es ungewiss ist, ob in Zukunft ein (konkreter) Gewährleistungsfall eintreten wird, der zur Erfüllung der unbedingten (abstrakten) Verpflichtung führt (ED-IAS 37.22ff (2005)).

Für die Beurteilung der Frage, ob die Erfüllung der Verpflichtung (wahr- 217
scheinlich) zu irgendeinem **zukünftigen Ressourcenabfluss** führen wird, ist nicht auf die bedingte, sondern stets auf die unbedingte (*stand-ready-*)Verpflichtung abzustellen (ED-IAS 37.BC36ff (2005)). Bei der bedingten Verpflichtung kann der zukünftige Ressourcenabfluss mehr oder weniger wahrscheinlich sein. Diese Unsicherheit wirkt sich nicht mehr auf den Ansatz, sondern die Bewertung der Verpflichtung aus. Sofern – wie zB bei Gewährleistungsverpflichtungen – nicht auf eine singuläre, sondern eine Vielzahl von Einzelverpflichtun-

gen abzustellen ist, ist die Frage, ob ein zukünftiger Ressourcenabfluss vorliegt, einfach zu beantworten. Bei singulären rechtlichen oder faktischen Verpflichtungen ist die Antwort hingegen nicht mehr offensichtlich. Aus diesem Grund sieht ED-IAS 37 (2005) den zukünftigen Ressourcenabfluss nicht in dem Betrag, der zur Erfüllung der (bedingten) Verpflichtung aufgewandt werden muss, sondern in der Bereitstellung von Leistungen, die mit der unbedingten (*stand-ready-*)Verpflichtung verbunden sind. Bezogen auf das Beispiel einer singulären Garantie bedeutet dies, dass der Ressourcenabfluss in (den internen oder externen Kosten) der Aufrechterhaltung der Garantiebereitschaft und nicht in den Kosten irgendeines mehr oder weniger wahrscheinlichen zukünftigen Garantiefalls liegt (ED-IAS 37.BC42f (2005)). Damit aber ist bei unbedingten (*stand-ready-*)Verpflichtungen das Kriterium des zukünftigen Ressourcenabflusses stets erfüllt (ED-IAS 37.BC47 (2005)) und wird aus diesem Grund in ED-IAS 37 (2005) nicht mehr ausdrücklich erwähnt (so auch *Küting/Wohlgemuth* DStR 2006, 2328). Hierbei ist zu beachten, dass die vorstehenden Ausführungen nur für den Ansatz und nicht für die Bewertung einer Rückstellung relevant sind.

UE verhält sich der Wegfall des Wahrscheinlichkeitskriteriums als Ansatzkriterium bei der bilanziellen Erfassung von Schulden inkonsistent zum Rahmenkonzept, das die Wahrscheinlichkeit des Ressourcenabflusses in F. 91 fordert (so auch *Fladt/Feige* WPg 2006, 276). Zudem führt die geplante bilanzielle Behandlung unbedingter Verpflichtungen ohne Berücksichtigung des Wahrscheinlichkeitskriteriums dazu, dass Risikomanagementsysteme für Bilanzzwecke so anzupassen sind, dass auch nicht wahrscheinliche bzw völlig unwahrscheinliche, unbedingte Verpflichtungen Eingang in die Rechnungslegung finden. Dies wird zwangsläufig zu Praxisproblemen führen, da nunmehr jedes noch so geringe Risiko aus einer unbedingten Verpflichtung erfasst werden muss, sofern dem Wesentlichkeitsüberlegungen nicht entgegenstehen. Insbes sind in Zukunft hohe Beträge mit niedrigen Eintrittswahrscheinlichkeiten zu berücksichtigen. Demgegenüber sind in Zukunft Risiken aus bedingten Verpflichtungen mit hoher Eintrittswahrscheinlichkeit bilanziell nicht zu erfassen, sofern diesen keine *stand-ready-*Verpflichtung zugrunde liegt. Ob dies zu sachgerechten Ergebnissen führt, ist mehr als fraglich.

218 ED-IAS 37.10 (2005) stellt klar, dass eine **faktische Verpflichtung** nur dann besteht, wenn das Unternehmen den Anspruchsberechtigten ggü zum Ausdruck gebracht hat, dass es die Verantwortung für einen bestimmten Sachverhalt übernehmen will und bei den Anspruchsberechtigten die berechtigte Erwartung geweckt hat, dass sie auf die Erfüllung vertrauen können. Im Unterschied zu IAS 37 muss die Erwartungshaltung nunmehr bei den Anspruchsberechtigten, zB den Kunden bei freiwilligen Gewährleistungsverpflichtungen, und nicht mehr bei irgendwelchen Dritten geweckt worden sein, und die Anspruchsberechtigten müssen zusätzlich auf die Erfüllung vertrauen können (ED-IAS 37.BC56f (2005)). UE handelt es sich hierbei eher um eine redaktionelle Klarstellung, als um eine Änderung mit wesentlichen Auswirkungen auf die bisherige Bilanzierungspraxis (s Rz 42). *Fladt/Feige* sehen dagegen tendenziell einen späteren Ausweis solcher Schulden (*Fladt/Feige* WPg 2006, 278).

219 In Übereinstimmung mit dem Rahmenkonzept und IAS 37 ist eine nichtfinanzielle, rechtliche oder faktische Schuld nur dann zu passivieren, wenn die Schuld **zuverlässig bewertet** werden kann (ED-IAS 37.11 (2005)). In den sehr seltenen Fällen, in denen diese Voraussetzung nicht erfüllt ist, ist die nicht passivierte, nicht finanzielle Schuld im Anhang zu erläutern (ED-IAS 37.28 (2005) und ED-IAS 37.69 (2005)).

220 Die Behandlung einer **Verpflichtung nach IFRS** lässt sich damit wie folgt zusammenfassen:

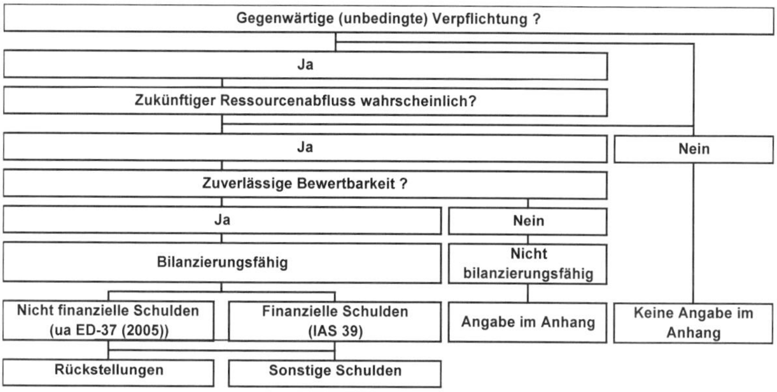

Vor dem Hintergrund der obigen Ausführungen zum Bestehen einer unbe- 221
dingten Verpflichtung und der Wahrscheinlichkeit des zukünftigen Ressourcenabflusses ist die Differenzierung zwischen Rückstellungen und sonstigen Schulden nunmehr nur noch durch **Unsicherheit** in Bezug auf **Höhe** und/oder **Fälligkeit** gegeben (ED-IAS 37.37 (2005)).

ED-IAS 37.29 (2005) führt – wie letztendlich auch bisher IAS 37 – aus, dass 222
die **Bewertung** einer nicht finanziellen Schuld zu dem Betrag zu erfolgen hat, zu dem am Bilanzstichtag eine rational handelnde Partei die Schuld erfüllen oder auf einen fremden Dritten übertragen würde. ED-IAS 37 (2005) führt in diesem Zusammenhang den Begriff des besten Schätzwerts bzw der besten Schätzung (*best estimate*) an.

Ferner hebt ED-IAS 37.31 (2005) hervor, dass sowohl bei einer Vielzahl von 223
ähnlichen als auch bei singulären Verpflichtungen das **Erwartungswertverfahren** anzuwenden ist. Bei diesem als *expected cashflow approach* bezeichneten Verfahren erfolgt die Bestimmung der Höhe der nicht finanziellen Schuld auf Basis von Zahlungsstromprognosen, die mit den jeweiligen Eintrittswahrscheinlichkeiten zu gewichten sind (*Küting/Wohlgemuth* DStR 2006, 2328). Der bisher bei singulären Verpflichtungen angenommene wahrscheinlichste Wert führt künftig also nicht mehr zu einer zutreffenden Bewertung. Die bisherige Inkonsistenz in der Bewertung von einer Vielzahl ähnlicher und singulärer Verpflichtungen soll somit zukünftig beseitigt werden. UE ist allerdings bei diskreten Ausprägungen das Heranziehen eines Erwartungswerts mathematisch nicht haltbar. Die Folge ist, dass bei singulären Einzelrisiken, bei denen die Eintrittswahrscheinlichkeit größer 50% ist, aufgrund des Erwartungswertverfahrens tendenziell ein niedrigerer Betrag zurückzustellen ist als bisher nach der bestmöglichen Schätzung. Zur berechtigten Kritik an diesem Konzept vgl ua *Baetge/Zülch/Brüggemann/Nellessen* PiR 2007, 320f. Eine Möglichkeit der berechtigten Kritik zu begegnen, ist die Anpassung des Zahlungsstroms oder des Zinssatzes über Risikozu- oder -abschläge. Dem Vorschlag von *Freiberg/Lüdenbach* folgend ist für eine größere Zahl gleichartiger Risiken nur ein geringer oder kein Risikozu- oder -abschlag auf den Erwartungswert bzw den Zinssatz vorzunehmen. Bei singulären Risiken, die auf subjektiven Erwartungswerten beruhen, fällt der Risikozu- oder -abschlag umso größer aus, je höher die Ergebnisvariabilität ist, je mehr folglich die Werte der unterschiedlichen prognostizierten Szenarien voneinander abweichen (*Freiberg/Lüdenbach* PiR 2007, 334).

Beispiel: (entnommen aus *Küting/Wohlgemuth* DStR 2006, 2328): Ein Unternehmen wird von einem Konkurrenten aufgrund einer möglichen Patentrechtsverletzung auf Mio € 2 Schadensersatz verklagt. Am Bilanzstichtag ist der Prozess noch nicht abgeschlossen. Das Unternehmen rechnet mit einer 75%-igen Wahrscheinlichkeit mit einem Schuldspruch. Bei einem Freispruch entstehen keine Aufwendungen.

Nach der bisherigen Regelung des IAS 37 ist der wahrscheinlichste Wert, demnach Mio € 2 anzusetzen, da die Rückstellungskriterien als erfüllt anzunehmen sind. Nach der neuen Regelung des ED-IAS 37 (2005) stellt der Vorfall eine ansatzpflichtige, unbedingte Verpflichtung dar, wobei die Unsicherheiten hinsichtlich des Prozessausgangs auf die Bewertungsebene einfließen. Unter Heranziehung des Erwartungswertverfahrens ist die nicht finanzielle Schuld in Höhe von Mio € 1,5 anzusetzen.

Die Rückstellung nach neuem Standard kann aber auch höher ausfallen.

Beispiel: Ein Unternehmen rechnet sicher mit einem Schuldspruch aufgrund einer Patentrechtsverletzung. Am Bilanzstichtag ist der Prozess noch nicht abgeschlossen. Mit einer 60%-igen Wahrscheinlichkeit muss das Unternehmen Mio € 1 zahlen, mit 40%-iger Wahrscheinlichkeit Mio € 2.

Nach der bisherigen Regelung des IAS 37 ist auch hier der wahrscheinlichste Wert, demnach Mio € 1 anzusetzen, da die Rückstellungskriterien als erfüllt anzunehmen sind. Ggf ist dieser Wert noch um einen Zuschlag zu bereinigen (s Rz 57). Nach ED-IAS 37 (2005) ist unter Heranziehung des Erwartungswertverfahrens eine nicht finanzielle Schuld in Höhe von Mio € 1,4 auszuweisen.

224 Nach ED-IAS 37 (2005) sind **zukünftige Ereignisse,** ohne die noch in IAS 37 vorgesehene Restriktion einer mit ausreichender Sicherheit gegebenen Objektivität (s Rz 64f), bei der Bewertung zu berücksichtigen. Aufgrund der Bewertung der Verpflichtung mit dem zukünftig erforderlichen Ressourcenabfluss sind denknotwendig die im Zeitpunkt des Ressourcenabflusses wahrscheinlich gegebenen Umweltbedingungen, zB Technologien, der Bewertung zugrunde zu legen. Ein Ansatz unrealistischer Umweltbedingungen ist durch den allgemeinen Bewertungsmaßstab einer rational handelnden Partei ausgeschlossen. Die Unsicherheit über den Eintritt der zukünftigen Ereignisse fließt in die Wahrscheinlichkeit ein, die einem zukünftigen Ereignis beigemessen wird. UE handelt es sich hierbei eher um eine redaktionelle Klarstellung, als um eine Änderung mit wesentlichen Auswirkungen auf die bisherige Bilanzierungspraxis.

225 **Belastende Verträge** können sich aus exogenen oder endogenen Faktoren ergeben. Bei exogenen Faktoren wird ein Vertrag zu einem belastenden Vertrag, ohne dass das Verhalten des Unternehmens hierfür ursächlich ist, zB bei sinkenden Marktpreisen im Rahmen eines schwebenden Absatzgeschäfts. Der Zeitpunkt, ab dem ein belastender Vertrag vorliegt, steht in diesen Fällen objektiv nachvollziehbar fest. Bei endogenen Faktoren wandelt hingegen eine Entscheidung oder Maßnahme des Managements einen schwebenden in einen belastenden Vertrag um, zB durch Räumung eines angemieteten Gebäudes mit der Folge zukünftigen Leerstands.

Fraglich ist, ob eine Rückstellung bereits mit der Entscheidung des Managements oder erst mit Beginn der Umsetzung der Entscheidung zu passivieren ist. Nach IAS 37 wird ein Vertrag ab dem Zeitpunkt zu einem belastenden Vertrag, zu dem die unvermeidbaren Kosten den zukünftigen Nutzen übersteigen. Dieser Zeitpunkt ist idR der Zeitpunkt, zu dem die Entscheidung des Managements getroffen wird, da ab diesem Zeitpunkt eine Betrachtung des Vertrags über die gesamte verbleibende Restlaufzeit erfolgt und in diesem Zeitraum die unvermeidbaren Kosten regelmäßig höher sind als der künftige Nutzen (s Rz 101 ff). Nach ED-IAS 37 (2005) ist eine (Drohverlust-)Rückstellung hingegen erst ab dem Umsetzungszeitpunkt zu passivieren (ED-IAS 37.55 (2005)), da es sich erst ab diesem Zeitpunkt um eine unentziehbare Verpflichtung handelt (ED-IAS 37.BC65 (2005)).

226 In Bezug auf **Restrukturierungsrückstellungen** differenziert ED-IAS 37.61 (2005) nunmehr zwischen den einzelnen Maßnahmen einer Restrukturierung.

Während nach IAS 37 nach hM bei Erfüllung der Definition einer Restrukturierung und der spezifischen Kriterien für eine faktische Verpflichtung (ua Ankündigung bzw Umsetzung des Restrukturierungsplans, s Rz 140) sämtliche mit dem Restrukturierungsplan einhergehenden Personal- und Sachkosten rückstellungsfähig waren, unabhängig davon, ob für einzelne Maßnahmen die Passivierungsvoraussetzungen jeweils gesondert vorlagen (s zu unserer differenzierenden Auffassung Rz 172ff), kommt es nach ED-IAS 37.61f (2005) nunmehr darauf an, dass für die mit einer spezifischen Maßnahme verbundenen Kosten die Kriterien für den Ansatz einer Verpflichtung gegeben sind. ED-IAS 37.63 (2005) stellt in diesem Zusammenhang klar, dass Rückstellungen für Leistungen anlässlich der Beendigung eines Arbeitsverhältnisses nach IAS 19 anzusetzen und zu bewerten sind. Belastende Verträge sind nach ED-IAS 37.64 (2005) im Einklang mit den obigen Ausführungen erst mit vorzeitiger Beendigung des Vertrags bzw der Einstellung der Nutzung eines angemieteten Vermögenswerts gegeben.

Sind im Zusammenhang mit der Restrukturierung **Vermögenswerte zur** 227 **Veräußerung** vorgesehen, richtet sich die Bewertung ausschließlich nach IAS 36 oder IFRS 5. Aus diesem Grund enthält ED-IAS 37 (2005) keinen Bezug mehr auf (verbindliche) Verkaufsverträge (s Rz 168).

Für jede Gruppe von nicht finanziellen Schulden sind der Buchwert und 228 die **Vergleichszahl** der Vorperiode anzugeben. Die Art der in einer Gruppe zusammengefassten Schulden ist im Anhang zu beschreiben (ED-IAS 37.67 (2005); zur Gruppenbildung s Rz 190ff). Eine Anpassung der Vergleichszahlen bei **erstmaliger Anwendung** von ED-IAS 37 (2005) ist nicht erforderlich.

Für jede Gruppe von nicht finanziellen Schulden, die mit Unsicherheit behaf- 229 tet sind (Rückstellungen), ist in den Anhang ein **Rückstellungsspiegel** aufzunehmen. In diesem Spiegel ist im Unterschied zur bisherigen Vorgehensweise bei den Zuführungen nunmehr zwischen Zuführungen aufgrund der erstmaligen Passivierung einer Rückstellung und Zuführungen aufgrund von Anpassungen des bisherigen Wertansatzes zu differenzieren (ED-IAS 37.68(i) und (iv) (2005)). Nach dem gegenwärtigen Wortlaut könnte im Rückstellungsspiegel auf die bisherige Trennung von Inanspruchnahme und Auflösung verzichtet werden (ED-IAS 37.68(ii) (2005) iVm ED-IAS 37.51 (2005)). UE ist diese Trennung jedoch auch weiterhin iSd *fair presentation* beizubehalten, da eine gesonderte Angabe von Auflösungen grds auch weiterhin nach IAS 1 vorgesehen ist (ED-IAS 37.A87(g) (2005)). Die übrigen Angaben des bisherigen Rückstellungsspiegels werden nach ED-IAS 37 (2005) beibehalten (s Rz 191).

In den **Anhang** sind ferner die bisher für Rückstellungen geltenden Erläute- 230 rungen zur Unsicherheit hinsichtlich Höhe und Fälligkeit und zu den wesentlichen Annahmen über zukünftige Ereignisse aufzunehmen (s Rz 190ff).

Die bisherige **Schutzklausel** gilt nach ED-IAS 37.71 (2005) fort (s Rz 193). 231 Wesentliche mögliche Änderungen aus den Diskussionen und Roundtables zu ED-IAS 37 (2005) betreffen im Wesentlichen Klarstellungen zur Gegenwärtigkeit von *stand-ready*-Verpflichtungen, insbes im Zusammenhang mit Passivprozessen und bedingte singuläre Verpflichtungen mit einer Eintrittswahrscheinlichkeit von 50% oder weniger.

II. ED-IAS 19 (2005)

Mit **ED-IAS 19 (2005)** werden Leistungen anlässlich der Beendigung des Ar- 232 beitsverhältnisses neu definiert und der Zeitpunkt des erstmaligen Ansatzes einer Rückstellung für diese Leistungen festgelegt.

233 **Leistungen anlässlich der Beendigung des Arbeitsverhältnisses** können aus einer aus Sicht des Arbeitnehmers unfreiwilligen oder freiwilligen Beendigung des Arbeitsverhältnisses resultieren (ED-IAS 19.7 (2005)). Nach IAS 19 liegen derartige Leistungen bei einer freiwilligen Beendigung auch dann vor, wenn die Leistungen für einen längeren Zeitraum angeboten werden. ED-IAS 19.7 (2005) sieht vor, dass nur für einen kurzen Zeitraum angebotene Leistungen, die als Gegenleistung für die freiwillige Beendigung des Arbeitsverhältnisses gewährt werden, als sog *termination benefits* zu qualifizieren sind, während Leistungen, die für einen längeren Zeitraum angeboten werden, als Leistungen nach Beendigung des Arbeitsverhältnisses bzw sog *post employment benefits* einzustufen sind, weil sie als Gegenleistung für bereits erbrachte Arbeitsleistungen einzustufen sind (ED-IAS 19.135 (2005)).

234 Nach IAS 19.133 ist eine Rückstellung für Leistungen anlässlich der Beendigung eines Arbeitsverhältnisses zu dem **Zeitpunkt** zu bilden, zu dem sich das Unternehmen verpflichtet hat, Arbeitsverhältnisse vor dem regulären Pensionsalter zu beenden oder Leistungen zur Förderung eines freiwilligen Ausscheidens zu erbringen. Nach ED-IAS 19.137 (2005) sind bei einem freiwilligen Ausscheiden gewährte, zustimmungspflichtige Leistungen erst dann in voller Höhe zu passivieren, wenn der Arbeitnehmer das Angebot des Unternehmens angenommen hat, da nur dann eine unvermeidbare Verpflichtung vorliegt (ED-IAS 19.BC18 (2005)). Der Passivierungszeitpunkt ist damit später als nach IAS 19.133. Bei einem unfreiwilligen Ausscheiden, mithin bei nicht zustimmungspflichtigen Leistungen, stellt ED-IAS 19.138 (2005) klar, dass eine Rückstellung zu dem Zeitpunkt zu bilden ist, zu dem die Absicht zur Beendigung der Arbeitsverhältnisse den Betroffenen ggü kommuniziert wurde und ein Plan zur Beendigung der Arbeitsverhältnisse vorliegt, der bestimmte Kriterien erfüllt. Im Unterschied zu IAS 19 ist nunmehr die Kommunikation des Plans ggü den Betroffenen explizit vorgesehen (s hierzu auch Rz 139ff sowie ED-IAS 19.BC16 (2005)). Ferner stellt ED-IAS 19 (2005) nunmehr auf den Beendigungszeitpunkt und nicht mehr auf den Umsetzungszeitpunkt des Plans ab. Soweit die anlässlich des unfreiwilligen Ausscheidens gewährten Leistungen für zukünftige Leistungen des Arbeitnehmers gewährt werden, zB bei Fortsetzung der Beschäftigung bis zum frühestmöglichen Ausscheidenszeitpunkt oder bei Erhöhung der üblicherweise gewährten Abfindung als Gegenleistung für einen Verbleib bis zu einem bestimmten Zeitpunkt (s auch das Beispiel in ED-IAS 19 (2005) zu den Absätzen 138 bis 145), ist nach ED-IAS 19.139 (2005) keine Rückstellung für den Gesamtbetrag der zugesagten Leistungen zu bilden, sondern der Betrag zeitanteilig in der Gesamtergebnisrechnung bzw gesonderten GuV (sofern erstellt) (IAS 1.81ff) und Bilanz zu erfassen.

235 Aus dem im März 2008 veröffentlichten *Discussion Paper „Preliminary Views on Amendments to IAS 19 Employee Benefits“* ergeben sich nach derzeitigem Stand keine Auswirkungen auf die in diesem Kapitel angesprochenen Rückstellungen.

§ 14. Übrige Schulden

Übersicht

Schrifttum: *Accounting Standards Board* Liabilities and how to account for them: an explanatory essay, London 2002; *Alexander/Archer* International Accounting/Financial Reporting Standards Guide, New York 2008; *Baetge/Kirsch/Thiele* Bilanzen, 9. Aufl, Düsseldorf 2007; *Deloitte & Touche LLP* iGAAP 2008 Financial Instruments: IAS 32, IAS 39 and IFRS 7 explained, 4. Aufl, London 2008; *DRSC* Rechnungslegungs-Interpretation Nr. 1 (RIC 1) Bilanzgliederung nach Fristigkeit gemäß IAS 1 Darstellung des Abschlusses, Berlin 2005; *Erdmann/Wünsch/Gommlich* IFRS 7 Financial Instruments: Disclosures, KoR 2007, 293; *Grünberger* Bilanzierung von Finanzgarantien nach der Neufassung von IAS 39, KoR 2006, 81; *Grünberger/Grünberger* Einführung in die IAS-Rechnungslegung, Herne/Berlin 2003; *Hachmeister* Verbindlichkeiten nach IFRS – Bilanzierung von kurz- und langfristigen Verbindlichkeiten, Rückstellungen und Eventualschulden, München 2006; *IDW* RS HFA 9: Einzelfragen zur Bilanzierung von Finanzinstrumenten nach IFRS, FN IDW 2007, 326; *Jerzembek/Große* Die Fair Value-Option nach IAS 39, KoR 2005, 221; *Knobloch* Über den Aussagegehalt des Jahresabschlusses zur Schuldenlage, KoR 2005, 93; *Kommission der Europäischen Gemeinschaften* Mitteilung der Kommission an den Rat und das Europäische Parlament: Rechnungslegungsstrategie der EU: Künftiges Vorgehen, Amtsblatt L 156 vom 13. Juni 2001 Brüssel 2001, 33; *KPMG Deutsche Treuhand-Gesellschaft AG* Eigenkapital versus Fremdkapital nach IFRS, Stuttgart 2006; *Kropp/Klotzbach* Der Exposure Draft zu IAS 39 „Financial Instruments“ – Darstellung und kritische Würdigung der geplanten Änderungen des IAS 39, WPg 2002, 1010; *Kuhn/Scharpf* Rechnungslegung von Financial Instruments nach IFRS, 3. Aufl, Stuttgart 2006; *Löw* IFRS 7 – Financial Instruments: Disclosures, WPg 2005, 1337; *Lüdenbach* International Accounting Standards: der Ratgeber zur erfolgreichen Umstellung von HGB auf IAS, Freiburg im Breisgau 2001; *Pellens/Fülbier/Gassen* Internationale Rechnungslegung, 5. Aufl, Stuttgart 2004; *Petersen/Bansbach/Dornbach* IFRS Praxis-Handbuch – Ein Leitfaden für die Rechnungslegung mit Fallbeispielen, 3. Aufl, München 2008; *Ruhnke* Rechnungslegung nach IFRS und HGB, 2. Aufl, Stuttgart 2008; *Scharpf/Weigel/Löw* Die Bilanzierung von Finanzgarantien und Kreditzusagen nach IFRS, WPg 2006, 1492; *Stauber* Die Bilanzierung von Finanzinstrumenten nach IAS 39, ST 2001, 687.

Wesentliche Rechtsgrundlagen: IAS 1, IAS 21, IAS 32, IAS 39, IFRS 7

A. Sonstige Schulden

I. Definitionen und Abgrenzungen

1 Der Begriff „Sonstige Schulden“ wird im deutschen Handelsrecht nicht verwendet. Vielmehr gilt der Schuldbegriff hier als Oberbegriff für Verbindlichkeiten und Rückstellungen. Auch die IFRS definieren den Begriff „Sonstige Schulden“ nicht explizit, sondern verwenden nur den Begriff „Schuld“ *(liability)*. Nach IAS 37.10 und F. 49(b) ist eine **Schuld** ein vergangenheitsorientierter,

wahrscheinlicher Abfluss von Ressourcen mit wirtschaftlichem Nutzen. Unter einer Schuld nach IFRS sind somit auch dem Grunde und der Höhe nach ungewisse bilanzierungsfähige Verpflichtungen zu subsumieren.

Gem F. 49(b) werden Schulden als gegenwärtige Verpflichtungen des Unter- 2
nehmens definiert, die aus vergangenen Ereignissen entstehen und bei deren Erfüllung das Unternehmen aller Voraussicht nach Ressourcen aufwenden muss, die einen wirtschaftlichen Nutzen für das Unternehmen darstellen. In der **Definition** einer Schuld nach IAS 37.10 und F. 49(b) sowie einer Eventualschuld nach IAS 37.10 wird als gemeinsame Voraussetzung eine auf vergangenen Ereignissen beruhende Existenz einer gegenwärtigen bzw möglichen Verpflichtung genannt. Das im nachfolgenden Schaubild dargestellte Konzept der Passiva und Eventualschulden nach IFRS unterscheidet bei Schulden zwischen bilanzierungsfähigen und nicht bilanzierungsfähigen Schulden. Zur näheren Definition von Schulden nach IFRS sowie zur Abgrenzung zwischen Rückstellungen und sonstigen Schulden wird auf § 13 Rz 4ff verwiesen.

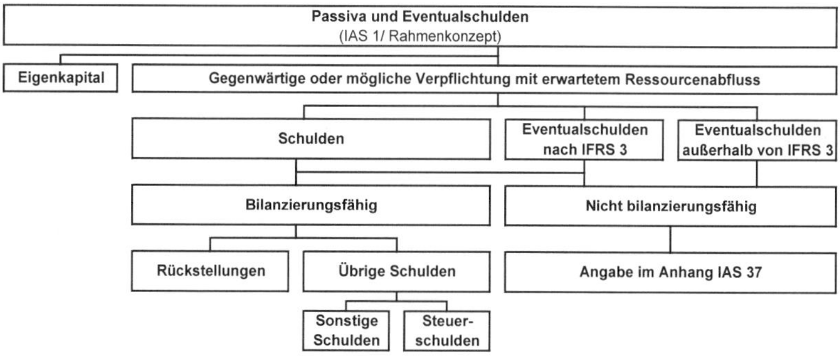

1. Finanzielle Verbindlichkeiten

a) Anwendung von IAS 32 und IAS 39

Gem IAS 39.8, IAS 32.11 sind **Finanzinstrumente** als Verträge definiert, die 3
bei einem Unternehmen zu einem finanziellen Vermögenswert und bei einem anderen Unternehmen zu einer finanziellen Verbindlichkeit oder einem Eigenkapitalinstrument führen. Der Begriff „Vertrag" umfasst dabei Vereinbarungen zwischen Vertragsparteien, die eindeutige wirtschaftliche Folgen begründen, und die von den Vertragsparteien nicht oder nur kaum vermeidbar sind, da sie im Regelfall über den Rechtsweg durchsetzbar sind (IAS 32.13). Ein Finanzinstrument kann somit auf einem Einzel-, Rahmen- oder sonstigen Vertrag oder gar auf Vertragsketten beruhen. Die Vertragsform ist dabei unerheblich, da sowohl ein mündlicher als auch ein schriftlicher Vertragsabschluss möglich ist. Das führt dazu, dass zB Steuerschulden oder Sozialabgaben, die die Ansatzkriterien einer *liability* erfüllen, aber nicht auf einer rechtsgeschäftlichen Basis, sondern auf einem gesetzlichen, hoheitlichen Akt basieren, keine Finanzinstrumente darstellen (IAS 32.AG12).

Weitere Voraussetzung ist, dass die Rechte und Pflichten aus einem Vertrag 4
finanzielle Sachverhalte zum Inhalt haben (*Kuhn/Scharpf*[3], 58). Finanzinstrumente führen stets unmittelbar oder mittelbar zum Austausch von Zahlungsmitteln. Aufgrund dieser weiten Definition umfassen die Finanzinstrumente sowohl originäre (Forderungen, Schulden, Eigenkapitaltitel) als auch derivative Finanzinstrumente wie *options, forwards, swaps* oder *futures*.

5 Aufbauend auf der Definition von Finanzinstrumenten ist eine **finanzielle Verbindlichkeit** gem IAS 39.8 iVm IAS 32.11 jede vertragliche Verpflichtung, flüssige Mittel oder einen anderen finanziellen Vermögenswert (IAS 32.11) an ein anderes Unternehmen abzugeben oder Finanzinstrumente mit einem anderen Unternehmen unter potenziell nachteiligen Bedingungen austauschen zu müssen. Die Klassifizierung als finanzielle Verbindlichkeit oder Eigenkapital ist bei der erstmaligen Erfassung zu treffen (IAS 32.15). In den Fällen, in denen die vertragliche Vereinbarung des Finanzinstruments nicht eindeutig die Merkmale einer finanziellen Verbindlichkeit trägt, ist die Entscheidung vorwiegend auf Basis der wirtschaftlichen Substanz der vertraglichen Vereinbarung und der Begriffsbestimmungen für finanzielle Verbindlichkeiten zu treffen. Ggf ist eine Zerlegung dieser Finanzinstrumente sowie die getrennte Bilanzierung ihrer einzelnen Bestandteile notwendig *(split accounting)*.

6 Nicht unter die Abgrenzungskriterien einer finanziellen Verbindlichkeit fallen somit solche Verpflichtungen, die eine **vertragliche Begleichung** der Schuld durch **Lieferung von Waren** oder die **Erbringung von Dienstleistungen**, zB Gewährleistungsverpflichtungen, vorsehen, sofern diese nicht in einer vertraglichen Verpflichtung zur Abgabe von flüssigen Mitteln oder anderen finanziellen Vermögenswerten bestehen (*Kuhn/Scharpf*[3], 87). Maßgeblich ist dabei die Erkenntnis im Zeitpunkt der erstmaligen Erfassung der Verbindlichkeit. Ob die (ursprüngliche) vertragliche Verpflichtung dann letztendlich tatsächlich durch den Abfluss flüssiger Mittel, sonstiger finanzieller Vermögenswerte, die Lieferung von Waren oder Erbringung von Dienstleistungen erfüllt wird, ist für die erstmalige Erfassung nicht maßgebend.

7 Die Definition der finanziellen Verbindlichkeit trifft somit auf nahezu alle **Verbindlichkeiten des handelsrechtlichen Gliederungsschemas** gem § 266 Abs 3 lit C HGB zu. Dies gilt auch für ggf rechtsformspezifische Erweiterungen des Gliederungsschemas (zB Verbindlichkeiten ggü Gesellschaftern gem § 42 GmbHG).

8 Verbindlichkeiten aus **Versicherungsverträgen** und **Verbindlichkeiten aus Altersversorgungsplänen** (IFRS 4 bzw IAS 19) sowie **Verpflichtungen aus Leasingverhältnissen** (IAS 17) sind von der Anwendung des IAS 39 explizit ausgeschlossen (IAS 39.2). Dies gilt nicht für Verbindlichkeiten aus Finanzierungs-Leasingverhältnissen, die bzgl der Vorschriften über die Ausbuchung IAS 39 unterliegen (IAS 39.2(b)).

9 Eine Besonderheit stellen die von Unternehmen häufig zur Absicherung von Kreditrisiken (Ausfallrisiken) eingesetzten **Finanzgarantien** dar, da diese sowohl Merkmale von Finanzinstrumenten (IAS 39) als auch von Versicherungsverträgen (IFRS 4) aufweisen. Hier finden sich in der Praxis neben standardisierten Produkten wie Bürgschaften, Bankgarantien, Zahlungsgarantien, Akkreditiven und Kreditversicherungen auch eine Vielzahl von innovativen, den individuellen Bedürfnissen des Unternehmens oder der Unternehmensbranche angepassten Finanzprodukten (zB *stand-by letter of credit*).

10 Gem IAS 39.9 und IFRS 4 Anhang A ist eine **Finanzgarantie** gleichlautend ein Vertrag, bei dem der Garantiegeber zur Leistung bestimmter Zahlungen verpflichtet ist, die den Garantienehmer (Begünstigter) für einen Verlust entschädigen, der entsteht, weil ein bestimmter Schuldner seinen Zahlungsverpflichtungen gem den ursprünglichen oder geänderten Bedingungen eines Schuldinstruments nicht fristgerecht nachkommt. Notwendige Merkmale einer Finanzgarantie sind somit eine **vertragliche Vereinbarung**, ein **zugrunde liegendes Schuldinstrument**, der **(Forderungs-)Zahlungsausfall** und die **bestimmbare Entschädigungsleistung**. Der Begriff „Schuldinstrument" ist nach IAS 39 bzw IFRS 4 definiert. Zur Abgrenzung erscheint es sachgerecht, sich an dem Begriff

der finanziellen Verbindlichkeit (IAS 32.11) zu orientieren (*Scharpf/Weigel/Löw* WPg 2006, 1492ff). Andere Risiken als das Zahlungsausfallrisiko, insbes sonstige Marktrisiken (zB Zinsgarantien oder Bietungsgarantien), eine Gewährleistungsgarantie, Patronatserklärung oder eine Fertigstellungsgarantie sind nicht Gegenstand einer Finanzgarantie iSd IAS 39.9.

11 Unabhängig von der rechtlichen Ausgestaltung der Finanzgarantie wird hinsichtlich der bilanziellen Abbildung und Anwendung der IFRS zwischen **unselbstständig begründeten Finanzgarantien** (im Rahmen der Veräußerung einer Forderung abgegebene Garantie) und **selbstständig begründeten Finanzgarantien** unterschieden. Unselbstständig begründete Finanzgarantien sind nach IFRS analog zu den Regeln zur Ausbuchung von Forderungen zu behandeln (s § 10 Rz 53ff). Für selbstständig begründete Finanzgarantien kommt sowohl eine Anwendung von IFRS 4 als auch von IAS 39 in Betracht (*Kehm/Lüdenbach* in Lüdenbach/Hoffmann IFRS[7] § 28 Rz 196ff).

12 Eine **Abgrenzung** zwischen **Versicherungsverträgen** gem IFRS 4 und **Finanzgarantien** nach IAS 39 ergibt sich aus IFRS 4.4(d) und IAS 39.2(e). Hat der Garantiegeber in der Vergangenheit ausdrücklich erklärt, dass es sich um einen Versicherungsvertrag handelt, und hat er diesen nach den für Versicherungsverträge geltenden Vorschriften bilanziert, ist wahlweise IFRS 4 oder IAS 39 anzuwenden. Die Erklärung kann sich aus dem Vertrag selbst, aus Stellungnahmen ggü Aufsichts- und Regulierungsbehörden oder sonstigen Geschäftsunterlagen und Korrespondenz mit Kunden ergeben (IAS 39.AG4A). Die Entscheidung zur Anwendung von IFRS 4 oder IAS 39 kann für jeden einzelnen Vertrag gesondert gefällt werden, ist dann aber unwiderruflich (IAS 39.2(e)). Fällt eine Entscheidung gegen die Anwendung von IFRS 4 ist IAS 39 zwingend anzuwenden, dh auch dann, wenn der Vertrag die Definitionskriterien eines Versicherungsvertrags aufweist.

Die Ausführungen zum Ansatz (s Rz 39f), der Erstbewertung (s Rz 69f) und der Folgebewertung (s Rz 82ff) von Finanzgarantien betreffen selbstständig begründete Finanzgarantien, die die Anwendungskriterien des IAS 39 erfüllen.

b) Gruppierung finanzieller Verbindlichkeiten

13 Nach IAS 39.9 sind **Finanzinstrumente** einer der folgenden **vier Bewertungskategorien** zuzurechnen:

(1) Erfolgswirksam zum beizulegenden Zeitwert bewertete finanzielle Vermögenswerte oder finanzielle Schulden *(financial assets or financial liabilities at fair value through profit or loss),*

(2) bis zur Endfälligkeit gehaltene Finanzinvestitionen,

(3) Kredite und Forderungen mit festen oder bestimmbaren Zahlungszeitpunkten,

(4) zur Veräußerung verfügbare finanzielle Vermögenswerte.

14 Zu Einzelheiten hinsichtlich der vier Bewertungskategorien wird auf § 3 Rz 28ff und Rz 49ff verwiesen. Da finanzielle Verbindlichkeiten die **Definitionskriterien** von Finanzinstrumenten erfüllen, ist diese Kategorisierung auch auf finanzielle Verbindlichkeiten anzuwenden. Aus IAS 39 ergeben sich für finanzielle Verbindlichkeiten jedoch lediglich **zwei Bewertungskategorien.**

15 Der **ersten Kategorie** sind vom Unternehmen zu Handelszwecken gehaltene finanzielle Verbindlichkeiten und gem der *fair value option* (s § 3 Rz 51) als „erfolgswirksam zum beizulegenden Zeitwert bewertete finanzielle Schulden“ designierte finanzielle Verbindlichkeiten zuzuordnen (IAS 39.9).

Finanzielle Verbindlichkeiten werden als für **Handelszwecke** gehalten eingestuft, wenn die Absicht besteht, durch aktiven und regelmäßigen Handel Gewinne aus kurzfristigen Preisschwankungen zu realisieren. Eine Kategorisierung zu Handelszwecken kann unter bestimmten Umständen auch dann erfolgen, wenn das Unternehmen beabsichtigt, das Finanzinstrument nicht kurzfristig zu veräußern. Eine nicht abschließende Aufzählung von Beispielen gibt IAS 39.AG15. So gelten Lieferverpflichtungen aus Leerverkäufen oder nicht zu Sicherungszwecken eingesetzte Derivate mit negativem Marktwert als zu Handelszwecken eingesetzte finanzielle Verbindlichkeiten. Allein die Tatsache, dass eine Verbindlichkeit der Finanzierung von Handelszwecken dient, ist hingegen zur Qualifizierung als eine zu Handelszwecken gehaltene Verbindlichkeit nicht ausreichend (IAS 39.AG15). Insbes für Kreditinstitute und sonstige Finanzdienstleistungsunternehmen spielt eine Zuordnung als „zu Handelszwecken gehalten" eine maßgebliche Rolle.

16 Im Umkehrschluss werden alle übrigen finanziellen Verbindlichkeiten der **zweiten Bewertungskategorie** zugeordnet, die nach IAS 39 nicht weiter definiert oder benannt wird. Maßgebliches Abgrenzungskriterium der **übrigen finanziellen Verbindlichkeiten** ist hierbei die Gewinnerzielungsabsicht aus kurzfristigen Preisschwankungen. Außerhalb des Finanzdienstleistungssektors dürfte diese Kategorisierung für nahezu alle finanziellen Verbindlichkeiten zutreffen. Als Beispiele für übrige finanzielle Verbindlichkeiten können Verbindlichkeiten aus Lieferungen und Leistungen, Verbindlichkeiten ggü Kreditinstituten, Wechsel- und Darlehensverbindlichkeiten, Schuldtitel, Anleiheschulden oder Derivate mit negativem Marktwert angeführt werden (*Kuhn/Scharpf*³, 88).

17 **Anleihen** erfüllen zwar im Regelfall die Definitionskriterien einer finanziellen Verbindlichkeit, aber insbes bei konvertiblen Anleihen (strukturierte Produkte) kann es zu einer nach IAS 32 geforderten Aufteilung der einzelnen Komponenten in Eigen- und Fremdkapitalinstrumente und einer getrennten Bilanzierung kommen.

18 **Verbindlichkeiten aus Lieferungen und Leistungen** sind nach IAS 37.11(a) Schulden zur Zahlung von erhaltenen oder gelieferten Gütern oder Dienstleistungen, die vom Lieferanten in Rechnung gestellt oder formal vereinbart wurden. Sie entsprechen gem IAS 1.70 kurzfristigem Betriebskapital, das zur Aufrechterhaltung des gewöhnlichen Geschäftsbetriebs eingesetzt wird. Sofern es sich bei Verbindlichkeiten aus Lieferungen und Leistungen nicht um Sachleistungsverbindlichkeiten handelt, erfüllen sie die Kriterien eines Finanzinstruments und stellen finanzielle Verbindlichkeiten dar. Die für finanzielle Verbindlichkeiten geltenden Bilanzierungs- und Bewertungsvorschriften sind somit auch auf Verbindlichkeiten aus Lieferungen und Leistungen anzuwenden. Besonderheiten bestehen hinsichtlich des Ausweises von Verbindlichkeiten aus Lieferungen und Leistungen.

19 Die Zuordnung der finanziellen Verbindlichkeiten in die Kategorien „erfolgswirksam zum beizulegenden Zeitwert bewertete finanzielle Schulden" und „übrige finanzielle Verbindlichkeiten" muss sich jederzeit für Dritte anhand von eindeutigen und dokumentierten Kriterien **nachvollziehen** lassen (*Kuhn/Scharpf*³, 101) und erfolgt einmalig beim **Zugang** der Verbindlichkeit.

2. Sonstige Verbindlichkeiten

20 Verbindlichkeiten, die nicht auf vertraglichen Grundlagen zwischen Unternehmen basieren oder nicht durch flüssige Mittel bzw finanzielle Vermögenswerte beglichen werden, stellen definitionsgemäß keine Finanzinstrumente dar und sind den **sonstigen Verbindlichkeiten** zuzuordnen. Sonstige Verbindlichkeiten ergeben sich somit als Residualgröße ggü finanziellen Verbindlichkeiten (s Rz 3ff).

21 Da es sich bei sonstigen Verbindlichkeiten nicht um Finanzinstrumente handelt, scheidet eine Anwendung von IAS 32 und IAS 39 aus. Eine **gesonderte Bilanzierungs- und Bewertungskonzeption** für sonstige Verbindlichkeiten ergibt sich jedoch aus den IFRS nicht. Unter Berücksichtigung von Sondervorschriften aus einzelnen IFRS (zB Erträge aus *sale-and-lease-back*-Transaktionen gem IAS 17.58 ff) sind sonstige Verbindlichkeiten nach den allgemeinen Grundsätzen des Rahmenkonzepts über die Bilanzierung und Bewertung von Schulden (F. 82 ff iVm IAS 1) anzusetzen. Sonstige Verbindlichkeiten nach IFRS werden unabhängig von der Größe, der Rechtsform oder der Branchenzugehörigkeit bilanziert (*Hachmeister,* 93).

22 **Erhaltene Anzahlungen auf Bestellungen** stellen keine finanziellen Verbindlichkeiten dar und sind den sonstigen Verbindlichkeiten zuzuordnen, da sie zu einem Abgang von Vermögenswerten (in diesem Fall unfertige Erzeugnisse, unfertige Leistungen) oder zur Erbringung einer Dienstleistung führen.

23 **Sachleistungsverbindlichkeiten** stellen aufgrund ihres Verpflichtungs- und Leistungscharakters keine finanziellen Verbindlichkeiten dar und sind den sonstigen Verbindlichkeiten zuzuordnen. Abweichend zu den finanziellen Verbindlichkeiten sind Sachleistungsverbindlichkeiten analog zur Bewertung von Rückstellungen für Sachleistungspflichten mit dem Betrag der bestmöglichen Schätzung anzusetzen, der zur Erfüllung der Verpflichtung zum Bilanzstichtag erforderlich ist (*Baetge/Kirsch/Thiele*[9], 274).

24 **Verbindlichkeiten aus Steuern** und **Verbindlichkeiten im Rahmen der sozialen Sicherheit** basieren nicht auf einer rechtsgeschäftlichen Basis, sondern auf einem hoheitlichen Akt. Sie stellen daher keine Finanzinstrumente, somit auch keine finanziellen Verbindlichkeiten, dar und sind den sonstigen Verbindlichkeiten zuzuordnen (s § 3 Rz 20 ff).

25 Für nach HGB geregelte passive **Rechnungsabgrenzungsposten** ist nach IFRS weder ein eigener Bilanzposten vorgesehen, noch liegen gesonderte Regelungen vor. Gem dem *accrual*-Prinzip (s § 2 Rz 16) sind Aufwendungen und Erträge grds periodengerecht abzugrenzen. Dies schließt die Abgrenzung sowohl transitorischer als auch antizipativer Geschäftsvorfälle ein. Ein passiver Rechnungsabgrenzungsposten erfüllt im Regelfall die Kriterien einer Schuld und ist den sonstigen Verbindlichkeiten zuzuordnen.

II. Unterscheidung von Kurz- und Langfristigkeit

26 Nach IAS 1.60 ff erfolgt eine Unterscheidung von Kurz- und Langfristigkeit nur im Zusammenhang mit der für den Adressaten je nach Art der Geschäftstätigkeit des bilanzierenden Unternehmens nützlichen Darstellungsform der Bilanz. Langfristigkeit wird dabei als Umkehrschluss zu kurzfristigen Vermögenswerten und Schulden definiert (IAS 1.66 ff; s auch § 2 Rz 146 ff).

Schulden sind grds als **kurzfristig** zu klassifizieren, wenn von ihrer Tilgung innerhalb des normalen Verlaufs des spezifischen Geschäftszyklusses auszugehen ist oder ihre Tilgung innerhalb von zwölf Monaten nach dem Abschlussstichtag fällig ist (IAS 1.69(a) und (c)). Dies gilt auch für ursprünglich langfristige Schulden, deren Restlaufzeit zwölf Monate oder weniger beträgt (zu Ausnahmen s Rz 98). Ferner sind Schulden als kurzfristig zu klassifizieren, wenn die Schuld zu Handelszwecken eingegangen wurde und das Unternehmen nicht das unbedingte Recht hat, die Erfüllung der Schuld um mindestens zwölf Monate nach dem Bilanzstichtag zu verzögern (IAS 1.69(b) iVm IAS 1.71 sowie IAS 1.69(d)). Durch eine Erweiterung des IAS 1.69(d) im Rahmen des *Annual Improvements* Projekts 2009 wird klargestellt, dass Vertragsgestaltungen, die ein Wahlrecht des Gläubigers vorsehen, die Verbindlichkeit in Eigenkapital umzuwandeln, keinen Einfluss auf die Klassifizierung haben. Vielmehr kommt es für die Klassifizierung auch derartiger Schulden als kurzfristig einzig darauf an, ob mit einem Zahlungsmittelabfluss innerhalb von zwölf Monaten zu rechnen ist.

Im Umkehrschluss sind alle Schulden, die nicht kurzfristig sind, als **langfristig** einzustufen.

III. Mindestgliederung

27 Eine dem handelsrechtlichen Gliederungsschema für Schulden nach § 266 Abs 3 HGB vergleichbare standardisierte Einteilung ist nach IFRS nicht vorgegeben. Vielmehr enthalten das Rahmenkonzept sowie die IFRS lediglich Mindestangaben und Zuordnungsregeln für die Bilanz.

Nach IAS 1.54 sind mindestens Verbindlichkeiten aus Lieferungen und Leistungen sowie sonstige Verbindlichkeiten, Rückstellungen, finanzielle Verbindlichkeiten, Steuerschulden und latente Steuerschulden nach IAS 12 in der Bilanz auszuweisen.

28 **Zusätzliche Posten, Überschriften** und **Zwischensummen** sind in die Bilanz aufzunehmen, wenn sich dies aus einzelnen IFRS oder nach dem Grundsatz der *fair presentation* ergibt. IAS 1.58 nennt Art und Höhe sowie Fälligkeit der jeweiligen Schulden als angemessenen Entscheidungsmaßstab für eine weitere Untergliederung.

29 Alternativ in der Bilanz oder im Anhang ist nach IAS 1.77 ggf eine weitere **angemessene Untergliederung** der dargestellten Schuldposten erforderlich. Dabei richtet sich der Detaillierungsgrad in erster Linie nach der Geschäftstätigkeit des Unternehmens sowie der Größe, Art, Funktion und Fälligkeit der Schulden. Aber auch Informationsbedürfnisse des Adressaten iSd *fair presentation* der Bilanz müssen hierbei ausschlaggebend sein. IAS 1.78 enthält hierzu eine nicht abschließende Aufzählung von Beispielen. So können analog zu IAS 1.78 **Schulden ggü verbundenen Unternehmen** und **ggü nahestehenden Personen** alternativ in der Bilanz oder im Anhang gesondert dargestellt werden.

30 Unternehmen, die verpflichtet sind, nach IFRS zu bilanzieren, ist die Einhaltung der 4. und 7. EG-RL freigestellt. Diese Unternehmen können zwischen der obigen Mindestgliederung nach IFRS und der zusätzlichen Beachtung der Gliederung nach der 4. EG-RL wählen. Entspr gilt uE für Unternehmen, die freiwillig einen Jahresabschluss nach IFRS aufstellen. Inwieweit dies auch für einen den HGB-Jahresabschluss ersetzenden IFRS-Jahresabschluss gelten wird, bleibt der Umsetzung des Mitgliedstaatenwahlrechts durch den deutschen Gesetzgeber vorbehalten. Die finanziellen und sonstigen Verbindlichkeiten nach IFRS finden sich somit in dem Gliederungsschema gem § 266 Abs 3 lit C HGB wieder.

Entspr der Mindestgliederungstiefe sowie den ggf notwendigen Gliederungserweiterungen nach IFRS ergibt sich somit – abgesehen von dem Posten Rückstellungen – folgende **erweiterte Gliederung** für Schulden in der Bilanz:

	Ansatz	Bewertung	Ausweis
Finanzielle Verbindlichkeiten	s Rz 36ff	s Rz 60ff	s Rz 96ff
1. Anleihen davon konvertibel			
2. Verbindlichkeiten ggü Kreditinstituten			
3. Verbindlichkeiten aus Lieferungen und Leistungen			
4. Verbindlichkeiten aus Wechseln			
5. Verbindlichkeiten ggü verbundenen Unternehmen			
6. Verbindlichkeiten ggü Unternehmen, mit denen ein Beteiligungsverhältnis besteht			
7. Sonstige finanzielle Verbindlichkeiten			
Sonstige Verbindlichkeiten	s Rz 47	s Rz 72	s Rz 96ff
1. Erhaltene Anzahlungen auf Bestellungen			
2. Sonstige Verbindlichkeiten davon aus Steuern davon im Rahmen der sozialen Sicherheit			

Sofern sich aus anderen IFRS-Standards gesonderte Vorschriften ergeben (zB Ausweis von Leasingverbindlichkeiten gem IAS 17 (s § 22) oder Verbindlichkeiten aus Fertigstellungsaufträgen gem IAS 11 (s § 9)), sind diese in der Gliederung von Schulden in der Bilanz zu berücksichtigen.

31 Nach IAS 1.60 sind grds zwei Methoden der Gliederung der Schulden in der Bilanz möglich. Entweder werden die Schulden nach ihrer **Fristigkeit** in kurzfristige und langfristige Posten unterteilt, oder sie werden in grober Reihenfolge ihrer abfallenden oder ansteigenden **Liquidität** ausgewiesen.

Gleichwohl präferiert IAS 1.62 eine Unterteilung nach der Fristigkeit, wenn die Geschäftstätigkeit des Unternehmens einen eindeutig identifizierbaren Geschäftszyklus aufweist. Dies wird regelmäßig bei Unternehmen aus den Sektoren Industrie, Dienstleistung oder Handel der Fall sein. Sofern kein identifizierbarer Geschäftszyklus vorliegt (zB bei einem stark nach Sparten untergliederten Konzern oder Finanzinstitutionen), ist eine Gliederung der Bilanzposten nach ihrer Liquidität sachgerecht (IAS 1.63). In IAS 1 kommt diese Präferierung dadurch zum Ausdruck, dass eine Darstellung nach der Liquidität als Ausnahmefall nur dann angemessen ist, wenn diese für den Bilanzadressaten von höherem Nutzen ist. Nach IAS 1.64 ist eine kombinierte Darstellung dieser beiden Differenzierungsmerkmale zulässig, sofern die Informationen die qualitativen Anforderungen der *relevance* und *reliability* besser erfüllen als bei einer einheitlichen Differenzierung nach der Fristigkeit oder Liquidität.

einstweilen frei 32–35

IV. Ansatzvorschriften

1. Erstmaliger Ansatz

36 Die Ansatzvorschriften für **finanzielle Verbindlichkeiten** ergeben sich aus IAS 39.14, IAS 39.AG34. Danach ist ein Unternehmen verpflichtet, eine finanzielle Verbindlichkeit in der Bilanz anzusetzen, sobald das Unternehmen Vertragspartei der vertraglichen Regelungen des Finanzinstruments geworden ist. Somit ist das Vorhandensein eines Vertrags und vertraglicher Verpflichtungen grundlegende Voraussetzung für den Bilanzansatz. Die entspr Verträge unterliegen **keinen besonderen Formvorschriften**, insbes bedarf es keiner Schriftform (*Hachmeister*, 13). Anders als bei finanziellen Vermögenswerten ergeben sich aus den IFRS für finanzielle Verbindlichkeiten keine Vorschriften zur Bilanzierung zum Handelstag oder zum Erfüllungstag.

Die Ansatzpflicht wird unabhängig von der zuverlässigen Bewertbarkeit der Verbindlichkeit und der Überprüfung der Wahrscheinlichkeit eines Ressourcenabflusses begründet. In Konsequenz dieser Ansatzkonzeption sind finanzielle Verbindlichkeiten auch dann zu bilanzieren, wenn bei Vertragsabschluss zwar eine Verpflichtung vorliegt, diese aber mit null zu bewerten ist.

37 IAS 39 unterscheidet darüber hinaus zwischen unbedingten und festen Verpflichtungen.

Eine **unbedingte Verpflichtung** *(unconditional payable)* liegt vor, wenn die vertraglich vereinbarte Leistung (zB Lieferung, Dienstleistung) bereits erbracht wurde, die Vergütung jedoch noch aussteht (IAS 39.AG35(a)). In diesem Fall ist die Zahlungsverpflichtung als finanzielle Verbindlichkeit in der Bilanz zu erfassen.

Die als Folge einer vertraglich **festen Verpflichtung** *(firm commitment)* eingegangene Verbindlichkeit ist dagegen erst dann als finanzielle Verbindlichkeit zu erfassen, wenn die andere Vertragspartei ihrer Verpflichtung (zB Lieferung) bereits nachgekommen ist. IAS 39.AG35(b) verdeutlicht diese Unterscheidung an dem Beispiel, dass eine Bestellung zur Lieferung auch bei bereits vorliegender Auftragsbestätigung durch den Vertragspartner noch nicht zu einer finanziellen Verbindlichkeit beim beauftragenden Unternehmen führt. Erst im Zeitpunkt der (einseitigen) Erfüllung durch das beauftragte Unternehmen (zB Versand, Lieferung) ist die finanzielle Verbindlichkeit beim beauftragenden Unternehmen anzusetzen.

38 Verpflichtungen aus **schwebenden Geschäften** werden so lange nicht als finanzielle Verbindlichkeit bilanziert, bis nicht zumindest eine Vertragspartei ihrer Verpflichtung nachgekommen ist. Für die Beurteilung der Ansatzpflicht einer finanziellen Verbindlichkeit ist danach IAS 39.14 nur iVm IAS 39.AG35 zu betrachten. Eine Ausnahme hierzu stellen sog belastende Verträge dar (s § 13 Rz 101 f). Dabei ist darauf hinzuweisen, dass für Termingeschäfte, insbes für Derivate, nach IAS 39.AG35(c) hiervon abweichende Regelungen bestehen.

a) Finanzgarantien

39 Verpflichtungen aus **Finanzgarantien**, die nach den Regelungen des IAS 39 zu behandeln sind, sind in der Bilanz des Garantiegebers mit Vertragsunterzeichnung und Annahme des Garantieangebots anzusetzen (IAS 39.14). Auf die Fälligkeit der Garantieprämien und den Beginn des Garantiezeitraums kommt es dabei nicht an.

Nicht eindeutig geregelt ist in IAS 39 die Frage, ob beim erstmaligen Ansatz der Garantieverpflichtung nur die erhaltenen Garantieprämien (**Nettomethode**) oder die insgesamt über die Laufzeit der Finanzgarantie zu erhaltenen Garantieprämien (**Bruttomethode**) zu erfassen sind. Im Fall von einmalig und vorschüssig bei Vertragsabschluss zu zahlenden Garantieprämien ist diese Frage nicht von Relevanz. Im Fall von ratierlich über die Laufzeit zu zahlenden und/oder nachschüssig zu zahlenden Garantieprämien kommen beide Methoden zu einem unterschiedlichen Ansatz. Im Fall der Nettomethode ist bei nachschüssig zu zahlenden Garantieprämien die Finanzgarantie im Zeitpunkt der Vertragsunterzeichnung mit null anzusetzen, was einer Saldierung der bei Vertragsunterzeichnung zukünftig zu zahlenden Garantieprämien mit der entspr Garantieverpflichtung entspricht. Im Fall der Bruttomethode werden im Zeitpunkt der Vertragsunterzeichnung alle zukünftig zu zahlenden Garantieprämien erfolgsneutral erfasst (dh die finanzielle Verpflichtung aus der Finanzgarantie wird in Höhe der Prämienforderung angesetzt).

40 Bei risikoadäquater Bewertung des Garantievertrags, der die gesamte Laufzeit der Finanzgarantie umfasst, stellt die bewertete Summe aller Prämien den Wert der vertraglichen Vereinbarung im Zeitpunkt der Unterzeichnung dar. IAS 39.43 folgend ist die bewertete Finanzgarantie im Zugangszeitpunkt anzusetzen. Ein Abstellen auf den Zahlungszeitpunkt der Garantieprämie bei Anwendung der Nettomethode ist daher uE nicht angemessen. Zudem ergibt sich aus den Regelungen des IAS 32.42 nur dann eine Saldierung von finanziellen Vermögenswerten und finanziellen Verbindlichkeiten, wenn eine eindeutige Aufrechnungslage gegeben ist. Eine Aufrechnungslage ist im Falle einer Bürgschaft idR nicht gegeben, da die Garantieverpflichtung ggü dem außenstehenden Gläubiger der Hauptforderung, der Anspruch auf die Garantieprämie jedoch ggü dem Schuldner (Vertragspartner) besteht (*Kehm/Lüdenbach* in Lüdenbach/Hoffmann IFRS[7] § 28 Rz 198).

b) Synthetische Verbindlichkeiten

Eine Sonderstellung unter den finanziellen Verbindlichkeiten nehmen die sog **synthetischen Verbindlichkeiten** ein. Verträge, in denen sich das emittierende Unternehmen dazu verpflichtet, eigene Anteile zurück zu kaufen, stellen regelmäßig Derivate (s § 23 Rz 4 ff) dar (*KPMG*, 37). Diese Derivate werden gem IAS 32.23 als Verbindlichkeit angesetzt, wenn 41
(1) die Erfüllung in eigenen Unternehmensanteilen des bilanzierenden Unternehmens vorgesehen ist,
(2) als Erfüllungsart das sog *gross physical settlement* vorgesehen ist und
(3) der Vertrag eine (potenzielle) Zahlungsverpflichtung für das bilanzierende Unternehmen begründet.

Im Rahmen des *gross physical settlement* erfolgt am Erfüllungstag des Derivats immer eine Lieferung der eigenen Anteile des bilanzierenden Unternehmens gegen Zahlung von flüssigen Mitteln oder anderen finanziellen Vermögenswerten (*KPMG*, 30 f).

Das entscheidende Kriterium für den Ansatz einer synthetischen Verbindlichkeit ist die **(potenzielle) Zahlungsverpflichtung**, die für das bilanzierende Unternehmen entweder aus einem Terminkauf eigener Anteile iSd IAS 32.AG27(a) oder einer verkauften Verkaufsoption (Stillhalterposition des Emittenten) iSd IAS 32.AG27(b) resultieren kann (*KPMG*, 38; *Kuhn/Scharpf*[3], 532). 42

Wird die Erfüllung des Derivats im Rahmen des ***gross physical settlement*** durch Tausch eines festen Betrags gegen eine feste Anzahl eigener Anteile vollzogen, so handelt es sich gem IAS 32.16(b)(ii) grds um ein Eigenkapitalinstrument bzw **Eigenkapital-Derivat**. Angesichts des gem IAS 32.16(a)(i) eigenkapitalschädlichen Kriteriums der (potenziellen) Zahlungsverpflichtung ist eine Eigenkapitalqualifikation jedoch definitionsgemäß ausgeschlossen. Dieser Bilanzierungskonflikt wurde durch den IASB dadurch gelöst, dass diese Derivate zwar als Eigenkapitalinstrumente qualifiziert werden, vom Zeitpunkt ihres Ansatzes an jedoch so zu bilanzieren sind, als ob sie bereits ausgeübt oder erfüllt wurden (*KPMG*, 38). Somit kommt es trotz der Eigenkapitalqualifikation gem IAS 32.23 zum Ansatz einer (synthetischen) Verbindlichkeit durch eine erfolgsneutrale Umgliederung aus dem Eigenkapital. 43

Beispiel: Ein Unternehmen verkauft eine Verkaufsoption auf eine eigene Aktien (*short put*) mit einer Laufzeit von zwei Jahren und einem Ausübungskurs von € 100 je Aktie zu einem Emissionspreis von € 20. Im Fall der Ausübung der Option ist das Unternehmen verpflichtet den Ausübungskurs zu zahlen und die Aktie abzunehmen.

Beim emittierenden Unternehmen als Stillhalter stellt der *short put* ein Eigenkapitalinstrument dar. Der erhaltene Emissionspreis in Höhe von € 20 ist somit erfolgsneutral im Eigenkapital zu erfassen. Zusätzlich ist eine synthetische Verbindlichkeit aus der Verkaufsoption in Höhe des Barwerts der Zahlungsverpflichtung zu erfassen (€ 89; Diskontierungsfaktor 6%), dh die Verkaufsoption ist so zu erfassen, als wäre sie bereits ausgeübt.

Jene Derivate, die im Rahmen des *gross physical settlement* nicht durch Tausch eines festen Betrags gegen eine feste Anzahl eigener Anteile erfüllt werden, stellen keine Eigenkapital-Derivate, sondern sog IAS 39-Derivate dar (*KPMG*, 38f). Da jedoch auch bei diesen Derivaten eine (potenzielle) Zahlungsverpflichtung entsteht, kommt es ebenfalls zum Ansatz einer synthetischen Verbindlichkeit.

44 Sofern das betreffende der synthetischen Verbindlichkeit zugrunde liegende Derivat ausläuft, ist zu unterscheiden, ob eine Ausübung des Derivats (Erfüllung) gegeben ist oder nicht. Im Fall der Ausübung wandelt sich die synthetische Verbindlichkeit in eine echte finanzielle Verbindlichkeit um, während sie andernfalls gem IAS 32.23 wieder in das Eigenkapital zurückgegliedert wird (*KPMG*, 45).

c) Optionen von Minderheitsgesellschaftern

45 Gem IAS 32.23 begründen Verträge, die ein Unternehmen zum Kauf eigener Eigenkapitalinstrumente verpflichten, im Grundsatz eine finanzielle Verpflichtung in Höhe des Barwerts des Kaufpreises (IAS 39). Dies gilt auch dann, wenn die Kaufverpflichtung nur bei Ausübung eines Optionsrechts **(put-Option)** durch den Vertragspartner zu erfüllen ist, und ist unabhängig von der Wahrscheinlichkeit einer Ausübung. Derartige put-Optionen von Minderheitsgesellschaftern werden oftmals im Zusammenhang mit Unternehmenszusammenschlüssen (*Business Combinations*) vereinbart. Darüber hinaus können Put-Optionen aber auch im Nachgang zu einem Unternehmenszusammenschluss für noch bestehende Minderheitenanteile vereinbart werden.

Hinsichtlich der Bilanzierung von put-Optionen betreffend Minderheitenanteile im Zusammenhang mit *Business Combinations* werden zwei unterschiedliche Ansätze (*one credit approach* und *two credits approach*) diskutiert und unter mehr oder weniger restriktiven Bedingungen für zulässig gehalten. Unabhängig von der gewählten Vorgehensweise ist beiden Alternativen gemein, dass die geschriebene Verkaufsoptionen gem IAS 32.23 stets als **finanzielle Verbindlichkeit** in Höhe des Barwerts des Ausübungspreises zu bilanzieren ist. Zu Einzelheiten der Bewertung nach den unterschiedlichen Ansätzen im Rahmen der Erst- und Folgebewertung s § 35 Rz 58ff.

46 Daneben werden dem Käufer im Rahmen eines Unternehmenszusammenschlusses häufig Kaufoptionen zum Erwerb noch ausstehender Minderheitenanteile gewährt. Derartige **Call-Optionen** beinhalten ein Recht zum Erwerb der Anteile. Sofern es sich bei den Call-Optionen um Eigenkapitalinstrumente handelt (Tausch eines festen Betrags gegen eine feste Anzahl eigener Aktien vereinbart; „*gross physical settlement*“), wird die dafür entrichtete Gegenleistung erfolgsneutral mit dem Eigenkapital verrechnet (s IAS 32.IE15); Änderungen der Optionswerte oder deren Verfall führen zu keinen Wertanpassungen. Andernfalls – die Call-Optionen stellen keine Eigenkapitalinstrumente dar – erfolgt die Bilanzierung gem den Vorschriften für Derivate erfolgswirksam zum beizulegenden Zeitwert (s § 23 Rz 43ff).

d) Sonstige Verbindlichkeiten

47 Für **sonstige Verbindlichkeiten** ist ein Ansatzkriterium gem F. 82ff iVm F. 91 die Wahrscheinlichkeit, dass sich aus der Erfüllung der gegenwärtigen Verpflichtung ein direkter Abfluss von Ressourcen mit wirtschaftlichem Nutzen ergibt. Neben liquiden Mitteln und anderen Vermögenswerten stellen auch zu erbringende Dienstleistungen, der Ersatz oder die Umwandlung von Verpflichtungen in Eigenkapital einen Abfluss von Ressourcen mit wirtschaftlichem

Nutzen dar (F. 62). Darüber hinaus ist es notwendig, dass der Erfüllungsbetrag verlässlich bestimmt werden und der Verpflichtung hinreichend genaue Anschaffungskosten bzw ein anderer in F. 100 genannter Bewertungsmaßstab zugeordnet werden kann.

2. Ausbuchung

48 Eine Ausbuchung entspricht der tatsächlichen, vollständigen oder partiellen Eliminierung von Schulden aus der Bilanz. Da IAS 39 zum Ansatz von finanziellen Verbindlichkeiten auf das Vorhandensein eines Vertrags und von vertraglichen Verpflichtungen abstellt, knüpfen auch die Vorschriften zur Ausbuchung von **finanziellen Verbindlichkeiten** an die vertraglichen Bedingungen an *(legal-approach)*. Die Ausbuchung **sonstiger Verbindlichkeiten** richtet sich nach den allgemeinen Kriterien des Framework zur Erfüllung einer gegenwärtigen Verpflichtung (F. 62).

a) Erfüllung

49 Eine **finanzielle Verbindlichkeit** ist gem IAS 39.39, IAS 39.AG57 grds aus der Bilanz des Unternehmens auszubuchen, wenn die entspr Verpflichtung aufgehoben, ausgelaufen, getilgt, verfallen oder erloschen ist. Diese Voraussetzungen zur Ausbuchung sind grds erfüllt, wenn der Schuldner seiner Pflicht durch Bezahlung oder Leistung nachkommt oder durch den Gläubiger bzw durch Gesetz aus der Schuld entlassen wird.

50 Allein die Begleichung der Schuld durch Bezahlung oder Leistung ist für sich genommen nicht immer ausreichend, um eine finanzielle Verbindlichkeit auszubuchen. Bei vom Vertrag abweichenden Zahlungsvorgängen ist die Zustimmung des Gläubigers entscheidend. Im Fall einer **vorzeitigen Rückzahlung der Schuld an einen Dritten** ist nicht die Zahlung als solche ausschlaggebend, sondern ob der Schuldner durch Zahlung an den Dritten auch rechtlich aus der Verpflichtung entlassen wurde (IAS 39.AG59).

Im Regelfall führt die Begleichung der finanziellen Verbindlichkeit durch Zahlung oder Leistung durch den Schuldner zu keiner Erfolgsrealisation. In den Fällen aber, in denen die fortgeführten Anschaffungskosten vom Leistungsbetrag abweichen, ist die Differenz erfolgswirksam zu erfassen (IAS 39.41).

51 Die Erfüllung einer **sonstigen Verbindlichkeit** ist gegeben, wenn die gegenwärtige Verpflichtung erloschen ist (F. 62). Gem der Aufzählung in F. 62 erfolgt eine Erfüllung im Regelfall durch Zahlung, Übertragung von Vermögenswerten, Erbringung von Dienstleistungen, den Ersatz einer Verpflichtung durch eine andere Verpflichtung oder durch die Umwandlung der Verpflichtung in Eigenkapital. Diese Aufzählung ist jedoch nicht abschließend, da eine gegenwärtige sonstige Verbindlichkeit auch auf anderem Wege erlöschen kann, zB durch Gläubigerverzicht, Schuldübernahme oder Verjährung.

b) Umschuldung und Schuldumwandlung

52 Die Umschuldung einer finanziellen Verbindlichkeit begründet eine Veränderung und Neufassung der Vertragsbedingungen, bei der im Regelfall die Konditionen der Rückzahlung neu festgelegt werden. Für den weiteren Bilanzansatz der finanziellen Verbindlichkeit ist zu prüfen, ob die Vertragsbedingungen substanziell verschieden von den ursprünglichen Bedingungen neu gefasst werden.

Vertragsbedingungen gelten dann als **substanziell verschieden,** wenn sich der Barwert der finanziellen Verbindlichkeit aufgrund der Anpassung der Vertragsbedingungen um mindestens 10% ggü dem ursprünglichen Barwert der Verbindlichkeit verändert (IAS 39.AG62). Dabei ist der Barwert unter Einbeziehung von etwaigen Finanzierungskosten, die nicht Zinsen darstellen, zu ermitteln.

53 Ergeben sich aus der Umschuldung **substanziell verschiedene Vertragsbedingungen,** führt dies zu zwei gesondert zu bilanzierenden Geschäftsvorfällen. Zum einen gilt die ursprüngliche Verpflichtung als getilgt und erloschen und führt zu einem Abgang (Ausbuchung) der Verbindlichkeit. Gleichzeitig ist die neue Verpflichtung als Zugang mit den Anschaffungskosten zu erfassen. Die anfallenden Transaktions- und Finanzierungskosten sind erfolgswirksam in der Periode zu erfassen, in der die Altschuld erloschen ist (IAS 39.AG62).

54 Ergeben sich aus der Umschuldung **keine substanziell verschiedenen Vertragsbedingungen,** gilt die ursprüngliche Verpflichtung als nicht erloschen, und die finanzielle Verbindlichkeit ist zu ihren Anschaffungskosten fortzuführen. Eine erfolgswirksame Erfassung der aus der Umschuldung resultierenden Transaktionskosten erfolgt nicht (IAS 39.AG62). Etwaig anfallende Kosten oder Gebühren führen vielmehr zu einer Anpassung (Verminderung) des Buchwerts der Verbindlichkeit und werden über die verbleibende Laufzeit des geänderten Kreditvertrags amortisiert (aufgezinst). Zur Behandlung der Transaktionskosten s Rz 62ff.

Die gleichen Grundsätze sind auch im Fall **eines Austauschs von Schuldinstrumenten** und der **Schuldumwandlung** anzuwenden.

c) Rückkauf von Anleihen

55 Sofern ein Unternehmen zuvor emittierte Anleihen (Schuldverschreibungen) zurückkauft, führt dies zu einem **Erlöschen** der ursprünglichen Verpflichtung und zu einer **Ausbuchung** der finanziellen Verbindlichkeit am Rückkauftag. Unterschiede zwischen dem Buchwert (fortgeführter Emissionskurs) und dem Rückkaufkurs sind **erfolgswirksam** zu erfassen.

Selbst wenn der Rückkauf der Anleihen mit der Absicht eines **späteren Wiederverkaufs** oder einer **späteren Neuemission** erfolgt, ist die ursprüngliche Verbindlichkeit auszubuchen. Im Zeitpunkt des Wiederverkaufs bzw der Neuemission ist die neu entstandene Verpflichtung als neue finanzielle Verbindlichkeit bilanziell zu erfassen (IAS 39.AG58).

Wird nur ein **Teil** einer finanziellen Verbindlichkeit zurückgekauft, ist eine **Aufteilung** zwischen dem weiterhin zu bilanzierenden Teil und dem auszubuchenden Teil vorzunehmen. Der Aufteilung des vorhandenen Buchwerts der finanziellen Verbindlichkeit sind die beizulegenden Zeitwerte der jeweiligen Teile am Tag des Rückkaufs zu Grunde zu legen. Eine ggf auftretende Differenz zwischen dem auszubuchenden Buchwert und der für den auszubuchenden Buchwert erbrachten Gegenleistung ist **erfolgswirksam** zu erfassen (IAS 39.42).

d) Übernahme der Schuld durch einen Dritten

56 Wird der **Schuldner** durch die Übernahme der Schuld durch einen Dritten aus der **ursprünglichen Verpflichtung** entlassen, ist die finanzielle Verbindlichkeit aus der Bilanz des Schuldners **auszubuchen**. Eine rechtliche Entbindung erfolgt im Regelfall nur durch den Gläubiger selbst, ist aber auch durch Gesetz möglich. Die Zahlung an einen Dritten ist für sich genommen keine Entlassung aus dem Schuldverhältnis (IAS 39.AG59).

Sofern der Schuldner ggü dem Gläubiger eine **Finanzgarantie** oder Vergleichbares für den Fall übernommenen hat, dass der die ursprüngliche finanzielle Verbindlichkeit übernehmende Dritte seiner Verpflichtung nicht nachkommt, ist für diese Finanzgarantie gem IAS 39.AG63 eine neue Verpflichtung (ggf Rückstellung oder Verbindlichkeit) in Höhe des beizulegenden Zeitwerts zu passivieren. In diesem Fall ist der Saldo aus dem Ertrag der Ausbuchung der ursprünglichen finanziellen Verbindlichkeit und den Aufwendungen aus der Bilanzierung der neuen Verpflichtung **erfolgswirksam** zu erfassen.

Vereinbart der Schuldner, Zahlungen auf die Schuld an den Dritten oder direkt an den ursprünglichen Gläubiger zu leisten, hat der Schuldner eine neue Verbindlichkeit ggü dem Dritten zu erfassen (IAS 39.AG60).

e) Rangrücktrittsvereinbarung

Sofern ein Kapitalersatz nicht möglich ist wird in der Praxis zur Abwendung einer bestehenden oder drohenden Überschuldung häufig die **Rangrücktrittserklärung** eingesetzt. Bei der Feststellung der **Überschuldung** sind die entspr Verbindlichkeiten nur dann nicht zu berücksichtigen, wenn die (qualifizierte) Rangrücktrittsvereinbarung dahin geht, die Verbindlichkeiten nur aus zukünftigen Gewinnen, aus dem Liquidationsüberschuss oder, nach Überwindung der Krise, aus einem die sonstigen Schulden übersteigenden Vermögen zu begleichen (*WPH I* V 34). Rangrücktrittsvereinbarungen führen nach deutschem Recht und nach den IFRS nicht zum Erlöschen und somit zur Ausbuchung einer finanziellen Verbindlichkeit. 57

einstweilen frei 58, 59

V. Bewertungsvorschriften

1. Erstmalige Bewertung

Abweichend zum deutschen Handelsrecht definiert IAS 39 nicht den Rückzahlungsbetrag als Wertmaßstab für die Zugangsbewertung von finanziellen Verbindlichkeiten. Gem IAS 39.43 sind alle finanziellen Verbindlichkeiten im Zeitpunkt der erstmaligen Erfassung mit dem **beizulegenden Zeitwert** *(fair value)* und ggf unter Berücksichtigung von Transaktionskosten zu bewerten. Dabei erfolgt die Bewertung regelmäßig auf der Basis des zugrunde liegenden Transaktionspreises, der dem beizulegenden Zeitwert der erhaltenen Gegenleistung für den Austausch der Verpflichtungen entspricht (IAS 39.AG64, IAS 39.AG76). 60

Handelt es sich bei dem zugrunde liegenden Geschäft um eine Transaktion in **Geld** (Kreditaufnahme), entspricht der beizulegende Zeitwert dem zufließenden Geldbetrag. Handelt es sich nicht um eine Bartransaktion, leitet sich der beizulegende Zeitwert der erhaltenen Gegenleistung aus dem **Transaktionspreis**, dh dem Rechnungs- bzw Vertragspreis oder sonstigen Marktpreisen ab.

Liegen **keine Transaktions-, Vertrags- oder Marktpreise** vor, ermittelt das Unternehmen den beizulegenden Zeitwert mithilfe einer **Bewertungsmethode**. Als allgemein akzeptierte Bewertungsmethoden werden der Vergleich mit aktuellen und marktüblichen anderen Transaktionen oder auch die Analyse von *discounted cashflows* genannt. Bei der Bewertung stützt sich das Unternehmen im größtmöglichen Umfang auf Marktdaten und vergleichbare Transaktionen zwischen unabhängigen Vertragspartnern (IAS 39.AG74 ff). IAS 39.AG82 enthält eine nicht abschließende Aufzählung von möglichen Faktoren, die im Rahmen der Bewertung zur Ermittlung des beizulegenden Zeitwerts zu berücksichtigen sind (zB Zeitwert des Geldes, Ausfallrisiken, Volatilitäten, vorzeitige Tilgung, Abwicklungskosten). 61

a) Transaktionskosten

Gem IAS 39.9 sind Transaktionskosten **zusätzlich anfallende Kosten**, die dem Erwerb, der Emission oder der Veräußerung einer finanziellen Verbindlich- 62 keit **direkt** zuzuordnen sind. IAS 39.AG13 enthält eine Aufzählung von Beispielen. Disagien für Fremdkapitalinstrumente, Finanzierungskosten und interne Verwaltungskosten sowie Haltekosten sind ausdrücklich nicht in die Transaktionskosten einzubeziehen.

Die Behandlung der Transaktionskosten im Rahmen der erstmaligen Bewertung finanzieller Verbindlichkeiten richtet sich danach, welcher Bewertungskategorie finanzieller Verbindlichkeiten (s Rz 13ff) die jeweilige Verbindlichkeit zuzuordnen ist.

63 Im Fall von finanziellen Verbindlichkeiten der Kategorie **„erfolgswirksam zum beizulegenden Zeitwert bewertete finanzielle Schulden"** *(financial liability at fair value through profit or loss)*, einschließlich der zu **Handelszwecken** gehaltenen finanziellen Verbindlichkeiten, sind Transaktionskosten **unmittelbar erfolgswirksam** zu erfassen (IAS 39.43; *Kuhn/Scharpf*[3], 262).

64 Im Fall von finanziellen Verbindlichkeiten, die der Bewertungskategorie **„übrige finanzielle Verbindlichkeiten"** zuzuordnen sind, sind die Transaktionskosten bei der **Bestimmung des beizulegenden Zeitwerts** der finanziellen Verbindlichkeiten im Rahmen der erstmaligen Bewertung **einzubeziehen** (IAS 39.43). Im Fall eines aufgenommenen Darlehens werden dabei die Transaktionskosten von der Hauptverbindlichkeit (erhaltener Gegenwert) abgesetzt und über die Laufzeit ratierlich aufgezinst (IAS 39.IGE1.1). Eine erfolgswirksame Erfassung der Transaktionskosten im Zeitpunkt der Erstbewertung erfolgt somit nicht.

Im Falle geringfügiger Transaktionskosten kann unter **Wesentlichkeitskriterien** uE eine unmittelbar erfolgswirksame Erfassung in Frage kommen.

65 Die Behandlung von Transaktionskosten im Zusammenhang mit noch nicht zur Auszahlung gekommenen, aber genehmigten **Kreditlinien, Kreditfazilitäten** oder **Kreditaufträgen** sowie **syndizierten Krediten** sind in den IFRS nicht eindeutig geregelt. In der Praxis werden diese Transaktionskosten nicht einheitlich im Aufwand erfasst, sondern zT als immaterieller Vermögenswert (Recht auf Kreditinanspruchnahme) oder als sonstiger Vermögenswert im Rahmen der Definition von Vermögenswerten nach dem Rahmenkonzept aktiviert. In Fällen, in denen eine Aktivierung für zulässig erachtet wird, sollte die Amortisation der Transaktionskosten näherungsweise linear über die Laufzeit der Zusage oder nach bestmöglicher Schätzung der voraussichtlichen Inanspruchnahme erfolgen. Andernfalls sind die Transaktionskosten erfolgswirksam zu erfassen.

b) Agio und Disagio

66 Ein **Agio** bzw **Disagio** einer finanziellen Verbindlichkeit ist der Unterschiedsbetrag zwischen der erhaltenen Gegenleistung vor Transaktionskosten (Auszahlungsbetrag) und der bei Eingehen der Verbindlichkeit vertraglich vereinbarten Verpflichtung (Rückzahlungsbetrag).

Im Zeitpunkt der Erstbewertung der finanziellen Verbindlichkeit wird ein Agio bzw Disagio in die **Bestimmung des beizulegenden Zeitwerts einbezogen** und nicht erfolgswirksam erfasst. Die Bewertung der finanziellen Verbindlichkeit erfolgt somit um den um das Disagio geminderten Betrag. Demnach ist bei finanziellen Verbindlichkeiten, für die ein Disagio vereinbart wurde, nicht der Rückzahlungsbetrag, sondern der **Auszahlungsbetrag** der maßgebende Zugangswert (*Kropp/Klotzbach* WPg 2002, 1020).

c) Abzinsung

67 In Fällen, in denen **keine Transaktionspreise** vorliegen und sich keine verlässlichen Marktpreise ableiten lassen, entspricht der beizulegende Zeitwert der

finanziellen Verbindlichkeit dem **Barwert** der geschätzten Summe aller zukünftigen Auszahlungen (IAS 39.AG64). Als **Zinssatz** ist dabei der Marktzins eines im Hinblick auf die Währung, Laufzeit, Art des Zinssatzes und sonstige Faktoren vergleichbaren Finanzinstruments heranzuziehen. Als ein Beispiel der notwendigen Abzinsung der geschätzten Summe aller zukünftigen Ein- oder Auszahlungen ist eine langfristige und unverzinsliche Verbindlichkeit zu nennen (IAS 39.AG64). Gleiches gilt auch für Fälle der Unterverzinslichkeit. Der beizulegende Zeitwert der finanziellen Verbindlichkeit entspricht in diesen Fällen dem Barwert der Verbindlichkeit. Kurzfristige Verbindlichkeiten ohne festgelegten Zinssatz können zum Rechnungsbetrag bewertet werden, sofern sich nur ein unwesentlicher Abzinsungseffekt ergibt (IAS 39.AG79).

d) Fremdwährungsverbindlichkeiten

Finanzielle Verbindlichkeiten in fremder Währung sind im Rahmen des erst- 68
maligen Ansatzes in der funktionalen Währung (IAS 21.9) mit dem **Kassakurs** zum Zeitpunkt der zugrunde liegenden Transaktion umzurechnen (IAS 21.20 ff). Liegen mehrere Geschäftsvorfälle in gleicher Währung, aber zu unterschiedlichen Zeitpunkten vor und bestehen keine wesentlichen Kursschwankungen, kann hiervon abweichend auch ein **Durchschnittskurs** gewählt werden. Als vertretbare Zeiträume für die Anwendung von Durchschnittskursen führt IAS 21.22 eine Woche bis einen Monat an. Sofern starke Kursschwankungen vorliegen, ist die Anwendung von Durchschnittskursen unzulässig.

IAS 21 regelt nicht, welcher Kassakurs (Geld-, Brief- oder Mittelkurs) bei der Umrechnung anzuwenden ist. Den allgemeinen Grundsätzen der Bewertung folgend sollte für finanzielle Vermögenswerte der Briefkurs und für finanzielle Verbindlichkeiten der Geldkurs zur Anwendung kommen. Eine einheitliche Verwendung des **Mittelkurses** wird jedoch auch als zulässig angesehen (*Kuhn/Scharpf*[3], 163).

e) Finanzgarantien

Als finanzielle Verbindlichkeit sind Verpflichtungen aus Finanzgarantien nach 69
den allgemeinen Regelungen des IAS 39.43 ff im Zeitpunkt der erstmaligen Erfassung mit dem **beizulegenden Zeitwert** *(fair value)* zu bewerten.

Handelt es sich um eine **entgeltlich vereinbarte Finanzgarantie** unter fremden Dritten, die *at arm's length* vereinbart wurde, dürfte der beizulegende Zeitwert im Regelfall der vereinbarten Garantieprämie entsprechen (IAS 39.AG4(a)). Demnach ist aus Unternehmenssicht der Gesamtwert der Finanzgarantie null, da im dargestellten Fall die finanzielle Verbindlichkeit aus der Finanzgarantie der korrespondierenden Forderung aus Garantieprämien entspricht. Gleichwohl sind Verbindlichkeit und Forderung getrennt anzusetzen.

Im Fall von **unentgeltlich vereinbarten Finanzgarantien** (zB zwischen Konzernunternehmen) liegt für den Garantiegeber kein aktivierungsfähiger Vermögensvorteil (Garantieprämie) vor. Gleichwohl entsteht eine finanzielle Verbindlichkeit. In diesem Fall ist die Auslage der Garantie **aufwandswirksam** zu erfassen und der beizulegende Zeitwert unter Anwendung der Vorgaben aus IAS 39.AG64 ff zu schätzen. Unter Berücksichtigung des Gesamtbetrags der garantierten Hauptschuld hängt der beizulegende Zeitwert maßgeblich von dem Risiko des Zahlungsausfalls ab (*Kehm/Lüdenbach* in Lüdenbach/Hoffmann IFRS[7] § 28 Rz 199).

Im Fall von Finanzgarantien, für die zwar ein Entgelt vereinbart wurde, dies aber nicht dem entspricht, was unter fremden Dritten vereinbart werden würde und das Entgelt offensichtlich dem Risiko der zugrunde liegenden Garantie nicht angemessen erscheint, ist die Transaktion entspr in eine entgeltliche und eine unentgeltliche Komponente zu zerlegen (*Kehm/Lüdenbach* in Lüdenbach/ Hoffmann IFRS[7] § 28 Rz 199).

70 **Transaktionskosten** sind entspr IAS 39.43 in die Bestimmung des beizulegenden Zeitwerts einzubeziehen. Da es sich um eine finanzielle Verbindlichkeit handelt, werden Transaktionskosten in Abzug gebracht und mindern so den zukünftig zu erfassenden Ertrag. Als Transaktionskosten kommen im Fall von Finanzgarantien an externe Vermittler, Berater oder Makler gezahlte Gebühren sowie sonstige gezahlte Provisionen (zB zur Bonitätsprüfung) oder Abgaben in Frage (IAS 39.AG13).

f) Synthetische Verbindlichkeiten

71 Gem IAS 32.23 werden **synthetische Verbindlichkeiten** im Rahmen der Erstbewertung nach den Vorschriften des IAS 39 mit dem beizulegenden Zeitwert bewertet. Der beizulegende Zeitwert entspricht dabei dem Barwert des Rückkaufbetrags (Ausübungs- oder Erfüllungspreis).

Sofern der Rückkaufsverpflichtung ein **fester Rückkaufbetrag** zugrunde liegt, ist dieser nach den allgemeinen Regelungen abzuzinsen. Liegt dagegen ein **variabler Rückkaufbetrag** vor, ist zu prüfen, ob uU der gem Vertragsvereinbarung ermittelte variable Rückkaufbetrag bereits eine Abzinsung enthält. Ob in diesem Fall im Rahmen der Erstbewertung eine Abzinsung des Rückzahlungsbetrags oder keine (zusätzliche) Abzinsung vorzunehmen ist, ist einzelfallbezogen anhand der substanziellen Würdigung der Rückzahlungsvereinbarung zu entscheiden. Darüber hinaus ist bei variablen Rückkaufbeträgen auch dann keine Abzinsung vorzunehmen, wenn keine (verlässlichen) Börsenkurse vorliegen und der variable Rückkaufbetrag eine Annäherung des beizulegenden Zeitwerts der Anteile im Rückzahlungszeitpunkt intendiert (*KPMG*, 43f).

g) Sonstige Verbindlichkeiten

72 **Sonstige Verbindlichkeiten** sind bei der erstmaligen Erfassung mit dem Betrag zu bewerten, der dem voraussichtlichen Ressourcenabfluss entspricht (F. 83ff, F. 99ff). Im Regelfall bestehen bei der Bewertung von sonstigen Verbindlichkeiten keine Bewertungsprobleme, da diese in entspr Berechnungsgrundlagen (zB Bescheide, Verträge mit Arbeitnehmern ua) festgelegt sind. Unter der Bedingung einer verlässlichen Bewertung können sowohl die Anschaffungskosten, der Tageswert als auch der Veräußerungs- oder Barwert als Bewertungsgrundlage herangezogen werden (F. 100f). Die Schätzung des zukünftigen Ressourcenabflusses steht einer verlässlichen Bewertung nicht entgegen (F. 86).

2. Folgebewertung

73 Gem IAS 39.47 sind alle finanziellen Verbindlichkeiten im Rahmen der Folgebewertung unter Anwendung der Effektivzinsmethode zu **fortgeführten Anschaffungskosten** zu bewerten. Dabei entsprechen die fortgeführten Anschaffungskosten den historischen Anschaffungskosten abzüglich bereits erfolgter Tilgungen zuzüglich oder abzüglich der kumulierten Amortisation eines etwaigen Agios oder Disagios sowie abzüglich einer ggf eingetretenen außerordentlichen Verringerung oder Erhöhung der Verbindlichkeit (IAS 39.9). Ein Gewinn oder Verlust aus der Folgebewertung finanzieller Verbindlichkeiten zu fortgeführten Anschaffungskosten wird somit – abgesehen von der Amortisation von Unterschiedsbeträgen nach der Effektivzinsmethode oder einer ggf außerordentlichen Verringerung der Verbindlichkeit – erst im Zeitpunkt der Ausbuchung der Verbindlichkeit aus der Bilanz erfasst.

Von diesem Grundsatz der Bewertung finanzieller Verbindlichkeiten zu fortgeführten Anschaffungskosten im Rahmen der Folgebewertung abweichend ergeben sich nach IAS 39.47 folgende **Ausnahmen**: 74

(1) Finanzielle Verbindlichkeiten, die im Rahmen des erstmaligen Ansatzes der Kategorie „**erfolgswirksam zum beizulegenden Zeitwert bewertete finanzielle Schulden**" *(financial liability at fair value through profit or loss)* zugeordnet werden (s Rz 13) sowie derivative Finanzinstrumente mit negativem Marktwert sind weiterhin mit dem beizulegenden Zeitwert zu bewerten (IAS 39.47(a)).

(2) Finanzielle Verbindlichkeiten, die nach Maßgabe von IAS 39.29 ff erfasst wurden, weil die Übertragung eines Vermögenswerts nicht zu einer Ausbuchung berechtigt, da im Wesentlichen alle Risiken und Chancen beim Verkäufer verblieben sind (IAS 39.47(b)). Zur Ausbuchung von Vermögenswerten s § 10 Rz 53 ff. Ein Beispiel für eine nach IAS 39.29 zu erfassende Verbindlichkeit ergibt sich beim sog unechten *factoring*. In diesem Fall führt die Übertragung des rechtlichen Anspruchs auf die Zahlungsströme aus den Forderungen an den Käufer nicht zu einer Ausbuchung der Forderungen beim Verkäufer, da das Ausfallrisiko nach wie vor vom Verkäufer zu tragen ist. Die Forderungen sind weiterhin zu erfassen, für den erhaltenen Kaufpreis ist eine entspr Verbindlichkeit einzustellen.

(3) Finanzielle Verbindlichkeiten, die nach Maßgabe von IAS 39.30 f infolge eines sog anhaltenden Engagements (*continuing involvement*) zu bilanzieren sind (IAS 39.47(b)). Grundlegendes Merkmal des anhaltenden Engagements ist, dass der Verkäufer die wesentlichen Risiken und Chancen weder überträgt noch zurück behält, die Verfügungsmacht über den Vermögenswert jedoch behält. IAS 39.AG48 enthält Beispiele eines anhaltenden Engagements gem IAS 39.30. Zur Ausbuchung von Vermögenswerten sowie zum sog anhaltenden Engagement s § 10 Rz 53 ff sowie Rz 61.

(4) Finanzielle Verbindlichkeiten aus Finanzgarantien.

Ist die finanzielle Verbindlichkeit **Bestandteil eines Sicherungsgeschäfts,** gelten die hiervon abweichenden Vorschriften aus IAS 39.89 ff.

Wertänderungen des beizulegenden Zeitwerts aus der Folgebewertung sind erfolgswirksam in der Periode zu erfassen, in der sie entstanden sind (IAS 39.55(a)). Eine erfolgsneutrale Erfassung der Wertänderung im Eigenkapital erfolgt nicht.

a) Agio und Disagio

Im Rahmen der Ermittlung der fortgeführten Anschaffungskosten der finanziellen Verbindlichkeit erfolgt eine **Amortisation** des Agios bzw Disagios über eine **sukzessive erfolgswirksame Aufzinsung**, die den Buchwert der Verbindlichkeit zeitanteilig erhöht (IAS 39.56). Damit entspricht der Buchwert der Verbindlichkeit bei Fälligkeit dem Rückzahlungsbetrag der Verpflichtung. Zur Behandlung eines Agios bzw Disagios im Rahmen der Erstbewertung s Rz 66. 75

Die Amortisation des Unterschiedsbetrags auf die Laufzeit der Verbindlichkeit wird regelmäßig unter Verwendung des Zinssatzes nach der **Effektivzinsmethode** berechnet. Der Effektivzins entspricht dabei dem Kalkulationszinssatz, mit dem der zukünftige Zahlungsmittelabfluss aus Zins- und Tilgungsleistungen bis zur Endfälligkeit der Verbindlichkeit bzw bis zum nächsten Zinsanpassungstermin auf den gegenwärtigen Buchwert der finanziellen Verbindlichkeit abgezinst wird (IAS 39.9). Auf Basis dieses Kalkulationszinssatzes wird im Rahmen der Folgebewertung der auf das Geschäftsjahr entfallende Teil des Unterschiedsbetrags erfasst und amortisiert. 76

Ziel der Effektivzinsmethode ist es, über die Laufzeit der Verbindlichkeit eine konstante Verzinsung abzubilden. Die Anschaffungskosten der Verbindlichkeit sind in Höhe der Differenz zwischen dem nominalen Zinsaufwand und dem effektiven Zinsaufwand fortzuschreiben (*Petersen/Bansbach/Dornbach*[3], 196).

Beispiel: Ein Unternehmen nimmt ein endfälliges Darlehen (Laufzeit vier Jahre) in Höhe von € 500.000 auf. Der Nominalzins beträgt 5% und ist jährlich zu entrichten. Unter Berücksichtigung eines Disagios von € 20.000 beträgt die Auszahlung in t_0 € 480.000. Der Effektivzins beträgt 6,15854%.

Jahr	AK (€)	Zinsaufwand Nominalzins (€)	Zinsaufwand Aufzinsung (€)	Tilgung (€)	fortgeführte AK (€)
(t_0)	480.000				
(t_1)	480.000	25.000	4.561	0	484.561
(t_2)	484.561	25.000	4.842	0	489.403
(t_3)	489.403	25.000	5.140	0	494.543
(t_4)	494.543	25.000	5.457	-500.000	0

Zum Zeitpunkt der Auszahlung der Verbindlichkeit (t_0) ist die Verbindlichkeit mit ihrem Auszahlungsbetrag zu passivieren. Die Zinsbelastung ist jährlich erfolgswirksam zu berücksichtigen. In den Perioden t_1 bis t_4 ist die Differenz zu den fortgeführten Anschaffungskosten der Vorperiode erfolgswirksam zu erfassen.

77 Aus Vereinfachungsgründen kann die Amortisation des Unterschiedsbetrags alternativ zur Effektivzinsmethode auch durch **lineare Verrechnung** über die Laufzeit der Verbindlichkeit erfolgen. Ggü der linearen Verrechnung führt die Amortisation des Agios oder Disagios nach der Effektivzinsmethode in den ersten Jahren der Laufzeit der Verbindlichkeit zu vergleichsweise niedrigeren und in späteren Jahren zu entspr höheren Auflösungsbeträgen (*Bellavite-Hövermann/Barckow* in Baetge ua IFRS-Komm[2] IAS 39 Rz 71).

b) Zinsabgrenzung

78 Langfristige und unverzinsliche finanzielle Verbindlichkeiten sind im Zeitpunkt der Erstbewertung mit dem Barwert (beizulegenden Zeitwert) zu erfassen. Analog zur Amortisation eines Agios oder Disagios (s Rz 75) ist im Rahmen der Folgebewertung eine **erfolgswirksame Zinsabgrenzung** nach der **Effektivzinsmethode** vorzunehmen. Eine Zinsabgrenzung ist gem IFRS nicht nur in den genannten Fällen, sondern auch bei festverzinslichen Verbindlichkeiten und in den Fällen, in denen sich die Verzinsung im Zeitablauf verändert (zB variabel verzinsliche Darlehen oder *step-up*-Anleihen), vorzunehmen.

c) Fremdwährungsverbindlichkeiten

79 Hinsichtlich der Folgebewertung von Fremdwährungsverbindlichkeiten ist zwischen **monetären Posten** und **nicht monetären Posten** zu unterscheiden (Zeitbezugsmethode). Gem der Definition in IAS 21.8 sind monetäre Posten Verbindlichkeiten, die zu einem festen oder bestimmbaren Betrag an Geld (Währungseinheit) zurückzuzahlen sind. Finanzielle Verbindlichkeiten stellen monetäre Posten iSd IAS 21.8 dar. Bei nicht monetären Posten hingegen liegt kein Anspruch auf einen festen oder bestimmbaren Betrag an Geld vor. Ein Beispiel für nicht monetäre Posten im Bereich sonstige Schulden stellen erhaltene Anzahlungen oder auch Verpflichtungen aus einem Tauschgeschäft dar (*Kuhn/Scharpf*[3], 163 f).

Gem IAS 21.23(a) sind **monetäre Verbindlichkeiten** im Rahmen der Folgebewertung mit dem Stichtagskurs umzurechnen und zu bewerten. Wertänderungen in Folge von Wechselkursschwankungen sind in der Periode der Entstehung erfolgswirksam zu erfassen (IAS 21.28, IAS 39.AG83). Dies betrifft bei finanziellen Verbindlichkeiten insbes auch Kursgewinne aus sinkenden Wechselkursen. Zur Anwendung des Geldkurses bzw des Mittelkurses bei der Umrechnung von Verbindlichkeiten s Rz 68. Ausgenommen von der erfolgswirksamen Erfassung von Wechselkursdifferenzen sind monetäre Verbindlichkeiten, die im Rahmen eines Sicherungsgeschäfts für eine Nettoinvestition in einen ausländischen Geschäftsbetrieb iSv IAS 21.32 vorgesehen sind. 80

Beispiel: Ein Unternehmen nimmt ein endfälliges Darlehen (Laufzeit vier Jahre) in Höhe von US-$ 500.000 auf. Der Nominalzins beträgt 5% und ist jährlich nachschüssig zu entrichten. Unter Berücksichtigung eines Disagios von US-$ 20.000 beträgt die Auszahlung in t_0 US-$ 480.000. Der Effektivzins beträgt 6,15854%. Die Verringerung des Buchwerts in t_1 in Höhe von € -12.351 resultiert zum einen aus Erträgen aus der Währungsumrechnung des Darlehens (€ 16.000) und zum anderen aus Zinsaufwendungen im Zuge der Aufzinsung des Disagios (US-$ 4.561; € 3.649).

		Zinsaufwand						
Jahr	AK (US-$)	Nominal (US-$)	Aufzinsung (US-$)	Tilgung (US-$)	fortgeführte AK (US-$)	Stichtags-Geldkurs (US-$ / €)	Zins-aufwand (€)	fortgeführte AK (€)
(t_0)	480.000					1,20		400.000
(t_1)	480.000	25.000	4.561	0	484.561	1,25	23.649	387.649
(t_2)	484.561	25.000	4.842	0	489.403	1,30	22.955	376.464
(t_3)	489.403	25.000	5.140	0	494.543	1,35	22.326	366.328
(t_4)	494.543	25.000	5.457	-500.000	0	1,40	21.755	0

Bei der Bewertung von **nicht monetären Verbindlichkeiten** im Rahmen der Folgebewertung ist zu unterscheiden, ob die entspr Verbindlichkeit mit den fortgeführten Anschaffungskosten oder zum beizulegenden Zeitwert zu bewerten ist (IAS 21.23(b) und (c)). 81

Gem IAS 21.23(b) sind nicht monetäre Verbindlichkeiten, die zu fortgeführten Anschaffungskosten bewertet werden, unverändert mit dem Kurs zum Zeitpunkt der Erstverbuchung umzurechnen und zu bewerten. Sofern innerhalb eines Bilanzpostens verschiedene Verbindlichkeiten vorliegen, die zu fortgeführten Anschaffungskosten zu bewerten, aber nicht zum gleichen Zeitpunkt entstanden sind, kommt es hierbei zur Anwendung unterschiedlicher Umrechnungskurse innerhalb eines Postens.

Für nicht monetäre Verbindlichkeiten, die im Rahmen der Folgebewertung mit dem beizulegenden Zeitwert zu erfassen sind, erfolgt gem IAS 21.23(c) eine Umrechnung zum Stichtagskurs. Umrechnungsdifferenzen werden dabei **erfolgswirksam** erfasst (IAS 21.30).

d) Finanzgarantien

Finanzgarantien, die im Rahmen des erstmaligen Ansatzes der Kategorie „erfolgswirksam zum beizulegenden Zeitwert bewertete finanzielle Schulden" *(financial liability at fair value through profit or loss)* zugeordnet wurden (s Rz 69), sind im Rahmen der **Folgebewertung** mit dem **beizulegenden Zeitwert** zu bewerten (IAS 39.47(a)). Ergebnisse aus der Veränderung des beizulegenden Zeitwerts sind im Rahmen der Folgebewertung **erfolgswirksam** im Periodenergebnis zu erfassen (IAS 39.55(a)). 82

83 Für alle anderen Finanzgarantien ergibt sich die Folgebewertung aus IAS 39.47(c). Demnach sind Finanzgarantien im Rahmen der Folgebewertung mit dem **höheren Wert** des sich gem IAS 37 ergebenden Betrags (IAS 39.47(c)(i)) oder den **fortgeführten Anschaffungskosten** abzüglich ggf nach IAS 18 zu erfassenden Amortisationen (IAS 39.47(c)(ii)) zu bewerten.

Der Ansatz des sich aus der Bewertung nach IAS 37 im Rahmen der bestmöglichen Schätzung ergebenden Betrags (IAS 39.47(c)(i)) kommt jedoch nur dann zur Anwendung, wenn eine drohende Inanspruchnahme (iSv IAS 37) des Garantiegebers aus der Finanzgarantie vorliegt. Zur Bewertung nach IAS 37 s § 13 Rz 53ff. Ist die Finanzgarantie aufgrund einer drohenden Inanspruchnahme nach den Grundsätzen gem IAS 37 zu bewerten, ist eine weitere Bewertung zu fortgeführten Anschaffungskosten ausgeschlossen (*Grünberger* KoR 2006, 81ff).

Bei Ansatz der fortgeführten Anschaffungskosten werden die im Rahmen der Erstbewertung mit dem beizulegenden Zeitwert bewerteten Prämienentgelte im Regelfall bis zum Ablauf der Finanzgarantie fortgeschrieben. Soweit jedoch Prämienentgelte vorzeitig realisiert werden, ist die Garantieverbindlichkeit gem IAS 18 ratierlich zu amortisieren. IAS 39.47(c)(ii) regelt jedoch nicht wie die Amortisation vorzunehmen ist.

84 Nach IAS 18 wird hinsichtlich der **Realisierung von Erträgen** zwischen Dienstleistungsentgelten (IAS 18.20ff) und Zinsen, Nutzungsentgelten und Dividenden (IAS 18.29ff) unterschieden.

Sofern das Prämienentgelt für eine Finanzgarantie als **Zins** zu qualifizieren wäre, würde sich der Verweis in IAS 39.47(c)(ii) auf IAS 18 erübrigen, da gem IAS 18.30(a) Zinsen unter Verwendung der Effektivzinsmethode gem IAS 39.9 zu erfassen sind. Es ist daher davon auszugehen, dass Prämienentgelte für Finanzgarantien vom Garantiegeber im Rahmen der Realisierung von Erträgen aus der **Erbringung von Dienstleistungen** gem IAS 18.20 zu erfassen sind. Dafür spricht auch, dass entgegen der geläufigen Bezeichnung der Garantieprämie als Avalzins, die Finanzgarantie nicht Gegenstand des zugrunde liegenden Grundgeschäfts ist. Weiterhin hat der Garantiegeber keinen Anspruch ggü dem Gläubiger des Grundgeschäfts, sondern ggü dem Schuldner (*Kehm/Lüdenbach* in Lüdenbach/Hoffmann IFRS[7] § 28 Rz 201).

85 Erträge aus der Erbringung von Dienstleistungen sind entspr dem Fertigstellungsgrad der Leistung zu realisieren, sofern das Ergebnis des Dienstleistungsgeschäfts verlässlich geschätzt werden kann (IAS 18.20). Zu den Voraussetzungen einer verlässlichen Schätzung der Erträge aus Dienstleistungen s § 15 Rz 18ff. Eine Finanzgarantie wird im Regelfall über einen bestimmten Zeitraum herausgelegt, sodass sich eine ratierliche Realisierung der Garantieprämie über die Laufzeit der Garantie ergibt (IAS 18.24 f). Ist eine verlässliche Schätzung nicht möglich, sind Erträge nur in dem Ausmaß zu erfassen, in dem die angefallenen Aufwendungen wiedererlangt werden können (IAS 18.26). Im Fall der Finanzgarantie erfolgt die Realisierung der Garantieprämie dann mit Ablauf des Garantiezeitraums, wenn eine Inanspruchnahme ausgeschlossen werden kann.

86 Im Fall der Garantie für ein der **Ratentilgung unterliegendes Darlehen** ergibt sich die Realisierung der Garantieprämie entspr dem Tilgungsverlauf, was einer Messung des Fertigstellungsgrads gem IAS 18.24(b) gleichkommt. Dieses Vorgehen entspricht inhaltlich dem abnehmenden Risiko des Garantiegebers, da sich entspr dem planmäßigen Tilgungsverlauf das Risiko eines Zahlungsausfalls des Garantienehmers und somit die Inanspruchnahme des Garantiegebers verringert.

87 Im Fall der Garantie für ein **endfälliges Darlehen** stellt sich die Frage, ob eine **ratierliche Ertragsrealisierung** und Auflösung der Garantieprämie über die **Laufzeit des Vertrags** oder erst mit **Ablauf des Garantiezeitraums**,

wenn der Garantiegeber aus der Haftung entlassen wird, sachgerecht ist. Im Fall des endfälligen Darlehens ergibt sich im Regelfall über die Laufzeit der Garantie keine Veränderung des Risikos einer Inanspruchnahme beim Garantiegeber. Aus IAS 18 bzw IAS 39 ergeben sich hinsichtlich dieser Frage keine eindeutigen Vorgaben. Vor diesem Hintergrund halten wir die nachfolgend dargestellten Vorgehensweisen für vertretbar, sofern diese stetig angewendet werden.

Nach einer in der **Praxis üblichen** Vorgehensweise erfolgt auch im Fall von endfälligen Darlehen gleichwohl eine **ratierliche Realisierung** der Garantieprämie über den Zeitraum der Garantie. Der Garantiegeber schuldet seine Leistung ggü dem Garantienehmer unabhängig vom grds gleichbleibenden Risiko der Inanspruchnahme über den Garantiezeitraum bis zum Zeitpunkt der endfälligen Darlehenstilgung. Es fehlt im Regelfall an einer herausragenden zeitpunktbezogenen Hauptleistung des Garantiegebers. Daher ist gem IAS 18.24f die Garantieprovision unabhängig vom zeitlichen Anfall über die Dauer des Bürgschaftsvertrags zu realisieren. Im Fall des endfälligen Darlehens kommt es somit zu einer zB linear über den Garantiezeitraum verteilten Ertragsrealisierung (*Kehm/Lüdenbach* in Lüdenbach/Hoffmann IFRS[7] § 28 Rz 201; aA *Grünberger* KoR 2006, 81ff). 88

Betont man hingegen den **Grundsatz** der **verlässlichen Bestimmbarkeit** der Erträge (IAS 18.20(a)) und gibt der jeweilige Sachverhalt im Einzelnen substantiierte und eindeutige Hinweise für eine fehlende verlässliche Bestimmbarkeit der Erträge, ist es uE auch zulässig, eine Ertragsrealisierung erst mit Ablauf der Garantielaufzeit und Tilgung des zugrunde liegenden Darlehens vorzunehmen.

In der Praxis können sich Fälle von Finanzgarantien ergeben, in denen eine **bestimmte Teilleistung** seitens des Garantiegebers von erheblich größerer Bedeutung ist als andere. In diesem Fall ist eine Ertragsrealisierung im Zeitpunkt der Erfüllung dieser Teilleistung geboten (IAS 18.25).

Im Fall eines **langfristigen Garantiezeitraums** ist gem IAS 18.30(a) iVm IAS 39.AG5 im Rahmen der Folgebewertung eine erfolgswirksame Zinsabgrenzung nach der **Effektivzinsmethode** vorzunehmen. Dies gilt sowohl für vorschüssig gezahlte Garantieprämien als auch für lfd über einen langen Zeitraum gezahlte Garantieprämien. 89

Beispiel: Ein Unternehmen übernimmt für einen Lieferanten eine Bürgschaft für ein Darlehen in Höhe von € 500.000 mit einer Laufzeit von vier Jahren. Das Darlehen wird in vier gleichen Raten jeweils zum Jahresende getilgt. Die Garantieprämie beträgt 4% der Restdarlehenssumme und ist vom Garantienehmer am Jahresende zu zahlen. Der Risikozinssatz beträgt 8%.

In (t_0) ist der Barwert der Prämienforderung und der finanziellen Verbindlichkeit zu erfassen. Über die Laufzeit der Garantie sind in (t_1) bis (t_4) sowohl die Forderung als auch die Verbindlichkeit unter Verwendung der Effektivzinsmethode aufzuzinsen. Gleichzeitig ist entspr dem Fertigstellungsgrad der Garantieleistung die Prämie ratierlich erfolgswirksam zu realisieren.

Jahr	Darlehen (€)	Zahlung Prämie (€)	Barwert Ford/Verb (€)	Zins (€)	Ford/Verb nach Aufzinsung (€)	Realisierung Prämie (€)	Ford/Verb 31.12. (€)
(t_0)	500.000		43.286				
(t_1)	500.000	20.000	*18.519*	1.481	44.768	20.000	24.768
(t_2)	375.000	15.000	*12.860*	2.140	46.907	15.000	11.907
(t_3)	250.000	10.000	*7.938*	2.062	48.969	10.000	3.969
(t_4)	125.000	5.000	*3.969*	1.031	50.000	5.000	0

90 Wurde die Finanzgarantie iVm einem **Warenverkauf** gewährt, erfolgt beim Garantiegeber die Gewinnrealisation bzgl der Garantieprämie sowie der Vergütung für den Warenverkauf gem IAS 18.14 ff iVm IAS 39.AG4(c). Dies ist zB bei einem von einem Dritten finanzierten Warenverkauf der Fall, bei dem der Verkäufer dem Dritten eine Garantie über dessen Forderung herauslegt. Ein weiteres Beispiel wäre ein **Reihengeschäft**, in dem der Verkäufer dem Erwerber eine Finanzgarantie über dessen Forderung an den Endabnehmer gewährt (*Kuhn/Scharpf*[3], 287).

91 Abweichend von der Bewertung zu fortgeführten Anschaffungskosten können Finanzgarantien im Rahmen der Folgebewertung mit dem **beizulegenden Zeitwert** erfolgswirksam gem IAS 39.47(a) neubewertet werden, wenn die Garantien geschäftsmäßig und in großer Zahl herausgelegt werden und der Garantiegeber das Portfolio unter *fair-value* Gesichtspunkten managt (*Kehm/Lüdenbach* in Lüdenbach/Hoffmann IFRS[7] § 28 Rz 200).

e) Synthetische Verbindlichkeiten

92 Die Folgebewertung synthetischer Verbindlichkeiten ist gem Verweis in IAS 32.23 nach den Vorschriften des IAS 39 vorzunehmen. Aufgrund eines fehlenden Detailverweises ist damit nicht eindeutig geregelt, ob die Bewertung zu **fortgeführten Anschaffungskosten** oder zum **beizulegenden Zeitwert** zu erfolgen hat. Welches der beiden Bewertungsverfahren sachgerecht ist und zur Anwendung kommen soll, kann daher nur für den Einzelfall geprüft und entschieden werden. In der Literatur wird folgendes Vorgehen bei der Folgebewertung synthetischer Verbindlichkeiten als sachgerecht angesehen (*KPMG*, 44):

(1) Wurde im Rahmen der Erstbewertung der Rückkaufsbetrag abgezinst (zB bei Vorliegen eines festen Rückkaufbetrags), so ist bei unveränderten Bedingungen die Folgebewertung zu fortgeführten Anschaffungskosten sachgerecht.
(2) Bei Vorliegen eines variablen Rückzahlungsbetrags, der im Rahmen der Erstbewertung abgezinst wurde und der sich im Zeitpunkt der Folgebewertung verändert hat, ist eine Veränderung des geschätzten tatsächlichen Rückzahlungsbetrags anzunehmen. Der neue Rückzahlungsbetrag ist unter Verwendung des ursprünglichen Effektivzinssatzes abzuzinsen und die sich ergebende Anpassung erfolgswirksam zu erfassen (IAS 39.AG8).
(3) Für den Fall, dass im Rahmen der Erstbewertung der beizulegende Zeitwert ohne Abzinsung verwendet wurde, ist auch bei der Folgebewertung auf den beizulegenden Zeitwert abzustellen und auf eine Abzinsung zu verzichten.

f) Sonstige Verbindlichkeiten

93 Für die Folgebewertung sonstiger Verbindlichkeiten ergeben sich aus dem Rahmenkonzept keine gesonderten Vorschriften. Die Grundsätze zur Bewertung sonstiger Verbindlichkeiten im Rahmen der erstmaligen Erfassung sind analog anzuwenden. Wertänderungen, die sich aus neuen Erkenntnissen ergeben können, sind entspr **erfolgswirksam** zu erfassen.

94, 95 *einstweilen frei*

VI. Ausweisvorschriften

96 Zur Unterscheidung von **Kurz- und Langfristigkeit** und zur **(Mindest-) Gliederung** der finanziellen und sonstigen Verbindlichkeiten s Rz 26 ff.

Hinsichtlich des **Ausweises** von Finanzinstrumenten verweist IAS 39 im Wesentlichen auf die Ausweisanforderungen aus IAS 32. Darüber hinaus beinhaltet

IAS 39 verschiedene zusätzliche angabepflichtige Sachverhalte, die sich jedoch im Wesentlichen auf die Bilanzierung von Sicherungsgeschäften beziehen.

Aus der Fristigkeit und Prolongation **finanzieller Verbindlichkeiten** sowie aus Vertragsverstößen ergeben sich im Einzelfall Besonderheiten. Die nachfolgenden Ausführungen finden für **sonstige Verbindlichkeiten** entspr Anwendung.

1. Fristigkeit

Aufgrund des **Stichtagsprinzips** ist der Teil einer langfristigen Verbindlich- 97
keit, der innerhalb des gewöhnlichen Geschäftsverlaufs oder innerhalb von zwölf Monaten nach dem Bilanzstichtag zu tilgen ist, grds als kurzfristig einzustufen. Dies gilt auch dann, wenn es sich bei der Verbindlichkeit um ein insgesamt zur langfristigen Finanzierung ausgelegtes Darlehen handelt (IAS 1.70f).

Verbindlichkeiten aus Lieferungen und Leistungen sind den kurzfristigen Verbindlichkeiten zuzuordnen. Als kurzfristig, zur Aufrechterhaltung des gewöhnlichen Geschäftsbetriebs eingesetztes Betriebskapital sind Verbindlichkeiten aus Lieferungen und Leistungen abweichend auch dann als kurzfristig zu klassifizieren, wenn sie erst nach Ablauf von zwölf Monaten fällig werden (IAS 1.70).

2. Prolongation

Gem IAS 1.71f ist der Teil einer **(ursprünglich) langfristigen** Verbindlich- 98
keit, der innerhalb des gewöhnlichen Geschäftsverlaufs oder innerhalb von zwölf Monaten nach dem Bilanzstichtag zu tilgen ist, grds unter den **kurzfristigen** Verbindlichkeiten auszuweisen.

Sofern der Schuldner beabsichtigt, diese Verbindlichkeit innerhalb der auf den Bilanzstichtag folgenden zwölf Monate zulässigerweise über einen Zeitraum von mindestens zwölf Monaten hinaus zu **prolongieren**, und diese Prolongation nicht einer Zustimmung des Gläubigers bedarf (einseitige Prolongation), ist die Verbindlichkeit weiterhin unter den langfristigen Verbindlichkeiten auszuweisen (IAS 1.73). Ist hingegen die Zustimmung des Gläubigers zur beabsichtigten Prolongation notwendig, ist die Verbindlichkeit als kurzfristig einzustufen.

Liegt für die gleiche Verbindlichkeit hingegen eine nach dem Bilanzstichtag erfolgte Prolongation vor, ist diese zum Bilanzstichtag dennoch als kurzfristig auszuweisen. Im Falle einer solchen Prolongation nach dem Bilanzstichtag, aber vor dem Testatdatum, liegt ein Ereignis nach dem Bilanzstichtag vor, das zu einer ergänzenden Angabe im Anhang führt (IAS 1.76).

3. Verstöße gegen Vertragsbestimmungen

Liegt ein **Vertragsverstoß** des Schuldners gegen Vertragsbestimmungen vor, 99
durch den eine ursprünglich langfristige Verbindlichkeit auf Verlangen des Gläubigers kurzfristig fällig und rückzahlbar ist, ist diese Verbindlichkeit zum Bilanzstichtag insgesamt als kurzfristig einzustufen. Dies ist selbst dann der Fall, wenn der Gläubiger nach dem Bilanzstichtag und innerhalb des Aufstellungs-/Freigabezeitraums zustimmt, die Verbindlichkeit aufgrund des Vertragsverstoßes nicht einzufordern (IAS 1.74).

Eine **Ausnahme** zu dieser Regelung beinhaltet IAS 1.75. Demnach kann trotz Vertragsverletzung eine langfristige Verbindlichkeit ausgewiesen werden, wenn eine bis zum Bilanzstichtag getroffene Vereinbarung mit dem Gläubiger vorliegt, in der dem Schuldner eine zeitlich begrenzte Tilgungsfreiheit von mindestens zwölf Monaten nach dem Bilanzstichtag zugesichert wird, um die Vertragsverletzung zu heilen, und der Gläubiger während dieser Zeit auf die Einforderung der fälligen Forderung verzichtet. Erfolgt diese Vereinbarung mit dem Gläubiger erst nach dem Bilanzstichtag, aber vor dem Testatdatum, ist die Verbindlichkeit als kurzfristig einzustufen. In diesem Fall liegt ein Ereignis nach dem Bilanzstichtag vor, das zu einer ergänzenden Angabe im Anhang führt (IAS 1.76).

4. Saldierungsverbot und Saldierungsgebot

100 Vor dem Hintergrund, dem Abschlussadressaten einen möglichst umfassenden Einblick in die VFE-Lage des Unternehmens zu gewähren, ihm zu ermöglichen, Geschäftsvorfälle nachzuvollziehen und künftige Cashflows abschätzen zu können, ist eine **Saldierung** von Vermögenswerten und Verbindlichkeiten grds **nicht zulässig** (IAS 1.32).

Abweichend dazu ist eine Saldierung dann erforderlich, wenn dies durch andere Standards explizit gefordert wird. Die für finanzielle Verbindlichkeiten von dem Saldierungsverbot abweichende maßgebliche Regelung ergibt sich aus IAS 32.42 ff. Danach ist eine Saldierung von finanziellen Vermögenswerten und Verbindlichkeiten dann vorzunehmen, wenn der Schuldner einen durchsetzbaren Rechtsanspruch zur Aufrechnung besitzt und zugleich beabsichtigt, entweder (a) eine Verrechnung herbeizuführen und nur den übersteigenden Betrag zu zahlen oder (b) mit der Verwertung des Vermögenswerts die zugehörige Verbindlichkeit zu tilgen. Die Beurteilung, ob von der Absicht der Verrechnung auch tatsächlich Gebrauch gemacht wird, lässt sich in der Praxis im Regelfall nur anhand von Erfahrungen aus der Vergangenheit und unter Berücksichtigung der faktischen Möglichkeiten beurteilen. Die bloße Absicht eines Vertragspartners, ohne rechtlichen Anspruch eine Saldierung vorzunehmen, ist keine ausreichende Grundlage, da die mit den finanziellen Vermögenswerten und Verbindlichkeiten verbundenen Rechte und Pflichten unverändert fortbestehen (IAS 32.46).

101 Im **Regelfall** sind die Vorschriften zur Saldierung von finanziellen Forderungen und Verbindlichkeiten auf Leistungsansprüche zwischen zwei Vertragsparteien anzuwenden. Im Ausnahmefall kann es zu einer Saldierung kommen, wenn ein Schuldner berechtigt ist, eine finanzielle Forderung gegen einen **Dritten** mit einer Verbindlichkeit ggü einem anderen Gläubiger zu verrechnen. Voraussetzung ist in diesem Fall, dass zwischen allen Vertragsparteien ein eindeutiger und durchsetzbarer Rechtsanspruch auf die Aufrechnung vorliegt. Hierbei ist insbes zu prüfen, welche Rechtsvorschriften für das Vertragsverhältnis zwischen den beteiligten Vertragsparteien maßgebend sind (IAS 32.45).

VII. Angaben im Anhang

102 Neben den Vorschriften zur Mindestgliederung der Bilanz und den damit verbundenen Ausweispflichten (s Rz 27 ff, Rz 96 ff) ergeben sich aus verschiedenen Standards **zusätzliche Angabepflichten** für den Anhang (s ausführlich § 19).

1. Allgemeine Angabepflichten

103 Gem IAS 1.77 ist entweder in der Bilanz oder im Anhang eine weitere angemessene **Untergliederung der Verbindlichkeiten** vorzunehmen. Inwieweit der Detaillierungsgrad der Untergliederung angemessen ist, richtet sich nach der Geschäftstätigkeit des Unternehmens, der Art und Höhe der Verbindlichkeiten sowie der Funktion der einbezogenen Beträge für das Unternehmen.

Unabhängig davon, ob eine Bilanzgliederung nach Fristigkeit oder Liquidität gewählt wird, ergeben sich nach IAS 1.61 für jedes Unternehmen besondere

fristigkeitsspezifische Angabepflichten. Danach müssen bei Verbindlichkeiten, in denen Beträge mit einer Fristigkeit von unter und von über einem Jahr zusammengefasst werden, die Beträge angegeben werden, die eine Fristigkeit von über einem Jahr haben (zB Darlehensverbindlichkeiten). Die Angabe kann entweder in der Bilanz oder im Anhang erfolgen (IAS 1.70).

Im Fall von Vereinbarungen mit dem Gläubiger im Zusammenhang mit **Verstößen gegen Vertragsbestimmungen** (s Rz 99) oder einer **langfristigen Refinanzierung** (Prolongation) von Darlehen (s Rz 98), die nach dem Bilanzstichtag, aber vor dem Testatdatum erfolgen, sind gem IAS 1.76 iVm IAS 10 gesonderte Angaben zu den Ereignissen nach dem Bilanzstichtag gefordert.

Verbindlichkeiten aus **Leasingverhältnissen** sind zwar von der Anwendung des IAS 39 explizit ausgeschlossen (IAS 39.2), dennoch unterliegen Verbindlichkeiten aus Leasingverhältnissen den Angabepflichten des IAS 32 (s dazu im Einzelnen § 22 Rz 141 f).

2. Angabepflichten nach IFRS 7

Im August 2005 hat der IASB den IFRS 7 *„Financial Instruments: Disclosures“* 104
verabschiedet. Durch IFRS 7 werden die **Angabe- und Offenlegungspflichten zu Finanzinstrumenten** aus verschiedenen Standards, insbes aber aus IAS 30 und IAS 32, überarbeitet und in einem Standard zusammengefasst. Ziel des IFRS 7 ist eine strukturierte Darstellung aller Risiken, die sich für das Unternehmen aus unterjährig oder zum Bilanzstichtag gehaltenen Finanzinstrumenten ergeben können. Diese Darstellung soll es dem Adressaten des (Jahres-) Abschlusses ermöglichen, die Bedeutung der eingesetzten Finanzinstrumente sowie die daraus resultierenden Risiken vor dem Hintergrund der VFE-Lage des Unternehmens besser einschätzen zu können. Die Angabepflichten aus IFRS 7 schließen insbes auch Angaben zu Risiken aus nicht in der Bilanz ausgewiesenen Finanzinstrumenten mit ein. Für finanzielle Verbindlichkeiten ergeben sich aus IFRS 7 insbes weitere Angabepflichten zur Bilanz und GuV, zur Risikoberichterstattung und Besicherung sowie zu sonstigen Bereichen.

a) Wesentlichkeitsgrundsatz

IFRS 7 verweist an verschiedenen Stellen auf den Grundsatz der **Wesentlich-** 105
keit von geforderten Informationen (zB IFRS 7.6, IFRS 7.B3). Bei der Umsetzung der Angabepflichten nach IFRS 7 in Bezug auf finanzielle Verbindlichkeiten ist daher uE der Grundsatz der Wesentlichkeit im Besonderen zu berücksichtigen, um zu verhindern, dass wichtige Informationen zur Beurteilung der VFE-Lage nicht mehr als solche erkannt werden.

b) Angaben zur Bilanz

Im Rahmen der Angabepflichten nach IFRS 7 ist gem IFRS 7.6 – soweit im 106
Einzelnen gefordert – eine Unterteilung finanzieller Verbindlichkeiten in verschiedene **Klassen finanzieller Verbindlichkeiten** vorzunehmen. Der Begriff „Klasse“ wird erstmals in IFRS 7 verwendet und umfasst die Berichterstattung über finanzielle Verbindlichkeiten nach verschiedenen Gruppen (zB sind gem IFRS 7.25 oder IFRS 7.36 erforderliche Angaben unterteilt nach Klassen finanzieller Verbindlichkeiten vorzunehmen). IFRS 7.6 regelt die Klassifizierung nicht im Einzelnen, sodass das Unternehmen Klassen grds frei bestimmen kann (IFRS 7.B1). Gem IFRS 7.B2 sind jedoch zumindest folgende drei Klassen zu bilden: Finanzielle Verbindlichkeiten, die zu fortgeführten Anschaffungskosten

und solche, die zum beizulegenden Zeitwert bewertet werden, sowie nicht von IFRS 7 erfasste Verbindlichkeiten (sonstige Verbindlichkeiten).

107 IFRS 7.8 fordert die **Darstellung der bilanziellen Buchwerte finanzieller Verbindlichkeiten nach Kategorien finanzieller Verbindlichkeiten gem IAS 39** (s Rz 13f). Diese Angabe kann entweder in der Bilanz oder dem Anhang erfolgen (IFRS 7.8). Finanzielle Verbindlichkeiten werden gem IAS 39.9 in die Kategorien erfolgswirksam zum beizulegenden Zeitwert bewertete Verbindlichkeiten und sonstige zu fortgeführten Anschaffungskosten bewertete Verbindlichkeiten unterteilt (s Rz 13f). Innerhalb der ersten Kategorie ist wiederum zwischen finanziellen Verbindlichkeiten, die im Rahmen des erstmaligen Ansatzes als zum beizulegenden Zeitwert zu bewertende Verbindlichkeiten bestimmt wurden, und finanziellen Verbindlichkeiten, die zu Handelszwecken gehalten werden, zu unterscheiden. Die Umsetzung dieser Vorgabe erfolgt in der Praxis häufig in Form einer **Matrix**, die die Angabe der Kategorien gem IFRS 7.8 einerseits sowie die finanziellen Verbindlichkeiten gem Bilanzgliederung andererseits unter Angabe von Einzelwerten und Summenbildung enthält.

Bewertungskategorie gem IAS 39	**finanzielle Verbindlichkeit gem Bilanzausweis (in T€)**					
	Anleihen	ggü Kreditinstituten	aus LuL	....	sonstige Verbindl	Summe
- Fortgeführte Anschaffungskosten	0	1.500	1.800		1.100	4.400
- Beizulegender Zeitwert	700	0	0		500	1.200
- Handelszweck	100	0	0		0	100
	800	1.500	1.800	....	1.600	5.700

108 Für eine erfolgswirksam zum beizulegenden Zeitwert bewertete finanzielle Verbindlichkeit erfordert IFRS 7.10(a) die Angabe, um welchen Betrag sich der beizulegende Zeitwert der finanziellen Verbindlichkeit aufgrund von Änderungen des Kreditrisikos dieser Verbindlichkeit geändert hat (**kreditrisikoinduzierte Veränderung des beizulegenden Zeitwerts**). Dadurch wird es dem Adressaten des Abschlusses ermöglicht, zwischen zins- oder preisinduzierten und kreditrisikoinduzierten, dh die Bonität des Unternehmens betreffenden Veränderungen des beizulegenden Zeitwerts der finanziellen Verbindlichkeit, zu unterscheiden. Unter Angabe der Methoden, die zur Ermittlung dieses Werts angewendet wurden (IFRS 7.11(a)), hat die Angabe getrennt sowohl für den Zeitraum der Berichtsperiode als auch in kumulierter Form zu erfolgen (IFRS 7.10(a)). Die Ermittlung dieses Werts kann auf unterschiedlichen Wegen erfolgen:

(1) IFRS 7.10(a)(i) ermöglicht es dem Unternehmen die kreditrisikoinduzierte Veränderung des beizulegenden Zeitwerts als Differenz zwischen der Veränderung des beizulegenden Zeitwerts insgesamt und der zins- oder preisinduzierten Veränderung des beizulegenden Zeitwerts zu ermitteln. Dh das Unternehmen kann diesen Wert als den Betrag der Änderung des beizulegenden Zeitwerts angeben, der nicht auf Änderungen der Marktbedingungen die zu einem Marktrisiko geführt haben, zurückzuführen ist. Als Marktbedingungen, die zu einem Marktrisiko führen, nennt IFRS 7.10(a) beispielhaft Veränderungen von Zinssätzen, relevanten Preisen, Wechselkursen oder Indizes. Ergänzende Hinweise zur Ermittlung dieses Werts sowie eine Beispielrechnung ergeben sich aus IFRS 7.B4 sowie IFRS 7.IG7ff.

(2) Sofern das Unternehmen begründet davon ausgehen kann, dass die Anwendung einer anderen Ermittlungsmethode den Betrag der Änderung des beizulegenden Zeitwerts, der auf die Veränderungen des Kreditrisikos zurückzuführen ist, besser widerspiegelt, kann gem IFRS 7.10(a)(ii) eine alternative Methode angewendet werden.

Sofern das Unternehmen die Auffassung vertritt, dass die Angaben gem IFRS 7.10(a) **nicht glaubwürdig** die durch die Änderung des Kreditrisikos bedingte Änderung des beizulegenden Zeitwerts der finanziellen Verbindlichkeit widerspiegeln, sind die Gründe und Faktoren für die Annahme darzulegen (IFRS 7.11(b)).

Darüber hinaus ist der **Unterschiedsbetrag** zwischen dem Buchwert der zum beizulegenden Zeitwert erfassten finanziellen Verbindlichkeit und dem bei Fälligkeit vereinbarten Rückzahlungsbetrag anzugeben (IFRS 7.10(b)).

Angaben sind nach IFRS 7 auch für **herausgelegte Sicherheiten** zu ma- 109
chen. Gem IFRS 7.14 hat das Unternehmen den Buchwert der finanziellen Vermögenswerte, die es als Sicherheit für Verbindlichkeiten hingegeben hat, einschließlich der Sicherungsbedingungen (zB Konditionen, Laufzeit, Verwertungsrechte) anzugeben. Diese Angabepflicht schließt auch hingegebene Sicherheiten ein, die der Sicherungsgeber gem den Vorgaben aus IAS 39.37(a) getrennt von anderen Vermögenswerten auszuweisen hat, weil dem Sicherungsnehmer ein Verwertungsrecht zusteht. Entspr dem Wortlaut des IFRS 7.14(a) gilt diese Angabepflicht nur für finanzielle Vermögenswerte, die als Sicherheit gestellt wurden, nicht aber für sonstige nicht finanzielle Vermögenswerte.

Mit Blick auf die Kreditwürdigkeit des bilanzierenden Unternehmens verlangt 110
IFRS 7 weitere, ergänzende Angabepflichten hinsichtlich von **Ausfällen, Zahlungsverzug oder Vertragsverletzungen bei Darlehensverbindlichkeiten**. IFRS 7.18 sieht im Einzelnen die ergänzende Angabe

(1) von Einzelheiten zu den im Berichtszeitraum aufgetretenen Leistungsstörungen, die Tilgungs- und Zinszahlungen, den Tilgungsfonds oder Tilgungsbedingungen betreffen,
(2) des Buchwerts der Darlehensverbindlichkeiten, bei denen zum Bilanzstichtag ein Zahlungsausfall eingetreten ist und
(3) darüber, ob der Zahlungsausfall bis zur Freigabe der Abschlussveröffentlichung behoben wurde oder die Darlehenskonditionen neu festgelegt wurden, vor.

Entspr Angaben sind nach IFRS 7.19 in Bezug auf andere, während der Berichtsperiode aufgetretene Vertragsverletzungen zu machen, sofern der Darlehensgeber aufgrund dieser Verstöße eine vorzeitige Rückzahlung des Darlehens einfordern kann. Dies gilt nicht, wenn die Verletzung der Vertragsbedingungen bis zur Freigabe der Abschlussveröffentlichung behoben wurde oder die Darlehenskonditionen vor dem Abschlussstichtag neu festgelegt wurden.

c) Angaben zur Gesamtergebnisrechnung

Nach IFRS sind für finanzielle Verbindlichkeiten Angaben zu Nettoergeb- 111
nissen einerseits sowie anderen spezifischen Ergebniskomponenten andererseits alternativ in der Gesamtergebnisrechnung oder im Anhang zu zeigen.

IFRS 7.20(a) fordert die Angabe eines **Nettoergebnisses** für jede Kategorie von Finanzinstrumenten. Die Kategorisierung für finanzielle Verbindlichkeiten erfolgt dabei entspr den Vorgaben aus IFRS 7.8. Eine Definition des „Nettoergebnisses“ ergibt sich dabei aus IFRS 7 nicht. Für erfolgswirksam zum beizulegenden Zeitwert bewertete finanzielle Verbindlichkeiten sind unter dem Nettoergebnis alle in der Berichtsperiode erfolgswirksam erfassten Bewertungsgewinne und -verluste zu subsumieren. Für finanzielle Verbindlichkeiten, die zu fortgeführten Anschaffungskosten oder erfolgsneutral zum beizulegenden Zeitwert bewertet werden, sind Zinseffekte nicht einzubeziehen. Als Beispiel für Bewertungsgewinne und -verluste bei zu fortgeführten Anschaffungskosten bewerteten finanziellen Verbindlichkeiten, die nicht auf Zinseffekten beruhen, sind Gewinne und Verluste aus Stundungen oder dem Erlass sowie dem Rückkauf von Verbindlichkeiten anzuführen.

Für **nicht zum beizulegenden Zeitwert bewertete** finanzielle Verbindlichkeiten fordert IFRS 7.20 die Angabe

(1) der nach der Effektivzinsmethode ermittelten **Gesamtzinserträge und -aufwendungen** (IFRS 7.20(b)) sowie
(2) der **sonstigen entgeltlichen Erträge und Aufwendungen** (zB Provisionen und Gebühren), die nicht in die Berechnung des Effektivzinssatzes eingeflossen sind (IFRS 7.20(c)).

Ziel der Angabe der Gesamtzinserträge und -aufwendungen ist es, dem Adressaten des Abschlusses zu ermöglichen, zwischen Zinserträgen und -aufwendungen für Finanzinstrumente und sonstigen Zinserträgen und -aufwendungen zu unterscheiden. Für die Angabe zu den Gesamtzinserträgen und -aufwendungen sowie den sonstigen entgeltlichen Erträgen und Aufwendungen ist eine Kategorisierung der Angabe iSv IAS 39.9 nicht erforderlich.

d) Angaben zu den Bilanzierungs- und Bewertungsmethoden

112 Hinsichtlich der Angaben der Bilanzierungs- und Bewertungsmethoden für finanzielle Verbindlichkeiten verweist IFRS 7.21 zunächst auf IAS 1.117. Aus IFRS 7.B5 ergeben sich darüber hinaus für zum **beizulegenden Zeitwert** bewertete Verbindlichkeiten folgende **konkreten Angabevorschriften**:

(1) Angabe der Art der finanziellen Verbindlichkeit (IFRS 7.B5(a)(i)),
(2) Angabe der Kriterien für die Designation als zum beizulegenden Zeitwert zu bewertende finanzielle Verbindlichkeiten zum Zeitpunkt der Ersterfassung (IFRS 7.B5(a)(ii)),
(3) Angabe, wie das Unternehmen die in IAS 39 festgelegten Bedingungen zur Designation als zum Zeitwert zu bewertende finanzielle Verbindlichkeiten erfüllt hat (IFRS 7.B5(a)(iii)).

Ergänzend zu den Vorschriften zur Gesamtergebnisrechnung ist gem IFRS 7.B5(e) die zusätzliche Angabe erforderlich, wie das Nettoergebnis ermittelt wurde. Als Beispiel führt IFRS 7.B5(e) an, ob in die Berechnung des Nettoergebnisses bei erfolgswirksam zum beizulegenden Zeitwert zu bewertenden finanziellen Verbindlichkeiten Zins- oder Dividendenerträge eingegangen sind.

e) Angaben zum beizulegenden Zeitwert

113 Für jede nach IFRS 7.6 gebildete Klasse von finanziellen Verbindlichkeiten ist gem IFRS 7.25 der beizulegende Zeitwert so anzugeben, dass ein **Vergleich** mit dem in der Bilanz ausgewiesenen Buchwert möglich ist. Eine Zusammenfassung von Klassen ist dabei nur insoweit zulässig, als auch in der **Bilanz** ein **saldierter Ausweis** der Buchwerte erfolgt (IFRS 7.26).

114 Darüber hinaus sind gem IFRS 7.27 **ergänzende Angaben** für jede Klasse von Finanzinstrumenten zu machen über die zur Bestimmung des beizulegenden Zeitwerts angewendete Methode sowie bei Verwendung einer Bewertungstechnik die dieser zugrunde liegenden Annahmen (zB Zinssätze oder Abzinsungssätze, IFRS 7.27(a)). Werden die Bewertungsmethoden geändert, ist dies anzugeben einschließlich einer Begründung.

Werden **finanzielle Verbindlichkeiten** zum beizulegenden Zeitwert bewertet, sind zusätzliche Angaben entspr IFRS 7.27B erforderlich, die auf dem in

IFRS 7.27A dargestellten Hierarchiemodell des beizulegenden Zeitwerts basieren (s im Einzelnen § 3 Rz 15 und Rz 212).

Wird der beizulegende Zeitwert einer finanziellen Verbindlichkeit aufgrund eines **nicht aktiven Markts** im Rahmen der Ersterfassung unter Zugrundelegung von Bewertungstechniken bestimmt, kann eine Differenz zwischen dem beizulegenden Zeitwert und dem nach der Bewertungstechnik ermittelten Wert entstehen. In diesem Fall ist gem IFRS 7.28 für **jede Klasse** von finanziellen Verbindlichkeiten gesondert anzugeben:

(1) die Methoden und Grundsätze dieser erfolgswirksam amortisierten Differenzbeträge, um die Einflussfaktoren, die andere Marktteilnehmer bei der Preisfestsetzung berücksichtigen würden, einzubeziehen;

(2) der Gesamtbetrag der noch nicht amortisierten Differenzbeträge zum Beginn und zum Ende der Berichtsperiode sowie eine Überleitung der aus der Differenz resultierenden Änderungen in der Bilanz.

Gem IFRS 7.29 sind **keine Angaben zum beizulegenden Zeitwert** finanzieller Verbindlichkeiten erforderlich, wenn der Buchwert der finanziellen Verbindlichkeit diesen hinreichend genau (vernünftige Annäherung) wiedergibt. Dies ist regelmäßig bei kurzfristigen Verbindlichkeiten der Fall. 115

Auch bei finanziellen Verbindlichkeiten, die aus dem ggf getrennten Ausweis ermessensabhängiger Überschussbeteiligungen von Versicherungsverträgen resultieren (vgl im Einzelnen § 40 Rz 47 ff), kann auf die Angabe des beizulegenden Zeitwerts verzichtet werden, wenn dieser nicht verlässlich bestimmbar ist (IFRS 7.29(c)). In diesem Fall sieht IFRS 7.30 ergänzende Angaben vor, die dem Abschlussadressaten ein Urteil über mögliche Differenzen zwischen dem Buchwert und dem beizulegenden Zeitwert ermöglichen sollen.

f) Angaben zu Risiken

Um dem Jahresabschlussadressaten eine Einschätzung der mit den finanziellen Verbindlichkeiten verbundenen Risiken zu ermöglichen, fordert IFRS 7.31 ff umfangreiche ergänzende Angaben zu entspr Risiken, denen das Unternehmen am Bilanzstichtag ausgesetzt ist. IFRS 7.32 nennt als typische Risiken das **Kreditrisiko**, das **Liquiditätsrisiko** sowie das **Marktrisiko** aus Finanzinstrumenten, wobei diese Aufzählung explizit nicht abschließend ist. In diesem Katalog enthaltene Einzelrisiken (zB Preisrisiken, Währungsrisiken, Zinsrisiken) werden aufgrund ihrer Bedeutung in der Praxis häufig gesondert dargestellt. 116

Zur Erläuterung der Risiken unterscheidet IFRS 7 zwischen **qualitativen** (IFRS 7.33) und **quantitativen Angabepflichten** (IFRS 7.34). 117

In **qualitativer Hinsicht** sind für jede Risikoart neben dem Ausmaß der Risiken sowie der Art und Weise ihrer Entstehung (IFRS 7.33(a)) auch das Risikomanagementsystem (Ziele, Strategien, Verfahren) zur Steuerung der Risiken zu erläutern sowie die Methoden der Bemessung der Risiken (IFRS 7.33(b)) zu nennen. Sofern Änderungen zum Vorjahr eingetreten sind, sind diese zu erläutern (IFRS 7.33(c)).

Die **quantitativen Angabepflichten** betreffen gem IFRS 7.34, unterteilt für jede Risikoart, das Ausmaß des Risikos am Bilanzstichtag, die in IFRS 7.36 bis IAS 7.42 geforderte (Mindest-)Berichterstattungspflicht zum Kredit-, Liquiditäts- und Marktrisiko sowie sich insgesamt ggf ergebende Risikokonzentrationen. IFRS 7.34(a) iVm IFRS 7.B7 regelt ausdrücklich, dass sich die Berichterstattung auf die Angaben des internen Managementinformationssystems mit der höchsten Relevanz und Verlässlichkeit stützen sollen (*management approach*). Bietet das interne Managementinformationssystem keine angemessenen verlässlichen Quantifizierungen, greift die Auffangvorschrift des IFRS 7.35. Danach sind in diesem Fall andere repräsentative Informationen einzuholen, um eine dem Abschlussadressaten angemessene Risikoinformation bereitstellen zu können.

118 IFRS 7 definiert das **Kreditrisiko** als das Risiko eines finanziellen Verlusts, der durch die Verletzung von Vertragspflichten (Zahlungsausfall) eines Vertragspartners eintritt (IFRS 7 Anhang A). Zur Beurteilung der Kreditrisiken ist das maximale Kreditrisiko ohne Berücksichtigung von Sicherheiten anzugeben (IFRS 7.36(a)). Im Hinblick auf das maximale Kreditrisiko finanzieller Verbindlichkeiten sind hierbei Verzugszinsen, Bereitstellungsprovisionen sowie Risiken aus der Gewährung von Finanzgarantien zu nennen. Im Fall von **Finanzgarantien** hat der Sicherungsgeber als maximales Kreditrisiko den Höchstbetrag anzugeben, mit dem er bei Fälligkeit in Anspruch genommen werden könnte (IFRS 7.B10(c)). Dieser Betrag kann erheblich über dem als Verbindlichkeit ausgewiesenen Betrag liegen.

119 Als **Liquiditätsrisiko** definiert IFRS 7 das Risiko eines Unternehmens, die Verpflichtungen aus finanziellen Verbindlichkeiten, die in bar oder im Austausch gegen einen anderen finanziellen Vermögenswert erfüllt werden, nicht oder nur unter Schwierigkeiten erfüllen zu können (IFRS 7 Anhang A). Gem IFRS 7.39 sind Liquiditätsrisiken des Unternehmens aus finanziellen Verbindlichkeiten über eine Analyse der vereinbarten Fälligkeitstermine (Restlaufzeiten) in Form von sog **Laufzeitbändern** darzustellen. Dabei ist zwischen nicht-derivativen finanziellen Verbindlichkeiten (einschließlich begebenen Finanzgarantien; IFRS 7.39(a)) und derivativen finanziellen Verbindlichkeiten (IFRS 7.39(b)) zu unterscheiden (s auch § 3 Rz 248). Ergänzend ist zu erläutern, wie das Unternehmen das Liquiditätsrisiko steuert (IFRS 7.39(c)). Die Form und Struktur der Laufzeitbänder wird nicht explizit vorgegeben und obliegt dem Ermessen des Unternehmens (IFRS 7.B11). In Anlehnung an den handelsrechtlichen Verbindlichkeitenspiegel kann unter Angabe von Vorjahres- und Summenwerten folgender Aufbau zweckmäßig sein:

		Cashflows bis 1 Jahr			Cashflows 2. Jahr			Cashflows 3-5 Jahre			Cashflows > 5 Jahre		
	Buchwert	Zins		Tilgung	Zins		Tilgung	Zins		Tilgung	Zins		Tilgung
	31.12.xx	fix	var		fix	var		fix	var		fix	var	
1. Anleihen													
2. Verbindl ggü Kreditinstituten													
3.													
4.													
5. Sonstige finanzielle Verbindl													

IFRS 7.B11 ff gibt anhand verschiedener Beispiele vor, wie die **Zuordnung** zu den Laufzeitbändern **im Einzelfall** vorzunehmen ist und wie die Analyse der vertraglichen Fälligkeiten im Einzelfall aufzubereiten ist. Insgesamt ist erkennbar, dass aus Sicht des Schuldnerunternehmens im Zweifelsfall die schlechteste Variante, dh die Zuordnung zum kurzfristigsten Laufzeitband, vorzunehmen ist.

Im Rahmen der qualitativen Angaben zum **Liquiditätsrisiko** sind gem IFRS 7.39(c) Angaben und Erläuterungen zur Art und Weise der **Liquiditätssteuerung** zu machen.

120 Als **Marktrisiko** definiert IFRS 7 das potenzielle Risiko eines Unternehmens, dass der beizulegende Zeitwert oder zukünftige Zahlungsstrom einer finanziellen

Verbindlichkeit aufgrund zukünftig veränderter Marktpreise schwankt (IFRS 7 Anhang A). Zu den Arten des Marktrisikos gehören ua das Wechselkursrisiko, Zinsrisiken und sonstige Preisrisiken (IFRS 7.B22ff). Für jede Marktrisikoart ist gem IFRS 7.40 eine **Simulation** oder **Sensitivitätsanalyse** vorzunehmen, die die Auswirkungen einer potenziellen, aber begründet anzunehmenden Veränderung der Risikofaktoren (zB Zinssätze, Wechselkurse, Preise) beschreibt. In diesem Zusammenhang sind die verwendeten und ggf geänderten Methoden und Annahmen sowie die potenzielle Auswirkung der Simulation auf den Periodenerfolg und das Eigenkapital darzustellen. *Worst-case* Betrachtungen sowie unwesentliche Veränderungen sind dabei nicht zu berücksichtigen (IFRS 7.B19). Alternativ zur Sensitivitätsanalyse ermöglicht IFRS 7.41 auch die Verwendung einer Analysemethode, die die wechselseitigen Abhängigkeiten der Risikoparameter erfasst (*value-at risk approach*). Ergänzend sind erläuternde Angaben zur gewählten Methode, den wichtigsten Parametern und Annahmen sowie zu den mit dieser Methode verfolgten Zielen und möglichen damit verbundenen Restriktionen zu machen (IFRS 7.41(b)).

Sofern die in IFRS 7.40f geforderten und im Abschluss dargestellten Sensitivitätsanalysen das inhärente Risiko eines Finanzinstruments im Einzelfall nicht repräsentativ widerspiegeln, ist dies unter Angabe der Gründe für diese Einschätzung anzugeben (IFRS 7.42).

VIII. Wesentliche Änderungen und deren Anwendungszeitpunkte

Auswirkungen im weitesten Sinne auf Bilanzierung, Bewertung und Ausweis 121
der **sonstigen Schulden** nach IFRS hatten die Änderungen der folgenden Standards:

Die Neufassung des **IAS 1** ist auf Berichtsperioden, die am oder nach dem 1. Januar 2009 beginnen, anzuwenden (IAS 1.139). Die Änderungen des *Annual Improvements* Projekts 2008 in IAS 1.68 und IAS 1.71 wurden im Mai 2008 verabschiedet und sind für Berichtsperioden, die am oder nach dem 1. Januar 2009 beginnen, anzuwenden. Dies gilt auch für Folgeänderungen in IAS 1.8A, IAS 1.80.A sowie IAS 1.136A, IAS 1.138 und IAS 1.139B aus den *Amendments to IAS 32 and IAS 1* (*Puttable Financial Instruments and Obligations Arising on Liquidation*) vom Februar 2008. Die klarstellende Ergänzung des IAS 1.69(d) im Rahmen des im April 2009 verabschiedeten *Annual Improvements* Projekts 2009 ist – vorbehaltlich eines Endorsement durch die EU – für Geschäftsjahre anzuwenden, die am oder nach dem 1. Januar 2010 beginnen (IAS 1.139D).

IAS 32 ist pflichtgemäß erstmals für Perioden anzuwenden, die am oder 122
nach dem 1. Januar 2005 beginnen (IAS 32.96). Die Folgeänderungen aus der Überarbeitung von IAS 1 (2007) in IAS 32.18, IAS 32.29, IAS 32.40 sowie IAS 32.97A sind für Berichtsperioden, die am oder nach dem 1. Januar 2009 beginnen, anzuwenden (IAS 32.97A). Die Änderungen des *Annual Improvements* Projekts 2008 in IAS 32.4(a) sowie IAS 32.96 und IAS 32.97D wurden im Mai 2008 verabschiedet und sind ebenfalls für Berichtsperioden, die am oder nach dem 1. Januar 2009 beginnen, anzuwenden. Dies gilt auch für die Änderungen in IAS 32.11, IAS 32.16, IAS 32.16A bis IAS 32.16F, IAS 32.17 bis IAS 32.19, IAS 32.22 bis IAS 32.23, IAS 32.25 sowie IAS 32.96A bis IAS 32.96C und IAS 32.97C aus den *Amendments to IAS 32 and IAS 1* (*Puttable Financial Instruments and Obligations Arising on Liquidation*) vom Februar 2008.

IAS 39 ist pflichtgemäß erstmals für Perioden anzuwenden, die am oder nach 123
dem 1. Januar 2005 beginnen. Die im Zusammenhang mit der Darstellung von Finanzgarantien stehenden Änderungen, die vom IASB im August 2005 ver-

öffentlicht wurden, sind erstmalig auf Perioden, die am oder nach dem 1. Januar 2006 beginnen, anzuwenden (IAS 39.103B). Die Änderungen des *Annual Improvements* Projekts in IAS 39.9, IAS 39.50A, IAS 39.73 und IAS 39.AG8 wurden im Mai 2008 verabschiedet und sind für Berichtsperioden, die am oder nach dem 1. Januar 2009 beginnen, anzuwenden. Die Änderungen des IFRS 7 *„Improving Disclosures about Financial Instruments"* betreffen IFRS 7.27, IFRS 7.27A und B, IFRS 7.39, IFRS 7.44G sowie IFRS 7.B10A bis IFRS 7.B16 und gelten grds für Berichtsperioden, die am oder nach dem 1. Januar 2009 beginnen. Durch Verzögerungen beim Endorsement dieser Änderungen ist zu erwarten, dass der Erstanwendungszeitpunkt in der EU später liegen wird.

124 **IFRS 7** ist auf Berichtsperioden, die am oder nach dem 1. Januar 2007 beginnen, anzuwenden (IFRS 7.43). Die Folgeänderungen aus der Überarbeitung von IAS 1 (2007) in IFRS 7.20, IFRS 7.21, IFRS 7.23(c) und IFRS 7.23(d), IFRS 7.27 und IFRS 7.44A sind erstmalig auf Perioden, die am oder nach dem 1. Januar 2009 beginnen, anzuwenden (IFRS 7.44A).

125 Die vorliegende Kommentierung hat, sofern für sonstige Schulden von Relevanz, wesentliche materielle Änderungen herausgehoben, darüber hinaus haben die Überarbeitungen klarstellenden Charakter. Eine freiwillige frühere Anwendung der geänderten Standards IAS 1, IAS 32, IAS 39 und IFRS 7 ist unter Berücksichtigung der damit verbundenen erforderlichen Anhangangabepflicht möglich.

IX. Gegenüberstellung zu HGB/DRS

1. Ansatz

126 Zum **handelsrechtlichen Begriff** der Verbindlichkeiten findet sich in den IFRS keine unmittelbare Entsprechung. Eine Verbindlichkeit im handelsrechtlichen Sinne besteht, wenn ein Gläubiger berechtigt ist, eine bestimmte Leistung einzufordern. Die Leistung muss dabei nach ihrer Höhe und Fälligkeit quantifizierbar, für das Unternehmen belastend und grds erzwingbar sein. Verbindlichkeiten nach HGB sind somit unter den **Schuldbegriff** nach IFRS zu subsumieren. Die Unterscheidung zwischen finanziellen und sonstigen Verbindlichkeiten stellt eine Besonderheit der IFRS dar, die aber idR zu keinen ggü dem HGB abweichenden Wertansätzen führt.

127 Finanzielle Verbindlichkeiten stellen **Finanzinstrumente** gem **IFRS** dar, auf die IAS 39 anzuwenden ist. Ein Finanzinstrument ist nach IFRS dann zu passivieren, wenn das Unternehmen Vertragspartei geworden ist. Im Unterschied zum HGB werden finanzielle Verbindlichkeiten, die Teil eines schwebenden Geschäfts sind, bereits zum Zeitpunkt des Vertragsabschlusses bilanzwirksam. Dies gilt zB für derivative Finanzinstrumente wie *options, forwards, swaps* oder *futures*. Zwar gleichen im Regelfall die damit verbundenen Rechte bei Vertragsabschluss den entspr Verpflichtungen (IAS 39.AG35(c)). Bei vorliegenden Verlusten aus Wertdifferenzen oder Veränderungen der Rechte und Verpflichtungen im Zeitablauf ist hingegen nach IFRS in der Bilanz eine Verbindlichkeit auszuweisen, die nach handelsrechtlichen Vorschriften einer Rückstellung für drohende Verluste entspricht (*Baetge/Kirsch/Tiehle*[9], 409f).

128 Nach **HGB** sind Verbindlichkeiten dann **auszubuchen**, wenn die rechtlichen Tatbestandsmerkmale (Erfüllung, Erlass, Aufrechnung, Schuldübernahme ua) nach BGB erfüllt sind und die Verbindlichkeit damit erloschen ist. Insoweit bestehen keine grundlegenden Unterschiede zu den Vorschriften nach IFRS.

129 Das bisherige **Saldierungsverbot** für Vermögensgegenstände und Schulden in der Bilanz sowie Aufwendungen und Erträge in der GuV nach § 246 Abs 2 HGB war Ausfluss sowohl des Gebots der Klarheit und Übersichtlichkeit des Jahresabschlusses

(§ 243 Abs 2 HGB) als auch des Vollständigkeitsgebots nach § 246 Abs 1 HGB. Durch Ergänzung des § 246 Abs 2 HGB (BilMoG) wird das **generelle Saldierungsverbot** nach HGB nunmehr **durchbrochen.** Künftig gilt eine Saldierungspflicht für Schulden aus Altersversorgungsverpflichtungen oder vergleichbar langfristig fälligen Verpflichtungen und Vermögensgegenständen, die dem Zugriff aller bisherigen Gläubiger entzogen sind und ausschließlich der Erfüllung dieser Schulden dienen. Die zu verrechnenden Schulden sind mit ihrem Erfüllungsbetrag, die zu verrechnenden Vermögensgegenstände mit ihrem beizulegenden Zeitwert zu bewerten (§ 253 Abs 1 HGB (BilMoG)). Die Saldierungspflicht gilt auch für die zugehörigen Aufwendungen und Erträge aus der Abzinsung der Verpflichtung und aus dem zu verrechnenden Vermögensgegenstand, wobei die Saldierung innerhalb des Finanzergebnisses zu erfolgen hat.

2. Bewertung

Im Unterschied zum **HGB**, wonach Verbindlichkeiten bisher grds zum **Rückzahlungsbetrag** (§ 253 Abs 1 Satz 2 HGB) zu passivieren waren, wird 130
dieser Wertmaßstab bei Ansatz und Bewertung von Verbindlichkeiten nach IFRS nicht verwendet. Vielmehr sind Verbindlichkeiten gem IFRS im Zeitpunkt der erstmaligen Erfassung mit ihren (historischen) Anschaffungskosten zu bewerten, die dem beizulegenden Zeitwert der erhaltenen Gegenleistung für den Austausch der Verpflichtung entsprechen. Bei unverzinslichen und niedrig verzinslichen Verbindlichkeiten, für die im Regelfall kein verlässlicher Transaktions- und Marktpreis zu ermitteln ist, ist nach IFRS im Unterschied zum HGB eine Abzinsung grds vorzunehmen.

Durch das BilMoG hat sich hier nach HGB eine wesentliche Veränderung ergeben. Verbindlichkeiten sind gem § 253 Abs 1 Satz 2 HGB (BilMoG) künftig nicht mehr mit ihrem Rückzahlungsbetrag, sondern mit ihrem **Erfüllungsbetrag** anzusetzen. Nach der Gesetzesbegründung hat diese Änderung jedoch im HGB-Verständnis nur klarstellenden Charakter. Bei Geldleistungsverpflichtungen entspricht der Erfüllungsbetrag dem Rückzahlungsbetrag, bei Sachleistungs- oder Sachwertverpflichtungen dem im Erfüllungszeitpunkt voraussichtlich aufzuwendenden Geldbetrag. Verbindlichkeiten, die auf Rentenverpflichtungen beruhen und für die eine Gegenleistung nicht mehr zu erwarten ist, sind gem § 253 Abs 1 Satz 3 HGB (BilMoG) abzuzinsen, also mit ihrem Barwert anzusetzen, wobei die Vorschriften zur Abzinsung von Rückstellungen entspr anzuwenden sind. Ein generelles Abzinsungsgebot für Verbindlichkeiten vergleichbar der steuerlichen Regelung des § 6 Abs 1 Nr 3 EStG ist im BilMoG hingegen nicht vorgesehen.

Abweichend zu den Vorschriften nach § 250 Abs 3 Satz 1 HGB, wonach ein 131
Disagio aktivisch abgegrenzt werden kann, wird nach IFRS im Zeitpunkt der Erstbewertung ein Disagio weder als Bestandteil der Anschaffungskosten noch erfolgswirksam erfasst. Vielmehr erfolgt nach IFRS die Bewertung der Verbindlichkeit zu dem um das Disagio geminderten Auszahlungsbetrag. Im Zuge der Folgebewertung zu fortgeführten Anschaffungskosten wird das Disagio durch sukzessive Aufzinsung der Verbindlichkeit erfasst.

Aufgrund der Bewertung zum Erfüllungsbetrag ergibt sich im Rahmen der 132
Folgebewertung von Verbindlichkeiten nach HGB keine Notwendigkeit zur Unterscheidung zwischen finanziellen Verbindlichkeiten, die zu **Handelszwecken** gehalten werden und **übrigen finanziellen Verbindlichkeiten**.

Auch **Fremdwährungsverbindlichkeiten** waren nach HGB bisher grds zum Rückzahlungsbetrag am Bilanzstichtag anzusetzen. Im Gegensatz zu den IFRS waren jedoch nicht realisierte Kursgewinne aus sinkenden Wechselkursen aufgrund des Realisationsprinzips gem § 252 Abs 1 Nr 4 HGB nicht erfolgswirksam zu erfassen.

133 Mit der Einfügung eines § 256a HGB (BilMoG) enthält das HGB erstmals Vorschriften zur Umrechnung von auf fremde Währung lautenden Verbindlichkeiten im Rahmen der **Folgebewertung** dieser Verbindlichkeiten. Nach § 256a Satz 1 HGB (BilMoG) ist der maßgebliche Kurs für die Umrechnung von auf fremde Währung lautenden Verbindlichkeiten der **Devisenkassamittelkurs** am Abschlussstichtag (Stichtagskurs). Bei Verbindlichkeiten mit einer Restlaufzeit von einem Jahr oder weniger sind sämtliche positiven und negativen Umrechnungsdifferenzen erfolgswirksam zu berücksichtigen (§ 256a Satz 2 HGB (BilMoG)). Bei anderen Verbindlichkeiten sind aus der Währungsumrechnung resultierende Wertänderungen weiterhin nach Maßgabe des Realisations- und des Imparitätsprinzips (§ 252 Abs 1 Nr 4 Halbsatz 2 HGB) zu behandeln. Buchverluste sind danach unmittelbar erfolgswirksam zu erfassen und die Verbindlichkeit ist entspr höher anzusetzen. Bei Buchgewinnen darf der Wertansatz der Verbindlichkeit gem dem Realisationsprinzip nicht entspr vermindert werden. Eine erfolgswirksame Verminderung des Wertansatzes der Verbindlichkeit erfolgt nur insoweit, als dieser an einem früheren Bilanzstichtag über den ursprünglichen Einbuchungskurs hinaus erhöht wurde und der Grund hierfür an einem darauffolgenden Bilanzstichtag entfallen ist. Aufwendungen und Erträge aus der Währungsumrechnung sind in der GuV gesondert unter den sonstigen betrieblichen Erträgen bzw sonstigen betrieblichen Aufwendungen auszuweisen (§ 277 Abs 5 Satz 2 HGB (BilMoG)).

134 Die vorgenannten Unterschiede in der Erfassung und Bewertung von sonstigen Schulden nach IFRS einerseits und HGB/DRS andererseits begründen regelmäßig auch die Notwendigkeit zu überprüfen, ob eine Abgrenzung **aktiver oder passiver latenter Steuern** zu erfolgen hat (s hierzu ausführlich § 25). Zusätzlich sei auf die fehlende steuerliche Akzeptanz von Rückstellungen für bestimmte faktische Verpflichtungen, wie zB für Restrukturierungsmaßnahmen, hingewiesen.

3. Ausweis

135 Aufgrund der Vorschriften nach **IFRS** zur **Mindestgliederung** von Verbindlichkeiten in der Bilanz sowie der Verpflichtung, zusätzliche Posten, Überschriften und Zwischensummen zu bilden und eine angemessene Untergliederung von Verbindlichkeiten in der Bilanz vorzunehmen (IAS 1.54ff), kann der Ausweis von Verbindlichkeiten nach IFRS entspr den Vorgaben der Art 9 und 10 der 4. EG-RL erfolgen. Finanzielle und sonstige Verbindlichkeiten gem IFRS finden sich somit im Gliederungsschema gem § 266 Abs 3 lit c HGB wieder.

Übereinstimmend mit dem HGB kommt dem **Anhang** nach IFRS grds eine Erläuterungs- und Ergänzungsfunktion ggü den sonstigen Bestandteilen des Jahresabschlusses zu. Aufgrund des nach IFRS geforderten wertorientierten Einblicks in die VFE-Lage des Unternehmens, hat der Anhang nach IFRS eine vergleichbar höhere Bedeutung als nach HGB. Über die Erläuterungs- und Ergänzungsfunktion hinaus stellen die Angabepflichten nach IFRS darauf ab, zusätzliche Informationen bereitzustellen, die wirtschaftliche und anlageorientierte Entscheidungen sowie unternehmensübergreifende Vergleiche ermöglichen (*Ellrott* in BeBiKo[6] § 284 Rz 200).

X. Aktuelle Entwicklungen/IASB-Projekte

136 Im Februar 2008 hat der IASB ein Diskussionspapier zur **Definition von Eigenkapitalinstrumenten** und zur **Abgrenzung von Eigen- und Fremdkapital** veröffentlicht (*Financial Instruments with Characteristics of Equity*). Das Dis-

kussionspapier greift die vom FASB im November 2007 mit einem *Preliminary Views* Dokument mit gleichem Titel eröffnete Diskussion auf. Der FASB stellt dabei insgesamt drei Ansätze zur Unterscheidung zwischen Eigen- und Fremdkapital vor, kommt aber zu der vorläufigen Ansicht, dem Ansatz der wesentlichen Eigentümerschaft (*basic-ownership*) zu folgen (*Deloitte & Touche*[4], 153). IAS 32 ist der Standard, in dem derzeit die Abgrenzung zwischen Eigen- und Fremdkapital geregelt ist. In dem vorliegenden Diskussionspapier wird als Kritikpunkt an IAS 32 die Unsicherheit der Anwendung der Prinzipien aufgeführt und in Frage gestellt, dass die Anwendung dieser Prinzipien zu einer angemessenen Unterscheidung zwischen Eigen- und Fremdkapital führt. Ferner werden wesentliche Auswirkungen der Ansätze des FASB auf die IFRS dargelegt. Danach würden nach dem Ansatz der wesentlichen Eigentümerschaft weitaus weniger Finanzinstrumente als Eigenkapital klassifiziert als derzeit nach IAS 32. Auf Basis der Erkenntnisse aus dem Diskussionspapier des IASB sowie dem *Preliminary Views* Dokument des FASB soll zukünftig ein gemeinsamer Standard zur Abgrenzung von Eigen- und Fremdkapital entwickelt werden. Derzeit ist dieses Projekt allerdings nicht auf der aktiven Agenda des IASB, sodass in näherer Zukunft mit keiner Entscheidung zu rechnen ist.

Im März 2008 hat der IASB ein Diskussionspapier zur **Reduzierung der** 137
Komplexität der Berichterstattung über Finanzinstrumente veröffentlicht (*Reducing Complexity in Reporting Financial Instruments*). Hintergrund dieses Schritts ist die verbreitete Kritik an der Komplexität des IAS 39, die maßgeblich aus dem Nebeneinander verschiedener Bewertungskonzeptionen resultiert. In dem Diskussionspapier werden Argumente für und wider eine einheitliche Bilanzierung aller Finanzinstrumente zum beizulegenden Zeitwert dargelegt. Gleichwohl kommt der IASB zu der vorläufigen Schlussfolgerung, dass der beizulegende Zeitwert langfristig die einzige Bewertungsalternative zu sein scheint, die relevante Informationen für den Abschlussadressaten zur Bewertung aller Finanzinstrumente bietet. Um gerechtfertigte Bedenken gegen einen solchen Schritt zu berücksichtigen (zB Zweifel an der Relevanz der Veränderung des beizulegenden Zeitwerts für einige Finanzinstrumente, Einfluss unrealisierter Gewinne und Verluste auf die GuV, Schwierigkeiten der Ermittlung des beizulegenden Zeitwerts), wird die mögliche Einführung der einheitlichen Bewertung in mehreren Schritten in Betracht gezogen. Ferner wird diskutiert, ob im Einzelnen festzulegende Ausnahmen von dem Ansatz der einheitlichen Bewertung zum beizulegenden Zeitwert angemessen und notwendig sind. Als eine begründete Ausnahme von diesem Grundsatz wird die Bewertung zu fortgeführten Anschaffungskosten gesehen, wenn bei einem geringen Kreditrisiko vertraglich festgelegte oder fest bestimmbare Zahlungsströme aus dem Finanzinstrument resultieren.

einstweilen frei 138, 139

B. Steuerschulden

I. Laufende Steuerschulden

Unter dem Bilanzposten „Laufende Steuerschulden“ sind die **tatsächlichen** 140
Ertragsteuern des lfd Geschäftsjahrs oder früherer Geschäftsjahre zu bilanzieren, sofern diese noch nicht an die Finanzbehörden gezahlt wurden. Verbindlichkeiten aus Umsatzsteuer, Lohn- und Kirchensteuer, sonstige Steuern, Bußgelder sowie Säumnis- und Verspätungszuschläge sind dagegen unter den sonstigen Verbindlichkeiten auszuweisen.

Tatsächliche Steuerschulden sind mit dem Betrag anzusetzen, in dessen Höhe eine Zahlung an die Steuerbehörden **erwartet** wird. Drohende tatsächliche Steuerschulden sind anzusetzen, soweit es in Zukunft wahrscheinlich zu einem Mittelabfluss kommt (vgl im Einzelnen § 25 Rz 12ff).

141 Für Unternehmen mit Sitz in Deutschland kommen als anwendbare Ertragsteuern im Wesentlichen die **KSt**, der **Solidaritätszuschlag**, die **GewESt** sowie entspr **ausländische Ertragsteuern** in Betracht. Die Bewertung der Steuerschulden erfolgt gem IAS 12.46 unter Anwendung derjenigen Steuervorschriften und Steuersätze, die zum jeweiligen Abschlussstichtag Gültigkeit entfalten (vgl § 25 Rz 22ff).

Tatsächliche Steuerschulden sind im Gegensatz zu latenten Steuerschulden grds **kurzfristiger** Natur und daher getrennt von diesen auszuweisen. Unter gewissen Voraussetzungen besteht eine **Saldierungspflicht** tatsächlicher Steuerschulden mit Steuererstattungsansprüchen (vgl im Einzelnen § 25 Rz 27).

Zu Ausweisfragen im Konzern sowie bei steuerlichen Organschaftsverhältnissen vgl § 25 Rz 28ff, zu Anhangangaben vgl § 25 Rz 212.

II. Latente Steuerschulden

142 Im Rahmen der Passivierung latenter Steuerschulden sind das in IAS 12 zugrunde gelegte ***temporary*-Konzept** sowie die ***liability*-Methode** anzuwenden. Danach sind latente Steuerschulden grds dann anzusetzen, wenn zukünftig höhere Ertragsteuerzahlungen zu leisten sind, als sich nach dem handelsrechtlichen Gewinnausweis ergeben würden.

Einzelheiten zur Zielsetzung der Steuerabgrenzung, ihrer theoretischen Konzeption, zu Ansatz, Bewertung und Ausweis latenter Steuerschulden sowie zu den erforderlichen Anhangangaben werden ausführlich in § 25 dargestellt.

II. Gesamtergebnisrechnung/ Gewinn- und Verlustrechnung

§ 15. Gesamtergebnisrechnung/ Gewinn- und Verlustrechnung

Übersicht

Schrifttum: *Alexander/Archer* International Accounting/Financial Reporting Standards Guide, New York 2008; *Brandt/Heiden/Hütten* Gegenwart und Zukunft der Softwareumsatzrealisierung nach internationalen Vorschriften – das Beispiel SAP, FS für Liesel Knorr Globale Finanzberichterstattung, Stuttgart 2008, 371; *Brücks/Diem/Kerkhoff* IAS 1 (2003) in Thiele/von Keitz/Brücks Internationales Bilanzrecht, Bonn 2008; *Driesch* Die Bilanzierung von Kundenbindungsprogrammen nach IFRIC 13, WPg 2007, 1059; *Epstein/Jermakowicz* IFRS 2008 Interpretation and Application of International Financial Reporting Standards, New Jersey 2008; *Hasenberg/Beyhs* IFRS-Bilanzierung von Dienstleistungslizenzen, Der Konzern 2005, 429; *Kirsch* Erfolgsstrukturanalyse auf Basis der Gliederungs- und Angabevorschriften zur IAS/IFRS-Gewinn- und Verlustrechnung, DB 2003, 2449; *Küting/Kessler/Gattung* Die Gewinn- und Verlustrechnung nach HGB und IFRS: Auswirkungen der Überarbeitung des IAS 1 auf die GuV und insbesondere auf die Erfolgsspaltungskonzeption der IFRS-Bilanzierung, KoR 2005, 12; *Lachnit/Müller* Other comprehensive income nach HGB, IFRS und US-GAAP – Konzeption und Nutzung im Rahmen der Jahresabschlussanalyse, DB 2005, 1637; *Lüdenbach* Warenlieferung an Handelsketten oder Endverbraucher mit (faktischer) Rücknahmepflicht, PiR 2005, 15; *Ruhnke/Nerlich* Abbildung von Filmrechten in einem IAS/IFRS-Jahresabschluss, WPg 2003, 753; *Schildbach* Was leistet IFRS 5?, WPg 2005, 554; *von Keitz/Schmierzek* Ertragserfassung – Anforderungen nach den Vorschriften des IASB und deren praktische Umsetzung, KoR 2004, 118; *Wüstemann/Kierzek* Ertragsvereinnahmung im neuen Referenzrahmen von IASB und FASB – internationaler Abschied vom Realisationsprinzip, BB 2005, 427; *Zülch* Die Gewinn- und Verlustrechnung nach IFRS, Herne/Berlin 2005; *Zülch/Fischer/Erdmann* Neuerungen in der Darstellung eines IFRS-Abschlusses gem. IAS 1 „Presentation of Financial Statements" revised 2007, WPg 2007, 963.

Wesentliche Rechtsgrundlagen: IAS 1, IAS 18, IFRIC 12, IFRIC 13, IFRIC 15, IFRIC 18.

A. Allgemeines

1 Die bislang aufzustellende **Gewinn- und Verlustrechnung** (GuV) diente als Pflichtbestandteil eines Jahresabschlusses nach IFRS (s IAS 1.8(b) (2003)) der Ermittlung des Periodenerfolgs und kam damit der Aufgabe nach, dem Abschlussadressaten entscheidende Informationen hinsichtlich der Ertragslage eines Unternehmens zu vermitteln (F. 47).

Als Folge verschiedener Fragestellungen der Berichterstattung zur Ertragslage nach IFRS wurde vom IASB und vom FASB im Jahr 2004 das sog *performance-reporting*-Projekt gestartet, das sich ursprünglich lediglich mit der Erfolgsdarstellung beschäftigte. Im Jahr 2006 wurde das Projekt allerdings in *financial statement presentation* umbenannt und erstreckt sich seitdem auf sämtliche Abschlusselemente. Ziel des Projekts ist eine verbesserte Berichterstattung über die Ertragslage, eine verbesserte Darstellung und ein besserer Ausweis der sonstigen im Abschluss präsentierten Unternehmensdaten sowie der Abbau von Unterschieden zwischen US-GAAP und IFRS.

2 IAS 1 (2007) hat eine **grundlegende Neuregelung** für die Darstellung der **Ertragslage** geschaffen. IAS 1 (2007) wurde durch den EU-Beschluss vom 18. Dezember 2008 in das europäische Recht übernommen. IAS 1.81 verlangt die Aufstellung einer **Gesamtergebnisrechnung** (*statement of comprehensive income)* anstelle der bisherigen GuV (zu Änderungen, die sich nur indirekt auf den Eigenkapital-, Erfolgs- und Gewinnausweis auswirken s § 2 Rz 5ff; zu den weiteren Phasen des *financial statement presentation project* s Rz 139). Die Gesamtergebnisrechnung stellt nunmehr das zentrale Rechnungslegungsinstrument für die Darstellung der Ertragslage des Unternehmens dar. Besonderheit der Gesamtergebnisrechnung ist, dass in ihr alle Aufwendungen und Erträge auszuweisen sind, dh sowohl die erfolgswirksam erfassten (GuV) als auch die erfolgsneutral im sonstigen Ergebnis verrechneten Komponenten (*other comprehensive income*). Ausgangspunkt der Gesamtergebnisrechnung bleibt als erfolgswirksame Teilrechnung die klassische GuV, deren Periodenerfolg nur ein Zwischenergebnis darstellt. Aufbauend auf diesem Periodenerfolg wird durch Erweiterung um das sonstige Ergebnis (*other comprehensive income*) das **Gesamtergebnis** (*total comprehensive income*) ermittelt (IAS 1.82(i) iVm IAS 1.IG6).

3 Der Bilanzierende hat bei der Aufstellung der Gesamtergebnisrechnung die Wahl zwischen **zwei Formaten**. Die Gesamtergebnisrechnung ist entweder in **einem** Abschlussbestandteil darzustellen (sog *single statement approach*; s Rz 53) **oder** in **zwei** separate Abschlussbestandteile zu zerlegen (sog *two statements approach*; s Rz 54). Da in der Gesamtergebnisrechnung neben sämtlichen erfolgswirksamen Geschäftsvorfällen auch alle erfolgsneutralen Geschäftsvorfälle abgebildet werden, erhält der Bilanzleser an einer Stelle eine komprimierte Darstellung wichtiger Informationen über die in der Periode insgesamt erzielten Aufwendungen und Erträge.

4 Nach IAS 1.96f (2003) wurden die in der Berichtsperiode direkt im Eigenkapital erfassten Aufwendungen und Erträge entweder in der **verkürzten Eigenkapitalveränderungsrechnung**, dem *statement of recognised income and expense* **(SORIE)**, oder aber gesondert als Teil der **erweiterten Eigenkapitalveränderungsrechnung** ausgewiesen. Die Eigenkapitalveränderungsrechnung war dabei zwingend als SORIE aufzustellen, sofern bei der Bilanzierung von leistungsorientierten Verpflichtungen vom Wahlrecht der erfolgsneutralen Verrechnung versicherungsmathematischer Gewinne und Verluste Gebrauch gemacht wurde (s IAS 19.93B; § 26 Rz 86). Die nachfolgende Übersicht zeigt im Detail, welche begrifflichen Veränderungen und inhaltlichen Verschiebungen sich durch die Überarbeitung des IAS 1 im Jahr 2007 ggü dem IAS 1 (2003) in Bezug auf die bisherigen Abschlussbestandteile GuV sowie die Eigenkapitalveränderungsrechnung ergeben haben.

IAS 1 (2003)	Abzubildende Geschäftsvorfälle	IAS 1 (2007)
GuV	Erfolgswirksame Aufwendungen und Erträge	Erfolgswirksame Teilrechnung der Gesamtergebnisrechnung (GuV)
SORIE oder erweiterte Eigenkapitalveränderungsrechnung	Erfolgsneutrale Aufwendungen und Erträge	Erfolgsneutrale Teilrechnung der Gesamtergebnisrechnung (sonstiges Ergebnis – *other comprehensive income*)

IAS 1 (2003)	Abzubildende Geschäftsvorfälle	IAS 1 (2007)
SORIE oder erweiterte Eigenkapitalveränderungsrechnung	Retrospektive Anpassungen gem IAS 8	Eigenkapitalveränderungsrechnung
Anhang (wenn SORIE) oder erweiterte Eigenkapitalveränderungsrechnung	Veränderungen jeder Eigenkapitalkomponente aus Periodenerfolg, sonstigem Ergebnis und Transaktionen mit Anteilseignern in ihrer Eigenschaft als Anteilseigner	Eigenkapitalveränderungsrechnung

5 Als Folge der verpflichtenden Erstellung der Gesamtergebnisrechnung ist das **Gesamtergebnis** in der Eigenkapitalveränderungsrechnung nur noch in einer Zeile als Summe zu zeigen (s § 17 Rz 13). In der Eigenkapitalveränderungsrechnung sind im Übrigen lediglich eigentümerbezogene Eigenkapitalveränderungen sowie durch IAS 8 ausgelöste Änderungen mit erfolgsneutraler Auswirkung auszuweisen (s § 17 Rz 15ff).

6 Die folgende Kommentierung basiert auf dem überarbeiteten IAS 1 von 2007, für die Anwendung des IAS 1 (2003) verweisen wir auf die vorherige Auflage dieser Kommentierung.

Die im Folgenden dargestellten Regelungen gelten verbindlich für alle Jahres- und Konzernabschlüsse, die in Übereinstimmung mit den IFRS erstellt werden, unabhängig von der Rechtsform des den Abschluss aufstellenden Unternehmens. Die Neufassung des IAS 1 ist gem IAS 1.139 für Geschäftsjahre, die am oder nach dem 1. Januar 2009 beginnen, verbindlich anzuwenden, wobei eine frühere Anwendung unter Angabe dieser Tatsache zulässig ist.

B. Ertragsrealisation nach IFRS

7 Zum besseren Verständnis der Vorschriften zur Gesamtergebnisrechnung stellen wir zunächst die **standardübergreifenden allgemeinen Regelungen** zur **Ertragsrealisation** gem IAS 18 iVm IAS 11 sowie die in weiteren Standards und Interpretationen enthaltenen spezifischen Regelungen zur Realisation dar.

Grds ist bei Erträgen zwischen Umsatzerlösen *(revenues)* und sonstigen Erträgen *(other income, gains)* zu unterscheiden. In der bis zum November 2008 geltenden amtlichen deutschen Fassung wurden die Begriffe Ertrag und Erlös inkonsistent übersetzt. So erfolgte die Übersetzung von *„revenue“*, uneinheitlich teilweise mit „Erlöse“ (zB IAS 18.14, IAS 11.32, F. 74), teilweise mit „Umsatzerlöse“ (zB IAS 1.81, IAS 1.91, IAS 1.92), zT aber auch mit „Erträge“ (zB IAS 18.1, IAS 18.5, IAS 18.6, IAS 18.7, IAS 18.20, IAS 18.29, IAS 11.25). Im Rahmen der Überarbeitung sämtlicher Übersetzungen der IFRSs, IFRICs und SICs in alle EU-Sprachen (VO-EG Nr 1126/08, Amtsblatt vom 29. November 2008; s auch § 1 Rz 27) wird nunmehr in IAS 18 der Begriff *revenue* einheitlich mit „Umsatzerlöse“ übersetzt und somit eine gewisse Konsistenz hergestellt. Folglich wurde auch der Titel des Standards von „Erträge“ in „Umsatzerlöse“ umbenannt. Trotz dieser veränderten bzw einengenden Übersetzung und Betitelung des IAS 18

– Umsatzerlöse stellen nur eine Unterkategorie des allgemeineren Begriffs Erträge dar (s IAS 18 Zielsetzung und Rz 67) – ist dieser Standard uE grds für die Ableitung der Ertragsrealisationskriterien im Allgemeinen maßgebend. Daher verwenden wir im Folgenden für *„revenue"* den Terminus „(Umsatz-)Erlöse", soweit ausschließlich Umsatzerlöse (s Rz 67 ff) gemeint sind, in allen anderen Fällen den allgemeineren Begriff „Erträge".

I. IAS 18

1. Allgemeine Realisationskriterien

Neben dem realisierten Zufluss in der Berichtsperiode (zB IAS 18.7) ist ein 8
Ertrag (bereits) zu erfassen, wenn **hinreichend wahrscheinlich** ist, dass ein **künftiger Nutzen** (idR ein Zahlungseingang) aus der Transaktion erwächst (IAS 18 Zielsetzung, konkretisiert zB in IAS 18.18, IAS 18.22 und IAS 18.34). Unzureichend wahrscheinliche Erträge dürfen demnach nicht vorübergehend realisiert und anschließend durch Wertberichtigung korrigiert werden. In diesem Fall ist eine Ertragsrealisation ausgeschlossen; etwas anderes gilt, wenn zu einem späteren Zeitpunkt Zweifel an der Werthaltigkeit der (zu Recht) eingebuchten Forderung entstehen (IAS 18.18). Der Ertrag muss daneben der Höhe nach zuverlässig messbar sein (F. 86).

Eine **Realisierung** als **Ertrag** ist dann nach IAS 18.19 **verboten**, wenn der 9
aus dem Geschäftsvorfall resultierende Aufwand insgesamt nicht verlässlich geschätzt werden kann (Ausfluss des *matching principle*). Ggf bereits erhaltene Zahlungen des Kunden sind als Verbindlichkeiten zu bilanzieren, um die Erfolgsneutralität der noch nicht realisierten Transaktionen zu gewährleisten. Eine solche Konstellation ist zB denkbar, wenn die Höhe der Nachbesserungsaufwendungen oder Garantieleistungen für eine gelieferte und nicht funktionsfähige Anlage nicht realistisch einschätzbar sind. Eine Ertragsrealisation mit einer entspr Rückstellung für nachlaufende Kosten scheidet hier aus, da keine realistische Einschätzung getroffen werden kann.

Grds sind die **Realisationskriterien einzeln** für jeden Geschäftsvorfall anzu- 10
wenden. Die Vertragsgestaltung ist unter Einbeziehung des wirtschaftlich Gewollten für die Beurteilung der Realisierung von entscheidender Bedeutung. IAS 18.13 bestimmt aber auch, dass eine Zerlegung eines Gesamtgeschäfts in abgrenzbare Leistungskomponenten vorzunehmen ist, wenn nur so bei wirtschaftlicher Betrachtungsweise das Vertragsverhältnis, das der Transaktion zugrunde liegt, richtig abgebildet werden kann. Dies kommt zB bei einem Kaufvertrag, der mit Dienstleistungselementen (zB *after sale service*, IT-Lizenz und Wartung) verbunden ist, zum Tragen (vgl Rz 18 ff). Es sind aber auch umgekehrte Verhältnisse denkbar, wenn zB neben einem (unbedingten) Kauf- und Übertragungsvertrag in einer gesonderten Vereinbarung ein Rückkaufsrecht eingeräumt wird. In diesem Fall sind beide Verträge nach dem Grundsatz der wirtschaftlichen Betrachtungsweise (F. 35) für die Frage der Ertragsrealisation gemeinsam zu würdigen (s auch *Ordelheide/Böckem* in Baetge ua IFRS-Komm² IAS 18 Rz 31 ff; *Lüdenbach* in Lüdenbach/Hoffmann IFRS⁷ § 25 Rz 67 ff).

2. Erträge aus dem Verkauf von Gütern

Zu den Erträgen aus dem **Verkauf von Gütern** können Erträge aus dem 11
Verkauf von selbsterstellten oder erworbenen, abnutzbaren oder nicht abnutzbaren Vermögenswerten zählen. Maßgebliche Kriterien für die Ertragsrealisation aus dem Verkauf von Gütern sind nach IAS 18.14 der Übergang von **Chancen und Risiken** auf den Käufer sowie das **Erlöschen der Verfügungsmacht.**

Entscheidendes Kriterium ist demnach der Eigentumsübergang. Hierzu verdeutlicht IAS 18.16, dass maßgebliche Chancen und Risiken beim Verkäufer verbleiben, wenn das Unternehmen ungewöhnliche Verpflichtungen für Schlechterfüllung übernimmt, die eigenen Erträge von der Weiterveräußerung des Käufers abhängen, wesentliche vertragliche Nebenleistungen wie Aufstellung und Montage noch nicht erbracht sind oder wenn die Ausübung eines bestehenden Rücktrittsrechts durch den Käufer nicht verlässlich eingeschätzt werden kann. Daneben müssen die allgemeinen Bilanzierungsvoraussetzungen wie die verlässliche Bestimmbarkeit der Erträge und der Veräußerungskosten sowie die hinreichende Wahrscheinlichkeit des Zuflusses eines wirtschaftlichen Nutzens erfüllt sein (zu den Abgrenzungen vgl § 2 Rz 16ff).

Da nicht alle Unternehmenstransaktionen den Realisationskriterien klar zuzuordnen sind und insbes die wirtschaftlich gewollten Konsequenzen aus einer Transaktion oftmals von den schlichten zivilrechtlichen Prinzipien abweichen, werden im Folgenden wesentliche Fälle komplizierterer Veräußerungsgeschäfte dargestellt.

12 So kann bspw das Kriterium des Eigentumsübergangs durch Vereinbarungen abgewandelt werden. Die IFRS bezeichnen diesen Fall als **„*bill-and-hold*"-Verkäufe** (vgl IAS 18.IE1). Bei „*bill-and-hold*"-Verkäufen handelt es sich um Veräußerungsgeschäfte, bei denen das rechtliche Eigentum auf den Käufer übergegangen ist, die Auslieferung des Vermögenswerts an den Käufer auf dessen Wunsch aber erst später erfolgt. Die Ertragsrealisation ist in diesem Fall vom Vorliegen **sämtlicher** folgender Kriterien abhängig:

(1) die Lieferung hat auf eine gesonderte **Weisung** des Käufers zu erfolgen,
(2) die Lieferung ist **wahrscheinlich,**
(3) der Vermögenswert muss **verfügbar** sein und für den Käufer bereit gehalten werden,
(4) der Käufer hat die aufschiebenden **Lieferbedingungen** ausdrücklich **bestätigt, und**
(5) die im gewöhnlichen Geschäftsverkehr geltenden **Zahlungsbedingungen** müssen **vereinbart** sein.

Sind diese Kriterien erfüllt, ist der Ertrag zu realisieren. Erfolgt die Zahlung in Raten, so kann der Ertrag realisiert werden, sofern ein wesentlicher Teil der Raten geleistet wurde und mit den restlichen Zahlungen zu rechnen ist.

13 Einen Sonderfall stellen auch Veräußerungsgeschäfte mit **vereinbarten Nebenbedingungen** dar. Bei Veräußerungsgeschäften, bei denen **Montagearbeiten und Endkontrollen** notwendig sind, ist der Ertrag zu realisieren, wenn der Käufer die Lieferung akzeptiert und des Weiteren Installation und Endkontrolle abgeschlossen sind (IAS 18.IE2(a)). Nicht gelten soll dieser Realisationsgrundsatz allerdings, wenn lediglich ein geringer Installationsaufwand notwendig oder die Endkontrolle nur für die abschließende Bestimmung des Vertragspreises erforderlich ist. In diesen beiden Fällen erfolgt eine Ertragsrealisation direkt mit der Abnahme der Vermögenswerte durch den Käufer. Gleiches gilt mithin, wenn die Montage nicht vom Lieferanten geschuldet wird und der Käufer damit einen Dritten beauftragt hat.

14 Des Weiteren sind Veräußerungsgeschäfte mit **Rückgaberecht des Käufers** zu erwähnen. Hierbei richtet sich die Ertragsrealisation nach der Wahrscheinlichkeit, mit der mit Rückgaben zu rechnen ist. Kann die Inanspruchnahme des Rückgaberechts durch den Käufer aus Erfahrungswerten abgeleitet werden, so ist der Ertrag sofort zu realisieren und gleichzeitig für die geschätzte Inanspruchnahme (Rückgabequote) eine Schuld zu passivieren. Ist eine zuverlässige Schätzung nicht möglich (zB mangels Erfahrung), so darf erst dann ein Ertrag realisiert werden, wenn der Käufer die Lieferung des Vermögenswerts formal akzeptiert

hat oder der vereinbarte Vermögenswert geliefert und die vereinbarte oder gesetzliche Rücktrittsfrist abgelaufen ist (IAS 18.IE2(b)). An die Verlässlichkeit der Schätzung sind uE keine überzogenen Anforderungen zu stellen. Liegen Kenntnisse zu dem tatsächlichen Kundenverhalten bis zur Bilanzaufstellung vor, sind sie als bilanzaufhellend noch zu berücksichtigen.

Besonderheiten bieten außerdem sog **aufschiebend bedingte** Verkäufe (*lay-away-sales*). Darunter werden Verträge verstanden, bei denen die Lieferung des Vermögenswerts erst dann erfolgt, wenn der Käufer die letzte Rate von vereinbarten Teilzahlungen geleistet hat. Im Normalfall würde eine Ertragsrealisation somit erst dann stattfinden, wenn die Lieferung erfolgt ist. Allerdings gestattet IAS 18 eine Ertragsrealisation vor der Lieferung, wenn wesentliche Teilzahlungen bereits geleistet sind, der Käufer bereits mehrere solcher Transaktionen planmäßig abgewickelt hat und der Vermögenswert im Lager des Verkäufers bereit liegt (IAS 18.IE3). Im Gegenzug muss für die noch ausstehende Zahlung eine Passivierung erfolgen (glA *von Keitz/Schmierzek* KoR 2004, 120). 15

Bei Geschäften mit **Kunden, die bereits im Lieferzeitpunkt Zahlungsschwierigkeiten** haben, ist das Realisationskriterium der Wahrscheinlichkeit eines Nutzenzuflusses in Frage zu stellen. In diesem Fall könnte ein Ertrag einerseits und eine adäquate Wertberichtigung auf Forderungen andererseits gebucht werden. Allerdings verbietet IAS 18.18 diese Buchungsvariante; vielmehr wird verlangt, dass bis zur Beseitigung der Ungewissheit keine Ertragsrealisation vorgenommen wird. Nicht relevant ist dieses Realisationsverbot, wenn die Zahlungsschwierigkeiten des Kunden erst nach der Lieferung eintreten oder der Lieferant erst danach davon erfährt. 16

Insbes bei der Grundstücksveräußerung sind **Renditegarantien** nicht selten. Hier ergibt sich aus IAS 18.16(b) iVm IAS 18.IE9, dass zB bei Vorliegen einer Mietgarantie ggü dem Käufer über einen weit über der derzeitigen Marktmiete erzielbaren Mieterlös der Veräußerungserlös nicht voll realisiert werden darf. In Höhe des Barwerts der über der marktüblichen Miete liegenden Garantie ist der Veräußerungserlös als *deferred income* abzugrenzen. Wenn eine Vermietbarkeit des verkauften Grundstücks/Gebäudes auch zu den marktüblichen Mieten zweifelhaft erscheint und damit der Verkaufserlös weitgehend durch den Barwert der Mietgarantie aufgezehrt werden dürfte, ist uE eine Ertragsrealisation insgesamt unzulässig. Es sind dann jährlich nur die abgegrenzten Garantien pro rata temporis aufzulösen bzw der Veräußerungserlös bei Wegfall des Garantierisikos (Zeitablauf oder deutliche Verbesserung des Mietmarkts; vgl § 13 Rz 101 ff) zu vereinnahmen. 17

3. Erträge aus der Erbringung von Dienstleistungen

Bei der Realisation von Erlösen aus **Dienstleistungsgeschäften** stellt die verlässliche Schätzbarkeit des Ergebnisses des Dienstleistungsgeschäfts das entscheidende Kriterium der Ertragsrealisation dar. So sind Erträge aus der Erbringung von Dienstleistungen entspr dem Leistungsfortschritt zum Abschlussstichtag zu erfassen, wenn das Ergebnis des gesamten Geschäftsvorfalls zuverlässig geschätzt werden kann. **Eine zuverlässige Schätzung** ist gem IAS 18.20 gewährleistet, wenn sich kumulativ die Höhe der Erträge zuverlässig schätzen lässt, der wirtschaftliche Nutzen wahrscheinlich zufließen wird, der Leistungsfortschritt zuverlässig ermittelt werden kann und bis zur Fertigstellung verursachte Aufwendungen zuverlässig messbar sind. Es ist von einer zuverlässigen Schätzung auszugehen, wenn ein funktionierendes internes Kostenrechnungssystem besteht und zwischen den Vertragsparteien die durchsetzbaren Ansprüche auf die jeweiligen Dienstleistungen, die Gegenleistungen und die Modalitäten der Vertragserfüllung festgehalten wurden (IAS 18.23). 18

Zur Bemessung des Leistungsfortschritts können verschiedene Methoden angewandt werden (s im Detail § 9 Rz 56ff). Gem IAS 18.21 lassen sich die Regelungen des IAS 11 für die Ertragserfassung entspr auf zu erbringende Dienstleistungen übertragen.

19 Keine Probleme der Ertragsrealisation treten auf, wenn Dienstleistungen gegen **Zeithonorar** geschuldet werden und die Dienstleistung ordentlich erbracht, alle Arbeitsstunden abrechenbar und der Leistungsempfänger zahlungsfähig ist.

20 **Voraussetzung** für die Ertragsrealisierung bei Dienstleistungen ist, dass der Zufluss wirtschaftlichen Nutzens hinreichend wahrscheinlich ist. Wenn sich bereits im Rahmen der Leistungserbringung Zweifel an der Werthaltigkeit der Umsatzforderung ergeben, so ist eine Realisation nicht zulässig. Ergeben sich die Zweifel nachträglich, ist der wahrscheinlich uneinbringlich gewordene Betrag als Wertberichtigungsaufwand zu erfassen und nicht gegen den zunächst zu Recht realisierten Umsatz zu verrechnen (IAS 18.22). Die Realisation ist grds erfolgt, wenn nur noch Inkasso- und (allgemeine) Gewährleistungsrisiken bestehen. Eine qualifizierte Abnahme der (Teil-)Leistung (wie nach HGB) wird nicht für erforderlich gehalten, da auch bei Dienstleistungen die in IAS 11 geregelten Prinzipien der *percentage-of-completion*-Methode (vgl § 9 Rz 33ff) anwendbar sind (IAS 18.21). Für die Bestimmung des Fertigstellungsgrads von Dienstleistungen gilt, dass jede Methode, die zu verlässlichen Ergebnissen führt, zulässig ist. Nach IAS 18.24 können die Abgrenzungen auf einer Ermittlung der erbrachten Leistung, dem Verhältnis der erbrachten Leistung zur vereinbarten Gesamtleistung oder dem Verhältnis der angefallenen Kosten zu den geschätzten Gesamtkosten basieren. Dabei wird idR eine lineare Ertragsrealisation möglich sein.

21 Entscheidend ist, dass neben einer **zuverlässigen Ertragsschätzung** auch eine **Aufwandsschätzung** möglich ist, sodass das Ergebnis des Dienstleistungsauftrags insgesamt verlässlich geschätzt werden kann. Andernfalls sind die Erträge nur in der Höhe realisierbar, in der die angefallenen Aufwendungen abrechenbar sind (IAS 18.26); dies führt zu einer erfolgsneutralen Abbildung (vgl auch IAS 18.27). Aus dieser Konzeption ergibt sich abweichend von HGB-Grundsätzen eine frühe (Teil-)Ertragsrealisierung unter dem Vorbehalt, dass die Kosten (bereits) abrechenbar sind. Wenn weder das Ergebnis hinreichend abschätzbar ist, noch mit hinreichender Wahrscheinlichkeit davon ausgegangen werden kann, dass die angefallenen Kosten wiedererlangt werden, ergibt sich im Abschluss eine ausschließliche Aufwandsverrechnung (noch nicht einmal eine Ertragsrealisierung gem IAS 18.26 ist dann zulässig). Bei späterer zuverlässiger Schätzbasis für das Ergebnis kann eine Realisierung gem IAS 18.20 nach dem Leistungsfortschritt vorgenommen werden (idS auch *Ordelheide/Böchem* in Baetge ua IFRS-Komm[2] IAS 18 Rz 66).

Auch im Zusammenhang mit Erträgen aus der Erbringung von Dienstleistungen können sich Abgrenzungsprobleme ergeben. Einige werden im Folgenden beispielhaft dargestellt.

22 Bei **Versicherungsprovisionen** handelt es sich um Vermittlungsprovisionen, die ein Versicherungsvertreter bei einem Vertragsabschluss erhält. Normalerweise erfolgt eine Ertragsrealisation mit Beginn des (neuen) Versicherungszeitraums des entspr Versicherungsvertrags. Hat der Versicherungsvermittler jedoch in der Folgezeit weitere Leistungsverpflichtungen (zB Inkasso, Schadenabwicklung) zu erbringen, ist ein Teil der Provision passivisch abzugrenzen (IAS 18.IE13) und über die Laufzeit des Vertrags zu vereinnahmen.

23 Für **Maklertätigkeiten** kommt es, abhängig von der konkreten Vertragsgestaltung, für die Erfüllung der Leistung auf den erbrachten Nachweis und den Abschluss eines Vertrags zwischen den vom Makler vermittelten Parteien an. Die anschließende Bonitätsprüfung des Lieferanten steht der Realisierung idR nicht

entgegen, sofern eine verlässliche Einschätzung der Storni/Vertragsablehnungen aus Erfahrungswerten möglich ist.

Ist im Veräußerungspreis von Vermögenswerten ein Entgelt für künftig zu erbringende Dienstleistungen enthalten, so ist dieses **Dienstleistungsentgelt** passivisch abzugrenzen und über den Zeitraum der Dienstleistungserbringung als Ertrag zu vereinnahmen (IAS 18.IE11). Auftreten kann dieser Sachverhalt bspw bei dem Verkauf von Software mit anschließender Kundenbetreuung, dem Verkauf von Gütern mit kostenloser Wartung über einen bestimmten Zeitraum oder bei Franchisegebühren, die sowohl die Einstandsleistung als auch nachfolgende Betreuung durch den Franchisegeber enthalten. Dabei ist für die erwarteten Kosten der *after-sales*-Dienstleistungen einschließlich eines angemessenen Gewinnaufschlags für diese Leistungen eine Abgrenzung vorzunehmen. Wegen der möglichen, insbes bei Software auftretenden Fragestellungen verweisen wir auf Rz 32. 24

Im Zusammenhang mit **Finanzdienstleistungen** können verschiedene Gebühren oder Provisionen anfallen. IdR stellt sich im Zuge der Ertragsrealisation die Frage, ob es sich bei den vereinnahmten Gebühren oder Provisionen um Zinsbestandteile handelt oder ob sie eigenständig sind und ob sie dann sofort oder über die Laufzeit der Finanzdienstleistung verdient werden. Zur Vereinfachung gibt IAS 18.IE14 drei wirtschaftliche Betrachtungsweisen vor, aus denen sich der Realisationszeitpunkt ergibt: 25

(1) Entgelte, die Bestandteil der Effektivverzinsung sind, zB Gebühren für Bonitätsprüfung, sind über die Laufzeit zu realisieren (hier handelt es sich um die zu Beginn eines Schuldverhältnisses anfallenden Bearbeitungsgebühren). Fallen Gebühren für die Kreditbereitstellung an und wird der Kredit nicht in Anspruch genommen, so ist der Ertrag am Ende des Zusagezeitraums erfolgswirksam zu erfassen (diese Gebühren sind als Bereitstellungs- oder Zusageprovisionen zu interpretieren).

(2) Entgelte, die über den Zeitraum der Leistungserbringung hinweg verdient werden, zB lfd Bearbeitungs- und Abwicklungsleistungen, Kontoführungsgebühren, sind nach Leistungserbringung über die Zeit zu realisieren.

(3) Weiter werden Entgelte für die Ausführung bestimmter übergeordneter Tätigkeiten wie zB Gebühren für Aktienzuteilung, Kreditvermittlungsprovisionen oder Gebühren für Konsortialführerschaft abgerechnet. So gelten Gebühren für die Aktienzuteilung im Zeitpunkt der Zuteilung der Aktien als realisiert. Kreditvermittlungsprovisionen sind zum Zeitpunkt des Vertragsabschlusses als Ertrag zu erfassen. Gebühren für die Konsortialführerschaft sind mit der Kreditplatzierung verdient, wenn für den Konsortialführer und die übrigen Konsortialmitglieder eine einheitliche Verzinsung gilt. Sollen die Gebühren eine niedrigere Verzinsung ausgleichen, so sind die Gebühren passivisch abzugrenzen und über die Kreditlaufzeit zu vereinnahmen (IAS 18.IE14).

Auch Erträge aus **Lehrtätigkeiten** und **künstlerischen Veranstaltungen** sind Dienstleistungserlöse. Erträge aus der Lehrtätigkeit werden über den Zeitraum der Lehrtätigkeit linear realisiert (IAS 18.IE16), Erträge aus künstlerischen Veranstaltungen sind hingegen in dem Zeitpunkt zu realisieren, in dem die Veranstaltung stattfindet. Eine Verteilung erfolgt lediglich bei mehreren Terminen zu einer einmalig bezahlten Veranstaltung. In diesem Fall sind Erträge unter Beachtung des beizulegenden Zeitwerts zeitanteilig entspr der Anzahl der Veranstaltungen zu realisieren (IAS 18.IE15). 26

Im Falle von **Mitgliedschaftsbeiträgen** ist die Ertragsrealisation vom Umfang der Leistungsverpflichtung abhängig. Wird durch den Beitrag lediglich eine Mitgliedschaft gewährt und müssen zukünftige Leistungen und Waren separat 27 vergütet werden, so wird der Ertrag bei Zahlung realisiert. Entstehen dem Kunden jedoch während der Mitgliedschaftsdauer Vorteile in Form von gewährten Leistungen oder Vergünstigungen beim Warenkauf, so wird der Ertrag entspr dem zeitlichen Anfall, der Art und Weise und des Werts der eingeräumten Vorteile realisiert (IAS 18.IE18).

4. Erträge aus Nutzungsüberlassung

28 Die Realisation von Erträgen aus Nutzungsüberlassung sowie die Realisation von **Zinserträgen, Lizenzerträgen und Dividendenerträgen** erfolgt nach den allgemeinen Realisationskriterien (verlässliche Bestimmbarkeit der Erträge und hinreichende Wahrscheinlichkeit des Zuflusses des wirtschaftlichen Nutzens; IAS 18.29(a) und (b)).

So sind **Zinserträge** zeitproportional unter Berücksichtigung der Effektivverzinsung des Vermögenswerts zu erfassen (IAS 18.30(a)). Die Definition des Effektivzinses (IAS 18.31 (1993)) wurde durch den Hinweis auf IAS 39.9 und IAS 39.AG5 bis IAS 39.AG8 überflüssig.

29 Bei **Dividendenerträgen** handelt es sich um Erträge, die aus Gewinnausschüttungen eines anderen Unternehmens resultieren, an dem Eigenkapitaltitel gehalten werden (IAS 18.5(c)). Allerdings resultieren aus der bloßen Existenz eines Gewinns eines Beteiligungsunternehmens noch keine Dividendenerträge; vielmehr müssen die Dividenden auch faktisch ausgeschüttet werden. Somit sind Dividenden grds erst mit der Entstehung eines Rechtsanspruchs zu realisieren (IAS 18.30(c); s auch die detaillierte Diskussion bei *Ordelheide/Böckem* in Baetge ua IFRS-Komm[2] IAS 18 Rz 88 ff).

30 **Lizenzerträge** ergeben sich aus der Nutzung von Vermögenswerten, wie Software, Patenten, Warenzeichen und Filmrechten. Grds sind diese Erträge im Einklang mit den vertraglichen Regelungen periodengerecht (vereinfachend kann eine lineare Nutzung angenommen werden) zu erfassen (IAS 18.30(b)). Allerdings ist von einer linearen Ertragsrealisation gem der dem Geschäftsvorfall zugrunde liegenden Vereinbarung abzuweichen, falls eine andere Methode ökonomisch sinnvoller erscheint.

31 So ist die Ertragsrealisation aus der Gewährung exklusiver **Filmrechte** an unabhängige Dritte, bei denen der Lizenzgeber auch keinen weiteren Einfluss auf die Verwertung des Filmmaterials ausüben kann, aus den Grundvorschriften abzuleiten. Allerdings können Filmlizenzverträge auch andere Vertragsformen mit enthalten, wie bspw Erträge aus dem Kartenverkauf oä. In diesen Fällen ist dann der Ertragsrealisationszeitpunkt einzelfallbezogen zu ermitteln. Für die Erfassung von **Lizenzerträgen aus der Filmindustrie** existieren nach IFRS keine spezifischen Regelungen oder ein Branchenstandard. Einen solchen gibt es jedoch nach US-GAAP mit SOP 97–2 „*Accounting for Producers or Distributors of Films*". Da nach IAS 8.12 auf andere Standardsetter zurückgegriffen werden darf, erscheint eine Heranziehung der US-GAAP sachgerecht, sofern der Standard nicht den IFRS widerspricht (zum Vorgehen bei Regelungslücken vgl § 2 Rz 59 ff). Nach **US-GAAP** ist bei **Lizenzerträgen der Filmindustrie** das Vergütungsmodell maßgeblich für den Zeitpunkt der Realisierung. So wird unterschieden zwischen einer **festen Vergütung** (*flat fee*) für den Lizenzgeber, die im Zeitpunkt der Vertragserfüllung (Lizenzeinräumung) zu einer Ertragsrealisation führt, und einer **erfolgsbasierten Vergütung,** bei der der Ertrag nach Maßgabe der Erfolgsvariablen zu realisieren ist. Diese beiden Fälle sind einfach gelöst, schwieriger wird es bei dem Mischfall von erfolgsbasierter Vergütung mit **garantierter Mindestvergütung.** Zu diesem Sachverhalt existieren im Schrifttum unterschiedliche Auffassungen (vgl *Ruhnke/Nerlich* WPg 2003, 753 ff; *Lüdenbach* in

Lüdenbach/Hoffmann IFRS[7] § 25 Rz 61). UE hat eine Realisation der Mindestvergütung analog zum Fall der festen Vergütung sofort zu erfolgen, da insoweit die Realisation sicher ist. Bzgl des erfolgsabhängigen Vergütungsbestandteils erfolgt die Realisation sachgerechterweise erfolgs- bzw ertragsabhängig. Dieser Lösung scheint jedoch das Beispiel in IAS 18.IE20 zu widersprechen. Da indessen nicht ersichtlich ist, welche Gründe gegen eine Realisation der fixen Vergütung unabhängig von der zusätzlichen erfolgsabhängigen Komponente sprechen sollten, halten wir eine Realisierung des festen Lizenzbetrags für zutreffend.

Auch im Fall von **Lizenzerlösen aus Softwarekomponenten** ist die Er- 32
tragsrealisation in linearer Form über den Leistungszeitraum eindeutig geregelt, sofern dem Lizenzgeber nach der Lieferung keine Verpflichtungen in Gestalt von Wartung, Reparatur, Updates etc verbleiben und lediglich eine einfache Lizenz zeitlich befristet überlassen wird. Aber auch hier kann der Ertrag durchaus einen anderen Charakter als den einer reinen Nutzungsüberlassung haben. Häufig basiert die Softwareumsatzrealisierung nicht auf einfachen Lizenzverträgen, sondern auf sog Mehrkomponentenverträgen, in denen oben genannte Komponenten, wie Wartung oder Reparatur, mit eingeschlossen sind. In Ermangelung detaillierter Vorschriften in den IFRS empfehlen wir für diese Verträge einen Rückgriff auf die US-GAAP (SOP 97.2) (ein ausführliches Praxisbeispiel findet sich bei *Brandt/Heiden/Hütten,* 397 ff). Zur Frage, ob es sich um Lizenzerträge oder einen Verkauf oder eine Dienstleistung handelt, sind in den IFRS Konkretisierungen enthalten. So gilt die **zeitlich unbefristete** Lizenzierung wirtschaftlich als Verkauf (IAS 18.IE20), die Entwicklung kundenspezifischer Software wird als Serviceaktivität angesehen (IAS 18.IE19) und die **zeitlich befristete** Lizenzierung gilt als Nutzungsüberlassung. Handelt es sich um Lizenzverträge, so hängt der Realisationszeitpunkt von der zeitlichen Befristung ab. Eine unbefristete Lizenzvergabe führt zu einer sofortigen Ertragsrealisation und eine befristete wird pro rata über den Zeitraum der Nutzung aufgeteilt.

Erträge aus **Vermietung und Verpachtung** sind in IAS 18 nicht explizit 33
aufgeführt, allerdings werden sie im Rahmenkonzept (F. 74) im Zusammenhang mit dem Begriff „*revenue*" genannt. Somit fallen Erträge aus Vermietung und Verpachtung, da keine anderweitige Regelung existiert, in den Anwendungsbereich des IAS 18 und dort am Ehesten in die Rubrik der Nutzungsüberlassung. Abgeleitet aus den allgemeinen Grundsätzen der Ertragsrealisation bei Nutzungsüberlassung gilt für die Erträge aus Vermietung und Verpachtung der Grundsatz der periodengerechten Erfolgsermittlung, wonach Miet- und Pachterträge zeitraumbezogen realisiert werden.

5. Erträge aus Tauschgeschäften

Die Ertragsrealisation von Tauschgeschäften richtet sich maßgeblich nach der 34
Unterscheidung der Tauschgeschäfte in den **Tausch gleichartiger und gleichwertiger Güter** sowie den Tausch **unterschiedlicher Güter.**

Beim Tausch **gleichartiger und gleichwertiger Güter** wird prinzipiell kein 35
Ertrag realisiert (IAS 18.12). Bilanziell ist dieser Vorgang als reiner Aktivtausch zu interpretieren. Dieser Fall tritt bspw auf, wenn Lieferanten Vorräte wie Rohstoffe austauschen, um zeitliche Nachfrageschwankungen an unterschiedlichen Standorten kurzfristig auszugleichen. Mit dem Realisationsverbot soll insbes eine bilanzpolitisch motivierte Aufblähung der Erträge verhindert werden (vgl *Lüdenbach* in Lüdenbach/Hoffmann IFRS[7] § 25 Rz 39). Nicht immer wird die Frage, ob ein Tausch gleichartiger Leistungen vorliegt, ohne Weiteres zu beantworten sein. UE ist es sachgerecht, bei wirtschaftlich motivierten Tauschgeschäften (zB

zur Ersparnis von erheblichen Transportkosten) eine weite Auslegung des Begriffs „Gleichartigkeit" vorzunehmen.

36 Werden jedoch Güter oder Dienstleistungen gegen der Art und dem Wert nach **unterschiedliche Güter und Dienstleistungen** getauscht, so sind Erträge zu realisieren. Diese Handhabung entspricht weitgehend der deutschen steuerlichen Würdigung. Etwaige Zahlungsmittel sind als Indiz für das Vorhandensein unterschiedlicher Güter und Dienstleistungen zu interpretieren. Der zu realisierende Ertrag bemisst sich nach dem beizulegenden **Zeitwert der erhaltenen** Güter oder Dienstleistungen korrigiert um ggf zusätzlich geleistete Zahlungsmittel (IAS 18.12). Lässt sich der beizulegende Zeitwert der Gegenleistung nicht hinreichend zuverlässig ermitteln, so bemessen sich die zu realisierenden Erträge nach dem beizulegenden Zeitwert der hingegebenen Leistung.

37 Der in der Medienwirtschaft häufig auftretende Fall der **wechselseitigen Werbeleistungen** wird in SIC-31 geregelt. Hier ist der Zeitwert der **erbrachten** Leistung maßgeblich, da dieser für das leistende Unternehmen relativ leicht zuverlässig ermittelt werden kann, wenn gleichartige Werbeleistungen im gewöhnlichen Geschäftsverkehr erbracht werden (zB feste Preise für Printanzeigen; zu Details vgl *Ordelheide/Böckem* in Baetge ua IFRS-Komm[2] IAS 18 Rz 53ff).

II. Übrige Ertragsrealisation

38 Erträge, die **nicht** nach **Maßgabe** des **IAS 18.6** realisiert werden, betreffen im Wesentlichen Erträge aus dem Verkauf von Vorräten (IAS 2), Umsatzerlöse aus Fertigungsaufträgen (IAS 11), Umsatzerlöse aus Leasingverträgen (IAS 17), Umsatzerlöse aus landwirtschaftlicher Tätigkeit (IAS 41) sowie Umsatzerlöse aus Versicherungsverträgen (IFRS 4) und sind in den entspr Standards gesondert geregelt. Bzgl der Ertragsrealisation dieser Fälle wird auf die einschlägigen Kapitel des Handbuchs verwiesen (vgl Aufstellung unter Rz 71).

Außerdem behandelt IAS 20 die Frage wie Zuwendungen der öffentlichen Hand, etwa Investitionszulagen, Aufwandszuschüsse etc als Erträge erfasst werden (s § 5 Rz 63ff, § 8 Rz 23). Öffentliche Zuwendungen für (langfristige) Vermögenswerte sind in den Perioden ertragswirksam zu erfassen, die durch die korrespondierenden Aufwendungen belastet sind (IAS 20.13). Demgegenüber sind öffentliche Zuschüsse für bereits angefallene Aufwendungen und Verluste sowie für Zuschüsse zum Zweck der sofortigen finanziellen Unterstützung ohne zukünftig damit verbundenen Aufwand (erfolgsbezogene Zuwendungen) als Ertrag in der Periode zu vereinnahmen, in der der entspr Anspruch entsteht (IAS 20.20).

39 Erträge aus der **Neubewertung** und **Veräußerung von langfristigen Vermögenswerten** etc sind keine Umsatzerlöse, sondern gehören in die Gruppe der sonstigen Erträge (*gains*); diese werden in Rz 92 detailliert dargestellt.

III. Sonderfälle der Ertragsrealisation

40 Die Frage, wann und inwieweit **Kundenbindungsprogramme** die Bilanzierung von Erträgen (Umsatzerlösen) beeinflussen, stellt einen Sonderfall der Bestimmung des Realisationszeitpunkts dar. Bei Kundenbindungsprogrammen bietet das Unternehmen seinen Kunden **Anreize**, die eigenen Produkte oder Dienstleistungen zu erwerben. Die Anreize erfolgen in Form von Prämien, die den Kunden dazu berechtigen, zukünftig Produkte oder Dienstleistungen des Unternehmens kostenlos oder vergünstigt zu erhalten. Beispiele für solche Kundenbindungsprogramme sind Bonusmeilen, Payback-Karten und ähnliche Pro-

gramme oder auch kostenlose Treuepunkte oä. Bislang konnte die Bilanzierung je nach Auslegung des Kundenbindungsprogramms nach IAS 18.13 oder aber nach IAS 18.19 erfolgen (zu Details s *Driesch* WPg 2007, 1059). Mit Veröffentlichung des IFRIC 13 „Kundenbindungsprogramme“ hat nunmehr eine Vereinheitlichung der Bilanzierung stattgefunden. Danach ist bei sog **Mehrkomponentengeschäften**, um die es sich bei Umsatzgeschäften mit gleichzeitiger Gewährung von Prämien handelt, eine getrennte Erfassung der separat identifizierbaren Bestandteile eines Geschäftsvorfalls erforderlich, um den wirtschaftlich zutreffenden Gehalt des Geschäftsvorfalls abzubilden. Dies führt zu einer Umsatzabgrenzung für die gewährten Prämien und nicht – wie bisher in der Praxis häufig zu beobachten – zu einer Rückstellungsbildung. Die Bewertung der Prämie erfolgt zum beizulegenden Zeitwert, der dem Betrag entspricht, zu dem die jeweilige Prämie veräußert werden könnte. Die so erfolgte Umsatzabgrenzung ist dann zu realisieren, wenn der Kunde die Prämie einlöst und das Unternehmen seine eingegangene Verpflichtung erfüllt.

Beispiel 1: Einzelhändler A gewährt Kunden bei einem Einkauf ab € 50 einen Gutschein über € 10 für ein in seinem Kaufhaus befindliches Restaurant. Es ist davon auszugehen, dass jeder Kunde seinen Gutschein einlösen wird. Ein Kunde kauft für € 100 ein. Der Einkaufspreis für A für diese Artikel lag bei € 50. Der Materialeinsatz zur Erfüllung des € 10 Gutscheins für Speisen und Getränke beträgt € 3.

Wird das Ziel dieser Werbemaßnahme darin gesehen, Kunden einen Anreiz zu verschaffen über € 50 einzukaufen, steht diese Maßnahme in unmittelbarem Zusammenhang mit dem bereits erzielten Umsatz und stellt daher eine Erlösschmälerung dar, die gem IAS 18.9 zum beizulegenden Zeitwert zu bewerten ist. Dieser ist aufgrund der Erfahrungswerte verlässlich ermittelbar; lägen hingegen noch keine verlässlichen Erfahrungen zum Abschätzen des beizulegenden Zeitwerts vor, wäre ggf der gesamte Umsatz bis zum Ablauf der Aktion abzugrenzen. Die Buchung des Einzelhändlers A beim Kauf der Ware durch den Kunden lautet wie folgt:

Per Kasse	€ 100		
		an Umsatzerlöse	€ 100
Per Materialaufwand	€ 50		
		an Vorräte	€ 50
Per Umsatzerlöse (100 × 10/110)	€ 9		
		Abgrenzungsposten	€ 9

Bei Einlösung des Restaurantgutscheins wird wie folgt gebucht:

Per Abgrenzungsposten	€ 9		
		an Umsatzerlöse	€ 9
Per Materialaufwand	€ 3		
		an Vorräte	€ 3.

Beispiel 2: Einzelhändler A veröffentlicht einen Werbecoupon in der Zeitung, der jedem Kunden 10% Rabatt bei seinem nächsten Einkauf über € 100 gewährt.

Da der wirtschaftliche Gehalt dieser Maßnahme die Schaffung eines Anreizes zur Tätigung neuer Umsätze ist und damit ein direkter Zusammenhang zur Umsatzerzielung gegebenen ist, liegt eine Erlösschmälerung für diesen neuen Umsatz vor. Löst ein Kunde diesen Coupon bei seinem nächsten Einkauf über € 150 ein, lautet die entspr Buchung

Per Kasse	€ 135		
Per Umsatzerlöse (Erlösschmälerung)	€ 15		
		an Umsatzerlöse	€ 150.

IFRIC 13 ist für alle IFRS-Anwender in der EU für Geschäftsjahre anzuwenden, die am oder nach dem 1. Januar 2009 beginnen, wobei eine frühere Anwendung zulässig ist. Die Erstanwendung hat nach IAS 8 retrospektiv zu erfolgen, da es sich um die Änderung einer Bilanzierungs- und Bewertungsmethode handelt (s § 45 Rz 9ff).

41 Ein weiterer Sonderfall, der bisher hinsichtlich des Zeitpunkts der Umsatzrealisierung Fragen aufwarf, ist der **Verkauf von Immobilien** in solchen Fällen, in denen bei Vertragsabschluss das **Bauvorhaben noch nicht abgeschlossen** oder noch gar nicht begonnen wurde. Fraglich ist, ob die jeweilige Vereinbarung in den Anwendungsbereich des IAS 11 „Fertigungsaufträge" mit einer Ertragsrealisierung nach Leistungsfortschritt oder des IAS 18 „Umsatzerlöse" mit einer Ertragsrealisierung nach dem Übergang von Chancen und Risiken fällt. Hierzu definiert der im Juli 2008 veröffentlichte IFRIC 15 Kriterien, in welchen Fällen welcher Standard Anwendung findet und wann die Umsatzrealisierung zu erfolgen hat. Als **Fertigungsauftrag iSv IAS 11** sind Vereinbarungen über die Errichtung einer Immobilie dann anzusehen, wenn der Käufer vertraglich in der Lage ist, die strukturellen Hauptelemente des Bauplans vor Baubeginn oder die Änderung wesentlicher Elemente nach Baubeginn zu bestimmen. In diesem Fall erfolgt die Bilanzierung des Fertigungsauftrags, ggf einschließlich der hiermit in unmittelbarem Zusammenhang stehenden Verträge für weitere Dienstleistungen, entspr den Regelungen des IAS 11 (Anwendung der POC-Methode), sofern die erforderlichen Schätzungen des Baufortschritts und der Kosten verlässlich erfolgen können (IFRIC 15.11 und IFRIC 15.13; weitere Details zur Anwendung von IAS 11s § 9 Rz 106f). **IAS 18** findet demgegenüber Anwendung, wenn der Käufer aus der Vertragsgestaltung heraus nicht in der Lage ist, die strukturellen Hauptelemente des Bauplans vor Baubeginn oder die Änderung wesentlicher Elemente nach Baubeginn zu bestimmen, er also nur in einem untergeordneten Maß Einfluss auf die Gestaltung nimmt, zB durch die Möglichkeit der Auswahl von Ausstattungselementen aus einem vom Verkäufer vorgegebenen Katalog (IFRIC 15.12). Im Falle der Anwendung von IAS 18 ist sodann in einem nächsten Schritt zu bestimmen, ob die Vereinbarung die **Lieferung von Dienstleistungen** betrifft oder den **Verkauf** bzw die **Lieferung** von **Gütern**. Handelt es sich um einen reinen Dienstleistungsvertrag, bspw weil der Vertrag nicht den Erwerb und die Bereitstellung von Baumaterialien beinhaltet, so hat die Bilanzierung nach IAS 18.20 zu erfolgen, der – analog zu IAS 11 – eine Umsatzrealisierung nach Auftragsfortschritt fordert (IFRIC 15.15). Umfasst der Vertrag hingegen auch die Bereitstellung der Materialien und die Errichtung der Immobilie, handelt es sich um einen Verkauf von Gütern, auf den die Grundsätze von IAS 18.14 anzuwenden sind. Die Umsatz- und Ergebnisrealisation richtet sich dann nach den Grundsätzen von IAS 18.14 (s Rz 11ff), dh sie erfolgt erst im Zeitpunkt der Verschaffung der Verfügungsmacht und dem Übergang der Rechte und Pflichten betreffend die Immobilie auf den Käufer. Dies kann entweder im Rahmen einer einzigen Aktion erfolgen oder nach abgrenzbaren Teilabschnitten. Im ersten Fall – Verschaffung der Verfügungsmacht und Übergang der Rechte und Pflichten in ihrer Gesamtheit in einer einzigen Aktion zB bei Fertigstellung oder Lieferung der Immobilie – ist dieser Zeitpunkt auch maßgebend für die (einmalige) Umsatzrealisation, da diese erst bei Erfüllung aller Kriterien des IAS 18.14 durchzuführen ist (IFRIC 15.18). Demgegenüber ist es jedoch auch möglich, dass die Kriterien des IAS 18.14 während des Baufortschritts kontinuierlich für abgrenzbare Teilabschnitte erfüllt werden. In diesem Fall bilanziert das berichtende Unternehmen die entspr Umsätze und Erträge für jeden Teilabschnitt nach Maßgabe des Grades der Fertigstellung in Übereinstimmung mit der *percentage-of-completion* (POC)-Methode gem IAS 11 (IFRIC 15.17; s auch das Prüfschema auf S 595).

IFRIC 15 ist – vorbehaltlich eines EU-Endorsement – verpflichtend für Geschäftsjahre, die am oder nach dem 1. Januar 2009 beginnen – anzuwenden.

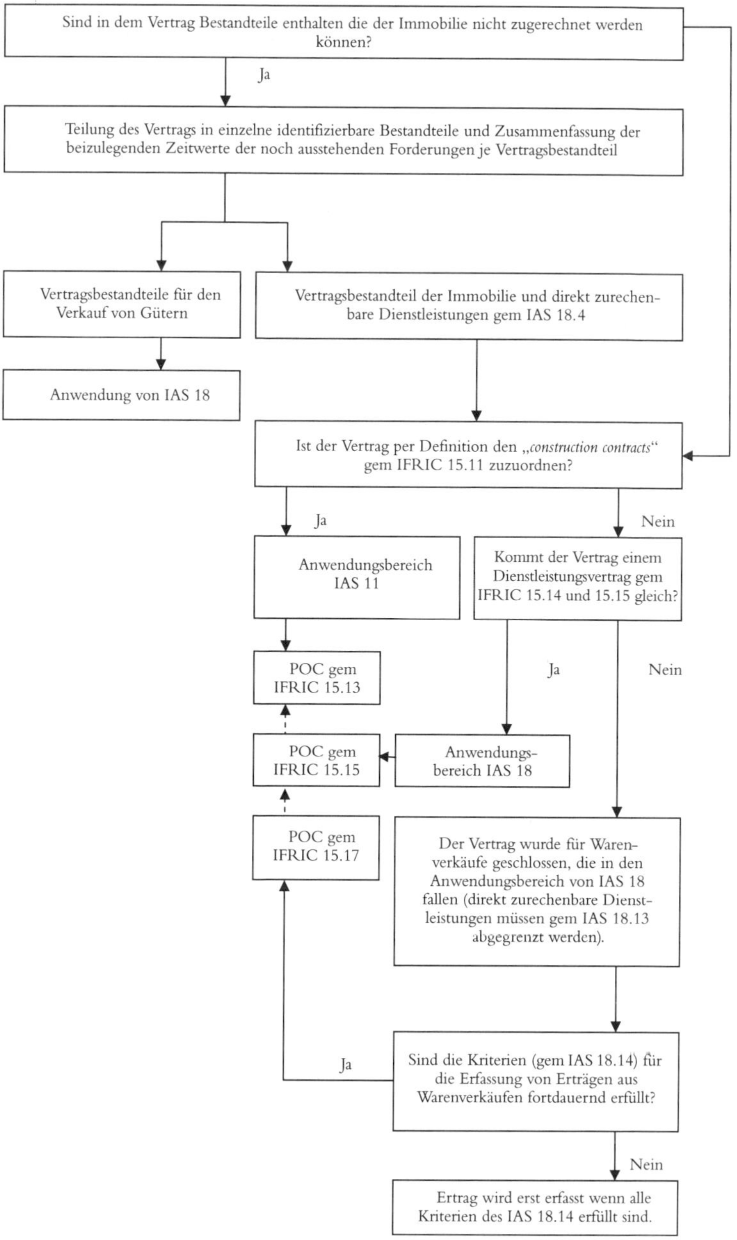

Einen weiteren Sonderfall stellt die Bilanzierung von **Erlösen aus Dienstleistungskonzessionsvereinbarungen** nach dem im Jahre 2006 veröffentlichten IFRIC 12 dar. Dienstleistungskonzessionsverträge betreffen Vereinbarungen, durch die eine öffentlich-rechtliche Institution Aufträge vergibt, um durch private Betreiber öffentliche Leistungen wie zB Straßen, Energieversorgung, Gefängnisse oder Krankenhäuser bereitzustellen (sog *public private partnership-* 42

Verträge). Grds ist unter Erlösrealisierungsgesichtspunkten die Gliederung des Projekts in eine Errichtungsphase und eine Betriebsphase relevant. Der Betreiber einer Dienstleistungskonzessionsvereinbarung hat im Rahmen der Errichtungsphase entstehende Erträge und auch Kosten nach IAS 11 zu behandeln und im Jahresabschluss mittels der POC-Methode als Umsatzerlöse und Forderungen aus Fertigungsaufträgen abzubilden (IFRIC 12.14). Die Erfassung von Erlösen und Kosten für Dienstleistungen im Rahmen der Betriebsphase richtet sich demgegenüber nach IAS 18 (IFRIC 12.20; zu Details s § 9 Rz 97 ff). IFRIC 12 ist für alle IFRS-Anwender in der EU für Geschäftsjahre, die am oder nach dem 29. März 2009 beginnen, verpflichtend anzuwenden.

43 Auch die Gewährung von **privaten Zuschüssen** in Form von **Sachkapital** oder **Geldkapital** stellen einen Sonderfall der Ertragsrealisation dar. Sofern Vermögenswerte des Sachanlagevermögens (*property, plant and equipment*) oder Barmittel durch Kunden übertragen werden, welche nicht zwingend vom tatsächlichen (End-)Kunden erbracht werden müssen, erfolgt die Bilanzierung von Umsatzerlösen nach den Regelungen des im Jahre 2009 veröffentlichten IFRIC 18. Dieser bezieht sich im Detail auf die Bilanzierung von Zuwendungen bei Versorgungsunternehmen (zB Gas-, Wasser- oder Elektrizitätsversorger) und Outsourcingverträge (zB IT-Outsourcing). Durch den weitgefassten Kundenbegriff (nicht notwendigerweise nur Endkunden) findet die Interpretation – neben den explizit in der Interpretation aufgeführten – auf eine Vielzahl weiterer (Vertrags-)Konstellationen Anwendung. Entscheidend ist, dass Vereinbarungen vorliegen, bei denen ein Unternehmen von einem Kunden ein Objekt, eine Anlage oder Betriebsmittel erhält, die das Unternehmen dann entweder dazu verwenden muss, den Kunden mit einem Leitungsnetz zu verbinden oder dem Kunden einen permanenten Zugang zur Versorgung mit Gütern oder Dienstleistungen zu gewähren.

Die **Bilanzierungsfähigkeit** dieser Zuwendungen von Kunden ist an diverse nutzungsspezifische Voraussetzungen geknüpft (IFRIC 18.8ff, s auch § 5 Rz 12). Liegen nach den Kriterien des IFRIC 18 die Zuwendungen durch Kunden in Form von Sachanlagevermögen oder Barmitteln vor, so ist der betreffende Vermögenswert zum **beizulegenden Zeitwert** gem IAS 16.24 zu bewerten, wobei die Gegenbuchung zunächst als sonstige Verbindlichkeit oder als separater (Abgrenzungs-)Posten auf der Passivseite zu erfolgen hat. Für die sich daran anschließende Erfassung von Umsatzerlösen ist jede aus der Zuwendungsvereinbarung resultierende (Dienst-)Leistungsverpflichtung getrennt zu betrachten, wobei die konkrete Ausgestaltung abhängig von der Art der Leistungsverpflichtung ist (siehe Abbildung).

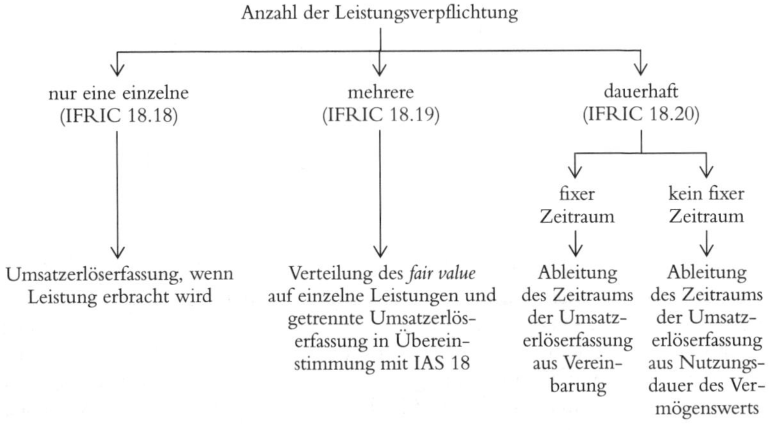

(1) Falls das Unternehmen nur eine **einzelne Dienstleistungsverpflichtung** eingegangen ist, erfasst es den Umsatzerlös zu dem Zeitpunkt, zu dem es die Dienstleistung erbringt (IFRIC 18.19).
(2) Ist das Unternehmen **mehr** als nur eine eigenständige identifizierbare Dienstleistungsverpflichtung eingegangen, hat es den beizulegenden Zeitwert der insgesamt erhaltenen Gegenleistung auf die einzelnen Dienstleistungen zu verteilen und die Umsatzerlöse für jede Dienstleistung getrennt in Übereinstimmung mit IAS 18 zu erfassen. Die Verteilung des gesamten beizulegenden Zeitwerts hat dabei entspr den Vorschriften des IFRIC 12.13 bzw IFRIC 13.5ff zu erfolgen (IFRIC 18.19).
(3) Ist das Unternehmen eine Verpflichtung eingegangen, **fortwährend Dienstleistungen** zu erbringen, wird der Zeitraum, über den die Umsatzerlösrealisation erfolgt im Allgemeinen aus den Bedingungen der mit dem Kunden geschlossenen Vereinbarung abgeleitet. Enthält die Vereinbarung dabei keinen festen Zeitraum, erfolgt die Umsatzerlösrealisation über einen Zeitraum, der die Nutzungsdauer des übertragenen Vermögenswerts, der zur fortwährenden Erbringung der Dienstleistung genutzt wird, nicht übersteigen darf (IFRIC 18.20).

IFRIC 18 ist – vorbehaltlich eines EU-Endorsements – auf Vertragsvereinbarungen anzuwenden, die am oder nach dem 1. Juli 2009 vollzogen werden (prospektive Anwendung). Liegen die zur Anwendung von IFRIC 18 notwendigen Informationen auch für vergangene, bereits abgeschlossene Vermögenswertübertragungen vor, ist eine rückwirkende Anwendung zulässig (begrenzt retrospektive Anwendung).

einstweilen frei **44, 45**

C. Darstellung und Struktur der Gesamtergebnisrechnung nach IAS 1

Vorschriften zur **Darstellung und Struktur der Gesamtergebnisrechnung** finden sich ausschließlich in IAS 1. Des Weiteren sind zum einen die im Wesentlichen im Framework und in IAS 1 enthaltenen allgemeinen Grundsätze, wie zB Relevanz und Glaubwürdigkeit sowie auch Verständlichkeit, Vergleichbarkeit etc (vgl § 2 Rz 20ff) einzuhalten. Zum anderen sind Sondervorschriften bspw für immaterielle Vermögenswerte (vgl § 4 Rz 105ff) zu beachten. **46**

Gem IAS 1.81 sind in der Gesamtergebnisrechnung **sämtliche** Erträge und Aufwendungen (bzgl der Definition von Erträgen und Aufwendungen vgl § 2 Rz 92ff) zu berücksichtigen. Neben den erfolgswirksam zu erfassenden Aufwendungen und Erträgen, deren Summe den Periodenerfolg darstellt, betrifft dies auch die erfolgsneutral im sonstigen Ergebnis zu berücksichtigenden Gewinne und Verluste (zu den Komponenten des sonstigen Ergebnisses vgl Rz 111). Der Abschlussbestandteil „Gesamtergebnisrechnung" stellt somit eine **stromgrößenorientierte Periodenrechnung** dar. **47**

Die Summe aus Periodenerfolg (*profit or loss*) und sonstigem Ergebnis ergibt das **Gesamtergebnis**. Während Änderungen von Schätzungen aufgrund ihrer zwingenden erfolgswirksamen Erfassung (s IAS 8.36) in den Periodenerfolg und somit ins Gesamtergebnis eingehen, werden die gem IAS 8.19ff und IAS 8.42 retrospektiv (erfolgsneutral) zu berücksichtigenden Auswirkungen der Änderungen von Bilanzierungs- und Bewertungsmethoden sowie der Berichtigung wesentlicher Fehler nicht in der Gesamtergebnisrechnung, sondern in der Eigen- **48** kapitalveränderungsrechnung erfasst (s IAS 1.89 iVm IAS 8; vgl auch § 17 Rz 21 ff und § 45 Rz 21 ff und Rz 45 f).

I. Inhalt und Darstellungsvarianten der Gesamtergebnisrechnung

49 In IAS 1.82 ist festgelegt, welche Posten in der Gesamtergebnisrechnung mindestens auszuweisen sind. Nach dieser **Mindestgliederung** hat die **erfolgswirksame** Teilrechnung (bisherige GuV) folgende Posten zu enthalten:
(1) Umsatzerlöse,
(2) Finanzierungsaufwendungen (Finanzergebnis ohne nach der Equity-Methode bewertete Unternehmen),
(3) Gewinn- und Verlustanteile an assoziierten Unternehmen und Gemeinschaftsunternehmen, die nach der Equity-Methode bilanziert werden,
(4) Steueraufwendungen,
(5) Nachsteuerergebnis aufgegebener Geschäftsbereiche,
(6) Periodenerfolg.

50 Ergänzend dazu ist nach IAS 1.82 eine **erfolgsneutrale** Teilrechnung aufzustellen, die folgende Bestandteile beinhalten muss:
(7) sämtliche Komponenten des sonstigen Ergebnisses gegliedert nach ihrer Art. Diese umfassen gem IAS 1.7(a) bis (e)
  (a) Veränderungen der Neubewertungsrücklage aus der Neubewertung von Vermögenswerten des Sachanlagevermögens oder immateriellen Vermögenswerten (s IAS 16.39, IAS 38.76),
  (b) gem IAS 19.93A erfolgsneutral verrechnete versicherungsmathematische Gewinne und Verluste der Berichtsperiode,
  (c) Gewinne und Verluste aus der Umrechnung von Abschlüssen ausländischer Geschäftsbetriebe (s IAS 21.27),
  (d) Änderungen des beizulegenden Zeitwerts von zur Veräußerung verfügbaren Wertpapieren (s IAS 39.55) sowie
  (e) den effektiven Teil der Gewinne und Verluste bei Cash Flow Hedges (IAS 39.95),
(8) im Konzernabschluss die – erfolgsneutral zu erfassenden – Anteile des Investors (MU) am sonstigen Ergebnis von assoziierten Unternehmen und Gemeinschaftsunternehmen, die nach der Equity-Methode bilanziert werden (s ausführlich § 36 Rz 63 ff sowie § 17 Rz 58 ff) und,
(9) das Gesamtergebnis.

51 Die Komponenten des sonstigen Ergebnisses sind dabei entweder auf einer **Nachsteuerbasis** anzugeben oder aber die Darstellung erfolgt vor Abzug von Steuern verbunden mit der Darstellung der gesamten Steuereffekte in einer gesonderten Zeile (IAS 1.91). Zudem sind für jede Komponente des sonstigen Ergebnisses die darauf entfallenden Steuern sowie die sog **Umgliederungsbeträge** (s Rz 111 ff) alternativ in der Gesamtergebnisrechnung oder im Anhang auszuweisen (IAS 1.90 und IAS 1.94).

52 Die folgenden Posten sind in der Gesamtergebnisrechnung als **Ergebniszuordnung** darzustellen:
(1) auf die nicht-beherrschenden Gesellschafter entfallender Periodenerfolg (IAS 1.83(a)(i));
(2) auf die Anteilseigner des MU entfallender Periodenerfolg (IAS 1.83(a)(ii));
(3) auf die nicht-beherrschenden Gesellschafter entfallendes Gesamtergebnis (IAS 1.83(b)(i)); und
(4) auf die Anteilseigner des MU entfallendes Gesamtergebnis (IAS 1.83(b)(ii)).

53 Die Gesamtergebnisrechnung kann entweder ein **einziges Rechenwerk (single statement approach)** umfassen oder aber **zweigeteilt (two statements approach)** werden (IAS 1.81).

Gesamtergebnisrechnung nach dem **single statement approach** (IAS 1.81(a)):

I.		**Gewinne und Verluste (erfolgswirksam)**
		Umsatzerlöse
		Aufwendungen
		....
I.		**Periodenerfolg**
II.		**Sonstiges Ergebnis (erfolgsneutral)**
	1.	+/– Ergebnis aus Neubewertung Sachanlagevermögen und immaterieller Vermögenswerte
	2.	+/– Ergebnis aus zur Veräußerung verfügbaren Finanzinstrumenten
	3.	+/– Ergebnis aus *cashflow hedges*
	4.	+/– versicherungsmathematische Gewinne und Verluste aus der Bilanzierung von Pensionsplänen nach IAS 19.93A
	5.	+/– Währungsumrechnungsdifferenzen wirtschaftlich selbständiger ausländischer Einheiten
	6.	./. Steuern auf **sonstiges Ergebnis**
II.		**Sonstiges Ergebnis**
III.		**Gesamtergebnis (Summe I. + II.)**
IV.		**Ergebniszuordnung**

54 Gesamtergebnisrechnung nach dem ***two statements approach*:**

Teilrechnung 1

I.		**GuV (erfolgswirksam)**
		Umsatzerlöse
		Aufwendungen
		....
I.		**Periodenerfolg**
II.		**Ergebniszuordnung Periodenerfolg**

Teilrechnung 2 (eigentliche Gesamtergebnisrechnung)

I.		**Periodenerfolg (erfolgswirksam)**
II.		**Sonstiges Ergebnis (erfolgsneutral)**
	1.–6.	analog *single statement approach*
II.		**Sonstiges Ergebnis**
IV.		**Gesamtergebnis (Summe I. + II.)**
V.		**Ergebniszuordnung Gesamtergebnis**

Bzgl der branchenspezifischen Gliederung bei Banken vgl § 39 Rz 47ff und bei Versicherungsunternehmen vgl § 40 Rz 62.

Bei der Entscheidung, ob der **Darstellungsoption** *single statement approach* oder *two statements approach* der Vorzug zu geben ist, gilt es vom Bilanzierenden zu berücksichtigen, auf welche Ergebnisgröße er das Augenmerk des Bilanzlesers lenken möchte. Durch die „optische" Gleichstellung von erfolgswirksamen und erfolgsneutralen Komponenten kann es durchaus zu Fehlinterpretationen kommen (s *Zülch/Fischer/Erdmann* WPg 2007, 968). Aus unserer Sicht ist eine Darstellung nach dem *two statements approach* zu **präferieren**, da die erforderlichen Angaben zur Ergebniszuordnung (s auch Rz 116) auf Minderheiten und die Anteilseigner des MU nach IAS 1.83(a) iVm IAS 1.81 hier besser im optischen Zusammenhang mit dem jeweiligen Ergebnis, auf das sie sich beziehen, stehen.

55 Reihenfolge und Bezeichnung der Mindestgliederungsposten sind zu ändern sowie weitere Posten und Zwischensummen einzufügen, wenn dies für das **Verständnis der einzelnen Faktoren der Ertragskraft** des Unternehmens relevant ist (IAS 1.85). Zudem sind die Art und der Betrag wesentlicher Aufwands- und Ertragsposten gesondert anzugeben (IAS 1.97). IAS 1.98 nennt Sachverhalte, die ggf eine **separate Berichterstattung** von Aufwands- und Ertragsposten in der Gesamtergebnisrechnung (bzw in der separat dargestellten GuV) oder im **Anhang** erforderlich machen:

(1) außerplanmäßige Abschreibungen von Vorratsvermögen auf den Nettoveräußerungswert oder von Sachanlagen auf den erzielbaren Betrag sowie die Wertaufholung solcher Abschreibungen (vgl § 8 Rz 93f; § 5 Rz 214f, Rz 223),
(2) eine Restrukturierung von Unternehmensaktivitäten und die Auflösung von etwaigen Rückstellungen für Restrukturierungsaufwand (vgl § 13 Rz 83),
(3) Abgang von Sachanlagen (§ 5 Rz 220),
(4) Abgang von Finanzanlagen (§ 3 Rz 202ff),
(5) aufgegebene Geschäftsbereiche (§ 28 Rz 114),
(6) Beendigung von Rechtsstreitigkeiten (vgl § 13 Rz 159ff),
(7) sonstige Auflösung von Rückstellungen (vgl § 13 Rz 83ff).

Des Weiteren existieren einige **Einzelvorschriften** zu Posten, die wahlweise in der Gesamtergebnisrechnung (bzw in der separat dargestellten GuV) oder im Anhang ausgewiesen werden können (s zB IAS 12.79ff, IAS 16.73(e) (i) bis (vii)).

56 Entspr IAS 1.87 dürfen Aufwendungen und Erträge weder in der Gesamtergebnisrechnung (bzw in der separat dargestellten GuV) noch im Anhang als **„außerordentlich"** gekennzeichnet werden. Vielmehr wird in IAS 1.BC60ff erläuternd klargestellt, dass Aufwendungen und Erträge stets im Rahmen der gewöhnlichen Geschäftstätigkeit des Unternehmens entstehen und entspr darzustellen sind. Allerdings kann hierzu abweichend im Rahmen der Kapitalflussrechnung dennoch ein separater Ausweis außerordentlicher Aufwendungen und Erträge im Anhang sinnvoll sein (vgl § 18 Rz 60).

57 Aufwendungen und Erträge dürfen gem IAS 1.32 nur insoweit saldiert werden, als ein IFRS dies fordert oder erlaubt (vgl § 2 Rz 53ff). Ausnahmen vom **Saldierungsverbot** finden sich bspw in IAS 1.34, IAS 2.34, IAS 1.34 iVm IAS 18.10 sowie IAS 37.54.

58 Bzgl der **Darstellungsform** trifft IAS 1 keine verbindliche Aussage. Es besteht ein uneingeschränktes Wahlrecht zwischen der **Kontoform** und der **Staffelform**, wobei die Darstellung in Staffelform die international bevorzugte Form ist (*Förschle/Kroner* in BeBiKo[6] § 275 HGB Rz 330). Die einmal getroffene Wahl für eine Darstellungsform unterliegt dem Grundsatz der Darstellungsstetigkeit.

59 Besonders bei **erstmaliger Anwendung** der **IFRS** gilt es zu beachten, dass Vergleichszahlen darzustellen sind. So muss der erste IFRS-Abschluss mindestens drei Bilanzen, zwei Gesamtergebnisrechnungen, zwei gesonderte Gewinn- und

Verlustrechnungen (falls erstellt), zwei Kapitalflussrechnungen und zwei Eigenkapitalveränderungsrechnungen sowie die zugehörigen Anhangangaben, einschließlich Vergleichsinformationen, enthalten (IFRS 1.21 (2008)/IFRS 1.36 (2003) geändert im Rahmen des IAS 1 (2007); vgl auch § 44 Rz 166). Im Rahmen der **Zwischenberichterstattung** (IAS 34.20) gilt, dass nicht nur eine Gesamtergebnisrechnung für die aktuelle Periode (zB Drei-Monatszeitraum) mit Vergleichszahlen für die entspr Periode des vorherigen Geschäftsjahrs zu erstellen ist. Vielmehr ist darüber hinaus auch die Darstellung einer Gesamtergebnisrechnung für den gesamten Zeitraum vom Beginn des aktuellen Geschäftsjahrs bis zum Stichtag der Zwischenberichtsperiode (kumulierte Gesamtergebnisrechnung) mit Vergleichszahlen für die entspr Periode des vorherigen Geschäftsjahrs erforderlich (vgl weitere Erläuterungen zur Gesamtergebnisrechnung im Rahmen der Zwischenberichterstattung in § 43 Rz 22ff).

einstweilen frei 60

II. Erfolgswirksame Teilrechnung (Gewinn- und Verlustrechnung)

Für die **Gliederung** der erfolgswirksamen Teilrechnung der Gesamtergebnisrechnung, die der bisherigen GuV entspricht, kann wahlweise das **Gesamtkostenverfahren** (GKV) oder das **Umsatzkostenverfahren** (UKV) herangezogen werden (IAS 1.99). Die Entscheidung für eines der beiden Gliederungsformate ist gem IAS 1.105 in Abhängigkeit vom Unternehmenstyp unter Einbeziehung historischer, branchenbezogener und organisatorischer Faktoren zu treffen. Es ist stets die Gliederungsform zu wählen, die die Komponenten der Ertragskraft eines Unternehmens am Besten wiedergibt (IAS 1.99). Beide Verfahren unterscheiden sich durch die Darstellung der Aufwendungen. Im Regelfall ist davon auszugehen, dass eine Gliederung nach dem UKV eine entspr Umsetzung in der Kostenrechnung erforderlich macht, die – abhängig von Geschäftsbetrieb und Strukturen – im Einzelfall eine intensive informationstechnische Vorbereitung im Rechnungswesen verlangt. 61

1. Gesamtkostenverfahren

Dem **GKV** liegt die Untergliederung der Aufwendungen nach **Aufwandsarten** zugrunde. Das GKV wird nur von wenigen der im DAX notierten IFRS-Anwender verwendet (vgl Küting/Kessler/Gattung KoR 2005, 19). Es ist kostenorientiert gegliedert und wesentliches Unterscheidungsmerkmal ggü dem UKV ist die Angabe der Bestandsveränderungen. Unter Berücksichtigung der bereits erläuterten Grundsätze und der Beispielgliederung in IAS 1.102 kann eine IFRS-GuV nach dem GKV folgende Form haben: 62

GuV nach dem GKV:

I.		Umsatzerlöse
II.		Sonstige Erträge
III.		Erhöhung oder Verminderung des Bestands an fertigen und unfertigen Erzeugnissen und aktivierte Eigenleistungen
IV.		Spezielle betriebliche Aufwendungen
	1.	Materialaufwand
	2.	Personalaufwand
	3.	Abschreibungen

V.		Sonstige Aufwendungen
VI.		Finanzergebnis (mindestens aufzuteilen in die beiden Komponenten gem IAS 1.82(b) und (c))
VII.		Ergebnis vor (Ertrag-)Steuern
VIII.		Ertragsteueraufwand
IX.		Nachsteuerergebnis aufgegebener Geschäftsbereiche
X.		Periodenerfolg nach Steuern

2. Umsatzkostenverfahren

63 Aus IAS 1.103 kann gefolgert werden, dass generell von der Anwendung des UKV ausgegangen werden sollte, da es „wichtigere Informationen als die Aufteilung nach den Aufwandsarten“ (IAS 1.103) liefert. Das **UKV** ist die in der (deutschen) IFRS-Praxis zunehmend **bevorzugte Gliederungsform** der Großindustrie (vgl auch *Küting/Kessler/Gattung* KoR 2005, 19). Im UKV sind die Aufwendungen nach betrieblichen **Funktionsbereichen** (Umsatzkosten, Vertriebskosten, Verwaltungskosten etc) zu gliedern. Zu beachten gilt, dass beim UKV **zusätzliche Angaben** zu Aufwandsarten, insbes Abschreibungen und Personalaufwand, gefordert werden (IAS 1.104). Unter Berücksichtigung von IAS 1.104 ergibt sich folgende „Mindest“-Gliederung:

GuV nach dem UKV:

I.		(Umsatz-)Erlöse
II.		Kosten der umgesetzten Leistung
III.		Bruttoergebnis
IV.		Sonstige Erträge
V.		Weitere funktionsspezifische Aufwendungen
	1.	Vertriebskosten
	2.	Forschungs- und Entwicklungskosten
	3.	Allgemeine Verwaltungskosten
VI.		Sonstige Aufwendungen
VII.		Finanzergebnis (mindestens aufzuteilen in die beiden Komponenten gem IAS 1.82(b) und (c))
VIII.		Ergebnis vor (Ertrag-)Steuern
IX.		Ertragsteueraufwand
X.		Nachsteuerergebnis aufgegebener Geschäftsbereiche
XI.		Periodenerfolg nach Steuern

64 IAS 1.100 enthält die Empfehlung, auch die über die Mindestgliederung hinausgehenden Aufwandsposten nach GKV oder UKV direkt in der Gesamtergebnisrechnung bzw der separaten **GuV** anzugeben. Werden demgegenüber in der Gesamtergebnisrechnung bzw in der GuV lediglich die Posten der Mindestgliederung aufgeführt, so sind die Aufwendungen verpflichtend im **Anhang** entspr einem der beiden Gliederungsverfahren darzustellen.

III. Erfolgsneutrale Teilrechnung

Die erfolgsneutrale Teilrechnung, die nach IAS 1 die erfolgswirksame Teilrechnung zur Gesamtergebnisrechnung vervollständigt, besteht aus der **Aufschlüsselung aller Eigenkapitalveränderungen**, die nicht auf Transaktionen mit Gesellschaftern beruhen. Dieser Teil der Gesamtergebnisrechnung ist nach dem Umsatzkosten- und dem Gesamtkostenverfahren inhaltsgleich und setzt auf dem Periodenerfolg nach Steuern auf. 65

Die einzelnen Komponenten des sonstigen Ergebnisses können wahlweise vor oder nach **Steuern** dargestellt werden (s IAS 1.90f). Bei einer Darstellung vor Steuern sind die Steuern aus dem sonstigen Ergebnis in einer weiteren Zeile als Gesamtsumme zu erfassen und auszuweisen (IAS 1.91). Darüber hinaus sind für jede Komponente des sonstigen Ergebnisses die darauf entfallenden Steuern alternativ in der Gesamtergebnisrechnung oder im Anhang auszuweisen (IAS 1.90 und IAS 1.94).

Um die Transparenz von **Umgliederungen** von Komponenten des sonstigen Ergebnisses zu erhöhen, hat zudem nach IAS 1.7 iVm IAS 1.93ff ein separater Ausweis der postenbezogenen Umgliederungsbeträge zu erfolgen. Diese Angaben können wahlweise direkt in der Gesamtergebnisrechnung oder im Anhang gemacht werden (zu Details s Rz 111ff).

D. Einzelne Posten der erfolgswirksamen Teilrechnung

Die **Erläuterung** der einzelnen Posten der erfolgswirksamen Teilrechnung bezieht sich sowohl auf Posten des UKV als auch des GKV. Zu Beginn der Erläuterungen eines jeden Postens wird auf sein Vorhandensein in den jeweiligen GuV-Formaten hingewiesen. Die nachfolgend aufgeführten Posten und Angaben sind unabhängig davon darzustellen, ob die Gesamtergebnisrechnung nach dem *single statement approach* oder aber nach dem *two statements approach* aufgestellt wird. 66

I. (Umsatz-)Erlöse

Ausgangsgröße der Gesamtergebnisrechnung entspr der Mindestgliederung gem IAS 1.82 sind die **(Umsatz-)Erlöse („*revenue*“)**, die nach UKV und GKV inhaltsgleich sind. Im Rahmen der Überarbeitung sämtlicher Übersetzungen der IFRSs, IFRICs und SICs in alle EU-Sprachen (VO-EG Nr 1126/08, Amtsblatt vom 29. November 2008; s auch Rz 7 und § 1 Rz 27) wird nunmehr in der Zielsetzung des in „Umsatzerlöse“ umbenannten IAS 18 definiert, dass Umsatzerlöse solche Erträge sind, die im Rahmen der gewöhnlichen Geschäftstätigkeit eines Unternehmens anfallen und eine Vielzahl unterschiedlicher Bezeichnungen haben wie Verkaufserlöse, Dienstleistungsentgelte, Zinsen, Dividenden und Lizenzerträge. In IAS 18 selbst wird die Behandlung von Umsatzerlösen aus bestimmten Geschäftsvorfällen und Ereignissen insbes hinsichtlich des Zeitpunkts ihrer Erfassung determiniert (s Rz 8 ff). 67

Für eine korrekte Zuordnung einzelner Geschäftsvorfälle gem der Beispielgliederung in Rz 53f ist ein **zweistufiges Verfahren** hinsichtlich der Definitions- und Ansatzkriterien zu durchlaufen. 68

Die **Definition** der Umsatzerlöse ergibt sich aus IAS 18.7. Danach stellt der aus der gewöhnlichen Tätigkeit des Unternehmens resultierende **Bruttozufluss** wirtschaftlichen Nutzens während der Berichtsperiode, der zu einer Erhöhung des Eigenkapitals führt, soweit er nicht aus Einlagen der Anteilseigner resultiert, einen Umsatzerlös dar. Diese Definition schließt an die Begriffsbestimmung in F. 74 an, wonach zu den Erträgen Umsatzerlöse, Dienstleistungsentgelte, Zinsen, Mieten, Dividenden und Lizenzerträge (abhängig vom Kerngeschäftsfeld oder der gewöhnlichen Tätigkeit des bilanzierenden Unternehmens) gehören. Handelt es sich bei den Erträgen **nicht** um typische Erlöse aus dem **Kerngeschäft** eines Unternehmens, so dürfen sie **nicht** den (Umsatz-)Erlösen zugerechnet werden, sondern sind unter den sonstige Erträgen auszuweisen (vgl Rz 92). Dies ist im Einzelfall entspr den tatsächlichen Verhältnissen im Unternehmen zu entscheiden, gilt aber bspw oftmals für Mieteinnahmen, Lizenzerträge, Zinsen und Dividenden.

69 Es kann von einer weitgehenden inhaltlichen **Deckungsgleichheit** des in IAS 1 und IAS 18 verwendeten Begriffs **der Umsatzerlöse** und dem in § 277 Abs 1 **HGB** definierten Begriff der **Umsatzerlöse** ausgegangen werden (s *Förschle/Kroner* in BeBiKo[6] § 275 HGB Rz 331). Abweichungen treten dennoch auf. So ist der Ansatz nach IFRS einerseits restriktiver, da mangels Zufluss keine Erträge aus Wertaufholungen oder der Auflösung von Rückstellungen als Umsatzerlöse erfasst werden dürfen, andererseits ist der Begriff nach IFRS weiter gefasst, weil hierunter bspw die Mieterträge aus Werkswohnungen oder Erträge aus Nebenbetrieben wie zB Kantinen, die nach HGB regelmäßig nicht den Umsatzerlösen zugeordnet werden, subsumiert werden können (vgl *Zülch* in Winkeljohann IFRS[2], 245).

70 Unter die **Definition** der Umsatzerlöse nach IAS 18.1 ff fallen Erlöse aus dem Verkauf von Gütern als auch solche aus der Erbringung von Dienstleistungen, Zins-, Miet- und Dividendeneinkünfte aus der Nutzungsüberlassung von Vermögenswerten (vgl IAS 18.14 ff) sowie Erlöse aus Tauschgeschäften (s IAS 18.12).

Daneben wird in verschiedenen Standards einzelfallbezogen geregelt, was unter den GuV-Posten Umsatzerlöse fällt. So befasst sich IAS 2 mit Umsatzerlösen aus dem Verkauf von Vorräten, IAS 17 mit Umsatzerlösen aus Leasingverträgen, IAS 40 mit Umsatzerlösen aus landwirtschaftlicher Tätigkeit und IFRS 5 mit Erlösen aus aufgegebenen Geschäftsbereichen. Für (langfristige) **Fertigungsaufträge** regelt IAS 11 die anzuwendenden Bilanzierungs-, Bewertungs- und Realisationsgrundsätze. Die Erlöse aus Fertigungsaufträgen nach IAS 11 sind bei den Umsatzerlösen gesondert anzugeben (vgl § 9 Rz 91 mwN zur Behandlung von Kosten, Erlösen und Angabepflichten). Gleiches gilt nach IAS 18.35 für die einzelnen Kategorien der (Umsatz-)Erlöse (zB Verkauf von Gütern, Erbringen von Dienstleistungen, Nutzungsentgelte etc).

71 Detailliert können im Einzelnen im Posten Umsatzerlöse nach IFRS folgende **Erträge aus Unternehmenstransaktionen** – abhängig vom Kerngeschäftsfeld des Unternehmens – enthalten sein:

Erträge aus
(1) dem Verkauf von Gütern (IAS 18.14ff; Rz 11 ff),
(2) der Erbringung von Dienstleistungen (IAS 18.20 ff; Rz 18 ff),
(3) der Nutzungsüberlassung sowie Vermietung und Verpachtung (IAS 18.29 ff; Rz 28 ff),
(4) Tauschvorgängen (IAS 18.35(c); Rz 34 ff),
(5) dem Verkauf von Vorräten (§ 8),
(6) langfristigen Fertigungsaufträgen (IAS 11.22; s § 9 Rz 91),
(7) Leasing-Verhältnissen (IAS 17.42, IAS 17.50; s § 22 Rz 151 ff),
(8) landwirtschaftlicher Tätigkeit (IAS 41; s § 41 Rz 16),
(9) Versicherungsverträgen (s § 40 Rz 62).

72 Wenn der zu betrachtende Ertrag den **Definitionsmerkmalen von Erträgen** entspricht, ist zu überprüfen, ob die **Ansatzkriterien** zur **Realisation**

erfüllt sind, woraus sich der Zeitpunkt der Erfassung ergibt. Der **Zeitpunkt der Erfassung** bestimmt sich für Erträge bzw Umsatzerlöse danach, ob hinreichend wahrscheinlich ist, dass dem Unternehmen ein wirtschaftlicher Nutzen zufließen wird und sich dieser verlässlich quantifizieren lässt (s F. 43 und IAS 18 Zielsetzung, IAS 18.14, IAS 18.20, IAS 18.29). IAS 18 regelt zudem im Einzelnen, wann die Umsatzrealisation bei Verkäufen von Gütern (IAS 18.14ff), der Erbringung von Dienstleistungsaufträgen (IAS 18.20) und aus Zinsen, Dividenden und Lizenzeinnahmen (IAS 18.29ff) gegeben ist. Darüber hinaus sind im Anhang zu IAS 18 Beispiele zur Konkretisierung der Umsatzrealisationskriterien anhand von Geschäftssituationen dargestellt. Auch wenn die Beispiele keine umfassende Auflistung aller relevanten Faktoren enthalten, so erläutern sie doch außerhalb der bindenden Vorschriften des IAS 18 verständlich und praxisbezogen entscheidende Realisationskriterien (vgl im Detail Rz 127ff). Damit nimmt IAS 18 für die in seinen Anwendungsbereich (vgl Rz 38) fallenden Umsatzkategorien eine Präzisierung der allgemeinen Ansatzkriterien in F. 82ff und F. 92f vor (vgl *Ordelheide/ Böckem* in Baetge ua IFRS-Komm[2] IAS 18 Rz 1).

Die **Bemessung** der Erträge erfolgt anhand des **beizulegenden Zeitwerts** 73
der **Gegenleistung**, die das Unternehmen erhalten hat oder beanspruchen kann (IAS 18.9). Dies bedeutet, dass bei zeitlicher Verzögerung des Zuflusses der Zahlungen der beizulegende Zeitwert der Gegenleistung unter dem Nominalwert der Zahlungsmittel liegen kann. Wenn die Vereinbarung zum Zahlungsziel effektiv einen Finanzierungsvorgang darstellt, ist der beizulegende Zeitwert für das Umsatzgeschäft durch **Abzinsung** zu ermitteln. Die Differenz zum Nominalwert wird als Zinsertrag erfasst (IAS 18.11). Daraus lässt sich auch ableiten, dass eine Abzugspflicht für Erlösschmälerungen besteht, da ansonsten die Umsatzerlöse den beizulegenden Zeitwert überschreiten würden. Demzufolge wirken zB Preisnachlässe oder nachträglich gewährte Boni und Treuerabatte erlösschmälernd (IAS 18.10).

Der Ertrag umfasst nur Bruttozuflüsse wirtschaftlichen Nutzens, die ein Un- 74
ternehmen für **eigene Rechnung** erhält (dh die zu einer Erhöhung des Eigenkapitals führen). Beträge, die im Interesse Dritter eingezogen werden, werden daher nicht unter den Begriff Ertrag subsumiert (IAS 18.8). Entspr sind die Umsatzerlöse netto, dh nach Abzug der USt oder anderer Verkehrsteuern auszuweisen. Eine offene Absetzung von zB Tabak- oder Mineralölsteuer von den Umsatzerlösen, wie nach HGB üblich, kommt nach IFRS nicht in Betracht.

Im Zuge des *Annual Improvements* Projekts 2009 wurde in den Anhang zu **IAS 18** ein neuer Paragraf eingefügt, der IAS 18.8 hinsichtlich der Frage konkretisiert, ob ein Unternehmen als Vermittler („*agent*“) oder als Auftraggeber („*principal*“) tätig ist. Ganz iSd allgemeinen *risk and-rewards approach* ist ein Unternehmen dann als Auftraggeber anzusehen, wenn es die wesentlichen Chancen und Risiken trägt, die mit dem Verkauf von Gütern oder dem Erbringen von Leistungen verbunden sind. Konkrete Anhaltspunkte hierfür werden in IAS 18.IE21 (geändert 2009) aufgeführt: die einzeln oder in Kombination darauf hinweisen, dass ein Unternehmen als Auftraggeber zu qualifizieren ist:

(1) Das Unternehmen trägt die Hauptverantwortung dafür, dass der Kunde die Lieferung bzw Leistung erhält und sie auch akzeptiert;
(2) das Unternehmen trägt das Risiko eines wert- oder mengenmäßigen Verlusts der Lieferung vor oder während der Bestellung, während des Transports oder der Rücksendung;
(3) das Unternehmen hat einen direkten oder indirekten Spielraum hinsichtlich der Preisgestaltung, zB indem es zusätzliche Güter oder Dienste anbietet;
(4) das Unternehmen trägt das Ausfallrisiko aus der Forderung ggü dem Kunden.

Bei Vorliegen dieser Kriterien – einzeln oder in Kombination – ist das Unternehmen als Auftraggeber anzusehen und hat die Umsatzerlöse aus dem Verkauf der Güter oder der Erbringung der Dienstleistungen auszuweisen.

Erfüllt das bilanzierende Unternehmen hingegen keinen dieser Anhaltspunkte und trägt es folglich nicht die wesentlichen Chancen und Risken, so ist es lediglich als Vermittler anzusehen, mit der Folge, dass die Einnahmen aus dem Geschäftsvorfall nicht als eigene Umsatzerlöse auszuweisen sind, sondern nur ein Ausweis der Vergütung für die Vermittlung des Geschäftsvorfalls erfolgt. Ein weiterer Anhaltspunkt für eine reine **Vermittlungstätigkeit** wird in IAS 18.IE21 (geändert 2009) darin gesehen, dass der Betrag, den das Unternehmen an dem Geschäftsvorfall verdient, vorher festgelegt ist, sei es als feste Gebühr oder als ein bestimmter Anteil am Umsatz.

II. Umsatzkosten

75 Der Posten **Umsatzkosten** tritt ausschließlich in der Struktur des UKV auf. Unter diesen Posten fallen Aufwendungen ieS, die im Rahmen der gewöhnlichen Geschäftstätigkeit anfallen und den Herstellkosten entsprechen, die den Umsatzerlösen zuzurechnen sind. Gem IAS 2.12 zählen zu den Umsatzkosten respektive den Kosten der umgesetzten Leistungen sämtliche den Produktionseinheiten direkt zurechenbare (Einzel-)Kosten sowie systematisch zugerechnete fixe und variable (Gemein-)Kosten. Grds bestehen keine Wahlrechte bzgl der einzubeziehenden Komponenten; vielmehr sind **sämtliche produktbezogenen Vollkosten** zwingend in die Umsatzkosten einzubeziehen (zur Ausnahme bzgl der Fremdkapitalkosten vgl § 8 Rz 43 ff). Diese umfassen zB Materialeinzel- und -gemeinkosten, Fertigungseinzel- und -gemeinkosten, Sonderkosten der Fertigung, Abschreibungen und Instandhaltungskosten von Betriebsgebäuden und -einrichtungen sowie die Kosten des Managements und die produktbezogenen Verwaltungskosten (s § 8 Rz 31 ff). Der Posten **Abschreibungen** umfasst dabei sowohl **planmäßige** als auch **außerplanmäßige Komponenten.** Im Fall von außerplanmäßigen Abschreibungen sind die Beträge für jede Gruppe von Vermögenswerten im Anlagespiegel darzustellen (vgl IAS 36.128). Außerdem ist anzugeben, in welchem Posten die Beträge in der GuV ausgewiesen sind (IAS 36.126 (a)).

Ein aus einer Verlustberücksichtigung bei langfristiger Fertigung (s § 9 Rz 76 ff) zu erwartender Mehraufwand – zB infolge einer erkannten Fehlkalkulation – ist ebenfalls unverzüglich unter den Umsatzkosten zu berücksichtigen.

III. Bruttoergebnis

76 Das Bruttoergebnis stellt im **UKV** eine **Zwischensumme** dar und wird ermittelt indem Umsatzerlöse und Umsatzkosten saldiert werden. Das Bruttoergebnis ist nicht verpflichtend auszuweisen, allerdings stellt es ein durchaus **sinnvolles Instrument** zum Mehrjahresvergleich im Unternehmen und für den zwischenbetrieblichen Vergleich dar.

IV. Weitere funktionsspezifische Aufwendungen

77 Im **UKV** werden die Aufwendungen den einzelnen **Funktionsbereichen** des Unternehmens zugeordnet (IAS 1.103). Als wesentliche Funktionsbereiche sind generell der Vertrieb, die Forschung und Entwicklung sowie die allgemeine Verwaltung anzusehen.

Speziell geregelt ist daneben in IAS 19 der Ausweis des Aufwands für Altersvorsorge. Gem IAS 19.119 steht es den Bilanzierenden frei, den lfd Dienstzeitaufwand, den Zinsaufwand und die erwarteten Erträge aus dem Planvermögen unter einem oder mehreren Posten der GuV auszuweisen. Wird das UKV angewandt, so kann der Zinsaufwand aus der Aufzinsung der Pensionsverpflichtung respektive der Zinsertrag aus der Verzinsung des Planvermögens nach Saldierung entweder gesondert im Zinsergebnis als Teil des Finanzergebnisses ausgewiesen oder entspr den übrigen Komponenten des Pensionsaufwands (IAS 19.120A(g)(i), (iv) bis (vii) s auch § 26 Rz 70ff) auf die einzelnen Funktionsbereiche verteilt werden (*Förschle/Kroner* in BeBiKo[6] § 275 HGB Rz 339). Für Versicherungsunternehmen ist ein Ausweis im Zinsergebnis verpflichtend. Da allgemein auch betriebswirtschaftlich eher ein Zinscharakter unterstellt werden kann, erscheint ein Ausweis im Zinsergebnis sachgerechter.

Den einzelnen funktionsspezifischen Kostenarten ist gemein, dass sie stets 78
periodenbezogen als Teil der betrieblichen Aufwendungen auszuweisen sind.

1. Vertriebskosten

Unter **Vertriebskosten** werden die Kosten subsumiert, die in direktem Zu- 79
sammenhang mit dem Absatzerfolg des Unternehmens stehen (*Epstein/Jermakowicz* 2008, 95). Sie umfassen in erster Linie „Aufwendungen der Verkaufs-, Werbe- und Marketingabteilungen sowie des Vertreternetzes und der Vertriebsläger" (*Förschle* in BeBiKo[6] § 275 HGB Rz 282) und entsprechen den handelsrechtlichen Vorschriften. Die Vertriebskosten lassen sich in Vertriebseinzelkosten, -gemeinkosten und -sonderkosten aufteilen (s im Einzelnen *Förschle* in BeBiKo[6] § 275 HGB Rz 283ff). Eine Einbeziehung in die Herstellungskosten respektive die Umsatzkosten ist gem IAS 2.16(d) nicht zugelassen.

2. Forschungs- und Entwicklungskosten

Die Aktivierung von Kosten der **Forschungsphase** (s zur begrifflichen Ab- 80
grenzung IAS 38.8 sowie § 4 Rz 30) ist nach IFRS ausnahmslos nicht gestattet (IAS 38.54). Demgegenüber sind die Kosten der nachgelagerten **Entwicklungsphase** (vgl die inhaltliche Definition in IAS 38.8 sowie § 4 Rz 32) bei Vorliegen der in IAS 38.57 genannten restriktiven Voraussetzungen zu aktivieren. Sind die Voraussetzungen zur Aktivierung von Entwicklungskosten nicht gegeben, müssen Entwicklungskosten periodenbezogen aufwandswirksam erfasst werden (vgl § 4 Rz 33). Sofern indessen Entwicklungskosten aktiviert werden (vgl zur Ermittlung der Höhe ausführlich § 4 Rz 64ff), sind die Abschreibungen in Folgeperioden ebenfalls unter dem Posten Forschungs- und Entwicklungskosten in der GuV zu erfassen.

Die aufwandswirksam zu berücksichtigenden Forschungs- und Entwicklungs- 81
kosten umfassen **sämtliche den Forschungs- und Entwicklungsaktivitäten** direkt zurechenbare oder auf einer sachgerechten und stetigen Basis zuordenbare Ausgaben. Somit fallen hierunter neben Material- und Personalkosten auch Verwaltungsgemeinkosten sowie Abschreibungen, die dem Bereich Forschung und Entwicklung eindeutig zurechenbar sind. Werden die Forschungs- und Entwicklungskosten nicht in einem gesonderten Posten als Teil der betrieblichen Aufwendungen ausgewiesen, sondern unter dem Sammelposten sonstige Aufwendungen erfasst, ist die Höhe der aufwandswirksam verrechneten Forschungs- und Entwicklungskosten im Anhang offenzulegen (IAS 38.126).

Nach **HGB** ist gem § 248 Abs 2 HGB bislang eine Aktivierung der For- 82
schungs- und Entwicklungskosten ausgeschlossen. Das Bilanzrechtsmodernisierungsgesetz **(BilMoG)** sieht ein Aktivierungswahlrecht in Höhe der Entwick-

lungskosten für selbst erstellte immaterielle Vermögenswerte des Anlagevermögens vor (§ 248 Abs 2 (BilMoG)). Unterschiede zwischen HGB und IFRS bestehen neben der Tatsache, dass nach HGB ein Aktivierungswahlrecht und nach IFRS ein Aktivierungsgebot besteht, in dem Faktum, dass in IAS 38 sechs konkrete Kriterien genannt sind, die kumulativ erfüllt sein müssen, um Entwicklungskosten zu aktivieren. Eine solche konkrete Regelung fehlt im BilMoG.

3. Allgemeine Verwaltungskosten

83 Unter den **allgemeinen Verwaltungskosten** sind Aufwendungen zu erfassen, die weder produktbezogen, dh direkt im Zusammenhang mit der Herstellung, angefallen sind und daher nicht in den Posten Umsatzkosten bzw in die Herstellungskosten einbezogen werden dürfen (IAS 2.16(c)), noch als Verwaltungskosten des Vertriebs klassifiziert werden können. Periodenbezogen als Aufwand sind demnach sämtliche in direktem Zusammenhang mit der Verwaltung der Unternehmenstätigkeiten stehende Kosten wie zB Gehälter von Verwaltungsmitarbeitern, Abschreibungen auf Büroausstattungen, verwaltungsbezogene Post- und Telefonkosten auszuweisen (*Epstein/Jermakowicz* 2008, 95).

V. Bestandsveränderungen und andere aktivierte Eigenleistungen

84 Die Angabe der **Bestandsveränderungen** bezieht sich auf die fertigen und unfertigen Erzeugnisse. Dieser Posten ergibt sich nur im **GKV**, da hier die gesamten Aufwendungen einer Periode erfasst werden und nicht nur die Aufwendungen der Leistungserstellung, welche den Umsatzerlösen zugeordnet werden können. Der Posten Umsatzerlöse wird mit Hilfe der Bestandsveränderungen iSe Gesamtleistung ergänzt, falls eine Bestandserhöhung oder eine Bestandsminderung ausgewiesen wird.

85 Bestandsveränderungen sind **mengenmäßig** und/oder **wertmäßig** bedingt. Eine Differenzierung zwischen den fertigen und unfertigen Erzeugnissen wird nicht vorgenommen, da es sich um eine **Saldo**-Angabe handelt, die aussagt, ob eine Erhöhung oder Verminderung der Bilanzwerte stattgefunden hat. Inhaltlich unterscheidet sich der Posten grds nicht von dem gleichnamigen Posten nach HGB. Betragsmäßige Unterschiede können sich indessen infolge der unterschiedlichen Definition der Herstellungskosten (zwingende produktbezogene Vollkosten nach IFRS) ergeben (s *Kirsch/Siefke* in Baetge/Kirsch/Thiele Bilanzrecht-Komm § 275 HGB Rz 538).

86 Mit Hilfe des Postens **andere aktivierte Eigenleistungen** werden insbes Personal- und Materialaufwendungen für selbsterstellte und selbstgenutzte Vermögenswerte des langfristigen Vermögens ausgewiesen. Derartige Eigenleistungen müssen nach IAS 1.29 nur dann gesondert in der GuV erfasst werden, wenn sie **wesentlich** sind. Anderenfalls sind sie unter den sonstigen Erträgen auszuweisen. Auch hier können Unterschiede zum gleichnamigen Posten des HGB aus der abweichenden Definition der Herstellungskosten resultieren.

VI. Spezielle betriebliche Aufwendungen

87 Im **GKV** werden die Aufwendungen nach **Aufwandsarten** gegliedert, insbes unterteilt in Materialaufwand, Personalaufwand und Abschreibungen. Des Weiteren werden in IAS 1.102 beispielhaft Transportkosten sowie Werbeaufwendungen genannt. Unternehmen, die ihre GuV nach dem **UKV** aufstellen, haben gem IAS 1.104 zusätzlich Informationen über die Art der Aufwendungen, ein-

schließlich des Aufwands aus planmäßigen Abschreibungen sowie Leistungen an Arbeitnehmer anzugeben (s Rz 128f).

1. Materialaufwand

Unter dem Posten **Materialaufwand** sind neben den Aufwendungen für Roh-, Hilfs- und Betriebsstoffe sämtliche Aufwendungen für bezogene Waren und Leistungen zu erfassen (vgl ausführlich *Förschle* in BeBiKo[6] § 275 HGB Rz 115ff). Daneben sind unter diesem Posten auch sämtliche Wertminderungen und ggf Wertaufholungen des Vorratsvermögens auszuweisen, soweit sich kein Ausweis unter Bestandsveränderungen ergibt. Dies gilt im Gegensatz zu § 275 Abs 2 Nr 7b HGB mithin unabhängig von der Höhe und Üblichkeit der Abwertungen. Ein ggf erforderlicher gesonderter Ausweis unüblicher Abwertungen gem IAS 1.97 bleibt indessen hiervon unberührt (so auch *Kirsch/Siefke* in Baetge/Kirsch/Thiele Bilanzrecht-Komm § 275 HGB Rz 542f). 88

2. Personalaufwand

Als **Personalaufwand** werden neben den Löhnen und Gehältern auch sämtliche Sozialabgaben ausgewiesen. Generell werden unter diesem Posten zusätzlich die Komponenten des Pensionsaufwands (IAS 19.120(f)) berücksichtigt. Alternativ besteht indessen ebenfalls die Möglichkeit, den Zinsaufwand aus der Aufzinsung der Pensionsverpflichtung sowie Zinserträge aus der Verzinsung des Planvermögens gesondert im Zinsergebnis als Teil des Finanzergebnisses zu erfassen (vgl auch Rz 96f; diese Ausweisform präferierend: *Kirsch/Siefke* in Baetge/Kirsch/Thiele Bilanzrecht-Komm § 275 HGB Rz 545). 89

Zur aufwandswirksamen Behandlung von Aktienoptionsplänen für Vorstände und Mitarbeiter vgl § 24 Rz 48.

3. Abschreibungen

Der Posten **Abschreibungen** umfasst sämtliche planmäßigen und außerplanmäßigen Abschreibungen auf aktivierte Vermögenswerte des immateriellen Anlagevermögens und des Sachanlagevermögens (zur Berechnung vgl § 15 Rz 104f). Mithin sind auch Abschreibungen auf geleaste Vermögenswerte hier zu erfassen, falls es sich um ein Finanzierungsleasing handelt (vgl § 22 Rz 132f). Demgegenüber sollten Abschreibungen auf Finanzanlagen ebenso wie Abschreibungen auf kurzfristige Wertpapiere bevorzugt innerhalb des Finanzergebnisses ausgewiesen werden, da sie nicht innerhalb der betrieblichen Tätigkeit anfallen, sondern Teil des gesondert darzustellenden Finanzergebnisses sind (glA *Kirsch/Siefke* in Baetge/Kirsch/Thiele Bilanzrecht-Komm § 275 HGB Rz 542f). 90

Abschreibungen auf aktivierte Entwicklungskosten sind als solche auszuweisen.

Weiter sind für **außerplanmäßige Abschreibungen** die Beträge für jede Gruppe von Vermögenswerten anzugeben, dies erfolgt im Anlagespiegel (vgl IAS 36.128). Angabepflichtig ist weiterhin, in welchem Posten die Beträge in der GuV ausgewiesen sind (IAS 36.126(a)); dies stellt im GKV in aller Regel der Posten Abschreibungen dar. 91

VII. Sonstige Erträge

Der Inhalt des Postens sonstige Erträge ist bei Anwendung des **UKV** und des **GKV deckungsgleich**. Unter den Posten fallen alle übrigen Erträge, die keinen Bezug zum Kerngeschäft des Unternehmens aufweisen, aber dennoch im Rahmen der betrieblichen Tätigkeit, dh im Gegensatz zu den Aufwendungen und 92

Erträgen des Finanzergebnisses als Resultat der eigentlichen operativen Tätigkeit, anfallen (*Epstein/Jermakowicz* 2008, 159f). Darüber hinaus sind diese Erträge dadurch charakterisiert, dass sie **keinem Funktionsbereich** zuzuordnen sind (*Förschle* in BeBiKo[6] § 275 HGB Rz 305). Wesentliche Beträge der sonstigen Erträge sind im **Anhang** darzustellen, um eine Erläuterung über ihre Zusammensetzung zu erhalten (IAS 1.97 iVm IAS 1.112; zum Begriff der Wesentlichkeit vgl § 2 Rz 21ff). Unter diesem Posten werden zB Erträge aus dem Abgang von Vermögenswerten des Anlagevermögens, Versicherungsentschädigungen, Erträge aus **Wertaufholungen,** Fremdwährungsgewinne, Miet-, Lizenz- und Pachteinnahmen (sofern nicht Kerngeschäft und damit den Umsatzerlösen zugeordnet, vgl Rz 92) sowie Erträge aus der Auflösung von Sonderposten und öffentliche Zuwendungen (bei erfolgsbezogenen Zuwendungen nur soweit keine Saldierung mit den korrespondierenden Aufwendungen gem IAS 20.29ff erfolgt) ausgewiesen. Weiter kann ein Ausweis von Erträgen, die im Zusammenhang mit **Sicherungsgeschäften** stehen, unter den sonstigen Erträgen oder im Finanzergebnis vorgenommen werden (vgl § 23 Rz 71). Zudem werden unter den sonstigen Erträgen nunmehr auch sämtliche Erträge erfasst, die vor den Änderungen des IAS 1 durch das *Improvements Project 2003* als „außerordentlich" zu klassifizieren waren.

VIII. Sonstige Aufwendungen

93 Unter den Posten sonstige Aufwendungen fallen im **GKV** und **UKV** Aufwendungen, die keinen Bezug zum Kerngeschäft des Unternehmens haben, aber dennoch im Rahmen der betrieblichen Tätigkeit, dh im Gegensatz zu den Aufwendungen und Erträgen des Finanzergebnisses als Resultat der eigentlichen operativen Tätigkeit, anfallen (*Epstein/Jermakowicz* 2008, 95). Darüber hinaus sind diese Aufwendungen dadurch charakterisiert, dass sie **keinem Funktionsbereich** zuzuordnen sind (*Förschle* in BeBiKo[6] § 275 HGB Rz 305) und ihre **geringe Bedeutsamkeit** einen separaten Ausweis nicht erforderlich macht. Wesentliche Beträge der sonstigen Aufwendungen sind im Anhang darzustellen, um eine Erläuterung über ihre Zusammensetzung zu erhalten (IAS 1.97 iVm IAS 1.103 zum Begriff der Wesentlichkeit vgl § 2 Rz 21ff).

94 Die **sonstigen Aufwendungen** sind der Gegenposten zu den sonstigen Erträgen. Dieser Posten stellt einen Sammelposten für alle während des Geschäftsjahrs im Rahmen der betrieblichen Tätigkeit angefallenen Aufwendungen dar. Hierunter werden zB Verluste aus dem Abgang von lang- und kurzfristigen Vermögenswerten, Einzelwertberichtigungen auf Forderungen, Fremdwährungsverluste, sonstige Steuern – soweit nicht den Funktionsbereichen Produktion, Vertrieb oder Verwaltung zuordenbar – sowie Miet- und Pachtaufwendungen ausgewiesen. Eine Besonderheit existiert bei Aufwendungen, die im Zusammenhang mit **Sicherungsgeschäften** stehen: Diese können wahlweise unter den sonstigen Aufwendungen oder im Finanzergebnis ausgewiesen werden; soweit es sich um Sicherungsgeschäfte im Zusammenhang mit Rohstoffen handelt, sind die Aufwendungen im Posten Umsatzkosten zu verrechnen. Analog zu den sonstigen Erträgen sind in diesem Posten nunmehr auch die Aufwendungen zu erfassen, die vor den Änderungen des IAS 1 durch das *Improvements Project 2003* als „außerordentlich" eingestuft wurden, wie zB Aufwendungen aus Enteignungen oder Naturkatastrophen.

IX. Finanzergebnis

Das **Finanzergebnis** ist im **GKV** und **UKV** deckungsgleich und setzt sich entspr der Mindestgliederung des IAS 1.82(c) aus den sog Finanzierungsaufwendungen (übriges Finanzergebnis) und Finanzierungserträgen sowie den Gewinn- und Verlustanteilen nach Steuern an assoziierten Unternehmen und Gemeinschaftsunternehmen, die nach der Equity-Methode bilanziert werden, zusammen. Der letztere Posten ist zwingend gesondert in der GuV auszuweisen (vgl § 36 Rz 115, IAS 1.82(c)). Da nach den Änderungen des IAS 27 und IAS 28 durch das *Improvements Project 2003* die Anwendung der Equity-Methode im Einzelabschluss nicht mehr zulässig ist, sondern Anteile an TU, assoziierten Unternehmen und Gemeinschaftsunternehmen gem IAS 27.38(2008)/IAS 27.37 (2003) zu Anschaffungskosten oder alternativ in Übereinstimmung mit IAS 39 zu bilanzieren sind, kommt der gesonderte Ausweis dieses (Unter-) Postens nur in einer Konzern-GuV in Betracht. **95**

Obwohl lediglich **Finanzierungsaufwendungen** erwähnt werden, sind unter diesem Posten nicht nur die Aufwendungen, sondern auch sämtliche Erträge betreffend die Finanzierung des Unternehmens zu erfassen. Eine **Saldierung** der Aufwendungen und Erträge ist allerdings **ausgeschlossen**, Finanzerträge und Finanzaufwendungen sind separat anzugeben.

Unter die **Finanzierungserträge** fallen ua sowohl erhaltene Dividenden als auch Zinserträge aus der Anlage der für die Altersversorgung bestimmten Vermögenswerte – falls nicht saldiert mit den Aufwendungen den Funktionsbereichen zugeordnet (vgl Rz 57 sowie § 26 Rz 70 ff) –, Zinsen und Erträge aus Bankguthaben, Ausleihungen, sonstige Forderungen sowie Stückzinsen (s § 7 Rz 78; vgl auch die beispielhafte Aufzählung bei *ADS*[1] Abschn 7 Rz 175 ff). Allerdings führen nur Stückzinsen nach dem Erwerb eines zinstragenden Papiers zu Zinsertrag (IAS 18.32). Zinsen, die auf den Zeitraum vor dem Erwerb fallen, sind erfolgsneutral zu erfassen. Die Finanzierungserträge umfassen ebenfalls Zuschreibungen auf Finanzinstrumente, Erfolgsbeiträge aus der Verwertung von Finanzinstrumenten zum beizulegenden Zeitwert sowie Veräußerungsergebnisse aus Finanzinstrumenten (s auch *Brücks/Diem/Kerkhoff*, 266). **96**

Zu den **Finanzierungsaufwendungen** zählen bspw neben Zinsaufwendungen aus lang- und kurzfristigen Krediten auch die sonstigen Fremdkapitalkosten (vgl die Aufzählung in IAS 23.5 f), Wertminderungen von zu Anschaffungskosten bewerteten Finanzanlagen gem IAS 36, der Zinsanteil bei Zuführungen zu Pensionsrückstellungen (vgl Rz 77) sowie erfolgswirksame Änderungen des beizulegenden Zeitwerts bestimmter Finanzinstrumente (IAS 39.55) und Aufwendungen für Sicherungsgeschäfte (IAS 39.89, IAS 39.95). Nicht zum Finanzierungsergebnis gehören die unter den Herstellungskosten (s § 8 Rz 43 ff) zu erfassenden Zinsen **97**

Entspr der Mindestgliederung ist der Ausweis einer – in aller Regel negativen – **Saldogröße** in der GuV als ausreichend anzusehen. Da einzelne Erträge und Aufwendungen jedoch ohnehin im Anhang offenzulegen sind (vgl IAS 32.94(h) (i) für Zinsaufwand und -ertrag; IAS 21.52(a) iVm IAS 23.6(e) für bestimmte Währungsdifferenzen aus Fremdwährungskrediten), bietet es sich an, in der GuV eine **Bruttodarstellung** vorzunehmen. Da sich eine Zuordnung der Finanzierungsaufwendungen und -erträge zu den nach HGB üblichen Unterkategorien des Finanzergebnisses (Beteiligungs- und Zinsergebnis) regelmäßig als schwierig erweist – dies gilt insbes für die erfolgswirksamen Änderungen des beizulegenden Zeitwerts von Finanzinstrumenten und Sicherungsgeschäften –, sollte grds von einer derartigen Kategorisierung abgesehen werden. **98**

Dies gilt umso mehr, als wesentliche Beträge gem IAS 1.97 ohnehin separat darzustellen sind.

99 Folgende **übliche Gliederung** erfüllt die Anforderungen an die Darstellung des Finanzergebnisses (s auch *Lüdenbach* in Lüdenbach/Hoffmann IFRS[7] § 2 Rz 70):

+/– Ergebnis aus Equity-Bewertung
+/– übriges Beteiligungsergebnis
+/- Ergebnis aus übrigen Anteilen
+/– Zinsergebnis
+/– übriges Finanzergebnis
= **Finanzergebnis**

X. Ergebnis vor (Ertrag-)Steuern

100 Das Ergebnis vor Steuern bildet sowohl im **GKV** als auch im **UKV** eine **Zwischensumme,** die sich als Saldo der bisher erläuterten Posten darstellt. Da die IFRS keinen separaten Ausweis der sonstigen Steuern kennen und diese Steuern daher entweder unter den entspr Aufwandsposten oder aber bei unwesentlichen Beträgen unter den sonstigen Aufwendungen/Erträgen auszuweisen sind (s *Förschle/Kroner* in BeBiKo[6] § 275 HGB Rz 349; *ADS*[1] Abschn 7 Rz 180), empfehlen wir die präzisere Bezeichnung **„Ergebnis vor Ertragsteuern“**.

XI. Ertragsteueraufwand

101 Unter dem Posten **Ertragsteueraufwand** bzw Steueraufwendungen gem Mindestgliederungsschema (vgl IAS 1.82) sind im **GKV** und **UKV** die Ertragsteueraufwendungen und -erstattungen gem IAS 12 auszuweisen. Diese umfassen sowohl **lfd** als auch **latente** Steuern. Für Unternehmen mit Sitz in Deutschland sind dies derzeit die KSt, die Zinsabschlagsteuer, der Solidaritätszuschlag, die GewSt sowie ggf entspr ausländische Ertragsteuern, für die eine Steueranrechnung oder ein Abzug von der Bemessungsgrundlage gewährt wird (vgl § 34 Abs 1 EStG; § 26 KStG).

Der Ertragsteueraufwand bildet eine **Saldogröße.** Neben den für das aktuelle Geschäftsjahr zu leistenden tatsächlichen Ertragsteuern sind hier auch Steuermehraufwendungen für Vorjahre und Erträge aus Steuererstattungen, Zuführungen und Auflösungen von Steuerrückstellungen sowie Erträge und Aufwendungen aus der Auflösung bzw Bildung latenter Steuern auszuweisen.

102 **Nicht** enthalten in dieser Saldogröße sind Steueraufwendungen und -erträge, die im Zusammenhang mit **aufgegebenen Geschäftsbereichen** stehen. Diese werden in einem gesonderten Ergebnisposten zu aufgegebenen Geschäftsbereichen in der GuV erfasst (vgl Rz 62f und § 28 Rz 113ff).

103 Beruht die Bildung von **latenten Steuern** auf einem **erfolgsneutralen** Sachverhalt, so wird die sich hieraus ergebende Veränderung unmittelbar mit dem Eigenkapital verrechnet. Der Posten Ertragsteueraufwand wird in diesem Fall nicht berührt (vgl § 25 Rz 112ff).

104 Ebenfalls **in den Ertragsteuern nicht enthalten sind die sonstigen Steuern.** Diese sind nach IFRS – Grundsätzen als sonstige Aufwendungen/Erträge auszuweisen; ggf ist eine Zuordnung zu den ausgewiesenen Aufwandsarten geboten.

105 Für die **Bewertung** der Ertragsteuern ist zwischen lfd und latenten Ertragsteueraufwendungen und -erträgen zu differenzieren. Tatsächliche Ertragsteuern sind gem IAS 12.46ff mit dem Betrag zu bemessen, in dessen Höhe eine

Zahlung/Erstattung erwartet wird. Latente Steuern sind grds anhand der Steuervorschriften und Steuersätze zu bewerten, die zum Zeitpunkt der Umkehrung der Steuerlatenzen gültig sind (vgl § 25 Rz 160 ff). Bzgl der Bewertungsbesonderheiten für den Konzern vgl § 35 Rz 125 ff.

Die tatsächlichen Ertragsteueraufwendungen werden auf der Basis von adäquaten Ermittlungen zum jeweiligen Abschlussstichtag (Bilanzstichtag, Zwischenbericht) berechnet.

XII. Nachsteuerergebnis aufgegebener Geschäftsbereiche

Entspr dem Mindestgliederungsschema ist unabhängig von der Darstellung der GuV in Form des GKV oder UKV im Anschluss an die Steueraufwendungen das Nachsteuerergebnis aufgegebener Geschäftsbereiche anzugeben (IFRS 5.33A). Gem IAS 1.82 iVm IFRS 5.33(a) ist in diesem der **Nettobetrag** aus Nachsteuergewinnen und -verlusten auszuweisen, welcher sich aus der Geschäftstätigkeit der aufgegebenen Geschäftsbereiche im Berichtsjahr ergibt. Zudem enthält das Nachsteuerergebnis aus aufgegebenen Geschäftsbereichen das Ergebnis, das bei der Bewertung zum beizulegenden Zeitwert abzüglich Veräußerungskosten gem IFRS 5.15 ff oder bei der Veräußerung der Vermögenswerte oder Veräußerungsgruppe(n), die den aufgegebenen Geschäftsbereich darstellen, erfasst wurde. Aus der Tatsache, dass an dieser Stelle explizit ein Nachsteuerergebnis gefordert wird, lässt sich ableiten, dass eine strikte Trennung des Steueraufwands aus fortgeführten und aufgegebenen Geschäftsbereichen zu erfolgen hat. Im Gegensatz zu den übrigen Angaben, die nach IFRS 5.33(b) gefordert werden (vgl § 28 Rz 114 ff), ist das Nachsteuerergebnis aus der Aufgabe von Geschäftsbereichen zwingend in der **GuV** gesondert auszuweisen (IFRS 5.33(a), IFRS 5.33A). 106

Sofern von dem Wahlrecht Gebrauch gemacht wird, auch die gem IFRS 5.33(b) erforderliche Aufgliederung des Nettobetrags in die GuV zu verlagern, kann dies in **vertikaler** oder aber in **horizontaler Anordnung** erfolgen (s § 28 Rz 120 f). 107

Aus IFRS 5 lässt sich nicht ableiten, ob bei mehreren aufgegebenen Geschäftsbereichen in einem Berichtsjahr Angaben für jeden **einzelnen** aufgegebenen Geschäftsbereich vorzunehmen sind oder ob eine Summierung über alle Bereiche stattfinden darf. Aus dem Beispiel in IFRS 5.IG11 ergibt sich, dass durchaus eine summierte Darstellung vertretbar erscheint (so auch *Zülch*[1], 184). 108

Die in der GuV erforderlichen Angaben zu aufgegebenen Geschäftsbereichen sind mit den entspr **Vorjahresangaben** zu veröffentlichen (vgl IFRS 5.34). Als Folgeänderung aus der Überarbeitung von IAS 27 (2008) wird zudem für Geschäftsjahre, die am oder nach dem 1. Juli 2009 beginnen, eine Aufteilung des Ergebnisses aus fortgeführten und aufgegebenen Geschäftsbereichen auf die nicht-beherrschenden Gesellschafter und die Anteilseigner des MU verpflichtend. Diese Aufteilung kann alternativ in der Gesamtergebnisrechnung bzw der separaten GuV oder aber im Anhang erfolgen. 109

XIII. Periodenerfolg nach Steuern

Als Saldo des Ergebnisses vor Steuern und des Ertragsteueraufwands resultiert der Periodenerfolg nach Steuern (s IAS 1.82). Handelt es sich um eine **Konzern-GuV** und sind im Konzern **Minderheitsgesellschafter** (nicht-beherrschende Gesellschafter) vorhanden, sind im Anschluss an das Nettoergebnis die darauf entfallenden Minderheitenanteile (zur Ermittlung der Minderheitenanteile 110 vgl § 35 Rz 52ff) gesondert von den auf die Anteilseigner des MU entfallenden Erfolgsanteilen auszuweisen (IAS 1.83(a) iVm IAS 1.84 und iVm IAS 27.27 (2008)/IAS 27.33(2003)).

E. Ergebnisneutrale Teilrechnung

111 Mit der Anwendung des IAS 1 sind die Posten **des periodischen sonstigen Ergebnisses**, die bislang Bestandteile der Eigenkapitalveränderungsrechnung darstellten, nicht mehr dort auszuweisen. Vielmehr sind sie nun integraler Bestandteil der Gesamtergebnisrechnung.

In IAS 1.7 iVm IAS 1.90ff sind die in Frage kommenden erfolgsneutralen Posten des sonstigen Ergebnisses aufgeführt:

(1) Erträge und Aufwendungen aus der Neubewertung von Sachanlagen gem IAS 16.39f bzw immateriellen Vermögenswerten gem IAS 38.85f (s § 17 Rz 37ff),
(2) Marktwertänderungen von zur Veräußerung verfügbaren Vermögenswerten *assets* gem IAS 39.44(b) (s § 17 Rz 42ff),
(3) Marktwertänderungen aus dem effektiven Teil von *cashflow-hedges* gem IAS 39.96(a) (s § 17 Rz 44ff),
(4) versicherungsmathematische Gewinne und Verluste aus der Bilanzierung von Pensionsplänen gem IAS 19.93A bis IAS 19.93B (s § 17 Rz 47ff),
(5) Währungsumrechnungsdifferenzen gem IAS 21.3 (s § 17 Rz 49ff),
(6) Neubewertungsrücklage aus sukzessivem Anteilserwerb gem IFRS 3.59 (2004) (s § 17 Rz 55ff),
(7) Anteil des MU an erfolgsneutralen Eigenkapitalveränderungen bei *at equity* bilanzierten Unternehmen (s § 17 Rz 58ff),

112 Neben der Aufnahme der Posten des sonstigen Ergebnisses in die Gesamtergebnisrechnung hat das Unternehmen zwingend eine **Überleitungsrechnung** (*reclassifications adjustments*) dieser Posten zu erstellen. Die Überleitung soll die Erfolgsauswirkungen darstellen, die aus der *reclassification* bzw der unter dem Begriff des „Recycling“ bekannten erfolgswirksamen Erfassung bislang erfolgsneutral berücksichtigter Eigenkapitalkomponenten resultieren (IAS 1.93). Diese Angabepflicht hat für **jede** in IAS 1.90ff aufgeführte **Komponente** des sonstigen Ergebnisses gesondert zu erfolgen. Notwendig ist diese Anpassung, um eine doppelte buchhalterische Erfassung in der Gesamtergebnisrechnung zu vermeiden. Außerdem ermöglicht diese Überleitung es dem Bilanzleser zu erkennen, inwieweit Eigenkapitalveränderungen auf in der Periode eingetretenen Wertänderungen oder auf in der Periode realisierten, bislang im Eigenkapital „liegenden“ Beträgen, zurückzuführen sind. Die Überleitungsrechnung für die Umgliederungsbeträge der Komponenten des sonstigen Ergebnisses kann gem IAS 1.94 entweder direkt in der Gesamtergebnisrechnung oder aber im Anhang erfolgen. Wird die Überleitungsrechnung direkt in der Gesamtergebnisrechnung vorgenommen, ist es empfehlenswert je Berichtsperiode eine **Vorspalte** in die Gesamtergebnisrechnung einzufügen und die Wertänderung und die *reclassification* je Komponente des sonstigen Ergebnisses anzugeben (s auch *Zülch/Fischer/Erdmann* WPg 2007, 657). Ob eine erfolgswirksame Umbuchung überhaupt zu erfolgen hat, ist nicht in IAS 1 geregelt, sondern in den einzelnen Standards. Notwendig ist dies bspw bei bisher ergebnisneutral erfassten Wertänderungen von zur Veräußerung verfügbaren Finanzinstrumenten mit Abgang der betreffenden Wertpapiere oder bei Währungsumrechnungsdifferenzen iSd IAS 21.3 mit Entkonsolidierung des ausländischen Tochterunternehmens (vgl ausführlich § 17 Rz 51).

Neben der Überleitungsrechnung ist nach IAS 1.90 die auf jede Komponente des sonstigen Ergebnisses entfallende **Steuerbelastung** entweder in der Gesamtergebnisrechnung oder aber im Anhang anzugeben. Nach IAS 1.91 sind die Komponenten des sonstigen Ergebnisses entweder nach Steuern oder vor Steuern auszuweisen. Werden die Komponenten des sonstigen Ergebnisses vor Steuern ausgewiesen, ist der Gesamtbetrag der Steuern, der auf die Komponenten des sonstigen Ergebnisses entfällt, in einer Summe am Ende der erfolgsneutralen Teilrechnung zu zeigen (s Rz 62f). **113**

Nachfolgend ist ein Beispiel für eine Überleitungsrechnung nach IAS 1.93 innerhalb des erfolgsneutralen Teils einer Gesamtergebnisrechnung (vgl auch IAS 1.IG6 Part I) dargestellt: **114**

Beispiel: Ein Unternehmen hält zur Veräußerung verfügbare Wertpapiere und *cashflow hedges*, die sich in den Geschäftsjahren 20X8 und 20X9 wie folgt verändert haben (Werte vor Steuern):

	20X9	20X8
Zur Veräußerung verfügbare Wertpapiere		
Gewinne während des Geschäftsjahres	€ 1.333	€ 30.667
Umgliederung zuvor erfolgsneutral erfasster Rücklagen in die GuV (*reclassification adjustments*)	€ -25.333	€ -4.000
Cashflow hedges		
Verluste während des Geschäftsjahres	€ -4.667	€ -4.000
Umgliederung zuvor erfolgsneutral erfasster Rücklagen in die GuV (*reclassification adjustments*)	€ 4.000	./.

Bei einem Steuersatz von 25% sind diese Komponenten des sonstigen Ergebnisses (*other comprehensive income*) unter Ausweis der Umgliederungsbeträge in der Gesamtergebnisrechnung wie folgt darzustellen (Werte nach Steuern):

	20X9	20X8
Periodenerfolg des Geschäftsjahres	XXX	XXX
Sonstiges Ergebnis des Geschäftsjahres (nach Steuern)		
Zur Veräußerung verfügbare Wertpapiere	€ –18.000	€ –20.000
Gewinne während des Geschäftsjahrs (1,333 × 0,25 bzw 30.667 × 0,25)	€ 1.000	€ 23.000
Umgliederung zuvor erfolgsneutral erfasster Rücklagen *(reclassification adjustment)* (–25.33 × 0,25) bzw –4.000 × 0,25)	€ –19.000	€ – 3.000
Cashflow hedges	€ – 500	€ – 3.000
Verluste während des Geschäftsjahrs (–4.667 × 0,25 bzw –4.000 × 0,25	€ – 3.500	€ – 3.000
Umgliederung zuvor erfolgsneutral erfasster Rücklagen *(reclassification adjustment)* (–4.000 × 0,25)	€ 3.000	0
Sonstiges Ergebnis des Geschäftsjahrs (nach Steuern)	€ –18.500	€ 17.000
Gesamtergebnis des Geschäftsjahrs	XXX	XXX

einstweilen frei **115**

F. Erweiterung der Gesamtergebnisrechnung

116 Eine Erweiterung der Gesamtergebnisrechnung ist in jedem Fall zwingend, sofern diese für einen **Konzern** erstellt wird, in dem nicht-beherrschende Gesellschafter existieren. In diesem Fall sind gem IAS 1.83 iVm IAS 27.27 (2008)/IAS 27.33 (2003) sowohl der Periodenerfolg als auch das Gesamtergebnis der Periode aufzuteilen auf die nicht-beherrschenden Gesellschafter und die Anteilseigner des MU (s Rz 52 und Rz 109). Wird bei der Erstellung der Konzern-Gesamtergebnisrechnung dem *two statements approach* gefolgt, hat die Aufteilung des Periodenerfolgs auf die nicht-beherrschenden Gesellschafter und die Anteilseigner des MU in der separat erstellten GuV zu erfolgen, während in der eigentlichen Gesamtergebnisrechnung sodann nur noch das Gesamtergebnis der Periode getrennt nach den beiden Gesellschaftergruppen ausgewiesen wird (IAS 1.84 iVm IAS 1.83).

117 Im Gegensatz zur Regelung des IAS 1.95 (2003) sind die **vor dem Bilanzstichtag beschlossenen** (und daher als Schuld zu erfassenden) **Dividenden** für den Berichtszeitraum sowie die korrespondierende Dividende je Aktie nicht mehr alternativ in der GuV, der Eigenkapitalveränderungsrechnung oder im Anhang, sondern gem IAS 1.107 nur noch in der Eigenkapitalveränderungsrechnung oder im Anhang anzugeben. Für Dividenden, die erst nach dem Bilanzstichtag beschlossen wurden, besteht demgegenüber gem IAS 10.12 ein Passivierungsverbot. Der Betrag der nach dem Abschlussstichtag, aber vor der Freigabe der Veröffentlichung des Abschlusses beschlossenen (oder vorgeschlagenen) Dividenden ist im **Anhang** in Übereinstimmung mit IAS 10.13 iVm IAS 1.137(a) anzugeben. Entspr gilt für Dividenden auf Vorzugsaktien, die im Abschluss nicht als Verteilung an die Aktionäre erfasst wurden (IAS 1.137(b); vgl § 19 Rz 46f).

118 Schließlich fordern IAS 33.66ff iVm IAS 33.2 von allen Unternehmen, deren (potenzielle) **Stammaktien öffentlich gehandelt** werden (sollen), für sämtliche dargestellten Perioden den Ausweis des unverwässerten und ggf des **verwässerten Ergebnisses je Aktie**
(1) aus fortzuführenden Geschäftsbereichen sowie
(2) aus aufgegebenen Geschäftsbereichen
in Bezug auf den Periodenerfolg unabhängig davon, ob die angegebenen Beträge positiv oder negativ sind (IAS 33.69). Die Angaben sind separat für jede Klasse von Stammaktien, die unterschiedliche Rechte am Periodenergebnis gewähren, vorzunehmen. Die Darstellung hat am Ende der Gesamtergebnisrechnung *(single statement approach)* oder im Anschluss an den Periodenerfolg in der GuV (*two statements approach)* zu erfolgen, eine Erläuterung dieser Beträge im Anhang genügt nicht. Lediglich das verwässerte und ggf unverwässerte Ergebnis je Aktie aus aufgegebenen Geschäftsbereichen kann alternativ im Anhang ausgewiesen werden (IAS 33.68, IAS 33.68A). Wird ein verwässertes Ergebnis je Aktie für zumindest eine Periode veröffentlicht, so ist für sämtliche dargestellten Perioden ein verwässertes Ergebnis zu präsentieren, auch wenn es dem unverwässerten Ergebnis entspricht. Lediglich für den Fall, dass in keiner Periode ein verwässertes Ergebnis je Aktie existiert, sind die unverwässerten Ergebnisse je Aktie mit den verwässerten betraglich identisch und können in einer Zeile dargestellt werden (s IAS 33.67; Einzelheiten in § 16 Rz 45ff).

119 Daneben ist gem IAS 1.85 eine **Ergänzung** der Mindestgliederung der GuV um zusätzliche Posten sowie Zwischensummen verpflichtend, wenn dies für das **Verständnis der einzelnen Faktoren der Ertragskraft** des Unternehmens relevant ist.

Obwohl in IAS 8.32ff im Gegensatz zu IAS 8.28ff (1993) kein konkreter 120
Hinweis darauf besteht, in welchem GuV-Posten wesentliche **Schätzungsänderungen** auszuweisen sind, ist davon auszugehen, dass auch zukünftig wie nachfolgend beschrieben vorgegangen werden kann. Demnach führen erfolgswirksam zu erfassende Änderungen von Schätzungen zu keiner Erweiterung der GuV-Gliederung (IAS 8.28 (1993)), da die notwendigen Korrekturen jeweils unter dem Posten auszuweisen sind, in den auch die ursprüngliche Schätzung eingegangen ist. Allerdings ist bei wesentlichen Schätzungsänderungen eine Anhangangabe notwendig.

Nicht vorgesehen in der GuV nach IFRS ist eine § 158 AktG entspr **Ge-** 121
winnverwendungsrechnung. Vielmehr haben alle Unternehmen sämtliche Veränderungen des Eigenkapitals des Berichts- und des Vorjahrs in einer Eigenkapitalveränderungsrechnung, die einen eigenständigen Abschlussbestandteil bildet (vgl § 17), darzustellen. **Fakultativ** kann zusätzlich eine Ergebnisverwendungsrechnung analog § 158 AktG als Teil der GuV gezeigt werden (so auch *ADS*[1] Abschn 7 Rz 191).

einstweilen frei 122–125

G. Angaben im Anhang

Grds ist bei der **Erstellung des Anhangs** zu beachten, dass jeder GuV-Posten 126
einen Querverweis zu sämtlichen dazugehörenden Informationen im Anhang erhält (vgl zu Details bzgl Struktur und Format der Angaben § 19 Rz 11ff).

Von Bedeutung ist insbes, dass im Anhang eine Aufgliederung der in IAS 18.1 127
genannten möglichen **Umsatzkomponenten** (zB Verkaufserlöse, Dienstleistungsumsätze, Nutzungsentgelte etc) vorgenommen wird (IAS 18.35(b)). Soweit in den Umsätzen solche aus Tauschgeschäften (s Rz 34ff) enthalten sind, sind diese je Kategorie mit ihren Erträgen zu nennen. Von größerer Bedeutung ist die verpflichtende Angabe der für die Ertragsrealisation und die Ermittlung des Fertigstellungsgrads bei evtl Dienstleistungsgeschäften angewandten Methoden (IAS 18.35(a)). Eine die individuellen Kriterien und unternehmensspezifischen Grundsätze des Ertragsmanagements berücksichtigende Darstellung dieser Ertragsrealisationsprinzipien erscheint insbes bei komplexen Geschäftsmodellen und komplizierten Vertragsgestaltungen erforderlich, um einen sachgerechten Einblick in die wirtschaftliche Lage zu vermitteln (s auch *Lüdenbach* PiR 2005, 16).

Zur **GuV** sehen die IFRS zahlreiche Anhangerläuterungen vor (s die Check- 128
liste im Anhang Anlage I dieses Handbuchs). Ausschließlich im Anhang als Erläuterungen zur GuV anzugeben sind zB

(1) zusätzliche Informationen, die für das Verständnis der GuV eines Unternehmens notwendig sind (IAS 1.85),
(2) Dividenden, die erst nach dem Bilanzstichtag, aber vor der Freigabe des Abschlusses zur Veröffentlichung beschlossen oder vorgeschlagen wurden (IAS 1.137(a)),
(3) Dividenden auf kumulierte Vorzugsaktien, die im Abschluss nicht als Verteilung an die Aktionäre erfasst wurden (IAS 1.137(b)) oder
(4) diverse Angaben betreffend die Komponenten des Pensionsaufwands (§ 26 Rz 126ff).

Daneben stellen es die IFRS den Bilanzierenden in einer Reihe von Fällen 129
frei, die geforderten Angaben **alternativ** in der GuV oder im Anhang des Abschlusses darzulegen (in der Praxis werden die meisten dieser Angabepflichten im Anhang dargestellt). Zu diesen zählen im Wesentlichen:

(1) Die Gliederung der betrieblichen Aufwendungen nach Funktionsbereichen (UKV) oder Aufwandsarten (GKV) (IAS 1.99),
(2) bei Anwendung des UKV Informationen über die Art der Aufwendungen, einschließlich des Aufwands für planmäßige Abschreibungen sowie des Personalaufwands (IAS 1.104),
(3) der separate Ausweis von im Hinblick auf Höhe und Charakter wesentlichen Aufwendungen und Erträgen (IAS 1.87). Hierzu verweist IAS 1.98 auf eine Reihe von Sachverhalten, die zu einer Anhangangabe führen können, wie zB die Restrukturierung von Unternehmensteilen oder die Beilegung von Rechtsstreitigkeiten,
(4) bedeutsame Arten von Erträgen wie in IAS 18.35 (b) aufgezählt, zB Erträge aus dem Verkauf von Gütern oder der Erbringung von Dienstleistungen sowie die Erträge aus Tauschgeschäften mit Waren oder Dienstleistungen, die darin enthalten sind (IAS 18.35 (c)),
(5) Aufwendungen und Erträge, die im Zusammenhang mit einer Abwertung oder Wertaufholung von Vorräten stehen (IAS 2.36(d) bis (f)),
(6) die in der Berichtsperiode erfassten Erlöse und Aufwendungen aus Fertigungsaufträgen (IAS 11.39(a), IAS 11.40) und damit im Zusammenhang stehende Ermittlungsmethoden (IAS 11.39(b)),
(7) planmäßige und außerplanmäßige Abschreibungen sowie die Wertaufholungen der Berichtsperiode von immateriellen Vermögenswerten (IAS 38.118(e) (iv) bis (vi)),
(8) Ausweis der Summe der Forschungs- und Entwicklungskosten, die als Aufwand erfasst wurden (IAS 38.126),
(9) verschiedene Aufwendungen und Erträge, die im Zusammenhang mit Leasinggeschäften stehen (IAS 17.31, IAS 17.35, IAS 17.47, IAS 17.56),
(10) Aufwendungen und Erträge, die im Zusammenhang mit als Finanzinvestitionen gehaltenen Immobilien stehen (IAS 40.75(f) und IAS 40.76(d)),
(11) diverse Angaben bzgl planmäßiger Abschreibungen, Wertminderungsaufwendungen und Wertaufholungen von Sachanlagen (IAS 16.73(e) (iv) bis (vii)),
(12) verschiedene Angaben hinsichtlich der Erfassung von Finanzinstrumenten (vgl detaillierte Ausführungen in § 3 Rz 202ff, zB IAS 32.92ff),
(13) im Regelfall die Angabe von Zuwendungen der öffentlichen Hand (IAS 20.31),
(14) diverse Angaben zum Personalaufwand wie zB Leistungen aus Anlass der Beendigung des Arbeitsverhältnisses (IAS 19.142; andere: IAS 19.120A(g), IAS 19.131),
(15) diverse Angaben die Steueraufwendungen und -erträge betreffend (IAS 12.79ff),
(16) Angabe des Betrags von Differenzen aus der Währungsumrechnung, der im Periodenerfolg erfasst worden ist (IAS 21.52(a)),
(17) die Erlöse, Aufwendungen und das Ergebnis vor Steuern sowie der entspr Ertragsteueraufwand/-ertrag, die dem aufgegebenen Geschäftsbereich zuzurechnen sind sowie der Gewinn/Verlust, der bei der Neubewertung der aufgegebenen Geschäftsbereiche erfasst wurde mit dem zugehörigen Ertragsteueraufwand/-ertrag (IFRS 5.33(b)),
(18) die Aufteilung des Ergebnisses aus fortgeführten und aufgegebenen Geschäftsbereichen auf die nicht-beherrschenden Gesellschafter und die Anteilseigner des MU (Folgeänderung aus der Überarbeitung von IAS 27 (2008)),
(19) das verwässerte und ggf unverwässerte Ergebnis je Aktie aus aufgegebenen Geschäftsbereichen (IAS 33.68),

(20) die Angabe des Gesamtbetrags der vor dem Bilanzstichtag beschlossenen Dividende für den Berichtszeitraum sowie die korrespondierende Dividende je Aktie (IAS 1.137),
(21) diverse Angaben im Hinblick auf Änderungen von Schätzungen (IAS 8.39 f) und die Korrektur von Fehlern (IAS 8.49) soweit dies nicht unverhältnismäßige Kosten oder Arbeitsaufwand verursacht.

einstweilen frei 130

H. Wesentliche Änderungen und deren Anwendungszeitpunkte

IAS 1 in der in 2007 veröffentlichten überarbeiteten Fassung ist pflichtmäßig erstmals für Perioden anzuwenden, die am oder nach dem 1. Januar 2009 beginnen (IAS 1.139). Eine freiwillige Anwendung auf frühere Rechnungslegungsperioden ist unter Berücksichtigung der entspr Anhangangabeverpflichtung zulässig. IAS 1 (2007) wurde im Dezember 2008 von der EU übernommen. 131

Die Veröffentlichung der Ergänzung zu IAS 32 *„**Puttable Financial Instruments and Obligations Arising on Liquidation**"* im Februar 2008 führte als Folgeänderung zu einer Ergänzung von IAS 1.138 sowie zur Einfügung von IAS 1.8A, IAS 1.80A und IAS 1.136A. Diese Änderungen sind ebenfalls pflichtmäßig erstmals für Berichtsperioden anzuwenden, die am oder nach dem 1. Januar 2009 beginnen. Auch für die geänderten Regelungen ist eine frühere freiwillige Anwendung zulässig, wenn diese Tatsache im Anhang deutlich gemacht wird und die korrespondierenden Regelungen in IAS 32, IAS 39 sowie IFRIC 2 gleichzeitig angewendet werden (IAS 1.139B). Die Änderungen wurden im Januar 2009 von der EU übernommen.

Weiterhin sind die aus dem ***Annual Improvements*** Projekt 2008 resultierenden Änderungen in IAS 1.68 und IAS 1.71, die vom IASB im Mai 2008 verabschiedet wurden, verpflichtend für Perioden anzuwenden, die am oder nach dem 1. Januar 2009 beginnen (IAS 1.139C). Eine freiwillige frühere Anwendung dieser Änderungen ist zulässig; in diesem Fall ist die vorzeitige Anwendung innerhalb des Anhangs anzugehen. Das Endorsement der Änderungen erfolgte im Januar 2009.

Die im Zusammenhang mit der Veröffentlichung von **IAS 27** im Januar 2008 stehende Ergänzung von IAS 1.106 ist gem IAS 1.139A erstmals verpflichtend füt Perioden anzuwenden, die am oder nach dem 1. Juli 2009 beginnen. Eine Anwendung der geänderten Regelungen des IAS 27 vor dem 1. Juli 2009 bedingt eine zeitgleiche Berücksichtigung der ergänzenden Fassung des IAS 1.106.

Aus dem im April 2009 vom IASB verabschiedeten ***Annual Improvements* Projekt 2009** ergeben sich eine Änderung des IAS 1.69 und eine Ergänzung des Anhangs zu IAS 18 (IAS 18.IE21). Die Änderung des IAS 1.69 gilt für Geschäftsjahre, die am oder nach dem 1. Januar 2010 beginnen; eine frühere Anwendung ist bei entspr Anhangangabe zulässig (IAS 1.139D). Die Übernahme des *Annual Improvements* Projekt 2009 durch die EU ist derzeit (Mai 2009) noch nicht erfolgt.

IFRIC 12 wurde im März 2009 endorsed und ist für alle IFRS-Anwender in der EU für Geschäftsjahre, die am oder nach dem 29. März 2009 beginnen, verpflichtend anzuwenden.

IFRIC 13 wurde im Dezember 2008 von der EU übernommen und ist für alle IFRS-Anwender in der EU für Geschäftsjahre, die am oder nach dem 1. Januar 2009 beginnen, pflichtmäßig anzuwenden.

IFRIC 15 ist – vorbehaltlich eines EU-Endorsements – für Geschäftsjahre, die am oder nach dem 1. Januar 2009 beginnen, anzuwenden.

IFRIC 18 ist – vorbehaltlich einer Übernahme durch die EU – auf Vertragsvereinbarungen anzuwenden, die am oder nach dem 1. Juli 2009 vollzogen werden (prospektive Anwendung).

I. Gegenüberstellung zu HGB/DRS

132 Eine pauschale Beantwortung der Frage, ob bei IFRS idR eine **frühere Ertragsrealisierung** erfolgt als unter HGB-Gesichtpunkten scheint insbes wegen der dargestellten **Kasuistik** (s Abschnitt B) nicht möglich. Hier ist unter IFRS stärker als nach HGB der Einzelfall unter Hinzuziehung einer Vielzahl von Detailvorgaben des IAS 18 – und damit kaum noch *principle based* – zu würdigen.

133 Die **Abweichungen** zwischen einer GuV bzw Gesamtergebnisrechnung nach IFRS im Vergleich mit einer GuV nach HGB lassen sich wie folgt zusammenfassen (die wichtigsten Unterschiede ergeben sich aus den Ziffern (1) bis (4)):

(1) Die GuV für KapGes und KapGes & Co ist als solche zwingend auf der Grundlage konkreter und detaillierter Gliederungsschemata entweder nach dem GKV (§ 275 Abs 2 HGB) oder dem UKV (§ 275 Abs 3 HGB) aufzustellen. Abweichungen sind nur innerhalb des Rahmens von § 265 Abs 4 bis 8 HGB erlaubt.

(2) Im Gegensatz zum HGB fordern die IFRS bei zahlreichen Sachverhalten keine erfolgswirksame Berücksichtigung, sondern eine direkte Verrechnung der entspr Auswirkungen mit dem Eigenkapital (s bspw IAS 16.39, IAS 38.76f, IAS 39.55(b)).

(3) Die Darstellung einer Ergebnisverwendungsrechnung analog § 158 AktG ist den IFRS fremd. Allerdings wird durch die Pflicht zur Erstellung eines Eigenkapitalspiegels nach IFRS die Ergebnisverwendung indirekt erkennbar (*Kirsch/Siefke* in Baetge/Thiele/Kirsch Bilanzrecht-Komm § 275 HGB Rz 591).

(4) Aufwendungen und Erträge werden nach HGB zT zu anderen Zeitpunkten erfasst als nach IFRS. Dies gilt zB bei den Umsatzerlösen, die nach IFRS bereits dann zu realisieren sind, wenn es wahrscheinlich ist, dass dem Unternehmen ein Nutzen zufließt (vgl § 2 Rz 95, sowie bei langfristiger Fertigung § 9 Rz 51ff) oder in Bezug auf Instandhaltungsaufwendungen, die nach IFRS erst im Zeitpunkt ihres Anfalls erfolgswirksam zu erfassen sind.

(5) Die Darstellungsform respektive -tiefe der GuV nach HGB ist abhängig von der Rechtsform, Größe (Erleichterungsvorschriften) und Branche des Unternehmens (§§ 243 Abs 2, 265ff und 275ff HGB).

(6) Entspr § 275 Abs 1 Satz 1 HGB ist die GuV zwingend in Staffelform aufzustellen.

(7) Nach HGB sind die sonstigen Steuern in einem separaten Posten auszuweisen. Zudem ist es gängige Praxis, dass Unternehmen branchentypische Steuern wie die Tabak- oder Mineralölsteuer nach HGB offen von den Umsatzerlösen absetzen.

(8) Bei der Bestimmung der beim UKV in die Umsatzkosten einzubeziehenden Herstellungskosten bestehen nach HGB Wahlrechte, nach IFRS sind diese im Regelfall (Ausnahme: Aktivierungswahlrecht von Fremdkapitalkosten in bestimmten Fällen) auf produktbezogene Vollkosten fixiert.

(9) Durch die fehlende detaillierte und verbindliche Gliederung der IFRS-GuV sowie die eingeschränkte Ausweispflicht nur einiger Posten ist die Gleich-

wertigkeit der GuV nach IAS 1 mit einer handelsrechtlichen GuV nicht zwingend gegeben. Sie wird erreicht durch entspr Gliederungstiefe, dh eine Erweiterung des Mindeststandards zur Erfüllung der Anforderungen nach §§ 275, 315a HGB.

(10) Das Saldierungsverbot (§ 246 Abs 2 HGB) nach HGB ist strikter als das nach IFRS.

(11) Im Hinblick auf die Zuordnung von Geschäftsvorfällen und Ereignissen zu einzelnen GuV-Posten können sich Differenzen zwischen einer GuV nach HGB und IFRS ergeben.

(12) Die Bewertungen von Tauschumsätzen können sich unterscheiden (IFRS: Zeitwert, HGB: Wahlrechte).

(13) Die GuV nach § 275 HGB differenziert zwischen dem Ergebnis der gewöhnlichen Geschäftstätigkeit und einem außerordentlichen Ergebnis. Im Gegensatz dazu fallen sämtliche Aufwendungen und Erträge in einer GuV nach IAS 1.78ff per definitionem stets im Rahmen der gewöhnlichen Geschäftstätigkeit an.

(14) Die nach HGB geforderten Angabepflichten sind inhaltlich teilweise weniger ausführlich als die nach IFRS erforderlichen Angaben. Dies gilt bspw in Bezug auf die nur nach IFRS geforderte gesonderte Angabe der Gewinn- und Verlustanteile an assoziierten Unternehmen und Gemeinschaftsunternehmen, die nach der Equity-Methode bilanziert werden (s IAS 1.82(c)), den Gewinn/Verlust aus aufgegebenen Geschäftsbereichen (IFRS 5.33) sowie den verpflichtenden Ausweis diverser Ergebnisse pro Aktie (IAS 33.66ff).

(15) Die Ergebnisanteile von Minderheitsgesellschaftern sind im Gegensatz zu § 307 Abs 2 HGB nach IAS 1.83, IAS 27.28 (2008)/IAS 27.34 (2003) im Rahmen der (Konzern-)Ergebniszuordnung zu berücksichtigen.

J. Aktuelle Entwicklungen/IASB-Projekte

Die Änderungen des IAS 1 hinsichtlich der Gesamtergebnisrechnung stellen erste Ergebnisse – sog Phase A – des Projekts **„*Financial Statement Reporting*“** dar. Grds wird mit dem Projekt das Ziel verfolgt, Abschlussinformationen so aufzubereiten, dass es dem Adressaten möglich ist, 134

(1) die gegenwärtige und vergangene VFE-Lage eines Unternehmens zu verstehen,

(2) die vergangenen betrieblichen finanziellen und sonstigen Aktivitäten, die Vermögensänderungen bewirkt haben, nachzuvollziehen und

(3) die Abschlussinformationen für die Einschätzung der Höhe, Zeitpunkte und Unsicherheiten zukünftiger Mittelzuflüsse zu nutzen.

Die Ziele des Projekts sollen mit einer Phase B und einer Phase C weiterverfolgt werden. Für Phase B liegt derzeit ein *Discussion Paper „Preliminary Views on Financial Statement Presentation“* vor, zu dem bis zum 14. April 2009 Stellung genommen werden kann. Mit einem ED wird in diesem Zusammenhang im Jahr 2010 gerechnet. Bestandteile des DP sind:

(1) Verbindlichere Vorgaben für eine Gliederung nach Art der Erfolgsquellen (sog primäre Gliederungskategorien). Die GuV soll in Anlehnung an den Aufbau der Kapitalflussrechnung in die Kategorien *business, investing, financing, income taxes* und *other comprehensive income* gegliedert werden (Beispiele finden sich im *„Preliminary Views on Financial Statement Presentation“* Appendix A.1A),

(2) eine integrierte Darstellung der derzeit getrennt dargestellten erfolgsneutralen und erfolgswirksamen Gewinne und Verluste sowie
(3) die Darstellung von Bewertungserfolgen.

Zu weiteren Details des Projekts verweisen wir auf das *Discussion Paper.*

135 Daneben befasst sich der IASB auch weiterhin mit **größenabhängigen Erleichterungen**, um insbes den Interessen kleiner und mittelständischer Unternehmen nachzukommen.

136 Zum derzeitigen Stand der Diskussion betreffend die spezifischen Darstellungserfordernisse für Bilanz und Gesamtergebnisrechnung/GuV von **Versicherungsunternehmen** s § 40.

§ 16. Ergebnis je Aktie (EPS)

Übersicht

Schrifttum: *Alexander/Archer* International Accounting/Financial Reporting Standards Guide, New York 2008; *Buschhüter* Der Standardentwurf „Simplifying Earnings per Share", IRZ 2008, 401; *Busse von Colbe ua* Ergebnis je Aktie nach DVFA/SG, 3. Aufl, Stuttgart 2000; *DVFA* Ergebnis je Aktie auf IAS-Basis, Die Bank 1999, 204; *Epstein/Jermakovicz* IFRS 2008 Interpretation and Application of International Financial Reporting Standards, New Jersey 2008; *Freiberg* Berechnung des verwässerten Ergebnisses je Aktie, PiR 2006, 266; *Hayn/Waldersee* IFRS/HGB/BilMoG-HGB-E im Vergleich/Synoptische Darstellung für den Einzel- und Konzernabschluß, 7. Aufl, Stuttgart 2008; *IDW* RS HFA 2 Stellungnahme zur Rechungslegung: Einzelfragen zur Anwendung von IFRS (Stand: 2. September 2008), FN IDW 2008, 483; *Löw/Roggenbruck* Earnings per share für Banken – nach IAS und DVFA, DBW 1998, 659; *PwC* IFRS Manual of Accounting 2008, Global Guide to

International Financial Reporting Standards 2008, London 2008; *Schmitz* Gewinn pro Aktie, in: Ballwieser ua (Hrsg), Enzyklopädie der Betriebswirtschaftslehre, Handwörterbuch der Rechnungslegung und Prüfung, 3. Aufl, Stuttgart 2002, 963; *Scott/Wier* On Constructing an EPS Measure: An Assessment of the Properties of Dilution, Contemporary Accounting Research 2000, 303.

Wesentliche Rechtsgrundlagen: IAS 33

A. Überblick und Definitionen

1 IAS 33 verlangt von Unternehmen, deren Stammaktien oder potenzielle **Stammaktien öffentlich gehandelt** werden oder die die Ausgabe derartiger Instrumente in die Wege geleitet haben – und nur von diesen Unternehmen – die Angabe des Ergebnisses je Aktie (s ausführlich IAS 33.2). Das Ergebnis je Aktie gilt als wichtige Kennzahl am Kapitalmarkt zur Verbindung von Unternehmensbewertung und Rechnungslegung. Durch die Regelungen des IAS 33 soll die Vergleichbarkeit dieser Kennzahl sichergestellt werden. Vom Unternehmen anzugeben sind die „unverwässerten" und die „verwässerten" Ergebnisse je Aktiengattung *(earnings per share,* EPS*)*. Bei Aufstellung eines Konzernabschlusses sowie eines Einzelabschlusses brauchen die Angaben nur auf Basis der konsolidierten Zahlen zu erfolgen (IAS 33.4); sollten die *EPS* auf Basis des Einzelabschlusses ermittelt worden sein, so sind sie nur dort auszuweisen. Auch bei freiwilliger Anwendung sind die EPS nach diesem Standard zu ermitteln (IAS 33.3).

2 IAS 33 baut grds auf der Ermittlung des **unverwässerten Ergebnisses** je Stammaktie *(ordinary shares)* auf. Die Stammaktie wird in IAS 33.5 als Eigenkapitalinstrument definiert, das allen anderen Gruppen von Eigenkapitalinstrumenten nachgeordnet ist, wobei diese **Nachrangigkeit** allein an der Reihenfolge der **Dividendenverteilung** festgemacht wird (IAS 33.6). Stammaktien sind Eigenkapitalinstrumente, die im Liquidationsfall erst nach Tilgung sämtlicher Schulden und nach Tilgung aller anderen Eigenkapitalinstrumente (zB Genussscheine) bedient werden. Es ist daher möglich, dass nicht das gesamte gem IAS 32 in der Bilanz ausgewiesene Grundkapital zur Ermittlung des Ergebnisses je Aktie (Nenner) heranzuziehen ist, sondern lediglich eine Teilmenge. Dies resultiert aus der Tatsache, dass der Begriff des Eigenkapitalinstruments gem IAS 32 weiter gefasst ist als die Definition der Stammaktie in IAS 33. Nach deutschem Aktienrecht fallen von den in den §§ 10, 11, 139 AktG genannten Aktiengattungen (Inhaber- und Namensaktien sowie Aktien mit nachzuzahlendem Vorzug bei der Gewinnverteilung) in jedem Fall die Inhaber- und Namensstammaktien unter die in IAS 33.5 erwähnten Stammaktien *(ordinary shares)*. Hinsichtlich der **Vorzugsaktien** ist zu unterscheiden: Ist in der Satzung bestimmt, dass die Vorzugsdividende an die Dividende der Stammaktien gekoppelt wird und wird in diesen Fällen ein Dividendenzuschlag gewährt, aber der Mehrbetrag nicht vorrangig bedient, sind diese Vorzugsaktien als *ordinary shares* einzustufen (vgl *IDW* RS HFA 2 Rz 26). Andernfalls handelt es sich um *preference shares*. Der Begriff der Stammaktie nach IAS 33 stimmt insoweit nicht mit dem des deutschen Aktienrechts überein, vielmehr können auch Vorzugsaktien nach deutschem Recht unter diesen Begriff fallen. Gibt es mehrere Aktiengattungen (zB Stammaktien und Vorzugsaktien iSv § 139 AktG, die unter den Begriff der *ordinary shares* fallen (s oben)), sind die EPS je Aktiengattung zu ermitteln (IAS 33.66). **Genussscheine** werden aufgrund der steuerlichen Rahmenbedingungen idR so ausgestaltet, dass sie keinen Anspruch am Liquidationserlös verkörpern, da sie in die-

sem Fall entspr ihrem Charakter als Fremdkapital vorab beglichen werden. Daher ist der Zinsaufwand im Periodenerfolg zu berücksichtigen.

Mathematisches Grundgerüst für die Ermittlung der EPS ist die Division des den **Stammaktionären des MU zurechenbaren Periodenerfolgs** durch die **gewichtete durchschnittliche Anzahl** der innerhalb der Berichtsperiode im Umlauf gewesenen **Stammaktien** (IAS 33.10). Ausgangspunkt für das im Zähler zu berücksichtigende Ergebnis ist der den Stammaktionären iSd IAS 33.12, IAS 33.A1 zurechenbare Periodenerfolg. Grds handelt es sich bei diesem zu verwendenden Erfolg um den in der gesonderten GuV bzw dem erfolgswirksamen Teil der Gesamtergebnisrechnung (*statement of comprehensive income*; s ausführlich § 15 Rz 46ff) ausgewiesenen Periodenerfolg (zur detaillierten Ermittlung des Periodenerfolgs vgl § 15), ggf nach Berücksichtigung von Minderheitenanteilen, der um die Anteile korrigiert wird, die nicht auf die Stammaktien entfallen. So sind für die Ermittlung der EPS die Vorzugsdividenden abzuziehen (IAS 33.14). 3

Für die Ermittlung des **verwässerten Ergebnisses** werden die Stammaktien iSv Rz 2 erhöht um potenzielle Aktien. Potenzielle Aktien sind gem IAS 33.5 Finanzinstrumente (zur Definition der Finanzinstrumente vgl IAS 32.11 sowie § 3 Rz 26ff) oder andere Vertragsrechte, die dem Inhaber das Recht geben, Stammaktien zu erwerben (zB Optionen auf Aktien, Bezugsrechte; Einzelheiten nachstehend in Rz 11ff). Daneben findet auch eine Korrektur der Zählergröße statt (IAS 33.33). 4

Werden **Geschäftsbereiche aufgegeben**, so sind die (verwässerten und unverwässerten) EPS zusätzlich auf der Basis des Periodenerfolgs aus fortgeführten Geschäftsbereichen (IAS 33.9, IAS 33.30) zu ermitteln, der Gewinn/Verlust aus aufgegebenen Geschäftsbereichen ist nicht mit einzubeziehen. Somit sind die EPS separat für fortgeführte Geschäftsbereiche sowie für den gesamten Periodenerfolg anzugeben (IAS 33.12, IAS 33.33). Darüber hinaus sind (verwässerte und unverwässerte) EPS auch für aufgegebene Geschäftsbereiche gesondert auszuweisen. Die Angabepflichten ergeben sich aus IAS 33.66 und IAS 33.68. 5

B. Unverwässertes Ergebnis je Aktie

Für die Ermittlung der **Aktienanzahl** sind sowohl die Aktien zu berücksichtigen, die sich zu **Periodenbeginn im Umlauf** befanden, als auch die Aktien, welche **während** der **Periode ausgegeben** oder **zurückgekauft** wurden. Neu ausgegebene Aktien sind vom **Ausgabezeitpunkt** an zu berücksichtigen. Zurückgekaufte Aktien fließen bis zu dem Zeitpunkt, an dem sie sich nicht mehr im Umlauf befinden, in die Berechnung mit ein, berechnet mit einem Gewichtungsfaktor. Dieser ergibt sich aus dem Verhältnis zwischen der Anzahl von Tagen, in denen sich die Aktien im Umlauf befanden, und der Gesamtzahl von Tagen der Periode. Als Ergebnis erhält man so die durchschnittlich gewichtete Anzahl der während der Periode ausstehenden Aktien. Die Anzahl von Tagen, an der sich die Aktien im Umlauf befanden, entspricht dabei zB dem Zeitraum zwischen Emissionsdatum und dem Ende der Periode. Dabei kann der Emissionszeitpunkt zB der Tag sein, an dem das Unternehmen die Gegenleistung in Form von Geld erhält oder der Tag, an dem das Unternehmen bei einer Sacheinlage den Vermögenszugang realisiert (vgl IAS 33.21). 6

Ist die Ausgabe von Aktien an bestimmte **Voraussetzungen** gebunden, so werden diese erst ab dem Zeitpunkt in die Ermittlung des unverwässerten Ergebnisses je Aktie einbezogen, von dem ab sämtliche Voraussetzungen erfüllt sind (vgl IAS 33.24). 7

Nicht vollständig einbezahlte Aktien sind entspr ihrer Dividendenberechtigung zu erfassen (vgl IAS 33.A15).

8 Insbes bei **Kapitalerhöhungen** ist für die Berechnung der EPS die Nennergröße anzupassen. Hierbei ist zu unterscheiden, ob bei der Ausgabe neuer Aktien der Gesellschaft neue Mittel zufließen. Fließen **keine Mittel** zu, so wird gem IAS 33.28 wie bei einer Kapitalerhöhung aus Gesellschaftsmitteln die Erhöhung der Aktienzahl für den **Beginn** der Periode angenommen. Auch die EPS-Berechnungen der Vorperioden sind entspr anzupassen. Bestehen Bezugsrechte, so haben diese einen Wert größer Null, sofern der Bezugskurs der neuen Aktien unter dem beizulegenden Zeitwert liegt. Die EPS-Werte der Vorperioden sind in diesem Fall unter der Annahme einer konstanten Eigenkapitalrendite verzerrt, da mit dem zufließenden Emissionserlös der alte EPS-Wert nicht mehr erreicht werden kann. Aus diesem Grund sind die vorherigen Ergebnisse anzupassen:

Beispiel für eine Kapitalerhöhung mit Bezugsrecht: Eine Kapitalerhöhung mit Bezugsrecht fällt in den Anwendungsbereich von IAS 33.27(b), IAS 33.A2, sofern die Bezugsrechte unter dem beizulegenden Zeitwert ausgegeben werden. In diesem Fall besteht die Möglichkeit, die Bezugsrechte rechnerisch aufzuteilen in solche, die zum beizulegenden Zeitwert ausgegeben werden und in solche, die ohne Gegenleistung, dh ohne die Veränderung von Ressourcen, emittiert werden. Bei letzteren handelt es sich um Gratiselemente iSd IAS 33.27(b). Im nachstehenden Beispiel wurden 72 Gratisaktien ausgegeben.

	Daten/Berechnung	**Ergebnis**
Anzahl Aktien X1	1.000 Stück	
Jahresüberschuss nach Steuern X1	€ 1.000	
Jahresüberschuss nach Steuern X2	€ 2.000	
EPS X1	€ 1.000/1.000 Stück	€ 1
Beizulegender Zeitwert Aktien (unmittelbar vor der Bezugsrechtsausübung)	€ 100	
Ausgabe Bezugsrechte per 30. Juni X2, Bezugsverhältnis	eine neue Aktie auf zwei alte Aktien	
Bezugskurs	€ 80	
Ermittlung des theoretischen beizulegenden Zeitwerts je Aktie nach Bezugsrecht:		
Summe aus Marktwerten der Aktien unmittelbar vor der Bezugsrechtsausübung und aus Ausübung der Bezugsrechte geteilt durch die Anzahl der sich nach Bezugsrechtsausübung in Umlauf befindlichen Aktien	(1.000 Stück × € 100 + 500 Stück × € 80)/(1.000 Stück + 500 Stück)	€ 140.000/1.500 Stück = €/Aktie 93,33
Ermittlung des Faktors zur Berechnung der Aktienanzahl bei Bezugsrechtsausgabe mit Bonuselementen:		
Beizulegender Zeitwert je Aktie unmittelbar vor der Bezugsrechtsausübung/Theoretischer beizulegender Zeitwert je Aktie nach Bezugsrecht	€ 100/€ 93,33	1,0715
Angepasste Anzahl Aktien X1	1.000 × 1,072	1.072

	Daten/Berechnung	Ergebnis
Angepasstes EPS X1	1.000/1.072	€ 0,93
Gewichtete Anzahl Aktien X2	(1.072 × 181 + 1.500 × 184)/365	1.288 Stück
EPS X2	2.000/1.288	€ 1,55

Bei Aktien, die für die Akquisition eines Unternehmens dh im Rahmen eines **Unternehmenszusammenschlusses** durch das MU emittiert wurden, richtet sich die Bestimmung der ergebnisberechtigten Tage nach dem Erwerbszeitpunkt. Ab diesem Datum sind die Aktien in den gewichteten Durchschnitt mit einzubeziehen. Dies resultiert aus der Tatsache, dass ab diesem Zeitpunkt die Gewinne und Verluste des erworbenen TU als vom Konzern erwirtschaftet gelten und somit ab diesem Zeitpunkt auch in der Konzern-Erfolgsrechnung zu zeigen sind. 9

Ausgangspunkt für die Berechnung der **Zählergröße** der unverwässerten EPS ist der den Stammaktionären iSd IAS 33.12, IAS 33.A1 zurechenbare **Periodenerfolg**. Da allein der auf die Stammaktionäre des MU entfallende Periodenerfolg zu berücksichtigen ist, gehen Minderheitenanteile am Periodenerfolg in die Berechnung nicht mit ein. Darüber hinaus ist dieser auf die Stammaktionäre des MU entfallende Periodenerfolg um sämtliche Nachsteuerbeträge von Vorzugsaktien (*preference shares* iSd IAS 33), Differenzen bei der Erfüllung von Vorzugsaktien sowie ähnliche Auswirkungen aus der Klassifizierung von Vorzugsaktien als Eigenkapital zu korrigieren. Zu den zu korrigierenden Nachsteuerbeträgen von Vorzugsaktien zählen einerseits sämtliche für die Periode beschlossene Vorzugsdividenden auf nicht kumulierende Vorzugsaktien und andererseits der für kumulierte Vorzugsdividenden in der Berichtsperiode benötigte Betrag unabhängig davon, ob die Dividenden beschlossen wurden oder nicht (IAS 33.14). 10

C. Verwässertes Ergebnis je Aktie

I. Grundlagen

Neben der Angabe der unverwässerten EPS sind gem IAS 33.30 auch für jede Aktiengattung die **verwässerten EPS** *(diluted EPS)* anzugeben. Hierbei ist der „maximale Verwässerungseffekt" aufgrund eingeräumter Options- und Wandelrechte zu berücksichtigen. 11

Dabei sind potenzielle Stammaktien nur dann in die Berechnung einzubeziehen, wenn die Umwandlung in Stammaktien die EPS **für fortgeführte Geschäftsbereiche** schmälern würde (vgl IAS 33.41). Für die Ermittlung der Verwässerung werden die fortgeführten Geschäftsbereiche als Kontrollgröße herangezogen, da lediglich diese für die zukünftige Entwicklung eines Unternehmens relevant sind und da die Heranziehung des gesamten Unternehmenserfolgs zu einem verzerrten Ergebnis führen könnte: Sofern der Jahresfehlbetrag eines Unternehmens aus einem Gewinn aus dem fortgeführten Geschäftsbereich und einem diesen übersteigenden Fehlbetrag aus dem aufgegebenen Geschäftsbereich resultiert, würde die Ermittlung der EPS unter Einbeziehung potenzieller Stammaktien auf Basis des Gesamtergebnisses einen Verwässerungsschutz anzeigen (*antidilutiv*), da der Jahresfehlbetrag durch eine größere Anzahl von Aktien dividiert würde und somit das verwässerte Ergebnis je Aktie einen geringeren negativen Wert auswiese als das unverwässerte Ergebnis je Aktie (vgl hierzu das Beispiel in IAS 33.A3).

12 Die Berechnung der Zähler- und Nennergröße der verwässerten EPS basiert auf der folgenden **Formel** (vgl IAS 33.32(a) und (b)):

$$\text{EPS} = \frac{\begin{array}{c}\text{(den Stammaktionären des MU gem IAS 33.12 zurechenbarer}\\ \text{Periodenerfolg + auf potenzielle Stammaktien entfallende Dividenden}\\ \text{und Zinsen (Nachsteuerbeträge) +/– sonstige indirekte Änderungen des}\\ \text{Periodenerfolgs aufgrund der Umwandlung von potenziellen}\\ \text{Stammaktien mit Verwässerungseffekt)}\end{array}}{\begin{array}{c}\text{gewichtete durchschnittliche Anzahl im Umlauf befindlicher}\\ \text{Stammakten + gewichtete durchschnittliche Anzahl potenzieller}\\ \text{Stammaktien mit Verwässerungseffekt}\end{array}}$$

Im **Zähler** ist der auf die Stammaktionäre des MU entfallende Periodenerfolg (anteilig) um die Beträge anzupassen, die zB als Zinsaufwendungen für die verwässernden Aktien gebucht wurden. Hierzu zählen auch mit den potenziellen Stammaktien verbundene nach der Effektivzinsmethode behandelte Transaktionskosten und Disagien (IAS 33.34). Zu berücksichtigen sind zudem Folgewirkungen (zB Steuern, Tantiemen ua) der vorgenommenen Änderungen (vgl IAS 33.33, IAS 33.35). Im **Nenner** ist die gewichtete durchschnittliche Anzahl der im Umlauf befindlichen Stammaktien um die gewichtete durchschnittliche Anzahl der verwässernden potenziellen Stammaktien zu erhöhen.

13 Bei der Ermittlung der Kennzahl ist auf die **Verhältnisse am Abschlussstichtag** abzustellen. Gem IAS 33.36 sind demnach alle bis zum Abschlussstichtag ausgegebenen potenziellen Stammaktien einzubeziehen. Zu beachten gilt, dass das verwässerte Ergebnis je Aktie „unabhängig" (iSv eigenständig) für jede berichtete Periode bestimmt werden soll. Somit entspricht die Aktienanzahl zum Abschlussstichtag nicht dem gewogenen Durchschnitt aus eventuellen Zwischenabschlüssen (IAS 33.37).

II. Ermittlung der potenziellen Aktienanzahl

1. Umwandlungszeitpunkt

14 Als Umwandlungszeitpunkt wird gem IAS 33.36 entweder der **Beginn des Berichtszeitraums** oder der **Emissionszeitpunkt** der potenziellen Aktien, sofern dieser später liegt, angenommen.

2. Ermittlung der Aktienanzahl mit Verwässerungseffekten

15 Anhang A zu IAS 33 liefert umfangreiche Vorschriften, wie die Aktienanzahl bei **ausgewählten Finanztransaktionen** zu berechnen ist. Dabei sind potenzielle Aktien jeweils lediglich dann einzubeziehen, wenn eine verwässernde Wirkung zu verzeichnen ist. Grundannahme für die Berechnung ist immer die günstigste Bedingung aus der vorteilhaftesten Umwandlungsrate oder dem günstigsten Ausübungskurs aus Sicht des Inhabers (IAS 33.39). Wenn unter dieser Prämisse neue Aktien hinzukommen, sind diese mit einzubeziehen. Ebenfalls sind die Aktien zu berücksichtigen, die von TU, Gemeinschaftsunternehmen oder assoziierten Unternehmen emittiert wurden (IAS 33.40, IAS 33.A11). Hierunter fallen jedoch nicht von Dritten ausgegebene Optionsrechte, wie zB gedeckte Optionsscheine *(covered warrants)*.

16 Ist die Einräumung des **Umtauschrechts** an bestimmte **Bedingungen** geknüpft (zB Höhe des Periodenerfolgs), so sind die potenziellen Aktien in die Berechnung mit einzubeziehen, sofern diese Bedingungen eingetreten bzw vorläufig eingetreten sind (vgl Rz 26 ff).

Bei **Zahlungen**, an die der zB aus Bezugs- oder Optionsrechten resultierende Erwerb potenzieller Aktien geknüpft ist, ist der zufließende Betrag bei der EPS-Berechnung zu berücksichtigen (IAS 33.45). Stimmen der Zuzahlungsbetrag und der beizulegende Aktienkurs überein, so wirkt der Umtausch der Rechte nicht verwässernd. Hierbei wird angenommen, dass die Eigenkapitalrendite auch unter Berücksichtigung der zugeflossenen Mittel konstant bleibt. Liegt jedoch der **Zuzahlungsbetrag** unter dem beizulegenden Aktienkurs, so wird sich die EPS-Größe annahmegemäß vermindern. Somit tritt ein **Verwässerungseffekt** ein.

D. Einzelfallbetrachtungen

I. Genehmigtes Kapital

17 Die Schaffung von genehmigtem Kapital iSd §§ 202ff AktG ist potenziell verwässernd, wenn der **Beschluss** über die Schaffung des genehmigten Kapitals eine Ermächtigung für den Ausschluss des Bezugsrechts gem § 203 Abs 2 AktG iVm § 186 AktG vorsieht. Solange der Vorstand von dem genehmigten Kapital noch keinen **Gebrauch** gemacht hat, wird die (potenzielle) Verwässerung nicht berücksichtigt, führt aber gem IAS 33.70(c) zu einer **Anhangangabe**.

II. Rückkauf eigener Aktien

18 Liegt eine Ermächtigung zum Rückkauf eigener Aktien nach § 71 Abs 1 Nr 8 AktG vor, so werden diese bei der Berechnung der verwässerten EPS nicht berücksichtigt, denn der Rückkauf hängt einerseits noch von einer **Vorstandsentscheidung** ab und andererseits reduziert der Rückkauf die Anzahl ausstehender Aktien und wirkt damit einer Verwässerung entgegen.

III. Bezugsrechte

19 Bei einer Kapitalerhöhung gegen Einlagen steht den Altaktionären gem § 186 Abs 1 AktG grds ein Bezugsrecht zu. Berechtigen diese Bezugsrechte zum Bezug neuer Aktien **unter dem aktuellen Kurswert**, so wirken sie gem IAS 33.41 verwässernd (siehe dazu Rz 11).

IV. Geschriebene Put-Optionen und übrige Termingeschäfte

20 Ist das Unternehmen Verträge eingegangen, die es dazu verpflichten, seine eigenen Aktien zurückzukaufen (insbes aufgrund geschriebener Put-Optionen oder Aktien-Termingeschäfte), so können diese Verträge Einfluss auf die verwässerten EPS haben (s IAS 33.63 sowie IAS 33.A10). Dies ist der Fall, wenn diese Verträge innerhalb der relevanten Periode ein aus Sicht des Kontrahenten **vorteilhaftes Geschäft** darstellen, wenn also der Basis- bzw Terminpreis den Börsenkurs der Aktien übersteigt und die Papiere damit „im Geld" sind.

Annahmegemäß hat das Unternehmen dabei zum **Periodenbeginn** Aktien verkauft, die zur Befriedigung der Ansprüche der Optionsrechteinhaber ausreichen. Werden nun die Optionen ausgeübt, so wird der aus dem Verkauf der Aktien erhaltene Betrag zum Ankauf der Aktien aus dem Optionsgeschäft verwendet. Liegt der Aktienkurs zu Beginn der Periode (bei gedanklichem Verkauf der Aktien) unter dem im Optionsgeschäft vereinbarten Preis, sind saldiert mehr Aktien ausgegeben als zurück erworben worden. Die Aktienanzahl würde dadurch zunehmen und zu einer Verwässerung führen.

Beispiel zu geschriebenen Put-Optionen (vgl IAS 33.A10): Ein Unternehmen hat 120 Put-Optionen zu einem Ausübungspreis von € 35 verkauft. Dies entspricht einer Gesamtverpflichtung bei Ausübung von € 35 × 120 Stück = € 4.200. Der durchschnittliche Aktienkurs liegt für die Periode bei € 28. Um die Verpflichtung aus der Put-Option befriedigen zu können, hat das Unternehmen zu Beginn der Periode zur Erzielung des Betrags von € 4.200 150 Aktien zu € 28 emittiert. Die Differenz zwischen den ausgegebenen und den zurückerhaltenen Aktien (30 zusätzliche Aktien) fließt bei der Berechnung der verwässerten EPS in den Nenner mit ein.

V. Aktien von Tochter-, Gemeinschafts- oder assoziierten Unternehmen

21 **Potenzielle Stammaktien** von TU, Gemeinschafts- und/oder assoziierten Unternehmen fließen gem IAS 33.A11 und IAS 33.A12 in die Berechnung der verwässerten EPS wie folgt mit ein:

(1) Wertpapiere von TU, Gemeinschafts- und/oder assoziierten Unternehmen, die es dem Besitzer ermöglichen, diese in Stammaktien des TU, Gemeinschafts- und/oder assoziierten Unternehmens einzutauschen, werden in die Berechnung der verwässerten EPS des TU, Gemeinschafts- und/oder assoziierten Unternehmens aufgenommen. Diese verwässerten EPS werden sodann im Rahmen der Bestimmung der Zählergröße anteilig in Höhe der Beteiligung des MU in die Berechnung der verwässerten EPS für die (Stamm-)Aktionäre des MU mit einbezogen (s auch IAS 33.IE10).

(2) Wertpapiere von TU, Gemeinschafts- und/oder assoziierten Unternehmen, die in Stammaktien des berichtenden Unternehmens (MU, Risikokapitalgeber, Investor) umgewandelt werden können, fließen direkt in die Berechnung der verwässerten EPS dieses Unternehmens mit ein. Das gilt auch für Optionen und Optionsscheine.

(3) Wertpapiere des berichtenden Unternehmens, die in Stammaktien von TU, Gemeinschafts- und/oder assoziierten Unternehmen eingetauscht werden können, haben Einfluss auf den Zähler der EPS-Berechnung. Dieser wird von jeder Änderung beeinflusst, die sich auf den Nettogewinn bzw -verlust auswirkt. Auf den Nenner haben die Änderungen hingegen keinen Einfluss, da sich die Aktienanzahl nicht verändert.

VI. Nicht voll eingezahlte Aktien

22 Aktien, die ausgegeben, aber nicht voll eingezahlt sind, werden zur Ermittlung **des unverwässerten Ergebnisses** je Aktie in Abhängigkeit von ihrer **Dividendenberechtigung quotal** bei der Aktienzahlberechnung berücksichtigt (vgl IAS 33.A15).

Der übrige, **unbezahlte (Rest-)Betrag** des Grundkapitals wird wie bei Optionen und Optionsscheinen in die Berechnung der verwässerten EPS mit einbezogen (vgl IAS 33.A16), indem unterstellt wird, dass mit dem unbezahlten Betrag der Kauf von Stammaktien vorgenommen wird. Dabei werden die teilweise bezahlten und somit auch nur teilweise dividendenberechtigten Aktien in eine Teilmenge vollständig bezahlter Aktien und eine andere Teilmenge überhaupt nicht eingezahlter Aktien zerlegt. Lediglich die Teilmenge der nicht eingezahlten Aktien ist für die Berechnung des verwässerten Ergebnisses je Aktie zu berücksichtigen. Sofern der (durchschnittliche) Marktpreis dem Ausgabepreis der Aktien entspricht, entsteht kein Verwässerungseffekt. Übersteigt der (durchschnittliche) Marktpreis hingegen den Ausgabepreis, so tritt ein Verwässerungseffekt ein: in diesem Fall kann am Markt nur eine geringere Anzahl an Aktien erworben werden, als dies zum Ausgabekurs möglich wäre. Die Differenz aus der Anzahl nicht bezahlter Aktien und der Anzahl an Aktien, die zum Bilanzstichtag am Markt erworben werden könnte (gemessen am durchschnittlichen Börsenkurs), ist zusätzlich in die Berechnung des verwässerten Ergebnisses je Aktie einzubeziehen.

Beispiel: Auf 1.000 dividendenberechtigte Aktien werden 20% der Einlage voll eingezahlt. In die EPS-Berechnung (unverwässert) fließen dementsprechend 200 Aktien (20% von 1.000 Aktien) ein. Die übrigen 800 Aktien repräsentieren ausstehende Einlagen von € 40.000 (entspricht einem Ausgabekurs von € 50 je Aktie). Da das Unternehmen allerdings für diesen Betrag am Aktienmarkt nur 400 Aktien zum aktuellen Marktpreis von € 100 erwerben kann, fließen zusätzlich 400 Aktien (= 800 ./. 400 Aktien) in die verwässerten EPS ein.

VII. Options- und Wandelrechte

Die Ermittlung des Verwässerungseffekts bei **eingeräumten Optionen und Optionsscheinen** erfolgt nach der ***treasury stock method*** gem IAS 33.46, bei der lediglich die Anzahl der potenziellen Aktien im Nenner, nicht aber Ergebniseffekte im Zähler zu berücksichtigen sind. Zunächst wird die Gesamtzahl der potenziellen Aktien bei Ausübung aller Optionen – sofern vorteilhaft (s IAS 33.A6) – ermittelt (IAS 33.45). Auf Basis des beizulegenden Aktienwerts (es handelt sich hierbei um den durchschnittlichen Marktpreis der Periode; vgl zur Berechnung IAS 33.A4f) wird in einem nächsten Schritt die Aktienanzahl berechnet, die sich aus der Gesamthöhe der Zahlung iVm der Ausübung sämtlicher Optionen ergibt. Ist die Differenz zwischen diesen beiden Werten gleich Null, so tritt keine verwässernde Wirkung ein. Bei einer positiven Differenz werden jedoch die verbleibenden Aktien hypothetisch als Gratisaktien behandelt (IAS 33.46(b)). 23

Bei diesem Ansatz wird jedoch die **Aktienkursentwicklung außer Acht** gelassen. Steigt der Aktienkurs im Laufe der Zeit, wird ein Teil der Verwässerung nicht erfasst. So kann eine Option mit aktuellem inneren Wert von Null aufgrund von Aktienkurssteigerungen einen positiven Wert erlangen. Über optionspreistheoretische Verfahren könnte die gesamte Verwässerung analysiert werden (vgl *Scott/Wier* Contemporary Accounting Research 2000, 303). 24

Beispiel zur Anwendung der *treasury stock method*:

	Daten/Berechnung	Ergebnis
Anzahl Aktien X1	1.000 Stück	
Jahresüberschuss nach Steuern X1	€ 1.000	
Unverwässerte EPS	€ 1.000/1.000 Stück	€ 1
Beizulegender Zeitwert Aktien	€ 100	
Anzahl ausgegebener Optionsscheine	2.000	
Bezugsverhältnis	zwei Optionsscheine: eine Aktie zu € 50	
Gesamtzahl der potenziellen Aktien bei Ausübung aller Optionen	2.000/2	1.000 Stück

	Daten/Berechnung	Ergebnis
Anzahl der Aktien, die aus der Einzahlung aus dem Optionsgeschäft zum beizulegenden Zeitwert ausgegeben werden können	(1.000 × € 50)/(€ 100)	500 Stück
Anzahl „Gratisaktien"	1.000 – 500	500 Stück
Anzahl Aktien für die Berechnung der verwässerten EPS	1.000 + 500	1.500 Stück
Verwässerte EPS	1.000/1.500	€ 0,67

25 Zur Ermittlung des Verwässerungseffekts bei **wandelbaren Schulden** ist die ***if-converted*-Methode** heranzuziehen, bei der Zähler und Nenner anzupassen sind (IAS 33.49). Die ehemaligen Gläubiger erhalten in diesem Fall keine Zinsen mehr, partizipieren jedoch nach Wandlung des Finanzinstruments am Ergebnis je Aktie (vgl *Freiberg* PiR 2006, 266f). Bei der Bereinigung des **Zählers** sind sämtliche Folgewirkungen zu berücksichtigen (zB Veränderung von Tantiemen und Steuern); im **Nenner** sind alle wandelbaren Instrumente zusätzlich anzusetzen.

VIII. Bedingt emissionsfähige Aktien

26 Bei bedingt emissionsfähigen Aktien handelt es sich um Stammaktien, die gegen eine geringe oder gar keine Zahlung oder andere Gegenleistung ausgegeben werden, sofern im Vorwege in einer **gesonderten Vereinbarung festgelegte Voraussetzungen eingetreten** bzw geschaffen worden sind (IAS 33.5). Die tatsächliche Ausgabe der Aktien ist insoweit nicht relevant, sondern die Erfüllung der Bedingungen.

Sofern die Bedingungen spätestens zum **Ende der Berichtsperiode erfüllt** sind, werden die entspr Aktien in die Berechnung des **verwässerten** Ergebnisses je Aktie – wie auch in diejenige des **unverwässerten** Ergebnisses je Aktie, vgl Rz 7 – einbezogen: durch die Erfüllung der Voraussetzungen ist die bedingte Emissionsfähigkeit entfallen, die Aktien werden in jedem Fall ausgegeben. Dabei werden die bedingt emissionsfähigen Aktien ab dem Datum mit einbezogen, zu dem alle erforderlichen Voraussetzungen erfüllt sind (IAS 33.24).

27 Sind die Emissionsbedingungen zum Bilanzstichtag nicht **abschließend erfüllbar**, weil sie erst am Ende einer mehrjährigen Periode eintreten und damit abschließend beurteilt werden können, so werden – falls die Bedingungen vorläufig eingehalten wurden – bedingt emissionsfähige Aktien lediglich zur Berechnung des **verwässerten** Ergebnisses je Aktie, nicht aber zur Berechnung des unverwässerten Ergebnisses je Aktie, herangezogen. Bedingt emissionsfähige Aktien sind jedoch auch in diesem Fall nur bei **verwässernder Wirkung** zu berücksichtigen. Zur Ermittlung der Anzahl der einzubeziehenden Aktien wird unterstellt, dass der Bilanzstichtag das Ende der Periode darstellt, innerhalb der die Bedingungen vereinbarungsgemäß eintreten können. Unter dieser Prämisse wird ermittelt, inwieweit die Bedingungen zum Bilanzstichtag vorliegen. Die hieraus resultierende Aktienanzahl wird in die Berechnung der verwässerten EPS einbezogen; die Bedingungen gelten insoweit als erfüllt. Dabei werden die bedingt emissionsfähigen Aktien mit **Beginn der Periode** bzw ab dem Tag der **Vereinbarung** der **bedingten Emission**, sofern diese zeitlich nachgelagert ist, erfasst. Sind die Bedingungen nach endgültigem Ablauf der für ihren Eintritt relevanten Periode tatsächlich nicht eingetreten, so ist eine retrospektive Anpassung der Berechnung der verwässerten EPS nicht gestattet (IAS 33.52).

Liegen **ergebnisabhängige** Emissionskriterien vor, deren Einhaltung erst nach Ablauf eines bestimmten Zeitraums **nach** dem **Bilanzstichtag** abschließend beurteilt werden kann, so ist für die Berechnung der verwässerten EPS die Anzahl der auszugebenden Aktien anhand der Verhältnisse am Bilanzstichtag zu ermitteln. Es wird unterstellt, dass das Ende der Berichtsperiode dem Ende der Periode entspricht, in der die Bedingungen vereinbarungsgemäß eintreten können. Nur wenn die Bedingungen zum jeweiligen Stichtag – vorläufig – vollständig erfüllt wurden, sind die hieraus resultierenden Aktien in die Ermittlung der verwässerten EPS einzubeziehen, sofern ein Verwässerungseffekt eintritt. Der im Standard explizit genannte Fall betrifft die Erzielung oder Aufrechterhaltung eines bestimmten Periodenerfolgs über einen Zeitraum nach dem Ende der Berichtsperiode (IAS 33.53). 28

Beispiel: Unternehmen A erwirbt sämtliche Anteile an Unternehmen B zu einem Nominalkaufpreis von Mio € 15. Im Unternehmenskaufvertrag ist eine Anpassung des Kaufpreises vorgesehen für den Fall, dass Unternehmen B in den folgenden fünf Jahren einen Jahreserfolg von **insgesamt** T€ 500 erwirtschaftet. Der zusätzliche Kaufpreis bestünde vertragsgemäß in einer Ausgabe von 200 jungen Aktien durch Unternehmen A. Im Jahr X1 nach der Transaktion wurde ein Jahreserfolg von T€ 150 erzielt.

Zum Bilanzstichtag X1 sind die 200 bedingt emissionsfähigen Aktien nicht in die Ermittlung der verwässerten EPS einzubeziehen, da zu diesem Zeitpunkt die Bedingung nicht erfüllt ist: Der Erfolg von T€ 150 liegt unter dem vorgegebenen kumulierten Jahreserfolg von T€ 500. Der Standard bezieht sich auf eine Verhältniszahl, die EPS, deren Ermittlung auf historischen Daten beruht. Eine Hochrechnung der verwässerten EPS unter Zugrundelegung einer erwarteten Erfolgsentwicklung widerspräche diesem Ansatz. In einem solchen Fall wäre ein Vergleich zwischen unverwässerten EPS und der entspr verwässerten Kennzahl nicht mehr zielführend, weil die Grundannahmen nicht mehr als gleichnamig zu bezeichnen wären. Die verwässerten EPS sollen vielmehr ausgehend von den unverwässerten EPS zeigen, inwieweit sich das Ergebnis je Aktie unter Berücksichtigung aller potenziellen Stammaktien verringern würde (vgl *PwC,* 14028). Würde das Unternehmen B zum Bilanzstichtag X2 einen Erfolg von T€ 350 ausweisen, so wäre die Bedingung zu diesem Bilanzstichtag, der für die Ermittlung der verwässerten EPS als Ende der Periode gelten würde, in der die Bedingung eintreten kann, erfüllt. In diesem Fall wären für die Ermittlung der verwässerten EPS in die Aktienanzahl zusätzlich 200 junge Aktien einzubeziehen. Eine Anpassung der Vorjahreszahl ist nicht zulässig.

29

Sofern die Anzahl der auszugebenden Aktien vom **Börsenkurs abhängig** ist, sind zur Ermittlung der verwässerten EPS die Verhältnisse am Bilanzstichtag zugrunde zu legen. Bis zum festgelegten Ende der Periode, in der die Bedingung eintreten kann, sind somit zu jedem Bilanzstichtag jeweils der Börsenkurs und der Kurs gem Bedingung zu vergleichen. Ist die Bedingung – vorläufig – eingehalten, sind die auszugebenden Aktien einzubeziehen, wenn ein Verwässerungseffekt eintritt. Falls die Bedingung auf einen Durchschnittskurs für eine Periode abstellt, die erst nach dem Bilanzstichtag abläuft, so ist zum Bilanzstichtag der bis dato entstandene Durchschnittskurs heranzuziehen (IAS 33.54).

Falls die Anzahl der auszugebenden Aktien sowohl **erfolgsabhängig** als auch **börsenkursabhängig** ist, basiert die Ermittlung des verwässerten Ergebnisses je Aktie kumulativ auf beiden Bedingungen: Nur wenn beide Bedingungen zum Bilanzstichtag eingehalten sind (vgl dazu Rz 28f), werden die bedingt emissionsfähigen Aktien in die Ermittlung des verwässerten Ergebnisses je Aktie einbezogen (IAS 33.55). 30

Wenn **andere** – erfolgs- und/oder börsenkursunabhängige – **Emissionsbedingungen** vorliegen (zB die Eröffnung einer bestimmten Anzahl von Einzelhandelsgeschäften), so sind die bedingt emissionsfähigen Aktien unter der Annahme, dass der derzeitige Stand bis zum Ende der Periode, in der die Bedingung eintreten kann, unverändert bleibt, in die Ermittlung des verwässerten Ergebnisses je Aktie einzubeziehen (IAS 33.56).

31 **Bedingt emissionsfähige potenzielle Stammaktien** (außer denjenigen, die einer Vereinbarung zur bedingten Emission unterliegen) werden gem IAS 33.57 in die Berechnung des verwässerten Ergebnisses je Aktie einbezogen, falls sie aufgrund ihrer Emissionsbedingungen in Übereinstimmung mit IAS 33.52 bis IAS 33.56 als emissionsfähig angesehen werden können. Dabei erfolgt die Einbeziehung in die Berechnung in Abhängigkeit von der Art der vorliegenden potenziellen Stammaktien nach den Vorschriften für Optionen oder Optionsscheine (IAS 33.45 bis IAS 33.48), für wandelbare Instrumente (IAS 33.49 bis IAS 33.51) sowie für Verträge, die in Stammaktien oder in liquiden Mitteln erfüllt werden können (IAS 33.58 bis IAS 33.61). Eine Einbeziehung in die Berechnung der verwässerten EPS erfolgt indessen nur unter der (zusätzlichen) Voraussetzung, dass von einer Ausübung bzw Umwandlung ähnlicher potenzieller, nicht bedingt emissionsfähiger Stammaktien ausgegangen werden kann.

IX. Mitarbeiteroptionsprogramme

32 Im Falle der **Ausgabe tatsächlicher Aktienoptionen** kann eine Verwässerung auftreten. Bei lediglich virtuellen Optionen liegen keine Eigenkapitaltransaktionen vor, vielmehr erhöht sich in diesem Fall der Personalaufwand unmittelbar. Daher haben sie auch keine direkte Relevanz bei der Ermittlung der EPS.

Werden Mitarbeitern Optionen auf (tatsächliche) Aktien zugesagt, so sind die Optionsrechte nach IAS 33.47A mit dem **beizulegenden Zeitwert** zu berücksichtigen.

Sind die Optionen an das **Erreichen bestimmter Kennzahlen** oder **Kursziele** gebunden, so sind diese Optionen einzubeziehen, wenn es wahrscheinlich ist, dass die Ziele erreicht werden.

X. Behandlung mehrerer Optionsrechte – Emissionen

33 Hat ein Unternehmen mehrere Wandel- oder Optionsanleihen emittiert, so ist nach IAS 33.41 die **maximal mögliche Verwässerung** zu ermitteln. Hierzu muss zunächst ermittelt werden, ob und in welcher Reihenfolge die einzelnen Finanzierungsarten zu berücksichtigen sind. Nach IAS 33.44 sind zunächst die Effekte zu berücksichtigen, bei denen die Verwässerung am stärksten wäre. Durch die Berücksichtigung der stärksten Verwässerung lässt sich die kumulative Verwässerung am schnellsten errechnen, da alle schwächeren Effekte diesem Wert ggü keine dilutive Wirkung haben und dadurch ohnehin auszusparen sind. Für die Ermittlung des größtmöglichen Verwässerungseffekts werden gem IAS 33.39 für die Optionsrechteinhaber wiederum die günstigsten Bedingungen angenommen. Hierzu zählt auch die Annahme, dass der Umwandlungszeitpunkt am Beginn der Berichtsperiode liegt (IAS 33.36).

34 Der Umtausch eines Finanzierungsinstruments kann Auswirkungen sowohl auf die Zähler- als auch auf die Nennergröße bei der Berechnung der EPS haben. Liegt das Verhältnis der Änderungen von Zähler und Nenner unter dessen Ursprungswert, so tritt ein Verwässerungseffekt ein.

Beispiel für die Ermittlung der verwässerten EPS bei mehreren Finanzinstrumenten:

	Daten/Berechnung	**Ergebnis**
Anzahl Aktien	1.000 Stück	
Beizulegender Zeitwert je Aktie	€ 100	
Periodenerfolg aus fortzuführenden Geschäftsbereichen	€ 5.000	
Ausgegebene Bezugsrechte	100 Stück	
Bezugsverhältnis	ein Bezugsrecht: eine Aktie	
Bezugskurs	€ 50	
Ausgegebene Wandelanleihe A	50 Stück	
Nennwert Wandelanleihe A	€ 100	
Zinssatz Wandelanleihe A	2%	
Umtauschverhältnis Wandelanleihe A	eine Wandelanleihe für eine Aktie	
Zuzahlung Wandelanleihe A	€ 50	
Ausgegebene Wandelanleihe B	6 Stück	
Nennwert Wandelanleihe B	€ 50	
Zinssatz Wandelanleihe B	6%	
Umtauschverhältnis Wandelanleihe B	eine Wandelanleihe: fünf Aktien	
Zuzahlung Wandelanleihe B	€ 0	
Steuersatz des Unternehmens	25%	

Schritt 1:

Isolierte Untersuchung der potenziellen Aktien je Finanzierungsquelle (da pro Finanzierungsquelle unterschiedliche verwässernde Wirkungen auftreten können):

	Daten/Berechnung	**Ergebnis**
(1) Analyse der Bezugsrechte:		
Anzahl Aktien, die zum beizulegenden Kurs ausgegeben werden können	(100 Stück × € 50)/€ 100	50 Stück
Anzahl „Gratisaktien" = Veränderung Aktienanzahl	100 Stück – 50 Stück	50 Stück
Veränderung des Erfolgs	€ 0	
Ergebnis je zusätzliche Aktie	€ 0/50 Stück	€ 0
(2) Berechnung für Wandelanleihe A		
Anzahl Aktien, die zum beizulegenden Zeitwert ausgegeben werden können	(50 Stück × € 50)/€ 100	25 Stück
Anzahl „Gratisaktien" = Veränderung Aktienanzahl	50 Stück – 25 Stück	25 Stück
Veränderung des Erfolgs	(50 Stück × € 100) × 2% × (1 – 0,25)	€ 75
Ergebnis je zusätzliche Aktie	€ 75/25 Stück	€ 3

	Daten/Berechnung	Ergebnis
(3) Berechnung für Wandelanleihe B		
Anzahl „Gratisaktien" = Veränderung Aktienanzahl	6 × 5 Stück	30 Stück
Veränderung des Erfolgs	(30 Stück × € 50) × 6% × (1 – 0,25)	€ 67,5
Ergebnis je zusätzliche Aktie	€ 67,5/30 Stück	€ 2,25

Ab einem vorherigen EPS-Wert von Null werden die Bezugsrechte eine verwässernde Auswirkung haben. Bei der Wandelanleihe B treten diese Effekte bei einem vorherigen EPS-Wert von € 2,25, bei der Wandelanleihe A entspr bei einem vorherigen EPS-Wert von € 3 auf. Gem dieser Berechnungen sind zunächst die Bezugsrechte, dann die Wandelanleihe B und danach die Wandelanleihe A auf die Berücksichtigung der Ermittlung des verwässerten Ergebnisses hin zu überprüfen.

	Daten/Berechnung	Ergebnis
Unverwässerte EPS	€ 5.000/1.000 Stück	€ 5
Berechnung der verwässerten EPS:		
(1) Aus den Bezugsrechten	€ 5.000/(1.000 + 50 Stück)	€ 4,76
(2) Aus Wandelanleihe B	(€ 5.000 + € 67,5)/(1.000 + 50 Stück + 30 Stück)	€ 4,69
(3) Aus Wandelanleihe A	(€ 5.000 + € 67,5 + € 75)/(1.000 + 50 Stück + 30 Stück + 25 Stück)	€ 4,65
Verwässertes Ergebnis X1		€ 4,65

Hätte die Berücksichtigung der Wandelanleihe A nicht zu einer weiteren Senkung der verwässerten EPS geführt, würde diese nicht in die Berechnung mit eingeschlossen werden.

35 Potenzielle Aktien werden nur so lange in das verwässerte Ergebnis mit einbezogen, bis diese **tatsächlich** in **Aktien umgetauscht** werden können. Werden sie während des Berichtszeitraums umgetauscht, so werden sie nur bis zum Umwandlungsstichtag berücksichtigt. Ab diesem Zeitpunkt gehen sie in das unverwässerte Ergebnis mit ein.

XI. Verträge, die durch Aktien oder in bar beglichen werden und gekaufte Optionen

36 Schließt ein Unternehmen Verträge ab, in denen es sich verpflichtet, seinen Vertragsteil in **Aktien oder in bar** zu begleichen, so kann das Unternehmen annehmen, dass die Verpflichtung durch **Aktien beglichen** wird. Die daraus resultierenden potenziellen Stammaktien fließen bei Vorhandensein eines Verwässerungseffekts in die Berechnung der verwässerten EPS mit ein (gem IAS 33.58). Allerdings sind folgende Bedingungen zu beachten:

(1) Benutzt das Unternehmen den Vertrag zu Rechnungslegungszwecken als Vermögen oder Schuld oder besitzt der Vertrag Komponenten eines Eigenkapitalinstruments und einer Verbindlichkeit, muss das Unternehmen den

Periodengewinn oder -verlust (Zählergröße) dergestalt angleichen, als wenn der Vertrag als ein Eigenkapitalinstrument klassifiziert worden wäre (IAS 33.59).

(2) Bei Verträgen, in denen der **Inhaber** die Wandlung in Aktien oder in bar bestimmen kann, fließt der stärkere Verwässerungseffekt aus beiden Möglichkeiten in die Berechnung der verwässerten EPS mit ein (vgl IAS 33.60).

Verträge über den **Kauf** von **Put- oder Call-Optionen**, die ein Unternehmen auf die eigenen Stammaktien hält, werden nicht in die Berechnung der verwässerten EPS mit einbezogen, da sie lediglich bei Vorteilhaftigkeit ausgeübt werden und damit unverwässernde Wirkung haben (IAS 33.62). 37

XII. Mehrere Aktiengattungen und partizipierende Eigenkapitalinstrumente

ISd IAS 33 liegen dann unterschiedliche Stammaktien-Gattungen (*ordinary shares*) vor, wenn verschiedene Aktien **unterschiedliche Dividendensätze** aufweisen, wobei jedoch keine der Stammaktien-Gattungen mit vorrangigen Rechten ausgestattet ist (IAS 33.A13(b)). Lägen vorrangige Dividendenrechte vor, so wären die entspr Aktien definitionsgemäß (s IAS 33.5 und IAS 33.6) keine Stammaktien iSd IAS 33 und damit nicht bei der Berechnung der EPS zu berücksichtigen. 38

Bei **partizipierenden Eigenkapitalinstrumenten** handelt es sich um Instrumente, die an Stammaktien-Dividenden nach einer festgelegten Formel beteiligt werden (IAS 33.A13(a)).

Bei Vorliegen **mehrerer Stammaktien-Gattungen** bzw Instrumenten, die nicht lediglich in eine Stammaktien-Gattung umgewandelt werden können, wird zur Ermittlung der EPS der Jahreserfolg anhand der Dividendenrechte oder anderer Rechte auf Beteiligung an nicht ausgeschütteten Gewinnen aufgeteilt. Die Berechnung des unverwässerten und verwässerten Ergebnisses je Aktie erfolgt dabei in folgenden Schritten (vgl IAS 33.A14): 39

(1) Ermittlung eines verbleibenden Jahreserfolgs nach Kürzung des Periodenerfolgs um in der Periode beschlossene Dividendenzahlungen.

(2) Verteilung des verbleibenden Jahreserfolgs auf verschiedene Stammaktien-Gattungen bzw partizipierende Eigenkapitalinstrumente im Verhältnis der Dividendenberechtigung bei Unterstellung einer Vollausschüttung.

(3) Ermittlung des Periodenerfolgs je Aktien-Gattung/Instrument durch Addition der tatsächlichen Dividendenberechtigung zuzüglich des unter (2) ermittelten Anteils am verbleibenden Jahreserfolg.

(4) Division der gem (3) ermittelten Jahreserfolgsanteile je Aktien-Gattung/Instrument durch die Zahl der in Umlauf befindlichen Instrumente.

Beispiel: Unternehmen A hat 1.000.000 Stammaktien und 100.000 Vorzugsaktien ausgegeben, wobei die Vorzugsaktien einen um 10% höheren Gewinnanteil als die Stammaktien erhalten. Dabei ist die Dividende auf die Vorzugsaktien nicht vorrangig zu bedienen. Der Jahreserfolg X1 beträgt Mio € 3. Gem Gewinnverwendungsvorschlag werden € 0,70 je Stammaktie ausgeschüttet. Es wird unterstellt, dass keine potenziellen Stammaktien bestehen, sodass das unverwässerte Ergebnis je Aktie dem verwässerten entspricht.

	Daten/Berechnung	Ergebnis
Ermittlung des verbleibenden Jahreserfolgs X1	€ 3.000.000 – € 700.000 – € 77.000	€ 2.223.000
Verteilung des verbleibenden Jahreserfolgs auf Stammaktien und Vorzugsaktien:		
Stammaktien	€ 2.223.000 × € 700.000/ € 777.000	€ 2.002.701
Vorzugsaktien	€ 2.223.000 × € 77.000/ € 777.000	€ 220.299
Ermittlung des Periodenerfolgs je Aktiengattung (unter Vollausschüttungsprämisse):		
Stammaktien	€ 700.000 + € 2.002.701	€ 2.702.701
Vorzugsaktien	€ 77.000 + € 220.299	€ 297.299
(Kontrollsumme)		(€ 3.000.000)
Ermittlung der EPS (unverwässert = verwässert)		
Stammaktien	€ 2.702.701/1.000.000 Aktien	€ 2,70
Vorzugsaktien	€ 297.299/100.000 Aktien	€ 2,97

40 In die Berechnung der **verwässerten EPS** sind partizipierende Eigenkapitalinstrumente, die in Stammaktien umgewandelt werden können, nur dann einzubeziehen, wenn eine verwässernde Wirkung vorliegt.

E. Rückwirkende Anpassungen

41 **Retrospektive Anpassungen** der unverwässerten und verwässerten Ergebnisse je Aktie sind bei Vorliegen folgender Sachverhalte vorzunehmen:

(1) bei Änderung der gewichteten durchschnittlichen Anzahl der im Umlauf befindlichen Stammaktien in einer der dargestellten Perioden **bis zum Bilanzstichtag** durch Kapitalisierung, Emission von Gratisaktien, Ausgabe von sonstigen Gratiselementen (zB ein Gratiselement an einer Ausgabe von Bezugsrechten) oder durch Neustückelung von Aktien bzw durch Zusammenlegung des Aktienkapitals, also bei einer Umstrukturierung des Aktienkapitals ohne entspr Veränderung von Ressourcen beim Unternehmen bis zum Bilanzstichtag (IAS 33.27f, IAS 33.64 Satz 1),

(2) bei unter (1) beschriebenen Umstrukturierungen des Aktienkapitals ohne entspr Veränderung von Ressourcen beim Unternehmen **nach dem Bilanzstichtag** aber bis zur Veröffentlichungsfreigabe (hierbei handelt es sich wohl um die Kommunikation der Kapitalmaßnahme an die Öffentlichkeit, ggf durch eine Pressemitteilung) des Abschlusses, wobei in diesem Fall in den Anhang aufzunehmen ist, dass sämtliche angegebenen EPS-Werte auf Basis der neuen Aktienanzahl ermittelt wurden (IAS 33.64 Satz 2 und 3),

(3) bei retrospektiv berücksichtigten Fehlerkorrekturen (IAS 8.49(b)(ii)) oder Änderungen der Bilanzierungs- und Bewertungsmethoden (IAS 8.28(f)(ii), IAS 8.29(c)(ii)) (IAS 33.64 Satz 4).

42 Für **Vorperioden** angegebene verwässerte Ergebnisse je Aktie dürfen nicht angepasst werden, wenn zugrunde gelegte Annahmen verändert wurden bzw nicht entspr eingetreten sind (zB bei bedingt emissionsfähigen Aktien) oder wenn potenzielle Stammaktien in Stammaktien umgewandelt worden sind (IAS 33.65).

43 Beim **Rückkauf** eigener Aktien durch ein Unternehmen zum **beizulegenden Zeitwert** vermindert sich die Anzahl der im Umlauf befindlichen Aktien, sodass die gewichtete durchschnittliche Anzahl der innerhalb der Periode im Umlauf gewesenen Stammaktien ab Wirksamkeit des Rückkaufs anzupassen ist. Durch das zu zahlende Aufgeld liegt eine Verminderung von Ressourcen vor: in entspr Höhe werden die Rücklagen belastet; der Jahreserfolg bleibt unverändert. Die Ergebnisse je Aktie des Vorjahres sind in diesem Fall nicht anzupassen (IAS 33.29).

44 Bei Anwendung der ***treasury stock method*** (vgl Rz 23f) führt ein über die Perioden steigender Aktienkurs der zugrunde liegenden Wertpapiere zu einer Erhöhung des Verwässerungseffekts, sofern die Optionen/Optionsscheine im Geld sind, selbst wenn alle weiteren Einflussgrößen unverändert bleiben. Da bei steigendem Aktienkurs die Anzahl der Aktien sinkt, die zum beizulegenden Zeitwert ausgegeben werden können, erhöht sich entspr die Anzahl der virtuellen „Gratisaktien", die in den Nenner des verwässerten Ergebnisses je Aktie einfließen und damit den EPS-Wert vermindern. Der Standard gibt vor, dass in Vorjahren angegebene Ergebnisse je Aktie nicht rückwirkend bereinigt werden, um die Kursveränderungen der Stammaktien zu berücksichtigen (IAS 33.47).

Beispiel: Ausgangslage wie im Beispiel zur Anwendung der *treasury stock method* (Rz 24). Im Jahr X2 hat sich ceteris paribus lediglich der beizulegende Zeitwert der Aktien auf € 200 erhöht. Dies hat zur Folge, dass die Anzahl der Aktien, die zum beizulegenden Zeitwert ausgegeben werden können, auf 250 Stück sinkt (2.000 × € 50)/(2 × € 200). Die Anzahl der „Gratisaktien" steigt entspr auf 750 an. In die Berechnung des verwässerten Ergebnisses je Aktie fließen nunmehr 1.750 Aktien ein; das verwässerte Ergebnis je Aktie beträgt damit € 0,57. Im Berichtsjahr X2 ist das verwässerte (Vorjahres-)Ergebnis je Aktie X1 nicht rückwirkend anzupassen, nur weil eine Veränderung des beizulegenden Zeitwerts der Aktien in X2 eingetreten ist.

F. Ausweis und Anhangangaben

45 Für die **Präsentation** und den **Ausweis** der EPS-Kennzahlen haben die Unternehmen gem den IFRS mehrere Regeln zu beachten:

(1) Gem IAS 33.67 Satz 1 ist die Offenlegung von EPS-Kennzahlen sowohl für Jahres- als auch für Zwischenabschlüsse obligatorisch.

(2) Es sind für jede Klasse von Stammaktien auf der Grundlage der Erfolge aus fortzuführenden Geschäftsbereichen und des Gesamterfolges Kennzahlen sowohl zu unverwässerten EPS als auch zu verwässerten EPS offen zu legen (IAS 33.66).

(3) EPS sind nicht nur für die Berichts-, sondern auch für sämtliche im Abschluss enthaltene Vergleichsperioden zu veröffentlichen. Sind das unverwässerte und das verwässerte EPS gleich, so können sie zusammengefasst werden (IAS 33.67 Sätze 2 und 3). Sollte eine erstmalige Darstellung der verwässerten EPS erfolgen, so sind auch für die vergangenen Perioden verwässerte EPS zu erstellen.

(4) Der Ausweis der nach IAS 33.66 und IAS 33.67 geforderten EPS hat grds in der Gesamtergebnisrechnung zu erfolgen. Sofern dabei die GuV im Rahmen des *two statements approach* gesondert dargestellt wird, sind die entspr EPS-Kennzahlen in diesem Rechenwerk auszuweisen (IAS 33.4A iVm IAS 33.67A, IAS 34.11).

(5) Werden EPS-Kennzahlen für aufgegebene Geschäftsbereiche veröffentlicht, so sind hierfür sowohl unverwässerte als auch verwässerte Kennzahlen anzugeben (nur gem IAS 33.68; *Hayn/Waldersee*[7], 333). Die Angabe hat entweder im Anhang oder in der Gesamtergebnisrechnung bzw der gesonderten GuV (sofern erstellt) zu erfolgen (IAS 33.68A).

(6) Der Ausweis von unverwässerten sowie verwässerten EPS ist selbst dann durchzuführen, wenn die Beträge negativ sind, und es sich somit um einen Verlust pro Aktie handelt (gem IAS 33.69).

(7) Unternehmen, die weder über öffentlich gehandelte Stammaktien noch potenzielle Stammaktien verfügen, haben bei der (freiwilligen) Angabe von EPS diese gem IAS 33.3 zu ermitteln.

46 Des Weiteren haben die Unternehmen gem IAS 33.70 folgende **Angaben** zu machen:

(1) Die zur Berechnung von unverwässerten und verwässerten EPS als Zähler verwendeten Beträge sowie eine Überleitungsrechnung der entspr Beträge zum Periodenerfolg. Gem IAS 33.70(a) soll die Überleitungsrechnung dabei die Effekte sämtlicher Wertpapiere gesondert zeigen, die die EPS beeinflussen.

(2) Den gewichteten Durchschnitt der Anzahl von Stammaktien, der als Nenner bei der Berechnung der unverwässerten und verwässerten EPS verwendet wurde, sowie eine Überleitungsrechnung dieser Nenner zueinander. Gem IAS 33.70(b) soll die Überleitungsrechnung dabei die Effekte sämtlicher Wertpapiere gesondert ausweisen, die die EPS beeinflussen.

(3) Gem IAS 33.70(c) alle Wertpapiere, die einen potenziellen verwässernden Einfluss auf die EPS in der Zukunft haben könnten, aber nicht in die Berechnung der verwässerten EPS eingegangen sind, da sie keinen verwässernden Einfluss in der gegenwärtigen Periode haben. Hierunter fallen auch genehmigte Kapitalerhöhungen iSd §§ 202 ff AktG (vgl Rz 17).

(4) Gem IAS 33.70(d) eine Beschreibung aller Transaktionen mit Stammaktien oder potenziellen Stammaktien, soweit es sich nicht um Neuemissionen oder Ausgabe von Gratisaktien, Aktiensplitts oder Aktienkonsolidierungen handelt, welche sich nach dem Bilanzstichtag, aber noch vor der Veröffentlichung des Jahresabschlusses ereignet haben. Dabei ist es entscheidend, ob sich die Anzahl der Stammaktien und potenziellen Stammaktien merklich verändert hätte, wenn sich die Transaktionen vor dem Ende der Berichtsperiode ereignet hätten.

47 Bei weiteren **freiwilligen Angaben**, die lediglich im Anhang zulässig sind, ist zu beachten, dass bei der Berechnung der Nenner in Übereinstimmung mit diesem Standard ermittelt wird, damit eine Vergleichbarkeit auch weiterhin gegeben ist (IAS 33.73). Das gilt auch für die Veröffentlichung weiterer Angaben im Zusammenhang mit den EPS (s nur IAS 33.73A).

G. Wesentliche Änderungen und deren Anwendungszeitpunkte

48 **IAS 33** ist auf Berichtsperioden, die am oder nach dem 1. Januar 2005 beginnen anzuwenden (IAS 33.74). Die Folgeänderung des IAS 33.2 aus der Verabschiedung von **IFRS 8** ist für Berichtsperioden, die am oder nach dem 1. Januar 2009 beginnen, anzuwenden. Eine frühere Anwendung ist erlaubt und entspr im Anhang anzugeben. Entspr gilt für die Folgeänderungen aus der Überarbeitung von **IAS 1 (2007)** in IAS 33.4, IAS 33.4A, IAS 33.13, IAS 33.67, IAS 33.67A, IAS 33.68A und IAS 33.73A (IAS 33.74A).

In der vorliegenden Kommentierung werden wesentliche materielle Änderungen dargestellt, darüber hinaus haben die Überarbeitungen klarstellenden Charakter.

H. Gegenüberstellung zu HGB/DRS/DVFA und US-GAAP

Das **HGB** sieht **keine Pflicht** vor, EPS zu berechnen und zu veröffentlichen. 49
Auch Unternehmen, die sich über Dividendenpapiere oder öffentlich gehandelte Wertpapiere finanzieren, brauchen nach HGB keine EPS zu veröffentlichen. Ebenso wenig hat das DRSC bisher einen Standard hierzu verfasst oder einen Entwurf veröffentlicht.

Es ist jedoch seit längerer Zeit für deutsche börsennotierte Unternehmen **gute** 50
Übung, das Ergebnis je Aktie freiwillig zu veröffentlichen und dabei die Grundsätze anzuwenden, die die Deutsche Vereinigung für Finanzanalyse (DVFA) herausgibt und die zur Zeit in der dritten Auflage (*Busse von Colbe ua*[3], 1 ff) vorliegen. Die Ermittlung der Anzahl der Aktien („Nenner") orientiert sich nach DVFA weitgehend an den Grundsätzen von IAS 33 (*Schmitz*[3], 963). Demgegenüber sehen die DVFA-Regeln eine betriebswirtschaftliche Bereinigung des Periodenerfolgs vor, der im „Zähler" angesetzt wird (Einzelheiten bei *Schmitz*[3], 964).

Für die amerikanischen Kapitalmärkte gilt der Standard **SFAS 128** *„Basic* 51
earnings per Share", der in weiten Teilen IAS 33 gleicht. Er geht allerdings insoweit über IAS 33 hinaus, als er die Veröffentlichung von EPS-Zahlen auf unterschiedlichen Grundlagen verlangt. Dazu gehören:

(1) Ergebnis der normalen Geschäftstätigkeit *(income from continuing operations)*,
(2) außerordentliches Ergebnis *(extra-ordinary items)*,
(3) Auswirkung von Bewertungsänderungen *(accounting changes)*,
(4) Ergebnis aus Unternehmens(teil)verkäufen *(discontinued operations)*.

I. Aktuelle Entwicklungen/IASB-Projekte

Der IASB hat im August 2008 einen ***Exposure Draft* (ED)** zu IAS 33 ver- 52
öffentlicht. Dieser *Exposure Draft* ist Teil des **Konvergenzprojekts** mit dem amerikanischen *Financial Accounting Standards Board* (FASB). Ziel dieses Projekts ist es, die Unterschiede zwischen den *International Financial Reporting Standards* (IFRSs) und den *US General Accepted Accounting Principles* (US-GAAP) zu verringern. Die Vorschläge zielen darauf ab, eine Angleichung der Berechnung des Nenners der EPS entspr IAS 33 und dem *Statement of Financial Accounting Standards No 128* (SFAS 128) zu erreichen.

Die diesbezüglichen Vorschläge in ED-IAS 33 zielen ab auf die Verabschiedung von Prinzipien und Grundsätzen zur Bestimmung, welche Instrumente in die Berechnung der unverwässerten EPS einbezogen werden, und beinhalten die Klärung der Behandlung von Verträgen, die das Unternehmen berechtigen, eigene Aktien gegen Barzahlung oder andere Vermögenswerte zu erhalten.

Es ist vorgesehen, dass die Kommentare zu ED-IAS 33 bis zum 5. Dezember 2008 beim IASB eingehen. IASB und FASB gehen nach heutigem Stand davon aus, dass im Anschluss an die Auswertung der Kommentierungen Mitte des Jahres 2009 mit der Verabschiedung des endgültig überarbeiteten Standards gerechnet werden kann.

III. Eigenkapitalveränderungsrechnung

§ 17. Eigenkapitalveränderungsrechnung

Übersicht

Schrifttum: *Baetge/Winkeljohann/Haenelt* Die Bilanzierung des gesellschaftsrechtlichen Eigenkapitals von Nicht-Kapitalgesellschaften nach der novellierten Kapitalabgrenzung des IAS 32 (rev. 2008), DB 2008, 1518; *Bischof/Molzahn* IAS 1 (revised 2007) „Presentation of Financial Instruments“, IRZ 2008, 171; *Ernst & Young* International GAAP 2008, Chichester/West Sussex 2008; *Haller/Ernstberger/Buchhauser* Performance Reporting nach International Financial Reporting Standards – Empirische Untersuchung der Unternehmen des HDAX, KoR 2008, 314; *Haller/Schlossgangl* Notwendigkeit einer Neugestaltung des Performance Reporting nach IAS/IFRS – Konzeptionelle und empirische Evidenzen, KoR 2003, 317; *Holzer/Ernst* (Other) Comprehensive Income and Non-Ownership Movements in Equity – Erfassung und Ausweis des Jahresergebnisses und des Eigenkapitals nach US-GAAP und IAS, WPg 1999, 353; *IDW* RS HFA 9 Einzelfragen zur Bilanzierung von Finanzinstrumenten nach IFRS, FN IDW 2007, 326; *Küting/Göth/Strickmann* Die Dokumentation des Konzerneigenkapitals (Teil 1) DStR 1997, 935; *Lind/Faulmann* Die

Bilanzierung von Eigenkapitalbeschaffungskosten nach IAS, US-GAAP und HGB, DB 2001, 601; *Milla/Hanusch* Die Abbildung von direkt im Eigenkapital zu erfassenden Vorgängen und deren Steuerwirkung nach IFRS, IRZ 2008, 521; *Rhiel* Pensionsverpflichtungen im IFRS-Abschluss – Die Neuerungen in IAS 19 vom Dezember 2004, DB 2005, 293; *Schmidbauer* Die Bilanzierung eigener Aktien im internationalen Vergleich, DStR 2002, 187; *Zülch/Fischer* Das Joint Financial Statement Presentation Project von IASB und FASB – Arbeitsergebnisse und mögliche Auswirkungen, KoR 2007, 1765.

Wesentliche Rechtsgrundlagen: IAS 1, IAS 32

A. Funktionen der Eigenkapitalveränderungsrechnung

1 Nach IAS 1.10(c) ist die Eigenkapitalveränderungsrechnung ein **eigenständiger Pflichtbestandteil** eines IFRS-Abschlusses. Dabei wird nicht danach unterschieden, ob es sich um eine Eigenkapitalveränderungsrechnung im Einzel- oder Konzernabschluss eines Unternehmens handelt. Folglich sind die Funktionen der Eigenkapitalveränderungsrechnung abhängig von der Funktion des Eigenkapitals im Einzel- bzw Konzernabschluss.

2 Im **handelsrechtlichen Einzelabschluss** hat das Eigenkapital mehrere Funktionen zu erfüllen. Neben den **materiell-rechtlichen Funktionen** des Eigenkapitals, die sich in der Darstellung des Haftungs- und Verlustausgleichspotentials, der Darstellung der Zahlungsbemessungsbasis an Anteilseigner des Unternehmens sowie bei Geltung des Maßgeblichkeitsgrundsatzes in der partiellen Bindungswirkung der Handelsbilanz für die Steuerbilanz niederschlagen, ist die **Informationsfunktion** zu beachten.

3 Gegenwärtig kommt in Deutschland einem nach IFRS aufgestellten Einzelabschluss keine befreiende Wirkung zu. Damit sind die materiell-rechtlichen Funktionen des Eigenkapitalausweises weiterhin an den pflichtmäßig zu erstellenden HGB-Abschluss geknüpft. Im **Konzernabschluss** entfallen die unmittelbaren materiell-rechtlichen Funktionen des Eigenkapitals, da der Konzern als solcher kein Rechtssubjekt ist. Der IFRS-Einzelabschluss erfüllt wie der IFRS-Konzernabschluss ausschließlich die Informationsfunktion.

4 Allerdings bietet eine im IFRS-Einzelabschluss bzw im IFRS-Konzernabschluss ausgewiesene Eigenkapitalstruktur faktisch durchaus Anhaltspunkte für die Höhe der **Ausschüttungsbemessung** beim MU. Insofern wird hier die Ansicht geteilt, wonach für die Eigenkapitalveränderungsrechnung eine eigenständige (konzernbezogene) Informationswirkung in den Vordergrund gerückt werden sollte (*Küting/Göth/Strickmann* DStR 1997, 937). Danach sind von der Konzerneigenkapitalveränderungsrechnung folgende Funktionen zu erfüllen:

5 Die **Herkunft des Konzerneigenkapitals** ist zu dokumentieren, um das künftige Ausschüttungspotential besser einschätzen zu können. Die **Einzahlungen der Anteilseigner** des MU in das gezeichnete Kapital stehen für Ausschüttungszwecke grds nicht zur Verfügung. Darüber hinausgehende Zuführungen zur Kapitalrücklage können hingegen im Rahmen der gesellschaftsrechtlichen Bestimmungen Ausschüttungspotenzial beinhalten.

6 Die von der wirtschaftlichen Einheit Konzern nach IFRS **realisierten Jahresergebnisse** gehen in die kumulierten Ergebnisse, ggf über eine entspr Dotierung in die Gewinnrücklagen ein. Der dort ausgewiesene Betrag erlaubt eine Abschätzung des Ausschüttungspotenzials, obwohl sich die tatsächliche Ausschüttung an den nach jeweiligem Landesrecht ermittelten Bilanzergebnissen zu orientieren hat.

7 Sofern einzelne IFRS eine **erfolgsneutrale Erfassung von Wertänderungen** im Eigenkapital als sog sonstiges Ergebnis (*other comprehensive income*) vor-

sehen (Neubewertungsrücklagen nach IAS 38 und IAS 16, Marktbewertung von Wertpapieren, Cashflow Hedge-Rücklage nach IAS 39, erfolgsneutral verrechnete versicherungsmathematische Ergebnisse, Währungsumrechnungsrücklage nach IAS 21, Werterhöhungen aus sukzessivem Anteilserwerb, erfolgsneutrale Eigenkapitalveränderungen bei Equity-Beteiligungen), geben diese Posten allenfalls Hinweise für künftig möglicherweise entstehende zusätzliche Ausschüttungspotentiale. Inwieweit hieraus zukünftig ausschüttungsfähige Gewinne generiert werden können, hängt von der weiteren Wertentwicklung bis zum Zeitpunkt der späteren Realisierung ab. Sowohl die erfolgswirksam als auch die erfolgsneutral erfassten Ergebnisse bzw Wertänderungen der Berichtsperiode sind Bestandteile des „Gesamtergebnisses für die Periode“ *(total comprehensive income for the year)*, das in IAS 1 nunmehr als *comprehensive income* bezeichnet wird und in der Gesamtergebnisrechnung (*statement of comprehensive income)* des berichtenden Unternehmens auszuweisen ist.

Die **Entwicklung des Konzerneigenkapitals** im Zeitablauf ist detailliert 8 aufzuzeigen, um die Höhe der vorgenommenen Ausschüttungen im Hinblick auf ihre Angemessenheit beurteilen zu können. Erst in der zeitlichen Entwicklung wird deutlich, ob ggf durch überhöhte Ausschüttungen die finanzielle Stabilität der wirtschaftlichen Einheit Konzern gefährdet wird. Gleiches gilt für die Beurteilung der erfolgsneutral im sonstigen Ergebnis erfassten Wertänderungen. Ein Anstieg dieser Eigenkapitalkomponenten im Zeitablauf weist tendenziell auf ein sich künftig verbesserndes Ausschüttungspotential hin.

Auf der Grundlage der so erfolgten Strukturierung des Konzerneigenkapitals 9 kann eine **faktische Ausschüttungsbemessung** für das MU des Konzerns erfolgen, denn eine mit dem Konzernergebnis nicht kompatible Ausschüttungsbemessung führt jedenfalls zu einem erhöhten Begründungszwang seitens der Konzernleitung (*Küting/Göth/Strickmann* DStR 1997, 937).

Die Funktion der Eigenkapitalveränderungsrechnung hat aus der Sicht des 10 IASB im Zeitablauf eine **Veränderung** erfahren. Ging es bis zur Überarbeitung des IAS 1 im Jahr 2007 (vgl Rz 11 ff) vorrangig um eine Darstellung derjenigen Eigenkapitalveränderungen, die nicht Bestandteil des Jahreserfolgs waren, so soll die Eigenkapitalveränderungsrechnung nunmehr die Beziehung des Unternehmens zu seinen Anteilseignern in deren Eigenschaft als Eigentümer verdeutlichen (IAS 1.109).

B. Struktur der Eigenkapitalveränderungsrechnung

Die Veröffentlichung einer **überarbeiteten Fassung des IAS 1** im Jahr 2007 11 hat zu einer geänderten Darstellung der erfolgsneutral zu erfassenden Gewinne und Verluste geführt und wirkt sich damit unmittelbar auch auf die Gliederungsstruktur der Eigenkapitalveränderungsrechnung aus.

Die Darstellung der Eigenkapitalveränderungsrechnung (*statement of changes in* 12 *equity*) ergibt sich einerseits aus der Abgrenzung des Eigenkapitals vom Fremdkapital (vgl § 12 Rz 4 ff) sowie aus der gewählten **Eigenkapitalgliederung** der berichtenden Einheit (vgl dazu § 12 Rz 23 ff), andererseits aus der **zeitlichen Entwicklung** der Eigenkapitalkomponenten.

Mit der Überarbeitung des IAS 1 im Jahr 2007 wurde die seit der Änderung 13 des IAS 19 im Jahr 2004 bestehende **Dualität in der Darstellung der Eigenkapitalveränderungsrechnung** (vgl Rz 27 ff) wieder vereinheitlicht. Die neue Fassung des IAS 1 unterscheidet nicht mehr zwischen SORIE (§ 15 Rz 4) und erweiterter Eigenkapitalveränderungsrechnung in Abhängigkeit von der erfolgswirksamen oder erfolgsneutralen Erfassung versicherungsmathematischer Gewinne und Verluste. Vielmehr sind diese Gewinne oder Verluste aufgrund der **Neudefinition des *comprehensive income*** bereits in der Gesamtergebnisrechnung des berichtenden Unternehmens enthalten. Gleiches gilt auch für die übrigen erfolgsneutralen Bestandteile des *comprehensive income*. Damit wurde die innerhalb der ersten Phase des IASB-Projekts *financial statement presentation* angestrebte Entflechtung des Erfolgsausweises umgesetzt, da sämtliche erfolgswirksam erfassten Aufwendungen und Erträge sowie die erfolgsneutral erfassten Gewinne und Verluste nunmehr in einem einzigen Rechenwerk zusammengefasst dargestellt werden (vgl *Zülch/Fischer* KoR 2007, 1766).

14 In der neuen Fassung des IAS 1, der für Geschäftsjahre ab dem 1. Januar 2009 verpflichtend anzuwenden ist, wird somit nur noch zwischen **Pflicht- und Wahlbestandteilen** der Eigenkapitalveränderungsrechnung unterschieden, wobei sich die Wahlbestandteile auf die Angabe der an die Anteilseigner gezahlten Dividendenbeträge beschränken (IAS 1.107).

I. Pflichtbestandteile

15 Veränderungen im Eigenkapital lassen sich nach IAS 1.109 grds auf zwei Quellen zurückführen: Zum einen resultieren Eigenkapitaländerungen aus **Transaktionen mit Anteilseignern** in deren Eigenschaft als Eigentümer. Zu diesen zählen zunächst Kapitaleinlagen, Kapitalrückzahlungen sowie Gewinnausschüttungen (Dividenden). Auch die Ausgabe hybrider Finanzinstrumente wie Genussrechte, Gewinnobligationen oder stille Beteiligungen kann zu eigentümerinduzierten Eigenkapitalveränderungen *(owner movements in equity)* führen, wenn einzelne Bestandteile der Instrumente nach IAS 32 als Eigenkapital einzustufen und separat zu bilanzieren sind. Weiterhin können eigentümerbezogene Eigenkapitalveränderungen aus Transaktionen mit eigenen Anteilen resultieren, da für eigene Anteile ein Korrekturposten innerhalb des Eigenkapitals auszuweisen ist. Da gem IAS 32.37 auch die direkt im Zusammenhang mit der Emission von Eigenkapitalinstrumenten stehenden Nebenkosten wie Vergütungen an die Emissionsbank, Honorare für Berater und Wirtschaftsprüfer, Gesellschaftsteuer oä direkt innerhalb des Eigenkapitals verrechnet werden müssen, resultieren auch aus diesen Kosten eigentümerbezogene Eigenkapitalveränderungen.

16 Einen **Sonderfall** von *owner movements in equity* stellen **anteilsbasierte Vergütungen** iSv IFRS 2 dar. Dabei werden an Dritte (insbes Mitarbeiter) Eigenkapitalinstrumente als Gegenleistung für erbrachte Leistungen übertragen (vgl hierzu ausführlich § 24 sowie *Milla/Hanusch*, IRZ 2008, 526). Handelt es sich um eine Vergütung für erbrachte Arbeitsleistungen, die selbst nicht aktivierungsfähig sind, so entsteht bei dem bilanzierenden Unternehmen Personalaufwand (IFRS 2.8). Der Vorgang ist insoweit nicht erfolgsneutral. Die Gegenbuchung zum Personalaufwand bzw einem ggf zu aktivierenden Vermögenswert, für den die Gegenleistung gewährt wird, erfolgt im Eigenkapital (Kapitalrücklage) und ist insoweit auch in die Eigenkapitalveränderungsrechnung aufzunehmen.

17 Als eine Gruppe nicht eigentümerbezogener Transaktionen *(non-owner movements in equity)* wirken sich zum anderen realisierte oder unrealisierte, direkt im Eigenkapital verrechnete **Ergebnisse** auf die Darstellung des Eigenkapitals aus. In diesem Zusammenhang sehen die IFRS eine Reihe von nicht erfolgswirksamen Buchungen im Eigenkapital vor (*Wollmert/Achleitner* in Baetge ua IFRS-Komm[2] II Rz 27). Diese wurden vielfach auch bisher schon in der Praxis unter den Begriff „*other comprehensive income*" (sonstiges Ergebnis) subsumiert, obwohl dieser Begriff originär innerhalb der IFRS bis zur Neufassung des IAS 1 nicht vorgesehen und der Terminologie der US-GAAP entlehnt war (*Holzer/Ernst* WPg 1999, 360). IAS 1 in der jetzt gültigen Fassung verwendet nun erstmals die Bezeichnung *„comprehensive income"* für das Gesamtergebnis, das sich aus erfolgswirksam erfassten Aufwendungen und Erträgen sowie aus erfolgsneutral erfassten Gewinnen und Verlusten zusammensetzt. Für letztere wird nun ebenfalls der Terminus „sonstiges Ergebnis" eingeführt. Die Begriffe *„other comprehensive income"* bzw „sonstiges Ergebnis" und *„total comprehensive income"* bzw Gesamtergebnis beziehen sich ebenso wie der Begriff „Gewinn oder Verlust der Periode" (*„profit or loss for the period")* somit auf **Stromgrößen der Berichtsperiode** innerhalb der Gesamtergebnisrechnung. Davon zu unterscheiden sind die bilanziell innerhalb des Eigenkapitals auszuweisenden Posten, welche ua kumulativ die Veränderungen des sonstigen Ergebnisses ausweisen. Für diese bilanziellen Eigenkapital-Posten wird innerhalb der Terminologie der IFRS nunmehr der Begriff „kumuliertes sonstiges Ergebnis" *(cumulative other comprehensive income)* verwendet.

Die **Mindestgliederung** einer Eigenkapitalveränderungsrechnung wird durch 18
die Faktoren bestimmt, die aus der Tätigkeit des Unternehmens resultieren. Nach IAS 1.106 muss eine Eigenkapitalveränderungsrechnung folgende Komponenten separat darstellen:

(1) Das in der Gesamtergebnisrechnung ausgewiesene Gesamtperiodenergebnis (IAS 1.106(a)). Dabei sind innerhalb des Konzernabschlusses die Beträge, die dem berichtenden Unternehmen zuzurechnen sind, separat von denen, die auf nicht-beherrschende Gesellschafter entfallen, auszuweisen.
(2) Die Beträge für jede Eigenkapitalkomponente, die auf die retrospektive Anpassung oder retrospektive Korrektur nach IAS 8 entfallen (IAS 1.106(b)).
(3) Eine Überleitungsrechnung für jede Eigenkapitalkomponente vom Periodenbeginn zum Periodenende (IAS 1.106(d)) und zwar – entspr der Änderung des IAS 1.106(d) (geändert 2008) im Rahmen der Überarbeitung des IAS 27 (2008) – getrennt nach
    (a) Gewinn und Verlust der Periode,
    (b) jedem Bestandteil des periodischen sonstigen Ergebnisses und
    (c) Transaktionen mit Anteilseignern in Bezug auf das Beteiligungsverhältnis (zB Kapitalerhöhungen bzw -herabsetzungen); diese wiederum getrennt nach Einzahlungen von und Auszahlungen an die Anteilseigner sowie Beteiligungsveränderungen an TU, die nicht zu einem Beherrschungsverlust geführt haben.

Das **Gesamtergebnis** im Einzelabschluss ergibt sich unmittelbar aus der Ge- 19
samtergebnisrechnung der berichtenden Einheit. Im Konzernabschluss wird das Gesamtergebnis anteilig den nicht-beherrschenden Gesellschaftern (*non controlling interests*) zugewiesen (IAS 1.83(b)). Das nach IAS 1.106(a) anzugebende Gesamtergebnis entspricht im Konzernabschluss dem Ergebnis **vor** anteiliger Zuweisung an die nicht-beherrschenden Anteilseigner, da deren Anteile nach IAS 27.27 (2008)/IAS 27.33 (2003) als Bestandteile des Eigenkapitals anzusehen sind.

Das Gesamtergebnis beinhaltet auch diejenigen Gewinne und Verluste, die **er-** 20
folgsneutral innerhalb des sonstigen Ergebnisses erfasst werden. Die Aufnahme dieser Posten in die Gesamtergebnisrechnung des Unternehmens, die IAS 1 nunmehr vorsieht, ist notwendig, um es den Informationsempfängern zu ermöglichen, die aus der Tätigkeit des Unternehmens resultierenden Ergebniseinflüsse der Periode unmittelbar als Ergebnis der Gesamtergebnisrechnung erkennen zu können (vgl auch § 2 Rz 168). Dazu zählen auch Änderungen von Rückstellungen für Entsorgungs-, Wiederherstellungs- und ähnliche Verpflichtungen nach IFRIC 1, wenn der zugehörige Vermögenswert selbst nach der Neubewertungsmethode bewertet wird (IFRIC 1.6(d)).

21 Nach IAS 8 ist die **Korrektur von Fehlern** retrospektiv vorzunehmen. Die Fehlerkorrektur kann nach IAS 8.42 auf zwei Arten erfolgen:
(1) entweder durch Anpassung der entspr Beträge in der Periode, in welcher der Fehler vorgefallen ist, oder
(2) falls der Fehler vor der ersten im aktuellen Abschluss dargestellten Periode aufgetreten ist, durch Anpassung des Eröffnungsbilanzsaldos der Gewinnrücklagen der betreffenden Periode.

22 Entspr sieht IAS 8 ebenfalls eine **retrospektive Anpassung** der Änderungen von Bilanzierungs- und Bewertungsmethoden vor, indem die Darstellung so erfolgt, als sei die Methode bereits zuvor angewendet worden. Die daraus resultierende Wertberichtigung ist mit dem Eröffnungsbilanzwert der Gewinnrücklagen der frühesten Berichtsperiode, die im aktuellen Abschluss dargestellt ist, zu verrechnen (IAS 8.22f; vgl auch § 45 Rz 21). In der Eigenkapitalveränderungsrechnung ergibt sich aus dem ursprünglichen Saldo zum 1. Januar des entspr Jahrs (unter der Annahme, dass das Wirtschaftsjahr des Unternehmens mit dem Kalenderjahr identisch ist) der angepasste Saldo der Gewinnrücklagen zum 1. Januar durch die Addition bzw den Abzug des ermittelten Anpassungsbetrags aufgrund der Fehlerkorrekturen oder Bilanzierungs- und Bewertungsänderungen.

23 Die in IAS 1.106(d) (geändert 2008) geforderten **Überleitungsrechnungen** sollen dem Abschlussadressaten die Eigenkapitaleffekte der erfolgswirksam erfassten Aufwendungen und Erträge (IAS 1.106(d)(i) (geändert 2008)), der erfolgsneutral verrechneten Gewinne und Verluste (IAS 1.106(d)(ii) (geändert 2008)) sowie der Eigenkapitaltransaktionen mit den Anteilseignern (IAS 1.106(d)(iii) (geändert 2008)) gesondert im Hinblick auf ihre Wirkung auf das Eigenkapital während der Berichtsperiode verdeutlichen. Mit der Aufnahme der dritten Gruppe in die Pflichtbestandteile der Eigenkapitalveränderungsrechnung geht die Neufassung des IAS 1 über die bisherigen Anforderungen hinaus, die dem Bilanzierenden ein Wahlrecht einräumten, derartige Angaben entweder in der Eigenkapitalveränderungsrechnung oder aber innerhalb des Anhangs zu machen. Dadurch wird die Bedeutung der Eigenkapitalveränderungsrechnung als Bestandteil des Einzel- oder Konzernabschlusses gestärkt und eine größere Vergleichbarkeit der Bilanzierung zwischen unterschiedlichen Unternehmen erreicht, die bisher aufgrund der pflichtmäßig oder wahlweise in den Anhang ausgelagerten Informationen (vgl Rz 27f) nicht gegeben war.

II. Wahlbestandteile

24 Neben den in IAS 1.106 (geändert 2008)/IAS 1.106 aufgezählten Pflichtbestandteilen räumt IAS 1.107 dem Bilanzierenden ein **Wahlrecht hinsichtlich der Darstellung der ausgeschütteten Dividende** an die Anteilseigner ein. Diese Angaben können entweder in der Eigenkapitalveränderungsrechnung oder aber innerhalb des Anhangs gemacht werden. Die in der zuvor gültigen Fassung des IAS 1 (1993) (auch) zulässige Darstellung in der Erfolgsrechnung ist mit Inkrafttreten der aktuellen Fassung des IAS 1 nicht mehr möglich, da nunmehr eindeutig zwischen **eigentümerinduzierten** Eigenkapitalveränderungen (mit Darstellung innerhalb der **Eigenkapitalveränderungsrechnung**) und **nichteigentümerinduzierten** Eigenkapitalveränderungen (mit Darstellung innerhalb der **Gesamtergebnisrechnung**) unterschieden wird (vgl *Milla/Hanusch* IRZ 2008, 522). Im Hinblick auf eine einheitliche und geschlossene Darstellung sämtlicher Veränderungen des Eigenkapitals innerhalb der Berichtsperiode ist davon auszugehen, dass dieses Wahlrecht in den meisten Fällen zu Gunsten einer Aufnahme des Betrags der ausgeschütteten Dividende in die Eigenkapitalver-

änderungsrechnung ausgeübt werden wird. Da die aktuelle Fassung des IAS 1 erstmals pflichtmäßig für Geschäftsjahre anzuwenden ist, die am oder nach dem 1. Januar 2009 beginnen, liegen empirische Befunde hierzu bei Drucklegung noch nicht vor.

IAS 1.107 verlangt zunächst die Angabe des **Gesamtbetrags der an die** 25 **Anteilseigner ausgeschütteten Dividende** innerhalb des Berichtszeitraums. Diese Angabe ist auch für Ausschüttungen von Nicht-AG an ihre Anteilseigner obligatorisch, soweit sich diese Auszahlungen auf Eigenkapitalinstrumente beziehen.

Die Vorschrift fordert darüber hinaus jedoch auch die Angabe der **ausge-** 26 **schütteten Dividende je Aktie** *(per share)*. Fraglich ist, welche Bedeutung diese Regelung für Nicht-AG hat. Nach dem Wortlaut des IAS 1.107 wird hinsichtlich der Angabepflicht nicht zwischen Gesellschaftsformen unterschieden, sodass grds alle Unternehmen eine solche Angabe zu machen hätten. Sowohl unter konzeptionellen Gesichtspunkten im Hinblick auf die aktienbezogenen Angaben in IAS 33 als auch im Hinblick auf den Informationsgehalt für die Abschlussadressaten ist uE davon auszugehen, dass von der Angabepflicht der ausgeschütteten Dividende je Aktie nur diejenigen Unternehmen erfasst werden, die auch ein **Ergebnis je Aktie** iSv IAS 33 anzugeben haben. IAS 33.2 beschränkt die Angabepflicht auf Unternehmen mit tatsächlicher bzw angestrebter Kapitalmarktnotierung.

IAS 1.106 (geändert 2008)/IAS 1.106 fordert eine Untergliederung des in der 27 Eigenkapitalveränderungsrechnung ausgewiesenen Eigenkapitals nach den Posten *(items)*, die auch in der Bilanz nach den Vorschriften einzelner Standards gesondert auszuweisen sind, und stellt diesen die Ursachen für ihre Veränderung im Verlauf der Berichtsperiode gegenüber. Dies führt zu einer **Matrixdarstellung**, die – unter Berücksichtigung der Änderungen aus der Neufassung des IAS 1 – durch das folgende **Gliederungsschema** der Eigenkapitalveränderungsrechnung abgedeckt wird (vgl auch IAS 1.IG6):

			Erfolgsneutrale Eigenkapitalveränderungen (kumuliertes sonstiges Ergebnis)						
	Gezeichnetes Kapital	Kapitalrücklage	Gewinnrücklagen	Neubewertungsrücklage	Unterschiede aus Währungsumrechnung	Rücklage Marktbewertungen (IAS 39)	Konzern(bilanz-)gewinn	Anteile nichtbeherrschender Gesellschafter	Gesamt
Stand 1. 1. X1									
Änderungen der Bilanzierungs- und Bewertungs-Methoden									
Fehlerkorrektur									
Angepasster Betrag 1. 1. X1									
Kapitaltransaktionen mit Anteilseignern									
Dividenden									
Gesamtergebnis der Periode									

			Erfolgsneutrale Eigenkapitalveränderungen (kumuliertes sonstiges Ergebnis)						
	Gezeichnetes Kapital	Kapitalrücklage	Gewinnrücklagen	Neubewertungsrücklage	Unterschiede aus Währungsumrechnung	Rücklage Marktbewertungen (IAS 39)	Konzern-(bilanz-)gewinn	Anteile nicht-beherrschender Gesellschafter	Gesamt
Zuführung/ Entnahme Gewinnrücklagen									
Stand 31. 12. X1									
Kapitaltransaktionen mit Anteilseignern									
Dividenden									
Gesamtergebnis der Periode									
Zuführung/ Entnahme Gewinnrücklagen									
Stand 31. 12. X2									

Die Erfassung erfolgsneutral verrechneter **versicherungsmathematischer Gewinne und Verluste** gem IAS 19.93A erfolgt innerhalb der Eigenkapitalveränderungsrechnung nicht in einer eigenen Spalte des kumulierten sonstigen Ergebnisses, sondern wird **direkt in den Gewinnrücklagen** (*retained earnings*) in der Entstehungsperiode berücksichtigt (IAS 19.93D).

28 Dieses **Gliederungsschema** ist ggü der Darstellung auf der Grundlage der bisher gültigen Fassung des IAS 1 **deutlich verkürzt**, da die Veränderungen der einzelnen Komponenten des (kumulierten) sonstigen Ergebnisses nicht mehr in der Eigenkapitalveränderungsrechnung, sondern in der erweiterten Erfolgsrechnung (Gesamtergebnisrechnung) des berichtenden Unternehmens darzustellen sind. Der veränderte Ausweis führt jedoch nicht zu einer Änderung der Bilanzierungs- und Bewertungsmethoden bzgl dieser Komponenten. Vielmehr sollen lediglich die **Entstehungsursachen des Unternehmenserfolgs** transparenter werden. Ohne weitere Offenlegungsvorschriften würden allerdings die Gesamtergebnisrechnung nach IAS 1.81 ff sowie die Eigenkapitalveränderungsrechnung gem IAS 1.106 ff in Summe weniger Informationen enthalten als in der bisherigen Fassung des IAS 1 (*Zülch/Fischer* KoR 2007, 1767). Die erfolgswirksamen Veränderungen je Komponente des sonstigen Ergebnisses (**Umgliederungsbeträge** *(reclassification adjustments)*) sind in diesen beiden Abschlussbestandteilen nämlich nicht enthalten. Daher schreibt IAS 1.92 vor, alle erfolgswirksamen Veränderungen von zuvor erfolgsneutral im Eigenkapital erfassten Erfolgsbestandteilen **separat** im sonstigen Ergebnis der Periode darzustellen. Im Ergebnis bedeutet dies, dass zusätzlich eine **Überleitungsrechnung** der einzelnen Komponenten des **periodischen sonstigen Ergebnisses** vom Beginn bis zum Ende der Berichtsperiode im IFRS-Abschluss offen gelegt werden muss (vgl hierzu auch IAS 1.IG6). Darüber hinaus sind nach IAS 1.90 Angaben über die **Steuerbelastung** jeder einzelnen Komponente des periodischen sonstigen Ergebnisses inklusive der Umgliederungsbeträge zu veröffentlichen, da die Dotierung der Positionen nach Berücksichtigung der auf sie entfallenden Ertragsteuer-

belastungen (*net of tax*) vorgenommen wird (in IAS 1.IG6 werden hierzu Beispielvarianten dargestellt). Diese Angaben können vom Bilanzierenden wahlweise in der Gesamtergebnisrechnung oder im Anhang gemacht werden. Damit gehen die im Zusammenhang mit dem periodischen sonstigen Ergebnis darzustellenden Angaben deutlich über die in der bisherigen Fassung der IAS 1 geforderten Angaben hinaus (s auch ausführlich § 15 Rz 126ff).

III. Besonderheiten bei Personengesellschaften

In der Eigenkapitalveränderungsrechnung sind nach IAS 1.106 die realisierten 29
und unrealisierten Gewinne, die kumulierten Ergebnisse sowie die Entwicklung des gezeichneten Kapitals, der Kapitalrücklage sowie jeder sonstigen Rücklage zu zeigen. Konzeptionell richtet sich die Vorschrift damit an KapGes aus. Fraglich ist, inwieweit auch PersGes in den Anwendungsbereich der IAS 1.106ff fallen können.

Eine Eigenkapitalveränderungsrechnung bei PersGes ist nur dann aufzustellen, 30
wenn und soweit die PersGes anhand der Abgrenzungskriterien des IAS 32.11 Eigenkapital ausweist. Das Gesellschaftskapital deutscher PersGes war bis zur Veröffentlichung der Ergänzung zu IAS 32 (geändert 2008) im Februar 2008 nach den Abgrenzungskriterien der bis dahin gültigen Fassung von IAS 32 idR als **Fremdkapital** zu qualifizieren (*IDW* RS HFA 9 Rz 49f) und dementsprechend nicht in die Eigenkapitalveränderungsrechnung einzubeziehen (zum Ausweis s § 12 Rz 92ff). Mit Inkrafttreten des IAS 32 (geändert 2008) besteht nunmehr auch für PersGes die Möglichkeit Eigenkapital auszuweisen, soweit dieses Kapital den Anforderungen des IAS 32.16A entspricht (zur Abgrenzung von Eigen- und Fremdkapital vgl auch § 12 Rz 4ff).

Abweichend von der Auffassung des HFA des IDW wurde – vorrangig außer- 31
halb Deutschlands – auch bisher bereits die Ansicht vertreten, dass die Qualifikation des Gesellschaftskapitals einer PersGes als Fremdkapital iSv IAS 32 **nicht notwendigerweise** dazu führt, dass innerhalb der IFRS-Bilanz dieses Unternehmens **kein Eigenkapital** auszuweisen ist (so zB *Ernst & Young* 2008, 1346). Aus der Bewertung des Rückzahlungsanspruchs des Gesellschaftskapitals kann nämlich ein Bewertungseffekt resultieren, der systematisch als Eigenkapitalbestandteil zu qualifizieren ist.

Beispiel: Die Bewertung des Rückzahlungsanspruchs der Gesellschafter einer PersGes mit einem nominellen Gesellschaftskapital von T€ 100 führt zu einer Verbindlichkeit in Höhe von T€ 120. Der Bewertungseffekt von T€ 20 reduziert das Eigenkapital, so dass sich (vereinfacht) folgende bilanzielle Darstellung ergibt:

Aktiva			Passiva
Diverse Vermögenswerte	T€ 200	Eigenkapital	T€ –20
		Verbindlichkeiten Gesellschafter	T€ 120
		Andere Schulden	T€ 100
	T€ 200		T€ 200

Ungeachtet der Qualifikation des Gesellschaftskapitals als Schuld iSv IAS 32 weist das berichtende Unternehmen in vorstehender Fallkonstellation ein (negatives) Eigenkapital aus.

Folgt man dieser Auffassung, so hat das berichtende Unternehmen aufgrund des Eigenkapitalausweises auch eine Eigenkapitalveränderungsrechnung in seinen IFRS-Abschluss aufzunehmen.

32 Darüber hinaus bestand auch nach der bisher gültigen Fassung des IAS 32 in Einzelfällen für PersGes die Möglichkeit, Finanzinstrumente zu emittieren, welche die Voraussetzungen des IAS 32.11 für **Eigenkapitalinstrumente** erfüllen. Bei entspr rechtlicher Ausgestaltung begründen diese Finanzinstrumente für den Emittenten keine vertraglichen Verpflichtungen zur Zahlung von liquiden Mitteln oder zur Lieferung von anderen finanziellen Vermögenswerten. Dies kann bspw für bestimmte Formen von **Genussrechten** zutreffen, wenn diese keine Pflicht der emittierenden Gesellschaft zur Kapitalrückzahlung vorsehen. Unabhängig von der Qualifikation des übrigen Gesellschaftskapitals des Emittenten sind solche Genussrechte als Eigenkapital zu qualifizieren und in eine Eigenkapitalveränderungsrechnung aufzunehmen. Allerdings sind im deutschen Rechtskreis Genussrechte idR mit einer Rückzahlungsverpflichtung verbunden, was nach der bisherigen Fassung des IAS 32 ihre Qualifikation als Verbindlichkeiten bedingen würde.

33 Wie bei den Genussrechten, so kann auch bei **stillen Beteiligungen** eine Qualifikation als Eigen- oder Fremdkapital, je nach rechtlicher Ausgestaltung der Beteiligung, in Frage kommen. Für eine Qualifikation als Eigenkapital war nach der bisher gültigen Fassung des IAS 32 notwendig, dass die Beteiligungsvereinbarung keine Rückzahlungsverpflichtung und keine feste Laufzeit der Beteiligung vorsieht, soweit keine anderen vertraglichen Regelungen dem entgegenstehen. Nach Inkrafttreten der Neufassung des IAS 32 ist nun nicht mehr erforderlich, dass die stille Beteiligung keinerlei Rückzahlungsverpflichtung aufweist. Vielmehr sind auch stille Beteiligungen anhand der in IAS 32.16A genannten Kriterien auf ihre Einordnung als Eigen- oder Fremdkapital hin zu untersuchen (vgl *Baetge/Winkeljohann/Haenelt* DB 2008, 1519). Insbes in Fällen, in denen das stille Beteiligungskapital nicht der nachrangigsten Klasse des Gesellschaftskapitals zuzurechnen ist, wird jedoch auch nach der Neufassung des IAS 32 die stille Beteiligung als Fremdkapital auszuweisen sein.

34 Neben der bisher bereits bestehenden Möglichkeit für PersGes durch einen gesellschaftsrechtlichen Formwechsel zu einer KapGes Eigenkapital auszuweisen und entspr **erstmals eine Eigenkapitalveränderungsrechnung** aufstellen zu müssen, führt auch die erstmalige Anwendung von IAS 32 (2008) für viele PersGes zur Notwendigkeit der erstmaligen Aufstellung eines entspr Rechenwerks. Nach IAS 1.38 umfasst eine erstmalig aufgestellte Eigenkapitalveränderungsrechnung grds auch die Angabe von Vergleichszahlen der Vorperiode. Dabei ist allerdings zwischen den Gründen für die erstmalige Darstellung einer Eigenkapitalveränderungsrechnung zu unterscheiden:

(1) Erfolgt die Darstellung aufgrund des Übergangs von der bisherigen Fassung des IAS 32 auf die im Jahr 2008 geänderte Fassung des IAS 32 unter Anwendung der Vorgaben des IDW RS HFA 9, so erfolgt lediglich eine Umgliederung aus dem Fremd- in das Eigenkapital. Da die Regelungen des IAS 32 sowohl für die Berichts- als auch für die Vorperiode gelten, sind in die Eigenkapitalveränderungsrechnung auch Vergleichszahlen einzubeziehen.

(2) Wurde hingegen bisher der abweichenden Auffassung mit Berücksichtigung von Bewertungseffekten im Eigenkapital gefolgt (vgl Rz 31), so wurde auch vor dem Übergang auf die im Jahr 2008 geänderte Fassung des IAS 32 bereits eine Eigenkapitalveränderungsrechnung aufgestellt. Der Übergang auf die neuen Regelungen des IAS 32 führt dann jedoch neben der Umgliederung des Gesellschaftskapitals auch zu einer Stornierung der bisher innerhalb des Eigenkapitals erfassten Wertänderungen des Ausgleichsanspruchs. Auch hier sind Vergleichzahlen für die Vorperiode anzugeben.

(3) Erfolgt die erstmalige Erstellung einer Eigenkapitalveränderungsrechnung aufgrund eines Formwechsels unter Berücksichtigung des im Jahr 2008 geän-

derten IAS 32, so sind ebenfalls Vergleichswerte anzugeben, da das Gesellschaftskapital der bisherigen PersGes nach IAS 32 (geändert 2008) ggf auch in der Vorperiode als Eigenkapital zu qualifizieren ist.

(4) Wird der Rechtsformwechsel dagegen unter Berücksichtigung der bisherigen Regelungen des IAS 32 vorgenommen, so wird das Gesellschaftskapital vor dem Rechtsformwechsel nicht als Eigenkapital qualifiziert. Die Angabe von Vergleichszahlen entfällt damit.

Unabhängig von der Berücksichtigung innerhalb der Eigenkapitalverände- 35
rungsrechnung verlangt IAS 1.80, dass PersGes **Angaben zum Gesellschaftskapital** machen, die denen von IAS 1.79 gleichwertig sind. Soweit also nicht ohnehin aufgrund der Klassifizierung Teile des Gesellschaftskapitals von PersGes als Eigenkapital auszuweisen sind und damit eine originäre Verpflichtung zur Aufstellung einer Eigenkapitalveränderungsrechnung besteht, sind insbes die Veränderungen innerhalb jeder Kategorie des Gesellschaftskapitals und die Rechte, Vorrechte und Restriktionen zu jeder Kategorie zu verdeutlichen. Diese relativ offene Formulierung trägt der Vielfalt nationaler Besonderheiten bei PersGes Rechnung und lässt entspr Ermessensspielräume offen.

C. Komponenten des kumulierten sonstigen Ergebnisses im Einzelabschluss

Die grundlegende Vorschrift des IAS 1.106 (geändert 2008) schreibt vor, dass 36
neben dem Gesamtergebnis und den Auswirkungen von Änderungen der Bilanzierungs- und Bewertungsmethoden oder Fehlerkorrekturen nach IAS 8 der Jahreserfolg, jede Veränderung durch Komponenten des sonstigen Ergebnisses sowie Kapitaltransaktionen mit Anteilseignern in die Eigenkapitalveränderungsrechnung aufzunehmen sind. Für die Bestandteile des kumulierten sonstigen Ergebnisses fordert IAS 1.106(d)(ii) (geändert 2008) darüber hinaus eine Überleitung jeden einzelnen Bestandteils des kumulierten sonstigen Ergebnisses vom Beginn der Berichtsperiode auf den Stand am Ende dieser Periode, die innerhalb des Eigenkapitals gesondert anzugeben ist. In der Eigenkapitalveränderungsrechnung bedeutet dies, dass diese Einzelbestandteile als eigenständige Spalten innerhalb der Matrix-Darstellung auszuweisen sind (vgl Rz 27).

I. Neubewertungsrücklage nach IAS 16 und IAS 38

Innerhalb der bilanziellen Darstellung des Anlagevermögens räumen die IFRS 37
dem Bilanzierenden bei der Folgebewertung ein Wahlrecht zwischen der Bewertung zu fortgeführten Anschaffungskosten (*cost model*; IAS 16.30 für Sachanlagen bzw IAS 38.74 für immaterielle Vermögenswerte) und **einer Neubewertung zum beizulegenden Zeitwert** (*revaluation model*; IAS 16.31 bzw IAS 38.75) ein.

Für den Fall der **erstmaligen Anwendung** der Neubewertungsmethode ist 38
der Unterschiedsbetrag zwischen dem bisherigen Buchwert und dem Neubewertungsbetrag des Vermögenswerts nach Abzug der darauf entfallenden passiven latenten Steuern in die Neubewertungsrücklage einzustellen.

In der **Folgezeit** sind auch auf den Neubewertungsbetrag im Anlagevermögen zwingend planmäßige Abschreibungen vorzunehmen (vgl § 5 Rz 134; aA *Hoffmann* in Lüdenbach/Hoffmann IFRS[7] § 8 Rz 84), die in der Eigenkapitalveränderungsrechnung im Jahreserfolg bzw in den kumulierten Jahresergebnissen der Vorjahre enthalten sind.

Für die Auflösung der Neubewertungsrücklage bietet IAS 16.41 zwei Möglichkeiten an (vgl § 5 Rz 139). Die Möglichkeit der Auflösung der Neubewertungsrücklage durch erfolgsneutrale Umbuchung in die Gewinnrücklagen in einer Summe im Zeitpunkt des Abgangs des Vermögenswerts dürfte uE vorrangig für solche Vermögenswerte des Anlagevermögens wirtschaftlich zutreffend sein, die keiner planmäßigen Abschreibung unterliegen. Bei abnutzbaren Vermögenswerten dürfte die sukzessive Auflösung der Neubewertungsrücklage nach Maßgabe der verrechneten Abschreibungsbeträge dem Ziel der zutreffenden Darstellung gem dem wirtschaftlichen Gehalt von Transaktionen eher entsprechen.

39 Sofern nach der erstmaligen Neubewertung eine **außerplanmäßige Wertminderung** gem IAS 36 vorzunehmen ist, hat diese Abwertung nach IAS 16.40 bzw IAS 38.86, soweit möglich, zunächst erfolgsneutral zu Lasten der Neubewertungsrücklage zu erfolgen; nur über die Neubewertungsrücklage hinausgehende Beträge sind aufwandswirksam zu erfassen. Der Jahreserfolg wird somit im Falle einer **außerplanmäßigen Abschreibung** von **Neubewertungsbeträgen** nicht belastet, die Verminderung der Neubewertungsrücklage infolge der Verrechnung von Wertminderungen wird im periodischen sonstigen Ergebnis gezeigt und gelangt dann über das Gesamtergebnis der Periode in die Eigenkapitalveränderungsrechnung. Insofern entfällt die Notwendigkeit einer Umbuchung zwischen Neubewertungsrücklage und Gewinnrücklagen. Demgegenüber wird bei **planmäßigen Abschreibungen** der Abschreibungsbetrag vollständig aufwandswirksam erfasst; zudem ist eine erfolgsneutrale Umbuchung zwischen Neubewertungsrücklage und Gewinnrücklagen vorzunehmen, die ausschließlich in der Eigenkapitalveränderungsrechnung deutlich wird. Dazu ist es erforderlich, innerhalb der Eigenkapitalveränderungsrechnung die Umbuchung in einer **separaten Zeile** darzustellen (s IAS 1.IG6).

40 **Steigt** der **beizulegende Zeitwert** eines neubewerteten Vermögenswerts nach einer außerplanmäßigen Abschreibung wieder an, ist wie bei der erstmaligen Anwendung der Neubewertungsmethode der Unterschiedsbetrag zwischen den fortgeführten Anschaffungskosten und dem Neubewertungsbetrag nach Abzug der darauf entfallenden passiven latenten Steuern erfolgsneutral in die Neubewertungsrücklage einzustellen (IAS 36.119). Lediglich in der Höhe, in der eine vorangegangene Wertminderung erfolgswirksam als Aufwand erfasst wurde, ist auch die Wertaufholung ertragswirksam zu berücksichtigen (s IAS 36.120 und § 5 Rz 211).

41 Gem **IFRIC 1** führt auch die Änderung von Rückstellungen für Entsorgungs-, Wiederherstellungs- und ähnliche Verpflichtungen zu einer erfolgsneutral zu erfassenden Änderung der Neubewertungsrücklage, wenn der zugehörige Vermögenswert selbst nach der Neubewertungsmethode bewertet wird (IFRIC 1.6 (d)). Dieser Effekt ist in einer gesonderten Zeile als Veränderung der Neubewertungsrücklage innerhalb der Eigenkapitalveränderungsrechnung auszuweisen.

II. Marktbewertungen von Wertpapieren

42 IAS 39.55(b) schreibt dem Bilanzierenden vor, bei finanziellen Vermögenswerten, die der Kategorie **„zur Veräußerung verfügbar"** zugeordnet wurden, die Änderung des beizulegenden Zeitwerts als gesonderten Posten innerhalb des Eigenkapitals zu berücksichtigen, bis der entspr finanzielle Vermögenswert verkauft, eingezogen oder anderweitig abgegangen ist. Ausgenommen von dieser Regelung sind uU Wertminderungsverluste und Ergebnisse aus Fremd-

währungsumrechnungen, Transaktionskosten sowie Zinsen und Dividenden. Unter wirtschaftlicher Betrachtung können diese Sachverhalte die Wirkung einer Effektivzinsminderung haben, die erfolgswirksam in der Ergebnisrechnung des Unternehmens erfasst werden sollte (so auch *Kehm/Lüdenbach* in Lüdenbach/Hoffmann IFRS[7] § 28 Rz 156). IAS 39.55(b) sieht deshalb für Fremdkapitalinstrumente mit fester Laufzeit eine zeitliche Verteilung von Transaktions-, Agio- und sonstigen Unterschiedsbeträgen über die Laufzeit unter Verwendung der Effektivzinsmethode vor.

Soweit bei der Bewertung von Wertpapieren die Effektivzinsmethode nach 43
IAS 39.9 zur Anwendung kommt, ist zunächst der Barwert zu berechnen, der im Zugangszeitpunkt als Anschaffungskosten zugrunde gelegt wird. In den nachfolgenden Perioden werden diese Aufzinsungsbeträge als Zinsertrag und damit erfolgswirksam erfasst (IAS 39.55). Die übrigen Marktwertänderungen werden dagegen erfolgsneutral in der Rücklage für Marktbewertung nach IAS 39 ausgewiesen.

Das zum Abgangszeitpunkt des Wertpapiers innerhalb der Rücklage für Marktbewertung § 12 Rz 76 ff) von Wertpapieren erfolgsneutral angesammelte Bewertungsergebnis ist gem IAS 39.55(b) bei Abgang des Wertpapiers erfolgswirksam aufzulösen. Das erfolgswirksame Recycling der zunächst erfolgsneutral erfassten Wertänderungen, welches in IAS 1.92 nunmehr als Umgliederungsbetrag (*„reclassification adjustment"*) bezeichnet wird, erfolgt also in einer Summe zum Abgangszeitpunkt.

III. Cashflow Hedge Reserve nach IAS 39

Eine ähnliche Vorgehensweise wie bei der Wertänderungserfassung von zur 44
Veräußerung verfügbaren Vermögenswerten schreibt IAS 39.95 für die Wertänderungen eines *cashflow hedges* vor. Danach ist der Gewinn oder Verlust eines wirksamen Sicherungsgeschäfts bis zur Realisierung des gesicherten Grundgeschäfts innerhalb des Eigenkapitals zu erfassen und in der Eigenkapitalveränderungsrechnung, sofern wesentlich, gesondert darzustellen (vgl hierzu ausführlich § 23 Rz 71 ff).

Aufgrund der analogen Vorgehensweise der temporären Erfassung kumulierter 45
Wertänderungen von zur Veräußerung verfügbaren Vermögenswerten einerseits und *cashflow hedge* Reserven andererseits werden die beiden Posten in der Bilanz und innerhalb der Darstellung der Eigenkapitalveränderungsrechnung in der Bilanzierungspraxis in vielen Fällen **zusammengefasst** und unter der Bezeichnung „Rücklage für Marktbewertung" ausgewiesen. Unter Berücksichtigung des Wortlauts von IAS 39.55 und IAS 39.95, der analogen Vorgehensweise sowie der nach IAS 39 vorgeschriebenen erläuternden Anhangangaben erscheint eine solche Zusammenfassung in der Bilanz und in der Eigenkapitalveränderungsrechnung sachgerecht (zur Einschränkung dieser Zusammenfassung aufgrund der 4. EG-RL s § 12 Rz 78).

Bei **teileffektiven Sicherungsverhältnissen** im Rahmen eines *cashflow hedge* 46
ist der ineffektive Teil der Wertänderung des Sicherungsinstruments nach IAS 39.95(b) direkt in den Periodenerfolg einzubeziehen. Ein Umgliederungsbetrag erübrigt sich insoweit. Die erfolgswirksame Erfassung des effektiven Teils der Wertänderungen des Sicherungsgeschäfts wird bei Beendigung des Sicherungszusammenhangs und der Erfolgswirksamkeit des gesicherten Grundgeschäfts vorgenommen.

IV. Erfolgsneutral erfasste versicherungsmathematische Gewinne und Verluste nach IAS 19

47 Mit IAS 19.93B wurde für IFRS-Pflichtanwender das **Wahlrecht zur erfolgsneutralen Erfassung der versicherungsmathematischen Gewinne und Verluste** eingeführt (vgl § 26 Rz 86). Wird von diesem Wahlrecht Gebrauch gemacht, so führt dies nach IAS 1.IG6 iVm IAS 1.96 nicht zu einem gesonderten Eigenkapitalposten in der Eigenkapitalveränderungsrechnung. Vielmehr erfolgt im Zuge der Verteilung des Gesamtergebnisses der Periode in der Eigenkapitalveränderungsrechnung eine direkte Erfassung der Gewinne und Verluste in den Gewinnrücklagen im Jahr des Anfalls dieser Gewinne und Verluste.

48 Abweichend vom ansonsten verwendeten Prinzip, dass alle zunächst erfolgsneutral berücksichtigten Eigenkapitalveränderungen spätestens beim Abgang der zugrunde liegenden Vermögenswerte/Schulden ergebniswirksam auszubuchen sind, sieht IAS 19.93D einen solchen Umgliederungsbetrag nicht vor.

D. Zusätzliche Posten der Eigenkapitalveränderungsrechnung im Konzernabschluss

I. Zusätzliche Komponenten des kumulierten sonstigen Ergebnisses

1. Währungskursdifferenzen nach IAS 21

a) Währungsumrechnungsdifferenz aus TU mit abweichender funktionaler Währung

49 Die Umrechnung von Fremdwährungs-Einzelabschlüssen ausländischer Konzernunternehmen in die Berichtswährung der berichtenden Einheit richtet sich gem IAS 21 nach deren **funktionaler Währung** (vgl zur Währungsumrechnung im Konzern ausführlich § 33).

50 Die Umrechnung von Fremdwährungsabschlüssen von Konzernunternehmen, deren funktionale Währung eine Fremdwährung darstellt, erfolgt gem IAS 21.39 nach der **modifizierten Stichtagskursmethode.** Die sich dabei aus der Umrechnung der Bilanzposten zu Stichtagskursen sowie der Posten der Gesamtergebnisrechnung zu Transaktionskosten ergebenden Währungskursdifferenzen sowie deren Entwicklung im Zeitablauf sind nach IAS 21.39(c) zunächst erfolgsneutral in einem eigenen Posten innerhalb des Eigenkapitals auszuweisen. Gleiches gilt, wenn das berichtende Unternehmen freiwillig eine von der funktionalen Währung abweichende Berichtswährung verwendet. Dies kann bspw gegeben sein, wenn ein Unternehmen neben der funktionalen Währung Euro für US-amerikanische Investoren einen Abschluss in der alternativen Berichtswährung US-$ aufstellt.

51 Bei **Veräußerung bzw Entkonsolidierung** des Konzernunternehmens werden die bislang erfolgsneutral in der Rücklage für Währungsumrechnung erfassten Unterschiedsbeträge in die Berechnung des Entkonsolidierungserfolgs einbezogen. Dabei erfolgt eine erfolgswirksame Umgliederung (*„reclassification adjustment"*) aus dem sonstigen Ergebnis (IAS 21.48), obwohl im Übrigen Umgliederungsbeträge nicht im Entkonsolidierungserfolg berücksichtigt werden. Entspr ist auch bei den in IAS 21.48A bis IAS 21.48D (ergänzt im Rahmen der Überarbeitung des IAS 27 im Jahr 2008) aufgeführten **Teilveräußerungen** von TU, Gemeinschafts- oder assoziierten Unternehmen mit abweichender funktionaler Währung vorzugehen mit Ausnahme von Teilveräußerungen von TU, die

nicht zu einem Beherrschungsverlust führen (s IAS 21.48D Satz 1 (geändert 2008)).

b) Währungssicherung einer Auslandsinvestition

IAS 39.86(c) erlaubt unter Bezugnahme auf IAS 21.47f die **Absicherung des Währungsrisikos aus der Nettoinvestition in ausländische Geschäftsbetriebe** und die Behandlung des Sicherungszusammenhangs als Sicherungsgeschäft iSv IAS 39 (vgl § 33 Rz 26ff). Durch diese Qualifikation wird das Währungsergebnis aus dem Sicherungsinstrument ebenso erfolgsneutral behandelt wie das Ergebnis aus der Währungsumrechnung der betrachteten ausländischen Einheit. 52

Der **Buchwert des bilanzierten Eigenkapitals** der ausländischen Einheit begrenzt den in das Sicherungsgeschäft einzubeziehenden Anteil des Sicherungsinstruments. IFRIC 16 stellt hierzu klar, dass nur Differenzen zwischen der funktionalen Währung des MU und derjenigen des TU sicherbare Beträge darstellen. Bei mehrstufigen Konzernen ist es dabei nicht entscheidend, auf welcher Konzernstufe die Berechnung des Exposures vorgenommen wird. 53

Im Zeitpunkt der **Veräußerung oder der Entkonsolidierung** der ausländischen Einheit werden zusätzlich zu den innerhalb des Eigenkapitals erfassten kumulierten Währungsumrechungsdifferenzen nach IAS 21 auch die kumulierten Wertänderungen des designierten Sicherungsinstruments als Umgliederungsbetrag durch Einbeziehung in den Entkonsolidierungserfolg berücksichtigt. 54

2. Sukzessiver Anteilserwerb

Finden innerhalb eines Konzerns mehrere Einzeltransaktionen zum Erwerb weiterer Anteile statt, ist zu differenzieren, ob durch die jeweilige Transaktion **erstmals** ein **Beherrschungsverhältnis** begründet wird. Ist dies der Fall ist nach IFRS 3.59 (2004) jede einzelne Transaktion hinsichtlich der erworbenen Vermögenswerte und Schulden sowie der sich ergebenden Unterschiedsbeträge **einzeln zu beurteilen.** Bei einem sukzessiven Anteilserwerb beeinflussen jedoch die im Rahmen der jeweils jüngsten Transaktion ermittelten beizulegenden Zeitwerte auch den Wertansatz von Vermögenswerten und Schulden aus einer zurück liegenden Teilakquisition. Die **Anpassung der Wertansätze** der zuvor idR mit fortgeführten Anschaffungskosten bewerteten Vermögenswerte und Schulden an den im Rahmen des Anteilserwerbs ermittelten beizulegenden Zeitwert für diese Vermögenswerte und Schulden hat nach IFRS 3 (2004) den Charakter einer Neubewertung und ist auch als solche erfolgsneutral innerhalb des Eigenkapitals darzustellen (IFRS 3.59 (2004); zum sukzessiven Anteilserwerb im Konzern vgl § 34 Rz 253ff; § 38 Rz 101ff). Damit ergibt sich (ggf) auch im Falle des sukzessiven Anteilserwerbs die Notwendigkeit zum Ausweis einer **erfolgsneutral zu dotierenden Neubewertungsrücklage** innerhalb der Eigenkapitalveränderungsrechnung. Zu beachten ist allerdings, dass eine so entstandene Neubewertungsrücklage keine Bindungswirkung für gleichartige Vermögenswerte oder im Zeitverlauf entfaltet. Deshalb bietet es sich an, die Neubewertungsrücklage aus sukzessivem Anteilserwerb **getrennt** von derjenigen nach IAS 16 bzw IAS 38 innerhalb der Eigenkapitalveränderungsrechnung darzustellen. Weiterhin können erläuternde Anhangangaben zur Differenzierung sinnvoll sein. 55

Mit Einführung des **IFRS 3** (2008) hat der IASB die Behandlung der Anpassungsbeträge aus der *fairvalue*-Bewertung dahingehend geändert, dass die bereits vor dem Statuswechsel dem MU zuzurechnenden (Alt-)Anteile an dem betrachteten TU zum beizulegenden Zeitwert zu bewerten sind, wobei eine Differenz zwischen diesem beizulegenden Zeitwert und dem bisherigen (Konzern-)Buch- 56 wert der Anteile **erfolgswirksam** in der **Gesamtergebnisrechnung** oder der **gesonderten GuV** (sofern erstellt) zu erfassen ist. Sodann erfolgt eine Aufrechnung der zum beizulegenden Zeitwert bewerteten (Alt-)Anteile mit dem anteiligen Nettovermögen des TU auf der Grundlage der Wertverhältnisse im Zeitpunkt der Kontrollerlangung. Eine Neubewertungsrücklage kann damit systembedingt nicht mehr entstehen (s ausführlich § 38 Rz 11 ff). Die Änderung der Vorgehensweise wird vom IASB damit begründet, dass es sich bei der Erlangung der Beherrschung um einen fundamentalen Wechsel in der Darstellung des Unternehmens innerhalb des Konzernabschlusses handelt (IFRS 3.BC384 (2008)). Wurden zuvor nur eine Beteiligung oder Anteile an einem assoziierten Unternehmen ausgewiesen, so erfasst das MU mit dem Statuswechsel die einzelnen Vermögenswerte und Schulden, Aufwendungen und Erträge des TU innerhalb seines Konzernabschlusses. Die bisher vorgeschriebene erfolgsneutrale kumulative Erfassung der Ergebnisse aus der Anteilsbewertung ist konzeptionell nicht mit dem Erwerbsmodell des IFRS 3 (2008) vereinbar (IFRS 3.BC386 (2008)).

57 Wird eine vor Erlangung der Beherrschung bestehende Beteiligung an einem TU **vor dem Statuswechsel** nach IAS 39 als „**zur Veräußerung verfügbar**" qualifiziert und zum beizulegenden Zeitwert bilanziert, so sind Änderungen des Zeitwerts der betroffenen Anteile gem IAS 39.55(b) innerhalb des sonstigen Ergebnisses zu erfassen (vgl Rz 42 f). Da der IASB den Statuswechsel als Abgang der bisherigen Beteiligung bei gleichzeitigem Zugang der Vermögenswerte und Schulden des TU interpretiert (IFRS 3.BC389 (2008)), ist der im Eigenkapital kumulierte Gewinn oder Verlust aus den Marktbewertungen der Vergangenheit zum Zeitpunkt des Statuswechsels erfolgswirksam zu realisieren (IFRS 3.42 (2008)). In diesen Fällen ist innerhalb der Gesamtergebnisrechnung ein Abgang der kumulierten Bewertungseinheiten aus der Zeit vor Erlangung der Beherrschung auszuweisen. Die Eigenkapitalveränderungsrechnung wird gem IAS 1 (2007) hierdurch nicht mehr explizit betroffen. Eine implizite Darstellung erfolgt allerdings über die Aufteilung des Periodengesamtergebnisses (vgl Rz 28).

3. Erfolgsneutrale Eigenkapitalveränderungen bei at equity bilanzierten Unternehmen

58 Nach IAS 28.13 sind **Beteiligungen** an **assoziierten Unternehmen** im Konzernabschluss nach der Equity-Methode zu bilanzieren. Für Anteile an Gemeinschaftsunternehmen besteht derzeit nach IAS 31.38 ein Wahlrecht zur Anwendung der Equity-Methode innerhalb des Konzernabschlusses. Dieses Wahlrecht wird zukünftig durch eine Pflicht zur Anwendung der Equity-Methode bei Gemeinschaftsunternehmen ersetzt werden (vgl § 29 Rz 49). Bei Anwendung der Equity-Methode werden die Veränderungen innerhalb des Eigenkapitals des Beteiligungsunternehmens **phasengleich** bei dem beteiligten Unternehmen erfasst, dementsprechend sind Veränderungen des sonstigen Ergebnisses des Beteiligungsunternehmens auch bei dem berichtenden beteiligten Unternehmen als Veränderungen des sonstigen Ergebnisses darzustellen.

59 Das von dem nach der Equity-Methode berücksichtigten assoziierten oder Gemeinschaftsunternehmen **anteilig** in den Konzernabschluss übernommene **sonstige Ergebnis** ist gem IAS 1.82(h) **gesondert** innerhalb der **Gesamtergebnisrechnung auszuweisen**. Eine ebenfalls gesonderte Darstellung innerhalb der Eigenkapitalveränderungsrechnung wird hingegen nicht explizit gefordert. In der beispielhaften Darstellung der Eigenkapitalveränderungsrechnung in IAS 1.IG6 wird das anteilig übernommene sonstige Ergebnis nicht als separate Komponente dargestellt, sondern der Neubewertungsrücklage zugeordnet, da

das entspr sonstige Ergebnis des assoziierten Unternehmens annahmegemäß ausschließlich auf Neubewertungen von Sachanlagen zurückzuführen ist (IAS 1.IG6 Anmerkung (k) und (l); vgl auch *Bischof/Molzahn* IRZ 2008, 177). Im Interesse einer konsistenten und transparenten Berichterstattung ist jedoch uE auch innerhalb der **Eigenkapitalveränderungsrechnung** die Darstellung der Effekte aus der Übernahme des anteiligen sonstigen Ergebnisses aus *at equity* bewerteten Unternehmen in einer **gesonderten Spalte** ggü einer Aufteilung auf die einzelnen Komponenten des konzernbilanziellen sonstigen Ergebnisses zu befürworten.

II. Anteile nicht-beherrschender Gesellschafter

Die IFRS fordern in IAS 27 die Darstellung der Anteile nicht-beherrschender konzernfremder Dritter an den Vermögenswerten und Schulden als **gesonderten Posten innerhalb des Eigenkapitals** (IAS 27.27 (2008)/IAS 27.33 (2003)). Mit der Qualifikation als Eigenkapitalbestandteil sind diese Minderheitenanteile ebenfalls bei der Eigenkapitalveränderungsrechnung zu berücksichtigen und in einer eigenen Spalte auszuweisen. 60

Bei einer Beteiligung nicht-beherrschender Gesellschafter an **TU im Konzern, die in der Form einer PersGes** geführt werden, hat der IASB sich auch nach Inkrafttreten der Neufassung von IAS 32 im Jahr 2008 gegen eine Qualifikation solcher Anteile als Bestandteil des Eigenkapitals ausgesprochen. Sie sind dementsprechend auch nicht innerhalb der Eigenkapitalveränderungsrechnung darzustellen. Zur Begründung wird angeführt, dass eine **Liquidationshierarchie** innerhalb des Konzerns zu beachten sei, bei der die TU zeitlich vor dem MU zu liquidieren seien. Deshalb könnten Anteile von nicht-beherrschenden Gesellschaftern das zur Eigenkapitalqualifikation erforderliche Nachrangigkeitskriterium des IAS 32.16C(b) bzw IAS 32.16A(b) nicht erfüllen. Diese Auffassung führt dazu, dass die entspr Anteile nicht-beherrschender Gesellschafter **als Fremdkapital** zu bilanzieren sind und die im Übrigen für deutsche PersGes durch die Einführung des IAS 32 eintretende Erleichterung zum Ausweis von Eigenkapital für diese Anteile nicht zur Wirkung kommt. 61

E. Wesentliche Änderungen und deren Anwendungszeitpunkte

IAS 1 in der in 2007 veröffentlichten überarbeiteten Fassung ist pflichtmäßig erstmals für Perioden anzuwenden, die am oder nach dem 1 Januar 2009 beginnen (IAS 1.139). Eine freiwillige Anwendung auf frühere Rechnungslegungsperioden ist unter Berücksichtigung der entspr Anhangangabeverpflichtung zulässig. 62

Die Veröffentlichung der Ergänzung zu IAS 32 ***„Puttable Financial Instruments and Obligations Arising on Liquidation“*** im Februar 2008 führte als Folgeänderung zu einer Ergänzung von IAS 1.138 sowie zur Einfügung von IAS 1.8A, IAS 1.80A und IAS 1.136A. Diese Änderungen sind ebenfalls pflichtmäßig erstmals für Berichtsperioden anzuwenden, die am oder nach dem 1. Januar 2009 beginnen. Auch für die geänderten Regelungen ist eine frühere freiwillige Anwendung zulässig, wenn diese Tatsache im Anhang deutlich gemacht wird und die korrespondierenden Regelungen in IAS 32, IAS 39 sowie IFRIC 2 gleichzeitig angewendet werden (IAS 1.139B). Die Änderungen wurden im Januar 2009 von der EU übernommen.

Weiterhin sind die aus dem ***Annual Improvements*** Projekt resultierenden Änderungen in IAS 1.68 und IAS 1.71, die vom IASB im Mai 2008 verabschiedet wurden, verpflichtend für Perioden anzuwenden, die am oder nach dem 1. Januar 2009 beginnen (IAS 1.139C). Eine freiwillige frühere Anwendung dieser Änderungen ist zulässig; in diesem Fall ist die vorzeitige Anwendung innerhalb des Anhangs anzugeben. Das Endorsement der Änderungen erfolgte im Januar 2009.

Die im Zusammenhang mit der Veröffentlichung von **IAS 27** im Januar 2008 stehende Ergänzung von IAS 1.106 ist gem IAS 1.139A erstmals verpflichtend für Perioden anzuwenden, die am oder nach dem 1. Juli 2009 beginnen. Eine Anwendung der geänderten Regelungen des IAS 27 vor dem 1. Juli 2009 bedingt eine zeitgleiche Berücksichtigung der ergänzten Fassung des IAS 1.106.

Die vorliegende Kommentierung hat wesentliche materielle Änderungen herausgehoben, darüber hinaus haben die Überarbeitungen klarstellenden Charakter.

F. Gegenüberstellung zu HGB/DRS

63 Im Rahmen des TransPuG wurde § 297 Abs 1 HGB um die Vorschrift ergänzt, dass Unternehmen in ihren Konzernabschluss eine Eigenkapitalveränderungsrechnung aufnehmen müssen, die entspr IAS 1.106 ff (geändert 2008)/ IAS 1.106 ff ein **eigenständiges Rechenwerk** darstellt. Dieser Vorgabe entspricht nunmehr die geänderte Formulierung des DRS 7.6, in welcher der Konzerneigenkapitalspiegel als ein Bestandteil des Konzernabschlusses bezeichnet wird. Im Gegensatz zu den IFRS besteht jedoch nach HGB bzw DRS keine Pflicht, eine Eigenkapitalveränderungsrechnung in den Einzelabschluss aufzunehmen. Dies wird im Zuge des Inkrafttretens des Bilanzrechtsmodernisierungsgesetzes (BilMoG) geändert; so sieht § 264 Abs 1 HGB (BilMoG) erstmals die Verpflichtung zur Aufstellung einer Eigenkapitalveränderungsrechnung innerhalb des HGB-Einzelabschlusses vor. Allerdings erstreckt sich diese Verpflichtung nur auf kapitalmarktorientierte KapGes, die nicht zur Aufstellung eines Konzernabschlusses verpflichtet sind.

64 Im Gegensatz zu den Regelungen des IAS 1.106 ff (geändert 2008)/ IAS 1.106 ff sowie der Beispieldarstellung in IAS 1.IG Part I gibt DRS 7 ein **konkretes Schema** zur Darstellung der Eigenkapitalveränderungsrechnung vor. Gefordert wird der Ausweis als Matrix, wobei die Spalten das Konzerneigenkapital nach dem MU und den Minderheitsgesellschaftern zuzuordnendem Eigenkapital gliedern. Die Zeilen zeigen die Vorgänge, welche die Veränderungen verursachen, sowie die Bestände an Eigenkapital zu Beginn und Ende der Berichtsperiode.

65 Während die Eigenkapitalveränderungsrechnung nach IAS 1.106 ff (geändert 2008)/IAS 1.106 ff die Entwicklung der in der IFRS-Bilanz ausgewiesenen Posten beinhalten muss, sieht der Konzerneigenkapitalspiegel nach DRS 7 keine **Übereinstimmung der Eigenkapitalgliederung lt Konzernbilanz und lt Konzerneigenkapitalspiegel** vor. Die Anlage zu DRS 7 enthält die auf S 663 dargestellte, verbindliche Struktur der Eigenkapitalveränderungsrechnung für handelsrechtliche Konzernabschlüsse.

66 Ein wesentlicher Unterschied zwischen IFRS und HGB besteht in der Behandlung **eigener Anteile.** Nach HGB erscheinen die Kosten für die Anschaffung eigener Anteile im Umlaufvermögen (§ 272 Abs 4 HGB iVm § 266 HGB).

Lediglich die Ausnahmeregelungen in § 71 Abs 1 Nr 6 und 8 AktG sowie § 272 Abs 1 Satz 4 HGB ermöglichen die offene Absetzung vom Eigenkapital. Wurden Aktien zum Zweck der Einziehung erworben, sind die entspr Beträge als Kapitalrückzahlung in Höhe des Nennbetrags oder in Höhe des rechnerischen Werts der Anteile vom gezeichneten Kapital offen abzusetzen. Die Differenz zwischen dem abzusetzenden Betrag und dem tatsächlichen Kaufpreis ist mit den Gewinnrücklagen zu verrechnen (*Förschle/Hoffmann* in BeBiKo[6] § 272 HGB Rz 9). Nach IFRS hingegen sind eigene Anteile immer vom Eigenkapital abzuziehen (IAS 32.33), was sich auch auf die Darstellung innerhalb der Eigenkapitalveränderungsrechnung bezieht.

Vor dem Hintergrund der divergierenden Behandlung eigener Anteile nach HGB und IFRS näherte sich der DSR in der Berechnung des Konzerneigenkapitals den internationalen Standards an (*Schmidbauer* DStR 2002, 189). Die Anschaffungskosten der eigenen Anteile sind offen vom Eigenkapital des MU abzusetzen (DSR 7.11). Gem DRS 7.7 ist das nach HGB ausgewiesene Eigenkapital des MU um die eigenen Anteile, welche nicht zur Einziehung bestimmt sind, zu kürzen. Das Konzerneigenkapital ergibt sich schließlich durch die Hinzurechnung des Eigenkapitals der Minderheitsgesellschafter an den TU.

Mit Inkrafttreten des **Bilanzrechtsmodernisierungsgesetzes** (BilMoG) fin- 67
det die bisher schon vom DSR vertretene Auffassung voraussichtlich auch eine Umsetzung im HGB. Eigene Anteile dürfen danach nur noch passivisch vom gezeichneten Kapital abgesetzt werden. Die Rücklage für eigene Anteile entfällt. Auf Konzernebene sind Rückbeteiligungen von TU an MU ebenfalls vom gezeichneten Kapital des MU, gleichsam als eigene Anteile des MU, abzusetzen § 272 Abs 1a und 4 HGB (BilMoG), § 301 Abs 4 HGB (BilMoG); Streichung von § 265 Abs 3 Satz 2 HGB).

Im Vergleich zur Eigenkapitalveränderungsrechnung nach IAS 1.106ff (geän- 68
dert 2008)/IAS 1.106ff ist im Eigenkapitalspiegel nach DRS 7 eine weitergehende **Untergliederung des gezeichneten Kapitals** in Stammaktien und Vorzugsaktien sowie eine separate Darstellung der nicht eingeforderten Einlagen verpflichtend. Diese Informationen werden nach IAS 1.79 dem Bereich der Anhangangaben zugeordnet.

Die **Aufwendungen einer Kapitalerhöhung** bzw die **Kosten der Eigen-** 69
kapitalbeschaffung (IAS 32.39) kürzen – nach Minderung um evtl Ertragsteuervorteile – das Eigenkapital und erscheinen somit nicht in der Gesamtergebnisrechnung bzw der gesonderten GuV (sofern erstellt) (genauer § 12 Rz 46). Auch wenn IAS 32.31ff keinen konkreten Eigenkapitalposten vorschreiben, von dem die Kosten der Eigenkapitalbeschaffung abzuziehen sind, wird in der Praxis üblicherweise die Kapitalrücklage gekürzt. Nach HGB stellen Eigenkapitalbeschaffungskosten regelmäßig Aufwand der Periode dar (detaillierte Informationen über die Bilanzierung von Eigenkapitalbeschaffungskosten geben *Lind/Faulmann* DB 2001, 601ff).

Darüber hinaus wird das auf **nicht-beherrschende Gesellschafter** entfal- 70
lende Konzerneigenkapital nach DRS 7 in die drei Pflichtposten Minderheitenkapital, Ausgleichsposten aus der Fremdwährungsumrechnung sowie andere neutrale Transaktionen untergliedert. Da der Posten Minderheitenkapital nach DRS 7.5 sowohl das auf Minderheiten entfallende gezeichnete Kapital als auch die anteiligen Rücklagen und Ergebnisse beinhaltet, ist eine über die IFRS hinausgehende Beurteilungsmöglichkeit des Ausschüttungspotentials mit der weitergehenden Aufgliederung nicht verbunden.

Aufgrund der derzeit bestehenden **Unterschiede in der Bilanzierung nach** 71
HGB und IFRS können die nachfolgenden Komponenten einer Eigenkapitalveränderungsrechnung nach IFRS nicht in einem Konzerneigenkapitalspiegel

nach DRS 7 enthalten sein:

(1) Neubewertungsrücklage (IAS 16/IAS 38),

(2) Rücklage für Marktbewertung (IAS 39),

(3) Rücklage für Cashflow Hedges (IAS 39),

(4) Angabe der retrospektiven Eigenkapitalkorrekturen aufgrund von Fehlerkorrekturen sowie Bilanzierungs- und Bewertungsänderungen (IAS 8).

Der durch die Änderung des IAS 1 eingeführte Begriff des Gesamtergebnisses hat keine Entsprechung innerhalb des handelsrechtlichen Jahresabschlusses, da er sowohl erfolgswirksame Aufwendungen und Erträge als auch erfolgsneutral erfasste Gewinne und Verluste enthält. Diese letztgenannten Bestandteile sind jedoch in der deutschen handelsrechtlichen Erfolgsrechnung nicht enthalten.

G. Aktuelle Entwicklungen/IASB-Projekte

72 Die im Februar 2008 veröffentlichte Änderung von IAS 1 stellte die Umsetzung der Phase A des Projekts *„**Financial Statement Presentation**"* dar, das IASB und FASB als gemeinsames Projekt betreiben. Das Projekt wird derzeit mit der **Phase B** fortgesetzt, welche sich mit der Darstellung der Informationen in sämtlichen Bestandteilen des Jahresabschlusses befasst, wobei ua die Bildung der Summen und Zwischensummen sowie die Notwendigkeit der Kennzahl „Jahresüberschuss" erörtert werden. Ein weiteres zentrales Thema ist die Frage der Erfolgswirksamkeit zunächst im sonstigen Ergebnis erfasster Gewinne und Verluste (Umgliederungsbeträge). Obwohl sich auch aus Phase B des Projekts Auswirkungen auf die Darstellung innerhalb der Eigenkapitalveränderungsrechnung ergeben werden, sind diese in einer konkreten Form derzeit noch nicht absehbar. Der Board plant die Veröffentlichung eines Standardentwurfs für das Jahr 2010.

73 Darüber hinaus hat der IASB im Rahmen des Projekts *„**Financial Instruments with Characteristics of Equity**"* im Februar 2008 ein Diskussionspapier veröffentlicht. Gegenstand dieses gemeinsamen Projekts des IASB mit dem FASB ist die grundlegende Überarbeitung der Abgrenzung zwischen Eigen- und Fremdkapital. Das Projekt wird mit einem sog *„modified joint approach"* betrieben; im Rahmen dieses Ansatzes erarbeitet der FASB einen Standardentwurf. Obwohl aus dem Projekt keine unmittelbaren Auswirkungen auf die Darstellung der Eigenkapitalveränderungsrechnung zu erwarten sind, bestimmen die Ergebnisse über eine ggf geänderte Abgrenzung zwischen Eigen- und Fremdkapital die materielle Zusammensetzung und den Umfang des Eigenkapitals, das in der Veränderungsrechnung dargestellt wird. Konkrete Ergebnisse aus diesem Projekt sind gleichwohl aufgrund des noch nicht weit fortgeschrittenen Projektstands derzeit noch nicht abzusehen. Vom IASB ist derzeit die Veröffentlichung eines Standardentwurfs zu diesem Themenbereich für das zweite Halbjahr 2009 vorgesehen.

Anlage

	Mutterunternehmen											Minderheitsgesellschafter				Konzern-eigenkapital
	Gezeichnete Kapital		Nicht eingeforderte ausstehende Einlagen	Kapitalrücklage	Erwirtschaftetes Konzerneigenkapital	Eigene Anteile, die zur Einziehung bestimmt sind	Kummuliertes übriges Konzernergebnis		Eigenkapital gemäß Konzernbilanz	Eigene Anteile, die nicht zur Einziehung bestimmt sind	**Eigenkapital**	Minderheitenkapital	Kommuliertes übriges Konzernergebnis		**Eigenkapital**	
	Stammaktien	Vorzugsaktien					Ausgleichsposten aus der Fremdwährungsumrechnung	andere neutrale Transaktionen					Ausgleichsposten aus der Fremdwährungsumrechnung	andere neutrale Transaktionen		
Stand am 31. 12. X1																
Ausgabe von Anteilen																
Erwerb/Einziehung eigener Anteile																
Gezahlte Dividenden																
Änderung des Konsolidierungskreises																
Übrige Veränderungen																
Konzern-Jahresüberschuss/-fehlbetrag *Übriges Konzernergebnis*																
Konzerngesamtergebnis	–	–	–	–	–	–	–	–	–	–	–	–	–	–		
Stand am 31. 12. X2																

IV. Kapitalflussrechnung

§ 18. Kapitalflussrechnung

Übersicht

Schrifttum: *Amen* Die Kapitalflussrechnung als Rechnung zur Finanzlage – Eine kritische Betrachtung der Stellungnahme HFA 1/1995: „Die Kapitalflussrechnung als Ergänzung des Jahres- und Konzernabschlusses", WPg 1995, 498; *Burger/Schellberg* Zur Abhängigkeit der Kapitalflussrechnung und des Cash Flow vom Finanzmittelfonds, WPg 1996, 179; *Gebhardt* Empfehlungen zur Gestaltung informativer Kapitalflussrechnungen nach internationalen Grundsätzen, BB 1999, 1314; *Holzer/Häusler* Die moderne Kapitalflussrechnung und die internationale Konzernrechnungslegung, WPg 1989, 221; *IDW* Stellungnahme HFA 1/1995: Die Kapitalflussrechnung als Ergänzung des Jahres- und Konzernabschlusses, WPg 1995, 210; *Jakoby/Maier/Schmechel* Internationalisierung der Publizitätspraxis bei Kapitalflußrechnungen – Eine empirische Untersuchung der DAX – Unternehmen für den Zeitraum 1988 bis 1997, WPg 1999, 225; *Kühnberger* Firmenwerte in Bilanz, GuV und Kapitalflussrechnung nach HGB, IFRS und US-GAAP – Abbildung und Aussagekraft –, DB 2005, 677; *Mansch/Stolberg/Wysocki* Die Kapitalflussrechnung als Ergänzung des Jahres- und Konzernabschlusses – Anmerkungen zur gemeinsamen Stellungnahme HFA 1/1995 des Hauptfachausschusses und der Schmalenbach-Gesellschaft, WPg 1995, 185; *Müßig/Lopatta* Die Konzern-Kapitalflussrechnung als Statement of Cashflows gem IAS 7 – Fallstudie zur Anwendung von Ermittlungstechniken und Darstellung ausgewählter Sachverhalte im Konzern –, KoR 2008, 418; *Pilhofer* Konzeptionelle Grundlagen des neuen DRS 2 zur Kapitalflussrechnung im Vergleich mit den international anerkannten Standards, DStR 2000, 292; *Plein* Die Eliminierung von Effekten aus Wechselkursänderungen bei indirekt erstellten Konzernkapitalflußrechnungen, WPg 1998, 10; *Reinhart* Die Auswirkungen der Rechnungslegung nach „International Accounting Standards" auf die betragsmäßige Ergebnisanalyse deutscher Jahresabschlüsse, BB 1998, 1355; *Scheffler* Kapitalflussrechnung – Stiefkind in der deutschen Rechnungslegung, BB 2002, 295; *Scheffler* Was der DPR aufgefallen ist: Die vernachlässigte Kapitalflussrechnung, DB 2007, 2045; *Stahn* Zum praktischen Entwicklungsstand der Konzern-Kapitalflußrechnung in Deutschland, WPg 1996, 649; *Wehrheim* Krisenprognose mit Hilfe einer Kapitalflussrechnung?, DStR 1997, 1699; *Wysocki* DRS 2: Neue Regeln des Deutschen Rechnungslegungs Standards Committee zur Aufstellung von Kapitalflußrechnungen, DB 1999, 2373.

Wesentliche Rechtsgrundlagen: IAS 7

A. Allgemeines

I. Zielsetzung und Ausgestaltung von Kapitalflussrechnungen

1. Informationsfunktion

1 Kapitalflussrechnungen dienen der Darstellung der Finanzlage eines Unternehmens, indem sie den Jahresabschluss um **liquiditätsbezogene Informationen** ergänzen. Die Gewährleistung der Zahlungsfähigkeit und die Fähigkeit, Zahlungsmittelüberschüsse zu erzielen, spielen nicht nur für den wirtschaftlichen Erfolg eines Unternehmens bzw seiner Überlebensfähigkeit, sondern auch für die Entscheidungen seiner Kapitalgeber eine erhebliche Rolle. Die Kapitalflussrechnung hat daher die Aufgabe, sämtliche Zahlungsmittel, die einem Unternehmen innerhalb einer Geschäftsperiode in den Bereichen der lfd Geschäftstätigkeit sowie der Investitions- und Finanzierungstätigkeit zugeflossen bzw von ihm abgeflossen sind, zu dokumentieren, und zwar unabhängig von Bewertungs- und Periodisierungsmaßnahmen in Bilanz und GuV bzw Gesamtergebnisrechnung (*statement of comprehensive income*; s § 15 Rz 2). Durch die Tendenz in nahezu allen Rechnungslegungskonzeptionen, Vermögenswerte und Schulden vermehrt zu beizulegenden Zeitwerten *(fair values)* zu bewerten, wird die Bedeutung und Aussagekraft einer liquiditätsorientierten Darstellung der geschäftlichen Aktivitäten eines Unternehmens zunehmen (*Müßig/Lopatta* KoR 2008, 418). Sowohl die Zeitwertbilanzierung, die nicht unerheblich durch subjektive Einschätzungen, Planannahmen sowie überwiegend durch nicht unmittelbare und kurzfristig zahlungswirksame Ertrags- und Aufwandskomponenten gekennzeichnet ist, als auch die zeitliche und sachliche Abgrenzung bzw Zuordnung von Erfolgsbeiträgen *(matching principle)* verstärken das Bedürfnis nach einer objektiven, nur an den mit dem zugrunde liegenden Geschäft verbundenen Zahlungsströmen anknüpfenden Darstellung.

Die detaillierte Darstellung der Zahlungsströme, international und auch im Folgenden mitunter als **Cashflows** bezeichnet, soll den Adressaten des Jahresabschlusses alle erforderlichen Informationen über die Herkunft und die Verwendung der Finanzmittel sowie über den aktuellen und zukünftigen Finanzbedarf vermitteln.

2 Im Einzelnen geben Kapitalflussrechnungen – international nach IAS 1 (2007) nun *statements of cash flows* genannt –, die inhaltlich treffender als **Finanzierungsrechnungen** zu bezeichnen wären (*Gebhardt* in Beck HdR C 620 Rz 20), **Aufschluss** über

(1) die Fähigkeit eines Unternehmens, Zahlungsüberschüsse zu erwirtschaften sowie Verbindlichkeiten zu tilgen und Ausschüttungen vorzunehmen,
(2) den zukünftigen Liquiditätsbedarf eines Unternehmens,
(3) Divergenzen zwischen dem Periodenergebnis und dazugehörigen Zahlungsvorgängen,
(4) die Auswirkungen der Investitions- und Finanzierungsvorgänge auf die Finanzlage,
(5) den Zeitpunkt, zu welchem ein Unternehmen in der Lage ist, Erträge zu erzielen sowie
(6) die Wahrscheinlichkeit, mit der ein Unternehmen Erträge zu erwirtschaften vermag.

Die zahlungsorientierte Betrachtungsweise bietet den Vorteil, dass das Wachstum eines Unternehmens besser vorhergesehen und Unternehmenszusammenbrüche schneller erkannt werden können. Nach IAS 7.4 soll auch die Einschätzung der Ertragskraft bei unternehmensübergreifenden Vergleichen verbessert sein, da die Auswirkungen unterschiedlicher Bilanzierungs- und Bewertungsmethoden für dieselben Geschäftsvorfälle eliminiert werden.

Die grds auch auf **abgelaufene Geschäftsjahre** sich beziehenden und damit historischen Kapitalflussinformationen sollen nach IAS 7.5 auch als Indikator für den Zeitpunkt und die Wahrscheinlichkeit des Anfalls künftiger Cashflows dienen, wenngleich an dieser Stelle angemerkt werden muss, dass selbst Zahlungsflüsse – wenn auch in engerem Rahmen – gestaltbar sind und im Hinblick auf die Einhaltung bilanzieller Kennziffern in der Praxis bspw durch Debitoren-/Kreditorenmanagement oder Kauf-/Leasing-Entscheidungen gesteuert werden.

2. Alternative Gestaltungsvorschläge und -konzeptionen

3 Die **Etablierung** der Kapitalflussrechnung als Ergänzung bzw Bestandteil des Jahresabschlusses sowie die Entwicklung ihrer Darstellungs- und Ausgestaltungsform wurde im Wesentlichen durch die **Vorreiterrolle** der angelsächsischen Staaten geprägt. Dort sind börsennotierte Unternehmen im Rahmen der Rechnungslegung bereits seit längerem zur Aufstellung einer Kapitalflussrechnung verpflichtet. Die anfangs noch uneinheitlichen Ausgestaltungs- und Gliederungsregeln wurden in einem sich über mehrere Jahre hinziehenden Anpassungsprozess weitgehend angeglichen. Die aktuellen Vorschriften ergeben sich für amerikanische und britische Unternehmen derzeit aus SFAS 95 bzw FRS 1.

4 Nach den deutschen Rechnungslegungsvorschriften müssen Jahres- und Konzernabschlüsse gem §§ 264 Abs 2 und 297 Abs 2 HGB ein den tatsächlichen Verhältnissen entspr Bild der **Finanzlage** vermitteln. Dabei bleibt für den überwiegenden Teil der Unternehmen offen, welcher Instrumente sie sich für die Darstellung der Finanzlage bedienen können. Die Pflicht zur Aufstellung einer **Kapitalflussrechnung** beschränkte sich nach Einführung durch das KonTraG gem § 297 Abs 1 Satz 2 HGB zunächst auf börsennotierte MU. Darüber hinaus erfordert § 23 BörsZulVO die Vorlage einer Kapitalflussrechnung in Börsenzulassungsprospekten. Aufgrund des BilReG haben auch nichtkapitalmarktorientierte Unternehmen ab dem Jahr 2005 ihren Konzernabschluss um eine Kapitalflussrechnung zu erweitern.

Inhalt und Form der Kapitalflussrechnung sind gesetzlich nicht vorgegeben, sondern bleiben der Ausgestaltung durch private Rechnungslegungsgremien vorbehalten. Mit der Stellungnahme des Hauptfachausschusses des IDW (*IDW* HFA 1/1995 WPg 1995, 210ff) wurde erstmals eine inhaltliche Konzeption für Kapitalflussrechnungen vorgelegt, die den internationalen Standards entspricht. Die Anwendung von HFA 1/1995 erfolgte allerdings auf freiwilliger Basis. Mit dem DRS 2 schuf das DRS C am 31. Mai 2000 erstmals Regelungen, die für deutsche gesetzlich vorgeschriebene Konzernabschlüsse verbindlich sind und für freiwillig aufgestellte Kapitalflussrechnungen empfohlen werden. IAS 7, HFA 1/1995 und DRS 2 stimmen konzeptionell und inhaltlich weitgehend überein.

3. Formelle und materielle Gestaltungsgrundsätze

5 In Anlehnung an das IFRS-Framework, die Stellungnahme des HFA 1/1995 sowie den DRS 2 unterliegen Kapitalflussrechnungen den folgenden weitgehend gemeinsamen **Gestaltungsgrundsätzen:**

Die Kapitalflussrechnung stellt die **Zusammensetzung und die Veränderung des Finanzmittelbestands** eines Unternehmens dar, indem sie die darin während der Berichtsperiode eingeflossenen Einnahmen und abgeflossenen Ausgaben bzw Cashflows aufzeigt. Diese ausschließliche Liquiditätsorientierung bedingt bei der Übernahme der Bewegungsgrößen aus der ertrags- und aufwandsorientierten Finanzbuchhaltung eine Überprüfung auf deren Liquiditätswirksamkeit.

Für die Darstellung der Zahlungsvorgänge in einer Berichtsperiode ist eine Einteilung in die **betrieblichen Funktionsbereiche** „lfd Geschäftstätigkeit", „Investitionstätigkeit" und „Finanzierungstätigkeit" (IAS 7.10) vorzunehmen. Die Kapitalflussrechnung ist nicht an eine bestimmte Form gebunden und kann sowohl in **Staffel- als auch Kontoform** aufbereitet werden, wobei in der Praxis ganz überwiegend die Staffelform Verwendung findet.

Nach dem allgemeinen Grundsatz in IAS 1.38 ist auch für die Kapitalflussrechnung die Angabe der **Vergleichszahlen** des Vorjahres verpflichtend. Es werden also die Zahlungsströme von mindestens zwei Perioden benötigt.

Die Kapitalflussrechnung muss **nachprüfbar** aus den Daten des Rechnungswesens ableitbar sein, da sie grds auf den gleichen Geschäftsvorfällen beruht.

Nach dem **Wesentlichkeitsgrundsatz** kann auf den Ausweis einzelner Zahlungsströme verzichtet werden, sofern diese im Rahmen des vermittelten Gesamtbilds von untergeordneter Bedeutung sind bzw die Klarheit und Übersichtlichkeit der Darstellung beeinträchtigen würden. Andererseits erfordert dieser Grundsatz aber auch eine ausreichende Aufgliederung der Zahlungsströme, um dem Adressaten eine hinreichende Informationsgrundlage liefern zu können.

Nach dem **Stetigkeitsgrundsatz** müssen Ausgestaltung, Form und Inhalt der Kapitalflussrechnung die Vergleichbarkeit mit der Vorjahresperiode gewährleisten. Die Zusammensetzung des Finanzmittelfonds und die Abgrenzung der Funktionsbereiche sind daher grds unverändert beizubehalten. Ggü der Vergleichsperiode vorgenommene Änderungen sind im Anhang in Übereinstimmung mit den Grundsätzen von IAS 8 darzustellen und zu erläutern.

Das **Bruttoprinzip** verlangt, die im Rahmen der Kapitalflussrechnung darzustellenden Zahlungsvorgänge grds unsaldiert auszuweisen (s Rz 38).

II. Anwendungsbereich von IAS 7

Gem IAS 1.10(d) und IAS 7.1 ist eine Kapitalflussrechnung **zwingender „integraler" Bestandteil** der externen Rechnungslegung. Der Anwendungsbereich des Standards erstreckt sich demnach unabhängig von Rechtsform und Größe auf **alle Unternehmen,** die ihren Jahresabschluss nach den Vorschriften der IFRS aufstellen und offen legen. IAS 7.1 geht damit deutlich über den verbindlichen Anwendungsbereich von DRS 2 (Konzernabschlüsse) hinaus. Die Darstellungspflicht besteht neben dem aktuellen Berichtsjahr auch für alle in den Jahresabschluss einbezogenen Vergleichsperioden. 6

Für die im Rahmen der **Zwischenberichterstattung** ebenfalls aufzustellende verkürzte Kapitalflussrechnung gem IAS 34.8(d) gelten die in IAS 34.10 aufgenommenen Erleichterungen (zur Zwischenberichterstattung s Rz 64 und § 43 Rz 23).

Auch für **aufgegebene Geschäftsbereiche** (s Rz 65 und § 28 Rz 116) werden gem IFRS 5.33 (c) Cashflow-Angaben verlangt, die grds nach IAS 7 zu ermitteln sind.

Daneben empfiehlt IAS 7.50(d) iVm IAS 7.52 die Angabe von Segment-Cashflows im Rahmen der gem IFRS 8 zu erstellenden **Segmentberichterstattung** (s Rz 93 und § 21 Rz 73)

Auf die im Standard und im Anhang B enthaltenen **Sondervorschriften,** 7
insbes bezogen auf Versicherungsunternehmen und Finanzinstitutionen, wird im Folgenden nicht weiter eingegangen (s § 39 Banken und § 40 Versicherungen).

III. Definitionen und Abgrenzungen der Bestandteile der Kapitalflussrechnung nach IAS 7

1. Abgrenzung des Finanzmittelfonds

a) Zahlungsmittel und -äquivalente

8 Ausgehend von ihrer Zielsetzung stellen Kapitalflussrechnungen die Entwicklung eines Zahlungsmittelbestands des Unternehmens durch Zu- und Abflüsse liquider Mittel bzw Cashflows dar. Zu diesem Zweck werden sämtliche verfügbaren liquiden Mittel in einem **zahlungsorientierten Finanzmittelfonds** zusammengefasst. Die Abgrenzung des Finanzmittelfonds orientiert sich gem IAS 7.6 ff an dem Bestand von Zahlungsmitteln und Zahlungsmitteläquivalenten, der einem Unternehmen für Finanzierungszwecke zur Verfügung steht. Die in der Vergangenheit – vornehmlich unter dem Gesichtspunkt der einfacheren Ableitbarkeit aus der Jahresbilanz – geführte Diskussion um alternative Fondsabgrenzungen, zB des Nettoumlaufvermögens oder des Nettogeldvermögens, kann inzwischen als beendet betrachtet werden (*Gebhardt* in Beck HdR C 620 Rz 21). Damit beschränkt sich die Abgrenzung des Finanzmittelfonds im Wesentlichen auf liquide Mittel und bleibt von Bewertungsmaßnahmen sowie nicht zahlungswirksamen Faktoren unbeeinflusst.

9 Zu den **Zahlungsmitteln** zählen sämtliche Barmittel, Schecks sowie täglich und ohne Wertabschlag abrufbare Sichteinlagen bei Banken.

10 **Zahlungsmitteläquivalente** sind gem IAS 7.6 kurzfristige, äußerst liquide Finanzinvestitionen, wie zB Festgelder oder Geldmarktpapiere, die jederzeit in bestimmte Zahlungsmittelbeträge umgewandelt werden können und keinen wesentlichen Wertschwankungsrisiken in Form von Zinsänderungs- und Kreditrisiken ausgesetzt sind. Ihre Restlaufzeit, gerechnet vom Anschaffungszeitpunkt des bilanzierenden Unternehmens, darf im Regelfall drei Monate nicht überschreiten (IAS 7.7). Die Restlaufzeit am Bilanzstichtag bleibt bei dieser Einordnung unberücksichtigt, dh eine Umgliederung von ursprünglich längerfristigen Papieren mit einer unter drei Monaten liegenden Restlaufzeit am Bilanzstichtag in Zahlungsmitteläquivalente ist unzulässig. Ausnahmen in Form längerer Restlaufzeiten sind denkbar, sofern hierdurch unternehmensindividuelle Besonderheiten oder bestimmte Finanzanlagen die Zahlungsmittelfunktion adäquat abbilden.

Neben diesen objektiven Kriterien orientiert sich die Definition von Zahlungsmitteläquivalenten zudem an der **Zweckbestimmung der Mittel.** Eine Einbeziehung in den Finanzmittelfonds ist nur dann zulässig, wenn sie aus Sicht der Unternehmensleitung dazu bestimmt sind, Zahlungsverpflichtungen nachzukommen und insoweit die Funktion einer Liquiditätsreserve haben. Finanzinvestitionen, die zu Investitions- oder anderen Zwecken gehalten werden, stellen keine Zahlungsmitteläquivalente dar. Auch sind nicht automatisch kurzfristige Liquiditätsbestände in den Finanzmittelfonds aufzunehmen, wenn diese für bestimmte Investitionen reserviert sind. In diesen Fällen sind entspr Anhangangaben bzw Überleitungsrechnungen zur Zusammensetzung des Fonds vorzunehmen.

Ein naturgemäß nur für den Einzel- oder Teilkonzernabschluss sich stellendes Problem dürfte die Frage sein, ob im Rahmen eines **Konzern-Cash-Pooling** Systems jederzeit fällige Guthaben ggü dem (obersten) MU in den Finanzmittelfonds einbezogen werden dürfen. Angesichts der strengen Anforderungen hinsichtlich der jederzeitigen kurzfristigen Umwandlung der Forderungen in liquide Mittel bei gleichzeitigem Ausschluss von Wertabschlägen dürfte dies im

Allgemeinen nicht möglich sein (*Freiberg* in Lüdenbach/Hoffmann IFRS[7] § 3 Rz 21).

Kapitalbeteiligungen in Form von **Eigenkapitalanteilen** zählen nach dieser Zweckbestimmung grds nicht zu den Zahlungsmitteläquivalenten. Eine Ausnahme gilt lediglich für Vorzugsaktien und nachrangige Genussscheine mit kurzen Restlaufzeiten und festgelegten Einlösungszeitpunkten (IAS 7.7).

Die Einstufung von **Wertpapierbeständen** ist in IAS 7 nicht ausdrücklich geregelt. Im Grundsatz dürften diese nicht zu den Zahlungsmitteläquivalenten zählen. In Anlehnung an die Zweckbestimmung wird jedoch ein Einbeziehungswahlrecht dann noch angenommen, sofern sie der Begleichung von Zahlungsverpflichtungen gewidmet sind, ihre Fälligkeit den Zeitraum von drei Monaten nicht überschreitet und sie voraussichtlich keinen Bewertungsänderungen unterliegen.

b) Bruttoprinzip des Finanzmittelfonds

11 Der Finanzmittelfonds enthält grds nur **aktive Bestandsposten** an Zahlungsmitteln und Zahlungsmitteläquivalenten, die nicht mit kurzfristigen Verbindlichkeiten saldiert werden dürfen. Aufnahme und Tilgung von Bankverbindlichkeiten stellen nicht zu berücksichtigende Finanzierungstätigkeiten dar.

12 Ausnahmsweise sollen nach IAS 7.8 aber **Kontokorrentkredite** in den Finanzmittelfonds als negative Bestandteile einbezogen werden, sofern sie im Rahmen des Cash-Managements regelmäßig als kurzfristige Finanzierungsinstrumente eingesetzt werden. Kennzeichen solch einzubeziehender Posten sollen häufige Schwankungen zwischen Aktiv- und Passiv-Ausweis sein. Werden Kontokorrentkredite nur gelegentlich ausgenutzt, sind sie nicht in den Finanzmittelfonds einzubeziehen. Andere kurzfristige Kreditaufnahmen dürfen, auch wenn sie zu Standardmaßnahmen des Cash-Managements zählen, nicht in den Finanzmittelfonds einbezogen werden.

13 Aufgrund von gesetzlichen Auflagen oder vertraglichen Vereinbarungen nicht verfügbare Zahlungsmittelbestände sind aufgrund der Konzeption von IAS 7 nicht in den Finanzmittelfonds aufzunehmen, da sie nicht liquidierbar sind (*ADS*[1] Abschn 23 Rz 14). Mit Bezug auf die in IAS 7.45 und IAS 7.46 verankerte Dispositionsfreiheit der Unternehmen dürfen aber auch Bestände, die **Verfügungsbeschränkungen** unterliegen, in den Fonds einbezogen werden (so auch *Wysocki* in Baetge ua IFRS-Komm[2] IAS 7 Rz 30 und Rz 144). Dies gilt jedoch nur dann, wenn allein auf Konzernebene eine Verfügungs- bzw Zugriffsbeschränkung zB des MU besteht; auf Ebene des Unternehmens dürfen jedoch keine Restriktionen vorliegen. Sofern infolge der Verfügungsbeschränkung keine Einbeziehung in den Finanzmittelfonds erfolgt, ist der von der Verfügungsbeschränkung betroffene Gesamtbetrag gem IAS 7.48 im Anhang anzugeben und inhaltlich zu erläutern (s Rz 88).

c) Wertänderungen und Bewegungen im Finanzmittelfonds

14 Die definitorische und methodische Zusammensetzung des Finanzmittelfonds unterliegt dem **Stetigkeitsgrundsatz.** Sowohl die einbezogenen Finanzmittelkomponenten als auch ggü dem Vorjahr vorgenommene Änderungen in der Klassifizierung von Finanzinstrumenten sind gem IAS 7.45 und IAS 7.47 im Anhang zu erläutern (s Rz 87).

15 Die Beschränkung des Finanzmittelfonds auf liquide Mittel und liquiditätsnahe Komponenten reduziert mögliche **zahlungsunwirksame Wertänderungen** auf wechselkursbedingte Umrechnungsdifferenzen von Währungsposten und Marktwertänderungen von einbezogenen Finanzinstrumenten, wie zB Wertpa-

pieren. Nur für wechselkursbedingte Veränderungen enthält IAS 7.28 die Anweisung, solche Unterschiedsbeträge getrennt von den Cashflows aus den Funktionsbereichen (Rz 17 f) in der Kapitalflussrechnung zu erfassen, um Anfangs- und Endbestand des Fonds abstimmen und gesondert ausweisen zu können (s dazu Rz 52). Eine sinngemäße Übertragung dieser Regelung auf andere Fälle von Wertänderungen wird allgemein für erforderlich gehalten (*ADS*[1] Abschn 23 Rz 23).

16 **Betragsmäßige Umschichtungen** im Finanzmittelfonds selbst, zB zwischen den Komponenten Zahlungsmittel und Zahlungsmitteläquivalente, werden nach IAS 7.9 als Mitteldispositionen innerhalb des Fonds und nicht als Mittelzu- oder -abflüsse betrachtet. Eine diesbezügliche Fondsveränderungsrechnung wird nach IAS 7 nicht ausdrücklich verlangt, dürfte aber insbes bei erheblichen strukturellen Veränderungen sinnvoll und empfehlenswert sein (*Wysocki* in Baetge ua IFRS-Komm[2] IAS 7 Rz 37).

2. Funktionsbereiche des Unternehmens

a) Abgrenzung der Funktionsbereiche

17 Neben der Entwicklung des Finanzmittelfonds bezweckt die Kapitalflussrechnung die **Darstellung** der **Mittelherkunft** und **Mittelverwendung.** Zu diesem Zweck sind die abzubildenden Finanzmitteltransaktionen auf die drei Funktions- bzw Aktivitätsbereiche der betrieblichen Tätigkeit oder auch lfd Geschäftstätigkeit, der Investitionstätigkeit und der Finanzierungstätigkeit aufzuteilen (sog Aktivitätsformat).

Die Zuordnung der Zahlungsvorgänge zu den drei Bereichen ist durch den Standard im Wesentlichen vorgegeben (IAS 7.13 bis IAS 7.17). Im Einzelnen kann die Aufteilung jedoch von dem Unternehmenszweck, der wirtschaftlichen Betätigung sowie der Intention einzelner Zahlungsvorgänge abhängen. Insofern sind die individuellen Gegebenheiten eines Unternehmens bei der Aufstellung der Kapitalflussrechnung zu berücksichtigen (IAS 7.11). Die Klassifizierungen der Geschäftsvorfälle und der mit diesen in Zusammenhang stehenden Zahlungsvorgänge sind in der Weise vorzunehmen, die den Adressaten des Jahresabschlusses unter angemessener Berücksichtigung der Wirtschaftstätigkeit des Unternehmens den bestmöglichen Einblick in dessen Finanzlage gewährt.

18 Betrifft ein Zahlungsvorgang **unterschiedliche Funktionsbereiche,** so ist er nach IAS 7.12 entspr aufzuteilen.

Beispiel: Im Rahmen des Finanzierungsleasings wird ein Anlagegegenstand beim Leasingnehmer bilanziert. Die zu zahlenden Leasingraten weisen einen Tilgungs- und einen Zinsanteil auf. Während der Tilgungsanteil als Finanzierungstätigkeit zu beurteilen ist, kann der Zinsanteil auch dem Bereich der betrieblichen Tätigkeit zugeordnet werden. Wird der Leasinggegenstand im Falle des Operating-Leasings beim Leasinggeber bilanziert, sind die seitens des Leasingnehmers gezahlten Raten ähnlich Mietzahlungen insgesamt dem Bereich der betrieblichen Tätigkeit zuzuordnen.

Die von einem Unternehmen vorgenommene Zuordnung zu den Funktionsbereichen unterliegt ebenfalls dem **Stetigkeitsgrundsatz,** sodass diesbezügliche Änderungen betragsmäßig im Anhang zu erläutern sind.

b) Ein- und Auszahlungen aus betrieblicher Tätigkeit

19 Der Bereich der **betrieblichen Tätigkeit oder auch lfd Geschäftstätigkeit** umfasst sämtliche Aktivitäten eines Unternehmens, die zur Erzielung der wesentlichen Erlöse beitragen (positive Abgrenzung) sowie alle übrigen Aktivitäten, die nicht den Bereichen Investitionstätigkeit und Finanzierungstätigkeit zuzurechnen sind (IAS 7.6) (negative Abgrenzung).

20 Die Darstellung der auf diesen zentralen Bereich der **Leistungsentfaltung** entfallenden Zahlungsmittelbewegungen dient in erster Linie dazu, die Fähigkeit eines Unternehmens aufzuzeigen, die Finanzierung der lfd Geschäftstätigkeit aus eigenen Erträgen zu gewährleisten, ohne dabei auf Quellen der Außenfinanzierung zurückgreifen zu müssen (IAS 7.13). Dieser Bereich charakterisiert also das Innenfinanzierungspotenzial des Unternehmens. Die Relation der erhaltenen Zahlungsmittel zu den übrigen Funktionsbereichen gibt zudem Aufschluss darüber, inwieweit das Unternehmen die im Rahmen der betrieblichen Tätigkeit erwirtschafteten Zahlungsmittelüberschüsse zur Tätigung von Investitionen und zur Bedienung von Fremdkapitalgebern verwenden kann.

Beispiele für Zahlungsmittelzuflüsse und -abflüsse aus betrieblicher Tätigkeit sind in IAS 7.14 wie folgt aufgeführt:

(1) Zahlungseingänge aus dem Verkauf von Gütern und der Erbringung von Dienstleistungen,
(2) Zahlungseingänge aus Nutzungsentgelten, Honoraren, Provisionen und anderen Erlösen,
(3) Auszahlungen an Lieferanten von Gütern und Dienstleistungen,
(4) Auszahlungen an und für Mitarbeiter,
(5) Ein- und Auszahlungen von Versicherungsunternehmen für Prämien, Schadensregulierungen, Renten und sonstige Versicherungsleistungen,
(6) Zahlungen und Erstattungen von Ertragsteuern, soweit diese nicht der Finanzierungs- oder Investitionstätigkeit zuzuordnen sind,
(7) Ein- und Auszahlungen für Handelsverträge.

Wie unter Rz 18 bereits ausgeführt, sind demnach auch die Geschäftsvorfälle hinsichtlich ihres Beitrags zur betrieblichen Tätigkeit ggf aufzuteilen; nicht alle im Ergebnis der gewöhnlichen Geschäftstätigkeit sich niederschlagenden Ein- und Auszahlungen sind zwangsläufig der betrieblichen oder lfd Geschäftstätigkeit zuzuordnen.

Gem dem durch das ***Annual Improvements*** **Projekt 2008** geänderten IAS 7.14 sind Zahlungsströme, die im Zusammenhang mit der Veräußerung oder dem Abgang von bis dahin eigengenutztem Sachanlagevermögen angefallen sind, dem Investitionsbereich (s Rz 22) zuzuweisen. Abweichend von diesem Grundsatz und zugleich klarstellend ist als Folge der Änderungen in IAS 16.68A nun geregelt, dass Zahlungsströme, die hergestellte oder erworbene Vermögenswerte betreffen, welche durch das bilanzierende Unternehmen im normalen Geschäftsgang sowohl vermietet als auch veräußert bzw vertrieben werden, immer dem betrieblichen Bereich zuzuordnen sind. Damit sind insbes alle Ein- und Auszahlungen, die im Zusammenhang mit dem Mietpark eines Unternehmens stehen, unter den Cashflows aus lfd Geschäftstätigkeit zu erfassen bzw auszuweisen.

21 Abgrenzungsschwierigkeiten können sich für die von einem Unternehmen gehaltenen **Wertpapiere** und **Anleihen** ergeben. Werden diese zu Handelszwecken gehalten, ähneln sie dem zur Weiterveräußerung bestimmten Vorratsvermögen und sind gem IAS 7.15 dem Bereich der betrieblichen Tätigkeit, anderenfalls dem Bereich der Investitionstätigkeit zuzuordnen. Gleiches gilt für durch Kreditinstitute gewährte **Darlehen,** da diese in unmittelbarem Zusammenhang mit der erlöswirksamen Tätigkeit des Unternehmens stehen.

c) Ein- und Auszahlungen aus Investitionstätigkeit

22 Der Bereich der Investitionstätigkeit umfasst nach IAS 7.6 und IAS 7.16 sämtliche Zahlungen, die ein Unternehmen für die **Anschaffung** oder **Herstellung** sowie die **Veräußerung** von **Vermögenswerten** tätigt bzw erhält. Sie betreffen im Wesentlichen alle Auszahlungen für Vermögenswerte, die dazu bestimmt sind,

dem Geschäftsbetrieb längerfristig sowohl zur Erhaltung und Erweiterung gegenwärtiger als auch zum Aufbau oder Erwerb neuer Aktivitäten zu dienen.

23 Die Darstellung der Zahlungsvorgänge zeigt die **Auswirkungen** von **Investitionsentscheidungen** auf die **Liquidität** eines Unternehmens. Sie ermöglicht insbes Informationen darüber, in welchem Umfang Zahlungen zur Generierung von Erlösen oder Mittelzuflüssen in späteren Perioden bereitgestellt wurden.

Durch das ***Annual Improvements*** **Projekt 2009** wurde im April 2009 nach Aussage des Board lediglich klarstellend IAS 7.16 geändert, offenbar verursacht durch eine uneinheitliche Interpretation in der Praxis. IAS 7.16 (geändert 2009) stellt nun deutlich heraus, dass Zahlungsmittelabflüsse nur dann dem Bereich der Investitionstätigkeit zugeordnet werden dürfen, wenn diese Auszahlungen zu einem (aktivierungspflichtigen) Vermögenswert geführt haben. Auszahlungswirksamer Aufwand ist demnach immer dem Bereich der lfd Geschäftstätigkeit zuzuordnen. Bspw sind damit Auszahlungen für Werbekampagnen, Mitarbeiterschulungen und Grundlagenforschung, auch wenn sie unter wirtschaftlichen Gesichtspunkten als „Investition" betrachtet werden können, eindeutig im operativen bzw betrieblichen Bereich zu erfassen.

In IAS 7.16 sind im Einzelnen folgende **Beispiele** für entspr Zahlungsabgänge und -zuflüsse angegeben:

(1) Ein- und Auszahlungen aus der Veräußerung bzw der Beschaffung von Sachanlagen, immateriellen und sonstigen langfristigen Vermögenswerten sowie Auszahlungen für aktivierte Entwicklungskosten und selbsterstellte Sachanlagen,
(2) Ein- und Auszahlungen aus dem Verkauf bzw dem Erwerb von Anteilen an Unternehmen und Gemeinschaftsunternehmen sowie von Schuldtiteln anderer Unternehmen, sofern diese nicht als Zahlungsmitteläquivalente betrachtet werden oder zu Handelszwecken gehalten werden,
(3) Ein- und Auszahlungen aus der Tilgung bzw Vergabe von ggü Dritten gewährten Darlehen und Krediten, sofern es sich bei diesen nicht um Kreditinstitute oder sonstige Finanzinstitutionen handelt sowie
(4) Ein- und Auszahlungen, die standardisierte und andere Termingeschäfte, Options- und Swap-Geschäfte betreffen, sofern diese Verträge nicht zu Handelszwecken gehalten werden oder die Zahlungen als Finanzierungstätigkeit zu klassifizieren sind.

24 Der Ausweis von Zahlungen, die im Zusammenhang mit **Sicherungsgeschäften** vorgenommen werden, kann zu Zuordnungsproblemen führen, da der GuV-Ausweis bzw Ausweis im erfolgswirksamen Teil der Gesamtergebnisrechnung (s ausführlich § 15 Rz 94) eine korrespondierende Abbildung sowohl im Finanzergebnis, als auch in den sonstigen betrieblichen Aufwendungen bzw Erträgen ermöglicht. Zur Gewährleistung einer einheitlichen Behandlung sind Sicherungsgeschäfte gem IAS 7.16 dem Funktionsbereich zuzuordnen, welchem auch das gesicherte Grundgeschäft angehört.

Steht eine Investition in unmittelbarem Zusammenhang mit der Gewährung eines Darlehens durch ein Kreditinstitut, so sind die Auszahlung und die Tilgung des Darlehens im Finanzierungsbereich auszuweisen.

25 Investitionen, die **zahlungsunwirksam** abgewickelt werden, dürfen in der Kapitalflussrechnung nicht erfasst werden. Dies betrifft insbes die Beschaffung von Leasingobjekten im Rahmen des Finanzierungsleasings, Anlagenzugänge durch Sacheinlagen, Erwerbsvorgänge im Zusammenhang mit Herstellerkrediten, Tauschvorgänge sowie Erwerbsvorgänge im Zusammenhang mit der Ausgabe von Eigenkapital- oder Fremdkapitaltiteln, wie zB Schuldscheine, Wechsel oder Obligationen. Diese nicht zahlungswirksamen Investitionen sind aus den Anlagenzugängen zu eliminieren. Damit dürften die in der Kapitalflussrechnung

auszuweisenden Auszahlungen für Investitionstätigkeit idR nicht identisch sein mit den im Anlagespiegel dargestellten Zugängen des Anlagevermögens.

d) Ein- und Auszahlungen aus Finanzierungstätigkeit

Der Funktionsbereich der Finanzierung beinhaltet nach IAS 7.6 und IAS 7.17 sämtliche Zahlungsvorgänge, die im Unternehmen innerhalb einer Geschäftsperiode im Verhältnis zu den **Anteilseignern und Fremdkapitalgebern** angefallen sind. Die Darstellung der Mittelveränderungen soll die Adressaten des Jahresabschlusses über künftige Ansprüche der Kapitalgeber sowie den Kapitalbedarf des Unternehmens, also über den Außenfinanzierungsbedarf, informieren. 26

IAS 7.17 führt folgende Beispiele an:

(1) Einzahlungen aus der Ausgabe von Anteilen oder anderen Eigenkapitalinstrumenten,
(2) Auszahlungen für den Erwerb bzw Rückerwerb von eigenen Anteilen,
(3) Einzahlungen aus der Ausgabe von Schuldverschreibungen, Schuldscheinen und Rentenpapieren sowie aus der Aufnahme von Darlehen, Hypotheken sowie anderer kurz- oder langfristiger Ausleihungen,
(4) Auszahlungen für die Rückzahlung von Ausleihungen sowie
(5) Auszahlungen von Leasingnehmern zur Tilgung von Verbindlichkeiten aus Finanzierungs-Leasingverträgen.

Bei der Tilgung von Leasingraten und der Rückzahlung von Annuitätendarlehen kann eine Aufteilung dahingehend vorgenommen werden, dass die Zinsanteile der betrieblichen Tätigkeit und die Tilgungsanteile der Finanzierungstätigkeit zugeordnet werden.

einstweilen frei 27–30

B. Aufbau, Gliederung und Inhalte der Kapitalflussrechnung eines Unternehmens

I. Darstellungs- und Gliederungsregeln

1. Methoden zur Ermittlung und Darstellung der Zahlungsströme

a) Direkte oder indirekte Darstellung

Die **Darstellung** der in die Kapitalflussrechnung aufzunehmenden Zahlungsvorgänge kann nach IAS 7.18 durch die Anwendung einer direkten oder einer indirekten Methode vorgenommen werden. Die in IAS 7.18(a) aufgeführte und gem IAS 7.19 vorzugsweise anzuwendende direkte Methode stellt alle Mittelzuflüsse und -abflüsse unmittelbar als Zahlungsströme dar, die in einem Unternehmen in einer Rechnungslegungsperiode angefallen sind. Die nur für den Bereich der betrieblichen Tätigkeit ebenfalls zulässige Darstellung der Zahlungsvorgänge nach der indirekten Methode gem IAS 7.18(b) bildet hingegen den Zahlungssaldo für den betrieblichen Bereich als Ergebnis einer Überleitungsrechnung aus dem Periodenerfolg ab. Davon unberührt bleibt die Dreiteilung der Kapitalflussrechnung in die Funktionsbereiche der betrieblichen Tätigkeit, der Investitions- sowie der Finanzierungstätigkeit. 31

b) Originäre oder derivative Ermittlung

Die Darstellung und Gliederung der Kapitalflussrechnung wird maßgeblich durch die Methode beeinflusst, die für die **Ermittlung der Zahlungsflüsse** angewendet wird. 32

Die **originäre** Methode (*Gebhardt* in Beck HdR C 620 Rz 8 ff und DRS 2.12) entnimmt die Ein- und Auszahlungen entweder direkt den zahlungsbezogenen Konten der Buchführung oder leitet die Zahlungen aus entspr Gegenkonten ab.

33 Die **Ermittlung anhand von zahlungsbezogenen Konten** setzt eine rationelle und praktikable Auswertungsmöglichkeit derjenigen Buchführungskonten voraus, die in den Finanzmittelfonds einbezogen werden. Prinzipiell sind sämtliche auf die Rechnungslegungsperiode entfallenden Bewegungen auf Bankkonten sowie Ein- und Auszahlungen von Bargeld und Schecks in Zahlungsmittelzuflüsse und Zahlungsmittelabgänge aufzuteilen und über Zuordnungsschlüssel den drei Funktionsbereichen zuzuordnen.

34 Die **Ableitung der originären Zahlungsströme aus Gegenkonten** knüpft an die Veränderungen auf denjenigen Konten an, die nicht dem Finanzmittelfonds angehören. Zahlungswirksame und zahlungsunwirksame Vorgänge sind mittels Kontierung oder durch die Verwendung von entspr Belegschlüsseln getrennt zu erfassen (*Gebhardt* in Beck HdR C 620 Rz 81). Alle zahlungswirksamen Vorgänge sind anschließend den drei Funktionsbereichen zuzuordnen.

Die in der Unternehmenspraxis verwendeten Buchführungssysteme konzentrieren sich vornehmlich auf die Abbildung bilanzierungspflichtiger Sachverhalte in Bilanz und GuV/Gesamtergebnisrechnung, ohne dabei direkt zwischen zahlungswirksamen und zahlungsunwirksamen Geschäftsvorfällen zu differenzieren. Die dem Rechnungswesen zugrunde liegende Datenbasis ist daher zur originären Ermittlung der Ein- und Auszahlungen eines Geschäftsjahrs regelmäßig nur unzureichend geeignet. Andere rationelle Auswertungsmöglichkeiten, die lediglich die zahlungswirksamen Transaktionen eines Geschäftsjahrs erfassen, stehen den Unternehmen jedoch idR nicht zur Verfügung, sodass die originäre Methode in der Praxis kaum zur Anwendung kommen dürfte. Eine originäre Ermittlung von Zahlungsströmen wird nach allgemeiner Auffassung allenfalls für den Finanzierungsbereich praktiziert, da es sich idR um anzahlmäßig begrenzte Geschäftsvorfälle handelt, deren Liquiditätswirkungen aus der Finanzbuchhaltung mit vertretbarem Aufwand ableitbar sind. Entspr kann in Einzelfällen ggf auch für einen überschaubaren Investitionsbereich gelten.

35 Wohl aufgrund der vorstehenden Ermittlungsprobleme gestattet IAS 7.18(b) **für den Bereich der betrieblichen Tätigkeit** die Darstellung der Zahlungsvorgänge mittels der indirekten Methode, der zwangsläufig eine **derivative Ermittlung** zugrunde liegt (*Gebhardt* in Beck HdR C 620 Rz 85 ff). Diese leitet auf Basis der schon aggregierten Zahlenwerke von Bilanz und GuV/Gesamtergebnisrechnung (erfolgswirksame Teilrechnung) sowie ergänzenden Angaben den Jahres- bzw Periodenerfolg – idR vor Ertragsteuern – auf den Zahlungssaldo aus der betrieblichen Tätigkeit über, indem die zahlungsunwirksamen Komponenten der in der GuV bzw dem erfolgswirksamen Teil der Gesamtergebnisrechnung ausgewiesenen Erträge und Aufwendungen eliminiert werden. Durch diese Rückrechnungen werden zwangsläufig Saldierungen zwischen Erfolgsgrößen und Bestandsveränderungen vorgenommen, weshalb die derivative Methode den Nachteil aufweist, dass einzelne Zahlungsarten nur schwer oder gar nicht erkannt werden (*Wysocki* in Baetge ua IFRS-Komm² IAS 7 Rz 82). Im Anschluss an die Rückrechnung werden die Zahlungsvorgänge aus den sich zwischen den Bilanzstichtagen ergebenden Veränderungen der dem betrieblichen Bereich zuzuordnenden Bilanzposten ermittelt. Es handelt sich demnach bei der derivativen Methode um eine reine Überleitungsrechnung, die im Gegensatz zur originären Ermittlung keine Zahlungsströme, sondern nur das Endergebnis als deren Saldo zeigt (*Scheffler* BB 2002, 298).

Daneben lässt IAS 7.20 auch noch eine sog **modifizierte indirekte Darstellung** zu, in der der Cashflow aus einer Gegenüberstellung der Aufwendungen und Erträge aus der GuV bzw dem erfolgswirksamen Teil der Gesamtergebnisrechnung sowie der Veränderungen der Vorräte und Forderungen bzw Verbindlichkeiten aus Lieferungen und Leistungen abgeleitet wird. Die Abweichung zur vorstehend erläuterten Darstellungsform liegt demnach darin, dass die Überleitung nicht mit dem Periodenerfolg sondern mit den Erträgen und Aufwendungen beginnt.

c) Gestaltungsvarianten

Obgleich theoretisch zwischen originärer und derivativer Ermittlung und anschließender direkter und indirekter Darstellung der Zahlungsströme unterschieden werden kann (so DRS 2.12; *Gebhardt* in Beck HdR C 620 Rz 94f), dürften sich in der **Praxis** die eingesetzten Methoden entsprechen, dh eine originäre Ermittlung in eine direkte Darstellung bzw eine derivative Ermittlung in eine indirekte Darstellung münden. Grds sind aber auch derivativ aus dem Jahresabschluss entwickelte Zahlungsströme anschließend nach der direkten Methode darstellbar (vgl das Beispiel bei *Mansch/Stolberg/Wysocki* WPg 1995, 200f). 36

Trotz der vielfach in der Literatur aufgezeigten **konzeptionellen Unterlegenheit** der derivativen/indirekten Methode erscheint sie zumindest für die Praxis jedoch aufgrund der mit der originären/direkten Methode verbundenen Ermittlungsschwierigkeiten bzw umfangreicheren buchtechnischen Vorkehrungen sowohl national als auch international als die bevorzugte Lösung zu gelten. So zeigt auch eine Auswertung der Geschäftsberichte 2008 der 30 im DAX und 50 im MDAX geführten deutschen Unternehmen, dass ausschließlich die indirekte Darstellung und wohl auch derivative Ermittlung für den betrieblichen Bereich zum Zuge gekommen ist.

Ein Vorteil der indirekten Darstellung für den Abschlussadressaten kann auch in der Verbindung der GuV bzw dem erfolgswirksamen Teil der Gesamtergebnisrechnung einerseits und der Kapitalflussrechnung andererseits gesehen werden (so auch *Scheffler* DB 2007, 2047; *Freiberg* in Lüdenbach/Hoffmann IFRS[7] § 3 Rz 51), da ggf eine unmittelbare Überleitung von einem positiven oder negativen Periodenerfolg in einen negativen bzw positiven betrieblichen Cashflow dargestellt und damit erläutert wird.

Die in den Bereichen **Investitions- und Finanzierungstätigkeit** vorgenommenen Finanzmitteltransaktionen sind idR so überschaubar, dass sie sich auf originäre Weise ermitteln lassen. Aus diesem Grund ist für diese Funktionsbereiche die gem IAS 7.21 verbindlich vorgeschriebene Anwendung der direkten Darstellung auch nicht mit unüberwindbaren Schwierigkeiten verbunden. 37

2. Bruttoprinzip der Zahlungsströme

Nach dem in IAS 7.18 und IAS 7.21 manifestierten Bruttoprinzip unterliegen die in der Kapitalflussrechnung darzustellenden Zahlungsflüsse (Ein- und Auszahlungsströme) grds einem **Saldierungsverbot.** Ausnahmen bestehen gem IAS 7.22 lediglich für den mit Kunden bestehenden Zahlungsverkehr, sofern die Zahlungsvorgänge eher auf die Aktivitäten der Kunden zurückzuführen sind und für Zahlungsvorgänge, die Posten mit großer Umschlagshäufigkeit, großen Beträgen und kurzen Laufzeiten betreffen. 38

Die den **Kundenverkehr** betreffenden Ausnahmen beziehen sich gem IAS 7.23 insbes auf die Annahme und Rückzahlung von Sichteinlagen bei Ban- 39 ken (Kassenhaltungsfunktion), auf die von einer Anlagegesellschaft für Kunden gehaltenen Finanzmittel (Treuhandfunktion) sowie auf Mietzahlungen, die für einen Grundstückseigentümer eingezogen und weitergeleitet werden (durchlaufende Posten). Als Beispiele für Posten mit großer Umschlagshäufigkeit, großen Beträgen und kurzen Laufzeiten gibt der Standard Darlehen ggü Kreditkartenkunden, den Erwerb bzw die Veräußerung von Finanzinvestitionen sowie andere kurzfristige Kredite, deren Laufzeit den Zeitraum von drei Monaten nicht überschreitet, an.

Eine nicht in IAS 7 geregelte, in der Praxis aber gängige **Ausnahme** vom strengen Bruttoprinzip ist die Behandlung der mit der Geschäftstätigkeit verbundenen Umsatzsteuerein- bzw -auszahlungen. Dies ergibt sich bei der indirekten Darstellung zwangsläufig für den bei dieser Frage dominierenden betrieblichen Bereich. Bei einer direkten Darstellung wird allgemein ein separater Ausweis aber auch eine saldierte Darstellung für zulässig erachtet (so auch *Freiberg* in Lüdenbach/Hoffmann IFRS[7] § 3 Rz 50).

Besonderheiten zur Saldierungsmöglichkeit von Zahlungsvorgängen ergeben sich für die Kapitalflussrechnung von Kreditinstituten und sonstigen Finanzinstitutionen (vgl hierzu im Einzelnen IAS 7.24).

3. Gliederungsvorschläge nach IAS 7

40 Die bei der Erstellung der Kapitalflussrechnung verwendete Methode determiniert das zugrunde zu legende Gliederungsschema. Erfolgt die Ermittlung der Zahlungsströme nach der **originären Methode,** empfiehlt sich die **direkte Darstellung** in Form der nachstehenden Gliederung (vgl auch Anhang A zu IAS 7, der jedoch ausdrücklich nicht Bestandteil des Standards ist):

Cashflow aus betrieblicher Tätigkeit
+ Einzahlungen von Kunden
– Auszahlungen an Lieferanten und Arbeitnehmer
= Aus lfd Geschäftstätigkeit erwirtschaftete Zahlungsmittel
– Gezahlte Zinsen
– Gezahlte Ertragsteuern
= **Zahlungsmittel aus betrieblicher Tätigkeit**
Cashflow aus Investitionstätigkeit
– Erwerb von TU abzüglich erworbener Nettozahlungsmittel
– Erwerb von Sachanlagen und immateriellen Vermögenswerten
+ Erlöse aus der Veräußerung von Sachanlagen und immateriellen Vermögenswerten
+ Erhaltene Zinsen
+ Erhaltene Dividenden
= **Für Investitionstätigkeit eingesetzte Nettozahlungsmittel**
Cashflow aus Finanzierungstätigkeit
+ Erlöse aus der Ausgabe von gezeichnetem Kapital
+ Erlöse aus langfristigen Ausleihungen
– Zahlung von Verbindlichkeiten aus Finanzierungsleasing
– Gezahlte Dividenden
= **Für Finanzierungsmittel eingesetzte Nettozahlungsmittel**
Nettozunahme von Zahlungsmitteln und Zahlungsmitteläquivalenten
Zahlungsmittel und Zahlungsmitteläquivalente zum Beginn der Berichtsperiode
Zahlungsmittel und Zahlungsmitteläquivalente am Ende der Berichtsperiode

41 Bei Anwendung der **indirekten Darstellungsmethode** bietet sich für den abweichend darzustellenden Bereich der betrieblichen Tätigkeit die Verwendung der nachstehenden Gliederung an. Diese ist um die Cashflows aus Investitionstätigkeit und Finanzierungstätigkeit zu ergänzen.

Cashflow aus betrieblicher Tätigkeit
Periodenerfolg vor Steuern
Berichtigungen für:
+/– Abschreibungen/Zuschreibungen
+/– Fremdwährungsverluste/-gewinne
– Finanzerträge
+ Zinsaufwendungen
Betriebsergebnis vor Änderungen des Nettoumlaufvermögens
+/– Veränderung von Forderungen aus Lieferungen und Leistungen und sonstigen Forderungen
+/– Bestandsveränderung der Vorräte
+/– Veränderung der Verbindlichkeiten aus Lieferungen und Leistungen
Aus lfd Geschäftstätigkeit erwirtschaftete Zahlungsmittel
– Gezahlte Zinsen
– Gezahlte Ertragsteuern
= **Netto-Zahlungsmittel aus betrieblicher Tätigkeit**

Die dargestellten Gliederungen der vorgesehenen Posten sind nur **beispielhaft** aufgeführt und sind entspr den tatsächlichen Verhältnissen unternehmensindividuell durch Erweiterung bzw Kürzung unter Berücksichtigung des Bruttoprinzips für Ein- und Auszahlungen anzupassen. Dabei ist diejenige Darstellung zu wählen, die am Besten geeignet ist, dem Abschlussleser die Finanzlage des Unternehmens zu erläutern.

II. Derivative Ermittlung der Zahlungsströme aus betrieblicher Tätigkeit

1. Jahres- oder Periodenerfolg

42 Bei Anwendung der derivativen Methode erfolgt die Ermittlung und anschließende indirekte Darstellung des Einzahlungsüberschusses aus betrieblicher Tätigkeit durch eine Ableitung aus dem zum Bilanzstichtag erzielten Jahres- bzw Periodenerfolg vor Ertragsteuern. Diese Überleitungsrechnung stützt sich somit auf **Daten des Rechnungswesens**, welchen sowohl zahlungswirksame als auch zahlungsunwirksame Geschäftsvorfälle zugrunde liegen (s Rz 35).

43 Ausgangspunkt der im Rahmen dieser Methode zu erstellenden Überleitungsrechnung nach IAS 7.18(b) ist der zum Bilanzstichtag in der GuV bzw im erfolgswirksamen Teil der Gesamtergebnisrechnung ausgewiesene **Jahres- bzw Periodenerfolg** idR nach Zinsen und Steuern. Diese Ausgangsgröße hat ggü anderen Varianten den Vorteil eines unmittelbaren Anschlusses der Kapitalflussrechnung an eine Schlüsselgröße der GuV bzw des erfolgswirksamen Teils der Gesamtergebnisrechnung (s Rz 36; so auch *Freiberg* in Lüdenbach/Hoffmann IFRS[7] § 3 Rz 59).

Infolge der Notwendigkeit eines separaten Ausweises bzw der gesonderten Angabe von Zinsen und Steuern (s Rz 53 und Rz 57) sowie der Eliminierung der Abschreibungen (s Rz 44) wird es überwiegend als zulässig erachtet, als Ausgangsgröße das Ergebnis vor Steuern (EBT), vor Zinsen und Steuern (EBIT) als auch dasjenige vor Zinsen, Steuern und Abschreibungen (EBITDA) zu verwenden (*von Oertzen* in MünchKommBilR IAS 7 Rz 83).

Bei der Erstellung der Konzern-Kapitalflussrechnung sollte diese Ausgangsgröße auch die Ergebnisanteile von Minderheitsgesellschaftern umfassen, um einen weiteren Korrekturschritt zu vermeiden (*Wysocki* in Baetge ua IFRS-Komm[2] IAS 7 Rz 105). Die in der GuV bzw dem erfolgswirksamen Teil der Gesamtergebnisrechnung unterhalb des Jahres- bzw Periodenerfolgs auszuweisenden Auszahlungen aufgrund von Gewinnabführungsverträgen sowie Einzahlungen aus der Übernahme von Verlusten sind nicht in das Ergebnis einzubeziehen, sondern im Bereich der Finanzierungstätigkeit darzustellen.

2. Abschreibungen und Zuschreibungen

44 Abschreibungen und Zuschreibungen langfristiger Vermögenswerte stellen zahlungsunwirksame Aufwendungen und Erträge dar und sind daher im Rahmen der Überleitungsrechnung zu berichtigen (IAS 7.20). Alle **planmäßigen und außerplanmäßigen Abschreibungen** der dargestellten Rechnungslegungsperiode sind dem Jahres- bzw Periodenergebnis hinzuzurechnen, **Zuschreibungen** dementsprechend zu kürzen. Dabei ist eine Aufteilung der Abschreibungen/Zuschreibungen auf die einzelnen Kategorien der langfristigen Vermögenswerte empfehlenswert, insbes wenn außerplanmäßige Wertberichtigungen auf immaterielle Vermögenswerte oder auf Geschäfts- oder Firmenwerte infolge von *impairment tests* in der Abrechnungsperiode angefallen sind.

Auf kurzfristige Vermögenswerte vorgenommene Ab- bzw Zuschreibungen sind bei der Darstellung der Bestandsveränderungen der Vorräte, Forderungen und der sonstigen Aktiva zu berücksichtigen.

3. Andere nicht zahlungswirksame Aufwendungen und Erträge

45 Weitere nicht zahlungswirksame Aufwendungen und Erträge, die **im Rahmen der Überleitungsrechnung zu eliminieren** sind, betreffen zB ergebniswirksame Zu- und Abnahmen von langfristigen Rückstellungen (Umbewertungen, übernommene Rückstellungen im Zuge von Akquisitionen und Verschmelzungen uÄ sind zu eliminieren), nicht realisierte Fremdwährungsverluste bzw -gewinne, Aufwendungen und Erträge aus latenten Steuern sowie (noch) nicht empfangene Beteiligungsergebnisse oder Ausschüttungen (IAS 7.20(b)).

Zahlungsunwirksame Erträge sind jeweils von dem Jahres- bzw Periodenerfolg abzuziehen, zahlungsunwirksame Aufwendungen sind diesem hinzuzurechnen.

Die in der GuV bzw dem erfolgswirksamen Teil der Gesamtergebnisrechnung beim **Gesamtkostenverfahren** ausgewiesenen Erträge aus aktivierten Eigenleistungen stellen keine unmittelbaren Zahlungsvorgänge dar. Die gebuchten Erträge gleichen sich jedoch mit den Aufwendungen aus, sodass die Berichtigung dieses Postens nicht in Betracht kommt. Die dementsprechenden Zahlungen werden im Bereich der Investitionstätigkeit ausgewiesen. Die Bestandserhöhungen und/oder -verminderungen beim Vorratsvermögen werden unmittelbar unter den bilanziellen Bestandsveränderungen erfasst.

4. Anderen Funktionsbereichen zuzuordnende Zahlungen

46 Neben den zahlungsunwirksamen sind die den anderen Funktionsbereichen zuzuordnenden Ein- und Auszahlungen in der Überleitungsrechnung zu korrigieren (IAS 7.20(c)). Zu nennen sind insbes die **Gewinne oder Verluste aus dem Abgang von materiellen und immateriellem Vermögenswerten (Investitionsbereich)** oder Zinszahlungen, soweit sie den Finanzierungsbereich betreffen.

Grds sind aber unter diese Kategorie vorzunehmender Bereinigungen alle Arten von Zahlungsvorgängen zu subsumieren, die definitionsgemäß nicht dem lfd Geschäftsbetrieb zuzuordnen sind.

5. Bestandsveränderungen

47 Das auf diese Weise bereinigte Geschäfts- oder Betriebsergebnis **vor Veränderungen des Nettoumlaufvermögens** ist anschließend durch die Zu- und

Abrechnung aller Bestandsveränderungen im Bereich der kurzfristigen Aktiva und einzubeziehenden Passiva weiterzuentwickeln (IAS 7.20(a)). Dies erfolgt im ersten Zuge unabhängig von der Zahlungswirksamkeit, da alle bisher noch nicht eliminierten übrigen Erträge und Aufwendungen als Bestandteil des Periodenergebnisses pauschal als zahlungswirksam unterstellt werden. Für die Darstellung der Zahlungsein- und -ausgänge, die den Bereich der betrieblichen Tätigkeit betreffen, werden vereinfachend die Bestandsveränderungen der diesbezüglichen Bilanzposten zugrunde gelegt.

Sofern diese nicht eindeutig den Bereichen der Investitions- oder der Finan- 48
zierungstätigkeit zuzuordnen sind, betrifft dies insbes das gesamte **Vorratsvermögen, die kurzfristigen Forderungen und sonstigen Vermögenswerte sowie die kurzfristigen Verbindlichkeiten und die kurzfristigen Rückstellungen.** Die Bestandsveränderungen werden grds durch die Gegenüberstellung der Anfangsbestände mit den Beständen zum Bilanzstichtag ermittelt. Dabei ist zu untersuchen, ob sich in den Beständen bedeutende Transaktionen niedergeschlagen haben können, die anderen Funktionsbereichen zuzuordnen oder zahlungsunwirksam sind, wie zB Verkäufe und Käufe von größeren Sachanlagen auf Ziel, der Verbrauch von kreditierten Vorräten, Veränderungen von Wertberichtigungen auf Vorräte, Forderungen und Wertpapieren sowie realisierte Teilgewinne aus der Anwendung der *percentage-of-completion*-Methode uÄ. Solche stichtagsbedingten Vorgänge sind dann in einem zweiten Zuge gesondert aus den Anfangs- und/oder Endbeständen der betroffenen Bilanzposten zu eliminieren, mit der Folge, dass sie nicht zwangsläufig mit den Veränderungen der Bilanzposten übereinstimmen bzw abstimmbar sind.

III. Sonderprobleme und Zusatzangaben zur Kapitalflussrechnung

1. Fremdwährungsumrechnung

Für bestimmte Posten sieht der Standard einen **gesonderten Ausweis** in der 49
Kapitalflussrechnung vor.

Die **Auswirkungen von Wechselkursänderungen** führen regelmäßig zu Verwerfungen, die in der Kapitalflussrechnung gesondert darzustellen sind. Die Ursachen dieser Verwerfungen können sowohl aus der Vornahme von Fremdwährungsgeschäften als auch aus der Einbeziehung von Fremdwährungsabschlüssen in die Konzern-Kapitalflussrechnung resultieren. Darüber hinaus können Wechselkursänderungen bei der Verwendung von Fremdwährungsmitteln zu einer Bewertungsänderung des Finanzmittelfonds führen.

Zahlungsvorgänge aus Fremdwährungsgeschäften sind gem IAS 7.25 50
grds zu historischen Kursen, dh zu den zum Zahlungszeitpunkt gültigen Transaktionskursen, in die funktionale Währung des Unternehmens umzurechnen. Aufgrund von Ermittlungsschwierigkeiten ist alternativ auch die Anwendung eines wöchentlich, monatlich oder sogar jährlich gewogenen Durchschnittskurses zulässig, sofern die Abweichung zu den tatsächlichen Transaktionskursen nicht zu groß ist (IAS 7.27). Fremdwährungseinzahlungen sind mit dem **Geldkurs,** Fremdwährungsauszahlungen mit dem **Briefkurs** umzurechnen; eine Umrechnung zum Mittelkurs erscheint ebenfalls zulässig, wenn keine größeren Abweichungen festzustellen sind (*Gebhardt* in Beck HdR C 620 Rz 350f).

Sofern die Währungsdifferenzen während der Berichtsperiode bereits erfolgswirksam geworden sind, haben sie zu entspr Zahlungsmittelzu- oder -abflüssen geführt, sodass bei einer derivativen Ermittlung des betrieblichen Cashflows keine weiteren Anpassungen vorzunehmen sind. **Unrealisierte Währungsän-**

derungen sind demgegenüber mangels Liquiditätswirksamkeit zu eliminieren. Die notwendige Korrektur erfolgt aber idR bereits bei der Ermittlung der Bestandsveränderung (s Rz 48) der einschlägigen Bilanzposten, insbes der Vorräte, Forderungen und Verbindlichkeiten *(working capital).*

51 Die Ermittlung und Fortschreibung **gesonderter Ausgleichsposten** für die währungsbedingte Beeinflussung der Cashflows sind daher in erster Linie für die nach der originären Methode ermittelten zahlungsunwirksamen Währungsdifferenzen im Investitions- und Finanzierungsbereich erforderlich (*von Oertzen* in MünchKommBilR IAS 7 Rz 105).

52 Nicht zahlungswirksame Wechselkursänderungen haben jedoch nicht nur Auswirkungen auf die Cashflows der drei Aktivitätsbereiche, sondern auch unmittelbar auf die Höhe des **Zahlungsmittelfonds,** sofern dieser Zahlungsmittel bzw Zahlungsmitteläquivalente in Fremdwährung enthält. Zur Abstimmung des Zahlungsmittelfonds mit dem Wert der Vorperiode sind die Differenzen zu ermitteln, die entstanden wären, wenn die Zahlungszu- und -abflüsse aus den drei Funktionsbereichen zum Kurs des Bilanzstichtags umgerechnet worden wären. Der sich hieraus ergebende Unterschiedsbetrag ist gem IAS 7.28 getrennt von den Zahlungsströmen der drei Funktionsbereiche auszuweisen.

Beispiel: Ein in Deutschland ansässiges Unternehmen verfügt über ein US-Dollarkonto mit einem Anfangsbestand von US-$ 1.000. Zum 1. Januar X1 betrug der Euro-Umrechnungskurs 0,85 €/US-$. Während des Jahres ergaben sich diverse Kontobewegungen zu unterschiedlichen Transaktionskursen. Der Endbestand des Kontos beträgt zum 31. Dezember X1 US-$ 600, bei einem Umrechnungskurs von 0,95 €/US-$. Der Durchschnittskurs beträgt 0,90 €/US-$.

Zur Berechnung der kursbedingten Wertänderung des Finanzmittelfonds ist der Anfangsbestand in Fremdwährung (US $ 1.000) mit dem Unterschiedsbetrag zwischen dem Kurs zum Beginn der Periode und dem Durchschnittskurs (0,90 – 0,85 = 0,05) zu multiplizieren. Hieraus ergibt sich eine wechselkursbedingte Wertänderung des Anfangsbestandes von € 50. Der Endbestand an Zahlungsmitteln in Fremdwährung (US-$ 600) ist mit dem Unterschiedsbetrag zwischen dem Durchschnittskurs und dem Kurs zum Bilanzstichtag (0,95 – 0,90 = 0,05) zu multiplizieren. Hieraus ergibt sich eine wechselkursbedingte Änderung des Endbestands in Höhe von € 30. Die kursbedingte Wertänderung des Finanzmittelbestands ergibt sich aus der Summe der Änderung des Anfangsbestands und der Änderung des Endbestands (€ 50 + € 30 = € 80). Die Wertänderung in Höhe von € 80 ist in einer Überleitungsrechnung des Finanzmittelfonds gesondert darzustellen.

Vereinfachend kann auch der Durchschnitt aus Fremdwährungsanfangs- und -endbestand (= US $ 800) mit der Wechselkursänderung während des Jahres 01 (= € 0,1) multipliziert werden.

Bei dieser Vorgehensweise wird auf eine **Aufteilung** der wechselkursbedingten Wertänderungen auf die Aktivitätsbereiche **verzichtet.** Der auf den Finanzmittelfonds einwirkende Effekt aus der Wechselkursänderung wird durch Umrechnung der Zahlungsmittelbestände am Anfang und Ende der Periode zum jeweiligen Stichtagskurs ermittelt.

Enthält der Finanzmittelfonds neben Fremdwährungsposten weitere bewertungsabhängige Komponenten, wie zB Wertpapiere, so sind diesbezügliche Wertänderungen analog zu handhaben.

2. Zinsen und Dividenden

53 Zahlungsvorgänge, die Zinsen und Dividenden betreffen, sind gem IAS 7.31 **separat auszuweisen,** wobei unter Beachtung des Stetigkeitsgrundsatzes eine Aufteilung auf die drei Funktionsbereiche vorzunehmen ist.

Zinszahlungen, die auch Agios bzw Disagios sowie Ausgabekosten von Finanzschulden umfassen können, sind dabei unabhängig von ihrer erfolgswirksamen Erfassung in der GuV bzw dem erfolgswirksamen Teil der Gesamtergebnisrechnung nach IAS 7.32 entweder durch besonderen Ausweis in (Regelfall in der Praxis) oder außerhalb der Kapitalflussrechnung anzugeben. Für den nicht erfolgswirksamen, im lang- oder kurzfristigen Vermögen ggf aktivierten Teil der Fremdkapitalzinsen bietet sich aus Abstimmungszwecken eine entspr Anhangangabe an.

Zahlungen im Zusammenhang mit **Zinssicherungsgeschäften** (Zinsoptionen, Zinsswaps etc), Quellensteuern auf Zinserträge sowie Ausschüttungen auf Genussscheine sind grds zusammen mit den Zinszahlungen auszuweisen. 54

Während nach IAS 7.33 für Kreditinstitute und sonstige Finanzinstitutionen der **Ausweis gezahlter Zinsen und erhaltener Zinsen** und Dividenden im Rahmen der betrieblichen Tätigkeit obligatorisch ist, wird anderen Unternehmen alternativ auch ein Ausweis unter den Investitions- bzw Finanzierungstätigkeiten gestattet, da es sich um Aufwendungen aus Refinanzierungen oder Erträge aus Investitionen handeln kann. Dabei dürfte die Wahl des Zinsausweises in der Praxis ua davon beeinflusst werden, ob im Saldo regelmäßig ein Zinsüberschuss (Ausweis betrieblicher Cashflow) oder ein Zinsaufwand (Finanzierungsbereich) erwirtschaftet wird. Im Zusammenhang mit diesem Ausweiswahlrecht ist allerdings der Stetigkeitsgrundsatz zu beachten.

Ausgeschüttete bzw gezahlte Dividenden sind als Eigenkapitalinstrumente grds dem Finanzierungsbereich zuzuordnen. Dabei umfasst der in IAS 7 nicht definierte Begriff der Dividende nach allgemeiner Auffassung zahlungswirksame Gewinnausschüttungen aller Art, also zB auch Gewinngutschriften von PersGes oder Ergebnisübernahmen. 55

Zur Zuordnung nach den Aktivitätsbereichen bestimmt IAS 7.34 eine grds Erfassung von gezahlten Dividenden/Gewinnausschüttungen im Bereich der Finanzierungstätigkeit, da es sich idR um Transaktionen mit den Eigenkapitalgebern handelt. Allerdings räumt der Standard ein alternatives Ausweiswahlrecht für den betrieblichen Bereich ein, sofern das berichtende Unternehmen die Fähigkeit herausstellen möchte, die Dividenden aus der lfd Geschäftstätigkeit zahlen zu können.

Demgegenüber bietet sich der Ausweis von **erhaltenen Dividenden/Gewinnausschüttungen** im betrieblichen Bereich an. Dies gilt insbes für solche aus assoziierten Unternehmen und (nicht konsolidierten) TU, die idR einen engen Bezug zur eigenen betrieblichen Tätigkeit aufweisen (so auch *Freiberg* in Lüdenbach/Hoffmann IFRS[7] § 3 Rz 107). Dies gilt naturgemäß nicht, wenn die Beteiligungen in erster Linie Finanzanlagedispositionen darstellen. 56

3. Ertragsteuern

Die in der Rechnungslegungsperiode **gezahlten Ertragsteuern und vereinnahmten Ertragsteuererstattungen** sind nach IAS 7.35 in der Kapitalflussrechnung gesondert auszuweisen und im Regelfall dem Bereich der betrieblichen Tätigkeit zuzuordnen. Während Steueraufwendungen ohne Schwierigkeiten den Funktionsbereichen Investitions- oder Finanzierungstätigkeiten direkt und differenziert zugeordnet werden können, ist dies für die oft aperiodisch anfallenden Steuerzahlungen oder -erstattungen nicht der Fall. Daher ist in der Praxis ganz überwiegend eine Zuordnung zum betrieblichen Bereich festzustellen. Ist jedoch eine eindeutige Zuordnung der Steuerzahlungen theoretisch und praktisch ohne erheblichen Zeitaufwand und Kosten möglich, so ist das berichtende Unternehmen nach IAS 7.36 zu einer Aufteilung der Ertragsteuerzahlungen auf die Funktionsbereiche verpflichtet. In Betracht kommen hier insbes Steuerzu- und -abflüsse aus der Veräußerung von Sachanlagen und Beteiligungen sowie 57 die Steuerauswirkung auf Fremdkapitalzinsen. Mit Steuernachzahlungen oder -erstattungen verknüpfte Zinsen sind nach vorstehenden Überlegungen dem Finanzierungsbereich zuzuweisen.

58 **Latente Steuern** sind nicht zahlungswirksam und sind daher definitionsgemäß nicht in die Kapitalflussrechnung einzubeziehen. **Umsatzsteuer** sowie **Abzugs- bzw Quellensteuern** (zB Lohn- und Kirchensteuer, Kapitalertragsteuer) sowie **Mineralölsteuer** gehören nicht zu den Ertragsteuern; deren Zahlungswirkungen werden im Rahmen der Bestandsveränderungen (derivative Ermittlung) bzw bei den zuzuordnenden Ein- und Auszahlungen (originäre Ermittlung) berücksichtigt.

Werden Ertragsteuern in der Kapitalflussrechnung nicht in einem gesondert zusammengefassten Betrag, sondern auf die Funktionsbereiche bezogen getrennt ausgewiesen, so ist der Gesamtbetrag im Anhang anzugeben (IAS 7.36).

4. Nicht zahlungswirksame Erträge und Aufwendungen

59 In der Kapitalflussrechnung sind lediglich diejenigen Transaktionen darzustellen, die unmittelbar zu einer **Veränderung des Finanzmittelfonds** führen (IAS 7.43). Zahlreiche Investitions- und Finanzierungsvorgänge können jedoch erhebliche Auswirkungen auf die Vermögens- und Kapitalstruktur haben. Neben den in IAS 7.44 genannten Beispielen

(1) Erwerb von Vermögenswerten durch Schuldübernahme oder Finanzierungsleasing,
(2) Erwerb von Anteilen eines Unternehmens durch Anteilsausgabe/-tausch,
(3) Umwandlung von Schulden in Eigenkapital,

sind insbes der Kauf oder Verkauf von Vermögenswerten auf Ziel, der Tausch von Vermögenswerten, die Einlage von Vermögenswerten gegen Unternehmensanteile sowie Forderungsverzichte des Unternehmens bzw Schulderlasse seitens der Gläubiger zu nennen, die zahlungsneutral erfolgen und daher nicht in die Kapitalflussrechnung einzubeziehen sind. Wesentliche zahlungsunwirksame Transaktionen sind daher gem IAS 7.43 betragsmäßig im Anhang anzugeben und zu erläutern. Geschäftsvorfälle, die nur zT zahlungsmittelwirksam durchgeführt wurden, sind nur anteilsmäßig in der Kapitalflussrechnung darzustellen bzw im Anhang zu erläutern.

5. Wesentliche gesondert anzugebende Posten

60 Als Konsequenz des Verbots in IAS 1.87, **außerordentliche** Ertrags- und/oder Aufwandsposten in der Gesamtergebnisrechnung *(statement of comprehensive income)* bzw in der GuV oder im Anhang anzugeben, wurden auch die Bestimmungen in IAS 7.29 und IAS 7.30 ersatzlos aufgehoben. Nach diesen Standards waren Zahlungsmittelzu- und -abflüsse, die in unmittelbarem Zusammenhang mit außerordentlichen – also weder häufig noch regelmäßig auftretenden Geschäftsvorfällen – angefallen waren, den betreffenden Funktionsbereichen zuzuordnen und dort gesondert auszuweisen.

Ungeachtet des Fortfalls dieser separaten Angaben über außerordentliche Posten gem IAS 1.87 sind aufgrund der allgemeinen Bestimmung in IAS 1.97, die beispielhaft in IAS 1.98 ausgefüllt wird, **wesentliche** Ertrags- und Aufwandsposten gesondert anzugeben. Auch wenn eine entspr Angabepflicht in IAS 7 nicht enthalten ist, dürfte die Zielsetzung von Kapitalflussrechnungen es eigentlich gebieten, zumindest entspr ergänzende Anhangangaben zur Kapitalflussrechnung hinsichtlich der Zahlungswirksamkeit solcher wesentlicher und ggf nur einmalig anfallender Posten zu machen. Nur mit diesen Informationen kann der Adressat die Zusammensetzung der gegenwärtigen Zahlungsströme und deren Nachhaltigkeit zuverlässig abschätzen.

einstweilen frei **61–63**

IV. Kapitalflussrechnung im Rahmen der Zwischenberichterstattung

Sofern Unternehmen aufgrund gesetzlicher Bestimmungen (bspw in Deutschland nach dem Transparenzrichtlinie-Umsetzungsgesetz (TUG) ab dem 1. Januar 2007) oder freiwillig Zwischenberichte unter der Geltung der IFRS erstellen, haben diese nach IAS 34.12 iVm IAS 1.111 eine **verkürzte Kapitalflussrechnung** nach den Grundsätzen von IAS 7 aufzustellen. Detaillierte Anweisungen zum Umfang der Angaben enthalten diese Vorschriften nicht. **64**

Die Erleichterung bzw Verkürzung gestattet nach allgemeiner Auffassung eine Beschränkung auf die Angabe der Cashflows der drei Aktivitätsbereiche (Summenzeilen der ungekürzten Kapitalflussrechnung des letzten Jahresabschlusses) sowie einer Zusammensetzung und Überleitung der Zahlungsmittelbestände vom Beginn bis zum Ende der jeweiligen Berichts- und Vergleichsperiode bei Darstellung der währungs- und konsolidierungskreisbedingten liquiditätsunwirksamen Veränderungen.

Vorstehende Informationen sind als **Mindestangaben und -gliederung** nach IAS 34.10 anzusehen. Eine Erweiterung ist geboten, sofern der Zwischenbericht durch diese Verkürzung der Kapitalflussrechnung unverständlich oder gar irreführend würde. In der Praxis wird in vielen Fällen von den Erleichterungen kein Gebrauch gemacht und die Kapitalflussrechnung im vollständigen Jahresabschlussformat dargestellt.

V. Kapitalflussrechnung für aufgegebene Geschäftsbereiche

Zusätzliche Erfordernisse an die **Ausgestaltung der Kapitalflussrechnung** und diesbezügliche Informationen bzw Angaben hinsichtlich der Zahlungsströme **für aufgegebene Geschäftsbereiche** enthält IFRS 5 (s hierzu auch § 28). **65**

Danach sind die Cashflows aus aufgegebenen Geschäftsbereichen, aufgegliedert nach den Aktivitätsbereichen (lfd Geschäftstätigkeit, Investitionstätigkeit, Finanzierungstätigkeit) gesondert anzugeben. Diese Angaben können entweder direkt in einem bestimmten Abschlussbestandteil oder gesondert im Anhang gemacht werden (so IFRS 5.33(c)).

Werden die Angaben dementsprechend in die Kapitalflussrechnung integriert, macht diese Vorschrift eine Darstellung der Cashflows für die aufgegebenen Geschäftsbereiche entweder in einer gesonderten Spalte, eine (zeilenmäßige) Trennung der Cashflows der einzelnen Bereiche in die diejenigen aus fortgeführter und aufgegebener Geschäftstätigkeit oder Davon-Vermerke erforderlich. Eine solche Aufgliederung ist nach IFRS 5.34 für alle dargestellten Vorperioden und die bis zum Berichtszeitpunkt eingestellten Geschäftsbereiche vorzulegen. Die daraus resultierende Komplexität des Zahlenmaterials macht eine separate Anhangdarstellung zu aufgegebenen Geschäftsbereichen empfehlenswert.

Für **TU**, die **ausschließlich** mit der **Absicht** der **Weiterveräußerung** erworben wurden und damit nach IFRS 5.32(c) einen aufgegebenen Geschäftsbereich darstellen, ist ein gesonderter Ausweis der Netto-Cashflows der einzelnen Tätigkeitsbereiche hingegen nicht erforderlich (s IFRS 5.33(c)). **66**

C. Konzern-Kapitalflussrechnung

I. Kapitalflussrechnung als Bestandteil der Konzernrechnungslegung nach IFRS

67 Die Verpflichtung zur Aufstellung einer Kapitalflussrechnung gilt nach dem Standard IAS 7.1 implizit auch für IFRS-Konzernabschlüsse und findet direkt Niederschlag in den Standards IAS 7.26, IAS 7.37f, IAS 7.39ff. Dabei sind nach dem **Einheitsgrundsatz** nur diejenigen Zahlungsvorgänge darzustellen, die sich aus Sicht des Konzerns mit Konzernfremden ergeben. Nicht-beherrschende Gesellschafter an TU sind dabei als Konzernfremde anzusehen. Alle konzerninternen Zahlungsvorgänge, die zwischen den konsolidierungspflichtigen Unternehmen stattgefunden haben, sind grds zu eliminieren bzw konsolidieren (*Wysocki* in Baetge ua IFRS-Komm[2] IAS 7 Rz 110).

II. Konsolidierungskreis und -grundsätze

1. Abgrenzung des Konsolidierungskreises

68 Eine Konzern-Kapitalflussrechnung als integraler Bestandteil (IAS 7.1) eines Abschlusses unterliegt zwangsläufig nach dem Einheitsgrundsatz den gleichen Konsolidierungsgrundsätzen und erfordert damit auch die **Identität des Konsolidierungskreises** von Buchhaltungsabschluss ieS (Bilanz, GuV) und der Kapitalflussrechnung.

Die dementsprechend darzustellenden Zahlungsflüsse werden somit maßgeblich durch die Abgrenzung des Konsolidierungskreises bestimmt. Dieser legt fest, welche Unternehmen mitsamt ihren Geschäftsvorfällen und Finanzmitteltransaktionen in den Konzernabschluss einbezogen werden und welche Vorgänge als konzernintern zu konsolidieren sind. Alle Konsolidierungsmaßnahmen, die sich auf die Konzernbilanz und -GuV bzw den erfolgswirksamen Teil der Konzern-Gesamtergebnisrechnung auswirken, sind, bezogen auf zahlungsmittelwirksame Vorgänge, parallel auf die Kapitalflussrechnung zu übertragen.

69 Für diejenigen Unternehmen, die nicht bzw nur anteilsmäßig in den Konsolidierungskreis aufgenommen werden, sind nach IAS 7.37 nur die Zahlungsströme darzustellen, die im Rahmen der Konsolidierungsmaßnahmen keine Berücksichtigung finden. Bei **assoziierten Unternehmen,** die nach der Equity-Methode und **Beteiligungen,** die nach der Anschaffungskostenmethode einbezogen werden, betrifft dies insbes Dividendenzahlungen, Kapitalaufstockungen oder -rückzahlungen, die Gewährung bzw Tilgung von Krediten, nicht konsolidierte Zahlungen aus Lieferungen und Leistungen sowie Zahlungen im Zusammenhang mit dem Erwerb bzw der Veräußerung dieser Unternehmen (IAS 7.38). Das im Rahmen der Equity-Methode erfolgswirksam erfasste anteilige Ergebnis darf nicht in die Kapitalflussrechnung einbezogen werden. Ein gesonderter Ausweis von Minderheitenanteilen am Finanzmittelfonds kommt nicht in Betracht, da dieser im Rahmen der einheitlichen Leitung zur Disposition des MU steht.

70 Die Zahlungsvorgänge mit einem **Gemeinschaftsunternehmen,** welches unter Anwendung der Quotenkonsolidierung gem IAS 31.24ff in den Konzernabschluss einbezogen wird, sind gem IAS 7.38 nur anteilsmäßig in Höhe der Beteiligungsquote in die Kapitalflussrechnung aufzunehmen und unterliegen auch nur insoweit dem Konsolidierungsgebot. Dieser Grundsatz soll auch für die Zahlungsströme aus **gemeinsamen Tätigkeiten** (IAS 31.13ff) und aus **Ver-**

mögenswerten unter gemeinschaftlicher Führung (IAS 31.18 ff) gelten, auch wenn dies nicht explizit in IAS 7 geregelt ist (*Wysocki* in Baetge ua IFRS-Komm[2] IAS 7 Rz 118).

2. Änderungen des Konsolidierungskreises

Besonderheiten ergeben sich bei **Änderungen des Konsolidierungskreises.** 71
Dabei ist zu unterscheiden, ob ein Unternehmen zahlungswirksam erworben bzw veräußert wurde, oder ob es aus anderen Gründen in den Konsolidierungskreis erstmals aufgenommen bzw aus diesem ausgeschlossen wurde, zB aus Wesentlichkeitsgründen. Der nach allgemeinen Konsolidierungsgrundsätzen zu bestimmende maßgebliche Erst- oder Entkonsolidierungszeitpunkt begrenzt dann auch den Zeitraum für die Berichtsperiode, mit dem das hinzutretende oder ausscheidende Unternehmen schon bzw noch einen Beitrag zur Veränderung des Finanzmittelfonds bzw zum Cashflow des Konzerns leistet.

Zahlungen im Zusammenhang mit dem Erwerb oder dem Verlust der Kontrolle über ein TU oder sonstige Geschäftseinheiten sind in der Kapitalflussrechnung nach IAS 7.39 (geändert 2008)/IAS 7.39, unabhängig von der vertraglich unterschiedlich gestaltbaren Erwerbsform, gesondert **ausschließlich im Funktionsbereich der Investitionstätigkeit darzustellen**. Dabei stellen sonstige Geschäftseinheiten idS wirtschaftliche Einheiten bzw Zusammenfassungen von Vermögenswerten und ggf zugehörigen Schulden dar, wie zB Abteilungen, Sparten oder auch Geschäftseinheiten, die im Wege eines *asset deals* erworben oder veräußert werden.

Damit bleibt für die Konzern-Kapitalflussrechnung der ansonsten vorherrschende **Grundsatz der Einzelerwerbs- oder -veräußerungsfiktion unbeachtlich**, nämlich dass aus Konzernsicht mit der erworbenen Einheit auch kurzfristig sich umschlagende Vermögenswerte wie Vorräte, Forderungen uÄ erworben werden, die ggf in späteren Perioden in den betrieblichen Cashflow eingehen. Vielmehr wird eine solche Erweiterung des Konsolidierungskreises in Form eines einheitlichen Investitionsvorgangs dargestellt. Dasgleiche gilt für Veräußerungen von TU, die folgerichtig dann als Desinvestitionsvorgänge im Investitionsbereich zu erfassen und auszuweisen sind (s kritisch zu den Folgen der Vergleichbarkeit von Kapitalflussrechnungen *Kühnberger* DB 2005, 681).

Während sich aus Sicht des erwerbenden Unternehmens in der Einzel-Kapi- 72
talflussrechnung der gesamte Vorgang idR als Investitionsauszahlung für Beteiligungen niederschlägt, darf in der Konzern-Kapitalflussrechnung nur der Zahlungsabfluss an Dritte ausgewiesen werden. Bei einer derivativen Ermittlung des Cashflows aus der betrieblichen Tätigkeit sind daher die Anfangs- oder Endbestände der Bilanzposten zum Erst- bzw Entkonsolidierungszeitpunkt um die Beträge des hinzutretenden bzw ausscheidenden Unternehmens zu bereinigen. Damit ist gem IAS 7.42 (geändert 2008)/7.42 auch der Zahlungsabfluss an Dritte (idR Kaufpreis des erworbenen Unternehmens) bzw Zahlungseingang von Dritten um die mit dem Unternehmen übernommenen bzw abgehenden Finanzmittelbestände zu kürzen.

Beispiel: Im Rahmen einer Unternehmensakquisition erwirbt eine AG sämtliche Anteile eines Unternehmens für einen Kaufpreis von T€ 10.000. Dabei werden T€ 6.000 bar und die übrigen T€ 4.000 durch die Ausgabe von Aktien bezahlt. Hiervon entfallen T€ 1.000 auf die in diesem Zusammenhang vorgenommene Kapitalerhöhung und T€ 3.000 auf das aus der Kapitalerhöhung resultierende Agio. Die beizulegenden Zeitwerte der erworbenen Vermögenswerte und übernommenen Schulden ermitteln sich zum Zeitpunkt des Unternehmenszusammenschlusses wie folgt:

	T€
Anlagevermögen	5.000
Vorratsvermögen	2.000
Forderungen	2.000
Zahlungsmittelbestand	1.000
Kurzfristige Verbindlichkeiten	4.000
Langfristige Verbindlichkeiten	2.000

Die Ermittlung des Nettozahlungsflusses ergibt sich aus der Saldierung des zahlungswirksamen Kaufpreises in Höhe von T€ 6.000 mit den im Rahmen der Unternehmensakquisition zugeflossenen Zahlungsmittelbeständen von T€ 1.000. In der Kapitalflussrechnung ist demnach ein Zahlungsmittelabfluss von T€ 5.000 anzugeben. Die im Rahmen der Kapitalerhöhung ausgegebenen Aktien sowie das hieraus resultierende Agio sind zahlungsneutral und somit bei Anwendung der indirekten Methode lediglich im Rahmen der Überleitungsrechnung zu korrigieren.

73 Unternehmensanteile, die im Wege des **Anteilstauschs** erworben werden, wirken sich mangels Zahlungscharakters nicht in der Kapitalflussrechnung aus. Lediglich in Höhe der ggf übernommenen Zahlungsmittel sind im Investitionsbereich unter Änderung des Konsolidierungskreises negative Auszahlungen zu verzeichnen. Damit ist eine Abstimmung des Zahlungsmittelfonds gewährleistet.

74 Wird der Kaufpreis über den Bilanzstichtag hinaus **gestundet,** so sind in der Kapitalflussrechnung mangels Zahlung lediglich die im Rahmen der Unternehmensakquisition zugeflossenen Zahlungsmittel gesondert auszuweisen.

75 Bei Zu- oder Verkäufen von **Gemeinschaftsunternehmen** sind entspr den vorstehenden Grundsätzen die netto abgeflossenen bzw zugeflossenen Zahlungsmittel im Cashflow aus Investitionstätigkeit **anteilmäßig** zu zeigen.

Bei der Darstellung des Erwerbs und der Veräußerung von nach der Equity-Methode bilanzierten Anteilen an **assoziierten Unternehmen** sowie bei einfachen **Finanzinvestitionen**, sind wie in der Kapitalflussrechnung für den Einzelabschluss die für den Erwerb aufgewandten bzw im Rahmen der Veräußerung erhaltenen Zahlungsmittel mangels Übernahme der Vermögenswerte und Schulden der Beteiligungsunternehmen ungekürzt um Zahlungsmittel der erworbenen Beteiligungen im Cashflow aus Investitionstätigkeit zu zeigen.

76 Ändert sich im Zuge eines sukzessiven Anteilserwerbs bzw einer sukzessiven Anteilsveräußerung der Konsolidierungsstatus eines Beteiligungsunternehmens dergestalt, dass das Unternehmen zu einem vollkonsolidierungspflichtigen TU wird bzw diesen Status verliert (Erwerb oder Verlust der Kontrolle), ist der Mittelabfluss aufgrund der Kaufpreiszahlung bzw der Mittelzufluss aufgrund des Verkaufs für den letzten Teilschritt abzüglich/zuzüglich sämtlicher erhaltenen bzw abgegebenen Zahlungsmittel und Zahlungsmitteläquivalente des TU nach IAS 7.39 (geändert 2008)/IAS 7.39 im **Cashflow aus Investitionstätigkeit** auszuweisen. In Höhe der bislang bereits bestehenden Beteiligung (Altanteile) handelt es sich unter Cashflow-Gesichtspunkten um einen zahlungsunwirksamen Tausch. Dies gilt auch nach den Neuregelungen des IFRS 3 (2008) und IAS 27 (2008), die im Fall des sukzessiven Anteilserwerbs/Anteilsveräußerung iVm einer Übergangskonsolidierung für die Alt- bzw verbleibenden Anteile eine erfolgswirksame Erfassung zum beizulegenden Zeitwert vorsehen (s § 38 Rz 11ff).

77 Strittig ist der Fall, wenn bei einem unverändert vollkonsolidierungspflichtigen TU die **Anteilsquote auf- bzw abgestockt** wird, ohne dass das TU seinen Konsolidierungsstatus verändert (zB von 60% auf 90% oder umgekehrt). Die Kaufpreiszahlung an bzw der Verkaufserlös von Minderheitsgesellschaftern müsste nach den allgemeinen Grundsätzen dem Aktivitätsbereich der Finanzierungstätigkeit zuzuordnen sein, da ein Mittelfluss zwischen Eigenkapitalgebern und Unternehmen (Konzern) vorliegt (so auch *Wysocki* in Baetge ua IFRS-Komm[2]

IAS 7 Rz 123). Ein Ausweis unter dem Cashflow aus Investitionstätigkeit ist ebenso vertretbar, da mit den Auszahlungen Investitionen bzw den Einzahlungen Desinvestitionen getätigt werden und nur bei diesem Ausweis der tatsächliche Zahlungsstrom aus dem Erwerb/Teilveräußerung des TU vollständig im Cashflow aus Investitionstätigkeit erfasst wird (*von Oertzen* in MünchKommBilR IAS 7 Rz 223). Nach den im Rahmen der Folgeänderungen des IAS 27 (2008) neu eingefügten Regelungen in IAS 7.42A (geändert 2008) und IAS 7.42B (geändert 2008) ist dieser Ausweis nicht mehr zulässig. Vielmehr sind Mittelab- bzw -zuflüsse aus Anteilsveränderungen an weiterhin vollkonsolidierten TU (*changes in non-controlling interests*) entspr ihrer Charakterisierung als Eigenkapitaltransaktionen zwingend im Finanzierungsbereich auszuweisen. Demgegenüber sind Cashflows infolge von Änderungen der Beteiligungsquote an assoziierten oder Gemeinschaftsunternehmen weiterhin Bestandteil des Investitionsbereichs.

Gründungen von TU durch Bareinlage führen aus Konzernsicht nicht zu einer Auszahlung außerhalb des Konzernkreises; Auswirkungen auf die Kapitalflussrechnung können sich hierdurch definitionsgemäß nicht ergeben. 78

Grds sind die Ein- und Auszahlungen aus der Veräußerung bzw dem Erwerb von Unternehmensanteilen in der Kapitalflussrechnung gem IAS 7.41 (geändert 2008)/IAS 7.41 gesondert und getrennt voneinander darzustellen. Eine **Saldierung** ist unzulässig. 79

Konsolidierungskreisänderungen, die nicht im Zusammenhang mit dem Erwerb bzw der Veräußerung von Unternehmen stehen (bspw ein als unwesentlich klassifiziertes TU wird nunmehr erstmals in die Konsolidierung einbezogen bzw eliminiert), sind mangels Investitions- oder Desinvestitionsvorgang ebenfalls zahlungsmittelneutral, sodass sie die in der Kapitalflussrechnung darzustellenden Zahlungsströme nicht beeinflussen. Die Erst- bzw Entkonsolidierung führt zu Zu- und Abgängen in der Konzernbilanz. Diese Änderungen haben jedoch Auswirkungen auf die Höhe des Finanzmittelfonds, indem sie diesen um die Finanzmittelbestände der neu aufgenommenen Unternehmen erhöhen und um die Zahlungsmittelbestände der entkonsolidierten Unternehmen verringern. Die Veränderungen des Finanzmittelfonds sind damit nicht mehr durch die Stromgrößen der Kapitalflussrechnung zu erklären. Vielmehr kann dies nur durch eine betragsmäßige Erläuterung im Rahmen der Überleitungsrechnung des Zahlungsmittelfonds dargestellt werden. 80

III. Ableitung von Konzern-Kapitalflussrechnungen

Für die Aufstellung konsolidierter Kapitalflussrechnungen bieten sich unterschiedliche Methoden an. Unter Beachtung der konsolidierungsbedingten Besonderheiten erfolgt die Ableitung nach der **derivativen Methode** prinzipiell nach den gleichen Kriterien, die für die Kapitalflussrechnung eines einzelnen Unternehmens gelten. 81

Bei Anwendung der **originären Methode** kann die Ermittlung der Zahlungsströme entweder unmittelbar aus der Konzernbuchführung oder durch Konsolidierung der originären Kapitalflussrechnungen der in den Konsolidierungskreis einbezogenen Unternehmen vorgenommen werden. Die erste Variante setzt voraus, dass eine eigene Konzernbuchführung besteht, aus welcher sich die zahlungsstromrelevanten Sachverhalte entnehmen lassen. Demgegenüber bedingt die zweite Variante die Anwendung der originären Methode auf die Kapitalflussrechnungen aller konsolidierungspflichtigen Konzernunternehmen sowie die Möglichkeit, alle zahlungsrelevanten Konsolidierungsbuchungen betragsmäßig zu identifizieren. Aufgrund der unter Rz 34 beschriebenen praktischen Probleme kommt die Anwendung dieser Methode für die überwiegende Anzahl der Unternehmen nicht in Betracht.

82 Bei Anwendung der **derivativen Methode** werden die auf den Konzern entfallenden Zahlungsvorgänge durch Ableitung aus den Bilanz- und GuV-Werten ermittelt (s Rz 35). Dabei kann entweder direkt auf den Konzernabschluss abgestellt werden, oder es sind die konsolidierten derivativ ermittelten Kapitalflussrechnungen der in den Konzernabschluss einbezogenen Unternehmen zugrunde zu legen. Letztere Vorgehensweise hat den Nachteil, dass die Kapitalflussrechnungen auf Ebene der Einzelabschlüsse vor den Konsolidierungsmaßnahmen, ggf auch vor der Anpassung an die konzerneinheitlichen Bilanzierungs- und Bewertungsmethoden und/oder Umrechnung in die Berichtswährung erstellt werden. Daher sind zur Ableitung der Konzern-Kapitalflussrechnung noch umfangreiche Anpassungsmaßnahmen erforderlich.

In der Praxis überwiegt daher die derivative Ableitung unmittelbar auf Basis des Konzernabschlusses unter Heranziehung zusätzlicher Angaben zur Zahlungswirksamkeit der Geschäftsvorfälle der einbezogenen Unternehmen ganz eindeutig. Diese zusätzlichen Informationen müssen im Rahmen des Konzernrechnungswesens separat erhoben werden. Dies gilt insbes auch hinsichtlich der Währungsumrechnung ausländischer TU.

Letztlich dürfte aber die gewählte Methode von der Größe des Konsolidierungskreises und des Konsolidierungsaufwands, dh vom Umfang des innerkonzernlichen Liefer- und Leistungs- und damit auch Zahlungsverkehrs, abhängen.

83 *einstweilen frei*

IV. Fremdwährungsumrechnung

84 Neben den sich auch für die Kapitalflussrechnung des Einzelabschlusses stellenden Problemen der Fremdwährungsumrechnung (Umrechnung von Fremdwährungstransaktionen und Zahlungsmittelbeständen in Fremdwährung, vgl Rz 49) stellt sich im Rahmen der Konzernrechnungslegung zusätzlich das Problem der **Umrechnung** der **einbezogenen Fremdwährungsabschlüsse** der TU und deren **Cashflows.**

Für die Konzern-Kapitalflussrechnung sind die Zahlungsmittelflüsse von Fremdwährungsunternehmen grds ebenfalls zu **historischen Kursen,** dh mit dem zum Zahlungszeitpunkt gültigen Umrechnungskurs, in die funktionale Währung umzurechnen (IAS 7.26). Da dies eine Neubewertung sämtlicher Ein- und Auszahlungen dieser Unternehmen zur Folge hat, kann der Umrechnung auch hier ein gewogener Durchschnittskurs zugrunde gelegt werden. Die Umrechnung zum Stichtagskurs ist hingegen nach IAS 7.27 ausdrücklich nicht zulässig.

85 Bei einer **Ableitung** der Konzern-Kapitalflussrechnung aus den **Einzel-Kapitalflussrechnungen** der einbezogenen Unternehmen wird die Umrechnung der Zahlungsströme und des Fremdwährungszahlungsmittelbestands nach den allgemeinen Grundsätzen erfolgen. In der **Praxis** wird allerdings oft auf eine Aufteilung der wechselkursbedingten Wertänderungen auf die Aktivitätsbereiche verzichtet und deren Darstellung auf einen separaten Ausweis der wechselkursbedingten Veränderung der Finanzmittelbestände beschränkt.

Wird die Konzern-Kapitalflussrechnung – wie in aller Regel – durch Anwendung der **derivativen Methode** aus dem Konzernabschluss abgeleitet, so wird die Fremdwährungsproblematik bereits durch die im Rahmen der Erstellung der Konzernbilanz durchgeführte Währungsumrechnung gelöst. Damit werden aber auch alle Kursumrechnungsprobleme aus der Transformation der Einzelabschlüsse in die Konzern-Kapitalflussrechnung übernommen, wie zB unrealisierte zahlungsunwirksame Umrechnungsdifferenzen (*Wysocki* in Baetge ua IFRS-Komm[2] IAS 7 Rz 131). Dies gilt insbes für **Währungsdifferenzen aus der erfolgsneutralen Umrechnung und Einstellung in das Eigenkapital** für die Positionen des Nettoumlaufvermögens der Fremdwährungsabschlüsse, die ohne zusätzliche Korrekturen auf den Ausweis des Cashflows aus betrieblicher Tätigkeit durchschlagen würden. Unter dem Gesichtspunkt der Wesentlichkeit sind diese ggf zumindest näherungsweise zu korrigieren. Die Größenordnung lässt sich dabei anhand der Berechnung der wechselkursbedingten Wertänderungen der Anfangsbestände abschätzen (*Gebhardt* in Beck HdR C 620 Rz 390). Dazu kann der anhand der Beständedifferenzenbilanz berechenbare Durchschnittsbestand der jeweiligen Bilanzposition in Fremdwährung mit der Wechselkursänderung multipliziert und anschließend als zahlungsunwirksame Wertveränderung eliminiert werden. Alternativ kann auch die Bestandsveränderung, bewertet zum Periodendurchschnittskurs in Fremdwährung, von der Bestandsveränderung in Konzernwährung abgezogen werden (vgl ua *Wysocki* in Baetge ua IFRS-Komm[2] IAS 7 Rz 132).

D. Angaben im Anhang

I. Pflichtangaben

Neben den in der Kapitalflussrechnung separat darzustellenden **Zins-, Divi-** 86
denden- und Ertragsteuerzahlungen (s Rz 53, Rz 55 und Rz 57) erfordert der Standard weitere Anhangangaben.

Gem IAS 7.45 und IAS 7.46 ist die **Zusammensetzung des Finanzmittel-** 87
fonds zu erläutern und im Rahmen einer Überleitungsrechnung den entspr Bilanzposten gegenüberzustellen. Die unterschiedliche Ausprägung der Bankkonditionen und die unternehmensindividuellen Praktiken des Finanzmanagements führen zu einer uneinheitlichen Zusammensetzung der Finanzmittelfonds. Aus diesem Grund sind die einzelnen Komponenten an Zahlungsmitteln und Zahlungsmitteläquivalenten, die in den Finanzmittelfonds eingeflossen sind, zu erläutern. Änderungen seiner Zusammensetzung ggü der Vergleichsperiode sind nach IAS 7.47 entspr den Vorschriften in IAS 8 ebenfalls offen zu legen.

Beispiel: Ein Konzern bezieht neben Barmitteln und Guthaben bei Kreditinstituten alle kurzfristig angelegten Festgelder und Wertpapiere sowie Kontokorrentkredite in sein Cash-Management ein. Im Jahr X2 wurde der Konsolidierungskreis um zwei Unternehmen erweitert, welche in den Vorjahren zu Anschaffungskosten bilanziert wurden. Die Finanzmittelbestände dieser Unternehmen betrugen T€ 360 bzw T€ 40. Im Jahr X1 entstanden Fremdwährungsgewinne in Höhe von T€ 43, im Jahr X2 Fremdwährungsverluste in Höhe von T€ 187.

Anhangangaben	Jahr X1	Jahr X2
	T€	T€
Barmittel und Guthaben bei Kreditinstituten	3.460	4.370
Kurzfristige Finanzinvestitionen	4.830	2.820
Kontokorrentkredite	–240	–320
	8.050	6.870
Auswirkungen von Konsolidierungskreisänderungen	0	400
Auswirkungen von Wechselkursänderungen	43	–187
Zahlungsmittel und Zahlungsmitteläquivalente	8.093	7.083

88 Zusätzlich sind gem IAS 7.48 alle wesentlichen in den Finanzmittelfonds eingeflossenen Zahlungsmittelkomponenten anzugeben und zu erläutern, über die das Unternehmen bzw der Konzern aus rechtlichen oder tatsächlichen Gründen **nicht verfügen** kann. In Betracht kommen insbes Guthaben, die im Rahmen vertraglicher Vereinbarungen der Verwendung für bestimmte Zwecke (zB Sozialpläne) vorbehalten sind, Zahlungsmittelbestände, die durch Kreditvereinbarungen (sog *covenants*) als Mindestliquiditätsreserve nicht verwendbar sind, Gelder, die Devisenverkehrskontrollen unterliegen sowie staatlicherseits eingefrorene Bankguthaben. Auch die Guthaben von Gemeinschaftsunternehmen, die mittels der Quotenkonsolidierung in den Konzernabschluss einbezogen werden, stehen dem Konzern mangels ausreichender Einflussmöglichkeit idR nicht zur vollständigen Verfügung (IAS 7.49).

89 Die Darstellung von Ein- und Auszahlungen im Zusammenhang mit **Unternehmensakquisitionen und -veräußerungen** erfordert die Reduzierung des Kaufpreises um die erworbenen bzw abzugebenden Zahlungsmittel und Zahlungsmitteläquivalente (s Rz 72). Gem IAS 7.40 (2008)/IAS 7.40 sind in diesem Zusammenhang die folgenden zusätzlichen Angaben aufzunehmen:

(1) der gesamte Kauf- bzw Veräußerungspreis,
(2) der Teil des Kauf- bzw Veräußerungspreises, der durch Zahlungsmittel bzw Zahlungsmitteläquivalente beglichen wurde,
(3) der Betrag der Zahlungsmittel bzw Zahlungsmitteläquivalente des Unternehmens, der im Rahmen der Akquisition übernommen bzw im Rahmen der Veräußerung abgegeben wurde,
(4) die Beträge der nach Hauptgruppen gegliederten Vermögenswerte und Schulden – mit Ausnahme der Zahlungsmittel und Zahlungsmitteläquivalente – des Unternehmens, welches erworben bzw veräußert wurde.

Diese Angabepflichten verhindern demnach, dass Transaktionspreise im Rahmen von Unternehmensakquisitionen bzw -verkäufen **vertraulich** behandelt werden können. Lediglich im Falle mehrerer gleichartiger Geschäftsvorfälle kann die Offenlegung einzelner Unternehmenskaufpreise durch Zusammenfassung vermieden werden.

Für das unter Rz 72 dargestellte Beispiel sind folgende Angaben zu machen: Während der Berichtsperiode wurde das Unternehmen X erworben. Die beizulegenden Zeitwerte der erworbenen Vermögenswerte sowie der übernommenen Schulden betrugen:

	T€
Zahlungsmittelbestand	1.000
Geschäfts- oder Firmenwert	6.000
Anlagevermögen	5.000
Vorratsvermögen	2.000
Forderungen	2.000
Kurzfristige Verbindlichkeiten	–4.000
Langfristige Verbindlichkeiten	–2.000
Gesamtkaufpreis	10.000
Abzüglich nicht zahlungswirksamer Finanzierungsmittel	–4.000
Abzüglich erworbener Zahlungsmittel	–1.000
Mittelabfluss durch den Unternehmenserwerb abzüglich erworbener Zahlungsmittel	5.000

90 Gem IAS 7.43 sind bedeutende **nicht zahlungswirksame Transaktionen** des Investitions- und Finanzierungsbereichs betragsmäßig im Anhang anzugeben (s Rz 59).

II. Freiwillige Angaben

Zur besseren Information der Adressaten eines Abschlusses über die VFE-Lage empfehlen IAS 7.50(a) bis (d) den Unternehmen folgende fakultative Angaben: 91
(1) der Gesamtbetrag der nicht ausgenutzten Kreditlinien, der für die künftige betriebliche Tätigkeit und zur Erfüllung von Verpflichtungen verwendet werden kann, wobei auch etwaige Verfügungsbeschränkungen anzugeben sind,
(2) der Gesamtbetrag der Zahlungsvorgänge, die sich auf Gemeinschaftsunternehmen beziehen, die in den Konzernabschluss mittels Quotenkonsolidierung einbezogen wurden, und zwar getrennt nach Funktionsbereichen,
(3) der Gesamtbetrag der Zahlungsflüsse, die für die Erweiterung des Geschäftsbetriebs einerseits und die Erhaltung der bestehenden Kapazitäten andererseits erforderlich sind,
(4) die Aufteilung der Zahlungsmittelzu- und -abflüsse für Bereiche der betrieblichen Tätigkeit, der Investitionstätigkeit und der Finanzierungstätigkeit auf die im Rahmen der Segmentberichterstattung gewählten Segmente (Geschäftsbereiche nach IFRS 8). 92

Die in IAS 7.51 und IAS 7.52 dazu enthaltenen **Begründungen** für die beiden letztgenannten zusätzlichen Angaben resultieren unmittelbar aus der eingangs geschilderten Zielsetzung der Kapitalflussrechnung als weiteres zahlungsstromorientiertes Rechnungslegungsinstrument neben Bilanz und GuV bzw Gesamtergebnisrechnung.

Ob und wie diese Informationen zu kapazitätserhaltenden bzw kapazitätserweiternden Cashflows zweifelsfrei und ggf intersubjektiv nachprüfbar ermittelt werden können, bleibt derzeit offen und dürfte daher auch von geringer praktischer Relevanz sein und bleiben.

Anders ist die Angabe von **Segment-Cashflows** zu beurteilen, die ein wesentlich besseres Verständnis der Zusammensetzung des Cashflows des Gesamtunternehmens nach den diesen erwirtschaftenden Geschäftssegmenten vermitteln sowie deren jeweilig ggf unterschiedliche Verfügbarkeit und Variabilität verdeutlichen kann. Gleichwohl schreibt IFRS 8 die Darstellung einer Kapitalflussrechnung nach Segmenten nicht vor. Die in IAS 14 noch enthaltenen Erleichterungen zur Angabe der planmäßigen Abschreibungen und nicht zahlungswirksamen Aufwendungen bei Angabe von Segment-Cashflows (IAS 14.63 iVm IAS 14.58 und IAS 14.61) wurden nicht in IFRS 8 (s IFRS 8.23) übernommen. Angaben von Segment-Cashflows sind daher in der Praxis nur in Einzelfällen, und dann auch nur selektiv anzutreffen. 93

E. Wesentliche Änderungen und deren Anwendungszeitpunkte

IAS 7 ist auf Berichtsperioden, die am oder nach dem 1. Januar 1994 beginnen (IAS 7.53), anzuwenden. Die Änderungen des *Annual Improvement* Projekts 2008 in IAS 7.14 und IAS 7.50 wurden im Mai 2008 verabschiedet und sind für Berichtsperioden, die am oder nach dem 1. Januar 2009 beginnen, anzuwenden. Eine frühere Anwendung ist erlaubt und entspr im Anhang anzugeben. Entspr gilt für die (redaktionellen) Folgeänderungen aus der Überarbeitung von IAS 1 (2007) und IAS 23 (2007) in IAS 7.32 und die Folgeänderungen aus IFRS 8 in IAS 7.50. 94

Die Folgeänderungen aus der Überarbeitung des IAS 27 (2008) in IAS 7.39 bis IAS 7.42 sowie die Einfügungen von IAS 7.42A und IAS 7.42B sind restrospektiv für Berichtsperioden, die am oder nach dem 1. Juli 2009 beginnen, anzuwenden (IAS 7.54).

Die klarstellenden Änderungen von IAS 7.16 durch das *Annual Improvements* Projekt 2009 sind – vorbehaltlich eines Endorsement durch die EU – für Berichtsperioden verbindlich anzuwenden, die am bzw nach dem 1. Januar 2010 beginnen. Eine vorherige Anwendung unter Angabe dieser Tatsache ist erlaubt.

Die vorliegende Kommentierung hat wesentliche materielle Änderungen herausgehoben, darüber hinaus haben die Überarbeitungen klarstellenden Charakter. Eine frühere Anwendung des geänderten IAS 27 erfordert eine korrespondierende frühere Anwendung der Folgeänderungen in IAS 7 (IAS 7.54).

F. Gegenüberstellung zu HGB/DRS

95 Die Vorschriften des IAS 7 und des DRS 2 sind im Wesentlichen inhaltsgleich, sodass es zwischen den Standards nur zu geringfügigen Abweichungen kommt. Für die meisten Unterschiede sieht DRS 2 überdies Wahlrechte vor, die eine nahezu vollständige Kompatibilität mit IAS 7 erlauben. Es kann allgemein festgestellt werden, dass DRS 2 tendenziell mit seinen Pflichtangaben über IAS 7 hinausgeht. Damit ist nach dem sog Meistregelungsprinzip (*Wysocki* DB 1999, 2374) sichergestellt, dass eine nach DRS 2 aufgestellte Kapitalflussrechnung unter Inanspruchnahme der Wahlrechte IFRS-kompatibel aufgestellt ist. Ein Verzicht auf die zusätzlich nach DRS 2 erforderlichen Angaben hat aber nach allgemeiner Auffassung (vgl stellvertretend dazu *Gebhardt* in Beck HdR C 620 Rz 5) keine Konsequenzen für die Gleichwertigkeit.

96 Im Einzelnen bestehen noch folgende **erwähnenswerte Differenzen**:
Bei der **Zusammensetzung des Finanzmittelfonds** sieht DRS 2.19 ein Wahlrecht für die Einbeziehung von Kontokorrentkrediten vor, sofern diese zur Disposition der liquiden Mittel stehen. Nach IAS 7 besteht in diesem Fall eine Einbeziehungspflicht.

Für den Aufbau der Kapitalflussrechnungen schreibt DRS 2 sowohl bei Anwendung der direkten als auch der indirekten Methode **Mindestgliederungen sowie die Staffelform** (auch für die durch branchenspezifische Besonderheiten gekennzeichneten Kapitalflussrechnungen von Kreditinstituten und Versicherungen) vor. Die Einhaltung einer Mindestgliederung oder die Form der Darstellung ist nach IAS 7 nicht vorgeschrieben, sodass insofern eine Angleichung an DRS 2 ohne Probleme möglich ist.

Bei Anwendung der indirekten Methode weicht die **Abgrenzung des Funktionsbereichs der betrieblichen Geschäftstätigkeit** zT von der IFRS-Fassung ab. So setzt DRS 2 im Rahmen der Überleitungsrechnung grds auf dem Periodenerfolg vor außerordentlichen Posten, IAS 7 hingegen auf dem Periodenerfolg vor Ertragsteuern auf. DRS 2.28 lässt wahlweise jedoch auch eine alternative Darstellung entspr IAS 7 zu.

Wesentliche Zahlungsströme aus **außerordentlichen Posten** sind nach DRS 2.50 in der Kapitalflussrechnung gesondert auszuweisen. Nach IAS 7 ist der separate Ausweis nicht mehr möglich (s Rz 60).

Gezahlte Dividenden sind nach DRS 2.37 grds im Bereich der Finanzierungstätigkeit auszuweisen; ein – wenn auch diskussionswürdiges – Wahlrecht zur Erfassung dieser Dividendenauszahlungen im betrieblichen Bereich nach IAS 7.34 besteht nicht.

DRS 2.51 sieht eine **zusätzliche Angabepflicht** für Einzahlungen aus Eigenkapitalzuführungen von Minderheitsgesellschaftern sowie Auszahlungen an Minderheitsgesellschafter vor, welche nach IAS 7 nicht besteht.

Nach DRS 2.53, nicht jedoch explizit von IAS 7 (ggf indirekt über die Angabepflicht nach IAS 7.48; s Rz 88) sind die Bestände des Finanzmittelfonds von quotal einbezogenen Unternehmen gesondert anzugeben.

Ferner ist nach DRS 2.32 die zusätzliche **Aufgliederung** der Zahlungsvorgänge im Investitionsbereich **auf die Komponenten der langfristigen Vermögenswerte** sowie der separate Ausweis der Zahlungen aufgrund von Finanzmittelanlagen im Rahmen der kurzfristigen Finanzmitteldisposition erforderlich.

G. Aktuelle Entwicklungen/IASB-Projekte

Wesentliche Änderungen des seit dem 1. Januar 1994 anzuwendenden und seitdem auch nicht grundlegend überarbeiteten IAS 7 sind derzeit nicht geplant und auch nicht zu erwarten. Von der Änderung anderer Standards dürfte IAS 7 aufgrund der abgeschlossenen Materie sowie der relativ freien Gliederungsmöglichkeit ebenfalls weitgehend unberührt bleiben. Allerdings wird – ungeachtet der überwiegenden praktischen Handhabung – vom IASB erwogen, die indirekte Darstellung der Kapitalflussrechnung bzw des *statements of cash flows* bezogen auf den betrieblichen Bereich, mittel- bis langfristig nicht mehr zuzulassen bzw die **direkte Methode verbindlich vorzuschreiben**. 97

Im Oktober 2008 hat der IASB ein **Diskussionspapier *„Financial Statement Presentation"*** veröffentlicht, welches das Ziel hat, einen einheitlichen Standard zur Darstellung und zum Ausweis von Abschlussinformationen zu entwickeln. Bei Realisierung der bisher geäußerten Vorstellungen wird auch die Form der Kapitalflussrechnung in erheblichem Umfang betroffen sein. Derzeit sieht der Diskussionsstand eine Angleichung der Cashflow-Betrachtung an die geänderte Darstellung der Bilanz und Gesamteinkommensrechnung vor. Demnach sollen die bisherigen drei Funktionsbereiche in die Kategorien *„business"* mit den Unterkategorien *„operating cashflows"* und *„investing cashflows"* sowie *„financing"* mit der Unterteilung *„asset cashflows"* und *„liability cashflows"* überführt werden. Weitere separat darzustellende Bereiche sollen die *„income taxes"* und die *„discontinued operations"* sein. Neben der dann verbindlich vorgeschriebenen **direkten Ermittlungsmethode** für die Zahlungsmittelströme soll ferner der Finanzmittelfonds neu definiert und auf die reinen Zahlungsmittelbestände – also ohne Zahlungsmitteläquivalente – beschränkt bleiben. Andererseits soll der mit dem Wegfall der indirekten Darstellung verbundene Informationsverlust (s Rz 36) durch eine Überleitungsrechnung vom Cashflow zum Periodenerfolg wieder kompensiert werden.

V. Anhang

§ 19. Anhang

Übersicht

Schrifttum: *Achleitner/Kleekämper* „Presentation of Financial Statements" – Das Reformprojekt des IASC und seine Auswirkungen, WPg 1997, 117; *Buchheim* IAS Improvements Project – Weiterentwicklung der IAS/IFRS erfordert aktive Mitarbeit auch in Deutschland, BB 2002, 1475; *Fischer* IAS-Abschlüsse von Einzelunternehmungen: Rechtliche Grundlagen und finanzwirtschaftliche Analyse, Herne/Berlin 2001; *Förschle/Holland/Kroner* Internationale Rechnungslegung: US-GAAP, HGB und IAS, 6. Aufl, Heidelberg 2003; *Hayn/Graf Waldersee* IFRS/HGB/HGB-BilMoG im Vergleich – Synoptische Darstellung für den Einzel- und Konzernabschluss, 7. Aufl, Stuttgart 2007; *D. Heering/A. Heering* Die Anhangangaben (notes) nach IAS/IFRS, StuB 2004, 149; *Kirsch* Berichterstattung nach IAS 1 (revised 2003) über Ermessensspielräume beim Asset Impairment für operative Vermögenswerte und zahlungsmittelgenerierende Einheiten, KoR 2004, 136; *Kirsch* Offenlegung von Einschätzungen und Prognosen des Managements nach IAS 1 (revised 2003) für das langfristige Vermögen, StuB 2004, 481; *Pfitzer/Oder/Orth* Offene Fragen und Systemwidrigkeiten des Bilanzrechtsreformgesetzes (BilReG), DB 2004, 2593.

Wesentliche Rechtsgrundlagen: IAS 1

A. Grundlagen

I. Der Anhang als Bestandteil des Abschlusses

1 Nach dem **Rahmenkonzept** (s F. 7) umfasst ein **vollständiger Abschluss** neben Bilanz, GuV und Kapitalflussrechnung einen Anhang sowie weitere Aufstellungen und Erläuterungen, die **integraler Bestandteil** des Abschlusses sind. Hierzu gehören zB die Gesamtergebnisrechnung und die Eigenkapitalveränderungsrechnung, die jedoch in IAS 1.10 als separater Abschlussbestandteil definiert sind, die Segmentberichterstattung sowie weitere ähnliche ergänzende Übersichten und Informationen. IAS 1 beinhaltet die Vorschriften für die Darstellung von Informationen im Abschluss und damit auch für den Anhang. In IAS 1.10 sind folgende **Bestandteile eines vollständigen Abschlusses** definiert:

(1) Bilanz,
(2) Gesamtergebnisrechnung der Periode,
(3) Eigenkapitalveränderungsrechnung,
(4) Kapitalflussrechnung,
(5) Bilanzierungs- und Bewertungsmethoden sowie erläuternde Anhangangaben und
(6) neu nach IAS 1.10 in Fällen einer Änderung von Bilanzierungs- und Bewertungsmethoden bzw anderen Fällen retrospektiver Abschlussänderung oder bei Umgliederungen eine Bilanz auf den Eröffnungsbilanzstichtag der Vorjahresperiode.

Die unter (5) genannten Inhalte werden in der Praxis üblicherweise zusammengefasst und als Anhang bezeichnet. Er bildet damit einen gleichberechtigten, separaten Abschlussbestandteil neben den anderen unter (1) bis (6) genannten Abschlussbestandteilen. Die **Segmentberichterstattung** ist **kein gesonderter Abschlussbestandteil,** sondern Bestandteil des Anhangs.

2 Ein Anhang ist sowohl für einen **Einzelabschluss** als auch für einen **Konzernabschluss** aufzustellen. Die Vorschriften gelten für Unternehmen aller Rechtsformen und aller Branchen. Für die Aufstellung des Anhangs gibt es weder größenabhängige Erleichterungen noch Schutzklauseln, die bestimmte Angaben entbehrlich machen.

II. Stellenwert und Zweck des Anhangs

3 Der Anhang steht **gleichberechtigt** neben den anderen Abschlussbestandteilen. Im Vergleich zum HGB hat der Anhang jedoch einen erheblich **höheren Stellenwert**, da die IFRS darauf abstellen, einen wertorientierten Einblick in die VFE-Lage eines Unternehmens zu gewähren und deren Veränderung im Zeitablauf aufzuzeigen (*Ellrott* in BeBiKo[6] § 284 HGB Rz 200). Grds soll der Abschluss nach IFRS (IAS 1.15) ein den tatsächlichen Verhältnissen der VFE-Lage entspr Bild vermitteln. Dies wird nach IAS 1.17 dadurch erreicht, dass

(1) angemessene Bilanzierungs- und Bewertungsmethoden im Einklang mit IAS 8 gewählt werden,
(2) Informationen einschließlich der Bilanzierungs- und Bewertungsmethoden unter Beachtung der qualitativen Anforderungen Relevanz, Verlässlichkeit und Vergleichbarkeit dargestellt werden und

(3) zusätzliche Informationen bereitgestellt werden, wenn die Anforderungen in den IFRS unzureichend sind, um es einem Adressaten zu ermöglichen, die Auswirkungen von wesentlichen einzelnen Geschäftsvorfällen oder Ereignissen auf die VFE-Lage des Unternehmens zu verstehen.

Der Anhang nach IFRS hat, wie auch der Anhang nach HGB, eine **Erläuterungsfunktion,** indem die Grundlagen des Abschlusses einschließlich der Bilanzierungs- und Bewertungsmethoden dargestellt werden. Ferner hat er eine **Entlastungsfunktion,** wenn Sachverhalte, die grds angabepflichtig sind, ohne dass ein bestimmter Ort für die Angabe vorgeschrieben wird, nicht in anderen Abschlussbestandteilen (zB Bilanz oder Gesamtergebnisrechnung) angegeben werden. Der Anhang hat eine **Ergänzungsfunktion,** indem Informationen offengelegt werden, für die keine individuelle Angabepflicht besteht, die jedoch notwendig sind, um die Auswirkungen von einzelnen Geschäftsvorfällen oder Ereignissen auf die VFE-Lage des Unternehmens zu verstehen (*Fischer,* 34). 4

Der Anhang nach IFRS ist im Regelfall jedoch **umfangreicher** und **informativer** als ein Anhang nach HGB. Dies ist im Wesentlichen auf den erheblich größeren Umfang der Pflichtangaben und Informationen zurückzuführen, die in IAS 1 und den übrigen einzelnen IFRS gefordert werden. Hierdurch gibt es im Allgemeinen nur geringen Bedarf für darüber hinausgehende weitere Ergänzungsinformationen, die für ein besseres Verständnis der Auswirkungen von wesentlichen einzelnen Geschäftsvorfällen oder Ereignissen auf die VFE-Lage eines Unternehmens notwendig sind. 5

III. Angabepflichten

Nach IAS 1.112 gehören zu den Pflichtangaben im Anhang die **Grundlagen für die Aufstellung des Abschlusses** sowie die **besonderen Bilanzierungs- und Bewertungsmethoden,** die nach Maßgabe von IAS 1.117 bis IAS 1.124 angewandt worden sind. Daneben sind die **Informationen** anzugeben, die von einzelnen IFRS gefordert werden und **an keiner anderen Stelle** des Abschlusses dargestellt wurden. Hierbei handelt es sich um Angabepflichten in einzelnen IFRS, die entweder zwingend im Anhang zu erfolgen haben oder alternativ entweder im Anhang oder in anderen Abschlussbestandteilen erfolgen können. Ferner sind **zusätzliche Informationen** anzugeben, die nicht zwingend in einem IFRS gefordert werden und nicht in einem anderen Abschlussbestandteil dargestellt werden, jedoch notwendig sind, um die einzelnen anderen Abschlussbestandteile zu verstehen und ein den tatsächlichen Verhältnissen der VFE-Lage entspr Bild darzustellen. 6

einstweilen frei **7–10**

B. Inhalt des Anhangs nach IAS 1

I. Die formellen Anforderungen an den Anhang nach IAS 1

1. Struktur und Format der Angaben

Die im Anhang dargestellten Informationen sollen nach IAS 1.113 systematisch erfolgen, wobei jeder Posten der Bilanz, Gesamtergebnisrechnung, der gesonderten GuV (sofern erstellt; s ausführlich Rz 23 und § 15 Rz 46ff), der Eigenkapitalveränderungsrechnung und der Kapitalflussrechnung einen **Quer-** 11

verweis zum Anhang erhalten soll, wo sämtliche Angaben und Informationen zu diesem Posten dargestellt sind. Querverweise sind jedoch nicht für jeden Posten der genannten Abschlussbestandteile erforderlich, sondern nur für die Posten, zu denen der Anhang entspr Erläuterungen enthält. Für die Bilanz wird idR zu jedem Posten ein Querverweis erfolgen, während zur Kapitalflussrechnung idR wenige Querverweise ausreichen (zB zu Investitionen in konsolidierte TU, Zusammensetzung des Finanzmittelfonds etc). Um den Adressaten die Benutzung zu erleichtern und eine bessere Vergleichbarkeit mit den Abschlüssen anderer Unternehmen zu ermöglichen, soll der Anhang die geforderten Informationen in einer bestimmten **Reihenfolge** darstellen und wie folgt gegliedert sein (IAS 1.114):

(1) Er soll eine Aussage zur Übereinstimmung des vorliegenden Abschlusses mit den IFRS enthalten.
(2) Die wesentlichen Bilanzierungs- und Bewertungsmethoden sollen zusammengefasst dargestellt werden.
(3) Es sollen ergänzende Informationen zu den in den Abschlussbestandteilen (Bilanz, Gesamtergebnisrechnung, gesonderte GuV (sofern erstellt), Eigenkapitalveränderungsrechnung, Kapitalflussrechnung) enthaltenen Posten dargestellt werden und zwar in der Reihenfolge, in der jeder Posten und jeder Abschlussbestandteil dargestellt wird.
(4) Zuletzt sollen andere erforderliche Angaben zu Eventualschulden und nicht bilanzierten vertraglichen Verpflichtungen sowie weitere nicht finanzielle Angaben gemacht werden.

12 Die vorgeschriebene **Struktur und Reihenfolge** der Anhangangaben soll grds beachtet und beibehalten werden. Bei bestimmten Posten wie zB Finanzinstrumenten kann es sich jedoch anbieten, die Reihenfolge zu ändern und Informationen zu Bilanzposten über Fälligkeitstermine, Wertberichtigungen oder Marktwerte mit den Informationen zu Posten der Gesamtergebnisrechnung bzw Posten in einer gesonderten GuV (sofern erstellt) über Zinssätze und Anpassungen des beizulegenden Zeitwerts miteinander zu kombinieren, um so die nach IFRS 7 geforderten Informationen zu Finanzinstrumenten an einer Stelle im Anhang zu bündeln. Es besteht in gewissen Grenzen ein Freiraum zur Gestaltung der Reihenfolge der Anhangangaben. Als Grenze der Gestaltungsfreiheit ist jedoch eine systematische Struktur beizubehalten, welche grds die unter Rz 11 dargestellte Reihenfolge widerspiegelt.

13 Ebenso wie für die übrigen Abschlussbestandteile gilt auch für den Anhang der Grundsatz der Darstellungsstetigkeit. Die Struktur des Anhangs, die Gliederung und die Reihenfolge der Angaben und Erläuterungen zu den mit Querverweisen versehenen Posten der übrigen Abschlussbestandteile sind grds beizubehalten. Eine Änderung dieser Darstellung der Informationen des Anhangs ist unter den gleichen Voraussetzungen zulässig, wie dies nach IAS 1.45 für Darstellungsänderungen bei anderen Abschlussbestandteilen gilt. Danach darf die Darstellung geändert werden, wenn sich das Tätigkeitsfeld des Unternehmens wesentlich ändert oder die Änderung der Darstellung zu einer angemesseneren Darstellung von Ereignissen und Geschäftsvorfällen führt.

14 Die in IAS 1.112(a) geforderten **Grundlagen der Abschlusserstellung** können nach IAS 1.116 zusammen mit den besonderen Bilanzierungs- und Bewertungsmethoden angegeben und als gesonderter Bestandteil des Abschlusses dargestellt werden. Sofern von diesem Wahlrecht Gebrauch gemacht wird, sind diese Informationen den übrigen Anhangangaben voranzustellen und es ist eine zutreffende Bezeichnung des Abschlussbestandteils nach IAS 1.51 vorzunehmen (*ADS*[1] Abschn 24 Rz 15). Von diesem Wahlrecht macht die ganze überwiegende Mehrheit der Unternehmen jedoch keinen Gebrauch; vielmehr werden die

zusammengefassten Informationen zu den Grundlagen der Abschlusserstellung und den besonderen Bilanzierungs- und Bewertungsmethoden regelmäßig als separater Teil innerhalb des Anhangs dargestellt (*ADS*[1] Abschn 24 Rz 15). Diese Angaben werden idR am Anfang des Anhangs dargestellt; daran schließen sich dann die übrigen erforderlichen Anhangangaben zu den übrigen Abschlussbestandteilen an.

2. Art und Umfang der Anhangangaben

Die Anhangangaben beinhalten nach IAS 1.7 verbale Darstellungen und Erläuterungen oder Zahlenangaben in Form von detaillierten Aufgliederungen der Posten, die in den anderen Abschlussbestandteilen (Bilanz, Gesamtergebnisrechnung, gesonderte GuV (sofern erstellt), Kapitalflussrechnung, Eigenkapitalveränderungsrechnung) dargestellt sind. Darunter sind im Wesentlichen die Angaben zu verstehen, die **in Form von Querverweisen** zu den einzelnen Posten der Abschlussbestandteile erfolgen. 15

Nach IAS 1.77 sind die in der Bilanz dargestellten Posten weiter zu untergliedern, wobei diese Untergliederungen alternativ entweder in der Bilanz oder im Anhang erfolgen können. Diese geforderten Untergliederungen müssen zwingend in Form von **zahlenmäßigen Aufgliederungen** erfolgen, unter Beachtung der in IAS 1.58 enthaltenen Hinweise für die Einschätzung der Notwendigkeit eines gesonderten Ausweises zusätzlicher Posten. In IAS 1.78(a) bis (e) sind einige Posten als Beispiele für derartige Aufgliederungen aufgeführt. Die Liste ist jedoch nicht vollständig, sondern enthält nur exemplarische Fälle. 16

Verbale Erläuterungen sind in allen anderen Fällen zulässig, in denen nicht eine zahlenmäßige Untergliederung nach IAS 1.58 bzw IAS 1.78 erforderlich ist bzw durch andere IFRS unmittelbar die Angabe von Beträgen oÄ gefordert wird. Verbale Erläuterungen sind somit überwiegend für die Informationen zu machen, die von einzelnen IFRS gefordert werden, wie zB die umfassenden Angaben zu Markt- oder Liquiditätsrisiken von Finanzinstrumenten bzw die Angaben zur Risikomanagementpolitik. Sofern dies sachdienlich ist und der Übersichtlichkeit nützt, können die erforderlichen Betrags- und Zahlenangaben auch mit den verbalen Angaben zum gleichen Sachverhalt kombiniert werden. 17

Nach IAS 1.114(d) sind auch Informationen zu **Eventualverbindlichkeiten und sonstigen Verpflichtungen** zu machen. Diese sind explizit aufgeführt, obwohl sie bereits unter die Angaben fallen, die in Form von verbalen Erläuterungen und Zahlenangaben von einem IFRS (IAS 37) gefordert werden und nach IAS 1.112(b) anzugeben sind. Eventualschulden und sonstige Verpflichtungen werden explizit genannt, weil sie im Gegensatz zu den Posten in den übrigen Abschlussbestandteilen (Bilanz, Gesamtergebnisrechnung, gesonderte GuV (sofern erstellt), Kapitalflussrechnung und Eigenkapitalveränderungsrechnung) dort nicht ausgewiesen werden. 18

Ferner werden in IAS 1.20 bzw IAS 1.23 Angaben gefordert, die notwendig sind, um ein **den tatsächlichen Verhältnissen entspr Bild zu vermitteln.** Hierbei handelt es sich um Angaben, die von keinem IFRS explizit gefordert werden, die jedoch erforderlich sind, damit der Adressat des Abschlusses die Abschlussbestandteile versteht und durch den Abschluss insgesamt ein den tatsächlichen Verhältnissen der VFE-Lage entspr Bild vermittelt wird. 19

Im Anhang sind nach IAS 1.38 Vergleichsinformationen für das Vorjahr für alle **quantitativen Informationen** anzugeben, die in den Abschlussbestandteilen dargestellt sind. Dies umfasst Angaben für alle Beträge, die in Bilanz, Gesamtergebnisrechnung, der gesonderten GuV (sofern erstellt), Kapitalflussrechnung und Eigenkapitalveränderungsrechnung dargestellt sind einschließlich der 20 zahlenmäßigen Aufgliederungen der Posten. Hierzu gehören auch Angaben zu Beträgen (zB Betrag der Vermögenswerte mit einer Laufzeit von mehr als fünf Jahren, Marktwerte für Finanzinstrumente etc), die von einzelnen IFRS gefordert werden.

21 **Verbale und beschreibende Informationen** sind entspr IAS 1.38 grds nicht für das Vorjahr anzugeben, sodass sich die verbalen Erläuterungen im Anhang durchgehend auf das aktuelle Geschäftsjahr beziehen und lediglich Zahlenangaben für Vergleichszwecke auch für das Vorjahr dargestellt werden. Dies gilt jedoch nicht, wenn die verbalen und beschreibenden Informationen auch für das Verständnis des Abschlusses des aktuellen Geschäftsjahrs von Bedeutung sind (zB die Erläuterungen zu Rückstellungen für Rechtsstreitigkeiten, die im Vorjahr von Unsicherheiten geprägt waren).

22 Nach IAS 1.47 sind bestimmte **Angaben zwingend in einem bestimmten Abschlussbestandteil** (hier: Bilanz, Gesamtergebnisrechnung, gesonderte GuV (sofern erstellt) bzw Eigenkapitalveränderungsrechnung) zu machen. Sofern die Angabe zwingend in den genannten Abschlussbestandteilen erfolgen muss, darf hiervon nicht abgewichen werden, ohne die Übereinstimmung des Abschlusses mit allen IFRS nach IAS 1.16 zu gefährden. Ein alternativer Ausweis dieser Informationen im Anhang kommt mithin nicht in Betracht. IAS 1.54 ff führt die Informationen auf, die zwingend in der Bilanz dargestellt werden müssen, IAS 1.82 ff die Informationen, die in der Gesamtergebnisrechnung gezeigt werden müssen, IAS 7 die Angaben, die in der Kapitalflussrechnung zu machen sind und IAS 1.106 (geändert 2008)/IAS 1.106 die Pflichtangaben in der Eigenkapitalveränderungsrechnung.

23 IAS 1 schreibt weitere Pflichtangaben vor, die jedoch **alternativ in dem jeweiligen Abschlussbestandteil oder dem Anhang** erfolgen können. Diese sind für die Bilanz in IAS 1.77 ff, für die Gesamtergebnisrechnung in IAS 1.97 ff und für die Eigenkapitalveränderungsrechnung in IAS 1.107 ff aufgeführt. IAS 1.79 beinhaltet ein neues Wahlrecht, demzufolge bestimmte Angaben zum Eigenkapital (zB Art und Anzahl der Aktien der unterschiedlichen Gattungen) entweder in der Bilanz, dem Eigenkapitalspiegel oder dem Anhang erfolgen können. Aufgrund der in IAS 1.81 enthaltenen neuen Darstellungsvarianten für die GuV ergibt sich die Möglichkeit, die GuV entweder in einer zusammengefassten Form einer „einzigen Gesamtergebnisrechnung" (*single statement of comprehensive income*) oder einer zweigeteilten Form mit einer separaten GuV *(income statement)* und einer separaten Gesamtergebnisrechnung *(statement of comprehensive income)* darzustellen (*two statements approach*). Abhängig von der Wahl der Darstellungsform ergibt sich eine Reihe von Angaben, die entweder im *single statement of comprehensive income* bzw bei Darstellung der Gesamtergebnisrechnung nach dem *two statements approach* in der separaten Gesamtergebnisrechnung oder im Anhang anzugeben sind (IAS 1.90 ff). Darüber hinaus sind in IAS 1 weitere Angabepflichten geregelt, bei denen nicht explizit vorgeschrieben ist, wo diese Angaben zu machen sind. Für diese Angaben gilt nach IAS 1.48 ein Wahlrecht zum Ausweis in dem jeweiligen geeigneten Abschlussbestandteil oder dem Anhang.

24 Ebenso ist mit den **Angabepflichten** zu verfahren, die **in den einzelnen IFRS** gefordert werden. Wenn weder IAS 1 noch ein anderer Standard explizit vorschreibt, wo die Angaben zu machen sind, dürfen diese Angaben nach IAS 1.48 wahlweise in dem betreffenden Abschlussbestandteil oder im Anhang dargestellt werden. Hier empfiehlt es sich, die Informationen so übersichtlich wie möglich darzustellen und so wenig wie möglich zusätzliche, über die Betragsangaben hinausgehende Informationen direkt in der Bilanz, Gesamtergebnisrechnung, gesonderten GuV (sofern erstellt), Kapitalflussrechnung oder in der

Eigenkapitalveränderungsrechnung zu berücksichtigen. In der Bilanzierungspraxis hat es sich als üblich herausgebildet, die Angaben, die alternativ ausgewiesen werden dürfen, ganz überwiegend im Anhang anzugeben und die Bilanz und GuV (bzw Gesamtergebnisrechnung) nicht mit Informationen zu überlasten und dadurch unübersichtlich zu gestalten. Bei der Entscheidung über den Ort und die Art der Darstellung von Informationen sollten auch die Bilanzierungsgepflogenheiten der jeweiligen Branche beachtet werden.

einstweilen frei 25

II. Grundlagen der Aufstellung des Abschlusses

IAS 1.112 verlangt die Angabe der Grundlagen der Abschlusserstellung, zu 26
denen ua die in IAS 1.114 geforderte Angabe zur Übereinstimmung mit den IFRS gehört. Zu den Grundlagen der Abschlusserstellung gehören jedoch noch weitere Angaben, die nicht explizit in IAS 1 aufgeführt sind. Zwar sind in IAS 1.118 **Bewertungsgrundlagen** (Anschaffungskosten, Tageswerte etc) exemplarisch genannt, diese gehören jedoch zu den Bilanzierungs- und Bewertungsmethoden und sind im Rahmen der diesbezüglichen Angaben zu erläutern.

Bei den Grundlagen des Abschlusses handelt es sich um **allgemeine Eigen-** 27
schaften des Abschlusses, die keine Bilanzierungs- und Bewertungsmethoden darstellen, die jedoch für das Verständnis des Abschlusses von Bedeutung sind. Wesentliche Grundlagen der Abschlusserstellung sind zB Folgende (*ADS*[1] Abschn 24 Rz 16):

(1) Angaben zur Übereinstimmung des Abschlusses mit IFRS nach IAS 1.16,
(2) Nennung der vor dem Zeitpunkt ihres Inkrafttretens angewendeten IFRS (zB IFRS 8.35),
(3) erstmalige Anwendung der IFRS nach IFRS 1.34 (2008)/IFRS 1.47 (2003),
(4) Abweichung von den IFRS nach IAS 1.19f,
(5) Abweichung von der Prämisse der Unternehmensfortführung nach IAS 1.25,
(6) Änderung des Abschlussstichtags nach IAS 1.36.

III. Bilanzierungs- und Bewertungsmethoden

1. Bewertungsgrundlagen

Die Bilanzierungs- und Bewertungsmethoden werden nach IAS 1.117 unter- 28
schieden in **Bewertungsgrundlagen** und **sonstige angewandte Bilanzierungs- und Bewertungsmethoden.** Die Bewertungsgrundlagen sind ein Teil der Bilanzierungs- und Bewertungsmethoden.

Zu den **Bewertungsgrundlagen** gehören nach IAS 1.118 die Bewertungs- 29
maßstäbe wie Anschaffungs- oder Herstellungskosten, Tageswert, Veräußerungswert, beizulegender Zeitwert oder Barwert, die die Grundlage der Abschlusserstellung bilden. Die Angaben der verwendeten Bewertungsgrundlagen müssen nicht für jeden Abschlussposten separat erfolgen; es genügt, wenn die Angaben für eine Gruppe von Vermögenswerten und Schulden gemacht werden, für die dieselbe Bewertungsgrundlage gilt. Sofern es zweckmäßig ist, können die Angaben zu den Bewertungsgrundlagen auch zusammengefasst werden mit den angewandten Bilanzierungs- und Bewertungsmethoden eines Abschlusspostens. Dann ist aber zu beachten, dass keine Zusammenfassung von Gruppen von Vermögenswerten und Schulden zulässig ist, soweit dies im Widerspruch zu IAS 1.119 steht. IAS 1.119 fordert explizit die Angabe der spezifischen Bilanzierungs- und

Bewertungsmethoden für bestimmte Abschlussposten und Sachverhalte, wenn der betreffende IFRS explizite Bilanzierungs- und Bewertungswahlrechte beinhaltet (s Rz 31).

2. Sonstige Bilanzierungs- und Bewertungsmethoden

30 Nach IAS 1.117(b) sind die sonstigen angewandten Bilanzierungs- und Bewertungsmethoden anzugeben, die für das **Verständnis des Abschlusses** relevant sind. Bei der Entscheidung des Managements, ob einzelne Bilanzierungs- und Bewertungsmethoden anzugeben sind, ist zu berücksichtigen, ob die Angaben den **Adressaten nützlich** sind, um die Auswirkungen wesentlicher Ereignisse und Geschäftsvorfälle auf die VFE-Lage des Unternehmens zu verstehen. Dabei sind nach IAS 1.120 die Art der Geschäftstätigkeit zu berücksichtigen und ob der Adressat aufgrund des Unternehmenstyps erwarten würde, dass bestimmte Bilanzierungs- und Bewertungsmethoden angegeben werden.

Beispiel: Bei einem Unternehmen, das mit Rohstoffen handelt, werden detaillierte Ausführungen zur Risikomanagementpolitik sowie zu eingesetzten derivativen Finanzinstrumenten einschließlich deren Bilanzierung, Bewertung und Ausweis erwartet. Bei einem Autovermieter werden Angaben zur Behandlung von Vermietungs- und Verkaufsgeschäften und Rücklieferungsoptionen der PKWs in der Bilanz und GuV erwartet.

31 Die Angabe einer Bilanzierungs- und Bewertungsmethode kann aufgrund der Art der Geschäftstätigkeit eines Unternehmens auch dann erforderlich sein, wenn die für das Geschäftsjahr und das Vorjahr ausgewiesenen **Beträge nicht wesentlich** sind (IAS 1.121). Die Angabe von Bilanzierungs- und Bewertungsmethoden ist immer dann erforderlich, wenn die IFRS Methodenwahlrechte zulassen (IAS 1.119). IAS 1.119 enthält zudem eine exemplarische Aufzählung von Sachverhalten, bei denen die Angabe der verwendeten Bilanzierungs- und Bewertungsmethoden als besonders nützlich eingestuft wird:

(1) Anwendung der Quotenkonsolidierung oder der Equity-Methode bei Anteilen an Gemeinschaftsunternehmen oder

(2) Bewertung von Sachanlagen nach der Anschaffungskosten- oder Neubewertungsmethode.

Die Bilanzierungs- und Bewertungsmethoden, die das Management ggf in Übereinstimmung mit IAS 8.10 entwickelt, weil keine spezifischen Bilanzierungs- und Bewertungsmethoden in den anwendbaren Standards und Interpretationen existieren, sind ebenfalls im Anhang anzugeben.

32 Bei einigen Abschlussposten und Sachverhalten sehen die IFRS eine **Benchmark-Methode** und eine **alternativ zulässige Methode** vor. Das Unternehmen hat in diesen Fällen ein Wahlrecht und hat die gewählte Methode im Anhang anzugeben. Die Tatsache, ob es sich bei der gewählten Methode um die Benchmark-Methode oder die alternativ zulässige Methode handelt, ist nicht angabepflichtig (*ADS*[1] Abschn 24 Rz 24).

3. Für die Bewertung relevante Ermessensentscheidungen des Managements

33 In IAS 1.122 wird gefordert, dass das Management im Rahmen der Darstellung der spezifischen Bilanzierungs- und Bewertungsmethoden alle **Ermessensentscheidungen** darlegt, die es hinsichtlich der Anwendung der Bilanzierungs- und Bewertungsmethoden getroffen hat, die besonders signifikante Auswirkungen auf die Werte der Abschlussposten haben. IAS 1.123 erläutert diese erforderliche Angabe wie folgt: Es sollen grds solche Entscheidungen erläutert werden, bei denen die Ausübung des Ermessensspielraums einen wesent-

lichen Einfluss zB auf den ausgewiesenen Buchwert von Vermögenswerten haben kann.

Als **Beispiel** werden die Entscheidungen aufgeführt, die das Management bei der Festlegung trifft, ob bestimmte Finanzinstrumente in die Kategorie „bis zur Endfälligkeit zu haltende Finanzinvestitionen" gehören. Diese wären in der Bilanz zu fortgeführten Anschaffungskosten zu bewerten, während zB „zur Veräußerung verfügbare finanzielle Vermögenswerte" zum beizulegenden Zeitwert zu bilanzieren wären. Als weitere Beispiele werden die Entscheidungen des Managements genannt, die im Rahmen der Beurteilung folgender Transaktionen getroffen werden: 34

(1) Beurteilung finanzieller Vermögenswerte oder Leasinggegenstände, ob die wesentlichen Eigentumsrechte auf Dritte übertragen wurden,
(2) Beurteilung bestimmter Verkaufsgeschäfte, die wirtschaftlich betrachtet als Kreditgewährung zu betrachten sind, ob sie sich als Umsatzerlöse qualifizieren,
(3) Beurteilung der Beziehungen zwischen dem Unternehmen und einer Zweckgesellschaft, ob die Zweckgesellschaft beherrscht wird und daher zu konsolidieren ist.

Aus den in IAS 1.123 angeführten Beispielen ist ersichtlich, dass es sich nicht um neue Informationen handelt, die **bisher** nicht **von einem anderen IFRS gefordert** wurden. Die in den Beispielen anzugebenden Informationen wurden auch bisher bereits von IFRS 7, IAS 32, IAS 39, IAS 17 bzw IAS 27 gefordert, nur war bislang teilweise nicht genau geregelt, wo diese Informationen anzugeben sind. Die in den Beispielen angeführten Angaben konnten bisher entweder im Rahmen der Bilanzierungs- und Bewertungsmethoden oder an anderer Stelle im Abschluss erfolgen. Durch die Aufnahme dieser Angabepflichten in den Abschn des IAS 1.117 bis IAS 1.124 müssen diese **Angaben an exponierterer Stelle im Anhang erfolgen** und zwar innerhalb des Abschn „Bilanzierungs- und Bewertungsmethoden". 35

Die Anforderungen des IAS 1.122 beschränken sich aber nicht darauf, den Ort der Angabe von Entscheidungen des Managements im Rahmen der Anwendung von Bilanzierungs- und Bewertungsmethoden, die bisher bereits von anderen IFRS gefordert wurden, zu konkretisieren. Vielmehr müssen **alle derartigen Ermessensentscheidungen,** die einen besonders signifikanten Einfluss auf die Werte der Abschlussposten haben, in den Bilanzierungs- und Bewertungsmethoden angegeben werden. Die Gründe bzw Motivation des Managements für bestimmte Ermessensentscheidungen müssen nicht im Anhang offengelegt werden. 36

IV. Hauptquellen von Schätzungsunsicherheiten

Nach IAS 1.125ff sind im Anhang die Annahmen des Managements über die zukünftige Entwicklung und andere **Bewertungsunsicherheiten** anzugeben, die ein signifikantes Risiko beinhalten, dass bei den betroffenen Vermögenswerten und Schulden innerhalb des nächsten Geschäftsjahrs eine wesentliche Anpassung des Buchwerts vorgenommen werden muss. Für die von diesen Annahmen betroffenen Posten sind die Art der Vermögenswerte und Schulden anzugeben sowie die jeweiligen Buchwerte zum Bilanzstichtag. 37

Diese in IAS 1.125 geforderten Angaben unterscheiden sich von den in IAS 1.122 verlangten Angaben dadurch, dass sie sich auf **subjektivere und komplexere Schätzungen und Annahmen des Managements** beziehen, während die Angaben nach IAS 1.122 Ermessensentscheidungen des Manage- 38 ments betreffen, die überwiegend anhand von objektiven tatbestandlichen Merkmalen verifizierbar sind. Je größer die Anzahl der Variablen und der Annahmen bzgl der zukünftigen Entwicklung wird, desto subjektiver werden diese Beurteilungen und folglich erhöht sich die Wahrscheinlichkeit für zukünftig erforderliche Anpassungen von Buchwerten der betroffenen Vermögenswerte und Schulden. Beispiele für derartige Annahmen sind zukünftige Zinssätze, Gehaltserhöhungen, Preisänderungen, die andere Kosten beeinflussen, sowie Nutzungsdauern.

39 Die Angaben, die von IAS 1.125 gefordert werden, sollen so erfolgen, dass sie für den **Adressaten des Abschlusses nützlich** sind, um die Annahmen des Managements über die zukünftige Entwicklung zu verstehen. Anzugeben sind nach IAS 1.129:

(1) die Art der Annahme oder der sonstigen Schätzungsunsicherheit,
(2) die Sensitivität der Buchwerte in Bezug auf die verwendeten Annahmen und Schätzungen sowie die Gründe für die Sensitivität,
(3) der erwartete Ausgang der Unsicherheit und die Bandbreite möglicher Anpassungen der Buchwerte der betroffenen Vermögenswerte und Schulden innerhalb des nächsten Geschäftsjahrs und
(4) eine Erläuterung von Änderungen in den bisherigen Annahmen und Schätzungen, wenn die Unsicherheit weiter fortbesteht.

40 Es kann für ein Unternehmen infolge eines **unverhältnismäßigen Kosten- und Nutzenverhältnisses** nicht durchführbar (*impracticable*) sein, den möglichen Effekt, den derartige Annahmen und Hauptquellen von Schätzungsunsicherheiten auf den Buchwert von Vermögenswerten und Schulden haben, anzugeben. In diesem Fall ist nach IAS 1.131 im Anhang anzugeben, dass Änderungen in den bewertungsrelevanten Bedingungen innerhalb des nächsten Geschäftsjahrs möglicherweise zu wesentlichen Anpassungen der Buchwerte der betroffenen Vermögenswerte und Schulden führen können. In jedem Fall sind die Art der betroffenen Vermögenswerte und Schulden anzugeben sowie die jeweiligen Buchwerte.

41 Hierdurch soll erreicht werden, dass in jedem Abschluss im Anhang zumindest die **Abschlussposten genannt** werden und die **Buchwerte angegeben** werden, die davon betroffen sein können, dass wesentliche Änderungen in den Annahmen des Managements bzgl der zukünftigen Entwicklung und anderer Unsicherheiten eintreten. Idealerweise werden zugleich auch die Bandbreite möglicher Anpassungen der Buchwerte sowie weitere in IAS 1.129 genannte Informationen mit angegeben. Durch diese weiteren Angaben soll der Adressat die Möglichkeit erhalten, selber eine Einschätzung über die zukünftige Entwicklung und die Bewertungsunsicherheiten einschließlich deren Auswirkungen auf den Abschluss vorzunehmen.

42 In IAS 1.133 wird darauf hingewiesen, dass einige der in IAS 1.125 geforderten Angaben bereits in anderen IFRS, zB IFRS 7 oder IAS 37, verlangt werden. Aus rein rechtlichen Gründen ist es nicht erforderlich, derartige Angaben an verschiedenen Stellen doppelt im Anhang anzugeben. Es empfiehlt sich jedoch aus Übersichtlichkeitsgründen, diese nach IAS 1.125 geforderten Angaben zusammengefasst unter einem gesonderten Abschn im Anhang anzugeben. Gleichermaßen verlangt aber IAS 1.125 auch Angaben, die **bisher von keinem anderen IFRS gefordert** wurden. ZB wären hierunter auch Angaben über die Annahmen für die Bewertung von wesentlichen Forderungen zu machen: Annahmen über die Einhaltung von Zahlungsbedingungen, Umsetzung von Moratorien, ggf erforderliche Abzinsung bei Zahlungsaufschub etc.

Besondere Relevanz entfalten die Angaben nach IAS 1.125 bei der Beurteilung des ökonomischen Nutzens bei selbst geschaffenen immateriellen Vermögenswerten nach IAS 38, bei der Ermittlung des Nutzungswerts im Rahmen eines Werthaltigkeitstests nach IAS 36 und bei der Beurteilung der Werthaltigkeit von steuerlichen Verlustvorträgen im Rahmen des Ansatzes und der Bewertung von latenten Steuern nach IAS 12.

einstweilen frei 43–45

V. Sonstige Angaben nach IAS 1

1. Angaben zum Kapitalmanagement

Im Rahmen einer gesonderten Überarbeitung des IAS 1 wurden im Jahr 2006 46
die Paragrafen 124A bis 124C in IAS 1 (2003) eingefügt; diese entsprechen IAS 1.134 bis IAS 1.136 (2007). Unternehmen haben danach spezielle Angaben zum Kapitalmanagement im Anhang anzugeben, die es den Adressaten ermöglichen sollen, die Ziele, Methoden und Prozesse des Kapitalmanagements zu beurteilen. IAS 1.135 sieht dazu folgende einzelnen Angabepflichten vor:

(1) Qualitative Angaben zu den Zielen, Methoden und Prozessen beim Kapitalmanagement einschließlich einer Angabe dazu, ob und wie das Unternehmen seine Ziele zum Kapitalmanagement erreicht. In diesem Zusammenhang hat eine Beschreibung der Bilanzposten zu erfolgen, die das Unternehmen als Kapital managt; das wird idR das in der Bilanz ausgewiesene Eigenkapital (ggf vermindert um kurzfristig geplante auszuschüttende Beträge) sein, kann aber auch im Fall von PersGes andere, als Fremdkapital ausgewiesene Gesellschaftereinlagen beinhalten. Ferner sind Mindestkapitalanforderungen (zB aufgrund von sog *covenants* aus Kreditverträgen) anzugeben und auf welche Art und Weise diese in das Kapitalmanagement einbezogen werden.

(2) Quantitative Angaben zu den Posten, die als Kapital gemanagt werden. Für den Fall, dass auch nachrangige Verbindlichkeiten oder bei PersGes bestimmte andere Verbindlichkeiten ggü den Gesellschaftern als Eigenkapital behandelt werden, sind diese Posten betragsmäßig anzugeben. Dasselbe gilt für den Fall, dass bestimmte in der Bilanz unter dem Eigenkapital ausgewiesene Posten (zB Rücklage für *cashflow hedges,* Währungsausgleichsposten etc) nicht als Kapital gemanagt werden.

(3) Es müssen Angaben zu allen seit der letzten Berichtsperiode eingetretenen Veränderungen der Angaben unter (1) und (2) gemacht werden.

(4) Für den Fall, dass Mindestkapitalanforderungen bestehen, muss das Unternehmen Angaben zur Einhaltung der Verpflichtungen machen.

(5) In den Fällen, in denen diese Mindestkapitalanforderungen nicht eingehalten wurden, sind Angaben zu den Konsequenzen dieser Nichterfüllung zu machen.

Die vorgenannten Angaben nach (1) bis (5) müssen sich auf die Informationen stützen, die der Unternehmensleitung intern vorgelegt werden, dh es genügt nicht nur die Informationen zu berücksichtigen, die ggf Kreditgebern ohnehin im Rahmen von vereinbarten lfd Berichtspflichten zur Verfügung gestellt werden. Es sind daher alle Informationen zu berücksichtigen, die der Unternehmensleitung intern im Rahmen des Kapitalmanagements zur Verfügung stehen. IAS 1.136 weist explizit darauf hin, dass Angaben zu Mindestkapitalanforderungen ggf gesondert nach Geschäftsbereichen erfolgen müssen, wenn sich diese auf einzelne Bereiche in diversifizierten Konzernen beziehen und durch summarische Angaben auf Gesamtkonzernebene den Adressaten keine zweckdienlichen Informationen zum Kapitalmanagement vermittelt werden können.

2. Sonstige Pflichtangaben im Anhang

47 In IAS 1.137 werden weitere Pflichtangaben im Anhang gefordert. Nach IAS 1.137(a) muss der **Betrag der Dividende,** der nach dem Bilanzstichtag aber vor Freigabe des Abschlusses zur Veröffentlichung vorgeschlagen oder angekündigt wurde, angegeben werden. Dasselbe gilt für den entspr Betrag der **Dividende pro Aktie.** Es muss sich um Dividenden handeln, die nach dem Bilanzstichtag vorgeschlagen oder angekündigt wurden, da sie noch nicht als Gewinnverteilung an die Gesellschafter oder Aktionäre während des aktuellen Geschäftsjahrs erfasst worden sein dürfen. Die unter IAS 1.137(a) anzugebenden Beträge sind somit noch nicht als Verbindlichkeit im Abschluss auszuweisen. Andererseits fallen solche Dividenden, die bereits als Verbindlichkeit im Abschluss bilanziert werden, nicht unter die Angabepflicht nach IAS 1.137(a).

48 Ferner ist nach IAS 1.137(b) der Betrag der aufgelaufenen, aber noch nicht bilanzierten **Vorzugsdividende** anzugeben. Diese Vorschrift bezieht sich auf sog ***preference shares*** im internationalen angelsächsischen Sinn. Die *preference shares* partizipieren in begrenztem Umfang vor den übrigen Stammaktien am Unternehmensergebnis. Sie haben keinen unbeschränkten Anspruch auf das unternehmerische Reinvermögen und sind damit nicht mit den in Deutschland vorhandenen – oft stimmrechtslosen – Vorzugsaktien nach § 139 AktG vergleichbar (*Pellens/Gassen* in Baetge ua IFRS-Komm[2] IAS 33 Rz 7 ff). Die in Deutschland üblichen Vorzugsaktien und die auf diese entfallende Dividende, die im Abschluss noch nicht bilanziert ist, fallen mithin nicht unter die Angabepflicht nach IAS 1.137(b). In den Fällen, in denen die Dividende der Vorzugsaktionäre iSv § 139 AktG an die in einem Ausschüttungsbeschluss beschlossene Dividende der übrigen Stammaktionäre geknüpft ist, fällt die nach dem Bilanzstichtag vorgeschlagene Dividende der Vorzugsaktionäre aber unter die Angabepflicht nach IAS 1.137(a).

3. Sonstige Pflichtangaben mit alternativer Ausweismöglichkeit

49 Nach IAS 1.138 werden weitere Angaben im Anhang gefordert, wenn diese nicht bereits in anderen Informationen angegeben sind, die zusammen mit dem Abschluss veröffentlicht werden. Die hier geforderten Angaben müssen somit nicht zwingend im Anhang oder in den anderen Abschlussbestandteilen (Bilanz, Gesamtergebnisrechnung, gesonderte GuV (sofern erstellt), Kapitalflussrechnung oder Eigenkapitalveränderungsrechnung) erfolgen. Es genügt, wenn diese Angaben zusammen mit dem Abschluss veröffentlicht werden. Dies kann zB im **Geschäftsbericht** erfolgen. Gefordert werden folgende Angaben:
(1) Sitz und Rechtsform des Unternehmens, das Land, nach dessen Recht die Gesellschaft errichtet wurde und Adresse des registrierten Büros,
(2) eine Beschreibung der Art der Geschäftstätigkeit des Unternehmens und seine Hauptaktivitäten,
(3) der Name des MU und des obersten MU des Konzerns und
(4) bei begrenzter Lebensdauer des Unternehmens Angabe der Lebensdauer.

50 *einstweilen frei*

C. Pflichtangaben nach anderen IFRS

51 IAS 1.112(b) verlangt, dass die Angaben, die von anderen IFRS gefordert werden und nicht an anderer Stelle im Abschluss gemacht werden, im Anhang zu machen sind. Der **Ort, wo diese Angaben zu erfolgen haben,** richtet sich

nach IAS 1.47. Sofern der einzelne IFRS nicht explizit vorschreibt, wo die erforderlichen Angaben zu machen sind (zB IAS 33.66 bzw IAS 33.67A Angabe des verwässerten und unverwässerten Ergebnisses pro Aktie in der Gesamtergebnisrechnung bzw der gesonderten GuV (falls erstellt)), sondern lediglich die Angabe bestimmter Informationen fordert, gilt nach IAS 1.47, dass diese Informationen entweder in einem geeigneten Abschlussbestandteil (Bilanz, Gesamtergebnisrechnung, gesonderte GuV (sofern erstellt), Kapitalflussrechnung, Eigenkapitalveränderungsrechnung) oder im Anhang angegeben werden können.

Die erforderlichen Angaben sind in den einzelnen IFRS idR am Ende in einem **separaten Abschnitt mit der Überschrift „Angaben“** zusammengefasst. In zahlreichen Standards befinden sich jedoch auch Angabevorschriften in anderen Abschn oder der Standard ist in verschiedene Unterabschnitte aufgeteilt und am Ende eines jeden Unterabschnittes sind die Angabepflichten zusammengefasst. Unabhängig von der Platzierung der Angabevorschriften sind sämtliche Angaben zu machen, um dem Erfordernis in IAS 1.16 zu genügen. Ein Abschluss darf danach nur dann als übereinstimmend mit den IFRS bezeichnet werden, wenn er sämtliche Anforderungen jedes anzuwendenden Standards und jeder anzuwendenden Interpretation erfüllt. 52

Die **Art und der Umfang der Angaben** richten sich nach den jeweiligen Anforderungen des einzelnen IFRS. Die Angaben umfassen Betragsangaben, die Aufgliederungen und Untergliederungen mit einschließen, die Angabe von Zinssätzen, Laufzeiten, Jahresangaben, Nutzungsdauern uä. Ferner sind sachgerechte Erläuterungen und Beschreibungen von in Abschlussbestandteilen erfassten und nicht erfassten Sachverhalten, Darlegungen der Risikomanagementpolitik (IFRS 7), Erläuterungen der Beziehungen zu nahestehenden Personen (IAS 24) und weitere verbale Angaben zu machen. Zu den im Einzelnen erforderlichen Angaben wird auf die Checkliste für erforderliche Angaben (s Anlage I dieses Handbuchs) verwiesen. 53

einstweilen frei 54, 55

D. Wesentliche Änderungen und deren Anwendungszeitpunkte

IAS 1 wurde im September 2007 grundlegend überarbeitet und zT vollständig neu gefasst. Die Regelungen des IAS 1, die den Anhang betreffen, haben dabei materiell aber nur wenige Änderungen erfahren, die in der vorstehenden Kommentierung erläutert sind. Durch die Neufassung haben sich die den Anhang betreffenden Regelungen innerhalb des IAS 1 nahezu vollständig verschoben. Der geänderte IAS 1 ist für Geschäftsjahre anzuwenden, die am oder nach dem 1 Januar 2009 beginnen, wobei eine vorzeitige Anwendung zulässig ist. 56

E. Gegenüberstellung zu HGB/DRS

I. Funktion des Anhangs und Umfang der Angaben

Der Anhang ist nach IAS 1.10 ein **gleichberechtigter Abschlussbestandteil** neben der Bilanz, der Gesamtergebnisrechnung, der gesonderten GuV (sofern erstellt), der Kapitalflussrechnung und der Eigenkapitalveränderungsrechnung. Auch ein HGB-Anhang ist ein unverzichtbarer, gleichwertiger Bestandteil eines Abschlusses (*Winkeljohann/Schellhorn* in BeBiKo[6] § 264 HGB Rz 5). 57

Anders als nach IFRS ist die Segmentberichterstattung nach HGB ein eigenständiger Abschlussbestandteil und nicht Bestandteil des Anhangs.

58 Der Anhang nach IFRS hat wie der Anhang nach HGB primär eine **Informationsfunktion,** aus der sich die Erläuterungs-, Entlastungs- und Ergänzungsfunktion ableiten lässt. Die Erläuterungsfunktion als wichtiges Element der Informationsvermittlung hat jedoch eine wesentlich größere Ausprägung als bei einem HGB-Anhang. Dies wird durch den Umfang der Angabepflichten zu den Grundlagen der Abschlusserstellung, den Bewertungsgrundlagen, Bilanzierungs- und Bewertungsmethoden und Angabepflichten nach den einzelnen IFRS verdeutlicht. Das Ziel dieser umfangreichen Informationen liegt darin, den Adressaten des Abschlusses einen bestmöglichen Einblick in die VFE-Lage des Unternehmens zu ermöglichen.

59 Durch die vollständige Anwendung der IFRS und die Angabe erforderlicher Informationen soll nach IAS 1.15 erreicht werden, im Abschluss des Unternehmens ein den tatsächlichen Verhältnissen entspr Bild der VFE-Lage darzustellen. Die zusätzlich bereitzustellenden Informationen sollen dabei nach IAS 1.17(c) so geartet sein, dass sie es dem Adressaten ermöglichen, die Auswirkungen von einzelnen wesentlichen Geschäftsvorfällen und Ereignissen auf die VFE-Lage des Unternehmens **zu verstehen.**

60 Grds soll auch ein Anhang nach HGB ein den **tatsächlichen Verhältnissen entspr Bild der VFE-Lage** eines Unternehmens vermitteln – allerdings unter Beachtung der GoB. Der Anspruch der Informationsvermittlung geht jedoch nicht so weit wie nach IFRS, dass es den Adressaten ermöglicht werden soll, die Auswirkungen von **einzelnen wesentlichen Geschäftsvorfällen und Ereignissen** auf die VFE-Lage des Unternehmens zu verstehen.

61 Die Informationen, die im HGB-Anhang für einen Einzelabschluss dargestellt werden müssen, sind eindeutig und abschließend in den §§ 284, 285 HGB bzw in einer Reihe von weiteren Paragrafen des HGB geregelt. Die **Angabepflichten** im Anhang nach IFRS sind in allen IAS 1 bis IAS 41 sowie IFRS 1 bis IFRS 8 zu finden und sind dabei **nicht abschließend** aufgeführt. Insbes in IAS 1 sind die allgemeinen Angabepflichten für den Anhang enthalten, die nicht genau beschriebene zusätzliche Angaben fordern, die jedoch für das Verständnis des Adressaten erforderlich sind. Hier ergibt sich ein gewisser Spielraum für die Angabepflichten, der jedoch im Regelfall zu **erweiterten Angabepflichten** im IFRS-Anhang ggü einem HGB-Anhang führt.

II. Zusätzliche Angabepflichten für IFRS-Bilanzierer in Deutschland

62 Für alle Unternehmen, die basierend auf der IAS-VO bzw § 315a HGB **nach IFRS bilanzieren,** ergeben sich die zusätzlichen Anhangangaben aus § 315a Abs 1 HGB. Dies gilt unabhängig davon, ob ein Unternehmen nach § 315a Abs 1 und 2 HGB verpflichtet ist, die IFRS anzuwenden oder ob es die IFRS nach § 315a Abs 3 HGB freiwillig anwendet. Folgende Angaben sind zusätzlich zu den nach IFRS geforderten Angaben zu machen:

(1) Die nach § 313 Abs 2 bis 4 HGB geforderten Angaben zum **Anteilsbesitz** haben ergänzend zu erfolgen, da eine solche Aufstellung nach IFRS (IAS 27) nicht gefordert wird. Demzufolge sind für TU, assoziierte Unternehmen und Gemeinschaftsunternehmen Name und Sitz sowie Anteil am Kapital anzugeben. Für andere Beteiligungen, an denen mindestens 20% der Anteile gehalten werden, müssen zusätzlich das Eigenkapital und das Jahresergebnis offengelegt werden. Alternativ dürfen die Angaben in einer Aufstellung des

Anteilsbesitzes außerhalb des Anhangs gemacht werden, ein Wahlrecht, von dem in der Praxis häufig Gebrauch gemacht wird (zu weiteren Erleichterungswahlrechten in diesem Zusammenhang vgl §§ 313 Abs 2 Nr 4, 313 Abs 4 HGB). Durch das BilMoG wurde § 313 Abs 4 HGB gestrichen, sodass zukünftig die Angaben zum Anteilsbesitz unmittelbar im Anhang gemacht werden müssen.

(2) Nach § 314 Abs 1 Nr 4 HGB ist die **durchschnittliche Zahl der Arbeitnehmer** der in den Konzernabschluss einbezogenen Unternehmen sowie der **Personalaufwand** (sofern nicht in der GuV ausgewiesen) anzugeben.

(3) Nach § 314 Abs 1 Nr 6 HGB sind die **Organbezüge** anzugeben, sofern sie nicht schon gem IAS 24.16 ausreichend offengelegt wurden.

(4) Weiterhin ist nach § 314 Abs 1 Nr 8 HGB anzugeben, dass die **Entsprechenserklärung zum Corporate Governance Codex** gem § 161 AktG abgegeben und den Aktionären zugänglich gemacht wurde.

(5) § 314 Abs 1 Nr 9 HGB fordert bei kapitalmarktorientierten MU eine Angabe des im Geschäftsjahr als Aufwand erfassten **Honorars des Abschlussprüfers.**

Die nach § 298 Abs 1 HGB geforderte **Beachtung anderer gesetzlicher Bestimmungen,** die aufgrund der **Rechtsform** oder des **Geschäftszweigs** anwendbar sind, war aufgrund des Gleichwertigkeitserfordernisses des § 292a Abs 2 Nr 3 HGB für befreiende IFRS Konzernabschlüsse nach § 292a HGB geboten. Daher waren diese Angaben (zB §§ 150ff AktG, § 42 GmbHG etc) auch in einem Anhang eines befreienden IFRS-Abschlusses zu machen (vgl Voraufl § 19 Rz 64). Für Unternehmen, die für Geschäftsjahre ab dem 1. Januar 2005 aufgrund der IAS-VO bzw § 315a HGB nach IFRS bilanzieren, beschränkt § 315a Abs 1 HGB die Anwendung von § 298 Abs 1 HGB auf die genannten Fälle (§ 244 HGB (Sprache, Währung), § 245 HGB (Unterzeichnung)). Damit sind in einem IFRS-Anhang, der für Geschäftsjahre ab dem 1. Januar 2005 nach der IAS-VO bzw § 315a HGB aufgestellt wird, neben den in § 315a Abs 1 HGB aufgeführten keine weiteren Anhangangaben zu machen, die sich aus dem AktG oder GmbHG ergeben. 63

einstweilen frei 64

F. Aktuelle Entwicklungen/IASB-Projekte

Nach der im September 2007 erfolgten **grundlegenden Überarbeitung** des IAS 1, die ua eine Angleichung der Berichterstattung über *comprehensive income* analog zu den Regelungen der US-GAAP in SFAS 130 zum Inhalt hatte, aber auch eine Reihe weiterer Änderungen beinhaltete, ist derzeit kein wesentliches Projekt des IASB erkennbar, das eine weitere grundlegende Überarbeitung des IAS 1 und der darauf basierenden Anhangangaben zum Gegenstand hat. 65

Der IASB hat im Oktober 2008 im Rahmen des *Financial Statement Presentation Projekts* ein Diskussionspapier veröffentlicht, dem in 2010 ein Entwurf eines Standards folgen soll. Dieser Standard soll eine stärkere Orientierung der Berichterstattung in der Bilanz und GuV/Gesamtergebnisrechnung anhand der operativen, investiven und finanzierenden Tätigkeiten des Unternehmens zum Inhalt haben. Im Rahmen dieses Projekts ist eine Neuregelung der entspr Anhangangaben zu erwarten.

G. Checkliste für erforderliche Angaben

66 Die Angaben, die im Abschluss zu machen sind, ergeben sich aus IAS 1 sowie den übrigen IFRS. Da die Vorschriften unübersichtlich und die Angabepflichten an zahlreichen Stellen in den IFRS aufzufinden sind, bietet sich eine Checkliste für die erforderlichen Angaben an. Dieses Handbuch enthält eine **Checkliste in Kurzfassung** bzw in Stichworten, die am Ende dieses Handbuchs als Anlage abgedruckt ist und dem Leser als Übersicht der erforderlichen Anhangangaben dienen soll. Zur konkreten Anwendung für einen zu erstellenden IFRS-Anhang bzw Überprüfung eines vorgelegten IFRS-Anhangs auf Vollständigkeit bietet sich die **elektronische Version der Anhangcheckliste** an, die auf **CD-ROM** gesondert erhältlich ist. Nach Beantwortung einiger Fragen zum Unternehmen und den zu bilanzierenden Sachverhalten wird in der elektronischen Version eine maßgeschneiderte Anhangcheckliste für den konkreten Anwendungsfall generiert.

67 Die in der Anlage zu diesem Handbuch **abgedruckte Checkliste in Kurzfassung** bzw in Stichworten berücksichtigt alle Änderungen der Standards und Interpretationen, die bis zum 1. Juli 2009 vom IASB veröffentlicht waren und zwar unabhängig von ihrer Übernahme durch die EU zu diesem Zeitpunkt. Diese Checkliste kann somit für Geschäftsjahre angewendet werden, die am oder nach dem **1. Januar 2010 beginnen,** bzw für frühere Geschäftsjahre, sofern sämtliche geänderten Standards und Interpretationen **vorzeitig angewendet** werden.

§ 20. Nahestehende Unternehmen/Personen

Übersicht

Schrifttum: *Andrejewski/Böckem* Die Bedeutung natürlicher Personen im Kontext des IAS 24, KoR 2005, 170; *Kirsch* IAS-Jahresabschluss für Kommanditgesellschaften, BB 2003, 143; *Küting/Weber/Gattung* Nahestehende Personen – related parties – nach nationalem und internationalem Recht, KoR 2003, 53; *Niehus* Related Party Disclosures, WPg 2003, 521; *Niehus* „Related Party Transactions" – Anmerkungen zu einem (künftig auch für deutsche Unternehmen geltenden?) internationalen Bilanzierungsgrundsatz –, in FS Kropff, Aktien- und Bilanzrecht, Düsseldorf 1997, 533; *Schmidt* Gesellschaftsrecht, 4. Aufl, Köln 2002; *Zimmermann* Die Berichterstattung über Beziehungen zu nahe stehenden Personen nach DRS 11, StuB 2002, 889; *Zülch/Gebhardt* Angaben über Beziehungen zu nahestehenden Unternehmen und Personen – Entwurf des IASB zur Änderung des IAS 24, PiR 2007, 139.

Wesentliche Rechtsgrundlage: IAS 24

A. Zielsetzung und Anwendungsbereich

I. Zielsetzung

Die Regelungen des IAS 24 gehen von der Annahme aus, dass sich Geschäftsbeziehungen zwischen nahestehenden Unternehmen und Personen von denen mit Dritten unterscheiden können und dass die VFE-Lage eines Unternehmens durch die Existenz nahestehender Unternehmen und Personen sowie durch Geschäftsvorfälle und ausstehende Salden mit diesen beeinflusst werden kann. Dem Abschlussadressaten sollen die möglichen Konsequenzen einer Abhängigkeit von nahestehenden Unternehmen und Personen bewusst gemacht und dadurch die Transparenz des Abschlusses verbessert werden. 1

II. Anwendungsbereich

2 IAS 24 verlangt von **allen** Unternehmen, Beziehungen zu nahestehenden Unternehmen und Personen anzugeben. Die Angabepflichten sind nicht auf kapitalmarktorientierte Unternehmen beschränkt.

IAS 24.3 fordert Angaben zu Geschäftsvorfällen und ausstehenden Salden in den Konzern- und Einzelabschlüssen eines MU, eines Partnerunternehmens oder eines Anteilseigners. Für den Konzernabschluss ist nach IAS 24.4 weiter über diejenigen Beziehungen und Geschäftsvorfälle zu berichten, die nicht konsolidiert sind (s *Heuser/Theile*[3] Rz 4761). Hinzu kommen ggf zusätzliche Berichtspflichten nach IFRS 3 und IAS 27 (vgl § 32 Rz 30 ff).

Als Geschäftsvorfall mit nahestehenden Unternehmen und Personen gilt die Übertragung von Ressourcen, Dienstleistungen oder Verpflichtungen zwischen nahestehenden Unternehmen und Personen (IAS 24.9). Beispiele für vorkommende Geschäftsvorfälle sind in IAS 24.20 (s Rz 32) aufgeführt.

3 Der Standard regelt folgende Fragen:
(1) **Wer** ist nahestehendes Unternehmen/nahestehende Person?
(2) Um welche **Geschäftsvorfälle** handelt es sich?
(3) Welche **Erläuterungen** sind im Abschluss zu geben?

4 Die Angabepflichten sind insoweit eingeschränkt, als keine Aussagen im Hinblick darauf erforderlich sind, wie der Jahresabschluss ohne Transaktionen mit nahestehenden Unternehmen/Personen ausgesehen hätte. Ebenso wenig wird eine Stellungnahme zur Angemessenheit verlangt.

Bei der Betrachtung der Beziehungen zu nahestehenden Unternehmen und Personen wird der **wirtschaftliche Gehalt** der Beziehung und nicht allein die rechtliche Gestaltung geprüft (IAS 24.10).

5 Beziehungen zu nahestehenden Unternehmen und Personen können sowohl zu untergeordneten Unternehmen, zu Schwesterunternehmen oder zu Anteilseignern bzw dem Management übergeordneter Unternehmen bestehen. **Grafisch** lassen sie sich wie folgt darstellen:

Übersicht: Abgrenzung nahestehender Unternehmen und Personen

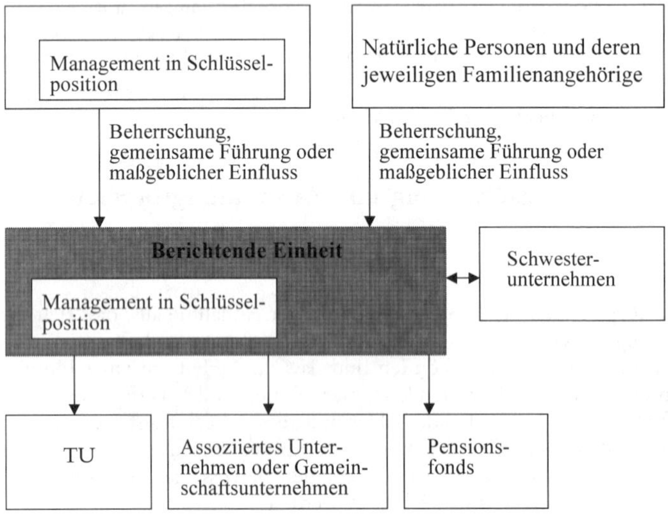

B. Nahestehende Unternehmen

Unternehmen werden gem IAS 24.9 als nahestehend betrachtet, wenn ein Unternehmen 6
(1) das berichtende Unternehmen iSd Konzernrechtsdefinition **beherrscht** (vgl § 30 Rz 4ff), oder
(2) iSd Definition assoziierter Unternehmen (vgl § 30 Rz 32ff) einen maßgeblichen **Einfluss** auf das berichtende Unternehmen hat, oder
(3) an der **gemeinsamen Führung** des berichtenden Unternehmens beteiligt ist (s § 30 Rz 27ff) oder
(4) Schwesterunternehmen des berichtenden Unternehmens ist oder
(5) TU des berichtenden Unternehmens ist oder
(6) assoziiertes Unternehmen des berichtenden Unternehmens oder
(7) Gemeinschaftsunternehmen des berichtenden Unternehmens ist.

I. Beherrschung

Die **Beherrschung** *(control)* wird in IAS 27.4 definiert. Beherrschung ist demnach die Möglichkeit, die Finanz- und Geschäftspolitik eines Unternehmens zu bestimmen, um aus dessen Tätigkeit Nutzen zu ziehen. Das beherrschte Unternehmen wird als TU *(subsidiary),* das beherrschende Unternehmen als MU *(parent)* bezeichnet (IAS 27.4 (2008)/IAS 27.4 (2003); s ausführlich § 30 Rz 4ff). 7

Gem IAS 24.9(a)(i) ist nicht nur über Beziehungen zum unmittelbaren MU und weiteren mittelbar herrschenden Unternehmen zu berichten, sondern darüber hinaus auch über Beziehungen zu Schwestergesellschaften und vom berichtenden Unternehmen beherrschte TU. Dies gilt unabhängig davon, ob zwischen dem berichtenden und diesen nahestehenden Unternehmen Geschäfte in der Berichtsperiode stattfanden (IAS 24.12).

Im **Einzelabschluss** sind die Angaben nach IAS 24 grds für alle Konzernunternehmen bzw Personen in Schlüsselpositionen in diesen Unternehmen zu machen. Innerhalb des **Konzernabschlusses** fallen dagegen aufgrund der Sichtweise des Konzerns als eine berichtende Einheit die Angaben für Beziehungen und Transaktionen weg, die innerhalb des Konzerns getätigt werden. Dies betrifft bspw konzerninterne Lieferungen und Leistungen, konzerninterne Finanzierungstransaktionen oder konzerninterne Miet- und Leasingverhältnisse. Vollumfängliche Angaben sind hingegen für nicht in den Konzernabschluss einbezogene TU zu machen, bei denen eine Konsolidierung zB aus Wesentlichkeitsgründen unterblieben ist. 8

II. Maßgeblicher Einfluss

Der **maßgebliche Einfluss** wird in IAS 28.2 als Möglichkeit definiert, an den finanz- und geschäftspolitischen Entscheidungsprozessen des Beteiligungsunternehmens mitzuwirken, ohne diese Entscheidungsprozesse beherrschen zu können. Das Unternehmen, auf das der maßgebliche Einfluss ausgeübt wird, wird als assoziiertes Unternehmen bezeichnet. 9

Das Vorliegen eines maßgeblichen Einflusses wird **widerlegbar vermutet** (s auch *Winkeljohann/Böcker* in BeBiKo[6] § 311 Rz 40), wenn der Anteilseigner direkt oder indirekt über mindestens 20% der Stimmrechte am assoziierten Unternehmen verfügt. Bei einem Stimmrechtsanteil von weniger als 20% wird spiegelbildlich vermutet, dass kein maßgeblicher Einfluss gegeben ist (IAS 28.4; s ausführlich § 30 Rz 32ff).

10 Gem IAS 24.9(a)(ii) sowie IAS 24.9(b) ist sowohl über Beziehungen zu Unternehmen zu berichten, die als **Anteilseigner** mittelbar oder unmittelbar einen maßgeblichen Einfluss auf das berichtende Unternehmen ausüben können, als auch über Beziehungen zu Unternehmen, auf die das **berichtende Unternehmen** einen maßgeblichen Einfluss ausüben kann. Voraussetzung ist jedoch, dass zwischen dem berichtenden und den so definierten nahestehenden Unternehmen in der Berichtsperiode Geschäftsbeziehungen stattgefunden haben (Umkehrschluss aus IAS 24.12).

Übersicht: A ist das berichtende Unternehmen. Die anderen Unternehmen stehen ihm nahe.

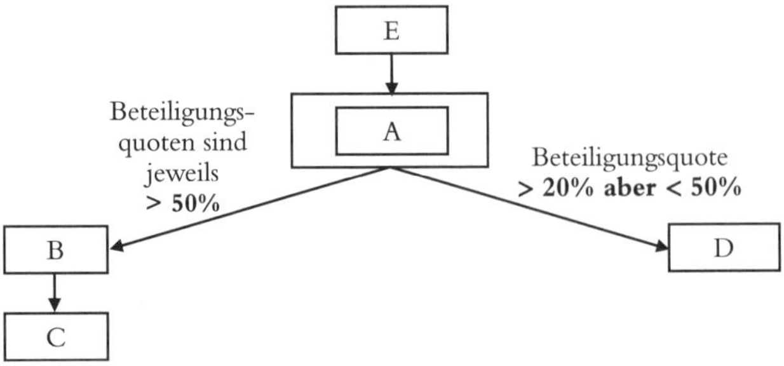

A muss über seine Beziehungen zu E, B und C (Konzernunternehmen) berichten, auch wenn zwischen ihnen keine Geschäftsvorfälle in der Berichtsperiode stattfanden. Diese Berichtspflicht entspricht derjenigen aus § 285 Nr 11 HGB. Anzugeben ist der Name des MU und, falls abweichend davon, der Name des obersten MU. Falls die vorstehend genannten MU ihre Abschlüsse nicht veröffentlichen, ist zusätzlich der Name des nächsten Unternehmens, das einen Abschluss veröffentlicht, anzugeben (IAS 24.12). Fanden in der Berichtsperiode Geschäftsvorfälle statt, so ist über diese – vorbehaltlich der Ausführungen in Rz 29 – zu berichten. Über die Beziehungen zu D (assoziiertes Unternehmen, wesentlicher Einfluss) ist nur zu berichten, wenn Geschäftsvorfälle *(transactions)* im Berichtszeitraum stattfanden (IAS 24.12). In diesem Punkt geht die Berichtspflicht nach § 285 Nr 11 HGB weiter als die in IAS 24 vorgesehene. Handelt es sich um einen befreienden IFRS-Konzernabschluss nach § 315a HGB, so besteht eine zusätzliche Berichtspflicht für die im HGB geforderten Angaben.

III. Beteiligung an der gemeinsamen Führung eines anderen Unternehmens

11 Gemeinsame Führung ist nach IAS 24.9 die **vertraglich vereinbarte Teilhabe** an der **Führung** einer wirtschaftlichen Geschäftstätigkeit eines anderen Unternehmens. Aus dem Merkmal der gemeinsamen Führung kann abgeleitet werden, dass insoweit ein erheblicher Einfluss auf die finanz- und geschäftspolitischen Entscheidungsprozesse gegeben sein muss. Aus der Voraussetzung der vertraglichen Vereinbarung folgt, dass nach deutschem Recht im Regelfall ein **Betriebsführungsvertrag** oÄ vorliegen wird.

Korrespondierend zum maßgeblichen und beherrschenden Einfluss (s Rz 7ff) ist sowohl über Beziehungen zu Unternehmen zu berichten, die als **Anteilseigner** das berichtende Unternehmen mittelbar oder unmittelbar gemeinschaftlich führen, als auch zu **Gemeinschaftsunternehmen** iSd IAS 31, die das **berichtende Unternehmen** als Partnerunternehmen gemeinsam mit einem oder mehreren anderen Partnerunternehmen führt (IAS 24.9(a)(ii) sowie IAS 24.9(b)). Zu berichten ist nur, wenn in dem Berichtszeitraum Geschäfte zwischen dem Partnerunternehmen und dem (berichtenden) Gemeinschaftsunternehmen bzw zwischen dem berichtenden Partnerunternehmen und seinem Gemeinschaftsunternehmen stattfanden (Umkehrschluss aus IAS 24.12).

In IAS 24.11(b) wird weitergehend klargestellt, dass Unternehmen nicht allein deswegen als nahestehend angesehen werden können, weil sie gemeinsam als Partnerunternehmen ein Gemeinschaftsunternehmen kontrollieren.

IV. Pensionsfonds

Auch ein **Pensionsfonds** (vgl § 26 Rz 37) gehört nach IAS 24.9(g) zu den nahestehenden Unternehmen, wenn der **Fonds für die Mitarbeiter** des berichtenden Unternehmens eingerichtet ist. 12

Voraussetzung ist jedoch, dass zwischen dem berichtenden Unternehmen und dem Pensionsfonds in der Berichtsperiode Geschäftsbeziehungen stattgefunden haben (Umkehrschluss aus IAS 24.12). Somit kann durch eine Einmalzahlung in einen Pensionsfonds eine Berichtspflicht nach IAS 24 in den Folgejahren vermieden werden. Allerdings löst jede zusätzliche Dotierung in den Folgejahren für die entspr Berichtsperioden eine erneute Angabepflicht aus.

C. Nahestehende natürliche Personen

Nicht nur Beziehungen zu Unternehmen, sondern auch zu bestimmten natürlichen Personen können aufgrund ihres Einflusses Auslöser von Berichtspflichten nach IAS 24 sein. Natürliche Personen werden gem IAS 24.9(a) als nahestehend betrachtet, wenn sie **direkt** oder **indirekt** 13

(1) das berichtende Unternehmen **beherrschen** (vgl § 30 Rz 4ff) (beherrscht die natürliche Person mehrere Unternehmen, sind diese untereinander ebenfalls nahestehende Unternehmen),
(2) einen maßgeblichen **Einfluss** auf das berichtende Unternehmen haben,
(3) an der **gemeinsamen Führung** des berichtenden Unternehmens beteiligt sind,
(4) in **Schlüsselpositionen** des berichtenden Unternehmens oder seines MU sind oder wenn
(5) sie ein **naher Familienangehöriger** (s Rz 26ff) einer Person sind, die nach den Kriterien (1) bis (4) als nahestehend qualifiziert wird.

Ferner beschreibt IAS 24.9(f), dass Unternehmen **mittelbar über die Beziehungen zu natürlichen Personen** als nahestehend qualifiziert werden können. Es handelt sich im Wesentlichen um drei Grundfälle (vgl *Andrejewski/Böckem* KoR 2005, 174f): 14

(1) Das Unternehmen B ist im Verhältnis zu Unternehmen A als nahestehend zu betrachten, wenn eine natürliche Person das Unternehmen B beherrscht, maßgeblich beeinflusst, an der gemeinschaftlichen Führung beteiligt ist oder einen wesentlichen Stimmrechtsanteil hält und gleichzeitig eine Schlüsselfunktion beim Unternehmen A hat (IAS 24.9(f) iVm (e)).
(2) Das Unternehmen B ist im Verhältnis zu Unternehmen A nahestehend, wenn eine natürliche Person das Unternehmen B beherrscht, maßgeblich beeinflusst, an der gemeinschaftlichen Führung beteiligt ist oder einen wesentlichen Stimmrechtsanteil hält und gleichzeitig naher Familienangehöriger einer natürlichen Person ist, die eine Schlüsselfunktion im Unternehmen A einnimmt. In diesem Fall genügt allerdings nur eine natürliche Person nicht

den Definitionskriterien des IAS 24.9(f) und (d). Es muss sich deshalb mindestens um zwei Personen handeln, die nahe Familienangehörige sind (IAS 24.9(f) iVm (e) iVm (d)).

(3) Das Unternehmen B ist im Verhältnis zu Unternehmen A nahestehend, wenn eine natürliche Person das Unternehmen B beherrscht, maßgeblich beeinflusst, an der gemeinschaftlichen Führung beteiligt ist oder einen wesentlichen Stimmrechtsanteil hält und gleichzeitig naher Familienangehöriger einer Person ist, die das Unternehmen A beherrscht (IAS 24.9(a) (i)), maßgeblichen Einfluss ausübt (IAS 24.9(a) (ii)) oder an der gemeinschaftlichen Führung beteiligt ist (IAS 24.9(a) (iii)).

15 Voraussetzung ist jedoch, dass zwischen dem berichtenden Unternehmen und der nahestehenden Person in der Berichtsperiode Geschäftsbeziehungen stattgefunden haben (Umkehrschluss aus IAS 24.12).

Beispiel: Frau X ist die Lebenspartnerin des Vorstandsmitglieds Z der Y-AG und alleinige Gesellschafterin der A-GmbH, die umfangreiche Geschäftsbeziehungen zur Y-AG unterhält. Die Y-AG hat daher nach IAS 24.9(f) über ihre Beziehungen zur A-GmbH zu berichten.

I. Beherrschung eines Unternehmens

16 Eine natürliche Person **beherrscht** ein Unternehmen, wenn sie die Möglichkeit hat, die Finanz- und Geschäftpolitik des Unternehmens zu bestimmen, um aus dessen Tätigkeit Nutzen zu ziehen (IAS 27.4 (2008)/IAS 27.4 (2003)).

Dies trifft zB bei KapGes auf einen **Mehrheitsgesellschafter** zu. Er kann bei einer AG zwar – im Gegensatz zum Mehrheitsgesellschafter einer GmbH – in seiner Eigenschaft als Aktionär dem Vorstand – bei der GmbH dem Geschäftsführer – keine Weisungen erteilen. Er kann seinen Einfluss jedoch geltend machen, indem er sich oder Personen seines Vertrauens in den Aufsichtsrat wählt. Diese Möglichkeit reicht nach IAS 27.13(c) (2008)/IAS 27.13(c) (2003) aus, um einen beherrschenden Einfluss anzunehmen, obwohl die Möglichkeiten eines Mehrheitsaktionärs, zum eigenen Nutzen Einfluss auf die AG zu nehmen, nach deutschem Aktienrecht formell begrenzt sind (*Schmidt*[4], 866 ff).

17 Eine Mehrheitsbeteiligung liegt auch vor, wenn die natürliche Person die Mehrheit der Stimmen **nicht allein**, sondern nur zusammen mit den **Stimmrechten** ihres **Ehepartners** oder **Lebensgefährten**, mit der sie in häuslicher Gemeinschaft lebt, und/oder ihren **Kindern** hat (s Rz 26).

Haben die vorgenannten Personen Anteile und Stimmrechte von weniger als 50%, stellen jedoch faktisch die **Präsenzmehrheit** auf einer Hauptversammlung dar (zB 40%, wenn weniger als 80% der Aktionäre anwesend sind), so werden derzeit in der Literatur unterschiedliche Meinungen hinsichtlich des Vorliegens eines *control*-Verhältnisses vertreten (vgl § 30 Rz 10). Folgt man der Sichtweise, dass eine nachhaltige Präsenzmehrheit ein Beherrschungsverhältnis begründen kann, so ist das entspr Unternehmen wie jedes andere TU zu behandeln; dies umfasst auch die Vorgaben des IAS 24. Wird hingegen die Ansicht vertreten, dass eine Präsenzmehrheit regelmäßig nicht zu einer Qualifikation als TU führt, liegt ein maßgeblicher Einfluss vor.

18 Über Personen mit beherrschendem Einflusses ist nur zu berichten, wenn im jeweiligen Berichtszeitraum **Geschäfte** zwischen dem Berichtsunternehmen und der Person mit beherrschendem Einfluss oder mit dessen Familienmitgliedern iSv Rz 26 ff abgeschlossen bzw durchgeführt wurden.

II. Maßgeblicher Einfluss auf ein Unternehmen und Beteiligung an der gemeinsamen Führung eines Unternehmens

Eine natürliche Person hat einen maßgeblichen Einfluss auf ein Unternehmen, wenn sie die Macht hat, an der Finanz- und Geschäftspolitik teilzunehmen (IAS 24.9). Die Grundlage dieses Einflusses kann **Anteilsbesitz** unterhalb einer Größenordnung für eine Beherrschung sein. Der Einfluss kann aber auch auf dem **Gesellschaftsvertrag** oder anderen Verträgen beruhen. 19

Über Personen mit maßgeblichem Einfluss ist nur zu berichten, wenn in der jeweiligen Berichtszeit **Geschäfte** iSv Rz 32 zwischen dem Berichtsunternehmen und der Person mit wesentlichem Einfluss oder mit dessen Familienmitgliedern abgeschlossen bzw durchgeführt wurden. 20

Typische **Beispiele** für nahestehende Personen sind im Folgenden aufgeführt: 21

(1) Zu den natürlichen Personen, die IAS 24 als Anknüpfungspunkt für Berichtspflichten festlegt, gehören auch die Mitglieder der Leitungsebene des berichtenden Unternehmens oder von deren MU. Dies sind die Personen, die für die Planung, Leitung und Kontrolle des Unternehmens verantwortlich sind **(Personen in Schlüsselpositionen),** also in erster Linie die **Vorstandsmitglieder** und **Mitglieder des Aufsichtsrats** einer AG oder die **Geschäftsführer** einer GmbH. Scheidet eine Person in einer Schlüsselposition unterjährig aus dem Unternehmen aus, so wird sie nur bis zum Zeitpunkt ihres Ausscheidens als nahestehende Person des Unternehmens angesehen. Ehemalige Personen in Schlüsselpositionen werden dabei von IAS 24 nicht erfasst. Ausschließlich aktuelle Personen in Schlüsselpositionen können einen wesentlichen Einfluss auf ein Unternehmen ausüben.

(2) Wegen der gesetzlich vorgeschriebenen Aufgabenteilung bei der AG zwischen Aktionären, Aufsichtsrat und Vorstand ist es nur in Sondersituationen denkbar, dass eine natürliche Person außerhalb von Aufsichtsrat und Vorstand einen wesentlichen Einfluss hat. Dies kann im Insolvenzverfahren der **Insolvenzverwalter** sein. Die Deutsche Post World Net AG hat bspw neben Vorstand und Aufsichtsrat „Zentral- sowie Geschäftsbereichsleiter/Führungskräfte (der Ebene zwei) und deren Familienangehörige" zu den nahestehenden Personen iSv IAS 24 gezählt (*Deutsche Post World Net AG* Geschäftsbericht 2008, Ziff 56.2).

(3) Zum Kreise der nahestehenden Personen zählen bei der **KG** die Komplementäre sowie die nahen Familienangehörigen dieser Gesellschafter (s *Kirsch* BB 2003, 143 ff). **Kommanditisten** und deren nahe Familienangehörige kommen als nahestehende Personen in Betracht, wenn der Kommanditist entgegen den gesetzlichen Regeln (§§ 164 bis 171 HGB) aufgrund des Gesellschaftsvertrags der KG oder durch seine Stellung als Gesellschafter der Führungs-GmbH wesentliche Mitwirkungsrechte und damit maßgeblichen Einfluss (IAS 24.9) auf die KG hat.

Über **Geschäftsbeziehungen** des berichtenden Unternehmens zu diesen Personen ist zu berichten, wenn solche Beziehungen im Berichtszeitraum **bestehen**. Die Berichtspflicht besteht auch über Beziehungen des Unternehmens zu den **Angehörigen** der Vorstände und leitenden Mitarbeitern. Die hierin liegende rechtliche und praktische Problematik ist in Rz 39 ff dargestellt. Zu den geforderten Angaben gehören nach IAS 24.16 auch die **Vorstandsbezüge** (s Rz 38).

Ausnahmen von der Definition einer nahestehenden Person sind in IAS 24.11 geregelt. IAS 24.11(a) stellt ausdrücklich fest, dass zwei Unternehmen 22 nicht als nahestehend gelten, die lediglich ein Geschäftsleitungsmitglied oder Mitglieder des Managements in einer Schlüsselposition gemeinsam haben.

23 Trotz der aktienrechtlichen Beschränkungen haben faktisch die **Kreditgeber** des Unternehmens sowie bedeutende **Kunden** oder **Lieferanten** häufig einen wesentlichen Einfluss. Diese Personen und Unternehmen sollen aber nach der ausdrücklichen Bestimmung in IAS 24.11(c) und (d) grds nicht als nahestehende Unternehmen oder Personen behandelt werden. Gleiches gilt nach IAS 24.11(b) für **Gewerkschaften,** öffentliche Versorgungsbetriebe und Behörden sowie öffentliche Institutionen, die ebenfalls wesentlichen Einfluss haben können, aber von den Berichtspflichten nach IAS 24 ausdrücklich ausgenommen sind.

24 Die vorzitierten Ausnahmen gelten im Hinblick auf den Einfluss, den die genannten Unternehmen und Personen aufgrund ihrer **Geschäftsbeziehungen** als Bank, als wesentlicher Kunde, als wesentlicher Lieferant usw haben. Eine andere Beurteilung ergibt sich, wenn eines/eine der genannten Unternehmen oder Personen **Mehrheitsaktionär** (beherrschender Gesellschafter) des Berichtsunternehmens ist oder wenn er aufgrund von Anteilsbesitz oder besonderen vertraglichen Rechten und Pflichten Einfluss nehmen kann. Im Hinblick auf die Kreditgeber des Unternehmens gilt es hier, im Einzelfall zwischen üblichen Kreditverträgen und Sondervereinbarungen zu unterscheiden, die den Banken über das normale Maß hinausgehende Rechte einräumen.

25 Über Geschäftsbeziehungen des berichtenden Unternehmens zu diesen nahestehenden Personen ist zu berichten, wenn solche Beziehungen im Berichtszeitraum bestehen. Die Berichtspflicht besteht auch über Beziehungen des Unternehmens zu den **Angehörigen** dieser nahestehenden Personen. Die hierin liegende rechtliche und praktische Problematik ist in Rz 39ff dargestellt.

III. Familienangehörige nahestehender natürlicher Personen

26 Zu berichten ist nicht nur über die natürlichen Personen, die einen beherrschenden oder maßgeblichen Einfluss haben. Zu berichten ist ferner über die Geschäftsvorfälle zu denjenigen Personen, die **Familienangehörige** der unmittelbar Betroffenen sind. Dies sind nach IAS 24.9 solche Personen, von denen angenommen werden kann, dass sie bei Transaktionen mit dem Unternehmen von dem unmittelbar Betroffenen in ihrem geschäftlichen Handeln beeinflusst werden können oder die Einfluss auf das geschäftliche Handeln des direkt Betroffenen nehmen können. Zu diesem Personenkreis gehören im Wesentlichen nach IAS 24.9 ua Lebenspartner, die mit dem unmittelbar Betroffenen in häuslicher Gemeinschaft leben, sowie seine Kinder und die Kinder des Lebenspartners.

27 Der Begriff „**Angehörige**" ist **eng** auszulegen, weil anderenfalls ein weitgehender Eingriff in die Privatsphäre notwendig wäre, der angesichts des Zwecks der Anhangangabepflicht nicht vertretbar wäre.

Der Standardtext geht davon aus, dass die „Vermutung", der unmittelbar Betroffene könne die Entscheidungen dieser Personen beeinflussen oder umgekehrt, im Einzelfall nicht widerlegt werden kann, obwohl die genannten Personen in der Lebenswirklichkeit häufig unabhängig in ihren wirtschaftlichen Entscheidungen sind.

28 Die Anhangangabepflicht setzt voraus, dass das **berichtspflichtige Unternehmen** über die dargestellten Beziehungen **informiert** ist. Dies wiederum bedeutet, dass der unmittelbar Betroffene verpflichtet ist, dem Unternehmen entspr Angaben zu machen. Das Unternehmen wiederum muss prüfen, ob der

unmittelbar Betroffene seinen Pflichten nachgekommen ist. Die Berichtspflichten stoßen somit auf **praktische Schwierigkeiten** in der Umsetzung (s auch *Niehus*, WPg 2003, 533 ff und Rz 40).

Beispiel 1: Bei **wesentlichem Einfluss verschiedener Personen** könnte ein Geschäftsbericht Folgendes anführen:

Gem IAS 24 berichtet die A-AG auch über Geschäftsvorfälle zwischen der A-AG und ihr nahestehenden Personen bzw deren Familienangehörigen. Als nahestehende Personen wurden Vorstand, Aufsichtsrat, Zentral- sowie Geschäftsbereichsleiter (Führungskräfte der Ebene zwei) und deren Familienangehörige definiert. Für Führungskräfte der Ebene zwei bestanden in drei Fällen Verträge zwischen der A-AG einerseits und einem nahestehenden Familienangehörigen andererseits. Hierbei bestand entweder eine Beziehung direkt zum Ehegatten oder zur Firma des Ehegatten. Die Art des Geschäfts bestand überwiegend in der Erbringung von Beratungs- und sonstigen Dienstleistungen für die A-AG. Der Umfang dieser Geschäfte lag insgesamt bei T€ 500. Den Führungskräften der Ebene zwei wurden insgesamt Darlehen in Höhe von T€ 1.000 gewährt. Die Laufzeit variierte zwischen 10 und 20 Jahren. Sofern kein variabler Zinssatz vereinbart war, lag dieser zwischen 3,8% und 6,5%. Zum 31. Dezember betrug die Höhe der Darlehen noch T€ 700. Weiter wurde einem Aufsichtsratsmitglied ein Darlehen in Höhe von T€ 30 zu marktüblichen Konditionen gewährt. Zum 31. Dezember bestand das Darlehen noch in voller Höhe. Darlehen an Vorstände wurden nicht vergeben.

Beispiel 2: Ein Geschäftsbericht könnte zB zu nahestehenden Personen, bei denen es sich **wesentlich um Familienangehörige** handelt, ausführen:

Mit den nachfolgend aufgeführten Unternehmen, die in weit gestreutem Besitz von Mitgliedern der Familie M, darunter den Vorständen Karl M und Heinz M stehen, gab es im Jahr X4 Geschäftsbeziehungen. So vermieten die MI-GmbH und die MII-GmbH & Co KG diverse Mietobjekte in der Nähe des Hauptstandorts an die M-AG. Die Mietzahlungen betrugen T€ 1.000. Nachdem einige Gesellschaften des Teilkonzerns MK im Jahr X9 in ein neues Gebäude umziehen werden, muss aus heutiger Sicht damit gerechnet werden, dass ein Teil der langfristig angemieteten Grundstücke und Gebäude nicht vollständig weiter genutzt werden kann. Für diesen Fall hat die M-AG eine Rückstellung von Mio € 5 gebildet. Für die der Familie M nahestehenden Gesellschaften und Stiftungen wurden Dienstleistungen in Höhe von T€ 50 erbracht.

Praxisbeispiele mit Angaben zu natürlichen Personen finden sich zB bei der Drägerwerk AG & Co KGaA, der Lufthansa AG und der Deutsche Post World Net AG (*Drägerwerk AG & Co KGaA* Geschäftsbericht 2008, 201; *Lufthansa AG* Geschäftsbericht 2008, Ziff 50; *Deutsche Post World Net AG* Geschäftsbericht 2008, Ziff 56.2).

D. Angaben im Anhang

Der Umfang und damit die Bedeutung der Anhangangabepflichten nach IAS 24 werden durch die folgende Regel eingeschränkt. Im Rahmen der Konzernbilanzierung braucht nicht über Geschäftsvorfälle berichtet zu werden, die im Rahmen der **Konsolidierung** eliminiert sind, also aus **Konzernsicht interne Vorgänge** sind. Macht das MU eines Konzerns die erforderlichen Angaben, muss dennoch auch im **Einzelabschluss** eines Konzernunternehmens über die Beziehungen zu den Konzernunternehmen berichtet werden (IAS 24.4). 29

IAS 24 beschränkt sich darauf, Art und Umfang von Angabepflichten zu statuieren. Es wird hingegen **keine Bewertung** einzelner Geschäfte verlangt (zu Einzelheiten s Rz 3, Rz 37).

Das Unternehmen, welches dem **beherrschenden Einfluss** unterliegt, muss 30
unabhängig davon, ob Geschäftsvorfälle zwischen diesen nahestehenden Unternehmen stattgefunden haben, den **Namen des MU** und, falls abweichend davon,

den Namen des obersten MU veröffentlichen. Falls die vorstehend genannten MU ihre Abschlüsse nicht veröffentlichen, ist zusätzlich der Name des nächsten Unternehmens, das einen Abschluss veröffentlicht, anzugeben (IAS 24.12).

31 Um ein **Verständnis** der **potenziellen Auswirkungen** der Beziehung auf den Abschluss zu ermöglichen, ist für die in Betracht kommenden Geschäftsvorfälle nach IAS 24.17 **mindestens** anzugeben:

(1) der Betrag, den die Geschäftsvorfälle ausmachen (prozentuale oder verbale Angaben genügen nicht),
(2) der Betrag der ausstehenden Salden und ihre Bedingungen und Konditionen, einschließlich einer möglichen Besicherung, sowie die Art der Leistungserfüllung und Einzelheiten über gewährte oder erhaltene Garantien,
(3) Wertberichtigungen, die das Berichtsunternehmen für ausstehende Salden mit nahestehenden Unternehmen und Personen gebildet hat und
(4) Aufwand für Ausbuchungen, die in der Berichtsperiode für nicht mehr werthaltige Forderungen ggü nahestehenden Unternehmen und Personen vorgenommen wurden.

32 Zur Konkretisierung werden in IAS 24.20 mehrere Beispiele für mögliche **Geschäftsvorfälle** angeführt:

(1) Käufe oder Verkäufe von (fertigen oder unfertigen) Gütern,
(2) Käufe oder Verkäufe von Grundstücken, Bauten und anderen Vermögenswerten,
(3) geleistete oder bezogene Dienstleistungen,
(4) Leasingverhältnisse,
(5) Transfer von Dienstleistungen im Bereich Forschung und Entwicklung,
(6) Transfer auf Grund von Lizenzvereinbarungen,
(7) Finanzierungen (einschließlich Darlehen und Kapitaleinlagen in Form von Bar- oder Sacheinlagen),
(8) Gewährung von Bürgschaften oder Sicherheiten und
(9) die Erfüllung von Verbindlichkeiten für Rechnung des Unternehmens oder durch das Unternehmen für Rechnung Dritter.

33 Hinsichtlich der in IAS 24.17 geforderten Mindestangaben ist zu beachten, dass nach IAS 24.22 eine **Aggregierung gleichartiger Posten** vorgenommen werden darf, sofern eine gesonderte Darstellung nicht dem besseren Verständnis der Auswirkungen dient.

Beispiel: Beziehungen eines MU **zu nahestehenden Unternehmen** lassen sich zB wie folgt im Geschäftsbericht darstellen:

Im Geschäftsjahr 20X9 hat die A-AG (MU) für die X-AG Waren und Dienstleistungen in Höhe von Mrd € 0,2 erbracht. Im gleichen Zeitraum hat die A-AG für Mrd € 0,25 Waren und Dienstleistungen von der X-AG erworben.

Weiter bestehen Rahmenkreditvereinbarungen zwischen der X-AG und der Y-AG in Höhe von Mio € 40.

Außerdem bestehen personelle Verflechtungen zwischen der X-AG und der Y-AG. So ist der Vorstandsvorsitzende der X-AG zugleich Aufsichtsratsvorsitzender der Y-AG.

Praxisbeispiele mit Ausführungen zu nahestehenden **Unternehmen** finden sich zB bei der Deutsche Post World Net AG (*Deutsche Post World Net AG* Geschäftsbericht 2008, Ziff 56.1).

34 Nach IAS 24.18 wird eine **Aufgliederung** der Angaben getrennt nach folgenden Gruppen nahestehender Unternehmen und Personen gefordert:

(1) das MU,
(2) Unternehmen mit gemeinsamer Führung oder maßgeblichem Einfluss auf das berichtende Unternehmen,
(3) TU des berichtenden Unternehmens,
(4) assoziierte Unternehmen des berichtenden Unternehmens,

(5) Gemeinschaftsunternehmen, bei denen das berichtende Unternehmen ein Partnerunternehmen ist,
(6) Personen in Schlüsselpositionen des berichtenden Unternehmens oder seines MU und
(7) sonstige nahestehende Unternehmen und Personen (im Wesentlichen Familienangehörige, Pensionsfonds).

Die Gruppenbildung hat entweder in der Bilanz oder im Anhang zu erfolgen.

Für nahestehende Unternehmen und Personen **unterhalb der Beherrschung** sind **Anhangangaben** nur bei Vorliegen von Geschäftsbeziehungen erforderlich (Umkehrschluss aus IAS 24.12). 35

Ist das **berichtende** Unternehmen **seinerseits herrschendes Unternehmen,** so sind die in Rz 3ff genannten Angaben auch für die Unternehmen zu machen, die das berichtende Unternehmen mittelbar beherrscht. Dies gilt auch für mittelbare assoziierte Unternehmen und Gemeinschaftsunternehmen des berichtenden Unternehmens (IAS 24.9(a) bis (c)). 36

Es wird **nicht** verlangt, dass die einzelnen Geschäftvorfälle daraufhin **beurteilt** werden, ob die verrechneten Preise **angemessen** sind. IAS 24.21 enthält zu diesem Fragenbereich nur eine allgemeine Aussage: Die Geschäftsvorfälle dürfen nur dann als *„at arm's length"* (wie unter Fremden) bezeichnet werden, wenn diese Angabe belegbar ist. Wie diese Angabe zu belegen ist, lässt IAS 24.21 offen. Letztlich obliegt es idR dem Abschlussprüfer festzustellen, ob die Aussage im Anhang zutreffend ist. Unabhängig ob eine Ausgestaltung iSv *„at arms length"* erfolgt, muss eine Angabe der Geschäftsvorfälle erfolgen. 37

Darüber hinaus hat das berichtspflichtige Unternehmen nach IAS 24.16 die **Vergütungen des aktuellen Managements in Schlüsselpositionen** anzugeben. Diese Angaben haben **insgesamt** und **einzeln** für jede der folgenden Kategorien von Vergütungen zu erfolgen: 38
(1) lfd, innerhalb eines Jahres fällige Leistungen, inklusive Nebenleistungen wie Dienstwagen, Warenbezüge, Gestellung von Wohnraum usw,
(2) Pensionen und andere Leistungen nach Beendigung des Dienstverhältnisses,
(3) andere langfristig zu gewährende Bezüge (zB Jubiläumszahlungen),
(4) Leistungen aus Anlass der Beendigung des Dienstverhältnisses und
(5) Gewährung von Aktien und anderen eigenkapitalbasierten Vergütungen.

Beispiel: X ist Vorstand der Y-AG und bezieht lfd Bezüge. Ferner erhält er noch Bezüge von der A-GmbH und der B-GmbH (beides TU der Y-AG). Im Konzernabschluss ist der Gesamtbetrag der Bezüge von X anzugeben. Aber auch im Einzelabschluss der Y-AG ist der Gesamtbetrag der Bezüge des X unter Beziehungen zu nahestehenden Unternehmen anzugeben (IAS 24.9(d)).

Das **berichtende Unternehmen** muss die geforderten Angaben beschaffen. Hierzu stehen ihm nach deutschem Gesellschaftsrecht keine gesetzlich klar geregelten Ansprüche zur Verfügung. Die Mitteilungspflichten des Aktionärs nach § 20 AktG bestehen nur für Unternehmen. Für natürliche Personen bestehen sie nur, soweit sie Unternehmer sind (dazu *Schmidt*[4], 494). Die über § 20 AktG hinausgehenden Pflichten nach §§ 21ff WpHG gelten nur für börsennotierte Unternehmen. Anspruchsgrundlage für eine Auskunftspflicht des Mehrheitsaktionärs kann jedoch seine **allgemeine Treuepflicht** sein. Offen ist, wie der Schutz der Privatsphäre von der Treuepflicht ggü der AG abzugrenzen ist. Das Recht auf den Schutz der Privatsphäre wird der Treuepflicht ggü der AG jedenfalls bei einem Mehrheitsaktionär weichen müssen (zur Treuepflicht des Aktionärs s *Schmidt*[4], 591; zum Schutz der Persönlichkeitssphäre vgl *Di Fabio* in: Maunz/Dürig Art 2 Abs 1 Rz 173ff). Unabhängig von der Rechtsfrage kann es praktisch schwierig sein, einen Auskunftsanspruch durchzusetzen. Dies gilt insbes dann, 39 wenn es um Familienangehörige nahestehender Personen geht. Das Berichtsunternehmen kann den betroffenen Personenkreis (natürliche Person, die beherrscht, maßgeblich beeinflusst, an gemeinschaftlicher Führung beteiligt ist oder eine Schlüsselfunktion im berichtenden Unternehmen oder deren MU ausübt) nur auf die Pflicht des Unternehmens zu den entspr Anhangangaben aufmerksam machen und die Antworten dokumentieren. Die Möglichkeit zur Kontrolle der Richtigkeit und Vollständigkeit ist sehr begrenzt.

40 Hat der **Vorstand** einer AG **Kenntnis** von einem **Mehrheitsaktionär**, so muss er ihn nach den in Rz 32 aufgeführten Geschäftsvorfällen fragen. Die Antworten sind uE anhand des Rechnungswesens der AG nachzuprüfen. Es kann zweckmäßig sein, das Rechnungswesen so einzurichten, dass sich die in IAS 24 verlangten Angaben unmittelbar hieraus ergeben.

Beispiel: Im Rahmen der normalen Geschäftstätigkeit bestehen zwischen der A-AG und deren TU Geschäftsbeziehungen zu zahlreichen Unternehmen. Hierzu gehören auch assoziierte Unternehmen, die als nahestehende Unternehmen des A-Konzerns gelten. Im Geschäftsjahr 2008 wurden mit nahestehenden Unternehmen Geschäfte getätigt, die zu Verbindlichkeiten von T€ 100, Forderungen von T€ 50, Aufwendungen von T€ 200 und Erträgen von T€ 150, welche im Wesentlichen Umsatzerlöse beinhalten, führten. Alle Geschäftsbeziehungen sind zu marktüblichen Konditionen abgeschlossen worden und unterscheiden sich grds nicht von den Liefer- und Leistungsbeziehungen mit anderen Unternehmen. Der A-Konzern hat mit keiner nahestehenden Person wesentliche Geschäfte abgeschlossen. Darüber hinaus haben Unternehmen des A-Konzerns keinerlei berichtspflichtige Geschäfte mit Mitgliedern des Aufsichtsrats oder des Vorstands als Personen in Schlüsselpositionen bzw mit Gesellschaften, in deren Geschäftsführungs- oder Aufsichtsgremien diese Personen vertreten sind, vorgenommen.

E. Gegenüberstellung zu HGB/DRS

41 Im **HGB** bestehen nur vereinzelnd Angabepflichten für nahestehende Unternehmen und Personen. Angabepflichten sind in § 285 Nr 3, 9 bis 11 a, 14, § 313 Abs 2, § 314 Abs 1 Nr 6 und 7 HGB kodifiziert. Bei AG können die Individualangaben nach § 285 Nr 9 und § 314 Abs 1 Nr 6 HGB dabei unterbleiben, wenn die Hauptversammlung dies mit ¾-Mehrheit des vertretenen Grundkapitals beschließt. Weiter ist ein **Abhängigkeitsbericht** nach § 312 AktG von beherrschten AG zu erstellen, wenn diese nicht durch einen Beherrschungsvertrag an eine Gesellschaft gebunden sind. Der Abhängigkeitsbericht ist im Übrigen nur dem Aufsichtsrat vorzulegen, hat also unmittelbar keine Öffentlichkeitswirkung.

Die Anhangangaben nach § 285 Nr 9 b HGB umfassen neben den Vergütungen des aktuellen Managements in Schlüsselpositionen darüber hinaus die Gesamtbezüge **früherer Mitglieder** eines Geschäftsführungsorgans, eines Aufsichtsrats, eines Beirats oder einer ähnlichen Einrichtung. Die Regelungen des HGB sind somit umfassender als der Anwendungsbereich des IAS 24.

Durch die Einführung einer Berichtspflicht zu nahestehenden Unternehmen in § 314 Abs 1 Nr 13 HGB durch das BilMoG wurde auch im HGB eine entspr Angabepflicht etabliert. Allerdings beschränkt sich diese auf Geschäfte zu nicht marktüblichen Konditionen.

42 In Deutschland besteht mit **DRS 11** darüber hinaus eine dem IAS 24 **vergleichbare Angabeverpflichtung**, jedoch begrenzt auf **kapitalmarktorientierte MU** (DRS 11 zuletzt geändert am 15. Juli 2005, bekanntgemacht vom BdJ am 31. August 2005; *Küting/Weber/Gattung* KoR 2003, 53). Für nicht-kapitalmarktorientierte MU und kapitalmarktorientierte Unternehmen, die lediglich einen Jahresabschluss aufstellen, wird die Anwendung des Standards empfohlen.

Allerdings gehen die **Angabepflichten** des **IAS 24** teilweise über die des 43
DRS 11 **hinaus**. Es ergeben sich insoweit Abweichungen zwischen DRS 11 und IAS 24. **Wesentliche Unterschiede** ergeben sich aus folgenden Punkten: Nach DRS 11.12 (b) ist im Gegensatz zu IAS 24 auch eine prozentuale Angabe zu Geschäftsvorfällen mit nahestehenden Unternehmen und Personen (zB im Verhältnis zu den Gesamtumsatzerlösen) zulässig. Gemeinschaftsunternehmen und Pensionsfonds werden durch DRS 11 nicht als nahestehende Unternehmen und Personen erfasst. Da die Regeln und Begriffsbestimmungen von IAS 24 jedoch weitgehender als diejenigen des DRS 11 sind, wird mit der Anwendung von IAS 24 auch DRS 11 inhaltlich abgedeckt.

Der **Deutsche Corporate Governance Kodex** (Fassung vom 14. Juni 44
2007) fordert in Abschn 4.2.4. eine individualisierte (namentliche) Angabe der Vorstandsbezüge. Für börsennotierte AG wird in § 285 Nr 9 ebenfalls eine namentliche Nennung der Vorstandsbezüge vorgeschrieben Diese Regelungen gehen damit über die Anforderungen von IAS 24 hinaus.

Zu den **Geschäftsführungsorganen** gehören die in Rz 19 beschriebenen 45
Personen. Dies sind bei der AG die Mitglieder von Vorstand und Aufsichtsrat. Eine Aufteilung der Bezüge nach **Personengruppen** (zB Vorstand, Aufsichtsrat), wie sie § 285 Nr 9 HGB vorsieht, schreibt IAS 24 nicht vor. Insoweit muss eine deutsche AG die Unterteilung nach § 285 Nr 9 HGB **zusätzlich** aufstellen.

Fraglich ist, ob auf die Anhangangaben nach IAS 24.16 **verzichtet** werden kann, wenn daraus die Bezüge einer einzelnen Person abgeleitet werden können (zB ein Alleinvorstand). § 286 Abs 4 HGB lässt in diesem Fall einen Verzicht auf die Anhangangaben zu. In der *„Basis of Conclusions"* zu IAS 24 findet sich kein Hinweis, dass IAS 24.16 entspr § 286 Abs 4 HGB einengend ausgelegt werden kann.

F. Aktuelle Entwicklungen/IASB-Projekte

Im Februar 2007 hatte der IASB den *Exposure Draft of Proposed Amendments to* 46
IAS 24 Related Party Disclosures (State-Controlled Entities and the Definition of a Related Party) veröffentlicht. Hintergrund der vorgeschlagenen Änderungen war die Tatsache, dass viele Unternehmen unter **staatlicher Kontrolle** oder **maßgeblichem staatlichen Einfluss** Schwierigkeiten bei der Erfüllung der Angabepflichten nach IAS 24 hatten. Vor der Überarbeitung von IAS 24 im Jahr 2003 waren staatlich kontrollierte Unternehmen von den entspr Angaben ausgenommen. Diese Ausnahme wurde in der Überarbeitung, die 2005 in Kraft trat, gestrichen. Daher müssen gegenwärtig gewinnorientierte staatlich kontrollierte Unternehmen, die die IFRS anwenden, Geschäftsvorfälle mit anderen staatlich kontrollierten Unternehmen vollumfänglich nach Maßgabe des IAS 24 angeben. In den Rechtkreisen, in denen staatlich kontrollierte Unternehmen einen bedeutenden Teil der Wirtschaft ausmachen (bspw China), hat der Umfang der Angaben nach den Vorschriften aus dem gegenwärtigen IAS 24 belastende und unhandliche Ausmaße angenommen, die die Verständlichkeit und Nützlichkeit der entspr Abschlüsse beeinträchtigen. Ziel der Änderungsvorschläge des IASB ist somit eine Vereinfachung für die betroffenen Unternehmen durch eine Reduzierung der Angabepflichten des IAS 24.

Aufgrund der kritischen Reaktionen auf diesen Standardentwurf hat der Board 47
im Dezember 2008 einen **Re-Exposure Draft** zur Ergänzung des IAS 24 veröffentlicht. Der Anwendungszeitpunkt des geänderten ED ist derzeit noch offen. Mit einer Verabschiedung des endgültigen Standards wird nunmehr im zweiten

Halbjahr 2009 gerechnet. Im Folgenden werden die wesentlichen Änderungen des überarbeiteten Entwurfs dargestellt:

48 ED-IAS 24.17A sieht vor, dass die Anhangangaben nach IAS 24.17 unterbleiben können, wenn ein Unternehmen Transaktionen mit einem anderen Unternehmen tätigt und beide Unternehmen unter einem mindestens maßgeblichen **Einfluss eines Staates** stehen. Stattdessen sollen diese Unternehmen gem ED-IAS 24.17B folgende Angaben machen:

(1) Angabe des Namens des Staates sowie der Art der Beziehung zum berichtenden Unternehmen (Beherrschung, gemeinschaftliche Führung oder maßgeblicher Einfluss),

(2) Angaben zu unterschiedlichen Typen von Transaktionen (Beispiele in ED-IAS 24.20) mit dem Staat oder anderen staatlich beeinflussten Unternehmen, einschließlich einer qualitativen oder quantitativen Einschätzung ihres Umfangs,

(3) Angabe der Tatsache, dass es sich bei den Transaktionspartnern grds um nahestehende Unternehmen iSv IAS 24 handelt, die entspr Angaben nach IAS 24.17 jedoch aufgrund der Ausnahmeregelung des ED-IAS 24.17A nicht gemacht werden müssen.

49 Zudem sieht ED-IAS 24.9 eine **Änderung der Definition für *related parties*** vor. Dabei geht es um die Beziehung zwischen einem assoziierten Unternehmen und einem TU eines gemeinsamen Investors. Gegenwärtig ist das assoziierte Unternehmen im eigenen Einzelabschluss im Verhältnis zum TU eine *related party*. Zudem ist das assoziierte Unternehmen im Konzernabschluss des Investors im Verhältnis zum TU eine *related party*. Allerdings ist das assoziierte Unternehmen im Einzelabschluss des TU im Verhältnis zum TU keine *related party*. Durch den Entwurf soll IAS 24 dahingehend geändert werden, dass das assoziierte Unternehmen auch im Einzelabschluss des TU im Verhältnis zum TU eine *related party* ist. Darüber hinaus wird festgestellt, dass Transaktionen zwischen zwei assoziierten Unternehmen eines gemeinsamen Investors keine *related-party*-Transaktion darstellen. Dies gilt sowohl für den Einzelabschluss der assoziierten Unternehmen als auch für den Konzernabschluss des Investors. In den Stellungnahmen zum ersten ED aus 2007 wurde der überarbeiteten Definition allgemein zugestimmt. Der IASB beabsichtigt deshalb, die Definitionen eines nahestehenden Unternehmens oder einer nahestehenden Person und eines Geschäftsvorfalls mit einer solchen Gegenpartei ohne weitere Veröffentlichung zur Stellungnahme abzuschließen und diese zu veröffentlichen, wenn die Änderungen, die sich aus dem *re-exposure* ergeben, veröffentlicht werden.

§ 21. Segmentberichterstattung

Übersicht

Schrifttum: *Alexander/Archer* International Accounting/Financial Reporting Standards Guide 2008, New York 2008; *Alvarez* Segmentberichterstattung und Segmentanalyse, Wiesbaden 2004; *Alvarez/Büttner* ED 8 Operating Segments, KoR 2006, 307; *Baetge/Haenelt* Kritische Würdigung der neu konzipierten Segmentberichterstattung nach IFRS 8 unter Berücksichtigung prüfungsrelevanter Aspekte, IRZ 2008, 43; *Beer/Deffner/Fink* Qualität der Segmentberichterstattung in der deutschen Publizitätspraxis, KoR 2007, 218; *Coenenberg/Mattner* Segment- und Wertberichterstattung in der Jahresabschlussanalyse, BB 2000, 1827; *Ernst* Die Bilanzierung latenter Steuern bei Verschmelzungen, Hamburg 2008; *Fink/Ulbrich* Segmentberichterstattung nach IFRS 8 aus Sicht der Gestaltungspraxis, PiR 2007, 31; *Fink/Ulbrich* IFRS 8: Paradigmenwechsel in der Segmentberichterstattung, DB 2007, 981; *Fink/Ulbrich* Segmentberichterstattung nach ED 8 – Operating Segments, KoR 2006, 233; *Kajüter/Barth* Segmentberichterstattung in diversifizierten Konzernen, KoR 2007, 110; *Kajüter/Barth* Segmentberichterstattung nach IFRS 8 – Übernahme des Management Approach, BB 2007, 428; *Kriete/Werner* Das Unbundling als ein Standardisierungsinstrument für die Segmentberichterstattung in der Energieversorgungsindustrie, KoR 2003, 248; *Löw/Roggenbuck* in: Löw (Hrsg), Rechnungslegung für Banken nach IAS, 2. Aufl, Wiesbaden 2005, 551; *Müller/Peskes* Konsequenzen der geplanten Änderungen der Segmentberichterstattung nach IFRS für Abschlusserstellung und Unternehmenssteuerung, BB 2006, 819.

Wesentliche Rechtsgrundlagen: IFRS 8, IAS 14

A. Überblick

1 Aufgrund der hohen Aggregation der im Jahres- bzw Konzernabschluss enthaltenen Daten kann die VFE-Lage eines Unternehmens, welches in verschiedenen Geschäftsfeldern tätig ist, oftmals nicht angemessen beurteilt werden. Erst die Aufstellung einer Segmentberichterstattung ermöglicht einen differenzierten Einblick in die unterschiedlichen Geschäftsbereiche diversifizierter Unternehmen und Konzerne. Die Präsentation von **segmentspezifischen Informationen** soll es den Adressaten eines Abschlusses ermöglichen, die Art und die finanziellen Auswirkungen der Geschäftstätigkeit eines Unternehmens besser zu verstehen, die mit unterschiedlichen Geschäftstätigkeiten verbundenen Risiken und Ertragspotentiale besser einzuschätzen und die Effizienz des Segmentmanagements besser zu beurteilen. Darüber hinaus sollen die Segmentangaben den Vergleich einzelner Geschäftsbereiche mit ähnlichen Einheiten anderer Unternehmen erlauben.

2 Die Segmentberichterstattung von IFRS-(Konzern-)Abschlüssen basierte bislang auf den Vorschriften des IAS 14. Diese wiesen ggü ihrem US-amerikanischen Pendant, dem US-GAAP-Standard SFAS 131, fundamentale Unterschiede im Hinblick auf die Abgrenzung der Segmente sowie die Ermittlung der segmentspezifischen Daten auf. Wegen der unterschiedlichen Konzeptionen wurde die Vergleichbarkeit der nach den beiden Rechnungslegungswerken präsentierten Informationen erheblich erschwert. Im Rahmen des von IASB und FASB eingeleiteten ***Convergence Project*** wurde eine weitgehende Angleichung der Regelungen beschlossen, indem das IASB die Konzeption des in IAS 14 zugrunde gelegten ***risk and reward approach*** aufgab und durch das Prinzip des nach SFAS 131 gültigen ***management approach*** ersetzte. Der in diesem Zusammenhang entwickelte IFRS 8 lehnt sich stark an die Vorschriften des US-amerikanischen Standards an. Durch die Angleichung erhofft sich der IASB neben einer besseren Vergleichbarkeit von IFRS- und US-GAAP-Abschlüssen insbes einen größeren Informationsgewinn für die Abschlussadressaten und geringere Erstellungskosten für die betroffenen Unternehmen (*Baetge/Haenelt* IRZ 2008, 43).

3 Aufgrund der weitgehend hergestellten Konvergenz bestehen zwischen **IFRS 8** und den US-amerikanischen Regelungen in **SFAS 131** nur noch drei unbedeutende Abweichungen:

SFAS 131 beschränkt das **Segmentvermögen** auf das Sachanlagevermögen, während nach IFRS 8 darüber hinaus auch immaterielle Vermögenswerte einzubeziehen sind.

Ferner erfordert SFAS 131 keinen Ausweis von **Segmentschulden**. Nach IFRS 8 besteht diesbezüglich eine bedingte Ausweispflicht, sofern diese im Rahmen der internen Berichterstattung an das Management berichtet werden.

Bildet ein Unternehmen seine interne Struktur in Form einer **Matrixorganisation** ab, so erfolgt die Segmentabgrenzung nach SFAS 131 auf Basis der Produkte und Dienstleistungen. IFRS 8 gewährt in diesem Fall einen größeren Spielraum und verweist auf den Grundsatz der Bereitstellung nützlicher Informationen zur Einschätzung der Segmente.

Die Europäische Union hat im Amtsblatt vom 22. November 2007 die Ver- 4
ordnung (EG) Nr 1358/2007 der Kommission vom 1. Juni 2007 zur Änderung der Verordnung (EG) Nr 1725/2003 betreffend die Übernahme bestimmter internationaler Rechnungslegungsstandards in Übereinstimmung mit der Verordnung (EG) Nr 1606/2002 des Europäischen Parlaments und des Rats veröffentlicht. Durch diese Verordnung wurden die Vorschriften des **IFRS 8 in europäisches Recht übernommen**.

Die Erläuterungen dieses Kapitels betreffen in erster Linie die Vorschriften zur Segmentberichterstattung gem IFRS 8. Signifikante Abweichungen des IAS 14 werden diesen Regelungen entspr gegenübergestellt.

B. Sachlicher und zeitlicher Anwendungsbereich

I. Sachlicher Anwendungsbereich

Die Pflicht zur Aufstellung einer Segmentberichterstattung knüpft gem 5
IFRS 8.2 an den Begriff der **Kapitalmarktorientierung** an. Danach unterliegen diejenigen Unternehmen einer Aufstellungspflicht, deren Eigenkapitalinstrumente oder Schuldtitel auf einem **öffentlichen Markt** gehandelt werden oder die diesen Handel beantragt bzw vorbereitet haben und ihre Abschlüsse zu diesem Zweck bei einer Börsenaufsicht oder vergleichbaren Behörde einreichen müssen.

Der Begriff des Eigenkapitalinstruments bzw Schuldtitels entspricht der Definition von **Wertpapieren** gem § 2 Abs 1 Satz 1 WpHG. Die Pflicht zur Aufstellung einer Segmentberichterstattung ergibt sich in Deutschland demnach hauptsächlich für **börsennotierte AG**. AG, deren Anteile nicht an einem öffentlichen Markt gehandelt werden, sowie Unternehmen in der Rechtsform einer GmbH oder PersGes müssen nur dann eine Segmentberichterstattung präsentieren, wenn diese Unternehmen Schuldverschreibungen, Genussscheine, Optionsscheine und/oder andere Wertpapiere iSd § 2 Abs 1 Satz 1 WpHG ausgeben.

Als **öffentlicher Markt** gelten gem IFRS 8.2 alle inländischen und ausländi- 6
schen Börsen sowie der Freiverkehr einschließlich lokaler und regionaler Märkte. Der Begriff des Organisierten Marktes iSd § 2 Abs 5 WpHG ist somit für die Ermittlung des Anwendungsbereichs nicht maßgeblich (so auch *Hütten/Fink* in Lüdenbach/Hoffmann[7] § 36 Rz 7).

Von den deutschen Handelsmärkten sind derzeit nur der **Amtliche Handel**, der **Geregelte Markt** sowie der **Freiverkehr** betroffen. Private Platzierungen fallen dagegen nicht unter den Anwendungsbereich des IFRS 8.

Für Unternehmen, die eine **Emission** von Aktien oder Schuldtiteln auf 7
einem öffentlichen Markt **beabsichtigen**, ist der Zeitpunkt der erstmaligen Erstellungspflicht nicht genau definiert. In Betracht kommt eine Zeitspanne von der erstmaligen Bekanntmachung der Emissionsabsicht bis hin zur erfolgten Zulassung. Zur Erfüllung der Informationsbedürfnisse der Abschlussadressaten bietet

es sich an, die erste Segmentberichterstattung in dem Emissionsprospekt des Unternehmens zu präsentieren, der neben den aktuellsten Finanzinformationen idR zwei Vergleichsperioden enthält. Zur Ermittlung der Segmentdaten für die Vergleichsperioden ist frühzeitig mit der Abgrenzung der Segmente sowie der Datenerhebung zu beginnen.

8 Gem IFRS 8.3 können nicht kapitalmarktorientierte Unternehmen **freiwillig** eine Segmentberichterstattung veröffentlichen. Übt ein Unternehmen dieses Wahlrecht aus, so darf es die präsentierten Segmentinformationen nur dann als „Segmentberichterstattung" bezeichnen, wenn es die Vorschriften des IFRS 8 in vollem Umfang umsetzt. Erfüllt ein Unternehmen hingegen nicht alle Anforderungen des IFRS 8, so darf es im Hinblick auf die veröffentlichten Informationen nicht die Terminologie des IFRS 8 verwenden. Zur Klarstellung sollte zudem darauf hingewiesen werden, dass die ausgewiesenen Segmentangaben nicht den Anforderungen des IFRS 8 entsprechen.

9 Die Vorschriften über die Segmentberichterstattung gem IFRS 8 sind grds sowohl für **Konzern-** als auch für **Einzelabschlüsse** vorzunehmen. Veröffentlicht ein MU sowohl einen Einzel- als auch einen Konzernabschluss nach IFRS, so müssen die Segmentinformationen lediglich auf der Grundlage des Konzernabschlusses dargestellt werden (IFRS 8.4). TU, deren Wertpapiere an einem öffentlichen Markt gehandelt werden, sind, sofern sie als berichtendes Unternehmen einen IFRS-Einzel- oder Teilkonzernabschluss aufstellen, zur Darstellung von Segmentinformationen verpflichtet. Die öffentlich gehandelten Wertpapiere des TU lösen gem IFRS 8.BC23 indes keine Berichtspflicht des MU aus, sofern dessen Wertpapiere nicht öffentlich gehandelt werden.

Gem IAS 34.16(g) ist eine Segmentberichterstattung auch in **Zwischenabschlüssen** vorzunehmen, wobei sich der Umfang auf die dort genannten Angaben beschränkt (vgl im Einzelnen Rz 88).

10 Für diejenigen Unternehmen, die IFRS 8 zwingend anwenden müssen, gibt es **keine Befreiungsvorschriften,** wie sie zB in der 4. und 7. EG-Richtlinie und in den §§ 286 Abs 1 und 2 und 314 Abs 2 HGB vorgesehen sind. Insofern können sich Unternehmen nicht auf schutzwürdige Interessen, wie etwa die Gefahr von Wettbewerbsnachteilen berufen, sondern bleiben zu einer vollumfänglichen Berichterstattung nach IFRS 8 verpflichtet. Die Fokussierung des IFRS 8 auf den *management approach* gewährt der Unternehmensleitung allerdings einen gewissen Spielraum, da sie die Abgrenzung und Zusammenfassung von Segmenten sowie die zu veröffentlichenden Segmentangaben durch die Ausgestaltung des internen Berichtswesens in einem gewissen Umfang beeinflussen kann (vgl Rz 13ff sowie Rz 40ff).

II. Zeitlicher Anwendungsbereich

11 Die Regelungen des IFRS 8 sind gem IFRS 8.35 verpflichtend für Geschäftsjahre anzuwenden, die **am oder nach** dem 1. Januar 2009 beginnen. Die Vorjahreswerte sind entspr anzupassen. Eine **vorzeitige freiwillige** Anwendung ist seit der Übernahme des IFRS 8 in das EU-Recht möglich, sofern im Anhang gesondert darauf hingewiesen wird.

Die **Anwendung des IAS 14** war **letztmalig** für Geschäftsjahre, die vor dem 1. Januar 2009 beginnen, möglich.

12 *einstweilen frei*

C. Segmentabgrenzung

I. Grundlagen der Segmentabgrenzung

Die Segmentberichterstattung dient der Darstellung von Informationen auf der Ebene von **Teileinheiten** (sog Segmenten) eines Unternehmens oder Konzerns. Um zu gewährleisten, dass den Abschlussadressaten möglichst entscheidungsrelevante Informationen präsentiert werden, kommt der Bestimmung bzw Abgrenzung der Segmente eine wichtige Bedeutung zu. Zur Abgrenzung von Segmenten lassen sich mit dem *management approach* und dem *risk and reward approach* zwei verschiedene Grundkonzeptionen unterscheiden. 13

Nach dem ***management approach*** orientiert sich die Bestimmung der Berichtssegmente zwingend an der **internen Organisationsstruktur** eines Unternehmens und dem damit verbundenen **internen Berichtswesen**. Die im IFRS-(Konzern-)Abschluss anzugebenden Segmente entsprechen somit dem Zuschnitt, der ihnen von der Unternehmensleitung im Rahmen der internen Berichterstattung gegeben wurde. Gleichsam bilden die diesbezüglich erhobenen Daten die Grundlage für die Anhangangaben. Auf diese Weise werden die vom Management zu Steuerungs-, Kontroll- und Entscheidungsprozessen genutzten internen Finanzinformationen auf die externe Berichterstattung übertragen. Zur Ermittlung dieser Informationen sind idR das interne Rechnungswesen, die Kosten- und Leistungsrechnung oder das Controlling heranzuziehen. Ziel dieses Ansatzes ist es, dem Abschlussadressaten diejenigen Daten zur Verfügung zu stellen, nach welchen die Unternehmensleitung ihre Entscheidungen trifft, damit dieser die Qualität der Managemententscheidungen besser beurteilen kann (*Fink/Ulbrich* DB 2007, 981). 14

Die Abgrenzung nach dem ***risk and reward approach*** basiert dagegen auf der Ähnlichkeit der mit den jeweiligen Segmenten verbundenen **Risiken und Chancen**. Danach sind die Segmente so zu bilden, dass sich die Chancen- und Risikostrukturen innerhalb eines Segments einheitlich, zwischen den verschiedenen Segmenten jedoch unterschiedlich darstellen (*Fink/Ulbrich* KoR 2006, 235). Sofern das interne Berichtswesen ausschließlich nach Chancen- und Risikogesichtspunkten ausgestaltet ist, führen beide Konzepte grds zu einer Abgrenzung identischer Segmente. 15

Während **IFRS 8** dem ***management approach*** folgt und damit die Abgrenzung der Segmente ausschließlich auf Basis der von der Unternehmensleitung eingerichteten internen Berichterstattung vorschreibt, stellte **IAS 14** vornehmlich auf die mit den Segmenten verbundenen **Chancen und Risiken** ab. Zwar diente die unternehmensinterne Organisation und die hiermit verbundene Berichtsstruktur auch nach IAS 14 zunächst als Ansatzpunkt für die Segmentbestimmung, die Gestaltungsfreiheit des Managements wurde jedoch durch zwei wesentliche Aspekte des *risk and reward approach* eingeschränkt. 16

Zum Einen schrieb IAS 14 zwingend die Festlegung eines **primären** und eines **sekundären** Berichtssegments mit einer unterschiedlich ausgestalteten Informationsfülle vor. Je nachdem, welches Chancen- und Risikoprofil überwog, waren entweder die **produktorientierten** Geschäftsbereiche oder die **geografischen** Regionen als primäres bzw sekundäres Berichtssegment zu bestimmen.

Zum Anderen bestand ein wesentlicher Unterschied in der **Ermittlung** der **Segmentdaten.** Während die Bewertung der Segmentdaten nach IAS 14 auf Basis der Bilanzierungs- und Bewertungsmethoden der einschlägigen IFRS erfolgte, können nach der Konzeption des IFRS 8 – je nach Ausgestaltung des internen Berichtswesens – auch kalkulatorische Kosten- und Ertragskomponenten in die Segmentdaten einfließen.

Da IAS 14 zwar auf den internen Berichtsstrukturen aufsetzte, diese jedoch durch die vorgegebene Struktur des primären und sekundären Berichtssegments überlagert wurden, wurde das dort zugrunde gelegte Konzept auch als *„management approach with a risks and rewards safety net"* bezeichnet (s *McConnell/Pacter* zitiert nach *Alvarez*, 89).

17 Die Anwendung des ***management approach*** gestaltet sich für Unternehmen idR einfacher, da sie für die darzustellenden Angaben unmittelbar auf die Daten des internen Berichtswesens zurückgreifen können. Die Ermittlung nicht vorhandener Daten, eine Transformation von Werten auf ein bestimmtes Format oder eine Umbewertung im Hinblick auf die Bilanzierungs- und Bewertungsmethoden der IFRS-Vorschriften entfällt. Weicht das interne Berichtswesen stark von den Bilanzierungs- und Bewertungsmethoden der IFRS ab, so kann dies die Abstimmung der Segmentinformationen zum IFRS-(Konzern-)Abschluss allerdings erheblich erschweren und ist im Rahmen einer Überleitungsrechnung entspr zu erläutern.

18 Im Rahmen der Durchführung der Segmentberichterstattung hat ein Unternehmen im ersten Schritt die **unternehmensspezifischen Berichtssegmente** abzugrenzen. Dabei kommt der anzuwendenden Grundkonzeption eine entscheidende Bedeutung zu. Durch die Anwendung des *management approach* unterscheidet sich IFRS 8 bei der Bestimmung der Berichtssegmente erheblich von dem auf dem *risk and reward approach* beruhenden IAS 14. Die wesentlichen Unterschiede werden im Folgenden dargestellt.

II. Bestimmung der Berichtssegmente

1. Segmentbestimmung nach IFRS 8

a) Definition des Geschäftssegments

19 Im Rahmen der Segmentbestimmung stellt IFRS 8.5 ff ausschließlich auf den Begriff des **Geschäftssegments** ab. Ein Geschäftssegment ist ein Teilbereich eines Unternehmens bzw Konzerns,

(1) dessen Geschäftsaktivitäten aktuell oder zukünftig zu Erträgen und Aufwendungen führen,
(2) dessen operative Ergebnisse von einem Hauptentscheidungsträger des Unternehmens bzw Konzerns zur Ressourcenallokation und Bewertung des Segments regelmäßig herangezogen werden, und
(3) für welchen finanzwirtschaftliche Informationen gesondert verfügbar sind.

20 Nach IFRS 8.5(a) sind sowohl **externe** als auch **interne** operative Erträge und Aufwendungen zu berücksichtigen, sodass auch vertikal integrierte Unternehmensbereiche, die ausschließlich anderen Unternehmensteilen zuarbeiten, als eigenständige Segmente bestimmt werden können. Durch die Fokussierung auf **operative** Erträge und Aufwendungen stellen jedoch Unternehmensteile mit **Leitungs- oder Stabsfunktion,** wie etwa Konzernholdings oder reine *cost center*, die ihre Erträge ausschließlich über Konzernumlagen erwirtschaften, gem IFRS 8.6 **keine** eigenständigen Geschäftssegmente dar. Ausgenommen sind ferner Pensionsfonds, Unterstützungskassen und sonstige im Zusammenhang mit der Altersversorgung eingerichtete Einheiten, die ebenfalls nicht dem operativen Geschäft dienen.

21 Für die Abgrenzung eines Geschäftsbereichs als eigenständiges Segment ist es gem IFRS 8.5 nicht erforderlich, dass dieser bereits eigene Erträge erzielt. Dem-

nach sind grds auch **neu geschaffene Geschäftsfelder**, eigenständige **Forschungs- und Entwicklungsbereiche** sowie ein ***start-up-business*** in die Segmentabgrenzung einzubeziehen. Für Einheiten, die ausschließlich Forschungs- und Entwicklungstätigkeiten vornehmen, wird zT einschränkend gefordert, dass diese in der Lage sind, eigenständige unternehmerische Aktivitäten zu entfalten, am Markt eigenständig aufzutreten und Umsätze zu generieren, ohne wesentliche Umstrukturierungen vornehmen zu müssen (*Hütten/Fink* in Lüdenbach/Hoffmann IFRS[7] § 36 Rz 20). Diese Auffassung überzeugt nicht, da gem IFRS 8.5 grds auch Segmente abzugrenzen sind, die ausschließlich intersegmentäre Umsatzerlöse erwirtschaften. Im Unterschied zu Einheiten, die reine Leitungs- und Stabsaufgaben übernehmen, fließen die Resultate von Forschungs- und Entwicklungsbereichen unmittelbar in die Produktgestaltung ein und können somit entscheidenden Einfluss auf die Geschäftstätigkeit und damit auch auf die Segmentierung eines Konzerns haben. Auf die Fähigkeit eines marktgerechten Auftretens und die Möglichkeit der Erzielung externer Erträge kommt es demnach nicht an.

Der Begriff des **Hauptentscheidungsträgers** ist nicht personenbezogen, 22
sondern **funktional** zu verstehen. Er bezieht sich auf die Verantwortlichkeit im Hinblick auf die Verteilung von Ressourcen auf die Geschäftssegmente eines Unternehmens bzw Konzerns und die Beurteilung ihrer Ertragskraft. Diese Aufgaben können je nach Größe eines Unternehmens bzw Konzerns entweder auf Einzelpersonen oder auf Gremien übertragen werden, die bei deutschen AG regelmäßig vom sog Bereichsvorstand bis zum Vorstandsvorsitzenden reichen. Denkbar ist auch eine Zuständigkeit von Teilen des Vorstands bzw des Gesamtvorstands.

Die **interne Ausgestaltung von Verantwortlichkeiten** bestimmt häufig 23
auch die Struktur der Geschäftssegmente. Hat ein Unternehmen zB für verschiedene Unternehmensteile Bereichsleiter eingesetzt, die jeweils die Verantwortung für ihren Bereich oder mehrere Bereiche übernehmen und unabhängig voneinander an die Unternehmensleitung berichten, so wird sich hieraus idR bereits eine Determinierung der Geschäftssegmente ergeben.

Schwierigkeiten bei der Segmentabgrenzung können dann auftreten, wenn ein Unternehmen in Form einer **Matrixstruktur** organisiert ist, bei der die Geschäftsbereiche von **jeweils zwei** Verantwortlichen nach unterschiedlichen Aspekten überwacht werden. So können zum einen Bereichsleiter eingesetzt sein, die die Verantwortung für einen Produkt- bzw Dienstleistungssektor tragen, und zum anderen Regionalleiter, die für bestimmte geografische Regionen zuständig sind. Berichten beide Verantwortlichen an den Hauptentscheidungsträger und zieht dieser die Finanzinformationen beider Bereichsleiter zur Beurteilung des Geschäftsbereichs heran, so erfolgt die Segmentabgrenzung nach dem Kriterium, das für den Abschlussadressaten als nützlicher anzusehen ist. Dies können im oben genannten Fall entweder die Informationen auf Produkt- bzw Dienstleistungsbasis oder auf Basis der Regionalstruktur sein.

Beispiel: Ein Unternehmen legt seinem internen Berichtswesen eine Matrixorganisation zugrunde, nach der dem Hauptentscheidungsträger sowohl produktbezogene als auch regionale Finanzinformationen berichtet werden.

	Produktbereich A	Produktbereich B	Produktbereich C
Region 1	•	•	•
Region 2	•	•	•
Region 3	•	•	•

Bei der Segmentabgrenzung muss die Unternehmensleitung entscheiden, ob die Produktbereiche oder die Regionen als Geschäftssegmente dargestellt werden sollen. Diese Entscheidung richtet sich danach, welche Informationen für den Abschlussadressaten einen höheren Informationsgehalt aufweisen. Handelt es sich um Produktbereiche mit weitgehend homogenen Deckungsbeiträgen, die auf äußere Veränderungen ähnlich reagieren, so können zB die regionsbezogenen Informationen einen höheren Nutzen aufweisen. Andererseits ist zu berücksichtigen, dass bestimmte regionsbezogene Angaben im Rahmen der segmentübergreifenden Angaben ohnehin gemacht werden müssen (vgl Rz 81 ff), sodass auch diese Zusatzangaben in die Abwägung einzubeziehen sind. Alternativ können auf freiwilliger Basis sowohl produktspezifische als auch regionsbezogene Informationen dargestellt werden (vgl hierzu Rz 74).

24 Da ein Unternehmen bei der Ausgestaltung des internen Rechnungswesens grds keinen Vorgaben und Beschränkungen unterliegt, enthält IFRS 8 im Hinblick auf die inhaltliche Bestimmung der Segmente auch **keine formalen oder inhaltlichen Einschränkungen**. Insofern besteht für das Unternehmen in Abhängigkeit von der Ausgestaltung der internen Organisationsstruktur und dem internen Berichtswesen ein gewisser **Gestaltungsspielraum** für die Abgrenzung der Geschäftssegmente. Neben der Ausrichtung an Geschäftsbereichen auf Produkt- bzw Dienstleistungsbasis kommt auch eine Abgrenzung auf Basis unterschiedlicher Regionen, Kundengruppen, Vertriebswege oder juristischer Einheiten in Betracht.

b) Bestimmung der berichtspflichtigen Segmente

25 Um zu gewährleisten, dass im (Konzern-)Abschluss ausschließlich relevante Informationen präsentiert werden, sieht IFRS 8 im Hinblick auf die Auswahl der berichtspflichtigen Segmente ein abgestuftes Verfahren vor, in welchem ähnliche Segmente zusammengefasst und auf die Angabe unwesentlicher Segmente verzichtet werden kann. Zur Vermeidung einer Überfrachtung der Berichterstattung **empfiehlt** IFRS 8.19 die **Beschränkung auf 10 Segmente**, wobei diese Schwelle nicht als Obergrenze anzusehen ist, sondern einen Richtwert darstellt.

Andererseits schreibt IFRS 8.15 im Hinblick auf die mit Drittkunden erzielten Erträge einen **Mindestumfang** der im Anhang auszuweisenden Segmente vor. Danach müssen die in der Segmentberichterstattung dargestellten externen Erträge insgesamt mindestens **75%** der konsolidierten Erträge des Unternehmens bzw Konzerns auf sich vereinigen. Auf diese Weise soll gewährleistet werden, dass Unternehmen die Angabepflichten des IFRS 8 nicht durch eine bewusste Ausgestaltung des internen Rechnungswesens unterlaufen.

Die Bestimmung der berichtspflichtigen Segmente ist nach den folgenden Schritten vorzunehmen:

26 Zunächst eröffnet IFRS 8.12 dem Bilanzierenden ein **Wahlrecht**, Geschäftssegmente, die eine ähnliche langfristige Finanz- und Ertragslage aufweisen, zu größeren Einheiten zusammenzufassen. Die **Zusammenfassung** von zwei oder mehr Segmenten ist dann möglich, wenn die zusammenzufassenden Segmente ähnliche wirtschaftliche Merkmale aufweisen und wenn sie darüber hinaus auch im Hinblick auf die nachfolgend aufgeführten Kriterien – sofern diese einschlägig sind – vergleichbar sind:

(1) Wesensart der Produkte bzw Dienstleistungen,
(2) Art des Produktionsprozesses,
(3) Typ oder Kategorie der Kunden,
(4) Vertriebsmethoden,
(5) Art des regulatorischen Umfelds, zB im Bank- oder Versicherungswesen oder bei öffentlichen Dienstleistungen.

Ferner darf das **Ziel** der Segmentberichterstattung nicht unterlaufen werden. Demnach darf eine Zusammenfassung von Segmenten keinesfalls dazu führen, dass den Abschlussadressaten ein Einblick in die Bewertung der Art und finanziellen Auswirkungen der Geschäftstätigkeiten sowie des wirtschaftlichen Umfelds eines Unternehmens verwehrt wird.

Zur Vornahme der Zusammenfassung müssen die vorgenannten Kriterien **kumulativ** erfüllt sein.

Im Hinblick auf die zu vergleichenden wirtschaftlichen Merkmale ist vor- 27
rangig darauf abzustellen, ob die Segmente mittel- bis langfristig **ähnliche Durchschnittsgewinnspannen** oder **korrelierende Rentabilitätskennziffern** erwarten lassen. Auch die Erzielung annähernd gleicher operativer Cashflows dürfte ein zulässiger Indikator für die Zusammenfassung von Segmenten sein (*Hütten/Fink* in Lüdenbach/Hoffmann IFRS[7] § 36 Rz 35). Die herangezogenen wirtschaftlichen Merkmale sollten insbes einen ähnlichen Trend aufweisen und in gleicher Weise auf äußere Einflüsse reagieren. Die Einschätzung über die künftige Entwicklung ist durch das Management auf Basis der mittel- bis langfristigen Planung vorzunehmen. Die von IFRS 8 vorgegebenen Kriterien sollen insbes den **stetigen Ausweis** von zusammengefassten Segmenten gewährleisten.

Im Anschluss an die Zusammenfassung ist zu untersuchen, ob die identi- 28
fizierten Geschäftssegmente die quantitativen **Größenkriterien** des IFRS 8.13 erreichen, wobei bereits das Erreichen **eines** der Schwellenwerte eine Berichtspflicht auslöst. In den Wesentlichkeitstest sind sämtliche Geschäftssegmente eines Unternehmens unabhängig von ihrer Größe und Bedeutung einzubeziehen. Einheiten, die die Definition eines Geschäftssegmentes nicht erfüllen – wie zB reine Holdingbereiche – sind hingegen nicht zu berücksichtigen.

Die relevanten Größenkriterien sind in der nachfolgenden Tabelle zusammengefasst:

Berichtspflicht auslösende Schwellenwerte
Segmenterträge ≥ 10% der Erträge aller Geschäftssegmente
Segmentergebnis ≥ 10% der Ergebnisse aller Geschäftssegmente
Segmentvermögen ≥ 10% des Vermögens aller Geschäftssegmente

In die Segmenterträge sind sowohl externe als auch intersegmentäre Erträge 29
einzubeziehen. Die Definition der Erträge richtet sich nach den Vorgaben des internen Berichtswesens. Damit können je nach Ausgestaltung neben den Umsatzerlösen auch sonstige Erträge einbezogen werden.

Bei der Untersuchung des Segmentergebnisses dürfen **Segmentgewinne** und **Segmentverluste nicht** miteinander **saldiert** werden. Im Rahmen des Wesentlichkeitstests sind vielmehr alle Segmente, die einen Gewinn ausweisen und alle Segmente, die einen Verlust aufweisen, gesondert zusammenzufassen und dann mit dem höheren der beiden Beträge zu vergleichen.

Beispiel: Ein Unternehmen verfügt über die sieben Geschäftssegmente A bis G sowie einen Holdingbereich, der sich konzernintern über Umlagen finanziert. Die Geschäftssegmente operieren unabhängig voneinander und weisen daher keine intersegmentären Transaktionen auf. Die Bestimmung der berichtspflichtigen Segmente erfolgt ohne Berücksichtigung der auf den Holdingbereich entfallenden Aufwendungen und Erträge nach den folgenden Kriterien:

		A	B	C	D	E	F	G	Summe
Segment-erträge	Betrag in Mio €	7,5	4,5	2,3	5,4	3,1	6,8	2,8	32,4
	Anteil	23,1%	13,9%	7,1%	16,7%	9,6%	21,0%	8,6%	
Segment-ergebnis	Betrag in Mio €	1,4	2,3	-0,6	2,9	0,3	0,7	-0,7	6,3
	Anteil	22,2%	36,5%	-9,5%	46,0%	4,8%	11,1%	-11,1%	
Segment-vermögen	Betrag in Mio €	16,6	30,3	8,2	15,2	10,7	22,9	9,6	113,5
	Anteil	14,6%	26,7%	7,2%	13,3%	9,5%	20,2%	8,5%	
Berichts-pflicht		X	X		X		X	(X)	

Da die Segmente C und E in allen drei Fällen die 10%-Schwelle unterschreiten, ergeben sich in einer ersten Betrachtung fünf berichtspflichtige Segmente.

Für das Segment G ist jedoch eine weitere Betrachtung notwendig, da die Ermittlung für das Segmentergebnis zunächst auf Basis saldierter Gewinne und Verluste vorgenommen wurde. Gem IFRS 8.13(b) ist indes der höhere Wert der unsaldierten Gewinne bzw Verluste zugrunde zu legen. Vorliegend ergeben sich kumulierte Gewinne von Mio € 7,6 und kumulierte Verluste von Mio € 1,3. Bezogen auf den höheren dieser beiden Werte von Mio € 7,6 ergibt sich für Segment G ein Ergebnisanteil von – 9,2%, sodass nach dieser Betrachtung keiner der drei auf G entfallenden Werte die Wesentlichkeitsschwellen erreicht. Demnach stellt auch Segment G **kein** berichtspflichtiges Segment dar. Dies wiederum hätte jedoch zur Konsequenz, dass die Segmente A, B, D und F in der Summe nicht die 75%-Schwelle im Hinblick auf die konsolidierten Konzernerträge erreichen. Da mangels intersegmentärer Transaktionen keine zu konsolidierenden Erträge zu berücksichtigen sind, vereinigen diese vier Segmente lediglich 74,7% der Konzernerträge auf sich. Insofern muss das Unternehmen eines der Segmente C, E oder G zusätzlich gesondert oder, sofern zulässig, in zusammengefasster Form angeben. Die Auswahl des zusätzlich anzugebenden Segments steht grds im Ermessen des Abschlusserstellers. IFRS 8 enthält keine Vorgaben, in welcher Weise die fehlenden Segmente bis zum Erreichen der 75%-Schwelle zusammenzustellen sind. Nach der Zielsetzung des IFRS 8 sollten diejenigen Segmente gesondert angegeben werden, aus deren Offenlegung die Abschlussadressaten den größten Nutzen im Hinblick auf die Analyse der VFE-Lage des Unternehmens ziehen können.

30 Bei der Prüfung der Schwellenwerte können sich in Bezug auf das **Segmentergebnis** Probleme ergeben, wenn im Rahmen der internen Berichterstattung für die Beurteilung der einzelnen Segmente **unterschiedliche Ergebnisgrößen** verwendet werden.

Beispiel: Ein im IT-Bereich tätiger Konzern weist in seinem Portfolio neben diversen produktorientierten Segmenten mit zT eigener Produktion, ein Segment aus, das ausschließlich Dienstleistungen in Form von IT-Beratung erbringt, sowie ein weiteres Segment, in dem Finanzdienstleistungen im Zusammenhang mit der Produktpalette angeboten werden. Die Konzernleitung beurteilt und steuert die einzelnen Segmente auf Basis der durch das interne Berichtswesen zur Verfügung gestellten Informationen. Dabei werden für die produktbezogenen Segmente Ergebnisdaten auf Basis des EBIT, für das Beratungssegment auf Basis des EBITDA und für das Finanzdienstleistungssegment auf Basis des EBT herangezogen. Bei der Wahl der unterschiedlichen Ergebniskennziffern bestimmte das Management das EBIT als zentrale Steuerungsgröße für das Unternehmen. Da den Abschreibungen im Dienstleistungssegment keine wesentliche Relevanz beigemessen wurde, das Finanzdienstleistungssegment ohne Einbezug der Zinserträge und -aufwendungen jedoch nicht hinreichend beurteilt werden kann, wurden für diese Segmente in der internen Berichterstattung abweichende Ergebnisgrößen festgelegt.

In diesem Fall können die unterschiedlich definierten Ergebnisgrößen mangels Vergleichbarkeit nicht mehr sachgerecht zusammengefasst werden. Zur Bestimmung der Wesentlichkeit sollte daher zunächst eine einheitliche Ergebnisgröße festgelegt werden. Für die im Rahmen der Segmentberichterstattung offen zu legenden Angaben ist dann jedoch auf die jeweils unternehmensintern verwendeten Ergebniskennziffern zurückzugreifen.

Erfüllt ein Geschäftssegment keines der drei Wesentlichkeitskriterien, so kann 31
gleichwohl **freiwillig** über dieses Segment berichtet werden, sofern die Unternehmensführung der Auffassung ist, dass die dem Segment zugrunde liegenden Informationen für den Abschlussadressaten nützlich sind (IFRS 8.13). Darüber hinaus kann auch eine **Zusammenfassung** mit weiteren Geschäftssegmenten, die ebenfalls nicht die quantitativen Voraussetzungen erfüllen, vorgenommen werden, sofern die Homogenitätskriterien gem IFRS 8.12 gegeben sind (vgl hierzu Rz 26). Eine Zusammenfassung mit anderen **berichtspflichtigen** Geschäftssegmenten ist nicht zulässig, da diese gem IFRS 8.14 eigenständig auszuweisen sind.

Die Bestimmung der Wesentlichkeit ist in jeder Berichtsperiode auf Basis der 32
jeweils **aktuellen Werte** erneut durchzuführen.

Aufgrund der Anwendung des *management approach* unterliegt die Segmentberichterstattung nach IFRS 8 **keinem Stetigkeitsgrundsatz**, sodass sich alle Änderungen in der internen Organisations- bzw Berichtsstruktur unmittelbar auf die externe Berichterstattung auswirken. Zur Sicherstellung der Vergleichbarkeit der Segmentangaben sieht IFRS 8.18 die Erhebung und den Ausweis von **Vergleichsinformationen für die Vorperiode** vor, sofern ein Geschäftssegment in der aktuellen Berichterstattung erstmalig ausgewiesen wird. Dabei sind die Vorjahreswerte nach den gleichen Kriterien zu bestimmen, die in der aktuellen Periode zugrunde gelegt wurden, dh auf Basis der gleichen Segmentabgrenzung. Eingeschränkt wird diese Anforderung allerdings durch das Kosten-Nutzen-Prinzip. Ist die Erstellung der Vergleichsinformationen mit einem unverhältnismäßig hohen Aufwand verbunden oder aufgrund fehlender Daten nicht möglich, so kann auf die Nachbildung eines erstmalig ausgewiesenen Segments und den entspr Ausweis von Vorjahreswerten verzichtet werden.

Unterschreitet ein im Vorjahresabschluss separat ausgewiesenes Segment in der 33
aktuellen Berichtsperiode die Wesentlichkeitskriterien des IFRS 8.13, so ist dieses Segment **weiterhin anzugeben**, wenn ihm die Unternehmensführung eine **fortwährende Bedeutung** beimisst. Dies ist insbes dann anzunehmen, wenn das Segment einen hohen strategischen Wert aufweist oder so gefördert werden soll, dass zukünftig wieder mit einem Erreichen der Schwellenwerte zu rechnen ist.

Beispiel 1: Infolge des Zukaufs eines größeren Unternehmens unterschreitet eines der bisherigen Geschäftssegmente eines diversifizierten Konzerns die Schwellenwerte der drei Wesentlichkeitskriterien. Der Vorstand erwartet, dass der Unternehmenserwerb zu künftigen Synergieeffekten führt, von welchen insbes der betroffene Geschäftsbereich profitieren wird. Aus diesem Grund geht er davon aus, dass das Geschäftssegment die Schwellenwerte künftig wieder erreichen wird. Damit wird eine fortwährende Bedeutung des Segments unterstellt, weshalb dieses trotz Unterschreitens der Wesentlichkeitsgrenzen als berichtspflichtig einzustufen ist.

Beispiel 2: Ein Unternehmen weist einen wichtigen Produktionsstandort in Südamerika als eigenständiges Berichtssegment aus. Aufgrund inflationärer Entwicklungen sinken alle drei Kriterien unter die Wesentlichkeitsschwelle. Der Vorstand beschließt gleichwohl an dem Standort festzuhalten und hat für diesen bereits ein umfassendes Investitionsprogramm verabschiedet. Hieraus ergibt sich eine fortwährende Bedeutung des Geschäftssegments, sodass ein gesonderter Ausweis weiterhin verpflichtend ist.

34 Alle Segmente, die weder die Wesentlichkeitskriterien gem IFRS 8.13 erfüllen noch freiwillig ausgewiesen oder mit anderen ausweispflichtigen Segmenten zusammengefasst werden, sind gem IFRS 8.16 als Restgröße in einem **Sammelsegment** auszuweisen. Dabei ist zu beachten, dass nicht unter den Begriff des Geschäftssegments fallende Aktivitäten, wie Holdingaktivitäten oder Pensionsfonds (vgl Rz 20) grds nicht in das Sammelsegment einzubeziehen, sondern im Rahmen einer Überleitungsrechnung (vgl hierzu Rz 75 ff) anzugeben sind.

35 Zusammenfassend stellt sich die **Bestimmung** der **berichtspflichtigen Segmente** wie folgt dar:

Vorgehensweise	**Vorschrift**
1. **Abgrenzung** der **Geschäftssegmente** lt Definition	IFRS 8.11
2. Freiwillige **Zusammenfassung** von ähnlichen Geschäftssegmenten	IFRS 8.12
3. Prüfung der **Wesentlichkeitskriterien**	IFRS 8.13
4. **Freiwilliger** separater Ausweis **unwesentlicher** Geschäftssegmente	IFRS 8.13
5. **Freiwillige** Zusammenfassung **unwesentlicher** Geschäftssegmente	IFRS 8.14
6. Prüfung der Ausweispflicht aufgrund **fortwährender Bedeutung**	IFRS 8.17
7. Prüfung der **75%-Regel**	IFRS 8.15
8. Zusammenstellung des **Sammelsegments**	IFRS 8.16

2. Segmentbestimmung nach IAS 14

36 Im Gegensatz zu IFRS 8 schrieb IAS 14 zwei Ebenen von Segmenten vor, über die grds zwingend zu berichten war: **Geschäftssegmente** sowie **geografische Segmente**.

Im Rahmen der Segmentbestimmung war auf Basis der Ertragskraft sowie der Risiken aber auch aufgrund der internen Organisationsstruktur eines Unternehmens zunächst zu entscheiden, welches der beiden Segmente als **vorrangig** einzustufen und damit als **primäres** Segment auszuweisen war. Die weniger relevante Segmentierung bildete dann das sekundäre Berichtsformat.

Die Zuordnung zum primären oder sekundären Segment hatte unterschiedliche Anforderungen hinsichtlich Art und Umfang der angabepflichtigen Informationen zur Folge.

Im Anschluss an die Festlegung des primären und sekundären Berichtsformats waren die Geschäftssegmente sowie die geografischen Segmente anhand vorgegebener Kriterien voneinander abzugrenzen.

37 Wie in der nachfolgenden **Gegenüberstellung** dargestellt, stimmen die Regelungen in IFRS 8 und IAS 14 im Hinblick auf die nähere Bestimmung der berichtspflichtigen Segmente weitgehend überein.

Abweichend zu IFRS 8 sah IAS 14.35 allerdings vor, dass ein Segment die Mehrheit seiner Erträge mit **externen** Kunden erzielen muss. Nach IFRS 8.5 qualifizieren sich hingegen auch Geschäftsbereiche, die ausschließlich intersegmentäre Erträge erzielen als Geschäftssegment.

	IFRS 8	**IAS 14**
Möglichkeit der freiwilligen Zusammenfassung von ähnlichen Segmenten	X	X
Berichtspflicht bei Erfüllung eines der folgenden Kriterien: – Segmenterlöse ≥ 10% der Erlöse aller Geschäftssegmente – Segmentergebnis ≥ 10% der Ergebnisse aller Geschäftssegmente – Segmentvermögen ≥ 10% des Vermögens aller Geschäftssegmente	X	X

	IFRS 8	IAS 14
Möglichkeit des freiwilligen separaten Ausweises unwesentlicher Segmente	X	X
Möglichkeit der freiwilligen Zusammenfassung unwesentlicher Segmente	X	X
Ausweispflicht für unwesentliche Segmente mit anhaltender Bedeutung	X	X
75%-Regel	X	X
Ausweis eines Sammelsegments	X	X
Empfehlung einer Höchstgrenze von 10 Segmenten	X	
Gleichbehandlung von vertikal integrierten Segmenten mit mehr als 50% Innenumsatz	X	

III. Bedeutung der zahlungsmittelgenerierenden Einheit im Rahmen der Segmentberichterstattung

Gem IAS 36.80 ist ein im Rahmen eines Unternehmenszusammenschlusses 38
entstandener Geschäfts- oder Firmenwert am Erwerbsstichtag derjenigen zahlungsmittelgenerierenden Einheit (ZGE) des Erwerbers zuzuordnen, die zukünftig Synergievorteile aus dem Unternehmenszusammenschluss erzielen soll. Je nach Überwachung des Geschäfts- oder Firmenwerts für interne Managementzwecke kann auch eine Allokation auf eine Gruppe von ZGE bzw zu einem Geschäftssegment erfolgen. Gem IAS 36.80(b) stellt das **Geschäftssegment** die **Obergrenze** für die Zuordnung von Geschäfts- oder Firmenwerten dar. Fasst ein Unternehmen mehrere Geschäftssegmente gem IFRS 8.12 zusammen, so ist dies für die Zuordnung eines Geschäfts- oder Firmenwerts unbeachtlich. Als Allokationsobergrenze ist das **einzelne** Geschäftssegment anzusehen. Die Zuordnung eines Geschäfts- oder Firmenwerts zu Geschäftssegmenten, die gem IFRS 8.12 **zusammengefasst** wurden, ist gem IAS 36.80 (geändert 2009) nach Klarstellung durch das *Annual Improvements* Projekt 2009 **nicht zulässig**, da zusammengefasste Segmente nicht notwendigerweise gleichermaßen von den Synergien profitieren, die mit der Verteilung des Geschäfts- oder Firmenwerts abgebildet werden (IAS 36.BC150B (geändert 2009)). Diese Klarstellung ist – vorbehaltlich einer Übernahme durch die EU – prospektiv für Geschäftsjahre ab dem 1. Januar 2010 anzuwenden.

Die Umstellung der Segmentberichterstattung von IAS 14 auf IFRS 8 kann 39
eine Neuzuordnung von Geschäfts- oder Firmenwerten auf die Geschäftssegmente erfordern, sofern sich diese ggü der Abgrenzung nach IAS 14 geändert haben. Unter Anwendung des IAS 14 kam als **kleinste Einheit** iSe Geschäftssegments die **zahlungsmittelgenerierende Einheit** in Betracht. Dies ist nach IFRS 8 nicht mehr der Fall, da die Segmentabgrenzung und die Ermittlung der Segmentdaten aufgrund der Anwendung des *management approach* nicht mehr an die Bilanzierungs- und Bewertungsmethoden der IFRS gebunden sind. Gleichwohl führt die Anwendung des *management approach* in der Unternehmenspraxis tendenziell zu einer umfangreicheren Abgrenzung von Geschäftssegmenten (*Beer/Deffner/Fink* KoR 2007, 221). Nimmt ein Unternehmen aufgrund einer geänderten Segmentabgrenzung eine Neuzuordnung der bestehenden Geschäfts- oder Firmenwerte vor, so ist die Allokation eines jeden Geschäfts- oder Firmenwerts für Zwecke des Wertminderungstests gem IAS 36 **prospektiv** durchzuführen.

Beispiel: Ein Unternehmen erbringt Lieferungen und Leistungen in den zwei Hauptgeschäftsbereichen Kraftwerkbau und Maschinenbau. Die Geschäftstätigkeit wird durch sechs Betriebe gewährleistet, von welchen jeweils drei dem Bereich Kraftwerkbau und drei dem Bereich Maschinenbau zuarbeiten. Jeder Betrieb agiert im Wesentlichen unabhängig von den übrigen Betrieben. Der Bereich Kraftwerkbau wurde vor einigen Jahren erworben, wobei ein Geschäfts- oder Firmenwert in Höhe von Mio € 10 entstand. Zweck des Erwerbs war ua die Generierung von Synergien mit dem bereits bestehenden Maschinenbaubereich. Das Unternehmen hatte gem IAS 14 die zwei primären Segmente Kraftwerkbau und Maschinenbau gebildet. Sekundäre Segmente waren nicht abgegrenzt worden. In Übereinstimmung mit IAS 36 hatte das Unternehmen den Geschäfts- oder Firmenwert von insgesamt Mio € 10 aufgeteilt und in Anbetracht der erwarteten Synergien mit Mio € 7 dem Segment Kraftwerkbau und in Höhe von Mio € 3 dem Segment Maschinenbau zugeordnet. Entspr dieser Aufteilung wurden die Geschäfts- oder Firmenwerte in den Folgejahren vom Management überwacht. Zudem wurden in den Folgejahren *impairment tests* auf Basis der beiden Segmente gem IAS 36.88 ff durchgeführt.

Bei der erstmaligen Anwendung von IFRS 8 werden die Segmente auf Basis des internen Berichtswesens neu abgegrenzt. Da dem Hauptentscheidungsträger intern Informationen auf Basis der sechs Betriebe gemeldet werden, stellt jeder Betrieb sowohl eine eigenständige ZGE als auch ein eigenständiges Segment iSd IFRS 8 dar. Der bislang auf die zwei nach IAS 14 abgegrenzten Segmente allokierte Geschäfts- oder Firmenwert ist gem IAS 36.80 auf die nach IFRS 8 neu abgegrenzten Segmente in Form der sechs Betriebe zuzuordnen. Da die Zuordnung prospektiv erfolgt, ist der ursprünglich auf den Kraftwerkbau in Höhe von Mio € 7 zugeordnete Geschäfts- oder Firmenwert nunmehr auf die drei dem Kraftwerkbau zugeordneten Betriebe zu verteilen. Die Verteilung kann relativ zum Nutzungswert der jeweiligen Betriebe erfolgen, sofern eine andere Verteilung die Nutzung der Synergien nicht besser widerspiegelt. Eine entspr Verteilung ist für die Maschinenbausparte vorzunehmen. Zukünftig ist für jede ZGE in Form eines Betriebs ein *impairment test* durchzuführen. Wertminderungen sind dann vorrangig auf den jeweils zugeordneten Geschäfts- oder Firmenwert und – sofern dieser in voller Höhe wertberichtigt ist – auf die übrigen Vermögenswerte der ZGE im Verhältnis ihrer anteiligen Buchwerte vorzunehmen. Die Reallokation der Geschäfts- oder Firmenwerte auf die neu abzugrenzenden Segmente stellt gleichermaßen ein *triggering event* iSd IAS 36 dar. Ergibt sich aufgrund der Neuzuordnung der Geschäfts- oder Firmenwerte ein Wertminderungsbedarf, so ist der Wertminderungsaufwand als Aufwand der Periode darzustellen, in der die Neuzuordnung vorgenommen wurde.

Sofern im Zeitpunkt der erstmaligen Anwendung von IFRS 8 der auf den Kraftwerkbau entfallende Geschäfts- oder Firmenwert in Höhe von ursprünglich Mio € 7 infolge eines *impairments* nur noch in Höhe von Mio € 6 existiert, ist dieser wertgeminderte Betrag der Reallokation zugrunde zu legen.

IV. Beispiel der Segmentabgrenzung nach IFRS 8 und IAS 14 im Vergleich

40 Die Anwendung des ***management approach*** nach IFRS 8 bzw des ***risk and reward approach*** gem IAS 14 kann aufgrund der unterschiedlichen Konzeptionen zu einer abweichenden Segmentabgrenzung führen.

Beispiel: Der in Deutschland ansässige K-Konzern hat sich auf die Produktion von chemischen Produkten für die Kunststoff- und die Agrarindustrie spezialisiert. Für die Herstellung der Produktpalette ist ein chemisches Grundprodukt A erforderlich, welches in einem eigenen Werk hergestellt wird. 90% des Grundprodukts werden in anderen Werken des Konzerns zu den vier Endprodukten B, C, D und E veredelt, die restlichen 10% von A werden extern verkauft. Die Produkte B und C werden unter der Produktgruppe 1 und die Produkte D und E unter der Produktgruppe 2 zusammengefasst. Hauptabnehmer der Produktgruppe 1 ist die Automobilindustrie in Europa. Das Produkt D wird hauptsächlich an die Agrarwirtschaft in Asien und das Produkt E an Agrarbetriebe in Nordamerika vertrieben. Der Vorstand als Hauptentscheidungsträger iSd IFRS 8.7 trifft seine Entscheidungen im Hinblick auf die Ressourcenallokation auf der Basis produktbezogener Informationen für das Grundprodukt A sowie die Endprodukte B und C gesondert. Die

Entscheidungen hinsichtlich der Endprodukte D und E werden hingegen nach regionalen Aspekten auf Basis der Produktgruppe 2 getroffen.

Nach den Vorgaben des **IFRS 8** grenzt der K-Konzern die folgenden vier Segmente ab: ein produktbezogenes Segment für das Grundprodukt A, welches hauptsächlich intersegmentäre Erträge erzielt, zwei weitere produktbezogene Segmente für die Endprodukte B und C sowie ein regionenbezogenes Segment für die Produktgruppe 2.

Nach **IAS 14** musste zunächst entschieden werden, ob die Geschäftssegmente oder die Regionen als primäres Segment auszuweisen waren.

Fiel die Entscheidung zugunsten der Geschäftssegmente, waren diesbezüglich die vier Segmente B, C, D und E abzugrenzen. Sofern die Voraussetzungen des IAS 14.34 erfüllt waren, konnten die Segmente D und E ggf zusammengelegt werden. Der Ausweis des Grundprodukts A als eigenständiges Segment war nicht möglich, da der Großteil der Erlöse auf Konzernunternehmen entfällt.

Werden die geografischen Segmente als primäres Berichtssegment ausgewiesen, so sind drei Segmente für die Regionen Europa, Asien und Nordamerika abzugrenzen.

Eine unterschiedliche Segmentabgrenzung kann sich auch dann ergeben, sofern unternehmensintern eine Berichterstattung auf Basis der **Kundenstruktur** erfolgt. 41

Beispiel: Ein Unternehmen produziert und vertreibt in Europa und Nordamerika drei Produkte mit unterschiedlichen aber weitgehend stetigen Margen. Die Hauptrisiken erwachsen aus Sicht der Unternehmensleitung aus den unterschiedlichen Kundengruppen. Diese wurden in die Bereiche Großkunden, Einzelhandel, Privatkunden und öffentlicher Dienst eingeteilt, wobei auf jede dieser Gruppen ein etwa gleich großer Anteil des Absatzes entfällt. Entscheidend für den Erfolg des Unternehmens ist die Umsatzentwicklung. Um negativen Entwicklungen entgegen zu steuern, reagiert das Unternehmen kundenspezifisch durch entspr maßgeschneiderte Marketingaktionen und sonstige Maßnahmen. Aus diesem Grund wurde das interne Berichtswesen nach den vier Kundengruppen ausgerichtet.

Nach **IFRS 8** ist die Abgrenzung der Segmente entspr der internen Berichtsstruktur und demnach nach den vier Kundengruppen vorzunehmen.

Nach **IAS 14** war eine solche Abgrenzung nicht statthaft. Das Unternehmen musste zwingend eine Abgrenzung auf Basis der Produkte bzw der unterschiedlichen Regionen, in denen es tätig ist, vornehmen. Auf Basis der konkreten Risikostruktur musste es zunächst entscheiden, welches dieser Segmente als vorrangig und damit als primär einzustufen war. In einem zweiten Schritt waren die einzelnen Segmente abzugrenzen. Hier bot es sich an, für den Bereich der Geschäftssegmente auf die drei Produkte und für die geografischen Segmente auf die Regionen Deutschland, restliches Europa und Nordamerika abzustellen.

V. Ein-Segment-Unternehmen

Soweit in einem Unternehmen keine regionalen, kundenspezifischen, produkt- und leistungsbezogenen sowie sonstigen Unterschiede vorliegen (sog Ein Segment-Unternehmen), führt dies sowohl nach IFRS 8 als auch nach **IAS 14** zu einer **faktischen Befreiung** von der Pflicht zur Erstellung einer Segmentberichterstattung. Dies ist insbes bei Unternehmen der Fall, die homogene Produkte herstellen, welche regional zu weitgehend gleichen Konditionen an einen homogenen Kundenkreis vertrieben werden. In diesem Zusammenhang ist zu beachten, dass die Definition des Geschäftssegments nach IFRS 8 weiter ist als die nach IAS 14. Beschränken sich die einzig vorhandenen Unterschiede zB auf den Kundenkreis oder die Vertriebswege, so kann dies zu einer entspr Segmentierung nach IFRS 8 führen, während eine Segmentierung nach IAS 14 aufgrund der Beschränkung auf Produkt- bzw Dienstleistungsbereiche sowie Regionen nicht erforderlich war. 42

Beispiel: Ein Unternehmen, dessen Geschäftstätigkeit sich ausschließlich auf den Vertrieb von Zeitschriften-Abonnements beschränkt, wendet hierfür zwei unterschiedliche

Vertriebsmethoden an. Neben den klassischen Haustürgeschäften wird ein wesentlicher Teil der Abonnements über das Internet verkauft. Der Vorstand trifft seine Entscheidungen hinsichtlich der Ressourcenallokation auf Basis der beiden unterschiedlichen Vertriebswege, für die im Rahmen des internen Berichtswesens separate Finanzinformationen bereitgestellt werden.

Nach IFRS 8 stellt das Unternehmen eine Segmentberichterstattung mit den beiden nach Vertriebswegen unterschiedenen Segmenten auf. Nach IAS 14 entfiel die Pflicht zur Aufstellung einer Segmentberichterstattung, da im Hinblick auf die von dem Unternehmen angebotenen Produkte bzw Dienstleistungen sowie in regionaler Hinsicht keine unterschiedliche Chancen- oder Risikoexposition vorliegt.

Als weiteres Beispiel für ein Ein-Segment-Unternehmen sei ein Softwareunternehmen mit homogenen Softwareprodukten und Sitz im Inland genannt, welches seine Produkte weltweit über das Internet anbietet und vertreibt.

43 Nach IFRS 8 ist ferner zu berücksichtigen, dass ein **Mindestumfang segmentübergreifender Angaben** vorzunehmen ist (vgl hierzu im Einzelnen Rz 81 ff).

D. Angaben zu den Segmenten

I. Bestimmung der Segmentdaten

44 Bei der Bestimmung der einzelnen Segmentdaten ergeben sich zwei grds Fragestellungen, die zum einen das **Bezugsobjekt** der Segmentdaten und zum anderen die zu **verwendenden Bilanzierungs- und Bewertungsmethoden** betreffen.

1. Bezugsobjekt der Segmentdaten

45 Im Rahmen der Ermittlung der Segmentdaten lassen sich zwei konzeptionelle Ansätze hinsichtlich des **Bezugsobjekts** unterscheiden, die den Zusammenhang zwischen aggregierten und disaggregierten Daten innerhalb des Segmentberichts betreffen. In diesem Zusammenhang ist entweder eine Darstellung der Berichtsdaten in **disaggregierter** Form möglich *(disaggregation approach)* oder es kann jedes Segment wie eine **rechtlich unabhängige Einheit** präsentiert werden *(autonomous entity approach;* vgl *Fink/Ulbrich* KoR 2006, 234 und 237; *Alvarez/Büttner* KoR 2006, 313).

Bei der Anwendung des ***disaggregation approach*** werden die Segmentdaten ausgehend von dem aggregierten IFRS-(Konzern-)Abschluss durch Aufteilung und Zuordnung auf die einzelnen Segmente verteilt, sodass der Zusammenhang zwischen dem IFRS-(Konzern-)Abschluss und den Segmenten gewahrt bleibt.

Demgegenüber postuliert der ***autonomous entity approach*** eine vollständige Selbständigkeit eines jeden einzelnen Segments, sodass Synergien und andere intersegmentäre Interdependenzen vollständig eliminiert werden. Hierzu werden uU auch fiktive Werte in die Segmentberichterstattung aufgenommen, sofern dies zur Darstellung einer autonomen Unternehmenseinheit notwendig ist.

Bestehen zwischen den einzelnen Segmenten eines Unternehmens keine Interdependenzen oder treten hinsichtlich der gemeinsam genutzten Vermögenswerte und Schulden keine Synergien auf, so führen beide Ansätze zum gleichen Ergebnis (*Haller* in Baetge ua IAS-Komm[1] IAS 14 Rz 26).

46 Nach **IFRS 8** kann für die Darstellung im Rahmen der Segmentberichterstattung sowohl der *autonomous entity approach* als auch der *disaggregation approach* gewählt werden. Die Entscheidung, welcher Ansatz zu verwenden ist, hat sich an der konkreten Ausgestaltung des internen Berichtswesens zu orientieren. Folgt

die Segmentberichterstattung dem *autonomous entity approach*, so ergibt sich ein größerer Erläuterungsbedarf im Rahmen der Überleitung der kumulierten Segmentergebnisse auf den IFRS-(Konzern-)Abschluss.

Demgegenüber folgte **IAS 14** ausschließlich dem *disaggregation approach*. Dies 47
kommt insbes in der Ausrichtung der Überleitungsrechnung auf eine Überführung der disaggregierten Segmentdaten in die aggregierten Werte des IFRS-(Konzern-)Abschlusses zum Ausdruck.

2. Bewertung der Segmentdaten

Bei der Entscheidung, nach welchen **Bilanzierungs- und Bewertungs-** 48
methoden die Segmentdaten zu ermitteln sind, kann prinzipiell entweder auf die im internen Berichtswesen verwendeten Grundsätze, oder auf die im IFRS-(Konzern-)Abschluss zugrunde gelegten Methoden zurückgegriffen werden.

Werden bei der Ermittlung der Segmentdaten die **Bilanzierungs- und Bewertungsmethoden** der IFRS zugrunde gelegt, so ergeben sich zwischen den Segmentdaten und den aggregierten Daten des IFRS-(Konzern-)Abschlusses – abgesehen von Konsolidierungseffekten – keine Unterschiede. Eine Überleitung der kumulierten Segmentdaten auf den IFRS-Abschluss beschränkt sich daher in diesem Fall auf intersegmentäre Transaktionen sowie Geschäftsvorfälle mit Konzerneinheiten, die keinem Segment zugeordnet werden wie reine Holdingaktivitäten, Pensionsfonds, Unterstützungskassen etc (vgl Rz 20).

Erfolgt die Bestimmung der Segmentdaten hingegen auf Basis des **internen Berichtswesens**, so können sich ggü dem IFRS-Abschluss weitere Abweichungen, etwa aus der Verwendung von kalkulatorischen Komponenten wie Zusatz- und Anderskosten ergeben. Hieraus resultierende Abweichungen erschweren eine Abstimmung der kumulierten Segmente mit den aggregierten Daten des IFRS-Abschlusses und erfordern daher einen erhöhten Überleitungsaufwand.

Nach **IFRS 8** ist der ***management approach*** auch bei der **Bewertung der** 49
Segmentdaten anzuwenden. Dies hat zur Folge, dass die offen zu legenden Segmentangaben **direkt** aus dem **internen Berichtswesen** zu entnehmen sind. Aus diesem Grund müssen die angabepflichtigen Informationen nicht zwangsläufig mit den im IFRS-Abschluss zugrunde gelegten Bilanzierungs- und Bewertungsmethoden übereinstimmen. Abweichungen werden durch das Modell des IFRS 8 bewusst in Kauf genommen, sind jedoch in geeigneter Form auf den IFRS-Abschluss überzuleiten und zu erläutern (vgl Rz 75 ff). Für Unternehmen, deren internes und externes Berichtswesen übereinstimmt, entfällt eine entspr Überleitungs- und Erläuterungspflicht. Bei der Gestaltung des internen Rechnungswesens sollte ein Unternehmen daher stets die Implikationen auf die Segmentberichterstattung beachten.

Da der Unternehmensleitung bei der Ausgestaltung des internen Berichtswe- 50
sens grds keine Schranken auferlegt werden, können sich **Asymmetrien** hinsichtlich der unterschiedlichen Segmentgrößen ergeben. So kann das Management zB entscheiden, Abschreibungen zwar in das Segmentergebnis, nicht jedoch in das Segmentvermögen einzubeziehen, sofern eine solche Disposition im konkreten Fall sinnvoll erscheint. Gleiches gilt für die Allokation von Unternehmensbereichen, die von mehreren Segmenten gemeinschaftlich genutzt werden. Diese sind gem IFRS 8.25 lediglich auf einer vernünftigen Basis zu verteilen (*Fink/Ulbrich* KoR 2006, 242).

Bei Einrichtung eines effektiven internen Berichtswesens, ist jedoch idR davon auszugehen, dass zusammenhängende Erfolgs- und Bestandsgrößen **einheitlich** ermittelt werden. Sollte dies nicht der Fall sein, so sind asymmetrische

Verteilungen im Rahmen der Segmentberichterstattung zu erläutern (*Alvarez/Büttner* KoR 2006, 313).

51 Verwendet ein Unternehmen für sein internes Berichtswesen zwei oder **mehrere unterschiedliche** Ermittlungsmethoden als Bemessungsgrundlage für das Periodenergebnis bzw die Vermögenswerte und Schulden, so ist gem IFRS 8.26 für die Segmentberichterstattung diejenige Methode zugrunde zu legen, die den Bilanzierungs- und Bewertungsmethoden der IFRS am meisten ähnelt.

Nach einer für das Geschäftsjahr 2004 durchgeführten Auswertung aller im HDAX gelisteten 29 US-GAAP-Anwender, gaben 54% dieser Unternehmen an, ihre Segmentdaten anhand der externen Bilanzierungs- und Bewertungsmethoden zu ermitteln. Da die Ermittlung der Segmentdaten nach dem US-amerikanischen Standard SFAS 131 ebenso wie nach IFRS 8 auf Basis des ***full management approach*** erfolgt, ist davon auszugehen, dass die Mehrzahl der betroffenen Unternehmen ihr internes und externes Berichtswesen weitgehend harmonisiert haben (*Kajüter/Barth* BB 2007, 431).

52 Nach der Konzeption des **IAS 14** waren die Segmentinformationen **in Übereinstimmung mit** den Bilanzierungs- und Bewertungsmethoden anzugeben, die im zugrunde liegenden **IFRS-**Abschluss angewendet wurden (IAS 14.44f). Die im jeweiligen Abschluss abgebildeten Geschäftsvorfälle waren um intersegmentäre Transaktionen zu ergänzen. Dies bedeutete im Rahmen einer konsolidierten Rechnungslegung, dass – abgesehen von der Kapitalkonsolidierung – alle übrigen Konsolidierungsmaßnahmen, soweit sie intersegmentäre Geschäftsvorfälle betrafen, rückgängig zu machen waren. Lediglich Konsolidierungen innerhalb eines Segments waren beizubehalten.

II. Angabepflichtige Segmentdaten

53 Die im Rahmen der Segmentberichterstattung offen zu legenden Angaben werden zunächst in **segmentbezogene** (IFRS 8.20 bis IFRS 8.28) und **segmentübergreifende** Angaben (IFRS 8.31 bis IFRS 8.34) unterteilt.

Die **segmentbezogenen Angaben** lassen sich gem IFRS 8.21 wiederum in die folgenden drei Gruppen einteilen:

(1) allgemeine Informationen über die Identifikationsmerkmale, die zur Abgrenzung der Segmente auf Basis der internen Organisationsstruktur geführt haben sowie die Art der bereitgestellten Produkte bzw Dienstleistungen,
(2) segmentbezogene Informationen über das Periodenergebnis, das Vermögen und die Schulden eines jeden Segments sowie deren Bewertung,
(3) eine Überleitung der Segmentinformationen zu den im IFRS-Konzernabschluss präsentierten konsolidierten Bilanz- und GuV-Posten.

54 Die vorgenannten Angaben sind sowohl für die **aktuelle Berichtsperiode** als auch für das **Vorjahr** vorzunehmen. Wird die Zusammensetzung der berichtspflichtigen Segmente durch Änderungen in der internen Organisationsstruktur oder im internen Berichtswesen ggü dem Vorjahr modifiziert, so sind die im Rahmen der Segmentberichterstattung ausgewiesenen Vergleichsangaben gem IFRS 8.29 an die neue Struktur **anzupassen**. Der Umstand, dass Vorjahreswerte angepasst wurden, ist anzugeben. Auf diese Weise soll gewährleistet werden, dass die zu veröffentlichenden Informationen im Zeitablauf vergleichbar sind.

Die Anpassungspflicht betrifft sowohl Jahres- als auch Zwischenabschlüsse. Sie darf im Einzelfall nur dann unterbleiben, wenn die erforderlichen Vorjahresinformationen nicht vorliegen oder nur mit einem unverhältnismäßig hohen Aufwand ermittelbar sind. Unterbleibt eine Anpassung der Vorjahreszahlen aus den vorgenannten Gründen, so ist das Unternehmen gem IFRS 8.30 verpflichtet, für das aktuelle Berichtsjahr eine **zusätzliche** Segmentberichterstattung auf Basis des **alten** Segmentzuschnitts vorzunehmen.

Beispiel: Ein Unternehmen wurde bislang über seine Produktbereiche auf Basis des EBIT überwacht und gesteuert, die Segmentberichterstattung war entspr hieran ausgerichtet worden. Im Jahr X5 reorganisiert der Vorstand als Hauptentscheidungsträger die interne Berichterstattung des Unternehmens und lässt sich nunmehr als Grundlage für seine Steuerung und Ressourcenallokation eine Cashflow-bezogene Größe auf regionaler Ebene berichten. Aus diesem Grund stellt das Unternehmen am Ende des Jahres X5 seine Segmentberichterstattung um und berichtet auf Basis der neuen internen Organisationsstruktur. Vergleichszahlen für das Vorjahr kann das Unternehmen mangels Datenbasis nicht ermitteln. Insofern verzichtet es auf die Angabe von Vorjahreszahlen und gibt den Grund hierfür im Anhang an. Gem IFRS 8.30 ist das Unternehmen verpflichtet, im Jahr X5 eine zweite Segmentberichterstattung unter Berücksichtigung des alten internen Berichtswesens mit entspr Vorjahreswerten aufzustellen. Hierfür muss es bereits zum Zeitpunkt der Umstellung geeignete Vorkehrungen treffen, um die erforderlichen Daten am Ende des Jahres X5 verfügbar zu haben. In Jahr X6 berichtet das Unternehmen dann nur noch nach Maßgabe der neuen internen Organisationsstruktur.

Kann ein Unternehmen unter Zugrundelegung des Kosten-Nutzen-Prinzips lediglich einen Teil der Vorjahreszahlen rekonstruieren, so sollten die ermittelten Werte als Vergleichszahlen angegeben werden. Die Pflicht zur Vornahme einer zweiten Segmentberichterstattung auf Basis des alten Segmentzuschnitts entfällt hierdurch allerdings nicht.

Die **segmentübergreifenden Angaben** sind von **allen** Unternehmen vor- 55
zunehmen, die unter den Anwendungsbereich von IFRS 8 fallen. Hierzu gehören auch Unternehmen, die nur ein Segment aufweisen. Anzugeben sind insbes Informationen zu produkt- bzw dienstleistungsbezogenen Erträgen, zu geografischen Gebieten sowie zur Abhängigkeit von wesentlichen Kunden (vgl im Einzelnen Rz 81 ff).

1. Allgemeine Informationen

Die allgemeinen Angaben sollen den Abschlussadressaten ein Verständnis der 56
Segmentabgrenzung und der Bestimmung der Segmentdaten ermöglichen sowie einen Einblick in das interne Steuerungs- und Berichtswesen des Unternehmens vermitteln. Zunächst ist zu beschreiben, auf welcher Basis das Unternehmen die **Segmentabgrenzung** vorgenommen hat, welche Institution die Funktion des „Hauptentscheidungsträgers" iSd IFRS 8.7 einnimmt und wer an diesen berichtet. Mögliche Faktoren für die Segmentabgrenzung stellen bspw die angebotenen Produkte und Dienstleistungen, verschiedene Marken, Kundenprofile oder Vertriebswege sowie regionale Unterschiede dar (vgl im Einzelnen Rz 23).

Darüber hinaus sind die **berichtspflichtigen Segmente** und die diesen 57
zugrunde liegenden Produkte bzw Dienstleistungen so zu **beschreiben**, dass ein Unbeteiligter sich eine angemessene Vorstellung von den Aktivitäten des Unternehmens verschaffen kann. Auch die Behandlung rein konzernintern zuständiger Dienstleistungseinheiten ist darzustellen. Zudem ist anzugeben, welche Geschäftseinheiten zusammengefasst wurden.

2. Segmentbezogene Informationen

Die segmentbezogenen Angaben betreffen **quantitative** Angaben zu wich- 58
tigen Kennzahlen der Ertrags- und Vermögenslage. Als zentrale Informationsgröße sieht IFRS 8.23 (geändert 2009) die verpflichtende Angabe des **Segmentergebnisses** vor.

Die übrigen, in der folgenden Tabelle dargestellten segmentbezogenen Angaben sind nur dann erforderlich, wenn die ihnen zugrunde liegenden Daten im

Rahmen der internen Berichterstattung in das Segmentergebnis einbezogen oder regelmäßig anderweitig an den Hauptentscheidungsträger iSd IFRS 8.7 berichtet werden (vgl hierzu Rz 71).

Verpflichtend auszuweisende Segmentdaten gem IAS 8.23 (geändert 2009)
Segmentergebnis
Verpflichtende Segmentdaten, sofern sie Bestandteil des ausgewiesenen Segmentergebnisses sind oder anderweitig regelmäßig an den Hauptentscheidungsträger berichtet werden
Segmenterträge mit externen Dritten
Intersegmentäre Erträge
Zinserträge
Zinsaufwendungen
Planmäßige Abschreibungen
Wertminderungen nach IAS 36
Wertaufholungen nach IAS 36
Wesentliche Aufwands- und Ertragsposten
Ergebnisbeiträge von Equity-Beteiligungen
Ertragsteuern
Wesentliche zahlungsunwirksame Aufwendungen und Erträge, mit Ausnahme von planmäßigen Abschreibungen
Verpflichtende Segmentdaten, sofern sie dem Hauptentscheidungsträger regelmäßig gemeldet werden gem IAS 8.23 (geändert 2009)
Segmentvermögen (ohne Finanzanlagen)
Segmentschulden
Verpflichtende Segmentdaten, sofern sie Bestandteil des ausgewiesenen Segmentvermögens sind oder anderweitig regelmäßig an den Hauptentscheidungsträger berichtet werden gem IAS 8.23 (geändert 2009)
Buchwerte von at equity bewerteten Beteiligungen
Investitionen in das langfristige Segmentvermögen

59 Die **Bewertung** der vorgenannten Posten erfolgt, wie in Rz 48 beschrieben, nach den dem internen Berichtswesen zugrunde gelegten Bewertungsmethoden. In diesem Zusammenhang kann die Verwendung von Zusatz- und Anderskosten Bedeutung erlangen.

Als **Zusatzkosten** kommen insbes kalkulatorische Eigenkapitalkosten in Betracht, die unternehmensintern zur wertorientierten Steuerung der einzelnen Segmente eingesetzt werden können. **Anderskosten** können aus abweichenden Bewertungsmethoden im Rahmen des internen Rechnungswesens resultieren und betreffen insbes kalkulatorische Abschreibungen und Zinsen, die Bewertung von Sachanlagen auf Basis von Wiederbeschaffungskosten, die abweichende Kostenperiodisierung im Rahmen einer Lebenszyklus-Kostenrechnung, die Glättung von Rückstellungen sowie Auswirkungen von Derivaten, für die die Dokumentationserfordernisse nach IAS 39 nicht erfüllt sind (vgl im Einzelnen *Müller/Peskes* BB 2006, 823).

Im Hinblick auf die Bewertung und den Ausweis der einzelnen Finanzinformationen sind die folgenden Aspekte zu berücksichtigen:

a) Segmentergebnis

Aufgrund der Anwendung des *management approach* gibt IFRS 8 für das Segmentergebnis **keine Definition** vor, sondern überlässt es dem Bilanzierenden, eine geeignete Ergebnisgröße auf der Grundlage des internen Organisations- und Berichtswesens festzulegen. Dabei können die Segmentergebnisgrößen grds frei gewählt werden, entscheidend ist, dass die angegebene Ergebnisgröße von dem Hauptentscheidungsträger auch tatsächlich für die Steuerung und Ressourcenallokation herangezogen wird. Die Festlegung von Ergebnisgrößen kann zB rechnungslegungsbezogen (Jahresüberschuss, EBT, EBIT), zahlungsstromorientiert (EBITDA, operativer Segment-Cashflow, CFROI), wertschöpfungsorientiert (ROI, EVA) oder kostenorientiert (Rohergebnis, Deckungsbeitrag, Betriebsergebnis sowie weitere adjustierte Ergebnisgrößen) erfolgen. Ferner ist es zulässig, für verschiedene Segmente unterschiedliche Ergebnisgrößen zu bestimmen. 60

Beispiel: Ein Automobilhersteller weist in seiner Segmentberichterstattung neben den Bereichen „Personenkraftwagen", „Caravans" und „Lastkraftwagen" auch ein Finanzdienstleistungssegment aus, welches für die konzerneigenen Produkte Leasing- und Finanzierungskaufverträge anbietet. Während das Management die Steuerung und Ressourcenallokation für die drei produktbasierten Segmente auf der Grundlage des Betriebsergebnisses vornimmt, wird der Finanzdienstleistungsbereich unter Verwendung des EBT beurteilt. Dementsprechend weist das Unternehmen in der Segmentberichterstattung für die produktbasierten Segmente das Betriebsergebnis und für das Segment „Finanzdienstleistungen" das EBT aus. Die unterschiedlichen Bewertungsgrundlagen sind gem IFRS 8.27 zu erläutern.

Je nach Ausgestaltung des internen Berichtswesens kann sich die Angabe eines Segmentergebnisses auf die **Segmenterträge beschränken**. 61

Beispiel: Die Geschäftstätigkeit eines Unternehmens besteht hauptsächlich in der Erzielung von Lizenzerlösen für unterschiedliche Marken- und Sportrechte. Die Höhe der Lizenzerlöse richtet sich nach der Drittkundenakzeptanz, die in Form von Einschaltquoten etc gemessen wird. Im Rahmen des internen Berichtswesens werden lediglich die auf die einzelnen Marken- und Sportrechte entfallenden Lizenzerlöse an den Vorstand als Hauptentscheidungsträger berichtet. Informationen über Aufwendungen erhält der Vorstand nur für das Unternehmen als Ganzes. Auf den Rückgang von Lizenzerträgen einzelner Marken- bzw Sportrechte reagiert der Vorstand mit gezielten Marketingmaßnahmen. Für die Segmentberichterstattung fasst der Vorstand ähnliche Lizenz- und Sportrechte zusammen, sodass vier berichtspflichtige Segmente verbleiben.

Da der Vorstand keine segmentbezogenen Informationen über die Aufwendungen erhält, entsprechen die auf die vier Segmente entfallenden Segmenterträge jeweils dem Segmentergebnis. In der Segmentberichterstattung hat das Unternehmen daher lediglich die externen Erträge anzugeben.

Verwendet der Hauptentscheidungsträger **mehrere** Ergebnisgrößen als Grundlage für die Steuerung eines Segments, so ist in der Segmentberichterstattung gem IFRS 8.26 dasjenige Ergebnis anzugeben, welches den Bilanzierungs- und Bewertungsmethoden des Unternehmens bzw Konzerns am ehesten entspricht. 62

Beispiel: Ein Unternehmen verfügt neben dem externen Rechnungswesen, welches auf den Bilanzierungs- und Bewertungsmethoden der IFRS beruht, über ein abweichendes internes Rechnungswesen, welches das Ergebnis vor Steuern unter Berücksichtigung von kalkulatorischen Abschreibungen, Zinsen und Eigenkapitalkosten ermittelt. Die nach beiden Rechnungslegungsmethoden ermittelten Segmentergebnisse werden an den Vorstand als Hauptentscheidungsträger berichtet und von diesem gleichberechtigt in die Bewertung der Segmente und die Allokation von Ressourcen einbezogen.

In diesem Fall sind in der Segmentberichterstattung gem IFRS 8.26 die auf Grundlage der IFRS ermittelten Segmentergebnisse auszuweisen, da diese den Bilanzierungs- und Bewertungsmethoden des Konzerns eher entsprechen als die unter Einbeziehung kalkulatorischer Komponenten ermittelten Segmentergebnisse.

b) Segmenterträge

63 Die **Zusammensetzung** der Segmenterträge ist wegen der Anwendung des *management approach* auf Basis des **internen Berichtswesens** vorzunehmen. Die Segmenterträge beschränken sich somit nicht auf den Erlösbegriff gem IAS 18 (so auch *Hütten/Fink* in Lüdenbach/Hoffmann IFRS[7] § 36 Rz 83). Neben sonstigen, nicht umsatzbezogenen Erträgen können je nach Ausgestaltung des internen Rechnungswesens auch Anderserträge, etwa aus einer abweichenden Periodisierung von Lizenz- oder Leasingerlösen, einzubeziehen sein. Ferner kann für verschiedene Segmente eine unterschiedliche Zusammensetzung der Erträge erfolgen.

64 **Externe Erträge** mit Kunden außerhalb des Unternehmens bzw Konzerns und **intersegmentäre Erträge** sind getrennt voneinander auszuweisen. Intersegmentäre Erträge beziehen sich auf Transaktionen mit anderen Segmenten, auch wenn diese nicht berichtspflichtig sind. Erträge, die innerhalb eines Segments oder mit einem zusammengefassten Segment erzielt werden, sind hingegen zu konsolidieren.

Beispiel: Ein Unternehmen weist die berichtspflichtigen Segmente A, B und C aus. Das Segment C beinhaltet die zusammengesetzten Segmente D und E. Die unwesentlichen Segmente F und G werden gem IFRS 8.16 im Sammelsegment ausgewiesen. Ferner werden Erträge ggü dem Holdingbereich erzielt.

Für das Segment C werden die mit Kunden außerhalb des Unternehmens erzielten Erlöse als externe Erträge und die mit den Segmenten A, B, F und G erzielten Erträge als intersegmentäre Erträge dargestellt. Transaktionen zwischen den zusammengefassten Segmenten D und E sind zu konsolidieren. Die ggü dem Holdingbereich erzielten Erträge sind ebenfalls zu eliminieren, da der Holdingbereich als reines *cost center* nicht in die Segmentberichterstattung einbezogen wird.

c) Zinserträge und Zinsaufwendungen

65 Zinserträge und -aufwendungen sind gem IFRS 8.23 (geändert 2009) für jedes berichtspflichtige Segment **unsaldiert** auszuweisen, es sei denn, die Hauptgeschäftstätigkeit des Unternehmens beruht auf der Erzielung von Zinserträgen und die Beurteilung der Ertragskraft und die Allokation von Ressourcen auf das betroffene Segment erfolgt in erster Linie auf Basis der Nettozinserträge. In einem solchen Fall ist unter Angabe der Vorgehensweise des Unternehmens ein saldierter Ausweis zulässig.

Beispiel 1: Ein Automobilunternehmen bietet im Zusammenhang mit dem Verkauf seiner Produkte Finanzdienstleistungen an, die in einem gesonderten Segment zusammengefasst werden. Die interne Berichterstattung erfolgt für alle Segmente auf Basis des EBT, wobei die Beurteilung des Segments „Finanzdienstleistungen" auf Basis saldierter Zinserträge und Aufwendungen erfolgt.

In diesem Fall gibt das Unternehmen für das Segment Finanzdienstleistungen das saldierte Zinsergebnis und für die übrigen Segmente die Zinserträge sowie Zinsaufwendungen separat an.

Beispiel 2: Ein Unternehmen verwendet in seinem internen Berichtswesen das EBITDA als zentrale Ergebnisgröße für die Steuerung und Beurteilung seiner Segmente. Neben dem EBITDA werden auch die planmäßigen Abschreibungen sowie das Zinsergebnis zu Informationszwecken an den Vorstand als Hauptentscheidungsträger gemeldet.

Im Rahmen der Segmentberichterstattung gibt das Unternehmen daher als jeweiliges Segmentergebnis das EBITDA an. Auch wenn sie keinen Einfluss auf das intern verwendete Segmentergebnis haben, sind zusätzlich die planmäßigen Abschreibungen anzugeben, da diese anderweitig an den Vorstand berichtet werden. Über das Zinsergebnis ist indes nicht zu berichten, da IFRS 8.23 (geändert 2009) einen unsaldierten Ausweis von Zinserträgen und -aufwendungen vorsieht, diese jedoch nur in saldierter Form an den Vorstand berichtet werden.

Beispiel 3: Ein Unternehmen hat sein internes Berichtswesen in Form einer Matrixorganisation aufgebaut. Neben drei Produktbereichen werden dem Vorstandsvorsitzenden als Hauptentscheidungsträger auch Informationen über die drei unterschiedlichen Regionen berichtet, in welchen das Unternehmen tätig ist. Die interne Steuerung und Ressourcenallokation erfolgt sowohl für die Produktbereiche als auch für die Regionalentscheidungen auf Basis des EBIT. Für die Produktbereiche, nicht jedoch auf regionaler Ebene, werden zusätzlich die Zinserträge und Zinsaufwendungen an den Vorstandsvorsitzenden berichtet.

	Produktbereich A	Produktbereich B	Produktbereich C	Interne Berichtsgröße
Region A	•	•	•	EBIT
Region B	•	•	•	EBIT
Region C	•	•	•	EBIT
Interne Berichtsgrößen	EBIT Zinserträge Zinsaufwand	EBIT Zinserträge Zinsaufwand	EBIT Zinserträge Zinsauwand	

Das Unternehmen hat zunächst zu entscheiden, ob die Produktbereiche oder die Regionen als Geschäftssegmente dargestellt werden sollen. Diese Entscheidung richtet sich danach, welche Informationen für den Abschlussadressaten einen höheren Informationsgehalt aufweisen.

Bestimmt das Unternehmen die Produktbereiche als Geschäftssegmente, so sind neben dem EBIT auch die Zinserträge und Zinsaufwendungen gesondert anzugeben, da diese anderweitig an den Vorstandsvorsitzenden berichtet werden. Erfolgt die Segmentabgrenzung hingegen auf Basis der Regionen, so entfällt die Angabe zu den Zinskomponenten, da diese auf regionaler Ebene nicht ermittelt werden. Möglich ist auch eine Darstellung sowohl der Produktbereiche als auch der regionsbezogenen Informationen auf Basis eines Matrix-Formats (vgl Rz 74).

d) Abschreibungen

Unter den Abschreibungen sind ausschließlich **planmäßige Abschreibungen** auf immaterielle Vermögenswerte sowie Sachanlagen auszuweisen. Je nach Ausgestaltung des internen Rechnungswesens können dies auch kalkulatorische Abschreibungen sein, die zB auf der Basis von Wiederbeschaffungskosten ermittelt werden. 66

Ferner sind gem IAS 36.129 sowohl die aufwandswirksam als auch die direkt im Eigenkapital erfassten **Wertminderungen** und **Wertaufholungen** gem **IAS 36** für jedes Segment separat anzugeben. Die Bewertung der Wertminderungen und Wertaufholungen richtet sich ausnahmsweise **nicht** nach der internen Berichtsstruktur, da es sich um eine Angabepflicht gem IAS 36 und nicht nach IFRS 8 handelt. Insofern sind die Bewertungsvorgaben des IAS 36 zu berücksichtigen. 67

e) Wesentliche Aufwands- und Ertragsposten

Die Angabe bezieht sich auf die in IAS 1.97f genannten Sachverhalte und betrifft insbes **Restrukturierungsaufwendungen**, bedeutsame Abwertungen des Sachanlage- oder Vorratsvermögens, größere Aufwendungen bzw Erträge aus 68

Rechtsstreitigkeiten, wesentliche Erträge und Aufwendungen aus dem Abgang von Sachanlagen und Beteiligungen, aufgegebene Geschäftsbereiche sowie alle übrigen ungewöhnlichen Umstände, die das Segmentergebnis signifikant beeinflusst haben.

Zu beachten ist, dass IAS 1.98 sich auf Sachverhalte bezieht, welchen die Bilanzierungs- und Bewertungsmethoden der IFRS zugrunde gelegt wurden. Insofern ist es durchaus möglich, dass diese Sachverhalte im Rahmen des internen Berichtswesens abweichend eingeschätzt oder bewertet werden.

69 Anzugeben sind ausschließlich **wesentliche** Posten, wobei IFRS 8 keine Aussage dazu trifft, welche Vergleichsbasis zur Beurteilung der Wesentlichkeit heranzuziehen ist. In Frage kommt zum Einen ein unternehmensindividuell festgelegter Wesentlichkeitsmaßstab. Dies würde dem Gedanken des *management approach* entsprechen, wonach das wesentlich wäre, was der Hauptentscheidungsträger als wesentlich ansieht. Dies wären im Zweifel sämtliche an ihn berichteten segmentbezogenen Finanzinformationen iSd IAS 1.97f. Zum Anderen ließe sich die Beurteilung der Wesentlichkeit im Verhältnis zum **Segmentergebnis** oder im Verhältnis zu den gesamten **Segmentaufwendungen** ermitteln.

Bei der Bestimmung der Wesentlichkeit sollte der *management approach* uE keine Anwendung finden, da anderenfalls auch Kleinstbeträge anzugeben wären, sofern sie unter den Katalog des IAS 1.98 fallen und an den Hauptentscheidungsträger berichtet werden. Sinnvoll ist eine Orientierung der Wesentlichkeit im Verhältnis zu den Segmentaufwendungen, da hierdurch gewährleistet wird, dass die Abschlussadressaten über wichtige Umstände, die sich erheblich auf die VFE-Lage eines Unternehmens auswirken, informiert werden.

f) Wesentliche zahlungsunwirksame Aufwendungen und Erträge

70 Hierunter fallen insbes unrealisierte Gewinne und Verluste aus der Bewertung von Finanzinstrumenten oder von als Finanzinvestition gehaltenen Immobilien, unrealisierte Wechselkursgewinne bzw -verluste, die Auflösung größerer Rückstellungsbeträge oder die Ausgabe von Aktienoptionen. Die Angabe hat nach dem Wortlaut **brutto,** dh ohne Saldierung mit den entspr zahlungsunwirksamen Erträgen zu erfolgen.

Theoretisch fallen unter diese Position auch **größere Wertberichtigungen** und Wertaufholungen nach IAS 36. Da diese jedoch bereits gem IAS 36.129 auszuweisen sind, sollte auf eine doppelte Angabe verzichtet werden, selbst wenn im Rahmen des internen Berichtswesens abweichende Werte ermittelt werden.

Beispiel: Ein Unternehmen nimmt über sein internes Rechnungswesen keinen Wertminderungstest gem IAS 36 vor, sondern bestimmt außerplanmäßige Abschreibungen auf einer überschlägigen Basis. Ferner werden Vermögenswerte im Rahmen des internen Rechnungswesens nicht nach ZGE iSd IAS 36 abgegrenzt, Geschäfts- oder Firmenwerte werden überhaupt nicht angesetzt.

Aufgrund eines massiven Auftragseinbruchs befürchtet die Unternehmensleitung, die Produkte eines seiner Werke nicht mehr gewinnbringend veräußern zu können und schreibt die Hälfte der auf das betroffene Werk entfallenden Sachanlagen in Höhe von Mio € 16 außerplanmäßig ab. Die außerplanmäßigen Abschreibungen werden gesondert an den Hauptentscheidungsträger des Konzerns gemeldet.

Im Rahmen der Aufstellung des nächsten zu veröffentlichenden Abschlusses führt das Unternehmen einen Wertminderungstest gem IAS 36 durch, der neben dem abweichenden Zuschnitt der ZGE auch einen dieser zugeordneten Geschäfts- oder Firmenwert berücksichtigt. Der auf Basis des Wertminderungstests ermittelte Wertberichtigungsbedarf beläuft sich auf Mio € 20 und übersteigt den über das interne Berichtswesen gemeldeten Abschreibungsbedarf somit um Mio € 4.

Der Hauptentscheidungsträger stuft beide Beträge als wesentlich ein, sodass sowohl eine Angabe des Wertberichtigungsbedarfs in Höhe von Mio € 20 nach IAS 36.129 als auch die

Veröffentlichung der intern berichteten außerplanmäßigen Abschreibung von Mio € 16 nach IFRS 8.23 (geändert 2009) in Betracht käme. Da die Angabe beider Beträge die Abschlussadressaten eher verwirren würden, ist uE nur die Angabe des zweiten Betrags gem IAS 36.129 erforderlich.

g) Segmentvermögen

Aufgrund der Anwendung des *management approach* ist auch das jeweilige Segmentvermögen auf Basis des internen Rechnungswesens zu ermitteln. Wird das Segmentvermögen **nicht regelmäßig** an den Hauptentscheidungsträger berichtet, so **entfällt** eine **Berichtspflicht** für das Segmentvermögen. Dies wurde im Rahmen des *Annual Improvements* Projekts 2009 in IFRS 8.23 (geändert 2009) und IFRS 8.BC35A (geändert 2009) ausdrücklich klargestellt. Dabei löst das reine Vorhalten der Segmentdaten oder eine gelegentliche Berichterstattung an den Hauptentscheidungsträger noch keine Berichtspflicht aus. Erforderlich ist vielmehr eine Einbindung in das interne Reporting, welches dem Hauptentscheidungsträger regelmäßig berichtet wird. IFRS 8.23 (geändert 2009) ist – vorbehaltlich einer Übernahme durch die EU – für Geschäftsjahre, die am oder nach dem 1. Januar 2010 beginnen, anzuwenden (IFRS 8.35A (geändert 2009)). Eine frühere Anwendung ist bei entspr Anhangangabe zulässig. 71

Vor Änderung des IFRS 8.23 durch das *Annual Improvements* Projekt 2009 zählte die Angabe des **Segmentvermögens** gem IFRS 8.23 (2007) zu den **Pflichtangaben**. Wird dem Hauptentscheidungsträger über das interne Berichtswesen keine Vermögensgröße zur Steuerung der Segmente gemeldet, so muss das Unternehmen zur Erfüllung der Anforderungen des IFRS 8 die erforderliche Größe ermitteln. Dabei ist es in der Ausgestaltung des Vermögensbegriffs relativ frei, die Allokation der Beträge hat lediglich auf vernünftiger Basis zu erfolgen.

Bei der Umstellung der Segmentberichterstattung von IAS 14 auf IFRS 8 kommt der Allokation von **Geschäfts- und Firmenwerten** zum Segmentvermögen eine besondere Bedeutung zu, sofern sich der Zuschnitt der Segmente geändert hat. In einem solchen Fall kann es erforderlich sein, bestehende Geschäfts- und Firmenwerte im Hinblick auf die geänderte Segmentstruktur neu zuzuordnen (vgl hierzu Rz 38).

Sofern **Segmentschulden** gesondert ausgewiesen werden, gelten für diese die Ausführungen entspr. Eine Aufteilung des Segmentvermögens bzw der Segmentschulden nach Fristigkeiten oder sonstigen Kriterien ist nicht erforderlich.

h) Investitionen in langfristige Vermögenswerte

Die **Angaben** zu den **getätigten Investitionen** betreffen Sachanlagen, immaterielle Vermögenswerte, als Finanzinvestitionen gehaltene Immobilien, biologische Vermögenswerte sowie Geschäfts- oder Firmenwerte, sofern diese Vermögenswerte einem Segment zugeordnet und intern berichtet werden. Nicht zu berücksichtigen sind Investitionen in langfristige Finanzinstrumente, aktive latente Steuern, Rechte aus Versicherungsverträgen sowie Vermögenswerte aus Pensionsplänen. 72

i) Freiwillige Angaben

Neben den Pflichtangaben können Unternehmen in der Segmentberichterstattung auf **freiwilliger Basis** weitere Informationen veröffentlichen. So empfiehlt IAS 7.50(d) den Ausweis von Cashflows auf Segmentebene. Gängige freiwillige Angaben sind ferner die Anzahl der Mitarbeiter je Segment sowie wertorientierte Kennziffern, die der Steuerung der Segmente und des Unternehmens dienen. 73

j) Gestaltungsaspekte

74 Die **formale Gestaltung** der Angaben kann mittels Tabellen, Grafiken oder durch Verwendung eines Matrix-Formats erfolgen. Die Verwendung eines Matrix-Formats eröffnet dem Abschlussleser durch die Kombination von sektoralen und regionalen Angaben idR einen höheren Informationsgehalt. Aus Gründen der Übersichtlichkeit ist es angezeigt, nur die wichtigsten Segmentinformationen wie zB das Segmentergebnis und das Segmentvermögen in einem Matrixtableau darzustellen.

Beispiel: Das interne Rechnungswesen eines Unternehmens liefert der Geschäftsführung sowohl produktbezogene als auch regionalbasierte Finanzinformationen. Die Geschäftsführung legt der Entscheidungsfindung beide Informationen zugrunde. Im Hinblick auf die Abschlussadressaten stuft die Geschäftsführung die regionalbezogenen Informationen insgesamt als nützlicher ein, möchte jedoch auf freiwilliger Basis auch produktbezogene Angaben für das Segmentergebnis und das Segmentvermögen vornehmen. Aus diesem Grund präsentiert das Unternehmen sein Segmentergebnis und das Segmentvermögen in Form eines Matrixformats, alle übrigen Segmentinformationen werden in einer Tabelle dargestellt.

Segmentergebnis in Mio €	Region 1	Region 2	Region 3
Produktbereich A	•	•	•
Produktbereich B	•	•	•

Segmentvermögen in Mio €	Region 1	Region 2	Region 3
Produktbereich A	•	•	•
Produktbereich B	•	•	•

Übrige Segmentangaben	Region 1	Region 2	Region 3
Externe Erträge	•	•	•
Intersegmentäre Erträge	•	•	•
Zinserträge	•	•	•
Etc	•	•	•

3. Überleitungsrechnungen

75 Als Folge der Bestimmungen des IFRS 8 **entsprechen** die **Summen der segmentierten Daten nicht mehr den im (Konzern)-Abschluss ausgewiesenen aggregierten Werten**. Dies ist das Resultat unterschiedlicher **Einflussfaktoren**. So werden in den Segmentdaten einerseits die intersegmentären Transaktionen berücksichtigt, die im Konzernabschluss eliminiert sind. Andererseits führen nicht berichtspflichtige Segmente im Vergleich zu den Konzernabschlusswerten zu niedrigeren Beträgen. Darüber hinaus können sich Differenzen aufgrund der Anwendung des *management approach* ergeben, sofern im Rahmen der internen Berichterstattung andere Bilanzierungs- und Bewertungsmethoden angewendet bzw abweichende Zurechnungen vorgenommen werden.

76 Um einen Zusammenhang der segmentierten Daten mit den konsolidierten Werten des Konzernabschlusses herzustellen, wird gem IFRS 8.28 eine **Überleitung** ausgewählter Segmentdaten der berichtspflichtigen Segmente auf entspr Bilanz- und GuV-Werte verlangt. Verpflichtend überzuleiten sind:

(1) die Summe der **Segmenterträge** auf die Erträge lt (Konzern-)GuV,
(2) die Summe der **Segmentergebnisse** auf das in der (Konzern-)GuV ausgewiesene Ergebnis vor Ertragsteuern und aufgegebenen Geschäftsbereichen,
(3) die Summe des **Segmentvermögens** auf das in der (Konzern-)Bilanz ausgewiesene Vermögen,
(4) die Summe der **Segmentschulden** auf die in der (Konzern-)Bilanz ausgewiesenen Schulden und
(5) die Summe aller weiteren **wesentlichen Posten**, die im Rahmen der Segmentberichterstattung ausgewiesen werden auf den entspr Posten des (Konzern-)Abschlusses.

Weist ein Unternehmen für die einzelnen Segmente ein Ergebnis **nach** Steuern aus, so können diese gem IFRS 8.28(b) auch auf ein entspr Ergebnis **nach** Steuern übergeleitet werden.

Segmentschulden sind nur dann überzuleiten, sofern sie regelmäßig an den Hauptentscheidungsträger gemeldet werden und in der Segmentberichterstattung gesondert ausgewiesen werden.

Als **wesentliche sonstige Posten** verweist IFRS 8.IG4 etwa auf größere Investitionen in die Konzernzentrale, die keinem der ausgewiesenen Segmente zugeordnet werden.

Hinsichtlich der Überleitung des **Segmentergebnisses** ergibt sich zusammengefasst folgendes Bild: 77

	Summe der Segmentergebnisse, die je Segment einzeln anzuführen sind
–	Eliminierung von intersegmentären Gewinnen
+/–	Bereinigung kalkulatorischer Abschreibungen
–	Nicht zugeordnete Aufwendungen unwesentlicher Segmente
+	Nicht zugeordnete Erträge unwesentlicher Segmente
–	Aufwendungen, die auf den Holdingbereich entfallen
=	EBIT lt Konzern-GuV
+/–	Bereinigung kalkulatorischer Zinserträge/Zinsaufwendungen
=	Ergebnis vor Ertragsteuern und aufgegebenen Geschäftsbereichen lt Konzern-GuV

Die übrigen oben genannten Posten sind in entspr Form überzuleiten. Ein beispielhafter Aufbau dieser Überleitungsrechnungen findet sich in IFRS 8.IG4.

4. Erläuternde Angaben und Bewertung

Damit die Abschlussadressaten die Segmentangaben hinreichend beurteilen 78
können, sind für **intersegmentäre Transaktionen** die zugrunde gelegten **Verrechnungspreise** zu erläutern. Werden konzerninterne Lieferungen und Leistungen zu marktüblichen Konditionen oder nach dem Kostendeckungsprinzip erbracht, so reicht ein entspr Hinweis hierauf. Nähere Erläuterungen hinsichtlich des Verrechnungspreissystems sind dann erforderlich, wenn eine unterschiedliche Gestaltung der Verrechnungspreise für die verschiedenen Segmente vorgenommen wird. In diesem Fall ist zu erläutern, inwieweit bestimmte Segmente konzernintern subventioniert werden. Dies kann auch quantitative Angaben erfordern.

Weichen die im internen Rechnungswesen zugrunde gelegten Zuordnungs- 79
und Bewertungskriterien von den Bilanzierungs- und Bewertungsmethoden des IFRS-Abschlusses ab, so hat ein Unternehmen alle **Bewertungsunterschiede** im Hinblick auf das Segmentergebnis vor Steuern und aufgegebenen Geschäfts-

bereichen, das Segmentvermögen sowie die Segmentschulden zu **erläutern**. Eine separate Erläuterung kann entfallen, sofern die Unterschiede bereits aus der nach IFRS 8.28 vorzunehmenden Überleitungsrechnung hervorgehen (vgl hierzu die Überleitungsrechnung in Rz 77).

80 Nimmt ein Unternehmen im Rahmen seiner internen Berichterstattung eine **asymmetrische Allokation** von Bestands- und Stromgrößen vor (vgl hierzu Rz 50), so ist dieser Umstand gem IFRS 8.27(f) so zu erläutern, dass die betragsmäßigen Auswirkungen der asymmetrischen Verteilungen offenbar werden. Eine Darstellung im Rahmen der Überleitungsrechnung wird dieser Anforderung im Regelfall nicht genügen.

5. Segmentübergreifende Angaben

81 Gem IFRS 8.31 ff hat **jedes** Unternehmen bestimmte zusätzliche Informationen zu Produkten und Dienstleistungen, geografischen Bereichen und wichtigen Kunden zu veröffentlichen. Die Berichtspflicht besteht auch für Unternehmen, die nur über ein einziges Segment verfügen.

Zu beachten ist, dass der *management approach* für die segmentübergreifenden Angaben **keine** Anwendung findet. Die Angabepflicht besteht somit unabhängig davon, ob die jeweiligen Informationen vom Hauptentscheidungsträger zur Steuerung des Unternehmens herangezogen oder anderweitig an diesen berichtet werden. Zu beachten ist ferner, dass diese Informationen nach den für das **externe** Rechnungswesen geltenden Regelungen, dh nach den Bilanzierungs- und Bewertungsmethoden der **IFRS** zu ermitteln und zu bewerten sind.

82 Eine Einschränkung der Berichtspflicht besteht dann, wenn die Ermittlung der Daten **nicht möglich** oder mit **unverhältnismäßig hohen Kosten** verbunden ist. Auf diesen Umstand ist entspr hinzuweisen. Ferner kann die Angabe unterbleiben, sofern die geforderten Informationen bereits im Rahmen der Segmentdarstellung erfolgen. Dies ist regelmäßig nur dann der Fall, wenn das Unternehmen das interne und das externe Berichtswesen harmonisiert hat.

Im Einzelnen sind die folgenden segmentübergreifenden Angaben zu veröffentlichen:

83 Gem IFRS 8.32 hat ein Unternehmen bzw Konzern alle **Erträge** mit **externen** Kunden für jedes **Produkt** und jede **Art von Dienstleistung** aufzugliedern. Vergleichbare Produkte und Dienstleistungen können zusammengefasst werden, sodass idR eine Synchronisation zu den ausgewiesenen Segmenten herbeigeführt werden kann.

84 Im Hinblick auf die regionale Präsenz gibt ein Unternehmen gem IFRS 8.33 sowohl die **Erträge mit externen Kunden** als auch die von ihm gehaltenen **langfristigen Vermögenswerte** getrennt nach **In-** und **Ausland** an. Die Aufteilung kann entweder nach den Standorten der Kunden oder der Vermögenswerte erfolgen, wobei die Grundlage für die Aufteilung anzugeben ist.

Als Inland gilt der Sitz des Unternehmens bzw Konzerns, als Ausland alle übrigen Länder. Erzielt das Unternehmen bzw der Konzern wesentliche Erträge mit externen Kunden in einem einzelnen Land, so ist die Summe dieser Erträge gesondert anzugeben. Die Schwelle der Wesentlichkeit ist uE ab einer Größenordnung von 10% der Gesamterträge erreicht (so auch *Hütten/Fink* in Lüdenbach Hoffmann[7] § 36 Rz 125).

Der Begriff der langfristigen Vermögenswerte bezieht sich insbes auf immaterielle Vermögenswerte und Sachanlagen iSd IAS 16, IAS 17, IAS 38 und IAS 40 sowie auf biologische Vermögenswerte. Finanzinstrumente, latente Steuern, Planvermögen iSd IAS 19 sowie Rechte aus Versicherungsverträgen sind explizit ausgenommen. Konzentrieren sich wesentliche langfristige Vermögenswerte auf ein einzelnes Land, so sind diese betragsmäßig gesondert anzugeben. Auch hier ist uE auf eine Wesentlichkeitsschwelle von 10% abzustellen.

Erzielt ein Unternehmen bzw Konzern mindestens **10% seiner konsolidierten Erträge** mit **einem einzigen Kunden**, so ist über diesen Umstand gem IFRS 8.34 zu berichten. Ferner ist für jeden Kunden, der die 10%-Schwelle erreicht, der Gesamtbetrag der mit ihm erzielten Erträge anzugeben und einem der abgegrenzten Segmente zuzuordnen. Die Offenlegung der Identität der Kunden oder eine genaue Aufteilung der Erträge auf die betroffenen Segmente ist nicht erforderlich. Gehören verschiedene Kunden einem Konzern oder einer sonstigen Unternehmensgruppe an, so gelten sie als ein einheitlicher Kunde und die Erträge sind entspr zusammenzufassen. Gleiches gilt für Gebietskörperschaften, Behörden sowie Unternehmen der öffentlichen Hand. 85

Beispiel: Ein in Deutschland ansässiger Konzern vertreibt weltweit die vier unterschiedlichen Produktgruppen A bis D. Die im IFRS-Konzernabschluss ausgewiesenen Erträge belaufen sich auf Mrd € 2,4 (Vorjahr: Mrd € 2,2), das Anlagevermögen beträgt Mio € 800 (Vorjahr: Mio € 760). Das Unternehmen erzielt 40% seiner Umsätze und hält 35% seines Anlagevermögens im Inland. Wesentliche Erträge werden in Höhe von 15% in Frankreich erwirtschaftet, wobei 11% dieser Erträge auf einen einzigen Kunden entfallen. Mit den Unternehmen eines internationalen Konzerns werden insgesamt weitere 12% der Erträge erzielt. Das Unternehmen verfügt über zwei Werke in Indonesien und China, auf die 14% bzw 24% des Anlagevermögens entfallen. Die regionale Aufteilung der Erträge und langfristigen Vermögenswerte ist ggü dem Vorjahr unverändert.

Die Steuerung des Unternehmens und die Abgrenzung der Segmente erfolgt auf Basis der vier Produktgruppen. Transaktionen zwischen den einzelnen Produktgruppen finden nicht statt. Während sich für die Erträge keine Unterschiede aus dem internen und externen Berichtswesen ergeben, erfolgt die Bewertung des Anlagevermögens für interne Zwecke auf der Basis von Wiederbeschaffungskosten.

In der Segmentberichterstattung stellt der Konzern die **segmentbezogenen** Angaben auf Basis des internen Rechnungswesens für die vier Produktgruppen dar. Da intersegmentäre Transaktionen nicht stattfinden und sich die Bilanzierungs- und Bewertungsmethoden des internen und externen Rechnungswesens entsprechen, ist eine zusätzliche Angabe der gem IFRS 8.32 **segmentübergreifend** darzustellenden produktbezogenen externen Erträge nicht erforderlich. Diese decken sich in vollem Umfang mit den segmentbezogenen Erträgen. Dagegen sind die nach IFRS 8.33 und IFRS 8.34 anzugebenden Informationen auf Basis der IFRS gesondert zu ermitteln und wie folgt auszuweisen:

	Umsatzerlöse		Langfristige Vermögenswerte	
Geografische Regionen	Aktuell Mio €	Vorjahr Mio €	Aktuell Mio €	Vorjahr Mio €
Deutschland	960	920	280	300
Ausland*)	1.440	1.280	520	460
Konzernweit	**2.400**	**2.200**	**800**	**760**
*)davon in				
Frankreich	360	335		
China			192	174
Indonesien			112	101

11% der Unternehmenserträge entfallen mit Mio € 264 (Vorjahr: Mio € 242) auf einen Kunden. Diese Erträge sind der Produktgruppe B zuzuordnen.

Weitere 12% der Unternehmenserträge entfallen mit Mio € 288 (Vorjahr: Mio € 264) auf einen weiteren Kunden. Diese Erträge entfallen mit Mio € 132 auf Produktgruppe A, mit Mio € 104 auf Produktgruppe C und mit Mio € 52 Mio auf Produktgruppe D.

einstweilen frei 86, 87

E. Segmentberichterstattung in Zwischenberichten

88 Die Darstellung von Segmentinformationen in **Zwischenberichten** ist in IAS 34 geregelt. Sofern ein Unternehmen zur Veröffentlichung einer Segmentberichterstattung gem IFRS 8 verpflichtet ist, sieht IAS 34.16(g) für den Zwischenbericht des Unternehmens folgende **Angaben** vor:
(1) Erträge von externen Kunden,
(2) Intersegmentäre Erträge,
(3) Segmentergebnis,
(4) Segmentvermögenswerte, deren Höhe sich im Vergleich zum letzten Jahresabschluss wesentlich verändert hat,
(5) eine Beschreibung aller Änderungen in der Gestaltung des internen Berichtswesens, sofern diese sich auf die Segmentabgrenzung oder die Zusammensetzung der Segmentergebnisse ausgewirkt haben,
(6) eine Überleitung der Segmentergebnisse auf das Unternehmensergebnis vor Steuern und vor aufgegebenen Geschäftsbereichen, wobei wesentliche Überleitungsposten zu erläutern sind (gibt das Unternehmen die Segmentergebnisse nach Steuern an, so ist auf das entspr Unternehmensergebnis nach Steuern überzuleiten.)

Die vorstehenden quantitativen Angaben sind sowohl für die **jeweilige Zwischenberichtsperiode** als auch **kumuliert** für die Zahlen seit Beginn des Geschäftsjahrs *(year-to-date)* anzugeben (*Alvarez*, 146).

F. Besonderheiten für Banken und Versicherungen

89 IFRS 8 enthält **keine Sonderregelungen** für Banken und Versicherungen. Dies entspricht dem Grundprinzip des IASB, nur branchenübergreifende Standards zu erlassen.

Das DRSC hat mit dem DRS 3-10 und dem DRS 3–20 für Banken und Versicherungen besondere Vorschriften erlassen. Auf die Ausgestaltung der Regeln in DSR 3–10 greifen die deutschen Banken auch bei der Anwendung von IAS 14 zurück, zB bei der Definition des Zinsüberschusses oder des Kapitalbegriffs (so *Löw/Roggenbuck* in Löw Rechnungslegung für Banken nach IAS[2], 953f).

90 *einstweilen frei*

G. Gegenüberstellung zu HGB und DRS

91 Bis zum Jahr 1998 kannte die deutsche Rechnungslegung nach den Vorschriften des HGB **keine** Pflicht zur Segmentberichterstattung. Durch das Gesetz zur Kontrolle und Transparenz im Unternehmensbereich – KonTraG – vom 27. April 1998 wurde eine Pflicht zur Segmentberichterstattung für börsennotierte AG in § 297 Abs 1 HGB vorgeschrieben. § 297 Abs 1 HGB wurde durch das BilRegG vom 4. Dezember 2004 dahingehend geändert, dass die Segmentberichterstattung nicht mehr zwingend ist. Für den **Konzernabschluss** eines börsennotierten Unternehmens besteht jedoch nach IFRS 8 auch in Deutschland unverändert die Pflicht zur Segmentberichterstattung (vgl Rz 5).

92 Dennoch existieren im deutschen Recht auch für Konzernunternehmen, die **freiwillig** einen Segmentbericht aufstellen und nicht nach IFRS bilanzieren,

Regelungen. So hat das DRSC in **DRS 3 mit Änderungen durch Artikel 4 DRÄS 1** eine nähere Ausgestaltung vorgenommen.

DRS 3 lehnt sich im Aufbau und Inhalt an IAS 14 (1997) und an den US-amerikanischen Standard SFAS 131 an. Wie nach IFRS 8 und SFAS 131 folgt DRS 3 dem strikten *management approach* und kennt somit keine primären und sekundären Segmentberichtsformate. Andererseits verlangt er analog IAS 14, dass die Segmentangaben in Übereinstimmung mit den Bilanzierungs- und Bewertungsmethoden des zugrunde liegenden HGB-Abschlusses erfolgen. Insofern besteht ein zentraler Unterschied zu IFRS 8. Eine Gegenüberstellung von IAS 14, SFAS 131 und DRS 3 findet sich bei *Coenenberg/Mattner* BB 2000, 1828.

H. Aktuelle Entwicklungen/IASB-Projekte

Derzeit sind keine Pläne bekannt, IFRS 8 inhaltlich umfangreicher zu verändern. 93

Teil C. Abschlussspezifische Sonderfragen

§ 22. Leasing

Übersicht

Schrifttum: *Alvarez/Wotschofsky/Miethig* Leasingverhältnisse nach IAS 17 – Zurechnung, Bilanzierung, Konsolidierung, WPg 2001, 933; *Alvarez/Wotschofsky/Miethig* Bilanzierung von Leasinggeschäften nach US-Generally Accepted Accounting Principles, IStR 2002, 65; *Esser* Leasingverhältnisse in der IFRS-Rechnungslegung – Darstellung der Leasingbilanzierung gem. IAS 17 und IFRIC 4 –, StuB 2005, 429; *Findeisen* Die Bilanzierung von Leasingverträgen nach den Vorschriften des International Accounting Standards Committee, RIW 1997, 838; *Fülbier/Pferdehirt* Überlegungen des IASB zur künftigen Leasingbilanzierung: Abschied vom off balance sheet approach, KoR 2005, 275; *GEFIU* Die Behandlung von Leasingverträgen in der Rechnungslegung, DB 1995, 333; *Götz/Spanheimer* Nutzungsrechte im Anwendungsbereich von IAS 17 – Inhalt und Auswirkungen von IFRIC 4 zur Identifizierung von Leasingverhältnissen, BB 2005, 259; *Helmschrott* Zum Einfluss von SIC 12 und IAS 39 auf die Bestimmung des wirtschaftlichen Eigentums bei Leasingverhältnissen nach IAS 17, WPg 2000, 426; *IASB/FASB* Identification of assets and liabilities in a simple lease (Agenda Paper 12A, March 21, 2007 Board Meeting); *IDW* RS HFA 2 (Stand: 2. September 2008) Einzelfragen zur Anwendung von IFRS, FN IDW 2008, 483; *Küting/Hellen/Brakensiek* Leasing in der nationalen und internationalen Bilanzierung – Eine vergleichende Darstellung unter Berücksichtigung neuer Ansätze, BB 1998, 1465; *Küting/Hellen/Brakensiek* Die Bilanzierung von Leasinggeschäften nach IAS und US-GAAP, DStR 1999, 39; *Küting/Hellen/Koch* Das Leasingverhältnis: Begriffsabgrenzung nach IAS 17 und IFRIC 4 sowie kritische Würdigung, KoR 2006, 649; *Küting/Koch* Das Sale-and-Lease-back-Verfahren im Jahresabschluss des Verkäufers/Leasingnehmers nach HGB und IFRS – Bilanzrechtliche Grundlagen auf der Basis eines Fallbeispiels (Teil II: IFRS-Abschluss), KoR 2007, 607; *Lüdenbach/Freiberg* Wirtschaftliches Eigentum nach IAS 17 – die unterschätzte Bedeutung des Spezialleasings, BB 2006, 259; *Mellwig* Die bilanzielle Behandlung von Leasingverträgen nach den Grundsätzen des IASC, DB Beilage 12/1998; *Mellwig/Weinstock* Die Zurechnung von mobilen Leasingobjekten nach deutschem Handelsrecht und den Vorschriften des IASC, DB 1996, 2345; *Oversberg* Paradigmenwechsel in der Bilanzierung von Leasingverhältnissen, KoR 2007, 376; *Schimmelschmidt/Happe* Off-Balance-Sheet Finanzierungen am Beispiel der Bilanzierung von Leasingverträgen im Einzelabschluss und im Konzernabschluss nach HGB, IFRS und US-GAAP, DB Beilage 9/2004; *Vater* Bilanzierung von Leasingverhältnissen nach IAS 17: Eldorado bilanzpolitischer Möglichkeiten?, DStR 2002, 2094.

Wesentliche Rechtsgrundlagen: IAS 17, IFRIC 4, SIC 12, SIC 15, SIC 27

A. Allgemeines

I. Einleitung

Unter einem **Leasingverhältnis** ist eine **schuldrechtliche Vereinbarung** 1
zu verstehen, bei der ein Leasinggeber (lessor) einem Leasingnehmer (lessee) gegen eine **Zahlung** oder eine Reihe von Zahlungen für einen **bestimmten Zeitraum** das **Recht** auf die **Nutzung** eines materiellen oder immateriellen Vermögenswerts überträgt (IAS 17.4). Die Bilanzierung und Bewertung von Leasingverhältnissen und damit verbundene Anhangangaben sowohl auf Ebene des Leasinggebers als auch auf Ebene des Leasingnehmers sind in IAS 17 geregelt. Entscheidende Voraussetzung für das Vorliegen eines Leasingverhältnisses ist die Einräumung eines Nutzungsrechts. Die IFRS folgen einem weiten Leasingbegriff. Maßgebend ist der wirtschaftliche Gehalt des Geschäfts, sodass zwischen der Übertragung von direkten und indirekten Nutzungsrechten zu unterscheiden ist. Bei Übertragung eines **direkten** Nutzungsrechts (**Leasingverhältnis ieS**) räumt der Leasinggeber dem Leasingnehmer eine vertraglich gesicherte Rechtsposition ein, nach eigenem Ermessen über Art, Umfang und zeitliche Struktur der Nutzung des leasingvertragsgegenständlichen Vermögenswerts entscheiden zu können. Ist Gegenstand des Leasingverhältnisses demgegenüber die Übertragung eines **indirekten** Nutzungsrechts (**Leasingverhältnis iwS**), so bezieht sich der dem Leasingverhältnis zugrunde liegende Vertrag nicht auf den Vermögenswert selbst, sondern auf den **Output des Vermögenswerts**. Im Unterschied zu den formal-rechtlichen Leasingverhältnissen ieS entfalten Leasingverhältnisse iwS allein die wirtschaftliche Wirkung eines formal-rechtlichen Leasinggeschäfts.

Nach dem Grundsatz der **wirtschaftlichen Betrachtungsweise** (*substance* 2
over form) entscheidet nicht die rechtliche Form, sondern der wirtschaftliche Gehalt eines Geschäftsvorfalls über dessen bilanzielle Implikationen (F. 35). Dem Grundsatz der wirtschaftlichen Betrachtungsweise folgend ist für die bilanzielle Abbildung eines Leasingverhältnisses die Frage nach der Zurechnung des wirtschaftlichen Eigentums maßgebend.

Unerheblich für die Zurechnung des wirtschaftlichen Eigentums ist die Frage, 3
in wessen Eigentum das Leasingobjekt **rechtlich** steht. Der Begriff des **Eigentums** im rechtlichen Sinne beschreibt die umfassende Zuordnung einer Sache zu einer Person. Diese Zuordnung beinhaltet das Recht zu sämtlichen tatsächlichen und rechtlichen Herrschaftshandlungen, die eine Rechtsordnung an Sachen zulässt. Das Eigentum im wirtschaftlichen Sinne konkretisiert sich in der Möglichkeit, das Leistungspotential des Leasinggegenstands uneingeschränkt nutzen und verwerten zu können. Der **wirtschaftliche Gehalt** kommt darin zum Ausdruck, dass der Eigentümer alle Risiken und Chancen aus dem Gegenstand innehat und den Leasinggegenstand bilanziert. Dennoch kann der rechtliche Eigentümer die mit dem Leasingobjekt verbundenen wesentlichen Risiken und Chancen auf einen Dritten übertragen, wodurch dieser zwar nicht zivilrechtlich, so doch wirtschaftlich in eine Position versetzt wird, die mit der des rechtlichen Eigentümers vergleichbar ist (wirtschaftliches Eigentum). Die Frage nach der Zurechnung des wirtschaftlichen Eigentums ist somit systematisch an die Frage nach der Verteilung der mit der Nutzung des Leasinggegenstands verbundenen **Risiken und Chancen** auf den Leasinggeber und auf den Leasingnehmer (*risks and rewards approach*) geknüpft.

4 **Risiken** bestehen vornehmlich in einer in Bezug auf die Renditeerwartungen an das Leasingobjekt **negativen Veränderung** der wirtschaftlichen Rahmenbedingungen sowie in der Gefahr potenzieller Verluste aus ungenutzten Kapazitäten und technischer Überalterung des Leasingobjekts. **Chancen** liegen bspw in der Aussicht auf Gewinn bringenden Einsatz des Leasingobjekts während der wirtschaftlichen Nutzungsdauer sowie in einer möglichen Restbuchwertüberdeckung (IAS 17.7).

5 Die **bilanzrechtliche Qualifikation** des Leasingvertrags stellt mithin auf die wirtschaftlich relevanten Risiken und Chancen ab. Gehen diese auf den Leasingnehmer über, ist also der Leasingnehmer wirtschaftlicher Eigentümer, so kommt dem Leasingvertrag die wirtschaftliche Wirkung eines Kaufs zu. Das wirtschaftliche Eigentum an dem Leasinggegenstand wird dem Leasingnehmer zugerechnet. Die Bilanzierung des Leasingobjekts erfolgt der Zurechnung des wirtschaftlichen Eigentums entspr beim Leasingnehmer. Eine derartige Ausgestaltung des Leasingvertrags wird als **Finanzierungs-Leasingverhältnis** bezeichnet (*Mellwig* DB 1998, 3).

6 ISe Negativabgrenzung klassifiziert IAS 17.8 Leasingverhältnisse, die den Voraussetzungen eines Finance-Leasingverhältnisses nicht genügen, als **Operating-Leasingverhältnisse**. Die Bilanzierung eines Vermögenswerts, der Gegenstand eines Operating-Leasingverhältnisses ist, erfolgt beim Leasinggeber. Die Klassifizierung als Finanzierungs- bzw Operating-Leasingverhältnis folgt keinem Automatismus; vielmehr ist der zu beurteilende Einzelfall einer Prüfung zu unterziehen. Die Klassifizierung ist zu Beginn des Leasingverhältnisses vorzunehmen (IAS 17.13).

7 Leasinggeber und Leasingnehmer verbinden mit dem Eingehen eines Leasingverhältnisses regelmäßig **unterschiedliche Zielsetzungen**. Der Leasinggeber übernimmt unter Rückgriff auf die ihm zur Verfügung stehenden finanziellen Ressourcen für den Leasingnehmer die Finanzierung des Leasingobjekts. Korrespondierend werden die finanziellen Ressourcen des Leasingnehmers geschont. Mit dem Eingehen eines Leasingverhältnisses verfolgt der Leasingnehmer häufig das (Neben-)Ziel bilanzunwirksame Geschäftsvorfälle einzugehen (***off-balance-sheet-accounting***), um insbes vor dem Hintergrund der Anforderungen von Basel II ceteris paribus zunächst eine höhere Eigenkapitalquote bzw einen geringeren Verschuldungsgrad auszuweisen.

8 Die **Bilanzierung** des **Leasingobjekts** beim **Leasingnehmer** im Rahmen eines Finanzierungs-Leasingverhältnisses entspricht häufig nicht den Intentionen der Vertragsparteien des Leasingvertrags. Eine wesentliche Motivation des Leasingnehmers, sich den ökonomischen Nutzen aus Mobilien (zB Fuhrpark, Flugzeuge, Schiffe, Hard- und Software, Maschinen) und Immobilien (zB Grundstücke und Gebäude) über das Eingehen eines Leasingverhältnisses zu erschließen, besteht – wie oben ausgeführt – darin, diese Vermögenswerte nicht zu bilanzieren. Die deutsche Leasingbranche konnte den Zielsetzungen bisher entsprechen, indem sie ihre Vertragsgestaltungen an den Abgrenzungskriterien der deutschen Finanzverwaltung (vgl BMF-Schreiben vom 19. April 1971 und 21. März 1972) ausrichtete, die grds auch für die handelsrechtliche Bilanzierung herangezogen werden. Die in IAS 17 und weiteren Nebenbestimmungen formulierten Grundsätze zur Bilanzierung von Leasingverhältnissen erfordern eine Überprüfung der bisherigen Vertragsmuster. Soll es bei der bisherigen vornehmlichen Zielsetzung der Vertragsparteien bleiben, das Leasingobjekt beim Leasinggeber zu bilanzieren, erfordert dies dessen mehrheitliche Partizipation an den mit dem Leasinggegenstand verbundenen Chancen und Risiken.

II. Anwendungsbereich

IAS 17 ist auf direkte **Nutzungsüberlassungen** unmittelbar sowie auf indirekte Nutzungsüberlassungen (sog verdeckte Leasingverhältnisse) mittelbar anzuwenden. Die Anforderungen, die eine indirekte Nutzungsüberlassung erfüllen muss, um als Leasingverhältnis iSd IAS 17 zu gelten, sind in IFRIC 4 („Feststellung, ob eine Vereinbarung ein Leasingverhältnis enthält") formuliert. In vergleichbarer Weise wie sich IAS 17 und SFAS 13 konzeptionell kaum unterscheiden, so ist IFRIC 4 mit der korrespondierenden Regelung EITF 01–8 der US-GAAP tendenziell deckungsgleich (*Götz/Spanheimer* BB 2005, 259). 9

1. Direkte Nutzungsüberlassungen

IAS 17 ist prinzipiell auf alle Vertragsgestaltungen anzuwenden, die unter die Definition eines Leasingverhältnisses fallen. Der Standard findet unmittelbare Anwendung auf alle Vereinbarungen, die das **direkte Recht** auf die Nutzung von Vermögenswerten übertragen, auch wenn wesentliche Leistungen des Leasinggebers iVm dem Einsatz oder dem Erhalt der Vermögenswerte erforderlich sind (IAS 17.3; **echte** Leasingverhältnisse). Der Anwendungsbereich von IAS 17 wird negativ abgegrenzt. **Nicht in den Anwendungsbereich** von IAS 17 fallen 10

(1) Leasingverhältnisse in Bezug auf die Entdeckung und Verarbeitung von Mineralien, Öl, Erdgas und anderen nicht regenerativen Ressourcen (IAS 17.2(a); s IFRS 6 und § 42),

(2) Lizenzvereinbarungen (zB Filme, Videoaufnahmen, Theaterstücke, Manuskripte, Patente und Urheberrechte; IAS 17.2(b)).

Diese unterliegen vielmehr nach dem Grundsatz des Vorrangs der Spezialvorschrift den bilanziellen Vorgaben der Standards zur Exploration und Evaluierung von mineralischen Ressourcen (IFRS 6; s § 42) bzw den allgemeinen Vorschriften zur bilanziellen Abbildung von Erträgen (IAS 18; s § 15) und immateriellen Vermögenswerten (IAS 38; s § 4).

Außerdem findet IAS 17 **keine Anwendung bei** 11

(1) einer als Finanzinvestition gehaltenen Immobilie beim Leasingnehmer im Rahmen eines Finanzierungs-Leasingverhältnisses (s IAS 40, IAS 17.2(a); s auch § 6 Rz 14),

(2) einer als Finanzinvestition gehaltenen Immobilie, die vom Leasinggeber im Rahmen eines Operating-Leasingverhältnisses vermietet wird (s IAS 40, IAS 17.2(b); s auch § 6 Rz 15 f),

(3) einem im Rahmen eines Finanzierungs-Leasingverhältnisses gehaltenen, biologischen Vermögenswert beim Leasingnehmer (s IAS 41, IAS 17.2 (c); s auch § 41),

(4) einem biologischen Vermögenswert, der vom Leasinggeber im Rahmen eines Operating-Leasingverhältnisses vermietet wird (s IAS 41, IAS 17.2 (d); s auch § 41) und

(5) Vereinbarungen, die Dienstleistungsverträge sind und nicht das Nutzungsrecht an Vermögenswerten von einem Vertragspartner auf den anderen übertragen (IAS 17.3).

Beispiel: Das Maschinenbauunternehmen M plant, sein Produktionsverfahren auf den technisch neuesten Stand zu bringen und daher eine technisch überholte Maschine zu ersetzen. Die Maschine dient der Fertigung einer im weiteren Produktionsprozess benötigten Komponente, welche grds auch fremdbezogen werden könnte. Zur Schonung der Liquiditätsreserven entscheidet sich das Management, die Maschine vom Spezialmaschinenhersteller S nicht zu kaufen, sondern mit einem als Leasingobjektgesellschaft auftretenden TU des S ein Leasinggeschäft auf die Maschine abzuschließen. Durch das Leasinggeschäft erschließt sich M direkt das Ressourcenpotential der Maschine – unabhängig davon, ob die Ausgestaltungsmerkmale des Leasingvertrags diesen als Operating- oder Finanzierungs-Leasingverhältnis klassifizieren.

2. Indirekte Nutzungsüberlassungen

12 **IFRIC 4** definiert leasingähnliche – sog verdeckte – Leasingverhältnisse, indem anhand verbindlicher Kriterien dargelegt wird, welche Vertragsgestaltungen – unabhängig von ihrer Bezeichnung – unter wirtschaftlichen Gesichtspunkten als Leasingverhältnisse anzusehen und dementsprechend zu behandeln sind (unechte Leasingverhältnisse). IFRIC 4.6 besagt, dass eine Vereinbarung bzw ein Vertragsteil als Leasingverhältnis iSv IAS 17 anzusehen ist, wenn zu Vertragsbeginn (IFRIC 4.10) **zugleich** zwei Merkmale erfüllt sind (s auch *Götz/Spanheimer* BB 2005, 260):

(1) Die Erfüllung der Vereinbarung ist abhängig von der Nutzung eines **spezifizierten Vermögenswerts** in seiner **Gesamtheit** (IFRIC 4.6(a) iVm IFRIC 4.3). Dieses Kriterium ist erfüllt, wenn der betreffende Vermögenswert
   (a) vertraglich explizit identifiziert wird und die Lieferverpflichtung *nur* durch die Nutzung des so identifizierten Vermögenswerts gewährleistet ist. Diesbezüglich unschädlich sind Vereinbarungen über den Ersatz des Vermögenswerts unter bestimmten Bedingungen. Denkbare Fälle sind etwa eine sich herausstellende mangelnde Funktionstüchtigkeit des dem Leasingverhältnis zugrunde liegenden Vermögenswerts oder das dem Lieferanten vertraglich zugesicherte Recht, das zu liefernde Kontingent aus einem anderen Vermögenswert zu schöpfen (IFRIC 4.7), oder aber
   (b) implizit identifiziert wird, bspw sich insofern ergibt, als der Lieferant (Leasinggeber) nur einen einzigen Vermögenswert besitzt, der die vereinbarte Leistung erbringen kann, und es für den Lieferanten wirtschaftlich nicht sinnvoll oder praktikabel ist, die eingegangene Verpflichtung mittels der Nutzung anderer Vermögenswerte zu erfüllen (IFRIC 4.8).

(2) Durch die Vereinbarung wird ein **Nutzungsrecht** an diesem spezifizierten Vermögenswert übertragen (IFRIC 4.6(b)). Diese Bedingung ist erfüllt, wenn
   (a) der Abnehmer (Leasingnehmer) die Möglichkeit oder das Recht besitzt, den Vermögenswert selbst zu betreiben oder andere damit zu beauftragen, und er mehr als nur einen geringfügigen Teil des Outputs oder sonstigen Nutzens erhält oder kontrolliert (IFRIC 4.9(a)), oder
   (b) der Abnehmer (Leasingnehmer) die Möglichkeit oder das Recht besitzt, über den effektiven Zugang zu dem spezifizierten Vermögenswert zu verfügen, und er mehr als nur einen geringfügigen Teil der Gesamtleistung erhält oder kontrolliert (IFRIC 4.9(b)), oder
   (c) es nach dem Gesamtbild der Verhältnisse unwahrscheinlich ist, dass Dritte mehr als nur einen geringfügigen Teil der Gesamtleistung während der Vertragslaufzeit abnehmen werden und zugleich für den Leasingnehmer der Abnahmepreis pro Einheit weder vertraglich fixiert ist noch dem aktuellen Marktpreis zum Zeitpunkt der Lieferung entspricht (IFRIC 4.9 (c)).

Der Terminus „**mehr als nur geringfügiger Teil**“ wird in IFRIC 4 nicht der Höhe nach umschrieben. Maßgeblich sind deshalb die Gesamtverhältnisse. In Anlehnung an Wesentlichkeitsüberlegungen in der deutschen Bilanzierungspraxis gilt ein Anteil von mehr als 10% häufig nicht mehr als geringfügig.

13 Aufgrund der Notwendigkeit der Erfüllung der vorgenannten Merkmale zählt IFRIC 4.1 **beispielhaft** die folgenden Vereinbarungen auf, welche die Anforderungen an verdeckte Leasingverhältnisse erfüllen (können):
(1) *Outsourcing*-Verträge,
(2) Vereinbarungen über die Nutzung von Kapazitäten in der Telekommunikationsindustrie sowie
(3) kundengebundene Verträge, in denen der Leasingnehmer zu spezifizierten Zahlungen verpflichtet ist, unabhängig davon, ob er die Produkte oder Dienstleistungen auch tatsächlich abnimmt.

14 Nachfolgende Beispiele unterscheiden sich in verschiedenen **Merkmalsausprägungen**:

Beispiel 1: Unternehmen A überlässt Unternehmen B eine technische Anlage zur Produktion von Stickstoff. Wesentliche Mengen des produzierten Stickstoffs werden von B abgenommen. Unternehmen A ist zivilrechtlicher Eigentümer der Anlage und Unternehmen B ist Betreiber der Anlage.

Da es sich um einen konkretisierten Vermögenswert handelt, das Nutzungsrecht der Anlage auf B übertragen wurde und B mehr als nur einen geringfügigen Teil des Outputs erhält bzw kontrolliert, handelt es sich um ein Leasingverhältnis.

Beispiel 2: Unternehmen A ist Eigentümer und Betreiber der technischen Anlage und kann neben Unternehmen B auch andere Kunden beliefern; tatsächlich besteht in der Region kein weiterer Bedarf. B zahlt neben einer monatlich fixen Grundgebühr pro Kubikmeter abgenommener Stickstoffmenge einen Preis, der ca 90% der gesamten variablen Kosten von A abdeckt.

Da es unwahrscheinlich ist, dass ein anderes Unternehmen eine mehr als unbedeutende Menge Stickstoff abnimmt, und zugleich der Preis pro Mengeneinheit nicht vertraglich fixiert ist oder aber dem Marktpreis entspricht, wird das Nutzungsrecht übertragen.

Beispiel 3: Unternehmen A ist Eigentümer und Betreiber der technischen Anlage und beliefert neben Unternehmen B auch andere Kunden, die insgesamt einen bedeutenden Teil der gesamten Produktion von A abnehmen.

Es handelt sich nicht um ein Leasingverhältnis, da die übrigen Abnehmer mehr als einen unbedeutenden Teil der Produktion erwerben.

15 **Ziel von IFRIC 4** ist im Ergebnis, neben den direkten Nutzungsrechten, auf die IAS 17 unmittelbar anwendbar ist, auch indirekte Nutzungsrechte an Vermögenswerten – „also Verträge, die sich lediglich auf die Abnahme des Outputs eines Vermögenswerts und nicht direkt auf den Vermögenswert selbst beziehen" (*Götz/Spanheimer* BB 2005, 259) – nach den besonderen Vorschriften zur Leasingbilanzierung zu behandeln. Die bilanzielle Behandlung eines verdeckten Leasingverhältnisses folgt den allgemeinen Vorgaben von IAS 17 und den in Rz 5 genannten subsidiären Nebenbestimmungen. Um die von der Unternehmenspraxis unerwünschte Klassifizierung als Finanzierungs-Leasingverhältnis zu vermeiden, ist bei Vertragsgestaltungen auf die im weiteren Verlauf der Ausführungen erläuterten Abgrenzungsmerkmale zu achten (s Rz 38 ff).

Beispiel: Das Maschinenbauunternehmen M plant, sein Produktionsverfahren auf den technisch neuesten Stand zu bringen und daher eine technisch überholte Maschine zu ersetzen. Die Maschine dient der Fertigung einer im weiteren Produktionsprozess benötigten Komponente, welche grds auch fremdbezogen werden könnte. Im Zuge der Konzentration auf Kernkompetenzen entscheidet sich M für den Fremdbezug der Komponenten. Der Zulieferer Z, mit dem M langjährige gute Geschäftsbeziehungen pflegt, bietet M an, an seiner statt die neue Maschine vom Spezialmaschinenhersteller S zu kaufen, auf dieser ausschließlich die von U benötigte Komponente zu fertigen und U mit dieser zukünftig zu versorgen. M erschließt sich somit indirekt – über den Zulieferer Z – das Ressourcenpotenzial an der Maschine. Folglich liegt ein verdecktes Leasingverhältnis iSd IFRIC 4 vor.

16 Die **Einschätzung**, ob tatsächlich ein Leasingverhältnis vorliegt, hat nach IFRIC 4.10 zum **Zeitpunkt des Abschlusses** zu erfolgen. Der Zeitpunkt des Abschlusses ist dabei entweder der Tag der Vereinbarung oder der Zeitpunkt der Einigung über die wesentlichen Vertragsinhalte, je nachdem, welcher Zeitpunkt früher liegt.

17 Eine **Neueinschätzung** ist danach nur möglich, falls eine der folgenden Bedingungen gegeben ist (IFRIC 4.10):

(1) Es erfolgt eine Vertragsänderung, die nicht nur eine Erneuerung oder Verlängerung der ursprünglichen Vereinbarung darstellt.

(2) Es wird eine Erneuerungsoption ausgeübt bzw eine Verlängerung der Vereinbarung vereinbart, die nicht Gegenstand der ursprünglichen Vereinbarung waren.

(3) Es erfolgt eine Änderung in der Feststellung, ob die Erfüllung der Vereinbarung von einem bestimmten Vermögenswert abhängt.

(4) Es erfolgt eine wesentliche Änderung des Vermögenswerts.

Die in diesen Fällen vorzunehmende Neueinschätzung ist auf der Grundlage der Verhältnisse in der verbleibenden (Rest-)Laufzeit vorzunehmen. Eine Änderung von Schätzgrößen, zB des Outputs, führt jedoch nicht zu einer Neueinschätzung.

Beispiel: Die Vertragspartner vereinbaren eine bislang nicht vereinbarte Verlängerung der Nutzungsdauer. Im Zeitpunkt der Änderung ist eine Neueinschätzung vorzunehmen; Gleiches gilt zB für den Fall einer wesentlichen Erweiterung des Vermögenswerts.

Beispiel: Die Vertragspartner vereinbaren eine Erneuerungs- bzw Verlängerungsoption und üben diese Option tatsächlich aus. Die Änderung ist erst ab dem Zeitpunkt der Erneuerungs- bzw Verlängerungsperiode zu berücksichtigen.

18 Zusammenfassend folgt die Klassifizierung eines Vertragsverhältnisses als Leasinggeschäft tendenziell folgender Entscheidungsstruktur (in Anlehnung an *Götz/Spanheimer* BB 2005, 263):

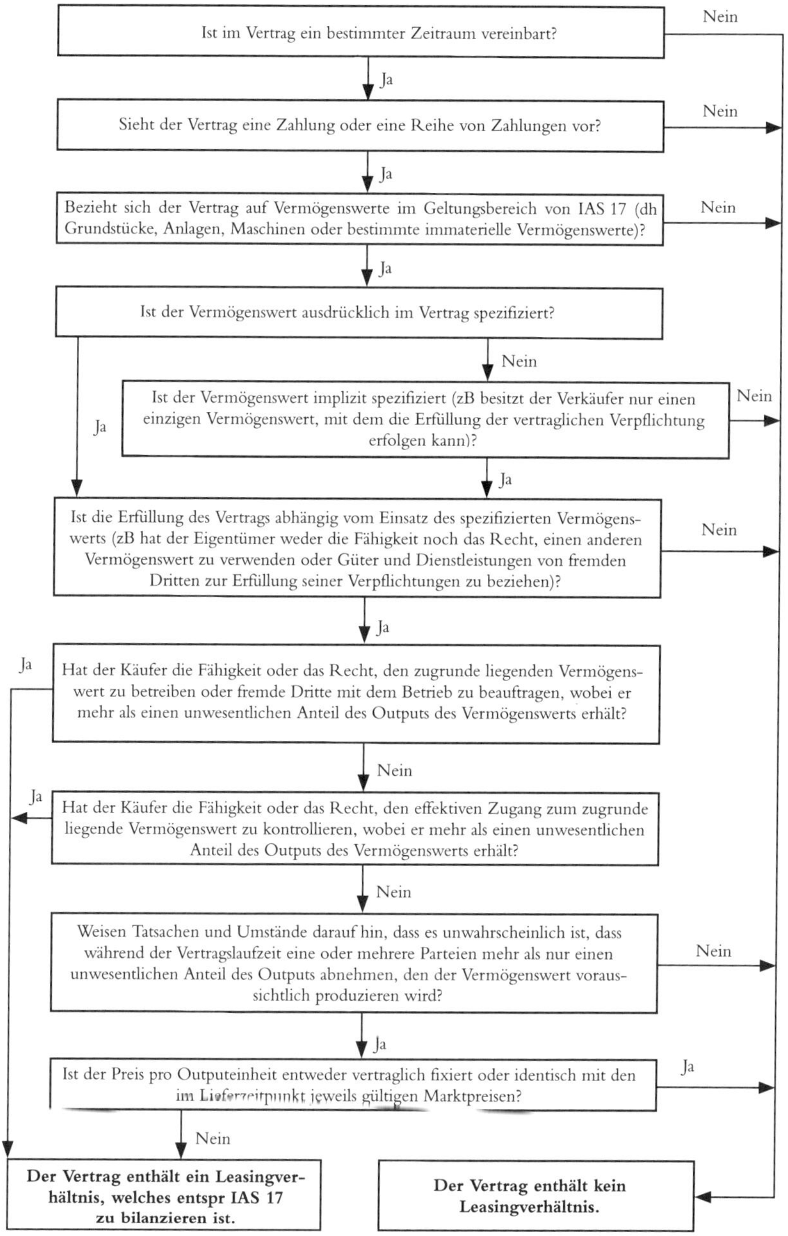
Ist im Vertrag ein bestimmter Zeitraum vereinbart?
Nein
Ja
Sieht der Vertrag eine Zahlung oder eine Reihe von Zahlungen vor?
Nein
Ja
Bezieht sich der Vertrag auf Vermögenswerte im Geltungsbereich von IAS 17 (dh Grundstücke, Anlagen, Maschinen oder bestimmte immaterielle Vermögenswerte)?
Nein
Ja
Ist der Vermögenswert ausdrücklich im Vertrag spezifiziert?
Nein
Ja
Ist der Vermögenswert implizit spezifiziert (zB besitzt der Verkäufer nur einen einzigen Vermögenswert, mit dem die Erfüllung der vertraglichen Verpflichtung erfolgen kann)?
Nein
Ja
Ist die Erfüllung des Vertrags abhängig vom Einsatz des spezifizierten Vermögenswerts (zB hat der Eigentümer weder die Fähigkeit noch das Recht, einen anderen Vermögenswert zu verwenden oder Güter und Dienstleistungen von fremden Dritten zur Erfüllung seiner Verpflichtungen zu beziehen)?
Nein
Ja
Hat der Käufer die Fähigkeit oder das Recht, den zugrunde liegenden Vermögenswert zu betreiben oder fremde Dritte mit dem Betrieb zu beauftragen, wobei er mehr als einen unwesentlichen Anteil des Outputs des Vermögenswerts erhält?
Ja
Nein
Hat der Käufer die Fähigkeit oder das Recht, den effektiven Zugang zum zugrunde liegende Vermögenswert zu kontrollieren, wobei er mehr als einen unwesentlichen Anteil des Outputs des Vermögenswerts erhält?
Ja
Nein
Weisen Tatsachen und Umstände darauf hin, dass es unwahrscheinlich ist, dass während der Vertragslaufzeit eine oder mehrere Parteien mehr als nur einen unwesentlichen Anteil des Outputs abnehmen, den der Vermögenswert voraussichtlich produzieren wird?
Nein
Ja
Ist der Preis pro Outputeinheit entweder vertraglich fixiert oder identisch mit den im Lieferzeitpunkt jeweils gültigen Marktpreisen?
Ja
Nein
Der Vertrag enthält ein Leasingverhältnis, welches entspr IAS 17 zu bilanzieren ist.
Der Vertrag enthält kein Leasingverhältnis.

19 IFRIC 4 wurde am 2. Dezember 2004 **veröffentlicht**. Die Interpretation ist für nach dem 31. Dezember 2005 beginnende Geschäftsjahre verpflichtend anzuwenden. Für **IFRS-Erstanwender** im Rahmen der IAS-VO ist die Berücksichtigung von IFRIC 4 nicht zwingend; eine frühere Anwendung wird jedoch empfohlen und ist somit auch IFRS-Erstanwendern möglich (IFRS 1.D9 (2008)/IFRS 1.25F (2003); s auch § 44 Rz 127).

20 Nach IFRIC 4.17 erfolgt die Anwendung **retrospektiv** auf alle Verträge, die zum Beginn des Vorjahres noch bestehen, und nicht nur solche, die nach Beginn des Vorjahres abgeschlossen worden sind. Allerdings steht es den Unternehmen offen, die Beurteilung, ob ein verdecktes Leasingverhältnis vorliegt, auf der Grundlage der Verhältnisse zu Beginn der frühesten zu Vergleichszwecken veröffentlichten Berichtsperiode vorzunehmen (IFRIC 4.17). Dies gilt aufgrund einer Folgeänderung des IFRS 1 auch für **Erstanwender** (IFRIC 4.A1; s ausführlich § 44 Rz 126ff).

3. Beurteilung des wirtschaftlichen Gehalts

21 **SIC 27** behandelt die Beurteilung **des wirtschaftlichen Gehalts von Transaktionen**, die in der rechtlichen Form eines Leasingvertrags abgeschlossen werden. Dennoch stellt sich in der Praxis die Frage, ob es sich bei diesen Leasingverträgen auch wirtschaftlich um ein Leasingverhältnis handelt. Ein Leasingverhältnis nach IAS 17 setzt voraus, dass die Vereinbarung wirtschaftlich die Übertragung des Nutzungsrechts eines Vermögenswerts für einen vereinbarten Zeitraum gewährt.

22 Nachfolgende, nicht abschließende Aufzählung einzelner **Indikatoren** (s SIC 27.5) weisen jeweils darauf hin, dass **kein Leasingverhältnis** vorliegt:

(1) Der Leasinggeber behält sämtliche mit dem Eigentum am Leasinggegenstand verbundenen Chancen und Risiken an dem Leasinggegenstand und er behält – wie bisher – im Wesentlichen die Nutzungsrechte an dem Vermögenswert.

(2) Der Hauptzweck der Leasingvereinbarung ist nicht die Übertragung der Nutzung auf den Leasingnehmer, sondern die Erreichung eines steuerlichen Ergebnisses.

(3) Die Vereinbarung einer Option zu Bedingungen, die deren Ausübung fast sicher machen.

Für den Fall, dass mehrere rechtlich selbständige Vereinbarungen wirtschaftlich in einem engen Zusammenhang stehen und deshalb bei einer wirtschaftlichen Betrachtsweise nur in ihrer Gesamtheit verständlich sind, ist insgesamt zu beurteilen, ob es sich nach SIC 27.3 um ein Leasingverhältnis iSv IAS 17 handelt.

Beispiel: Unternehmen A veräußert ein Speditionsgebäude an Unternehmen B und least es unmittelbar zurück. Außerdem wird vereinbart, dass Unternehmen A das Speditionsgebäude am Ende der Laufzeit des Leasingvertrags zu einem festen Preis erwerben kann, der dem ursprünglichen Kaufpreis zzgl Inflationsaufschlag von 2% entspricht. Die Leasingraten sind so bemessen, dass der Erwerber (= Leasinggeber) lediglich eine marktübliche Kapitalverzinsung erhält.

Auf Basis der Abreden stellen diese Geschäftsvorfälle insgesamt eine **verbundene Transaktion** (*linked transaction*) iSv SIC 27 dar. Unternehmen A bleibt wirtschaftlicher Eigentümer und sichert sich über die günstige Rückkaufoption das rechtliche Eigentum zum Ablauf der Leasingvereinbarung. Wirtschaftlich betrachtet handelt es sich nicht um ein Leasingverhältnis iSd IAS 17, sondern lediglich um eine Finanzierungsmaßnahme. Differenzbeträge (zB aus Steuervorteilen) sind unter Berücksichtigung von SIC 27.8 zu beurteilen und ggf ratierlich über die Laufzeit der Vereinbarung zu verteilen.

III. Terminologie

IAS 17.4 **definiert** die im Zusammenhang mit Leasinggeschäften üblicherweise verwendeten Begriffe, um eine einheitliche Anwendung in den Abschlüssen sicher zu stellen. 23

Ein **Leasingverhältnis** ist eine Vereinbarung zwischen einem Leasinggeber und einem Leasingnehmer, die dem Leasingnehmer gegen Entgeltzahlungen über die vereinbarte Vertragsdauer die Nutzung eines Vermögenswerts des Leasinggebers überlässt.

Nach dem Verständnis der IFRS ist ein **unkündbares Leasingverhältnis** ein 24
Leasingverhältnis, dass während der Grundmietzeit nur aufgehoben werden kann, wenn
(1) ein unwahrscheinliches Ereignis eintritt (IAS 17.4(a)),
(2) der Leasinggeber seine Einwilligung zur Auflösung des Leasingverhältnisses gibt (IAS 17.4(b)),
(3) der Leasingnehmer mit demselben Leasinggeber ein neues Leasingverhältnis über denselben oder einen entspr Vermögenswert eingeht (IAS 17.4 (c)) oder
(4) der Leasingnehmer einen zusätzlichen Betrag bezahlt, sodass schon bei Vertragsbeginn die Fortführung des Leasingverhältnisses hinreichend sicher ist (IAS 17.4(d)). In diesem Falle ist die Aufhebung des Leasingverhältnisses für den Leasingnehmer mit hohen Verlusten (*sunk costs*) verbunden, sodass das Leasingverhältnis als (ökonomisch) unkündbar gilt. Ein typisches Beispiel sind Leasingvorauszahlungen, auf die der Leasingnehmer ggü dem Leasinggeber bei Aufhebung des Leasingverhältnisses keinen Erstattungsanspruch hat. Zum Begriff der hinreichenden Sicherheit s Rz 52.

Die Qualifikation eines Leasingverhältnisses als **kündbar** erfordert die genaue Definition der zur Kündigung des Leasingverhältnisses berechtigenden Ereignisse sowie eine realistische Eintrittsmöglichkeit dieser Ereignisse.

Ein **Finanzierungs-Leasingverhältnis** ist ein Leasingverhältnis, bei dem im 25
Wesentlichen alle mit dem Eigentum verbundenen Risiken und Chancen des Vermögenswerts vom Leasinggeber auf den Leasingnehmer übertragen werden. Nach dem Grundsatz der wirtschaftlichen Betrachtungsweise (*substance over form*, F. 35) ist unabhängig vom zivilrechtlichen Eigentum allein das wirtschaftliche Eigentum maßgeblich. In allen anderen Sachverhalten handelt es sich iSe Negativabgrenzung um ein **Operating-Leasingverhältnis**.

Für die Beurteilung und Abgrenzung eines Finanzierungs- und eines Operating-Leasingverhältnisses werden darüber hinaus in IAS 17.4 nachfolgende Parameter definiert.

Der **Beginn des Leasingverhältnisses** ist entweder der Tag der Leasingver- 26
einbarung oder aber der Tag, an dem sich die Vertragsparteien über die wesentlichen Bestimmungen der Leasingvereinbarung geeinigt haben, je nachdem, welcher der beiden Zeitpunkte früher liegt (IAS 17.4).

Die **Laufzeit eines Leasingverhältnisses** umfasst die unkündbare Grund- 27
mietzeit, für die sich der Leasingnehmer mit Eingehen des Leasingverhältnisses zur Nutzung des Vermögenswerts verpflichtet hat, sowie weitere Zeiträume, für die der Leasingnehmer mit oder ohne weitere Zahlungen eine Option ausüben kann, wenn zu Beginn des Leasingverhältnisses die Inanspruchnahme der Option durch den Leasingnehmer hinreichend sicher ist (s Rz 40). Die Laufzeit des Leasingverhältnisses ist zu unterscheiden von der wirtschaftlichen Nutzungsdauer des Leasinggegenstands.

Die **wirtschaftliche Nutzungsdauer** des Leasinggegenstands ist analog 28
IAS 16.6 der Zeitraum, in dem der Vermögenswert voraussichtlich von einem

oder mehreren Nutzern wirtschaftlich genutzt werden kann, wenn das Ressourcenpotenzial des Vermögenswerts durch Wartungs- und Reparaturmaßnahmen in regulärem Umfang gepflegt wird. Neben dem üblicherweise verwendeten zeitlichen Kriterium ist auch die Produktionsmenge oder eine andere geeignete Maßgröße verwendbar, um den Leistungsverzehr der Berichtsperiode im Verhältnis zum gesamten im Leasingobjekt enthaltenen Leistungspotential zu beurteilen.

29 Zu den **Mindestleasingzahlungen** zählen sämtliche Zahlungen, zu deren Leistung der Leasingnehmer während der Laufzeit des Leasingverhältnisses dem Leasinggeber ggü verpflichtet ist. Davon ausgenommen sind **bedingte Mietzahlungen** sowie Aufwendungen für Dienstleistungen und diejenigen Steuern, die am Leasinggegenstand als Steuerobjekt anknüpfen, jedoch vom Leasinggeber zu entrichten und über entspr kalkulierte Mietzahlungen wirtschaftlich vom Leasingnehmer zu tragen sind.

30 **Bedingte Leasingzahlungen** sind der Teil der zukünftigen Leasingraten, der von zukünftigen, ungewissen Ereignissen (zB Nutzungsintensität, Entwicklung eines dem Leasingvertrag zugrunde gelegten Preisindexes) abhängig ist (*Lüdenbach/Freiberg* in Lüdenbach/Hoffmann IFRS[7] § 15 Rz 46). Sie sind grds nicht Bestandteil der Mindestleasingraten.

31 Der Leasingnehmer verfügt über ein **günstiges Kaufoptionsrecht** auf den Leasinggegenstand, wenn er das Leasingobjekt in dem Zeitpunkt, in dem er von seinem Optionsrecht Gebrauch macht, zu einem Preis erwerben kann, der erwartungsgemäß signifikant unter dem beizulegenden Zeitwert des Leasinggegenstands im Zeitpunkt der Optionsrechtsausübung liegt.

32 Der **beizulegende Zeitwert** des Leasingobjekts ist der Betrag, zu dem sich sachverständige, unabhängige und vertragswillige Vertragspartner über den Eigentumsübergang einigen. Anhaltspunkt ist dabei insbes ein objektiver Markt- oder Börsenpreis.

33 Der **garantierte Restwert** ist aus Sicht des Leasingnehmers der Teil des Restwerts, der vom Leasingnehmer oder einer mit dem Leasingnehmer verbundenen Partei (IAS 24.18) garantiert wird. Korrespondierend ist aus Sicht des Leasinggebers unter dem garantierten Restwert der Teil des Restwerts zu verstehen, der vom Leasingnehmer, einer mit dem Leasingnehmer verbundenen Partei oder einer vom Leasinggeber unabhängigen dritten Partei garantiert wird, die finanziell in der Lage ist, den Verpflichtungen der Garantie nachzukommen.

34 Der **nicht garantierte Restwert** ist der Teil des Restwerts, dessen Realisierung durch den Leasinggeber nicht gesichert ist oder nur durch eine mit dem Leasinggeber verbundene Partei garantiert wird.

35 Der **Bruttoinvestitionswert eines Leasingverhältnisses** ist die Summe aus den Mindestleasingzahlungen aus einem Finanzierungs-Leasingverhältnis und dem nicht garantierten Restwert. Der **Nettoinvestitionswert** errechnet sich als Barwert des Bruttoinvestitionswerts. Als Diskontierungszinssatz kommt dabei der **dem Leasingverhältnis zugrunde liegende Zinssatz** zur Anwendung. Dieser entspricht dem Zinssatz, bei dem der Bruttoinvestitionswert eines Leasingverhältnisses der Summe aus dem beizulegenden Zeitwert des Leasinggegenstands und den anfänglichen direkten Kosten des Leasinggebers entspricht. Maßgeblich ist die Sicht des Leasinggebers zu Beginn des Leasingverhältnisses. Der **noch nicht realisierte Finanzertrag** als Differenz zwischen dem Bruttoinvestitionswert und dem Nettoinvestitionswert des Leasingverhältnisses beruht mithin auf der Zinskomponente des Leasingverhältnisses.

36 **Anfängliche direkte Kosten** sind solche zusätzlichen Aufwendungen, die unmittelbar mit der Anbahnung und mit dem Abschluss des Leasingvertrags ent-

stehen. Hiervon ausgenommen sind Kosten, die Herstellern und Händlern entstehen.

37 Der **Grenzfremdkapitalzinssatz des Leasingnehmers** ist der Zinssatz, den der Leasingnehmer bei einem vergleichbaren Leasingverhältnis zahlen müsste. Subsidiär kommt als Grenzfremdkapitalzinssatz derjenige Zinssatz zur Anwendung, den der Leasingnehmer zahlen müsste, wenn er, anstatt ein Leasinggeschäft einzugehen, den Leasinggegenstand kaufen und den Kaufpreis vollumfänglich fremd finanzieren würde.

B. Abgrenzung von Finanzierungs- und Operating-Leasingverhältnissen

I. Mobilienleasing

1. Allgemeine Kriterien

38 Die Klassifizierung eines (echten oder unechten) Leasingverhältnisses als Operating- oder Finanzierungs-Leasingverhältnis richtet sich grds nach der **wirtschaftlichen Gesamtbeurteilung der Chancen und Risiken** des Leasingnehmers bzw Leasinggebers. Insofern ist die Grundlage der bilanziellen Darstellung das wirtschaftliche Eigentum am Leasingobjekt.

39 Die **Einordnung** als **Operating- oder Finanzierungs-Leasingverhältnis** erfolgt zu **Beginn des Leasingverhältnisses** (s Rz 26). Spätere **Änderungen** der Leasingvereinbarung werden grds neu für die künftige Laufzeit beurteilt. Änderungen von Schätzgrößen, zB der wirtschaftlichen Nutzungsdauer oder des potenziellen Restwerts am Ende der Vertragslaufzeit, führen nicht zu einer Änderung in der ursprünglichen Beurteilung (vgl IAS 17.13).

Beispiel: Das Unternehmen U plant, eine in seinem Produktionsprozess benötigte Maschine zu leasen. Nach erfolgreicher Durchführung der Vertragsverhandlungen geht U am 1. Juli 2009 mit dem Finanzdienstleistungsunternehmen F eine Leasingvereinbarung in Bezug auf die Maschine ein. Dem Leasingvertrag zufolge ist U berechtigt, das Leasingobjekt ab dem 1. Januar 2010 in seinem Produktionsprozess einzusetzen. Unabhängig davon, dass U rechtlich erst ab dem 1. Januar 2010 aus dem Leasingobjekt Nutzen ziehen kann, sind für die Einordnung des Leasingverhältnisses als Finanzierung- oder Operating-Leasingverhältnis sowie die dabei zugrunde zu legenden Bewertungsparameter (zB Zinssatz) die Verhältnisse am 1. Juli 2009 (Beginn des Leasingverhältnisses) maßgebend.

40 Die **Laufzeit des Leasingverhältnisses** (s Rz 27) umfasst neben der unkündbaren Grundmietzeit ähnlich wie nach den US-GAAP (SFAS 98.22 a) auch weitere Perioden, in denen der Leasingnehmer das Leasingobjekt durch Ausübung eines Optionsrechts weiterhin nutzen kann, wenn zu Beginn des Leasingverhältnisses die Inanspruchnahme des Optionsrechts durch den Leasingnehmer hinreichend sicher ist. Ohne Bedeutung ist dabei, ob die weitere Nutzung des Leasingobjekts durch den Leasingnehmer an die Leistung einer Vergütung geknüpft ist. Im Unterschied zur Leasingvereinbarung selbst beginnt die Laufzeit des Leasingverhältnisses in dem Zeitpunkt, ab dem der Leasingnehmer die Möglichkeit zur Nutzung des Leasingverhältnisses hat (*ADS*[1] Abschn 12 Rz 49). Dies entspricht dem Tag des erstmaligen Ansatzes des Leasingverhältnisses, dh der entspr Vermögenswerte, Schulden, Erträge oder Aufwendungen, die sich aus dem Leasingverhältnis ergeben (IAS 17.4) Wird das Leasingverhältnis nach Ablauf der Grundmietzeit bei jederzeitiger Möglichkeit zur Kündigung zum Monatsende verlängert, spricht man von sog **Evergreen-Leasingverhältnissen**.

41 Die **wirtschaftliche Nutzungsdauer** (s Rz 28) des Leasingobjekts ist zu Beginn des Leasingverhältnisses zu schätzen. Erfahrungswerte können – in ähnlicher Weise wie für die Schätzung der Nutzungsdauern, die den von der deutschen Finanzverwaltung in Zusammenarbeit mit Branchenverbänden entwickelten Abschreibungstabellen zugrunde liegen – nur insoweit herangezogen werden, als die zukünftige wirtschaftliche Entwicklung (zB produktspezifisches Konsumentenverhalten) und der technologische Stand des Leasingobjekts (zB Reifegrad der eingesetzten Technologie) keine Veränderungen erwarten lassen.

Beispiel: Das Energieversorgungsunternehmen E hat zur Schonung der eigenen liquiden Mittel den Bau eines Wasserkraftwerks in Zusammenarbeit mit einer Leasinggesellschaft finanziert. Das Wasserkraftwerk verfügt über eine Turbine, von der ein Generator zur Gewinnung von elektrischem Strom angetrieben wird. Den Herstellerangaben zufolge kann die Turbine über einen Zeitraum von 20 Jahren eingesetzt werden. Die Turbine unterliegt einem üblichen technologischen Fortschritt. Der Generator könnte eine Leistung von 10 MWh pro Jahr abgeben. Der Wirkungsgrad des Generators kann technisch nicht mehr signifikant erhöht werden. Basierend auf den in der Testphase gemachten Erfahrungen des Herstellers vermag der Generator eine Gesamtarbeit von 200 MWh abzugeben. E entscheidet sich, für die voraussichtliche wirtschaftliche Nutzungsdauer der Turbine das zeitliche Kriterium anzuwenden und damit einen Zeitraum von 20 Jahren zugrunde zu legen. Denn anders als der Generator ist die Turbine der ständigen Abnutzung durch das Wasser ausgesetzt, unabhängig davon, ob während dieses Zeitraums das Wasserkraftwerk ununterbrochen läuft oder – etwa für Wartungsarbeiten – mehr oder weniger kurzzeitig eingestellt wird. Der reguläre technische Fortschritt, dem die Turbine angabegemäß unterliegt, ist ein weiterer Grund für die Wahl des zeitlichen Kriteriums als Grundlage zur Bemessung der voraussichtlichen wirtschaftlichen Nutzungsdauer. In Bezug auf die voraussichtliche wirtschaftliche Nutzungsdauer des Generators entscheidet sich E für das Leistungskriterium. Angabegemäß ist mit einer technologischen Überalterung des Generators nicht zu rechnen. Außerdem wird das Leistungspotenzial des Generators – anders als das Leistungspotenzial der Turbine – nur in den effektiven Betriebszeiten des Wasserkraftwerks in Anspruch genommen.

42 Das **deutsche Handelsrecht** trifft keine quantitativen Vorgaben für die bei der Aufstellung des Abschreibungsplans der eingesetzten Vermögensgegenstände zugrunde zu legende wirtschaftliche Nutzungsdauer. Insbes ist die Behandlung von Leasingverhältnissen handelsrechtlich nicht kodifiziert. Vor dem Hintergrund des Strebens nach einer weitgehenden Identität von Handels- und Steuerbilanz (Einheitsbilanz) ist es anerkannt, die von der Finanzverwaltung für die Steuerbilanz entwickelten Grundsätze zur Bilanzierung von Leasingverhältnissen auf die Handelsbilanz zu übertragen. Damit erfahren die Abschreibungstabellen in Bezug auf die wirtschaftliche Nutzungsdauer einzelner Vermögensgegenstände für die handelsrechtliche Bilanzierung von Leasingverhältnissen ebenfalls praktisch verbindlichen Charakter. Die Kongruenz von steuerrechtlicher und handelsrechtlicher Nutzungsdauer ist nicht zwangsläufig auf den Anwendungsbereich von IAS 17 zu übertragen. Vielmehr hat ein nach IFRS bilanzierendes Unternehmen eine fallweise Schätzung der Nutzungsdauer vorzunehmen.

43 Die **Schätzung** der **wirtschaftlichen Nutzungsdauer** kann anhand der zu erwartenden Restwerte kontrolliert werden. Ist der Zeit- oder Marktwert am Ende der voraussichtlichen wirtschaftlichen Nutzungsdauer deutlich geringer als der (Rest-)Buchwert, so ist die angenommene wirtschaftliche Nutzungsdauer zu hoch angesetzt worden. Wenn der Zeitwert des Vermögenswerts hingegen nur unwesentlich über oder unter dem (Rest-)Buchwert liegt, so entspricht die angenommene wirtschaftliche tendenziell auch der tatsächlichen Nutzungsdauer.

44 Im Falle des **Operating-Leasingverhältnisses** ist der Leasinggeber nicht nur rechtlicher, sondern auch wirtschaftlicher Eigentümer. Im Gegensatz hierzu wird beim **Finanzierungs-Leasingverhältnis** das wirtschaftliche Eigentum beim

Leasingnehmer angenommen und das Leasingobjekt beim Leasingnehmer bilanziert. Für die Beurteilung von Chancen und Risiken ist entspr dem Grundsatz „*substance over form*" (F. 35) nicht vom Wortlaut des Leasingvertrags, sondern vom wirtschaftlichen Gehalt der Leasingvereinbarung auszugehen.

Als **Chancen** werden gem IAS 17.7 die erwarteten Nutzungen aus dem Lea- **45**
singobjekt inklusive dem Verwertungserlös aus der Realisation des Restwerts sowie ein möglicher Wertzuwachs angesehen. **Risiken** stellen potenzielle Verluste aus technischer Überholung, aus ungenutzten Produktionskapazitäten (zB Leerkosten) sowie andere negative Einflüsse aus der Veränderung wirtschaftlicher Einflussgrößen dar.

Das allgemeine Chancen-Risiken-Kriterium wird durch **Beispiele (IAS** **46**
17.10) und (weitere) **Indikatoren (IAS 17.11)** konkretisiert, auf die nachstehend eingegangen wird. Die Unterscheidung in Beispiele und Indikatoren kann als Indiz dafür gewertet werden, dass den Beispielen ein höheres Gewicht zukommt als den Indikatoren. Für die praktische Umsetzung hat dies jedoch keine wesentliche Bedeutung. Bei Vorliegen eines der in IAS 17.10 genannten Beispiele ist für gewöhnlich von einem Finanzierungs-Leasingverhältnis auszugehen. Demgegenüber qualifiziert das Vorliegen eines in IAS 17.11 genannten Indikators ein Leasinggeschäft zwar regelmäßig, jedoch nicht zwangsläufig als Finanzierungs-Leasingverhältnis. So ist die Einordnung als Finanzierungs-Leasingverhältnis auch in dem Fall möglich, dass keiner der in IAS 17.11 genannten Indikatoren erfüllt ist. Der Verpflichtungsgrad von IAS 17.10 ist angesichts der Formulierung des Standardtextes im Vergleich zu IAS 17.11 höher zu gewichten (glA *Findeisen* RIW 1997, 843; aA *Esser* StuB 2005, 433).

2. Primäre Indikatoren

IAS 17.10 nennt **fünf Beispielsfälle**, die im Regelfall zur Klassifizierung **47**
eines Leasingverhältnisses als **Finanzierungsleasing** führen. In Bezug auf die genannten Beispielsfälle ähnelt IAS 17.10 weitgehend der korrespondierenden US-GAAP-Regelung SFAS 13.7. In beiden Regelungswerken ist das Vorliegen eines der jeweils genannten Beispiele für die Klassifizierung als Finanzierungs-Leasingverhältnis ausreichend. Erfüllt ein Leasingverhältnis die Kriterien eines der nachfolgend erläuterten optionalen Beispiele, so erfolgt die Bilanzierung des Vermögenswerts beim **Leasingnehmer**.

Der **IASB** hat zur Beurteilung der fallweisen Relevanz der genannten Bei- **48**
spielsfälle bzw Abgrenzungskriterien – anders als in der US-GAAP-Regelung SFAS 13.7 – auf die **Vorgabe quantitativer Grenzen** verzichtet (*Esser* StuB 2005, 432). Dem Vorteil, ein Leasingverhältnis auf diese Art und Weise unter Würdigung seines gesamten wirtschaftlichen Gehalts zutreffend klassifizieren zu können, steht der Nachteil eines gewissen Ermessensspielraums gegenüber, der vom Abschlussersteller und vom Abschlussprüfer nicht zwangsläufig identisch und mit derselben Motivation ausgelegt wird. Dies gilt insbes sowohl für das Mietzeit- als auch für das Barwertkriterium.

a) Eigentumsübergangskriterium nach IAS 17.10(a)

Geht am Ende der Laufzeit des Leasingverhältnisses das **rechtliche Eigentum** **49**
auf den Leasingnehmer über (IAS 17.10 (a)), ohne dass dies an das Eintreten einer aufschiebenden Bedingung – so zB die positive Ausübung eines Kaufoptionsrechts auf den Leasinggegenstand – geknüpft wäre (**Eigentumsübergangskriterium**), so liegt ein Finanzierungs-Leasingverhältnis vor.

Insbes sind hiervon Leasingverhältnisse erfasst, bei denen der **Übergang** des **50**
rechtlichen Eigentums an dem Leasinggegenstand am Ende der Laufzeit **fest**

vereinbart ist. Mit dem Eingehen des Leasingvertrags verliert der Leasinggeber jede Entscheidungsmöglichkeit über Ertrag und Substanz am Leasingobjekt (*Findeisen* RIW 1997, 841). Seinem Wesen nach entspricht eine derartige Gestaltung einem Ratenkaufvertrag (IAS 17.6).

Beispiel: Der Leasingnehmer LN schließt mit dem Leasinggeber LG ein Leasinggeschäft über eine Maschine, deren Anschaffungskosten T€ 100 betragen. Die Vertragslaufzeit beträgt fünf Jahre. Die am Ende eines jeden Jahres der Vertragslaufzeit zu entrichtende Leasingrate beträgt T€ 25. Unter der Bedingung, die vereinbarten Leasingzahlungen zum jeweiligen Fälligkeitstermin pünktlich zu erhalten, verzichtet LG vertraglich auf jede Form des Zugriffs auf das Leasingobjekt. Am Ende der Vertragslaufzeit geht das Leasingobjekt vereinbarungsgemäß in das Eigentum von LN über. In einer derartigen Fallgestaltung dient das Leasinggeschäft allein der Schonung der liquiden Mittel des LN. Der LG übernimmt bis zum Erhalt der letzten Leasingrate die Funktion des Financiers des Leasingobjekts.

b) Kaufoptionskriterium nach IAS 17.10(b)

51 Ein Finanzierungs-Leasingverhältnis liegt auch dann vor, sofern der Leasingnehmer ein **günstiges Kaufoptionsrecht** auf den Leasinggegenstand hat. Verfügt der Leasingnehmer über ein solches Kaufoptionsrecht, so ist bei der Ermittlung der Mindestleasingzahlungen nach IAS 17.4 auch der Barwert des für den Erwerb des Leasinggegenstands zu leistenden Optionspreises zu berücksichtigen (glA *Lüdenbach/Freiberg* in Lüdenbach/Hoffmann IFRS[7] § 15 Rz 44).

Als Inhaber einer günstigen Kaufoption ist der Leasingnehmer berechtigt, den Leasinggegenstand zu einem Preis zu erwerben, der erwartungsgemäß deutlich unter dem beizulegenden Zeitwert des Leasinggegenstands im Zeitpunkt der Optionsrechtsausübung liegt (**Kaufoptionskriterium**). Vorteilhaft ist die Option, wenn der zu zahlende Preis deutlich unter dem jeweiligen beizulegenden Zeitwert liegt. Ab welchem Prozentsatz ein signifikantes Unterschreiten des beizulegenden Zeitwerts vorliegt, wird in IAS 17.10(b) nicht näher angegeben. Es ist deshalb eine Abwägung der Gesamtverhältnisse vorzunehmen. Auch für diesen Test kommt der Schätzung des Zeitwerts am Ende der Vertragslaufzeit eine wesentliche Bedeutung zu, sodass subjektive Einflüsse unvermeidbar sind.

52 Sofern eine **positive Optionsrechtsausübung** hinreichend sicher erscheint, wird das wirtschaftliche Eigentum an dem Leasinggegenstand bereits ab Beginn des Leasingverhältnisses dem Leasingnehmer zugerechnet (IAS 17.10(b); IAS 17.10(b) kommt insofern subsidiär zu IAS 17.10(a) zur Anwendung). Das **Kriterium der hinreichenden Sicherheit** ist erfüllt, wenn der Leasingnehmer das Leasingobjekt bei positiver Ausübung der günstigen Kaufoption zu so günstigen Konditionen erwerben kann, dass die **positive Ausübung** des günstigen **Kaufoptionsrechts ökonomisch zwingend** ist (*Mellwig* DB 1998, 4). Gleichwohl kann aus Anschlussleasingraten, die unter den für die Grundmietzeit vereinbarten Leasingraten liegen, nicht zwangsläufig auf eine vertraglich fixierte günstige Kaufoption geschlossen werden. Vielmehr können die Leasingpartner durch Vereinbarung niedriger Anschlussleasingraten beabsichtigen, einer über die wirtschaftliche Nutzungsdauer asymmetrischen Verteilung des Nutzenpotentials des Leasingobjekts Rechnung zu tragen. Für eine Zuordnung des Leasingobjekts zum Leasingnehmer müssen daher bei Abschluss des Leasinggeschäfts die Restwertrisiken überwiegend beim Leasinggeber, die Restwertchancen dagegen allein beim Leasingnehmer liegen.

53 Selbst eine Kaufoption, deren Basispreis auf den nach der Informationslage bei Abschluss des Leasinggeschäfts beizulegenden Zeitwert des Leasinggegenstands lautet, erfüllt die Voraussetzungen von IAS 17.10(b), wenn sich aus anderen Gründen ein **ökonomischer Zwang** zur positiven Ausübung des Kaufoptions-

rechts ergibt. Ein ökonomischer Zwang zur positiven Ausübung des Kaufoptionsrechts ist insbes anzunehmen, wenn das Leasingobjekt für die Fortführung des betreffenden **Geschäftsbereichs unverzichtbar** ist. Bei einer hohen Wahrscheinlichkeit einer positiven Ausübung des Kaufoptionsrechts durch den Leasingnehmer ist davon auszugehen, dass der Leasingnehmer mit einer entspr hohen Wahrscheinlichkeit auf Dauer die Herrschaft über den Leasinggegenstand ausüben wird (*Lüdenbach/Freiberg* BB 2006, 259ff).

Das **Kriterium einer hohen Wahrscheinlichkeit** einer positiven Kaufoptionsrechtsausübung vermag von den Vertragsparteien unterschiedlich ausgelegt zu werden, sodass in Bezug auf das Kaufoptionskriterium in Abhängigkeit von der Verteilung der Informationen eine unterschiedliche Klassifizierung des Leasingverhältnisses durch den Leasinggeber und den Leasingnehmer möglich ist. Ggü dem Kriterium der Teilnahme an den Restwertchancen und Restwertrisiken hat die **Dauer der Herrschaft** über den Leasinggegenstand ein **größeres Gewicht** (*Lüdenbach/Freiberg* in Lüdenbach/Hoffmann IFRS[7] § 15 Rz 33). 54

Beispiel: Der Leasingnehmer LN betreibt eine stromintensive Aluminiumproduktion. Er schließt mit dem Leasinggeber LG einen Leasingvertrag über ein Kraftwerk ab. Das Genehmigungsverfahren für den Bau des Kraftwerks nahm mehrere Jahre in Anspruch. Die Grundmietzeit des Leasingvertrags beträgt 10 Jahre. Der Leasingvertrag gewährt LN ein Optionsrecht zum Kauf des Kraftwerks am Ende der Laufzeit des Leasingvertrags. Die voraussichtliche Nutzungsdauer des Aluminiumwerks beträgt 30 Jahre. Da LN nach Ablauf der Laufzeit des Leasingvertrags die Energieversorgung seiner Fabrik nicht mehr sicherstellen könnte, ist es für LN zwingend von dem Optionsrecht auf den Kauf des Kraftwerks Gebrauch zu machen (in Anlehnung an *Lüdenbach/Freiberg* BB 2006, 260).

Die Bilanzierungspraxis ist bei der Anwendung des Kaufoptionskriteriums mit **Ermessensspielräumen** konfrontiert, nämlich erstens bei der Abschätzung des **Zeitpunkts der Ausübung des Kaufoptionsrechts**, zweitens bei der Prognose des dem Leasingobjekt in diesem Zeitpunkt **beizulegenden Zeitwerts** sowie drittens bei der Auslegung der vom IASB nicht näher erläuterten Formulierung, der vereinbarte **Kaufpreis** müsse **„deutlich niedriger"** (IAS 17.10(b)) als der beizulegende Zeitwert sein. Hierzu kann das Kaufpreiskriterium (IAS 17.10(b)) hilfsweise als erfüllt angesehen werden, wenn in Anlehnung an den Mobilienleasingerlass der deutschen Finanzverwaltung ein Kaufpreis vereinbart ist, der unter dem Restbuchwert des Leasingobjekts bei Anwendung der linearen Abschreibungsmethode im Zeitpunkt der Optionsrechtsausübung liegt. Liegen demgegenüber bessere Informationen über den beizulegenden Zeitwert des Leasingobjekts vor, ist auf diese zurückzugreifen (s auch *Lüdenbach/Freiberg* in Lüdenbach/Hoffmann IFRS[7] § 15 Rz 29). 55

Die **Schätzung des beizulegenden Zeitwerts** im Falle eines günstigen **Kaufoptionsrechts** kann ebenfalls marktpreisorientiert erfolgen, indem der bei Eingehen des Leasingverhältnisses für das Leasingobjekt geltende Marktpreis unter Berücksichtigung der voraussichtlichen Preissteigerungsrate und des Abnutzungsgrads des Leasingobjekts für den Zeitpunkt der Optionsrechtsausübung prognostiziert wird. Alternativ kommen für die Wertbestimmung DCF-Verfahren zur Anwendung. Die Anwendung eines DCF-Verfahrens setzt die Prognose des zeitlichen Anfalls und der Höhe der periodenbezogenen Cashflows sowie die Ermittlung eines risiko- und laufzeitadjustierten Diskontierungszinssatzes voraus. Bewertungsstichtag ist der Zeitpunkt der voraussichtlichen Optionsrechtsausübung. 56

Der **beizulegende Zeitwert** des Vermögenswerts zu **Beginn** des Leasingverhältnisses entspricht grds den Anschaffungskosten des Leasinggebers. Im Fall von Grundstücken und Gebäuden bedient man sich zur Ermittlung des Marktwerts der Berechnungen Sachverständiger. Der beizulegende Zeitwert für tech- 57 nische Anlagen und Maschinen sowie Betriebs- und Geschäftsausstattung ist idR der durch Schätzungen ermittelte Marktwert.

58 Existiert kein aktiver Markt, so treten an die Stelle des Marktwerts die fortgeführten Anschaffungs- bzw Herstellungskosten des Vermögenswerts (IAS 16.32). Das **Kriterium eines aktiven Markts** erfordert das kumulative Vorliegen der Bedingungen, dass die auf dem Markt gehandelten Produkte homogen sind, auf dem Markt jederzeit vertragswillige Käufer und Verkäufer gefunden werden können und die auf dem Markt herrschenden Preise für das homogene Gut der Öffentlichkeit zugänglich sind (IAS 38.8).

Beispiel: Der Leasingnehmer LN schließt mit dem Leasinggeber LG ein Leasinggeschäft über eine Maschine, deren Anschaffungs- und Herstellungskosten T€ 500 betragen. Mit dem Eingehen des Leasingverhältnisses erwirbt LN das Recht, das Leasingobjekt nach Ablauf der Vertragslaufzeit zu einem Kaufpreis von T€ 45 von LG zu erwerben. LN geht davon aus, dass er im Falle der Ausübung des Kaufoptionsrechts die Maschine nach Ablauf der Vertragslaufzeit noch weitere fünf Perioden in seinem Produktionsprozess einsetzen kann. Voraussetzung hierfür wäre jedoch, die Maschine zunächst technisch zu überholen. Für die technische Überholung der Maschine werden Kosten in Höhe von T€ 20 prognostiziert. Für die sich nach Ablauf der Vertragslaufzeit anschließenden fünf Perioden ergibt sich damit folgende Verteilung der prognostizierten Cashflows:

Jahr	X1	X2	X3	X4	X5
Operativer Cashflow	25.000,00	25.000,00	15.000,00	12.500,00	10.000,00
Überholungskosten	20.000,00	–	–	–	–
Gesamter Cashflow	5.000,00	25.000,00	15.000,00	12.500,00	10.000,00

Unter Zugrundelegung eines laufzeit- und risikoadjustierten Diskontierungszinssatzes in Höhe von 10% ergibt sich ein Barwert in Höhe von € 51.223,22. Das Kaufoptionsrecht ist demzufolge als günstig zu qualifizieren.

c) Mietzeitkriterium nach IAS 17.10(c)

59 Umfasst die **Laufzeit** des Leasingverhältnisses (IAS 17.4; s Rz 27) den überwiegenden Teil der voraussichtlichen wirtschaftlichen Nutzungsdauer des Vermögenswerts, so liegt – auch wenn das rechtliche Eigentum an diesem nicht übertragen wird – ein Finanzierungs-Leasingverhältnis vor. Dieser Beispielsfall wird in der Praxis als **Mietzeitkriterium** bezeichnet (IAS 17.10(c)).

60 Das Mietzeitkriterium betrifft das zeitliche **Ausmaß**, in dem die **mit der Nutzung des Leasingobjekts verbundenen Chancen und Risiken** auf den Leasingnehmer übergehen. Im Gegensatz zu der korrespondierenden US-GAAP-Regelung SFAS 13.7(c) entbehrt IAS 17.10(c) der Vorgabe eines quantitativen Maßstabs, der an die Laufzeit des Leasingverhältnisses zu legen ist. Sie soll im Verhältnis zu der voraussichtlichen wirtschaftlichen Nutzungsdauer des Vermögenswerts den überwiegenden Teil umfassen. Dies ist einerseits sachlogische Konsequenz der Prinzipienbasierung der IFRS; andererseits wird die Bilanzierungspraxis auf diese Weise vor eine Ermessensentscheidung gestellt. Das **Mietzeitkriterium** erfordert eine Schätzung der **wirtschaftlichen Nutzungsdauer** am Beginn des Vertragsverhältnisses (IAS 17.6).

61 1980 wurde vom IASC als Entwurf eines internationalen Rechnungslegungsstandards zur Bilanzierung von Leasingverhältnissen ED 19 veröffentlicht. In Anlehnung an SFAS 13.7(c) sah ED 19.5 eine Zurechnung des Leasingobjekts zum Leasingnehmer vor, sofern die Laufzeit des Leasingverhältnisses mindestens 75% der voraussichtlichen wirtschaftlichen Nutzungsdauer umfasste. Der **Verzicht**

auf die Vorgabe eines quantitativen Maßstabs für den Schwellenwert für das Laufzeit-Nutzungsdauer-Verhältnis in IAS 17.10(c) scheint zunächst unter bilanzpolitischen Gesichtspunkten **Spielräume zur Sachverhaltsgestaltung zu eröffnen**. Ermessensspielräume sind stets zutreffend auszuüben, wobei signifikante Schätzungen und entspr Sensitivitätsanalysen im Anhang anzugeben sind. Die Spielräume werden vom IASB bewusst in Kauf genommen, um keine Anreize zur Umgehung bestimmter prozentualer Grenzwerte zu schaffen (*Esser* StuB 2005, 432). Ein weiterer Grund für den Verzicht auf die Vorgabe eines Schwellenwerts wird in der regelmäßig asymmetrischen Verteilung der dem Vermögenswert entziehbaren Nettoerträge gesehen. Eine Motivation für den IASB, auf die Vorgabe eines quantitativen Maßstabs zu verzichten, dürfte schließlich in der zunehmenden Bedeutung immaterieller Vermögenswerte zu sehen sein, die je nach ihrer Beschaffenheit einem anderen Wertverfall als materielle Vermögenswerte unterliegen.

Bei der weitaus überwiegenden Anzahl der als Leasingobjekte in Frage kom- 62
menden Vermögenswerte sind die dem Vermögenswert **entziehbaren Netto-Cashflows** tendenziell **nicht gleichmäßig** über die einzelnen Perioden der Nutzungsdauer verteilt, sondern vielmehr zu Beginn der Nutzungsdauer tendenziell höher als gegen deren Ende. Dies könnte es rechtfertigen, bereits bei einer deutlich unter der wirtschaftlichen Nutzungsdauer liegenden Grundmietzeit von einer Übertragung der mit dem Leasingobjekt verbundenen wesentlichen Chancen und Risiken auszugehen und das Leasingobjekt folglich dem Leasingnehmer zuzurechnen (*Mellwig* DB 1998, 4). In Abhängigkeit von der Art des jeweiligen vertraglichen Leasinggegenstands werden die aus der Nutzung des Leasingobjekts zu erwartenden Nettoerträge über dessen voraussichtliche wirtschaftliche Nutzungsdauer unterschiedlich verteilt sein, sodass sich aus der Vorgabe eines **qualitativen Mietzeitkriteriums** die Notwendigkeit ergibt, für jedes Leasingverhältnis eine am Gesamtbild der wirtschaftlichen Verhältnisse orientierte Einzelfallbetrachtung anzustellen.

Teile der Literatur sprechen sich dafür aus, das Mietzeitkriterium in IAS 17.10(c) 63
unter **Zuhilfenahme der Auslegungsregel in IAS 8.11 f** zu interpretieren (grundlegend *Helmschrott* WPg 2000, 426; in enger Anlehnung an *Helmschrott* auch *Vater* DStR 2002, 2095; chronologisch basieren beide Argumentationen auf IAS 1.24). Der IASB strebt an, die Begriffe in den einzelnen IFRS mit gleichem Inhalt zu verwenden. Für diese Auffassung spricht die Verknüpfung verschiedener Standards und Interpretationen durch wechselseitige Verweise sowie insbes die in IAS 8.11 fixierte Auslegungsregel.

Nach IAS 8.11(a) hat sich der Abschlussersteller bei seiner **Ermessensent-** 64
scheidung an den Anforderungen und Anwendungsleitlinien derjenigen IFRS und Interpretationen zu orientieren, die ähnliche oder verwandte Fragen behandeln. IAS 17 verweist unmittelbar auf SIC 15 und SIC 27. Jedoch können weder SIC 15 noch SIC 27 tatsächlich einen Beitrag zur Auslegung des in Frage stehenden Mietzeitkriteriums leisten.

Subsidiär sind die im **Rahmenkonzept** enthaltenen Definitionen, Erfas- 65
sungskriterien und Bewertungskonzepte für Vermögenswerte, Schulden, Aufwendungen und Erträge heranzuziehen (IAS 8.11(b)). Teile der Literatur haben versucht, das Mietzeitkriterium mit Hilfe der Begriffe „Kontrolle" und „Beherrschung" auszulegen (so grundlegend *Helmschrott* WPg 2000, 426; *Vater* DStR 2002, 2095; *Küting/Koch* KoR 2007, 607).

IAS 24.9, IAS 27.4 (2008)/IAS 27.4 (2003) und IAS 38.13 verwenden gemein- 66
sam den Begriff der **Beherrschung** *(„control")*, wenngleich mit unterschiedlicher Reichweite. Denn während IAS 24.9 sowie IAS 27.4 (2008)/IAS 27.4 (2003) die Beherrschung **eines Unternehmens** – als Konglomerat von Vermögenswerten

und Schulden – zum Gegenstand haben, stellt IAS 38.13 auf die Beherrschung **eines einzelnen Vermögenswerts** ab.

IAS 24.9 und IAS 27.4 (2008)/IAS 27.4 (2003) verstehen unter dem Begriff **Beherrschung** die Möglichkeit, die **Finanz- und Geschäftspolitik** eines Unternehmens zu bestimmen, um aus dessen Tätigkeit Nutzen zu ziehen.

Eine mehrheitliche Inanspruchnahme des Nutzenpotentials eines Unternehmens iSv SIC 12.10 ist ab einem Grenzwert von 50% + 1 (absolute Mehrheit) anzunehmen. Das Schrifttum zieht deshalb teilweise SIC 12.10 zur Auslegung des Mietzeitkriteriums heran (*Helmschrott* WPg 2000, 426; *Küting/Koch* KoR 2007, 613). Bei einer derartigen Begriffsauslegung dürfte der Leasingvertrag über einen EDV-Großrechner, dessen Nutzungsdauer mit acht Jahren geschätzt wird, eine Laufzeit von höchstens vier Jahren haben, um noch als Operating-Leasingverhältnis eingeordnet zu werden.

67 UE ist dieser Auffassung nicht zuzustimmen. So verwendet **SIC 12.10 nicht** den Begriff der **Beherrschung**, sondern vielmehr den Begriff der **Mehrheit**. Demgegenüber wurde in der Entwurfsfassung von SIC 12.10 noch der Begriff Beherrschung verwendet. Gerade die unterschiedliche Terminologie unterstreicht, dass die Begriffe Mehrheit und Beherrschung nicht gleichzusetzen sind. Gleichwohl liegt eine Beherrschung bei der absoluten Mehrheit über die Stimmrechte vor.

Vor dem Hintergrund der unterschiedlichen Zielsetzung von IAS 27 und IAS 17 ist es uE nicht sinnvoll, den Mehrheitsbegriff von IAS 27.4 (2008)/IAS 27.4 (2003) iVm SIC 12.10 zur Auslegung des Mietzeitkriteriums in IAS 17.10(c) heranzuziehen.

68 Für spezifische Fragestellungen kann schließlich zudem – wenn auch nach dem Wortlaut von IAS 8.12 nachrangig – auf die **jüngsten Verlautbarungen anderer Standardsetter** zurückgegriffen werden, sofern deren Rahmenkonzept zur Entwicklung von Bilanzierungs- und Bewertungsmethoden dem Rahmenkonzept der IFRS ähnlich ist. Auch sonstige Rechnungslegungsverlautbarungen und anerkannte Branchenpraktiken können Berücksichtigung finden, soweit sie nicht mit IAS 8.11 in Konflikt stehen. Vor dem Hintergrund der vorstehenden Argumentation ist uE den Teilen des Schrifttums zuzustimmen, die das Mietzeitkriterium über **die Öffnungsklausel** in IAS 8.12 unter Anlehnung an SFAS 13.7(c) auslegen und das wirtschaftliche Eigentum an dem Leasingobjekt ab einem Schwellenwert von 75% der voraussichtlichen wirtschaftlichen Nutzungsdauer dem Leasingnehmer zuordnen. UE ist im Hinblick auf den Mietzeittest gem IAS 17.10(c) eine Anlehnung an den Grenzwert nach US-GAAP sinnvoll – dies allerdings stets unter Würdigung des Gesamtbilds im jeweiligen Einzelfall.

69 Die teilweise erhobene Forderung, das Mietzeitkriterium in Anlehnung an die **Leasingerlasse** der deutschen Finanzverwaltung ab einem Schwellenwert von 90% der voraussichtlichen wirtschaftlichen Nutzungsdauer als erfüllt anzusehen, erscheint vor dem Hintergrund der unterschiedlichen Terminologie fragwürdig. So ist die betriebsgewöhnliche Nutzungsdauer, die den deutschen Leasingerlassen zugrunde liegt, grds kürzer als die voraussichtliche wirtschaftliche Nutzungsdauer (*Alvarez/Wotschofsky/Miethig* IStR 2002, 66). Die Leasingerlasse der deutschen Finanzverwaltung verlangen eine Laufzeit des Leasingvertrags zwischen 40% und 90% der Nutzungsdauer, um das Leasingobjekt beim Leasinggeber zu bilanzieren.

Beispiel: Hat eine Maschine mit Anschaffungskosten von T€ 100 nach sechs Jahren und einer linearen Wertminderung (= Abschreibung für Abnutzung) noch einen Marktwert von etwa T€ 25, so wäre im Umkehrschluss von einer wirtschaftlichen (Gesamt-) Nutzungsdauer von etwa acht Jahren auszugehen.

Ein Operating-Leasingverhältnis würde nach den derzeitigen deutschen handelsrechtlichen Grundsätzen (noch) akzeptiert werden können, wenn der Vertrag über sieben Jahre und zwei Monate abgeschlossen wäre.

d) Barwertkriterium nach IAS 17.10(d)

Ein Leasingverhältnis wird normalerweise als Finanzierungsleasing qualifiziert, falls der **Barwert** der Mindestleasingzahlungen zu Beginn des Leasingverhältnisses im Wesentlichen mindestens dem beizulegenden Zeitwert des Leasinggegenstands entspricht („**Barwertkriterium**"). Die Überprüfung dieses sog Barwertkriteriums wird als Barwerttest bezeichnet (IAS 17.10(d)). 70

Die für die **Beurteilung des Barwerttests** heranzuziehenden Mindestleasingzahlungen sind für Leasinggeber und Leasingnehmer für gewöhnlich nicht identisch. So sind aus Sicht des **Leasingnehmers** bei der Ermittlung der Mindestleasingzahlungen alle Beträge einzubeziehen, die der Leasingnehmer dem Leasinggeber leistet oder zu denen er herangezogen werden kann. Einzubeziehen in die Mindestleasingraten sind dabei auch Zahlungen, die der Leasingnehmer vor Leasingbeginn an den Leasinggeber leistet (s Rz 29). Darüber hinaus sind alle vom Leasingnehmer oder einer mit diesem verbundenen Partei (IAS 24.18) garantierten Beträge (zB Restwerte), sowie die bei Ausübung einer sog günstigen Kaufoption erforderlichen Zahlungen zu berücksichtigen. Auszunehmen sind bedingte Zahlungen sowie Aufwendungen für Dienstleistungen (Service, Wartung) sowie Versicherungsbeiträge und Steuern, die der Leasinggeber trägt und die ihm über entspr kalkulierte Mietzahlungen vom Leasingnehmer erstattet werden. 71

Beispiel: Der Leasingnehmer LN schließt mit dem Leasinggeber LG ein Leasinggeschäft über eine Maschine, deren Anschaffungs- und Herstellungskosten T€ 500 betragen. In Bezug auf die monatlichen Leasingzahlungen vereinbaren die Vertragsparteien sowohl einen fixen als auch einen variablen Vergütungsbestandteil. Die variable Komponente knüpft an die Inanspruchnahme des Leistungspotentials der Maschine an (zB Betriebsstunden). Für das Ende der Vertragslaufzeit wird dem Leasinggeber vom Leasingnehmer ein Restwert der Maschine in Höhe von T€ 50 garantiert. Der Leasingvertrag ist annahmegemäß nicht kündbar.

Mithin stellen die vereinbarten unbedingten Bestandteile der Leasingraten und der Restwert garantierte Beträge dar, die bei der Ermittlung der Mindestleasingzahlungen nach IAS 17.4 einzubeziehen sind. Die variablen Vergütungsbestandteile stellen bedingte Leasingzahlungen (*contingent rent*) dar, die nicht Bestandteile der Mindestleasingraten sind (s auch Rz 30).

Aus Sicht des Leasinggebers umfassen die Mindestleasingzahlungen sämtliche Zahlungen, welche der Leasingnehmer während der Laufzeit des Leasingverhältnisses zu leisten hat oder zu denen er herangezogen werden kann mit Ausnahme der bedingten Mietzahlungen sowie dem Aufwand für Dienstleistungen und Steuern, die der Leasinggeber zu zahlen hat und die ihm durch den Leasingnehmer erstattet werden. Darüber hinaus beinhalten die Mindestleasingzahlungen auch sämtliche Restwerte, die vom Leasingnehmer, einer mit dem Leasinggeber verbundenen Partei oder einer vom Leasinggeber unabhängigen dritten Partei, die finanziell in der Lage ist, den Verpflichtungen der Garantie nachzukommen, garantiert werden (IAS 17.4).

Bei Anwendung des sog **Barwerttests** treten regelmäßig Abgrenzungsprobleme auf, da hier die Parameter noch schwieriger festzulegen bzw die Rechengrößen noch mehr von individuellen Einflüssen abhängig sind. 72

Der beizulegende Zeitwert des Leasingobjekts **zu Beginn des Leasingverhältnisses** deckt sich idR mit den Anschaffungskosten (unter Berücksichtigung der Anschaffungsnebenkosten und Anschaffungskostenminderungen). Entspricht 73 der Barwert der Mindestleasingzahlungen zu diesem Zeitpunkt **im Wesentlichen mindestens** dem beizulegenden Zeitwert, so liegt ein Finanzierungs-Leasingverhältnis vor. Auf die Angabe eines Grenzwerts anhand dessen beurteilt werden kann, ob diese Voraussetzung erfüllt ist, wurde indessen verzichtet; vielmehr wurde diese Vorschrift – ebenso wie die Regelung zum Mietzeittest – bewusst offen formuliert. Nach der entspr Vorschrift der US-GAAP (SFAS 13.7 (d)) ist ein Leasingobjekt dem Leasingnehmer zuzurechnen, falls der Barwert der Mindestleasingraten 90% des beizulegenden Zeitwerts des Leasingobjekts überschreitet. UE sollte dieser Grenzwert grds als Leitlinie bei der Durchführung des Barwerttests herangezogen werden, jedoch stets unter Würdigung des gesamten wirtschaftlichen Gehalts der Leasingvereinbarung.

74 Im Gegensatz zu bedingten Mietzahlungen, die von zukünftigen, ungewissen Ereignissen (zB Nutzungsintensität, Entwicklung eines dem Leasingvertrag zugrunde gelegten Preisindexes) abhängen, sind Zahlungen, die der Leasingnehmer **vor Leasingbeginn** an den Leasinggeber leistet, als Bestandteil der Mindestleasingraten anzusehen.

Beispiel: Der Leasingnehmer LN schließt am 1. Juli 20X1 mit dem Leasinggeber LG ein Leasinggeschäft über eine Maschine ab. Die Laufzeit des Leasingverhältnisses beginnt am 1. Januar 20X2. LN verpflichtet sich zur Zahlung einer nachschüssig zu leistenden monatlichen Leasingrate in Höhe von € 1.000,00 sowie zu einer sofort fälligen einmaligen Leasingvorauszahlung in Höhe von € 50.000,00. Die Laufzeit des Leasingverhältnisses beträgt fünf Jahre. Bei Zugrundelegung eines Zinssatzes von 10% beträgt der Barwert der monatlichen Leasingraten zum 1. Januar eines Jahres € 11.400,49. Der jeweilige Barwert der in den einzelnen Jahren der Vertragslaufzeit zu leistenden Leasingraten zum 1. Januar 20X2 beträgt demnach wie folgt:

Jahr	20X2	20X3	20X4	20X5	20X6
Barwert	11.400,49	10.364,08	9.421,89	8.565,36	7.786,69

Als Barwert der während der gesamten Vertragslaufzeit zu leistenden Leasingraten ergibt sich somit ein Betrag in Höhe von € 47.538,51. Zur Ermittlung der Mindestleasingzahlungen ist dem Barwert der über die gesamte Vertragslaufzeit zu entrichtenden Leasingraten der Wert der Leasingvorauszahlung zum 31. Dezember 20X1 hinzuzurechnen, sodass ein Betrag in Höhe von € 100.038,51 resultiert.

75 Der Barwert der Mindestleasingzahlungen umfasst die **Summe der diskontierten Leasingraten** ohne Berücksichtigung eines nicht garantierten Restveräußerungserlöses. Zu rechnen ist mit dem Zinssatz, der der Kalkulation des Leasingverhältnisses zugrunde gelegt wurde. Kennt der Leasingnehmer diesen Zinssatz nicht, wendet er denjenigen Zinssatz an, zu dem er einen Kredit zur Anschaffung des Leasingobjekts aufnehmen könnte (= sog **Grenzfremdkapitalzinssatz**). Es ist somit nicht unwahrscheinlich, dass Leasinggeber und Leasingnehmer mit unterschiedlichen Zinssätzen rechnen und zu unterschiedlichen Bewertungen kommen. Erbringt der Leasinggeber zusätzliche Leistungen, zB die Wartung eines Fuhrparks, sind die Entgelte für diese Nebenleistungen beim Barwerttest **nicht** mitzurechnen.

76 Vielfach lässt sich nicht abschätzen, welcher Zinssatz einem vergleichbaren Leasinggeschäft zugrunde gelegt wird, sodass in der Praxis zumeist auf die subsidiäre **Ermittlung des Grenzfremdkapitalzinssatzes** zurückgegriffen werden muss.

Beispiel: Der Leasingnehmer LN schließt mit dem Leasinggeber LG ein Leasinggeschäft über eine Maschine ab. Die Anschaffungs- und Herstellungskosten der Maschine betragen T€ 85. Die Laufzeit des Leasingverhältnisses beginnt am 1. Januar 20X1. Der LN verpflichtet sich zur Zahlung einer nachschüssig zu leistenden Leasingrate in Höhe von

T€ 24 pa. Die Laufzeit des Leasingverhältnisses beträgt fünf Jahre. Im Zusammenhang mit dem Abschluss des Leasingvertrags sind weitere Aufwendungen in Höhe von T€ 5 angefallen. Der dem Leasingverhältnis zugrunde liegende Zinssatz entspricht dem internen Zinssatz der folgenden finanzmathematischen Beziehung, die bei einem dem Leasingverhältnis zugrunde liegenden (internen) Zinssatz in Höhe von 10,425% erfüllt ist.

$$24.000€ \cdot \sum_{t=1}^{5} \frac{1}{(1+r)^t} = 85.000€ + 5.000€$$

Bei der Kalkulation der Leasingraten spielt der **Restwert,** den das Leasingobjekt nach Einschätzung der Bilanzierenden am Ende des Leasingvertrags hat, eine **wesentliche Rolle**. Sofern es sich um einen vom Leasingnehmer garantierten Restwert handelt, ist dieser in die Berechnung der Mindestleasingraten einzubeziehen (IAS 17.4). Wird mit einem hohen, nicht garantierten Restwert gerechnet, wird es mit verhältnismäßig niedrig kalkulierten Raten möglich, dass der Barwert unter dem Zeitwert des Leasingobjekts liegt. Folglich handelt es sich um ein Operating-Leasingverhältnis. 77

Zur Absicherung gegen vereinbarte Restwerte, die sich ex post als zu hoch herausstellen, kann sich die Unternehmenspraxis einer sog **Residualwertversicherung** bedienen. 78

Alternativ bieten heute auch Industrieunternehmen, zB Flugzeughersteller, den Leasinggesellschaften sowohl eine sog ***first-loss*-Garantie** während der Laufzeit des Leasingverhältnisses, als auch eine sog **Restwertfenstergarantie** an. Die *first-loss*-Garantie soll das Risiko des Leasinggebers bei einer vorzeitigen Verwertung des Leasinggegenstands (regelmäßig im Rahmen eines bestimmten Korridors) absichern. In vergleichbarer Weise deckt die sog Restwertfenstergarantie das Verwertungsrisiko des Leasinggebers zum Ende des Leasingverhältnisses im Rahmen einer vereinbarten Bandbreite (zB in Form eines Prozentsatzes des ursprünglichen Kaufpreises) ab. 79

e) Spezialleasingkriterium nach IAS 17.10(e)

Ein Finanzierungs-Leasingverhältnis liegt vor, wenn das Leasingobjekt hinsichtlich seiner Ausstattungsmerkmale auf die besonderen Bedürfnisse des Leasingnehmers zugeschnitten ist. Das Leasingobjekt kann aufgrund seiner speziellen Ausstattungsmerkmale, idR veranlasst durch den Leasingnehmer, ohne wesentliche Veränderungen nur vom Leasingnehmer genutzt werden. Dieser Beispielsfall wird als **Spezialleasingkriterium** bezeichnet (IAS 17.10 (e)). 80

Das Beispiel des **Spezial-Leasingverhältnisses** führt nach IAS 17.10(e) ebenfalls zur Bilanzierung des Leasingobjekts beim Leasingnehmer. Fraglich ist hier, wann Veränderungen am Leasingobjekt, die notwendig sind, um das Leasingobjekt anderweitig verwendbar zu machen, als wesentlich eingestuft werden können. Da IAS 17 keinen quantitativen Abgrenzungsmaßstab zur Verfügung stellt, kann wiederum nur auf die Gesamtverhältnisse abgestellt werden. Auch in diesem Zusammenhang könnte eine 10%-Grenze ein sinnvoller Indikator sein, der unter Würdigung der ursprünglichen Anschaffungskosten und der Umbaukosten heranzuziehen ist. Demnach würden Umbaukosten dann als wesentlich gelten, wenn sie 10% der ursprünglichen Anschaffungskosten überschreiten. 81

3. Sekundäre Indikatoren

Neben den Beispielen in IAS 17.10 nennt IAS 17.11 drei weitere Kriterien, die eine Klassifizierung als Finanzierungs-Leasingverhältnis vermuten lassen. Diese **Indikatoren** können für sich alleine oder iVm anderen Kriterien zu einer Einordnung des Leasingvertrags als Finanzierungs-Leasingverhältnis führen: 82

(1) Der Leasingnehmer trägt die Verluste des Leasinggebers aus der Auflösung des Leasingverhältnisses.
(2) Dem Leasingnehmer werden Gewinne und Verluste aus Veränderungen des beizulegenden Restwerts zugerechnet.
(3) Der Leasingnehmer hat ein günstiges Optionsrecht zur Verlängerung bzw Fortführung des Leasingvertrags zu Leasingraten, die wesentlich unter den marktüblichen Leasingraten liegen.

83 Für den Fall einer **(vorzeitigen) Auflösung** des Leasingverhältnisses sehen Vertragsmuster vielfach vor, dass der Leasingnehmer dem Leasinggeber für den entstehenden Schaden einstehen muss, wenn der Leasingnehmer die vorzeitige Auflösung veranlasst hat. Entspr Klauseln, die auch in Miet- oder Wartungsverträgen vorgesehen sind, führen nicht zwingend zu einer Einordnung als Finanzierungs-Leasingverhältnis.

Muss der Leasingnehmer jedoch für **jeglichen** Verlust des Leasinggebers aus dem Leasingverhältnis einstehen, ist das wirtschaftliche Eigentum an dem Leasingobjekt zusammen mit dem Investitionsrisiko dem Leasingnehmer zuzurechnen. Mithin liegt im Regelfall ein Finanzierungs-Leasingverhältnis vor. In anderen in der Praxis verwendeten Vertragsmustern nimmt der Leasingnehmer teilweise am Verwertungserlös des Leasingobjekts teil. Dies gilt zB auch iVm dem Recht zur Auflösung des Leasingverhältnisses und der Verlustübernahmeverpflichtung des Leasingnehmers. In diesem Fall wird der erzielte Restwert des Leasingobjekts teilweise dem Leasingnehmer gutgeschrieben. Solche Klauseln sind ebenfalls im Gesamtzusammenhang des Einzelfalls zu würdigen. Sie haben für sich allein keine eindeutige Einordnung des Leasingvertrags als Operating- oder Finanzierungs-Leasingverhältnis zur Folge.

4. Zusammenfassende Übersicht

84 Aufgrund der aufgezeigten Ermessens- und Beurteilungsspielräume (zB Schätzung von Nutzungsdauern und Restwerten) können sich im Einzelfall **unterschiedliche Klassifizierungen** desselben Leasingverhältnisses als Operating- oder als Finanzierungs-Leasingverhältnis beim Leasinggeber bzw Leasingnehmer ergeben. Nachfolgende Übersicht ermöglicht eine **tendenzielle** Beurteilung, die unter **Berücksichtigung der Gesamtverhältnisse** vorzunehmen ist.

85

Finanzierungsleasing	Merkmale	Operatingleasing
Ja	Grundmietzeit umfasst den überwiegenden Teil der wirtschaftlichen Nutzungsdauer;	Nein
	oder	
Ja	Barwert der Mindestleasingzahlungen entspricht im Wesentlichen mindestens dem beizulegenden Zeitwert des Leasingobjekts;	Nein
	oder	
Ja	Kaufoptionspreis ist deutlich geringer als der beizulegende Zeitwert des Leasingobjekts bei Ausübung;	Nein
	oder	

Finanzierungsleasing	**Merkmale**	**Operatingleasing**
Ja	rechtliches Eigentum geht am Ende der Grundmietzeit auf den Leasingnehmer über;	Nein
	oder	
Ja	das Leasingobjekt ist nur nach wesentlichen Veränderungen von Dritten nutzbar (Spezialleasing);	Nein
	oder	
Ja	der Leasingnehmer trägt mögliche Verluste des Leasinggebers im Falle der Kündigung;	Nein
	oder	
Ja	Verluste und Gewinne aus Veränderungen des Restwerts werden dem Leasingnehmer zugerechnet;	Nein
	oder	
Ja	Konditionen bei Ausübung der Verlängerungsoption liegen wesentlich unter den markt-üblichen Leasingraten.	Nein
Leasingnehmer	**Bilanzierung des Leasingobjekts**	**Leasinggeber**

Im nachfolgenden **Beispiel** wird schematisch die Prüfung der fünf Zurechnungskriterien nach IAS 17.10 zusammengefasst: 86

Beispiel: Angaben zu den Zurechnungskriterien des Leasingobjekts nach IAS 17.10:
(1) Leasingvertrag für eine Maschine über 3 Jahre,
(2) jährliche Leasingrate T€ 97,
(3) beizulegender Zeitwert bei Abschluss des Leasingvertrags T€ 265,
(4) keine Mietverlängerungsoption und keine Kaufoption,
(5) Zinssatz Bankkredit mit 3 Jahren Laufzeit 7%,
(6) wirtschaftliche Nutzungsdauer 5 Jahre,
(7) Barwert der Leasingraten T€ 255.

Prüfung der Zurechnungskriterien nach IAS 17.10:	Antwort
(1) Automatischer Eigentumsübergang am Ende der Vertragslaufzeit?	Nein
(2) Günstige Kaufoption?	Nein
(3) Grundmietzeit überwiegender Teil der Nutzungsdauer? (Aus dem Verhältnis Laufzeit des Leasingvertrags (3 Jahre) zur wirtschaftlichen Nutzungsdauer (5 Jahre) resultiert ein Anteil von 60%, der nicht als „überwiegend" anzusehen ist)	Nein
(4) Entspricht Barwert der Mindestleasingraten im Wesentlichen dem Zeitwert des Leasingobjekts bei Vertragsabschluss? (Das Verhältnis beträgt ca 96%, dh es ist höher als der Grenzwert von 90%)	Ja
(5) Handelt es sich um ein Spezialleasing?	Nein

Unter Würdigung des Gesamtbildes handelt es sich hier (da die Antwort auf die vierte Frage mit „Ja" beantwortet wurde) im Ergebnis um ein Finanzierungs-Leasingverhältnis, da das Leasingobjekt nach dem sog Barwerttest dem Leasingnehmer zuzurechnen ist.

87–89 *einstweilen frei*

II. Immobilienleasing

1. Differenzierung nach IAS 17

90 Aus den in IAS 17.10f genannten Beispielsfällen, die als widerlegbare Vermutung zur Behandlung als Finanzierungs-Leasingverhältnis führen, ist abzuleiten, dass es sich bei geleastem **Grund und Boden** im Regelfall um ein Operating-Leasingverhältnis handelt. IAS 17.14 (2003) unterstellt im Fall des Mietens bzw Pachtens von Grundstücken automatisch ein **Operating-Leasingverhältnis**, sofern nicht vorgesehen ist, dass infolge der Erfüllung des Eigentumsübertragungskriteriums gem IAS 17.10(a) oder des Kaufoptionskriteriums gem IAS 17.10(b) das Grundstück am Ende des Leasingvertrags auf den Leasingnehmer übergeht. Hintergrund hierfür ist die Tatsache, dass Grundstücke idR eine unbegrenzte Nutzungsdauer haben und die wesentlichen Chancen und Risiken – unabhängig von der Laufzeit des Leasingvertrags – somit nicht auf den Leasingnehmer übergehen. Steht auf dem Grundstück ein **Gebäude**, das ebenfalls Gegenstand des Leasingvertrags ist, so ist gem IAS 17.15 (2003) für Grundstück und Gebäude eine **gesonderte Klassifizierung** vorzunehmen. Dies kann zur Folge haben, dass für das Grundstück ein Operating-Leasingverhältnis vorliegt, während das Gebäude als Finanzierungs-Leasingverhältnis behandelt wird.

91 Im Rahmen des ***Annual Improvements*** **Projekts 2009**, das im April 2009 vom IASB verabschiedet wurde, erfolgte eine Streichung von IAS 17.14 (2003) und IAS 17.15 (2003) zugunsten der Einfügung von IAS 17.15A (geändert 2009). Gem IAS 17.15A (geändert 2009) wird ein Grundstücksleasing nicht mehr zwangsläufig als Operating-Leasingverhältnis klassifiziert, sofern es nicht nach Ablauf des Leasingvertrags auf den Leasingnehmer übergeht. Zwar spielt auch weiterhin die Tatsache, dass ein Grundstück idR eine unbegrenzte Nutzungsdauer hat, eine bedeutende Rolle, jedoch ist darüber hinaus die wirtschaftliche Substanz des Leasingvertrags zu berücksichtigen. Daher ist es nunmehr möglich, Grundstücksmiet- bzw -pachtverträge, die über mehrere Jahrzehnte laufen und den Leasingnehmer in eine Position versetzen, die wirtschaftlich einem Käufer gleichkommt, nunmehr als **Finanzierungs-Leasing** einzustufen (s auch die Beispiele und Ausführungen in IAS 17.BC8A (geändert 2009) bis IAS 17.BC8F (geändert 2009).

92 In diesem Zusammenhang wurden auch die **Übergangsvorschriften** in IAS 17 angepasst. Vorbehaltlich einer Übernahme durch die EU sieht der neu eingefügte IAS 17.68A (geändert 2009) vor, dass die Änderung einer Einschätzung über ein Immobilienleasing für Geschäftsjahre, die am oder nach dem 1. Januar 2010 beginnen, **retrospektiv** nach Maßgabe des IAS 8 „Rechnungslegungsmethoden, Änderungen von rechnungslegungsbezogenen Schätzungen und Fehler" anzuwenden ist. Dies kann dazu führen, dass ein Grundstück, das bisher gem IAS 17.14 (2003) als Operating-Leasingverhältnis abgebildet wurde, rückwirkend aktiviert, bewertet und entspr fortgeführt werden muss, wenn der das Grundstück betreffende Leasingvertrag infolge der Änderungen des IAS 17 nunmehr als Finanzierungs-Leasingvertrag zu qualifizieren ist. Von einer rückwirkenden Anpassung kann allerdings abgesehen werden, wenn die dafür benötigten Daten aus der Vergangenheit, wie zB der *fair value* zu Beginn des Leasingvertrags, nicht zur Verfügung stehen (IAS 17.68A (geändert 2009)). In diesen

Fällen hat eine (Neu-)Beurteilung der bereits bestehenden Leasingverträge im Zeitpunkt der erstmaligen Anwendung des IAS 17.15A (geändert 2009) auf der Grundlage der Fakten und Umstände zu diesem Zeitpunkt zu erfolgen.

Die Leasingraten für ein **bebautes Grundstück** sind sachgerecht auf den 93
Grund und Boden sowie das Gebäude aufzuteilen. Dabei erfolgt die Aufteilung der Leasingraten entspr IAS 17.16 nach den Verhältnissen der Zeitwerte zu Beginn des Leasingverhältnisses.

Da die Zuordnungskriterien für Grund und Boden sowie Gebäude getrennt 94
anzuwenden sind, kann dies im Unterschied zur deutschen handels- und steuerrechtlichen Regelung die Zurechnung des Grund und Bodens zum Leasinggeber und des Gebäudes zum Leasingnehmer bedingen. Das potenzielle **Auseinanderfallen** des **wirtschaftlichen Eigentums am Grund und Boden und am Gebäude** folgt insbes aus der isolierten Anwendung der in IAS 17.10f genannten Beispiele und Indikatoren auf das Gebäude. In der Praxis gilt es hierbei nicht selten Vereinbarungen über Kaufoptionen sowie Klauseln über Verlustübernahmeverpflichtungen bei Ausübung eines vorzeitigen Kündigungsrechts zu beurteilen, die tendenziell zu einer Bilanzierung beim Leasingnehmer führen. In diesen Fällen können der Grund und Boden beim Leasinggeber und das Gebäude beim Leasingnehmer zu bilanzieren sein. Erst mit der Ausübung der Kaufoption oder mit der Beendigung des Leasingvertrags entsprechen sich das wirtschaftliche und das rechtliche Eigentum am Gebäude.

Vom Grundsatz der getrennten Betrachtung des Grund und Bodens sowie des 95
Gebäudes gibt es zwei **Ausnahmefälle.** Demnach ist auf eine entspr Aufteilung der Leasingraten zu verzichten, wenn

(1) die Aufteilung der Leasingraten auf den Grund und Boden und auf das Gebäude nicht zuverlässig vorgenommen werden kann. Folglich wird das bebaute Grundstück in seiner Gesamtheit dem Leasingnehmer zugerechnet, sofern das Gebäude auf Basis der in IAS 17.10f genannten Beispiele und Indikatoren als Finanzierungs-Leasingverhältnis identifiziert wird und nicht offensichtlich ist, dass sowohl in Bezug auf den Grund und Boden – als auch in Bezug auf das Gebäude – ein Operating-Leasingverhältnis vorliegt, was im Umkehrschluss das bebaute Grundstück in seiner Gesamtheit als Operating-Leasingverhältnis qualifiziert (IAS 17.16),

(2) der Wert des Grund und Bodens nur von untergeordneter Bedeutung ist. Ähnlich wie im Zusammenhang mit dem Mietzeitkriterium verzichtet der IASB auf die Vorgabe eines quantitativen Kriteriums zur Auslegung des unbestimmten Begriffs der „untergeordneten Bedeutung". Im Schrifttum wird vorgeschlagen, unter Rückgriff auf die Öffnungsklausel (IAS 8.12(c)) für Zwecke der Begriffsauslegung die 25%-Grenze aus der korrespondierenden US-GAAP-Regelung SFAS 13.26(b)(i) zu übernehmen (*Küting/Koch* KoR 2007, 611). Wird der Wert des Grund und Bodens von untergeordneter Bedeutung angesehen, richtet sich die Zurechnung nach der Klassifizierung der Vereinbarung über das Gebäude als Finanzierungs- bzw Operating-Leasingverhältnis (IAS 17.17). Maßgebend für die Beurteilung der wirtschaftlichen Nutzungsdauer des gesamten Leasingobjekts ist dann die wirtschaftliche Nutzungsdauer des Gebäudes.

Beispiel: Zwischen Leasinggeber und Leasingnehmer wird ein Leasingvertrag über ein bebautes Grundstück mit einer Laufzeit von 10 Jahren abgeschlossen. Das Gebäude hat eine geschätzte Restnutzungsdauer von 18 Jahren. Der beizulegende Zeitwert des Gebäudes beträgt T€ 400, der des Grund und Bodens T€ 200. Der interne Zinssatz von 5,5% ist beiden Parteien bekannt. Die jährliche Leasingrate für das bebaute Grundstück beläuft sich auf T€ 72. Es wurde keine Eigentumsübertragung und keine Kaufoption zugunsten des Leasingnehmers am Ende des Leasingverhältnisses vereinbart.

Die Klassifizierung des Leasingverhältnisses erfolgt getrennt für den Grund und Boden sowie das Gebäude. Beim Grund und Boden handelt es sich wegen der fehlenden Eigentumsübertragung und der Kaufoption um ein Operating-Leasingverhältnis. Der Grund und Boden wird beim Leasinggeber bilanziert. Beim Gebäude sind sämtliche in IAS 17.10 genannten Kriterien zu überprüfen. Auch hier liegt keine Eigentumsübertragung und Kaufoption vor. Da die Laufzeit des Leasingverhältnisses nur rund 55% der wirtschaftlichen Nutzungsdauer umfasst, ist das Mietzeitkriterium nicht erfüllt (s Rz 59 ff).

Bei der Prüfung des sog Barwertkriteriums sind die Leasingraten nach den beizulegenden Zeitwerten auf Gebäude und Grund und Boden aufzuteilen. Danach entfallen auf das Gebäude zwei Drittel (= Anteil der Verkehrswerte der Leasingrate) von T€ 72 (= T€ 48). Daraus ergibt sich ein Barwert der anteiligen Mindestleasingraten von rund T€ 362. Dies entspricht 90,5% des Zeitwerts des Gebäudes. Führt der gesamte wirtschaftliche Gehalt der Leasingvereinbarung nicht zu einem abweichenden Ergebnis, ist somit das Gebäude beim Leasingnehmer zu bilanzieren (= Finanzierungsleasing).

2. Sondersachverhalte für Renditeimmobilien nach IAS 40

96 Einen Sonderfall stellen sog **Renditeimmobilien** (zur Definition s IAS 40.5 sowie § 6) dar. Vereinfacht gesagt beschäftigt sich IAS 40 mit der Bilanzierung und Bewertung von Immobilien, die der Kapitalanlage dienen. IAS 40.8 nennt hierzu einzelne Beispiele. Diese Immobilien werden zur Erzielung von Mieteinnahmen und/oder zur längerfristigen Werterhöhung gehalten. In Bezug auf Leasingobjekte, die zur Renditeerzielung erworben bzw gehalten werden, sind insbes nachfolgende 2 Fälle zu unterscheiden:

(1) Es handelt sich um ein Finanzierungs-Leasingverhältnis.

(2) Es handelt sich um ein Operating-Leasingverhältnis und der Leasingnehmer optiert zur Anwendung von IAS 40.

Im Fall (1) – **Finanzierungs-Leasingverhältnis** – wird der Leasinggegenstand beim Leasingnehmer bilanziert; im Übrigen gelten die allgemeinen Ausführungen (vgl Rz 134 f). Eine Doppelbilanzierung des Leasinggegenstands beim Leasingnehmer und beim Leasinggeber ist ausgeschlossen. Der Leasingnehmer hat gem IAS 40.30 das Wahlrecht, die Renditeimmobilie entweder nach dem **Anschaffungskostenmodell** oder nach dem **Modell des beizulegenden Zeitwerts** zu bewerten. Das gewählte Bewertungsmodell ist grds einheitlich auf **sämtliche** als Finanzinvestition gehaltenen Immobilien anzuwenden (IAS 40.30).

Im Fall (2) – **Operating-Leasingverhältnis** – würde im Regelfall der Leasinggegenstand nur beim Leasinggeber bilanziert werden. Erfüllen derartige Immobilien beim **Leasingnehmer** jedoch die Definition von als Finanzinvestition gehaltenen Immobilien hat der Leasingnehmer nach IAS 40.6 ein **Wahlrecht,** ein Leasingobjekt entspr dem Vorgehen beim **Finanzierungsleasing** als Renditeimmobilie in seiner Bilanz anzusetzen. Es kommt insofern zu einer Doppelerfassung des Leasinggegenstands sowohl in der Bilanz des Leasinggebers als auch in der Bilanz des Leasingnehmers. Zu weiteren Einzelheiten vgl § 6 Rz 11 ff.

97 Obgleich es im vorgenannten Fall grds zu einer **Doppelerfassung** des Leasingobjekts kommt, werden die Wertansätze derselben Renditeimmobilie in der Praxis regelmäßig abweichen. Dies ist darauf zurück zu führen, dass Leasinggeber und Leasingnehmer im Falle der (1) Erst- bzw (2) Folgebewertung wie folgt verfahren werden:

(1) Der Leasinggeber bilanziert zu Anschaffungs- bzw Herstellungskosten; der Leasingnehmer bilanziert zum niedrigeren Wert aus dem Barwert der Mindestleasingraten und dem beizulegendem Zeitwert der Renditeimmobilie.

(2) Der Leasinggeber bilanziert zu fortgeführten Anschaffungs- bzw Herstellungskosten oder dem beizulegenden Zeitwert gem IAS 16.31 ff; der Leasingnehmer muss die betreffende Renditeimmobilie zwingend zum beizulegenden Zeitwert bilanzieren (IAS 40.34 iVm IAS 40.30); die Bewertung

zum beizulegenden Zeitwert ist dann auch verpflichtend für alle weiteren als Finanzinvestition gehaltenen Immobilien (IAS 40.6).

Nach IAS 17.19 besteht zudem die Besonderheit, dass die Bilanzierung von 98
Renditeimmobilien aus Operating-Leasingverhältnissen als Finanzierungsleasing auch dann beizubehalten ist, wenn zu einem späteren Zeitpunkt eine **Nutzungsänderung** vorgenommen wird, sodass dem Grunde nach die Immobilie nicht mehr als Finanzinvestition klassifiziert werden könnte. Dies ist bspw der Fall, wenn der Leasingnehmer die Immobilie selbst nutzt und diese zu Kosten des beizulegenden Zeitwerts am Tag der Nutzungsänderung in den Bestand der vom Eigentümer selbst genutzten Immobilien übertragen wird (IAS 17.19(a)). Eine weitere relevante Fallgestaltung besteht darin, dass der Leasingnehmer ein Untermietverhältnis eingeht, das im Wesentlichen alle mit dem Eigentum an dem Anteil verbundenen Risiken und Chancen auf eine unabhängige dritte Partei überträgt. Ein solches Untermietverhältnis wird vom Leasingnehmer als ein der dritten Partei eingeräumtes Finanzierungs-Leasingverhältnis behandelt, auch wenn es von der dritten Partei selbst möglicherweise als Operating-Leasingverhältnis bilanziert wird (IAS 17.19(b)).

einstweilen frei 99–102

C. Abbildung im Jahresabschluss

I. Operating-Leasingverhältnisse

1. Leasinggeber

Bei einem **Operating-Leasingverhältnis** erfolgt die Bilanzierung und Be- 103
wertung des Leasingobjekts beim **Leasinggeber** gem IAS 17.49 entspr den einschlägigen Vorschriften für immaterielle Vermögenswerte (s IAS 38 und § 4 Rz 21 ff), Sachanlagen (s IAS 16 und § 5 Rz 11 ff) oder als Finanzinvestitionen gehaltene Immobilien (s IAS 40 und § 6 Rz 11 ff). Dies gilt gem IAS 17.53 f auch hinsichtlich der Bemessung von (planmäßigen oder außerplanmäßigen) Abschreibungen. Bei der Festlegung der Nutzungsdauer eines Leasingobjekts im Rahmen der Anschaffung bzw Herstellung ist dabei nicht nur die gesamte wirtschaftliche Nutzung des Vermögenswerts im Rahmen des ersten Leasingverhältnisses zu berücksichtigen, sondern es sind auch weitere Nutzungen im Rahmen von Anschlussvereinbarungen oder nach der Veräußerung miteinzubeziehen.

Sofern der Leasinggeber Vermögenswerte, die Gegenstand eines Operating- 104
Leasingverhältnisses sind, erwirbt, ist es entspr dem Komponentenansatz nach IAS 16.44 (geändert durch IFRS 3 (2008)) ggf notwendig, Teile der Anschaffungskosten dieser Vermögenswerte, die günstigen oder ungünstigen Bedingungen des Leasingvertrags ggü Marktbedingungen zuzurechnen sind, separat abzuschreiben.

Beispiel: Unternehmen A erwirbt ein Gebäude, das derzeit im Rahmen eines Operating-Leasingverhältnisses vermietet ist. Je nachdem, ob der bestehende Leasingvertrag aus Sicht des Erwerbers A günstige oder ungünstige Konditionen im Vergleich zu den Marktbedingungen enthält, müssen die Anschaffungskosten des Gebäudes auf diese einzelnen Komponenten verteilt und entspr separat abgeschrieben werden.

IAS 16.44 (geändert 2008) gibt hingegen keine Auskunft, wie die Aufteilung der Anschaffungskosten zu erfolgen hat; zudem lassen die diesbezüglich in IAS 16.81C (geändert 2008) eingefügten Regelungen zur erstmaligen Anwendung offen, ob die Vorschrift entspr IFRS 3 (2008) ebenfalls nur prospektiv auf alle zukünftigen derartigen Operating-Leasingverhältnisse anzuwenden ist oder aber ob zum Erstanwendungszeitpunkt auch sämtliche bestehenden Operating-Leasingverhältnisse einer Überprüfung hinsichtlich der Anwendbarkeit des Komponentenansatzes unterzogen werden müssen.

105 Die **Abschreibungsmethode** sollte dem Verlauf der Abnutzung bzw dem Verbrauch von Produktionskapazitäten entsprechen. Insofern kann die lineare, die degressive oder eine andere, verbrauchsabhängige Methode zur Anwendung kommen (IAS 16.62). Außerdem ist bei der Verteilung der Abschreibungen über die Nutzungsdauer ein Restwert zu berücksichtigen, falls dieser wesentlich ist und zuverlässig geschätzt werden kann.

106 Eine Besonderheit besteht darüber hinaus bei **als Finanzinvestitionen gehaltenen Immobilien,** die ein Leasinggeber im Rahmen eines Operating-Leasingverhältnisses mit einer Kaufoption für den Mieter vermietet. Diese Kaufoption darf jedoch **nicht** als **günstige Kaufoption** iSv IAS 17.10(b) ausgestaltet sein, da in diesem Fall ein Finanzierungs-Leasingverhältnis vorliegen würde. Entscheidet sich der Leasinggeber für eine Bewertung zum beizulegenden Zeitwert (vgl Wahlrecht und weitere Einzelheiten § 6 Rz 14ff), ist nach IAS 40.49 als Marktwert des Leasingobjekts der potentielle Verkaufspreis anzusetzen. Die Möglichkeit der Marktwert-Bilanzierung hat zur Folge, dass im Fall von steigenden Marktpreisen bei einer Ausübung der – infolge der gestiegenen Marktwerte nunmehr günstigen – Kaufoption ein künftiger Verlust droht. Dieser führt zum Ansatz einer Drohverlustrückstellung (IAS 37.5) beim Leasinggeber in Höhe der Differenz zwischen dem optionsvertraglich vereinbarten Kaufpreis und dem bilanzierten Marktwert der Immobilie (vgl § 13; s auch *Hoffmann/Freiberg* in Lüdenbach/Hoffmann IFRS[7] § 16 Rz 56).

107 Der Leasinggeber hat die im Rahmen eines Operating-Leasingverhältnisses vereinbarten **Leasingraten** (mit Ausnahme der Einnahmen aus Dienstleistungen wie Versicherungen und Instandhaltung) über die Laufzeit des Leasingverhältnisses **erfolgswirksam** zu vereinnahmen (IAS 17.50). Der zeitliche Rhythmus der Ertragsvereinnahmung soll dabei dem Verbrauch des dem Leasingobjekt innewohnenden Nutzenpotentials entsprechen.

108 Die Wahl der Abschreibungsmethode hat ebenfalls dem erwarteten Verlauf des Verbrauchs des Nutzenpotentials des zu bilanzierenden Vermögenswerts zu entsprechen (IAS 16.60). Idealtypisch richtet sich die Verteilung der Erträge aus dem Leasingverhältnis somit **mittelbar** nach der Abschreibungsmethode des im Anlagevermögen erfassten Leasingobjekts. IAS 17.50 sieht vorrangig eine lineare Verteilung der Leasingerträge vor. Indirekt ist daraus auf die Vorrangigkeit der linearen Abschreibungsmethode zu schließen.

109 Die Praxis folgt üblicherweise einer **linearen Verteilung** der Leasingerträge. Wird ein linearer Verbrauch des dem Leasingobjekt innewohnenden Nutzenpotentials unterstellt und das Leasingobjekt korrespondierend linear abgeschrieben, entsprechen sich bezogen auf eine Berichtsperiode der Abschreibungsaufwand und die Leasingerträge.

110 Zu einem Auseinanderfallen des Abschreibungsaufwands und der linear vereinnahmten Leasingerträge kommt es dagegen bei der Anwendung eines **degressiven** oder eines **leistungsabhängigen Abschreibungsmodells** (IAS 16.62). In den Fällen, in denen die Systematik der auf das Leasingobjekt angewandten Abschreibungsmethode von der Art der Verteilung der Leasingzahlungen abweicht, kommt es mithin beim Leasinggeber zu Unterschieden zwischen den in Zusammenhang mit dem Leasingverhältnis stehenden Grenzeinzahlungen und Grenzerträgen. Dem sich ergebenden Unterschiedsbetrag ist bilanziell durch den Ansatz eines sonstigen Vermögenswerts bzw eines sonstigen Schuldpostens Rechnung zu tragen. Ist die Abschreibung anfänglich höher als die Leasingraten, so ist der

Differenzbetrag als sonstiger Vermögenswert zu erfassen. Für den Fall, dass die Abschreibung niedriger ist als die Leasingrate, ist ein sonstiger Schuldposten zu bilden. Aufgrund der abweichenden steuerlichen Behandlung ergibt sich die Notwendigkeit der Abgrenzung latenter Steuern (IAS 12; s § 25).

Beispiel: Die Anschaffungskosten des Leasingobjekts betragen T€ 1.000. Die Leasingraten werden monatlich in Höhe von T€ 30 entrichtet, die Laufzeit beträgt 36 Monate, der Verlauf des Wertverzehrs ist im 1. Jahr 50%, 2. Jahr 30%, 3. Jahr 20%. Der Restwert sei Null.

Periode	Leasingraten pa (linear)	Abschreibung pa (degressiv)	Ertragswirksame Leasingraten pa	sonstiger Vermögenswert	Erfolgsauswirkung Periode (Saldo)
Jahr	T€	T€	T€	T€	T€
X1	360	500 (50%)	540 (50%)	180 (540–360)	40 (540–500)
X2	360	300 (30%)	324 (30%)	144 (180–36)	24 (324–300)
X3	360	200 (20%)	216 (20%)	0 (144–144)	16 (216–200)
Gesamt	1.080	1.000 (100%)	1.080 (100%)	–	80 (1.080–1.000)

Sieht der Leasingvertrag **besondere Anreizvereinbarungen** vor – etwa eine mietfreie Periode zu Beginn des Leasingverhältnisses – hat der Leasinggeber die aus dem Leasinggeschäft insgesamt zu erwartenden Leasingnettoerträge erfolgsrechnerisch auf die gesamte Laufzeit des Leasingverhältnisses zu verteilen (SIC 15.4f). Die Laufzeit des Leasingverhältnisses umfasst insbes auch die mietzahlungsfreie Periode. Aufgrund seiner fehlenden Zahlungswirksamkeit ist der auf die mietzahlungsfreie Periode entfallende Leasingertrag durch den Ansatz eines sonstigen Vermögenswerts zu antizipieren und in den Folgeperioden – in denen periodenbezogen die Leasingeinzahlungen die Leasingerträge übersteigen – erfolgsneutral aufzulösen. **111**

Beispiel: Das Leasingobjekt hat zu Beginn des Leasingverhältnisses Anschaffungskosten von T€ 56.000. Eine Kaufoption nach Ablauf der Grundmietzeit besteht nicht. Die Leasingrate beträgt monatlich T€ 900. Die Grundmietzeit beträgt 5 Jahre, die wirtschaftliche Nutzungsdauer 7 Jahre. Der Leasinggeber gewährt für die ersten 5 Monate Mietfreiheit. Die Summe der Leasingraten beträgt demnach T€ 49.500. Bei einer linearen Verteilung ist jährlich beim Leasinggeber ein Ertrag von T€ 9.900 zu erfassen und die entspr Abgrenzung über einen sonstigen Vermögenswert vorzunehmen.

Periode	Buchwert Ende Periode	Abschreibung pa	Geldeingang pa	sonstiger Vermögenswert	Leasingertrag pa
Jahr	T€	T€	T€	T€	T€
X1	48.000	8.000	6.300	3.600	9.900
X2	40.000	8.000	10.800	2.700	9.900
X3	32000	8.000	10.800	1.800	9.900
X4	24.000	8.000	10.800	900	9.900
X5	16.000	8.000	10.800	0	9.900
Gesamt	–	40.000	49.500	–	49.500

112 Auch **Sonder- oder Vorauszahlungen des Leasingnehmers** werden abgegrenzt und entspr als sonstiger Schuldposten passiviert sowie über die Laufzeit des Leasingvertrags ertragswirksam verteilt.

113 Nach IAS 17.52 sind **anfängliche direkte Kosten** (zB für Kommission, Vertragsabschluss oder Rechtsberatung) mit dem Leasingobjekt zu aktivieren und entspr den Leasingraten aufwandswirksam zu berücksichtigen. Sonstige Kosten, die während der Vertragslaufzeit im Zusammenhang mit den Leasingerträgen anfallen, werden hingegen unmittelbar als Aufwand verrechnet (IAS 17.51).

114 **Unsichere Restwerte** und teilweise Abweichungen in der Entwicklung der Buch- bzw Verkehrswerte können zu Buchverlusten bei Beendigung des Leasingvertrags führen. Zur Vermeidung hoher Buchverluste sind Anpassungen der Restwertansätze, höhere planmäßige Abschreibungen oder im Falle einer Ungewissheit der Höhe nach Rückstellungen für drohende Verluste aus lfd Leasingverträgen zu bilanzieren.

2. Leasingnehmer

115 IAS 17.33ff beschreiben die Bilanzierung von **Operating-Leasingverhältnissen** beim **Leasingnehmer.** Da bei Operating-Leasingverhältnissen sowohl das wirtschaftliche als auch das zivilrechtliche Eigentum am Leasingobjekt beim Leasinggeber verbleiben, sind beim Leasingnehmer die Leasingzahlungen über die Laufzeit des Leasingverhältnisses als Aufwand zu erfassen. Die aufwandswirksame Verteilung der Leasingzahlungen (mit Ausnahme derjenigen für Aufwendungen für Leistungen wie Versicherung und Instandhaltung) soll dabei – korrespondierend zur ertragswirksamen Vereinnahmung der Leasingerträge beim Leasinggeber (IAS 17.50) – dem zeitlichen Verlauf der Inanspruchnahme des Nutzenpotentials des Leasinggegenstands durch den Leasingnehmer entsprechen (IAS 17.33). Bei einer gleichmäßigen Inanspruchnahme des Nutzenpotentials über die Laufzeit des Leasingverhältnisses werden die monatlichen Leasingraten linear über die Laufzeit des Leasingverhältnisses aufwandswirksam (IAS 17.34). Für den Fall, dass die Nutzung einen anderen Verlauf aufweist, zB das Nutzenpotential des Leasingobjekts degressiv in Anspruch genommen wird, oder **abweichende Zahlungsmodalitäten** vereinbart werden, kommt es zu Unterschieden zwischen den in Zusammenhang mit dem Leasingverhältnis stehenden Grenzauszahlungen und Grenzaufwendungen. Dem sich ergebenden Unterschiedsbetrag ist bilanziell – orrespondierend zur Vorgehensweise beim Leasinggeber – durch den Ansatz eines sonstigen Vermögenswerts oder eines sonstigen Schuldpostens Rechnung zu tragen.

116 Analog zur Vorgehensweise beim Leasinggeber (s Rz 112) sind somit Voraus- oder Sonderzahlungen des Leasingnehmers aktivisch abzugrenzen und über die Laufzeit des Leasingverhältnisses planmäßig zu verteilen. Von einer linearen Erfassung der Leasingzahlungen als Aufwand ist – spiegelbildlich zum Vorgehen beim Leasinggeber – auch dann abzusehen, wenn der Leasinggeber dem Leasingnehmer **Anreizvereinbarungen** anbietet, zB Übernahme von Kosten für den Leasingnehmer (Verlegungskosten, Mietereinbauten und Kosten iVm einer vorher bestehenden vertraglichen Verpflichtung des Leasingnehmers). Dies gilt auch, wenn der Leasingnehmer vereinbarungsgemäß in den ersten Perioden des Leasingverhältnisses keine oder nur eine verminderte Miete leisten muss (SIC 15.5). Dadurch entstehende Differenzen sind bei Eingehen des Leasingverhältnisses passivisch abzugrenzen und über den gesamten Leasingzeitraum aufzulösen.

117 Ist ein Leasingobjekt nicht mehr in der Weise (planmäßig) nutzbar, dass die Äquivalenzvermutung von Leistung und Gegenleistung gegeben ist, sondern die vom Leasingnehmer für die Nutzung des Leasingobjekts hingegebenen Ressourcen vielmehr den Ressourcenzufluss aus der Nutzung des Leasingobjekts übersteigen, wird das Leasingverhältnis für den Leasingnehmer zu einem belastenden

Vertrag (*onerous contract*). Der Leasingnehmer hat diesem Umstand durch die Bildung einer **Drohverlustrückstellung** nach allgemeinen Grundsätzen zu entsprechen (vgl § 13 Rz 101 ff).

In den nachfolgenden Beispielen weicht jeweils der Gesamtbetrag der Leasingraten aufgrund **unterschiedlicher Zahlungsmodalitäten** voneinander ab. 118

Beispiel: Die Nutzungsdauer des Leasinggegenstands und die Laufzeit des Leasingvertrags sind identisch und verteilen sich linear über 36 Monate mit je T€ 30:

Periode	Leasingraten pa (linear)	Sonstiger Vermögenswert aus Nutzungsverlauf	Aufwand pa
Jahr	T€	T€	T€
X1	360	0	360
X2	360	0	360
X3	360	0	360
Gesamt	1.080	0	1.080

Anreizvereinbarung: Die Nutzungsdauer des Leasinggegenstands und die Laufzeit linear über 36 Monate, jedoch erfolgen im ersten Jahr keine Zahlungen, danach 24 Monate je T€ 50:

Periode	Leasingraten pa	Rückstellung aus Nutzungsverlauf	Aufwand pa
Jahr	T€	T€	T€
X1	0	400	400
X2	600	200	400
X3	600	0	400
Gesamt	1.200	0	1.200

Vorauszahlung: Die Nutzungsdauer des Leasinggegenstands und die Laufzeit linear über 36 Monate, jedoch erfolgt eine Vorauszahlung der Leasingraten 1 bis 18 (je T€ 25) zu Beginn des Leasingverhältnisses:

Periode	Leasingraten pa	Sonstiger Vermögenswert aus Nutzungsverlauf	Aufwand pa
Jahr	T€	T€	T€
X1	450	150	300
X2	150	0	300
X3	300	0	300
Gesamt	900	0	900

Die vorstehenden Grundsätze gelten indessen nicht, sofern ein Leasingnehmer im Rahmen eines Operating-Leasingverhältnisses eine Immobilie aufgrund von Weitervermietungen als **Renditeimmobilie** klassifiziert und vom Wahlrecht des IAS 40.6 Gebrauch macht, diese Immobilie wie ein Finanzierungs-Leasingverhältnis zu behandeln. Die Bilanzierung beim Leasingnehmer erfolgt dann zwar prinzipiell analog zur Vorgehensweise bei Finanzierungs-Leasingverhältnissen; sie unterliegt jedoch dem Anwendungsbereich des IAS 40 (s IAS 17.19) und damit den besonderen Bewertungsvorschriften gem IAS 40.6, IAS 40.25 und IAS 40.34 (s § 6 Rz 20, Rz 32). 119

einstweilen frei 120–123

II. Finanzierungs-Leasingverhältnisse

1. Leasinggeber

124 Gelangt der Leasinggeber bei Prüfung der in IAS 17.10f genannten Beispiele und Indikatoren zu dem Ergebnis, dass es sich bei der zu beurteilenden Leasingvereinbarung um ein Finanzierungs-Leasingverhältnis handelt, so hat der Leasinggeber das Leasingverhältnis gem IAS 17.36ff zu bilanzieren.

125 Vom Leasinggeber wird ein Finanzierungs-Leasingverhältnis bilanziell abgebildet, indem eine Forderung als Vermögenswert ausgewiesen wird, deren Höhe sich am **Nettoinvestitionswert** aus dem Leasingverhältnis bemisst (IAS 17.36). Der Nettoinvestitionswert ermittelt sich dabei als Barwert des Bruttoinvestitionswerts, dh als Summe aus den aus dem Finanzierungs-Leasingverhältnis zu erwartenden Mindestleasingzahlungen und einem nicht garantierten Restwert. Die Diskontierung erfolgt dabei mit einem dem Leasingverhältnis zugrundeliegenden Zinssatz. Nicht garantierte Restwerte bzw Restwertkomponenten sind auf ihre Wahrscheinlichkeit und Richtigkeit hin zu prüfen. Sofern sich ein geringerer Restwert ergibt, ist der Nettoinvestitionswert gem IAS 17.41 anzupassen.

126 Die Differenz zwischen dem Brutto- und dem Nettoinvestitionswert stellt den **Zinsanteil** dar, der so über die Laufzeit des Leasingverhältnisses zu verteilen ist, dass sich eine konstante periodische Verzinsung der Nettoinvestition ergibt (IAS 17.39). Ziel dieser Bestimmung ist eine planmäßige Verteilung der Finanzerträge über die Laufzeit des Leasingverhältnisses. Der Zinsanteil ist seinem Charakter entspr als Zinsertrag auszuweisen. Der **Tilgungsanteil** vermindert ratierlich die aktivierte Leasingforderung. Er ergibt sich aus dem Teil der Leasingraten, der über den Zinsanteil hinausgeht (IAS 17.40).

127 Ein geschätzter nicht garantierter **Restwert** ist regelmäßig zu überprüfen. Liegt eine Minderung des Restwerts vor, so ist der Nettoinvestitionswert anzupassen. Dazu wird unterstellt, dass der aktuell geschätzte Restwert von Anfang an bekannt gewesen wäre (IAS 17.41). Des Weiteren ist die kumulierte Änderung des Zinsertrags unmittelbar erfolgswirksam zu erfassen.

128 Anfängliche **direkte Kosten** werden nach IAS 17.38 in die erstmalige Bilanzierung der Leasingforderung einbezogen und mindern somit in Folgeperioden die über die Laufzeit des Leasingverhältnisses zu erfassenden Zinserträge.

129 **Beispiel:** Der Leasinggeber hat das Leasingobjekt angeschafft (Anschaffungskosten T€ 1.000) und zeitgleich einen Finanzierungs-Leasingvertrag über 36 Monate mit Leasingraten in Höhe von insgesamt T€ 1.080 vereinbart. Dies führt zu folgenden Buchungen im Abschluss des Leasinggebers:

(1) Aktivierung des Barwerts der Leasingzahlungen (= Nettoinvestitionswert) als Vermögenswert des Leasinggebers.

(2) Keine Aktivierung des Leasingobjekts im Anlagevermögen, da kein wirtschaftliches Eigentum des Leasinggebers vorliegt; der Leasinggeber ist außerdem weder Hersteller noch Händler.

(3) Aufteilung der periodisch vereinnahmten Leasingzahlungen in einen Zins- und einen Tilgungsanteil, wobei der Tilgungsanteil den Nettoinvestitionswert lfd mindert und der Zinsanteil erfolgswirksam als Zinsertrag vereinnahmt wird. Der Nettoinvestitionswert der Periode wird auf Basis eines Zinssatzes von 5% pa ermittelt.

(4) Im Gegensatz zum Operating-Leasingverhältnis erfolgt kein Ausweis eines Leasingertrags beim Leasinggeber.

Periode	Leasingraten pa (linear)	Nettoinvestitionswert am Periodenende	Zinsanteil pa (digitale Methode)	Tilgungsanteil pa	Leasingertrag pa (linear)
Jahr	T€	T€	T€	T€	T€
X1	360	680	40	320	0
X2	360	347	27	333	0
X3	360	0	13	347	0
Gesamt	1.080	–	80	1.000	0

2. Leasingnehmer

Der Leasingnehmer hat bei einem Finanzierungs-Leasingverhältnis das wirtschaftliche Eigentum an dem Leasingobjekt inne. Daher ist das Leasingobjekt im **langfristigen Vermögen** des Leasingnehmers auszuweisen. Die Erfolgsneutralität des Anschaffungsvorgangs bleibt gewahrt durch die Bilanzierung eines Schuldpostens in selber Höhe. IAS 17.20ff beinhalten die Vorschriften zur Bilanzierung beim Leasingnehmer. Der Bilanzansatz bemisst sich nach dem zu Beginn des Leasingverhältnisses beizulegenden Zeitwert des Vermögenswerts oder dem Barwert der Mindestleasingzahlungen, sofern dieser Wert niedriger ist. Dabei sind anfängliche direkte Kosten des Leasingnehmers in die Bilanzierung des Leasingobjekts beim erstmaligen Ansatz einzubeziehen. Die Abzinsung erfolgt entweder mittels des dem Leasingverhältnis zugrunde liegenden Zinssatzes oder – sofern dieser nicht praktikabel ermittelt werden kann – mittels des Grenzfremdkapitalzinssatzes des Leasingnehmers (IAS 17.20). Die weitere Behandlung des Vermögenswerts in den Folgeperioden hängt von der Art des Leasingobjekts ab. Handelt es sich um immaterielle Vermögenswerte, ist IAS 38 anzuwenden. Bei Sachanlagen ist IAS 16 einschlägig. 130

Demgegenüber fällt die Bilanzierung von **Renditeimmobilien** beim Leasingnehmer im Rahmen von Finanzierungs-Leasingverhältnissen gem IAS 17.2(a) ausdrücklich in den Anwendungsbereich von IAS 40 (s § 6). Gem IAS 40.25 richtet sich die Bewertung beim erstmaligen Ansatz zwar nach IAS 17.20, für die Folgebewertung ist indessen IAS 40.30 maßgebend. Danach hat der Leasingnehmer in den Folgeperioden das Wahlrecht, eine Bewertung der Renditeimmobilie zu fortgeführten Anschaffungs- bzw Herstellungskosten oder aber zum beizulegenden Zeitwert vorzunehmen. Dies geht indessen nicht, sofern ein Leasingnehmer im Rahmen eines Operating-Leasingverhältnisses eine Immobilie aufgrund von Untervermietungen als **Renditeimmobilie** klassifiziert und vom Wahlrecht des IAS 40.6 Gebrauch gemacht hat, diese Immobilie wie ein Finanzierungs-Leasingverhältnis zu behandeln. In diesem Fall hat die Folgebewertung zwingend zum beizulegenden Zeitwert zu erfolgen (IAS 40.6 iVm IAS 40.34). 131

Die **Abschreibungsmethode** der im Anlagevermögen aktivierten Leasingobjekte sollte mit der Abschreibungsmethode vergleichbarer Vermögenswerte übereinstimmen. Dementsprechend sind die Abschreibungen nach IAS 16 für Sachanlagen bzw nach IAS 38 für immaterielle Vermögenswerte zu berechnen. Ist nicht sichergestellt, dass das Eigentum an dem Leasingobjekt am Ende des Leasingverhältnisses auf den Leasingnehmer übergeht, so ist die kürzere Laufzeit des Leasingverhältnisses als Abschreibungszeitraum zu wählen (IAS 17.27). 132

Bei der Bilanzierung der vom Leasingnehmer zu zahlenden **Mindestleasingraten** ist eine Aufteilung in die **Finanzierungskosten (Zinsanteil)** und den **Tilgungsanteil der Restschuld** vorzunehmen. Die Finanzierungskosten sind 133 gem IAS 17.25 so über die Laufzeit des Leasingverhältnisses zu verteilen, dass ein über die Periode konstanter Zinssatz auf die verbliebene Schuld entfällt. Alternativ kann als Vereinfachung nach IAS 17.26 auch die Aufteilung der Leasingraten als Näherungsverfahren, zB nach der Zinsstaffelmethode, vorgenommen werden.

134 Die Bilanzierung eines Finanzierungs-Leasingverhältnisses beim Leasingnehmer verdeutlicht das nachfolgende **Beispiel.**

(1) Die Grundmietzeit beträgt 6 Jahre, die wirtschaftliche Nutzungsdauer 7 Jahre.
(2) Die Leasingrate in Höhe von T€ 9 ist jeweils am Periodenende zu entrichten.
(3) Der beizulegende Zeitwert des Leasingobjekts beträgt zu Beginn des Leasingverhältnisses T€ 46.
(4) Das Leasingobjekt wird linear abgeschrieben.
(5) Es existiert keine Kaufoption nach Ablauf der Grundmietzeit.
(6) Der Grenzfremdkapitalzinssatz beträgt 5,5% pa.

Der Barwert der Mindestleasingzahlungen wird im Beispielsfall mit dem Grenzfremdkapitalzinssatz berechnet, da keine Information über den dem Leasingverhältnis zugrunde liegenden Zinssatz vorliegt. Der Barwert der Mindestleasingzahlungen errechnet sich in Höhe von € 44.960. Der Leasingnehmer weist das Leasingobjekt zu Beginn der Periode X1 in seinem Abschluss mit einem Buchwert von € 44.960 aus (= Minimum aus dem beizulegenden Zeitwert am Beginn des Leasingverhältnisses und dem Barwert der Mindestleasingzahlungen) und passiviert in selber Höhe einen Schuldposten.

Periode	Buchwert am Ende der Periode	Schuldposten	Zins pa	Tilgungsanteil	Abschreibung	Leasingrate
Jahr	€	€	€	€	€	€
X1 (Beginn)	44.960	44.960	0	0	0	
X1	37.466	38.433	2.473	6.527	7.493	9.000
X2	29.973	31.546	2.114	6.886	7.493	9.000
X3	22.480	24.281	1.735	7.265	7.493	9.000
X4	14.987	16.617	1.335	7.665	7.493	9.000
X5	7.493	8.531	914	8.086	7.493	9.000
X6	0	0	469	8.531	7.495	9.000
Gesamt	–	–	9.040	44.960	44.960	54.000

135 Wenn eine Vereinbarung ein Leasingverhältnis beinhaltet, so schreibt **IFRIC 4.12** vor, dass auf die Leasingkomponente IAS 17 anzuwenden ist. Hierzu ist eine **Aufteilung** der **Gesamtleistung** in die Leasingrate und in ein Entgelt für sonstige Leistungen (zB Betreuung und Serviceleistungen) vorzunehmen. IFRIC 4.14 erlaubt als Vereinfachung ein Schätzverfahren, das im nachfolgenden Beispiel skizziert wird.

Beispiel: Unternehmen V veräußert seine EDV an das IT-Unternehmen T (IT-Outsourcing). Im Rahmen der Vereinbarung, die über 3 Jahre abgeschlossen ist, werden die EDV-Mitarbeiter des Unternehmens V von T übernommen und T verpflichtet sich zu umfangreichen Service- und Wartungsleistungen. Die jährliche Zahlung beträgt T€ 100. Alternativangebote, die V einholt, ergeben, dass der marktübliche Preis für die verschiedenen Dienstleistungen T€ 30 und für die Bereitstellung der EDV T€ 80 betragen.

Bei der Outsourcing-Vereinbarung handelt es sich um einen gemischten Vertrag, der ein Leasingentgelt und ein sonstiges Entgelt für Dienstleistungen (Service-, Wartung-) enthält. Die Marktpreise betragen T€ 30 für die sonstigen Leistungen und T€ 80 für die EDV-Bereitstellung, sodass das gesamte Entgelt wie folgt aufzuteilen ist:

Aufwand EDV-Leasing: 30/110 × 100 = 27 T€ pa
Aufwand Dienstleistung: 80/110 × 100 = 73 T€ pa.

Sofern **keine Aufteilung möglich** ist gilt nach IFRIC 4.15(a) im Falle eines Finanzierungs-Leasingverhältnisses, dass ein Vermögenswert und ein Schuldposten in Höhe des beizulegenden Zeitwerts des identifizierten Leasinggegenstands anzusetzen sind. Im Falle eines Operating-Leasingverhältnisses sind hingegen sämtliche aus dem Vertrag zu erwartenden Zahlungen als Leasingzahlungen zu behandeln. 136

III. Anwendung von IFRS 5

IFRS 5 „Zur Veräußerung gehaltene langfristige Vermögenswerte und aufgegebene Geschäftsbereiche" (vgl ausführlich § 28) bezieht sich sowohl auf Operating-Leasingverhältnisse, bei denen das Leasingobjekt beim Leasinggeber aktiviert wird, als auch auf Finanzierungs-Leasingverhältnisse, bei denen das Leasingobjekt beim Leasingnehmer aktiviert wird. Die besonderen **Bewertungsvorschriften** des IFRS 5 gelten für Sachanlagen und immaterielle Vermögenswerte sowie für Renditeimmobilien, die zu fortgeführten Anschaffungs- oder Herstellungskosten bewertet werden. 137

Um dem Anwendungsbereich des IFRS 5 zu unterliegen, müssen die Leasingobjekte das Kriterium der **(hoch)wahrscheinlichen Veräußerung** erfüllen (s IFRS 5.6ff). Davon ist auszugehen, sofern eine Übertragung des wirtschaftlichen Eigentums binnen zwölf Monaten erwartet wird (IFRS 5.8). Dies ist zB der Fall, wenn das Leasingobjekt, das Vertragsgegenstand eines Operating-Leasingverhältnisses ist, planmäßig durch den Leasinggeber nach Ablauf des Leasingverhältnisses veräußert wird. Es ist jedoch zu beachten, dass gem IAS 16.68A, eingefügt durch das *Annual Improvements* Projekt 2008, **vermietete Vermögenswerte**, die im Rahmen des gewöhnlichen Geschäftsbetriebs veräußert werden (zB regelmäßiger Verkauf von Mietwagen durch das Vermietungsunternehmen), bei beabsichtigter Veräußerung nicht nach IFRS 5 zu bilanzieren, sondern vielmehr in den Vorräten des Vermietungsunternehmens auszuweisen sind. Damit korrespondierende Erträge und Aufwendungen sind solche der gewöhnlichen Geschäftstätigkeit und damit in den Umsatzerlösen und im Materialaufwand auszuweisen. 138

Eine Anwendung des IFRS 5 im Rahmen von **Finanzierungs-Leasingverhältnissen** kommt immer dann zum Tragen, wenn der Leasinggegenstand Teil einer Veräußerungsgruppe ist. Plant bspw ein MU unter Erfüllung der Voraussetzungen der IFRS 5.6ff die Veräußerung eines TU, das Leasingnehmer im Rahmen eines Finanzierungs-Leasingvertrags ist, so sind der entspr Vermögenswert und die Leasingverbindlichkeit Teil der gesondert auszuweisenden Veräußerungsgruppe. 139

Sofern Leasinggegenstände in den Anwendungsbereich des IFRS 5 fallen, erfolgt die **Bewertung** der Vermögenswerte zum niedrigeren Wert aus Buchwert oder beizulegendem Zeitwert abzüglich Veräußerungskosten (IFRS 5.15). Planmäßige Abschreibungen sind beim Leasinggeber (Operating-Leasingverhältnis) bzw beim Leasingnehmer (Finanzierungs-Leasingverhältnis) nicht mehr vorzunehmen. Zudem ist der zur Veräußerung gehaltene Vermögenswert unter entspr Bezeichnung gesondert auszuweisen (vgl IFRS 5.38). 140

Zur Anwendbarkeit von IFRS 5 im Rahmen von ***sale-and-lease-back*** Transaktionen s § 28 Rz 13.

IV. Angaben im Anhang

1. Leasinggeber

141 Der **Leasinggeber** muss nach IAS 17.56 im Abschluss folgende Informationen in Bezug auf **Operating-Leasingverhältnisse** angeben:

(1) den Gesamtsaldo der Mindestleasingzahlungen zum Bilanzstichtag aus unkündbaren Operating-Leasingverhältnissen sowie die Summe der Zahlungen, die innerhalb eines Jahres, zwischen einem und fünf Jahren und nach fünf Jahren fällig sind,
(2) die Summe der erfolgswirksam erfassten bedingten Mietzahlungen,
(3) allgemeine Angaben zu den wesentlichen Leasingvereinbarungen.

142 Bei einem **Finanzierungs-Leasingverhältnis** handelt es sich um ein Finanzinstrument, weil durch den Leasingvertrag Ansprüche und Verpflichtungen auf Zahlungsströme begründet werden (IAS 32.11 iVm IAS 32.AG9). Folglich unterliegen die Forderungen des Leasinggebers aus Finanzierungs-Leasingverhältnissen den allgemeinen Angabepflichten des **IFRS 7**. Dies zieht folgende (Angabe-)Pflichten nach sich:

(1) Bildung einer gesonderten Klasse für Forderungen aus Finanzierungs-Leasingverhältnissen,
(2) Einbeziehung der Buchwerte in die Angabe der Buchwerte jeder der in IAS 39.9 definierten Kategorien von Finanzinstrumenten (IFRS 7.8),
(3) Einbeziehung in die für jede nach IFRS 7.6 gebildete Klasse von finanziellen Vermögenswerten verpflichtende Angabe des beizulegenden Zeitwerts (IFRS 7.25),
(4) Analyse des „Alters" der Forderungen aus Finanzierungs-Leasingverhältnissen, die zum Abschlussstichtag überfällig, aber noch nicht wertgemindert sind (IFRS 7.37(a)),
(5) Analyse der wertgeminderten Forderungen aus Finanzierungs-Leasingverhältnissen, einschließlich der vom Unternehmen festgelegten Faktoren, die der Wertminderung zu Grunde liegen (IFRS 7.37(b)),
(6) im Rahmen der Angaben des Nettoerfolgs für jede Kategorie von Finanzinstrumenten Ausweis der Zinserträge aus Leasingforderungen des Leasinggebers in der Kategorie Kredite und Forderungen entweder in der Gesamtergebnisrechnung oder im Anhang (IFRS 7.20(a)),
(7) Einbeziehung in die Angabe der Gesamtzinserträge aufgrund der Anwendung der Effektivzinsmethode von finanziellen Vermögenswerten der Kategorie Kredite und Forderungen.

143 Der Leasinggeber hat bei **Finanzierungs-Leasingverhältnissen darüber hinaus** folgende Informationen anzugeben (IAS 17.47):

(1) eine Überleitung der Bruttoinvestitionen in das Leasingobjekt auf den Barwert der am Bilanzstichtag ausstehenden Mindestleasingzahlungen sowie eine Aufteilung der Bruttoinvestitionen und des Barwerts der ausstehenden Mindestleasingzahlungen, die innerhalb eines Jahres, zwischen einem und fünf Jahren und nach fünf Jahren fällig sind,
(2) noch nicht realisierte Finanzerträge,
(3) die nicht garantierten Restwerte, die zugunsten des Leasinggebers anfallen,
(4) die kumulierten Wertberichtigungen für uneinbringliche, ausstehende Mindestleasingzahlungen,
(5) in der Berichtsperiode als Ertrag erfasste bedingte Mindestleasingzahlungen,
(6) eine allgemeine Beschreibung der wesentlichen Leasingvereinbarungen des Leasinggebers.

2. Leasingnehmer

Der **Leasingnehmer** hat bei **Operating-Leasingverhältnissen** gem 144
IAS 17.35 im Abschluss folgende Informationen anzugeben:

(1) die Summe der künftigen Mindestleasingzahlungen aus zum Bilanzstichtag unkündbaren Operating-Leasingverhältnissen, gegliedert nach Fälligkeit bis zu einem Jahr, zwischen einem Jahr und fünf Jahren sowie länger als fünf Jahre,
(2) die Summe der Erträge aus künftigen Mindestzahlungen aus Untermietverhältnissen, deren Aufrechterhaltung auf Grund von unkündbaren Untermietverhältnissen erwartet wird,
(3) Zahlungen aus Leasingverhältnissen und Untermietverhältnissen, die erfolgswirksam erfasst sind, getrennt nach Beträgen für Mindestleasingzahlungen, bedingten Mietzahlungen und Zahlungen aus Untermietverhältnissen,
(4) allgemeine Angaben zu den wesentlichen Leasingvereinbarungen, wie zB die Grundlage, nach der bedingte Mietzahlungen festgelegt sind, Angaben zu Verlängerungs- oder Kaufoptionen sowie auferlegte Beschränkungen auf Dividenden, Schulden oder weitere Leasingverhältnisse.

Auch die Verbindlichkeiten des Leasingnehmers aus **Finanzierungs-Lea-** 145
singverhältnissen unterliegen infolge ihrer Qualifikation als Finanzinstrument allgemeinen Angabepflichten des **IFRS 7**. Daraus resultieren folgende (Angabe-)Pflichten:

(1) Bildung einer gesonderten Klasse für Verbindlichkeiten aus Finanzierungs-Leasingverhältnissen,
(2) Einbeziehung der Buchwerte in die Angabe der Buchwerte jeder der in IAS 39.9 definierten Kategorien von Finanzinstrumenten (IFRS 7.8),
(3) Einbeziehung in die für jede nach IFRS 7.6 gebildete Klasse von finanziellen Verbindlichkeiten verpflichtende Angabe des beizulegenden Zeitwerts (IFRS 7.25),
(4) im Rahmen der Angaben des Nettoerfolgs für jede Kategorie von Finanzinstrumenten Ausweis der Zinsaufwendungen aus Leasingverbindlichkeiten des Leasingnehmers in der Kategorie zu fortgeführten Anschaffungskosten bewertete Verbindlichkeiten entweder in der Gesamtergebnisrechnung oder im Anhang (IFRS 7.20(a)),
(5) Einbeziehung in die Angabe der Gesamtzinsaufwendungen aufgrund der Anwendung der Effektivzinsmethode von finanziellen Verbindlichkeiten der Kategorie zu fortgeführten Anschaffungskosten bewertete Verbindlichkeiten,
(6) im Fall von begebenen Sicherheiten durch den Leasingnehmer für Verbindlichkeiten aus Finanzierungs-Leasingverhältnissen Angabe der Buchwerte der finanziellen Vermögenswerte, die als Sicherheit gestellt wurden, einschließlich der Beträge, die gem IAS 39.37(a) neu eingestuft wurden; sowie Angabe der Bedingungen und Modalitäten für die Besicherung,
(7) Angaben zu Zahlungsverzug und Vertragsverletzungen gem IFRS 7.18,
(8) im Rahmen der Angaben zum Liquiditätsrisiko quantitative Angabe der vereinbarten Fälligkeitstermine von finanziellen Verbindlichkeiten aus Finanzierungs-Leasingverhältnissen vor Abzug der Finanzierungskosten für höchstens fünf Jahre (IFRS 7.39(a) iVm IFRS 7.B11 ff). Die Abgrenzung der Laufzeitbänder liegt im Ermessen des Unternehmens. Bei der Zuordnung der Beträge zu den einzelnen Laufzeitbändern ist auf die vereinbarte Restlaufzeit und nicht auf die erwartete Laufzeit abzustellen (IFRS 7.B14, IFRS 7.BC57 f). Steht der Rückzahlungstermin im Ermessen des Leasingnehmers, ist der Betrag dem Laufzeitband der frühest möglichen Rückzahlung zuzuordnen.

146 Zudem ist der Leasingnehmer bei **Finanzierungs-Leasingverhältnissen** nach IAS 17.31 in **Ergänzung** zu den Vorschriften in IFRS 7 verpflichtet, folgende Angaben zu machen:

(1) den (Netto-)Buchwert für jede Klasse von Vermögenswerten,
(2) eine Überleitungsrechnung von der Summe der künftigen Mindestleasingzahlungen zum Bilanzstichtag zu deren Barwerten am Stichtag,
(3) die Summe der Mindestleasingzahlungen am Bilanzstichtag und deren Barwerte gegliedert nach Fälligkeit bis zu einem Jahr, zwischen einem Jahr und fünf Jahren sowie länger als fünf Jahre,
(4) die erfolgswirksam erfassten bedingten Leasingzahlungen,
(5) die Summe der künftigen Mindestleasingzahlungen, deren Erhalt auf Grund von unkündbaren Untermietverhältnissen am Bilanzstichtag erwartet wird,
(6) eine allgemeine Beschreibung der wesentlichen Leasingvereinbarungen, insbes Angaben zu den Grundlagen bedingter Leasingzahlungen, die Darstellung bestehender Verlängerungs-, Kaufoptions- und Preisanpassungsklauseln sowie vereinbarte Beschränkungen, die Dividenden, zusätzliche Schulden und weitere Leasingverhältnisse betreffen.

Für den Leasingnehmer können sich weitere Angabepflichten aus IFRS ergeben, die zu speziellen Fragestellungen bzw Sachverhalten im Zusammenhang mit Leasingverhältnissen Stellung nehmen (zB IAS 16 Anlagevermögen).

D. Gestaltungen und Sonderfälle

I. Forfaitierung

147 Allgemein beschreibt der Begriff Forfaitierung den Ankauf von Forderungen. Im Unterschied zur **unechten Forfaitierung** geht bei der **echten Forfaitierung** das Inkassorisiko auf den Käufer (sog Forfaiteur) über. In beiden Formen haftet der Verkäufer der Forderungen (sog Forfaitist) allein für den rechtlichen Bestand der Forderungen. Für die Werthaltigkeit der Forderungen steht der Leasinggeber dagegen häufig nicht ein. Immanentes Charakteristikum der Forfaitierung im Zusammenhang mit Leasinggeschäften ist regelmäßig der stille Verkauf der künftig fällig werdenden Leasingforderungen. Der Forfaiteur leistet als Kaufpreis den Barwert der künftig fällig werdenden Leasingforderungen. Außerdem kann auch der voraussichtliche Resterlös aus dem Leasingobjekt forfaitiert werden. Der Umfang des vom Forfaiteur übernommenen Delkredererisikos wird in der Bemessung des Diskontierungszinssatzes berücksichtigt. Gängige Praxis ist es auch, bei der Bemessung des Kaufpreises der künftig fällig werdenden Leasingforderungen der Übernahme des Delkredererisikos durch den Abschlag einer Bearbeitungs- und Risikoprämie Rechnung zu tragen. Die Forfaitierung dient der Refinanzierung der Anschaffungskosten des Leasingobjekts. Bei Leasinggesellschaften hat die Forfaitierung von Leasingraten, zB an Kreditinstitute, eine große Bedeutung. Leasinggesellschaften treten dabei als Forfaitisten, Kreditinstitute als finanzintermediäre Forfaiteure auf.

148 Die **bilanzielle Behandlung** der Forfaitierung ist in den IFRS nicht explizit geregelt. Die Leistung des Leasinggebers an den Leasingnehmer ist im Zeitpunkt der Forfaitierung noch nicht erbracht. Der Zahlungszufluss vom als Forfaiteur auftretenden Kreditinstitut bezieht sich auf in der Zukunft liegende Erträge. Mithin ist der Zahlungszufluss – ebenso wie im deutschen Handels- und Steuerrecht – passivisch abzugrenzen und mit dem Gegenwartswert der zukünftigen Leasingerträge zu bewerten.

149 Die **Auflösung des Schuldpostens** hat sich nach IFRS an der Leistungserbringung des Leasinggebers zu orientieren. Der periodenbezogene Auflösungsbetrag ist beim Leasinggeber als Umsatzerlös auszuweisen. Hinsichtlich der Auflösung des Schuldpostens aus der Forfaitierung kann es zu temporären latenten Steuern kommen. Dies ist dann der Fall, wenn die Auflösung im IFRS-Abschluss nutzungs- bzw leistungsabhängig erfolgt, während sie nach Auffassung der deutschen Steuerrechtsprechung (vgl BFH-Urteil vom 24. Juli 1996) ausschließlich nach der linearen Methode vorzunehmen ist.

150 **Beispiel 1:** Forfaitierung Operating-Leasingverhältnis

(1) Aktivierung des Leasingobjekts im Anlagevermögen (Anschaffungskosten T€ 1.000),
(2) planmäßige, lineare Abschreibung über drei Jahre mit Restwert T€ 100 (Abschreibung T€ 300 pa),
(3) Zahlungseingang aus Forfaitierung Leasingraten (Barwert Leasingraten T€ 980),
(4) Einstellung Schuldposten in Höhe des erzielten Barwerts aus der Forfaitierung und ratierliche, ertragswirksame Auflösung (bei Zinssatz 5% pa),
(5) Veräußerung des Leasingobjekts nach drei Jahren mit einem Erlös von T€ 90.

Periode	Leasingraten pa (linear)	Abschreibung pa (linear)	Umsatzerlöse bzw Tilgungsanteil pa	Schuldposten aus Forfaitierung am Periodenende	Erfolgswirkung pa (Saldo)
Jahr	T€	T€	T€	T€	T€
X1	360	300	311	669 (980 – 311)	11 (311 – 300)
X2	360	300	326	343 (669 – 326)	26 (326 – 300)
X3	360	300	343	0 (343 – 343)	43 (343 – 300)
X3	–	100 (Abgang)	90	–	– 10 (90 – 100)
Gesamt	1.080	1.000	1.070 (980 + 90)	–	70 (1.070 – 1.000)

Beispiel 2: Forfaitierung Finanzierungs-Leasingverhältnis

Der Leasinggeber hat das Leasingobjekt angeschafft (Anschaffungskosten T€ 1.000) und zeitgleich einen Finanzierungs-Leasingvertrag über 36 Monate mit Leasingraten in Höhe von insgesamt T€ 1.080 vereinbart. Des Weiteren gelten folgende Annahmen:

(1) Der Leasinggeber hat die Forderung auf die Leasingraten forfaitiert (zB an eine Bank für T€ 1.005 verkauft).
(2) Der Restwert des Leasingobjekts nach drei Jahren beträgt T€ 80. Die Veräußerung erfolgt durch den Leasinggeber.

Periode	Leasingraten pa (linear)	Vermögenswert (Nettoinvestitionswert) am Periodenende	Zinserfolg pa (Saldo)	Schuldposten am Periodenende	Gewinn aus Veräußerung
Jahr	T€	T€	T€	T€	T€
X1	1.360	0	5	0	0
X2	1.360	0	0	0	0
X3	1.360	0	0	0	80
Gesamt	1.080	0	5	0	80

Es wird kein Vermögenswert aus den künftigen Leasingzahlungen ausgewiesen, da dieser an das Kreditinstitut für einen Barwert von T€ 1.005 (Nettoinvestitionswert T€ 1.000) abgetreten wurde; die Barwertdifferenz verbleibt dem Leasinggeber als Zinserfolg. Die Erfolgswirkung der jeweiligen Periode setzt sich aus dem Zins- und dem Veräußerungserfolg zusammen.

II. Leasing des Herstellers oder Händlers

151 Für den Fall, dass der Leasinggeber zugleich **Hersteller oder Händler** des Leasingobjekts ist, liegt der Unterschied zum üblichen **Finanzierungs-Leasingverhältnis** in der **Realisation** eines Verkaufsgewinns bzw Verkaufsverlusts (IAS 17.42 ff). Durch die Verbindung des Finanzierungs- und Verkaufsgeschäfts ergeben sich beim Hersteller bzw Händler zwei Arten von Erträgen bzw Aufwendungen: Der Gewinn bzw Verlust aus dem unmittelbaren Verkaufsgeschäft und der Finanzertrag über die Laufzeit des Leasingverhältnisses (IAS 17.43).

Zu Beginn des Leasingverhältnisses weist der Leasinggeber, der Händler oder Hersteller ist, einen **Umsatzerlös** in Höhe des niedrigeren Betrags aus dem beizulegendem Zeitwert des Leasingobjekts und dem Barwert der Mindestleasingzahlungen an den Leasinggeber aus.

152 Zur **Ermittlung des Gewinns oder Verlusts** aus dem Veräußerungsgeschäft werden diesen Umsatzerlösen die Anschaffungs- bzw Herstellungskosten des Leasingobjekts oder, falls abweichend, der Buchwert des Leasingobjekts (abzüglich dem Barwert des nicht garantierten Restwerts) als Umsatzkosten aufwandswirksam gegenübergestellt (IAS 17.44). Dies führt zu einem unsaldierten Ausweis in der Gesamtergebnisrechnung bzw gesonderten GuV (sofern erstellt) (s § 15 Rz 46 ff) und damit zu erheblich höheren Erlösen und Aufwendungen als bei üblichen Veräußerungsgeschäften von Herstellern bzw Händlern. Darüber hinaus werden Vertragsabschluss- und Verhandlungskosten zu Beginn der Laufzeit des Leasingverhältnisses als Herstellungskosten des Umsatzes erfasst (IAS 17.46).

153 Der unterschiedliche Ausweis bei einem Hersteller oder Händler ist **sachgerecht**, da ein **saldierter Ausweis** des Barwerts der Mindestleasingraten (zzgl garantierter Restwert) und der Anschaffungskosten des Leasinggegenstands unzulässigerweise nur den Rohertrag aus der Herstellung bzw dem Handel mit dem Leasingobjekt abbilden würde. Dies würde nicht dem Ausweis aus anderen, vergleichbaren Veräußerungsgeschäften des Herstellers bzw Händlers entsprechen.

154 Um das Interesse der Kunden zu wecken, verwenden Händler oder Hersteller teilweise **niedrige Zinssätze**, die im Verkaufszeitpunkt zu einem höheren Veräußerungsgewinn führen würden. In diesem Falle wird der Gewinn auf den Betrag begrenzt, der sich bei der Berechnung mit einem **marktüblichen Zinssatz** ergeben hätte (IAS 17.45).

155 Während die Abgrenzung beim Hersteller des Leasingobjekts idR unproblematisch ist, können **Ermessensspielräume** einerseits bei der Abgrenzung der Tätigkeitsbereiche eines Händlers, der auch Leasingverträge als Finanzierungsform anbietet, auftreten. Andererseits bestehen **Abgrenzungsschwierigkeiten** bei **Finanzdienstleistungsunternehmen**, die neben Leasingverträgen für erworbene Leasingobjekte auch eine umfangreiche Palette von anderen Dienstleistungen offerieren. In diesem Falle ist eine **Segmentierung** der im Rahmen einer Gesamtprojektierung der Leasinggesellschaft zusätzlich kalkulierten Dienstleistungen aus Wartungs- und Serviceverträgen sowie Beratungs- oder Installationsverträgen erforderlich.

Beispiel: Ein Händler hat Anschaffungskosten für einen Vermögenswert in Höhe von T€ 1.000. Er hat gleichzeitig einen als **Finanzierungs-Leasingverhältnis** zu qualifizierenden Vertrag mit dem Leasingnehmer abgeschlossen. Die künftigen Leasingraten werden an ein Kreditinstitut für T€ 1.005 forfaitiert.

Periode	Leasingraten pa (linear)	Netto-investitions-wert am Periodenende	Umsatz-erlöse pa (Saldo)	Wareneinsatz pa	Gewinn aus Umsatz-geschäft (Saldo)
Jahr	T€	T€	T€	T€	T€
X1	360	0	1.005	1.000	5
X2	360	0	0	0	0
X3	360	0	0	0	0
Gesamt	1.080	–	1.005	1.000	5

Im Falle eines **Operating-Leasingverhältnisses** ergeben sich hier keine Besonderheiten, da das wirtschaftliche Eigentum beim Leasinggeber verbleibt und daher zu Beginn des Leasingverhältnisses mangels Verkaufsvorgang kein Umsatzrealisationsvorgang vorliegt.

III. Sale-and-lease-back-Transaktionen

Wird das zivilrechtliche Eigentum an einem Vermögenswert schuldrechtlich und dinglich übertragen und verbleibt gleichzeitig die wirtschaftliche Nutzung an diesem Vermögenswert durch einen schuldrechtlichen Leasingvertrag beim Leasingnehmer (= bisheriger rechtlicher und wirtschaftlicher Eigentümer), so spricht man von einer ***sale-and-lease-back*-Transaktion** (vgl IAS 17.58 ff). Der **Veräußernde** ist **Leasingnehmer**, der **Erwerber** ist **Leasinggeber**. Grds liegen zwei voneinander getrennte Geschäfte vor, zum einen ein Veräußerungsgeschäft, zum anderen ein sich dem Veräußerungsgeschäft anschließendes Leasinggeschäft, dessen Gegenstand das Veräußerungsobjekt (= Leasinggegenstand) ist. 156

Wesentlicher **Zweck der Transaktion** ist häufig die kurzfristige Erzielung von Liquidität, verbunden mit dem Ziel, den Vermögenswert weiter zu nutzen, bzw der Option, ihn mittel- bis langfristig zurück zu erwerben. Die Höhe der Leasingraten und der vereinbarte Verkaufspreis werden regelmäßig gemeinsam im Rahmen einer Verhandlung festgelegt. Wirtschaftlich betrachtet handelt es sich bei einer *sale-and-lease-back*-Transaktion mit Zurechnung des Leasingobjekts zum Leasingnehmer um eine Transaktion, die einem Kreditgeschäft ähnlich ist, bei dem der Kreditnehmer (= Leasingnehmer) dem Kreditgeber (= Leasinggeber) das Leasingobjekt sicherungsübereignet (*Küting/Koch* KoR 2007, 535). 157

Beispiel: Das Unternehmen A erwirbt eine Maschine vom Hersteller H für T€ 1.000 und schließt mit der Leasinggesellschaft L einen *sale-and-lease-back* Vertrag in derselben Höhe ab. Die Vereinbarung zwischen A und L dient ausschließlich der (Fremd-)Finanzierung der Maschine. Die Beurteilung des Leasingverhältnisses erfolgt nach den Kriterien für Mobilien (vgl Rz 38 ff).

In einer Variante ist Unternehmen A Eigentümer eines bebauten Grundstücks, welches es für T€ 10.000 an die Leasinggesellschaft L veräußert. Da das Grundstück weiterhin betrieblich genutzt werden soll, wird ein mittel- bis langfristiger Immobilienleasingvertrag abgeschlossen. IdR hat der Leasingnehmer das Recht, die Immobilie nach Ablauf oder vorzeitig nach einer Mindestleasingdauer zurück zu erwerben. Maßgeblich für die Beurteilung dieses Falls sind die Kriterien des Immobilienleasing (vgl Rz 90 ff), die grds denen des Mobilienleasing entsprechen.

Zur Feststellung des **wirtschaftlichen Gehalts** einer *sale-and-lease-back* Vereinbarung ist zunächst mithilfe einer Analyse der Verteilung von Chancen und Risiken das Leasinggeschäft als Finanzierungs- oder Operating-Leasingverhältnis 158 zu klassifizieren. Im Zusammenhang mit *sale-and-lease-back* Transaktionen ist die Klassifizierung für die erfolgsmäßige Behandlung eines bei der Transaktion entstehenden Veräußerungsgewinns von besonderem Interesse.

159 Im Falle eines **Finanzierungs-Leasingverhältnisses** veräußert der Leasingnehmer das Leasingobjekt. Er behält aber das wirtschaftliche Eigentum an dem Vermögenswert, dh der Leasinggeber finanziert den Vermögenswert und erhält das zivilrechtliche Eigentum als Sicherheit. Solche Transaktionen sind nach den Grundsätzen des Mobilien- oder Immobilienleasing zu behandeln. Hinsichtlich der Erfassung von Veräußerungsgewinnen oder -verlusten sind folgende Fälle zu unterscheiden:

Finanzierungsleasing	Erfassung beim Leasingnehmer
Verkaufserlös < Buchwert (a) Wertminderung gem IAS 36 (b) Vorliegen anderer Gründe	 Sofortige aufwandswirksame Abwertung auf den erzielbaren Betrag Aktivische Abgrenzung des Veräußerungsverlusts und aufwandswirksame Auflösung über die Laufzeit des Leasingverhältnisses
Verkaufserlös = Buchwert	Es entsteht kein Veräußerungsgewinn oder -verlust
Verkaufserlös > Buchwert	Passivische Abgrenzung des Unterschiedsbetrags und ertragswirksame Auflösung über die Laufzeit des Leasingverhältnisses

160 Liegt ein Finanzierungs-Leasingverhältnis vor, so darf ein aus dieser Transaktion resultierender **Veräußerungsverlust** beim Leasingnehmer nur insoweit sofort **aufwandswirksam** erfasst werden, als er auf einer **Wertminderung** gem IAS 36 beruht (IAS 17.64). Verluste, die sich aus anderen Gründen ergeben, sind indessen zunächst aktivisch abzugrenzen und anschließend über die Dauer der Laufzeit des Leasingverhältnisses aufwandswirksam abzugrenzen (Umkehrschluss aus IAS 17.64 in Analogie zu IAS 17.59). Ein **Veräußerungsgewinn des Leasingnehmers** darf ebenfalls **nicht sofort erfolgswirksam** erfasst werden. Er ist bilanziell als Schuldposten zu erfassen und über die Laufzeit des Leasingverhältnisses ertragswirksam zu realisieren (IAS 17.59). Im Ergebnis werden somit die künftigen Leasingaufwendungen bei einer wirtschaftlichen Betrachtungsweise durch die ratierliche Auflösung des Schuldpostens vermindert.

161 Aus bilanzieller Sicht ist der Schuldposten in eine **kurz- und eine langfristige Komponente** aufzuspalten. Als kurzfristig sind dabei diejenigen Bestandteile des abgegrenzten Veräußerungsgewinns auszuweisen, die innerhalb des dem Bilanzstichtag folgenden Geschäftsjahres erfolgswirksam zu erfassen sind. IAS 17 lässt die Frage offen, auf welcher Basis der abgegrenzte Veräußerungsgewinn über die Laufzeit des Leasingverhältnisses erfolgswirksam zu verteilen ist.

162 Erhält der Leasinggeber neben dem zivilrechtlichen auch das **wirtschaftliche Eigentum** an dem Vermögenswert und überlässt er dem Leasingnehmer (= Veräußerer) lediglich ein zeitlich begrenztes Nutzungsrecht, so handelt es sich um ein **Operating-Leasingverhältnis.** Der Leasingnehmer hat die aus einem Operating-Leasingverhältnis resultierenden Zahlungen unabhängig von der vertraglich festgelegten Ratengestaltung linear über die Laufzeit des Leasingverhältnisses als Aufwand zu erfassen (IAS 17.33). Fallweise kann auf eine andere Periodisierung zurückgegriffen werden (IAS 17.34; s hierzu ausführlich Rz 103ff (Operating-Leasingverhältnis)). Hinsichtlich der Behandlung eines Veräußerungsgewinns oder -verlusts bzw eines unter dem beizulegenden Zeitwert liegenden Buchwerts sind folgende Fälle zu unterscheiden:

Operating-Leasing	Erfassung beim Leasingnehmer
Verkaufserlös < beizulegender Zeitwert	
(a) Künftige Leasingzahlungen liegen nicht unter dem Marktpreis	Sofortige erfolgswirksame Erfassung eines Veräußerungsgewinns oder -verlusts
(b) Künftige Leasingzahlungen liegen zum Ausgleich eines Verlusts unter dem Marktpreis	Aktivische Abgrenzung des Veräußerungsverlusts und aufwandswirksame Auflösung über die voraussichtliche Nutzungsdauer
Verkaufserlös = beizulegender Zeitwert	Sofortige erfolgswirksame Erfassung eines Veräußerungsgewinns oder -verlusts
Verkaufserlös > beizulegender Zeitwert	Passivische Abgrenzung des Unterschiedsbetrags und ertragswirksame Auflösung über die voraussichtliche Nutzungsdauer
Buchwert > beizulegender Zeitwert	Sofortige aufwandswirksame Erfassung des Verlusts
Buchwert < beizulegender Zeitwert	Sofortige ertragswirksame Erfassung des Gewinns

Ein **Veräußerungsgewinn bzw -verlust** ist hier beim Veräußerer nur unmittelbar zu erfassen, wenn entweder von einem gewöhnlichen Veräußerungsgeschäft ausgegangen werden kann (IAS 17.62; Verkaufserlös = beizulegender Zeitwert) oder wenn bei einem unter dem beizulegenden Zeitwert liegenden Veräußerungserlös die künftigen Leasingzahlungen nicht zum Ausgleich eines Verlusts unter dem Marktpreis liegen. Unmittelbar bedeutet dabei zu Beginn des Leasingverhältnisses. Anderenfalls ist der Veräußerungsverlust aktiv abzugrenzen und erfolgswirksam im Verhältnis zu den Leasingzahlungen über die voraussichtliche (wirtschaftliche) Nutzungsdauer des Vermögenswerts aufzulösen (IAS 17.61). Übersteigt der Veräußerungserlös indessen den beizulegenden Zeitwert, so ist der daraus resultierende Differenzbetrag zunächst passivisch abzugrenzen und anschließend erfolgswirksam über die voraussichtliche (wirtschaftliche) Nutzungsdauer des Vermögenswerts zu verteilen (IAS 17.61). Zudem ist ein Verlust in Höhe des Differenzbetrags zwischen dem (höheren) Buchwert und dem (niedrigeren) beizulegenden Zeitwert im Zeitpunkt der *sale-and-lease-back* Transaktion unmittelbar aufwandswirksam zu erfassen (IAS 17.63). Analog ist eine positive Differenz zwischen dem (höheren) beizulegenden Zeitwert und dem niedrigeren Buchwert sofort ertragswirksam zu vereinnahmen. 163

Beispiel 1: Unternehmen A verkauft ein bebautes Grundstück an Unternehmen B. 164
A mietet dieses Grundstück anschließend langfristig von B. Weitere Angaben sind:

Buchwert Grundstück	T€ 1.300
Beizulegender Zeitwert Grundstück	T€ 2.800
Buchwert Gebäude	T€ 250
Beizulegender Zeitwert Gebäude	T€ 550
Restnutzungsdauer	20 Jahre
Verkaufspreis Grundstück und Gebäude	T€ 4.260
Leasingrate jährlich	T€ 480
Laufzeit des Leasingvertrags	20 Jahre

Unternehmen A (= Leasingnehmer) erzielt aus dem Verkauf des bebauten Grundstücks einen (Buch-)Gewinn in Höhe von T€ 2.710. Die Behandlung der ***sale-and-lease-back* Transaktion** hängt von der Art des betreffenden Leasingverhältnisses ab (IAS 17.58).

Da es sich um ein bebautes Grundstück handelt, sind die Vermögenswerte Grund und Boden sowie Gebäude grds separat zu betrachten. Der Verkehrswert des Grund und

Bodens sei nicht unwesentlich im Verhältnis zum Gesamtwert des Grundstücks. Zu Beginn des Leasingverhältnisses werden deshalb die Mindestleasingzahlungen nach dem Verhältnis der beizulegenden Zeitwerte der Leasingobjekte in eine auf das Grundstück und in eine auf das Gebäude entfallende Komponente aufgeteilt (IAS 17.15 f). Nach dieser Methode errechnet sich eine jährliche Leasingrate für das Grundstück von rund T€ 401 (= 480 × 2.800/3.350) und für das Gebäude von rund T€ 79 (= 480 × 550/3.350).

Die Vereinbarung wird hinsichtlich des Gebäudes sowie vor dem Hintergrund der Identität des Zeitraums der wirtschaftlichen Nutzungsdauer und des Leasingvertrags als Finanzierungs-Leasingverhältnis klassifiziert. Hinsichtlich des Grundstücks wird stattdessen, da kein besonderer Tatbestand wie zB eine günstige Kaufoption oder eine Eigentumsübertragung nach Ablauf des Leasingverhältnisses vorliegt, ein Operating-Leasingverhältnis angenommen.

Beim Verkauf wurden anteilige Veräußerungserlöse in Höhe von rund T€ 3.561 (= 4.260/3.350 × 2.800) für das Grundstück sowie in Höhe von rund T€ 699 (= 4.260/3.350 × 550) für das Gebäude erzielt. In beiden Fällen liegt der Veräußerungserlös sowohl über dem Buchwert, als auch über dem beizulegenden Zeitwert des betreffenden Leasingobjekts.

Bei einem **Operating-Leasingverhältnis** wird für den Fall, dass der Veräußerungserlös den beizulegenden Zeitwert des Leasingobjekts übersteigt, dieser Differenzbetrag beim Veräußerer (Leasingnehmer) passivisch erfasst (*deferred gain*) und über den Nutzungszeitraum erfolgswirksam realisiert (IAS 17.61). Demzufolge ist für das **Grundstück** ein Betrag von rund T€ 761 zu passivieren und über die Laufzeit des Vertrags von 20 Jahren erfolgswirksam zu vereinnahmen. Es errechnet sich eine jährliche Minderung des Leasingaufwands von rund T€ 38. Der Differenzbetrag zwischen dem beizulegenden Zeitwert und dem Buchwert (Grundstück T€ 1.500) stellt im Falle eines Operating-Leasingverhältnisses einen sofort ertragswirksam zu vereinnahmenden Veräußerungsgewinn dar.

Für das **Gebäude** wird ebenfalls ein Überschuss des Verkaufserlöses über den Buchwert ausgewiesen. Im Rahmen des hier zugrunde liegenden Finanzierungs-Leasingverhältnisses wird dieser Differenzbetrag nicht unmittelbar als Ertrag des Verkäufers (= Leasingnehmer) erfasst, sondern über die Laufzeit des Leasingverhältnisses erfolgswirksam verteilt (IAS 17.59). Dementsprechend ist für das Gebäude ein Betrag in Höhe von rund T€ 449 passivisch zu erfassen. Aus der Auflösung dieses Passivpostens errechnet sich eine jährliche Reduzierung des Leasingaufwands von rund T€ 22,5.

165 **Beispiel 2:** Das Unternehmen A veräußert ein Grundstück an eine Leasinggesellschaft und mietet es im Rahmen eines Operating-Leasingverhältnisses zurück. Der Buchwert des Grundstücks beträgt T€ 1.000. Für dieses Grundstück kann auf dem Immobilienmarkt das 7fache der Jahresmiete erzielt werden. Beträgt die marktübliche Jahrespacht T€ 120, so ergibt sich ein Marktwert des Grundstücks von T€ 840. Das Unternehmen hat mit der Leasinggesellschaft jedoch eine jährliche, endfällige Pacht von T€ 150 über 15 Jahre vereinbart. Der Verkaufspreis beträgt T€ 1.450 (= Barwert der Leasingraten bei einem Zinssatz von 6%). Da der beizulegende Zeitwert des Grundstücks unter dem Buchwert liegt, ist die Differenz in Höhe von T€ 160 sofort als Veräußerungsverlust auszuweisen. Des Weiteren wird ein den Marktpreis übersteigender Veräußerungspreis (hier: T€ 610) als *deferred gain* passivisch erfasst und über die Leasinglaufzeit ertragswirksam vereinnahmt.

Bzgl der Anwendbarkeit von IFRS 5 im Rahmen von *sale-and-lease-back* Transaktionen vgl § 28 Rz 13.

IV. Leasingobjektgesellschaften

1. Abgrenzung der Zweckgesellschaft

166 Objektgesellschaften haben insbes im Zusammenhang mit Leasingverhältnissen große Bedeutung. Mit der Errichtung von Objektgesellschaften wurde in der Vergangenheit häufig das bilanzpolitisch motivierte Ziel verfolgt, diese nicht in den Konzernabschluss des Leasingnehmers einbeziehen zu müssen. Deshalb hat

der IASB mit SIC 12 eine eigene Interpretation zur Bilanzierung von **Zweckgesellschaften** (*special purpose entities* = SPE) herausgegeben.

Die Leasingobjektgesellschaft wird als zivilrechtlich selbstständige Gesellschaft unter steuerlichen bzw bilanzpolitischen Gesichtspunkten in der Rechtsform der GmbH oder der KapGes & Co KG gegründet. Der Gesellschafter ist häufig ein Kreditinstitut, ein Versicherungsunternehmen oder eine Leasinggesellschaft. Es kann sich aber auch um eine von Dritten beherrschte PersGes oder Stiftung handeln, die sich als Gesellschafter oder stiller Gesellschafter beteiligt. Die **Leasingobjektgesellschaft** erwirbt dabei einen oder mehrere gleichartige Vermögenswerte (Immobilien oder Mobilien) und vermietet diese Objekte an ein oder mehrere Unternehmen (Leasingnehmer). Der Erwerb erfolgt häufig in Form von *sale-and-lease-back*-Transaktionen. 167

Die Beurteilung der Bilanzierung als Operating-Leasingverhältnis oder als Finanzierungs-Leasingverhältnis erfolgt nach den in IAS 17.10f genannten Abgrenzungskriterien und richtet sich grds nach der wirtschaftlichen Gesamtbeurteilung der **Chancen und Risiken.** Allerdings werden diese Kriterien in den Standards bzw Interpretationen nicht eindeutig geregelt. Folglich ist die Zuordnung einzelner Vermögenswerte grds unabhängig von der Entscheidung zu treffen, ob eine SPE in einen Konzernabschluss einzubeziehen ist.

SIC 12.10 nennt folgende **Merkmale**, die bei wirtschaftlicher Betrachtung für sich oder in ihrer Gesamtheit zu einer Verpflichtung führen, die Leasingobjektgesellschaft in den Konzernabschluss des Leasingnehmers einzubeziehen. Dies erfolgt unabhängig davon, ob der Leasingnehmer Gesellschafter der Objektgesellschaft ist. 168

(1) Der Nutzen aus der Geschäftstätigkeit der Objektgesellschaft steht direkt oder indirekt überwiegend dem Leasingnehmer zu.
(2) Der Leasingnehmer hat das Recht, überwiegend den Nutzen aus der Geschäftstätigkeit der Objektgesellschaft zu ziehen.
(3) Der Leasingnehmer behält überwiegend den Nutzen aus den mit den „vermieteten" Leasingobjekten verbundenen Risiken und Chancen der Leasingobjektgesellschaft.
(4) Die Geschäftstätigkeit der Leasingobjektgesellschaft ist auf die besonderen Bedürfnisse des Leasingnehmers ausgerichtet.

2. Besonderheiten im Konzernabschluss

Entspr den in **SIC 12.10** aufgeführten Merkmalen ist eine Leasingobjektgesellschaft immer dann in den **Konzernabschluss** des Leasingnehmers einzubeziehen, wenn bei einer ganzheitlichen Risiko-Nutzen-Betrachtung der Leasingnehmer die Mehrheit der Risiken bzw des Nutzens der Leasingobjektgesellschaft trägt 169

Allgemein gilt der Grundsatz: Handelt es sich bei der Leasingtransaktion um ein **Operating-Leasingverhältnis**, so wird der Leasinggegenstand bei der SPE bilanziert. Ein möglicher Gewinn aus der Veräußerung des Vermögenswerts wird beim Leasingnehmer ausgewiesen. Für die mögliche Einbeziehung der SPE in den Konzernabschluss des Leasingnehmers gelten die allgemeinen Grundsätze der Kapitalkonsolidierung (vgl § 30 Rz 19ff, § 32 Rz 11ff) unabhängig davon, ob es sich um eine sog Einobjekt-Gesellschaft handelt, oder ob die Zweckgesellschaft noch über weitere wesentliche Vermögenswerte und/oder Schulden verfügt. Ist im Rahmen des Leasinggeschäfts jedoch kein bedeutsamer Veräußerungsgewinn aufgedeckt worden, so kann im Rahmen des Konzerabschlusses aus Vereinfachung eine Zwischengewinneliminierung unterbleiben und der Leasinggegenstand mit den fortgeführten Anschaffungskosten des Leasinggebers ausgewiesen werden. 170

171 Sofern das Leasingverhältnis aber nach IAS 17 als **Finanzierungs-Leasingverhältnis** zu qualifizieren ist, wird der Leasinggegenstand bereits im Einzelabschluss des Leasingnehmers als Vermögenswert ausgewiesen. Allerdings wird der Leasinggegenstand auf Ebene des Einzelabschlusses nicht mehr zu seinen ursprünglichen fortgeführten Anschaffungs- bzw Herstellungskosten, sondern zum Barwert der Mindestleasingraten bzw dem beizulegenden Zeitwert bilanziert.

172 Bei der Prüfung der potenziellen **Einbeziehungspflicht einer Zweckgesellschaft** in den Konzernabschluss des Leasingnehmers ist ebenfalls auf SIC 12.10 abzustellen. Die Einbeziehung der SPE in den Konzernabschluss würde insofern keine weitere Erfassung des Leasinggegenstands mehr mit sich bringen, jedoch würde der Veräußerungsgewinn als konzerninterner Ertrag zu eliminieren sein. Aus Sicht des Konzernabschlusses könnte die Auffassung vertreten werden, dass im Falle einer Einbeziehung der SPE in den Konzernabschluss des Leasingnehmers von einer Qualifizierung des Leasingverhältnisses als Finanzierungs-Leasingverhältnis abgesehen werden könnte. Dies ist aber im Hinblick auf die zutreffende Darstellung im Einzelabschluss nicht sachgerecht. Es sollte deshalb stets zunächst auf Ebene des Einzelabschlusses die Frage der Qualifizierung des Leasingverhältnisses geklärt werden. Anschließend sind bei Aufstellung des Konzernabschlusses des Leasingnehmers die Frage der Einbeziehung der SPE und die Konsolidierung konzerninterner Transaktionen zu beurteilen. Im Rahmen der Prüfung der Einbeziehung ist entscheidend, ob die Mehrheit der Chancen und Risiken aus dem Leasingverhältnis dem Leasingnehmer oder der SPE zuzurechnen sind. Hierbei ist eine **Gesamtbetrachtung** maßgeblich, dh es ist nicht nur auf die gesellschaftsvertragliche Gewinnverteilungsabrede der SPE abzustellen, sondern zusätzlich auch auf mögliche Abreden zur Verteilung eines Veräußerungsgewinns des Leasingobjekts zu achten (vgl § 32 Rz 15).

173 Zu den Auswirkungen des im Rahmen des **IASB-Projekts *„Consolidation"*** überarbeiteten *control*-Begriffs im **Standardentwurf ED 10 *Consolidated Financial Statements*** auf die Konsolidierungspflicht von Zweckgesellschaften s § 30 Rz 56ff.

V. Lease-and-lease-back-Transaktionen

174 Bei *lease-and-lease-back*-Transaktionen vermieten Unternehmen, Kommunen etc ein Leasingobjekt, zB Bürogebäude, Heizkraftwerke, Wasserwerke oder bewegliche Vermögenswerte, langfristig im Rahmen eines Mietvertrags an einen Investor. Dasselbe Leasingobjekt wird unmittelbar vom Investor an den Erstvermieter – im Rahmen eines Untermietvertrags – zurück vermietet.

175 In der Praxis werden *lease-and-lease-back* Vereinbarungen häufig als sog *cross-border-lease* Verhältnisse ausgestaltet. Bei dieser Gestaltung werden unterschiedliche steuerrechtliche Beurteilungen im In- und Ausland genutzt. IdR wird bei einem ***cross-border*-Leasingverhältnis** das Leasingobjekt sowohl beim Mieter als auch beim Vermieter als wirtschaftliche Eigentümer bilanziert. Leasinggeber und Leasingnehmer können die Abschreibungen des Leasingobjekts steuerlich geltend machen.

176 Im Jahr 2004 wurde im Rahmen des „*American Jobs Creation Act*"der ***internal revenue code*** (IRC) in den USA und damit die steuerliche Beurteilung dieser Transaktionen geändert. Infolge dessen wurden „steuermindernde" *cross-border* Vereinbarungen mit Unternehmen in den USA unterlassen, sofern die Verträge nicht bereits vor dem 12. März 2004 abgeschlossen waren. Zudem ist durch das *revenue ruling* des *internal revenue service* (IRS) fraglich geworden, ob die

steuerlichen Vorteile bei vor diesem Datum abgeschlossenen *cross-border*-Leasingverträgen erhalten bleiben.

***Cross-border*-Leasingverhältnisse** sind aber **weiterhin** zwischen Unterneh- 177
men in Deutschland und ausländischen Unternehmen, zB in Großbritannien und Schweden, **möglich**. IdR vermietet das deutsche Unternehmen als Eigentümer den betreffenden Vermögenswert für einen längeren Zeitraum als die Restnutzungsdauer an eine im Ausland ansässige Zweckgesellschaft, die dadurch nach dem maßgeblichen Steuerrecht wirtschaftlicher Eigentümer des Leasingobjekts wird. Wenn die Leasingrate für (fast) die gesamte Laufzeit vorausbezahlt wird, kann ein sofort abziehbarer Aufwand vorliegen, der zu entspr Steuererstattungen für die Investoren führt. Der entstehende **Barwertvorteil** wird üblicherweise teilweise an den rechtlichen Eigentümer und Nutzer weitergereicht.

Für diese Vertragsverhältnisse stellt sich die Frage, ob es sich tatsächlich um 178
Leasingverhältnisse iSv IAS 17 handelt, da SIC 27.1 grds eine Beurteilung von Transaktionen nach ihrem **wirtschaftlichen Gehalt** vorsieht. Die rechtliche Form eines Leasingverhältnisses ist insofern nicht maßgeblich für die wirtschaftliche Beurteilung einer Vereinbarung. SIC 27.5 nennt deshalb verschiedene Indikatoren, die unabhängig voneinander darauf hinweisen, dass möglicherweise kein Leasingverhältnis nach IAS 17 vorliegt (vgl im Einzelnen Rz 22). Insbes sei hier der bedeutende Fall genannt, dass der Hauptzweck einer Vereinbarung nicht die Übertragung des Nutzungsrechts an einem Vermögenswert, sondern lediglich die Erzielung eines bestimmten steuerlichen Ergebnisses (sog Steuervorteil) ist. Liegt nach den Kriterien des SIC 27.5 kein Leasingverhältnis iSv IAS 17 vor, bleibt es bei der Bilanzierung, wie sie ohne die *lease-and-lease-back* Konstruktion vorgenommen würde.

VI. Sublease-Verhältnisse

Vermietet ein Leasingnehmer, der einen Leasingvertrag mit einem Leasingge- 179
ber abgeschlossen hat, ein Leasingobjekt im Rahmen eines neuen Leasingvertrags an einen Dritten weiter, so handelt es sich bei diesem „neuen" Leasingverhältnis um ein ***Sublease*-Verhältnis.** Die Grundzüge der Bilanzierung dieser beiden Leasingverhältnisse, des ursprünglichen Leasingverhältnisses und des „neuen" Leasingverhältnisses, sind abhängig von unterschiedlichen Situationen.

	Leasinggeber	Leasingnehmer (= Sublessor)		Sublessee
Leasing-Verhältnisse Fälle	Leasinggeber	Leasingnehmer ggü ursprünglichem Leasinggeber und ...	... zugleich Leasinggeber ggü „neuem" Leasingnehmer	Leasingnehmer
(1)	Operatingleasing		Operatingleasing	
(2)	Finanzierungsleasing		Operatingleasing	
(3)	Finanzierungsleasing		Finanzierungsleasing	
(4)	Operatingleasing		Finanzierungsleasing	

Der (ursprüngliche) Leasinggeber und der Sublessee bilanzieren die Leasing- 180
verhältnisse entspr ihrer Klassifizierung als Operating- oder Finanzierungsleasing in Übereinstimmung mit den allgemeinen Regeln (s Rz 38ff). Hinsichtlich der **Bilanzierung beim Sublessor** ist Folgendes zu beachten: In Fall (1) ergeben

sich keine Besonderheiten bei der Bilanzierung der beiden Leasingverhältnisse, insbes ist aus Sicht des Sublessors kein Leasinggegenstand zu bilanzieren, da dieser ausschließlich beim Leasinggeber bilanziert wird. In Fall (2) bilanziert der Leasingnehmer (= Sublessor) den Leasinggegenstand (und die entspr Verbindlichkeit) nach den allgemeinen Grundsätzen für Finanzierungsleasing-Verhältnisse. Aus dem Operating-Leasingverhältnis, bei dem der Sublessor als Leasinggeber auftritt, werden die Leasingzahlungen vom Sublessee entspr den allgemeinen Regeln (s Rz 103ff) erfasst. In Fall (3) ist beim Sublessor zu beachten, dass er einerseits sowohl eine Leasingforderung ggü dem Sublessee als auch das Leasingobjekt aktiviert hat. Andererseits hat er eine Verbindlichkeit aus dem Leasingverhältnis mit dem (ursprünglichen) Leasinggeber zu bilanzieren. Der Fall (4) ist schließlich theoretischer Natur, der praktisch nicht auftreten wird, da der Sublessor dem Sublessee kein (wirtschaftliches) Eigentum verschaffen kann, das er selbst aufgrund des ursprünglichen Operating-Leasingverhältnisses nicht hat.

181–185 *einstweilen frei*

E. Gegenüberstellung zum HGB

I. Gemeinsamkeiten

186 Leasingverhältnisse werden im Rahmen der handelsrechtlichen Rechnungslegungsvorschriften nicht explizit behandelt. Vielmehr finden die allgemeinen Ansatzvorschriften für Kaufleute nach den §§ 246, 252 HGB Anwendung. Demnach sind sämtliche Vermögensgegenstände des Kaufmanns anzusetzen, an denen dieser **wirtschaftliches Eigentum** besitzt.

187 Da davon ausgegangen werden kann, dass es sich bei einem Leasingobjekt um einen Vermögensgegenstand handelt, der dem Kaufmann mehr als zwölf Monate, nach dem Verständnis des deutschen Handelsrechts also dauerhaft, zur Verfügung steht, erfolgt der **Ausweis im Anlagevermögen** (vgl § 247 Abs 2 HGB).

188 Hinsichtlich der **Abgrenzungsmerkmale**, ob wirtschaftliches Eigentum beim Leasingnehmer oder Leasinggeber im handelsrechtlichen Jahresabschluss vorliegt, bezieht sich die Praxis idR auf die Leasingerlasse der Finanzverwaltung für Mobilien und Immobilien. Dabei wird zwischen Voll- und Teilamortisation sowie zwischen Mobilien- und Immobilienleasing unterschieden.

189 Beim **Mobilienleasing** wendet die deutsche Finanzverwaltung, vergleichbar IAS 17.10, nachfolgende Abgrenzungskriterien an (vgl BMF-Schreiben vom 19. April 1971).

190 Mit dem **Mietzeittest** nach IAS 17.10 korrespondiert die Bilanzierung handelsrechtlich beim Leasingnehmer, wenn bei Vollamortisationsverträgen die Grundmietzeit des Leasingverhältnisses weniger als 40% oder mehr als 90% der betriebsgewöhnlichen Nutzungsdauer (iSd steuerlichen Abschreibungstabellen) umfasst. Des Weiteren sieht auch der Leasingerlass einen **Barwerttest** vor, indem die Bilanzierung beim Leasingnehmer zu erfolgen hat, wenn die während der Grundmietzeit zu leistenden Leasingraten mindestens die Anschaffungs- bzw Herstellungskosten des Leasinggebers sowie alle Nebenkosten einschließlich der Finanzierungskosten des Leasinggebers decken (Vollamortisation). Das Merkmal der **Kaufpreisoption** findet sich wie folgt im Leasingerlass der deutschen Finanzverwaltung: Es handelt sich um Finanzierungsleasing, wenn der aufgrund des Optionsrechts zu zahlende Kaufpreis niedriger ist als der auf Basis linearer Abschreibungen nach den amtlichen AfA-Tabellen ermittelte Buchwert oder der entspr niedrigere gemeine Wert. Schließlich stimmt der Leasingerlass auch beim

Kriterium **Speziealleasing** weitgehend mit den Regelungen in IAS 17.10(e) überein.

Zum **Immobilienleasing** hat die deutsche Finanzverwaltung ebenfalls einen 191
Erlass mit BMF-Schreiben vom 21. März 1972 veröffentlicht. Danach sind die Zurechnungskriterien ebenso wie nach IAS 17.14 getrennt für den Grund und Boden und für das Gebäude zu prüfen. Hat der Leasingnehmer eine Kaufoption auf den Erwerb des Grund und Bodens, so ist dieser dem Leasingnehmer zuzurechnen. Entspr gilt für das Gebäude, wenn dem Leasingnehmer eine Kauf- oder Mietverlängerungsoption vertraglich zugesichert ist.

II. Wesentliche Unterschiede

Unterschiede zwischen den IFRS und dem HGB bei den Zurechnungskrite- 192
rien ergeben sich zB bei Verträgen **ohne Kauf- und Mietverlängerungsoption.** Beispielhaft sei der Fall einer Grundmietzeit von weniger als 40% der betriebsgewöhnlichen Nutzungsdauer genannt. Dieser Sachverhalt wird von IAS 17 nicht genannt.

Ist der Leasingnehmer bereit, im Rahmen von Vollamortisationsverträgen die 193
Anschaffungskosten zzgl Zinsen innerhalb einer Zeitdauer von weniger als 40% der Nutzungsdauer dem Leasinggeber zu bezahlen, so muss er zumindest von einer sehr **vorteilhaften Überlassung** am Ende der Vertragslaufzeit ausgehen. Folglich müsste auch nach IAS 17 in diesem Fall das wirtschaftliche Eigentum beim Leasingnehmer liegen. Zu prüfen ist in diesem Fall insbes, ob der Eigentumsübergang am Ende der Grundmietzeit „verdeckt" vereinbart wurde. Im Ergebnis ist eine Einzelfallbetrachtung erforderlich.

Des Weiteren gibt es Unterschiede bei **Teilamortisationsverträgen von Mo-** 194
bilien. Wird eine Grundmietzeit zwischen 40% und 90% vereinbart, so ist nach dem Leasing-Erlass vom 22. Dezember 1975 (BMF-Schreiben vom 22. Dezember 1975) eine Zurechnung beim Leasingnehmer vorzunehmen, wenn der Leasinggegenstand an einen Dritten veräußert werden soll und dem Leasingnehmer mehr als 75% des Mehrerlöses zustehen. Diesen Fall kennt IAS 17 ebenfalls nicht explizit, sodass sich auch in dieser Frage Unterschiede zwischen HGB und IAS 17 bei der Zurechnung von Leasingobjekten ergeben können.

Ein weiterer wesentlicher Unterschied kann beim Immobilienleasing auftrete, 195
wenn **keine günstige Mietverlängerungs- oder Kaufoption** vereinbart wird. In diesem Fall kann die Bilanzierung des Grund und Bodens nach IAS 17 unabhängig von der Bilanzierung des Gebäudes erfolgen, während der Leasing-Erlass vom 23. Dezember 1991 (BMF-Schreiben vom 23. Dezember 1991) eine Zurechnung des Grund und Bodens entspr dem Gebäude vorsieht. Dieses Ergebnis entspricht der zivilrechtlichen Betrachtung in Deutschland, nach der das Gebäude wesentlicher Bestandteil des Grundstücks ist und somit grds das Eigentum am (bebauten) Grundstück bilanziert wird.

III. Zurechnungskriterien nach IAS 17 und HGB

Ziel der folgenden Übersicht ist eine tabellarische Gegenüberstellung der 196
Zurechnungskriterien nach HGB und nach IAS 17. In Anbetracht der Prinzipienbasierung von IAS 17 und der damit verbundenen Abwägung des **Gesamtbilds** der Verhältnisse kann die nachfolgende Zuordnung **Anhaltspunkte** für eine tendenzielle Zurechnung der Vermögenswerte geben.

	IAS 17		HGB	
Zurechnungskriterien	**Leasing-geber**	**Leasing-nehmer**	**Leasing-geber**	**Leasing-nehmer**
1. Immobilien				
1.1. Grund und Boden				
Ohne Kaufoption des Leasing-nehmers	X		X	
Mit Kaufoption des Leasingnehmers				
– Kaufpreis > Buchwert	X		X	
– Kaufpreis < Buchwert		X		X
1.2. Bebautes Grundstück	Getrennte Beurteilung Bilanzierung unabhängig vom Gebäude		Zurechnung des Grund und Bodens folgt der des Gebäudes	
2. Mobilien				
2.1. Vollamortisationsverträge Mobilien und Gebäude				
Grundmietzeit < 40% der betriebsgewöhnlichen Nutzungsdauer	Einzelfallbetrachtung			X
Grundmietzeit > 90% der betriebsgewöhnlichen Nutzungsdauer		X		X
Grundmietzeit 40% – 90% der betriebsgewöhnlichen Nutzungsdauer				
– ohne Optionsrecht des Leasingnehmers	Einzelfallbetrachtung		X	
– mit Kaufoption				
• Kaufpreis > Restbuchwert bei linearer AfA	X		X	
• Kaufpreis < Restbuchwert bei linearer AfA		X		X
– mit Mietverlängerungsoption				
• Anschlussmiete > lineare AfA (bei Gebäuden > 75% der marktüblichen Miete)	X		X	
• Anschlussmiete < lineare AfA (bei Gebäuden < 75% der marktüblichen Miete)		X		X
Spezialleasing		X		X

	IAS 17		HGB	
Zurechnungskriterien	**Leasinggeber**	**Leasingnehmer**	**Leasinggeber**	**Leasingnehmer**
2.2. Teilamortisationsverträge Mobilien und Gebäude				
Andienungsrecht des Leasinggebers ohne Optionsrecht des Leasingnehmers	X		X	
Aufteilung des über die Restamortisation erzielten Mehrerlöses, wobei				
– dem Leasingnehmer höchstens 75% des Mehrerlöses zustehen	Einzelfallbetrachtung		X	
– dem Leasingnehmer mindestens 75% des Mehrerlöses zustehen	Einzelfallbetrachtung			X
Andienungsrecht des Leasinggebers und Option des Leasingnehmers, die vermutlich ausgeübt wird		X		X

Zur Diskussion der Abgrenzung **latenter Steuern** beim Leasingnehmer für den Fall, dass aus steuerlicher Sicht ein Operating-Leasingverhältnis, aus IFRS-Sicht hingegen ein Finanzierungs-Leasingverhältnis vorliegt s § 25 Rz 103(n). 197

Zu den Auswirkungen der Änderungen der Identifikation von Beherrschungsverhältnissen des **Bilanzrechtsmodernisierungsgesetzes** (BilMoG) auf die Eigenschaft von Zweckgesellschaften als TU im Konzern s § 30 Rz 52ff. 198

einstweilen frei 199, 200

F. Aktuelle Entwicklungen/IASB-Projekte

I. All-or-Nothing-Ansatz

IAS 17 wurde 1982 als „**Sammelvorschrift**“ leasingspezifischer Bilanzierungsrichtlinien verschiedener Standardsetter verabschiedet. 1997 wurde der Standard unter besonderer Berücksichtigung der Empfehlungen der IOSCO überarbeitet. Der für die Frage nach der Zuordnung des wirtschaftlichen Eigentums maßgebliche Chancen-und Risiken-Ansatz wurde dabei nicht modifiziert. Im Rahmen des *Improvement Projects* erfuhr der Standard im Jahr 2003 lediglich eine marginale Veränderung. 201

IAS 17 folgt – ebenso wie die korrespondierende US-GAAP-Regelung SFAS 13 – dem sog *all-or-nothing*-Ansatz. Aufbauend auf den oben entwickelten Ausführungen gebietet der ***all-or-nothing*-Ansatz**, einen als Finanzierungs-Leasingverhältnis ausgestalteten Leasingvertrag in der Bilanz des Leasingnehmers durch den Ausweis eines Vermögenswerts und einer entspr Verbindlichkeit abzubilden. Dies hat eine erfolgsneutrale Bilanzverlängerung zur Folge. Ist der Leasingvertrag demgegenüber als Operating-Leasingverhältnis ausgestaltet, weisen lediglich Anhangangaben auf das Leasinggeschäft hin. 202

203 Der ***all-or-nothing*-Ansatz** wird seit längerem von internationalen Rechnungslegungs-Standardsettern kritisiert. Aus diesem Grunde wurde 1996 von der G4 + 1-Gruppe (Australien, Großbritannien, Kanada, Neuseeland, USA) ein Diskussionspapier veröffentlicht, welches die bis dahin geltenden Regelungen zur Leasingbilanzierung als unbefriedigend bewertete und erstmals die Forderung nach einem Paradigmenwechsel erhob. Konkrete Verbesserungsvorschläge wurden schließlich in einem 1999 veröffentlichten Positionspapier vorgetragen.

Das Projekt wird in fünf Phasen durchgeführt. In der ersten Phase wurden aufbauend auf dem Fall eines rudimentären Leasingverhältnisses die einem Leasingverhältnis zugrunde liegenden Rechte und Verpflichtungen identifiziert und mit der jeweils im Framework enthaltenen Definition eines Vermögenswerts bzw einer Schuld abgeglichen. Dies warf eine Vielzahl weiterer Probleme auf. Gegenstand der übrigen vier Phasen sind Fragestellungen, die sich mit der Bewertung, den Anwendungsgebieten, der Leasinggeberbilanzierung und den Anhangangaben beschäftigen.

204 Bereits im Jahr 2006 wurde die Bilanzierung von Leasingverhältnissen von der aktiven Forschungsagenda auf die **aktuelle Projektagenda** gesetzt und damit offiziell zu einem ***joint project*** bestimmt. Am 19. März 2009 wurde ein Diskussionspapier *„Leases"* mit einleitenden Betrachtungen zur Leasingbilanzierung veröffentlicht.

II. Right-of-use-Modell

205 In der Überzeugung, der Chancen-und Risiken-Ansatz sei nicht mehr zeitgemäß, sahen sich der IASB und der FASB veranlasst, nicht die bis zur Eröffnung des Leasingprojekts geltenden Standards zu verbessern, sondern vielmehr das Bilanzierungsmodell für Leasingverhältnisse grundlegend zu überarbeiten. Bislang standen bei den Boards die folgenden **drei Modelle** zur Diskussion:

(1) *right-of-use*-Modell,
(2) *whole-asset*-Modell,
(3) *executory-contract*-Modell.

Nach dem nun seit März 2009 vorliegenden Diskussionspapier hat sich das *right-of-use*-Modell erwartungsgemäß beim IASB durchgesetzt. Dieses soll nachfolgend skizziert werden.

206 Im ***right-of-use*-Modell** wird das Leasingobjekt nicht in Form eines physischen Vermögenswerts, sondern als **unbedingtes Recht zur Nutzung** eines Vermögenswerts bilanziell abgebildet. Diesem Modell liegt die Annahme zugrunde, dass während der Laufzeit des Leasingverhältnisses nicht das Leasingobjekt als solches, sondern das dem Leasingobjekt innewohnende Bündel an Nutzungsrechten kontrolliert werde. Die sich im Leasingobjekt bündelnden Vermögenswerte und Verpflichtungen werden folglich isoliert bilanziert. Da der Leasingnehmer nicht über die vollständigen Rechte am Leasingobjekt verfügt, findet dieses selbst keine Abbildung in der Bilanz des Leasingnehmers. Als Verbindlichkeit wird in der Bilanz des Leasingnehmers allein die unbedingte Verpflichtung zur Zahlung der Leasingraten erfasst. Aus der Sicht des Leasinggebers besteht dementsprechend ein Anspruch auf die vereinbarten periodischen Mietzahlungen sowie auf Rückerhalt des Leasingobjekts am Ende der Laufzeit des Leasingvertrags.

Schematisch ergeben sich aus dem *right-of-use*-Modell für den Leasinggeber und den Leasingnehmer folgende **wechselseitigen Rechte** und **Pflichten:** 207

Vermögenswerte und Schulden aus der Sicht	
des Leasinggebers	des Leasingnehmers
Pflicht zur Herausgabe des Vermögenswerts	Recht auf Nutzung des Leasingobjekts
Recht auf Erhalt der Mietzahlungen	Pflicht zur Leistung der Mietzahlungen
Recht auf Rückerhalt des Leasingobjekts am Ende der Vertragslaufzeit	Pflicht zur Rückgabe des Vermögenswerts

Bei dem *right-of-use*-Modell besteht für den Bilanzleser die **Gefahr** der **mangelnden Übersichtlichkeit**. Im Unterschied zu IAS 17 gibt es im *right-of-use*-Modell kein Kriterium, das zwischen Bilanzierung und Nichtbilanzierung unterscheiden würde. Die Konzeption des *right-of-use*-Modells macht es schließlich erforderlich, über die in IAS 17 und IFRIC 4 genannten Fälle hinaus weitere Vertragsgestaltungen unter dem Gesichtspunkt ihrer abstrakten Bilanzierungsfähigkeit zu beurteilen. Besonders relevant erscheint in diesem Zusammenhang zunächst die Abgrenzung zwischen einem Leasingverhältnis und einem Dienstleistungsvertrag sowie – vor dem Hintergrund von IFRIC 4 – die Unterscheidung zwischen einem Leasingverhältnis und schwebenden Geschäften. Zu dieser Thematik wurde von den Boards nicht abschließend Stellung bezogen. Vielmehr hat man sich aus Kosten-Nutzen-Erwägungen darauf verständigt, angesichts des hohen ggf in Kauf zu nehmenden Aufwands von einer Ausweitung des Anwendungsbereichs auf alle *right-of-use*-Transaktionen abzusehen. 208

Nach dem vorliegenden Diskussionspapier ist im Ergebnis eine **Unterscheidung** in Operating- bzw Finanzierungs-Leasingverhältnisse nicht mehr erforderlich. Das Nutzungsrecht korrespondiert mit der entspr Verpflichtung ggü dem Leasinggeber. 209

Bei der Bilanzierung des **Nutzungsrechts** wird davon ausgegangen, dass es sich um einen Vermögenswert handelt. Im Umkehrschluss erfüllen die Verpflichtungen aus dem Leasingverhältnis die Merkmale eines Schuldpostens. 210

Bei der Bilanzierung des **Nutzungsrechts** ist nach dem Diskussionspapier von einer **einheitlichen Erfassung** und nicht von einer getrennten Beurteilung nach dem Komponentenansatz auszugehen. 211

Die **Erstbilanzierung** soll auf der Grundlage des Barwerts der Leasingzahlungen für das Nutzungsrecht und die Leasingverpflichtung in derselben Höhe erfolgen. Sofern sich im Laufe des Leasingverhältnisses relevante Änderungen ergeben, sind diese insgesamt zu berücksichtigen. 212

Der **Ausweis** des Vermögenswerts erfolgt in der Bilanz entspr dem geleasten Vermögensobjekt. Der Posten ist getrennt von den im Eigentum des Unternehmens befindlichen Vermögensposten zu **erläutern**. 213

Die Verpflichtung aus dem Leasingverhältnis ist als Finanzverbindlichkeit auszuweisen. Eine gesonderte Darstellung ist nicht erforderlich.

§ 23. Derivate

Übersicht

Schrifttum: *Coenenberg* Jahresabschluss und Jahresabschlussanalyse, 20. Aufl, Landsberg am Lech 2005; *IDW* RS HFA 9, IDW Stellungnahme zur Rechnungslegung: Einzelfragen zur Bilanzierung von Finanzinstrumenten nach IFRS, WPg 2007, 83; *IDW* Stellungnahme BFA 2/1995 Bilanzierung von Optionsgeschäften, WPg 1995, 421; *Kropp/Klotzbach* Der Exposure Draft zu IAS 39 „Financial Instruments" – Darstellung und kritische Würdigung der geplanten Änderungen des IAS 39, WPg 2002, 1010; *Kuhn/Scharpf* Finanzinstrumente: Neue Vorschläge zum Portfolio Hedging zinstragender Positionen nach IAS 39, DB 2003, 2293; *Kuhn/Scharpf* Rechnungslegung von Finanzinstrumenten, 3. Aufl, Stuttgart 2006; *Lüdenbach* Geplante Neuerungen bei Bilanzierung und Ausweis von Finanzinstrumenten nach IAS 32 und IAS 39, BB 2002, 2113; *Niemeyer* Bilanzierung von Finanzinstrumenten nach International Accounting Standards (IAS), Düsseldorf 2003; *Scharpf/Luz* Risikomanagement, Bilanzierung und Aufsicht von Finanzderivaten, 2. Aufl, Stuttgart 2000.

Wesentliche Rechtsgrundlagen: IAS 21, IAS 32, IAS 39, IFRS 7

A. Allgemeines

1 Die Regelungen zur Bilanzierung von Derivaten sind in IFRS 7, IAS 32 und IAS 39 enthalten. **IAS 39** ist nach der mehr als ein Jahrzehnt andauernden **Diskussion** über die Bilanzierung von Finanzinstrumenten erstmals ein Standard, in dem die **Bilanzierung und Bewertung** von Finanzinstrumenten – und damit auch von Derivaten – umfassend geregelt wird. Für derivative Finanzinstrumente ergibt sich daraus nunmehr explizit die Verpflichtung, diese zu bilanzieren und regelmäßig mit dem **beizulegenden Zeitwert** zu bewerten. Einen weiteren wesentlichen Regelungsbereich von IAS 39 stellt die Bilanzierung von **Sicherungsgeschäften** *(hedge accounting)* dar; die diesbezüglichen Regelungen weichen teilweise von der bisher auf der Grundlage der handelsrechtlichen Regelungen geübten Praxis ab und stellen hohe Anforderungen, nicht zuletzt an die Dokumentation und den Informationsfluss innerhalb der Unternehmen. IAS 32 regelt die Darstellung der Finanzinstrumente im Abschluss, IFRS 7 bestimmt die für Finanzinstrumente erforderlichen Angaben.

2 Die seit der Einführung von IAS 39 unabhängig von der Branche und der Größe der bilanzierenden Unternehmen für alle IFRS-konformen Abschlüsse zu beachtenden Regelungen werden trotz der zwischenzeitlich erfolgten Änderungen von IAS 39 zT weiterhin **kontrovers diskutiert**. Insbes für die aufgrund ihrer Geschäftstätigkeit von den Regelungen besonders betroffenen Kreditinstitute ergibt sich eine Vielzahl offener Fragestellungen. Die Regelungen von IAS 32 und IAS 39 werden in den jeweils in Anhang A wiedergegebenen Anwendungsleitlinien ***(Application Guidance** (AG)),* die integrativer Bestandteil des Standards sind, konkretisiert. Die Regelungen in den *Application Guidance* haben dabei denselben Verbindlichkeitsgrad wie die Regelungen der Standards selbst. Ein Teil der im Rahmen der Umsetzung von IAS 39 aufgetretenen Fragen ist Gegenstand der vom *Implementation Guidance Committee (IGC)* in Form von Fragen und Antworten (Q&A) herausgegebenen Anwendungsleitlinien, die einzelne Regelungen erläutern und auslegen, ohne dabei den Rang eines Standards zu haben. Die Fragen und Antworten wurden im Rahmen der Neufassung von IAS 39 im Dezember 2003 durch eine eigene ***Guidance on Implementing*** *(IG)* ersetzt, die – ebenso wie die Erläuterungen in den ***Basis for Conclusions*** *(BC)* – jedoch nicht Bestandteil von IAS 39 ist.

3 Die nachstehenden Ausführungen basieren bzgl IFRS 7, IAS 32 und IAS 39 auf dem **Stand zum 1. Mai 2009**. Hinsichtlich der aktuellen Entwicklungen wird auf Rz 78 verwiesen.

I. Begriff

4 Nach IAS 32.11 ist ein Finanzinstrument ein Vertrag, der bei einem Unternehmen zu einem finanziellen Vermögenswert und bei einem anderen Unternehmen gleichzeitig zu einer finanziellen Verbindlichkeit oder einem Eigenkapitalinstrument führt. Einen Teilbereich der Finanzinstrumente stellen **derivative**

Finanzinstrumente dar, die vorliegen, wenn folgende drei Kriterien kumulativ erfüllt sind (IAS 39.9):

(1) Der Wert des Finanzinstruments ändert sich infolge der Änderung eines festgelegten Zinssatzes, Wertpapierkurses, Rohstoffpreises, Wechselkurses, Preis- oder Zinsindexes, Bonitätsratings oder Kreditindexes oder einer ähnlichen Variablen (IAS 39.AG9, IAS 39.IG B.2).

(2) Das Finanzinstrument erfordert, verglichen mit anders gearteten Verträgen, die in ähnlicher Weise auf Änderungen der Marktbedingungen reagieren, keine oder nur eine geringe anfängliche Nettoinvestition (IAS 39.AG11).

(3) Das Finanzinstrument wird zu einem späteren Zeitpunkt beglichen (IAS 39.IG B.7).

IAS 39.AG9 nennt als **typische Beispiele** für (freistehende) derivative Finanzinstrumente Optionen, Swaps, Forwards sowie Futures. Während die drei zuletzt genannten Derivate unbedingte Geschäfte darstellen, die von beiden Vertragsparteien eine vertragsgemäße Erfüllung verlangen, handelt es sich bei Optionen um bedingte Geschäfte, deren Erfüllung unter dem Vorbehalt der Optionsausübung steht.

Beispiele zu den oben genannten derivativen Finanzinstrumenten werden darüber hinaus in IAS 32.AG15 bis IAS 32.AG19 gegeben.

Obwohl – insbes bei börsengehandelten Finanzinstrumenten – in dem zwischen dem Handelstag und dem Erfüllungstag (s § 3 Rz 95 f) liegenden Zeitraum ein unbedingtes Termingeschäft entsteht, das die Voraussetzungen von IAS 39.9 erfüllt, ist dieses nach IAS 39.AG12 und IAS 39.AG54 dann nicht als eigenständiges Derivat zu erfassen, wenn der Abwicklungszeitraum den jeweiligen Marktvorschriften oder -usancen entspricht und ein Nettoausgleich anstelle der effektiven Lieferung ausgeschlossen ist.

Auch eine **Kreditzusage** erfüllt im Zeitraum zwischen ihrer Erteilung und 5
der Auszahlung des Kredits grds die Voraussetzungen eines Derivats und wäre somit zB bei einem Absinken des Marktzinses mit ihrem positiven Marktwert als Finanzinstrument zu aktivieren (*Lüdenbach* BB 2002, 2118). IAS 39.2(h) und IAS 39.4 regeln diesbezüglich jedoch, dass Kreditzusagen nur in den Fällen bilanziert werden, in denen

(1) das Unternehmen die Zusagen der Kategorie erfolgswirksam zum beizulegenden Zeitwert bewertet *(at fair value through profit or loss)* zugeordnet hat (IAS 39.4(a)), oder

(2) die Zusage durch einen Barausgleich oder die Lieferung/Emission eines anderen Finanzinstruments abgewickelt werden kann (IAS 39.4(b), wobei eine Auszahlung in mehreren Tranchen nicht als Nettoausgleich gilt), oder

(3) die Zusage zu einem unter dem Marktzinssatz liegenden Zinssatz erfolgt (IAS 39.4(c)) oder

(4) das Unternehmen in der Vergangenheit die aus Zusagen resultierenden Kredite am Markt weiterveräußert hat (IAS 39.4(a)),

wobei im letzten Fall IAS 39 auf alle Kreditzusagen derselben Klasse angewendet werden soll und diese somit als Derivate zu bilanzieren sind (IAS 39.4).

Warentermingeschäfte, die 6

(1) mit der Absicht eingegangen wurden, den voraussichtlichen Bedarf des Unternehmens an den zugrunde liegenden Gütern abzudecken,

(2) bei Abschluss für diesen Zweck vorgesehen waren und

(3) voraussichtlich durch physische Lieferung erfüllt werden

(sog *own use contracts*), fallen nach IAS 39.5 f nicht unter den Anwendungsbereich von IAS 39.

Dementsprechend bestimmt IAS 39.AG10, dass Warentermingeschäfte, die im Rahmen der **gewöhnlichen Geschäftstätigkeit** eingegangen und voraussichtlich durch **physische Lieferung** erfüllt werden und für die ein Ausgleich auf **Nettobasis** (Barausgleich oder Gegengeschäfte) üblicherweise nicht erfolgt, nicht als derivative Finanzinstrumente, sondern als noch zu erfüllende Verträge zu bilanzieren sind. Derartige Verträge fallen somit nicht unter den Anwendungsbereich von IAS 39, sondern sind nach den allgemeinen Vorschriften für die Bilanzierung **schwebender Verträge** (zB IAS 37) zu erfassen. Dh für den Fall, dass aus dem Vertrag mit einer Belastung zu rechnen ist, ist nach IAS 37 eine Rückstellung für einen belastenden Vertrag zu bilden.

Warentermingeschäfte, für die ein **Nettoausgleich** möglich ist, fallen hingegen nach IAS 39.5f unter den Anwendungsbereich von IAS 39 und sind als Finanzinstrumente zu erfassen. IAS 39.6 nennt beispielhaft als Fälle, in denen ein Barausgleich, ein Ausgleich durch Finanzinstrumente oder ein Ausgleich durch Tausch von Finanzinstrumenten möglich ist,

(1) Verträge, in denen die Vertragsbedingungen den Vertragsparteien entspr Rechte einräumen (IAS 39.6(a)),
(2) Verträge, die einen entspr Nettoausgleich zwar nicht ausdrücklich regeln, bei denen das Unternehmen jedoch regelmäßig durch einen Nettoausgleich erfüllt (zB durch kompensatorische Gegengeschäfte mit der Vertragspartei oder Verkauf des Vertrags vor Ausübung/Verfall; IAS 39.6(b)),
(3) das Unternehmen den Vertragsgegenstand zwar annimmt, diesen aber nach der betrieblichen Praxis innerhalb kurzer Zeit nach Lieferung weiter veräußert, um dabei einen Gewinn aus Preisveränderungen oder Händlermargen zu erzielen (IAS 39.6(c); vgl *Kropp/Klotzbach* WPg 2002, 1011),
(4) das Unternehmen den Vertragsgegenstand jederzeit in Barmittel umwandeln lassen kann (IAS 39.6(d)).

Während die in IAS 39.6(b) und IAS 39.6(c) genannten Verträge nach IAS 39.6 nicht als auf die tatsächliche Erfüllung (Empfang/Lieferung des nicht finanziellen Vertragsgegenstands für den erwarteten Einkaufs-, Verkaufs- oder Nutzungsbedarf) ausgerichtet gelten und daher unter den Anwendungsbereich von IAS 39 fallen, sind die übrigen Verträge anhand der **betrieblichen Praxis** zu beurteilen.

1. Optionen

7 Optionen sind **Vereinbarungen**, bei denen einem Vertragspartner (Optionskäufer) das **Recht** eingeräumt wird, zukünftig innerhalb einer bestimmten Frist bzw zu einem bestimmten Zeitpunkt mit dem anderen Vertragspartner (Stillhalter) ein **festgelegtes Vertragsverhältnis** einzugehen bzw vom Stillhalter die Zahlung eines hinsichtlich seiner Bestimmungsgrößen festgelegten Geldbetrags (Barausgleich) zu verlangen (*IDW* BFA 2/1995 WPg 1995, 421). IdR – aber nicht notwendige Voraussetzung – hat der Optionskäufer bei Abschluss des Optionsvertrags eine Optionsprämie an den Stillhalter zu zahlen.

8 Die Ausgestaltungen von Optionen sind vielfältig, die nachstehende **Übersicht** stellt einige wesentliche Kriterien dar:

<table>
<tr><th colspan="4">Optionen</th></tr>
<tr><td rowspan="2">Handels-formen</td><td colspan="3">Börsengehandelt</td></tr>
<tr><td colspan="3">OTC (over the counter)</td></tr>
<tr><td rowspan="4">Rechtsinhalt</td><td rowspan="2">Kaufoption
(call)</td><td>Käufer:
(long position)</td><td>Hat das Recht (aber keine Verpflichtung), den Basiswert zum festgelegten Preis zu erwerben (oder Barausgleich zu verlangen)</td></tr>
<tr><td>Stillhalter:
(short position)</td><td>Hat bei Ausübung der Option die Verpflichtung, den Basiswert zum festgelegten Preis zu verkaufen (oder Barausgleich zu leisten)</td></tr>
<tr><td rowspan="2">Verkaufs-option
(put)</td><td>Käufer:
(long position)</td><td>Hat das Recht (aber keine Verpflichtung), den Basiswert zum festgelegten Preis zu verkaufen (oder Barausgleich zu verlangen)</td></tr>
<tr><td>Stillhalter:
(short position)</td><td>Hat bei Ausübung der Option die Verpflichtung, den Basiswert zum festgelegten Preis zu kaufen (oder Barausgleich zu leisten)</td></tr>
<tr><td>Basiswert
(underlying)</td><td colspan="3">• Kassainstrumente (zB Aktien, Devisen, Anleihen)
• Indizes
• Termingeschäfte (zB Futures, forward rate agreements, Devisen, Waren)
• Credit spreads
• Swaps
• Optionen</td></tr>
<tr><td rowspan="4">Ausübung/
Options-frist</td><td colspan="3">Ausübung durch entspr Willenserklärung des Berechtigten innerhalb der Optionsfrist (amerikanische Option)</td></tr>
<tr><td colspan="3">Ausübung durch entspr Willenserklärung des Berechtigten am Ende der Optionsfrist (europäische Option)</td></tr>
<tr><td colspan="3">Ausübungsmöglichkeit/Verfallszeitpunkt ist abhängig vom Eintritt bestimmter Ereignisse</td></tr>
<tr><td colspan="3">Ausübung wird bei vorteilhaften Bedingungen für Berechtigten automatisch unterstellt</td></tr>
</table>

Allen Optionen gemein ist die **asymmetrische Risikoverteilung**. Während der mögliche Verlust für den Käufer der Option auf die Höhe der zu zahlenden Optionsprämie begrenzt ist, übernimmt der Verkäufer ein (fast) unbegrenztes Verlustrisiko (*Prahl/Naumann* in HdJ Abt II/10 Rz 113). 9

2. Swaps

Swapgeschäfte werden überwiegend als **Zinsswaps, Währungsswaps, Zins-/Währungsswaps** oder **Devisenswaps** abgeschlossen. *Swaptions* kennzeichnen Verträge, bei denen als Basiswert ein *swap* vereinbart ist. 10

Bei einem **Zinsswap** (*interest rate swap* – IRS) erfolgt für einen bestimmten Betrag mit einer vorher festgelegten Laufzeit und fixierten Zinszahlungsterminen der Austausch von Zinszahlungsverpflichtungen oder -ansprüchen, die aus der Aufnahme/Anlage von Mitteln gleicher Währung, aber unterschiedlicher Zinsbasen (fest/variabel) entstehen. Ein Tausch der zugrunde liegenden Kapitalbeträge erfolgt dabei nicht. Der Zinsswap erlaubt somit die Transformation festverzinslicher Forderungen/Verbindlichkeiten in variabel verzinsliche Forderungen/ 11

Verbindlichkeiten et vice versa, sodass es einem Unternehmen möglich ist, sich zunächst des Kapitalmarkts zu bedienen, an dem es die günstigsten Konditionen erhält und anschließend durch den Abschluss eines Zinsswaps die gewünschte Finanzierungsstruktur herzustellen.

Beispiel: Ein Unternehmen verfügt über die Möglichkeit, günstig variabel verzinsliche Kredite zu einem Zinssatz von 6-Monats-Euribor abzüglich zehn Basispunkte zu erhalten, strebt aber aufgrund erwarteter Zinssteigerungen eine festverzinsliche Kreditaufnahme an, für die im günstigsten Fall 5,5% berechnet werden. Das Unternehmen nimmt zunächst den benötigten Kreditbetrag unter Nutzung der variablen Verzinsung von 6-Monats-Euribor abzüglich zehn Basispunkte über die gewünschte Laufzeit auf und vereinbart anschließend mit einer korrespondierenden Laufzeit einen Zinsswap über den Kreditbetrag, bei dem es einen Festzinssatz von 5,5% zahlt und eine variable Verzinsung in Höhe des 6-Monats-Euribor erhält. Auf der Basis der vorstehenden Verträge ergeben sich für das Unternehmen folgende Zinsaufwendungen/-erträge:

Variabel verzinslicher Kredit	Zinsaufwand	6-Monats-Euribor abzüglich 0,1%
Zinsswap	Zinsaufwand Zinsertrag	5,5% 6-Monats-Euribor
Saldo	Zinsaufwand	5,4% (5,5% abzüglich 0,1%)

Im Ergebnis gelingt es dem Unternehmen, die angestrebte Fixierung des Zinssatzes unter Ausnutzung des bestehenden Konditionsvorteils bei einer variabel verzinslichen Kreditaufnahme zu realisieren. Ergänzend sind jedoch anfallende Transaktionskosten zu berücksichtigen, die die zu realisierenden Preisdifferenzen überkompensieren können.

12 Im Rahmen eines **Währungsswaps** wird ein bestimmter Kapitalbetrag einschließlich der damit verbundenen Zinszahlungen gegen einen entspr Kapitalbetrag in anderer Währung einschließlich der mit diesem verbundenen Zinszahlungen getauscht. Im Gegensatz zum Zinsswap erfolgt hierbei regelmäßig der Austausch der zugrunde liegenden Kapitalbeträge. Der Rücktausch der Kapitalbeträge erfolgt am Fälligkeitstag idR zum ursprünglich vereinbarten (Kassa-) Kurs. Während der Laufzeit des Währungsswaps erfolgt der Austausch der Zinszahlungen, die auf gleichen Berechnungsmodalitäten (beide variabel oder beide fest) beruhen, wegen des abweichenden Zinsniveaus in den beteiligten Währungsgebieten idR jedoch unterschiedlich hoch sind.

Beispiel: Unternehmen 1 benötigt für ein Jahr Mio US-$ 11 (US-$-Zins 4,5%), während Unternehmen 2 für die gleiche Laufzeit Mio € 10 (€-Zins 5,5%) benötigt. Der Kassakurs liegt bei 1,10 US-$/€. Unternehmen 1 und Unternehmen 2 vereinbaren einen Währungsswap mit einer Laufzeit von einem Jahr (1. Januar X1 bis 31. Dezember X1) und halbjährlicher Zinszahlung zum 30. Juni X1 und 31. Dezember X1 unter Zugrundelegung des Wechselkurses von 1,10 US-$/€. Auf Basis der Vereinbarung ergeben sich folgende Zahlungen (./. = Mittelabfluss; + = Mittelzufluss):

	Unternehmen 1		Unternehmen 2	
	TUS-$	T€	TUS-$	T€
Anfangszahlungen 1. Januar X1	+ 11.000	./. 10.000	./. 11.000	+ 10.000
Zinszahlungen 30. Juni X1	./. 247,5	+ 275	+ 247,5	./. 275
Zinszahlungen 31. Dezember X1	./. 247,5	+ 275	+ 247,5	./. 275
Schlusszahlungen 31. Dezember X1	./. 11.000	+ 10.000	+ 11.000	./. 10.000
Saldo	./. 495	+ 550	+ 495	./. 550

Zins-/Währungsswaps stellen eine Kombination aus einem Zins- und einem Währungsswap dar, wobei die Zinsberechnungsmodalitäten voneinander abweichen, dh fest gegen variabel. 13

Bei **Devisenswaps** erfolgt der Austausch bestimmter Kapitalbeträge unterschiedlicher Währung ohne den Austausch der mit den Kapitalbeträgen verbundenen Zinszahlungen. Im Gegensatz zum Währungsswap erfolgt der Rücktausch der Kapitalbeträge nicht zum (Kassa-)Kurs der Ursprungstransaktion, sondern zum Terminkurs (zum Zeitpunkt der Ursprungstransaktion). Devisenswaps stellen somit die Kombination eines Devisenkassa- und eines Devisentermingeschäfts dar.

3. Forward Rate Agreements/Deposits

Forward rate agreements (FRA) sind Vereinbarungen zwischen zwei Vertragsparteien, bei denen diese für einen festgelegten Kapitalbetrag und einen in der Zukunft gelegenen Zeitraum (FRA-Periode; zB sechs Monate) einen festen Zinssatz (FRA-Satz) unter Zugrundelegung eines Referenzzinssatzes (zB 6-Monats-Euribor) vereinbaren. Wie bei einem Zinsswap erfolgt kein Austausch der Kapitalbeträge. 14

Zu Beginn der FRA-Periode (Erfüllungstag) erhält die durch die Zinsentwicklung begünstigte Partei einen Ausgleich zwischen dem FRA-Satz und dem vereinbarten Referenzzinssatz, der zwei Valutentage vor der FRA-Periode festgestellt wird *(fixing)*.

Im Gegensatz zum FRA verpflichtet sich beim ***forward rate deposit*** (FRD) eine Vertragspartei zu einem in der Zukunft gelegenen Zeitpunkt zur Einlage eines bestimmten Kapitalbetrags für einen bestimmten Zeitraum und einen festgelegten Zinssatz. 15

Der Käufer kann durch das FRA einen zukünftigen Finanzierungsbedarf gegen steigende Zinsen absichern, während der Verkäufer Geldanlagen gegen fallende Zinsen absichern kann; mithin erfolgt ein Austausch unterschiedlicher Erwartungen über die zukünftige Zinsentwicklung.

Aufgrund der sich in Abhängigkeit von der Zinsentwicklung für den Käufer oder den Verkäufer ergebenden Zahlungsverpflichtung liegt eine symmetrische Risikoverteilung vor.

4. Zinsbegrenzungsvereinbarungen

Zinsbegrenzungsvereinbarungen werden als sog *caps, floors* oder *collars* abgeschlossen. Als **Sonderform** von Optionsgeschäften weisen Zinsbegrenzungsvereinbarungen eine **asymmetrische Risikoverteilung** auf. 16

Bei einem ***cap*** garantiert der Verkäufer dem Käufer gegen Zahlung einer Prämie für einen bestimmten Kapitalbetrag und eine bestimmte Laufzeit eine Zinsobergrenze *(strike price)*. Übersteigt der vorher festgelegte Referenzzinssatz an den festgelegten Terminen (Fixingtagen) die Zinsobergrenze, ist der Verkäufer zum Ausgleich des Differenzbetrags für die jeweilige Periode verpflichtet.

Beispiel: Ein Unternehmen vereinbart für einen Betrag von Mio € 10 folgende Zinsbegrenzungsvereinbarung:

Zinsobergrenze:	4,0%
Laufzeit:	3 Jahre (1. Januar X1 bis 31. Dezember X3)
Referenzzinssatz:	6-Monats-Euribor
Fixing-Termine:	Jeweils zu Beginn der Kalenderhalbjahre

Der 6-Monats-Euribor entwickelt sich (vereinfachend) während der Vertragslaufzeit wie folgt:

Periode 1:	durchgängig < 4,0%
Periode 2:	zu Beginn < 4,0%, ansteigend auf 4,5%
Periode 3:	zu Beginn und während der gesamten Periode 4,5%
Periode 4:	zu Beginn 4,5%, danach fallend auf 4,4%
Periode 5:	zu Beginn 4,4%, dann fallend auf 3,8%
Periode 6:	zu Beginn < 4,0%, dann ansteigend auf 4,4%

Die Entwicklung stellt sich grafisch (in Anlehnung an *Scharpf/Luz*[2], 542) wie folgt dar:

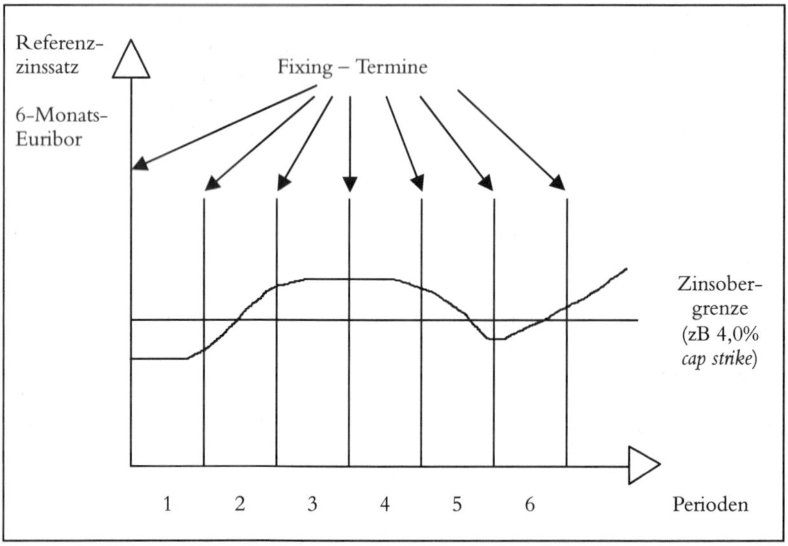

In dem oben dargestellten Beispiel wird die Zinsobergrenze zu Beginn der Perioden drei, vier und fünf überschritten, sodass für diese Perioden (jeweils an deren Ende) ein Zinsausgleich zu erfolgen hat. Dass der Referenzzinssatz innerhalb der zweiten Periode sowie am Ende der sechsten Periode über der Zinsobergrenze liegt, führt hingegen nicht zu einer Ausgleichszahlung, da an den maßgeblichen *fixing*-Terminen (zu Beginn der zweiten bzw sechsten Periode) die Zinsobergrenze nicht überschritten war. Im Einzelnen ergeben sich folgende Ausgleichszahlungen:

Periode	Ausgleichszahlung				
		Tage	%-Punkte	€	Fällig
1	nein	–	–	–	–
2	nein	–	–	–	–
3	ja	181	0,5	25.138,89	30. Juni X2
4	ja	184	0,5	25.555,56	31. Dezember X2
5	ja	181	0,4	20.111,11	30. Juni X3
6	nein	–	–	–	–

Im Gegensatz dazu garantiert der Verkäufer eines ***floor*** gegen Zahlung einer Prämie für einen bestimmten Kapitalbetrag und eine bestimmte Laufzeit eine Zinsuntergrenze *(strike price)*. Fällt der vorher festgelegte Referenzzinssatz an den festgelegten Terminen (Fixingtagen) unter die Zinsuntergrenze, ist der Verkäufer zum Ausgleich des Differenzbetrags für die jeweilige Periode verpflichtet. 17

Der ***collar*** stellt eine Kombination aus *cap* und *floor* dar. Der Käufer eines *collar* ist Käufer eines *cap* und Verkäufer eines *floor*, der Verkäufer eines *collar* mithin Käufer eines *floor* und Verkäufer eines *cap*. Im Ergebnis vereinbaren Käufer und Verkäufer eines *collar* eine Zinsbandbreite. Durch die Vereinbarung eines *collar* sichert sich der Käufer gegen ein Ansteigen des Zinssatzes ab, gibt aber im Gegenzug einen Teil seiner Gewinnchancen aus fallenden Zinsen ab, was zu einer Reduzierung der ansonsten für einen *cap* zu zahlenden Prämie führt. In Abhängigkeit von der Entwicklung des Referenzzinssatzes kommt es – sobald dieser außerhalb der Bandbreite liegt – zu Ausgleichszahlungen durch den Verkäufer (Referenzzinssatz über Zinsobergrenze) oder den Käufer (Referenzzinssatz unter Zinsuntergrenze). 18

5. Futures

Futures sind standardisierte, an **Terminbörsen** gehandelte und täglich bewertete **Termingeschäfte**, bei denen sich die Vertragsparteien verbindlich verpflichten, eine standardisierte Menge bzw einen standardisierten Wert eines Finanzinstruments *(underlying)* an einem in der Zukunft gelegenen Erfüllungstermin zu einem vorab fixierten Preis abzunehmen (Käufer des *futures*) bzw zu liefern (Verkäufer des *futures*). 19

6. Strukturierte Produkte

Unter strukturierten Produkten (auch eingebettete Derivate, hybride Produkte, *compound instruments* oder *embedded derivatives* genannt) versteht man Verträge, bei denen **mindestens ein derivatives Finanzinstrument** mit **mindestens einem** (nicht derivativen) **originären Finanzinstrument** (Basisvertrag oder *host contract*) rechtlich und wirtschaftlich verbunden wird, wobei ein Teil des Cashflows aus dem strukturierten Produkt ähnlichen Schwankungen wie der des inhärenten freistehenden Derivats ausgesetzt ist (IAS 39.10, IAS 39.IG C.1). Mit anderen Finanzinstrumenten verbundene Derivate sind jedoch nach IAS 39.10 nicht Bestandteil eines strukturierten Produkts (dh nicht eingebettete Derivate), sondern ein eigenständiges Finanzinstrument, wenn sie mit einer von dem Finanzinstrument abweichenden Vertragspartei abgeschlossen wurden oder unabhängig von dem Finanzinstrument vertraglich übertragen werden können. 20

21 Ein **eingebettetes Derivat** ist gem IAS 39.11 vom **Basisvertrag** zu **trennen** und als derivatives Finanzinstrument zu bilanzieren, wenn folgende drei Voraussetzungen kumulativ erfüllt sind (IAS 39.IG C.1ff):

(1) Die wirtschaftlichen Charakteristika und Risiken von eingebettetem Derivat und Basisvertrag sind nicht eng miteinander verbunden (IAS 39.11(a), IAS 39.AG30 und IAS 39.A G33).

(2) Ein den Bedingungen des eingebetteten Derivats entspr eigenständiges Finanzinstrument würde für sich die Definition eines Derivats erfüllen (IAS 39.11(b)).

(3) Das strukturierte Produkt wird nicht erfolgswirksam mit dem beizulegenden Zeitwert bewertet (IAS 39.11(c)).

Aufgrund des in IAS 39.9 enthaltenen Wahlrechts, für Finanzinstrumente unter bestimmten Voraussetzungen eine Bewertung mit dem beizulegenden Zeitwert vorzunehmen, kann bei entspr Ausübung eine ansonsten **erforderliche Aufteilung vermieden** werden (IAS 39.11(c)). Eine Aufteilung kann darüber hinaus nach IAS 39.11A vermieden werden, indem das Unternehmen das gesamte strukturierte Produkt als erfolgswirksam zum beizulegenden Zeitwert bewertet designiert. Voraussetzung hierfür ist jedoch, dass

(1) das eingebettete Derivat die Zahlungsströme nicht nur unwesentlich verändert (IAS 39.11A(a)) und

(2) bei der erstmaligen Beurteilung eines vergleichbaren strukturierten Produkts ist ohne größeren Aufwand nicht erkennbar, dass eine Abspaltung des eingebetteten Derivats unzulässig ist (IAS 39.11A(b)); zur Beurteilung, ob ein eingebettetes Derivat zum Zeitpunkt des Vertragsbeginns und in der Folge vorliegt s IFRIC 9 sowie § 3 Rz 9, Rz 11 und Rz 16).

22 Wird das eingebettete Derivat gesondert bilanziert, so ist der **Basisvertrag**, wenn es sich um ein Finanzinstrument handelt, nach IAS 39, ansonsten nach den jeweils anzuwendenden anderen IFRS gesondert zu bilanzieren (IAS 39.11). Die durch den Grundsatz geforderte Aufteilung des strukturierten Produkts in seine Bestandteile stellt eine der größten Schwierigkeiten dar, zumal die hierfür erforderlichen Informationen dem Bilanzierenden nicht immer vollständig vorliegen. Insbes die Frage, wann die wirtschaftlichen Charakteristika und Risiken eng miteinander verbunden sind und wann nicht, wird durch IAS 39 nicht beantwortet. Vielmehr gibt IAS 39.AG30 nur Beispiele. Danach ist bei folgenden beispielhaft genannten strukturierten Produkten eine **getrennte Bilanzierung** des eingebetteten Derivats und des Basisvertrags vorzunehmen, da in diesen Fällen die wirtschaftlichen Charakteristika und Risiken zwischen eingebettetem Derivat und Basisvertrag nicht eng miteinander verbunden sind:

23 (1) Eine in ein Instrument **eingebettete Verkaufsoption**, nach der der Inhaber den Rückkauf des Instruments gegen Zahlungsmittel oder sonstige Vermögenswerte, die an einen Eigenkapital- oder Rohstoffpreis oder einen entspr Index gekoppelt sind, verlangen kann (IAS 39.AG30(a)).

(2) Eine in ein Eigenkapitalinstrument **eingebettete Kaufoption**, die dem Emittenten den Rückkauf des Eigenkapitalinstruments zu einem festgelegten Preis erlaubt (IAS 39.AG30(b)).

(3) Eine **Option** oder entspr **Verpflichtung** zur **Verlängerung der Laufzeit** einer (verzinslichen) Verbindlichkeit ist nicht eng mit dem originären Schuldinstrument verbunden, wenn zum Zeitpunkt der Verlängerung keine Anpassung an den aktuellen Marktzins erfolgt (IAS 39.AG30(c)).

(4) **Aktienindizierte Zins- oder Kapitalzahlungen**, bei denen die Höhe der Zinsen oder des Rückzahlungsbetrags vom Wert der Aktien abhängig ist (IAS 39.AG30(d)).

(5) **Güterindizierte Zins- oder Kapitalzahlungen**, bei denen die Höhe der Zinsen oder des Rückzahlungsbetrags vom Preis des Gutes abhängig ist (IAS 39.AG30(e)).
(6) Ein in ein Schuldinstrument **eingebettetes Recht zur Umwandlung** in ein **Eigenkapitalinstrument** (IAS 39.AG30(f)).
(7) In ein **originäres Schuldinstrument eingebettete Kauf-, Verkaufs- oder Vorauszahlungsoptionen**, wenn der Ausübungspreis nicht an jedem Ausübungstermin annähernd den fortgeführten Anschaffungskosten des Schuldinstruments entspricht (IAS 39.AG30(g)) oder wenn der Ausübungspreis einer Vorauszahlungsoption den Darlehensgeber bis zur Höhe des geschätzten Barwerts der entgangenen Zinsen entschädigt, die während der Restlaufzeit des Basisvertrags anfallen. Dabei entsprechen die entgangenen Zinsen der Zinsdifferenz aus dem Überschuss des bestehenden Effektivzinssatzes über den Effektivzinssatz, der sich ergeben würde, wenn der verbleibende Betrag des Basisvertrags über die Restperiode reinvestiert würde, gerechnet auf den vorausgezahlten Nominalbetrag.
(8) In **originäre Schuldinstrumente eingebettete Kreditderivate**, mit denen das Ausfallrisiko eines Vermögenswerts auf den Vertragspartner (Garant) übertragen wird (zB *credit linked notes*; IAS 39.AG30(h)).

Nach IAS 39.IG C.4 handelt es sich auch bei einem **nachrangigen Kredit**, 24
der dem Kreditgeber im Fall des Börsengangs des Kreditnehmers neben den Zinsen und der Kapitalrückzahlung einen Anspruch auf einen preisreduzierten Aktienbezug gewährt (sog *equity kicker*), um ein eingebettetes Derivat, dessen wirtschaftliche Charakteristika und Risiken nicht eng mit dem Basisvertrag verbunden sind und das daher getrennt vom Basisvertrag zu bilanzieren ist.

Beispiel: Eine Aktienanleihe, die am 1. Juli X1 emittiert wird, hat annahmegemäß folgende Ausstattung

Kaufpreis:	100%
Nominalzins:	11%
Laufzeit:	1 Jahr
Marktrendite für 1 Jahr:	2,7778%

Rückzahlung entweder zum Nominalbetrag oder durch 50 ABC-Aktien je € 5.000.

Aktueller Kurs der ABC-Aktie:	€ 128,75
Volatilität der ABC-Aktie:	40%

Der Kaufpreis der Aktienanleihe (mit Option) beträgt 100%.

Der Wert der Anleihe (ohne Option) beläuft sich bei einer Nominalverzinsung von 11% und einer aktuellen Marktrendite von 2,7778% auf 108% (Renditekurs). Die Anleihe ohne die Option hat einen Effektivzins von 2,7778%.

Der Wert des Optionsrechts – berechnet nach der Restwertmethode – beträgt damit 8%.

Ein Unternehmen kauft am 1. Juli X1 (Emission) diese Aktienanleihe mit einem Nennwert von Mio € 10 und beabsichtigt, diese bis zur Endfälligkeit zu halten. Bilanzstichtag ist der 31. Dezember.

Bilanzierung bei Geschäftsabschluss:

Bei der Einbuchung ist der Kaufpreis von Mio € 10 auf die Anleihe (Aktivum: Mio € 10,8; Renditekurs) und die *short position* im *put* (Passivum: Mio € 0,8) aufzuteilen (Buchung 1). Die Anschaffungskosten für die Anleihe ergeben sich aus dem insgesamt gezahlten Kaufpreis, indem diesem der Wert für die Option hinzugerechnet wird, da es sich bei der Option um eine *short position* handelt. Im Ergebnis ergibt sich der Wert der Anleihe somit dadurch, dass der eigentliche Wert der Anleihe (108%), den das Unternehmen bezahlen müsste (wenn die Option nicht enthalten wäre), mit dem Wert des *put* (8%), den das Unternehmen für den Eingang der Stillhalteposition erhalten müsste, verrechnet wird.

Buchung 1:	Per Wertpapier	10.800.000	an	flüssige Mittel	10.000.000
				sonstige Verbindlichkeiten	800.000

Bilanzierung am Bilanzstichtag:

Der Wert des *put* hat sich am Bilanzstichtag auf Mio € 0,6 verringert. Das Risiko der Ausübung der Option durch den Emittenten der Aktienanleihe hat sich verringert.

Zum Bilanzstichtag ist der *put* mit seinem beizulegenden Zeitwert von Mio € 0,6 zu bewerten. Die Veränderung ist erfolgswirksam zu erfassen (Buchung 2):

Buchung 2:	Per Short Put	200.000	an	Ertrag	200.000

Die Nominalzinsen in Höhe von 11% auf den Nominalbetrag von Mio € 10 sind für ein halbes Jahr abzugrenzen; die Zinsabgrenzung ist in Höhe von € 550.000 erfolgswirksam zu erfassen (Buchung 3):

Buchung 3:	Per Zinsabgrenzung	550.000	an	Zinsertrag	550.000

Darüber hinaus ist die bei der Einbuchung mit Mio € 10,8 erfasste Anleihe mit ihren fortgeführten Anschaffungskosten zu bewerten. Die Aktienanleihe hat am Bilanzstichtag bei einem Effektivzins von 2,7778% einen Kurs von € 104,017 und damit fortgeführte Anschaffungskosten in Höhe von € 10.401.700. Der Betrag der Anpassung der ursprünglichen Anschaffungskosten an die fortgeführten Anschaffungskosten in Höhe von € 398.300 ist im Zinsertrag gegenzubuchen (Buchung 4); er vermindert den bisher gebuchten Zinsertrag (€ 550.000) auf € 151.700. Dies entspricht umgerechnet auf ein Jahr einer Verzinsung von 2,8093% des eingesetzten Kapitals und damit der marktgerechten Verzinsung.

Buchung 4:	Per Zinsertrag	398.300	an	Wertpapiere	398.300

25 Eine **getrennte Bilanzierung** des eingebetteten Derivats und des Basisvertrags hat hingegen in folgenden in IAS 39.AG33 beispielhaft genannten Fällen **nicht** zu erfolgen, da in diesen Fällen die wirtschaftlichen Charakteristika und Risiken zwischen eingebettetem Derivat und Basisvertrag als eng miteinander verbunden gelten:

(1) Ein Derivat, bei dem **Basisobjekt** ein **Zinssatz** oder **Zinsindex** ist, der die Höhe der ansonsten für ein originäres Schuldinstrument/einen Versicherungsvertrag zu leistenden Zinszahlungen ändern kann, es sei denn, der kombinierte Vertrag kann so erfüllt werden, dass
   (a) der Inhaber des Vertrags seine Einlagen im Wesentlichen nicht vollständig zurückerhält oder
   (b) das eingebettete Derivat die anfängliche Rendite aus dem Basisvertrag mindestens verdoppeln und damit zu einer Rendite führen kann, die mindestens doppelt so hoch wie die Marktrendite eines mit dem Basisvertrag vergleichbaren Vertrags ist (IAS 39.AG33(a)).

(2) **Eingebettete Zinsbegrenzungsvereinbarungen** *(caps, floors* oder *collars)* für Schuldinstrumente oder Versicherungsverträge, soweit die Zinsbegrenzung dem aktuellen Marktzins entspricht bzw höher *(cap)* oder niedriger *(floor)* ist und keine Hebelwirkung im Verhältnis zum Basisvertrag hat (IAS 39.AG33(b)).

(3) Das in ein **Schuldinstrument eingebettete Fremdwährungsderivat** führt zu Kapital- oder Zinszahlungen in fremder Währung. Eine Trennung von Basisvertrag und eingebettetem Derivat würde in diesen Fällen gegen IAS 21.28 verstoßen, der vorschreibt, dass Ergebnisse aus der Währungsumrechnung im Periodenergebnis zu erfassen sind (IAS 39.AG33(c)).

(4) Das Fremdwährungsderivat, das in einen **Basisvertrag** eingebettet ist, der **kein Finanzinstrument** (zB Warenvertrag) ist, keine Hebelwirkung aufweist, keine Optionsklausel beinhaltet und Zahlungen in der Währung vorsieht,
   (a) die funktionale Währung einer der substanziell beteiligten Vertragspartner ist oder
   (b) die für die Waren/Dienstleistungen im internationalen Handel üblich ist (zB Erdölgeschäfte – US-$) oder

(c) die üblicherweise für den Kauf und Verkauf nicht-finanzieller Objekte in dem Wirtschaftsumfeld, in dem auch die Transaktion stattfindet, verwendet wird (IAS 39.AG33(d)).

(5) **Das eingebettete Derivat** ist ein **Kündigungsrecht** (Vorfälligkeitsoption), das in einen getrennt handelbaren Mantel oder Zinsschein (Zins- oder Kapitalstrip) eingebettet ist, der
   (a) aus der Trennung von vereinbarten Cashflows eines Finanzinstruments resultiert, das ursprünglich kein eingebettetes Derivat enthielt und
   (b) keine Bedingungen enthält, die nicht auch das originäre Finanzinstrument enthielt (IAS 39.AG33(e)).

(6) **Leasingverträge** (als Basisvertrag) mit **eingebettetem Derivat**, wonach die Leasingzahlungen
   (a) an einen inflationsabhängigen Index gekoppelt sind,
   (b) in Abhängigkeit von Umsätzen oder
   (c) in Abhängigkeit von variablen Zinsen erfolgen (IAS 39.AG33(f)).

(7) **Rechte auf Investmentfondsanteile**, die in ein Finanzinstrument/einen Versicherungsvertrag eingebettet sind, wenn die anteilsbestimmten Zahlungen zum aktuellen Anteilswert bestimmt werden, die dem beizulegenden Zeitwert der Vermögenswerte des Fonds entsprechen (IAS 39.AG33(g)).

(8) Ein in einen **Versicherungsvertrag eingebettetes Derivat**, wenn Versicherungsvertrag und Derivat so voneinander abhängig sind, dass eine getrennte Bewertung nicht möglich ist (IAS 39.AG33(h)).

Sind die Voraussetzungen für eine getrennte Bilanzierung des strukturierten Produkts erfüllt, eine **zuverlässige Bewertung** des eingebetteten Derivats aber weder zum Erwerbszeitpunkt noch am Ende der folgenden Berichtszeiträume möglich, so ist nach IAS 39.12 das gesamte strukturierte Produkt mit dem **beizulegenden Zeitwert** zu bilanzieren. Gleichermaßen ist die Umkategorisierung eines strukturierten Produkts aus der Kategorie erfolgswirksam zum beizulegenden Zeitwert unzulässig, wenn ein Unternehmen nicht in der Lage ist, das eingebettete Derivat separat zu bewerten. **26**

Die erforderlichen Schritte zur **Beurteilung**, ob ein **strukturiertes Produkt/eingebettetes Derivat** vorliegt bzw ob das strukturierte Produkt in seine Bestandteile Basisvertrag und eingebettete Derivate aufzuteilen ist, lässt sich anhand der in IAS 39.10ff genannten Kriterien schematisch wie folgt darstellen: **27**

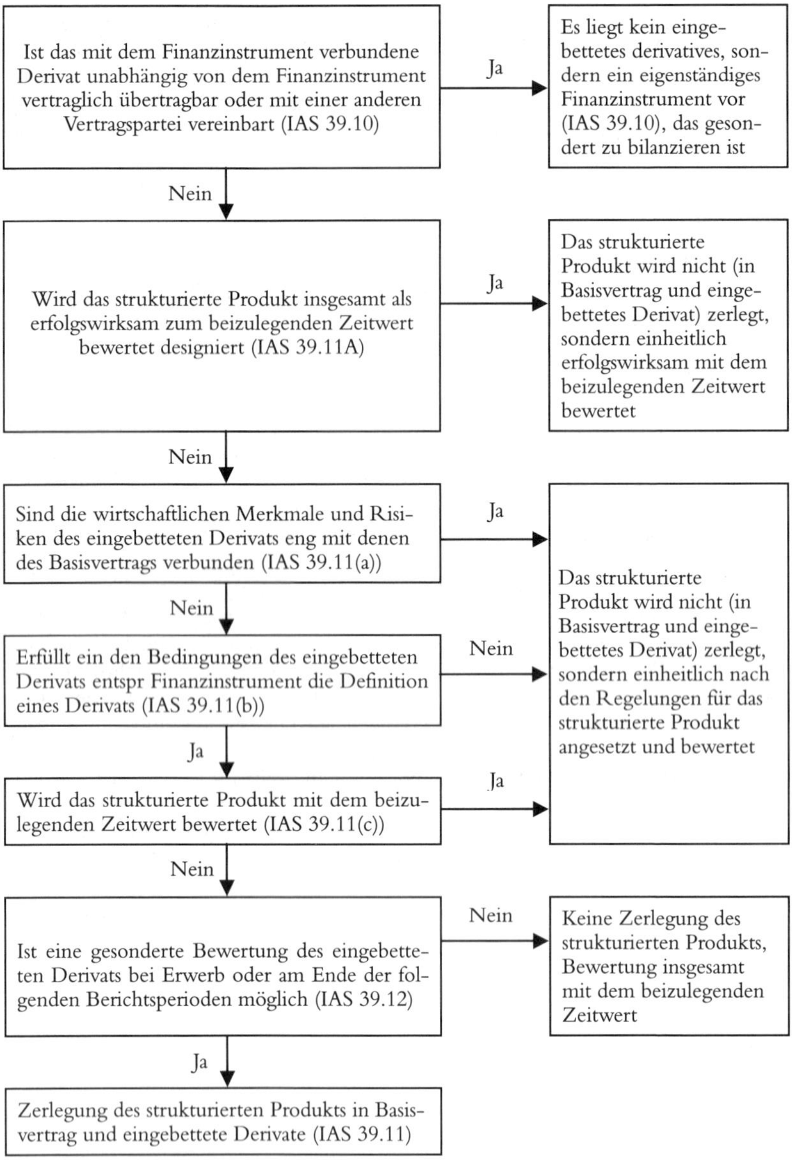

28–30 *einstweilen frei*

II. Anzuwendende IFRS und Abgrenzung zu anderen IFRS

31 Die Rechnungslegung von Derivaten ist im Wesentlichen in IFRS 7, IAS 32 und IAS 39 geregelt. Darüber hinaus ist bei der Nettoinvestition in eine Auslandsgesellschaft insbes IAS 21 zu beachten.

III. Anwendungsbereich

IFRS 7, IAS 32 und IAS 39 sind unabhängig von branchen-, rechtsform- oder größenspezifischen Aspekten von allen Unternehmen zu beachten. 32

IV. Erstmalige Anwendung

IFRS 7 ist gem IFRS 7.43 erstmals auf Geschäftsjahre anzuwenden, die am 33 oder nach dem 1. Januar 2007 beginnen. Eine frühere Anwendung ist möglich und ggf. anzugeben. Soweit IFRS 7 auf Geschäftsjahre angewendet wird, die vor dem 1. Januar 2006 begonnen haben, sind Vergleichsinformationen für die Angaben zu Art und Umfang von Risiken aus Finanzinstrumenten (IFRS 7.32 bis IFRS 7.42) nicht erforderlich (IFRS 7.44).

IAS 32 ist gem IAS 32.96 auf Geschäftsjahre anzuwenden, die am oder nach dem 1. Januar 2005 beginnen. Die Anwendung von IAS 32 auf Geschäftsjahre, die vor dem 1. Januar 2005 beginnen, ist erlaubt, jedoch nur dann, wenn auch IAS 39 in der Fassung vom März 2004 angewendet wird. Auf die vorgezogene Anwendung ist hinzuweisen.

IAS 39 ist gem IAS 39.103 auf Geschäftsjahre anzuwenden, die am oder nach dem 1. Januar 2005 beginnen. Die Anwendung von IAS 39 auf Geschäftsjahre, die vor dem 1. Januar 2005 beginnen, ist erlaubt, jedoch nur dann, wenn auch IAS 32 in der Fassung von Dezember 2003 angewendet wird. Auf die vorgezogene Anwendung ist hinzuweisen. Die im August 2005 herausgegebenen Änderungen von IAS 39 betreffend Finanzgarantien sind auf Geschäftsjahre anzuwenden, die am oder nach dem 1. Januar 2006 beginnen (IAS 39.103B). Die durch die Überarbeitung von IAS 1 im September 2007 erfolgten Änderungen in IAS 39 betreffen weitestgehend redaktionelle Anpassungen an die geänderten Begrifflichkeiten und sind gem IAS 39.103C auf Geschäftsjahre anzuwenden, die am oder nach dem 1. Januar 2009 beginnen. Die im Juli 2008 erfolgte Ergänzung der *Application Guidance „Eligible Hedged Items"* ist gem IAS 39.103G retrospektiv auf Geschäftsjahre, die am oder nach dem 1. Juli 2009 beginnen, anzuwenden. In Übereinstimmung mit IAS 8 ist eine frühere Anwendung erlaubt, auf die dann jedoch hinzuweisen ist. IAS 39.104 regelt, dass IAS 39 – mit den in IAS 39.105 bis IAS 39.108 genannten Ausnahmen – grds retrospektiv anzuwenden ist. Dabei sind die Vorträge über das Eigenkapital (Ergebnisvortrag/Gewinnrücklagen), soweit dies möglich ist, so anzupassen, als ob IAS 39 immer schon angewendet worden wäre. Ist eine Korrektur der Vorträge nicht möglich, ist auf diesen Umstand sowie den Umfang hinzuweisen (IAS 39.104).

Für die erstmalige **Anwendung von IAS 39** sehen IAS 39.105 ff eine Reihe 34 von **Übergangsregelungen** vor:

(1) Nach IAS 39.105 dürfen Unternehmen auch bereits erfasste Vermögenswerte der Kategorie zur Veräußerung verfügbar („*available for sale*") zuordnen. Für die der Kategorie zur Veräußerung verfügbar zugeordneten Vermögenswerte hat das Unternehmen Veränderungen des beizulegenden Zeitwerts in einem gesonderten Posten im Eigenkapital zu erfassen und dort bis zum Abgang bzw bis zu einer außerplanmäßigen Wertberichtigung auszuweisen. Für alle der Kategorie zur Veräußerung verfügbar zugeordneten Finanzinstrumente hat das Unternehmen eine korrespondierende Neubewertung vorzunehmen und den beizulegenden Zeitwert sowie den fortgeführten Buchwert des Vorjahrs je Kategorie anzugeben.

(2) Nach IAS 39.105A sind die im August 2005 erfolgten Änderungen (IAS 39.9, IAS 39.11A, IAS 39.12, IAS 39.13, IAS 39.48A sowie bestimmter Regelungen in den *Application Guidance*) für Geschäftsjahre, die am oder nach dem 1. Januar 2006 beginnen, anzuwenden. Hierzu regelt IAS 39.105C, dass
   a) finanzielle Vermögenswerte/Verbindlichkeiten, die bisher als erfolgswirksam zum beizulegenden Zeitwert bewertet eingestuft waren, nur dann nicht mehr in dieser Kategorie fortzuführen sind, wenn sie die hierfür nach der Neufassung bestehenden Voraussetzungen nicht erfüllen. Im Fall der Umklassifizierung gilt der Tag der (Neu-) Einstufung als Zeitpunkt des erstmaligen Ansatzes (IAS 39.105C(a)). Für die danach umklassifizierten Finanzinstrumente sind der beizulegende Zeitwert zum Zeitpunkt der Umklassifizierung sowie die neue Klassifizierung anzugeben (IAS 39.105C(c)).
   b) bereits bilanzierte finanzielle Vermögenswerte/Verbindlichkeiten nicht als erfolgswirksam zum beizulegenden Zeitwert bewertet eingestuft werden dürfen (IAS 39.105C(b)).

(3) IAS 39.105B regelt die vorgezogene Anwendung der im August 2005 erfolgten Änderungen (IAS 39.9, IAS 39.11A, IAS 39.12, IAS 39.13, IAS 39.48A sowie bestimmter Regelungen in den *Application Guidance*) auf Geschäftsjahre, die vor dem 1. Januar 2006 beginnen. Nach Buchstabe (a) der Regelung dürfen bereits vorhandene finanzielle Vermögenswerte/Verbindlichkeiten als zum beizulegenden Zeitwert bewertet eingestuft werden, wenn sie die in der Neuregelung definierten Voraussetzungen erfüllen. Soweit diese Designation für Finanzinstrumente erfolgt, die bisher Grundgeschäft im Rahmen einer Sicherungsbeziehung waren, ist die Sicherungsbeziehung mit der Neueinstufung aufzulösen. Andererseits sind bisher als zum beizulegenden Zeitwert klassifizierte finanzielle Vermögenswerte/Verbindlichkeiten aus dieser Kategorie herauszunehmen, wenn sie aufgrund der Neuregelung die Voraussetzungen hierfür nicht mehr erfüllen.

(4) Nach IAS 39.105D sind Vergleichsabschlüsse an die Neueinstufungen gem 39.105A und IAS 39.105C anzupassen, wenn die finanziellen Vermögenswerte/Verbindlichkeiten, die als erfolgswirksam zum beizulegenden Zeitwert bewertet eingestuft wurden, die diesbezüglichen Voraussetzungen auch zu Beginn der Vergleichsperiode bzw bei einem späteren Erwerb beim erstmaligen Ansatz erfüllt hätten.

(5) Die Ausbuchungsregelungen von IAS 39.15 bis IAS 39.37, IAS 39.AG36 bis IAS 39.AG56 sind gem IAS 39.106 nur prospektiv anzuwenden, da nach IAS 39.107 keine rückwirkende Anwendung zulässig ist. So ist ein nach den Regelungen von IAS 39 (2000) aufgrund eines Ereignisses vor dem 1. Januar 2004 ausgebuchter Vermögenswert, der nach den Regelungen von IAS 39 noch nicht auszubuchen wäre, nicht mehr zu erfassen.

(6) Unabhängig von der grds prospektiven Anwendung der Ausbuchungsregelungen kann ein Unternehmen in den in IAS 39.107 genannten Fällen die Ausbuchungsregelungen von IAS 39 auch retrospektiv anwenden. Dies ist dann der Fall, wenn die für eine Bilanzierung nach IAS 39 erforderlichen Informationen zum Zeitpunkt der erstmaligen Bilanzierung vorlagen.

(7) Nach IAS 39.108 sind Buchwertanpassungen insoweit ausgeschlossen, als diese zur Vermeidung von Gewinnen oder Verlusten dienen, die bereits in den vor der erstmaligen Anwendung von IAS 39 liegenden Geschäftsjahren im Rahmen eines *cashflow hedge* berücksichtigt wurden. Unmittelbar aufgrund eines Sicherungsgeschäfts von festen Verpflichtungen *(hedge of a firm commitment)*, das nunmehr unter die Regelungen des *fair value hedge* fällt, bisher im Eigenkapital erfasste Beträge sind aus dem Eigenkapital umzugliedern und als Vermögenswert oder Verbindlichkeit zu erfassen. Ausgenommen von der vorstehenden

Regelung sind Sicherungsgeschäfte für Fremdwährungsrisiken aus festen Verpflichtungen, die weiterhin als *cashflow hedge* behandelt werden.

(8) Die Regelung in IAS 39.80 letzter Satz betreffend die Berücksichtigung von mit hoher Wahrscheinlichkeit erwarteten konzerninternen Transaktionen als Grundgeschäft im Rahmen einer Sicherungsbeziehung ist auf Geschäftsjahre anzuwenden, die am oder nach dem 1. Januar 2006 beginnen. Eine frühere Anwendung ist möglich.

(9) Die Ergänzungen des IFRIC 9 und des IAS 39.12, die im März 2009 verabschiedet wurden, sind für Berichtsperioden anzuwenden, die am oder nach dem 30. Juni 2009 beginnen. Durch das verzögerte EU-Endorsement wird sich der Erstanwendungszeitpunkt in der EU voraussichtlich verschieben.

Ergänzend wird auf die Ausführungen unter Rz 74 sowie in § 3 Rz 1ff und § 44 verwiesen.

B. Bilanz

Ansatz und **Bewertung** derivativer Finanzinstrumente werden durch IAS 39 geregelt. Gem IAS 39.9 gelten derivative Finanzinstrumente – wenn es sich nicht um Finanzgarantien handelt oder sie nicht zu Sicherungszwecken bestimmt und geeignet sind – als **„zu Handelszwecken gehalten“** *(held for trading)*; sie sind damit Bestandteil der Kategorie „erfolgswirksam zum beizulegenden Zeitwert bewertet“. 35

I. Ansatz

Abweichend von den Vorschriften im HGB sind Derivate nach IAS 39 grds als **finanzielle Vermögenswerte** oder **Verbindlichkeiten** zu bilanzieren (s Rz 4, Rz 75). Gem IAS 39.14 hat ein Unternehmen ein Finanzinstrument dann, aber auch nur dann, anzusetzen, wenn es **Vertragspartei** zu den vertraglichen Regelungen des Finanzinstruments geworden ist. Voraussetzung für den Ansatz eines Derivats ist somit ein Vertrag; einer bestimmten Form (schriftlich, mündlich oder durch konkludentes Handeln) bedarf es hingegen nicht. Daraus folgt auch, dass geplante Geschäftsabschlüsse *(forecasted transactions)* unabhängig von ihrer Eintrittswahrscheinlichkeit grds nicht im Jahresabschluss zu erfassen sind, da am Bilanzstichtag kein Vertrag vorliegt, der eine Forderung oder Verbindlichkeit begründet (IAS 39.AG35(e)). 36

1. Einbuchung

Die Einbuchung von Derivaten erfolgt nach den **allgemein** für Finanzinstrumente aufgestellten **Regelungen**, sodass auf die Ausführungen unter § 3 Rz 86ff verwiesen wird. Das in IAS 39.38 gewährte Wahlrecht zwischen der Bilanzierung zum Handelstag oder zum Erfüllungstag wird gem IAS 39.AG35(c) jedoch für (unbedingte) Termingeschäfte aufgehoben; diese sind grds bereits bei **Abschluss des Geschäfts (Handelstag)** zu erfassen. 37

2. Ausbuchung

Die Ausbuchung von Derivaten erfolgt nach den **für alle Finanzinstrumente geltenden Regelungen**, sodass auf die Ausführungen unter § 3 Rz 100ff verwiesen wird. 38

einstweilen frei 39

II. Bewertung

1. Erstbewertung

40 Entspr dem allgemeinen Grundsatz in IAS 39.43 sind Derivate bei der erstmaligen Erfassung mit ihrem **beizulegenden Zeitwert** *(fair value)* anzusetzen. Nach den hierzu in IAS 39.AG64 gegebenen Erläuterungen wird dieser idR dem Transaktionspreis, dh dem Zeitwert der hingegebenen bzw erhaltenen Gegenleistung entsprechen (vgl § 3 Rz 136ff).

Aufgrund der Abgrenzung des beizulegenden Zeitwerts (vgl § 3 Rz 156ff) sind Transaktionskosten bei der erstmaligen Erfassung von Derivaten nicht aktivierungsfähig und somit regelmäßig unmittelbar erfolgswirksam.

41 ***Upfront payments*** stellen einen Ausgleich zwischen den Konditionen eines Finanzinstruments und dessen aktuellem Marktwert bei Vertragsabschluss dar. Diese positiven oder negativen Korrekturposten sind als Anschaffungskosten zu aktivieren oder zu passivieren.

42 Bei der an Terminbörsen zu leistenden Grunddeckung ***(initial margin)*** handelt es sich um eine Sicherheitsleistung, die nach den für Sicherheiten geltenden Grundsätzen gesondert als eigenständiger Vermögenswert zu bilanzieren ist (IAS 39.IG B.10).

2. Folgebewertung

43 Die Folgebewertung von Derivaten hat, da diese nach IAS 39.9 grds als zu Handelszwecken eingestuft werden, mit dem **beizulegenden Zeitwert** *(fair value)* zu erfolgen (IAS 39.46). Abweichungen ergeben sich bei Derivaten, soweit diese zu Sicherungszwecken gehalten werden. ***Variation margins,*** die aufgrund der börsentäglichen Abrechnung zu Zahlungsvorgängen führen, sind als Sicherheitsleistung und nicht als Glattstellung des zugrunde liegenden Geschäfts zu behandeln; sie sind daher erfolgsneutral gesondert zu bilanzieren. Nach IAS 39.108 sind Buchwertanpassungen insoweit ausgeschlossen, als diese zur Vermeidung von Gewinnen oder Verlusten dienen, die bereits in den vor der erstmaligen Anwendung von IAS 39 liegenden Geschäftsjahren im Rahmen eines *cashflow hedge* berücksichtigt wurden. Unmittelbar aufgrund eines Sicherungsgeschäfts von festen Verpflichtungen *(hedge of a firm commitment)*, das nunmehr unter die Regelungen des *fair value hedge* fällt, bisher im Eigenkapital als Teil des sonstigen Ergebnisses (*other comprehensive income*) erfasste Beträge sind umzugliedern und als Vermögenswert oder Verbindlichkeit zu erfassen. Ausgenommen von der vorstehenden Regelung sind Sicherungsgeschäfte für Fremdwährungsrisiken aus festen Verpflichtungen, die weiterhin als *cashflow hedge* behandelt werden.

Der **Grundsatz** der Bewertung mit dem beizulegenden Zeitwert basiert auf der **Annahme**, dass dieser idR für die für Handelszwecke gehaltenen Vermögenswerte/Verbindlichkeiten verfügbar oder verlässlich bestimmbar ist. Soweit dies nicht der Fall ist, sah IAS 39.69(c) (2000) iVm IAS 39.73 (2000) eine Bewertung mit den (fortgeführten) Anschaffungskosten vor. Wurde eine verlässliche Bestimmung des beizulegenden Zeitwerts in diesen Fällen später möglich, war auf die Bewertung mit dem beizulegenden Zeitwert umzustellen (IAS 39.91 (2000)). Nach der Neufassung von IAS 39 – jetzt IAS 39.46(c), IAS 39.47(a) – gilt die oben genannte Regelung ausschließlich für Investitionen in Eigenkapitalinstrumente, die keinen Börsenpreis an einem aktiven Markt aufweisen. Gleichwohl ist nach der hier vertretenen Ansicht auch bei Derivaten, deren beizulegender Zeitwert – auch unter Berücksichtigung der Regelungen in IAS 39.AG80f – nicht verlässlich bestimmbar ist, entspr vorzugehen.

Gewinne oder Verluste aus der **Bewertung** mit dem **beizulegenden Zeitwert** sind – soweit es sich nicht um Sicherungsgeschäfte handelt – gem IAS 39.55(a) im **Periodenerfolg** zu erfassen. Dies gilt nach IAS 39.AG83 in jedem Fall für auf monetäre und auf Fremdwährung lautende Derivate, die nicht der Absicherung des Cashflows oder einer Nettoinvestition dienen. 44

Gewinne und Verluste aus der **Bewertung** mit den **(fortgeführten) Anschaffungskosten** werden gem IAS 39.56 erst im **Periodenerfolg** berücksichtigt, wenn das Finanzinstrument **ausgebucht** wird oder eine **dauerhafte Wertminderung** eingetreten ist. 45

3. Hedge Accounting

a) Übersicht

Derivative Finanzinstrumente können zur Absicherung von Risiken aus schwankenden Marktpreisen, zB Wechselkurs- oder Zinsänderungen, sowie aus schwankenden Zahlungsströmen eingesetzt werden. Soweit ein **Sicherungsgeschäft** vorliegt, sind das Sicherungsinstrument sowie das gesicherte Grundgeschäft nach den speziell hierfür in IAS 39 vorgesehenen Regelungen, dem sog *hedge accounting*, abzubilden. Durch das *hedge accounting* werden die ansonsten für das Grundgeschäft und Sicherungsinstrument alleine bestehenden Bilanzierungsvorschriften modifiziert, um einen die wirtschaftlichen Auswirkungen des Sicherungszusammenhangs berücksichtigenden Ausweis zu ermöglichen. 46

IAS 39.86 unterscheidet **drei Arten** von **Sicherungsbeziehungen**:
(1) Absicherung des beizulegenden Zeitwerts *(fair value hedge)*,
(2) Absicherung des Cashflows *(cashflow hedge)*,
(3) Absicherung der Nettoinvestition in eine Auslandsgesellschaft *(hedge of a net investment in a foreign entity)*.

	Hedge Accounting		
	fair value hedge (IAS 39.86 (a))	*cashflow hedge* (IAS 39.86 (b))	*hedge of a net investment in a foreign entity* (IAS 39.86 (c))
Abzusicherndes Risiko	Veränderung des beizulegenden Zeitwerts	Schwankungen zukünftiger Zahlungsströme	Veränderung von Wechselkursen
Gegenstand (abgesichertes Grundgeschäft; IAS 39.78 ff)	• bereits bilanzierte Vermögenswerte und Schulden • nicht bilanzierte schwebende Geschäfte (feste Verpflichtungen – *unrecognised firm commitments*)	• bereits bilanzierte Vermögenswerte und Schulden • nicht bilanzierte schwebende Geschäfte (feste Verpflichtungen – *unrecognised firm commitments*); bzgl Wechselkursrisiken (IAS 39.87) • erwartete zukünftige Transaktion *(forecast transaction)*	• Nettoinvestition in eine wirtschaftlich selbstständige Einheit im Ausland gem IAS 21.30

b) Sicherungsinstrumente

47 Der Kreis zulässiger **Sicherungsinstrumente** wird in IAS 39.72ff geregelt. Danach kommen als Sicherungsinstrument im Wesentlichen **derivative Finanzinstrumente** in Betracht. Nicht-derivative Finanzinstrumente können nur dann zur Bilanzierung von Sicherungsgeschäften eingesetzt werden, wenn sie der Absicherung von Wechselkursrisiken dienen. Eigene Eigenkapitalinstrumente des Unternehmens werden durch IAS 39.AG97 als Sicherungsinstrument ausgeschlossen, da sie für das Unternehmen keine finanziellen Vermögenswerte oder Schulden sind. Geschriebene Optionen sind (auch wenn sie in ein anderes Instrument eingebettet sind) nicht als Sicherungsinstrument geeignet, es sei denn, sie werden zur Glattstellung einer Option eingesetzt. Erworbene Optionen können hingegen als Sicherungsinstrument verwendet werden (IAS 39.AG94). **Voraussetzung** für den **Einsatz als Sicherungsinstrument** ist darüber hinaus, dass

(1) der beizulegende Zeitwert des Sicherungsinstruments **verlässlich bestimmbar** ist, ausgenommen – so IAS 39 (2000) noch explizit – nicht derivative, auf Fremdwährung lautende Instrumente, die zur Absicherung von Kursrisiken vorgesehen sind und deren Fremdwährungskomponente verlässlich bestimmbar ist (IAS 39.AG96),

(2) das Sicherungsinstrument mit einem **fremden Dritten vereinbart** wurde. Sicherungsgeschäfte zwischen Unternehmen eines Konzerns sind zwar bei dem einzelnen Unternehmen als Sicherungsgeschäft geeignet; auf der Ebene des Konzerns sind die Ergebnisse aus diesen Sicherungsgeschäften jedoch zu eliminieren, sodass die Bedingungen für eine Bilanzierung als Sicherungsgeschäft nicht erfüllt sind. Entspr gilt für interne Sicherungsgeschäfte zwischen einzelnen Bereichen oder Niederlassungen eines Unternehmens (IAS 39.73, IAS 39.IG F.1.4).

48 Soweit

(1) die **abzusichernden Risiken eindeutig** ermittelt werden können,

(2) die **Wirksamkeit** des Sicherungsgeschäfts **nachweisbar** ist und

(3) eine **eindeutige Zuordnung** zu einzelnen Risikoposten möglich ist,

können einzelne Sicherungsinstrumente zur Absicherung verschiedener Risiken eingesetzt werden (IAS 39.76). Auch ist es möglich, Sicherungsinstrumente nur teilweise (zB 50% des Nennbetrags) zur Absicherung von Risikoposten zu verwenden; nicht zulässig hingegen ist die Begrenzung der Sicherungsbeziehung auf einen bestimmten Teil der Laufzeit des Sicherungsinstruments (IAS 39.75, IAS 39.IG F.2.17).

c) Grundgeschäfte

49 Als **gesichertes Grundgeschäft** kommen (vgl im Einzelnen Tabelle unter Rz 46) neben bilanzierten Vermögenswerten und Verbindlichkeiten auch noch nicht bilanzierte feste Verpflichtungen *(unrecognised firm commitments)*, Nettoinvestitionen in eine wirtschaftlich selbstständige Einheit im Ausland sowie erwartete zukünftige Transaktionen *(forecast transactions)* in Betracht (IAS 39.78). Letztere allerdings nur dann, wenn deren Eintritt mit hoher Wahrscheinlichkeit erwartet wird. Grundgeschäfte können dabei sowohl einzelne Vermögenswerte, Verbindlichkeiten, feste Verpflichtungen oder erwartete Transaktionen sowie Nettoinvestitionen in eine wirtschaftlich selbstständige Einheit im Ausland sein als auch ein Portfolio der genannten Finanzinstrumente, wenn diese ein vergleichbares Risikoprofil aufweisen (IAS 39.78). Darüber hinaus können Portfolios aus finanziellen Vermögenswerten und Verbindlichkeiten im Rahmen eines *fair value hedge* gegen Zinsänderungsrisiken abgesichert werden, ohne dass die ansonsten nach

IAS 39.83 erforderliche Proportionalität der Risikoentwicklung erwartet werden müsste. IAS 39.83 setzt für die Portfoliobildung grds voraus, dass die abzusichernden Risiken anteilig auf die im Portfolio enthaltenen Finanzinstrumente entfallen und dass sich die Marktwertveränderungen der einzelnen im Portfolio enthaltenen Finanzinstrumente annähernd proportional zur Marktwertveränderung des Gesamtportfolios verhalten. Insbes die nicht näher spezifizierte annähernd proportionale Veränderung der Marktpreise führt dabei zu einer Begrenzung zulässiger Portfoliobildung.

Die ausschließlich auf *fair value hedges* von **Zinsänderungsrisiken auf Port-** 50
foliobasis bezogene Regelung in IAS 39.81A erlaubt, anstelle einzeln definierter Vermögenswerte/Verbindlichkeiten, dass auch ein pauschaler „gesicherter Betrag" (jedoch kein Nettobetrag aus Vermögenswerten und Verbindlichkeiten) als Grundgeschäft designiert werden kann. Hierzu sind zunächst Portfolien festverzinslicher währungsidentischer Finanzinstrumente zu identifizieren und diese auf der Basis erwarteter Laufzeiten/Zinsanpassungstermine in Laufzeitbänder zu unterteilen. Die Portfolien können dabei sowohl Vermögenswerte als auch Verbindlichkeiten umfassen; die Bildung mehrerer Portfolien ist zulässig. Der „gesicherte Betrag" bezieht sich jeweils auf ein Laufzeitband aus einem zuvor festgelegten Portfolio und wird durch die Nettorisikoposition (Aktiv-/Passivüberhang) im jeweiligen Laufzeitband begrenzt. Abgesichert werden kann nur ein bestimmtes Zinsrisiko, wobei auch ein bestimmter Teil eines Zinsänderungsrisikos abgesichert werden kann. Nicht durch den Portfolioansatz zum Zinsänderungsrisiko abgedeckt wird hingegen die Absicherung anderer Risiken (zB sonstige Marktpreis- oder Bonitätsrisiken), sodass es diesbezüglich bei den allgemeinen Anforderungen zur Portfoliobildung, insbes hinsichtlich des vergleichbaren Riskoprofils, verbleibt. Entspr den allgemeinen Regelungen zum *fair value hedge* unterliegt auch die Sicherungsbeziehung im Rahmen einer Portfolioabsicherung gegen Zinsänderungsrisiken einem prospektiven und retrospektiven **Effektivitätstest**. Nach Ablauf der Sicherungsperiode ist darüber hinaus unter Berücksichtigung von Abgängen ein „korrigierter Gesamtbetrag" zu ermitteln, um die auf das abgesicherte Risiko entfallenden Änderungen des beizulegenden Zeitwerts zu ermitteln. Die danach auf den gesicherten Gesamtbetrag (Grundgeschäft) entfallende Änderung des beizulegenden Zeitwerts kann pauschal in einem gesonderten Bilanzposten bilanziert werden (dh es erfolgt keine Zuordnung auf einzelne Positionen des Portfolios) und ist im Periodenergebnis zu erfassen (vgl zu Einzelheiten *Kuhn/Scharpf* DB 2003, 2293). Der gesonderte Posten ist in Abhängigkeit davon, ob das Grundgeschäft einen Vermögenswert oder eine Verbindlichkeit darstellt, unter den Vermögenswerten bzw den Verbindlichkeiten – in unmittelbarer Nähe zu der abgesicherten Position – auszuweisen. Die so gesondert erfassten Posten sind bei Ausbuchung der abgesicherten Position ebenfalls auszubuchen (IAS 39.89A).

Neben der Absicherung des gesamten *fair values* bzw Cashflows aus dem 51
Grundgeschäft kann nach IAS 39.AG99BA auch die Veränderung des *fair values* bzw des Cashflows ober- oder unterhalb eines bestimmten Schwellenwerts abgesichert werden. Bei finanziellen Vermögenswerten und Verbindlichkeiten können nach IAS 39.81 darüber hinaus auch Risken, denen lediglich ein Teil des *fair values* oder des Cashflows ausgesetzt ist, abgesichert werden, wenn die **Effektivität der Sicherungsbeziehung** hierfür ermittelt werden kann. Beispiele hierzu nennen IAS 39.AG99E und IAS 39.AG99F.

Als **Grundgeschäfte** kommen **nicht** in Betracht: 52

(1) Bis zur **Endfälligkeit zu haltende Finanzaktiva** (mit Ausnahme von originären Darlehen und Forderungen) im Rahmen der Absicherung von Zinsrisiken (IAS 39.79, IAS 39.IG F.2.9ff). Die Absicherung von Ausfall- und

Währungsrisiken ist hingegen auch bei diesen Finanzinstrumenten möglich (IAS 39.79, IAS 39.AG95).

(2) Vermögenswerte, Verbindlichkeiten, feste Verpflichtungen oder mit hoher Wahrscheinlichkeit erwartete zukünftige Transaktionen, bei denen **keine** nicht zum bilanzierenden Unternehmen gehörende **externe Partei** eingebunden ist (IAS 39.80; vgl auch Rz 47). Transaktionen zwischen Unternehmen oder Bereichen innerhalb einer Unternehmensgruppe können zwar auf Ebene der Einzelabschlüsse für diese Unternehmen/Bereiche Gegenstand einer Sicherungsbeziehung sein, nicht jedoch im Konzernabschluss. Ausgenommen hiervon – und somit als Grundgeschäft qualifizierbar – sind Währungsrisiken aus konzerninternen monetären Positionen, deren Ergebnisauswirkungen gem IAS 21 im Rahmen der Konsolidierung nicht vollständig eliminiert werden. Das Währungsrisiko aus einer konzerninternen, mit hoher Wahrscheinlichkeit erwarteten Transaktion kann als Grundgeschäft eines *cashflow hedges* im Konzernabschluss berücksichtigt werden, wenn die Transaktionswährung von der funktionalen Währung des die Transaktion abwickelnden Unternehmens abweicht und das Währungsrisiko sich auf die konsolidierte Erfolgsrechnung auswirkt (IAS 39.AG99A, IAS 39.AG99B).

(3) **Nicht finanzielle Vermögenswerte** und **Verbindlichkeiten**, es sei denn, die Absicherung bezieht sich ausschließlich auf das Währungsrisiko oder auf alle Risiken (IAS 39.82, IAS 39.AG100).

(4) **Nettorisikoposten** (IAS 39.AG101), da die erforderliche Beurteilung der Wirksamkeit der Sicherungsbeziehung nicht den daran gestellten Anforderungen entsprechen soll. Somit ist auch die Bildung von *macro hedges* ausgeschlossen (IAS 39.IG F.2.9). Zulässig ist es jedoch, einen Teilbetrag eines Postens als Grundgeschäft zu behandeln. Bestehen zB Vermögenswerte von 100 und Verbindlichkeiten von 90 mit gleichartigen Risiken und Laufzeiten, so können – unter Beachtung der übrigen Voraussetzungen – 10 der Vermögenswerte als gesichertes Grundgeschäft behandelt werden. Als weiteres Beispiel führt IAS 39.AG101 einen Devisenterminkauf von 100, dem ein Devisenterminverkauf in gleicher Währung von 90 gegenübersteht, auf. Hier ist es möglich, den Nettobetrag von 10 durch ein entspr Sicherungsgeschäft abzusichern.

(5) Die **feste Verpflichtung zum Kauf eines Unternehmens**, mit Ausnahme der Absicherung des Währungsrisikos (IAS 39.AG98).

(6) Nach der **Equity-Methode** bilanzierte Anteile an Unternehmen (IAS 39.AG 99).

53 Darüber hinaus sind auch **derivative Finanzinstrumente** selbst grds **nicht** als **Grundgeschäft** zulässig, da diese – wenn sie nicht als Sicherungsinstrument eingesetzt werden – grds der Kategorie „zu Handelszwecken gehalten“ zugeordnet werden und mit dem beizulegenden Zeitwert zu bewerten sind, sodass Wertveränderungen im Periodenerfolg zu erfassen sind (IAS 39.IG F.2.1). Ausgenommen hiervon sind unter Bezugnahme auf IAS 39.AG94 Optionen, die als Derivat in ein strukturiertes Produkt eingebunden sind.

d) Voraussetzungen

54 **Grundlage** für die Bilanzierung von Sicherungsgeschäften nach den spezifischen Regelungen des *hedge accounting* ist zunächst, dass das **Grundgeschäft** und das **Sicherungsinstrument unterschiedlichen Bewertungsvorschriften** unterliegen, da nur in diesen Fällen die Notwendigkeit zur Aufgabe der Einzelbewertung besteht, um die Ziele des *hedge accounting* zu erreichen. Werden zB sowohl das Grundgeschäft als auch das Sicherungsinstrument mit dem beizule-

genden Zeitwert angesetzt, sodass die Ergebnisse aus der Folgebewertung in das Periodenergebnis einfließen, bedarf es keiner gesonderten Regelung. Aufgrund der Möglichkeit, unter den Voraussetzungen von IAS 39.9 Finanzinstrumente bei entspr Wahlrechtsausübung mit dem beizulegenden Zeitwert *(fair value)* zu bewerten, unterliegen diese dann den gleichen Bewertungsregeln wie ein Sicherungsinstrument, sodass sich gegenläufige Änderungen des beizulegenden Zeitwerts unmittelbar im Periodenerfolg auswirken. Die strengen Voraussetzungen des *fair value hedge* müssen in diesem Fall nicht angewendet werden (vgl *Kropp/ Klotzbach* WPg 2002, 1010). Zu beachten ist dabei jedoch, dass bei einer entspr Zuordnung das jeweilige Finanzinstrument **insgesamt** der erfolgswirksamen Bewertung mit dem beizulegenden Zeitwert unterliegt. Die im Rahmen des *hedge accounting* mögliche **Absicherung** ausschließlich von **Teilrisiken** aus dem Grundgeschäft kann somit über diesen Weg nicht erreicht werden. Darüber hinaus ist zu beachten, dass die *fair value option* auf drei normierte Fälle begrenzt ist (s § 3 Rz 60f). Gem IAS 39.AG110 setzt die Bilanzierung als Sicherungsgeschäft voraus, dass sich das Sicherungsgeschäft auf ein **bestimmtes identifizier- und benennbares Risiko** und nicht nur auf allgemeine Geschäftsrisiken bezieht und sich letztlich im Periodenerfolg auswirkt.

Darüber hinaus müssen folgende **fünf Bedingungen kumulativ** erfüllt werden (IAS 39.88): 55

(1) Der Absicherungszusammenhang sowie die damit verfolgten Risikomanagementziele und -strategien sind bereits beim **Abschluss** des **Sicherungsgeschäfts** zu **dokumentieren** (IAS 39.88(a)). **Ausgeschlossen** ist somit die **rückwirkende** *Zuordnung* von Sicherungs- zu Grundgeschäft zu einer Sicherungsbeziehung und somit die retrospektive Anwendung des *hedge accounting* (IAS 39.IG F.3.8 und 39.IG F.3.9). Die **Dokumentation** hat dabei neben der Darstellung der Risikomanagementziele und -strategien die Angabe des Sicherungsinstruments, des abgesicherten Grundgeschäfts, die Art des abgesicherten Risikos sowie Angaben darüber, wie das Unternehmen die Effektivität der Sicherungsbeziehung bestimmen will (Methoden und Verfahren; vgl IAS 39.AG107), zu umfassen. Nicht erforderlich ist hingegen, dass das Sicherungsinstrument extra zur Herstellung der Sicherungsbeziehung erworben wird; vielmehr ist auch die Zuordnung eines bisher zu Handelszwecken gehaltenen Derivats zu einer Sicherungsbeziehung möglich (vgl *Bellavite-Hövermann/Barckow* in Baetge ua IFRS-Komm[2] IAS 39 Rz 154).

(2) Der **Absicherungszusammenhang** wird in Übereinstimmung mit der verfolgten Absicherungsstrategie vorab als **hoch wirksam** eingeschätzt (**prospektive Effektivität;** IAS 39.88(b)). Ein Sicherungsgeschäft gilt dabei nach IAS 39.AG105ff dann als hoch wirksam, wenn bei Beginn und über die gesamte Laufzeit erwartet wird, dass die Veränderungen des beizulegenden Zeitwerts oder des Cashflows des gesicherten Grundgeschäfts durch die entspr gegenläufige Veränderung des beizulegenden Zeitwerts bzw Cashflows des Sicherungsinstruments ausgeglichen werden und die tatsächlichen Ergebnisse (retrospektive Effektivität, s (5)) in einer Bandbreite von 80 bis 125% liegen. Die erforderliche Erwartung kann sich dabei zB auf historische Erfahrungen, statistische Korrelationen oder Sensitivitätsanalysen in Bezug auf die Wertentwicklung von Sicherungsinstrument und Grundgeschäft stützen. Stimmen die wesentlichen Bedingungen von Sicherungs- und Grundgeschäft überein, so kann nach IAS 39.AG108 davon ausgegangen werden, dass die prospektive Effektivität gegeben ist *(critical term match)*.

(3) Bei der Absicherung zukünftiger Geschäfte im Rahmen eines *cashflow hedge* müssen diese eine **hohe Eintrittswahrscheinlichkeit** haben und über erfolgswirksame Cashflow-Risiken verfügen (IAS 39.88(c)). Anders als bei der

Wirksamkeit gibt IAS 39 keine quantitativen Hinweise, was als hoch wahrscheinlich anzusehen ist; das Schrifttum geht davon aus, dass das Kriterium als erfüllt anzusehen ist, wenn mit dem Eintritt des Geschäfts mit mindestens 80%-iger Sicherheit gerechnet wird (vgl *Bellavite-Hövermann/Barckow* in Baetge ua IFRS-Komm[2] IAS 39 Rz 169). Zu den bei der Beurteilung der Wahrscheinlichkeit zu berücksichtigenden Umständen vgl IAS 39.IG F.3.7.

(4) Die **Wirksamkeit** des Absicherungszusammenhangs muss **verlässlich bestimmbar** sein (IAS 39.88(d)). Dh, sowohl die beizulegenden Zeitwerte bzw Cashflows des Sicherungsinstruments als auch des Grundgeschäfts müssen ermittel- bzw vorhersehbar sein.

(5) Die Wirksamkeit des Absicherungszusammenhangs muss über die gesamte Berichtsperiode durchgängig überwacht und als solche festgestellt werden (**retrospektive Effektivität;** IAS 39.88(e)). Die (ex post) Überprüfung der Effektivität des Sicherungsgeschäfts hat gem IAS 39.AG106 mindestens im Rahmen der Aufstellung des Jahresabschlusses oder des Zwischenabschlusses zu erfolgen. Daraus folgt, dass die Überprüfung mindestens einmal jährlich vorzunehmen ist (IAS 1.36; die dort genannte Möglichkeit zu längeren Berichtsperioden hat in Deutschland aufgrund der gesellschaftsrechtlichen Regelungen keine Bedeutung). Eine bestimmte Methode zur Messung der Effektivität wird durch IAS 39 nicht vorgegeben, vielmehr richtet sich diese nach der vom Unternehmen verfolgten und dokumentierten Risikomanagementstrategie (IAS 39.AG107). Beispielhaft zu nennen sind Sensitivitätsanalysen oder *value-at-risk*-Verfahren. Die Anforderung an die Wirksamkeit ist erfüllt, wenn die Kompensation der Wertentwicklung von Sicherungsinstrument und Grundgeschäft in einer Bandbreite von 80 bis 125 Prozent liegt (IAS 39.AG105(b)).

56 Werden die vorstehenden **Anforderungen nicht erfüllt**, bleibt es bei den für das jeweilige Finanzinstrument geltenden Bewertungsvorschriften, sodass Grundgeschäft und Sicherungsinstrument jeweils **einzeln zu bewerten** und entspr den für das jeweilige Geschäft geltenden Regelungen darzustellen sind. Entfällt eine der Voraussetzungen während des Sicherungszeitraums, ist die Sicherungsbeziehung zu beenden (IAS 39.91(b), IAS 39.101(b), s Rz 61 f).

e) Auswirkungen

57 Um den **gewünschten Ausweis** des Sicherungszusammenhangs herzustellen, bestehen grds **zwei Methoden**:

(1) Die ansonsten aufgrund der für das Grundgeschäft geltenden Bewertungsvorschriften erfolgsneutralen Wertveränderungen des Grundgeschäfts (fortgeführte Anschaffungskosten oder erfolgsneutrale Verrechnung mit der Veränderung des beizulegenden Zeitwerts) werden erfolgswirksam in der Gesamtergebnisrechnung bzw der GuV (sofern erstellt) ausgewiesen.

(2) Die ansonsten erfolgswirksam in der Gesamtergebnisrechnung bzw der GuV (sofern erstellt) auszuweisende Veränderung des beizulegenden Zeitwerts des Sicherungsinstruments wird erfolgsneutral in einem gesonderten Posten des Eigenkapitals als Teil des sonstigen Ergebnisses gezeigt.

Beide Methoden werden von IAS 39 in Abhängigkeit von der Sicherungsbeziehung angewendet.

	fair value hedge	*cashflow hedge*	*hedge of a net investment in a foreign entity*
Bewertung Sicherungsinstrument	Beizulegender Zeitwert (*fair value*)		
Erfolgsausweis aus der Bewertung des Sicherungsinstruments	Erfolgswirksam im Periodenerfolg (IAS 39.89(a))	• Soweit im Hinblick auf die Absicherung effektiv, erfolgsneutral im sonstigen Ergebnis (IAS 39.95(a), zur weiteren Behandlung s Rz 59) • Der nicht effektive Teil ist erfolgswirksam im Periodenerfolg zu erfassen (IAS 39.95(b))	• entspr den Vorschriften zum *cashflow hedge* (IAS 39.102, dh der effektive Teil bis zur Veräußerung der Nettoinvestition erfolgsneutral im sonstigen Ergebnis (IAS 39.102(a)), der nicht effektive Teil erfolgswirksam im Periodenerfolg (IAS 39.102 (b))
Bewertung Grundgeschäft	Anpassung des Buchwerts um den dem abgesicherten Risiko zuzurechnenden Gewinn oder Verlust (Buchwertanpassung, *basis adjustment*) (IAS 39.89(b)) bzw bei der Absicherung von Portfolien gegen Zinsänderungsrisiken Erfassung des dem Grundgeschäft zuzurechnenden Gewinns oder Verlusts in einem gesonderten Posten (IAS 39.89A)	Nach allgemeinen Regelungen	Nach allgemeinen Regelungen (vgl IAS 21.37)
Erfolgsausweis aus der Bewertung des Grundgeschäfts	• Erfolgswirksam im Periodenerfolg soweit die abgesicherten Risiken betreffend • Änderungen des beizulegenden Zeitwerts, die nicht dem Sicherungsgeschäft zuzurechnen sind, entspr den allgemeinen Regelungen in IAS 39.55 (IAS 39.90)	Nach allgemeinen Regelungen	Nach allgemeinen Regelungen (vgl IAS 21.37(c))

58 Die **Wirkung** des ***fair value hedge accounting*** kann wie folgt dargestellt werden:

Beispiel: Ein Unternehmen kauft zu Beginn des Jahrs X1 eine festverzinsliche Anleihe für T€ 10.000 (Kurs 100%) und ordnet diese der Kategorie zur Veräußerung verfügbar zu. Der Ausweis von Wertveränderungen soll nach IAS 39.55(b) erfolgsneutral im sonstigen Ergebnis erfolgen. Der Kurs der Anleihe soll sich wie folgt entwickeln:
31. Dezember X1: 110%
31. Dezember X2: 105%.

Um sich den zum Ende des Jahrs X1 entstandenen Kursgewinn zu sichern, schließt das Unternehmen ein Sicherungsgeschäft ab und erwirbt dazu zu Beginn des Jahrs X2 ein derivatives Finanzinstrument (zB Zinsswap), das hinsichtlich seiner Ausstattung mit der Anleihe korrespondiert. Die Anschaffungskosten für das Derivat seien Null; die Voraussetzungen für das *hedge accounting* sollen erfüllt sein. Der Wert des Derivats steigt bis zum Ende des Jahrs X2 auf T€ 500. Es ergeben sich folgende Buchungen (in T€):

(1) Erwerb der Anleihe:					
	Per Wertpapiere (kurzfristig)	10.000	an	Flüssige Mittel	10.000
(2) 31. Dezember X1, Kursanstieg Anleihe:					
	Per Wertpapiere (kurzfristig)	1.000	an	Rücklage	1.000
(3) Erwerb Derivat:					
	Per Derivate	0	an	Flüssige Mittel	0
(4) 31. Dezember X2, Kursverlust Anleihe:					
	Per Kursverluste	500	an	Wertpapier (kurzfristig)	500
(5) 31. Dezember X2, Kursanstieg Derivat:					
	Per Derivate	500	an	Sicherungsergebnis	500

Aufgrund des Sicherungsgeschäfts wird der Kursverlust bei der Anleihe durch den Kursanstieg des Derivats im Periodenergebnis X2 kompensiert. Zum 31. Dezember X2 wird die Anleihe mit einem Buchwert von T€ 10.500 und das Derivat mit einem Buchwert von T€ 500 ausgewiesen. Der zum 31. Dezember X1 erfasste Gewinn aus dem Kursanstieg der Anleihe (T€ 1.000) verbleibt vorbehaltlich einer Amortisation nach IAS 39.92 bis zum Abgang der Anleihe im Eigenkapital.

59 Hinsichtlich der nach IAS 39.95(a) im **sonstigen Ergebnis** erfassten Beträge ist in den Fällen, in denen das Grundgeschäft eine erwartete Transaktion betrifft, in Abhängigkeit davon, ob diese zu einem finanziellen oder nicht finanziellen Vermögenswert oder einer finanziellen oder nicht finanziellen Verbindlichkeit führt, wie folgt zu differenzieren:

<table>
<tr><td colspan="3">Erwartete Transaktion</td></tr>
<tr><td>IAS 39.97
Erwartete Transaktion führt zur Erfassung eines finanziellen Vermögenswerts oder einer finanziellen Verbindlichkeit</td><td colspan="2">IAS 39.98
Erwartete Transaktion führt zu einer Erfassung eines nicht-finanziellen Vermögenswerts oder einer nicht-finanziellen Verbindlichkeit
oder
zu einer festen Verpflichtung, die in ein fair value hedge einbezogen wird</td></tr>
<tr><td rowspan="2">Umbuchung aus dem Eigenkapital in den Periodenerfolg in der Periode, in der der Vermögenswert/die Verbindlichkeit den Periodenerfolg beeinflusst als Umgliederungsbetrag (reclassification adjustment; vgl IAS 1.95)</td><td colspan="2">Wahlrecht</td></tr>
<tr><td>IAS 39.98 (a)
Umbuchung der im sonstigen Ergebnis erfassten Beträge in den Periodenerfolg in der Periode, in der der Vermögenswert/die Verbindlichkeit den Periodenerfolg beeinflusst als Umgliederungsbetrag (reclassification adjustment; vgl IAS 1.95)</td><td rowspan="2">IAS 39.98(b)
Umbuchung der im sonstigen Ergebnis erfassten Beträge und Berücksichtigung bei den Anschaffungskosten des Vermögenswerts/der Verbindlichkeit im Zeitpunkt der Einbuchung</td></tr>
<tr><td colspan="2">Im sonstigen Ergebnis erfasste Verluste, mit deren Ausgleich nicht mehr gerechnet wird, sind als Umgliederungsbeträge (reclassification adjustments) aus dem Eigenkapital erfolgswirksam auszubuchen</td></tr>
</table>

Das in IAS 39.98 gewährte **Wahlrecht** ist nach IAS 39.99 für alle unter IAS 39.98 fallenden Sicherungsgeschäfte einheitlich auszuüben und beizubehalten. 60

Alle übrigen im Rahmen von ***cashflow hedges*** im sonstigen Ergebnis erfassten Beträge sind in dem Zeitpunkt als Umgliederungsbeträge (*reclassification adjustments*) (vgl IAS 1.95) in den Periodenerfolg zu übernehmen, in dem das abgesicherte Grundgeschäft erfolgswirksam wird (IAS 39.100).

Die für Sicherungsgeschäfte geltenden Vorschriften sind ab Beendigung der Sicherungsbeziehung für die Zukunft nicht mehr anzuwenden. Dies ist nach IAS 39.91 für ***fair value hedges*** dann der Fall, wenn 61

(1) das **Sicherungsinstrument ausläuft, veräußert, beendet** oder **ausgeübt** wurde. Der entspr der dokumentierten Sicherungsstrategie vorgenommene Ersatz eines Sicherungsinstruments durch ein anderes Sicherungsinstrument gilt dabei nicht als Auslaufen oder Beendigung, sofern dies Teil der dokumentierten Sicherungsstrategie ist,
(2) das Sicherungsgeschäft die in IAS 39.88 **gestellten Anforderungen** an das *hedge accounting* **nicht mehr erfüllt** (so zB bei einem erwarteten Ausfall des Kontrahenten, da in diesem Fall die geforderte Effektivität der Sicherungsbeziehung nicht mehr verlässlich bestimmbar ist),
(3) das Unternehmen die Sicherungsbeziehung **annulliert**.

Ist die Beendigung der Sicherungsbeziehung auf den **Abgang des Sicherungsderivats** zurückzuführen, ist dieses auszubuchen (IAS 39.17) und mögliche Differenzen zwischen erhaltenen Zahlungen und dem Buchwert sind erfolgswirksam zu erfassen. Für das Grundgeschäft sind ab dem Zeitpunkt der Beendigung der Sicherungsbeziehung keine weiteren Buchwertanpassungen mehr vorzunehmen. Die fortgeführten Anschaffungskosten des bisher gesicherten Grundgeschäfts entsprechen in diesem Fall dessen Buchwert (beizulegender

Zeitwert bei Beendigung der Sicherungsbeziehung). Eine bis zur Beendigung der Sicherungsbeziehung bei zinstragenden Grundgeschäften vorgenommene Buchwertanpassung ist nach IAS 39.92 ab diesem Zeitpunkt über die Restlaufzeit des Grundgeschäfts erfolgswirksam zu amortisieren.

62 Die Bilanzierung einer Sicherungsbeziehung im Rahmen eines ***cashflow hedge*** ist nach IAS 39.101 zu beenden, wenn

(1) das Sicherungsinstrument ausläuft, veräußert, beendet oder ausgeübt wurde. Der entspr der dokumentierten Sicherungsstrategie vorgenommene Ersatz eines Sicherungsinstruments durch ein anderes Sicherungsinstrument gilt dabei nicht als Auslaufen oder Beendigung,
(2) das Sicherungsgeschäft die in IAS 39.88 gestellten Anforderungen an das *hedge accounting* nicht mehr erfüllt, mit dem Eintritt der abgesicherten Transaktion gleichwohl gerechnet wird,
(3) der Eintritt der erwarteten Transaktion nicht mehr erwartet wird, dabei ist jedoch nicht ausschlaggebend, ob der Eintritt der erwarteten Transaktion nicht mehr hoch wahrscheinlich ist,
(4) das Unternehmen die Sicherungsbeziehung annulliert.

In den Fällen (1), (2) und (4) bleiben die während der Sicherungsbeziehung (erfolgsneutral) dem sonstigen Ergebnis zugeordneten Wertveränderungen des Sicherungsinstruments im Eigenkapital, bis die abgesicherte Transaktion eintritt. Bei Eintritt der Transaktion ist der Eigenkapitalposten entspr der oben dargestellten Grundsätze (vgl Rz 59; IAS 39.97, IAS 39.98, IAS 39.100) erfolgsneutral oder erfolgswirksam auszubuchen (IAS 39.101(a), IAS 39.101(b), IAS 39.101(d)).

In den unter (3) aufgeführten Fällen sind die im sonstigen Ergebnis erfassten Wertveränderungen des Sicherungsinstruments erfolgswirksam auszubuchen und im Periodenerfolg zu erfassen (IAS 39.101(c)).

III. Ausweis

63 Vorschriften zum Ausweis einzelner Posten enthält IAS 1, der allerdings **keine detaillierte Mindestgliederung** vorschreibt (*Coenenberg*[20], 134). Für den Bereich der Finanzinstrumente ist insbes IAS 1.54 zu beachten, der den Ausweis bestimmter Einzelposten vorsieht, wobei Derivate nicht als eigenständiger Posten aufgeführt sind. Neben den in IAS 1.54 im Einzelnen genannten Posten sind jedoch zusätzliche Posten aufzunehmen, wenn ein anderer Standard dies verlangt oder dies für eine den tatsächlichen Verhältnissen entspr Darstellung der VFE-Lage erforderlich ist (IAS 1.55). Vorschriften über den gesonderten Ausweis von Derivaten sind auch in IFRS 7 und IAS 32 nicht enthalten.

1. Außerhalb von Sicherungsgeschäften

64 Derivate außerhalb von Sicherungszusammenhängen sind aufgrund der in IAS 39.9 erfolgten Zuordnung – als zu Handelszwecken gehalten – unter den **Handelsaktiva** oder **Handelspassiva** auszuweisen. Als Bilanzposten kommen, soweit keine weitere Untergliederung erfolgt, die Posten finanzielle Vermögenswerte (IAS 1.54(d)) bzw Verbindlichkeiten aus Lieferungen und Leistungen und sonstige Verbindlichkeiten (IAS 1.54(k)) sowie finanzielle Verbindlichkeiten (IAS 1.54(m)) in Betracht.

2. Im Rahmen von Sicherungsgeschäften

65 Der **Ausweis** von Derivaten, die Bestandteil eines Sicherungsgeschäfts sind, das nach den Regeln des *hedge accounting* bilanziert wird, ist derzeit aufgrund fehlender Regelungen noch **unklar**. Für den Ausweis von Grundgeschäft und Sicherungsinstrument kommen grds *vier Alternativen* in Betracht (*Scharpf/Luz*[2], 778):

(1) Grundgeschäft und Sicherungsinstrument werden in einem gesonderten Posten „gesicherte Geschäfte" ausgewiesen.
(2) Das Sicherungsinstrument wird in dem gleichen Posten wie das Grundgeschäft ausgewiesen.
(3) Grundgeschäft und Sicherungsinstrument werden jeweils in den Posten ausgewiesen, in denen sie ohne Berücksichtigung des Sicherungszusammenhangs ausgewiesen werden würden.
(4) Ausweis des Sicherungsinstruments in einem gesonderten Posten und Ausweis des Grundgeschäfts in dem Posten, in dem es ohne Berücksichtigung des Sicherungszusammenhangs ausgewiesen werden würde.

Von den vorgenannten **Ausweisalternativen** wird derzeit in der **Praxis** 66 überwiegend die **letztgenannte** angewandt, wobei der Ausweis der Sicherungsinstrumente – soweit nicht in einem gesonderten Posten – unter den sonstigen Aktiva/Passiva erfolgt.

einstweilen frei 67–69

C. Gesamtergebnisrechnung/Gewinn- und Verlustrechnung

I. Derivate außerhalb von Sicherungsgeschäften

Derivate sind nach den oben dargestellten Grundsätzen grds mit dem **beizulegenden Zeitwert** zu bewerten. Gewinne und Verluste aus der Bewertung 70 zum beizulegenden Zeitwert sind gem IAS 39.55(a) in den Periodenerfolg des Geschäftsjahrs aufzunehmen, in dem sie entstanden sind. Aufgrund der für Derivate typischen hohen Hebelwirkung kann dies zu erheblichen Schwankungen im Periodenerfolg führen. Der Ausweis sollte sich nach den vom Unternehmen mit dem Derivat verfolgten Zwecken richten. In Abhängigkeit davon, ob dieses **operativen** oder **finanziellen Zwecken** dient, kommt – wenn nicht wie zB bei Banken ein entspr Handelsergebnis ausgewiesen wird – ein Ausweis unter den sonstigen betrieblichen Erträgen/sonstigen betrieblichen Aufwendungen bzw sonstigen finanziellen Erträgen/sonstigen finanziellen Aufwendungen in Betracht.

II. Derivate im Rahmen von Sicherungsgeschäften

Hinsichtlich der Ergebnisveränderungen aus der Bewertung von Derivaten, 71 die Bestandteil eines Sicherungsgeschäfts sind, ist zwischen den unterschiedlichen *hedge*-Formen zu unterscheiden. Ergebnisse aus der Bewertung eines Derivats, das Sicherungsinstrument im Rahmen eines ***fair value hedge*** ist, sind erfolgswirksam in den Periodenerfolg zu übernehmen (IAS 39.89(a)). Bei Derivaten, die Sicherungsinstrument zur Absicherung des Cashflows ***(cashflow hedge)*** oder der **Nettoinvestition** in eine wirtschaftlich selbstständige ausländische Teileinheit *(hedge of a net investment in a foreign entity)* sind, ist der Teil des Ergebnisses, der im Hinblick auf die Absicherung effektiv ist, erfolgsneutral im sonstigen Ergebnis zu erfassen (IAS 39.95(a), IAS 39.102 (a)); der nicht effektive Teil ist erfolgswirksam in den Periodenerfolg zu übernehmen (IAS 39.95(b), IAS 39.102(b)). Der Ausweis kann, soweit Ergebnisbeiträge aus effektiven Sicherungsgeschäften resultieren, in dem Posten erfolgen, in dem auch die Ergebnisbeiträge des gesicherten Grundgeschäfts ausgewiesen werden. Hinsichtlich der Erfolgsbeiträge aus nicht effektiven Sicherungsgeschäften bzw entspr Teilbeträge ist ein Ausweis unter der sonstigen betrieblichen Erträgen/sonstigen betrieblichen Aufwendungen bzw sonstigen finanziellen Erträgen/sonstigen finanziellen Aufwendungen möglich.

D. Angaben im Anhang

72 Die Angabepflichten zu Finanzinstrumenten sind in **IFRS 7** zusammengefasst. Durch die in IFRS 7 geforderten Angaben sollen die Adressaten des Jahresabschlusses in die Lage versetzt werden, die Bedeutung von Finanzinstrumenten für die **Ertragskraft** und die **Finanzlage** eines Unternehmens besser beurteilen zu können. Darüber hinaus sollen die Informationen Einblick in Art und Umfang von **Risiken** aus Finanzinstrumenten geben (IFRS 7.1).

73 Für Derivate und Sicherungsgeschäfte sind – neben den allgemeinen Angaben zu Finanzinstrumenten – insbes folgende **Angaben** zu machen:

Quelle IFRS 7	Inhalt	Vgl Rz
8(a)(ii) 8(e)(ii)	Buchwert der zu Handelszwecken gehaltenen Finanzinstrumente	35, 40
17	Merkmale der Zusammenhänge von Derivaten, die in ein vom Unternehmen emittiertes Instrument eingebettet sind, das sowohl eine Verbindlichkeits- als auch eine Eigenkapitalkomponente enthält	20f
20(a)(i)	Nettogewinne/-verluste aus erfolgswirksam zum beizulegenden Zeitwert bewerteten finanziellen Vermögenswerten/Verbindlichkeiten	40f
22	Für jede Kategorie von Sicherungsgeschäften (*fair value hedge, cashflow hedge, hedge of a net investment in a foreign entity*) (a) Beschreibung der Sicherungsgeschäfte (b) Beschreibung der Sicherungsinstrumente und Angabe des beizulegenden Zeitwerts am Abschlussstichtag (c) Art der abgesicherten Risiken	46f
23	Für *cashflow hedges* (a) Berichtszeiträume, in denen die Cashflows eintreten und auf das Ergebnis wirken (b) Beschreibung von einbezogenen vorhergesehenen Transaktionen, mit deren Eintritt nicht mehr gerechnet wird (c) Betrag, der im Berichtszeitraum im Eigenkapital (sonstigen Ergebnis) erfasst wurde (d) Betrag, der aus dem sonstigen Ergebnis in den Periodenerfolg umgebucht wurde *(reclassification adjustment)*, wobei die Angabe für jeden betroffenen Posten der Gesamtergebnisrechnung zu machen ist (e) Betrag, der aus dem sonstigen Ergebnis entnommen und mit den Anschaffungskosten eines nicht finanziellen Vermögenswerts oder einer nicht finanziellen Verbindlichkeit verrechnet wurde und bei dem der Erwerb eine mit hoher Wahrscheinlichkeit erwartete Transaktion war	46f
24(a)	Für *fair value hedges* Gewinne und Verluste aus der Veränderung des beizulegenden Zeitwerts (i) des Sicherungsinstruments (ii) des Grundgeschäfts, soweit durch das abgesicherte Risiko bedingt	46f
24(b)	Der bei *cashflow hedges* aufgrund von Ineffektivität erfolgswirksam erfasste Betrag	57f

Quelle IFRS 7	Inhalt	Vgl Rz
24(c)	Der bei einem *hedge of a net investment in a foreign entity* aufgrund von Ineffektivität erfolgswirksam erfasste Betrag	57f
25 bis 30	Angaben zum beizulegenden Zeitwert: Höhe, Ermittlungsmethodik, zugrunde gelegte Annahmen etc	40f
31ff	Angaben zu Risiken aus Finanzinstrumenten, hier insbes IFRS 7.40ff bzgl Marktpreisrisiken	§ 3 Rz 24

Bzgl der allgemeinen Angabepflichten für Finanzinstrumente wird ergänzend auf § 3 Rz 202ff und § 19 verwiesen.

E. Wesentliche Änderungen und deren Anwendungszeitpunkte

Durch die im September 2007 veröffentlichte **Neufassung von IAS 1** wurden Änderungen in IAS 39 erforderlich, die im Wesentlichen der Vereinheitlichung der verwendeten Begriffe dienten. Gem IAS 39.103C gilt die durch IAS 1 geänderte Fassung von IAS 39 für Geschäftsjahre, die am oder nach dem 1. Januar 2009 beginnen. 74

Die Änderungen des IAS 32 und IAS 1 aufgrund der im Februar 2008 veröffentlichten Amendmends ***„Puttable Financial Instruments and Obligation Arising on Liquidation"*** führten zu Folgeänderungen des IAS 39, da IAS 39.2(d) an die Ergänzungen (IAS 32.16A, IAS 32.16B und IAS 32.16C) in IAS 32 angepasst wurde. Die Neufassung ist auf alle Geschäftsjahre anzuwenden, die am oder nach dem 1. Januar 2009 beginnen.

Im Rahmen des ***Annual Improvements Projects 2008*** wurden im **Mai 2008** weitgehend redaktionelle Anpassungen von IAS 39 veröffentlicht, die neben dem Standard selbst die *Application Guidance* und die *Basis for Conclusion* betreffen. Die geänderte Fassung ist gem IAS 39.108C auf Geschäftsjahre anzuwenden, die am oder nach dem 1. Januar 2009 beginnen.

Im **Juli 2008** hat der IASB unter dem Titel ***„Eligible Hedged Items"*** Änderung von IAS 39 veröffentlicht. Die Änderungen betreffen die *Application Guidance* und dienen der Klarstellung der Möglichkeiten zum *hedge accounting*. Nach IAS 39.103G sind die Ergänzungen – vorbehaltlich einer Übernahme durch die EU – auf Geschäftsjahre, die am oder nach dem 1. Juli 2009 beginnen, anzuwenden.

Das im März 2009 verabschiedete ***amendment* zu IFRIC 9 und IAS 39** ist in Berichtsperioden anzuwenden, die am oder nach dem 30. Juni 2009 beginnen. Es betrifft die Besonderheiten, die bei der Umklassifizierung von strukturierten Produkten aus der Kategorie erfolgswirksam zum beizulegenden Zeitwert bewertet zu berücksichtigen sind.

Im April 2009 wurden **weitere *Improvements* zu IAS 39** verabschiedet. Die Änderungen betreffen im Wesentlichen den Anwendungsbereich von IAS 39 sowie Klarstellungen im Zusammenhang mit *hedges* (IAS 39.2(g), IAS 39.80, IAS 39.97, IAS 39.100) und eine Erweiterung der Darstellung von strukturierten Produkten, die trennungspflichtig sind (IAS 39.AG30). Mit Ausnahme von IAS 39.80 sind die Änderungen prospektiv auf alle bestehenden Verträge anzuwenden in Berichtsperioden, die am oder nach dem 1. Januar 2010 beginnen. IAS 39.80 hingegen ist anzuwenden in Berichtsperioden, die am oder nach dem 1. Januar 2009 beginnen. Durch das verzögerte EU-Endorsement wird sich der Erstanwendungszeitpunkt in der EU voraussichtlich verschieben.

Zu weiteren Änderungen s ausführlich § 3 Rz 263.

F. Gegenüberstellung zu HGB/DRS

75 Die handelsrechtlichen Vorschriften enthalten derzeit keine gesonderten Regelungen zur Rechnungslegung von Derivaten. Da es sich bei Derivaten aus handelsrechtlicher Sicht um schwebende Geschäfte handelt, erfolgt ein **Ansatz** – soweit keine Anschaffungskosten vorliegen (zB gezahlte Optionsprämien) – nur dann, wenn aus der Abwicklung ein Verlust erwartet wird (vgl *WPH I* E 22). Anlässlich der Überarbeitung des HGB im Rahmen des Bilanzrechtsmodernisierungsgesetzes (BilMoG) war zunächst auch handelsrechtlich ein Ansatzgebot für Derivate vorgesehen, wenn diese zu Handelszwecken erworben wurden (§ 253 Abs 1 Satz 3 HGB-E). Diese Regelung wurde jedoch im Rahmen der Überarbeitung des Regierungsentwurfs verworfen und in eingeschränktem Umfang lediglich für Kredit- und Finanzdienstleistungsinstitute in das HGB (BilMoG) übernommen (§ 340e Abs 3 HGB (BilMoG); s auch § 39 Rz 84). Demgegenüber sind nach IAS 39 grds alle derivativen Finanzinstrumente als Vermögenswert oder Schuld zu bilanzieren.

Die **Bewertung** hat nach IAS 39 bei der Einbuchung und im Rahmen der Folgebewertungen mit dem beizulegenden Zeitwert zu erfolgen. Abweichend von den derzeit bestehenden handelsrechtlichen Vorschriften werden somit hierdurch ggf auch nicht realisierte Gewinne in den Periodenerfolg übernommen. Das BilMoG sieht für zu Handelszwecken erworbene Finanzinstrumente bei Kredit- und Finanzdienstleistungsinstituten zwar ebenfalls eine erfolgswirksame Bewertung mit dem beizulegenden Zeitwert vor, ergänzt diese jedoch durch einen Risikozuschlag. Darüber hinaus sieht § 340e Abs 4 HGB (BilMoG) im Zusammenhang mit Nettoerträgen aus dem Handelsbestand eine Dotierung des „Fonds für allgemeine Bankrisiken" nach § 340g HGB vor, der nur unter den im Gesetz genannten Bedingungen aufgelöst werden darf.

76 Die Anforderungen an die Bilanzierung von **Sicherungsgeschäften** werden durch IAS 39 ebenfalls konkret geregelt (vgl Rz 46ff). Abweichungen zu diesem, in der handelsrechtlichen Kommentierung unter dem Stichwort „Bewertungseinheit" diskutierten Themenkomplex, ergeben sich insbes aus der nach IAS 39 nicht zulässigen Berücksichtigung von *macro hedges* und internen Geschäften. Handelsrechtlich wird hingegen die nach IAS 39 zulässige Berücksichtigung geplanter Transaktionen abgelehnt (vgl *Förschle* in BeBiKo[6] § 246 HGB Rz 154). Durch das BilMoG erfolgt nunmehr auch im Handelsrecht eine gesetzliche Regelung für Bewertungseinheiten (§ 254 HGB (BilMoG)). Durch die Regelung wird nach der Gesetzesbegründung ein bisher schon bestehender Grundsatz kodifiziert, ohne dass es zu einer inhaltlichen Veränderung kommt.

77 Nicht zuletzt aufgrund der abweichenden Ansatz- und Bewertungsvorschriften ist der Umfang der für Derivate und Sicherungsgeschäfte erforderlichen **Anhangangaben** umfassender als im HGB geregelt.

G. Aktuelle Entwicklungen/IASB-Projekte

78 Die Agenda des IASB (Stand Anfang Oktober 2008) sieht für die nähere Zukunft neben den jährlichen *improvements* insbes die nachstehenden Projekte vor, die Auswirkungen auf den hier behandelten Bereich haben können:

Für das zweite Halbjahr 2009 ist ein Entwurf einer ***fair value measurement guidance*** vorgesehen, die in 2010 verabschiedet werden soll. Für 2010 ist ein Entwurf betreffend die ***financial statement presentation*** vorgesehen, dessen Verabschiedung 2011 geplant ist.

Für weitere aktuelle Entwicklungen s § 3 Rz 1ff.

§ 24. Anteilsbasierte Vergütung (Aktienoptionsprogramme)

Übersicht

Schrifttum: *Crasselt* Bewertung indexierter Mitarbeiter-Aktienoptionen im Binomialmodell, KoR 2005, 444; *Ekkenga* Bilanzierung von Stock Option Plans nach US-GAAP, IFRS und HGB, DB 2004, 1897; *Eschbach* Entwurf eines Ausübungsregelwerks für Stock Options, WPg 2000, 1; *Gallowski/Hasbargen/Schmitt* IFRS 2 und Aktienoptionspläne im Konzern – IFRIC 11 bringt Klarheit, BB 2007, 203; *Gebhart* Konsistente Bilanzierung von Aktienoptionen und Stock Appreciation Rights – eine konzeptionelle Auseinandersetzung mit E-DRS 11 und IFRS ED 2, BB 2003, 675; *Hasbargen/Seta* IAS/IFRS Exposure Draft ED 2 „Share based Payment" – Auswirkungen auf aktienbasierte Vergütung, BB 2003, 515; *Hasbargen/Stauske* IFRS 2 und FASB Exposure Draft „Share-based Payment": Auswirkungen auf Bilanzierung und Gestaltung aktienbasierter Vergütung, BB 2004, 1153; *Herzig* Steuerliche und bilanzielle Probleme bei Stock Options und Stock Appreciation

Rights, DB 1999, 1; *Hoffmann/Lüdenbach* Die Bilanzierung aktienorientierter Vergütungsformen nach IFRS 2 (Share-Based Payment), DStR 2004, 786; *IDW* Stellungnahme des IDW zum Exposure Draft ED 2 „Share-based payment", FN IDW 2003, 160; *IDW* Stellungnahme IFRIC Draft Interpretation D17: IFRS 2 – Group and Treasury Share Transactions, WPg 2005, 862; *Kessler/Sauter* Handbuch Stock Options, München 2003; *Knorr/Knorr* Die Bilanzierung von Aktienoptionsplänen, in FS Knorr, Globale Finanzberichterstattung/Global Financial Reporting, Stuttgart 2008; *Knorr/Wiederhold* IASB Exposure Draft 2 „Share based Payment" – Ende der Diskussion in Sicht?, WPg 2003, 49; *Kropp* Aktienoptionen statt finanzieller Gewinnbeteiligung: Wann und in welcher Höhe werden sie aufwandswirksam?, DStR 2002, 1919; *Oser/Vater* Die Bilanzierung von Stock-Options nach US-GAAP und IAS, DB 2001, 1261; *Pellens/Crasselt* Bilanzierung von Aktienoptionsplänen und ähnlichen Entgeltformen nach IFRS 2 „Share-based Payment", KoR 2004, 113; *Pellens/Crasselt* IFRS 2 „Share Based Payment" – Anwendungsfragen bei nicht börsennotierten Gesellschaften, PiR 2005, 35; *Pellens/Crasselt* Bilanzierung von Stock Options, DB 1998, 217; *Pellens/Crasselt/Jödicke* IFRIC 8 – Scope of IFRS 2, in Vater ua (Hrsg) IFRS-Änderungskommentar 2007, Weinheim 2007, 57; *Schildbach* Personalaufwand aus Managerentlohnung mittels realer Aktienoptionen – Reform der IAS im Interesse besserer Information?, DB 2003, 893; *Schmidt* Bilanzierung von Aktienoptionen nach IAS/IFRS, DB 2002, 2657; *Siegel* Personalaufwand bei Stock Options: eine Entmündigung der Aktionäre, WPg 2003, 157; *Sigloch/Egner* Bilanzierung von Aktienoptionen und ähnlichen Entlohnungsformen, BB 2000, 1878; *Vater* Bilanzielle und körperschaftsteuerliche Behandlung von Stock Options, DB 2000, 2177; *Vater* Bewertung von Stock Options: Berücksichtigung bewertungsrelevanter Besonderheiten, DStR 2004, 1715; *Vater* Exposure Draft zur Ergänzung von IFRS 2 „Share-based Payment", WPg 2006, 713.

Wesentliche Rechtsgrundlage: IFRS 2, IFRIC 8, IFRIC 11

A. Allgemeines

I. Wirtschaftlicher und rechtlicher Hintergrund

1 Aktienoptionsprogramme sind der Hauptanwendungsfall der anteilsbasierten Vergütung und der eigentliche Regelungsanlass für die Verabschiedung von IFRS 2 (IFRS 2.1). Sie gewähren den Berechtigten, idR Mitarbeitern eines Unternehmens, mit rechtlichen Beschränkungen und ökonomischen Anreizen versehene **Bezugsrechte (Optionen)** auf dessen Aktien. Das Programm hat dann eine objektive Vergütungswirkung, wenn zum Zeitpunkt der Ausübung der von dem Mitarbeiter „erarbeiteten" **Option** der Bezugspreis niedriger ist als der Verkehrswert der Aktie. Insbes bei börsennotierten Gesellschaften gehören Aktienoptionsprogramme inzwischen zu einem Standardelement der Mitarbeitervergütung. Die dahinter stehende ökonomische Idee ist die stärkere Orientierung des Entgelts (insbes des Managements) an der Entwicklung des Shareholder Value und die Möglichkeit, einen erfolgsabhängigen Vergütungsanteil ohne Abfluss von Barmitteln aus dem Unternehmen darzustellen. Aktienoptionsprogramme werden auf der anderen Seite als mögliche Ursache für eine nur an kurzfristigen Erfolgen orientierte Unternehmensführung auch **kritisch** beurteilt; einige Unternehmen wie Telekom oder Microsoft haben ihre Aktienoptionsprogramme inzwischen ein- oder auf Aktienprogramme umgestellt oder verzichten wie Porsche sogar vollständig darauf (hierzu eingehend *Hasbargen/Stauske* BB 2004, 1157). Andere Unternehmen wie E.on oder SAP halten mit etwa drei Viertel der DAX-Unternehmen weiterhin an anteilsbasierten Vergütungen fest. Die weitere Entwicklung bleibt hier abzuwarten.

2 Neben dem klassischen Aktienoptionsprogramm sind andere Anreizsysteme entwickelt worden, die das gleiche ökonomische Ziel verfolgen, aber in der

rechtlichen Konstruktion abweichen. Bei einem ***„stock bonus plan"*** wird den Berechtigten die – wie auch immer berechnete – Tantieme in Form von Gratisaktien, idR bewertet zum aktuellen Verkehrswert, gewährt. Ggü dem Aktienoptionsprogramm ist die eigentliche Tantieme nicht zwingend an der Wertentwicklung eines Eigenkapitalinstruments orientiert. Soweit dies nicht der Fall ist, sind diese Programme nicht mit Aktienoptionsprogrammen vergleichbar. Bei einem ***„phantom stock plan"*** **bzw** ***„stock appreciation rights"*** (SAR) wird der Unterschiedsbetrag zwischen dem virtuellen Bezugspreis und dem Aktienpreis zum Zeitpunkt der virtuellen Optionsausübung von dem Unternehmen in bar ausbezahlt. Dabei kommt es im Gegensatz zum Aktienoptionsprogramm zu einem Mittelabfluss aus dem Unternehmen und damit zu einem pagatorischen Aufwand. Wegen der Abhängigkeit der Höhe des Aufwands von der Wertentwicklung eines Eigenkapitalinstruments fallen derartige Pläne aber ebenfalls in den Anwendungsbereich des IFRS 2 und werden dort als anteilsbasierte Vergütung mit Barausgleich bezeichnet (so bereits *Gebhart* BB 2003, 675).

Das AktG bietet nunmehr zumindest einen gesicherten **rechtlichen Rahmen** 3
für die Ausgabe von Aktienoptionen an Mitarbeiter und deren spätere Erfüllung (§ 71 Abs 1 Nr 8 AktG zum Erwerb eigener Aktien und § 193 Abs 2 Nr 3 zum bedingten Kapital). Zentraler rechtlicher Aspekt ist die mit der Ausgabe verbundene Möglichkeit des Bezugsrechtsausschlusses für die bestehenden Aktionäre. Das deutsche Aktienrecht stellt sich dabei im Gegensatz zu vielen anderen Rechtssystemen auf den Standpunkt, dass als Ausgleich für diesen Bezugsrechtsausschluss die Kriterien der Ausgabe von der Hauptversammlung und nicht von der Verwaltung zu bestimmen sind und dass ein Aktienoptionsprogramm zwingend Erfolgsziele zu enthalten hat. Für andere Rechtsformen wie die GmbH, für die IFRS 2 formell auch gilt, wird die Verwendung von anteilsbasierten Vergütungen nur in seltenen Ausnahmefällen in Frage kommen.

II. Entwicklung des IFRS 2

Am Ende einer lang anhaltenden und immer noch lfd dogmatischen Diskus- 4
sion über das Für und Wider des Ansatzes eines nicht pagatorischen Aufwands wurde am **4. Februar 2005** der IFRS 2 durch die EG-VO Nr. 211/2005 der Kommission in das europäische Recht übernommen und eine amtliche deutsche Übersetzung vorgelegt. Obwohl im Titel der Verordnung von „Anteilsbasierter Vergütung" die Rede ist, enthält der Veröffentlichungswortlaut im Text selbst durchgängig die Bezeichnung „Aktienbasierte Vergütung". Im Folgenden wird die allgemeinere Bezeichnung „Anteilsbasierte Vergütung" verwendet (diesem Vorgehen zustimmend *Roß/Simons* in Baetge ua IFRS-Komm² IFRS 2 Rz 5). Der IFRS 2 schließt eine bis dahin bestehende Regelungslücke.

In **zeitlicher Hinsicht** gilt IFRS 2 für alle Eigenkapitalinstrumente, die nach 5
dem 7. November 2002 ausgegeben worden sind und deren Erdienungszeitraum bei In-Kraft-Treten des IFRS (Stichtag 1. Januar 2005) noch nicht beendet war (IFRS 2.53, IFRS 2.60). Die Vorjahreszahlen sind erfolgsneutral so anzupassen, als ob die Voraussetzungen für die Anwendung im Vorjahr bereits bestanden hätten. Des Weiteren wird empfohlen, früher gewährte oder ausübbare Eigenkapitalinstrumente zu erfassen, wenn deren Marktpreis veröffentlicht wurde. In jedem Fall sind die in IFRS 2 vorgeschriebenen Anhangangaben zu machen. Bei anteilsbasierten Vergütungen mit Barausgleich oder Wahlrecht sollen alle noch offenen Schulden aus Vorperioden, verbunden mit einer Anpassung des Eigenkapitals, erfasst werden (IFRS 2.58; zu früheren Jahresabschlüssen s Rz 7; zur Erstanwendung der IFRS s ausführlich § 44 Rz 9 ff).

6 Mit der ersten verabschiedeten **Änderung** des IFRS 2 vom 17. Januar 2008, anzuwenden für Geschäftsjahre, die am oder nach dem 1. Januar 2009 beginnen, reagierte der IASB auf Kritik bzgl der Abgrenzung zwischen verschiedenen Ausübungsbedingungen. IFRS 2 unterscheidet nunmehr in IFRS 2.21A zwischen ansatz- und bewertungsrelevanten Ausübungsbedingungen und unterteilt die ansatzrelevanten Ausübungsbedingungen in Leistungs- und Erfolgsbedingungen (Rz 32). Des Weiteren wird in IFRS 2.28(b) die Behandlung der Beendigung von Plänen durch Arbeitnehmer konkretisiert. Das Endorsement dieser Regelung erfolgte im Dezember 2008. Im April 2009 wurde im Rahmen des ***Annual Improvement*** **Projekts 2009** der **Anwendungsbereich** des IFRS 2.5 (geändert 2009) an die Änderungen der Definition eines Unternehmenszusammenschlusses und des Anwendungsbereichs von IFRS 3.2 f (2008) angepasst. Die Anpassungen gelten – vorbehaltlich einer Übernahme durch die EU – verpflichtend für Geschäftsjahre, die am oder nach dem 1. Juli 2009 beginnen (IFRS 2.61 (geändert 2009)).

7 Zur **Interpretation** und besseren Anwendung des IFRS 2 wurden vom IFRIC bislang zwei Interpretationen erlassen. **IFRIC 8** (bindend für Geschäftsjahre, die am oder nach dem 1. Mai 2006 beginnen) stellt die Fiktion auf, dass bei einem Missverhältnis zwischen dem Wert der identifizierbaren Güter und Dienstleistungen, die mit Eigenkapitalinstrumenten erworben worden sind, und dem Wert der letzteren, nicht identifizierbare Güter und Dienstleistungen erworben worden sind, welche mit der Wertdifferenz zu bewerten sind. Das Endorsement von IFRIC 8 erfolgte am 8. September 2006. **IFRIC 11** (bindend für Geschäftsjahre, die am oder nach dem 1. März 2007 beginnen) behandelt die Frage, bei welcher Gesellschaft innerhalb eines Konzerns die Buchung nach IFRS 2 vorzunehmen ist, sowie die Klarstellung, dass die Erfüllung eines Eigenkapitalinstruments mit eigenen Aktien nicht als Barausgleich zu behandeln ist. Das Endorsement von IFRIC 11 erfolgte am 1. Juni 2007, allerdings ist die Interpretation derzeit bereits wieder in Überarbeitung (s Rz 62).

III. Verhältnis zu anderen IFRS

8 IFRS 2 ist **subsidiär** zu IFRS 3, wenn ein Eigenkapitalinstrument als Kaufpreis im Rahmen eines Unternehmenszusammenschlusses iSd IFRS 3, im Rahmen eines Unternehmenzusammenschlusses unter *common control* iSd IFRS 3.B1 ff (2008) oder eines Joint Ventures iSd IAS 31 bezahlt wird, sowie zu IAS 32 und IAS 39, wenn sich der zugrunde liegende Vertrag als Finanzinstrument darstellt (IFRS 2.5 f (geändert 2009)). Mit dieser Abgrenzung wegen des Entgeltcharakters rechtfertigt der IASB die dogmatisch schwierig zu begründende Ungleichbehandlung zweier rechtlich identischer Geschäfte (Ausgabe von Aktienoptionen), je nachdem ob der Empfänger ein klassischer Optionserwerber (der etwas für die Option aufwendet) oder eine Person ist, die dem Stillhalter Leistungen für die Option gewährt.

Beispiel: Erwirbt ein Unternehmen Waren gegen den Abschluss eines Termingeschäfts auf der Basis des eigenen Aktienkurses und bestehen keine Anzeichen dafür, dass das Geschäft vom Unternehmen glattgestellt wird, ist der Anwendungsbereich des IFRS 2 eröffnet. Hat das Unternehmen jedoch derartige Verträge in der Vergangenheit glattgestellt oder hat es diese Absicht, ist das Termingeschäft als Finanzinstrument iSd IAS 32 und IAS 39 zu behandeln.

9, 10 *einstweilen frei*

B. Anteilsbasierte Vergütung gemäß IFRS 2

I. Anwendungsbereich

		Anteilscharakter	Optionscharakter
	Echte Eigenkapital-instrumente	Ausgabe vergünstigter Belegschaftsanteile	Anteilsoptionen
Wahlrecht	Eigenkapitalinstrumente mit Barausgleich	*„phantom stocks"*	SAR

11 IFRS 2.1 bezeichnet als **„anteilsbasierte Vergütung"** über Aktienoptionsprogramme im eigentlichen Sinne hinaus jede Vergütung von Unternehmen für Güter und Dienstleistungen durch Eigenkapitalinstrumente, insbes eigene Aktien, Optionen auf Anteile oder Geldzahlungen, deren Höhe vom Preis des Anteils oder einer Option abhängt. Trotz dieses theoretisch weiten Anwendungsbereichs wird es außer den vorgenannten Vergütungsmodellen für Mitarbeiter derzeit kaum andere relevante Anwendungsfälle geben. Die Bezahlung von anderen Waren und Dienstleistungen mit Eigenkapitalinstrumenten kommt (jedenfalls derzeit) in der Praxis nahezu nicht vor. Nach der neueren Rechtsprechung ist sogar die Hinterlegung von Aktienoptionen für die Vergütung von Aufsichtsräten weder durch bedingtes Kapital noch durch den Rückkauf eigener Aktien zulässig (BGH-Urteil vom 16. Februar 2004 – II ZR 316/02, DB 2004, 696) und damit faktisch ausgeschlossen (zulässig wäre allenfalls noch eine Bedienung durch einen Aktionär).

12 Vom reinen Wortlaut her erfasst der IFRS 2 auch normale **Sachkapitalerhöhungen**, also Vorgänge, mit denen (einlagefähige) Vermögenswerte gegen die Ausgabe von Anteilen erworben werden (so zutreffend *Pellens/Crasselt* PiR 2005, 35 f). Allerdings darf nicht übersehen werden, dass der IFRS 2 für diese Vorgänge ggü den übrigen IFRS keinen neuen Regelungsinhalt hat. Denn entweder die Sacheinlage besteht in einer Sach- und Rechtsgesamtheit (Unternehmen), dann ist IFRS 3 anzuwenden. Oder es wird ein einzelner Vermögenswert erworben. Für diesen sieht IFRS 2.10 die direkte Bewertung des Vermögenswerts vor. Dass dieser bei einer Anschaffung zum beizulegenden Zeitwert bewertet wird, ergibt sich indes bereits aus IAS 16.24 bzw IAS 38.43. Insofern hätte es keines IFRS 2 bedurft, der sich durch die spezielle aus dem Wert des Eigenkapitalinstruments abgeleitete indirekte Bewertung von empfangenen Dienstleistungen sowie die Behandlung von Ausübungsbedingungen auszeichnet. Die weitere Kommentierung hat daher immer den Fall der Entlohnung von **Arbeitsleistung** durch anteilsbasierte Vergütungen vor Augen. Dies steht im Einklang mit IFRS 2, der sich in der überwiegenden Zahl seiner Regelungen mit der Vergütung von Arbeitnehmern befasst.

13 Im Detail schwierig und in IFRS 2 nicht behandelt ist die **Abgrenzung zu reinen Eigenkapitalbeschaffungsmaßnahmen.** Nach dem Konzept des IFRS 2 ist dieser immer dann anwendbar, wenn Eigenkapitalinstrumente eine „Vergütung", also eine Gegenleistung darstellen. Sog Arbeitnehmerbeteiligungsprogramme können aber auch nur mit dem Ziel aufgestellt werden, die Eigenkapitalbasis des Unternehmens zu stärken oder Mitarbeiter als Aktionäre zu gewinnen. IFRS 2 unterstellt insoweit stillschweigend, dass die exklusive Vergabe von Eigenkapitalinstrumenten an Arbeitnehmer immer einen Entgeltbestandteil habe. So geht das Beispiel 11 in IFRS 2.IG17 von einer verbilligten Vergabe von Aktien im Rahmen eines diesbezüglichen Programms für Arbeitnehmer aus. Die

Anwendungsausnahme in IFRS 2.4 regelt lediglich die Ausgabe von Eigenkapitalinstrumenten an alle Aktionäre. Wenn aber ein Unternehmen im Rahmen des aktienrechtlich Zulässigen Eigenkapitalinstrumente an Mitarbeiter ausgibt, um seine Eigenkapitalbasis zu stärken, ist uE kein Raum für einen Ansatz als anteilsbasierte Vergütung (so wohl auch *Pellens/Crasselt/Jödicke,* IFRS-Änderungskommentar IFRIC 8 Rz 20; *Freiberg/Lüdenbach* in Lüdenbach/Hoffmann IFRS[7] § 23 Rz 23). Das Unternehmen wird indes darlegen müssen, warum es den Vergütungscharakter verneint (so wohl auch *Roß/Simons* in Baetge ua IFRS-Komm[2] IFRS 2 Rz 8). Dies kann zB der Fall sein, wenn keine Erfolgsziele für die Ausübung der Eigenkapitalinstrumente vereinbart werden. Generelle Befürchtungen, durch die „Erweiterung" des Anwendungsbereichs des IFRS 2 in IFRIC 8 (Anwendung auch auf die Bezahlung nicht identifizierbarer Dienstleistungen) könne der Anwendungsbereich unendlich weit werden und jede Eigenkapitalerhöhung erfassen, sind nicht zutreffend, weil IFRIC 8.9 immer davon ausgeht, dass „etwas" mit den Eigenkapitalinstrumenten erworben wurde und nicht nur die Eigenkapitalbasis des Unternehmens gestärkt wurde (so auch *Roß/Simons* in Baetge ua IFRS-Komm[2] IFRS 2 Rz 8).

14 Je nach dem **Charakter der Erfüllung** unterscheidet IFRS 2.2 drei Hauptanwendungsfälle:

(1) **anteilsbasierte Vergütung mit Ausgleich durch Eigenkapitalinstrumente**: die Vergütung besteht in Eigenkapitalinstrumenten (diese stellen in der deutschen Anwendungspraxis die überwiegende Mehrheit dar); dies gilt nach IFRIC 11.8 auch dann, wenn die Ausgabe und Bedienung durch das MU erfolgt.

(2) **anteilsbasierte Vergütung mit Barausgleich**: die Berechnung der Vergütung erfolgt auf Basis eines Eigenkapitalinstruments, wird dann aber in bar entrichtet (so zB beim SAR vgl Rz 2). Eine Vergütung, die auf Eigenkapitalinstrumenten von anderen Unternehmen (auch Konzernunternehmen oder eines Großaktionärs) basiert, soll nach IFRIC 11.11 uE zutreffend auf der Ebene des die Ware oder Dienstleistung empfangenden Unternehmens als anteilsbasierte Vergütung mit Barausgleich behandelt werden, wenn das Eigenkapitalinstrument von dem Unternehmen ausgegeben wird, das nicht selbst mit „Eigenkapital" bezahlen kann oder möchte. Für den Konzernabschluss gilt die Transaktion aber als Ausgleich mit Eigenkapitalinstrumenten, da aus Sicht des Konzerns mit „Eigenkapital" ausgeglichen wird. Gewährt dagegen das Unternehmen, dessen Eigenkapital von dem Eigenkapitalinstrument betroffen ist, das Instrument an Arbeitnehmer eines anderen Konzernunternehmens, stellt der Vorgang auch für das Konzernunternehmen eine Vergütung mit Ausgleich durch Eigenkapitalinstrumente dar (IFRIC 11.8; *Gallowsky/Hasbargen/Schmitt* BB 2007, 203 mit erläuternden Beispielen; kritisch hierzu *IDW* WPg 2005, 862 mit Hinweis auf die Ungleichbehandlung identischer Sachverhalte).

Beispiel: Gibt das TU Aktienoptionen des MU aus, wird im Einzelabschluss des TU eine anteilsbasierte Vergütung mit Barausgleich angesetzt, die „Mittel" hierfür stammen aus einer Einlage des MU. Im Konzernabschluss des MU liegt eine anteilsbasierte Vergütung mit Ausgleich durch ein Eigenkapitalinstrument vor. Gibt das MU selbst die Aktienoptionen an Mitarbeiter des TU aus, liegt im Einzel- und Konzernabschluss des MU eine anteilsbasierte Vergütung mit Ausgleich durch ein Eigenkapitalinstrument vor.

(3) **anteilsbasierte Vergütung mit wahlweisem Barausgleich oder Ausgleich durch Eigenkapitalinstrumente**: es besteht ein Wahlrecht bzgl der Vergütung, idR steht dieses dem Unternehmen zu, ausnahmsweise auch dem Leistenden.

II. Ablauforientierte Terminologie

Die von IFRS 2 verwendeten und in IFRS 2.Anhang A definierten **Begriffe** lassen sich am Besten anhand des Ablaufs einer anteilsbasierten Vergütung von Arbeitsleistungen erfassen, die idR mit Ausübungsbedingungen verbunden sind (IFRS 2.19). Wegen der häufigen Verwendung werden neben den offiziellen deutschen Begriffen auch die in IFRS 2.Anhang A im englischen Original verwendeten Begriffe mit angeführt. 15

(1) Als **Eigenkapitalinstrument** (*equity instrument*) wird jeder Vertrag angesehen, der einen Residualanspruch am Vermögen eines Unternehmens nach Abzug der Schulden vermittelt; dies sind insbes Anteilsoptionen (*share options*) oder (verbilligte) Aktien.

(2) Dieses Eigenkapitalinstrument wird im Rahmen einer diesbezüglichen Vereinbarung (*share-based payment arrangement*) dem Arbeitnehmer oder anderen Dritten als Entgelt für Dienstleistungen oder auch Waren gewährt (*granted*). Der Zeitpunkt dieser Gewährung wird als **Gewährungszeitpunkt** (*grant date*) bezeichnet.

(3) Die **Gewährung des Eigenkapitalinstruments** erfolgt jedenfalls im Rahmen der Vergütung von Arbeitnehmerleistungen regelmäßig iVm **Ausübungsbedingungen** (*vesting conditions*). Daneben gibt es uU **weitere Bedingungen** (*market conditions*), die lediglich für die Bewertung des Eigenkapitalinstruments von Bedeutung sind. Die Ausübungsbedingungen werden in **Leistungsbedingungen** (*service conditions*, zB Mindestbeschäftigungsdauer) und **Erfolgsbedingungen** (*performance conditions*, zB Mindestgewinn des Unternehmens in einer bestimmten Periode) unterteilt und gelten für den **Erdienungszeitraum** (*vesting period*). Die Ausübungsbedingungen regeln, ob und inwieweit das Unternehmen die mit der Bezahlung mit einem Eigenkapitalinstrument angestrebte Leistung tatsächlich erhält oder ob der damit angestrebte Erfolg („Bleiben und Erfolg von Arbeitnehmern") nicht erreicht wurde.

(4) Die **Bewertung** von Eigenkapitalinstrumenten erfolgt zum **beizulegenden Zeitwert** (*fair value*) zum Gewährungszeitpunkt, welcher der regelmäßige Bewertungsstichtag (*measurement date*) ist. Dieser wird mit geeigneten Modellen ermittelt. Hilfsweise kann auch auf den inneren Wert (*intrinsic value*, Unterschied zwischen Marktpreis des Anteils und Ausübungspreis) zurückgegriffen werden.

(5) Nach Ablauf des Erdienungszeitraums wird das Eigenkapitalinstrument **wirksam** (*vest*, zB die Option kann ausgeübt werden). Wird sie tatsächlich **ausgeübt**, erfolgt ihre Bedienung entweder durch Eigenkapital (*equity-settled*) oder durch Barausgleich (*cash settled*). Erhält der ausübende Arbeitnehmer als Anreiz für die Verwendung seiner Optionen für den geschuldeten Ausübungspreis neue Optionen, liegt eine **Erneuerung** (*reload feature*) vor.

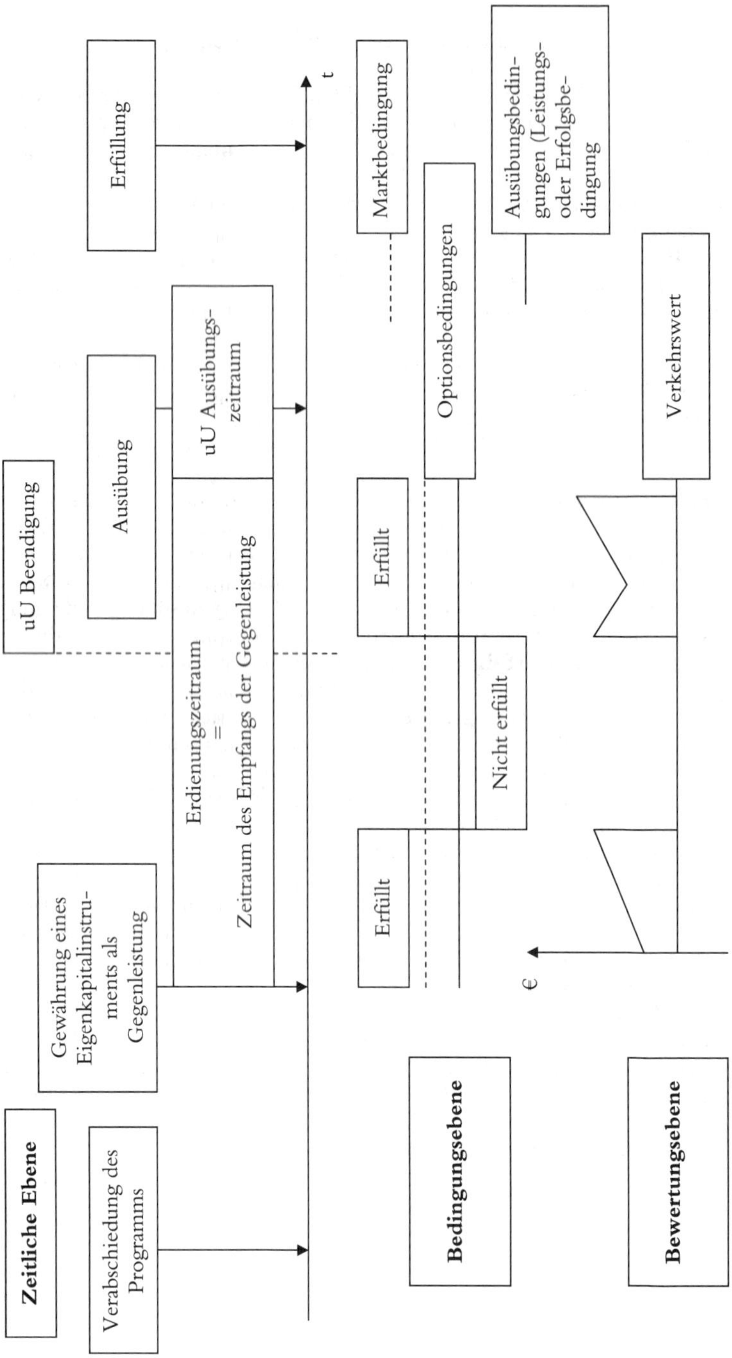

16 *einstweilen frei*

III. Bilanzierung von Aktienoptionsprogrammen

1. Grundmodell

17 Nach der bilanziell noch nicht relevanten, aber **anhangpflichtigen Genehmigung** des konkreten Aktienoptionsprogramms ist der erste buchhaltungspflichtige Geschäftsvorfall die Gewährung einer anteilsbasierten Vergütung am Gewährungszeitpunkt als Gegenleistung für eine empfangene oder noch zu empfangende Ware oder Dienstleistung. **Ab diesem Zeitpunkt** kann für das Unternehmen als Gegenleistung für empfangene Dienstleistungen eine Verpflichtung aus der anteilsbasierten Vergütung bestehen. Dieser Verpflichtung ist durch den Buchungssatz „per Aufwand oder Ware an Eigenkapital oder Rückstellung" Rechnung zu tragen. Im Regelfall der Vergütung von Arbeitsleistung durch anteilsbasierte Vergütung fallen der Gewährungs- und Bewertungszeitpunkt zusammen (IFRS 2. Anhang A).

18 Ob und inwieweit Waren oder Dienstleistungen empfangen worden sind und daraus eine Verpflichtung aus der anteilsbasierten Vergütung am jeweiligen Bilanzstichtag besteht, hängt davon ab, ob zu diesem Zeitpunkt die mit dem ausgegebenen Eigenkapitalinstrument verbundenen **Bedingungen** erfüllt sind oder voraussichtlich am Ende des Erdienungszeitraums erfüllt sein werden. Die Bedingungen werden im Hinblick auf ihre bilanzielle Relevanz in **„Marktbedingungen"** und **Ausübungsbedingungen** unterteilt (IFRS 2.19, IFRS 2.21).

19 **Marktbedingungen** (*market conditions*) sind dabei nur solche, die auch bei einer Marktbewertung des Eigenkapitalinstruments berücksichtigt würden, insbes die Erwartung des Börsenkurses (zB die Option kann nur bei Erreichen eines bestimmten Aktienpreises ausgeübt werden) oder eines Branchenindexes. Sie sind ausschließlich für die **Bewertung** des Eigenkapitalinstruments zum ersten Bewertungsstichtag relevant (IFRS 2.21; Rz 36). Eine einmal getroffene Einschätzung einer Marktbedingung ist **unabänderlich** (IFRS 2.21). Dem liegt die Überlegung zugrunde, dass bei einem Verkauf der Aktienoption zum Marktpreis ebenfalls keine Veränderungen mehr relevant sind („verkauft ist verkauft"). Den Marktbedingungen gleichgestellt sind nach IFRS 2.21A **Ausübungsvoraussetzungen**, die nicht das Kriterium der Ausübungsbedingung (Rz 15) erfüllen (*non vesting conditions*, zB Zuzahlungen beim Aktienerwerb). Sie sind ebenfalls bei der Bewertung relevant und unterliegen der gleichen **Änderungssperre**.

20 **Ausübungsbedingungen** (IFRS 2.19) werden ihrerseits in Erfolgsbedingungen (zB Umsatz, Gewinn pro Aktie, EBITDA) und Leistungsbedingungen (zB Mindestdienstzeit) unterteilt (IFRS 2.Anhang A) und können im Zeitlauf bis zum Ende des Erdienungszeitraums veränderten Einschätzungen unterliegen. Sie sind ausschließlich für den **Ansatz der Anzahl der Eigenkapitalinstrumente** relevant, mit deren Ausübung zum jeweiligen Bilanzstichtag gerechnet wird (IFRS 2.19; Rz 32). Werden die Ausübungsbedingungen während des Erdienungszeitraums geändert oder wird das Programm neu aufgesetzt, müssen diese Ereignisse ebenfalls im Rahmen des Ansatzes abgebildet werden.

21 Je nach Ausgestaltung des Eigenkapitalinstruments kann dieses während des Bedingungszeitraums von einer Partei **beendet** werden. IFRS 2.28 sieht vor, dass die Abbildung der Beendigung unabhängig davon erfolgt, von welcher Partei diese ausgeht. Die willentliche Nichterfüllung einer *non-vesting condition* steht der Kündigung gleich (IFRS 2.28A).

22 Die bis zu diesem Zeitpunkt evtl bestehende Verbindlichkeit konkretisiert sich mit der Ausübung des Instruments, für die evtl ein bestimmtes Zeitfenster besteht. Diese Ausübung ist naturgemäß nur möglich, wenn die Ausübungsbedin-

gungen zum Ausübungszeitpunkt erfüllt sind und die Optionen damit **unverfallbar** geworden sind. Die buchhalterische Behandlung der Ausübung hängt von der Erfüllung des Eigenkapitalinstruments ab (in **Eigenkapital oder in bar**; vgl Rz 14). Ab dem Ende des Erdienungszeitraums bis zum (voraussichtlichen) Ausübungszeitpunkt darf das Unternehmen keine Änderung seiner Einschätzung der voraussichtlichen Ausübung und damit des Ansatzes mehr vornehmen, weil es darauf keinen Einfluss mehr ausüben kann und auch alle Bedingungen erfüllt sind (IFRS 2.23).

23 Mit der Erfüllung der Verpflichtung aus dem als Vergütung gewährten Eigenkapitalinstrument – sei es in bar oder in Eigenkapital (vgl Rz 14) – wird der Geschäftsvorfall in der Buchführung des Unternehmens **abgeschlossen**. Es erfolgt die Buchung „per Ausübungspreis (der geringer als der beizulegende Zeitwert ist) an Eigenkapital (das schon zuvor bis zum beizulegenden Zeitwert „aufgefüllt“ wurde)“ oder „per Rückstellung an Bank“.

24 Für die Bewertung von Eigenkapitalinstrumenten spricht der IFRS 2.16 vom „**beizulegenden Zeitwert**“ (Marktpreis), der sich nach IFRS 2.BC77 aus dem „inneren Wert“ (Differenz zwischen Bezugspreis und dem beizulegenden Zeitwert der Aktie) zuzüglich (oder abzüglich) einer erwarteten Wertentwicklung zusammensetzt (zu den Unschärfen dieser Begrifflichkeiten s *Hoffmann/Lüdenbach* DStR 2004, 786). In engen Ausnahmefällen, in denen die einer Marktpreisbewertung zugrunde liegenden Daten überhaupt nicht ermittelt werden können, darf ausschließlich der innere Wert herangezogen werden (IFRS 2.24). Der vom IASB zunächst auch erwogene Ansatz zum Mindestwert (*minimum value*) wird in IFRS 2.BC83 verworfen und kommt im Text des IFRS 2 demgemäß nicht vor.

2. Einzelheiten zum Ansatz

a) Vollständiger Ansatz

25 IFRS 2 sieht **ausnahmslos den Ansatz** von Gütern und Dienstleistungen, die mit einer anteilsbasierten Vergütung bezahlt werden, im Rechenwerk des Unternehmens zum Zeitpunkt deren Erwerbs vor. Je nachdem was erworben wird, erfolgt der Ansatz als Vermögenswert oder (den sofortigen Verbrauch unterstellender) Aufwand (IFRS 2.8). Letzteres ist insbes beim Erwerb von Arbeitsleistung, vergleichbaren Dienstleistungen oder einer nicht identifizierbaren Gegenleistung (IFRIC 8.8 ff) der Fall (IFRS 2.9). Dabei unterstellt IFRS 2 den sofortigen Verbrauch von Dienstleistungen im Zeitpunkt der Leistungserbringung. Wenn aber durch entspr Ausübungsbedingungen sichergestellt ist, dass nur Dienstleistungen vergütet werden, die über mehrere Perioden hinweg erbracht werden sollen, muss der entspr Aufwand über diese Perioden, den Erdienungszeitraum, **verteilt** werden (s Rz 29 ff). Auch empfangene Güter, die nicht die Anforderungen für einen Ansatz als Vermögenswert erfüllen, sind sofort als Aufwand zu erfassen (IFRS 2.9 mit Beispiel eines Forschungsprojekts). Nach IFRIC 8 soll der vollständige Ansatz auch dann erfolgen, wenn das Unternehmen die empfangene Dienstleistung nicht sicher identifizieren kann. Hauptargument hierfür ist die Überlegung, dass eine anteilsbasierte Vergütung nicht „hergeschenkt“ wird. Dies kann allerdings durch die konkreten Umstände widerlegt werden (IFRIC 8.BC5).

26 Die **Gegenleistung** wird bei Bezahlung mit Eigenkapitalinstrumenten im Eigenkapital „per Personalaufwand an Eigenkapital“ erfasst (zur Frage, ob innerhalb des Eigenkapitals die Kapitalrücklage oder die Gewinnrücklage angesprochen werden soll s *Roß/Simons* in Baetge ua IFRS-Komm[2] IFRS 2 Rz 51 mwN; uE spricht wegen des gegenseitigen Vergütungscharakters viel für die Gewinn-

rücklagen, zulässig sind aber sicher beide Möglichkeiten). Bei Bezahlung mit einem Eigenkapitalinstrument mit Barausgleich wird die Gegenleistung als Verbindlichkeit bzw vorläufig als Rückstellung gebucht (IFRS 2.7). Bei einem Instrument mit Wahlrecht erfolgt der Ansatz abhängig davon, wem das Wahlrecht zusteht. Steht es dem Unternehmen zu, muss es entscheiden, ob es aufgrund Selbstbindung oder rechtlicher Einschränkungen eine Barzahlungsverpflichtung hat; ist dies nicht der Fall, erfolgt der Ansatz im Eigenkapital. Steht das Wahlrecht dem Berechtigten zu, liegt ein zusammengesetztes Finanzinstrument vor, dessen Gesamtwert in eine Barzahlungskomponente (Rückstellung) und eine Eigenkapitalkomponente (Eigenkapital) aufzuteilen ist (zu Einzelheiten s Rz 53).

Gewährt ein **MU** Arbeitnehmern des bilanzierenden TU als Entgelt für Ar- 27
beitsleistung Instrumente auf das eigene Eigenkapital, so resultiert daraus keine Auszahlungsverpflichtung des TU, weil die Erfüllung durch das MU erfolgt. Folgerichtig interpretiert IFRIC 11.8 den IFRS 2 dahingehend, dass auch für das TU ein Instrument mit Ausgleich in Eigenkapital vorliegt. Dieses bucht in seinem IFRS-Einzelabschluss „per Personalaufwand an Eigenkapital" in Form einer Zuführung des MU in die Kapitalrücklage. Im Einzelabschluss des MU erfolgt vorbehaltlich eines Werthaltigkeitstests (§ 27 Rz 18 ff) eine Erhöhung des Beteiligungsansatzes des entspr TU. Im Konzernabschluss erfolgt dann konsolidiert die bekannte Buchung „per Personalaufwand an Eigenkapital" (instruktiv mit Beispielen hierzu *Gallowski/Hasbargen/Schmitt* BB 2007, 203).

IFRS 2 geht also vom **Ansatz der empfangenen Güter und Dienstleis-** 28
tungen und nicht von der gewährten Gegenleistung aus. Es wird mit anderen Worten nicht die Aktienoption angesetzt, sondern die damit erworbene Arbeitsleistung. Erst bei der **Bewertung** spielt die Art der Gegenleistung eine entscheidende Rolle. Da sich ein Markwert für Dienstleistungen kaum ermitteln lässt, besonders dann, wenn die anteilsbasierte Vergütung als variabler Vergütungsbestandteil gewährt wird (IFRS 2.11 f), erfolgt die Bewertung „indirekt" über die Ermittlung der Anzahl der ausübbaren Eigenkapitalinstrumente, die mit deren jeweiligen Zeitwert multipliziert werden. Das Unternehmen muss also zunächst ermitteln, wie viele Eigenkapitalinstrumente als „Spiegel der empfangenen Güter oder Dienstleistungen" angesetzt werden. IFRS 2.20 erläutet dies etwas „versteckt" bei dem Thema (indirekte) Bewertung (für diese Interpretation von „Wert- und Mengengerüst" im Ergebnis auch *Heuser/Theile*[3] Rz 2517; *Freiberg/Lüdenbach* in Lüdenbach/Hoffmann IFRS[7] § 23 Rz 56). Da die so interpretierte Ansatzfrage nur für die Vergabe von Eigenkapitalinstrumenten eine Rolle spielt, wird auf die Differenzierung bzgl der Gegenleistung erst bei der Bewertung (s Rz 35 ff) und beim Ausweis (s Rz 49) eingegangen.

b) Verteilung des Ansatzes über mehrere Perioden

Kann der Empfänger das als Vergütung gewährte Eigenkapitalinstrument **un-** 29
verzüglich ausüben, so gelten die Güter und Dienstleistungen als bereits empfangen und sind als sofortiger Aufwand zu behandeln (IFRS 2.14). Diese Regel stellt indes nur eine widerlegbare Vermutung dar. Dies könnte zB der Fall sein, wenn eine Aktienoption zwar sofort ausübbar ist, der Bezugspreis aber über dem derzeitigen Markwert der Bezugsaktien liegt und daher mit einer Ausübung der Aktienoptionen erst in späteren Perioden gerechnet werden muss, wenn sich der Aktienkurs so entwickelt hat, dass die Ausübung der Option ökonomisch sinnvoll ist.

Erfolgt eine Ausübungsfreigabe dagegen erst nach Ablauf des Erdienungszeit- 30
raums, so muss der Ansatz der Eigenkapitalinstrumente gleichmäßig über diesen Zeitraum verteilt werden (streng genommen gelten die Güter und Dienstleistun-

gen als **über den Erdienungszeitraum verteilt** als empfangen (IFRS 2.15 (a)). Zum jeweiligen Ansatz- und Bewertungsstichtag muss das Unternehmen schätzen, wie viele Optionen voraussichtlich eingelöst werden; diese sind dann anzusetzen (IFRS 2.20).

Beispiel: Gibt das Unternehmen Anfang des Jahres 20X1 an 100 Mitarbeiter je 1 Option aus, die erst mit Ablauf des Jahrs 20X5 ausgeübt werden dürfen und erwartet das Unternehmen, dass zum Jahresende (wahrscheinlich) jedes Jahr 10 Mitarbeiter das Unternehmen verlassen, so sind bei der Ausgabe (100 – 5 × 10 =) 50 Optionen insgesamt als (wahrscheinliche) Gegenleistung anzusehen. Für jedes Jahr sind also 10 Optionen anzusetzen. Haben Ende des Jahrs 20X1 tatsächlich 5 Mitarbeiter das Unternehmen verlassen und rechnet das Unternehmen mit dieser Entwicklung auch für die Folgejahre, sind zum 31. Dezember 20X1 (100 – 5 × 5 =) 75 Optionen insgesamt als wahrscheinliche Gegenleistung anzusehen. Verteilt auf 5 Jahre sind jährlich 15 Optionen anzusetzen. Beim Ansatz der Folgejahre muss dann uU die Erwartung anhand des tatsächlichen Ausscheidens korrigiert werden. Wenn Ende des Jahrs 20X2 dann 10 Mitarbeiter ausscheiden und mit dieser Entwicklung weiter gerechnet wird, sind zum 31. Dezember 20X2 (100 – 5 (aus X1) – 4 × 10 (X2 bis X5) =) 55 Optionen insgesamt als Gegenleistung anzusehen. Nachdem im Jahr 20X1 bereits 15 Optionen angesetzt wurden, sind die verbleibenden 40 Optionen auf die verbleibenden 4 Jahre zu verteilen. Sind Ende des Jahrs 20X5 dann tatsächlich 44 Mitarbeiter ausgeschieden, sind zum 31. Dezember 20X5 56 Optionen anzusetzen. Je nachdem, wie viele Optionen bereits in den Vorperioden angesetzt wurden, verbleibt für das Jahr 20X5 noch eine bestimmte Anzahl an Optionen.

31 **Nach Eintritt der Ausübbarkeit** dürfen die einmal angesetzten Eigenkapitalinstrumente auch dann nicht wieder ausgebucht werden, wenn sie wegen nachträglicher Änderungen der Verhältnisse ihre Ausübbarkeit oder ihren Ausübungsanreiz wieder verlieren oder wenn sie schlichtweg nicht ausgeübt werden (IFRS 2.23). Allerdings kann innerhalb des Eigenkapitals in einen „gesicherteren" Posten, also von der Gewinn- in die Kapitalrücklage umgebucht werden. Sofern nach deutschem Verständnis bereits beim ursprünglichen Ansatz in die Kapitalrücklage gebucht wird, ist für eine derartige „Umbuchung" allerdings kaum Raum.

c) Einfluss von ansatzrelevanten Ausübungsbedingungen (Leistungs- und Erfolgsbedingungen)

32 Besonderheiten ergeben sich, wenn die **Dauer des Erdienungszeitraums** von Ausübungsbedingungen abhängt (zB eine Aktienoption ist dann ausübbar (bzw erdient), wenn zum ersten Mal ein Konzernumsatz von Mio € 1.000 erreicht wird). In einem solchen Fall muss zum jeweiligen Ansatz- und Bewertungsstichtag geschätzt werden, wann der Erdienungszeitraum abgeschlossen ist. Bei der Frage des Ansatzes dürfen dabei nur die sog Leistungs- und Erfolgsbedingungen als Ausübungsbedingungen berücksichtigt werden (vgl Rz 20). Deren **Eintrittswahrscheinlichkeit** ist für jeden Ansatz- und Bewertungsstichtag neu zu ermitteln (IFRS 2.15(b)).

Abwandlung Beispiel aus Rz 30 (ohne Veränderung der Fluktuationserwartung): Die 50 Optionen sind ausübbar, wenn der Konzernumsatz die Marke von 1.000 überschreitet (andere Leistungsbedingung). Damit wird Ende des Jahrs 20X1 in 5 Jahren gerechnet. Es sind im Jahr 20X1 10 Optionen anzusetzen (mit der Erwartung, dass dies in den Jahren 20X2 bis 20X5 ebenfalls geschieht). Ende des Jahrs 20X2 wird schon für das Jahr 20X3 mit dem Überschreiten der Umsatzschwelle gerechnet. Die verbliebenen 40 Optionen sind dann auf die Jahre 20X2 und 20X3 bis zum Eintritt der Leistungsbedingung zu verteilen, indem jährlich jeweils 20 Optionen angesetzt werden.

33 Werden die Leistungsbedingungen zu einem späteren Zeitpunkt **abgeändert,** ist wie folgt vorzugehen: Die Änderung der Leistungsbedingungen darf **nicht zu**

einer Verringerung der Anzahl (und damit zu einem veränderten Ansatz in dem hier verstandenen Sinne vgl Rz 28) der ursprünglich angesetzten Eigenkapitalinstrumente führen. Das Unternehmen kann mit anderen Worten seinen Personalaufwand nicht durch eine nachträgliche Anpassung der Leistungsbedingungen „herabsetzen". Stattdessen hat das Unternehmen die bisher noch nicht über den Erdienungszeitraum verteilten Eigenkapitalinstrumente – soweit die Verringerung reicht – sofort aufwandswirksam zu erfassen. Der für einen späteren Zeitpunkt vorgesehene Ansatz wird also vorgezogen. Die Anzahl (und damit der Ansatz) der gewährten Eigenkapitalinstrumente kann nur dann verringert werden, wenn sie nicht ausübbar sind und die Nicht-Ausübbarkeit wegen fehlender Erfüllung einer Leistungsbedingung auch schon am Tag der Gewährung gegeben war. In diesem Fall war das gewährte Eigenkapitalinstrument „niemals etwas wert". Führen die Änderungen der Leistungsbedingungen zu einer **Erhöhung der Anzahl** der Eigenkapitalinstrumente, sind diese wie bei einer Neuausgabe über den noch verbleibenden Erdienungszeitraum zu verteilen oder sofort in vollem Umfang anzusetzen, wenn der Erdienungszeitraum bereits abgelaufen ist.

Widerruft das Unternehmen die gewährten Eigenkapitalinstrumente während des Erdienungszeitraums, sind die noch nicht erfassten Eigenkapitalinstrumente sofort (als Aufwand) anzusetzen (IFRS 2.28 (a); Entspr soll nach IFRS 2.28A gelten, wenn ein Mitarbeiter keine Einzahlungen in ein Aktienerwerbsprogramm mehr vornimmt). Etwaige Entschädigungszahlungen für den Widerruf sind als Rückzahlung von Eigenkapital zu behandeln (IFRS 2.28 (b)). Eine solche „Rückzahlung" dieser nicht in Vermögen bestehenden Einlage an die Arbeitnehmer ist sehr schwer dogmatisch nachvollziehbar (s auch *Schmidt* DB 2002, 2661, der eine Inkongruenz zwischen Ansatz- und Bewertungsvorschriften ausmacht). Eigenkapitalinstrumente, die als Ersatz für annullierte Instrumente gewährt werden, sind wie eine Änderung der ursprünglichen Eigenkapitalinstrumente (s Rz 45) zu behandeln (IFRS 2.28 (c)). So genannte Erneuerungen, bei denen eine neue Option gewährt wird, wenn der Optionsinhaber den Ausübungspreis mit einer ihm zur Verfügung stehenden Aktie oder Option bedient, werden als neue Option zum Zeitpunkt ihrer Gewährung angesetzt (IFRS 2.22). Sie sind nach deutschem Aktienrecht schwer realisierbar. 34

3. Einzelheiten zur Bewertung

Der IFRS 2 differenziert hinsichtlich der Bewertung nach den in Rz 14 dargestellten drei Fällen der Gegenleistung (Eigenkapitalinstrument, Barausgleich und Wahlrecht). Allerdings wird das gesamte Bewertungskonzept im Rahmen der **Bewertung von Eigenkapitalinstrumenten** behandelt, bei den Fällen Barausgleich und Wahlrecht werden nur noch Besonderheiten ausgeführt. Die nachfolgende Kommentierung folgt dieser Struktur. 35

a) Grundregel

Die Bewertung der angesetzten Eigenkapitalinstrumente erfolgt ausnahmslos zum **beizulegenden Zeitwert** zum Gewährungszeitpunkt. Dieser beizulegende Zeitwert wird entweder (**direkt**) nach dem beizulegenden Zeitwert der erhaltenen Güter oder Dienstleistungen im Zeitpunkt des Empfangs oder (**indirekt**) unter Bezugnahme auf den beizulegenden Zeitwert des hingegebenen Eigenkapitalinstruments zum gleichen Zeitpunkt ermittelt, je nachdem welche Methode den beizulegenden Zeitwert besser ermittelt (IFRS 2.10). Dabei wird bei der Bewertung von Gütern und externen Dienstleistungen der direkten Methode und bei der Bewertung von Arbeitnehmerleistungen der indirekten Methode der widerlegbare Vorzug gegeben. Dies gilt vor allem deshalb, weil die mit Eigenka- 36 pitalinstrumenten bezahlten Vergütungsbestandteile von Arbeitnehmern oft den variablen Anteil darstellen und sich ein beizulegender Zeitwert schwer ermitteln lässt (IFRS 2.12). Fraglich ist aber, ob sich der Wert des hingegebenen Eigenkapitals besser ermitteln lässt (zweifelnd hierzu zumindest bei nicht marktnotierten Unternehmen *IDW* FN IDW 2003, 162). Diesen Bedenken Rechnung tragend erlaubt IFRS 2.24ff die Bewertung zum inneren Wert der nach Rz 28 angesetzten Eigenkapitalinstrumente, wenn sich „ausnahmsweise in seltenen Fällen" der beizulegende Zeitwert nicht ermitteln lässt. Wann dies der Fall ist, bleibt allerdings unklar, die Anwendung sollte sehr restriktiv erfolgen.

37 Des Weiteren stellt sich die Frage, ob die indirekte Bewertung auch dann zu einem **sachgerechten Ergebnis** führt, wenn offenkundig ist, dass der Wert der zur Bezahlung hingegebenen Eigenkapitalinstrumente **höher** ist als der Wert der (damit bewerteten) Gegenleistung. Gerade der Umstand, dass Eigenkapitalinstrumente das Unternehmen „nichts kosten", verleitet uU zu einer „leichteren" Hingabe für Dienstleistungen, die entweder kaum identifizierbar oder offenkundig geringwertig sind. An sich wird damit gegen die Regel des IFRS 2.10 (Wahl der „besseren Methode") verstoßen. Allerdings stellt IFRIC 8.11 klar, dass auch bei einer nicht identifizierbaren Gegenleistung **stets der höhere indirekt ermittelte Wert** des Eigenkapitalinstruments zum Tragen kommt. Hintergrund hierfür ist die Überlegung, dass ein Unternehmen auch bei der Hingabe von Eigenkapitalinstrumenten „nichts herschenkt" (IFRIC 8.BC4). Allerdings strapaziert die Vorstellung, dass das Eigenkapital durch Kategorien wie „Wohlverhalten" oder „Ansehen in der Bevölkerung" erhöht werden soll, das von IFRS 2 ohnehin schon ausgedehnte Bilanzverständnis noch weiter. Indes ist auch IFRIC 8 in seiner Aussage völlig eindeutig.

38 Auf die **direkte** Bewertung geht IFRS 2 nicht weiter ein. Es gelten nach IFRS 2.13 die **allgemeinen Bewertungsregeln** (§ 2 Rz 96ff). Bei der **indirekten** Bewertung unter Bezugnahme auf den **beizulegenden Zeitwert** der **gewährten Eigenkapitalinstrumente** ist die Basis für deren Bewertung der Wert des Eigenkapitals (idR der Aktien), gemessen am Marktpreis oder einer anerkannten Bewertung (zB Rückgriff auf vorangegangene zeitnahe Kapitalerhöhungen). Werden statt Aktien zunächst Aktienoptionen gewährt, so erfolgt die Bewertung nach deren beizulegendem Zeitwert. Dieser ergibt sich bei öffentlich gehandelten Aktienoptionen aus ihrem Marktpreis. Die so gefundenen Marktwerte für Aktien oder Aktienoptionen sind ggf durch die Berücksichtigung der Ausübungsoptionen noch anzupassen (s Rz 44ff).

b) Bewertung von Aktienoptionen mit Hilfe eines Bewertungsmodells

39 Wird ein Marktpreis für Aktienoptionen nicht öffentlich festgestellt oder weichen die Vertragsbedingungen der anteilsbasierten Vergütung nicht unerheblich von denen gehandelter Optionen ab, muss der Marktpreis (der sich aus dem inneren und dem Erwartungswert zusammensetzt; vgl Rz 24) geschätzt werden. Dies hat über ein anerkanntes **Optionspreismodell** zu erfolgen. IFRS 2.B5ff nennt das Black-Scholes-Merton-Modell oder ein anerkanntes Binomialmodell (eingehend hierzu *Roß/Simons* in Baetge ua IFRS-Komm[2] IFRS 2 Rz 84ff; *Vater* DStR 2004, 1715ff; *Pellens/Crasselt* KoR 2004, 115 mit Hinweis auf ein Modell von *Hull* und *White;* sowie *Crasselt* KoR 2005, 444 zum Binominalmodell von *Cox*, *Ross* und *Rubinstein*). In der Praxis wird vielfach auch die sog Monte-Carlo Simulation verwendet. IFRS 2.B5 äußert dabei die Erwartung, dass das Black-Scholes-Merton-Modell wegen seiner Grundannahmen (Ausübung der Option erst am Ende der Laufzeit und Starrheit bzgl der Bewertungsparameter) in vielen

Fällen die konkreten Vertragsbedingungen des Eigenkapitalinstruments, insbes die Leistungsbedingungen, nicht verlässlich wiedergibt. Ob darauf gleich das vom IFRS 2.B5 abgeleitete **Anwendungsverbot** („... schließt ... die Verwendung ... aus") folgen muss, erscheint angesichts der hohen Schätzungenauigkeit anderer Modelle zumindest zweifelhaft. In der deutschen Anwendungspraxis ist das Black-Scholes-Merton-Modell nach wie vor das meistgenutzte für die Bewertung von Instrumenten iSd IFRS 2.

Hinweis: Das **Black-Scholes-Merton-Modell** bewertet Optionen, die nur am Ende der Laufzeit ausgeübt werden können (sog europäischer Typ). Vereinfacht ausgedrückt wird der aktuelle Aktienkurs K multipliziert mit einer Wahrscheinlichkeitskomponente N1 vom risikolos abgezinsten (i) Ausübungspreis P multipliziert mit einer Wahrscheinlichkeitskomponente N2 abgezogen (K × N1 – P × i × N2). N1 und N2 errechnen sich in erster Linie aus einer logarithmischen Funktion der Schwankung (Volatilität) des Aktienkurses.

Gegen das Black-Scholes-Merton-Modell spricht insbes, dass die ausschließliche Ausübung am Ende der Laufzeit nicht der Realität entspricht. Das **Binomialmodell** bewertet dagegen Optionen, die während der gesamten Laufzeit ausgeübt werden können (sog amerikanischer Typ) und simuliert die Addition aller möglichen Entscheidungen während dieser Laufzeit anhand eines Entscheidungsbaummodells.

Die **Monte-Carlo Simulation** ist ein stochastisches Verfahren, in dem unter Hinterlegung einer bestimmten Wahrscheinlichkeit der Outperformance einer Aktie ggü einem bestimmten Index und der Ausübungswahrscheinlichkeit der Mitarbeiter eine große Zahl möglicher Ereignisse simuliert wird und im Vertrauen auf das Gesetz der großen Zahl daraus die für die Bewertung der Optionen maßgeblichen Daten abgeleitet werden.

Das eigentliche Problem, die Ermittlung der **Volatilität**, kann indes nicht durch eine Formel, sondern nur durch einen Vergleich mit einem notierten Papier oder eine Schätzung erreicht werden. Hieran knüpft die Kritik an IFRS 2 vielfach an.

Pflichtbestandteile jedes im Rahmen von IFRS 2 verwendbaren Bewertungsmodells sind der Bezugspreis, die Laufzeit bis zur Ausübung (die idR kürzer als die Laufzeit eines Aktienoptionsprogramms ist, weil risikoaverse Teilnehmer zu einer frühzeitigen Ausübung neigen), der aktuelle Aktienpreis und seine Volatilität, etwaige Dividenden während der Laufzeit und der risikolose Zinssatz (ausführliche Berechnungsbeispiele bei *Eschbach* WPg 2000, 1 ff). Jedes Optionspreismodell eröffnet allerdings in einem erheblichen Umfang **Bewertungsspielräume**. Auf diesen Umstand konzentriert sich die Kritik der mit der Anwendung des IFRS 2 befassten Praktiker. Denn die Zielsetzung, den tatsächlichen (Personal-)Aufwand unabhängig von dessen rechtlicher Ausgestaltung zu zeigen, wird durch die wenig konkreten Bewertungsregeln stark beeinträchtigt (so auch für nicht börsennotierte Gesellschaften *Pellens/Crasselt* PiR 2005, 39). UE kann aber ein Bewertungsspielraum nicht gegen die Grundaussage des IFRS 2 eingewandt werden. Zudem müssen die wesentlichen Bewertungsparameter genannt werden, sodass der fachkundige Bilanzleser einen geeigneten Einblick in die Ertragslage erhält. In der Praxis der deutschen IFRS-Anwender findet nach dem Black-Scholes-Merton-Modell am häufigsten die Monte-Carlo-Simulation Anwendung, weil diese die Einbeziehung der Wahrscheinlichkeit der Erreichung von Erfolgszielen erlaubt. 40

Bei der **Erhebung** der zugrunde liegenden **Daten** stellt IFRS 2 an die Unternehmen hohe Anforderungen, die in der Praxis oftmals zu erheblichen Anwendungsdefiziten führen. So dürfen nach IFRS 2.B15 Vergangenheitsdaten eigentlich nur herangezogen werden, wenn keine Veränderungen der Verhältnisse zu erwarten sind. Doch obwohl mit der Ausgabe von Aktienoptionen gerade eine solche Veränderung beabsichtigt ist, ermittelt die überwiegende Anzahl der deutschen IFRS-Anwender die **Volatilität** nur aus der Vergangenheit. Aus der deshalb zu geringen Volatilität wird dadurch regelmäßig ein zu niedriger (Perso- 41 nal-)Aufwand ausgewiesen. Bei der Ermittlung der Volatilität werden nicht börsennotierte Unternehmen auf Vergleichsunternehmen verwiesen (IFRS 2.B29). Es erscheint allerdings fraglich, ob eine durch Börsenmechanismen verursachte Wertschwankung des Anteilspapiers verlässliche Rückschlüsse auf die Wertschwankung eines nicht notierten Unternehmens erlaubt, dessen Wert transparent maximal einmal im Jahr festgestellt wird. Dies wird indes von IFRS 2 vollständig ignoriert. Die Diskussion über die Ableitung eines sog ß-Werts bei Unternehmensbewertungen verdeutlicht den Ermessensspielraum bei derartigen Erhebungen. Gleiches gilt für die Ableitung des risikolosen Zinssatzes, bei dem IFRS 2.B37 auf derzeit verfügbare Staatsanleihen verweist. Ob Dividenden zu berücksichtigen sind, hängt davon ab, ob diese bei der Optionsausübung zu berücksichtigen sind (zB Zurechnung während des Erdienungszeitraums gezahlter Dividenden).

42 Insgesamt verlangt das Konzept des IFRS 2 in Bezug auf die Bewertung von Aktienoptionen von dem Bilanzanwender die **Datenerhebung** in einem Ausmaß, das auch bei einer Unternehmensbewertung zum Tragen käme (aA *Roß/Simons* in Baetge ua IFRS-Komm[2] IFRS 2 Rz 106). Ob dies insbes für nicht börsennotierte Unternehmen noch mit dem Sinn und Zweck des Ausweises eines zutreffenden Personalaufwands im Einklang steht, darf durchaus bezweifelt werden. In der **Praxis** hält daher mit den Anforderungen an die Datenerhebung ein hohes Maß an Pragmatismus Einzug. Dabei wird nach Auffassung von Bilanzanalysten in einigen Fällen die Grenze des Zulässigen überschritten. Im Ergebnis wird man die Bewertung in vielen Fällen einem hierfür ausgewiesenen Experten, ähnlich wie bei den Pensionsrückstellungen und anderen komplexen Finanzinstrumenten wie zB Derivaten, überlassen müssen.

43 Ein besonderes Augenmerk legt IFRS 2 auf die Erwartung einer **frühzeitigen Optionsausübung**, weil der Wert einer Option mit zunehmender Wartefrist nur noch geringfügig steigen soll. UU müssen die Ausübungserwartungen sogar nach Mitarbeitergruppen, die ein homogenes Ausübungsverhalten erwarten lassen, getrennt ermittelt werden (IFRS 2.B20). Insgesamt ist zu beobachten, dass die meisten IFRS-Anwender Laufzeiten verwenden, die deutlich unter der vertraglich möglichen Laufzeit liegen. Auch dies führt zu einer niedrigen Bewertung, wenn mit steigenden Kursen zu rechnen ist.

c) Einfluss der Ausübungsbedingungen auf die Bewertung (Marktbedingungen)

44 Neben den unter Rz 39 dargestellten allgemeinen Bewertungsregeln und den von IFRIC 8.5 genannten Verwendungsbeschränkungen müssen die speziellen **Ausübungsbedingungen** des Eigenkapitalinstruments in seine Bewertung einbezogen werden. Dabei sind bei der **Bewertung** nur die sog **Marktbedingungen** (s Rz 19) zu berücksichtigen. Die sog **Leistungsbedingungen** (s Rz 20) haben demgegenüber Einfluss auf den **Ansatz** (Anzahl der zu bewertenden Eigenkapitalinstrumente). Wichtig ist dabei, dass ein einmal gewählter Wert für den Einfluss der Marktbedingungen auch dann nicht verändert werden darf, wenn sich die zugrunde liegenden Einschätzungen während der Laufzeit der Eigenkapitalinstrumente verändern. Der spätere Eintritt oder Nichteintritt der Marktbedingungen hat keinen Einfluss auf die Bewertung der mit dem Eigenkapitalinstrument vergüteten Güter oder Dienstleistungen (IFRS 2.21).

45 Eine besondere Art der Wertbeeinflussung stellt die **nachträgliche Änderung** der in die Bewertung eingeflossenen Ausübungsbedingungen dar (IFRS 2.26 ff). So werden die Ausübungsschwellen oft an veränderte Realitäten angepasst. In diesem Fall hat das Unternehmen ab der Veränderung eine Neu-

bewertung durchzuführen. In der Praxis wird zumeist der Ausübungspreis herabgesetzt, wenn er bei realistischer Betrachtung nicht mehr erreichbar ist. In der Black-Scholes-Merton-Formel (Rz 39) bedeutet dies *ceteris paribus* die Erhöhung des Optionswerts und damit eine **Erhöhung des Werts** der empfangenen Arbeitsleistung. Die Eigenart, dass bei einer Herabsetzung der Anreizschwelle der Wert der Arbeitsleistung steigt, trägt nicht unbedingt zur Akzeptanz des IFRS 2 bei (so auch *Heuser/Theile*[3] Rz 2545). Es ist allerdings zutreffend, dass das Unternehmen mehr aufwenden muss, um die gleiche Arbeitsleistung zu erhalten, weil die Anteile an Wert verloren haben.

Fortsetzung des Beispiels aus Rz 32: Der Börsenkurs beträgt 10, seine Wahrscheinlichkeitskomponente 0,5. Der Ausübungspreis beträgt ebenfalls 10, seine Wahrscheinlichkeitskomponente 0,48. Der risikolose Zinssatz beträgt 5%. Eine Option ist damit bei Anwendung des Black-Scholes-Merton-Modells (s Rz 39) $(10 \times 0{,}5) - (10/1{,}05^5 \times 0{,}48) =$ ca 1 wert. Da das Unternehmen mit der Einlösung von 50 Optionen rechnet, beträgt der Wert aller Aktienoptionen 50. Im Jahr 20X3 verringert sich der Börsenkurs auf 9 und der Ausübungspreis wird auf 8 herabgesenkt. Der Wert einer Option erhöht sich auf ca 1,3. Der Erhöhungsbetrag beträgt, wenn das Unternehmen immer noch mit der Einlösung von 50 Optionen rechnet, 15. Er ist in den Jahren 20X3 bis 20X5 (der verbleibende Erdienungszeitraum) zusätzlich aufwandswirksam zu erfassen. Erfolgt die beschriebene Änderung im Jahr 20X6 und seien noch keine Optionen ausgeübt, ist der Erhöhungsbetrag in 20X6 vollständig als Aufwand zu erfassen.

Führt die Neubewertung zu einer **Verringerung des Werts** des gewährten Eigenkapitalinstruments, müssen die Eigenkapitalinstrumente mindestens mit dem Betrag bewertet werden, der sich am Tag der Gewährung ergab (IFRS 2.27). Eine Ausnahme gilt nur dann, wenn die Eigenkapitalinstrumente wegen der Nichterreichbarkeit von Leistungsbedingungen gar nicht mehr angesetzt werden müssen (s Rz 33; vgl auch *Heuser/Theile*[3] Rz 2548). 46

Grds geht IFRS 2 davon aus, dass der Ansatz von Aufwand dann stattzufinden hat, wenn die Güter oder Dienstleistungen **erworben oder in Anspruch genommen** werden. Während dies für einmalige Austauschverträge beim Erwerb von Gütern (die anschließend einer Regelabschreibung oder einem Verbrauch unterliegen) wohl unstreitig ist, erfordert das Konzept bei Dauerschuldverhältnissen eine weitere „Schleife". Die Veränderung des Eigenkapitalwerts verändert den Wert der Arbeitsleistung, obwohl sich an der gewährten Gegenleistung nichts geändert hat (vgl *IDW* FN IDW 2003, 162, die einen ratierlichen Verbrauch der erworbenen „Vorratsarbeitsleistung" vertreten, was aber auch auf dogmatische Hürden stößt). Dies stellt klar, dass die Wertermittlung über das Eigenkapital eigentlich die „direkte" Methode darstellt. 47

d) Zusammenfassendes Beispiel bei Aktienoptionen

Der Wert der Aktienoptionen ist am Tag der Gewährung zu ermitteln. Der **ermittelte Wert** bleibt bis zu einer Änderung einer Marktbedingung **konstant** und ist in dem jeweils maßgeblichen Geschäftsjahr auf die Anzahl der anzusetzenden Aktienoptionen anzuwenden. Der sich ergebende Betrag (Anzahl × Wert) ist der (Personal-)Aufwand des Geschäftsjahrs (IFRS 2.15). Eine Wertänderung (die nur auf der Änderung von Marktbedingungen basieren kann) ist – wenn sie werterhöhend ist – ab dem Zeitpunkt der Änderung mit zu berücksichtigen. 48

Fortsetzung des Beispiels aus Rz 30: Bei einem konstanten Wert der Aktienoptionen von 1 über den gesamten Erdienungszeitraum wird im Beispiel Rz 30 der Personalaufwand wie folgt verteilt:

Beginn 20X1	50 Optionen × Wert 1/5 (Jahre) = 10,00	
31. Dezember 20X1:	75 Optionen × Wert 1/5 (Jahre) =	15,00
31. Dezember 20X2:	40 Optionen × Wert 1/4 Jahre =	10,00
31. Dezember 20X3:	40 Optionen × Wert 1/4 Jahre =	10,00
31. Dezember 20X4:	40 Optionen × Wert 1/4 Jahre =	10,00
31. Dezember 20X5:	11 Optionen × Wert 1	11,00
Gesamt	56 Optionen × Wert 1	56,00

Erhöht sich wie zuvor beschrieben ab dem Jahr 20X3 der Wert der Option auf 1,3, so rechnet das Unternehmen Ende 20X3 mit einem Gesamtaufwand von 55 × 1,3 = 71,50. Nachzuholen sind dabei die in den Jahren 20X1 und 20X2 bereits angesetzten 25 × 0,3 = 7,5, pro Restjahr also 2,5. Die für die Jahre 20X3 und 20X4 anzusetzenden 10 Optionen sind dann mit 1,3 zu bewerten. In 20X5 ergibt sich schließlich, dass 56 Optionen anzusetzen sind. Die nachzuholende 1 Option ist ebenfalls mit 1,3 zu bewerten.

4. Ausweis

49 Der Ausweis von anteilsbasierten Vergütungen mit Ausgleich durch Eigenkapitalinstrumente erfolgt durch die Buchung „per (Personal-)Aufwand (oder per Vermögenswert) an Eigenkapital“. Innerhalb des Eigenkapitals ist bei einer dem HGB angenäherten Gliederung die **Gewinn- oder Kapitalrücklage** anzusprechen (vgl § 12 Rz 54). Bei einer anteilsbasierten Vergütung mit Barausgleich lautet die Buchung „per (Personal-)Aufwand an Rückstellungen“ (vgl § 13 Rz 3). Bei Bestehen eines Wahlrechts erfolgt der Ausweis nach den unter Rz 53f dargestellten Regeln.

5. Gesellschaftsrechtliche Grundlagen für anteilsbasierte Vergütungen

50 Nach deutschem Aktienrecht gibt es **zwei Möglichkeiten** der Erfüllung von Aktienoptionen (der in der Praxis zumeist vorkommende Fall des Eigenkapitalinstruments). Entweder das Unternehmen führt eine **bedingte Kapitalerhöhung** gem § 192 Abs 2 Nr 3 AktG durch oder es **verkauft** den Berechtigten zu deren Bezugspreis **eigene Aktien**, die es gem den Regeln des § 71 Abs 1 Nr 8 AktG erworben hat. Bei der Durchführung der bedingten Kapitalerhöhung, bei der zumindest der Nennbetrag der jungen Aktie einzuzahlen ist, ist wie folgt zu buchen: „Per Geld an Gezeichnetes Kapital und (uU) an Kapitalrücklage“. Letztere ist nach der Theorie zuvor schon in Höhe des Unterschieds zwischen dem beizulegenden Zeitwert der Kapitalerhöhung und dem Bezugspreis gespeist worden, sodass im Ergebnis die Kapitalerhöhung so abgebildet ist, als wäre sie zum beizulegenden Zeitwert erfolgt. Beim Erwerb eigener Aktien ist nach IAS 32.32f der Kaufpreis vom Eigenkapital abzusetzen (vgl § 12 Rz 80ff). Die Herausgabe der eigenen Anteile zur Bedienung des Eigenkapitalinstruments ist dann wie eine Kapitalerhöhung zu buchen. IFRIC 11.7 stellt klar, dass trotz des Erwerbs von eigenen Aktien mit Barmitteln die Transaktion als Ausgleich durch Eigenkapitalinstrumente (vgl Rz 14) zu behandeln ist. Der vorherige Erwerb der eigenen Aktien nach IAS 32.32f stellt einen von der Verwendung zur Erfüllung des Eigenkapitalinstruments abgetrennten Vorgang dar.

IV. Bilanzierung von anteilsbasierten Vergütungen mit Barausgleich

51 Bei einer anteilsbasierten Vergütung mit Barausgleich wird, anstelle einer Anteilsoption, das der Dritten Partei als Entgelt gewährte Recht **angesetzt** (genau genommen wird die erhaltene Gegenleistung angesetzt), eine Geldzahlung zu bekommen, deren Grund und Höhe von der Wertentwicklung eines Eigenkapi-

talinstruments abhängt. Die häufigste Anwendung sind SAR (Rz 2). Das weitere in IFRS 2.31 genannte Beispiel der rückkaufspflichtigen Aktien ist nach deutschem Aktienrecht kaum darstellbar. Für die Ermittlung der Anzahl der gewährten SAR (Mengengerüst) gelten die für das Mengengerüst bei Aktienoptionen entspr Grundsätze (Rz 29 ff.). An die Stelle der Buchung „per Aufwand an Eigenkapital" tritt „per Aufwand an Verbindlichkeit".

Die **Bewertung** der Verbindlichkeiten bei einer anteilsbasierten Vergütung mit Barausgleich erfolgt, anders als bei der anteilsbasierten Vergütung mit Ausgleich durch Eigenkapitalinstrumente, **zu jedem Stichtag neu** abhängig von der Wertentwicklung der Eigenkapitalinstrumente (IFRS 2.30; kritisch zur Anpassung an jedem Stichtag *IDW* FN IDW 2003, 167; sowie *Roß/Simons* in Baetge ua IFRS-Komm[2] IFRS 2 Rz 199 f). Methodisch wird in jedem Jahr mit Hilfe eines Optionsmodells (Rz 39) der Wert des SAR neu und damit der Betrag ermittelt, der zur Deckung für den bis zum Stichtag aufgelaufenen Gesamtaufwand noch notwendig ist. Dies gilt anders als bei der anteilsbasierten Vergütung mit Ausgleich durch Eigenkapitalinstrumente auch **nach Ablauf des Erdienungszeitraums**. Im Übrigen gelten die für die anteilsbasierte Vergütung mit Ausgleich durch Eigenkapitalinstrumente dargestellten Grundsätze entspr (IFRS 2.32). Der **Ausweis** erfolgt bei den übrigen ungewissen Verbindlichkeiten. 52

V. Bilanzielle Behandlung von Wahlrechten betreffend die Gegenleistung

Manchmal enthalten die Ausübungsbedingungen von Aktienoptionsprogrammen oder vergleichbaren Vergütungssystemen für das Unternehmen oder den Berechtigten ein Wahlrecht, entweder einen Ausgleich durch ein Eigenkapitalinstrument oder in bar zu leisten oder zu verlangen. Hat der **Leistende** das Wahlrecht, die Güter oder Dienstleistungen entweder in Bargeld oder mit Eigenkapitalinstrumenten bezahlt zu erhalten, so hat eine Aufteilung der Gegenleistung in einen Verbindlichkeiten- und einen Eigenkapitalanteil zu erfolgen (IFRS 2.35 ff; Rechenbeispiel bei *Schmidt* DB 2002, 2662). Hierzu sind zunächst die beiden Alternativen getrennt voneinander zu bewerten. Besteht ein Wahrecht zwischen einem Aktienoptionsprogramm und einem SAR (vgl Rz 2), so ergibt sich für beide Komponenten der gleiche Wert. In einem solchen Fall ist dieser volle Wert als Verbindlichkeit zu zeigen (IFRS 2.37). Nur wenn zB als Anreiz, die Eigenkapitalalternative zu wählen, die Eigenkapitalinstrumente einen höheren Wert als der erwartete Barausgleich haben, ist dieser Mehrwert nach den Regeln der Eigenkapitalinstrumente zu behandeln (IFRS 2.37). 53

Hat das **Unternehmen** das entspr Wahlrecht, so hat gem IFRS 2.41 eine Buchung als Verbindlichkeit nur zu erfolgen, wenn eine faktische Verpflichtung zum Barausgleich besteht (Zusage an Vertragspartei oder entspr Firmenpolitik) oder das Wahlrecht entspr ausgeübt werden soll. Andernfalls ist eine Erhöhung des Eigenkapitals zu buchen. 54

VI. Angaben im Anhang

IFRS 2 sieht umfangreiche Anhangangaben zu **Art und Umfang** von Aktienoptionsprogrammen und vergleichbaren Modellen vor. Zur Beschreibung der eingesetzten Modelle und deren finanziellen Auswirkungen werden insbes folgende Angaben erwartet (IFRS 2.44 ff), um einem verständigen Adressaten den Nachvollzug der Bewertung zu ermöglichen: 55

(1) Beschreibung der zugrunde liegenden Verträge durch Angabe von Ausgabezeitpunkt, Empfänger, Laufzeit, Variabilitäten und Ausübungsmodalitäten,
(2) die Anzahl und der gewichtete Ausübungspreis der offenen (zu Beginn und Ende), der gewährten, der verlängerten, der ausgeübten, der ausübbaren und der verfallenen Optionen,
(3) der der Ausübung zugrunde liegende gewichtete Aktienpreis und
(4) Wertangaben zu den offenen Optionen hinsichtlich Ausübungspreisspanne, durchschnittliche Dauer bis zur Ausübung und Zeitpunkt bis zum Verfall.

56 Des Weiteren muss die **Bewertung detailliert erläutert** werden. Dazu muss die verwendete direkte oder indirekte Bewertungsmethode (vgl Rz 38) beschrieben werden (IFRS 2.46 ff). Hierzu gehören die Angabe des Bewertungsmodells, die Ermittlung der Parameter des Modells, insbes Volatilität und risikofreier Zinssatz, die Aufteilung in anteilsbasierte Vergütung mit Ausgleich durch Eigenkapitalinstrumente und anteilsbasierte Vergütung mit Barausgleich und etwaige Anpassungen der Optionsbedingungen. Sollten Marktpreise bei der Bewertung herangezogen worden sein, ist die Ermittlung und Gewichtung zu erläutern.

57 Schließlich werden Angaben zum **Einfluss** der eigenkapitalorientierten Bezahlung **auf die Ertragslage** des Unternehmens vorgeschrieben (IFRS 2.50 ff). Soweit es das Verständnis der Lage des Unternehmens erfordert, werden darüber hinaus weitere Angaben gefordert, welche das Unternehmen für sinnvoll erachtet (zB Umfang der Akzeptanz bei Mitarbeitern).

Zum Einfluss von anteilsbasierten Vergütungen auf latente Steuern s § 25 Rz 108, zu EPS § 16 Rz 32 und zur Abgrenzung zu IFRS 3 § 34 Rz 150.

C. Wesentliche Änderungen und deren Anwendungszeitpunkte

58 Der im Jahr 2008 überarbeitete **IFRS 2** führte zu Änderungen bzw Einfügungen von IFRS 2.21A, IFRS 2.21B, IFRS 2.28 und IFRS 2.28(b) und ist auf Berichtsperioden anzuwenden, die am oder nach dem 1. Januar 2009 beginnen (IFRS 2.62). Eine frühere Anwendung ist zulässig und im Anhang entspr anzugeben. Das Endorsement dieser Änderungen erfolgte im Dezember 2008.

Die sich durch die Überarbeitung von **IFRS 3 (2008)** ergebende Folgeänderung in IFRS 2.5 und die Ergänzung in IFRS 2.61 sind auf Berichtsperioden, die am oder nach dem 1. Juli 2009 beginnen, anzuwenden (IFRS 2.61 (geändert 2008)). Im Zuge des ***Annual Improvements*** **Projekts 2009** wurde IFRS 2.5 nochmals geändert. Die Anpassungen gelten ebenfalls – vorbehaltlich eines Endorsement – verpflichtend für Geschäftsjahre, die am oder nach dem 1. Juli 2009 beginnen (IFRS 2.61 (geändert 2009)). Eine frühere Anwendung der jeweiligen Änderungen des IFRS 2.5 setzt die vorzeitige Anwendung des IFRS 3 (2008) voraus (IFRS 2.61 (geändert 2009)).

In der vorliegenden Kommentierung werden wesentliche materielle Änderungen dargestellt, darüber hinaus haben die Überarbeitungen klarstellenden Charakter.

D. Gegenüberstellung zu HGB/DRS

59 Die Rechnungslegungsdiskussion in Deutschland erschöpfte sich bis zur Vorlage des E-DSR 11 vielfach im Versuch einer **Übertragung von internationalen Regeln**, insbes den US-GAAP (vgl *Pellens/Crasselt* DB 1998, 222 für eine Anwendung; aA *Herzig* DB 1999, 1 ff mwN zur wohl bislang hM, die den

Ansatz von Personalaufwand auf Grundlage des HGB ablehnt). Angesichts dieses Umstands hat das DRSC im Nachgang eines Diskussionspapiers am 21. Juni 2001 den E-DSR 11 vorgelegt. Dieser deckt sich weitgehend mit IFRS 2. Nach Angaben des DRSC werden die Arbeiten an dem E-DSR 11 wegen der Veröffentlichung des IFRS 2 und dessen Übernahme in das europäische Recht nicht fortgeführt.

Umstritten bleibt aber, ob im **Einzelabschluss nach HGB** die Grundsätze des IFRS 2 anzuwenden sind. Nach wie vor werden hierzu alle denkbaren Meinungen vertreten (s *Förschle/Hoffmann* in BeBiKo[6] § 272 Rz 300ff). Angesichts des IFRS 2 sind aber die Diskussionen hierüber merkwürdiger Weise (mit Ausnahme der zahlreichen Stellungnahmen von *Schildbach*) weitgehend verstummt. Man wird für HGB-Abschlüsse nach wie vor (bei nicht pagatorischem Aufwand) gut vertreten können, einen entspr Aufwand nicht anzusetzen. 60

E. Aktuelle Entwicklungen/IASB-Projekte

Nachdem IFRS 2 mit seiner **strikten Haltung**, alle anteilsbasierten Vergütungen im Rechenwerk des Unternehmens abzubilden, ggü der „weicheren" Haltung der US-GAAP eine Vorreiterrolle eingenommen hat, hat die Diskussion innerhalb des FASB zur Revision des SFAS 123 geführt. Es ist zu erwarten, dass dies wiederum **Auswirkungen** auf die **Fortentwicklung** des IFRS 2 haben wird. Besonderes Augenmerk ist dabei dem Umstand zu widmen, dass **Analysten** teilweise den gem IFRS 2 oder SFAS 123 erfassten Aufwand in ihren Berechnungen und Gewinnprognosen wieder herausnehmen. Ungelöst ist weiter das Problem der Abgrenzung zu reinen Kapitalmaßnahmen; hier ist zu hoffen, dass über das IFRIC oder eine Änderung des IFRS 2 die Abgrenzung trennschäfer wird. 61

Der IASB hat im Dezember 2007 einen **Standardentwurf** zur **Änderung** von **IFRS 2** und **IFRIC 11** veröffentlicht, in dem klargestellt wird, dass IFRS 2 auch in den Fällen anzuwenden ist, in denen ein TU Güter und Dienstleistungen von Lieferanten (einschließlich der eigenen Mitarbeiter) erhält, jedoch das MU zum Barausgleich – entweder in Höhe des Werts der Anteile des TU oder aber in Höhe des Werts der Anteile des MU – verpflichtet ist. Gem den Vorschlägen des IASB soll die Bewertung der erhaltenen Güter und Dienstleistungen beim betreffenden TU in dessen Einzelabschluss nach den Vorschriften zu anteilsbasierten Vergütungen mit **Barausgleich** erfolgen. 62

Nach Eingang der Kommentare zum ED – die Kommentierungsfrist endete am 17. März 2008 – entschied der IASB in seiner Sitzung im Oktober 2008 vorläufig, den **Anwendungsbereich** des IFRS 2 durch Änderung einiger Definitionen auf alle aktienbasierten Transaktionen innerhalb eines Konzerns auszudehnen. Im Dezember 2008 stimmte der IASB vorläufig dem vom ED abweichenden Bewertungsvorschlag des IFRIC zu. Dieser Bewertungsvorschlag sieht nunmehr vor, dass das betreffende TU die erhaltenen Güter und Dienstleistungen in seinem Einzelabschluss entspr den Vorschriften zur anteilsbasierten Vergütung mit Ausgleich durch **Eigenkapitalinstrumente** zu bewerten hat.

§ 25. Laufende und latente Ertragsteuern

Übersicht

Schrifttum: *Berger/Hauck/Prinz* Bilanzierung latenter Steuern auf steuerliche Verlustvorträge nach IAS 12 – Streitiger Prognosezeitraum zur Verlustverrechnung, DB 2007, 412; *Coenenberg/Hille* Latente Steuern nach der neu gefassten Richtlinie IAS 12, DB 1997, 537; *Dahlke* Vergleich der Bilanzierung tatsächlicher Steuern nach HGB und nach IFRS, KoR 2006, 579; *Dahlke* Mehr Transparenz bei der Bilanzierung von Steuerrisiken?, KoR 2007, 311; *Dahlke/von Eitzen* Steuerliche Überleitungsrechnung im Rahmen der Bilanzierung latenter Steuern nach IAS 12, DB 2003, 2237; *von Eitzen/Dahlke* Bilanzierung von Steuerpositionen nach IFRS, Stuttgart 2008; *von Eitzen/Helms* Aktive latente Steuern auf steuerliche Verlustvorträge nach US-GAAP – Anwendungsbesonderheiten für deutsche Unternehmen, BB 2002, 823; *Ernsting* Auswirkungen des SEStEG auf die Bilanzierung von Körperschaftsteuerguthaben in Jahresabschlüssen nach HGB und IFRS, DB 2007, 180; *Ernsting* Auswirkungen des Steuersenkungsgesetzes auf die Steuerabgrenzung in Konzernabschlüssen nach US-GAAP und IAS, WPg 2001, 11; *Ernsting/Loitz* Zur Bilanzierung latenter Steuern bei Personengesellschaften nach IAS 12, DB 2004, 1053; *Freiberg* Änderungen der Steuerbasis in der Steuerlatenzrechnung nach IFRS, PiR 2006, 205; *Freiberg* Tarifeffekte bei der Steuerlatenzrechnung nach IFRS, PiR 2006, 176; *Fülbier/Mages* Überlegungen zur Bilanzierung latenter Steuern bei Personengesellschaften nach IAS 12, KoR 2007, 69; *Gens/Wahle* Bewertung körperschaft- und gewerbesteuerlicher Verlustvorträge für aktive latente Steuern nach IAS, KoR 2003, 288; *Hannemann/Pfeffermann* IAS-Konzernsteuerquote: Begrenzte Aussagekraft für die steuerliche Performance eines Konzerns, BB 2003, 727; *Herzig/Dempfle* Konzernsteuerquote, betriebliche Steuerpolitik und Steuerwettbewerb, DB 2002, 1; *Heurung* Latente Steuerabgrenzung im Konzernabschluss im Vergleich zwischen HGB, IAS und US-GAAP, AG 2000, 538; *IASB* IASB Update April 2003; *Kirsch* Auswirkung der Unternehmensteuerreform 2008 auf die Bilanzierung und Bewertung latenter Steuern nach IAS 12, DStR 2007, 1268; *Kirsch* Aktive latente Steuern aus Zins- und Verlustvorträgen nach dem Unternehmensteuerreformgesetz 2008, PiR 2007, 237; *Kirsch* Abgrenzung latenter Steuern bei Personengesellschaften in Deutschland, DStR 2002, 1875; *KPMG* Insights into IFRS, 5th Edition 2008/9, London 2008; *Küting/Zwirner* Abgrenzung latenter Steuern nach IFRS in der Bilanzierungspraxis in Deutschland: Dominanz der steuerlichen Verlustvorträge, WPg 2007, 555; *Lienau* Die Bilanzierung nach der Equity-Methode unter Berücksichtigung latenter Steuern nach IFRS, KoR 2007, 14; *Lienau/Zülch* Bilanzierung latenter Steuern auf Verlustvorträge nach IAS 12, DStR 2007, 1094; *Loitz* Bilanzierung latenter Steueransprüche für Vorträge noch nicht genutzter steuerlicher Verluste nach IFRS, WPg 2007, 778; *Loitz* Erfassung von Steuersatzänderungen in der Zwischenberichterstattung nach IAS 34, DB 2007, 2048; *Loitz* Latente Steuern und steuerliche Überleitungsrechnung – Unterschiede zwischen IAS/IFRS und US-GAAP, WPg 2004, 1177; *Loitz/Rössel* Die Diskontierung von latenten Steuern, DB 2002, 645; *Loitz/Sekniczka* Anteile an Spezialfonds: Bilanzierung, Besteuerung, latente Steuern nach IAS 12, WPg 2006, 355; *Meyer/Bornhofen/Homrighausen* Anteile an Personengesellschaften nach Steuerrecht und nach IFRS, KoR 2005, 285; *Pawelzik* Latente Steuern auf Goodwilldifferenzen bei der Konsolidierung von Personengesellschaften nach IFRS, KoR 2006, 13; *Zülch/Lienau* Bilanzierung von investment properties und Sachanlagevermögen unter Berücksichtigung latenter Steuern, KoR 2006, 698.

Wesentliche Rechtsgrundlagen: IAS 12, SIC 21, SIC 25

A. Allgemeines

I. Zielsetzung und Anwendungsbereich von IAS 12

IAS 12 regelt die Bilanzierung der tatsächlichen und der latenten Ertragsteuern in der IFRS-Bilanz. **Tatsächliche Ertragsteuern** umfassen alle ertragsteuerlichen Konsequenzen, die nach Maßgabe der steuerrechtlichen Gewinnermittlungsvorschriften für lfd oder frühere Gewinnermittlungsperioden in den Jahresabschluss eines Unternehmens einfließen. 1

Die **Abgrenzung latenter Steuern** dient der Erfassung künftiger steuerlicher Konsequenzen, die sich bei der künftigen Realisierung eines Vermögenswerts oder der künftigen Erfüllung einer Schuld ergeben werden und trägt hierdurch in erster Linie zu einer zutreffenderen Darstellung der Vermögenslage bei (vgl im Einzelnen Rz 36).

Der **Anwendungsbereich** von IAS 12 ist auf die Bilanzierung der Ertragsteuern einschließlich KapESt als besondere Erhebungsform der allgemeinen Ertragsteuern und Quellensteuern beschränkt, die auf Basis der für das jeweilige Unternehmen geltenden Steuergesetze ermittelt werden. Abzugsteuern, Umsatzsteuer und sonstige Steuern, Bußgelder, Säumnis- und Verspätungszuschläge sowie Steuern, die ein Unternehmen aus Haftungsgründen oder wegen vertraglicher Vereinbarung für Dritte abzuführen hat, wie zB Lohnsteuern, fallen nicht unter den Anwendungsbereich des IAS 12, auch wenn ihre Erfassung erfolgswirksam ist. Ihre Bilanzierung richtet sich nach den allgemeinen Vorschriften des Frameworks sowie nach IAS 1. **Persönliche Ertragsteuern von Gesellschaftern**, soweit sie auf der Grundlage des steuerpflichtigen Einkommens von Pers- 2

Ges anfallen, fallen ebenfalls nicht unter den Anwendungsbereich des IAS 12 (*ADS*[1] Abschn 20 Rz 19). **Ungewisse** Ertragsteueraufwendungen/-erträge sind als Eventualverpflichtungen/-forderungen nach IAS 37 zu beurteilen (vgl Rz 12).

II. Terminologie

3 Zur Anwendung der Regelungen des IAS 12 sind folgende **Schlüsselbegriffe** (IAS 12.5) zu unterscheiden:

Das **handelsrechtliche Periodenergebnis vor Ertragsteuern** bezeichnet das in der IFRS-Bilanz zum Bilanzstichtag ausgewiesene Ergebnis vor Abzug der Ertragsteuern.

Der in der IFRS-Bilanz ausgewiesene **Steueraufwand/-ertrag** setzt sich aus den Aufwendungen und Erträgen für tatsächliche Ertragsteuern **und** latente Steuern zusammen, die für die Ermittlung des handelsrechtlichen Periodenergebnisses nach Steuern maßgeblich sind.

4 Das **zu versteuernde Ergebnis** ist das zu versteuernde Einkommen, das der Steuerermittlung auf Basis der **Steuerbilanz** und der außersteuerbilanziellen Hinzurechnungen (nicht abzugsfähige Ausgaben) und Kürzungen (steuerfreie Einnahmen) zugrunde gelegt wird. Die nach der Steuerermittlung geschuldeten oder erstattungsfähigen Ertragsteuern werden als **tatsächliche Ertragsteuern** definiert.

5 Als **Steuerwert** wird der Betrag bezeichnet, der einem Vermögenswert, einer Schuld oder einem Eigenkapitalinstrument unter Zugrundelegung der gültigen steuerlichen Ansatz- und Bewertungsregelungen in der **Steuerbilanz** beigemessen wird. Für deutsche Unternehmen lassen sich die Steuerwerte idR direkt aus der Steuerbilanz bzw aus einer aus der HGB-Bilanz abgeleiteten Überleitungsrechnung übernehmen.

6 Der in der IFRS-Bilanz ausgewiesene Buchwert und der Steuerwert eines Vermögenswerts oder einer Schuld können aufgrund unterschiedlicher Bilanzierung oder Bewertung sowie aufgrund von Konsolidierungsmaßnahmen voneinander abweichen. Der Unterschiedsbetrag wird, sofern er sich in einem zukünftigen Geschäftsjahr auflöst, als **temporäre Differenz** bezeichnet. Die Auflösung der temporären Differenz kann zB durch die Realisierung des Buchwerts eines Vermögenswerts oder durch die Erfüllung einer Schuld erfolgen. Je nach Art der Differenz können zu versteuernde temporäre Differenzen oder abzugsfähige temporäre Differenzen entstehen. **Zu versteuernde** temporäre Differenzen sind dadurch gekennzeichnet, dass sie zum Zeitpunkt der Auflösung der Differenz in einem zukünftigen Geschäftsjahr im Rahmen der steuerlichen Gewinnermittlung zu einem **höheren** steuerpflichtigen Ertrag führen als er in der IFRS-Bilanz ausgewiesen wird. **Abzugsfähige** temporäre Differenzen führen demgegenüber zum Zeitpunkt ihrer Auflösung zu einem **niedrigeren** steuerpflichtigen Ertrag. Demnach führen Differenzen zwischen IFRS- und Steuerbilanz nach dem Konzept des IAS 12 nur dann zu einer Abgrenzung latenter Steuern, wenn der der Differenz zugrunde liegende Sachverhalt zukünftig eine steuerliche Wirkung entfaltet.

7 **Latente Steuerschulden** sind Steuerverbindlichkeiten, die aus zu versteuernden temporären Differenzen resultieren und bei Auflösung der Differenzen in zukünftigen Geschäftsjahren zahlbar werden.

Latente Steueransprüche sind Ansprüche, die aus abzugsfähigen temporären Differenzen oder aus nicht genutzten steuerlichen Verlust- oder Zinsvorträgen bzw nicht genutzten Steuervergünstigungen resultieren.

8 *einstweilen frei*

B. Die Bilanzierung tatsächlicher Steuerschulden und Steueransprüche

I. Ansatz

1. Allgemeine Ansatzvorschriften

Tatsächliche Steuerschulden sind im Jahresabschluss mit dem geschuldeten Betrag anzusetzen, **tatsächliche Steueransprüche** mit dem Betrag, um den die geleisteten Zahlungen den geschuldeten Betrag übersteigen (IAS 12.12). Eine Steuerschuld bzw ein Steueranspruch ist dann zu erfassen, wenn sich aus gegenwärtigen Ansprüchen bzw Schulden wahrscheinlich ein Mittelzufluss bzw Mittelabfluss ergibt, und wenn sich dessen Höhe verlässlich ermitteln lässt (F. 89, F. 91). Hierunter fallen zB Steuervorauszahlungen für das aktuelle Geschäftsjahr, Zuführungen zu den Steuerschulden und Steuerrückstellungen, periodenfremder Steueraufwand für zurückliegende Geschäftsjahre, Erträge aus Steuererstattungen aufgrund geänderter Steuerbescheide sowie Erträge aus der Auflösung von Steuerrückstellungen bzw -schulden. 9

Dabei ist das allgemeine Prinzip der **Periodenabgrenzung** zu beachten, nach dem zum Bilanzstichtag Steuerschulden bzw -ansprüche für das abgelaufene sowie für frühere Geschäftsjahre zu erfassen sind.

Die Erfassung aktueller Steuerschulden bzw Steueransprüche für das abgelaufene Geschäftsjahr ist grds **erfolgswirksam** vorzunehmen.

KapESt, die von der ausschüttenden Gesellschaft im Rahmen einer Dividendenausschüttung einbehalten und im Namen der Anteilseigner zu Lasten der Ausschüttung direkt an die Finanzbehörden abgeführt werden, sind gem IAS 12.65A dagegen **erfolgsneutral** mit dem Eigenkapital (Gewinnrücklagen bzw Bilanzgewinn) zu verrechnen. 10

Beispiel: Ein TU schüttet an sein MU eine Dividende in Höhe von T€ 500 aus. Aufgrund einer Quellensteuerregelung werden 5% des Ausschüttungsbetrags von dem TU einbehalten und an die Finanzbehörden abgeführt, sodass nur ein Betrag in Höhe von T€ 475 an das MU gezahlt wird. Im Jahresabschluss des TU ist die Brutto-Dividende einschließlich Quellensteuer gem IAS 12.65A erfolgsneutral mit dem Eigenkapital (Gewinnrücklagen bzw Bilanzgewinn) zu verrechnen. Das MU, welches als Anteilseigner Steuerschuldner ist, bucht die Dividendenzahlung einschließlich der Quellensteuer spiegelbildlich als Beteiligungsertrag und die einbehaltene Quellensteuer als Steuerforderung (per Bank T€ 475, per Steueranrechnungsguthaben T€ 25 an Beteiligungsertrag T€ 500).

Ein mit § 264c Abs 3 Satz 2 HGB vergleichbarer Ansatz von **Ertragsteuern der Gesellschafter einer PersGes** in der GuV des Unternehmens ist nach IAS 12 und dem Rahmenkonzept nicht vorgesehen.

Der Vorteil aus einer Erstattung tatsächlicher Ertragsteuern einer früheren Periode aus der **Nutzung eines körperschaftsteuerlichen Verlustrücktrags** gem § 10d Abs 1 EStG iVm § 8 Abs 1 KStG ist als Vermögenswert zu aktivieren (IAS 12.13). Die Aktivierung darf frühestens in dem Geschäftsjahr erfolgen, in dem der steuerliche Verlust entsteht. 11

Die Beurteilung von **Steuerrisiken**, zB aus steuerlichen Betriebsprüfungen oder steuerlichen Rechtsstreitigkeiten, ist in IAS 12 nicht explizit geregelt. Für steuerbezogene **Eventualschulden** und **Eventualforderungen** verweist IAS 12.88 auf die Regelungen des IAS 37 (vgl § 13 Rz 16ff). 12

Für **Steuerrisiken** besteht gem IAS 12.12 iVm F. 91 **Ansatzpflicht,** soweit es in Zukunft wahrscheinlich zu einem Mittelabfluss kommt (*Dahlke* KoR 2006,

583). Liegt die Eintrittswahrscheinlichkeit des zukünftigen Mittelabflusses zum Zeitpunkt der Aufstellung des Jahresabschlusses unter 50%, ist ein zukünftiger Mittelabfluss aber nicht unwahrscheinlich, so liegt eine **Eventualschuld** vor. Für diese besteht nach IAS 37.27 ein Ansatzverbot, gem IAS 12.88 iVm IAS 37.86 ist jedoch eine Anhangangabe erforderlich. Ist ein Ressourcenabfluss aus Sicht eines sachverständigen Dritten unwahrscheinlich, so ist für den ungewissen Sachverhalt weder eine Steuerschuld zu erfassen, noch eine Eventualverpflichtung auszuweisen.

Diese Systematik könnte sich künftig auf Basis des im März 2009 veröffentlichten ED/2009/2 *„Income Tax"* dahingehend ändern, als dann im Rahmen der Ansatzvorschriften unabhängig von der Wahrscheinlichkeit der Inanspruchnahme und unter der Annahme, dass die Steuerbehörden über alle relevanten Informationen verfügen, jede steuerliche Verpflichtung als Schuld zu bilanzieren wäre. Die Wahrscheinlichkeit wäre dann unter Anwendung des Erwartungswertverfahrens nur noch bei der Bewertung der Verpflichtung zu berücksichtigen (vgl *Dahlke* KoR 2007, 320).

13 Risiken aus einer **steuerlichen Betriebsprüfung** sind nach geltender Rechtslage grds als drohende Steuerschulden zu klassifizieren. Ihre Passivierung richtet sich zum einen nach dem Grad der Konkretisierung der Drittverpflichtung, zum anderen nach der Wahrscheinlichkeit des Mittelabflusses. Demnach besteht für **allgemeine Risiken,** die im Rahmen einer Betriebsprüfung erfahrungsgemäß zur Nachzahlung kommen, mangels hinreichender Konkretisierung ein Passivierungsverbot. Die Konkretisierung einer Verpflichtung aus allgemeinen steuerlichen Risiken tritt spätestens dann ein, wenn der Betriebsprüfer Feststellungen zu einem steuerlichen Sachverhalt getroffen oder das zuständige Finanzamt einen Sachverhalt erkannt und aufgegriffen hat. Ebenso zu beurteilen sind **konkrete Einzelrisiken,** die aus Sicht eines sachverständigen Dritten von einer zukünftigen Steuerprüfung voraussichtlich beanstandet werden. Sofern aus diesen Konstellationen mit einer Wahrscheinlichkeit von mehr als 50% eine Steuernachzahlung zu erwarten ist, besteht eine Passivierungspflicht. Wird der Mittelabfluss von dem Unternehmen mit einer Wahrscheinlichkeit von weniger als 50%, jedoch als nicht ganz unwahrscheinlich beurteilt, liegt eine angabepflichtige Eventualschuld vor.

14 Der **Bewertung** der Verpflichtung ist die bestmögliche Schätzung zugrunde zu legen, wobei die gültige Rechtslage unter Einbezug von Gesetz, Rechtsprechung, Richtlinien der Finanzverwaltung sowie der Fachliteratur sowie die Erfolgsaussichten einer eventuellen Klage zu berücksichtigen sind (vgl *Dahlke* KoR 2006, 583).

15 Die Erfassung von Steuerschulden aus einer Betriebsprüfung ist **erfolgswirksam** vorzunehmen. Ihr Gesamtbetrag ist gem IAS 12.80(b) als periodenfremder Ertragsteueraufwand im Anhang anzugeben. Zudem sind sie in der Überleitungsrechnung gem IAS 12.81(c) auszuweisen (vgl Rz 178).

16 Die Passivierung von Risiken aus einer Betriebsprüfung kann sich ferner auf die Bilanzierung **latenter Steuern** auswirken, wenn der dem Vorgang zugrunde liegende Sachverhalt zur Entstehung oder Veränderung einer temporären Differenz führt. Dies ist immer dann gegeben, wenn die Steuerbilanzwerte infolge der Betriebsprüfung geändert werden, ohne dass eine Anpassung der IFRS-Bilanz erfolgt. In einem solchen Fall wird der lfd Steueraufwand aus der Passivierung der Steuerrisiken durch die Aktivierung einer latenten Steuer auf den zugrunde liegenden Sachverhalt kompensiert (vgl *Dahlke* KoR 2006, 583).

Gleiches gilt, wenn sich ein steuerlicher Verlustvortrag vergrößert. Ferner können Anpassungen erforderlich werden, wenn aufgrund einer Betriebsprüfung zB die Nutzungsdauern für Vermögenswerte des Anlagevermögens rückwirkend geändert werden. Die steuerlichen Konsequenzen aus solchen Änderungen sind gem IAS 8.4 bei der Abgrenzung latenter Steuern zu berücksichtigen (vgl hierzu Rz 111).

Für **mögliche Steuererstattungen** besteht eine Ansatzpflicht, soweit der erwartete Mittelzufluss so gut wie sicher ist. Soweit ein Zufluss aus diesem Steueranspruch auf Basis einer sachverständigen Einschätzung nur wahrscheinlich ist, ist gem IAS 12.88 eine **Eventualforderung** im Anhang anzugeben. Soweit ein Ressourcenzufluss unwahrscheinlich ist, erfolgt weder eine Erfassung eines Steueranspruchs, noch die Angabe einer Eventualforderung (IAS 37.31 ff). Damit ist bezogen auf den Sachstand einer Betriebsprüfung oder eines finanzgerichtlichen Verfahrens durch das Unternehmen bzw einen Sachverständigen eine Einschätzung der sich hieraus ergebenden Steuerfolgen auf Basis der aktuellen Rechtslage vorzunehmen. 17

Bei einem **Unternehmenszusammenschluss** sind steuerliche Eventualschulden gem IFRS 3.23 (2008)/IFRS 3.37(c) (2004), IFRS 3.47 (2004) im Rahmen der Kaufpreisallokation grds als Schuld im Konzernabschluss zu bilanzieren, sofern ihr Zeitwert verlässlich zu bewerten ist. Da IFRS 3.24 (2008)/ IFRS 3.B16(i) (2004) auf IAS 12 verweisen, IAS 12 die Bewertung von steuerlichen Eventualschulden jedoch gerade nicht regelt, sind diesbezüglich die allgemeinen Bewertungsgrundsätze des Rahmenkonzepts heranzuziehen. Ergeben sich innerhalb eines Jahres nach Durchführung des Unternehmenszusammenschlusses bessere Erkenntnisse über die Höhe der steuerlichen Verpflichtungen, so sind die passivierten Eventualschulden unter Anpassung des Geschäfts- oder Firmenwerts rückwirkend zu korrigieren. 18

2. Bilanzierung des Körperschaftsteuerguthabens gem § 37 KStG

Aufgrund des SEStEG war das aus dem KSt-Minderungspotential des 2001 abgeschafften steuerlichen Anrechnungsverfahrens resultierende **Körperschaftsteuerguthaben** gem § 37 Abs 4 bis 7 KStG letztmalig auf den 31. Dezember 2006 zu ermitteln. Ordentliche Gewinnausschüttungen sind für die Realisierung des Guthabens nicht mehr erforderlich, der Anspruch auf Auszahlung des Guthabens entstand vielmehr mit dessen abschließender Festsetzung. Die Auszahlung seitens der Finanzbehörde erfolgt in zehn gleichen Jahresraten, beginnend am 30. September 2008. Eine Verzinsung des Körperschaftsteuerguthabens ist nicht vorgesehen. 19

Im HGB-Abschluss war das **Körperschaftsteuerguthaben** zum 31. Dezember 2006 erfolgswirksam unter den „Sonstigen Vermögensgegenständen“ zu aktivieren (vgl *Ernsting* DB 2007, 183). Aufgrund der Unverzinslichkeit des Anspruchs war die Aktivierung unter Berücksichtigung eines fristadäquaten risikofreien Zinssatzes zum Barwert vorzunehmen. In den Folgejahren ist das Guthaben ratierlich zu vereinnahmen, wobei lediglich die Aufzinsung erfolgswirksam als Zinsertrag zu erfassen ist. 20

In der IFRS-Bilanz ist das **Körperschaftsteuerguthaben** gem IAS 12.12 als tatsächlicher Steuererstattungsanspruch einzustufen. Die Sondervorschriften des IAS 12.52A f finden keine Anwendung, da mit der abschließenden Festsetzung des Guthabens ein unbedingter Anspruch entstanden ist, der nicht mehr an einen Ausschüttungsbeschluss geknüpft ist. Da sich das Abzinsungsverbot des IAS 12.53 nur auf latente Steuern bezieht, war das Körperschaftsteuerguthaben zum 31. Dezember 2006 unter Zugrundelegung eines fristadäquaten risikolosen Zinssatzes zum Barwert zu aktivieren. Die Aktivierung war gem IAS 12.58 erfolgswirksam vorzunehmen. Der Ausweis des Körperschaftsteuerguthabens erfolgt 21 unter den langfristigen tatsächlichen Steueransprüchen. Abgesehen von dem abweichenden Ausweis ergeben sich somit keine Unterschiede zwischen der HGB- und der IFRS-Bilanzierung.

II. Bewertung

22 Ein Unternehmen hat in der IFRS-Bilanz sämtliche Steueransprüche und Steuerschulden/-rückstellungen anzusetzen, die aufgrund der für den jeweiligen Veranlagungszeitraum geltenden Steuersätze als Steueranspruch oder -zahlung zu erwarten sind. Die Bewertung aktueller Steueransprüche und Steuerschulden/-rückstellungen erfolgt gem IAS 12.46 ff auf Basis der für das Unternehmen zum Bilanzstichtag geltenden Steuergesetze.

Deutsche **KapGes** unterliegen im Wesentlichen der KSt, der Zinsabschlagsteuer, dem Solidaritätszuschlag sowie der GewSt. Darüber hinaus sind die entspr ausländischen Steuern, für die eine Steueranrechnung oder ein Abzug von der Bemessungsgrundlage gewährt wird, zu berücksichtigen (§§ 34c EStG, 26 KStG). Für **PersGes, KapCo-Gesellschaften** und Einzelunternehmen ergibt sich nur eine Belastung mit GewSt.

23 Grundlage für die **Bewertung** tatsächlicher Körperschaftsteuerschulden bzw -ansprüche sind die steuerlichen Gewinnermittlungsvorschriften der §§ 4 bis 7k EStG, die über § 8 Abs 1 KStG unter Berücksichtigung nicht abziehbarer Aufwendungen (§§ 4 Abs 5 und 3c EStG, §§ 10, 9 Abs 1 Nr 2 S 2 KStG), verdeckter Gewinnausschüttungen (§ 8 Abs 3 KStG) und steuerfreier Erträge (§ 3 EStG, § 8b Abs 1 und 2 KStG sowie ggf Doppelbesteuerungsabkommen) bei der Ermittlung des zu versteuernden Einkommens zugrunde zu legen sind. Die Bewertung tatsächlicher Gewerbeertragsteuerschulden oder -ansprüche basiert ebenfalls auf den einkommensteuerlichen Gewinnermittlungsvorschriften unter Beachtung der Hinzurechnungen des § 8 GewStG und der Kürzungen des § 9 GewStG sowie der Gewerbesteuersätze der Gemeinden, in denen das Unternehmen tätig ist.

24 **Ausschüttungen** von in- und ausländischen Beteiligungen werden, sofern es sich bei den Anteilseignern um **natürliche Personen** bzw **PersGes** handelt, **hälftig** (ab dem Veranlagungszeitraum 2009 zu **40%**) in die steuerliche Bemessungsgrundlage einbezogen (§§ 3 Nr 40, 40a EStG). Demgegenüber sind gem § 8b Abs 1 KStG Ausschüttungen sowohl inländischer als auch ausländischer KapGes **an KapGes** unabhängig von der Beteiligungsquote und der Haltezeit der Anteile grds **steuerfrei.** Die generelle Freistellung **ausländischer** Dividenden kann allerdings durch die Hinzurechnungsbesteuerung gem §§ 7 ff AStG eingeschränkt werden. Ferner ist § 8b Abs 5 KStG zu beachten, wonach 5% der Ausschüttungen an ein MU als nicht abzugsfähige Betriebsausgaben gelten, mit der Folge, dass nur 95% der Dividenden steuerfrei sind.

Gem § 8b Abs 6 KStG gilt die Steuerbefreiung von 95% auch für den Fall, dass die Anteile an einer **KapGes** über eine **PersGes** gehalten werden, soweit eine Personenvereinigung, Körperschaft oder Vermögensmasse solche Gewinnausschüttungen im Rahmen ihres Gewinnanteils erhält.

25 Gewinne aus der **Veräußerung** von in- und ausländischen Beteiligungen **durch KapGes** sind gem § 8b Abs 2 und 3 KStG grds zu 95% steuerfrei. Gleiches gilt für Gewinne aus der Liquidation der KapGes oder der Herabsetzung des Nennkapitals. Veräußerungsverluste und Teilwertabschreibungen (§ 8b Abs 3 KStG) sowie Wertaufholungen (§ 8b Abs 2 KStG) sind steuerlich ebenfalls nicht mehr zu berücksichtigen.

Gewinne aus der Veräußerung von Anteilen an **PersGes** werden nach der Unternehmenssteuerreform zu 40% steuerfrei gestellt.

Erträge/Bezüge aus ausländischen PersGes sind zwar in Deutschland grds steuerpflichtig, werden idR aber über ein entspr Doppelbesteuerungsabkommen steuerfrei gestellt. Gem § 3c EStG können dann allerdings mit den steuerfreien Erträgen zusammenhängende Aufwendungen (zB Zinsaufwand für den Erwerb der Beteiligung) nicht abgezogen werden.

III. Ausweis

In der **Bilanz** sind tatsächliche Steueransprüche separat als Steuererstattungsansprüche und tatsächliche Ertragsteuerschulden separat als Steuerverbindlichkeiten auszuweisen (IAS 1.54). Der Ausweis ist getrennt von latenten Steuerposten vorzunehmen. Eine Unterscheidung zwischen Steuerrückstellungen und Steuerverbindlichkeiten wird weder in IAS 12 noch in IAS 1 noch in IAS 37 getroffen. Somit sind sowohl ungewisse als auch feststehende Steuerschulden in der gleichen Bilanzposition auszuweisen. Im Rahmen der Fristigkeitsdarstellung ist jedoch gem IAS 1.60 ff eine separate Darstellung langfristiger Steueransprüche und -schulden vorzunehmen. In Betracht kommt hier insbes der Ausweis eines Körperschaftsteuerguthabens nach § 37 KStG sowie die Passivierung von ungewissen Steuerrisiken. 26

Eine **Saldierung** tatsächlicher Steueransprüche und -schulden ist grds unzulässig. Verfügt ein Unternehmen jedoch über die **Möglichkeit**, Steueransprüche mit Steuerschulden **aufzurechnen** und **beabsichtigt** es, von diesem Recht Gebrauch zu machen, so besteht gem IAS 12.71 eine Saldierungspflicht. 27

Ein **Aufrechnungsanspruch** deutscher Unternehmen richtet sich nach §§ 226 AO, 387ff BGB. Dieser setzt insbes die Identität der Steuerbehörde voraus. Dem Aufrechnungsanspruch steht die Gestattung eines saldierten Ausgleichs durch die Steuerbehörden gleich. Damit ist die Saldierung von Gewerbesteuerschulden und -erstattungsansprüchen auf Einzelabschlussebene unzulässig, sofern sie unterschiedliche Städte und Gemeinden betreffen.

Im **Konzernabschluss** dürfen Steuererstattungsansprüche und Steuerschulden verschiedener einbezogener Unternehmen nur dann gegeneinander saldiert werden, soweit die Unternehmen einen einklagbaren Anspruch darauf haben, den Saldo aus beiden Posten zu leisten, und wenn sie beabsichtigen, von diesem Recht Gebrauch zu machen (IAS 12.73). Davon wird nur innerhalb steuerlicher Organkreise auszugehen sein (vgl Rz 30 f). Einzelheiten zu der Saldierungsfähigkeit von Vermögenswerten und Schulden ergeben sich aus IAS 1.32 ff. 28

In der **GuV** erfolgt der Ausweis tatsächlicher Ertragsteueraufwendungen und -erträge gemeinsam mit den Aufwendungen und Erträgen aus latenten Steuern unter dem Posten „Ertragsteueraufwand", sodass insgesamt eine Saldogröße ausgewiesen wird. Gleiches gilt gem IAS 12.77A für den Fall, dass ein Unternehmen für die Gesamtergebnisrechnung gem IAS 1.81(a) die Darstellung nach dem *single statement approach* wählt (s § 15 Rz 53). Übersteigen die tatsächlichen und latenten Steuererstattungen die Ertragsteueraufwendungen, so ist insgesamt ein Steuerertrag auszuweisen (IAS 12.77). Steueraufwendungen bzw -erstattungen, die auf das Ergebnis eines aufgegebenen Geschäftbereichs entfallen, sind gem IFRS 5.33, IAS 12.81(h) der für aufgegebene Geschäftsbereiche vorgeschriebenen separaten GuV-Position zuzuordnen. Im Zusammenhang mit Steuerzahlungen verbundene Straf- oder Verzugszinsen sind nicht im Steueraufwand, sondern im Zinsergebnis auszuweisen. Der vom IASB im März 2009 verabschiedete ED/2009/2 sieht diesbezüglich ein Ausweiswahlrecht vor, welches im Anhang zu erläutern ist. 29

Der Ansatz und Ausweis von tatsächlichen Steuern im **steuerlichen Organkreis** ist in IAS 12 nicht geregelt und daher an der Zielsetzung von Abschlüssen 30

(F. 12ff, IAS 1.9) sowie an IAS 8.10ff auszurichten. Bei Vorliegen eines steuerlichen **Organschaftsverhältnisses** fällt der tatsächliche Ertragsteueraufwand/-ertrag grds beim Organträger an, da dieser Steuerschuldner für denjenigen Teil der Ertragsteuern ist, der auf den ihm zuzurechnenden Gewinn entfällt. Die Organgesellschaft trägt tatsächliche Ertragsteuern nur insoweit, als sie ihre eigenen Einkommensteile (zB nicht abzugsfähige Ausgaben, Ausgleichszahlungen) betreffen.

31 Das Vorliegen einer **körperschaft- und gewerbesteuerlichen Organschaft** erfordert gem § 14 KStG, § 2 Abs 2 Satz 2 GewStG einen Gewinnabführungsvertrag sowie die finanzielle Eingliederung der Organgesellschaft in das Unternehmen des Organträgers. Die Zurechnung des Organeinkommens zum Organträger ist steuerlich erstmalig im Jahr des Wirksamwerdens des Ergebnisabführungsvertrags möglich (§ 14 Abs 1 Satz 2 KStG), sodass es regelmäßig zu keinem Auseinanderfallen der handelsrechtlichen und steuerlichen Beurteilung kommt.

Das Kriterium der finanziellen Eingliederung setzt die Mehrheit der Stimmrechte voraus. Dabei können mittel- und unmittelbare Beteiligungen addiert werden. Erforderlich ist jedoch, dass die finanzielle Eingliederung während des ganzen Wirtschaftsjahrs der Organschaft besteht.

32 Die **Bilanzierung** erfolgt unter Berücksichtigung einer wirtschaftlichen Betrachtungsweise im **Umlageverfahren**. Danach sind die im Organverbund anfallenden Steuern den Organmitgliedern unabhängig von ihrem rechtlichen Anfall nach einer sinnvollen Aufteilungsmethode zuzuordnen. Dabei scheint eine Orientierung an der Vorgehensweise im HGB-Abschluss mit dem Ausweis einer Körperschaft- und Gewerbesteuerumlage geboten (so auch *Hoffmann* in Lüdenbach/Hoffmann IFRS[7] § 26 Rz 99). Im Einzelabschluss des Organträgers sind der Ertrag aus der Organumlage unter den „sonstigen Erträgen" und Erträge aufgrund eines Gewinnabführungsvertrags unter Berücksichtigung der weiterbelasteten Steuerumlagen im Finanzergebnis auszuweisen. Im Einzelabschluss der Organgesellschaft erfolgt der Ausweis der über die Organumlage weiterbelasteten Steuern unter dem Posten „Steueraufwendungen". Im Konzernabschluss werden die Steuerumlagen im Rahmen der Konsolidierung eliminiert.

33–35 *einstweilen frei*

C. Die Bilanzierung latenter Steuerschulden und Steueransprüche

I. Allgemeine Grundsätze

1. Ziele der latenten Steuerabgrenzung

36 Die Abgrenzung latenter Steuern nach IFRS bezweckt in erster Linie die **zutreffende Darstellung der Vermögenslage** eines Unternehmens. Das den IFRS zugrunde liegende dynamische Bilanzkonzept stellt auf die zukünftigen Vermögensvorteile und -lasten ab, die sich im Zusammenhang mit der Nutzung von Vermögenswerten und der Begleichung von Schulden ergeben. Durch den Ansatz latenter Steuern wird den Adressaten des Jahresabschlusses über alle zukünftig zu erwartenden Steuerminderungen und -belastungen aus Transaktionen, Ereignissen und Bewertungseinflüssen, die bereits in den Jahresabschluss oder in die Steuerberechnung eingeflossen sind, berichtet.

37 Die Steuerabgrenzung führt darüber hinaus zum Ausweis **eines am IFRS-Ergebnis orientierten Steueraufwands/-ertrags.** Basierend auf angelsäch-

sischen Rechtsgedanken geht die Rechnungslegung nach IFRS grds von einer strikten Trennung zwischen der steuerlichen und der handelsrechtlichen Gewinnermittlung aus. Anders als nach HGB ist die IFRS-Bilanz nicht einer wenn auch durch Ansatz- und Bewertungsvorbehalte des deutschen Steuerrechts (§§ 5, 6 EStG) eingeschränkten Maßgeblichkeit unterworfen. Unterschiedliche Ansatz- und Bewertungsregeln können somit zu erheblich differierenden Ansätzen zwischen IFRS- und Steuerbilanz führen. Der aufgrund des zu versteuernden Einkommens ermittelte Steueraufwand steht dann in keinem unmittelbar erklärbaren Zusammenhang zum IFRS-Ergebnis. Die umfassende Abgrenzung latenter Steuern bringt die Bilanzierungs- und Bewertungsunterschiede zwischen beiden Rechnungslegungskreisen weitgehend in Einklang und passt den Ertragsteueraufwand an das IFRS-Ergebnis vor Ertragsteuern an (*Coenenberg/Hille* DB 1997, 539). Im Ergebnis wird im Wesentlichen der Ertragsteueraufwand ausgewiesen, der sich ergäbe, wenn das IFRS-Ergebnis vor Steuern als steuerliche Bemessungsgrundlage herangezogen würde. Die Stärkung des sachlichen Zusammenhangs zwischen Steueraufwand und IFRS-Ergebnis ermöglicht gleichsam die Angabe einer aussagekräftigeren Steuerquote (*Herzig/Dempfle* DB 2002, 2).

2. Theoretische Grundlagen

a) Das Konzept der latenten Steuerabgrenzung nach IFRS

Der Steuerabgrenzung ist das **vermögensorientierte** *temporary*-Konzept 38
zugrunde zu legen, welches die Abgrenzung latenter Steuern sowohl auf Wertunterschiede zwischen IFRS- und Steuerbilanz, als auch auf steuerliche Verlustvorträge sowie noch nicht genutzte Steuergutschriften (vgl hierzu Rz 61 ff) vorsieht. Die bilanzorientierte Sichtweise erfasst grds alle **Ansatz- und Bewertungsdifferenzen** sowie **Differenzen aufgrund von Konsolidierungsvorgängen** zwischen den in der IFRS-Bilanz und der Steuerbilanz eines Unternehmens ausgewiesenen einzelnen Vermögenswerten und Schulden, die sich in zukünftigen Geschäftsjahren auflösen und dadurch zukünftig entweder eine höhere Ertragsteuerbelastung oder eine Ertragsteuerentlastung nach sich ziehen (temporäre Differenz; vgl IAS 12.5, IAS 12.15, IAS 12.24).

b) Der Begriff der temporären Differenz

Der Begriff der temporären Differenz wird von dem Gedanken bestimmt, dass 39
jeder von einem Unternehmen bilanzierte Vermögenswert in einem zukünftigen Geschäftsjahr durch Abnutzung oder Veräußerung realisiert werden wird. Aus der Realisierung des Buchwerts fließt dem Unternehmen ein **wirtschaftlicher Nutzen** zu, der grds zu versteuern ist. Schulden werden mit Erbringung der Liefer- oder Leistungsverpflichtung erfüllt, sodass es in zukünftigen Perioden zur Auflösung der Differenzen aus unterschiedlichen Wertansätzen kommt.

Der im Rahmen der **Realisierung entstehende Steuereffekt** tritt unabhängig von seinem Realisierungszeitpunkt ein. Deshalb ist es im Rahmen des *temporary*-Konzepts grds unbeachtlich, über welchen Zeitraum die Bilanzierungs- und Bewertungsdifferenzen zwischen IFRS- und Steuerbilanz bestehen. Der Umstand, dass bereits aus dem Entstehen unterschiedlicher Wertansätze Ergebnisunterschiede resultieren, ist für die Abgrenzung latenter Steuern nicht relevant. Entscheidend ist vielmehr die steuerrelevante Auflösung entstandener temporärer Differenzen in einem zukünftigen Geschäftsjahr (*Coenenberg/Hille* in Baetge ua IFRS-Komm[2] IAS 12 Rz 45).

Das *temporary*-Konzept schließt Ansatz- und Bewertungsdifferenzen **unabhängig von ihrer Entstehungsursache** ein. Es beinhaltet auch Differenzen, 40 die aus Posten resultieren, die im sonstigen Ergebnis *(other comprehensive income)* ausgewiesen oder unmittelbar dem Eigenkapital gutgeschriebenen oder belastet wurden und sich somit GuV-neutral auswirken (IAS 12.61A).

41 Die durch einen Vergleich zwischen dem IFRS-Buchwert und dem Steuerwert ermittelten Differenzen lassen sich folgenden Kategorien zuordnen:

Zeitlich begrenzte Differenzen entstehen dadurch, dass erfolgswirksame Geschäftsvorfälle in der IFRS-Bilanz in einem von der steuerlichen Gewinnermittlung abweichenden Geschäftsjahr erfasst werden. Im Ergebnis führt dies zu einer **periodenverschobenen** Berücksichtigung von Aufwendungen und Erträgen. Zeitlich begrenzte Differenzen kompensieren sich im Zeitablauf, sodass das Periodenergebnis nach IFRS bezogen auf die Totalperiode nicht von dem zu versteuernden Einkommen abweicht. Der Auflösungszeitpunkt zeitlich begrenzter Differenzen ist idR relativ genau absehbar. Die wesentlichen Anwendungsfälle ergeben sich zB bei abweichenden Ansatz- und Bewertungsvorschriften für immaterielle Vermögenswerte und Sachanlagen, für zum beizulegenden Zeitwert bewertete Finanzinstrumente, für Neubewertungen im Rahmen der Kaufpreisallokation, für Fertigungsaufträge nach IAS 11 sowie im Rückstellungsbereich.

42 Unter die zeitlich begrenzten Differenzen fallen auch sog **quasipermanente Differenzen**, deren Auflösungszeitpunkt im Regelfall nicht absehbar ist, da er von Dispositionsmaßnahmen des Unternehmens abhängt. Es handelt sich zB um Bewertungsdifferenzen bei Grund und Boden, immateriellen Vermögenswerten mit unbestimmbarer Nutzungsdauer sowie Beteiligungen, die sich erst im Falle einer Veräußerung oder bei Liquidation des Unternehmens auflösen. Eine quasipermanente Differenz führt bei ihrer Auflösung ebenso wie eine zeitlich begrenzte Differenz zu steuerlichen Konsequenzen.

43 **Permanente Differenzen** sind dadurch gekennzeichnet, dass sie zu Abweichungen zwischen dem zu versteuernden Ergebnis und dem IFRS-Ergebnis führen, die sich in zukünftigen Geschäftsjahren **nicht** auflösen. Dies sind Differenzen, die auf nicht abziehbare Aufwendungen oder steuerfreie Erträge zurückzuführen sind. Um nicht abziehbare Aufwendungen handelt es sich zB bei Geldstrafen und Bußgeldern gem § 10 Nr 3 KStG, der hälftigen Aufsichtsratsvergütung gem § 10 Nr 4 KStG, bei nicht abzugsfähigen Geschenken und Bewirtungsaufwendungen, Schmiergeldern oder Zinsen auf hinterzogene Steuern gem § 4 Abs 5 EStG sowie bei Zinsen auf Steuernachforderungen gem § 233 a ff AO und Säumniszuschläge gem § 239 AO. Steuerfreie Erträge liegen zB vor bei steuerfreien Investitionszulagen gem § 12 InvZulG 2007, Dividendeneinnahmen gem § 8 b Abs 1 KStG oder steuerfreien Veräußerungsgewinnen gem § 8 b Abs 2 KStG. Dabei macht es im Rahmen des *temporary*-Konzepts keinen Unterschied, ob ein steuerfreier Ertrag bzw ein nicht abziehbarer Aufwand über Bilanzstichtage verteilt abweichend realisiert wird oder sich dieser Ertrag bzw Aufwand bereits im Eigenkapital der IFRS- und der Steuerbilanz vollständig niedergeschlagen hat.

44 Gemessen an der Kategorisierung des *timing*-Konzepts werden von dem IAS 12 zugrunde liegenden *temporary*-Konzept die **zeitlich begrenzten** Differenzen und die **quasipermanenten** Differenzen als **temporäre Differenzen** erfasst.

c) Die anzuwendende Abgrenzungsmethode

45 Die Bilanzierung latenter Steuern nach dem *temporary*-Konzept erfolgt mittels der liability-**Methode,** die auf dem Prinzip der Einzelbetrachtung jedes bilanzierten Vermögenswerts bzw Schuld basiert. Für die **Ermittlung temporärer Differenzen** sind die einzelnen Buchwerte sämtlicher in der IFRS-Bilanz ange-

setzter Vermögenswerte und Schulden ihren jeweiligen Steuerwerten gegenüberzustellen. Auf entstehende temporäre Differenzen sind prinzipiell latente Steuern abzugrenzen. Die latenten Steuerposten bilden **Bestandsgrößen,** die sich lfd fortentwickeln. Sie werden ähnlich Steuervorauszahlungen oder Steuerschulden als fiktive Forderungen bzw Verbindlichkeiten betrachtet, die im Jahr der Auflösung der temporären Differenzen als Teil der dann lfd, tatsächlichen Ertragsteuern fällig werden (*Heurung* AG 2000, 540; *Coenenberg/Hille* in Baetge ua IFRS-Komm[2] IAS 12 Rz 29). Damit werden die im Rahmen des dynamischen Bilanzansatzes zu berücksichtigenden zukünftigen Nutzen und Lasten bei der Realisierung von Vermögenswerten und der Begleichung von Schulden antizipativ in die Bilanzierung der Forderungen und Verbindlichkeiten einbezogen.

Der **Bewertung latenter Steuerposten** sind nach der *liability*-Methode diejenigen Ertragsteuern zugrunde zu legen, die zum Auflösungszeitpunkt der temporären Differenzen gelten werden, wobei in der Praxis idR auf geltendes Recht zurückzugreifen ist (vgl Rz 160ff). 46

II. Der Ansatz aktiver und passiver latenter Steuern nach IAS 12

1. Der Ansatz aktiver latenter Steuern

Gem IAS 12.24ff ist ein latenter Steueranspruch grds dann anzusetzen, wenn zwischen IFRS- und Steuerbilanz eines Unternehmens eine **abzugsfähige** temporäre Differenz entsteht und wenn der zu aktivierende latente Steuerposten voraussichtlich mit zukünftigen steuerpflichtigen Gewinnen verrechnet werden kann. 47

a) Entstehung abzugsfähiger temporärer Differenzen

Abzugsfähige temporäre Differenzen entstehen prinzipiell in den folgenden Fällen: 48

(1) ein Vermögenswert wird in der IFRS-Bilanz niedriger bewertet als in der Steuerbilanz,
(2) ein Vermögenswert wird zwar in der Steuerbilanz, nicht jedoch in der IFRS-Bilanz angesetzt,
(3) eine Schuld wird in der IFRS-Bilanz höher bewertet als in der Steuerbilanz,
(4) eine Schuld wird zwar in der IFRS-Bilanz, nicht jedoch in der Steuerbilanz angesetzt.

Wird zB eine Schuld in der IFRS-Bilanz höher bewertet als in der Steuerbilanz, so begründet der unterschiedliche Wertansatz, sofern er sich in einem zukünftigen Geschäftsjahr wieder auflöst, eine **abzugsfähige temporäre Differenz.** Die Auflösung der Differenz durch das Begleichen der Schuld hat zur Folge, dass das IFRS-Ergebnis vor Steuern **im Jahr der Auflösung** höher ausfallen wird als das zu versteuernde Ergebnis der Steuerbilanz. Folglich wird der auf Basis der steuerlichen Bemessungsgrundlage zu ermittelnde Ertragsteueraufwand aus IFRS-Sicht zu niedrig ausfallen. Damit beinhaltet die in der IFRS-Bilanz höher bewertete Schuld zum Zeitpunkt ihrer Entstehung einen potenziellen Steuervergünstigungseffekt. Zur Synchronisation des Ertragsteueraufwands in beiden Rechnungslegungswerken ist zum Zeitpunkt der Entstehung der Differenz ein latenter Steueranspruch zu aktivieren, der den potenziellen Vergünstigungseffekt berücksichtigt (*Coenenberg/Hille* DB 1997, 538). Wird die betreffende Schuld in einem späteren Geschäftsjahr ausgeglichen und hebt sich die temporäre Differenz hierdurch auf, so ist der latente Steueranspruch aufzulösen. 49

Beispiel: Ein Unternehmen hat für eine Filiale einen Mietvertrag mit einer festen Laufzeit bis zum 31. Dezember X5 abgeschlossen. Die jährlichen Mietaufwendungen betragen T€ 20. Aus strategischen Gründen schließt die Geschäftsführung die Filiale zum 31. Dezember X1. Da eine vorzeitige Beendigung des Mietverhältnisses und eine Untervermietung der Räume nicht möglich sind, setzt das Unternehmen für die ausstehenden Mietaufwendungen in der IFRS-Bilanz eine Drohverlustrückstellung in Höhe von T€ 80 an. Die Mietaufwendungen werden innerhalb der vier Folgejahre sukzessiv an den Vermieter gezahlt. Danach ergibt sich bei einem gleichbleibenden IFRS-Ergebnis vor Steuern in Höhe von T€ 150 und einem Ertragsteuersatz von 30% für die Ermittlung latenter Steuern folgendes Bild:

	Jahr X1	X2	X3	X4	X5
	T€	T€	T€	T€	T€
IFRS-Ergebnis vor Steuern	150	150	150	150	150
Zu versteuerndes Ergebnis	230	130	130	130	130
Buchwert der Rückstellung lt IFRS-Bilanz	80	60	40	20	0
Steuerwert der Rückstellung lt Steuerbilanz	0	0	0	0	0
Temporäre Differenz	80	60	40	20	0
Aktive latente Steuern	24	18	12	6	0
Latenter Steuerertrag	24	0	0	0	0
Latenter Steueraufwand	0	6	6	6	6
Tatsächlicher Steueraufwand	69	39	39	39	39
Effektiver Steueraufwand	**45**	**45**	**45**	**45**	**45**

In der Steuerbilanz wird die Passivierung einer Drohverlustrückstellung gem § 5 Abs 4a EStG nicht berücksichtigt, sodass der zu versteuernde Gewinn im Jahr X1 um T€ 80 höher ausfällt als das IFRS-Ergebnis vor Steuern. Bei einem Steuersatz von 30% ergibt sich bei einem steuerlichen Gewinn von T€ 230 ein tatsächlicher Steueraufwand von T€ 69. Durch den höheren Ansatz der Rückstellung in der IFRS-Bilanz entsteht im Jahr X1 eine temporäre Differenz von T€ 80, auf welche ein latenter Steueranspruch in Höhe von T€ 24 (30% von T€ 80) abzugrenzen ist. Der hierdurch entstehende latente Steuerertrag verringert den nach IFRS ausgewiesenen Gesamtsteueraufwand auf T€ 45. In den Folgejahren fällt der zu versteuernde Gewinn aufgrund der ratierlich geleisteten Mietzahlungen jeweils um T€ 20 geringer aus als in der IFRS-Bilanz, in welcher die Drohverlustrückstellung erfolgsneutral aufgebraucht wird. Der auf die steuerliche Bemessungsgrundlage von T€ 130 berechnete tatsächliche Steueraufwand beträgt T€ 39. Durch die ratierliche Auflösung des latenten Steueranspruchs um jährlich T€ 6 wird der Ertragsteueraufwand wieder an das IFRS-Ergebnis angepasst, sodass sich für die IFRS-Bilanz insgesamt eine gleichmäßige Besteuerung ergibt.

b) Das Erfordernis zukünftiger steuerlicher Gewinne

50 Der Ansatz eines latenten Steueranspruchs antizipiert zukünftige Steuervergünstigungen, indem er die ertragsteuerliche Behandlung abzugsfähiger temporärer Differenzen **zukünftiger** Geschäftsjahre abbildet. Ein wirtschaftlicher Vorteil aus der Auflösung einer abzugsfähigen temporären Differenz kann jedoch nur dann gezogen werden, wenn in zukünftigen Geschäftsjahren Gewinne erzielt werden, die in ausreichendem Maße besteuert werden. Die Aktivierung latenter Steuern ist daher nur insoweit zulässig, als der anzusetzende latente Steuerposten voraussichtlich mit Steuerbelastungen auf zukünftige Gewinne verrechnet werden kann (IAS 12.27). Dies setzt voraus, dass entweder bereits genügend passive latente Steuern gebildet wurden, die in den Folgejahren das Werthaltigkeitsrisiko aus den zu aktivierenden latenten Steuern kompensieren oder das Unternehmen zukünftig mit **hinreichender Wahrscheinlichkeit** steuerpflichtige Gewinne in ausreichender Höhe erwirtschaften wird. Verfügt das Unternehmen über keine korrespondierenden passiven latenten Steuern oder fällt die Prognose hinsichtlich

zukünftiger steuerlicher Gewinne zum Bilanzstichtag negativ aus, so ist der Ansatz aktiver latenter Steuern grds unzulässig.

Es werden folgende Szenarien unterschieden, bei deren Vorliegen die Wahrscheinlichkeit zukünftiger Gewinne als gegeben angenommen wird: 51

(1) Ein Unternehmen verfügt in ausreichendem Maß über **zu versteuernde temporäre Differenzen**, die zu **passiven** latenten Steuern führen und diese Verpflichtungen bestehen ggü derselben Steuerbehörde, gegen die sich auch die abzugrenzenden aktiven latenten Steuern richten würden. Demnach wäre grds eine Unterscheidung zwischen KSt und GewSt vorzunehmen, da diesbezüglich keine Identität der Steuerbehörden gegeben ist. Ein Verzicht auf eine derartige Unterscheidung kann ggf unter dem Gesichtspunkt der Wesentlichkeit und Wirtschaftlichkeit (F. 29, F. 44) erfolgen. Die Aktivierungsfähigkeit der aktiven latenten Steuern ist dann zu bejahen, sofern sich die betreffenden aktiven und passiven latenten Steuern entweder im gleichen Geschäftsjahr ausgleichen, oder eine zeitkongruente Auflösung durch Verlustrücktrag oder -vortrag erreicht werden kann (IAS 12.28). Die Vornahme einer Gewinnprognose ist in diesem Fall nicht mehr erforderlich.

(2) Die unter (1) dargestellte Möglichkeit der Verrechnung mit passiven latenten Steuern ist nicht möglich, das Unternehmen erwartet in zukünftigen Geschäftsperioden jedoch mit hinreichender Wahrscheinlichkeit steuerpflichtige Gewinne, gegen welche die aktiven latenten Steuern verwendet werden können (IAS 12.29 (a)). Die Beurteilung des Wahrscheinlichkeitskriteriums setzt eine **Gewinnprognose** durch die Unternehmensleitung für die Jahre voraus, in welchen sich die abzugsfähigen temporären Differenzen voraussichtlich auflösen werden. Zur Begrenzung des prognoseimmanenten Unsicherheitsgrads ist die Gewinnprognose anhand fundierter Planungsrechnungen vorzunehmen, die dem Stetigkeits- und dem Plausibilitätsgrundsatz unterliegen. Dabei sind alle erkennbaren zukunftsbezogenen Gesichtspunkte einzubeziehen. Zukünftige abzugsfähige temporäre Differenzen, die zu einer aktiven Steuerabgrenzung führen, dürfen gem IAS 12.29 (a) nicht berücksichtigt werden, da diese ihrerseits zukünftige steuerpflichtige Gewinne des Unternehmens voraussetzen. 52

Für das **Wahrscheinlichkeitskriterium**, welches der IASB in IAS 12.24 mit „*probable*" umschreibt, ist eine Schwelle von 50% iSd „*more likely than not*" zugrunde zu legen (*ADS*[1] Abschn 20 Rz 87; *Kirsch* PiR 2007, 239). Dies ist vom IASB im Rahmen des „*Short-term Convergence Projects*" bestätigt worden. Danach sind die Wahrscheinlichkeitsbegriffe nach IFRS und US-GAAP im Hinblick auf den Ansatz aktiver latenter Steuern einheitlich auszulegen (vgl *IASB* IASB-Update April 2003). Da die korrespondierende US-GAAP-Regelung als Aktivierungskriterium lediglich eine Wahrscheinlichkeit von mehr als 50% fordert, kommt eine Anwendung höherer Anforderungen nach IFRS nicht in Betracht. Im Vorgriff auf die geplante Konkretisierung des Wahrscheinlichkeitskriteriums durch den IASB sollte in der Praxis daher mit einer **Eintrittswahrscheinlichkeit von mehr als 50%** operiert werden.

Die **Anforderungen an die Planungsrechnungen** steigen in dem Maße, in dem das Unternehmen in der jüngeren Vergangenheit Verluste erwirtschaftet hat (IAS 12.35). Eine Aktivierung latenter Steuern kommt nur dann in Betracht, wenn überzeugende, objektiv nachprüfbare Indizien auf die Erzielung zukünftiger Gewinne hindeuten (vgl zu den zusätzlichen Anforderungen im Einzelnen Rz 73 f).

Die Indizien für die prognostizierten Gewinne sind, soweit sie nicht aus den Ergebniseffekten aus der Umkehrung zu versteuernder temporärer Differenzen gedeckt werden, substantiiert im **Anhang** darzulegen (IAS 12.82).

53 (3) In IAS 12.29 (b) wird auch die Generierung von zukünftigen Gewinnen durch **Steuergestaltungsmöglichkeiten** als hinreichend für die Aktivierung eines latenten Steueranspruchs angesehen. Danach reicht es aus, wenn ein Unternehmen die Durchführung von gewinnbringenden Steuergestaltungsmaßnahmen konkret geplant hat bzw deren Umsetzung zumindest ernsthaft in Erwägung zieht. In zeitlicher Hinsicht ist zu beachten, dass die steuerlichen Wirkungen der Gestaltungsmaßnahmen spätestens zu dem Zeitpunkt greifen sollten, zu dem sich die aktiven latenten Steuern realisieren. In der Praxis dürfte diese Möglichkeit nur eingeschränkte Bedeutung erlangen, da Änderungen von steuerlichen Bewertungsmethoden in den Grenzen des auch für die Steuerbilanz geltenden Stetigkeitsgebots (§ 252 Abs 1 Nr 6 HGB iVm § 5 Abs 1 Satz 1 EStG) regelmäßig nur ein Ergebnispotenzial für das Geschäftsjahr der Bewertungsänderung bieten. Auch Änderungen in der Verrechnungspreispolitik bei konzerninternen Lieferungen und Leistungen werden durch die Steuerbehörden zunehmend kritisch gesehen. Die Auflösung von bislang steuerfreien stillen Reserven (zB durch Verkauf von nicht betriebsnotwendigem Vermögen oder im Rahmen von *sale-and-lease-back* Geschäften) führt indes nur dann zu zusätzlichem Verrechnungspotenzial, soweit nicht schon eine Neubewertung nach IAS 16.31 vorgenommen wurde.

54 Verfügt das Unternehmen nicht über ausreichende verrechenbare passive latente Steuern (Szenario 1) bzw Steuergestaltungsmöglichkeiten (Szenario 3) und fällt die Prognose hinsichtlich zukünftiger steuerlicher Gewinne zum Bilanzstichtag negativ aus (Szenario 2), so ist die Aktivierung latenter Steueransprüche unzulässig. In jedem nachfolgenden Geschäftsjahr hat das Unternehmen jedoch eine **Neueinschätzung** der zukünftigen Ergebnissituation vorzunehmen. Kommt es aufgrund geänderter Umstände zu einer positiven Prognose, so sind bislang nicht angesetzte latente Steuern gem IAS 12.37 bis zur Höhe des sich auf die erwarteten verrechenbaren Gewinne ergebenden Steuereffekts zwingend nachzuaktivieren. Die Erfassung von Nachaktivierungen in der **GuV** folgt den allgemeinen Grundsätzen des IAS 12.58 ff (vgl Rz 112 ff).

2. Der Ansatz passiver latenter Steuern

55 Passive latente Steuern sind gem IAS 12.15 anzusetzen, wenn zwischen IFRS- und Steuerbilanz eines Unternehmens **zu versteuernde** temporäre Differenzen entstehen. Es bestehen grds folgende Fallkonstellationen:

(1) ein Vermögenswert wird in der IFRS-Bilanz höher bewertet als in der Steuerbilanz,
(2) ein Vermögenswert wird zwar in der IFRS-Bilanz, nicht jedoch in der Steuerbilanz angesetzt,
(3) eine Schuld wird in der IFRS-Bilanz niedriger bewertet als in der Steuerbilanz,
(4) eine Schuld wird zwar in der Steuerbilanz, nicht jedoch in der IFRS-Bilanz angesetzt.

56 Wird zB der Buchwert eines Vermögenswerts in der IFRS-Bilanz mit einem höheren Wert angesetzt als in der Steuerbilanz, so begründet der **unterschiedliche Wertansatz**, sofern er sich durch Realisierung in einem zukünftigen Geschäftsjahr auflöst, eine temporäre Differenz. Die Realisierung des Vermögenswerts durch Abschreibung oder Veräußerung führt zum Realisierungszeitpunkt in der IFRS-Bilanz zu einem geringeren Gewinn als steuerrechtlich. Dies hat zur Folge, dass der auf Basis der höheren steuerlichen Bemessungsgrundlage ermittelte Steueraufwand im Vergleich zu dem in der IFRS-Bilanz ausgewiesenen Periodenergebnis zu hoch ausfällt. Zu Synchronisationszwecken ist in der IFRS-Bilanz eine latente Steuerschuld zu passivieren, welche den sich bei der Auf-

lösung der temporären Differenz ergebenden Steuereffekt bereits zum Entstehungszeitpunkt berücksichtigt (*Coenenberg/Hille* DB 1997, 539).

Beispiel: Ein Unternehmen setzt ein unbebautes Betriebsgrundstück in der Steuerbilanz mit Anschaffungskosten von T€ 3.000 an. In der IFRS-Bilanz wird das Grundstück zum Bilanzstichtag gem IAS 16.31 neu bewertet und mit dem Zeitwert von T€ 4.000 angesetzt. Die sich im Rahmen der Neubewertung ergebende Wertsteigerung von T€ 1.000 wird gem IAS 16.39 erfolgsneutral über das sonstige Ergebnis in die Neubewertungsrücklage eingestellt. Bei einem Steuersatz von 30% ermittelt sich die abzugrenzende latente Steuer wie folgt:

	Ansatz Grundstück	Fiktiver Veräußerungsgewinn	Temporäre Differenz	Passive latente Steuer
	T€	T€	T€	T€
IFRS-Bilanz	4.000	0	1.000	300
Steuerbilanz	3.000	1.000		

Der höhere Wertansatz in der IFRS-Bilanz begründet eine temporäre Differenz, die sich bei Veräußerung des Grundstücks wieder auflöst. Bei einer Veräußerung zum Zeitwert entsteht in der Steuerbilanz aufgrund des geringeren Wertansatzes ein steuerpflichtiger Gewinn in Höhe von T€ 1.000, die hierauf zu entrichtenden Ertragsteuern betragen T€ 300. In der IFRS-Bilanz entsteht aufgrund der Bilanzierung zum beizulegenden Zeitwert kein Veräußerungsgewinn. Die auf den steuerlichen Veräußerungsgewinn entfallende Steuerlast ist in der IFRS-Bilanz nicht berücksichtigt. Damit trägt das in der IFRS-Bilanz mit einem höheren Buchwert angesetzte Grundstück eine stille steuerliche Last in Höhe von T€ 300. Diese zukünftige Steuerbelastung wird durch den Ansatz einer latenten Steuerschuld antizipiert. Da die temporäre Differenz erfolgsneutral über das sonstige Ergebnis entstanden ist, ist gem IAS 12.61A, IAS 12.62(a) auch die latente Steuerschuld erfolgsneutral über das sonstige Ergebnis in der Neubewertungsrücklage zu erfassen (vgl auch Rz 115).

Löst sich eine temporäre Differenz durch **Veräußerung** des Vermögenswerts 57
auf oder verringert sie sich durch die **Vornahme von Abschreibungen,** so ist auch eine angesetzte latente Steuerschuld in entspr Umfang aufzulösen.

Beispiel: Ein zum 1. Januar X1 erworbener Anlagegegenstand mit Anschaffungskosten von T€ 600 wird in der IFRS-Bilanz über einen Zeitraum von sechs Jahren linear abgeschrieben. In der Steuerbilanz erfolgt die Abschreibung linear über einen Zeitraum von drei Jahren. Danach ergibt sich bei einem Steuersatz von 30% für die Ermittlung latenter Steuern folgendes Bild:

	Jahr X1	X2	X3	X4	X5	X6
	T€	T€	T€	T€	T€	T€
Ansatz in der IFRS-Bilanz	500	400	300	200	100	0
Ansatz in der Steuerbilanz	400	200	0	0	0	0
Temporäre Differenz	100	200	300	200	100	0
Passive latente Steuer	30	60	90	60	30	0
Abschreibung IFRS-Bilanz	100	100	100	100	100	100
AfA Steuerbilanz	200	200	200	0	0	0
Steuereffekt ggü der IFRS-Bilanz	**– 30**	**– 30**	**– 30**	**30**	**30**	**30**
Latenter Steueraufwand	30	30	30	0	0	0
Latenter Steuerertrag	0	0	0	30	30	30
Saldierter Steuereffekt	**0**	**0**	**0**	**0**	**0**	**0**

Ggü dem Wertansatz in der IFRS-Bilanz baut sich in den ersten drei Abschreibungsjahren aufgrund der steuerlichen Mehrabschreibungen eine zu versteuernde temporäre Differenz auf, die sich ab dem vierten Jahr wieder auflöst. In der Steuerbilanz mindern die höheren Abschreibungen in den Jahren X1 bis X3 die steuerliche Bemessungsgrundlage, sodass der tatsächliche Steueraufwand aus IFRS-Sicht jeweils um T€ 30 zu niedrig ausgewiesen wird. Dieser Effekt wird durch den Ansatz einer latenten Steuerschuld in

Höhe der Steuer auf die Differenz zwischen der steuerrechtlichen Abschreibung und der Abschreibung nach IFRS egalisiert. Die latente Steuerschuld wird in jedem Geschäftsjahr an die sich aufgrund unterschiedlicher Abschreibungen verändernden temporären Differenzen angepasst. Sobald die Abschreibungen nach IFRS die steuerlichen Abschreibungen übersteigen, ist die latente Steuerschuld sukzessiv aufzulösen. Auf diese Weise wird der aufgrund der dann geringeren steuerlichen Abschreibungen gestiegene tatsächliche Steueraufwand durch den latenten Steuerertrag wiederum vollständig kompensiert.

58 Die **Erzielung zukünftiger Gewinne** ist abweichend von der Bilanzierung latenter Steueransprüche **kein Passivierungskriterium.** Der Ansatz latenter Steuerschulden ist auch dann erforderlich, wenn ein Unternehmen aufgrund einer sich abzeichnenden langfristigen Verlustperiode zukünftig voraussichtlich keine Steuern zahlen wird. Im Gegensatz zu tatsächlichen Steuerverbindlichkeiten spiegeln latente Steuerschulden lediglich die steuerliche Last wider, die einem Vermögenswert oder einer Schuld aufgrund abweichender Bilanzierung ggü den Steuervorschriften innewohnt.

59 Im Rahmen der Identifizierung sowohl abzugsfähiger als auch zu versteuernder temporärer Differenzen sind die **einzelnen Sachverhalte**, die zu Unterschieden zwischen IFRS- und Steuerbilanz führen, dahingehend zu beurteilen, ob der sich aus der Auflösung einer Differenz ergebende Effekt besteuert wird. Ist dies nicht der Fall, so ist der Unterschiedsbetrag als permanente Differenz einzustufen (vgl Rz 43) und **nicht** in die Abgrenzung latenter Steuern einzubeziehen. Die Behandlung ist für abzugsfähige und zu versteuernde Differenzen identisch.

3. Latente Steuern auf steuerliche Verlustvorträge

60 Durch die Einführung der **Zinsschranke** gem § 4h EStG entstehen zwei unterschiedliche Arten von Verlustvorträgen, ein operativer Verlustvortrag und ein Zinsvortrag. Im Hinblick auf die Abgrenzung latenter Steuern sind beide Vorträge separat zu beurteilen.

a) Ansatz latenter Steuern auf operative steuerliche Verlustvorträge

61 Verfügt ein Unternehmen über **steuerliche Verlustvorträge,** die durch Verrechnung mit zukünftigen Gewinnen voraussichtlich steuerlich genutzt werden können oder über nicht genutzte Steuergutschriften, so ist auf diese gem IAS 12.34 ein latenter Steueranspruch abzugrenzen.

62 Dagegen kommt der Ansatz latenter Steuern auf steuerliche **Verlustrückträge** gem § 8 Abs 1 KStG iVm § 10d Abs 1 EStG nicht in Betracht, da der Verlustrücktrag zur sofortigen Verringerung der Steuerlast für vorangegangene Geschäftsjahre berechtigt. Die entspr Steuererstattung bzw -minderung kann somit unmittelbar erfolgswirksam vereinnahmt werden und ist daher im Jahr der Entstehung des Verlustrücktrags sowohl im IFRS-Abschluss als auch in der Steuerbilanz zu berücksichtigen.

63 Ein steuerlicher Verlustvortrag begründet keinen unmittelbaren Steuererstattungsanspruch, sondern lediglich das **Recht** zur Verrechnung mit positiven Einkünften zukünftiger Veranlagungszeiträume (*von Eitzen/Helms* BB 2002, 824). Dieses Recht stellt für ein Unternehmen einen wirtschaftlichen Vorteil in Form einer **künftigen Steuerminderung** dar, da die steuerliche Bemessungsgrundlage zukünftiger Perioden durch die Verlustverrechnung geschmälert wird. Nach F. 53ff, F. 82ff, F. 89ff begründet bereits der mögliche Zufluss eines wirtschaftlichen Nutzens den Ansatz eines Vermögenswerts, sodass der sich aus einem Verlustvortrag ergebende Steuervorteil im Jahresabschluss grds in der Periode zu

berücksichtigen ist, in der der Verlustvortrag entsteht (*Coenenberg/Hille* DB 1997, 542).

Für deutsche Unternehmen ergibt sich die Möglichkeit der Geltendmachung 64
sowohl körperschaftsteuerlicher Verlustvorträge gem § 8 Abs 1 KStG iVm § 10d Abs 2 EStG, als auch gewerbesteuerlicher Verlustvorträge gem § 7 iVm § 10a GewStG. Zu beachten ist, dass die körperschaft- und gewerbesteuerliche Berechnungsgrundlage für steuerliche Verlustvorträge aufgrund der Kürzungen und Hinzurechnungen gem §§ 8 und 9 GewStG und wegen der mangelnden Rücktragsmöglichkeit für Gewerbesteuerverluste voneinander abweichen. Aus diesem Grund ist die Ermittlung latenter Steuern auf Verlustvorträge **für KSt und GewSt getrennt** und für jede einbezogene Gesellschaft **separat** durchzuführen (*von Eitzen/Helms* BB 2002, 825).

Da aktuelle Steuerbescheide über die Höhe eines steuerlichen Verlustvortrags 65
zum Abschlussstichtag idR nicht vorliegen, ist auf Basis des letzten Steuerbescheids sowie den seitdem erzielten steuerlichen Ergebnissen eine **bestmögliche Schätzung** über die Fortentwicklung bis zum Bilanzstichtag vorzunehmen. Dabei sind Unwägbarkeiten im Hinblick auf strittige Steuerpositionen angemessen zu berücksichtigen.

b) Ansatz latenter Steuern auf Zinsvorträge

Im Zuge der Unternehmenssteuerreform 2008 wurde der steuerliche Abzug 66
von Zinsaufwendungen durch die Einführung der **Zinsschrankenregelung** gem § 4h EStG eingeschränkt. Danach ist der Abzug von Zinsaufwendungen, soweit sie die Zinserträge eines Geschäftsjahrs übersteigen, nur in Höhe von 30% des steuerlichen EBITDA möglich, wenn die Freigrenze von € 1,0 Mio überschritten wird und die Escape-Klausel gem § 4h Abs 2 EStG nicht anwendbar ist. Die dem Abzugsverbot unterliegenden Zinsaufwendungen können gem § 4h Abs 1 Satz 2 EStG auf Folgeperioden **vorgetragen** werden und erhöhen entspr die Zinsaufwendungen der kommenden Geschäftsjahre. Da die entstehenden Zinsvorträge Parallelen zu steuerlichen Verlustvorträgen aufweisen, sind sie in Abhängigkeit von der Wahrscheinlichkeit ihrer Nutzbarkeit in die Abgrenzung latenter Steuern gem IAS 12.34ff einzubeziehen (*Kirsch* DStR 2007, 1268 sowie *Kirsch* PiR 2007, 239).

Die ***Escape*-Klausel** greift gem § 4h Abs 2 Satz 1c) EStG dann, wenn die 67
Eigenkapitalquote des betroffenen Unternehmens am Schluss des vorangegangenen Abschlussstichtags gleich hoch oder höher ist als die des Konzerns, wobei ein Unterschreiten um bis zu 1% unschädlich ist.

Das **EBITDA** errechnet sich aus dem steuerpflichtigen Gewinn zzgl dem positiven Saldo aus Zinsaufwendungen und Erträgen zuzüglich Abschreibungen. Die Zinsaufwendungen umfassen sämtliche Aufwendungen aus der vorübergehenden Überlassung von Geldkapital. Dies beinhaltet neben Darlehenszinsen auch Aufwendungen aus der Aufzinsung von unverzinslichem oder niedrig verzinslichem Fremdkapital, nicht hingegen Skonti und Boni.

Beispiel: Eine KapGes erzielt im Geschäftsjahr X1 ein Ergebnis vor Steuern in Höhe von Mio € 6, bei Zinsaufwendungen von Mio € 11, Zinserträgen von Mio € 2 und Abschreibungen von Mio € 5. Steuerfreie Erträge und steuerlich nicht abzugsfähige Aufwendungen liegen nicht vor. Danach ermittelt sich ein im Rahmen der Zinsschrankenregelung relevantes EBITDA von Mio € 20 (Mio € 6 + Mio € 11 – Mio € 2 + Mio € 5). Im Geschäftsjahr X1 sind zunächst Zinsaufwendungen in Höhe der Zinserträge von Mio € 2, ferner Aufwendungen in Höhe von Mio € 6 (= 30% des EBITDA) abzugsfähig. Somit verbleibt ein Zinsaufwand von Mio € 3 (Mio € 11 – Mio € 2 – Mio € 6). Da die Freigrenze von Mio € 1 überschritten wird, kann der nicht abzugsfähige Zinsaufwand von Mio € 3 auf Folgejahre übertragen werden. Bei unterstellter vollständiger Realisierung des Zinsvortrags in Folgejahren wäre bei einem Steuersatz von 30% ein latenter Steueranspruch in Höhe von Mio € 0,9 zu aktivieren.

c) Einschätzung des künftigen Bestands von Verlust- und Zinsvorträgen

68 Infolge der **eingeschränkten Nutzungsmöglichkeit** steuerlicher Verlustvorträge gem §§ 10d EStG, 8c KStG, 10a GewStG sowie 15 Abs 3 UmwStG und vor dem Hintergrund, dass die Feststellung der vortragsfähigen Verluste unter dem Vorbehalt der Nachprüfung gem § 164 AO erfolgt, ist ein Ansatz latenter Steuern nur insoweit gerechtfertigt, als bei der Bilanzierung von einem **künftigen Bestand** der Verlustvorträge ausgegangen werden kann.

69 Nach § 8c KStG gehen steuerliche Verlustvorträge **quotal** unter, sofern zwischen 25% und 50% der Anteile bzw Stimmrechte an einer Beteiligung innerhalb eines Zeitraums von 5 Jahren mittelbar oder unmittelbar an einen Erwerber oder diesem nahestehende Personen übertragen werden. Die unmittelbare Übertragung von Anteilen führt bei Überschreiten der 25%-Hürde auch dann zu einem Verfall, wenn mittelbar keine Veränderung der Beteiligungsquote einhergeht. Werden innerhalb von 5 Jahren mehr als 50% der Anteile bzw Stimmrechte unmittelbar oder mittelbar an einen Erwerber oder diesem nahestehende Personen übertragen, so geht der vorhandene Verlustvortrag **in voller Höhe** unter. Gem §§ 10a Satz 9 GewStG, 8c Abs 1 KStG sind diese Regelungen gleichsam auf gewerbesteuerliche Verlustvorträge sowie Zinsvorträge iSd § 4h EStG anzuwenden.

Beispiel: Eine AG hält sämtliche Anteile an einem TU in Form einer KapGes. Das TU verfügt über Zins- und Verlustvorträge in Höhe von T€ 1.000. Im Jahr X1 werden 20% der Anteile an dem TU an A und im Jahr X3 weitere 20% der Anteile an B übertragen. Im Jahr X4 erfolgt eine Veräußerung von weiteren 20% der Anteile an C. A und B werden in den Konzernabschluss von X einbezogen, C operiert unabhängig von X.

Die Übertragung der ersten 20% der Anteile an A ist unschädlich, da die 25%-Hürde nicht überschritten wird. Die Übertragung weiterer 20% der Anteile an B führt zu einem quotalen Untergang der Zins- und Verlustvorträge des TU in Höhe von T€ 400, da A und B aufgrund der Einbeziehung in den X-Konzern als nahestehende Unternehmen zu qualifizieren sind. Die Veräußerung des 20% Anteils an C ist unschädlich, da C nicht als nahestehende Person von A und B anzusehen ist.

70 Die gleichen Auswirkungen ergeben sich bei einer **mittelbaren Übertragung** von Anteilen oder Stimmrechten.

Beispiel: Die A-GmbH hält 80% an der B-GmbH, diese wiederum 50% an der C-GmbH. Die C-GmbH verfügt über steuerliche Verlustvorträge von T€ 1.000. Bei dieser Konstellation wird die A-GmbH an die X-AG veräußert.

Da die A-GmbH mittelbar zu 40% an der C-GmbH beteiligt ist, erfolgt ein schädlicher Anteilserwerb durch die X-AG, der zu einem quotalen Verfall des steuerlichen Verlustvortrags der C-GmbH in Höhe von T€ 400 führt.

Erwirbt X bezogen auf das Beispiel in Rz 69 im Jahr X5 die Mehrheit der Anteile an C, so ist ebenfalls ein mittelbarer Erwerb von mehr als 50% der steuerlichen Verlustvorträge durch den X-Konzern gegeben, sodass die steuerlichen Verlustvorträge sowie die Zinsvorträge des TU in voller Höhe entfallen.

71 Fragen zur **Einschätzung des künftigen Bestands** von Verlustvorträgen zB im Zusammenhang mit geplanten Unternehmensverkäufen, Umwandlungen, Privatisierungen oder Umstrukturierungen sind eng zwischen Management, Steuerabteilung und dem Konzernrechnungswesen abzustimmen und durch entspr Sicherheitsabschläge oder Nichterfassung von Verlustvorträgen zu berücksichtigen. In diesem Zusammenhang sollte dokumentiert werden, ab wann

sich eine vorgesehene Anteilsveräußerung bzw Umstrukturierung so konkretisiert hat, dass von einem (anteiligen) Wegfall von Verlustvorträgen auszugehen ist.

Bei **körperschaftsteuerlicher Organschaft** ist nach § 15 Nr 1 KStG zu 72
beachten, dass vororganschaftliche Verluste der Organgesellschaft zumindest dann nicht berücksichtigt werden können, wenn nicht konkret geplant ist, den Ergebnisabführungsvertrag wieder zu beenden und die vororganschaftlichen Verluste durch die frühere Organgesellschaft zu nutzen (*von Eitzen/Helms* BB 2002, 827). Auch bei gewerbesteuerlicher Organschaft ist die Übertragung vororganschaftlicher Verluste der Organgesellschaft auf die Organmutter nicht mehr möglich. Aktive latente Steuern auf Verlustvorträge sind daher bei Eintritt in einen Organverbund erfolgswirksam auszubuchen. Mit Ausscheiden aus dem Organkreis sind die latenten Steuern auf vororganschaftliche Verlustvorträge, sofern diese als realisierbar eingestuft werden, wieder erfolgswirksam einzubuchen.

d) Bewertung/Erfordernis zukünftiger Gewinne

Die Aktivierung eines latenten Steueranspruchs ist abhängig von der Wahr- 73
scheinlichkeit des Umstands, dass dem Unternehmen zukünftig wieder verrechenbare Gewinne zufließen werden (IAS 12.34). Für die Beurteilung der **Wahrscheinlichkeit zukünftiger steuerlicher Gewinne** gelten im Wesentlichen dieselben Grundsätze, die allgemein bei der Bilanzierung aktiver latenter Steuern anzuwenden sind. Dies sind neben dem Vorhandensein ausreichender zu versteuernder temporärer Differenzen die Möglichkeit von Steuergestaltungsmaßnahmen sowie eine positive Gewinnprognose (vgl Rz 50 ff).

Die Existenz ungenutzter steuerlicher Verlustvorträge führt jedoch zu der widerlegbaren Vermutung, dass einem Unternehmen auch in Zukunft **keine** ausreichenden Gewinne zur Verfügung stehen werden. Aus diesem Grund stellen IAS 12.35 f **zusätzliche Anforderungen** an den im Rahmen der Gewinnprognose zu erbringenden Nachweis zukünftiger Gewinne. Eine Aktivierung latenter Steuern auf steuerliche Verlustvorträge und Zinsvorträge ist in folgenden Fällen vorzunehmen:

(1) Nach der Prognose des Managements wird das Unternehmen die steuer- 74
lichen Gewinne voraussichtlich vor dem Erlöschen der Nutzbarkeit der Verlustvorträge erwirtschaften. Zu diesem Zweck hat das Management eine detaillierte **Planungsrechnung** aufzustellen, deren zugrunde liegenden Prämissen die aktuelle Lage des Unternehmens nachvollziehbar abbilden müssen. Da IAS 12.35 substantielle Hinweise auf ein zukünftiges steuerliches Ergebnis fordert, sind an die Verlässlichkeit der Planungsrechnung hohe Anforderungen zu stellen.
Der in diesem Zusammenhang verwendete **Planungshorizont** hängt grds von den individuellen Gegebenheiten des jeweiligen Unternehmens, wie zB Produktlebenszyklen oder Branchenentwicklungen ab. Da die Prognoseunsicherheit mit zunehmendem Planungshorizont steigt, ist es jedoch sinnvoll, diesen auf einen Zeitraum von bis zu fünf Jahren zu beschränken. In einem solchen Fall könnte an die im Rahmen von *impairment tests* nach IAS 36 aufzustellenden Planungsrechnungen angeknüpft werden, die sich häufig ebenfalls auf das Unternehmen als Einheit beziehen.
Sofern die Verlustvorträge innerhalb des von dem Unternehmen gewählten Planungshorizonts nicht vollständig realisiert werden können, bedeutet dies nicht, dass eine Aktivierung latenter Steuern auf den nicht gedeckten Teil der Verlustvorträge unterbleiben muss. Eine vollständige Aktivierung kann insbes

dann in Betracht kommen, wenn die Planungsrechnung auf reinen Jahresbudgets beruht, die nicht über den Ansatz einer ewigen Rente auf zukünftige Perioden, die jenseits des Detailplanungszeitraums liegen, fortgeschrieben werden. Kann das Unternehmen im Rahmen einer solchen Planungsrechnung eine konstante positive Ertragsentwicklung nachvollziehbar darlegen, so wird häufig auch über den gewählten Planungshorizont hinaus mit hinreichender Wahrscheinlichkeit von einer Fortsetzung dieser Tendenz auszugehen sein. Anders zu beurteilen sind Planungsrechnungen, in welchen das letzte Detailplanungsjahr über eine ewige Rente auf die zukünftigen Perioden fortgeschrieben und gleichwohl kein vollständiger Abbau der steuerlichen Verlustvorträge erreicht wird. Eine restriktive Einschätzung ist ferner geboten bei Unternehmen mit stark volatilen Ergebnissen sowie bei Planungsrechnungen, die erst gegen Ende des Planungshorizonts das Erreichen der Gewinnzone vorsehen.

Da die Unternehmensplanung stark von den subjektiven Einschätzungen des Managements geprägt ist, kommt der **Planungstreue** in der Vergangenheit eine gesteigerte Bedeutung zu.

Bei der Bemessung der Wahrscheinlichkeit ist der mögliche **Verfall** von Verlustvorträgen zu berücksichtigen. In Deutschland betrifft dies insbes die Regelungen der §§ 8c KStG, 10a Satz 9 GewStG für den Fall einer Anteilsveräußerung (vgl Rz 82ff). Für ausländische Unternehmen können in Abhängigkeit von der lokalen Steuergesetzgebung zeitliche Einschränkungen gelten.

Darüber hinaus können die **Mindestbesteuerungsregelungen** der §§ 10d Abs 2 EStG, 10a GewStG Einfluss auf die Wahrscheinlichkeit der zukünftigen Nutzung von Verlustvorträgen nehmen, da sie die Verlustverrechnung zeitlich verzögern und somit die von dem Unternehmen vorzunehmende Prognose erschweren. Zwar bleiben die steuerlichen Verlustvorträge in Deutschland dem Grunde nach in voller Höhe bestehen, der verlängerte Prognosezeitraum im Hinblick auf die zukünftige Erzielung steuerlicher Gewinne führt allerdings zu dem Erfordernis einer **vorsichtigeren** Bewertung von Verlustvorträgen. Darüber hinaus können die auf Verlustvorträge entfallenen latenten Steuern nicht ohne Weiteres bestehenden passiven latenten Steuern gegenübergestellt werden. Aufgrund der zeitlich verschobenen Geltendmachung ist vielmehr eine Synchronisation der Realisierungszeiträume vorzunehmen.

75 (2) Das Unternehmen verfügt über **Steuergestaltungsmöglichkeiten,** die eine Verrechnung der ungenutzten Verlustvorträge begünstigen. Dabei reicht die abstrakte Möglichkeit der Durchführung vorhandener Steueroptimierungsmaßnahmen nicht aus. Die Geschäftsleitung muss deren Umsetzung entweder konkret geplant oder zumindest ernsthaft in Erwägung gezogen haben. Als Steuergestaltungsmaßnahmen kommen insbes die unter Rz 53 genannten Möglichkeiten, ferner Forderungsverzichte durch Gesellschafter außerhalb der Krise in Betracht.

Im Hinblick auf Zinsvorträge können Maßnahmen in der Schaffung der Voraussetzungen für die Anwendung der *Escape*-Klausel oder in einer Transformation von Fremdkapital in Eigenkapital liegen.

76 (3) Ist die **Erwirtschaftung zukünftiger Gewinne unwahrscheinlich,** so ist die Aktivierung latenter Steuern auf Verlustvorträge begrenzt auf die Höhe vorhandener **passiver** latenter Steuern, die ggü derselben Steuerbehörde bestehen und die sich in dem Zeitraum, in dem die Verlustvorträge geltend gemacht werden können, auflösen.

77 Weist ein Unternehmen in seiner jüngeren Vergangenheit eine **Verlusthistorie** auf, so darf es einen latenten Steueranspruch nur dann aktivieren, wenn es zukünftige Gewinne **substantiiert darzulegen** vermag. Die Dauer der Verlusthistorie wird in IAS 12 nicht vorgegeben; sie ist unter Berücksichtigung der individuellen Gegebenheiten und der Struktur des bilanzierenden Unternehmens festzulegen. Unter Rückgriff auf den US-GAAP-Standard FAS 109 kann ein Zeitraum von drei Jahren herangezogen werden.

Die **Verlusthistorie** bezieht sich grds auf das **steuerliche Ergebnis** eines Unternehmens. Als Indiz kann näherungsweise das Vorsteuerergebnis nach IFRS zugrunde gelegt werden, sofern keine größeren abweichenden steuerlichen Wirkungen zu erwarten sind (*Loitz* WPg 2007, 781).

Indizien für zukünftige Gewinne iSv substanziellen Hinweisen sind zB die Prognose einer positiven Branchenentwicklung, der erfolgreiche Abschluss einer Restrukturierungsphase, die Stilllegung bzw Veräußerung verlustbringender Bereiche, die Amortisation von in Vorjahren entstandenen Anlaufverlusten, eine gute Auftragslage oder ein Wertanstieg von Vermögenswerten über ihre Anschaffungskosten hinaus. 78

Hat ein Unternehmen bislang ausnahmslos **Anlaufverluste** erwirtschaftet, so ist die Aktivierung latenter Steuern auf Verlustvorträge grds ausgeschlossen. Etwas Anderes gilt nur dann, wenn das Unternehmen – etwa aufgrund des Abschlusses langfristiger Verträge oder der erfolgreichen Anmeldung von Patenten – substantiiert nachweisen kann, dass es die Verlusthistorie kurzfristig zu beenden vermag.

Nach IAS 12.34 darf eine aktive latente Steuer nur dann angesetzt werden, wenn die steuerliche Nutzung des Verlust- bzw Zinsvortrags **wahrscheinlich** ist. Wie in Rz 52 dargelegt, ist dabei im Hinblick auf die zukünftigen verrechenbaren Gewinne von einer Eintrittswahrscheinlichkeit von mehr als 50% auszugehen. 79

Für die **Beurteilung von Zinsvorträgen** ist die Entwicklung der Zinsaufwendungen und -erträge, des EBITDA, der Gesellschafter-Fremdfinanzierung, des Eigenkapitals der Gesellschaft sowie des IFRS-Konzerneigenkapitals in die Prognose einzubeziehen. Ferner sind geplante oder zu erwartende Anteilsveräußerungen, Umwandlungen und Umstrukturierungen sowie Kapitalmaßnahmen zu berücksichtigen. Dies ist idR nur durch eine integrierte Bilanz-, Finanz- und Erfolgsplanung zu gewährleisten, die künftige Investitionen und Finanzierungselemente einbezieht (*Kirsch* DStR 2007, 1269). 80

Beispiel: Unter Zugrundelegung der Ausgangsdaten des Beispiels in Rz 67 verfügt eine KapGes über einen Zinsvortrag in Höhe von Mio € 3 aus dem Geschäftsjahr X1. Für die Geschäftsjahre X2 bis X5 hat das Unternehmen folgende Planungsrechnung aufgestellt:

	Jahr X2	X3	X4	X5	X6
	Mio €	Mio €	Mio €	Mio €	Mio €
Steuerliches EBITDA	21	22	23	24	25
Abschreibungen	5	5	6	6	7
Zinserträge	2	2	3	3	3
Zinsaufwand	11	10	9	8	7
EK-Quote des TU	35%	36%	37%	38%	39%
EK-Quote des Konzerns	40%	41%	41%	42%	42%
Geplanter Anteilsverkauf	–	15%	–	15%	–

Nach dieser Planung sind weder die Freigrenze noch die Escape-Klausel gem § 4h Abs 2 EStG anwendbar. Unter Zugrundelegung der Plandaten entwickelt sich der Zinsvortrag wie folgt:

	Jahr X2	X3	X4	X5	X6
	Mio €	Mio €	Mio €	Mio €	Mio €
Zinsvortrag am 1. Januar	3	5,7	7,1	6,2	2,8
Zinsaufwand	11	10	9	8	7
Zwischensumme	14	15,7	16,1	14,2	9,8
Zinsertrag	−2	−2	−3	−3	−3
30% des steuerlichen EBITDA	−6,3	−6,6	−6,9	−7,2	−7,5
Insgesamt abzugsfähige Zinsen	−8,3	−8,6	−9,9	−10,2	−10,5
Zinsvortrag am 31. Dezember	5,7	7,1	6,2	4	0
Abzug aufgrund schädlicher Anteilsveräußerung	0	0	0	−1,2	0
Korrigierter Zinsvortrag zum 31. Dezember	5,7	7,1	6,2	2,8	0

Da im Jahr X5 kumuliert 30% der Anteile an der Gesellschaft veräußert werden, geht der Zinsvortrag gem § 8c Satz 1 KStG quotal in dieser Höhe unter, mit der Folge, dass auf den anteiligen Zinsvortrag in Höhe von Mio € 1,2 keine latenten Steuern abgegrenzt werden dürfen. Demnach sind zum Bilanzstichtag X1 aktive latente Steuern auf einen verbleibenden Zinsvortrag von Mio € 2,1 (Mio € 3 abzüglich 30% aufgrund geplanter Anteilsveräußerung) zu bilanzieren. Bei einem Steuersatz von 30% beläuft sich die Zinsabgrenzung auf T€ 630.

81 Bei **ausländischen TU** können zeitliche Einschränkungen für die Geltendmachung steuerlicher Verlustvorträge eine vorsichtige Bewertung erfordern.

Beispiel: Ein Schweizer Unternehmen verfügt nach Abschluss einer Restrukturierungsphase zum 31. Dezember X5 über Verlustvorträge in Höhe von TCHF 10.000. Die Verfallbarkeit der Verlustvorträge und die lt Planungsrechnung erzielbaren zukünftigen steuerpflichtigen Gewinne lassen auf die folgende Nutzbarkeit der Verlustvorträge schließen:

Jahr	Nutzbarkeit unter Berücksichtigung des Verfalls	Geplanter Gewinn	Nutzbare Verlustvorträge
	TCHF	TCHF	TCHF
X6	10.000	500	500
X7	5.000	1.500	1.500
X8	3.000	2.500	2.500
X9	2.000	3.500	2.000
			6.500

Zum 31. Dezember X5 ist von den Verlustvorträgen in Höhe von TCHF 10.000 voraussichtlich ein Betrag von TCHF 6.500 nutzbar, sodass bei einem Ertragsteuersatz von 25% ein latenter Steueranspruch in Höhe von TCHF 1.625 zu aktivieren ist.

82 Werden Verlust- bzw Zinsvorträge im Rahmen einer **Unternehmensakquisition** erworben, so sind diese im Rahmen der Kapitalkonsolidierung bei der Abgrenzung latenter Steuern grds zu erfassen. Für deutsche Unternehmen ist zu berücksichtigen, dass vorhandene Verlust- und Zinsvorträge aufgrund der Regelungen gem § 8c KStG, § 10a Satz 9 GewStG verfallen, soweit mehr als 50% der Anteile bzw Stimmrechte erworben werden. Der Ansatz von steuerlichen Verlustvorträgen ausländischer Unternehmen richtet sich nach dem jeweiligen Landesrecht.

83 Das Potenzial und die Einschätzung der Nutzbarkeit steuerlicher Verlustvorträge sind detailliert im **Anhang** darzulegen, wobei latente Steueransprüche auf Verlustvorträge nach IAS 12.81(g) gesondert auszuweisen sind. Anzugeben ist darüber hinaus, inwieweit eine Aktivierung latenter Steueransprüche auf vorhandene Verlustvorträge mangels Vorliegen der tatbestandlichen Voraussetzungen

unterblieben ist. Dabei sind die nicht genutzten Verlustvorträge unter Angabe der Beträge auf die Dauer ihrer Nutzbarkeit aufzuteilen (IAS 12.81(e)).

Anzugeben ist ferner der Betrag, um den sich sowohl der tatsächliche als auch der latente Steueraufwand aufgrund der Nutzung bisher nicht berücksichtigter steuerlicher Verluste bzw Steuergutschriften oder bisher nicht berücksichtigter temporärer Differenzen **mindert** (IAS 12.80(e), (f)). Dies ist immer dann der Fall, wenn ein steuerlicher Verlustvortrag, für welchen auf Basis einer negativen Gewinnprognose bislang keine oder nur in begrenztem Umfang latente Steuern abgegrenzt wurden, im Berichtsjahr zu einer Reduzierung des Steueraufwands geführt hat.

Nimmt ein Unternehmen die Aktivierung latenter Steuern auf steuerliche Verlustvorträge vor, obwohl es im aktuellen Geschäftsjahr oder im Vorjahr steuerliche Verluste erlitten hat, so hat es die aktivierten latenten Steuern gem IAS 12.82 betragsmäßig **gesondert** anzugeben und die Begründung für deren Aktivierung substanziell darzulegen.

Die Nutzbarkeit steuerlicher Verlustvorträge ist gem IAS 12.37 jedes Jahr **erneut zu beurteilen**, sich hieraus ergebende Konsequenzen sind **erfolgswirksam** zu erfassen. 84

4. Besonderheiten bei Personengesellschaften aufgrund steuerlicher Ergänzungsbilanzen und Sonderbilanzen

Die Frage nach den einer **PersGes zuzurechnenden Wirtschaftsgütern** und ihrem steuerlichen Wertansatz richtet sich nicht allein nach der (steuerlichen) Gesamthandsbilanz der PersGes. Darüber hinaus stellt sich insbes die Frage, inwieweit **steuerliche Ergänzungs- und Sonderbilanzen** bei der Abgrenzung latenter Steuern zu berücksichtigen sind. 85

a) Sonderbilanzen

Sonderbilanzen beinhalten keine Wirtschaftsgüter der PersGes, sondern (fiktives) **Sonderbetriebsvermögen des Gesellschafters**, welches von der PersGes genutzt wird. Ferner zählen hierzu Verbindlichkeiten des Gesellschafters, die der Finanzierung des Erwerbs der Beteiligung dienen. 86

Da es sich bei Sonderbetriebsvermögen gerade **nicht** um Vermögen der Gesellschaft handelt und somit keine Identität im Hinblick auf die rechnungslegenden Einheiten der PersGes auf der einen Seite und der Gesellschafter auf der anderen Seite besteht, können diesbezüglich auch keine abgrenzbaren temporären Differenzen berücksichtigt werden. Eine Einbeziehung von Sonderbilanzen in die Steuerabgrenzung entfällt somit grds (so auch *Heuser/Theile*[3] Rz 2660; *Hoffmann* in Lüdenbach/Hoffmann IFRS[7] § 26 Rz 94; differenzierend *Fülbier/Mages* KoR 2007, 75; aA *Kirsch* DStR 2002, 1877; *Ernsting/Loitz* DB 2004, 1060). Die aus den Sonderbilanzen entstehenden Steuereffekte müssen jedoch zum Zeitpunkt ihrer Entstehung im Rahmen der Überleitungsrechnung gem IAS 12.81(c) dargestellt werden.

Auf Ebene des **Konzernabschlusses** kann die Identität zwischen den im IFRS-Abschluss und in der Sonderbilanz angesetzten Vermögenswerten dann gegeben sein, wenn zB ein Konzernunternehmen ein Grundstück an ein TU in Form einer PersGes verpachtet, welches bei dieser dem Sonderbetriebsvermögen zugeordnet wird. Sofern der IFRS-Buchwert des Grundstücks von seinem Steuerwert laut Sonderbilanz abweicht, entstehen temporäre Differenzen, auf die grds latente Steuern abzugrenzen sind (vgl *von Eitzen/Dahlke* Bilanzierung von Steuerpositionen nach IFRS, 91). 87

b) Steuerliche Ergänzungsbilanzen

88 Steuerliche Ergänzungsbilanzen sind **Wertkorrekturbilanzen,** die insbes beim Eintritt eines Gesellschafters in eine PersGes und beim Gesellschafterwechsel für den Eintretenden sowie beim Ausscheiden eines Gesellschafters für die verbleibenden Gesellschafter entstehen. In der steuerlichen Ergänzungsbilanz werden insbes Differenzen zu den Werten der Wirtschaftsgüter in der steuerlichen Gesamthandsbilanz der PersGes ausgewiesen, soweit sie auf den Gesellschafter, für den die Ergänzungsbilanz zu führen ist, entfallen, weil sie von ihm vergütet worden sind (positive steuerliche Ergänzungsbilanz). Damit ist die Identität zwischen den in der IFRS-Bilanz und den in der steuerlichen Ergänzungsbilanz bilanzierten Vermögenswerten und Schulden gegeben. Die Wertdifferenzen in der steuerlichen Ergänzungsbilanz werden entspr der steuerlichen Gesamthandsbilanz der PersGes fortgeführt.

89 Hat der Gesellschafter einen höheren Betrag als den anteiligen Zeitwert der identifizierbaren Wirtschaftsgüter vergütet, wird der überschießende Betrag in der steuerlichen Ergänzungsbilanz als **Geschäfts- oder Firmenwert** ausgewiesen, der steuerlich nach § 7 Abs 1 Satz 3 EStG linear über einen Zeitraum von 15 Jahren abgeschrieben wird.

90 Während für die IFRS-Bilanz der PersGes steuerliche Ergänzungsbilanzen keine Rolle spielen, mindern vergütete (anteilige) stille Reserven der Wirtschaftsgüter der PersGes und ein ggf vergüteter (anteiliger) Geschäfts- oder Firmenwert die künftige Gewerbesteuerbelastung der PersGes. Die steuerlichen Mehrwerte identifizierbarer Wirtschaftsgüter und ein in der steuerlichen Ergänzungsbilanz ausgewiesener Geschäfts- oder Firmenwert sind daher **in die latente Steuerabgrenzung einzubeziehen.** IAS 12.15 (a), IAS 12.66 (s Rz 95f) greifen nicht, weil sie ein Verbot zur Abgrenzung latenter Steuern beinhalten, wenn nach den IFRS-Vorschriften ein Geschäfts- oder Firmenwert entsteht, der steuerlich nicht abzugsfähig ist, und insoweit den umgekehrten Fall betreffen.

Beispiel: A ist zu 60% und B zu 40% an der Z-KG beteiligt; die Kapitalkonten betragen jeweils T€ 250. Der Teilwert der Aktiva der Z-KG beträgt T€ 2.000. Die C-GmbH erwirbt nun den Anteil des A für T€ 1.200. Die steuerliche Gesamthandsbilanz der KG bleibt unverändert. Das Kapitalkonto des A wird zum Kapitalkonto der C-GmbH. Die Bilanzen sehen dann wie folgt aus (in T€):

Vereinfachte steuerliche Gesamthandsbilanz der KG

Aktiva	1.000	Kapital C	600
		Kapital B	400
	1.000		**1.000**

Darüber hinaus wird für die C-GmbH eine steuerliche Ergänzungsbilanz geführt, die das folgende Aussehen hat (in T€):

Geschäfts- oder Firmenwert	300	Mehrkapital	600
Mehrwert der Aktiva	300		
	600		**600**

Das auf C entfallende Gesamtkapital an der Z-KG beträgt somit T€ 1.200. Die in der Ergänzungsbilanz aktivierten Mehrwerte (aufgedeckte stille Reserven) werden entspr der steuerlichen Gesamthandsbilanz der KG fortgeführt. Für den von der C-GmbH erworbenen anteiligen Geschäfts- oder Firmenwert ergibt sich gem § 7 Abs 1 Satz 3 EStG ein steuerliches Abschreibungspotenzial von jährlich $^{1}/_{15}$ (vorliegend: T€ 20). Die Abschreibungen der steuerlichen Mehrwerte und des Geschäfts- oder Firmenwerts mindern den

Gewerbeertrag der KG, da dieser gem § 7 GewStG auf dem nach den Vorschriften des EStG ermittelten Gewinn beruht und damit auch in der Entwicklung der Ergänzungsbilanz Berücksichtigung findet. Im Ergebnis mindert sich damit die Gewerbesteuerbelastung der KG, die in die latente Steuerabgrenzung einzubeziehen ist.

Die Frage der Erfassung der latenten Steuern richtet sich nach IAS 12.58ff. 91
Nach *Fülbier/Mages* KoR 2007, 74 und *Freiberg* PiR 2006, 206 ist die Abgrenzung latenter Steuern gem IAS 12.65 **erfolgswirksam** vorzunehmen, da sich aus dem Ansatz in der steuerlichen Ergänzungsbilanz eine rein steuerliche Neubewertung ergebe, die den IFRS-Abschluss nicht betreffe. Dies ist im Hinblick auf das vorgenannte Beispiel aus Sicht des **Einzelabschlusses** zutreffend.

Aus **Konzernabschlusssicht** werden steuerliche Ergänzungsbilanzen immer 92
dann relevant, wenn im Falle des Erwerbs einer PersGes erworbene stille Reserven vergütet werden, diese jedoch nicht in der Gesamthandsbilanz des erworbenen Unternehmens aufgedeckt werden. Die in diesem Zusammenhang in der steuerlichen Ergänzungsbilanz des TU vorgenommenen Wertkorrekturen betreffen daher einen **Anschaffungsvorgang**, welcher im IFRS-Konzernabschluss erfolgsneutral abzubilden ist. Die latenten Steuern auf Wertkorrekturen in steuerlichen Ergänzungsbilanzen sind im IFRS-Konzernabschluss deshalb ebenfalls **erfolgsneutral im Rahmen des Unternehmenserwerbs** zu erfassen. Die **Auflösung** der abgegrenzten latenten Steuern erfolgt dagegen **erfolgswirksam** über die GuV. Zur Abgrenzung latenter Steuern im Zusammenhang mit steuerlichen Ergänzungsbilanzen vgl insbes die **Beispiele** in Rz 96 und Rz 97.

5. Ansatzverbote

Über die konzeptionellen Ansatzverbote hinaus sieht IAS 12 für die Bilan- 93
zierung latenter Steuern für **zwei Fallgruppen** weitergehende Ansatzverbote vor.

a) Temporäre Differenzen aus dem Ansatz eines Geschäfts- oder Firmenwerts

Entstehen zu versteuernde temporäre Differenzen aus dem erstmaligen Ansatz 94
eines Geschäfts- oder Firmenwerts (vgl hierzu IFRS 3.32ff (2008)/IFRS 3.51ff (2004) sowie § 35 Rz 116), so ist der Ansatz latenter Steuern gem IAS 12.15 (a), IAS 12.21 **unzulässig**. Dies gilt gem IAS 12.21A grds auch für Differenzen, die aus der Folgebewertung eines Geschäfts- oder Firmenwerts resultieren. Begründet wird das Ansatzverbot mit dem Residualcharakter eines steuerlich nicht abzugsfähigen Geschäfts- oder Firmenwerts. Dieser ergibt sich regelmäßig bei Unternehmenszusammenschlüssen im Wege eines *share deals* aus der Kapitalkonsolidierung. Er resultiert aus der Differenz zwischen den Anschaffungskosten bzw dem beizulegenden Zeitwert der hingegebenen Gegenleistung für das einbezogene/erworbene Unternehmen und dessen um stille Reserven und stille Lasten bereinigten Eigenkapital. Die Abgrenzung einer latenten Steuerschuld auf den Geschäfts- oder Firmenwert selbst würde dazu führen, dass sich dieser als anzupassende Residualgröße in Höhe der abgegrenzten latenten Steuerschuld erhöht. Auf den erhöhten Geschäfts- oder Firmenwert wäre dann theoretisch erneut eine latente Steuerschuld abzugrenzen. Die aus einer konsequenten Durchführung der Steuerabgrenzung resultierende nicht gerechtfertigte Bilanzverlängerung wird durch das Ansatzverbot ausgeschlossen.

Das Ansatzverbot gilt gem IAS 12.21B indes **nicht**, wenn Abschreibungen auf einen Geschäfts- oder Firmenwert **steuerlich abzugsfähig** sind.

Damit ergeben sich grds folgende Fallkonstellationen:

95 (1) Temporäre Differenzen aus dem Ansatz eines aus der **Kapitalkonsolidierung** von **KapGes** resultierenden Geschäfts- oder Firmenwerts aus einem ***share deal*** unterliegen **stets** dem Ansatzverbot gem IAS 12.15 (a), IAS 12.21. Dies schließt Geschäfts- oder Firmenwerte aus **Fusionen** *(legal merger)* ein, die gem IFRS 3.4 (2008)/IFRS 3.14 (2004) ebenfalls nach der Erwerbsmethode zu bilanzieren sind. Die Ausnahmeregelung gilt nach IAS 12.21A ferner für Differenzen aus der Fortentwicklung eines aus der Kapitalkonsolidierung resultierenden Geschäfts- oder Firmenwerts in Folgeperioden, etwa durch außerplanmäßige Abschreibungen gem IFRS 3.B63(a) (2008)/IFRS 3.54f (2004).

96 (2) Im Rahmen des Erwerbs von Anteilen an **PersGes** können sich steuerlich anerkannte Abschreibungen auf Geschäfts- oder Firmenwerte ergeben. Die Differenz zwischen dem Anteilskaufpreis und dem anteiligen Eigenkapital auf der Basis von steuerlichen Buchwerten führt beim Käufer zum Ansatz eines Geschäfts- oder Firmenwerts in der steuerlichen Ergänzungsbilanz (vgl Rz 90). Die auf diesen Geschäfts- oder Firmenwert gem § 7 Abs 1 Satz 3 EStG vorzunehmenden Abschreibungen sind steuerlich abzugsfähig, weshalb das Ansatzverbot des IAS 12.15(a) gem IAS 12.21B im Rahmen der Folgebewertung **nicht** greift. Für ähnlich zu beurteilende **Umwandlungsfälle** ist zu berücksichtigen, dass die körperschaftsteuerliche Abzugsfähigkeit durch das StSenkG 2000 ab dem 31. Dezember 2000 versagt wurde; die gewerbesteuerliche Abzugsfähigkeit bestand nur bis zum 31. Dezember 1998. Übersteigt der steuerlich abzugsfähige Geschäfts- oder Firmenwert den im IFRS-Abschluss ermittelten Firmenwert, was aufgrund der nach IFRS 3 durchzuführenden Kaufpreisallokation regelmäßig der Fall sein wird, so sind die im IFRS-Abschluss abzugrenzenden latenten Steuern im Rahmen eines iterativen Verfahrens zu ermitteln.

Beispiel: Ein MU erwirbt im Jahr X1 Anteile an einer PersGes (TU) zu einem Kaufpreis, der das anteilige Eigenkapital des TU um T€ 2.500 übersteigt. Der Mehrbetrag entfällt mit T€ 1.000 auf stille Reserven in einem Betriebsgrundstück, mit T€ 500 auf ein Markenrecht und mit weiteren T€ 500 auf vertragliche Kundenbeziehungen. Andere stille Reserven sind nicht erkennbar. In der steuerlichen Ergänzungsbilanz setzt die Gesellschaft lediglich das Betriebsgrundstück mit T€ 1.000 sowie einen Geschäfts- oder Firmenwert in Höhe von T€ 1.500 an. Dieser Geschäfts- oder Firmenwert wird unter Berücksichtigung von § 7 Abs 1 Satz 3 EStG linear über einen Zeitraum von 15 Jahren abgeschrieben.

Da das Markenrecht und die vertraglichen Kundenbeziehungen in der steuerlichen Ergänzungsbilanz nicht angesetzt werden, sind im Rahmen der Kaufpreisallokation passive latente Steuern zu bilden. Bei einem Steuersatz von 30% ergeben sich passive latente Steuern von T€ 300. Demnach verbleibt im IFRS-Abschluss ein Geschäfts- oder Firmenwert in Höhe von T€ 800 (2.500 – 1.000 – 500 – 500 + 300). Dieser Geschäfts- oder Firmenwert weicht von dem in der steuerlichen Ergänzungsbilanz aktivierten Geschäfts- oder Firmenwert um T€ 700 ab. Da der Geschäfts- oder Firmenwert steuerlich abzugsfähig ist, sind auf die Differenz aktive latente Steuern von T€ 210 abzugrenzen (700 × 30%). Die Abgrenzung der aktiven latenten Steuern vermindert wiederum den im IFRS-Abschluss angesetzten Geschäfts- oder Firmenwert. Der endgültig anzusetzende Wert der latenten Steuern und des Geschäfts- oder Firmenwerts ist im Rahmen eines iterativen Verfahrens zu bestimmen. Nach fünf Iterationsschritten (vgl hierzu Rz 97) verbleiben ein Geschäfts- oder Firmenwert von T€ 500 und aktive latente Steuern von T€ 300, die nach IFRS 3 zum Zeitpunkt der Erstkonsolidierung anzusetzen sind.

Im IFRS-Abschluss unterliegen das Markenrecht (mit unbestimmbarer Nutzungsdauer) und der Geschäfts- oder Firmenwert keiner planmäßigen Abschreibung. Die Kundenbeziehungen werden linear über einen Zeitraum von 5 Jahren abgeschrieben. Am Ende des Jahrs X5 wird das TU zum Buchwert veräußert. Damit ergibt sich für die vergüteten stillen Reserven in der Konzernbilanz und in der steuerlichen Ergänzungsbilanz folgende Entwicklung:

	Erwerb	Jahr X1	Jahr X2	Jahr X3	Jahr X4	Jahr X5
	T€	T€	T€	T€	T€	T€
Steuerliche Ergänzungsbilanz	**2.500**					
Grundstück	1.000	1.000	1.000	1.000	1.000	1.000
Geschäfts- oder Firmenwert	1.500	1.400	1.300	1.200	1.100	1.000
IFRS-Bilanz						
Grundstück	1.000	1.000	1.000	1.000	1.000	1.000
Markenrecht	500	500	500	500	500	500
Vertragliche Kundenbeziehungen	500	400	300	200	100	0
Geschäfts- oder Firmenwert	500	500	500	500	500	500
Aktive latente Steuern auf GoF	300	270	240	210	180	150
Passive latente Steuern						
– auf das Markenrecht	–150	–150	–150	–150	–150	–150
– auf die Kundenbeziehungen	–150	–120	–90	–60	–30	0

Aufgrund der identischen Erfassung der stillen Reserven für das Betriebsgrundstück ergeben sich temporäre Differenzen nur aus der abweichenden Behandlung des Markenrechts, der Kundenbeziehungen sowie des Geschäfts- oder Firmenwerts. Da der Geschäfts- oder Firmenwert über die Totalperiode – spätestens bei Veräußerung der Beteiligung – sowohl in der IFRS-, als auch in der Steuerbilanz abzugsfähig ist, greift das Ansatzverbot des IAS 12.15(a) nicht, sodass die Abgrenzung latenter Steuern gem IAS 12.21B erforderlich ist. Die Erfassung der aktiven und passiven latenten Steuern zum Erwerbszeitpunkt ist gem IAS 12.66 erfolgsneutral vorzunehmen. Die Auflösung erfolgt dagegen erfolgswirksam.

(3) Für Geschäfts- oder Firmenwerte, die im Rahmen von Unternehmenserwerben in Form eines ***asset deal*** entstehen, ist gem § 7 Abs 1 Satz 3 EStG eine abzugsfähige lineare Abschreibung in der Steuerbilanz auf Basis einer Nutzungsdauer von 15 Jahren zulässig. Aufgrund der steuerlichen Absetzbarkeit des Geschäfts- oder Firmenwerts können temporäre Differenzen im Rahmen des erstmaligen Ansatzes nur aufgrund abweichender Anschaffungskosten bzw des beizulegenden Zeitwerts der hingegebenen Gegenleistung oder im Rahmen der Kaufpreisallokation gem IFRS 3.10 ff (2008)/IFRS 3.36 ff (2004) entstehen, die zu einer abweichenden Dotierung der Geschäfts- oder Firmenwerte führen. In Folgeperioden resultieren temporäre Differenzen zudem aus den abweichenden Abschreibungsregeln (lineare Abschreibung nach § 7 Abs 1 Satz 3 EStG versus *impairment* nach IFRS 3.B63(a) (2008)/IFRS 3.55 (2004)). Die entstehenden temporären Differenzen unterliegen gem IAS 12.21B aufgrund der steuerlichen Absetzbarkeit **nicht** dem Ansatzverbot des IAS 12.15(a), sodass eine Abgrenzung latenter Steuern erforderlich ist. 97

Beispiel: Ein Unternehmen erwirbt die Vermögenswerte und Schulden eines anderen Unternehmens im Rahmen eines *asset deal* zu einem Kaufpreis in Höhe von T€ 2.000. Der Erwerber unterliegt einem Steuersatz von 30%.

In der Bilanz des übertragenden Unternehmens werden die Vermögenswerte zum Erwerbsstichtag in Höhe von T€ 4.500, die Schulden in Höhe von T€ 4.000 bewertet. In der Steuerbilanz setzt der Käufer diese Vermögenswerte und Schulden im Rahmen der Buchwertverknüpfung an, sodass ausgehend von einem Kaufpreis in Höhe von T€ 2.000 ein steuerlich abzugsfähiger Geschäfts- oder Firmenwert von T€ 1.500 entsteht.

In der IFRS-Bilanz bilanziert der Erwerber die Vermögenswerte und Schulden zum Erwerbszeitpunkt gem IFRS 3.18 (2008)/IFRS 3.36 (2004) grds zum beizulegenden Zeitwert. Dies führt für die übernommenen Vermögenswerte aufgrund aktivierter Entwicklungskosten zu einer Zuschreibung um T€ 1.500, übernommene Eventualschulden werden in Höhe von T€ 1.000 bilanziert. Auf die ggü der Steuerbilanz entstehenden Differenzen sind passive latente Steuern in Höhe von T€ 450 (T€ 1.500 × 30%) und aktive latente Steuern in Höhe von T€ 300 (T€ 1.000 × 30%) abzugrenzen. Es ermittelt sich ein vorläufiger Geschäfts- oder Firmenwert in Höhe von T€ **1.150** (2.000 – (4.500 + 1.500 + 300) – (4.000 + 1.000 + 450)), der den in der Steuerbilanz angesetzten Betrag um T€ 350 unterschreitet. Da der Geschäfts- oder Firmenwert steuerlich abzugsfähig ist, sind auf die Differenz von T€ 350 aktive latente Steuern in Höhe von T€ 105 abzugrenzen, was wiederum den Geschäfts- oder Firmenwert schmälert. Im Rahmen eines iterativen Verfahrens werden Geschäfts- oder Firmenwert sowie die hierauf abzugrenzenden aktiven latenten Steuern wie folgt ermittelt:

GoF nach IFRS	Latente Steuern	Differenz	GoF Ergänzungsbilanz	Differenz	Steuersatz	Latente Steuer (korrigiert)
T€	T€	T€	T€	T€		T€
1.150			1.500	350	30%	105
1.150	**105**	1.045	1.500	455	30%	137
1.150	137	1.013	1.500	487	30%	146
1.150	146	1.004	1.500	496	30%	149
1.150	149	1.001	1.500	499	30%	150
1.150	150	1.000	1.500	500	30%	150

Somit errechnen sich für den IFRS-Abschluss ein Geschäfts- oder Firmenwert in Höhe von T€ 1.000 und aktive latente Steuern in Höhe von T€ 150.

In der Steuerbilanz wird der Geschäfts- oder Firmenwert gem § 7 Abs 1 Satz 3 EStG über 15 Jahre abgeschrieben, sodass jährlich Firmenwertabschreibungen in Höhe von T€ 100 entstehen. In der IFRS-Bilanz wird der Geschäfts- oder Firmenwert gem IFRS 3.B63(a) (2008)/IFRS 3.55 (2004) unverändert fortgeführt. Damit ergeben sich hinsichtlich des Geschäfts- oder Firmenwerts folgende ertragsteuerliche Konsequenzen:

	Erwerb	Jahr X1	Jahr X2	Jahr X3	Jahr X4	Jahr X5	Jahr X6
	T€	T€	T€	T€	T€	T€	T€
IFRS-Bilanz							
Geschäfts- oder Firmenwert	1.000	1.000	1.000	1.000	1.000	1.000	1.000
Steuerbilanz							
Geschäfts- oder Firmenwert	1.500	1.400	1.300	1.200	1.100	1.000	900
Differenz	−500	−400	−300	−200	−100	0	100
Aktive latente Steuer (30%)	150	120	90	60	30	0	0
Passive latente Steuer (30%)		0	0	0	0	0	30

In einer Gesamtbetrachtung stehen dem höheren Geschäfts- oder Firmenwert der Steuerbilanz in der IFRS-Bilanz aktivierte Entwicklungskosten und passivierte Eventualschulden ggü, auf die ebenfalls latente Steuern abzugrenzen sind.

98 Übersteigt der nach IFRS bilanzierte Geschäfts- oder Firmenwert den steuerlichen, so ist zu beachten, dass latente Steuern nur auf temporäre Differenzen in Höhe des steuerlich abzugsfähigen Teils abgegrenzt werden dürfen. Diese Konstellation dürfte in der Praxis jedoch nur selten vorkommen, da nach IFRS 3 im Vergleich zur Steuerbilanz tendenziell mehr immaterielle Vermögenswerte bzw höhere beizulegende Zeitwerte anzusetzen sind, die den im IFRS-Abschluss anzusetzenden Geschäfts- oder Firmenwert schmälern.

b) Im Rahmen der erstmaligen Buchung erfolgsneutral entstandene temporäre Differenzen

99 Entstehen bei der erstmaligen Buchung eines Vermögenswerts oder einer Schuld temporäre Differenzen aufgrund eines **erfolgsneutralen Sachverhalts** und steht dieser Sachverhalt nicht im Zusammenhang mit einem Unternehmenserwerb, so

ist der Ansatz eines latenten Steueranspruchs bzw einer latenten Steuerschuld gem IAS 12.15(b), IAS 12.22(c) bzw IAS 12.24(b), IAS 12.33 unzulässig. Zu beachten ist, dass die Voraussetzungen der Ausnahmeregelung nur bei dem Erwerb von **einzelnen** Vermögenswerten und Schulden erfüllt sind.

Beispiel: Zu Beginn des Jahrs X1 erwirbt ein Unternehmen eine Produktionsanlage zu Anschaffungskosten in Höhe von T€ 1.000. In Ausübung des nach IAS 20.24, IAS 20.27 gewährten Wahlrechts zieht das Unternehmen eine gem § 12 InvZulG 2007 steuerfreie Investitionszulage in Höhe von T€ 200 von den Anschaffungskosten ab und bilanziert die Produktionsanlage in der IFRS-Bilanz mit einem Wert von T€ 800. Aufgrund der Einkommensteuerbefreiung ist die Investitionszulage in der Steuerbilanz als steuerfreier Ertrag zu bilanzieren, die Anschaffungskosten werden nicht gemindert. Die sich im Hinblick auf das Anlagevermögen ergebende temporäre Differenz in Höhe von T€ 200 entsteht erfolgsneutral. Die GuV wird durch die Verrechnung der Investitionszulage mit den Anschaffungskosten nicht berührt. Das zu versteuernde Einkommen wird durch die steuerbefreite Investitionszulage ebenfalls nicht beeinflusst. In den Folgejahren führt der höhere Wertansatz in der Steuerbilanz zu höheren Abschreibungsbeträgen, die den Steueraufwand verringern. Die Abgrenzung eines latenten Steueranspruchs auf den dem Unternehmen zufließenden Vorteil ist gem IAS 12.24(b), IAS 12.33 jedoch unzulässig.

Unabhängig von dem Ansatzverbot wäre die Bilanzierung eines latenten Steueranspruchs allerdings auch sachlich verfehlt. Da die Investitionszulage steuerfrei gewährt wurde, unterliegt die zwischen IFRS- und Steuerbilanz entstehende Differenz nicht der Besteuerung, so dass eine latente steuerliche Last erst gar nicht entsteht, sondern vielmehr eine permanente Differenz vorliegt.

Auch die Veränderungen einer bei Erstverbuchung erfolgsneutral entstandenen temporären Differenz, etwa durch Abschreibungen in Folgeperioden, dürfen steuerlich nicht abgegrenzt werden. Bei einer Nutzungsdauer von 10 Jahren wird die Produktionsanlage zum Bilanzstichtag des Jahres X1 in der IFRS-Bilanz mit T€ 720 und in der Steuerbilanz mit T€ 900 bilanziert. Die temporäre Differenz verringert sich aufgrund der unterschiedlichen Abschreibungshöhe von T€ 200 auf T€ 180. Da die Differenz ursprünglich auf den erstmaligen Ansatz eines Vermögenswerts zurückzuführen ist, darf ein latenter Steueranspruch nicht aktiviert werden.

Anders zu beurteilen wäre der Fall, wenn die Produktionsanlage in einem späteren Jahr gem IAS 16.31 neu bewertet würde. Auf die sich aus der Neubewertung ergebenden temporären Differenzen findet das Ansatzverbot keine Anwendung.

Als weiterer Anwendungsfall kommt die Bilanzierung von **Leasinggeschäften** im Rahmen des **Finanzierungsleasings** in Betracht (vgl im Einzelnen Rz 103 (n)). Auf kombinierte Finanzinstrumente, die im Erwerbszeitpunkt in eine Eigen- und eine Fremdkapitalkomponente aufzuteilen sind, findet die Ausnahmevorschrift gem IAS 12.23 hingegen keine Anwendung (vgl Rz 108 (a)). 100

Der IASB plant, das Ansatzverbot gem IAS 12.15(b), IAS 12.24(b) auf Basis des ED/2009/2 zu streichen.

6. Anwendungsfälle

Aufgrund der abweichenden **Definition des Vermögenswerts bzw der Schuld nach IFRS** ggü den steuerrechtlichen Begriffen des Wirtschaftsguts bzw der Verbindlichkeit sowie abweichenden Ansatz- und Bewertungskriterien entstehen regelmäßig temporäre oder permanente Differenzen zwischen den Wertansätzen in IFRS- und Steuerbilanz. Nachfolgend sind **häufig auftretende Unterschiede** als Ursache solcher Differenzen sortiert nach Steuerbilanzposten aufgelistet: 101

(1) **Immaterielle Vermögenswerte:** 102

(a) **Forschungskosten** dürfen weder nach IFRS (IAS 38.54), noch in der Steuerbilanz (§ 5 Abs 2 EStG) angesetzt werden: **keine** temporären Differenzen.

(b) Die Aktivierung von **Entwicklungskosten** gem IAS 38.57 führt regelmäßig zu **zu versteuernden** temporären Differenzen, die sich mit Abschreibung der aktivierten Entwicklungskosten wieder auflösen.

(c) **Selbst geschaffene Geschäfts- oder Firmenwerte** sind weder nach IFRS (IAS 38.48) noch in der Steuerbilanz (§ 5 Abs 2 EStG) ansatzfähig: **keine** temporären Differenzen.

(d) **Derivative Geschäfts- oder Firmenwerte** aus Unternehmenszusammenschlüssen (Anteilskauf, *asset deal*, Umwandlungen nach UmwG) führen regelmäßig zu Differenzen zwischen IFRS- und Steuerbilanz, zB aufgrund unterschiedlicher Ermittlung des Geschäfts- oder Firmenwerts (IFRS 3.32 (2008)/IFRS 3.36 ff (2004) versus § 12 UmwStG), unterschiedlicher Nutzungsdauern (unbestimmte Nutzungsdauer nach IFRS 3 versus Nutzungsdauer von 15 Jahren gem § 7 Abs 1 Satz 3 EStG) bzw aufgrund unterschiedlicher Abschreibungsmethoden (*impairment only* Ansatz gem IFRS 3.B63(a) (2008)/IFRS 3.55 (2004) versus lineare Abschreibung gem § 7 Abs 1 Satz 1 EStG). Als Folge entstehen sowohl **temporäre** als auch **permanente** Differenzen. Zu beachten ist das **Ansatzverbot** gem IAS 12.15(a), IAS 12.21 (vgl hierzu im Einzelnen Rz 94 ff).

(e) Für **erworbene immaterielle Vermögenswerte** können temporäre Differenzen aus unterschiedlichem **Ansatz** (Vermögenswert IAS 38.8 versus immaterielles Wirtschaftsgut), unterschiedlicher Ermittlung der **Anschaffungs- oder Herstellungskosten** (IAS 38.25 ff versus §§ 5 Abs 2, 6 Abs 1 Nr 1 EStG iVm § 255 HGB), unterschiedlichen **Abschreibungsmethoden und Nutzungsdauern** (IAS 38.88 versus § 7 EStG/steuerliche Afa-Tabellen), dem Wahlrecht zur **Neubewertung** (IAS 38.75) und aus Wertminderungen (IAS 38.111, IAS 36 versus Teilwert nach § 6 Abs 1 Nr 2 Satz 2 EStG) entstehen.

103 (2) **Sachanlagen:**

(a) Die **Aufteilung** eines Vermögenswerts in Bestandteile mit unterschiedlichen Nutzungsdauern im Rahmen des Komponentenansatzes (IAS 16.43 ff) kann zu temporären Differenzen führen.

(b) **Anschaffungs- oder Herstellungskosten** können unterschiedlich ermittelt werden (Einbeziehung von Gemeinkostenbestandteilen, Fremdkapitalzinsen auch bei Anschaffung, Erhaltungsaufwand sowie nachträglichen Ausgaben (IAS 16.16 ff, IAS 23 versus § 6 Abs 1 Nr 1 bis Nr 2 EStG iVm § 255 HGB): temporäre Differenzen.

(c) Für die Bilanzierung von **Zuwendungen der öffentlichen Hand** (Investitionszuschüsse, steuerfreie Zulagen) gilt gem IAS 20.24 ein Wahlrecht, steuerrechtlich ist R 6.5 Abs 2 EStR zu beachten. Temporäre Differenzen sind möglich, für die aber ggf das Ansatzverbot gem IAS 12.24 (b) gilt (vgl hierzu Rz 99).

(d) Die **Übertragung von stillen Reserven** durch Rücklagen oder auf erworbene Wirtschaftsgüter nach § 6 b EStG, R 6.6 EStR ist nach IFRS unzulässig: temporäre Differenzen.

(e) Eine **Neubewertung** gem IAS 16.31 bleibt regelmäßig ohne steuerliche Wirkung (§ 6 Abs 1 Nr 1 und Nr 2 EStG): temporäre Differenzen.

(f) Unterschiedliche **Abschreibungsmethoden bzw Nutzungsdauern** (IAS 16.43 ff versus § 7 EStG: fixierte Nutzungsdauern, Afa-Tabellen, Gebäude, Sofortabschreibung GWG): Im Rahmen der Unternehmenssteuerreform 2008 wurde die degressive Abschreibung gem § 7 Abs 2 EStG aufgehoben. Folgt der tatsächliche Nutzenverlauf einer degressiven Kurve, so ist nach IAS 16.60 im IFRS-Abschluss die degressive Abschreibung zugrunde zu legen. Die unterschiedlichen Methoden führen zu temporären Differenzen.

(g) § 7g EStG bietet steuerlich die Möglichkeit eines **Investitionsabzugsbetrags**, bei dessen Inanspruchnahme ein steuerlicher Rücklageposten in der Steuerbilanz zu passivieren ist. Hierdurch entstehen temporäre Differenzen, die sich spätestens mit dem Abgang des betroffenen Wirtschaftsguts des Anlagevermögens ausgleichen.

(h) Im Rahmen der **Folgebewertung** angesetzte nachträgliche Ausgaben bzw Herstellungskosten (IAS 16.12ff) können von den steuerlichen Vorschriften abweichen: temporäre Differenzen.

(i) Eine **Wertminderung** gem IAS 16.63, IAS 36 kann ohne steuerliche Wirkung (§ 6 Abs 1 EStG) vorgenommen werden: temporäre Differenzen.

(j) **Sonderabschreibungen** und **erhöhte Absetzungen** gem §§ 4 FördGG oder 7h EStG, 254 Abs 1 HGB sind nach IAS 16.60 unzulässig: temporäre Differenzen.

(k) Bei **Tauschgeschäften** kann es zu temporären Differenzen kommen, sofern nach IAS 16.24 der beizulegende Zeitwert angesetzt wird, steuerrechtlich gem § 6 Abs 6 Satz 1 EStG jedoch der gemeine Wert.

(l) Werden **zur Veräußerung gehaltene langfristige Vermögenswerte** gem IFRS 5.15 zum niedrigeren beizulegenden Zeitwert abzüglich Veräußerungskosten bilanziert, so kann es zu temporären Differenzen ggü dem Steuerbilanzansatz kommen, sofern dort keine entspr Teilwertabschreibung nachvollzogen wird.

(m) **Ingangsetzungsaufwendungen** bzw Erweiterungsaufwendungen dürfen weder nach IFRS noch in der Steuerbilanz angesetzt werden (BMF vom 22. April 1970): **keine** temporären Differenzen.

(n) Die wirtschaftliche Betrachtungsweise (Bilanzierung von **Leasingverhältnissen:** abweichende Erfassung IAS 17.20 versus Leasingerlasse BMF vom 19. April 1971 BStBl I, 264) führt zu temporären Differenzen. Im Rahmen des Finanzierungsleasings sind Leasingobjekt und Leasingverbindlichkeit gem IAS 17.20 in gleicher Höhe zu aktivieren bzw zu passivieren. In der Steuerbilanz erfolgt lediglich eine periodengerechte erfolgswirksame Erfassung der Leasingraten in der GuV. Da das Leasinggeschäft nach IFRS im Rahmen der Erstverbuchung erfolgsneutral bilanziert wird, greift das Ansatzverbot gem IAS 12.15(b), IAS 12.24(b) sowohl im Jahr der erstmaligen Erfassung als auch in Folgejahren (vgl Rz 100). Dies gilt nach dem Wortlaut des Standards auch dann, wenn sich der auf das Leasingobjekt entfallende Vermögenswert und die korrespondierende Leasingverbindlichkeit wertmäßig unterschiedlich entwickeln und somit Steuerwirkungen nach sich ziehen. Zur Abbildung dieser Steuerauswirkungen sind nach aA zumindest in den Folgejahren latente Steuern auf die Differenz zwischen Vermögenswert und Leasingverbindlichkeit abzugrenzen (*KPMG*[5], 724f).

(3) **Finanzanlagen:** 104

(a) Für **Dividendenausschüttungen im Konzernabschluss,** die in unterschiedlichen Perioden erfasst werden (IAS 18.30(c)), gilt die Steuerbefreiung gem § 8b Abs 1 KStG. Im Hinblick auf Anteile an TU, assoziierten Unternehmen oder Gemeinschaftsunternehmen ergeben sich insoweit **permanente** Differenzen (zu den Ausnahmen aufgrund von §§ 8b Abs 5 KStG, 7ff AStG vgl Rz 139ff).

(b) **Veräußerungsgewinne** sind bei Veräußerung von Anteilen an KapGes gem § 8b Abs 2 KStG grds steuerfrei. Aus unterschiedlichen Wertansätzen für Anteile an TU, assoziierten Unternehmen und Gemeinschaftsunternehmen ergeben sich insofern idR **permanente** Differenzen (zu den Ausnahmen vgl Rz 139).

(c) **Wertminderungen/Abschreibungen** auf Kapitalbeteiligungen nach IAS 39.58 ff sind gem § 8b Abs 2 Satz 4 KStG steuerlich unbeachtlich. Zu den Ausnahmefällen sowie deren steuerlicher Behandlung vgl Rz 139 ff.

(d) Zur **Kapitalkonsolidierung** vgl Geschäfts- oder Firmenwert bzw Eigenkapital.

105 (4) **Vorräte:**

(a) Bewertungsdifferenzen können aus der Einbeziehung von **allgemeinen Verwaltungsgemeinkosten** (IAS 2.10 ff versus §§ 6 Abs 1 Nr 2 EStG, 255 HGB, R 6.9 EStR) oder aus abweichenden Bewertungsverfahren resultieren: temporäre Differenzen.

(b) Bestimmte **Fremdkapitalzinsen** sind nach IAS 23 (2007) in die Herstellungskosten einzubeziehen. Gem §§ 6 Abs 1 Nr 2, 5 Abs 1 EStG iVm § 255 Abs 3 HGB ergibt sich diesbezüglich ein Wahlrecht. Aus der abweichenden Ausübung des Wahlrechts können temporäre Differenzen entstehen.

(c) **Wertminderungen** gem IAS 2.28 steht der steuerrechtliche Teilwertgedanke/Gewinnabschlag (§ 6 Abs 1 Nr 2 Satz 2 EStG) gegenüber: temporäre Differenzen.

(d) Dem der Steuerbilanz zugrunde liegenden **Niederstwertprinzip** steht die rein **absatzseitige Betrachtungsweise** nach IAS 2 gegenüber. Temporäre Differenzen können sich aufgrund der Bewertung zu gesunkenen Wiederbeschaffungswerten ergeben, die nach IAS 2 unbeachtlich sind: temporäre Differenzen.

(e) Steuerlich anerkannte **Pauschalabschläge** auf das Vorratsvermögen sind nach IAS 2 unzulässig: temporäre Differenzen.

(f) Abweichend von der **Teilgewinnrealisierung** gem IAS 11 werden Gewinne aus Langfristfertigung in der Steuerbilanz erst mit vollständiger Leistungserbringung bzw Gefahrenübergang realisiert (§ 252 Abs 1 Nr 4 HGB): temporäre Differenzen.

(g) Nach der Auffassung der Finanzverwaltung sind **Auftragsverluste aus Fertigungsaufträgen** nur in Höhe des Fertigstellungsgrads zum Bilanzstichtag steuerlich abzugsfähig und nicht wie gem IAS 11 in voller Höhe: temporäre Differenzen.

106 (5) **Forderungen:**

(a) Ein abweichender **Ansatz** kann sich aus der unterschiedlichen Definition des Vermögenswerts/Wirtschaftsguts, aus divergierenden Regelungen zur Ausbuchung finanzieller Vermögenswerte gem IAS 39.15 ff (zB Bilanzierungskonsequenzen aus der Verwaltung von finanziellen Vermögenswerten gem IAS 39.24 oder Zurückbehaltung von Risiken und Chancen nach Übertragung eines finanziellen Vermögenswerts gem IAS 39.20) sowie aus periodenverschiedener Erfassung ergeben. IdR entstehen hieraus temporäre Differenzen.

(b) Eine periodenverschobene Erfassung von **Dividendenforderungen** kommt grds nicht in Betracht. Für den Fall, dass ein Gewinnverwendungsbeschluss erforderlich ist, darf weder nach IAS 10.12 noch in der Steuerbilanz (BFH-Beschluss vom 7. August 2000) eine phasengleiche Gewinnvereinnahmung vorgenommen werden. Die Aktivierung des Dividendenanspruchs erfolgt somit kongruent im Jahr nach Aufstellung des Abschlusses. Bei Bestehen eines Ergebnisabführungsvertrags oder im Falle einer PersGes, für die der Gesellschaftsvertrag keine Beschlussfassung über die Gewinnverwendung vorsieht, erfolgt die Aktivierung des Dividendenanspruchs übereinstimmend im Jahr der Aufstellung, sodass auch hier **keine** temporären Differenzen entstehen. Sollte es in Ausnahmefällen doch zu einer periodenverschobenen Erfassung kommen (zB beim Eingehen einer steuerlichen Organschaft), so entstehen gem § 8b Abs 1 KStG grds **permanente** Differenzen.

(c) **Bewertungsunterschiede** können aus Wertminderungen für Forderungen oder Barwertberechnungen entstehen: temporäre Differenzen.

(6) **Wertpapiere:** 107

(a) Dem Ansatz **derivativer Finanzinstrumente** zum Marktwert gem IAS 39 steht regelmäßig keine steuerliche Erfassung der schwebenden Geschäfte gegenüber: temporäre Differenzen.

(b) **Kurzfristige Wertpapiere** und ähnliche **originäre Finanzinstrumente** unterliegen nach IAS 39.43 ff je nach Kategorisierung der Zeitwertbilanzierung; in der Steuerbilanz gilt die Anschaffungskostenbegrenzung (§ 253 Abs 1 HGB). Auf entstehende temporäre Differenzen sind latente Steuern abzugrenzen. Für Finanzinstrumente, die der Kategorie zur Veräußerung verfügbar zugeordnet sind, ist zu berücksichtigen, dass Wertänderungen mit Ausnahme von Wertberichtigungen erfolgsneutral über das sonstige Ergebnis (vgl § 15 Rz 111) vorzunehmen sind. Insofern erfolgt auch die Bilanzierung latenter Steuern erfolgsneutral über das sonstige Ergebnis.

(c) **Eigene Anteile:** Nach IAS 32.33 Kürzung vom Eigenkapital, in der Steuerbilanz Ansatz als Wertpapiere. Die entstehenden Differenzen sind **permanenter** Natur, da Verluste aus der Veräußerung bzw Abschreibung eigener Anteile steuerlich nicht abzugsfähig sind (vgl BMF-Schreiben vom 28. Februar 2003). Latente Steuern sind weder erfolgswirksam noch erfolgsneutral zu erfassen.

(d) **Leihweise Überlassung von Wertpapieren:** Gem § 8b Abs 10 KStG sind alle Entgelte, die ein Entleiher für die leihweise Überlassung von Wertpapieren leistet, beim Entleiher steuerlich nicht abzugsfähig. Die Nichtabzugsfähigkeit beim Entleiher führt bei diesem zu einer **permanenten** Differenz, sodass keine latenten Steuern abzugrenzen sind.

(e) **Anteile an Spezialfonds:** Nach SIC 12 werden Spezialfonds häufig im Konzernabschluss des Investors vollkonsolidiert, sodass dort die im Fonds gehaltenen Wertpapiere und nicht der vom Investor gehaltene Anteilsschein bilanziert werden. Steuerlich ist der Spezialfonds kein eigenständiges Steuersubjekt, die Besteuerung der im Fonds erzielten Erträge erfolgt vielmehr auf Ebene des Anteilsscheininhabers. Da der Spezialfonds idR keine Steuerbilanz aufstellt, können latente Steuern nicht durch einen Vergleich der Bilanzansätze ermittelt werden. In der Praxis wird zur Ermittlung temporärer Differenzen daher eine fiktive Bilanzierung des Anteilsscheins vorgenommen, die Bewertung erfolgt retrograd auf Basis der unterjährigen Veränderungen (zu Einzelheiten vgl *Loitz/Sekniczka* WPg 2006, 355 ff).

(7) **Eigenkapital:** 108

(a) Das bei der **Ausgabe von Wandelschuldverschreibungen oder Optionsanleihen** den Rückzahlungsbetrag übersteigende **Agio** ist in der IFRS-Bilanz in die Kapitalrücklage einzustellen. In der Steuerbilanz ist es als Einlage zu behandeln, sodass grds keine Differenzen zwischen IFRS- und Steuerbilanz entstehen. Im Falle einer periodenverschobenen Erfassung entstehen bei der erstmaligen Erfassung des Sachverhalts erfolgsneutral temporäre Differenzen. Für diese gilt grds das Abgrenzungsverbot gem IAS 12.15(b). IAS 12.23 sieht hinsichtlich dieses besonderen Falls jedoch eine Ausnahme von der Ausnahme vor, sodass dann passive latente Steuern gem IAS 12.62A(b) erfolgsneutral direkt im Eigenkapital abzugrenzen sind. Die ratierliche Auflösung der latenten Steuerschuld im Folgejahr ist erfolgswirksam über die GuV vorzunehmen.

(b) **Passive Unterschiedsbeträge aus der Kapitalkonsolidierung** sind gem IFRS 3.34 (2008)/IFRS 3.56 (2004) sofort erfolgswirksam aufzulösen, sodass keine Differenzen entstehen: **keine** Abgrenzung latenter Steuern.

(c) **Konsolidierungsvorgänge** wie Zwischenergebniseliminierung, Schuldenkonsolidierung, Aufwands- und Ertragskonsolidierung sowie die Vereinheitlichung von Bilanzierungs- und Bewertungsmethoden können zu temporären Differenzen führen (vgl hierzu im Einzelnen § 35 Rz 114ff).

(d) Die Gewährung von **Aktienoptionen uä Eigenkapitalinstrumenten** gem IFRS 2 an Arbeitnehmer führt im IFRS-Abschluss zur aufwandswirksamen Erfassung des beizulegenden Zeitwerts der Aktienoption im Personalaufwand, wobei die Gegenbuchung in der Kapitalrücklage erfolgt. Auf die Steuerbilanz des bilanzierenden Unternehmens entfaltet der Sachverhalt keine Auswirkungen da der nach IFRS 2 ausgewiesene Personalaufwand mangels pagatorischer Aufwendungen steuerlich nicht abzugsfähig ist. Wirtschaftlich gesehen ist nicht das Unternehmen, sondern der Altaktionär Schuldner der Vergütung, besteuert wird der Vorgang beim Arbeitnehmer zum Zeitpunkt der Optionsausübung nach dem Zuflussprinzip. Die zwischen IFRS- und Steuerbilanz entstehenden Differenzen sind somit permanenter Natur, sodass eine Abgrenzung latenter Steuern entgegen IAS 12.68A **nicht** in Betracht kommt. Die gleichwohl zwischen IFRS- und Steuerbilanz auftretenden Differenzen sind in der Periode, in der der Personalaufwand im IFRS-Abschluss erfasst wird, in der steuerlichen Überleitungsrechnung (vgl Rz 194ff) zu berücksichtigen. Anders zu beurteilen sind hingegen Verpflichtungen aus ***phantom stock plans*** bzw ***stock appreciation rights***, die zu einem tatsächlichen Mittelabfluss aus dem Unternehmen führen und daher auch steuerlich geltend gemacht werden können. Im IFRS-Abschluss erfolgt die Bewertung dieser Verpflichtungen gem IFRS 2.30 zum beizulegenden Zeitwert, während für die Bewertung in der Steuerbilanz der innere Wert zugrunde zu legen ist. Die dabei entstehenden Differenzen führen regelmäßig zur Abgrenzung aktiver latenter Steuern.

(e) Auf **Dividenden auf Vorzugsaktien**, die im IFRS-Abschluss als Fremdkapital klassifiziert und abweichend zur Steuerbilanz als Schuld ausgewiesen werden, sind keine latenten Steuern abzugrenzen, da die Zahlung der Dividende keine steuerlichen Konsequenzen für das bilanzierende Unternehmen nach sich zieht.

(f) **Eigenkapitalbeschaffungskosten** iSd IAS 32.37, die im Rahmen der Ausgabe neuer Aktien als Abzug vom Eigenkapital bilanziert werden, führen regelmäßig zu temporären Differenzen, die eine Abgrenzung latenter Steuern erfordern (vgl § 12 Rz 33ff).

Beispiel 1: Ein Unternehmen nimmt eine Kapitalerhöhung durch die Ausgabe von 1 Mio neuer Aktien zu einem Nennwert von € 1 über die Börse vor. Der Emissionserlös beläuft sich auf Mio € 6, die Aufwendungen für Registergebühren, Stempelsteuer, Prospektkosten, unmittelbar mit der Kapitalerhöhung in Zusammenhang stehende Beratungsgebühren sowie Kosten der Investmentbank betragen T€ 500. Der Steuersatz des Unternehmens beläuft sich auf 30%.

Im IFRS-Abschluss sind die Eigenkapitalbeschaffungskosten gem IAS 32.35ff unter Berücksichtigung latenter Steuern erfolgsneutral mit der Kapitalrücklage zu verrechnen. Da die Transaktion in der Zukunft keine steuerlichen Auswirkungen mehr entfalten wird, ist die Erfassung der latenten Steuern im Steueraufwand vorzunehmen (aA *Lüdenbach* in Lüdenbach/Hoffmann IFRS[7] § 20 Rz 60). Das Unternehmen nimmt die folgenden Buchungen vor:

Per	Kasse	an	Gezeichnetes Kapital	T€ 1.000
		an	Kapitalrücklage	T€ 5.000
Per	Kapitalrücklage	an	Vblk aus Beratung/Gebühren	T€ 500
Per	Latenter Steueraufwand	an	Kapitalrücklage	T€ 150.

Beispiel 2: Ein Biotechnologieunternehmen, welches über steuerliche Verlustvorträge in Höhe von T€ 2.000 verfügt, plant anlässlich der erfolgreichen Patentierung eines Produkts für das Jahr X2 einen Börsengang. Im Jahr X1 fallen für Rechtsberater, Wirtschaftsprüfer, die Investmentbank sowie Prospektkosten Aufwendungen in Höhe von T€ 500 an. Bis zur Emission der Aktien im März X2 fallen weitere Aufwendungen im Zusammenhang mit dem Börsengang in Höhe von T€ 500 an. Im Rahmen der Emission werden 1 Mio neuer Aktien mit einem Nennwert von € 1 ausgegeben, der Emissionserlös beläuft sich auf Mio € 6.

Im IFRS-Abschluss sind die Eigenkapitalbeschaffungskosten gem IAS 32.35ff unter Berücksichtigung latenter Steuern erfolgsneutral mit der Kapitalrücklage zu verrechnen. Aus diesem Grund dürfen die im Jahr X1 in Höhe von T€ 1.000 angefallenen Emissionskosten nicht erfolgswirksam erfasst werden, sondern sind in einem aktiven Abgrenzungsposten zu bilanzieren.

Per	Aktiver AP	an	Vblk aus Beratung/Gebühren	T€ 500.

In der Steuerbilanz werden die Aufwendungen für die Aktienemission im Jahr X1 aufwandswirksam erfasst und erhöhen den steuerlichen Verlustvortrag auf T€ 2.500.

Durch die Abgrenzung der Emissionskosten im IFRS-Abschluss entsteht ggü der Steuerbilanz eine temporäre Differenz in Höhe von T€ 500. Unter Anwendung eines Steuersatzes von 30% sind passive latente Steuern in Höhe von T€ 150 zu bilanzieren. Die Erfassung der passiven latenten Steuern ist erfolgswirksam vorzunehmen.

Per	Steueraufwand	an	Passive latente Steuern	T€ 150.

Da sich der steuerliche Verlustvortrag ebenfalls um T€ 500 erhöht hat, sind die bislang hierauf gebildeten aktiven latenten Steuern um T€ 150 aufzustocken.

Per	Aktive latente Steuern	an	Steueraufwand	T€ 150.

Die im Jahr X2 anfallenden Emissionskosten werden entspr bilanziert, sodass der für die Emissionskosten gebildete Abgrenzungsposten nach Abschluss der Emission in Höhe von T€ 1.000 valutiert, bei passiven latenten Steuern von T€ 300:

Per	Aktiver AP	an	Vblk aus Beratung/Gebühren	T€ 500
Per	Steueraufwand	an	Passive latente Steuern	T€ 150
Per	Aktive latente Steuern	an	Steueraufwand	T€ 150.

Abschließend ist die anlässlich der Emission in Höhe von T€ 5.000 dotierte Kapitalrücklage mit dem aktiven Abgrenzungsposten und den passiven latenten Steuern zu verrechnen:

Per	Kapitalrücklage	an	Aktive AP	T€ 1.000
Per	Passive latente Steuern	an	Kapitalrücklage	T€ 300.

Die auf den steuerlichen Verlustvortrag abgegrenzten aktiven latenten Steuern in Höhe von T€ 300 bleiben vorerst bestehen und sind auf Basis der steuerlichen Ergebnisse des Unternehmens entspr erfolgswirksam weiter zu entwickeln.

109 (8) **Sonderposten mit Rücklageanteil:**
Der Ansatz steuerlicher Sonderposten aus passivischer Abgrenzung von Sonderabschreibungen **nach** § 4 FördGG und Rücklagen nach § 6b EStG und R 6b.1 und 2 EStR ist nach IFRS unzulässig: temporäre Differenzen.

110 (9) **Schulden/Rückstellungen:**

(a) Das aus IAS 37.14 resultierende Ansatzverbot für **Aufwandsrückstellungen** entspricht im Wesentlichen der ertragsteuerlichen Behandlung, nach welcher Aufwandsrückstellungen prinzipiell nicht angesetzt werden dürfen. Grds entstehen **keine** temporären Differenzen, eine Ausnahme gilt für Rückstellungen für unterlassene Instandhaltung, die innerhalb von 3 Monaten nach dem Bilanzstichtag nachgeholt werden (R 5.7 Abs 1 EStR, § 249 Abs 1 Satz 2 Nr 1 HGB) sowie für weitere steuerlich anerkannte Rückstellungen für unternehmensinterne Aufwendungen. In diesen Fällen fehlt die nach IAS 37.14(a) erforderliche faktische oder rechtliche Verpflichtung.

(b) Dem Passivierungsverbot von **Drohverlustrückstellungen** gem § 5 Abs 4a EStG steht die grds Ansatzpflicht gem IAS 37.17 gegenüber. Im Baubereich betrifft dies insbes Drohverluste aus Fertigungsaufträgen gem IAS 11. Es entstehen temporäre Differenzen.

(c) Der für die Ermittlung von **Pensionsrückstellungen** gem IAS 19 anzuwendenden Anwartschaftsbarwertmethode steht das steuerlich anerkannte Teilwertverfahren nach § 6a Abs 3 EStG gegenüber, sodass temporäre Differenzen entstehen. Gleiches gilt für die Bewertung von Jubiläumsrückstellungen sowie Altersteilzeit- uä Verpflichtungen gem IAS 19.

(d) Das **steuerbilanzielle Rückstellungsrecht** (§§ 5 Abs 2a bis 4b, 6 Abs 1 Nr 3a bis e EStG) kann zu einer Reihe von Bewertungsunterschieden führen und somit zu temporären Differenzen.

(e) **Verpflichtungen aus Put-Optionen bzw Abfindungsansprüchen zugunsten eines Minderheitsgesellschafters einer PersGes:** Gem IAS 32.18(b) sind Minderheitenanteile bei Bestehen einer Put-Option zu Lasten des bilanzierenden MU sowie im Falle von gesetzlichen oder gesellschaftsvertraglichen Abfindungsansprüchen zugunsten eines Mitgesellschafters einer PersGes nicht als Eigenkapital auszuweisen, sondern auf Basis der gesetzlichen bzw vertraglich zugrunde gelegten Bedingungen zum Bilanzstichtag zu bewerten und als Schuld auszuweisen. Dies gilt gem IAS 32 zumindest dann, wenn die Put-Optionen bzw Abfindungsansprüche auf ein TU eines Konzerns entfallen. In der Steuerbilanz verbleibt es dagegen bei einem Ausweis im Eigenkapital. Da Transaktionen mit Gesellschaftern steuerlich grds als Einlage oder Entnahme aus dem Betriebsvermögensvergleich eliminiert werden, ziehen Zahlungen aus derartigen Put-Optionen bzw Abfindungsansprüchen idR keine steuerlichen Folgen nach sich. Eine Abgrenzung latenter Steuern kommt daher grds nicht in Betracht. Steuerliche Auswirkungen können sich allenfalls aus dem Vorliegen stiller Reserven ergeben, die im IFRS-Abschluss jedoch bereits regelmäßig unter Berücksichtigung latenter Steuern bilanziert sein sollten (vgl auch *Fülbier/Mages* KoR 2007, 76).

(f) Das **Abzinsungsgebot für langfristige** Verbindlichkeiten und Rückstellungen in Höhe von 5,5% gem § 6 Abs 1 Nr 3 EStG entspricht im

Wesentlichen der IFRS-Regelung. Temporäre Unterschiede entstehen bei Anwendung abweichender Zinssätze (IAS 37.47).

(10) **Sonderfälle:** 111

(a) **Aufwandswirksame Bußgelder und Geldstrafen** sowie sonstige nicht abzugsfähige Betriebsausgaben (zB nicht abzugsfähige Bewirtungsaufwendungen, hälftige Aufsichtsratsvergütung, Zinsen auf Nachbelastungen nach § 233a AO etc) können steuerlich nicht geltend gemacht werden (§ 4 Abs 5 EStG): **permanente** Differenzen.

(b) Die steuerlichen Konsequenzen aus **Betriebsprüfungen** (vgl Rz 13) sind gem IAS 8.4 im Rahmen der Abgrenzung latenter Steuern zu berücksichtigen. Dies ist zum Einen dann erforderlich, wenn die Betriebsprüfung zu einer abweichenden Bilanzierung in der Steuerbilanz ohne Änderung der IFRS-Bilanz führt, so etwa durch die Änderung der Nutzungsdauer von langfristigen Vermögenswerten oder die steuerliche Aberkennung von Rückstellungen. Auf die hierdurch entstehenden temporären Differenzen sind latente Steuern abzugrenzen. Wird auch die IFRS-Bilanz an die geänderte Steuerbilanz angepasst, so ist eine Abgrenzung latenter Steuern mangels temporärer Differenz idR nicht vorzunehmen. In beiden Fällen ist jedoch eine tatsächliche Steuerschuld in Höhe des voraussichtlich abzuführenden Betrags zu passivieren. Die Erfassung dieser Schuld richtet sich danach, ob die Anpassung in der IFRS-Bilanz eine Fehlerkorrektur oder eine Schätzungsänderung darstellt. Verstieß die bisherige Bilanzierung gegen geltende IFRS-Vorschriften, so ist unter Berücksichtigung des Wesentlichkeitsaspekts gem IAS 8.42 eine erfolgsneutrale Bilanzberichtigung durchzuführen (so etwa, wenn aktivierungspflichtige Vermögenswerte sofort als Aufwand erfasst wurden). Im Fall einer Schätzungsänderung (etwa bei einer Anpassung von Nutzungsdauern, Zinssätzen oder der Höhe von Wertberichtigungen), ist die Anpassung gem IAS 8.36 erfolgswirksam vorzunehmen.

7. Die bilanzielle Erfassung latenter Steuern

Latente Steuern sind konsistent zu den Transaktionen bzw Ereignissen zu erfassen, aus welchen sie resultieren (*Coenenberg/Hille* in Baetge ua IFRS-Komm[2] IAS 12 Rz 88). Demnach führen **erfolgswirksame** Sachverhalte zu einer erfolgswirksamen **Erfassung** und **erfolgsneutrale** Sachverhalte zu einer erfolgsneutralen Erfassung latenter Steuern. Erfolgsneutrale Sachverhalte werden gem IAS 12.62 entweder im sonstigen Ergebnis oder gem IAS 12.62A direkt im Eigenkapital gebucht. Darüber hinaus ist das **Zusammentreffen** einer erfolgswirksamen und erfolgsneutralen Erfassung latenter Steuern möglich. 112

a) Erfolgswirksame Erfassung

Die **erfolgswirksame Erfassung** latenter Steuern beruht im Regelfall auf temporären Differenzen aus Periodenverschiebungen zwischen IFRS- und Steuerbilanz, wenn zB die Erfassung bestimmter Erträge bzw Aufwendungen in unterschiedlichen Geschäftsjahren erfolgt. In diesem Fall ziehen die Sachverhalte, die zur Entstehung der temporären Differenzen führen, unmittelbare Auswirkungen in der GuV nach sich. Die hierauf abzugrenzenden latenten Steuern sind gem IAS 12.58 ebenfalls **erfolgswirksam** in der GuV zu erfassen. 113

Beispiel: Ein Unternehmen aktiviert in seiner IFRS-Bilanz Entwicklungskosten gem IAS 38.57 und schreibt sie über ihre voraussichtliche Nutzungsdauer ab. Ferner erfasst und bewertet es Pensionsverpflichtungen gem IAS 19.49 ff als *defined benefit obligation.* Für drohende Verluste aus der Auftragsfertigung bildet es nach IAS 11.36 iVm IAS 37 eine Drohverlustrückstellung. In der Steuerbilanz unterliegen selbst erstellte immaterielle Wirtschaftsgüter sowie Drohverlustrückstellungen einem Ansatzverbot (§§ 5 Abs 2, 5 Abs 4a EStG), Pensionsverpflichtungen werden gem § 6a Abs 3 EStG abweichend zum Teilwert bewertet. Die abweichende Bilanzierung der drei Sachverhalte führt dazu, dass die Erfassung der hiermit verbundenen Aufwendungen in den beiden Rechnungslegungskreisen in unterschiedlichen Geschäftsjahren erfolgt. Da sich die Aufwendungen im Jahr ihrer Bilanzierung erfolgswirksam in der GuV niederschlagen, sind die auf die entstehenden temporären Differenzen abzugrenzenden latenten Steuern ebenfalls erfolgswirksam zu erfassen. Mit vollständiger Abschreibung der Entwicklungskosten, Auszahlung der Pensionsverpflichtungen sowie dem endgültigen Eintritt der Verluste im Zusammenhang mit der Auftragsfertigung gleichen sich die temporären Differenzen wieder aus. Auch dieser Ausgleich schlägt sich erfolgswirksam in der GuV nieder.

114 **Korrekturen des Wertansatzes** latenter Steuern, die ursprünglich erfolgswirksam erfasst wurden, sind ebenfalls erfolgswirksam in der GuV vorzunehmen. Dies betrifft zB Bewertungsanpassungen aufgrund einer Änderung der maßgeblichen Steuersätze sowie die Vornahme von Wertberichtigungen bzw Wertaufholungen auf aktive latente Steuern nach einer Neueinschätzung zukünftig erzielbarer Gewinne (vgl IAS 12.60 sowie Rz 176).

b) Erfolgsneutrale Erfassung

115 Die **erfolgsneutrale Erfassung** latenter Steuern geht auf erfolgsneutrale Transaktionen bzw Ereignisse zurück. Gem IAS 12.61A erfolgt die erfolgsneutrale Erfassung latenter Steuern in Abhängigkeit von dem zugrundeliegenden Sachverhalt entweder im **sonstigen Ergebnis** (vgl hierzu § 15 Rz 111 ff) oder **direkt im Eigenkapital**. Im sonstigen Ergebnis werden gem IAS 12.62 latente Steuereffekte aus der Neubewertung von Vermögenswerten gem IAS 16.39 oder IAS 38.85, aus erfolgsneutralen Bewertungsänderungen festverzinslicher Wertpapiere, die der Kategorie zur Veräußerung verfügbar zugeordnet wurden, gem IAS 39.55(b) sowie aus Wechselkursdifferenzen infolge der Anwendung der Stichtagskursmethode gem IAS 21.30 ausgewiesen. Korrekturen des Anfangssaldos von Gewinnrücklagen infolge der Änderung von Rechnungslegungsmethoden gem IAS 8.22 oder der Berichtigung von Fehlern gem IAS 8.41 ff, sind gem IAS 12.62A hingegen direkt im Eigenkapital zu erfassen. Der in IAS 12.62A ebenfalls genannte Fall des erstmaligen Ansatzes der Eigenkapitalkomponente eines hybriden Finanzinstruments findet im Falle einer unverzinslichen Wandelschuldverschreibung in Deutschland regelmäßig keine Anwendung, da die Schuldkomponente sowohl nach IAS 39.47 als auch nach § 6 Abs 1 Nr 3 EStG mit dem abgezinsten Rückzahlungsbetrag anzusetzen ist. Temporäre Differenzen iSv IAS 12.23 entstehen insoweit nur bei Zugrundelegung unterschiedlicher Abzinsungssätze.

116 Die aus den vorgenannten Beispielen resultierenden temporären Differenzen entstehen **erfolgsneutral**, weshalb auch die hierauf abzugrenzenden latenten Steuern über das sonstige Ergebnis gegen den betroffenen Eigenkapitalposten zu buchen sind.

Beispiel: Ein Vermögenswert des Sachanlagevermögens kann gem IAS 16.31 mit seinem Neubewertungsbetrag angesetzt werden. Liegt der Zeitwert über dem aktuellen Buchwert des Vermögenswerts, so führt die Neubewertung zu einer Erhöhung des Buchwerts. Die Gegenbuchung des dem Anlagevermögen zuzuschreibenden Aufstockungsbetrags erfolgt nach IAS 16.39 durch die Bildung einer im Eigenkapital gesondert auszuweisenden Neubewertungsrücklage, deren Dotierung erfolgsneutral über das sonstige Ergebnis erfolgt. In der Steuerbilanz kommt eine Zuschreibung des Anlagegegenstands gem § 6 Abs 1 Nr 1, 2 EStG dagegen nur dann in Betracht, wenn in einem früheren Geschäftsjahr außerplanmäßige Abschreibungen vorgenommen wurden, deren Grund nachträglich weggefallen ist. Durch die Neubewertung des Vermögenswerts entsteht regelmäßig eine temporäre Differenz. Da der Effekt aus der Neubewertung erfolgsneutral durch die Dotierung der Neubewertungsrücklage über das sonstige Ergebnis erfasst wurde, sind auch die auf die temporäre Differenz zu bildenden latenten Steuern **erfolgsneutral** im sonstigen Ergebnis zu buchen. Die Realisierung des Neubewertungsbetrags erfolgt in Folgejahren durch Abschreibung oder Veräußerung des Vermögenswerts. In Höhe des auf den Neubewertungsanteil entfallenden Betrags kann die Neubewertungsrücklage direkt den Gewinnrücklagen zugeführt werden. Demgegenüber sind die korrespondierenden latenten Steuern entspr der Realisierung des aufgewerteten Vermögenswerts durch Abschreibung oder Abgang **erfolgswirksam** aufzulösen. Diese Bilanzierung führt insgesamt dazu, dass sich der im Rahmen der Neubewertung ergebende Ertrag im Eigenkapital der Gesellschaft widerspiegelt und nicht zu einer Verfälschung der Ertragslage führt.

Werden hingegen als Finanzinvestition gehaltene Immobilien gem IAS 40.33 ff einer Neubewertung unterzogen, so ist diese nach IAS 40.35 stets erfolgswirksam zu erfassen. Insofern sind gem IAS 12.58 auch die in diesem Zusammenhang abzugrenzenden latenten Steuern stets erfolgswirksam zu bilanzieren (vgl mit ausführlichem Beispiel *Zülch/Lienau* KoR 2006, 698).

Latente Steuern, die erfolgsneutral erfasst und deshalb direkt mit dem Eigen- 117
kapital verrechnet wurden, sind im **Anhang** gesondert anzugeben. Zu beziffern ist der Gesamtbetrag der zum Bilanzstichtag ausgewiesenen aktiven und passiven tatsächlichen und latenten Steueransprüche und -schulden, die im Geschäftsjahr erfolgsneutral erfasst wurden. Dabei sind die direkt im Eigenkapital (IAS 12.81(a)) sowie alle im sonstigen Ergebnis gebuchten Steuereffekte je sonstige Ergebnis-Kategorie gesondert auszuweisen.

c) Mischformen

Ein **Zusammenfallen von erfolgswirksamer und erfolgsneutraler Er- 118
fassung** kommt in Betracht, wenn der zugrunde liegende Sachverhalt sowohl eine erfolgsneutrale als auch eine erfolgswirksame Buchung auslöst. Führt zB eine Neubewertung gem IAS 16.39 zur erfolgswirksamen Rückgängigmachung einer früheren Abschreibung und darüber hinaus erfolgsneutral zu einem die historischen Anschaffungskosten übersteigenden Wert, so ist die latente Steuer auf den erfolgswirksamen Teil der Neubewertung erfolgswirksam zu bilden und auf den erfolgsneutralen Teil der Neubewertung erfolgsneutral im sonstigen Ergebnis zu erfassen.

Die Ermittlung der auf die Teilbeträge entfallenden latenten Steuern kann im 119
Einzelfall erhebliche Schwierigkeiten bereiten. Sieht die Steuergesetzgebung zB die Anwendung eines **progressiven Steuersatzes** vor, so lassen sich die latenten Steuern, die auf den erfolgsneutral zu verrechnenden Anteil einerseits und auf den erfolgswirksam zu erfassenden Teilbetrag andererseits entfallen, nicht exakt berechnen. In diesem Fall ist der Anteil latenter Steuern, der ergebnisneutral abzugrenzen ist, gem IAS 12.63 im Wege der Schätzung zu ermitteln, indem für die auf diese Teilbeträge abzugrenzenden latenten Steuern ein **Durchschnittssteuersatz** angewendet wird. Weitere Ermittlungsschwierigkeiten können entstehen, sofern die auf einen Sachverhalt sowohl erfolgswirksam als auch erfolgsneutral abgegrenzten latenten Steuern neu zu bewerten sind, sich jedoch die exakten Beträge der unterschiedlich abgegrenzten Steuerlatenzen auf Basis der vorhandenen Unterlagen nicht mehr feststellen lassen (IAS 12.63(b) und (c)). Auch in diesen Fällen ist die Vornahme einer Schätzung zulässig.

8. Latente Steuern im Unternehmensverbund

Latente Steuern im Unternehmensverbund betreffen zum einen Differenzen, 120
die bei der Aufstellung des Konzernabschlusses aus der Anpassung an **konzerneinheitliche Bilanzierungs- und Bewertungsmethoden** sowie aus **Konso-**

lidierungsvorgängen resultieren. Zum anderen fällt hierunter die Behandlung temporärer Differenzen auf Anteile an TU, Gemeinschaftsunternehmen, assoziierten Unternehmen und sonstigen Unternehmensbeteiligungen im Einzelabschluss des MU. Maßgeblich für die Behandlung der Differenzen ist die jeweilige Abgrenzungsebene.

a) Systematisierung der unterschiedlichen Abgrenzungsebenen

121 Im Unternehmensverbund sind **verschiedene Ebenen** der Steuerabgrenzung zu unterscheiden, für die sich in der Praxis feste Begrifflichkeiten gebildet haben (vgl *Ernsting* WPg 2001, 19; *Hoffmann* in Lüdenbach/Hoffmann IFRS[7] § 26 Rz 63; *Loitz* WPg 2004, 1177; *Meyer/Bornhofen/Homrighausen* KoR 2005, 285 ff).

122 ***Inside basis differences I*:** Differenzen zwischen den in der Steuerbilanz und den im IFRS-Einzelabschluss angesetzten Buchwerten werden als *inside basis differences I* bezeichnet; sie betreffen allein die **Sphäre** des **bilanzierenden Unternehmens.** Die Ermittlung der temporären Differenzen erfolgt durch die Gegenüberstellung der Steuerwerte der einzelnen Vermögenswerte und Schulden lt Steuerbilanz mit den Buchwerten der IFRS-Bilanz auf HB-I-Ebene (vgl Rz 47 ff).

123 ***Inside basis differences II*:** Auf Konzernabschlussebene können die aus dem Einzelabschluss übernommenen Vermögenswerte und Schulden im Rahmen der Anpassung an die **konzerneinheitliche Bilanzierung und Bewertung** zu abweichenden Wertansätzen führen. Die hieraus resultierenden sog *inside basis differences II* betreffen immer noch die dem Unternehmen zuzurechnenden Vermögenswerte und Schulden, die aufgrund der Einbeziehung in einen Konzernverbund jedoch einer abweichenden, konzerneinheitlichen Bilanzierung und Bewertung unterliegen können. Hierzu zählen auch temporäre Differenzen, die im Rahmen von Unternehmenserwerben aus der Erfassung der erworbenen Vermögenswerte, Schulden und Eventualschulden zum beizulegenden Zeitwert gem IFRS 3.18 ff (2008)/IFRS 3.24 ff (2004) resultieren (*Ernsting/Loitz* DB 2004, 1054).

Beispiel: Pensionsrückstellungen werden in der **Steuerbilanz** gem § 6 a Abs 3 EStG nach dem Teilwertverfahren unter Zugrundelegung eines Zinssatzes von 6% bewertet. Im **HGB-Einzelabschluss** wendet das bilanzierende Unternehmen ebenfalls das Teilwertverfahren an, zinst die Verpflichtungen jedoch mit einem Zinssatz von 5% ab. Im **IFRS-Konzernabschluss** werden die Pensionsverpflichtungen gem IAS 19 mit bestehendem Planvermögen verrechnet und nach dem Anwartschaftsansammlungsverfahren bewertet.

Die zwischen Steuerbilanz und HGB-Handelsbilanz entstehenden temporären Differenzen stellen ***inside basis differences I*** dar. Die auf HB-II-Ebene vorzunehmenden IFRS-Anpassungen werden als ***inside basis differences II*** bezeichnet. Die Abgrenzung latenter Steuern erfolgt in beiden Fällen nach der gleichen Systematik durch Gegenüberstellung des Steuerwerts **einzelner** Vermögenswerte und Schulden mit dem Buchwert nach HGB bzw IFRS.

124 ***Outside basis differences*** beziehen sich dagegen auf die **Sphäre des MU.** Sie betreffen Unterschiede zwischen dem Ansatz der Beteiligung beim MU sowohl auf Ebene der Steuerbilanz als auch auf Einzel- bzw Konzernabschlussebene. Anders als bei *inside basis differences* werden nicht die Bilanzansätze einzelner Vermögenswerte und Schulden verglichen, sondern eine Sachgesamtheit, die entweder durch den Beteiligungsbuchwert eines TU oder durch dessen Nettovermögen repräsentiert wird. *Outside basis differences* können bei der Umrechnung von zu konsolidierenden Fremdwährungsabschlüssen, bei Differenzen zwischen dem steuerlichen Beteiligungsbuchwert und dem auf Konzernabschlussebene abgebildeten Nettovermögen eines TU sowie beim Ansatz von assoziierten Unternehmen entstehen.

Beispiel: Ein Unternehmen erwirbt als MU sämtliche Anteile an einer KapGes zu einem Kaufpreis von T€ 1.000. Das steuer- sowie handelsbilanzielle Eigenkapital des erworbenen TU beträgt T€ 600. MU und TU unterliegen einem Steuersatz von 30%.

In der Steuerbilanz und im handelsrechtlichen Einzelabschluss bilanziert das MU die Beteiligung zu Anschaffungskosten in Höhe von T€ 1.000.

Im IFRS-Konzernabschluss wird der Unterschiedsbetrag zwischen Kaufpreis und bilanziellem Eigenkapital des TU von insgesamt T€ 400 im Rahmen der Kaufpreisallokation auf ein Markenrecht in Höhe von T€ 300 verteilt, welches in den Folgeperioden mangels bestimmbarer Nutzungsdauer keiner planmäßigen Abschreibung unterliegt. Gleichzeitig werden auf das aktivierte Markenrecht passive latente Steuern in Höhe von T€ 90 gebildet. Der verbleibende Unterschiedsbetrag in Höhe von T€ 190 wird als Geschäfts- oder Firmenwert ausgewiesen. Der auf Einzelabschlussebene bilanzierte Beteiligungsbuchwert wird im Rahmen der Kapitalkonsolidierung eliminiert.

Im Jahr X1 erzielt das TU einen Gewinn vor Steuern in Höhe von T€ 200, nach Steuern verbleibt ein Gewinn von T€ 140, der thesauriert wird. Im Jahr X2 erzielt das TU einen Verlust von T€ 440. Daraufhin nimmt das MU auf Einzelabschlussebene eine außerplanmäßige Abschreibung auf den Beteiligungsbuchwert in Höhe von T€ 700 vor. Auf Konzernabschlussebene wird der Geschäfts- oder Firmenwert in voller Höhe einem *impairment* unterzogen. Damit ermitteln sich die *outside basis differences* unter Einbezug der Ergebnisse nach Steuern sowie der außerplanmäßigen Abschreibungen wie folgt:

	Erwerb	Jahr X1	Jahr X2
	T€	T€	T€
Beteiligungsbuchwert (Steuerwert)	**1.000**	**1.000**	**300**
Eigenkapital TU lt Steuer- bzw Handelsbilanz	600	740	300
Auf Konzernabschlussebene aktiviertes Markenrecht	300	300	300
Passive latente Steuern auf das Markenrecht	– 90	–90	– 90
Geschäfts- oder Firmenwert	190	190	0
Nettovermögen des TU auf Konzernabschlussebene	**1.000**	**1.140**	**510**
Outside basis difference	**0**	**– 140**	**– 210**

Zum Erwerbszeitpunkt entsprechen die im Konzernabschluss angesetzten Vermögenswerte und Schulden den in der Steuerbilanz angesetzten Anschaffungskosten. Durch die abweichende Entwicklung des steuerlichen Beteiligungsbuchwerts von dem Nettovermögen des konsolidierten Unternehmens in der Konzernbilanz entstehen in den Folgejahren *outside basis differences.* Weitere Veränderungen können sich zB aufgrund von Ausschüttungen des TU an das MU ergeben.

Im Falle einer Veräußerung der Beteiligung kann die *outside basis difference* je nach Steuergesetzgebung zu einer Steuerbelastung beim MU führen. Da § 8b KStG für deutsche Unternehmen grds eine Steuerbefreiung für Gewinne aus der Veräußerung von Beteiligungen an KapGes vorsieht, kommt im vorliegenden Fall eine Abgrenzung latenter Steuern allerdings nur nach Maßgabe des § 8b Abs 5 KStG in Betracht. Danach gelten 5% einer Gewinnausschüttung als nicht abzugsfähige Betriebsausgabe, die bei einem Steuersatz von 30% zu einer effektiven Besteuerung der Dividende in Höhe von 1,5% (= 30% x 5%) führt. Zu weiteren Einzelheiten vgl Rz 131 ff sowie die Übersicht in Rz 150.

Durch die Berücksichtigung von *outside basis differences* werden die zukünftigen kumulierten steuerlichen Auswirkungen aus der Perspektive des IFRS-Konzernabschlusses bereits zu dem Zeitpunkt ausgewiesen, zu dem die Ergebnisse bei dem TU entstehen und nicht erst dann, wenn diese Ergebnisse durch Ausschüttungen auf die Ebene des MU transferiert werden (*Lienau* KoR 2007, 18; *Pawelzik* KoR 2006, 15). **125**

b) Behandlung von *inside basis differences* im Rahmen der Aufstellung des Konzernabschlusses

Der Ansatz latenter Steuern ist im Konzernabschluss grds nach den gleichen Regeln vorzunehmen, die für den Einzelabschluss gelten. Die Ermittlung tem- **126** porärer Differenzen erfolgt durch den Vergleich der aus den Einzelabschlüssen in die Konzernbilanz einfließenden und sich weiterentwickelnden Buchwerte der Vermögenswerte und Schulden mit ihren jeweiligen Steuerwerten. Als **Ausgangsbasis** dienen somit stets die Einzelabschlüsse der Unternehmen, die über die Summenbilanz in den Konzernabschluss einbezogen werden, sowie die korrespondierenden Steuerbilanzen. Während die Steuerbilanzen der konsolidierungspflichtigen Unternehmen unverändert bleiben, unterliegen die handelsbilanziellen Buchwerte im Rahmen der Erstellung der Konzernbilanz Anpassungs- und Konsolidierungsvorgängen, die ggü den Steuerwerten zur Entstehung oder Veränderung temporärer Differenzen führen können.

Um den unterschiedlichen Einflüssen der Einzelbilanzen Rechnung zu tragen, empfiehlt sich für die Ermittlung temporärer Differenzen in der Praxis die Anwendung des folgenden **Stufenkonzepts.**

127 **aa) Latente Steuern auf Basis der konsolidierungspflichtigen Einzelabschlüsse (*inside basis differences I*).** Auf der ersten Stufe sind latente Steuern auf Basis der in den Konzernabschluss einbezogenen Einzelabschlüsse abzugrenzen. In Einzelabschlüssen, die ihrerseits nach **IFRS-Grundsätzen** aufgestellt sind, werden latente Steuern auf Basis der *inside basis differences I* (vgl Rz 122) bereits in zutreffender Höhe ausgewiesen und können daher unverändert in die HB II übernommen werden. Dort sind sie dann im Rahmen der Anpassung an die konzerneinheitlichen Bilanzierungs- und Bewertungsmethoden (*inside basis differences II*) sowie im Rahmen der Konsolidierungsvorgänge weiter zu entwickeln.

128 Konsolidierungspflichtige Unternehmen, welche die Steuerabgrenzung **nicht** nach dem ***temporary*-Konzept** vornehmen oder deren Bilanzierungs- und Bewertungsmethoden erheblich von den Rechnungslegungsvorschriften nach IFRS abweichen, können die im Einzelabschluss erfassten latenten Steuern idR **nicht** in die HB II übernehmen. Dies betrifft insbes Jahresabschlüsse, die nach den Vorschriften des HGB vor Umsetzung der Vorschriften des BilMoG aufgestellt worden sind. Das danach noch anzuwendende *timing*-Konzept weist ggü dem *temporary*-Konzept erhebliche strukturelle Unterschiede auf (vgl Rz 215 ff), weshalb eine direkte Anpassung bestehender latenter Steuern an das jeweils andere Konzept ausscheidet (*Heurung* AG 2000, 542). Darüber hinaus weichen die Bilanzierungs- und Bewertungsvorschriften der beiden Rechnungslegungswerke so erheblich voneinander ab, dass die sich ergebenden steuerlichen Konsequenzen im Rahmen einer direkten Anpassung ohnehin nur mit großem Aufwand nachvollzogen werden könnten. Die nach HGB bilanzierten latenten Steuerposten sind daher bei der Überführung in einen IFRS konformen Abschluss zunächst vollständig aufzulösen und auf Basis der IFRS-Konsolidierungs-Packages unter Berücksichtigung des *temporary*-Konzepts gem IAS 12 neu zu bilden. Das BilMoG sieht vor, dass die Abgrenzung latenter Steuern nach HGB zukünftig ebenfalls nach dem *temporary*-Konzept erfolgen soll. Aufgrund des Wahlrechts zur Bilanzierung aktiver latenter Steuern sowie der abweichenden Saldierungsvorschriften ist eine Übernahme der Werte nach HGB (BilMoG) jedoch nur eingeschränkt möglich.

129 **bb) Latente Steuern aus der Anpassung an die konzerneinheitliche Bilanzierung und Bewertung (*inside basis differences II*).** Die Einbeziehung der Jahresabschlüsse der konsolidierungspflichtigen Unternehmen in den Konzernabschluss erfordert grds eine Anpassung an konzerneinheitliche Bilanzierungs- und Bewertungsmethoden (vgl IAS 27.24 (2008)/IAS 27.28 (2003), IAS 28.26). In der HB II sind daher alle Einzelabschlüsse unter Anwendung der im Konzern vorgenommenen Wahlrechte an die IFRS-Rechnungslegungsvorschriften anzupassen. Die im Rahmen der Anpassungsmaßnahmen geänderten Bilanzansätze führen idR zur Entstehung bzw Veränderung temporärer Differen-

zen (*inside basis differences II*; vgl Rz 123). Für Einzelabschlüsse, die bereits nach IFRS bilanziert wurden, sind die sich hieraus ergebenden steuerlichen Konsequenzen im Rahmen der latenten Steuerabgrenzung zu berücksichtigen. Für Einzelabschlüsse, die nach anderen Rechnungslegungsvorschriften, insbes unter Zugrundelegung des *timing*-Konzepts erstellt wurden, sind auf HB II Ebene zunächst alle nach den lokalen Rechnungslegungsvorschriften gebildeten latenten Steuern **aufzulösen** (*Heurung* AG 2000, 542). Anschließend sind auf die **angepassten** Vermögenswerte und Schulden latente Steuern nach dem *temporary*-Konzept abzugrenzen, indem die Buchwerte der HB II den Steuerwerten der Steuerbilanz gegenübergestellt werden.

In der Praxis sollte die Anpassung an die konzerneinheitliche Bilanzierung 130
und Bewertung sowie die Abgrenzung latenter Steuern nach dem *temporary*-Konzept zweckmäßigerweise auf Basis der allgemein verwendeten **Konsolidierungs-Packages** vorgenommen werden.

c) Behandlung von *outside basis differences*

aa) Grundsätze. Bei der Abgrenzung latenter Steuern auf *outside basis differen-* 131
ces kommt sowohl der Rechtsform des Beteiligungsunternehmens als auch der Ebene der Ermittlung der Steuerlatenzen eine erhebliche Bedeutung zu.

Auf **Einzelabschlussebene** steht bei **Beteiligungen an KapGes** den in der Steuerbilanz erfassten Anteilen der handelsbilanzielle Beteiligungsbuchwert gegenüber. Da diese Ansätze systematisch keinen Unterschied aufweisen, erfolgt die Ermittlung temporärer Differenzen durch Gegenüberstellung beider Beteiligungsbuchwerte. Auf **Konzernabschlussebene** wird der im Rahmen der Kapitalkonsolidierung eliminierte Beteiligungsbuchwert durch das der Beteiligung zuzurechnende Nettovermögen repräsentiert. Differenzen zwischen dem steuerlichen Beteiligungsbuchwert und dem Nettovermögen des einbezogenen Unternehmens im IFRS-Konzernabschluss sind durch die *inside basis differences* noch nicht erfasst und führen grds zur Abgrenzung latenter Steuern. Begründet wird der Ansatz latenter Steuern mit einem fiktiven Veräußerungsszenario. Übersteigt das Nettovermögen eines einbezogenen TU in der Konzernbilanz den in der Steuerbilanz angesetzten Beteiligungsbuchwert, so entstünde im Falle einer sofortigen Veräußerung der Beteiligung aus Konzernsicht im Vergleich zur Steuerbilanz ein niedrigerer Veräußerungsgewinn. Sofern der Veräußerungsgewinn der Besteuerung unterliegt, sind auf den Differenzbetrag grds latente Steuern abzugrenzen. Die Ermittlung der *outside basis differences* erfolgt durch Gegenüberstellung des steuerbilanziellen Beteiligungsbuchwerts mit dem auf Konzernabschlussebene bilanzierten Nettovermögen des TU, Gemeinschafts- oder assoziierten Unternehmens.

Anders als bei KapGes stellt der **Anteil an einer PersGes** steuerlich kein 132
Wirtschaftsgut dar. Die Beteiligung an einer PersGes wird im Rahmen der steuerlich anzuwendenden Spiegelbildmethode vielmehr durch das aus sämtlichen Wirtschaftsgütern und Schulden bestehende Nettovermögen dieser Gesellschaft repräsentiert, indem die Beteiligung in Höhe des spiegelbildlichen Kapitalkontos des Gesellschafters der PersGes erfasst wird. Dieses schließt sowohl die Gesamthandsbilanz als auch steuerlich zu berücksichtigende Ergänzungsbilanzen ein (vgl Rz 85 ff). Die Ermittlung der *outside basis differences* erfolgt somit auf **Einzelabschlussebene** durch die Gegenüberstellung des in der steuerlich relevanten Gesamthands- und Ergänzungsbilanz repräsentierten Nettovermögens mit dem handelsbilanziellen Beteiligungsbuchwert. Auf **Konzernabschlussebene** gilt sowohl steuer- als auch handelsbilanziell die Einzelveräußerungsfiktion, sodass dort keine konzeptionellen Unterschiede zu beachten sind.

133 Die Abgrenzung latenter Steuern auf *outside basis differences* im Zusammenhang mit Anteilen an TU, assoziierten Unternehmen und Gemeinschaftsunternehmen ist in IAS 12.38ff gesondert geregelt. **Passive** latente Steuern sind gem IAS 12.39 dann **nicht** zu bilden,

(1) wenn das MU bzw der Anteilseigner in der Lage ist, den zeitlichen Verlauf der Realisierung der temporären Differenzen zu steuern und
(2) wenn sich die Differenzen in absehbarer Zeit voraussichtlich **nicht** umkehren werden.

134 Das Kriterium der Steuerung der Auflösung von temporären Differenzen betrifft den ***control*-Aspekt.** Dieser ist dann erfüllt, wenn das MU über die Ausschüttung von Gewinnen bzw die Veräußerung der Anteile frei entscheiden kann. Der darüber hinaus geltende **zeitliche Aspekt** ist dann erfüllt, wenn eine baldige Gewinnausschüttung bzw Anteilsveräußerung konkret geplant bzw beschlossen ist. In Bezug auf Anteile an TU ist der *control*-Aspekt in aller Regel erfüllt. Sofern darüber hinaus keine Gewinnausschüttung bzw Veräußerung des TU geplant ist, kommt die Abgrenzung latenter Steuern auf die *outside basis differences* infolge der Ausnahmeregelung des IAS 12.39 **nicht** in Betracht.

Das vorgenannte Ansatzverbot soll im Rahmen des *Convergence Projects* grds **gestrichen** werden (vgl ED/2009/2). Der IASB will für bestimmte ausländische Tochter- und Gemeinschaftsunternehmen aus Praktikabilitätsgründen jedoch nach wie vor eine Ausnahmeregelung beibehalten.

135 Die Abgrenzung von **aktiven** latenten Steuern auf Anteile an TU, assoziierten Unternehmen und Gemeinschaftsunternehmen setzt gem IAS 12.44 voraus, dass

(1) sich die temporären Differenzen in absehbarer Zeit umkehren werden und
(2) genügend zu versteuerndes Ergebnis zur Verfügung steht, gegen welches die temporäre Differenz verrechnet werden kann.

Da auch hier der zeitliche Aspekt eine Steuerabgrenzung auf quasipermanente Differenzen untersagt, kommt eine Abgrenzung latenter Steuern auf Anteile an TU, assoziierten Unternehmen und Gemeinschaftsunternehmen insgesamt nur in **Ausnahmefällen** in Betracht.

136 Die Abgrenzung latenter Steuern auf ***outside basis differences*** hängt somit ab, von

(1) der Rechtsform des betroffenen MU und TU (KapGes oder PersGes),
(2) der zugrunde liegenden Bilanzierungsebene (Einzel- oder Konzernabschluss),
(3) der Besteuerung der den temporären Differenzen zugrunde liegenden Sachverhalte (Gewinnausschüttungen oder Veräußerungsergebnisse) und
(4) der Einschlägigkeit der Ausnahmeregelungen gem IAS 12.39 bzw IAS 12.44.

Die sich hieraus ergebenden Konsequenzen werden in den Rz 137ff sowie in der Übersicht in Rz 150 dargestellt.

137 **bb) Beteiligung an einer Kapitalgesellschaft.** Für die Abgrenzung latenter Steuern auf Anteile an KapGes ist zunächst zwischen Einzel- und Konzernabschlussebene (vgl Rz 131f) zu unterscheiden.

Auf **Einzelabschlussebene** stehen den Anteilen in der Steuerbilanz korrespondierende Anteile im IFRS-Abschluss gegenüber. Zwischen beiden Beteiligungsbuchwerten entstehende Differenzen stellen *outside basis differences* dar, die durch Gegenüberstellung der beiden Beteiligungsbuchwerte ermittelt werden können.

138 Die Bilanzierung von Anteilen an TU, assoziierten Unternehmen oder Gemeinschaftsunternehmen in Form einer KapGes erfolgt in der **Steuerbilanz** des MU regelmäßig zu fortgeführten Anschaffungskosten. Nach **IFRS** erfolgt die

Bilanzierung der Anteile auf **Einzelabschlussebene** (IAS 27.38 (2008)/IAS 27.37 (2003), IAS 28.35, IAS 31.46 und IAS 39.46(c)) entweder zu fortgeführten Anschaffungskosten oder gem IAS 39.46 mit dem beizulegenden Zeitwert (*fair value*). Anteile, die zur Veräußerung vorgesehen sind, sind – soweit sie nicht nach IAS 39 bilanziert werden – gem IFRS 5.15 abweichend zum niedrigeren Wert aus Buchwert und beizulegendem Zeitwert abzüglich Veräußerungskosten anzusetzen.

Bei einer Bilanzierung zu **fortgeführten Anschaffungskosten** können sich zwischen den Wertansätzen in den beiden Rechnungslegungswerken Abweichungen aufgrund steuerlich nicht anerkannter außerplanmäßiger Abschreibungen ergeben. Erfolgt gem IAS 39.46 eine Bilanzierung zum beizulegenden Zeitwert, so können sich im Rahmen der Folgebewertung bei Anteilen, die den Kategorien „erfolgswirksam zum beizulegenden Zeitwert bewertet" (IAS 39.45 (a)) oder „zur Veräußerung verfügbar" (IAS 39.45(d)) zugeordnet wurden, ebenfalls Differenzen zur Steuerbilanz ergeben. Die entstehenden Differenzen erfordern jedoch nur dann eine Steuerabgrenzung, wenn aus der Beteiligung steuerpflichtige Erträge bzw anrechenbare Verluste entstehen können.

Ist das **MU** eine **KapGes,** so werden Beteiligungserträge und Gewinne aus 139
der Veräußerung von Anteilen an KapGes gem § 8b KStG grds **steuerfrei** vereinnahmt, Veräußerungsverluste sind gem § 8b Abs 3 Satz 3 KStG **steuerlich nicht abzugsfähig.** Die zwischen IFRS- und Steuerbilanz entstehenden Differenzen sind daher idR permanenter Art, so dass die Abgrenzung latenter Steuern bereits aus konzeptionellen Gründen entfällt (vgl Rz 43). Dies gilt gem § 8b Abs 6 KStG auch dann, wenn die Anteile an der KapGes mittelbar über eine PersGes gehalten werden.

Eine **Ausnahme** von der Steuerbefreiung besteht gem § 8b Abs 2 Satz 4 KStG insoweit, als in 2001 vorausgegangenen Wirtschaftsjahren Teilwertabschreibungen vorgenommen worden waren, die nicht durch spätere Wertaufholungen ausgeglichen worden sind.

Eine weitere **Ausnahme** begründet der Pauschalzuschlag gem § 8b Abs 5 KStG in Höhe von 5% als nicht abzugsfähige Betriebausgabe im Falle von Dividendenausschüttungen sowie Veräußerungsgewinnen, die dazu führen, dass faktisch nur 95% der Dividende bzw Veräußerungsgewinne steuerfrei vereinnahmt werden können. Der gleiche Effekt kann für ausländische TU bzw Gemeinschaftsunternehmen aus Quellensteuerregelungen resultieren.

Beispiel: Ein MU bezieht ein TU, an dem es 100% der Anteile hält, in seinen Konzernabschluss ein. Bei beiden Unternehmen handelt es sich um KapGes. Das TU erwirtschaftet in Periode X1 einen Gewinn in Höhe von T€ 100, welcher im aktuellen Geschäftsjahr thesauriert wird, im Folgejahr jedoch ausgeschüttet werden soll, sodass die Ausnahmeregelung des IAS 12.39 nicht greift. Das MU berücksichtigt im Konzernabschluss den Gewinn des TU in Höhe von T€ 100. Aufgrund der Gewinnthesaurierung ergeben sich in der Steuerbilanz keine Änderungen, sodass dem unveränderten Beteiligungsbuchwert ein aufgrund des erzielten Gewinns abweichendes Nettovermögen auf Konzernabschlussebene gegenübersteht. Die entstehende Differenz ist aufgrund der Steuerbefreiung gem § 8b Abs 1 KStG grds permanenter Natur. Da gem § 8b Abs 5 KStG jedoch 5% als nicht abzugsfähige Aufwendungen behandelt werden, können faktisch nur 95% des Gewinns steuerfrei vereinnahmt werden. Der gleiche Effekt kann für ausländische TU aus Quellensteuerregelungen resultieren. Auf die Differenzen in Höhe von 5% sind latente Steuern abzugrenzen, die sich mit Ausschüttung des Gewinns wieder umkehren. Bei einem Steuersatz von 30% ergeben sich passive latente Steuern von T€ 1,5.

Auch in diesen Ausnahmefällen sind latente Steuern betreffend Anteile an TU 140
jedoch nur dann abzugrenzen, wenn sich die temporären Differenzen aufgrund

einer geplanten oder beschlossenen **Anteilsveräußerung** bzw **Gewinnausschüttung** in absehbarer Zeit (IAS 12.39) auflösen (s Rz 134). Dies ist insbes dann der Fall, wenn die Anteile an einer Beteiligung der Kategorie ‚*held for trading*' zugeordnet oder gem IFRS 5 bilanziert werden. Die Pauschalregelung gem § 8b Abs 5 KStG kommt zB dann nicht zum Tragen, wenn ein MU plant, für die kommenden Jahre zwecks Stärkung der Eigenkapitalbasis auf Gewinnausschüttungen seitens eines TU zu verzichten.

141 Auch bei **assoziierten Unternehmen** können *outside basis differences* aufgrund von Gewinnthesaurierungen entstehen. In der Steuerbilanz werden die Anteile an dem assoziierten Unternehmen in Form einer KapGes zu fortgeführten Anschaffungskosten angesetzt. Im IFRS-Konzernabschluss erfolgt die Bewertung der Beteiligung zum Equity-Wert. Ausgehend von den Anschaffungskosten zum Zeitpunkt des Erwerbs wird der Equity-Wert in den Folgeperioden um anteilige Ergebnisse und Dividenden des assoziierten Unternehmens, um anteilige Veränderungen in den stillen Reserven und Lasten, anteilige Eigenkapitalveränderungen (Erhöhung bzw Herabsetzung) sowie die Eliminierung von Zwischenergebnissen korrigiert.

Beispiel: Ein MU bilanziert ein assoziiertes Unternehmen, an dem es 30% der Anteile hält, im Konzernabschluss nach der Equity-Methode. Bei beiden Unternehmen handelt es sich um KapGes. In der Steuerbilanz weist das MU die Anteile an der Beteiligung zu Anschaffungskosten von T€ 10.000 aus. Im IFRS-Abschluss wurden im Rahmen der erstmaligen Equity-Bewertung in der statistischen Nebenrechnung stille Reserven in Höhe von T€ 2.000 aufgedeckt, die in den Folgeperioden planmäßig über 5 Jahre abgeschrieben werden. Die Aufdeckung der stillen Reserven führte bei einem Steuersatz von 30% zugleich zum Ansatz einer passiven latenten Steuer in Höhe von T€ 600 in der statistischen Nebenrechnung.

Das anteilige Eigenkapital des assoziierten Unternehmens beträgt im Folgejahr T€ 10.720, wobei die Differenz in Höhe von T€ 1.000 auf anteilige thesaurierte Gewinne des assoziierten Unternehmens und in Höhe von T€ –400 auf die Abschreibung der stillen Reserven entfällt, verbunden mit der ertragswirksamen Auflösung der korrespondierenden passiven latenten Steuer (T€ 120).

Die auf die anteiligen stillen Reserven des assoziierten Unternehmens entfallende Differenz in Höhe von T€ 400 stellt eine *inside basis difference II* dar. Diese wird unter Einbezug latenter Steuern fortgeführt und fließt in die Berechnung des Equity-Werts ein. Da latente Steuern in Höhe von T€ 120 auf die stillen Reserven bereits in der Nebenrechnung zu berücksichtigen sind, kommt eine weitere bilanzielle Abgrenzung latenter Steuern auf diese Differenz nicht in Betracht (vgl auch *Lienau* KoR 2007, 19).

Die zwischen Equity-Buchwert und steuerlichem Beteiligungsansatz verbleibende Differenz von T€ 720 (T€ 10.720 – T€ 10.000) stellt eine *outside basis difference* dar, die auf thesaurierte Gewinne zurückzuführen ist. Da im Falle einer Veräußerung der Beteiligung bzw Ausschüttung des anteiligen Gewinns gem § 8b Abs 5 KStG 5% des Betrags als nicht abzugsfähige Aufwendungen behandelt werden, können faktisch nur 95% des thesaurierten Gewinns steuerfrei vereinnahmt werden. Auf den Betrag von T€ 36 (= 5% von T€ 720) sind daher passive latente Steuern abzugrenzen, die sich bei einem Steuersatz von 30% auf T€ 11 belaufen.

142 Ist das **MU** eine **PersGes,** so bleiben Gewinnanteile im Rahmen einer Schachtelbefreiung gem § 9 Nr 2a GewStG steuerfrei, während Veräußerungsgewinne aus Anteilen an KapGes gem § 7 GewStG steuerpflichtig sind. Die Frage der Abgrenzung latenter Steuern richtet sich somit nach der Verwendungsabsicht (*Hoffmann* in Lüdenbach/Hoffmann IFRS[7] § 26 Rz 79). Soll die Beteiligung gehalten werden, so sind die entstehenden Differenzen permanenter Natur, bei Veräußerungsabsicht ist eine Steuerabgrenzung erforderlich.

In diesem Zusammenhang ist zu beachten, dass die Regelung des IAS 12.52 im Rahmen des ED/2009/2 dahingehend angepasst werden soll, dass zukünftig nicht mehr die Verwendungsabsicht des Managements den Steuerwert bestimmen soll, sondern nur noch ein fiktives Veräußerungs- bzw Abgangsszenario.

Auf **Konzernabschlussebene** stehen dem Beteiligungsbuchwert der Steuer- **143** bilanz im Fall der Voll- bzw Quotenkonsolidierung die Buchwerte der konsolidierten Vermögenswerte und Schulden des TU bzw Gemeinschaftsunternehmens gegenüber, bei assoziierten Unternehmen der entspr Equity-Wert. Im Falle einer Veräußerung geht in der Steuerbilanz des MU die Beteiligung ab, aus Konzernsicht wird eine Einzelveräußerung der dem MU zuzurechnenden Vermögenswerte und Schulden des TU/Gemeinschaftsunternehmens fingiert. Für die Ermittlung der *outside basis differences* ist daher eine Gegenüberstellung des steuerbilanziellen Beteiligungsbuchwerts mit dem auf das TU bzw Gemeinschaftsunternehmen entfallenden Nettovermögen vorzunehmen. Entspr gilt für den Equity-Wert von assoziierten Unternehmen. Sofern sich hieraus eine Differenz zum Beteiligungsbuchwert in der Steuerbilanz ergibt, ist diese aufgrund der Steuerbefreiung beim **MU** in der Rechtsform einer **KapGes** gem § 8b KStG grds permanenter Natur. Ausnahmen ergeben sich zB aus der Pauschalzurechnung auf Gewinnausschüttungen von 5% als nicht abzugsfähige Betriebsausgaben gem § 8b Abs 5 KStG (vgl hierzu Rz 139).

Handelt es sich bei dem MU um eine **PersGes,** so gilt für die Vereinnahmung **144** von Gewinnanteilen die Schachtelbefreiung gem § 9 Nr 2a GewStG, während Veräußerungsgewinne steuerpflichtig sind. Die Abgrenzung latenter Steuern hat sich somit an der Verwendungsabsicht auszurichten, sodass eine Steuerabgrenzung nur bei Verkaufsabsicht in Betracht kommt. Zu beachten ist, dass die Bewertung der auf die *outside basis differences* abzugrenzenden latenten Steuern in diesem Fall nur mit der GewSt erfolgen darf (*Hoffmann* in Lüdenbach/Hoffmann IFRS[7] § 26 Rz 79).

Der Gesamtbetrag der temporären Differenzen, die auf Anteile an TU, assozi- **145** ierten Unternehmen und Gemeinschaftsunternehmen entfallen, für die aufgrund der Ausnahmeregelung gem IAS 12.39 und IAS 12.44 **keine** latenten Steuerschulden bilanziert wurden, ist gem IAS 12.81(f) im **Anhang** anzugeben.

cc) Beteiligung an einer Personengesellschaft. Auch die Abgrenzung la- **146** tenter Steuern auf Anteile an PersGes erfordert eine Differenzierung zwischen Einzel- und Konzernabschlussebene.

Auf **Einzelabschlussebene** wird die **Beteiligung einer KapGes an einer PersGes** als Vermögenswert bilanziert, der ggf einer außerplanmäßigen Abschreibung *(impairment)* unterliegt. In der Steuerbilanz setzt sich die „Beteiligung" dagegen aus der Summe aller dem Gesellschaftsvermögen zuzurechnenden aktiven und passiven Wirtschaftsgüter zusammen. Dies schließt Wirtschaftsgüter aus steuerlichen Ergänzungsbilanzen ein. Beim TU, Gemeinschafts- bzw assoziierten Unternehmen festgestellte Gewinne bzw Verluste gehen durch Anwendung der Spiegelbildmethode stets in die Besteuerungssphäre des MU ein, weshalb es **regelmäßig** zu temporären Differenzen zwischen IFRS-Einzelabschluss und Steuerbilanz kommt. Hierauf abzugrenzende latente Steuern haben sich ausschließlich an der *outside basis difference*, also der Differenz zwischen handelsrechtlichem Beteiligungsbuchwert einerseits und dem anteiligen spiegelbildlichen Steuerbilanzkapital einschließlich Ergänzungsbilanzen andererseits zu orientieren (*Hoffmann* in Lüdenbach/Hoffmann IFRS[7] § 26 Rz 85). Mögliche temporäre Differenzen können zum einen aus der Gewinnvereinnahmung bzw der Verlustübernahme resultieren. Da steuerlich eine phasengleiche Vereinnahmung von anteiligen Gewinnen bzw Verlusten erfolgt, handelsrechtlich jedoch zunächst die Feststellung eines Gewinns bzw die ausdrückliche Übernahme eines Verlusts erforderlich ist (*Meyer/Bornhofen/Homrighausen* KoR 2005, 289f), kommt es **re-**

gelmäßig zu temporären Differenzen, die im Fall von Gewinnen die Abgrenzung aktiver und in Verlustsituationen die Abgrenzung passiver latenter Steuern erfordern. Zum anderen führen außerplanmäßige Abschreibungen auf den in der IFRS-Bilanz angesetzten Beteiligungsbuchwert (auch: Wertänderungen wegen *fair value* Bewertung gem IAS 39) sowie Abschreibungen auf stille Reserven bzw Geschäfts- oder Firmenwerte in der steuerlichen Ergänzungsbilanz regelmäßig zu temporären Differenzen. Der Bewertung der Steuerlatenzen aus den hier dargestellten *outside basis differences* ist der volle Steuertarif aus KSt und GewSt zugrunde zu legen, da es sich bei dem MU um eine KapGes handelt.

147 Handelt es sich sowohl beim **MU** als auch beim **TU** um eine **PersGes,** so entfällt die Abgrenzung latenter Steuern auf *outside basis differences*, da Gewinne und Verluste gem §§ 9 Nr 2 bzw 8 Nr 8 GewStG steuerlich unbeachtlich sind.

148 Auf **Konzernabschlussebene** entspricht die Beteiligungsstruktur in der IFRS-Konzernbilanz konzeptionell derjenigen der Steuerbilanz des MU (vgl Rz 131 f). In beiden Rechnungslegungswerken setzt sich der für das TU als PersGes zugrunde zu legende Beteiligungswert aus der Summe aller dem Gesellschaftsvermögen zuzurechnenden aktiven und passiven Vermögenswerte zusammen. Demnach ist das lfd Ergebnis des TU sowohl in der Konzernbilanz als auch der Steuerbilanz des MU phasengleich anzusetzen, sodass diesbezüglich keine temporären Differenzen entstehen können. Denkbar sind lediglich temporäre Differenzen aus steuerlichen Ergänzungsbilanzen. Diese sind jedoch bereits bei der Ermittlung der *inside basis differences* zu beachten, sodass insoweit die Gefahr einer Doppelerfassung besteht (*Ernsting/Loitz* DB 2004, 1055). Im Falle der Veräußerung gilt das Prinzip der Einzelveräußerungsfiktion, bei dem dem Verkaufserlös sowohl in der Konzern- als auch in der Steuerbilanz das abgehende Nettovermögen bzw der Equity-Wert gegenüberzustellen ist. Zwar können sich in diesem Fall Differenzen aufgrund abweichender Bilanzierungs- und Bewertungsvorschriften oder einer abweichenden Kaufpreisallokation ergeben, diese werden jedoch bereits als *inside basis differences* im Rahmen der Steuerabgrenzung berücksichtigt. Eine Abgrenzung latenter Steuern auf *outside basis differences* entfällt auf Konzernabschlussebene somit, soweit es sich bei dem TU um eine PersGes handelt.

149 Auch bei **assoziierten Unternehmen** und **Gemeinschaftsunternehmen** in Form einer **PersGes,** die im Wege der Equity-Methode einbezogen werden, schlagen sich anteilige thesaurierte Gewinne und Verluste regelmäßig im Equity-Buchwert nieder, sodass im Vergleich zur Steuerbilanz regelmäßig keine temporären Differenzen entstehen. Treten gleichwohl Differenzen zwischen beiden Rechnungslegungswerken auf, etwa aufgrund einer außerplanmäßigen Abschreibung des Equity-Werts in der IFRS-Konzernbilanz, so greift die Ausnahmevorschrift des IAS 12.39(a) mangels Kontrollmöglichkeit regelmäßig nicht, sodass eine Abgrenzung latenter Steuern dann erforderlich ist. Im Falle der Veräußerung ist zu beachten, dass für Veräußerungsgewinne im Rahmen der Bewertung lediglich der Körperschaftsteuertarif angesetzt werden darf, da die GewSt gem § 7 Satz 2 GewStG bei der PersGes anzusetzen ist.

150 Zusammenfassend ergibt sich für die Abgrenzung latenter Steuern auf *outside basis differences* folgendes Bild:

Einzelabschluss	MU = KapGes TU = KapGes	MU = PersGes TU = KapGes	MU = KapGes TU = PersGes	MU = PersGes TU = PersGes
Entstehung von *outside basis differences*	grds möglich	grds möglich	grds möglich	grds möglich
Vergleichsbasis	Der Beteiligungsbuchwert des TU in der Steuerbilanz des MU und der Beteiligungsbuchwert des TU im IFRS-Einzelabschluss können voneinander abweichen. Als Folge entstehen *outside basis differences.*		Dem Beteiligungsbuchwert des TU im IFRS-Abschluss steht das Nettovermögen des TU in der Steuerbilanz einschließlich steuerlicher Ergänzungsbilanzen gegenüber. Abweichungen begründen *outside basis differences.*	
Art der Differenz	grds permanent § 8 b KStG	bei Gewinnthesaurierung: permanent § 9 Nr 2 a GewStG	grds temporär	grds permanent § 8 Nr 8, § 9 Nr 2 GewEStG
Ausnahmen	Teilwertabschreibungen sowie 5% Pauschalzurechnung gem § 8 b Abs 5 KStG	bei Veräußerungsgewinnen: temporär § 7 GewStG		
Erfordernis der Abgrenzung latenter Steuern	nur in den genannten Ausnahmefällen und dies wegen IAS 12.39 auch nur bei Veräußerungs- bzw Ausschüttungsabsicht	nur bei Veräußerungsabsicht; bei assoziierten Unternehmen/Gemeinschaftsunternehmen regelmäßig	regelmäßig erforderlich	keine

151

Konzernabschluss	MU = KapGes TU = KapGes	MU = PersGes TU = KapGes	MU = KapGes TU = PersGes	MU = PersGes TU = PersGes
Entstehung von *outside basis differences*	grds möglich	grds möglich	nicht möglich	nicht möglich
Vergleichsbasis	Der Beteiligungsbuchwert des TU in der Steuerbilanz des MU und das Nettovermögen (Eigenkapital) des TU im IFRS-Konzernabschluss können voneinander abweichen. Als Folge entstehen *outside basis differences.*		Die Beteiligungsstruktur in der Steuerbilanz des MU und der IFRS-Konzernbilanz entsprechen sich konzeptionell. Bewertungsunterschiede werden bereits als *inside basis differences* berücksichtigt. *Outside basis differences* entstehen nicht.	
Art der Differenz	grds permanent wegen § 8b KStG	bei Gewinnthesaurierung: permanent § 9 Nr 2a GewStG		
Ausnahmen	Teilwertabschreibungen sowie 5% Pauschalzurechnung gem § 8b Abs 5 KStG	bei Veräußerungsgewinnen: temporär § 7 GewStG		
Erfordernis der Abgrenzung latenter Steuern	nur in den genannten Ausnahmefällen und dies wegen IAS 12.39 auch nur bei Veräußerungs- bzw Ausschüttungsabsicht	bei TU nur bei Veräußerungsabsicht bei assoziierten Unternehmen/Gemeinschaftsunternehmen regelmäßig	keine	keine

152 Für assoziierte Unternehmen und Gemeinschaftsunternehmen ist zu berücksichtigen, dass diesbezüglich das Control-Kriterium gem IAS 12.39 (a) regelmäßig nicht erfüllt sein wird, sodass die Ausnahmeregel des IAS 12.39 nicht greift.

d) Währungsumrechnung als Ursache latenter Steuern

153 Im Anschluss an die HB II Anpassung sind diejenigen temporären Differenzen zu ermitteln, die sich aus der Transformation der Jahresabschlüsse ausländischer TU in die Währung des MU ergeben.

Die Währungsumrechnung nach IFRS basiert auf dem **Konzept der funktionalen Währung.** Als funktional wird die Währung bezeichnet, in welcher ein Unternehmen den überwiegenden Teil seiner Geschäftstätigkeit abwickelt und in der es somit hauptsächlich *cash-in-* und *-outflows* generiert (IAS 21.9 ff; § 33 Rz 4 ff). Die Währungsumrechnung von Einzelabschlüssen ausländischer TU in die Berichtswährung des Konzerns erfolgt in Abhängigkeit vom Verhältnis der funktionalen Währung des TU zur Konzernberichtswährung. Zu unterscheiden sind TU, die wirtschaftlich weitgehend selbständig operieren und TU, die in enger Abhängigkeit zum MU stehen.

Bei TU, die aufgrund weitgehender Integration in enger Abhängigkeit zum MU stehen, entspricht die funktionale Währung idR bereits der Währung des MU, sodass keine separate Umrechnung der Stichtagsbilanz erforderlich ist. Die funktionale Währung weitgehend selbständig operierender TU entspricht dagegen idR der jeweiligen lokalen Währung.

Legt ein ausländisches Konzernunternehmen seiner Rechnungslegung eine 154
von der Konzernwährung abweichende funktionale Währung zugrunde, so sind die Bilanz- und GuV-Posten bei Erstellung der Konzernbilanz mittels der **modifizierten Stichtagskursmethode** in die Konzernwährung umzurechnen. Danach sind alle Bilanzposten einschließlich der im Rahmen eines Unternehmenserwerbs aufgedeckten stillen Reserven und Lasten sowie des hieraus resultierenden Geschäfts- oder Firmenwerts zu Stichtagskursen umzurechnen. Die Umrechnung aller Aufwendungen und Erträge ist grds mit dem Kurs am Transaktionstag vorzunehmen (vgl § 33 Rz 20). Zur Vereinfachung – und so idR auch in der Praxis – erfolgt die Umrechnung der GuV-Posten näherungsweise gem IAS 21.40 zum Durchschnittskurs. Umrechnungsdifferenzen aus der Anwendung der unterschiedlichen Wechselkurse in Bilanz und GuV sind gem IAS 21.39 erfolgsneutral über das sonstige Ergebnis im Eigenkapital zu erfassen. Erst bei Veräußerung bzw Entkonsolidierung des TU werden die in dem gesonderten Eigenkapitalposten gesammelten Umrechnungsdifferenzen gem IAS 21.48 erfolgswirksam über die GuV aufgelöst.

Für Währungen eines **Hyperinflationslands** ist zu beachten, dass die nicht 155
monetären Bilanzposten und die Posten der GuV nach vorheriger Indexierung mit dem Stichtagskurs umzurechnen sind (IAS 21.42 sowie § 33 Rz 32ff).

Durch die Umrechnung der Fremdwährungsabschlüsse zu aktuellen Stichtags- 156
kursen entstehen ggü den Ansätzen in der Steuerbilanz **temporäre Differenzen.** Diese Differenzen stellen Wertänderungen des durch das MU in das TU investierten Eigenkapitals dar. Die Umkehr dieser Differenzen erfolgt nicht auf Ebene des TU, etwa durch die Veräußerung einzelner Vermögenswerte oder die Begleichung von Schulden, sondern allein durch Gewinnausschüttungen oder durch eine Veräußerung des TU durch das MU. Aus diesem Grund sind die hierdurch ggü der Steuerbilanz entstehenden Differenzen als *outside basis differences* einzustufen (*Pawelzik* KoR 2006, 16). Der Ansatz latenter Steuern richtet sich demnach nach dem Umstand, ob Ausschüttungen bzw die Veräußerung des TU steuerpflichtig sind. Ferner sind die Ansatzverbote der IAS 12.39ff zu beachten (vgl hierzu Rz 133ff).

Beispiel: Ein in den USA ansässiges, wirtschaftlich selbständig operierendes TU hat ein Betriebsgrundstück sowohl in der IFRS- als auch in der Steuerbilanz zu einem Wert von TUS-$ 2.000 angesetzt. Das deutsche MU bilanziert in €. Die Umrechnung des Abschlusses des US-amerikanischen TU im Rahmen der Aufstellung des Konzernabschlusses wirkt sich auf die Entstehung temporärer Differenzen wie folgt aus:

Jahr	Kursrelation	Steuerbilanz TU	IFRS-Bilanz TU	Konzern-bilanz	Temporäre Differenz
		TUS-$	TUS-$	T€	T€
X1	1 US-$ = 1 €	2.000	2.000	2.000	0
X2	1 US-$ = 0,90 €	2.000	2.000	1.800	200

Da sich die Umrechnungsdifferenz nicht auf das zu versteuernde Einkommen des TU auswirkt und eine steuerlich relevante Umkehrung der Differenz erst mit Überführung des betroffenen Vermögens in die Berichtswährung, also mit Ausschüttung oder Veräußerung der Beteiligung erfolgt, entfaltet die temporäre Differenz aufgrund der generellen Steuerfreistellung von Ausschüttungen und Beteiligungsveräußerungen nur insofern steuerliche Wirkungen, als nach § 8b Abs 5 KStG 5% der Ausschüttungen bzw Veräußerungsgewinne als nicht abzugsfähige Betriebsausgaben gelten. Darüber hinaus ist für den Fall der Gewinnthesaurierung das Ansatzverbot gem IAS 12.39 bzw IAS 12.44 zu beachten, sodass eine Steuerabgrenzung nur bei Vornahme einer Ausschüttung bzw bei geplanter Veräußerung des TU in Betracht kommt. Bei einem Steuersatz von 30% ergibt sich dann auf Basis der temporären Differenz von T€ 200 eine latente Steuer von T€ 3 (T€ 200 × 5% × 30%).

157 Da die Umrechnungsdifferenzen erfolgsneutral über das periodische sonstige Ergebnis im kumulierten sonstigen Ergebnis erfasst werden, wären in diesem Fall gem IAS 12.61A(a), IAS 12.62(c) auch die auf die temporären Differenzen abzugrenzenden latenten Steuern **erfolgsneutral** über das sonstige Ergebnis abzugrenzen.

158 Die Geschäfte ausländischer TU, die **in enger Abhängigkeit zum MU** operieren (IAS 21.9ff), werden als Fremdwährungsgeschäfte des MU angesehen, sodass die Bewertung der Transaktionen des TU von vornherein in der Währung des MU vorgenommen wird. Gem IAS 21.17 finden die Vorschriften für die Umrechnung von Fremdwährungstransaktionen (IAS 21.20ff) Anwendung, die eine Umrechnung mittels der Zeitbezugsmethode vorsehen. Danach sind alle monetären Bilanzposten zum Stichtagskurs, nicht monetäre Posten für fortgeführte historische Anschaffungs- oder Herstellungskosten mit dem Kurs, der am Transaktionstag galt und nicht monetäre Posten, die zum beizulegenden Zeitwert bewertet wurden, mit dem Kurs zum Zeitpunkt der Bewertung umzurechnen (vgl § 33 Rz 13). Entstehende Umrechnungsdifferenzen sind gem IAS 21.28 erfolgswirksam in der GuV zu berücksichtigen, sodass auch die hierauf abzugrenzenden latenten Steuern **erfolgswirksam** zu erfassen sind (IAS 12.58).

e) Latente Steuern aus Konsolidierungsvorgängen

159 Abschließend sind latente Steuern auf diejenigen temporären Differenzen abzugrenzen, die durch die Vornahme von Konsolidierungsmaßnahmen entstehen (vgl Rz 126ff). Zur Abgrenzung latenter Steuern auf temporäre Differenzen aus der Kapitalkonsolidierung vgl § 35 Rz 115ff, zur Schuldenkonsolidierung vgl § 35 Rz 118ff, zur Zwischenergebniseliminierung vgl § 35 Rz 122, zur Konsolidierung von Jahresergebnissen vgl § 35 Rz 123f, zur Equity-Methode vgl § 36 Rz 61f.

III. Bewertung

1. Anzusetzender Steuersatz

160 Latente Steueransprüche und -schulden sind gem IAS 12.47 mit den Ertragsteuersätzen zu bewerten, die **zum Zeitpunkt der Auflösung** einer temporären Differenz bzw bei Realisierung eines Vermögenswerts oder Nutzung eines Verlustvortrags voraussichtlich Gültigkeit erlangen.

Da die **zukünftige Entwicklung** der Ertragsteuersätze nicht mit hinreichender Sicherheit vorausgesehen werden kann, ist die Bewertung grds auf Basis der Steuersätze vorzunehmen, die zum Zeitpunkt der Erstellung des Jahresabschlusses gelten. Zukünftige Steuersatzänderungen bzw Steuergesetzänderungen sind vorwegzunehmen, sobald der Erfüllung der materiellen Wirksamkeitsvoraussetzungen für ihre Einführung im Rahmen des Gesetzgebungsverfahrens keine Hindernisse mehr entgegenstehen. In Deutschland ist dies mit Zustimmung des Bundesrats zu den verabschiedeten Steuergesetzen der Fall.

Im **Konzernabschluss** erfolgt die Bewertung latenter Steuern auf Basis der konsolidierungspflichtigen Einzelabschlüsse. Dabei sind für *inside basis differences* grds die lokalen Steuergesetze sowie die unternehmensindividuellen Steuersätze zugrunde zu legen, die für die jeweiligen Konzernunternehmen maßgeblich sind. 161

Beispiel: In einem Konzern mit einem MU in Form eine KapGes unterliegt ein TU in Form einer PersGes in Deutschland auf Ebene der PersGes nur der GewSt. Bei einer im Rahmen der Unternehmenssteuerreform 2008 vereinheitlichten Steuermeßzahl von 3,5% und einem Hebesatz von 400% ergibt sich für das TU ein Gewerbesteuersatz von 14%, welcher grds auch bei der Abgrenzung latenter Steuern auf *inside basis differences* zugrunde zu legen ist. Für das MU als KapGes ergibt sich bei einem Hebesatz von ebenfalls 400% unter Berücksichtigung von KSt und Solidaritätszuschlag eine Gesamtsteuerbelastung von 29,825%, welche auch auf den Konzernabschluss anzuwenden ist. Da die *inside basis differences* des TU aus Konzernsicht zu niedrig besteuert werden, ist die auf Ebene des TU erfolgte Gewerbesteuerbelastung in einem zweiten Schritt um KSt und Soli auf den Konzernsteuersatz heraufzuschleusen. Damit ergibt sich auf Ebene der nächsthöheren KapGes eine zusätzliche Besteuerung in Höhe von 15,825%.

In der Praxis kann die Ermittlung der latenten Steuern dahingehend vereinfacht werden, dass bereits auf Ebene der Tochterpersonengesellschaft die Gesamtsteuerbelastung von 29,825% berücksichtigt wird. Als problematisch erweist sich die Vereinfachung jedoch in den Fällen, in welchen die Tochterpersonengesellschaft einem veröffentlichungspflichtigen Teilkonzern angehört, dessen Obergesellschaft ebenfalls eine PersGes ist. Da dieser Teilkonzern lediglich mit GewSt belastet werden darf, ist eine Aufspaltung in GewSt einerseits und KSt sowie Solidaritätszuschlag andererseits unumgänglich.

Auch bei einer **geplanten Veräußerung eines TU** ist zwischen der Ebene des TU in Form einer PersGes und der Ebene des MU in Form der KapGes zu unterscheiden. Mit Beschluss des Managements über die Veräußerung des TU entfällt automatisch die Grundlage für den mit KSt und Solidaritätszuschlag belegten Teil an latenten Steuern, da diese infolge der Veräußerung künftig nicht mehr realisierbar sind. Der mit GewSt belegte Teil der latenten Steuern wird hingegen mitveräußert und regelmäßig im Kaufpreis vergütet. Als Konsequenz ist mit Fassung des Veräußerungsbeschlusses regelmäßig der auf das TU in Form einer PersGes entfallende KSt/Solidaritätszuschlags-Anteil einer Wertberichtigung zu unterziehen und erfolgswirksam auszubuchen. Die in Höhe des Gewerbesteuersatzes auf Ebene des TU gebildeten latenten Steuern sind hingegen beizubehalten. 162

Beispiel: Ein MU in Form einer KapGes mit dem 31. Dezember als Bilanzstichtag, beschließt am 1. Oktober alle Anteile an einem TU in Form einer PersGes zum 31. Dezember des gleichen Jahres zu veräußern. Das TU stellt keinen aufgegebenen Geschäftsbereich iSd IFRS 5.32 dar. Das TU verfügt über abzugsfähige temporäre Differenzen in Höhe von T€ 1.000 und über zu versteuernde temporäre Differenzen in Höhe von T€ 300. Eine Umkehr der temporären Differenzen wird vor der Veräußerung des TU nicht mehr erwartet. Der Gewerbesteuersatz beträgt 14%, KSt und Solidaritätszuschlag sind mit 15,825% anzusetzen. Aufgrund der temporären Differenzen wurden auf Ebene des TU aktive latente Steuern in Höhe von T€ 140 und passive latente Steuern in Höhe von T€ 42 angesetzt. Auf Ebene des MU wurden zusätzlich die Effekte aus KSt/Solidaritätszuschlag berücksichtigt, sodass die aktiven latenten Steuern um weitere T€ 158 und die passiven latenten Steuern um T€ 47 heraufgeschleust wurden. Diese Vorgehensweise führt dazu, dass auf Ebene des MU alle latenten Steuern einheitlich zu einem Steuersatz von 29,825% bewertet werden.

Da eine Umkehr der temporären Differenzen des TU vor dessen Veräußerung nicht mehr erwartet wird, und die auf Ebene des MU bzgl KSt/Solidaritätszuschlag gebildeten latenten Steuern nicht mitveräußert werden, entfällt deren Realisierungsmöglichkeit mit Fassung des Veräußerungsbeschlusses. Als Konsequenz bucht das MU die das TU betreffenden aktiven latenten Steuern in Höhe von T€ 158 sowie die passiven latenten Steuern von T€ 47 am 1. Oktober erfolgswirksam über den Steueraufwand aus. Die auf die GewSt entfallenden latenten Steuern werden mitveräußert und gehen im Rahmen der Entkonsolidierung ab. Dabei sind die Steuereffekte in den **Entkonsolidierungserfolg** einzubeziehen und nicht etwa gesondert im Steueraufwand auszuweisen.

Handelt es sich bei der veräußerten PersGes hingegen gleichzeitig um einen **aufgegebenen Geschäftsbereich** iSd IFRS 5.32, so sind gem *IDW* RS HFA 2 Rz 118 sowohl die körperschaft- als auch die gewerbesteuerlichen Effekte dem aufgegebenen Geschäftsbereich zuzuordnen, der den besonderen Ausweiserfordernissen des IFRS 5.33 unterliegt (vgl § 28 Rz 113 ff). Latente Steuern auf **steuerliche Verlustvorträge** sind in Abhängigkeit von der Steuersubjekt-Eigenschaft zuzuordnen und sind demjenigen Geschäftsbereich zuzurechnen, der den jeweiligen Verlustvortrag nach den steuerlichen Vorschriften in Anspruch nehmen kann. Demnach sind körperschaftsteuerliche Verlustvorträge dem fortzuführenden Bereich zuzuordnen. Sofern deren Geltendmachung aufgrund der Veräußerung des TU nicht mehr möglich ist, ist eine entspr Wertberichtigung vorzunehmen, die als Ertragsteueraufwand des fortzuführenden Bereichs auszuweisen ist. Gewerbesteuerliche Verlustvorträge werden hingegen mitveräußert und sind dem aufgegebenen Geschäftsbereich zuzuordnen (vgl *IDW* RS HFA 2 Rz 119).

163 Die Anwendung des **individuellen Steuersatzes** für jedes Konzernunternehmen kann insbes in mehrstufigen Konzernen mit ausländischen TU zu einer erheblichen Komplexität der Berechnung latenter Steuern führen. Unter der Prämisse der Wesentlichkeit scheint daher die Anwendung eines **einheitlichen** Steuersatzes in Form eines Mischsatzes sachgerecht. Dies gilt insbes für **inländische KapGes,** deren Ertragsteuerbelastung idR nur unerheblich, zB aufgrund unterschiedlicher gewerbesteuerlicher Hebesätze, von dem Steuersatz des MU abweichen wird. Bei wesentlichen Abweichungen sollte zur Vermeidung von Verzerrungen der für das TU individuell geltende Ertragsteuersatz angewendet werden. Die Abweichungen zum Steuersatz des MU sind im Rahmen einer **Überleitungsrechnung** im Anhang auszuweisen (vgl hierzu im Einzelnen Rz 194 ff).

164 Die **Gesamtsteuerbelastung** setzt sich für deutsche KapGes aus KSt, Solidaritätszuschlag, sowie GewSt zusammen. Bei einem Hebesatz von 400% ergibt sich nach Durchführung der Unternehmenssteuerreform 2008 für KapGes eine durchschnittliche Gesamtsteuerbelastung von 29,825%, welche sich wie folgt berechnet:

$$\text{Ertragsteuersatz} = (H \times M + K + S \times K) / 100$$

H = Gewerbesteuerhebesatz (hier 400%)
M = Steuermesszahl (3,5%)
K = Körperschaftsteuersatz (15%)
S = Solidaritätszuschlagssatz (5,5%)

165 Für **PersGes** ist die Bewertung auf Einzelabschlussebene auf den Gewerbeertragsteuersatz beschränkt. Im Konzernabschluss einer PersGes mit Beteiligungen an KapGes ist für die auf diese entfallenden temporären Differenzen auch die KSt zu berücksichtigen. Die auf Anteilseigner einer PersGes entfallende persönliche ESt ist nicht zu berücksichtigen, da IAS 12.51 eine klare Abgrenzung zwischen dem Unternehmen und seinen Anteilseignern vornimmt.

166 Für **ausländische Konzerngesellschaften** sind die nach Landesrecht geltenden Ertragsteuern einschließlich Quellensteuern mit den zum Realisierungszeitpunkt erwarteten Steuersätzen zugrunde zu legen. DBA sind in die Betrachtung einzubeziehen. Die lokalen Ertragsteuersätze ausländischer Konzernunternehmen können von dem Steuersatz des MU in erheblichem Maß abweichen. Auch diese Abweichungen sind im Anhang in einer Überleitungsrechnung auszuweisen (vgl Rz 194 ff).

Im Rahmen der Bewertung latenter Steuern sind gem IAS 12.51 die steuerlichen Konsequenzen zu berücksichtigen, die sich aus der Art und Weise ergeben, in der ein Unternehmen erwägt, seine Vermögenswerte und Schulden zu realisieren bzw zu begleichen. Die vornehmlich Beteiligungen, Grundstücke sowie immaterielle Vermögenswerte mit unbestimmbarer Nutzungsdauer betreffende Regelung ist immer dann relevant, wenn zB die **Veräußerung** von Vermögenswerten **abweichend** von ihrer **Nutzung** besteuert wird. In diesem Fall ist für die Bewertung latenter Steuern gem IAS 12.51 f von der geplanten bzw von der wahrscheinlicheren Transaktion auszugehen. Wird eine Neubewertung für nicht abnutzbare Vermögenswerte (zB Grundstücke oder als Finanzinvestitionen gehaltene Immobilien) vorgenommen, so ist gem SIC 21 der Steuersatz zugrunde zu legen, der bei der Veräußerung der Vermögenswerte zur Anwendung kommt, da diese Vermögenswerte keiner planmäßigen Abschreibung unterliegen (vgl auch Beispiel A zu IAS 12.52). 167

Der IASB plant im Rahmen des ED/2009/2 eine Änderung dahingehend, dass sich der Steuersatz künftig nur noch nach dem bei einer Veräußerung oder anderweitigen Abgang maßgeblichen Wert richten soll.

Sehen die Steuergesetze die Anwendung eines gewinnabhängigen **progressiven Ertragsteuersatzes** vor, ist der im Rahmen der Steuerabgrenzung anzuwendende Steuersatz nicht mehr hinreichend bestimmbar, da die Höhe des zukünftig zu versteuernden Einkommens noch nicht feststeht. Für diesen Fall ist gem IAS 12.49 ein durchschnittlicher Steuersatz anzuwenden, der sich auf das voraussichtlich zu versteuernde Einkommen zu dem Zeitpunkt ergibt, zu dem sich die temporären Unterschiede umkehren. Zu diesem Zweck sind seitens der Unternehmensleitung Annahmen zu den zukünftig erzielbaren Gewinnen zu treffen. 168

Sehen die Steuergesetze einen **gespaltenen Steuersatz** für thesaurierte Gewinne einerseits und ausgeschüttete Gewinne andererseits vor, sind hierauf zu bildende latente Steuern gem IAS 12.52A mit dem **Ausschüttungssteuersatz** zu bewerten. Zum erstmaligen Ansatz vgl Rz 208. 169

Im Falle von **Steuersatzänderungen** oder **Steuergesetzänderungen** sind bestehende latente Steueransprüche und -schulden unter Ansatz der neuen Steuersätze umzubewerten. Die Effekte aus der Umbewertung sind in der Weise zu erfassen, in der auch die ursprüngliche Transaktion erfasst wurde. Für erfolgswirksam gebuchte Sachverhalte erfolgt die Umbewertung demnach erfolgswirksam. Wurde eine Transaktion (zB Marktbewertung) dagegen erfolgsneutral erfasst, so sind auch hierauf abzugrenzende latente Steuern sowie die Effekte aus einer Steuersatzänderung erfolgsneutral – entweder über das sonstige Ergebnis oder direkt durch Verrechnung mit dem Eigenkapital – zu berücksichtigen. 170

Beispiel: Ein Unternehmen hat seine Produktionsstätte am 31. Dezember X1 gem IAS 16.31 ff einer Neubewertung unterzogen und die Buchwerte in der IFRS-Bilanz mit T€ 40.000 angesetzt. Der Buchwert in der Steuerbilanz beträgt zum 31. Dezember X1 T€ 30.000. Die Abschreibung erfolgt in beiden Rechnungslegungswerken linear über eine Restnutzungsdauer von 10 Jahren. Ferner hat es zum 31. Dezember X1 festverzinsliche Wertpapiere der Kategorie „zur Veräußerung verfügbar" mit T€ 700 und zu Handelszwecken gehaltene Wertpapiere mit T€ 600 angesetzt. In der Steuerbilanz werden die festverzinslichen Wertpapiere zu Anschaffungskosten von jeweils T€ 500 bilanziert. Am 3. Juli X2 verabschiedet der Bundesrat ein Gesetz, nach dem der Ertragsteuersatz mit Wirkung ab dem 1. Januar X3 von 40% auf 30% gesenkt. Zum Zeitpunkt der Verabschiedung des Gesetzes beträgt der Wert der zur Veräußerung verfügbaren festverzinslichen Wertpapiere T€ 600 und der Wert der zu Handelszwecken gehaltenen Wertpapiere T€ 400. Am 31. Dezember X2 werden die Wertpapiere mit jeweils T€ 600 bewertet.

Um den exakten Effekt aus der Senkung des Ertragsteuersatzes zu ermitteln, ist es erforderlich, die Neubewertung der latenten Steuern zu dem Zeitpunkt vorzunehmen, zu dem die Gesetzesänderung vom Bundesrat verabschiedet wird. Würde die Umbewertung aufgrund der Steuersatzänderung erst zum 31. Dezember X2 durchgeführt, so würden Effekte aus der Neubewertung mit Auswirkungen aus der Umkehrung bzw Entstehung latenter Steuern vermengt.

	Produktionsstätte	Wertpapiere (zur Veräußerung verfügbar)	Wertpapiere (zu Handelszwecken)
	T€	T€	T€
Stand 31. Dezember X1			
IFRS-Buchwert	40.000	700	600
Steuerlicher Buchwert	30.000	500	500
Temporäre Differenz	10.000	200	100
Latente Steuer 40%	4.000	80	40
Stand 3. Juli X2			
IFRS-Buchwert	38.000	600	400
Steuerlicher Buchwert	28.500	500	500
Temporäre Differenz	9.500	100	–100
Latente Steuer 40%	3.800	40	–40
Latente Steuer 30%	2.850	30	–30
Veränderung seit dem 31. Dezember X1	–1.150	–50	–70
Effekt aus der Steuersatzänderung	–950	–10	10
Effekt aus der Umkehrung temporärer Diffferenzen	–200	–40	–80

Die auf die temporären Differenzen der Produktionsstätte abgegrenzten passiven latenten Steuern sind zum 3. Juli X2 um insgesamt T€ 1.150 zu reduzieren und über das sonstige Ergebnis innerhalb der Neubewertungsrücklage **erfolgsneutral** zu erfassen. Von der Veränderung entfallen T€ 950 auf die Neubewertung, T€ 200 betreffen die Umkehrung der bislang gebildeten latenten Steuern, bewertet zum alten Steuersatz.

Für die zur Veräußerung verfügbaren Wertpapiere ergibt sich bezogen auf den 31. Dezember X1 eine Verringerung der latenten Steuern von insgesamt T€ 50. Hiervon entfallen T€ 10 auf die Senkung des Steuersatzes, T€ 40 resultieren aus der Umkehrung temporärer Differenzen aufgrund der Wertänderung der zugrunde liegenden Wertpapiere. Da die Wertänderung der zur Veräußerung verfügbaren Wertpapiere erfolgsneutral über das sonstige Ergebnis gegen die entspr Rücklage im Eigenkapital erfolgt, sind auch die Veränderungen latenter Steuern **erfolgsneutral** über das sonstige Ergebnis gegen diese Rücklage zu buchen.

Bezogen auf die zu Handelszwecken gehaltenen Wertpapiere ergibt sich zum 3. Juli X2 eine Veränderung von temporären Differenzen von insgesamt T€ 70. Aus der Wertänderung der Wertpapiere resultiert zunächst eine Verringerung der latenten Steuern von T€ 80, die dazu führt, dass die passiven latenten Steuern in einen Aktivposten von T€ 40 umschlagen. Bezogen auf diesen Aktivposten ergibt sich dann ein gegenläufiger Effekt aus der Umbewertung von T€ 10. Da die Wertänderungen der zu Handelszwecken gehaltenen Wertpapiere stets erfolgswirksam zu erfassen sind, sind auch die Änderungen der latenten Steuern **erfolgswirksam** in der GuV zu berücksichtigen.

Im Rahmen des ED/2009/2 ist vorgesehen, dass Wertänderungen aus der Änderung von Steuersätzen zukünftig stets erfolgswirksam erfasst werden sollen. In diesem Fall käme der oben beschriebenen Zuordnung auf den Veränderungsgrund eine gesteigerte Bedeutung zu, da im Falle der neubewerteten Sachanlagen sowie der zur Veräußerung verfügbaren Wertpapiere Effekte aus der Umbewertung aufgrund von Steuersatzänderungen erfolgswirksam und Effekte aus der Umkehrung latenter Steuern erfolgsneutral zu erfassen wären.

171 Erfolgt die Verabschiedung einer neuen Unternehmenssteuer bzw einer Steuersatzänderung **unterjährig**, so kommt je nach Auslegung des **IAS 34** die Anwendung zweier unterschiedlicher Methoden in Betracht: die Behandlung der Steuersatzänderung als **Sondereffekt der eigenständigen (Zwischenberichts-)**

Periode oder die Berücksichtigung mittels **Anpassung des erwarteten effektiven Steuersatzes**. Wird die Steuersatzänderung als Sondereffekt der eigenständigen Zwischenberichtsperiode behandelt, so erfolgt eine Anpassung der Bewertung der bislang bilanzierten latenten Steuern **einmalig** zum Stichtag der Verabschiedung der Steuersatzänderung auf Basis der zu diesem Zeitpunkt bilanzierten latenten Steuern. Latente Steuern, die sich bis zum Bilanzstichtag noch umkehren werden, sind von der Neubewertung auszunehmen. Erfolgt eine Anpassung des erwarteten effektiven Steuersatzes, so wird der Effekt aus der Steuersatzänderung über die bis zum Bilanzstichtag verbleibenden Quartale geglättet (s ausführlich *Loitz* DB 2007, 2049 ff).

Beispiel: Aufgrund der Aktivierung von Entwicklungsleistungen verfügt ein Unternehmen über eine temporäre Differenz zwischen IFRS- und Steuerbilanz von T€ 1.000, für die es passive latente Steuern von T€ 400 angesetzt hat. Die Umkehrung der temporären Differenz erfolgt erst ab Januar 20X8. Am 6. Juli 20X7 stimmt der Bundesrat einem Gesetz zu, nach dem der Ertragsteuersatz zum 1. Januar 20X8 von 40% auf 30% gesenkt wird. Mit Zustimmung des Bundesrats sind die latenten Steuern auf Basis des zukünftig gültigen Steuersatzes von 30% neu zu bewerten, im Hinblick auf die Gewinne des Geschäftsjahres 20X7 ist hingegen noch ein tatsächlicher Steuersatz von 40% anzuwenden. Das Unternehmen erwartet für 2007 ein Ergebnis vor Steuern von T€ 8.000 (T€ 2.000 je Quartal).

Wird die Ertragsteuersatzänderung als Sondereffekt der eigenständigen Zwischenberichtsperiode behandelt, so sind die passiven latenten Steuern am 6. Juli 20X7 ertragswirksam um T€ 100 auf T€ 300 zu reduzieren, der Effekt aus der Umbewertung wirkt sich in voller Höhe entlastend auf den Steueraufwand des dritten Quartals aus.

Im Fall der Anpassung des erwarteten effektiven Steuersatzes ergibt sich bei einem Steuersatz von 40% ein Gesamtsteueraufwand von T€ 3.200 (T€ 8.000 × 40%). Hiervon wird die Anpassung der latenten Steuern in Höhe von T€ 100 abgezogen, so dass sich ein **neuer** erwarteter Ertragsteuersatz von 38,75% (T€ 3.100 : T€ 8.000) ergibt. Dieser wird auf das Ergebnis vor Steuern angewandt und anschließend auf lfd und latente Ertragsteuern aufgeteilt. Demnach errechnet sich basierend auf dem **kumulierten** Ergebnis vor Steuern für das dritte Quartal ein Ertragsteueraufwand von T€ 2.325 (T€ 6.000 × 38,75%), der sich aus T€ 2.400 lfd Ertragsteuern und aus der Auflösung latenter Steuern in Höhe von T€ 75 zusammensetzt. Im vierten Quartal sind dann latente Steuern in Höhe von weiteren T€ 25 aufzulösen, sodass der Gesamteffekt aus der Steuersatzänderung in Höhe von T€ 100 geglättet wird.

Änderungen im **Steuerstatus** eines Unternehmens oder seiner Anteilseigner 172
können sich insbes im Falle eines Rechtsformwechsels (zB von einer PersGes zu einer KapGes) oder der Sitzverlegung in das Ausland ergeben. Ein Rechtsformwechsel von einer PersGes zu einer KapGes führt hinsichtlich ESt/KSt/Solidaritätszuschlag zu einer Verlagerung der Steuersubjekteigenschaft von der Gesellschafter- auf die Gesellschaftsebene. Gem SIC 25 sind die sich hieraus ergebenden steuerlichen Effekte grds erfolgswirksam über die GuV zu erfassen, es sei denn, diese Effekte stehen im Zusammenhang mit Geschäftsvorfällen, die über das sonstige Ergebnis erfasst oder unmittelbar dem Eigenkapital gutgeschrieben oder belastet wurden. Wurden die ursprünglichen Geschäftsvorfälle **erfolgsneutral** über das sonstige Ergebnis oder unmittelbar im Eigenkapital erfasst, so sind die Steuereffekte aufgrund von Änderungen im Steuerstatus gem SIC 25.4 korrespondierend zu buchen.

In einem Konzern mit einer KapGes als MU ergeben sich bilanziell **keine** Änderungen, da die KSt durch Heraufschleusung von der Gewerbesteuerbelastung der PersGes auf die Gesamtsteuerbelastung des MU (GewSt **zuzüglich** KSt/Solidaritätszuschlag) vor dem Rechtsformwechsel bereits auf Ebene des MU erfasst worden war. Nach Durchführung des Rechtsformwechsels ist die KSt somit lediglich bereits auf Ebene des TU zuzurechnen.

173 **Steuersatz- bzw Steuergesetzänderungen** sind gem IAS 12.81(d) unter Angabe des geänderten Gesetzes, des Zeitpunkts, zu dem die Gesetzesänderung wirksam wurde sowie der sich ergebenden bilanziellen Konsequenzen im **Anhang** zu erläutern. Zudem sind die hierauf beruhenden steuerlichen Auswirkungen ggü dem Vorjahreszeitraum anzugeben (IAS 12.80(d)). Im Konzernabschluss ist der auf sämtliche einbezogene Unternehmen entfallende Gesamtbetrag zu beziffern.

2. Abzinsungsverbot

174 Die **Abzinsung** latenter Steueransprüche und -schulden ist **unzulässig** (IAS 12.53). Begründet wird das Abzinsungsverbot mit Schwierigkeiten der praktischen Durchführung sowie einem nicht gerechtfertigten Kosten-Nutzen-Verhältnis. Latente Steuern erschließen sich nicht unmittelbar aus dem Rechnungswesen eines Unternehmens, sondern werden idR manuell in Nebenrechnungen erfasst und kalkuliert. Die Anwendung des *temporary*-Konzepts erfordert grds eine separate Aufzeichnung jeder einzelnen temporären Differenz, ihres zeitlichen Verlaufs sowie ihrer voraussichtlichen Auflösung. Für den Bereich der langfristigen Vermögenswerte kann dies mit erheblichem Aufwand verbunden sein, da prinzipiell jeder betroffene langfristige Vermögenswert einer Einzelbetrachtung zu unterziehen ist. Die Vornahme einer Abzinsung würde die ohnehin schon komplexe Dokumentation noch weiter verkomplizieren. Da auch quasipermanente Differenzen zu beurteilen sind, deren Auflösung idR von ungewissen Ereignissen abhängt, ist die vorzunehmende Einschätzung des Auflösungszeitpunkts zudem mit erheblichen Unsicherheitsfaktoren verbunden, da sich der Abzinsungszeitraum nicht mit hinreichender Sicherheit bestimmen ließe.

175 **Gegen** das **Abzinsungsverbot** spricht, dass die Aufzeichnung des zeitlichen Verlaufs der temporären Differenzen bereits als Ansatzkriterium für abzugsfähige temporäre Differenzen gefordert wird (IAS 12.28). Darüber hinaus führt das Abzinsungsverbot zu einer eingeschränkten Aussagekraft latenter Steueransprüche und -schulden, da diese auch bei Langfristigkeit über ihrem Barwert ausgewiesen werden.

3. Neubewertung aktiver latenter Steuern zum Bilanzstichtag

176 Der Buchwert eines latenten Steueranspruchs ist gem IAS 12.56 zu jedem Bilanzstichtag auf seine Ansatzfähigkeit und seine **Werthaltigkeit** zu **überprüfen**. Ein latenter Steueranspruch ist insoweit aufzulösen, als zukünftige besteuerungsfähige Gewinne nicht länger wahrscheinlich sind. Sofern latente Steueransprüche in Vorjahren aufgrund einer negativen Ergebnisprognose abgewertet worden sind, ist bei aktueller positiver Gewinneinschätzung eine Wertaufholung in der Höhe vorzunehmen, in der ausreichende Gewinne zukünftig mit hinreichender Wahrscheinlichkeit zur Verfügung stehen werden. Anlass zu außerplanmäßigen Abschreibungen bzw Wertaufholungen können darüber hinaus geänderte Steuersätze oder ein beabsichtigter Verkauf von Vermögenswerten sein, sofern für die Veräußerung abweichende Steuersätze zugrunde zu legen sind (*Coenenberg/Hille* DB 1997, 544).

177 Die **bilanzielle Erfassung** der Wertberichtigung bzw Wertaufholung richtet sich gem IAS 12.57 nach der Berücksichtigung der zugrunde liegenden Transaktionen. Soweit die Neubewertung von aktiven latenten Steuern auf erfolgswirksam entstandene Differenzen zurückzuführen ist, ist sie im Jahr ihrer Durchführung erfolgswirksam in der GuV vorzunehmen. Erfolgsneutral über das sonstige Ergebnis oder direkt im Eigenkapital abgegrenzte latente Steuern sind entspr

über das sonstige Ergebnis bzw unmittelbar gegen das Eigenkapital zu korrigieren (vgl Rz 113 ff; *Herzig/Dempfle* DB 2002, 5).

Im Zusammenhang mit **Unternehmenserwerben** kann die Neubewertung latenter Steueransprüche die Korrektur eines im Rahmen des Unternehmenserwerbs entstandenen Geschäfts- oder Firmenwerts erfordern. Wird der Buchwert latenter Steueransprüche aufgrund von Erwartungsänderungen rückwirkend berichtigt, sind auch der Geschäfts- oder Firmenwert sowie bereits vorgenommene Firmenwertabschreibungen so zu korrigieren, als ob die aufgrund der Erwartungsänderung eingetretenen Umstände von Anfang an bestanden hätten (IFRS 3.65 (2004)). 178

Beispiel: Ein MU mit einem Ertragsteuersatz von 30% erwirbt im Jahr X1 sämtliche Anteile an einem TU. Im Rahmen der Kapitalkonsolidierung wird festgestellt, dass das TU über einen steuerlichen Verlustvortrag in Höhe von T€ 1.000 verfügt. Da das MU zum Erwerbszeitpunkt aufgrund einer verhaltenen Ergebnisprognose nicht mit der Realisierung des steuerlichen Verlustvortrags rechnet, setzt es zum Erwerbsstichtag keinen latenten Steueranspruch an. Im Rahmen der Kaufpreisallokation wird ein Geschäfts- oder Firmenwert in Höhe von T€ 600 ermittelt. Drei Jahre nach dem Erwerb verbessert sich die Ertragslage des TU, sodass die Unternehmensleitung nunmehr davon ausgeht, den steuerlichen Verlustvortrag in vollem Umfang realisieren zu können.

Es ergibt sich folgende Buchung:

Per	aktive latente Steuern	an	Steueraufwand	T€ 300
Per	Abschreibung	an	Geschäfts- oder Firmenwert	T€ 300.

Die Neubewertung entfaltet grds keine Auswirkungen auf das Konzerneigenkapital oder das Konzernergebnis. Auswirkungen sind nur dann möglich, wenn sich der Ertragsteuersatz, der der Bewertung der latenten Steuern zugrunde gelegt wird, seit der Erstkonsolidierung geändert hat.

Die Möglichkeit der Anpassung des Geschäfts- oder Firmenwerts wird für Geschäftsjahre, die **am oder nach dem 1. Juli 2009** beginnen, durch eine Änderung des IAS 12.68 als Folge des IFRS 3 (2008) eingeschränkt. Nach IAS 12.68(a) (geändert 2008) darf der Geschäfts- oder Firmenwert nur noch innerhalb der *measurement period* (s § 34 Rz 93 ff) angepassr werden, und auch nur dann, wenn entspr Informationen zum Erwerbszeitpunkt nicht verfügbar waren. Nach Ablauf der *measurement period* darf die Korrektur aus der nachträglichen Bewertung latenter Steuern nur noch erfolgswirksam über die GuV vorgenommen werden (IAS 12.68(b) (geändert 2008)). Für das vorgenannte Beispiel ergibt sich auf Basis der Neuregelung die folgende Anpassungsbuchung: 179

Per	aktive latente Steuern	an	Steueraufwand	T€ 300.

Die in IAS 12.68 (geändert 2008) vorgesehenen Änderungen gelten für Geschäftsjahre, die am oder nach dem 1. Juli 2009 beginnen, **prospektiv** für **alle Nachaktivierungen** von aktiven latenten Steuern aus Unternehmenszusammenschlüssen, dh unabhangig davon, ob die bislang nicht aktivierten latenten Steuern aus Unternehmenszusammenschlüssen resultieren, die vor oder nach dem Inkraftsetzungsdatum des IFRS 3 (2008) liegen (s IFRS 3.67 (2008) iVm IAS 12.68 (geändert 2008) und IAS 12.93 (geändert 2008); s auch § 34 Rz 97). Wendet ein Unternehmen IFRS 3 (2008) sowie die Folgeänderung des IAS 12.68 (geändert 2008) freiwillig vorzeitig an, so gilt das Vorstehende entspr.

Der **Steueraufwand/-ertrag** eines Geschäftsjahres, der aus Abschreibungen bzw Wertaufholungen auf latente Steueransprüche resultiert, ist gem IAS 12.80(g) im **Anhang** anzugeben. Setzt ein Unternehmen Steuervorteile, die es im Rahmen eines Unternehmenszusammenschlusses gem IFRS 3 (2008) erworben hat, zum Erwerbsstichtag nicht an, weil es zB die Realisierung dieser Steuervorteile als un- 180 wahrscheinlich einschätzt, so hat es im Falle einer nachträglichen Erfassung solcher steuerlichen Vorteile gem IAS 12.81(k) (2008) die Gründe und Umstände, die zu der nachträglichen Erfassung geführt haben, zu erläutern.

IV. Ausweis

181 Latente Steueransprüche und -schulden sind in der Bilanz **getrennt** von tatsächlichen bzw lfd Steueransprüchen und -schulden auszuweisen (vgl Rz 26). In der Bilanz sind latente Steuern gem IAS 1.56 unter den **langfristigen** Vermögenswerten und Schulden auszuweisen.

Ein Ausweis unter **kurzfristigen** Vermögenswerten oder Schulden kommt auch dann nicht in Betracht, wenn sich die temporären Differenzen innerhalb des kommenden Geschäftsjahres auflösen. Der IASB plant im Rahmen des ED/2009/2 allerdings eine Änderung dahingehend, dass auch die Position der aktiven und passiven latenten Steuern in der Bilanz in einen kurzfristigen und einen langfristigen Teil aufzuteilen sind.

182 Aktive und passive latente Steuern unterliegen grds einem **Saldierungsverbot.** Eine Saldierung ist gem IAS 12.74 jedoch dann vorgeschrieben, wenn ein Unternehmen berechtigt wäre, entspr tatsächliche Steuererstattungsansprüche und -schulden gegeneinander aufzurechnen (vgl hierzu Rz 27) und wenn sich die latenten Steueransprüche und -schulden auf Ertragsteuern beziehen, die von derselben Steuerbehörde erhoben werden und entweder ein einziges steuerpflichtiges Unternehmen betreffen, oder mehrere steuerpflichtige Unternehmen betreffen, welche beabsichtigen, die aus den latenten Steuerposten resultierenden tatsächlichen Steuererstattungsansprüche oder -schulden saldiert bzw gleichzeitig abzuwickeln (IAS 12.74). Latente Steueransprüche und -schulden inländischer Konzernunternehmen können somit nur dann saldiert werden, wenn sie die gleiche Steuerart und die gleiche Fälligkeit aufweisen und ggü derselben Fiskalbehörde bestehen. Für deutsche Konzernunternehmen kommt aufgrund der unterschiedlichen fiskalischen Verwaltungshoheit hinsichtlich der KSt und der GewSt eine Saldierung somit nur in Ausnahmefällen, wie zB bei Vorliegen eines steuerlichen Organschaftsverhältnisses, in Betracht. Zu latenten Steuern, die auf Konsolidierungsmaßnahmen abgegrenzt wurden, vgl § 35 Rz 114ff.

183 In der **GuV** sind tatsächliche und latente Steueraufwendungen und -erträge aus der gewöhnlichen Geschäftstätigkeit saldiert in einem Posten darzustellen (IAS 12.77). Gleiches gilt gem IAS 12.77A für den Fall, dass ein Unternehmen für die Gesamtergebnisrechnung gem IAS 1.81(a) die Darstellung nach dem *single statement approach* wählt. Übersteigen die Steuererträge die Steueraufwendungen, so ist insgesamt ein Steuerertrag auszuweisen. Steueraufwendungen bzw -erstattungen, die auf das Ergebnis eines aufgegebenen Geschäftbereichs entfallen, sind gem IFRS 5.33, IAS 12.81(h) der für aufgegebene Geschäftsbereiche vorgeschriebenen separaten GuV-Position zuzuordnen.

184 Für **steuerliche Organkreise** ergeben sich für den Ausweis latenter Steuern keine Besonderheiten, der Steuerausweis erfolgt im IFRS-Abschluss der Organträgerin (vgl Rz 30). Die Ermittlung der latenten Steuern muss allerdings auf Ebene der Organgesellschaft erfolgen, da nur diese über die steuerbilanziellen Ansätze der von ihr gehaltenen Vermögenswerte und Schulden verfügt. Die von den Organgesellschaften gemeldeten Steuerlatenzen sind dann auf Ebene der Organträgerin zusammenzuführen.

Ist die Organträgerin eine KapGes, so erstreckt sich die Anwendung sowohl auf die Körperschaft- als auch die Gewerbesteuerumlage. Unterliegt die Organgesellschaft einem abweichenden Gewerbesteuersatz, so ist dieser an den Gewerbesteuersatz der Organträgerin anzupassen.

Bei einer PersGes als Organträgerin ist zu beachten, dass der gesamte Organkreis über die Umlage nur mit GewSt belastet werden darf. Die bei Organgesellschaften in Form einer KapGes angesetzten KSt/Solidaritätszuschlag sind dementsprechend zu eliminieren.

Scheidet eine Gesellschaft aus dem Organkreis aus, so sind die vorgenannten Effekte ab dem Zeitpunkt der Beschlussfassung über die Kündigung des Organschaftsvertrags rückgängig zu machen. Ferner werden vororganschaftliche steuerliche Verlustvorträge möglicherweise wieder nutzbar (vgl hierzu *von Eitzen/Dahlke*, 98).

Ferner ist zu beachten, dass die besonderen Ansatzvoraussetzungen für **aktive** latente Steuern (s hierzu Rz 50 ff) auf konsolidierter Basis beim Organträger zu prüfen sind (*Heuser/Theile*[3] Rz 2656).

Die einzelnen Komponenten des GuV-Postens sind gem IAS 12.80(a) im **Anhang** darzustellen. Diejenigen Beträge, die erfolgsneutral über das sonstige Ergebnis oder direkt im Eigenkapital erfasst wurden, sind gem IAS 12.81(a), IAS 12.81(ab) gesondert anzugeben, wobei die Steuerbeträge für jede Komponente des sonstigen Ergebnis separat darzustellen sind. 185

Nach IAS 21.28 sind bestimmte **Währungsdifferenzen** als Aufwand oder Ertrag zu erfassen, ohne dass festgelegt wird, unter welchem GuV-Posten derartige Unterschiedsbeträge auszuweisen sind. Bilanziert ein Unternehmen Währungsdifferenzen aus latenten Auslandssteuerschulden bzw -ansprüchen, so kann es solche Unterschiedsbeträge auch als latenten Steueraufwand bzw -ertrag ausweisen, wenn davon auszugehen ist, dass dieser Ausweis den Informationsinteressen der Adressaten des Jahresabschlusses am Besten dient (IAS 12.78). 186

einstweilen frei 187–192

D. Steuerquote und steuerliche Überleitungsrechnung

Die Steuerquote eines Unternehmens stellt als unternehmensbezogene Kennziffer die Höhe der **relativen Steuerbelastung** dar. Im internationalen Konzernabschluss trifft sie wegen des Einbezugs unterschiedlicher nationaler Steuerbelastungen zwar keine eindeutige Aussage über die Höhe der tatsächlichen Konzernbesteuerung. Der Vergleich über mehrere Geschäftsjahre und die Gegenüberstellung der Steuerquoten unterschiedlicher Unternehmen ermöglichen aber einen Einblick in die Steuerpolitik eines Konzerns. Vergleiche zeigen insbes, inwieweit ein Konzern das internationale Steuergefälle für die Senkung der Steuerquote auszunutzen vermag (*Herzig/Dempfle* DB 2002, 1). Aufgrund der Komplexität der in einen internationalen Konzern einbezogenen unterschiedlichen Steuerjurisdiktionen sowie der in IAS 12 vorgesehenen Ausnahmeregelungen ermöglichen die Angaben zur Steuerquote ohne weiterführende Angaben jedoch allenfalls Tendenzaussagen (*Hannemann/Pfeffermann* BB 2003, 727). 193

Die Steuerquote wird grds nach folgender Formel ermittelt (IAS 12.86), wobei für die Konzernsteuerquote auf die Werte des Konzernabschlusses abzustellen ist:

$$\text{Steuerquote} = \frac{\begin{array}{c}\text{Ertragsteueraufwand}\\ \text{(tatsächlicher + latenter Steueraufwand)}\end{array}}{\text{IFRS-Ergebnis (vor Ertragsteuern)}} \times 100$$

Da permanente Differenzen sowie die von den Ansatzverboten betroffenen Differenzen nicht in die Steuerabgrenzung einbezogen werden, weicht die auf das IFRS-Ergebnis berechnete **tatsächliche** Steuerquote idR von der auf Basis 194 der Steuergesetze zu **erwartenden** Steuerquote ab. Die Abweichungen sind gem IAS 12.81(c) im Rahmen einer **Überleitungsrechnung** im Anhang zu erläutern.

Zweck der Überleitungsrechnung ist es, die Relation zwischen dem steuerrechtlichen und dem IFRS-Ergebnis aufzuzeigen, indem der tatsächliche, effektive Steueraufwand aus einem **erwarteten** Steueraufwand abgeleitet wird. Die Ermittlung des erwarteten Steueraufwands erfolgt durch Multiplikation des gültigen Steuersatzes mit dem IFRS-Ergebnis vor Ertragsteuern.

195 In einen internationalen **Konzernabschluss** fließen idR unterschiedliche Steuersätze ein. Diese können sich zum einen durch das internationale Steuergefälle, zum anderen durch die unterschiedliche Besteuerung verschiedener Rechtsformen ergeben. Die Überleitungsrechnung kann **wahlweise** auf dem **Steuersatz des MU** oder auf einem für den Gesamtkonzern geltenden **Mischsteuersatz** aufsetzen, wobei gem IAS 12 dem aussagekräftigeren Steuersatz der Vorzug zu geben ist. Wird auf dem Steuersatz des MU aufgesetzt, so sind die für ausländische TU abweichend zur Anwendung gekommenen Steuersätze in der Überleitungsrechnung in Relation zu dem Steuersatz des MU zu korrigieren.

196 Die Anwendung des Steuersatzes des MU macht idR dann keinen Sinn, wenn es sich bei diesem um eine PersGes handelt, deren TU überwiegend KapGes sind, oder wenn ein in Deutschland ansässiges MU eine reine Holdingfunktion für ausländische operativ tätige TU ausübt. In diesem Fall führt die Wahl eines **Mischsteuersatzes** zu einer aussagekräftigeren Darstellung. Der Mischsteuersatz ist gem IAS 12.85 nach der gewichteten Durchschnittsmethode zu ermitteln. Nachteilig wirkt sich bei Anwendung dieser Methode die mangelnde Stabilität des anzuwendenden Steuersatzes aus, da dieser sich ändert, sobald sich die in den unterschiedlichen Steuerrechtskreisen erzielten Gewinne untereinander verschieben (*Dahlke/von Eitzen* DB 2003, 2238). Die Auswirkungen von Steuersatzänderungen bzw die strukturelle Zusammensetzung der in unterschiedlich besteuerten Ländern erzielten Gewinne sind gem IAS 12.81(d) im Anhang anzugeben. Im Rahmen des ED/2009/2 ist vorgesehen, zukünftig nur noch den Steuersatz des MU zuzulassen.

197 Die Überleitungsrechnung kann grds in zwei **alternativen Varianten** erstellt werden:

(1) Darstellung einer numerischen Überleitungsrechnung zwischen dem tatsächlichen und dem zu erwartenden Steueraufwand bzw -ertrag, wobei sich der zu erwartende Steueraufwand aus dem Produkt aus IFRS-Ergebnis vor Ertragsteuern sowie der hierauf anzuwendenden gesetzlichen Gesamtertragsteuerbelastung ergibt (absolute Betrachtungsweise), oder

(2) Darstellung einer numerischen Überleitungsrechnung zwischen dem durchschnittlichen effektiven Steuersatz und dem anzuwendenden (zu erwartenden) Steuersatz (relative Betrachtungsweise).

In beiden Fällen ist zu **erläutern** wie der anzuwendende Steuersatz ermittelt wurde.

198 In der Überleitungsrechnung sind alle **steuersenkenden und steuererhöhenden Effekte** zu berücksichtigen, die im Rahmen der latenten Steuerabgrenzung **nicht** korrigiert werden konnten. Einen steuersenkenden Effekt haben zB steuerfreie Dividendenerträge und Veräußerungsgewinne sowie eine Herabsetzung der Steuersätze. Erhöht wird die Steuerquote durch nicht abziehbare Betriebsausgaben, gestiegene Steuersätze sowie steuerlich nicht abzugsfähige Impairment-Abschreibungen auf einen Geschäfts- oder Firmenwert. Zur Vermeidung von Doppelerfassungen ist darauf zu achten, dass im Falle einer **steuerlichen Organschaft** Ertragsteueraufwendungen/-erträge des Organunternehmens beim Organträger im Rahmen der Überleitungsrechnung außer Betracht bleiben müssen, sofern sie nicht bereits im Rahmen der Konsolidierung eliminiert worden sind.

Beispiel: Unter Berücksichtigung unterschiedlicher Gewerbesteuerhebesätze ist für einen Konzern mit deutschem MU aufgrund der inländischen Steuergesetze ein durchschnittlicher Steuersatz von 30% (Vorjahr: 40%) zu erwarten. Der auf ein ausländisches TU anzuwendende Steuersatz beträgt unverändert 25%. Für die Überleitungsrechnung wird der für das MU erwartete Steuersatz zugrunde gelegt (sog *homebased*-Ansatz).

Das Konzernergebnis vor Ertragsteuern beläuft sich auf T€ 8.000 (Vorjahr: T€ 7.000), wovon T€ 2.500 (Vorjahr: T€ 2.000) auf das ausländische Konzernunternehmen entfallen. Der ausgewiesene tatsächliche Ertragsteueraufwand beträgt T€ 2.084 (Vorjahr: T€ 2.682) und weicht somit erheblich von dem zu erwartenden Steueraufwand von T€ 2.400 (Vorjahr: T€ 2.800) ab. Die Abweichungen beruhen im Einzelnen auf folgenden Faktoren:

Die Konzernunternehmen erzielten steuerfreie Erträge aufgrund von Investitionszulagen in Höhe von insgesamt T€ 150 (Vorjahr: T€ 260). Ihre steuerlich nicht abzugsfähigen Aufwendungen aus der Ausgabe von Aktienoptionen an Arbeitnehmer, aus gewerbesteuerlichen Hinzurechnungen und Kürzungen sowie aus Sachverhalten gem §§ 3 c, 4 Abs 5 EStG beliefen sich auf insgesamt T€ 350 (Vorjahr: T€ 320).

Inländische Dividenden wurden in Höhe von T€ 950 (Vorjahr: T€ 0) gem § 8 b Abs 1 KStG steuerfrei vereinnahmt. Die Anteile an einem TU wurden mit einem Buchgewinn von T€ 400 veräußert. Der Veräußerungsgewinn wurde gem § 8 b Abs 2 KStG steuerfrei vereinnahmt. Der Anstieg der Equity-Buchwerte für ausländische assoziierte Unternehmen entfiel in Höhe von T€ 200 (Vorjahr: T€ 180) auf anteilige Gewinne, die gem § 8 b Abs 1 und 2 KStG weder bei Ausschüttung, noch bei Veräußerung der Beteiligungen versteuert werden. Gem § 8 b Abs 5 KStG gelten jedoch jeweils 5% der vorgenannten Dividenden und Veräußerungserträge als nicht abzugsfähige Betriebsausgaben.

Ein aus der Kapitalkonsolidierung resultierender Geschäfts- oder Firmenwert wurde im Jahr X2 aufgrund eines steuerlich nicht abzugsfähigen *impairments* um T€ 700 (Vorjahr: T€ 0) wertberichtigt.

Eine bereits im Vorjahr beschlossene Herabsetzung der Ertragsteuersätze von 40% auf 30% führte zu einer Neubewertung der latenten Steuern. Hieraus resultierte ein Ergebniseffekt von T€ 380. Der Gewinn des ausländischen TU unterliegt aufgrund eines DBA einer Steuerfreistellung, sodass eine Heraufschleusung des Steuersatzes auf das Steuerniveau der Bundesrepublik unterbleibt. Aus diesem Grund ist die sich aus der unterschiedlichen Besteuerung in- und ausländischer Gewinne ergebende Differenz in Höhe von 5% auf T€ 2.500 (Vorjahr: 15% auf T€ 2.000) in der Überleitungsrechnung aufzudecken.

Verlustvorträge in Höhe von T€ 480 wurden abweichend zum Vorjahr als nicht mehr nutzbar eingestuft. Aufgrund gestiegener Gewinnprognosen wurden in Vorjahren wertberichtigte aktive latente Steuern in Höhe von T€ 120 (Vorjahr: T€ 0) wertaufgeholt.

Anlässlich eines Verlustrücktrags erhielt das MU eine Steuergutschrift in Höhe von T€ 30 (Vorjahr: T€ 90). Im Vorjahr ergaben sich aufgrund des Betriebsprüfungsbescheids Steuernachzahlungen in Höhe von T€ 691.

	Jahr X2		Jahr X1	
	T€	%	T€	%
Ergebnis vor Steuern	8.000		7.000	
Erwarteter Steuersatz in %		30,0		40,0
Zu erwartender Steueraufwand	2.400		2.800	
Steuereffekte aus Abweichungen in der steuerlichen Bemessungsgrundlage				
Steuerfreie Erträge (–)	– 45	– 0,5	– 104	– 1,5
Steuerlich nicht abzugsfähige Aufwendungen (+)	105	1,3	128	1,8
Steuerfreie Dividenden (–)	– 271	– 3,4	0	0,0
Steuerfreie Veräußerungsgewinne (–)	– 114	– 1,4	0	0,0

	Jahr X2		Jahr X1	
	T€	%	T€	%
Equity-Bilanzierung assoziierter Unternehmen	– 57	– 0,8	– 68	– 1,0
Impairment-Abschreibung eines Geschäfts- oder Firmenwerts aus der Kapitalkonsolidierung (+)	210	2,6	0	0,0
Steuersatzabweichungen				
Auswirkungen von Steuersatzänderungen	0	0,0	– 380	– 5,4
Abweichende ausländische Steuersätze	– 125	– 1,5	– 300	– 4,3
Latente Steuerbelastung aus Zurechnungen nach § 8 b Abs 5 KStG	10	0,1	9	0,1
Ansatz und Bewertung aktiver latenter Steuern				
Wertberichtigung auf Verlustvorträge (+)	144	1,8	0	0,0
Nutzung von wertberichtigten latenten Steuern (–)	– 120	– 1,5	0	0,0
Aperiodische Effekte				
Steuererstattung aufgrund Verlustrücktrags (–)	– 30	– 0,4	– 90	– 1,3
Aufwendungen aufgrund BP-Bescheiden (+)	0	0,0	691	9,9
Tatsächlicher Steueraufwand lt GuV	2.107		2.686	
Effektiver Steuersatz		26,3		38,4

Für weitere Beispiele vgl insbes *Dahlke/von Eitzen* DB 2003, 2237.

199 Die Überleitungsrechnung ist für **jedes** konsolidierungspflichtige Unternehmen zu erstellen. Für den Konzernanhang sind sodann sämtliche Überleitungsrechnungen zusammenzuführen.

Neben der Funktion als Informationsquelle dient die Überleitungsrechnung auch der **Überprüfung** der im Rahmen der Abschlusserstellung vorgenommenen Steuerabgrenzung. Treten innerhalb der Überleitungsrechnung Differenzen auf, deren Ursache nicht erläutert werden kann, lässt dies auf eine fehlerhafte Abgrenzung latenter Steuern schließen. Die Überleitungsrechnung ist auch dann zu erstellen, wenn ein Unternehmen keine latenten Steuern in der Bilanz ausweist.

200 *einstweilen frei*

E. Praktische Fragen zur Organisation des Rechnungswesens

I. Organisationshinweise

201 Die Anwendung des *temporary*-Konzepts stellt erhebliche organisatorische und zeitliche Anforderungen an die einbezogenen Abteilungen. Ansatz, Bewertung und Ausweis latenter Steuern in Einzel- und Konzernabschlüssen sind grds dem Aufgabengebiet des **externen Rechnungswesens** zuzuordnen, welches für die Jahresabschlusserstellung sowie die Berichterstattung verantwortlich ist. Die Ermittlung der Steuerwerte, die Darstellung und Entwicklung der temporären Differenzen, die Erfassung und Beurteilung steuerlicher Verlustvorträge und die Nutzung von Steuergestaltungsmöglichkeiten fallen in den Aufgabenbereich einer **Steuerabteilung.** Die zum Ansatz aktiver latenter Steuern aus abzugsfähigen Differenzen und Verlustvorträgen erforderlichen Unternehmensplanungen sind von den **Planungsabteilungen** im Bereich Ertrags- und Bilanzplanung bereit zu stellen.

202 Das mit der Jahresabschlusserstellung beauftragte **externe Konzernrechnungswesen** sollte die Verantwortung für die abschließende Ermittlung der

temporären Differenzen und die Bilanzierung der aktiven und passiven latenten Steuerposten tragen. Alternativ wird in der Praxis auch die Ermittlung latenter Steuern bei der Steuerabteilung angesiedelt. In beiden Fällen ist die Einrichtung einer fachlichen und kommunikativen Schnittstelle zwischen Rechnungswesen und Steuerabteilung unerlässlich, um eine Gegenüberstellung der Bilanzposten aus beiden Rechenwerken zu gewährleisten (*von Eitzen/Helms* BB 2002, 828).

Während die Ermittlung der temporären und permanenten Differenzen sowie der Angaben für Überleitungsrechnung und Anhang in kleineren Konzernen noch auf Basis einer selbsterstellten Excel-Lösung realisiert werden kann, bietet sich für **größere Konzernstrukturen** (je nach Komplexität ab 10 TU) der Einsatz maßgeschneiderter EDV-Tools zur Berechnung der latenten Steuern an. Dabei dürfte für mittelgroße Konzerne die Verwendung eines kleineren EDV-Tools ausreichen, Großkonzerne mit mehr als 100 TU sollten aus organisatorischen Gründen auf professionelle Lösungen zurückgreifen, die auch die Erfassung von Ausnahmefällen gewährleisten.

Da die Anwendung des *temporary*-Konzepts einen Vergleich zwischen IFRS- **203** und Steuerbilanz erfordert, ist für **jedes** konsolidierungspflichtige Unternehmen **zeitgleich** eine Steuerbilanz zu erstellen. Sind die Abweichungen ggü der IFRS-Bilanz überschaubar, kann die Steuerbilanz mittels einer Überleitungsrechnung abgeleitet werden. Weichen die steuerlichen Wertansätze maßgeblich von den IFRS-Werten ab, etwa durch differierende Wertansätze im Anlagevermögen, durch die Ausnutzung von steuerlichen Bewertungswahlrechten im Vorratsvermögen oder der Bewertung von Vermögenswerten in der IFRS-Bilanz zum Zeitwert, so erfordert dies idR die Implementierung einer eigenständigen Steuerbuchhaltung. Je nach Art des Unternehmens kann es notwendig sein, für die Bereiche des Anlage- und Vorratsvermögens sowie für die Schulden gesonderte steuerliche Nebenbücher zu führen, um die Steuerwerte in automatisierter Form über mehrere Perioden abbilden zu können.

Die Erfassung und Kalkulation latenter Steuern ist **auf Basis der HB II** vor- **204** zunehmen. Die Berechnung wird zum Teil manuell in Nebenrechnungen, zum Teil auch mit Hilfe professioneller EDV-Tools vorgenommen (*Loitz/Rössel* DB 2002, 650). Um die Auswirkungen von Steuersatzänderungen oder Neubewertungen bzw Aufholungen aktiver latenter Steuern zutreffend ermitteln zu können, ist eine historische Dokumentation der einzelnen temporären Differenzen je Vermögenswert bzw Schuld erforderlich, die wie folgt aufgebaut werden kann:

	Jahr X1	Jahr X2	Jahr X3	Jahr X4	Jahr X5
Wert lt IFRS-Bilanz	15.000	10.000	5.000	0	0
Wert lt Steuerbilanz	16.000	12.000	8.000	4.000	0
Erfolgswirksame temporäre Differenzen	1.000	2.000	3.000	4.000	0
Erfolgsneutrale temporäre Differenzen	0	0	0	0	0
Aktive latente Steuern per 1. Januar	0	400	800	900	1.200
Erfolgswirksame Veränderung	400	400	100	300	– 1.200
Erfolgsneutrale Veränderung	0	0	0	0	0
Aktive latente Steuern per 31. Dezember	400	800	900	1.200	0
Steuersatz	40%	40%	30%	30%	30%

Die Dokumentation der **steuerlichen Verlustvorträge** sollte eine Gegen- **205** überstellung der steuerlichen und handelsrechtlichen Verlustvorträge enthalten und auftretende Differenzen (zB durch Kapitalmaßnahmen) überleiten.

Die einzelnen temporären Differenzen sind anschließend in einem **Differen-** **206** **zenspiegel** zusammenzufassen, welcher Bestandteil der HB II ist.

	IFRS-Bilanz	Steuer-bilanz	Temporäre Differen-zen
Sachanlagen			
Vorräte			
Forderungen			
Rückstellungen			
Verbindlichkeiten			
Saldo temporärer Differenzen			
Steuerlich verrechenbare Verluste			
Saldo			
+/– aktive/passive latente Steuern (Vorjahressaldo)			
+/– aktive/passive latente Steuern (aktueller Stand)			
Veränderung der latenten Steuern (Saldo)			
davon ergebniswirksam			
davon infolge Steuersatzänderung			
davon durch Verrechnung mit dem Eigenkapital			
davon aus Akquisition/Veräußerung			
Anzuwendender Steuersatz			

Die Differenzenspiegel aller konsolidierungspflichtigen Unternehmen sind analog zur Summenbilanz zusammenzufassen. Auf temporäre Differenzen, die im Rahmen der im Anschluss vorzunehmenden Konsolidierung entstehen bzw sich verändern, sind latente Steuern **synchron** zu den jeweiligen Konsolidierungsbuchungen zu erfassen. Erst dann erscheinen Ertragsteuern auf temporäre Differenzen ggü den Steuerbilanzen der konsolidierungspflichtigen Unternehmen zeitgleich in der Konzernbilanz.

Im Konzernabschluss ist für jedes einbezogene Unternehmen im Rahmen der HB II zudem die Erstellung einer eigenen Überleitungsrechnung sowie die Erfassung der erforderlichen Anhangangaben vorzunehmen.

207 Gem IAS 34.28 sind die Prinzipien des IAS 12 auch auf **Zwischenabschlüsse** anzuwenden. Die Anwendung des *temporary*-Konzepts erfordert demnach für jeden Quartalsabschluss grds die Erstellung einer vorläufigen Steuerbilanz für sämtliche konsolidierungspflichtigen Konzernunternehmen. Zu den einzelnen Anforderungen im Hinblick auf die Bilanzierung latenter Steuern vgl § 43 Rz 72 und Rz 102ff. Der anfallende Mehraufwand setzt ggf eine fachliche und personelle Verstärkung der Steuerabteilung voraus und ist rechtzeitig einzuplanen.

II. Hinweise zur erstmaligen Anwendung

208 Die Umstellung des Rechnungswesens von HGB auf IFRS ist durch ein interdisziplinäres **Projektteam,** bestehend aus Mitarbeitern des Rechnungswesens und der Steuerabteilung ggf unter Hinzuziehung eines DV-Fachmanns und eines IFRS-Spezialisten zu begleiten. Für den Fall komplizierter steuerrechtlicher Fragestellungen bietet sich ferner die Durchführung einer *tax due diligence* an.

Im Rahmen der IFRS-Eröffnungsbilanz ist eine **systematische Durchsicht** der einzelnen Bilanzposten hinsichtlich der auftretenden Abweichungen und der korrespondierenden Auswirkungen auf die Bilanzierung latenter Steuern erforderlich. Als Grundlage ist eine Steuerbilanz zum Eröffnungsstichtag heranzuziehen. Für die Bilanzierung latenter Steueransprüche auf Verlustvorträge ist eine Analyse sowie eine Werthaltigkeitseinschätzung der erklärten und festgestellten Verlustvorträge notwendig. 209

Hinsichtlich der den IFRS zugrunde liegenden **Wirtschaftlichkeits- und Wesentlichkeitsgedanken** (F. 29, F. 44) ist die Erfassung von latenten Steueransprüchen und -schulden grds korrespondierend zu den zugrunde liegenden temporären Differenzen vorzunehmen. Weiterhin ist eine Analyse der Konzernsteuerquote erforderlich.

Für die Bilanzierung latenter Steuern ist eine Konzernrichtlinie für das interne und externe Rechnungswesen zu erstellen, welche die Buchungssystematik sowie das Berichtswesen einheitlich vorgibt.

Im Rahmen der erstmaligen Anwendung des IAS 12 sind in der **IFRS-Eröffnungsbilanz** alle nach HGB bilanzierten latenten Steuern zu eliminieren (vgl Rz 127). Anschließend sind die nach dem ***temporary*-Konzept** zu bilanzierenden latenten Steuern gem IFRS 1.11 erfolgsneutral gegen die Gewinnrücklagen einzubuchen. Die Ermittlung der latenten Steuern ist auf den Stichtag der Eröffnungsbilanz vorzunehmen. Eine retrospektive Betrachtung ist nicht erforderlich. Die Auflösung der für die Eröffnungsbilanz gebildeten latenten Steuern in den Folgejahren erfolgt nach den Grundsätzen der IAS 12.57 ff. 210

F. Wesentliche Änderungen und deren Anwendungszeitpunkte

IAS 12 ist auf Berichtsperioden, die am oder nach dem 1. Januar 1998 beginnen (IAS 12.89), anzuwenden. IAS 12.52A, IAS 12.52B, IAS 12.65A, IAS 12.81(i), IAS 12.82A, IAS 12.87A bis IAS 12.87C gelten für Berichtsperioden, die am oder nach dem 1. Januar 2001 beginnen (IAS 12.91). Folgeänderungen aus der Überarbeitung von IAS 1 (2007) in IAS 12.23, IAS 12.52, IAS 12.58, IAS 12.60 bis IAS 12.63, IAS 12.65, IAS 12.68C, IAS 12.77, IAS 12.77A, IAS 12.81 und SIC 25.4 sowie die Streichung des IAS 12.61 sind für Berichtsperioden beginnend am oder nach dem 1. Januar 2009 verbindlich. Die Folgeänderungen des IFRS 3 (2008) in IAS 12.21, IAS 12.32A, IAS 12.67, IAS 12.68, IAS 12.81(j) und (k) sowie die Streichung des IAS 12.32 sind prospektiv für Berichtsperioden, die am oder nach dem 1. Juli 2009 beginnen, anzuwenden. Eine frühere Anwendung der geänderten Standards erfordert eine korrespondierende frühere Anwendung der Folgeänderungen in IAS 12 (IAS 12.92 für die Folgeänderungen aus IAS 1 und IAS 12.93 bis IAS 12.95 für die Folgeänderungen aus IFRS 3 (2008)). 211

Die vorliegende Kommentierung hat wesentliche materielle Änderungen herausgehoben. Darüber hinaus haben die Überarbeitungen klarstellenden Charakter.

G. Angaben im Anhang

Neben dem Ausweis in Bilanz und GuV sieht IAS 12 zahlreiche Angabepflichten im Anhang vor. Dabei ist es zweckmäßig, alle Angaben zu Ertragsteuern im Zusammenhang zu erläutern. Für alle dargestellten Vorperioden sind **Vergleichszahlen** abzubilden. 212

Nach IAS 12.79 sind die Hauptbestandteile des Steueraufwands bzw des Steuerertrags getrennt anzugeben. Hierzu sind im Einzelnen folgende Angaben zu machen, wobei die Vorschriften des IAS 12.80 Empfehlungen enthalten, während die Angaben gem IAS 12.81 zwingend sind.

213 **Empfohlene** Angaben:

(1) Eine **Aufgliederung des Ertragsteueraufwands** in den auf das Geschäftsjahr entfallenden tatsächlichen und latenten Steueraufwand bzw -ertrag (vgl IAS 12.80(a) und Rz 183).

(2) Alle in dem Geschäftsjahr erfassten Anpassungen für **periodenfremde** tatsächliche Ertragsteuern; hierunter fallen insbes Steuern aufgrund von Betriebsprüfungen (vgl IAS 12.80(b) und Rz 15).

(3) Der Betrag des latenten Steueraufwands bzw -ertrags, der auf das **Entstehen** bzw die **Umkehrung** temporärer Unterschiede zurückzuführen ist (vgl IAS 12.80(c) sowie die Tabelle zu IAS 12.81(g) (vgl unten Nr 15)). Hierbei ist zu beachten, dass zunächst der Effekt aus Steuersatz- bzw Steuergesetzänderungen gem IAS 12.80(d) (vgl Nr 4) ermittelt werden sollte.

(4) Der Betrag des latenten Steueraufwands bzw -ertrags, der auf **Änderungen der Steuersätze oder Ertragsteuergesetze**, wie zB der Einführung neuer Steuerarten beruht (vgl IAS 12.80(d) und Rz 170f).

(5) Der Betrag, um den sich der **tatsächliche** Steueraufwand aufgrund der Nutzung bisher nicht berücksichtigter steuerlicher Verluste bzw Steuergutschriften oder bisher nicht berücksichtigter temporärer Differenzen mindert (vgl IAS 12.80(e) und Rz 83).

(6) Der Betrag, um den sich der **latente** Steueraufwand aufgrund der Nutzung bisher nicht berücksichtigter steuerlicher Verluste bzw Steuergutschriften oder bisher nicht berücksichtigter temporärer Differenzen mindert (vgl IAS 12.80(f) und Rz 83).

(7) Der latente Steueraufwand, der auf einer **Abwertung** oder auf einer **Wertaufholung** vorausgegangener Abwertungen beruht (vgl IAS 12.80(g) und Rz 176ff).

(8) Der Betrag des Ertragsteueraufwands bzw -ertrags, der aus **Änderungen der Bilanzierung- und Bewertungsmethoden** oder der **Berichtigung von Fehlern** gem IAS 8 resultiert, sofern er sich ertragswirksam in der GuV niederschlägt (vgl IAS 12.80(h)).

214 **Zwingende** Angaben:

(9) Der Gesamtbetrag der tatsächlichen und latenten Steuern, die direkt mit dem **Eigenkapital** verrechnet wurden (vgl IAS 12.81(a) und Rz 115f).

(10) Der Betrag latenter Steuern, der im sonstige Ergebnis erfasst wurde (vgl IAS 12.81(ab) und Rz 115f) und zwar gesondert für jede einzelne Komponente des sonstigen Ergebnisses.

(11) Die Erläuterung des Verhältnisses zwischen dem Steueraufwand bzw -ertrag und dem IFRS-Ergebnis vor Ertragsteuern, und zwar entweder in einer **Überleitungsrechnung** zwischen dem Steueraufwand bzw -ertrag und dem Produkt aus dem IFRS-Ergebnis vor Ertragsteuern und dem anzuwendenden Steuersatz oder in einer Überleitungsrechnung zwischen dem durchschnittlichen effektiven Steuersatz und dem anzuwendenden Steuersatz, wobei der anzuwendende Steuersatz und die Grundlagen seiner Ermittlung anzugeben sind (vgl IAS 12.81(c) und Rz 193ff).

(12) Eine Erläuterung zu **Änderungen des anzuwendenden Steuersatzes** im Vergleich zur vorhergehenden Berichtsperiode (vgl IAS 12.81(d) und Rz 170ff). Haben sich die bei der Berechnung der Ertragsteuern zugrunde gelegten Steuersätze ggü dem Vorjahr geändert, so sind neben den geänder-

ten Steuersätzen auch die sich aus den Steuersatzänderungen ergebenden Steuereffekte anzugeben.

(13) Der Betrag und, sofern vorhanden, das Verfallsdatum der abzugsfähigen temporären Differenzen, der nicht genutzten steuerlichen Verlustvorträge und nicht genutzten Steuergutschriften, für die in der Bilanz keine aktiven latenten Steuern berücksichtigt wurden (vgl IAS 12.81(e) und Rz 83).

(14) Der Gesamtbetrag der temporären Differenzen, die im Zusammenhang mit **Anteilen an TU, Zweigniederlassungen** und **assoziierten Unternehmen** sowie Anteilen an **Gemeinschaftsunternehmen** entstanden sind und für die keine latenten Steuern bilanziert wurden (vgl IAS 12.81(f)). Aus Praktikabilitätsgründen kann auf die Angabe der auf die temporären Differenzen entfallenden latenten Steuern verzichtet werden. Sind diese jedoch ohne unzumutbaren Aufwand ermittelbar, so empfiehlt der Standard auch die Angabe des Gesamtbetrags der latenten Steuern (IAS 12.87).

(15) Für **jede Art von temporären Differenzen** und jede Art von nicht genutzten steuerlichen Verlusten bzw Steuergutschriften den in der Bilanz angesetzten Betrag für latente aktive und passive Steuern, und zwar für jede dargestellte Periode sowie den Betrag des in der GuV erfassten latenten Steuerertrags oder -aufwands, sofern er nicht bereits aus den Änderungen der in der Bilanz dargestellten Beträge hervorgeht (vgl IAS 12.81(g)). Für die Anhangangabe eignet sich als Beispiel folgende Übersicht, wobei darauf hinzuweisen ist, dass auch eine weitere Aggregation der Bilanzposten zulässig sein dürfte:

	Jahr X2		Jahr X1	
	Aktive latente Steuern	Passive latente Steuern	Aktive latente Steuern	Passive latente Steuern
Immaterielle Vermögenswerte				
Sachanlagen				
Finanzanlagen				
Vorräte				
Forderungen und sonstige Vermögenswerte				
Pensionsrückstellungen				
Sonstige Rückstellungen				
Verbindlichkeiten				
Steuerliche Verlustvorträge				
Steuergutschriften				
Kürzungsbetrag Verlustvorträge				
Bruttowert				
– davon langfristig				
Saldierungen				
Wertberichtigungen				
Bilanzansatz				

(16) Der Steueraufwand, der auf Gewinne bzw Verluste aus der **Aufgabe oder Veräußerung von Geschäftsbereichen** gem IFRS 5 entfällt sowie das Ergebnis der gewöhnlichen Geschäftstätigkeit, das auf den aufgegebenen Geschäftsbereich entfällt (IAS 12.81 (h)).

(17) Der Gesamtbetrag der ertragsteuerlichen Konsequenzen von **Dividendenzahlungen,** die vor Freigabe des Abschlusses vorgeschlagen oder nach Freigabe des Abschlusses beschlossen, im Abschluss jedoch in Übereinstimmung mit IAS 10.12 noch nicht als Schulden angesetzt wurden (IAS 12.81(i)). Gem IAS 12.82A sind ferner potenzielle ertragsteuerliche Konsequenzen aus Dividenden an Anteilseigner anzugeben. In Deutschland betrifft dies die Auswirkungen des Körperschaftsteuerguthabens gem § 37 KStG sowie potenzielle Körperschaftsteuererhöhungen aus Alt EK 02. Da das körperschaftsteuerliche Guthaben seit dem 31. Dezember 2006 und die aus Körperschaftsteuererhöhungen aufgrund von Alt EK 02 entstehenden Schulden spätestens seit dem 30. November 2007 in der IFRS-Bilanz anzusetzen sind, findet die Vorschrift auf deutsche Gesellschaften derzeit keine Anwendung.

IAS 12.82A, IAS 12.87A, IAS 12.87B, IAS 12.87C verlangen die Angabe von potenziellen Steuereffekten im Fall von Dividendenausschüttungen im Fall von IAS 12.52A. Da in Deutschland keine unterschiedlichen Steuersätze für den Fall der Thesaurierung sowie den Ausschüttungsfall vorgesehen sind, findet die Anhangangabe auf deutsche Gesellschaften derzeit keine Anwendung.

(19) Ändert sich der Wert einer aktiven Steuerlatenz oder eines steuerlichen Verlustvortrags infolge eines **Unternehmenszusammenschlusses** gem IFRS 3 (2008) – weil etwa der Unternehmenszusammenschluss die Werthaltigkeit bislang nicht angesetzter aktiver latenter Steuern begründet oder weil der Zusammenschluss zum Verfall bestehender steuerlicher Verlust- und Zinsvorträge führt – so ist der Betrag der hierdurch begründeten bzw entfallenden latenten Steuern im Anhang anzugeben (IAS 12.81(j) (geändert 2008)).

(20) Setzt ein Unternehmen Steuervorteile, die es im Rahmen eines Unternehmenszusammenschlusses gem IFRS 3 (2008) erworben hat, zum Erwerbsstichtag nicht an, weil es zB die Realisierung dieser Steuervorteile als unwahrscheinlich einschätzt, so hat es im Falle einer **nachträglichen Erfassung** solcher steuerlichen Vorteile die Gründe und Umstände, die zu der nachträglichen Erfassung geführt haben, zu erläutern (vgl IAS 12.81(k) (geändert 2008) sowie Rz 180.

(21) Nimmt ein Unternehmen die Aktivierung latenter Steuern auf **steuerliche Verlustvorträge** vor, obwohl es im aktuellen Geschäftsjahr oder im Vorjahr steuerliche Verluste erlitten hat, so hat es die aktivierten latenten Steuern betragsmäßig gesondert anzugeben und die Begründung für deren Aktivierung substanziell darzulegen (IAS 12.82). Ziel der Vorschrift ist es, dem Bilanzleser die Gründe für den Ansatz latenter Steuern im Fall steuerlicher Verlustvorträge zu erläutern.

(22) Nach IAS 12.88 sind alle **steuerlichen Eventualschulden** sowie **Steuergesetzänderungen**, die nach dem Bilanzstichtag in Kraft treten oder angekündigt werden, darzustellen.

H. Vergleich der Regelung mit HGB und DRS

I. Die Regelung nach HGB

215 Nach dem Rechnungslegungskonzept des HGB basiert die Abgrenzung latenter Steuern auf dem GuV-orientierten ***timing*-Konzept,** dessen Zielsetzung es ist, eine zutreffende Relation zwischen dem ausgewiesenen **Ertragsteueraufwand** und dem handelsrechtlichen Periodenergebnis herzustellen. Das *timing*-Konzept unterscheidet sich von dem IAS 12 zugrunde liegenden *temporary*-Konzept in erster Linie durch den bilanztheoretischen Ansatz. Während das *temporary*-Konzept die ertragsteuerlichen Konsequenzen aus dem unterschiedlichen Ansatz von Vermögenswerten und Schulden egalisiert, orientiert sich das *timing*-Konzept ausschließlich an Differenzen zwischen dem handels- und steuerrechtlichen Periodenergebnis. Dabei werden gem § 274 Abs 1, 2 HGB ausschließlich zeitlich begrenzte Differenzen, die sich in absehbarer Zukunft wieder auflösen, in die Steuerabgrenzung einbezogen. Eine Abgrenzung latenter Steuern auf quasipermanente Differenzen wird nicht vorgenommen.

216 Darüber hinaus finden lediglich diejenigen Differenzen zwischen Handels- und Steuerbilanz Berücksichtigung, die sich sowohl bei ihrer Entstehung als auch bei ihrer Umkehrung **erfolgswirksam** in der GuV auswirken. Dies ist ausschließlich dann der Fall, wenn Erträge und Aufwendungen in der GuV anders periodisiert werden als in der steuerlichen Gewinnermittlung. Ergebnisneutral entstandene Differenzen werden im Rahmen des *timing*-Konzepts ebenfalls nicht berücksichtigt. Ausnahmen werden durch Teile der Literatur für den Konzernabschluss in Erwägung gezogen, soweit die Differenzen aus der Aufdeckung stiller Reserven und Lasten im Rahmen der Kapitalkonsolidierung entstehen (*Hoyos/Fischer* in BeBiKo[6] § 306 Rz 11).

217 Die handelsrechtliche Steuerabgrenzung erfolgt nach dem **Vorsichtsprinzip**, welches ein **Aktivierungswahlrecht** (§ 274 Abs 2 Satz 1 HGB) und eine Passivierungspflicht (§ 274 Abs 1 HGB) vorsieht, wobei das Aktivierungswahlrecht in der Praxis häufig restriktiv ausgeübt wird (*Herzig/Dempfle* DB 2002, 1). Die in § 306 HGB für den Konzernabschluss normierte Aktivierungspflicht erstreckt sich nach hM nur auf Differenzen aus Konsolidierungsmaßnahmen (*Hoyos/Fischer* in BeBiKo[6] § 306 Rz 7).

Die Vorschrift des § 274 HGB gilt nur für KapGes und KapCo-Gesellschaften, während IAS 12 rechtsformunabhängig anzuwenden ist.

218 Ein weiterer wesentlicher Unterschied ggü IAS 12 ergibt sich durch die bei der Ermittlung latenter Steuern angewendete **Abgrenzungsmethode**. Die nach IFRS ausschließlich anzuwendende *liability*-Methode führt zu einer Bilanzierung eigenständiger Steuerverbindlichkeiten bzw -erstattungsansprüche, die nur unter bestimmten Voraussetzungen saldierungsfähig sind. Demgegenüber schreibt das HGB-Rechnungslegungskonzept die Anwendung einer bestimmten Methode nicht explizit vor, sondern verwendet sowohl Elemente der Abgrenzungs- als auch der *liability*-Methode. Für die Ermittlung zeitlich begrenzter Differenzen wird prinzipiell die **Abgrenzungsmethode** angewandt. Diese bezweckt in Anlehnung an das *matching*-Prinzip die Herstellung eines zutreffenden Erfolgsausweises, indem sie die Steuererträge und -aufwendungen derjenigen Rechnungslegungsperiode zuordnet, in der sie entstanden sind (*Coenenberg/Hille* DB 1997, 537). Zur Erzielung einer periodengerechten Zurechnung der Ertragsteueraufwendungen knüpft die Abgrenzungsmethode bei der Ermittlung latenter

Steuern ausschließlich an den in der Handelsbilanz ausgewiesenen Steueraufwand an. Je nachdem, ob der veranlagte Steueraufwand zu hoch oder zu niedrig ist, werden latente Steueraufwendungen vor- oder nachverrechnet, wobei in der Bilanz automatisch Abgrenzungsposten als saldierte Restgröße entstehen, denen ein bilanzieller Anknüpfungspunkt iSv Vermögenswerten oder Schulden fehlt (*Coenenberg/Hille* in Baetge ua IFRS-Komm[2] IAS 12 Rz 35). Eine Kompatibilität der in der Bilanz ausgewiesenen latenten Steuerposten zwischen HGB und IFRS ist aus diesem Grund nicht gegeben.

219 Sowohl nach HGB als auch nach IFRS sind der **Bewertung** latenter Steuern diejenigen Steuersätze zugrunde zu legen, die sich bei der Auflösung der latenten Steuern ergeben.

220 Die Aktivierung latenter Steuern auf **Verlustvorträge** ist nach den HGB-Vorschriften vor Änderungen durch das Bilanzrechtsmodernisierungsgesetz (BilMoG) unzulässig. Die den Verlustvorträgen immanenten Steuervorteile sind weder auf Ergebnisdifferenzen iSd § 274 HGB zurückzuführen, noch stellen sie einen selbstständig verwendbaren Vermögensgegenstand bzw einen Abgrenzungsposten iSd § 250 Abs 1 HGB dar.

221 Der **Ausweis** passiver latenter Steuern erfolgt nach HGB im Rahmen der Steuerrückstellungen, ggf als Davon-Vermerk. Aktive latente Steuern sind als Bilanzierungshilfe in einem eigenständigen Posten auszuweisen und im Anhang zu erläutern. Die im Rahmen der Abgrenzungsmethode anzuwendende Gesamtdifferenzbetrachtung führt zu einem **Saldierungsgebot** aktiver und passiver latenter Steuern. IAS 12 sieht darüber hinaus erheblich umfangreichere Anhangangaben vor als die HGB-Regelung.

222 Insgesamt zeigt sich, dass die Bilanzierung latenter Steuern zwischen IFRS und HGB **fundamentale Unterschiede** aufweist. Bei einer Überleitung eines Jahresabschlusses von HGB auf IFRS verbietet sich daher grds eine Übernahme der nach HGB bilanzierten latenten Steuern (s Rz 128).

II. Änderungen im Rahmen des Bilanzrechtsmodernisierungsgesetzes

223 Mit der Neufassung der §§ 274 und 306 HGB durch das BilMoG wird das GuV-orientierte ***timing*-Konzept** zugunsten des bilanzorientierten ***temporary*-Konzepts** aufgegeben. Der Anwendungsbereich der §§ 274, 306 HGB (BilMoG) ist allerdings auf KapGes sowie diesen gleichgestellte Gesellschaften beschränkt. Die Abgrenzung latenter Steuern orientiert sich nicht mehr an Differenzen, die sich aus der unterschiedlichen Periodisierung von Aufwendungen und Erträgen bei der Ermittlung des handelsrechtlichen Jahresüberschusses ergeben, sondern an Differenzen, die aus unterschiedlichen Wertansätzen von Vermögensgegenständen und Schulden in der Handels- und Steuerbilanz resultieren und die sich in künftigen Perioden steuerbe- oder -entlastend auswirken. Dies schließt neben der Berücksichtigung von quasipermanenten Differenzen grds auch die erfolgsneutrale Erfassung von Wertänderungen etwa im Rahmen der Erstkonsolidierung von TU ein. Ausnahmen für den Ansatz latenter Steuern existieren lediglich für einen im Rahmen der Kapitalkonsolidierung entstandenen Geschäfts- oder Firmenwert oder negativen Unterschiedsbetrag sowie Latenzen auf sog *outside-basis-differences* zwischen dem steuerlichen Wertansatz einer Beteiligung an einem TU, assoziierten oder Gemeinschaftsunternehmen und dem handelsrechtlichen Wertansatz des im Konzernabschluss angesetzten Nettovermögens (vgl § 306 Sätze 3 und 4 HGB (BilMoG)).

224 Zur Darstellung einer den tatsächlichen Verhältnissen entspr VFE-Lage bezieht sich die grds Pflicht zur Aktivierung latenter Steuern gem § 274 Abs 1 Satz 2

HGB (BilMoG) auch auf **steuerliche Verlustvorträge** sowie **Steuergutschriften**. Dies gilt jedoch nur, soweit eine Verlustverrechnung innerhalb der nächsten fünf Jahre zu erwarten ist (§ 274 Abs 1 Satz 4 HGB (BilMoG)). Ist eine Verlustverrechnung erst zu einem späteren Zeitpunkt zu erwarten, so dürfen aktive latente Steuern auf Verlustvorträge nicht einmal zur Verrechnung mit passiven latenten Steuern abgegrenzt werden.

Die Bewertung latenter Steuern ist grds mit dem **unternehmensindividuellen** 225
Steuersatz vorzunehmen, der zum Zeitpunkt des Abbaus der temporären Differenzen gültig ist (§ 274 Abs 2 Satz 1 HGB (BilMoG)). Unter Beachtung des Verhältnismäßigkeits- und des Wesentlichkeitsgrundsatzes kann die Bewertung im Konzern ausnahmsweise auch zu einem konzerneinheitlichen, durchschnittlichen Steuersatz erfolgen. Aktive und passive latente Steuern sind aufzulösen, sobald die Steuerbe- bzw -entlastung eintritt oder nicht mehr mit ihr zu rechnen ist.

Aktive und passive latente Steuern sind künftig gem § 266 HGB (BilMoG) 226
verpflichtend in einem **gesonderten Bilanzposten** auszuweisen. Grds besteht eine Saldierungspflicht für aktive und passive latente Steuern; wahlweise kann auch ein unsaldierter Ausweis erfolgen. Im Falle eines Überhangs aktiver latenter Steuern kann auf den Ansatz aktiver latenter Steuern wahlweise verzichtet werden.

Gem § 285 Satz 1 Nr 29 HGB (BilMoG), § 314 Abs 1 Nr 21 HGB (BilMoG) ist im Anhang zu erläutern, auf welchen Differenzen oder steuerlichen Verlustvorträgen die latenten Steuern beruhen (vgl Rz 215 Nr (15)) und mit welchen Steuersätzen die Bewertung erfolgt.

Mit den Regelungen des BilMoG wird eine **Annäherung** zwischen den Bi- 227
lanzierungsvorschriften des IAS 12 und des HGB hergestellt. Da die HGB-Regelungen (BilMoG) jedoch noch gewisse Wahlrechte und Spielräume zulassen (Ansatz aktiver latenter Steuern, Saldierungsvorschriften, Geltung des Vorsichtsprinzips bei der Bewertung) wird es auch künftig zu divergierenden Bilanzansätzen kommen. Differenzen werden sich ferner immer dort ergeben, wo die Bilanzierungsvorschriften für andere Vermögenswerte und Schulden voneinander abweichen.

III. Die Regelung nach DRS

Die Regelungen des DRS 10 als Vorgabe für die Bilanzierung latenter Steuern 228
im Konzernabschluss orientieren sich maßgeblich an der **Konzeption des IAS 12**. Aufgrund der durch das BilMoG vorgesehenen Änderungen, die nunmehr auch für die HGB-Vorschriften das *temporary*-Konzept vorschreiben, wird die Bedeutung des DRS 10 für die Bilanzierung latenter Steuern zukünftig stark eingeschränkt.

Nach DRS 10.4 sind latente Steuern auf zeitliche Differenzen anzusetzen, sofern sie **erfolgswirksam entstanden** sind und ihre Auflösung in künftigen Geschäftsjahren voraussichtlich zu steuerlichen Be- oder Entlastungen führt. Dies schließt die Berücksichtigung quasipermanenter Differenzen ein (DRS 10.5). Permanente Differenzen sind dagegen nicht in die Abgrenzung latenter Steuern einzubeziehen.

Als Abgrenzungsmethode postuliert DRS 10 ausschließlich die Anwendung der ***liability*-Methode**. Latente Steuern werden demnach als Forderungen und Verbindlichkeiten im Hinblick auf zukünftige Steuererstattungen bzw -schulden angesehen. Als Konsequenz wird ein unsaldierter Ausweis analog IAS 12 vorgeschrieben (DRS 10.36).

Darüber hinaus sieht DRS 10.8 eine **Aktivierungspflicht** für latente Steuern vor, sodass im Konzernabschluss sämtliche erfolgswirksam entstandenen zeitlichen Differenzen aus HB I und HB II in die Steuerabgrenzung zu übernehmen sind (DRS 10.8).

229 Im Rahmen der **Kapitalkonsolidierung** sind latente Steuern auf aufgedeckte stille Reserven und Lasten abzugrenzen (DRS 10.16), sodass insoweit der Grundsatz, latente Steuern lediglich auf erfolgswirksam entstandene Differenzen abzugrenzen, durchbrochen wird. Wie nach IAS 12 mindern oder erhöhen die im Rahmen der Kapitalkonsolidierung abzugrenzenden latenten Steuern den Buchwert des Geschäfts- oder Firmenwerts, wobei auf diese selbst analog IAS 12.21 und IAS 12.32 keine latenten Steuern abgegrenzt werden dürfen.

Bei hinreichend wahrscheinlicher Realisierung ist zudem die Bildung latenter Steueransprüche auf steuerliche **Verlustvorträge** und **Steuergutschriften** verpflichtend, wobei sich das Wahrscheinlichkeitskriterium ebenfalls an IAS 12 orientiert (DRS 10.11 ff).

230 Die **Bewertung** latenter Steuern erfolgt auf Basis der *liability*-Methode mit den zum Zeitpunkt der Auflösung der zeitlichen Differenzen gültigen Steuersätzen. Der Ansatz eines konzerneinheitlichen Steuersatzes ist unzulässig (DRS 10.22). Vielmehr ist wie im Falle der IFRS-Regelung auf die **lokalen Steuersätze** der in den Konzernabschluss einbezogenen Unternehmen abzustellen. Eine Abzinsung latenter Steuern ist gem DRS 10.27 ebenfalls unzulässig.

Aktive latente Steuerposten sind gem DRS 10.28 zu jedem Bilanzstichtag auf ihre Werthaltigkeit hin zu überprüfen. Wurde zum Erwerbszeitpunkt eine aktive latente Steuer des erworbenen Unternehmens aufgrund mangelnder Gewinnerwartung nicht im Konzernabschluss angesetzt, so ist der Geschäfts- oder Firmenwert anzupassen. Steuersatz- bzw Steuergesetzänderungen sind im Rahmen der Bewertung mit Verabschiedung der zugrunde liegenden Gesetze zu berücksichtigen. Dabei sind die Vorjahreszahlen entspr anzupassen.

231 Die Erfassung latenter Steuern in der **GuV** erfolgt kongruent zu ihrer Entstehungsursache. Wurden die den latenten Steuern zugrunde liegenden Sachverhalte erfolgswirksam erfasst, so sind auch die latenten Steuern erfolgswirksam zu bilanzieren. Im Rahmen der Kapitalkonsolidierung **erfolgsneutral** entstandene latente Steuern sind unmittelbar mit dem Eigenkapital zu verrechnen (DRS 10.29 ff).

232 Die **Anhangangaben** orientieren sich an IAS 12, wobei für nicht kapitalmarktorientierte Unternehmen Befreiungen gelten (DRS 10.39 ff).

DRS 10 ist **erstmalig** auf das nach dem 31. Dezember 2002 beginnende Geschäftsjahr anzuwenden. Dabei sind Vergleichszahlen für vorausgegangene Geschäftsjahre ergebnisneutral anzupassen (DRS 10.45 f).

I. Aktuelle Entwicklungen/IASB-Projekte

233 Im Rahmen des ***„Convergence Projects“*** zwischen IASB und FASB haben sich beide Standardsetter zum Ziel gesetzt, eine möglichst große Übereinstimmung zwischen IAS 12 und SFAS 109 zu erzielen. Auf dieser Basis hat der IASB im März 2009 den ED/2009/2 veröffentlicht, welcher neben diversen materiellen Änderungen auch die Struktur des IAS 12 erheblich verändert und an die neue Systematik der IFRS anpasst, mit dem Ziel einer einheitlicheren und konsistenteren Anwendung.

So sollen die Definitionen des Steuerwerts und der Steuergutschrift überarbeitet und ergänzt werden, ferner werden ergänzende und erläuternde Vorschriften etwa zur Änderung des Steuerstatus (SIC 25), zur Realisierbarkeit aktiver latenter Steuern sowie zur Allokation latenter Steuern in Einzelabschlüssen im Falle einer konsolidierten Besteuerung in den Standard aufgenommen. Im Hinblick auf die zukünftige Realisierbarkeit sollen aktive latente Steuern zukünftig stets in voller Höhe angesetzt, im Anschluss dann aber im Fall einer mangelnden Realisierbarkeit sofort wertberichtigt werden (Bruttoverfahren).

Materielle Änderungen betreffen insbes die Abschaffung der **Ausnahmeregelungen** in IAS 12.39 und IAS 12.44, sodass es künftig zu einer verstärkten Abgrenzung latenter Steuern auf *outside basis differences* kommen dürfte. Für bestimmte ausländische TU soll die Ausnahmeregelung aus Praktikabilitätsgründen allerdings weiterhin anwendbar bleiben. Auch die Ausnahmeregelung des IAS 12.24(b) ***(initial differences)*** steht aufgrund einer Anpassung an die US-GAAP-Vorschriften zur Disposition (vgl Rz 94f). Die Ausnahmevorschrift des IAS 12.15(a) hinsichtlich des Geschäfts- oder Firmenwerts (vgl Rz 99) soll dagegen beibehalten werden. 234

Im Hinblick auf die **Bewertung** latenter Steuern soll die Regelung in IAS 12.52, nach der sich der Steuerwert nach der **Verwendungsabsicht** des Managements bestimmt, dahingehend geändert werden, dass dem Steuerwert zukünftig ausschließlich der bei einer Veräußerung oder einem sonstigen Abgang beizumessende Wert zugrunde zu legen ist (vgl Rz 142 und Rz 167). 235

Ferner sollen Bewertungsunterschiede aus **Steuersatzänderungen** zukünftig nur noch erfolgswirksam erfasst werden (vgl Rz 170). Derzeit sieht der Standard für latente Steuern, die ursprünglich erfolgsneutral gebildet wurden, noch eine erfolgsneutrale Umbewertung vor.

Im Hinblick auf den **Ausweis** ist in der Bilanz zukünftig eine Aufteilung zwischen kurz- und langfristigen latenten Steuern vorzunehmen (vgl Rz 181). 236

Ferner ist die Harmonisierung der **Anhangangaben** geplant. ZT sollen Angaben aus FAS 109 übernommen und im Gegenzug einige der aktuellen Angaben des IAS 12 gestrichen werden. Die bedeutendste Änderung im Hinblick auf die Anhangangaben betrifft die Überleitungsrechnung, der zukünftig nur noch der Steuersatz des MU zugrunde gelegt werden darf. Derzeit ist alternativ noch die Anwendung eines Mischsteuersatzes zulässig (vgl Rz 194).

Auch Regelungen zu **Steuerrisiken** sind erstmals vorgesehen. 237

§ 26. Altersversorgungspläne/ Leistungen an Arbeitnehmer

Übersicht

Schrifttum: *Bauer* Zur Bilanzierung beitragsorientierter Leistungszusagen bei versicherungsförmiger Finanzierung, Der Aktuar 2005, 120; *Bode/Gohdes/Thurnes* Betriebliche Altersversorgung im Internationalen Jahresabschluss – Bewertungsannahmen zum 31. 12. 1998/1. 1. 1999, DB 1999, 1715; *DAV* Fachgrundsatz: International Accounting Standard IAS 19 (revised 1998) über Employee Benefits – IVS-Richtlinie zur Anwendung des Standards auf deutsche Verhältnisse –, Der Aktuar 2002, 86; *Epstein/Jermakovicz* IFRS 2008 Interpretation and Application of International Financial Reporting Standards, New Jersey 2008; *Förschle/Naumann* Bilanzielle Behandlung der Altersteilzeitarbeit nach deutschem Handelsrecht und nach den International Accounting Standards, DB 1999, 157; *Gohdes* Anwendung internationaler Rechnungslegungsvorschriften für Pensionsverpflichtungen in der deutschen Handelsbilanz, BetrAV 1997, 1; *Gohdes/Baach* Internationaler Jahresabschluss zum 31. 12. 2000: Rechnungszins für betriebliche Altersversorgung, BetrAV 2001, 15; *Gohdes/Baach* Internationaler Jahresabschluss zum 31. 12. 2002: Rechnungszins und Inflationsrate für die betriebliche Altersversorgung, BetrAV 2003, 40; *Gohdes/Kaether* Auswirkungen der Rentenreform in der Rechnungslegung nach internationalen Standards, BB 2002, 772; *Höfer* Die Bewertung von Pensionsverpflichtungen nach internationalen Standards, in FS Weber: Internationale Rechnungslegung, Stuttgart 1999, 107; *Höfer/Oppermann* Änderung des IAS 19 für den Bilanzausweis von Betriebsrenten, DB 2000, 1039; *IASB* IFRIC Update Januar 2007, London 2007; *IDW* Berichterstattung über die 17. Sitzung des Arbeitskreises IAS-Rechnungslegung deutscher Unternehmen, FN IDW 1999, 504; *IDW HFA* Berichterstattung über die 161. und 162. Sitzung des HFA, FN IDW 1998, 292; *IDW HFA* Berichterstattung über die 200. Sitzung des HFA, FN IDW 2006, 95; *IDW* Praktisch relevante Abweichungen zwischen den Rechnungslegungsstandards des IASC und der 4. und 7. EG-Richtlinie, WPg 1998, 183; *IDW* Stellungnahme HFA 2/1988: Pensionsverpflichtungen im Jahresabschluss, FN IDW 1988, 219; *IDW* RS HFA 2 Stellungnahme zur Rechnungslegung: Einzelfragen zur Anwendung von IFRS (Stand: 2. September 2008), FN IDW 2008, 483; *IDW* RS HFA 3 Stellungnahme zur Rechnungslegung: Bilanzierung von Verpflichtungen aus Altersteilzeitregelungen nach IAS und nach handelsrechtlichen Vorschriften, FN IDW 1998, 594; *Niehus* Zur „Internationalisierung" der Konzernabschlüsse 1994 der Bayer AG und der Schering AG, DB 1995, 937; *Oecking/Hellmann/Schmallbach* Aktuelle Entwicklungen in der internen Rechnungslegung – IFRS/US-GAAP, BetrAV 2007, 40; *Pawelzik* Pensionenspiegel für Pensionsrückstellungen nach IAS 19, DB 2005, 733; *Peters* Bilanzierungsvorschriften und Konflikte mit deutschem Handelsrecht, BetrAV 1997, 8; *Rhiel* Zur Diskussion gestellt: Ist die Einrechnung künftiger Rentenanpassungen in eine Pensionsrückstellung nach IAS oder US-GAAP nicht doch ein Denkfehler, DB 2000, 685; *RIC* RIC-Positionspapier: Auswirkungen der gesetzlichen Erhöhung des Renteneintrittsalters aufgrund des RV-Altersgrenzenanpassungsgesetzes auf die Bilanzierung leistungsorientierter Pläne nach IAS 19, BetrAV 2008, 198; *Richter* Der Wertansatz von Pensionsverpflichtungen nach dem Bilanzrichtliniengesetz, BB 1986, 2162; *Rößler/Doetsch/Heger* Auslagerung von Pensionsverpflichtungen im Rahmen einer Bilanzierung gem SFAS bzw IAS, BB 1999, 2498; *Spanheimer/Ebel* Bilanzierung von Cash Balance-Pensionsplänen nach IFRS, BetrAV 2005, 141.

Wesentliche Rechtsgrundlagen: IAS 19, IAS 26, IFRIC 14

A. Allgemeines

I. Anwendungsgebiete

1 Bei der Bilanzierung sämtlicher Leistungen, die ein Unternehmen einem Arbeitnehmer **im Austausch für** seine **erbrachte Arbeitsleistung** gewährt, ist IAS 19 anzuwenden. Dies beinhaltet nach IAS 19.5 auch Leistungen an den

Ehepartner oder an die Kinder des Arbeitnehmers oder sonstige von ihm abhängige Personen. Neben Geldleistungen werden ebenso Sachleistungen erfasst. Das Anwendungsgebiet des Standards ist nicht beschränkt auf direkte Zahlungen an den Arbeitnehmer, sondern umfasst auch mit den Leistungen verbundene Kosten und Steuern (s *IASB* IFRIC Update Januar 2007). Zu den Arbeitnehmern iSd Standards zählen ebenfalls Mitglieder der Geschäftsführungs- und der Aufsichtsorgane sowie sonstige leitende Angestellte (IAS 19.6). Soweit Leistungen mittelbar über einen externen Träger (zB einen Pensionsfonds) erbracht werden, fallen auch die Zahlungen an diesen Träger in das Anwendungsgebiet.

Die Bilanzierung und Berichterstattung des **externen Trägers selbst** wird dagegen nicht von IAS 19 erfasst, sondern erfolgt nach IAS 26. Dieser Standard ist anzuwenden für alle Altersversorgungspläne, die Leistungsverpflichtungen für den Arbeitgeber der Begünstigten erfüllen, aber von diesem losgelöste Berichtseinheiten darstellen. Eine Berichterstattung des Plans wird durch den Standard nicht gefordert, er regelt nur den Inhalt und die Ausgestaltung für den Fall, dass freiwillig oder aufgrund anderer Vorschriften ein Bericht erstellt wird. 2

Die Leistungsverpflichtungen können sowohl auf formalen einzel- oder kollektivvertraglichen Vereinbarungen beruhen als auch auf **betrieblicher Übung,** wenn diese eine **faktische Verpflichtung** begründet (IAS 19.3 und IAS 26.10). Letzteres ist in Deutschland bei betrieblicher Altersversorgung grds der Fall, da Verpflichtungen aufgrund betrieblicher Übung den Verpflichtungen aus einer Versorgungszusage gleichgestellt sind (§ 1b Abs 1 Satz 4 BetrAVG). Eine Verpflichtung kann auch bereits dann bestehen, wenn die Zusage noch nicht unverfallbar ist (IAS 19.BC14). 3

Die vorstehend genannten Punkte gelten im Wesentlichen auch für die Behandlung von **Pensionsverpflichtungen nach deutschem Handelsrecht.** Hinsichtlich der erfassten Leistungsarten geht der Standard hingegen weit über das hinaus, was unter den Posten Rückstellungen für Pensionen und ähnliche Verpflichtungen oder Aufwendungen für Altersversorgung nach HGB auszuweisen ist, wo in Anlehnung an die Legaldefinition der betrieblichen Altersversorgung in § 1 BetrAVG üblicherweise einschränkend verlangt wird, dass die Leistungen Versorgungscharakter besitzen und durch ein biometrisches Ereignis (Invalidität, Tod oder Erreichen der Altersgrenze) ausgelöst werden. 4

Die unter IAS 19 fallenden **Leistungsarten** lassen sich nach IAS 19.4 in folgende vier Kategorien einteilen: 5

(1) **Kurzfristig fällige Leistungen:** Hierunter fallen zB die nach deutschem Handelsrecht unter den sonstigen Rückstellungen auszuweisenden **Urlaubs- oder Tantiemerückstellungen.** Kriterium für die Kurzfristigkeit ist hier, dass die Leistungen innerhalb von zwölf Monaten nach Ende des Geschäftsjahrs, in der die entspr Arbeitsleistung erbracht wurde, erfüllt werden.

(2) **Leistungen nach Beendigung des Arbeitsverhältnisses:** Hierunter fallen alle Leistungen der (betrieblichen) Altersversorgung, dh solche Leistungen, die auch nach deutschem Handelsrecht als **Pensionsverpflichtungen** angesehen werden. Der Standard unterscheidet bei diesen Leistungen weiter nach beitragsorientierten und leistungsorientierten Versorgungsplänen. Die Vorschriften für Leistungen nach Beendigung des Arbeitsverhältnisses aufgrund leistungsorientierter Versorgungspläne nehmen in diesem Standard den größten Raum ein.

(3) **Andere langfristig fällige Leistungen:** Hierunter fallen zB die nach deutschem Handelsrecht unter den sonstigen Rückstellungen auszuweisenden **Jubiläumsrückstellungen.**

(4) **Leistungen aus Anlass der Beendigung des Arbeitsverhältnisses:** Neben Abfindungen im Allgemeinen fallen hierunter zB auch **Aufstockungszahlungen** im Rahmen von **Altersteilzeitvereinbarungen.**

6 Die **erstmalige Anwendung** des 1998 grundlegend überarbeiteten Standards musste spätestens für Geschäftsjahre, die **nach dem 31. Dezember 1998** begannen, erfolgen. Bei einer Anwendung für vorangehende Geschäftsjahre hatte das Unternehmen anzugeben, dass es diesen Standard anstelle des im Jahre 1993 genehmigten IAS 19 angewandt hat (IAS 19.157). Die im Jahr 2000 überarbeitete Definition von Planvermögen sowie die neu eingefügten Vorschriften zur Behandlung von (sonstigen) Erstattungsansprüchen waren spätestens für Geschäftsjahre, die nach dem 31. Dezember 2000 begannen, anzuwenden (IAS 19.159). Die in 2002 modifizierte Regelung in IAS 19.58A hinsichtlich der Amortisation von versicherungsmathematischen Gewinnen oder Verlusten sowie nachzuverrechnender Dienstzeitaufwendungen im Zusammenhang mit einer Begrenzung des zu aktivierenden Vermögenswerts gem IAS 19.58 (s Rz 33) war spätestens für Geschäftsjahre, die am 31. Mai 2002 oder danach begannen, anzuwenden (IAS 19.159A).

Die in 2004 eingeführten **Neuregelungen** bzgl **gemeinschaftlicher Pläne mehrerer Arbeitgeber** (IAS 19.32A) sowie die erweiterten Anhangangaben (IAS 19.120 ff) waren spätestens für Geschäftsjahre, die am oder nach dem 1. Januar 2006 beginnen, anzuwenden (IAS 19.159B). Die ebenfalls in 2004 neu eingeführte Option, versicherungsmathematische Gewinne und Verluste außerhalb der GuV durch Berücksichtigung im sonstigen Ergebnis *(other comprehensive income)* zu amortisieren (IAS 19.93A bis IAS 19.93D), konnte bereits für Geschäftsjahre, die am oder nach dem 16. Dezember 2004 endeten, angewandt werden (IAS 19.159C). Bei einer Anwendung dieser Option für vor dem 1. Januar 2006 beginnende Geschäftsjahre waren auch die vorstehend genannten weiteren Neuregelungen entspr früher anzuwenden (IAS 19.159C). Im Rahmen des *Annual Improvements* Projekts 2008 wurden im Mai 2008 ua Klarstellungen bzgl der Definition von kurzfristig und langfristig fälligen Leistungen sowie bzgl der Abgrenzung negativer nachzuverrechnender Dienstzeitaufwendungen von Plankürzungen eingeführt, die spätestens für Geschäftsjahre, die am oder nach dem 1. Januar 2009 beginnen, anzuwenden sind (IAS 19.159D). Eine frühere Anwendung als zu den genannten Terminen wird in allen Fällen empfohlen.

II. Wesentliche Grundsätze

7 Aufgrund des sog Prinzips der Maßgeblichkeit (§ 5 Abs 1 EStG) ist das deutsche Handelsrecht bisher in starkem Maße von steuerrechtlichen Vorschriften geprägt, bei unmittelbaren Pensionszusagen vor allem von § 6a EStG (bzgl der Neuregelungen durch das Bilanzrechtsmodernisierungsgesetz (BilMoG) s Rz 137). Die Bilanzierung nach IAS 19 hingegen ist vollkommen unabhängig von steuerlichen Vorschriften. Grundlegendes Ziel ist die **periodengerechte Zuordnung** der Leistungen zu der Periode, in der sie vom Arbeitnehmer verdient wurden, und nicht, in der sie fällig werden.

Hinweis: Wegen des regelmäßigen Auseinanderfallens des Bilanzwerts nach IFRS und des steuerlichen Bilanzwerts ist grds zu prüfen, ob es zum Ansatz aktiver (s § 25 Rz 47 ff) oder passiver (s § 25 Rz 55 ff) **latenter Steuern** kommt.

8 Das Vorsichts- und Realisationsprinzip des deutschen Handelsrechts rangiert deutlich hinter dem die IFRS beherrschenden Streben nach **Bilanzklarheit** und **Neutralität** (*Niehus* DB 1995, 937). Nach dem Prinzip der **Wesentlich-**

keit „kommt es nicht so sehr auf die Rechengenauigkeit als auf die richtige Einhaltung von Bilanzierungsgrundsätzen an“ (*Gohdes* BetrAV 1997, 7).

Während das deutsche Handelsrecht von einem bilanzorientierten, stichtags- 9 bezogenen Ansatz *(„balance sheet approach“)* ausgeht und den Aufwand aus der Veränderung der Rückstellung zuzüglich der liquiden Aufwendungen ableitet, basiert IAS 19 auf einem **aufwandsbezogenen Ansatz** (*„income approach“*; s auch die sehr anschauliche Gegenüberstellung der beiden Ansätze bei *Gohdes* BetrAV 1997, 3). Der Pensionsaufwand wird **zu Beginn des Geschäftsjahrs** auf Basis des Bestands zu diesem Termin ermittelt. Die zu bilanzierende Rückstellung ergibt sich aus der Ansammlung und Verzinsung der in den vorangegangenen Geschäftsjahren entstandenen Aufwendungen, soweit noch kein Verbrauch oder eine Auflösung stattgefunden hat.

Änderungen des Bestands oder der Kalkulationsgrundlagen werden im 10 Regelfall ebenso wie Abweichungen zwischen der tatsächlichen und der kalkulierten Entwicklung noch nicht im gleichen Jahr erfolgswirksam. Der aus den Änderungen entstehende Aufwand oder Ertrag braucht nur berücksichtigt zu werden, wenn er wesentlich ist und kann, beginnend ab dem folgenden Geschäftsjahr, über einen **mehrjährigen Zeitraum verteilt** werden. Die Entwicklung der Pensionsrückstellung kann bei Ausübung dieses Verteilungswahlrechts geglättet werden und stellt einen Gesamtbetrag dar, der nicht auf den einzelnen Arbeitnehmer individualisiert werden kann. Dies stellt einen weiteren wesentlichen Unterschied zu der stichtagsbezogenen Einzelbewertung im deutschen Handelsrecht dar. Anpassungen des Standards in jüngster Zeit (s Rz 86) sowie die aktuellen Entwicklungen (s Rz 148) deuten jedoch zunehmend auf eine künftige Abkehr vom aufwandsbezogenen Ansatz in IAS 19.

Nach IAS 19 ist die Verpflichtung am Bilanzstichtag um den Zeitwert eines 11 evtl vorhandenen **Planvermögens** zu kürzen, wenn dieses gewisse Kriterien erfüllt. Sofern das Planvermögen den Wert der Verpflichtungen übersteigt, kommt unter gewissen Bedingungen sogar eine Aktivierung eines Vermögenswerts in Betracht. Ggü der dem Saldierungsverbot unterliegenden Handelsbilanz nach HGB kann IAS 19 also zu einer **Bilanzverkürzung** führen. Ebenso werden Aufwendungen für Altersversorgung mit den zugehörigen Erträgen aus dem Planvermögen saldiert. Letzteres gilt nach der Überarbeitung des Standards in 2000 auch für solche Erstattungsansprüche, die nicht alle Definitionen als Planvermögen erfüllen, eine Saldierung in der Bilanz also nicht zulassen.

Neben dem Bilanzwert der Pensionsrückstellung und dem Aufwand für 12 Altersversorgung jeweils in einer Summe fordert das deutsche Handelsrecht lediglich die Angabe von nicht bilanzierten Verpflichtungen (bei Anwendung des Wahlrechts nach Art 28 EGHGB) und bei einer AG die Angabe der Versorgungsverpflichtungen ggü früheren Vorstandsmitgliedern. IAS 19 schreibt dagegen **umfangreiche Informations- und Offenlegungspflichten** vor, die für leistungsorientierte Pläne etwa in IAS 19.120A ff detailliert aufgeführt sind.

Die Berichterstattung von **Altersversorgungsplänen** soll nach IAS 26.34 ua 13 die Bewegung des für die Leistungen zur Verfügung stehenden Nettovermögens, zusammengefasste Bilanzierungs- und Bewertungsmethoden sowie eine Beschreibung des Plans und der Auswirkung eventueller Planänderungen in der abgelaufenen Periode enthalten.

einstweilen frei 14, 15

B. Leistungen nach Beendigung des Arbeitsverhältnisses

16 Abzugrenzen von den Leistungen nach Beendigung des Arbeitsverhältnisses sind solche aus Anlass der Beendigung des Arbeitsverhältnisses (s Rz 112ff). Die Leistungen können auf **beitragsorientierten** oder auf **leistungsorientierten Plänen** beruhen. Einige Besonderheiten bestehen bei **gemeinschaftlichen Plänen mehrerer Arbeitgeber** (s Rz 101).

I. Beitragsorientierte Pläne

1. Definitionen

17 Ein Plan gilt nach der Definition in IAS 19.7 und IAS 19.25 als beitragsorientiert, wenn die **Verpflichtung** des Unternehmens **auf die festgelegte Beitragszahlung** an eine eigenständige Einheit (Fonds) **begrenzt** ist, auch wenn der Fonds nicht über ausreichende Vermögenswerte verfügt, um die zugesagten Leistungen an den Arbeitnehmer zu erbringen. Die Höhe der Leistungen hängt ausschließlich ab von den gezahlten Beiträgen und den Erträgen aus der Anlage dieser Beiträge. Sowohl das **versicherungsmathematische Risiko** als auch das **Kapitalanlagerisiko trägt** folglich der **Arbeitnehmer.** Speziell für Versicherungsverträge bedeutet das nach IAS 19.39, dass der Arbeitgeber unter keinen Umständen verpflichtet ist, zusätzliche Beiträge zu entrichten oder Leistungen an den Arbeitnehmer selbst zu erbringen.

18 Aufgrund der arbeitsrechtlichen Gesetzgebung (§ 1 Abs 1 Satz 3 BetrAVG) und ständiger Rechtsprechung in Deutschland entbindet auch die Durchführung der Altersversorgung über einen externen Träger den Arbeitgeber nicht von seiner Haftung. Beitragszusagen sind zudem nach § 1 Abs 2 Nr 2 BetrAVG nur im Zusammenhang mit einer Mindestleistung vorgesehen. Es ist insofern fraglich, ob in Deutschland überhaupt beitragsorientierte Pläne existieren. Am ehesten könnte dies bei den **versicherungsförmigen Durchführungswegen** Direktversicherung, Pensionskasse und mit Einschränkungen beim Pensionsfonds der Fall sein, da aufgrund aufsichtsrechtlicher Vorschriften mit einer Inanspruchnahme des Arbeitgebers, die über die Verpflichtung zur Beitragszahlung hinausgeht, nicht zu rechnen ist (*Gohdes/Kaether* BB 2002, 772, ermitteln eine jährliche Mindestrendite, die der externe Versorgungsträger bzw bei Nichtleistung der Arbeitgeber garantieren muss, die bei langen Laufzeiten unter 1% liegt). Streng genommen sind aber auch diese Pläne aufgrund der arbeitsrechtlichen **Subsidiärhaftung** als leistungsorientiert anzusehen, wenn auch die Praxis eine andere Behandlung rechtfertigt (s Rz 19). Nach Auffassung der Arbeitsgruppe „Rechnungslegung" des Fachausschusses Altersversorgung in der DAV ist die finale Haftung lediglich als Eventualverbindlichkeit anzusehen und eine Behandlung als beitragsorientiert nicht generell ausgeschlossen (*Bauer* Der Aktuar 2005, 121).

19 Soweit Planvermögen (s Rz 37) bei leistungsorientierten Plänen aber aus **Versicherungsansprüchen** besteht, die die Verpflichtungen ganz oder teilweise kongruent bedecken, ist der Zeitwert der Versicherungspolicen in gleicher Höhe anzusetzen wie der Barwert der zugrunde liegenden Verpflichtungen (IAS 19.104). Dies bedeutet ua auch den Ansatz identischer Rechnungsgrundlagen. Insofern ist bei versicherungsförmigen Durchführungswegen „in aller Regel nicht nur kein Schuldausweis in der Bilanz des Unternehmens geboten" (*Höfer/Oppermann* DB 2000, 1039), sondern es besteht der Pensionsaufwand letztlich nur aus dem an den externen Träger zu zahlenden Beitrag. Dies rechtfertigt es, **versicherungs-**

förmige Durchführungswege in der Praxis doch als beitragsorientierte Pläne zu behandeln. Gleiches gilt auch für eine unmittelbare Versorgungszusage mit kongruenter Rückdeckung, wenn die **Rückdeckungsversicherung** an den Arbeitnehmer verpfändet ist und die Höhe der Versorgungszusage an die Versicherungsleistung zuzüglich Überschussbeteiligung gekoppelt ist. Hierbei handelt es sich nach der Definition zwar um leistungsorientierte Pläne, die wirtschaftliche Behandlung unterscheidet sich aber nicht von der Behandlung beitragsorientierter Pläne.

2. Ansatz und Bewertung

Für die Erfassung der Beiträge in einem beitragsorientierten Plan ist zunächst anhand der **Planformel** festzustellen, welcher Beitrag im Austausch für die im Geschäftsjahr erbrachte Arbeitsleistung zugesagt wurde. Dieser Beitrag ist im Geschäftsjahr als Aufwand zu erfassen (IAS 19.44(b)) und (im Anhang) anzugeben (IAS 19.46). Soweit die Zahlung an den externen Träger nicht im Geschäftsjahr erfolgt, ist eine entspr **Abgrenzung** vorzunehmen, entweder durch Passivierung eines Schuldpostens oder durch Aktivierung eines Vermögenswerts. Letzteres aber nur, sofern die Vorauszahlung des Beitrags zu einer Verringerung künftiger Zahlungen oder zu einer Rückerstattung führt (IAS 19.44(a)). 20

Für die Bewertung des Aufwands oder der Verpflichtung aus beitragsorientierten Plänen sind **keine versicherungsmathematischen Annahmen** erforderlich. Eine Abzinsung ist nach IAS 19.45 nur dann vorzunehmen, wenn die Fälligkeit der zu zahlenden Beiträge mehr als zwölf Monate nach dem Ende des Geschäftsjahrs liegt, in dem die zugehörige Arbeitsleistung erbracht wurde. Der Abzinsungssatz ist in diesem Fall in gleicher Weise zu bestimmen, wie bei leistungsorientierten Plänen (s Rz 61). 21

Die Behandlung beitragsorientierter Pläne unterscheidet sich also nicht wesentlich von der nach deutschem Handelsrecht.

einstweilen frei 22–24

II. Leistungsorientierte Pläne

Sofern ein Plan nicht als beitragsorientiert eingestuft werden kann, gilt er als leistungsorientiert. In diesem Fall **trägt der Arbeitgeber das versicherungsmathematische Risiko und das Anlagerisiko.** Die Einstufung und damit die nachfolgend beschriebenen Regelungen gelten grds unabhängig vom Durchführungsweg der betrieblichen Altersversorgung. Wegen der in Rz 19 dargestellten Besonderheiten bei versicherungsförmigen Durchführungswegen werden in der Praxis üblicherweise nur die Durchführungswege Direktzusage und Unterstützungskasse als leistungsorientierte Pläne behandelt. 25

1. Bilanzansatz

a) Ist-Rückstellung

Die in der Bilanz als **Schuldposten** anzusetzende Pensionsrückstellung ergibt sich nach IAS 19.54 als **Saldo** aus dem Barwert (Sollwert) der Verpflichtung (s Rz 35 f) zum Bilanzstichtag zuzüglich noch nicht erfasster versicherungsmathematischer Gewinne (s Rz 80 ff) (bzw abzüglich noch nicht erfasster versicherungsmathematischer Verluste) abzüglich noch nicht erfassten nachzuverrechnenden Dienstzeitaufwands (s Rz 87 ff). Sofern Planvermögen (s Rz 37 ff) vorhanden ist, ist die Schuld um dessen Zeitwert zu kürzen. Weiterhin zu kürzen sind noch nicht amortisierte Fehlbeträge aus der erstmaligen Anwendung dieses 26

Standards (s Rz 46). Dies wird zwar in IAS 19.54 nicht explizit erwähnt, ergibt sich aber unter anderem aus dem in IAS 19.60 aufgeführten Beispiel.

Praxishinweis: Innerhalb eines Geschäftsjahrs zeigt die zu bilanzierende Pensionsrückstellung üblicherweise folgende **Entwicklung:**

	(Ist-)Rückstellung zu Beginn des Geschäftsjahrs
+	Pensionsaufwand (s Rz 70)
+/–	versicherungsmathematische Gewinne (–) oder Verluste (+), die außerhalb der GuV erfasst werden (s Rz 86)
+	übertragene Vermögenswerte für übernommene Verpflichtungen (s Rz 55)
–	Zahlungen an die Berechtigten (Rentenleistungen oder Kapitalabfindungen)
+/–	Auszahlungen aus (+) bzw Zahlungen an (–) einen externen Fonds
+/–	Übergangssaldo bei erstmaliger Anwendung von IAS 19, falls nicht im Pensionsaufwand erfasst (s Rz 46)
=	(Ist-)Rückstellung am Ende des Geschäftsjahrs

Bis auf Gewinne oder Verluste aus Planabgeltungen oder -kürzungen (s Rz 96) steht der Pensionsaufwand bereits zu Beginn des Geschäftsjahrs fest. Ebenso steht ein eventueller Übergangssaldo zu Beginn fest. Sofern keine liquiden Zahlungsvorgänge erfolgen (zB in einem reinen Aktivenbestand), kann also die Rückstellung zum Ende des Geschäftsjahrs bereits am Beginn des Geschäftsjahrs exakt bestimmt werden, ansonsten zumindest näherungsweise. Sie ist jedenfalls unabhängig von normalen (dh solchen, die nicht als Planabgeltung oder -kürzung zu qualifizieren sind) Bestandsänderungen, die im Laufe des Geschäftsjahrs eintreten. Auch Neuzugänge oder Neuzusagen werden in der Praxis im Jahr des Eintritts bzw der Zusage noch nicht berücksichtigt.

27 Anders als in der deutschen Rechnungslegungspraxis üblich werden **(Renten-)Zahlungen** an den Versorgungsberechtigten nicht als Aufwand, sondern erfolgsneutral als Verbrauch **zu Lasten der Rückstellung gebucht.** Sofern die Zahlung unmittelbar durch einen externen Fonds erfolgt, heben sich die Zahlungen an den Berechtigten und die Zahlungen aus dem Fonds in der oben dargestellten Entwicklung gegenseitig auf und können saldiert werden.

28 Die unterschiedliche Vorgehensweise zwischen deutscher Praxis und IAS 19 zeigt sich deutlich im Falle einer **Fehlbuchung,** wenn etwa versehentlich Gehaltszahlungen als Rentenzahlungen gebucht werden. Im Abschluss nach deutscher Rechnungslegung entstände lediglich eine Verschiebung zwischen zwei GuV-Posten, die bilanzierte Rückstellung und der Jahreserfolg wären aber nicht betroffen. Nach IAS 19 hingegen würde die Rückstellung um den falschen Verbrauch reduziert und der Jahreserfolg wäre entspr höher. Erst über einen längeren Zeitraum verteilt würde ein Ausgleich entstehen durch die Amortisation des fälschlicherweise entstandenen versicherungsmathematischen Verlusts (s Rz 82 ff).

29 Die bilanzierte Rückstellung **weicht** idR **vom Soll- oder Zeitwert** der Verpflichtung **ab,** da versicherungsmathematische Gewinne oder Verluste (s Rz 80 ff) und nachzuverrechnender Dienstzeitaufwand bei Planerhöhungen (s Rz 87 ff) erst zeitversetzt über mehrere Jahre verteilt im Pensionsaufwand erfasst zu werden brauchen. Durch die Saldierung mit evtl vorhandenem Planvermögen **kann** der Schuldposten **negativ,** dh zu einem Vermögenswert **werden.**

30 Die **Aktivierung eines Vermögenswerts** wird nach IAS 19.58(b) jedoch **begrenzt** auf den Barwert des Nutzens, den das Unternehmen aus der Überdotierung des Fonds hat, sei es durch Beitragsrückerstattungen oder durch Reduzierung künftiger Beitragszahlungen. Der Nutzen muss nicht sofort realisierbar sein (IFRIC 14.8), aber es muss ein unabdingbarer Anspruch auf Rückerstattung während der Laufzeit oder bei Abwicklung des Plans bestehen (IFRIC 14.11). Zuzüglich zum Nutzen sind noch nicht amortisierte versicherungsmathematische Verluste und nachzuverrechnende Dienstzeitaufwendungen zu aktivieren. Die aufgeschobene Erfassung dieser Aufwendungen (s Rz 82 bzw Rz 88) soll durch die Begrenzung nämlich nicht aufgehoben werden (IAS 19.60). Ein aufgrund der Begrenzung nicht als Vermögenswert erfasster Betrag ist im Anhang anzugeben (IAS 19.120A(c)(vi)).

Soweit keine Mindestdotierungen (s Rz 32) des Plans vereinbart sind, sind die Beitragsreduzierungen mit dem Barwert der künftigen lfd Dienstzeitaufwendungen (s Rz 72) anzusetzen. Sie sind mit den gleichen Annahmen zu bewerten, die auch bei der Bewertung der Verpflichtung zur Anwendung kamen (IFRIC 14.17). Bei Rückerstattungen sind Kosten und Steuern zu berücksichtigen (IFRIC 14.13). Eine Diskontierung ist nur vorzunehmen, wenn es sich bei der Rückerstattung um einen festen (ergebnisunabhängigen) Betrag handelt (IFRIC 14.15).

Eine **Überdotierung** des Planvermögens entsteht regelmäßig bei **Finanzierung** der Versorgungsleistungen **über eine Versicherung**. Wegen der aufgrund aufsichtsrechtlicher Vorschriften vorsichtig gewählten Rechnungsgrundlagen ist der Zeitwert (Deckungskapital zuzüglich Gewinnguthaben) der Versicherung bei gleichen zugesagten Leistungen höher als der mit aktuellen Rechnungsgrundlagen errechnete Barwert der Verpflichtungen. Soweit die daraus entstehenden Überschüsse dem Arbeitgeber zustehen, darf der überdotierte Wert aktiviert werden. 31

Beispiele: Der Sollwert der Verpflichtung betrage € 2.000, das zugehörige Deckungskapital der Rückdeckungsversicherung aufgrund vorsichtig gewählter Rechnungsgrundlagen € 2.400. Der Wert der künftigen Überschüsse, die dem Arbeitgeber zustehen, betrage € 350. Anmerkung: Zur Illustration der Auswirkungen von IAS 19.54 ist in diesem Beispiel aus Vereinfachungsgründen nicht berücksichtigt, dass der Zeitwert dem Sollwert entspricht, soweit die Rückdeckung die Anforderungen in IAS 19.104 an einen qualifizierten Versicherungsvertrag erfüllt (s Rz 42).

in €	Fall 1	Fall 2	Fall 3	Fall 4
Sollwert	2.000	2.000	2.000	2.000
Zeitwert Planvermögen	2.400	2.400	2.400	2.400
Noch nicht amortisierte Gewinne (+)/ Verluste (–)	– 100	+ 100	– 100	+ 100
Noch nicht amortisierte Fehlbeträge aus erstmaliger Anwendung			– 200	– 200
Schuldposten nach IAS 19.54 (negativ)	**– 500**	**– 300**	**– 700**	**– 500**
Höchstbetrag der Aktivierung:				
Barwert des Nutzens	350	350	350	350
Noch nicht amortisierte Verluste	100	0	100	0
Zulässige Aktivierung nach IAS 19.58	**450**	**300**	**450**	**350**
Wertberichtigung	**50**	**0**	**250**	**150**

Im Fall 1 ist der aus dem negativen Schuldposten entstandene Vermögenswert um den Betrag von € 50 wertzuberichtigen, um den der Wert des Nutzens die Differenz aus Zeitwert und Sollwert unterschreitet. Die Amortisation der aufgelaufenen versicherungsmathematischen Verluste kann weiterhin in der Zukunft erfolgen.

In Fall 2 braucht dagegen keine Wertberichtigung vorgenommen zu werden, da die noch nicht amortisierten Gewinne den Vermögenswert bereits reduziert haben.

In Fall 3 ist eine Aktivierung nur in gleicher Höhe wie in Fall 1 möglich. Die Fehlbeträge aus der erstmaligen Anwendung dürfen nicht aktiviert werden und sind sofort zu amortisieren, sodass in diesem Fall insgesamt € 250 wertzuberichtigen sind.

Analog zu Fall 2 vermindert sich in Fall 4 die Wertberichtigung ggü Fall 3, da die noch nicht amortisierten Gewinne den Vermögenswert bereits reduziert haben.

Die jeweiligen Wertberichtigungen sind (im Anhang) anzugeben (s Rz 127) und ihre Veränderung bei der Ermittlung des Pensionsaufwands zu berücksichtigen (s Rz 71).

32 In einigen Ländern (insbes im angelsächsischen Raum) bestehen gesetzliche oder vertragliche Verpflichtungen zur **Mindestdotierung von Planvermögen**. Nach IFRIC 14, der für alle IFRS-Anwender in der EU für nach dem 31. Dezember 2008 beginnende Geschäftsjahre anzuwenden ist, ist eine Begrenzung des Vermögenswerts auch insoweit vorzunehmen, wie aus einer künftigen Mindestdotierung kein gleichwertiger Nutzen entsteht. Hierbei ist wie folgt vorzugehen: Zunächst erfolgt eine fiktive Dotierung des Planvermögens in Höhe der Mindestanforderung. Dann wird geprüft, ob eine Begrenzung des (fiktiven) Vermögenswerts notwendig ist und ggf eine aufwandswirksame Erhöhung der Rückstellung bzw Wertberichtigung des Vermögenswerts vorgenommen. Es wird also eine sofortige erfolgswirksame Vorwegnahme künftiger Begrenzungen des Vermögenswerts verlangt. Die tatsächliche Aktivierung der Dotierung erfolgt jedoch erst, wenn sie gezahlt wird. Die Regelung gilt nur für aus vergangenen Dienstjahren resultierende Mindestanforderungen, nicht bspw für Verpflichtungen zur Zahlung eines bestimmten Prozentsatzes des künftigen Gehalts an den Plan.

Beispiel: Im obigen Fall 1 bestehe die Verpflichtung zur Zahlung einer künftigen Mindestdotierung von € 500. Der negative Schuldposten erhöht sich dadurch fiktiv auf € 1.000. Aufgrund einer nur teilweisen Beteiligung an künftigen Überschüssen steige der erwartete Wert des Nutzens aus der Mindestdotierung jedoch nur um € 450. Dadurch steigt die Wertberichtigung von € 50 auf € 100 und die nach IAS 19.54 zulässige Aktivierung sinkt von € 450 auf € 400.

33 Die Begrenzung der Aktivierung des Vermögenswerts nach IAS 19.58 (s Rz 30) kann die **wirtschaftlich nicht zu rechtfertigende Auswirkung** haben, dass durch die aufgeschobene Erfassung eines im Berichtsjahr neu entstandenen versicherungsmathematischen Verlusts (bzw Gewinns) sich der zu aktivierende Vermögenswert ertragswirksam erhöht (bzw aufwandswirksam vermindert). Das Gleiche gilt bei einem im Berichtsjahr entstandenen nachzuverrechnenden Dienstzeitaufwand.

34 Um diesen **Widerspruch zu bereinigen,** sind nach dem in 2002 neu eingeführten IAS 19.58A versicherungsmathematische Verluste und nachzuverrechnende Dienstzeitaufwendungen (bzw versicherungsmathematische Gewinne) im Jahr ihres Entstehens insoweit sofort zu amortisieren, als sie die Verminderung (bzw Erhöhung) des Barwerts des Nutzens nach IAS 19.58(b)(ii) überschreiten, höchstens jedoch in der Höhe, wie die Limitierung der Aktivierung nach IAS 19.58(b) wirkte.

Beispiel: Zu Beginn des Geschäftsjahrs seien die Verhältnisse wie in Fall 1 des Beispiels in Rz 31. Zum Ende des Geschäftsjahrs seien das Planvermögen und der Barwert des Nutzens daraus unverändert, der Sollwert habe sich hingegen aufgrund eines versicherungsmathematischen Verlusts um € 70 erhöht.

in €	Jahresbeginn	Jahresende (ohne Anwendung IAS 19.58A)	Jahresende (mit Anwendung IAS 19.58A)
Sollwert	2.000	2.070	2.070
Zeitwert Planvermögen	2.400	2.400	2.400
Noch nicht amortisierte Gewinne (+)/Verluste (–)	– 100	– 170	– 120
Schuldposten nach IAS 19.54 (negativ)	**– 500**	**– 500**	**– 450**
Höchstbetrag der Aktivierung:			
Barwert des Nutzens	350	350	350
Noch nicht amortisierte Verluste	100	170	120
Zulässige Aktivierung nach IAS 19.58	**450**	**500**	**450**
Wertberichtigung	**50**	**0**	**0**

Wenn der versicherungsmathematische Verlust des Geschäftsjahrs von € 70 nicht amortisiert wird, bleibt der Vermögenswert (negativer Schuldposten) nach IAS 19.54 unverändert, unterschreitet aber am Ende des Geschäftsjahrs die Begrenzung nach IAS 19.58(b), sodass die Wertberichtigung aufgelöst werden kann. Ohne den neu eingeführten IAS 19.58A würde also aus der Auflösung der Wertberichtigung ein Ertrag von € 50 entstehen, obwohl im Geschäftsjahr ein versicherungsmathematischer Verlust eingetreten ist. Da es aber zu keiner Verminderung des Barwerts des Nutzens kam, muss demgegenüber nach IAS 19.58A der zusätzliche versicherungsmathematische Verlust anteilig in Höhe von € 50 sofort amortisiert werden, sodass dem Ertrag aus der Auflösung der Wertberichtigung ein gleich großer Aufwand gegenübersteht.

b) Soll-Rückstellung

Der Sollwert der Verpflichtung (DBO) ist der Barwert der **bis zum Bilanzstichtag erdienten Pensionsansprüche.** Zur Bestimmung des Barwerts sind nach IAS 19.63 die Leistungen den jeweiligen Dienstjahren des Arbeitnehmers nach aktuariellen Finanzierungsmethoden (im Einzelnen s Rz 50ff) zuzuordnen und aktuarielle Rechnungsgrundlagen zugrunde zu legen (s Rz 58ff). 35

Die Ermittlung des Barwerts sollte von einem **anerkannten Aktuar** durchgeführt werden und kann bereits vor dem Bilanzstichtag erfolgen, muss dann jedoch um wesentliche Geschäftsvorfälle und andere wesentliche Änderungen, auch hinsichtlich der verwendeten Bewertungsparameter, die bis zum Bilanzstichtag noch eintreten, aktualisiert werden (IAS 19.57). Hierbei sind **Schätzungen** zulässig, eine detaillierte aktuarielle Neubewertung ist nicht erforderlich. In der Praxis ermittelt der Aktuar häufig bei einer Bewertung vor dem Bilanzstichtag bestimmte Sensitivitäten des Barwerts hinsichtlich Änderungen einzelner Parameter. 36

c) Planvermögen

Unter Planvermögen wird nach der Definition in IAS 19.7 solches Vermögen verstanden, das von einer vom Unternehmen **rechtlich unabhängigen Einheit** (einem Fonds) ausschließlich zum Zwecke der Zahlung oder Finanzierung der zugesagten Leistungen an die Arbeitnehmer gehalten wird und dem Zugriff der Gläubiger des Unternehmens, auch im Falle eines Konkurses, entzogen ist. Diese Zweckbindung ist idR Teil der Satzung, entscheidend ist aber, dass der Fonds 37 nach dem Gesamtbild der Verhältnisse und dem wirtschaftlichen Gehalt aller Regelungen ausschließlich dem genannten Zweck dient (*IDW* RS HFA 2 Rz 78). Eine Rückübertragung auf das Unternehmen ist nur möglich, wenn damit Zahlungen erstattet werden, die das Unternehmen unmittelbar an die Arbeitnehmer geleistet hat, oder wenn das restliche Fondsvermögen zur Deckung der Verpflichtungen ausreicht. Der rückübertragungsfähige Betrag errechnet sich als Saldo aus dem Zeitwert des Vermögens (s Rz 42) und dem Sollwert der Verpflichtung (s Rz 35). Sofern etwa aufgrund satzungsgemäßer Bestimmungen eine Rückübertragung auch für Teile des Vermögens vorgesehen ist, die der Bedeckung der Verpflichtung dienen, ist nur der restliche Teil als Planvermögen zu qualifizieren (*Wollmert/Rhiel/Hofmann/Schwitters* in Baetge ua IFRS-Komm[2] IAS 19 Rz 33).

38 Vergleichbare Anforderungen werden auch an einen **Versicherungsvertrag** gestellt, um ihn als Planvermögen zu qualifizieren. Insofern sind der Aktivwert bzw das Deckungskapital (zuzüglich Gewinnguthaben) einer **Pensionskasse** oder einer **Direktversicherung** idR als Planvermögen anzusehen. Bei Kassenvermögen von **Unterstützungskassen** kommt es auf die Ausgestaltung bei der speziellen Kasse an, um einen Rückfluss von Vermögen auszuschließen, soweit die vollen Verpflichtungen nicht ausfinanziert sind (*Rößler/Doetsch/Heger* BB 1999, 2501).

39 Durch die mit der im Jahr 2000 überarbeiteten Fassung des Standards erreichte Gleichstellung von Erstattungen des Fonds für Zahlungen, die der Arbeitgeber an den Berechtigten geleistet hat, mit direkten Zahlungen des Fonds, ist es jetzt leichter möglich, auch bei **nicht versicherungsförmigen Durchführungswegen** der betrieblichen Altersversorgung (etwa bei der unmittelbaren Versorgungszusage) eine **bilanzverkürzende Saldierung** der Verpflichtung mit dem vorhandenen Planvermögen zu erreichen.

40 Zur Finanzierung von Versorgungsverpflichtungen schließen Unternehmen häufig **Rückdeckungsversicherungen** ab, bei denen das Bezugsrecht beim Arbeitgeber liegt. Um eine Rückdeckungsversicherung als Planvermögen zu qualifizieren und somit eine bilanzverkürzende Saldierung mit dem Wert der Verpflichtungen zu erlauben, müssen die Versicherungsleistungen zeitlich mit den Zahlungen an die berechtigten Arbeitnehmer zusammenfallen. Insofern ist eine Kapitalversicherung mit einer Ablaufleistung in Höhe des Barwerts der zugesagten Rentenleistung zu Rentenbeginn nicht als Planvermögen zu qualifizieren. Weiterhin muss unwiderruflich sichergestellt sein, dass auch im Falle der Insolvenz des Arbeitgebers die Leistungen dem Arbeitnehmer zustehen. Letzteres wird durch eine **Verpfändung** der Rückdeckungsversicherung erreicht.

41 Eine weitere Möglichkeit auch bei **unmittelbaren Versorgungszusagen** eine **Bilanzverkürzung** zu erreichen und damit im internationalen Vergleich bessere Bilanzkennzahlen aufweisen zu können, ist das sog Treuhandmodell (*Höfer/Oppermann* DB 2000, 1039). Hierbei werden Finanzmittel in einem internen Pensionsfonds angesammelt und von einem Treuhänder nach den Richtlinien des Unternehmens verwaltet. Die Ansprüche an den Fonds werden verpfändet und gehen im Falle der Insolvenz des Unternehmens auf den Treuhänder über, der dann aus den vorhandenen Deckungsmitteln die Leistungen an die Versorgungsberechtigten erbringt.

42 Das Planvermögen ist mit dem **Zeitwert** anzusetzen. Sofern Marktwerte nicht verfügbar sind, ist der Zeitwert zu schätzen. Dies erfolgt gem IAS 19.102 nach der DCF-Methode. Im Diskontierungszinssatz ist unter anderem die spezielle Risikosituation des Fonds zu berücksichtigen. Vom Planvermögen zu kürzen sind die Schulden des Fonds mit Ausnahme der Versorgungsverpflichtungen selbst, da diese bereits als Schuld des berichtenden Unternehmens erfasst werden. Soweit das Plan-

vermögen aus sog qualifizierten Versicherungsverträgen besteht, die die Verpflichtungen ganz oder teilweise kongruent bedecken, entspricht deren Zeitwert dem Barwert der zugrunde liegenden Verpflichtungen (IAS 19.104).

Sofern **Erstattungsansprüche** ggü Dritten zur Finanzierung von Pensionsleistungen des Arbeitgebers bestehen, die nicht die genannten Kriterien für die Einordnung als Planvermögen erfüllen, sind diese als gesonderter mit dem Zeitwert zu bewertender Vermögenswert zu aktivieren und dürfen nicht mit den Versorgungsverpflichtungen saldiert werden. Hierzu gehören unter anderem alle Rückdeckungsversicherungen, die nicht an die Arbeitnehmer verpfändet sind. Ansonsten sind, wenn die Erstattung durch Dritte so gut wie sicher ist, die Erstattungsansprüche nach IAS 19.104A aber wie Planvermögen zu behandeln. Das bedeutet unter anderem, dass die erwarteten Erträge in der GuV bzw im erfolgswirksamen Teil der Gesamtergebnisrechnung (s ausführlich § 15 Rz 61) mit den Pensionsaufwendungen zu saldieren sind, dass Unterschiede zwischen den tatsächlichen und den erwarteten Erträgen zu versicherungsmathematischen Gewinnen oder Verlusten führen (s Rz 80) und dass bei kongruenten Versicherungsansprüchen der beizulegende Zeitwert der Erstattungsansprüche dem Barwert der Verpflichtungen entspricht (IAS 19.104D). 43

d) Bilanzierung bei Übergang auf den aktuellen Standard

Bei **erstmaliger Anwendung** dieses Standards hat das Unternehmen nach IAS 19.154 zunächst seine **Schuld** aus leistungsorientierten Plänen **zum Übergangsstichtag** zu ermitteln. Diese besteht aus dem Barwert der Verpflichtungen, also aus der DBO, abzüglich des Zeitwerts evtl vorhandenen Planvermögens sowie abzüglich zum Übergangsstichtag noch nicht amortisierter nachzuverrechnender Dienstzeitaufwendungen (nach den Verteilungsvorschriften des aktuellen IAS 19.96; s Rz 88). Noch bestehende Fehlbeträge aus noch nicht amortisierten versicherungsmathematischen Gewinnen oder Verlusten wurden beim Übergang dagegen aufgeholt. Stichtag für den Übergang vom früheren Standard (1993) auf den aktuellen Standard war idR der **1. Januar 1999,** konnte aber auch bereits der 1. Januar 1998 sein (*IDW* FN IDW 1999, 506). 44

Während die Berechnung der DBO sowie des Zeitwerts des Planvermögens zum Übergangsstichtag keine Probleme bereitete, mussten zur Ermittlung der noch nicht amortisierten nachzuverrechnenden Dienstzeitaufwendungen streng genommen sämtliche **Planerhöhungen der Vergangenheit,** die bis zum Übergangsstichtag noch nicht unverfallbar waren, **rückwirkend** mit historischen Parametern bewertet werden. Soweit diese Parameter mit vertretbarem Aufwand nicht zu ermitteln waren und die Planerhöhungen keinen wesentlichen Umfang einnahmen, war auch eine qualifizierte Schätzung etwa auf Grundlage der aktuellen Parameter vertretbar (*DAV* Der Aktuar 2002, 88). 45

Diese Schuld hatte das Unternehmen zu vergleichen mit der Pensionsrückstellung, die es nach seinen bisherigen Bilanzierungs- und Bewertungsgrundsätzen ausgewiesen hatte. Bei einer **Unterdeckung,** dh wenn die Bewertung nach diesem Standard zu einem höheren Betrag führte, hatte das Unternehmen ein unwiderrufliches Wahlrecht, den Differenzbetrag entweder sofort erfolgsneutral gegen das Eigenkapital oder als einmaligen Aufwand im Übergangsjahr zu erfassen (IAS 19.155(a) iVm IAS 8.19ff, IAS 8.46 (1993)) oder alternativ als Aufwand linear über einen Zeitraum von höchstens fünf Jahren zu verteilen (IAS 19.155(b)). Bei einer **Überdeckung** hingegen schied die Wahl der zweiten Alternative, dh die Verteilung über mehrere Jahre, aus. 46

Die genannten Übergangsregelungen betrafen nur den Übergang von dem früheren Standard IAS 19 (1993) („der alte IAS 19"; s IAS 19.BC1) auf den 47

1998 grundlegend hinsichtlich der Bewertungsmethode überarbeiteten Standard IAS 19 (1998) („der neue IAS 19"; *IDW* FN IDW 1999, 505). Da die weiteren Überarbeitungen nach 1998 keine wesentlichen Änderungen der Bewertungsmethoden beinhalteten, erscheint die Anwendung von IAS 19.154ff auf diese Übergänge nicht sachgerecht. Wegen des Übergangs von einem bisherigen Abschluss nach HGB auf einen vollständigen IFRS-Abschluss s Rz 141ff.

48, 49 *einstweilen frei*

2. Bewertung

a) Finanzierungsmethode

50 Nach IAS 19.64 ist als einzige Finanzierungsmethode nur noch die der **lfd Einmalprämien** zugelassen. Das im deutschen Handelsrecht übliche Teilwertverfahren (*IDW* HFA 2/1988) nach § 6a Abs 3 EStG sowie andere Finanzierungsmethoden, die nach IAS 19 (1993) noch erlaubt waren, sind nicht mehr zulässig. Dies gilt sowohl für die Bewertung des Sollwerts der Verpflichtung (DBO) als auch für die Bestimmung des auf die einzelnen Jahre entfallenden lfd Dienstzeitaufwands und eines evtl nachzuverrechnenden Dienstzeitaufwands.

51 Nach dieser Methode wird der in einem Jahr **erdiente Teil** des Pensionsanspruchs im jeweiligen Jahr durch eine (fiktive) Einmalprämie **voll ausfinanziert.** Der Sollwert der Verpflichtung zu einem Stichtag entspricht dann dem Barwert der bis zum Stichtag erdienten Teile des Pensionsanspruchs. Der lfd Dienstzeitaufwand einer Periode ist der Barwert des in dieser Periode erdienten Teils. In der Praxis wird vereinfachend die Finanzierung meist erst mit Beginn des auf das Jahr des Eintritts des Mitarbeiters in das Unternehmen folgenden Geschäftsjahrs begonnen.

52 Die **Zuordnung** der anteiligen Pensionsansprüche **auf die einzelnen Dienstjahre** soll nach IAS 19.67 im Wesentlichen der Planformel folgen. Eine Ausnahme besteht bei Planformeln, die steigende Zuwächse zusagen, also späteren Dienstjahren höhere Ansprüche zuteilen als früheren Dienstjahren. In diesem Fall ist der Endanspruch abweichend von der Planformel linear auf die Dienstzeit zu verteilen. Die Zuordnung in Abhängigkeit von der Planformel wird in IAS 19.66ff in mehreren Beispielen erläutert. Die Beispiele berücksichtigen jedoch nicht die in Deutschland geltenden gesetzlichen **Unverfallbarkeitsregeln.** „Ohne weitere Regelungen (zB vertragliche Verbesserungen der gesetzlichen Unverfallbarkeit) entfaltet diese Planformel in Deutschland für die Altersleistung neben der bloßen Errechnung keinerlei materielle Wirkung. Unterschiedliche Formeln, die zur gleichen Altersleistung führen, sind daher in dieser Hinsicht gleichwertig" (*DAV* Der Aktuar 2002, 86).

Beispiel: Zwei Versorgungsberechtigte seien mit 35 Jahren eingetreten, das Pensionsalter betrage 65. Einem Berechtigten werden eine Altersrente von € 10 pro Dienstjahr, dem anderen eine dienstzeitunabhängige Altersrente von € 300 zugesagt. Trotz unterschiedlicher Planformel sind beide Zusagen gleichwertig und folglich gleich zu bewerten.

53 Als am Stichtag erdient gilt insofern in Deutschland (idR) für jede zu erwartende Leistung derjenige Teil, der dem Verhältnis der am Stichtag bereits erdienten zu der beim jeweiligen Leistungsbeginn (Eintritt eines möglichen Versorgungsfalls) erreichbaren Dienstzeit entspricht **(degressives m/n-tel),** mindestens aber der zum Stichtag unverfallbare (aber dynamisierte) Pensionsanspruch (*DAV* Der Aktuar 2002, 87).

54 **Beispiel 1:** Nach einem Plan werden Alters- und Invalidenrenten zugesagt. Die Höhe der Monatsrente belaufe sich auf € 200 zuzüglich € 5 pro Dienstjahr. Ein Berechtigter sei mit 35 Jahren eingetreten, das Pensionsalter betrage 65.

Bei **Erreichen des Pensionsalters** von 65 wird eine Rente von € 350 (= 200 + 30 × 5) ausgelöst. Diese wird über 30 (= 65 – 35) Dienstjahre linear verteilt erdient. In jedem Dienstjahr errechnet sich die lfd Einmalprämie als mit der Wahrscheinlichkeit der Inanspruchnahme (hier: Überleben als Aktiver bis zum Alter 65) gewichteter Barwert einer auf das Alter 65 aufgeschobenen Altersrente von monatlich € 11,67 (= $^{350}/_{30}$). Die DBO nach fünf Dienstjahren für den Versorgungsfall Altersrente ist dann der entspr Barwert für eine Monatsrente von € 58,33 (= $^{350}/_{30}$ × 5).

Bei **Eintritt von Invalidität** im Alter von 50 wird eine Rente von € 275 (= 200 + 15 × 5) ausgelöst. Diese wird über 15 (= 50 – 35) Dienstjahre linear verteilt erdient. In jedem der ersten 15 Dienstjahre errechnet sich die lfd Einmalprämie als mit der Wahrscheinlichkeit der Inanspruchnahme (hier: Überleben als Aktiver bis zum Alter 50 und Eintritt der Invalidität mit 50) gewichteter Barwert einer auf das Alter 50 aufgeschobenen Invalidenrente von monatlich € 18,33 (= $^{275}/_{15}$). Die DBO nach fünf Dienstjahren für den betrachteten möglichen Versorgungsfall ist dann der entspr Barwert für eine Monatsrente von € 91,67 (= $^{275}/_{15}$ × 5).

Anmerkung: Der nach dieser Definition ermittelte nach fünf Jahren erdiente Anspruch von € 91,67 ist **höher als der unverfallbare Anspruch** nach § 2 BetrAVG, da letzterer für alle möglichen Versorgungsfälle über die gesamte (fiktive) Dienstzeit von 30 Jahren zu verteilen ist, also € 45,83 (= $^{275}/_{30}$ × 5) beträgt. Das strenge m/n-tel-Verfahren nach § 2 BetrAVG ist hier aber nicht sachgerecht, da es dazu führt, dass Einmalprämien noch fällig werden für mögliche Versorgungsfälle, nachdem bereits feststeht, dass sie nicht eingetreten sind. Insofern wird hier auf das degressive m/n-tel-Verfahren abgestellt.

In gleicher Weise wird für jedes Alter jeder in diesem Alter erwartete Versorgungsfall bewertet.

Nachfolgende Übersicht zeigt die Entwicklung der DBO für obiges Beispiel und zum Vergleich die entspr Werte nach dem Teilwertverfahren. Die Bewertungsparameter (Ausscheideordnungen und Zins) wurden dabei bei beiden Verfahren identisch angesetzt.

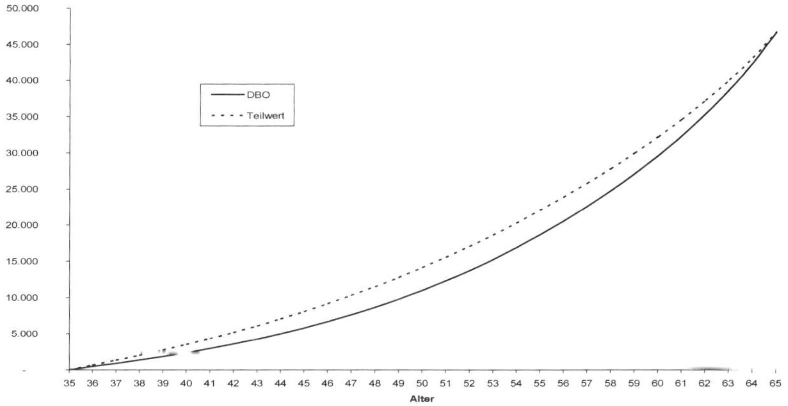

Die DBO liegt während der gesamten Dienstzeit unterhalb des Teilwerts. Ein solcher Verlauf ist typisch und tritt auch bei anderen Gestaltungen der Zusage auf. Dies liegt daran, dass beim Teilwertverfahren jährlich gleichbleibende (fiktive) Jahresprämien zugeführt und verzinst werden, während die DBO aus mit der Dienstzeit steigenden (fiktiven) Einmalprämien aufgebaut wird, wie die folgende Übersicht zeigt. Der Anstieg erklärt sich aus der angenommenen linearen Verteilung der Pensionsansprüche auf die gesamte Dienstzeit, wodurch die Einmalprämie zur Finanzierung des im jeweiligen Dienstjahr erdienten Bausteins umso größer wird, je näher der zu finanzierende Versorgungsfall rückt. Der gegenläufige Effekt, dass für in der Vergangenheit nicht eingetretene Versorgungsfälle keine Einmalprämien mehr anfallen, fällt dagegen nicht so stark ins Gewicht.

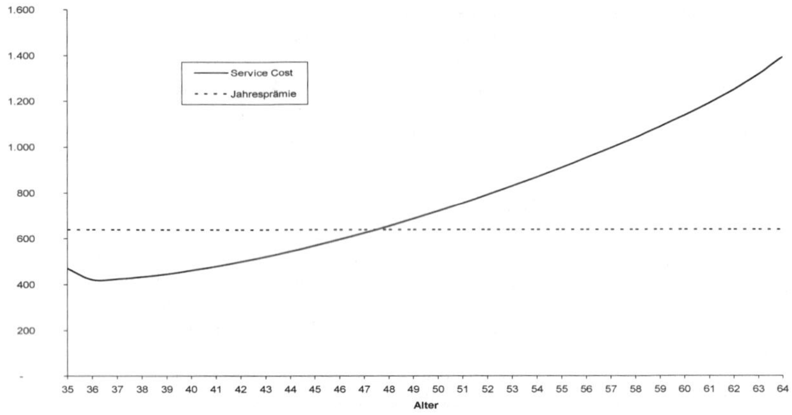

Beispiel 2: Abweichend von Beispiel 1 sei die zugesagte Rente in diesem Fall abhängig vom letzten Gehalt vor Rentenbeginn und betrage 1% des Gehalts pro Dienstjahr. Bei einem anfänglichen Gehalt von € 1.000 kann der Berechtigte somit eine Altersrente von € 300 (= 30 × 1% × 1.000) erreichen, wovon auf das erste Dienstjahr ein Anteil von € 10 (= $^{300}/_{30}$) entfällt. Bei einer angenommenen Gehaltssteigerung von 2% pa beträgt der erreichte Anspruch nach zwei Dienstjahren € 20,40 (= 2 × 1% × 1.020), dh im zweiten Dienstjahr wurden € 10,40 (= 20,40 – 10) erdient. Solche steigenden Zuwächse stehen jedoch im Widerspruch zu IAS 19.67 (s Rz 52). Insofern ist auch in diesem Fall eine lineare Verteilung des erwarteten Endanspruchs vorzunehmen. Bei der unterstellten Gehaltssteigerung von 2% pa errechnet sich ein erwarteter Endanspruch von € 543,41 (= 30 × 1% × 1.000 × $1{,}02^{30}$), hiervon fällt auf jedes Dienstjahr ein (gleicher) Anteil € 18,11 (= $^{543,41}/_{30}$).

Anmerkung: Auch in diesem Beispiel liegt der zB nach fünf Jahren erdiente Anspruch von € 90,55 (= 5 × 18,11) wiederum über dem unverfallbaren Anspruch nach § 2 BetrAVG, da zu dessen Berechnung die Bemessungsgröße Gehalt auf dem Stand bei Ausscheiden eingefroren wird. Der unverfallbare Anspruch beträgt insofern nur € 55,20 (= 5 × 1% × 1.000 × $1{,}02^{5}$). Eine strenge Orientierung an der gesetzlichen Unverfallbarkeitsvorschrift ist aber uE nicht sachgerecht, da diese wie oben erläutert im Widerspruch zu IAS 19.67 zu steigenden Planzuwächsen führt.

55 Nach § 4 BetrAVG kann eine Versorgungszusage mit schuldbefreiender Wirkung ua auf den Folgearbeitgeber übertragen werden. Für die Behandlung solcher **übernommener Verpflichtungen** beim Folgearbeitgeber ist zu unterscheiden zwischen einer entgeltlichen und einer unentgeltlichen Übernahme. Bei einer **entgeltlichen Übernahme** ist uE der übertragene Vermögenswert als Zugang in die Pensionsrückstellung einzubuchen (s Rz 26) und der Pensionsanspruch auf die Dienstzeit ab dem ursprünglichen Eintrittsdatum beim Vorarbeitgeber (linear) zu verteilen. Bei einer **unentgeltlichen Übernahme** oder bei deutlich unterhalb der DBO liegenden Vermögensübertragungen sind hingegen nur die Dienstjahre beim neuen Arbeitgeber als Finanzierungszeitraum anzusetzen.

56 Eine **Ausnahme** von der linearen Verteilung über die gesamte Dienstzeit besteht bei sofort in voller Höhe unverfallbaren Zusagen. Hier wird der gesamte Pensionsanspruch bereits im Jahr der Zusage erdient und ausfinanziert. Eine weitere Arbeitsleistung führt nicht mehr zu einer Erhöhung der zugesagten Leistungen (IAS 19.70). Dies gilt zB für Pensionszusagen aus **Entgeltumwandlung** (§ 1b Abs 5 und § 2 Abs 5a BetrAVG). Weiterhin kommt bei **beitragsorientierten Leistungszusagen** (iSv § 1 Abs 2 Nr 1 BetrAVG) sowie bei **Beitragszusagen mit Mindestleistung** (iSv § 1 Abs 2 Nr 2 BetrAVG) die lineare Verteilung nicht zur Anwendung, da sich die unverfallbare Anwartschaft hier nach den bis zum Ausscheiden aufgebrachten Beiträgen richtet (§ 1b Abs 5a und 5b BetrAVG). Mithin bemisst sich der bis zum Bilanzstichtag erdiente Teil der Ver-

pflichtung bei solchen Zusagen ausschließlich auf Basis der bereits geleisteten Beiträge und ist unabhängig von zukünftigen, der Höhe nach möglicherweise noch nicht feststehenden Beiträgen (so auch *Spanheimer/Ebel* BetrAV 2005, 141).

Nach Beendigung des Dienstverhältnisses, sei es durch Eintritt des Versorgungsfalls oder durch Ausscheiden mit einer unverfallbaren Anwartschaft, ist die Versorgungsverpflichtung vollständig ausfinanziert. Der Sollwert nach IAS 19 unterscheidet sich dann nicht mehr vom handelsrechtlichen Teilwert, sofern identische Bewertungsparameter angesetzt werden. 57

b) Bewertungsparameter

Sämtliche Parameter für die Bewertung werden in IAS 19.72ff unter dem Begriff „Versicherungsmathematische Annahmen" zusammengefasst. Hierzu gehören neben den **biometrischen Ausscheidewahrscheinlichkeiten** auch **ökonomische Parameter** wie der Rechnungszins, künftige Lohn- und Gehaltssteigerungen, die Entwicklung sonstiger Bemessungsgrößen wie zB Unternehmensgewinne oder anzurechnende gesetzliche Renten, Annahmen zur Rentenanpassung und zur Verzinsung des Planvermögens. Die in IAS 19.73(b)(iii) ausdrücklich genannten Trendannahmen für Gesundheitskosten spielen in Deutschland so gut wie keine Rolle, da medizinische Versorgungsleistungen nach Beendigung des Arbeitsverhältnisses anders als etwa in den USA hierzulande nicht üblich sind. Die Annahmen sollen die am Bilanzstichtag bestehenden Erwartungen hinsichtlich der künftigen Entwicklung **bestmöglich schätzen.** Sie sollen **unvoreingenommen,** weder unvorsichtig noch übertrieben vorsichtig gewählt werden. Außerdem sollen die einzelnen Parameter so aufeinander abgestimmt sein, dass sie wirtschaftliche Zusammenhänge berücksichtigen. Dies gilt zB für den Zusammenhang zwischen Zinsniveau und Inflationsrate oder zwischen den erwarteten Erträgen aus dem Planvermögen und dem Rechnungszins. 58

Anders als im deutschen Handelsrecht, wo einerseits das Vorsichtsprinzip herrscht, andererseits in der Praxis häufig steuerliche Restriktionen eine Rolle spielen, werden die Parameter nach IAS 19.72 realistisch geschätzt. Die ökonomischen Parameter werden an jedem Stichtag aufgrund der dann bestehenden **Erwartungen des Markts** neu festgelegt. Hierdurch kann es zu einer hohen Volatilität der DBO kommen, die aber durch die zulässige aufgeschobene Erfassung von versicherungsmathematischen Gewinnen und Verlusten (s Rz 82) in der bilanzierten Ist-Rückstellung wieder geglättet wird. Da die Parameter nicht wie im deutschen Handelsrecht teilweise normiert sind, empfiehlt sich eine rechtzeitige Abstimmung mit dem Aktuar und dem Wirtschaftsprüfer. 59

Die **biometrischen Parameter** für Sterblichkeit, Invalidität, Familienstatus, Altersdifferenzen der Ehegatten usw werden auch bei einer Bilanzierung nach IAS 19 idR allgemeingültigen Tafeln, wie zB in Deutschland den Heubeck-Richttafeln, entnommen. Unternehmensspezifische Modifikationen wären am ehesten bei den Invalidisierungswahrscheinlichkeiten geboten, sind in der Praxis aber eher selten. Zusätzlich sind die betriebliche Fluktuation und das tatsächlich beobachtete Pensionierungsalter, das in der Praxis häufig vor dem vertraglichen liegt, zu berücksichtigen. Die letztgenannten Parameter werden bei einer Bilanzierung nach HGB hingegen meist pauschal nach den steuerlichen Vorschriften behandelt. 60

Hinweis für die Praxis: Nach einem versicherungsmathematischen Lehrsatz, dem **Theorem von Cantelli,** braucht bei der Bewertung einer Verpflichtung eine Ausscheideursache nicht berücksichtigt zu werden, wenn bei Ausscheiden aufgrund dieser Ursache genau das bis zum Ausscheiden angesammelte Guthaben fällig wird, mithin kein Risiko besteht. Auch wenn diese Bedingung nach den deutschen gesetzlichen Unverfallbarkeitsregeln nur annähernd erfüllt ist (der Barwert der unverfallbaren Anwartschaft kann je nach Gestaltung der Zusage größer oder kleiner sein als die DBO bei Ausscheiden, insbes werden nach dem Ausscheiden Bemessungsgrößen wie das Gehalt eingefroren, während in der DBO ggf noch eine Dynamisierung einkalkuliert war), rechtfertigt das Theorem zumindest bei gehaltsunabhängigen Zusagen, für die Dienstjahre nach dem Erreichen der Unverfallbarkeit auf einen Ansatz von (unternehmensspezifischen) Fluktuationswahrscheinlichkeiten zu verzichten, zumal wenn hierzu keine verlässlichen Daten vorliegen.

Für die Dienstjahre bis zum Erreichen der Unverfallbarkeit lassen sich **Fluktuationswahrscheinlichkeiten** näherungsweise nach folgender **Faustformel** (*Richter* BB 1986, 2164) bestimmen: 1 – (abgeleistete Dienstjahre)/(Dienstjahre bis zur Unverfallbarkeit). Bei einer üblichen Unverfallbarkeitsfrist nach § 1b BetrAVG von fünf Jahren (ab Zusageerteilung) errechnet sich danach zB eine Fluktuationswahrscheinlichkeit nach vier Dienstjahren von 20% (falls Dienstbeginn und Zusageerteilung zusammenfallen).

61 Der **Rechnungszins** für die Diskontierung der Verpflichtungen auf den Bewertungsstichtag hat sich nach IAS 19.78ff am langfristigen Zins für **erstrangige festverzinsliche Industrieanleihen** zu orientieren. Nur wenn kein ausreichender Markt für solche Anleihen existiert, was spätestens seit Beginn der europäischen Währungsunion verneint werden muss (vgl die Untersuchung von *Gohdes/Baach* BetrAV 2001, 16), kann von entspr Staatsanleihen ausgegangen werden. Die Laufzeit der zugrunde gelegten Anleihen soll **konsistent mit den jeweiligen Fälligkeiten der Verpflichtung** gewählt werden; gleiches gilt für die Währungen. In der Praxis wird man aus Gründen der Praktikabilität hinsichtlich der Laufzeiten einen einheitlichen gewichteten Durchschnittszinssatz verwenden. Für einen jungen Aktivenbestand orientiert sich dieser eher an Anleihen mit längeren Restlaufzeiten, für einen älteren Rentnerbestand dagegen an Anleihen mit kürzeren Restlaufzeiten.

62 Ein eher **theoretisches Verfahren** zur Bestimmung eines gewichteten Durchschnittszinssatzes, der die Laufzeiten der Verpflichtungen exakt abbildet, wurde von *Bode/Gohdes/Thurnes* (DB 1999, 1717) vorgestellt. Dies erfolgt in vier Schritten:

(1) Ermittlung der künftig zu erwartenden Zahlungsströme für die am Bilanzstichtag erdienten Anwartschaften mittels versicherungsmathematischer Prognoserechnungen.

(2) Diskontierung der so für alle Jahre prognostizierten Zahlungsströme auf den Bilanzstichtag mit dem Zinssatz von Null-Kupon-Bundesanleihen mit entspr Fälligkeiten.

(3) Iterative Berechnung eines einheitlichen Rechnungszinses, der bei der Diskontierung der im ersten Schritt ermittelten Zahlungsströme zum gleichen Barwert wie im zweiten Schritt führt.

(4) Erhöhung des im dritten Schritt errechneten nahezu risikolosen Zinses um einen Risikozuschlag für entspr, qualitativ hochwertige Industrieanleihen.

63 In der **Praxis** wird man gerade **bei kleineren Beständen** vereinfachend von der Rendite festverzinslicher Bundeswertpapiere mit der durchschnittlichen Restlaufzeit der zu bewertenden Verpflichtungen ausgehen und diese um einen Risikozuschlag erhöhen, der den Renditeunterschied zwischen Industrieanleihen höchster Bonität und den entspr Staatsanleihen wiedergibt. Die entspr Daten werden regelmäßig in der Wirtschaftspresse sowie von der Deutschen Bundesbank (Monatsberichte, statistische Beihefte „Kapitalmarktstatistik“) und der Deutschen Börse (sog „Iboxx Benchmark-Indizes“) auch im Internet veröffentlicht. Sofern die zugehörigen Restlaufzeiten nicht verfügbar sind, ist die Zinsstrukturkurve entspr zu extrapolieren.

Die durchschnittliche Restlaufzeit der Verpflichtungen lässt sich auch aus der Zinssensitivität der Barwerte anhand der sog **Durationsformel** ermitteln. Hierzu werden die Barwerte der Verpflichtung mit zwei Zinssätzen Zins 1 und Zins 2 in der Größenordnung des vermuteten Rechnungszinses berechnet. Die Laufzeit

(n) beträgt dann: n = – (1 + Zins 1) × (Barwert(Zins 2) – Barwert(Zins 1)) / (Zins 2 – Zins 1) / Barwert(Zins 1)

Beispiel:

Der Barwert der Verpflichtung betrage bei einem Zinssatz von 5,0% € 623.868 und bei einem Zinssatz von 5,1% € 606.268. Nach der Durationsformel errechnet sich die mittlere Restlaufzeit (n) auf:

n: = – 1,05 x (606.268 – 623.868) / (0,051 – 0,050) / 623.868 = 29,62

Zum 31. Dezember 2008 sei ein Bestand mit der so ermittelten durchschnittlichen Restlaufzeit der Verpflichtungen von (gerundet) 30 Jahren zu bewerten. Die Parameter zur Berechnung der Zinsstruktur am Rentenmarkt betragen (vgl http://www.bundesbank.de/statistik/statistik_zeitreihen.php): $ß_0$ = 1,52150, $ß_1$ = -0,12890, $ß_2$ = -22,72814, $ß_3$ = 29,89473, τ_1 = 6,75714, τ_2 = 7,95692. Mit der in der „Kapitalmarktstatistik“, März 2005, S 67 veröffentlichten Formel z (T, ß, τ) errechnet sich für die Laufzeit T = 30 ein **risikoloser Zinssatz** für (hypothetische) Nullkuponanleihen von **3,76%.**

Der Renditeunterschied zu Industrieanleihen bestimmt sich zB nach den von der Deutschen Börse AG veröffentlichten „iBoxx € Benchmark-Indizes“ (http://deutsche-boerse.com/dbag/dispatch/de/notescontent/gdb_navigation/market_data_analytics), Stand 31. Dezember 2008 wie folgt: Die durchschnittliche Rendite aller Titel mit Restlaufzeit über 15 Jahren und Rating „AAA“ oder „AA“ für Gruppe „Corporate“ beträgt 6,29%, die entspr Rendite für Gruppe „Sovereigns“ 4,21%, der **Renditeunterschied** mithin **2,08%**. Insgesamt wäre also ein **Rechnungszins** von etwa **5,75% bis 6,0%** angemessen.

Nach IAS 19.83 ff sind bei der Bewertung der Verpflichtungen auch künftige 64
Gehaltssteigerungen und **Anpassungen** der zugesagten Leistungen zu berücksichtigen. Dies gilt auch, wenn dies im Plan nicht explizit geregelt ist und nur eine faktische Verpflichtung besteht. Soweit die genauen Steigerungssätze nicht im Plan festgelegt sind, sind sie bestmöglich zu schätzen. Für lfd Renten ist die Anpassung in § 16 BetrAVG geregelt. Sofern keine Anpassungen von mindestens 1% jährlich fest zugesagt sind, ist bei arbeitgeberfinanzierten Zusagen alle drei Jahre die Notwendigkeit einer Anpassung zu überprüfen. Die Prüfung orientiert sich an der Inflationsrate, der Nettolohnentwicklung und der wirtschaftlichen Lage des Unternehmens. Wegen der genannten Nebenbedingungen und der nur alle drei Jahre durchzuführenden Prüfung bietet sich als **Schätzwert für die Anpassung** von Renten, für die keine Anpassung fest zugesagt ist, ein etwas unterhalb der erwarteten Inflationsrate liegender Faktor an (aA *Rhiel* DB 2000, 685, der die Berücksichtigung von künftigen Rentenanpassungen nach § 16 BetrAVG verneint, da diese von der wirtschaftlichen Lage des Arbeitgebers abhängen und insofern aus künftigen Erträgen des Unternehmens zu finanzieren sind).

Bei der Schätzung eines **Gehaltstrends** bei gehaltsabhängigen Zusagen fließt 65
neben der Inflationsrate auch noch der erwartete **Produktivitätszuwachs** und ein **Karrieretrend** mit ein. Entspr der langfristigen Entwicklung des realen Brutto-Inlandprodukts kann der allgemeine Produktivitätszuwachs mit etwa 0,5% jährlich (*Bode/Grabner/Thurnes* DB 1999, 1718) geschätzt werden. Sofern für den Karrieretrend keine unternehmensspezifischen oder branchenspezifischen Werte vorliegen, ist bei gewachsenen, eher auf Stabilität ausgerichteten Unternehmen ein Wert von bis zu 0,5% üblich (*Bode/Grabner/Thurnes* DB 1999, 1718). Die Berücksichtigung eines Karrieretrends ist umstritten, da so Perioden mit Aufwendungen belastet werden, in denen der Arbeitnehmer noch nicht die infolge des Karrierefortschritts erhöhten Arbeitserträge für das Unternehmen erbracht hat (*IDW* WPg 1998, 187).

Auch bei nicht gehaltsabhängigen Zusagen (sog **Festrenten**) ist die Einrech- 66
nung einer Dynamik gerechtfertigt, wenn zu vermuten ist, dass auch die Festrenten von Zeit zu Zeit angehoben werden. Für eine solche Vermutung spricht, wenn das Unternehmen bereits in der Vergangenheit so verfahren ist und nichts

darauf hindeutet, dass diese Praxis in Zukunft geändert wird (IAS 19.85). Sofern keine anderen Erfahrungswerte vorliegen, bietet sich für Festrentensysteme eine Dynamik während der Anwartschaftszeit etwa in Höhe der halben erwarteten Inflationsrate an.

67 Die vorstehend genannten Trendannahmen basieren alle auf der **erwarteten langfristigen Inflationsrate.** Diese ließe sich aus dem Marktwert inflationsgesicherter Staatsanleihen herleiten (*Gohdes/Baach* BetrAV 2003, 42), sofern es hierfür einen ausreichenden Markt gäbe. Solange dies noch nicht der Fall ist, bietet sich für die Praxis an, die Inflationserwartung aus der Umlaufrendite festverzinslicher Wertpapiere zum Stichtag abzüglich des mehrjährigen Durchschnitts der Realrenditen (= Umlaufrenditen abzüglich Inflationsraten) abzuleiten.

Beispiel: Zum Bewertungsstichtag 31. Dezember 2008 betrug die Umlaufrendite 3,3% (Quelle: Monatshefte der Deutschen Bundesbank). Die Realrenditen betrugen in den letzten zwei bis fünf Jahren durchschnittlich 1,8% bis 1,9%. Daraus errechnet sich als Schätzwert für die **erwartete Inflationsrate** ein Wert in Höhe von **1,4% bis 1,5%**. Die aktuelle Inflationsrate betrug zum 31. Dezember 2008 hingegen 1,1%. Diese ist jedoch nicht geeignet zur Festsetzung der Trendannahmen, da sie sich auf einen (einjährigen) Vergangenheitszeitraum bezieht. Die unterstellten Zinsannahmen spiegeln dagegen eine zukünftige Entwicklung wider. Die Forderung nach aufeinander abgestimmten Parametern (s Rz 58) wäre so nicht erfüllt.

68 Die dargelegten Grundsätze bzgl der Wahl des Rechnungszinses und von Trend- und Dynamikannahmen unterscheiden sich grds nicht von den nach dem deutschen Handelsrecht zulässigen (*IDW* HFA 2/1988). In der Praxis erfolgt die Bilanzierung in der Handelsbilanz aber häufig nach den steuerlichen Vorschriften des § 6a EStG, welcher unter anderem einen Rechnungszins von 6% vorschreibt und die Einrechnung künftiger Erhöhungen nur zulässt, wenn sie der Höhe und dem Zeitpunkt des Eintritts nach bereits am Bilanzstichtag feststehen. Gerade diese steuerlichen Einschränkungen führen dazu, dass Pensionsrückstellungen nach IAS 19 idR höher ausfallen als in der deutschen Handelsbilanz, wie nachfolgende Übersicht zeigt, was internationale Rechnungsleger in Bezug auf die Pensionsrückstellung häufig „an der Ernsthaftigkeit des deutschen Gläubigerschutzgedankens zweifeln" (*Peters* BetrAV 1997, 8) lässt.

Beispiel: Zugrunde gelegt wird wieder das Beispiel 1 aus Rz 54. Die DBO wird aber jetzt berechnet mit abweichenden Bewertungsparametern, nämlich mit einem Rechnungszins von 5,8%, einem Anwartschaftstrend von 3,0% sowie Rentenanpassungen von 2,2% jährlich. Zum Vergleich ist auch noch einmal die DBO mit den gleichen Bewertungsparametern wie der Teilwert (Zins = 6%, keine Dynamik) angegeben.

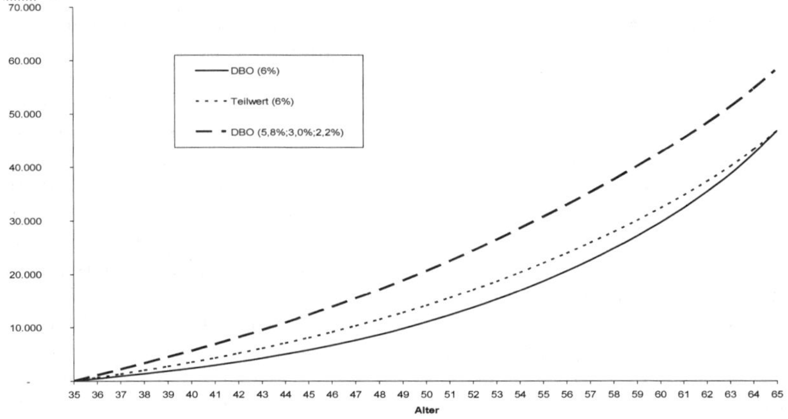

Bei identischen Bewertungsparametern führen die unterschiedlichen Finanzierungsverfahren während der Anwartschaft dazu, dass die DBO in der Mitte der Anwartschaftsphase um etwa 20% **unter** dem Teilwert liegt. Bei Erreichen des Pensionsalters stimmen beide Werte überein. Durch die Berücksichtigung künftiger Erhöhungen sowohl der Anwartschaften als auch der Renten sowie des leicht niedrigeren Rechnungszinses fällt die DBO dagegen deutlich höher aus. Sie liegt in der Mitte der Anwartschaftsphase um etwa 45% **über** dem Teilwert und bei Erreichen des Pensionsalters noch um etwa 25%.

einstweilen frei 69

3. Pensionsaufwand

Der Pensionsaufwand des Geschäftsjahrs setzt sich nach IAS 19.61 zusammen als Saldo aus folgenden sieben Komponenten, die im Anhang gesondert aufgeführt werden müssen (IAS 19.120A(g)): 70

(1) dem lfd Dienstzeitaufwand (s Rz 72ff),
(2) dem Zinsaufwand (s Rz 74f),
(3) den erwarteten Erträgen aus Planvermögen und anderen Erstattungsansprüchen (s Rz 77ff),
(4) den im Geschäftsjahr zu amortisierenden versicherungsmathematischen Gewinnen und Verlusten (s Rz 80ff),
(5) dem im Geschäftsjahr zu amortisierenden nachzuverrechnenden Dienstzeitaufwand (s Rz 87ff),
(6) den Gewinnen und Verlusten aus Plankürzungen und -abgeltungen (s Rz 93ff) und
(7) den Auswirkungen aus der Begrenzung des Vermögenswerts nach IAS 19.58(b) (s Rz 99).

Der Pensionsaufwand kann **negativ** werden und ist dann als **Ertrag** zu erfassen. **Zusätzlich** zu den genannten Komponenten erhöht sich der Pensionsaufwand um den im Geschäftsjahr zu amortisierenden Teil eines **aus der erstmaligen Anwendung** des Standards bestehenden **Fehlbetrags,** falls eine Verteilung nach IAS 19.155(b) vorgenommen wurde (s Rz 46). 71

a) Laufender Dienstzeitaufwand

Der lfd Dienstzeitaufwand ist der Barwert der **im Geschäftsjahr zu erdienenden Pensionsansprüche,** dh die Summe der im Geschäftsjahr fälligen lfd Einmalprämien für alle möglichen künftigen Versorgungsfälle (vgl das Beispiel in Rz 54), gerechnet auf den Jahresanfang, aber mit Wertstellung zum Ende des Jahrs (*DAV* Der Aktuar 2002, 89). Die Bewertung erfolgt in gleicher Weise wie die Sollrückstellung (s Rz 35). Wegen der Berechnung auf den Jahresanfang fällt für neue Mitarbeiter im Jahr des Eintritts noch kein lfd Dienstzeitaufwand an. 72

Für mit unverfallbarer Anwartschaft **ausgeschiedene Mitarbeiter** sowie **Rentenbezieher** fällt kein lfd Dienstzeitaufwand mehr an. Für Zusagen aus einer (einmaligen) **Entgeltumwandlung** fällt nur im Jahr der Umwandlung lfd Dienstzeitaufwand an (s Rz 56). Der umgewandelte Betrag entspricht dem lfd Dienstaufwand aber nur dann, wenn für die Umwandlung die gleichen Rechnungsgrundlagen verwendet werden wie für die Bilanzierung. Aus diesem Grund weichen auch bei einer **beitragsorientierten Leistungszusage** (s Rz 56) der bereitgestellte Versorgungsbeitrag und der lfd Dienstzeitaufwand regelmäßig voneinander ab, da die für die Umrechnung des Versorgungsbeitrags in Rentenbausteine vereinbarten Rechnungsgrundlagen von den jährlich zu aktualisierenden Parametern für die Bilanzierung differieren.

Der Aufwand wird entspr dem aufwandsbezogenen Ansatz (s Rz 9) bereits **zu Beginn des Geschäftsjahrs ermittelt** unter Zugrundelegung des dann aktuellen Bestands und der dann geltenden Bewertungsparameter. Die Zuführung zur 73

Rückstellung erfolgt jedoch erst zum Ende des Geschäftsjahrs. Insofern ist es sachgerecht, den lfd Dienstzeitaufwand um die Verzinsung für ein Jahr zu erhöhen.

74 Bei **Entgeltumwandlungen,** die häufig erst am Ende eines Geschäftsjahrs vereinbart werden, führt der übliche aufwandsbezogene Ansatz jedoch dazu, dass der (einmalige) Aufwand erst im Folgejahr entsteht und somit mit dem Ertrag aus dem Gehaltsverzicht auseinander fällt. In diesem Fall ist es sachgerechter, abweichend von dem üblichen Grundsatz, dass sich Bestandsänderungen erst ab dem Folgejahr auswirken (s Rz 10), den Aufwand wie bei beitragsorientierten Plänen **noch im lfd Jahr zu erfassen** (*Gohdes/Kaether* BB 2002, 772).

b) Zinsaufwand

75 Da bei der Bewertung der Verpflichtung eine Diskontierung vorzunehmen ist, ist in jedem Jahr eine **Verzinsung des Barwerts der Verpflichtung** aufwandswirksam vorzunehmen. Der Zinsaufwand errechnet sich nach IAS 19.82 aus dem Sollwert der Verpflichtung zu Beginn des Jahrs multipliziert mit dem zu diesem Zeitpunkt festgesetzten Zinssatz. Auch der Zinsaufwand steht somit zu Beginn des Geschäftsjahrs bereits fest. Erwartete wesentliche Änderungen der Verpflichtung im Laufe des Geschäftsjahrs sind zumindest näherungsweise im Zinsaufwand zu berücksichtigen. Bei lfd Rentenzahlungen etwa bietet es sich an, den Zinsaufwand um die hälftige (bei einer angenommenen Gleichverteilung der Fälligkeiten über das Jahr) Verzinsung der zu Beginn des Jahrs bekannten Renten zu kürzen.

76 Der Zinsaufwand kann in einem gesonderten **GuV-Posten** bzw in einem gesonderten Posten im erfolgswirksamen Teil der Gesamtergebnisrechnung oder zusammen mit den anderen Komponenten im Personalaufwand gezeigt werden (IAS 19.119). Einem gesonderten Ausweis ist insbes dann der Vorzug zu geben, wenn die Verpflichtung nicht durch Planvermögen oder sonstige Erstattungsansprüche gedeckt ist. Der Betrag ist aber auf jeden Fall genauso wie die anderen in Rz 70 genannten Komponenten (1) bis (7) im Anhang anzugeben.

c) Erwartete Erträge aus Planvermögen und anderen Erstattungsansprüchen

77 Wie der Zinsaufwand sind auch die erwarteten Erträge aus dem Planvermögen **zu Beginn der Periode** zu ermitteln. Abweichungen zwischen den tatsächlichen und den erwarteten Erträgen führen zu versicherungsmathematischen Gewinnen oder Verlusten (s Rz 80ff). Neben Zins- und Dividendenerträgen sind auch erwartete Wertsteigerungen des Planvermögens (zB Kursgewinne von Aktien) zu berücksichtigen. Die Planerträge werden netto angesetzt, dh nach **Kürzung von Steuern und Verwaltungskosten**, soweit diese nicht bei der Bewertung der Verpflichtung selbst bereits berücksichtigt wurden. (IAS 19.107). Sofern der Fonds wie bspw beim Treuhandmodell (s Rz 41) selbst kein eigenständiges Steuersubjekt ist, kommt eine Kürzung nur in Frage, wenn der Arbeitgeber die in diesem Fall ihm zuzurechnende **Zinsabschlagsteuer** nicht an den Fonds erstatten muss. Bei einer freiwilligen Erstattung sollte dies nicht als Planertrag sondern als erfolgsneutrale Beitragszahlung an den Fonds ausgewiesen werden (*Oecking/Hellmann/Schmallbach* BetrAV 2007, 42).

78 Bei den erwarteten Zinserträgen sind **voraussichtliche Änderungen des Planvermögens** als Zinsträger aufgrund von Beitragszahlungen an den Fonds bzw Leistungszahlungen seitens des Fonds im Laufe der Periode zu berücksichtigen. Die Zahlungen selbst werden nicht erfolgswirksam, sondern direkt gegen die Rückstellung bzw den Vermögenswert gebucht (s Rz 26).

Erträge aus anderen Erstattungsansprüchen, die nicht den Anforderungen für die Einordnung als Planvermögen genügen (s Rz 37), sind in gleicher Weise zu behandeln wie Erträge aus Planvermögen. Auch hier führen Abweichungen zwischen den tatsächlichen und den erwarteten Erträgen zu versicherungsmathematischen Gewinnen oder Verlusten. 79

d) Versicherungsmathematische Gewinne und Verluste

Es gibt **zwei mögliche Ursachen** für die Entstehung (zusätzlicher) Gewinne oder Verluste im Laufe eines Geschäftsjahrs: 80

(1) Die tatsächliche Entwicklung im Laufe des Geschäftsjahrs weicht von den zu Beginn des Geschäftsjahrs festgelegten Annahmen ab, was üblicherweise der Fall ist.

(2) Die Festlegung der Parameter am Ende des Geschäftsjahrs ist eine andere als zu Beginn des Geschäftsjahrs. Wegen der stichtagsbezogenen Festlegung ist dies für die ökonomischen Parameter der Normalfall.

Beispiele zu (1): Es wurden keine oder geringere Rentenanpassungen durchgeführt als kalkuliert; Folge: Gewinn.

Der tatsächliche Ertrag aus dem Planvermögen (oder aus anderen Erstattungsansprüchen, s Rz 79) fällt geringer aus als der erwartete; Folge: Verlust.

Die tatsächlichen Todesfälle übersteigen die nach der festgelegten Sterbetafel erwarteten; Folge: je nach Alter der Berechtigten und Ausgestaltung der Zusage Gewinn (weil künftig weniger Alters- und Invalidenleistungen anfallen als bisher kalkuliert) oder Verlust (weil höhere Todesfall-Leistungen anfallen als kalkuliert).

Beispiele zu (2): Aufgrund der allgemeinen Marktentwicklung ist der Rechnungszins zu erhöhen; Folge: Gewinn, da der Sollwert der Verpflichtung kleiner wird.

Wegen des gestiegenen Marktzinses sinkt der Zeitwert des Planvermögens; Folge: Verlust.

Einführung neuer biometrischer Ausscheidewahrscheinlichkeiten; Folge: Gewinn oder Verlust.

Die insgesamt am Ende des Geschäftsjahrs bestehenden (kumulierten) versicherungsmathematischen Gewinne und Verluste **entwickeln** sich aus den zu Beginn des Geschäftsjahrs bestehenden Gewinnen oder Verlusten abzüglich der im Geschäftsjahr amortisierten (s Rz 82 ff) zuzüglich der im Geschäftsjahr neu entstandenen. Sie erhöhen (Gewinne) bzw vermindern (Verluste) die nach IAS 19.54 in der Bilanz als Schuldposten anzusetzende Pensionsrückstellung (s Rz 26). 81

Praxishinweis: In der Praxis erfolgt die Bestimmung der versicherungsmathematischen Gewinne und Verluste meist in entgegengesetzter Richtung: Zunächst wird die Ist-Rückstellung zum Bilanzstichtag mit Hilfe der in Rz 26 dargestellten Entwicklung fortgeschrieben, allerdings jetzt unter Berücksichtigung der tatsächlichen liquiden Zahlungsvorgänge. Die Ist-Rückstellung wird sodann verglichen mit dem Sollwert der Verpflichtung abzüglich des Zeitwerts des Planvermögens, jeweils zum Bilanzstichtag. Daraus ergibt sich die insgesamt zum Bilanzstichtag bestehende Überdeckung oder der bestehende Fehlbetrag. Dieser Betrag wird schließlich bereinigt um den Fehlbetrag aus noch nicht amortisierten nachzuverrechnenden Dienstzeitaufwendungen (s Rz 87 ff) und um evtl noch nicht amortisierte Teile einer Überdeckung oder eines Fehlbetrags aus der erstmaligen Anwendung von IAS 19 (1998) (s Rz 46). Als Restgröße ergibt sich schließlich der am Bilanzstichtag bestehende versicherungsmathematische Gewinn oder Verlust.

Die bis zum Bilanzstichtag aufgelaufenen und noch nicht amortisierten versicherungsmathematischen Gewinne oder Verluste brauchen nach IAS 19.92 **erst dann erfolgswirksam berücksichtigt zu werden,** wenn sie einen Grenzwert von 10% des Maximums aus dem Sollwert der Verpflichtung und dem Zeitwert des Planvermögens übersteigen. Der **Grenzwert** ist für jeden leistungsorientierten Plan gesondert zu ermitteln. Begründung für diesen „Korridor" ist die An- 82 nahme, dass sich die Ungenauigkeit bei der Schätzung der verwendeten Parameter in einer solchen Bandbreite bewegt und sich daraus resultierende Gewinne und Verluste langfristig aufheben (IAS 19.95). Durch dieses Verfahren wird eine zu starke, zT zufallsbedingte Volatilität des Versorgungsaufwands vermieden.

83 Der außerhalb des „10%-Korridors" liegende Teil ist nach IAS 19.93 für jeden leistungsorientierten Plan **linear auf die durchschnittliche Restlebensarbeitszeit** der betroffenen Arbeitnehmer **zu verteilen.** Sofern die Restlebensarbeitszeit nicht mehr als ein Jahr beträgt, kommt es zu einer vollständigen Amortisation des außerhalb des Korridors liegenden Fehlbetrags bzw der Überdeckung im folgenden Geschäftsjahr. Dies ist zB bei reinen Rentnerbeständen der Fall, die keine Restlebensarbeitszeit mehr besitzen. Für den Fall, dass bereits alle Begünstigten ausgeschieden sind, wird in der Literatur vereinzelt (*Höfer* in FS Weber, 118) aber auch die Meinung vertreten, eine Verteilung auf die durchschnittliche restliche Lebenserwartung vorzunehmen.

84 Mit der genannten Verteilungsregel („Korridormethode"), die bisher in der Praxis auch meist Anwendung fand, wird der **Mindestbetrag** der zu amortisierenden Gewinne oder Verluste festgelegt. Es sind aber auch **andere systematische Verfahren zulässig,** die zu einer schnelleren Amortisierung führen und die auch die innerhalb des Korridors liegenden Teile mit erfassen. Ein einmal gewähltes Verfahren muss aber sowohl auf Gewinne als auch auf Verluste angewandt werden und darf nicht von Jahr zu Jahr verändert werden. Im Extremfall ist auch bei Aktivenbeständen eine sofortige Amortisation zulässig (IAS 19.95). Eine Amortisation von versicherungsmathematischen Gewinnen ist aber nach IAS 19.155(b)(iii) beschränkt auf den Teil der Gewinne, die über einen noch bestehenden Übergangsfehlbetrag hinausgehen, falls bei erstmaliger Anwendung des Standards die fünfjährige Übergangszeit gewählt wird (s Rz 46), maW: Die versicherungsmathematischen Gewinne müssen zunächst zur Tilgung des Übergangsfehlbetrags verwendet werden.

85 Fraglich ist, ob tatsächlich eine erfolgswirksame **Amortisation noch im abgelaufenen Jahr**, dh im Jahr des Entstehens des Gewinns oder Verlusts, systemkonform ist. Hiergegen spricht die grds Systematik bei leistungsorientierten Plänen, wonach der Pensionsaufwand bis auf die liquiden Zahlungsvorgänge bereits zu Beginn eines Geschäftsjahrs feststeht (s Rz 9). In IAS 19.92 wird auch ausdrücklich auf die kumulierten versicherungsmathematischen Gewinne und Verluste „zum Ende der vorherigen Berichtsperiode" Bezug genommen. Gegen eine sofortige Amortisation noch im abgelaufenen Geschäftsjahr spricht außerdem, dass dies zu dem bilanzorientierten stichtagsbezogenen Ansatz des deutschen Handelsrechts (s Rz 9) führt. Ein solcher Ansatz folgt nicht unbedingt den Intentionen des IASB sowie den bedeutenden internationalen Börsenaufsichtsgremien, sodass er besonders kritisch zu sehen ist (*DAV* Der Aktuar 2002, 89).

Zahlenbeispiel in €:

Status zu Beginn des Geschäftsjahrs:

Sollwert der Verpflichtung (DBO)	1.400
Planvermögen	1.000
Noch nicht amortisierte Gewinne	200
Bilanzierte Ist-Rückstellung	600

Die durchschnittliche restliche Dienstzeit der Aktiven betrage zehn Jahre. Der im Geschäftsjahr mindestens zu amortisierende versicherungsmathematische Gewinn errechnet sich wie folgt:

Sockelbetrag: 10% × max (1.400; 1.000)	140
außerhalb des Korridors: 200 – 140	60
im Geschäftsjahr zu amortisieren: $^{60}/_{10}$	6

Es darf aber auch der gesamte Gewinn von € 200 amortisiert werden, falls ein solches Verfahren bisher auch angewandt wurde und der Gewinn von € 200 folglich in voller Höhe im Vorjahr neu entstanden ist.

Fehlbeträge aus nachzuverrechnendem Dienstzeitaufwand sowie aus der erstmaligen Anwendung des Standards sollen in dem Beispiel nicht bestehen. Der Diskontierungszinssatz zum Beginn des Geschäftsjahrs sowie die erwartete Nettorendite des Planvermögens betrage 7%. Der lfd Dienstzeitaufwand für das Geschäftsjahr sei mit € 60 errechnet worden. Dann errechnet sich folgender Pensionsaufwand im Geschäftsjahr:

Lfd Dienstzeitaufwand	60
Zinsaufwand (7% × 1.400)	98
Erwartete Erträge aus Planvermögen (7% × 1.000)	– 70
Im Geschäftsjahr zu amortisierender Gewinn	– 6
	82

Unter der Annahme, dass einerseits Rentenzahlungen von € 50 (aus dem Planvermögen) geleistet wurden und andererseits Beiträge von € 20 an den Fonds gezahlt wurden, entwickelt sich die bilanzierte Rückstellung im Geschäftsjahr wie folgt:

Stand zu Beginn des Geschäftsjahrs	600
Rentenzahlungen	./. 50
Saldo aus Ein-/Auszahlungen an den Fonds	30
Pensionsaufwand	82
Stand zum Ende des Geschäftsjahrs	662

Die versicherungsmathematischen Gewinne haben sich im Geschäftsjahr wie folgt entwickelt:

Stand zu Beginn des Geschäftsjahrs	200
Im Geschäftsjahr amortisiert	– 6
Im Geschäftsjahr neu entstandener Verlust (zB wegen niedrigerem Zinssatz zum Jahresende)	– 62
Stand zum Ende des Geschäftsjahrs	132

Zum Ende des Geschäftsjahrs ergibt sich dann folgender Status:

Sollwert der Verpflichtung (DBO) (Anstieg ua durch Verzinsung, lfd Dienstzeitaufwand und Zinssatzänderung)	1.650
Planvermögen (Anstieg ua durch Verzinsung und Zinssatzänderung)	1.120
Noch nicht amortisierte Gewinne	132
Bilanzierte Ist-Rückstellung	662

Im Folgejahr sind keine Gewinne zu amortisieren, da der Sockelbetrag von € 165 (10% von max (1.650, 1.120)) nicht überschritten wird. Falls im Geschäftsjahr hingegen der gesamte Gewinn von € 200 amortisiert wurde, wäre im Folgejahr der neu entstandene Verlust von € 62 ebenfalls in voller Höhe zu amortisieren. Die sofortige Vollamortisation kann somit zu erheblichen Erfolgsschwankungen führen

Neben der sofortigen oder aufgeschobenen erfolgswirksamen Amortisation wurde mit IAS 19.93A in 2004 als dritte Option eingeführt, eine erfolgsneutrale **Amortisation außerhalb der GuV** bzw dem erfolgswirksamen Teil der Gesamtergebnisrechnung vorzunehmen, sofern dies für alle leistungsorientierten Pläne und für alle Gewinne und Verluste einheitlich erfolgt. Bei Ausübung dieser Option sind neben den versicherungsmathematischen Gewinnen und Verlusten auch die Auswirkungen aus der Begrenzung des Vermögenswerts nach IAS 19.58(b) (s Rz 71) außerhalb der GuV bzw dem erfolgswirksamen Teil der Gesamtergebnisrechnung im sonstigen Ergebnis zu amortisieren (IAS 19.93C). Die so amortisierten Gewinne und Verluste sind nach IAS 19.93D iVm IAS 1.96 86 in der Eigenkapitalveränderungsrechnung direkt **innerhalb der Gewinnrücklagen zu erfassen** (s § 17 Rz 47); eine spätere Rückbuchung in die GuV bzw den erfolgswirksamen Teil der Gesamtergebnisrechnung nachfolgender Geschäftsjahre ist ausgeschlossen.

Von den 30 im DAX-30 notierten Unternehmen, die nach IFRS bilanzieren, haben im Geschäftsjahr 2007 15 Unternehmen die erfolgsneutrale Amortisation vorgenommen und 14 Unternehmen die „Korridor-Methode" (s Rz 82) angewandt. Nur ein Unternehmen hat die Gewinne oder Verluste sofort erfolgswirksam amortisiert.

Nach IAS 19.160 iVm IAS 8.19(b) sind bei Ausübung der Option auch alle ungetilgten versicherungsmathematischen Gewinne und Verluste der Vergangenheit in die Gewinnrücklagen umzubuchen, sodass die bilanzierte Pensionsrückstellung ausschließlich aus dem Sollwert (DBO) abzüglich Planvermögen besteht, falls keine noch zu amortisierenden nachzuverrechnenden Dienstzeitaufwendungen bestehen.

e) Nachzuverrechnender Dienstzeitaufwand

87 Nachzuverrechnender Dienstzeitaufwand entsteht immer dann, wenn ein Unternehmen Mitarbeitern erst Jahre **nach Beginn des Dienstverhältnisses** eine Versorgungszusage erteilt oder eine bestehende Zusage erhöht und die Versorgungsleistung bereits in der Vergangenheit anteilig erdient wurde. Die Höhe des nachzuverrechnenden Dienstzeitaufwands errechnet sich aus dem Sollwert (DBO) der Verpflichtung bei Erteilung bzw Erhöhung der Zusage.

88 Nach IAS 19.96 ist der nachzuverrechnende Dienstzeitaufwand **linear** über den durchschnittlichen Zeitraum **zu verteilen, bis** die Erhöhungen der Zusage **unverfallbar werden.** Anders als bei den versicherungsmathematischen Gewinnen oder Verlusten (s Rz 84) ist eine schnellere Amortisation nicht zulässig. Die aufgeschobene Erfassung des Aufwands für die Erhöhung lässt sich damit begründen, dass der Arbeitgeber sich durch die Verbesserung der Zusage eine stärkere Motivation des Arbeitnehmers und damit einen Produktivitätszuwachs in der Zukunft verspricht (*Epstein/Germakovicz* 2008, 648f).

89 **Nur wenn alle Anwartschaften** bereits bei Erteilung oder Erhöhung der Zusage **unverfallbar sind,** ist der Aufwand **sofort** zu erfassen. Da einerseits die gesetzlichen Unverfallbarkeitsfristen in den letzten Jahren verkürzt wurden und andererseits nach § 1b Abs 1 Satz 3 BetrAVG die Veränderung einer Versorgungszusage die Fristen nicht unterbricht, dürfte bei Planerhöhungen die sofortige Erfassung zukünftig der Regelfall sein. Etwas Anderes gilt allerdings bei der erstmaligen Erteilung einer Zusage an vorhandene Mitarbeiter, da die gesetzlichen Unverfallbarkeitsfristen vom Zusagedatum und nicht vom Eintrittsdatum abhängen.

90 **Hinweis für die Praxis:** Bei Neuzusagen oder einer Erhöhung innerhalb einer Periode wird man der Einfachheit halber auf die durch die Neuordnung bedingte Erhöhung des Barwerts zum Ende der Periode abstellen und die Amortisation in der Folgeperiode beginnen. Bei bereits unverfallbaren Anwartschaften erfolgt die Erfassung des nachzuverrechnenden Dienstzeitaufwands dann in Analogie zur sofortigen Erfassung von versicherungsmathematischen Gewinnen oder Verlusten (s Rz 86) in der auf die Neuordnung folgenden Periode (aA *Wollmert/Rhiel/Hofmann/Schwitters* in Baetge ua IFRS-Komm^{2} IAS 19 Rz 150 ad 3).

91 Nachzuverrechnender Dienstzeitaufwand liegt nicht vor, wenn eine **bereits einkalkulierte Erhöhung,** etwa aufgrund von Gehaltssteigerungen, nur höher ausfällt als erwartet. In diesem Fall liegt ein versicherungsmathematischer Verlust vor (IAS 19.98). Die Behandlung von Planerhöhungen ist unabhängig davon, ob sie auf vertraglichen oder gesetzlichen Änderungen beruht (IAS 19.BC55).

Beispiele: In einer **gehaltsabhängigen Zusage** wurde eine Rente von 1% (Steigerungssatz) des Endgehalts pro Dienstjahr zugesagt. Bei der Ermittlung des Barwerts zu Beginn der Periode wurde eine erwartete Gehaltssteigerung von 2% jährlich angesetzt. Tatsächlich haben sich die Gehälter in der Periode um 2,5% erhöht. Aus der nicht kalkulierten Gehaltserhöhung von 0,5%, sowie aus einer möglicherweise geänderten Erwartung für die Zukunft, entsteht ein versicherungsmathematischer Verlust. Wird hingegen im Laufe der Periode die Zusage dahingehend geändert, dass der Steigerungssatz auch für zurückliegende Dienstjahre auf 1,2% erhöht wird, so entsteht aus der dadurch bedingten Erhöhung des Barwerts nachzuverrechnender Dienstzeitaufwand.

Bei einer **Festrentenzusage** ist die Abgrenzung zwischen nachzuverrechnendem Dienstzeitaufwand und versicherungsmathematischem Verlust nicht immer so eindeutig, wenn eine gelegentliche Erhöhung der Festrenten im Barwert bereits einkalkuliert ist (s Rz 65). Solange sich die Erhöhungen solcher Zusagen im üblichen Rahmen halten, wird man den überrechnungsmäßigen Mehraufwand als versicherungsmathematischen Verlust betrachten. Nur bei außerordentlichen Erhöhungen ist eine Einordnung als Planerhöhung und damit ein Ausweis nachzuverrechnenden Dienstzeitaufwands sachgerecht.

Hinsichtlich der Auswirkungen der gesetzlichen **Erhöhung des Renteneintrittsalters** (RV-Altersgrenzenanpassungsgesetz) auf leistungsorientierte Pläne sind folgende Fälle zu unterscheiden (*RIC* BetrAV 2008, 198):

Eine **explizite Anpassung** der Versorgungszusage, zB Erhöhung eines bisherigen festen Pensionsalters von 65 auf 67 Jahre, wird als (uU auch negativer, s Rz 92) nachzuverrechnender Dienstzeitaufwand erfasst.

Eine **unmittelbare Änderung** der Versorgungszusage aufgrund eines dynamischen Verweises auf die jeweilige gesetzliche Regelaltersgrenze wird ebenfalls als nachzuverrechnender Dienstzeitaufwand erfasst.

Eine nur **mittelbare Auswirkung** durch eine Neueinschätzung der versicherungsmathematischen Annahmen wird dagegen als versicherungsmathematischer Gewinn oder Verlust erfasst. Dies ist zB der Fall, wenn als kalkulatorisches Pensionsalter der erwartete Zeitpunkt für die Inanspruchnahme einer vorzeitigen Altersrente angesetzt wurde und diese Erwartung sich durch die gesetzliche Neuregelung für die Zukunft ändert.

Nach IAS 19.100 sind die Bestimmungen zu nachzuverrechnendem Dienst- 92
zeitaufwand mit umgekehrtem Vorzeichen **auch bei einer Reduzierung** von Versorgungszusagen anzuwenden. Dies gilt aber nur, soweit sich die Reduzierung auf zurückliegende Dienstjahre bezieht. Ansonsten ist die Reduzierung nach IAS 19.98(e) und dem durch das *Annual Improvements* Projekt 2008 neu eingeführten IAS 19.111A als Plankürzung zu behandeln (s Rz 93ff). Nach der ständigen Rechtsprechung des BAG ist ein Eingriff in bereits erdiente Anwartschaften nur in Ausnahmefällen, wenn zwingende Gründe vorliegen, zulässig. Insofern ist ein Ausweis von negativem nachzuverrechnendem Dienstzeitaufwand bei deutschen Unternehmen in der Praxis nicht von Bedeutung.

f) Plankürzungen und -abgeltungen

Eine **Plankürzung** liegt sowohl vor, wenn der Kreis der von der Versor- 93
gungszusage betroffenen Arbeitnehmer deutlich reduziert wird als auch wenn eine leistungsorientierte Zusage dahingehend reduziert wird, dass künftig keine weiteren oder nur noch geminderte Ansprüche erdient werden, etwa weil bei einer bisher gehaltsabhängigen Zusage das aktuelle Gehalt als Bemessungsgröße eingefroren wird. Eine Abgeltung liegt vor, wenn dem Versorgungsberechtigten als Ausgleich für den Verlust oder die Reduzierung der Versorgungszusage mit schuldbefreiender Wirkung eine Abfindung gezahlt wird, oder wenn die Versorgungsverpflichtung auf einen anderen Versorgungsträger übertragen wird.

Hinzuweisen ist in diesem Zusammenhang auf die umfangreiche **arbeits-** 94
rechtliche Rechtsprechung in Deutschland zum Thema Widerruf von Pensionszusagen sowie auf die gesetzlichen Regelungen zur Abfindung und Übernahme von Pensionsverpflichtungen. Nach ständiger Rechtsprechung (zB BAG

Az 3 AZR 213/96 vom 26. August 1997) ist auch ein Eingriff in künftige noch nicht erdiente Zuwächse nur aus sachlichen Gründen zulässig. Eine Abgeltung oder Übertragung unverfallbarer Anwartschaften mit schuldbefreiender Wirkung ist nur im Rahmen der Einschränkungen der §§ 3 und 4 BetrAVG möglich.

95 Zum Zeitpunkt der Kürzung oder Abgeltung sind die Versorgungsverpflichtung und evtl vorhandenes Planvermögen **mit aktuellen Bewertungsparametern neu zu bewerten** (IAS 19.110). Da Plankürzungen oder Abgeltungen häufig im Zusammenhang mit weitergehenden Umstrukturierungen stehen, sind Gewinne oder Verluste aus Kürzungen oder Abgeltungen bereits im Jahr der jeweiligen Umstrukturierung voll zu erfassen.

96 Die Gewinne und Verluste beinhalten nach IAS 19.109 die durch die Kürzung oder Abgeltung resultierende **Veränderung des Barwerts** der Verpflichtung (dh die DBO) **und des Zeitwerts** evtl vorhandenen Planvermögens. Des Weiteren sind noch nicht amortisierte versicherungsmathematische Gewinne und Verluste sowie nachzuverrechnender Dienstzeitaufwand im Zeitpunkt der Kürzung oder Abgeltung zu erfassen, soweit sie auf den Betroffenen entfallen. Da letztere nicht individualisiert vorliegen, sind sie **sachgerecht zu schätzen,** etwa im Verhältnis der Barwerte der Verpflichtungen.

Beispiel in €:

Status zu Beginn des Geschäftsjahrs:	
Sollwert (DBO)	1.000
Noch nicht amortisierte Verluste	100
Bilanzierte Ist-Rückstellung	900

Planvermögen liege nicht vor. Im Geschäftsjahr betrage der lfd Dienstzeitaufwand € 30 und der Zinsaufwand € 70. Eine Amortisation der versicherungsmathematischen Verluste braucht wegen der Korridormethode (nicht größer als 10% der DBO) nicht vorgenommen zu werden. Der Sollwert erhöht sich im Geschäftsjahr planmäßig um den lfd Dienstzeitaufwand und den Zinsaufwand. Die versicherungsmathematischen Verluste seien im Geschäftsjahr um € 50 angewachsen. Am Ende des Geschäftsjahrs werden die Verpflichtungen durch Zahlung einer einmaligen Kapitalabfindung von € 950 abgegolten. Die Neubewertung zum Zeitpunkt der Abgeltung ergibt:

Sollwert (DBO)	1.150	(1.000 + 30 + 70 + 50)
Noch nicht amortisierte Verluste	150	(100 + 50)
Aus der Abgeltung errechnet sich folgender Gewinn:		
Auflösung des Sollwerts	1.150	
Abfindungsbetrag	950	
Gewinn	200	
Versicherungsmathematische Verluste	150	(volle Amortisation)
	50	
Insgesamt ergibt sich folgender Pensionsaufwand:		
Lfd Dienstzeitaufwand	30	
Zinsaufwand	70	
Gewinn aus der Abgeltung	– 50	
	50	
Die zu bilanzierende Rückstellung entwickelt sich wie folgt:		
Stand 1. Januar	900	
Pensionsaufwand	50	
Zahlung der Abfindung	– 950	
Stand 31. Dezember	0	

97 Nicht als Plankürzung einzuordnen ist eine **Reduzierung von bereits erdienten Ansprüchen.** Hierdurch entsteht negativer nachzuverrechnender Dienstzeitaufwand (s Rz 92). Da die DBO aber gerade die in der Vergangenheit erdienten Leistungen abbildet, führt auch eine Plankürzung von **noch nicht**

erdienten Ansprüchen idR nicht zu einer Reduzierung der DBO sondern führt stattdessen zu niedrigeren lfd Dienstzeitaufwendungen in den Folgejahren. Dies gilt zumindest dann, wenn durch die Plankürzung die Planformel (s Rz 52) nicht rückwirkend geändert wird.

Beispiel: Einem mit 35 Jahren eingetretenen Mitarbeiter wurde eine Kapitalleistung von € 1.000 pro Dienstjahr zugesagt, also eine erreichbare Leistung ab einem Alter von 65 in Höhe von € 30.000. Ohne Berücksichtigung von Zins und Biometrie betragen die lfd Dienstzeitaufwendungen € 1.000 und im Alter von 50 errechnet sich eine DBO von € 15.000. Die Zusage wird dahingehend geändert, dass für künftige Dienstjahre nur noch € 500 zugesagt werden, die bereits erdienten € 15.000 bleiben aber auch bei einem vorzeitigen Ausscheiden erhalten. In diesem Fall reduzieren sich die lfd Dienstzeitaufwendungen ab einem Alter von 50 auf € 500, die DBO bleibt im Zeitpunkt der Plankürzung unverändert bei € 15.000 und steigt bis zum Alter von 65 auf die nach Kürzung erreichbare Leistung von € 22.500.

Ebenso wenig ist die übliche **Fluktuation** der Arbeitnehmer als Plankürzung zu interpretieren. Diese ist als Bewertungsparameter bereits in den Barwert der Verpflichtung eingerechnet. Eine Abweichung von der erwarteten Fluktuation führt insofern zu versicherungsmathematischen Gewinnen oder Verlusten. Die Abgrenzung ist nicht immer eindeutig und richtet sich letztlich nach der Wesentlichkeit der Kürzung. Zu beachten ist hierbei aber eine Stetigkeit in der Vorgehensweise.

Ebenfalls keine Plankürzung stellt die **Herabsetzung** des kalkulatorischen **98**
Pensionierungsalters dar, etwa weil mit Abschluss einer Altersteilzeitvereinbarung ein früheres Pensionsalter verbunden ist. Die hierdurch verursachten Gewinne (aufgrund reduzierter leistungssteigender Dienstjahre) oder Verluste (wegen eines verkürzten Diskontierungszeitraums) brauchen nicht sofort erfasst zu werden, sondern können als versicherungsmathematische Gewinne und Verluste über die restliche Dienstzeit verteilt werden (aA *Wollmert/Rhiel/Hofmann/Schwitters* in Baetge ua IFRS-Komm[2] IAS 19 Rz 175).

g) Begrenzung des Vermögenswerts nach IAS 19.58(b)

Sofern aufgrund der Obergrenze gem IAS 19.58(b) (s Rz 30) eine Wertbe- **99**
richtigung des zu aktivierenden Vermögenswerts vorzunehmen war, ist der Pensionsaufwand um die Wertberichtigung zu erhöhen bzw bei einer Auflösung der Wertberichtigung entspr zu kürzen. Sofern die versicherungsmathematischen Gewinne und Verluste erfolgsneutral im sonstigen Ergebnis amortisiert werden (s Rz 86ff), sind auch die Veränderungen der Wertberichtigungen auf den Vermögenswert entspr zu erfassen (IAS 19.93C).

4. Übersicht über Auswirkungen einzelner Geschäftsvorfälle

Nachfolgend geben wir einen zusammenfassenden Überblick über die Aus- **100**
wirkungen einzelner Geschäftsvorfälle auf den Ausweis in der Bilanz und im Pensionsaufwand sowie auf die Festlegung des Finanzierungszeitraums:

(1) **Neueintritt** eines Mitarbeiters (und gleichzeitige Erteilung einer Zusage):
   a) Kein Ausweis einer Soll- und Iströckstellung im Eintrittsjahr.
   b) Lfd Dienstzeitaufwand erstmalig im auf den Eintritt folgenden Geschäftsjahr (s Rz 72).

(2) **Neuzusage** an einen (bereits in der Vergangenheit eingetretenen) Mitarbeiter:
   a) Keine Ist-Rückstellung im Jahr der Zusage.
   b) Erstmalige Bewertung mit dem Sollwert (DBO) am Ende des Zusagejahrs (s Rz 90).

c) In gleicher Höhe nicht amortisierter nachzuverrechnender Dienstaufwand; Amortisation ab dem auf die Zusageerteilung folgenden Geschäftsjahr.

(3) Ausnahme: (einmalige) Entgeltumwandlung: Lfd Dienstzeitaufwand sowie erstmaliger Bilanzausweis bereits im Jahr der Entgeltumwandlung (s Rz 74).

(4) **Übernahme** der Versorgungsverpflichtung (etwa vom früheren Arbeitgeber):

a) Bei entgeltlicher Übernahme Berücksichtigung des Übertragungswerts als Zugang zur Ist-Rückstellung im Jahr der Übertragung.

b) Lfd Dienstzeitaufwand erstmalig im auf die Übernahme folgenden Geschäftsjahr.

c) Bewertung des lfd Dienstaufwands sowie der Soll-Rückstellung (DBO) unter Berücksichtigung der Dienstjahre beim vorherigen Arbeitgeber (s Rz 55).

d) Versicherungsmathematischer Gewinn oder Verlust in Höhe der Differenz zwischen übernommener Ist-Rückstellung und DBO; Amortisation ab dem Folgejahr.

e) Bei unentgeltlicher Übernahme Behandlung wie ein Neueintritt (1).

(5) **Ausscheiden** eines Mitarbeiters (vor Eintritt eines Versorgungsfalls):

a) Im Jahr des Ausscheidens letztmalig lfd Dienstzeitaufwand.

b) Am Ende des Geschäftsjahrs Neubewertung der DBO mit dem Barwert der (soweit vorhanden) aufrecht erhaltenen unverfallbaren Anwartschaft.

c) Versicherungsmathematischer Gewinn oder Verlust in Höhe der Differenz zwischen fortgeschriebener (s Rz 27) Ist-Rückstellung und DBO; Amortisation ab dem Folgejahr.

(6) Wesentliche, außerordentliche **Erhöhung** einer Zusage (s Rz 91): Behandlung wie eine Neuzusage (2).

(7) **Reduzierung** erdienter Ansprüche (s Rz 92): Behandlung wie eine negative Erhöhung (6).

(8) **Kürzung/Abgeltung** künftiger Ansprüche:

a) Neubewertung zum Zeitpunkt der Kürzung/Abgeltung (s Rz 95).

b) Erfassung der Differenz zwischen Neubewertung und fortgeschriebener Ist-Rückstellung zusätzlich im Pensionsaufwand des Jahrs der Kürzung/Abgeltung.

III. Gemeinschaftliche Pläne mehrerer Arbeitgeber

101 Gemeinschaftliche Pläne mehrerer Arbeitgeber sind solche, bei denen eine einheitliche Vermögensanlage besteht und die Höhe der Leistungen und Beiträge nicht vom jeweiligen Arbeitgeber abhängt. Es kommt insofern zu einer Risikoteilung zwischen den beteiligten Unternehmen. Grds unterscheidet sich die Einordnung eines gemeinschaftlichen Plans als beitrags- oder leistungsorientiert nicht von der bei anderen Plänen. Bei einer Klassifizierung als leistungs-orientiert hat das Unternehmen seine **anteilige Verpflichtung** wie bei einem unternehmensindividuellen Plan **zu erfassen** und entspr Anhangangaben zu machen (IAS 19.29).

Eine **Ausnahme** besteht nach IAS 19.30 hingegen bei gemeinschaftlichen Plänen, bei denen das Unternehmen **keine ausreichenden Informationen** erhalten kann, um den auf sich entfallenden Anteil nach den in IAS 19 für leistungsorientierte Pläne dargelegten Vorschriften zu bilanzieren. Dies kann zB der Fall sein, wenn der Plan von sich aus keine IAS 19 genügenden Bewertungen vornimmt und der Einfluss des beteiligten Unternehmens zu gering ist, um notwendige Informationen zu erhalten. Dies betrifft Gemeinschaftspläne mit einer kollektiven Kalkulation, etwa einem Umlageverfahren, wie sie zB bei vielen Zusatzversorgungskassen des Öffentlichen Dienstes oder bei der Versorgungsanstalt des Bundes und der Länder (VBL) anzutreffen sind. Solche Pläne dürfen, auch wenn sie als leistungsorientiert angesehen werden, nach den Vorschriften für beitragsorientierte Pläne behandelt werden. In diesem Fall muss aber im Anhang begründet werden, warum die Informationen nicht beschafft werden konnten, und es müssen mögliche Auswirkungen der Vermögenslage des Plans auf die künftigen Beitragszahlungen dargelegt werden. Die dargestellte Ausnahmeregel gilt nicht für einheitliche Zusagen innerhalb eines Konzerns (IAS 19.34), da die Beschaffung der entspr Informationen in dem Fall keine Probleme bereiten kann.

Nach dem in 2004 neu eingeführten IAS 19.32A hat ein Unternehmen bei einer bereits geschlossenen Vereinbarung über die Verwendung bestehender Überschüsse bzw über die Finanzierung bestehender Fehlbeträge des gemeinschaftlichen Plans die anteiligen **künftigen Rückvergütungen** zu aktivieren bzw die anteiligen **künftigen Finanzierungsbeträge** zu passivieren und auch in der GuV erfolgswirksam zu erfassen. Ein Beispiel für eine solche Finanzierung eines bestehenden Defizits könnten die von der VBL festgelegten „Sanierungsgelder" darstellen.

C. Sonstige Leistungen an Arbeitnehmer

I. Kurzfristig fällige

Kurzfristig fällige Leistungen an Arbeitnehmer (s auch § 13 Rz 133 ff) sind 102
nach der Definition in IAS 19.7 nach Änderung durch das *Annual Improvements* Projekt 2008 solche, die innerhalb von **zwölf Monaten** nach Ende des Geschäftsjahrs, in dem die entspr Arbeitsleistung erbracht wurde, **erfüllt** werden (nach der bisherigen Definition in IAS 19.7 war Kriterium für die Kurzfristigkeit die vollständige **Fälligkeit** innerhalb von zwölf Monaten) und bei denen es sich nicht um Leistungen aus Anlass der Beendigung des Arbeitsverhältnisses (s Rz 111 ff) handelt. Zu den kurzfristig fälligen Leistungen gehören nach IAS 19.8 ua:

(1) Löhne, Gehälter und Sozialversicherungsbeiträge,
(2) Abwesenheitsvergütungen wie bezahlter Urlaub oder Lohnfortzahlung im Krankheitsfall,
(3) Tantiemen oder andere Gewinn- oder Erfolgsbeteiligungen,
(4) geldwerte Vorteile wie zB Dienstwagen oder Mitarbeiterrabatte.

Die **Bewertung** der kurzfristig fälligen Leistungen erfolgt grds **nominal,** dh ohne versicherungsmathematische Annahmen hinsichtlich der Wahrscheinlichkeit der Inanspruchnahme und ohne eine Abzinsung.

Der Betrag, der im Austausch für die im Geschäftsjahr erbrachte Arbeitsleis- 103
tung erwartungsgemäß zu zahlen ist, ist als **Aufwand** zu zeigen, wenn nicht ein anderer Standard (zB IAS 2 oder IAS 16) eine Aktivierung als Anschaffungs- oder Herstellungsnebenkosten zulässt. Übersteigt am Bilanzstichtag der Aufwand die bereits geleisteten Zahlungen, so ist der übersteigende Aufwand als **abgegrenzte Schuld** (zum Begriff s § 13 Rz 15) oder als Verbindlichkeit zu passivieren. Im umgekehrten Fall, wenn die Zahlungen den Aufwand übersteigen, ist der Unterschiedsbetrag als **Vermögenswert** aktivisch abzugrenzen, sofern die Vorauszahlung zu einer Verringerung künftiger Zahlungen oder zu einer Rückerstattung führt (IAS 19.10(a)).

Bei **Abwesenheitsvergütungen** (IAS 19.1ff; s auch § 13 Rz 134) ist zwi- 104
schen ansammelbaren und nicht ansammelbaren Ansprüchen zu unterscheiden.

Ansammelbare Ansprüche liegen vor, wenn sie auf künftige Geschäftsjahre vorgetragen werden können, soweit sie im abgelaufenen Geschäftsjahr nicht genutzt wurden. Dies trifft in Deutschland zB bei **Urlaubsansprüchen** zu, wobei es in aller Regel Verfallsdaten gibt. Bei solchen Ansprüchen entsteht der Aufwand in dem Zeitpunkt, in dem die Arbeitsleistung erbracht wurde, die zum Entstehen des Anspruchs führte. In Höhe der ungenutzten Ansprüche ist zum Bilanzstichtag ein Schuldposten abzugrenzen. Sofern die Ansprüche verfallbar sind, dh die Arbeitnehmer bei einem Ausscheiden aus dem Unternehmen keinen Anspruch auf Barausgleich der bis dahin noch nicht in Anspruch genommenen Leistungen haben, ist dies bei der Bewertung zu berücksichtigen.

Nicht ansammelbare Ansprüche auf Abwesenheitsvergütungen sind dagegen in dem Geschäftsjahr als Aufwand zu erfassen, in dem die Abwesenheit eintritt. Sie sind unabhängig von der Arbeitsleistung des Arbeitnehmers. Da sie nicht vorgetragen werden können, entfällt der Ausweis eines Schuldpostens am Bilanzstichtag. Zu den nicht ansammelbaren Ansprüchen gehören zB die gesetzliche **Lohnfortzahlung im Krankheitsfall.**

105 Voraussetzung für die Erfassung von **Gewinn- oder Erfolgsbeteiligungen** als Aufwand bzw als Schuldposten ist nach IAS 19.17, dass das Unternehmen aufgrund von Ereignissen der Vergangenheit eine rechtliche oder faktische Verpflichtung zur Gewährung solcher Leistungen hat, es also keine realistische Alternative zur Zahlung hat, und die Höhe der Verpflichtung verlässlich geschätzt werden kann. Eine faktische Verpflichtung kann nach IAS 19.19 auch durch betriebliche Übung entstehen. Falls die Auszahlung der Tantieme davon abhängig ist, dass der Arbeitnehmer einen festgelegten Zeitraum nach Erbringung der entspr Arbeitsleistung beim Unternehmen verbleibt, sind bei der Bewertung der Verpflichtung Annahmen zur Fluktuation zu berücksichtigen.

II. Andere langfristig fällige

106 Zu den anderen langfristig fälligen, dh **nicht innerhalb** einer **Frist von zwölf Monaten**, erfüllbaren Leistungen gehören nach IAS 19.126 ua:

(1) langfristig fällige vergütete Abwesenheitszeiten wie Sonderurlaub nach langjähriger Dienstzeit oder andere vergütete Dienstfreistellungen,
(2) Jubiläumsleistungen,
(3) langfristige Erwerbsunfähigkeitsleistungen,
(4) aufgeschobene Gewinn- und Erfolgsbeteiligungen,
(5) aufgeschobene Vergütungen.

107 Von praktischer Bedeutung für deutsche Unternehmen sind in diesem Zusammenhang vor allem die **Jubiläumsleistungen.** Erwerbsunfähigkeitsleistungen werden üblicherweise im Rahmen von Pensionsplänen zugesagt und sind insofern in deren Bewertung mit einbezogen (*DAV* Der Aktuar 2002, 87). Aufgeschobene Gewinnbeteiligungen oder Vergütungen, also Arbeitszeitkontenmodelle, die keine Altersversorgung darstellen, sind in Deutschland kaum anzutreffen, da sie keine vergleichbare steuerliche Förderung erhalten. Lediglich bei **Altersteilzeitvereinbarungen,** die im sog **Blockmodell** ausgestaltet werden, kommt es zu von der Beschäftigungsphase in die Freistellungsphase aufgeschobenen Vergütungen. Aufstockungszahlungen im Zusammenhang mit Altersteilzeitvereinbarungen fallen hingegen wegen ihres Abfindungscharakters unter die Leistungen aus Anlass der Beendigung des Arbeitsverhältnisses (s Rz 111 ff).

108 Da die Bewertung anderer langfristig fälligen Leistungen **nicht den gleichen Unsicherheiten unterliegt** wie die Leistungen nach Beendigung des Arbeits-

verhältnisses (IAS 19.127) sind versicherungsmathematische Gewinne oder Verluste sowie nachzuverrechnender Dienstzeitaufwand sofort, dh im Jahr ihres Entstehens, zu erfassen. Damit steht der Aufwand bei solchen Verpflichtungen auch erst am Ende der Periode fest. Ansonsten unterscheiden sich die Bewertung und der Ausweis solcher Leistungen nicht von leistungsorientierten Pensionsverpflichtungen. Die als Schuldposten in der Bilanz anzusetzende Rückstellung ergibt sich insofern nach IAS 19.128 als Saldo aus dem Barwert der Verpflichtung (s Rz 35 ff) zum Bilanzstichtag abzüglich des Zeitwerts evtl vorhandenen Planvermögens (s Rz 37 ff).

Da die anderen langfristig fälligen Leistungen bei einem Ausscheiden des Mitarbeiters idR verfallen, hat die Festlegung der **Fluktuationswahrscheinlichkeiten** eine höhere Bedeutung als bei den Pensionsverpflichtungen mit gesetzlichen Unverfallbarkeitsvorschriften (s Praxishinweis zu Rz 60). Demgegenüber hat der Rechnungszins aufgrund geringerer Dauer bis zur Fälligkeit der Leistungen einen geringeren Einfluss als bei den Pensionsverpflichtungen mit meist lebenslänglichen Rentenzahlungen.

Hinsichtlich der **Zuordnung** der anteilig erworbenen Ansprüche **zu den** 109 **jeweiligen Dienstjahren,** erscheint es sachgerecht, auch bei den anderen langfristig fälligen Leistungen, für die es keine gesetzlichen und im Regelfall auch keine vertraglichen Unverfallbarkeitsvorschriften gibt, eine lineare Verteilung zwischen Eintritt in das Unternehmen und Fälligkeit der Leistung (zB Zeitpunkt des jeweiligen Jubiläums) vorzunehmen, es sei denn, aus der Ausgestaltung der zugrunde liegenden Vereinbarung ergibt sich eine andere Zuordnung.

Letzteres gilt zB für die **Erfüllungsrückstände** aus den aufgeschobenen Ver- 110 gütungen bei einer Altersteilzeitvereinbarung im Rahmen des **Blockmodells,** die erst ab Beginn der Altersteilzeit während der Beschäftigungsphase kontinuierlich erdient werden. Auch wenn hinsichtlich der Höhe und des Zeitpunkts der Fälligkeit der Erfüllungsrückstände nur geringe Ungewissheit besteht, ist unter dem Gesichtspunkt eines einheitlichen Ausweises zusammen mit den Aufstockungszahlungen (s Rz 115) aus Altersteilzeitverpflichtungen statt eines Ausweises als sonstige Schuld uE auch ein Ausweis unter den Rückstellungen zu vertreten (so auch *Förschle/Naumann* DB 1999, 161). Eine Diskontierung der Erfüllungsrückstände kann nach IAS 37.45 unterbleiben, da die Zinseffekte hier in aller Regel nicht wesentlich sind.

Nach § 8 a ATG sind für die Erfüllungsrückstände wirkungsvolle **Maßnahmen** 111 **zur Insolvenzsicherung** vorzunehmen. Neben einer Absicherung durch Bürgschaften kommen hierfür vor allem Verpfändungen von Vermögenswerten oder Rückdeckungsversicherungen sowie Treuhandmodelle infrage. Um den Anforderungen des ATG zu genügen, müssen letztgenannte Modelle so ausgestaltet sein, dass sie idR als Planvermögen iSv IAS 19.7 (s Rz 37) zu qualifizieren sind. In diesem Fall sind die zu passivierenden Erfüllungsrückstände mit dem Zeitwert des Planvermögens zu saldieren (s Rz 26). Da der Nominalwert des Erfüllungsrückstands zu bedecken ist, entfällt für derartig gegen Insolvenz gesicherte Altersteilzeitvereinbarungen eine Passivierung des Erfüllungsrückstands und es sind nur die nicht sicherungspflichtigen Aufstockungszahlungen zu passivieren.

III. Aus Anlass der Beendigung des Arbeitsverhältnisses fällige

Leistungen aus Anlass der Beendigung des Arbeitsverhältnisses zeichnen sich 112 dadurch aus, dass sie nicht durch die vom Arbeitnehmer geleistete Arbeit begründet werden, sondern gerade durch die Beendigung des Arbeitsverhältnisses. Da mit den Leistungen **kein künftiger Nutzen** des Arbeitnehmers verbunden ist, sind sie nach IAS 19.137 sofort als Aufwand zu erfassen. Solche Leistungen sind genau dann in der Bilanz und GuV bzw dem erfolgswirksamen Teil der Gesamtergebnisrechnung auszuweisen, wenn das Unternehmen verpflichtet ist, Arbeitsverhältnisse von Arbeitnehmern vor dem regulären Pensionsalter zu beenden oder Leistungen zur Förderung eines freiwilligen vorzeitigen Ausscheidens zu erbringen (IAS 19.133). Zur letztgenannten Kategorie gehören auch die **Aufstockungszahlungen** im Rahmen einer **Altersteilzeitvereinbarung** (zu weiteren Einzelheiten s § 13 Rz 144 ff).

113 Die Verpflichtung kann begründet sein in einer **vertraglichen oder tariflichen Vereinbarung,** kann aber auch aus einer **betrieblichen Übung** erwachsen. Voraussetzung für die Bilanzierung ist, dass das Unternehmen keine realistische Möglichkeit hat, sich der Verpflichtung zu entziehen, sowie das Vorliegen eines Plans, aus dem hervorgeht, welche Arbeitnehmer betroffen sind, die Höhe der Leistungen sowie der zeitliche Rahmen. Die Voraussetzungen sind bspw erfüllt ab Abschluss eines Tarifvertrags, selbst wenn das Unternehmen bis zum Inkrafttreten des Tarifvertrags theoretisch noch aus dem entspr Arbeitgeberverband austreten könnte.

114 Leistungen aus Anlass der Beendigung des Arbeitsverhältnisses sind zu **diskontieren,** wenn sie später als zwölf Monate nach dem Bilanzstichtag fällig sind (IAS 19.139). Der Diskontsatz ist wie bei Pensionsverpflichtungen entspr den Laufzeiten der Verpflichtungen festzulegen. Bei einem Angebot zur Förderung des freiwilligen Ausscheidens ist als zusätzliche Rechnungsgrundlage die **Wahrscheinlichkeit der Inanspruchnahme** festzusetzen (IAS 19.140). Dies kann durch eine Umfrage unter den potenziellen Arbeitnehmern, die die Voraussetzungen für das Angebot künftig erfüllen können, erfolgen oder aufgrund von Erfahrungswerten aus der Vergangenheit.

115 Bei **Aufstockungszahlungen** im Rahmen einer **Altersteilzeitvereinbarung** handelt es sich um eine Entschädigung für die vorzeitige Beendigung des Arbeitsverhältnisses, die ihrem wirtschaftlichen Charakter nach eine eigenständige Abfindungsverpflichtung des Arbeitgebers darstellt (*IDW* RS HFA 3 Rz 5). Sie sind als Leistungen aus Anlass der Beendigung des Arbeitsverhältnisses zu behandeln, „... da sie nicht als Gegenleistung für die während der Beschäftigungsphase vom Arbeitnehmer erbrachte Arbeitsleistung zu betrachten sind" (*Förschle/Naumann* DB 1999, 157). Als ungewisse Verbindlichkeit sind die Aufstockungszahlungen unter den Rückstellungen zu passivieren.

116 *einstweilen frei*

D. Bilanzierung und Berichterstattung von Altersversorgungsplänen

117 Altersversorgungspläne iSv IAS 26 sind Vereinbarungen, in denen ein Unternehmen seinen Mitarbeitern Versorgungsleistungen nach Beendigung des Arbeitsverhältnisses zusagt und die eine vom Arbeitgeber **losgelöste Berichtseinheit** mit eigenem Vermögen darstellen. Die Pläne können beitrags- oder leistungsorientiert sein, sie können, müssen aber nicht fondsfinanziert sein (IAS 26.5). Insbes braucht kein Planvermögen iSv IAS 19.7 (s Rz 37) vorzuliegen. In den Anwendungsbereich von IAS 26 können insofern auch unmittelbare Pensionszusagen fallen, allerdings nur, wenn den Pensionsverpflichtungen in irgendeiner Weise Vermögenswerte zugeordnet sind. Anderenfalls machen die weiteren Vorschriften des Standards keinen Sinn.

118 Von praktischer Bedeutung ist der Standard eher bei **mittelbaren Pensionszusagen,** etwa über eine Unterstützungskasse oder einen Pensionsfonds. Auch

auf versicherungsförmige Durchführungswege (Direktversicherung, Pensionskasse) ist er anzuwenden, es sei denn, allein das Versicherungsunternehmen ist aus der Zusage verpflichtet (IAS 26.6). Trotz der arbeitsrechtlichen Subsidiärhaftung des Arbeitgebers ist dies bei den genannten versicherungsförmigen Durchführungswegen faktisch der Fall.

Der Standard **verlangt nicht die Berichterstattung** von Altersversorgungsplänen an seine Mitglieder. Sofern aber **freiwillig** oder **aufgrund anderer Vorschriften** eine Berichterstattung nach IFRS erfolgt, hat sie nach den Regelungen von IAS 26 zu erfolgen. Dies betrifft in der Praxis eher Pläne in angelsächsischen Ländern als solche in Deutschland. 119

Beitragsorientierte Pläne haben eine Aufstellung des zur Verfügung stehenden Nettovermögens zu erstellen und über die Finanzierungspolitik zu berichten (IAS 26.13). Die Bewertung des Vermögens erfolgt mit dem beizulegenden Zeitwert. Weiterhin soll der Bericht die maßgeblichen Tätigkeiten und Planveränderungen im Berichtsjahr beschreiben und Informationen über die VFE-Lage sowie über die Kapitalanlagepolitik enthalten (IAS 26.16). 120

Der Bericht eines **leistungsorientierten Plans** hat darüber hinaus den versicherungsmathematischen Barwert der zugesagten Versorgungsleistungen, getrennt nach verfallbaren und unverfallbaren Ansprüchen, sowie eine sich ergebende Vermögensüber- oder -unterdeckung zu enthalten (IAS 26.17). Das Nettovermögen besteht hier aus dem Saldo aller Vermögenswerte und Schulden abzüglich des Barwerts der Versorgungsverpflichtungen. Hinsichtlich des Barwerts kann auch auf ein separates versicherungsmathematisches Gutachten verwiesen werden. Zur Methode der Bewertung der Verpflichtungen und zu den anzuwendenden Parametern enthält IAS 26 nicht so detaillierte Regelungen wie IAS 19. Es wird in IAS 26.18 lediglich gefordert, dass die bisher erbrachte Dienstzeit zugrunde zu legen ist. Hinsichtlich des Gehaltsniveaus wird ausdrücklich sowohl das gegenwärtige als auch das künftige zugelassen. Außerdem braucht eine versicherungsmathematische Bewertung nur alle drei Jahre vorgenommen zu werden (IAS 26.27). Die Angabepflichten im Einzelnen sind in Rz 130 aufgelistet. 121

einstweilen frei 122–125

E. Angaben im Anhang

I. Leistungen an Arbeitnehmer

Obwohl für **beitragsorientierte Zusagen** in IAS 19.46 lediglich die Angabe des Aufwands gefordert wird, bietet sich auch hier eine allgemeine Beschreibung des Plans sowie wesentlicher Änderungen, die einen Vergleich mit dem Vorjahresausweis erleichtern, an (so auch *Epstein/Jermakowicz* 2008, 658). 126

Dagegen bestehen für **leistungsorientierte Zusagen** umfangreiche Angabepflichten, die den Leser grds in die Lage versetzen sollen, die Art der Pläne zu verstehen sowie die finanziellen Auswirkungen von Planänderungen abschätzen zu können (IAS 19.120). Hat das Unternehmen mehrere Pläne, können die Angaben für jeden Plan einzeln erfolgen oder sinnvoll zusammengefasst werden (IAS 19.122). Die einzelnen Angaben sind in IAS 19.120A aufgezählt und im Anhang A zu IAS 19 mit Zahlenbeispielen unterlegt. Die wesentlichen Angaben werden nachfolgend zusammengefasst dargestellt: 127

(1) Eine Überleitung vom Saldo aus dem Sollwert der Verpflichtungen (DBO; s Rz 35) und dem Zeitwert des Planvermögens (s Rz 42) auf den zum Bilanzstichtag **bilanzierten Aktiv- bzw Passivposten** (IAS 19.120A(f)). Der

Unterschied liegt gerade in den noch nicht amortisierten Gewinnen oder Verlusten. Weiterhin zu zeigen sind die gesamten in der GuV bzw im erfolgswirksamen Teil der Gesamtergebnisrechnung erfassten Beträge für jede der sieben **Komponenten des Pensionsaufwands** (s Rz 70) sowie der jeweilige Posten, unter dem sie in der GuV bzw im erfolgswirksamen Teil der Gesamtergebnisrechnung ausgewiesen sind (IAS 19.120A(g)). Den im Pensionsaufwand enthaltenen erwarteten Erträgen sind schließlich noch die **tatsächlichen Erträge aus Planvermögen** und anderen Erstattungsansprüchen gegenüberzustellen (IAS 19.120A(m)). Der Unterschiedsbetrag verändert die noch nicht amortisierten versicherungsmathematischen Gewinne oder Verluste.

(2) Eine Aufteilung des Sollwerts (DBO) auf solche Verpflichtungen, die über **Planvermögen** ganz oder teilweise finanziert sind und solche, die nicht gedeckt sind (IAS 19.120A(d)). Weiterhin ist eine prozentuale Aufteilung des Planvermögens in die wesentlichen **Assetklassen** vorzunehmen (IAS 19.120A(j)) und anzugeben, inwieweit das Planvermögen eigene Finanzinstrumente des Unternehmens sowie selbstgenutzte Immobilien oder andere selbstgenutzte Vermögenswerte umfasst (IAS 19.120A(k)). Eine entspr Aufteilung der erwarteten Erträge ist hingegen nicht gefordert.

(3) Neben der Entwicklung der Nettoschuld (Ist-Rückstellung) bzw des Nettovermögens (s Rz 26) ist eine getrennte **Entwicklung** der Sollwerte der Verpflichtung (DBO; IAS 19.120A(c)) und der Zeitwerte des Planvermögens (IAS 19.120A(e)) **innerhalb des Geschäftsjahrs** unter Angabe der einzelnen Komponenten der Veränderung anzugeben. Hierzu sind insbes die im Geschäftsjahr neu entstandenen versicherungsmathematischen Gewinne und Verluste aufzuteilen. Schließlich sind noch die voraussichtlichen Beitragszahlungen an den Plan im Folgejahr anzugeben (IAS 19.120A(q)).

Zahlenbeispiel in €:
Für den Beispielfall aus Rz 85 würden die Angaben zu (3) wie folgt aussehen:
Der **Sollwert** (DBO) hat sich im Geschäftsjahr wie folgt entwickelt:

Stand zu Beginn des Geschäftsjahrs	1.400
Lfd Dienstzeitaufwand	60
Zinsaufwand	98
Im Geschäftsjahr neu entstandener Verlust	142
Gezahlte Renten	– 50
Stand zum Ende des Geschäftsjahrs	1.650

Der **Zeitwert des Planvermögens** zeigte dagegen folgende Entwicklung:

Stand zu Beginn des Geschäftsjahrs	1.000
Erwartete Erträge	70
Im Geschäftsjahr neu entstandener Gewinn	80
Gezahlte Renten	– 50
Beitragseinnahme	20
Stand zum Ende des Geschäftsjahrs	1.120

Hierbei wurde unterstellt, dass der durch den angenommenen Zinsrückgang entstandene Verlust von € 62 (s Rz 85) sich zusammensetzt als Saldo aus einem Verlust aus der Erhöhung der Verpflichtung von € 142 und einem Gewinn aus der Werterhöhung des Planvermögens von € 80.

Abweichend von den separaten Darstellungen, wie sie auch in Anhang A zu IAS 19 illustriert werden, ist auch eine gemeinsame Darstellung aller Angaben zu (1) und (3) in einer Art **„Pensionenspiegel"** (*Pawelzik* DB 2005, 733) denkbar. In dem Beispielfall würde dieser wie nachfolgend dargestellt aussehen, wobei das Planvermögen sowie Erträge mit negativem Vorzeichen dargestellt sind:

in €	Soll-wert (DBO)	Zeitwert Plan-vermögen	Noch nicht amortisierte Gewinne (+)/ Verluste (–)	Ist-Rück-stellung
Stand Beginn des Geschäftsjahrs	**1.400**	**– 1.000**	**200**	**600**
Korridor (10%)			140	
Außerhalb des Korridors			60	
Restliche Aktivitätszeit			10 Jahre	
Im Geschäftsjahr zu amortisieren			– 6	– 6
Lfd Dienstzeitaufwand	60			60
Zinsaufwand	98			98
Erwarteter Planertrag		– 70		– 70
Pensionsaufwand	**158**	**– 70**	**– 6**	**82**
Pensionszahlungen	– 50	50		0
Beitragszahlungen		– 20		– 20
Stand Ende des Geschäftsjahrs (erwartet)	**1.508**	**– 1.040**	**194**	**662**
Tatsächlicher Planertrag		– 150		
Erwarteter Planertrag (s oben)		– 70		
Im Geschäftsjahr neu entstandene Gewinne (–)/Verluste (+)	142	– 80	– 62	0
Stand Ende des Geschäftsjahrs (tatsächlich)	**1.650**	**– 1.120**	**132**	**662**

(4) Die wichtigsten zum Bilanzstichtag verwendeten **versicherungsmathematischen Annahmen** wie Zinssatz, Renditen für das Planvermögen, erwartete Lohn- und Gehaltssteigerungen sowie Rentenanpassungen, Kostentrends der medizinischen Versorgung sowie biometrische Ausscheideordnungen, wobei jede Annahme in absoluten Werten oder Prozentsätzen anzugeben ist und nicht nur als Spanne zwischen verschiedenen Größen (IAS 19.120A(n)). Bei allgemein zugänglichen Tafeln ist die Angabe der einzelnen Ausscheidewahrscheinlichkeiten sicherlich entbehrlich und es reicht die Angabe der Quelle, zB „Richttafeln 2005G von Klaus Heubeck". Für die erwarteten Planerträge ist weiterhin die Ermittlungsmethode anzugeben (IAS 19.120A(l)). Einzig für die Kosten der medizinischen Versorgung ist eine Sensitivitätsanalyse dergestalt durchzuführen, dass die Auswirkungen einer um einen Prozentpunkt höheren oder niedrigeren Trendannahme auf den Versorgungsaufwand und den Wert der Verpflichtung dargestellt wird (IAS 19.120A(o)). Letztere Vorschrift ist nur bei im wesentlichen Umfang zugesagten Leistungen der medizinischen Versorgung anzuwenden und deshalb bei Versorgungszusagen in Deutschland nur von sehr geringer Bedeutung.

(5) Um dem Leser die Möglichkeit zu geben, langfristige Trends zu erkennen (IAS 19.BC85A(d)) und die Verlässlichkeit der verwendeten Annahmen abzuschätzen, sind für einen **Fünfjahreszeitraum** (Geschäftsjahr und die vorangehenden vier Jahre) die Sollwerte der Verpflichtungen (DBO), die Zeitwerte des Planvermögens und die jeweiligen Über- oder Unterdeckungen anzugeben (IAS 19.120A(p)). Weiterhin sind die Abweichungen zwischen dem erwarteten und tatsächlichen Verlauf (dh die Veränderung der versicherungsmathematischen Gewinne und Verluste) des Sollwerts und des Zeitwerts des Planvermögens entweder als Absolutbetrag oder in Prozent des jeweiligen Werts zum Bilanzstichtag darzulegen. Bei einem erstmaligen Übergang auf

einen IFRS-Abschluss sind die geforderten Angaben nur für Geschäftsjahre ab dem Übergangsstichtag (s Rz 141) gefordert (IFRS 1.D11 (2008)/IFRS 1.20A (2003)).

(6) Die angewandte Methode zur **Erfassung versicherungsmathematischer Gewinne oder Verluste** (IAS 19.120A(a)), dh eine Angabe, über welchen Zeitraum die Gewinne oder Verluste amortisiert werden und ob dabei die Korridormethode angewandt wird (s Rz 82). Bei einer sofortigen Amortisation wäre anzugeben, ob eine Erfassung innerhalb oder außerhalb der GuV bzw des erfolgswirksamen Teils der Gesamtergebnisrechnung erfolgt (s Rz 86). Bei einer erfolgsneutralen Erfassung im sonstigen Ergebnis ist neben dem im Geschäftsjahr amortisierten Betrag auch der kumulierte Betrag der verrechneten Gewinne und Verluste der Vergangenheit anzugeben (IAS 19.120A(i)).

(7) Eine allgemeine **Beschreibung** der Art **des Plans** (IAS 19.120A(b)). Hierbei sind auch solche Zusagen zu berücksichtigen, die aus betrieblicher Übung entstanden sind und zu einer faktischen Verpflichtung geführt haben (s Rz 3). Neben dem Kreis der Berechtigten (so auch *Epstein/Jermakovicz* 2008, 658) und einer Angabe, ob es sich etwa um dynamische Zusagen oder Festrenten handelt, brauchen nach IAS 19.121 keine weiteren Einzelheiten genannt zu werden.

128 Die in 2004 neu eingeführten Angaben betreffen vor allem die getrennte Darlegung der Entwicklung des Sollwerts und des Planvermögens, die erweiterten Angaben zur Zusammensetzung des Planvermögens, die Sensitivitätsanalyse, der Fünfjahresvergleich sowie die Angabe der erwarteten Beitragszahlungen im Folgejahr. Der Fünfjahreszeitraum braucht allerdings erst sukzessive ab der erstmaligen Anwendung der geänderten Anhangsvorschriften aufgebaut zu werden (IAS 19.160).

129 Für die **sonstigen Leistungen an Arbeitnehmer** bestehen nach IAS 19 keine gesonderten Angabepflichten, jedoch können solche Angaben nach Maßgabe anderer IFRS erforderlich sein. Grds für alle Leistungen an Arbeitnehmer ist nach IAS 24 anzugeben, welcher Anteil auf Personen in Schlüsselpositionen des Managements entfällt. Für Leistungen aus Anlass der Beendigung des Arbeitsverhältnisses, für die die Wahrscheinlichkeit der Inanspruchnahme geschätzt wurde, ist nach IAS 10 eine Angabe über die sich daraus ergebende Erfolgsunsicherheit geboten.

II. Altersversorgungspläne

130 Altersversorgungspläne haben folgende Angaben zu machen, die, falls zutreffend, entspr IAS 26.34 ff noch weiter zu untergliedern sind:

(1) eine Aufstellung des für Leistungen zur Verfügung stehenden Nettovermögens mit Angabe der maßgeblichen Bilanzierungs- und Bewertungsmethoden,

(2) eine Bewegungsbilanz des zur Verfügung stehenden Nettovermögens,

(3) eine Beschreibung der Grundsätze der Fondsfinanzierung,

(4) bei leistungsorientierten Plänen der versicherungsmathematische Barwert der zugesagten Versorgungsleistungen auf der Grundlage der bereits geleisteten Dienstzeit unter Berücksichtigung entweder des gegenwärtigen oder des zukünftigen Gehaltsniveaus; es kann bei diesen Angaben auch auf ein separates versicherungsmathematisches Gutachten verwiesen werden,

(5) bei leistungsorientierten Plänen eine Beschreibung der maßgeblichen versicherungsmathematischen Annahmen und der Bewertungsmethode,

(6) eine ausführliche Beschreibung des Plans einschließlich eingetretener Veränderungen im Berichtsjahr; es kann auch auf separate Unterlagen, zB Angaben in früheren Geschäftsjahren, verwiesen werden, wenn diese dem Adressaten in einfacher Weise zugänglich sind.

F. Wesentliche Änderungen und deren Anwendungszeitpunkt

131 Die Änderungen des ***Annual Improvements*** **Projekts 2008** in IAS 19.7, IAS 19.8(b), IAS 19.32B, IAS 19.97, IAS 19.98 und IAS 19.111 sowie die Ergänzung in IAS 19.111A wurden im Mai 2008 verabschiedet und sind für Berichtsperioden, die am oder nach dem 1. Januar 2009 beginnen, bzw auf Leistungsänderungen, die am oder nach dem 1. Januar 2009 eintreten, anzuwenden. Eine frühere Anwendung ist erlaubt und entspr im Anhang anzugeben. Folgeänderungen aus der Überarbeitung von **IAS 1 (2007)** in IAS 19.93A bis IAS 19.93D sowie IAS 19.120(h) und IAS 19.120(i) sind ebenfalls für Berichtsperioden beginnend am oder nach dem 1. Januar 2009 verbindlich. Eine frühere Anwendung des IAS 1 (2007) erfordert eine korrespondierende frühere Anwendung der Folgeänderungen in IAS 19 (IAS 19.161).

IFRIC 14 „IAS 19 – Die Begrenzung eines leistungsorientierten Vermögenswerts, Mindestdotierungsverpflichtungen und ihre Wechselwirkung" wurde im Dezember 2008 von der EU übernommen und gilt für alle IFRS-Anwender in der EU für Geschäftsjahre, die am oder nach dem 1. Januar 2009 beginnen.

Die vorliegende Kommentierung hat wesentliche materielle Änderungen herausgehoben, darüber hinaus haben die Überarbeitungen klarstellenden Charakter.

G. Abweichungen zu HGB/DRS

I. HGB

132 Entgegen den ausführlichen Regelungen in IAS 19 enthält das deutsche Handelsrecht in der bisher geltenden Fassung nur sehr allgemeine Bestimmungen hinsichtlich der Behandlung von Pensions- und pensionsähnlichen Verpflichtungen. Nach § 249 Abs 1 HGB besteht grds eine **Passivierungspflicht** für **ungewisse Verbindlichkeiten,** zu denen auch die Pensionsverpflichtungen zu zählen sind (*WPH I* E 88). Nach Art 28 EGHGB wird die Pflicht aber begrenzt auf **unmittelbare Zusagen,** und auch nur auf solche, die nach dem 31. Dezember 1986 **(Neuzusagen)** erteilt wurden. Für Altzusagen sowie für alle mittelbaren Versorgungszusagen (über eine Unterstützungskasse, Direktversicherung, Pensionskasse oder einen Pensionsfonds) und pensionsähnlichen Verpflichtungen besteht ein Passivierungswahlrecht.

133 Für die **Bewertung** gelten die allgemeinen Grundsätze in § 252 HGB wie Einzelbewertung, Vorsichtsprinzip und Bewertungsstetigkeit. Rentenverpflichtungen, für die eine Gegenleistung nicht mehr zu erwarten ist (also ggü Mitarbeitern, die bereits aus dem Unternehmen ausgeschieden sind), sind mit dem Barwert und Rückstellungen ansonsten nach vernünftiger kaufmännischer Beurteilung zu bewerten (§ 253 Abs 1 Satz 1 HGB aF; wegen der Neufassung des § 253 HGB s Rz 137). Hieraus lassen sich folgende **Anforderungen an ein geeignetes Bewertungsverfahren** ableiten (*IDW* HFA 2/1988):

(1) Anwendung der anerkannten Regeln der Versicherungsmathematik,
(2) für lfd Rentenverpflichtungen sowie Verpflichtungen ggü ausgeschiedenen Anwärtern Ansatz des Barwerts,
(3) für noch aktive Anwärter Ansatz eines versicherungsmathematischen Verfahrens, das zu einer Mittelansammlung über die Aktivitätszeit und zu einer betriebswirtschaftlich angemessenen Belastung des Unternehmens führt. Dieser Anforderung wird insbes das Teilwertverfahren gerecht,
(4) hinsichtlich der zu verwendenden Rechnungsgrundlagen gilt unter anderem ein Rechnungszins von 3 bis 6%. Ein höherer Zins ist nur gerechtfertigt, wenn trendbedingte Wertänderungen gesondert berücksichtigt werden.

134 Aus diesen Festlegungen wird abgeleitet, dass die nach dem **Teilwertverfahren** nach § 6a EStG mit einem Rechnungszins von 6% ermittelten Werte für voll- oder teildynamische Verpflichtungen als Minimalwerte anzusehen sind (*IDW* HFA 2/1988). Die dargestellten handelsrechtlich zulässigen Bewertungsverfahren lassen dem Bilanzierenden grds einen großen Spielraum. Auch eine Übernahme der nach IAS 19 ermittelten Werte in die deutsche Handelsbilanz hält der HFA für zulässig (*IDW* HFA FN IDW 1998, 292). In der Praxis wird hingegen aus Praktikabilitätsgründen auch für die Handelsbilanz meist der steuerliche Teilwert nach § 6a Abs 3 EStG angesetzt, der nach Auffassung der Wirtschaftsprüfer an der Untergrenze des nach den GoB Vertretbaren liegt (*IDW* HFA FN IDW 2006, 96).

135 Auch für **Jubiläumsrückstellungen** ist die handelsrechtliche Behandlung in Deutschland in der Praxis stark von den steuerrechtlichen Vorschriften geprägt. Neben der Finanzierung nach dem Teilwertverfahren beinhaltet dies ua einen standardisierten Rechnungszins von 5,5%, die pauschale Berücksichtigung von Fluktuation, die Nichtberücksichtigung von Gehaltssteigerungen und häufig sogar die Kürzung nach § 5 Abs 4 EStG, die die Berücksichtigung von Dienstjahren vor 1992 verbietet.

136 Die bilanzielle Behandlung von **Altersteilzeitvereinbarungen** nach HGB entspricht im Ergebnis dem Vorgehen nach IAS 19 (*IDW* RS HFA 3 Rz 13). Auch bei den **kurzfristig und anderen langfristig fälligen Leistungen** an Arbeitnehmer unterscheiden sich die Regelungen nach IAS 19 nicht wesentlich von den deutschen handelsrechtlichen Vorschriften.

137 Nach dem „Gesetz zur Modernisierung des Bilanzrechts“ (**Bilanzrechtsmodernisierungsgesetz** (BilMoG)) werden diverse Änderungen bzgl der Behandlung von Pensionsverpflichtungen nach HGB vorgenommen, die erstmals in nach dem 31. Dezember 2009 beginnenden Geschäftsjahren anzuwenden sind. Vergleichbar mit der Behandlung von Planvermögen nach IAS 19.54 (s Rz 27) sind danach Vermögensgegenstände, die ausschließlich der Erfüllung von Schulden aus Altersversorgungsverpflichtungen oder vergleichbaren langfristig fälligen Verpflichtungen dienen und dem Zugriff aller übrigen Gläubiger entzogen sind, auch nach HGB zukünftig mit diesen Schulden zu verrechnen (§ 246 Abs 2 HGB (BilMoG)).

Weiterhin sind Rückstellungen mit einer Laufzeit von mehr als einem Jahr künftig mit einem von der Deutschen Bundesbank veröffentlichten, der Laufzeit der Verpflichtungen entspr durchschnittlichen Marktzinssatz der letzten sieben Jahre abzuzinsen (§ 253 Abs 2 Satz 1 HGB (BilMoG)). Für Altersversorgungsverpflichtungen oder vergleichbare langfristig fällige Verpflichtungen darf pauschal eine Laufzeit von 15 Jahren angenommen werden (§ 253 Abs 2 Satz 2 HGB (BilMoG)).

Verpflichtungen sind mit dem Erfüllungsbetrag anzusetzen, dh künftige Erhöhungen aufgrund von Gehalts- oder Rentensteigerungen sind zu berücksichtigen. Wie bisher bleibt auch nach dem BilMoG für mittelbare Verpflichtungen ein Passivierungswahlrecht bestehen, ebenso bleibt das Wahlrecht für Altzusagen (s Rz 132) erhalten. Eine bestimmte Finanzierungsmethode (zB Teilwert oder lfd Einmalprämien) sieht das BilMoG nicht vor.

Die Regelungen des BilMoG dürften tendenziell zu einer höheren HGB-Rückstellung führen als nach der derzeitigen (vom Steuerrecht beeinflussten) Praxis. Ein positiver Unterschiedsbetrag darf bis zum 31. Dezember 2024 verteilt werden, wobei in jedem Jahr mindestens ein Fünfzehntel des Rückstellungsbetrags anzusammeln ist. Ein negativer Unterschiedsbetrag darf beibehalten werden, soweit er bis zum 31. Dezember 2024 wieder zugeführt werden würde, oder ist in die Gewinnrücklagen einzustellen (Art 67 Abs 1 EGHGB (BilMoG)). Nicht in der Bilanz ausgewiesene Beträge sind im Anhang anzugeben (Art 67 Abs 2 EGHGB (BilMoG)).

Auf Unterschiede zwischen IAS 19 und dem bisherigen deutschen Handels- 138
bzw Steuerrecht wurde in den vorangehenden Abschnitten bereits hingewiesen. Sie betreffen vor allem die leistungsorientierten Zusagen für Leistungen nach Beendigung des Arbeitsverhältnisses. Nachfolgend sind die **wesentlichen Unterschiede** noch einmal tabellarisch gegenübergestellt, wobei für das bisherige Handelsrecht auf die in der Praxis meist angewandten steuerlichen Regelungen Bezug genommen wird. Soweit durch das BilMoG Änderungen ggü der bisherigen Praxis geregelt sind, sind diese ergänzend angegeben.

Bisheriges Handels- bzw Steuerrecht	**Änderungen durch BilMoG**	**IAS 19**	**Verweis**
Teilweise Passivierungswahlrecht		Passivierungspflicht (bei Wesentlichkeit)	Rz 132
Unterscheidung nach Durchführungswegen		Unterscheidung nach beitrags- oder leistungsorientiert	Rz 16ff
Vorsichts- und Realisationsprinzip		Bilanzklarheit und Neutralität	Rz 8
Bilanzorientiert, stichtagsbezogen		Aufwandsbezogener Ansatz	Rz 9
Saldierungsverbot	Saldierungsgebot	Saldieren von Planvermögen	Rz 11
Nur wenige Anhangangaben		Umfangreiche Angabepflichten	Rz 12
Teilwertverfahren mit gleichbleibenden lfd Jahresbeiträgen	Kein Verfahren vorgegeben	Anwartschaftsansammlungsverfahren mit lfd Einmalprämien	Rz 54
Rückwirkende Zusageerhöhung wird sofort voll aufwandswirksam		Nachzuverrechnender Dienstzeitaufwand wird über mehrere Jahre verteilt amortisiert	Rz 88
Stichtagsprinzip		Gewinne und Verluste können zeitversetzt amortisiert werden	Rz 80ff
Nominalwertprinzip, künftige Erhöhungen werden nur berücksichtigt, wenn Höhe und Zeitpunkt feststehen	Ansatz des Erfüllungsbetrags	Berücksichtigung der erwarteten Veränderungen durch Inflation, Karriere etc	Rz 64ff

Bisheriges Handels- bzw Steuerrecht	**Änderungen durch BilMoG**	**IAS 19**	**Verweis**
Zinssatz 6%	Durchschnittliche Marktrendite der letzten sieben Jahre	Marktrendite von Industrieanleihen	Rz 61
Vorsichtige Wahl der Rechnungsgrundlagen, zT normiert		Bestmögliche Schätzung, zu jedem Stichtag neu	Rz 58
Pauschale Berücksichtigung der Fluktuation (Finanzierungsbeginn ab 28 bzw 30)	Keine Regelung	Bestandsspezifische Fluktuationswahrscheinlichkeiten	Rz 60
Versorgungszahlungen als Aufwand		Zahlungen als Verbrauch der Rückstellung	Rz 27

II. DRS

139 Ein DRS zum Thema „Pensionsverpflichtungen und gleichartige Verpflichtungen im Konzernabschluss" liegt bislang nur im Entwurf vor (E-DRS 19 vom 13. März 2003) und wird derzeit nicht weiter verfolgt. Der DRS-Entwurf weist vor allem in folgenden Punkten **Unterschiede zu** den Vorschriften nach **IAS 19** auf:

(1) In erster Linie **Unterscheidung nach Durchführungswegen** (unmittelbare oder mittelbare Versorgungszusagen) und erst in zweiter Linie nach Art der Zusage (Leistungs- oder Beitragszusage).

(2) Bei unmittelbaren Versorgungszusagen grds **Verbot der Saldierung** mit Planvermögen. Auch bei reinen Beitragszusagen unsaldierter Ausweis einer Verpflichtung in gleicher Höhe wie der Buchwert des angesammelten Vermögens.

(3) **Sofortige Erfassung** von nachzuverrechnenden Dienstzeitaufwendungen und versicherungsmathematischen Gewinnen oder Verlusten in der GuV.

(4) Stichtagsbezogener, **bilanzorientierter** Ansatz.

140 Hinsichtlich des **Bewertungsverfahrens,** dh der Finanzierungsmethode und der Festlegung der versicherungsmathematischen und ökonomischen Parameter, unterscheidet sich der DRS-Entwurf hingegen inhaltlich kaum von den Vorschriften nach IAS 19. Die Finanzierung erfolgt in beiden Standards nach der Methode der lfd Einmalprämien und die Parameter sind objektiv und aufeinander abgestimmt festzulegen. Weiterhin beinhaltete auch der DRS-Entwurf abweichend vom Bilanzierungswahlrecht nach Art 28 EGHGB grds eine **Passivierungspflicht.**

III. Erstmalige Anwendung von IAS 19

141 Die unter Rz 44ff genannten Übergangsregelungen betrafen nur den Übergang von dem früheren Standard IAS 19 (1993) auf den grundlegend neu gefassten Standard IAS 19 (1998). Ein Übergang **von einem bisherigen Abschluss nach HGB** auf einen vollständigen IFRS-Abschluss ist dagegen nach IFRS 1 zu behandeln. Die erstmalige Aufstellung eines eigenständigen IFRS-Abschlusses erfordert nach IFRS 1.6 (2008)/IFRS 1.6 (2003) die Aufstellung einer **Eröff-**

nungsbilanz nach den Anforderungen der IFRS **für den Übergangsstichtag.** Als Übergangsstichtag gilt der Beginn der frühesten Vergleichsperiode im ersten IFRS-Abschluss. Bei einer erstmaligen Anwendung von IFRS zum 31. Dezember 2008 und der Angabe von Vorjahreszahlen ist der Übergangsstichtag demnach der 1. Januar 2007 bzw der 31. Dezember 2006. In dieser Eröffnungsbilanz ist die als Schuldposten anzusetzende Pensionsrückstellung grds so zu bilanzieren, als ob schon immer die IFRS Anwendung gefunden hätten, also nach IAS 19.54 und IAS 19.58 (s Rz 26 ff).

Die Anpassung der bisher nach HGB-Vorschriften bilanzierten Pensionsrück- 142
stellung an den Eröffnungswert nach IAS 19 sollte nach IFRS 1.11 (2008)/IFRS 1.11 (2003) als eine **Anpassung** des Eröffnungswerts der **angesammelten Gewinnrücklagen** behandelt werden. Eine Verteilung über einen mehrjährigen Zeitraum ist nicht vorgesehen (IFRS 1.BC49). Im Einzelnen sei hierzu verwiesen auf § 44 Erstmalige Anwendung der IFRS.

Der Eröffnungswert nach IAS 19 ergibt sich also im Grundsatz aus der **rück-** 143
wirkenden Fortschreibung der Ist-Rückstellungen nach dem aktuellen Standard und seiner Vorgänger (überar 2000, überar 1993 bzw überar 1983). Dabei sind ua alle Regelungen zur aufgeschobenen Erfassung versicherungsmathematischer Gewinne und Verluste sowie von Planerhöhungen ebenso zu berücksichtigen wie die Regelungen zum Übergang von einem Standard auf einen neueren.

Um diese sehr aufwendige Vorgehensweise zu vermeiden, ist in IFRS 1.D10 144
(2008)/IFRS 1.20 (2003) als **Ausnahmeregelung** zugelassen, alle bis dahin noch nicht erfassten versicherungsmathematischen Gewinne oder Verluste am Übergangsstichtag zu amortisieren (s auch § 44 Rz 87). Eine sofortige Erfassung von nachzuverrechnenden Dienstzeitaufwendungen ist nach IFRS 1.BC52 dagegen ausdrücklich ausgeschlossen, da ihre rückwirkende Ermittlung nicht so aufwendig ist wie bei den versicherungsmathematischen Gewinnen und Verlusten. Betroffen sind Planerhöhungen in der Vergangenheit von am Übergangsstichtag noch verfallbaren Anwartschaften (s Rz 88).

Der **Schuldposten in der Eröffnungsbilanz** besteht insofern aus dem Saldo 145
des Sollwerts der Verpflichtung (DBO) und dem Zeitwert des Planvermögens abzüglich noch nicht erfassten nachzuverrechnenden Dienstzeitaufwands sowie abzüglich noch nicht amortisierter Fehlbeträge aus dem Übergang von IAS 19 (1993) auf IAS 19 (1998) (s Rz 46). Im Fall eines negativen Schuldpostens, also eines Vermögenswerts, ist dessen Aktivierung begrenzt auf den Barwert des Nutzens (s Rz 30).

Die **Bewertungsparameter** für die Eröffnungsbilanz sind **aus der HGB-** 146
Bilanzierung zu übernehmen, es sei denn, es liegen objektive Hinweise vor, dass sie fehlerhaft waren (IFRS 1.14 (2008)/IFRS 1.31 (2003)). Parameter, deren Berücksichtigung nach HGB nicht gefordert waren, sind **nach den Verhältnissen zum Übergangsstichtag** neu festzulegen (IFRS 1.16 (2008)/IFRS 1.33 (2003)), spätere Ereignisse oder Erkenntnisse bleiben dabei außer Ansatz (IFRS 1.15 (2008)/IFRS 1.32 (2003)). Der nach HGB meist verwendete (steuerliche) Rechnungszins von 6% (s Rz 134) könnte also bei wortgetreuer Auslegung dieser Vorschrift in der Eröffnungsbilanz beibehalten werden, während Annahmen zu Gehaltssteigerungen und Rentenanpassungen neu getroffen werden müssen. Sachgerechter ist es uE hingegen vor dem Hintergrund der in IAS 19.72 geforderten aufeinander abgestimmten Wahl der Parameter, für die Eröffnungsbilanz die ökonomischen Parameter insgesamt, also auch den Rechnungszins, neu festzulegen. Etwas Anderes gilt, wenn in der HGB-Bilanz ein niedrigerer, bereits inflationsbereinigter Zins verwendet wurde. In diesem Fall sollte dieser in der Tat beibehalten werden und es ist die zusätzliche Annahme von Gehaltssteigerungen und Rentenanpassungen nicht sachgerecht. Da eine Fluktuation der Berechtigten nach

HGB üblicherweise bereits pauschal im Finanzierungsverfahren berücksichtigt ist (s Rz 138), sind entspr Wahrscheinlichkeiten für die Eröffnungsbilanz nach IFRS neu zu bestimmen. Die Festlegung der Bewertungsparameter erfolgt für alle Stichtage, zu denen auch ein HGB-Abschluss vorliegt (zB zum Ende des Vorjahrs) in gleicher Weise wie für die Eröffnungsbilanz (IFRS 1.17 (2008)/IFRS 1.34 (2003)).

147 Für einen erstmaligen IFRS-Abschluss müssen die Pensionsverpflichtungen im Normalfall zu drei Stichtagen bewertet werden, zum Beginn des Vorjahrs (Übergangsstichtag), zum Ende des Vorjahrs und zum Ende des Geschäftsjahrs. Aus Vereinfachungsgründen reicht es nach IFRS 1.IG21, eine **vollständige Bewertung nur zu einem der drei Stichtage** vorzunehmen und daraus die Werte für die anderen Stichtage unter Berücksichtigung wesentlicher Änderungen hinsichtlich des Bestands und der Bewertungsparameter abzuleiten. Bzgl möglicher Schätzungen des nachzuverrechnenden Dienstzeitaufwands für zurückliegende Planerhöhungen sei auf Rz 45 verwiesen.

H. Aktuelle Entwicklungen/IASB-Projekte

148 Auf den bestehenden **Widerspruch** zwischen der Begrenzung eines zu aktivierenden Vermögenswerts nach IAS 19.58 und der aufgeschobenen Erfassung von versicherungsmathematischen Gewinnen oder Verlusten (IAS 19.92) sowie nachzuverrechnender Dienstzeitaufwendungen (IAS 19.96) wurde bereits in Rz 33 hingewiesen. Durch den im Jahr 2002 neu hinzugefügten IAS 19.58A wurde zwar eine Bereinigung vorgenommen, es ist aber vorgesehen, die beiden genannten Aspekte im Rahmen eines zukünftigen Projekts grundlegend zu überarbeiten (IAS 19.BC78D). Auch die im Jahr 2004 eingeführte Möglichkeit einer sofortigen Erfassung von versicherungsmathematischen Gewinnen oder Verlusten außerhalb der GuV (s Rz 86) stellt insofern nur eine vorübergehende Lösung dar, die den aus Sicht des IASB unbefriedigenden Effekt hat, jetzt noch eine weitere Option für die Amortisation versicherungsmathematischer Gewinne und Verluste zugelassen zu haben (IAS 19.BC48L).

149 Im Juli 2006 hat der IASB das Projekt zur **grundlegenden Überarbeitung** der Regelungen für die Leistungen nach Beendigung des Arbeitsverhältnisses auf seine Agenda genommen. Langfristiges Ziel ist hierbei auch eine Vereinheitlichung mit der Behandlung von Pensionsverpflichtungen nach US-GAAP. In einer ersten Phase sollen zunächst folgende Themen behandelt werden:

(1) Anstatt der derzeit bestehenden Glättungs- und Verteilungsregelungen für versicherungsmathematische Gewinne oder Verluste und nachzuverrechnenden Dienstzeitaufwand soll einer sofortigen Erfassung im Jahr der Entstehung der Vorzug gegeben werden.

(2) Weiter geht es um die Frage, inwieweit Änderungen des Barwerts der Verpflichtungen innerhalb oder außerhalb der GuV bzw dem erfolgswirksamen Teil der Gesamtergebnisrechnung gezeigt werden sollen. Diskutiert werden die Alternativen, entweder den gesamten Pensionsaufwand, oder nur den lfd und nachzuverrechnenden Dienstzeitaufwand oder nur solche Aufwendungen in der GuV bzw dem erfolgswirksamen Teil der Gesamtergebnisrechnung zu zeigen, die nicht auf Änderungen des Rechnungszinses oder Änderungen im Planvermögen zurückzuführen sind.

(3) Die Definition für beitragsorientierte Pläne soll erweitert werden um solche Pläne, bei denen die bis zum Ende des Geschäftsjahrs erdienten Ansprüche feststehen oder deren Leistungen nur noch an die Entwicklung gewisser Vermögensanlagen oder eines Indexes gekoppelt sind, aber nicht mehr etwa

von der künftigen Gehaltsentwicklung abhängen. Solche Pläne sollen zukünftig als beitragsbasierte Zusagen bezeichnet werden und mit dem Marktwert bewertet werden. Ein bestehendes Langlebigkeitsrisiko soll für die Zuordnung in beitragsbasiert oder leistungsorientiert keine Rolle spielen.

(4) Schließlich soll die Bewertung von in den Zusagen eingebetteten Garantien oder Optionen explizit geregelt werden.

Ein Diskussionspapier zu den genannten Themen ist im März 2008 erschienen. Aus den dazu eingegangenen Stellungnahmen ergibt sich überwiegend eine Ablehnung sowohl der sofortigen erfolgswirksamen Erfassung des gesamten Pensionsaufwands als auch der Neudefinition der beitragsorientierten Pläne. Nach derzeitiger Planung soll im Herbst 2009 ein Entwurf vorgelegt werden und die endgültige Anpassung des Standards bis 2011 erfolgen. Wegen der vorgesehenen neuen Definition von beitragsorientierten Plänen wird der in der Vorauflage erwähnte IFRIC D9 nicht weiter verfolgt.

Im Juni 2005 hatte der IASB im Entwurf einige Änderungen bzgl der Defini- 150
tion und der Erfassung von **Leistungen aus Anlass der Beendigung des Arbeitsverhältnisses** vorgelegt, die spätestens für Geschäftsjahre angewendet werden sollten, die am oder nach dem 1. Januar 2007 begannen (s § 13 Rz 232 ff). Inzwischen wurde das Inkrafttreten dieser Änderung mindestens um ein Jahr verschoben.

Soweit es sich um Leistungen als Gegenleistung für eine freiwillige Beendigung des Arbeitsverhältnisses handelt, sollen diese nach ED-IAS 19.7(b) (2005) künftig nur dann als Leistungen aus Anlass der Beendigung des Arbeitsverhältnisses klassifiziert werden, wenn ein zeitlich befristetes Angebot des Unternehmens vorliegt. Anderenfalls sollen diese Leistungen wie Leistungen nach Beendigung des Arbeitsverhältnisses behandelt werden. Die zeitliche Befristung kann sich ua aus gesetzlichen Vorschriften ergeben, wie etwa beim Altersteilzeitgesetz.

Die Leistungen sollen künftig erst zu dem Zeitpunkt erfasst werden, wenn der Arbeitnehmer das Angebot des Unternehmens annimmt (ED-IAS 19.137 (2005)). Eine Bilanzierung von potenziellen Altersteilzeitverpflichtungen, wie sie bisher auch vom IDW (*IDW* RS HFA 3 Rz 9) gefordert war, wäre demnach künftig nicht mehr zulässig.

§ 27. Wertminderung und Wertaufholung

Übersicht

Schrifttum: *Arbeitskreis Unternehmensbewertung (AKU) beim IDW* 84. Sitzung des AKU: Eckdaten zur Bestimmung des Kapitalisierungszinssatzes im Rahmen der Unternehmensbewertung, FN IDW 2005, 70; *Arbeitskreis Unternehmensbewertung (AKU) beim IDW:* Eckdaten zur Bestimmung des Kapitalisierungszinssatzes im Rahmen der Unternehmensbewertung – Basiszins, FN IDW 2005, 555; *Ballwieser* Unternehmensbewertung, 2. Aufl, Stuttgart 2007; *Beyer/Mackenstedt* Grundsätze zur Bewertung immaterieller Vermögenswerte (IDW S 5), WPg 2008, 338; *Brücks/Kerkhoff/Richter* Impairmenttest für den Goodwill nach IFRS, KoR 2005, 1; *Copeland/Koller/Murrin* Unternehmenswert: Methoden und Strategien für die wertorientierte Unternehmensführung, 3. Aufl, Frankfurt am Main 2002; *Dawo* Fair Value-Bewertung nicht finanzieller Positionen – der Weg zur entobjektivierten Bilanz?, in: Küting/Pfitzer/Weber (Hrsg) Herausforderungen und Chancen durch weltweite Rechnungslegungsstandards, Stuttgart 2004, 43; *IDW* S 1 Grundsätze zur Durchführung von Unternehmensbewertungen, FN IDW 2008, 271; *IDW* RS HFA 16 Stellungnahme zur Rechnungslegung: Bewertungen bei der Abbildung von Unternehmenserwerben und bei Werthaltigkeitsprüfungen nach IFRS (Stand: 18. Oktober 2005), FN IDW 2005, 721; *IDW* S 5 Grundsätze zur Bewertung immaterieller Vermögenswerte, FN IDW 2007, 610; *Kümpel* Bilanzielle Behandlung von Wertminderungen bei Vermögenswerten nach IAS 36, BB 2002, 963; *Mard/Hitchner/Hyden* Valuation for financial reporting, 2. Aufl, New Jersey 2007; *Nestler/Thuy* Verfahren zur Bewertung von Reporting Units im Rahmen des Goodwill-Impairmenttests nach SFAS 142, KoR 2002, 169; *Scholich/Mackenstedt/Greinert* Intangible Assets for Financial Reporting, in: Fandel (Hrsg), Modern Concepts of the Theory of the Firm, Berlin 2004, 491; *Telkamp/Bruns* Wertminderungen von Vermögenswerten nach IAS 36: Erfahrungen aus der Praxis, FB 2000, Beilage 1/2000, 24; *Wirth* Firmenwertbilanzierung nach IFRS, Stuttgart 2005.

Wesentliche Rechtsgrundlage: IAS 36

A. Einführung

I. Vorbemerkungen

1 Die Ermittlung und Bilanzierung von Wertminderungen sowie Wertaufholungen der meisten nicht-finanziellen langfristigen Vermögenswerte richtet sich nach den Regelungen des **IAS 36.** Die **Grundaussagen** dieses Standards, insbes seine Wertkonzeptionen, sind im Wesentlichen seit seiner ursprünglichen Fassung von 1998 unverändert. Die praktische Relevanz, allerdings auch die

Komplexität von IAS 36 hat sich jedoch in den vergangenen Jahren durch die Einführung zwingend vorzunehmender jährlicher Wertminderungstests bei Geschäfts- oder Firmenwerten deutlich erhöht.

Problematisch ist, dass IAS 36 ursprünglich für die Bewertung einzelner Vermögenswerte oder klar definierbarer Gruppen von Vermögenswerten konzipiert worden war. Der Geschäfts- oder Firmenwert hingegen ist per definitionem die Differenz aus einer Gesamtbewertung und der Summe von Einzelbewertungen. Die für das Testen des Geschäfts- oder Firmenwerts notwendige Gesamtbewertung erfolgt nach IAS 36, indem das für Einzelbewertungen entwickelte bewertungstechnische Instrumentarium auf einer höheren Aggregrationsebene verwendet wird. Dies führt teilweise zu inneren Widersprüchen des Standards. Bewertungsmethodische Vorgaben, die für Einzelbewertungen sinnvoll oder sogar notwendig sind (zB Verbot der Berücksichtigung von Steuern oder von Erweiterungsinvestitionen), können für Gesamtbewertungen sinnlos oder sogar fehlleitend sein. Eine adäquate Gesamtbewertung kann daher nur erreicht werden, wenn einzelne Restriktionen der Wertkonzeptionen des IAS 36 als einzelbewertungsbezogen verstanden und im Rahmen des Wertminderungstests des Geschäfts- oder Firmenwerts entspr interpretiert werden. 2

II. Anwendungsbereich des IAS 36

Der IAS 36 beinhaltet Regeln zur Identifizierung, Ermittlung und Bilanzierung von **Wertminderungen sämtlicher** Vermögenswerte, die in den Anwendungsbereich des IAS 36 fallen. IAS 36 umfasst darüber hinaus Regelungen zur Erfassung und Darstellung von **Wertaufholungen** für diese Vermögenswerte. 3

Der **Anwendungsbereich** des IAS 36 wird negativ abgegrenzt. Nach IAS 36.2 gilt der Standard für alle Vermögenswerte mit Ausnahme von

(1) Vorräten (IAS 2),
(2) Vermögenswerten, die aus Fertigungsaufträgen hervorgegangen sind (IAS 11),
(3) latenten Steueransprüchen (IAS 12),
(4) Vermögenswerten für künftige Leistungen an Arbeitnehmer (IAS 19),
(5) finanziellen Vermögenswerten, die in den Anwendungsbereich von IAS 39 fallen,
(6) als Finanzinvestition gehaltenen Immobilien, soweit sie zum beizulegenden Zeitwert bewertet sind (IAS 40),
(7) biologischen Vermögenswerten aus landwirtschaftlicher Tätigkeit, die zum beizulegenden Zeitwert abzüglich geschätzter Veräußerungskosten bzw zu fortgeführten Anschaffungskosten bewertet werden (IAS 41),
(8) abgegrenzten Anschaffungskosten und immateriellen Vermögenswerten, die aus den vertraglichen Rechten eines Versicherers aufgrund von Versicherungsverträgen entstehen (IFRS 4) und
(9) langfristigen Vermögenswerten, die zur Veräußerung bestimmt sind (IFRS 5).

Danach ist der IAS 36 im Wesentlichen für **folgende Vermögenswerte relevant:** 4

(1) Vermögenswerte des Sachanlagevermögens (IAS 16), die zu fortgeführten Anschaffungs- oder Herstellungskosten bewertet werden oder für die die Neubewertungsmethode angewandt wird,
(2) immaterielle Vermögenswerte (IAS 38), die zu fortgeführten Anschaffungs- oder Herstellungskosten bewertet werden oder für die die Neubewertungsmethode angewandt wird,
(3) Geschäfts- oder Firmenwerte aus Unternehmenszusammenschlüssen (IFRS 3),

(4) Anteile an TU, assoziierten Unternehmen, und an gemeinschaftlich geführten Einheiten, die in einem separaten Einzelabschluss nach IAS 27.39 (2008)/IAS 27.38 (2003) zu Anschaffungskosten bewertet werden,
(5) *at equity* bilanzierte Anteile, einschließlich eines im Bilanzansatz enthaltenen Geschäfts- oder Firmenwerts, soweit die Regelungen von IAS 39 (2008)/IAS 27.38 (2003) eine Wertminderung der Anteile anzeigen (IAS 28.33),
(6) als Finanzinvestition gehaltene Immobilien, sofern die Bewertung zu Anschaffungs- oder Herstellungskosten erfolgt (IAS 40).

5 Liegt für die oben angegebenen Vermögenswerte die **Absicht zur Veräußerung** vor, können anstatt der Vorschriften des IAS 36 die Bestimmungen des IFRS 5 zu beachten sein. Für die Kriterien, ob ein Vermögenswert in den Anwendungsbereich des IFRS 5 fällt, verweisen wir auf § 28 (insbes Rz 7). Die Bewertung von zur Veräußerung gehaltenen Vermögenswerten und Schulden zum beizulegenden Zeitwert abzüglich der Veräußerungskosten erfolgt jedoch in Abwesenheit diesbezüglich konkretisierender Regelungen in IFRS 5 regelmäßig nach Maßgabe von IAS 36.

B. Konzept des Wertminderungstests

I. Verpflichtung zur Durchführung eines Wertminderungstests

6 Ein Wertminderungstest ist unabhängig davon, ob Anzeichen für eine Wertminderung vorliegen, **jährlich** für alle nicht oder noch nicht planmäßig abschreibbaren immateriellen Vermögenswerte durchzuführen. Gem IAS 36.10 zählen dazu:
(1) immaterielle Vermögenswerte, deren Nutzungsdauer unbegrenzt ist (IAS 38.88; § 4 Rz 71),
(2) immaterielle Vermögenswerte, die noch nicht genutzt werden können und
(3) derivative Geschäfts- oder Firmenwerte, die im Rahmen von Unternehmenszusammenschlüssen entstanden sind.

7 Für einen Geschäfts- oder Firmenwert muss der Wertminderungstest **nicht** zwingend zum Abschlussstichtag erfolgen, sondern kann während des gesamten Geschäftsjahrs stattfinden. Der gewählte Zeitpunkt ist jedoch in den Folgejahren **beizubehalten** (IAS 36.96). Eine zusätzliche unterjährige Prüfung bzw Prüfung zum Bilanzstichtag ist darüber hinaus erforderlich, wenn Indikatoren für eine Wertminderung vorliegen (sog *triggering events*, s dazu Rz 9 ff). Diese Regeln gelten nach für die übrigen in Rz 4 genannten Vermögenswerte, wobei diese außerdem bereits im Jahr ihres erstmaligen Ansatzes einem Wertminderungstest zu unterziehen sind (IAS 36.10(a)).

8 Vor dem Hintergrund des **Wesentlichkeitsgebots** (IAS 36.15) kann auf einen Wertminderungstest der in Rz 4 genannten Vermögenswerte verzichtet werden, wenn die letzte durchgeführte Berechnung einen wesentlich über dem Buchwert liegenden erzielbaren Betrag ergeben hat und das wirtschaftliche Umfeld im Wesentlichen unverändert geblieben ist. Insgesamt muss also davon auszugehen sein, dass die ursprüngliche Datenkonstellation weiter besteht und somit eine Wertminderung unwahrscheinlich ist. Wird der Wertminderungstest auf Ebene einer zahlungsmittelgenerierenden Einheit (**ZGE**; s Rz 25) durchgeführt, ist zu beachten, dass sich seit dem Zeitpunkt der letzten Ermittlung des erzielbaren Betrags keine wesentlichen Veränderungen in der Zusammensetzung der der entspr ZGE zugeordneten Vermögenswerte und ggf Schulden ergeben haben dürfen. Alle genannten Bedingungen müssen gleichzeitig erfüllt sein. In der Praxis ist davon

auszugehen, dass der Verzicht auf einen Wertminderungstest mit obiger Begründung eher die Ausnahme als die Regel ist.

Zusätzlich zu den pflichtmäßig und regelmäßig durchzuführenden Wertminderungstests der in Rz 4 genannten Vermögenswerte ist grds die **Werthaltigkeit aller Vermögenswerte** im Anwendungsbereich von IAS 36 zu überprüfen, wenn Anzeichen für eine mögliche Wertminderung vorliegen. Die Existenz solcher ***triggering events*** ist jeweils zum Ende der Berichtsperiode zu überprüfen (IAS 36.9), also sowohl zum Stichtag eines Zwischenabschlusses als auch zum Stichtag des Jahresabschlusses. Die Würdigung von Anzeichen einer Wertminderung versteht sich dabei als **qualitativ geprägte Analyse** der Werthaltigkeit, an die sich nur bei einem negativen Verlauf der Analyse die Ermittlung des erzielbaren Betrags anschließt (Rz 10f). Zur gegenläufigen Analyse von Anzeichen einer **Wertaufholung** verweisen wir auf Rz 16f. 9

IAS 36 definiert einen Katalog von verpflichtend zu würdigenden externen und internen Informationsquellen, anhand derer mögliche Anzeichen einer Wertminderung erkannt werden sollen. Zum **Mindestumfang** der zu berücksichtigenden **externen Anhaltspunkte** zählen folgende Entwicklungen (IAS 36.12 (a) bis (d)): 10

(1) deutlich stärkeres Absinken des Marktwerts eines Vermögenswerts während der Berichtsperiode als das durch den Zeitablauf oder die gewöhnliche Nutzung zu erwarten wäre,
(2) eingetretene oder in der Berichtsperiode erwartete nachteilige signifikante Veränderungen im technischen, ökonomischen, marktbezogenen oder gesetzlichen Unternehmensumfeld oder im preisbildenden Markt für den betreffenden Vermögenswert,
(3) Erhöhung der Marktzinssätze oder -renditen während der Berichtsperiode, die wahrscheinlich Auswirkungen auf den heranzuziehenden Abzinsungssatz haben werden,
(4) Buchwert des Reinvermögens des Unternehmens ist größer als sein Marktwert.

Folgende **interne Anhaltspunkte** sind mindestens zu berücksichtigen (IAS 36.12 (e) bis (h)): 11

(1) substanzielle Hinweise auf **Überalterung** oder auf einen **physischen Schaden** des Vermögenswerts oder von Gruppen von Vermögenswerten,
(2) eingetretene oder erwartete **signifikante negative Entwicklungen** mit Auswirkungen auf Art und Umfang der Nutzung des betreffenden Vermögenswerts, die zu vorübergehender oder endgültiger Stilllegung von Vermögenswerten, zu Plänen über die Einstellung oder Restrukturierung eines Bereichs oder zu Plänen über einen vorzeitigen Abgang oder Verkauf des Vermögenswerts führen,
(3) substanzielle Hinweise aus dem **internen Berichtswesen** über eine eingetretene oder zu erwartende Verminderung der Ertragskraft des Vermögenswerts (IAS 36.14):
   (a) wesentlich über die Planung hinaus steigende Ausgaben für den Erwerb, die Herstellung, den Betrieb oder die Unterhaltung eines Vermögenswerts,
   (b) signifikante Verschlechterung der Netto-Cashflows oder der betrieblichen Gewinne/Verluste aus der Nutzung des Vermögenswerts ggü der Planung,
   (c) wesentlicher Rückgang der Netto-Cashflows oder der betrieblichen Gewinne bzw Erhöhung der Verluste aus der Nutzung des Vermögenswerts und
   (d) drohende betriebliche Verluste oder Ausgabenüberschüsse über die Nutzungsdauer des Vermögenswerts.

(4) Für die Werthaltigkeitsüberprüfung von Anteilen an TU, gemeinschaftlich kontrollierten Unternehmen sowie assoziierten Unternehmen, die eine **Ausschüttung** vornehmen, gilt Folgendes:

(a) Liegen Anzeichen vor, dass der **Buchwert im Einzelabschluss** des Investors **höher** ist als sein **Anteil am Nettovermögen** der Beteiligung im Konzernabschluss, ist ein Wertminderungstest vorzunehmen (IAS 36.12(h)(i), zur erstmaligen Anwendung s Rz 158). Hierzu ist der im IFRS-Einzelabschluss geführte Buchwert der Beteiligung mit dem *at equity* geführten Wertansatz bzw dem Saldo aller im Konzernabschluss ausgewiesenen Vermögenswerte und Schulden zu vergleichen, die dem Gemeinschaftsunternehmen oder TU zuzurechnen sind. Dem jeweiligen Konzernunternehmen zugehörige Geschäfts- oder Firmenwerte sind in die Berechnung einzubeziehen.

(b) Übersteigt eine **Ausschüttung** das **Gesamtergebnis** der Berichtsperiode, in der die Ausschüttung vorgenommen wird, ist ebenfalls ein Wertminderungstest durchzuführen. Das Gesamtergebnis setzt sich bei diesem Vergleich aus erfolgswirksamen und erfolgsneutralen (sonstiges Ergebnis – *other comprehensive income*) Komponenten zusammen (IAS 36.12(h)(ii), zur erstmaligen Anwendung s Rz 158).

12 Jedes über diesen **Mindestkatalog** hinaus bekannte Ereignis oder jede Entwicklung verpflichtet analog zur Durchführung eines Wertminderungstests (zB negative Entwicklung spezieller Unternehmens- oder Branchenkennzahlen). Erforderlich ist daher eine enge Verzahnung zwischen vorhandenen internen Kontroll- bzw Managementinformationssystemen des Unternehmens und der Bilanzierung nach IAS 36.

13 Unter verfahrensökonomischen Gesichtspunkten bietet sich für die Durchführung der von IAS 36 zwingend vorgeschriebenen regulären Wertminderungstests ein **Zeitpunkt** nach der Erstellung und Genehmigung der Unternehmensplanungen an. Dieser Zeitpunkt liegt idealerweise im Zeitraum zwischen dem zuletzt zu veröffentlichenden Zwischenbericht (zB 3. Quartal) und dem Bilanzstichtag des Geschäftsjahrs, sodass die Wahrscheinlichkeit einer nachfolgend negativ verlaufenden Analyse von *triggering events* möglichst gering ausfällt.

Weiterhin trägt diese Vorgehensweise auch den Regelungen von IFRIC 10.8 Rechnung, wonach in einem **Zwischenabschluss** vorgenommene Wertminderungen eines **Geschäfts- oder Firmenwerts** in einem späteren Abschluss (zB im Jahresabschluss) nicht rückgängig gemacht werden dürfen.

II. Verpflichtung zur Überprüfung einer möglichen Wertaufholung

14 Spiegelbildlich zur Überprüfung von Wertminderungen (Rz 9 ff) verpflichtet IAS 36 auch zur Analyse von zuvor vorgenommenen außerplanmäßigen Abschreibungen, um die Notwendigkeit einer Wertaufholung zu identifizieren. **Ausgenommen** hiervon ist allein ein einmal wertgeminderter **Geschäfts- oder Firmenwert**, für den ein **Wertaufholungsverbot** besteht (IAS 36.124). Ansonsten gelten alle nachführenden Ausführungen zum Wertminderungstest analog auch für mögliche Wertaufholungen, soweit nicht ausdrücklich auf Abweichungen hingewiesen wird.

15 Analog zur Berechnung von Wertminderungen ist der detaillierten Ermittlung möglicher Wertaufholungen grds eine **qualitative Würdigung** interner und externer Informationsquellen vorgeschaltet. Nur an deren positiven Verlauf

schließt sich wiederum eine detaillierte **quantitative Ermittlung** des erzielbaren Betrags an. Liegt der erzielbare Betrag des Vermögenswerts aufgrund einer identifizierbaren Leistungssteigerung (Rz 127) oberhalb seines zuvor außerplanmäßig abgeschriebenen Buchwerts, besteht ein **Wertaufholungsgebot** (s aber zu Restriktionen Rz 128f).

Mögliche Anhaltspunkte für eine Wertaufholung sind im Standard im Wesentlichen als Umkehrung der Wertminderungsindikatoren aufgeführt: Zu unterscheiden sind wiederum unternehmensexterne und -interne Anhaltspunkte. Folgende **externe Informationsquellen** sind an späteren Bilanzstichtagen mindestens zu überprüfen (IAS 36.111(a) bis (c)): 16

(1) signifikante Steigerung des Marktwerts,
(2) der Eintritt während der Berichtsperiode oder zu erwartende Eintritt von günstigen signifikanten Veränderungen im technischen, ökonomischen, marktbezogenen oder gesetzlichen Unternehmensumfeld oder im preisbildenden Markt für den betreffenden Vermögenswert,
(3) Verminderung der Marktzinssätze oder -renditen während der Berichtsperiode, die wahrscheinlich Auswirkungen auf den heranzuziehenden Abzinsungssatz haben werden.

Zum Mindestumfang **interner Informationsquellen** gehören gem IAS 36.111(d) und (e): 17

(1) eingetretene oder erwartete signifikante günstige Entwicklungen mit Auswirkungen auf Art und Umfang der Nutzung des betreffenden Vermögenswerts, dazu zählen Investitionen, die zur Verbesserung der Ertragskraft des Vermögenswerts im Vergleich zum Zustand vor der Investition führen oder die Verpflichtung zur Einstellung oder Restrukturierung des Betriebs oder Betriebsteils,
(2) substanzielle Hinweise aus dem internen Rechnungswesen über eine eingetretene oder zu erwartende Verbesserung der Ertragskraft des Vermögenswerts.

Jeder über den **Mindestumfang** hinaus vorliegende Anhaltspunkt verpflichtet wiederum zur Durchführung eines Wertaufholungstests. Auf die Regelungen zur Identifizierung von Wertminderungen kann diesbezüglich vollumfänglich verwiesen werden (s Rz 10ff).

III. Systematik des Wertminderungstests

Die Pflicht zur Ermittlung des erzielbaren Betrags vorausgesetzt (s Rz 6ff), ist eine außerplanmäßige Abschreibung eines Vermögenswerts dann erforderlich, wenn der **Buchwert** über dem **erzielbaren Betrag** des Vermögenswerts liegt (IAS 36.1 und IAS 36.59). Dabei ist der erzielbare Betrag der höhere Wert aus dem Nutzungswert oder dem beizulegenden Zeitwert abzüglich der Veräußerungskosten (IAS 36.6). 18

Der **Nutzungswert** ergibt sich aus dem Barwert der geschätzten zukünftigen Cashflows aus der fortgesetzten Nutzung eines Vermögenswerts zuzüglich eines am Ende der Nutzungsdauer realisierbaren Restwerts (IAS 36.6).

Der **beizulegende Zeitwert abzüglich Veräußerungskosten** entspricht dem Betrag, der durch den Verkauf eines Vermögenswerts zu Marktbedingungen, die zwischen sachverständigen und vertragswilligen Parteien ausgehandelt werden, erzielt werden könnte. Dabei sind zusätzlich Transaktionskosten zu berücksichtigen (IAS 36.6).

Mit der **betrieblichen Nutzung** des Vermögenswerts einerseits und der **Veräußerung** andererseits werden zwei unterschiedliche Verwertungsmöglichkeiten 19 berücksichtigt. Dadurch wird ein **rationales Managementverhalten** nachgebildet, welches zwischen Verkauf des Vermögenswerts und seiner fortgesetzten Nutzung entscheiden muss (*Kümpel* BB 2002, 984).

Dabei unterscheiden sich beide Wertkonzepte im Wesentlichen dadurch, dass der Nutzungswert von der internen **Sicht des bewertenden Unternehmens** geprägt ist. Synergieeffekte aus der Einbettung des Vermögenswerts in den Unternehmensverbund werden daher bei der Bewertung berücksichtigt. Der beizulegende Zeitwert berücksichtigt dagegen die **Sichtweise externer Dritter.** Danach wären Synergieeffekte zB nur einzubeziehen, sofern Marktteilnehmer ebenfalls von ihrer Realisierbarkeit ausgehen würden. Wesentliche Unterschiede ergeben sich darüber hinaus bei der Berücksichtigung von Steuern bei der Bewertung. Für eine detaillierte Abgrenzung von Nutzungswert und beizulegendem Zeitwert verweisen wir auf Rz 27 ff.

20 Der **erzielbare Betrag**, der mit dem entspr Buchwert zu vergleichen ist, ist grds der **höhere Wert** aus dem **Nutzungswert** oder dem **beizulegenden Zeitwert abzüglich der Veräußerungskosten**. Entspr dem ökonomischen Kalkül, das beiden Wertkonzepten zugrunde liegt, genügt es jedoch, im Rahmen des Wertminderungstests nur einen der beiden Werte zu ermitteln, sofern dieser den Buchwert des Vermögenswerts bereits übersteigt (IAS 36.19). Ist ein beizulegender Zeitwert abzüglich Veräußerungskosten nicht ermittelbar, entspricht der erzielbare Betrag dem Nutzungswert (IAS 36.20).

IV. Bewertungseinheiten

21 Die Regelungen des IAS 36 sehen vor, dass mit Ausnahme von Geschäfts- oder Firmenwerten (s Rz 25) jeder Vermögenswert bevorzugt **einzeln** auf seine Werthaltigkeit hin zu überprüfen ist. Dies setzt voraus, dass entweder der beizulegende Zeitwert abzüglich Veräußerungskosten oder der Nutzungswert ermittelbar ist.

22 Ist der beizulegende Zeitwert abzüglich Veräußerungskosten eines einzelnen Vermögenswerts nicht ermittelbar oder liegt dieser unter dem Buchwert des Vermögenswerts, ist im Rahmen der Werthaltigkeitsprüfung der Nutzungswert zu ermitteln. Damit ein Nutzungswert für einen Vermögenswert bestimmt werden kann, müssen diesem einzelnen Vermögenswert von anderen Vermögenswerten **unabhängige Zahlungsströme** aus der betrieblichen Nutzung zugeordnet werden können. Dies ist regelmäßig nur dann der Fall, wenn die vom Unternehmen erzielbaren Zahlungsströme vertraglich festgelegt sind, zB durch Leasing-, Miet- oder Lizenzverträge (*Wirth*, 11). In der Bilanzierungspraxis ist diese Fallkonstellation jedoch eher selten anzutreffen, sodass einer der beiden für den erzielbaren Betrag relevanten Wertmaßstäbe häufig nicht ermittelt werden kann.

23 Kann für einen einzelnen Vermögenswert ein beizulegender Zeitwert abzüglich der Veräußerungskosten ermittelt werden, ist jedoch die Ermittlung **seines Nutzungswerts nicht möglich**, sind zur Bestimmung einer möglichen Wertminderung die Charakteristika des einzelnen Vermögenswerts für die weitere Vorgehensweise zu analysieren:

(1) Liegt keine Indikation dafür vor, dass der Nutzungswert wesentlich oberhalb des beizulegenden Zeitwerts abzüglich der Veräußerungskosten liegt, gilt der ermittelbare Wertmaßstab als **erzielbarer Betrag**. Folglich ist eine Abschreibung auf den **beizulegenden Zeitwert abzüglich der Veräußerungskosten** erforderlich, dafür entfällt eine weitere Analyse (IAS 36.21, IAS 36.22(b)). Denkbar ist diese Fallkonstellation zB dann, wenn die Ver-

äußerung des Vermögenswerts geplant ist und damit die wesentlichen unabhängigen Zahlungsströme ohnehin im Rahmen einer Veräußerung des Vermögenswerts generiert werden (IAS 36.21).

(2) Ist der einzelne Vermögenswert hingegen eng in den Geschäftsbetrieb eingebunden, ist von einer Vergleichbarkeit der Wertmaßstäbe regelmäßig nicht auszugehen. Kann also nicht auf eine Vergleichbarkeit des Nutzungswerts und des beizulegenden Zeitwerts abzüglich der Veräußerungskosten geschlossen werden, ist von der grds anzustrebenden Einzelbewertung abzuweichen. Der erzielbare Betrag ist dann auf Ebene der sog **zahlungsmittelgenerierenden Einheit (ZGE)** zu bestimmen, die den möglicherweise wertgeminderten Vermögenswert enthält (IAS 36.22).

Die folgende Grafik verdeutlicht die hier erläuterten Zusammenhänge: **24**

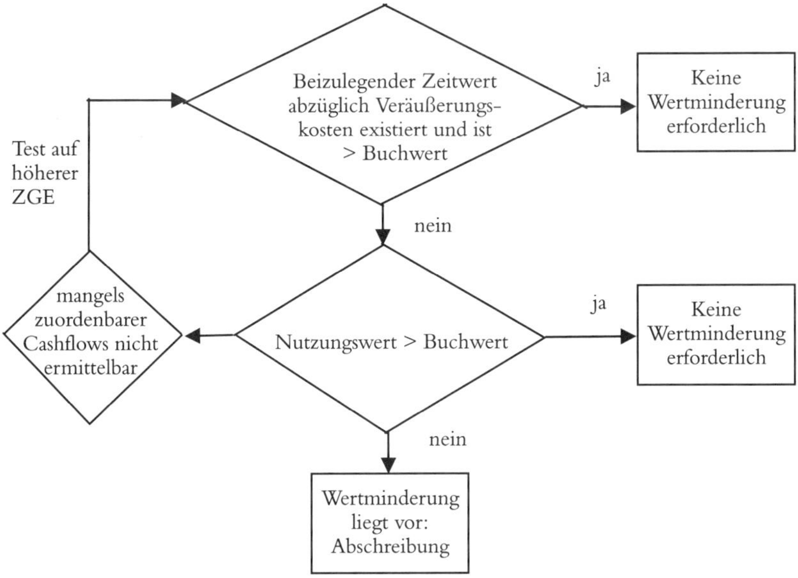

Beispiel: Ein Unternehmen hat eine im Rahmen eines Unternehmenszusammenschlusses erworbene Marke mit ihrem beizulegenden Zeitwert bilanziert. Die Marke hat eine unbestimmte Nutzungsdauer, sodass sie jährlich auf eine eventuelle Wertminderung zu testen ist. Der ermittelte aktuelle beizulegende Zeitwert abzüglich Veräußerungskosten liegt jedoch unter dem Buchwert der Marke. Entspr ist der Nutzungswert zu ermitteln. Da die Marke jedoch nur im Zusammenspiel mit weiteren Vermögenswerten Cashflows generiert, die unabhängig von den Cashflows anderer Vermögenswerte bzw von anderen Gruppen von Vermögenswerten sind, kann ein Nutzungswert für die Marke nicht separat ermittelt werden. Ein Wertminderungstest ist demnach auf Ebene der ZGE durchzuführen, der die Marke zugeordnet ist. Anders ist der Fall gelagert, wenn das Unternehmen die Marke nicht selbst nutzt, sondern mit einem dritten Unternehmen einen Lizenzvertrag über die Nutzung abgeschlossen hat und aus diesem Lizenzvertrag definierte Zahlungen erhält. Ein Nutzungswert der Marke wäre damit ermittelbar.

Eine ZGE ist die jeweils **kleinste identifizierbare Gruppe** von Vermögens- **25**
werten, die Mittelzuflüsse aus ihrer fortgesetzten Nutzung erzeugt. Dabei sind die Mittelzuflüsse weitestgehend unabhängig von den Mittelzuflüssen anderer Vermögenswerte oder Gruppen von Vermögenswerten (IAS 36.6; s ausführlich Rz 86 ff).

Geschäfts- oder Firmenwerte sind zwingend auf der Ebene von ZGE auf ihre Werthaltigkeit zu überprüfen, da sie grds nicht unabhängig von anderen Vermögenswerten Zahlungsströme generieren können (IAS 36.81). Sie sind folglich stets einzelnen oder mehreren ZGE zuzuordnen (s Rz 112ff).

26 Der **Wertminderungstest** ist **stufenweise** durchzuführen (IAS 36.97). Besteht ein Anhaltspunkt für die Wertminderung eines einzelnen Vermögenswerts bzw ist ein Vermögenswert einem jährlichen Wertminderungstest zu unterziehen (s Rz 4), ist zunächst zu prüfen, ob der erzielbare Betrag in Form des beizulegenden Zeitwerts abzüglich Veräußerungskosten oder des Nutzungswerts ermittelbar ist. Folgt aus dem Vergleich mit dem Buchwert eine Wertminderung, fließen die einzelnen Vermögenswerte mit ihrem bereits geminderten Buchwert in die übergeordnete ZGE ein, bevor die ZGE oder auch Gruppen von ZGE auf eine Wertminderung getestet werden (IAS 36.98).

Für die Durchführung von Wertminderungstests auf Ebene der ZGE gelten dieselben Grundsätze wie für den Wertminderungstest auf Ebene einzelner Vermögenswerte. Die im Folgenden dargestellten Grundsätze des Wertminderungstests nach IAS 36 gelten daher auch für ZGE, auch wenn diese nicht immer explizit genannt sind. Ein eventueller **Wertminderungsbetrag** wird jedoch nur für die ZGE insgesamt ermittelt, sodass sich gesondert die Frage nach der Verteilung der Wertminderung stellt. Diesbezüglich wird auf Rz 123ff verwiesen.

C. Bewertungsverfahren

I. Hierarchie und Zulässigkeit von Bewertungsmethoden

27 Sowohl zur Ermittlung der **beizulegenden Zeitwerte** im Rahmen der Kaufpreisallokation (IFRS 3) als auch zur Ermittlung des **erzielbaren Betrags** im Rahmen des Wertminderungstests (IAS 36) sind bestimmte **anzuwendende Bewertungsverfahren** vorgesehen.

Während nach IFRS 3 zur Ermittlung der beizulegenden Zeitwerte marktpreisorientierte Bewertungsverfahren zu präferieren, grds aber auch kapitalwertorientierte und schließlich auch kostenorientierte Verfahren (in dieser Reihenfolge) zulässig sind (vgl im Einzelnen § 34 Rz 85ff), ist nach IAS 36 der **erzielbare Betrag** grds entweder anhand des **beizulegenden Zeitwerts** (abzüglich Veräußerungskosten, an manchen Stellen auch als „Verkaufskosten" bezeichnet) oder des **Nutzungswerts** zu bestimmen. Dabei gilt grds, dass keinem der beiden Wertmaßstäbe der Vorzug gegeben wird (IAS 36.BCZ17(a)). Sowohl der beizulegende Zeitwert abzüglich Veräußerungskosten als auch der Nutzungswert werden in IAS 36 für Zwecke des Wertminderungstests erläutert. Ein Rückgriff auf vergleichbare Definitionen anderer Standards innerhalb oder außerhalb der IFRS erscheint daher nicht zulässig. Folgende Grafik veranschaulicht die Begriffe:

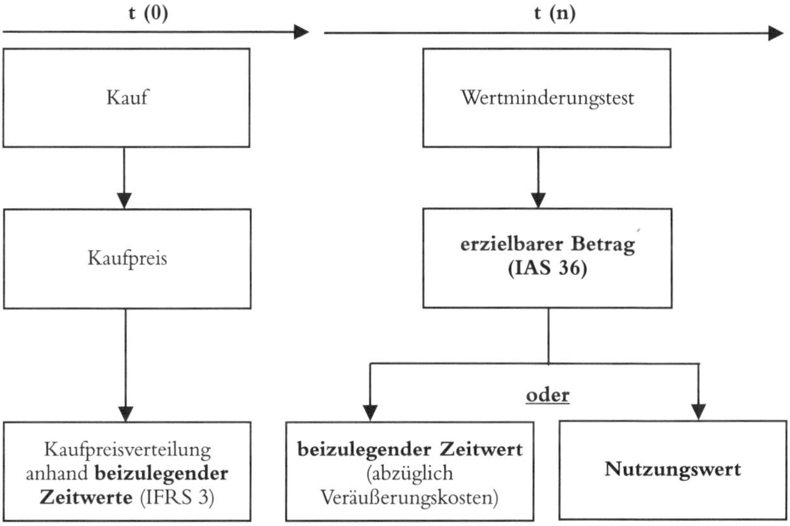

Nach IAS 36.6 ist der **beizulegende Zeitwert** abzüglich der Veräußerungskosten der (Netto-)Betrag, der bei einem Verkauf des Vermögenswerts zwischen sachverständigen und vertragswilligen Parteien erzielt werden könnte. Der **Nutzungswert** ist der Barwert der voraussichtlichen zukünftigen Cashflows des Vermögenswerts. 28

Betrachtet man nur diese Definition, könnte im Umkehrschluss gefolgert werden, dass der beizulegende Zeitwert **nicht** aus zukünftigen Cashflows ermittelt wird. IAS 36.BCZ11 stellt jedoch klar, dass sowohl der beizulegende Zeitwert als auch der Nutzungswert „implizit oder explizit" auf der **Diskontierung zukünftig erwarteter Cashflows** beruhen: Ersterer sei die (implizite) Markteinschätzung, letzterer sei die (explizite) Einschätzung des Managements über zukünftige Cashflows. Die Kernaussage entspricht der allgemeinen ökonomischen Lehre, dass sich Preise aus dem als Geldzufluss gemessenen (Erwartungs-) Nutzen bilden.

Da beide Wertmaßstäbe **denselben ökonomischen Grundgedanken** haben, bereitet auch ihre **Abgrenzung** voneinander **Schwierigkeiten.** IAS 36 hilft diesen Schwierigkeiten nur bedingt ab. 29

Der **Grundgedanke** bei der Ermittlung des **beizulegenden Zeitwerts** ist – schon aus der Definition des IAS 36.6 heraus – die **möglichst unmittelbare Marktbetrachtung**. Auch die mittelbare Wertbestimmung aus Marktdaten (Multiplikatorverfahren) ist möglich (IAS 36.19; s Rz 38). Insoweit entspricht der beizulegende Zeitwert nach IAS 36 dem durch ein marktpreisorientiertes Verfahren ermittelten beizulegenden Zeitwert nach IFRS 3.

Probleme bereitet insbes die **Frage, ob** der beizulegende Zeitwert iSd IAS 36 **stets aus Marktdaten** ableitbar sein muss, oder ob es ausreicht, Markterwartungen – insbes zukünftige Cashflows – selbst zu schätzen. Der IAS 36 streift die Thematik an verschiedenen Stellen, ohne eine klare Aussage zu treffen:

Nach IAS 36.20 kann auch bei **fehlendem „aktiven Markt"** (vgl IAS 36.6) eine Bestimmung des beizulegenden Zeitwerts möglich sein. Manchmal fehle allerdings die Grundlage einer verlässlichen Schätzung des Betrags, der sich aus dem Verkauf zu Marktbedingungen ergäbe: In diesem Fall **kann** das Unternehmen den Nutzungswert als erzielbaren Betrag verwenden. Das Wort „kann" (englischer Text: „*may*") ist uE irreführend, da IAS 36 dem Anwender außer dem Nutzungswert kein weiteres (drittes) Wertkonzept an die Hand gibt.

IAS 36.27 konkretisiert den Fall eines fehlenden aktiven Markts weiter: In diesem Fall basiere der beizulegende Zeitwert auf den „**besten verfügbaren Informationen**, um den Betrag widerzuspiegeln, den ein Unternehmen an dem Bilanzstichtag aus dem Verkauf eines Vermögenswerts... erzielen könnte". Hierbei seien jüngste Transaktionen für ähnliche Vermögenswerte derselben Branche zu berücksichtigen. Welcher Art die „Informationen" sein müssen oder ob „jüngste Transaktionen" zwingend zur hilfsweisen Zeitwertbestimmung erforderlich sind, bleibt offen.

Dem **Tenor** der Vorschriften ist aber zu entnehmen, dass – wie auch immer ausgestaltete – konkrete Marktdaten zur Bestimmung des beizulegenden Zeitwerts vorhanden sein sollten.

30 In IAS 36.BCZ14ff wird die Diskussion im Entstehungsprozess des Standards wiedergegeben, **ob nicht ausschließlich beizulegende Zeitwerte** zur Werthaltigkeitsüberprüfung heranzuziehen seien. Der IASB weist diese Auffassung insbes aus dem folgenden Grund zurück: Die Einschätzungen des Managements über zukünftige Cashflows aus den unternehmenseigenen Vermögenswerten (Nutzungswert) berücksichtigten den individuellen Stellenwert des Vermögenswerts im Unternehmen, der vom Marktwert abweichen könne (zB aufgrund positiver Synergieeffekte).

Bemerkenswert ist in diesem Zusammenhang der folgende Textabschnitt in IAS 36.BCZ17(a): *„... no preference should be given to the market expectation ... over a reasonable estimate performed by the individual enterprise that owns the asset (basis for fair value when market values are not available and for value in use)."*

Damit wird – hier – die Aussage getroffen, dass beizulegende Zeitwerte *(fair values)* auch durch Management-Einschätzungen im Rahmen der Anwendung des IAS 36 bestimmt werden können, wobei in IAS 36.BCZ11 noch eine schärfere Abgrenzung vorgenommen wurde (s Rz 28).

31 Zur **Vertiefung der Diskussion** sei ein Blick auf die zeitlich vorgelagerte Kaufpreisverteilung (IFRS 3) geworfen: Dort ist das Management gezwungen, beizulegende Zeitwerte für jeden Vermögenswert zu bestimmen (vgl insbes IFRS 3.10 (2008), IFRS 3.18 (2008)/IFRS 3.36 (2004), IFRS 3.B16ff (2004) sowie § 34 Rz 80). Hieraus könnte allgemein gefolgert werden, dass zum Zeitpunkt der Kaufpreisallokation die Ermittlung von beizulegenden Zeitwerten für alle Vermögenswerte möglich gewesen sei und dies auch für den Wertminderungstest gelten müsse. Übersehen würde bei dieser Argumentation zum einen, dass kostenorientierte Verfahren beim Wertminderungstest keine Anwendung mehr finden sollen (vgl IAS 36.BCZ29) und damit eine vormals angewendete Methode nicht mehr zur Verfügung steht. Zum anderen ist der fundamentale Unterschied, dass zum Zeitpunkt der Kaufpreisallokation ein Kaufpreis – somit ein Marktwert – bekannt (bzw ermittelt worden) ist und es beim Erwerb von mehr als einem Vermögenswert „nur" noch um die Verteilung des Kaufpreises geht, der in aller Regel dem (gesamten) beizulegenden Zeitwert der erworbenen Vermögenswerte (einschließlich Geschäfts- oder Firmenwert) entspricht. Beim Wertminderungstest ist es hingegen gerade die Frage, ob der damals beigemessene Zeitwert immer noch Gültigkeit besitzt.

32 Zusammenfassend kann festgestellt werden, **dass IAS 36 keine befriedigende Antwort zur Abgrenzung** der Grundkonzepte „beizulegender Zeitwert" und „Nutzungswert" gibt, insbes nicht auf die Frage, ob das Management den beizulegenden Zeitwert selbst durch die Diskontierung von Cashflows schätzen darf.

Befürwortet man die Möglichkeit, dass das Management auch im Rahmen des IAS 36 beizulegende Zeitwerte aus zukünftigen Cashflows schätzen darf, sind jedenfalls Objektivierungen erforderlich, um sich von dem subjektiv geprägten (Nutzungs-)Wert zu lösen (s Rz 62 ff).

Keinesfalls ist die **Ermittlung des beizulegenden Zeitwerts** aus zukünftigen Cashflows **gleichzusetzen mit der des Nutzungswerts**; auch kann sie im Zweifelsfall die Nutzungswertermittlung nicht ersetzen: Würde man eines von beidem tun, so wäre das Konzept des Nutzungswerts überflüssig. Aufgrund der Ausführlichkeit der Darstellung des Nutzungswerts in IAS 36 hat der IASB dies sicherlich nicht gewollt. Vielmehr ist wegen der ausführlichen Darstellung des Nutzungswerts zu vermuten, dass der IASB die Ermittlung des **Nutzungswerts als Hauptanwendungsfall** der cashfloworientierten Verfahren ansieht. Dies entspricht auch der allgemeinen Praxis, da im Regelfall keine Marktdaten für einzelne Vermögenswerte oder Gruppen von Vermögenswerten vorliegen. 33

UE sollten zur ausnahmsweise „eigenständigen" cashfloworientierten Ermittlung des beizulegenden Zeitwerts im Rahmen des IAS 36 wertbestimmende objektivierbare Informationen vorliegen, wie dies zB bei Markenrechten oder Lizenzen der Fall sein kann. Das Management darf den erzielbaren Betrag nur dann auf Basis des beizulegenden Zeitwerts (abzüglich Veräußerungskosten) ermitteln, wenn die zu diskontierenden Cashflows **für Dritte nachvollziehbar** die Erwartungen von Marktteilnehmern widerspiegeln. Entspr sind auch die Planungsrechnungen, die der Ermittlung des beizulegenden Zeitwerts von immateriellen Vermögenswerten im Rahmen des Wertminderungstests zugrunde liegen, kritisch zu hinterfragen. Insbes unternehmensspezifische Synergieeffekte sind bei einer solchen Bewertung außen vor zu lassen. Je höher indes die Aggregationsebene wird (um Werte für ZGE zu ermitteln), desto unwahrscheinlicher wird es, am Markt solche wertbestimmenden Informationen zu finden. In diesem Fall ist auf den Nutzungswert abzustellen. 34

Die **Abgrenzung** und deutliche Unterscheidung von Nutzungswert und beizulegendem Zeitwert ist uE **notwendig**, um eine Vermengung insbes werterhöhender Faktoren in beiden Wertkonzepten zu vermeiden. Ein Unternehmen steht grds vor der Entscheidung, einen Vermögenswert entweder weiterhin zu **nutzen** oder ihn zu **veräußern**. Werden die interne und die externe Sichtweise (insbes in Bezug auf Synergieeffekte oder auch unterschiedliche Nutzungsabsichten) vermischt, resultiert ein Wert, der weder am Markt noch durch die fortgesetzte Nutzung des Vermögenswerts im Unternehmen erzielbar ist und somit auch im Rahmen des Wertminderungstests keine Aussagekraft hätte. 35

Im Rahmen des *Annual Improvements* Projekts 2008 (s Rz 158) wurden die **Anhangangaben** für den Fall, dass ein Unternehmen den beizulegenden Zeitwert abzüglich Veräußerungskosten mit einem DCF-Verfahren ermittelt, an die Erfordernisse im Rahmen der Nutzungswertbestimmung angepasst (IAS 36.134; s Rz 154). Aus dieser Anpassung könnte geschlossen werden, dass die oben skizzierte Methodendiskussion sich deutlich relativieren wird. Hier bleibt die weitere Entwicklung abzuwarten. 36

In den nachfolgenden Abschnitten werden die möglichen Bewertungsverfahren detailliert erläutert.

II. Beizulegender Zeitwert abzüglich Veräußerungskosten

1. Grundlagen

Gem IAS 36.25 ist der bestmögliche substanzielle Hinweis für den beizulegenden Zeitwert eines Vermögenswerts ein Preis, der aufgrund eines **bindenden Angebots** oder **Kaufvertrags** zwischen unabhängigen Geschäftspartnern zustande gekommen ist. In einem solchen Fall wäre jedoch zu prüfen, ob der 37

Vermögenswert nicht in zum Verkauf bestimmte Vermögenswerte nach IFRS 5 umklassifiziert werden sollte. Er würde dann nicht mehr den Vorschriften nach IAS 36 unterliegen (*Wirth*, 25), müsste aber im Zeitpunkt der Umklassifizierung auf seine Werthaltigkeit überprüft werden, für deren Beurteilung wiederum jedoch ausschließlich der beizulegende Zeitwert abzüglich Veräußerungskosten relevant ist (s § 28 Rz 42ff).

Sollte ein solches Angebot bzw ein solcher Vertrag nicht vorliegen, kann auch der Preis, für den der Vermögenswert an einem aktiven Markt gehandelt wird, eine geeignete Grundlage für die Schätzung des beizulegenden Zeitwerts sein (IAS 36.26). Ein **aktiver Markt** liegt vor, wenn die auf dem Markt gehandelten Produkte homogen sind, die Preise der Öffentlichkeit zur Verfügung stehen und im Allgemeinen jederzeit vertragswillige Käufer und Verkäufer gefunden werden können (IAS 36.6). Relevant ist für diesen Fall der aktuelle Angebotspreis (Geldkurs) des Vermögenswerts. Sollte ein aktueller Geldkurs nicht verfügbar sein, kann der beizulegende Zeitwert auch auf Basis des Preises der **zuletzt zustande gekommenen Transaktionen** bestimmt werden. Voraussetzung ist, dass zwischenzeitlich keine gravierenden Veränderungen der wirtschaftlichen Rahmenbedingungen eingetreten sind (IAS 36.26).

38 Wenn weder ein bindender Kaufvertrag noch ein aktiver Markt bestehen, ist der beizulegende Zeitwert abzüglich der Veräußerungskosten nach IAS 36.27 auf der Grundlage der **besten verfügbaren Informationen** zu ermitteln und soll den Betrag widerspiegeln, den ein Unternehmen am Bilanzstichtag aus dem Verkauf des Vermögenswerts zu Marktbedingungen erzielen könnte. Zu beachten ist dabei, dass der beizulegende Zeitwert **marktbezogen** zu bestimmen ist. Der beizulegende Zeitwert soll den Kenntnisstand und die Erwartungen der Marktteilnehmer wiedergeben. Die dabei zugrunde liegenden Annahmen sind, wenn möglich, im Einklang mit **öffentlich zugänglichen Daten,** wie zB Kapitalmarktdaten, Informationen aus Marktstudien und Analystenreports oder sonstigen öffentlich zugänglichen Informationen, zu treffen (*IDW* RS HFA 16 Rz 7). Nach IAS 36.27 ist der Rückgriff auf Transaktionen von vergleichbaren Bewertungsobjekten derselben Branche zulässig, denen jedoch keine Zwangsverkäufe zugrunde liegen dürfen. In einem solchen Fall kommt die Anwendung von marktpreisorientierten Bewertungsverfahren in Frage (IAS 36.25f). Mit **marktpreisorientierten Bewertungsverfahren** (Multiplikatorverfahren) wird der beizulegende Zeitwert eines Vermögenswerts aus Marktpreisen vergleichbarer Vermögenswerte abgeleitet. Grds ist somit nach IAS 36 die Anwendung von Multiplikatorverfahren auch für die Bewertung von ZGE gedeckt. Allerdings werden hohe Anforderungen an die Vergleichbarkeit der Peer-Group-Unternehmen mit der zu bewertenden ZGE zu stellen sein, die es entspr zu dokumentieren gilt. In der Praxis ist die Anwendung von Multiplikatorverfahren auf Ebene von ZGE oder von Gruppen von ZGE im Rahmen des Wertminderungstests allerdings noch nicht weit verbreitet.

39 Für den Fall, dass ein marktpreisorientiertes Bewertungsverfahren nicht anwendbar ist, kann der beizulegende Zeitwert ausnahmsweise auch durch ein **kapitalwertorientiertes Verfahren** (IAS 36.27 iVm IAS 36.BCZ11 und IAS 36.BCZ32) bestimmt werden (vgl die Methodendiskussion oben in Rz 32ff). Danach wird ein Schätzwert durch Diskontierung der zukünftigen durch den Vermögenswert generierten Cashflows ermittelt. Hierbei sind dann allerdings die **Erwartungen des Markts** über die zukünftigen Cashflows und das damit verbundene Risiko zu berücksichtigen. Im Vergleich zum Nutzungswert ist der beizulegende Zeitwert abzüglich Veräußerungskosten ein objektivierter Wert (s *IDW* S 1 Rz 12, Rz 29ff). **Synergieeffekte** werden nicht bzw nur insoweit berücksichtigt, wie auch der Markt von der Realisation dieser Synergien ausgeht. Das betriebsindividuelle Nutzungskonzept wird nicht in die Bewertung einbezogen.

40 Der beizulegende Zeitwert abzüglich Veräußerungskosten ist ein **Wert nach Unternehmenssteuern**. Bei einer direkten Ermittlung des Werts aus beobachtbaren Marktpreisen oder mit marktorientierten Bewertungsverfahren wird im Allgemeinen davon ausgegangen, dass der **Steuervorteil** aus der Abschreibung (*tax amortization benefit* (TAB)) des Vermögenswerts vollständig im Marktpreis eines Vermögenswerts widergespiegelt wird. Daher ist es gängige Praxis, auch bei der Ermittlung des beizulegenden Zeitwerts mit kapitalwertorientierten Bewertungsverfahren diesen Steuervorteil in das Bewertungskalkül mit einzubeziehen.

Beispiel: Die folgende Übersicht verdeutlicht die Berechnung des beizulegenden Zeitwerts eines Vermögenswerts mit einer Restnutzungsdauer von 4 Jahren unter (vereinfachter) Berücksichtigung des Steuervorteils aus der Abschreibung.

Jahr	1	2	3	4
Cashflow nach Steuern in T€	100	150	120	130
Kapitalisierungszinssatz	10%	10%	10%	10%
Barwertfaktor	0,91	0,83	0,75	0,68
Barwert	91	124	90	89
Summe Barwerte in T€ vor Berücksichtigung des Steuervorteils	394			
Berechnung Steuervorteil				
Abschreibung in T€	136	136	136	136
Steuersatz	35%	35%	35%	35%
Steuervorteil pa in T€	48	48	48	48
Barwertfaktor	0,91	0,83	0,75	0,68
Barwerte Steuervorteil in T€	43	39	36	33
Steuervorteil in T€	151			
Beizulegender Zeitwert in T€	545			

Zur Ermittlung des Steuervorteils sind zunächst die Abschreibungen zu berechnen, die sich auf Basis des beizulegenden Zeitwerts und der Nutzungsdauer ergeben (T€ 545/ Restnutzungsdauer 4 Jahre = T€ 136). Der Steuervorteil der aus dieser jährlichen Abschreibung resultiert, ergibt sich aus der Multiplikation von Abschreibung und Steuersatz. Im nächsten Schritt sind die jährlichen Steuereinsparungen auf den Bewertungsstichtag zu diskontieren, um den Barwert des Steuervorteils zu erhalten. Der beizulegende Zeitwert (T€ 545) ergibt sich aus der Summe des Barwerts der Cashflows vor Berücksichtigung des Steuervorteils (T€ 394) und des Barwerts des Steuervorteils (T€ 151).

41 Die Cashflows aus dem Vermögenswert fließen sowohl **Eigen-** als auch **Fremdkapitalgebern** zu. Der relevante Kapitalisierungszinssatz für die Diskontierung der Cashflows entspricht daher den durchschnittlichen gewogenen Kapitalkosten (*weighted average cost of capital* – WACC). Die Ableitung der gewogenen Kapitalkosten ist ausführlich in Rz 71 ff dargestellt.

42 Der beizulegende Zeitwert ist im Rahmen des Wertminderungstests um die **Veräußerungskosten** zu reduzieren. Veräußerungskosten sind Kosten, die ohne die Veräußerung des Vermögenswerts oder der ZGE nicht entstehen würden und direkt zugerechnet werden können. Dabei werden Finanzierungskosten und Ertragsteuern nicht mit einbezogen (IAS 36.6, IAS 36.25). IAS 36.28 nennt als Beispiele für Veräußerungskosten Gerichts- und Anwaltskosten, Börsenumsatzsteuern und ähnliche Transaktionssteuern, die Aufwendungen für den Abbau des Vermögenswerts und die direkt zurechenbaren zusätzlichen Aufwendungen, um

den Vermögenswert in einen verkaufsbereiten Zustand zu versetzen (Fertigstellungs- oder Aufbereitungskosten).

Nicht zu den **Veräußerungskosten** zählen Kosten, die nicht direkt mit der Veräußerung in Zusammenhang stehen, wie etwa Personalabfindungskosten oder Umstrukturierungs-/Reorganisationskosten, auch wenn diese Kosten mit der Veräußerung von Vermögenswerten, Unternehmensbereichen oder Teileinheiten mittelbar einhergehen (IAS 36.28).

43 Soweit im Rahmen einer Veräußerung der Käufer eine **Schuld** für die mit der Nutzung verbundenen Kosten mit übernimmt (zB Rekultivierungsverpflichtungen eines Bergwerks oder Wiederauffüllungsverpflichtungen bei Deponien, nicht dagegen Finanzierungsschulden), ist der beizulegende Zeitwert abzüglich Veräußerungskosten – soweit nicht im Marktwert widergespiegelt oder bereits in der Planung der Cashflows berücksichtigt – und korrespondierend der Buchwert um die Höhe der Schuld zu vermindern (IAS 36.29, IAS 36.78; *Telkamp/Bruns* FB 2000, 29).

44 Wird der erzielbare Betrag einer **ZGE** als beizulegender Zeitwert abzüglich Veräußerungskosten ermittelt, ist auf **Konsistenz** mit der Bestimmung des Buchwerts der ZGE zu achten. Ist die ZGE selbst börsennotiert und sind die Bedingungen für einen aktiven Markt erfüllt, kann aus dem Börsenkurs der Marktwert des Eigenkapitals der ZGE abgeleitet werden. Bei der Ermittlung des Buchwerts wird jedoch das Fremdkapital im Allgemeinen nicht oder nicht vollständig mit einbezogen (s Rz 98 ff). Entspr ist zum Marktwert des Eigenkapitals, der aus dem Börsenkurs abgeleitet wird, das Fremdkapital zu addieren, um einen mit dem Buchwert vergleichbaren erzielbaren Betrag zu erhalten. Alternativ wäre der Marktwert des Eigenkapitals mit dem Buchwert des Eigenkapitals zu vergleichen.

45 Ist ein beizulegender Zeitwert für eine **ZGE** mit Hilfe eines **Multiplikatorverfahrens** aus vergleichbaren Unternehmen ableitbar, muss auch hier auf Konsistenz mit dem Buchwert der ZGE geachtet werden. Es ist ein Multiplikator zu verwenden, der im Ergebnis zu einem Unternehmenswert führt, der sowohl Eigen- als auch Fremdkapital umfasst (Gesamtunternehmenswert bzw *entity-value* im Gegensatz zum Wert des Eigenkapitals bzw *equity-value*). Vorstellbar wäre ein Multiplikator, der sich auf das Ergebnis vor Zinsen und Steuern (EBIT) oder zusätzlich vor Abschreibungen (EBITDA) bezieht. Infrage käme auch ein Umsatzmultiplikator, sofern die zu bewertende ZGE im Verhältnis zum Vergleichsunternehmen nicht über außergewöhnlich hohe oder niedrige Ergebnisquoten verfügt.

46 Zu achten ist auch auf Konsistenz in Bezug auf die **Behandlung von Steuern**. Der beizulegende Zeitwert ist ein Wert nach Unternehmenssteuern, weshalb in den Buchwert grds auch steuerliche Bilanzposten mit einzubeziehen sind.

2. Beizulegender Zeitwert von immateriellen Vermögenswerten

47 Aufgrund der großen Bedeutung der Bewertung von immateriellen Vermögenswerten im Rahmen des Wertminderungstests soll an dieser Stelle auf die in der Praxis üblichen Verfahren zur Bewertung von immateriellen Vermögenswerten gesondert eingegangen werden.

Im Rahmen des Wertminderungstests von immateriellen Vermögenswerten werden als **zuverlässigste Bewertungsgrundlage** für immaterielle Vermögenswerte auf einem aktiven Markt zustande kommende Marktpreise angesehen. Eine Wertermittlung mit Hilfe eines **kostenorientierten Verfahrens** (auf Basis von Wiederbeschaffungskosten) ist **nicht zulässig**. Dieses Verfahren ist nur im Rahmen der Anwendung der Neubewertungsmethode bei der Bestimmung des

Werts von Sachanlagen erlaubt, sofern Marktwerte nicht direkt ermittelbar sind oder geschätzt werden können (IAS 36.BCZ15(a), IAS 36.BCZ28f).

Im Allgemeinen bestehen für immaterielle Vermögenswerte **keine aktiven Märkte**, sodass Marktpreise für das Bewertungsobjekt selbst oder auch für vergleichbare Vermögenswerte im Regelfall nicht ableitbar sind. Sofern für einen immateriellen Vermögenswert kein aktiver Markt existiert und auch eine Wertableitung über marktpreisorientierte Verfahren (Multiplikatorverfahren) nicht möglich ist, kann der beizulegende Zeitwert des Vermögenswerts mit Hilfe von **kapitalwertorientierten Bewertungsverfahren** ermittelt werden. Diese basieren auf der Nettobarwertmethode. Der Wert eines immateriellen Vermögenswerts bestimmt sich danach als Summe der auf den Bewertungsstichtag diskontierten finanziellen Überschüsse, die dem Vermögenswert zuzurechnen sind.

Insbes für immaterielle Vermögenswerte, die im Rahmen eines **Unternehmenszusammenschlusses** (§ 34) erworben wurden, wird der beizulegende Zeitwert abzüglich Veräußerungskosten im Allgemeinen ermittelbar sein, da sie ansonsten nicht gem IFRS 3.45 (2004), IFRS 3.B16 (2004) respektive IFRS 3.10 (2008), IFRS 3.18 (2008) angesetzt worden wären (vgl im Einzelnen § 34 Rz 80ff). Wurde der beizulegende Zeitwert der betreffenden immateriellen Vermögenswerte bei der Bilanzierung des Unternehmenszusammenschlusses mit Hilfe von kapitalwertorientierten Verfahren ermittelt, können die angewandten Bewertungsverfahren auch für den Wertminderungstest nach IAS 36 für Zwecke einer indikativen Ermittlung von beizulegenden Zeitwerten verwendet werden (Rz 51ff) – lediglich die Datenbasis wäre dabei zu aktualisieren. Jedoch ist uE nicht von einer zwingenden Bedeutung der Kaufpreisallokation für einen nachfolgend durchgeführten Wertminderungstest nach IAS 36 auszugehen, insbes wenn die Kaufpreisallokation keinen engen zeitlichen Bezug zum Wertminderungstest aufweist. 48

Ausgangspunkt für die Bewertung von immateriellen Vermögenswerten mit kapitalwertorientierten Verfahren ist im Allgemeinen die **Planungsrechnung** des Unternehmens oder der entspr Produktgruppe. Für die Bewertung von immateriellen Vermögenswerten können diese Planungen jedoch nicht unmittelbar herangezogen werden, da die ausgewiesenen Ergebnisse neben dem immateriellen Vermögenswert auch aus den übrigen eingesetzten Vermögenswerten resultieren. Die auf den immateriellen Vermögenswert entfallenden Zahlungsmittelüberschüsse sind für Bewertungszwecke aus den Planungen zu isolieren (*Scholich/Mackenstedt/Greinert* in: Fandel, 498). Darüber hinaus ist darauf zu achten, dass die Planung keine unternehmensspezifischen Synergien widerspiegelt, die Marktteilnehmer nicht in ihre Bewertung einbeziehen würden. Die Vielfalt der kapitalwertorientierten Verfahren zur Bewertung von immateriellen Vermögenswerten unterscheidet sich im Wesentlichen bzgl der Ableitung der aus dem Vermögenswert erwarteten künftigen finanziellen Überschüsse. Gemeinsam ist ihnen, dass sie auf Zahlungsströme nach Unternehmenssteuern aufsetzen. Zusätzlich wird im Rahmen der Ermittlung des beizulegenden Zeitwerts im Allgemeinen der Steuervorteil, der sich aus der steuerlichen Abschreibbarkeit der immateriellen Vermögenswerte ergibt, mit einbezogen. 49

Eine Gegenüberstellung verschiedener Bewertungsverfahren verdeutlicht, die bereits angesprochene Problematik (Rz 29ff), den beizulegenden Zeitwert klar von einem Nutzungswert abzugrenzen. So ist zB bei der Methode der Lizenzpreisanalogie der Marktbezug durch den Ansatz vergleichbarer Lizenzsätze, die aus Marktdaten abgeleitet werden, relativ deutlich. Grundlage der Bewertung mit diesem und anderen Verfahren ist jedoch die Umsatzplanung des Unternehmens, in die uU von der Marktsicht abweichende Einschätzungen und Nutzungskonzepte einfließen. 50

Im Folgenden wird eine Auswahl von relativ häufig angewandten Bewertungsverfahren für immaterielle Vermögenswerte dargestellt.

a) Methode der unmittelbaren Cashflow-Prognose

51 Sofern die aus dem **immateriellen Vermögenswert resultierenden Zahlungsströme direkt gemessen** werden können, stellt sich das oben beschriebene Problem der notwendigen Isolierung von Zahlungsströmen nicht. In einem solchen Fall kann die Bewertung des immateriellen Vermögenswerts nach der Methode der unmittelbaren Cashflow-Prognose erfolgen. Dieser Fall wird gegeben sein, sofern der betrachtete immaterielle Vermögenswert nicht zusammen mit anderen Vermögenswerten im Rahmen des Leistungserstellungsprozesses des Unternehmens genutzt wird (*Beyer/Mackenstedt* WPg 2008, 344). Das Verfahren ist bspw anwendbar, wenn ein immaterieller Vermögenswert, zB eine Marke oder Software, auslizenziert ist und somit direkt und unabhängig von anderen Vermögenswerten Einzahlungen über Lizenzgebühren generiert. Ein weiterer Anwendungsfall kann bspw ein Forschungs- und Entwicklungsprojekt sein, für das im Unternehmen eine eigene Planungsrechnung im Rahmen des Projektcontrollings erstellt wird.

b) Methode der Lizenzpreisanalogie

52 Im Rahmen der Methode der Lizenzpreisanalogie (*relief from royalty method*) wird der Wert eines immateriellen Vermögenswerts als **Barwert der ersparten Lizenzzahlungen** ermittelt. Dieser Methode liegt der Gedanke zugrunde, dass durch den Besitz des Vermögenswerts die Lizenz zu seiner Nutzung nicht extern beschafft werden muss und das Eigentum an dem Vermögenswert damit zu einer Ersparnis von ansonsten entstehenden Lizenzgebühren führt (*IDW* S 5 Rz 31). Zur Abschätzung der Höhe von marktüblichen Lizenzsätzen können öffentlich zugängliche Lizenzdatenbanken (zB *www.royaltystat.com* oder *www.royaltysource.com*) herangezogen werden. Die Lizenzraten beziehen sich häufig auf Umsatzerlöse. Entspr können sie mit den geplanten Umsatzerlösen, die dem zu bewertenden immateriellen Vermögenswert zuzuordnen sind, multipliziert werden, um so die ersparten Lizenzzahlungen zu schätzen. Zu hinterfragen ist auch, inwiefern sich im Rahmen der Einlizenzierung der Marke im Vergleich zum Eigentum an der Marke abweichende Markenerhaltungsaufwendungen ergeben, und inwieweit sich die Verteilung des Markenerhaltungsaufwands zwischen Lizenzgeber und -nehmer in den marktüblichen Lizenzraten widerspiegelt. Relevant für die Bewertung sind dabei die fiktiven ersparten Lizenzzahlungen nach Unternehmenssteuern. Der Barwert dieser ersparten Kosten wird als Äquivalent für den Wert des Vermögenswerts angesehen. Weil die Lizenzpreisanalogie zu einer transparenten und vergleichsweise wenig aufwendigen Wertfindung bei immateriellen Vermögenswerten führt, hat sie sich in der Praxis als eine besonders häufig verwendete Methode durchgesetzt, insbes bei der Bewertung von Marken, aber auch von Software.

c) Residualwertmethode

53 Die der Residualwertmethode (*multi-period excess earnings method*) zugrunde liegende **Annahme ist**, dass ein immaterieller Vermögenswert im Allgemeinen nur im **Verbund mit anderen Vermögenswerten** zu Zahlungsmittelüberschüssen führen kann. Entspr wird zunächst ermittelt, welche weiteren Vermögenswerte (zB Maschinen, Anlagen, Immobilien, Marken, Technologien usw) benötigt werden, um einen Nutzen aus dem betreffenden immateriellen Ver-

mögenswert ziehen zu können. Es wird fiktiv davon ausgegangen, dass das betreffende Unternehmen nur über den zu bewertenden immateriellen Vermögenswert verfügt und alle weiteren zur Erzielung der Zahlungsströme notwendigen Vermögenswerte geleast werden. Entspr sind von den geplanten Erlösen die marktüblichen Kosten der übrigen benötigten Vermögenswerte in Form von **fiktiven Leasingraten** abzuziehen, um zu den Überschüssen zu gelangen, die auf den immateriellen Vermögenswert zurückzuführen sind. Die fiktive Leasingrate umfasst einen Zins- und einen Tilgungsanteil (*Mard/Hitchner/Hyden*[2], 33).

Die Berücksichtigung fiktiver Leasingraten setzt eine Analyse der Planungs- 54
rechnung voraus, die der Bewertung zugrunde gelegt wird. In vielen Fällen enthält die Unternehmensplanung bereits den Tilgungsanteil der fiktiven Leasingrate, zB in Form von Abschreibungen auf das Sachanlagevermögen und/oder Erhaltungsaufwendungen. Der Tilgungsanteil, der im englischen Sprachgebrauch auch als *„return of investment“* bezeichnet wird, ist somit häufig nicht gesondert zu ermitteln. Anders verhält sich dies im Regelfall beim Zinsanteil: Der sog *„return on investment“* repräsentiert die risikoadäquate Verzinsung des eingesetzten Kapitals und weist damit rein kalkulatorische Eigenschaften auf. Der Zinsanteil ist daher im Regelfall nicht bereits in den Planungsrechnungen enthalten. Alternativ besteht natürlich auch die Möglichkeit, ggf in der Planungsrechnung hinterlegte „Tilgungskosten“ – zB in Form von Abschreibungen, Erhaltungs- und ähnliche Ausgaben – zu eliminieren und gegen fiktive Leasingraten für den jeweiligen Vermögenswert zu ersetzen, um Doppelzählungen zu vermeiden (*Dawo* in: Küting/Pfitzer/Weber, 54).

Voraussetzung für die **Anwendbarkeit der Residualwertmethode** ist, 55
dass der zu bewertende immaterielle Vermögenswert zu den wesentlichen Werttreibern der Geschäftstätigkeit gehört. Entspr häufig kommt die Methode für die Bewertung von Kundenstämmen oder Technologien zur Anwendung. Für die sonstigen unterstützenden Vermögenswerte wird angenommen, dass sie lediglich Erträge in Höhe der Kapitalkosten erwirtschaften. Die Differenz zwischen dem erwarteten Gewinn und den Kapitalkosten wird vollständig dem immateriellen Vermögenswert zugeschrieben (*Scholich/Mackenstedt/Greinert* in: Fandel, 500). Der Wert des immateriellen Vermögenswerts bestimmt sich als Barwert der nach Abzug der marktüblichen Kosten der übrigen Vermögenswerte ermittelten verbleibenden finanziellen Überschüsse.

d) Mehrgewinnmethode

Die **Mehrgewinnmethode vergleicht** die **erwarteten Cashflows des Un-** 56
ternehmens einschließlich des zu bewertenden immateriellen Vermögenswerts **mit** den **entspr Cashflows aus einem fiktiven Vergleichsunternehmen** ohne den Vermögenswert. Werden durch den zu bewertenden immateriellen Vermögenswert zusätzliche Einzahlungen generiert oder Auszahlungen eingespart, ergibt sich eine positive Differenz zwischen den Cashflows beider Unternehmen, die auf den zu bewertenden immateriellen Vermögenswert zurückzuführen ist. Diese zusätzlichen Cashflows sind auf den Bewertungsstichtag zu diskontieren, wobei auch hier die Betrachtung nach Steuern auf Unternehmensebene erfolgen muss. Voraussetzung für die Anwendbarkeit dieser Methode ist, dass die Cashflows des fiktiven Vergleichsunternehmens ohne den zu bewertenden Vermögenswert verlässlich geschätzt werden können (*IDW* RS HFA 16 Rz 57 ff).

Angewendet wird diese Methode zB bei der Bewertung von Marken, indem zB der Preisunterschied zwischen Markenprodukten und vergleichbaren Produkten ohne Marke in die Bewertung einbezogen wird. Neben dem Einfluss der

Marke auf den Umsatz müssen aber im Allgemeinen auch die höheren mit einer Marke verbundenen Kosten (zB Marketing, Werbung) bei der Bewertung berücksichtigt werden.

III. Nutzungswert

1. Grundlagen

57 Nach IAS 36.6 ergibt sich der **Nutzungswert aus dem Barwert der künftigen Cashflows**, die dem bilanzierenden Unternehmen aus der Nutzung des Vermögenswerts und einer eventuellen anschließenden Veräußerung zufließen. Schwerpunkte der Bewertung sind somit die Planung der künftigen Cashflows aus dem Vermögenswert und die Ableitung eines sachgerechten Kapitalisierungszinssatzes (IAS 36.31). Entspr sind gem IAS 36.30 bei der Ermittlung des Nutzungswerts zu berücksichtigen:

(1) Schätzungen der zukünftigen Cashflows aus dem Vermögenswert,
(2) Erwartungen im Hinblick auf Veränderungen der Höhe und des zeitlichen Anfalls der Cashflows,
(3) der Zeitwert des Geldes, der durch den aktuellen Zinssatz auf risikofreie Anlagen repräsentiert wird,
(4) der Preis für das mit den künftigen Zahlungsströmen verbundene Risiko,
(5) andere Faktoren, wie zB Illiquidität, die Marktteilnehmer bei der Bewertung der künftigen Cashflows berücksichtigen würden.

Wichtig ist, dass im Unterschied zum beizulegenden Zeitwert sowohl die Cashflows als auch der Kapitalisierungszins zwar grds **vor Steuern** zu ermitteln sind. In der Praxis hat sich jedoch eine Ermittlung von Nachsteuerwerten durchgesetzt, welche lediglich für Zwecke der Anhangangaben in eine Ermittlung von Vorsteuerwerten transformiert wird (s Rz 74 ff).

58 IAS 36.A2 ermöglicht bei der Ermittlung des Nutzungswerts entweder den **traditionellen Ansatz** (*traditional approach*) oder den **erwarteten Cashflow Ansatz** (*expected cash flow approach*).

Beim **traditionellen Ansatz,** der auch als **Risikozuschlagsmethode** bezeichnet wird, wird das erwartete Risiko der Cashflows über einen Zuschlag im Kapitalisierungszinssatz berücksichtigt. Nach IAS 36.A4 erfolgt bei diesem Ansatz grds eine einwertige Planung, bei der das Szenario zugrunde gelegt wird, das vom Management als am wahrscheinlichsten eingeschätzt wird.

59 Beim **erwarteten Cashflow-Ansatz** werden Planungen für unterschiedliche Szenarien erstellt, denen Eintrittswahrscheinlichkeiten zugeordnet werden. Der so ermittelbare Erwartungswert wird durch einen Abschlag in das Sicherheitsäquivalent umgerechnet. Das **Sicherheitsäquivalent** ist der sichere Betrag, der dem Inhaber des Bewertungsobjekts den gleichen Nutzen stiftet wie der unsichere Erwartungswert. Der Preis für die mit dem Vermögenswert verbundene Unsicherheit wird damit durch den Abschlag auf den Erwartungswert abgebildet (IAS 36.A1). Die Diskontierung dieses sicherheitsäquivalenten Cashflows erfolgt mit dem Zinssatz auf risikofreie Anlagen (IAS 36.A2 iVm IAS 36.A15). Voraussetzung für die Anwendbarkeit dieser Methode ist die Kenntnis über die Risikonutzenfunktion des Bewertungssubjekts. Da diese in der Praxis nur schwierig ermittelbar und kaum objektivierbar ist, hat sich dieser Ansatz in der Bewertungspraxis nicht durchgesetzt (*Nestler/Thuy* KoR 2002, 178).

60 Dennoch wird nach IAS 36.BC59 der **erwartete Cashflow-Ansatz bevorzugt**. Der traditionelle Ansatz wird insbes bei finanziellen Vermögenswerten mit vertraglich festgelegten Zahlungsströmen für geeignet gehalten (IAS 36.A5). Es

gibt jedoch **keine verbindliche Vorgabe** für die Anwendung eines bestimmten Verfahrens, sodass in der Praxis aufgrund der oben geschilderten Problematik im Allgemeinen der traditionelle Ansatz und nicht der erwartete Cashflow-Ansatz angewandt werden wird. Das bilanzierende Unternehmen soll sich bei der Entscheidung für eines der Verfahren auch vom Wirtschaftlichkeitsgrundsatz leiten lassen (IAS 36.A12). Es ist nicht beabsichtigt, dass das Unternehmen ein neues Planungssystem implementieren muss, um den Wertminderungstest durchführen zu können.

Sieht der Planungsprozess im bilanzierenden Unternehmen zB bereits grds die 61
Ermittlung verschiedener Szenarien vor, kann der Bewertung ein **Erwartungswert der Einzahlungsüberschüsse** anstatt des Ergebnisses einer einwertigen Planung zugrunde gelegt werden. Unter der Annahme, dass eine nachvollziehbare Ableitung des Sicherheitsäquivalents nicht möglich ist, muss in beiden Fällen die Diskontierung der Überschüsse jedoch mit einem risikoangepassten Kapitalisierungszinssatz erfolgen (*Wirth*, 61).

2. Planung der Zahlungsmittelüberschüsse

Nach IAS 36.33 muss die Planung der Zahlungsmittelüberschüsse auf **ver-** 62
nünftigen und vertretbaren Annahmen basieren. Das Management hat dabei die ökonomischen Rahmenbedingungen, die für die Restnutzungsdauer des Vermögenswerts bestehen werden, bestmöglich einzuschätzen. Ein größeres Gewicht ist auf **externe Quellen** zu legen.

Die Grundlage der Cashflow-Prognose ist die jüngste vom Management genehmigte Planung. Dabei ist von dem **gegenwärtigen Zustand** des Vermögenswerts auszugehen. Investitionen, die zu einer Verbesserung oder Erhöhung der Ertragskraft des Vermögenswerts führen, sind nicht zu berücksichtigen (IAS 36.44). Übertragen auf die Bewertung von ZGE bedeutet dies, dass das gegenwärtige Geschäftsmodell einer ZGE zu berücksichtigen ist. Entspr dürfen nur solche Investitionen in die Planung mit einbezogen werden, die das bestehende Geschäftsmodell nicht nachhaltig ändern (*Dawo* in: Küting/Pfitzer/Weber, 43; *Brücks/Kerkhoff/Richter* KoR 2005, 5). Demgemäß sind alle Zahlungsmittelzu- und -abflüsse aus Erweiterungsinvestitionen zu eliminieren. Eine **Ausnahme** hiervon betrifft Anlagen im Bau, bei denen die zur Fertigstellung benötigten Zahlungsmittelabflüsse in der Planung berücksichtigt werden müssen (IAS 36.42).

Künftige **Restrukturierungsmaßnahmen,** die das Management noch nicht 63
verpflichtend beschlossen hat, sind ebenfalls nicht in der Planung zu berücksichtigen. Ob eine faktische Verpflichtung für das Unternehmen zur Durchführung der Restrukturierung besteht, ist nach IAS 37.70 ff zu beurteilen. Eine Restrukturierung darf dabei ua nur dann in den Planungsrechnungen berücksichtigt werden, wenn die von der Restrukturierung betroffenen Geschäftsbereiche und -standorte bereits identifiziert sind und wenn zB die Funktion und die ungefähre Anzahl ggf abzufindender Mitarbeiter bereits bekannt ist. Wichtige Voraussetzung für eine faktische Verpflichtung ist weiterhin, dass die von der Restrukturierung betroffenen Parteien bereits über die Maßnahmen unterrichtet wurden (vgl ausführlich IAS 36.46 f; s § 13 Rz 162 ff). Soweit entspr Zahlungsmittelzu- und -abflüsse (zB Investitionen, Abfindungen, Kosteneinsparungen) in der letzten genehmigten Planung enthalten sind, müssen diese für Zwecke des Wertminderungstests bereinigt werden (IAS 36.44).

Da gewöhnlich nur für einen Zeitraum von maximal fünf Jahren detaillierte 64
und verlässliche Planungsrechnungen vorliegen, sollte die Prognose der Zahlungsmittelüberschüsse diesen Zeitraum nicht überschreiten. Im Anschluss an

diese **Detailplanungsphase** sind für die verbleibende Restnutzungsdauer des Vermögenswerts die Zahlungsmittelüberschüsse durch eine **Fortschreibung der Planung** mit einer angemessenen Wachstumsrate zu ermitteln. Dabei sind im Regelfall konstante bzw rückläufige Wachstumsraten der Zahlungsmittelüberschüsse zu berücksichtigen. Steigende Raten sind jedoch vorstellbar, zB wenn ein zunehmendes Wachstum durch objektive Informationen über den Lebenszyklus des Produkts oder der Branche gerechtfertigt ist. Auch eine konstante Fortschreibung der Planung oder ein negatives Wachstum kann angemessen sein. Die angenommene Wachstumsrate soll nicht über dem langfristigen Durchschnittswachstum für die entspr Produkte, die Branche oder das Land, in dem das Unternehmen tätig ist, oder für den Markt, in welchem der Vermögenswert genutzt wird, liegen. Auch hier kann uU der Ansatz eines höheren Wachstums gerechtfertigt sein (IAS 36.33ff).

65 Die Länge des gesamten **Prognosezeitraums** ist abhängig von der **wirtschaftlichen Nutzungsdauer** des Vermögenswerts. Besteht ein Vermögenswert aus mehreren Komponenten, ist die Komponente mit der längsten wirtschaftlichen Nutzungsdauer für die Bestimmung des Prognosezeitraums relevant, es sei denn, dass sie nur von untergeordneter Bedeutung ist. Auch im Fall der Bewertung von ZGE mit mehreren unerlässlichen Vermögenswerten richtet sich der Prognosezeitraum nach dem Vermögenswert mit der längsten Nutzungsdauer. Ist nur ein Vermögenswert bestimmend, ist dessen Nutzungsdauer ausschlaggebend. Von einem unendlichen Prognosezeitraum ist dagegen auszugehen, wenn ein Vermögenswert mit unbestimmter Nutzungsdauer wesentlich für die Geschäftstätigkeit der Einheit ist oder der Einheit ein Geschäfts- oder Firmenwert zugeordnet ist (*IDW* RS HFA 16 Rz 102f). Anderenfalls würden bei der Bewertung wesentliche Cashflows nicht berücksichtigt werden.

66 Die Prognose der Zahlungsmittelüberschüsse muss Auszahlungen für die **regelmäßige Wartung** und **Instandhaltung** des Vermögenswerts (Erhaltungsinvestitionen) sowie **Gemeinkosten,** die entweder direkt zurechenbar oder auf einer vernünftigen und stetigen Basis zuordenbar sind, enthalten (IAS 36.41). Nach IAS 36.49 sind alle Auszahlungen zu berücksichtigen, die erforderlich sind, um den wirtschaftlichen Nutzen des Vermögenswerts auf dem **gegenwärtigen Niveau** zu halten. Besteht zB eine zu bewertende ZGE aus mehreren für die Geschäftstätigkeit wesentlichen Vermögenswerten mit unterschiedlichen Nutzungsdauern, wird der notwendige Ersatz der Vermögenswerte mit kürzerer Lebensdauer wie Auszahlungen für regelmäßige Erhaltungsinvestitionen behandelt (IAS 36.49). In der Prognose der Zahlungsmittelüberschüsse dürfen Cashflows aus der Finanzierung oder aus Ertragsteuern nicht berücksichtigt werden (IAS 36.50).

67 Relevante Bewertungsgröße ist der aus dem Vermögenswert oder der ZGE resultierende **freie Cashflow vor Steuern**. Dieser spiegelt den vom Vermögenswert oder der ZGE erwirtschafteten Einzahlungsüberschuss vor Berücksichtigung der Folgen von Eigen- oder Fremdfinanzierung wider. Insbes Zinsen auf Fremdkapital und die steuerlichen Folgen der Fremdfinanzierung bleiben unberücksichtigt. Ferner sind ggf in einer vorhandenen Planungsrechnung berücksichtigte ertragsteuerliche Zahlungen zu eliminieren (IAS 36.50(b)).

68 Die Planung der freien Cashflows vor Steuern im Detailplanungszeitraum kann entweder direkt oder indirekt erfolgen. Bei der **direkten Prognose** stellt das bilanzierende Unternehmen einen Finanzplan auf, in dem alle wesentlichen Zahlungsmittelbewegungen im Detailplanungszeitraum unmittelbar berücksichtigt werden. Erfolgt die Prognose der freien Cashflows vor Steuern mit Hilfe der **indirekten Methode,** bildet der geplante Jahresüberschuss bzw -fehlbetrag oder auch das geplante Ergebnis vor Zinsen und Steuern (EBIT) den Ausgangs-

punkt der Planung der freien Cashflows. Die geplanten Aufwendungen und Erträge werden um nicht auszahlungswirksame Aufwendungen und nicht einzahlungswirksame Erträge korrigiert. Voraussetzung für die indirekte Ermittlung der freien Cashflows ist eine integrierte GuV- und Bilanzplanung auf Ebene der ZGE.

Bei Anwendung der indirekten Methode ergeben sich die **freien Cashflows vor Steuern** wie folgt (in Anlehnung an *IDW* S 1 Rz 127):

	Jahresergebnis vor Steuern
+	Fremdkapitalzinsen
+	Abschreibungen und andere zahlungsunwirksame Aufwendungen
–	Zahlungsunwirksame Erträge
–	Investitionsauszahlungen
+/–	Verminderung/Erhöhung des Nettoumlaufvermögens einschließlich des Zahlungsmittelbestands (soweit die liquiden Mittel in den Buchwert der ZGE einfließen)
=	Freier Cashflow vor Steuern

In der Praxis wird nicht immer eine integrierte GuV- und Bilanzplanung für eine ZGE vorliegen, sondern ggf nur eine GuV- und Investitionsplanung erstellt. In diesem Fall kann uE das **Ergebnis vor Abschreibungen, Zinsen und Steuern (EBITDA)** vereinfachend als operativer Cashflow angesetzt werden, es sei denn, dass klar gegenteilige Anhaltspunkte (zB eine geplante Änderung der Rückstellungspolitik) dagegen sprechen. Geplante Investitionen sind, sofern es sich um Erhaltungsinvestitionen handelt, zusätzlich vom EBITDA abzuziehen (s Rz 62). Zu beachten ist, dass insbes die Zahlungswirkungen von Veränderungen des Nettoumlaufvermögens in der Planung des Cashflows auf diese Weise nicht berücksichtigt werden. Aufgrund der Vorgabe des IAS 36, dass die Planung lediglich den aktuellen Stand des Vermögenswerts bzw der ZGE abbilden soll (s Rz 62), wird in vielen Fällen die Annahme, dass es zu keinen wesentlichen Veränderungen im Nettoumlaufvermögen kommen wird, jedoch sachgerecht sein. 69

Erzielt eine ZGE Cashflows in einer **fremden Währung,** erfolgt die Schätzung in der Währung, in der sie generiert werden. Die Umrechnung erfolgt mit dem am Tag der Berechnung des Nutzungswerts geltenden Devisenkassakurs (IAS 36.54). 70

Zusätzlich zu den aus der lfd Nutzung des Vermögenswerts resultierenden Cashflows sind eventuell zu erwartende Ein- oder Auszahlungen aus dem **Abgang des Vermögenswerts** am Ende seiner Nutzungsdauer zu berücksichtigen. Relevant für diese Schätzung ist der Preis, der sich für den Vermögenswert zwischen sachverständigen, vertragswilligen und voneinander unabhängigen Geschäftspartnern nach Abzug der geschätzten Veräußerungskosten ergeben würde (IAS 36.52).

3. Ableitung des Kapitalisierungszinssatzes

Grds sind Kapitalisierungszinssätze, die für Schätzungen beizulegender Zeitwerte herangezogen werden, mit Kapitalisierungszinssätzen vergleichbar, die der **Herleitung von Nutzungswerten** zugrunde gelegt werden. Mit Ausnahme der nachfolgend gesondert dargestellten Ermittlung von Vorsteuer-Kapitalisierungszinssätzen gelten die nachfolgend getroffenen Aussagen daher grds analog. 71

a) Grundlagen

72 Gem IAS 36.55 soll der Kapitalisierungszinssatz die gegenwärtigen **Markteinschätzungen** über den Zeitwert des Geldes und die spezifischen Risiken des Bewertungsobjekts widerspiegeln. Während die der Ermittlung des Nutzungswerts zugrunde liegenden Cashflows aus der unternehmenseigenen Planung abzuleiten sind, ist der Kapitalisierungszinssatz demnach marktorientiert zu ermitteln. Analog zur Bestimmung des beizulegenden Zeitwerts ist daher auch für die Berechnung des Nutzungswerts eine weitgehende Objektivierbarkeit des Kapitalisierungszinssatzes anzustreben.

Orientierungspunkt für den Kapitalisierungszinssatz ist eine Rendite, die Marktteilnehmer bei einer mit dem Bewertungsobjekt hinsichtlich der Höhe und dem zeitlichen Anfall der Cashflows und des mit ihnen verbundenen Risikos vergleichbaren Anlage erzielen können (IAS 36.56). Da sich die meisten Vermögenswerte bzw ZGE, für die ein Nutzungswert zu ermitteln ist, unterscheiden, ist die Verwendung konzerneinheitlicher Kapitalisierungszinssätze im Regelfall ausgeschlossen. Vielmehr ist für jedes spezifische Bewertungsobjekt der jeweils relevante Kapitalisierungszinssatz individuell zu bestimmen. Darüber hinaus ist der Kapitalisierungszinssatz **unabhängig von der Kapitalstruktur** des Unternehmens und von der Finanzierung des Bewertungsobjekts zu ermitteln (IAS 36.A19).

Wesentlich bei der Prognose der Zahlungsmittelüberschüsse und der Ableitung des Kapitalisierungszinssatzes ist die **Konsistenz** der dabei zugrunde liegenden **Annahmen** (IAS 36.51). Wird der Kapitalisierungszinssatz aus Marktdaten abgeleitet, ist davon auszugehen, dass ein Ausgleich für die erwartete Preissteigerungsrate enthalten ist. Entspr sind auch die Zahlungsmittelüberschüsse nominal zu planen. Risiken, die im Kapitalisierungszinssatz abgebildet wurden, sind nicht in der Planung der Zahlungsmittelüberschüsse zu berücksichtigen.

73 Die direkte Ableitung eines vermögenswertspezifischen Kapitalisierungszinssatzes aus Marktdaten wird häufig nicht möglich sein. Für diesen Fall werden alternativ folgende mögliche **Ausgangswerte** für die Schätzung eines Kapitalisierungszinssatzes angegeben (IAS 36.A17):

(1) gewogene durchschnittliche Kapitalkosten des Unternehmens (WACC),
(2) Zinssatz für Neukredite des Unternehmens,
(3) andere marktübliche Fremdkapitalsätze.

Diese Ausgangswerte sind jedoch entspr den mit den Cashflows des Vermögenswerts verbundenen Risiken **anzupassen** (IAS 36.A18). Werden Fremdkapitalkostensätze als Ausgangspunkt für die Bestimmung des Kapitalisierungszinssatzes verwendet, sind Zuschläge notwendig, um das zusätzliche Risiko, das ein Anteilseigner im Vergleich zu einem Fremdkapitalgeber zu tragen hat, abzubilden (*IDW* RS HFA 16 Rz 112).

b) Kapitalisierungszins vor Steuern

74 Im Allgemeinen werden bei der Bestimmung der vermögenswertspezifischen Kapitalisierungszinsen die **gewogenen durchschnittlichen Kapitalkosten** (*weighted average cost of capital* – WACC) des Unternehmens als Ausgangspunkt verwendet, da die Cashflows aus dem Vermögenswert sowohl Eigen- als auch Fremdkapitalgebern zufließen. Der WACC setzt sich wie folgt zusammen:

$$WACC = r_{EK} \cdot \frac{EK}{GK} + k_{FK} \cdot (1 - s) \cdot \frac{FK}{GK}$$

EK = Marktwert des Eigenkapitals
FK = Marktwert des Fremdkapitals
GK = Marktwert des Gesamtkapitals
r_{EK} = Eigenkapitalkosten
k_{FK} = Fremdkapitalkosten
s = Ertragsteuersatz

Der anhand von Kapitalmarktdaten abgeleitete Kapitalisierungszinssatz spiegelt generell eine Rendite **nach** Unternehmenssteuern wider. IAS 36 fordert allerdings – abweichend von der üblichen Praxis – eine Ermittlung des Nutzungswerts **vor** Steuern, sodass der Kapitalisierungszinssatz entspr angepasst werden muss (IAS 36.A20). Ein **Kapitalisierungszinssatz vor Unternehmensteuern** kann vereinfacht mit der folgenden Formel ermittelt werden: 75

$$\text{WACC}_{\text{vor Steuern}} = \frac{\text{WACC}_{\text{nach Steuern}}}{1-s}$$

Nach IAS 36.BCZ85 sollte der **Nutzungswert vor Steuern** theoretisch dem **Nachsteuerwert** entsprechen. Eine Identität der Werte ist dabei jedoch mit der einfachen Hochrechnung (sog *grossing up*) mit Hilfe der oben angeführten Formel nicht immer gewährleistet. Insbes bei stark schwankenden Zahlungsströmen können sich Vor- und Nachsteuerwerte unterscheiden. Entspr ist nach *IDW* RS HFA 16 Rz 111 diese Methode nur im einfachen Rentenfall, also bei gleich bleibenden Cashflows anwendbar. In einem Beispiel (IAS 36.BCZ85) wird ein **iterativer Prozess** dargestellt, mit dem der Vorsteuer-Kapitalisierungszinssatz ermittelt werden kann. Danach wird zunächst der Nachsteuerwert ermittelt und die Identität zum Vorsteuerwert unterstellt. Der Vorsteuer-Kapitalisierungszinssatz ist der Zins, mit dem die Abzinsung der Vorsteuer-Cashflows zu demselben Ergebnis führt wie die Wertermittlung nach Steuern. 76

Mit der **Rückrechnung** von Vorsteuerzinsen aus Nachsteuerzinsen verdeutlicht der IASB, dass er den Nachsteuerwert für den „richtigen" Wert hält (s IAS 36.BC94). Wir halten es daher für zulässig, im Rahmen des Wertminderungstests ebenfalls die in der Bewertungspraxis üblichen **Nachsteuerwerte** zu verwenden. Lediglich für die im Anhang geforderten Angaben wäre der Kapitalisierungszinssatz vor Unternehmensteuern zu ermitteln. Die beschriebene Art der Umrechnung des Nachsteuerzinssatzes in einen Vorsteuerzinssatz wird auch in *IDW* RS HFA 16 Rz 111 vorgeschlagen. Die Ermittlung des Vorsteuerzinssatzes ist in Rz 137 an einem Beispiel dargestellt. 77

Die Ermittlung der einzelnen Komponenten des WACC, die sich in Eigenkapitalkosten und Fremdkapitalkosten unterteilen lassen, ist im Folgenden zusammenfassend dargestellt.

c) Eigenkapitalkosten

Der Eigenkapitalkostensatz (r_{EK}) kann mit Hilfe des ***capital asset pricing model* (CAPM)** aus Marktdaten abgeleitet werden. Nach diesem Modell setzt sich der Kapitalisierungszinssatz aus einem Zins auf risikofreie Anlagen (sog Basiszins) und einer Risikoprämie zusammen: 78

$$r_{EK} = i + \beta \cdot (r_M - i)$$

i = risikofreier Zins
β = Beta-Faktor des Bewertungsobjekts
r_M = Marktrendite

79 **aa) Risikofreier Zins.** Der **Zeitwert des Geldes** wird durch den Zins auf risikofreie Anlagen (sog Basiszinssatz) abgebildet. Die Bemessung des risikofreien Zinssatzes orientiert sich nach herrschender Auffassung an den zu erwartenden Renditen festverzinslicher Wertpapiere der öffentlichen Hand, die zum Zeitpunkt des Wertminderungstests eine mit der Nutzungsdauer des Bewertungsobjekts **vergleichbare Laufzeit** haben (s *IDW* S 1 Rz 116f).

Wird zB bei der Bewertung einer ZGE mit zugeordnetem Geschäfts- oder Firmenwert von einer **unendlichen Nutzungsdauer** ausgegangen, existieren keine laufzeitäquivalenten Wertpapiere der öffentlichen Hand. In diesem Fall kann aus der am Kapitalmarkt beobachteten Zinsstrukturkurve die theoretische Rendite für Anleihen mit unendlicher Laufzeit approximiert werden. Der Arbeitskreis Unternehmensbewertung (AKU) beim IDW empfiehlt, den Basiszins auf der Grundlage der von der Deutschen Bundesbank regelmäßig geschätzten Zinsstrukturkurven abzuleiten (*AKU IDW* FN IDW 2005, 555). Im Frühjahr 2009 lässt sich mit der empfohlenen Methodik unter Berücksichtigung einer moderaten Wachstumsrate der Cashflows ein **Basiszinssatz** von 4,0% ermitteln. Dieser Zinssatz ist auch für die Ermittlung von Nutzungswerten verwendbar, sofern der Bewertung ein unendlicher Prognosezeitraum zugrunde liegt und die zu bewertende ZGE ihre Zahlungsüberschüsse in Deutschland erzielt. Für Vermögenswerte oder ZGE, die ihre Zahlungsüberschüsse überwiegend in einer **fremden Währung** erzielen, ist der für die jeweilige Währung relevante risikofreie Zins zu verwenden. Sofern ein Vermögenswert oder eine ZGE mit beschränkter Nutzungsdauer zu bewerten sind, ist auf der Basis der oben beschriebenen Zinsstrukturkurve ein laufzeitäquivalenter Basiszins abzuleiten.

80 **bb) Risikoprämie.** Die Risikoprämie kann mit Hilfe des **CAPM** anhand der Marktrisikoprämie und des systematischen Risikos des zu bewertenden Unternehmens, das durch seinen Beta-Faktor abgebildet wird, ermittelt werden.

Die **Marktrisikoprämie** ist die Differenz zwischen Basiszins und der erwarteten Rendite eines Marktportfolios, das sämtliche risikobehaftete Anlageformen umfasst. Die Berechnung der Marktrisikoprämie erfolgt durch Bildung der Renditedifferenz zwischen Anlagen in Unternehmensanteilen (Aktien) und risikolosen Anlagen. In der Praxis kann die Marktrisikoprämie derzeit angemessen verlässlich nur aus Vergangenheitsdaten berechnet werden. Zur Ermittlung der erwarteten Rendite des Marktportfolios wird daher gewöhnlich auf historische Renditen eines breiten nationalen Aktienindizes zurückgegriffen.

81 Unter Abwägung der **Ergebnisse aktueller Studien** hat der AKU für Unternehmensbewertungen ab dem 1. Januar 2005 eine Bandbreite für Marktrisikoprämien zwischen 4,0% und 5,0% für den **deutschen Markt** empfohlen (*AKU IDW* FN IDW 2005, 70). Diese Bandbreite spiegelt die Marktrisikoprämie vor persönlicher Einkommensteuer, jedoch nach Ertragsteuern auf Unternehmensebene wider. Als Folge der Unternehmenssteuerreform 2008 ist jedoch damit zu rechnen, dass sich Änderungen bzgl der Marktrisikoprämie ergeben. Die Abbildung der Auswirkungen der Steuerreform kann, da empirische Daten noch nicht vorliegen, nur auf Basis der geplanten steuerlichen Änderungen und von bestimmten Prämissen hinsichtlich der Verhaltensweisen der Investoren geschätzt werden. Der Fachausschuss für Unternehmensbewertung und Betriebswirtschaft (FAUB) beim IDW geht davon aus, dass es zu einer leichten Erhöhung der Marktrisikoprämie vor persönlichen Einkommensteuern kommt, sodass ein Ansatz an der Obergrenze der oben genannten Bandbreite sachgerecht erscheint.

82 Die **Marktrisikoprämie** ist auf das **Risiko** des zu bewertenden Vermögenswerts bzw der zu bewertenden ZGE **anzupassen**, um zu einer spezifischen Ri-

sikoprämie zu gelangen. Dazu wird die Marktrisikoprämie mit dem **Beta-Faktor** multipliziert. Ein Beta-Faktor von eins bedeutet ein im Vergleich zum Gesamtmarkt durchschnittliches Risiko. Ein Beta-Faktor größer/kleiner als eins spiegelt überdurchschnittliches/unterdurchschnittliches Risiko wider.

Sollte die im Rahmen eines Wertminderungstests zu bewertende **ZGE selbst** 83
börsennotiert sein, kann auf den aus Kapitalmarktdaten des Unternehmens ableitbaren Beta-Faktor des Unternehmens selbst abgestellt werden. Voraussetzung ist jedoch, dass ein genügender Handel mit den Anteilen stattfindet und der Beta-Faktor eine ausreichende statistische Güte aufweist.

Sollte das **bilanzierende Unternehmen börsennotiert** sein, kann auch dessen **Beta-Faktor** als **Ausgangspunkt** für die Bestimmung der Risikoprämie verwendet werden. Dieser Beta-Faktor spiegelt das durchschnittliche Risiko aller im Unternehmen eingesetzten Vermögenswerte wider. Anpassungen des Beta-Faktors des bilanzierenden Unternehmens wären notwendig, wenn der zu bewertende Vermögenswert oder die ZGE ein im Vergleich zum Gesamtunternehmen über- oder unterdurchschnittliches Risiko hat.

Ist das **betreffende Unternehmen nicht selbst börsennotiert** oder ist ein aussagekräftiger Beta-Faktor nicht ermittelbar, kann ein Beta-Faktor aus einer Gruppe von vergleichbaren Unternehmen abgeleitet werden.

Beta-Faktoren können über verschiedene **Informationsquellen** bezogen werden. Zu nennen sind Informationsdienstleister wie Bloomberg, Reuters oder Thomson Financial/Datastream. Darüber hinaus werden Beta-Faktoren auch auf entspr Internet-Seiten veröffentlicht.

Ein aus Marktdaten abgeleiteter Beta-Faktor spiegelt neben dem operativen 84
Risiko auch das **finanzwirtschaftliche Risiko** wider. Da die Ableitung des Nutzungswerts jedoch unabhängig von der spezifischen Finanzierung des Vermögenswerts oder der ZGE zu ermitteln ist, muss der Beta-Faktor in einem ersten Schritt um das finanzwirtschaftliche Risiko bereinigt werden, um einen Beta-Faktor für ein **fiktiv unverschuldetes Unternehmen** zu erhalten. Dieses sog *unlevering* kann mit Hilfe der folgenden Formel vorgenommen werden (*Copeland/Koller/Murrin*[3], 372):

$$\beta_{\text{unverschuldet}} = \frac{\beta_{\text{verschuldet}}}{1 + (1 - s) \cdot \frac{FK}{EK}}$$

Für die Ermittlung des Beta-Faktors einer fiktiv unverschuldeten ZGE wird der Verschuldungsgrad der ZGE auf Basis der **Marktwerte von Eigen- und Fremdkapital** (FK/EK) benötigt. Als Marktwert des Eigenkapitals kann, sofern vorhanden, der aktuelle Börsenwert der ZGE angesetzt werden. Erfolgt die Ableitung des Beta-Faktors anhand der Beta-Faktoren einer Gruppe vergleichbarer Unternehmen, wird jeweils deren Börsenwert angesetzt. Der Marktwert des Fremdkapitals ist der Barwert der zukünftigen Zahlungen an die Fremdkapitalgeber. In der Praxis kann zur Vereinfachung der Buchwert des verzinslichen Fremdkapitals als Schätzwert für dessen Marktwert verwendet werden.

In einem zweiten Schritt ist der um das jeweilige spezifische Kapitalstrukturrisiko bereinigte Beta-Faktor auf das durchschnittliche Kapitalstrukturrisiko der Branche anzupassen (sog ***relevering***). Dadurch wird sichergestellt, dass die Bewertung unabhängig von der spezifischen Finanzierung des Bewertungsobjekts erfolgt. Die Formel für das *relevering* ergibt sich durch Umstellen der oben angeführten Formel nach $\beta_{\text{verschuldet}}$ und Einsetzen des durchschnittlichen branchenüblichen Verschuldungsgrads.

d) Fremdkapitalkosten

85 Der Fremdkapitalkostensatz (k_{FK}) kann auf **Basis** der **durchschnittlichen Finanzierungskosten** der Unternehmen der Vergleichsgruppe oder auch des betreffenden Unternehmens selbst – sofern dieser nicht durch bestimmte Sondereffekte verzerrt ist – abgeleitet werden. Üblicherweise wird bei einer Ableitung über die Vergleichsgruppe oder die Branche aus dem durchschnittlichen Rating der Unternehmen ein auch laufzeitspezifisch ermittelbarer Bonitätsspread abgeleitet, der auf den ebenfalls laufzeitspezifischen risikofreien Zins aufgeschlagen wird.

Die Ableitung der für die Gewichtung des Eigen- und Fremdkapitalkostensatzes benötigten Eigen- und Fremdkapitalquote erfolgt, wie oben beschrieben, auf Basis von Daten für Vergleichsunternehmen oder die gesamte Branche. Diese Vorgehensweise führt wiederum zu einer Unabhängigkeit von der konkreten Verschuldung des bilanzierenden Unternehmens.

D. Buchwert einer ZGE

I. Identifizierung

1. Grundlagen

86 Nach IAS 36.6 ist eine **ZGE** die jeweils **kleinste identifizierbare Gruppe von Vermögenswerten**, die Mittelzuflüsse aus der fortgesetzten Nutzung erzeugt, die weitestgehend unabhängig von den Mittelzuflüssen anderer Vermögenswerte oder Gruppen von Vermögenswerten sind.

Wesentliches Kriterium bei der Bildung von ZGE ist die Möglichkeit einer **unabhängigen Erzielung** von Zahlungsströmen (IAS 36.6). Hierbei ist es unerheblich, ob die ZGE tatsächlich eigenständig am Markt auftritt und damit unabhängig Zahlungsströme generiert oder aber, ob der Ausstoß der ZGE ausschließlich anderen Konzernunternehmen zugeführt wird. Ausschlaggebend ist allein, dass für die Leistungserstellung der ZGE rein theoretisch ein aktiver Markt besteht und die ZGE damit weitgehend unabhängig Zahlungsmittelströme generieren könnte (IAS 36.69).

87 Diesem Leitbild folgend, können bei der **Identifizierung** von ZGE ua folgende Aspekte von Bedeutung sein:

(1) Steuerung der Unternehmensaktivitäten durch das Management:
  (a) Produktlinien oder Geschäftsfelder,
  (b) Produktions- oder Verkaufsstandorte,
  (c) regionale Einteilung der Absatzgebiete,
(2) Entscheidungsbasis des Managements über Fortführung, Schließung, Verkauf von Unternehmenstätigkeiten,
(3) vertragliche Abhängigkeiten zwischen Einzahlungsströmen,
(4) Wechselwirkungen zwischen Einzahlungsströmen, Abhängigkeiten zwischen den Absatzmärkten der Produkte des Unternehmens,
(5) Hilfsfunktionen von Vermögenswerten zur Erzielung von Einzahlungsströmen und
(6) grds Absatzmöglichkeit von intern genutzten Zwischenprodukten auf aktiven Märkten.

88 Insbes für den Wertminderungstest **einzelner Vermögenswerte** auf der Ebene von ZGE (s zur Notwendigkeit Rz 22) dürfte regelmäßig der Fall eintreten, dass eine entspr **ZGE noch nicht definiert** worden ist. Hieraus resultiert

uU die Notwendigkeit, eine „neue“ ZGE zB für die Wertminderung einzelner Vermögenswerte des Anlagevermögens zusammenzufassen (IAS 36.66ff). Die Abgrenzung einmal gebildeter ZGE unterliegt dem Stetigkeitsgrundsatz. Von einer einmal erfolgten Abgrenzung darf jedoch mit einer entspr berechtigten Begründung abgewichen werden (IAS 36.72).

Der Wertminderungstest einzelner Vermögenswerte auf Ebene der nächstgrößeren ZGE entspricht nicht zwangsläufig dem Wertminderungstest, der für **Geschäfts- oder Firmenwerte** jährlich durchzuführen ist (zur Verpflichtung s Rz 6f, zur Zuordnung s Rz 112ff).

Für die Ebene, auf der Wertminderungstests für Geschäfts- oder Firmenwerte 89
durchgeführt werden, sind „**Obergrenzen**“ zu beachten. So gilt zum einen der Grundsatz, dass potenzielle Wertminderungen von Geschäfts- oder Firmenwerten auf der niedrigsten Ebene zu überprüfen sind, auf welcher der Geschäfts- oder Firmenwert für interne Managementzwecke überwacht wird (IAS 36.80(a)). Die so definierte ZGE bzw Gruppe von ZGE darf zum anderen aber nicht größer sein als ein von **IFRS 8** definiertes **Geschäftssegment vor Aggregation** (IAS 36.80(b); zur Definition IFRS 8.A; s ausführlich § 21 Rz 25ff). Unerheblich ist hierbei,

(1) ob das Unternehmen überhaupt der Pflicht zur Segmentberichterstattung unterliegt (s hierzu IFRS 8.2; § 21 Rz 5 ff) oder
(2) ob das jeweilige Geschäftssegment tatsächlich auch berichtspflichtig ist (s hierzu IFRS 8.11ff; § 21 Rz 25ff).

Auch nach der Einführung von IFRS 8 gilt damit das **Segment** als **„Obergrenze“** einer Zusammenfassung von ZGE im Rahmen von Wertminderungstests für Geschäfts- oder Firmenwerte. Bis zur Übernahme des neuen Standards zur Segmentberichterstattung verwies IAS 36.80(b) noch auf die Vorgängerfassung IAS 14, wobei zusätzlich auch die geografische Segmentabgrenzung zu beachten war (s hierzu Vorauflage § 33 Rz 97). 90

Im Rahmen des *Annual Improvements* Projekts 2009 wurde klargestellt, dass die Obergrenze für die Zuordnung des Geschäfts- oder Firmenwerts das Geschäftssegment **vor** Aggregation bildet (s § 21 Rz 38f). Die Änderung ist für Geschäftsjahre, die am oder nach dem 1. Januar 2010 beginnen, anzuwenden. Sie ist derzeit (Mai 2009) noch nicht von der EU übernommen worden.

Insgesamt dienen diese Regelungen der **Vermeidung von Überbewertungsrisiken**, die infolge der Gruppenbildung entstehen können. IAS 36.68 fordert daher neben den hier vorgestellten Detailregelungen ein **ausgewogenes Urteil des Managements** bei der Ermittlung der ZGE. Insbes durch Nichtbeachtung des Kriteriums „kleinste“ ZGE bestehen Risiken, dass potenzielle Wertverluste von Gruppen oder von einzelnen Vermögenswerten durch die Ertragskraft anderer Gruppen oder einzelner Vermögenswerte ungerechtfertigt kompensiert werden und eine eigentlich zwingende Wertminderung nicht entdeckt wird. Kompensationen innerhalb der jeweils kleinsten ZGE sind dabei eine Folge des Grundkonzepts des IAS 36. 91

2. Anwendungsbeispiele

Die Ausführungen lassen erkennen, dass IAS 36 nur die **theoretischen Grundrisse** zeichnet, nach denen ZGE zu identifizieren sind und ggf zusammengefasst werden dürfen. Weitergehende Vorschriften, zB in Form von Branchenstandards oder Interpretationen deutscher Fachverbände, sind derzeit nicht verfügbar. Die folgenden Ausführungen verstehen sich daher als Ansatzpunkte zur **praktischen Umsetzung** zur Abgrenzung von ZGE. 92

a) Fertigungsstandorte

93 Bei Unternehmen mit geringer Produktbreite ergeben sich regelmäßig **ZGE** nach den **Fertigungsstandorten**. Die Einzahlungsströme an den verschiedenen Fertigungsstandorten müssen jedoch unabhängig voneinander sein. IAS 36.IE11 nennt als Beispiel ein Einproduktunternehmen, in dem eine feststehende Gesamtproduktionsmenge auf zwei Standorte verteilt wird. Entspr können keine autonomen Teilplanungen für beide Fertigungsstandorte erstellt werden. Auch wenn für das Produkt beider Standorte ein aktiver Markt besteht, sind die Einzahlungen aufgrund der Verteilung der Fertigungsaufträge auf die beiden Standorte nicht unabhängig voneinander. Die zu bildende ZGE würde beide Standorte umfassen.

Beispiel: Ein Unternehmen, das die Lagerung homogener Produkte an verschiedenen Standorten anbietet, fasst alle im Inland vorhandenen Lager zu einer ZGE zusammen. Die Kunden haben aufgrund der Homogenität der Produkte die Möglichkeit, an einem bestimmten Lager eine bestimmte Menge einzulagern und eine entspr Menge an einem anderen Standort zurück zu erhalten. Da diese Möglichkeit besteht, haben die Kunden oft keine Präferenz für einen bestimmten Lagerort, und das Unternehmen entscheidet in Abhängigkeit von der Logistiklage, wo die Ware eingelagert wird. Insofern liegen in diesem Fall für die einzelnen Standorte keine voneinander unabhängigen Einzahlungen vor. Die Entscheidung für die Zusammenfassung zu einer ZGE ist sachgerecht.

Beispiel: Eine Bäckereifilialkette betreibt die Brot- und Brötchenproduktion und die Kuchenproduktion an zwei getrennten Produktionsstandorten. Umsatzrückgänge, gestiegene Rohstoff- und Transportkosten verpflichten zu einem Wertminderungstest. Marktstudien haben ergeben, dass etwa 70% der Kunden bei ihrem Einkauf sowohl Brötchen, Brot und Kuchen und etwa 30% der Kunden nur Kuchen kaufen. Die Produktionsstätten sind getrennt, liegen aber innerhalb derselben Gemeinde und haben daher vergleichbare Transportwege. Die heutige Produktionsstätte für Kuchen wurde im Rahmen eines *asset deal* von einer Konkurrenzkette vor drei Jahren übernommen. Dabei wurde ein Geschäfts- oder Firmenwert von Mio € 0,5 vergütet. Die Brot- und Brötchen- sowie die Kuchenproduktion wurden wechselseitig eingestellt und jeweils auf einen Standort konzentriert. Der Kaufpreis wurde bei Erwerb im Wesentlichen aufgrund der Beendigung des Preiskampfs der beiden Ketten akzeptiert.

Die Produktionsstandorte können keine voneinander unabhängigen Zahlungsströme generieren und müssen deshalb in der ZGE „Produktion" zusammengefasst werden. Zwischen dem Filialnetz und dem Produktionsstandort sollte eine getrennte Betrachtung auf Basis der Herstellungskosten unter dem Aspekt Eigenfertigung und Fremdbezug erfolgen. Die einzelnen Filialen sind regelmäßig als ZGE zu betrachten. Ein ggf vorhandener Geschäfts- oder Firmenwert wäre dabei auf alle Filialen aufzuteilen, da er durch eine entspr Vertriebsmarge realisiert wird. Die Aufteilung wäre sachgerecht nach den Umsatzverhältnissen im Erwerbszeitpunkt der einzelnen erworbenen und bereits vorhandenen Filialen vorzunehmen.

b) Handelsunternehmen

94 Bei **Handelsunternehmen** sind die Zahlungsströme regelmäßig durch die Handelsstandorte determiniert. Dies soll nach IAS 36.IE1 ff auch dann der Fall sein, wenn unternehmerische Funktionen, wie die Bestimmung der Verkaufspreise, das Marketing und Personalentscheidungen teilweise von einer zentralen Stelle, zB einer regionalen Vertriebsgesellschaft, übernommen werden. Ausnahmen von dieser Regel kann es uE geben, wenn wesentliche unternehmerische Entscheidungen, zB über die Eröffnung, Verkauf oder Schließung von Filialen, nicht auf Ebene der einzelnen Filialen sondern für eine Region bzw ein Land als Ganzes getroffen werden (s Rz 86). Ein weiteres Kriterium für die Abgrenzung einer ZGE soll nach IAS 36.IE3 auch die Region und die damit verbundene Kundenbasis sein. Hat eine Handelskette mehrere Läden in einer Region, ist für

diese Läden nicht von unabhängigen Einzahlungsströmen auszugehen, da sie auf dieselbe Kundenbasis zurückgreifen. In einem solchen Fall ist ebenfalls die regionale Zusammenfassung der Läden zu einer ZGE denkbar.

Beispiel: Ein Handelsunternehmen expandiert nach Land A und eröffnet dort zunächst zehn Läden. Diese werden grds einzeln über ihre Ergebnisbeiträge gesteuert, wobei eine Landesgesellschaft teilweise administrative Funktionen übernimmt. Das Handelsunternehmen fasst die Läden im Land A zu einer einzigen ZGE zusammen. Begründet werden kann dies mit der unternehmerischen Entscheidung zur Expansion bzw auch zum Rückzug aus Land A. Beide Entscheidungen betreffen nicht nur einzelne Läden, sondern grds das gesamte Engagement. Dies kann uE auch gelten, wenn im Inland einzelne Läden oder auch Regionen ZGE bilden.

c) Berücksichtigung der Organisationsstruktur

Bei **vertikal integrierten Unternehmen**, bei denen Produkte bestimmter Unternehmensbereiche in Endprodukte eingehen, liegt keine unabhängige Erzielung von Einzahlungsströmen auf Ebene der zuliefernden Unternehmensbereiche vor, da deren Absatz von der Produktionsmenge auf der nachgelagerten Wertschöpfungsstufe abhängig ist. Gem IAS 36.70 ist in einem solchen Fall zu untersuchen, ob für das jeweilige Zwischenprodukt ein aktiver Markt vorliegt, das Produkt also grds extern verkauft werden könnte. In einem solchen Fall bildet die Zwischenproduktionsstufe eine eigene ZGE. Ein aktiver Markt liegt nach IAS 36.6 vor, wenn für ein homogenes Produkt im Allgemeinen jederzeit ein Käufer oder Verkäufer gefunden werden kann. Die auf diesem Markt zustande kommenden Preise müssen der Öffentlichkeit zugänglich sein. 95

Beispiel: Ein Stahlwerk verfügt über eine eigene Kokerei, um den Bedarf an Hochofenkoks sicher zu stellen. Für Hochofenkoks existiert ein aktiver Markt mit öffentlich zugänglichen Preisen. Wenn für die Kokerei entspr Zahlen zur internen Steuerung zur Verfügung stehen, bildet dieser Unternehmensbereich eine eigene ZGE auch wenn die Produktion vollständig konzernintern verwendet wird. Der für die ZGE zu ermittelnde Nutzungswert würde jedoch nicht auf den konzerninternen Preisen basieren, sondern auf einer Schätzung der zukünftigen Preise, die mit einem fremden Dritten zustande kommen würden (IAS 36.70 f).

Je **spezialisierter** die Zwischenprodukte sind, desto weniger wird die Voraussetzung eines aktiven Markts für das Produkt gegeben sein. Soweit aufgrund der spezifischen Produkte eines Unternehmens nur das Endprodukt an einem aktiven Markt absetzbar ist, bildet das gesamte Unternehmen die ZGE. 96

Bei **horizontal integrierten Unternehmen** mit einer großen Produktbreite lassen sich die Zahlungsströme regelmäßig zunächst nach **Segmenten oder Geschäftsfeldern** einteilen. Auch hier ist auf die Unabhängigkeit der Einzahlungsströme zu achten. Ist zB der Absatz eines Produkts stark vom Absatz eines anderen Produkts abhängig, sind beide Geschäftsfelder zu einer ZGE zusammen zu fassen. 97

II. Zuordnung operativer Vermögenswerte und Schulden

In die **Ermittlung des Buchwerts** einer ZGE müssen die Buchwerte aller Vermögenswerte eingehen, die zur Erzielung der Einzahlungsüberschüsse der ZGE beitragen und somit in die Ermittlung des erzielbaren Betrags der ZGE einfließen (IAS 36.75). Dabei kann zwischen **direkt zurechenbaren Vermögenswerten** und **gemeinschaftlichen Vermögenswerten** unterschieden werden. 98

Direkt zurechenbare Vermögenswerte sind dadurch gekennzeichnet, dass sie jeweils zur Erzielung von Mittelzuflüssen aus Veräußerung oder Nutzung **nur einer** ZGE dienen (IAS 36.76). Das betrifft auch Vermögenswerte, die Hilfsfunktionen im Rahmen des Produktionsprozesses erfüllen (zB spezielle Transportanlagen, soweit der jeweilige Standort eine ZGE ist). **Gemeinschaftliche Vermögenswerte** sind Vermögenswerte, die keine von anderen Vermögenswerten unabhängigen Mittelzuflüsse erzeugen und auch nicht vollständig einer einzelnen ZGE zugeordnet werden können (IAS 36.100; s ausführlich Rz 109).

99 Neben den unter die Regelungen des IAS 36 fallenden Vermögenswerten sind auch alle sonstigen Vermögenswerte im Buchwert der ZGE zu berücksichtigen, die zur Erzielung der Cashflows beitragen (IAS 36.77). Dies betrifft insbes auch die **Vorräte**.

100 Der nach IAS 36 ermittelte Nutzungswert ist ein Gesamtunternehmenswert (*entity value*), der sowohl den Wert des Eigenkapitals als auch des Fremdkapitals berücksichtigt. Aus diesem Grund werden bei der Cashflow-Planung Fremdkapitalzinsen nicht berücksichtigt. Analog zur Ermittlung der Cashflows werden im Allgemeinen einer ZGE daher keine **Verbindlichkeiten** zugeordnet (IAS 36.76). Eine Ausnahme besteht, wenn ein potenzieller Erwerber der ZGE die Schuld mit übernehmen muss, sodass der erzielbare Betrag für die ZGE nicht ohne die Berücksichtigung der Schuld ermittelt werden kann (zB Rekultivierungsverpflichtungen).

101 **Liquide Mittel** sind, zumindest soweit sie über den operativ benötigten Bestand hinausgehen, uE nicht im Buchwert der ZGE zu berücksichtigen, da die aus ihnen resultierenden Zinserträge auch in die Ermittlung des Nutzungswerts der ZGE nicht einfließen. Liquide Mittel über das betriebsnotwendige Maß hinaus sind analog zu den Finanzverbindlichkeiten des Unternehmens Teil der Finanzierungsentscheidung und somit im Rahmen der Ermittlung von Nutzungswerten und Buchwerten außen vor zu lassen.

102 **Forderungen und Verbindlichkeiten** aus **Lieferungen und Leistungen** sowie **sonstige Verpflichtungen** dürfen gem IAS 36.79 in den Buchwert der ZGE einbezogen werden. Grds sind alle Bilanzposten zu berücksichtigen, die auch bei der Ableitung der Cashflows erfasst wurden (*IDW* RS HFA 16 Rz 84). Besteht eine ZGE zB aus einem Geschäftsbereich, für den eine integrierte GuV- und Bilanzplanung vorgenommen wird, werden bei der indirekten Ableitung der Cashflows Veränderungen des Nettoumlaufvermögens berücksichtigt (s Rz 68). Nach dem beschriebenen Äquivalenzprinzip sind die entspr Bilanzposten bei der Ermittlung des Buchwerts der ZGE ebenfalls einzubeziehen.

103 **Finanzanlagevermögen** ist grds nicht in den Buchwert der ZGE einzubeziehen. Finanzanlagen tragen üblicherweise nicht zur Erzielung der operativen Cashflows bei, sondern führen zu Finanzerträgen, die in die Berechnung des Nutzungswerts nicht einfließen. Ausnahmen von diesem Grundsatz betreffen Unternehmen, deren operative Geschäftstätigkeit auf dem Halten von Finanzanlagen beruht (zB Kreditinstitute und Versicherungen).

104 **Pensionsverpflichtungen** stellen grds Fremdkapital dar, können aus praktischen Erwägungen aber in den Buchwert der ZGE einbezogen werden, sofern sichergestellt ist, dass die entspr Verpflichtung auch im erzielbaren Betrag der ZGE reflektiert wird (*IDW* RS HFA 16 Rz 88). Sicherzustellen ist dabei die Konsistenz der Bewertung der Pensionsverpflichtungen mit der Datengrundlage, auf der die Herleitung des erzielbaren Betrags basiert. Zu beachten sind dabei Aspekte wie zB vorhandenes Planvermögen und die Bilanzierungsmethodik, nach der versicherungsmathematische Gewinne und Verluste erfasst werden (IAS 19.92ff; s ausführlich § 26 Rz 80ff).

Gem IAS 36.50 sind Vermögenswerte und Schulden im Zusammenhang mit **Ertragsteuern** (zB latente Steuern, Steuerverbindlichkeiten und -rückstellungen sowie Steuererstattungsansprüche) **nicht in den Buchwert einer ZGE einzubeziehen**, da entspr Auszahlungen auch bei der Ermittlung des Nutzungswerts nicht erfasst werden (s Rz 67). 105

Diesbezüglich stellt sich in der **Praxis** häufig die Frage, wie mit latenten Steuern umzugehen ist, die zB im Rahmen einer Kaufpreisallokation nach IFRS 3 erstmalig zum Ansatz gelangt sind. Aus der Hebung stiller Reserven, zB durch die Aktivierung von vor der Transaktion nicht bilanzierten immateriellen Vermögenswerten, resultieren regelmäßig insbes passive latente Steuern, die im Gegenzug die Residualgröße Geschäfts- oder Firmenwert erhöhen (s zur Kaufpreisallokation ausführlich § 34 Rz 164). Dem Wortlaut des IAS 36 folgend, wären diese passiven latenten Steuern nicht buchwertmindernd zu berücksichtigen, was unter sonst gleichen Umständen zu einer sofortigen Wertminderung des bilanzierten Geschäfts- oder Firmenwerts führen würde. In der Praxis wird daher vereinzelt diskutiert, insbes passive latente Steuern – entgegen dem Wortlaut des IAS 36.50 – aus der dem jeweiligen Geschäfts- oder Firmenwert zugrunde liegenden Kaufpreisallokation vom Buchwert der auf Wertminderung zu überprüfenden ZGE abzuziehen (s exemplarisch zur Diskussion *Hoffmann* in Lüdenbach/Hoffmann IFRS[7], § 11 Rz 64 ff). 106

Diese nachvollziehbare Vorgehensweise ist jedoch dem Vorwurf ausgesetzt, im Einzelfall ergebnisorientiert vom Wortlaut der IFRS abzuweichen. Denn der Buchwert von ZGE umfasst Verbindlichkeiten grds nur dann, wenn der erzielbare Betrag der ZGE nicht ohne Berücksichtigung der Verbindlichkeit bestimmt werden kann (IAS 36.76(b)). Soweit die Ermittlung des erzielbaren Betrags auf **Planungsrechnungen des Unternehmens** basiert, ist daher insbes die konsistente Ableitung künftiger Zahlungsströme ausschlaggebend dafür, ob Ertragsteuerposten (wie ua passive latente Steuern) bei der Bestimmung des Buchwerts einer ZGE anzusetzen sind. Für die Ermittlung des **Nutzungswerts** gilt grds, dass die Planungsrechnung Ertragsteuerzahlungen nicht berücksichtigt (IAS 36.50(b); s Rz 67), sodass der Buchwert der ZGE ohne Posten für tatsächliche und latente Steuern zu ermitteln ist. Basiert der Wertminderungstest auf einer Bewertung der ZGE zum **beizulegenden Zeitwert abzüglich Veräußerungskosten**, ist hingegen ausschlaggebend, dass die durch latente Steuern antizipierten Zahlungsströme ebenfalls sachgerecht in die Planungsrechnung des Unternehmens integriert worden sind. Die Praxis behilft sich daher bei Auftreten der skizzierten Problematik regelmäßig mit einem Wertminderungstest auf Basis des beizulegenden Zeitwerts abzüglich Veräußerungskosten. Unberührt von dieser Problematik bleiben ferner Fallkonstellationen, in denen der beizulegende Zeitwert anhand von marktpreisorientierten Verfahren ermittelt wird. 107

Die einzelnen **Vermögenswerte** sind den identifizierten ZGE im Zeitablauf stetig **zuzuordnen** (IAS 36.72). Eine Änderung in der Ermittlung oder Zusammensetzung der ZGE ist nur zulässig, wenn sachliche Gründe dies erfordern. In Betracht kommen insbes **Änderungen** in der Absatzstruktur wie Erweiterungen der Produkte oder Erschließung neuer Märkte, aber auch Umstrukturierungen, Verkauf oder Erwerb von Produktionsstätten oder ganzen Unternehmen und die Änderung von Organisationsstrukturen. Ergeben sich aus der geänderten Bildung von ZGE Wertminderungen oder Wertaufholungen für bereits vorhandene Vermögenswerte oder Gruppen, so sind Ereignisse und Umstände, die dazu geführt haben, und die Höhe des erfassten oder aufgehobenen Wertminderungsaufwands im Anhang anzugeben (IAS 36.73 und IAS 36.130). 108

III. Gemeinschaftliche Vermögenswerte

109 Zu gemeinschaftlichen Vermögenswerten (s Definition in Rz 98) gehören vor allem **Sachanlagen, die der allgemeinen Verwaltung dienen, typische Verwaltungsgebäude eines Konzerns oder eines Geschäftsbereichs sowie EDV-Anlagen**. Unternehmensübergreifende Einrichtungen, wie zentralisierte Forschungs- und Entwicklungslabore, die ebenfalls keine selbständigen Zahlungsflüsse generieren, sind weitere Beispiele für gemeinschaftliche Vermögenswerte.

110 Eine **anteilige Zurechnung** eines gemeinschaftlichen Vermögenswerts zu einer ZGE erfolgt nur, wenn die tatsächliche Nutzung/Inanspruchnahme des gemeinschaftlichen Vermögenswerts durch alle ZGE eine stetige und vernünftige Zurechnung rechtfertigt. Dies erfordert insbes eine relativ **konstante Inanspruchnahme** der gemeinschaftlichen Vermögenswerte durch die ZGE über mehrere Perioden. Eine vernünftige **Basis für die Aufteilung der Buchwerte** der gemeinschaftlichen Vermögenswerte können dabei zB das Verhältnis der Buchwerte der ZGE (s IAS 36.IE8) oder das Verhältnis der Umsatzerlöse oder die tatsächliche Inanspruchnahme sein, soweit dafür Erhebungen vorhanden sind.

111 Ist, zB aufgrund schwankender Nutzung der gemeinschaftlichen Vermögenswerte durch verschiedene ZGE, über die Perioden keine stetige Zuordnung möglich, so ist keine Aufteilung der Buchwerte vorzunehmen. In diesem Fall ist der Wertminderungstest einer ZGE zunächst ohne den gemeinschaftlich genutzten Vermögenswert durchzuführen. Nach IAS 36.102 sind die **ZGE** daraufhin solange **zu Gruppen zusammenzufassen**, bis eine Zuordnung des gemeinschaftlich genutzten Vermögenswerts entweder vollständig oder mit einer sachgerechten Schlüsselung zu einer oder mehreren Gruppen von ZGE möglich ist. Der Wertminderungstest ist dann zusätzlich auf Ebene der Gruppe von ZGE durchzuführen, die den gemeinschaftlich genutzten Vermögenswert enthält (s das Beispiel in Rz 145).

IV. Geschäfts- oder Firmenwert

112 Im Rahmen eines Unternehmenserwerbs entstandene Geschäfts- oder Firmenwerte sind den ZGE oder Gruppen von ZGE zuzuordnen, die von den **Synergieeffekten** aus dem Unternehmenszusammenschluss profitieren. Die Zuordnung ist dabei unabhängig davon, welchen ZGE die sonstigen im Rahmen des Unternehmenskaufs erworbenen Vermögenswerte zugeordnet werden (IAS 36.80). Folglich können auch solchen ZGE Geschäfts- oder Firmenwerte zugeordnet werden, die nicht Gegenstand der Unternehmenszusammenschlüsse waren, aus denen die Geschäfts- oder Firmenwerte resultierten, einschließlich ZGE oder Gruppen von ZGE, an denen **Minderheiten** beteiligt sind (IAS 36.C2).

113 Diese Zuordnung erfolgt ab dem **Erwerbsstichag des Unternehmenszusammenschlusses** (IFRS 3.8 (2008)/IFRS 3.25 (2004), IAS 36.80) im Rahmen der sog Kaufpreisallokation (s § 34 Rz 65ff). Hierbei können innerhalb einer Bewertungsphase von maximal 12 Monaten ab Erwerb möglicherweise noch Änderungen einer vorläufigen Kaufpreisallokation zu berücksichtigen sein (s § 34 Rz 93f). Spätestens mit Ablauf des auf den Unternehmenszusammenschluss folgenden Geschäftsjahrs ist aber auch die Zuordnung von Geschäfts- oder Firmenwerten auf ZGE **abzuschließen** (IAS 36.84).

Planungsrechnungen auf der Ebene einzelner ZGE, die einen Wertminderungstest des Geschäfts- oder Firmenwerts zulassen, sind häufig nicht verfügbar, da eine Kontrolle für **interne Managementzwecke** (zB in Form eines Beteiligungscontrollings) ebenfalls auf höherer Ebene erfolgt (IAS 36.81). Der Wertminderungstest von Geschäfts- oder Firmenwerten wird daher regelmäßig auf der Ebene einer Gruppe von ZGE vorgenommen, wobei die bereits in Rz 89f erläuterten Restriktionen zu beachten sind. **114**

Wird eine ZGE (eine Gruppe von ZGE) **veräußert**, der (denen) zuvor der Buchwert eines Geschäfts- oder Firmenwerts ganz oder teilweise zugeordnet worden ist (sind), ist uU auch ein Teil des Geschäfts- oder Firmenwerts den aus Konzernsicht veräußerten Vermögenswerten und Schulden zuzurechnen. Der Wortlaut von IAS 36.86 setzt in diesem Zusammenhang voraus, dass die Veräußerung das Vermögen eines **Geschäftsbetriebs** (Englisch: *operation*) betrifft. Folglich ist eine teilweise Ausbuchung von Geschäfts- oder Firmenwerten nicht im Rahmen einer Veräußerung möglich, die zB nur nicht betriebsnotwendiges Vermögen umfasst. **115**

Bezieht sich die Veräußerung auf einen Geschäftsbetrieb, ist eine **Aufteilung des Geschäfts- oder Firmenwerts** erforderlich, wobei grds folgende Aufteilungsmechanismen denkbar sind: **116**

(1) Aufteilung auf der Grundlage relativer Buchwerte: Verglichen wird dabei der Buchwert des beim Unternehmen verbleibenden Anteils der ZGE bzw der beim Unternehmen verbleibenden Gruppe von ZGE mit dem Buchwert des abgehenden Vermögens ohne Geschäfts- oder Firmenwerte.

(2) Aufteilung auf der Grundlage relativer beizulegender Zeit- oder Nutzungswerte: Hier kann uU auf die im Rahmen von Werthaltigkeitstests vorgenommenen Berechnungen zurückgegriffen werden. Verglichen werden dabei der Wert der beim Unternehmen verbleibenden ZGE (bzw Anteil an der ZGE) und der Wert des abgehenden Teils.

(3) Aufteilung auf der Grundlage einer anderen Verteilungsregel, die eine bessere Zuordnung des Geschäfts- oder Firmenwerts auf den abgehenden Geschäftsbetrieb ermöglicht (IAS 36.86(b)).

Der dem veräußerten Geschäftsbetrieb zugeordnete Geschäfts- oder Firmenwert ist in die Bestimmung des Veräußerungsgewinns oder -verlusts einzubeziehen (IAS 36.86(a); s hierzu auch die Ausführungen in § 38 Rz 61f sowie in § 35 Rz 33). Nach IAS 36.86(b) ist dabei der Aufteilung des Geschäfts- oder Firmenwerts anhang **relativer beizulegender Zeitwerte** grds der Vorzug zu geben. Andere Aufteilungsmechanismen sind jedoch möglich, sofern dadurch der Geschäfts- oder Firmenwert der veräußerten Einheit besser widergespiegelt wird.

Macht eine **Umstrukturierung** des Unternehmens eine **Neuzuordnung** von Geschäfts- oder Firmenwerten auf ZGE oder Gruppen von ZGE erforderlich, kommen ebenfalls die in Rz 116 erläuterten Aufteilungsmechanismen zur Anwendung. **117**

V. Anteile nicht-beherrschender Gesellschafter

Im Januar 2008 hat der IASB den Standard **IFRS 3 (2008)** veröffentlicht. Mit diesem Standard ergeben sich Änderungen im Zusammenhang mit der Ermittlung des Geschäfts- oder Firmenwerts (s § 34 Rz 217ff). Nach dem neuen Standard besteht ein Wahlrecht bzgl der Ermittlung des Geschäfts- oder Firmenwerts bei Vorliegen von Minderheitenanteilen (jetzt: Anteile nicht-beherrschender Gesellschafter) im Konzern. Bislang ist gem IFRS 3 (2004) ein aus einem Unternehmenszusammenschluss resultierender Geschäfts- oder Firmenwert lediglich in **118**

Höhe des **Konzernanteils** zu bilanzieren. Sofern **Anteile nicht-beherrschender Gesellschafter** vorhanden sind, darf bislang ihr Anteil am Geschäfts- oder Firmenwert nicht bilanziert werden. Nach IFRS 3.19 (2008) besteht künftig ein Wahlrecht zwischen der Bilanzierung des Geschäfts- oder Firmenwerts in Höhe des Konzernanteils oder aber einer Bilanzierung in Höhe des Konzernanteils und des Anteils nicht-beherrschender Gesellschafter (zT auch als „*full goodwill approach*" bezeichnet).

119 Für den Fall, dass nur der **Konzernanteil** des Geschäfts- oder Firmenwerts bilanziert wird, ergibt sich im Rahmen des Wertminderungstests für die Ermittlung des Buchwerts der ZGE die Notwendigkeit der **Hochrechnung** des Geschäfts- oder Firmenwerts auf 100%. Dies ist erforderlich, um den Buchwert der ZGE mit ihrem zugehörigen erzielbaren Betrag, der sich im Regelfall ebenfalls auf 100% der Anteile bezieht, vergleichbar zu machen (s IAS 36.C4 (2008)). Diese Notwendigkeit ergibt sich jedoch nur, wenn sich der Anteil nicht-beherrschender Gesellschafter auch auf den Teil einer ZGE bezieht, dem ein Geschäfts- oder Firmenwert zugeordnet worden ist. In der Folge bezieht sich der Wertminderungstest grds auf den Buchwert einer ZGE und den vollen Umfang des Geschäfts- oder Firmenwerts. Zur Vorgehensweise wird auf das Beispiel in Rz 140 verwiesen.

120 Das Hochrechnen des Buchwerts des Geschäfts- oder Firmenwerts auf einen Anteil von 100% ist hingegen nicht notwendig, wenn das bilanzierende Unternehmen dem *full goodwill approach* folgt, da die **Vergleichbarkeit** des Buchwerts der ZGE mit zugeordnetem Geschäfts- oder Firmenwert mit dem ermittelten erzielbaren Betrag der ZGE dann **unmittelbar gegeben** ist.

E. Buchhalterische Erfassung

I. Wertminderungen

121 Bei der buchhalterischen Erfassung von Wertminderungen sind Fallkonstellationen, in denen ein einziger Vermögenswert abzuschreiben ist, von solchen Fallkonstellationen zu unterscheiden, in denen eine ZGE abzuschreiben ist. Als **Ausgangspunkt der Abschreibung gilt** dabei jeweils zunächst die Differenz zwischen dem Buchwert und dem niedrigeren erzielbaren Betrag.

Führt der Wertminderungstest zu dem Ergebnis, dass ein **einzelner Vermögenswert** im Wert gemindert ist, ist der Buchwert auf den erzielbaren Betrag des einzelnen Vermögenswerts abzuschreiben (IAS 36.59). Die Wertminderung ist dabei **im Regelfall erfolgswirksam** als Aufwand zu buchen; der Buchwert des nunmehr wertgeminderten Vermögenswerts stellt den Ausgangspunkt seiner (regulären) Folgebilanzierung dar.

122 Nur für den Fall, dass Wertschwankungen des Vermögenswerts normalerweise direkt im sonstigen Ergebnis (*other comprehensive income*) erfasst werden (zB nach der in IAS 16 vorgesehenen **Neubewertungsmethode;** s § 5 Rz 123ff), gilt die Wertminderung zunächst einmal auch als Wertschwankung (IAS 36.60). Demnach ist eine bereits gebildete **Neubewertungsrücklage zuerst** zu reduzieren, sodass diese Komponente der Wertminderung erfolgsneutral im sonstigen Ergebnis gebucht wird. Buchhalterisch erfolgswirksam ist hingegen der Bestandteil einer Wertminderung zu erfassen, dem keine positive Neubewertungsrücklage im Eigenkapital gegenübersteht. Zu weiteren Einzelheiten s § 5 Rz 136.

123 Von dieser grds Vorgehensweise ist die buchhalterische Erfassung von Wertminderungen zu unterscheiden, die sich auf **ZGE** bzw eine Gruppe von ZGE beziehen. Umfasst der Buchwert der ZGE einen Geschäfts- oder Firmenwert, ist der Wertminderungsverlust dem **Geschäfts- oder Firmenwert zuerst** zuzuordnen (IAS 36.104(a)).

Erst ein Wertminderungsbedarf, der den Buchwert eines ggf vorhandenen Geschäfts- oder Firmenwerts übersteigt, ist **proratarisch** auf den Buchwert der **übrigen Vermögenswerte** der ZGE zu verteilen (IAS 36.104(b)). Hierbei gelten die Wertminderungsvorschriften für einzelne Vermögenswerte (IAS 36.104(b)), wobei als Untergrenze der Wertminderung das Maximum aus Null und dem erzielbaren Betrag des einzelnen Vermögenswerts gilt (IAS 36.105), soweit dieser praktisch ermittelbar ist. Ansonsten gilt die „Untergrenze" von Null. Hinsichtlich einer darüber hinausreichenden Rückstellungsbildung sind die hierfür einschlägigen Standards (zB IAS 37) zu beachten (IAS 36.108).

Besondere Zuordnungsregeln sind darüber hinaus für den Fall zu beachten, 124
dass an der ZGE **nicht-beherrschende Gesellschafter** beteiligt sind, auf die ein bilanzierter Geschäfts- oder Firmenwert entfällt (s Rz 118 ff). Ihnen ist ebenfalls ein Wertminderungsverlust zuzuordnen, wobei der übliche Ergebnisverteilungsmodus zwischen Anteilseignern des MU und den nicht-beherrschenden Gesellschaftern gilt (IAS 36.C5 ff). Die Erfassung eines Wertminderungsverlusts in dem Fall, dass ein TU mit Anteilen nicht-beherrschender Gesellschafter Teil einer größeren ZGE ist, wird im folgenden Beispiel verdeutlicht

Beispiel: Einer ZGE sind zwei TU zugeordnet. Der Konzernanteil an TU A beträgt 80% und an TU B 100%. Aus dem Erwerb von TU A resultiert ein Geschäfts- oder Firmenwert in Höhe von T€ 1.000, der nach dem *full goodwill approach* ermittelt wurde und vollständig der ZGE zugeordnet wurde. Aus dem Erwerb von TU B resultiert ein Geschäfts- oder Firmenwert von T€ 500, der ebenfalls vollständig der ZGE zugeordnet wurde. Der gesamte, der ZGE zugeordnete Geschäfts- oder Firmenwert beträgt damit T€ 1.500 und entfällt zu 66,7% auf TU A und zu 33,3% auf TU B. Es ist eine Wertminderung des der ZGE zugeordneten Geschäfts- oder Firmenwerts in Höhe von T€ 600 zu erfassen. Die Wertminderung ist im ersten Schritt innerhalb der ZGE auf TU A und TU B auf Basis der Relation der Buchwerte des Geschäfts- oder Firmenwerts zu verteilen. Entspr entfällt auf TU A ein Anteil der Wertminderung von T€ 400 (66,7% von T€ 600). Von diesem Betrag sind T€ 320 (80% von T€ 400) als Wertminderung dem Konzern zuzurechnen, während T€ 80 (20% von T€ 400) den nicht-beherrschenden Gesellschaftern zuzurechnen sind. Die auf TU B entfallende Wertminderung des Geschäfts- oder Firmenwerts von T€ 200 ist vollständig dem Konzern zuzurechnen.

Die Ermittlung und Erfassung eines Wertminderungsbedarfs im Fall des ausschließlichen Ausweises des Konzernanteils des Geschäfts- oder Firmenwerts ist unter Rz 140 dargestellt.

Bzgl der Behandlung eines nach dem *full goodwill approach* ermittelten Geschäfts- oder Firmenwerts im Fall der **Entkonsolidierung** eines TU mit nicht-beherrschenden Gesellschaftern verweisen wir auf § 35 Rz 34

II. Wertaufholungen

Zusätzlich zur Wertminderung ist in **IAS 36** auch die **Wertaufholung von** 125
Vermögenswerten geregelt (IAS 36.109 ff). Danach muss ein Unternehmen an jedem Bilanzstichtag prüfen, ob Anhaltspunkte dafür bestehen, dass der Grund für eine in einer früheren Berichtsperiode nach IAS 36 vorgenommene Abschreibung, vollständig oder teilweise nicht länger besteht (s Rz 14 ff). Liegen solche Anhaltspunkte vor, ist der jeweils relevante erzielbare Betrag zu ermitteln (IAS 36.110), woraufhin ggf eine Zuschreibung vorzunehmen ist.

Für die Ermittlung des erzielbaren Betrags der Vermögenswerte oder ZGE im Rahmen der Wertaufholung gelten dieselben Grundsätze, wie sie für die Wertminderung dargestellt wurden (s Rz 18ff). Gleiches gilt für die Ermittlung des Buchwerts von ZGE.

Der **Wertaufholungsbetrag** ergibt sich dabei grds als Differenz zwischen dem Buchwert und dem höheren erzielbaren Betrag zum Bewertungsstichtag. Für die Wertaufholung gelten ferner folgende **Restriktionen:**

126 (1) Eine **Wertaufholung** eines zuvor wertgeminderten **Geschäfts- oder Firmenwerts** ist in diesem Zusammenhang **grds unzulässig** (IAS 36.124). Diese Regelung wird damit begründet, dass der wertgeminderte erworbene Geschäfts- oder Firmenwert durch einen im Zeitablauf selbst geschaffenen Geschäfts- oder Firmenwert nicht ersetzt werden soll. Das „Wertaufholungsverbot" für Geschäfts- oder Firmenwerte bezieht sich auch auf Wertminderungen, die in einem **Zwischenabschluss** bilanziert worden sind (IFRIC 10.8).

127 (2) Eine mögliche **Restriktion** einer Wertaufholung ist weiterhin, dass sich tatsächliche Verbesserungen der geplanten Cashflows ergeben haben müssen oder Entwicklungen die Verringerung von Kapitalisierungszinssätzen rechtfertigen. Es muss eine tatsächliche Erhöhung des **Leistungspotenzials** vorliegen, zB durch interne Maßnahmen wie Restrukturierungen oder Erweiterungsinvestitionen oder auch durch ein günstigeres externes Umfeld, sodass bspw nunmehr mit höheren oder zeitlich früher anfallenden Zahlungsflüssen zu rechnen ist. Auch eine Reduktion im Kapitalisierungszins, zB infolge einer Absenkung des Risikoprofils der zu prüfenden Vermögenswerte, kann eine Wertaufholung erforderlich machen. Dagegen ist es **nicht ausreichend**, wenn sich ein Nutzungswert lediglich durch das Verstreichen von Zeit erhöht, also allein der im Zeitablauf abnehmende Diskontierungseffekt dazu führt, dass der Nutzungswert nunmehr größer ist, als der Buchwert (IAS 36.115f).

128 (3) Die **Obergrenze** der Wertaufholung von Vermögenswerten wird durch die Höhe der fortgeführten Anschaffungs- oder Herstellungskosten bestimmt, die sich ergeben hätten, wenn keine Wertminderung in den Vorperioden erfasst worden wäre (IAS 36.117). Kein Vermögenswert darf über diesen „**hypothetisch fortgeführten Buchwert**" hinaus zugeschrieben werden.

129 Ergibt sich unter Berücksichtigung dieser Restriktionen ein Wertaufholungsvolumen, gelten die Regelungen zur buchhalterischen Erfassung von Wertminderungen (Rz 121ff) spiegelbildlich. Eine Wertaufholung eines **einzelnen Vermögenswerts** ist demnach im Regelfall erfolgswirksam vorzunehmen. Wenn es sich um einen neubewerteten Vermögenswert handelt, darf die Zuschreibung nur in Höhe einer zuvor erfolgten erfolgswirksamen Abschreibung ebenfalls erfolgswirksam erfolgen. Ein darüber hinausreichender Zuschreibungsbetrag ist erfolgsneutral direkt im sonstigen Ergebnis (zB Neubewertungsrücklage) zu erfassen (IAS 36.119f; s ausführlich § 5 Rz 211).

130 Betrifft die Wertaufholung eine Wertminderung, die in früheren Berichtsperioden auf der Ebene einer **ZGE** vorgenommen worden ist, ist die Wertaufholung auf die einzelnen Vermögenswerte der ZGE **proratarisch** zu verteilen. Bzgl der buchhalterischen Erfassung gelten die Regelungen für die Wertaufholung einzelner Vermögenswerte hierbei analog (IAS 36.122). Als Zuschreibungsobergrenze gilt dabei neben dem hier so bezeichneten hypothetischen fortgeführten Buchwert (Rz 18) der erzielbare Betrag des einzelnen Vermögenswerts. Dieser gilt dann als Zuschreibungsobergrenze, wenn der erzielbare Betrag kleiner ist, als der Buchwert, der sich zum Bewertungsstichtag ergeben hätte, wenn der entspr

Vermögenswert regulär fortgeschrieben worden wäre. Das auf den einzelnen Vermögenswert verteilte Zuschreibungsvolumen ist in diesem Fall anderen Vermögenswerten zuzuordnen (IAS 36.123).

F. Anwendungsbeispiele

I. Wertminderungstest einer ZGE

1. Ausgangslage

Ein **Stahlunternehmen** besteht aus den **Unternehmensbereichen Hochofen**, **Stahlwerk** und **Walzwerk**. Die Produkte der Bereiche Hochofen und Stahlwerk werden vollständig intern weiterverarbeitet. Nur der Bereich Walzwerk liefert Produkte an fremde Dritte. Für Roheisen und Stahl existieren jedoch aktive Märkte, sodass ein externer Verkauf der Vorprodukte zumindest denkbar ist. Entspr bilden die drei Bereiche je eine ZGE. Vor einigen Jahren wurde von einem Wettbewerber ein angrenzendes Walzwerk erworben und mit den eigenen Walzaktivitäten verbunden. Die Synergieeffekte entstehen lediglich auf der Ebene der ZGE Walzwerk, sodass der vorhandene Geschäfts- oder Firmenwert vollständig der ZGE Walzwerk zugeordnet ist. Anteile nicht-beherrschender Gesellschafter existieren in allen drei ZGE nicht. 131

Die ZGE Hochofen und Stahlwerk sind nur auf ihre Werthaltigkeit zu überprüfen, wenn Anzeichen für eine mögliche Wertminderung vorliegen. Das ist nicht der Fall. Die ZGE Walzwerk ist aufgrund des zugeordneten Geschäfts- oder Firmenwerts mindestens jährlich und darüber hinaus bei Vorliegen eines Wertminderungsindikators zu überprüfen.

Das Stahlunternehmen verfügt über eine Hauptverwaltung, die gemeinschaftlich von allen drei ZGE genutzt wird.

Der Buchwert der ZGE Walzwerk setzt sich wie folgt zusammen:

	ZGE Walzwerk – Buchwert	**405**
	direkt zuordenbares Anlagevermögen	300
+	Geschäfts- oder Firmenwert	40
+	gemeinschaftlich genutzte Hauptverwaltung	20
+	Vorräte	40
+	liquide Mittel soweit betriebsnotwendig	5
+	Forderungen aus Lieferungen und Leistungen und sonstige Vermögenswerte	60
–	Verbindlichkeiten aus Lieferungen und Leistungen	30
–	sonstige Rückstellungen	5
–	Pensionsrückstellungen	10
–	passive latente Steuern aus Kaufpreisallokation	15

Der Buchwert der gemeinschaftlich genutzten Hauptverwaltung wurde anhand der Höhe der den einzelnen ZGE zugerechneten Gemeinkosten aufgeteilt. Die sonstigen Vermögenswerte wurden um verzinsliche Vermögenswerte und Vermögenswerte, die mit Ertragsteuern in Zusammenhang stehen, bereinigt.

Nicht betriebsnotwendige liquide Mittel wurden analog zum verzinslichen Fremdkapital nicht im Buchwert der ZGE berücksichtigt, da der im nächsten Schritt zu berechnende Nutzungswert ebenfalls ein Wert vor Finanzierung ist. Die sonstigen Rückstellungen wurden um Rückstellungen für Ertragsteuern bereinigt.

2. Ermittlung des Nutzungswerts

a) Planung der Zahlungsmittelüberschüsse

132 **Ausgangspunkt** der Ableitung der Zahlungsmittelüberschüsse der ZGE Walzwerk ist die **jüngste Planungsrechnung** des Unternehmens. Diese Planung wird im Allgemeinen die Einbindung des Unternehmens in den Konzernverbund abbilden. Insbes betrifft dies die implizite Berücksichtigung von Synergieeffekten und die Auswirkungen von konzerninternen Verrechnungspreisen. Es stellt sich die Frage, ob aufgrund der Einbindung in den Konzernverbund Anpassungen dieser Planung vorzunehmen sind.

Da jedoch ein Nutzungswert zu ermitteln ist, also ein Wert, der sich aus Sicht des bilanzierenden Unternehmens aus der fortlaufenden Nutzung und entspr Einbindung der einzelnen ZGE in den Konzern ergibt, wird eine Anpassung der Planung aufgrund von berücksichtigten Synergien nicht notwendig sein. Nach IAS 36.70 sind bei der Ableitung der Cashflows jedoch interne Verrechnungspreise durch geschätzte potenzielle Marktpreise zu ersetzen, sofern die Produkte grds auch extern veräußert werden könnten.

133 Hier könnte vermutet werden, dass diese Vorgabe des IAS 36 im **Widerspruch** zur ansonsten im Rahmen des Nutzungswertkonzepts erlaubten Berücksichtigung von **Synergien** steht, da zB unter Markt liegende Verrechnungspreise bei der die Leistung empfangenden ZGE eine Form von Synergien darstellen könnten. Die Regelung soll jedoch lediglich verhindern, dass die von den Verrechnungspreisen profitierende Konzerneinheit im Rahmen des Wertminderungstests zu positiv dargestellt wird und umgekehrt die „leistende" Konzerneinheit eine wirtschaftlich nicht gerechtfertigte Wertminderung ausweist. Konzernweit gleichen sich die Folgen nicht marktkonformer Verrechnungspreise aus, während tatsächliche Synergieeffekte auch über den gesamten Konzernverbund gesehen zu einem positiven Erfolgsbeitrag führen sollten.

134 Die Produkte der ZGE Walzwerk werden **ausnahmslos** an fremde Dritte verkauft. Allerdings bezieht die ZGE Vorprodukte von der ZGE Stahlwerk. Der vom Management geplante Materialaufwand ist entspr anzupassen. **Anpassungsbedarf** ergibt sich außerdem, wenn die Planung die Folgen von Erweiterungsinvestitionen und eventuellen Restrukturierungsmaßnahmen berücksichtigt. Sofern die mit Erweiterungsinvestitionen verbundenen Auszahlungen tatsächlich noch nicht angefallen sind, sind die geplanten Mittelzu- und -abflüsse aus solchen Maßnahmen zu eliminieren. Restrukturierungsmaßnahmen sind nur zu berücksichtigen, sofern sich das Unternehmen zu diesen Maßnahmen bereits verpflichtet hat. Im vorliegenden Fall war die Planung um Erweiterungsinvestitionen zu bereinigen, die sowohl zu einer Erhöhung der Umsatzerlöse als auch zu einer Verringerung der Kosten führen sollten. Die Pensionsrückstellungen sind in den Buchwert der ZGE Walzwerk eingeflossen. Entspr wurde sicher gestellt, dass im Personalaufwand die damit in Verbindung stehenden Aufwandsposten vollständig enthalten sind. Alternativ kann auch eine Bereinigung der entspr Posten in der GuV bzw dem erfolgswirksamen Teil der Gesamtergebnisrechnung und der Cashflow-Rechnung erfolgen und die Pensionsrückstellungen direkt vom Nutzungswert abgezogen werden (*IDW* RS HFA 16 Rz 84).

Aus der **unternehmenseigenen Planung** wird für Zwecke des Wertminderungstests folgende, verkürzt dargestellte, GuV-Planung abgeleitet: 135

Jahr	1 T€	2 T€	3 T€	4 T€	5 T€	6ff T€
EBITDA	32	36	44	45	50	43
Abschreibungen	10	9	8	7	6	5
EBIT	22	27	36	38	44	38
Steuern 30%	7	8	11	11	13	11
Jahresüberschuss	16	19	25	27	31	27

Unter der Annahme, dass es im Planungszeitraum zu keinen Veränderungen des Working Capital und der im Buchwert berücksichtigten sonstigen Vermögenswerte und Rückstellungen kommt, leitet das Unternehmen aus der GuV-Planung folgende vereinfachte Cashflow-Planung ab (mit Rundungsdifferenzen):

Jahr	1 T€	2 T€	3 T€	4 T€	5 T€	6ff T€
EBITDA	32	36	44	45	50	43
Erhaltungsinvestitionen	5	5	5	5	5	5
Cashflow vor Steuern	27	31	39	40	45	38
Steuern	7	8	11	11	13	11
Cashflow nach Steuern	21	23	28	29	32	27

Aufgrund des zugeordneten **Geschäfts- oder Firmenwerts** ist von einem **unendlichen Prognosezeitraum** auszugehen. Für den sich an den üblichen Planungszyklus von fünf Jahren anschließenden Zeitraum ist ein nachhaltig erzielbarer Cashflow zu ermitteln. Da das Unternehmen einer zyklischen Branche zuzuordnen ist, wurde für die Planung der Cashflows für die Jahre 6ff von einem langjährigen Durchschnitt ausgegangen.

b) Ableitung des Kapitalisierungszinssatzes und des Nutzungswerts

Aus **Marktdaten** wurde ein **Kapitalisierungszinssatz** von 7,5% abgeleitet. Dieser setzt sich aus folgenden Komponenten zusammen: 136

Berechnung des EK-Zinssatzes	
Basiszinssatz	4,75%
Marktrisikoprämie	5,00%
Betafaktor *(relevered)*	1,33%
EK-Zinssatz	11,40%
EK-Quote	40%
Berechnung des FK-Zinssatzes	
FK-Zinssatz	7,0%
Steuersatz	30%
FK-Zinssatz nach Steuern	4,90%
FK-Quote	60%

Da weder die ZGE Walzwerk noch das Stahlunternehmen selbst **börsennotiert** sind, wurde der Beta-Faktor anhand von Vergleichsunternehmen abgeleitet und anhand des durchschnittlichen Verschuldungsgrads der Branche in einen

Betafaktor (*relevered*) umgerechnet. Die Fremdkapitalkosten sowie die in die Berechnung des WACC einfließenden Eigenkapital- und Fremdkapitalquoten wurden ebenfalls aus Branchendaten abgeleitet. Um ein konstantes Wachstum der nominalen Ausschüttungsbeträge nach dem Jahr 5 zu berücksichtigen, wurde der Kapitalisierungszinssatz für die zweite Planungsphase um einen **Wachstumsabschlag** von 1% reduziert. Für den nachhaltigen Planungszeitraum ergibt sich somit ein Kapitalisierungszinssatz von 6,5%.

137 Da dieser Kapitalisierungszinssatz aus **Marktdaten abgeleitet** wurde, spiegelt er **eine Rendite nach Unternehmenssteuern** wider. Im Rahmen des Wertminderungstests erfolgt die Bewertung jedoch vor Steuern. Der Vorsteuerzins wird im Folgenden anhand des in IAS 36.BCZ 85 dargestellten iterativen Prozesses abgeleitet. Dazu ist zunächst der Wert nach Steuern zu ermitteln:

Jahr	1 T€	2 T€	3 T€	4 T€	5 T€	6 ff T€
Cashflow nach Steuern	21	23	28	29	32	27
Kapitalisierungszins	7,5%	7,5%	7,5%	7,5%	7,5%	6,5%
Barwertfaktor	0,930	0,865	0,805	0,749	0,697	10,716
Barwerte	19,25	19,60	22,54	21,58	22,23	284,33
Summe Barwerte	390					

Der nachfolgend verwendete Kapitalisierungszinssatz von 10,1% bzw 9,1% im nachhaltigen Planungszeitraum ergibt sich **iterativ** als der Zins, der bei Diskontierung der Vorsteuer-Cashflows zu demselben Wert führt wie die Bewertung nach Steuern. Die iterative Berechnung des Kapitalisierungszinssatzes vor Steuern kann bspw mit Hilfe von Tabellenkalkulationsprogrammen wie Excel und der Funktion „Zielwertsuche" sehr einfach erfolgen (Tabelle mit Rundungsdifferenzen).

Jahr	1 T€	2 T€	3 T€	4 T€	5 T€	6 ff T€
Cashflow vor Steuern	27	31	39	40	45	38
Kapitalisierungszins	10,1%	10,1%	10,1%	10,1%	10,1%	9,1%
Barwertfaktor	0,908	0,824	0,748	0,679	0,617	6,744
Barwerte	24,89	25,26	28,97	27,40	27,86	255,63
Summe Barwerte	390					

Die einfache Division des Kapitalisierungszinssatzes nach Steuern durch (1 – Steuersatz) hätte zu einem Zins von 10,7% (bzw 9,7% ab Jahr 6) und einem Nutzungswert von T€ 367 geführt, während er auf Basis des iterativ ermittelten Kapitalisierungszinssatzes T€ 390 beträgt.

3. Vergleich des erzielbaren Betrags mit dem Buchwert der ZGE

138 Der erzielbare Betrag der ZGE Walzwerk ist mit T€ 390 niedriger als der Buchwert der ZGE von T€ 405. Es ergibt sich demnach ein **Wertberichtigungsbedarf** von T€ 15. Entspr wird zunächst der vorhandene Geschäfts- oder Firmenwert von T€ 40 um T€ 15 abgeschrieben. Sofern die ermittelte Wertminderung den vorhandenen Geschäfts- oder Firmenwert überstiegen hätte, wäre der restliche Wertberichtigungsbedarf proportional zum Buchwert auf die immateriellen Vermögenswerte und das Sachanlagevermögen einschließlich der gemeinschaftlich genutzten Hauptverwaltung verteilt worden. Die Vermögenswerte, die nicht unter IAS 36 fallen, also in diesem Fall Vorräte und Forderungen aus Lieferungen und Leistungen und sonstige Vermögenswerte, werden nicht

wertgemindert. Sie dienen lediglich der vollständigen Erfassung aller zur Erzielung der Cashflows beitragenden Vermögenswerte im Buchwert der ZGE. Bei der Erfassung einer Wertminderung von Vermögenswerten außer dem Geschäfts- oder Firmenwert sind die Auswirkungen der Wertminderung auf die latenten Steuern zu beachten.

Wie in Rz 118ff beschrieben, besteht nach **IFRS 3.19 (2008)** ein **Wahlrecht**, ob im Fall des Vorliegens von **Anteilen nicht-beherrschender Gesellschafter** der Geschäfts- oder Firmenwert zu 100% oder nur für den Konzernanteil ausgewiesen wird. Für den Fall, dass nur der Konzernanteil ausgewiesen wird, ist dies beim Vergleich des Buchwerts der ZGE mit dem erzielbaren Betrag zu berücksichtigen (s IAS 36.IE7). Der Nutzungswert wurde für 100% der Anteile an der ZGE berechnet, während – in Abwandlung des obigen Beispiels – im Folgenden nun angenommen wird, dass der Geschäfts- oder Firmenwert nur in Höhe des Anteilseigentums in der Bilanz des Unternehmens ausgewiesen wird. Für einen aussagekräftigen Vergleich des Nutzungswerts mit dem Buchwert muss daher zunächst der Buchwert des Geschäfts- oder Firmenwerts auf einen Anteil von 100% hochgerechnet werden. Der sich durch den Vergleich des angepassten Buchwerts mit dem Nutzungswert ergebende Abwertungsbedarf wird ebenfalls zunächst auf den Geschäfts- oder Firmenwert verteilt. Buchungstechnisch erfasst wird jedoch nur der Konzernanteil. Der Anteil nicht-beherrschender Gesellschafter bleibt unberücksichtigt. Ein über den Geschäfts- oder Firmenwert hinausgehender Wertminderungsbedarf wird wie bisher auf die verbleibenden immateriellen Vermögenswerte und das Sachanlagevermögen verteilt. Folgendes Zahlenbeispiel verdeutlicht die Vorgehensweise: 139

In der ZGE Walzwerk seien annahmegemäß **Anteile nicht-beherrschender Gesellschafter** von 10% enthalten. Der Buchwert des Geschäfts- oder Firmenwerts wurde von T€ 40 auf T€ 44,4 angepasst, um einen fiktiven 100%igen Konzernanteil widerzuspiegeln. Es ergibt sich ein mit dem Nutzungswert vergleichbarer Buchwert von T€ 409,4: 140

ZGE Walzwerk – angepasster Buchwert		**T€**
direkt zuordenbares Anlagevermögen		300,0
Geschäfts- oder Firmenwert (hochgerechnet auf 100%)	+	44,4
gemeinschaftlich genutzte Hauptverwaltung	+	20,0
Vorräte	+	40,0
liquide Mittel soweit betriebsnotwendig	+	5,0
Forderungen aus Lieferungen und Leistungen und sonstige Vermögenswerte	+	60,0
Verbindlichkeiten aus Lieferungen und Leistungen	–	30,0
sonstige Rückstellungen	–	5,0
Pensionsrückstellungen	–	10,0
passive latente Steuern aus Kaufpreisallokation	–	15,0
Buchwert ZGE Walzwerk mit Anteil nicht-beherrschender Gesellschafter		**409,4**

Der Vergleich mit dem Nutzungswert von T€ 390 führt nun zu einem Wertminderungsbedarf von T€ 19,4, der wie folgt erfasst wird:

ZGE Walzwerk – Wertminderung bei nicht-beherrschenden Gesellschaftern	**T€**
Wertminderung	19,4
davon auf Geschäfts- oder Firmenwert	19,4
davon buchhalterisch zu erfassen (90%)	17,5
davon unberücksichtigt bleibender Anteil der nicht-beherrschenden Gesellschafter (10%)	1,9
davon proportional auf sonstige Vermögenswerte zu verteilen	0,0
insgesamt zu erfassende Wertminderung	**17,5**

Für die **Erfassung** bzw den **Ausweis eines Wertminderungsbedarfs** bei einzelnen Vermögenswerten wird auf Rz 121 ff verwiesen.

II. Wertminderungstest bei Gruppen von ZGE

141 Können gemeinschaftliche Vermögenswerte oder Geschäfts- oder Firmenwerte nicht zugeordnet werden, ist der Wertminderungstest zunächst ohne diese Buchwerte durchzuführen (sog „***bottom-up-test***“).

Bei dem anschließend erforderlichen „***top-down***“**-Test** ist in einem ersten Schritt die **nächstgrößere Gruppe von ZGE** zu bestimmen, der gemeinschaftliche Vermögenswerte oder ein Geschäfts- oder Firmenwert direkt oder auf vernünftiger Basis stetig zugerechnet werden können. Dies können für gemeinschaftliche Vermögenswerte und Geschäfts- oder Firmenwerte unterschiedliche Gruppen von ZGE sein.

142 Danach ist der **erzielbare Betrag** für die Gruppe von ZGE mit dem Buchwert der darin enthaltenen ZGE und den übergeordneten gemeinschaftlichen Vermögenswerten oder Geschäfts- oder Firmenwerten zu vergleichen. Es ergibt sich folgende grds Ermittlung:

	Buchwert der kleinsten zu überprüfenden ZGE (ZGE entspr „*bottom-up*“-Test)
+	Summe der Buchwerte der ZGE 2 bis n, die in der nächstgrößeren ZGE mit enthalten sind
+	Buchwert der gemeinschaftlichen Vermögenswerte
+	Buchwert der Geschäfts- oder Firmenwerte
=	Buchwert der nächstgrößeren Gruppe von ZGE
–	erzielbarer Betrag der nächstgrößeren Gruppe von ZGE
=	Wertminderungsaufwand gesamt oder Deckung des Buchwerts

143 Wird der **Wertminderungstest** auf die nächstgrößere Gruppe von ZGE bezogen, können sich **Kompensationsvolumina** zwischen den zahlungsmittelgenerierenden Untereinheiten für die gemeinsam genutzten Vermögenswerte und dem Geschäfts- oder Firmenwert ergeben. Kompensationen innerhalb der jeweils kleinsten Gruppe von ZGE, der ein gemeinschaftlicher Vermögenswert oder ein Geschäfts- oder Firmenwert zugeordnet werden kann, sind zulässig. Sie führen ggü einer willkürlichen Aufteilung von Buchwerten übergeordneter Vermögenswerte zu einer besseren Vermittlung eines den tatsächlichen Verhältnissen entspr Bilds der Vermögens- und Ertragslage.

144 Durch die **proportionale Zuordnung** des **Wertminderungsbedarfs** zu den Vermögenswerten darf der sich nach Erfassung des Wertminderungsaufwands ergebende Buchwert für einen Vermögenswert nicht unter:

(1) seinem beizulegenden Zeitwert abzüglich Veräußerungskosten (wenn bestimmbar),
(2) seinem Nutzungswert (wenn bestimmbar)

liegen (IAS 36.105). Dieser dadurch auf einen Vermögenswert nicht verteilbare Anteil ist wiederum anteilig auf die übrigen Vermögenswerte der ZGE zu verteilen.

Übersteigt der Wertminderungsaufwand der ZGE den Buchwert, ist die Verteilung, analog der Wertminderungserfassung für Vermögenswerte, auf die Höhe der Buchwerte **begrenzt** (IAS 36.108). Ein überschreitender Betrag ist nur als Schuld anzusetzen, wenn dies von einem anderen IAS (insbes IAS 37) verlangt wird. 145

Beispiel: Die Einzelhandels-AG betreibt bundesweit 80 Filialen, für eine der Filialen liegen Anhaltspunkte für Wertminderungen vor (erhebliche Umsatzrückgänge). Diese Filiale gehört zu insgesamt drei Filialen in einer Stadt, die zwei Jahre zuvor von einem Mitbewerber erworben wurden. Die Einzelhandels-AG hatte vor dem Erwerb keine Filialen in dieser Stadt. Aus dem Erwerb resultiert zum Abschlussstichtag ein Geschäfts- oder Firmenwert in Höhe von Mio € 0,5. Ein miterworbenes Zwischenlager (Grundstück, Gebäude, sonstige Sachanlagen) wird weitergenutzt und weist einen Buchwert von Mio € 0,4 aus. Das Management erwägt den Verkauf des Zwischenlagers. Ein hierzu angefertigtes Gutachten weist einen Grundstückswert von Mio € 0,38 zum Abschlussstichtag aus. Die einzelnen Filialen bilden jeweils ZGE, da ua der Umsatzprozess durch den unmittelbaren Markt in den einzelnen Stadtteilen geprägt ist. Die Werthaltigkeit einzelner Vermögenswerte (zB Ladeneinbauten und Mietrechte) wird, sofern kein beizulegender Zeitwert abzüglich Veräußerungskosten ermittelbar ist, auf Ebene der einzelnen Filialen überprüft. Für diese sind die entspr Nutzungswerte zu bestimmen. Bei der Kaufpreisbestimmung für die Einzelhandels-AG stand der Markteintritt in dieser Stadt im Vordergrund. Es wurde keine Ermittlung eines Geschäfts- oder Firmenwerts nach der Ertragskraft der einzelnen Filialen vorgenommen. Entspr erfolgt auch die Überwachung des Geschäfts- oder Firmenwerts lediglich für die Region (hier die Stadt) als Ganzes. Die drei Filialen inklusive des Zwischenlagers bilden somit die nächstgrößere ZGE des Unternehmens, auf deren Ebene die Werthaltigkeit des Geschäfts- oder Firmenwerts überprüft wird. Das Zwischenlager wird unterschiedlich und vor allem schwankend durch die Filialen in Anspruch genommen. Ursache dafür sind vor allem die zunehmenden Direktbelieferungen der Filialen durch die Hersteller. Eine stetige Zuordnung dieses gemeinschaftlich genutzten Vermögenswerts ist nicht möglich.

Aufgrund des nicht den einzelnen Filialen zuordenbaren Geschäfts- oder Firmenwerts und des gemeinschaftlichen Vermögenswerts ist eine Bestimmung des erzielbaren Betrags für die nächstgrößere ZGE vorzunehmen. Die Vorgehensweise ist in der folgenden Übersicht dargestellt:

Alle Werte in T€	Filiale			Lager	GoF	Summe
	1	2	3			
1. *bottom-up*-Test						
Buchwert vor Wertminderungstest	530	420	590			
Nutzungswert	600	380	670			
Wertminderung nach *bottom-up*-Test	0	40	0			40
2. *top-down*-Test						
Buchwert nach *bottom-up*-Test	530	380	590	400	500	2.400
Nutzungswert	600	380	670			1.650
Wertminderung nach *top-down* Test						750
Direkte Erfassung der Wertminderung				0	– 500	– 500
zu verteilende Wertminderung						250
Verhältnis der Buchwerte	530	380	590	400		1.900
	28%	20%	31%	21%		100%
anteilige Wertminderung	– 70	– 50	– 77	– 53		– 250

Alle Werte in T€	Filiale			Lager	GoF	Summe
	1	2	3			
nicht verteilbare Wertminderung (beizulegender Zeitwert Lager: T€ 380)				33		33
Verhältnis der Buchwerte	530	380	590			1.500
	35%	25%	39%			100%
anteilige Zuordnung	– 12	– 8	– 13			– 33
Buchwert nach Wertminderungstest	448	322	500	380	0	1.650

146 Die nach dem ***top-down*-Test** auf die einzelnen ZGE entfallenden Wertminderungen sind wiederum auf die unter IAS 36 fallenden Vermögenswerte im Verhältnis ihrer Buchwerte zu verteilen. Auch hierbei gelten die oben beschriebenen Restriktionen.

147, 148 *einstweilen frei*

G. Angaben im Anhang

149 Nach IAS 36 sind grds alle **Wertminderungen und Wertaufholungen** der Periode im Anhang anzugeben. Dabei ist einzeln darzustellen, in welchem Umfang die Wertminderungsaufwendungen und Wertaufholungen erfolgswirksam in der **GuV** bzw dem erfolgswirksamen Teil der Gesamtergebnisrechnung vorgenommen wurden und welcher GuV Posten davon betroffen war oder bei Bilanzierung von Sachanlagen oder immateriellen Vermögenswerten nach der **Neubewertungsmethode** als Bestandteil des sog „sonstigen Ergebnisses" (*other comprehensive income*) erfolgsneutral verrechnet wurden (IAS 36.126; zum sonstigen Ergebnis s ausführlich § 15 Rz 111 ff).

150 Ein **Pflichtposten** innerhalb der GuV bzw dem erfolgswirksamen Teil der Gesamtergebnisrechnung für die Erfassung von Wertminderungsaufwendungen ist von IAS 36 **nicht vorgesehen**, sodass hier die **allgemeinen Grundsätze von IAS 1** gelten (s § 15 Rz 46 ff, Rz 55 f). In der Folge dürfte insbes bei signifikanten Effekten aus der Wertminderung oder Wertaufholung ein gesonderter Posten innerhalb der GuV bzw dem erfolgswirksamen Teil der Gesamtergebnisrechnung darzustellen sein (IAS 1.85) der von den Pflichtangaben nach IAS 36.130 zu komplettieren ist (s Rz 152).

Diese Angaben sind jeweils für **Gruppen von Vermögenswerten** (IAS 36.127), zusammengefasst nach ähnlicher Art und Verwendung analog IAS 16.37 ff) vorzunehmen. Die Informationen können zB auch in einen Sachanlagespiegel (erforderlich für Abschlüsse nach § 315 a HGB) integriert werden (IAS 36.128).

151 Enthält der Abschluss eine **Segmentberichterstattung** nach IFRS 8 (s § 21), sind die vorstehenden Angaben jeweils für die gebildeten Segmente zu ergänzen (IAS 36.129).

152 Für aus Unternehmenssicht **einzelne wesentliche Wertminderungen** oder **Wertaufholungen** sind darüber hinaus folgende Angaben erforderlich (IAS 36.130):

(1) Höhe sowie Ereignisse und Umstände, die zu Wertminderungen oder Wertaufholungen geführt haben,
(2) für einzelne Vermögenswerte: die Art und das berichtspflichtige Segment, zu dem der Vermögenswert gehört,
(3) für eine ZGE: eine Beschreibung der ZGE, inklusive etwaiger Änderungen in der Zusammenfassung der Vermögenswerte, die Höhe der Wertminderungen oder Wertaufholungen pro Gruppe und Geschäftssegment,

(4) die Basis des erzielbaren Betrags (beizulegender Zeitwert abzüglich Veräußerungskosten oder Nutzungswert),
(5) verwendete Grundlage bei Ermittlung des beizulegenden Zeitwerts abzüglich Veräußerungskosten (Kaufvertrag, aktiver Markt etc),
(6) in der aktuellen Berichtsperiode und im Vorjahr verwendeter Abzinsungssatz bei Ermittlung des Nutzungswerts.

Ist der **Gesamtbetrag der Wertminderungen oder Wertaufholungen** für den Abschluss des Unternehmens wesentlich bei der Einschätzung der **VFE-Lage**, so sind folgende Angaben (soweit nicht bereits bei den Angaben über wesentliche Wertminderungen oder Wertaufholungen einzelner Vermögenswerte enthalten) zu ergänzen (IAS 36.131): 153
(1) die wichtigsten Gruppen von Vermögenswerten, die von Wertminderungen und Wertaufholungen betroffen sind,
(2) die wichtigsten Ereignisse und Umstände, die Ursachen für die Wertminderung oder Wertaufholung waren.

Darüber hinaus wird empfohlen, die in der Berichtsperiode verwendeten **Grundannahmen des Unternehmens** zur Bestimmung des **erzielbaren Betrags** anzugeben (IAS 36.132).

Gesondert geregelt sind die Anhangangaben für ZGE, denen ein Geschäfts- oder Firmenwert oder ein immaterieller Vermögenswert mit unbestimmter Nutzungsdauer in signifikantem Umfang zugeordnet wurde. Diese Angaben verstehen sich als **wiederkehrende Pflichtangaben**, die auch dann zwingend in den Anhang aufzunehmen sind, wenn keine Wertminderung erfolgt ist. Die Angaben nach IAS 36.134 sind somit als **fester Bestandteil des Anhangs** aufzufassen, sofern das Unternehmen **Geschäfts- oder Firmenwerte** bzw andere immaterielle Vermögenswerte mit unbestimmbarer Nutzungsdauer bilanziert: 154
(1) Buchwert des zugeordneten Geschäfts- oder Firmenwerts oder der zugeordneten immateriellen Vermögenswerte mit unbestimmter Nutzungsdauer,
(2) Grundlage, auf der der erzielbare Betrag bestimmt worden ist (Nutzungswert oder beizulegender Zeitwert abzüglich Veräußerungskosten),
(3) Sofern der letztlich für den Wertminderungstest ausschlaggebende **erzielbare Betrag** auf dem **Nutzungswert** basiert, sind darüber hinaus weitere Angaben nötig:
   (a) wesentliche Prämissen bei der Ableitung der Cashflows,
   (b) Angabe, ob Erfahrungen aus der Vergangenheit oder externe Daten in die Planung eingeflossen sind, Begründung für eventuelle Abweichungen von Erfahrungswerten und externen Daten,
   (c) Länge des Detailplanungszeitraums; Begründung, sofern der Detailplanungszeitraum den Zeitraum von fünf Jahren überschreitet,
   (d) Wachstumsrate, die der Fortschreibung der Planung nach dem Detailplanungszeitraum zugrunde liegt, sowie eine Begründung, falls die Wachstumsrate über dem langfristigen Durchschnitt für die Produkte, Branche oder das Land, in dem die ZGE tätig ist, liegt,
   (e) Kapitalisierungszinssatz.
(4) Sofern der letztlich für den Wertminderungstest **erzielbare Betrag** auf dem **beizulegenden Zeitwert abzüglich Veräußerungskosten** basiert, ist die Methode, mit der der Wert ermittelt wurde, anzugeben. Weitere Angaben sind notwendig, wenn der Wert **nicht** anhand eines beobachtbaren **Marktpreises** (also zB auf Grundlage eines Bewertungsmodells) abgeleitet wurde:
   (a) wesentliche, bei der Ableitung des Werts getroffene Annahmen,
   (b) eine Beschreibung, welcher Ansatz bei der Ermittlung der wesentlichen Annahmen verfolgt wurde sowie eine Erläuterung darüber, ob Erfahrungen aus der Vergangenheit oder externe Daten in die Ableitung der

wesentlichen Annahmen eingeflossen sind. Diese Erläuterungen sind um Begründungen für eventuelle Abweichungen von Erfahrungswerten und externen Daten zu ergänzen.

Im Rahmen des im Mai 2008 verabschiedeten *Annual Improvements* Projekts (zur Anwendung s Rz 158) erfolgte folgende unter Punkt (c) aufgeführte Ergänzung der Anhangangaben:

(c) Sofern der beizulegende Zeitwert auf Basis eines DCF-Verfahrens ermittelt wurde ist darüber hinaus anzugeben, welchen Zeitraum die Prognose der Cashflows umfasste, welche nachhaltige Wachstumsrate angesetzt wurde und welcher Kapitalisierungszins zur Diskontierung der Cashflows angewendet wurde.

(5) Wenn das Management es für möglich hält, dass sich eine wesentliche Annahme, die der Ermittlung des erzielbaren Betrags zugrunde gelegt wurde, so verändert, dass der erzielbare Betrag unter den Buchwert der ZGE sinkt, sind ebenfalls zusätzliche Angaben erforderlich:
(a) der Betrag, mit dem der erzielbare Betrag den Buchwert übersteigt,
(b) der Wert, der der entspr Annahme im Rahmen der Bewertung zugewiesen wurde,
(c) der Wert, den die entspr Annahme erreichen darf, damit der erzielbare Betrag dem Buchwert entspricht, es also zu keinem Wertminderungsbedarf kommt.

155 IAS 36.135 regelt die Anhangangaben für Wertminderungstests bei ZGE oder Gruppen von ZGE, denen Geschäfts- oder Firmenwerte oder immaterielle Vermögenswerte mit unbestimmter Nutzungsdauer in **nicht signifikantem Umfang** zugeordnet sind. Für diese ZGE ist die Summe der Buchwerte der zugeordneten Geschäfts- oder Firmenwerte oder immateriellen Vermögenswerte mit unbestimmter Nutzungsdauer anzugeben. Sofern die Bewertung dieser ZGE auf denselben wesentlichen Annahmen beruht wie die Bewertung von ZGE mit einem signifikanten Bestand an Geschäfts- oder Firmenwerten bzw immateriellen Vermögenswerten mit unbestimmter Laufzeit, sind darüber hinaus auch für diese ZGE die unter Punkt 1, 3a, 3b und 5 genannten Angaben (s Rz 154) nötig.

Wenn das bilanzierende Unternehmen nach IAS 36.24 bzw IAS 36.99 (s Rz 8) auf den in einer Vorperiode ermittelten erzielbaren Betrag einer ZGE abstellt, sind die oben genannten Anhangangaben auf die entspr Berechnung der Vorperiode zu beziehen.

H. Wesentliche Änderungen und deren Anwendungszeitpunkte

156 Die aktuell anwendbare Fassung von IAS 36 besteht in ihren wesentlichen Grundzügen seit **2004**. Der IASB hat am 31. März 2004 IAS 36 gemeinsam mit IFRS 3 und der Überarbeitung von IAS 38 verabschiedet. Zum Tragen kamen diese Überarbeitungen für Geschäftsjahre, die ab dem 1. Januar 2005 begannen. Das EU-Endorsement dieser drei Standards wurde im Amtsblatt der Europäischen Union mit Datum vom 31. Dezember 2004 bekannt gemacht.

157 IAS 36 wurde zuletzt in **2008** leicht modifiziert, dh ohne derzeit offensichtliche materielle Änderungen ggü der aus 2004 bekannten Fassung. So bedingte vor allem die **Neufassung von IFRS 3 (2008)** eine Anpassung der Modalitäten des Wertminderungstests von Geschäfts- oder Firmenwerten unter Berücksichtigung von nicht-beherrschenden Gesellschaftern. Die diesbezüglich zuvor im Standardtext selber noch enthaltenen Spezialregelungen (IAS 36.91 bis

IAS 36.95) wurden gestrichen. Die auf die Neufassung von IFRS 3 (2008) abgestimmten Passagen sind nunmehr in IAS 36 Anhang C enthalten. Diese Modifikation ist – ebenso wie die Änderungen in IAS 36.65, IAS 36.81, IAS 36.85 und IAS 36.139 – ab dem Zeitpunkt der erstmaligen Anwendung von IFRS 3 (2008) zu beachten (s § 34 Rz 301 zu den Übergangsregelungen), spätestens aber für Geschäftsjahre, die am 1. Juli 2009 oder später beginnen (IAS 36.140B).

Weiterhin wurden im **Mai 2008** im Rahmen des *Annual Improvements* Projekts 158
die Anhangangaben deutlich für solche Fälle erweitert, in denen als Wertmaßstab von jährlichen Wertminderungstests beizulegende Zeitwerte unter Abzug von Veräußerungskosten auf der Grundlage von DCF-Verfahren ermittelt werden (IAS 36.134(e)). Diese Angabepflichten greifen spätestens für Geschäftsjahre beginnend am oder nach dem 1. Januar 2009.

Gleiches gilt für die Einführung eines weiteren „*triggering events*" in den Katalog von IAS 36.12, also eines pflichtmäßig zu analysierenden Anzeichens einer Wertminderung. Die Änderung bezieht sich auf die Bewertung von Anteilen an Konzernunternehmen im IFRS-Einzelabschluss des Anteilseigners (s Rz 11) und stammt aus der Anpassung von **IFRS 1 und IAS 27**, die im **Mai 2008** verabschiedet worden ist (s auch § 35 Rz 137). Prospektiv verpflichtend wird die Regelung in Geschäftsjahren, die am 1. Januar 2009 oder später anfangen. Werden die Anpassungen in IAS 27.4 und IAS 27.38A zu einem früheren Zeitpunkt angewendet, ist ab dem gleichen Zeitpunkt auch IAS 36.12(h) anzuwenden (IAS 36.140D). Im Rahmen des ***Annual Improvements*** **Projekts 2009** wurden kleinere Änderungen im Wortlaut von IAS 36.80(b) vorgenommen. Danach gilt ein Geschäftssegment vor Aggregation als Obergrenze der für den Wertminderungstest von Geschäfts- oder Firmenwerten möglichen Zusammenfassung von ZGE (s Rz 90). Die Änderungen sind für Geschäftsjahre anzuwenden, die am 1. Januar 2010 oder später beginnen; sie sind derzeit (Mai 2009) noch nicht von der EU übernommen worden.

Die vorliegende Kommentierung hat wesentliche materielle Änderungen herausgehoben, darüber hinaus haben die Überarbeitungen klarstellenden Charakter.

I. Aktuelle Entwicklungen/IASB-Projekte

Derzeit liegen **keine** konkreten IASB-Projekte vor, die den Inhalt des IAS 36 159
materiell beeinflussen sollten. Weitere Änderungen sind daher aktuell nicht absehbar.

§ 28. Zur Veräußerung gehaltene langfristige Vermögenswerte, Veräußerungsgruppen und aufgegebene Geschäftsbereiche

Übersicht

Schrifttum: *Alexander/Archer* International Accounting/Financial Reporting Standards Guide 2008, New York 2008; *DRSC* Rechnungslegungs-Interpretation Nr. 1 (RIC 1) Bilanzgliederung nach Fristigkeit gemäß IAS 1 Darstellung des Abschlusses, Berlin 2005; *Hoffmann/Lüdenbach* IFRS 5 – Bilanzierung bei beabsichtigter Veräußerung von Anlagen und Geschäftsfeldern, BB 2004, 2006; *IASB* IASB-Update, Oktober 2007; *IDW* RS HFA 2 Stellungnahme zur Rechnungslegung: Einzelfragen zur Anwendung von IFRS (Stand: 2. September 2008), FN IDW 2008, 483; *Kessler/Leinen* Darstellung von discontinued operations in Bilanz und GuV, KoR 2006, 558; *KPMG* IFRS aktuell, 2. Aufl, Stuttgart 2006; *Küting/Gattung/Wirth* Bilanzierung von zur Weiterveräußerung gehaltenen Tochterunternehmen, KoR 2007, 348; *Küting/Reuter* Bilanz- und Ertragsausweis nach IFRS 5: Gefahr der Fehlinterpretation in der Bilanzanalyse, BB 2007, 1942; *Pejic/Meissel* Discontinuing Operations – Ausweis und Bilanzierungsvorschriften nach dem neuen Standard des IASC, DB 1998, 229; *Petersen/Bansbach/Dornbach* IFRS Praxishandbuch, 3. Aufl, München 2008; *Ruhnke/Schmidt/Seidel* Neuregelungen bei der Abgrenzung des Konsolidierungskreises nach IFRS – Darstellung und kritische Würdigung, BB 2004, 2231; *Schildbach* Was leistet IFRS 5?, WPg 2005, 554; *Thiel/Peters:* ED 4, Veräußerung langfristiger Vermögenswerte und Darstellung der Aufgabe von Geschäftsbereichen aus Sicht der Bilanzierungspraxis, BB 2003, 1999; *Zülch/Lienau* Bilanzierung zum Verkauf stehender langfristiger Vermögenswerte sowie aufgegebener Geschäftsbereiche nach IFRS 5, KoR 2004, 442.

Wesentliche Rechtsgrundlage: IFRS 5

A. Allgemeines

I. Zielsetzung des IFRS 5

1 IFRS 5 ist nicht nur als reine **Ausweis- und Anhangvorschrift** konzipiert, sondern enthält darüber hinaus auch **Bewertungsvorschriften** für:
(1) zur Veräußerung bestimmte langfristige Vermögenswerte und

(2) für Veräußerungsgruppen, die auch aufgegebene Geschäftsbereiche sein können und langfristige Vermögenswerte enthalten.

Ziel des Standards ist es, die **Informationen** im Jahres- und Konzernabschluss im Hinblick auf zur Veräußerung bestimmte langfristige Vermögenswerte, zu welchen in Fällen von Veräußerungsgruppen auch Schulden und kurzfristige Vermögenswerte zählen können, sowie hinsichtlich aufgegebener Geschäftsbereiche zu verbessern. Dadurch soll der Abschlussadressat in die Lage versetzt werden, resultierende **Auswirkungen** auf Ertragslage, Vermögen und Cashflows besser einschätzen zu können, besonders im Hinblick darauf, dass die entspr Vermögenswerte oder Veräußerungsgruppen zukünftig nicht mehr zur Erfolgserzielung zur Verfügung stehen.

IFRS 5 versucht dies zu erreichen, indem

(1) die zur Veräußerung gehaltenen langfristigen Vermögenswerte bzw Veräußerungsgruppen in der Bilanz, Ergebnisse aus aufgegebenen Geschäftsbereichen in der Gesamtergebnisrechnung (*statement of comprehensive income;* s ausführlich § 15 Rz 46ff) bzw gesonderten GuV (sofern erstellt) oder im Anhang gesondert auszuweisen sind und
(2) die langfristigen Vermögenswerte bzw Veräußerungsgruppen besonderen Bewertungsvorschriften unterliegen, wobei Veräußerungsgruppen Vermögenswerte und die dazugehörigen Schulden umfassen, die in einer einzelnen Transaktion veräußert werden und
(3) zahlreiche Angaben betreffend die zur Veräußerung gehaltenen Vermögenswerte bzw Veräußerungsgruppen und aufgegebenen Geschäftsbereiche gefordert werden.

Im Oktober 2002 vereinbarten der IASB und der FASB im Norwalk Agreement ein **Konvergenzprojekt** (Short Term Convergence Project), das die kurzfristige Annäherung von IFRS und US-GAAP als Ziel hat. Die Entwicklung des IFRS 5 ist Teil dieses Projekts. Dementsprechend ist IFRS 5 dem SFAS 144 stark angenähert. Die verbleibenden Unterschiede sollen im Rahmen weiterer Projekte bearbeitet werden. Der wichtigste Unterschied besteht in der Definition aufgegebener Geschäftsbereiche, der aber kurzfristig durch Zusammenarbeit beider Standardsetter beseitigt werden soll (vgl Rz 135). Ferner verlangt SFAS 144 die Angabe des Vor- und Nachsteuerergebnisses in der Erfolgsrechnung während IFRS 5 in der Gesamtergebnisrechnung bzw in der gesonderten GuV (sofern erstellt) nur die Angabe des Nachsteuerergebnisses vorschreibt (zu den Unterschieden vgl IFRS 5.BC85). 2

II. Überblick über die grundsätzlichen Regelungen und Probleme

IFRS 5 verwendet zahlreiche Begriffe, an die unterschiedliche Rechtsfolgen geknüpft werden. Dazu gehört die Unterscheidung, ob ein Vermögenswert lediglich **stillgelegt** oder in naher Zukunft **veräußert** werden soll und ob es sich um einen **lang- oder kurzfristigen Vermögenswert** handelt. Ferner gibt es einen Kriterienkatalog, den es zu erfüllen gilt, um einen Vermögenswert bzw eine Veräußerungsgruppe in die Kategorie „zur Veräußerung gehaltener langfristiger Vermögenswert" einzustufen. Wurde die Anwendbarkeit von IFRS 5 geklärt, so ist die **Bewertung** des Vermögenswerts bzw der Veräußerungsgruppe in einem vierstufigen Prozess zu ermitteln (s Rz 42ff), wobei Veräußerungsgruppen bei Erfüllung bestimmter Voraussetzungen auch **aufgegebene Geschäftsbereiche** sein können: 3

(1) Bewertung der einzelnen Vermögenswerte und Schulden vor Umklassifizierung,

(2) Ermittlung des beizulegenden Zeitwerts der unter die Bewertungsvorschriften des IFRS 5 fallenden langfristigen Vermögenswerte,
(3) Feststellung der Veräußerungskosten,
(4) Anwendung eines spezifischen Niederstwertprinzips, dh der niedrigere Wert aus Buchwert oder beizulegendem Zeitwert abzüglich der Veräußerungskosten ist anzusetzen.

4 Sind die zur Veräußerung gehaltenen Vermögenswerte bzw Veräußerungsgruppen am folgenden Bilanzstichtag noch nicht ausgebucht worden, stellt sich im Rahmen der **Folgebewertung** (s Rz 56) die Frage nach zu berücksichtigenden Wertminderungen bzw Zuschreibungen. IFRS 5 verbietet eine **planmäßige Abschreibung** von zur Veräußerung gehaltenen Vermögenswerten bzw Abgangsgruppen ab dem Zeitpunkt der Klassifizierung. Fällt ein Vermögenswert bzw eine Veräußerungsgruppe aus der Klassifizierung heraus, so ist rückwirkend so zu bilanzieren, als ob nie ein Anwendungsbereich von IFRS 5 bestanden hätte.

5 Im Hinblick auf **aufgegebene Geschäftsbereiche,** die zB stillgelegt werden und daher nicht als Veräußerungsgruppe zu klassifizieren sind, enthält IFRS 5 lediglich Regelungen zum Ausweis und zu Angaben im Anhang, da die Bewertung anderen Standards folgt. Grds muss der betreffende Geschäftsbereich zum Bilanzstichtag jedoch schon aufgegeben sein oder zumindest die restriktiven Kriterien des IFRS 5.7 f zur Klassifizierung als zur Veräußerung gehalten erfüllen.

6 IFRS 5 findet auch Anwendung, wenn es sich bei der Veräußerungsgruppe um ein **TU** bzw um zur Veräußerung gehaltene Anteile an **assoziierten** oder **Gemeinschaftsunternehmen** handelt. Von besonderer Bedeutung ist, dass TU, die unter IFRS 5 fallen, voll zu konsolidieren sind, auch wenn sie ausschließlich zur sofortigen Weiterveräußerung erworben wurden (vgl § 34 Rz 19).

B. Anwendungsbereich

I. Negativabgrenzung

7 IFRS 5 ist grds im Hinblick auf den Ausweis auf **alle langfristigen** Vermögenswerte und Veräußerungsgruppen eines Unternehmens anzuwenden. Im Hinblick auf die **Bewertungsvorschriften** (vgl Rz 39 ff) werden gem IFRS 5.5 zwei Arten von Vermögenswerten vom Anwendungsbereich ausgenommen (*KPMG*[2], 174 f):
(1) Vermögenswerte, die nach anderen Standards zum beizulegenden Zeitwert bewertet werden und deren Wertänderungen erfolgswirksam in der Gesamtergebnisrechnung bzw der gesonderten GuV (sofern erstellt) erfasst werden sowie
(2) Vermögenswerte, bei denen der beizulegende Zeitwert nur mit Schwierigkeiten zu ermitteln ist.

IFRS 5.5 enthält eine **abschließende Aufzählung** von Vermögenswerten, die **nicht** in den Anwendungsbereich der **Bewertungsvorschriften** des IFRS 5 fallen. Es handelt sich um folgende Vermögenswerte:
(1) Renditeimmobilien, die gem IAS 40.33 ff zum beizulegenden Zeitwert bewertet werden (Kategorie (1)),
(2) langfristige biologische Vermögenswerte, die gem IAS 41.12 ff mit dem beizulegenden Zeitwert abzüglich geschätzter Veräußerungskosten angesetzt werden (Kategorie (1)),
(3) sämtliche finanzielle Vermögenswerte, die in den Anwendungsbereich des IAS 39 fallen (Kategorie (1)), selbst wenn die Wertänderungen nicht immer erfolgswirksam erfasst werden (IFRS 5.BC13 (a)),

(4) aktive latente Steuern (Kategorie (2)),
(5) Vermögenswerte im Zusammenhang mit Leistungen an Arbeitnehmer (Kategorie (2)),
(6) vertragliche Rechte aus Versicherungen (Kategorie (2)).

Die Komplexität der Vorschriften des IFRS 5 wird dadurch erhöht, dass sie nicht nur auf einzelne langfristige Vermögenswerte anzuwenden sind, sondern auch auf **Veräußerungsgruppen,** die sowohl kurzfristige Vermögenswerte als auch Schulden oder nicht den Bewertungsvorschriften des IFRS 5 unterliegende langfristige Vermögenswerte enthalten können. 8

Beispiel: Die Gruppe C, die im Wesentlichen Textilien herstellt, plant die TU, die Stoffe entwerfen, zu veräußern. Die Kriterien des IFRS 5.6 bis IFRS 5.8 sind erfüllt, es handelt sich aber wegen fehlender Wesentlichkeit nicht um einen aufzugebenden Geschäftsbereich. Die Vermögenswerte, zu denen auch Forderungen aus Lieferungen und Leistungen und Vorräte zählen, und Schulden der TU werden zum Stichtag der Kriterienerfüllung entspr gesondert als „zur Veräußerung gehalten" ausgewiesen.

II. Abgrenzung von langfristigen zu kurzfristigen Vermögenswerten

Voraussetzung für die Anwendung von IFRS 5 ist, dass es sich entweder um zur Veräußerung gehaltene langfristige Vermögenswerte oder um eine Veräußerungsgruppe, die langfristige Vermögenswerte einschließt, handeln muss. Die Trennung zwischen lang- und kurzfristigen Vermögenswerten ist daher für die Anwendung des IFRS 5 von **zentraler Bedeutung.** 9

Gem IAS 1.66 werden Vermögenswerte als **kurzfristig** definiert, wenn sie im Rahmen des normalen Geschäftskreislaufs eines Unternehmens oder innerhalb von zwölf Monaten realisiert werden, primär zu kurzfristigen Handelszwecken gehalten werden oder es sich um Zahlungsmittel, die keinen Beschränkungen unterliegen, handelt. Im Umkehrschluss werden alle anderen Vermögenswerte als **langfristig** betrachtet. Im selten vorkommenden Falle der Gliederung der Bilanz nach Liquiditätskriterien handelt es sich um langfristige Vermögenswerte, wenn die Realisierung zwölf Monate überdauert, es sei denn, die Veräußerung erfolgt im Rahmen des typischen Geschäfts eines Unternehmens. 10

Beispiel: Für einen Baumaschinenhersteller erfolgt die Veräußerung von Baumaschinen im Rahmen seiner typischen Geschäftstätigkeit, während ein Bauunternehmer zB einen Kran nicht im Rahmen seiner normalen Geschäftstätigkeit veräußert. Dieser zählt bei ihm zum langfristigen Vermögen, während ein Kran bei einem Baumaschinenhersteller kurzfristiges Vermögen darstellt.

IFRS 5.3 verbietet die **Umklassifizierung** eines ursprünglich langfristigen Vermögenswerts, dessen Verkauf innerhalb eines Jahrs sicher ist, in die kurzfristigen Vermögenswerte, sofern die Umklassifizierungskriterien (s Rz 30 ff) nicht erfüllt sind. Demgegenüber würden Vermögenswerte, deren Veräußerung zwar nicht dem gewöhnlichen Geschäftsbetrieb zugerechnet wird aber schon bei Erwerb feststeht, gem IAS 1.66(c) grds zu den kurzfristigen Vermögenswerten zählen. In diesen Fällen würde IFRS 5 ins Leere laufen. Dieses Resultat verhindert IFRS 5.11, der bei Erfüllung bestimmter Kriterien die Zuordnung eines Vermögenswerts als langfristig vorschreibt, ohne Beachtung des Erwerbs mit (kurzfristiger) Weiterveräußerungsabsicht. Als langfristig sind nicht nur solche Vermögenswerte anzusehen, die ursprünglich mit Dauernutzungsabsicht erworben wurden, sondern auch solche, die beim Unternehmen **typischerweise** langfristig genutzt werden. Diese Vorschrift bedeutet eine Ausnahme zu IAS 1.66. 11

Beispiel: Ein Transportunternehmen erwirbt aus einer Insolvenzmasse mehrere Lastzüge, von denen nur ein Teil betrieblich genutzt werden soll, die verbleibenden Lastzüge sollen weiterveräußert werden. Die zur Weiterveräußerung erworbenen Lastzüge stellen auch dann langfristige Vermögenswerte dar, sofern die Kriterien des IFRS 5.7 ff zum Bilanzstichtag nicht erfüllt sind.

Durch den im Rahmen des ***Annual Improvements*** **Projekts 2008** eingefügten IAS 16.68A wird jedoch klargestellt, dass IFRS 5 keine Anwendung findet, wenn langfristige Vermögenswerte, die zuvor an Dritte vermietet oder verpachtet wurden, routinemäßig im Rahmen der üblichen Geschäftstätigkeit verkauft werden. Diese Vermögenswerte sind bei Beendigung der Vermietung und Verpachtung zugunsten einer beabsichtigten Veräußerung vielmehr zum Buchwert vom Sachanlagevermögen in die Vorräte umzugliedern (s auch *IDW* RS HFA 2 Rz 95 und § 5 Rz 217).

III. Tausch

12 IFRS 5.10 stellt ein **Tauschgeschäft** iSv IAS 16 einer Veräußerung gleich, soweit der Tausch eine gewisse wirtschaftliche Substanz aufweist. Ein Tausch hat dann eine wirtschaftliche Substanz, wenn der erhaltene Vermögenswert für das bilanzierende Unternehmen einen **wahrnehmbaren Nutzen** erbringt (vgl § 5 Rz 55). Gem IAS 16.25 liegt ein wahrnehmbarer Nutzen für das bilanzierende Unternehmen dann vor, wenn die zukünftigen Cashflows aus dem erhaltenen Vermögenswert sich im Hinblick auf Risiko, zeitliche Verteilung und Höhe von denen aus dem hingegebenen Vermögenswert unterscheiden. Weiterhin kann von einem wahrnehmbaren Nutzen gesprochen werden, wenn sich der unternehmensspezifische Wert des von der Transaktion betroffenen Unternehmensbereichs durch den Tauschvorgang verändert. Der wahrnehmbare Nutzen muss in beiden Fällen wesentlich im Verhältnis zu den beizulegenden Zeitwerten der getauschten Vermögenswerte sein. Ist letztere Voraussetzung iVm einer der erstgenannten Voraussetzungen erfüllt, ist der Tauschvorgang mit wahrnehmbarem Nutzen für das bilanzierende Unternehmen verbunden und der Tausch wird der Veräußerung gleichgestellt (*Zülch/Lienau* KoR 2004, 443). Bei Erfüllung der Kriterien von IFRS 5.6 ff wird der Tauschgegenstand als zur Veräußerung gehalten klassifiziert und gem den Regelungen des IFRS 5 bewertet (s Rz 39 ff).

IV. Sale-and-lease-back Transaktionen

13 ***Sale-and-lease-back*** **Verträge** fallen unter die Vorschriften des IFRS 5, sofern ein abgeschlossener Verkauf vorliegt. Handelt es sich bei dem im Zuge des Verkaufs abgeschlossenen Leasingvertrag um ein Operating-Leasingverhältnis, so fällt der Verkauf in den Regelungsrahmen des IFRS 5. Bei Leasingverträgen, die als Finanzierungsleasing zu qualifizieren sind, fehlt es am Veräußerungsvorgang, da der Käufer nicht wirtschaftlicher Eigentümer wird, sodass eine Einordnung als „zur Veräußerung gehalten" nicht erfolgen kann (*IDW* RS HFA 2 Rz 97; IFRS 5.16). Die zukünftigen Cash Flows entstehen nicht durch den Verkauf sondern durch die fortgesetzte operative Nutzung des Vermögenswerts.

V. Veräußerungsgruppen

14 Bei zur Veräußerung gehaltenen langfristigen Vermögenswerten kann es sich auch um eine Veräußerungsgruppe handeln. Diese wird in IFRS 5.A definiert als eine **Gruppe von Vermögenswerten,** die gemeinsam im Rahmen einer **ein-**

zigen Transaktion veräußert werden sollen. Der Verkauf an verschiedene Käufer erfüllt dabei nicht das Erfordernis der Veräußerung in einer einzigen Transaktion. Die mit der Gruppe im Zusammenhang stehenden **Schulden** sind nur Bestandteil der Veräußerungsgruppe, sofern sie vom Erwerber übernommen werden. Schulden, die infolge der Veräußerung aus dem Erlös getilgt werden sollen, sind hingegen nicht Bestandteil der Abgangsgruppe (*Baetge/Dörner/Wollmert/Kirsch* in Baetge ua IFRS-Komm[2] IFRS 5 Rz 25).

Beispiel: U verkauft ein nicht mehr benötigtes Lagergelände, eine Lagerhalle und drei Gabelstapler an Y. U hatte den Erwerb des Geländes und der Lagerhalle durch ein Darlehen finanziert, das im Rahmen der Transaktion von Y übernommen wird. Das Lagergelände, die Lagerhalle, die Gabelstapler und das Darlehen bilden zusammen eine Veräußerungsgruppe.

Teil einer Veräußerungsgruppe kann auch ein **Geschäfts- oder Firmenwert** 15 sein. In diesem Fall muss jedoch gem IFRS 5.A die Veräußerungsgruppe selbst eine **zahlungsmittelgenerierende Einheit** (ZGE) oder einen Teilbereich innerhalb einer ZGE umfassen. Darüber hinaus muss der **Geschäfts- oder Firmenwert dieser ZGE oder diesem Teilbereich einer ZGE unter Anwendung der Regelungen des IAS 36.80 ff zugeordnet werden.**

Hinsichtlich des Ausweises von im Zusammenhang mit Veräußerungsgruppen stehenden **latenten Steuern** (§ 25) s Rz 75.

Im Fall von **Veräußerungsgruppen** sind die Bewertungsvorschriften des 16 IFRS 5 nur auf das darin enthaltene langfristige Vermögen (abgesehen von den Ausnahmen gem IFRS 5.5) anzuwenden, während die besonderen Ausweisvorschriften auch auf in der Veräußerungsgruppe enthaltene kurzfristige Vermögenswerte und Schulden anzuwenden sind (s Rz 107 ff).

In Bezug auf **kurzfristige Vermögenswerte,** die am Abschlussstichtag Bestandteil einer Veräußerungsgruppe sind, wird zT die Auffassung vertreten, dass eine Zuordnung zur Veräußerungsgruppe am Bilanzstichtag unterbleiben könne, sofern diese bis zum Zeitpunkt des tatsächlichen Abgangs der Veräußerungsgruppe voraussichtlich bereits ausgeschieden sein werden.

VI. Tochterunternehmen

Auch **TU,** die zum Zwecke der **Weiterveräußerung** innerhalb der nächsten 17 zwölf Monate erworben werden, fallen unter die Regelungen von IFRS 5. Die in IAS 27.16 **vor** Folgeänderungen durch IFRS 5 enthaltene Regelung, dass diese TU von der Einbeziehung in den Konsolidierungskreis ausgenommen sind, wurde ersatzlos gestrichen. Das **Einbeziehungsverbot** besteht **nicht mehr** (aA *Heuser/Theile*[3] Rz 2758). IAS 27.12 enthält eine Fußnote, die auf IFRS 5 verweist. Demnach sind mit Weiterveräußerungsabsicht erworbene TU – sofern die Voraussetzungen des IFRS 5.6 ff erfüllt sind – nach den entspr Vorschriften dieses Standards zu bewerten (zu Einzelheiten vgl § 34 Rz 18 und Rz 80, § 35 Rz 26). Die besonderen Ausweispflichten des IFRS 5.33 sind grds (zu den Erleichterungen s IFRS 5.33(b) und (c) jeweils aE) auf mit Weiterveräußerungsabsicht erworbene TU anzuwenden (s Rz 123), da sie gem IFRS 5.32(c) per definitionem immer zugleich ein **aufgegebener Geschäftsbereich** (s Rz 81) sind.

Demgegenüber ist für die Abbildung von Verkäufen von TU, die **ursprünglich ohne Veräußerungsabsicht** erworben wurden, anhand der allgemeinen 18 Kriterien zu entscheiden, ob es sich um einen aufgegebenen Geschäftsbereich oder um eine Veräußerungsgruppe handelt (zu Konsolidierungsmaßnahmen s Rz 124). Durch das *Annual Improvements* Projekt 2008 wurde durch die Hinzufügung von IFRS 5.8A klargestellt, dass der Verkauf von Anteilen an TU, der zum **Verlust der Beherrschung** führt, die Klassifizierung/Bewertung **aller** Vermögenswerte und Schulden dieser TU nach IFRS 5 zur Folge hat, und nicht nur in Höhe des veräußerten Anteils.

19 Im Fall der (geplanten) Veräußerung eines TU würde der Verkauf nur der langfristigen Vermögenswerte des TU vor der Anteilsveräußerung eine **Planänderung** mit der Folge der rückwirkenden Bilanzierung der Vermögenswerte und Schulden so, als ob der Plan zur Veräußerung der Anteile an dem TU nie bestanden hätte, bedeuten. Die zur Veräußerung gehaltenen langfristigen Vermögenswerte sind dann entspr auszuweisen und zu bewerten.

20 Ob der Verlust der Beherrschung durch Nichtbeteiligung des MU an einer **Kapitalerhöhung** einen Anwendungsfall des IFRS 5 darstellt, ist im Einzelfall zu entscheiden (s *IDW* RS HFA 2 Rz 96).

21 Sofern das MU einen Einzelabschluss nach IFRS aufstellt, sind bei Erfüllen der Voraussetzungen für eine Klassifizierung als zur Veräußerung gehalten, die **Anteile** an dem TU entspr den Regeln des IFRS 5 zu behandeln.

VII. Assoziierte und Gemeinschaftsunternehmen

22 Auch mit **Weiterveräußerungsabsicht** erworbene **Anteile an assoziierten und Gemeinschaftsunternehmen** unterliegen im Einzel- und Konzernabschluss nach IFRS dem Anwendungsbereich des IFRS 5. Im Gegensatz zu TU, die trotz Beachtung der besonderen Ausweis- und Bewertungsvorschriften des IFRS 5 im Konzernabschluss grds voll zu konsolidieren sind, sehen IAS 28.13(a) iVm IAS 28.14 sowie IAS 31.2(a) iVm IAS 31.42 hingegen ein **Verbot** der Einbeziehung der entspr Anteile an assoziierten bzw Gemeinschaftsunternehmen auf der Grundlage der Equity-Methode respektive der Quotenkonsolidierung vor. Vielmehr sind hier – wie im IFRS-Einzelabschluss – die entspr **Anteile** gem IFRS 5 zu bilanzieren. Dies gilt gleichermaßen für den Fall, dass ursprünglich ohne Weiterveräußerungsabsicht erworbene Anteile an assoziierten oder Gemeinschaftsunternehmen, die auf der Grundlage der Equity-Methode bzw der Quotenkonsolidierung in den Konzernabschluss einbezogen wurden, zu einem späteren Zeitpunkt veräußert werden (IAS 28.13(a) iVm IAS 28.14 sowie IAS 31.2(a) iVm IAS 31.42). In diesem Fall ist die Equity-Methode/Quotenkonsolidierung bei Erfüllen der Voraussetzungen von IFRS 5.6ff zu beenden (s § 36 Rz 86ff, § 37 Rz 21). Ein at equity in den Konzernabschluss einbezogenes Unternehmen, dessen Anteile veräußert werden sollen und die Kriterien nach IFRS 5.6ff erfüllen, stellt wegen fehlender Wesentlichkeit keinen aufgegebenen Geschäftsbereich dar.

VIII. Zur Stilllegung bestimmte langfristige Vermögenswerte

23 IFRS 5.13 betont ausdrücklich, dass im Fall von langfristigen Vermögenswerten (oder Veräußerungsgruppen), die **stillgelegt** werden sollen, eine Klassifizierung als zur Veräußerung gehalten nicht erfolgen darf, dh es erfolgt kein gesonderter Ausweis in der Bilanz. Dies ist darin begründet, dass der Buchwert gerade nicht durch eine Veräußerung, sondern überwiegend durch die **fortgesetzte Nutzung** bis zur Stilllegung realisiert wird. Erfüllt eine zur Stilllegung bestimmte Veräußerungsgruppe jedoch die Kriterien des IFRS 5.32(a) bis IFRS 5.32(c) (s Rz 81ff), dh es handelt sich um einen wesentlichen Unternehmensteil, dann sind in diesem Fall die umfangreichen Ausweis- und Angabepflichten gem IFRS 5.33f für aufgegebene Geschäftsbereiche zu beachten (s Rz 113ff). Im Fall der vorübergehenden Stilllegung einer Anlage besteht zur Bilanzierung einer dauerhaft weiter genutzten Anlage kein Unterschied. Diese folgt IAS 16 und IAS 36. Entspr IFRS 5.IG8 macht auch eine Stilllegung auf unbestimmte Zeit keinen Unterschied, sofern die Anlage weiterhin gewartet wird, damit sie bei Bedarf wieder in Betrieb genommen werden kann.

einstweilen frei 24–29

C. Zur Veräußerung gehaltene langfristige Vermögenswerte oder Veräußerungsgruppen

I. Kriterien

Gem IFRS 5.6 ist ein zur Veräußerung bestimmter langfristiger Vermögens- 30
wert dadurch charakterisiert, dass der **Buchwert** in erster Linie durch eine Veräußerung und nicht durch eine weitergehende Nutzung **realisiert** wird. Durch die Negativabgrenzung in IFRS 5.5 (vgl Rz 7) handelt es sich bei langfristigen Vermögenswerten vor allem um immaterielle Vermögenswerte und um Sachanlagen, auf die die Bewertungsvorschriften in IFRS 5 anzuwenden sind.

Die **Voraussetzungen**, die beim bilanzierenden Unternehmen dazu führen, dass ein langfristiger Vermögenswert in einem gesonderten Posten auszuweisen ist und die Bewertung den Vorschriften des IFRS 5.15ff folgt, lassen sich zu vier wesentlichen Kriterien zusammenfassen, die kumulativ am Abschlussstichtag erfüllt sein müssen:

(1) unmittelbare Verfügbarkeit (IFRS 5.7),
(2) hohe Wahrscheinlichkeit der Veräußerung (IFRS 5.7),
(3) konkrete Veräußerungsabsicht (IFRS 5.8),
(4) Veräußerung innerhalb von zwölf Monaten (IFRS 5.8).

1. Unmittelbare Verfügbarkeit

Das erste Kriterium der **unmittelbaren Verfügbarkeit** soll sicherstellen, 31
dass der Vermögenswert im **aktuellen Zustand veräußerbar** ist, dh es sind keine Modifikationen erforderlich, die als unüblich im Zuge des Veräußerungsprozesses angesehen werden könnten. Die Zeit zur Räumung eines zum Verkauf bestimmten Verwaltungsgebäudes ist unschädlich für die Klassifizierung (IFRS 5.IG1(a)), nicht aber noch erforderliche wesentliche Renovierungsarbeiten (IFRS 5.IG3(a)), auch wenn der Verkauf schon vertraglich vereinbart wurde. Plant ein Unternehmen ein Gebäude zu verkaufen, das aber noch bis zum Abschluss der Errichtung des neuen Verwaltungsgebäudes weiter genutzt wird und auch erst nach dem Umzug auf den Erwerber übertragen wird, so führt die Verzögerung durch das erst fertig zu stellende neue Gebäude zu der Beurteilung, dass für das zu verkaufende Gebäude die unmittelbare Verfügbarkeit nicht gegeben ist und daher der langfristige Vermögenswert (Gebäude) nicht umklassifiziert werden darf (IFRS 5.IG1(b)). Auch wenn eine verbindliche Vereinbarung zum Verkauf einer Maschine vorliegt, darf IFRS 5 nicht angewendet werden, wenn die Maschine beim Verkäufer noch zur Abarbeitung von Fertigungsaufträgen genutzt wird. Die Maschine steht dann nicht unmittelbar zur Verfügung (IFRS 5.IG2(b)). Anders ist der Fall zu beurteilen, wenn die halbfertigen Kundenaufträge, die vom Käufer erfüllt werden, Teil des Kaufvertrags sind (IFRS 5.IG2(a)). Es handelt sich dann um eine Veräußerungsgruppe, da der Verkaufsakt auch kurzfristiges Vermögen beinhaltet (hier: Halbfertigerzeugnisse).

2. Hohe Wahrscheinlichkeit

32 Der Verkauf muss mit einer **hohen Wahrscheinlichkeit** erfolgen. Um dies zu verdeutlichen, wurde im Originaltext anstelle von „*probable*" der Begriff „*highly probable*" gewählt. Damit soll klargestellt werden, dass die Wahrscheinlichkeit einer Veräußerung **deutlich größer** sein muss als 50%. Die Anforderungen an die Wahrscheinlichkeit der Veräußerung sind uE eher restriktiv auszulegen, dh der Verkauf sollte aller Voraussicht nach realisierbar sein, sonst sollte es beim Ausweis und der Bewertung als langfristiger Vermögenswert bleiben. Die Wahrscheinlichkeit kann **nicht im Ermessen** der Entscheidungsträger im Unternehmen liegen, sondern sollte sich anhand von objektiven Merkmalen abschätzen lassen.

Beispiel: Das Unternehmen A verwendet Gießformen (langfristiges Vermögen) in seinem Produktionsprozess, die so lange verwendet werden, wie das Gut X hergestellt wird. A weiß aus Erfahrung, dass U, W oder Q grds gebrauchte Gießformen erwerben. In diesem Fall kann nach Beendigung der Herstellung von X mit einer hohen Wahrscheinlichkeit vom Verkauf ausgegangen werden.

3. Konkrete Veräußerungsabsicht

33 Die hohe Wahrscheinlichkeit einer Veräußerung wird grds dadurch belegt, dass sich das zuständige Management, auf einen **konkreten Veräußerungsplan** festlegt (IFRS 5.8). Es handelt sich dabei wohl nicht um einen öffentlich bekannt gemachten Plan iSd IAS 37.72, sondern mehr um die sichere „innere" Absicht. Die Veräußerungsabsicht ist zu **objektivieren** wie etwa in Sitzungsprotokollen und schriftlich festgehaltenen Beschlüssen (*Ruhnke/Schmidt/Seidel* BB 2004, 2233). Es müssen bereits aktive Bemühungen unternommen worden sein, um einen Käufer zu finden. Ob zB die Beauftragung eines Maklers als ausreichend anzusehen ist, wird von der Beurteilung des jeweiligen Einzelfalls abhängen. Das Verhalten des Managements muss bei Dritten die Erwartung hervorrufen, dass es dem Unternehmen mit dem Verkauf ernst ist. Ferner wird gefordert, dass der **Preis,** zu dem der Vermögenswert oder die Veräußerungsgruppe angeboten wird, in einem angemessenen Verhältnis zum **beizulegenden Zeitwert** steht. Die Preisverhandlungen zwischen Käufer und Verkäufer bilden in diesem Fall einen konkreten Anhaltspunkt für den beizulegenden Zeitwert. Konkretisiert sich aus den Preisverhandlungen noch kein konkretes Preisangebot, sind Zweifel angebracht, ob eine Umklassifizierung als zur Veräußerung gehalten bereits zu diesem Zeitpunkt zulässig ist. Bei einem Scheitern von Verkaufsverhandlungen aufgrund von unterschiedlichen Preisvorstellungen des Verkäufers und potenziellen Erwerbers kann jedoch nicht grds davon ausgegangen werden, dass der vom Unternehmen geforderte Preis nicht dem beizulegenden Zeitwert entspricht. Dies wird anhand des Einzelfalls zu entscheiden sein.

Es dürfen sich keine Hinweise ergeben, dass der Plan zur Veräußerung noch in wesentlichen Punkten geändert werden könnte.

Beispiel: Das Management der X-AG hat einen Plan zur Veräußerung des Bereichs Kunststofftechnik festgelegt. Es wurden schon Gespräche mit möglichen Interessenten aufgenommen, woraus sich konkrete Preisangebote ergeben haben. Der Bereich Kunststofftechnik erfüllt die Kriterien der konkreten Veräußerungsabsicht und kann soweit als zur Veräußerung gehalten klassifiziert werden.

4. Zwölf-Monatsfrist

34 Das vierte Kriterium betrifft die Abwicklung der Veräußerung **innerhalb** von **zwölf Monaten** nach der **Umklassifizierung**, dh nach Erfüllung der weiteren drei Voraussetzungen. Es kann nicht als ausreichend angesehen werden, wenn ein

Veräußerungsplan einen Verkauf nur innerhalb von zwölf Monaten **vorsieht,** der Verkauf muss aller Voraussicht nach innerhalb von zwölf Monaten **erfolgen.** Würde das Erfüllen des Kriteriums an die Erwartung des Managements geknüpft, würde dies einen unzulässigen bilanzpolitischen Spielraum eröffnen. Die Erfüllung der Zwölf-Monatsfrist muss sich anhand von objektivierbaren Kriterien ableiten lassen (zB es liegt schon ein *letter of intent* vor, in der Vergangenheit wurden schon mehrere Verkäufe solcher Vermögenswerte innerhalb dieses Zeitraums abgewickelt etc). Sofern sich die Veräußerung innerhalb von zwölf Monaten nicht als sehr wahrscheinlich abschätzen lässt, darf keine Umklassifizierung erfolgen. Die Zwölf-Monatsfrist beginnt ab dem Zeitpunkt der Kriterienerfüllung und nicht erst ab dem entspr Abschlussstichtag. Ein Abweichen ist nur zulässig, sofern die **Verzögerung nicht im Einflussbereich** des veräußernden Unternehmens liegt. IFRS 5.9 und Anhang B unterscheiden zwei Situationen, die ein Überschreiten dieser zeitlichen Grenze rechtfertigen.

Einerseits handelt es sich um Veräußerungsfälle, die erst nach einer rechtsverbindlichen Vereinbarung zwischen den Parteien die Zustimmung eines Dritten erfordern (zB Zustimmung der Kartellbehörde oder sonstiger Behörde). 35

Beispiel: Ein Energieversorgungsunternehmen plant den Verkauf einer Veräußerungsgruppe, der die Zustimmung der Regulierungsbehörde erfordert. Diese kann aber erst nach Abschluss eines bindenden Kaufvertrags eingeholt werden, der mit hoher Wahrscheinlichkeit innerhalb von zwölf Monaten abgeschlossen wird. In diesem Fall ist eine Behandlung des Verkaufs nach IFRS 5 trotz der Überschreitung der Zwölf-Monatsfrist bis zum Vorliegen der Zustimmung des Kartellamts zulässig (IFRS 5.IG5).

Andererseits geht es um Fälle, in denen sich nach erfolgter Umklassifizierung **unvorhersehbare Gegebenheiten** einstellen (zB zusätzliche Bedingungen des Käufers wie zB Beseitigung von Bodenverunreinigungen), die sich erst **nach zwölf Monaten** vollständig erfüllen lassen. Auch in diesem Fall finden die Regelungen des IFRS 5 Anwendung, wenn das veräußernde Unternehmen alle notwendigen Maßnahmen ergreift, um trotz der veränderten Rahmenbedingungen den Verkauf zum Abschluss zu bringen (IFRS 5.IG6). 36

Eine Erfüllung des Kriteriums der Zwölf-Monatsfrist ist auch dann gegeben, wenn ein Unternehmen einen Vermögenswert als zur Veräußerung gehalten klassifiziert hat, diesen aber aufgrund von **unvorhersehbaren, ungünstigen Marktveränderungen** und eines marktgerecht verminderten Preises nicht veräußern konnte. In diesem Fall bleibt es bei der Klassifizierung als zur Veräußerung gehalten. Eine andere Beurteilung ergibt sich aber, wenn das Unternehmen trotz eines weiteren Preisverfalls nicht bereit ist, den Verkaufspreis weiter zu reduzieren, weil es für die Zukunft hofft, dass sich der Markt wieder erholen wird. Der Vermögenswert steht damit nicht mehr unmittelbar zur Veräußerung zur Verfügung und fällt nicht mehr unter IFRS 5 (IFRS 5.IG7). 37

5. Zeitpunkt der Klassifizierung

Eine Umgliederung in den gesonderten Posten „zur Veräußerung gehaltene Vermögenswerte" ist nur zulässig, wenn die vorgenannten Kriterien am Abschlussstichtag erfüllt sind. Dies gilt selbstverständlich auch für Veräußerungsgruppen; diese können auch aufgegebene Geschäftsbereiche sein. Eine **spätere Kriterienerfüllung** wirkt **nicht wertaufhellend.** Sofern die Erfüllung noch vor Freigabe des Abschlusses zur Veröffentlichung erfolgt, sind im Anhang erläuternde Angaben zu machen, eine Ausweis- und ggf Bewertungsänderung der relevanten Vermögenswerte ist nicht zulässig. Eine Ausnahme bilden langfristige Vermögenswerte, deren Weiterveräußerungsabsicht schon beim Erwerb feststeht. Diese sind bereits bei erstmaligem Ansatz als zur Veräußerung gehalten auszuwei- 38 sen, auch wenn eine vollständige Kriterienerfüllung noch nicht vorliegt. Ein Zeitraum von drei Monaten zwischen Kauf und Kriterienerfüllung wird noch als zulässig angesehen (IFRS 5.11).

II. Bewertungsregeln für zur Veräußerung gehaltene Vermögenswerte und Veräußerungsgruppen

39 Im Folgenden werden die **Bewertungsvorschriften** erörtert, die im Zusammenhang mit den zur Veräußerung gehaltenen Vermögenswerten und Veräußerungsgruppen stehen.

1. Grundsatz

40 IFRS 5 enthält als Folge der angestrebten **Angleichung zwischen IFRS und US-GAAP** (s Rz 2) **besondere Bewertungsvorschriften**. Wie die einschlägigen US-amerikanischen Vorschriften des SFAS 144 sieht IFRS 5.15 vor, dass zur Veräußerung gehaltene langfristige Vermögenswerte und Veräußerungsgruppen zum niedrigeren Wert aus Buchwert und beizulegendem Zeitwert abzüglich Veräußerungskosten anzusetzen sind. Damit orientiert sich die Bewertung nicht an den fortgeführten Anschaffungs- oder Herstellungskosten, sondern an der beabsichtigten Verkaufstransaktion, soweit der durch die Veräußerung voraussichtlich zu realisierende beizulegende Zeitwert abzüglich Veräußerungskosten unter dem Buchwert liegt. Diese Vorgehensweise entspricht dem Grundkonzept des IFRS 5 (IFRS 5.6), nach dem die Wertrealisation der zur Veräußerung gehaltenen Vermögenswerte oder Veräußerungsgruppen überwiegend durch ein Veräußerungsgeschäft und nicht durch weitere betriebliche Nutzung erfolgen muss. In diesem Zusammenhang verbietet IFRS 5.25 die planmäßige Abschreibung langfristiger Vermögenswerte, solange diese als zur Veräußerung gehalten klassifiziert werden oder zu einer Veräußerungsgruppe (s Rz 61) gehören. Der Bewertungsprozess orientiert sich zukunftsgerichtet an der vorgesehenen Veräußerung (*Zülch/Lienau* KoR 2004, 450).

41 Der beizulegende Zeitwert abzüglich Veräußerungskosten kommt auch als Bewertungsmaßstab in IAS 36.25 zum Ausdruck, steht jedoch im Kontrast zu dem Bewertungsprinzip des beizulegenden Zeitwerts (*fair value*), der in IAS 39 oder IAS 40 zur Anwendung kommt (*Alexander/Archer* 2008 chap 26.08). Der **Unterschied zwischen dem beizulegenden Zeitwert und dem beizulegenden Zeitwert abzüglich Veräußerungskosten** eines Vermögenswerts bzw einer Veräußerungsgruppe resultiert daraus, dass bei der Ermittlung des letztgenannten Werts die Veräußerungskosten vom beizulegenden Zeitwert abgezogen werden. Mit der Weiterentwicklung des beizulegenden Zeitwerts abzüglich Veräußerungskosten als Bewertungsmaßstab in IFRS 5 entfernt sich der IASB einen weiteren Schritt von dem beizulegenden Zeitwert als Bewertungsideal und relativiert den *fair value* um erwartete Veräußerungskosten, die möglicherweise wesentlich sind und subjektiven Ermessensspielräumen unterliegen (*Schildbach* WPg 2005, 555). Obwohl der IASB im revidierten im Januar 2008 veröffentlichten IFRS 3 einen Kurswechsel im IFRS 5 weg vom beizulegendem Zeitwert abzüglich Veräußerungskosten zum beizulegenden Zeitwert hin angekündigt hatte, wurde im April 2008 doch vom IASB entschieden, das Bewertungskonzept des IFRS 5 vorerst nicht zu ändern (s Rz 54).

2. Bewertung bei erstmaliger Klassifizierung

42 Im Rahmen der **erstmaligen Klassifizierung** als zur Veräußerung gehalten ist der bilanzielle Wert der einschlägigen Vermögenswerte und Veräuße-

rungsgruppen zu bestimmen. Dies gilt auch, wenn diese langfristig gehaltenen Vermögenswerte oder Veräußerungsgruppen Bestandteil eines aufgegebenen Geschäftsbereichs sind. Spezielle Bewertungsvorschriften für aufgegebene Geschäftsbereiche enthält IFRS 5 folglich nicht. Der Wertermittlungsprozess kann in die folgenden vier Arbeitsschritte aufgeteilt werden (*KPMG*[2], 186):

(1) Bewertung unmittelbar vor der Umklassifizierung,
(2) Ermittlung des beizulegenden Zeitwerts,
(3) Ermittlung der Veräußerungskosten und des beizulegenden Zeitwerts abzüglich Veräußerungskosten,
(4) Anwendung des Niederstwertprinzips.

a) Bewertung unmittelbar vor der Umklassifizierung

Der **Zeitpunkt** der Umklassifizierung markiert das **bewertungssignifikante** 43
Ereignis des Wechsels von den bisherigen Bewertungsmethoden zu der Bewertung nach den Regeln des IFRS 5. Die folgende Zeitskala verdeutlicht diesen Prozess:

Vor Umklassifizierung	Nach Umklassifizierung
Bewertung gem einschlägigen IFRS ggf Wertminderungstest	Bewertung gem IFRS 5

Unmittelbar **vor** der erstmaligen Klassifizierung als zur Veräußerung gehalten wird die Bewertung zunächst gem den **einschlägigen IFRS** unter Beachtung des Stetigkeitsprinzips vorgenommen (IFRS 5.18).

Beispiel: Die Baufirma B will einen Hochleistungskran veräußern, der bisher zu fortgeführten Anschaffungskosten gem IAS 16.30 bewertet wurde. Die entspr Bewertungsmethode des IAS 16 (*cost model*) wird unmittelbar vor der Umklassifizierung beibehalten.

Die Entscheidung zur Veräußerung kann per se auch ein Indiz der Wertminderung sein, sodass ggf ein Wertminderungstest gem IAS 36 durchzuführen ist (*IDW* RS HFA 2 Rz 103). Bei der Ermittlung des Nutzungswert im Rahmen des Wertminderungstests ist die geplante Veräußerung zu berücksichtigen, sodass der Nutzungswert im Regelfall dem Nettoveräußerungserlös entsprechen und sich damit dem beizulegenden Zeitwert abzüglich Veräußerungskosten weitestgehend annähern wird (*IDW* RS HFA 2 Rz 104). **Nach** der Umklassifizierung sind die **Bewertungsregeln des IFRS 5** anzuwenden.

Im Falle mehrerer Vermögenswerte und Schulden, die als zur Veräußerung gehalten umklassifiziert werden, erfolgt die Bewertung sämtlicher Vermögenswerte und Schulden dieser Veräußerungsgruppe zunächst gem den für diese Vermögenswerte und Schulden **bisher einschlägigen IFRS.**

Eine Ausnahme zu dieser Bewertungsregel gem den bisher einschlägigen IFRS 44
bildet jedoch die Behandlung von **Währungsumrechnungsdifferenzen,** soweit diese Umrechnungsdifferenzen eine Rolle bei der Wertermittlung spielen (*KPMG*[2], 187). Differenzen aus der Umrechnung von **Vermögenswerten und Schulden eines ausländischen TU,** das eine abweichende funktionale Währung hat, werden gem IAS 21.32 erfolgsneutral im sonstigen Ergebnis *(other comprehensive income)* erfasst. Beim Verkauf des ausländischen TU werden die entspr Umrechnungsdifferenzen dann erfolgswirksam aus dem sonstigen Ergebnis ausgebucht (Umgliederungsbetrag; *reclassification adjustment* gem IAS 1.95). In IFRS 5.BC37 wirft der IASB die Frage auf, ob diese Umgliederung vor dem Hintergrund des IFRS 5 bereits durch die Umklassifizierung als zum Verkauf gehalten ausgelöst werden soll. Diese Vorgehensweise hätte eine Angleichung an die entspr US-amerikanischen Regelungen (EITF 01–5) gewährleistet, die eine

Umgliederung bereits bei der Umklassifizierung vorsehen, und wäre angesichts der angestrebten transaktionsorientierten Bewertung konsequent. Da der IASB im Rahmen des *Reporting Comprehensive Income*-Projekts die *reclassification adjustments* jedoch ggf neu regeln wird, wollte es insoweit keine Anpassungen des IAS 21 vornehmen. Somit findet die Umgliederung derzeit erst beim tatsächlichen Verkauf des betreffenden Vermögenswerts oder der betreffenden Veräußerungsgruppe statt.

45 **Etwaige wertmäßige Änderungen,** die sich aus der Bewertung unmittelbar vor der Umklassifizierung ergeben, werden nach Maßstab der entspr IFRS erfasst. Der Buchwert der Veräußerungsgruppe zum Zeitpunkt der Umklassifizierung resultiert somit aus der Summe der Buchwerte der einzelnen Vermögenswerte und Schulden der Veräußerungsgruppe.

b) Ermittlung des beizulegenden Zeitwerts

46 Als nächster Schritt schließt sich sodann die Ermittlung des **beizulegenden Zeitwerts** des einzelnen zur Veräußerung gehaltenen Vermögenswerts bzw der Veräußerungsgruppe an. Besteht eine Veräußerungsgruppe zB aus einem Teilbereich eines Unternehmens, für den es **keinen aktiven Markt** gibt, stellt sich die Frage, wie der beizulegende Zeitwert zu ermitteln ist. Der Einsatz von Unternehmensbewertungsmodellen wäre in solchen Fällen ggf denkbar, wenn dadurch ein beizulegender Zeitwert ermittelt wird, der einem realistischen Verkaufspreis annähernd entspricht. Dabei würde typischerweise eine Bandbreite möglicher Werte entstehen, die bilanzpolitische Spielräume ermöglichen. Objektiver und eher iSd transaktionsorientierten Bewertungskonzepts des IFRS 5 ist eine Wertfindung, die sich an der vorgesehenen Veräußerung, nämlich an dem vorgesehenen **Verkaufspreis** orientiert. Da die Klassifizierung eines Vermögenswerts bzw einer Veräußerungsgruppe als zur Veräußerung gehalten aktive Verkaufsbemühungen bei einem im Vergleich zum beizulegenden Zeitwert angemessenen Verkaufsangebot erfordern (IFRS 5.8), kann im Umkehrschluss der beizulegende Zeitwert aus dem verhandelten Verkaufspreis abgeleitet werden. Besteht ein solches indikatives Preisangebot noch nicht, sind Zweifel angebracht, ob eine Umklassifizierung als zur Veräußerung gehalten bereits zulässig ist. Seit Einführung des IFRS 5 haben IASB und FASB das Konzept des beizulegenden Zeitwerts dahingehend entwickelt, dass sich dieser zunehmend an **Marktdaten** orientiert. So hat der FASB zB im Jahr 2006 SFAS 157 veröffentlicht, der die Bedeutung von Marktdaten bei der Ermittlung des beizulegenden Zeitwerts hervorhebt.

47 Die Ableitung des beizulegenden Zeitwerts einer Veräußerungsgruppe aus einem durch ein **Bewertungsmodell** oder aus einem **im Rahmen der Verkaufsverhandlungen** entstehenden indikativen Preisangebot bzw aus **Marktdaten** stellt eine **zulässige Vereinfachung** dar. Die Wertermittlung auf Ebene der einzelnen Komponenten einer Veräußerungsgruppe ist nicht erforderlich. Somit kann zunächst der beizulegende Zeitwert auf aggregierter Ebene der Veräußerungsgruppe bestimmt werden. Da der beizulegende Zeitwert der Schulden der Veräußerungsgruppe generell relativ leicht objektiv feststellbar sein wird, ist der beizulegende Zeitwert der Vermögenswerte der Veräußerungsgruppe aus der Summe des beizulegenden Zeitwerts der Schulden und des beizulegenden Zeitwerts der gesamten Veräußerungsgruppe zu ermitteln.

Beispiel: Der Autohersteller A will seinen Geschäftsbereich Sportwagen veräußern. Aus Verkaufsverhandlungen konkretisiert sich ein Angebotspreis von Mio € 240. Der beizulegende Zeitwert der Schulden der einschlägigen Veräußerungsgruppe beträgt Mio € 40. Der beizulegende Zeitwert der Vermögenswerte der Veräußerungsgruppe ist somit Mio € 280.

c) Ermittlung der Veräußerungskosten und des beizulegenden Zeitwerts abzüglich Veräußerungskosten

Im Wertermittlungsprozess müssen nach der Ermittlung des beizulegenden Zeitwerts die **Veräußerungskosten** bestimmt und von dem ermittelten beizulegenden Zeitwert abgezogen werden, um zum beizulegenden Zeitwert abzüglich Veräußerungskosten zu gelangen. Gem IFRS 5.A werden die Veräußerungskosten als die zusätzlichen Kosten definiert, die der Veräußerung eines Vermögenswerts oder einer Veräußerungsgruppe unmittelbar zugeordnet werden können. Weder Finanzierungskosten noch Ertragsteuern sind in diesem Zusammenhang als Veräußerungskosten zu verstehen. Der Begriff von zusätzlichen Kosten lässt relativ viele Interpretationsspielräume offen. Die entspr US-amerikanischen Regelungen führen Maklergebühren, Rechts- und Beratungskosten, Kosten der Eigentumsübertragung sowie unabwendbare Schließungskosten vor Eigentumsübergang als Beispiele der Veräußerungskosten auf (SFAS 144.35). Denkbar sind in diesem Zusammenhang vom Veräußerer zu tragende *due diligence* Kosten, aber auch Reisekosten von Managern, die den Verkauf von Konzerneigentum im Ausland betreuen. Bei der Veräußerung einer Geschäftssparte oder eines TU werden die Veräußerungskosten in aller Regel einen größeren und schwieriger zu bestimmenden Umfang haben. Je länger der Zeitraum zwischen dem Bilanzstichtag und dem tatsächlichen Veräußerungszeitpunkt ist, desto schwieriger wird es sein, die Veräußerungskosten akkurat und vollständig zum Zeitpunkt der Umklassifizierung zu bestimmen. 48

Im Zusammenhang mit unabwendbaren Schließungskosten stellt sich die Frage, ob Kosten der **Arbeitnehmerabfindungen sowie andere rückstellungspflichtige Sachverhalte,** die als Folge einer Veräußerung entstehen, als Veräußerungskosten zu erfassen sind. Diese Frage ist mit Hinweis auf das Zusammenspiel von IAS 37 und IFRS 5 sowie die Problematik der Doppelerfassung von Aufwand zu verneinen (*Lüdenbach* in Lüdenbach/Hoffmann IFRS[7] § 29 Rz 29ff). Entweder sind diese Kosten bereits als Rückstellung erfasst oder müssen spätestens bei der Buchwertermittlung einer Veräußerungsgruppe unmittelbar vor der Klassifizierung als zur Veräußerung gehalten berücksichtigt werden. Die Erfassung als Veräußerungskosten würde somit zu einer doppelten Belastung des Ergebnisses führen. 49

Beispiel: Ein Chemieunternehmen beschließt, seine Katalysatorsparte zu veräußern, und muss eine Rückstellung für Arbeitnehmerabfindungen in Höhe von T€ 350 gem IAS 37.70ff iVm IAS 37.14 bilden. Diese Rückstellung hat bereits die Buchwertermittlung der Veräußerungsgruppe dieser Sparte beeinflusst. Die Erfassung dieses Aufwands als Veräußerungskosten würde daher zu einer Doppelberücksichtigung führen.

Greifen die Ausnahmeregelungen des IFRS 5.9 und findet die **Veräußerung voraussichtlich erst nach einem Jahr** statt, sind die Veräußerungskosten gem IFRS 5.17 **abzuzinsen.** Die nachfolgende Aufzinsung ist unter den Finanzierungskosten im Periodenerfolg zu erfassen. 50

d) Feststellung des Wertminderungsbedarfs

Im Anschluss an die Ermittlung des beizulegenden Zeitwerts abzüglich Veräußerungskosten erfolgt als letzter Schritt die Gegenüberstellung dieses Werts mit dem Buchwert des zur Veräußerung gehaltenen Vermögenswerts bzw der Veräußerungsgruppe **(Feststellung eines Wertminderungsbedarfs).** Falls der Buchwert über dem beizulegenden Zeitwert abzüglich Veräußerungskosten liegt, ist auf den niedrigeren beizulegenden Zeitwert abzüglich Veräußerungskosten abzuschreiben. Der entstehende Wertminderungsaufwand ist als außerplanmäßi- 51 ge Abschreibung erfolgswirksam im Ergebnis der lfd Geschäftstätigkeit zB unter den Abschreibungen (GKV) oder ggf den Umsatzkosten bzw in den übrigen funktionsspezifischen Aufwendungen (UKV) zu erfassen (IFRS 5.20).

52 Handelt es sich um eine **Veräußerungsgruppe,** erfolgt die **Aufteilung des Wertminderungsaufwands** auf die einzelnen Vermögenswerte der Veräußerungsgruppe nach der entspr Zuordnungsregelung für ZGE des IAS 36.104 zunächst auf einen Geschäfts- oder Firmenwert und dann anteilig auf die in der Veräußerungsgruppe enthaltenen immateriellen Vermögenswerte und Sachanlagen im Verhältnis ihrer Buchwerte zueinander (IFRS 5.23; s § 27 Rz 24). Im Gegensatz zu IAS 36.105 besteht hinsichtlich der Allokation des Wertminderungsbedarfs auf einzelne Vermögenswerte indessen keine Wertuntergrenze, sodass der Buchwert eines einzelnen Vermögenswerts nach Berücksichtigung der Wertminderungsaufwands ggf unter seinem beizulegenden Zeitwert abzüglich Veräußerungskosten bzw dem Nutzungswert liegen kann (*IDW* RS HFA 2 Rz 106). Der Wertminderungsaufwand wird nicht auf diejenigen Vermögenswerte in der Veräußerungsgruppe aufgeteilt, die von den Bewertungsvorschriften des IFRS 5 ausgenommen werden (s Rz 7).

Beispiel: Der beizulegende Zeitwert abzüglich Veräußerungskosten einer Veräußerungsgruppe beträgt T€ 150, der Buchwert T€ 250. Der Wertminderungsaufwand von T€ 100 ist wie folgt aufzuteilen:

	Buchwert vor Wertminderung	**Wertminderungsaufwand**	**Buchwert nach Wertminderung = beizulegender Zeitwert abzüglich Veräußerungskosten**
	T€	**T€**	**T€**
Geschäfts- oder Firmenwert	20	– 20	0
Immaterielle Vermögenswerte	30	– 16	14
Sachanlagen	120	– 64	56
Vorräte	70	–	70
Planvermögen (IAS 19)	10	–	10
Gesamtsumme	250	– 100	150

Der Wertminderungsaufwand wird weder auf Vorräte noch auf das Planvermögen aufgeteilt, da diese Vermögenswerte nicht langfristig sind oder gem IFRS 5.5 explizit von den Bewertungsvorschriften des IFRS 5 ausgenommen werden. Korrespondierend würden auch in einer Veräußerungsgruppe enthaltene Schulden nicht aufgewertet werden. Die Buchung des Wertminderungsaufwands hat ggf Auswirkungen auf die latenten Steuern. Die Berücksichtigung von latenten Steuern im Zusammenhang mit der Anwendung der Bewertungsvorschriften des IFRS 5 wird unter Rz 73f näher erläutert.

53 Beim **Erwerb** von langfristigen Vermögenswerten oder Veräußerungsgruppen mit **Weiterveräußerungsabsicht,** welche die Kriterien für eine Klassifizierung als zur Veräußerung gehalten erfüllen, ist der beizulegende Zeitwert abzüglich Veräußerungskosten den Anschaffungs- bzw Herstellungskosten (fiktivem Buchwert) der neu erworbenen Vermögenswerte gegenüberzustellen (IFRS 5.16). Der beizulegende Zeitwert entspricht bei solchen Vorgängen in aller Regel den Anschaffungs- bzw Herstellungskosten, so dass der beizulegende Zeitwert abzüglich Veräußerungskosten zwangsläufig unter den Anschaffungs- bzw Herstellungskosten liegt. Grds muss die Bewertung jedoch die vorgesehene Verkaufstransaktion berücksichtigen. In Fällen einer Weiterveräußerung mit Ge-

winn werden die niedrigeren Anschaffungs- oder Herstellungskosten anzusetzen sein. Anderenfalls ist ein niedrigerer beizulegender Zeitwert abzüglich Veräußerungskosten anzusetzen. Ein bereits beim Erwerb absehbarer Verlust wird somit erfasst, ein antizipierter Gewinn jedoch nicht realisiert (*Lüdenbach* in Lüdenbach/Hoffmann IFRS[7] § 29 Rz 29; kein „*day one profit*", jedoch „*day one loss*").

Beispiel: Die Baufirma B ersteigert einen Betonmischer aus der Insolvenz eines Wettbewerbers für € 10.000 und beabsichtigt, ihn – da auch ihr die Aufträge ausgehen – weiterzuveräußern.

Alternative A: Der Marktpreis für den Betonmischer beträgt € 11.000. Die Veräußerungskosten werden auf € 300 geschätzt. Der Betonmischer wird als zur Veräußerung gehaltener Vermögenswert mit dem niedrigeren Buchwert (= Anschaffungskosten) angesetzt. Der voraussichtliche Gewinn von € 700 wird nicht berücksichtigt.

Alternative B: Aufgrund der schlechten Baukonjunktur beträgt der Marktpreis nur noch € 6.000. In diesem Fall ist der niedrigere beizulegende Zeitwert abzüglich Veräußerungskosten von € 5.700 anzusetzen. Somit wird bei der Erstverbuchung ein Wert von € 5.700 angesetzt und damit ein Verlust in Höhe von € 4.300 erfasst.

Findet der Erwerb mit Weiterveräußerungsabsicht im Rahmen eines **Unternehmenszusammenschlusses** statt, wird der Vermögenswert bzw die Veräußerungsgruppe bei entspr Erfüllung der Kriterien des IFRS 5 entgegen der grds Konsolidierungssystematik des IFRS 3 nicht mit dem beizulegenden Zeitwert, sondern mit dem beizulegenden Zeitwert abzüglich Veräußerungskosten angesetzt (IFRS 5.16). Eine entspr Ausnahmeregelung enthalten IFRS 3.31 (2008)/ IFRS 3.36 (2004). Diese Regelung führt dazu, dass die Veräußerungskosten bei der Umklassifizierung als zur Veräußerung gehalten **nicht erfolgswirksam** erfasst werden, sondern den Geschäfts- oder Firmenwert aus der Kapitalkonsolidierung erhöhen. Ein sogenannter „*day two loss*" wird damit vermieden (Bewertung zum beizulegenden Zeitwert am Tag des Erwerbs, am Tag danach (= *day two*) bei Anwendung der Bewertungsregeln des IFRS 5 Erfassung der Veräußerungskosten und damit eines Verlusts). Auf diese Weise wird auch dem Gedanken Rechnung getragen, dass der Erwerber die erwarteten Veräußerungskosten beim Erwerb einkalkuliert und somit einen niedrigeren Kaufpreis geleistet hat. Folglich sollten die erwarteten Veräußerungskosten nicht als Aufwand in der Gesamtergebnisrechnung zum Zeitpunkt des Erwerbs erfasst werden, da dieser Umstand ein falsches Bild von den Aktivitäten des Erwerbers geben könnte. Das folgende Beispiel zeigt, dass der Ansatz des erworbenen Vermögenswerts bzw der erworbenen Veräußerungsgruppe zum beizulegendem Zeitwert abzüglich Veräußerungskosten bzgl der Höhe des Geschäfts- oder Firmenwerts zum gleichen Ergebnis führt wie die Bewertung zum beizulegenden Zeitwert ohne erwartete Kosten der Weiterveräußerung im Fall des Erwerbs ohne Weiterveräußerungsabsicht. 54

Beispiel: Das Touristikunternehmen T kauft ein Kreuzfahrtunternehmen mit der Absicht, ein TU weiter zu veräußern, das sich auf Karibikkreuzfahrten konzentriert. Der beizulegende Zeitwert dieses TU beträgt Mio € 90, die erwarteten Veräußerungskosten liegen bei Mio € 5. Diese Kosten wurden bei der Festlegung des Kaufpreises berücksichtigt, der sich folglich von Mio € 105 auf Mio € 100 reduzierte. Bei dem ursprünglichen Verkaufspreis ohne Berücksichtigung der Veräußerungskosten wäre ein Geschäfts- oder Firmenwert von Mio € 15 entstanden.

	Mit Veräußerungskosten	**Ohne Veräußerungskosten**
	Mio €	**Mio €**
Kaufpreis	100	105
Beizulegender Wert	90	90
Veräußerungskosten	5	0
Beizulegender Zeitwert abzüglich Veräußerungskosten	85	n/a
Geschäfts- oder Firmenwert	**15**	**15**

55 Im **Rahmen des Projekts BCP II** wurde die Bewertungsschnittstelle IFRS 5 zu IFRS 3 im Falle eines Erwerbs mit Weiterveräußerungsabsicht in Rahmen eines Unternehmenszusammenschlusses von IASB und FASB unter die Lupe genommen. In dem im Januar 2008 veröffentlichten revidierten IFRS 3 bleibt die Ausnahmeregelung des IFRS 3.36 (2004) zwar zunächst bestehen (s IFRS 3.31 (2008)), in der Begründung führt der IASB jedoch aus, dass er die Eliminierung dieser Ausnahmeregelung überlegt (IFRS 3.BC305 ff (2008)). Die Bewertung sollte im Falle eines Erwerbs mit Weiterveräußerungsabsicht im Rahmen eines Unternehmenszusammenschlusses grds zum beizulegenden Zeitwert und nicht mehr zum beizulegenden Zeitwert abzüglich Veräußerungskosten erfolgen. Der beizulegende Zeitwert orientiert sich nach neuester konzeptioneller Überlegung des IASB und des FASB eng an Marktdaten. Veräußerungskosten würden danach bei einer marktdatenorientierten Wertermittlung keine Rolle spielen (IFRS 3.BC306 (2008)). Die Eliminierung der Ausnahmeregelung des IFRS 3.31 (2008)/IFRS 3.36 (2004) hätte jedoch zu der Problematik der Realisierung des oben genannten „*day two*" Verlusts geführt. Um dieses Problem zu umgehen, wollten IASB und FASB zunächst IFRS 5 bzw SFAS 144 dahingehend ändern, dass zur Veräußerung gehaltene langfristige Vermögenswerte mit dem beizulegenden Zeitwert und nicht mehr mit dem beizulegenden Zeitwert abzüglich Veräußerungskosten zu bewerten sind. Dieser Schritt hätte das besondere Bewertungskonzept des IFRS 5 auf dem Altar der Konsistenz- und Verbesserungsbestrebungen des IASB und des FASB geopfert. Nach Änderung des IFRS 5 und des SFAS 144 wäre die Ausnahmeregelung des IFRS 3.31 (2008)/IFRS 3.36 (2004) überflüssig und der IASB hätte sie eliminiert. Da das Konzept des beizulegenden Zeitwerts abzüglich Veräußerungskosten jedoch auch IAS 2 (Vorräte von Warenmaklern), IAS 36 (erzielbarer Betrag) sowie IAS 41 (biologische Vermögenswerte und landwirtschaftliche Erzeugnisse) zugrunde liegt, hätte der IASB auch Folgeänderungen dieser Standards überlegen müssen. Der Umfang des Projekts wurde daher als vorerst zu aufwändig gehalten und der IASB entschied im April 2008 die Bewertungsregeln des IFRS 5 doch nicht anzupassen. Das Bewertungskonzept des beizulegenden Zeitwerts abzüglich Veräußerungskosten bleibt vorerst bestehen und die Ausnahmeregelung des IFRS 3.31 (2008) somit in Kraft.

3. Folgebewertung

56 In **Folgeperioden** ist der **Wertansatz** eines zur Veräußerung gehaltenen Vermögenswerts bzw einer Veräußerungsgruppe neu zu **überprüfen**.

Einzelne zur Veräußerung gehaltene langfristige Vermögenswerte, die nicht Bestandteil einer Veräußerungsgruppe sind, werden im Rahmen der Folgebewertung ausschließlich entspr den Bewertungsregeln des IFRS 5 bewertet. Im Gegensatz zur Bewertung im Zeitpunkt der erstmaligen Klassifizierung als zur Veräußerung gehalten, gelten die einschlägigen Standards nicht, die vor der Umklassifizierung für die Bewertung dieser Vermögenswerte maßgeblich waren. Nur noch Änderungen des beizulegenden Zeitwerts abzüglich Veräußerungskosten werden ggf berücksichtigt. Falls der beizulegende Zeitwert abzüglich Veräußerungskosten des jeweiligen Vermögenswerts in der Folgebewertung niedriger als der Buchwert und als der ggf bisher angesetzte beizulegende Zeitwert abzüglich Veräußerungskosten wird, so ist gem IFRS 5.20 auf diesen niedrigeren Wert abzuschreiben. Erhöht sich der beizulegende Zeitwert abzüglich Veräußerungskosten in der Folgebewertung, muss eine Zuschreibung erfolgen. Die Zuschreibung wird jedoch nur insoweit vorgenommen, als sie eine bisher erfasste Abschreibung im Rahmen der Wertminderungsprüfung gem **IAS 36 vor** der Umklassifizierung oder im Rahmen der Bewertung gem **IFRS 5 nach** der Umklassifizierung rückgängig macht (IFRS 5.21). Wertänderungen aus der Folgebewertung von einzelnen zur Veräußerung gehaltenen Vermögenswerten sind erfolgswirksam im Ergebnis der lfd Geschäftstätigkeit im GKV entweder als außerplanmäßige Abschreibungen oder ggf als Erträge aus Zuschreibungen in den sonstigen betrieblichen Erträgen zu erfassen. Im UKV werden die Wertänderungen im Ergebnis der lfd Geschäftstätigkeit entspr der funktionalen Zuordnung der davon betroffenen langfristigen Vermögenswerte in den Umsatzkosten oder in den übrigen funktionsspezifischen Aufwendungen erfasst respektive in den sonstigen Aufwendungen bzw sonstigen Erträgen, wenn eine funktionale Zuordnung nicht möglich ist. Das folgende Beispiel fokussiert die Folgebewertung im Rahmen eines Zwischenabschlusses.

Beispiel: Zum 31. März X1 beschließt die Geschäftsführung der Druckerei D eine Druckanlage zu veräußern. Zum Zeitpunkt der Umklassifizierung als zur Veräußerung gehalten beträgt der Buchwert der Druckanlage € 10.000, der beizulegende Zeitwert abzüglich Veräußerungskosten beträgt € 9.000. Ein Zwischenabschluss zum 30. Juni X1 ist zu erstellen (zur Zwischenberichterstattung s § 43).

Alternative A: Zum 30. Juni X1 erhöht sich der beizulegende Zeitwert abzüglich Veräußerungskosten auf € 9.500. Die Druckanlage wird mit € 9.500 angesetzt und ein Ertrag in Höhe von € 500 aus der Wertaufholung erfasst.

Alternative B: Zum 30. Juni X1 erhöht sich der beizulegende Zeitwert abzüglich Veräußerungskosten auf € 11.000. Die Druckanlage muss mit € 10.000 angesetzt werden. Eine Aufwertung auf €11.000 ist nicht zulässig, weil der bisher erfasste kumulative Wertminderungsaufwand nur € 1.000 beträgt. Somit wird ein Ertrag in Höhe von € 1.000 aus der Wertaufholung erfasst.

Alternative C: Die Druckanlage wurde vor der Umklassifizierung als zur Veräußerung gehalten um € 1.500 gem IAS 36 wertgemindert; ohne diese Wertminderung hätte der Buchwert vor der Umklassifizierung € 11.500 betragen. Zum 30. Juni X1 erhöht sich der beizulegende Zeitwert abzüglich Veräußerungskosten auf € 11.000. Die Druckanlage ist zum 30. Juni X1 mit € 11.000 anzusetzen. Die Zuschreibung von € 2.000 ist zulassig, weil der bisher erfasste kumulative Wertminderungsaufwand insgesamt € 2.500 beträgt. Somit wird ein Ertrag in Höhe von € 2.000 aus der Wertaufholung erfasst.

Bei der **Folgebewertung einer Veräußerungsgruppe** kommt es zu einem komplexeren Zusammenspiel von Einzel- und Gruppenbewertungsmaßnahmen (*Lüdenbach* in Lüdenbach/Hoffmann IFRS[7] § 29 Rz 30). Erstens muss untersucht werden, ob einzelne langfristige Vermögenswerte der Veräußerungsgruppe gem IFRS 5.5 von den Bewertungsregeln des IFRS 5 ausgenommen sind, weil deren beizulegende Zeitwerte entweder nach anderen Standards bereits bestimmt werden oder schwierig feststellbar sind (s Rz 7). Zudem unterliegen auch kurzfristige Vermögenswerte und Schulden nicht den Bewertungsregeln des IFRS 5. 57

58 Sind kurzfristige Vermögenswerte, Schulden oder die in IFRS 5.5 aufgeführten langfristigen Vermögenswerte Bestandteile einer **Veräußerungsgruppe,** werden diese bei der Folgebewertung zunächst gem den einschlägigen Standards bewertet (IFRS 5.19). Langfristige Finanzinstrumente werden zB zunächst einzeln nach den Bestimmungen des IAS 39 bewertet. Positive oder negative Wertänderungen, die sich aus diesen Einzelbewertungsmaßnahmen ergeben, ändern den Buchwert der Abgangsgruppe und werden erfolgswirksam oder zB im Falle von Finanzinstrumenten auch ggf direkt im sonstigen Ergebnis gem IAS 39.55(b) erfasst. Die langfristigen Vermögenswerte einer Veräußerungsgruppe, die nicht gem IFRS 5.5 von den Bewertungsregeln des IFRS 5 ausgenommen sind, werden hingegen nicht einzeln bewertet.

59 Vielmehr wird in einem **zweiten Schritt** der sich nach den erforderlichen Bewertungsanpassungen gem Schritt 1 ergebende **Buchwert der Veräußerungsgruppe** mit dem **beizulegenden Zeitwert abzüglich Veräußerungskosten der Veräußerungsgruppe** verglichen. Falls der Buchwert über dem beizulegenden Zeitwert abzüglich Veräußerungskosten liegt, wird auf diesen abgeschrieben. Der entstehende **Wertminderungsaufwand** ist als außerplanmäßige Abschreibung erfolgswirksam zu erfassen (IFRS 5.20). Der Wertminderungsaufwand wird – wie im Rahmen der Erstbewertung gem IFRS 5 (s Rz 52) – auf die einzelnen Vermögenswerte der Veräußerungsgruppe gem IFRS 5.23 nach der entspr Zuordnungsregelung für ZGE gem IAS 36.104 zunächst auf einen Geschäfts- oder Firmenwert, dann anteilig auf die in der Veräußerungsgruppe enthaltenen immateriellen Vermögenswerte und Sachanlagen im Verhältnis ihrer Buchwerte zueinander aufgeteilt. Der Wertminderungsaufwand wird **nicht** denjenigen Vermögenswerten in der Veräußerungsgruppe zugeordnet, die aus dem Anwendungsbereich des IFRS 5 ausgenommen sind (s Rz 7).

Zuschreibungen wegen späterer Erhöhungen des beizulegenden Zeitwerts abzüglich Veräußerungskosten der Veräußerungsgruppe sind gem IFRS 5.22 nur insoweit vorzunehmen, als sie einerseits nicht bereits im Rahmen der Einzelbewertung gem IFRS 5.19 von Vermögenswerten und Schulden, die nicht den Bewertungsregeln des IFRS 5 unterliegen, erfasst wurden (IFRS 5.23(a)) und andererseits eine bisher erfasste Abschreibung von den Bewertungsregeln gem IFRS 5 unterliegenden langfristigen Vermögenswerten im Rahmen der Wertminderungsprüfung gem **IAS 36 vor** der Umklassifizierung oder im Rahmen der Bewertung gem **IFRS 5 nach** der Umklassifizierung rückgängig machen (IFRS 5.22(b)). Die Verteilung der Zuschreibungen erfolgt auf die entspr langfristigen Vermögenswerte im Verhältnis ihrer Buchwerte zueinander. Dabei ist zu berücksichtigen, dass eine Verteilung der Zuschreibungen auf Geschäfts- oder Firmenwerte per se gem IAS 36.122 nicht zulässig ist. Weil IFRS 5.23 nur auf IAS 36.122 und nicht auf IAS 36.124 verweist, darf jedoch der bisher erfasste Wertminderungsaufwand bzgl des Geschäfts- oder Firmenwerts im Rahmen einer Wertaufholung auf andere langfristige Vermögenswerte in der Veräußerungsgruppe aufgeteilt werden. Diese können dadurch sogar mit Werten oberhalb ihrer Buchwerte vor Anwendung des IFRS 5 angesetzt werden (*IDW* RS HFA 2 Rz 107). Führt diese Aufstockung jedoch zu einem Missverhältnis zwischen dem unter Anwendung von IFRS 5 angesetzten Wert und dem Einzelveräußerungswert eines in den Anwendungsbereich des IFRS 5 fallenden Vermögenswerts in einer Veräußerungsgruppe, sollten entspr erläuternde Angaben gemacht werden.

Beispiel: Zum Zeitpunkt der Umklassifizierung (31. März X1) beträgt der beizulegende Zeitwert abzüglich Veräußerungskosten einer Veräußerungsgruppe T€ 150. Der Buchwert dieser Veräußerungsgruppe beträgt hingegen T€ 250. Zum Ende der Folgeperiode (30. Juni X1) hat sich der beizulegende Zeitwert abzüglich Veräußerungskosten auf

T€ 240 erhöht. Der Wertminderungsaufwand bei der Umklassifizierung und die Zuschreibung in der Folgeperiode verteilen sich wie folgt:

	Buchwert vor Wertminderung	**Wertminderungsaufwand**	**Nettozeitwert 31. März X1**	**Zuschreibung**	**Nettozeitwert 30. Juni X1**
	T€	**T€**	**T€**	**T€**	**T€**
Geschäfts- oder Firmenwert	20	– 20	0	0	0
Immaterielle Vermögenswerte	30	– 16	14	18	32
Sachanlagen	120	– 64	56	72	128
Vorräte	70	0	70	0	70
Planvermögen (IAS 19)	10	0	10	0	10
Gesamtsumme	250	– 100	150	90	240

Die Zuschreibung wird nicht dem Geschäfts- oder Firmenwert zugeordnet, sondern anteilig den relevanten langfristigen Vermögenswerten in der Veräußerungsgruppe, so dass diese – wie in diesem Beispiel – durchaus mit Werten oberhalb ihrer Buchwerte vor Anwendung des IFRS 5 angesetzt werden können.

Beim **Verkauf** eines zur Veräußerung gehaltenen Vermögenswerts oder einer Veräußerungsgruppe wird gem IFRS 5.24 ein **bisher nicht erfasster Gewinn oder Verlust** zum Zeitpunkt der Ausbuchung erfolgswirksam erfasst. IFRS 5 enthält keine Regelungen zur Ausbuchung von Vermögenswerten bzw von Veräußerungsgruppen und verweist auf die allgemeinen Regelungen in IAS 16 (IAS 16.67 ff) bzw IAS 38 (IAS 38.112 ff). 60

Der Leitgedanke des IFRS 5, dass die wesentliche Wertrealisation eines zur Veräußerung gehaltenen Vermögenswerts bzw einer Veräußerungsgruppe durch die Verkaufstransaktion statt durch die weitere betriebliche Nutzung erfolgt, kommt in der Folgebewertung gem IFRS 5 deutlich zum Ausdruck. Folgerichtig verbietet IFRS 5.25 die **planmäßige Abschreibung** eines langfristigen Vermögenswerts während der Klassifizierung als zur Veräußerung gehalten oder der Zugehörigkeit zu einer als zur Veräußerung gehalten klassifizierten Veräußerungsgruppe. Die Widerspiegelung der betrieblichen Nutzung des Vermögenswerts in der Wertbemessung durch planmäßige Abschreibung wird während der Klassifizierung als zur Veräußerung gehalten nicht als entscheidungsrelevant betrachtet (*Zülch/Lienau* KoR 2004, 446). Zinsen und sonstige Aufwendungen, die im Zusammenhang mit Schulden einer Veräußerungsgruppe entstehen, sind jedoch weiterhin erfolgswirksam zu erfassen. 61

Mit der Einführung des **Verbots der planmäßigen Abschreibung** ist der IASB zwar dem Ziel der Angleichung an die US-amerikanischen Standards näher gekommen. SFAS 144.34 enthält ein entspr Verbot der planmäßigen Abschreibung für zur Veräußerung gehaltene Vermögenswerte. Die Regelung ist indessen nicht unproblematisch – bricht sie doch mit dem Prinzip der Wertaufteilung über die Nutzungsdauer eines Vermögenswerts durch planmäßige Abschreibung (IAS 16.50) und führte ua dazu, dass IFRS 5 nicht einstimmig verabschiedet wurde. Ein Board-Mitglied hat insbes in der *dissenting opinion* (IFRS 5.DO8 f) den Ersatz der objektiven Aufteilung der Wertnutzung im Rahmen der planmäßigen Abschreibung durch ein Bewertungsmodell kritisiert, dessen Anwendung von einer subjektiven Managemententscheidung abhängt. 62

Die Bilanzierung wird hierdurch ermessensabhängiger und Unternehmen könnten diese Regelung missbrauchen, um wesentliche planmäßige Abschreibungen durch die Klassifizierung von Vermögenswerten als zur Veräußerung gehalten zu unterlassen (*Schildbach* WPg 2005, 556).

Der IASB führt in IFRS 5.BC28f aus, dass die Auswirkung des Verbots der planmäßigen Abschreibung auf die Bewertung idR zu vernachlässigen sei. Aufgrund der Zwölf-Monatsfrist des IFRS 5.8 sowie der Tatsache, dass bei einzelnen Vermögenswerten die planmäßige Abschreibung idR nicht wesentlich ist, wäre die unterlassene Abschreibung generell von untergeordneter Bedeutung. Insbes bei Veräußerungsgruppen, die Geschäftsbereiche oder Teilbetriebe umfassen, können unterlassene planmäßige Abschreibungen jedoch von erheblicher Bedeutung sein.

63 Darüber hinaus kommt es zu keiner Wertminderung der einzelnen in der Veräußerungsgruppe enthaltenen immateriellen Vermögenswerte und Sachanlagen, wenn der beizulegende Zeitwert abzüglich Veräußerungskosten einer Veräußerungsgruppe höher als der Buchwert ist, weil ua ein **originärer Geschäfts- oder Firmenwert** in der Veräußerungsgruppe vorhanden ist. Auf die Einbeziehung eines originären Geschäfts- oder Firmenwerts in die Ermittlung des beizulegenden Zeitwerts abzüglich Veräußerungskosten einer Veräußerungsgruppe wird ausdrücklich in IFRS 5.BC34 hingewiesen. Die Möglichkeit des Ansatzes eines originären Geschäfts- oder Firmenwerts schafft für nach IFRS bilanzierende Unternehmen nicht nur erhebliche neue Spielräume, sie steht auch im Gegensatz zu dem Prinzip des Ansatzverbots eines originären Geschäfts- oder Firmenwerts (IAS 38.48). Außerplanmäßige Abschreibungen könnten auf diese Weise umgangen werden.

64 Vielmehr mindert IFRS 5 die Informationsqualität des Jahresabschlusses insoweit, als die **Vergleichbarkeit der Ergebnisse aus aufgegebenen Geschäftsbereichen** dadurch beeinträchtigt wird, dass die Ergebnisse aus aufgegebenen Geschäftsbereichen nach der Klassifizierung als zur Veräußerung gehalten – im Gegensatz zu den entspr angepassten Vorjahresangaben – keine planmäßigen Abschreibungen mehr berücksichtigen, soweit diese aufgegebenen Geschäftsbereiche gleichzeitig als Veräußerungsgruppe zu klassifizieren sind und damit auch den Bewertungsregeln des IFRS 5 unterliegen.

65 Ob das **Verbot** der **planmäßigen Abschreibung** tatsächlich dem Ziel des IASB, einer wesentlichen Verbesserung der Angaben über zur Veräußerung gehaltene Vermögenswerte und Veräußerungsgruppen, näher kommt, lässt sich aufgrund der oben aufgeführten Problematik bezweifeln. Fest steht, dass hierdurch die Anforderungen an die Rechnungslegung bei einem nach IFRS bilanzierenden Unternehmen erhöht werden, weil bestimmte Teile der sich noch im Besitz des Unternehmens befindlichen langfristigen Vermögenswerte ab dem Umklassifizierungszeitpunkt einerseits nicht mehr planmäßig abzuschreiben sind und andererseits besonderen Bewertungsregeln unterliegen.

4. Planänderungen

66 Bei Planänderungen ist zwischen den folgenden drei Sachverhalten zu unterscheiden:

(1) Die Kriterien von IFRS 5.6ff werden nicht mehr erfüllt, sodass eine **Reklassifizierung** notwendig ist.

(2) Vermögenswerte oder Schulden werden aus Veräußerungsgruppen entnommen **(Entnahmen aus einer Veräußerungsgruppe).**

(3) **Erweiterung einer Veräußerungsgruppe** durch Hinzufügung von Vermögenswerten bzw Schulden.

a) Reklassifizierung

Entfällt die ursprüngliche Veräußerungsabsicht betreffend langfristige Vermögenswerte oder Veräußerungsgruppen, sodass die **Kriterien von IFRS 5.6 ff nicht mehr erfüllt** sind, ist der betroffene zur Veräußerung gehaltene langfristige Vermögenswert bzw die betroffene Veräußerungsgruppe so zu bilanzieren, als ob IFRS 5 nie zur Anwendung gekommen wäre. Der betroffene Vermögenswert oder die betroffene Veräußerungsgruppe ist gem IFRS 5.27 mit dem **niedrigeren Wert** aus dem fortgeführten ursprünglichen Buchwert – ggf unter retrospektiver Berücksichtigung der planmäßigen Abschreibung oder Neubewertungen – und dem erzielbaren Betrag iSv IAS 36 zum Zeitpunkt der Reklassifizierung anzusetzen. Im Fall von zwischenzeitlich „angefallenen" außerplanmäßigen Abschreibungen wird idR der erzielbare Betrag relevant. Die **retrospektive** Anpassung ist nur für diejenigen langfristigen Vermögenswerte notwendig, die den Bewertungsregeln des IFRS 5 unterliegen, dh im Wesentlichen für immaterielle Vermögenswerte und Sachanlagen, wobei eine Nachholung der planmäßigen Abschreibung und ggf von Neubewertungen zum Zeitpunkt der Reklassifizierung erforderlich ist. 67

Beispiel: Ein Lastwagen wird am 31. März X1 als zur Veräußerung gehalten klassifiziert. Der Buchwert beträgt € 10.000, die Restnutzungsdauer 2 Jahre. Der beizulegende Zeitwert abzüglich Veräußerungskosten zu den jeweiligen Stichtagen beträgt € 8.000, der erzielbare Betrag zum 31. Dezember X1 € 8.200. Am 31. Dezember X1 wurde entschieden, den Lastwagen doch weiter betrieblich zu nutzen. Folgende Buchungen sind notwendig:

	31. März X1	**Soll**	**Haben**
1.	Zur Veräußerung gehaltene Vermögenswerte	10.000	
	Sachanlagen		10.000
2.	Wertminderungsaufwand	2.000	
	Zur Veräußerung gehaltene Vermögenswerte		2.000
	31. Dezember X1		
3.	Sachanlagen	8.000	
	Zur Veräußerung gehaltene Vermögenswerte		8.000
4.	Abschreibung/Wertminderungsaufwand	1.750	
	Anlagevermögen		1.750

Die vierte Buchung knüpft wieder an den Wert an, der sich nach Buchung der planmäßigen Abschreibung statt Bilanzierung gem IFRS 5 ergeben hätte, nämlich € 6.250 (€ 10.000 minus ¾ lineare Abschreibung in Höhe von € 5.000 pa). Da der Buchwert unter dem erzielbaren Betrag liegt, wird der Buchwert zum Zeitpunkt der Planänderung angesetzt.

Sind der von der Planänderung betroffene Vermögenswert oder die betroffene Veräußerungsgruppe Teil einer **ZGE**, so führt die Anwendung des Wertminderungsmodells des IAS 36 ggf zu einer anteiligen Abwertung des Vermögenswerts oder der Veräußerungsgruppe. 68

Mit den Vorschriften zur Anwendung des Niederstwertprinzips bei einer Planänderung konnte der IASB die angestrebte **Angleichung** an die US-amerikanischen Regelungen nicht vollständig realisieren. SFAS 144.38 sieht nämlich einen Ansatz zum niedrigeren Wert von fortgeführtem ursprünglichen Buchwert und dem beizulegenden Zeitwert statt dem erzielbaren Betrag vor. Dieser Unter- 69 schied geht aus den Differenzen zwischen den Bewertungsmodellen nach US-GAAP und IFRS hervor. Er besteht wertmäßig darin, dass der erzielbare Betrag eines Vermögenswerts iSv IAS 36.6 der höhere Wert aus dem beizulegenden Zeitwert abzüglich Veräußerungskosten und dem Nutzungswert des Vermögenswerts ist. Weder der beizulegende Zeitwert abzüglich Veräußerungskosten noch der Nutzungswert muss dem beizulegenden Zeitwert entsprechen.

70 **Wertanpassungen,** die sich aus einer Umbewertung zum Zeitpunkt der Reklassifizierung ergeben, werden gem IFRS 5.28 idR erfolgswirksam im Ergebnis aus fortzuführenden Geschäftsbereichen erfasst. Bei Wertanpassungen von Vermögenswerten, die vor der Umklassifizierung nach dem Neubewertungsmodell gem IAS 16.31 ff oder IAS 38.75 ff bewertet wurden, müssen die rückwirkenden Bewertungsanpassungen gem den Neubewertungsregelungen dieser Standards vorgenommen werden. Danach werden die Wertanpassungen idR erfolgsneutral in der Neubewertungsrücklage erfasst.

b) Entnahmen aus einer Veräußerungsgruppe

71 Werden einzelne Vermögenswerte oder Schulden aus einer Veräußerungsgruppe entnommen, ist gem IFRS 5.29 zu prüfen, ob die **verbleibende Veräußerungsgruppe** an sich die Kriterien zur Bilanzierung als zur Veräußerung gehalten erfüllt. Wird dies verneint oder besteht keine Veräußerungsgruppe mehr, müssen die einzelnen verbleibenden Vermögenswerte dahingehend überprüft werden, ob eine Bilanzierung als zur Veräußerung gehalten noch möglich ist. Sollte die Bilanzierung als zur Veräußerung gehalten noch möglich sein, dann werden die einschlägigen Vermögenswerte bzw die verbleibende Veräußerungsgruppe mit dem niedrigeren Wert aus dem Buchwert und dem beizulegenden Zeitwert abzüglich Veräußerungskosten zum Zeitpunkt der Planänderung angesetzt.

c) Erweiterung einer Veräußerungsgruppe

72 Eine Planänderung ist auch durch die **Erweiterung der geplanten Veräußerungsgruppe** um einzelne Vermögenswerte und Schulden denkbar (*KPMG*[2], 197). In diesem Fall sind die hinzugefügten Vermögenswerte und Schulden jeweils nach den bisher geltenden Standards unter Beachtung des Stetigkeitsprinzips zu bewerten, soweit sie nicht den besonderen Bewertungsvorschriften des IFRS 5 unterliegen. Danach wird der beizulegende Zeitwert abzüglich Veräußerungskosten der neu erfassten Veräußerungsgruppe ermittelt und anschließend der Niederstwerttest durchgeführt. Bei einem ggf späteren Ausscheiden von Vermögenswerten aus der Veräußerungsgruppe sind bei einer erforderlichen retrospektiven Wertanpassung die unterschiedlichen Eintrittszeitpunkte der Vermögenswerte in die Veräußerungsgruppe zu berücksichtigen.

5. Latente Steuern

73 Der oben aufgeführte Prozess der Bewertung gem IFRS 5 kann dazu führen, dass sich Unterschiede zwischen steuerlichen Buchwerten und der Bewertung in der IFRS-Bilanz verändern oder erstmalig ergeben. In diesem Fall sind die **latenten Steuern** anzupassen.

Beispiel: Der Kerzenhersteller K will eine Gießanlage veräußern. Der Buchwert in der Steuerbilanz beträgt € 9.000. Der Buchwert in der IFRS-Bilanz vor einer Umklassifizierung als zur Veräußerung gehalten beträgt € 14.000. Nach der Umklassifizierung und dem Ansatz des niedrigeren beizulegenden Zeitwerts abzüglich Veräußerungskosten beträgt der IFRS-Buchwert nunmehr € 12.000. Die Rückstellung für latente Steuern reduziert sich von € 1.500 (30% von € 5.000) auf € 900 (30% von € 3.000).

Auch latente Steuern, die auf Unterschieden zwischen dem steuerlichen und dem IFRS-Buchwert in Bezug auf **zur Veräußerung gehaltene Anteile** („*outside basis differences*") basieren, sind zu berücksichtigen. Die Klassifizierung als zur Veräußerung gehalten führt dazu, dass die Umkehrung der damit verbundenen temporären Differenzen in absehbarer Zeit wahrscheinlich ist (IAS 12.39 bzw IAS 12.44). Diese latenten Steuern sind dem aufgegebenen Bereich und folglich der entspr Veräußerungsgruppe zuzuordnen (*IDW* RS HFA 2 Rz 122; s auch Rz 106). 74

Abgesehen von derartigen Wertanpassungen als Folge von Abwertungen von zur Veräußerung gehaltenen langfristigen Vermögenswerten sind latente Steueransprüche von den besonderen **Bewertungsvorschriften** des IFRS 5 explizit ausgenommen (IFRS 5.5(a)). Fraglich ist jedoch, ob dies auch für die besonderen **Ausweisvorschriften** des IFRS 5.38 gilt (s Rz 107 ff). Gegen einen gesonderten Ausweis (aktiver und passiver) latenter Steuern, die im Zusammenhang mit zur Veräußerung gehaltenen langfristigen Vermögenswerten oder Veräußerungsgruppen stehen, spricht, dass die latenten Steuern nicht die Voraussetzung des IFRS 5.6 erfüllen. Denn im Gegensatz zu anderen von den Bewertungsvorschriften gem IFRS 5.5 ausgeklammerten langfristigen Vermögenswerten respektive kurzfristigen Vermögenswerten und Schulden wird der zugehörige Buchwert der latenten Steuern systemimmanent nicht überwiegend durch ein Veräußerungsgeschäft anstelle der fortgesetzten Nutzung realisiert. Zudem würde eine Befürwortung der Einbeziehung der latenten Steuern in den gesonderten Ausweis bedeuten, dass einzelne zur Veräußerung gehaltene langfristige Vermögenswerte stets zusammen mit den mit ihnen verbundenen latenten Steuern eine **Veräußerungsgruppe** darstellen würden, sodass der gesonderte Ausweis einzelner Vermögenswerte als „zur Veräußerung gehaltene Vermögenswerte" den Ausnahmefall darstellen würde. 75

Gegen diese Sichtweise ist einzuwenden, dass mit der beabsichtigten Veräußerung von Vermögenswerten und Schulden auch eine **Auflösung** der korrespondierenden latenten Steuern einhergeht, sodass eine Einbeziehung der latenten Steuern in den gesonderten Ausweis gem IFRS 5.38 zur Verdeutlichung der sich **insgesamt** ergebenden Auswirkungen dieser Veräußerung sinnvoll sein kann.

In diesem Zusammenhang stellt sich darüber hinaus die Frage, wie im Vorfeld einer beabsichtigten Veräußerung gem IFRS 5 mit sich bei der tatsächlichen Veräußerung ergebenden **zusätzlichen** Auswirkungen auf die latenten Steuern ausweistechnisch zu verfahren ist.

Beispiel: Ein MU beabsichtigt, sämtliche Anteile an einem bisher voll konsolidierten TU zu veräußern. Zum Abschlussstichtag sind die Kriterien der IFRS 5.6 ff erfüllt. Der beim TU vorhandene Verlustvortrag führte bislang zur Aktivierung eines latenten Steueranspruchs.

Abwandlung: Das MU beabsichtigt nur die Veräußerung eines Geschäftsfeldes des TU. Im ersten Fall wird mit der Veräußerung sämtlicher Anteile des TU durch das MU die Auflösung der aktiven latenten Steuer auf den Verlustvortrag des TU notwendig, während im zweiten Fall die aktive latente Steuer aufgrund des im Konzern verbleibenden Verlustvortrags des TU erhalten bleibt.

Latente Steuern, die im Zusammenhang mit einem **aufgegebenen Geschäftsbereich** und seiner Veräußerung stehen, sind dem aufgegebenen Geschäftsbereich zuzuordnen (*IDW* RS HFA 2 Rz 120). 76

einstweilen frei 77–80

D. Der aufgegebene Geschäftsbereich

I. Begriff

81 IFRS 5.30 verfolgt das Ziel, auslaufende und für die zukünftige Ertragslage eines Unternehmens **nicht** mehr **relevante Geschäftsbereiche** von solchen Vermögensteilen zu trennen, die Bestandteil des normalen fortlaufenden Ergebnisses sind.

Wird eine Veräußerungsgruppe, in Übereinstimmung mit den Kriterien in IFRS 5.6ff, als zur Veräußerung gehalten klassifiziert oder ist sie bereits abgegangen, so kann es sich nur im Fall der Erfüllung der im Folgenden genannten **Voraussetzungen** (IFRS 5.32) um einen aufgegebenen Geschäftsbereich handeln:

(1) der Unternehmensbestandteil stellt einen gesonderten, wesentlichen Geschäftsbereich oder geografischen Bereich dar, und

(2) der Unternehmensbestandteil ist Teil eines einzelnen, abgestimmten Plans, dessen Ziel die Veräußerung oder Stilllegung eines gesonderten, wesentlichen Geschäftsbereichs oder geografischen Bereichs ist, oder

(3) es handelt sich um ein TU, das ausschließlich zum Zwecke der Weiterveräußerung erworben wurde.

82 Für die **Bewertung eines aufgegebenen Geschäftsbereichs** ist bedeutsam, ob dieser die Definitionskriterien einer Veräußerungsgruppe erfüllt (s Rz 14ff). Ist dies der Fall, so folgt die Bewertung IFRS 5.15ff. Der betroffene Bereich kann in seiner Gesamtheit oder stückweise zu verkaufen oder stillzulegen sein. Der Geschäftsbereich und die zugehörigen Cashflows müssen sich sowohl **geschäftsmäßig als auch für Zwecke der Rechnungslegung abgrenzen** lassen können. Das bedeutet, der aufgegebende Geschäftsbereich ist während seiner Nutzungsdauer **mindestens eine zahlungsmittelgenerierende Einheit** (ZGE) gewesen, er kann aber auch aus einer Gruppe von ZGE bestehen (IFRS 5.31; zur Abgrenzung der ZGE s § 27 Rz 86ff). **Unwesentliche Geschäftsbereiche** können demnach **keine** aufgegebenen Geschäftsbereiche sein. Im Fall der Stilllegung ist zu bemerken, dass der entspr Geschäftsbereich zum Abschlussstichtag schon aufgegeben sein muss, um die Ausweispflichten auszulösen. Der Zeitpunkt des Ausweises wird dadurch uU in die Zukunft verschoben, wenn zwischen Entscheidungsfindung und Durchführung ein Bilanzstichtag liegt.

83 Der IASB hatte angenommen, dass Beispiele von **aufgegebenen Geschäftsbereichen** in der **Praxis** selten vorkommen dürften. Diese seitens des Standardsetters zu IFRS 5 geäußerte Vermutung scheint nicht zuzutreffen. So berichtet ein Drittel der DAX 30 Unternehmen in ihren Konzernabschlüsssen für das Geschäftsjahr 2006 über aufgegebene Geschäftsbereiche. Das lässt die Vermutung zu, dass die Abgrenzung insbs der Wesentlichkeit Probleme bereitet.

II. Wesentlichkeit des abgrenzbaren Bereichs

84 Damit die besonderen Ausweis- und Angabepflichten von IFRS 5.31ff greifen, muss der aufgegebene Bereich **identifizierbar** und von den fortzuführenden Bereichen **unterscheidbar** sein. Als Abgrenzungskriterium führt IFRS 5.32(a) an, dass es sich um einen gesonderten wesentlichen Geschäftszweig oder geografischen Bereich handeln muss. Die Segmentberichterstattung bietet sich als Orientierungshilfe für die Ermittlung der Wesentlichkeit an, da **Seg-**

mente (Geschäftssegmente oder geografische Segmente) dieses Kriterium idR erfüllen. Ein Geschäftssegment (IFRS 8.5 sowie § 21 Rz 19ff und Rz 25ff) liegt vor, wenn ein Unternehmen als Teilaktivität ein individuelles Produkt oder eine Dienstleistung oder eine Gruppe ähnlicher Produkte oder Dienstleistungen erstellt oder erbringt und Risiken und Chancen ausgesetzt ist, die sich von denen anderer Geschäftssegmente unterscheiden. Folgende Faktoren sind bei der Bestimmung, ob Produkte oder Dienstleistungen zusammenhängen, zu berücksichtigen:

(1) Art der Produkte und Dienstleistungen,
(2) Art der Produktionsprozesse,
(3) Art oder Gruppe der Kunden und
(4) angewandte Methoden des Vertriebs oder der Bereitstellung von Produkten oder Dienstleistungen.

Ein **geografisches Segment** ist bestimmt als ein unterscheidbarer Teilbereich eines Unternehmens, in welchem Produkte oder Dienstleistungen innerhalb eines bestimmten wirtschaftlichen Umfelds angeboten oder erbracht werden. Eine geografische Segmentierung ist entweder nach Produktions- oder Dienstleistungsstandorten oder nach Absatzmärkten vorzunehmen. Sofern es sich bei dem aufgegebenen Bereich um ein Geschäftssegment oder geografisches Segment handelt, ist das Kriterium des abgrenzbaren Bereichs erfüllt. 85

Abgrenzungsschwierigkeiten können sich ergeben, wenn Unternehmensbestandteile eingestellt oder veräußert werden sollen, die zwar die Definition von Geschäfts- oder geografischen Segmenten erfüllen, jedoch wegen ihrer Größe in der Segmentberichterstattung nicht gesondert dargestellt worden sind. Dann muss die Frage beantwortet werden, ob es sich um einen Bereich handelt, der als unwesentlich einzustufen ist und daher Angaben nicht erforderlich sind. Hier besteht ein **Ermessensspielraum,** da IFRS 5 kein Kriterium zur Bestimmung der Wesentlichkeit enthält. Folglich muss sich die Geschäftsleitung vom übergeordneten Grundsatz der *fair presentation* (s § 2 Rz 13ff) hinsichtlich der Frage leiten lassen, ob Angaben für den Abschlussadressaten Prognoserelevanz haben. 86

Beim Verkauf einer Marke können im Einzelfall die Anwendungsvoraussetzungen von IFRS 5.32 gegeben sein (*IDW* RS HFA 2 Rz 111).

III. Einzelner, abgestimmter Plan

Gem IFRS 5.32(b) setzt das Vorliegen eines aufgegebenen Geschäftsbereichs die Existenz eines **einzelnen, abgestimmten Plans** voraus. Eine weitergehende inhaltliche Klärung oder einen Verweis auf einen anderen Standard liefert IFRS 5 nicht. Wird unterstellt, dass sich im Vergleich zu IAS 35 an den sachlichen Voraussetzungen keine wesentlichen Veränderungen ergeben haben, kann auf die Definition in IAS 37.72 (s § 13 Rz 167) zurückgegriffen werden. Um den Mindestanforderungen zu genügen, hat der Plan folgende Informationen zu beinhalten: 87

(1) Bezeichnung/Beschreibung des Geschäftsbereichs,
(2) betroffene Hauptstandorte der Einstellung,
(3) Funktion, Ort der Beschäftigung und ungefähre Anzahl der betroffenen Mitarbeiter, für die das Unternehmen bei Beendigung des Arbeitsverhältnisses eine Geldleistung zu erbringen hat,
(4) zu leistende Ausgaben bei Einstellung,
(5) Zeitpunkt der Durchführung des Plans.

Auch den **Zeitraum,** der für die Einstellung vorgesehen ist, sollte der Plan enthalten. Wird ein Geschäftsbereich stillgelegt, so hat der Plan alle notwendigen 88

Umweltschutz- und Wiederherstellungsmaßnahmen zu enthalten, einschließlich der Inspektion und der Genehmigung durch Regulierungsbehörden. Im Fall der endgültigen Stilllegung erfolgt eine Bilanzierung erst, sofern diese schon durchgeführt wurde.

IV. Arten der Geschäftsbereichsaufgabe

89 Es lassen sich **drei Arten** von Geschäftsbereichsaufgaben unterscheiden:
(1) Veräußerung als Ganzes – entweder durch Verkauf, Entflechtung oder Ausgliederung und Überführung des Bestandteils in das Eigentum der Anteilseigner des Unternehmens,
(2) stückweise Veräußerung und
(3) Stilllegung.

90 Wird ein **Geschäftsbereich im Ganzen** veräußert und erfüllt er die Kriterien der IFRS 5.6 ff (Veräußerungsgruppe), so fällt die Bewertung in den Regelungskreis des IFRS 5.15 ff und der Ausweis ist entspr IFRS 5.33 vorzunehmen.

91 Ein Geschäftsbereich kann aber auch durch den **sukzessiven Verkauf** seiner Vermögenswerte und sukzessive Tilgung seiner Schulden eingestellt werden. Es kann sich um einen längeren Zeitraum handeln. Dann wäre zu prüfen, inwieweit uU einzelne Teile der langfristigen Vermögenswerte oder Veräußerungsgruppen die Voraussetzungen zur Klassifizierung (s Rz 30 ff) als zur Veräußerung gehaltener Vermögenswert oder Veräußerungsgruppe erfüllen. Dies hätte zur Folge, dass das Ergebnis aus der sukzessiven Veräußerung nicht gesondert in der GuV auszuweisen wäre, sondern Bestandteil des Ergebnisses der gewöhnlichen Geschäftstätigkeit wäre.

92 Ferner kann ein Bereich aufgegeben werden, **ohne** dass ein **Verkauf** der Vermögenswerte in größerem Umfang erfolgt (Stilllegung). Sofern es sich um einen wesentlichen Bereich handelt, erfolgt ein gesonderter Ausweis (IFRS 5.13 f iVm IFRS 5.33 f), die Bewertung folgt aber anderen Standards (IAS 36).

V. Abgrenzbarkeit für Zwecke der Rechnungslegung

93 Das Kriterium der Abgrenzbarkeit ist im Hinblick auf **Operationalität und für Zwecke der Rechnungslegung** erfüllt, wenn einem Geschäftsbereich
(1) seine Vermögenswerte und Schulden,
(2) seine Erträge und
(3) die Mehrheit der Aufwendungen direkt zugerechnet werden können.

94 **Vermögenswerte, Schulden, Erträge und Aufwendungen sind einem Geschäftsbereich direkt zurechenbar,** wenn sie bei Einstellung (Verkauf, Verkauf in Teilen oder Stilllegung) ausscheiden bzw wegfallen würden. Handelt es sich bei dem aufgegebenen Bereich um ein Geschäfts- oder geografisches Segment, ist die Zuordnung von Vermögenswerten, Schulden, Erträgen und Aufwendungen eindeutig. Schulden dürfen allerdings nur dann dem aufgegebenen Geschäftsbereich zugeordnet werden, sofern das Segment(-ergebnis) auch die korrespondierenden Zinsen enthält.

VI. Behandlung von Ab- bzw Aufspaltungen

95 Eine Ab- bzw Aufspaltung eines Geschäftsbereichs durch **Umwandlung** in ein rechtlich selbstständiges TU könnte (aus Einzelabschlusssicht) als Aufgabe eines Geschäftsbereichs betrachtet werden. IFRS 5 nimmt bisher zu dieser Frage

keine Stellung. Diese Transaktion unterscheidet sich von einer Veräußerung im Ganzen darin, dass bei der Veräußerung grds keine Anteilseigner als Vertragspartner auftreten. Eine Ab- bzw Aufspaltung ist in der Eigenkapitalveränderungsrechnung wie eine Ausschüttung abzubilden. Der Betrag der Ausschüttung wäre danach der Wert der übertragenen Vermögenswerte, nachdem außerplanmäßige Abschreibungen/Wertberichtigungen vorgenommen und sonstige notwendige Rückstellungen erfolgswirksam gebildet worden wären. Es handelt sich um einen **gesellschaftsrechtlichen Vorgang** und nicht um ein Umsatzgeschäft des übertragenden Rechtsträgers. Nach F. 69f resultieren aus Transaktionen mit Anteilseignern weder Erträge noch Aufwendungen und somit sind solche Vorgänge nicht in die Ermittlung des Ergebnisses eines Unternehmens einzubeziehen (*ADS*[1] Abschn 22 Rz 77). Auch wenn es sich um einen aufgegebenen Geschäftsbereich handelt, hätten Angaben im Anhang wenig Aussagekraft. Den Anteilseignern stehen die Erträge und Aufwendungen, Vermögenswerte und Schulden des ab- bzw aufgespaltenen Bereichs auch zukünftig weiterhin zu, nur in einer anderen rechtlichen Form.

VII. Zwischenabschlüsse

IFRS 5 enthält **keine Vorschriften** zu Angaben in Zwischenabschlüssen. 96
Die Erläuterungspflicht zu aufgegebenen Geschäftsbereichen ergibt sich aus IAS 34.16(i)/IAS 34.16(i) (geändert durch IFRS 3 (2008)), der dazu verpflichtet, alle seit dem letzten Jahresabschlussstichtag eingetretenen Änderungen (Einstellung von Geschäftsbereichen, Unternehmenszusammenschlüsse, Verlust der Beherrschung von TU etc) zu erläutern. Daraus ergibt sich, dass zum Zwischenabschluss IFRS 5 anzuwenden ist. Es ist nach IAS 34.25 sicherzustellen, dass ein Zwischenbericht alle für das Verständnis der VFE-Lage des Quartals oder des Halbjahrs notwendigen Informationen enthält.

VIII. Tochterunternehmen mit Weiterveräußerungsabsicht

Während ein TU, das **ausschließlich** mit der Absicht der Weiterveräußerung 97
(Klassifizierungskriterien müssen erfüllt sein; s Rz 30ff) erworben wurde, per definitionem (s IFRS 5.32(c)) einen aufgegebenen Geschäftsbereich darstellt, ist bei anderen TU, die veräußert werden sollen, im Einzelfall zu prüfen, ob dadurch ein gesonderter wesentlicher Geschäftszweig oder geographischer Geschäftsbereich aufgegeben wird (*IDW* RS HFA 2 Rz 112).

IX. Negativabgrenzung

Nicht jede Art der Aufgabe eines Geschäftsbereichs führt zwangsläufig zu An- 98
gaben und Erläuterungspflichten iSv IFRS 5. Aufgegebene Geschäftsbereiche (mit Ausnahme von TU) sind nach der Definition dieses Standards eher selten zu erwarten. Folgende Aktivitäten stellen **keine Aufgabe** von Geschäftsbereichen dar: Schließung von Anlagen, einzelner Produkte oder Produktlinien und Änderung der Anzahl der Mitarbeiter als Folge der **Veränderungen von Marktbedingungen**:

(1) allmähliches oder sich entwickelndes Auslaufenlassen einer Produkt- oder Servicelinie,
(2) Einstellung – auch relativ plötzlich – von mehreren Produkten innerhalb eines Geschäftsfelds,

(3) Standortverlegung einiger Produktions- und Vertriebsaktivitäten,
(4) Schließung einer Einrichtung zur Produktivitätssteigerung oder Erzielung anderweitiger Einsparungen.

Für sich genommen führen diese Beispiele nicht zu einer Aufgabe von Geschäftsbereichen; sie können aber im Zusammenhang mit der Aufgabe stattfinden. Im Gegensatz zu diesen möglichen **Negativfällen** kann andererseits die Einstellung einer größeren Produktlinie uU die Kriterien des aufgegebenen Geschäftsbereichs erfüllen (zB in einem nicht segmentierten Unternehmen).

99 IFRS 5 gibt keine Beispiele für Fälle, die **außerhalb** des **Anwendungsbereichs** von IFRS 5 liegen. Bei den Indizienkatalogen wird jede Festlegung vermieden. Als Schlussfolgerung lässt sich festhalten, dass ein weiter Ermessensspielraum verbleibt, der in gewissem Umfang dem Management Raum für bilanzpolitische Maßnahmen eröffnet (*Lüdenbach* in Lüdenbach/Hoffmann IFRS[7] § 29 Rz 21).

100–105 *einstweilen frei*

E. Ausweispflichten und Angaben im Anhang

106 IFRS 5 wurde im Rahmen des ***Annual Improvements*** **Projekts 2009** dahingehend geändert, dass IFRS 5.5B (geändert 2009) jetzt explizit darauf hinweist, dass IFRS 5 alle erforderlichen Anhangangaben enthält. Anhangangaben anderer Standards sind nicht auf Vermögenswerte iSv IFRS 5 anwendbar, außer dieser Standard fordert explizit Anhangangaben für diese Vermögenswerte (wie zB IAS 33.68 Ergebnis je Aktie). Eine Abweichung von diesem Grundsatz könnte sich nur ergeben, wenn die Anhangangabe zur Übereinstimmung mit IAS 1 insbes zur *fair presentation* (s § 2 Rz 13) und der Angabe zu Schätzungsunsicherheiten (s § 19 Rz 37 ff) erforderlich wäre. Zudem wird im neu eingefügten IFRS 5.5B klargestellt, dass Angaben zur Bewertung von Vermögenswerten und Schulden, die Teil einer Veräußerungsgruppe sind, aber nicht den Bewertungsvorschriften des IFRS 5 unterliegen, grds nur einmalig im Anhang zu machen sind und nicht im Zusammenhang mit den Erläuterungen von zur Veräußerung stehenden langfristigen Vermögenswerten und aufgegebenen Geschäftsbereichen wiederholt werden müssen.

I. Zur Veräußerung gehaltene langfristige Vermögenswerte und Veräußerungsgruppen

107 Bei Erfüllung der in Rz 30 ff genannten Kriterien sind zur Veräußerung gehaltene langfristige Vermögenswerte und Vermögenswerte im Rahmen von Veräußerungsgruppen entspr der Gliederung nach Fristigkeiten (IAS 1.60) auf der Aktivseite **separat** als **letzter Posten der kurzfristigen Vermögenswerte** unter der Postenbezeichnung „Zur Veräußerung gehaltene Vermögenswerte" auszuweisen (IAS 1.54(j)). Zur Verdeutlichung kann noch eine Zwischensumme der kurzfristigen Vermögenswerte einfügt werden. Eine **Klassenbildung** und ein separater Ausweis sind auch für die einer Veräußerungsgruppe zuzurechnenden Schulden erforderlich (IAS 1.54(p)). Der Ausweis der Schulden erfolgt als letzter Posten der kurzfristigen Verbindlichkeiten unter der Bezeichnung „Schulden iVm zur Veräußerung gehaltenen Vermögenswerten". IFRS 5.38 erlaubt **keine Verrechnung** der entspr **Vermögenswerte** und **Schulden,** sondern schreibt einen getrennten Ausweis vor. Auch eine offene Saldierung ist nicht zulässig.

Der am 19. Juli 2005 veröffentlichte **RIC 1** des DRSC verweist auf die **Bilanzgliederung** des Postens „zur Veräußerung gehaltene langfristige Vermögenswerte“ sowie des Postens „Schulden aus zur Veräußerung gehaltenen Vermögenswerten“ als letzter Posten der kurzfristigen Vermögenswerte bzw der kurzfristigen Schulden (RIC 1.19 ff).

Die gesonderten Posten in der Bilanz sind in **Hauptgruppen** von Vermö- **108**
genswerten und Schulden **aufzuteilen.** Die Unterteilung orientiert sich an der üblichen Gliederung der Bilanz. Enthält die Veräußerungsgruppe zB neben langfristigen Vermögenswerten auch Vorräte und Forderungen, so sind diese anzugeben. Diese Aufteilung muss nicht zwingend in der Bilanz erfolgen, sondern kann auch im Anhang bei den Erläuterungen zur Bilanz vorgenommen werden (IAS 5.38).

Direkt im **sonstigen Ergebnis** erfasste kumulierte Erträge oder Aufwendun- **109**
gen von zur Veräußerung gehaltenen langfristigen Vermögenswerten (zB Neubewertung bei Sachanlagen oder immateriellen Vermögenswerten) oder Veräußerungsgruppen (zB Bewertung von Finanzinstrumenten gem IAS 39.55(b)) sind gesondert auszuweisen (IFRS 5.38 aE). Eine Erfassung als Umgliederungsbeträge *(reclassification adjustment)* erfolgt erst beim tatsächlichen Abgang der entspr Vermögenswerte.

Fallen Vermögenswerte und Schulden erstmals in den Anwendungsbereich des **110**
IFRS 5, so erfolgt **keine Anpassung** der Gliederung oder Bewertung der entspr **Vorjahreswerte** (IFRS 5.40).

Gewinne und Verluste aus der Bewertung von langfristigen Vermögens- **111**
werten und Veräußerungsgruppen, die die Kriterien als zur Veräußerung gehalten erfüllen, werden im **Ergebnis aus lfd Geschäftstätigkeit** ausgewiesen. IFRS 5.37 sieht keine Separierung in der Gesamtergebnisrechnung bzw der gesonderten GuV (sofern erstellt) vor. Gewinne werden allerdings erst ausgewiesen, wenn die Veräußerung tatsächlich stattgefunden hat. Das bilanzierende Unternehmen hat ferner im Anhang folgende erläuternden Angaben zu machen (IFRS 5.41):

(1) eine Beschreibung des Vermögenswerts bzw der Veräußerungsgruppe,
(2) eine Beschreibung der Tatsachen und Umstände des Verkaufs, oder der Tatsachen und Umstände, die zum Verkauf führen, die voraussichtliche Art und Weise und der voraussichtliche Zeitpunkt der Veräußerung,
(3) Angabe des Gewinns oder Verlusts aus der Bewertung zum beizulegenden Zeitwert und des Postens in der Erfolgsrechnung, der diesen enthält,
(4) ggf das Segment, zu der der langfristige Vermögenswert oder die Veräußerungsgruppe zählt.

Spätere **Änderungen** des **Veräußerungsvorhabens** und deren finanzielle **112**
Auswirkungen sind ebenfalls zu erläutern (IFRS 5.42).

II. Aufgegebene Geschäftsbereiche

IFRS 5 enthält **keine speziellen Bewertungsvorschriften** für aufgegebene **113**
Geschäftsbereiche, die nicht als Veräußerungsgruppe unter IFRS 5.6 ff fallen. Die Bewertung von Geschäftsbereichen, die endgültig stillgelegt wurden, folgt anderen Standards. In diesen Fällen beschränkt sich IFRS 5 auf die Regelung verschiedener Ausweis- und Angabepflichten.

Ab bzw in der Berichtsperiode, in welcher die Kriterien des IFRS 5.6 ff erfüllt sind (Veräußerungsgruppe) oder der Geschäftsbereich aufgegeben wurde, hat das Unternehmen gem IFRS 5.33 bestimmte **Angaben** in den Abschluss aufzunehmen. So ist das **Nachsteuerergebnis** des aufgegebenen Geschäftsbereichs zwingend in der **Gesamtergebnisrechnung** bzw der **gesonderten GuV** (sofern erstellt) auszuweisen. Das Nachsteuerergebnis umfasst sowohl das Nachsteuerergebnis aus der Geschäftstätigkeit des aufgegebenen Geschäftsbereichs als auch die Nachsteuer-Gewinne und -Verluste aus der Bewertung gem IFRS 5.15ff oder der Veräußerung der zu dem aufgegebenen Geschäftsbereich zählenden langfristigen Vermögenswerte und Veräußerungsgruppen. Dabei handelt es sich um das Ergebnis aus der Geschäftstätigkeit der gesamten Periode; eine zeitanteilige Angabe (ab Umklassifizierung) ist nicht zulässig.

114 Dieses aus den oben genannten Teilen bestehende **Nachsteuerergebnis** ist aufzugliedern. Notwendig sind (IFRS 5.33(b))

(1) eine Aufgliederung der Erlöse, Aufwendungen und des Ergebnisses vor Ertragsteuern, welches der aufgegebene Geschäftsbereich bis zur Aufgabe erzielt hat,
(2) der mit (1) korrespondierende Ertragsteueraufwand,
(3) der Gewinn oder Verlust, der bei der Bewertung mit dem beizulegenden Zeitwert abzüglich Veräußerungskosten oder bei der Veräußerung der Vermögenswerte oder Veräußerungsgruppe(n), die den aufgegebenen Geschäftsbereich darstellen, erfasst wurde,
(4) der mit (3) korrespondierende Ertragsteueraufwand.

Die Darstellung in der Gesamtergebnisrechnung bzw der gesonderten GuV (sofern erstellt; s IFRS 5.33A) hat in einem gesonderten Abschnitt getrennt von den fortzuführenden Geschäftsbereichen zu erfolgen.

115 Es ist nicht eindeutig geregelt, ob im Fall von **mehreren aufgegebenen Geschäftsbereichen** die Angaben für jeden einzelnen separat zu erfolgen haben oder ob eine aggregierte Darstellung ausreicht. Aus dem Beispiel in IFRS 5.IG11 lässt sich uE schließen, dass eine zusammengefasste Darstellung als ausreichend anzusehen ist. Entscheidend ist für den Adressaten die Summe der Ergebnisse, Vermögenswerte (und Schulden), Cashflows etc, die zukünftig nicht mehr zur Verfügung stehen.

116 Gem IAS 33.68 ist für das Ergebnis aus einem eingestellten Geschäftsbereich das **Ergebnis je Aktie** verwässert und unverwässert anzugeben.

Zudem sind die Netto-**Cashflows** (nach Steuern) aus betrieblicher, Investitions- und Finanzierungstätigkeit für den eingestellten Geschäftsbereich darzustellen (IFRS 5.33(c)). Die Angaben können entweder in der Kapitalflussrechnung oder im Anhang gemacht werden. Es ergibt sich hinsichtlich der Darstellung die Möglichkeit in Form von Davon-Vermerken oder einer Darstellung in mehreren Spalten (fortgeführter Geschäftsbereich, aufgegebener Geschäftsbereich, Summe). Eine Kapitalflussrechnung, die ausschließlich Angaben zu fortgeführten Geschäftsbereichen enthält, ist nicht zulässig *(IDW* RS HFA 2 Rz 123*)*.

117 Die Vorjahreszahlen zu den Angaben in der Gesamtergebnisrechnung bzw der gesonderten GuV (sofern erstellt) sowie der Cashflow-Rechnung sind entspr anzupassen (IFRS 5.34).

118 Der durch das *Annual Improvements* Projekt 2008 eingefügte IFRS 5.36A bestimmt, dass oben beschriebene Ausweispflichten und Anhangangaben auch bei einer Veräußerung von Anteilen an TU, die zum Beherrschungsverlust führt, erforderlich sind, sofern das zu veräußernde TU die Anforderungen eines aufgegebenen Geschäftsbereichs erfüllt.

119 Der **Ausweis** der unter Rz 114ff genannten Angaben kann grds entweder im Anhang oder in der Gesamtergebnisrechnung/GuV bzw der Cashflow-Rechnung erfolgen. Eine Empfehlung spricht IFRS 5 nicht aus. Aus Gründen der Klarheit empfiehlt es sich jedoch, die Aufgliederungen gem IFRS 5.33(b) in die Gesamtergebnisrechnung bzw gesonderte GuV aufzunehmen, die Mittelzu- und

-abflüsse aus betrieblicher, Investitions- und Finanzierungstätigkeit dagegen in der Cashflow-Rechnung auszuweisen. Das Ergebnis je Aktie aus eingestellten Geschäftsbereichen sollte entspr dem korrespondierenden Ausweis der Ergebnisse je Aktie gem IAS 33.66 in der Gesamtergebnisrechnung bzw gesonderten GuV erfolgen. Ein Ausweis des Ergebnisses je Aktie aus aufgegebenen Geschäftsbereichen kann aber auch im Anhang vorgenommen werden (IAS 33.68).

Sollte sich das Unternehmen entschließen, die geforderten **Angaben** zu Erlösen, Aufwendungen und Ergebnissen aus betrieblicher Tätigkeit des aufgegebenen Geschäftsbereichs vor Steuern in der **Gesamtergebnisrechnung** bzw gesonderten **GuV vorzunehmen,** so sollte dies in der Gliederung nach dem Ergebnis nach Steuern aus fortzuführenden Geschäftsbereichen erfolgen. 120

Beispiel: Das Unternehmen X hat drei Segmente. Im Herbst des Jahres X2 stellt die Geschäftsführung das Segment drei ein. Die Erfolgsrechnung des Unternehmens für das Geschäftsjahr X2 könnte folgendermaßen aussehen, die Vorjahreszahlen wurden entspr angepasst:

	Jahr X2 Mio €	**Jahr X1** Mio €
Fortzuführende Geschäftsbereiche:		
Umsatzerlöse	400	375
Bestandsveränderungen	2	4
Sonstige betriebliche Erträge	15	13
Materialaufwand	– 200	– 180
Personalaufwand	– 75	– 66
Abschreibungen	– 15	– 13
Sonstige betriebliche Aufwendungen	– 55	– 50
Finanzergebnis	– 10	– 9
Ergebnis vor Steuern	**62**	**74**
Steuern vom Einkommen und vom Ertrag	– 25	– 30
Jahresüberschuss aus fortzuführenden Geschäftsbereichen	**37**	**44**
Aufgegebener Geschäftsbereich:		
Umsatzerlöse	100	140
Bestandsveränderungen	1	5
Sonstige betriebliche Erträge	5	8
Materialaufwand	– 60	– 80
Personalaufwand	– 40	– 40
Abschreibungen	– 7	– 8
Sonstige betriebliche Aufwendungen	– 35	– 40
Finanzergebnis	– 3	– 4
Ergebnis vor Steuern	**– 39**	**– 19**
Steuern vom Einkommen und vom Ertrag	16	8
Gewinn aus der Veräußerung	15	0
Steuern vom Einkommen und vom Ertrag	**– 6**	**0**
Jahresfehlbetrag aus aufgegebenem Geschäftsbereich	**– 14**	**– 11**
Jahresüberschuss	**23**	**33**

Bei einer Trennung der Angaben zwischen Gesamtergebnisrechnung bzw gesonderter GuV und Anhang wäre in der Gesamtergebnisrechnung bzw gesonderte GuV nur die Zeile Jahresfehlbetrag aus aufgegebenem Geschäftsbereich anzuführen.

Die Gesamtergebnisrechnung bzw gesonderte GuV kann auch so aufgebaut werden, dass fortzuführende und aufgegebene Geschäftsbereiche nebeneinander dargestellt werden. 121

	Fortzuführende Geschäftsbereiche		Aufgegebener Geschäftsbereich		Gesamt Unternehmen	
	Jahr X2 Mio €	Jahr X1 Mio €	Jahr X2 Mio €	Jahr X1 Mio €	Jahr X2 Mio €	Jahr X1 Mio €
Umsatzerlöse	400	375	100	140	500	515
Bestandsveränderungen	2	4	1	5	3	9
Sonstige betriebliche Erträge	15	13	5	8	20	21
Materialaufwand	– 200	– 180	– 60	– 80	– 260	– 260
Personalaufwand	– 75	– 66	– 40	– 40	– 115	– 106
Abschreibungen	– 15	– 13	– 7	– 8	– 22	– 21
Sonstige betriebliche Aufwendungen	– 55	– 50	– 35	– 40	– 90	– 90
Finanzergebnis	– 10	– 9	– 3	– 4	– 13	– 13
Ergebnis vor Steuern	**62**	**74**	**– 39**	**– 19**	**23**	**55**
Steuern vom Einkommen und vom Ertrag	– 25	– 30	16	8	– 9	– 22
Gewinn aus der Veräußerung	0	0	15	0	15	0
Steuern vom Einkommen und Ertrag	0	0	– 6	0	– 6	0
Jahresergebnis	**37**	**44**	**– 14**	**– 11**	**23**	**33**

Zu den Ausweispflichten in der Bilanz s Rz 106ff.

122 Im Zuge der Überarbeitung des IAS 27 (2008) wurde IFRS 5.33(d) eingefügt, der eine **Aufteilung** des Ergebnisses aus fortgeführten und aufgegebenen Geschäftsbereichen auf das MU und die nicht-beherrschenden Gesellschafter fordert:

	Jahr X2 Mio €	Jahr X1 Mio €
Anteilseigner der MU:		
Jahresergebnis aus fortgeführter Geschäftstätigkeit	100	120
Jahresergebnis aus aufgegebener Geschäftstätigkeit	20	40
Jahresergebnis, das den Anteilseignern der MU zusteht	120	160
Minderheitsgesellschafter:		
Jahresergebnis aus fortgeführter Geschäftstätigkeit	20	24
Jahresergebnis aus aufgegebener Geschäftstätigkeit	5	10
Jahresergebnis, das den Minderheitsgesellschaftern zusteht	25	34

Die geforderte Aufteilung kann dabei alternativ in der Gesamtergebnisrechnung bzw gesonderten GuV oder im Anhang erfolgen.

III. Besonderheiten bei zum Zwecke der Weiterveräußerung erworbenen Tochterunternehmen

123 TU, die zum Zwecke der Weiterveräußerung erworben wurden, stellen eine Veräußerungsgruppe dar, erfüllen aber auch gleichzeitig die Definition eines aufgegebenen Geschäftsbereichs (s Rz 81). Eine Anwendung der besonderen **Angabe- und Ausweispflichten** für aufgegebene Geschäftsbereiche gilt für TU

mit Weiterveräußerungsabsicht indessen nur sehr **eingeschränkt** (IFRS 5.33). So ist eine Aufteilung des Ergebnisses nach Steuern gem IFRS 5.33(b) für das mit Veräußerungsabsicht erworbene TU nicht erforderlich (IFRS 5.33(b) aE). Für den Einzelabschluss erscheint die Einschränkung folgerichtig, da es sich nur um das Ergebnis aus der Bewertung des TU gem IFRS 5.15ff oder der Veräußerung handeln könnte oder um zwischenzeitlich erfolgte Ausschüttungen. Aufgrund des Wegfalls des Einbeziehungsverbots enthält der Konzernabschluss Vermögenswerte und Schulden, Aufwendungen und Erträge des TU. Die Ausweis- und Anhangangabepflichten folgen jedoch auch hier den Regelungen für aufgegebene Geschäftsbereiche mit den genannten Einschränkungen gem IFRS 5.33(b) aE. Zudem sind in Bezug auf die Netto-**Cashflows** aus operativer, Investitions- und Finanzierungstätigkeit **keine Angaben** erforderlich (IFRS 5.33(c) aE). Es ist auch keine Klassenbildung von Vermögenswerten und Schulden erforderlich (s Rz 107), die im Posten „Zur Veräußerung gehaltene Vermögenswerte" bzw „Schulden iVm zur Veräußerung gehaltenen Vermögenswerten" ausgewiesen werden (IFRS 5.39).

Eine weitere Besonderheit besteht hinsichtlich der **Konsolidierungsmaßnahmen** 124 (Schulden-, Aufwands- und Ertragskonsolidierung, Zwischenergebniseliminierung) zwischen dem aufgegebenen Geschäftsbereich und den fortzuführenden Geschäftsbereichen. Grds ist davon auszugehen, dass bis zum endgültigen Ausscheiden des TU aus dem Konsolidierungskreis die Konsolidierungsmaßnahmen weiter durchzuführen sind zB für Leistungen der Konzernzentrale, die künftig nicht mehr an das abgegangene Unternehmen weiterbelastet werden können. Bei wesentlichem Umfang der entspr Konsolidierungsmaßnahmen, zB weil mit dem zur Veräußerung anstehenden TU erhebliche konzerninterne Lieferungs- und Leistungsbeziehungen mit bedeutenden Zwischenergebnissen existieren, sind zusätzlich (quantitative) erläuternde **Anhangangaben** zu den Auswirkungen notwendig (s § 35 Rz 26ff). Vor der Durchführung ist aber im Einzelnen zu überprüfen, ob die bisherigen Lieferungs- und Leistungsbeziehungen nach Veräußerung weiter bestehen bleiben. Werden die Geschäftsbeziehungen nach dem Abgang fortgesetzt, ist dies bei der Darstellung des Ausweises in der Gesamtergebnisrechnung bzw gesonderten GuV zu berücksichtigen. Die Aufwendungen und Erträge werden dann **vor** Aufwands- und Ertragskonsolidierung dargestellt (s *IDW* RS HFA 2 Rz 114ff); dies entspricht der Vorgehensweise in der Segmentberichterstattung. Eine Veränderung des Konzernergebnisses ist dabei unzulässig, ebenso wie die Anpassung konzerninterner Verrechnungspreise an marktübliche Preise. Im Hinblick auf Forderungen/Verbindlichkeiten, die aus Finanzierung bestehen, ist Folgendes zu beachten. Üblicherweise werden Anteile an Unternehmen frei von Finanzforderungen und -verbindlichkeiten veräußert. Daher wird im Regelfall die Schuldenkonsolidierung durchzuführen sein und die Veräußerungsgruppe enthält keine derartigen Forderungen/Verbindlichkeiten. Sollte der Erwerber die Finanzforderungen/-verbindlichkeiten übernehmen, so wäre keine Schuldenkonsolidierung mehr durchzuführen, die Forderungen und/oder Verbindlichlichkeiten wären Bestandteil der Veräußerungsgruppe. Bei der Darstellung der Erfolgsrechnung wäre für die Zinsaufwendungen/-erträge entspr zu verfahren (*IDW* RS HFA 2 Rz 117). Etwas Anderes ergibt sich für die Zwischenergebniseliminierung. Diese ist in jedem Fall durchzuführen, da sich ansonsten unzulässigerweise ein abweichender Konzernerfolg ergeben würde. Ergebniseffekte aus der Zwischenergebniseliminierung sollten dem Bereich zugeordnet werden, der Empfänger der Leistung ist (*IDW* RS HFA 2 Rz 118). Die entspr Anpassung des Buchwerts des konzernintern gelieferten Vermögenswerts erfolgt unabhängig davon, ob er einer Veräußerungsgruppe angehört oder nicht.

Die Ausführungen zu den Konsolidierungsmaßnahmen gelten analog für die geplante Veräußerung eines bislang vollkonsolidierten TU, das nicht mit Weiterveräußerungsabsicht erworben wurde, sofern die Kriterien eines aufgegebenen Geschäftsbereichs erfüllt sind.

125 Werden im Rahmen eines Unternehmensverkaufs **variable Kaufpreisanteile** vereinbart, die in späteren Perioden beim Veräußerer eine Erfolgsrealisierung auslösen, so sind die damit verbundenen Aufwendungen/Erträge in der Periode der Vereinnahmung als Ergebnis aus aufgegebenen Geschäftsbereichen auszuweisen.

IV. Behandlung von Ertragsteuern

126 Für die **Aufteilung der Ertragsteuern** in der Gesamtergebnisrechnung bzw gesonderten GuV auf fortgeführte und aufgegebene Geschäftsbereiche ist zu beachten, dass alle Steuerbe- und -entlastungen, die im Zusammenhang mit der Veräußerung und mit der Tätigkeit des aufgegebenen Geschäftsbereichs anfallen, diesem zuzuordnen sind. Zum einen ergeben sich Steuerbe- und -entlastungen aus der Veräußerung der Vermögenswerte (zB Unterschiede im Anlagevermögen nach steuerlicher und bilanzieller Bewertung werden durch den Abgang realisiert), zum anderen sind aktivierte latente Steuern aus steuerlichen Verlustvorträgen bei dem TU aufzulösen, da nach Änderung der Steuergesetzgebung in Deutschland steuerliche Verlustvorträge bei 100%igem Anteilseignerwechsel verfallen (vgl § 8c KStG/§ 10a GewStG). Ferner ist zB in Deutschland beim Verkauf der Anteile an einer PersGes nicht nur die auf Ebene der PerGes anfallende GewSt dem aufgegebenen Geschäftsbereich zuzuordnen, sondern auch die erst auf Ebene des Anteilseigners anfallende Körperschaftsteuer auf das Jahresergebnis der PersGes (*IDW* RS HFA 2 Rz 120).

127 Ergeben sich aus dem Verkauf des aufgegebenen Geschäftsbereichs Wertänderungen von latenten Steueransprüchen aus steuerlichen Verlustvorträgen der **fortgeführten Geschäftsbereiche**, so sind diese Wertänderungen den fortgeführten Bereichen zuzuordnen (*IDW* RS HFA 2 Rz 121).

128 Zudem ist zu beachten, dass spätestens zum Zeitpunkt der Klassifizierung als aufgegebener Geschäftsbereich die Voraussetzungen für einen Nichtansatz latenter Steuern auf Unterschiede zwischen dem steuerlichen und dem IFRS-Buchwert („***outside basis differences***“) entfallen. Da die Umkehrung der damit verbundenen temporären Differenzen nunmehr in absehbarer Zeit wahrscheinlich ist (IAS 12.39 bzw IAS 12.44) sind latente Steuern erfolgswirksam abzugrenzen und dem aufgegebenen Geschäftsbereich zuzuordnen (*IDW* RS HFA 2 Rz 122).

V. Ausweis von Reklassifizierungen und Ergebniskorrekturen

129 Entfallen die Voraussetzungen für den gesonderten Ausweis als aufgegebener Geschäftsbereich, so sind die Vorjahreszahlen ebenfalls in den lfd fortzuführenden Geschäftsbetrieb umzugliedern. Die **Umgliederung** der **Vorjahreszahlen** ist im Anhang zu beschreiben (IFRS 5.36).

Ergeben sich im Zusammenhang mit aufgegebenen Geschäftsbereichen in späteren Geschäftsjahren **Korrekturen** zu Sachverhalten, die auf neuen Erkenntnissen zu einem Sachverhalt beruhen, so sind diese in der Gesamtergebnisrechnung bzw separaten GuV gesondert unter dem Ergebnis aus aufgegebenen Geschäftsbereichen auszuweisen. IFRS 5.35 nennt einige Beispiele für solche Situationen. Dabei handelt es sich im Wesentlichen um Sachverhalte aus Unsicherheit bzgl Kaufpreisanpassungen, Umwelt- und Produkthaftung, aber auch aus Abgeltung von Versorgungsverpflichtungen von Mitarbeitern.

VI. Anpassung vergangener Berichtsperioden

Vorjahresvergleichszahlen sind in Jahres- und Konzernabschlüssen, die Erläuterungen zu aufgegebenen Geschäftsbereichen enthalten, entspr **rückwirkend anzupassen,** um die Transparenz für den Adressaten zu verbessern und Informationen im Zeitablauf vergleichbar zu machen. Für die Vorjahreszahlen wird unterstellt, dass das die Angabepflichten auslösende Ereignis schon in dem dem Berichtsjahr vorangegangenen Geschäftsjahr zu Erläuterungspflichten geführt hätte. Dies bedeutet, dass innerhalb der Gesamtergebnisrechnung bzw separaten GuV und der Kapitalflussrechnung vorgenommene Trennungen in fortzuführende und aufgegebene Geschäftsbereiche auch für die Vorjahresperiode vorzunehmen sind. Für die Bilanz gilt dies nicht. 130

einstweilen frei 131, 132

F. Wesentliche Änderungen und deren Anwendungszeitpunkte

Der im Jahr 2007 überarbeitete **IAS 1** ist auf Berichtsperioden anzuwenden, die am oder nach dem 1. Januar 2009 beginnen (IAS 1.139). IAS 1 (2007) wurde im Januar 2009 von der EU übernommen. 133

IFRS 5 gilt für Geschäftsjahre, die am oder nach dem 1. Januar 2005 beginnen (IFRS 5.44). Die Folgeänderungen aus der Überarbeitung von IAS 1 (2007) in IFRS 5.28 und IFRS 5.38, die Löschung von IFRS 5.3 und die Einfügung von IFRS 5.33A sind für Berichtsperioden beginnend am oder nach dem 1. Januar 2009 verpflichtend anzuwenden (IFRS 5.44A). Folgeänderungen aus der Überarbeitung von IAS 27 (2008) in IFRS 5.33 sind auf Berichtsperioden anzuwenden, die am oder nach dem 1. Juli 2009 beginnen (IFRS 5.44B). Folgeänderungen aus dem im Mai 2008 veröffentlichten *Annual Improvements* Projekt 2008 in IFRS 5.5 und die Einfügungen des IFRS 5.8A und IFRS 5.36A hinsichtlich der Klarstellung in Bezug auf den teilweisen Verkauf von Anteilen an TU (Beherrschungsverlust; vgl Rz 118) sind für Berichtsperioden, die am oder nach dem 1. Januar 2009 beginnen, anzuwenden (IFRS 5.44C). Das Endorsement der Änderungen erfolgte im Januar 2009. Mit der Veröffentlichung von IFRS 8 im November 2006 wurde IFRS 5.41 geändert und ist erstmals auf Berichtsperioden anzuwenden, die am oder nach dem 1. Januar 2009 beginnen. IFRS 8 wurde im November 2007 von der EU übernommen.

Der in 2008 überarbeitete und veröffentlichte **IFRS 3** ist auf Berichtsperioden, die am oder nach dem 1. Juli 2009 beginnen anzuwenden (IFRS 3.64). Die sich daraus ergebene Folgeänderung in IAS 34.16(i) hinsichtlich Erläuterungspflichten zu aufgegebenen Geschäftsbereichen ist ebenfalls auf Berichtsperioden, die am oder nach dem 1. Juli 2009 beginnen, anzuwenden (IAS 34.48).

Die Einfügung des IFRS 5.5B (geändert 2009) im Rahmen des im April 2009 veröffentlichten ***Annual Improvements*** **Projekt 2009** hinsichtlich der Klarstellung, dass alle erforderlichen Anhangangaben in IFRS 5 enthalten sind, ist für Geschäftsjahre, die am oder nach dem 1. Januar 2010 beginnen. anzuwenden. Das Endorsement der Änderungen ist derzeit (Mai 2009) noch nicht erfolgt.

Die vorliegende Kommentierung hat wesentliche materielle Änderungen herausgehoben, darüber hinaus haben die Überarbeitungen klarstellenden Charakter.

G. Gegenüberstellung zu HGB/DRS

134 Das **HGB** enthält **keine Regelungen** zu aufgegebenen Geschäftsbereichen. Ein gesonderter Ausweis von Ergebnisauswirkungen durch aufgegebene Geschäftsbereiche und veräußertes Anlagevermögen ist nur zwingend vorgeschrieben, wenn es sich im Einzelfall um außerordentliche Aufwendungen und Erträge iSd §§ 275, 277 Abs 4 HGB handelt. Nach hM kommt ein solcher Ausweis lediglich für Ergebnisse in Betracht, die ungewöhnlich in ihrer Art, selten im Vorkommen und von einiger materieller Bedeutung sind. Eine weitergehende Untergliederung in der GuV oder die Einführung neuer Posten ist nach § 265 Abs 5 HGB zwar grds zulässig, jedoch nicht zwingend vorgeschrieben (*Pejic/Meissel* DB 1998, 2229). Bei einem Ausweis im außerordentlichen Ergebnis würden die auf den aufgegebenen Geschäftsbereich im Einzelnen entfallenden Erträge und Aufwendungen nicht umgegliedert. Daher unterscheidet sich der handelsrechtliche Posten materiell von dem nach IFRS anzugebenden Ergebnis der aufgegebenen Geschäftsbereiche. Ein DRS zur Aufgabe von Geschäftsbereichen liegt derzeit weder in verabschiedeter noch in Entwurfsform vor.

H. Aktuelle Entwicklungen/IASB-Projekte

135 Im Rahmen der Bestrebungen des IASB und des FASB, die Konsistenz der internationalen Rechnungslegung zu erhöhen, wurden die **Bewertungs- und Ausweisregeln** des IFRS 5 erneut untersucht. Zwischenzeitlich wurde überlegt, nicht mehr den beizulegenden Zeitwert abzüglich Veräußerungskosten, sondern den beizulegenden Zeitwert als Bewertungsmaßstab einzuführen (s Rz 53). Im April 2008 entschied der IASB jedoch diese grundlegende Änderung des IFRS 5 nicht vorzunehmen. Im Rahmen des Projekts „*Financial Statements Presentation*" bzw im Rahmen des im September 2008 veröffentlichten Exposure Drafts „*Discontinued Operations*" sollen aber die Ausweisregeln und Angabepflichten des IFRS 5 bzgl aufgegebener Geschäftsbereiche weiterentwickelt und mit denen das SFAS 144 harmonisiert werden. Der Begriff des aufgegebenen Geschäftsbereichs soll danach der Definition eines Geschäftssegments gem IFRS 8 entsprechen. Die Angabepflichten sollen erweitert und vereinheitlicht werden.

136 Am 27. November 2008 wurde IFRIC 17 veröffentlicht, der die Bilanzierung von Sachübertragungen von Vermögenswerten an Anteilseigner zum Gegenstand hat. Danach fällt die Sachübertragung von langfristigen Vermögenswerten (oder Veräußerungsgruppen) in den Regelungsbereich des IFRS 5. IFRIC 17 ist – vorbehaltlich einer Übernahme durch die EU – auf Geschäftsjahre anzuwenden, die am oder nach dem 1. Juli 2009 beginnen. Eine frühere Anwendung ist zulässig aber keine rückwirkende Anpassung. Die Klassifizierungs-, Ausweis und Bewertungsvorschriften des IFRS 5 werden auf Sachausschüttungen ausgedehnt (vgl Rz 95). Das Anwendungskriterium ist danach erfüllt, wenn das Unternehmen verpflichtet ist, den langfristigen Vermögenswert (Veräußerungsgruppe) an den Gesellschafter auszukehren. Ein Unternehmen ist verpflichtet, sofern der Vermögenswert (oder die Veräußerungsgruppe) für eine sofortige Übertragung an den Anteilseigner im gegenwärtigen Zustand zur Verfügung steht und diese hochwahrscheinlich ist. Dies ist davon abhängig, ob schon Maßnahmen ergriffen wurden und von einer Ausschüttung innerhalb von zwölf Monaten ausgegangen werden kann. Der Gesellschafterbeschluss zur Ausschüttung ist dabei ein entscheidender Bestandteil der Ausschüttungswahrscheinlichkeit.

§ 29. Joint Arrangements

Übersicht

Schrifttum: *Erchinger/Melcher* Stand der Konvergenz zwischen IFRS und US-GAAP: Die Bilanzierung von Joint Ventures, KoR 2008, 164, *Ernst & Young* Bilanzierung von gemeinschaftlichen Vereinbarungen – vorgeschlagene Änderungen, IFRS Outlook 2008, 30; *Fink/Ulbrich* ED 9 „Joint Arrangements“, PiR 2008, 53; *IASB* Project Summary „Short-term convergence: Joint Ventures“, June 2008; *IDW* Stellungnahme HFA 1/1993, WPg 1993, 441; *Kafadar* ED 9 – Ein Entwurf zur Bilanzierung von gemeinschaftlichen Vereinbarungen, IRZ 2008, 273; *Labrenz/Neubauer/Schmidt/Schmidt* Joint Ventures im Konzernabschluss deutscher börsennotierter Unternehmen, KoR 2008, 178; *Palandt* Bürgerliches Gesetzbuch, 66. Aufl, München 2007; *Zülch/Erdmann* Geplante Änderungen bei der Bilanzierung von gemeinschaftlich geführten Unternehmen durch den Exposure Draft ED 9 Joint Arrangements, WPg 2008, 204; *Zülch/Wünsch* Neuregelung der Bilanzierung von gemeinschaftlichen Tätigkeiten durch ED 9 Joint Arrangements, PiR 2008, 29.

Wesentliche Rechtsgrundlagen: ED 9, IAS 31

A. Begriff und Einordnung

1 Die Darstellung wirtschaftlicher Aktivitäten unter gemeinschaftlicher Führung zweier oder mehrerer Unternehmen ist Gegenstand des vom IASB im September 2007 verabschiedeten Standardentwurfs **ED 9 „Joint Arrangements“**. Dieser soll die bisher gültigen Regelungen des IAS 31 „*Interests in Joint Ventures*“ ablösen und eine weitgehende Konvergenz mit den entspr Regelungen der US-GAAP herstellen. Bei Redaktionsschluss war die Verabschiedung und Veröffentlichung der endgültigen Fassung des Standards für das zweite Quartal 2009 angekündigt. Gleichwohl folgt die Kommentierung hinsichtlich ihrer Struktur bereits dem neuen Standard, da sich – nach Aussage des IASB – keine wesentlichen Änderungen des endgültigen Standards ggü ED 9 abzeichnen (*IASB* 2008 Rz 21). Gleichzeitig werden im Folgenden die bis zur Veröffentlichung des neuen Standards anzuwendenden Regelungen des IAS 31 im Vergleich zu den entspr Neuregelungen des ED 9 dargestellt. ED 9 ist derzeit der einzige veröffentlichte Standardentwurf, der im Jahr 2009 zu einem neuen IFRS führen wird. Die gewählte Darstellungsweise ist uE in diesem Fall aufgrund des weit fortgeschrittenen Projektstands, der eine weitgehend zuverlässige Abschätzung der anstehenden Neuregelungen erlaubt, möglich und vor dem Hintergrund des Auslaufens der derzeitigen Regelung geboten.

2 Die **Änderung der Bezeichnung** des Standards trägt der Tatsache Rechnung, dass auch bisher schon neben der Bilanzierung von Anteilen an Gemeinschaftsunternehmen *(joint ventures)* die Darstellung sämtlicher Aktivitäten, die unter einer vertraglich vereinbarten gemeinschaftlichen Führung stehen, Gegenstand der Regelungen des Standards waren. Insoweit verdeutlicht die Bezeichnung „Gemeinschaftliche Vereinbarungen“ *(joint arrangements)* die **Regelungsbreite** des verabschiedeten Standardentwurfs. Hinsichtlich des Umfangs der Regelungen wurde ED 9 ggü IAS 31 deutlich gestrafft.

Neben der Konvergenz mit den bestehenden US-GAAP-Vorschriften APB 18 und EITF 00–01 verfolgte der IASB das Ziel im Wesentlichen zwei Bereiche der Rechnungslegung gemeinschaftlicher Aktivitäten ggü den bisher gültigen Vorschriften des IAS 31 zu überarbeiten bzw neu zu regeln. Zum einen richtet sich die Abbildung von wirtschaftlichen Aktivitäten unter gemeinschaftlicher Führung in ED 9 stärker an den **vertraglichen Rechten und Pflichten** aus einer Vereinbarung als an der Form dieser vertraglichen Vereinbarung aus. Dies kann zu einer „Aufspaltung“ des *joint arrangements* und einer gesonderten Bilanzierung der einzelnen Bestandteile führen. Zum anderen wird die bilanzielle Darstellung von gemeinschaftlich geführten Unternehmen durch die **Streichung des Wahlrechts** zur Quotenkonsolidierung des IAS 31 vereinheitlicht. Zudem wurden die Regelungen des SIC-13 „*jointly controlled entities – non-monetary contributions by ventures*“ in den neuen Standard integriert.

B. Abgrenzungskriterien

I. Anwendungsbereich des ED 9

3 **Voraussetzung** für die Anwendung von ED 9 wie auch IAS 31 ist das Vorliegen einer **„gemeinschaftlichen Vereinbarung“** *(joint arrangement)* iSv ED 9 Anhang A (s Rz 5 ff) bzw IAS 31.9 ff.

Die **Ausnahmen von der Anwendung des ED 9** sind in ED 9.2 geregelt. Danach sind *venture-capital*-Gesellschaften sowie Investment-Fonds, fondsgebundene Lebensversicherungen und ähnliche Unternehmen hinsichtlich ihrer Anteile an Gemeinschaftsunternehmen von den Regelungen des ED 9 ausgenommen, sofern diese Beteiligungen bei ihrer erstmaligen Erfassung in Übereinstimmung mit IAS 39 zur Bewertung mit dem beizulegenden Zeitwert designiert wurden. Diese Beteiligungen sind dann auch in den Folgeperioden nach Maßgabe der Regelungen des IAS 39 zu bewerten und innerhalb der Abschlüsse der beteiligten Unternehmen darzustellen. Die in ED 9.2 dargestellte Ausnahmeregelung entspricht der bisherigen Regelung in IAS 31.1.

Die in IAS 31.2 vorgesehene **weitere Ausnahme** von der Anwendung des Standards bezieht sich auf die Anwendung der Quotenkonsolidierung oder der Equity-Bilanzierung von Gemeinschaftsunternehmen. Mit Wegfall der Möglichkeit der quotalen Einbeziehung von Gemeinschaftsunternehmen in ED 9 bezieht sich die Ausnahme nur noch auf die Equity-Bewertung in bestimmten Fällen und wird in ED 9.23 im Zusammenhang mit den Bilanzierungs- und Bewertungsvorschriften für *joint ventures* abgedeckt (vgl Rz 45 ff). Damit ist der Anwendungsbereich von ED 9 **inhaltlich identisch** mit dem von IAS 31. 4

II. Voraussetzungen zur Qualifikation als „Joint Arrangement"

Eine **gemeinschaftliche Vereinbarung** iSd Standards ist in ED 9 Anhang A definiert als eine vertragliche Vereinbarung, durch die zwei oder mehrere Parteien eine wirtschaftliche Aktivität gemeinsam ausführen und bzgl dieser Aktivität eine gemeinschaftliche Führung vereinbart haben. Damit entspricht die Begriffsabgrenzung derjenigen der Vorgängerregelung nach IAS 31.7. 5

Diese Definition setzt zunächst die Existenz einer **vertraglichen Vereinbarung** voraus. Diese wird idR schriftlich vorliegen, jedoch können auch mündliche Vereinbarungen (zB dokumentiert durch Sitzungsprotokolle) oder Satzungsvereinbarungen die Anforderungen an eine vertragliche Vereinbarung erfüllen. Der materielle Inhalt der vertraglichen Vereinbarung kann im Detail sehr unterschiedlich sein. ED 9.7 nennt jedoch exemplarisch Bereiche, die für die Beurteilung einer gemeinschaftlichen Führung relevant sein können und in den meisten Vereinbarungen enthalten sind:

(1) Die Beschreibung der wirtschaftlichen Aktivität, ihre Dauer sowie die Berichtspflichten an die beteiligten Parteien,
(2) Regelungen zur Bestellung und Abberufung der Geschäftsführung oder eines vergleichbaren Organs sowie die Stimmrechtsverteilung in diesem Geschäftsführungsorgan,
(3) Kapitalleistungen der beteiligten Parteien,
(4) die Aufteilung des Outputs, der Aufwendungen und Erträge und des Ergebnisses auf die beteiligten Parteien.

Formalrechtlich kann eine vertragliche Vereinbarung in Deutschland zur Begründung von Innengesellschaften, BGB-Außengesellschaften sowie PersGes und KapGes führen.

Die vertragliche Vereinbarung bestimmt das Verhältnis von **zwei oder mehr Parteien**. Der Begriff der Partei einer gemeinschaftlichen Aktivität ist dabei formal weit gefasst, inhaltlich relevant sind ED 9/IAS 31 gleichwohl nur für nach IFRS rechnungslegungspflichtige Unternehmen. Deshalb bietet es sich an, im Weiteren den Begriff Partnerunternehmen für die an einer gemeinschaftlichen Vereinbarung beteiligten Parteien iSv ED 9/IAS 31 zu verwenden. 6

7 Inhalt der vertraglichen Regelung muss die Festlegung einer **gemeinschaftlichen Führung** der zusammen mit den Partnerunternehmen ausgeführten wirtschaftlichen Aktivitäten sein. Diese gemeinschaftliche Führung wird in ED 9 Anhang A konkretisiert als die vertraglich vereinbarte Teilung hinsichtlich der Kontrolle über die finanziellen und operativen Entscheidungen einer Gemeinschaftsaktivität, um aus dieser Nutzen ziehen zu können. Damit verlangt ED 9 wie IAS 31 eine bestimmte Vorgehensweise bei der Entscheidungsfindung im Hinblick auf Fragen, die für die gemeinschaftliche wirtschaftliche Aktivität von grundlegender Bedeutung sind (vgl *Lüdenbach* in Lüdenbach/Hoffmann IFRS[7] § 34 Rz 23).

8 ED 9 fordert wie IAS 31 zur Erfüllung des Kriteriums der gemeinschaftlichen Führung **keine Einstimmigkeit** der Entscheidungen der Partnerunternehmen. Vielmehr kann auch ein Zustimmungserfordernis einer Mehrheit der Partnerunternehmen ausreichend sein, wenn sichergestellt ist, dass kein einzelner Partner diese Mehrheit erreichen kann. Auch müssen **keine gleichen Beteiligungsverhältnisse** der Partnerunternehmen vorliegen, um eine gemeinschaftliche Vereinbarung iSv ED 9/IAS 31 zu begründen. Entscheidend sind die den einzelnen Partnerunternehmen zugewiesenen Rechte und Pflichten aus der Vereinbarung.

Beispiel: An einer wirtschaftlichen Aktivität sind die Unternehmen A, B und C mit folgenden Stimmrechtsanteilen beteiligt:

A	B	C
55%	35%	10%

Die Geschäftsführung besteht aus je einem Vertreter der Partnerunternehmen A und B, wobei jedes Mitglied der Geschäftsführung einzelgeschäftsführungs- und einzelvertretungsberechtigt ist. Die Geschäftsführung ist verpflichtet, bei wesentlichen operativen und finanziellen Entscheidungen die Zustimmung der Gesellschafterversammlung einzuholen. Lt vertraglicher Vereinbarung ist dazu eine Mehrheit von 75% der Stimmrechte erforderlich.

Aufgrund der vertraglichen Vereinbarung zwischen den Beteiligten an der wirtschaftlichen Aktivität führen die Vertreter der Partnerunternehmen A und B die wirtschaftliche Aktivität gemeinsam. Entscheidend dabei ist nicht, dass die Mitglieder der Geschäftsführung im Außenverhältnis dieselben Rechte und Pflichten haben, sondern dass in wesentlichen Fragen der operativen und finanziellen Geschäftsführung A ungeachtet der Mehrheit der Stimmrechte keine Beherrschung (*control*) ausüben kann, sondern auf die Zustimmung von B in der Gesellschafterversammlung angewiesen ist. A und B sind deshalb als Partnerunternehmen in einer gemeinschaftlichen Vereinbarung iSv ED 9/IAS 31 einzustufen. C hat hingegen keinen Einfluss auf die Geschäftsführung und ist deshalb als einfacher Investor einzustufen.

9 Das Vorliegen einer gemeinschaftlichen Führung fungiert somit als **Abgrenzungskriterium** der Gemeinschaftsunternehmen von TU einerseits sowie von assoziierten Unternehmen oder einfachen Beteiligungen andererseits. Hat ein einzelnes Unternehmen die Beherrschungsmöglichkeit über die im Vertrag festgelegten Aktivitäten, so liegt keine gemeinschaftliche Vereinbarung, sondern ein TU vor, soweit die Aktivität auf der Grundlage eines eigenen Unternehmens iSv IAS 27 handelt (zur Darstellung von TU vgl §§ 34, 35). Die übrigen Gesellschafter haben – je nach Ausprägung ihrer gesellschaftsvertraglichen Rechte und Pflichten – in diesem Fall ihre Beteiligung entweder als assoziiertes Unternehmen (bei Vorliegen maßgeblichen Einflusses, vgl § 36) oder als einfache Beteiligung iSv IAS 39 (vgl §§ 7, 11) auszuweisen.

III. Grundtypen gemeinschaftlicher Vereinbarungen

10 Die Definition vertraglicher Vereinbarungen ist sowohl in ED 9 als auch in IAS 31 relativ weit gefasst, um sämtliche wirtschaftliche Aktivitäten unter gemeinschaftlicher Führung zu erfassen. ED 9.3 ff unterscheidet **drei unterschiedliche**

Typen von vertraglichen Vereinbarungen, wobei sich die Zuordnung zu den drei Typen nach der vertraglichen Ausgestaltung der Rechte und Pflichten im Rahmen der gemeinschaftlichen Führung der Partnerunternehmen richtet (vgl *Kafadar* IRZ 2008, 274). In IAS 31.13 ff werden ebenfalls drei Grundtypen vertraglicher Vereinbarungen mit gemeinschaftlicher Führung unterschieden. Die Zuordnung zu den einzelnen Typen erfolgt hierbei jedoch unter stärkerer Berücksichtigung der rechtlichen Struktur der gemeinschaftlichen Aktivität.

Da es sich bei der Unterscheidung gemeinschaftlicher Vereinbarungen in ED 9/IAS 31 um **Grundtypen** handelt, sind die jeweils vorliegenden Merkmale in ihrer Gesamtheit zu würdigen und auf dieser Basis ist eine Zuordnung zu einer Gruppe vorzunehmen (vgl auch *Baetge/Klaholz/Harzheim* in Baetge ua IFRS-Komm[2] IAS 31 Rz 25).

1. Gemeinschaftliche Geschäftstätigkeit

Den ersten Typ vertraglicher Vereinbarungen stellt die **gemeinschaftliche** 11 **Geschäftstätigkeit** *(joint operations)* dar. Nach ED 9.8 sind unter diesem Begriff vertragliche Vereinbarungen zu verstehen, die durch folgende Rechte und Pflichten der Partnerunternehmen gekennzeichnet sind:

(1) Jedes Partnerunternehmen stellt eigene Vermögenswerte und andere Ressourcen zur Erfüllung der wirtschaftlichen Aktivität bereit,
(2) jedes Partnerunternehmen nutzt seine eigenen Vermögenswerte zur Realisierung des vereinbarten Vertragszwecks,
(3) jedes Partnerunternehmen trägt die mit der wirtschaftlichen Aktivität verbundenen Aufwendungen und finanziert diese selbst,
(4) jedes Partnerunternehmen erhält nach Maßgabe der vertraglichen Vereinbarung Anteile am Umsatz und den gemeinschaftlich getätigten Aufwendungen.

Darüber hinaus setzt die Einordnung in diesen Grundtyp voraus, dass die Teilung der Aufwendungen und Erlöse **nicht** auf einem Vertrag beruht, der zur Konstituierung einer PersGes, einer KapGes oder einer anderen Form eines Unternehmens als **rechtlich selbständige Einheit** führt. Solche Gesellschaften sind dem dritten Grundtyp gemeinschaftlicher Vereinbarungen zuzuordnen (vgl Rz 22).

12 Im **Außenverhältnis** kann bei gemeinschaftlicher Geschäftstätigkeit auch eines der Partnerunternehmen im eigenen Namen als Betreiber auch für die anderen Partnerunternehmen auftreten. Im **Innenverhältnis** muss dann durch eine entspr Abrechnung (Partnerverrechnungskonten) die vorgesehene Aufteilung der Erlöse und Aufwendungen herbeigeführt werden. Die einzelnen Partnerunternehmen erhalten Gutschriften oder Belastungen zum Ausgleich von Mehr- oder Minderleistungen. In manchen Fällen ist es üblich, dass der Betreiber im Namen und für Rechnung aller Partnerunternehmen an die Kunden fakturiert. Die Kunden können mit befreiender Wirkung anteilig an die Partnerunternehmen zahlen oder an den Betreiber, der die Erlöse dann anteilig gem der Vereinbarung an die übrigen Partner weiterzuleiten hat.

13 Als **typische Erscheinungsformen** einer gemeinschaftlichen Geschäftsführung können Gelegenheitsgesellschaften gelten, die rechtlich als reine BGB-Innengesellschaften ausgestaltet sind. Hierunter fallen bspw sog „unechte" Arbeitsgemeinschaften in der Bauindustrie, bei denen es nicht zur Bildung von Gesellschaftsvermögen kommt, aber auch Emissionskonsortien im Bankensektor sowie Konsortien zur Exploration von Rohstoffen.

14 Kennzeichnend für diesen Grundtyp und Abgrenzungskriterium ggü dem zweiten Grundtyp gemeinschaftlicher Vereinbarungen (gemeinschaftliche Ver-

mögenswerte) ist, dass **kein gemeinsames Vermögen** in Form von Gesamthandsvermögen oder Bruchteilseigentum gebildet wird. Die Existenz gemeinsamer Bankkonten und/oder gemeinsamer Bankfinanzierungen ist jedoch uE nicht als gemeinsames Vermögen zu werten, solange keine anderen gemeinsamen Vermögenswerte vorliegen und die gemeinsamen Bankkonten bzw Finanzierungen lediglich auf abrechnungs- und haftungsrechtlichen Gesichtspunkten beruhen (so auch *Lüdenbach* in Lüdenbach/Hoffmann IFRS[7] § 34 Rz 26).

Die Abgrenzung der gemeinschaftlichen Geschäftstätigkeit *(joint operations)* in ED 9.8 entspricht inhaltlich derjenigen der **gemeinsamen Tätigkeit** *(jointly controlled activities)* in IAS 31.13, sodass es in diesem Bereich lediglich zu einem **Austausch der Begrifflichkeiten** kommt.

2. Gemeinschaftliche Vermögenswerte

15 Die **gemeinschaftlichen Vermögenswerte** *(joint assets)* bilden den zweiten Grundtypus der gemeinschaftlichen Vereinbarungen. Kennzeichnend für diesen Vertragstyp sind gem ED 9.11 f die folgenden Merkmale:

(1) Die Partnerunternehmen haben Verwertungsrechte an einem Vermögenswert, der sich in gemeinsamem Eigentum befinden kann, jedoch nicht notwendigerweise befinden muss,
(2) jedes Partnerunternehmen hat im Rahmen seines Verwertungsrechts einen eigenständigen Anspruch auf den anteiligen Nutzen, den der Vermögenswert generiert,
(3) jedes Partnerunternehmen finanziert die Beteiligung an dem gemeinsamen Vermögenswert unabhängig von den anderen Partnerunternehmen,
(4) die Partnerunternehmen können darüber hinaus entweder einzeln oder zusammen zur Begleichung der Schulden bzw Übernahme der Aufwendungen aus dem Einsatz der gemeinschaftlichen Vermögenswerte verpflichtet sein.

16 ED 9.13 veranschaulicht beispielhaft, wie **Verwertungsrechte** an einem gemeinschaftlichen Vermögenswert ausgestaltet sein können. Eigenständige Rechte liegen demnach vor, wenn der Anteil an dem Vermögenswert eigenständig veräußerbar oder verpfändbar ist. Auch ein Nutzungsrecht an einem solchen Vermögenswert für einen Teil der wirtschaftlichen Nutzungsdauer lässt auf ein Verwertungsrecht schließen. Einen weiteren Indikator stellt eine vertragliche Vereinbarung dar, die die Partnerunternehmen verpflichtet, entspr ihrer Beteiligung an dem Vermögenswert die durch diesen verursachten Aufwendungen zu tragen und ihnen im Gegenzug ein Recht auf anteiligen Nutzen des Vermögenswerts einräumt.

17 Stehen **Schulden, zu deren Begleichung alle Partnerunternehmen in Anspruch genommen werden können**, in wirtschaftlichem Zusammenhang mit einem gemeinschaftlichen Vermögenswert, so sind diese Schulden ebenfalls Gegenstand der vertraglichen Vereinbarung und dieser entspr zuzurechnen.

18 Im **Außenverhältnis** tritt das *joint arrangement* in Form gemeinschaftlich geführter Vermögenswerte in vielen Fällen als BGB-Außengesellschaft in Erscheinung (aA *Baetge/Klaholz/Harzheim* in Baetge ua IFRS-Komm[2] IAS 31 Rz 34). Der Ausgleich zwischen den Parteien vollzieht sich wiederum im **Innenverhältnis** durch eine entspr Partnerverrechnung. Die Vermögenswerte werden zwar zum (gemeinsamen) Nutzen der Partnerunternehmen eingesetzt, aufgrund der fehlenden Unternehmenseigenschaft erbringt das *joint arrangement* jedoch keine eigenständige Leistung. Jedes Partnerunternehmen erhält einen Anteil an den erbrachten Leistungen und muss dafür einen Anteil an den Aufwendungen tragen. Wie bei gemeinschaftlicher Geschäftstätigkeit verfügt auch der gemeinschaftliche Vermögenswert nicht über Organe, die nach außen auftreten.

19 Übertragen auf das deutsche Rechtsverständnis dürfte es sich damit um eine der **Gemeinschaft nach Bruchteilen** vergleichbare Rechtsform handeln. Jedem Teilhaber steht ein nach Bruchteilen berechneter Anteil an dem gemeinsamen Gegenstand zu, über den er gesondert verfügen kann (§ 747 Satz 1 BGB). Auch der Hauptfachausschuss des IDW (vgl *IDW* HFA 1/1993 WPg 1993, 442) hat dargelegt, dass bei Bruchteilseigentum das bilanzierende Partnerunternehmen seinen Anteil an den Vermögenswerten des *joint venture* auszuweisen hat. Dies entspricht der Behandlung von gemeinschaftlichen Vermögenswerten nach ED 9.

20 Damit sind als **typische Erscheinungsformen** von gemeinschaftlichen Vereinbarungen in Form gemeinschaftlicher Vermögenswerte vor allem Gelegenheitsgesellschaften zu nennen. Arbeitsgemeinschaften in der Bauindustrie mit eigenem Gesamthandsvermögen gehören ebenso in diese Gruppe wie Konsortien im Banken- und Rohstoffsektor. Im Unterschied zur Gruppe der gemeinschaftlichen Geschäftstätigkeit treten hier jedoch auch Formen der BGB-Außengesellschaften auf, bei denen die Vertretung nach Außen durch die Geschäftsführung der (echten) Arbeitsgemeinschaft oder durch einen Konsortialführer erfolgt. Im Innenverhältnis erfolgt wiederum eine Partnerverrechnung nach Maßgabe der vertraglichen Vereinbarungen.

21 **Vertragliche Vereinbarungen iSv ED 9.11f** sind einerseits aufgrund der Existenz gemeinschaftlicher Vermögenswerte von der Gruppe der gemeinschaftlichen Geschäftstätigkeit **abzugrenzen**. Andererseits stellt die Fokussierung der vertraglichen Rechte und Pflichten in Bezug auf **einzelne Vermögenswerte** (im Gegensatz zu Rechten und Pflichten aus einer Beteiligung an einem Unternehmen) das Abgrenzungskriterium zu den *joint ventures* als drittem Vereinbarungstyp des ED 9 dar.

Begrifflich entsprechen die gemeinschaftlichen Vermögenswerte *(joint assets)* nach ED 9.11 ff weitgehend dem gemeinschaftlich geführten Vermögen *(jointly controlled assets)* nach IAS 31.18f Ein deutlicher konzeptioneller Unterschied zu ED 9 besteht jedoch darin, dass IAS 31.19 bei gemeinschaftlich geführtem Vermögen explizit davon ausgeht, dass es nicht zur Etablierung einer rechtlich selbständigen Einheit kommt. Die Isolierung einzelner vertraglicher Rechte aus einer rechtlich selbständigen Einheit und deren gesonderte Bilanzierung als gemeinschaftlich geführtes Vermögen sind in IAS 31 konzeptionell nicht vorgesehen.

Im Vergleich zu der Vorgängerregelung des IAS 31.18f ist es damit nicht bloß zu einem Austausch der Begrifflichkeiten gekommen. Vielmehr **hat der zweite Grundtyp von gemeinschaftlichen Vereinbarungen eine Stärkung erfahren** (*Kafadar* IRZ 2008, 275). Während im IAS 31 noch ein wesentliches Abgrenzungskriterium zwischen Vermögenswerten unter gemeinschaftlicher Führung und Gemeinschaftsunternehmen das Vorliegen einer eigenständigen rechtlichen Einheit war, steht eine solche rechtliche Einheit einer Klassifizierung als gemeinschaftlicher Vermögenswert nun nicht mehr entgegen. Gem der Zielsetzung des IASB (ED 9.BC8) ist die rechtliche, eigenständige Gestaltung von Unternehmenseinheiten nicht mehr maßgeblich, vielmehr werden vertragliche Rechte und Pflichten erfasst. Entscheidend sind somit die wirtschaftlichen Verhältnisse. Der IASB setzt damit eine konsequente Ausrichtung der Rechnungslegung am *control*-Konzept im Bereich der gemeinschaftlichen Vereinbarungen um.

3. Gemeinschaftsunternehmen

22 **Gemeinschaftsunternehmen** *(joint ventures)* stellen den dritten Grundtyp gemeinschaftlicher Vereinbarungen iSv ED 9 dar. Gem ED 9.15 haben die Partnerunternehmen bei dieser Form der Vereinbarung keine vertraglichen Rechte

und Pflichten in Bezug auf einzelne Vermögenswerte, sondern sind am **Erfolg** des *joint arrangements* entspr ihrer vertraglichen Position beteiligt. Folglich gelten nur solche Unternehmen bzw Unternehmensteile als Gemeinschaftsunternehmen, bei denen die Partnerunternehmen als Investoren keine Rechte an Vermögenswerten (und ggf Schulden), sondern lediglich einen Anspruch auf das Ergebnis des rechtlich selbständigen Gemeinschaftsunternehmens besitzen.

Kennzeichen für das Vorliegen eines Gemeinschaftsunternehmens sind exemplarisch in ED 9.16ff aufgeführt:

(1) Ein Gemeinschaftsunternehmen umfasst diejenigen Vermögenswerte und Schulden sowie die damit in Zusammenhang stehenden Aufwendungen und Erträge, die nicht den Partnerunternehmen aufgrund individueller Rechte und Pflichten zuzuordnen sind und damit zu den beiden anderen Grundtypen gehören.

(2) Ein Gemeinschaftsunternehmen kann in eigenem Namen Vertragspartner werden und sich eigenständig finanzieren.

(3) Ein Geschäftsbetrieb *(business)* kann idR bei Vorliegen einer gemeinschaftlichen Vereinbarung hinsichtlich der Führung als Gemeinschaftsunternehmen betrachtet werden, wenn nicht konkrete Anhaltspunkte für eine andere Einordnung vorliegen.

(4) Die Einlagen der Partnerunternehmen in das Gemeinschaftsunternehmen sind als Beteiligungen zu klassifizieren.

23 In einigen Fällen kann der **wirtschaftliche Gehalt** einer gemeinschaftlichen Vereinbarung **von der Abgrenzung der rechtlichen Einheit abweichen**. Dies ist bspw dann der Fall, wenn ein einzelner Gesellschafter spezielle Rechte an bestimmten Vermögenswerten der rechtlichen Einheit hat. In diesen Fällen werden die Rechte an diesen Vermögenswerten und Schulden gem ED 9 aus der rechtlich selbständigen Einheit herausgelöst und als separate Vermögenswerte eigenständig beurteilt und bei dem betroffenen Partnerunternehmen bilanziell erfasst. Da sich die Bilanzierung beim Partnerunternehmen dabei auf das diesem Unternehmen zustehende Recht (zB Nutzungsrecht) bezieht, ist ein daraus resultierender Vermögenswert immer vollständig – nie jedoch quotal – in der Bilanz des Partnerunternehmens zu erfassen. Aus dieser Konzeption folgt jedoch auch, dass es mehrere Rechte bei unterschiedlichen Partnerunternehmen geben kann, die sich auf einen Vermögenswert des *joint venture* beziehen.

Beispiel: Ein *joint venture* unter Beteiligung der Partnerunternehmen A und B verfügt über drei Vermögenswerte (Maschinen), die von den Partnern wie folgt genutzt werden können:

(1) A hat ein vertragliches Nutzungsrecht an Maschine 1,

(2) B hat ein vertragliches Nutzungsrecht an Maschine 2,

(3) A und B haben jeweils ein vertraglich vereinbartes Recht auf zeitanteilige Nutzung von Maschine 3.

Partnerunternehmen A erfasst in seiner Bilanz jeweils ein Nutzungsrecht an Maschine 1 und an Maschine 3. Entspr bilanziert B jeweils einen Vermögenswert aus dem Nutzungsrecht an Maschine 2 und Maschine 3. Insgesamt werden also vier Nutzungsrechte berücksichtigt, es kommt nicht zu einer quotalen bilanziellen Erfassung eines einzigen Nutzungsrechts aus den vertraglichen Rechten aus Maschine 3.

Die Vermögenswerte selbst verbleiben dabei rechtlich im Besitz des Gemeinschaftsunternehmens, bilanziell werden sie jedoch bei den Partnerunternehmen abgebildet (vgl *Kafadar* IRZ 2008, 275). Nach ED 9 kommt es in diesen Fällen zu einer Mischform von gemeinschaftlichen Vermögenswerten und Gemeinschaftsunternehmen. Die Partnerunternehmen würden entspr zunächst die ihnen zuordenbaren Rechte an Vermögenswerten (und ggf damit verbundenen Schulden) als gemeinschaftliche Vermögenswerte und die rechtliche Einheit mit den anschließend verbleibenden Vermögenswerten und Schulden als *joint venture* klassifizieren. Das *joint venture* ergibt sich danach als Residualgröße, das lediglich Vermögenswerte und Schulden enthält, an denen kein Partnerunternehmen spezielle Rechte besitzt, die gleichwohl Gegenstand der gemeinsamen Führungsvereinbarung sind. Die Beteiligung der Partnerunternehmen an dieser Residualgröße ist dann im Wege der Equity-Bilanzierung in deren Konzernabschluss einzubeziehen (vgl Rz 48ff).

Die **Abgrenzung** ggü den anderen Grundtypen gemeinschaftlicher Vereinbarungen erfolgt – im Unterschied zu den Regelungen des IAS 31 – korrespondierend zu den Kriterien für gemeinschaftliche Vermögenswerte nicht allein anhand der Unternehmenseigenschaft. Diese kann und wird in vielen Fällen vorliegen und ein Indiz für die Rechtstellung der Partnerunternehmen sein (ED 9.17), entscheidendes Abgrenzungskriterium sind jedoch Art und Umfang der vertraglich basierten Rechte und Pflichten. Bei Gemeinschaftsunternehmen beziehen sich diese auf die Gesellschafterstellung der Partnerunternehmen, während sie bei gemeinschaftlichem Vermögen auf die Eigentümerstellung der Partnerunternehmen in Bezug auf einzelne Vermögenswerte (und ggf damit verbundener Schulden) abstellen. 24

Im **Vergleich zur Vorgängerregelung** des IAS 31.24 ist die Abgrenzung des ED 9.15 **entspr enger**. Mischfälle, die ein bilanzielles „Herauslösen" einzelner Vermögenswerte und Schulden aus einer Unternehmenseinheit bedingen, waren nach IAS 31 bisher systematisch nicht vorgesehen. Die in ED 9 verlangte Vorgehensweise korrespondiert mit der Ausweitung der zweiten Gruppe von *joint arrangements*. Auch hier hat der IASB konsequent die vertraglichen Rechte und Pflichten hinsichtlich ihrer Qualität und ihres Umfangs zur Grundlage der Darstellung im IFRS-Abschluss gemacht.

Zur **Verdeutlichung der Vorgehensweise** nach ED 9 im Vergleich zu IAS 31 dient das folgende Beispiel. 25

Beispiel: Drei Partnerunternehmen A, B und C gründen eine neue Gesellschaft D. Ausschließlicher Unternehmenszweck der Gesellschaft D ist der Erwerb und der Unterhalt eines Schulungszentrums, das gemeinschaftlich betrieben und genutzt werden soll. Jedes Partnerunternehmen trägt 1/3 der Anschaffungskosten in Form einer Einlage in entspr Höhe in die Gesellschaft D. Gem der getroffenen vertraglichen Vereinbarung steht jeder Partei das Schulungszentrum an bestimmten Tagen zur teilweisen oder ausschließlichen Nutzung zur Verfügung. Die Vereinbarung sieht außerdem vor, dass A, B und C über den Unterhalt, eine evtl spätere Veräußerung sowie über alle übrigen strategischen, operativen und finanzwirtschaftlichen Fragen gemeinsam entscheiden. Jede Partei kann nach Zustimmung der anderen Partnerunternehmen ihren Anteil oder Teile davon veräußern oder ihr Nutzungsrecht weitervermieten.

Beurteilung nach IAS 31: Nach IAS 31.24 ist die rechtliche Struktur des Gemeinschaftsunternehmens determinierend für die bilanzielle Darstellung im Abschluss der Partnerunternehmen. Demnach gehören A, B und C jeweils 1/3 der Anteile an einem Gemeinschaftsunternehmen, über dessen Geschäftsverlauf nur gemeinschaftlich entschieden werden kann. Die vereinbarten Nutzungsrechte, also die tatsächlichen wirtschaftlichen Gegebenheiten sind nach IAS 31.24f nicht relevant. Die Partnerunternehmen haben also jeweils ihren Anteil von 1/3 an dem Gemeinschaftsunternehmen als Ganzes zu bilanzieren.

Beurteilung nach ED 9: Das Gemeinschaftsunternehmen D ist rechtlicher Eigentümer des Schulungszentrums. Auch jegliches Recht an einem ggf erzielbaren Restwert bei einer Veräußerung der Immobilie steht der neu gegründeten Gesellschaft D zu. An dieser Gesellschaft besitzen A, B und C ein gemeinschaftliches Beteiligungsrecht, wodurch die Gesellschaft D nach ED 9.15 ein Gemeinschaftsunternehmen darstellt. Allerdings wurde das Nutzungsrecht an dem einzigen wesentlichen Vermögenswert der Gesellschaft D (dem Schulungszentrum) auf die einzelnen Parteien übertragen. Nach ED 9.16 darf das Unternehmen D deshalb in seiner Einzelbilanz lediglich das Schulungszentrum abzüglich der vereinbarten Nutzungsrechte darstellen. Das Recht aus der Gesellschafterstellung von A, B und C an der neuen Gesellschaft beschränkt sich damit im Wesentlichen auf den anteiligen Wert des Schulungszentrums abzüglich der Nutzungsrechte. Diese Nutzungsrechte werden dagegen entspr dem *control*-Ansatz des ED 9 als gemeinschaftliche Vermögenswerte iSd ED 9.11 klassifiziert und entspr bei den Partnerunternehmen gesondert von der Beteiligung an D bilanziert. Die Bewertung erfolgt dabei nach Maßgabe des wirtschaftlichen Vorteils aus der Nutzung des Vermögenswerts. In dieser Höhe aktiviert das jeweilige Partnerunternehmen einen Vermögenswert zur Abbildung des Nutzungsrechts. Bei der Bewertung des anschließend im Konzernabschluss zu erfassenden Equity-Buchwerts des *joint ventures* sind dann sämtliche bei den Partnern gesondert bilanzierten Rechte mit den in den Abschlüssen der Partnerunternehmen angesetzten Wertansätzen vom Netto-Reinvermögen des *joint ventures* abzuziehen.

26 Die **Begriffsveränderungen** zwischen IAS 31 und ED 9 lassen sich zusammenfassend grafisch wie folgt veranschaulichen, wobei die inhaltlichen Verschiebungen zwischen Gemeinschaftsunternehmen und gemeinschaftlichen Vermögenswerten aufgrund der geänderten Systematik des ED 9 zu berücksichtigen sind.

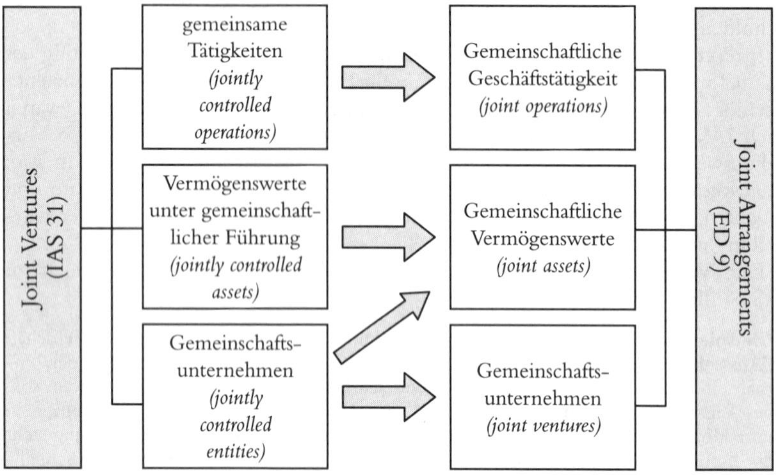

27–30 *einstweilen frei*

C. Bilanzierung von Joint Arrangements

31 ED 9 regelt die **bilanzielle Darstellung** gemeinschaftlicher Vereinbarungen in Abhängigkeit von der Zuordnung zu den drei dargestellten **Grundtypen**. Insoweit entspricht die Vorgehensweise derjenigen des bisherigen IAS 31. Im Folgenden werden deshalb typenbezogen die Anforderungen an die Darstellung von *joint arrangements* in den Abschlüssen der Partnerunternehmen dargestellt und mit der bilanziellen Behandlung nach IAS 31 verglichen.

I. Gemeinschaftliche Geschäftstätigkeit (Joint Operations)

32 ED 9 macht – im Gegensatz zu der Vorgängerregelung des IAS 31 – **keine Aussagen zu Art und Umfang der Abrechnung innerhalb der gemeinschaftlichen Geschäftstätigkeit**. Unabhängig davon kann jedoch davon aus-

gegangen werden, dass eine formelle Rechnungslegung innerhalb dieser Form gemeinschaftlicher Vereinbarungen nicht vorliegt, wie dies in IAS 31.17 unterstellt wird. Sie wird aufgrund der Struktur der zugrunde liegenden Vereinbarung grds auch nicht benötigt. Dieser Tatsache trägt der deutsche Gesetzgeber mit einer Befreiung von der Bilanzierungspflicht für BGB-Gesellschaften Rechnung. Nach § 721 Abs 2 BGB iVm § 259 BGB besteht lediglich eine Verpflichtung zur Aufstellung periodischer Rechnungsabschlüsse, die jedoch dispositiven Charakter hat und durch gesellschaftsvertragliche Regelungen abdingbar ist (vgl *Palandt*[66] § 721 BGB Rz 1ff).

Gleichwohl erfordert die vertraglich vereinbarte Abrechnung der Partnerunternehmen untereinander ein Minimum an rechnungslegungsrelevanten Informationen. Dies geschieht in der Mehrheit der Fälle in Form einer **Betriebsabrechnung**, die zwar nicht die Anforderungen an eine einheitliche Rechnungslegung innerhalb des *joint arrangements* erfüllt, aus folgenden Gründen jedoch sinnvoll erscheint (vgl auch *IDW* HFA 1/1993, 442): 33

(1) Ermittlung und Nachweis des auf die einzelnen Partner entfallenden Anteils der gemeinsamen Aufwendungen und Erträge nach einheitlichen Grundsätzen;
(2) Nachweis der wirtschaftlichen Lage der gemeinschaftlichen Geschäftstätigkeit als Ganzes sowie möglicher Rückwirkungen hieraus auf die einzelnen Partnerunternehmen;
(3) Schaffung von Grundlagen für die Bewertung von Teilprojekten und für die Bildung von Rückstellungen für drohende Verluste aus schwebenden Geschäften;
(4) Grundlagen für die Gewinnrealisierung, die nur aus Sicht des Gesamtprojekts zutreffend beurteilt werden kann.

Die Bereitstellung rechnungslegungsrelevanter Daten (bspw in Form einer Betriebsabrechnung) ist darüber hinaus für die Partnerunternehmen auch im Hinblick auf die Erstellung und Prüfung des jeweiligen eigenen Abschlusses notwendige Nachweisbasis.

Vor diesem Hintergrund legt ED 9.21 fest, dass die Partnerunternehmen **gemeinschaftliche Geschäftstätigkeiten in ihren jeweiligen Abschlüssen** wie folgt darstellen: 34

(1) Ansatz der jeweils in der Verfügungsmacht *(control)* des Partnerunternehmens stehenden Vermögenswerte und der eingegangenen Verbindlichkeiten,
(2) Ansatz der selbst getragenen Aufwendungen im Zusammenhang mit der gemeinschaftlichen Geschäftstätigkeit,
(3) Ansatz der anteiligen Erlöse und Aufwendungen aus dem Verkauf von Waren und Leistungen aus der gemeinschaftlichen Geschäftstätigkeit.

Die Erfassung erfolgt **nach Maßgabe der jeweiligen relevanten Standards**, also bspw IAS 16 für das Sachanlagevermögen oder IAS 2 für Vorräte. Der Ausweis der anteiligen Erlöse und des anteiligen Gewinns richtet sich grds nach der Realisation der Beträge gem IAS 18. Bei kundenspezifischer Auftragsfertigung hat das Partnerunternehmen seinen Anteil an den gemeinschaftlichen Erlösen und damit seine anteilige Gewinnmarge allerdings nach IAS 11 zu erfassen und auszuweisen. Die Voraussetzungen für eine kontinuierliche Ertragsrealisierung nach Maßgabe des Fertigstellungsgrades (*percentage-of-completion*-Methode, vgl hierzu auch § 9 Rz 8ff) sind bei gemeinschaftlicher Geschäftstätigkeit in den relevanten Branchen (Bauindustrie, Maschinen- und Anlagenbau etc) regelmäßig durch eine entspr Ausgestaltung des internen Berichtswesens gegeben (*Lüdenbach* in Lüdenbach/Hoffmann IFRS[7] § 34 Rz 34). 35

Neben dem Ansatz der Vermögenswerte und Schulden, die unmittelbar aus der gemeinschaftlichen Geschäftstätigkeit resultieren, hat jedes Partnerunterneh- 36 men zu prüfen, ob nach seinem jeweiligen Erlös- oder Ergebnisanteil ein (anteiliger) **Verlust aus dem *joint arrangement*** zu erwarten ist. Ist dies der Fall, so ist dieser Verlust unmittelbar zu erfassen. Im Regelfall geschieht dies über die Passivierung einer Rückstellung für drohende Verluste, im Fall der Auftragsfertigung ist zunächst eine aktivische Korrektur des Wertansatzes der Forderungen aus Fertigungsaufträgen vorzunehmen. Erst bei übersteigenden Verlusterwartungen ist ein passivischer Ausweis des Restbetrags vorzunehmen.

Da diese Erfassungen von Vermögenswerten, Schulden, Aufwendungen und Erträgen **bereits im Einzelabschluss** der Partnerunternehmen vorzunehmen sind, ergibt sich beim Übergang auf die Konzernbilanz im Hinblick auf Konsolidierungsmaßnahmen grds kein Anpassungsbedarf.

Die Regelungen des ED 9.21 **entsprechen** inhaltlich den bisher gültigen Anforderungen des **IAS 31.15**. Damit erfolgt sowohl die Abgrenzung, als auch die bilanzielle Behandlung der gemeinschaftlichen Geschäftstätigkeit nach ED 9 nach denselben Kriterien wie bei gemeinsamen Tätigkeiten nach IAS 31.

II. Gemeinschaftliche Vermögenswerte (Joint Assets)

37 Auch für gemeinschaftliche Vereinbarungen in Form gemeinschaftlicher Vermögenswerte existiert idR **keine originäre Buchführungs- und Abschlusspflicht**. In Deutschland sind BGB-Gesellschaften (sowohl als BGB-Innen- als auch als BGB-Außengesellschaft) nicht zu einer handelsrechtlichen Rechnungslegung verpflichtet. Anderes gilt nur, wenn die Beurteilung der vertraglichen Rechte und Pflichten zwar zu einer Einordnung der Vereinbarung als gemeinsames Vermögen führt, die entspr Vermögenswerte (und ggf Schulden) jedoch in einer rechtlich selbständigen Einheit (zB einer KapGes oder einer PersGes) gehalten werden. In diesen Fällen unterliegt die rechtliche Einheit bereits einer originären Rechnungslegungspflicht. Während ED 9 solche Fälle durch die Bezugnahme auf die vertraglichen Rechte und Pflichten aus den gemeinschaftlichen Vereinbarungen zulässt, verhindert nach IAS 31 die Existenz einer rechtlich selbständigen Einheit die Einordnung als gemeinschaftlich geführter Vermögenswert.

38 Aber auch in Fällen, in denen keine unmittelbare Verpflichtung zur Abschlusserstellung innerhalb des *joint arrangement* vorliegt, sind gleichwohl an die Betriebsabrechnung und an das Berichtswesen **höhere Anforderungen** zu stellen als bei gemeinschaftlicher Geschäftstätigkeit (*Baetge/Klaholz/Harzheim* in Baetge ua IFRS-Komm[2] IAS 31 Rz 40). Dies ergibt sich aus der Existenz gemeinschaftlichen Vermögens und der daraus resultierenden Rechenschaftspflicht ggü den Partnerunternehmen. Diese benötigen rechnungslegungsrelevante Informationen zur Erstellung ihrer jeweils eigenen Abschlüsse, in denen nicht mehr die Vermögenswerte selbst, sondern ihre jeweiligen Anteile und Rechte daran auszuweisen sind.

39 ED 9.22 verlangt von den Partnerunternehmen die folgende **Erfassung von gemeinschaftlichen Vermögenswerten** in der Einzel- und Konzernbilanz:

(1) Anteil des Partnerunternehmens an den gemeinschaftlichen Vermögenswerten, klassifiziert nach der Art des Vermögens,
(2) die im eigenen Namen eingegangenen Schulden,
(3) die gemeinschaftlich mit den anderen Partnerunternehmen eingegangenen Schulden im Zusammenhang mit den gemeinschaftlichen Vermögenswerten,
(4) die anteiligen Erlöse aus dem Verkauf oder der Nutzung des Outputs im Rahmen der gemeinschaftlichen Vereinbarung,
(5) die anteiligen Aufwendungen, die im Zusammenhang mit den gemeinschaftlichen Vermögenswerten getätigt wurden.

Auch in diesem Zusammenhang erfolgt der **Ansatz** der (anteiligen) Vermögenswerte, Schulden, Aufwendungen und Erträge nach Maßgabe der jeweils einschlägigen Standards. Soweit es sich um die Erfassung von Aufwendungen und Erträgen handelt, liegt eine Parallele mit der gemeinschaftlichen Geschäftstätigkeit vor. Insoweit wird auf Rz 34f verwiesen. Hinsichtlich des **Ausweises** des Anteils an einem gemeinschaftlichen Vermögenswert ist jedoch fraglich, welcher Standard als einschlägig heranzuziehen ist. Die Beantwortung dieser Frage hängt wesentlich von der Qualifikation des Vermögenswerts ab, den das Partnerunternehmen in seiner Bilanz auszuweisen hat. Handelt es sich um ein Nutzungsrecht an einem Vermögenswert, das nach ED 9 separat gem den vertraglichen Rechten und Pflichten zu bilanzieren ist, so ist IAS 38 einschlägig. Darüber hinaus ist in diesem Fall eine Darstellung als Leasingverhältnis nach IAS 17 (ggf iVm IFRIC 4) in Erwägung zu ziehen. Wird dagegen Bruchteilseigentum ausgewiesen, so erscheint die Anwendung von IAS 16 sachgerecht. Die sachgerechte Darstellung des (anteiligen) Vermögenswerts erfordert dementsprechend eine Würdigung des Funktionszusammenhangs innerhalb der gemeinschaftlichen Vereinbarung. Dies entspricht der eindeutigen Ausrichtung des ED 9 am wirtschaftlichen Inhalt der vertraglichen Vereinbarung im Rahmen eines *joint arrangements.* 40

Hinsichtlich der **in eigenem Namen eingegangenen Schulden** stellte IAS 31.22(b) klar, dass es sich dabei um eingegangene Verpflichtungen zur Finanzierung des Anteils an den gemeinschaftlich geführten Vermögenswerten handelte. Aufgrund der redaktionellen Straffung des ED 9 fehlt eine entspr Erläuterung in diesem Standard. Es ist jedoch davon auszugehen, dass der ggü IAS 31.21 unveränderte Wortlaut des ED 9.22 auch eine inhaltliche Identität hinsichtlich der geforderten Bestandteile impliziert. 41

Bei gemeinschaftlichen Vermögenswerten ist in der Praxis jedoch auch eine nicht unbedeutende Anzahl von Fällen zu verzeichnen, bei denen nicht jedes Partnerunternehmen seinen Anteil selbst finanziert. In diesen Fällen tritt oft **nur ein Partnerunternehmen** im Außenverhältnis als Schuldner in Erscheinung, während im Innenverhältnis die Schulden gemeinschaftlich getragen werden. Eine solche Vorgehensweise kann bspw in der ggü den anderen Parteien höheren Bonität eines der Partnerunternehmen begründet sein, die zu einer Verbesserung der Kreditkonditionen führt. In diesen Fällen sind grds zwei bilanzielle Darstellungsvarianten vorstellbar:

(1) Das im Außenverhältnis als Schuldner auftretende Unternehmen weist den vollen Schuldbetrag in seiner Bilanz aus und setzt gleichzeitig den anteiligen Ausgleichsanspruch als Vermögenswert an. Die übrigen Partnerunternehmen bilanzieren ihre vertragliche Verpflichtung im Innenverhältnis.

(2) Jedes Partnerunternehmen (auch der „Finanzierer“) setzt jeweils seinen nach der Vereinbarung im Innenverhältnis bemessenen Anteil an der Schuld in der jeweiligen Bilanz an.

Nach dem Wortlaut des bisher gültigen IAS 31.21(b) wäre die erste Variante der Bilanzierung zugrunde zu legen. In der Literatur wurde jedoch unter Bezugnahme auf den Grundsatz „*substance over form*“ auch die zweite Variante für zulässig erachtet (so zB *Lüdenbach* in Lüdenbach/Hoffmann IFRS[7] § 34 Rz 42). Mit Inkrafttreten des ED 9 scheidet Variante 1 nunmehr aus, da das Kernprinzip in ED 9.1 eine Darstellung nach Maßgabe der vertraglich vereinbarten Rechte und Pflichten aus dem *joint arrangement* vorschreibt. Dieser Anforderung wird nur Variante 2 vollumfänglich gerecht.

Eine weitere Problematik liegt in einem möglichen **Auseinanderfallen der bilanziellen Darstellung bei separierungspflichtigen Rechten** an gemeinschaftlichen Vermögenswerten in einer gesonderten rechtlichen Einheit. Während die Rechte an dem betroffenen Vermögenswert nach der Konzeption des 42

ED 9 vollumfänglich in der Bilanz des begünstigten Partnerunternehmens aufgenommen werden müssen, verbleibt bspw die Finanzierung in der rechtlich selbständigen Einheit, da diese die Schulden in eigenem Namen eingegangen ist. Ist die rechtliche Einheit als Gemeinschaftsunternehmen iSv ED 9 anzusehen, sind diese Schulden den Partnerunternehmen anteilig im Rahmen der Equity-Bewertung (vgl Rz 48) zuzurechnen. In einem Verlustfall unterbleibt bei der Equity-Bewertung eine Zurechnung uU vollständig. Damit entsprechen sich der Ausweis des Vermögenswerts (Nutzungsrecht) und der damit verbundenen Schuld in der Bilanz des begünstigten Partnerunternehmens wirtschaftlich nicht vollständig (vgl auch *Ernst & Young* IFRS Outlook 2008, 31).

Die Regelungen des ED 9.22 **entsprechen** damit zwar **formal** denjenigen des **IAS 31.21**. Durch die andere Abgrenzung der unter die Kategorie „gemeinschaftliche Vermögenswerte" zu subsumierenden wirtschaftlichen Sachverhalte und insbes durch die Pflicht zu einer Aufspaltung von gemeinschaftlichen Vereinbarungen kann es jedoch in der Bilanzierungspraxis zu teilweise **substanziellen Abweichungen** in der bilanziellen Darstellung nach ED 9 ggü IAS 31 kommen.

III. Gemeinschaftsunternehmen (Joint Ventures)

43 Ein Gemeinschaftsunternehmen ist als eigenständige rechtliche Einheit grds zu einer **eigenständigen Rechnungslegung** verpflichtet. Art und Umfang der Rechnungslegungs- und Abschlusspflicht richten sich einerseits nach den nationalen und ggf konzerninternen Vorgaben. In bestimmten Fällen kann sich die Rechnungslegungspflicht auch auf eine größere Einheit erstrecken. Dies ist bspw der Fall, wenn ein Geschäftsbetrieb *(business)* Gegenstand einer gemeinschaftlichen Vereinbarung ist, dieser Geschäftsbetrieb jedoch nur ein Teil einer größeren rechtlichen Einheit ist.

44 ED 9 befasst sich jedoch nicht mit der Rechnungslegungspflicht von Gemeinschaftsunternehmen selbst. Diese ist lediglich die **Voraussetzung für die Erfassung des Unternehmens in den Abschlüssen der Partnerunternehmen**. Während bei den anderen beiden Grundtypen gemeinschaftlicher Vereinbarungen aufgrund der abzubildenden Eigentums- und Beherrschungsrechte die Erfassung von Vermögenswerten und Schulden, Aufwendungen und Erträgen bereits im Einzelabschluss der Partnerunternehmen erfolgte und Anpassungen im Rahmen der Konsolidierung für den Konzernabschluss nicht vorzunehmen sind, ist bei der bilanziellen Abbildung von Gemeinschaftsunternehmen, aufgrund des Gesellschafterstatus der Partnerunternehmen, eine Differenzierung der Darstellung im Einzel- und Konzernabschluss der beteiligten Parteien vorzunehmen.

1. Bilanzierung im Einzelabschluss

45 Ein Partnerunternehmen hat in einem separaten Einzelabschluss **Anteile an Gemeinschaftsunternehmen** gem IAS 27.38 (2008) entweder:
(1) zu Anschaffungskosten (*at cost*) oder
(2) mit dem beizulegenden Zeitwert (*fair value*) der Anteile nach IAS 39
zu bewerten. Dies entspricht grds den zuvor gültigen Regelungen des IAS 31.46 iVm IAS 27.37 (2003).

46 Bei Anwendung der Regelungen des ED 9 ist allerdings zu beachten, dass die den **einzelnen Partnerunternehmen zustehenden Rechte** nach der Konzeption des ED 9 aus dem Gemeinschaftsunternehmen bilanziell herauszulösen und separat bereits im Einzelabschluss des Partnerunternehmens zu erfassen sind. Daraus ergibt sich die Notwendigkeit, den Wertansatz der Anteile an dem entspr Gemeinschaftsunternehmen um die separiert ausgewiesenen Rechte zu korrigie-

ren, da es ansonsten zu einer partiellen oder vollständigen Doppelerfassung der Vermögenswerte kommen würde. Im Fall des Bestehens solcher gesondert zu bilanzierenden Rechte weicht entspr die Vorgehensweise des ED 9 von derjenigen des IAS 31 ab.

Eine von den Vorschriften des IAS 27.38 (2008)/IAS 27.37 (2003) abweichende Bewertung im Einzelabschluss der Partnerunternehmen ergibt sich darüber hinaus für den Fall, dass die Anteile an dem Gemeinschaftsunternehmen lediglich für **Zwecke der Weiterveräußerung** gehalten werden. In diesem Fall sind die Anteile in Übereinstimmung mit den Vorschriften des IFRS 5 bereits in der Einzelbilanz als „zur Veräußerung bestimmte langfristige Vermögenswerte" iSv IFRS 5.6 zu bilanzieren (vgl hierzu Rz 58f). 47

2. Bilanzierung im Konzernabschluss

Die bilanzielle Erfassung von Anteilen an Gemeinschaftsunternehmen ist in ED 9.23 geregelt. Dort wird grds die Darstellung nach Maßgabe der **Equity-Bewertung** vorgeschrieben, soweit sich das Recht des Partnerunternehmens auf einen bestimmten Anteil des durch die Netto-Vermögenswerte des Gemeinschaftsunternehmens generierten Gesamtergebnisses bezieht und nicht auf die nach ED 9.22 separat zu bilanzierenden Partikularrechte einzelner Partner (*Erchinger/Melcher* KoR 2008, 172). In ED 9.23 sind abschließend drei **Ausnahmefälle von der Equity-Bewertung** genannt: 48

(1) die Beteiligung wird mit Veräußerungsabsicht nach IFRS 5 gehalten (vgl hierzu Rz 58f),
(2) soweit ein Unternehmen nach der Ausnahmeregelung von IAS 27.10 (2008)/IAS 27.10 (2003) keinen Konzernabschluss aufzustellen braucht, oder
(3) das beteiligte Partnerunternehmen selbst TU eines übergeordneten Konzerns ist, keine Einwendungen der Gesellschafter vorliegen, weder Eigen- noch Fremdkapitalinstrumente des beteiligten Unternehmens am Kapitalmarkt gehandelt werden, keine Pflicht zur Einreichung des Abschlusses bei einer Aufsichts- oder Regulierungsbehörde besteht und ein übergeordnetes MU einen Gruppenabschluss im Einklang mit den IFRS publiziert.

Gleiche Regelungen sind auch für assoziierte Unternehmen in IAS 28.13 enthalten, sodass auch in diesem Bereich die Behandlung von assoziierten Unternehmen und Gemeinschaftsunternehmen synchronisiert wurde. Gleichzeitig wurde das bisher in IAS 31 enthaltene **Wahlrecht** zur Bilanzierung des Anteils an einem Gemeinschaftsunternehmen durch **quotale Einbeziehung** in den Konzernabschluss mit Inkrafttreten des ED 9 **abgeschafft**. 49

Das Wahlrecht in IAS 31.39 erlaubt bis zum Inkrafttreten von ED 9 alternativ zur Darstellung des Gemeinschaftsunternehmens im Wege der Equity-Bilanzierung bisher die **anteilige (beteiligungsproportionale) Erfassung** der gemeinschaftlich geführten Vermögenswerte und Schulden sowie der Erträge und Aufwendungen des Gemeinschaftsunternehmens im Konzernabschluss eines Partnerunternehmens. Dabei sieht IAS 31.34 für die Darstellung der Quotenkonsolidierung zwei verschiedene Berichtsformate vor:

(1) Getrennte Posten für die eigenen bzw die anteilig aus Gemeinschaftsunternehmen stammenden Vermögenswerte, Schulden, Erträge und Aufwendungen *(separate-line items)*; oder
(2) Zusammenfassung der anteiligen Vermögenswerte, Schulden, Erträge und Aufwendungen aus Gemeinschaftsunternehmen mit den entspr eigenen Posten *(line-by-line reporting)*.

Beide Varianten decken sich hinsichtlich des Gesamtausweises der innerhalb des Konzernabschlusses dargestellten Posten. Deshalb ist es nach IAS 31.35

auch unzulässig, eigene Posten mit gegenläufigen Posten aus der anteiligen Erfassung im Rahmen der Quotenkonsolidierung zu verrechnen. Eine Ausnahme von diesem Saldierungsverbot besteht nur bei Vorliegen einer gesetzlichen Aufrechnungsmöglichkeit und entspr Erwartung hinsichtlich der Gewinnrealisierungsmöglichkeit von Vermögenswerten bzw der Abgeltung von Schulden.

Hinsichtlich der technischen Durchführung der Quotenkonsolidierung wird auf die Ausführungen in § 37 verwiesen. Zu Fragen der Übergangskonsolidierung iVm der Quotenkonsolidierung s § 38.

Die Eliminierung des Wahlrechts zur Quotenkonsolidierung von Gemeinschaftsunternehmen in ED 9 ist als wesentlicher **Konvergenzschritt zu den Regelungen der US-GAAP** zu sehen. Dort sind gem APB 18 sog *„Corporate Joint Ventures"*, also Gemeinschaftsunternehmen in der Rechtsform einer Körperschaft ebenfalls verpflichtend mittels der Equity-Bewertung in den Konzernabschluss einzubeziehen (vgl *Kafadar* IRZ 2008, 276).

50 Hinsichtlich der Anwendung der Equity-Methode auf Anteile an Gemeinschaftsunternehmen verweist ED 9 auf die **Regelungen des IAS 28** und verlangt eine **analoge Anwendung** der dort für assoziierte Unternehmen vorgegebenen Regelungen. Bzgl der dort festgelegten Regelungen zur Vorgehensweise und Buchungstechnik der Equity-Methode wird auf die Ausführungen in § 36 dieses Handbuchs verwiesen.

Im Regelfall kann der fortgeführte Buchwert einer Beteiligung an einem nach der Equity-Methode bewerteten Unternehmen höchstens auf einen Wert von Null sinken. **Übersteigende Verluste** sind in einer statistischen Nebenrechnung zu führen, bis der Buchwert wieder einen positiven Wert aufweist (zur Vorgehensweise vgl ausführlich § 36 Rz 70ff). Explizit weist ED 9.26 jedoch darauf hin, dass im Fall der Reduzierung des fortgeschriebenen Equity-Buchwerts auf Null durch Verluste des Gemeinschaftsunternehmens darüber hinaus gehende Verluste als Schuld zu bilanzieren sind, wenn ein Partnerunternehmen rechtlich oder faktisch zu einer Verlustübernahme verpflichtet ist. Aufgrund der vertraglich vereinbarten gemeinschaftlichen Führung bei Gemeinschaftsunternehmen geht ED 9 davon aus, dass eine solche rechtliche oder faktische Verpflichtung bei Gemeinschaftsunternehmen in vielen Fällen gegeben ist.

51 Bei der Equity-Bewertung von Gemeinschaftsunternehmen ist der in ED 9 konstituierten Ausrichtung der Bilanzierung auf den **wirtschaftlichen Gehalt** der vertraglichen Rechte und Pflichten (ED 9.1) Rechnung zu tragen. Durch die ggf vorzunehmende bilanzielle Herauslösung einzelner Rechte von Partnerunternehmen und deren gesonderter Bilanzierung ist in die Equity-Bewertung nur noch das **Netto-Reinvermögen des Gemeinschaftsunternehmens** nach Abzug aller gesondert den Partnerunternehmen zuzurechnenden Sonderrechte einzubeziehen. Damit unterscheiden sich Gemeinschaftsunternehmen in ihrer Darstellung im Konzernabschluss von assoziierten Unternehmen hinsichtlich des Umfangs des zu berücksichtigenden Netto-Reinvermögens, nicht jedoch hinsichtlich der Einbeziehungstechnik.

52 Eine **Beendigung** der Darstellung eines Gemeinschaftsunternehmens nach **der Equity-Methode** ist gem ED 9.28 zu dem Zeitpunkt geboten, an dem das Merkmal der gemeinschaftlichen Führung nicht mehr gegeben ist und keine Fortführung der Beteiligung in Form eines assoziierten Unternehmens stattfindet. Entspr gilt für die Beendigung der quotalen Einbeziehung nach IAS 31.36, wobei hier die Weiterführung der Beteiligung als assoziiertes Unternehmen ebenfalls zu einer Übergangskonsolidierung führt (vgl § 38 Rz 135ff). Dies kann einerseits durch die Erlangung der Beherrschung über das Unternehmen geschehen, wodurch es vom Übergangszeitpunkt an als TU iSv IAS 27 im Wege der

Vollkonsolidierung in den Konzernabschluss des (ehemaligen) Partnerunternehmens einzubeziehen ist. Andererseits kann eine Beendigung der gemeinschaftlichen Führung auch zu einer Qualifikation eines ggf verbleibenden Engagements als einfache Beteiligung iSv IAS 39 führen.

Der Verlust der gemeinschaftlichen Führung wird in den meisten Fällen mit einem **Hinzuerwerb oder einer Veräußerung von Anteilen** verbunden sein, ohne dass dies jedoch notwendige Voraussetzung für eine Beendigung der Qualifikation als Gemeinschaftsunternehmen ist (aA wohl *Lüdenbach* in Lüdenbach/Hoffmann IFRS[7] § 34 Rz 88), da sowohl ED 9.28 als auch IAS 31.36/IAS 31.41 ausschließlich auf das Tatbestandsmerkmal des Vorliegens gemeinschaftlicher Kontrolle Bezug nehmen.

Ist der Verlust der gemeinschaftlichen Führung mit der Qualifizierung des **53** ehemaligen Gemeinschaftsunternehmens **als TU** iSv IAS 27 verbunden, so ist das Unternehmen ab dem Zeitpunkt des Statuswechsels gem ED 9.29 in Übereinstimmung mit den Vorschriften des IFRS 3 und des IAS 27 zu bilanzieren. Es ist damit eine Erstkonsolidierung auf den Tag des Statuswechsels vorzunehmen und nachfolgend eine Folgekonsolidierung nach Maßgabe von IAS 27 durchzuführen (zur Übergangskonsolidierung auch zur bisherigen Vorgehensweise nach IAS 31.45 iVm IFRS 3 und IAS 27 vgl ausführlich § 38).

Führt die Beurteilung des ehemaligen Gemeinschaftsunternehmens nach Ver- **54** lust der gemeinschaftlichen Kontrolle zur Feststellung eines maßgeblichen Einflusses und entspr zu einer Qualifizierung **als assoziiertes Unternehmen**, so ist nach ED 9.28 die Equity-Bilanzierung beizubehalten. Allerdings ist in diesem Fall die Positionszuordnung innerhalb der Bilanz an den Status als assoziiertes Unternehmen anzupassen. Bei Anwendung der bisher zulässigen Methode der quotalen Einbeziehung in den Konzernabschluss nach IAS 31 ist diese gem IAS 31.36 zu beenden und zu einer Darstellung mittels der Equity-Methode überzugehen.

Liegt nach Verlust der gemeinschaftlichen Kontrolle auch kein signifikanter **55** Einfluss mehr vor, so ist der verbleibende Anteil der Beteiligung an dem ehemaligen Gemeinschaftsunternehmen **in Übereinstimmung mit IAS 39** zum beizulegenden Zeitwert der verbleibenden Anteile zu bilanzieren (ED 9.30). Entspr gilt bei Anwendung der Vorschriften des IAS 31.45. Als Abgangsgewinn oder -verlust ist die Differenz aus der Summe der beizulegenden Zeitwerte der verbleibenden Anteile und den erhaltenen Gegenleistungen für die abgegebenen Anteile einerseits und dem Nettovermögen des Gemeinschaftsunternehmens andererseits im Zeitpunkt des Statuswechsels **erfolgswirksam** zu erfassen. Ob und in welchem Umfang in den Abgangserfolg auch Beträge aus dem Abgang der vertraglichen Rechte an gemeinsamen Vermögenswerten einzurechnen sind, hängt davon ab, ob diese Rechte weiter bestehen bleiben oder durch die Aufgabe der gemeinschaftlichen Führung untergehen. Sind weiterhin Rechte an Vermögenswerten des ehemaligen *joint venture* zu bilanzieren (bspw Nutzungsrechte nach Maßgabe von IFRIC 4 iVm IAS 17), so ist der auf diese Rechte entfallende Betrag nicht in den Veräußerungserfolg einzubeziehen. Bestehen die Rechte hingegen nach Verlust der gemeinschaftlichen Führung nicht mehr, so sind sie bei der Ermittlung des Abgangserfolgs zu berücksichtigen. Die im Zusammenhang mit der vorangegangenen Equity-Bilanzierung direkt erfolgsneutral innerhalb des Eigenkapitals erfassten Gewinne oder Verluste sind so zu erfassen, als ob das Gemeinschaftsunternehmen die mit den erfolgsneutralen Buchungen korrespondierenden Vermögenswerte und Schulden veräußert hätte (ED 9.32). Mithin kommt es zu einem erfolgswirksamen Umgliederungsbetrag *(reclassification adjustment)* der zunächst erfolgsneutral erfassten Buchungsvorgänge.

3. Wertminderungen

56 ED 9 enthält – wie auch schon die Vorgängerregelung in IAS 31 – **keine expliziten Ausführungen zu außerplanmäßigen Wertminderungen** auf die nach der Equity-Methode bilanzierten Anteile an Gemeinschaftsunternehmen. Der Verweis auf die analoge Anwendung der Vorschriften zur Equity-Bewertung gem IAS 28 in IAS 31.40 war in dieser Hinsicht nicht zielführend, da bis 2008 die in IAS 28.31 ff enthaltenen Regelungen zur außerplanmäßigen Wertminderung systematisch und nach dem Wortlaut der Vorschrift nicht Teil der Equity-Methode, sondern dieser nachgelagert waren. In der Literatur wurde dies bisher zT als redaktionelles Versehen eingestuft und dementsprechend für eine Anwendung der Wertminderungsregelungen des IAS 28 auch für Gemeinschaftsunternehmen plädiert (so zB *Lüdenbach* in Lüdenbach/Hoffmann IFRS[7] § 34 Rz 87). Durch die Ergänzung von IAS 28.33 im Rahmen des *Annual Improvements* Projekts 2008 wurde vom IASB klargestellt, dass auch der Equity-Buchwert selbst Gegenstand einer außerplanmäßigen Wertminderung sein kann. Dies gilt über die Verweisregelung des IAS 31.40 auch für die *at equity* bewerteten Anteile an Gemeinschaftsunternehmen.

Mit Einführung des ED 9 wurde die Analogievorschrift explizit auf IAS 28.20 bis IAS 28.34 ausgedehnt mit der Folge, dass über die Verweisvorschrift des ED 9.25 nun auch die Regelungen zur außerplanmäßigen Wertminderung des IAS 28 erfasst sind. Dies bedeutet insbes auch, dass die Erleichterungen, die IAS 28.33 ggü IAS 36 vorsieht, auch für Gemeinschaftsunternehmen zur Verfügung stehen.

4. Fair Value-Bilanzierung

57 Grds sind Anteile an assoziierten Unternehmen und an Gemeinschaftsunternehmen im Rahmen der Aufstellung des Konzernabschlusses durch die verpflichtende Anwendung der Equity-Bilanzierung vom Anwendungsbereich des IAS 39 und somit **von der Möglichkeit der Ausübung der *fair value option* des IAS 39.9 ausgenommen**. Davon abweichend können Wagniskapitalgesellschaften und bestimmte Fonds, die Anteile an assoziierten Unternehmen und an Gemeinschaftsunternehmen halten, die *fair value option* ausüben und diese Anteile bei der erstmaligen Erfassung zu einer *fair-value*-Bilanzierung mit erfolgswirksamer Erfassung der Bewertungsdifferenzen designieren. Sie sind dadurch von der Anwendung der Bewertungsvorschriften des ED 9 ausgenommen (vgl Rz 3 sowie *Erchinger/Melcher* KoR 2008, 174).

Eine entspr Regelung enthält auch IAS 31.1, sodass es in diesem Bereich zu keinen materiellen Neuerungen durch die Einführung von ED 9 kommt.

5. Zur Veräußerung vorgesehene Anteile an Gemeinschaftsunternehmen

58 Als **Ausnahme** zu der ansonsten pflichtmäßig vorzunehmenden Bilanzierung von Gemeinschaftsunternehmen im Konzernabschluss der Partnerunternehmen nach der Equity-Methode sieht ED 9.33 eine Anwendung der Regelungen des IFRS 5 für Anteile an Gemeinschaftsunternehmen vor, die als zur Veräußerung bestimmt klassifiziert werden. Eine entspr Regelung enthält auch IAS 31.42. Die Bilanzierung erfolgt in diesen Fällen unter Berücksichtigung der Regelungen des IFRS 5.38, dh erfolgswirksam zum beizulegenden Zeitwert abzüglich voraussichtlicher Veräußerungskosten, wobei Wertänderungen unmittelbar erfolgswirksam zu erfassen sind.

59 **Voraussetzung** für eine Einstufung der Anteile als „zur Veräußerung vorgesehen" iSv IFRS 5 ist die Erfüllung der Kriterien des IFRS 5.6 ff (vgl ausführlich

§ 28 Rz 30 ff). Eine Veräußerung setzt danach ua voraus, dass die Anteile an einem Gemeinschaftsunternehmen innerhalb von zwölf Monaten nach ihrem Erwerb veräußert werden. Ist eine Veräußerung innerhalb dieses Zeitraums nicht erfolgt und liegt auch kein Fall einer möglichen Verlängerung dieses Zeitraums in Ausnahmefällen gem IFRS 5.9 vor, so ist von einer Veräußerung nicht (mehr) auszugehen. ED 9.34 bzw IAS 31.43 bestimmen in Übereinstimmung mit IFRS 5.27, dass das bilanzierende Partnerunternehmen in diesem Fall die Anteile an dem Gemeinschaftsunternehmen wieder nach der Equity-Methode zu bilanzieren hat. Dabei hat diese Bilanzierung rückwirkend so zu erfolgen, als ob die Anteile an dem Gemeinschaftsunternehmen nie als „zur Veräußerung vorgesehen" klassifiziert worden wären. Dies bedeutet für Anteile an Gemeinschaftsunternehmen, die nach ihrem Erwerb unmittelbar nach IFRS 5 bilanziert wurden, dass eine Equity-Bewertung ab dem Erwerbszeitpunkt rückwirkend abzubilden ist. Für Anteile, die vor ihrer IFRS 5-Klassifizierung bereits unter Anwendung der Equity-Methode vom berichtenden Partnerunternehmen bilanziert wurden, bedeutet die Vorschrift des ED 9.34/IAS 31.43 eine Rückkehr zum fortgeführten Equity-Buchwert auf der Basis des Zeitpunkts der erstmaligen Klassifizierung nach IFRS 5.

Für den Fall einer **Veräußerungsabsicht** eines zuvor im Wege der **Quotenkonsolidierung** einbezogenen Gemeinschaftsunternehmens nach IAS 31 ist darüber hinaus zu beachten, dass nach dem Wortlaut des IAS 31.42 keine Umqualifizierung der anteiligen Vermögenswerte und Schulden (analog dem Vorgehen bei TU) erfolgt. Vielmehr ist mit der Veräußerungsabsicht die quotale Konsolidierung zu beenden, wobei an die Stelle der anteiligen Vermögenswerte und Schulden die Beteiligung an dem Gemeinschaftsunternehmen selbst tritt (s § 37 Rz 21). Diese Vorgehensweise ist uE auch sachgerecht, da das bilanzierende Partnerunternehmen weder rechtlich noch wirtschaftlich eine Veräußerung der Vermögenswerte und Schulden herbeiführen, sondern lediglich die Beteiligung selbst veräußern kann. Anders als bei TU ist dementsprechend eine Entkonsolidierung der bisher anteilig im Konzernabschluss erfassten Vermögenswerte und Schulden vorzunehmen.

Diese Sichtweise führt auch dazu, dass eine bereits **in Veräußerungsabsicht iSv IFRS 5 erworbene Beteiligung** an einem Gemeinschaftsunternehmen dazu führt, dass weder eine quotale Erfassung nach IAS 31.30 ff noch eine Equity-Bilanzierung nach IAS 31.38 ff erfolgt, sondern die Beteiligung von Anfang an nach Maßgabe der Bewertungsregeln des IFRS 5 *(fair value less costs to sell)* innerhalb des Abschlusses des berichtenden Partnerunternehmens darzustellen ist. Erst wenn die Voraussetzungen des IFRS 5 nicht mehr vorliegen, erfolgt die Darstellung des Gemeinschaftsunternehmens entweder im Wege der Quotenkonsolidierung oder als Equity-Bewertung.

IV. Zusammenfassung und Übersicht

Die bisher gültigen Regelungen zu Aktivitäten unter gemeinschaftlicher Führung nach IAS 31 stellen hinsichtlich deren Bilanzierung die formale Ausgestaltung der gemeinschaftlichen Vereinbarung in den Vordergrund. Mit Inkrafttreten des ED 9 wird diese Sichtweise abgelöst durch eine Ausrichtung der bilanziellen Darstellung am wirtschaftlichen Gehalt der vertraglich vereinbarten Rechte und Pflichten. Die Anwendung dieses in ED 9.1 ausgeführten **Kernprinzips** der Ausrichtung der bilanziellen Darstellung von gemeinschaftlichen Vereinbarungen im Abschluss der beteiligten Partnerunternehmen und die daraus abgeleitete Vorgehensweise bei der Bilanzierung lässt sich wie folgt grafisch darstellen (ED 9.AG1): 60

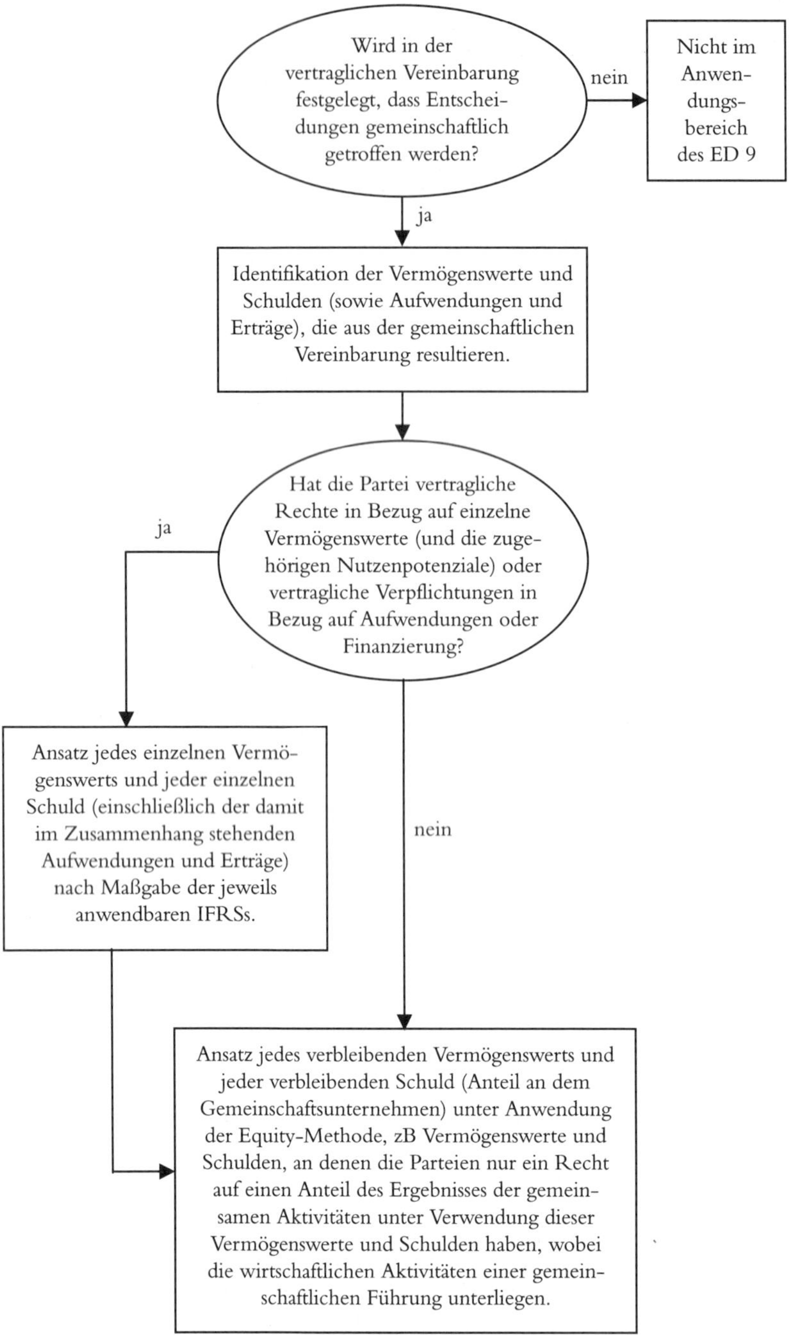
Wird in der vertraglichen Vereinbarung festgelegt, dass Entscheidungen gemeinschaftlich getroffen werden?
nein
Nicht im Anwendungsbereich des ED 9
ja
Identifikation der Vermögenswerte und Schulden (sowie Aufwendungen und Erträge), die aus der gemeinschaftlichen Vereinbarung resultieren.
Hat die Partei vertragliche Rechte in Bezug auf einzelne Vermögenswerte (und die zugehörigen Nutzenpotenziale) oder vertragliche Verpflichtungen in Bezug auf Aufwendungen oder Finanzierung?
ja
Ansatz jedes einzelnen Vermögenswerts und jeder einzelnen Schuld (einschließlich der damit im Zusammenhang stehenden Aufwendungen und Erträge) nach Maßgabe der jeweils anwendbaren IFRSs.
nein
Ansatz jedes verbleibenden Vermögenswerts und jeder verbleibenden Schuld (Anteil an dem Gemeinschaftsunternehmen) unter Anwendung der Equity-Methode, zB Vermögenswerte und Schulden, an denen die Parteien nur ein Recht auf einen Anteil des Ergebnisses der gemeinsamen Aktivitäten unter Verwendung dieser Vermögenswerte und Schulden haben, wobei die wirtschaftlichen Aktivitäten einer gemeinschaftlichen Führung unterliegen.

D. Ausweis und Angaben

I. Ausweis

61 Der Ausweis einer gemeinschaftlichen Vereinbarung in der Bilanz und Erfolgsrechnung eines Partnerunternehmens ist **abhängig von der Klassifizierung der Vereinbarung** als gemeinschaftliche Geschäftstätigkeit, gemeinschaftliche Vermögenswerte oder Gemeinschaftsunternehmen. Während die ersten beiden Formen nach der Konzeption des ED 9/IAS 31 als Eigentums- bzw Nutzungsrechte ausgestaltet sind, hat ein Partnerunternehmen bei einem *joint venture* die mit den Anteilen verbundenen Beteiligungsrechte an den Netto-Vermögenswerten des Gemeinschaftsunternehmens darzustellen. Entspr ist wie folgt zu unterscheiden:

62 Bei einer **gemeinschaftlichen Geschäftstätigkeit** existiert idR kein gemeinsames Vermögen, insoweit sind auch bilanziell keine Vermögenswerte und Schulden anzusetzen. In der Erfolgsrechnung des Partnerunternehmens erfolgt bei Erlösteilung der Ausweis der eigenen Aufwendungen und der angefallenen anteiligen Erlöse unter den normalen Posten. Wurde eine Gewinnpoolung vereinbart, erfolgt ggf ein besonderer Ausweis der Gewinnabführung bzw der Gewinnbeteiligung, sofern bei einer solchen Vereinbarung überhaupt von einer gemeinschaftlichen Vereinbarung iSv ED 9.8/IAS 31.9ff auszugehen ist.

63 Liegt **gemeinschaftliches Vermögen** iSv ED 9.11/IAS 31.18ff vor, so sind jeweils anteilig Vermögen, Schulden, Aufwendungen und Erträge auszuweisen. Dies gilt auch für die ggf bilanziell zu separierenden Rechte einzelner Partnerunternehmen an Vermögenswerten in Gemeinschaftsunternehmen. In eigenem Namen für Rechnung aller Partner eingegangene Verbindlichkeiten sind nur anteilig zu bilanzieren.

64 Bei **Gemeinschaftsunternehmen** ist ein gesonderter Ausweis der Equity-Beteiligung und des Equity-Ergebnisses in der Bilanz und der Erfolgsrechnung des bilanzierenden Partnerunternehmens vorzunehmen. Im (Ausnahme-)Fall der Klassifizierung der Beteiligung an einem Gemeinschaftsunternehmen als „zur Veräußerung vorgesehen“ erfolgt der Ausweis der Anteile nach Maßgabe der Vorschriften des IFRS 5.38 als gesonderter Posten innerhalb der kurzfristigen Vermögenswerte. Bei einer quotalen Erfassung des Gemeinschaftsunternehmens im Konzernabschluss des Partnerunternehmens nach den bisher gültigen Vorschriften des IAS 31.30ff besteht darüber hinaus ein Wahlrecht zwischen der zusammengefassten und der separierten Darstellung der (anteiligen) Vermögenswerte, Schulden, Erträge und Aufwendungen

II. Anhangangaben

65 Ggü der Vorgängerregelung des IAS 31 haben die von den Partnerunternehmen in Bezug auf gemeinschaftliche Vereinbarungen darzustellenden Anhangangaben eine **deutliche Ausweitung** erfahren. ED 9 verlangt von einem berichtenden Partnerunternehmen die folgenden Angaben:

Das berichtende Unternehmen hat nach ED 9.36 zunächst **Angaben zu Art und Umfang** der gemeinschaftlichen Aktivitäten bereitzustellen. Dabei sind die Angaben für jeden der drei Basistypen vertraglicher Vereinbarungen (gemeinschaftliche Geschäftstätigkeit, gemeinschaftliche Vermögenswerte und Gemeinschaftsunternehmen) gesondert darzustellen. Eine entspr Angabeverpflichtung enthält IAS 31 nicht.

66 Nach ED 9.37 ist außerdem der Gesamtbetrag der folgenden **Verpflichtungen eines Partnerunternehmens** in Bezug auf seine Anteile an einer gemeinschaftlichen Vereinbarung gesondert von den übrigen Verpflichtungen anzugeben:

(1) alle Kapitalverpflichtungen, die das Partnerunternehmen in Bezug auf seinen Anteil an der gemeinschaftlichen Vereinbarung eingegangen ist, sowie

(2) seinen Anteil an den Kapitalverpflichtungen des *joint arrangements* selbst.

Diese Angaben finden ihre Entsprechung in den bisher gültigen Angabepflichten nach IAS 31.55.

Unter Bezugnahme auf die Regelungen des IAS 37 verlangt ED 9.38 Angaben zu allen **Eventualschulden**, die das Partnerunternehmen im Zusammenhang mit seinem Anteil an einer gemeinschaftlichen Vereinbarung selbst eingegangen ist, sowie seinen Anteil an den innerhalb des *joint arrangements* gemeinschaftlich eingegangenen Eventualschulden. Eine entspr Angabepflicht nach IAS 31.54 wurde damit in ED 9 übernommen.

67 Umfangreiche Angaben fordert ED 9.39 bzgl des Engagements eines Partnerunternehmens in **Gemeinschaftsunternehmen**. Dazu sind im Einzelnen folgende Angaben zu machen:

(1) In den Anhang ist eine Aufzählung und Beschreibung der Beteiligungen an wesentlichen Gemeinschaftsunternehmen aufzunehmen, jeweils mit Angabe der Beteiligungsquote (entspricht Angabepflicht nach IAS 31.56).

(2) Für jedes wesentliche Gemeinschaftsunternehmen einzeln sowie für alle übrigen Gemeinschaftsunternehmen in Summe sind Finanzinformationen in Bezug auf den Anteil des Partnerunternehmens bereitzustellen. In diesem Zusammenhang sollen mindestens die folgenden Größen genannt werden:
   (a) kurzfristige Vermögenswerte,
   (b) langfristige Vermögenswerte,
   (c) kurzfristige Schulden,
   (d) langfristige Schulden,
   (e) Umsatzerlöse,
   (f) Gewinn oder Verlust.

   Die bisher nach IAS 31.56 darzustellenden Angaben sind hinsichtlich der bilanziellen Größen identisch. In Bezug auf die Erfolgsgrößen waren bisher die im Zusammenhang mit den Anteilen des Partnerunternehmens am Gemeinschaftsunternehmen stehenden Erträge und Aufwendungen zu nennen.

(3) Stellt ein Gemeinschaftsunternehmen seinen Jahresabschluss auf einen ggü dem berichtenden Partnerunternehmen abweichenden Abschluss-Stichtag auf, so ist die Verwendung dieses abweichenden Stichtags bzw der abweichenden Berichtsperiode für die geforderten Angaben anzugeben und es sind die Gründe zu erläutern, warum diese abweichenden Daten verwendet wurden.

(4) Mitunter bestehen Restriktionen in Bezug auf den Finanzmitteltransfer vom Gemeinschaftsunternehmen zu den Partnerunternehmen. Derartige Beschränkungen können zB aufgrund von Finanzierungsvereinbarungen oder als Folge von Regulierungsmaßnahmen in der betroffenen Branche auftreten. Liegen solche Restriktionen vor, so sind Angaben zu Art und Umfang dieser Beschränkungen zu machen.

(5) Im Rahmen der Anwendung der Equity-Methode kann der Buchwert in Folge von Verlusten maximal bis auf Null reduziert werden, wenn nicht vertragliche oder tatsächliche darüber hinausgehende Verpflichtungen der Partnerunternehmen eine weitere Verlustzurechnung bedingen. Deshalb ist der bilanziell noch nicht erfasste Verlustanteil eines Partnerunternehmens an

einem Gemeinschaftsunternehmen im Anhang zu erläutern. Der Betrag des nicht bilanziell erfassten Verlustanteils ist dabei sowohl periodenbezogen als auch kumulativ anzugeben.

Gem ED 9.40 hat ein Partnerunternehmen seinen nach der Equity-Methode erfassten **Gewinn- oder Verlustanteil** aus dem Gemeinschaftsunternehmen separat von seinem übrigen Equity-Ergebnis auszuweisen. Wird die Beteiligung an einem Gemeinschaftsunternehmen als „aufgegebener Geschäftsbereich" iSv IFRS 5 qualifiziert, so ist der darauf entfallende Ergebnisanteil gesondert von dem Ergebnis der übrigen aufgegebenen Geschäftsbereiche auszuweisen. Dabei sind jeweils kumulierte Beträge für alle Gemeinschaftsunternehmen anzugeben. 68

Schließlich bestimmt ED 9.41, dass Partnerunternehmen den ihnen zuzurechnenden Anteil am **sonstigen Ergebnis** (*other comprehensive income*) aus Gemeinschaftsunternehmen innerhalb ihres eigenen sonstigen Ergebnisses ausweisen sollen. Diese Angabepflichten sind bisher in IAS 31 nicht enthalten.

Aufgrund der Zulässigkeit der Quotenkonsolidierung bei der Darstellung von Gemeinschaftsunternehmen verlangt IAS 31.57 im Rahmen der Angaben zu **Bilanzierungs- und Bewertungsmethoden** eine Angabe zur Ausübung des Wahlrechts bei der Darstellung dieser Unternehmen. Durch die Unzulässigkeit der Anwendung der Quotenkonsolidierung entfällt diese Angabe mit Inkrafttreten des ED 9. 69

E. Wesentliche Änderungen und deren Anwendungszeitpunkte

IAS 31 und IAS 28 sind auf Berichtsperioden, die am oder nach dem 1. Januar 2005 beginnen (IAS 31.58) anzuwenden. Die Änderungen des ***Annual Improvements*** **Projekts 2008** in IAS 31.1 und IAS 31.58B sowie in IAS 28.1, IAS 28.33 und IAS 28.41C wurden im Mai 2008 verabschiedet und sind für Berichtsperioden, die am oder nach dem 1. Januar 2009 beginnen, anzuwenden. Eine frühere Anwendung ist erlaubt und entspr im Anhang anzugeben. Eine frühere Anwendung der geänderten Vorschriften des IAS 28 erfordert eine korrespondierende frühere Anwendung der Folgeänderungen in IFRS 7, IAS 31 und IAS 32 (IAS 28.41C). Entspr erfordert eine frühere Anwendung der geänderten Regelungen des IAS 31 eine korrespondierende frühere Anwendung der Folgeänderungen in IFRS 7, IAS 28 und IAS 32 (IAS 31.58B). 70

Die vorliegende Kommentierung hat wesentliche materielle Änderungen herausgehoben, darüber hinaus haben die Überarbeitungen klarstellenden Charakter.

F. Gegenüberstellung zu HGB/PublG/DRS

Das deutsche Handelsrecht enthält in § 310 HGB **lediglich Regelungen zu Gemeinschaftsunternehmen**. Die beiden anderen nach ED 9 definierten Grundtypen (gemeinschaftliche Geschäftstätigkeit und gemeinschaftliche Vermögenswerte) sind innerhalb des HGB nicht explizit geregelt. 71

Die handelsbilanzielle Behandlung von wirtschaftlichen Aktivitäten unter gemeinschaftlicher Führung **unterscheidet sich konzeptionell bis zum Inkrafttreten von ED 9 nicht wesentlich von derjenigen nach IAS 31**. Beide Rechnungslegungsnormen sehen für Gemeinschaftsunternehmen ein unternehmensindividuelles Wahlrecht zur Abbildung entweder durch quotale Einbeziehung in den Konzernabschluss eines Partnerunternehmens oder mittels der Equity-Bewertung vor. Während das Wahlrecht nach IAS 31 jedoch einheitlich für alle Gemeinschaftsunternehmen auszuüben ist, besteht nach HGB die Möglichkeit einer enumerativen Wahlrechtsausübung (*Winkeljohann/Böcker* in BeBiKo[6] § 311 Rz 91).

72 Hinsichtlich des **Anwendungsbereichs** der Regelungen zu Gemeinschaftsunternehmen nimmt ED 9.2, ebenso wie zuvor IAS 31.1, Wagniskapitalgesellschaften sowie bestimmte Fondskonstruktionen aus (vgl Rz 3). Vergleichbare Ausnahmeregelungen kennt das HGB nicht.

73 Mit Inkrafttreten der Regelungen des ED 9 ergeben sich weitere Unterschiede in Bezug auf die Darstellung von Gemeinschaftsunternehmen im Einzel- und Konzernabschluss:

(1) Der konzeptionell bedeutendste Unterschied ergibt sich aus der **Abschaffung des Wahlrechts zur Quotenkonsolidierung** in ED 9. Anteile an Gemeinschaftsunternehmen sind danach grds unter Verwendung der Equity-Methode in den Konzernabschluss einzubeziehen. Dagegen besteht nach HGB weiterhin das Wahlrecht zwischen Quotenkonsolidierung und Equity-Bewertung.

(2) Das Kernprinzip des ED 9.1 fokussiert die bilanzielle Darstellung von gemeinschaftlichen Vereinbarungen auf den **wirtschaftlichen Gehalt der vertraglichen Rechte und Pflichten**. Dies bedingt ua die Notwendigkeit des bilanziellen „Herauslösens" von Vermögenswerten aus dem Gemeinschaftsunternehmen, an denen ein Partnerunternehmen separate Rechte innehat. Damit reduziert sich bilanziell gleichzeitig der Umfang der innerhalb des Gemeinschaftsunternehmens abzubildenden Vermögenswerte und Schulden. Eine vergleichbare Vorschrift existiert innerhalb des deutschen Handelsrechts nicht, sodass es bei Vorliegen von Partikularrechten zu einer Abweichung hinsichtlich des bilanziell darzustellenden Umfangs des Gemeinschaftsunternehmens zwischen HGB und IFRS kommen kann.

(3) Die nach der Konzeption des ED 9 bilanziell auszusondernden **Partikularrechte** an einzelnen Vermögenswerten eines Gemeinschaftsunternehmens sind nach ED 9.22 bereits **im Einzelabschluss** des betreffenden Partnerunternehmens zu erfassen und auszuweisen. Auch hierzu gibt es keine handelsrechtliche Entsprechung, sodass sich Abweichungen zwischen der systematischen Darstellung der gemeinschaftlichen Vereinbarung nicht nur in Bezug auf die Darstellung der Equity-Beteiligung im Konzernabschluss, sondern auch hinsichtlich der bilanziell nach IFRS zu berücksichtigenden Rechte auf Einzelabschlussebene ergeben.

(4) Darüber hinaus enthalten sowohl die handelsrechtliche Regelung zu Gemeinschaftsunternehmen des § 310 HGB als auch die ergänzende Vorschrift zu Anhangangaben des § 315 HGB **keine Verpflichtung zu erläuternden Anhangangaben**, die den Regelungen der ED 9.36 ff entsprechen.

G. Aktuelle Entwicklungen/IASB-Projekte

74 Nach Abschluss des Projekts „*Short-Term Convergence: Joint Ventures*" durch die Veröffentlichung des auf ED 9 beruhenden endgültigen Standards voraussichtlich in der ersten Jahreshälfte 2009 plant der IASB derzeit **keine weiteren Änderungen** im Bereich von gemeinschaftlichen Vereinbarungen.

Teil D. Konzernabschluss

§ 30. Unternehmensverbindungen

Übersicht

Schrifttum: *Baetge/Kirsch/Thiele* Konzernbilanzen, 7. Aufl, Düsseldorf 2004; *Beyhs/Buschhüter/Wagner* Die neuen Vorschläge des IASB zur Abbildung von Tochter- und Zweckgesellschaften in ED 10, KoR 2009, 61; *Bischof/Roß* Qualitative Mindestanforderungen an das Organ nach HGB und IFRS bei einem Mutter-Tochter-Verhältnis durch Organbestellungsrecht, BB 2005, 203; *Brakensiek* Bilanzneutrale Finanzierungsinstrumente in der internationalen Rechnungslegung: Die Abbildung von Leasing, Asset-Backet-Securities-Transaktionen und Special Purpose Entities im Konzernabschluss, Herne/Berlin 2001; *Deloitte* iGAAP 2009, London 2008; *Ernst & Young* International GAAP 2008, London 2007; *Helmschrott* Einbeziehung einer Leasingobjektgesellschaft in den Konzernabschluss des Leasingnehmers nach HGB, IAS, US-GAAP, DB 1999, 1865; *Helmschrott* Zum Einfluss von SIC 12 und IAS 39 auf die Bestimmung des wirtschaftlichen Eigentums bei Leasingvermögen nach IAS 17, WPg 2000, 426; *IASB* IASB Update Oktober 2005; *IASB* ED 10 Consolidated Financial Statements, December 2008; *IDW* RS HFA 2 Stellungnahme zur Rechnungslegung: Einzelfragen zur Anwendung von IFRS (Stand: 2. September 2008), FN IDW 2008, 483; *KPMG* Insights into IFRS 2008/9, 5th Edition, London 2008; *Küting/Gattung* Zweckgesellschaften als Tochterunternehmen nach SIC-12, KoR 2007, 397; *Kunowski* Bilanzierung von Anteilen an assoziierten Unternehmen sowie Gemeinschaftsunternehmen im Konzernabschluss nach DRS 8 und DRS 9, StuB 2002, 261; *Pellens/Fülbier/Gassen* Internationale Rechnungslegung, 7. Aufl, Stuttgart 2008; *Peemöller/Geiger* Unternehmenserwerbe im Konzernabschluss nach DRS 4: wesentliche Inhalte des Standards unter besonderer Berücksichtigung von Zeitpunkt der erstmaligen Einbeziehung, Goodwill und Restrukturierungsrückstellung, StuB 2001, 281; *PwC* IFRS Manual of Accounting 2008, Global Guide to International Financial Reporting Standards 2008, London 2008; *Schildbach* Der Konzernabschluss nach HGB, IAS und US-GAAP, 6. Aufl, München 2001; *Schurbohm-Ebneth/Zoeger* DB Beilage 1 zu Heft 7/2008, 40.

Wesentliche Rechtsgrundlagen: IFRS 3 (2008), IFRS 3 (2004), IAS 27 (2008), IAS 27 (2003), IAS 28, IAS 31, SIC 12

A. Begriff und Einordnung

1 Unternehmensverbindungen entstehen durch eine **Einflussnahme** eines Unternehmens auf ein anderes Unternehmen. Eine Unternehmensverbindung setzt mithin mindestens **zwei rechtlich selbstständige Unternehmen** voraus. Dabei muss durch die Rechtsform der unter Einfluss stehenden Unternehmen zumindest die Teilrechtsfähigkeit einer PersGes vermittelt werden (IAS 27.4 (2008)/ IAS 27.4 (2003), IAS 28.2, IAS 31.24).

2 Der für die Systematisierung von Unternehmensverbindungen relevante **Unternehmensbegriff des** IAS 27.4 (2008)/IAS 27.4 (2003) ist enger gefasst als der Unternehmensbegriff des IFRS 3.B7 ff (2008)/IFRS 3.4 ff (2004), der auch Teilbereiche eines rechtsförmlich abgegrenzten Unternehmens umfasst. Die Begründung dafür ist in der unterschiedlichen Zielsetzung dieser beiden Standards zu sehen. IAS 27 stellt zunächst die generelle Frage nach der **Art der bestehenden Unternehmensverbindung** im Hinblick auf die Notwendigkeit eines Konzernabschlusses (IAS 27.9 (2008)/IAS 27.9 (2003); s auch § 31 Rz 16 ff). Hingegen regelt IFRS 3 die nachgelagerte Frage der **bilanziellen Abbildung von Unternehmenszusammenschlüssen.** Dieser Begriff umfasst jedoch nicht nur den Erwerb von rechtlich (teil-)selbstständigen Einheiten, sondern auch den Erwerb von einzelnen Vermögenswerten in der Form des *asset deal,* soweit diese Vermögenswerte – ggf einschließlich der zugehörigen Schulden – Unternehmenseigenschaften iSv IFRS 3 besitzen.

3 Zweck der Konzernrechnungslegung ist es, der wirtschaftlichen Einheit des Konzerns entspr **in Abhängigkeit vom Grad der Einflussnahme** des MU die rechtliche Struktur zu relativieren. Der Grad der Einflussnahme ist daher das entscheidende Abgrenzungskriterium zur Systematisierung von Unternehmensverbindungen. In Abhängigkeit von der Intensität dieser Einflussnahme wird bestimmt, ob zwischen den betreffenden Unternehmen ein Beherrschungsverhältnis (IAS 27.4 (2008)/IAS 27.4 (2003)), eine gemeinschaftliche Führung (IAS 31.3) oder ein maßgeblicher Einfluss (IAS 28.2) vorliegt. Kennzeichnend für die Form der unternehmerischen Einflussnahme ist die Notwendigkeit, ein übergeordnetes und zumindest ein untergeordnetes Unternehmen zu identifizieren. Mithin gelten die Regelungen des IAS 27 nur für Unterordnungskonzerne. Gleichordnungskonzerne entziehen sich dieser Systematisierung, sodass die Erstellung von *combined financial statements* nicht in IAS 27 geregelt ist. Diese *combined financial statements* eröffneten die Möglichkeit einer bilanziellen Erfassung von Gleichordnungskonzernen in einem einzigen Rechenwerk. Infolge der durch lokales Recht determinierten Aufstellungspflichten (vgl § 31 Rz 2) können derartige Abschlüsse jedoch keine befreiende Wirkung für Pflichtkonzernabschlüsse in Deutschland entfalten. Kann die Beziehung nicht in eine der oben genannten drei Kategorien Beherrschung, gemeinschaftliche Führung oder maßgeblicher Einfluss eingeordnet werden, ist nicht von einer für die Konzernrechnungslegung relevanten Unternehmensverbindung auszugehen. In diesen Fällen sind jedoch die Regelungen des IAS 24 (§ 20 Rz 6 ff) bzw die Bilanzierung und Darstellung gem IAS 32 und IAS 39 zu berücksichtigen (§ 7 Rz 43 ff; § 11 Rz 12 ff).

B. Abgrenzungskriterien

I. Beherrschung

Die **stärkste Form** der Einflussnahme, die Beherrschung *(control)*, wird in IAS 27.4 (2008)/IAS 27.4 (2003) definiert: Beherrschung ist die Möglichkeit, die Finanz- und Geschäftspolitik eines Unternehmens zu bestimmen, um aus dessen Tätigkeit Nutzen zu ziehen. Das beherrschte Unternehmen wird als TU, das beherrschende Unternehmen als MU bezeichnet (IAS 27.4 (2008)/IAS 27.4 (2003)). 4

Für die Beurteilung der Unternehmensverbindung ist die **Möglichkeit der Beherrschung** entscheidend, nicht deren tatsächliche Ausübung. In IAS 27.13 (2008)/IAS 27.4 (2003) wird die abstrakte Definition von Beherrschung weiter konkretisiert, indem das Vorliegen eines Beherrschungsverhältnisses **widerlegbar** angenommen wird, wenn das MU direkt oder indirekt über die **Mehrheit der Stimmrechte** verfügt. 5

Eine explizite Regelung zur Berechnung der Stimmrechtsquote ist in IAS 27 nicht enthalten. Daher ist auf die tatsächliche Gestaltung der Stimmrechte nach dem jeweiligen Recht des Sitzstaats für die jeweilige Rechtsform abzustellen (*Hoyos/Ritter-Thiele* in BeBiKo[6] § 290 HGB Rz 42; *Lüdenbach* in Lüdenbach/Hoffmann IFRS[7] § 32 Rz 18f). 6

Widerlegt werden kann die Beherrschungsmöglichkeit in Fällen, in denen eine Stimmrechtsmehrheit nicht ausübbar ist. Nur wenn sich in solchen Situationen **eindeutig nachweisen** lässt, dass die Stimmrechtsmehrheit keinen beherrschenden Einfluss begründet, ist die Beherrschungsvermutung widerlegt. 7

Beispiele: Ein solcher Nachweis kann für den Fall verletzter Meldepflichten (§ 20 Abs 7 AktG; *Hoyos/Ritter-Thiele* in BeBiKo[6] § 290 HGB Rz 48) geführt werden, wenn grds vorhandene Rechte aus Aktien nicht ausgeübt werden können. Zu einer ähnlichen Beurteilung können zB auch satzungsmäßige Bestimmungen führen, die eine Beherrschung des Unternehmens nur mit einer über die einfache Stimmrechtsmehrheit hinausgehenden Mehrheit zulassen (*Hoyos/Ritter-Thiele* in BeBiKo[6] § 290 HGB Rz 45). Die Einleitung eines Insolvenzverfahrens, verbunden mit einem Übergang aller wesentlichen Verfügungsrechte auf den Insolvenzverwalter, stellt einen weiteren Fall für den nachweisbaren Verlust der Beherrschung dar (IAS 27.32 (2008)/IAS 27.21 (2003); *Lüdenbach* in Lüdenbach/Hoffmann IFRS[7] § 32 Rz 30).

Auch bei einer Beteiligungshöhe von 50% der Stimmrechte oder weniger kann ein **faktisches Beherrschungsverhältnis** gegeben sein. Dies wird dann angenommen, wenn **eine** der folgenden Bedingungen gem IAS 27.13 (2008)/IAS 27.13 (2003) erfüllt ist: 8

(1) Das MU kann über mehr als die Hälfte der Stimmrechte Kraft einer mit anderen Anteilseignern abgeschlossenen Vereinbarung verfügen.
(2) Das MU kann die Finanz- und Geschäftspolitik des anderen Unternehmens aufgrund der Satzung oder einer anderen Bestimmung bestimmen.
(3) Das MU kann die Mehrheit der Mitglieder des Geschäftsführungs- und/oder Aufsichtsorgans oder eines gleichwertigen Leitungsorgans ernennen oder abberufen, sofern die Leitung des Unternehmens durch dieses Geschäftsführungs-, Aufsichts- oder Leitungsorgan erfolgt, oder
(4) das MU kann die Mehrheit der Stimmen bei Sitzungen des Geschäftsführungs- und/oder Aufsichtsorgans oder eines gleichwertigen Leitungsorgans bestimmen, sofern die Leitung des Unternehmens durch dieses Geschäftsführungs-, Aufsichts- oder Leitungsorgan erfolgt.

9 Die Bedingungen stellen die konsequente Ergänzung der unter Rz 4f vorgestellten Stimmrechtsmehrheit dar, indem hier die **faktische Möglichkeit zur Kontrolle** hervorgehoben wird. So werden auch Kontrollverhältnisse bei Fehlen einer Stimmrechtsmehrheit durch die IFRS erfasst. Während ein Beherrschungsverhältnis bei Stimmrechtsmehrheit lediglich widerlegbar vermutet wird, ist nach dem Wortlaut des IAS 27.13(a) bis (d) (2008)/ IAS 27.13(a) bis (d) (2003) von einer unwiderlegbaren Beherrschungsvermutung auszugehen. Gleichwohl ist auch bei Vorliegen von Indizien iSv IAS 27.13(a) bis (d) (2008)/IAS 27.13(a) bis (d) (2003) im Einzelfall zu beurteilen, ob das Vorliegen der Sachverhalte tatsächlich die Möglichkeit der Beherrschung für den Anteilseigner mit einem eigenen Stimmrechtsanteil von unter 50% eröffnet.

Abweichend vom Wortlaut der Vorschrift setzt das in IAS 27.13(a) (2008)/ IAS 27.13(a) (2003) angesprochene Recht, aufgrund einer mit anderen Anteilseignern abgeschlossenen Vereinbarung die Mehrheit der Stimmrechte ausüben zu können, nach der hier vertretenen Ansicht voraus, dass mit dieser Stimmrechtsmehrheit auch die **tatsächliche Beherrschung,** dh die Bestimmung der Finanz- und Geschäftspolitik des TU möglich ist.

Beispiel: Das MU kann aufgrund einer Vereinbarung mit anderen Anteilseignern 60% der Stimmrechte des Unternehmens B ausüben. Darüber hinaus besteht in der Satzung von B eine Regelung, wonach alle wesentlichen für die Finanz- und Geschäftspolitik relevanten Entscheidungen mit einer Stimmrechtsmehrheit von mindestens 75% getroffen werden müssen, um wirksam zu sein. In diesem Fall hätte das MU zwar das Kriterium von IAS 27.13(a) (2008)/IAS 27.13(a) (2003) erfüllt, gleichwohl liegt keine Beherrschung durch MU vor. Nach dem Wortlaut des IAS 27.13(a) (2008)/IAS 27.13(a) (2003) kommt eine Widerlegung der Beherrschungsvermutung, wie sie im Fall der unmittelbaren Stimmrechtsmehrheit vorgesehen ist, nicht in Betracht (so auch *Baetge/Schulze* in Baetge ua IFRS-Komm[2] IAS 27 Rz 42). Um derartige Wertungswidersprüche zu vermeiden, kann das Kriterium nach IAS 27.13(a) (2008)/IAS 27.13(a) (2003) nur in dem oben dargestellten Sinn verstanden werden.

Die **Möglichkeit** eines Unternehmens, die Finanz- und Geschäftspolitik des anderen Unternehmens aufgrund der Satzung oder einer anderen Bestimmung bestimmen (IAS 27.13(b) (2008)/IAS 27.13(b) (2003)) zu können, kann sich bspw aus **Beherrschungsverträgen** (insbes aktienrechtlichen Beherrschungsverträgen iSv § 291 Abs 1 Satz 1 AktG) zwischen dem berichtenden Unternehmen und einem potenziellen TU ergeben. Bei PersGes in Form einer KG kann sich ein *control*-Verhältnis aus der alleinigen Komplementär-Stellung des übergeordneten Unternehmens ergeben, auch wenn den Kommanditisten die Mehrheit des Gesellschafts-Kapitals zuzurechnen ist.

Die unter IAS 27.13(c) und (d) (2008)/IAS 27.13(c) und (d) (2003) angesprochenen Rechte, die Mehrheit der Mitglieder von Entscheidungsgremien bzw die Mehrheit der in diesen Gremien auszuübenden Stimmrechte bestimmen zu können, setzt voraus, dass die **tatsächliche Beherrschungsmöglichkeit** über diese Gremien gegeben ist. Sofern verschiedene Leitungsgremien eines Unternehmens bestehen, ist es für die sachgerechte Anwendung der Kriterien nach IAS 27.13(c) und (d) (2008)/IAS 27.13(c) und (d) (2003) erforderlich, zunächst das die Finanz- und Geschäftspolitik bestimmende Leitungsgremium zu identifizieren (so auch *Lüdenbach* in Lüdenbach/Hoffmann IFRS[7] § 32 Rz 36). Dieses Verständnis wird durch die Formulierung der Passagen in IAS 27.13(c) und (d) (2008)/ IAS 27.13(c) und (d) (2003) gestützt.

10 In Literatur und Bilanzierungspraxis existieren derzeit kontroverse Ansichten, ob das Kriterium des IAS 27.13(d) (2008)/IAS 27.13(d) (2003) auch durch eine nachhaltige **Präsenzmehrheit** eines einflussreichen Großaktionärs auf der Hauptversammlung erfüllt werden kann, dem weniger als 50% der Stimmrechte

zustehen. Infolge seiner nachhaltigen Präsenzmehrheit kann es vorkommen, dass dieser Großaktionär die Möglichkeit erlangt, die Finanz- und Geschäftspolitik des Unternehmens zu bestimmen, um aus dessen Tätigkeit Nutzen zu ziehen (IAS 27.4 (2008)/IAS 27.4 (2003)). Im Einklang mit der herrschenden handelsrechtlichen Meinung (*Berger/Lüttke* BeBiKo[6] § 290 Rz 41) kann angeführt werden, dass eine nachhaltige Präsenzmehrheit auch nach Maßgabe des IAS 27 nicht zu einem Beherrschungsverhältnis führt, da der Fall der Stimmrechtsmehrheit mit einer eigenen Stimmrechtsquote von weniger als 50% explizit in IAS 27.13(a) (2008)/IAS 27.13(a) (2003) geregelt ist. Danach bedarf es als Voraussetzung einer Beherrschung durch einen Anteilseigner bei einem Anteilsbesitz, der weniger als 50% der Stimmrechte begründet, der Existenz vertraglicher Vereinbarungen mit anderen Anteilseignern, welche die Stimmrechtsmehrheit sichern. Da eine Präsenzmehrheit die darin zum Ausdruck kommende Anforderung einer rechtlichen Absicherung der Stimmrechtsmehrheit nicht erfüllt, kann sie nicht als Grundlage eines Beherrschungsverhältnisses herangezogen werden.

Beispiel: Die nachhaltige Präsenzmehrheit war zB Gegenstand des Gelsenberg AG-Urteils vom 13. Oktober 1977 (BHGZ 69, 334 ff). So wurde vom 2. Zivilsenat des BGH bestätigt, dass der damalige Hauptaktionär der VEBA AG, die Bundesrepublik Deutschland, eine Präsenzmehrheit ausübe. Trotz einer Anteilsquote von nur rund 43,7% wurde das Urteil damit begründet, dass „in den Hauptversammlungen der VEBA AG kaum jemals wesentlich mehr als 80% des Aktienkapitals vertreten sind". Damit habe der Bund im Regelfall die Abstimmungsmehrheit und könne damit einen beherrschenden Einfluss auf das Unternehmen ausüben. Dieser Sachverhalt wäre nach den Regelungen des IAS 27.13(a) (2008)/IAS 27.13(a) (2003), aufgrund der fehlenden vertraglichen Vereinbarung mit anderen Anteilseignern zur Sicherung der Stimmrechtsmehrheit, nicht als Beherrschungsverhältnis einzustufen.

Andererseits wird die Meinung vertreten, dass aufgrund der Konzeption des *control*-Begriffs des IAS 27 eine weite **Auslegung** zumindest möglich ist mit der Folge, dass eine nachhaltige Präsenzmehrheit in Einzelfällen durchaus zur Erfüllung des Kriteriums des IAS 27.13(d) führt (so *Lüdenbach* in Lüdenbach/Hoffmann IFRS[7] § 32 Rz 25 f, der – zumindest bei bestimmten Fallkonstellationen – ein „faktisches Wahlrecht" zur Berücksichtigung von Präsenzmehrheiten bei nicht eindeutigen Beherrschungskonstellationen für gegeben hält).

Obwohl der **IASB** sich zu der **Beherrschung durch Minderheiten** bisher 11
nicht in Form eines Standards oder einer Interpretation geäußert hat, sind in diesem Zusammenhang die Äußerungen des Board auf informeller Ebene zu berücksichtigen (*IASB* IASB Update Oktober 2005). Danach kann auch ein Minderheitsgesellschafter ein Unternehmen faktisch beherrschen, wenn die restlichen Anteile breit gestreut sind. Auf eine rechtliche Stimmrechtsmehrheit ist deshalb nicht in jedem Fall abzustellen. Allerdings fehlt in den *Implementation Guidance* unverändert eine genauere Beschreibung der Umstände, bei denen ein solches **de-facto-Beherrschungsverhältnis** vorliegt. Die Berücksichtigung von solchen Beherrschungsverhältnissen soll erst im Rahmen des IASB-Projekts „*Consolidation*" (vgl Rz 56 ff) erfolgen.

Mit den **Überlegungen zu de-facto-control** hat der Board den *control*-Begriff weiter konkretisiert. Bisher wurde dieser Begriff zum einen durch die expliziten Kriterien in IAS 27.13 (2008)/IAS 27.13 (2003) nach dem *power to govern*-Kriterium und zum anderen durch die Anforderungen an konsolidierungspflichtige Zweckgesellschaften iSv SIC 12 determiniert. Das Konzept des de-facto-Beherrschungsverhältnisses erfasst nun konkret diejenigen Unternehmen, in denen zwar eine Minderheitsbeteiligung besteht und die isolierte Bewertung der Kriterien des IAS 27.13 (2008)/IAS 27.13 (2003) nicht zu einer Konsolidierungspflicht führt, die jedoch im Zusammenhang mit weiteren Sachverhalten gleichwohl zu einer Konsolidierungspflicht führen können. Damit wird das bereits in SIC 12 begründete Prinzip der wirtschaftlichen Einzelbeurteilung aufgegriffen und explizit auf Fälle von nichtbeherrschenden Gesellschaftern *(non controlling interest)* angewendet.

Die Abgrenzung des *control*-Begriffs des IASB kann demnach grafisch wie folgt zusammengefasst werden:

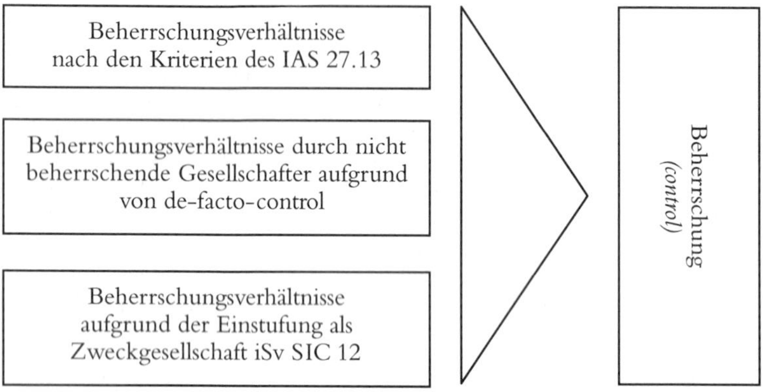

12 Da explizite Kriterien für eine Bestimmung von de-facto-control-Verhältnissen derzeit nicht innerhalb der IFRS geregelt sind, ist eine **Beurteilung im Einzelfall** unter Berücksichtigung der individuellen Umstände notwendig. Diese erfordern im Regelfall ein hohes Maß an individueller Abschätzung und Gewichtung von Einzelfaktoren (*PwC* 2008, 24.022). Dieser Beurteilungsspielraum sollte jedoch uE nicht iSe faktischen Wahlrechts im Hinblick auf die Einbeziehung interpretiert werden, sondern führt nach Abwägung der Einzelaspekte zu einer eindeutigen Einschätzung hinsichtlich des Bestehens eines de-facto-control-Verhältnisses.

Beispiel: Ein Minderheitsgesellschafter verfügt über keine rechtliche Stimmrechtsmehrheit (40%). Es bestehen faktische Personalidentitäten in den Leitungsorganen des berichtenden Unternehmens und des zu beurteilenden Unternehmens, obwohl das berichtende Unternehmen nicht über ein explizites Organbestellungsrecht verfügt. Darüber hinaus ist die Tatsache zu berücksichtigen, dass die Liefer- und Leistungsbeziehungen zwischen den beiden Unternehmen den überwiegenden Teil der operativen Tätigkeit des zu beurteilenden Unternehmens abdeckt. Obwohl keines der geschilderten Kriterien isoliert betrachtet zu einer Einstufung als Beherrschungsverhältnis führt, lässt sich aus der Gesamtbetrachtung unter Würdigung des Zusammenhangs der Einzelfaktoren ein faktisches Beherrschungsverhältnis auch bei einer Stimmrechtsquote von deutlich unter 50% ableiten.

13 Bei der Beurteilung, ob im Einzelfall ein de-facto-control-Verhältnis durch einen Minderheitsgesellschafter vorliegt, sollten folgende Aspekte in die Beurteilung einfließen, wobei die folgende Aufzählung naturgemäß nur **exemplarischen Charakter** haben kann:

(1) Zustimmungsrechte bzw Veto-Möglichkeiten für Minderheitsgesellschafter in Bezug auf Satzungsänderungen, Preispolitik oder die Ausgabe neuer Unternehmensanteile begründen allein noch keine Beherrschungsmöglichkeit. Sie können jedoch im Zusammenhang mit weiteren Tatbestandsmerkmalen zur Begründung eines faktischen Beherrschungsverhältnisses beitragen.

(2) Beziehen sich die **Zustimmungsrechte** der Minderheitsgesellschafter hingegen auf die **Bestellung der Leitungsorgane** oder den Abschluss von

operativen Transaktionen, so ist die Einflussmöglichkeit der Minderheitsgesellschafter als gewichtiger einzustufen, ohne dass daraus allein ein faktisches Beherrschungsverhältnis resultieren muss (*KPMG* 2008/9, 73 f). Auch in diesem Fall kann erst durch weitere Indizien ein de-facto-*control*-Verhältnis entstehen.

(3) Hat ein Minderheitsgesellschafter die Möglichkeit, die **Finanzierungs- oder Investitionstätigkeit** des Unternehmens durch die Möglichkeit der Zurückweisung eines Budgets oder einer Finanzierungsvereinbarung zu beeinflussen und sind die Leitungsorgane satzungsmäßig in einem solchen Fall zur Aufstellung eines neuen Budgets bzw einer anderen Finanzierungsvereinbarung verpflichtet, so lässt dies auf einen partizipativen Einfluss des Minderheitsgesellschafters schließen.

(4) Ebenso sind die einem Minderheitsgesellschafter zustehenden Rechte in Bezug auf die **Zustimmung zur Veräußerung wesentlicher Vermögenswerte des Unternehmens** oder bei der Entscheidung hinsichtlich einer **Liquidation des Unternehmens** daraufhin zu beurteilen, ob die protektive oder die partizipative Ausprägung dieser Rechte im Vordergrund steht.

(5) **Liefer- und Leistungsbeziehungen** sind – auch bei umfangreicher Ausprägung – isoliert betrachtet keine ausreichende Grundlage für die Unterstellung eines Beherrschungsverhältnisses, soweit die Tatbestandsmerkmale des SIC 12.10 nicht erfüllt sind. Bei einem Minderheitsgesellschafter können solche Beziehungen im Zusammenspiel mit anderen Indikatoren jedoch ein Hinweis auf das Vorliegen von de-facto-control sein.

Die Anwendung des de-facto-control-Konzepts in der Praxis sowie die Empfehlungen zur Anwendung des Konzepts in der Literatur weisen vor dem Hintergrund einer bisher fehlenden expliziten Regelung innerhalb der IFRS eine **große Spannbreite** auf. Weitgehende Einigkeit besteht dahingehend, dass mangels einer dem *power to govern*-Kriterium vergleichbaren expliziten Regelung die zusätzliche Berücksichtigung des de-facto-control-Konzepts in der Auslegung des IASB im Rahmen der Einzelfallbeurteilung nicht verpflichtend vorzunehmen ist, sondern vielmehr den Charakter eines **impliziten Wahlrechts** hat (vgl hierzu zB *Deloitte* 2009, 2043; *Ernst & Young* 2008, 399). Da die Anwendung des de-facto-control-Konzepts derzeit nicht verpflichtend vorgeschrieben ist, hat ein berichtendes Unternehmen, das eine Konsolidierung auf der Grundlage dieses Konzepts vornimmt, hierauf in der Beschreibung seiner Konsolidierungsmethoden hinzuweisen (vgl *PwC* 2008, 24.022).

Erfolgt eine Beurteilung auf der Grundlage von de-facto-control, so werden in der Literatur zwei unterschiedliche Auffassungen hinsichtlich der Anwendung des Konzepts diskutiert:

(1) Zum einen wird die Auffassung vertreten, dass ein de-facto-control-Verhältnis tatsächlich ausgeubt werden muss (vgl Ernst & Young 2008, 400). Bei dieser Auslegung des Begriffs führt das Bestehen des de-facto-control-Verhältnisses dann zwangsläufig zu einer Beherrschung und damit zu einer Qualifikation als TU iSv IAS 27 (2008)/IAS 27 (2003).

(2) Zum anderen wird es auch für ein de-facto-control-Verhältnis für ausreichend erachtet, dass die Möglichkeit einer Beherrschung ausreichend für die Erfüllung des Kriteriums angesehen wird (vgl zB *PwC* 2008, 24.022; *KPMG* 2008/9, 65). Konsequenterweise muss bei dieser Begriffsauslegung jedoch die Möglichkeit einer Widerlegung der control-Vermutung aufgrund eines bestehenden de-facto-control-Verhältnisses gegeben sein, wenn tatsächlich eine andere Partei die Beherrschung ausübt.

UE ist die zweite Auslegungsalternative des Begriffs de-facto-control vorzuziehen, da sie systematisch und konzeptionell dem Beherrschungsbegriff des IAS

27 (2008)/IAS 27 (2003) in Bezug auf das *power to govern*-Kriterium entspricht und damit Vorzüge hinsichtlich der Dokumentations- und Darstellungserfordernisse für das bilanzierende Unternehmen aufweist.

14 Im Zusammenhang mit der Beurteilung der Stimmrechtsmehrheit bestimmt IAS 27 außerdem, dass bei der Entscheidung, ob ein Kontrollverhältnis iSd IFRS vorliegt, auch **potenzielle Stimmrechte** (IAS 27.14 (2008)/IAS 27.14 (2003)) zu berücksichtigen sind. Die potenziellen Stimmrechte können sich aus vorhandenen Aktienoptionsscheinen, Wandelschuldverschreibungen, Anteilskaufoptionen oder sonstigen Fremd- oder Eigenkapitalinstrumenten eines Unternehmens ergeben, die in Stammaktien oder ähnliche stimmrechtsvermittelnde Eigenkapitalinstrumente umwandelbar sind (§ 12 Rz 8). Kann der Ausübungs- oder Umwandlungsfall zu einer **veränderten Stimmrechtsquote** eines Gesellschafters führen, ist dies bei der Beurteilung der Unternehmensverbindung zu berücksichtigen. So kann eine knappe Stimmrechtsminderheit durch die Berücksichtigung von potenziellen und ohne die Zustimmung fremder Dritter ausübbaren Anteilskaufoptionen dazu führen, dass ein beherrschender Einfluss dennoch entsteht. Andererseits sind auch ggf von fremden Dritten gehaltene potenzielle Stimmrechte, welche die Stimmrechtsquote des Hauptanteilseigners mindern können, in die Beurteilung einzubeziehen. Die Zurechnung solcher potenziellen Stimmrechte zu einem Unternehmen für Zwecke der Bestimmung eines Kontrollverhältnisses kann dabei entweder auf dem Eigentum dieses Unternehmens bzgl der entspr Finanzinstrumente oder auf einem vertraglichen Recht zum Erwerb dieser Finanzinstrumente beruhen. Die Existenz und Wirkung solcher potenziellen Stimmrechte sind jedoch nur dann zu berücksichtigen, wenn sie zum Zeitpunkt der Bestimmung der Beherrschungsmöglichkeit **ausübbar** oder **umwandelbar** sind.

Beispiel: Unternehmen A, B und C besitzen je 25%, 35% bzw 40% der Stammaktien mit Stimmrecht auf der Hauptversammlung von Unternehmen D. Unternehmen B und C besitzen außerdem Aktienoptionsscheine, die jederzeit zu einem Festpreis ausgeübt werden können und potenzielle Stimmrechte enthalten. Unternehmen A hat eine Kaufoption, diese Aktienoptionsscheine jederzeit zum Nominalwert zu erwerben, deren Ausübung die Kapitalanteile und damit die Stimmrechte von Unternehmen A an Unternehmen D potenziell auf 51% erhöhen würde.

Obwohl Unternehmen A selbst keine Aktienoptionsscheine besitzt, sind diese bei der Beurteilung der Beherrschungsmöglichkeit zu berücksichtigen, weil sie durch Unternehmen B und C gegenwärtig ausgeübt werden können. Wenn eine Handlung, hier die Ausübung der Kaufoption durch A, erforderlich ist, bevor ein Unternehmen ein potenzielles Stimmrecht besitzt, gilt das potenzielle Stimmrecht formal nicht als vom Unternehmen gehalten. Die Aktienoptionsscheine werden jedoch bei wirtschaftlicher Betrachtung von dem Unternehmen A gehalten, weil die Bedingungen der Kaufoption darauf schließen lassen, dass die Option wahrscheinlich ausgeübt wird. Die Kombination von Kaufoption und Aktienoptionsscheinen gewährt Unternehmen A die Möglichkeit der Beherrschung der Finanz- und Geschäftspolitik von Unternehmen D.

15 In die Beurteilung, ob die Kontrolle über ein anderes Unternehmen ausgeübt werden kann, ist außerdem die **Ausübungsmöglichkeit bzw -wahrscheinlichkeit** von vorhandenen Options- und Wandelrechten einzubeziehen. Ausschlaggebend im Rahmen dieser Beurteilung ist neben der rechtlich tatsächlichen Möglichkeit der Ausübung insbes auch, ob diese Ausübung auch wirtschaftlich sinnvoll ist. Ist eine Optionsausübung nach den Werteverhältnissen zum Bilanzstichtag ungünstig, so ist ihre Ausübung wirtschaftlich nicht sinnvoll und damit unwahrscheinlich. Eine Berücksichtigung dieser potenziellen Stimmrechte scheidet damit regelmäßig aus. Ist die Ausübung bestehender Optionen hingegen als günstig einzustufen, so führt ihre (wahrscheinliche) Ausübung nur in den Fällen

zu einer Verschiebung der Stimmrechtsverhältnisse zwischen den Anteilseignern, in denen die Günstigkeit der Optionsausübung für verschiedene Anteilseigner als unterschiedlich einzustufen ist mit dem Ergebnis, dass die Ausübung nur für einige Anteilseigner als wahrscheinlich einzustufen ist (vgl *Lüdenbach* in Lüdenbach/Hoffmann IFRS[7] § 32 Rz 52ff).

16 Bei der Berücksichtigung potenzieller Stimmrechte ist es dagegen uE unerheblich, ob der Inhaber der entspr Finanzinstrumente auch wirtschaftlich in der Lage ist, die prinzipiell ausübbaren Eigenkapitalinstrumente auch **tatsächlich zum Bilanzstichtag auszuüben.** Eine solche Ausübung kann bspw an Finanzierungsproblemen bzgl der im Zusammenhang mit der Ausübung erforderlichen Zahlungen scheitern. Da diese Parameter jedoch für den Emittenten der potenziell stimmrechtsvermittelnden Finanzinstrumente idR nicht einschätzbar sind, ist hier auf die prinzipielle Ausübbarkeit der Options- oder Wandlungsmöglichkeit abzustellen (*PwC* 2008, 24.024). Die daraus resultierenden potenziellen Stimmrechte sind mithin in die Beurteilung des Kontrollverhältnisses einzubeziehen.

Beispiel: Unternehmen A, B und C besitzen je 25%, 35% bzw 40% der Stammaktien mit Stimmrecht auf der Hauptversammlung von Unternehmen D. Unternehmen A verfügt außerdem über Aktienoptionsscheine, die jederzeit zu einem Festpreis ausgeübt werden können und potenzielle Stimmrechte enthalten. Unter Berücksichtigung dieser potenziellen Stimmrechte würde A eine Stimmrechtsquote von 51% erreichen. Die Ausübung der Option setzt jedoch die Zahlung des Festpreises voraus. Unternehmen D hat positive Kenntnis davon, dass A zum Bilanzstichtag weder über die finanziellen Mittel zur Zahlung verfügt noch sich diese kurzfristig fremdfinanzieren lassen kann.

Ungeachtet der Kenntnis über die finanziellen Restriktionen, die eine Ausübung der Option unwahrscheinlich erscheinen lassen, ist die prinzipielle Ausübbarkeit der Option gegeben. Die mit den Aktienoptionen verbundenen potenziellen Stimmrechte sind dementsprechend bei der Bestimmung der Stimmrechtsquote zu berücksichtigen.

17 Aus den unter Rz 15 dargestellten Einschränkungen der wirtschaftlichen Vorteilhaftigkeit der Ausübung potenzieller Stimmrechte resultiert die Notwendigkeit, bei Bestehen solcher potenziellen Stimmrechte **in jedem Einzelfall zu beurteilen,** ob eine Ausübung unter Berücksichtigung der Art der Eigenkapitalinstrumente, der Finanzierungssituation des Anteilseigners und der Günstigkeit der Ausübung am Bilanzstichtag als sinnvoll anzusehen ist. Nur wenn nach wirtschaftlicher Betrachtungsweise eine rechtlich mögliche Ausübung als unwahrscheinlich anzusehen ist, sind die mit den Finanzinstrumenten im Zusammenhang stehenden potenziellen Stimmrechte zur Beurteilung einer Stimmrechtsmehrheit als Grundlage eines Beherrschungsverhältnisses nicht zu berücksichtigen.

18 Es ist zu beachten, dass die Berücksichtigung potenzieller Stimmrechte auf die **Beurteilung des Beherrschungskriteriums** beschränkt ist und nicht bei der Konsolidierung zu berücksichtigen ist. Diese erfolgt vielmehr auf Basis der tatsächlichen Anteilsquote am Bilanzstichtag.

19 Die in IAS 27 aufgeführten **Kriterien** für die Möglichkeit einer Beherrschung decken nicht alle in der **Praxis** anzutreffenden Beherrschungsverhältnisse ab. Deshalb ist eine umfassende Beurteilung von Unternehmensverbindungen im Hinblick auf die tatsächliche Ausübung von Beherrschungsmöglichkeiten vorzunehmen. Diese setzt ein Abstellen auf den ökonomischen Gehalt der Unternehmensverbindung voraus. Der ökonomische Aspekt wird in diesem Zusammenhang insbes durch die Regelungen des SIC 12, **Konsolidierung – Zweckgesellschaften *(special purpose entities, SPE)*,** betont. So kann auch die „wirtschaftliche Betrachtung … (zeigen, d Verf), dass die SPE durch das Unternehmen beherrscht wird“ (SIC 12.8). Nicht unbedingt notwendig ist dabei eine Eigen-

kapitalbeteiligung an der Zweckgesellschaft. Vielmehr sind alle relevanten Faktoren für die Beurteilung der Unternehmensverbindung heranzuziehen (SIC 12.9). Als **Beispiele** – nicht jedoch als abschließende Aufzählung – werden dabei folgende Konstellationen aufgeführt (SIC 12.10):

(1) Bei wirtschaftlicher Betrachtung wird die Geschäftstätigkeit der SPE zu Gunsten des Unternehmens entspr seiner besonderen Geschäftsbedürfnisse geführt, so dass das Unternehmen Nutzen aus der Geschäftstätigkeit der Zweckgesellschaft zieht.

(2) Bei wirtschaftlicher Betrachtung verfügt das Unternehmen über das Recht, die Mehrheit des Nutzens aus der Zweckgesellschaft zu ziehen, oder das Unternehmen hat durch die Einrichtung eines **„Autopilot"-Mechanismus** diese Entscheidungsmacht delegiert.

(3) Bei wirtschaftlicher Betrachtung verfügt das Unternehmen über das Recht, die Mehrheit des Nutzens aus der Zweckgesellschaft zu ziehen, und ist deshalb uU Risiken ausgesetzt, die mit der Geschäftstätigkeit der Zweckgesellschaft verbunden sind, oder

(4) bei wirtschaftlicher Betrachtung behält das Unternehmen die Mehrheit der mit der Zweckgesellschaft verbundenen Residual- oder Eigentumsrisiken oder Vermögenswerte, um Nutzen aus ihrer Geschäftstätigkeit zu ziehen.

Jeder einzelne Indikator kann auf die Beherrschung einer Zweckgesellschaft hindeuten. Es ist nicht erforderlich, dass diese Indikatoren kumulativ erfüllt sind (*IDW* RS HFA 2 Rz 60). In jedem Fall ist eine Gesamtwürdigung der Verhältnisse vorzunehmen, um zu beurteilen, ob das Gründerunternehmen die Zweckgesellschaft beherrscht.

20 Die **Abstimmung der Geschäftstätigkeit** auf die Bedürfnisse eines anderen Unternehmens (SIC 12.10(a)) kann zB gegeben sein, wenn die Zweckgesellschaft primär der Zwecksetzung der Beschaffung langfristigen Kapitals oder von Mitteln zur Finanzierung der operativen Geschäftstätigkeit für das Gründerunternehmen (Finanzierungsfunktion) dient. Gleiches gilt, wenn durch die Zweckgesellschaft Güter oder Dienstleistungen beschafft werden, die ansonsten vom Gründerunternehmen selbst zu beschaffen wären.

21 Der **Autopilot-Mechanismus** (SIC 12.10(b)) kann sich zB in der Fähigkeit des Gründerunternehmens äußern, die Zweckgesellschaft selbst aufzulösen, Änderungen der Satzung oder des Gesellschaftsvertrags im eigenen Interesse durchzusetzen bzw Änderungen der Satzung oder des Gesellschaftsvertrags, die dem eigenen Interesse widersprechen würden, zu verhindern.

22 Die **Mehrheit der Vorteile oder Risiken aus der Zweckgesellschaft** (SIC 12.10(c) und (d)) kann sich durch eine asymmetrische Chancen- und Risikozuordnung zB hinsichtlich der verteilbaren Jahresergebnisse, Liquidationserlöse oder des verteilbaren Reinvermögens ergeben. Auch die Möglichkeit über die Gestaltung der Aufwands- und Ertragskomponenten und der damit verbundenen Zahlungsströme die vorstehenden Größen zu beeinflussen, kann als Verfügung über die Mehrheit der Chancen und Risiken angesehen werden. Dies kann bspw über die Festlegung von Verrechnungspreisen zwischen Konzernunternehmen und Zweckgesellschaft erreicht werden. Darüber hinaus können Bonitäts- oder Ertragsgarantien des Gründerunternehmens zu einer eigentümertypischen Position des Gründerunternehmens führen. Dabei sind Chancen- und Risikopotenziale grds in gleicher Weise zu berücksichtigen.

23 Die Existenz von Kontrollverhältnissen im Rahmen des Konzernabschlusses ist letztlich für die Abgrenzung des Konsolidierungskreises ausschlaggebend. In diesem Zusammenhang sind **typische Anwendungsfälle von Zweckgesellschaften** *asset-backed-securities*-Transaktionen, Leasingobjektgesellschaften, Spezialfonds sowie Projektgesellschaften (*Brakensiek*, 303 f).

***Asset-backed-securities*-Transaktionen** stellen eine spezifische Form des Forderungsverkaufs *(factoring)* dar, wobei die Forderungen vom Sponsor an eine Zweckgesellschaft veräußert werden. Die Zweckgesellschaft finanziert diesen Forderungsankauf durch die Ausgabe von Wertpapieren an Dritte (vor allem institutionelle Anleger) oder durch eine Kreditaufnahme. Die ausgegebenen Wertpapiere werden dabei aus den Zahlungseingängen der erworbenen Forderungen bedient. Im Regelfall kommt es zur Aufteilung des Forderungsausfallrisikos zwischen Sponsor und Zweckgesellschaft, sodass zumindest ein Teil dieses Risikos beim Veräußerer der Forderungen verbleibt. Dies kann bspw durch die Abgabe von Garantien seitens des Sponsors geschehen. Üblich ist jedoch auch, dass eine Risikoaufteilung durch die Begebung zweier Klassen von Wertpapieren durch die SPE erfolgt, bei der die externen Dritten vorrangig zu bedienende (Senior-) und der Forderungsverkäufer nachrangig zu bedienende (Junior-)Wertpapiere erhält. Die Beurteilung des Abgangs der Forderungen beim Sponsor innerhalb des Einzelabschlusses richtet sich unter Berücksichtigung des verbleibenden Ausfallrisikos nach den Vorschriften des IAS 39, während die Konsolidierungspflicht für die Zweckgesellschaft im Konzernabschluss nach Maßgabe von IAS 27 iVm SIC 12 zu beurteilen ist.

Der **Beurteilung** über eine **potenzielle Konsolidierungspflicht** eines Unternehmens vorgelagert ist die Beurteilung darüber, ob aus wirtschaftlicher Sicht überhaupt ein Kontrollverhältnis festgestellt werden kann. Während IAS 39.15 für *asset-backed-securities*-Transaktionen eindeutig regelt, dass eine Prüfung der Konsolidierungspflicht nach IAS 27 iVm SIC 12 Vorrang hat vor der Anwendung der Regelungen in IAS 39.16ff, fehlt in IAS 17 eine solche explizite Regelung in Bezug auf (Einobjekt-)Leasingobjektgesellschaften, sodass es zur Konkurrenz des Kontrollbegriffs hinsichtlich des Leasinggegenstands nach IAS 17 und demjenigen des IAS 27 iVm SIC 12 kommen kann (*Helmschrott,* WPg 2000, 429). Bei der Abgrenzung des Konsolidierungskreises (§ 32 Rz 14ff) ist einem solchen Konkurrenzverhältnis unter Berücksichtigung der Datenverfügbarkeit im Einzelfall und ggf von Wesentlichkeitsüberlegungen angemessen Rechnung zu tragen. So kann es unter Wesentlichkeitsgesichtspunkten vorteilhaft erscheinen, die Einbeziehung eines Finanzierungs-Leasingverhältnisses nach den Vorgaben des IAS 17 beizubehalten, auch wenn nach IAS 27 iVm SIC 12 ein Kontrollverhältnis bzgl der Leasingobjektgesellschaft besteht, diese jedoch ohne Berücksichtigung des Leasingobjekts nur noch über Vermögenswerte und Schulden verfügt, die für die Darstellung des Konzerns unwesentlich sind.

Weist eine Zweckgesellschaft einen sog **zellularen Aufbau** auf, so ist damit die Anwendbarkeit von SIC 12 nicht grds ausgeschlossen (*IDW* RS HFA 2 Rz 59). Ein solcher Aufbau liegt vor, wenn eine Mehrzahl von Transaktionen über eine einzige SPE durchgeführt wird, die einzelnen Transaktionen jedoch wirtschaftlich isoliert werden, sodass sich die Chancen und Risiken der jeweiligen Transaktion ausschließlich auf die an dieser Transaktion Beteiligten auswirken. In diesen Fällen kommt es zu keinem Risiko- und Chancenausgleich innerhalb der Zweckgesellschaft. Als Beispiel für einen zellularen Aufbau einer SPE können *asset-backed-securities*-Transaktionen angeführt werden, bei denen mehrere Veräußerer finanzielle Vermögenswerte auf eine einheitliche SPE übertragen, die Refinanzierungserlöse und die vom Veräußerer weiterhin (teilweise) zu tragenden Bonitätsrisiken jedoch entspr den jeweils übertragenen Beständen separiert werden. Liegen die übrigen Voraussetzungen des SIC 12 vor, so stellen die derart separierten Vermögenswerte und die zugehörigen Passiva jeweils eine eigenständige SPE iSv SIC 12 dar.

Unabhängig von der Konsolidierungspflicht für SPEs existieren in Einzelfällen **24**
vertragliche Regelungen, die ein Beherrschungsverhältnis lediglich hinsichtlich

eines bestimmten abgrenzbaren Teils eines Unternehmens begründen, während eine Kontrolle des Gesamtunternehmens aufgrund der nur begrenzten vertraglichen Beherrschungsmöglichkeit nicht gegeben ist. Eine solche **partielle Beherrschungslage** kann bspw entstehen, wenn sich die Beteiligung der berichtenden Einheit oder eines TU nur auf eine bestimmte Aktienkategorie beschränkt, die Aktien dieser Kategorie jedoch vollständig bei einem Konzernunternehmen liegen und diese Beteiligung die Kontrolle über einen bestimmten Teil der Vermögenswerte und Schulden des Unternehmens ermöglicht. In diesen Fällen ist uE die Aufnahme der beherrschten Vermögenswerte und Schulden in den Konzernabschluss geboten.

25 Die Beurteilung darüber, ob eine Unternehmensverbindung durch einen beherrschenden Einfluss eines MU auf ein TU unterhalten wird, ist **für jeden Abschluss zu wiederholen.** Dies liegt darin begründet, dass Veränderungen wirtschaftlicher oder rechtlicher Umfeldfaktoren im Zeitablauf zu einer Anpassung im Grad der Einflussnahme auf das vormals kontrollierte Unternehmen führen können.

26 Das der Qualifikation als TU nach IAS 27 zugrunde liegende Konzept des *control* ist in seiner bisherigen Ausprägung **Gegenstand von Kritik** innerhalb der Literatur und betrieblichen Praxis (vgl zB *Lüdenbach* in Lüdenbach/Hoffmann IFRS[7] § 32 Rz 76; *Watrin/Hoehne/Lammert* in MünchKommBilR IAS 27 Rz 64 ff). Bemängelt werden insbes die systematische Inkompatibilität des *risk-and-reward*-Ansatzes in SIC 12 mit dem *control*-Ansatz in IAS 27 sowie fehlende Anwendungshinweise. Dieser Kritik hat der IASB durch ein Projekt zur Vereinheitlichung und Weiterentwicklung des *control*-Begriffs Rechnung getragen (vgl Rz 56 ff).

II. Gemeinschaftliche Führung

27 Der Begriff der gemeinschaftlichen Führung *(joint control)* setzt hinsichtlich der Definition auf dem bereits unter Rz 4 ff vorgestellten Begriff der Beherrschung auf. Der **beherrschende Einfluss** kann jedoch nicht von einem Unternehmen allein ausgeübt werden, sondern nur gemeinsam mit einem oder mehreren anderen (Partner-)Unternehmen. Somit ist die Beherrschungsmöglichkeit aus Sicht des bilanzierenden Unternehmens zwar eingeschränkt, jedoch kann sich das unter der gemeinsamen Kontrolle stehende Unternehmen (Gemeinschaftsunternehmen) nicht uneingeschränkt dem Willen der Partnerunternehmen entziehen (IAS 31.3/ED 9.5 und ED 9 Anhang).

28 Entscheidend für die Einordnung der Unternehmensverbindung in die Kategorie der gemeinschaftlichen Führung ist die **Existenz einer vertraglichen Vereinbarung** (IAS 31.9 ff/ED 9.7). Diese kann durch verschiedene Formen belegt werden, so zB als Vertrag zwischen den Partnerunternehmen oder durch Sitzungsprotokolle aus Besprechungen zwischen den Partnerunternehmen, in denen die gemeinschaftliche Führung des Gemeinschaftsunternehmens vertraglich verbindlich festgelegt wird. Hierzu sollen in der Vereinbarung insbes Feststellungen zu der Tätigkeit, Dauer und Berichtspflicht sowie zur Ernennung eines Geschäftsführungs- und/oder Aufsichtsorgans enthalten sein. Des Weiteren sind die Verteilung der Stimmrechte und Kapitaleinlagen der Partnerunternehmen sowie der Beteiligung der Partnerunternehmen an Produktion, Erträgen, Aufwendungen oder Ergebnissen des Gemeinschaftsunternehmens festzulegen. Dabei kann ein Partnerunternehmen als Betreiber des Gemeinschaftsunternehmens bestimmt werden, ohne dass dies zwangsläufig zur Beherrschung durch dieses Unternehmen führt.

29 Nachdem IAS 31.9ff keine Aussage über ein **Schriftformerfordernis** bzgl der dem Gemeinschaftsunternehmen zugrunde liegenden vertraglichen Vereinbarung macht, wird in ED 9.7 darauf hingewiesen, dass eine entspr Vereinbarung „üblicherweise schriftlich“ vorgenommen wird. Ein Zwang zur Schriftform lässt sich gleichwohl auch aus dieser Formulierung nicht ableiten, sodass auch weiterhin andere Nachweise einer vertraglichen Vereinbarung zur gemeinschaftlichen Führung zulässig sind.

30 Verfügt das **Betreiberunternehmen** jedoch über die Möglichkeit, die Finanz- und Geschäftspolitik des Gemeinschaftsunternehmens zu bestimmen, liegt keine gemeinschaftliche Führung, sondern ein Kontrollverhältnis iSv IAS 27.13 (2008)/IAS 27.13 (2003) vor. Darüber hinaus sind bei entspr vertraglicher Ausgestaltung die in Rz 19ff aufgeführten Regelungen zu **Zweckgesellschaften** analog anzuwenden. Zwar verweist SIC 12 explizit lediglich auf IAS 27, jedoch erscheint es nach der hier vertretenen Auffassung nicht sachgerecht, den Beherrschungsbegriff gem IAS 27 bzw IAS 31/ED 9 mit unterschiedlichen Inhalten zu belegen. Des Weiteren dient die vertragliche Vereinbarung insbes der Abgrenzung ggü der maßgeblichen Einflussnahme auf ein Unternehmen iSv IAS 28.

31 Die **Überprüfung der Unternehmensverbindung** ist für **jeden Abschluss erneut** vorzunehmen. Damit ist unter Berücksichtigung sämtlicher Rahmenbedingungen kontinuierlich die Abgrenzung der gemeinschaftlichen Führung zur Beherrschung (Rz 4ff) und zum maßgeblichen Einfluss (Rz 31ff) vorzunehmen.

III. Maßgeblicher Einfluss

32 Eine im Vergleich mit der Beherrschung und der gemeinschaftlichen Führung schwächere Form der Einflussnahme stellt der in IAS 28.2 beschriebene maßgebliche Einfluss dar. Dieser wird definiert als **Möglichkeit, an den finanz- und geschäftspolitischen Entscheidungsprozessen des Beteiligungsunternehmens mitzuwirken,** ohne diese Entscheidungsprozesse beherrschen zu können. Das Unternehmen, auf das der maßgebliche Einfluss ausgeübt wird, wird als **assoziiertes Unternehmen** bezeichnet.

33 Unter Verwendung dieser Definition lässt sich eine **Abgrenzung nach oben** zu einem Beherrschungsverhältnis oder einer gemeinschaftlichen Führung relativ problemlos vornehmen. Entscheidend hierfür ist die Beurteilung, ob ein Anteilseigner im Konfliktfall die Möglichkeit hat, sich gegen die übrigen Anteilseigner durchzusetzen. Ist dies nicht der Fall, so kann keine Beherrschung, sondern lediglich ein maßgeblicher Einfluss unterstellt werden.

34 Deutlich schwieriger ist die **Abgrenzung nach unten** zu den einfachen Anteilen. Da das Kriterium der Mitwirkung an den finanz- und geschäftspolitischen Entscheidungsprozessen des Beteiligungsunternehmens eher qualitativer Natur ist, wird das Vorliegen eines maßgeblichen Einflusses **widerlegbar vermutet** (*Winkeljohann/Böcker* in BeBiKo[6] § 311 HGB Rz 40), wenn der Anteilseigner direkt oder indirekt über mindestens 20% der Stimmrechte am assoziierten Unternehmen verfügt. Bei einem Stimmrechtsanteil von weniger als 20% wird spiegelbildlich vermutet, dass kein maßgeblicher Einfluss gegeben ist (IAS 28.6).

Für das Vorliegen eines maßgeblichen Einflusses nennt IAS 28.7 folgende **Indikatoren:**

(1) Zugehörigkeit zum Geschäftsführungs- und/oder Aufsichtsorgan oder einem gleichartigen Leitungsgremium des assoziierten Unternehmens,

(2) Mitwirkung an der Geschäftspolitik des assoziierten Unternehmens,

(3) wesentliche Geschäftstransaktionen zwischen dem Anteilseigner und dem assoziierten Unternehmen,
(4) Austausch von Führungspersonal **oder**
(5) Bereitstellung von bedeutenden technischen Informationen.

Maßgeblicher Einfluss kann auch vorliegen, wenn das zu beurteilende Unternehmen durch einen Dritten beherrscht wird. Bei entspr Ausgestaltung des Gesellschaftsvertrags durch Mitwirkungs- oder Zustimmungsrechte eines Minderheitsgesellschafters kann ein partizipatives Potenzial für diesen Gesellschafter gegeben sein, das über dasjenige einer einfachen Beteiligung hinausgeht.

Beispiel: Unternehmen A hält 30% der Anteile an Unternehmen B. Unternehmen A hat die Möglichkeit, über eine im Gesellschaftsvertrag verankerte Sperrminorität, wesentliche Entscheidungen über die Geschäftstätigkeit mit zu beeinflussen. Eine Beherrschungsmöglichkeit ist damit jedoch nicht verbunden.

Bei Vorliegen eines **tatsächlich ausgeübten** maßgeblichen Einflusses kann darüber hinaus auch bei einer 20% unterschreitenden oder völlig fehlenden Beteiligung ein assoziiertes Unternehmen vorliegen. Die Regelungen des IAS 27 iVm SIC 12 sind jedoch in diesen Fällen nicht maßgeblich (*IDW* RS HFA 2 Rz 52). Entspr existiert auch keine der de-facto-control konzeptionell vergleichbare Betrachtungsweise im Hinblick auf das Bestehen eines maßgeblichen Einflusses, da dies eine analoge Anwendung des SIC 12 oder einer entspr Regelung voraussetzen würde.

35 Auch bei der Definition des maßgeblichen Einflusses sind **potenzielle Stimmrechte** (IAS 28.9) bei der Beurteilung der Unternehmensverbindung zu berücksichtigen. Diese können aus Aktienoptionsscheinen, Anteilskaufoptionen oder sonstigen Fremd- oder Eigenkapitalinstrumenten resultieren, die in ordentliche Aktien oder ähnliche stimmrechtsvermittelnde Eigenkapitalinstrumente umwandelbar sind. Zu weiteren Ausführungen wird auf die vergleichbare Regelung des IAS 27.14 (2008)/IAS 27.14 (2003) verwiesen (Rz 14 ff).

36 Nach IAS 28.10 wird der maßgebliche Einfluss für Situationen **widerlegbar ausgeschlossen,** wenn die Unternehmensverbindung einer **andauernden Beeinträchtigung** unterliegt. Dies wird dann vermutet, wenn sich das Unternehmen in einer Umstrukturierungsphase unter gesetzlichen Auflagen befindet. Darüber hinaus können auch ein Insolvenzverfahren oder andauernde wesentliche Beeinträchtigungen seiner Fähigkeit, Finanzmittel an den Investor zu transferieren, den maßgeblichen Einfluss widerlegen. Diese Rahmenbedingungen sind bei der Beurteilung darüber, ob ein maßgeblicher Einfluss vorliegt zu berücksichtigen.

37 Auch im Anwendungsbereich von IAS 28 ist die Qualität der **Unternehmensverbindung** für **jeden Abschluss erneut** zu überprüfen. Damit ist unter Berücksichtigung sämtlicher Rahmenbedingungen kontinuierlich die Abgrenzung des maßgeblichen Einflusses zur Beherrschung (Rz 4 ff) und zur gemeinschaftlichen Kontrolle (Rz 26 ff) vorzunehmen.

C. Strukturierung von Unternehmensverbindungen

38 Die unter B. erläuterten Abgrenzungen sind nunmehr hinsichtlich der daraus resultierenden für die Konzernrechnungslegung relevanten Unternehmenskategorien zu strukturieren. Die folgende Übersicht stellt die Ergebnisse im Zusammenhang dar.

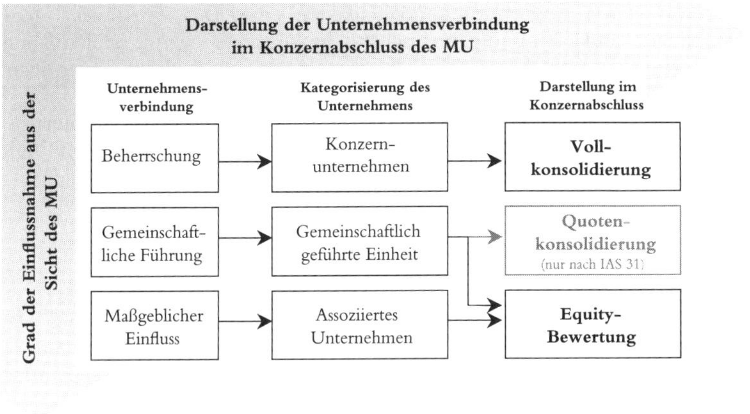

I. Konzernunternehmen

Zu den Konzernunternehmen gehören neben dem **MU** alle Unternehmen, welche unter dem **beherrschenden Einfluss** des MU liegen. Dabei gilt stets die Sichtweise der rechnungslegenden ökonomischen Einheit Konzern. Dies bedeutet, dass die Beurteilung darüber, ob Kontrolle vorliegt, aus Sicht der Konzernobergesellschaft unter Berücksichtigung sämtlicher Beherrschungsmöglichkeiten getroffen werden muss. Des Weiteren werden lediglich Unternehmensverbindungen zwischen **rechtlich selbstständigen Einheiten** betrachtet (IAS 27.4; Rz 1 f). 39

Liegt ein Konzernunternehmen vor, sind grds die Regelungen der **Vollkonsolidierung** für die Einbeziehung in den Konzernabschluss anzuwenden (vgl § 35). Für Situationen, in denen bislang anders kategorisierte Unternehmen erstmals aufgrund eines beherrschenden Einflusses eines Konzernunternehmens vollkonsolidiert werden, wird darüber hinaus auf die Ausführungen zur Übergangskonsolidierung verwiesen (vgl § 38). 40

II. Gemeinschaftsunternehmen

Eine in Bezug auf die mögliche Einflussnahme weniger enge Unternehmensverbindung als zu Konzernunternehmen, stellt die Beziehung zu Gemeinschaftsunternehmen dar. Ausschlaggebend für diese Einstufung ist, dass das Unternehmen gemeinschaftlich mit einem oder mehreren **Partnerunternehmen** geführt wird (Rz 26 ff). Das Unternehmen wird des Weiteren in einer rechtlich selbstständigen Einheit in Form einer KapGes, einer PersGes oder einer anderen rechtlichen Einheit geführt (IAS 31.24/ED 9.17). 41

Die als **Gemeinschaftsunternehmen** ***(joint ventures)*** bezeichneten Unternehmen werden nach ED 9.23 grds mittels der Bewertung nach der Equity-Methode in den Konzernabschluss einbezogen. Bis zum Inkrafttreten des ED 9 ist nach IAS 31.30 bisher auch die quotale Einbeziehung zulässig. Des Weiteren kann auch eine Veränderung der Einflussmöglichkeiten auf ursprünglich gemeinschaftlich geführte Einheiten zu einer Neukategorisierung führen. Diesbezüglich wird auf die Ausführungen zur Übergangskonsolidierung in § 38 verwiesen. 42

43 Von den gemeinschaftlich geführten Einheiten **abzugrenzen** sind insbes die beiden weiteren Ausgestaltungsmöglichkeiten eines *joint arrangement*: gemeinschaftliche Tätigkeiten und gemeinschaftliche Vermögenswerte. Beiden Kooperationsformen ist gemeinsam, dass das *joint arrangement* nicht in einer rechtlich selbstständigen Einheit geführt wird (*Kleber* in Baetge ua IFRS-Komm[2] IAS 31 Rz 24). Da diese *joint arrangements* bereits im Abschluss der Partnerunternehmen mit den anteiligen Vermögenswerten und Schulden erfasst werden, sind diese für den Bereich der Konzernrechnungslegung nicht gesondert darzustellen (s aber § 29).

III. Assoziierte Unternehmen

44 Die Definition von assoziierten Unternehmen findet sich in IAS 28.2. Darunter werden Unternehmen zusammengefasst, auf welche der Anteilseigner lediglich einen **maßgeblichen Einfluss** ausüben kann (Rz 31 ff). Dabei muss das assoziierte Unternehmen rechtlich unabhängig sein und zumindest die Teilrechtsfähigkeit einer PersGes vermitteln (IAS 28.2). Folge des lediglich maßgeblichen Einflusses ist, dass hier ein geringerer Bindungsgrad im Vergleich mit den bereits vorgestellten Unternehmensverbindungen vorliegt. Damit stellen assoziierte Unternehmen im Rückgriff auf die eingangs vorgestellte Stufenkonzeption die schwächste für die Konzernrechnungslegung relevante Unternehmensverbindung dar (*Schildbach*[6], 120 f).

45 Wird ein maßgeblicher Einfluss ausgeübt, erfolgt die Bewertung der Beteiligung grds nach der **Equity-Methode** (§ 36; IAS 28.13). Auch zu dieser für die Konzernrechnungslegung relevanten Unternehmenskategorie sei für Situationen, die eine Übergangskonsolidierung notwendig werden lassen auf die entspr Ausführungen in § 38 verwiesen.

D. Wesentliche Änderungen und deren Anwendungszeitpunkt

46 IAS 27, IAS 28 und IAS 31 sind grds auf Berichtsperioden, die am oder nach dem 1. Januar 2005 beginnen (IAS 27.44, IAS 28.41, IAS 31.58), anzuwenden.

Die überarbeitete Fassung des **IAS 27** wurde im Januar 2008 veröffentlicht und ist für Berichtsperioden, die am oder nach dem 1. Juli 2009 beginnen, verpflichtend anzuwenden. Eine frühere Anwendung ist erlaubt und entspr im Anhang anzugeben IAS 27.45 (2008).

Darüber hinaus wurden weitere Absätze dieser Neufassung des IAS 27 (2008) bereits im Mai 2008 wieder geändert: IAS 27.38 durch das ***Annual Improvements* Projekt 2008** und IAS 27.4, IAS 27.38A bis IAS 27.38C durch die Änderungen des **IAS 27 iVm IFRS 1** (*Cost of an Investment in a Subsidiary, Jointly Controlled Entity or Associate*). Diese Folgeänderungen sind indessen bereits für Geschäftsjahre, die am oder nach dem 1. Januar 2009 beginnen, anzuwenden; eine frühere Anwendung ist erlaubt und entspr im Anhang anzugeben (IAS 27.45A bis IAS 27.45C). Damit sind diese spezifischen Regelungen ab dem Geschäftsjahr 2009 anzuwenden, während alle anderen Änderungen des IAS 27 grds erst ab dem Geschäftsjahr 2010 zur Anwendung kommen (sofern das Geschäftsjahr dem Kalenderjahr entspricht), es sei denn, es wird von der Möglichkeit der vorzeitigen Anwendung Gebrauch gemacht.

Die Änderungen des ***Annual Improvements* Projekts 2008** in IAS 28.1, IAS 28.33 und IAS 28.41C sowie in IAS 31.1 und IAS 31.58B wurden im Mai

2008 verabschiedet und sind für Berichtsperioden, die am oder nach dem 1. Januar 2009 beginnen, anzuwenden. Eine frühere Anwendung ist erlaubt und entspr im Anhang anzugeben (IAS 28.41C, IAS 31.58B). Eine frühere Anwendung der geänderten Vorschriften des IAS 28 erfordert eine korrespondierende frühere Anwendung der Folgeänderungen in IFRS 7, IAS 31 und IAS 32 (IAS 28.41C). Entspr erfordert eine frühere Anwendung der geänderten Regelungen des IAS 31 eine korrespondierende frühere Anwendung der Folgeänderungen in IFRS 7, IAS 28 und IAS 32 (IAS 31.58B).

Die vorliegende Kommentierung hat wesentliche materielle Änderungen herausgehoben, darüber hinaus haben die Überarbeitungen klarstellenden Charakter.

E. Gegenüberstellung zu HGB/PublG/DRS

I. Konzernunternehmen

47 Nach **Inkrafttreten des BilReG,** das die EU-Verordnung 1606/2002 zur Einführung der IFRS in der EU innerhalb des deutschen Rechtskreises verankert, sind von den Regelungen zur Konzernrechnungslegung nach HGB ab 2005 nur noch jene Unternehmen betroffen, die für die Aufstellung des Konzernabschlusses nicht pflichtmäßig oder freiwillig auf die Vorschriften der IFRS zurückgreifen. Hierunter fallen insbes die nicht kapitalmarktorientierten KapGes sowie diejenigen kapitalmarktorientierten Unternehmen, denen nach Art 9a oder 9b der EU-Verordnung eine verlängerte Übergangsfrist bis 2007 gewährt wurde. Darüber hinaus werden auch Nicht-KapGes von den handelsrechtlichen Vorschriften zur Konzernrechnungslegung erfasst, sofern sie in den Regelungsbereich des PublG fallen.

48 Im Gegensatz zur Definition eines Konzernunternehmens nach IFRS waren bis zum Inkrafttreten des BilMoG im HGB auch nach den Änderungen durch das TransPuG unverändert **zwei mögliche Konzepte** zur Beurteilung von Unternehmensverbindungen kodifiziert. Es handelte sich hierbei um das Konzept der einheitlichen Leitung gem § 290 Abs 1 HGB und das Kontroll-Konzept gem § 290 Abs 2 HGB (*Siebourg* in HdKR[2] § 290 HGB Rz 4). Unabhängig von der Einstufung war jedoch auch im deutschen Handelsrecht für Konzernunternehmen hinsichtlich der bilanziellen Abbildung im Konzern die **Vollkonsolidierung** vorgesehen.

49 Die Regelungen zur Konzernrechnungslegungspflicht nach dem PublG beziehen sich ausschließlich auf die einheitliche Leitung innerhalb des Konzerns. Das Kontrollkonzept ist im PublG bisher nicht berücksichtigt (*Ischebeck* in HdKR[2] § 11 PublG Rz 8ff).

50 Nach dem Konzept der **einheitlichen Leitung,** welches den IFRS unbekannt ist, wurden solche KapGes als Konzernunternehmen eingestuft, bei denen folgende kumulativ zu erfüllenden Kriterien gegeben waren:

(1) tatsächlich ausgeübte einheitliche Leitung,
(2) MU ist eine KapGes mit Sitz im Inland und
(3) verfügt über eine Beteiligung iSv § 271 Abs 1 HGB an dem TU (mindestens 20%).

51 Der Begriff der einheitlichen Leitung nach § 11 PublG entspricht grds dem des § 290 Abs 1 HGB; er setzt jedoch explizit nicht zusätzlich ein Beteiligungsverhältnis iSd § 271 Abs 1 HGB voraus. Im Gegensatz zum Kontroll-Konzept musste die einheitliche Leitung somit tatsächlich ausgeübt werden, die bloße Möglichkeit einer einheitlichen Leitung reichte nicht aus.

52 Eine den Regelungen in **SIC 12** vergleichbare gesetzliche Regelung zum Themengebiet **„Zweckgesellschaft"** bestand im deutschen Rechtskreis bisher nicht. In der handelsrechtlichen Kommentarliteratur wurde zwischenzeitlich von einem Kontrollverhältnis ausgegangen, wenn die Mehrheit der Chancen und Risiken aus der Zweckgesellschaft bei der berichtspflichtigen Einheit liegt (*Hoyos/Ritter-Thiele* in BeBiKo[6] § 290 HGB Rz 77f). Die in der älteren Literatur genannten Mindestbeteiligungsgrenzen von 5% an den Ergebnissen der Zweckgesellschaft (*Gelhausen/Gelhausen* in HdJ Abt I/5 Rz 173) bzw 10% (*Helmschrott* DB 1999, 1867) sind durch die Streichung des Beteiligungserfordernisses in § 290 Abs 1 HGB (BilMoG) gegenstandslos geworden.

Mit Inkrafttreten des **Bilanzrechtsmodernisierungsgesetzes** (BilMoG) wird die wirtschaftliche Betrachtungsweise auch im handelsrechtlichen Konzernabschluss als determinierend für die Identifikation eines Beherrschungsverhältnisses eingeführt. Mit den Regelungen des § 290 Abs 2 HGB (BilMoG) nähern sich die Sichtweisen zur Begründung eines Beherrschungsverhältnisses zwischen HGB und IFRS hinsichtlich der Eigenschaft von Zweckgesellschaften als TU im Konzern weitgehend an. Allerdings kann es in Einzelfällen zu einer abweichenden Beurteilung hinsichtlich der Beherrschung von Zweckgesellschaften zwischen HGB und IFRS kommen, da der deutsche Gesetzgeber nicht durchgängig dem *risk-and-reward*-Ansatz der IFRS folgt, sondern ein Konzept der wirtschaftlichen Beherrschung zugrunde legt (*Schurbohm-Ebneth/Zoeger* DB Beilage 1 zu Heft 7/2008, 40f).

53 Die in § 290 Abs 2 HGB (BilMoG) definierten Indikatoren für ein **Kontrollverhältnis** entsprechen im Wesentlichen den Regelungen des IAS 27.13, wobei die IFRS ggü dem HGB ein zusätzliches alternatives Kriterium vorsehen (Stimmrechtsmehrheit bei Sitzungen des Aufsichts- oder Leitungsgremiums des TU).

Abweichend von den Regelungen des IAS 27.14 werden bei der Bestimmung der Stimmrechte **potenzielle** Stimmrechte nach § 290 Abs 4 HGB nicht berücksichtigt.

Zum Zweck der Harmonisierung mit den IFRS-Regelungen sah bereits **DRS 4** die einheitliche Leitung nicht mehr explizit als eigenes Konzept vor, sondern definierte den Begriff „Beherrschung" als das einzig vorhandene Kriterium für das Vorliegen von Konzernunternehmen. Die Begriffsdefinition des DRS 4 deckte sich dabei inhaltlich mit IAS 27.13. Allerdings wurde die tatsächlich ausgeübte einheitliche Leitung – in Abweichung zu den IFRS – als weitere Ausprägung der Beherrschung subsumiert (*Peemöller/Geiger* StuB 2001, 282). Mit Inkrafttreten der Regelungen des BilMoG wurden die Regelungen des DRS 4 weitgehend in das HGB integriert.

II. Gemeinschaftsunternehmen

54 Unternehmensverbindungen in der Form von **Gemeinschaftsunternehmen** (IAS 31/ED 9) sind in DRS 9 bzw § 310 HGB ebenfalls enthalten. Die Begriffsdefinitionen zu Gemeinschaftsunternehmen und gemeinschaftlicher Führung sind in DRS 9.3 bzw in § 310 Abs 1 HGB im Wesentlichen entspr IAS 31.3/ED 9.7 geregelt, obwohl die IFRS formal streng zwischen maßgeblichem Einfluss und gemeinschaftlicher Führung trennen. Nach HGB/DRS sind **Quotenkonsolidierung** und eine Einbeziehung von Gemeinschaftsunternehmen nach der ***Equity*-Methode** gleichermaßen zulässig (*Kunowski* StuB 2002, 262). Dies entspricht dem bisherigen Wahlrecht in IAS 31.30. Während jedoch das Wahlrecht für gleiche Sachverhalte nach IAS 8.13 nur einheitlich ausgeübt werden kann, ist

unter HGB eine einzelfallbezogene Wahlrechtsausübung zulässig (*Sigle* in HdKR[2] § 310 HGB Rz 34). Nach Inkrafttreten von ED 9 ist nunmehr nach IFRS nur noch die Darstellung von Gemeinschaftsunternehmen iSv ED 9.15ff nach der *Equity*-Methode zulässig.

III. Assoziierte Unternehmen

Während die IFRS lediglich die **Möglichkeit** der Ausübung eines **maßgeblichen Einflusses** als Voraussetzung für die Qualifizierung einer Einheit als assoziiertes Unternehmen nennt, verlangen § 311 Abs 1 Satz 1 HGB und DRS 8.3 die **tatsächliche Ausübung** dieses maßgeblichen Einflusses auf das Unternehmen (*Kunowski* StuB 2002, 262). Die Vermutung eines Assoziierungsverhältnisses bereits aufgrund der Möglichkeit der Ausübung eines maßgeblichen Einflusses steht somit zurzeit noch im Widerspruch zum Wortlaut des § 311 Abs 1 Satz 1 HGB. Während nach IFRS deshalb die **Assoziierungsvermutung** nur dadurch zu widerlegen ist, dass nachgewiesen wird, dass das beteiligte Unternehmen den maßgeblichen Einfluss gar nicht ausüben kann, reicht nach HGB bereits der Nachweis aus, dass dieser Einfluss im zu beurteilenden Einzelfall tatsächlich nicht ausgeübt wird (*Winkeljohann/Böcker* in BeBiKo[6] § 311 HGB Rz 17). 55

F. Aktuelle Entwicklungen/IASB-Projekte

Nach Abschluss von BCP II wird derzeit vom IASB das **Projekt *„Consolidation"*** betrieben. Es soll insbes den *control*-Begriff des IAS 27 (Rz 11) spezifizieren und bestehende konzeptionelle Divergenzen innerhalb des Beherrschungsbegriffs zwischen IAS 27 und SIC 12 beseitigen. Ziel des Projekts ist es, eine umfassende Definition des *control*-Begriffs als Grundlage für die Konsolidierung zu implementieren, die sowohl auf TU als auch auf Zweckgesellschaften anzuwenden ist. Im Rahmen des Projekts wurde im Dezember 2008 der **Standardentwurf ED 10 *Consolidated Financial Statements*** veröffentlicht. Der IASB beabsichtigt, durch ED 10 sämtliche Regelungen zu Konzernabschlüssen in IAS 27 zu ersetzen, sodass sich der Regelungsbereich des dann geänderten IAS 27 auf separate Einzelabschlüsse beschränken soll. 56

Als **Kernprinzip** (*core principle*) wird in ED 10.1 eine generelle Konsolidierungspflicht für alle Einheiten vorgeschrieben, über die das berichtende Unternehmen Kontrolle ausübt. Damit bleibt die Grundaussage des Standards ggü IAS 27 **unverändert**. 57

In ED 10.4ff schlägt der IASB als **Definition eines *control*-Verhältnisses** vor, dass ein berichtendes Unternehmen ein anderes Unternehmen beherrscht, wenn es die Möglichkeit hat, die Aktivitäten eines anderen Unternehmens zu lenken, um Rückflüsse an sich zu generieren. Damit werden zwei Kriterien festgelegt, die kumulativ erfüllt sein müssen, um ein Beherrschungsverhältnis zu charakterisieren: 58

(1) Das beherrschende Unternehmen muss die Möglichkeit besitzen die Finanz- und Geschäftspolitik sowie strategische Entscheidungen bestimmen zu können (***power criterion***). Dies kann auf unterschiedliche Weise erfolgen, zB durch tatsächliche oder potenzielle Stimmrechte, durch vertragliche Vereinbarungen oder andere Instrumente. Die Lenkung der Unternehmensaktivitäten kann dabei auch durch einen Agenten erfolgen. Zur Erfüllung des Kriteriums ist – unverändert ggü den bisherigen Regelungen in IAS 27 – eine

tatsächliche Ausübung der Beherrschung nicht notwendig, es genügt die Möglichkeit dazu.

(2) Zusätzlich muss das beherrschende Unternehmen die Möglichkeit besitzen, auf zu erwartende ökonomische Rückflüsse zugreifen zu können (***return criterion***). Diese können sowohl positiver als auch negativer Natur sein. Um dies zu verdeutlichen, wurde der Begriff des Nutzens (*benefits*) durch den Begriff Rückflüsse (*returns*) ersetzt.

59 Bei der Beurteilung, ob ein Beherrschungsverhältnis im Sinne dieser Definition vorliegt, sind **sämtliche wirtschaftlichen und rechtlichen Umstände** des Einzelfalls zu berücksichtigen. Die Beurteilung ist im Zeitablauf ggf geänderten Rahmenbedingungen anzupassen, sodass auch eine vorübergehende Beherrschung zu einer Qualifikation als *control*-Verhältnis führt. Treuhänder üben aufgrund von Treuhandpflichten nicht grds *control* aus. Halten sie jedoch gleichzeitig eigene Anteile, so sind beide Positionen bei der Bestimmung des Kontrollverhältnisses kumulativ zu berücksichtigen.

Nach den Regelungen des ED 10.30 ff sind diese neuen *control*-Kriterien auch auf **Zweckgesellschaften** anzuwenden. Diese, nunmehr als **strukturierte Einheiten** (*structured entities*) bezeichneten Unternehmen, sind dadurch gekennzeichnet, dass bei ihnen das *power*-Kriterium nicht generell anzuwenden ist, da ihre Finanz- und Geschäftspolitik zB durch einen Autopiloten so stark vorherbestimmt und daher nicht weiter beeinflussbar ist. Bei der Beurteilung des Vorliegens eines Beherrschungsverhältnisses kommt dementsprechend dem *return*-Kriterium eine besondere Funktion zu. ED 10.31 nennt in diesem Zusammenhang beispielhaft Indikatoren, die zur Beurteilung der Zuordnung der Rückflüsse herangezogen werden sollen:

(1) Zweck und Aufbau der strukturierten Einheit,

(2) Art und Umfang der Rückflüsse aus der strukturierten Einheit an das berichtende Unternehmen,

(3) die Beschaffenheit der Aktivitäten der strukturierten Einheit, einschließlich des Umfangs der Beschränkungen dieser Aktivitäten (zB durch Autopilot-Mechanismen),

(4) andere Vereinbarungen, die Auswirkungen auf die Aktivitäten der strukturierten Einheit haben können,

(5) Möglichkeiten des berichtenden Unternehmens, die Beschränkungen oder Festlegungen der Finanz- und Geschäftspolitik sowie der strategischen Entscheidungen ändern zu können, als auch

(6) Beurteilung, ob das berichtende Unternehmen in Bezug auf das strukturierte Unternehmen als Agent handelt oder ob Drittparteien als Agenten des berichtenden Unternehmens handeln.

60 Hinsichtlich der **Anforderungen an die Konzernrechnungslegung** entsprechen die Regelungen des ED 10 inhaltlich den derzeitigen Regelungen des IAS 27. Formal werden dabei innerhalb des eigentlichen Standardtexts (ED 10.39 bis ED 10.50) nur die Grundprinzipien dargestellt. Die bisher in IAS 27 im Zusammenhang mit diesen Grundprinzipien dargestellten Detailvorschriften sollen in einen Anhang (*application guidance*) ausgelagert werden.

61 Neben der Überarbeitung des *control*-Begriffs besteht ein weiterer Schwerpunkt des IASB-Projekts „Consolidation" in der V**erbesserung der Informationen zu konsolidierten und nicht konsolidierten Konzernunternehmen**. Entspr enthält ED 10 teilweise neue Angabepflichten (vor allem zu nicht konsolidierten strukturierten Unternehmen), teilweise werden Angabepflichten aus IAS 27 übernommen bzw konkretisiert (zu Einzelheiten der vorgesehenen Angabepflichten vgl *Beyhs/Buschhüter/Wagner* KoR 2009, 67). Auch in Bezug auf die Angabepflichten sind innerhalb des eigentlichen Standardtexts nur allgemeine Ausführungen zu den vom berichtenden Unternehmen darzustellenden Informationen vorgesehen. Die konkretisierenden Detailvorschriften wurden ebenfalls in den Anhang verlagert.

Weitere Projekte mit Bezug zur Konzernrechnungslegung stehen derzeit nicht **62**
auf der Arbeitsplanung des IASB.

§ 31. Aufstellungspflichten

Übersicht

Schrifttum: *Baetge/Kirsch/Thiele* Konzernbilanzen, 7. Aufl, Düsseldorf 2004; *Buchheim* IAS Improvements Project, BB 2002, 1475; *EU-Kommission* Kommentare zu bestimmten Artikeln der Verordnung (EG) Nr. 1606/2002, Brüssel 2003; *Kagermann/Küting/Wirth* IFRS-Konzernabschlüsse mit SAP, 2. Aufl, Stuttgart 2008; *Kessler/Strickmann* Faceliftung für das auslaufende Konzernbilanzrecht: zu den Änderungen des Konzernbilanzrechts durch das TransPuG und den Deutschen Corporate Governance Kodex, StuB 2002, 629; *Küting/Weber* Der Konzernabschluss, 11. Aufl, Stuttgart 2008; *Maier* Verhindert der einheitliche Konzernstichtag unterschiedliche Geschäftsjahre im Einzel- und Konzernabschluss?, StuB 2008, 700; *Pellens/Fülbier/Gassen* Internationale Rechnungslegung, 7. Aufl, Stuttgart 2008; *PwC* IFRS Manual of Accounting 2008, Global Guide to International Financial Reporting Standards 2008, London 2008; *Schildbach* Der Konzernabschluss nach HGB, IAS und US-GAAP, 6. Aufl, München 2001.

Wesentliche Rechtsgrundlagen: §§ 290 ff HGB (BilMoG), §§ 290 ff HGB, IAS 27 (2008), IAS 27 (2003)

A. Rechtsgrundlagen der Aufstellungspflicht

Die Pflicht zur Konzernrechnungslegung von Unternehmen mit Sitz in der 1
Bundesrepublik Deutschland ergibt sich nach aktuellem Rechtsstand aus der **nationalen Gesetzgebung.** Dies gilt **auch** für kapitalmarktorientierte Unternehmen, die grds in den Regelungsbereich der EU-VO zur Einführung der IFRS fallen. Da die Aufstellungspflicht für einen Konzernabschluss vorgelagert und isoliert von den IFRS zu beurteilen ist, haben die IFRS hinsichtlich der Konzernabschlusspflicht für diese Unternehmen keine Relevanz, dies ergibt sich aus den im November 2003 von der EU-Kommission veröffentlichten „Kommentare zu bestimmten Artikeln der Verordnung (EG) Nr 1606/2002". Darin wird das Verhältnis von nationalen Rechnungslegungsvorschriften (HGB) einerseits und IFRS andererseits wie folgt beschrieben:

„Da sich die IAS-Verordnung lediglich auf ‚konsolidierte Abschlüsse' bezieht, wird sie nur dann wirksam, wenn diese konsolidierten Abschlüsse von anderer Seite gefordert werden. Die Klärung der Frage, ob eine Gesellschaft zur Erstellung eines konsolidierten Abschlusses verpflichtet ist oder nicht, wird nach wie vor durch Bezugnahme auf das einzelstaatliche Recht erfolgen, das infolge der Siebenten Richtlinie erlassen wurde …" Deshalb „bestimmt das nationale aus den Rechnungslegungsrichtlinien abgeleitete Recht, ob konsolidierte Abschlüsse erforderlich sind oder nicht. Werden sie benötigt, so legen die in den übernommenen IAS festgelegten Anforderungen den Anwendungsbereich der Konsolidierung und folglich die Unternehmen fest, die in diese konsolidierten Abschlüsse einzubeziehen sind, und die Art und Weise, wie dies geschehen soll" (*EU-Kommission* Kommentare zu bestimmten Artikeln der Verordnung (EG) Nr 1606/2002).

2 Der **deutsche Gesetzgeber** schließt sich dieser Argumentation an, indem er in § 315a Abs 1 HGB nur Vorschriften für ein MU, das nach den Vorschriften des ersten Titels – also nach den §§ 290ff HGB – einen Konzernabschluss aufzustellen hat, formuliert. Dieses Zusammenwirken nationaler Vorschriften hinsichtlich der Aufstellungspflicht und den IFRS lässt sich grafisch wie folgt veranschaulichen:

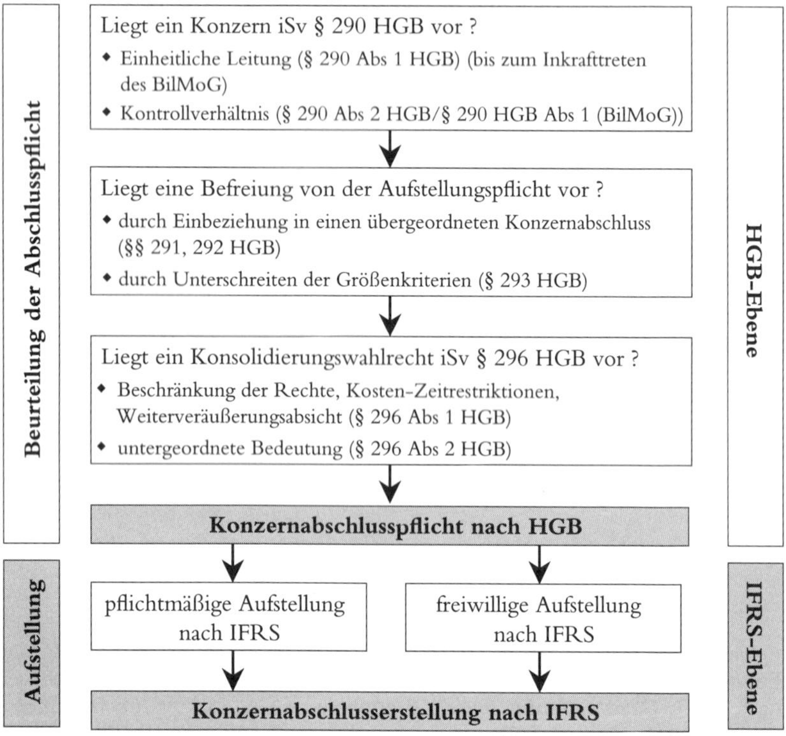

3 Entspr haben Unternehmen in **anderen EU-Ländern** die Aufstellungspflicht nach Maßgabe ihrer nationalen Vorschriften zu beurteilen. Die Aufstellungspflicht für einen Konzernabschluss von IFRS-Anwendern außerhalb des Anwendungsbereichs der EU-VO zur Einführung der IFRS ist hingegen nach Maßgabe der Vorschriften in IAS 27.9ff (2008)/IAS 27.9ff (2003) zu beurteilen, sofern die entspr nationalen Vorschriften nicht ebenfalls eine andere Beurteilungsgrundlage vorsehen.

4 Die **vorgelagerte Beurteilung der Aufstellungspflicht** für deutsche Unternehmen nach Maßgabe der §§ 290ff HGB stellt sich in der Praxis in den Fällen nicht unproblematisch dar, wenn die Beurteilung der Konzernabschluss-

Aufstellungspflicht nach HGB mit der Abgrenzung des Konsolidierungskreises nach IFRS kollidiert. Hieraus können Konstellationen entstehen, bei denen nach HGB zwar ein Konzernabschluss aufzustellen ist, nach IFRS jedoch nur ein Unternehmen in den Konsolidierungskreis einzubeziehen wäre (*Lüdenbach* in Lüdenbach/Hoffmann IFRS[7] § 32 Rz 91). Andererseits ist es möglich, dass Konzernsachverhalte nach IFRS aufgrund der Aufstellungsbeurteilung nach HGB nicht zur Aufstellung eines Konzernabschlusses führen (zB aufgrund der Befreiungsvorschriften in § 296 HGB). Beide Fallkonstellationen sind im Hinblick auf die konzeptionelle Geschlossenheit des IFRS-Konzernabschluss als problematisch anzusehen (vgl hierzu Rz 23 ff). Eine weitere Schwierigkeit der vorgelagerten Prüfung der Konzernabschlusspflicht auf HGB-Ebene kann in der **Anwendung der Größenkriterien** des § 293 Abs 1 HGB (vgl Rz 9) bestehen. Die dort genannten Größenkriterien beziehen sich auf einen Konzernabschluss nach den Regelungen des HGB. Zur Beurteilung einer möglichen Befreiung von der Verpflichtung zur Aufstellung eines Konzernabschlusses ist deshalb eine nach deutschen handelsrechtlichen Grundsätzen vorgenommene Bestimmung der in § 293 Abs 1 HGB genannten Größen erforderlich. Liegen in einem Konzern vorrangig oder ausschließlich IFRS-Einzelabschlüsse vor, so ist fraglich, ob die Beurteilung der Größenkriterien auch auf der Basis dieser Abschlüsse vorgenommen werden kann. Hinsichtlich des Kriteriums der Bilanzsumme erscheint dies unkritisch, da davon auszugehen ist, dass eine Unterschreitung des Schwellenwerts nach IFRS auch unter Verwendung der entspr HGB-Zahlen zu verzeichnen gewesen wäre, da die entspr IFRS-Ansätze zumindest nicht zu geringeren Werten führen. Das Kriterium der Mitarbeiterzahl ist ohnehin unabhängig von der zugrunde gelegten Rechnungslegungsnorm. Kritisch kann die Übertragung des Umsatzkriteriums von IFRS auf HGB in Fällen sein, bei denen es zu gravierenden Umsatzverschiebungen bspw aufgrund unterschiedlicher Umsatzrealisierungen bei Anwendung der *percentage-of-completion*-Methode bei langfristiger Auftragsfertigung kommt. In diesen Fällen ist – unter Berücksichtigung auch handelsrechtlicher Möglichkeiten der Teilgewinnrealisierung (vgl *ADS*[6] § 252 HGB Rz 86 ff) – eine gesonderte Beurteilung des Größenkriteriums Umsatzerlöse nach HGB-Grundsätzen erforderlich. Können größere Umsatzverschiebungen aufgrund abweichender Umsatzrealisierungsvorschriften zwischen IFRS und HGB dagegen weitgehend ausgeschlossen werden, erscheint auch eine Beurteilung des Größenkriteriums auf der Basis der IFRS-Umsätze als sachgerecht.

Beispiel: Ein MU sowie seine zwei TU weisen zum Ende des Geschäftsjahrs 20X2 auf der Grundlage der nach IFRS aufgestellten Einzelabschlüsse folgende Größenmerkmale auf:

Jahr	Bilanzsummen	Umsatzerlöse	Mitarbeiterzahl
20X2	T€ 24.200	T€ 37.500	260
20X1	T€ 19.100	T€ 34.500	210

Während das MU und seine TU in 20X2 zwei der drei Größenkriterien überschreiten, wurden im Vorjahr sämtliche Kriterien für eine Konzernabschlusspflicht nicht erreicht. Zum Ende des Geschäftsjahrs 20X2 ist somit kein pflichtmäßiger Konzernabschluss aufzustellen. Liegen keine Anhaltspunkte für eine wesentliche Umsatzverschiebung zwischen IFRS und HGB vor, erscheint die Verwendung von IFRS-Daten zur Beurteilung unkritisch, da die entspr HGB-Werte aufgrund der IFRS-Anpassungen meist geringer, zumindest jedoch nicht größer ausfielen als unter IFRS.

Infolge der **unterschiedlichen Vorgehensweise** innerhalb und außerhalb des Regelungsbereichs der EU-VO zur Einführung der IFRS werden nachfolgend die Aufstellungspflichten für einen Konzernabschluss sowohl nach der bestehen- 5 den deutschen Rechnungslegungspflicht mit den sich abzeichnenden Änderungstendenzen als auch nach den Regelungen des IAS 27 erläutert.

B. Pflicht zur Konzernrechnungslegung nach deutschem Recht

I. Regelungen des HGB und des PublG

6 Die Pflicht zur Konzernabschlusserstellung durch KapGes mit Sitz in der Bundesrepublik Deutschland ist durch die Regelungen der **§§ 290 ff HGB** gesetzlich kodifiziert. Unternehmen anderer Rechtsformen werden durch die **§§ 11 ff PublG** zur Erstellung von konsolidierten Abschlüssen verpflichtet, die jedoch im Wesentlichen auf die Regelungen für KapGes verweisen. Daneben besteht ebenfalls eine Aufstellungspflicht für Kreditinstitute und Versicherungsunternehmen (§ 340 i Abs 1 HGB, § 341 Abs 1 HGB; *Baetge/Kirsch/Thiele*[7], 88).

7 Lässt man die branchenspezifischen Vorschriften außer Acht, ergibt sich eine Konzernrechnungslegungspflicht in Deutschland im Kern aus dem sachverhaltsorientierten **Konzept der einheitlichen Leitung** eines Unternehmens über Konzernunternehmen (§ 290 Abs 1 HGB sowie § 11 Abs 1 PublG) einerseits und aus der rechtlich geprägten Kontrolle **(Kontroll-Konzept)** eines Unternehmens über ein weiteres Unternehmen (§ 290 Abs 2 HGB) andererseits (*Schildbach*[6], 77 ff).

8 Für eine **grds Befreiung von der Konzernrechnungslegungspflicht** gem § 290 HGB sind die Vorschriften der §§ 291, 292 HGB zu berücksichtigen. Diese befreien solche Unternehmen von ihrer grds Pflicht zur Erstellung eines konsolidierten Abschlusses, die ihrerseits in einen übergeordneten Konzernabschluss einbezogen werden. Dabei sind bestimmte Anforderungen, zB hinsichtlich der Prüfung und der Bilanzierung des befreienden Konzernabschlusses und bzgl der Einbeziehung in diesen zu erfüllen. Diese Regelungen sind gem §§ 11 Abs 6, 13 Abs 4 PublG auch auf Unternehmen außerhalb des Regelungsbereichs der §§ 290 ff HGB anzuwenden (vertiefend *Hoyos/Ritter-Thiele* in BeBiKo[6] §§ 291, 292 HGB).

9 § 293 Abs 1 HGB sieht darüber hinaus **größenabhängige Befreiungsvorschriften** vor, die auf den Kriterien Bilanzsumme, Umsatzerlöse und Anzahl der Arbeitnehmer des Konzerns basieren und von denen mindestens zwei Merkmale an zwei aufeinanderfolgenden Stichtagen erfüllt sein müssen. Vergleichbare Befreiungsvorschriften kennt auch § 11 Abs 1 PublG. Mit Inkrafttreten des BilMoG werden die Schwellenwerte des § 293 HGB (BilMoG) für Bilanzsumme und Umsatzerlöse erhöht. Danach stellen sich die größenabhängigen Befreiungen wie folgt dar:

	Bilanzsumme (in €)	**Umsatzerlöse (in €)**	**Arbeitnehmer im Jahresdurchschnitt**
§ 293 Abs 1 Nr 1 HGB Summenabschluss	**< 23.100.000**	**< 46.200.000**	**< 250**
§ 293 Abs 1 Nr 2 HGB Konzernabschluss	**< 19.250.000**	**< 38.500.000**	**< 250**
§ 11 Abs 1 PublG Konzernabschluss	**< 65.000.000**	**< 130.000.000**	**< 5.000**

Die Befreiung von der Pflicht zur Aufstellung eines Konzernabschlusses liegt vor, wenn ein Unternehmen die dargestellten Kriterien an zwei aufeinanderfolgenden Abschlussstichtagen erfüllt. Darüber hinaus ist nach § 293 Abs 4 HGB ebenfalls kein Konzernabschluss aufzustellen, wenn die Größenkriterien nur an einem Abschlussstichtag unterschritten werden und am vorhergehenden Abschlussstichtag kein Konzernabschluss aufzustellen war. Dies betrifft vor allem Unternehmen, die aufgrund erstmaliger Konzernbildung im Vorjahr keinen Konzernabschluss aufzustellen hatten. Nach § 293 Abs 4 iVm § 267 Abs 4 Satz 2 HGB (BilMoG) gilt die Konzernabschlusspflicht für bestimmte Unternehmen unter engen Voraussetzungen bereits am ersten Abschlussstichtag.

Unter die Befreiungsvorschrift des § 293 Abs 4 HGB fallen auch solche 10
Unternehmen, die aufgrund unterjähriger Gründung ein **Rumpfgeschäftsjahr** aufweisen. Stellen diese Unternehmen dennoch einen Konzernabschluss auf, so handelt es sich um einen freiwilligen Abschluss.

Weist dagegen das MU eines bereits bestehenden Konzerns aufgrund der Umstellung des Geschäftsjahrs (bspw im Rahmen von Umstrukturierungsmaßnahmen) zwei aufeinanderfolgende Rumpfgeschäftsjahre aus, die insgesamt einen Zwölf-Monatszeitraum abdecken, so besteht für das zweite Rumpfgeschäftsjahr keine Befreiung nach § 293 Abs 4 HGB, sodass in diesen Fällen pflichtmäßig ein Konzernabschluss aufzustellen ist. Nach dem Gesetzeswortlaut hat dieser Abschluss das zweite Rumpfgeschäftsjahr des MU sowie die entspr Teilperiodenanteile der TU des Konzerns abzubilden. Als Vergleichsperiode ist das erste Rumpfgeschäftsjahr des Unternehmens darzustellen.

Beispiel: Ein bisher bereits nach IFRS bilanzierendes MU eines Konzerns (bisheriger Abschlussstichtag 31. Dezember) wird durch Anwachsung auf eine neu gegründete Holding-Gesellschaft mit abweichendem Abschlussstichtag (30. Juni X2) verschmolzen. Anschließend wird eine Umstellung des Geschäftsjahrs zurück auf den vorherigen Konzern-Abschlussstichtag vorgenommen (Abschlussstichtag 31. Dezember X2). Durch diese Umstrukturierung des Konzerns entstehen im Jahr zwei Rumpfgeschäftsjahre von jeweils sechs Monaten.

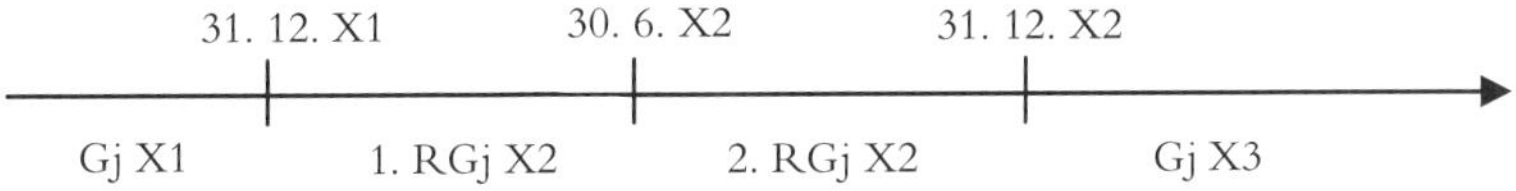

Unter Beachtung der formalen Anforderungen des § 293 Abs 4 HGB sind für beide Rumpfgeschäftsjahre Abschlüsse zu erstellen. Dabei wäre dem zweiten Rumpfgeschäftsjahr das erste Rumpfgeschäftsjahr als Vergleichsperiode gegenüberzustellen. Die eigentliche Vorperiode (Geschäftsjahr X1) würde überhaupt nicht gezeigt. Unter dem Aspekt der wirtschaftlichen Vergleichbarkeit im Zeitablauf wäre diese Darstellung jedoch wenig aussagekräftig. Die Abschlussadressaten wären vielmehr an einem Vergleich der Zwölf-Monats-Periode Geschäftsjahr X1 mit einer Zwölf-Monats-Periode Geschäftsjahr X2 interessiert.

Vor diesem Hintergrund und unter Berücksichtigung der primären **Informationsfunktion** des Konzernabschlusses wird in der Literatur (*Maier* StuB 2008, 702) die Frage aufgeworfen, ob unter Einbeziehung beider Rumpfgeschäftsjahre des MU sowie der vollen Geschäftsjahre der TU ein Zwölf-Monats-Abschluss erstellt werden sollte. Eine solche Darstellung würde unter Vollständigkeits-, Stetigkeits- und Aussagegesichtspunkten den Informationsbedürfnissen der Abschluss-Adressaten besser gerecht werden und im Einklang mit der Generalnorm des § 297 Abs 2 S 2 HGB einer zutreffenden Darstellung der VFE-Lage des Konzerns stehen (vgl hierzu *Baetge/Kirsch/Thiele*[7], 54 ff). Außerdem entspräche sie auch konzeptionell der IFRS-Sichtweise, da in IFRS 1.21 (2008)/ IFRS 1.36 (2003) für IFRS-Erstanwender eine Vergleichsperiode von mindestens zwölf Monaten gefordert wird. Gleichwohl stellte eine solche Vorgehensweise ohne separate Darstellung der beiden Rumpfgeschäftsjahre einen formalen Gesetzesverstoß dar, weshalb bei prüfungspflichtigen Unternehmen zumindest ein uneingeschränkter Bestätigungsvermerk nicht erteilt werden könnte.

11 Ausgenommen von der Inanspruchnahme der größenabhängigen Befreiungsvorschriften des § 293 HGB sind ausdrücklich Konzerne, in denen von dem MU oder einem einbezogenen TU Wertpapiere iSd § 2 Abs 1 WpHG an einem öffentlichen Kapitalmarkt in der EU bzw im EWR ausgegeben werden (§ 293 Abs 5 HGB; vertiefend *Hoyos/Ritter-Thiele* in BeBiKo[6] § 293 HGB).

12 Neben den größenabhängigen Befreiungen nach § 293 HGB ist die Aufstellungspflicht eines Konzernabschlusses für deutsche Unternehmen bei Vorliegen entspr Wahlrechtsvoraussetzungen durch die Ausübung der **Konsolidierungswahlrechte** des § 296 HGB determiniert. Sind keine anderen TU zu berücksichtigen, so entscheidet die Wahlrechtsausübung über die handelsrechtliche Verpflichtung zur Konzernabschlusserstellung.

II. Entwicklungstendenzen in der deutschen Konzernrechnungslegung

13 Mit Inkrafttreten des BilReG hat der deutsche Gesetzgeber in Teilbereichen eine **vorsichtige Annäherung an die Vorschriften zur Konzernrechnungslegung der IFRS** vollzogen. Allerdings erstreckte sich diese Annäherung bis zum Inkrafttreten des BilMoG nicht auf die Regelungen zur Aufstellungspflicht für Konzernabschlüsse in den §§ 290ff HGB. Durch das BilMoG hat der deutsche Gesetzgeber weitgehend das *control*-Konzept des IAS 27 übernommen, wodurch sich die Anzahl der unter Rz 4 dargestellten Problemfälle hinsichtlich der Aufstellungspflicht und der Abgrenzung des Konsolidierungskreises nunmehr deutlich reduzieren dürfte.

14 Derzeit erstreckt sich der Kreis der IFRS-Pflichtanwender gem der IAS-VO lediglich auf **kapitalmarktorientierte Unternehmen**. Das in der VO vorgesehene Mitgliedstaatenwahlrecht für die Konzernabschlüsse aller übrigen Unternehmen hat der deutsche Gesetzgeber in § 315a Abs 3 HGB dahingehend ausgeübt, dass diese Unternehmen den Konzernabschluss freiwillig nach IFRS aufstellen können. Mit diesem Wahlrecht sollte diesen Unternehmen einerseits die Möglichkeit gegeben werden, sich für Zwecke der Außendarstellung und der externen Vergleichbarkeit der IFRS bedienen zu können, ohne andererseits allen konzernrechnungslegungspflichtigen Unternehmen die Komplexität der IFRS und den mit der Konzernabschlusserstellung nach IFRS verbundenen erhöhten Arbeitsaufwand abzuverlangen.

15 Mit dem Projekt eigene **Standards für nicht-öffentlich-rechnungslegungspflichtige Unternehmen** (*private entities*) zu entwickeln, hat sich der IASB das Ziel der Komplexitätsreduktion der IFRS für die große Anzahl derjenigen Unternehmen gesetzt, deren Anteilseigner über spezifische Informationsbedürfnisse verfügen, die jedoch in Umfang und Detaillierungsgrad nicht denjenigen der Kapitalmarktteilnehmer entsprechen. Hinsichtlich weiterer Erläuterungen bzgl dieses Projekts wird auf die Ausführungen unter § 46 verwiesen. Bei der Konzeption dieses Standards hat der IASB bereits deutlich gemacht, dass Regelungen zur Abgrenzung des Anwenderkreises nicht Gegenstand des Projekts sind. Vielmehr soll es den nationalen Gesetzgebern überlassen werden, ob die Anwendung dieser Standards für bestimmte Unternehmen zugelassen oder vorgeschrieben wird. Nach der Ablehnung des Standards in der Entwurfsform durch das Europäische Parlament im April 2008 ist vorerst nicht mit der

freiwilligen oder verpflichtenden Einführung von IFRS für nicht öffentlich rechnungslegungspflichtige Unternehmen zu rechnen.

Durch das BilMoG ergeben sich weitere Änderungen im Bereich der Aufstellungspflichten für einen Konzernabschluss. 16

Bislang konnte die Befreiungsmöglichkeit des § 291 Abs 1 HGB nur in Anspruch genommen werden, wenn dem MU mehr als 90% der Anteile gehören und die Minderheitsgesellschafter der Befreiung zugestimmt haben. Diese Vorschrift hat den Effekt, dass kleinere Minderheiten besser geschützt werden als größere Minderheiten, welche die Aufstellung nach Satz 1 der gleichen Nummer der Vorschrift beantragen müssen. Diese systematische Inkonsistenz wird mit der Streichung von § 291 Abs 3 Nr 2 korrigiert, die Befreiungsmöglichkeiten nach § 291 HGB werden mithin ausgedehnt.

Mit Einführung des BilMoG kommt es darüber hinaus zu einer Erhöhung der Größenkriterien Bilanzsumme und Umsatzerlöse in § 293 Abs 1 HGB (BilMoG). Ziel der Erhöhung lt Gesetzesbegründung ist eine Ausweitung des Kreises von Unternehmen, die größenabhängig von der Aufstellung eines Konzernabschlusses befreit sind. Dabei ist allerdings zu beachten, dass sich die neuen, höheren Befreiungsgrenzen auf die ebenfalls durch das BilMoG geänderten Bilanzierungs- und Bewertungsvorschriften beziehen, die in einigen Fällen zu einer Erhöhung der Bilanzsumme (zB durch die mögliche Aktivierung von Entwicklungskosten oder die Zeitwertbilanzierung von Finanzinstrumenten, die von Kreditinstituten zu Handelszwecken gehalten werden) führen. Darüber hinaus führt die Streichung des Beteiligungserfordernisses in § 290 HGB (BilMoG) zu einer Konsolidierungspflicht für Zweckgesellschaften, die ebenfalls zu einer Ausweitung der Summen- und Konzernbilanzsummen sowie ggf der Umsatzerlöse führt.

C. Pflicht zur Konzernrechnungslegung nach IFRS

Die Bilanzierung von Anteilen an TU sowie die Aufstellung von Konzernabschlüssen werden durch die IFRS zentral in IAS 27 geregelt. 17

Grds Ansatzpunkt für die Pflicht zur Konzernabschlusserstellung gem IAS 27.9 (2008)/IAS 27.9 (2003) ist die **Qualifikation** des bilanzierenden Unternehmens **als MU.** Kann ein Unternehmen auf ein anderes Unternehmen einen beherrschenden Einfluss ausüben (§ 29 Rz 4 ff), ist es selbst als MU anzusehen. Damit liegt ein Konzernverhältnis und somit das grds verpflichtende Kriterium zur Aufstellung eines Konzernabschlusses vor (*Baetge/Hayn/Ströher* in Baetge ua IFRS-Komm[2] IAS 27 Rz 31). 18

Existieren keine TU iSv IAS 27.4 (2008)/IAS 27.4 (2003), besteht auch **keine Konzernrechnungslegungspflicht** nach IFRS. Die Einflussnahme auf ein assoziiertes Unternehmen oder ein Gemeinschaftsunternehmen begründet aufgrund fehlender Regelungen keine Aufstellungspflichten, da die Vorschriften in IAS 28 und IAS 31 die Aufstellung eines Konzernabschlusses bereits voraussetzen (*Kagermann/Küting/Wirth*[2], 16). Fraglich ist, ob in Fällen der formalen Beendigung der Konzernrechnungslegungspflicht – zB in Fällen der Verschmelzung des einzigen TU auf das MU – iSd Erfüllung der Informationsfunktion des Konzernabschlusses eine Fortführung der bisherigen (Konzern-)Bilanzierung angezeigt sein kann. In diesen Fällen besteht nach Maßgabe der Regelungen des IAS 27 keine Konzernabschluss-Aufstellungspflicht, gleichwohl erscheint die freiwillige Fortführung der bisherigen Konzernrechnungslegung iSe *economic entity approach* möglich (vgl *PwC* 2008, 24.002). Die auf dieser Basis aufgestellten Konzernabschlüsse haben jedoch nur Pro-Forma-Charakter und ersetzen nicht den Einzelabschluss für die zusammengeführte Einheit. 19

Ist ein Konzernabschluss gem IFRS pflichtmäßig aufzustellen oder wird ein solcher freiwillig aufgestellt, gelten die allgemeinen Vorschriften zur Aufstellung von Abschlüssen nach IFRS. Insofern ist ein vollständiger Abschluss iSv IAS 1.8 aufzustellen und sämtliche sich in Kraft befindlichen IFRS sind zu berücksichtigen.

20 IAS 27 stellt somit nur eine **Ergänzung und Erweiterung der ansonsten durch den Einzelabschluss geprägten IFRS** dar. Liegt eine Konzernabschlusspflicht nach IAS 27.9 (2008)/IAS 27.9 (2003) vor, so sind grds eine Konzernbilanz, eine Konzernergebnisrechnung, eine Konzern-Eigenkapitalveränderungsrechnung, eine Konzernkapitalflussrechnung sowie ein Konzernanhang zu erstellen. Ist das bilanzierende Unternehmen darüber hinaus iSd IFRS 8.2(b) an einer Börse notiert, ist der Konzernabschluss um eine Segmentberichterstattung zu ergänzen (*Förschle/Kroner* in BeBiKo[6] § 297 HGB Rz 220).

21 **Befreiungen** von der grds Pflicht zur Aufstellung eines konsolidierten Abschlusses räumt IAS 27 nur in bestimmten Fällen ein. Dabei wird nicht auf vorhandene nationale Befreiungsvorschriften verwiesen. Vielmehr wurden innerhalb der IFRS eigenständige Vorschriften entwickelt, die den Regelungsbedarf in dieser Hinsicht abdecken. Diese eigenständigen Regelungen tragen somit dem im Rahmenkonzept dargelegten Selbstverständnis der IFRS Rechnung, *„to develop ... a single set of high quality standards"* (F. 6(a)).

Fokus der in IAS 27.10 (2008)/IAS 27.10 (2003) vorgesehenen Befreiungsvorschriften ist dabei eine Aufwandsreduktion, die eine Nichterstellung eines Konzernabschlusses mit sich bringt, allerdings unter der Berücksichtigung sämtlicher aktueller und potenzieller Anteilseigner (*Buchheim* BB 2002, 1475). Insbes der Konsens aller vorhandenen Anteilseigner wird hervorgehoben. Eine adäquate Informationsbasis wird in diesen Fällen nach dem Verständnis des IASB durch einen IFRS-Einzelabschluss, durch einen übergeordneten IFRS-Konzernabschluss oder durch weitere den Anteilseignern zur Verfügung stehende Informationsquellen gewährleistet.

22 Um von der Erstellung eines Konzernabschlusses im Regelungsbereich des IAS 27 befreit zu werden, sind folgende Kriterien **kumulativ** zu erfüllen:

(1) Das MU ist selbst ein 100%iges TU oder zumindest alle Anteilseigner inklusive der ansonsten nicht stimmberechtigten Anteilseigner stimmen der Nichterstellung eines Konzernabschlusses zu (IAS 27.10(a) (2008)/IAS 27.10(a) (2003)).

(2) Das Unternehmen ist nicht an einem öffentlichen Markt gelistet. Auch darf sich das Unternehmen nicht in einem Prozess des Emittierens solcher Wertpapiere auf einem Markt befinden (IAS 27.10(b) und (c) (2008)/IAS 27.10(b) und (c) (2003)).

(3) Das direkte MU oder aber das absolute MU stellt einen Abschluss nach IFRS auf (IAS 27.10(d) (2008)/IAS 27.10(d) (2003)).

Diese Regelung weist in mehrfacher Hinsicht Lücken auf: Zum einen wird nicht festgelegt, in welchen **Zeitabständen** die **Zustimmung der Minderheitsaktionäre** eingeholt werden muss. Hier ist in Abwesenheit konkreter Regelungen einerseits vorstellbar, dass zu jedem Zwischenabschluss diese Zustimmung einzuholen ist. Andererseits könnte hier ein Rückgriff auf die gesellschaftsrechtlichen nationalen Vorschriften erfolgen, der aber durch den IASB aufgrund seines Selbstverständnisses unerwünscht sein dürfte. Hier sind uE detailliertere Vorgaben notwendig, um eine Rechtssicherheit sowohl für den Konzern als auch für Minderheitsgesellschafter herbeizuführen.

23 Zum anderen führt das dritte Kriterium dann nicht zur Befreiung, wenn auf einer **zwischengelagerten Ebene,** die nicht direktes MU, aber auch nicht absolute Konzernobergesellschaft ist, ein Abschluss nach IFRS aufgestellt wird.

Wird zB in einem mehrstufigen Konzern ein MU in einen IFRS-Konzernabschluss eines Unternehmens einbezogen, das gleichzeitig TU eines nicht nach IFRS bilanzierenden MU ist, jedoch das betrachtete MU nur indirekt kontrolliert, so stellt dies keinen befreienden Tatbestand iSd IAS 27.10 (2008)/IAS 27.10 (2003) dar. Vorstellbar ist diese Konstellation zB in Fällen, in denen das zwischengelagerte Unternehmen ein kapitalmarktorientiertes Unternehmen ist und daher einen IFRS-Konzernabschluss verpflichtend aufstellen muss. Hier liegt uE ein Regelungsbedarf des IASB vor, um eine Befreiung in allen Fällen zu gewährleisten, in denen eine Einbeziehung des betrachteten MU in einen übergeordneten IFRS-Konzernabschluss erfolgt. Insbes in Anbetracht des erhöhten Arbeitspensums, das die Erstellung eines Konzernabschlusses mit sich bringt, scheint diese Forderung gerechtfertigt. Minderheitsgesellschafter bleiben dann trotzdem durch die von ihnen geforderte einheitliche Zustimmung geschützt.

Für diese befreiten Unternehmen sieht IAS 27.10 (2008)/IAS 27.10 (2003) die Anwendung der Bilanzierungsvorschriften des Einzelabschlusses gem IAS 27.38 ff (2008)/IAS 27.37 ff (2003) vor. Die dort vorgesehenen Regelungen werden allerdings für den deutschen Rechnungsleger durch die nationalen Rechnungslegungsvorschriften für den Einzelabschluss verdrängt, da die IFRS nach deutschem Handelsrecht nur für den Konzernabschluss angewendet werden dürfen. Die Möglichkeit der Anwendung der IFRS auch auf den Einzelabschluss sind nach § 325 HGB auf Zwecke der Offenlegung des Einzelabschlusses im Bundesanzeiger beschränkt.

Aufstellungspflichten nach IAS 27

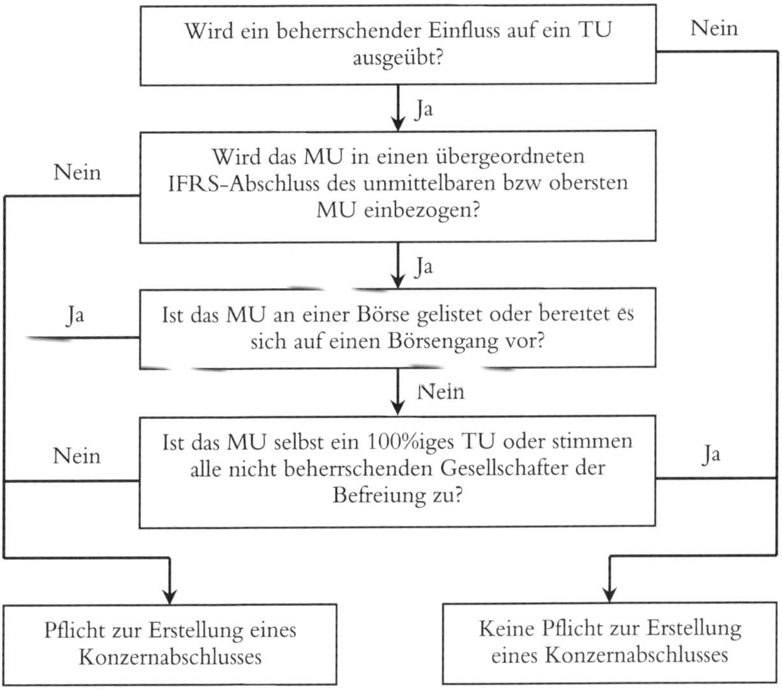
Wird ein beherrschender Einfluss auf ein TU ausgeübt?
Nein
Ja
Wird das MU in einen übergeordneten IFRS-Abschluss des unmittelbaren bzw obersten MU einbezogen?
Nein
Ja
Ist das MU an einer Börse gelistet oder bereitet es sich auf einen Börsengang vor?
Ja
Nein
Ist das MU selbst ein 100%iges TU oder stimmen alle nicht beherrschenden Gesellschafter der Befreiung zu?
Nein
Ja
Pflicht zur Erstellung eines Konzernabschlusses
Keine Pflicht zur Erstellung eines Konzernabschlusses

D. Wesentliche Änderungen und deren Anwendungszeitpunkt

24 IAS 27 (2003) ist grds auf Berichtsperioden, die am oder nach dem 1. Januar 2005 beginnen anzuwenden (IAS 27.44 (2003)).

Die überarbeitete Fassung des **IAS 27** wurde im Januar 2008 veröffentlicht und ist für Berichtsperioden, die am oder nach dem 1. Juli 2009 beginnen, verpflichtend anzuwenden. Eine frühere Anwendung ist erlaubt und entspr im Anhang anzugeben IAS 27.45 (2008).

Darüber hinaus wurden weitere Absätze dieser Neufassung des IAS 27 (2008) bereits im Mai 2008 wieder geändert: IAS 27.38 durch das ***Annual Improvements* Projekt 2008** und IAS 27.4, IAS 27.38A bis IAS 27.38C durch die Änderungen des **IAS 27 iVm IFRS 1** (*Cost of an Investment in a Subsidiary, Jointly Controlled Entity or Associate*). Diese Folgeänderungen sind indessen bereits für Geschäftsjahre, die am oder nach dem 1. Januar 2009 beginnen, anzuwenden; eine frühere Anwendung ist erlaubt und entspr im Anhang anzugeben (IAS 27.45A bis IAS 27.45C). Damit sind diese spezifischen Regelungen ab dem Geschäftsjahr 2009 anzuwenden, während alle anderen Änderungen des IAS 27 grds erst ab dem Geschäftsjahr 2010 zur Anwendung kommen (sofern das Geschäftsjahr dem Kalenderjahr entspricht), es sei denn, es wird von der Möglichkeit der vorzeitigen Anwendung Gebrauch gemacht.

Die vorliegende Kommentierung hat wesentliche materielle Änderungen herausgehoben, darüber hinaus haben die Überarbeitungen klarstellenden Charakter.

E. Abweichende Aufstellungspflichten nach HGB und IFRS

25 Die Konzernrechnungslegungspflicht nach den deutschen handelsrechtlichen Vorschriften beruht ebenso wie diejenige nach IFRS auf dem Weltabschlussprinzip und sieht in der **Existenz von MU und TU** die Bedingung für die Aufstellung eines Konzernabschlusses (zum Verhältnis der Aufstellungspflichten nach lokalem Recht bzw IFRS vgl Rz 1 f). Im Detail sind die Voraussetzungen für die Pflicht zur Aufstellung eines Konzernabschlusses zwischen HGB und IFRS jedoch durchaus unterschiedlich.

26 In den meisten Fällen wird eine Beurteilung der Konzernabschlusspflicht nach HGB und IFRS zu **identischen Ergebnissen** führen. In einigen Fällen kommt es jedoch zu einem Auseinanderfallen der Ergebnisse. Exemplarisch für eine abweichende Beurteilung der Konsolidierungspflicht nach HGB bzw IFRS sind die folgenden Fallkonstellationen:

(1) Aufgrund der Einbeziehungspflicht für Zweckgesellschaften iSv SIC 12 sind Unternehmen als TU zu qualifizieren. Entspr Regelungen enthielt das deutsche Handelsrecht bis zum Inkrafttreten des BilMoG nicht, sodass Zweckgesellschaften in vielen Fällen nicht als TU zu werten waren. Dies führte dazu, dass, wenn neben dem berichtenden Unternehmen lediglich eine Zweckgesellschaft existiert, nach IFRS gem IAS 27.9 (2008)/IAS 27.9 (2003) ein Konzernabschluss aufzustellen ist, während nach HGB eine solche Verpflichtung nicht bestand. Nach Einführung des BilMoG haben diese Abweichungen aufgrund der nunmehr weitgehend konzeptionellen Angleichung von HGB und IFRS in dieser Hinsicht nur noch marginale Bedeutung.

(2) Das HGB sieht in § 293 HGB größenabhängige Befreiungen von der Aufstellungspflicht eines Konzernabschlusses vor. Bei Vorliegen der Voraussetzungen des IAS 27.13 (2008)/IAS 27.13 (2003) (ggf iVm SIC-12) ist grds ein Konzernabschluss aufzustellen, es sei denn, dass sämtliche identifizierten TU aus Wesentlichkeitsgründen nicht konsolidiert werden müssen. Durch das Fehlen größenabhängiger Befreiungstatbestände kann ebenfalls eine Pflicht zur Aufstellung eines Konzernabschlusses nach IAS 27.9 (2008)/IAS 27.9 (2003) bestehen, während nach HGB keine Aufstellungspflicht existiert.

(3) In IAS 27.10 (2008)/IAS 27.10 (2003) werden abschließend die Gründe für eine Befreiung von der Pflicht zur Aufstellung eines Konzernabschlusses aufgeführt. Diese weichen von den Befreiungsgründen in den §§ 291 f HGB ab. Es kann damit im Einzelfall dazu kommen, dass nach HGB eine Pflicht zur Aufstellung eines Konzernabschlusses besteht, nach IFRS jedoch nicht.

Da die Pflicht zur Aufstellung eines Konzernabschluss im Anwendungsbereich der EU-VO zur Einführung der IFRS grds nach nationalem Recht zu beurteilen ist (vgl Rz 4 ff) führen die dargestellten Fallkonstellationen nicht zu einer konkurrierenden Beurteilung der Konzernabschluss-Aufstellungspflicht. Jedoch ist das Vorliegen solchermaßen abweichender Beurteilungen **problematisch im Hinblick auf die Vorschrift des IAS 1.16**, wonach ein nach IFRS bilanzierendes Unternehmen innerhalb des Anhangs erklären muss, dass der Abschluss uneingeschränkt den Vorschriften der IFRS entspricht. Es wird explizit geregelt, dass ein Abschluss nicht als mit den IFRS übereinstimmend bezeichnet werden darf, solange er nicht **sämtliche Anforderungen der IFRS** erfüllt. Dies ist bei einer Abweichung von den Vorschriften des IAS 27 eindeutig nicht der Fall und die Übereinstimmenserklärung nach IAS 1.16 wäre insoweit unzutreffend. 27

Bei **Vorliegen einer Abweichung** von den Aufstellungsregelungen des IAS 27 aufgrund der Maßgeblichkeit nationaler Aufstellungsregelungen, wie sie in der EU-VO zur Einführung der IFRS vorgesehen sind, ist davon auszugehen, dass im Rahmen der handelsrechtlich vorgeschriebenen **Abschlussprüfung** ein uneingeschränktes Testat nicht erteilt werden kann, da in den dargestellten Fällen die IFRS-Pflichtangabe nach IAS 1.16 entweder nicht oder nicht zutreffend durch das Unternehmen gewährleistet werden kann. 28

F. Aktuelle Entwicklungen/IASB-Projekte

Die Diskussionen des Board im Rahmen des **IASB-Projekts *„Consolidation"*** sowie die daraus resultierenden vorgeschlagenen Regelungen innerhalb des Standardentwurfs **ED 10 *Consolidated Financial Statements*** (vgl § 30 Rz 56 ff) sehen keine Änderungen hinsichtlich der Regelungen zur Aufstellungspflicht von Konzernabschlüssen vor. 29

§ 32. Konsolidierungskreis, Abschlussstichtag sowie konzerneinheitliche Bilanzierung und Bewertung

Übersicht

Schrifttum: *Baetge/Kirsch/Thiele* Konzernbilanzen, 7. Aufl, Düsseldorf 2004; *Hirschberger/Karl* Projektorganisation und -controlling bei der Umstellung der Rechnungslegung auf IAS/IFRS im Mittelstand (Teil I und II), DStR 2002, 2188 und 2236; *IDW* RS HFA 2 Stellungnahme zur Rechnungslegung: Einzelfragen zur Anwendung von IFRS (Stand: 2. September 2008), FN IDW 2008, 483; *IDW* RS HFA 19 Einzelfragen zur erstmaligen Anwendung der International Financial Reporting Standards nach IFRS 1, WPg 2006, 1376; *KPMG* Insights into IFRS 2008/9, 5th Edition, London 2008; *Küting/Weber* Der Konzernabschluss, 11. Aufl, Stuttgart 2008; *Maier* Verhindert der einheitliche Konzernstichtag unterschiedliche Geschäftsjahre im Einzel- und Konzernabschluss?, StuB 2008, 700; *Pellens/Fülbier/Gassen* Internationale Rechnungslegung, 7. Aufl, Stuttgart 2008; *PwC* IFRS Manual of Accounting 2008, Global Guide to International Financial Reporting Standards 2008, London 2008; *Ruhnke/Schmidt/Seidel* Einbeziehungswahlrecht und -verbote im IAS-Konzernabschluss, DB 2001, 657; *Ruhnke/Schmidt/Seidel* Neuregelung bei der Abgrenzung des Konsolidierungskreises nach IFRS, BB 2004, 2231; *Schruff/Rothenburger* Zur Konsolidierung von Special Purpose Entities nach US-GAAP, IAS und HGB, WPg 2002, 755.

Wesentliche Rechtsgrundlagen: IAS 27 (2008), IAS 27 (2003), SIC 12

A. Konsolidierungsvorbereitende Maßnahmen

1 Im Hinblick auf die mit dem Konzernabschluss angestrebte Information über den Konzern als Einheit ist vor den eigentlichen Konsolidierungsbuchungen sicherzustellen, dass die einbezogenen Einzelabschlüsse einheitlich der Konzernbilanzierung und -bewertung entsprechen.

2 Zur Sicherstellung eines zutreffenden Bilds der wirtschaftlichen Konzerneinheit ist zunächst zu untersuchen, welche Unternehmen in den **Konsolidierungskreis** einzubeziehen sind. Während die Beurteilung der Aufstellungspflicht für einen Konzernabschluss für Unternehmen im Geltungsbereich der EU-VO zur Einführung der IFRS (nachfolgend: IFRS-VO) nach den nationalen Vorgaben zu erfolgen hat (vgl hierzu ausführlich § 31 Rz 1 ff), fällt die Frage der Einbeziehung von Unternehmen bei Vorliegen einer Unternehmensverbindung (vgl § 30) in den Konsolidierungskreis in den Regelungsinhalt der VO und bestimmt sich mithin nach den Vorgaben von IAS 27.

3 Die geforderte Einheitlichkeit der Darstellung erfordert ferner die Festlegung eines verbindlichen **Abschlussstichtags,** auf den der Konzernabschluss sowie die einzubeziehenden Einzelabschlüsse aufgestellt werden müssen.

4 Darüber hinaus ist sicherzustellen, dass die in den Konzernabschluss einzubeziehenden Einzelabschlüsse zum einen selbst nach den Vorgaben der IFRS erstellt oder auf diese übergeleitet wurden, zum anderen muss gewährleistet sein, dass ggf bestehende Wahlrechte einzelner Standards gleichlautend ausgeübt wurden. Erst die **einheitliche Bilanzierung und Bewertung** innerhalb des Konzerns ermöglicht eine konsistente Darstellung der konsolidierten Einzelabschlüsse in einem Konzernabschluss.

5 Die ebenfalls den konsolidierungsvorbereitenden Maßnahmen zuzurechnende **Umrechnung von Fremdwährungsabschlüssen** für Zwecke der anschließenden Konsolidierung ist Gegenstand von § 33.

B. Abgrenzung des Konsolidierungskreises

I. Einbeziehung von Tochterunternehmen

6 IAS 27.12 (2008) iVm 27.13 (2008)/IAS 27.12 (2003) iVm IAS 27.13 (2003) verlangt, dass ein MU, das einen Konzernabschluss aufstellt, grds **alle in- und ausländischen TU** zu konsolidieren hat (Weltabschlussprinzip). TU idS sind diejenigen Unternehmen, auf die das berichtende MU die unmittelbare oder mittelbare Kontrolle ausübt (vgl § 30 Rz 4f).

7 Mit der Verabschiedung des IFRS 5 wurden alle zuvor in IAS 27 enthaltenen **Einbeziehungsverbote aufgehoben.** Klarstellend wurde eine Fußnote zu IAS 27.12 (2008)/IAS 27.12 (2003) eingefügt, die erläutert, dass in den Fällen, in denen beim Erwerb eines TU dieses die Voraussetzungen für eine Klassifikation „zur Veräußerung bestimmt" iSv IFRS 5 erfüllt, die Beteiligung in Übereinstimmung mit IFRS 5 zu bilanzieren ist. Diese TU sind gleichwohl in den Konsolidierungskreis einzubeziehen (aA *Heuser/Theile*[3] Rz 2758) und erbringen für die Dauer der Konzernzugehörigkeit Beiträge zum lfd Konzernergebnis. Beim Erwerb solcher TU ist deshalb eine Kaufpreisallokation gem IFRS 3.10 (2008)/ IFRS 3.36 (2004) durchzuführen, wobei ggf besondere Bewertungsvorschriften nach IFRS 5 zur Anwendung kommen. Ebenso sind diese TU in die Schulden-, Aufwands- und Ertragskonsolidierung einzubeziehen. Unter Wesentlichkeitsge-

sichtspunkten können jedoch uE in den Fällen, in denen das TU zum Aufstellungszeitpunkt bereits veräußert ist und der Entkonsolidierungserfolg dem Beitrag des Unternehmens zum lfd Konzernergebnis im Wesentlichen entspricht, ggf die Anforderungen an den Detailgrad bei der Kaufpreisallokation eingeschränkt werden. Die Vorschriften zu Bilanzierung und Bewertung des IFRS 5 beziehen sich somit nicht auf die Einbeziehung in den Konsolidierungskreis, sondern regeln die Darstellung und Bewertung des konsolidierten TU innerhalb des Konzernabschlusses (s hierzu § 35 Rz 6). Eine Einbeziehung in den Konsolidierungskreis ist deshalb auch bei zur Veräußerung vorgesehenen TU zwingend, sofern diese nicht als unwesentlich einzustufen sind.

IAS 27 geht von einer grds Konsolidierungspflicht aller nach dem *control*-Kriterium identifizierten TU aus und enthält somit **keine expliziten Konsolidierungswahlrechte.** Gleichwohl wird man in Einzelfällen ein faktisches Einbeziehungswahlrecht bei der Festlegung des Konsolidierungskreises feststellen können. 8

Aus P. 12 iVm F. 29 ergibt sich die Möglichkeit, aus **Wesentlichkeitsgründen** 9
auf die Konsolidierung von TU zu verzichten. Ein Verzicht auf die Konsolidierung unter Berufung auf den Wesentlichkeitsgrundsatz ist nur dann möglich, wenn nicht nur einzelne, sondern sämtliche auf dieser Basis von der Konsolidierung ausgeschlossenen Unternehmen zusammengenommen von untergeordneter Bedeutung für die Darstellung der wirtschaftlichen Lage des Konzerns sind. Dabei ist das Kriterium der Wesentlichkeit innerhalb der IFRS nicht quantifiziert, Bezug genommen wird auf das Kriterium der Entscheidungsnützlichkeit (s hierzu § 2 Rz 25).

Die aus Wesentlichkeitsgründen nicht in den Konsolidierungskreis aufgenommenen TU sind in den Folgeperioden zu jedem Abschlussstichtag im Hinblick darauf zu untersuchen, ob eine Konsolidierung aufgrund einer geänderten Abschätzung der Wesentlichkeit nunmehr geboten ist. Eine Einbeziehung aufgrund einer **Änderung der Wesentlichkeitsbeurteilung** kann unterschiedliche Gründe haben:

(1) Ein TU, das in der Vorperiode als unwesentlich im Hinblick auf den Konsolidierungskreis angesehen wurde, ist inzwischen aufgrund der Ausweitung des operativen Geschäfts als wesentlich einzustufen. Es ist dementsprechend in der lfd Periode in den Konzernabschluss einzubeziehen.

(2) Ein TU, das isoliert betrachtet in der Vorperiode als unwesentlich eingestuft und nicht in den Konzernabschluss einbezogen wurde, wird mit einem anderen TU, das seinerseits bereits in den Konzernabschluss einbezogen war, verschmolzen. Die neue, vergrößerte Einheit ist nunmehr als ein TU in den Konzernabschluss einzubeziehen.

Die Einbeziehung in den Konsolidierungskreis erfolgt dabei grds nach Maß- 10
gabe der **Wertverhältnisse zum Erwerbszeitpunkt** und nicht derjenigen zum Zeitpunkt der erstmaligen Einbeziehung in den Konzernabschluss. Im Hinblick auf die Unwesentlichkeit des TU in den Vorperioden und unter Kosten-/Nutzen-Gesichtspunkten kann gleichwohl die Erstkonsolidierung auf der Basis der Werte der erstmaligen Einbeziehung als im Einzelfall tolerierbar angesehen werden, sofern nicht andere Regelungen der IFRS eine andere Bewertung fordern (bspw zurückerworbene Rechte nach IFRS 3.29 (2008)).

Für den Fall, dass ein bisher in den Konzernabschluss einbezogenes TU in mehrere Unternehmen aufgeteilt wird, die – isoliert betrachtet – als unwesentlich eingestuft werden können, ist uE die weitere Einbeziehung dieser TU gleichwohl unter dem Grundsatz der Stetigkeit geboten.

Bei der Abgrenzung des Konsolidierungskreises sind auch **Zweckgesellschaf-** 11
ten (*special purpose entities*, SPEs) zu berücksichtigen, die nach SIC 12.1 dadurch charakterisiert sind, dass sie ein eng definiertes Unternehmensziel im Interesse eines anderen Unternehmens (Sponsor) haben, wobei oftmals der Sponsor auch

der Gründer der Zweckgesellschaft ist. Ist ein berichtspflichtiges Unternehmen zu mehr als 50% an einer Zweckgesellschaft beteiligt, so ergibt sich eine Konsolidierungspflicht idR bereits unmittelbar nach Maßgabe von IAS 27.13 (2008)/IAS 27.13 (2003). In vielen Fällen werden in Bezug auf Zweckgesellschaften jedoch rechtliche Konstruktionen gewählt, die eine Beteiligungs- und Stimmrechtsquote von weniger als 50% zur Folge haben. Aus wirtschaftlicher Sicht kann in diesen Fällen gleichwohl ein Beherrschungsverhältnis und damit eine Einbeziehungspflicht in den Konzernabschluss gegeben sein.

12 SIC 12.10 nennt als **Hinweise** für ein vorliegendes Beherrschungsverhältnis auch bei Nichterfüllung der Vermutungskriterien in IAS 27.13 (2008)/IAS 27.13 (2003) folgende Sachverhalte, von denen jeder für sich auf eine Beherrschung der SPE durch ein anderes Unternehmen hindeuten kann (*IDW* RS HFA 2 Rz 60):

(1) Die Geschäftstätigkeit der Zweckgesellschaft ist soweit auf die Bedürfnisse des Sponsors abgestimmt, dass dieser den wesentlichen Nutzen der Geschäftstätigkeit genießt (SIC 12.10(a)).

(2) Der Sponsor verfügt über eine faktische Entscheidungsmacht, die es ihm ermöglicht, die Mehrheit des Nutzens aus der Tätigkeit der Zweckgesellschaft zu ziehen. Diese Entscheidungsmacht kann auch durch einen sog „Autopilot-Mechanismus" in der Satzung der SPE institutionalisiert sein (SIC 12.10(b)).

(3) Der Sponsor verfügt über das Recht, die Mehrheit des Nutzens aus der Zweckgesellschaft zu ziehen und ist deshalb auch Risiken aus deren Geschäftstätigkeit ausgesetzt (SIC 12.10(c)).

(4) Der Sponsor behält faktisch die Mehrheit der mit der Zweckgesellschaft verbundenen Eigentums- und Residualrisiken oder Vermögenswerte, um Nutzen aus der SPE zu ziehen (SIC 12.10(d)).

13 Die in SIC 12.10 genannten Kriterien haben explizit nur Indiziencharakter. Maßgeblich für eine tatsächliche Konsolidierungspflicht ist eine Gesamtwürdigung sämtlicher relevanter Faktoren des **Verhältnisses zwischen Sponsor und Zweckgesellschaft im Einzelfall** (SIC 12.8f). So kann eine besonders starke Ausprägung eines der dargestellten Kriterien ebenso zu einer Einbeziehungspflicht in den Konzernabschluss führen wie eine mittlere Ausprägung mehrerer dieser Indizien. Bei der Beurteilung ist dabei die Verteilung der Chancen zwischen Sponsor und Zweckgesellschaft ebenso zu würdigen wie die Verteilung der Risiken.

14 Unter Zugrundelegung der in Rz 12 aufgeführten Indizien ist eine **Leasingobjektgesellschaft** nur dann in den Konzernabschluss des Leasingnehmers einzubeziehen, wenn bei einer ganzheitlichen Risiko-Nutzen-Betrachtung der Leasingnehmer die Mehrheit der Risiken bzw des Nutzens der Leasingobjektgesellschaft trägt. Liegt eine solche mehrheitliche Risiko-/Nutzenzuordnung vor, so ist jedoch – zumindest bei Einobjekt-Leasingobjektgesellschaften – idR bereits eine Erfassung des Leasingobjekts **im Rahmen eines Finanzierungsleasing** innerhalb des Einzelabschlusses des Leasingnehmers geboten (§ 22 Rz 166ff). Im Rahmen der Konzernabschlusserstellung kommt es in diesen Fällen zu einem Konkurrenzverhältnis zwischen den Regelungen des IAS 17 und des IAS 27 iVm SIC 12. Die IFRS sehen keine Rangfolge dieser Kontrollbegriffe vor, sodass unter Berücksichtigung des Prinzips des *true and fair view* eine Beurteilung im Einzelfall erforderlich ist. Diese kann in einigen Fällen dazu führen, dass unter Wesentlichkeitsgesichtspunkten die Darstellung des Finanzierungsleasing von der Einzelabschlussebene auf die Konzernabschlussebene übernommen wird, wenn die Gesellschaft ohne Berücksichtigung des Leasingobjekts nur noch über Vermögenswerte und Schulden verfügt, die für die Darstellung des Konzerns unwesentlich sind. Falls jedoch weitere wesentliche Vermögenswerte und Schulden in der Objektgesellschaft vorhanden sind oder die Objektfinanzierung in der

Gesellschaft zu Konditionen realisiert wurde, die wesentlich von der bei der berichtenden Einheit zu passivierenden Leasingverbindlichkeit abweicht, ist zur Sicherstellung einer zutreffenden Darstellung im Konzern bei Vorliegen der Voraussetzungen für eine Konsolidierungspflicht nach IAS 27 iVm SIC 12 die auf Einzelabschlussebene vorgenommene Finanzierungsleasing-Erfassung auf Konzernebene zu stornieren und durch eine Einbeziehung der Leasingobjektgesellschaft in den Konzernabschluss zu ersetzen.

Sind die mit der Leasingobjektgesellschaft eingegangenen Vertragsbeziehungen 15
hingegen als **operatives Leasingverhältnis** zu klassifizieren, ist eine Beurteilung der Konsolidierungspflicht nach den allgemeinen Kriterien des SIC 12.10 iVm IAS 27.13 (2008)/IAS 27.13 (2003) heranzuziehen. Dies gilt auch für die Fälle, in denen aufgrund des Komponentenansatzes des IAS 17.14 innerhalb einer einheitlichen Miet- oder Leasingvereinbarung beim Immobilienleasing der Gebäudeteil als Finanzierungsleasing zu klassifizieren ist, während der Grundstücksteil als operatives Leasingverhältnis darzustellen ist.

Beispiel: Ein berichtendes MU ist mit einer Beteiligungs- und Stimmrechtsquote von 5% an einer Leasingobjektgesellschaft SPE beteiligt. 95% sind fremden Dritten zuzurechnen. In diesem Verhältnis ist auch die Gewinnaufteilung vertraglich vereinbart. Die SPE weist als einzigen wesentlichen Vermögenswert ein bebautes Grundstück auf, auf dem ein Gebäude steht, das wesentlich auf die Bedürfnisse des derzeitigen Nutzers und Leasingnehmers MU ausgerichtet ist, jedoch grds auch von anderen Leasingnehmern genutzt werden könnte. Die SPE hat das Gebäude fremdfinanziert und weist entspr Bankverbindlichkeiten auf.

Der **Business-Plan** der SPE ist so aufgebaut, dass die Leasingzahlungen des MU dazu ausreichen, die aus der Finanzierung des Leasingobjekts bei der SPE anfallenden Zinsen, die der SPE entstehenden Abschreibungen auf den Gebäudeteil und darüber hinaus eine Dienstleistungsvergütung an die Fremdgesellschafter abzudecken, welche die Geschäftsführung der SPE übernommen haben. Ein darüber hinausgehender Gewinn innerhalb der SPE ist nicht geplant. Nach Ablauf der vertraglichen Leasingdauer ist eine Veräußerung des Leasingobjekts am Markt vorgesehen. Die vertraglichen Vereinbarungen sehen vor, dass ein nach Abzug der restlichen Bankschulden verbleibender Veräußerungsgewinn hälftig auf MU und SPE verteilt werden soll.

Nach der Ausgestaltung des Leasingvertrags unter Berücksichtigung der Kriterien des IAS 17.10 und IAS 17.11 ist eine **Klassifikation** des Grundstücksteils als operatives Leasingverhältnis und des Gebäudeteils als Finanzierungsleasing zu unterstellen. Dementsprechend wurde im Einzelabschluss des MU ein *finance-lease-adjustment* vorgenommen.

Bzgl einer ggf vorliegenden **Einbeziehungspflicht** der SPE in den Konzernabschluss des MU ist nach IAS 27.13 (2008)/IAS 27.13 (2003) iVm SIC 12.10 zu prüfen, ob dem MU die Mehrheit der Chancen und Risiken aus der SPE zuzuordnen sind. Da der Business Plan der SPE keine lfd Gewinne aus der operativen Tätigkeit während des Leasingzeitraums vorsieht, ziehen in diesem Zeitraum weder das MU noch die Fremdgesellschafter wirtschaftlichen Nutzen aus der Tätigkeit der SPE. Im Falle der Veräußerung des Leasingobjekts ist eine hälftige Teilung des Veräußerungsergebnisses vorgesehen. Der auf die SPE entfallende Anteil unterliegt wiederum der allgemeinen Gewinnverwendungsregelung innerhalb der Gesellschaft, wonach 5% auf MU und 95% auf die Fremdgesellschafter entfallen. Damit entfallen insgesamt 52,5% des Veräußerungsergebnisses (50% über vertragliche Regelungen und 2,5% im Rahmen der Gewinnverteilung der restlichen 50% des Veräußerungsgewinns innerhalb der SPE) auf das MU, das damit die Mehrheit des Restwertrisikos übernimmt. Damit ist dem MU die Mehrheit der Chancen und Risken der SPE zuzurechnen, woraus eine Konsolidierungspflicht im Konzernabschluss des MU nach IAS 27.12 (2008)/IAS 27.12 (2003) iVm SIC 12 resultiert.

Durch die Klassifikation als TU und der damit verbundenen Einbeziehungspflicht in den Konzernabschluss ist aus Sicht der berichtenden Einheit die Leasingvereinbarung zwischen dem MU und der SPE als **konzerninternes Vertragsverhältnis** zu beurteilen und entspr zu eliminieren, indem im Rahmen der Konsolidierung das innerhalb des Einzelabschlusses auf HB II-Ebene vorgenommene *finance-lease-adjustment* hinsichtlich des Gebäudes rückgängig zu machen und die SPE als TU in den Konzernabschluss des MU einzubeziehen ist. Diese Vorgehensweise entspricht derjenigen des IAS 39.15 für *asset-backet-*

securities-Transaktionen und stellt uE eine zutreffende Hierarchiefolge von IAS 27 iVm SIC 12 einerseits und IAS 17 andererseits dar.

Vor dem Hintergrund der Eliminierungspflicht konzerninterner Vertragsverhältnisse erscheint uE in der Bilanzierungspraxis ein **Verzicht auf das *finance-lease-adjustment*** auf HB II-Ebene bei der dargestellten Vertragskonstellation sinnvoll, da diese Anpassungsbuchung im Zuge der Konsolidierung ohnehin rückgängig zu machen ist. Dies gilt allerdings nur unter der Voraussetzung, dass ein IFRS-Einzelabschluss ausschließlich für Zwecke der Konsolidierung erstellt wird. Kommen ihm hingegen darüber hinausgehende Funktionen (etwa im Rahmen der Offenlegung nach § 325 Abs 2a HGB) zu, so ist ein Verzicht auf die Anpassungsbuchung im Einzelabschluss des MU nicht zulässig.

16 Handelt es sich bei der SPE hingegen um eine **Einobjekt-Gesellschaft**, so führt die Klassifikation des Leasingverhältnisses als Finanzierungsleasing idR dazu, dass durch das auf HB II-Ebene vorzunehmende *finance-lease-adjustment* qualitativ ein der Einbeziehung als TU vergleichbares Ergebnis erzielt wird. Abweichungen ergeben sich zum einen bei der Darstellung der Minderheiten im Konzern, da bei einer Einbeziehung als TU der Saldo aus Vermögenswerten und Schulden in Höhe der Beteiligungsquote der Minderheiten diesen zuzurechnen ist. Bei Unternehmen in der Rechtsform einer PersGes kann es darüber hinaus zu Abweichungen kommen, wenn das Minderheitenkapital nach IAS 32 als Fremdkapital auszuweisen ist, da es nicht die nachrangigste Kapitalklasse darstellt. Zum anderen kann es Abweichungen hinsichtlich einzelner Bilanzansätze von Vermögenswerten und Schulden geben, weil zB die nach dem *finance-lease-adjustment* auszuweisende Leasingverbindlichkeit im Einzelabschluss des MU nicht exakt der Bankverbindlichkeit der SPE entspricht. Die sich ergebenden Verschiebungen dürften jedoch in den meisten Fällen nicht wesentlich sein, sodass die Beibehaltung des *finance-lease-adjustment* unter Verzicht auf die Konsolidierung der SPE in der Bilanzierungspraxis vor allem aus Gründen der Aufwandsreduzierung bei der Konzernabschlusserstellung in vielen Fällen vertretbar erscheint.

Bei der Beurteilung der **Wesentlichkeit** der Abweichungen zwischen der Beibehaltung eines *finance-lease-adjustment* und einer Konsolidierung der SPE sind darüber hinaus die Wirkungen auf die latenten Steuern zu berücksichtigen. Hierbei ist insbes die Ausnahmeregelung des IAS 12.15(b) zu berücksichtigen, nach der auf Vermögenswerte und Schulden, die nicht im Rahmen eines Unternehmenszusammenschlusses erworben wurden und die zu keinen steuerlichen Ergebnisauswirkungen führen, keine latenten Steuern zu bilden sind (vgl § 25 Rz 18, Rz 103(n)). In der Literatur ist derzeit umstritten, ob diese Ausnahmeregelung auf das *finance-lease-adjustment* anzuwenden ist (so *PwC* 2008, 13050f) oder ob eine Anwendung von IAS 12.15(b) für diese Fälle grds nicht gegeben ist (so *KPMG* 2008/9, 723f).

II. Einbeziehung von Gemeinschaftsunternehmen

17 Neben den TU, die von dem berichtenden MU allein beherrscht und dementsprechend voll konsolidiert werden, sind auch jene Gemeinschaftsunternehmen in den Konsolidierungskreis einzubeziehen, die als **Unternehmen unter gemeinschaftlicher Führung** nach IAS 31.24ff einzustufen sind (vgl § 30 Rz 27; *Baetge/Kirsch/Thiele*[7], 147). Die Einbeziehung dieser Unternehmen erfolgt derzeit entweder **quotal** nach Maßgabe des Anteils am gemeinschaftlich geführten Unternehmen (IAS 31.30) oder durch eine **Equity-Bilanzierung.**

Gemeinschaftsunternehmen, die als zur Veräußerung bestimmt iSv IFRS 5 einzustufen sind, sind nach IAS 31.2(a) nicht zu konsolidieren. Stattdessen sind gem IAS 31.42 diese Anteile nach Maßgabe der Sondervorschriften des IFRS 5 zu bilanzieren.

Die derzeit noch in IAS 31 vorgesehene Möglichkeit der quotalen Einbeziehung von Gemeinschaftsunternehmen wird mit Inkrafttreten von ED 9 zukünftig entfallen. Diesbezüglich wird auf die Darstellung unter Rz 49 verwiesen. 18

III. Einbeziehung von assoziierten Unternehmen

Zum Konsolidierungskreis iwS sind auch die **assoziierten Unternehmen** zu rechnen, bei denen das MU direkt oder indirekt einen maßgeblichen Einfluss ausübt (IAS 28.2; vgl § 30 Rz 31 ff; *Baetge/Kirsch/Thiele*[7], 147). Diese Unternehmen sind grds auf der Basis der **Equity-Bewertung** in den Konzernabschluss einzubeziehen. 19

Ausgenommen von dieser Darstellung sind nach IAS 28.13(a) diejenigen Beteiligungen an assoziierten Unternehmen, für die eine Veräußerungsabsicht iSv IFRS 5 besteht. Analog zu der Vorgehensweise bei TU und Gemeinschaftsunternehmen bestimmt IAS 28.14, dass diese Beteiligungen nach Maßgabe der Regelungen in IFRS 5 zu bilanzieren sind.

Der Konzernbegriff setzt gem IAS 27 ein Mutter-Tochter-Verhältnis voraus. Nach diesem Verständnis besteht ohne ein konsolidierungspflichtiges TU kein Konzern (IAS 27.4 (2008)/IAS 27.4 (2003)). Assoziierte Unternehmen und Gemeinschaftsunternehmen sind deshalb **nur in einen ohnehin aufzustellenden Konzernabschluss einzubeziehen,** begründen jedoch selbst keine Konzernabschlusspflicht. 20

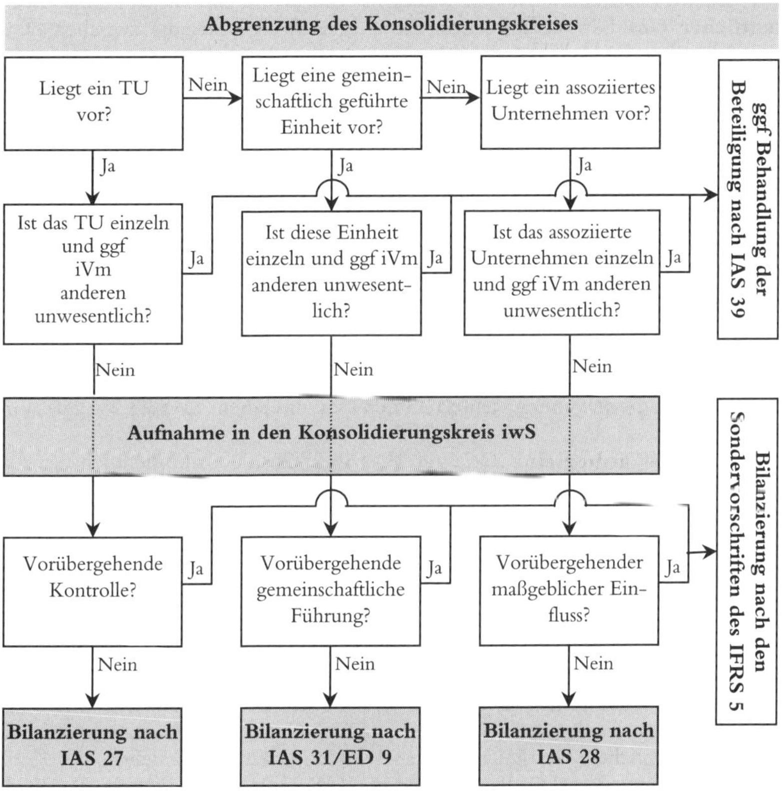

C. Stichtag der einzubeziehenden Abschlüsse

21 Der Grundsatz der Darstellung des Konzerns als wirtschaftliche Einheit bedingt eine grds Vereinheitlichung von Bilanzierung und Bewertung der in den Konzernabschluss einbezogenen Unternehmen. Hinsichtlich des Konzernabschlussstichtags schreibt IAS 27.22 (2008) iVm IAS 27.23 (2008)/IAS 27.26 (2003) iVm IAS 27.27 (2003) verbindlich den **Abschlussstichtag des den Konzernabschluss aufstellenden MU** vor. Abweichungen hiervon sind nicht vorgesehen.

22 Die Jahresabschlüsse der in den Konzernabschluss einbezogenen Unternehmen sollen regelmäßig auf denselben Stichtag wie der des MU aufgestellt werden. Ist dies nicht möglich, so wird in IAS 27.22 (2008)/IAS 27.26 (2003) zunächst von der Aufstellung von Zwischenabschlüssen auf den Konzernbilanzstichtag ausgegangen. Erst wenn auch dies nicht durchführbar oder wirtschaftlich nicht sinnvoll ist, kann subsidiär auch eine Einbeziehung auf der Basis eines Einzelabschlusses mit abweichendem Stichtag in Frage kommen. In diesem Fall dürfen die Stichtage der einbezogenen Einzelabschlüsse jedoch **nicht mehr als drei Monate** vor oder nach dem Konzernabschlussstichtag liegen.

23 Für den Fall, dass einbezogene Einzelabschlüsse hinsichtlich des Abschlussstichtags von dem des Konzerns abweichen und kein Zwischenabschluss erstellt wird, schreibt IAS 27.23 (2008)/IAS 27.27 (2003) vor, dass der Einzelabschluss vor seiner Einbeziehung in den Konzernabschluss um die Auswirkungen **wesentlicher Geschäftsvorfälle oder sonstiger Ereignisse,** die zwischen dem abweichenden Stichtag und dem des Konzernabschlusses liegen, zu berichtigen ist. Eine Spezifikation der Geschäftsvorfälle und Ereignisse, die zu einer Berichtigungspflicht führen, enthält IAS 27 nicht. Es wird demnach regelmäßig eine Beurteilung anhand des allgemeinen Wesentlichkeitskriteriums erfolgen müssen. Dies bedeutet im Einzelfall die Prüfung, inwieweit der Verzicht auf eine Berichtigung des Einzelabschlusses nach Durchführung sämtlicher Konsolidierungsmaßnahmen eine Verfälschung der Vermittlung eines zutreffenden Bilds der Konzern-VFE-Lage bedingen würde (*Baetge/Kirsch/Thiele*[7], 158f; *Winkeljohann/Lust* in BeBiKo[6] § 299 HGB Rz 33). Der Begriff der Berichtigung für diese Vorgänge erfordert nach IAS 27.23 (2008)/IAS 27.27 (2003) die Durchführung von **Korrekturbuchungen** im Konzernabschluss (*Küting/Weber*[11], 196f). Eine verbale Angabe im Anhang reicht dazu nicht aus (so auch *Baetge/Kirsch/Thiele*[7], 159). Analog dazu sind Korrekturbuchungen bei gemeinschaftlich geführten Einheiten und assoziierten Unternehmen vorzunehmen (IAS 28.25 ggf iVm IAS 31.45).

24 Die Regelungen des IAS 27.22 (2008)/IAS 27.26 (2003) hinsichtlich der zugrunde zu legenden Stichtage gelten zunächst nicht für die nach den zuvor dargestellten Kriterien zulässigerweise **nicht einbezogenen TU** (Rz 9f). Im Hinblick auf eine möglicherweise in Folgeperioden eintretende Konsolidierungspflicht ist jedoch zu empfehlen, die Abschlussstichtage sämtlicher Konzernunternehmen zu vereinheitlichen. Dies erscheint auch unter Berücksichtigung der bei abweichenden Stichtagen rechnungslegungssystematisch auftretenden Konsolidierungsprobleme (vor allem im Bereich der Schulden- sowie Aufwands- und Ertragskonsolidierung) vorteilhaft.

25 Bei einem **unterjährigen Wechsel des Bilanzstichtags** des MU sind auch von sämtlichen in den KA einbezogenen TU (Zwischen-)Abschlüsse auf den neuen Bilanzstichtag des MU, der neuer einheitlicher Bilanzstichtag des Konzerns ist, aufzustellen. Die Regelungen des IAS 27.23 (2008)/IAS 27.27 (2003)

sind auch für diesen Fall entspr anzuwenden. Für den Sonderfall eines Rumpfgeschäftsjahrs des MU bei erstmaliger Konzernbildung sind auch bei identischem Bilanzstichtag die einzubeziehenden Erfolgsrechnungen der TU im Hinblick auf den Zeitraum der Konzernzugehörigkeit anzupassen, wenn nicht ohnehin ein Zwischenabschluss auf den Beginn der Konzernbildung aufgestellt wurde.

Bei einer Umstellung des Bilanzstichtags in einem bestehenden Konzern mit der Folge der Entstehung zweier aufeinander folgender Rumpfgeschäftsjahre (vgl § 31 Rz 10) sollte hingegen unter wirtschaftlicher Sichtweise neben der formal erforderlichen Einbeziehung auf der Basis der zwei Rumpfgeschäftsjahre auch eine Darstellung der TU für den gesamten Zwölf-Monatszeitraum erfolgen (so auch *Maier* StuB 2008, 702f).

D. Maßnahmen zur Herstellung einer konzerneinheitlichen Bilanzierung und Bewertung

Die Pflicht zur konzerneinheitlichen Bilanzierung und Bewertung ergibt sich unmittelbar aus IAS 27.24 (2008)/IAS 27.28 (2003). 26

Zur Sicherstellung dieser Einheitlichkeit werden in der Praxis **Konzernbilanzierungsrichtlinien** verwandt, in denen die für den Konzernabschluss verbindlichen Bilanzierungs- und Bewertungsgrundsätze nach IFRS dargelegt sind. Diese Konzernbilanzierungsrichtlinien beinhalten regelmäßig auch eindeutige Vorgaben zur einheitlichen Ausübung von Wahlrechten/Beurteilungsspielräumen nach IFRS. Das zugehörige Konzernberichtswesen umfasst zweckmäßigerweise einen einheitlichen Konzernkontenplan, darauf aufbauende Positionszuordnungen sowie entspr EDV-gestützte Reportingstrukturen (*Hirschberger/Karl* DStR 2002, 2237).

Soweit im Jahresabschluss eines einbezogenen Konzernunternehmens von den konzerneinheitlichen Bilanzierungs- und Bewertungsmethoden abgewichen wird, ist für das betreffende Konzernunternehmen eine sog **HB II** zu erstellen (IAS 27.25 (2008)/IAS 27.29 (2003)). Dies ist zum einen dann erforderlich, wenn die nationalen Rechnungslegungsvorschriften von den IFRS abweichen, zum anderen kann auch durch die vom Einzelabschluss unabhängige Neuausübung von Bilanzierungs- und Bewertungswahlrechten nach IFRS im Konzern eine HB II notwendig werden, wenn bereits nach nationalem Recht die IFRS zur Anwendung kommen. 27

Von konzerneinheitlichen Ansatz-, Bewertungs- und Ausweisgrundsätzen kann nur gem P. 12 iVm F. 29f dann abgesehen werden, wenn der zugrunde liegende Sachverhalt als **unwesentlich** einzustufen ist. Dies wird zB bei kleineren ausländischen Konzernunternehmen der Fall sein, bei denen der Informationsgewinn durch eine Anpassung der Rechnungslegungsgrundsätze nicht als wesentlich im Konzernzusammenhang einzuschätzen ist. 28

Besonderheiten sind im Zusammenhang mit der **Erstanwendung von IFRS** bei einem MU zu beachten, das ein TU erwirbt, welches bereits zuvor IFRS-Anwender war, also zeitlich nach dem TU zur Rechnungslegung nach IFRS wechselt. In diesem Fall hat das Unternehmen in seinem Konzernabschluss die Buchwerte der Vermögenswerte und Schulden aus dem Abschluss des TU unter Berücksichtigung von notwendigen Wertanpassungen aus dem Unternehmenszusammenschluss und der Konsolidierung zu übernehmen (IFRS 1.D17 (2008)/IFRS 1.25 (2003)). Dabei umfassen die Konsolidierungsanpassungen auch die Vereinheitlichung der Bilanzierungs- und Bewertungsmethoden, da nach IAS 27.24f (2008)/IAS 27.28f (2003) diese zu den Konsolidierungsverfahren iSv IAS 27.18ff (2008)/IAS 27.22ff (2003) gehören. 29

Vor diesem Hintergrund sind nach IFRS 1.IG30 in Bezug auf den Anschaffungszeitpunkt und -zusammenhang drei Gruppen von Vermögenswerten und Schulden zu unterscheiden (*IDW* RS HFA 19 Rz 15):

(1) Vermögenswerte und Schulden, die vor dem Übergangszeitpunkt des MU im Rahmen von Unternehmenszusammenschlüssen erworben bzw übernommen wurden, sind, sofern ihre Buchwerte von denen des TU zum Zeitpunkt des Unternehmenserwerbs abweichen, für Konsolidierungszwecke anzupassen. IFRS 1.D17 (2008)/IFRS 1.25 (2003) ist auf diese Vermögenswerte und Schulden insoweit nicht anwendbar.

(2) Vermögenswerte und Schulden, die nach dem Erwerbszeitpunkt, jedoch vor dem IFRS-Übergangszeitpunkt durch das TU einzeln und nicht im Rahmen von Unternehmenszusammenschlüssen erworben wurden, sind nach dem Wortlaut von IFRS 1.IG30 aus dem IFRS-Abschluss des TU zu übernehmen. Die Regelung des IFRS 1.D17 (2008)/IFRS 1.25 (2003) ist für diese Vermögenswerte anzuwenden. Die dabei vorzunehmenden Konsolidierungsanpassungen umfassen dabei auch die Vereinheitlichung der Bilanzierungs- und Bewertungsmethoden.

(3) Vermögenswerte und Schulden, die nach dem Übergangszeitpunkt des MU erworben oder übernommen wurden, fallen nicht unter die Regelung des IFRS 1.D17 (2008)/IFRS 1.25 (2003). Ansatz und Bewertung dieser Vermögenswerte und Schulden richten sich nach den allgemeinen IFRS-Regelungen, einschließlich der Bilanzierungs- und Bewertungsmethoden.

Bzgl weiterer Einzelheiten wird auf die Ausführungen in § 44 verwiesen.

E. Angaben im Anhang

I. Konsolidierungskreisbezogene Angaben

30 IAS 27.41 (2008)/IAS 27.40 (2003) schreibt folgende Angaben im Konzernanhang vor, sofern entspr Sachverhalte vorliegen:

Bei der Konsolidierung von TU, bei denen dem MU direkt oder indirekt **nicht mehr als die Hälfte der Stimmrechte** zusteht, sind gem IAS 27.41(a) (2008)/IAS 27.40(c) (2003) die Gründe für das Bestehen eines Kontroll-Verhältnisses, das die Grundlage für die Einbeziehung bildet, anzugeben. Dies gilt gem IAS 28.37(c) entspr für Unternehmen, die trotz eines direkten oder indirekten Stimmrechtsanteils von weniger als 20% aufgrund des Vorliegens eines maßgeblichen Einflusses als assoziierte Unternehmen auf der Grundlage der Equity-Methode in den Konzernabschluss einbezogen werden.

31 Wird andererseits ein Unternehmen **nicht als TU** qualifiziert und dementsprechend nicht in den Konzernabschluss einbezogen, obwohl dem MU mehr als 50% der Anteile zuzuordnen sind, so sind nach IAS 27.41(b) (2008)/IAS 27.40(d) (2003), die Gründe darzulegen, warum trotz der Mehrheit der Stimmrechte kein Kontrollverhältnis vorliegt. Analoges gilt, sofern der Anteilseigner zwar direkt oder indirekt 20% oder mehr der Stimmrechte an einem Unternehmen hält, dennoch aber kein maßgeblicher Einfluss vorliegt (IAS 28.37(d)).

32 Schließlich sind Art und Umfang von ggf existierenden **Restriktionen** hinsichtlich der Fähigkeit von TU und assoziierten Unternehmen zum **Mitteltransfer** an das berichtende MU darzustellen (IAS 27.10(d) (2008)/IAS 27.40(f) (2003), IAS 28.37(f)). Vergleichbare Angabepflichten für quotal konsolidierte Gemeinschaftsunternehmen werden zwar in IAS 31 nicht erwähnt, gleichwohl hat eine derartige Angabe nach unserer Ansicht auch in diesen Fällen zu erfolgen.

33 Als neue Angabepflicht ggü der bisherigen Fassung des IAS 27 verlangt IAS 27.41(e) (2008) eine Aufstellung der Effekte aus **Beteiligungsveränderungen** an TU, die **nicht zu einem Verlust der Beherrschung** (Statuswechsel) geführt haben.

34 Ebenfalls neu sind die Angabepflichten nach IAS 27.41(f) (2008). Bei Entkonsolidierungen aufgrund der Beendigung des Beherrschungsverhältnisses ist der **Entkonsolidierungserfolg** anzugeben. Außerdem sind – soweit zutreffend – folgende Angaben zu machen:

(1) Angabe des Anteils am Entkonsolidierungserfolg, die einer verbleibenden Beteiligung an dem entkonsolidierten Unternehmen zuzuordnen sind, die zum beizulegenden Zeitwert zum Zeitpunkt des Beherrschungsverlusts zu bewerten sind (IAS 27.41(f)(i) (2008)).

(2) Angabe des Postens der Erfolgsrechnung, in welchem der Entkonsolidierungserfolg ausgewiesen wird, wenn dieser nicht ohnehin schon als eigener Posten in der Erfolgsrechnung erscheint (IAS 27.41(f)(ii) (2008)).

35 Die Anteile eines Partnerunternehmens an wesentlichen **Gemeinschaftsunternehmen** sind bei Anwendung von IAS 31 mit Quotenausweis anzugeben und zu beschreiben (IAS 31.56). Ferner ist die Methode des Ansatzes der Gemeinschaftsunternehmen zu nennen (IAS 31.57).

36 Nach dem Wortlaut des Standards sind die genannten Angaben für jedes Unternehmen zu machen, bei dem die Tatbestandsvoraussetzungen des IAS 27.41 (2008)/IAS 27.40 (2003) bzw IAS 28.37 vorliegen. Gleichwohl erscheint es vertretbar, die Angaben für mehrere Unternehmen, bei denen dieselben Sachverhalte vorliegen, aggregiert zu machen. Außerdem ist auch in Bezug auf die Angabepflichten der Wesentlichkeitsgrundsatz aus F. 29f zu berücksichtigen. Die dargestellten Angabepflichten können demnach auf wesentliche Unternehmen beschränkt werden.

II. Angaben zum Bilanzstichtag

37 Neben der sich aus IAS 1.51(c) ergebenden Pflicht zur Nennung des Konzernbilanzstichtags bzw der Berichtsperiode in sämtlichen Bestandteilen des IFRS-Abschlusses verlangen IAS 27.41(c) (2008)/IAS 27.40(e) (2003) und IAS 28.37(e) die Angabe von **abweichenden Bilanzstichtagen bzw Berichtsperioden** der in den Konzernabschluss einbezogenen TU und assoziierten Unternehmen im Anhang. Außerdem sind die Gründe für die Verwendung dieser abweichenden Bilanzstichtage bzw Berichtsperioden zu erläutern. Vergleichbare Angaben sollten trotz Fehlens expliziter Vorschriften in IAS 31 uE auch bei abweichenden Bilanzstichtagen bzw Berichtsperioden von quotal konsolidierten Gemeinschaftsunternehmen nach IAS 31 gemacht werden.

III. Angaben zur konzerneinheitlichen Bilanzierung und Bewertung

38 Die Pflicht zur Darstellung der Bilanzierungs- und Bewertungsmethoden im IFRS-Konzernabschluss ergibt sich zunächst aus IAS 1.112ff. Art und Umfang der Darstellung sollen es dem Abschlussadressaten ermöglichen, die für den Abschluss relevanten Sachverhalte beurteilen zu können und sind dementsprechend für **jeden Abschluss erneut zu beurteilen.** IAS 1.114 beschreibt Sachverhalte, die als Mindestanforderung zu dokumentieren sind. Darüber hinaus können weitere Informationen erforderlich sein, um der Informationsfunktion des Abschlusses adäquat entsprechen zu können. Im Zusammenhang mit der Darstel-

lung der Bilanzierungs- und Bewertungsmethoden fordert IAS 1.117 auch die Angabe der wesentlichen Schätzgrundlagen.

39 Im Zusammenhang mit **Gemeinschaftsunternehmen** hat ein Partnerunternehmen bei Anwendung von IAS 31 in seinem Konzernabschluss die Summe des Betrags der folgenden Eventualschulden separat vom Betrag anderer Eventualschulden anzugeben (IAS 31.54/ED 9.38):

(1) Eventualschulden, die aus dem partnerschaftlich verflochtenen Haftungsnetz entstehen, sowie den eigenen Anteil an diesen gemeinschaftlich eingegangenen Verpflichtungen,
(2) den Anteil an den Eventualschulden des Gemeinschaftsunternehmens, für den es ggf haftet und
(3) Eventualschulden, die aus der Haftung des Partnerunternehmens für die Schulden der anderen Partnerunternehmen des Gemeinschaftsunternehmens entstehen.

Zudem hat ein Partnerunternehmen in seinem Konzernabschluss die Summe des Betrags der im Folgenden angeführten Verpflichtungen bezogen auf seinen Anteil am Gemeinschaftsunternehmen separat von anderen Verpflichtungen anzugeben (IAS 31.55/ED 9.37):

(1) alle Kapitalverpflichtungen des Partnerunternehmens bezogen auf seine Anteile am Gemeinschaftsunternehmen sowie den eigenen Anteil an allen gemeinschaftlich eingegangenen Kapitalverpflichtungen,
(2) seinen Anteil an den Kapitalverpflichtungen des Gemeinschaftsunternehmens selbst.

40 Hinsichtlich der Bilanzierung **assoziierter Unternehmen** zur einheitlichen Bilanzierung und Bewertung sind folgende Angaben in den Konzernanhang aufzunehmen (weitere Angabepflichten zu assoziierten Unternehmen sind in Rz 30ff sowie in § 36 Rz 121f aufgeführt):

(1) Angabe des beizulegenden Zeitwerts von Anteilen an assoziierten Unternehmen, für die Börsenkurse bzw Marktpreise existieren (IAS 28.37(a)),
(2) Finanzinformationen einschließlich der Angabe des Gesamtwerts der Vermögenswerte, Schulden, Umsätze, Gewinne und Verluste von assoziierten Unternehmen (IAS 28.37(b)),
(3) Finanzinformationen einschließlich der Angabe des Gesamtwerts der Vermögenswerte, Schulden, Umsätze, Gewinne und Verluste entweder für jedes einzelne oder Gruppen von assoziierten Unternehmen, die nicht auf der Grundlage der Equity-Methode bilanziert werden (IAS 28.37(i)),
(4) Angabe des Anteils an den Eventualschulden eines assoziierten Unternehmens, für den der Anteilseigner gemeinsam mit anderen Anteilseignern ggf haftet, sowie Angabe solcher Eventualschulden, die bestehen, weil der Anteilseigner einzeln für Teile oder alle Schulden des assoziierten Unternehmens haftet (IAS 28.40),
(5) Art und Umfang erheblicher Beschränkungen des assoziierten Unternehmens, die dessen Fähigkeit einschränken, Finanzmittel in Form von Bardividenden oder Darlehens- und Vorschusstilgungen an die Anteilseigner auszuzahlen (IAS 28.37(f)),
(6) die anteiligen erfolgsneutralen Veränderungen, die direkt im Eigenkapital des assoziierten Unternehmens berücksichtigt wurden, sind auch beim Anteilseigner direkt im Eigenkapital zu erfassen und entspr in der Eigenkapitalveränderungsrechnung abzubilden (IAS 28.39).

F. Wesentliche Änderungen und deren Anwendungszeitpunkte

41 IAS 27, IAS 28 und IAS 31 sind grds auf Berichtsperioden, die am oder nach dem 1. Januar 2005 beginnen (IAS 27.44, IAS 28.41, IAS 31.58) anzuwenden.

Die überarbeitete Fassung des **IAS 27** wurde im Januar 2008 veröffentlicht und ist für Berichtsperioden, die am oder nach dem 1. Juli 2009 beginnen, verpflichtend anzuwenden. Eine frühere Anwendung ist erlaubt und entspr im Anhang anzugeben IAS 27.45 (2008).

Darüber hinaus wurden weitere Absätze dieser Neufassung des IAS 27 (2008) bereits im Mai 2008 wieder geändert: IAS 27.38 durch das ***Annual Improvements* Projekt 2008** und IAS 27.4, IAS 27.38A bis IAS 27.38C durch die Änderungen des **IAS 27 iVm IFRS 1** (*Cost of an Investment in a Subsidiary, Jointly Controlled Entity or Associate*). Diese Folgeänderungen sind indessen bereits für Geschäftsjahre, die am oder nach dem 1. Januar 2009 beginnen, anzuwenden; eine frühere Anwendung ist erlaubt und entspr im Anhang anzugeben (IAS 27.45A bis IAS 27.45C). Damit sind diese spezifischen Regelungen ab dem Geschäftsjahr 2009 anzuwenden, während alle anderen Änderungen des IAS 27 grds erst ab dem Geschäftsjahr 2010 zur Anwendung kommen (sofern das Geschäftsjahr dem Kalenderjahr entspricht), es sei denn, es wird von der Möglichkeit der vorzeitigen Anwendung Gebrauch gemacht.

Die Änderungen des ***Annual Improvements* Projekts 2008** in IAS 28.1, IAS 28.33 und IAS 28.41C sowie in IAS 31.1 und IAS 31.58B wurden im Mai 2008 verabschiedet und sind für Berichtsperioden, die am oder nach dem 1. Januar 2009 beginnen, anzuwenden. Eine frühere Anwendung ist erlaubt und entspr im Anhang anzugeben (IAS 28.41C, IAS 31.58B). Eine frühere Anwendung der geänderten Vorschriften des IAS 28 erfordert eine korrespondierende frühere Anwendung der Folgeänderungen in IFRS 7, IAS 31 und IAS 32 (IAS 28.41C). Entspr erfordert eine frühere Anwendung der geänderten Regelungen des IAS 31 eine korrespondierende frühere Anwendung der Folgeänderungen in IFRS 7, IAS 28 und IAS 32 (IAS 31.58B).

Die vorliegende Kommentierung hat wesentliche materielle Änderungen herausgehoben, darüber hinaus haben die Überarbeitungen klarstellenden Charakter.

G. Gegenüberstellung zu HGB/DRS

I. Konsolidierungskreis

42 Die IFRS verlangen – ebenso wie die Vorschriften des HGB – grds die Einbeziehung aller in- und ausländischen TU in den Konzernabschluss nach dem **Weltabschlussprinzip** (*Weber-Braun* in HdKR[2] Kapitel II Rz 1246). Unterschiede können jedoch bei der konkreten Abgrenzung des Konsolidierungskreises auftreten.

43 Diese Unterschiede resultieren zum einen aus der graduell abweichenden Definition des TU in IAS 27.4 (2008)/IAS 27.4 (2003) im Vergleich zu § 290 HGB durch den Konzerntatbestand der einheitlichen Leitung (bis zum Inkrafttreten des BilMoG), zum anderen gibt es **Unterschiede betreffend Konsolidierungswahlrechte** (§ 296 HGB), die die IFRS im Grundsatz nicht kennen

(Rz 8ff). Bei **zeitlich begrenzter Kontrolle** ist außerdem die Bilanzierung der entspr Vermögenswerte und Schulden nach Maßgabe des IFRS 5 vorgesehen. Eine Entsprechung für diese Vorschriften ist innerhalb des deutschen Handelsrechts nicht zu finden. Demgegenüber ist eine subsidiäre Einbeziehung nach der Equity-Methode, die das HGB ermöglicht oder verlangt, nach den Regelungen der IFRS explizit ausgeschlossen (*Förschle/Deubert* in BeBiKo[6] § 296 HGB Rz 53).

44 Durch das BilMoG reduzieren sich die Unterschiede hinsichtlich der Konsolidierungskreisabgrenzung zwischen HGB einerseits und IFRS andererseits. Durch die Einbeziehung von bestimmten Zweckgesellschaften auch ohne ein direktes Beteiligungserfordernis nach § 290 HGB (BilMoG) nähert sich der Konsolidierungskreis nach HGB (BilMoG) demjenigen nach IFRS weitgehend an.

45 Die im Zusammenhang mit dem Konsolidierungskreis zu machenden **Anhangangaben** nach IFRS sind in IAS 27 weniger umfangreich als diejenigen nach HGB. § 313 Abs 2 Nr 1 HGB enthält die Verpflichtung zur Nennung von Name und Sitz sämtlicher TU (*Dörner/Wirth* in HdKR[2] §§ 313, 314 HGB Rz 281ff). Dort wird außerdem die Angabe des Konzernanteils am Eigenkapital der einzelnen Unternehmen sowie ggf abweichender Gründe der Einbeziehung in den Konzernabschluss gefordert, während IAS 27 lediglich Angaben zu den wesentlichen Beteiligungen verlangt.

II. Abschlussstichtag

46 Konzernabschlussstichtag ist nach IAS 27, § 299 Abs 1 HGB **zwingend der Stichtag des berichtenden MU.** IFRS und HGB unterscheiden sich nicht hinsichtlich der Forderung, dass der Abschlussstichtag der zu konsolidierenden Einheiten grds mit dem Konzernabschlussstichtag übereinstimmen sollte (*Winkeljohann/Lust* in BeBiKo[6] § 299 HGB Rz 31) und dass in abweichenden Fällen nach Möglichkeit Zwischenabschlüsse aufzustellen sind. Während die IFRS jedoch die subsidiäre Einbeziehung von Einzelabschlüssen ermöglicht, deren Stichtag **drei Monate vor oder nach** dem Konzernabschlussstichtag liegt, ist dieser Drei-Monatszeitraum nach § 299 Abs 2 Satz 2 HGB auf den Zeitraum **vor** dem Stichtag des Konzerns beschränkt.

47 Einen weiteren potenziellen Unterschied eröffnet § 299 Abs 3 HGB mit der Möglichkeit, wesentliche Ereignisse nach dem (abweichenden) Bilanzstichtag innerhalb der Bilanz/GuV oder **alternativ als Anhangangabe** darzustellen, während IAS 27.23 (2008)/IAS 27.27 (2003) explizit Anpassungsbuchungen auf Einzelabschlussebene fordert.

III. Konzerneinheitliche Bilanzierung und Bewertung

48 Unterschiede ergeben sich darüber hinaus bei **Abweichungen von der einheitlichen Bilanzierung und Bewertung.** Hier gehen die Anforderungen des IAS 27.25 (2008)/IAS 27.29 (2003) und IAS 28.26 über die des § 308 Abs 2 Satz 4 HGB hinaus, da sie pflichtmäßige Anpassungsbuchungen an die Konzernbilanzierung und -bewertung vorsehen.

H. Aktuelle Entwicklungen/IASB-Projekte

Nach der Veröffentlichung der Standards aus dem Projekt BCP II wird derzeit beim IASB das **Projekt „*Consolidation*"** bearbeitet. Wesentlicher Inhalt des Projekts ist eine Neufestlegung des *control*-Begriffs. Die aus dem im Dezember 2008 veröffentlichten Standardentwurf **ED 10 *Consolidated Financial Statements*** resultierenden Auswirkungen der darin vorgeschlagenen Regelungen auf die Festlegung des Konsolidierungskreises sind in § 30 Rz 56ff dargestellt. Hinsichtlich des Konzernabschlussstichtags und der Anforderungen an eine einheitliche Bilanzierung und Bewertung im Konzernabschluss sehen die vorgeschlagenen Regelungen des ED 10 keine wesentlichen Änderungen der derzeitigen Anforderungen des IAS 27 vor. 49

Mit Inkrafttreten von **ED 9** sind die in der neuen Terminologie so genannten ***joint ventures*** (bisher: *jointly controlled entities*, Unternehmen unter gemeinschaftlicher Führung) ausschließlich im Wege der Equity-Bewertung in den IFRS-Konzernabschluss einzubeziehen sein (vgl § 30 Rz 42). Da der Wechsel von der Quotenkonsolidierung auf die Equity-Bilanzierung nicht durch eine Änderung der Beteiligungs- und Einflussverhältnisse bei den betroffenen Unternehmen ausgelöst wird, handelt es sich nicht um Fälle der Übergangskonsolidierung im üblichen Sinn, sondern um einen Übergang von einem bisher gültigen Standard (IAS 31) zu einem neuen (ED 9). 50

Bei Unternehmen, die nach IAS 31 bisher im Wege der quotalen Einbeziehung innerhalb des Konzernabschlusses berücksichtigt wurden, können sich durch den Wechsel auf die Equity-Bilanzierung **Inkonsistenzen** hinsichtlich der **Eigenkapitaldarstellung** ergeben, da in Verlustsituationen der Equity-Buchwert maximal bis auf Null reduziert werden kann, die quotale Einbeziehung jedoch auch die Erfassung weiter gehender Verluste zulässt. Darüber hinaus sind bei der Equity-Darstellung auch Forderungen und Verbindlichkeiten im Verhältnis zu den betroffenen Unternehmen zu berücksichtigen. Hier können Verluste bspw zu Wertminderungen der ggü dem Unternehmen ausgewiesenen Forderungen führen. Nach Inkrafttreten des auf ED 9 basierenden Standards plant der IASB derzeit keine weiteren Änderungen in Bezug auf die Darstellung von Gemeinschaftsunternehmen.

§ 33. Währungsumrechnung

Übersicht

Schrifttum: *Achleitner/Behr* International Accounting Standards, 3. Aufl, München 2002; *Berger* Die Absicherung von Nettoinvestitionen in ausländische Geschäftsbetriebe, KoR 2008, 608; *Ernst & Young* International GAAP 2008, London 2007; *Kagermann/Küting/Wirth* IFRS-Konzernabschlüsse mit SAP, 2. Aufl, Stuttgart 2008; *KPMG* Insights into IFRS 2008/9, 5th Edition, London 2008; *Küting/Weber* Der Konzernabschluss, 11. Aufl, Stuttgart 2008; *Küting/Wirth* Umrechnung von Fremdwährungsabschlüssen vollzukonsolidierender Unternehmen nach IAS/IFRS, KoR 2003, 376; *Löw/Lorenz* Währungsumrechnung nach E-DRS 18 und nach den Regelungen des IASB, BB 2002, 2543; *Lorenz* DRS zur Währungsumrechnung: Darstellung und Vergleichbarkeit mit IASB-Regelungen, KoR 2004, 437; *Schmidbauer* Die Fremdwährungsumrechnung nach deutschem Recht und nach den Regelungen des IASB, DStR 2004, 699.

Wesentliche Rechtsgrundlagen: IAS 21, IAS 29, IFRIC 7, IFRIC 16, IFRIC 16 (geändert 2009)

A. Grundlagen

Die Einbeziehung ausländischer Unternehmen in einen Konzernabschluss erfordert regelmäßig die **Umrechnung** der meist in **lokaler Währung** aufgestellten Einzelabschlüsse in die **Konzernwährung** als Voraussetzung für die Durchführung weiterer Konsolidierungsmaßnahmen. Im Gegensatz zu der transaktionsbezogenen Währungsumrechnung bei Fremdwährungsgeschäften, die ihren Niederschlag bereits im Einzelabschluss eines Unternehmens findet, bezieht sich die konsolidierungsvorbereitende Währungsumrechnung ausländischer Geschäftsbetriebe auf den Bilanzstichtag bzw die Betrachtungsperiode. 1

Die **Anpassung ausländischer Einzelabschlüsse an die Konzernwährung** für Zwecke der Vollkonsolidierung sowie der Equity-Bilanzierung ist in IAS 21 „Auswirkungen von Änderungen der Wechselkurse" geregelt. Dieser befasst sich gem IAS 21.1 darüber hinaus auch mit der einzelabschlussbezogenen Währungsumrechnung von Fremdwährungstransaktionen sowie den Modalitäten 2 der Umrechnung in eine ggf von der funktionalen Währung abweichende Berichtswährung (IAS 21.38 ff). Besonderheiten sind darüber hinaus bei der Umrechnung von Geschäfts- oder Firmenwerten zu beachten, soweit sie zum Erwerbszeitpunkt ausländischen TU zugeordnet wurden (IAS 21.47 f).

3 Wird der Prozess der Währungsumrechnung in Einzel- und Konzernabschluss in der **zeitlichen Abfolge** betrachtet, so erfolgt zunächst die Umrechnung einzelner Transaktionen in die funktionale Währung des Konzernunternehmens. Gleiches gilt für die Umrechnung von integrierten ausländischen Einheiten, die ihre Bücher in einer Fremdwährung führen, da diese Einheiten als integraler Bestandteil des Konzernunternehmens angesehen werden, ihre in der lokalen Buchführung abgebildeten Transaktionen mithin diesem Unternehmen zugerechnet werden. Der auf diese Weise in der funktionalen Währung des Konzernunternehmens aufgestellte Abschluss ist um Inflationseinflüsse zu bereinigen, soweit die funktionale Währung der ausländischen Einheit die Kriterien des IAS 29.3 erfüllt (s Rz 32). Der auf diese Weise ermittelte Einzelabschluss des Konzernunternehmens ist anschließend auf Konzernebene in die Konzern-Berichtswährung zu transformieren. Diese Vorgehensweise ist in der folgenden Grafik zusammenfassend dargestellt.

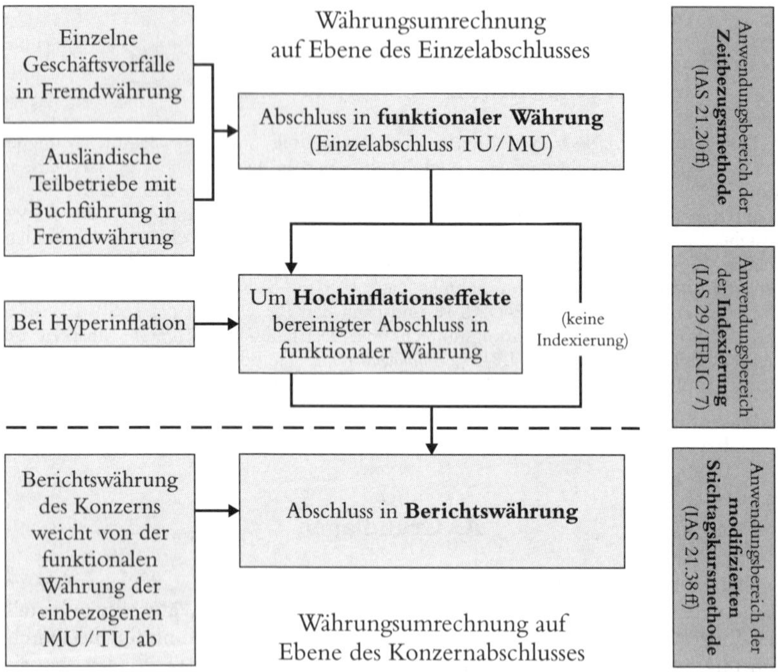

B. Funktionale Währung

4 Die Währungsumrechnung nach IAS 21 basiert auf dem Konzept der funktionalen Währung (*Kagermann/Küting/Wirth*[2], 166) und entspricht damit der Vorgehensweise des SFAS 52. Dabei sind für sämtliche Konzernunternehmen (einschließlich des MU) die funktionalen Währungen in ihren jeweiligen Ein-

zelabschlüssen zu bestimmen. Die Art der Währungsumrechnung der Jahresabschlüsse ausländischer Konzernunternehmen richtet sich dabei nach dem **primären ökonomischen Umfeld** der Unternehmen, welches Beurteilungskriterium dafür ist, ob durch Wechselkursschwankungen tatsächlich Erfolgsbeiträge für den Konzern entstehen. Wirken sich Wechselkursänderungen auf die Ertragslage und den Cashflow des berichtspflichtigen Unternehmens nur unwesentlich aus, so wird die Umrechnung als reiner **Transformationsprozess** angesehen. Sind die Auswirkungen dagegen materiell bedeutsam, so kommt der Währungsumrechnung eine **Bewertungsfunktion** zu.

Um dies beurteilen zu können, ist deshalb zunächst die **funktionale Währung** eines Konzernunternehmens zu bestimmen, dessen Abschluss in den Konzernabschluss einbezogen werden soll. Diese ist der Berichtswährung der berichtenden Einheit *(presentation currency)* gegenüberzustellen. Weicht die funktionale Währung auf der Ebene des Konzernunternehmens von der Berichtswährung ab, ist für Zwecke der Konsolidierung eine Transformation des lokalen Einzelabschlusses in die Berichtswährung erforderlich. Dabei ist für jedes in den Konzernabschluss einbezogene TU individuell die funktionale Währung zu bestimmen. Eine einheitliche funktionale Währung des Konzerns entspricht konzeptionell nicht der Systematik des IAS 21 (*KPMG* 2008/9, 233 ff). 5

Die funktionale Währung eines Konzernunternehmens ist nach IAS 21.9 diejenige Währung, in der das Unternehmen hauptsächlich Cash-In- und Outflows generiert. Zur Identifizierung dieser Währung werden in IAS 21.9 zwei **primäre Indikatoren** angeführt. Funktionale Währung idS kann zum einen die Währung sein, die den größten Einfluss auf die Verkaufspreise seiner Waren und Dienstleistungen hat und des Landes, dessen Wettbewerbskräfte und Bestimmungen für die Verkaufspreise seiner Waren und Dienstleistungen ausschlaggebend sind (Erlösorientierung; IAS 21.9(a)). Alternativ kann die funktionale Währung auch diejenige Währung sein, die den größten Einfluss auf die Lohn-, Material- und sonstigen Kosten für das Anbieten der Waren oder Dienstleistungen hat (Kostenorientierung; IAS 21.9(b)). 6

Daneben werden als **weitere Kriterien** in IAS 21.10 die Währung, in der Mittel aus Finanzierungstätigkeit generiert werden (zB durch Ausgabe von Schuldverschreibungen oder Eigenkapitalinstrumente), sowie die Währung, in der Eingänge aus betrieblicher Tätigkeit normalerweise einbehalten werden, herangezogen. Aus Wortlaut und Gliederung des IAS 21 wird deutlich, dass diese Kriterien subsidiär zu denen des IAS 21.9 zur Bestimmung der funktionalen Währung heranzuziehen sind.

Diese Kriterien sollen beispielhaft als Maßstab für die Integration des ausländischen Unternehmens in sein jeweiliges ökonomisches Umfeld dienen und die eigenständige Fähigkeit zur Erwirtschaftung von operativen Cashflows beurteilen helfen.

Beispiel: Das berichtspflichtige Unternehmen A in Deutschland hält Anteile an einem konsolidierungspflichtigen TU in der Schweiz. Dieses TU liefert etwa die Hälfte der von ihm hergestellten Produkte nach Deutschland an A und fakturiert diese in Euro. Die andere Hälfte der Produktion wird am lokalen Markt in der Schweiz abgesetzt. Für die Produktion werden Arbeitnehmer vor Ort beschäftigt und in CHF bezahlt. Aufgrund historisch gewachsener Lieferbeziehungen wird auch ein Großteil des Materials von schweizerischen Unternehmen bezogen. Die Finanzierung wurde in den letzten Jahren aufgrund der (in diesem Beispiel unterstellten) günstigeren Finanzierungskonditionen in Deutschland über das MU abgewickelt und in Euro verrechnet.

Das absatzmarktbezogene Kriterium des IAS 21.9(a) liefert im vorliegenden Fall keine eindeutige Aussage, da die Ertragsseite sowohl vom Preisumfeld in der Schweiz als auch von den Lieferungen an das MU in den Euro-Raum beeinflusst wird. Hingegen wird der

Großteil der Kosten in lokaler Währung verausgabt, was für die lokale Währung (CHF) als funktionale Währung des TU spricht. Dass die Finanzierung des Unternehmens auf den Konzern übertragen und in Euro abgewickelt wird, ist demgegenüber von geringerem Gewicht, da IAS 21.9 hierarchisch vor IAS 21.10 angeordnet ist.

7 Zur Beurteilung der Eigenständigkeit hinsichtlich der funktionalen Währung wird in IAS 21.11 schließlich auch das **Ausmaß der Unabhängigkeit des TU** hinsichtlich des operativen Geschäfts und der Finanzierung von dem berichtspflichtigen MU herangezogen. Dieses Kriterium, das bis zu der Neufassung des IAS 21 im Jahr 2003 das entscheidende Abgrenzungsmerkmal zur Bestimmung der Umrechnungsmethode war, wird nunmehr lediglich als ein weiterer Indikator zur Bestimmung der funktionalen Währung eines ausländischen TU gesehen. Entscheidend ist letztlich die Gesamtheit des ökonomischen Umfelds des zu beurteilenden ausländischen Unternehmens.

8 Führt die Analyse der in IAS 21.9ff angeführten Indikatoren zu keinem eindeutigen Ergebnis, so hat gem IAS 21.12 die Unternehmensleitung des Konzernunternehmens die funktionale Währung **nach eigenem Urteil** zu bestimmen. Der Beurteilungsspielraum wird jedoch insoweit eingeschränkt, als dass zunächst die primären Indikatoren des IAS 21.9 und danach die sekundären Indikatoren in IAS 21.10f der Entscheidung zugrunde zu legen sind. Außerdem muss die gewählte Währung die wirtschaftliche Auswirkung der darzustellenden Geschäftsvorfälle, Ereignisse und Umstände zutreffend wiedergeben. Aus dem einer solchen Management-Beurteilung inhärenten Ermessensspielraum resultiert deshalb nicht ein faktisches Wahlrecht zur Anwendung einer „Wunschwährung" als funktionaler Währung des Unternehmens. Vielmehr ist durch die Gesamtheit der beschriebenen Indikatoren in den meisten Fällen die funktionale Währung eines TU eindeutig determiniert.

9 Die auf diese Weise identifizierte funktionale Währung eines Unternehmens ist grds **stetig** auch für die Folgejahre anzuwenden, solange die Würdigung des primären ökonomischen Umfelds sich nicht ändert. Erst eine grds andere Einschätzung der maßgeblichen Indikatoren kann zu einer Änderung der funktionalen Währung eines ausländischen TU führen (IAS 21.13).

10 Ergibt sich nach Maßgabe der Beurteilungskriterien ein **Wechsel der funktionalen Währung,** so ist die sich auf die neue funktionale Währung beziehende Vorgehensweise bei der Währungsumrechnung gem IAS 21.35 ab dem Tag des Wechsels anzuwenden (zum Wechsel der funktionalen Währung des TU vgl auch Rz 42ff).

C. Durchführung und Bilanzierung der Währungsumrechnung

11 Die Währungsumrechnung von Einzelabschlüssen ausländischer Konzernunternehmen nach IAS 21 in die Berichtswährung des Konzerns erfolgt in Abhängigkeit vom Verhältnis der funktionalen Währung des TU zu der Berichtswährung des Konzerns. Dabei kommt entweder die sich aus der Theorie des Konzerns als Einheit ableitende **Zeitbezugsmethode** oder die rein transformationsbezogen ausgerichtete **Stichtagskursmethode** in der in IAS 21 spezifizierten Form zur Anwendung.

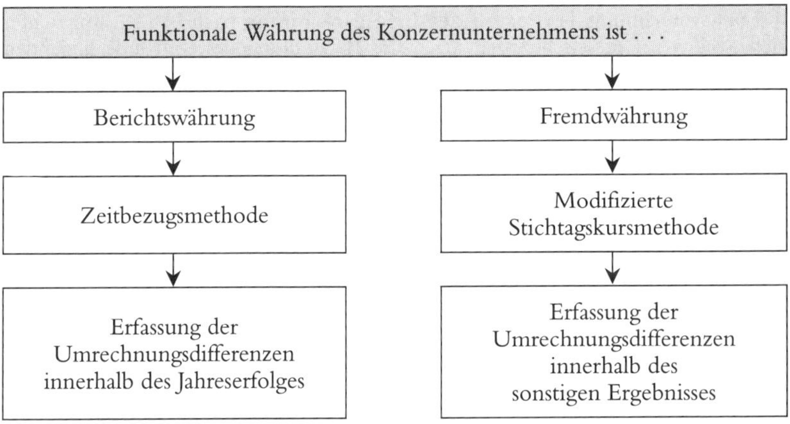

I. Zeitbezugsmethode

12 Ausgehend von der Betrachtung des ausländischen TU als **integralen Bestandteil des berichtenden MU** stellt die Zeitbezugsmethode die operativen Aktivitäten der ausländischen Einheit so dar, als wären sie unmittelbar in der Buchhaltung der Konzernmutter erfasst worden. Damit ist die funktionale Währung für diese Einheiten idR die Berichtswährung des Konzernabschlusses. Diese Sichtweise und die damit verbundene Umrechnung zur Zeitbezugsmethode entsprechen der Vorgehensweise zur Umrechnung von Geschäftsvorfällen im Einzelabschluss.

13 Nach IAS 21.23 sind **monetäre Bilanzposten** zu Stichtagskursen umzurechnen. **Nicht-monetäre Bilanzposten** sind danach zu unterscheiden, ob sie in der Fremdwährungsbilanz mit ihren historischen Anschaffungs- oder Herstellungskosten oder mit dem beizulegenden Zeitwert anzusetzen sind. Für den Fall der Bewertung mit den Anschaffungs- oder Herstellungskosten sieht IAS 21.23(b) die Umrechnung mit dem Kurs vor, der zum Anschaffungs- oder Herstellungszeitpunkt Gültigkeit hatte. Erfolgt die Bewertung im Fremdwährungsabschluss zum beizulegenden Zeitwert, so ist der Kurs der Ermittlung dieses Zeitwerts der Währungsumrechnung zugrunde zu legen (IAS 21.23(c)). Hinsichtlich der Bewertung zum beizulegenden Zeitwert im Rahmen eines sukzessiven Anteilserwerbs (s § 34 Rz 253ff) erscheint jedoch eine Umrechnung der einzelnen Erwerbstranchen zu unterschiedlichen Kursen als nicht sinnvoll, da dies dazu führen würde, dass einheitliche Vermögenswerte und Schulden mit einem „Mischkurs" umzurechnen wären. Vielmehr sind uE die betroffenen nicht-monetären Bilanzposten einheitlich zum Kurs der letzten Bestimmung des beizulegenden Zeitwerts in die Berichtswährung umzurechnen. Aufgrund der Übergangsvorschriften des IAS 21.59 gilt dies jedoch nicht für Alttranchen, da für diese keine Anpassung der Vorjahre vorgenommen werden muss und daher, sofern angemessen, der Geschäfts- oder Firmenwert und die Anpassungen an den beizulegenden Zeitwert im Zusammenhang mit diesem Erwerb als Vermögenswerte und Schulden des Unternehmens und nicht als Vermögenswerte und Schulden des ausländischen Geschäftsbetriebs behandelt werden können. In der Bilanzierungspraxis ist dies regelmäßig der Fall, da die Geschäfts- oder Firmenwerte auf der Ebene des Konzern-MU geführt werden und somit nicht Gegenstand einer regelmäßigen Anpassung an geänderte Währungskurse sind.

14 Die Umrechnung der **Posten der Erfolgsrechnung** nach IAS 21.20ff richtet sich, sofern auf diesen bezogen, nach der Behandlung des zugrunde liegenden Bilanzpostens. Für alle anderen Geschäftsvorfälle sieht IAS 21.21 eine Umrechnung mit dem **Kurs im Transaktionszeitpunkt** vor. Um unverhältnismäßig hohen Aufwand bei der taggenauen Ermittlung der Transaktionskurse zu vermeiden, erlaubt IAS 21.22 die Verwendung von Näherungswerten. Die Vorschrift verweist auf die Anwendbarkeit von **Durchschnittskursen** auf Wochen- oder Monatsbasis. Aus dieser expliziten Darstellung dürfte zu folgern sein, dass die Verwendung von Durchschnittskursen, die sich auf einen längeren Zeitraum beziehen, grds nicht für zulässig angesehen wird. In Fällen geringer Kursvolatilitäten spricht jedoch unter Berücksichtigung der allgemeinen Wesentlichkeitskriterien wohl auch nichts gegen die Verwendung von Quartals- oder Jahresdurchschnittskursen. Für eine solche Interpretation spricht im Umkehrschluss auch, dass IAS 21.22 auf die Nicht-Anwendbarkeit von Durchschnittskursen bei im Zeitverlauf stark schwankenden Währungskursen explizit hinweist.

15 **Umrechnungsdifferenzen** ergeben sich, falls sich die Währungskurse zum Zeitpunkt des Geschäftsvorfalls von denen zum Abwicklungszeitpunkt monetärer Posten oder dem Berichtsstichtag unterscheiden. IAS 21.28 schreibt vor, dass im Rahmen der Zeitbezugsmethode solche Währungsdifferenzen **grds als Aufwendungen und Erträge** in der Erfolgsrechnung der Berichtsperiode zu erfassen sind. IAS 21.29 führt hierzu erläuternd aus, dass Umrechnungsdifferenzen aus monetären Posten, deren erstmalige Erfassung und Abwicklung in dieselbe Berichtsperiode fallen, ohnehin unmittelbar in den Periodenerfolg eingehen. Bei solchen monetären Posten, deren erstmalige Erfassung in eine andere Periode fällt als deren Abwicklung, werden durch die Währungskursanpassung zum Konzernbilanzstichtag die Effekte aus Wechselkursänderungen den einzelnen Perioden zutreffend zugeordnet.

16 IAS 21 regelt den **Ausweis** der bei der Währungsumrechnung nach der Zeitbezugsmethode entstehenden Aufwendungen und Erträge in der Erfolgsrechnung des Unternehmens nicht explizit. In der Bilanzierungspraxis hat sich eine Zuordnung der erfolgswirksamen Währungsumrechnungseffekte zu den Posten „sonstige betriebliche Aufwendungen" bzw „sonstige betriebliche Erträge" durchgesetzt. Bei größeren Erfolgsauswirkungen durch Währungsumrechnungen kann auch ein Ausweis als gesonderter Posten in der GuV gem IAS 1.85f geboten sein.

17 Verschiedene IFRS sehen für bestimmte nicht-monetäre Bilanzposten eine Erfassung der Wertänderungen als sonstiges Ergebnis *(other comprehensive income)* **unmittelbar innerhalb des Eigenkapitals** vor. Dies ist zB für Wertänderungen innerhalb des Sachanlagevermögens im Rahmen der Neubewertungsmethode des IAS 16 der Fall. IAS 21.30 verlangt, dass der in der Wertänderung enthaltene umrechnungsbezogene Anteil ebenfalls unmittelbar innerhalb des Eigenkapitals berücksichtigt wird und dementsprechend keinen Eingang in den Periodenerfolg findet. Im Zeitpunkt der Entkonsolidierung der betroffenen TU sind diese zunächst erfolgsneutral erfassten Beträge dann grds erfolgswirksam auszubuchen. Eine auf den der Bildung zugrunde liegenden Sachverhalt abgestellte fallweise Umbuchung aus dem entspr gesonderten Eigenkapitalposten in den jeweiligen Periodenerfolg hingegen würde eine fortlaufende Beurteilung der einzelfallbezogenen Umrechnungsdifferenzen erfordern und ist damit im Regelfall nicht praktikabel.

18 Die **Umrechnung nach der Zeitbezugsmethode** führt dazu, dass weder die Bemessungsgrundlage der Abschlussposten noch die zeitliche Berücksichtigung der Aufwendungen und Erträge beeinflusst werden. Die Währungsumrechnung ist demzufolge eine Änderung der Maßeinheit, nicht jedoch der Bilanzie-

rungs- und Bewertungsgrundsätze aus Sicht der berichtenden Einheit. Bei Anwendung der Zeitbezugsmethode ist somit sichergestellt, dass Anschaffungskosten für Vermögenswerte und Schulden auch nach der Währungsumrechnung noch als solche interpretierbar sind (*Küting/Weber*[11], 263). Um der Konzeption einer integralen Darstellung der ausländischen Teileinheit zu entsprechen, werden die einzelnen Posten des Fremdwährungsabschlusses bzw die einzelnen Transaktionen der Berichtsperiode mit den Kursen umgerechnet, die ihrer Bewertungsbasis in Landeswährung entsprechen.

Die Zeitbezugsmethode ist in IAS 21.21 ff im Rahmen der Behandlung von Währungsumrechnungen im Zusammenhang mit Fremdwährungstransaktionen im Einzelabschluss dargestellt. Dies ist insofern konsequent, als die Aktivitäten der Einheit grds so dargestellt werden sollen, als seien sie unmittelbar von dem berichtenden MU ausgeführt worden.

II. Modifizierte Stichtagskursmethode

Im Gegensatz zu der integralen Darstellung ausländischer Konzernunternehmen bei Verwendung der Zeitbezugsmethode werden, entspr der Auffassung der Währungsumrechnung als **Transformationsvorgang,** bei der Stichtagskursmethode die Posten des Jahresabschlusses einheitlich zum **Währungskurs am Stichtag** umgerechnet. Bei der reinen Stichtagskursmethode gilt dies für sämtliche Posten der Bilanz und der GuV einheitlich. Damit entfallen sämtliche Umrechnungsdifferenzen innerhalb derselben Periode. Umrechnungsdifferenzen können gleichwohl auch bei der reinen Stichtagskursmethode im Periodenzusammenhang auftreten. 19

Im Rahmen des IAS 21 kommt eine modifizierte Form der Stichtagskursmethode zur Anwendung, die in IAS 21.38 ff erläutert wird. Dabei werden sowohl die **monetären** als auch die **nicht-monetären Posten** der Bilanz der ausländischen Teileinheit **einheitlich zum Stichtagskurs** umgerechnet. **Aufwendungen und Erträge** der Berichtsperiode sind zu **Transaktionskursen** umzurechnen, wobei auch hier wieder vereinfachend Durchschnittskurse als zulässig angesehen werden (IAS 21.40). Im Gegensatz zu den Ausführungen in IAS 21.22, die eine wochen- oder monatsweise Durchschnittsbildung vorschlagen, wird hierbei als Beispiel explizit der Durchschnittskurs der Periode angegeben. Es wird gleichwohl auch hier auf die Unzulässigkeit der Verwendung von Durchschnittskursen bei stärkeren Kursschwankungen hingewiesen. In solchen Fällen ist der für die Durchschnittsbildung zugrunde gelegte Zeitraum sukzessive so lange zu verkürzen, bis innerhalb dieses Zeitraums die Schwankungen nicht mehr als wesentlich anzusehen sind. 20

Für alle **Umrechnungsdifferenzen,** die sich aus dieser Umrechnung ergeben, ist zunächst eine erfolgsneutrale **Erfassung als eigener Posten innerhalb des** kumulierten **sonstigen Ergebnisses** vorgeschrieben (IAS 21.39(c); § 17 Rz 49 ff). Erst bei Veräußerung bzw Entkonsolidierung der Nettoinvestition in die ausländische Teileinheit erfolgt eine erfolgswirksame Umbuchung der im Eigenkapital kumulierten Umrechnungsdifferenzen in die Erfolgsrechnung des Konzerns (IAS 21.48). Für IFRS-Erstanwender sieht IFRS 1.D13 (2008)/ IFRS 1.22 (2003) als Erleichterungswahlrecht vor, dass die kumulierten Umrechnungsdifferenzen zum Zeitpunkt der IFRS-Eröffnungsbilanz mit Null angesetzt werden können, sodass nur zeitlich darauf folgende Umrechnungsdifferenzen bei Abgang der Beteiligung erfolgswirksam umgebucht werden müssen. 21

Zur Erläuterung der Vorgehensweise werden in IAS 21.41 die Ursachen möglicher Umrechnungsdifferenzen bei Anwendung der modifizierten Stichtagskursmethode auf Ebene der TU beschrieben und in **zwei wesentliche Be-** 22

reiche unterteilt. Zunächst ergeben sich Differenzen nach IAS 21.41(a) aus der Umrechnung der Vermögenswerte und Schulden zu Konzernabschlussstichtagskursen einerseits und der Umrechnung der Erfolgsposten zu davon mehr oder weniger abweichenden Transaktionskursen andererseits. Dieser Bereich wird im Regelfall volumenmäßig den größten Teil der Umrechnungsdifferenzen abdecken. Weitere Differenzen sind in der Änderung des Stichtagskurses im Vergleich zum vorhergehenden Abschluss begründet, die sich auf die Darstellung des Reinvermögens eines TU bezieht (IAS 21.41(b)). Für diese sich aus einer Nettoinvestition in ein ausländisches TU ergebenden Umrechnungsdifferenzen werden in IAS 21.32f gesonderte Erfassungsregelungen getroffen.

23 Teil einer solchen **Nettoinvestition** aus Sicht des MU sind nach IAS 21.15 auch ausstehende Forderungen oder Verbindlichkeiten ggü der ausländischen Einheit, die **Einlagecharakter** besitzen, da eine Abwicklung in absehbarer Zeit weder geplant noch wahrscheinlich ist. Dabei kann gem IAS 21.15A die Forderung oder Verbindlichkeit auch durch ein anderes Konzernunternehmen begründet worden sein, unabhängig davon, ob es sich dabei um ein in- oder ausländisches Unternehmen handelt. Forderungen aus Lieferungen und Leistungen begründen nach IAS 21.15 explizit keine Nettoinvestition. Ist jedoch absehbar, dass eine ursprünglich aus Lieferungen oder Leistungen begründete Forderung zur Finanzierung der ausländischen Einheit in ein Darlehen umgewidmet wird, so kann dieses Darlehen die Voraussetzungen einer Nettoinvestition iSv IAS 21 erfüllen. Durch die Ersetzung des alten Schuldverhältnisses durch ein neues (Novation) erlischt der Bezug auf die ursprüngliche Lieferungs- oder Leistungsbeziehung, womit die Ausnahme des IAS 21.15 für diese Forderungen bzw Verbindlichkeit nicht mehr zum Tragen kommt. Die in der Praxis häufig anzutreffende Bündelung sämtlicher Forderungen und Verbindlichkeiten in einem Verrechnungskonto führt dann nicht zu einer Qualifikation der Posten dieses Verrechnungskontos als Nettoinvestition in das TU, wenn Zahlungen zum Ausgleich dieses Kontos (auch nur in Teilbeträgen) erfolgen. In diesen Fällen dürfte das Verrechnungskonto insgesamt von einer Qualifikation als Nettoinvestition ausgenommen sein (*Ernst & Young* 2008, 820ff). Die Laufzeit der zu beurteilenden Forderung bzw Verbindlichkeit kann dabei ein Hinweis auf die Einlagequalität sein, jedoch stehen auch Laufzeiten von weniger als zwölf Monaten einer Qualifikation als Nettoinvestition nicht grds entgegen (aA wohl *Heuser/Theile*[3] Rz 3141). Die sich aus diesen Sachverhalten ergebenden Währungsumrechnungsdifferenzen sind gem IAS 21.32ff ebenfalls erfolgsneutral innerhalb des sonstigen Ergebnisses zu verrechnen.

24 Die aus der abweichenden funktionalen Währung des TU resultierende weitgehende Unabhängigkeit der operativen Aktivitäten des TU führen dazu, dass die Aktivitäten dieser Einheit (und damit auch die damit verbundenen Währungskursänderungen) nicht direkt den Cashflow des MU beeinflussen, sodass die Umrechnungsdifferenzen aus der Währungstransformation nicht in die Erfolgsrechnung des Konzerns einfließen, sondern vielmehr während des Bestehens der Beteiligung innerhalb des Eigenkapitals kumuliert werden.

25 Dies gilt jedoch nicht, falls an dem ausländischen Konzernunternehmen noch **nicht-beherrschende Gesellschafter** beteiligt sind. Die auf diese entfallenden Umrechnungsdifferenzen sind gem IAS 21.41 dem Minderheitenanteil innerhalb des Eigenkapitals zuzuweisen.

26 In der betrieblichen Praxis werden die Fremdwährungsrisiken aus Nettoinvestitionen in ausländische TU in vielen Fällen durch den **Abschluss von Sicherungsgeschäften** im Rahmen des konzernweiten Risikomanagementsystems abgesichert. Dabei ergibt sich das Problem, dass die Wertveränderungen des Sicherungsinstruments idR erfolgswirksam im Ergebnis des Unternehmens abzu-

bilden sind, welches das Sicherungsinstrument hält, während die Fremdwährungseffekte aus dem Grundgeschäft, der Nettoinvestition in das ausländische TU, erfolgsneutral über das sonstige Ergebnis erfasst werden. Um diese auseinanderfallende Bilanzierung von Grund- und Sicherungsgeschäft zu vermeiden, kann die Darstellung als Sicherung einer Nettoinvestition in einen ausländischen Geschäftsbetrieb in Übereinstimmung mit IAS 39 dargestellt werden. Die ausgleichende Wirkung wird dabei durch eine dem *cashflow hedge accounting* vergleichbare Bilanzierungstechnik erreicht, obwohl im Falle ausländischer Geschäftseinheiten nicht unmittelbar Zahlungsströme abgesichert werden. Dieser Effekt wird dabei nicht nur durch die Erfassung der Währungseffekte des Sicherungsinstruments in das Eigenkapital erzielt, was die Volatilität des Ergebnisses vermindert, sondern auch bei einer möglichen späteren Veräußerung der Auslandsbeteiligung, da dann die Rücklage aus der Fremdwährungsumrechnung und zeitgleich damit die im sonstigen Ergebnis erfassten Währungseffekte des Sicherungsinstruments erfolgswirksam aufgelöst werden (zu Einzelheiten der Bilanzierung von Sicherungsgeschäften vgl § 23 Rz 46 ff).

Mit der Veröffentlichung der Interpretation **IFRIC 16** *Hedges of a Net Investment in a Foreign Operation* im Juli 2008 wurden Zweifelsfragen in Bezug auf die Durchführung und Abbildung von Sicherungsgeschäften zur Absicherung der Nettoinvestition in ein ausländisches TU geklärt. Die Interpretation befasst sich mit drei wesentlichen Themenkomplexen: 27

(1) Das IFRIC stellt nunmehr klar, dass das gesicherte Risiko der Absicherung einer Nettoinvestition in einen ausländischen Geschäftsbetrieb **nur das Fremdwährungsrisiko aus den funktionalen Währungen** von MU und ausländischem TU sein kann. Das Translationsrisiko hingegen stellt kein designierbares Risiko im Rahmen der Sicherungsbeziehung dar.

(2) Grds eignen sich sowohl derivative (*forwards*, Optionen, *swaps*) als auch originäre Finanzinstrumente (idR Fremdwährungsverbindlichkeiten) als Sicherungsinstrumente im Rahmen eines *net investment hedges*. Dies gilt auch für Kombinationen zwischen diesen beiden Arten von Finanzinstrumenten. Das Sicherungsinstrument kann nach IFRIC 16.14 mit Ausnahme des gesicherten ausländischen TU selbst **von jedem Konzernunternehmen** gehalten werden. Diese Beschränkung wurde durch eine Ergänzung der Interpretation durch den IASB im April 2009 aufgehoben. Nach IFRIC 16.14 (geändert 2009) kann nunmehr auch das gesicherte Unternehmen selbst das Sicherungsinstrument halten. Dabei sind jedoch die allgemeinen Anforderungen an das *hedge accounting* in IAS 39 zu beachten. Insbes wird von IFRIC 16 die Dokumentation der Sicherungsstrategie sowie des Einklangs mit dem Risikomanagement hervorgehoben, da im Konzern auf verschiedenen Ebenen unterschiedliche Designationen möglich sind (vgl *Berger* KoR 2008, 613).

(3) Die Interpretation enthält außerdem Hinweise, wie eine **Veräußerung des gesicherten TU** zu behandeln ist. Dabei wird zunächst klarstellend auf die Anwendbarkeit der allgemeinen Regelungen des IAS 39 verwiesen. Darüber hinaus wird jedoch ein neues Wahlrecht eingeführt, das sich nicht unmittelbar aus den Regelungen von IAS 21 oder IAS 39 ergibt. Damit soll sichergestellt werden, dass der maximale Sicherungseffekt innerhalb des Ergebnisses bei Abgang des TU gezeigt werden kann, unabhängig davon, ob es sich um einen ein- oder mehrstufigen Konsolidierungsvorgang handelt. Zwar ändert sich der Gesamtbetrag in der Rücklage aus der Fremdwährungsumrechnung aufgrund der Konsolidierungstechnik nicht, jedoch können die den einzelnen ausländischen TU zugeordneten Beträge voneinander abweichen. Damit sich der bei Veräußerung der Nettoinvestition ergebende Betrag dem Betrag gleicht, der für Zwecke der Effektivitätsberechnung herangezogen wurde,

ermöglicht IFRIC 16.17 eine Anpassungsbuchung, um den Betrag erfolgswirksam zu zeigen, der sich bei Anwendung der einstufigen Konsolidierungstechnik ergeben hätte. Eine entspr Anpassungsbuchung sieht IAS 21 nicht vor. Die Ausübung des Wahlrechts ist für sämtliche Sicherungsgeschäfte in die Nettoinvestition in ausländische TU einheitlich auszuüben.

28 Im Gegensatz zu den Vorschriften bei Abgang des gesicherten ausländischen TU wird in IFRIC 16 nicht thematisiert, wie bei einer **Veräußerung des Konzernunternehmens, welches das Sicherungsinstrument hält,** vorzugehen ist. Fraglich ist, ob die Vorschriften des IAS 21 oder des IAS 39 anzuwenden sind. Während IAS 21 einen Umgliederungsbetrag *(reclassification adjustment)* sämtlicher im sonstigen Ergebnis erfasster Gewinne und Verluste vorsieht, schreibt IAS 39 die Umbuchung in den Erfolg vor, wenn das Grundgeschäft veräußert wird. Hat nun das Unternehmen, welches das Sicherungsinstrument hält, eine vom MU abweichende funktionale Währung, ist ein Teil des für die Effektivitätsmessung herangezogenen Betrags im sonstigen Ergebnis für dieses Unternehmen wiederzufinden. Folgt man der Vorgehensweise von IFRIC 16, so müsste dieser Teil für die bilanzielle Abbildung bei Veräußerungen von Grundgeschäften solange im sonstigen Ergebnis gehalten werden, bis die gesicherte Nettoinvestition veräußert wird. Mithin ist den Vorschriften des IAS 39 Vorrang vor den Regelungen des IAS 21 einzuräumen (so auch *Berger* KoR 2008, 615).

29 Ein beim Erwerb einer ausländischen Konzerneinheit entstandener **Geschäfts- oder Firmenwert** sowie die aus einer **Bewertung zum beizulegenden Zeitwert** *(fair value)* resultierenden Anpassungen der Buchwerte der Vermögenswerte und Schulden (*purchase price allocation;* s § 34 Rz 65 ff) werden nach IAS 21.47 der ausländischen Teileinheit zugewiesen und dementsprechend mit dem Stichtagskurs umgerechnet. Sie sind daher grds genauso zu behandeln wie andere Vermögenswerte und Schulden des erworbenen Unternehmens. Zur Sicherstellung standardisierter Vortragsbuchungen im Rahmen der Folgekonsolidierung wird jedoch in der Praxis auch die Umrechnung des Geschäfts- oder Firmenwerts mit seinen historischen Anschaffungskosten vorgenommen. Diese Vorgehensweise erscheint im Hinblick auf die Regelungen des IAS 21.32 auch vertretbar, da der Geschäfts- oder Firmenwert letztlich im Zusammenhang mit der Nettoinvestition in das ausländische TU begründet wurde. Die in diesem Zusammenhang durch IAS 21.32 vorgesehene erfolgsneutrale Erfassung der Wertänderungen der Nettoinvestition innerhalb des Eigenkapitals entspricht eigenkapitaltechnisch letztlich der erfolgsneutralen Erfassung der Umrechnungsdifferenzen aus dem Geschäfts- oder Firmenwert und ist wie diese erfolgswirksam bei Abgang der Beteiligung zu erfassen.

Die Regelungen des IAS 21.47 in Bezug auf den Geschäfts- oder Firmenwert sind **grds prospektiv** anzuwenden. Sie sind damit für alle Unternehmenserwerbe nach dem 1. Januar 2005 („Neufälle") verpflichtend anzuwenden. Für Erwerbe, die vor diesem Stichtag liegen („Altfälle"), räumt IAS 21.59 dem Bilanzierenden ein Wahlrecht ein, bereits für frühere Erwerbe die Regelungen prospektiv vom Zeitpunkt des Erwerbs an anzuwenden. In diesen Fällen brauchen die Werte der Vorperiode nicht angepasst zu werden; Wertänderungen der beizulegenden Zeitwerte der Vermögenswerte und Schulden sowie des Geschäfts- oder Firmenwerts werden als solche des berichtenden Unternehmens behandelt, die historische Umrechnung dieser Posten wird insoweit nicht mehr nachträglich verändert.

30 Bei der Umrechnung von Geschäfts- oder Firmenwerten **im Zusammenhang mit einem Wertminderungstest nach IAS 36** fehlen in IAS 21 explizite Regelungen für bestimmte Fälle, in denen Geschäfts- oder Firmenwerte aus einem Unternehmenszusammenschluss für Zwecke des Wertminderungstests anderen TU zugeordnet werden.

Beispiel: Das Unternehmen A mit der funktionalen Währung € erwirbt ein TU in der Schweiz (S) mit der funktionalen Währung CHF. Von den Synergieeffekten der Akquisition profitiert auch ein anderes TU in den Niederlanden (N), dessen funktionale Währung ebenfalls € ist. Deshalb wird in Übereinstimmung mit IAS 36.80 ein Teil des Geschäfts- oder Firmenwerts für Zwecke des zukünftig pflichtmäßig durchzuführenden Wertminderungstests dem niederländischen TU als relevanter CGU zugeordnet.

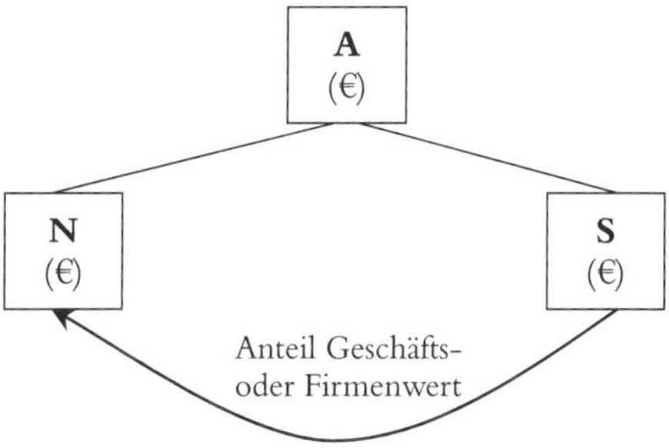

Zum Erwerbszeitpunkt beträgt der Umrechnungskurs 1,67 CHF/€. Zum Zeitpunkt des Wertminderungstests zum Geschäftsjahresende beläuft sich der Kurs auf 1,54 CHF/€. Der Anteil des Geschäfts- oder Firmenwerts aus der Transaktion, der auch für Zwecke des Wertminderungstests bei S verbleibt, wird nach IAS 21.47 zum Umrechnungskurs am Jahresende (1,54 CHF/€) umgerechnet. Fraglich ist, ob auch der Teil des Geschäfts- oder Firmenwerts, der aus dem einheitlichen Unternehmenserwerb resultiert, jedoch für Zwecke des Wertminderungstests N zugeordnet wurde, zu diesem Kurs umzurechnen ist.

Sieht man den gesamten Geschäfts- oder Firmenwert als einheitliches Ergebnis der Unternehmensakquisition, der grds auf das Unternehmen S bezogen ist und nur für Zwecke des Wertminderungstests teilweise der Einheit N zugeordnet wird, ist die Regelung des IAS 21.47 unmittelbar auch für den Betrag anzuwenden, der N zugeordnet wurde. Eine Umrechnung für diesen Teilbetrag erfolgt dann zum Jahresendkurs von 1,54 CHF/€.

Betrachtet man hingegen den auf N zugeordneten Teilbetrag des Geschäfts- oder Firmenwerts aus wirtschaftlicher Sicht als faktischen Vermögenswert des TU N, ist eine Umrechnung zum Erwerbszeitpunkt vorzunehmen (1,67 CHF/€), die anschließend nicht mehr anzupassen ist, da die funktionale Währung von N € ist.

UE sollte in den betroffenen Fällen dem **Wortlaut des IAS 21.47** gefolgt werden. Dort heißt es, dass jeglicher im Zusammenhang mit dem Erwerb einer ausländischen Geschäftseinheit verbundener Geschäfts- oder Firmenwert zum Stichtagskurs umzurechnen ist. Die Zurechnung eines Teilbetrags des Geschäfts- oder Firmenwerts auf eine andere CGU erfolgt ausschließlich für Zwecke des Wertminderungstests nach IAS 36 und beeinflusst die Währungsumrechnung nach IAS 21 nicht.

Die dargestellten Regelungen zur Währungsumrechnung bei abweichender 31
funktionaler Währung im Konzern unter Verwendung der modifizierten Stichtagskursmethode fasst das folgende Beispiel zusammen:

Beispiel: Ein MU mit der Berichtswährung € begründet zum 31. Dezember X1 Fremdwährungsforderungen aus Lieferungen und Leistungen in Höhe von TUS-$ 120 sowie aus einem Darlehen in Höhe von TUS-$ 2.600 gegen ein TU mit der funktionalen Währung US-$. Das Darlehen ist so ausgestaltet, dass es als Nettoinvestition in die ausländische Einheit gem IAS 21.15 einzustufen ist (Rz 23). Sowohl die Fremdwährungsposten beim MU als auch der Abschluss des TU zum Zweck der Konsolidierung werden mit folgenden Stichtagskursen umgerechnet:

31. Dezember X1	31. Dezember X2	31. Dezember X3
1 € = 1,1844US-$	1 € = 1,3203US-$	1 € = 1.4729 US-$

Die Forderungen innerhalb des Einzelabschlusses des MU zu den vorstehend aufgeführten Bilanzstichtagen valutieren damit in folgender Höhe:

MU	31. 12. X1		31. 12. X2		31. 12. X3	
	TUS-$	T€	TUS-$	T€	TUS-$	T€
Forderungen LuL	120	101	120	91	120	81
Darlehen (Nettoinvestition)	2.600	2.195	2.600	1.969	2.600	1.765

Entspr dem identischen Umrechnungskurs im Zuge der Konsolidierungsvorbereitung des TU weist dessen Einzelabschluss folgende Verbindlichkeiten aus:

TU	31. 12. X1		31. 12. X2		31. 12. X3	
	TUS-$	T€	TUS-$	T€	TUS-$	T€
Verbindlichkeiten aus LuL	120	101	120	91	120	81
Langfristige Finanzverbindlichkeiten	2.600	2.195	2.600	1.969	2.600	1.765

Die Ergebnisse aus der Stichtagsbewertung der Forderungen beim MU werden in dessen Jahreserfolg erfasst. Innerhalb des Jahresabschlusses des MU stellen sich die Forderungen und der Ergebniseffekt wie folgt dar:

Einzelabschluss des MU	31. 12. X1	31. 12. X2	31. 12. X3
	T€	T€	T€
Forderungen LuL	101	91	81
Darlehen (Nettoinvestition)	2.195	1.969	1.765
Veränderung des Jahreserfolgs aus Währungsumrechnung	0	– 236	– 214
– davon operativ	0	– 10	–10
– davon aus Nettoinvestition	0	– 226	– 204
Ausgleichsposten aus WUD	0	0	0

Die sich bei der stichtagsbezogenen Währungsumrechnung des Einzelabschlusses des TU ergebenden Währungskursdifferenzen aufgrund der abweichenden funktionalen Währung des TU werden erfolgsneutral im Ausgleichsposten aus Währungsumrechnung innerhalb des Eigenkapitals erfasst. Innerhalb des in die Konsolidierung einfließenden, in € umgerechneten Einzelabschlusses des TU stellen sich die umrechnungsbezogenen Sachverhalte damit folgendermaßen dar:

Einzelabschluss des TU	31. 12. X1	31. 12. X2	31. 12. X3
	T€	T€	T€
Verbindlichkeiten aus LuL	101	91	81
Langfristige Finanzverbindlichkeiten	2.195	1.969	1.765
Veränderung des Jahreserfolgs aus Währungsumrechnung	0	0	0
Ausgleichsposten aus WUD	0	236	450

Im Rahmen der Schuldenkonsolidierung werden die Forderungen des MU gegen die Verbindlichkeiten des TU aufgerechnet. Aufgrund der identischen Ansätze in den Einzelabschlüssen von MU und TU ergeben sich hieraus keine Aufrechnungsdifferenzen (zur Schuldenkonsolidierung s § 35 Rz 69 ff).

Konsolidierung	**31. 12. X1**	**31. 12. X2**	**31. 12. X3**
	T€	T€	T€
Schuldenkonsolidierung operativ			
Forderungen aus LuL	101	91	81
Verbindlichkeiten aus LuL	101	91	81
Schuldenkonsolidierung Finanzschulden			
Darlehen (Nettoinvestition)	2195	1969	1765
Langfristige Finanzverbindlichkeiten	2195	1969	1765

Die der Nettoinvestition zuzuordnenden Währungskursverluste werden aus dem Konzernjahreserfolg eliminiert und gegen den Ausgleichsposten aus Währungsumrechnung aufgerechnet. Danach enthält das Konzernjahreserfolg nur noch den Anteil der Währungskursverluste, der auf die operative Forderung entfällt. Die im Rahmen der Konsolidierung vorzunehmenden Buchungen lassen sich wie folgt zusammenfassen:

Konsolidierung	**31. 12. X1**	**31. 12. X2**	**31. 12. X3**
	T€	T€	T€
Entwicklung des Jahreserfolgs			
Summenabschluss	0	– 236	– 214
Konsolidierungsbuchung	0	226	204
Konzernabschluss	0	– 10	– 10
Entwicklung des Ausgleichspostens aus WUD			
Summenabschluss	0	236	450
Konsolidierungsbuchung	0	– 226	– 430
Konzernabschluss	0	10	20

Die im Rahmen der Konsolidierung aus dem Jahresergebnis gegen den Ausgleichsposten aus Währungsumrechnung aufgerechneten Währungskursdifferenzen werden erst im Zeitpunkt des Abgangs des TU erfolgswirksam berücksichtigt. Dies geschieht durch die Auflösung der Konzernvortragsbuchung für den Ausgleichsposten aus Währungsumrechnung. Zu Beginn des Jahrs X4 stellt sich diese Vortragsbuchung wie folgt dar:

Ausgleichsposten aus WUD T€ 430 an Ergebnisvortrag T€ 430

Diese Vortragsbuchung ist bei einer Entkonsolidierung erfolgswirksam zu stornieren und ist Teil des Entkonsolidierungserfolgs, wodurch sich ein Recycling der zunächst erfolgsneutral innerhalb des Eigenkapitals erfassten Währungsumrechnungsdifferenzen ergibt.

Durch die vorstehend beschriebene Vorgehensweise wird den Anforderungen des IAS 21.32 entsprochen, indem die auf die Nettoinvestition in ein ausländisches TU entfallenden Währungskursdifferenzen bis zum Ausscheiden der Einheit direkt innerhalb des Eigenkapitals erfasst und erst in der Periode erfolgswirksam ausgebucht werden, in der auch der übrige Entkonsolidierungserfolg erfasst wird.

III. Währungsumrechnung in Hochinflationsländern

32 Die Anwendung der modifizierten Stichtagskursmethode in der Form des IAS 21.27 ff kann bei Vorliegen einer hohen Inflation der funktionalen Währung der selbstständigen ausländischen Einheit zu **unzutreffenden Darstellungen** führen (*Lüdenbach* in Lüdenbach/Hoffmann IFRS[7] § 27 Rz 69). Deshalb enthält IAS 21.43 eine Sondervorschrift für die Behandlung von Währungsumrechnungsdifferenzen in Hochinflationsländern, die sich auf die Vorgehensweise in IAS 29 bezieht.

33 IAS 29 sieht **Anpassungsmaßnahmen** zur Neutralisation der Verzerrungseffekte aus Hochinflation insbes bei der Umrechnung der nichtmonetären Posten wie Anlagevermögen, Vorräte etc vor, indem diese mit einem Kaufkraftindex fortgeschrieben werden. Hinsichtlich der monetären Posten sind außerdem die Schuldnergewinne und Gläubigerverluste innerhalb des Periodenergebnisses zu berücksichtigen.

34 Auch wenn Unternehmen innerhalb des Euro-Raums selbst nicht der Anwendung der Vorschriften für Hochinflationsländer unterliegen, so ist doch bei der Aufstellung des Konzernabschlusses unter **Einbeziehung ausländischer TU** mit abweichender funktionaler Währung mitunter eine Qualifikation nach den Kriterien von IAS 29 vorzunehmen. Grds ist dabei die Inflationsbereinigung eine Maßnahme, die vor Ort bereits auf Ebene des Einzelabschlusses – ggf im Rahmen von HB II-Anpassungen – vorzunehmen ist. **Konzernrelevanz** erhält sie in den Fällen, in denen es zu abweichenden Beurteilungen zwischen dem TU und dem MU bspw hinsichtlich des Vorliegens einer Hyperinflationssituation kommt. In diesen Fällen ist die Inflationsbereinigung nach Maßgabe des IAS 29 als konsolidierungsvorbereitende Maßnahme ggf auf der Ebene des MU neu zu beurteilen.

35 Zunächst ist deshalb festzustellen, ob eine **Hyperinflation** iSd IAS 29 vorliegt. Dazu sind die beispielhaften Kriterien des IAS 29.3 heranzuziehen. Danach kann ein Hochinflationsland vorliegen, wenn

(1) die Vermögenshaltung der Bevölkerung nicht in der Landeswährung erfolgt, um die Kaufkraft zu erhalten (IAS 29.3(a)),
(2) anstatt der Landeswährung eine stabile Fremdwährung zur Abwicklung der täglichen Geschäfte herangezogen wird (IAS 29.3(b)),
(3) Kreditkonditionen inflationsbereinigt definiert werden (IAS 29.3(c)),
(4) Zinssätze, Löhne und Preise an einen Preisindex gebunden werden (IAS 29.3(d)),
(5) die kumulative Preissteigerungsrate sich innerhalb von drei Jahren 100% annähert oder überschreitet (IAS 29.3(e)).

Diese Aufzählung ist nicht abschließend, sondern vielmehr exemplarisch gestaltet. So kann bspw auch eine Preissteigerungsrate von weniger als 100% in den letzten drei Jahren, jedoch mit steigender Tendenz, für das Vorliegen einer Hochinflationssituation sprechen. Ebenso sind qualitative Faktoren der Inflationssituation zu berücksichtigen, um auf der Basis einer Gesamtbeurteilung eine Klassifizierung vornehmen zu können, ob es sich im Einzelfall um ein Hochinflationsland handelt oder nicht.

Beispiel 1: Für **Venezuela** wurden in den Jahren 2003 bis 2007 folgende Preissteigerungsraten (gemessen am *consumer price index*) ermittelt:

2003	2004	2005	2006	2007
31,2%	31,1%	22,4%	16,0%	15,8%

Hieraus errechnen sich über die zurückliegenden Drei-Jahres-Zeiträume folgende kumulierten Inflationsraten gem IAS 29.3(e):

2003–2005	2004–2006	2005–2007
110,5%	86,4%	64,4%

Nur im ersten der drei kumulierten Betrachtungszeiträume wird das nummerische Kriterium des IAS 29.3(e) überschritten. Durch das Absinken der Inflationsrate in den letzten Jahren liegt der Durchschnitt für diese Zeiträume bei deutlich unter 100%. Zu berücksichtigen sind jedoch zusätzlich die in IAS 29.3(a) bis (d) genannten gesamt- und außenwirtschaftlichen Faktoren. Die Umtauschrate zum US-$ ist durch die Regierung fixiert und seit 2005 unverändert, sodass davon ausgegangen werden kann, dass der Umtauschkurs nicht mehr den tatsächlichen Außenwert der Landeswährung wiedergibt. Ein Großteil der Ersparnisse der Bevölkerung wird deshalb in US-$ gehalten, wobei auch der Besitz von Fremdwährungen durch die Regierung limitiert ist.

Die Gesamtwürdigung dieser Faktoren führt uE dazu, dass Unternehmen in Venezuela für das Jahr 2007 eine Inflationsbereinigung nach Maßgabe des IAS 29 durchzuführen haben.

Beispiel 2: Die **Türkei** wies in den Jahren 2003 bis 2007 folgende Preissteigerungsraten (gemessen am *consumer price index*) aus:

2003	2004	2005	2006	2007
45,2%	25,3%	9,3%	8,2%	9,8%

Hieraus errechnen sich über die zurückliegenden Drei-Jahres-Zeiträume folgende kumulierten Inflationsraten gem IAS 29.3(e):

2003–2005	2004–2006	2005–2007
98,9%	48,2%	29,9%

Das nummerische Kriterium des IAS 29.3(e) wird in keinem der betrachteten Drei-Jahres-Zeiträume überschritten. Auch die Betrachtung des Inflationstrends mit der deutlichen Reduzierung der Inflationsrate seit dem Währungsschnitt im Jahr 2004 legt den Schluss nahe, dass es sich bei der Türkei nicht mehr um ein Hochinflationsland handelt. Diese Einschätzung wird auch durch die Betrachtung der übrigen Indikatoren des IAS 29.3 unterstützt. Die Kassenhaltung eines Großteils der Bevölkerung (IAS 29.3(a)) erfolgt inzwischen in der Landeswährung. Die in älteren Verträgen noch vielfach anzutreffenden Währungsabsicherungsregelungen (IAS 29.3(c)) haben in jüngerer Zeit deutlich an Bedeutung verloren. Die von der türkischen Regierung im Hinblick auf die angestrebte EU-Mitgliedschaft eingeleiteten Maßnahmen zur Inflationsbekämpfung haben zu signifikant geringeren Preissteigerungsraten in den letzten drei Jahren geführt. Die früher übliche Indexbindung von Zinsen (IAS 29.3(d)) ist inzwischen weitgehend von untergeordneter Bedeutung.

Insgesamt ist damit die Anwendung der Regelungen des IAS 29 für Unternehmen mit der funktionalen Währung Türkische Lira für das Jahr 2006, spätestens jedoch für das Jahr 2007 zu beenden.

Der Abschluss eines in einem Hochinflationsland ansässigen Konzernunter- 36
nehmens, dessen funktionale Währung die Landeswährung ist, muss demnach vor der Umrechnung in die Berichtswährung des Konzerns um die **Inflationsauswirkungen** bereinigt werden (IAS 29.8).

Dazu ist zunächst ein allgemeiner **Preisindex** zu bestimmen, um die **nichtmonetären Bilanzposten** an die fortgeführten historischen Anschaffungs- oder Herstellungskosten anzupassen (IAS 29.11). Der Zweck dieses Preisindexes liegt in der Eliminierung der Hyperinflationseffekte bezogen auf das jeweilige Unternehmen. Insofern ist die Auswahl des Indexes (Konsumentenpreisindex, Industriegüterindex, etc) eine Ermessensfrage (so auch *Lüdenbach* in Lüdenbach/Hoffmann IFRS[7] § 27 Rz 72).

Beispiel: Für die **Inflationsbereinigung in Venezuela** (vgl Beispiel Rz 32) stehen grds divergierende Indizes zur Verfügung. Stellt man als wichtigste Indizes den Konsumentenpreisindex (CPI) der Entwicklung der Großhandelspreise (WPI) ggü, so ergibt sich für die Jahre 2004 bis 2007 folgendes Bild:

Jahr	WPI	CPI	Differenz (%-Punkte)
2004	30,0%	31,1%	1,1
2005	16,9%	22,4%	5,5
2006	12,9%	16,0%	3,1
2007	16,4%	15,8%	0,6

Insbes in den Jahren 2005 und 2006 ergeben sich erhebliche Differenzen, die dazu führen, dass eine Inflationsbereinigung nach CPI zu deutlich höheren erfolgswirksamen Anpassungen führt als eine solche unter Verwendung des WPI.

Ein zur Inflationsbereinigung im Einzelfall gewählter Preisindex ist, ungeachtet der grds faktischen Wahlfreiheit des Indexes selbst, unter Stetigkeitsgesichtspunkten auch der Bilanzierung in den Folgeperioden solange zugrunde zu legen, wie eine Inflationsbereinigung nach IAS 29 erforderlich ist.

37 Für die monetären Bilanzposten sowie die nicht-monetären Bilanzposten, die **bereits zum Marktwert bilanziert** werden, scheidet die Anwendung des Preisindexes dagegen aus (IAS 29.12 und IAS 29.14).

38 Die Posten der GuV sind grds unter Verwendung des Preisindexes umzurechnen, der **zum Zeitpunkt der jeweiligen Transaktion** zur Anwendung kommt (IAS 29.26). Soweit die Inflationsentwicklung unterjährig einen kontinuierlichen Verlauf aufweist, kann ggf ein Durchschnittsindex zur Anwendung kommen.

39 Hinsichtlich der Nettoposition der monetären Posten kann ein Unternehmen zwei Situationen ausgesetzt sein:

(1) Das Unternehmen kann mehr Guthaben und Forderungen als Schulden haben, es befindet sich damit in einer Netto-Gläubigerposition. In diesem Fall realisiert das Unternehmen durch die Einbuße an Kaufkraft durch die Inflation einen **Gläubigerverlust.**

(2) Falls das Unternehmen insgesamt mehr Schulden als Forderungen und Guthaben (Netto-Schuldnerposition) ausweist, erzielt es aus der Inflation hingegen einen **Schuldnergewinn.**

Nach IAS 29.27 f sind Gläubigerverluste und Schuldnergewinne in den Periodenerfolg des Fremdwährungsabschlusses einzubeziehen.

40 Für **Vorjahreszahlen** ist ebenfalls eine Anpassung vorzunehmen (IAS 29.34), damit eine Vergleichbarkeit der Berichtsjahreswerte mit den Vorjahreswerten sichergestellt werden kann. Diese Vorgehensweise gilt gleichermaßen für monetäre wie nicht-monetäre Posten, sodass im Ergebnis die ursprünglich innerhalb des Vorjahres-Konzernabschlusses verwendeten Werte wiederhergestellt werden.

41 Im Anschluss an die dargestellten Maßnahmen zur Inflationsanpassung ist der Fremdwährungsabschluss für Zwecke der Konsolidierung nach den **allgemeinen Grundsätzen** des IAS 21 in die funktionale Konzernwährung umzurechnen.

Zusammenfassend kann die Vorgehensweise zur Inflationsanpassung und Währungsumrechnung nach IAS 29 wie folgt grafisch veranschaulicht werden:

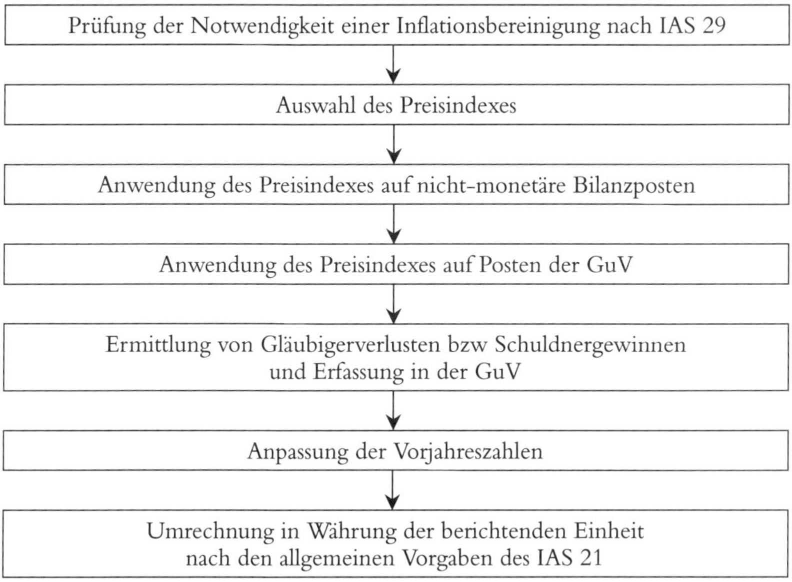
Prüfung der Notwendigkeit einer Inflationsbereinigung nach IAS 29
Auswahl des Preisindexes
Anwendung des Preisindexes auf nicht-monetäre Bilanzposten
Anwendung des Preisindexes auf Posten der GuV
Ermittlung von Gläubigerverlusten bzw Schuldnergewinnen und Erfassung in der GuV
Anpassung der Vorjahreszahlen
Umrechnung in Währung der berichtenden Einheit nach den allgemeinen Vorgaben des IAS 21

Grds verlangt IAS 29, dass die Abschlüsse eines Unternehmens, das in der Währung einer Hochinflationswirtschaft berichtet, mit der Maßeinheit auszudrücken sind, die am Stichtag gilt. Vergleichszahlen für vergangene Perioden sind mit derselben Maßeinheit anzugeben. In IFRIC 7 wird darüber hinaus geregelt, wie ein Unternehmen seinen Abschluss **im ersten Jahr**, in dem es das Bestehen von Hyperinflation in der Volkswirtschaft seiner funktionalen Währung feststellt, anzupassen hat. Die Interpretation stellt klar, dass das Unternehmen in dieser Periode die Vorschriften in IAS 29 so anzuwenden hat, als wäre die Volkswirtschaft schon immer hyperinflationär gewesen. Das bedeutet, dass *restatements* nicht-monetärer Posten, die zu Anschaffungs- oder Herstellungskosten bewertet werden, ab dem Zeitpunkt vorgenommen werden, zu dem die Posten erstmalig angesetzt wurden; für andere nicht-monetäre Posten erfolgen die *restatements* ab den Zeitpunkten, zu denen geänderte Wiederbeschaffungspreise für diese Posten vorliegen. Latente Steuerposten werden in der Eröffnungsbilanz in zwei Schritten ermittelt: 42

(1) Latente Steuerposten werden in Übereinstimmung mit IAS 12 neubewertet, nachdem die Nominalbuchwerte der nicht-monetären Posten in der Eröffnungsbilanz durch Anwendung der zum Stichtag gültigen Maßeinheit angepasst wurden.
(2) Die auf diese Weise neubewerteten latenten Steuerposten werden um die Änderung der Maßeinheit vom Datum der Eröffnungsbilanz bis zum Datum der Schlussbilanz angepasst.

Der gegenteilige und derzeit in der Praxis häufiger anzutreffende Fall, dass eine selbstständige ausländische Teileinheit ihren lokalen Abschluss nicht mehr nach Maßgabe des IAS 29 aufstellt, weil **keine Hochinflation iSv IAS 29** mehr vorliegt, wird in IAS 21.43 geregelt. In diesem Fall sind die sich zu dem Zeitpunkt der Beendigung der Bilanzierung nach IAS 29 ergebenden Werte als historische Anschaffungs- oder Herstellungskosten für die Umrechnung nach der modifizierten Stichtagskursmethode zur Einbeziehung in den Konzernabschluss zugrunde zu legen (*Busse von Colbe* in Baetge ua IFRS-Komm[2] IAS 29 Rz 44). 43

44 Sofern ein TU mit Sitz in einem Hyperinflationsland seinen **Abschluss unmittelbar in der Konzernwährung/Hartwährung** aufstellt, weil diese die funktionale Währung des TU ist, entfällt die Anwendung von IAS 29.

D. Wechsel der funktionalen Währung

45 Die in Rz 5ff dargestellte Beurteilung hinsichtlich der funktionalen Währung einer ausländischen Konzerneinheit kann es im Zeitverlauf notwendig werden lassen, die zunächst als funktional beurteilte Währung durch eine andere zu ersetzen. Der Stetigkeitsgrundsatz des IAS 21.13 impliziert gleichzeitig die Notwendigkeit zu einer Adjustierung der funktionalen Währung, falls sich die determinierenden Parameter signifikant geändert haben.

46 IAS 21.35 schreibt vor, dass die mit der geänderten funktionalen Währung verbundenen Währungsumrechnungsmethoden **vom Zeitpunkt des Wechsels an** anzuwenden sind. Die Änderungen haben dabei grds prospektiven Charakter, eine rückwirkende Änderung ist durch IAS 21.37 explizit ausgeschlossen.

47 Hinsichtlich der **Vorgehensweise** bei einem Wechsel legt IAS 21.37 fest, dass sämtliche Abschlussposten zum Stichtagskurs des Übergangszeitpunkts in die neue funktionale Währung umzurechnen sind. Die daraus resultierenden Beträge für nicht-monetäre Posten bilden deren neu zugrunde zu legenden Anschaffungs- oder Herstellungskosten. Bestehen zum Zeitpunkt des Wechsels innerhalb des Eigenkapitals ausgewiesene Posten aus der erfolgsneutralen kumulativen Berücksichtigung von Umrechnungsdifferenzen ausländischer TU, so verbleiben diese ungeachtet des Wechsels bis zur Veräußerung der Teileinheit im Eigenkapital. Erst beim Abgang der Beteiligung erfolgt eine erfolgswirksame Umbuchung des Betrags in die Erfolgsrechnung.

48 Die dargestellte Vorgehensweise kommt auch bei einem **Wechsel der funktionalen Währung innerhalb der Berichtsperiode** zur Anwendung. In diesem Fall sind die von der ausländischen Konzerneinheit getätigten Aufwendungen und Erträge in die Zeit vor und nach dem Wechsel zu unterteilen. Die Umrechnung der einen Teilperiode erfolgt nach der Zeitbezugsmethode, die andere Teilperiode wird nach Maßgabe der modifizierten Stichtagskursmethode transformiert.

E. Angaben im Anhang

49 Die im Zusammenhang mit Währungsumrechnungsdifferenzen verlangten Angaben im Anhang gehen grds von der **als funktional bestimmten Währung des berichtenden MU** aus (IAS 21.51). Sofern die Veröffentlichung eines Konzernabschlusses ausschließlich in einer von der funktionalen Währung des MU abweichenden Berichtswährung erfolgt, wird hier die Ansicht vertreten, dass sich entgegen dem Wortlaut des IAS 21.51 auch die währungsumrechnungsbezogenen Angaben auf die Berichtswährung beziehen müssen.

50 Die Angaben umfassen zunächst die **Aufgliederung hinsichtlich des Ausweises der Währungskursdifferenzen** innerhalb des (Konzern-)Jahresabschlusses gem IAS 21.52. Dabei wird nach IAS 21.52(a) verlangt, dass der Betrag derjenigen Umrechnungsdifferenzen, die in der Berichtsperiode **innerhalb des Erfolges** erfasst wurden und nicht aus der Bewertung von Finanzinstrumenten der Kategorie „*at fair value through profit or loss*" resultieren, separat ausgewiesen wird. Hierbei wird keine Unterscheidung hinsichtlich der Natur der Entste-

hung der Differenzen verlangt, sodass die Angabe einer Gesamtzahl (mit Vorjahresvergleichsangabe) ausreichend erscheint.

Weiterhin ist nach IAS 21.52(b) der Saldo der Umrechnungsdifferenzen anzugeben, der im **sonstigen Ergebnis** erfasst und in einem **separaten Bestandteil des Eigenkapitals kumuliert** wurde. Hierzu wird außerdem gefordert, dass der Periodenanfangsbestand dieses Postens mittels einer Überleitungsrechnung auf den Endbestand der Periode übergeleitet wird. Eine solche Überleitungsrechnung sollte sämtliche Zu- und Abgänge des Postens, gegliedert nach den zugrunde liegenden Sachverhalten umfassen. Neben der Darstellung im Anhang ist für diese Überleitungsrechnung auch eine Integration in die Eigenkapitalveränderungsrechnung denkbar, da die IFRS für sämtliche ergebnisneutralen Veränderungen des Eigenkapitals ähnliche Angabe- und Überleitungspflichten vorsehen. 51

IAS 21.53 schreibt für Fälle **einer von der funktionalen Währung der berichtenden Einheit abweichenden Berichtswährung** die Nennung und Begründung dieses Sachverhalts vor. Außerdem ist in diesen Fällen die funktionale Währung des MU anzugeben. 52

Wurde innerhalb der Berichtsperiode für das MU oder wesentliche TU **ein Wechsel der funktionalen Währung** vorgenommen, so ist dies zusammen mit einer Begründung des Wechsels gem IAS 21.54 in den Anhang aufzunehmen. 53

Gem der Anforderung des IAS 1.16 ist ein IFRS-Abschluss nur dann als solcher zu bezeichnen, wenn er **sämtliche IFRS** erfüllt. IAS 21.55 stellt hierzu klar, dass dies insbes auch für die Umrechnungsmethode von der funktionalen zur Berichtswährung gilt. Damit führen in der Praxis anzutreffende Vorgehensweisen, bei denen nur bestimmte Posten umgerechnet werden oder andere Abweichungen von IAS 21 vorliegen, dazu, dass der gesamte Abschluss nicht mehr als IFRS-konform anzusehen ist und die IFRS-Konformitätserklärung nach IAS 1.16 nicht mehr abgegeben werden kann. 54

Schließlich verlangt IAS 21.57 Anhangangaben für den Fall, dass ein Unternehmen Abschlüsse oder andere **Finanzinformationen** veröffentlicht, die weder in der funktionalen noch in der Berichtswährung ausgewiesen sind. In diesem Fall sind folgende Angaben erforderlich: 55

(1) Die veröffentlichte Information ist eindeutig als Zusatzinformation zu kennzeichnen, um sie von den IFRS-konformen Finanzinformationen unterscheiden zu können.
(2) Die Währung, in der die Zusatzinformation ausgewiesen wird, ist anzugeben.
(3) Es ist die funktionale Währung der berichtenden Einheit anzugeben sowie die Umrechnungsmethode, die zur Darstellung der Zusatzinformationen angewendet wurde.

Soweit **IAS 29** zur Anwendung gekommen ist, sind darüber hinaus folgende Angaben erforderlich: 56

(1) Die Tatsache, dass der Abschluss und die Vergleichszahlen aufgrund von Änderungen der allgemeinen Kaufkraft in der Berichtswährung angepasst wurden und daher in der am Bilanzstichtag geltenden Maßeinheit angegeben sind.
(2) Die Angabe, ob bei der Inflationsbereinigung das Konzept der fortgeführten Anschaffungskosten oder das Konzept der Tageswertbewertung zugrunde gelegt wurde.
(3) Art und Höhe des Preisindexes am Bilanzstichtag sowie Veränderungen während der aktuellen und der vorigen Periode.

F. Wesentliche Änderungen und deren Anwendungszeitpunkte

57 **IAS 21** ist pflichtmäßig erstmals für Perioden anzuwenden, die am oder nach dem 1. Januar 2005 beginnen (IAS 21.58). Die im Zusammenhang mit der Darstellung von Nettoinvestitionen in ausländische Geschäftseinheiten stehenden Änderungen, die vom IASB im Dezember 2005 veröffentlicht wurden, sind erstmalig auf Perioden, die am oder nach dem 1. Januar 2006 beginnen anzuwenden. Die Folgeänderungen aus der Neufassung des IAS 1 in IAS 21.27, IAS 21.30 bis IAS 21.33, IAS 21.37, IAS 21.39, IAS 21.41, IAS 21.45, IAS 21.48 und IAS 21.52, die vom IASB im September 2007 beschlossen wurden, sind verpflichtend Perioden zugrunde zu legen, die am oder nach dem 1. Januar 2009 beginnen. Gleiches gilt für die Folgeänderung in IAS 21.49 aus der Ergänzung von IFRS 1 und IAS 27, die vom Board im Mai 2008 verabschiedet wurden. Die aus der Ergänzung von IAS 27 in IAS 21.48A bis D und IAS 21.49 resultierenden Folgeänderungen sind erstmals verpflichtend für Perioden anzuwenden, die am oder nach dem 1. Juli 2009 beginnen.

IAS 29 ist verpflichtend für Perioden anzuwenden, die am oder nach dem 1. Januar 1990 beginnen (IAS 29.41). Die aus dem *Annual Improvements*-Projekt 2008 resultierenden Änderungen in IAS 29.6, IAS 29.8, IAS 29.14, IAS 29.15, IAS 29.19, IAS 29.20, IAS 29.28 und IAS 29.34, die vom IASB im Mai 2008 verabschiedet wurden, sind pflichtmäßig für Perioden anzuwenden, die am oder nach dem 1. Januar 2009 beginnen. Änderungen, die im Zusammenhang mit Anpassungen in IFRS 5 und IAS 27 stehen, welche erst ab dem 1. Juli 2009 verpflichtend anzuwenden sind, müssen ebenfalls erst ab diesem Datum pflichtmäßig berücksichtigt werden.

IFRIC 16 ist verpflichtend für Perioden anzuwenden, die am oder nach dem 1. Oktober 2008 beginnen. Die im April 2009 im Rahmen des *Annual Improvements* Projekt 2009 veröffentlichte Änderung in IFRIC 16.14 ist – vorbehaltlich eines Endorsements – verpflichtend für Perioden ab dem 1. Juli 2009 anzuwenden. Eine frühere Anwendung ist unter Nennung dieser Tatsache im Anhang zulässig.

Eine freiwillige frühere Anwendung der geänderten Regelungen in IAS 21 und IAS 29 ist unter Berücksichtigung der damit verbundenen Anhangangabepflicht möglich; eine Anwendung der geänderten Regelungen des IAS 27 vor dem 1. Juli 2009 bedingt eine zeitgleiche Berücksichtigung der korrespondierenden Regelungen in IAS 21 und IAS 29.

Die vorliegende Kommentierung hat wesentliche materielle Änderungen herausgehoben, darüber hinaus haben die Überarbeitungen klarstellenden Charakter.

G. Gegenüberstellung zu HGB/DRS

58 Der Bereich der Währungsumrechnung war bis zum Inkrafttreten des BilMoG innerhalb des HGB nur **rudimentär** als Folgewirkung des Grundsatzes der konzerneinheitlichen Bilanzierung und Bewertung geregelt (*Hoyos/F. Huber* in BeBiKo[6] § 308 HGB Rz 59). Da sich in Deutschland noch keine GoB bzgl der Methodenwahl bei der Währungsumrechnung herausgebildet hatten, war grds von einem **Wahlrecht** hinsichtlich der verschiedenen Umrechnungsmethoden

auszugehen. Mit DRS 14 wurden erstmals auch für den deutschen handelsrechtlichen Bereich dezidierte Vorschriften für die Behandlung von Umrechnungsdifferenzen eingeführt, die GoB-determinierend sind.

Die Regelungen des DRS 14 „Währungsumrechnung" entsprechen dabei inhaltlich weitgehend denen von IAS 21 bzw IAS 29 (*Löw/Lorenz* BB 2002, 2543). Unterschiede ergeben sich konzeptionell in der **Berücksichtigung latenter Steuern** auf Umrechnungsdifferenzen (§ 25 Rz 153 ff), die sich aus dem *balance-sheet-approach* der IFRS ergeben und deren Berücksichtigung in IAS 21.50 explizit verlangt wird. In DRS 14 sind sie hingegen nicht vorgesehen. Bei der **Währungsumrechnung in Hochinflationsländern** sieht IAS 29 nur die *restate-translate*-Methode als zulässig an, während DRS 14.38 auch Alternativmethoden zulässt (*Hoyos/F. Huber* in BeBiKo[6] § 308 HGB Rz 66). 59

Durch das **BilMoG** werden erstmals Vorschriften zur Währungsumrechnung in das HGB implementiert. Nach § 256 a HGB (BilMoG) sind im **Einzelabschluss** auf fremde Währung lt Vermögensgegenstände und Verbindlichkeiten zum Devisenmittelkassakurs am Abschlussstichtag umzurechnen. In dem neu eingefügten § 308 a HGB (BilMoG) wird für die **Umrechnung von Fremdwährungsabschlüssen** festgelegt, dass sämtliche Aktiv- und Passivposten der Bilanz zum Devisenkassamittelkurs am Abschlussstichtag in Euro umzurechnen sind. Ausgenommen hiervon ist das Eigenkapital, dessen Umrechnung zum historischen Kurs zu erfolgen hat. Aufwendungen und Erträge sind zum Durchschnittskurs umzurechnen. Eine sich ergebende Umrechnungsdifferenz ist erfolgsneutral innerhalb des Konzerneigenkapitals nach den Rücklagen in einem gesonderten Posten „Eigenkapitaldifferenz aus Währungsumrechnung" auszuweisen; bei teilweisem oder vollständigem Ausscheiden eines TU ist dieser Eigenkapitalposten in entspr Höhe aufzulösen. 60

Eine im **Detailgrad** den Vorschriften des IAS 21 entspr Regelung der Währungsumrechnung innerhalb des deutschen Handelsrechts ist somit auch nach den Ergänzungen durch das BilMoG nicht vorgesehen. Mit der in den §§ 256 a und 308a HGB (BilMoG) festgelegten Umrechnung von Bilanz- und GuV-Posten folgt das deutsche Handelsrecht **nicht** dem **Konzept der funktionalen Währung**. Es unterscheidet sich insoweit systematisch sowohl von den Regelungen des DRS 14 als auch von denjenigen des IAS 21.

H. Aktuelle Entwicklungen/IASB-Projekte

Derzeit stehen **keine Projekte** im Zusammenhang mit Währungsumrechnungsfragen auf der Agenda des IASB oder des IFRIC. 61

§ 34. Unternehmenszusammenschlüsse

Übersicht

Schrifttum: *Andrejewski* Bilanzierung der Zusammenschlüsse von Unternehmen unter gemeinsamer Beherrschung als rein rechtliche Umgestaltung, BB 2005, 1436; *Baetge/Kirsch/Thiele* Konzernbilanzen, 7. Aufl, Düsseldorf 2004; *Baker/Lembke/King* Advanced Financial Accounting, 6. Aufl, New York 2004; *Beyhs/Wagner* Die neuen Vorschriften des IASB zur Abbildung von Unternehmenszusammenschlüssen, DB 2008, 73; *Born* Rechnungslegung international, 5. Aufl, Stuttgart 2007; *Bryois* Heads up on Business Combinations, IRZ 2008, 281; *Buschhüter/Senger* Common Control Transactions, IRZ 2009, 23; *Busse von Colbe/Ordelheide* Konzernabschlüsse/Übungsaufgaben zur Bilanzierung nach IAS/IFRS und HGB, 10. Aufl, Wiesbaden 2005; *Crasselt/Lukas* M&A-Transaktionen mit Earn-out-Vereinbarung: Ermittlung der bilanziellen Anschaffungskosten nach IFRS 3, KoR 2008, 728; *DRSC* Rechnungslegungs-Interpretation Nr. 1 (RIC 1) Bilanzgliederung nach Fristigkeit gemäß IAS 1 Darstellung des Abschlusses, Berlin 2005; *Fladt/Feige* Der Exposure Draft 3 „Business Combinations" des IASB – Konvergenz mit den US-GAAP?, WPg 2003, 249; *Göth* Das Eigenkapital im Konzernabschluss: Bilanzielle Darstellung, Ergebnisverwendungsrechnung, Konsolidierungstechnik, Stuttgart 1997; *Grant Thornton International* Intangible Assets in a Business Combination – Identifying and valuing intangibles under IFRS 3, London 2008; *Hachmeister* Neuregelung der Bilanzierung von Unternehmenszusammenschlüssen nach IFRS 3 (2008), IRZ 2008, 115; *Hanft/Kretschmer* Negative Minderheitenanteile im Konzernabschluss nach HGB, US-GAAP und IAS, BB 2001, 2047; *Hannappel/Kneisel* Bilanzierung einer Verschmelzung under Common control nach HGB, US-GAAP und IAS, WPg 2001, 703; *B. Hayn* Konsolidierungstechnik bei Erwerb und Veräußerung von Anteilen, Herne/Berlin 1999; *B. Hayn/M. Hayn/S. Hayn* Prospektiv anzuwendende Standardänderungen nach IFRS: Fluch oder Segen? – dargestellt am Beispiel des „Geschäfts- oder Firmenwerts", in FS Küting, Berichterstattung für den Kapitalmarkt, Stuttgart 2009; *S. Hayn/Graf Waldersee* IFRS/HGB/HGB-BilMoG im Vergleich – Synoptische Darstellung für den Einzel- und Konzernabschluss, 7. Aufl, Stuttgart 2008; *Hendler/Zülch* Unternehmenszusammenschlüsse und Änderung von Beteiligungsverhältnissen bei Tochterunternehmen – die neuen Regelungen des IFRS 3 und IAS 27, WPg 2008, 484; *IDW* RS HFA 2 Stellungsnahme zur Rechnungslegung: Einzelfragen zur Anwendung von IFRS (Stand: 2. September 2008), FN IDW 2008, 483; *Kagermann/Küting/Wirth* IFRS-Konzernabschlüsse mit SAP, 2. Aufl, Saarbrücken/Walldorf 2008; *KPMG* Insights into IFRS 2008/9, 5. Aufl, London 2008; *Krolak* Die bilanzielle Behandlung des aus der Kapitalkonsolidierung resultierenden Geschäfts- oder Firmenwertes nach HGB, U. S. GAAP und IAS, Düsseldorf 2000; *Küting/Elprana/Wirth* Sukzessive Anteilserwerbe in der Konzernrechnungslegung nach IAS 22/ED 3 und dem Business Combinations Project (Phase II), KoR 2003, 477; *Küting/Göth* Minderheitenanteile im Konzernabschluß eines mehrstufigen Konzerns: Sachgerechte Ermittlung und Lösung zur Konsolidierungstechnik, WPg 1997, 305; *Küting/Weber* Der Konzernabschluss, 11. Aufl, Stuttgart 2008; *Küting/Weber/Dusemond* Kapitalkonsolidierung im mehrstufigen Konzern, BB 1991, 1082; *Küting/Weber/Wirth* Die Goodwillbilanzierung im finalisierten Business combinations Project Phase II, KoR 2008, 139 ff; *Küting/Wirth* Die Berücksichtigung von Geschäfts- oder Firmenwerten bei der Endkonsolidierung von Tochterunternehmen unter Geltung von IAS 36 (rev. 2004), WPg 2005, 704; *Küting/Wirth* Konzernrechnungslegung nach IFRS, BBK 2004, 163 ff; *Peemöller/Spanier/Weller* Internationalisierung der externen Rechnungslegung: Auswirkungen auf nicht kapitalmarktorientierte Unternehmen, BB 2002, 1799; *Pellens/Amshoff/Sellhorn* IFRS 3 (rev. 2008): Einheitstheorie in der M&A-Bilanzierung, BB 2008, 602; *Pellens/Fülbier/Gassen* Internationale Rechnungslegung, 5. Aufl, Stuttgart 2004; *Pellens/Sellhorn* Kapitalkonsolidierung nach der Fresh-Start-Methode, BB 1999, 2125; *PwC* IFRS Manual of Accounting 2008, Global Guide to International Financial Reporting Standards, London 2008; *Schildbach* Der Konzernabschluss nach HGB, IAS und US-GAAP, 6. Aufl, München 2001; *Schruff/Rothenburger* Zur Konsolidierung von Special Purpose Entities nach US-GAAP, IAS und HGB, WPg 2002, 755; *Wirth* Firmenwertbilanzierung nach IFRS, Stuttgart 2005; *Wüstemann/Duhr* Geschäftswertbilanzierung nach dem Exposure Draft 3 des IASB: Entobjektivierung auf den Spuren des FASB?, BB 2003, 247; *Zülch/Wünsch* Aufgaben und Methoden der indikativen Kaufpreisallokation (Pre-Deal-Purchase Price Allocation) bei der Bilanzierung von Business Combinations nach IFRS 3, KoR 2008, 466; *Zwirner* Reverse Acquisition nach IFRS, KoR 2009, 138.

Wesentliche Rechtsgrundlagen: IFRS 3 (2008), IFRS 3 (2004), IAS 36, IAS 38

A. Grundlagen

1 Die **Bilanzierung von Unternehmenszusammenschlüssen** fügt sich in die Thematik der Konzernabschlusserstellung ein und ist insbes für die Kapitalkonsolidierung (§ 35 Rz 7 ff) von Bedeutung. IFRS 3 regelt jedoch grds die Bilanzierung aller Unternehmenszusammenschlüsse. Die Vorschriften dieses Standards zur Zugangsbilanzierung sind folglich auch losgelöst vom Konzernabschluss zu sehen und können damit grds auch für den Einzelabschluss Relevanz besitzen.

Die Regelungen des IFRS 3 sind, ebenso wie die Vorschriften zur Bilanzierung von TU in IAS 27, derzeit Gegenstand einer **Fortentwicklung durch den IASB.** Nach Abschluss der Phase I des Projekts *Business Combinations*, das in 2004 zur Veröffentlichung von IFRS 3 (2004) führte, wurde mit der Veröffentlichung des überarbeiteten Standards IFRS 3 (2008) inzwischen auch die zweite Phase des Projekts beendet. Bei der Überarbeitung des Standards wurden die in IFRS 3 (2004) festgelegten Grundprinzipien beibehalten. Gleichwohl hat IFRS 3 (2008) ggü der zuvor gültigen Fassung in vielen Bereichen grundlegende Änderungen erfahren. Im Folgenden werden deshalb sowohl die Regelungen von IFRS 3 (2008) als auch ggf abweichende Vorschriften des IFRS 3 (2004) dargestellt, wobei die Gliederung den jüngeren Vorschriften des IFRS 3 (2008) folgt.

I. Anwendungsbereich des IFRS 3

2 Die **Prüfung** eines vorliegenden Sachverhalts hinsichtlich einer Anwendung des IFRS 3 (2008)/IFRS 3 (2004) erfordert in einem ersten Schritt die Beantwortung der Frage, ob es sich bei den an einem potenziellen Unternehmenszusammenschluss beteiligten Parteien um Geschäftsbetriebe iSd IFRS 3 (2008) handelt (Rz 3 ff). Daran anschließend ist ein möglicher Ausschluss der Form des Unternehmenszusammenschlusses vom Anwendungsbereich des Standards zu untersuchen (Rz 20 ff).

1. Definition des Geschäftsbetriebs

3 Für den **Anwendungsbereich des IFRS 3 (2008)** sind grds solche Transaktionen in Betracht zu ziehen, in denen die Kontrolle über einen oder mehrere

Geschäftsbetrieb(e) *(business)* neu geordnet wird. Im Regelfall geht einer Neuordnung von Kontrollmöglichkeiten ein Erwerbsvorgang voraus; ein solcher Vorgang ist aber nach IFRS 3 (2008) keine zwingende Voraussetzung.

Im Transaktionszeitpunkt ist zu überprüfen, ob es sich bei den an der Transaktion beteiligten Parteien um Geschäftsbetriebe iSv IFRS 3.B7 ff (2008) handelt. Nach IFRS 3 (2008) muss es sich bei der beherrschten Partei um einen Geschäftsbetrieb handeln, gem IFRS 3 (2004) ist es erforderlich, dass beide Parteien ein *business* darstellen. Maßgeblich hierfür sind wirtschaftliche Kriterien, nach der ein Geschäftsbetrieb iSv IFRS 3 (2008) von einer bloßen Gruppe von Vermögenswerten abzugrenzen ist. **Geschäftsbetriebe** iSv IFRS 3 (2008) können damit rechtliche Einheiten sein; dies ist aufgrund der wirtschaftlichen Beurteilung jedoch keine zwingende Voraussetzung. Vielmehr kommen auch Segmente, Geschäftssparten oder andere Teilbetriebe im ökonomischen Sinne als Geschäftsbetrieb in Betracht.

Entscheidend dafür, ob ein Erwerbsobjekt über Geschäftsbetriebseigenschaften verfügt, und damit in den Regelungsbereich von IFRS 3 (2008) fällt, ist seine **wirtschaftliche Ausgestaltung** vor dem Erwerbsvorgang und die theoretische Möglichkeit eines typisierten Erwerbers, den **Geschäftsbetrieb fortzusetzen**. Ein solcher liegt vor, wenn in der erworbenen Vermögensmasse ein „*integrated set of activities*" erkennbar ist, das **Inputfaktoren** erfordert und in die **Prozesse** implementiert wurden. Zu beurteilen sind weiterhin die **Outputs** der uU als Geschäftsbetrieb zu würdigenden Vermögensmasse (IFRS 3.B7 (2008)).

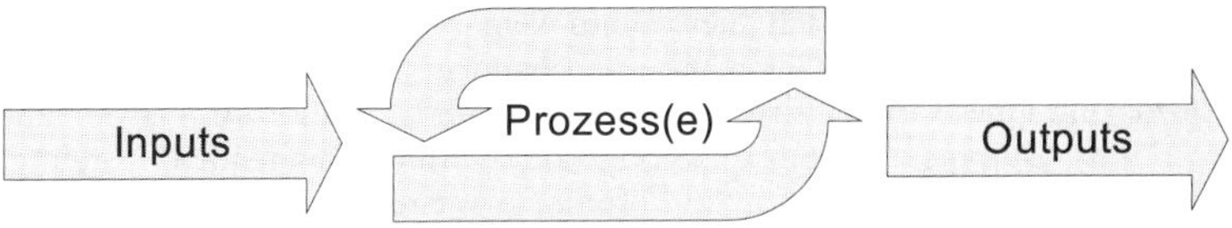

Beispiele:

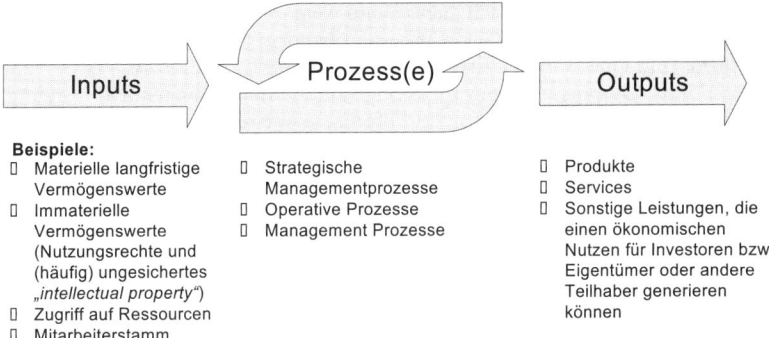

- Materielle langfristige Vermögenswerte
- Immaterielle Vermögenswerte (Nutzungsrechte und (häufig) ungesichertes „*intellectual property*")
- Zugriff auf Ressourcen
- Mitarbeiterstamm

- Strategische Managementprozesse
- Operative Prozesse
- Management Prozesse

- Produkte
- Services
- Sonstige Leistungen, die einen ökonomischen Nutzen für Investoren bzw Eigentümer oder andere Teilhaber generieren können

Den Begriff des Geschäftsbetriebs prägende **„Inputs"** dürften bei fast allen 4
Akquisitionen vorliegen – andernfalls würde der Beweggrund für den Erwerb eines einzelnen oder mehrerer Vermögenswerte entfallen. Allgemein versteht IFRS 3 unter Inputs sämtliche ökonomischen Ressourcen, die Outputs generieren (können), sofern ein oder mehrere Prozesse auf sie einwirken. Mögliche Inputfaktoren umfassen dabei nicht nur bereits bilanzierte Vermögenswerte, sondern auch uU nicht bilanzierungsfähige immaterielle Vermögenswerte und außerbilanzielle Vorteile, die sich aus der Kontrolle über den potenziellen Geschäftsbetrieb ergeben. Der Zugriff auf neue Märkte, neue Lieferantenbeziehungen oder ein bereits kumulierter und eingearbeiteter Mitarbeiterstamm stellen Beispiele für solche Vorteile dar, die sich im Regelfall nicht in Form eines Bilanzpostens manifestieren.

Ein in einer Gruppe von Vermögenswerten enthaltener **Geschäfts- oder Firmenwert** weist ebenfalls auf einen Geschäftsbetrieb hin (IFRS 3.B12 (2008)). Mit dieser Regelung scheint IFRS 3 (2008) ein im Einzelfall leicht zu operationalisierendes Kriterium für die Identifizierung eines Geschäftsbetriebs zu enthalten (idS auch *Lüdenbach* in Lüdenbach/Hoffmann IFRS[7] § 31 Rz 24). Allerdings ist darauf hinzuweisen, dass es sich hierbei um eine Zirkelargumentation handelt, da ein Geschäfts- oder Firmenwert nur Geschäftsbetrieben iSv IFRS 3 (2008) zugeordnet werden darf. UE ist es deshalb zwingend erforderlich, die Eigenschaft eines Geschäftsbetriebs zu bejahen, bevor auf diesen ein Geschäfts- oder Firmenwert zugeordnet werden kann. Die Regelung des IFRS 3.B12 (2008) greift dann allerdings ins Leere.

5 Bei der Überprüfung der erworbenen Inputfaktoren auf die Existenz von **Prozessen** steht die Frage im Vordergrund, ob die erworbene Vermögensmasse eigenständig Outputs generiert oder generieren kann. Soweit bereits implementierte Systeme, Standardverfahren, Protokolle, Konventionen oder Regeln vorliegen, anhand derer die Inputs verarbeitet werden (können), ist von der Existenz von Geschäftsbetrieben auszugehen. Diese Prozesse können, müssen aber nicht dokumentiert sein. Ausreichend ist hier die Existenz eines Mitarbeiterstamms, der vorhandene Inputfaktoren zu verarbeiten weiß. Sind die erworbenen Vermögenswerte hingegen nicht durch einen gemeinsamen (Geschäfts-)Zweck verbunden, dürfte es sich im Regelfall nicht um einen Geschäftsbetrieb handeln.

IFRS 3 (2008) weist in diesem Zusammenhang ausdrücklich darauf hin, dass **rein verwaltende Tätigkeiten** wie Rechnungslegung, Inkasso und Lohnabrechnung nicht für den Begriff des Geschäftsbetrieb prägend sind (IFRS 3.B7(b) (2008)).

6 Das hinsichtlich seiner Geschäftsbetriebseigenschaften zur Beurteilung stehende Erwerbsobjekt ist schließlich daraufhin zu überprüfen, inwiefern es **Outputs** generieren kann, wobei es sich hierbei um kein zwingend erforderliches Definitionskriterium für einen Geschäftsbetrieb handelt. Vielmehr müssen bei der Identifizierung eines Geschäftsbetriebs die Inputs und Prozesse im Vordergrund stehen. Unter Outputs sind gem IFRS 3.B7(c) (2008) ieS Dividenden, Kostenreduktionen oder andere ökonomische Vorteile zu verstehen, die die Eigentümer bzw Mitglieder oder Teilhaber aus dem Objekt ziehen können. Ausschlaggebend für die Definition eines Geschäftsbetriebs ist gerade bei Unternehmen in der Entwicklungsphase (dh ohne bereits vorhandene nennenswerte Outputs), ob die wesentlichen Grundlagen für eine absehbare Generierung von Outputs bereits erkennbar sind (IFRS 3.B10 (2008)). Diesbezüglich kann bspw in die Betrachtung miteinfließen, ob

(1) die Hauptaktivitäten bereits geplant sind;
(2) Arbeitnehmer, *intellectual property* oder andere Inputs und Prozesse vorhanden sind;
(3) eine Planung für die Produktion von Outputs besteht;
(4) Abnehmer für die Outputs vorhanden sind.

Sofern in absehbarer Zeit mit einer Realisierung von Outputs nicht zu rechnen ist, ist daraus das Nichtvorliegen eines Geschäftsbetriebs zu folgern.

7 IFRS 3 (2008) vollzieht damit ggü der Vorgängerversion IFRS 3 (2004) einen **Perspektivwechsel** – für die Definition eines Geschäftsbetriebs ausschlaggebend waren dort noch die Outputs (s hierzu *Senger/Brune/Elprana* Vorauflage § 33 Rz 19). Durch die Fokussierung auf die inneren Zusammenhänge der erworbenen Vermögensmasse dürfte es somit schwieriger werden, Erwerbsvorgänge insbes von Konglomeraten verschiedener Vermögenswerte und Schulden nach IFRS 3 (2008) nicht als Geschäftsbetrieb zu klassifizieren.

8 Sind Inputs und Prozesse erkennbar, ist nicht ausschlaggebend, ob alle für die operativen Tätigkeiten erforderlichen Inputfaktoren und Prozesse mit dem Erwerb auf den Käufer übergehen. Vielmehr ist zu überprüfen, ob ein typisierter Käufer des Unternehmens **zur Fortführung der operativen Aktivitäten fähig ist,** ganz gleich, ob dies auch durch den tatsächlichen Käufer erfolgt. Möglich ist dies bspw durch die Integration der erworbenen Inputfaktoren und Prozesse in den Geschäftsbetrieb des Erwerbers.

Beispiel: Eine rechtlich verselbständigte Vertretung eines markengebundenen Autohändlers wird durch einen *share deal* übernommen. Durch den Erwerb wird die Markenbindung des Autohändlers aufgehoben, sodass die Belieferung der Vertretung mit Fahrzeugen einer bestimmten Marke eingestellt wird. Ein für die operative Aktivität wesentlicher Inputfaktor entfällt damit. Ist jedoch davon auszugehen, dass ein typisierter, am Markt auftretender Käufer die operativen Tätigkeiten der Vertretung fortsetzen kann – denkbar ist hier zB die Belieferung mit Fahrzeugen der eigenen Marke oder aber mit Gebrauchtwagen – ist gleichwohl davon auszugehen, dass die erworbene Gesellschaft weiterhin einen Geschäftsbetrieb darstellt. Unerheblich ist hingegen zB das Vorhaben des Erwerbers, den Geschäftsbetrieb nicht fortzuführen, sondern ein Einrichtungshaus in den Geschäftsräumen des Autohändlers zu errichten.

In der Praxis dürfte insbes dem **Übergang einer Belegschaft** eine zentrale 9
Rolle bei der Beurteilung zukommen, ob im Zweifel ein Geschäftsbetrieb erworben wurde. So wird die Übernahme eines bereits eingespielten und für seine Aufgaben ausgebildeten Mitarbeiterstamms im Regelfall die Existenz eines Geschäftsbetriebs anzeigen (ähnlich *KPMG* 2008/9, 120). Nur in engen Grenzen (bspw bei einem vollautomatisierten Geschäftsbetrieb eines Internetunternehmens) wird hier die Existenz eines Geschäftsbetriebs abzulehnen sein. Die **Übernahme** von **Schulden,** bspw als Bestandteil eines Immobilienportfolios, ist hingegen kein ausschlaggebendes Kriterium für die Definition eines Geschäftsbetriebs (IFRS 3.B9 (2008)).

Vor dem Hintergrund dieser Regelungen sind Konstellationen denkbar, in 10
denen einzelne Vermögenswerte oder mehrere Vermögenswerte (auch in Form eines Erwerbs von Gesellschaftsanteilen) **keinen Geschäftsbetrieb** darstellen. Den hier denkbaren fließenden Übergang macht das folgende Beispiel einer Ein-Objekt-Gesellschaft deutlich:

Beispiel: Eine von einer GmbH gehaltene Immobilie wird im Rahmen eines *share deals* erworben.

Szenario	Beurteilung
Die Immobilie ist im Zeitpunkt des Erwerbs seit längerer Zeit ungenutzt. Auch der Versuch einer Bewirtschaftung wurde vom Veräußerer nicht unternommen.	Es fehlt an Prozessen, es liegt damit der Einzelerwerb eines Vermögenswerts vor.
Die Immobilie ist im Zeitpunkt des Erwerbs vermietet. Die Immobilie wird jedoch von der Gesellschaft nicht aktiv verwaltet. Die Mieter selbst beauftragen konzernfremde Dritte mit Serviceleistungen wie bspw Gebäudereinigungen oder die Wartung von Aufzügen.	Es fehlt an wesentlichen Prozessen, sodass von einem Einzelerwerb eines Vermögenswerts auszugehen ist.
Die Immobilie ist im Zeitpunkt des Erwerbs vermietet und wird aktiv verwaltet, indem lfd Mietinteressenten gesucht und Vertragsanpassungen verhandelt werden. Wesentliche Serviceleistungen werden von der Gesellschaft erbracht.	Hier liegen Prozesse vor, aufgrund derer auf die Existenz eines Geschäftsbetriebs zu schließen ist.

Führt die Analyse zu dem Ergebnis, dass nicht mindestens **zwei Geschäftsbetriebe** an der zu beurteilenden Transaktion beteiligt sind, finden die Regelun- 11 gen des IFRS 3 (2008) keine Anwendung. Die Transaktion ist somit nach den Regelungen der übrigen IFRS zu bilanzieren. Wird zB ein Unternehmensmantel erworben, der ein nicht genutztes Grundstück umfasst, so ist dieses nach IAS 16 mit den Anschaffungskosten zum Zugangszeitpunkt anzusetzen. Es kommt hierbei nicht zum Ansatz eines Geschäfts- oder Firmenwerts, da kein Anwendungsfall des IFRS 3 vorliegt (IFRS 3.2(b) (2008)). Möglicherweise den erworbenen Vermögenswerten anhaftende Eventualverbindlichkeiten sind aufgrund des Ansatzverbots nach IAS 37.27 nicht anzusetzen. Der Ausweis von ggf am Erwerbsobjekt beteiligten Minderheiten erfolgt hingegen nach den regulären Vorschriften des IAS 27 (§ 35 Rz 50ff).

2. Erscheinungsformen von Unternehmenszusammenschlüssen

12 IFRS 3 regelt bis auf wenige Ausnahmen grds alle Fallkonstellationen, in denen ein Geschäftsbetrieb die Verfügungsmacht über einen weiteren Geschäftsbetrieb erlangt. Generell betrifft dies sowohl nach IFRS 3 (2008) als auch nach IFRS 3 (2004) vor allem **Anteilskäufe** an Unternehmen *(share deal)*, den Erwerb von **Sachgesamtheiten** außerhalb eines zugehörigen Rechtsmantels *(asset deal)* und auch **Mischformen**.

Als **Erweiterung des Anwendungsbereichs** wird in IFRS 3 (2008) darüber hinaus erstmals die Bilanzierung von Unternehmenszusammenschlüssen von Gegenseitigkeitsunternehmen und rein vertraglichen Zusammenschlüssen geregelt (vgl Rz 16f). Auf die in den Regelungsbereich des Standards fallenden Transaktionsformen gehen die Ausführungen im Folgeabschnitt ein.

13 Explizit **vom Anwendungsbereich** von IFRS 3 (2008) sowie IFRS 3 (2004) **ausgeschlossen** sind jedoch Unternehmenszusammenschlüsse, bei denen separate Unternehmen oder Geschäftsbetriebe zusammengeführt werden, um ein **Gemeinschaftsunternehmen** zu gründen (IFRS 3.2(a) (2008)/IFRS 3.3(a) (2004)). Hierauf gehen die Ausführungen in Rz 28ff ein. Nicht durch den Regelungsinhalt des Standards abgedeckt sind weiterhin Unternehmenszusammenschlüsse, an denen Unternehmen oder Geschäftsbetriebe **unter gemeinsamer Beherrschung** *(common control)* beteiligt sind (IFRS 3.2(c) (2008)/IFRS 3.3(b) (2004)). Hierauf wird in Rz 20ff eingegangen.

a) Von IFRS 3 erfasste Sachverhalte

14 Die **Art oder die Existenz des Entgelts** stellt im Allgemeinen keine Voraussetzung für den Anwendungsbereich von IFRS 3 (2008) und IFRS 3 (2004) dar. Vielmehr bezieht sich der Standard entgeltunabhängig auf alle Arten von Unternehmenszusammenschlüssen. So sieht IFRS 3 (2008) zB die Möglichkeit eines Unternehmenszusammenschlusses gegen Zahlungsmittel genauso wie den Tausch gegen nicht-monetäre Vermögenswerte oder einen anderen Geschäftsbetrieb vor (IFRS 3.B5(a) (2008)). Die Übernahme von Schulden, die Emission von Eigenkapitalinstrumenten oder Mischformen verschiedener Entgeltarten werden ebenfalls als mögliche Entgeltformen sowohl von IFRS 3 (2008) als auch von IFRS 3 (2004) gesehen (vgl aber auch Rz 223).

15 Auch die **Art**, nach der die **Verfügungsmacht übernommen** wird, ist nicht relevant. Erfasst sind nach dem Wortlaut des IFRS 3.3 (2008) jegliche Transaktionsformen oder „andere Ereignisse". Diese denkbar weit gefasste Definition von möglichen Formen von Unternehmenszusammenschlüssen umfasst damit ua neben dem Anteilskauf auch die Verschmelzung der Nettovermögenswerte auf den Erwerber (IFRS 3.B6(a) (2008)) oder auf einen dritten Rechtsmantel (IFRS 3.B6(c) (2008)). Auch die Abwesenheit einer rechtlichen und/oder öko-

nomischen Transaktion spricht nach IFRS 3 (2008) nicht gegen das Vorliegen eines Unternehmenszusammenschlusses.

Durch das Projekt BC II ist der Anwendungsbereich des Standards ggü IFRS 3 (2004) erweitert worden. IFRS 3 (2008) regelt nunmehr auch Unternehmenszusammenschlüsse an denen sog „**Gegenseitigkeitsunternehmen**" beteiligt sind. Hierunter fallen generell alle nicht im Eigentum ihrer Investoren stehenden Unternehmen, die direkt ihren Eigentümern oder Mitgliedern bzw Teilnehmern Dividenden, niedrigere Kosten oder andere ökonomische Vorteile zukommen lassen. IFRS 3.A (2008)/IFRS 3.A (2004) nennen in diesem Zusammenhang als Beispiele Versicherungsvereine auf Gegenseitigkeit, Kreditgenossenschaften und andere genossenschaftlich organisierte Unternehmen. Mit der Aufnahme von Unternehmenszusammenschlüssen dieser Unternehmen in den Regelungsbereich von IFRS 3 (2008) entfällt nunmehr die Notwendigkeit, unter Bezugnahme auf IAS 8.10ff unternehmenseigene Bilanzierungs- und Bewertungsmethoden zu entwickeln. 16

Auch Unternehmenszusammenschlüsse, bei denen separate Unternehmen oder Geschäftsbetriebe unentgeltlich zusammengeführt werden, um nur **rein vertraglich** ein Bericht erstattendes Unternehmen zu gründen, ohne Anteilsrechte zu erhalten, sind entgegen der Vorgängerregelung (IFRS 3.2(d) (2004)) nicht mehr vom Anwendungsbereich von IFRS 3 (2008) ausgeschlossen. Die Neufassung des Standards **gilt** generell auch für **alle unentgeltlichen Unternehmenszusammenschlüsse.** Mögliche Fallkonstellationen eines unentgeltlich zustande gekommenen Unternehmenszusammenschlusses umfassen Situationen, in denen 17

(1) der erworbene Geschäftsbetrieb eigene Anteile für einen existierenden Investor zurück erwirbt, sodass dessen gestiegene Einflussmöglichkeiten die Kontrolle über den Geschäftsbetrieb ermöglichen;
(2) von Minderheiten gehaltene Vetorechte erlöschen, sodass ein Gesellschafter seine Stimmrechtsmehrheit vollumfänglich ausüben kann;
(3) zwei Unternehmen ihren Geschäftsbetrieb durch eine sog *stapling transaction* oder *dual listing* rein vertraglich zusammenführen (IFRS 3.43 (2008)).

Unverändert zu IFRS 3 (2004) sind Sachverhalte vom Anwendungsbereich des Standards nicht ausgeschlossen, in denen im Rahmen eines Unternehmenserwerbs die Beherrschung eines (Teil-)Geschäftsbetriebs **nur vorübergehend** vorliegt (sog *temporary control*). Die Regelung betrifft vor allem Anteile an TU, die nach dem Unternehmenserwerb unmittelbar weiterveräußert werden sollen, zB aufgrund von Umstrukturierungen oder kartellrechtlichen Auflagen. 18

Die Einbeziehung in den Konsolidierungskreis (vgl § 32 Rz 6ff) auf dem Wege der **Vollkonsolidierung** – einschließlich der Anwendung der Erwerbsmethode – ist in diesen Fällen obligatorisch; alle Schritte zur Bilanzierung von Unternehmenszusammenschlüssen sind grds erforderlich. Besonderheiten sind in diesem Zusammenhang nur hinsichtlich der Zugangsbewertung der als zur Veräußerung gehaltenen Vermögenswerte und Schulden zu beachten (Rz 140). Eine Bilanzierung der **Anteile** an diesen TU als zur Veräußerung gehaltene Vermögenswerte iSv IFRS 5 scheidet hingegen nach IAS 27.12 (2008)/IAS 27.12 (2003) grds aus. Vielmehr sind die anstelle der Anteile am TU konzernbilanziell erfassten Vermögenswerte und Schulden auf ihre Einstufung als ‚zur Veräußerung verfügbar' zu überprüfen (vgl § 28 Rz 30 ff). 19

b) Unternehmenszusammenschlüsse von Geschäftsbetrieben unter gemeinsamer Kontrolle

Unverändert zu der Regelung in IFRS 3.3(b) (2004) sind auch nach IFRS 3.2(c) (2008) solche Unternehmenserwerbe aus dem Anwendungsbereich 20 des Standards ausgenommen, die unter einem gemeinsamen Kontrollverhältnis *(common control)* stehen. Ein gemeinsames Kontrollverhältnis im Sinne dieser Vorschriften liegt vor, wenn zwei oder mehr Unternehmen unter dem **gemeinsam ausgeübten Kontrollverhältnis** eines oder mehrerer gleicher Gesellschafter stehen, die vertraglich aneinander gebunden sind. In der Folge wird die Kontrolle über die zusammengeführten Geschäftsbetriebe sowohl vor als auch nach dem Unternehmenszusammenschluss durch den gleichen Gesellschafterkreis ausgeübt. Entspr werden die Kontrollverhältnisse infolge der Transaktion nicht grundlegend neu geordnet; vielmehr betrifft die Transaktion nur die Neuordnung der Kontrollstruktur, weshalb der IASB das Kriterium der Kontroll-Erlangung als Voraussetzung für eine Anwendung von IFRS 3 (2008)/IFRS 3 (2004) als nicht erfüllt und dementsprechend eine Ausnahme vom Anwendungsbereich als sachgerecht ansieht.

Beispiel: Das konzernrechnungslegungspflichtige Unternehmen A wird von Investor X kontrolliert. Investor X kontrolliert weiterhin Unternehmen B. Infolge einer Neuordnung des Beteiligungsportfolios veranlasst X, dass seine direkte Beteiligung an Unternehmen B von Unternehmen A erworben wird. In der Folge hält X keine Beteiligung mehr an Unternehmen B, kann dieses jedoch weiterhin über seine Beteiligung an A kontrollieren.

21 Auch wenn **formal** aufgrund der vertraglichen Verbindungen keine Konzernrechnungslegungspflicht entsteht, ist aus **wirtschaftlicher Sicht** eine konzernäquivalente Struktur durch die gemeinschaftliche Kontrolle gegeben. Dabei ist es unerheblich, ob es sich bei den gemeinsam die Kontrolle ausübenden Gesellschaftern um natürliche oder juristische Personen handelt. Unternehmenserwerbe innerhalb dieses Kontrollkreises werden folglich wie konzerninterne Transaktionen gesehen. Sie verändern die Verfügungsmacht über das Reinvermögen der Gesamtheit der Anteilseigner nicht.

22 Auch wenn der IASB die Problematik der Transaktionen zwischen gemeinschaftlich kontrollierten Unternehmen weiterhin nicht in den Regelungsbereich des IFRS 3 (2008) aufgenommen hat, hat der **HFA des IDW** im Rahmen von IDW RS HFA 2 zur Frage von konzerninternen Umstrukturierungen als Teil der Transaktionen unter gemeinsamer Kontrolle Stellung genommen. Mit dem sog *separate reporting entity approach* einerseits und dem sog *predecessor accounting* andererseits hält es dabei generell zwei alternative Vorgehensweisen für zulässig.

Nach dem ***separate reporting entity approach*** wird die Transaktion unter gemeinschaftlicher Beherrschung analog zu „normalen" Unternehmenszusammenschlüssen bilanziert. Danach werden die unterhalb des gemeinsamen MU angesiedelten Teilkonzerne als eigenständige Berichtseinheiten verstanden. Als Konsequenz dieser Sichtweise werden die Transaktionen zwischen gemeinschaftlich kontrollierten Unternehmen in den Teilkonzernabschlüssen wie Transaktionen unter fremden Dritten behandelt. Die in Rz 171 ff erläuterten Vorgänge zur Zugangsbilanzierung von Unternehmenszusammenschlüssen gelten entspr.

23 Folgt man andererseits dem ***predecessor accounting*** wird die Transaktion zu (Konzern-)Buchwerten des Veräußerers vorgenommen. Hiernach stellt der untergeordnete Teilkonzernabschluss einen Ausschnitt des Gesamtkonzernabschlusses dar. Aus Sicht der gemeinschaftlich Führenden kommt es (analog der Vorgehensweise innerhalb eines Konzerns) zu keiner Neubewertung mit Aufdeckung stiller Reserven. Für diese Unternehmenserwerbe scheidet demnach eine Abbildung gem der Erwerbsmethode nach IFRS 3 (2008)/IFRS 3 (2004) aus. Vielmehr wird ein Unterschiedsbetrag zwischen den Nettobuchwerten des erworbenen Unternehmens und den Anschaffungskosten des Unternehmenserwerbs direkt mit dem Eigenkapital verrechnet.

24 Beide Methoden können mit den **Grundsätzen des IAS 8** begründet werden. So fordert IAS 8.10f auf der einen Seite, bei der Ausfüllung von Lücken im IFRS-Regelwerk die Vorschriften für ähnliche und vergleichbare Sachverhalte heranzuziehen. Trotz der Ausgrenzung aus dem Anwendungsbereich des IFRS 3 (2008)/IFRS 3 (2004) werden dann im Rahmen des *separate reporting entity approach* die Regelungen dieses Standards analog angewendet. Auf der anderen Seite ermöglicht IAS 8.10f auch den Analogieschluss zu der US-GAAP-Regelung EITF 90–5, nach der die Buchwerte des Veräußerers übernommen werden können.

25 Dieses für die IFRS eher untypische Wahlrecht ist in jedem Fall im IFRS-**Anhang** nach den Regelungen von IAS 1.112(a) und IAS 1.117 darzustellen und zu **erläutern** (vgl *IDW* RS HFA 2 Rz 44). UE sollte darüber hinaus die **Methodenstetigkeit** gewährleistet sein, sodass weitere Transaktionen unter gemeinschaftlicher Kontrolle methodengleich bilanziert werden.

26 Zu einer der wirtschaftlichen Sichtweise entspr Abbildung führt uE eine Vorgehensweise, die mit der vor Einführung des IFRS 3 (2004) möglichen Interessenzusammenführungsmethode vergleichbar ist (vgl auch *Förschle/Deubert* in BeBiKo[6] § 302 HGB Rz 324). Auch bei dieser handelt es sich um eine **Fortführung der bisherigen Buchwerte** im Zuge des Unternehmenszusammenschlusses. Durch die ersatzlose Streichung der Interessenzusammenführungsmethode innerhalb der ersten Phase des BC-Projekts des IASB und daraus folgend der zwingend anzuwendenden Erwerbsmethode ist formal die Möglichkeit der Bezugnahme auf die Interessenzusammenführungsmethode entfallen. Bis zu einer expliziten Regelung dieser Sachverhalte durch den IASB sollten uE unter dem Primat der wirtschaftlichen Sichtweise derartige Transaktionen weiterhin zu Buchwerten bilanziert werden.

27 Nach Maßgabe ihres wirtschaftlichen Gehalts sind einige Transaktionen unter gemeinschaftlicher Führung **eher als umgekehrter Unternehmenserwerb** einzustufen (vgl *Andrejewski* BB 2005, 1437f) und entspr bilanziell darzustellen.

Beispiel 1: In einem mehrstufigen Konzern ist MU die bilanzierende oberste Konzerneinheit. Deren TU 1 hält sämtliche Anteile an einer weiteren Zwischenholding ZH, welche wiederum den operativ tätigen Teilkonzern TK beherrscht. An TK sind außerdem in unwesentlichem Umfang Minderheiten beteiligt. Die Konzernstruktur stellt sich damit wie folgt dar:

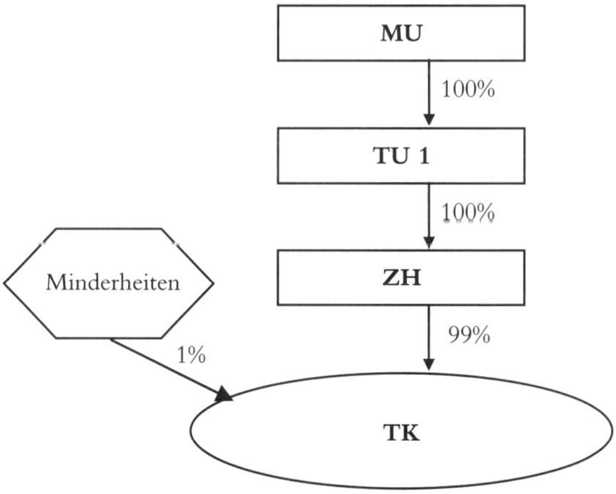

Im Zuge einer konzerninternen Restrukturierung werden die Anteile an ZH von TU 1 an eine neu geschaffene Einheit TU 2 übertragen. Dazu wird zunächst eine Mantelgesellschaft durch TU 1 erworben. Diese Gesellschaft (TU 2) führt anschließend eine Kapitalerhöhung durch, wobei TU 1 die neue Stammeinlage übernimmt. Die Erbringung dieser Einlage erfolgt durch die Übertragung der Anteile an ZH von TU 1 auf TU 2. Außerdem erfolgt eine Ausgleichszahlung von TU 2 an TU 1, mit der die Differenz zwischen dem Nennwert der übertragenen Anteile und deren beizulegendem Zeitwert abgegolten werden soll. Diese Zahlung finanziert TU 2 extern über den Kapitalmarkt.

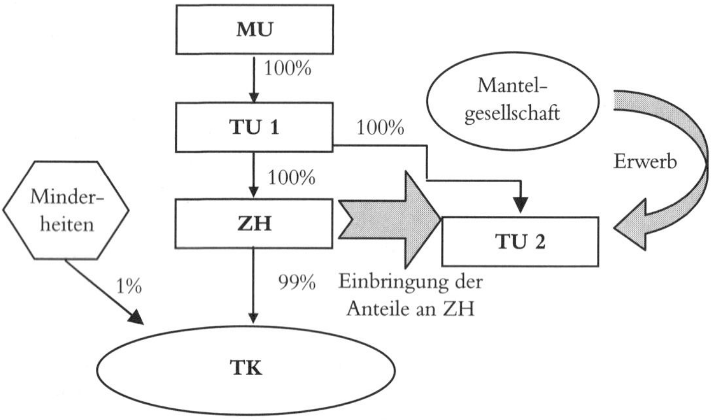

Nach Beendigung der Transaktion erfolgt die Liquidation von TU 1, wobei die Anteile an TU 2 sowie die aus der Ausgleichszahlung zugeflossenen Zahlungsmittel von TU 1 an MU ausgekehrt werden. Das Management der ZH übernimmt die Managementfunktion bei TU 2, sodass sich die berichtende Einheit nach Abschluss aller Transaktionen wie folgt darstellt:

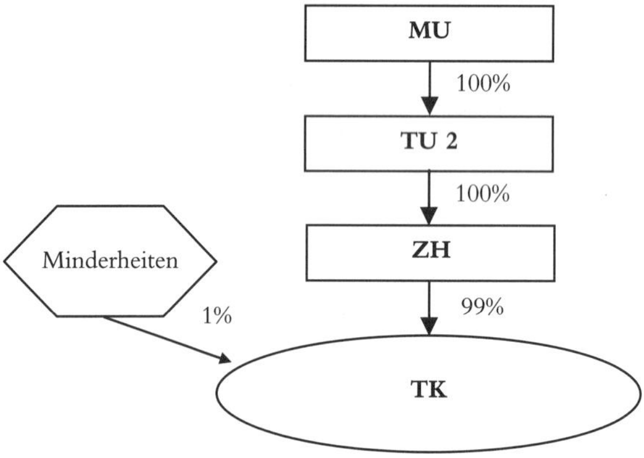

Bei der dargestellten Transaktion handelt es sich aus der Sicht von MU als berichtender Einheit um einen Zusammenschluss von Unternehmen unter gemeinsamer Kontrolle. Diese können auf Teilkonzernebene unter analoger Anwendung der Vorschriften des IFRS 3 (2008)/IRFS 3 (2004) abgebildet werden (vgl *IDW* RS HFA 2 Rz 36). Die Anwendung dieser Abbildungsmöglichkeit bedeutet dann, dass sämtliche Vorschriften zur Erwerbsmethode, insbes auch hinsichtlich der Bestimmung des Erwerbers nach IFRS 3.6 (2008)/IFRS 3.17 (2004) anzuwenden sind.

Eine Würdigung des dargestellten Sachverhalts ergibt zunächst, dass TU 2 eindeutig der rechtliche Erwerber ist. Zu berücksichtigen ist jedoch auch, dass die ZH und insbes TK einen höheren beizulegenden Zeitwert haben und das TK-Management über ZH letztlich die operativen Managementfunktionen in TU 2 übernimmt (IFRS 3.B15 (2008)/IFRS 3.19f (2004)). Aus wirtschaftlicher Betrachtungsweise ist der rechtliche Erwerber TU 2 als faktisch erworbenes Unternehmen zu betrachten. Damit ist die Transaktion auf der Ebene des Teilkonzerns als umgekehrter Unternehmenserwerb zu qualifizieren und zu bilanzieren, bei der ZH/TK als operative Einheit unverändert fortbestehen bleibt und auf TU 2 lediglich die Finanzmittel aus der Ausgleichszahlung an MU transferiert werden. Durch die Bilanzierung als umgekehrter Unternehmenserwerb kommt es – wirtschaftlich zutreffend – nicht zu einer Aufdeckung stiller Reserven bei ZH/TK, da es sich aus Sicht der berichtenden Einheit lediglich um eine rechtliche Umgliederung des Teilkonzerns handelt und die Transaktion darüber hinaus keine wirtschaftliche Substanz aufweist.

Soweit im Einzelfall bei einem Unternehmenserwerb die Regelungen zum umgekehrten Unternehmenserwerb nicht greifen, verbleibt aufgrund der weiterhin bestehenden Regelungslücke des IFRS 3 die Möglichkeit, gestützt auf *IDW* RS HFA 2 Rz 44 unter Verweis auf SFAS 141 (revised 2007) eine Abbildung des Unternehmenserwerbs zu Buchwerten *(predecessor accounting)* vorzunehmen (vgl *Buschhüter/Senger* IRZ 2009, 25).

Beispiel 2: Sachverhalt wie in Beispiel 1 dargestellt mit dem Unterschied, dass nach Durchführung der Transaktion erstmals ein IFRS-Abschluss aufgestellt wird. In diesem Fall sind die Vorschriften des IFRS 1 für Erstanwender zu beachten.

Für Erstanwender iSv IFRS 1.2ff (2008)/IFRS 1.2ff (2003) eröffnet IFRS 1.C1 (2008)/IFRS 1.15 (2003) iVm IFRS 1.B2(a) (2003) die Möglichkeit, die Darstellung eines früheren Erwerbs aus den bisher angewandten Rechnungslegungsgrundsätzen beim Übergang auf IFRS fortzuführen. Stellen diese vorherigen Rechnungslegungsgrundsätze bei der Beurteilung des dargestellten Sachverhalts auf den rechtlichen Erwerber ab – so wie zB das HGB – so kann eine Aufdeckung stiller Reserven in Betracht kommen, da die nach den zuvor angewandten Rechnungslegungsgrundsätzen ermittelten Buchwerte über die Erleichterungsvorschrift des IFRS 1.C1 (2008)/IFRS 1.B1 (2003) als unterstellte Anschaffungskosten zum Erwerbszeitpunkt anzusetzen sind.

c) Unternehmenszusammenschlüsse zur Gründung von Joint Ventures

Nach IFRS 3.2(a) (2008)/IFRS 3.3(a) (2004) sind vom **Anwendungsbereich** 28
des Standards weiterhin Transaktionen **ausgeschlossen,** die das Ziel verfolgen, zwei oder mehrere bereits vorhandene Geschäftsbetriebe zur Gründung eines *joint ventures* iSv IAS 31 zusammenzuschließen (zur Definition von *joint ventures* bzw *joint arrangements* vgl § 29 Rz 5ff). In der Folge werden die einbringenden Anteilseigner am Gesamthandsvermögen des neu gegründeten Gemeinschaftsunternehmens beteiligt.

Eine solche Transaktion wirft Fragen aus zwei Perspektiven auf: Erstens sind 29
Grundsätze der Bilanzierung festzulegen, nach denen das ***joint venture*** einen eigenständigen Abschluss aufstellt. Der Standard differenziert konzeptionell nicht zwischen der Bilanz des Anteilseigners und des rechnungslegenden Unternehmens selbst. Infolgedessen greift die Ausnahmeregelung von IFRS 3.2(a) (2008)/IFRS 3.3(a) (2004) insbes auch hinsichtlich der Bilanz des den Abschluss aufstellenden *joint ventures.* Analog zu Transaktionen zwischen Unternehmen, die unter gemeinsamer Beherrschung stehen *(common control)*, besteht auch hier generell die Möglichkeit, die Einlage des *joint venture* Gesellschafters entweder zu Buchwerten zu bilanzieren (analog zum *predecessor accounting*, vgl Rz 22ff) oder den Ansatz zum beizulegenden Zeitwert und damit analog zu den Regelungen des IFRS 3 (2008)/IFRS 3 (2004) vorzunehmen (*separate reporting entity approach*, vgl Rz 23). Eine favorisierte Lösung hat sich hier auch im internationalen Vergleich noch nicht herausgestellt (vgl *KPMG* 2008/9, 363).

Zweitens stellt sich die Frage, wie der Zusammenschluss zum *joint venture* aus 30
der Perspektive der **beteiligten Unternehmen** zu bilanzieren ist. Insbes bei der

nach IAS 31 noch möglichen Quotenkonsolidierung des Gemeinschaftsunternehmens ist zu überlegen, wie die Einlage des jeweils anderen Partners am Gemeinschaftsunternehmen zu bilanzieren ist. Hier ist hinsichtlich nicht monetärer Einlagen auf die Regelungen des SIC 13 zurückzugreifen, alle anderen Einlagen sollten uE zu ihrem beizulegenden Zeitwert im Einlagezeitpunkt bilanziert werden (so auch *KPMG* 2008/9, 299).

d) Simultanzusammenschluss mehrerer Geschäftsbetriebe

31 IFRS 3 (2008) enthält wie IFRS 3 (2004) keine Regelungen zur Differenzierung verschiedener Unternehmenszusammenschlüsse, die im Rahmen einer einzigen Transaktion vereinbart werden. Bspw stellt sich bei einem Erwerb von Teilkonzernen die Frage, ob damit **ein Geschäftsbetrieb oder mehrere voneinander getrennte Geschäftsbetriebe** erworben wurden. Sofern der Erwerb sich auf einen Teilkonzern bezieht, der unterschiedliche, eindeutig voneinander trennbare Geschäftsfelder umfasst, kann dieser Gesamterwerb zum einen als die **Summe mehrerer Einzelunternehmenserwerbe** interpretiert werden. In diesem Fall kommt man zu dem Ergebnis, dass die nachfolgend vorgestellten Regelungen für jeden Geschäftsbetrieb anzuwenden sind bis hin zu der Konsequenz, dass durch die separate Anwendung der Erwerbsmethode auf jeden Einzelerwerb mehrere Unterschiedsbeträge ermittelt werden müssen. Infolgedessen können neben Geschäfts- oder Firmenwerten auch negative Unterschiedsbeträge für einen oder mehrere dieser einzelnen Unternehmenserwerbe entstehen.

32 Der Gesamterwerb eines Teilkonzerns kann zum anderen jedoch auch als **einheitlicher Erwerbsvorgang eines Geschäftsbetriebs** mit mehreren ZGEs verstanden werden. In diesem Fall käme man zu dem Ergebnis, dass ein einheitlich ermittelter Unterschiedsbetrag auf die einzelnen ZGEs aufgeteilt werden muss. Folglich kann es für diesen Fall nur um die Aufteilung **eines** zuvor ermittelten Geschäfts- oder Firmenwerts gehen.

II. Schematischer Ablauf

33 Seit Inkrafttreten des IFRS 3 (2004) sind Unternehmenszusammenschlüsse nach IFRS nur noch in der Form von **Erwerbsvorgängen** möglich. Entspr sind diese Erwerbsvorgänge unter Anwendung der Erwerbsmethode zu bilanzieren. Während IFRS 3 (2004) in der englischen Originalfassung noch den Begriff *purchase method* verwendete, wird die Methode in IFRS 3 (2008) nunmehr als *acquisition method* bezeichnet. Begründet wird dies in IFRS 3.BC14 (2008) damit, dass ein Unternehmenszusammenschluss nicht notwendigerweise einen Kauf (*purchase*) voraussetzt und deshalb die neue Bezeichnung dem umfassenden Regelungsinhalt des IFRS 3 (2008) besser Rechnung trage. Da inhaltlich-materiell der Begriffsinhalt unverändert geblieben ist, wird im Folgenden einheitlich der Begriff der **Erwerbsmethode** verwendet.

34 Alle Arten von Unternehmenszusammenschlüssen sind damit bilanziell mit der **Erwerbsmethode** abzubilden (IFRS 3.4 (2008)/IFRS 3.14 (2004)). Nach IFRS 3.5 (2008) umfasst die Anwendung der Erwerbsmethode die folgenden Schritte:

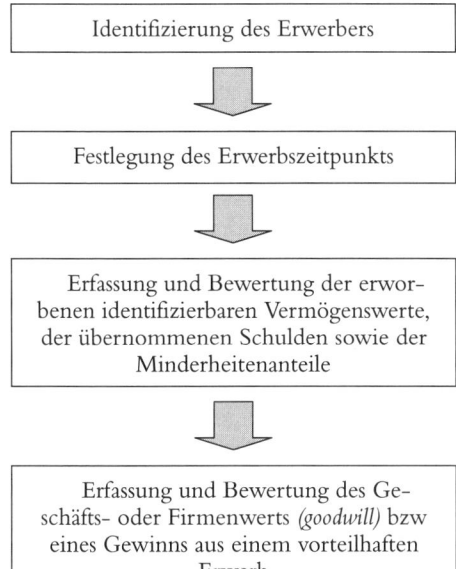

Identifizierung des Erwerbers

↓

Festlegung des Erwerbszeitpunkts

↓

Erfassung und Bewertung der erworbenen identifizierbaren Vermögenswerte, der übernommenen Schulden sowie der Minderheitenanteile

↓

Erfassung und Bewertung des Geschäfts- oder Firmenwerts *(goodwill)* bzw eines Gewinns aus einem vorteilhaften Erwerb

IFRS 3 geht grds davon aus, dass in Folge eines rechtlichen oder wirtschaftlichen Erwerbsvorgangs auch ein **Erwerber identifizierbar** ist (IFRS 3.6 (2008)/IFRS 3.18 (2004)). Auf dessen Perspektive und den **Erwerbsstichtag** beziehen sich sodann alle nachfolgenden Prozesse. Diese Rahmenparameter sind folglich als erstes festzulegen (vgl Rz 45). 35

In dem sich anschließenden Schritt des Ablaufschemas ist es zu einer **konzeptionell bedingten Veränderung** von IFRS 3 (2008) ggü IFRS 3 (2004) gekommen. Wurde in IFRS 3.16(b)f (2004) noch auf die Ermittlung der Anschaffungskosten und deren Verteilung auf die erworbenen Vermögenswerte, Schulden und Eventualschulden abgestellt, sieht IFRS 3.5(c) (2008) in der Anwendung der Erwerbsmethode konzeptionell eher den Bewertungsvorgang im Vordergrund. Dies ist insbes der Aufnahme der Option zur Anwendung der *full goodwill method* (vgl Rz 234) geschuldet, bei deren Anwendung sich die Erwerbsmethode wirtschaftlich nicht mehr auf eine reine Kaufpreisverteilung beschränkt, obwohl die damit im Zusammenhang stehenden Ansatz- und Bewertungsvorgänge unverändert auch nach IFRS 3 (2008) durchzuführen sind. 36

Der in der Bilanzierungspraxis gebräuchliche Begriff **„Kaufpreisallokation"** bzw ***„purchase price allocation"*** (oder kurz: PPA) findet sich deshalb in IFRS 3 (2008) nicht wieder und wurde auch in IFRS 3 (2004) nicht benutzt. Gemeint ist der Prozess, der zum Ansatz und zur Bewertung identifizierbarer Vermögenswerte und Schulden des erworbenen Unternehmens führt. Die anschließende Berechnung des Geschäfts- oder Firmenwerts bzw des negativen Unterschiedsbetrags unter Berücksichtigung des Minderheitenanteils wird der Kaufpreisallokation ebenfalls regelmäßig zugeordnet. Der Kaufpreis wird dabei allerdings streng genommen nicht verteilt; gleichwohl wird nachfolgend die „Kaufpreisallokation" als Oberbegriff genutzt (vgl *Zülch/Wünsch* KoR 2008, 466). Die Regelungen zur Identifizierung, zum Ansatz und zur Bewertung von Vermögenswerten und Schulden des erworbenen Geschäftsbetriebs werden in Rz 65 ff behandelt. 37

38 Die im nächsten Schritt nach IFRS 3.5(d) (2008) vorgesehene **Dotierung von Geschäfts- oder Firmenwerten sowie negativen Unterschiedsbeträgen** bildet den Abschluss der Erwerbsmethode. Auf die damit in Zusammenhang stehenden Fragestellungen wird in Rz 229 ff eingegangen.

Schließlich ist der Unternehmenszusammenschluss noch im Abschluss des Erwerbers zu verarbeiten. Bei der Darstellung im Abschluss sind Ausweis- und Angabepflichten zu beachten. Auch hinsichtlich der Berechnung des Ergebnisses je Aktie kann sich der Unternehmenserwerb auswirken. Auf diesen Themenbereich wird ab Rz 274 detailliert eingegangen.

39 Die Regelungen zur Anwendung der Erwerbsmethode finden nicht nur auf Fälle des Anteilserwerbs, sondern auch auf die Bilanzierung eines ***asset deal*** im Einzelabschluss des Erwerbers Anwendung (IFRS 3.B6 (2008)/IFRS 3.7 (2004)). Der wesentliche Unterschied ggü dem Anteilserwerb besteht hierbei darin, dass die Kaufpreisverteilung nicht erst im Rahmen der Konzernabschlusserstellung sichtbar wird, sondern bereits im Rahmen des Einzelabschlusses bilanziert wird. Dies betrifft sowohl die identifizierbaren Vermögenswerte und Schulden des erworbenen Geschäftsbetriebs, als auch einen einhergehenden Geschäfts- oder Firmenwert. Weiterhin ist darauf hinzuweisen, dass Unternehmenserwerbe häufig auch in der Form integrierter *share-* und *asset deal*-Transaktionen vollzogen werden, sodass sich in diesen Fällen die nachfolgend vorgestellte Vorgehensweise sowohl auf der Ebene des in den Konzernabschluss einbezogenen Einzelabschlusses als auch auf Konsolidierungsebene niederschlägt.

40–44 *einstweilen frei*

B. Rahmenparameter

45 Die Anwendung der Erwerbsmethode bedingt zunächst die Identifikation des **Erwerbers** und die Festlegung des **Erwerbszeitpunkts.** Diese Rahmenparameter sind der nachfolgenden Identifikation und Bewertung von Vermögenswerten, Schulden, Anteilen nicht-beherrschender Gesellschafter und eines sich ggf ergebenden Geschäfts- oder Firmenwerts bzw eines negativen Unterschiedsbetrags zugrunde zu legen.

Ausschlaggebend für die Identifizierung des Erwerbers iSv IFRS 3 (2008)/ IFRS 3 (2004) sind die **ökonomischen Gegebenheiten** des Unternehmenszusammenschlusses, nicht jedoch, wer Erwerber im juristischen Sinne ist. Bei einem Großteil von Unternehmenszusammenschlüssen stimmt der rechtliche mit dem ökonomischen Erwerber überein. Insbes in dem Fall, in dem der Erwerber operative wirtschaftliche Tätigkeiten vorweisen kann und der Erwerb gegen Barmittel erfolgt, ist idR von einer Identität des rechtlichen und wirtschaftlichen Erwerbers auszugehen. Führt eine Analyse jedoch zu einem gegenteiligen Ergebnis, ist der Fokus auf die ökonomische Sichtweise zu richten mit der Folge, dass die Regelungen zu „Umgekehrten Unternehmenserwerben" (*reverse acquisitions*; s Rz 54) zu beachten sind.

I. Identifikation des Erwerbers

46 Aufgrund der IFRS 3 (2008)/IFRS 3 (2004) zugrunde liegenden Konzeption der Erwerbsmethode ist für alle Unternehmenszusammenschlüsse ein **Erwerber** zu identifizieren (IFRS 3.6 (2008)/IFRS 3.17 (2004)), aus dessen Sicht der Zusammenschluss zu bilanzieren ist. Der häufig in der Unternehmenspraxis insbes bei sog Fusionen bzw „*merger of equals*" anzutreffende Einwand, dass es sich um

einen Zusammenschluss von gleichberechtigten Unternehmen handelt und dass daher kein Erwerber identifizierbar sei, stellt keinen Ausnahmesachverhalt in diesem Zusammenhang dar (vgl vertiefend zur Diskussion IFRS 3.BC29ff (2008)). Gleiches gilt für Unternehmenszusammenschlüsse zwischen Gegenseitigkeitsunternehmen (IFRS 3.BC104f (2008)), sodass auch in uneindeutigen Fallkonstellationen die nachfolgend beschriebenen Kriterien mit der Zielsetzung der Identifikation des Erwerbers zu beachten sind

Als **Erwerber** wird unter Bezugnahme auf das *control*-Kriterium in IAS 27 (2008) generell das Unternehmen **definiert**, welches als beherrschende Einheit aus dem Unternehmenszusammenschluss hervorgeht. Damit ist zu bestimmen, welcher der zusammengeschlossenen Geschäftsbetriebe die aus dem Zusammenschluss hervorgehende ökonomische Einheit kontrolliert. 47

Erfolgt der Zusammenschluss in Form eines ***share deal***, erfordert IFRS 3.7 (2008) die Identifikation des MU und des TU anhand der *control*-Definition in IAS 27 (vgl § 30 Rz 4ff). Die Überprüfung hinsichtlich eines Mutter-Tochter-Verhältnisses führt damit gleichzeitig zur Identifizierung des Erwerbers. IFRS 3 (2004) enthält einen solchen expliziten Verweis auf IAS 27 noch nicht. Stattdessen weisen die in IFRS 3.19 (2004) aufgeführten Kontrollkriterien eine hohe Deckungsgleichheit mit denen des IAS 27 (2004) auf, sodass die diesbezügliche Änderung der Neufassung des IFRS 3 (2008) keine inhaltlich-materiellen Änderungen ergeben dürfte. Für den Großteil der in der Unternehmenspraxis anzutreffenden M&A-Transaktionen gilt damit, dass der rechtliche Erwerber dem wirtschaftlichen Erwerber entspricht. Insbes, wenn der Erwerber operative wirtschaftliche Aktivitäten vorweisen kann und der Erwerb gegen Barmittel erfolgt, ist im Regelfall von der Identität des Erwerbers unter rechtlichen wie wirtschaftlichen Gesichtspunkten auszugehen.

Führt die eingehende Überprüfung der Kontrollverhältnisse nach IAS 27 (2008) bzw IFRS 3.19 (2004) zu keinen eindeutigen Erkenntnissen, ist der Erwerber **unter zusätzlicher Beachtung der ökonomischen Rahmendaten** des Zusammenschlusses zu identifizieren (IFRS 3.7 (2008)). Diese Regelungen sind dabei insgesamt mit den Vorschriften in IFRS 3.20ff (2004) vergleichbar. IFRS 3 (2008) enthält diesbezüglich keine zwingenden Einordnungskriterien, sondern fordert eine gesamtheitliche Abwägung aller Rahmendaten (IFRS 3.B13 (2008)). Ausschlaggebend für die Identifikation des Erwerbers sind, neben der relativen Größe der am Zusammenschluss beteiligten Unternehmen, insbes die Art des Entgelts und die Einflussnahmemöglichkeiten der Altgesellschafter auf die zusammengeschlossenen Unternehmen. 48

Bei entgeltlichen Unternehmenserwerben, bei denen das Entgelt **primär** aus **Zahlungsmitteln, anderen Vermögenswerten** oder aus der **Übernahme von Verbindlichkeiten** besteht, geht IFRS 3.B14 (2008) davon aus, dass es sich regelmäßig bei dem Unternehmen um den Erwerber handelt, das das Entgelt für den Unternehmenszusammenschluss erbringt. 49

Kommt der Unternehmenszusammenschluss **primär** durch einen **Tausch von Eigenkapitalinstrumenten** zustande, handelt es sich bei dem Erwerber grds um das die Eigenkapitalinstrumente ausgebende Unternehmen (IFRS 3.B15 (2008)). Des Weiteren sind der Identifikation des Erwerbers bei derartig gelagerten Sachverhalten die Einflussmöglichkeiten der Gesellschafter vor und nach dem Unternehmenszusammenschluss zugrunde zu legen. Dabei gilt das Folgende: 50

(1) Der Geschäftsbetrieb, dessen **Altgesellschafter** als Gruppe unmittelbar nach dem Zusammenschluss die **relativ größte Anzahl an Stimmrechten** an dem zusammengeschlossenen Unternehmen halten, ist normalerweise als Erwerber einzustufen. Dabei sind ungewöhnliche sowie spezielle stimmrechts-

bindende Regelungen oder Optionen, Bezugsrechte und wandelbare Finanzinstrumente zu beachten (IFRS 3.B15(a) (2008)).

(2) Unmittelbar nach der Transaktion kann der Fall eintreten, dass eine relativ große Anzahl von Stimmrechten an dem zusammengeschlossenen Unternehmen festzustellen ist, die von **Investoren einzeln** oder als **organisierte Gruppe** gemeinsam ausgeübt werden. Der Erwerber ist uU das Unternehmen, dessen Altgesellschafter diese Häufung von „Minderheitsstimmrechten" *(minority voting interests)* ausmachen. Dies setzt jedoch voraus, dass erstens kein anderer Investor bei einzelner Betrachtung oder gemeinsam mit anderen Investoren als Gruppe einen maßgeblichen Einfluss über die zusammengeschlossenen Unternehmen ausüben kann. Zweitens muss es sich bei den hier betrachteten Minderheitsstimmrechten um die größte so vorzufindende Gruppierung handeln (IFRS 3.B15(b) (2008)). IFRS 3 (2008) stellt in diesem Zusammenhang keine besonderen Anforderungen an die „Gruppe" von Minderheitsgesellschaftern. Wird die möglicherweise für die Identifikation des Erwerbers ausschlaggebende Gruppe von Investoren analysiert, sollte uE jedoch ein Stimmrechtsbindungsvertrag oder ein ähnliches Konstrukt vorliegen. Andernfalls dürfte in vielen Fällen bereits praktisch die Definition bzw Identifikation einer Gruppe von Minderheitsgesellschaftern mit nicht unwesentlichen Schwierigkeiten behaftet sein.

(3) Auch eine Analyse der **Zusammensetzung** des **Aufsichtsrats** kann Aufschluss über den Erwerber im Rahmen eines Unternehmenszusammenschlusses geben. Gem IFRS 3.B15(c) (2008) ist in der Möglichkeit der Altgesellschafter eines Unternehmens, die Mehrheit des Aufsichtsrats zu wählen, anderweitig zu bestimmen oder abzuberufen ein Indiz dafür zu sehen, dass es sich bei dem Unternehmen um den Erwerber handelt. Durch die internationale Ausrichtung von IFRS 3 bezieht sich diese Regelung nicht nur auf den Aufsichtsrat, sondern auch auf alle anderen Kontroll- bzw Aufsichtsgremien eines Unternehmens, deren Zusammensetzung die Investoren bestimmen. In die Betrachtung einzubeziehen sind daher auch Verwaltungsräte oder der bei US-amerikanischen Unternehmen vorzufindende *board of directors*.

(4) Vergleichbar mit (3) ist auch die **Zusammensetzung** der **Unternehmensführung** in die Gesamtwürdigung einzubeziehen. Der Geschäftsbetrieb, dessen früherere Leitung das zusammengeschlossene Unternehmen dominiert, ist normalerweise als Erwerber zu identifizieren (IFRS 3.B15(d) (2008)).

(5) Schließlich sind die **Konditionen,** nach denen die **Eigenkapitalinstrumente** der zusammengeschlossenen Unternehmen **ausgetauscht** worden sind, als weiteres Indiz für die Identifikation des Erwerbers heranzuziehen. So ist gem IFRS 3.B15(f) (2008) regelmäßig das Unternehmen als Erwerber anzusehen, das im Vergleich zu den beizulegenden Zeitwerten im Vorfeld des Zusammenschlusses den übrigen Unternehmen eine Prämie zahlt. Da hier nur Unternehmenszusammenschlüsse betrachtet werden, die primär durch Anteilstausch zustande kommen, ist somit ein Vergleich der Tauschkonditionen (einschließlich ggf vorhandener Sekundärleistungen wie eine zusätzliche Barabfindung) mit der Bewertung der Unternehmen vor dem Zusammenschluss erforderlich. Eindeutige Vorgaben, welcher Zeitraum für diesen Vergleich heranzuziehen ist, gibt IFRS 3 (2008) nicht, jedoch kann uE nur der Moment des Unternehmenserwerbs hierfür ausschlaggebend sein. Auf den Fall, dass eines der am Zusammenschluss beteiligten Unternehmen nicht börsennotiert oder der relevante Aktienmarkt nicht aktiv ist, geht IFRS 3 (2008) ebenfalls nicht ein. UE dürfte dann aber eine Bewertung der Anteile nach IAS 39.46(c) vor dem Zusammenschluss erforderlich sein (IAS 8.11(a)). Schließlich ist noch anzumerken, dass die Zahlung einer Prämie auch das Er-

gebnis einer stärkeren Verhandlungsposition sein könnte, sodass fraglich bleibt, ob es sich beim Empfänger der Prämie tatsächlich um das vermeintlich kontrollierte Unternehmen handelt.

Weiterhin ist bei solchen Unternehmenszusammenschlüssen, bei denen nicht 51
bereits eindeutig nach IAS 27 (2008) das kontrollierende Unternehmen identifiziert werden kann, auch die **relative Größe** der zusammengeschlossenen Einheiten zu berücksichtigen. Ein Indiz für den Erwerber ist gem IFRS 3.B16 (2008) darin zu sehen, wenn eines der Unternehmen relativ größer ist als die übrigen am Zusammenschluss beteiligten Parteien. Daneben ist bei einem Zusammenschluss von mehr als zwei Einheiten in die Überlegungen einzubeziehen, welches der Unternehmen den Zusammenschluss initiiert hat (IFRS 3.B17 (2008)).

Schließlich wird in IFRS 3.B18 (2008) auf Unternehmenszusammenschlüsse 52
unter Beteiligung eines **neu gegründeten Unternehmens** eingegangen:

(1) Kommt der Unternehmenszusammenschluss primär durch Anteilstausch zustande, ist das neu gegründete Unternehmen nicht als Erwerber zu identifizieren. Vielmehr sind dann die in Rz 50 ff erläuterten Kriterien heranzuziehen, um den Erwerber zwischen den Unternehmen zu identifizieren, die bereits vor dem Unternehmenszusammenschluss existierten.

(2) Ist der Unternehmenszusammenschluss entgeltlich und transferiert das neu gegründete Unternehmen dabei Zahlungsmittel, andere Vermögenswerte oder übernimmt es Schulden, kann es übereinstimmend mit IFRS 3.B14 (2008), jedoch unter Abwägung aller Rahmendaten als Erwerber identifiziert werden.

Die Ausführungen verdeutlichen, dass die **Identifizierung** des Erwerbers im 53
Einzelfall mit **Schwierigkeiten** verbunden sein kann. Es ist nicht auszuschließen, dass eine Würdigung der Gesamtumstände anhand der erläuterten Kriterien zu widersprüchlichen Indikationen führt – so ist zB denkbar, dass die relative Größe der zusammengeschlossenen Geschäftsbetriebe (IFRS 3.B16 (2008)) einen anderen Erwerber nahelegt, als die Analyse des Managements oder der Aufsichtsorgane (IFRS 3.B15(c) (2008) und IFRS 3.B15(d) (2008)). Insoweit wird in diesen Fällen eine **Würdigung der Gesamtumstände** erforderlich sein; der Erwerber ergibt sich dann erst aus dem subjektiven Ermessen der Unternehmensleitung. Obligatorisch erscheint vor diesem Hintergrund eine genaue Erläuterung der bei der Entscheidungsfindung abgewogenen Kriterien im Anhang des Abschlusses iSv IAS 1.122, da gerade in Grenzfällen ggü den Adressaten des IFRS-Abschlusses eine besondere Transparenz angebracht erscheint. Im Regelfall auszuschließen wird uE jedoch sein, dass das neu gegründete Unternehmen bzw inoperative Rechtsmäntel als Erwerber operativ tätiger Unternehmen identifiziert werden (IFRS 3.B18 (2008); keine entspr explizite Aussage in IFRS 3 (2004)). Nach IFRS 3.B18 (2008) gilt das neu gegründete Unternehmen als Erwerber, wenn es Zahlungen (Bargeld, andere Vermögenswerte) erbringt oder Verbindlichkeiten eingeht.

Stimmen nach Überprüfung der Kriterien rechtlicher und wirtschaftlicher Er- 54
werber nicht überein, ist der Zusammenschluss als (Sonder-)Fall des **umgekehrten Unternehmenserwerbs** zu behandeln. Ein Unternehmen (MU) erwirbt dann zwar die Mehrheit der Anteile an einem anderen Unternehmen (TU), als Ergebnis des Erwerbsvorgangs kann jedoch das erworbene Unternehmen die aus dem Unternehmenszusammenschluss entstandene Einheit beherrschen.

Beispiel: Ein operativ tätiges Privatunternehmen „lässt" sich von einem ruhenden börsennotierten Unternehmen durch Anteilstausch erwerben, um einen kostengünstigen Kapitalmarktzugang zu erhalten. Durch den Anteilstausch nimmt aus rechtlicher Sicht das börsennotierte Unternehmen die Rolle des MU ein. Da jedoch dem operativen Privatunternehmen ein höherer beizulegender Zeitwert als dem ruhenden börsennotierten Unternehmen zuzurechnen ist und die Altgesellschafter des Privatunternehmens die wesentlichen Aufsichtsorgane und Leitungsgremien des börsennotierten Unternehmens bestimmen, ist aus wirtschaftlicher Sicht das Privatunternehmen als Erwerber zu identifizieren (in Anlehnung an IFRS 3.B19 (2008); ähnlich wie hier IFRS 3.21 (2004)).

55 Liegt nach wirtschaftlicher Betrachtung ein umgekehrter Unternehmenserwerb vor, ist der Unternehmenszusammenschluss **aus der Perspektive des wirtschaftlichen Erwerbers** zu bilanzieren. Dies führt zu der Konsequenz, dass alle für die Anwendung der Erwerbsmethode notwendigen Vorgänge „umgekehrt", dh aus dem Blickwinkel des rechtlich erworbenen Unternehmens zu bestimmen sind – die sog Kaufpreisallokation (s hierzu ausführlich Rz 65 ff) hat damit die identifizierbaren Vermögenswerte, Schulden und Eventualschulden des rechtlichen Erwerbers zum Gegenstand. Besondere Regelungen sind in diesen Fällen auch zur Bestimmung der Anschaffungskosten, zum Eigenkapitalausweis einschließlich der Minderheiten, zur Darstellung der Vergleichszahlen im Abschluss sowie zur Berechnung des Ergebnisses je Aktie zu beachten.

56 **Umgekehrte Unternehmenserwerbe** sind in der Praxis die **Ausnahme.** Die wirtschaftlich grds zutreffende Sichtweise, in diesen Fällen den juristischen Erwerber als den wirtschaftlich Erworbenen und das juristische Akquisitionsobjekt als den wirtschaftlich Erwerbenden bilanziell darzustellen, wird hinsichtlich des Eigenkapitalausweises und der Minderheitenanteile durchbrochen. Aufgrund dieser Tatsache vermittelt auch die in IFRS 3 festgelegte Darstellungsform **nur eingeschränkt zutreffende Informationen** über die Vermögenslage des Konzerns. Dieses Informationsdefizit vermag auch die Angabepflicht im Anhang nicht vollständig zu kompensieren.

II. Bestimmung des Erwerbszeitpunkts

57 Im Zusammenhang mit der Identifikation des Erwerbers ist auch der **Erwerbszeitpunkt** *(acquisition date)* zu bestimmen. Er gilt als das determinierende Datum für die Durchführung der Kaufpreisallokation, die Bestimmung der dazu und zur Bewertung der Anteile nicht-beherrschender Gesellschafter heranzuziehenden beizulegenden Zeitwerte *(fair values)* und ggf eines resultierenden Geschäfts- oder Firmenwerts. Weiterhin wird der Erwerbszeitpunkt im Rahmen von zeitlich verzögert geleisteten Kaufpreiskomponenten als Bewertungsstichtag herangezogen (vgl Rz 177). Außerdem grenzt dieser Zeitpunkt in seiner Eigenschaft als Erstkonsolidierungszeitpunkt die vorkonzernlichen Ergebnisse von jenen ab, die während der Konzernzugehörigkeit entstanden und dementsprechend in das Konzernergebnis mit einzubeziehen sind.

58 Nach IFRS 3.8 (2008)/IFRS 3.25 (2004) handelt es sich bei dem Erwerbszeitpunkt um den Tag, an dem die **Kontrollmöglichkeit über das Erwerbsobjekt tatsächlich auf den Erwerber übergeht.** Dies impliziert nicht, dass die Transaktion rechtlich bereits abgeschlossen sein muss. Vielmehr muss der Erwerber die Möglichkeit erlangt haben, tatsächlich beherrschenden Einfluss auf die Geschäfts- und Finanzpolitik des Erwerbsobjekts auszuüben. IdR dürften der Tag der tatsächlichen Kontrollerlangung und der Tag des rechtlichen Übergangs des erworbenen Unternehmens auf den Erwerber übereinstimmen (IFRS 3.9 (2008)). Da die IFRS nicht auf die vertragliche, sondern auf die tatsächliche Konstellation abstellen, sind auch der vertraglichen Vor- und Rückverlagerung des Erwerbszeitpunkts enge Grenzen gesetzt. Gleichwohl sind in der Praxis häufig Fälle zu beachten, in denen bereits vor dem *closing* durch den Erwerber faktisch Kontrolle ausgeübt werden kann. Andererseits existieren Fallkonstellatio-

nen, bei denen – je nach Ausgestaltung von ggf vertraglich vereinbarten Genehmigungsvorbehalten des Veräußerers – diese Kontrolle jedoch uU soweit eingeschränkt ist, dass ein Beherrschungsverhältnis nicht mehr ohne Weiteres angenommen werden kann. In beiden Fällen ist eine sorgfältige Analyse der tatsächlichen Beherrschungsmöglichkeiten im Zeitablauf die Voraussetzung für eine zutreffende Bestimmung des Erwerbszeitpunkts.

Beispiel: Unternehmen A als Erwerber schließt vertraglich zum 31. März 20X0 einen Kaufvertrag über sämtliche Anteile an Unternehmen C. Der Veräußerer B überträgt in diesem Vertrag grds die operative Kontrolle auf den Erwerber A, behält sich jedoch bis zur Anteilsübertragung und Erbringung der Gegenleistung, die am 31. Mai 20X0 erfolgen sollen, ein Vetorecht bzgl wesentlicher Veräußerungen, Akquisitionen und der Liquidation der Gesellschaft vor.

Die Übertragung der Beherrschungsmöglichkeit zum 31. März 20X0 führt dazu, dass dieses Datum als Erwerbszeitpunkt zugrunde zu legen ist. Die absichernden Vetorechte behindern A nicht in der operativen Führung von C, sodass eine Verlagerung der Erlangung der Kontrolle nicht anzunehmen ist.

Anders wären zB Vetorechte bzgl der lfd Finanz- und Liquiditätsplanung zu werten gewesen. Sofern diese A bei der Führung des lfd Geschäfts substanziell einschränken, wäre der Erwerbszeitpunkt auf den 31. Mai 20X0 zu verlagern.

Umgekehrt ist bei bereits bestehender Kontrollmöglichkeit eine **vertragliche Nachverlagerung** des Übergangs für die Bestimmung des Erwerbszeitpunkts irrelevant. Auch eine Stillhalteverpflichtung des Veräußerers reicht uE zur Verlagerung des Erwerbszeitpunkts nicht aus. 59

Vertragliche Vereinbarungen einer **abweichenden Aufteilung des Gewinns** zwischen Erwerber und Veräußerer in der Periode des Erwerbs sind für die Bestimmung des Erwerbszeitpunkts ohne Bedeutung. Solche Vereinbarungen wirken sich lediglich auf die Höhe des erworbenen Nettovermögens aus. Vor dem Erwerbszeitpunkt erzielte Ergebnisse werden als vorkonzernliche Ergebnisse nicht in die Erfolgsrechnung des Konzerns einbezogen. Hingegen wird das in die Erstkonsolidierung einzubeziehende Vermögen beeinflusst. Ob durch die Vereinbarung der aus der Erstkonsolidierung resultierende **Geschäfts- oder Firmenwert** beeinflusst wird, richtet sich danach, ob die Kaufpreisfestlegung in Abhängigkeit von dem übernommenen Ergebnis erfolgte oder nicht. Wurde die Vereinbarung in der Weise getroffen, dass die übernommenen Ergebnisse den Kaufpreis beeinflussen, so verändern sich die Anschaffungskosten; der Geschäfts- oder Firmenwert hingegen bleibt unverändert. Erfolgte die Kaufpreisfestlegung unabhängig von der Ergebnisverlagerung, so ändert sich der Geschäfts- oder Firmenwert bei unveränderten Anschaffungskosten. 60

Viele Verträge im Zusammenhang mit Unternehmenszusammenschlüssen sehen **Genehmigungsvorbehalte** von Gesellschaftsorganen oder Kartellbehörden vor. Wie solche Vorbehalte im Hinblick auf die Bestimmung des Erwerbszeitpunkts zu beurteilen sind, richtet sich nach den tatsächlichen Verhältnissen während des Interimszustands bis zur Erteilung der erforderlichen Genehmigungen. Ist der Veräußerer verpflichtet, in diesem Interimszeitraum (quasi-)treuhänderisch zu handeln, wesentliche Investitions-, Personalentscheidungen usw nicht oder nur in Absprache mit dem Erwerber zu treffen, so ist nach Maßgabe des Einzelfalls ein Übergang uU auch bereits vor dem Zeitpunkt der Erteilung der erforderlichen Genehmigungen gegeben. 61

Eine Gegenüberstellung der **Teilschritte** im **Erwerbsprozess** einschließlich der **zivilrechtlichen Teilschritte** mit den Anforderungen des IFRS 3 (2008)/IFRS 3 (2004) ergibt damit folgende Darstellung: 62

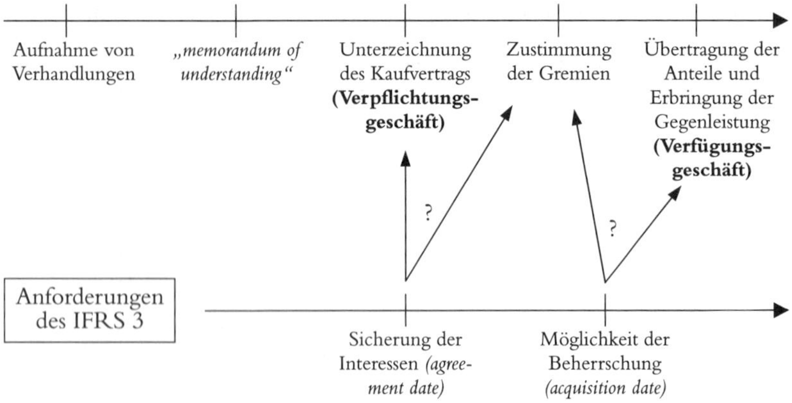

63 Die tatsächliche Festlegung des Erwerbszeitpunkts ist in jedem **Einzelfall** unter Berücksichtigung der konkreten vertraglichen Ausgestaltung des Erwerbsvorgangs festzulegen. Dies gilt insbes im Hinblick auf den Zeitraum zwischen Vertragsschluss und Übertragungszeitpunkt der Anteile und bei der Würdigung von Gremienvorbehalten oder Genehmigungsvorbehalten durch Behörden mit aufschiebender Wirkung (zB kartellrechtliche Verfahren).

64 **IFRS 3 (2004)** sieht noch eine Differenzierung zwischen dem **Erwerbszeitpunkt** und dem **Tauschzeitpunkt** *(date of exchange)* vor. Der Tauschzeitpunkt beschreibt gem IFRS 3.25 (2004) den Zeitpunkt, an dem eine Investition im Abschluss des Erwerbers Berücksichtigung findet. Erfolgt der Unternehmenserwerb in einem Schritt *(single exchange transaction)*, so stimmen der Erwerbs- und der Tauschzeitpunkt überein. Werden dagegen Anteile in mehreren Tranchen erworben *(step acquisitions)*, sind die Anschaffungskosten nach dem Transaktionszeitpunkt des jeweiligen Erwerbsschritts zu bemessen (IFRS 3.25(b) (2004)). Aufgrund der nach IFRS 3 (2008) veränderten bzw konkretisierten Regelungen zum sukzessiven Anteilserwerb ist nunmehr eine Unterscheidung zwischen dem Erwerbs- und dem Tauschzeitpunkt ohne Bedeutung.

C. Kaufpreisallokation

I. Überblick

65 Ungeachtet der konzeptionellen Verschiebung von einer Aufteilung der Anschaffungskosten in IFRS 3 (2004) zu einer Bewertung von Vermögenswerten und Schulden einerseits und der Gegenleistung andererseits in IFRS 3 (2008) bleibt die **Kaufpreisallokation** als Ansatz- und Bewertungsvorgang der erworbenen Vermögenswerte und Schulden das **zentrale Element** der Bilanzierung von Unternehmenserwerben. In der Praxis ist hinsichtlich der Kaufpreisallokation bislang **keine einheitliche Vorgehensweise** zu erkennen. Dies ist im Wesentlichen darauf zurückzuführen, dass jeweils unternehmensindividuelle Besonderheiten zu berücksichtigen sind. Die folgenden Hinweise sind damit nur als grobe Richtschnur für die praktische Umsetzung der Ansatz- und Bewertungsregeln von IFRS 3 (2008)/IFRS 3 (2004) zu verstehen. Grds können aber die folgenden Schritte zur Durchführung der Kaufpreisallokation unterschieden werden:

Maßnahmen zur Kaufpreisallokation ieS:

1. **Identifikation** bilanzierungsrelevanter Sachverhalte, dh potenzielle
   - Vermögenswerte
   - Schulden
   - Eventualschulden

2. **Ansatz** von Vermögenswerten, Schulden und Eventualschulden, dh
   - Erfüllung der Ansatzvorschriften
   - Bewertbarkeit gegeben

3. **Bewertung** der anzusetzenden Vermögenswerte, Schulden und Eventualschulden zum beizulegenden Zeitwert *(fair value)*

4. **Klassifikation** der angesetzten Vermögenswerte, Schulden und Eventualschulden, soweit von den einschlägigen Standards vorgesehen.

Dabei ist die **Bestimmung** des **Erwerbsstichtags** (vgl Rz 57 ff) für die Kaufpreisallokation von zentraler Bedeutung, da sich die Identifikation, der Ansatz und die Bewertung der erstmalig im Abschluss des Erwerbers anzusetzenden Posten auf diesen Zeitpunkt beziehen. Insoweit richtet sich die Vollständigkeit der Identifikation aller Vermögenswerte, Schulden und Eventualschulden, aber auch ihr Ansatz nach den Gegebenheiten, wie sie am Erwerbsstichtag zu beobachten sind (IFRS 3.10 (2008)/IFRS 3.36 (2004)). 66

Sofern in der Berichtsperiode, in der der Unternehmenszusammenschluss stattgefunden hat, **keine Möglichkeit eines endgültigen Abschlusses** der Kaufpreisallokation besteht, hat das berichtende Unternehmen die bilanzielle Darstellung des Erwerbsvorgangs auf Basis des vorläufigen Zahlenmaterials vorzunehmen. Zu einer Darstellung der sog Zwölf-Monatsfrist vgl Rz 250 ff.

1. Identifikation

Der Ansatz und die Bewertung der im Rahmen von Unternehmenszusammenschlüssen erstmalig im Abschluss des Erwerbers zu bilanzierenden Vermögenswerte, Schulden sowie Eventualschulden erfordern grds eine **vollständige Bestandsaufnahme** sämtlicher für die Bilanzierung relevanter Sachverhalte aus der Sicht des Erwerbers. Die erworbene Unternehmenseinheit ist dabei für Zwecke der Zugangsbilanzierung zunächst **losgelöst von rechtlichen Strukturen** und (Teil-)Konzernhierarchien zu betrachten. Obgleich der wohl überwiegende Teil von Unternehmenserwerben durch den Erwerb von Kapitalanteilen vollzogen wird, stehen die übernommenen, insbes identifizierbaren Vermögenswerte, Schulden und Eventualschulden für die bilanzielle Abbildung des Zusammenschlusses im Vordergrund. 67

Ausgangspunkt der Kaufpreisallokation ist damit regelmäßig eine **grundlegende Analyse des erworbenen Geschäftsbetriebs** mit Fokus auf bilanziell relevante Sachverhalte. 68

Als **Ausgangspunkt** für die hierfür erforderliche Analyse können zunächst vorhandene **(Einzel-)Abschlüsse nach IFRS** und **Prüfungsberichte** der erworbenen Unternehmen herangezogen werden. Diese geben insbes Aufschluss über ansatzfähige materielle und finanzielle Vermögenswerte und Schulden. Zudem wird eine Vielzahl von Bilanzposten nach IFRS bereits im Einzelabschluss zum beizulegenden Zeitwert bilanziert, sodass sich zumindest beim *share deal* damit konzernspezifische Überlegungen zum Ansatz und zur Bewertung vieler materieller und finanzieller Vermögenswerte sowie eines Großteils der Schulden erübrigen.

69 Weiterhin bieten sich die Ergebnisse einer ***due diligence*-Prüfung** als Datengrundlage im Rahmen der Kaufpreisallokation an. Wurde im Zuge des Unternehmenserwerbs eine *due diligence* durchgeführt, können Kenntnisse der Rechnungslegung sowie des Geschäftsmodells zur Identifikation besonderer Werttreiber des Unternehmens sowie vorhandener (bilanzieller) Risiken herangezogen werden.

70 Ähnliche Erkenntnisse ergeben sich in vielen Fällen auch aus der Analyse des **Kaufvertrags**. Neben Informationen zur Dotierung der aufgewendeten Gegenleistung (IFRS 3 (2008)) bzw der Anschaffungskosten (IFRS 3 (2004); vgl Rz 176 ff) gibt der Kaufvertrag häufig Hinweise auf die Existenz besonderer Vermögenswerte und Schulden. Hierzu gehören ua separat verhandelte Kaufvertragsobjekte wie zB Verwertungsrechte an entwickelten Technologien oder die Übernahme von möglichen Verpflichtungen aus der Verursachung von Umweltschäden oder schwebenden Rechtsstreitigkeiten. Weiterhin werden im Kaufvertrag regelmäßig Schutzrechte wie Marken, Patente oder Gebrauchsmuster aufgeführt sowie Wettbewerbsverbote der veräußernden Partei. Dabei ist jedoch auch zu berücksichtigen, dass zahlreiche Kaufvertragskomponenten rein steuerlich bzw rechtlich induziert und häufig nach IFRS nicht ansatzfähig sind. Hierzu gehören zB Wettbewerbsverbote, die keinen ökonomischen Nutzen erkennen lassen oder abgelaufene Patente, die einen Schutz vor Fremdzugriff auf eine patentierte Erfindung nicht mehr gewährleisten können. Insoweit geht dem Ansatz als Vermögenswert oder als Schuld/Eventualschuld eine eingängige Überprüfung der materiellen Inhalte des potenziellen Bilanzpostens voraus. Für den Bestandsnachweis ist stets auf den wirtschaftlichen Gehalt des Vermögenswerts oder der Schuld abzustellen.

2. Ansatzkriterien

71 Die **Ansatzkriterien nach IFRS 3 (2008)** für identifizierbare Vermögenswerte und Schulden richten sich grds nach der im Rahmenkonzept gegebenen Definition dieser Begrifflichkeiten (IFRS 3.11 (2008), vgl auch § 2 Rz 72 ff). Dabei ist sicherzustellen, dass der ansatzfähige Sachverhalt dem Unternehmenszusammenschluss unter wirtschaftlichen Gesichtspunkten zuzurechnen ist und nicht dazu dient, eine vor- oder außererwerbliche Beziehung zwischen dem Erwerber und dem Veräußerer zu begründen bzw beizulegen (IFRS 3.12 (2008)). **Ausnahmen** von diesen generellen Ansatzkriterien formuliert IFRS 3 (2008) jedoch für Eventualschulden, Ertragsteuern, Leistungen an Mitarbeiter, Vermögenswerte aus Erstattungsansprüchen und rückerworbene Rechte.

72 Da sich der Ansatz von übernommenen Vermögenswerten und Schulden nach den allgemeinen Definitionen des F. 49 richtet, ist von einem **aktivierungsfähigen Vermögenswert** auszugehen, sofern ein durch das Unternehmen kontrollierbarer aus einem Ereignis der Vergangenheit resultierender künftiger Nutzenzufluss vorliegt. Umgekehrt ist eine **ansatzfähige Schuld** gegeben, wenn das Unternehmen aufgrund eines Ereignisses der Vergangenheit einer gegenwärtigen Verpflichtung ausgesetzt ist, aufgrund derer ein künftiger Abfluss an ökonomi-

schem Nutzen zu erwarten ist (vgl *Hendler/Zülch* WPg 2008, 485f; zur Definition von Vermögenswerten und Schulden vgl auch § 2 Rz 72ff).

Begriffsbestimmende Merkmale

Die **Neufassung** nach IFRS 3 (2008) weicht **konzeptionell** von den Ansatzkriterien des IFRS 3 (2004) ab: Dort, wo IFRS 3 (2008) auf die Definition von Vermögenswerten und Schulden gem Rahmenkonzept verweist, stellte IFRS 3 (2004) noch als Ansatzkriterium auf die Wahrscheinlichkeit eines künftigen Nutzenzu- bzw. -abflusses ab. Weiterhin wird in IFRS 3 (2004) für den Ansatz vorausgesetzt, dass der beizulegende Zeitwert des jeweils betrachteten Bilanzpostens zuverlässig bestimmbar ist. Zusätzliche Regelungen gelten für Eventualschulden und immaterielle Vermögenswerte (vgl ausführlich Rz 102ff und Rz 152ff). Im Vergleich scheinen die nach IFRS 3 (2008) allein ausschlaggebenden Definitionen von Vermögenswerten und Schulden zunächst weiter gefasst. 73

Beabsichtigt wurde mit dem Verweis auf das Rahmenkonzept jedoch die **Einengung der ansatzfähigen Vermögenswerte und Schulden.** So wird diese Änderung vom IASB vor allem damit begründet, dass die in der Vergangenheit zu beobachtende Praxis beendet werden soll, Posten anzusetzen, die die Definition von Vermögenswerten und Schulden nicht erfüllen (IFRS 3.BC114 (2008)). Hierunter dürfte vor allem die Antizipation von Restrukturierungen durch bereits bei der Kaufpreisallokation angesetzter Rückstellungen fallen (s hierzu Rz 160).

Die Bilanzierung von Vermögenswerten und Schulden beim erworbenen Geschäftsbetrieb ist grds für den Ansatz im Rahmen eines Unternehmenserwerbs unerheblich mit der Folge, dass eine **Neubeurteilung der Ansatzfähigkeit des erworbenen Nettovermögens** zu erfolgen hat. Die Kaufpreisallokation kann daher dazu führen, dass eine Reihe von Vermögenswerten und Schulden erstmalig angesetzt werden, die im Abschluss des erworbenen Unternehmens vorher nicht bilanziert wurden (IFRS 3.13 (2008)). So gelten insbes eine Reihe von Ansatzverboten für immaterielle Vermögenswerte nur bei der originären Bilanzierung – zB dürfen vom Geschäftsbetrieb selbst erstellte Kundenlisten nicht vom erworbenen Unternehmen selbst aktiviert werden (IAS 38.63). Aus der Sicht des Erwerbers handelt es sich jedoch nicht um eine selbst erstellte, sondern um eine durch Unternehmenszusammenschluss erworbene Kundenliste. Das Bilanzierungsverbot der lfd Bilanzierung greift demzufolge durch die Betrachtung im Zusammenhang mit einem Erwerbsvorgang nicht. 74

75 Die in IFRS 3.37 aufgeführten **Ansatzkriterien nach IFRS 3 (2004)** für identifizierbare Vermögenswerte und Schulden richten sich grds ebenfalls nach der allgemeinen Definition von Vermögenswerten und Schulden (vgl § 2 Rz 72ff). Sie sind demnach anzusetzen, wenn sie **identifizierbar** sind, ihnen ein ökonomischer Nutzen oder eine Belastung aus Sicht des Erwerbers zuordenbar ist und der damit verbundene **beizulegende Zeitwert verlässlich ermittelbar** ist (IFRS 3.37(a) und (b)).

76 Für **nicht-immaterielle Vermögenswerte** sowie für Schulden, die nicht als Eventualschulden aufzufassen sind, fordert IFRS 3 (2004) entspr den allgemeinen Definitionen außerdem, dass der von ihnen ausgehende künftige Nutzenzu- bzw -abfluss auch wahrscheinlich *(probable)* ist. An **immaterielle Vermögenswerte** sowie **Eventualschulden** werden diese Anforderungen hingegen nicht gestellt. Die Eintrittswahrscheinlichkeiten künftiger Nutzenzu- bzw -abflüsse sind bei immateriellen Vermögenswerten sowie bei Eventualschulden deshalb nicht im Rahmen ihres Ansatzes, sondern erst im Rahmen ihrer Bewertung zu würdigen (Rz 152ff).

77 Hinsichtlich des Ansatzes **immaterieller Vermögenswerte** verweist IFRS 3.45f (2004) zusätzlich zu allgemeinen Ansatzregeln von Bilanzposten beim Unternehmenserwerb explizit auf die Definition für immaterielle Vermögenswerte des IAS 38 (§ 4 Rz 3ff). Die Anforderungen hinsichtlich des Ansatzes immaterieller Vermögenswerte im Rahmen eines Unternehmenszusammenschlusses gem IFRS 3 (2004) lassen sich damit wie folgt zusammenfassen:

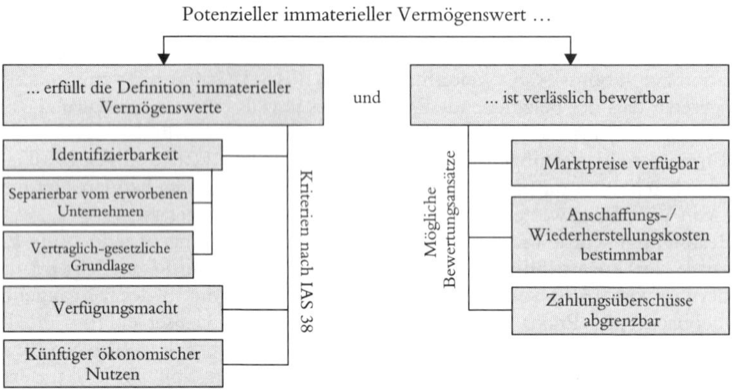

78 **Ansatzfähige Schulden** umfassen neben den bereits hinreichend konkretisierten und wahrscheinlichen Schulden in Form einer Verbindlichkeit oder einer Rückstellung auch **Eventualschulden *(contingent liabilities)*,** wenn diese hinreichend zuverlässig bewertet werden können (IFRS 3.37(c) (2004)). Die Bezeichnung Eventualschuld umfasst dabei solche zukünftigen ökonomischen Belastungen, die nicht wahrscheinlich (< 50%) jedoch nicht vollkommen unwahrscheinlich sind. Folglich weicht der Ansatz einer Eventualschuld im Zusammenhang mit einem Unternehmenserwerb von den allgemeinen Regelungen des IAS 37 ab, wird doch dort der Ansatz einer Rückstellung nur bei einer wahrscheinlichen Belastung für das Unternehmen gestattet (§ 13 Rz 47).

79 Hinsichtlich der Ansatzkriterien bestehen damit wesentliche **Unterschiede des IFRS 3 (2008) zu IFRS 3 (2004)** vor allem in zwei Bereichen: Zum einen wird das noch in IFRS 3.37 (2004) geforderte Kriterium der zuverlässigen Bewertbarkeit nicht mehr explizit im Standard aufgeführt, da eine entspr Anforderung an den Ansatz von Vermögenswerten und Schulden bereits im Rahmen-

konzept verankert ist (F. 83(b), IFRS 3.BC125 (2008)). Zum anderen gilt für die Wahrscheinlichkeit eines künftigen Nutzenzu- bzw -abflusses: War bis zur Einführung von IFRS 3 (2008) noch der Nachweis zu führen, dass ein Nutzenzu- bzw -abfluss wahrscheinlich ist, um den Ansatzkriterien des IFRS 3 zu genügen, richtet sich IFRS 3 (2008) nunmehr streng am Rahmenkonzept aus. Entspr ist die Frage nach der Wahrscheinlichkeit nur dahingehend zu erörtern, ob die Inanspruchnahme aus einer Schuld unkonditionell ist. Umgekehrt sind Vermögenswerte dann „wahrscheinlich", wenn der Zugriff auf den jeweils zugrunde liegenden ökonomischen Vorteil unkonditionell ist. Unsicherheiten hinsichtlich der Höhe und des zeitlichen Anfalls des Nutzenzuflusses finden hingegen ausschließlich in der Bewertung ihren Niederschlag (IFRS 3.BC128f (2008)).

3. Bewertung

Die identifizierten und ansatzfähigen Vermögenswerte, Schulden und Eventualschulden sind für den Wertansatz zum **Zeitpunkt des Unternehmenserwerbs** (Rz 57ff) grds einer **Bewertung zum beizulegenden Zeitwert** *(fair value)* zu unterziehen. Dabei handelt es sich allgemein um den Betrag, zu dem zwischen sachverständigen, vertragswilligen und voneinander unabhängigen Geschäftspartnern unter marktüblichen Bedingungen ein Vermögenswert getauscht oder eine Schuld beglichen werden könnte. 80

Diese generelle Bewertungsanforderung impliziert (vgl auch *Grant Thornton International*, 18ff) insbes folgende Aspekte:
(1) Bewertung zum Erwerbsstichtag,
(2) weitestgehende Berücksichtigung von Marktdaten,
(3) Bewertung aus der Perspektive des typischen Marktteilnehmers/keine Berücksichtigung von Synergien. Damit ist die konkrete Verwendungsabsicht des Erwerbers irrelevant, sondern die allgemeine Markterwartung ausschlaggebend (IFRS 3.B43 (2008)),
(4) Nachsteuerbetrachtung: Die Perspektive des typischen Marktteilnehmers erfordert eine Nachsteuerbewertung beizulegender Zeitwerte.

Die noch in IFRS 3 (2004) enthaltene Aufstellung von **Wertmaßstäben zur Bestimmung von beizulegenden Zeitwerten** (IFRS 3.B16 (2004)) ist im Zuge der Überarbeitung des Standards nunmehr entfallen. Konkrete Vorgaben, wie der beizulegende Zeitwert von Vermögenswerten, Schulden und Eventualschulden im Rahmen der Kaufpreisallokation zu schätzen ist, sind in IFRS 3 (2008) ebenfalls nicht aufgenommen worden. Der Herleitung von beizulegenden Zeitwerten sind damit weiterhin in der Praxis anzutreffende übliche Bewertungsmethoden zugrunde zu legen. Folgende Charakteristika sollten dabei vorbehaltlich der noch zu erläuternden Ausnahmeregelungen für alle Bewertungen gelten: 81

Entscheidend für die Ermittlung zutreffender Zeitwerte ist die Einhaltung des **Stichtagsprinzips.** Die Schätzung beizulegender Zeitwerte bezieht sich immer auf den Zeitpunkt, an dem der Vermögenswert bzw die Schuld oder Eventualschuld in den Verfügungsbereich übergegangen ist. Folglich stimmt der Bewertungszeitpunkt mit dem Erstkonsolidierungszeitpunkt überein. 82

Generell sind **Marktbeobachtungen** zur Bestimmung beizulegender Zeitwerte Schätzungen vorzuziehen. Für die meisten Vermögenswerte, Schulden und Eventualschulden existieren indes nicht, oder nur in einem stark eingeschränkten Umfang, entspr aktive Märkte. Häufig ist nur bei besonders gängigen Finanzinstrumenten ein Marktpreis ohne weitere Probleme beobachtbar, sodass Schätzungen für den weitaus größeren Teil im Rahmen der Kaufpreisallokation unerlässlich sind. Um trotz dieser Einschränkungen dem Grundgedanken des beizulegenden Zeitwerts annähernd zu entsprechen, sollten die vorgenommenen Schätzungen soweit wie möglich die vorhandenen Marktdaten berücksichtigen. In die Schätzungen fließen daher regelmäßig bspw auf den spezifischen Bilanzposten risikoadjustierte Zinsen, Ertragsteuern und ähnliche Faktoren ein, die ein Investor typischerweise einer Bewertung zugrunde legen würde.

83 Die Schätzung von beizulegenden Zeitwerten muss zwangsläufig aus der **Perspektive eines typischen Marktteilnehmers** erfolgen. Dabei ist anzunehmen, dass dieser den Vermögenswert, die Schuld oder Eventualschuld bestmöglichst verwertet – am Markt setzt sich schließlich regelmäßig der höchste Preis für einen Vermögenswert durch und auch Schulden werden zum Mindestabgeltungspreis refinanziert. Die Perspektive eines typischen Marktteilnehmers impliziert, dass bei der Schätzung der beizulegenden Zeitwerte für abnutzbare Vermögenswerte die ökonomischen Nutzungsdauern zugrunde zu legen sind. Möglicherweise von einer ökonomischen Betrachtungsweise abweichende Abschreibungsdauern wirken sich damit allenfalls auf die Berechnung von Elementen der Ertragsbesteuerung innerhalb der Schätzung beizulegender Zeitwerte aus.

84 **Unsicherheiten** sind in der Bewertung, nicht aber im Ansatz zu berücksichtigen und beziehen sich stets auf den Bewertungsstichtag. Der Ansatz eines gesonderten Bilanzpostens für Unsicherheiten ist somit ausgeschlossen (IFRS 3.B41 (2008)). Im Nachhinein erst gewonnene, den Wert erhellende Erkenntnisse sind nicht in die Bewertung einzubeziehen. Der beizulegende Zeitwert ist im Regelfall als **Nachsteuer-Wert** aus Sicht des typischen Marktteilnehmers zu schätzen. Dieses Charakteristikum leitet sich daraus ab, dass die Zahlungsbereitschaft eines Marktteilnehmers für einen Vermögenswert ceteris paribus nicht über dem Betrag liegt, den er erwartet aus dem Vermögenswert zu erzielen. Da der typische Marktteilnehmer im Regelfall steuerpflichtig ist, sind entspr geschätzte Steuerbe- und -entlastungen in die Schätzung des beizulegenden Zeitwerts aufzunehmen, insbes wenn diese auf der Grundlage einkommensbasierter Bewertungsgrundsätze erfolgt. Hier ist regelmäßig der sog *tax amortisation benefit* (TAB) werterhöhend anzusetzen, der die Ertragsteuerentlastung abbildet, die sich aus der Abschreibung des Vermögenswerts ergeben würde. Kommt der Unternehmenszusammenschluss auf dem Wege eines Anteilskaufs zustande, erhöht sich die steuerliche Abschreibungsbasis durch die Neubewertung einzelner Vermögenswerte jedoch nicht, sodass es sich bei den TAB regelmäßig um eine rein fiktive Wertkomponente handelt.

85 In der Literatur werden zur Bestimmung des beizulegenden Zeitwerts vor allem **drei Bewertungsansätze** diskutiert, die heranzuziehen sind, sofern nicht unmittelbar ein notierter Marktpreis existiert. Bei einer näheren Betrachtung weisen diese Verfahren allerdings in Teilbereichen Ähnlichkeiten auf.

(1) Der sog ***market approach*** stellt ein marktpreisorientiertes Verfahren dar, bei dem die beizulegenden Zeitwerte aus Marktpreisen von vergleichbaren Vermögenswerten und Schulden abgeleitet werden. Hierbei ist zu beachten, dass der beizulegende Zeitwert lediglich abgeleitet wird, sodass ggf Anpassungen erforderlich sind. Obwohl dieses Verfahren konzeptionell am ehesten einer marktbasierten Wertfindung entspricht, fehlt es oft an vergleichbaren Markttransaktionen oder Datenverfügbarkeit. Dies führt im Ergebnis dazu, dass dieser Ansatz nur in einer geringen Anzahl von Bewertungssituationen belastbare Ergebnisse zur Verfügung stellen kann.

(2) Die kostenorientierten Verfahren ***(cost approach)*** orientieren sich bei der Ermittlung des beizulegenden Zeitwerts an den Wiederbeschaffungskosten. Ggf ist bei den Wiederbeschaffungskosten von Vermögenswerten deren Abnutzung zu berücksichtigen. Dem kostenorientierten Ansatz ist jedoch das konzeptionelle Problem inhärent, dass hier Vergangenheitswerte die Bewertungs-

basis bilden und damit das Stichtagsprinzip vernachlässigt wird. Handelt es sich hingegen um relativ kurz vor dem Erwerbsstichtag vorgenommene Anschaffungen bzw Kostenbeobachtungen, ist fast schon von einem *market approach* auszugehen.

(3) Kapitalwertorientierte Verfahren ***(income approach)*** leiten den beizulegenden Zeitwert aus den erwarteten zukünftigen Zahlungsströmen ab. Es handelt sich wohl um den am häufigsten angewendeten Ansatz, da soweit wie möglich Marktbeobachtungen mit der Schätzung künftiger Überschüsse kombiniert werden. Allerdings bedingt die Technik der Barwertberechnung die Notwendigkeit der Festlegung vieler Parameter, von denen nur ein Teil direkt aus Marktwerten abgeleitet werden kann. Insbes die Schätzung zukünftiger Zahlungsströme sowie die Festlegung des Diskontierungsfaktors eröffnet dem Bewerter einen nicht unerheblichen Ermessensspielraum.

Der Saldo aus den neu bewerteten Vermögenswerten und Schulden ist dabei nicht durch die **Gegenleistung/Anschaffungskosten des Unternehmenserwerbs** (Rz 176ff) begrenzt. Für Situationen, in denen diese Wertansätze nachträglich angepasst werden müssen, wird auf die Ausführungen unter Rz 250ff verwiesen.

4. Klassifikation

Eine Reihe von Geschäftsvorfällen erfordert bei ihrer erstmaligen Erfassung im IFRS-Abschluss eine **Klassifizierung** bzw **Designierung.** Leasingverhältnisse sind bspw nach den Regelungen von IAS 17.7ff in Finanzierungs- und operative Leasingverhältnisse zu unterscheiden. Vergleichbare Sachverhalte lassen sich exemplarisch (jedoch nicht abschließend) wie folgt auflisten: 86

Bereich	Klassifikation	Regelung
Wertpapiere	Bestimmung der Bewertungskategorie	IAS 39.45 (finanzielle Vermögenswerte) IAS 39.47 (finanzielle Schulden
Wertpapiere	Separierung von eingebetteten derivativen Finanzinstrumenten	IAS 39.10ff
Derivative Finanzinstrumente	Festlegung eines möglichen Sicherungszusammenhangs	IAS 39.71ff
Leasingverhältnisse	Klassifizierung als Finanzierungs- oder operatives Leasing	IAS 17.7ff IFRS 3.17 (Sonderregeln)
Garantieverträge	Klassifizierung als Versicherungsvertrag oder als Finanzinstrument	IFRS 3.17(b)
Unternehmensbeteiligungen	Designierung als erfolgswirksam zum beizulegenden Zeitwert bewertet (nur bei Venture Capital und ähnlichen Gesellschaften)	IAS 28.1
Immobilien	Einstufung als operatives Vermögen oder zu Renditezwecken gehaltenes Vermögen	IAS 40.30

87 IFRS 3 (2008) erfordert grds die Klassifizierung bzw Designierung dieser und vergleichbarer Sachverhalte **auf der Grundlage der Verhältnisse am Erwerbsstichtag.** In die Beurteilung einzubeziehen sind hier die relevanten vertraglichen und ökonomischen Regelungen, die operativen und bilanziellen Methoden und weitere sachbezogene Konditionen.

Beispiel: Im Rahmen eines Unternehmenserwerbs wird festgestellt, dass vom erworbenen Geschäftsbetrieb Devisentermingeschäfte abgeschlossen worden sind. Diese sind im IFRS-Abschluss des erworbenen Geschäftsbetriebs als *cashflow hedge* klassifiziert worden sind, da sie das Fremdwährungsrisiko aus erwarteten US-$-Warenlieferungen abgesichert haben.

Der Erwerber kann hier innerhalb der Regelungen des IAS 39.71 ff agieren: Erstens kann die Analyse zu dem Schluss kommen, dass die Hedge-Designation aufrecht zu erhalten ist. Infolgedessen wird das *hedge accounting* ausgehend von beizulegenden Zeitwerten am Erwerbsstichtag fortgesetzt. Zweitens kann eine Analyse auf der Grundlage der Bilanzierungs- und Bewertungsmethoden des Erwerbers auch zu dem Ergebnis führen, dass kein *cashflow hedge* vorliegt. Die Hedge-Designation wäre damit aufgehoben. Drittens sind aber auch Fallkonstellationen denkbar, in denen der ursprüngliche Sicherungszusammenhang negiert wird, dafür aber das Devisentermingeschäft als Sicherungsinstrument für eine andere Transaktion designiert wird. So könnte ein derivatives Finanzinstrument des erworbenen Geschäftsbetriebs bspw auch für ein anderes als das ursprünglich antizipierte Grundgeschäft designiert werden.

88 Nach IFRS 3.17 (2008) explizit vom **Grundsatz der Neuklassifizierung** bzw Neudesignierung zum Erwerbsstichtag **ausgenommen** sind **Leasingverhältnisse** iSd IAS 17 sowie Verträge, die uU auch als **Versicherungsverträge** einzustufen sind. Hier sind die vertraglichen Bedingungen und sonstigen Faktoren heranzuziehen, die zum Beginn des Vertragsverhältnisses galten (vgl *Beyhs/Wagner* DB 2008, 76). Wurden Vertragsverhältnisse im Zeitablauf bis einschließlich des Erwerbszeitpunkts modifiziert, sind die zuletzt gültigen Regelungen der Beurteilung zugrunde zu legen. In Vertragsverhältnissen verabredete „*change-of-control*"-Klauseln sind damit in die Designation bzw Klassifikation einzubeziehen.

Durch diese Ausnahmeregelung wird der **Grundgedanke** der **Erwerbsmethode durchbrochen.** Hiernach wäre für diese Vertragsbeziehungen grds eine Neueinstufung zum Erwerbszeitpunkt erforderlich – immerhin tritt aus ökonomischer Sicht der Erwerber in das vom erworbenen Geschäftsbetrieb begründete Vertragsverhältnis ein. Gleichwohl ist einzuräumen, dass diese Ausnahmeregelungen im Einzelfall auch eine **Arbeitserleichterung** darstellen können: So können einmal vorgenommene Klassifizierungen von Leasingverhältnissen regelmäßig beibehalten werden, soweit der erworbene Geschäftsbetrieb IFRS angewendet hat. Gleiches gilt für Verträge, die in der Schnittmenge von IFRS 4 und IAS 39 liegen und somit entweder als Versicherungsvertrag oder aber als Finanzinstrument zu behandeln sind. Wurden die IFRS vom erworbenen Geschäftsbetrieb nicht angewendet, ist indes zu bestimmen, wie die Designation bzw Klassifikation von Versicherungs- und Leasingverträgen verlaufen wäre, wenn der Geschäftsbetrieb bereits bei Vertragsabschluss IFRS angewendet hätte. UE sind in diesem Zusammenhang die gleichen Überlegungen anzustellen, die im Rahmen der Umstellung der Rechnungslegung auf IFRS notwendig sind (vgl § 44 Rz 151 ff).

5. Ausnahmeregelungen

89 Die noch in IFRS 3.B16 (2004) enthaltenen Hinweise zur Bestimmung des beizulegenden Zeitwerts zum Erwerbszeitpunkt sind in IFRS 3 (2008) vollständig zugunsten einer generellen *fair value*-Bewertung entfallen. Dafür sind eine

Reihe von **Ausnahme- und Ergänzungsregelungen** hinsichtlich Ansatz und/oder Bewertung zu beachten, die im Zusammenhang mit den entspr Vermögenswerten (vgl Rz 99 ff) und Schulden (vgl Rz 143 ff) im Detail dargestellt werden. Einen Überblick gibt die folgende Tabelle.

Bilanzposten		**Besonderheiten zum/zur**		**vgl Rz**
		Ansatz	**Bewertung**	
IFRS 3.22f	Eventualschulden	X		152ff
IFRS 3.24f	Latente Steuern	X	X	164ff
IFRS 3.26	Leistungen an Arbeitnehmer	X	X	148ff
IFRS 3.27ff	Forderungen aus Entschädigungsleistungen *(indemnification assets)*	X	X	141ff
IFRS 3.29	Zurückerworbene Rechte *(reacquired rights)*		X	117
IFRS 3.30	Aktienbasierte Vergütungszusagen *(share-based payment awards)*		X	150
IFRS 3.31	Als „Zur Veräußerung gehalten" klassifizierte Vermögenswerte		X	140
IFRS 3.B37	Mitarbeiterstamm	X		112

Durch die neue Vorgehensweise mit der Postulierung eines einheitlichen Bewertungsprinzips *(fair value)* im Rahmen des Erwerbs ist das Bemühen des IASB erkennbar, von einer fallbezogenen zu einer **prinzipienbezogenen Vorgehensweise** zu wechseln. Gleichwohl ist der IASB für bestimmte Geschäftsvorfälle bzw Bilanzposten zu der Auffassung gelangt, dass Abweichungen von bzw Konkretisierungen zu dem allgemeinen Prinzip der Bewertung zum beizulegenden Zeitwert erforderlich sind, um der Sondersituation des Unternehmenserwerbs im Vergleich zur lfd Bilanzierung Rechnung zu tragen. Die gewählte Vorgehensweise der expliziten Benennung von Ausnahmeregelungen erscheint als adäquates Mittel zur Umsetzung eines *principles-based approach.* 90

Demgegenüber wird in IFRS 3 (2004) die **Bewertung zum beizulegenden Zeitwert** in IFRS 3.B16f einzelfallbezogen konkretisiert. Nach Vermögenswert- und Schuldenkategorien unterteilt, stellen sich die dazu heranzuziehenden Wertmaßstäbe dort in einer Übersicht wie folgt dar: 91

Kategorie	**IFRS 3.B16, IFRS 3.B17 (2004)**
Börsengängige Wertpapiere	Aktuelle Börsenkurse
Nicht börsengängige Wertpapiere	Geschätzter beizulegender Zeitwert
Forderungen	Barwert
Günstige Vertragsbeziehungen und übrige Vermögenswerte	Barwert
Fertige und unfertige Erzeugnisse sowie Handelswaren	Verlustfreie Bewertung

Kategorie	IFRS 3.B16, IFRS 3.B17 (2004)
Rohstoffe	Wiederbeschaffungskosten
Grundstücke und Gebäude	Marktwert
Technische Anlagen, Betriebs- und Geschäftsausstattung	Marktwert bzw gutachterlich geschätzter Wert
Immaterielle Vermögenswerte	Marktwert bzw gutachterlich geschätzter Wert
Pensionsverpflichtungen	Barwert
Steueransprüche und Steuerschulden	Nominalbetrag
Verbindlichkeiten aus Lieferungen und Leistungen, Wechselverbindlichkeiten, sonstige kurz- und langfristige Verbindlichkeiten	Barwert
Belastende Verträge	Barwert
Eventualschulden	Geschätzter beizulegender Zeitwert

92 Durch die Aufzählung der anzuwendenden Bewertungsmaßstäbe **entfällt** in IFRS 3 (2004) die Notwendigkeit der **Formulierung von Ausnahmeregelungen.** Darüber hinaus sind einige der Sachverhalte, die in IFRS 3 (2008) adressiert werden (zB Vermögenswerte aus Erstattungsansprüchen, zurückerworbene Rechte) in IFRS 3 (2004) überhaupt nicht berücksichtigt. In vielen Fällen werden sich jedoch Ansatz und Bewertung von Vermögenswerten und Schulden nach IFRS 3 (2008) und IFRS 3 (2004) entsprechen.

6. Nachträgliche Anpassungen

93 Bereits in der ersten Projektphase des IASB-Projekts „*business combinations*", die zur Veröffentlichung von IFRS 3 (2004) führte wurde das Konzept der sog **Zwölf-Monatsfrist** für die Kaufpreisallokation etabliert. Dieses Konzept wird in IFRS 3 (2008) fortgeführt. Tritt der Fall ein, dass in der Berichtsperiode, in der der Unternehmenszusammenschluss stattgefunden hat, die Kaufpreisallokation nicht abgeschlossen werden kann, wird der Erwerbsvorgang bilanziell auf der Grundlage von vorläufigen Zahlen abgebildet. Eine entspr Begründung, einschließlich einer Erläuterung der nur provisorisch angesetzten Bilanzposten, ist dann unbedingt bei den Anhangangaben zur Erläuterung des Unternehmenszusammenschlusses erforderlich (IFRS 3.B67(a) (2008)).

94 Bis zum Abschluss der sog **Bewertungsphase** *(measurement period)* ist der Ansatz und die Bewertung von Vermögenswerten und Schulden sowie Eventualschulden zu überprüfen, soweit im Rahmen der Kaufpreisallokation weitere Erkenntnisse erzielt werden können. Im Zweifel ist Erkenntnisständen, die zu Zeitpunkten erzielt werden, die näher am Erwerbsstichtag liegen, der Vorzug zu geben (IFRS 3.47 (2008)). Zielsetzung ist dabei, den Ansatz und die Bewertung unter Berücksichtigung aller Informationen festzulegen, die am Erwerbstichtag existiert haben. Innerhalb der Zwölf-Monatsfrist ist damit analog zum Bilanzstichtag zwischen wertbegründenden und werterhellenden Sachverhalten zu unterscheiden.

Beispiel: Kurz vor dem Bilanzstichtag erwirbt Unternehmen M einen Geschäftsbetrieb T. Im Rahmen der Kaufpreisallokation werden zwei immaterielle Vermögenswerte identifiziert, die neue Produktentwicklungen zum Gegenstand haben. Die Kaufpreisallokation ergibt sowohl für Vermögenswert A als auch für B einen vorläufigen Wertansatz in Höhe von T€ 1.000. Dieser Wert basiert gleichermaßen auf der vorläufigen Annahme, dass die einschlägigen Produkttests bereits vor dem Erwerbsstichtag abgeschlossen waren und dass beide Produktentwicklungen innerhalb von zwölf Monaten marktreif sein werden.

Nach dem Bilanzstichtag wird die Kaufpreisallokation fortgesetzt. Bei Vermögenswert A stellt sich dabei heraus, dass die Produkttests – entgegen der Ergebnisse der ersten Analyse – zum Erwerbsstichtag noch nicht abgeschlossen waren. Infolgedessen wird die Marktreife aus der Perspektive des Erwerbsstichtags 24 Monate dauern. Bei ansonsten gleichen Erfolgsaussichten wird Vermögenswert A nachfolgend mit T€ 750 angesetzt, da sich aus der späteren Markteinführung ein geringerer Wert ergibt, der bei genauerem Kenntnisstand bereits am Erwerbsstichtag herzuleiten war.

Bei Vermögenswert B stellt sich heraus, dass die Testphase abgeschlossen war. Allerdings zeigen sich im Nachgang Schwierigkeiten mit der Serienproduktion der Produktentwicklung, die eine Verzögerung der Vermarktung von rund zwölf Monaten erwarten lassen. In diesem Fall handelt es sich um eine Erkenntnis mit wertbegründendem Charakter, die auch bei genauester Analyse nicht im Erwerbszeitpunkt erkennbar gewesen wäre. Infolgedessen wird der zunächst Projektentwicklung B zugewiesene Wertansatz nicht nach IFRS 3 abgeändert. Anpassungen können aber außerhalb der Kaufpreisallokation (und damit ohne Rückwirkung auf Unterschiedsbeträge aus dem Unternehmenszusammenschluss) zB im Rahmen der Folgebilanzierung nach IAS 38 oder in Form eines Wertminderungstests nach IAS 36 erforderlich sein.

Bis zum **Abschluss** der **Kaufpreisallokation** kann bei einem verbesserten, 95
auf den Erwerbszeitpunkt bezogenen Kenntnisstand (nicht jedoch aufgrund von Ereignissen nach dem Erwerbsstichtag) sowohl der Ansatz als auch die Bewertung der Vermögenswerte, Schulden und Eventualschulden abzuändern sein. Unter der gleichen Maßgabe sind uU auch die Anschaffungskosten von Altanteilen anzupassen (hierzu näher Rz 250 ff). Die Anpassung erfolgt dabei generell gegen den provisorisch ermittelten Unterschiedsbetrag aus dem Unternehmenszusammenschluss (IFRS 3.48 (2008)), sodass sich dieser innerhalb der Zwölf-Monatsfrist ebenfalls noch ändern kann. Die Vergleichszahlen der Berichtsperiode sind so darzustellen als ob zum Erstkonsolidierungszeitpunkt bereits die richtigen Werte zugrunde gelegt worden wären (IFRS 3.48 (2008)/IFRS 3.62 (b)(ii) (2004)). Diese angepassten Vergleichszahlen bilden die Grundlage für die Fortschreibung der Werte, die im Rahmen der jetzt endgültigen Kaufpreisverteilung im Berichtsjahr vorzunehmen ist.

Die Kaufpreisallokation **endet** mit dem Zeitpunkt, in dem der Erwerber die ihm zur Verfügung stehenden Informationsquellen ausschöpft, **spätestens** aber **zwölf Monate nach dem Erwerbsstichtag** (IFRS 3.45 (2008)/IFRS 3.62(a) (2004)). Zur buchhalterischen Erfassung verweisen wir auf die Ausführungen in Rz 251.

Änderungen, die erst **nach Abschluss** der **Kaufpreisallokation** erforder- 96
lich werden zB weil grds verfügbare Informationen nicht beachtet wurden, sind bilanziell als Fehlerkorrektur nach den Bestimmungen von IAS 8.41 ff zu erfassen (IFRS 3.50 (2008)/IFRS 3.63 (2004)). Bezug nehmend auf die Darstellung von Fehlerkorrekturen in IAS 8 schreiben IFRS 3.50 (2008)/IFRS 3.64 (2004) hinsichtlich der **Vorgehensweise** vor, dass bereits in der Vorperiode die entspr beizulegenden Zeitwerte geändert darzustellen sind. Analog dazu ist der Geschäfts- oder Firmenwertbetrag oder der aus der Akquisition zu realisierende Ertrag aus einem negativen Unterschiedsbetrag bereits in der Vorperiode, dh erfolgsneutral, anzupassen. Im Ergebnis wird hierdurch erreicht, dass – nach erfolgter Fehlerkorrektur – die Erstkonsolidierung in der Vorperiode so abgebildet wird, als seien bereits zum damaligen Zeitpunkt die zutreffenden Werte angesetzt worden. Entspr Ausführungen finden sich in IFRS 3 (2008) nicht mehr. Änderungen in der konkreten Vorgehensweise dürften sich dadurch jedoch nicht ergeben.

Beispiel: Im Rahmen eines Unternehmenserwerbs wird bei der Erstkonsolidierung zum 1. Juli 20X1 irrtümlich von der Werthaltigkeit eines Warenzeichens ausgegangen.

Innerhalb der Kaufpreisallokation wird der immaterielle Vermögenswert mit T€ 200 angesetzt und über fünf Jahre planmäßig abgeschrieben.

Ende 20X2 und damit nach dem Ende der Kaufpreisallokation stellt sich heraus, dass das Warenzeichen von einem Mitbewerber beansprucht wird, der einen Prozess anstrengt. Recherchen innerhalb des erworbenen Unternehmens ergeben, dass der Anspruch des Wettbewerbers mit hoher Wahrscheinlichkeit zu Recht besteht und dass die Faktenlage bereits im Erwerbszeitpunkt eindeutig war. Von einer Werthaltigkeit des Warenzeichens ist dementsprechend nicht mehr auszugehen.

Da die Korrekturfrist von zwölf Monaten abgelaufen ist, kann eine Korrektur des Wertansatzes lediglich als Fehlerkorrektur vorgenommen werden. Der Wertansatz ist damit retrospektiv anzupassen. Zusätzlich zur Anpassung des immateriellen Vermögenswerts ist außerdem die zwischenzeitlich gebuchte Abschreibung für 20X2 erfolgswirksam zu eliminieren. Folgende Buchungen sind durchzuführen:

Per Geschäfts- oder Firmenwert	an	immaterielle Vermögenswerte	200
Per immaterielle Vermögenswerte	an	Gewinnrücklagen	10
Per immaterielle Vermögenswerte	an	Abschreibungen	20

Zusätzlich sind innerhalb des Anhangs die Angaben nach IAS 8 hinsichtlich Fehlerkorrekturen aufzunehmen.

97 Die nachträgliche **Hinzuaktivierung latenter Steuern** stellt nach IFRS 3 (2008) keinen Sondersachverhalt mehr dar. Infolgedessen gelten die oben erläuterten Regelungen analog. IAS 12.68 (geändert 2008) bestimmt nunmehr, dass eine bessere Erkenntnis der Werthaltigkeit von aktiven latenten Steuern innerhalb der Zwölf-Monatsfrist zu einer Erhöhung des Wertansatzes des steuerlichen Vermögenswerts bei entspr Reduktion des Buchwerts eines bestehenden Geschäfts- und Firmenwerts führt. In allen anderen Fällen, also wenn der Buchwert des Goodwills bereits auf Null verringert wurde oder bei einer Korrektur außerhalb der *measurement period,* ist die Erhöhung erfolgswirksam innerhalb der Gesamtergebnisrechnung zu erfassen. Gem IFRS 3.67 (2008) iVm IAS 12.93 (geändert 2008) ist diese Neuregelung ab dem Zeitpunkt des Inkrafttretens von IFRS 3 (2008) prospektiv bei allen Nachaktivierungen von aktiven latenten Steuern aus Unternehmenszusammenschlüssen zu berücksichtigen, dh unabhängig davon, ob die bislang nicht aktivierten latenten Steuern aus Unternehmenszusammenschlüssen resultieren, die vor oder nach dem Inkraftsetzungsdatum des IFRS 3 (2008) liegen.

In IFRS 3 (2004) werden dagegen nachträgliche Änderungen in der **Einschätzung der Werthaltigkeit von steuerlichen Verlustvorträgen und aktiven latenten Steuerposten** noch gesondert behandelt (IFRS 3.65 (2004)). Führt demnach ein im Rahmen der Erstkonsolidierung nicht als Vermögenswert angesetzter steuerlicher Verlustvortrag oder eine temporäre Differenz der Steuerbemessungsgrundlage zu einer Steuerentlastung in den Folgeperioden, so ist diese Entlastung als Steuerertrag gem IAS 12.68 erfolgswirksam zu erfassen. Zusätzlich soll ein ggf ausgewiesener Geschäfts- oder Firmenwert um den Betrag reduziert werden, um den er geringer ausgefallen wäre, wenn der steuerliche Verlustvortrag bereits im Rahmen der Erstkonsolidierung als Vermögenswert angesetzt worden wäre. Diese Reduzierung des Geschäfts- oder Firmenwerts ist in der Erfolgsrechnung als Aufwand darzustellen, sodass der ertragswirksam eingebuchte Steuerertrag und der aufwandswirksam ausgebuchte Geschäfts- oder Firmenwert insgesamt nicht zu einer Veränderung des Jahreserfolgs führen. Gleichwohl ergibt sich durch diese Vorgehensweise eine Verschlechterung des operativen Ergebnisses, die nicht durch Saldierung der in der Erfolgsrechnung eingebuchten Beträge vermieden werden kann.

98 Die vorstehend beschriebene Vorgehensweise darf **maximal** zu einem Geschäfts- oder Firmenwert von Null führen. Es darf kein negativer Unterschiedsbetrag entstehen oder sich vergrößern. Der ggf übersteigende Korrekturbetrag

hinsichtlich des aus dem steuerlichen Verlustvortrag resultierenden Vermögenswerts ist dann erfolgswirksam zu erfassen.

Beispiel: Im Rahmen einer Unternehmensakquisition im Jahr X1 ergab sich nach Durchführung der Kaufpreisallokation ein Geschäfts- oder Firmenwert in Höhe von T€ 100. Für einen zu diesem Zeitpunkt bestehenden steuerlichen Verlustvortrag in Höhe von T€ 400 wurde im Rahmen der Kaufpreisallokation kein Vermögenswert angesetzt, da zu diesem Zeitpunkt auf der Basis der vorliegenden Unternehmensplanung nicht mit der Realisierung eines Steuervorteils aus diesem Verlustvortrag gerechnet wurde.

Im Jahr X2 wird aufgrund einer Revision der Planungsrechnung nunmehr davon ausgegangen, dass der weiterhin bestehende steuerliche Verlustvortrag in Höhe von 50%, also T€ 200 realisiert werden kann. Bei einem Ertragsteuersatz von insgesamt 40% ergibt sich ein Steuersparpotenzial in Höhe von T€ 80.

Der Geschäfts- oder Firmenwert wurde nach den Regelungen des IFRS 3 iVm IAS 38 nicht planmäßig abgeschrieben und auch nicht nach IAS 36 außerplanmäßig wertgemindert.

Obwohl die Erstkonsolidierung nach Ablauf von zwölf Monaten nach dem Erwerbszeitpunkt in X2 endgültig geworden ist, kann eine Anpassung aufgrund veränderter Einschätzung von latenten Steueransprüchen gem IFRS 3.65 (2004) auch nach diesem Zeitpunkt erfolgen. Die Anpassung an die veränderte Einschätzung ist mit folgenden Buchungssätzen vorzunehmen:

Per aktive latente Steuern (Bilanz)	an	Ertragsteuern (GuV)	80
Per sonstige betriebliche Aufwendungen	an	Geschäfts- oder Firmenwert	80.

Der Geschäfts- oder Firmenwert reduziert sich aus diesen Buchungen auf T€ 20, wird jedoch nicht bis auf 0 reduziert, sodass der volle Betrag aus der Steuerersparnis berücksichtigt wird.

II. Behandlung ausgesuchter Vermögenswerte

Nach IFRS 3 (2008) sind grds alle identifizierbaren Vermögenswerte zu ihrem beizulegenden Zeitwert anzusetzen. Aufgrund dieser **prinzipienorientierten Vorgabe** hat der IASB sämtliche Hinweise auf Ansatz- und Bewertungsgrundlagen, die noch in IFRS 3 (2004) enthalten sind, gestrichen. Gleichwohl sind Vorschriften zu Vermögenswerten und Schulden enthalten, deren Behandlung nach Ansicht des IASB von der reinen *fair value*-Bewertung abweichen soll. Im Folgenden wird auf die wesentlichen Gruppen von Vermögenswerten eingegangen und dabei werden die Grundlagen von Ansatz und Bewertung dargestellt. Nicht in den folgenden Ausführungen enthalten ist die Darstellung von ggf aktivierungspflichtigen Ertragsteuern, die ab Rz 163 separat dargestellt werden. 99

1. Sachanlagen und Renditeimmobilien

Grundstücke, Gebäude sowie **technische Anlagen, Betriebs- und Geschäftsausstattungen** sind grds zu Marktwerten zu bewerten, evtl kann auch der **Reproduktionsaltwert** (Wiederbeschaffungskosten abzüglich zwischenzeitlich angefallener Abschreibungen) in Ansatz gebracht werden. Dies ist dann notwendig, wenn kein Marktwert ermittelt werden kann zB, wenn es sich um spezielle technische Anlagen bzw Betriebs- und Geschäftsausstattung handelt, die ggf nicht am Markt individuell gehandelt wird. 100

Auch **Renditeimmobilien** iSv IAS 40 sind zum Erwerbszeitpunkt mit ihrem Marktwert anzusetzen. Bei Nichtvorliegen entspr Werte sind, je nach Verfügbarkeit, eine markt-, kosten- oder einkommensorientierte Wertfindung möglich (vgl Rz 113). Bei Renditeimmobilien bietet sich indes in vielen Fällen eine kapitalwertorientierte Vorgehensweise an, da diese Immobilien regelmäßig durch ver- 101 gleichsweise gut prognostizierbare zukünftige Zahlungsmittelflüsse gekennzeichnet sind.

2. Immaterielle Vermögenswerte

102 Im Rahmen der praktischen Durchführung einer Kaufpreisallokation gestaltet sich insbes die Erhebung der immateriellen Vermögenswerte des erworbenen Unternehmens sowie ihre Würdigung im Zusammenhang (vgl Rz 104) als anspruchsvoll. Das Hauptproblem im Rahmen der **Identifizierung immaterieller Vermögenswerte** besteht darin, dass ihre Existenz und Bedeutung in Bezug auf den Geschäftsbetrieb im Regelfall nur im Zuge besonderer Bewertungsanlässe – wie zB der Kaufpreisallokation – analysiert wird. Aufgrund weitreichender Bilanzierungsverbote (auch im IFRS-Abschluss; vgl § 4 Rz 40 ff) sind die hier zu identifizierenden immateriellen Vermögenswerte regelmäßig auch nicht in der fortlaufenden Bilanzierung des erworbenen Unternehmens zu finden. Insgesamt betrifft dies insbes immaterielle Vermögenswerte, die sich einer rechtlichen Absicherung entziehen. Hierunter fallen zB langfristig entwickelte Fertigungsverfahren oder Betriebsgeheimnisse, Kundenbeziehungen, aber auch der vorhandene Mitarbeiterstamm.

Infolgedessen erfordert die Kaufpreisallokation eine **gezielte Erkundung zusätzlicher potenziell vorhandener immaterieller Vermögenswerte.** Einen Ansatzpunkt stellt hier die in IFRS 3.IE16 ff (2008)/IFRS 3.IE (2004) wiedergegebene, aber nicht abschließende Auflistung von häufig identifizierbaren immateriellen Vermögenswerten dar:

Gruppen von immateriellen Vermögenswerten	Beispiele
marketingbezogen	Warenzeichen Internet Domain-Namen Firmenlogos, etc Zeitungsnamen (vertragliche) Wettbewerbsverbote
kundenbezogen	Kundenlisten Auftragsbestand vertragliche Kundenbeziehungen nichtvertragliche Kundenbeziehungen
künstlerisch	Urheber- und Lizenzrechte an Werken von – Literatur – Oper, Musical, Ballett, etc – Musik – Film und Funk – Fotografien und Bildern – Video- und Audiomaterial – bildender Kunst
vertragsbezogen	Lizenz-, Honorar- und Stillhalteabkommen Leasing- und Mietvereinbarungen Baugenehmigungen Franchise-Vereinbarungen Fernseh-, Rundfunk- und Telekommunikationslizenzen Mineralgewinnungs- und Ausbeutungsrechte Serviceverträge vorteilhafte Arbeitsverträge

Gruppen von immateriellen Vermögenswerten	Beispiele
technologiebezogen	Patente urheberrechtlich geschützte Software unpatentiertes Know-How rechtlich geschützte Datenbasen Unternehmensgeheimnisse, Rezepte etc

Die **Existenz** dieser immateriellen Vermögenswerte sollte im Rahmen einer Kaufpreisallokation – unter Berücksichtigung der übrigen Ansatzkriterien immaterieller Vermögenswerte – generell überprüft werden. Explizit zu beachten ist dabei aber, dass die Liste keine abschließende Aufzählung enthält, sodass ggf Ergänzungen vorzunehmen sind. Um eine vollständige Erfassung immaterieller Werttreiber, die für den Ansatz eines entspr Vermögenswerts infrage kommen, gewährleisten zu können, sind dazu neben Erkenntnissen aus den Einzelabschlüssen, aus *due diligence*-Berichten oder aus dem Kaufvertrag **gezielte Analysemaßnahmen** erforderlich. In diesem Zusammenhang können unterschiedliche Hilfsmittel und Instrumente eingesetzt werden, wie zB: 103

(1) Interviews mit Verantwortlichen des erwerbenden und erworbenen Unternehmens über bekannte immaterielle Werttreiber des Unternehmens,
(2) Bestandsaufnahmen rechtlicher Rahmenverhältnisse des erworbenen Unternehmens sowie Vertragsinventuren zur Bestimmung günstiger und ungünstiger Verträge sowie von Eventualschulden,
(3) Bestandsaufnahme lfd sowie zurückliegender Forschungs- und Entwicklungsprojekte,
(4) Analysen des Absatzmarkts, der Produkt- bzw Dienstleistungspaletten, der Kundenbeziehungen sowie der Wettbewerbssituation,
(5) Analysen des Beschaffungsmarkts, der verwendeten Vorprodukte und Rohstoffe sowie der sonstigen Produktionsfaktoren,
(6) Bestandsaufnahme vom Unternehmen registrierter Schutzrechte wie Patente, Marken, Gebrauchmuster,
(7) Berichterstattung zum Unternehmenserwerb,
(8) Informationen über die Mitarbeiterstruktur, einschließlich ihrer Qualifikationen sowie der Gehaltsstrukturen,
(9) Informationen über branchenübliche Transaktionen, die sich auf immaterielle Vermögenswerte beziehen (zB Kundenbeziehungen, Lizenzvereinbarungen etc) inklusive der damit einhergehenden Vergütungsvereinbarungen,
(10) Aufnahme von Komponenten des erworbenen Geschäftsbetriebs, die voraussichtlich weiterveräußert werden sollen.

Bei der Frage nach dem Ansatz immaterieller Vermögenswerte sind regelmäßig **Interdependenzen** sowohl zwischen immateriellen Vermögenswerten untereinander als auch zwischen immateriellen und materiellen Vermögenswerten zu berücksichtigen. So kann aus Wesentlichkeitsgründen der Ansatz und die Bewertung immaterieller Vermögenswerte regelmäßig dann entfallen, wenn zwar verschiedene Werttreiber identifiziert werden können, der jeweils abgrenzbare Wertbeitrag aber im Wesentlichen einem sog *leading asset* zugeordnet werden kann. 104

Beispiel: Im Rahmen einer Kaufpreisallokation werden sowohl ein eingetragener Markenname als auch Fertigungs-Know-how identifiziert. Das Know-how ist durch umfangreiche Sicherheitsvorkehrungen gegen einen Fremdzugriff geschützt, kann aber theoretisch zB im Rahmen von Lizenzvereinbarungen vom Unternehmen separiert werden. Der Markenname, der im Rahmen der Vermarktung von Produkten verwendet wird, die unter

Einsatz des besonderen Fertigungs-Know-hows hergestellt werden, ist aufgrund der aus seiner Eintragung resultierenden gesetzlichen Rechte identifizierbar und theoretisch auch separierbar. Es sei angenommen, dass in beiden Fällen die übrigen Definitions- und Ansatzkriterien immaterieller Vermögenswerte (vgl § 4 Rz 2 ff) erfüllt werden.

105 Ergibt eine Analyse des Absatzmarkts, dass für den Absatz der Produkte im Wesentlichen das Fertigungs-Know-how ausschlaggebend, der eingesetzte Markenname aber letztlich irrelevant ist, genügt unter **Wesentlichkeitsaspekten** der Ansatz und die Bewertung des Know-hows. Diese Fallkonstellation zeigt sich häufig in **‚jungen' Technologiebranchen,** in denen wichtige Markennamen (noch) nicht aufgebaut werden konnten und eher die Fertigungstechnologie als Alleinstellungsmerkmal des Unternehmens dient. Gleiches gilt in vielen Fällen auch für Absatzmärkte mit einer hohen Transparenz, in denen Markennamen mit der eingesetzten Fertigungstechnologie synonym verwendet werden. Das Fertigungs-Know-how ist in diesen Fällen als *leading asset* anzusehen.

Bereits im Rahmen der Identifikation und der Ansatzentscheidung grds aller Vermögenswerte, Schulden sowie Eventualschulden sind damit Überlegungen hinsichtlich einer Bestimmung der jeweiligen beizulegenden Zeitwerte anzustellen und in die Ansatzbeurteilung miteinzubeziehen.

106 Die **Regelungen zum Ansatz immaterieller Vermögenswerte** wurden in IFRS 3 (2008) in den Anhang aufgenommen (IFRS 3.B31 ff (2008)), während sie in IFRS 3.45 f (2004) noch Bestandteil des Standardtexts selbst sind. Sie beziehen sich weitgehend auf die Ansatzkriterien des IAS 38. Die Wiederholung des Kriteriums der Identifizierbarkeit des IAS 38.12 (IFRS 3.B31 f (2008)/IFRS 3.46 (2004)) beruht auf der Tatsache, dass die Abgrenzung einzeln identifizierbarer immaterieller Vermögenswerte ggü dem Geschäfts- oder Firmenwert nicht unproblematisch ist. So sind im IFRS-Abschluss nur solche immateriellen Werttreiber auch als entspr identifizierte Vermögenswerte anzusetzen, die

(1) auf vertraglichen oder anderen gesetzlichen Rechten fundieren **oder**

(2) separierbar sind.

107 Die Fundierung auf **vertraglichen oder gesetzlichen Rechten** ist weitgehend unkritisch, da solche immateriellen Werttreiber durch entspr Vereinbarungen mit fremden Dritten identifiziert werden können. Hierunter sind zB Lizenzen, eingetragene Namensrechte oder Patente zu subsumieren. Ein Nachweis, dass der rechtlich begründete Anspruch von der erworbenen Einheit trennbar ist, ist in diesen Fällen zur Erfüllung der Ansatzkriterien nicht notwendig (IFRS 3.B32 (2008)/IFRS 3.46(b) (2004)). Häufig vermitteln immateriellen Werttreibern inhärente Rechte auch die Verfügungsmacht über einen von ihnen ausgehenden zukünftigen Nutzen (§ 4 Rz 25), sodass von der Qualifizierung dieser Werttreiber als bilanziell zu berücksichtigender Vermögenswert – vorbehaltlich ihrer zuverlässigen Bewertbarkeit – regelmäßig auszugehen ist.

Liegen immateriellen Werttreibern eines Unternehmens keine vertraglich oder gesetzlich zugesicherten Rechte zugrunde, ist die Identifizierung anhand ihrer **Separierbarkeit** vom erworbenen Geschäftsbetrieb vorzunehmen. Das Kriterium der Separierbarkeit zielt auf die Möglichkeit einer eigenständigen Verwertung des potenziellen immateriellen Vermögenswerts ab. Bei der Beurteilung der Separierbarkeit ist die konkrete Verwendungsabsicht des Erwerbers im Hinblick auf diesen Vermögenswert nicht ausschlaggebend. Relevant ist einzig die theoretische Möglichkeit, den potenziellen immateriellen Vermögenswert auch losgelöst vom Geschäftsbetrieb verwerten zu können. Der potenzielle immaterielle Vermögenswert muss dazu nach IAS 38.36 (geändert 2009)/IAS 38.36 losgelöst vom Gesamtunternehmen entweder allein oder iVm einem verbundenen Vermögenswert veräußert, lizenziert, verpachtet oä werden können. Der mit dem separierbaren immateriellen Werttreiber verwertbare Vermögenswert kann dabei materieller wie immaterieller Natur sein. In diesem Zusammenhang ist regelmäßig zu überprüfen, ob zB Kundenlisten, nicht patentierte Entwicklungen oder unveröffentlichte Rezepturen erworben wurden. Diese sind jedoch nicht anzusetzen, wenn ihre Verkehrsfähigkeit zB aufgrund beruflicher Verschwiegenheitspflichten faktisch nicht gegeben ist.

Die Separierbarkeit immaterieller Vermögenswerte ist uE in den Fällen nicht 108
mehr gegeben, in denen sie nur **gemeinsam** mit einem **Geschäfts- oder Firmenwert** bzw mit einem **Geschäftsbetrieb** übertragen werden können. Da der Geschäfts- oder Firmenwert definitionsgemäß nicht vom Geschäftsbetrieb separierbar ist, kann in diesen Fällen auch kein gesondert zu würdigender immaterieller Vermögenswert identifiziert werden. Im Hinblick auf die Separierbarkeit von immateriellen Werttreibern, die nicht auf vertraglichen oder gesetzlichen Rechten fundieren, ist daher regelmäßig auch eine Würdigung im Zusammenhang mit der Beherrschungsmöglichkeit des Erwerbers vorzunehmen. Kann nachgewiesen werden, dass auch in Abwesenheit rechtlich durchsetzbarer Grundlagen Verfügungsmacht effektiv über einen immateriellen Werttreiber ausgeübt werden kann, indem eine vom erworbenen Geschäftsbetrieb unabhängige Verwertung demonstriert wird, ist der immaterielle Werttreiber regelmäßig auch identifizierbar und damit vom Geschäfts- oder Firmenwert abgrenzbar. Ist aufgrund fehlender Kontrollmechanismen hingegen eine Drittverwertung nicht praktikabel, liegt regelmäßig weder ein identifizierbarer noch kontrollierbarer immaterieller Wertreiber vor.

Beispiel: Ein Unternehmen A verfügt zum Zeitpunkt seines Erwerbs über ein Portfolio aktiver, dh regelmäßig wiederkehrender Kunden bzw über einen Marktanteil. Weiterhin sind die Kunden aufgrund erhöhter Markttransparenz auch den Wettbewerbern von A bekannt. Die von A hergestellten Produkte sind als Handelsware zu werten und damit jederzeit durch ein Wettbewerbsprodukt austauschbar. Fraglich ist nun, ob die Kundenbeziehung separierbar von A ist und als immaterieller Vermögenswert im Rahmen der Kaufpreisallokation in Frage kommt.

Eine Analyse ergibt, dass das Unternehmen aufgrund kontinuierlicher Bemühungen des Vertriebspersonals erwartet, diese Kundenbeziehungen erfolgreich fortzuführen. Rechtliche Grundlagen zur Absicherung der Kundenbeziehungen, zB in Form langfristiger Absatzverträge, sind allerdings nicht vorhanden. Die Kenntnis der Kundenbeziehungen alleine stellt für sich gesehen aufgrund der hohen Markttransparenz keinen besonderen Wert dar. Auch ist nicht bekannt geworden, dass in der jüngeren Vergangenheit vergleichbare (nicht vertragliche) Kundenbeziehungen zwischen fremden Dritten der Branche transferiert wurden. In der vorliegenden Branche können Kundenbeziehungen vielmehr regelmäßig nur als Bestandteil von Geschäftsbetrieben, dh im Zuge eines Unternehmenszusammenschlusses den wirtschaftlichen Eigentümer wechseln. Auch aufgrund sonstiger Sachzwänge kann die Verfügungsmacht über die Kundenbeziehung nicht abgeleitet werden. Im Ergebnis ist weder die Verfügungsmacht über die Kundenbeziehung gegeben, noch kann die Separierbarkeit dargelegt werden. Folglich liegt mit der Kundenbeziehung von A kein identifizierbarer immaterieller Vermögenswert vor, sondern vielmehr ein immaterieller Werttreiber, der ggf durch den Ansatz eines Geschäfts- oder Firmenwerts berücksichtigt wird (ähnlich wie hier IAS 38.16).

Neben nicht vertraglich abgesicherten Kundenbeziehungen wird auch die 109
Kontrollierbarkeit eines Marktanteils oder eines übernommenen Mitarbeiterstamms *(assembled workforce)* regelmäßig kritisch im Hinblick auf die Identifizierbarkeit eines eigenständigen immateriellen Vermögenswerts gesehen (IAS 38.15; *KPMG* 2008/9, 202f; *Heuser/Theile*[3] Rz 3256; ähnlich wie hier auch *Lüdenbach* in Lüdenbach/Hoffmann IFRS[7] § 31 Rz 89; *Fladt/Feige* WPg 2003, 258).

Zusätzlich zur Beurteilung, ob ein immaterieller Werttreiber die Definition 110
eines entspr Vermögenswerts erfüllt, ist zu überprüfen, ob auch eine **zuverlässige Bewertbarkeit** des Vermögenswerts möglich ist. Dabei gehen IFRS 3

(2008)/IFRS 3 (2004) bzw IAS 38 generell von der zuverlässigen Bewertbarkeit immaterieller Vermögenswerte aus. Die Möglichkeit einer zuverlässigen Bewertbarkeit wird nur dann als widerlegt angesehen, wenn die Identifizierbarkeit des untersuchten immateriellen Vermögenswerts auf vertraglichen oder anderen gesetzlichen Rechten fundiert und dieser

(1) nicht separierbar ist, oder
(2) theoretisch zwar separierbar ist, aber in der Praxis keine Veräußerungen gleicher oder ähnlicher Vermögenswerte zu beobachten waren und eine Bewertung aufgrund fehlender Parameter nicht durchführbar ist (IAS 38.38).

Im Umkehrschluss gilt für alle immateriellen Vermögenswerte, die im Rahmen der Kaufpreisallokation nicht aufgrund vertraglicher oder anderer gesetzlicher Grundlagen identifiziert werden konnten, dass diese per definitionem zuverlässig bewertbar sind. Diese Annahme ist folgerichtig, da mit der Separierbarkeit als zweite Möglichkeit der Identifizierung immaterieller Vermögenswerte grds unterstellt wird, dass der potenzielle immaterielle Vermögenswert eigenständig verwertbar ist. Die Beurteilung der Separierbarkeit eines immateriellen Vermögenswerts hat damit stets mit der Frage einherzugehen, zu welchen Konditionen eine Drittverwertung separierungsfähiger immaterieller Vermögenswerte möglich ist.

111 Sind bei separierbaren immateriellen Vermögenswerten **unterschiedliche Wertansätze** festzustellen, zB bei Berücksichtigung verschiedener Anwendungsszenarien, so steht dies nicht im Widerspruch zur verlässlichen Bewertbarkeit des immateriellen Vermögenswerts. Vielmehr sind die jeweils für möglich erachteten Wertansätze im Rahmen einer Wahrscheinlichkeitsgewichtung bei der Bewertung dieser immateriellen Vermögenswerte zu berücksichtigen (IAS 38.35).

112 Erfüllt ein immaterieller Werttreiber nicht die Definition eines immateriellen Vermögenswerts oder ist die Möglichkeit einer zuverlässigen Bewertbarkeit nicht gegeben, wird er als Bestandteil der verbleibenden Residualgröße in Form eines **Geschäfts- oder Firmenwerts** oder negativen Unterschiedsbetrags behandelt. Wird ein Geschäfts- oder Firmenwert bilanziert, werden folglich alle immateriellen Werttreiber eines Unternehmens, die nicht die hier erläuterten Ansatzkriterien immaterieller Vermögenswerte erfüllen, als Bestandteil dieser Residualgröße der Erwerbsmethode bilanziert (Rz 230). Gleichwohl kann die separate Angabe von immateriellen Vermögenswerten, die aufgrund von vertraglichen oder anderen gesetzlichen Rechten identifiziert wurden, sich aber nicht zuverlässig bewerten lassen, zur sachgerechten Darstellung des Unternehmenszusammenschlusses erforderlich sein (Rz 281).

Im Zusammenhang mit potenziellen Werttreibern, die jedoch nicht die Definition eines immateriellen Vermögenswerts erfüllen, weist der IASB insbes auf den **Mitarbeiterstamm** eines erworbenen Geschäftsbetriebs hin. Da der Mitarbeiterstamm die Vermögenswert-Definition nicht erfüllt und ein gesonderter Ansatz eines immateriellen Vermögenswerts insofern ausscheidet, verlangt IFRS 3.B37 (2008) die Erfassung eines Werts hierfür innerhalb des Geschäfts- und Firmenwerts.

113 Besondere Schwierigkeiten bereitet regelmäßig die **Bewertung von immateriellen Vermögenswerten.** IAS 38.39f gibt für die Basis der Bewertung dieser Vermögenswerte die folgende Hierarchie vor:

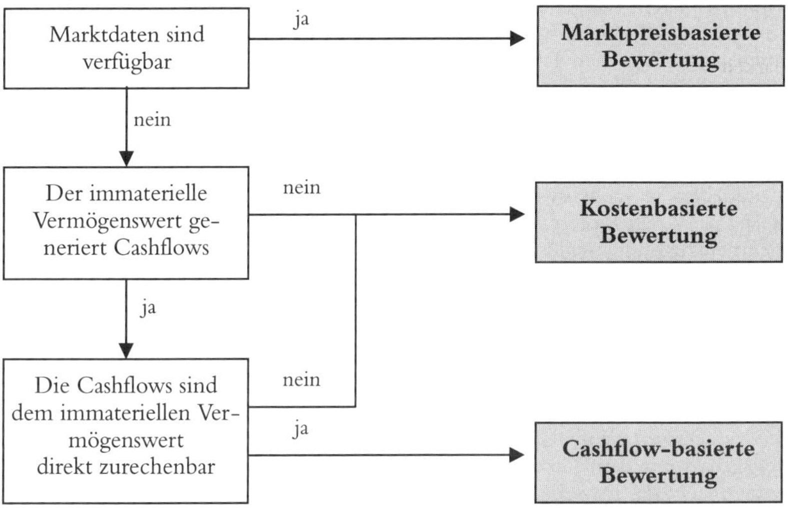

Grds soll der Wert immaterieller Vermögenswerte aus Marktdaten abgeleitet werden (IAS 38.39). Ein für die Anwendung **marktorientierter Bewertungsverfahren** erforderlicher aktiver Markt für den zur Bewertung anstehenden immateriellen Vermögenswert ist jedoch in vielen Fällen nicht verfügbar. In der Folge wird dann die Bewertung auf Basis einer fingierten ***at-arm's-length*-Transaktion** vorgenommen. Dabei kann auf ggf bereits vorhandene Bewertungsmethoden des Erwerbers zur Bestimmung beizulegender Zeitwerte zurückgegriffen werden (IAS 38.40 (geändert 2009)/IAS 38.40). Möglich erscheint je nach Sachverhalt die Ableitung des beizulegenden Zeitwerts aus **verwandten Markttransaktionen,** wobei allerdings auf eine Vergleichbarkeit der Daten geachtet werden muss bzw abweichende Wertkomponenten eliminiert werden müssen. 114

Liegen vergleichbare Markttransaktionen nicht vor, werden von dem immateriellen Vermögenswert jedoch Cashflows generiert, bieten sich **Cashflow-basierte Bewertungsmethoden** zur Bestimmung des beizulegenden Zeitwerts an. Beispiele für solche Verfahren sind die *multi-period excess earnings method*, die *relief from royalty method* oder die *incremental cashflow method*. Voraussetzung für eine Anwendbarkeit aller Methoden ist dabei die Möglichkeit der eindeutigen verursachungsgerechten Zuordnung der Cashflows zu dem immateriellen Vermögenswert. Stellen dabei Brutto-Cashflows den Ausgangspunkt der Bewertung dar, sind diese grds um die Beiträge aller übrigen Einsatzfaktoren im Rahmen der Bewertung (sog *contributory asset charges*) zu bereinigen. Insbes die Anwendung der *multi-period excess earnings method* setzt daher die Kenntnis des beizulegenden Zeitwerts der übrigen Vermögenswerte und Schulden voraus, um die sachgerechte Herleitung der Cashflows gewährleisten zu können. Hierzu ist regelmäßig zB der Mitarbeiterstamm *(assembled workforce)* zu bewerten, obwohl ein separater Ansatz eines entspr Vermögenswerts regelmäßig nicht in Betracht kommt. 115

Für den Fall, dass eine solche Zuordnung von Cashflows nicht möglich ist, kommen ggf **kostenbasierte Bewertungen** zur Anwendung. Ohne Bezug auf einen aktiven Markt und auf Zahlungsströme gehen diese Ansätze davon aus, dass der beizulegende Zeitwert eines immateriellen Vermögenswerts nicht die Kosten übersteigen kann, die zu seiner Wiederbeschaffung oder seinem Ersatz aufzu- 116 wenden wären. Ausgehend von den historischen Anschaffungs- oder Herstellungskosten ist ein Inflationsausgleich vorzunehmen sowie ggf Wertänderungen aufgrund technischen Fortschritts zu berücksichtigen. Da diese Sichtweise den künftigen wirtschaftlichen Nutzen des Vermögenswerts unberücksichtigt lässt, ist sie grds als das Mittel letzter Wahl für die Bestimmung eines beizulegenden Zeitwerts anzusehen.

117 Zu den im Rahmen eines Unternehmenszusammenschlusses erworbenen immateriellen Vermögenswerten gehören auch **zurückerworbene Rechte** *(reacquired rights)*, dh Rechte, die vom erworbenen Geschäftsbetrieb vor dem Unternehmenszusammenschluss erlangt wurden und ihm die Möglichkeit einräumen, Vermögenswerte des Erwerbers zu nutzen. Unerheblich ist hierbei, ob die dem Recht zugrunde liegenden Vermögenswerte beim Erwerber auch als solche in der Bilanz angesetzt sind. Denkbar sind in diesem Zusammenhang somit zB Vertriebs-, Markennutzungs- oder Technologiennutzungslizenzen. Als zurückerworbene Rechte gelten aber definitionsgemäß darüber hinaus auch Leasingvereinbarungen und ähnliche Miet- und Pachtverträge, die die Nutzung materieller Vermögenswerte zum Gegenstand haben. Aus dem Rückerwerb von Rechten folgt, dass mit dem Geschäftsbetrieb vertragliche Vereinbarungen in die Verfügungsmacht des Erwerbers gelangen, bei denen der Erwerber selbst der Vertragspartner ist.

Beispiel: Unternehmen M ist eine weltweit agierende Fast Food Kette. Die Restaurants werden teilweise in eigener Regie geführt, teilweise führen unabhängige Unternehmen Restaurants als Franchisenehmer. In 20X0 kommt es zu dem Erwerb eines solchen Franchisenehmers, Unternehmen T. Die Franchisevereinbarung hat dann zwar einen rechtlichen Fortbestand, bei wirtschaftlicher Betrachtung wird das Unternehmen M durch den Unternehmenszusammenschluss aber gleichzeitig Franchisegeber und -nehmer.

118 Bei zurückerworbenen Rechten handelt es sich streng genommen um eine **vorerwerbliche Beziehung** (vgl Rz 178), die zudem nach dem Unternehmenszusammenschluss auf einer rein innerbetrieblichen/innerkonzernlichen rechtlichen Vereinbarung beruht (IFRS 3.29 (2008) iVm IFRS 3.BC182ff (2008)). Gleichwohl sind zurückerworbene Rechte ausdrücklich als immaterielle Vermögenswerte anzusetzen (IFRS 3.B35 (2008)). Dem Einwand, dass bei wirtschaftlicher Betrachtung ein intern generierter Vermögenswert vorliegt, steht nach Ansicht des IASB entgegen, dass ein zurückerworbenes Recht juristisch fortbesteht und dass daher ein Ansatz den Bilanzadressaten entscheidungsnützlichere Informationen vermittelt, als die Behandlung als eine rein Geschäfts- oder Firmenwert-erhöhende Komponente (IFRS 3.BC184 (2008)).

119 Damit werden zurückerworbene Rechte wie „normale" identifizierbare immaterielle Vermögenswerte behandelt, die im Rahmen der Kaufpreisallokation anzusetzen sind. Gleichwohl hat der IASB aufgrund der dargestellten Rechtekonstellation in IFRS 3 (2008) **Sonderregelungen** hinsichtlich ihrer **Zugangs- und Folgebewertung** der zurückerworbenen Rechte aufgenommen. Grds sind zwar auch hier alle am Markt zu beobachtenden sowie die im Vertrag verankerten Konditionen bei der Wertbestimmung zu berücksichtigen. Anstatt der ökonomischen Nutzungsdauer ist jedoch zwingend die vertraglich vereinbarte Restlaufzeit der Bewertung zugrunde zu legen. Mögliche Verlängerungen der Vereinbarung dürfen hingegen unabhängig von einer vertraglichen Kodifizierung nicht in die Zugangsbewertung einfließen.

120 Die **Zugangsbewertung** von zurückerworbenen Rechten weicht damit vom Grundsatz der *fair value*-Bilanzierung ab, da ein typischer Marktteilnehmer als außenstehende Person gleichwohl mögliche Verlängerungen bei der Bewertung berücksichtigen würde. Der so ermittelte Wert ist gleichwohl typischen Marktkondititionen gegenüberzustellen. Wertunterschiede, die allein daraus resultieren, dass der zurückerworbene Vertrag im Vergleich zu aktuellen Marktkonditionen vorteilhaft oder unvorteilhaft ist, sind sofort erfolgswirksam zu erfassen. Hierbei gelten die Regeln zur Beilegung vorerwerblicher vertraglicher Geschäftsbeziehungen analog (IFRS 3.B52(b) (2008); s hierzu ausführlich Rz 178 ff). Ein Gewinn oder Verlust aus dem Rückerwerb einer vorerwerblichen vertraglichen Vereinbarung ist damit außerhalb des Unternehmenszusammenschlusses zu bilanzieren (IFRS 3.B53 (2008)). Aus der Sicht des erworbenen Geschäftsbetriebs im Vergleich zu den aktuellen Marktkonditionen als „günstig" einzustufende Verträge führen daher zu einem Verlust beim Erwerber. Umgekehrt löst der Rückerwerb von „ungünstigen" Verträgen eine entspr Gewinnvereinnahmung beim Erwerber aus.

Beispiel: Nach dem Erwerb von Unternehmen T wird der zurückerworbene Franchisevertrag bewertet. Unter Berücksichtigung der vertraglich fixierten Restlaufzeit und der im Vertrag fixierten Konditionen wird das Recht mit T€ 5.000 bewertet. Ein Vergleich mit den aktuellen Konditionen, die das Unternehmen M einräumt, zeigt, dass die von Unternehmen T zurückerworbene Vereinbarung noch niedrigere Franchisegebühren vorsah. Aktuelle Verträge mit gleicher Laufzeit und gleichem Leistungsumfang sind damit in Höhe von T€ 4.000 zu bewerten.

In der Folge wird die Differenz von T€ 1.000 sofort als Verlust aus dem Rückerwerb der vorerwerblichen Beziehung erfolgswirksam in der Erfolgsrechnung von T unmittelbar vor dem Unternehmenszusammenschluss erfasst. Damit verringert sich das im Rahmen der Erstkonsolidierung aufzurechnende Eigenkapital von T. Der in Übereinstimmung mit der vertraglichen Restlaufzeit und den Marktkonditionen bestimmte Wertansatz in Höhe von T€ 4.000 ist als *reacquired right* in der Kaufpreisallokation anzusetzen.

Obwohl die zurückerworbenen Rechte zum Erwerbszeitpunkt als „normale" 121
immaterielle Vermögenswerte identifiziert werden, erfolgt die Folgebilanzierung nicht nach Maßgabe der Regelungen des IAS 38, sondern ist in IFRS 3 (2008) geregelt. Gem IFRS 3.55 (2008) ist hier die **Abschreibung** über die **vertraglich vereinbarte Restlaufzeit** vorgesehen. Offen bleibt in der Regelung, welcher Wertminderungsverlauf der Folgebilanzierung zugrunde zu legen ist. UE sind aber im Regelfall *reacquired rights* linear abzuschreiben. Weiterhin dürften die Regelungen zum Wertminderungstest nach IAS 36 analog gelten.

Vergleichbare explizite Regelungen zu zurückerworbenen Rechten sind **in** 122
IFRS 3 (2004) nicht enthalten. Bei Anwendung dieses Standards gelten dementsprechend die allgemeinen Ansatz- und Bewertungskriterien dieses Standards. Dabei kann uU auch argumentiert werden, dass es sich wirtschaftlich um ein rein innenvertragliches Rechtsverhältnis handelt, das nicht die Ansatzvoraussetzungen des Rahmenkonzepts erfüllt. Die in Rz 118 dargestellte Argumentation des IASB hat für die Auslegung von IFRS 3 (2004) keine unmittelbare Relevanz.

Einen weiteren spezifischen Anwendungsfall im Hinblick auf Ansatz und Be- 123
wertung von erworbenen immateriellen Vermögenswerten stellt erworbenes **Know-how aus lfd Forschungs- und Entwicklungsprojekten** *(in process research and development)* dar. In der lfd Bilanzierung ist die Aktivierung von Know-how generell auf die Entwicklungskosten iSv IAS 38.57 beschränkt. Durch die geringeren Wahrscheinlichkeitsanforderungen an immaterielle Vermögenswerte bzw die Berücksichtigung der Wahrscheinlichkeit zukünftigen wirtschaftlichen Nutzens im Rahmen der Bewertung wird für die Situation des Unternehmenserwerbs der Tatsache Rechnung getragen, dass Forschungs- und Entwicklungsprojekte in vielen Fällen wesentliche Determinanten für Unternehmenserwerbe sind und dass die Abbildung dieser Komponenten als Geschäfts- oder Firmenwert-Bestandteil den Informationsinteressen der Abschlussadressaten in vielen Fällen nicht gerecht wird. Damit sind – eine entspr

Bewertbarkeit vorausgesetzt – diese Posten als separater immaterieller Vermögenswert im Rahmen der Erwerbstransaktion zu erfassen.

124 Während IAS 38.42f die Problematik nachträglicher Aufwendungen zu auf diese Weise aktivierten Forschungs- und Entwicklungsprojekten abdeckt und vorschreibt, dass nach dem Erwerb nur diejenigen Entwicklungskosten aktivierbar sind, welche die Aktivierungsvoraussetzungen des IAS 38.57 erfüllen, ergeben sich in vielen Fällen bei der Erwerbsbilanzierung von *in process research and development*-Projekten Fragen im Zusammenhang mit der **Bewertung eines entspr Aktiv-Postens.** Schwierigkeiten treten dabei regelmäßig auf, wenn Forschungs- und Entwicklungskosten nicht einem bestimmten Produkt zuzuordnen sind, sondern ein Unternehmen forschungsintensiv die Entwicklung mehrerer Produkte betreibt. In diesem Fall bietet sich für Bewertungszwecke eine DCF-Betrachtung an, die den Erfolgschancen der einzelnen Produktentwicklungen Rechnung trägt (vgl zu den möglichen Ansätzen auch *Lüdenbach* in Lüdenbach/Hoffmann IFRS[7] § 31 Rz 86).

125 Im Rahmen eines Unternehmenszusammenschlusses können auch sog ***defensive intangible assets*** erworben werden, die sich dadurch charakterisieren lassen, dass das erwerbende Unternehmen beabsichtigt, diese nicht aktiv zu nutzen. Trotz der nicht aktiven Nutzung steuern *defensive intangible assets* mit hoher Wahrscheinlichkeit zu einer Wertsteigerung anderer Vermögenswerte des erwerbenden Unternehmens bei.

Defensive intangible assets sind im Zuge des Unternehmenszusammenschlusses grds anzusetzen, jedoch ist ihre **Folgebilanzierung** bisher nicht geregelt. Diesbezüglich sind unterschiedliche Bilanzierungssichtweisen vorstellbar. Zum einen wird in der Literatur die Ansicht vertreten, dass *defensive intangible assets* über den Zeitraum abzuschreiben sind, in dem sie einen direkten Nutzenzufluss generieren. Da jedoch ein *defensive intangible asset* das Merkmal aufweist, dass es nie bzw nur kurzfristig aktiv genutzt wird, kann folglich auch kein bzw nur ein kurzfristiger direkter Nutzenzufluss generiert werden. Aus dieser Perspektive ist der Nutzungszeitraum eines *defensive intangible asset* nahe oder gleich null zu setzen mit der Implikation einer sofortigen aufwandswirksamen Abschreibung.

126 In den **USA** hingegen wird in EITF Issue No 08–7 die Auffassung vertreten, dass der Nutzungszeitraum unter Berücksichtigung des direkten und indirekten Nutzenzuflusses gem FAS 142.11 zu ermitteln ist. Dabei muss bei der Bestimmung der Nutzungsdauer des *defensive intangible asset* der erwartete Nutzen des immateriellen Vermögenswerts berücksichtigt werden, den das Unternehmen von diesem Vermögenswert erwartet. Der Nutzen eines *defensive intangible asset* besteht nach dieser Sichtweise in einem indirekten Cashflow, der daraus resultiert, dass das Unternehmen Dritte von der Nutzung und damit von der Generierung jeglicher Wertrealisierungen bzgl dieses immateriellen Vermögenswerts ausschließt. Zur Bestimmung der Nutzungsdauer eines *defensive intangible asset* hat das Unternehmen die Periode zu schätzen, in der sich der beizulegende Zeitwert des *defensive intangible asset* verringert. Dieser Zeitraum wird als eine Näherungslösung für die Periode angesehen, in der das Unternehmen einen indirekten Beitrag des *defensive intangible asset* bzgl der zukünftigen Cashflows des Unternehmens erwartet.

Beispiel: Unternehmen A erwirbt das Unternehmen B und plant die Marke von Unternehmen B durch seine eigene zu ersetzen. Nach der oben zuerst skizzierten Sichtweise (s Rz 125) erstreckt sich die Nutzungsdauer der Marke des erworbenen Unternehmens B lediglich über den Zeitraum der aktiven Nutzung. Wird die Marke des Unternehmens B im dargestellten Beispiel nach einem halben Jahr ersetzt, ist sie in diesem Zeitpunkt erfolgswirksam abzuschreiben. Wird hingegen der Sichtweise von EITF Issue No 08–7 gefolgt, muss der Nutzungszeitraum der Marke B unter Berücksichtigung der indirekten

Cashflows bestimmt werden, die dadurch entstehen, dass Dritte von der Nutzung der Marke B ausgeschlossen werden. Bei dieser Vorgehensweise dürfte sich idR eine längere Nutzungsdauer ergeben, als bei der zuerst dargestellten Folgebewertungsvariante.

Aus wirtschaftlicher Sicht ist uE die Vorgehensweise nach **EITF Issue No 08–7** zu **präferieren,** da das Halten der Marke B für das Unternehmen A einen wirtschaftlichen Nutzen stiftet, obgleich sie nicht aktiv genutzt wird, da es vorstellbar ist, dass ein anderes Unternehmen diese Marke aktiv nutzen könnte und daraus einen Cashflow generiert. Gegen die Vorgehensweise, dass bei der Bestimmung der Nutzungsdauer auch der indirekte Nutzenzufluss zu berücksichtigen ist, sprechen mögliche Unsicherheiten hinsichtlich der Genauigkeit der Bestimmung des Nutzungszeitraums. Als Alternativlösung kommt daher die Einräumung eines **Wahlrechts** in Betracht, wonach das bilanzierende Unternehmen entscheiden kann, ob es bei der Bestimmung des Nutzungszeitraums nur den direkten oder aber auch den indirekten Nutzen eines *defensive intangible asset* berücksichtigt. 127

3. Vorräte und Fertigungsaufträge

Für **fertige** und **unfertige Erzeugnisse** sowie **Handelswaren** sind zunächst voraussichtliche Verkaufspreise zu ermitteln. Davon sind noch anfallende Kosten bis zur Fertigstellung, Kosten der Veräußerung und eine Gewinnspanne für die noch anstehenden Veräußerungsbemühungen abzuziehen. Diese Gewinnspanne bzw Handelsmarge orientiert sich dabei an der ähnlicher Produkte und sonstiger Erzeugnisse. Übereinstimmend mit der Bewertung des Vorratsvermögens (IAS 2.4) wird somit grds ein **absatzmarktorientierter Bewertungsansatz** vorgeschrieben. Es ist jedoch darauf hinzuweisen, dass der Abzug einer Gewinnspanne nicht der normalen Bewertung des Vorratsvermögens entspricht (vgl § 8 Rz 16ff). Auch die Bewertung von **Rohstoffen zu aktuellen Wiederbeschaffungskosten** korreliert nicht mit dem Bewertungsmaßstab von IAS 2.25ff. 128

4. Finanzielle Vermögenswerte

Für **Wertpapiere** ist jeweils der **bestmögliche** Schätzwert als beizulegender Zeitwert anzusetzen. Ist das Wertpapier an einem öffentlichen Kapitalmarkt notiert, steht daher der Börsenpreis für die Bewertung zur Verfügung. Für nicht börsennotierte Wertpapiere ist die Bewertung auf Basis eines Vergleichs mit ähnlichen öffentlich gehandelten Werten durchzuführen. 129

Während **IFRS 3 (2008) keine expliziten Hinweise** auf die Wertbestimmung mehr enthält, sind nach IFRS 3 (2004) „Aspekte wie Kurs-Gewinn-Verhältnisse, Dividendenrenditen und erwartete Wachstumsraten von vergleichbaren Finanzinstrumenten von Unternehmen mit vergleichbaren Charakteristika" (IFRS 3.B16(a) (2004) und IFRS 3.B16(b) (2004)) für einen zweckadäquaten Vergleich heranzuziehen. Zwar werden weitere Anforderungen an die Ermittlungsmethodik des beizulegenden Zeitwerts nicht definiert, jedoch sind uE darüber hinaus auch die allgemeinen **Regelungen des IAS 39** für die Bewertung von Wertpapieren für die Erstkonsolidierung zu berücksichtigen (vgl § 10 Rz 24ff).

Forderungen, wie Forderungen aus Lieferungen und Leistungen bzw aus Fertigungsaufträgen oder Finanzforderungen, sind, unabhängig von ihrer Entstehungsursache, grds auf den Barwert abzuzinsen. Die Diskontierung erfolgt zum angemessenen, **aktuell geltenden Zinssatz.** Abzüge für Uneinbringlichkeit und Eintreibungskosten sind ebenfalls zu berücksichtigen. Eine Ermittlungsmethode für den „angemessenen Zinssatz" wird in IFRS 3.B16(c) (2004) nicht ex- 130 plizit vorgegeben. UE sind daher auch hierbei die Regelungen des IAS 39 entspr anzuwenden (vgl § 10 Rz 24 ff). Analog dazu sind **Verbindlichkeiten** ebenfalls zum Barwert anzusetzen. Dazu gehören Verbindlichkeiten aus Lieferungen und Leistungen, Wechselverbindlichkeiten, langfristige Verbindlichkeiten, und sonstige Zahlungsverpflichtungen. Die Diskontierung kurzfristiger Forderungen oder Verbindlichkeiten kann unterbleiben, wenn der Unterschied zwischen Nominalwert und Barwert unwesentlich ist. Die *fair value*-Bilanzierung greift auch im Fall von **wertgeminderten Forderungen.** Bei der Existenz von Marktpreisen ist dementsprechend für einen abweichenden, unternehmensspezifischen Wert kein Raum (zur Ausprägung des *fair value*-Ansatzes als Mehrkomponentengeschäft bei wertgeminderten Forderungen vgl *Lüdenbach* in Lüdenbach/Hoffmann IFRS[7] § 31 Rz 105).

131 IFRS 3 (2008)/IFRS 3(2004) verlangt darüber hinaus auch **günstige Vertragsbeziehungen und sonstige Vermögenswerte** analog zu den Forderungen zum Barwert zu bewerten. Der Standard enthält diesbezüglich jedoch keine Angaben darüber, welche Vermögenswerte hierunter zu subsumieren sind. UE fallen hierunter zB günstige Miet- und Leasingverhältnisse oder Abnahmeverträge mit Sonderkonditionen. Diese Entwicklung ist im Zusammenhang mit der Verpflichtung zu sehen, **belastende Verträge und sonstige identifizierbare Schulden** nach der gleichen Methodik wie Forderungen und Verbindlichkeiten zum Barwert anzusetzen. Hinsichtlich der Abgrenzung vertraglicher Leistungsbeziehungen, die im Rahmen der Bewertung von erworbenen Vermögenswerten und Schulden zu berücksichtigen sind, von denjenigen, die als vorerwerbliche Leistungsbeziehungen nicht in den Erwerbsvorgang mit einzubeziehen sind, vgl Rz 178 ff.

132–139 *einstweilen frei*

5. Zur Veräußerung gehaltene Vermögenswerte und Veräußerungsgruppen

140 Sind Vermögenswerte bzw Vermögensgruppen bereits **im Erwerbszeitpunkt als ‚zur Veräußerung gehalten'** in Übereinstimmung mit IFRS 5 einzustufen, so postuliert IFRS 3.31 (2008) eine weitere Ausnahme zur reinen *fair value*-Bewertung. Vielmehr sind auch im Rahmen der Kaufpreisallokation bereits Veräußerungskosten vom beizulegenden Zeitwert in Abzug zu bringen. Die Bewertung im Erwerbszeitpunkt erfolgt so nach Maßgabe der Bewertungsvorschriften des IFRS 5 für diese Vermögenswerte bzw Vermögensgruppen (s ausführlich § 28 Rz 39 ff).

Eine entspr explizite Regelung zur Behandlung von Vermögenswerten bzw Vermögensgruppen, die in den Anwendungsbereich des IFRS 5 fallen, ist auch in IFRS 3.36 (2004) enthalten.

6. Indemnification Assets

141 Als weitere **Ausnahme** von den Ansatz- und Bewertungsvoraussetzungen des Rahmenkonzepts ist in IFRS 3.27 f (2008) die **Aktivierung** von **Entschädigungsansprüchen** *(indemnification assets)* zu werten.

Hierbei handelt es sich um **vertraglich vereinbarte Leistungen** des Veräußerers an den Erwerber zum **Ausgleich von Unsicherheiten und möglichen Haftungsfällen**, die das erworbene Unternehmen betreffen. Die Entschädigungsleistung muss sich dabei auf einen spezifischen Vermögenswert oder eine Schuld des erworbenen Unternehmens beziehen, wobei sich die Entschädigungsleistung auch nur auf Teile eines Bilanzpostens beziehen kann. Entschädigungen infolge von Eigenkapitalgarantien und Zielvereinbarungen zu Ergebnisgrößen (zB „Mindest-EBITDA") gelten somit nicht als Entschädigungsleistungen die zu einem Ansatz eines Vermögenswerts innerhalb dieser Regelung führen können. Vielmehr ist in solchen Fällen eine Berücksichtigung im Rahmen von Kaufpreisanpassungen zu prüfen (siehe hierzu Rz 211 ff).

Der **Ansatz** von Entschädigungsansprüchen richtet sich dabei nach dem Ansatz des jeweils dem Anspruch zugrunde liegenden Bilanzpostens. Wird etwa eine Eventualschuld im Zeitpunkt der Kaufpreisallokation aufgrund ihrer nicht zuverlässigen Bewertbarkeit nicht angesetzt, schlägt sich auch der zugehörige Anspruch auf eine dafür vereinbarte Entschädigung nicht im Ansatz eines entspr Vermögenswerts nieder. Die Ansatzregelungen des Rahmenkonzepts sind hingegen unbeachtlich. 142

Beispiel 1: Unternehmen A stellt im Rahmen des *due diligence*-Prozesses fest, dass gegen das Kaufobjekt, Unternehmen Z, Schadensersatzleistungen geltend gemacht werden sollen. Die Vorbereitungen auf die zu erwartenden rechtlichen Auseinandersetzungen laufen zum Zeitpunkt der Vertragsverhandlungen an und es wird damit gerechnet, dass bis zur endgültigen Beilegung der Rechtsstreitigkeiten mehrere Jahre vergehen werden. Unternehmen A vereinbart infolgedessen mit dem Veräußerer, Unternehmen B, dass Z durch entspr Entschädigungsleistungen von B von sämtlichen durch die Rechtsstreitigkeiten verursachten Kosten freigestellt wird. A erwirbt daraufhin Z von B.

Bei den im Rahmen der Kaufpreisallokation angestellten Analysen kann aufgrund der frühen Phase der Rechtsstreitigkeiten die mögliche Verpflichtung aus dem Rechtsstreit nicht zuverlässig bewertet werden. Infolgedessen wird weder eine Eventualverbindlichkeit noch ein entspr Entschädigungsanspruch bilanziert.

Beispiel 2: Unternehmen A erwirbt Unternehmen Z, welches im Wesentlichen eine Goldmine betreibt. Der Veräußerer B garantiert Unternehmen A, dass die Goldmine mindestens 20 Tonnen Goldreserven aufweist und wird eine Ausgleichszahlung leisten für jede Tonne Gold. Hierfür wird ein Fixpreis je Tonne Gold vereinbart.

Eine erste Analyse im Rahmen der Kaufpreisallokation zeigt, das mit Goldschätzen von nur 15 Tonnen zu rechnen ist. Infolgedessen aktiviert A im Erwerbszeitpunkt einen Entschädigungsanspruch. Dessen Bewertung erfolgt ausnahmsweise nicht zum individuell geschätzten beizulegenden Zeitwert, sondern richtet sich nach dem der Entschädigungsleistung zugrunde liegenden Bilanzposten.

III. Behandlung ausgesuchter Schulden

Die Schulden eines erworbenen Geschäftsbetriebs lassen sich überschlägig in **5 Kategorien** einteilen. Bei den langfristigen Schulden sind im Rahmen einer Kaufpreisallokation regelmäßig die für die Unternehmensfinanzierung ausgegebenen (1) Finanzschulden und (2) Verbindlichkeiten aus Leistungen an Arbeitnehmer neu zu beurteilen. Eine den immateriellen Vermögenswerten vergleichbare Aufmerksamkeit erfordern (3) Eventualschulden, da diese im originären Abschluss des erworbenen Unternehmens nicht angesetzt werden. Grds neu zu beurteilen sind weiterhin (4) Rückstellungen sowie die (5) kurzfristigen/sonstigen finanziellen Schulden. 143

Die uU ebenfalls als Schulden anzusetzenden latenten Steuern werden im Folgeabschnitt behandelt (Rz 163 ff).

1. Finanzschulden

Die Bewertung von Finanzschulden zum beizulegenden Zeitwert im Erwerbszeitpunkt erfordert grds eine Neubewertung dieser Verpflichtungen. Dies gilt auch dann, wenn in der Folgebilanzierung die Effektivzinsmethode zur Anwendung gelangt. Infolgedessen ist eine **Detailanalyse sämtlicher Finanzschul-** 144

den erforderlich. Da in IFRS 3 (2008) überhaupt keine und in IFRS 3.B16(j) (2004) für sämtliche Verbindlichkeiten und Rückstellungen lediglich allgemeine Hinweise auf den Barwert unter Verwendung von Marktzinssätzen enthalten sind, sind uE die Vorgaben zur Schätzung beizulegender Zeitwerte nach IAS 39 analog anzuwenden (vgl hierzu § 14 Rz 61).

145 Im einfachsten Fall kann die Bewertung auf Grundlage einer **Barwertberechnung der voraussichtlichen Cashflows** zum am Erwerbsstichtag gültigen Fremdkapitalzinssatz des erworbenen Unternehmens erfolgen. Es ist darauf zu achten, dass der Fremdkapitalzins fristadäquat ist, das Kreditrisiko des erworbenen Unternehmens *„stand alone"* widerspiegelt und auch alle anderen Finanzrisiken sachgerecht berücksichtigt. Dies kann insbes bei der Übernahme von finanziell angeschlagenen Unternehmen, bei denen der Erwerber die Fortführung des Geschäftsbetriebs gewährleisten wird, zu erheblichen Schwierigkeiten bei der Zinsfindung führen.

146 Sind in Finanzschulden Put/Call-Optionen oder andere **derivative Finanzinstrumente eingebettet**, so sind diese hinsichtlich ihrer Separierung von den Finanzschulden neu zu beurteilen. Die im Zusammenhang mit einem Unternehmenszusammenschluss erworbenen eingebetteten derivativen Finanzinstrumente sind auch aus dem Anwendungsbereich des IFRIC 9 ausgenommen (IFRIC 9.5), auch in IFRS 3.16 (2008) ist eine entspr Ausnahmeregelung nicht enthalten. Dementsprechend ist eine Neubeurteilung auf der Grundlage der Verhältnisse am Erwerbsstichtag erforderlich. Unabhängig vom konkreten Ausweis und der Folgebilanzierung von Finanzschulden mit eingebetteten derivativen Finanzinstrumenten bietet es sich in der Praxis jedoch an, den Grundvertrag *(host contract)* und alle eingebetteten Mechanismen gesondert zu bewerten, um eine marktadäquate Bewertung aller erworbenen Vertragsbestandteile sicherzustellen.

147 Einen Sondersachverhalt stellen ***change-of-control*-Regelungen** bei Fremdfinanzierung dar, die, bei einer Änderung der die Beherrschung ausübenden Partei, eine sofortige Refinanzierung auslösen können. Ist im Erwerbszeitpunkt davon auszugehen, dass es durch den Unternehmenszusammenschluss wahrscheinlich zu einer zeitnahen Inanspruchnahme durch den Fremdkapitalgeber kommt, entspricht der beizulegende Zeitwert zu diesem Zeitpunkt idR dem zu zahlenden Nennbetrag zuzüglich ggf anfallender Strafgebühren abzüglich ggf vorhandener Zinseffekte (IAS 39.49).

2. Leistungen an Arbeitnehmer

a) Leistungsorientierte Arbeitnehmerversorgungspläne

148 Hinsichtlich der Verpflichtungen aus **leistungsorientierten Plänen an Arbeitnehmer** sieht IFRS 3.26 (2008) eine weitere Ausnahme von den allgemeinen Ansatzregelungen und der Verpflichtung zur generellen Bilanzierung zum beizulegenden Zeitwert vor. Die Verpflichtungen aus diesen Altersversorgungsplänen sind danach in Übereinstimmung mit den Regelungen in IAS 19 zu bewerten (§ 26 Rz 50ff).

Bei der Anwendung der Regelungen des IAS 19 sind allerdings **Einschränkungen** und **Besonderheiten** aufgrund der Erwerbssituation zu beachten. Im Zusammenhang mit leistungsorientierten Altersversorgungsplänen stehendes **Planvermögen** ist nur dann anzusetzen, wenn auch unter Berücksichtigung des Unternehmenszusammenschlusses ein ökonomischer Nutzen aus diesem Vermögen erwartet wird (IFRS 3.B16(h) (2004)). Des Weiteren ist der sog **10%-Korridor** – soweit für die Bilanzierung des berichtenden Unternehmens relevant – explizit **nicht** zu berücksichtigen. Die tatsächliche Verbindlichkeit zum Zeitpunkt der Erstkonsolidierung ist vielmehr in voller Höhe anzusetzen (sog *funded status*). Ebenfalls außer Ansatz bleiben Effekte aus **Planänderungen bzw -kürzungen,** die als Folge des Unternehmenserwerbs wirksam werden. Hier ist auf eine *stand-alone*-Perspektive im Erwerbszeitpunkt abzustellen, sodass die Effekte aus diesen Planänderungen nach der Erwerbsbilanzierung in der zusammengeschlossenen Einheit erfolgswirksam zu erfassen sind.

Im Hinblick auf den zur Anwendung kommenden **Zinssatz** besteht grds ein 149
Konkurrenzverhältnis zwischen den Regelungen des IAS 19 und einem frist- und risikoadäquaten Fremdkapitalzinssatz aus Sicht des erworbenen Unternehmens. Für eine Anwendung dieses Fremdkapitalzinssatzes könnte konzeptionell die Marktbezogenheit im Transaktionszeitpunkt sprechen. Gleichwohl ist hier – zumindest seit der Überarbeitung des Standards im Projekt BC II – der Wortlaut des IFRS 3.26 (2008) eindeutig, dessen Verweis auf die Anwendung der Regelungen des IAS 19 für leistungsorientierte Arbeitnehmervergütungspläne auch die Anwendung der Regelungen zur Zinsfindung (IAS 19.78 ff) einschließt.

b) Aktienbasierte Vergütungsvereinbarungen

Für die **Bewertung** der aktienbasierten Vergütungsvereinbarungen wird durch 150
IFRS 3.30 (2008) eine weitere Ausnahme von der allgemeinen Bewertungsregel der Bewertung sämtlicher Vermögenswerte und Schulden zum beizulegenden Zeitwert begründet. Danach erfolgt die Bewertung dieser Vereinbarungen nach den **Regelungen des IFRS 2** (§ 24 Rz 17 ff).

c) Sonstige Verpflichtungen gegenüber Arbeitnehmern

Alle übrigen Arbeitnehmerleistungen unterliegen der **generellen Anforde-** 151
rung der Bewertung zum beizulegenden Zeitwert. Für sie sehen IFRS 3 (2008)/IFRS 3 (2004) keine Ausnahmen hinsichtlich Ansatz und/oder Bewertung vor. Für die Ermittlung des beizulegenden Zeitwerts dieser Verpflichtungen sind konzeptionell Exitpreise heranzuziehen, also diejenigen Werte, zu denen ein Dritter die Verpflichtung – ggf unter Beachtung der rechtlichen und wirtschaftlichen Restriktionen einer solchen Übertragung – übernehmen würde. Da die Ermittlung solcher Exitpreise in der wirtschaftlichen Praxis nur in einer begrenzten Anzahl von Fällen zuverlässig möglich ist, sind hilfsweise auch kapitalwertorientierte Verfahren zur Bestimmung des beizulegenden Zeitwerts heranzuziehen. In diesen Fällen ist zu beachten, dass bei der Festlegung des Diskontierungszinssatzes bei langfristigen Verpflichtungen konzeptionell auf Marktwerte abgestellt werden muss. Dies wird idR zu einer Abzinsung mit einem frist- und risikokongruenten Fremdkapitalzinssatz führen, der im Einzelfall von dem Zinssatz gem IAS 19 abweichen kann. In diesem Zusammenhang ist zu beachten, dass sich der Anwendungsverweis auf IAS 19 in IFRS 3.26 (2008) nur auf leistungsorientierte Pläne iSv IAS 19.48 ff bezieht.

3. Eventualschulden

Die von den allgemeinen Passivierungskriterien des IAS 37 **abweichende** 152
Behandlung der **Eventualschulden** nach IFRS 3 (2008)/IFRS 3 (2004) liegt in der Absicht begründet, dass seit der Einführung von IFRS 3 (2004) ein nach der Bewertung aller identifizierbaren Vermögenswerte und Schulden mit beizulegenden Zeitwerten verbleibender negativer Unterschiedsbetrag unmittelbar zu einer Ertragsvereinnahmung führt. Dies kann nur dann gerechtfertigt sein, wenn zuvor die im Kaufpreis antizipierten Abschläge für künftige Verluste durch die

Passivierung der zugrunde liegenden Risiken als Eventualschulden auch bilanziell berücksichtigt werden. Durch den Unternehmenserwerb werden in der Folge die antizipierten Außenverbindlichkeiten einer objektivierten Marktbewertung unterzogen (IFRS 3.BC111 (2008)). Hätte der IASB auf den eigentlich systemfremden Ansatz der Eventualschuld verzichtet, hätte der negative Unterschiedsbetrag nicht mehr den Charakter einer Residualgröße annehmen können. Diese derzeit noch bestehende Divergenz zwischen IFRS 3 und IAS 37 hinsichtlich der Ansatzfähigkeit von Eventualschulden soll jedoch im Rahmen der Überarbeitung der Regelungen des IAS 37 beseitigt werden, indem die Wahrscheinlichkeitsvoraussetzungen für Rückstellungen insgesamt eliminiert werden sollen (zur geplanten Neufassung des IAS 37 vgl auch § 13 Rz 213 ff).

153 IFRS 3.22 (2008) unterscheidet bei Eventualschulden iSv IAS 37 **zwei unterschiedliche Arten von Verpflichtungen:**

(1) **Mögliche Verpflichtungen** *(possible obligations)*, also solche, die aus vergangenen Ereignissen resultieren, jedoch durch den Eintritt bzw Nichteintritt eines unsicheren zukünftigen Ereignisses erst noch bestätigt werden müssen, wobei das berichtende Unternehmen keine unmittelbare Kontrolle in Bezug auf dieses zukünftige Ereignis hat.

(2) **Gegenwärtige Verpflichtungen** *(present obligations)*, also solche, die grds das *liability*-Kriterium erfüllen, jedoch aufgrund mangelnder Wahrscheinlichkeit oder nicht zuverlässiger Schätzbarkeit nicht passiviert werden können.

154 Für diese Verpflichtungen legt IFRS 3.23 (2008) im expliziten Gegensatz zu den Vorschriften des IAS 37 fest, dass ein Erwerber im Rahmen eines Unternehmenszusammenschlusses eine **Passivierung derjenigen Verpflichtungen** vorzunehmen hat, bei denen eine **gegenwärtige Verpflichtung aus einem Vergangenheitsereignis** entstanden ist und diese Verpflichtung **verlässlich bewertet** werden kann. Damit sind mögliche Verpflichtungen – unabhängig von einer ggf möglichen Bewertbarkeit – überhaupt nicht im Rahmen der Bewertung der erworbenen Vermögenswerte und Schulden zu erfassen. Insoweit entspricht die Vorgehensweise für diese Verpflichtungen derjenigen des IAS 37. Hingegen sind gegenwärtige Verpflichtungen – eine zuverlässige Bewertbarkeit vorausgesetzt – grds zu passivieren, und zwar unabhängig von der Wahrscheinlichkeit ihres Eintritts (Unterschied zu IAS 37).

Eine den Vorschriften des IFRS 3.22f (2008) **vergleichbare Differenzierung** von Eventualverbindlichkeiten ist in IFRS 3.47 ff (2004) nicht enthalten.

155 Während also hinsichtlich des Ansatzes von Eventualschulden eine Ausnahmeregelung in IFRS 3 (2008)/IFRS 3 (2004) enthalten ist, richtet sich die Bewertung von Eventualschulden im Erwerbszeitpunkt nach der **allgemeinen Bewertungsregel** in IFRS 3 (2008), sie sind also zu ihrem beizulegenden Zeitwert zu bewerten. Dies entspricht inhaltlich auch der Regelung in IFRS 3.B16(l) (2004). Der beizulegende Zeitwert von Eventualschulden richtet sich nach dem Betrag, den ein Dritter verlangen würde, um eine aus der Eventualschuld entstehende Verbindlichkeit zu übernehmen. Dabei ist der wahrscheinlichste Wert unter Berücksichtigung sämtlicher Indikatoren anzusetzen. Zwar enthält IFRS 3 diesbezüglich keine weiteren Bewertungsvorgaben, jedoch ist uE eine Beachtung der Bewertungsvorschriften des IAS 37 notwendig. Kann der beizulegende Zeitwert nicht hinreichend zuverlässig bewertet werden, ist der Ansatz nicht möglich (IFRS 3.22(b)(ii) (2008)/IFRS 3.47 (2004)). Weiterhin sind ggf mit den Eventualschulden im Zusammenhang stehende Eventualforderungen im Rahmen ihrer Bewertung nicht zu berücksichtigen, da dies einem bilanziellen Ansatz von Eventualforderungen gleichkäme und damit in Abwesenheit expliziter Ansatzvorschriften des IFRS 3 gegen die Vorschriften des IAS 37.31 verstieße. Gleich-

zeitig liefe eine Berücksichtigung von Eventualforderungen bei der Bewertung von Eventualschulden dem allgemeinen Saldierungsverbot des IAS 1.32 (§ 2 Rz 53) zuwider und stellte außerdem eine Abweichung von dem grds unsaldiert vorzunehmenden Ausweis von Erstattungsansprüchen nach IAS 37.53 dar (§ 13 Rz 71).

Regelungen zur Folgebilanzierung von Eventualschulden enthält IFRS 3.56 (2008), wonach der Erwerber eine im Zuge eines Unternehmenszusammenschlusses angesetzte Eventualschuld bis zur ihre Begleichung oder ihrem Erlöschen mit dem höheren der beiden folgenden Werte anzusetzen hat: dem Betrag, der entspr IAS 37 angesetzt werden würde oder dem erstmalig angesetzten Betrag abzüglich der gem IAS 18 erfassten kumulativen Amortisationen. Zu beachten ist, dass diese Anforderungen nicht auf Verträge anzuwenden sind, deren Bilanzierung nach IAS 39 erfolgt. Ungeklärt ist jedoch, ob die genannten Anforderungen nur für Perioden gelten, in denen der zugrunde liegende Sachverhalt eine Eventualschuld darstellt. 156

Beispiel: Das Unternehmen A erwirbt das Unternehmen B im November 20X0. Im Erwerbszeitpunkt setzt A für eine von Dritten gegen B angestrebte Rechtsstreitigkeit bilanziell eine Eventualschuld von 40 GE an. Die Wahrscheinlichkeit eines daraus resultierenden Zahlungsmittelabflusses wird auf unter 50% eingeschätzt. Folglich kommt es zu keinem bilanziellen Ansatz einer ungewissen Verpflichtung nach IAS 37. Am 31. Dezember 20X1 kommt das Unternehmen A zu der Einschätzung, dass eine Auszahlung in Höhe von 30 GE wahrscheinlich und damit das Ansatzkriterium des IAS 37 erfüllt ist. Hinsichtlich der Folgebilanzierung bestehen unterschiedliche Alternativen. Entspr IFRS 3.56 (2008) kann eine im Zuge eines Unternehmenszusammenschlusses übernommene Verpflichtung nur durch eine Amortisation nach IAS 18 reduziert werden. Die erste Bilanzierungssichtweise geht davon aus, dass eine dementsprechende Amortisation auf den vorliegenden Sachverhalt nicht anwendbar ist, sodass die Folgebewertung mit 40 GE zu erfolgen hat. Eine andere Sichtweise vertritt den Standpunkt, dass keine Anwendungsrichtlinie für die Zulässigkeit einer Amortisation nach IAS 18 existiert, mit der Folge, dass eine Reduzierung der Verpflichtung auf ihren aktuell geschätzten Wert möglich und folglich mit 30 GE zu bewerten ist. Eine weitere Bilanzierungsmöglichkeit nimmt die Sichtweise ein, dass es sich bei der ursprünglich ungewissen Verpflichtung nunmehr um eine Verpflichtung iSd IAS 37 handelt und damit IFRS 3.56 (2008) nicht mehr anwendbar ist. Die Verpflichtung wird folglich mit 30 GE angesetzt und es werden 10 GE als Ertrag erfasst.

In den Bereich der Bilanzierung von Eventualschulden fällt auch die Behandlung **bedingter Zahlungsverpflichtungen** des erworbenen Unternehmens. 157

Beispiel: Das Unternehmen A erwirbt das Unternehmen B, welches bereits zwei Jahre zuvor das Unternehmen C erworben hat. Unternehmen B hatte sich in diesem Zusammenhang zu einer bedingten Kaufpreiszahlung verpflichtet, sofern das Unternehmen C bis zum Jahre 4 ein bestimmtes festgelegtes Gewinnziel erreicht.

Grds ist bei einem derartigen Sachverhalt bei der Kaufpreisallokation zu beachten, dass die im Rahmen des Unternehmenszusammenschlusses erworbenen Schulden neu bewertet werden müssen unabhängig davon, zu welchen Werten das erworbene Unternehmen diese selbst eingegangen ist. Gem IFRS 3.39 (2008) wird eine bedingte Kaufpreiszahlung zum beizulegenden Zeitwert bewertet. Alternativ wäre es denkbar, solche Zahlungen als ungewisse Verpflichtungen zu behandeln, wobei auch hierbei die Erstbewertung zum beizulegenden Zeitwert zu erfolgen hat. Die Folgebewertung richtet sich in diesem Fall nach IFRS 3.56 (2008).

4. Sonstige Rückstellungen

Rückstellungen unterscheiden sich von Eventualschulden durch die Erfüllung des *liability*-Kriteriums. Sie resultieren demnach aus Ereignissen der Vergangenheit, aus denen mit hinreichender Wahrscheinlichkeit ein zukünftiger Abfluss 158 von Ressourcen mit wirtschaftlichem Nutzen erwartet werden kann. Das Abgrenzungskriterium ist dementsprechend die **Wahrscheinlichkeit der Inanspruchnahme** iSv IAS 37, die bei einer Eventualschuld nicht gegeben ist.

Für den Ansatz und die Bewertung von Rückstellungen im Rahmen eines Unternehmenszusammenschlusses sind in IFRS 3 (2008) **keine gesonderten Regelungen** vorgesehen. Auch IFRS 3.B16(j) (2004) begnügt sich mit dem allgemeinen Hinweis, dass für Rückstellungen Barwerte anzusetzen sind, die unter Berücksichtigung angemessener, zum Erwerbszeitpunkt gültiger Marktzinsen aufgewendet werden müssten, um die Schulden zu begleichen. Dies entspricht der üblichen Vorgehensweise bei der *fair value*-Bewertung von Schuldposten ohne verfügbare Marktwerte. Die Verpflichtung ist also hinsichtlich der Höhe ihrer wahrscheinlichen Inanspruchnahme zu schätzen und – sofern es sich um eine langfristige Verpflichtung handelt – mit einem marktbezogenen frist- und risikoadäquaten Zinssatz zu diskontieren. Damit finden die Vorschriften des IAS 37 zur Rückstellungsbewertung auch Anwendung auf die Erwerbssituation.

159 Ebenfalls der Vorgehensweise der lfd Bilanzierung entspricht die Behandlung von **Erstattungs- oder Kompensationsansprüchen** im Zusammenhang mit den innerhalb der Rückstellung abgebildeten Verpflichtungen des erworbenen Geschäftsbetriebs. Diese dürfen nicht mit der Verpflichtung saldiert der Passivierung zugrunde gelegt werden. Stattdessen ist im Rahmen der Kaufpreisallokation ein gesonderter Vermögenswert anzusetzen, wenn und soweit die Erstattungs- bzw Kompensationsansprüche isoliert betrachtet die Voraussetzungen für den Ansatz eines Vermögenswerts erfüllen.

160 Ausschlaggebend für den Ansatz aller Vermögenswerte, Schulden und Eventualschulden ist ihr **Bestand** am **Erwerbsstichtag** (Rz 57 ff). Nach dieser Maßgabe sind bereits im IFRS-Abschluss des erworbenen Unternehmens sachgerecht – dh iSv IAS 37 – bilanzierte **Restrukturierungsrückstellungen** (§ 13 Rz 162 ff) auch im Rahmen der Kaufpreisallokation anzusetzen (IFRS 3.10 ff (2008)/IFRS 3.41(a) (2004)). Explizit von dem Ansatz ausgeschlossen sind hingegen künftig mögliche Verluste oder Kosten aus Restrukturierungsvorgängen wie zB Personalmaßnahmen, die als Ergebnis des Unternehmenszusammenschlusses lediglich erwartet werden (IFRS 3.11 (2008)/IFRS 3.41(b) (2004)) und damit noch nicht die Ansatzkriterien für Schulden iSd IFRS erfüllen. Für diese zukünftigen Restrukturierungsverpflichtungen kommt auch der Ansatz eines Passivpostens für eine Eventualschuld nicht in Frage, da es sich nach der Systematik des IFRS 3.22(a) (2008) um ein mögliche Verpflichtung *(possible obligation)* handelt, deren Bestehen erst durch zukünftige Ereignisse in Form einer rechtlichen oder faktischen Außenverpflichtung begründet wird. Für den Ansatz einer Eventualschuld im Rahmen der Bewertung der erworbenen Vermögenswerte und Schulden wäre jedoch eine gegenwärtige Verpflichtung nach IFRS 3.23 (2008) zwingende Voraussetzung (so im Ergebnis auch *Lüdenbach* in Lüdenbach/Hoffmann IFRS[7] § 31 Rz 97).

5. Kurzfristige Verbindlichkeiten und sonstige finanzielle Schulden

161 Für **Verbindlichkeiten** sieht IFRS 3 (2008) **keine Sonderregelungen** hinsichtlich Ansatz und/oder Bewertung vor, sodass sich der Ansatz nach den Kriterien für eine Schuld (vgl § 2 Rz 80) und die Bewertung nach Maßgabe des beizulegenden Zeitwerts ergibt. IFRS 3.B16(j) (2004) gibt hinsichtlich der Bewertung die Vorgabe, dass zu einem erwarteten Rückzahlungsbetrag ggf unter Abzinsung langfristiger Verbindlichkeiten auf den Erwerbsstichtag zu bilanzieren ist. Auch dies entspricht einer Bewertung zum beizulegenden Zeitwert bei idR

nicht vorliegenden Marktpreisen für die zu bewertenden Schulden. Eine Neubewertung ist damit grds auch bei kurzfristigen und allen sonstigen finanziellen Schulden erforderlich, wobei im Einzelfall jedoch unter Wesentlichkeitsgesichtspunkten auf eine Anpassung der bisherigen Buchwerte verzichtet werden kann. Dies betrifft insbes Verbindlichkeiten aus Lieferungen und Leistungen sowie sonstige operative Verbindlichkeiten.

In die Neubeurteilung sind **auch Verbindlichkeiten aus Finanzierungsleasingsachverhalten** (vgl hierzu § 22 Rz 133) einzubeziehen, da sich das grds Verbot des IFRS 3.B28 (2008), Vermögenswerte und Schulden aus Leasingvereinbarungen im Rahmen der PPA zu erfassen, explizit nur auf operative Leasingverhältnisse bezieht. 162

IV. Behandlung von Ertragsteuern

Beim **erworbenen Geschäftsbetrieb** kommen sowohl vorhandene tatsächliche, als auch latente Steueransprüche und -schulden zum Ansatz. Als Vermögenswerte und Schulden des erworbenen Unternehmens wirken sie sich auf die Dotierung des Geschäfts- oder Firmenwerts bzw des negativen Unterschiedsbetrags aus (Rz 230). 163

Die Kaufpreisallokation bezieht sich dabei allein auf die Ebene des erworbenen Unternehmens. Möglicherweise beim Erwerber existente steuerliche Verluste und ähnliche Sachverhalte, die zum Ansatz aktiver latenter Steuern führen können, sind im Rahmen der Kaufpreisallokation nicht zu berücksichtigen. Gleichwohl ist hier zu prüfen, ob sich der Unternehmenszusammenschluss auf die Bewertung aktiver latenter Steuern des Erwerbers auswirken kann.

1. Latente Ertragsteuern

Latente Ertragsteuern sind im Rahmen des Ansatzes und der Bewertung von übernommenen Vermögenswerten und Schulden im Erwerbszeitpunkt von **besonderer Bedeutung.** Für latente Ertragsteuern des erworbenen Geschäftsbetriebs gelten Ausnahmen von den Grundsätzen des IFRS 3 (2008) zum Ansatz und zur Bewertung. Die in **IAS 12** dargestellten Grundsätze des Ansatzes, der Bewertung und des Ausweises tatsächlicher und latenter Steueransprüche und Steuerschulden (s dazu ausführlich § 25) gelten daher uneingeschränkt auch für die Kaufpreisallokation. 164

Temporäre Differenzen sind infolgedessen für die im Rahmen der Kaufpreisallokation angesetzten Vermögenswerte, Schulden und Eventualschulden zu ermitteln. Diese auch als *inside basis differences* bezeichneten Differenzen werden als Unterschiedsbetrag zwischen den im Rahmen der Kaufpreisallokation ermittelten Wertansätzen und den jeweiligen korrespondierenden Steuerwerten ermittelt. Der **Umfang** der für *inside basis differences* anzusetzenden latenten Steuern richtet sich demnach bei Anwendung der nach IFRS 3 (2008)/IFRS 3 (2004) ausschließlich zulässigen Neubewertungsmethode nach den vollständig aufgestockten Wertansätzen. Praktisch ist dieser Schritt der Kaufpreisallokation daher zwischen dem Ansatz und der Bewertung aller übrigen Bilanzposten und der Dotierung des Geschäfts- oder Firmenwerts bzw des negativen Unterschiedsbetrags sowie vor der Dotierung der Anteile nicht-beherrschender Gesellschafter (Rz 271 ff) anzusiedeln, da im Vorfeld nicht alle relevanten Eingangsdaten zur Verfügung stehen.

Weiterhin können **noch nicht genutzte steuerliche Verluste** und **sonstige noch nicht genutzte Steuergutschriften** des erworbenen Unternehmens den Ansatz aktiver latenter Steuern im Rahmen der Kaufpreisallokation erforderlich 165 machen. Besondere Aufmerksamkeit erfordern dabei Regelungen, die ein sofortiges Erlöschen oder die eingeschränkte Nutzung solcher Verrechnungsguthaben zur Folge haben, wenn bei der betreffenden fiskalischen Einheit ein Eigentümerwechsel erfolgt. Exemplarisch zu nennen sind hier die Regelungen von § 8 Abs 4 KStG zum Mantelkauf bzw § 8 c KStG zur Fortführung von steuerlichen Verlustvorträgen bei Übernahme von mehr als 25% des Eigenkapitals. Darüber hinaus ist auch bei internationalen Unternehmenszusammenschlüssen mit entspr Regelungen zu rechnen.

Beispiel: Ein Geschäftsbetrieb im Mantel einer deutschen GmbH wird im Rahmen eines Unternehmenszusammenschlusses erworben. Im Rahmen der Kaufpreisallokation wird festgestellt, dass die Gesellschaft in den vorangegangenen Veranlagungszeiträumen rund T€ 100 körperschaftsteuerliche Verlustvorträge angesammelt hat. Da der Erwerber jedoch 100% der Anteile am Eigenkapital übernommen hat, erlöschen die sich hieraus ergebenden Ansprüche nach § 8 c KStG. Insoweit sind für diesen Sachverhalt keine aktiven latenten Steuern anzusetzen.

166 Die **Bewertung** latenter Steuern im Rahmen der Kaufpreisallokation folgt den Grundsätzen des IAS 12. Folglich sind passive latente Steuern in voller Höhe anzusetzen (IAS 12.15). Bei aktiven latenten Steuern darf ein Ansatz hingegen nur in Höhe der wahrscheinlichen Inanspruchnahme erfolgen (IAS 12.24, IAS 12.34; s ausführlich § 25 Rz 47 ff). Die **Abzinsung** latenter Steuern ist auch im Kontext der Kaufpreisallokation grds nicht erlaubt (IAS 12.53).

167 Der bei der Bewertung zur Verwendung kommende **Steuersatz** ist weiterhin unternehmens- und postenspezifisch zu wählen. Dies ist der Steuersatz, der voraussichtlich in der Periode gültig sein wird, in der sich die Steuerlatenz ausgleicht. Bei temporären Differenzen wäre damit theoretisch zB zu überlegen, wann ein spezifischer Vermögenswert realisiert bzw die jeweils zugehörige Schuld erfüllt wird (IAS 12.47; vgl § 25 Rz 45). Weiterhin sind auch alle weiteren steuerlichen Konsequenzen zu berücksichtigen, die die Umkehr der Steuerlatenz voraussichtlich nach sich ziehen wird (IAS 12.51).

Praktisch gestaltet sich die Bewertung latenter Steuern unter diesen Gesichtspunkten zumeist so, dass einheitliche Steuersätze für alle Bilanzposten je steuerrechtlicher Einheit des erworbenen Unternehmens zur Anwendung kommen. Im Einzelfall ist jedoch auch zu überlegen, wie bzw wann eine Steuerlatenz ausgeglichen wird.

Beispiel: Ein Konzern erwirbt zum 1. Januar 20X0 einen Geschäftsbetrieb im Rechtsmantel einer KapGes in einem Entwicklungsland. Das Entwicklungsland weist für den erworbenen Geschäftsbetrieb reguläre Ertragsteuersätze von 15% auf. Gleichwohl gilt als Anreiz für ausländische Investitionen eine zeitlich befristete Befreiung der Besteuerung aller KapGes bis zum 31. Dezember 20X5.

Im Rahmen der Kaufpreisallokation werden temporäre Differenzen aus dem Anlagevermögen und einem leistungsorientierten Altersversorgungsplan festgestellt. Da aber die voraussichtliche Restlaufzeit des Anlagevermögens 4 Jahre beträgt, wird der Ausgleich der temporären Differenzen keine steuerlichen Konsequenzen haben. Folglich werden die hieraus resultierenden latenten Steuern mit einem Buchwert von Null angesetzt. Beim leistungsorientierten Altersversorgungsplan wird hingegen festgestellt, dass ein Steuerabzug erst im Leistungszeitpunkt möglich sein wird, mit dem ab dem Jahr 20X9 gerechnet wird. Infolgedessen werden die hieraus resultierenden aktiven latenten Steuern – vorbehaltlich ihrer Werthaltigkeit – mit dem regulären Ertragsteuersatz in Höhe von 15% bewertet.

168 Fraglich ist in diesem Zusammenhang, wie mit **verwendungsabhängigen steuerlichen Konsequenzen** umzugehen ist. Die tatsächlichen Absichten des Käufers *(buyer's intent)* dürfen sich gem den Grundsätzen der Kaufpreisallokation nicht auf den Ansatz und die Bewertung auswirken. Steuerliche Konsequenzen

können sich jedoch im Einzelfall nach der konkreten Verfahrensweise des Käufers richten. Dieser Konfliktfall wird weder von IFRS 3 noch von IAS 12 abschließend behandelt.

Beispiel: Im Rahmen einer Kaufpreisallokation kommt eine Reihe von Renditeimmobilien zum Ansatz. Ihr beizulegender Zeitwert unterscheidet sich von den jeweiligen Steuerwerten, sodass latente Ertragsteuern für passive temporäre Differenzen zu bewerten sind. Das relevante Steuerrecht sieht vor, dass lfd Ein- und Ausgaben aus der Vermietung des Objekts mit dem regulären Steuersatz belastet werden. Wird die Immobilie jedoch nachfolgend veräußert, kommt ein reduzierter Steuersatz *(capital gains tax)* zur Anwendung.

Bei dem Erwerber handelt es sich um einen Private Equity-Investor, dessen Strategie in der Zerlegung und der kurz- bis mittelfristigen Weiterveräußerung einzelner Immobilien besteht; eine Klassifikation als „zur Veräußerung gehalten" ist jedoch noch nicht erfolgt. Eine Analyse der bei dem Unternehmenskauf unterlegenen Mitbieter zeigt, dass diese entgegen der Strategie des tatsächlichen Erwerbers als Immobilienmanager den Immobilienbestand zur Erzielung von Mieten im Portfolio gehalten hätten.

Würde in dem geschilderten Sachverhalt dem Grundsatz von IFRS 3 (2008)/IFRS 3 (2004) gefolgt, wären auch die latenten Steuern nach Maßgabe der vermuteten Verwendung durch den typischen Marktteilnehmer zu bewerten. Da die Analyse zeigt, dass diese voraussichtlich den Immobilienbestand zur Erzielung von Mieten erhalten hätten, wäre die temporäre Differenz mit dem regulären Steuersatz zu bewerten gewesen.

Jedoch wird in IFRS 3.24f (2008) als **weitere Ausnahme** zu den allgemeinen Ansatz- und Bewertungsregeln des Standards hinsichtlich der Behandlung latenter Steuern explizit auf die **Regelungen des IAS 12** verwiesen. Diese gehen in der Rangfolge deshalb den allgemeinen Regelungen des IFRS 3 (2008) vor. Auch IFRS 3 (2004) bezieht sich hinsichtlich Ertragsteuerschulden und -erträgen in IFRS 3.B16(i) (2004) explizit auf IFRS 12, auch wenn ein entspr Verweis in Bezug auf latente Ertragsteuern fehlt. Deshalb ist auch bei Anwendung dieses Standards uE eine Anwendung der Regelungen des IAS 12 zumindest möglich. Nach IAS 12.51f fließen die aufgrund der antizipierten Verwendung tatsächlich zu erwartenden steuerlichen Konsequenzen in die Bewertung latenter Steuern ein. Infolgedessen käme der reduzierte Ertragsteuersatz zur Anwendung. UU erscheint vor diesem Hintergrund sogar ein Mischsatz diskutabel, mit dem die voraussichtliche Ertragsteuerquote aus der kurz- bis mittelfristigen Nutzung und der anschließenden Veräußerung abgebildet wird (sog *blended measurement method*, vgl § 25 Rz 163).

Der **Ausweis** latenter Steuern im Konzernabschluss folgt ebenfalls den 169
Grundsätzen des IAS 12 (hier IAS 12.74ff; zu detaillierten Regelungen vgl § 25 Rz 181ff). Danach sind latente Steuern zu saldieren, wenn ein Ausgleich auf saldierter Basis rechtlich möglich und durch das Steuersubjekt auch beabsichtigt ist. Während somit eine entspr Analyse für den konsolidierten Ausweis im Konzernabschluss ohnehin notwendig ist, sind diese Vorgaben auch bereits bei den Pflichtangaben im Anhang zu beachten, die Unternehmenszusammenschlüsse nach sich ziehen (IFRS 3.B64(i) (2008)/IFRS 3.67(f) (2004); vgl ausführlich Rz 281ff).

2. Tatsächliche Ertragsteuern

Für den **Ansatz** von Ertragsteuern im Rahmen der Kaufpreisallokation kom- 170
men grds alle **Nachzahlungs-** und **Vorauszahlungsverpflichtungen** des erworbenen Geschäftsbetriebs als Schuld in Betracht. Als Vermögenswert sind Rückzahlungsansprüche ggü den Finanzbehörden in die Kaufpreisallokation einzubeziehen. Bei deutschen Kapitalgesellschaften sind in diesem Zusammenhang

insbes nach § 37 KStG beim erworbenen Unternehmen bestehende Körperschaftsteuerguthaben zu beachten (§ 25 Rz 19ff). International können darüber hinaus zB Ansprüche aus Verlustrücktrag oder ähnliche Sachverhalte zum Tragen kommen.

Tatsächliche Ertragsteueransprüche und -schulden sind dabei unter Anwendung von IFRS 3 (2008) grds **zum beizulegenden Zeitwert** anzusetzen. Die Ausnahmeregelungen des IFRS 3.24f (2008) gelten allein für latente Ertragsteuern. Folglich ist eine Einschätzung der Werthaltigkeit vorzunehmen; materielle Effekte aus der Abzinsung insbes langfristiger Ansprüche und Verpflichtungen sind in die Bewertung einzubeziehen. Zur Abzinsung tatsächlicher Ertragsteuern wird auf § 25 Rz 22ff verwiesen. In IFRS 3 (2004) wird hinsichtlich der Bewertung tatsächlicher Ertragsteuern hingegen ausdrücklich auf die Regelungen des IAS 12 verwiesen. Eine Abzinsung tatsächlicher Ertragsteuern wurde dabei jedoch ausdrücklich untersagt (IFRS 3.B16(i) (2004)).

D. Ermittlung von Anschaffungskosten, Minderheitenanteilen sowie von Geschäfts- oder Firmenwerten bzw negativen Unterschiedsbeträgen

I. Überblick

171 Zur bilanziellen Erfassung eines Unternehmenszusammenschlusses sind systematisch der Gesamtbetrag der für den Erwerb aufgewendeten **Gegenleistung** *(consideration transferred)* und der **Anteil der Minderheitsgesellschafter** der Nettoposition aus der Bewertung der erworbenen Vermögenswerte und Schulden im Rahmen der Kaufpreisallokation gegenüberzustellen, um den Unterschiedsbetrag zu ermitteln. Dabei sind vor Beginn des Beherrschungsverhältnisses gehaltene Anteile an dem erworbenen TU bei einem sukzessiven Anteilserwerb mit ihrem beizulegenden Zeitwert zu berücksichtigen. Die Vorgehensweise kann schematisch wie folgt veranschaulicht werden:

	Gegenleistung des Erwerbs (Anschaffungskosten)
+	Anteile nicht-beherrschender Gesellschafter (Buchwert oder beizulegender Zeitwert)
+	Altanteile (beizulegender Zeitwert)
–	Nettoposition der Kaufpreisallokation (beizulegender Zeitwert der Vermögenswerte und Schulden)
=	Unterschiedsbetrag aus dem Unternehmenszusammenschluss

172 Zur Ermittlung des Unterschiedsbetrags im Rahmen der Erstkonsolidierung ist dementsprechend zunächst der Wert der zum Erwerb aufgewendeten Gegenleistung zu ermitteln. IFRS 3 (2008) verwendet den Begriff *consideration transferred* anstelle von *cost*. Mit dieser Begriffsanpassung soll der Tatsache Rechnung getragen werden, dass es sich auch bei der Bemessung der heranzuziehenden Gegenleistung um einen **Bewertungsvorgang** handelt. Legt man jedoch eine weitere Begriffsauslegung zugrunde, so kann sicherlich auch nach IFRS 3 (2008) der Begriff **„Anschaffungskosten"** verwendet werden. Auch die Bewertung dieser Anschaffungskosten weicht nach IFRS 3 (2008) grundlegend von der Vorgehensweise nach IFRS 3 (2004) ab. Gleiches kann für die **Anteile nicht-beherrschender Gesellschafter** gelten: Hier wurde mit der Einführung von

IFRS 3 (2008) das Wahlrecht geschaffen, Minderheitenanteile zum beizulegenden Zeitwert anstatt zum anteiligen Nettovermögen nach der bislang üblichen Neubewertungsmethode anzusetzen (Rz 217 ff). Die Vorschriften zur Bilanzierung sukzessiver Anteilserwerbe wurden entspr angepasst (Rz 253 ff).

Die **Nettoposition aus der Kaufpreisallokation** ergibt sich als Saldogröße aller nach den Grundsätzen des IFRS 3 (2008) bzw IFRS 3 (2004) identifizierten, angesetzten und bewerteten Vermögenswerte, Schulden und Eventualschulden. Diesbezüglich wird auf die Ausführungen in Rz 229 ff verwiesen.

173 Bei **negativen Unterschiedsbeträgen** ist ihre sofortige erfolgswirksame Vereinnahmung zu prüfen (Rz 236 ff). Resultiert aus dieser Berechnung ein **positiver Unterschiedsbetrag,** ist dieser als Geschäfts- oder Firmenwert zu aktivieren (vgl ausführlich Rz 239 ff). Rückwirkungen können sich dabei aus aktiven latenten Steuern auf temporäre Differenzen ergeben, die sich aus dem erstmaligen Ansatz eines steuerlich relevanten Geschäfts- oder Firmenwerts ergeben können.

174 Die hier vorgestellte Vorgehensweise gilt generell für alle Unternehmenszusammenschlüsse im Erwerbszeitpunkt. Ergeben sich im Nachhinein **Änderungen der Eingangsgrößen,** ist das Wertgerüst aus Kaufpreisallokation, Anschaffungskosten und Bewertung der Minderheitenanteilen sowie des daraus resultierenden Unterschiedsbetrags uU nachträglich anzupassen (Rz 250 ff).

175 Es ist darauf hinzuweisen, dass sich auch im Falle eines ***asset deal*** Ansatz und Bewertung des übernommenen **Gesamthandsvermögens** nach den dargestellten Regelungen des IFRS 3 (2008)/IFRS 3 (2004) richten. Ein verbleibender Unterschiedsbetrag ergibt sich jedoch mangels Anteilen an der erworbenen Einheit nicht erst im Zuge der Kapitalkonsolidierung, sondern durch die direkte Gegenüberstellung von Anschaffungskosten und den zum beizulegenden Zeitwert bewerteten Vermögenswerten und Schulden.

	***Share Deal*/Kapitalkonsolidierung:**	***Asset Deal*/Einzelabschluss:**
	Erworbene Anteile	Anschaffungskosten
–	anteiliges neubewertetes Eigenkapital	beizulegender Zeitwert der Vermögenswerte
+		beizulegender Zeitwert der Schulden
=	Verbleibender Unterschiedsbetrag	

II. Anschaffungskosten

1. Bewertung

176 Die Ermittlung der Anschaffungskosten kann in Abhängigkeit vom Charakter des Erwerbsvorgangs unterschiedlich **komplexe Formen** annehmen. Während bei einem Unternehmenserwerb gegen **Barmittel** der beizulegende Zeitwert mit dem Nominalwert der abgeführten Zahlungsmittel und Zahlungsmitteläquivalente gleichzusetzen ist, setzt der **Tausch** der Anteile gegen nicht monetäre Vermögenswerte oder Anteile des erwerbenden Unternehmens idR eine gesonderte Bewertung voraus, um den beizulegenden Zeitwert des hingegebenen Vermögenswerts zu bestimmen. Daneben sind in der Praxis des Unternehmenserwerbs regelmäßig **Mischformen** zu beobachten, die auch die **Übernahme von Schulden** einschließen können. In diesen Fällen ist zur Feststellung der Höhe der Anschaffungskosten die Trennung der Einzelkomponenten und deren jeweils separate Bewertung mit anschließender Aggregation zum Gesamtwert der Gegenleistung des Unternehmenserwerbs erforderlich.

a) Stichtagsbetrachtung

177 Auch für den Fall, dass der Erwerb einerseits und die korrespondierende Gegenleistung andererseits in **zeitlicher Hinsicht auseinanderfallen,** sieht IFRS 3.37 (2008) vor, dass die Bewertung der verzögerten Komponente zum beizulegenden Zeitwert konsequent umgesetzt wird. Dies gilt allerdings nur für zeitlich nachgelagert zu leistende Bestandteile der Anschaffungskosten (sog *deferred settlement*). Werden so zB Anteile an einem TU erworben, für die eine Gegenleistung noch erbracht werden muss, ist der zukünftig abzuführende Betrag auf den Barwert zum Zeitpunkt des Unternehmenserwerbs abzuzinsen. Dabei sind explizit sämtliche Kostenzuschläge oder Abzüge zu berücksichtigen, die dann realisiert werden können, wenn die fehlende Komponente abgegolten wird.

b) Vorerwerbsbeziehungen

178 Weiterhin ist eine klare Unterscheidung zwischen den Bilanzposten erforderlich, die Gegenstand des Unternehmenszusammenschlusses sind, und solchen, die außerhalb des Unternehmenszusammenschlusses zu bilanzieren sind. IFRS 3.51 ff (2008) enthält **explizite Regelungen** in Bezug auf die Abgrenzung dieser Sachverhalte, während nach IFRS 3 (2004) eine solche Abgrenzung nur implizit aufgrund der Systematik des Standards erforderlich ist. Die neuen Regelungen werden in IFRS 3.IE54 ff (2008) anhand der folgenden zwei Beispiele illustriert:

Beispiel 1: Das Unternehmen AC bezieht von dem Unternehmen TC elektronische Bauteile aufgrund eines Vertrags mit einer Laufzeit von 5 Jahren. Die dabei zur Anwendung kommenden vertraglich vereinbarten Preise für die Bauteile liegen über denjenigen, die gegenwärtig bei einem Vertragsschluss mit einem Dritten vereinbart werden könnten. Eine vorzeitige Vertragsauflösung ist möglich, ist allerdings mit einer Vertragsstrafe von Mio € 6 belegt.

AC erwirbt TC zu einem Kaufpreis von Mio € 50, was dem *fair value* von TC zum Zeitpunkt des Erwerbs entspricht. Zu diesem Zeitpunkt hat der Abnahmevertrag noch eine Restlaufzeit von drei Jahren. Der innerhalb des Gesamtkaufpreises auf den Abnahmevertrag entfallende Anteil beläuft sich auf Mio € 8, wovon Mio € 3 einem Marktpreis der Abnahmeverpflichtung entsprechen und Mio € 5 auf den Nachteil ggü den Marktgegebenheiten entfallen. Weitere identifizierbare Vermögenswerte und Schulden im Zusammenhang mit dem Abnahmevertrag existieren nicht.

In diesem Beispiel hat AC einen Verlust von Mio € 5 außerhalb des Unternehmenszusammenschlusses zu erfassen. Dieser Betrag ist der geringere der beiden Werte aus vorzeitiger Vertragsauflösung (Mio € 6) und dem Marktwertnachteil (Mio € 5). Der marktorientierte Betrag von Mio € 3 geht in die Erstkonsolidierung und damit in die Berechnung des Geschäfts- oder Firmenwerts ein. Der Verlust ist vielmehr als Aufwand aus der Beendigung des Vertragsverhältnisses bei AC zu erfassen und geht damit unabhängig von der Erwerbstransaktion in die Konzern-Erfolgsrechnung ein.

Für die Erfassung ist auch bedeutsam, ob AC bereits vor der Erwerbstransaktion die Vertragsbeendigung innerhalb des Abschlusses berücksichtigt hatte. In dem Fall, in dem zuvor bereits eine Verpflichtung von Mio € 6 für eine vorzeitige Vertragsauflösung passiviert worden ist, hat AC zum Erwerbszeitpunkt einen Gewinn von Mio € 1 erfolgswirksam zu erfassen, da insgesamt nur Mio € 5 im Rahmen der Abwicklung der Vorerwerbsbeziehung zu erfassen sind.

Beispiel 2: Das Unternehmen TC hat mit einem Vorstand einen 10-Jahres-Vertrag geschlossen. Der Vertrag verpflichtet TC zu einer Zahlung von Mio € 5 an den Vorstand, falls TC während der Vertragslaufzeit von einem anderen Unternehmen erworben wird. Nach Ablauf von acht Jahren wird TC durch AC erworben. Der Vorstand, der unverändert bei TC beschäftigt ist, hat somit einen Anspruch auf die vereinbarte Kompensationszahlung.

In diesem Beispiel wurde der Vertrag weit vor den Erwerbsverhandlungen zwischen AC und TC geschlossen und diente dem Ziel, dem Vorstand eine Gegenleistung für die von ihm geleisteten Dienste zuzusichern. Es gibt entspr keine Anhaltspunkte, dass es Ziel des Vertragsschlusses war, Vorteile für AC als Erwerber oder den Konzern nach der Akquisition zu erzielen. Deshalb geht der Betrag von Mio € 5 in die Erwerbsbilanzierung und die Ermittlung eines Geschäfts- oder Firmenwerts mit ein.

Wäre hingegen die Vereinbarung zwischen TC und dem Vorstand im Zusammenhang mit der Akquisition von TC durch AC zustande gekommen, wäre zu prüfen, ob der primäre Zweck der Vereinbarung nicht in einer Abfindungszahlung an den Vorstand bestanden hätte, von der AC als Erwerber oder der Konzern nach erfolgter Akquisition durch ein Ausscheiden des Vorstands profitiert hätte. Wäre dies der Fall, so hätte AC die Zahlungsverpflichtung der Erwerbsbilanzierung nachgelagert zu bilanzieren.

Im Hinblick auf den Zusammenhang von Transaktionen mit einem Unternehmenszusammenschluss sind drei Kategorien zu unterscheiden:

(1) Bereits vor dem Unternehmenszusammenschluss bzw parallel dazu initiierte Beziehungen zwischen dem Erwerber und dem erworbenen Unternehmen;
(2) Geschäftsbeziehungen, die durch den Unternehmenszusammenschluss erst begründet werden sowie
(3) Geschäftsbeziehungen, die erst infolge des Unternehmenszusammenschlusses ansatzfähig werden.

Im Regelfall werden in unmittelbarem zeitlichem Zusammenhang mit einem Unternehmenszusammenschluss verschiedenste Transaktionen zwischen dem Erwerber einerseits und den Anteilseignern des Erwerbsobjekts oder Dritten andererseits getätigt. In IFRS 3.51 (2008) wird explizit klargestellt, dass sich der Regelungsbereich des Standards hinsichtlich der Kaufpreisallokation sowie der Bewertung der Gegenleistung nur auf solche Transaktionen erstreckt, die **unmittelbar zur Erlangung der Beherrschungsmöglichkeit** getätigt wurden und damit Gegenstand des Unternehmenserwerbs sind. 179

Umgekehrt werden im Rahmen der Erwerbsbilanzierung keine Transaktionen erfasst, die bereits vor dem Erwerbszeitpunkt oder aber parallel dazu initiiert wurden. Es ist daher sicherzustellen, dass Zahlungsströme und nicht-monetäre Entgeltregelungen für diese **Vorerwerbsbeziehungen** bzw für **parallel zum Unternehmenserwerb initiierte Transaktionen** nicht als Bestandteil der Anschaffungskosten behandelt werden. Die Transaktionen selbst werden nach den üblichen Standards und Interpretationen des IFRS-Regelwerks bilanziert (IFRS 3.51 (2008)). IFRS 3.B50 (2008) erfordert daher eine Analyse von im zeitlichen Zusammenhang mit dem Erwerb zu beobachtenden Transaktionen aus drei verschiedenen Blickwinkeln:

(1) Grund der Transaktion,
(2) Initiator der Transaktion,
(3) zeitlicher Abgleich der Transaktion.

Im Zweifel ist zu bestimmen, ob eine im Zusammenhang mit dem Unternehmenszusammenschluss stehende Transaktion dem Erwerber bzw dem zusammengeschlossenen Unternehmen **nutzt** oder aber dem Veräußerer bzw dem veräußernden Unternehmen. Kann nicht ausgeschlossen werden, dass eine noch vor dem Erwerb initiierte Transaktion dem Erwerber oder dem zusammengeschlossenen Unternehmen nutzt, darf IFRS 3 (2008) auf diese Transaktion nicht angewendet werden; diese ist dann nicht im Rahmen der Kaufpreisallokation zu berücksichtigen (IFRS 3.52 (2008)). Der Standard nennt hier als Beispiele Abstandszahlungen zur Begleichung von Vertragsbeziehungen, die bereits vor dem Unternehmenserwerb existierten. Entgeltleistungen an Mitarbeiter des erworbenen Geschäftsbetriebs oder die vorherigen Eigentümer, die für deren künftige (Arbeits-)leistung erbracht werden, dürfen ebenfalls nicht als Anschaffungskosten 180 in die Kaufpreisallokation eingehen. Gleiches gilt für Sachverhalte, in denen der Erwerber Entgeltleistungen an das erworbene Unternehmen oder dessen Veräußerer erbringt, die eigentlich Anschaffungsnebenkosten des Erwerbers darstellen.

Beispiel 1: Bedingung eines Bieterprozesses für ein TU ist es, dass der Käufer sämtliche Transaktionskosten des Verkäufers übernehmen wird. Im Rahmen des *due diligence*-Prozesses wird daraufhin ein neutraler Gutachter beauftragt, den beizulegenden Zeitwert der Immobilien des potenziellen Kaufobjekts zeitnah zum Transaktionszeitpunkt zu schätzen.

Der Erwerb erfolgt schließlich gegen die Ausgabe von Aktien durch das erwerbende Unternehmen, wobei die Gutachterkosten in die Bestimmung der Anzahl der auszugebenden Aktien nicht explizit eingeflossen sind. Gleichwohl ist der Anteil an den ausgegebenen Aktien, der auf die Kosten für den Grundstücksgutachter entfallen, im Rahmen einer separaten Transaktion zu behandeln. Bei der Bestimmung der Anschaffungskosten für den Unternehmenserwerb dürfen diese jedenfalls keine Berücksichtigung finden.

Beispiel 2: Unternehmen A erwirbt Unternehmen B, mit dem im Vorfeld des Unternehmenszusammenschlusses ein Rechtsstreit aufgeflammt ist, der voraussichtlich zu Lasten von A ausgehen würde. Im Rahmen der Vertragsverhandlungen vereinbart A mit B die Beilegung der Rechtsstreitigkeiten, ohne dabei jedoch eine hier zu erbringende Gegenleistung zu definieren.

In diesem Fall wäre aus der vertraglich vereinbarten Kaufpreissumme der Anteil herauszurechnen, der auf die Beilegung des Rechtsstreits entfällt. Da ein Betrag nicht explizit definiert wurde, wird eine Schätzung der Schadensersatzleistung und der sonstigen Abstandszahlungen erforderlich, die bei A entstanden wären, wenn A nicht B erworben hätte. Nur der um diese Schätzung reduzierte Restbetrag darf als Anschaffungskosten im Rahmen der Kaufpreisallokation Berücksichtigung finden.

Grds sind damit alle Beziehungen, Zahlungs- und Leistungsströme zwischen dem Erwerber einerseits und dem erworbenen Unternehmen sowie den Veräußerer(n) andererseits daraufhin zu überprüfen, ob vorerwerbliche Beziehungen beigelegt oder aber zusätzliche Transaktionen initiiert werden. Diese Elemente sind **nicht Gegenstand der Kaufpreisallokation sowie der Bestimmung der Gegenleistung**, entspr dürfen sie nicht nach den Regelungen des IFRS 3 behandelt werden (vgl *Beyhs/Wagner* DB 2008, 74f).

181 Die einzige **Ausnahme** von diesem Grundsatz stellen **wiedererworbene Rechte** *(reacquired rights)* dar (vgl Rz 117), also die bereits vor dem Unternehmenszusammenschluss existierenden Rechte über die Nutzung von Ressourcen des Erwerbers, die dieser dem erworbenen Unternehmen zu einem früheren Zeitpunkt eingeräumt hatte. In Betracht zu ziehen sind dabei ua Lizenzen über Markenrechte, Patente oder Software, aber auch Franchisevereinbarungen und Miet- sowie Leasingverhältnisse. Unerheblich ist es dabei, ob diese Ressourcen auch als Vermögenswert in der Bilanz des Erwerbers auftauchen (IFRS 3.B35 (2008)). Obwohl wiedererworbene Rechte auf eine vorerwerbliche Beziehung zurückgehen, sind sie im Rahmen der Kaufpreisallokation als Vermögenswert anzusetzen. Dies führt zu dem ungewöhnlichen Ergebnis, dass Vermögenswerte für vertragliche Rechte bilanziert werden, deren Vertragsparteien durch den Unternehmenszusammenschluss der gleichen wirtschaftlichen Einheit angehören (vgl auch *Bryois* IRZ 2008, 285).

182 In der Praxis sind des Weiteren eine Reihe von Ansprüchen und Verpflichtungen zu beobachten, die erst **durch den Unternehmenszusammenschluss selbst begründet** werden. Sog *change of control*-Klauseln können bspw dazu führen, dass Anstellungs- oder Leasingverträge im Falle eines Unternehmenserwerbs außerordentlich kündbar oder dass Call- und Putoptionen über Anteile an Konzernunternehmen wirksam werden.

Die durch den Unternehmenszusammenschluss begründete Wirksamkeit von *change of control*-Klauseln sind im Regelfall beim Ansatz und der Bewertung **im Rahmen der Kaufpreisallokation zu berücksichtigen.** Es handelt sich prinzipiell um Eventualverbindlichkeiten bzw Eventualansprüche des erworbenen Unternehmens (ähnlich wie hier *PwC* 2008, 25279; *KPMG* 2008/9, 124). Regelmäßig wird hier die Fallkonstellation vorzufinden sein, dass vertragliche Regelungen bereits weit vor dem Erwerbsstichtag getroffen wurden und weder in einem engen zeitlichen, noch einem funktionalen Zusammenhang mit dem Unternehmenszusammenschluss stehen und auch nicht von dem Erwerber initiiert wurden. Kein typischer Marktteilnehmer kann sich somit ihrer Wirksamkeit entziehen.

Beispiel 1: Das MU A erwirbt von dem unabhängigen Unternehmen B eine 40%-Beteiligung an Unternehmen E in 20X0. Im Rahmen der Vertragsverhandlungen wird vereinbart, dass im Falle einer Übernahme von A durch einen fremden Dritten eine Call-Option für B wirksam wird. Diese Option sieht vor, das B die 40%-Beteiligung zurückerwerben darf. Als Kaufpreis wird der Kaufpreis zum Erwerbsstichtag des Unternehmenserwerbs abzüglich eines 25%igen Abschlags vereinbart.

Im Jahr 20X4 wird A von dem internationalen Konzern X übernommen, sodass die Call-Option wirksam wird. In der Folge sind bei der von X durchzuführenden Kaufpreisallokation die Anteile an B als Vermögenswert und die Call-Option von B als Schuld anzusetzen.

Beispiel 2: Unternehmen E vereinbart im Rahmen seiner regelmäßig neu aufgesetzten Vorstandsverträge standardmäßig vorformulierte *change-of-control* Klauseln. Diese sehen vor, dass Vorstandsmitglieder im Falle einer Übernahme durch ein konzernfremdes Unternehmen innerhalb einer Frist von 3 Monaten von einem Sonderkündigungsrecht Gebrauch machen können. Bestandteil des Sonderkündigungsrechts ist die Auszahlung einer Abfindung.

Als E übernommen wird, machen 2 der 5 Vorstandsmitglieder bereits im Vorfeld klar, dass sie von ihrem Sonderkündigungsrecht Gebrauch machen. Zeitnah zum Erwerbsstichtag erfolgt dementsprechend auch ihre Kündigung. Die übrigen Vorstandsmitglieder haben sich gegen die Inanspruchnahme des ihnen eingeräumten Sonderkündigungsrechts entschieden und unterschreiben nach dem Erwerb eine Abstandserklärung.

In der Kaufpreisallokation sind die Verpflichtungen aus den Abfindungen für sämtliche Vorstandsmitglieder als Schuld anzusetzen. Die von den verbleibenden Vorstandsmitgliedern eingeholte Abstandserklärung hebt nicht die Wirksamkeit des Sonderkündigungsrechts und die durch die Abfindung bedingten ökonomischen Belastungen im Erwerbszeitpunkt auf. Die Ungewissheit über die Inanspruchnahme des Sonderkündigungsrechts ist vielmehr als Element der Unsicherheit im Rahmen der Bewertung zu berücksichtigen.

Die dritte Gruppe stellen **Bilanzposten dar, die erst im Nachgang des Unternehmenszusammenschlusses ansatzfähig** werden. Insbes für Restrukturierungsmaßnahmen und drohende Verluste sind Schulden häufig erstmalig im Zuge von Unternehmenszusammenschlüssen zu bilanzieren. Eine genaue Überprüfung der Umstände ist erforderlich, um zu bestimmen, ob sie bereits erfolgsneutral innerhalb der Kaufpreisallokation anzusetzen sind oder aber ob sie erst dem Unternehmenszusammenschluss nachgelagert bilanzierungsfähig werden. Eine nachgelagerte bilanzielle Erfassung erfolgt nicht nach den Regelungen des IFRS 3 (2008), sondern in Übereinstimmung mit den übrigen einschlägigen Standards und Interpretationen des IFRS-Regelwerks. Restrukturierungs- und Drohverlustrückstellungen sind in diesem Fall erfolgswirksam anzusetzen. 183

Ausschlaggebend für die Entscheidung, ob diese Transaktionen als Bestandteil des Unternehmenszusammenschlusses anzusehen sind oder nicht ist, ob bereits im Zeitraum bis zum Erwerbsstichtag eine **Außenverpflichtung** des **erworbenen Unternehmens** vorlag (IFRS 3.BC132 (2008)), die eine Schuld bzw Eventualschuld aus Sicht des erworbenen Geschäftsbetriebs begründete.

Beispiel 1: Unternehmen A befindet sich in den Vertragsverhandlungen mit Unternehmen B. Ziel ist die Übernahme von B durch A. Auf der Grundlage der im *due diligence*-Prozess gewonnenen Erkenntnisse beginnt A bereits im Vorfeld des Erwerbsstichtags ein Postakquisitionsszenario zu entwerfen, das die Integration von B in das wirtschaftliche Umfeld von A ermöglichen soll. Zu erwarten ist demnach, dass durch umfangreiche Restrukturierungen Kosten in erheblicher Höhe entstehen werden. B fasst im Vorfeld der Akquisition keine Pläne, das eigene Unternehmen zu restrukturieren. A ist hingegen fest entschlossen, die Restrukturierungsmaßnahmen umzusetzen und beginnt damit ohne große Verzögerung, nachdem die Kontrolle über B übernommen wird.

Trotz der bereits im Vorfeld mit großer Wahrscheinlichkeit erwarteten Restrukturierungskosten darf in dieser Fallkonstellation im Rahmen der Kaufpreisallokation keine Restrukturierungsrückstellung angesetzt werden. Die Restrukturierungsmaßnahmen gehen auf die Pläne des Erwerbers zurück und stellen damit im Erwerbszeitpunkt keine Schulden des erworbenen Unternehmens dar.

Beispiel 2: Unternehmen A befindet sich in den Vertragsverhandlungen mit Unternehmen B. Ziel ist die Übernahme von B durch A. Auf der Grundlage der im *due diligence*-Prozess gewonnenen Erkenntnisse regt A Restrukturierungsmaßnahmen an, die sofort zu initiieren sind. Andernfalls werden die Vertragsverhandlungen nicht fortgesetzt. B greift die Anregung auf und beginnt mit der Vornahme von Restrukturierungsmaßnahmen. Alle von IAS 37.70ff vorgesehenen Kriterien werden dabei erfüllt. In der Folge werden die Vertragsverhandlungen erfolgreich abgeschlossen und A übernimmt 100% der Anteile an B.

Da hier von B die Restrukturierung angefangen und umgesetzt wird, ist für die nach dem Erwerbsstichtag noch auszugleichenden Verpflichtungen von B eine entspr Schuld im Rahmen der Kaufpreisallokation anzusetzen. Ausschlaggebend hierfür ist, dass die Notwendigkeit zur Restrukturierung von B freiwillig aufgegriffen und umgesetzt wurde.

184 Die Beurteilung, ob der Ansatz einer **Eventualschuld aus Restrukturierungsmaßnahmen** zum Zeitpunkt der Erstkonsolidierung gerechtfertigt ist, kann mit großen Schwierigkeiten verbunden sein. So ist zB die Existenz einer Eventualschuld des erworbenen Unternehmens zum Erwerbszeitpunkt idR zu bestätigen, wenn bereits **vor** dem Unternehmenserwerb die Notwendigkeit von Restrukturierungsmaßnahmen auch ohne Unternehmenszusammenschluss deutlich wird. Ein Ermessensspielraum eröffnet sich jedoch dann, wenn durch die Übernahmeverhandlungen bedingt im Vorfeld des Unternehmenserwerbs die Notwendigkeit von Restrukturierungen zum Vorschein treten und diese noch vor dem Unternehmenserwerb vom erworbenen Unternehmen als Eventualschuld identifiziert werden. In diesen Fällen ist uE grds eine ***stand-alone*-Betrachtung** des erworbenen Unternehmens vorzunehmen. Würde eine Eventualschuld auch dann bestehen, wenn ein Unternehmenszusammenschluss nicht stattfindet, ist diese im Zuge der Erstkonsolidierung zum Ansatz zu bringen. Wird eine Eventualschuld des erworbenen Unternehmens jedoch erst durch den Erwerbsvorgang deutlich, ist uE von einem Bilanzansatz abzusehen und stattdessen eine Pflichtangabe gem IAS 37 zu machen.

185 In der Literatur (vgl *PwC* 2008, 25216ff) werden in diesem Zusammenhang auch Fallkonstellationen diskutiert, bei denen bereits vor *control*-Beginn in einem fortgeschrittenen Verhandlungsstadium das Management des zu erwerbenden Geschäftsbetriebs Restrukturierungsmaßnahmen **im Interesse und ggf auf Veranlassung des zukünftigen Erwerbers** initiiert, die zu einer Restrukturierungsrückstellung iSv IAS 37 führen. Folgt man in diesen Fällen den vorstehend beschriebenen Regelungen zur Erwerbsbilanzierung, so werden diese Verpflichtungen in die Kaufpreisallokation miteinbezogen. IdS handelt es sich dann nicht um nacherwerbliche Vorgänge, auch wenn die wirtschaftliche Wirkung der Maßnahmen erst nach dem Erwerbszeitpunkt zum Tragen kommt. Allerdings sollte uE in diesen Fällen geprüft werden, ob die Einwirkungsmöglichkeit des

Erwerbers auf das bisherige Management mit dem Ziel der Initiierung der Restrukturierungsmaßnahmen nicht bereits dazu führt, dass ein *de-facto-control*-Verhältnis in Erwägung zu ziehen ist mit der Folge, dass sich der Erwerbszeitpunkt entspr vorverlagert (zu *de-facto-control* vgl § 30 Rz 11).

einstweilen frei **186–194**

c) Anteilstausch

IFRS 3 (2008)/IFRS 3 (2004) enthält keine gesonderten Bewertungsregeln für Fälle des Anteilstauschs. UE können hier jedoch nur die gleichen Regeln anzuwenden sein, wie sie für die Bewertung der übernommenen Vermögenswerte gelten, denn nur die Bemessung nach gleichen Grundsätzen für Leistung und Gegenleistung bei einem fiktiven Erwerb von Reinvermögen führt zu einer zutreffenden, weil ausgewogenen Abbildung des Erwerbsvorgangs. Gleiches gilt für **abgelöste Schulden** des Veräußerers. Werden **Eigenkapitalinstrumente** vom Erwerber **emittiert,** um im Tausch die Anteile am TU zu erwerben, so sind diese ausgegebenen Wertpapiere ebenfalls zum beizulegenden Zeitwert zu bewerten. Als **bestmöglicher Schätzwert** ist dabei idR der **Börsenkurs** am Tag der Transaktion heranzuziehen. Nur in seltenen **Ausnahmefällen** sind weitere Indikatoren für die Bestimmung des beizulegenden Zeitwerts zu berücksichtigen. **195**

Nach IFRS 3.33 (2008)/IFRS 3.27 (2004) liegt eine solche **Ausnahme** jedoch nur dann vor, wenn aufgrund einer besonderen **Marktenge** des für das Eigenkapitalinstrument relevanten Kapitalmarkts von einem unzuverlässigen Wertindikator auszugehen ist. Kann nachgewiesen werden, dass eine besondere Marktenge zu einer nicht zum beizulegenden Zeitwert konformen Bewertung führt oder ist für das emittierte Eigenkapitalinstrument **kein Börsenkurs** ermittelbar, ist auf **Sekundärbewertungsmaßstäbe** zurückzugreifen. Dabei besteht grds Übereinstimmung mit den Regelungen des IAS 39. Kann zB der beizulegende Zeitwert des erwerbenden oder erworbenen Unternehmens anderweitig ermittelt werden, können die ausgegebenen Anteile in Höhe des quotalen Anspruchs am jeweils bewerteten Unternehmen dotiert werden. Der beizulegende Zeitwert kann dabei zB auf Basis einer anderweitigen Börsennotierung der Unternehmen oder einer separat durchzuführenden **Unternehmensbewertung** ermittelt werden. Alternativ kann auch ein wahlweise anstatt des Eigenkapitalinstruments **angebotener monetärer Betrag** zur Bestimmung des beizulegenden Zeitwerts der ausgegebenen Anteile genutzt werden. **196**

d) Unentgeltlicher Unternehmenszusammenschluss

IFRS 3.43 (2008) stellt klar, dass die Erwerbsmethode auch auf solche Transaktionen anzuwenden ist, bei denen der Erwerber **keine Gegenleistung** erbringt. Der Standard zählt Beispiele für Vorgänge auf, die zu Unternehmenszusammenschlüssen auch ohne Gegenleistung führen können: **197**

(1) Ein Unternehmen erwirbt eigene Anteile in einem Umfang, der dazu führt, dass ein bisheriger nicht-beherrschender Gesellschafter nunmehr in eine Beherrschungsfunktion gelangt. Dieser Gesellschafter ist mithin als Erwerber zu betrachten, auch wenn er selbst zu dem Erwerbsvorgang nicht aktiv beigetragen und keine (zusätzliche) Gegenleistung erbracht hat.

(2) Veto- oder vergleichbare Rechte von Minderheitsgesellschaftern entfallen, die zuvor dazu geführt hatten, dass trotz einer Mehrheit der Stimmrechte nicht von einem Beherrschungsverhältnis iSv IAS 27 (2008)/IAS 27 (2003) ausgegangen werden konnte. Durch den Wegfall der Vetorechte ist nunmehr ein Beherrschungsverhältnis des Mehrheitsgesellschafters gegeben, ohne dass hierfür einen Gegenleistung erbracht wird.

(3) Erwerber und erworbener Geschäftsbetrieb vereinbaren eine Zusammenlegung ihrer Geschäftstätigkeiten auf rein vertraglicher Basis (*contract alone*). Dabei leistet der Erwerber keine Gegenleistung für die Erlangung der Beherrschungsmöglichkeit und hält auch keine Beteiligung an dem erworbenen Geschäftsbetrieb.

In den Fällen (1) und (2) besteht eine Beteiligung des Erwerbers am Akquisitionsobjekt. Für diese Beteiligung wurde eine Gegenleistung erbracht, deren Bewertung zum beizulegenden Zeitwert im Zeitpunkt der erstmaligen Erlangung der Beherrschungsmöglichkeit Grundlage für die Erwerbsbilanzierung ist. Im Fall (3) eines rein vertraglichen Zusammenschlusses hingegen besteht kein Beteiligungsverhältnis und entspr keine Anschaffungskosten/Gegenleistung. Um die Erwerbsmethode dennoch anwenden zu können legt IFRS 3.44 (2008) fest, dass der Saldo aus den Zeitwerten der erworbenen Vermögenswerte und Schulden den Anteilseignern des „erworbenen" Unternehmens zuzurechnen ist. Diese sind dann als **Anteile nicht-beherrschender Gesellschafter** in der Konzernbilanz des Erwerbers auszuweisen.

198 In **IFRS 3 (2004)** sind **rein vertragliche Unternehmenszusammenschlüsse** aus dem Regelungsbereich des Standards **ausgenommen** (IFRS 3.3(d) (2004)). Die Fälle anderer unentgeltlicher Erwerbe sind nicht explizit Gegenstand der Regelungen von IFRS 3 (2004).

e) Umgekehrter Unternehmenserwerb

199 Abweichend von den grds Regelungen der Erwerbsbilanzierung bestimmen IFRS 3.B20 (2008)/IFRS 3.B4f (2004), dass im Falle eines umgekehrten Unternehmenserwerbs der Kaufpreis unter der Fiktion bestimmt werden soll, dass das TU Eigenkapitalinstrumente in dem Umfang emittiert hat, der zu demselben wirtschaftlichen Ergebnis geführt hätte wie der umgekehrte Unternehmenserwerb. Diese **fiktiven Eigenkapitalinstrumente des TU** sind zu ihrem beizulegenden Zeitwert zu bewerten, um zu dem maßgeblichen Kaufpreis im Rahmen der Transaktion zu gelangen. Damit wird das rechtliche Kaufobjekt für Bilanzierungszwecke zum Käufer umqualifiziert, der juristische Käufer wird zum faktischen Kaufobjekt.

200 Für den Fall, dass der beizulegende Zeitwert der fiktiven Eigenkapitalinstrumente des TU nicht unmittelbar bestimmbar ist, soll nach IFRS 3.B20 (2008)/IFRS 3.B6 (2004) aus **Vereinfachungsgründen** der beizulegende Zeitwert aller von dem MU im Zuge der Transaktion ausgegebenen Eigenkapitalinstrumente zugrunde gelegt werden. Damit wird der Tatsache Rechnung getragen, dass bei vielen Akquisitionen ein eindeutiger beizulegender Zeitwert (zB aus Markttransaktionen) der fiktiven Eigenkapitalinstrumente nicht ermittelt werden kann. Der auf diese Weise ermittelte Kaufpreis liefert anschließend im Rahmen der Kapitalkonsolidierung die aufzurechnenden Anschaffungskosten des Unternehmenserwerbs.

f) Sukzessiver Anteilserwerb

201 Erfolgt der Unternehmenserwerb in mehreren Schritten **(sukzessiver Erwerb),** dh werden im Zeitablauf verschiedene Anteilstranchen erworben, die schließlich die Verfügungsmacht über ein Unternehmen gewährleisten, so ist nach IFRS 3.42 (2008) eine Bewertung zum Zeitpunkt des Statuswechsels (Zeitpunkt der Erlangung der Beherrschungsmöglichkeit) erforderlich (s ausführlich § 38 Rz 11 ff). Nachgelagerte Erwerbsschritte werden als reine Eigenkapitaltransaktionen behandelt und führen nicht mehr zu einer erneuten Bewertung der zuvor erworben Tranchen (s Rz 254).

Nach IFRS 3 (2004) ist jede Erwerbstransaktion gesondert zu bewerten (IFRS 3.58 ff (2004)). Damit soll eine **stichtagsgenaue Bewertung** der Anschaffungskosten gewährleistet werden, die jeweils auf den **Tag des Erwerbsvorgangs** *(date of exchange transaction)* abstellt (s ausführlich § 38 Rz 101 ff). Die Summe der den vorgenommenen Erwerbsschritten zurechenbaren Kosten stellen letztendlich die Anschaffungskosten des sukzessiven Unternehmenserwerbs dar (zur Erwerbsmethode bei sukzessivem Erwerb vgl Rz 254 ff). 202

g) Teilkonzerne

Aufgrund der vom IASB zunehmend verfolgten Einheitstheorie in Bezug auf die Bilanzierung von Konzernsachverhalten ist auch beim **Erwerb eines Teilkonzerns** bei der Bestimmung der Anschaffungskosten eine **Gesamtbetrachtung** vorzunehmen. Setzen sich zB die vertraglichen Gesamtanschaffungskosten aus einzelnen Teilbeträgen und korrespondierenden Vertragsgegenständen zusammen, ist trotzdem ausschließlich der Gesamtbetrag zur Bestimmung der Anschaffungskosten heranzuziehen. Gleichfalls ist für die nachfolgende Bewertung der erworbenen Vermögenswerte und Schulden auf den Gesamtinhalt des Kaufvertrags abzustellen. Die Begründung für diese Vorgehensweise liegt darin, dass solche **rechtlichen Kaufpreisaufteilungen** häufig zu Zwecken der Steuergestaltung genutzt werden, jedoch wirtschaftlich in vielen Fällen ohne Relevanz sind. So können durch Allokation der Anschaffungskosten von TU eines international aufgestellten Teilkonzerns ggf **Steuervorteile** genutzt werden. Dies ist jedoch aus IFRS-Sicht unbeachtlich, da hierbei auf den wirtschaftlichen Gehalt des Kaufvertrags abzustellen ist. 203

h) Anschaffungsnebenkosten

Im Zuge der Überarbeitung der Regelungen zur Erwerbsbilanzierung wurde vom IASB der **Bewertungsgedanke** mit dem **zentralen Wertmaßstab des beizulegenden Zeitwerts** als Kernprinzip deutlich gestärkt. Neben der Ermittlung der beizulegenden Zeitwerte der erworbenen Vermögenswerte und Schulden wurde als zweiter Bewertungsbereich die Festlegung des beizulegenden Zeitwerts für die für die Beherrschungserlangung aufgewendete Gegenleistung *(consideration transferred)* etabliert. Diese umfasst nach der *fair-value*-Konzeption nur solche Bestandteile, die unmittelbar im Rahmen der Transaktion zur Erlangung der Beherrschung über den erworbenen Geschäftsbetrieb aufgewendet wurden. Konzeptionell folgerichtig weist IFRS 3.53 (2008) explizit darauf hin, dass bei diesem Verständnis der Anschaffungskosten für den Erwerb aufgewendete Anschaffungsnebenkosten – unabhängig davon, ob sie dem Erwerbsvorgang direkt oder indirekt zuzuordnen sind – nicht Bestandteil der *consideration transferred* sein können (vgl *Bryois* IRZ 2008, 282). Sämtliche im Zusammenhang mit dem Erwerb stehenden Kosten, die nicht unmittelbar an den Veräußerer zur Erlangung der Kontrolle über den Geschäftsbetrieb aufgewendet wurden, sind dementsprechend **als Aufwand in der Periode ihrer Entstehung** zu erfassen. Damit ist es zu einer grundlegenden, gleichwohl konzeptionell zwingenden, **Änderung der Behandlung von Anschaffungsnebenkosten** von Erwerbsvorgängen ggü IFRS 3 (2004) gekommen. 204

IFRS 3 (2004) stellt demgegenüber auf eine gesamtheitliche Definition der Anschaffungskosten ab. Als Anschaffungskosten gilt somit der zum **beizulegenden Zeitwert bewertete Gesamtbetrag** der für die Übernahme hingegebenen Ressourcen (IFRS 3.24(a) (2004)). Daneben sind sämtliche direkt zurechenbaren Anschaffungsnebenkosten zu berücksichtigen (IFRS 3.24(b) (2004)). Als 205

Bewertungsstichtag ist dabei analog zu den Anschaffungskosten der Erwerbszeitpunkt zugrunde zulegen.

206 Zu den **Anschaffungsnebenkosten** gehören alle Aufwendungen, die **direkt** mit dem Unternehmenserwerb zusammenhängen. Hierunter sind generell Honorare für Wirtschaftsprüfer, Rechtsberater, Gutachter und andere im Zusammenhang mit dem Erwerb tätige Berater zu subsumieren. Von diesen direkt zurechenbaren Kosten abzugrenzen und nicht in die Anschaffungskosten einzubeziehen sind Kosten, die nur **indirekt** dem Unternehmenserwerb zuzuordnen sind. Hierzu gehören im Regelfall unternehmensintern beim Erwerber entstandene Kosten, zB der lfd Unterhalt einer Unternehmenserwerbsabteilung. Diese sind sofort als Aufwand zu behandeln (IFRS 3.29 (2004)). Können jedoch unternehmensintern angefallene Kosten direkt einem Unternehmenserwerb zugeordnet werden, kann im Einzelfall gleichwohl von Anschaffungsnebenkosten ausgegangen werden. Hierzu gehören zB Gehälter einzelner Mitarbeiter der Unternehmenserwerbsabteilung, die ausschließlich im Rahmen des jeweils untersuchten Unternehmenserwerbs tätig waren.

207 Externe Ausgaben, die als **Resultat des Unternehmenserwerbs** anfallen, sind nach IFRS 3 (2004) idR **nicht** als Anschaffungsnebenkosten zu erfassen. Hierunter fallen zB Kosten für die Unterstützung und Anpassung des Rechnungswesens, für die Mitarbeiterintegration und -schulung oder die Unternehmenskommunikation des Konzerns. Kritisch gesehen wird zudem die Behandlung von Provisionen *(finder's fees* oder *signing fees)* als Anschaffungsnebenkosten, insbes dann, wenn diese unabhängig vom Vollzug der Unternehmensakquisition zu leisten sind.

208 Ausgenommen von einer Einbeziehung in die Anschaffungsnebenkosten sind grds Finanzierungskosten. So sind Ausgaben oder Mindereinnahmen, die mit der **Eigenkapitalbeschaffung** zusammenhängen, kein Bestandteil der Anschaffungsnebenkosten nach IFRS 3.31 (2004). Hierunter fallen zB Kosten für die Registrierung und Ausgabe von Eigenkapitaltiteln. Diese sind von den Einnahmen aus der Ausgabe von Eigenkapitaltiteln abzusetzen (vgl § 12 Rz 33 ff). Entspr sind auch **Kosten der Fremdkapitalaufnahme** nicht als Anschaffungsnebenkosten zu behandeln, sondern gehen vielmehr in die (Folge-)Bewertung der Verbindlichkeit gem IAS 39 ein (IFRS 3.30 (2004); § 14 Rz 75 ff).

209 Explizit ausgeschlossen von den Anschaffungskosten nach IFRS 3 (2004) werden weiterhin **zukünftige Aufwendungen** bzw **erwartete Verluste,** die als Konsequenz des Unternehmenszusammenschlusses antizipiert werden (IFRS 3.28 (2004)). Diese Neuregelung wurde bei der Entwicklung des IFRS 3 explizit definiert (IFRS 3.BC70 (2004)), um die darauf aufbauende sofortige Ergebnisrealisierung eines etwaigen negativen Unterschiedsbetrags begründen zu können. Durch die Neuregelung können weder bei der Ermittlung der Anschaffungskosten, noch bei den gegenüberzustellenden übernommenen Vermögenswerten zu antizipierende Aufwendungen und Verluste in Ansatz gebracht werden.

210 Hinsichtlich der Behandlung von Anschaffungsnebenkosten, die Unternehmenserwerbe betreffen, die **nach IFRS 3 (2008) bilanziert** werden, jedoch **vor der erstmaligen Anwendung des neuen Standards entstanden** sind, kommen unterschiedliche Bilanzierungsmöglichkeiten in Betracht. Zum einen wäre eine Behandlung derartiger Anschaffungsnebenkosten als Periodenaufwand denkbar, da bekannt ist, dass sie sich auf einen nach den Regelungen des IFRS 3 (2008) bilanzierten Unternehmenszusammenschluss beziehen. Zum anderen besteht uE aber auch die Alternative diejenigen Anschaffungsnebenkosten, die in der Periode vor der Erstanwendung des IFRS 3 (2008) angefallen sind, in Übereinstimmung mit IFRS 3 (2004) zu bilanzieren, da dieser Standard bei ihrem Anfall in Kraft war. Bei Anwendung von IFRS 3 (2008) erfolgt dann eine er-

folgswirksame Auflösung des nach IFRS 3 (2004) gebildeten Vermögenswerts in Höhe der aktivierten Anschaffungsnebenkosten. In der Periode der erstmaligen Anwendung von IFRS 3 (2008) ist außerdem die Vorperiode anzupassen, um die Kosten als Aufwand zu zeigen. Dies ergibt sich aus IAS 8.19(a) für die Darstellung der erstmaligen Anwendung neuer oder geänderter Standards.

Beispiel: Das Unternehmen A wendet IFRS 3 (2008) erstmals in seinem Jahresabschluss für das Jahr 20X1 an. Zu Beginn des Geschäftsjahrs erwirbt A 100% der Aktien an Unternehmen B. Ende 20X0 wird dieser Unternehmenserwerb bereits als hochwahrscheinlich eingestuft und dem Unternehmen A entstehen bereits zu diesem Zeitpunkt Kosten, die in einem direkten Zusammenhang mit dem Erwerb des Unternehmens B stehen. Folgende Bilanzierungsmöglichkeiten bestehen:

Die erwerbsbezogenen Kosten sind im Zusammenhang mit einem Unternehmenserwerb entstanden, der in einer Periode stattfindet, in der der Erwerber IFRS 3 (2008) anwendet. Infolgedessen sind diese Kosten entspr IFRS 3 (2008) als Aufwand in 20X0 zu erfassen.

Das Unternehmen A wendet IFRS 3 (2008) nicht vorzeitig in seinem Abschluss für das Geschäftsjahr 20X0 an, sodass eine bilanzielle Behandlung der Kosten nach IFRS 3 (2004) zu erfolgen hat. Aufgrund der hohen Wahrscheinlichkeit des Unternehmenserwerbs zum Bilanzstichtag 20X0 ist eine Aktivierung der erwerbsbezogenen Kosten zum Bilanzstichtag 20X0 geboten. Obgleich die Übergangsregelungen eine prospektive Anwendung des IFRS 3 (2008) vorsehen, stellt dessen Anwendung eine Änderung der Bilanzierungsmethoden dar mit der Konsequenz einer rückwirkenden Anwendung gem IAS 8. Folglich sind die in 20X0 entstandenen Kosten in 20X1 als Aufwand zu behandeln und entspr umzubuchen. Die Vorjahreszahlen sind entspr anzupassen.

2. Behandlung nachgelagerter Anschaffungskosten mit Eventualcharakter

Vertragliche Regelungen im Rahmen eines Unternehmenserwerbs können nachträgliche Kaufpreisanpassungen *(contingent consideration)* vorsehen. ZB können zusätzliche Kaufpreiskomponenten an das Erreichen bzw Nichterreichen von **Erfolgszielen** der akquirierten Einheit (sog *earn-out*-Modelle) bestimmter **Kursziele** gekoppelt werden. Durch die offene Formulierung in IFRS 3 (2008) werden jedoch auch Wertgarantien einzelner Vermögenswerte, Schulden und des Eigenkapitals mit erfasst. Im Zeitpunkt der vertraglich definierten Zielüberprüfung sind dann vom Erwerber zusätzliche Kaufpreiskomponenten zu erbringen oder es entsteht ein Anspruch auf Rückzahlung bereits erbrachter Kaufpreiszahlungen. 211

Die gesamte Gegenleistung ist gem IFRS 3.37 (2008) mit ihrem **beizulegenden Zeitwert im Erwerbszeitpunkt** zu bewerten. Dies gilt auch für nachgelagerte Kaufpreiskomponenten aus Kaufpreisanpassungen. Die Unsicherheiten in bezug auf den Eintritt der Bedingungen sind dabei als Bewertungskomponente zu berücksichtigen. Die Eintrittswahrscheinlichkeit einer Anschaffungskostenkomponente stellt keine zusätzliche Hürde für den Ansatz innerhalb der Bestimmung des Gesamtwerts der Gegenleistung des Unternehmenserwerbs dar (vgl *Crasselt/Lukas* KoR 2008, 730f). Es kommt somit zu einer abweichenden Vorgehensweise im Vergleich zu IFRS 3.32 (2004), wo eine bedingte Gegenleistung nur dann innerhalb der Anschaffungskosten zum Erwerbszeitpunkt zu berücksichtigen ist, wenn der Eintritt der Bedingung zu diesem Zeitpunkt als wahrscheinlich angesehen werden kann. Der hinsichtlich des Zeithorizonts des Eintritts der Bedingungen zu beachtende Zeithorizont umfasst dabei den Zwölf-Monatszeitraum der *measurement period* (vgl Rz 250). 212

IFRS 3.40 (2008) regelt die **bilanzielle Abbildung** von bedingten Kaufpreiskomponenten. Danach ist eine für den Erwerber aus der Unternehmensakquisition resultierende Verpflichtung zur Zahlung einer bedingten Kaufpreiskompo- 213 nente nach Maßgabe der Regelungen des IAS 32.11 ff als Eigenkapital- oder Fremdkapitalinstrument zu bilanzieren. Ein ggf bestehender Rückforderungsanspruch auf bereits gezahlte Kaufpreiskomponenten ist als Vermögenswert zu aktivieren, wenn die Voraussetzungen des Rahmenkonzepts für den Ansatz von Vermögenswerten erfüllt sind.

214 Hinsichtlich der **Folgebilanzierung** unterscheidet IFRS 3.58 (2008) zwischen Änderungen des beizulegenden Zeitwerts der bedingten Gegenleistung aufgrund nachträglicher Erkenntnisse im Hinblick auf die Verhältnisse am Erwerbsstichtag innerhalb der Zwölf-Monatsfrist und allen übrigen Änderungen. Während nachträgliche Erkenntnisse innerhalb der Zwölf-Monatsfrist zu einer Veränderung der Erstkonsolidierung und damit des Unterschiedsbetrags aus dem Unternehmenszusammenschluss führen *(measurement period adjustment)*, sind die übrigen Änderungen außerhalb der Erwerbsbilanzierung zu berücksichtigen. Dabei ist es unerheblich, ob es sich um Ereignisse nach dem Erwerbsstichtag handelt oder um bessere Erkenntnisse in bezug auf den Erwerbszeitpunkt, die jedoch außerhalb der Zwölf-Monatsfrist bekannt werden. Diese Änderungen beeinflussen damit nicht den Unterschiedsbetrag aus der Erstkonsolidierung. Die Art der Anschaffungskostenkomponente gibt dabei den Ausschlag über die nachfolgenden bilanziellen Auswirkungen:

(1) Handelt es sich um ein **Eigenkapitalinstrument,** erfolgt keine Bewertungsanpassung. Werden gleichwohl weitere Eigenkapitalinstrumente ausgegeben (bspw bei Erreichen von Erfolgszielen) werden diese als normale Eigenkapitaltransaktion innerhalb des Eigenkapitals erfasst.

(2) Handelt es sich bei der Anschaffungskostenkomponente um einen **finanziellen Vermögenswert** (zB Zahlungsmittel) oder um eine **Finanzschuld,** ist eine Anpassung in Übereinstimmung mit IAS 39 erforderlich. Bei nichtmonetären Schulden oder Vermögenswerten ergibt sich die Folgebilanzierung aus den Regelungen des IAS 37. In beiden Fällen wird die Kaufpreisanpassung grds erfolgswirksam erfasst.

Beispiel: Der im Rahmen eines Unternehmenszusammenschlusses ursprünglich erfasste beizulegende Zeitwert einer bedingten Gegenleistung beläuft sich auf T€ 1.000. Nach Ablauf des Bewertungszeitraums von zwölf Monaten stellt sich aufgrund des Erreichens von vereinbarten Erfolgszielen heraus, dass der *fair value* der bedingten Gegenleistung am Erwerbsstichtag tatsächlich T€ 1.200 betrug.

Ein *measurement period adjustment*, und damit die nachträgliche Änderung des Unterschiedsbetrags aus der Erstkonsolidierung, sind aufgrund des Fristablaufs nicht mehr möglich. Die bilanzielle Berücksichtigung richtet sich gem IAS 3.58 (2008) nach dem Charakter der betroffenen Anschaffungskostenkomponente:

Handelt es sich dabei um ein **Eigenkapitalinstrument,** so erfolgt keine Buchung, da es sich bei der Ausgabe weiterer Eigenkapitalinstrumente aus Sicht des Unternehmens lediglich um eine neue Stückelung des insgesamt unveränderten Eigenkapitals handelt. Ggf ist eine Anpassung in der Darstellung des Gezeichneten Kapitals bzw der Kapitalrücklage erforderlich. Die erfassten Anschaffungskosten für die Beteiligung betragen unverändert T€ 1.000.

Werden dagegen **andere Finanzinstrumente** zur Erfüllung der bedingten Kaufpreiskomponente verwendet, so ist eine Erhöhung der Anschaffungskosten für die Beteiligung zu erfassen. Diese betragen dann T€ 1.200. Der entspr Buchungssatz lautet:

Per Aufwand T€ 200 an Verbindlichkeit aus Kaufpreis T€ 200.

215 **Nach IFRS 3 (2004)** ist im Hinblick auf **bedingte Kaufpreisanpassungen** noch zu differenzieren: Wird eine spätere Kaufpreisanpassung im Erwerbszeitpunkt als wahrscheinlich eingestuft und tritt diese Änderung innerhalb der Zwölf-Monatsfrist ein, so entspricht die Vorgehensweise materiell derjenigen nach IFRS 3 (2008). Ist dagegen eine Abschätzung der späteren Kaufpreisänderung zum Erwerbszeitpunkt noch nicht möglich, da zu diesem Zeitpunkt der

Eintritt der Bedingungen nicht wahrscheinlich oder nicht zuverlässig schätzbar ist, so sind die Anpassungen in voller Höhe zu dem Zeitpunkt zu berücksichtigen, an dem eine solche Abschätzung verlässlich möglich ist (IFRS 3.34 (2004)). Hinsichtlich der buchungstechnischen Berücksichtigung ist zu differenzieren: Während bei *earn-out*-Modellen eine Anpassung des Geschäfts- oder Firmenwerts vorzunehmen ist, wird eine Kaufpreisanpassung, die sich aus einem niedrigeren Wert der hingegebenen Anteile ergibt, gegen die Kapitalrücklage gebucht (IFRS 3.35 (2004)). Eine Anpassung der Anschaffungskosten und des Geschäfts- oder Firmenwerts scheidet in diesem Fall aus.

Nicht explizit in IFRS 3 (2004) geregelt sind vertragliche Vereinbarungen, bei denen die Kaufpreisanpassung an eine **Garantie bestimmter Bilanzposten** geknüpft ist. Dies beinhaltet zunächst sämtliche Formen von Eigenkapitalgarantien, es können jedoch auch andere Posten hinsichtlich ihrer Höhe garantiert werden (zB Werthaltigkeit des Forderungsbestands). Die Nichteinhaltung solcher Garantien im Erwerbszeitpunkt führt zu einer Änderung des beizulegenden Zeitwerts des entspr Bilanzpostens beim Erwerber und ist dementsprechend als Korrektur des Ansatzes im Rahmen der Kaufpreisallokation zu berücksichtigen. Eine Wertänderung nach dem Erwerbszeitpunkt berührt die Werte der Kaufpreisallokation beim Erwerber nicht. Die durch die Unterschreitung zu einem späteren Zeitpunkt induzierte Kaufpreisanpassung ist mit derjenigen aufgrund einer nicht eingehaltenen *earn-out*-Garantie zu vergleichen. Dementsprechend ist analog zu der Regelung in IFRS 3.35 (2004) der Geschäfts- oder Firmenwert anzupassen. 216

III. Anteile nicht-beherrschender Gesellschafter/Minderheitenanteile

1. Bewertungsalternativen

Mit der Einführung von IFRS 3 (2008) wurde hinsichtlich der Bemessung der Anteile nicht-beherrschender Gesellschafter eine zuvor in IFRS 3 (2004) noch nicht enthaltene Option zur sog ***full goodwill*-Methode** eingeführt. Dies resultiert aus dem nunmehr konsequent für alle erworbenen Vermögenswerte, Schulden, Anteile nicht-beherrschender Gesellschafter und Gegenleistungen angewendeten Prinzip der **Bewertung** zum beizulegenden Zeitwert. Somit stehen dem bilanzierenden Unternehmen **zwei Alternativen** zur Bewertung der Minderheitenanteile im Erwerbzeitpunkt zur Verfügung (IFRS 3.19 (2008)). 217

a) Neubewertungsmethode

Zunächst kann der Anteil nicht-beherrschender Gesellschafter als **beteiligungsproportionaler Anteil am Eigenkapital** der Gesellschaft bewertet werden (IFRS 3.19 (2008)). Da nach IFRS 3 nur die Erwerbsmethode in Form der sog Neubewertung zulässig ist, erfordert diese Vorgehensweise somit die Berechnung des Saldos der im Rahmen der Kaufpreisallokation angesetzten Vermögenswerte und Schulden. Das auf diese Weise ermittelte identifizierbare Nettovermögen ist mit dem prozentualen Anspruch der Minderheiten zu multiplizieren. Der so berechnete Minderheitenanteil umfasst somit keinen Anteil am Unterschiedsbetrag, der infolge des Unternehmenszusammenschlusses auszuweisen ist. Dieser Ansatz stellt die nach **IFRS 3 (2004)** einzig zulässige Variante zur Dotierung der Anteile nicht-beherrschender Gesellschafter dar. 218

b) Beizulegender Zeitwert

219 IFRS 3.19 (2008) ermöglicht darüber hinaus als zusätzliche Alternative die **Bewertung** auch des Anteils nicht-beherrschender Gesellschafter zum **beizulegenden Zeitwert** *(full goodwill method)*. Die Bewertung zum beizulegenden Zeitwert des Minderheitenanteils stellt dabei ein **Wahlrecht** dar, das für **jeden Unternehmenszusammenschluss** grds **neu** ausgeübt werden kann (IFRS 3.19 (2008)). Folglich muss ein Unternehmen die einmal bei einem Unternehmenszusammenschluss angewandte Bilanzierungsmethode hinsichtlich der Bewertung der Anteile nicht-beherrschender Gesellschafter bei ähnlichen Transaktionen nicht gem IAS 8.13 stetig anwenden.

220 Die Einführung einer **Option** zur *full goodwill*-Methode anstelle der konzeptionell eigentlich gebotenen Pflicht zu deren Anwendung erklärt sich daraus, dass eine – wie sonst in der Bilanzierung von Unternehmenszusammenschlüssen übliche – stringente Orientierung an beizulegenden Zeitwerten hinsichtlich der Bewertung von Minderheitenanteilen beim IASB nicht durchsetzbar war (IFRS 3.BC210ff (2008)). IFRS 3 (2008) weicht damit von den korrespondierenden US-amerikanischen Regelungen in FAS 141 (rev 2007) ab, da dort allein die Bewertung zu beizulegenden Zeitwerten zulässig ist (FAS 141.21 (rev 2007)). Ungeachtet dieser Abweichung liegt eine Einschränkung der Wahlrechtsausübung für SEC-gelistete IFRS-Anwender, die für nach dem 15. November 2007 beginnende Geschäftsjahre im Rahmen von Form 20-F keine Überleitung nach US-GAAP mehr vornehmen müssen, derzeit nicht vor.

221 Bei der Bewertung kann uU der **Börsenpreis** der Anteile nicht-beherrschender Gesellschafter zum Zeitpunkt des Erwerbs herangezogen werden, soweit sich dieser aus einem aktiven Markt ergibt (IFRS 3.B44 (2008)). Gem der *fair value*-Konzeption ist dabei jedoch sicherzustellen, dass die herangezogenen Marktwerte nicht durch ein ggf bestehendes Übernahmeangebot beeinflusst sind. Vielmehr ist in diesen Fällen auf den letzten verfügbaren Börsenpreis **vor** Bekanntgabe der Übernahmeabsicht abzustellen, da nur dieser der notwendigen *stand-alone*-Betrachtung des erworbenen Unternehmens Rechnung trägt. Dies kann insbes dann zu Schwierigkeiten in der Bewertung führen, wenn zwischen dem letzten verfügbaren Börsenpreis und dem Erwerbsstichtag ein längerer Zeitraum liegt, sodass der Börsenpreis am Erwerbsstichtag hinsichtlich der Erwartungen der Marktteilnehmer nicht mehr durch den historischen Börsenpreis approximiert werden kann. In diesen Fällen ist vom bilanzierenden Unternehmen im Einzelfall kritisch zu prüfen, ob verfügbare Börsenpreise zur Ermittlung des beizulegenden Zeitwerts am Erwerbsstichtag herangezogen werden können. Kann bei der Bewertung von Minderheitenanteilen nicht auf Börsenkurse zurückgegriffen werden, ist auf die gängigen **Instrumente** der **Unternehmensbewertung** zurückzugreifen. Der dabei ermittelte Wert kann von der Kaufpreisermittlung eines Unternehmenserwerbs abweichen, da dort regelmäßig auch Elemente wie Synergien ihre Berücksichtigung finden.

222 Die Bewertung von Anteilen nicht-beherrschender Gesellschafter nach IFRS 3 (2008) unterscheidet sich von einigen in der Vergangenheit ebenfalls unter dem Stichwort ***„full goodwill method"*** diskutierten Vorgehensweisen. So kann die Bewertung von Minderheitenanteilen zu beizulegenden Zeitwerten zwar zum Ausweis von Geschäfts- oder Firmenwerten führen, die partiell auf die Minderheitsgesellschafter des erworbenen Geschäftsbetriebs entfallen. Gleichwohl ist dies nicht zwingend, da nicht etwa die zum beizulegenden Zeitwert bewerteten (und tatsächlich geleisteten) Anschaffungskosten des Erwerbers auf die Minderheiten „hochgerechnet" werden. IFRS 3 (2008) unterstellt keinen unmittelbaren Zusammenhang zwischen den Anschaffungskosten des Unter-

nehmenserwerbs und dem beizulegenden Zeitwert des Minderheitenanteils. Vielmehr sieht der IASB explizit die Möglichkeit, dass die Bewertung der vom Erwerber gehaltenen Anteile und der Minderheitenanteile auseinanderfallen kann, zB durch die Berücksichtigung einer Kontrollprämie (IFRS 3.B45 (2008)).

Bei **Änderungen der Wertansätze** der im Rahmen der Erwerbsbilanzierung angesetzten Vermögenswerte und Schulden oder der entrichteten Gegenleistung innerhalb der Zwölf-Monatsfrist kommt es, je nach Ausübung der Option zur Anwendung der *full goodwill method*, zu unterschiedlichen Auswirkungen auf den ausgewiesenen Geschäfts- oder Firmenwert einerseits sowie den Ausweis der Anteile nicht-beherrschender Gesellschafter andererseits. Kommt, bei einer Nichtausübung der Option, die *partial goodwill method* zur Anwendung, führt bspw eine anteilige Aufstockung von Vermögenswerten zu einer entspr Erhöhung des ausgewiesenen Anteils nicht-beherrschender Gesellschafter. Da bei dieser Vorgehensweise kein Geschäfts- oder Firmenwert auf die nicht-beherrschenden Gesellschafter entfällt, ist insoweit auch keine Anpassung vorzunehmen. Findet hingegen die ***full goodwill method*** Anwendung, so führt eine Vermögenswert-Aufstockung zu einer entspr Abstockung des den nicht-beherrschenden Gesellschaftern zuzuordnenden Geschäfts- oder Firmenwerts innerhalb des Ausgleichspostens, dessen inhaltliche Zusammensetzung sich damit verändert (s auch das Beispiel bei *B. Hayn/M. Hayn/S. Hayn* in FS Küting, 284).

2. Besonderheiten

a) Unentgeltlicher Unternehmenszusammenschluss

Im Gegensatz zu IFRS 3 (2004) fallen in den Anwendungsbereich des IFRS 3 223
(2008) auch Unternehmenszusammenschlüsse auf **rein vertraglicher Basis** (s Rz 17). In derartigen Fällen kann das Wahlrecht des IFRS 3.19 (2008) ebenfalls in Anspruch genommen werden, da dort grds festgestellt wird, dass der Erwerber bei jedem Unternehmenszusammenschluss Minderheitenanteile zum beizulegenden Zeitwert oder entspr den Anteilen der Minderheiten an den *net assets* des erworbenen Unternehmens bewertet. Bei einem Unternehmenszusammenschluss auf vertraglicher Basis hat der Erwerber den Eigentümern des erworbenen Unternehmens die in Übereinstimmung mit IFRS ermittelten *net assets* zuzuweisen (IFRS 3.44 (2008)). Die Eigenkapitalanteile des erworbenen Unternehmens, die von einer anderen Partei als dem Erwerber gehalten werden, stellen Minderheitenanteile in dem Konzernabschluss des Erwerbers dar, auch wenn möglicherweise 100% der Eigenkapitalanteile auf die Minderheiten entfallen. Dabei sind IFRS 3.44 (2008) keine Regelungen zur Bewertung der Minderheitenanteile zu entnehmen. Eine Einschränkung des in IFRS 3.19 (2008) kodifizierten Wahlrechts enthält er jedoch auch nicht, sodass auf eine analoge Anwendung geschlossen werden kann.

b) Umgekehrter Unternehmenserwerb

Im Zuge von Unternehmenszusammenschlüssen durch Anteilstausch, die nach 224
IFRS 3 (2008)/IFRS 3 (2004) als umgekehrte Unternehmenserwerbe *(reverse acquisitions)* zu qualifizieren sind, kann es vorkommen, dass nicht alle Anteilseigner des TU ihre Anteile in solche des MU tauschen und damit **nach erfolgter Transaktion nicht-beherrschende Anteilseigner** des TU bestehen bleiben.

IFRS 3.B23f (2008)/IFRS 3.B10f (2004) regeln die Behandlung dieser nicht-beherrschenden Anteilseigner und schreiben vor, dass innerhalb des Konzernabschlusses der auf diese Gesellschafter entfallende Kapitalanteil als Minderheitenanteil auszuweisen ist (vgl auch *Zwirner* KoR 2009, 141). Obwohl also für Rechnungslegungszwecke die Rollen von Erwerber und Erworbenem getauscht werden, führt dies nicht dazu, dass die Minderheitsgesellschafter des TU als Kapitaleigner des Konzerns angesehen werden. Der Grund für diese Behandlung der nicht-beherrschenden Gesellschafter besteht darin, dass diese aufgrund der rechtlichen Gestaltung der Transaktion **nur an dem Ergebnis, den Vermögenswerten und Schulden des TU beteiligt** sind. Aus Sicht des Konzerns haben sie deshalb – unabhängig von der Sichtweise des TU als wirtschaftlichem Erwerber – weiterhin den Status normaler nicht-beherrschender Gesellschafter.

c) Personenhandelsgesellschaften

225 Der Ausweis von nicht-beherrschenden Anteilen eines PersGes-TU steht im **Spannungsfeld zwischen dem Pflichtausweis** als Eigenkapital nach IAS 27.27 (2008)/IAS 27.33 (2003) **und der Definition** von Eigenkapital nach IAS 32.

Die Definitionen und weiteren Ausführungen auch der überarbeiteten Standards IFRS 3 (2008) und IAS 27 (2008) sind mit einer Berücksichtigung der Eigentümerkapitalausstattung von Personenhandelsgesellschaften deutscher Ausprägung **nicht unmittelbar kompatibel.** So definieren IAS 27.4 (2008) und IFRS 3.A (2008) *non-controlling interests* als Eigenkapitalanteil eines TU, der weder direkt noch indirekt von einem Konzernunternehmen gehalten wird. Auf der anderen Seite stellt bspw IAS 27 (2008) auf den Anspruch der nicht-beherrschenden Gesellschafter am Nettovermögen ab (IAS 27.18 (2008), ähnlich IFRS 3.19 (2008)). Beide Sichtweisen sind jedoch nur dann konsistent, wenn sich der Anspruch der nicht-beherrschenden Gesellschafter zum einen auf das Nettovermögen des Konzernunternehmens bezieht und zum anderen gleichzeitig in Form eines Eigenkapitalinstruments verbrieft ist.

226 Bei TU in der Rechtsform einer deutschen Personenhandelsgesellschaft ist dies jedoch regelmäßig nicht der Fall. Aufgrund der nach §§ 131 f HGB **verbrieften Austrittsrechte** des Gesellschafters ist hier grds von einer Klassifikation seines Anteils aus Sicht des TU als Finanzschuld iSv IAS 32 auszugehen. Durch die Ergänzung des IAS 32 im Jahr 2008 wurde die Möglichkeit eröffnet, bei einem Nachweis iSv IAS 32.16Aff ausnahmsweise die Anteile des PersGes-Gesellschafters als Eigenkapital im Abschluss der PersGes bilanzieren zu können. Handelt es sich bei der PersGes um ein Konzernunternehmen, ist der Nachweis nach IAS 32.16A jedoch nicht aus der Perspektive des Einzelabschlusses, sondern aus der **Perspektive** des **Konzernabschlusses** zu führen. Bereits die Existenz anderer Eigenkapitalinstrumente, deren Rendite sich nach der Ertrags- und Vermögenslage des Konzerns richtet führt aus Konzernsicht regelmäßig zu einer Nichterfüllung der Kriterien des IAS 32.16A und damit zu einer Qualifikation dieser Anteile als **Fremdkapital** (vgl hierzu ausführlich § 12 Rz 92 ff).

227 Nach der **Maßgabe der Einordnung von PersGes-Gesellschafteranteilen** als Eigen- oder Fremdkapital richtet sich demnach auch die Frage des Ausweises nicht-beherrschender Gesellschafter. Ist das auf konzernfremde Dritte entfallende PersGes-Gesellschafterkapital als Eigenkapital zu klassifizieren, ist der Ausweis von *non-controlling interests* innerhalb des Konzerneigenkapitals zwingend notwendig. Kommt die Analyse nach IAS 32 hingegen zu dem Schluss, dass bilanzielles Fremdkapital vorliegt, ist das PersGes-Gesellschafterkapital als finanzielle Schuld auszuweisen.

In der Folge dürften die Anteile nicht-beherrschender Gesellschafter an TU in der Rechtsform einer PersGes regelmäßig als **finanzielle Schuld** auszuweisen sein. Die Folgebilanzierung richtet sich entspr nach IAS 39 und erfordert eine

Bilanzierung zum beizulegenden Zeitwert unter Berücksichtigung ihres Anspruchs am Nettovermögen des TU. Weiterhin ist auch die Bilanzierung eines auf nicht-beherrschende Gesellschafter entfallenden Anteils am Geschäfts- oder Firmenwert ausgeschlossen, denn dieser setzt definitionsgemäß die Existenz von Anteilen nicht-beherrschender Gesellschafter am Eigenkapital voraus.

228 Dieser Schluss mag zunächst **widersinnig** erscheinen, ist doch zuletzt durch die Ergänzung zu IAS 32 *Puttable Financial Instruments and Obligations Arising on Liquidation* ein Zusatz in die Eigenkapital-Definition von IAS 32 eingefügt worden, die insbes im Einzelabschluss von PersGes den Ausweis von Eigenkapital erlaubt und insoweit der wirtschaftlichen Funktion des PersGes-Gesellschaftskapitals Rechnung tragen soll. Gleichwohl ist die Orientierung des Ausweises der Anteile nicht-beherrschender Gesellschafter an der Eigenkapital-Klassifizierung der zugrunde liegenden Finanzinstrumente vom IASB beabsichtigt, da sich die gleiche Orientierung auch in der Neuregelung des IAS 27.29 (2008) erkennen lässt. Demnach sind nur solche Vorzugsaktien bei der Berechnung des den Anteilseignern des MU zustehenden Anteils am Ergebnis zu berücksichtigen, die zum einen als Eigenkapital klassifiziert wurden und zum anderen von nicht-beherrschenden Gesellschaftern gehalten werden. Eine endgültige und konsistente Behandlung von Anteilen nicht-beherrschender Gesellschafter ist damit wohl erst im Rahmen des IASB-Projekts *„Financial Instruments with Characteristics of Equity"* zu erwarten.

Zur Bilanzierung von **Put- und Call-Optionen** nicht-beherrschender Gesellschafter s § 35 Rz 55ff.

IV. Unterschiedsbeträge aus der Kapitalkonsolidierung am Erwerbsstichtag

229 Die **Kaufpreisallokation** verfolgt im Rahmen der Erwerbsbilanzierung das **Ziel,** den erworbenen Vermögenswerten und Schulden die dafür geleisteten Zahlungen, hingegebenen Vermögenswerte und Minderheitenanteile gegenüberzustellen, um so zu einem positiven oder negativen Unterschiedsbetrag aus der Erstkonsolidierung des erworbenen Geschäftsbetriebs zu gelangen. Aufgrund des abweichenden konzeptionellen Aufbaus von IFRS 3 (2008), welcher in der Erwerbsbilanzierung primär einen **Bewertungsvorgang** sieht, und von IFRS 3 (2004), der die Verteilung eines gezahlten Kaufpreises in den Mittelpunkt stellt, ergeben sich zwischen beiden Standardversionen unterschiedliche Vorgehensweisen bei der Ermittlung eines Unterschiedsbetrags.

230 Nach den **Regelungen des IFRS 3 (2008)** ist dem Nettowert der erworbenen Vermögenswerte und übernommenen Schulden die Summe der folgenden Posten – jeweils bewertet in Übereinstimmung mit den Vorschriften dieses Standards gegenüberzustellen (IFRS 3.32 (2008)):

Gegenleistung des Unternehmenserwerbs (beizulegender Zeitwert)
\+ Anteile nicht-beherrschender Gesellschafter (beizulegender Zeitwert oder anteiliger beizulegender Zeitwert des Nettovermögens)
\+ Altanteile (beizulegender Zeitwert zum Erwerbszeitpunkt)
./. Saldo aus erworbenen Vermögenswerten und übernommenen Schulden (beizulegende Zeitwerte)

= positiver oder negativer Unterschiedsbetrag

231 **Grafisch** lässt sich die Vorgehensweise zur Ermittlung eines Unterschiedsbetrags nach IFRS 3 (2008) im Rahmen der Kapitalkonsolidierung zum Erwerbsstichtag wie folgt zusammenfassen:

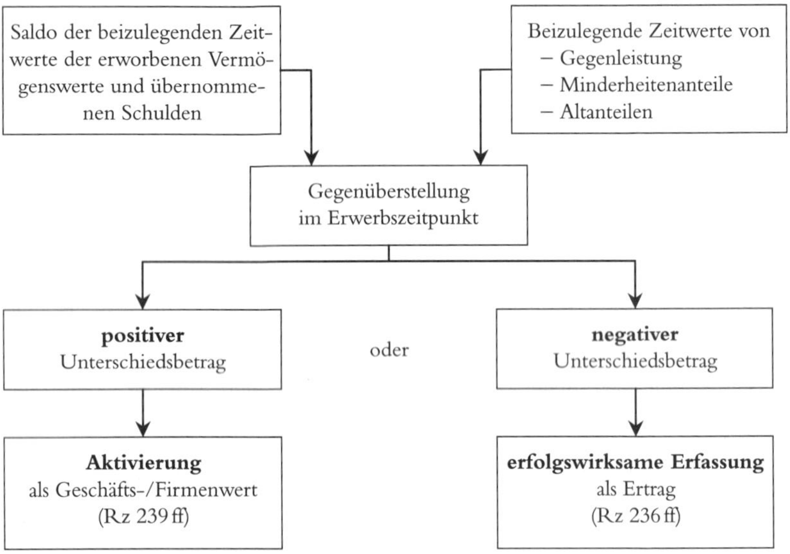

232 Ein im Rahmen der Aufrechnung entstehender **positiver Unterschiedsbetrag** ist auch nach IFRS 3 (2008) **als Geschäfts- oder Firmenwert zu aktivieren.** Dabei wird der Geschäfts- oder Firmenwert nach IFRS 3 (2008) als Residualgröße ermittelt, konzeptionell wird, aufgrund der einheitstheoretischen Ausrichtung, die gewährte Gegenleistung iSv IFRS 3.32(a)(i) (2008) um den Betrag der bilanzierten Anteile nicht-beherrschender Gesellschafter erhöht. Der so ermittelte Betrag wird dann nicht nur dem konzernanteiligen neu bewerteten Nettovermögen gegenübergestellt, sondern dem Gesamtbetrag des übernommenen und neu bewerteten Nettovermögens (vgl *Hachmeister* IRZ 2008, 120). Mit IFRS 3.19 (2008) wurde vom IASB erstmals das Wahlrecht eingeführt, auch den **Anteil der nicht-beherrschenden Gesellschafter zum beizulegenden Zeitwert** zu bewerten und damit anteilig auch den auf diese Gesellschafter entfallenden Anteil in die Berechnung des Unterschiedsbetrags eingehen zu lassen (*full goodwill*-Methode). Je nach Nutzung dieser Option können bei einem identischen Erwerbsvorgang unterschiedliche Unterschiedsbeträge entstehen. Außerdem wurde durch IFRS 3.32 (2008) der beizulegende Zeitwert einer **bereits vor Kontrollerlangung bestehenden Beteiligung** in die Ermittlung des Unterschiedsbetrags einbezogen.

233 Übt der Bilanzierende die **Option zur Anwendung der *full goodwill*-Methode nicht** aus, so ist zum beizulegenden Zeitwert der Gegenleistung der Anteil der konzernfremden Gesellschafter am anteiligen neu bewerteten Nettovermögen hinzuzurechnen, um im Ergebnis sicherzustellen, dass dem beizulegenden Zeitwert der Gegenleistung nur der Anteil der Mehrheitsgesellschafter am übernommenen Nettovermögen gegenübergestellt wird. Damit entspricht im Ergebnis diese Vorgehensweise der bisher bereits unter IFRS 3 (2004) zur Anwendung kommenden Ermittlung des Geschäfts- oder Firmenwerts, die somit in diesen Fällen weiterverwendet werden kann. Ein aus der Aufrechnung resultie-

render positiver Unterschiedsbetrag stellt sich damit als ein beteiligungsproportionaler Geschäfts- oder Firmenwert dar, was der unter IFRS 3 (2004) allein gültigen Vorgehensweise entspricht (vgl *Küting/Weber/Wirth* KoR 2008, 143).

Wird hingegen die **Option zur Anwendung der *full-goodwill*-Methode** 234
genutzt und werden die Anteile nicht-beherrschender Gesellschafter mit dem beizulegenden Zeitwert bewertet, entsteht im Vergleich zur beteiligungsproportionalen *goodwill*-Ermittlung in Höhe der Differenz zwischen dem beizulegenden Zeitwert des Beteiligungsanteils konzernfremder Gesellschafter am erworbenen Geschäftsbetrieb und dem korrespondierenden anteiligen Nettovermögen eine weitere *goodwill*-Komponente, die auf die nicht-beherrschenden Gesellschafter entfällt. Gleichwohl ist der so entstandene Geschäfts- oder Firmenwert nicht aufzuteilen, da der IASB konzeptionell davon ausgeht, dass es sich bei einem Geschäfts- oder Firmenwert um einen Residualwert und folglich um einen einheitlichen immateriellen Vermögenswert handelt (IFRS 3.BC328 (2008)). Der auf nicht-beherrschende Gesellschafter entfallende Geschäfts- oder Firmenwert kann jedoch nur in den Fällen aus der für den Unternehmenserwerb aufgewendeten Gegenleistung des Erwerbers rechnerisch abgeleitet werden, wenn im Einzelfall keine Kontrollprämien bzw Abschläge für fehlende Beherrschung vorliegen. Dies ist jedoch bei vielen Unternehmenserwerben nicht gegeben, sodass in diesen Fällen der beizulegende Zeitwert auf der Grundlage einer Unternehmensbewertung zu ermitteln ist (IFRS 3.B45 (2008)).

Die **Regelungen des IFRS 3 (2004)** sehen – entspr ihrer anschaffungskos- 235
tenorientierten Konzeption – lediglich eine Gegenüberstellung der Anschaffungskosten und des erworbenen Nettovermögens vor:

	Anschaffungskosten
./.	anteiliger Saldo aus erworbenen Vermögenswerten und übernommenen Schulden (beizulegende Zeitwerte)
=	positiver oder negativer Unterschiedsbetrag

Bei der Anwendung dieses vergleichsweise einfachen Ermittlungsschemas ist jedoch zu beachten, dass – ungeachtet der konzeptionellen Kompatibilität – aufgrund der Bezugnahme auf die Anschaffungskosten (einschließlich deren Abgrenzung) der sich ergebende Geschäfts- oder Firmenwert betragsmäßig von demjenigen abweichen kann, der sich bei Nichtausübung der *full goodwill*-Option nach IFRS 3.19 (2008) ergibt.

V. Behandlung von negativen Unterschiedsbeträgen

Die Aufrechnung nach IFRS 3.32 (2008) bzw IFRS 3.56 (2004) kann zu **ei-** 236
nem Überschuss der beizulegenden Zeitwerte der anteiligen identifizierbaren Vermögenswerte und Schulden des TU führen. Nach der Regelung in IFRS 3.34 (2008)/IFRS 3.56 (2004) ist die Bilanzierung eines negativen Geschäfts- oder Firmenwerts jedoch nicht vorgesehen. Vielmehr ist ein nach der Neubewertung der Vermögenswerte und Schulden des erworbenen Unternehmens verbleibender Überschuss der beizulegenden Zeitwerte – ggf nach nochmaliger Überprüfung der Kaufpreisallokation gem IFRS 3.56(a) (2004), nach IFRS 3.36 (2008) zusätzlich auch der Bewertungen von zuvor gehaltenen Anteilen, Anteilen nicht-beherrschender Gesellschafter sowie der geleisteten Gegenleistung – **unmittelbar erfolgswirksam zu realisieren** (IFRS 3.34 (2008)/IFRS 3.56(b) (2004)).

237 Die vor der Ertragsrealisierung eines negativen Unterschiedsbetrags vorgeschriebene **Überprüfung der verwendeten beizulegenden Zeitwerte** *(reassessment)* erscheint zunächst bei Unterstellung einer sorgfältigen Durchführung der vorgelagerten Bewertungsvorgänge im Rahmen des Unternehmenszusammenschlusses als obsolet. Die Betonung der Notwendigkeit einer Überprüfung der Wertansätze durch den IASB sowohl in IFRS 3.36 (2008) als auch in IFRS 3.56(a) (2004) kann dementsprechend nur als Hinweis zur nochmaligen Hinterfragung nicht nur der Wertansätze an sich, sondern auch der ihnen zugrunde liegenden Prämissen und Rahmenbedingungen verstanden werden (idS auch *Lüdenbach* in Lüdenbach/Hoffmann IFRS[7] § 31 Rz 129).

238 Die **erfolgswirksame Vereinnahmung** des negativen Unterschiedsbetrags (nach ggf vorzunehmendem *reassessment*) trägt dessen **Residualcharakter** Rechnung. Denn bei einer zutreffenden Neubewertung sämtlicher identifizierbaren Vermögenswerte und Schulden (einschließlich Eventualschulden) kann der negative Unterschiedsbetrag systematisch keine antizipierten Verlustkomponenten mehr enthalten. Daraus ergibt sich unmittelbar die Realisierungspflicht beim Erwerber, da es sich dann um einen sog *bargain purchase* im Wortlaut des IFRS 3 (2008) handeln muss. Allerdings weisen sowohl IFRS 3.35 (2008) als auch IFRS 3.57 (2004) darauf hin, dass sich ein negativer Unterschiedsbetrag auch aus den Ausnahmen von den allgemeinen Ansatz- und Bewertungsvorschriften (vgl Rz 89) im Erwerbszeitpunkt ergeben kann. Jedoch ist **unabhängig von der Entstehungsursache** eine erfolgswirksame Vereinnahmung dieses Unterschiedsbetrags geboten.

Sind bei einem Unternehmenszusammenschluss auch **Anteile nicht-beherrschender Gesellschafter** zu berücksichtigen und wird außerdem die Option zur Anwendung der *full goodwill*-Methode genutzt, so ist zu prüfen, ob ein negativer Unterschiedsbetrag auch den Minderheiten zuzurechnen ist. Dies ist dann nicht der Fall, wenn die Ursache dieses Unterschiedsbetrags in einem Notverkauf des Mehrheitsanteils zu sehen ist. In diesem Fall entspricht die aufgewendete Gegenleistung idR nicht dem beizulegenden Zeitwert des Mehrheitsanteils, sodass ein Transaktionsgewinn beim Erwerber entsteht. Dieser Transaktionsgewinn ist jedoch nicht auf die nicht-beherrschenden Anteile zu übertragen, da diese in die Transaktion überhaupt nicht involviert sind. Diese Anteile sind vielmehr mit dem tatsächlichen beizulegenden Zeitwert zum Erwerbszeitpunkt zu bewerten und beeinflussen dadurch die Höhe des insgesamt ausgewiesenen negativen Unterschiedsbetrags (IFRS 3.35 (2008)). Die Vorgabe des IFRS 3.34 (2008), dass Erträge aus *bargain purchases* dem Erwerber zuzurechnen sind schließt jedoch nicht grds aus, dass auch die nicht-beherrschenden Gesellschafter anteilig an einem negativen Unterschiedsbetrag partizipieren. Bspw kann unterstellt werden, dass in Situationen, in denen Mehrheits- und Minderheitsgesellschafter zeitgleich Anteile an dem Geschäftsbetrieb erwerben, der beizulegende Zeitwert der Gegenleistung auch ein Indikator für die Bewertung der Anteile der nicht-beherrschenden Gesellschafter ist. In diesem Fall ist ein anteiliger negativer Unterschiedsbetrag auch diesen Anteilen zuzurechnen (so im Ergebnis auch *Lüdenbach* in Lüdenbach/Hoffmann IFRS[7] § 31 Rz 127).

VI. Behandlung von Geschäfts- oder Firmenwerten

239 Bereits mit der Veröffentlichung von IFRS 3 (2004) vollzog der IASB eine substanzielle Änderung in der Geschäfts- oder Firmenwertbilanzierung und folgt dem sog ***„impairment-only-approach“***, den bereits der FASB in SFAS 141 als einzig mögliche Geschäfts- oder Firmenwertbehandlung zugelassen hat. Der

Geschäfts- oder Firmenwert ist somit nicht mehr regulär abzuschreiben, sondern regelmäßigen Wertminderungstests nach IAS 36 zu unterziehen (zur Durchführung vgl ausführlich § 27). IFRS 3.54f (2008) führt diese Behandlung eines positiven Unterschiedsbetrags bei der Erstkonsolidierung unverändert fort, wobei sich betragsmäßig durch die Option zur Anwendung der *full goodwill*-Methode bei identischen Sachverhalten unterschiedliche Geschäfts- oder Firmenwerte ergeben können.

Durch den geänderten systematischen Aufbau von IFRS 3 (2008) im Vergleich zu IFRS 3 (2004) wurde die Bemessung und die Zuordnung von Geschäfts- oder Firmenwerten auf sog zahlungsmittelgenerierende Einheiten (ZGE) aus dem Umfeld der Kaufpreisallokation nunmehr in den Kontext der Bemessung der Gegenleistung des Unternehmenszusammenschlusses verlagert.

1. Zuordnung auf zahlungsmittelgenerierende Einheiten

ZGE werden gem IAS 36.6 **definiert** als kleinste identifizierbare Gruppe von Vermögenswerten, die Mittelzuflüsse aus der fortgesetzten Nutzung erzeugen, die weitestgehend unabhängig von den Mittelzuflüssen anderer Vermögenswerte oder anderer Gruppen von Vermögenswerten sind. Dabei ist ein entscheidendes Kriterium für die Abgrenzung einer ZGE, dass ein **aktiver Markt** für die Erzeugnisse und Dienstleistungen vorhanden ist, welche von den Vermögenswerten oder Gruppen von Vermögenswerten der ZGE produziert oder erbracht werden, unabhängig davon, ob diese Vermögenswerte teilweise zu internen Zwecken genutzt werden (IAS 36.70). Die ursprüngliche Abgrenzung der ZGE soll im Zeitablauf einheitlich erfolgen solange ein Wechsel zB aufgrund einer strategischen Neuausrichtung des Unternehmens nicht gerechtfertigt ist (IAS 36.72). 240

In IAS 36.80 (geändert 2009)/IAS 36.80 sind die **Grundsätze** festgelegt, nach denen ein Geschäfts- oder Firmenwert aus einem Unternehmenszusammenschluss für Zwecke der Feststellung möglicher Wertminderungen auf eine ZGE zu verteilen ist. Die Geschäfts- oder Firmenwerte aus einem Unternehmenszusammenschluss müssen bereits zum Zeitpunkt des Erwerbs des TU einer abgegrenzten ZGE oder einer Gruppe von ZGE zugeordnet werden. Diese Zuordnung zum Erwerbszeitpunkt ist grds auch in der Folgezeit konstant beizubehalten, es sei denn, es gibt nachweisbare Gründe für eine Neuzuordnung (IAS 36.87). 241

Die Zuordnung im Erwerbszeitpunkt soll zu der ZGE bzw Gruppe von ZGE des Erwerbers erfolgen, von der erwartet wird, dass sie von den **Synergieeffekten** des Unternehmenszusammenschlusses den größten Nutzen erzielt. Bei dieser **nutzenorientierten Zuordnung** ist es unerheblich, ob andere Vermögenswerte und Schulden des erworbenen TU der entspr ZGE oder Gruppe von ZGE zugeordnet bzw für diese bestimmt wurden. Dies bedeutet, dass die Zuordnung des Geschäfts- oder Firmenwerts nicht zwingend zu der gleichen ZGE erfolgen muss, in der auch die mit dem Geschäfts- oder Firmenwert verbundenen Vermögenswerte oder Schulden des erworbenen TU geführt werden *(Küting/Weber/Wirth* KoR 2008, 144; *Hoffmann* in Lüdenbach/Hoffmann IFRS[7] § 11 Rz 52ff). 242

Die ZGE bzw Gruppe von ZGE, der ein Geschäfts- oder Firmenwert zugeordnet wurde, muss die **niedrigste Ebene** innerhalb des Unternehmens darstellen, auf der der Geschäfts- oder Firmenwert für **interne Managementzwecke** überwacht wird (IAS 36.80(a)) und darf nicht größer sein als ein Segment, wie es in IFRS 8 festgelegt ist (IAS 36.80(b) (geändert 2009)/IAS 36.80(b)). Die Geschäfts- oder Firmenwert-Zuordnung ist nicht an den rechtlichen Strukturen orientiert, sondern richtet sich vielmehr nutzenorientiert nach den operativen

Strukturen in Übereinstimmung mit den internen Überwachungszielen der Unternehmensleitung.

243 Die grds **Idee,** die IAS 36 bei der **Allokation** des Geschäfts- oder Firmenwerts zu einer bestimmten ZGE oder Gruppe von ZGE verfolgt, wird aus den Ausführungen in IAS 36.81f deutlich: der im Rahmen eines Unternehmenszusammenschlusses erworbene Geschäfts- oder Firmenwert stellt den Mehrwert dar, den der Erwerber für die im Erwerbszeitpunkt erwarteten **zukünftigen Synergien** und anderen Nutzenzuflüsse aus der Zusammenlegung der Vermögenswerte oder Geschäftsaktivitäten des erwerbenden und erworbenen Unternehmens bezahlt hat, ohne dass diese Vermögenswerte einzeln identifiziert und bilanziert werden können. Somit sollte die Zuordnung des Geschäfts- oder Firmenwerts immer zu der ZGE oder Gruppe von ZGE erfolgen, bei der seitens der Unternehmensführung die wesentlichen nicht bilanzierten immateriellen Werttreiber wie zB das erworbene Know-how oder das Potenzial für eine zukünftige Technologieführerschaft vermutet werden. Die Geschäfts- oder Firmenwert-Zuordnung erfolgt somit entspr dem ***„management approach"*** und einem wirtschaftlichen Verständnis bei der ZGE, mit der der Geschäfts- oder Firmenwert als **antizipiertes Nutzen- und Synergiepotenzial** naturgemäß assoziiert ist (*Küting/Wirth* WPg 2005, 706). Für die Ermittlung möglicher Wertminderungsverluste der so zugeordneten Geschäfts- oder Firmenwerte (vgl § 27 Rz 114) soll auf diese Weise auch die Einrichtung zusätzlicher Berichtssysteme vermieden werden, da auf die bereits bestehenden Überwachungssysteme des Unternehmens zurückgegriffen wird.

244 IAS 36.81 verlangt, dass die Zuordnung des Geschäfts- oder Firmenwerts auf der Ebene der kleinst möglichen ZGE erfolgen muss. Da nicht immer eine **eindeutige Zuordnung** zu einer einzigen ZGE möglich sein wird, kann in solchen Fällen auch eine Zuordnung zu einer **Gruppe** von **ZGE** vorgenommen werden. Auch hier soll allerdings der kleinste Kreis von ZGE für Zuordnungszwecke verwendet werden, auf dessen Ebene die Unternehmensführung den entspr Geschäfts- oder Firmenwert überwacht.

245 Kann eine **Zuordnung** bis zum Bilanzstichtag des Geschäftsjahrs, innerhalb dessen der Unternehmenszusammenschluss erfolgt ist, nicht **vollständig abgeschlossen** werden, sieht IAS 36.84 vor, dass die Zuordnung spätestens bis zum Abschlussstichtag des auf den Unternehmenszusammenschluss folgenden Geschäftsjahrs abgeschlossen werden muss. Die dem Bilanzierenden damit eingeräumte Frist ist somit grds zunächst länger als die *measurement period* in IFRS 3.45 (2008). Gleichwohl soll in solchen Fällen die Abbildung des Unternehmenszusammenschlusses zunächst unter Verwendung der **vorläufigen** Werte stattfinden. Auch die Zuordnung der erworbenen Geschäfts- oder Firmenwerte kann in diesen Fällen vorläufig erfolgen, verbunden mit einer möglichen Änderung der ursprünglichen Zuordnung innerhalb der ersten zwölf Monate nach dem Erwerbszeitpunkt (IAS 36.85).

Die Zuordnung der Geschäfts- und Firmenwerte auf ZGE im Konzern ist die **Voraussetzung** für die Durchführung des mindestens jährlich durchzuführenden **Wertminderungstests** für *goodwill*-tragende ZGE. Zur Vorgehensweise und Technik des Impairment-Tests wird auf die Ausführungen in § 27 verwiesen.

2. Restrukturierungen und Veräußerungen

246 Ändert sich die Zusammensetzung von ZGE im Konzern durch den **Abgang von Konzerneinheiten** oder durch eine **strukturelle Veränderung der Konzernstrukturen,** so sind die Auswirkungen dieser konzerninternen Restrukturierungen auf die Allokation des Geschäfts- oder Firmenwerts zu beach-

ten. Durch den Abgang von Konzerneinheiten kann eine teilweise Neutralisierung der Nutzenpotenziale erfolgen, die in dem bisher der betroffenen ZGE zugeordneten Geschäfts- oder Firmenwert abgebildet wurden. Durch konzerninterne Restrukturierungen verteilen sich diese Nutzenpotenziale uU auf andere ZGE. Deshalb ist in beiden Fällen eine Überprüfung der Zuordnung von aktivierten Geschäfts- oder Firmenwerten notwendig.

Grundlage der Überprüfung und ggf Neuzuordnung von Geschäfts- oder Firmenwerten ist nach IAS 36.87 der ***relative value approach.*** Diese Methode verteilt die aktivierten Buchwerte der Geschäfts- oder Firmenwerte nach Maßgabe ihrer relativen beizulegenden Zeitwerte auf die verbleibenden bzw neu strukturierten ZGE (zu ggf möglichen anderen Aufteilungsmaßstäben vgl § 27 Rz 116). Die den abgehenden Konzerneinheiten zuzuordnenden anteiligen Geschäfts- oder Firmenwerte scheiden damit ebenfalls aus dem Konzern aus und sind im Konzernabschluss entspr als Abgänge darzustellen. 247

Bei dieser Vorgehensweise ist allerdings zu beachten, dass durch den Residualcharakter des Geschäfts- oder Firmenwerts konzeptionell eine Bestimmung des beizulegenden Zeitwerts nur iVm der jeweiligen ZGE vorgenommen werden kann. Genau dies ist letztlich die Begründung für einen *goodwill-impairment*-Test auf ZGE-Ebene. Deshalb ist die Vorgabe des IAS 36.87 zur Ermittlung der relativen beizulegenden Zeitwerte der im Rahmen einer konzerninternen Restrukturierung neu zu allokierenden Geschäfts- oder Firmenwerte mit **erheblichen Ermessensspielräumen** behaftet.

3. Latente Steuern und Geschäfts- oder Firmenwert

Für den Fall eines aktivierten **Geschäfts- oder Firmenwerts** ist eine temporäre Differenz dann gegeben, wenn für die Ertragsbesteuerung eine erfolgswirksame Abschreibung dieses Geschäfts- oder Firmenwerts nicht zulässig ist. Auf diese temporäre Differenz sind jedoch gem IAS 12.15(a) **keine latenten Steuern** zu berechnen, weil es sich beim Geschäfts- oder Firmenwert um eine Residualgröße handelt und der Ansatz einer latenten Steuerschuld wiederum eine Erhöhung des Geschäfts- oder Firmenwerts zur Folge hätte (IAS 12.21). 248

Des Weiteren können temporäre Differenzen entstehen, wenn die Aktivierung eines Geschäfts- oder Firmenwerts zwar ertragsteuerlich zulässig ist, die Folgebewertung dieses Geschäfts- oder Firmenwerts nach IFRS aber dem *impairment-only* Ansatz folgt. In diesem Fall sind **sukzessiv** latente Steuern zu bilanzieren, da mit der Entstehung von temporären Differenzen im Zeitablauf eine zukünftige Steuermehr- oder -minderbelastung verbunden ist.

Im Zusammenhang mit der Bilanzierung **latenter Steueransprüche oder Steuerschulden** ist zu berücksichtigen, dass aufgrund der Regelungen in IAS 12.15 und IAS 12.24 auf den im Zuge der erstmaligen Kapitalkonsolidierung entstehenden Geschäfts- oder Firmenwert keine passiven latenten Steuern gebildet werden dürfen (IAS 12.21). Als Begründung für diese Vorgehensweise wird angeführt, dass es sich bei einem Geschäfts- oder Firmenwert um eine Residualgröße handelt und hierauf gebildete latente Steuern den Unterschiedsbetrag aus der Kapitalkonsolidierung zusätzlich verändern würden, sodass dieser niemals endgültig bestimmt werden könnte. 249

VII. Nachträgliche Anpassung der Erstkonsolidierung

IFRS 3 (2008) sieht, ebenso wie IFRS 3 (2004), die Möglichkeit einer nachträglichen Anpassung der Zugangsbilanzierung von Unternehmenszusammen- 250 schlüssen vor. Thematisch können sich Änderungen des Unterschiedsbetrags aus zwei Richtungen ergeben:

(1) **Anpassungen der Kaufpreisallokation,** dh hinsichtlich des Ansatzes und der Bewertung identifizierbarer Vermögenswerte, Schulden und Eventualschulden; sowie

(2) **Anpassungen** im Ansatz und der Bewertung der **Anschaffungskosten/Gegenleistung,** der **Anteile nicht-beherrschender Gesellschafter** sowie ggf vorhandener **vorerwerblicher Beteiligungen** am erworbenen Geschäftsbetrieb.

251 Nach **IFRS 3 (2008)** wirken sich nur solche Änderungen auf die Dotierung des **Unterschiedsbetrags** aus, die innerhalb der **Zwölf-Monatsfrist** ermittelt werden und sich auf die **Verhältnisse am Erwerbsstichtag** beziehen. Alle übrigen Anpassungen der Kaufpreisallokation (Rz 65ff), der Anschaffungskosten (Rz 176ff), der Minderheitenanteile (Rz 217ff) oder bereits im Vorfeld des Unternehmenszusammenschlusses gehaltener Anteile am erworbenen Geschäftsbetrieb (Rz 253ff), die sich auf die Verhältnisse am Erwerbsstichtag beziehen, sind grds als **Fehlerkorrektur** iSv IAS 8 zu berücksichtigen (IFRS 3.50 (2008); zur Ausnahme des IAS 12.68 (geändert 2008) in Bezug auf neuere Erkenntnisse hinsichtlich der Werthaltigkeit von Vermögenswerten aus aktiven latenten Steuern vgl Rz 165). Nur die Folgebilanzierung von Komponenten der Anschaffungskosten mit Eventualcharakter sind gesondert zu betrachten (Rz 211ff), führen aber zu keiner Anpassung des Unterschiedsbetrags (IFRS 3.58 (2008)).

252 IFRS 3 (2008) unterscheidet sich damit von **IFRS 3 (2004),** der zwar ebenfalls die Zwölf-Monatsfrist für Anpassungen kennt, jedoch als explizite Ausnahme von den Vorschriften des IAS 8 konzipiert ist. Demnach sind Anpassungen der Anschaffungskosten in voller Höhe zu dem Zeitpunkt zu berücksichtigen, an dem die Schätzung beizulegender Zeitwerte verlässlich möglich wurde (IFRS 3.34 (2004)). Hinsichtlich der buchungstechnischen Berücksichtigung ist bei Anwendung des IFRS 3 (2004) zu differenzieren: Während bei *earn-out*-Modellen eine Anpassung des Geschäfts- oder Firmenwerts vorzunehmen ist, ist eine Kaufpreisanpassung, die sich aus einem niedrigeren Wert der hingegebenen Anteile ergibt, gegen die Kapitalrücklage zu buchen (IFRS 3.35 (2004)). Eine Anpassung der Anschaffungskosten und des Geschäfts- oder Firmenwerts scheidet jedoch in diesem Fall aus.

VIII. Sukzessiver Anteilserwerb

253 Die **Erlangung** der **Beherrschungsmöglichkeit** im Rahmen eines Unternehmenszusammenschlusses kann in einer oder **mehreren Transaktionen** erfolgen. Bei einem sukzessiven Anteilserwerb beeinflussen die im Rahmen der jeweils neuesten Teilakquisition ermittelten beizulegenden Zeitwerte auch den Wertansatz von Vermögenswerten und Schulden aus einer zurückliegenden Teilakquisition. Hinsichtlich der buchmäßigen Erfassung und Darstellung bei sukzessivem Anteilserwerb ist es zu einer **grundlegenden Überarbeitung** mit materiellen Abweichungen in IFRS 3 (2008) ggü IFRS 3 (2004) gekommen. Im Folgenden wird deshalb die Vorgehensweise gesondert für beide Standards dargestellt.

1. Erfolgswirksamer Abgang der Altanteile nach IFRS 3 (2008)

254 Die Erlangung der Beherrschungsmöglichkeit *(control)* im Rahmen eines Unternehmenserwerbs in mehreren Tranchen wird nach der durch den IASB ver-

tretenen Sichtweise in IFRS 3 (2008) und IAS 27 (2008) als determinierend für die Darstellung einer Beteiligung im Konzernabschluss des berichtenden Unternehmens angesehen. Dieser sog **Statuswechsel** begründet eine vollständig von der Bilanzierung der bis dahin bestehenden Beteiligung abweichenden Darstellung als TU vom Zeitpunkt der Kontrollerlangung an. Entspr wird hinsichtlich der Behandlung von zusätzlichen Tranchen einer Beteiligung strikt danach unterschieden, ob es sich um eine Anteilsaufstockung mit Statuswechsel handelt oder nicht.

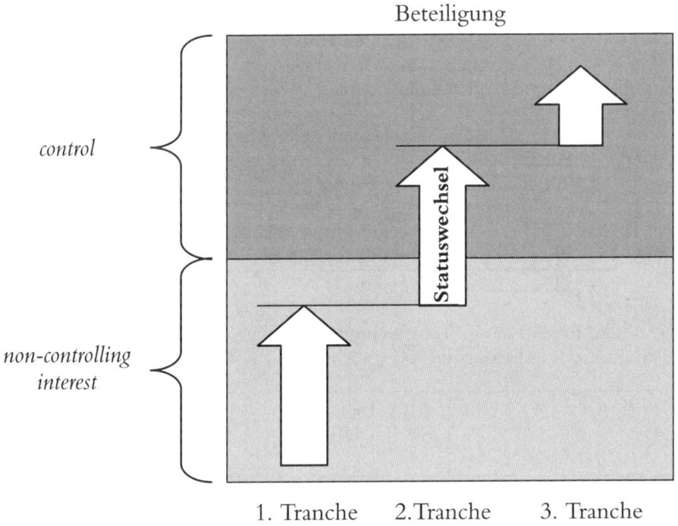

Nur der Erwerb der Anteile, die zu einer Erlangung der Beherrschungsmöglichkeit führt (in der Grafik 2. Tranche), ist Gegenstand der Erwerbsbilanzierung bei sukzessivem Anteilserwerb nach IFRS 3 (2008). Die Aufstockung einer bereits zuvor mit einer Beherrschungsmöglichkeit verbundenen Beteiligung wird hingegen als Transaktion zwischen den Mehrheits- und den Minderheitsaktionären verstanden und dementsprechend als **reine Eigenkapitaltransaktion** abgebildet.

Ausgehend von diesem Konzept wird in IFRS 3.42 (2008) die Erlangung der Beherrschungsmöglichkeit als Transaktion mit **zwei Gegenleistungskomponenten** aufgeteilt, nämlich den Erwerb gegen Barzahlung (für die neuen Anteile) sowie den Tausch gegen die Altanteile, bewertet zu deren beizulegenden Zeitwerten. Damit kommt es gedanklich zu einem Abgang der Altanteile ohne Beherrschungsmöglichkeit und einem Zugang der nach der Transaktion verfügbaren Gesamtanteile mit Beherrschungsmöglichkeit, obwohl es in rechtlicher Hinsicht nicht zu einem tatsächlichen Abgang von Anteilen kommt. 255

Die Differenz zwischen dem Buchwert und dem beizulegenden Zeitwert der Altanteile zum Zeitpunkt der Erlangung der Beherrschungsmöglichkeit ist, gem der Fiktion eines Abgangs dieser Anteile, **erfolgswirksam zu erfassen**. Soweit die Altanteile gem IAS 39 in die Kategorie *available for sale* eingeordnet und entspr bereits erfolgsneutral mit dem beizulegenden Zeitwert bewertet waren, ist die bis zum Zeitpunkt der Erlangung der Beherrschungsmöglichkeit in der Rücklage für Marktbewertung nach IAS 39 akkumulierte Wertentwicklung der Altanteile mit der Erstkonsolidierung erfolgswirksam zu realisieren (s ausführlich § 38 Rz 12). 256

Beispiel: Ein MU hat zum Ende des Jahres 20X1 40% der Anteile an einem TU für einen Preis von insgesamt Mio € 30 erworben. Zum Ende des Jahres 20X6 wird die Beteiligung um weitere 40% auf dann 80% erhöht. Für die zweite Tranche wird eine Gegenleistung in Höhe von Mio € 40 gezahlt. Die verbleibenden 20% werden unmittelbar zu Beginn des Jahres 20X7 zu einem Kaufpreis von Mio € 20 erworben.

Die erworbenen Vermögenswerte und Schulden (bewertet nach Maßgabe der Regelungen des IFRS 3 (2008), aus Vereinfachungsgründen **ohne** latente Steuern) belaufen sich im Saldo auf Mio € 60, wobei Buchwerte von im Saldo Mio € 50 bilanziert werden.

Durch den Erwerb der zweiten Tranche von 40% zum Ende des Jahres 20X6 erlangt MU die Beherrschungsmöglichkeit über das TU, es handelt sich dementsprechend um einen Erwerbsvorgang mit Statuswechsel.

Wenn das berichtende Unternehmen von der Option zur Anwendung der *full goodwill*-Methode keinen Gebrauch macht, errechnet sich der Geschäfts- oder Firmenwert im Zeitpunkt der Kontrollerlangung wie folgt:

	Gegenleistung (beizulegender Zeitwert) für 40%	Mio € 40
+	Altanteile (beizulegender Zeitwert) für 40%	Mio € 40
+	Anteile nicht-beherrschender Gesellschafter (20%) (= 20% von Mio € 60)	Mio € 12
./.	Saldo erworbene Vermögenswerte und übernommene Schulden (beizulegender Zeitwert)	Mio € 60
=	Geschäfts- und Firmenwert	Mio € 32

Aus dem Erwerb der 2. Tranche ergibt sich folgende Bilanz mit den entspr Buchungen für die Erstkonsolidierung des TU (in Mio €):

in Mio €	MU HB II	TU HB II		Summenbilanz	Konsolidierung		Konzernbilanz
					Soll	Haben	
Geschäfts- oder Firmenwert					32 (1)		32
Beteiligungen (1. und 2. Tranche)	70			70	10 (2)	80 (1)	0
Übrige Vermögenswerte	50	60		110	8 (1) 2 (3)		120
Summe Aktiva	120	60		180			152
Eigenkapital	120	45		165	36 (1) 9 (3)		120
Gewinnrücklage/ Jahreserfolg		5		5	4 (1) 1 (3)	10 (2)	10
Anteile nicht-beherrschender Gesellschafter						12 (3)	12
Schulden		10		10			10
Summe Passiva	120	60		180	102	102	152

Buchungen:

1. Konsolidierung des Anteils MU (80%):

Per	Geschäfts- und Firmenwert	32
	Übrige Vermögenswerte	8
	Eigenkapital TU (80% von 45)	36
	Gewinnrücklage	4
An	Beteiligungen (80% von 100)	80

2. Ertrag aus Altanteilen (40%)

Per	Beteiligungen (Beizulegender Zeitwert 40 ./. Buchwert 30)	10
An	Jahreserfolg	10

3. Konsolidierung nicht-beherrschende Gesellschafter (20%):

Per	Übrige Vermögenswerte	2
	Eigenkapital TU (20% von 45)	9
	Gewinnrücklage	1
An	Anteile nicht-beherrschende Gesellschafter	12

Mithin ist nach IFRS 3.42 (2008) im Rahmen der erstmaligen Konsolidierung des TU ein Gewinn aus der Bewertung der Altanteile an TU in Höhe von Mio € 10 zu realisieren.

Der Erwerb der restlichen 20% der Anteile an TU zu Beginn des Jahres 20X7 führt nicht zu einem Statuswechsel, da das MU bereits zuvor (mit Erwerb der 2. Tranche) die Beherrschungsmöglichkeit erlangt hatte. Entspr stellt sich der Erwerb der 3. Tranche nach IAS 27 (2008) als reine Eigenkapital-Transaktion zwischen Mehrheits- und Minderheitsgesellschafter dar. Folgende Konsolidierungsschritte sind erforderlich (in Mio €):

in Mio €	MU HB II	TU HB II		Summenbilanz	Konsolidierung		Konzernbilanz
					Soll	Haben	
Geschäfts- oder Firmenwert					32 (1)		32
Beteiligungen (1.–3. Tranche)	90			90	10 (2)	80 (1) 20 (3)	0
Übrige Vermögenswerte	30	60		90	10 (1)		100
Summe Aktiva	120	60		180			132
Eigenkapital	120	45		165	45 (1)		120
Gewinnrücklage/ Jahresergebnis		5		5	5 (1) 8 (3)	10 (2)	2
Anteile nicht-beherrschender Gesellschafter					12 (3)	12 (1)	0
Schulden		10		10			10
Summe Passiva	120	60		180	124	124	132

Buchungen:

1 Konsolidierung des Anteils MU (80%) und der Minderheitsgesellschafter:

Per	Geschäfts- und Firmenwert	32
	Übrige Vermögenswerte	10
	Eigenkapital TU	45
	Gewinnrücklage	5
An	Beteiligungen (80% von 100)	80
	Anteile nicht-beherrschender Gesellschafter	12

2. Ertrag aus Altanteilen (40%)

Per	Beteiligungen (Beizulegender Zeitwert 40 ./. Buchwert 30)	10
An	Gewinnrücklage	10

3. Konsolidierung der 3. Tranche:

Per	Anteile nicht-beherrschender Gesellschafter	12
	Gewinnrücklage	8
An	Beteiligungen (20% von 100)	20

Der Erwerb der 3. Tranche beeinflusst damit nicht den Geschäfts- und Firmenwert, der sich damit ausschließlich aus der Erwerbsbilanzierung im Zusammenhang mit dem Erwerb der 2. Tranche errechnet.

2. Neubewertung der Altanteile nach IFRS 3 (2004)

257 In IFRS 3 (2004) verfolgt der IASB noch das Konzept der **erfolgsneutralen Neubewertung** von Altanteilen im Rahmen der Kontrollerlangung bei sukzessivem Anteilserwerb (s ausführlich § 38 Rz 101). Damit wird nicht – wie in IFRS 3 (2008) – der Statuswechsel in den Mittelpunkt der Betrachtung gestellt. Vielmehr wird die Erlangung der Beherrschungsmöglichkeit konzeptionell als Fortführung der bisherigen Bilanzierung der Altanteile gesehen, mit der Folge, dass diese Anteile nicht einem fiktiven Abgang mit gleichzeitigen Neuzugang als qualitativ neuwertige Anteile an einem TU unterworfen werden. IFRS 3.59 (2004) stellt hierzu klar, dass es sich bei der Anpassung der Wertansätze früherer Teilerwerbe an beizulegende Zeitwerte im Zeitpunkt des nachfolgenden Teilerwerbs um **Neubewertungsvorgänge** für die entspr Vermögenswerte und Schulden handelt, die auch als solche bilanziell darzustellen sind (§ 5 Rz 123 ff). Damit führt die Aufwertung von Vermögenswerten und Schulden, die nicht dem letzten Teilerwerb zuzurechnen sind, zu einer **Neubewertungsrücklage** bzw veränderten Minderheitenanteilen innerhalb des Konzerneigenkapitals sowie zu idR passiven latenten Steuern (*Küting/Elprana/Wirth* KoR 2003, 479 f; s ausführlich § 38 Rz 101 ff). Nur diese Vorgehensweise garantiert einen einheitlichen Wertansatz für die in den Konzernabschluss zu übernehmenden Vermögenswerte und Schulden. Die Geschäfts- oder Firmenwerte der vorangegangenen Teilerwerbe werden durch diese Aufwertung nicht berührt.

Diese Neubewertungen führen jedoch explizit **nicht** dazu, dass hierdurch eine **Bindungswirkung für** den Bilanzierenden zur Anwendung der Neubewertungsmethode (zB gem IAS 16.31 oder IAS 38.75) für die Zukunft ausgelöst wird. Auch die im Rahmen einer Neubewertung nach IAS 16.64 ff und IAS 38.124 f vorgesehenen Anhangangaben sind für diese Form der Neubewertung nicht relevant.

258 Diese Vorgehensweise ist nach IFRS 3 (2004) für sämtliche sukzessiven Anteilserwerbe verpflichtend, bei denen **erstmals ein Beherrschungsverhältnis** und damit eine Konsolidierungspflicht für die entspr Einheit begründet wird (Statuswechsel; s ausführlich mit Beispielen § 38 Rz 101). IFRS 3 (2004) enthält jedoch keine expliziten Regelungen für den Fall, dass nach diesem Zeitpunkt weitere Anteile des TU erworben werden. Gleichwohl geht die Literatur und Bilanzierungspraxis in überwiegender Mehrheit (zB *Lüdenbach* in Lüdenbach/Hoffmann IFRS[7] § 31 Rz 148; aA *Heuser/Theile*[3] Rz 3670) davon aus, dass es sich bei diesen Transaktionen – entgegen dem Wortlaut des IFRS 3.58 (2004) – nicht um einen erstkonsolidierungspflichtigen Teilunternehmenserwerb, sondern um eine Transaktion mit den Minderheitsanteilseignern eines bereits zuvor konsolidierten TU handelt.

259 Grds sind in Bezug auf einen solchen Anteilserwerb **vier verschiedene Bilanzierungsmöglichkeiten** denkbar:

(1) Bei wörtlicher Anwendung des IFRS 3.58 (2004) ergibt sich eine Behandlung der Tranchen nach Kontrollerwerb analog zu derjenigen, die zum Kontrollerwerb geführt hat. Dies bedeutet eine vollständige Anpassung der beizulegenden Zeitwerte des erworbenen Nettovermögens auch für die bereits zuvor erworbenen Anteilstranchen ***(full step-up).*** Für diese Vorgehensweise spricht die erreichte Gleichbehandlung aller Tranchen. Diesem Vorteil ist jedoch konzeptionell entgegenzuhalten, dass der Erwerb von Vermögenswerten

und Schulden nur einmalig erfolgen kann, und zwar im Zeitpunkt der Kontrollerlangung. Eine spätere Erhöhung der Beteiligungsquote hat keine weitere Auswirkung auf die bereits zuvor erlangte Kontrolle. Auch würde durch die analoge Anwendung des IFRS 3.58 (2004) nicht nur der mit dieser Tranche erworbene „*future economic benefit*" abgebildet, sondern zusätzlich weitere Nutzenpotenziale aus der bisherigen Beteiligung. Da dies nicht sachgerecht erscheint, scheidet diese Bilanzierungsalternative uE aus.

(2) Eine weitere Möglichkeit ist die Neubewertung nur des Anteils der Vermögenswerte und Schulden, der auf die neu erworbene Anteilstranche entfällt. Die Neubewertung erstreckt sich jedoch nicht auf die zuvor erworbenen Tranchen ***(partial step-up).*** Diese Vorgehensweise, die derjenigen unter US-GAAP entspricht, bildet den hinzuerworbenen „*future economic benefit*" zutreffend ab. Die damit verbundene Durchbrechung des Entity-Konzepts spricht nicht grds gegen diese Sichtweise, da die IFRS diesen Ansatz zwar in Bereichen unterstellen (zB durch den Ausweis von Minderheiten), aber Ausnahmen zulassen. Konzeptionell ist jedoch auch hier einzuwenden, dass Vermögenswerte und Schulden generell nur einmal erworben werden können. Außerdem führt das *partial step-up* zu einer sog „*mixed basis*" bei der Bewertung von Vermögenswerten und Schulden. Eine der Intentionen der Vorschrift des IFRS 3.58 (2004) war jedoch die Vermeidung einer solchen „*mixed basis*". Vor diesem Hintergrund ist diese Bilanzierungsalternative uE zwar vertretbar, sie stellt jedoch nicht die zu präferierende Möglichkeit der Abbildung sukzessiver Anteilszukäufe bei bestehendem Kontrollverhältnis dar. 260

(3) Eine dritte Möglichkeit ist die **Verrechnung mit dem Eigenkapital.** Dabei kommt es nicht zu einer Neubewertung der bereits früher erworbenen Tranchen. Diese Vorgehensweise trägt der Tatsache Rechnung, dass es sich bei dem Erwerb nicht um einen Unternehmenserwerb iSv IFRS 3 (2004) handelt, da bereits zuvor ein Beherrschungsverhältnis vorlag. Der Anteilserwerb wird vielmehr als eine Transaktion mit den Minderheitsanteilseignern dargestellt, also als eine Verschiebung innerhalb des Eigenkapitals zwischen den verschiedenen Gesellschaftergruppen. Diese Behandlung der Transaktion entspricht grds der Vorgehensweise nach den nunmehr explizit in IFRS 3 (2008) aufgenommenen Regelungen und spiegelt uE den wirtschaftlichen Gehalt der Transaktion am geeignetsten wider. 261

(4) Schließlich kann ein sukzessiver Anteilserwerb bei bereits bestehendem Mutter-Tochter-Verhältnis auch auf die Weise erfolgen, dass der aus der Tranche resultierende Geschäfts- oder Firmenwert aktiviert wird und die nicht aufgedeckten stillen Reserven mit dem Eigenkapital aufgerechnet ***(partial step up* ohne Neubewertung)** werden. Auf diese Weise erfolgt eine Abbildung der „*future economic benefits*" beim Geschäfts- oder Firmenwert. Diese Vorgehensweise trägt darüber hinaus der Tatsache Rechnung, dass der Erwerb von Vermögenswerten und Schulden nur einmal möglich ist, da keine Neuaufdeckung stiller Reserven auf zuvor erworbene Tranchen stattfindet. Allerdings wird bei diesem Ansatz der Geschäfts- oder Firmenwert konzeptionell abweichend von den übrigen Vermögenswerten behandelt. Da diese Ungleichbehandlung sachlich nicht gerechtfertigt erscheint, stellt diese Form der Bilanzierung zusätzlich erworbener Anteile an einem TU uE eine zwar zulässige, aber nicht sinnvolle, da inkonsequente Abbildung des Erwerbsvorgangs dar. 262

Die vorstehend beschriebenen vier Möglichkeiten der Bilanzierung zusätzlich erworbener Anteile an einem bereits konsolidierten Unternehmen nach Maßgabe der offenen Regelung nach IFRS 3 (2004) lassen sich anhand des folgenden **Beispiels** illustrieren: 263

Beispiel: Ein MU hält 80% der Anteile an einem TU. Im Zuge des Erwerbs (Kaufpreis Mio € 520) werden nach dem Recht des MU Entwicklungskosten, welche die Ansatzkriterien des IAS 38 erfüllen, in Höhe von Mio € 50 angesetzt. Im Einzelabschluss waren diese infolge abweichender Vorschriften nach lokalem Recht nicht bilanziert. Zum Erwerbszeitpunkt hat das MU eine Verpflichtung zur Umsetzung eines Restrukturierungsplans für das erworbene Unternehmen gem IAS 37.31 übernommen. Nach Berücksichtigung von IAS 37 werden die erwarteten Aufwendungen mit Mio € 90 bewertet. Weitere stille Reserven/Lasten sind im Einzelnen aus der entspr Spalte der folgenden Tabelle ersichtlich. Aus Vereinfachungsgründen wird an dieser Stelle auf die Berücksichtigung von latenten Steuern auf die aufgedeckten stillen Reserven und Lasten verzichtet. Nunmehr hat das MU die restlichen 20% der Anteile des TU für Mio € 30 erworben. Seit dem Erwerb der ersten Tranche (80%) haben sich die stillen Reserven im Sachanlagevermögen um Mio € 100 erhöht.

Unter Zugrundelegung der Behandlung als ***full step-up*** (Version 1) ist nicht nur für die zuletzt erworbene Tranche (20%), sondern auch für die Altanteile (80%) eine Neubewertung durchzuführen. Hieraus ergibt sich folgende Bilanz mit den entspr Buchungen (in Mio €):

in Mio €	MU HB II	TU HB II	TU stille Reserven/ Lasten	Summenbilanz	Konsolidierung Soll	Konsolidierung Haben	Konzernbilanz
Geschäfts- oder Firmenwert					10 (2) 120 (3)		130
Immaterielle Vermögenswerte	200		50	250			250
Sachanlagen	140	180	40 80 (1)	440			440
Anteile verbundener Unternehmen (1.+2. Tranche)	650			650		130 (2) 520 (3)	0
Vorräte	360	340	60	760			760
Forderungen	60	110		170			170
Barmittel	40	60		100			100
Übrige Vermögenswerte	40	110	30	180			180
Summe Aktiva	1.490	800	260	2.550			2.030
Eigenkapital	600	450	70	1.120	120 (2) 400 (3)		600
Neubewertungsrücklage			80 (1)	80			80
Anteile anderer Gesellschafter							0
Restrukturierungsrückstellung			90	90			90
Sonstige Schulden	890	350	20	1.260			1.260
Summe Passiva	1.490	800	260	2.550	650	650	2.030

Buchungen:

1. Neubewertung erste Tranche (80%);
   in der Tabelle in der Spalte „TU stille Reserven/Lasten" berücksichtigt:

Per Sachanlagevermögen (100 × 0,8) 80
An Neubewertungsrücklage 80
(aus Vereinfachungsgründen **ohne** latente Steuern)

2. Erwerbsbilanzierung zweite Tranche (20%):

Per Eigenkapital ((450+50) + 100) × 0,2	120
Per Geschäfts- oder Firmenwert	10
An Anteile an verbundenen Unternehmen	130

3. Erwerbsbilanzierung erste Tranche (80%):

Per Eigenkapital (450+50) × 0,8	400
Per Geschäfts- oder Firmenwert	120
An Anteile an verbundenen Unternehmen	520

Bei Durchführung der Bilanzierung gem der ***partial step-up*-Methode** (Alternative 2) (ohne Neubewertung der Alt-Tranche) ist nur für die zuletzt erworbene Tranche (20%) eine Neubewertung durchzuführen. Hieraus ergibt sich folgende Bilanz mit den entspr Buchungen (in Mio €):

in Mio €	MU HB II	TU HB II	TU stille Reserven/ Lasten	Summenbilanz	Konsolidierung Soll	Konsolidierung Haben	Konzernbilanz
Geschäfts- oder Firmenwert					10 (1) 120 (2)		130
Immaterielle Vermögenswerte	200		50	250			250
Sachanlagen	140	180	40	360			360
Anteile verbundener Unternehmen (1.+2. Tranche)	650			650		130 (1) 520 (2)	0
Vorräte	360	340	60	760			760
Forderungen	60	110		170			170
Barmittel	40	60		100			100
Übrige Vermögenswerte	40	110	30	180			180
Summe Aktiva	1.490	800	180	2.470			1.950
Eigenkapital	600	450	70	1.120	120 (1) 400 (2)		600
Neubewertungsrücklage							0
Anteile anderer Gesellschafter							0
Restrukturierungsrückstellung			90	90			90
Sonstige Schulden	890	350	20	1.260			1.260
Summe Passiva	1.490	800	180	2.470	650	650	1.950

Buchungen:

1. Erwerbsbilanzierung zweite Tranche (20%):

Per Eigenkapital (450+50) + 100) × 0,2	120
Per Geschäfts- oder Firmenwert	10
An Anteile an verbundenen Unternehmen	130

2. Erwerbsbilanzierung 1.Tranche (80%):

Per Eigenkapital (450+50) × 0,8	400
Per Geschäfts- oder Firmenwert	120
An Anteile an verbundenen Unternehmen	520

Bei einer **Verrechnung mit dem Konzerneigenkapital** (Alternative 3) ist keine Neubewertung durchzuführen. Es sind lediglich die Konzernbuchwerte vor sukzessivem Anteilserwerb fortzuführen sowie eine Verrechnung der hinzu erworbenen Anteile mit dem Eigenkapital vorzunehmen. Hieraus ergibt sich folgende Darstellung (in Mio €):

in Mio €	MU HB II	TU HB II	TU stille Reserven/ Lasten	Summenbilanz	Konsolidierung Soll	Konsolidierung Haben	Konzernbilanz
Geschäfts- oder Firmenwert					0 (1) 120 (2)		120
Immaterielle Vermögenswerte	200		50	250			250
Sachanlagen	140	180	20	340			340
Anteile verbundener Unternehmen (1.+2. Tranche)	650			650		130 (1) 520 (2)	0
Vorräte	360	340	60	760			760
Forderungen	60	110		170			170
Barmittel	40	60		100			100
Übrige Vermögenswerte	40	110	30	180			180
Summe Aktiva	1.490	800	160	2.450			1.920
Eigenkapital	600	450	50	1.100	400 (2) 130 (1)		570
Neubewertungsrücklage							0
Anteile anderer Gesellschafter							0
Restrukturierungsrückstellung			90	90			90
Sonstige Schulden	890	350	20	1.260			1.260
Summe Passiva	1.490	800	160	2.450	650	650	1.920

Buchungen:
1. Verrechnung Erwerb zweite Tranche (20%) mit Eigenkapital:

Per Eigenkapital	130
An Anteile an verbundenen Unternehmen	130

2. Erwerbsbilanzierung 1.Tranche (80%):

Per Eigenkapital (450+50) × 0,8	400
Per Geschäfts- oder Firmenwert	120
An Anteile an verbundenen Unternehmen	520

Erfolgt schließlich eine Bilanzierung in der Weise, dass **lediglich der Geschäfts- oder Firmenwert aufgedeckt** wird (Alternative 4), ist keine Neubewertung durchzuführen, sondern es sind lediglich die anteiligen Eigenkapitalanteile tranchenweise gegen die entspr Beteiligungsbuchwerte aufzurechnen, woraus lediglich eine den neuerworbenen Anteilen entspr Erhöhung des Geschäfts- oder Firmenwerts resultiert. Diese Vorgehensweise ist in der folgenden Bilanz und den zugehörigen Buchungen wiedergegeben (in Mio €):

in Mio €	MU HB II	TU HB II	TU stille Reserven/ Lasten	Summenbilanz	Konsolidierung Soll	Konsolidierung Haben	Konzernbilanz
Geschäfts- oder Firmenwert					30 (1) 120 (2)		150
Immaterielle Vermögenswerte	200		50	250			250
Sachanlagen	140	180	20	340			340
Anteile verbundener Unternehmen (1.+2. Tranche)	650			650		130 (1) 520 (2)	0
Vorräte	360	340	60	760			760
Forderungen	60	110		170			170
Barmittel	40	60		100			100
Übrige Vermögenswerte	40	110	30	180			180
Summe Aktiva	1.490	800	160	2.450			1.950
Eigenkapital	600	450	50	1.100	100 (1) 400 (2)		600
Neubewertungsrücklage							0
Anteile anderer Gesellschafter							0
Restrukturierungsrückstellung			90	90			90
Sonstige Schulden	890	350	20	1260			1.260
Summe Passiva	1.490	800	160	2.450	650	650	1.950

Buchungen:

1. Erwerbsbilanzierung zweite Tranche (20%):

Per Eigenkapital (450+50) × 0,2	100
Per Geschäfts- oder Firmenwert	30
An Anteile an verbundenen Unternehmen	130

2. Erwerbsbilanzierung 1.Tranche (80%):

Per Eigenkapital (450+50) × 0,8	400
Per Geschäfts- oder Firmenwert	120
An Anteile an verbundenen Unternehmen	520

Die unterschiedlichen bilanziellen Auswirkungen der vier Alternativen lassen sich anhand folgender Übersicht zusammenfassen:

in Mio €		***full step-up*** (Version 1)	***partial step-up*** (Version 2)	**Verrechnung mit Eigenkapital** (Version 3)	***partial step-up*** **ohne Neubewertung** (Version 4)
Geschäfts- oder Firmenwert		130	130	120	150
Sachanlagen		440	360	340	340
Eigenkapital (ggf einschließlich Neubewertungsrücklage)		680	600	570	600
Bilanzsumme		2.030	1.950	1.920	1.950

264 Werden zusätzliche Anteile an einem TU infolge einer **überproportionalen** Teilnahme an einer **effektiven Kapitalerhöhung** des TU erworben, so liegt nach IFRS 3 (2008) eine reine Eigenkapitalverschiebung zwischen Mehrheits- und Minderheitsanteilseignern vor. Entspr ist die Transaktion erfolgsneutral zu erfassen. Nach IFRS 3 (2004) sind die Anschaffungskosten für die den Erhalt der bisherigen Beteiligungsquote sichernden Anteile entspr dem Vorgehen bei proportionaler Teilnahme an einer Kapitalerhöhung als **nachträgliche Anschaffungskosten** dieser Altanteile anzusehen (*B. Hayn*, 408 ff). Ein neuer Unterschiedsbetrag aus der Kapitalkonsolidierung resultiert lediglich in Höhe der anteiligen Anschaffungsnebenkosten, die direkt aufwandswirksam zu verrechnen sind. Die eine Steigerung der Beteiligungsquote verursachenden Anteile sind demgegenüber wie im Fall von Zukäufen zu behandeln. Ein sich ergebender Unterschiedsbetrag ist entspr dem Vorgehen bei Zukäufen mit der Konzernkapitalrücklage zu verrechnen.

265 Resultiert die Erhöhung der Beteiligungsquote an einem TU schließlich aus der **unterproportionalen** Teilnahme des Anteilseigners an einer **effektiven Kapitalherabsetzung** (durch Einziehung von Anteilen) des TU, besteht kein Konsolidierungsbedarf, da die Erhöhung der Beteiligungsquote gerade nicht auf den Erwerb zusätzlicher Anteile zurückzuführen ist (*B. Hayn*, 447 ff). Während nach IFRS 3 (2008) konzeptionell nur eine erfolgsneutrale Erfassung der Kapitalherabsetzung möglich ist, ist nach IFRS 3 (2004) nicht eindeutig geregelt, ob aus der Kapitalherabsetzung resultierende, auf den Anteilseigner entfallende Veränderungen des Eigenkapitals des TU erfolgswirksam oder aber erfolgsneutral zu berücksichtigen sind. Nach der hier vertretenen Auffassung ist jedoch auch unter Zugrundelegung des IFRS 3 (2004) grds eine erfolgsneutrale Erfassung im Rahmen der Vollkonsolidierung zu befürworten.

266–273 *einstweilen frei*

E. Darstellung im Abschluss

I. Ausweis in der Bilanz und Gesamtergebnisrechnung/Gewinn- und Verlustrechnung

274 Für den **Geschäfts- oder Firmenwert** bietet sich aufgrund des Charakters als nicht-körperlicher Vermögenswert ein Ausweis unter dem Pflichtposten **immaterielle Vermögenswerte** (IAS 1.54(c)) an. Eine Pflicht zum Ausweis in einem separaten Hauptposten kann hingegen allein mit den Vorschriften des IFRS 3 (2008)/IFRS 3 (2004) zunächst nicht begründet werden. Wenn es sich indes um einen wesentlichen Bestandteil der Bilanz handelt, kommt auch ein **gesonderter Posten** oder ein **Unterposten zu den immateriellen Vermögenswerten** in Frage. Dies gebietet dann die Gewährleistung einer fairen Darstellung der Vermögenslage (IAS 1.55; § 2 Rz 29).

275 Nach den Regelungen von IFRS 3 (2008)/IFRS 3 (2004) ist ein **negativer Unterschiedsbetrag aus der Kapitalkonsolidierung** nach Überprüfung der Kaufpreisallokation unmittelbar ertragswirksam zu vereinnahmen (IFRS 3.34 (2008)/IFRS 3.56(b) (2004)) und unter den sonstigen betrieblichen Erträgen auszuweisen; bei wesentlichen Beträgen kann unter Gesichtspunkten der fairen Darstellung der Ertragslage der Ausweis als separater Posten notwendig sein.

276 Die IFRS sehen **grds keine planmäßigen Abschreibungen** auf den Geschäfts- oder Firmenwert vor. Eine nach IAS 36 bestimmte außerplanmäßige Geschäfts- oder Firmenwertminderung ist als Aufwand der Periode zu erfassen.

Grds ist für eine solche Wertminderung keine Darstellung als gesonderter Aufwandsposten in der Gesamtergebnisrechnung bzw gesonderten GuV (sofern erstellt) (s ausführlich § 15 Rz 91) vorgeschrieben (IAS 1.82), jedoch kann auch hier eine Einzelerläuterung bei entspr Wesentlichkeit des Betrags angezeigt sein.

Die bilanzielle Behandlung des **umgekehrten Unternehmenserwerbs** führt 277 zu einer Divergenz von rechtlichen Grundlagen und wirtschaftlicher Darstellung innerhalb des Konzernabschlusses. Dies wirkt sich insbes innerhalb des Eigenkapitals der zusammengeführten Einheit aus, da im Konzernabschluss das Eigenkapital des TU fortgeführt und um den Wert der ausgegebenen Eigenkapitalinstrumente des MU erhöht wird. Dabei hat die Struktur dieser Eigenkapitalinstrumente sich an den vom MU emittierten Papieren zu orientieren (IFRS 3.B22 (2008)/IFRS 3.B7(c) (2004)).

II. Ergebnis je Aktie

Die Regelungen des IFRS 3 (2008)/IFRS 3 (2004) haben zunächst **keine** 278 **Auswirkungen** auf die Ermittlung des von börsenorientierten Unternehmen pflichtmäßig anzugebenden Ergebnis je Aktie (*earnings per share*, EPS). Die aus dem Unternehmenszusammenschluss resultierenden Erfolgsbeiträge (zB aus einem sukzessiven Anteilserwerb mit Statuswechsel, vgl Rz 254) fließen als Bestandteile des jeweiligen Periodenerfolgs in die Berechnung des unverwässerten bzw verwässerten Ergebnisses je Aktie ein (zur Ermittlung der EPS vgl ausführlich § 16).

Auswirkungen aus den Vorschriften von IFRS 3 (2008)/IFRS 3 (2004) erge- 279 ben sich jedoch bei Vorliegen eines **umgekehrten Unternehmenserwerbs.** Dies gilt zunächst für die der Ermittlung zugrunde zu legende Anzahl von ausgegebenen Aktien. Regelungen hierzu enthalten IFRS 3.B26 (2008)/IFRS 3.B12 (2004), wo zunächst festgelegt wird, dass die Anzahl der vom MU ausgegebenen Aktien bis zum Zeitpunkt der Transaktion den Anteilseignern des TU zuzurechnen ist. Der Berechnung der EPS sind hingegen nur die ausgegebenen Aktien vom Erwerbszeitpunkt bis zum Ende der Berichtsperiode zugrunde zu legen.

Die Regelungen des IFRS 3.B27 (2008)/IFRS 3.B13 (2004) sehen für die Folgeperioden vor, dass der Periodenerfolg des TU durch die den Anteilseignern des TU zuzurechnenden Aktien des MU zu dividieren ist. Dabei wird davon ausgegangen, dass sich die Anzahl der ausgegebenen Aktien während der Periode nicht verändert hat. Anderenfalls ist eine entspr Korrektur hinsichtlich der Ermittlung des gewichteten Durchschnitts der Aktien erforderlich.

III. Anhangangaben

Die in den Anhang aufzunehmenden Angaben zur Bilanzierung von Unter- 280 nehmenszusammenschlüssen sind in IFRS 3.59 ff (2008) iVm IFRS 3.B64 ff (2008)/IFRS 3.66 ff (2004) aufgeführt. Dabei wird die Absicht verfolgt, dem Abschlussadressatenkreis Informationen an die Hand zu geben, die eine **allgemeine Einschätzung** von Unternehmenszusammenschlüssen bis zum Zeitpunkt der Veröffentlichung des betreffenden Abschlusses ermöglichen. Darüber hinaus sollen Informationen zur Beurteilung von **nachträglichen Anpassungen** der Bilanzierung von Zusammenschlüssen sowie **Änderungen des Geschäfts- oder Firmenwerts** enthalten sein.

Die explizit formulierten Vorschriften sind jedoch nur als Mindestumfang zu verstehen; sind darüber **hinaus zusätzliche Informationen** notwendig, um den genannten Zielsetzungen gerecht zu werden, sind diese **verpflichtend zusätzlich** in den Anhang aufzunehmen (IFRS 3.63 (2008)/IFRS 3.77 (2004)). Bei der Neufassung von IFRS 3 (2008) wurden die Anhangangabepflichten der in Teilen geänderten Konzeption des Standards angepasst und neu gegliedert. In nicht unerheblichem Umfang wurden auch neue Angabepflichten hinzugefügt.

Aus Gründen der Übersichtlichkeit und aufgrund der Tatsache, dass sich der Anwender bei einer konkreten Abschlusserstellung immer nur an einem Rechtsstand orientiert, werden im Folgenden die Angabepflichten nach IFRS 3 (2008) und nach IFRS 3 (2004) separat dargestellt.

1. Angabepflichten nach IFRS 3 (2008)

a) Allgemeine Angaben zu Unternehmenszusammenschlüssen

281 Die Angabepflichten des IFRS 3.59 (2008) formulieren nur **allgemein,** dass dem Abschlussadressaten Informationen zur Verfügung gestellt werden sollen, die ihm eine Beurteilung von Unternehmenszusammenschlüssen und zu deren finanziellen Auswirkungen ermöglichen. Dabei wird unterschieden zwischen Transaktionen, die in der Berichtsperiode stattgefunden haben und solchen, die nach Abschluss dieser Periode, aber vor endgültiger Aufstellung des Abschlusses getätigt wurden. Spezifiziert werden die Anforderungen in IFRS 3.B64 (2008), der folgende Angabepflichten vorsieht:

(1) **Name** und **Beschreibung** des erworbenen Unternehmens (IFRS 3.B64(a) (2008));
(2) **Erwerbsstichtag** (IFRS 3.B64(b) (2008));
(3) erworbener **Prozentanteil** des stimmberechtigten Eigenkapitals (IFRS 3.B64(c) (2008));
(4) **Hauptgründe** für den Unternehmenszusammenschluss sowie eine Beschreibung, auf welche Weise der Erwerber die Beherrschung über den erworbenen Geschäftsbetrieb erlangt hat (zB Anteilserwerb, Auslaufen von Sonderrechten anderer Gesellschafter, etc) (IFRS 3.B64(d) (2008));
(5) qualitative Beschreibung der **Gründe, die zur Entstehung eines Geschäfts- oder Firmenwerts führen,** wie zB erwartete Synergieeffekte oder immaterielle Vermögenswerte, denen vom Erwerber zwar ein Wert beigemessen wird, die jedoch die Ansatzkriterien nicht erfüllen (IFRS 3.B64(e) (2008));
(6) beizulegender Zeitwert der gesamten **Gegenleistung** zum Erwerbsstichtag sowie die beizulegenden Zeitwerte der bedeutendsten Gruppen dieser Gegenleistung wie Zahlungsmittel, (immaterielle) Vermögenswerte einschließlich eines Geschäftsbetriebs oder eines TU des Erwerbers, eingegangene Verbindlichkeiten wie eine Verbindlichkeit für eine bedingte Kaufpreiszahlung oder Eigenkapitalanteile des Erwerbers einschließlich der Anzahl der ausgegebenen bzw ausgaberelevanten Instrumente oder Anteile sowie die Methode zur Bestimmung des beizulegenden Zeitwerts dieser Instrumente oder Anteile (IFRS 3.B64(f) (2008));
(7) bei Vereinbarungen hinsichtlich einer **bedingten Kaufpreiszahlung** und **Erstattungsansprüchen**: Angabe des erfassten Betrags zum Erwerbsstichtag; eine Beschreibung der entspr Vereinbarung sowie die Grundlage zur Bestimmung des Betrags der Zahlung; eine Schätzung der Reichweite der undiskontierten Ergebnisse bzw falls eine derartige Spannbreite nicht bestimmt werden kann, dieser Umstand und die Gründe dafür. Sofern der maximale Betrag der Zahlungen unbegrenzt ist, muss der Erwerber diese Tatsache angeben (IFRS 3.B64(g) (2008));

(8) für **erworbene Forderungen** sind die beizulegenden Zeitwerte am Erwerbsstichtag, die vertraglich vereinbarten Bruttobeträge sowie eine Schätzung der voraussichtlichen Zahlungsmittelzuflüsse anzugeben. Diese Angaben sind für wesentliche Klassen der Forderungen (zB Darlehen, Forderungen aus Lieferungen und Leistungen, Forderungen aus Finanzierungs-Leasingverträgen, etc) getrennt zu machen (IFRS 3.B64(h) (2008));

(9) erfasste Beträge im Rahmen der Erwerbsbilanzierung für jede wesentliche **Gruppe erworbener Vermögenswerte und übernommener Schulden** (IFRS 3.B64(i) (2008));

(10) für jede im Rahmen der Erwerbsbilanzierung passivierte **Eventualschuld** sind die Angaben des IAS 37.85 zu machen. Wurde eine Eventualschuld mangels zuverlässiger Bewertbarkeit nicht angesetzt, so sind die Angaben nach IAS 37.86 zu machen. Zusätzlich ist zu erläutern, warum die Verpflichtung nicht zuverlässig bewertet werden kann (IFRS 3.B64(j) (2008));

(11) **steuerlich abzugsfähiger** Betrag des **Geschäfts- oder Firmenwerts** (IFRS 3.B64(k) (2008));

(12) für **Transaktionen in zeitlichem Zusammenhang** mit dem Erwerb, die jedoch nach IFRS 3.51 (2008) außerhalb der Erwerbsbilanzierung abgebildet werden: Eine Beschreibung der jeweiligen Transaktion und ihrer Abbildung innerhalb des Rechnungswesens, die auf diese Weise erfassten Beträge und, falls durch die Transaktion eine Vorerwerbsbeziehung beendet wird, eine Beschreibung der Methode zur Ermittlung des Betrags zur Vertragsauflösung (IFRS 3.B64(l) (2008));

(13) für die unter (12) darzustellenden Transaktionen sind zusätzlich die **mit diesen Transaktionen verbundenen Kosten** sowie deren Erfassung in der Gesamtergebnisrechnung bzw gesonderten GuV (sofern erstellt) darzustellen (IFRS 3.B64(m) (2008));

(14) bei einem **negativen Unterschiedsbetrag** ist der Betrag des daraus erfassten Ertrags sowie dessen Ausweis in der Gesamtergebnisrechnung bzw gesonderten GuV (sofern erstellt) des Unternehmens sowie eine Beschreibung der Gründe für den negativen Unterschiedsbetrag anzugeben (IFRS 3.B64(n) (2008));

(15) für Unternehmenserwerbe, die **weniger als 100% des Eigenkapitals** des TU umfassen, ist der Betrag der Anteile nicht-beherrschender Gesellschafter anzugeben. Bei einer Bewertung der Anteile der nicht-beherrschenden Gesellschafter zum beizulegenden Zeitwert (*full goodwill*-Methode, vgl Rz 219 ff) sind darüber hinaus Angaben zum verwendeten Bewertungsmodell und dessen Prämissen zu machen (IFRS 3.B64(o) (2008));

(16) bei einem **sukzessiven Unternehmenserwerb** ist der beizulegende Zeitwert der Altanteile zum Erwerbsstichtag sowie jeder erfolgswirksam erfasste Gewinn oder Verlust daraus (vgl Rz 256) anzugeben (IFRS 3.B64(p) (2008));

(17) Betrag der **Umsatzerlöse und des Ergebnisses jedes erworbenen Geschäftsbetriebs,** die innerhalb der Berichtsperiode in der Gesamtergebnisrechnung erfasst wurden sowie der Betrag der Umsatzerlöse und des Ergebnisses, der sich ergeben hätte, wenn sämtliche Unternehmenszusammenschlüsse der Berichtsperiode bereits zu Beginn dieser Periode erfolgt wären (IFRS 3.B64(q) (2008)).

Wenn einzelne Angabepflichten aus Praktikabilitätsgründen nicht erfüllt werden können, ist dies – unter Angabe der Gründe – im Anhang zu erwähnen.

Die Angaben nach IFRS 3.B64(e) bis (q) (2008) können für **unwesentliche** 282
Unternehmenserwerbe aggregiert gemacht werden. Im Umkehrschluss bedeutet dies, dass die Angaben nach IFRS 3.B64(a) bis (d) (2008) auch für jeden iso-

liert betrachtet unwesentlichen Unternehmenszusammenschluss separat zu machen sind.

283 IFRS 3.B66 (2008) verlangt grds sämtliche vorstehenden Angaben auch für **Unternehmenszusammenschlüsse**, die **nach Abschluss der Berichtsperiode**, jedoch vor der endgültigen Aufstellung des Abschlusses stattfinden. Sollten einzelne Angaben aufgrund einer noch nicht abgeschlossenen Ersterfassung der Transaktion nicht gemacht werden können, so ist diese Tatsache unter Angabe der betroffenen Anforderungen unter Nennung der Gründe in den Anhang aufzunehmen.

b) Angaben zu Unternehmenserwerben in Vorperioden

284 Auch in Perioden **nach** einem Unternehmenszusammenschluss wirken einzelne Aspekte der Erwerbsbilanzierung weiterhin auf die Rechnungslegung des berichtenden Unternehmens ein. Um dem Abschlussadressaten eine **Beurteilung dieser Effekte** aus Unternehmenszusammenschlüssen vorangegangener Perioden zu ermöglichen (IFRS 3.61 (2008)), sieht IFRS 3.B67 (2008) folgende Angabepflichten vor, die für wesentliche Erwerbe separat und für unwesentliche Erwerbe in aggregierter Form zu erfüllen sind:

(1) Bei **noch nicht abgeschlossener Ersterfassung** der Transaktion hinsichtlich einzelner Vermögenswerte, Schulden, Anteile nicht-beherrschender Gesellschafter sowie der Gegenleistung: Angabe der Gründe für die nur vorläufige Ersterfassung, der betroffenen Vermögenswerte, Schulden, Eigenkapitalanteile oder Gegenleistungskomponenten sowie Art und Umfang der Anpassungen der vorläufigen Werte innerhalb der *measurement period* (IFRS 3.B67(a) (2008));
(2) im Hinblick auf **bedingte Kaufpreisanpassungen:** Änderungen der erfassten Beträge, Änderungen der Schätzungen hinsichtlich der Erfüllungsbeträge und eine Erläuterung der Bewertungsmodelle sowie deren wesentlichen Prämissen (IFRS 3.B67(b) (2008));
(3) für die im Rahmen eines Unternehmenszusammenschlusses erfassten **Eventualschulden:** Angabe der Informationen gem IAS 37.84f für die betroffenen Verpflichtungen (IFRS 3.B67(c) (2008));
(4) eine **Überleitungsrechnung** für die erfassten **Geschäfts- oder Firmenwerte** vom Beginn zum Ende der Berichtsperiode, in der die folgenden Komponenten getrennt auszuweisen sind:

	Buchwert zu Beginn der Berichtsperiode
+	zusätzlich erfasster Geschäfts- oder Firmenwert der Berichtsperiode (ohne Geschäfts- oder Firmenwert in Veräußerungsgruppen gem IFRS 5)
–	Anpassungen aus der nachträglichen Erfassung von aktiven latenten Steuern gem IFRS 3.67 (2008)
±	Anpassungen von Geschäfts- oder Firmenwert-Komponenten, die auf Veräußerungsgruppen iSv IFRS 5 entfallen
–	Wertminderungen des Geschäfts- oder Firmenwerts nach IAS 36 in der Berichtsperiode
±	Effekte aus der Änderung von Währungskursen nach IAS 21, wenn der Geschäfts- oder Firmenwert in einer abweichenden Währung geführt wird
±	andere Veränderungen des Buchwerts des Geschäfts- oder Firmenwerts innerhalb der Berichtsperiode
=	Buchwert zum Ende der Berichtsperiode

(5) Für jeden Posten der aufgrund seiner Art, Größe oder seines Auftretens **relevant für das Verständnis des Konzernabschlusses** ist und sich auf einen Vermögenswert oder eine Schuld aus einem Unternehmenszusammenschluss bezieht: Angabe des Betrags und Erläuterung eines Gewinns oder Verlusts aus diesen Posten in der Berichtsperiode (IFRS 3.B67(e) (2008)).

2. Angabepflichten nach IFRS 3 (2004)

a) Allgemeine Angaben zu Unternehmenszusammenschlüssen

Auch IFRS 3 (2004) verfolgt das Ziel, dem Abschlussadressaten Informationen zu Akquisitionen des Berichtsjahrs und zu Anpassungen der Erstkonsolidierung zur Verfügung zu stellen. Zur Verdeutlichung dieser Informationsfunktion sind im Folgenden die Anhangangaben – ggf abweichend von ihrer Reihenfolge innerhalb des Standards – nach Themenbereichen gegliedert und erläutert. 285

Hinsichtlich der **Umstände des Unternehmenszusammenschlusses** sind zunächst folgende Angaben in den Anhang aufzunehmen: 286

(1) **Name** und **Beschreibung** der zusammengeschlossenen Unternehmen (IFRS 3.67(a) (2004)),
(2) **Datum der Akquisition** bzw Datum des für die Bilanzierung maßgeblichen Zeitpunkts des Unternehmenszusammenschlusses (IFRS 3.67(b) (2004)),
(3) Einzelheiten über **Unternehmensbereiche,** die als Ergebnis des Zusammenschlusses aufgrund der Entscheidung des Unternehmens **nicht fortgeführt** werden sollen (IFRS 3.67(e) (2004)).

In den Kontext der **Anschaffungskosten** für den Erwerb sind folgende Anhangangaben einzuordnen: 287

(1) Prozentsatz der erworbenen stimmrechtsgewährenden Eigenkapitalinstrumente (IFRS 3.67(c) (2004)),
(2) Anschaffungskosten inklusive Anschaffungsnebenkosten des Unternehmenszusammenschlusses. Die Anschaffungskosten sind hinsichtlich ihrer Komponenten aufzuschlüsseln (IFRS 3.67(d) (2004)).

Werden die Anschaffungskosten durch **die Ausgabe von Eigenkapitalinstrumenten** abgegolten, so sind diese Angabepflichten um die Umstände der Bewertung zum beizulegenden Zeitwert erweitert und es sind folgende Informationen in den Anhang aufzunehmen: 288

(1) Die Anzahl der emittierten oder noch zu emittierenden Anteile (IFRS 3.67(d)(i) (2004)).
(2) Der beizulegende Zeitwert der Eigenkapitalinstrumente und die zugrunde liegenden Bewertungsannahmen. Sofern **kein veröffentlichter Preis vorliegt,** ist diese Tatsache inklusive der Methode und der wesentlichen Annahmen zur Bestimmung des beizulegenden Zeitwerts anzugeben. Sofern ein **vorhandener veröffentlichter Preis nicht verwendet** wurde, ist diese Tatsache anzugeben und zu begründen. Darüber hinaus sind die Methode und signifikante Bewertungsprämissen zur Bestimmung des abweichenden beizulegenden Zeitwerts sowie die Gesamtdifferenz zum veröffentlichten Preis offen zu legen (IFRS 3.67(d)(ii) (2004)).

Hinsichtlich der Wertansätze der erworbenen Vermögenswerte und Schulden sind die beim erworbenen Unternehmen zum Zeitpunkt der Akquisition geführten (IFRS-)**Buchwerte** den vollständig aus Erwerbersicht zum beizulegenden Zeitwert **neubewerteten Ansätzen gegenüberzustellen** (IFRS 3.67(f) (2004)). Für den Wertevergleich ist dabei nicht auf einzelne Vermögenswerte und Schulden sowie Eventualschulden, sondern auf einen Vergleich zwischen einheitlich zusammengefassten Gruppen abzustellen. Regelungen darüber, wie 289 diese Gruppen zu bilden sind, enthält IFRS 3 (2004) nicht. Jedoch bietet eine Gruppierung, welche den Posten der konsolidierten Bilanz Folge leistet, einen optimalen Einblick in die Kaufpreisallokation (Rz 65 ff). Da so die Gesamtbeurteilung des Unternehmenszusammenschlusses am ehesten unterstützt wird, ist uE eine Gruppierung auf Ebene der Bilanzposten zu präferieren.

290 Gem IFRS 3.67(g) (2004) ist weiterhin der **Posten** der Erfolgsrechnung anzugeben, in welchem der **negative Unterschiedsbetrag** aus der Kapitalkonsolidierung als Ertrag erfasst wird. Dabei ist auch der **Betrag** umgehend erfolgswirksam zu erfassender Unterschiedsbeträge anzugeben.

291 IFRS 3.67(h) (2004) verlangt eine Beschreibung der Faktoren, welche die **Anschaffungskosten des Unternehmenserwerbs** so **beeinflusst** haben, dass ein Geschäfts- oder Firmenwert oder negativer Unterschiedsbetrag zu erfassen ist. Damit wird faktisch eine **Begründung** für diese nach Identifizierung und Bewertung sämtlicher Vermögenswerte, Schulden und Eventualschulden verbleibenden Abschlussposten verpflichtend vorgeschrieben. Theoretisch ist auf diesem Wege der nicht gesondert erfasste Teil der Anschaffungskosten dem Abschlussadressatenkreis offen zu legen und zu erläutern.

292 Schließlich ist der **Anteil am konsolidierten Jahresergebnis** in die Angaben mit aufzunehmen, der auf das erworbene Unternehmen seit der uU unterjährigen Erstkonsolidierung entfällt (IFRS 3.67(i) (2004)). Damit sollen den Adressaten des Jahresabschlusses die Auswirkungen des Unternehmenszusammenschlusses auf die Gesamtertragslage vor Augen geführt werden.

293 Die erläuterten und gem IFRS 3.67 (2004) darzustellenden Informationen sind grds für jeden wesentlichen Unternehmenserwerb **separat darzustellen** (IFRS 3.68 (2004)). Lediglich jene Unternehmenszusammenschlüsse der Berichtsperiode, welche einzeln für sich gesehen als unwesentlich einzustufen sind, dürfen zusammengefasst dargestellt werden.

294 Konnte die **Kaufpreisallokation** bis zum Bilanzstichtag **nicht abgeschlossen** werden, so ist dieser Umstand anzugeben und zu begründen (IFRS 3.69 (2004)).

295 Soweit wirtschaftlich vertretbar, sind darüber hinaus die **konsolidierten Erträge** sowie das **konsolidierte Jahresergebnis** der zusammengeschlossenen Einheit so zu ermitteln und anzugeben, als ob die durchgeführten Unternehmensakquisitionen bereits zum Anfang der Berichtsperiode bilanziell erfasst wurden (IFRS 3.70 (2004)). Damit soll eine Einschätzung darüber ermöglicht werden, wie sich auch weiterhin die **in der Berichtsperiode** durchgeführten Unternehmenszusammenschlüsse auf die Konzernertragslage auswirken.

296 Die dargestellten Angabepflichten beziehen sich insgesamt grds sowohl auf Unternehmenszusammenschlüsse der **Berichtsperiode** als auch auf Unternehmenszusammenschlüsse die nach dem Abschlussstichtag, jedoch **vor der Freigabe des Abschlusses zur Veröffentlichung** stattgefunden haben (IFRS 3.66 (2004)). Bei Akquisitionen nach dem Bilanzstichtag kann es jedoch vorkommen, dass bis zur Aufstellung des Jahresabschlusses Teile der geforderten Angaben aus Praktikabilitätsgründen nicht gemacht werden können. IFRS 3.71 (2004) erkennt dies an, verlangt in diesen Fällen allerdings die Angabe dieser Tatsache sowie eine Beschreibung der Ursachen für die Nichtverfügbarkeit der Daten.

b) Angaben zu nachträglichen Anpassungen der Kaufpreisallokation

297 Unter die Regelungen des IFRS 3.72 (2004) sind alle Informationen zu subsumieren, welche die **Beurteilung** der Auswirkungen aus der Erfassung von Gewinnen, Verlusten, Fehlerbeseitigungen und übrigen Anpassungen auch der nachträglichen Anpassung der Erstkonsolidierungswerte (Rz 250 ff) erlauben.

Diese Angabepflichten beziehen sich auf sämtliche bereits bilanziell erfassten Unternehmenszusammenschlüsse der **Vergangenheit** bis zum Bilanzstichtag.

Wird eine nachträgliche Anpassung der Wertansätze, was uE auch die Ansatzfrage mit umfasst, aus der ursprünglichen Kaufpreisallokation (Rz 65 ff) vorgenommen und resultiert aus diesem Vorgang ein **Bewertungsgewinn oder -verlust**, so ist dieser uU betragsmäßig hervorzuheben und zu erläutern. Eine **explizite Berichtspflicht** ist allerdings nur dann gegeben, wenn der Umfang, die Art oder das Eintreten der Bewertungsänderung für die Beurteilung der Konzernertragslage unerlässlich ist (IFRS 3.73(a) (2004)). Resultiert aus der nachträglichen Anpassung der Kaufpreisallokation hingegen lediglich eine **erfolgsneutrale Anpassung** innerhalb der sog Zwölf-Monatsfrist (Rz 251), weil die Erstkonsolidierung nur auf Basis vorläufiger Daten vorgenommen wurde, sind die Anpassungen **stets betragsmäßig und dem Grunde** nach zu erläutern (IFRS 3.73(b) (2004)).

Fehler im Zusammenhang mit der Bilanzierung von Unternehmenszusam- 298
menschlüssen (Rz 251) sind in Übereinstimmung mit den Grundsätzen des IAS 8 darzulegen.

c) Angaben zu Änderungen des Geschäfts- oder Firmenwerts

Durch den Regelungsbereich des IFRS 3.74 ff (2004) soll es dem Jahresab- 299
schlussadressaten ermöglicht werden, jede Änderung des in der Bilanz abgebildeten Geschäfts- oder Firmenwerts beurteilen zu können. Daher unterliegt neben der **erstmaligen Erfassung** auch die **Wertminderung des Geschäfts- oder Firmenwerts** umfangreichen Angabepflichten. Als Berichtsinstrument ist dabei eine **Überleitungsrechnung** vorgesehen, welche einem Anlagespiegel vergleichbar sämtliche Bewegungen des Geschäfts- oder Firmenwertbuchwerts darstellt. Folgende **Mindestposten** sind dabei aufzuführen (IFRS 3.75 (2004)):

	Buchwert zu Beginn der Berichtsperiode
+	zusätzlich erfasster Geschäfts- oder Firmenwert der Berichtsperiode
–	Anpassungen aus der nachträglichen Erfassung eines steuerlichen Vermögenswerts
–	Abgang von Geschäfts- oder Firmenwert-Komponenten durch Entkonsolidierungsvorgänge
–	Wertminderungen des Geschäfts- oder Firmenwerts nach IAS 36 in der Berichtsperiode
±	Effekte aus der Änderung von Währungskursen nach IAS 21, wenn der Geschäfts- oder Firmenwert in einer abweichenden Währung geführt wird
±	andere Veränderungen des Buchwerts des Geschäfts- oder Firmenwerts innerhalb der Berichtsperiode
=	Buchwert zum Ende der Berichtsperiode

Wurde der Geschäfts- oder Firmenwert einer **außerplanmäßigen Wertminderung** unterzogen, so sind der erzielbare Betrag der ZGE sowie die Abwertung in Übereinstimmung mit IAS 36 zu erläutern (vertiefend § 27 Rz 149 ff).

F. Übergangsregelungen des IFRS 3

I. Zeitlicher Rahmen

300 IFRS 3 (2008) wurde im Januar 2008 verabschiedet und ersetzt IFRS 3 (2004). Die Überarbeitung stellt das Ergebnis des IASB-Projekts *Business Combination Phase II* dar und wurde im Rahmen der **Konvergenzbemühungen** der IFRS mit den US-GAAP weitreichend an die überarbeitete Fassung von FAS 141 (rev) angenähert (§ 1 Rz 21 f).

301 IFRS 3 (2008) ist **ausschließlich prospektiv** anzuwenden. Verpflichtend werden die Regelungen des IFRS 3 (2008) für alle Unternehmenserwerbe, bei denen der **Erwerbsstichtag** in ein **Geschäftsjahr** fällt, das am **1. Juli 2009 oder später** beginnt. Eine frühere Anwendung ist grds für Geschäftsjahre ab dem 30. Juni 2007 möglich, darf aber nur bei gleichzeitiger Anwendung der überarbeiteten Fassung von IAS 27 (2008) (§ 35 Rz 137) erfolgen und erfordert eine entspr Anhangangabe (IFRS 3.64 (2008)). Da eine Anerkennung des Standards durch die Europäische Union *(EU Endorsement)* bis zum Ende des Jahres 2008 nicht erfolgt war, beschränkt sich eine freiwillige frühere Anwendung von IFRS 3 (2008) in einem befreienden EU-Konzernabschluss auf Geschäftsjahre, deren Beginn zwischen dem 1. Januar 2009 und dem 30. Juni 2009 liegt.

302 Die Regelungen zur zeitlichen Anwendung von IFRS 3 (2008) **unterscheiden** sich damit von denen des IFRS 3 (2004). Letztere waren dadurch gekennzeichnet, dass nach IFRS 3 (2004) noch innerhalb der Übergangsfrist die Möglichkeit bestand, je Unternehmenszusammenschluss über die erstmalige Anwendung des neuen Standards zu entscheiden. Die damals erfolgte Einführung des *impairment only approach* und die Abschaffung der Methode der Interessenzusammenführung konnte damit innerhalb gewisser Grenzen vom Unternehmen selber festgelegt werden. Vergleichbare Spielräume ergeben sich aus den Übergangsregeln von IFRS 3 (2008) nicht.

Für **IFRS-Erstanwender** iSv IFRS 1 kommen die Übergangsregelungen des IFRS 3 (2008) nicht zur Anwendung. Im erstmalig nach IFRS aufgestellten Abschluss kommen generell für alle dort dargestellten Geschäftsjahre einheitliche Bilanzierungs- und Bewertungsmethoden zur Anwendung, dh für eine Erstanwendung nach dem 1. Juli 2009 sind zwingend für alle dargestellten Perioden die Regelungen des IAS 27 (2008) sowie des IFRS 3 (2008) anzuwenden. Für Unternehmenszusammenschlüsse, die vor dem Zeitpunkt der IFRS-Eröffnungsbilanz stattgefunden haben, sind weiterhin die besonderen Übergangsregelungen von IFRS 1.D1(a) (2008)/IFRS 1.13(a) (2003) zu beachten (§ 44 Rz 52 ff).

II. Zurückliegende Unternehmenszusammenschlüsse in Sonderfällen

303 Durch die Erweiterung des Anwendungsbereichs des IFRS 3 (2008) ggü IFRS 3 (2004) wurde für Unternehmenszusammenschlüsse, die vor Anwendung von IFRS 3 (2008) durch eine wechselseitige Verflechtung (Gegenseitigkeitsunternehmen) oder ohne Anteilserwerb bzw -tausch durch einen zwischen den beteiligten Unternehmen geschlossenen gegenseitigen Vertrag zustande kamen (Vertragskonzern), ein **Verbot** einer **rückwirkenden Neueinschätzung** (IFRS 3.B69(a) (2008)) notwendig. Regelungen für diese Arten von Unternehmenszusammenschlüssen waren in IFRS 3 (2004) noch nicht vorgesehen (Rz 17), sodass bei Anwendung dieses Standards entspr IAS 8.10 ff eigene Bilan-

zierungs- und Bewertungsmethoden für die bilanzielle Darstellung zu entwickeln waren.

Im Übergang auf IFRS 3 (2008) gelten damit folgende **Sonderregelungen** für Geschäfts- oder Firmenwerte und negative Unterschiedsbeträge, die im Rahmen eines Unternehmenszusammenschlusses angesetzt worden sind, die entweder einen Vertragskonzern begründeten oder zwischen Gegenseitigkeitsunternehmen vorgenommen worden sind: 304

(1) Der in Übereinstimmung mit den Bilanzierungs- und Bewertungsmethoden des Unternehmens ermittelte Buchwert eines Geschäfts- oder Firmenwerts ist zum Beginn des Geschäftsjahrs, in dem IFRS 3 (2008) übernommen wird, „einzufrieren". Ggf vorhandene und kumulierte Abschreibungen sind mit dem Bruttobuchwert des Geschäfts- oder Firmenwerts zu saldieren; weitere Anpassungen sind indes nicht erforderlich (IFRS 3.B69(b) (2008)).

(2) Wurde ein Geschäfts- oder Firmenwert in der Vergangenheit direkt mit dem Eigenkapital verrechnet, bleibt es dabei im Übergang auf IFRS 3 (2008) – der bereits verrechnete Betrag lebt nicht wieder auf. Auch bei einer nachfolgenden Wertminderung oder Veräußerung der zugehörigen ZGE erfolgt keine Umbuchung aus dem Eigenkapital in den Gewinn/Verlust des Jahres (IFRS 3.B69(c) (2008)).

(3) Ein nach diesen Regelungen verbleibender Geschäfts- oder Firmenwert ist nach den regulären Vorgaben von IFRS 3 und IAS 36 jährlich auf Wertminderung zu testen (siehe hierzu § 27 Rz 6).

(4) Wurde hingegen im Rahmen eines Unternehmenszusammenschlusses zwischen Gegenseitigkeitsunternehmen oder im Vertragskonzern ein negativer Unterschiedsbetrag passiviert, ist dieser in der Eröffnungsbilanz des Übergangszeitpunkts auf IFRS 3 (2008) vollumfänglich auszubuchen und mit den Gewinnrücklagen zu verrechnen (IFRS 3.B69(d) (2008)).

III. Aktivierte Geschäfts- oder Firmenwerte

Über die vorstehend erläuterten Regelungen zu Unternehmenszusammenschlüssen in Form von Vertragskonzernen und zwischen Gegenseitigkeitsunternehmen hinaus sieht IFRS 3 (2008) **keine Sonderregelungen zu bereits aktivierten Geschäfts- oder Firmenwerten** vor. 305

Beim Übergang auf den mit der Vorgängerfassung **IFRS 3 (2004)** verbundenen *impairment only approach* waren hier noch Regelungen zur Einstellung der regulären Abschreibungen und zur Bestimmung des fortzuführenden Geschäfts- oder Firmenwerts erforderlich. So war die planmäßige Abschreibung gem IFRS 3.79(a) (2004) ab dem Übergangszeitpunkt auf IFRS 3 (2004) nicht mehr vorzunehmen. Stattdessen waren die bis dahin aufgelaufenen kumulierten planmäßigen Abschreibungen von den Anschaffungskosten des Geschäfts- oder Firmenwerts abzusetzen (IFRS 3.79(b) (2004)) und fortan lediglich der Wertminderungstest nach IAS 36 vorzunehmen. In der Folge waren die ursprünglichen Anschaffungskosten des Geschäfts- oder Firmenwerts in nachfolgenden Geschäftsjahren nicht mehr erkennbar.

IV. Negative Unterschiedsbeträge

In der Bilanzierung von negativen Unterschiedsbeträgen nach IFRS 3 (2008) und der Vorgängerfassung haben sich keine materiellen Änderungen ergeben. Infolgedessen sind in IFRS 3 (2008) **keine Übergangsregelungen** zu diesem Bereich enthalten. 306

Beim Übergang auf **IFRS 3 (2004)** war der im Umstellungszeitpunkt ausgewiesene negative Unterschiedsbetrag nach IFRS 3.81 (2004) zugunsten der Gewinnrücklagen bzw des Ergebnisvortrags umzugliedern. Mithin war in den Folgejahren kein negativer Unterschiedsbetrag mehr auszuweisen.

V. Umgliederung immaterieller Vermögenswerte

307 IFRS 3 (2008) enthält **keine Übergangsregelungen** in Bezug auf immaterielle Vermögenswerte, da deren Behandlung derjenigen entspricht, die bereits nach IFRS 3 (2004) vorgeschrieben ist.

Beim Übergang auf **IFRS 3 (2004)** waren etwaige immaterielle Vermögenswerte, die im Umstellungszeitpunkt nicht mehr die Aktivierungskriterien des IAS 38 erfüllten oder auf einen Mitarbeiterstamm entfielen, in den Geschäfts- oder Firmenwert umzugliedern (IFRS 3.82 (2004)).

VI. Ertragsteuern

308 Die Regelungen des IAS 12.68 (geändert 2008) sind im Rahmen der Neufassung von IFRS 3 (2008) ebenfalls modifiziert worden. Der Ansatz und die Bewertung aktiver latenter Steuern (zB aus steuerlichen Verlustvorträgen des erworbenen Geschäftsbetriebs) wirken sich nunmehr **nur innerhalb der Kaufpreisallokation** auf die Berechnung von Geschäfts- oder Firmenwerten bzw negativen Unterschiedsbeträgen aus. Stellt sich zB ein steuerlicher Verlustvortrag erst nach Abschluss der Zwölf-Monatsfrist der *measurement period* (Rz 250 ff) als werthaltig heraus, sind hieraus resultierende Zuschreibungen entspr der regulären Vorgehensweise nach IAS 12 erfolgswirksam als Ertrag zu erfassen (vgl hierzu ausführlich § 25 Rz 73 ff).

309 Die **alte Fassung** von IAS 12.68 sah in diesem Zusammenhang noch eine **Interdependenz** zwischen der nachträglichen (Hinzu-)Aktivierung latenter Steuern und der Bilanzierung von Geschäfts- oder Firmenwerten vor. Wurde nachträglich, dh auch nach Abschluss der Kaufpreisallokation die Werthaltigkeit aktiver latenter Steuern festgestellt, die mit dem Geschäftsbetrieb erworben worden sind, war im Umfang der Zuschreibung aktiver latenter Steuern ein aus dem Unternehmenszusammenschluss resultierender Geschäfts- oder Firmenwert in gleicher Höhe erfolgswirksam wertzuberichtigen (IAS 12.68; vgl auch § 25 Rz 178).

310 Die Neuregelung des IAS 12.68 (geändert 2008) gilt nunmehr prospektiv für alle latenten Steuern aus Unternehmenszusammenschlüssen ab dem Zeitpunkt der erstmaligen Anwendung von IFRS 3 (2008) durch das Unternehmen. Eine fortlaufende Überprüfung von aktiven latenten Steuern, die noch unter den Vorgängerregelungen Gegenstand eines Unternehmenszusammenschlusses waren, ist damit unter IFRS 3 (2008) nicht mehr notwendig.

VII. Methode der Interessenzusammenführung

311 Bereits mit dem Inkrafttreten von IFRS 3 (2004) war die bilanzielle Darstellung von Unternehmenszusammenschlüssen nur noch in der Form von **Erwerbsvorgängen** zulässig. Die Möglichkeit, einen Unternehmenszusammenschluss als **Interessenzusammenführung** einzustufen, wurde bereits in IFRS 3 (2004) abgeschafft (*Wüstemann/Duhr* BB 2003, 213). Damit soll jedoch nicht grds die Möglichkeit negiert werden, dass sich Unternehmen im Zuge eines *merger of equals* verbinden. Jedoch ist der IASB der Ansicht, dass für die überschnei-

dungsfreie Abgrenzung dieser Vorgänge von reinen Erwerbsvorgängen derzeit keine klaren Abgrenzungskriterien existieren. Darüber hinaus sind Vorschriften zur bilanziellen Abbildung dieser Unternehmensverbindungen in Form der sog ***fresh-start*–Methode** noch zu erarbeiten (zu den theoretischen Grundlagen vgl *Pellens/Sellhorn* BB 1999, 2125 ff). Beide Entwicklungen sollen Bestandteil späterer Ergänzungen der Erwerbsbilanzierung sein (IFRS 3.BC30 (2008)).

Gleichwohl ist uE auch nach Wegfall der Interessenzusammenführung durch **312** die Ersetzung des früher gültigen IAS 22 durch IFRS 3 (2004) und der Übernahme dieser Konzeption in IFRS 3 (2008) die **Interessenzusammenführungsbilanzierung** für Altfälle **fortzuführen.** Die denkbare Alternative zu dieser Vorgehensweise wäre die Fiktion eines Erwerbsvorgangs auf den Zeitpunkt des Inkrafttretens des IFRS 3 (2004) für diese Fälle, da die frühere Bilanzierung durch IAS 22 gedeckt ist und es sich mithin nicht um einen gem IAS 8 auch für die Vergangenheit zu korrigierenden Fehler handelt. Ein fiktiver Erwerb innerhalb des Folgekonsolidierungszeitraums würde jedoch uE zu einer unzutreffenden Darstellung führen.

G. Wesentliche Änderungen und deren Anwendungszeitpunkte

IFRS 3 (2008) ist pflichtmäßig für Unternehmenszusammenschlüsse anzu- **313** wenden, bei denen der Erwerbszeitpunkt in der Rechungslegungsperiode liegt, die am oder nach dem **1. Juli 2009 beginnt** (IFRS 3.64 (2008)). Eine freiwillige frühere Anwendung ist möglich, wenn zeitgleich die Vorschriften des IAS 27 (2008) angewendet werden. Allerdings ist eine solche freiwillige frühere Anwendung auf Berichtsperioden beschränkt, die am oder nach dem 30. Juni 2007 beginnen. Eine frühere freiwillige Anwendung ist im Anhang zu erwähnen.

Die Erstanwendung hat grds **prospektiv** zu erfolgen. Nachträgliche Änderungen oder Ergänzungen des Standards wurden bis zum Redaktionsschluss nicht veröffentlicht.

Die aus IFRS 3 (2008) resultierende Änderung des IAS 12.68 gilt pflichtmäßig ebenfalls für Rechnungslegungsperioden, die am oder nach dem 1. Juli 2009 beginnen. Erfolgt eine freiwillige frühere Anwendung von IFRS 3 (2008), so ist ab dem Zeitpunkt der Anwendung des IFRS 3 (2008) auch die Änderung des IAS 12.68 (geändert 2008) anzuwenden (IFRS 3.67 (2008)).

IFRS 3 (2004) ist pflichtmäßig anzuwenden auf Unternehmenszusammenschlüsse, bei denen das Datum des Vertragsschlusses am 31. März 2004 oder später war (IFRS 3.75 (2004)).

Auswirkungen auf die Bilanzierung von Unternehmenszusammenschlüssen haben auch die Änderungen von IAS 36.80(b) sowie IAS 38.36, IAS 38.37, IAS 38.40 und IAS 38.41 aus dem ***Annual Improvements* Projekts 2009**, das im April 2009 vom IASB veröffentlicht wurde. Diese Änderungen sind – vorbehaltlich einer Übernahme durch die EU – prospektiv für Geschäftsjahre, die am oder nach dem 1. Juli 2009 (Änderungen des IAS 38; s IAS 38.140C (geändert 2009) und IAS 38.140E (geändert 2009)) bzw am oder nach dem 1. Januar 2010 (IAS 36.140E (geändert 2009) beginnen, verpflichtend anzuwenden.

Die vorliegende Kommentierung hat wesentliche materielle Änderungen herausgehoben, darüber hinaus haben die Überarbeitungen klarstellenden Charakter.

H. Gegenüberstellung zu HGB/DRS

314 Die kodifizierten Vorschriften des **Handelsrechts** in den §§ 301f HGB unterscheiden sich nicht grds hinsichtlich der zugrunde liegenden Systematik von den Regelungen in IFRS 3 und IAS 27. Unterschiede bestehen allerdings in Teilbereichen bei Definitionen und Abgrenzungen, auch wenn durch die Einführung des Bilanzrechtsmodernisierungsgesetzes (BilMoG) viele bis dahin bestehende materielle Abweichungen zwischen HGB und IFRS beseitigt wurden.

315 Durch das BilMoG ist das bisher in § 301 Abs 1 HGB enthaltene Wahlrecht zwischen der beteiligungsproportionalen Aufdeckung stiller Reserven (Buchwertmethode) und der vollständigen Neubewertung (Neubewertungsmethode) zugunsten der **Neubewertungsmethode** aufgehoben worden. Damit entspricht nunmehr konzeptionell die handelsrechtliche Vorgehensweise den Regelungen nach IFRS 3 (2008)/IFRS 3 (2004). Dadurch ist die Regelung des DRS 4.43, wo ebenfalls eine vollständige Neubewertung unter Aufdeckung auch der stillen Reserven/Lasten der Minderheitsgesellschafter gefordert wird, obsolet. Eine neue Abweichung ergibt sich allerdings durch die Option zur Anwendung der *full goodwill*-Methode in IFRS 3.19 (2008), da § 301 Abs 1 HGB/§ 301 Abs 1 HGB (BilMoG) die Aufdeckung eines Geschäfts- oder Firmenwerts auf Minderheitenanteile nicht vorsehen.

316 Ebenfalls mit der Einführung des BilMoG aufgehoben ist die Möglichkeit der Konsolidierung nach der **Interessenszusammenführungsmethode.** Damit entspricht die handelsrechtliche Vorgehensweise auch in diesem Bereich derjenigen nach IFRS, wo bereits mit Inkrafttreten des IFRS 3 (2004) die *pooling of interest*-Methode abgeschafft wurde.

317 Ein wesentlicher Unterschied bei Anwendung der Erwerbsmethode hinsichtlich der Kapitalkonsolidierung zwischen HGB und IFRS besteht in der **Identifikation des Erwerbers.** Während § 301 HGB den Erwerber unter ausschließlich juristischer Sichtweise bestimmt, stellen IFRS 3.7 (2008) mit Verweis auf IAS 27 (2008) bzw IFRS 3.18ff (2004) auf den wirtschaftlichen Gehalt des zu beurteilenden Unternehmenszusammenschlusses ab. Dies führt insbes im Fall eines umgekehrten Unternehmenserwerbs zu einem grds anderen Eigenkapitalausweis nach IFRS als nach deutschen handelsrechtlichen Vorschriften.

318 Das bisher durch § 301 Abs 2 HGB dem Bilanzierenden eingeräumte Wahlrecht, die Verrechnung von Beteiligungsansatz und Reinvermögen des TU entweder auf den **Erwerbszeitpunkt,** den Zeitpunkt der erstmaligen Einbeziehung in den Konzernabschluss oder, beim Erwerb von Anteilen zu verschiedenen Zeitpunkten, auf den Zeitpunkt, in dem das Unternehmen erstmals TU geworden ist, vorzunehmen (*Förschle/Deubert* in BeBiKo[6] § 301 HGB Rz 140), ist ebenfalls im Rahmen des BilMoG gestrichen worden. Wie die IFRS verlangen danach auch die handelsrechtlichen Vorschriften grds die Erstkonsolidierung zum Zeitpunkt, an dem das TU erstmals von dem MU beherrscht wird, also entweder zum Erwerbszeitpunkt oder, bei sukzessivem Anteilserwerb, zum Zeitpunkt des Statuswechsels. Die Neuregelung wird in vielen Fällen zur Notwendigkeit der Aufstellung von Zwischenabschlüssen führen unbeschadet der Tatsache, dass dies nicht explizit gefordert wird.

319 Hinsichtlich der Berücksichtigung von **Anschaffungsnebenkosten** bei der Ermittlung der Anschaffungskosten einer Beteiligung weichen die Regelungen des IFRS 3 (2008) nunmehr von denen in § 301 Abs 1 HGB (BilMoG) ab. Durch die Sichtweise der Erwerbsbilanzierung primär als *fair-value*-orientierten Bewertungsprozess in IFRS 3 (2008) sind dort Anschaffungsnebenkosten nicht als Bestandteil der Gegenleistung für die Erlangung der Beherrschungsmöglich-

keit zu betrachten und dementsprechend unmittelbar aufwandswirksam zu erfassen (IFRS 3.53 (2008)). Die dem Anschaffungskosten-Konzept folgende Erwerbsbilanzierung des § 301 Abs 1 HGB (BilMoG) sieht die Anschaffungsnebenkosten als Bestandteil des Erwerbsvorgangs. Der letztgenannten Sichtweise folgt auch IFRS 3 (2004), entspr bestehen zwischen den Regelungen des § 301 Abs 1 HGB (BilMoG) und den Regelungen des IFRS 3.24(b) (2004) keine konzeptionellen Unterschiede (*Förschle/Deubert* in BeBiKo[6] § 301 HGB Rz 314).

Weitere Abweichungen ergeben sich bei der **Abgrenzung der erworbenen und separat identifizierbaren Vermögenswerte und Schulden.** Beispielhaft sind hier die abweichende Abgrenzung von immateriellen Vermögenswerten und die Aktivierungsmöglichkeit eines Vermögenswerts aus steuerlichen Verlustvorträgen zu nennen. 320

Während die frühere Regelung des IAS 22 noch einen eigenen Kriterienkatalog für die Bildung von **Restrukturierungsrückstellungen** im Rahmen von Unternehmenszusammenschlüssen vorsah, bezieht sich IFRS 3.10ff (2008)/IFRS 3.41(a) (2004) explizit auf die Regelungen zu Restrukturierungsrückstellungen nach IAS 37. Da dieser bestimmt, dass die geforderten Angaben des Restrukturierungsplans bereits zum Zeitpunkt der Bewertung vorliegen müssen, dürfte sich ein mögliches Konfliktpotenzial auf die konzeptionellen Unterschiede bzgl des Ansatzes und der Bewertung von Rückstellungen zwischen HGB und IFRS reduziert haben. Bestehen bleibt allerdings die abweichende Regelung des DRS 4.19ff. Bei Nichtvorliegen der Passivierungsvoraussetzungen des IAS 37 ist im Rahmen des Unternehmenszusammenschlusses nach IFRS gleichwohl die Bilanzierung einer Eventualschuld zu prüfen. 321

Weitere, wenn auch hinsichtlich ihrer Auswirkung weniger gravierende konzeptionelle Unterschiede zwischen den Vorschriften des § 301 HGB und IFRS 3 treten im Bereich der **Bestimmung der beizulegenden Zeitwerte** auf. Während bei der Zeitwertbestimmung im Rahmen der Kapitalkonsolidierung nach § 301 HGB nach hM die Verwendung der zu bewertenden Vermögensgegenstände und Schulden insoweit mit einfließt, als dass zur Veräußerung nach der Akquisition vorgesehene Vermögensgegenstände mit ihrem voraussichtlichen Verkaufspreis angesetzt werden, verlangt IFRS 3.18ff (2008)/IFRS 3.36ff (2004) eine objektivierte Zeitwertbestimmung, bei der – vorbehaltlich der Vorschriften des IFRS 5 – irrelevant ist, ob ein Erwerber die Vermögenswerte/Schulden weiter nutzen oder nach der Akquisition veräußern will. Die Differenz zwischen einem solchermaßen objektivierten Zeitwert einerseits und dem anschließend tatsächlich erzielten Verkaufserlös andererseits mindert oder erhöht damit das lfd Ergebnis nach erfolgter Akquisition (hierzu auch *Förschle/Deubert* in BeBiKo[6] § 301 HGB Rz 320). 322

Bei **sukzessivem Anteilserwerb** fordert IFRS 3 (2008) eine Erwerbsbilanzierung bei einem Statuswechsel mit einer gleichzeitigen Bewertung zum beizulegenden Zeitwert von Altanteilen. IFRS 3 (2004) fordert dagegen eine gesonderte Kapitalkonsolidierung für jeden Teilerwerbsschritt mit einer erfolgsneutralen Neubewertung von Altanteilen. Diese Vorgehensweise findet sich ebenfalls im überwiegenden Teil der deutschen handelsrechtlichen Kommentarliteratur. Im Gegensatz zu IFRS 3.42 (2008)/IFRS 3.59 (2004) verlangen die deutschen handelsrechtlichen Kommentare idR jedoch keine Anpassung der Wertansätze der Vermögenswerte zurückliegender Teilerwerbe (zB *Förschle/Deubert* in BeBiKo[6] § 301 HGB Rz 312). 323

Ein weiterer Bereich substanzieller Abweichungen besteht in der **Behandlung positiver und negativer Unterschiedsbeträge** aus der Erstkonsolidierung. Bis zur Überarbeitung des HGB im Rahmen des BilMoG sah nur DRS 4.16 eine Verrechnung des Unterschiedsbetrags mit den Gewinnrücklagen als unzulässig 324 an, wogegen nach HGB weiterhin die erfolgsneutrale Verrechnung möglich war. Nach der Streichung dieser Wahlmöglichkeit zur erfolgsneutralen Verrechnung in § 309 HGB (BilMoG) entsprechen sich nunmehr konzeptionell die Vorgehensweisen von HGB (BilMoG) und IFRS. Im Rahmen der **Folgekonsolidierung** bleibt jedoch auch nach Einführung des BilMoG ein konzeptioneller Unterschied bestehen, da das vom IASB verfolgte Konzept der nur noch einzelfallinduzierten Wertminderung des Geschäfts- oder Firmenwerts (*impairment only approach*) unvereinbar mit der unverändert bestehenden Pflicht zur planmäßigen Abschreibung eines Konzerngeschäfts- oder Firmenwerts nach § 309 Abs 1 HGB (BilMoG) ist. Darüber hinaus ist nach IFRS 3 jeder Geschäfts- oder Firmenwert einer ZGE zuzuordnen, die nicht notwendigerweise mit dem erworbenen Unternehmen identisch ist, während nach HGB eine vom Erwerbsobjekt abweichende Allokation des Geschäfts- oder Firmenwerts nicht vorgesehen ist.

325 Die in IFRS 3.34 (2008)/IFRS 3.56 (2004) vorgeschriebene **sofortige Realisierung eines Ertrags** im Zeitpunkt der Entstehung eines negativen Unterschiedsbetrags aus der Kapitalkonsolidierung weicht von den Regelungen des § 309 Abs 2 HGB und DRS 4.38ff ab. Dieser lässt eine erfolgswirksame Auflösung nur bei Eintreten der bei der Akquisition antizipierten Verluste oder beim Feststehen eines realisierten Gewinns zu (*Förschle/Hoffmann* BeBiKo[6] § 309 HGB Rz 45).

326 Die **nachträgliche Änderung der Erstkonsolidierung** ist in IFRS 3.45 (2008)/IFRS 3.61 (2004) detailliert geregelt. Entspr Vorschriften enthält das HGB nicht (*Küting/S. Hayn* HdKR[2] Kapitel I Rz 125). Demzufolge sind hinsichtlich der Anpassung der Erstkonsolidierung die allgemeinen Regelungen zur Wertaufhellung heranzuziehen.

I. Aktuelle Entwicklungen

327 Mit der Veröffentlichung von IFRS 3 (2008) und IFRS 27 (2008) hat der IASB die zweite Phase seines **Projekts *Business Combinations*** abgeschlossen. Weitere Phasen sind vorerst nicht vorgesehen. Das derzeit vom IASB im Zusammenhang mit den Regelungen zur Konzernrechnungslegung betriebene **Projekt *Consolidations*** beschränkt sich auf die Überarbeitung der Regelungen zur Abgrenzung des Konsolidierungskreises durch eine Neudefinition des *control*-Begriffs. Änderungen der Regelungen zur Erwerbsbilanzierung sind aus diesem Projekt auf der Grundlage des im Dezember 2008 veröffentlichten Standardentwurfs nicht zu erwarten.

Darüber hinaus sind derzeit **keine Projekte** auf der Agenda des IASB, die Auswirkungen auf die Konzernbilanzierung im Allgemeinen und die Erwerbsbilanzierung im Besonderen haben könnten.

§ 35. Vollkonsolidierung

Übersicht

Schrifttum: *Baetge/Kirsch/Thiele* Konzernbilanzen, 7. Aufl, Düsseldorf 2004; *Baker/Lembke/King* Advanced Financial Accounting, 7. Aufl, New York 2007; *Born* Rechnungslegung international, 5. Aufl, Stuttgart 2007; *Broser/Hoffjan/Strauch* Bilanzierung des Eigenkapitals von Kommanditgesellschaften nach IAS 32 (rev. 2003), KoR 2004, 452; *Busse von Colbe/Ordelheide* Konzernabschlüsse/Übungsaufgaben zur Bilanzierung nach IAS/IFRS und HGB, 10. Aufl, Wiesbaden 2005; *Ernst & Young* International GAAP 2008, Chichester 2008; *Göth* Das Eigenkapital im Konzernabschluss: Bilanzielle Darstellung, Ergebnisverwendungsrechnung, Konsolidierungstechnik, Stuttgart 1997; *Hanft/Kretschmer* Negative Minderheitenanteile im Konzernabschluss nach HGB, US-GAAP und IAS, BB 2001, 2047; *Hannappel/Kneisel* Bilanzierung einer Verschmelzung under Common control nach HGB, US-GAAP und IAS, WPg 2001, 703 ff; *B. Hayn* Konsolidierungstechnik bei Erwerb und Veräußerung von Anteilen, Herne/Berlin 1999; *S. Hayn/Graf Waldersee* IFRS/HGB/HGB-BilMoG im Vergleich – Synoptische Darstellung mit Bilanzrechtsmodernisierungsgesetz, 7. Aufl, Stuttgart 2008; *Helmschrott* Einbeziehung einer Leasingobjektgesellschaft in den Konzernabschluss des Leasingnehmers nach HGB, IAS, US-GAAP, DB 1999, 1865 ff; *Husmann/Hettich* Aufkauf von Minderheitenanteilen im IFRS-Konzernabschluss, PiR 2008, 150; *IDW* RS HFA 2 Stellungnahme zur Rechnungslegung: Einzelfragen zur Anwendung von IFRS (Stand: 2. September 2008), FN IDW 2008, 483; *IDW* RS HFA 9 Stellungnahme zur Rechnungslegung: Einzelfragen zur Bilanzierung von Finanzinstrumenten nach IFRS (Stand: 12. April 2007), WPg 2007, 83; *Kagermann/Küting/Wirth* IFRS-Konzernabschlüsse mit SAP, 2. Aufl, Saarbrücken/Walldorf 2008; *Kessler/Strickmann* Facelifting für das auslaufende Konzernbilanzrecht: zu den Änderungen des Konzernbilanzrechts durch das TransPuG und den Deutschen Corporate Governance Kodex, StuB 2002, 629; *KPMG* Insights into IFRS 2008/9, 5th Edition, London

2008; *Küting/Göth* Minderheitenanteile im Konzernabschluß eines mehrstufigen Konzerns: Sachgerechte Ermittlung und Lösung zur Konsolidierungstechnik, WPg 1997, 305 ff; *Küting/Harth* Vergleich der Kapitalkonsolidierung nach HGB, US-GAAP und IAS (Teil I und II), BB 1999, 1370 und 1424; *Küting/B. Hayn* Zur Bilanzierung im Rahmen der Equity-Methode bei negativem Eigenkapital des assoziierten Unternehmens, BB 1997, 2419; *Küting/Weber* Der Konzernabschluss, 11. Aufl, Stuttgart 2007; *Küting/Weber/Dusemond* Kapitalkonsolidierung im mehrstufigen Konzern, BB 1991, 1082; *Küting/Weber/Wirth* Die Goodwillbilanzierung im finalisierten Business Combinations Project Phase II, KoR 2008, 139 ff; *Küting/Wirth* Die Berücksichtigung von Geschäfts- oder Firmenwerten bei der Endkonsolidierung von Tochterunternehmen unter Geltung von IAS 36 (rev. 2004), WPg 2005, 704; *Küting/Wirth* Konzernrechnungslegung nach IFRS, BBK 2004, 163 ff; *Löw/Antonakopoulos* Die Bilanzierung ausgewählter Gesellschaftsanteile nach IFRS unter Berücksichtigung der Neuregelungen nach IAS 32 (rev. 2008), KoR 2008, 261; *Peemöller/Spanier/Weller* Internationalisierung der externen Rechnungslegung: Auswirkungen auf nicht kapitalmarktorientierte Unternehmen, BB 2002, 1799; *Pellens/Fülbier/Gassen/Sellhorn* Internationale Rechnungslegung, 7. Aufl, Stuttgart 2008; *Pellens/Sellhorn* Kapitalkonsolidierung nach der Fresh-Start-Methode, BB 1999, 2125; *PwC* IFRS Manual of Accounting 2008, Global Guide to International Financial Reporting Standards, London 2008; *Schildbach* Der Konzernabschluss nach HGB, IAS und US-GAAP, 7. Aufl, München 2008; *Schruff/Rothenburger* Zur Konsolidierung von Special Purpose Entities nach US-GAAP, IAS und HGB, WPg 2002, 755; *Watrin/Hoehne/Pott* Konzernspezifische Einflussfaktoren auf die Endkonsolidierung nach IAS 27, KoR 2008, 736; *Wirth* Firmenwertbilanzierung nach IFRS, Stuttgart 2005; *Zülch/Fischer* Neu gestaltete IFRS-Konzernrechnungslegung – IFRS 3 und IAS 27, PiR 2007, 358.

Wesentliche Rechtsgrundlagen: IAS 27 (2008), IAS 27 (2003), IAS 36, IAS 38

A. Grundlagen

Die nach IFRS aufgestellten und ggf im Rahmen der konzerneinheitlichen Bilanzierung und Bewertung angepassten Einzelabschlüsse sind zur Erstellung des Konzernabschlusses in einem Summenabschluss zusammenzuführen. In diesem sind damit alle Vermögenswerte, Schulden, Aufwendungen und Erträge des MU sowie der einbezogenen TU enthalten (*Baetge/Schulze* in Baetge ua IFRS-Komm[2] IAS 27 Rz 127). Dem Grundgedanken der in IAS 27.4 herausgestellten **wirtschaftlichen Einheit des Konzerns** folgend, sind im Rahmen der Vollkonsolidierung alle Doppelerfassungen von Vermögenswerten und Schulden, unabhängig von etwaigen Minderheitenanteilen, vollständig zu beseitigen. Ebenso sind in der Erfolgsrechnung die konzerninternen Liefer- und Leistungsbeziehungen zu eliminieren. 1

I. Bestandteile

Die Vollkonsolidierung lässt sich hinsichtlich ihrer technischen Durchführung in unterschiedliche Abschnitte aufgliedern. In Abhängigkeit von den betroffenen Abschlussposten wird zwischen der **Kapitalkonsolidierung** (Rz 7 ff), der **Schuldenkonsolidierung** (Rz 69 ff), der **Zwischenergebniseliminierung** (Rz 96 ff) sowie der **Aufwands- und Ertragskonsolidierung** (Rz 90 ff) unterschieden. 2

II. Dauer der Vollkonsolidierung

Die Zeitpunkte der Erst- und Endkonsolidierung im Anwendungsbereich der Vollkonsolidierung richten sich nach der **Zeitspanne,** in der ein beherrschender 3

Einfluss auf die Unternehmen ausgeübt wird bzw ausgeübt werden kann. So sind nur die wirtschaftlich während der Vollkonsolidierung entstandenen Ergebnisse in den Konzernabschluss einzubeziehen. Parallel dazu sind nur solche Vermögenswerte und Schulden in der Konzernbilanz abzubilden, welche zum Bilanzstichtag in der Verfügungsgewalt der konsolidierten Einheit liegen (*Küting/Weber*[11], 673).

Genauer **definiert** wird der Anfang dieser Zeitspanne **nur im Zusammenhang** mit einem **Unternehmenszusammenschluss** (IAS 27.26 (2008)/IAS 27.30 (2003); zur Begriffsdefinition § 30 Rz 4 ff). Danach ist für Zwecke der **Erstkonsolidierung** auf den Tag abzustellen, ab dem die wirtschaftliche Kontrolle (§ 30 Rz 5 ff) über das erworbene Unternehmen ausgeübt werden kann.

Beispiel: Von einer fehlenden Interessenwahrung aller beteiligten Parteien ist auszugehen, wenn wesentliche wirtschaftliche Rahmenbedingungen noch nicht erfüllt sind. So kann in einem ansonsten bindenden Vertrag ein aufschiebender Finanzierungsvorbehalt enthalten sein. Soweit der Erwerber die Sicherstellung der Finanzierung nicht gewährleisten kann, sind die Interessen des Veräußerers nicht gewahrt.

4 Die beteiligten Parteien müssen somit nicht nur Leistung und Gegenleistung des Veräußerungs- bzw Erwerbsvorgangs definieren, sondern auch aus wirtschaftlicher Sicht erfüllt haben. **Nicht notwendig** ist hingegen der **formalrechtliche Abschluss** der Transaktionen. IFRS 3.9 (2008)/IFRS 3.25 (2004) bzw IFRS 3.39 (2004) nennt als maßgebenden Zeitpunkt, ab dem die Beherrschung über ein *business* ausgeübt wird, den sog *closing date.* Dieser entspricht dem Zeitpunkt, zu dem die Gegenleistung erbracht sowie die Vermögenswerte und Schulden übertragen werden. Die Beherrschungsmöglichkeit kann jedoch auch schon vor dem *closing date* erlangt werden, sodass sich die Beurteilung des Zeitpunkts an dem die Beherrschung und somit die wirtschaftliche Kontrolle erlangt wurde an den Gesamtumständen des Sachverhalts und nicht nur an der formalrechtlichen Ausgestaltung auszurichten hat.

5 Obwohl in IAS 27 nicht explizit geregelt, kann für Situationen, in denen dem beherrschenden Einfluss auf ein TU **kein Unternehmenszusammenschluss** vorangegangen ist, uE in diesem Zusammenhang nichts Anderes gelten: So entsteht bereits im Zeitpunkt der Abspaltung, Aufspaltung oder Ausgliederung von Unternehmensaktivitäten in rechtlich (teil-)selbstständige Unternehmenseinheiten ein beherrschender Einfluss über das TU. Wendet man die oben erläuterten Regelungen (IFRS 3.9 (2008)/IFRS 3.39 (2004)) analog an, richtet sich in diesem Zusammenhang der **Beginn der Vollkonsolidierung (Erstkonsolidierungszeitpunkt)** nach dem Zeitpunkt der Entstehung des neu gegründeten TU.

6 Das **Ende der Vollkonsolidierung (Entkonsolidierungszeitpunkt)** ist grds analog zum Beginn der Vollkonsolidierung zu ermitteln. Folglich ist hier auf den Abgang der wirtschaftlichen Verfügungsmacht über die Vermögenswerte und Schulden sowie der Kontrolle über die Geschäftstätigkeit des TU abzustellen (IAS 27.32 (2008)/IAS 27.21 (2003)). Maßgebend ist auch hier der wirtschaftliche Gehalt der Transaktion, die mit der Abgabe der Kontrolle verbunden ist. Der Vollzug aus rechtlicher Sicht ist dabei keine notwendige Voraussetzung für die Bestimmung des Entkonsolidierungszeitpunkts. Nach IAS 27.32 (2008) muss der Verlust der Beherrschungsmöglichkeit nicht unbedingt mit einer Veränderung der absoluten oder relativen Eigentumsverhältnisse einhergehen, sondern kann auch auf äußeren Umständen beruhen. Dazu gehören Fälle, in denen das TU unter die Kontrolle staatlicher Behörden, Gerichte, Verwalter oder Aufsichtsbehörden gelangt oder der Verlust des beherrschenden Einflusses aus einer vertraglichen Vereinbarung resultiert. Ungeachtet des Entkonsolidierungszeitpunkts sind

Vermögenswerte und Schulden, deren Veräußerung im Rahmen von Desinvestitionen geplant ist und welche die Voraussetzungen des IFRS 5 erfüllen, in einer gesonderten Position der Bilanz auszuweisen und ggf abweichend zu bewerten. Die Pflicht zum gesonderten Ausweis für eingestellte Aktivitäten gilt gleichermaßen innerhalb der Gesamtergebnisrechnung (s § 28 Rz 113f).

B. Kapitalkonsolidierung

Die Kapitalkonsolidierung ist im Rahmen der Vollkonsolidierung für solche 7
Konzernunternehmen durchzuführen, auf die ein **beherrschender Einfluss ausgeübt** wird. Ausgenommen ist damit das MU des Konzerns. Für die Durchführung der Kapitalkonsolidierung ist darüber hinaus zu unterscheiden, wie der beherrschende Einfluss auf das einzubeziehende Konzernunternehmen hergestellt wurde. Ist der Kontrolle über ein rechtlich (teil-)selbständiges Konzernunternehmen kein Unternehmenszusammenschluss vorangegangen (bspw im Fall einer Ausgliederung), ist lediglich die Aufrechnungsmethodik für die Kapitalkonsolidierung relevant. **Nur für Unternehmenszusammenschlüsse** sind hingegen die **Bewertungsvorschriften** der übernommenen Vermögenswerte und Schulden zu berücksichtigen (§ 34 Rz 65ff). Die Beurteilung darüber, ob ein Zusammenschluss vorliegt, richtet sich dabei trotz der grds wirtschaftlich geprägten Sichtweise der IFRS zunächst danach, ob ein **Unternehmenserwerb im rechtlichen Sinne** vorliegt. Dieser kann durch den Kauf des Konzernunternehmens, durch Anteilstausch, einen sonstigen Erwerbsvorgang oder auf rein vertraglicher Ebene erfolgen.

I. Technik der Kapitalkonsolidierung

Die Kapitalkonsolidierung ist in IAS 27.18 (2008)/IAS 27.22 (2003) geregelt. 8
So sind auf Basis des Summenabschlusses Anteile an TU gegen das anteilige Eigenkapital der TU aufzurechnen. Diese Technik trägt der **Konzeption des Konzerns als eigene ökonomische Einheit** Rechnung: Ein Konzern kann eigene Anteile ebenso wenig als Vermögenswert ausweisen wie ein Einzelunternehmen. Die Eliminierung dieser Anteile gegen das korrespondierende Eigenkapital der TU reduziert folglich das Eigenkapital des Summenabschlusses ceteris paribus auf das Eigenkapital des MU zuzüglich aller erwirtschafteten Ergebnisbeiträge der TU während der Konzernzugehörigkeit und den verbleibenden Anspruch von Minderheitsgesellschaftern am Konzerneigenkapital.

Der zu **eliminierende Anteil am Eigenkapital** ist unter Berücksichtigung 9
sämtlicher Eigenkapitalbeteiligungen an dem TU zu ermitteln, welche in den Summenabschluss eingegangen sind. Während für die Beurteilung darüber, ob ein beherrschender Einfluss vorliegt, idR nur Stimmrechtsaktien herangezogen werden (§ 30 Rz 18), sind für Zwecke der Kapitalkonsolidierung auch stimmrechtslose Vorzugsaktien und andere Instrumente mit Eigenkapitalcharakter in die Bestimmung der Konsolidierungsquote einzubeziehen. Kommt es infolge dieser Berechnung zu einer unvollständigen Eigenkapitaleliminierung, weil **Minderheitsanteilseigner** *(non-controlling interests)* vorliegen, so ist der auf diese Gesellschaftergruppe entfallende Anspruch gesondert auszuweisen (zum Ausweis s Rz 50ff).

Die im Rahmen der Kapitalkonsolidierung aufzurechnenden Posten werden in 10
IAS 27.18 (2008)/IAS 27.22 (2003) für den Fall beschrieben, dass ein TU Eigenkapital ausweist. Kommt bei dem TU nach den Regelungen des IAS 32.15ff

kein Eigenkapitalausweis in Betracht, wird in der Literatur die Frage aufgeworfen, ob statt der Kapitalkonsolidierung nicht eine Schuldenkonsolidierung vorzunehmen sei (vgl *Lüdenbach* in Lüdenbach/Hoffmann IFRS[7] § 20 Rz 37). Materiell bedeutsam wird diese Frage nur dann, wenn damit die Anwendbarkeit des IFRS 3 für den Erwerb einer Tochter-PersGes, welche kein Eigenkapital iSv IAS 32 ausweisen kann, verknüpft ist. Aus dem Wortlaut des IFRS 3.B7 (2008)/IFRS 3.4 (2004) ist jedoch eindeutig ableitbar, dass auch der Erwerb einer Tochter-PersGes einen Unternehmenszusammenschluss darstellt. Insofern reduziert sich dieses „Problem" auf die buchungstechnische Umsetzung einer ansonsten unbestrittenen Aufrechnungsnotwendigkeit außerhalb eines Unternehmenszusammenschlusses (so auch *Heuser/Theile*[3] Rz 3310 ff). UE wird auch die Aufrechnung der Anteile an Tochter-PersGes gegen die als Fremdkapital auszuweisende Einlage des MU von der Kapitalkonsolidierung erfasst (so auch *Broser/Hoffjan/Strauch* KoR 2004, 452 ff). Insoweit ergibt sich hinsichtlich der Technik der Kapitalkonsolidierung bei einer 100%-Beteiligung an einer PersGes kein Unterschied zur Behandlung einer gleich hohen Beteiligung an einer KapGes.

11 Sind an einem TU in der Rechtsform einer PersGes jedoch noch **weitere Anteilseigner** beteiligt, so sind durch die Eigenkapitalqualifikationskriterien nach IFRS 32 die Minderheitenanteile regelmäßig im Fremdkapital in Höhe des Barwerts des Abfindungsanspruchs zu bilanzieren (*IDW* RS HFA 9 Rz 4 ff). Diese Vorgehensweise ändert sich auch nach der Veröffentlichung der Ergänzung des IAS 32 nicht, da der IASB von der Fiktion einer *bottom-up-liquidation* eines Konzerns ausgeht und die Anteile von Minderheitsgesellschaftern an Personen-TU somit nicht der nachrangigsten Kapitalklasse zuzurechnen sind. Die Eigenkapitalquote verringert sich folglich im Vergleich zu einer anteiligen Beteiligung an einer KapGes, da Minderheitenanteile an diesen gem IAS 27.27 im Eigenkapital auszuweisen sind (*Löw/Antonakopoulos* KoR 2008, 266).

12 Ferner ist stets auf den Buchwert der Anteile und das Eigenkapital zum Zeitpunkt **der Erstkonsolidierung** abzustellen (§ 34 Rz 57). Dies ist auf die Tatsache zurückzuführen, dass der Konzernerfolg und das Konzerneigenkapital nur aus Sicht der konsolidierenden Einheit zu ermitteln sind. Vorgänge des Einzelabschlusses, welche den Buchwert der Anteile oder des Eigenkapitals tangieren, sind somit aus Konzernsicht zu negieren und durch Anpassungsbuchungen zu stornieren. Sofern kein Unternehmenszusammenschluss der Kontrolle vorangegangen ist, sollten sich idR Anteilsbuchwert und korrespondierendes Eigenkapital in gleicher Höhe gegenüberstehen. Bei Unternehmenszusammenschlüssen hingegen liegt häufig eine betragsmäßige Abweichung zwischen dem Buchwert der erworbenen Anteile am TU und dem Buchwert des anteiligen neubewerteten Eigenkapitals vor. In diesen Fällen sind die Bilanzierungsvorschriften eines Geschäfts- oder Firmenwerts oder eines negativen Unterschiedsbetrags zu beachten (§ 34 Rz 171).

13 Eine Erstkonsolidierung auf den Zeitpunkt der Erlangung der Beherrschungsmöglichkeit ist grds auch dann durchzuführen, wenn die Erstkonsolidierung eines TU **aus Wesentlichkeitsgründen zunächst unterblieben** ist, diese Einschätzung sich jedoch im Zeitverlauf ändert. Dies bedeutet, dass ggf auch Vorperioden rückwirkend anzupassen sind. Im Hinblick auf die Unwesentlichkeit der dadurch verursachten Abweichung erscheint in Erwerbsfällen jedoch auch eine erstmalige Konsolidierung zum Beginn der Berichtsperiode möglich, in der das TU erstmals als wesentlich einzustufen ist. In diesen Fällen ist die Entstehung eines Unterschiedsbetrags aus der nachträglichen Erstkonsolidierung systematisch mit den Grundprinzipien des IFRS 3 vereinbar, da auch bei einer Erstkonsolidierung zum Erwerbsstichtag ein Unterschiedsbetrag entstanden wäre. Die Abweichung zwischen beiden Beträgen kann dann unter Berücksichtigung des Wesentlichkeitsaspekts vernachlässigt werden. Handelt es sich dagegen um die erstmalige Konsolidierung von TU, deren Einbeziehungspflicht kein Unternehmenserwerb iSv IFRS 3 zugrunde liegt (zB Gründungen), ist uE eine spätere erstmalige Konsolidierung, die zu einem Unterschiedsbetrag führt, systematisch – auch unter Berücksichtigung von Wesentlichkeitsgesichtspunkten – nicht zutreffend, da ein solcher Unterschiedsbetrag zum Zeitpunkt der Erlangung der Beherrschung nicht auszuweisen war. Deshalb ist in diesen Fällen eine Rückbeziehung der Erstkonsolidierung auf den Zeitpunkt der Erlangung der Beherrschung notwendig (s auch § 38 Rz 11 und Rz 128).

14 Entstehen bei der Aufrechnung der Anteile an TU **Differenzen,** so sind diese auf ihre Entstehungsursache zu untersuchen und spiegelbildlich sowie periodengerecht zu eliminieren.

Beispiel: Ein in der Praxis häufig im Zusammenhang mit der Kapitalkonsolidierung anzutreffender Fall unechter Aufrechnungsdifferenzen liegt vor, **wenn Abschreibungen des Beteiligungsbuchwerts an Konzernunternehmen** im Einzelabschluss vorgenommen wurden. Um die Differenz, welche im Vergleich mit dem Eigenkapital des TU im Zeitpunkt der Erstkonsolidierung entsteht, zu bereinigen, ist daher eine Stornierung des ebenfalls im Summenabschluss enthaltenen Abschreibungsvorgangs durchzuführen. Damit wird der Ergebniseffekt aus Konzernsicht storniert und der ursprüngliche Buchwert der Anteile zum Zeitpunkt der Erstkonsolidierung wieder hergestellt.

15 Ein **Unterschiedsbetrag** kann nach der Systematik der Kapitalkonsolidierung gem IAS 27.18 (2008)/IAS 27.22 (2003) nur dann entstehen, wenn dem beherrschenden Einfluss auf das Konzernunternehmen ein Unternehmenszusammenschluss zugrunde liegt. Dies liegt darin begründet, dass für alle Unternehmensverbindungen zwischen Konzernunternehmen eine stichtagsgenaue Erstkonsolidierung vorzunehmen ist (§ 34 Rz 57). Folglich stehen sich Anteilsbuchwert und aufzurechnendes Eigenkapital, vorbehaltlich Anpassungsbuchungen in gleicher Höhe ggü, wenn das Unternehmen von einem Konzernunternehmen selbst gegründet wurde. Bei einem Unternehmenszusammenschluss können hingegen die Anschaffungskosten der Anteile von dem korrespondierenden (anteiligen) Eigenkapital abweichen. Als Ursache hierfür kommen im Rahmen der zwingend durchzuführenden Kaufpreisallokation einerseits ermittelte Mehr- oder Minderwerte der konzernbilanziell anzusetzenden Bilanzposten (§ 34 Rz 65 ff), andererseits eine verbleibende Residualgröße in Form eines Geschäfts- oder Firmenwerts oder negativen Unterschiedsbetrags in Frage (§ 34 Rz 171 ff).

16 Die aus dem Unternehmenserwerb resultierenden identifizierten und daraufhin bewerteten Vermögenswerte, Schulden und Eventualschulden sind im Anschluss an die **Bewertung aus Erwerbersicht** mit den ermittelten Beträgen anzusetzen. Ein nach der Aufdeckung stiller Reserven und Lasten verbleibender Saldo in der Bilanz ist hierbei in eine **konsolidierungspflichtige Neubewertungsrücklage** einzustellen. Diese wird im Zuge der Kapitalkonsolidierung vollständig eliminiert. Die in den Summenabschluss eingehenden Anteile am Konzernunternehmen werden zum Erstkonsolidierungszeitpunkt sowie zu den folgenden Abschlussstichtagen gegen das anteilige konsolidierungspflichtige Eigenkapital aufgerechnet. Dies beinhaltet auch die Neubewertungsrücklage aus der Erstkonsolidierungsbewertung. Ob die im Rahmen der Konzernabschlusserstellung ggü dem Einzelabschluss erforderlichen Anpassungsbuchungen dabei technisch auf der Ebene des Einzelabschlusses, zB durch HB III-Anpassungsmaßnahmen, vorgenommen werden oder erst im Rahmen der Kapitalkonsolidierung, wird innerhalb der IFRS nicht geregelt. Aus praktischen Gründen bietet sich hier jedoch in vielen Fällen die Anpassung auf Ebene des Einzelabschlusses bzw – sofern praktikabel – auf der Ebene von zahlungsmittelgenerie-

renden Einheiten (ZGE) an. Diese Variante des sog *push down accounting* erleichtert den zwingend zumindest jährlich durchzuführenden Wertminderungstest des Geschäfts- oder Firmenwerts, bei dem eine Bewertung auf Ebene der ZGE einschließlich aller zugehörigen Vermögenswerte und Schulden durchzuführen ist (§ 27 Rz 6).

II. Erstkonsolidierung von TU

17 Die erstmalige Kapitalkonsolidierung von TU im Rahmen eines Unternehmenszusammenschlusses *(business combination)* wird durch IFRS 3 geregelt. Danach hat die Erstkonsolidierung von TU ausschließlich unter Anwendung der **Erwerbsmethode** *(acquisition method)* zu erfolgen. Einzelfragen, die sowohl die Erst-, wie auch die Folgekonsolidierung betreffen, sind darüber hinaus nach Maßgabe der Regelungen des IAS 27 zu beurteilen (bspw Ausweis von Minderheiten im Konzern). Zur Durchführung der Erstkonsolidierung bei Unternehmenserwerben wird auf die Ausführungen in § 34 verwiesen.

Für die **Erweiterung der Kapitalkonsolidierung** von Konzernunternehmen, die auf dem Wege eines rechtlichen Erwerbsvorgangs in die Beherrschung des Konzerns gelangt sind, wird auf § 34 Rz 17 ff verwiesen. Der in § 38 Rz 32 ff dargestellte Fall eines sukzessiven Anteilserwerbs sowie der umgekehrte Unternehmenserwerb (*reverse acquisition*; § 34 Rz 224) stellen **Sonderfälle** der Erwerbsmethode dar.

III. Folgekonsolidierung von TU

18 Während die Erstkonsolidierung nach IFRS 3 iVm IAS 27 erfolgsneutral durch die Aufdeckung stiller Reserven und der Erfassung des Unterschiedsbetrags als Geschäfts- oder Firmenwert idR erfolgsneutral erfolgt (mit Ausnahme der erfolgswirksamen Erfassung eines negativen Unterschiedsbetrags aus der Erstkonsolidierung; vgl § 34 Rz 236 ff), führt die **Folgekonsolidierung** nach IAS 27 zu **Erfolgsauswirkungen.** Aufwendungen ergeben sich durch die planmäßige und außerplanmäßige Abschreibung der aufgedeckten stillen Reserven. Erträge resultieren aus der Auflösung der anlässlich der Erstkonsolidierung passivierten stillen Lasten, insbes in Form von Eventualschulden, sowie ggf aus Wertaufholungen zuvor vorgenommener außerplanmäßiger Wertminderungen.

Ein im Rahmen der Erstkonsolidierung ermittelter und als Geschäfts- oder Firmenwert ausgewiesener **aktiver Unterschiedsbetrag** ist nach IFRS 3.B63(a) (2008)/IFRS 3.54 f (2004) im Rahmen der Folgekonsolidierung nicht planmäßig abzuschreiben, sondern **nur außerplanmäßig wertzumindern**. Dazu ist in jährlichem Abstand ein pflichtmäßiger Wertminderungstest nach IAS 36 vorzunehmen (vgl § 27 Rz 6). Darüber hinaus ist – wie bei anderen langfristigen Vermögenswerten – ggf zusätzlich anlassbezogen die Werthaltigkeit des Geschäfts- oder Firmenwerts zu überprüfen. Dabei bildet die im Erwerbszeitpunkt vorgenommene Zuordnung des Geschäfts- oder Firmenwerts auf ZGE die Grundlage für die Durchführung des Wertminderungstests. Aufwendungen aus der außerplanmäßigen Wertminderung des Geschäfts- oder Firmenwerts mindern nach IAS 36.104 iVm IAS 36.60 den Konzern-Periodenerfolg und sind nach Maßgabe der Regelungen des IAS 36.126 ff im Anhang zu erläutern.

19 Wurden zum Erwerbszeitpunkt im Rahmen der Erstkonsolidierung erstmals **Forschungs- und Entwicklungskosten** aktiviert, so sind die mit den entspr Projekten in Zusammenhang stehenden Folgeaufwendungen nach den allgemeinen Ansatzkriterien des IAS 38.52 ff für die Aktivierung von Entwicklungskosten

zu beurteilen. Soweit Forschungs-Know-how, das – isoliert betrachtet – die Voraussetzungen des IAS 38.57 nicht erfüllt, jedoch für den Erwerber unmittelbar verwertbar war, im Rahmen der Kaufpreisallokation des IFRS 3 entspr als immaterieller Vermögenswert angesetzt wurde, ist dieser im Rahmen der Folgebewertung planmäßig über die ermittelte Nutzungsdauer abzuschreiben.

Im Rahmen der Folgekonsolidierung sind darüber hinaus die bei der Erstkon- 20
solidierung passivierten **Eventualschulden** im Zeitverlauf fortzuentwickeln. Da diese Verpflichtungen eine Eintrittswahrscheinlichkeit von weniger als 50% aufweisen, erfüllen sie nicht die Voraussetzungen für Rückstellungen nach IAS 37. Gleichwohl ist ihr Ansatz im Erwerbszeitpunkt nach IFRS 3.23 (2008)/IFRS 3.37 (2004) zu ihrem beizulegenden Zeitwert vorzunehmen. Eine Beurteilung dieser Passivposten allein anhand der Regelungen des IAS 37 würde zu einem Ansatzverbot führen. Deshalb enthält IFRS 3.56 (2008)/IFRS 3.48 (2004) eine Sondervorschrift für die Folgebewertung dieser passivierten Eventualschulden. Diese Verpflichtungen sind mit dem höheren Wert aus
(1) dem Betrag, der sich aus einer Bewertung nach IAS 37 ergibt, und
(2) dem erstmalig angesetzten Betrag (ggf vermindert um ertragswirksame Auflösungen nach IAS 18)

anzusetzen. Zuführungsbeträge bei Anwendung der Alternative (1) sind aufwandswirksam in der Erfolgsrechnung des Konzerns zu erfassen.

IFRS 3.56 (2008) stellt klar, dass die Regelungen für die Folgebewertung von 21
Eventualschulden nicht auf **Finanzinstrumente iSv IAS 39** anzuwenden sind. Anpassungen an den beizulegenden Zeitwert zum Erwerbszeitpunkt bei finanziellen Vermögenswerten und Schulden, die zu fortgeführten Anschaffungskosten bewertet werden, können zur Notwendigkeit einer Neubestimmung der effektiven Zinssätze führen (*Heuser/Theile*[3] Rz 3327). Diese Zinssätze sind den Zinsaufwendungen und -erträgen in den Folgeperioden zugrunde zu legen, sodass deren Höhe im Konzernabschluss von derjenigen im Einzelabschluss abweichen kann. Diese Abweichungen beeinflussen das Finanzergebnis in der Konzernerfolgsrechnung.

IV. Entkonsolidierung von TU

Als Entkonsolidierung werden jene rechnerischen Schritte bezeichnet, die er- 22
forderlich sind, um das **Ausscheiden eines TU aus dem Konsolidierungskreis** zu berücksichtigen, insbes bei der vollständigen Veräußerung eines TU (*Busse von Colbe/Ordelheide*[10], 251). Die Notwendigkeit einer Entkonsolidierung ergibt sich aus IAS 27.34 (2008)/IAS 27.31 (2003). Die Neuregelung des IAS 27.34 (2008) enthält dabei auch Detailregelungen zur Berechnung des Entkonsolidierungserfolgs.

Analog zum Erwerb eines TU kann auch die Veräußerung **sukzessive** erfolgen (zur wirtschaftlichen Betrachtung der Einheitlichkeit von Teilveräußerungsvorgängen vgl Rz 40ff). Die Teilveräußerung von Anteilen eines TU kann dazu führen, dass die Beherrschung durch das MU fortbestehen bleibt oder aber aufgegeben wird.

Nach IAS 27.30 (2008) sind **Veränderungen des Anteils des MU am TU,** 23
ohne dass ein **Beherrschungsverlust** vorliegt, ausschließlich als Eigenkapitaltransaktion abzubilden. In derartigen Fällen sind die Buchwerte der *„controlling interests"* und der *„non-controlling interests"* anzupassen, um die Veränderung der relativen Anteile am TU darzustellen (vgl IAS 27.31 (2008); bei TU mit abweichender funktionaler Währung zusätzlich IAS 21.48C (geändert 2008)). Die Differenzbeträge zwischen der Anpassung der *non-controlling interests* und dem beizu-

legenden Zeitwert des Entgelts sind direkt im Eigenkapital zu erfassen und den Anteilseignern des MU zuzurechnen. Bei einem Verlust der Beherrschungsmöglichkeit hingegen ist eine Entkonsolidierung nach den Regelungen des IAS 27.34 (2008) vorzunehmen (s Rz 30).

Eine dieser Vorgehensweise entspr Regelung findet sich in IAS 27 (2003) nicht. Hier hängt die Vorgehensweise bei der Entkonsolidierung davon ab, wie das berichtende Unternehmen den sukzessiven Anteilserwerb nach Kontrollerlangung dargestellt hat. Soweit ein sukzessiver Anteilserwerb auch ohne Statuswechsel wie ein Erwerbsvorgang behandelt wird (§ 34 Rz 259), ist auch eine partielle Entkonsolidierung für den veräußerten Anteil vorzunehmen. In diesen Fällen kommen die in Rz 32 dargestellten Entkonsolidierungsschemata zur Anwendung. Soweit das berichtende Unternehmen den sukzessiven Anteilserwerb nach Kontrollerlangung als Eigenkapitaltransaktion darstellt (§ 34 Rz 261), muss dies auch für eine Anteilsreduktion gelten. In diesem Fall kommen die Entkonsolidierungsschemata nicht zur Anwendung. Stattdessen ist das im HB II-Abschluss ausgewiesene Ergebnis aus dem Unterschiedsbetrag zwischen dem Veräußerungspreis und dem anteiligen Eigenkapital mit dem Konzerneigenkapital zu verrechnen.

24 Erfolgte der **kontrollbegründende Erwerb,** der dem anteiligen Verkauf vorangegangen ist, in einem Schritt, kann keine Bindung an eine bestimmte Variante des sukzessiven Anteilserwerbs bestehen, da ein solcher nicht vorliegt. In diesem Fall begründet die Vorgehensweise bei der sukzessiven Anteilsveräußerung jedoch eine Bindungswirkung hinsichtlich der Vorgehensweise bei der künftigen Behandlung sukzessiver Anteilserwerbe.

25 Im Fall des **Verlusts der Beherrschung** ist für die veräußerten Anteile eine Entkonsolidierung, für die verbleibenden Anteile eine Übergangskonsolidierung vorzunehmen, die den nach der Teilveräußerung relevanten Status des ehemaligen TU berücksichtigt (§ 38 Rz 56ff und 131ff). Ein Beherrschungsverlust kann auch ohne eine Teilveräußerung aufgrund des Verwässerungseffekts von Eigenkapitalinstrumenten (zB Ausübung von Optionen durch Dritte) oder durch eine unterproportionale Teilnahme des berichtenden Unternehmens an einer Kapitalerhöhung des TU entstehen. In diesen Fällen ist aufgrund der Beendigung der Beherrschungsmöglichkeit ebenfalls eine Entkonsolidierung vorzunehmen (*KPMG* 2008/9, 107).

26 Erfüllt das zu veräußernde TU vor dem Entkonsolidierungszeitpunkt die Anforderungen des IFRS 5.6ff an eine **Veräußerungsgruppe,** so sind hinsichtlich des Ausweises der dem TU zuzurechnenden Vermögenswerte innerhalb des Konzernabschlusses die Anforderungen des IFRS 5.38 und hinsichtlich deren Bewertung die Vorgaben des IFRS 5.15 zu beachten. Dies ist gem IFRS 5.8A (geändert 2008) gegeben, wenn eine beabsichtigte Veräußerung von Anteilen an dem bisherigen TU zu einem Verlust der Beherrschung führt, unabhängig davon, ob das berichtende Unternehmen im Anschluss an den Veräußerungsvorgang eine nicht beherrschende Anteilseignerstellung behält oder nicht. Die betroffenen Vermögenswerte sind dementsprechend nicht mehr planmäßig abzuschreiben und bis zu ihrem endgültigen Abgang entweder zu ihrem Buchwert oder zu ihrem Zeitwert abzüglich der erwarteten Veräußerungskosten anzusetzen, falls der letzte Wert niedriger ist. Die abgehenden Vermögenswerte sind als gesonderter Posten auf der Aktivseite der Bilanz, die abgehenden Schulden separat auf der Passivseite der Bilanz auszuweisen, wobei wesentliche Gruppen jeweils in der Bilanz oder im Anhang aufzuschlüsseln sind. Darüber hinaus sind auch die direkt im sonstigen Ergebnis gebuchten und der abgehenden Einheit zuzurechnenden Beträge innerhalb der Eigenkapitalveränderungsrechnung gesondert auszuweisen. Handelt es sich bei den abgehenden Vermögenswerten und

Schulden zusätzlich um einen **aufgegebenen Geschäftsbereich** iSv IFRS 5.31, so sind weitergehende Angaben im Anhang zu machen (vgl zur Qualifikation von TU als aufgegebene Geschäftsbereiche § 28 Rz 18ff sowie zu den daraus resultierenden Anhangangaben § 28 Rz 106ff) und darüber hinaus ist innerhalb der Gesamtergebnisrechnung bzw gesonderten GuV (sofern erstellt) oder im Anhang das Ergebnis dieser Aktivitäten gem IFRS 5.33 (geändert 2008) gesondert auszuweisen.

Hinsichtlich der sich auf die zu veräußernden Einheiten beziehenden Konsolidierungsmaßnahmen besteht konzeptionell ein **Konflikt zwischen IFRS 5 und IAS 27.** Während letztere Vorschrift geprägt ist von der Einheitlichkeit des Konzerns und hieraus die Notwendigkeit zur konsolidierten Darstellung abgeleitet wird, besteht das Konzept des IFRS 5 aus einer möglichst isolierten Betrachtung der zur Veräußerung vorgesehenen Einheit. Vor diesem Hintergrund ist fraglich, welcher Konzeption hinsichtlich der Einbeziehung des zur Veräußerung vorgesehenen TU in die Zwischenergebniseliminierung, Schulden-, sowie Aufwands- und Ertragskonsolidierung zu folgen ist, dh ob in diesen Fällen eine Ab- oder Aufwertung der Vermögenswerte bzw eine Aufrechnung der Forderungen und Schulden sowie der Aufwendungen und Erträge zwischen dem aufzugebenden Geschäftsbereich und den fortzuführenden übrigen Geschäftsbereichen durchzuführen bzw beizubehalten ist. 27

Da die Übernahme von bisher konzerninternen Forderungen oder Schulden durch einen Erwerber als Kaufpreisanpassung im Rahmen der Veräußerung des TU interpretiert werden kann, kommt uE ein **Verzicht auf die Schuldenkonsolidierung nicht in Betracht.** Dieser Sichtweise folgend kann dann auch nicht auf eine Aufwands- und Ertrags- sowie Zwischenergebniseliminierung verzichtet werden (eine hiervon abweichende Vorgehensweise ist lediglich im Falle einer vereinbarten Übernahme von Finanzforderungen oder -schulden innerhalb der Veräußerungsgruppe durch einen Erwerber angezeigt; vgl hierzu § 28 Rz 107 sowie *IDW* RS HFA 2 Rz 116ff). Damit sind bis zum Zeitpunkt der Entkonsolidierung grds sämtliche Konsolidierungsmaßnahmen auch für diejenigen TU durchzuführen, die zum Berichtszeitpunkt als zur Veräußerung bestimmt zu klassifizieren sind (aA hier *Lüdenbach* in Lüdenbach/Hoffmann IFRS[7] § 29 Rz 47ff). Um dem Regelungsziel des IFRS 5 gleichwohl Rechnung zu tragen, sind bei wesentlichem Umfang die entspr Konsolidierungsmaßnahmen ergänzende Anhangangaben erforderlich, die es dem Abschlussadressaten ermöglichen, die finanziellen Auswirkungen von aufgegebenen Geschäftsbereichen und der Veräußerung langfristiger Vermögenswerte oder Veräußerungsgruppen zu beurteilen (IFRS 5.30). 28

1. Zeitpunkt der Entkonsolidierung

Nach IAS 27.26 (2008)/IAS 27.30 (2003) bestimmt sich der Entkonsolidierungszeitpunkt für den Fall der vollständigen Anteilsveräußerung nach dem Veräußerungszeitpunkt der Anteile. Dabei handelt es sich um den Zeitpunkt, in dem die **Beherrschungsmöglichkeit über das (ehemalige) TU nicht mehr besteht.** Analog hierzu sind der oder die Zeitpunkte bei der sukzessiven Anteilsveräußerung zu ermitteln. Bei Bestehen einer Veräußerungsabsicht iSv IFRS 5 sind bis zum Zeitpunkt der Entkonsolidierung für die Vermögenswerte und Schulden des TU die Regelungen dieses Standards anzuwenden. 29

Sofern ein MU die Beherrschungsmöglichkeit nicht aufgrund einer Veränderung der Eigentumsverhältnisse verliert, ist bei der Bestimmung des Entkonsolidierungszeitpunkts ebenfalls auf den Zeitpunkt abzustellen, ab dem die **Beherrschung** durch das MU **nicht** mehr **möglich** ist. Soweit es sich jedoch lediglich um kurzfristige Beschränkungen der Beherrschungsmöglichkeiten von einer absehbaren Dauer handelt, hat keine Entkonsolidierung des TU zu erfolgen.

2. Berechnung des Entkonsolidierungserfolgs bei vollständiger Veräußerung

30 Aus Konzernsicht stellt die **vollständige Veräußerung** der Anteile eines TU eine entgeltliche Übertragung aller hinter dieser Beteiligung stehenden Vermögenswerte, Schulden und ggf Eventualschulden aus der Erstkonsolidierung, bewertet zu den fortgeführten Konzernbuchwerten einschließlich eines etwaigen zugehörigen Geschäfts- oder Firmenwerts dar. Mithin ist eine **Einzelveräußerung** zu unterstellen.

Sind im Zeitpunkt der Entkonsolidierung noch weitere Gesellschafter an dem TU beteiligt (Fall der Vollkonsolidierung mit Minderheitenanteil), so ist nur ein **anteiliger Wert der Vermögenswerte und Schulden** entspr dem Beteiligungsanteil des MU anzusetzen. Die auf nicht-beherrschende Gesellschafter entfallenden anteiligen Vermögenswerte und Schulden korrespondieren mit dem auf der Passivseite ausgewiesenen Posten Anteile anderer Gesellschafter, sodass die Entkonsolidierung insoweit erfolgsneutral ist.

31 Während IAS 27 (2003) keine expliziten **Regelungen zur Entkonsolidierung** vorgab, sind solche Regelungen nunmehr in IAS 27.34 (2008) enthalten. Danach sind zum Zeitpunkt des Beherrschungsverlusts bei vollständiger Veräußerung folgende Entkonsolidierungsschritte durchzuführen:

(1) Ausbuchung der Vermögenswerte (einschließlich des Geschäfts- oder Firmenwerts) und Schulden des TU zum Zeitpunkt des Kontrollverlusts;

(2) Ausbuchung der Anteile nicht-beherrschender Gesellschafter des bisherigen TU;

(3) Erfassung der *fair values* der gesamten erhaltenen Gegenleistungen im Zusammenhang mit dem Beherrschungsverlust (falls vorhanden);

(4) Reklassifizierung von bisher erfolgsneutral innerhalb des sonstigen Ergebnisses *(other comprehensive income)* erfassten Wertänderungen des TU in dem Umfang, als ob die entspr Vermögenswerte und Schulden unmittelbar durch das berichtende Unternehmen veräußert worden wären;

(5) Erfassung der verbleibenden Differenz in der Gesamtergebnisrechnung *(statement of comprehensive income).*

32 Mit dieser Vorgehensweise wird auch die **konzeptionelle Neuausrichtung** zwischen der bisherigen Fassung des IAS 27 (2003) und der Neufassung des IAS 27 (2008) deutlich. Stand zuvor die Ermittlung des Entkonsolidierungserfolgs in unmittelbarem Zusammenhang mit den Veräußerungserlösen der abgegangenen Vermögenswerte und Schulden, erfolgt die Ermittlung nunmehr durch einen Vergleich des *fair value* der zurückbehaltenen Anteile (die im Falle einer vollständigen Veräußerung einen *fair value* von 0 haben) mit den vor der Entkonsolidierung innerhalb der Konzernbilanz ausgewiesenen Vermögenswerte und Schulden.

Die ermittelte Differenz (= Entkonsolidierungserfolg) zwischen dem Abgangswert und dem Veräußerungserlös der Anteile ist erfolgswirksam als Gewinn bzw Verlust in der Gesamtergebnisrechnung bzw gesonderten GuV (sofern erstellt) zu erfassen.

Die **Berechnung des Entkonsolidierungserfolgs** im Konzern kann grds auf zwei verschiedene Arten durchgeführt werden. Es besteht zum einen die Möglichkeit, vom **Veräußerungserlös** ausgehend den **Abgangswert** des TU abzuziehen. Damit ergibt sich folgendes Berechnungsschema:

Schema 1:
Veräußerungserlös des MU

(1)	–	Vermögenswerte des TU zu Buchwerten lt IFRS-HB II zum Entkonsolidierungszeitpunkt
(2)	–	Noch nicht erfolgswirksam verrechnete stille Reserven aus der Kaufpreisallokation zum Entkonsolidierungszeitpunkt
(3)	+	Schulden des TU zu Buchwerten lt IFRS-HB II zum Entkonsolidierungszeitpunkt
(4)	+	Noch nicht erfolgswirksam verrechnete stille Lasten und Eventualschulden aus der Kaufpreisallokation zum Entkonsolidierungszeitpunkt
(5)	–	Anteiliger aus dem historischen Unternehmenserwerb resultierender Geschäfts- oder Firmenwert, der nach dem relativen Unternehmenswertvergleich ausscheidet, wenn der abgehende Teilbereich als *operation* iSv IAS 36.86 zu werten ist
(6)	–	Anteiliger aufgrund des relativen Unternehmenswertvergleichs ausscheidender Geschäfts- oder Firmenwert, welcher der abgehenden ZGE zugeordnet ist
(7)	–/+	Bislang erfolgsneutral erfasste Verluste/Gewinne aus der Marktwertbewertung nach IAS 39
(8)	–/+	Aktivischer/passivischer Unterschiedsbetrag aus der Währungsumrechnung
=		**Entkonsolidierungserfolg des Konzerns**

Die mögliche Alternative zu dieser Vorgehensweise stellt die Ableitung des Entkonsolidierungserfolgs aus dem **Veräußerungserfolg des MU auf Einzelabschlussebene** dar. Hierbei errechnet sich der Entkonsolidierungserfolg wie folgt:

Schema 2:
Veräußerungserfolg des MU im Einzelabschluss

		Veräußerungserlös des MU nach HB II
	–	Buchwert der Anteile
	=	Veräußerungserfolg auf Einzelabschluss-Ebene nach IFRS
(1)	+/–	Bislang erfolgswirksam erfasste Auf-/Abwertungen der Anteile im Einzelabschluss des Anteilseigners gem IAS 39
(2)	–	Kumulierte außerplanmäßige Abschreibungen (unter Verrechung der kumulierten Zuschreibungen) auf die Anteile im Einzelabschluss gem IAS 36
(3)	+	Bislang gebuchte Wertminderungen auf den im Buchwert der Anteile enthaltenen Geschäfts- oder Firmenwert
(4)	–	Aufgrund des relativen Unternehmenswertvergleichs ausscheidender Geschäfts- oder Firmenwert, welcher der abgehenden ZGE zugeordnet ist
(5)	+	im Buchwert der Anteile enthaltener, aber im Konzernabschluss verbleibender Geschäfts- oder Firmenwert nach IAS 36.86
(6)	–	Bereits erfolgswirksam verrechneter negativer Unterschiedsbetrag
(7)	+/–	Rücklagenentnahmen/-zuführungen im TU aus Konzernsicht seit Beteiligungserwerb sofern ergebniswirksam behandelt
(8)	+	Bislang aufwandswirksam verrechnete stille Reserven aus der Kaufpreisallokation
(9)	–	Bislang ertragswirksam verrechnete stille Lasten und Eventualschulden aus der Kaufpreisallokation
(10)	–/+	Jahresergebnis zum Veräußerungszeitpunkt (sofern positiv und anteilig mitverkauft oder negativ)
(11)	–	Erfolgsneutral in die Gewinnrücklagen umgegliederte Neubewertungsrücklagen gem IAS 16 und IAS 38 sowie erfolgsneutral erfasste versicherungsmathematische Gewinne und Verluste gem IAS 19
=		**Entkonsolidierungserfolg des Konzerns**

33 Im Zusammenhang mit der Ermittlung des der ZGE zugeordneten, **aus dem historischen Unternehmenserwerb resultierenden Geschäfts- oder Firmenwerts,** der nach dem relativen Unternehmenswertvergleich ausscheidet, wenn der abgehende Teilbereich als *operation* iSv IAS 36.86 zu werten ist, fehlt es auch nach Veröffentlichung von IAS 27 (2008) an einer Klärung seitens des IASB, in welchem Verhältnis die entkonsolidierungsrelevanten Vorschriften des IAS 27 zu der eigentlich wertminderungsbezogenen Norm des IAS 36.86 stehen (hierauf weisen auch *Küting/Weber/Wirth* KoR 2008, 149, hin). Dort wird festgelegt, dass bei Abgang von Vermögenswerten und Schulden, die als *operation* zu werten sind, der abgehende Geschäfts- oder Firmenwert grds anhand der aktuellen Wertrelation zwischen dem Unternehmenswert der betroffenen ZGE, auf die ein Geschäfts- oder Firmenwert allokiert wurde, vor der Veräußerung und dem Unternehmenswert des Abgangsanteils zu ermitteln ist. Die Ermittlung kann auf eine andere Weise erfolgen, wenn diese die Zuordnung des Geschäfts- oder Firmenwerts zu der abgehenden Einheit nachweisbar besser abbildet. Die auf diese Weise ermittelte Wertrelation ist mit dem Gesamtbetrag des auf die ZGE allokierten Geschäfts- oder Firmenwerts zu multiplizieren, um den in die Entkonsolidierung eingehenden Betrag des Geschäfts- oder Firmenwerts zu errechnen (vgl *KPMG* 2008/9, 109ff; zum Begriff der *„operation"* in diesem Zusammenhang vgl § 38 Rz 61).

34 Mit Inkrafttreten der Neufassung des IAS 27 (2008) ist bei der Ermittlung des abgangsrelevanten Betrags des Geschäfts- oder Firmenwerts außerdem zu berücksichtigen, ob bei der Erstkonsolidierung die **beteiligungsproportionale Neubewertungsmethode** zur Anwendung gekommen ist, oder ob die ***full-goodwill*-Methode** genutzt wurde. Im ersten Fall darf nur der Konzernanteil des abgehenden Geschäfts- oder Firmenwerts bei der Entkonsolidierung berücksichtigt werden. Kommt hingegen die *full-goodwill*-Methode zur Anwendung, so geht der Gesamtbetrag des ausscheidenden Geschäfts- oder Firmenwerts – einschließlich der implizit auf die Anteile nicht-beherrschender Gesellschafter entfallenden Beträge – in den konzernbilanziellen Abgangswert ein (vgl *Küting/Weber/Wirth* KoR 2008, 150). Dementsprechend scheidet auch der im Rahmen der Erstkonsolidierung mit dem *fair value* bewertete und fortentwickelte Ausgleichsposten für Anteile nicht-beherrschender Gesellschafter mit der Entkonsolidierung aus. Mit dieser Vorgehensweise soll nach der Intention des IASB das anteilige auf die nicht-beherrschenden Gesellschafter entfallende Nettovermögen in derselben Höhe ermittelt werden wie der fortgeschriebene Ausgleichsposten bei Anwendung der *full-goodwill*-Methode. In diesem Fall erfolgt der Abgang des auf die nicht-beherrschenden Gesellschafter entfallenden Ausgleichspostens erfolgsneutral (IAS 27.34(b) iVm IAS 27.34(f)). Dies setzt jedoch eine zutreffende **beteiligungsspezifische Fortschreibung** des **Geschäfts- oder Firmenwerts** und damit eine entspr Zuordnung von ggf während der Konzernzugehörigkeit vorgenommenen Wertminderungen des Geschäfts- oder Firmenwerts voraus.

Beispiel: Im Jahr X1 hat MU 100% der Anteile an TU1 erworben. Im Zuge der Erwerbsbilanzierung wurde ein Geschäfts- oder Firmenwert von T€ 1.000 ermittelt.

Im Jahr X3 wurde innerhalb des Konzerns eine umfassende Reorganisation der Geschäftsfelder durchgeführt. Diese Reorganisation führte dazu, dass die bisherigen Aktivitäten von TU1 nunmehr in den Geschäftsbereichen A und B enthalten sind. Die Hauptaktivitäten von TU1 wurden dem Geschäftsbereich A zugeordnet. Auf der Grundlage von Unternehmensbewertungen zum Zeitpunkt der Reorganisation wurden relative Unternehmenswerte für die Geschäftsbereiche A und B innerhalb von TU1 ermittelt. Danach ergab sich eine neue Goodwillzuordnung von T€ 700 für Geschäftsbereich A und von T€ 300 für Geschäftsbereich B.

Weiterhin wurde von TU2, die teilweise ebenfalls im Geschäftsbereich A tätig war, nach der gleichen Methodik ein Geschäfts- oder Firmenwert von T€ 100 für den Geschäftsbereich A ermittelt. In der neuen Konzernstruktur soll TU1 den Geschäftsbereich A und TU2 den Geschäftsbereich B abdecken.

MU verkauft im Jahr X4 alle Anteile an TU1.

Die in die Berechnung des Entkonsolidierungserfolgs einfließenden Bestandteile des Geschäfts- oder Firmenwerts bei Verwendung des Ermittlungsschemas 1 ausgehend vom Veräußerungserlös (Rz 32) werden wie folgt ermittelt:

		T€
	Historischer Geschäfts- oder Firmenwert für TU1	1.000
./.	Auf Geschäftsbereich B entfallender Anteil von TU1 (Zeile (5))	300
+	Auf Geschäftsbereich A entfallender Anteil von TU2 (Zeile (6))	100
=	TU1 zugeordnete Geschäfts- oder Firmenwerte bei Entkonsolidierung	800

Da es sich im vorliegenden Beispiel um eine vollständige Veräußerung von TU1 handelt ist eine Differenzierung im Hinblick auf die Ausübung des Wahlrechts zur Anwendung der *full-goodwill*-Methode nicht erforderlich, da bei Anwendung dieser Methode der Gesamtbetrag des ausscheidenden Geschäfts- oder Firmenwerts, einschließlich der auf nichtbeherrschende Gesellschafter entfallenden Anteile daran, in den Abgangswert aus Konzernsicht eingeht.

Soweit im Rahmen einer Restrukturierung der historisch aus dem Erwerb eines TU entstandene Geschäfts- oder Firmenwert dem MU zugeordnet wird, wird der dem MU zugeordnete Anteil am Geschäfts- oder Firmenwert nicht im Entkonsolidierungserfolg berücksichtigt.

Bei Anwendung der *full goodwill*-Methode kann die **Beurteilungsebene** für den auf nicht-beherrschende Gesellschafter entfallenden Geschäfts- oder Firmenwert für Zwecke des obligatorischen Wertminderungstests nach IAS 36 (vgl § 27 Rz 86, Rz 124 ff) von derjenigen abweichen, die im Falle der Entkonsolidierung zu berücksichtigen ist. Wird ein im Zuge eines Unternehmenszusammenschlusses entstandener Geschäfts- oder Firmenwert für Zwecke des **Impairment-Tests** einer ZGE zugeordnet, die auf einer höheren Ebene als das erworbene TU angeordnet ist (bspw auf Segmentebene), so ist der gesamte Geschäfts- oder Firmenwert (einschließlich des den nicht-beherrschenden Gesellschaftern zuzuordnenden Anteils) auf dieser Ebene auf die Notwendigkeit einer Wertminderung zu testen. Ungeachtet dieser Vorgehensweise bleibt der den nicht-beherrschenden Gesellschaftern zuzuordnende Anteil am Geschäfts- oder Firmenwert jedoch für Zwecke der **Entkonsolidierung** weiterhin dem TU zugeordnet, an dem die nicht-beherrschenden Gesellschafter beteiligt sind. Dies bedeutet insbes, dass auch bei einer Veränderung der Zuordnung des Geschäfts- oder Firmenwerts zu einer anderen ZGE für Zwecke des Werthaltigkeitstests der den nicht-beherrschenden Gesellschaftern zuzurechnende Anteil am Geschäfts- oder Firmenwert im Hinblick auf eine Entkonsolidierung weiterhin dem entspr TU zugeordnet bleibt.

Aufgrund der Option des IAS 19.93A, versicherungsmathematische Gewinne und Verluste permanent erfolgsneutral zu behandeln, sowie anderer erfolgsneutraler Sachverhalte und des Verbots, zuvor erfolgsneutral verrechnete Geschäfts- oder Firmenwerte im Zeitpunkt der Entkonsolidierung im Abgangswert des TU (Schema 1) zu erfassen, ist nach IFRS **keine Totalgewinngleichheit** zwischen Einzelabschluss und Konzernabschluss gegeben. 35

Unter Beachtung dieses Umstands führen die oben dargestellten Entkonsolidierungsschemata zum **gleichen Ergebnis,** wenn die **Datenverfügbarkeit** für die im Schema 2 erforderlichen Größen sichergestellt ist. In Teilen der Literatur wird davon ausgegangen, dass die Ableitung des Entkonsolidierungserfolgs im Konzern aus dem Veräußerungserfolg im Einzelabschluss des MU in vielen Fäl- 36 len nicht mehr praktikabel ist, da eine Überleitung durch die vorzunehmenden Korrekturen für die konzernspezifischen Sachverhalte aufgrund mangelnder Datenverfügbarkeit nicht möglich ist (*Baetge/Kirsch/Thiele*[7], 457 ff). UE sind diese Bedenken gerechtfertigt.

37 Für die **Erstanwender,** welche die Erleichterung nach IFRS 1.C1 (2008) iVm IFRS 1.C2i(i)(2008)/IFRS 1.15 (2003) iVm IFRS 1.B2i(i) (2003) in Anspruch nehmen, ist der bislang mit den Rücklagen verrechnete Geschäfts- oder Firmenwert bei der Berechnung des Entkonsolidierungserfolgs ausgehend vom Veräußerungserlös (Schema 1) nicht zu berücksichtigen. Gleiches gilt nach IFRS 3.80 (2004) für alle vor 1995 zulässigerweise mit den Rücklagen verrechneten Geschäfts- oder Firmenwerte. Für die Berechnung des Entkonsolidierungserfolgs ausgehend vom Veräußerungserfolg (Schema 2) ist für Erstanwender zu unterstellen, dass sowohl die erfolgsneutral verrechneten Geschäfts- oder Firmenwerte als auch die erfolgsneutral in die Gewinnrücklagen umgegliederten negativen Unterschiedsbeträge als in der Vergangenheit erfolgswirksam behandelt zu betrachten sind.

38 Die Neufassung des **IAS 27 (2008)** enthält im Gegensatz zu der bisherigen Fassung des Standards **konkrete Regelungen hinsichtlich der Vorgehensweise bei der Entkonsolidierung** und schließt somit eine Regelungslücke. Die in IAS 27.34 ff (2008) vorgeschriebene bilanzielle Abbildung der Entkonsolidierung weist keine wesentlichen Unterschiede zu der unter den Rz 32 ff beschriebenen Vorgehensweise auf.

Nach IAS 27.34(a) und (b) (2008) sind die Vermögenswerte (einschließlich des Geschäfts- oder Firmenwerts), die Schulden des TU sowie die *„non-controlling interests"* (einschließlich der ihnen zuzurechnenden Komponenten des sonstigen Ergebnisses) zum Zeitpunkt des Verlusts der Beherrschungsmöglichkeit mit den Buchwerten auszubuchen. Demgegenüber ist das erhaltene Entgelt mit dem beizulegenden Zeitwert und ggf eine Ausgabe von Anteilen am TU an die Anteilseigner anzusetzen (IAS 27.34(c) (2008)). Ggf zurückbehaltene Anteile am vormaligen TU sind mit dem beizulegenden Zeitwert am Tag des Beherrschungsverlusts anzusetzen.

39 Der wesentliche Unterschied zu dem unter Rz 32 dargestellten Entkonsolidierungsschema besteht in der **Erfassung der zuvor im sonstigen Ergebnis erfolgsneutral erfassten Gewinne und Verluste.** Nach IAS 27.34(e) (2008) (ggf iVm IAS 21.48Aff (geändert 2008)) sind die erfolgsneutral im sonstigen Ergebnis erfassten Gewinne und Verluste im Zeitpunkt des Verlusts der Beherrschungsmöglichkeit entweder direkt in den erfolgswirksamen Teil der Gesamtergebnisrechnung oder die gesonderte GuV (sofern erstellt) oder in Übereinstimmung mit einem anderen Standard direkt in den Gewinnrücklagen zu erfassen. Im sonstigen Ergebnis erfasste Gewinne und Verluste aus der Zeit der Konzernzugehörigkeit des TU sind nicht mehr erfolgswirksam bei der Berechnung des Endkonsolidierungserfolgs zu berücksichtigen, sondern **direkt** in den erfolgswirksamen Teil der Gesamtergebnisrechnung oder die gesonderte GuV (sofern erstellt) umzugliedern. Einen diesbezüglichen Anwendungsfall stellt bspw die erfolgsneutral behandelte Rücklage aus der Bewertung von Wertpapieren der Kategorie *available for sale* dar. Vormals in der Neubewertungsrücklage gem IAS 16 oder IAS 38 erfasste Beträge sind erfolgsneutral in die Gewinnrücklagen umzubuchen (IAS 27.35 (2008)).

Damit verkürzt sich das in Rz 32 dargestellte Ermittlungsschema und der Entkonsolidierungserfolg im Konzern ist unter Zugrundelegung der Regelungen des IAS 27 (2008) wie folgt zu ermitteln:

Veräußerungserlös des MU
– Vermögenswerte des TU zu Buchwerten lt IFRS-HB II zum Entkonsolidierungszeitpunkt
– Noch nicht erfolgswirksam verrechnete stille Reserven aus der Kaufpreisallokation zum Entkonsolidierungszeitpunkt
+ Schulden des TU zu Buchwerten lt IFRS-HB II zum Entkonsolidierungszeitpunkt
+ Noch nicht erfolgswirksam verrechnete stille Lasten und Eventualschulden aus der Kaufpreisallokation zum Entkonsolidierungszeitpunkt
– Anteiliger aus dem historischen Unternehmenserwerb resultierender Geschäfts- oder Firmenwert, der nach dem relativen Unternehmenswertvergleich ausscheidet, wenn der abgehende Teilbereich als *operation* iSv IAS 36.86 zu werten ist
– Anteiliger aufgrund des relativen Unternehmenswertvergleichs ausscheidender Geschäfts- oder Firmenwert, welcher der abgehenden ZGE zugeordnet ist
= **Entkonsolidierungserfolg des Konzerns**

3. Besonderheiten bei Teilveräußerungen

Der Verlust der Beherrschungsmöglichkeit über ein TU kann sich in einer **einzigen oder in mehreren aufeinanderfolgenden Transaktionen** vollziehen. Dabei weist IAS 27.33 (2008) darauf hin, dass auch bei Vorliegen mehrerer formaler Teiltransaktionen wirtschaftlich eine einheitliche Veräußerung gegeben sein kann. Die Beurteilung, ob es sich materiell um einen oder mehrere Veräußerungsvorgänge handelt, ist grds für jeden Einzelfall unter Berücksichtigung aller relevanten Vertragsbedingungen und deren wirtschaftlicher Konsequenzen vorzunehmen. IAS 27.33 (2008) führt beispielhaft Indikatoren auf, die auf eine einheitliche Transaktion trotz des Vorliegens mehrerer formaler Teilveräußerungen hindeuten: 40

(1) die Vereinbarungen wurden in unmittelbarem zeitlichen oder sachlichen Zusammenhang getroffen;
(2) die Vereinbarungen wurden zur Erzielung eines einheitlichen wirtschaftlichen Effekts durchgeführt;
(3) das Zustandekommen einer Teilvereinbarung ist abhängig vom Zustandekommen mindestens einer weiteren Teilvereinbarung;
(4) die Durchführung einer Transaktion ist isoliert betrachtet wirtschaftlich nicht sinnvoll, im Zusammenhang mit anderen Transaktionen ist die wirtschaftliche Vorteilhaftigkeit jedoch gegeben.

Handelt es sich nach Maßgabe der in IAS 27.33 (2008) geforderten vorgelagerten Beurteilung um eine einheitliche Transaktion, so ist diese als Ganzes der Ermittlung des Veräußerungserfolgs zugrunde zu legen. Sind die einzelnen Transaktionen nicht als einheitlicher Veräußerungsvorgang zu werten, ergeben sich die nachfolgend aufgeführten Konsequenzen.

IAS 27 (2008) sieht bei einer **Teilveräußerung ohne Statuswechsel** vor, dass die Veräußerung der betroffenen Anteile als Vorgang innerhalb des Eigenkapitals darzustellen ist (IAS 27.30 (2008)). Der Einheitstheorie folgend sieht IAS 27.31 (2008) entspr die Erfassung einer solchen Transaktion unmittelbar im Eigenkapital vor. Eine Vollkonsolidierung der Vermögenswerte und Schulden sowie der Aufwendungen und Erträge ist weiterhin unverändert vorzunehmen. Lediglich die Höhe des Anteils nicht-beherrschender Gesellschafter wird um den Betrag des auf die veräußerten Anteile entfallenden Eigenkapitals erhöht. Des Weiteren muss der Ausgleichsposten für nicht-beherrschende Gesellschafter *(non-controlling interests)* um den noch bestehenden Anteil der im Rahmen der Erstkonsolidierung aufgedeckten stillen Reserven und stillen Lasten sowie des zuge- 41 ordneten Geschäfts- oder Firmenwerts angepasst werden. Die Begründung für diese Vorgehensweise, die unabhängig ist von der Anwendung der *full-goodwill*-Methode, ergibt sich aus dem Vermögenswertcharakter des Geschäfts- oder Firmenwerts, der im Zusammenhang mit der Neufassung des IFRS 3 vom IASB explizit betont wurde (IFRS 3.BC318ff (2008)). Damit kommt die Reduzierung eines bereits bilanzierten Geschäfts- oder Firmenwert-Betrags aufgrund von statuswahrenden Anteilsveräußerungen nicht in Betracht.

42 Nach IAS 27 (2003) sind bei einer Teilveräußerung ohne Beherrschungsverlust die anteilig veräußerten Vermögenswerte, Schulden, ggf Eventualschulden und Geschäfts- oder Firmenwerte zu berücksichtigen, soweit das berichtende Unternehmen sukzessive Anteilserwerbe nach Kontrollerlangung als Erwerb behandelt. Im Übrigen sind die oben dargestellten Berechnungsschemata analog anzuwenden. Soweit das berichtende Unternehmen sukzessive Anteilserwerbe gem der *„economic entity method"* als Eigenkapitaltransaktion behandelt, kommen die Entkonsolidierungsschemata nicht zur Anwendung. Stattdessen wird der im IFRS-Einzelabschluss des veräußernden Unternehmens ausgewiesene Erfolg mit den Konzernrücklagen verrechnet (*PwC* 2008, Rz 24083). Es kommt insoweit auf Konzernebene nicht zu einer Realisation von Erfolgen aus dem Teilveräußerungsvorgang.

43 Erfolgt eine **Teilveräußerung, die zu einem Statuswechsel führt,** ist eine Übergangskonsolidierung (§ 38 Rz 56ff und Rz 131ff) vorzunehmen. In diesen Fällen erfolgt die Folgebilanzierung nach Maßgabe von IAS 39, IAS 28 oder IAS 31, je nach Umfang der nach der Veräußerung verbleibenden Einflussmöglichkeit auf das ehemalige TU.

44 Aufgrund des Fehlens einer eindeutigen Regelung im Falle des sukzessiven Anteilserwerbs in IFRS 3 (2004) stellte sich bisher für den Fall eines **vorangegangenen sukzessiven Anteilserwerbs** die Frage, wie die unterschiedlichen Erwerbstranchen bei einer Teilveräußerung zu behandeln sind. Nach der hier vertretenen Ansicht ist es sachgerecht, von jeder zuvor erworbenen Tranche den gleichen prozentualen Anteil im Rahmen der Teilveräußerung abgehen zu lassen. Mit Inkrafttreten der aktuellen Fassung des IFRS 3 hat die Frage nunmehr keine materielle Bedeutung mehr.

45 Wird eine Beteiligung **innerhalb des Konsolidierungskreises** veräußert, so kann im IFRS-Einzelabschluss des Konzernunternehmens, das die Beteiligung hält, der Ausweis der Beteiligung als „zur Veräußerung bestimmt" iSv IFRS 5 geboten sein (vgl § 28 Rz 21). Aus Konzernperspektive liegt jedoch kein geplanter Veräußerungssachverhalt nach IFRS 5 vor, da die Beteiligung den Konsolidierungskreis nicht verlässt. Die grds auf der Ebene des Einzelabschlusses vorzunehmende bilanzielle Separation der betroffenen Vermögenswerte und Schulden bzw Veräußerungsgruppe verursacht in vielen Fällen der Bilanzierungspraxis einen nicht unerheblichen Arbeits- und Ressourcenaufwand. Deshalb kann uE grds auf einen gesonderten Ausweis gem IFRS 5 auf Einzelabschlussebene verzichtet werden, wenn die aufzustellenden IFRS-Einzelabschlüsse ausschließlich als Konsolidierungsgrundlage für die Aufstellung eines IFRS-Konzernabschlusses dienen. Hat ein IFRS-Einzelabschluss hingegen eine über die reine Konsolidierungsgrundlage hinausgehende Funktion (bspw als offenzulegender Einzelabschluss gem § 325 Abs 2a HGB), so ist der gesonderte Ausweis nach IFRS 5 auch auf Ebene des Einzelabschlusses zwingend. In diesen Fällen sind die Auswirkungen dieser Bilanzierung auf Einzelabschlussebene anschließend im Rahmen der Konsolidierung zu eliminieren.

46 Vermindert sich die Anteilsquote an einem TU aufgrund der **unterproportionalen** Teilnahme des MU an einer **effektiven Kapitalerhöhung** des TU, und ergeben sich infolge eines Abweichens von Bilanz- und Ausgabekurs Ände-

rungen des auf den Anteilseigner entfallenden Eigenkapitals sind diese uE unter analoger Anwendung der Regelungen des IAS 27.30 (2008) als Eigenkapitaltransaktion und damit erfolgsneutral zu behandeln. Dies gilt analog, sofern sich die Anteilsquote an einem TU infolge der **überproportionalen** Teilnahme des MU an einer **effektiven Kapitalherabsetzung** (durch Einziehung von Anteilen) reduziert.

Demgegenüber sind Änderungen des auf das MU entfallenden Eigenkapitals infolge der Verminderung der Anteilsquote an einem TU aufgrund der **unterproportionalen** Teilnahme des MU an einer **effektiven Kapitalerhöhung** des TU nach IAS 27 (2003) **nicht zwingend erfolgsneutral** zu erfassen. UE existiert damit mangels expliziter Regelungen innerhalb der Verlautbarungen des IASB ein Wahlrecht zur erfolgswirksamen oder erfolgsneutralen Erfassung von Änderungen des auf den Anteilseigner entfallenden Eigenkapitals (vgl § 38 Rz 145f). Dies gilt analog, sofern sich die Anteilsquote an einem TU infolge der **überproportionalen** Teilnahme des MU an einer **effektiven Kapitalherabsetzung** (durch Einziehung von Anteilen) reduziert. Im Rahmen des Stetigkeitsgebots ist jedoch die gewählte Vorgehensweise (erfolgswirksam oder erfolgsneutral) auch auf nachgelagerte Fälle in gleicher Weise anzuwenden. 47

einstweilen frei 48, 49

V. Ausweisregelungen

1. Anteile nicht-beherrschender Gesellschafter/Minderheitenanteile

Wird die **vollkonsolidierte Darstellung** von einbezogenen Unternehmen gewählt, sind als Nebenfunktion auch die **Ansprüche von Minderheitsgesellschaftern** an der konsolidierten Einheit darzustellen. Die Abbildung dieser anderen Konzerngesellschafter ist abhängig von der zugrunde liegenden Konzeption der wirtschaftlichen Einheit: Wählt man dem *parent company concept* folgend den Standpunkt, dass diese aus Sicht der Hauptgesellschafter mangels wirtschaftlicher Kontrolle lediglich als Quasigläubiger am Konzern beteiligt sind, folgt auch die Darstellung der Ansprüche dieser Gruppe dieser Auffassung (*Küting/Harth* BB 1999, 1370f). Der Ausweis der Anteile anderer Gesellschafter erfolgt dann außerhalb des Eigenkapitals, das ausschließlich den Anteil der Gesellschafter des MU am Konzerneigenkapital repräsentiert. Diesem Gedanken waren bis zu den Überarbeitungen der Kapitalkonsolidierungsvorschriften durch die *business combinations*-Projekte des FASB und des IASC/IASB in den 90er Jahren sowohl die Standardsetter der IFRS als auch der US-GAAP verhaftet (*Küting/Harth* BB 1999, 1370f). 50

Neuere Tendenzen in der angelsächsischen Bilanzierungswelt verfolgen jedoch das ***economic unit concept*** (*Baker/Lembke/King*[7], 131), welches die Darstellung von Anteilen anderer Gesellschafter innerhalb des Konzerneigenkapitals präferiert. In diesem Zusammenhang sind auch IAS 27.27 (2008)/IAS 27.33 (2003) zu sehen. War bis zur Überarbeitung im Rahmen des *Improvements Project 2003* ein Ausweis der Ansprüche anderer Gesellschafter als besonderer Bilanzposten zwischen Eigenkapital und Schulden vorgeschrieben, werden diese seither als separater Posten innerhalb des Eigenkapitals erfasst (§ 12 Rz 118ff). Der auf die Minderheitsgesellschafter entfallende Anteil am Jahreserfolg und am Gesamtergebnis wird in der Gesamtergebnisrechnung separat ausgewiesen (IAS 27.27 (2008)/IAS 27.33; IAS 1.83), wobei in IAS 27 (2008) die Minderheitenanteile nunmehr als *non-controlling interests* (vormals: *minority interests*) bezeichnet werden. 51

52 Mit Inkrafttreten der Neufassung des IAS 27 (2008) haben sich die Regelungen zur anteiligen Zurechnung des Jahresfehlbetrags in Fällen, bei denen keine Nachschussverpflichtung der Minderheitsanteilseigner bestehen, inhaltlich geändert. Nach der nunmehr anzuwendenden Regelung des IAS 27.28 (2008) ist das auf die Minderheiten entfallende Gesamtergebnis diesen **vollumfänglich zuzuordnen,** auch für den Fall, dass dieses den Eigenkapitalanteil übersteigt und keine Nachschussverpflichtung besteht (vgl auch *Ernst & Young* 2008, 428). Dementsprechend ist nunmehr der Ausweis eines negativen Minderheitenanteils auch bei einer begrenzten Nachschussverpflichtung möglich.

53 Auch nach IAS 27 (2003) wird die Ergebniszuweisung und die korrespondierende bilanzielle Fortschreibung für Minderheitenanteile grds auch im Verlustfall vorgenommen. Würde im Extremfall jedoch ein Ausweis **von negativen Minderheitenanteilen** erfolgen, ist nach IAS 27 (2003) eine etwaige **Kapitalnachschussverpflichtung** der betroffenen Minderheitsgesellschafter zu berücksichtigen.

Können Minderheitsgesellschafter für einen Ausgleich ihres Kapitalkontos an dem betroffenen TU in Anspruch genommen werden, spiegelt eine **Fortführung eines negativen Ausgleichspostens** anderer Gesellschafter die wirtschaftliche Realität wider. Dabei ist zu berücksichtigen, ob die Minderheitsgesellschafter in der Lage sind, die Verluste auszugleichen (IAS 27.35 (2003)). Die Zuweisung eines Jahresfehlbetrags würde somit auch **das konsolidierte Ergebnis** des MU **entlasten.**

54 **Im Regelfall** wird jedoch die **Nachschusspflicht** für Minderheitsgesellschafter an einbezogenen TU **begrenzt** sein. In diesen Fällen ist die bilanzielle Fortschreibung der Minderheitenanteile bei Null auszusetzen und die zusätzliche Ergebnisbelastung im übrigen Konzerneigenkapital zu erfassen. Die zusätzliche **Ergebnisbelastung** wird damit bilanziell vollumfänglich **den Gesellschaftern des MU zugeordnet** (IAS 27.35 (2003)). In der konsolidierten Ergebnisrechnung wird analog dazu keine Dotierung des Minderheitenpostens vorgenommen. In der Folge sind auf Minderheiten entfallende Jahresergebnisse solange dem Konzerneigenkapital der Gesellschafter des MU zuzurechnen, bis der aus wirtschaftlicher Sicht den Minderheiten zuordenbare Verlust ausgeglichen wurde. Um in diesem Zusammenhang einen adäquaten Minderheitenausweis gewährleisten zu können, ist daher eine **statistische Fortschreibung des Minderheitenanteils notwendig.**

55 Nicht-beherrschende Gesellschafter können mit dem berichtenden Unternehmen **Call- oder Put-Optionen** vereinbaren. Je nach Verteilung der Rechte und Pflichten aus diesen Optionen lassen sich vier Fallkonstellationen unterscheiden:

(1) **Erworbene Call-Optionen,** bei denen das berichtende Unternehmen als Optionsinhaber hinsichtlich des Erwerbsrechts von Anteilen und der nicht-beherrschende Gesellschafter als Stillhalter fungieren;
(2) **geschriebene Call-Optionen,** die zu einer Optionsinhaber-Stellung des nicht-beherrschenden Gesellschafters bzgl der Erwerbsberechtigung von Anteilen führen, während das berichtende Unternehmen die Stillhalter-Position ausübt;
(3) **erworbene Put-Optionen,** die das berichtende Unternehmen zur Veräußerung von Anteilen berechtigen, wobei die Stillhalterposition vom nicht-beherrschenden Gesellschafter eingenommen wird;
(4) **geschriebene Put-Optionen**, die den nicht-beherrschenden Gesellschafter zum Verkauf berechtigen und das berichtende Unternehmen als Stillhalter entspr verpflichten.

Hinsichtlich der Beurteilung solcher Optionen ist innerhalb der Systematik des IAS 27 (2008)/IAS 27 (2003) zu unterscheiden, ob **aus der Optionsausübung ein Statuswechsel** für die nicht-beherrschenden Gesellschafter bzw das berichtende Unternehmen resultiert oder nicht.

IAS 27.14f (2008)/IAS 27.14f (2003) sehen explizite Regelungen nur für erworbene **Call-Optionen** vor. Danach sind, bei Existenz von Eigenkapitalinstrumenten, die potenziell zu einem Stimmrecht führen können, diese potenziellen Stimmrechte bei der Beurteilung heranzuziehen, ob eine Beherrschung des Unternehmens auch bei einer aktuellen Anteilsquote von weniger als 50% vorliegt (vgl § 30 Rz 14ff). Entspr kann das Vorliegen von geschriebenen Call-Optionen dazu führen, dass ein potenzielles TU trotz einer aktuellen Anteilsquote von mehr als 50% der Stimmrechte nicht beherrscht wird und damit nicht in den Konsolidierungskreis einzubeziehen ist. 56

Explizite Regelungen hinsichtlich der Auswirkungen von **Put-Optionen** auf eine Einbeziehungspflicht in den Konsolidierungskreis enthalten IAS 27 (2008)/IAS 27 (2003) hingegen nicht. Aus systematischen Gründen ist eine analoge Behandlung wie bei Call-Optionen jedoch uE nicht sachgerecht, da eine Nichtausübung von Put-Optionen nichts an den Beherrschungsverhältnissen ändert, während auch durch nicht ausgeübte Call-Optionen uU die Möglichkeit der Beherrschung eines Unternehmens resultiert, was wiederum zu einer Konsolidierungspflicht führen kann (ähnlich *Lüdenbach* in Lüdenbach/Hoffmann IFRS[7], § 32 Rz 159). Damit führt die Existenz von Put-Optionen nicht zu einer unmittelbaren Auswirkung auf die Konsolidierungspflicht von TU aus Sicht des berichtenden Unternehmens. 57

Neben der Frage des Statuswechsels werden hinsichtlich der **Bilanzierung von Put-Optionen** von nicht-beherrschenden Gesellschaftern im Zusammenhang mit Unternehmenserwerben zwei unterschiedliche Ansätze diskutiert und unter mehr oder weniger restriktiven Bedingungen für zulässig gehalten. 58

Einerseits können Put-Optionen nicht-beherrschender Gesellschafter als **bedingte Kaufpreiszahlungen** *(contingent consideration)* angesehen werden. Dieser Sichtweise liegt die Prämisse zugrunde, dass es sich um die Anpassung von Anschaffungskosten eines Unternehmenszusammenschlusses handelt, die abhängig von zukünftigen Ereignissen ist. Die Bilanzierung richtet sich in diesem Fall nicht nach IAS 39, sondern nach den Regeln für *contingent consideration* gem IFRS 3. Dies bedeutet für die **erstmalige Bilanzierung,** dass die finanzielle Verbindlichkeit einen Teil der Anschaffungskosten (Erhöhung des Geschäfts- oder Firmenwerts) für die Anteile darstellt. Im Konzerneigenkapital wird kein Anteil nicht-beherrschender Gesellschafter für die Anteile, die mit einer Put-Option ausgestattet sind, ausgewiesen. Vielmehr wird das auf die nicht-beherrschenden Gesellschafter entfallende Nettovermögen vom Eigen- ins Fremdkapital umgegliedert und als Finanzschuld aus der Verkaufsoption ausgewiesen *(one credit approach)*. Da die Verbindlichkeit aus der Verkaufsoption stets zum Barwert des erwarteten Kaufpreises anzusetzen ist, wird in Höhe der Differenz zwischen diesem Barwert und dem umgegliederten (Minderheiten-)Eigenkapitalanteil auf der Aktivseite ein Geschäfts- oder Firmenwert angesetzt (Barwert des erwarteten Kaufpreises ist größer als der Anteil der nicht-beherrschenden Gesellschafter am Nettovermögen des TU) bzw die Konzerngewinnrücklage erhöht (Barwert des erwarteten Kaufpreises ist kleiner als der Anteil der nicht-beherrschenden Gesellschafter am Nettovermögen des TU). Die erstmalige Berücksichtigung der Verkaufoption erfolgt stets erfolgsneutral. Im Rahmen der **Folgebilanzierung** ist dann zu beachten, dass

(1) spätere Anpassungen hinsichtlich der finanziellen Verbindlichkeit, die nicht in Zusammenhang mit Aufzinsungen oder Zinsänderungen stehen, wie Ände-

rungen der Anschaffungskosten (erfolgsneutrale Anpassung des Geschäfts- oder Firmenwerts) zu erfassen sind, sofern sie gem IFRS 3.39 (2008)/IFRS 3.32 (2004) wahrscheinlich sind und verlässlich bewertet werden können,

(2) Aufzinsungen oder Anpassungen der finanziellen Verbindlichkeit aufgrund von Zinsänderungen in späteren Perioden aufwandswirksam als Finanzierungskosten zu erfassen sind,

(3) Minderheitenanteile am Gewinn des TU aufwandswirksam als Erhöhung der Verbindlichkeit aus Verkaufsoptionen berücksichtigt werden (IAS 32.35). Verbleibende Differenzen zum Barwert des erwarteten Kaufpreises (außer Zinseffekte) werden erfolgsneutral als Veränderung des Geschäfts- oder Firmenwerts erfasst,

(4) die Ausübung der Verkaufsoption einen erfolgsneutralen Vorgang darstellt, da die nunmehr erworbenen Anteile (Finanzanlagen) gegen den gleich hohen Posten „Verbindlichkeiten aus Verkaufsoption" ausgebucht werden,

(5) bei Verfall der Put-Option der Geschäfts- oder Firmenwert an die tatsächlichen Anschaffungskosten angepasst wird, die Verbindlichkeit ausgebucht und ein Minderheitenanteil im Eigenkapital erfasst wird.

Bei dieser Art der Bilanzierung werden die Put-Optionen so bilanziert, als seien sie bereits ausgeübt worden. Die Behandlung von Put-Optionen als *contingent consideration* wird folglich oftmals nur dann als zulässig angesehen, wenn die Chancen und Risiken in Bezug auf die Anteile bspw aufgrund von Festpreisvereinbarungen auf das MU übergegangen sind. Aufgrund des Fehlens eindeutiger Regelungen innerhalb von IAS 32 kann eine solche Voraussetzung uE jedoch nicht als zwingend für diese Form der Bilanzierung angesehen werden.

59 Andererseits können Put-Optionen nicht-beherrschender Gesellschafter als **Finanzinstrument** betrachtet werden. In diesem Fall richtet sich die Bilanzierung nach den allgemeinen Regeln für Put-Optionen auf Eigenkapitalinstrumente gem IAS 39. Die finanzielle Verbindlichkeit wird bei der **erstmaligen Bilanzierung** in Höhe des Barwerts des Ausübungspreises erfolgsneutral zu Lasten des Konzerneigenkapitals eingestellt. Im Konzerneigenkapital wird, bis es zu einer Ausübung der Put-Option kommt, weiterhin ein Ausweis für die Anteile nicht-beherrschender Gesellschafter, die mit einer Put-Option ausgestattet sind, vorgenommen. Auch in diesem Fall erfolgt die erstmalige Berücksichtigung der Verkaufsoption stets erfolgsneutral. Im Rahmen der **Folgebilanzierung** ist in diesem Fall zu beachten, dass

(1) spätere Anpassungen hinsichtlich der finanziellen Verbindlichkeit, die nicht in Zusammenhang mit Aufzinsungen oder Zinsänderungen stehen, aufwandswirksam als Finanzierungsaufwand zu erfassen sind,

(2) Aufzinsungen oder Anpassungen der finanziellen Verbindlichkeit aufgrund von Zinsänderungen in späteren Perioden aufwandswirksam als Finanzierungskosten zu erfassen sind,

(3) Minderheitenanteile am Gewinn des TU in der Gesamtergebnisrechnung/GuV als Gewinnverwendung berücksichtigt werden,

(4) bei Ausübung der Verkaufsoption in Höhe der abgehenden Verbindlichkeit erfolgsneutral das Konzerneigenkapital zu erhöhen ist. Zugleich ist für die zugekauften Anteile eine Erstkonsolidierung durchzuführen. Der Erwerb hat dabei nach IAS 27 (2008)/IFRS 3 (2008) stets als reine Eigenkapitaltransaktion zu erfolgen. Nach IAS 27 (2003)/IFRS 3 (2004) hat die Bilanzierung in Übereinstimmung mit der für den sukzessiven Erwerb von Minderheitenanteilen an bereits vollkonsolidierten TU festgelegten Methode zu erfolgen (Ausweis von Differenzbeträgen als Geschäfts- oder Firmenwert mit oder ohne partielle Neubewertung oder aber Verrechnung mit dem Konzerneigenkapital; vgl auch § 34 Rz 259),

(5) bei Verfall der Put-Option in Höhe der abgehenden Verbindlichkeit erfolgsneutral das Eigenkapital erhöht wird.

Beide Darstellungsweisen **unterscheiden** sich also nicht hinsichtlich der erfolgsneutralen Erfassung innerhalb der erstmaligen Bilanzierung und der Tatsache, dass die geschriebenen Verkaufsoptionen gem IAS 32.23 stets als finanzielle Verbindlichkeit in Höhe des Barwerts des Ausübungspreises zu bilanzieren sind. Unterschiede bestehen dagegen in der Gegenbuchung des Erfassungsbetrags. Dies wird in dem folgenden Beispiel deutlich: 60

Beispiel: Das berichtende Mutterunternehmen MU hält einen 70%-Anteil an TU. Die verbleibenden 30% werden von Z gehalten. Am 1. Januar 20X1 schreibt MU eine Put-Option, die Z das Recht gewährt, bis zum 31. Dezember 20X2 seinen Anteil MU für einen Betrag von T€ 1.000 anzudienen. Zusätzlich zu diesem Betrag ist ein Zuschlag bei der Optionsausübung von MU an Z zu zahlen für den Fall, dass der Gewinn von TU einen bestimmten Mindestbetrag für die Jahre 20X1 und 20X2 überschreitet. Für die Gewährung der Put-Option erhält MU einen Betrag von T€ 100. Die aus der Put-Option resultierende Finanzschuld unterliegt einer Abzinsungsrate von 6% pa.

Zu Beginn der Optionslaufzeit geht MU davon aus, dass eine Optionsausübung zum Sockelbetrag von T€ 1.000 wahrscheinlich ist. Aufgrund der guten Ertragslage von TU erhöht sich diese Einschätzung zum 31. Dezember 20X1 auf einen Ausübungspreis von T€ 1.200. Dieser Wert bleibt für den Rest der Optionslaufzeit unverändert. Am 31. Dezember 20X2 beläuft sich der Anteil von Z am Eigenkapital von TU auf T€ 900 und das Netto-Eigenkapital von TU auf T€ 3.000.

MU behandelt sukzessive Anteilserwerbe nach Erlangung der Beherrschung als reine Eigenkapitaltransaktion (Pflicht nach IFRS 3 (2008)/Wahlrecht nach IFRS 3 (2004)) und macht vom Wahlrecht zur Anwendung der *full-goodwill*-Methode nach IFRS 3 (2008) keinen Gebrauch.

Bei einer Behandlung der Put-Option als ***contingent consideration*** sind damit folgende Buchungen vorzunehmen:

Zum **1. Januar 20X1** (Beginn der Optionslaufzeit):

Per:	Eigenkapital (Anteil nicht-beherrschender Gesellschafter)	900
	Kasse (erhaltene Optionsprämie)	100
An:	Finanzschuld (T€ 1.000 abdiskontiert mit 6% über 2 Jahre)	890
	Gewinnrücklage	110

Zum **31. Dezember 20X1**:

Per:	Zinsaufwand (6% * 890)	53
	Gewinnrücklage	189
An:	Finanzschuld (1.200 abdiskontiert mit 6% über ein Jahr abzüglich Vorjahreswert)	242

Zum **31. Dezember 20X2** (bei **Nichtausübung der Option**):

Per:	Zinsaufwand (6% * 1.132)	68
	Finanzschuld (1.200 abzüglich 68)	1.132
An:	Eigenkapital (Anteil nicht-beherrschender Gesellschafter)	900
	Konzerngewinnrücklagen	300

Zum **31. Dezember 20X2** (bei **Ausübung der Option**):

Per:	Zinsaufwand (6% * 1.132)	68
	Finanzschuld	1.200
An:	Finanzschuld (1.200 abzüglich 1.132)	68
	Kasse (Optionsausübungspreis)	1.200

Ein Abgang der Anteile nicht-beherrschender Gesellschafter ist bei Optionsausübung nicht vorzunehmen, da dieser bereits zu Beginn der Optionslaufzeit erfasst wurde.

Wird die Put-Option hingegen als **Finanzinstrument** behandelt, ergeben sich folgende Buchungen:

Zum **1. Januar 20X1** (Beginn der Optionslaufzeit):

Per:	Eigenkapital	790
	Kasse (erhaltene Optionsprämie)	100
An:	Finanzschuld (1.000 abdiskontiert mit 6% über 2 Jahre)	890

Zum **31. Dezember 20X1**:

Per:	Zinsaufwand (6% * 890)	53
	Finanzaufwand	189
An:	Finanzschuld (1.200 abdiskontiert mit 6% über ein Jahr abzüglich Vorjahreswert)	242

Zum **31. Dezember 20X2** (bei **Nichtausübung der Option**):

Per:	Zinsaufwand (6% * 1.132)	68
	Finanzschuld (1.200 abzüglich 68)	1.132
An:	Eigenkapital	1.200

Zum **31. Dezember 20X2** (bei **Ausübung der Option**):

Per:	Zinsaufwand (6% * 1.132)	68
	Finanzschuld	1.200
	Eigenkapital (Anteil nicht-beherrschender Gesellschafter)	900
An:	Finanzschuld (1.200 abzüglich 1.132)	68
	Kasse (Optionsausübungspreis)	1.200
	Eigenkapital	900

In diesem Fall kommt es erst im Zeitpunkt der Ausübung der Option zu einem Abgang der Anteile nicht-beherrschender Gesellschafter.

2. Behandlung eines konsolidierungsbedingten Unterschiedsbetrags

61 Für den **Geschäfts- oder Firmenwert** bietet sich aufgrund des Charakters als nicht-körperlicher Vermögenswert ein Ausweis unter dem Pflichtposten **immaterielle Vermögenswerte** (IAS 1.54(c)) an. Eine Pflicht zum Ausweis in einem separaten Hauptposten kann hingegen mit den Vorschriften des IAS 27 bzw IFRS 3 zunächst nicht begründet werden. Wenn es sich indes um einen wesentlichen Bestandteil der Bilanz handelt, kommt auch ein **gesonderter Posten** oder ein **Unterposten zu den immateriellen Vermögenswerten** in Frage. Dies gebietet dann die Gewährleistung einer fairen Darstellung der Vermögenslage (IAS 1.57; § 2 Rz 29). IFRS 3.54 (2004) schrieb explizit im Rahmen der Folgebilanzierung nach der erstmaligen Erfassung vor, dass **grds keine planmäßigen Abschreibungen** auf den Geschäfts- oder Firmenwert vorgenommen werden durften. Stattdessen ist der Geschäfts- oder Firmenwert mindestens einmal jährlich auf die Notwendigkeit einer Wertminderung zu untersuchen (vgl § 27 Rz 6). In der Neufassung von IFRS 3 findet sich ein solcher expliziter Hinweis nicht mehr. Gleichwohl ergibt sich unverändert die Unzulässigkeit planmäßiger Abschreibungen auf den Geschäfts- und Firmenwert aus IAS 38.107.

62 Nach den Regelungen des IFRS 3 ist ein **negativer Unterschiedsbetrag aus der Kapitalkonsolidierung** nach Überprüfung der Kaufpreisallokation unmittelbar ertragswirksam zu vereinnahmen (IFRS 3.34 (2008)/IFRS 3.56(b) (2004)) und unter den sonstigen betrieblichen Erträgen auszuweisen; bei wesentlichen Beträgen kann unter Gesichtspunkten der fairen Darstellung der Ertragslage der Ausweis als separater Posten notwendig sein.

VI. Kapitalkonsolidierung bei mehrstufigen Konzernstrukturen

63 Die Kapitalkonsolidierung bei mehrstufigen Konzernstrukturen wird in IFRS 3 **nicht gesondert** geregelt. In Teilen der Literatur wird daraus geschlossen, dass sich die Kapitalkonsolidierung im mehrstufigen Konzern nicht von der eines zweistufigen Konzerns unterscheidet (so *Heuser/Theile*[3] Rz 3315). Andere Literaturquellen sehen Problembereiche, insbes hinsichtlich der Frage, inwieweit ein Geschäfts- oder Firmenwert vollständig oder nur anteilig mit der durchge-

rechneten Anteilsquote des MU aufgedeckt werden darf (so *Lüdenbach* in Lüdenbach/Hoffmann IFRS[7] § 31 Rz 155). UE ergeben sich die **relevanten Besonderheiten** bei mehrstufigen Konzernstrukturen in Abhängigkeit von deren Entstehungsgeschichte.

Zum einen kann eine mehrstufige Konzernstruktur entstehen, indem ein TU eine Enkelgesellschaft erwirbt. In diesem Fall ist bei **indirekten Fremdanteilen** der auf den Erwerbsvorgang anzuwendende effektive Eigenanteil zu bestimmen, was für die Höhe des auszuweisenden Geschäfts- oder Firmenwerts sowie den gesondert auszuweisenden Minderheitenanteil von Bedeutung ist. Während die Ausübung der Option des IFRS 3.32 (2008) iVm IFRS 3.B44f (2008) keinen Einfluss auf die Berechnung der Quote indirekter Fremdanteile bei Erwerbsvorgängen in mehrstufigen Konzernstrukturen hat, ist hinsichtlich der Höhe der gesondert auszuweisenden Anteile nicht-beherrschender Gesellschafter zu beachten, ob die *full-goodwill*-Methode oder die *partial-goodwill*-Methode im Rahmen der Erstkonsolidierung zur Anwendung gekommen ist. 64

Zum anderen kann eine mehrstufige Konzernstruktur entstehen, indem ein MU Anteile am MU eines Teilkonzerns erwirbt. In diesem Fall stellt sich zusätzlich die Frage, ob im Zuge dieser Transaktion von einem oder ggf mehreren Unternehmenserwerben auszugehen ist. Von der Beantwortung dieser Frage hängt ab, ob beim **Erwerb eines Teilkonzerns** nur ein Unterschiedsbetrag oder ggf mehrere Unterschiedsbeträge (Geschäfts- oder Firmenwerte als auch negative Unterschiedsbeträge) ermittelt werden müssen. 65

1. Multiplikative Berechnung des effektiven Eigenanteils

Bei einer einstufigen Konzernstruktur ist die Ermittlung der auf die Minderheiten entfallenden Kapitalanteile unmittelbar möglich. Liegen hingegen mehrstufige Konzernstrukturen vor, so sind neben den direkten auch **indirekte Anteile von nicht-beherrschenden Gesellschaftern** am Eigenkapital von Konzernunternehmen zu berücksichtigen. 66

Die dabei anzuwendende Vorgehensweise ist in IAS 27 nicht explizit geregelt. Ausgehend von der Sicht des Konzerns als einheitliches Rechnungslegungsobjekt kommt bei der Berücksichtigung von indirekten Fremdanteilen nur eine **multiplikative Verknüpfung** zur Ermittlung der Konzernbeteiligungsquote in Betracht.

Beispiel: Das MU M ist mit 80% an der Zwischenholding ZH beteiligt. 20% an ZH werden von Fremdgesellschaftern gehalten. Die Zwischenholding ihrerseits ist mit 70% an dem Konzernunternehmen K beteiligt.

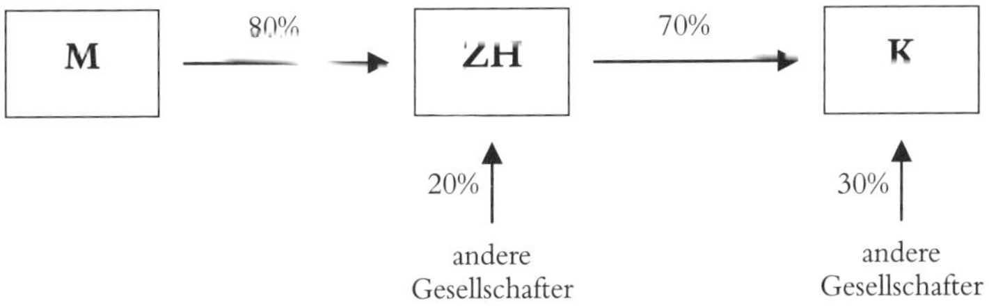

Aus Sicht des MU M sind somit zunächst direkte Minderheitenanteile an ZH in Höhe von 20% zu berücksichtigen. Hinsichtlich des Konzernunternehmens K beläuft sich der **Anteil von Minderheiten auf insgesamt 44%** (= 30% direkt + (20% x 70%) indirekt).

67 Konsolidierungstechnisch kann die Aufteilung des Eigenkapitals lt HB II der jeweiligen einbezogenen Konzernunternehmen in den Eigenanteil und den auf Minderheiten entfallenden Fremdanteil entweder im Wege der **Simultankonsolidierung** oder im Wege der **Kettenkonsolidierung** erfolgen. Letztere führt jedoch bei Vorliegen von indirekten Fremdanteilen nur dann zu einem zutreffenden Ergebnis, wenn die **Ausgleichsposten für Minderheitenanteile aus Vorstufen** auf der jeweils nächst höheren Stufe nicht als konsolidierungspflichtiges Kapital betrachtet werden. Vielmehr müssen diese Posten unverändert bis zur Konzernebene fortgeführt werden. Damit ist bei einer multiplikativen Ermittlung der Konzernbeteiligungsquote grds das Eigenkapital der HB II der Zwischenholding zur Bestimmung des konsolidierungspflichtigen Kapitals und zur Berechnung des auszuweisenden Minderheitenanteils auf Konzernebene heranzuziehen.

Aufgrund der nach IFRS 3 verpflichtenden Anwendung der vollständigen Neubewertungsmethode ist die Zuweisung der anteiligen Vermögenswerte und Schulden zum Ausgleichsposten für Minderheitsgesellschafter unter Berücksichtigung der zuvor ermittelten effektiven Anteilsquote unproblematisch.

Die Frage ob indirekte Fremdanteile bei der Ermittlung eines Geschäfts- oder Firmenwerts zu berücksichtigen sind, wird kontrovers diskutiert. UE ist bei mehrstufigen Konzernstrukturen die Ermittlung des anzusetzenden Geschäfts- oder Firmenwerts immer aus Sicht des aufstellenden Unternehmens vorzunehmen (so auch *Lüdenbach* in Lüdenbach/Hoffmann IFRS[7] § 31 Rz 158).

Beispiel: Das MU M ist mit 80% an der Zwischenholding ZH beteiligt. 20% an ZH werden von Fremdgesellschaftern gehalten. Die Zwischenholding erwirbt ihrerseits 100% an der Enkelgesellschaft E.

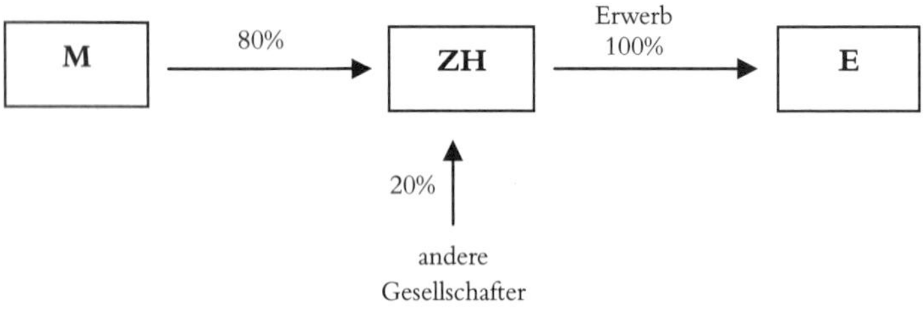

Nach IAS 27 (2008) hängt die Behandlung der indirekten Minderheiten von der Ausübung der Option zur *full-goodwill*-Methode ab:

Wenn die Option nicht ausgeübt wird, ergibt sich aus Sicht der Zwischenholding ZH ein Geschäfts- oder Firmenwert, der 100% des Unterschieds zwischen den Anschaffungskosten des Unternehmenserwerbs und dem aufzurechnenden Eigenkapital von E nach Kaufpreisallokation umfasst. Aus Sicht des Gesamtkonzerns werden dagegen lediglich 80% des Reinvermögens von E erworben; 20% des Reinvermögens stehen den anderen Gesellschaftern zu. Daraus ist zu folgern, dass sich der Geschäfts- oder Firmenwert in diesem Beispiel aus der Differenz zwischen den Anschaffungskosten für 80% der Anteile bei ZH und 80% des Nettoreinvermögens von E ergibt. Soweit durch die Verminderung des Geschäfts- oder Firmenwerts infolge indirekter nicht-beherrschender Gesellschafter der Anteil am Eigenkapital dieser Gesellschafter negativ wird, ist dieser negativer Anteil in der Konzernbilanz auszuweisen.

Wenn dagegen die Option zur Anwendung der *full-goodwill*-Methode ausgeübt wird, entfällt die Verminderung des Geschäfts- oder Firmenwerts aufgrund von indirekten Anteilen nicht-beherrschender Gesellschafter, da der Geschäfts- oder Firmenwert konzeptionell auch sämtliche Minderheitenanteile mit abdeckt.

Die vorstehend dargestellte Vorgehensweise bei Nichtausübung der *full-goodwill*-Option entspricht grds der Systematik des IAS 27 (2003). Allerdings unterscheidet sie sich hinsichtlich der Vorgehensweise bei negativem Minderheitenanteil. In diesem Fall entsteht zwar zunächst auch ein negativer Ausgleichsposten für Minderheiten; es erfolgt jedoch die Kürzung des Geschäfts- oder Firmenwerts gegen die Gewinnrücklagen des Konzerns, sodass es im Ergebnis nicht zu einem Ausweis negativer Minderheitenanteile kommt.

2. Zurechnung von sonstigen Konsolidierungseffekten

Neben der Berücksichtigung indirekter Minderheitenanteile bei der Ermittlung der Konzernbeteiligungsquote und Fragen der Kapitalkonsolidierung ergeben sich Besonderheiten bei mehrstufigen Konzernstrukturen hinsichtlich der Partizipation von Minderheitsgesellschaftern an sonstigen **konsolidierungsbedingten Effekten.** Diese können resultieren aus 68
(1) der Schuldenkonsolidierung,
(2) der Zwischenergebniseliminierung,
(3) der Abgrenzung latenter Steuern auf Konsolidierungsmaßnahmen,
(4) der Konsolidierung konzerninterner Gewinnausschüttungen.

Die Eigenkapitalauswirkungen dieser Konsolidierungsmaßnahmen sind uE ebenfalls nach Maßgabe der effektiven Beteiligungsquote der **Minderheitenanteile** diesen **zuzuordnen** (so auch *Förschle/Hoffmann* in BeBiKo[6] § 307 HGB Rz 53). Es ergeben sich insoweit keine Besonderheiten ggü der deutschen handelsrechtlichen Literatur.

C. Schuldenkonsolidierung

I. Gegenstand der Schuldenkonsolidierung

Der wirtschaftlichen Einheit des Konzerns folgend, sind alle aus dem Summenabschluss übernommenen Ansprüche und Verpflichtungen, die zwischen den in den Konzernabschluss einbezogenen Konzernunternehmen bestehen, in voller Höhe zu eliminieren (IAS 27.21 (2008)). Dabei erstreckt sich die Schuldenkonsolidierung neben der **Konzernbilanz** auch auf alle im **Konzernanhang** gemachten Angaben. 69

Ziel der Konsolidierungsmaßnahmen in diesem Bereich ist es, in der Konzernbilanz und im Konzernanhang nur die Geschäftsvorfälle abzubilden, die auch in einem rechtlich einheitlichen Unternehmen zum Ausweis kämen.

Die Schuldenkonsolidierung erstreckt sich **nicht nur auf Forderungen und Verbindlichkeiten** zwischen verbundenen Unternehmen, sondern kann auch andere Bilanzposten, konzerninterne Sicherungsgeschäfte sowie konzerninterne im Rahmen eines Unternehmenszusammenschlusses passivierte Eventualverbindlichkeiten umfassen. Dabei ist auch die von den lokalen Rechnungslegungsvorschriften ggf abweichende Bilanzgliederung nach IAS 1.54 zu berücksichtigen, die eine strikte Aufgliederung der Bilanzposten in kurz- und langfristige Posten fordert (für IFRS-Anwender in Deutschland ist hierbei RIC 1 zu beachten).

Sofern sich die Posten in gleicher Höhe gegenüberstehen, besteht die Konsolidierung ausschließlich in einem erfolgsneutralen Weglassen der entspr Posten. Dies ist jedoch nicht immer der Fall, sodass es zu **Aufrechnungsdifferenzen** kommen kann. Die Behandlung solcher Aufrechnungsdifferenzen aus der Schuldenkonsolidierung richtet sich dann nach der Ursache ihrer Entstehung. 70

Wie sämtliche IFRS steht auch die Anwendung der Vorschriften des IAS 27 zur Schuldenkonsolidierung unter dem Vorbehalt der **Wesentlichkeit.**

II. Beginn und Ende der Schuldenkonsolidierung

71 Ansprüche und Verpflichtungen zwischen in den Konzernabschluss einbezogenen Unternehmen sind **unabhängig vom Zeitpunkt ihres Entstehens** aufzurechnen. Führt die Eliminierung eines Geschäftsvorfalls, der vor Eintritt eines Unternehmens in den Konzernkreis entstanden ist, zu echten Aufrechnungsdifferenzen, so sind diese **erfolgsneutral** zu behandeln. Der Ausweis hat entspr der unter Rz 80ff dargestellten Vorgehensweise zu erfolgen. Unechte Aufrechnungsdifferenzen aus Vorperioden sind ebenfalls erfolgsneutral innerhalb des Konzernabschlusses zu korrigieren. Einen Sonderfall stellen unechte Aufrechnungsdifferenzen der innerhalb des IFRS-Abschlusses dargestellten Vorperiode dar. Diese sind erfolgswirksam in der Vorperiode zu korrigieren, in der Berichtsperiode sind die Korrekturen durch eine entspr Anpassung des Ergebnisvortrags des Berichtsjahrs erfolgsneutral zu berücksichtigen.

72 Scheidet ein Unternehmen aus dem Konsolidierungskreis aus, so sind alle Ansprüche und Verpflichtungen ggü diesem Unternehmen ab dem Zeitpunkt des Ausscheidens, als Ansprüche und **Verpflichtungen ggü Dritten** darzustellen. Diese unterliegen anschließend nicht mehr der Schuldenkonsolidierung. Wurde ein Vortrag für die Fortschreibung von Aufrechnungsdifferenzen aus Vorperioden im Konzernabschluss gebildet (Rz 86), so ist der entspr Betrag wieder zu stornieren (ausführlich *B. Hayn*, 259ff sowie *Watrin/Hoehne/Pott* KoR 2008, 738ff). Zur Durchführung der Schuldenkonsolidierung bei abgehenden TU, welche die Voraussetzungen des IFRS 5 erfüllen, wird auf Rz 26 verwiesen.

III. Ausgewählte Beispiele

1. Ausstehende Einlagen auf das gezeichnete Kapital von Tochterunternehmen

73 Ausstehende Einlagen stellen formalrechtlich **Forderungen** des TU an seine Anteilseigner dar. Unter wirtschaftlicher Betrachtungsweise handelt es sich um einen **Korrekturposten zum Eigenkapital,** weshalb nach IFRS die ausstehenden Einlagen vom Stammkapital der Gesellschaft passivisch abzusetzen sind. Ist eine Einlage eingefordert, steht ihr in selber Höhe eine Einzahlungsverpflichtung ggü. Soweit es sich bei den Anteilseignern um andere Konzernunternehmen handelt, besteht zwischen dem eingeforderten Betrag und der Kapitaleinzahlungsverpflichtung des (Konzern-)Anteilseigners ein Schuldverhältnis, das gem IAS 27.21 (2008)/IAS 27.25 (2003) aufzurechnen ist. Im Rahmen der Schuldenkonsolidierung wird diese Einlage nach den allgemeinen Grundsätzen konsolidiert. Nicht eingeforderte ausstehende Einlagen werden nicht im Rahmen der Schuldenkonsolidierung, sondern als Bestandteil des aufzurechnenden Eigenkapitals im Rahmen der Kapitalkonsolidierung erfasst.

2. Konzerninterne Finanzierungstitel

74 Hat ein in den Konzernabschluss einbezogenes Unternehmen **Schuldtitel** emittiert, die von einem anderen Konzernunternehmen gehalten werden, so liegt ein konzerninternes Schuldverhältnis iSv IAS 27.21 (2008)/IAS 27.25 (2003) vor. Damit sind die festverzinslichen Wertpapiere im Bestand des einen Konzernunternehmens gegen die entspr Anleiheverpflichtung des anderen TU aufzurechnen.

3. Rückstellungen, Haftungsverhältnisse, Eventualforderungen

Sämtliche Schuldverhältnisse sind unter IFRS gemeinsam geregelt. Neben den 75
Verbindlichkeiten fallen hierunter auch Rückstellungen und Haftungsverhältnisse bzw Eventualschulden.

Rückstellungen sind nach F. 60ff nur für **ungewisse Verpflichtungen ggü Dritten** zu bilanzieren. Aus der Sicht des Konzerns als Einheit sind solche Rückstellungen, die ggü verbundenen Unternehmen bestehen, im Konzern als Verpflichtungen ggü sich selbst zu eliminieren. Da einer konzerninternen Rückstellung im Regelfall keine Forderung eines anderen Konzernunternehmens gegenübersteht, erfolgt die Eliminierung idR erfolgswirksam. Dies entspricht auch dem wirtschaftlichen Gehalt einer solchen Rückstellung aus Konzernsicht, die aufgrund der fehlenden Drittverpflichtung den Charakter einer Aufwandsrückstellung hat. Diese jedoch sind nach F. 61 nicht passivierungsfähig.

Haftungsverhältnisse bzw Eventualverbindlichkeiten und Eventual- 76
forderungen sind nach IAS 37.27 bzw IAS 37.31 nicht in der Bilanz anzusetzen, da ein Drittschuldverhältnis noch nicht begründet oder von zukünftig eintretenden Ereignissen abhängig ist. Sofern der Ab- oder Zufluss wirtschaftlichen Nutzens wahrscheinlich ist, sind Eventualschulden und -forderungen jedoch in den Anhang aufzunehmen (IAS 37.28 bzw IAS 37.34). Bestehen sie zwischen zwei Konzernunternehmen, so sind auch sie im Zuge der Schuldenkonsolidierung gegeneinander aufzurechnen.

4. Drittschuldverhältnisse

Drittschuldverhältnisse liegen vor, wenn aus Konzernsicht **ggü einem drit-** 77
ten, nicht in den Konzernabschluss einbezogenen Unternehmen Forderungen und auch Verbindlichkeiten bestehen, wobei die Forderungen bei anderen Konzernunternehmen ausgewiesen werden als die Verbindlichkeiten.

Mangels expliziter Regelung ist die Frage nach einer Aufrechnungspflicht bzw -möglichkeit nur vor dem Hintergrund der Sichtweise des Konzerns als homogene Einheit zu beantworten. Dabei ist eine Konsolidierung der Drittschuldverhältnisse erforderlich, soweit im Einzelabschluss gem IAS 1.32 die Saldierungskriterien erfüllt sind. Ein weitergehendes, an die deutsche handelsrechtliche Kommentarliteratur angelehntes Konsolidierungswahlrecht (*Baetge/Schulze* in Baetge ua IFRS-Komm[2] IAS 27 Rz 139) steht angesichts der Wortwahl des IAS 1.32 uE nicht im Einklang mit den Regelungen der IFRS.

5. Währungskursdifferenzen aus konzerninternen Forderungen und Verbindlichkeiten

Ein MU kann in seinem Einzelabschluss Währungskursgewinne oder -verluste 78
aus konzerninternen Forderungen und Schulden ausweisen, wenn die funktionale Währung des MU von der des TU abweicht. Gem IAS 21.34 sind solche Umrechnungsdifferenzen **im Rahmen der Schuldenkonsolidierung grds nicht zu eliminieren.** Dieses Verbot resultiert aus der wirtschaftlichen Selbständigkeit, die sich in der von der Berichtswährung abweichenden funktionalen Währung des TU ausdrückt.

Währungskursgewinne bzw -verluste aus konzerninternen Forderungen und Schulden ggü selbständigen ausländischen TU haben nur dann keinen Einfluss auf den Konzernerfolg, wenn die Forderung oder Schuld als Teil der **Nettoinvestition in die ausländische Einheit** zu werten ist. Nach IAS 21.32 ist die daraus resultierende Währungskursdifferenz erfolgsneutral als Ausgleichsposten aus Währungsumrechnung innerhalb des Eigenkapitals zu erfassen. Erst wenn die ausländische Einheit veräußert wird, ist der zunächst erfolgsneutral erfasste Betrag erfolgswirksam umzubuchen. Als Veräußerung ist dabei auch die Ablösung der betroffenen Forderung/Schuld anzusehen (so auch *Lüdenbach* in Lüdenbach/Hoffmann IFRS[7] § 27 Rz 56).

79 Entscheidend für die Entstehung konzernergebnisrelevanter Währungskursgewinne oder -verluste ist somit die **Qualifikation der entspr Forderung oder Schuld** entweder als operativ oder als Teil der Nettoinvestition in das ausländische TU. Eine Qualifikation monetärer Posten als Teil der Nettoinvestition liegt nach IAS 21.15 vor, wenn eine Tilgung oder sonstige Begleichung für die absehbare Zukunft weder geplant oder wahrscheinlich ist. Langfristige Forderungen und Darlehen können hierunter fallen; Forderungen und Verbindlichkeiten aus Lieferungen und Leistungen kommen hingegen nicht als Bestandteil der Nettoinvestition in Frage.

In der Literatur wird der innerhalb des Standards nicht näher erläuterte Begriff der „absehbaren Zukunft“ unterschiedlich ausgelegt. Aufgrund des Wortlauts des IAS 21.15 wird die Abgrenzung teilweise anhand der **Fristigkeit** vorgenommen. Entspr wird als Qualifikationskriterium für eine Nettoinvestition eine Laufzeit von **mindestens zwölf Monaten** zugrunde gelegt. Nach dieser Sichtweise bestehen bei langfristigen Forderungen/Verbindlichkeiten erhebliche Spielräume hinsichtlich der Qualifikation als Nettoinvestition.

Berücksichtigt man die begriffliche Konzeption der Nettoinvestition in eine ausländische Einheit in IAS 21.8, so sind uE die **Anforderungen** an eine Forderung oder Verbindlichkeit als Teil dieser Nettoinvestition **deutlich höher** anzusetzen. IAS 21.8 verdeutlicht den Eigenkapitalcharakter der Position, indem auf die Beteiligung am Nettoreinvermögen der ausländischen Einheit verwiesen wird. Dementsprechend ist nicht nur die **Langfristigkeit** einer Forderung/Verbindlichkeit, sondern auch die **dauerhafte Investitionsabsicht** als Grundlage für eine Aufnahme als Nettoinvestition zu fordern. Dies bedeutet für die Bilanzierungspraxis, dass eine Qualifikation als Nettoinvestition – und damit die Erfassung von Währungskursdifferenzen unmittelbar innerhalb des Eigenkapitals – erst ab dem Zeitpunkt vorzunehmen ist, ab dem ein Forderungssaldo aus Sicht des MU Eigenkapitalcharakter zugewiesen bekommt. Dies kann bspw bei der Umwandlung einer Forderung in ein Gesellschafterdarlehen der Fall sein.

Bei PersGes, die nach IAS 32.15 kein Eigenkapital ausweisen, ist uE für die Qualifikation als Nettoinvestition eine analoge Vorgehensweise geboten, weil für die Definition der Nettoinvestition die Investitionsabsicht des MU und nicht die Rechtsform des TU entscheidend ist.

Werden operative Forderungen/Verbindlichkeiten ggü einem ausländischen TU permanent verlängert, bleibt ihr Charakter dennoch operativ, was eine Qualifikation als Bestandteil der Nettoinvestition in die Einheit ausschließt. Denn die faktische Verlängerung begründet allein keine dauerhafte **Investitionsabsicht** (vgl hierzu ausführlich § 33 Rz 23 ff). Vielmehr ist hierfür eine Umwandlung der operativen Forderung/Verbindlichkeit in eine Darlehensform erforderlich, die aufgrund ihrer Ausgestaltung die dauerhafte Investitionsabsicht erkennen lässt.

IV. Behandlung der entstehenden Aufrechnungsdifferenzen

80 Stehen sich die Ansprüche und Verpflichtungen nicht in gleicher Höhe ggü, kommt es zu **Aufrechnungsdifferenzen,** die dem Grunde nach sowohl **aktivisch** (Forderung > Schuld) als auch **passivisch** (Schuld > Forderung) sein können.

Die IFRS regeln die Art der Konsolidierung dieser Differenzen nicht explizit. Im Folgenden werden daher die verschiedenen Möglichkeiten der Behandlung dieser Aufrechnungsdifferenzen in Anlehnung an die allgemeinen Grundsätze des Konzernabschlusses nach IFRS besprochen. Die Behandlung der bei der Konsolidierung entstehenden Unterschiedsbeträge (Aufrechnungsdifferenzen) hängt dabei von ihrer Entstehung ab. Es sind unechte, stichtagsbedingte und echte Aufrechnungsdifferenzen voneinander abzugrenzen.

1. Unechte Aufrechnungsdifferenzen

Aufrechnungsdifferenzen, die auf buchungstechnischen Unzulänglichkeiten 81
beruhen, werden als **unechte Aufrechnungsdifferenzen** bezeichnet. Grund für diese Unzulänglichkeiten können zum einen zeitliche Buchungsunterschiede, die mit einem unterschiedlichen Realisationszeitpunkt zwischen den einbezogenen Unternehmen zusammenhängen, zum anderen aber auch Fehlbuchungen bei einem Unternehmen sein.

Entstehen im Rahmen der Schuldenkonsolidierung unechte Aufrechnungsdif- 82
ferenzen, so müssen diese **im Konzernabschluss korrigiert** werden. Es ist dabei dem Grundsatz, dass der Konzern eine wirtschaftliche Einheit (IAS 27.4 (2008)/IAS 27.4 (2003), IAS 27.18 (2008)/IAS 27.22 (2003)) darstellt, zu folgen. Dementsprechend sind die aufgrund eines unterschiedlichen Realisationszeitpunkts entstandenen Unterschiede daraufhin zu untersuchen, wie der den Unterschied verursachende Sachverhalt aus Konzernsicht zu beurteilen ist. Dabei können diese Differenzen und ihre Eliminierung je nach Sachverhalt erfolgsneutral oder erfolgswirksam zu konsolidieren sein. Ebenso sind Fehlbuchungen zu korrigieren. Diese Korrekturen sollten – soweit möglich – bereits auf Ebene der HB II erfolgen. Ist dort die Berücksichtigung nicht (mehr) möglich, so sind die Korrekturbuchungen im Konzernabschluss vorzunehmen.

Beispiele: Konzerninterner Verkauf von Waren, die bei Unternehmen A zu einer Realisation im Jahr X1 führen, bei Unternehmen B aber aufgrund der Erlangung der Verfügungsmacht über diese Ware im Jahr X2 erst dann zu dem entspr Ausweis führen. In diesem Fall sind die Forderung sowie der Ertrag des Unternehmens A im Jahr X1 zu eliminieren (erfolgswirksam).

Ausgleich einer Verbindlichkeit ggü verbundenem Unternehmen B seitens Unternehmen A durch Überweisung kurz vor dem Bilanzstichtag. Der Ausgleich führt bei Unternehmen A zu einem Zahlungsmittelabfluss sowie einer Abnahme der Verbindlichkeiten im Jahr X1, da bei Unternehmen B jedoch im Jahr X1 noch keine Gutschrift erfolgt ist, besteht hier weiterhin eine Forderung ggü Unternehmen A. In diesem Fall ist die Forderung ggü Unternehmen A in die flüssigen Mittel umzugliedern (erfolgsneutral).

2. Stichtagsbezogene Aufrechnungsdifferenzen

Werden Unternehmen in den Konzernabschluss aufgenommen, die einen we- 83
niger als drei Monate abweichenden Bilanzstichtag haben und für die es nicht möglich ist, einen Zwischenabschluss auf den Abschlussstichtag des MU aufzustellen, oder für die es wirtschaftlich nicht vertretbar ist, einen Zwischenabschluss aufzustellen, dürfen mit dem **abweichenden Abschlussstichtag** in den Konzernabschluss einbezogen werden (IAS 27.22 (2008)/IAS 27.26 (2003)). Aufrechnungsdifferenzen entstehen bspw dann, wenn konzerninterne Schuldverhältnisse zwar zum abweichenden Stichtag des Unternehmens noch bestanden haben und dementsprechend auch in dessen Einzelabschluss ausgewiesen werden, die Schuldverhältnisse bis zum Konzernbilanzstichtag jedoch erloschen sind. Solche Aufrechnungsunterschiede haben den Charakter von **zeitlichen Buchungsunterschieden,** die im Rahmen der Schuldenkonsolidierung im Regelfall als unechte Aufrechnungsdifferenzen zu behandeln sind.

3. Echte Aufrechnungsdifferenzen

84 Stehen sich Ansprüche und Verpflichtungen in der Summenbilanz **auch bei Verwendung konzerneinheitlicher Ansatz- und Bewertungsvorschriften** (IAS 27.24 (2008)/IAS 27.28 (2003)) in unterschiedlicher Höhe ggü, und handelt es sich nicht um unechte oder stichtagsbezogene Unterschiede, so bezeichnet man diese Aufrechnungsdifferenzen als echt. Die Eliminierung echter Aufrechnungsdifferenzen hat in der Weise zu erfolgen, dass die aus den Einzelabschlüssen übernommenen Sachverhalte, die zu der Differenz geführt haben, im Konzernabschluss vollständig eliminiert werden. Die zugrunde liegenden Geschäftsvorfälle sind aus Konzernsicht komplett zu stornieren.

85 Hat sich ein erfolgswirksamer Geschäftsvorfall ausschließlich im aktuellen Geschäftsjahr abgespielt, so muss die Konsolidierung spiegelverkehrt zur Einbuchung ebenfalls **erfolgswirksam** durchgeführt werden. Damit wird ein im Jahresabschluss erfasster Ertrag oder Aufwand im Konzernabschluss neutralisiert. Ist dagegen der zu stornierende Geschäftsvorfall **erfolgsneutral** eingebucht worden, so hat die Konsolidierung auch erfolgsneutral zu erfolgen. Hinsichtlich erfolgswirksamer Aufrechnungsdifferenzen beim Bestehen von Minderheiten wird sinngemäß auf die Ausführungen unter Rz 50 ff verwiesen.

Zur Bildung **latenter Steuern** auf die vorgenommenen Konsolidierungsbuchungen wird auf Rz 109 verwiesen.

Beispiele: Unternehmen A hat im Jahr X1 ggü Unternehmen B eine Forderung aus Lieferungen und Leistungen, aufgrund der Bonität von Unternehmen B hat A diese Forderung wertberichtigt. Im Rahmen der Schuldenkonsolidierung ist diese erfolgswirksam gebildete Wertberichtigung zu stornieren (erfolgswirksam).

Unternehmen A begibt eine Anleihe, die bis zur Endfälligkeit mit ihrem Rückzahlungsbetrag bilanziert wird, Unternehmen B erwirbt diese Anleihe und klassifiziert diese als *avaliable for sale* Wertpapiere mit der Folge, dass Wertschwankungen über die Laufzeit erfolgsneutral mit dem Eigenkapital verrechnet werden (erfolgsneutrale Schuldenkonsolidierung).

86 In **Folgeperioden** sind die im Vorjahr erfolgswirksam korrigierten echten Differenzen als erfolgsneutrale Konzernvortragsbuchungen zu berücksichtigen, um den Konzernbilanzzusammenhang sicherzustellen. Diese Vortragsbuchungen erfolgen innerhalb des Konzernergebnisvortrags bzw innerhalb der Konzerngewinnrücklagen. **Änderungen der echten (erfolgswirksam zu berücksichtigenden) Aufrechnungsdifferenzen ggü dem Vorjahr** sind erfolgswirksam zu eliminieren.

87–89 *einstweilen frei*

D. Aufwands- und Ertragskonsolidierung

I. Gegenstand der Aufwands- und Ertragskonsolidierung

90 Dem Konzept der **wirtschaftlichen Einheit** des Konzerns folgend, sind alle aus dem Summenabschluss übernommenen Aufwendungen und Erträge zwischen einbezogenen verbundenen Unternehmen in voller Höhe zu eliminieren (IAS 27.20 f (2008)/IAS 27.24 (2003)). Dabei erstreckt sich die Aufwands- und Ertragskonsolidierung neben der Gesamtergebnisrechnung bzw gesonderten GuV (sofern erstellt) auch auf alle Anhangangaben.

Ziel der Konsolidierungsmaßnahmen in diesem Bereich ist es, in der Konzern-Gesamtergebnisrechnung bzw gesonderten GuV (sofern erstellt) nur die

Geschäftsvorfälle auszuweisen, die in einem wirtschaftlich einheitlichen Unternehmen ebenfalls abgebildet werden, nämlich Aufwendungen und Erträge ggü Konzernfremden.

IAS 27.20f (2008)/IAS 27.24f (2003) enthält **keine detaillierten Vorgaben** zur Umsetzung der Aufwands- und Ertragskonsolidierung. Es ist deshalb davon auszugehen, dass die international üblichen Vorgehensweisen (so auch die nach HGB), die dasselbe Ziel hinsichtlich des Ausweises innerhalb der Konzern-GuV verfolgen, mit den Anforderungen nach IFRS kompatibel sind.

Auch die Anwendung der Vorschriften des IAS 27 zur Aufwands- und Ertragskonsolidierung steht unter dem Vorbehalt der **Wesentlichkeit.**

II. Beginn und Ende der Aufwands- und Ertragskonsolidierung

Die erstmalige Konsolidierung von Aufwendungen und Erträgen richtet sich 91
danach, von welchem Zeitpunkt an das zu konsolidierende Unternehmen in den Konzernabschluss einbezogen wird. Soweit ein Konzernunternehmen nicht für das gesamte Geschäftsjahr einbezogen wird, ist die Aufwands- und Ertragskonsolidierung auf die Beträge beschränkt, die während der **Zugehörigkeit zum Konsolidierungskreis** realisiert werden. Scheidet ein Unternehmen aus dem Konsolidierungskreis aus, so sind alle Aufwendungen und Erträge ggü diesem Unternehmen ab dem Zeitpunkt des Ausscheidens als Ansprüche und Verpflichtungen ggü Dritten darzustellen und fallen somit nicht unter die Konsolidierungspflicht nach IAS 27.20f (2008)/IAS 27.24 (2003). Hinsichtlich der Notwendigkeit der Durchführung der Aufwands- und Ertragskonsolidierung bei zur Veräußerung vorgesehenen TU wird auf Rz 72 verwiesen.

III. Behandlung der entstehenden Aufrechnungsdifferenzen

Die Aufwands- und Ertragskonsolidierung bei sich **in gleicher Höhe** ggü 92
stehenden Posten in den Jahresabschlüssen der einzelnen Konzernunternehmen gestaltet sich unproblematisch, da sich keine Aufrechnungsdifferenzen ergeben.

Stehen sich die Aufwendungen und Erträge nicht in gleicher Höhe gegenüber, kann es zu **stichtagsbezogenen und unechten Aufrechnungsdifferenzen** kommen, deren Behandlung derjenigen von Differenzen im Rahmen der Schuldenkonsolidierung (Rz 80ff) entspricht. **Echte Aufrechnungsdifferenzen** kann es uE bei der Aufwands- und Ertragskonsolidierung nicht geben, weil eine eigenständige Bewertung der erbrachten Aufwendungen und Erträge unterbleibt.

Aufwendungen und Erträge bei TU mit **abweichender Währung** fließen, in 93
Abhängigkeit von der funktionalen Währung des TU (s § 33 Rz 12ff), grds mit Transaktionskursen oder Durchschnittskursen in den Konzernabschluss ein. Um zu einer der Zielsetzung der Aufwands- und Ertragskonsolidierung entspr Eliminierung von Aufrechnungsdifferenzen zu gelangen, sind bei der Konsolidierung **dieselben Kurse** wie bei der ursprünglichen Einbuchung in den Jahresabschluss des TU zugrunde zu legen.

Konzerninterne Gewinntransfers sind ebenfalls zu eliminieren. Nach IAS 94
18.30(c) ist eine **phasengleiche Gewinnvereinnahmung** nur in den Fällen zulässig, in denen ein Ergebnisabführungsvertrag besteht (IAS 10.11). Bei **zeitverschobener Gewinnausschüttung** ist eine erfolgswirksame Eliminierung der Beteiligungserträge zu Lasten des Konzernergebnisvortrags bzw der Gewinn-

rücklagen erforderlich, da der betreffende Erfolg der ausschüttenden Gesellschaft in der Vorperiode bereits im Konzernerfolg enthalten war.

95 Neben der Eliminierung von Aufwendungen und Erträgen in der Konzernerfolgsrechnung können konzerninterne Vorgänge aus Konzernsicht auch dazu führen, dass es innerhalb der Gesamtergebnisrechnung bzw gesonderten GuV (sofern erstellt) zu einer **Umwidmung von Sachverhalten** kommt. Diese müssen dann im Rahmen der Aufwands- und Ertragskonsolidierung umgegliedert werden.

Beispiel: Unternehmen A stellt eine Maschine (Vorratsvermögen) im Jahr X1 her, die in derselben Periode an Unternehmen B (langfristiges Vermögen) ohne Gewinn verkauft wird. Aus Sicht von Unternehmen A handelt es sich um einen gewöhnlichen Veräußerungsvorgang, aus Sicht von Unternehmen B um einen gewöhnlichen Anschaffungsvorgang. Aus Konzernsicht handelt es sich bei der Maschine um einen innerbetrieblich selbst hergestellten Vermögenswert, der Vorgang führt dazu, dass der innerbetriebliche Umsatzausweis aus Unternehmen A bei Anwendung des GKV in die anderen aktivierten Eigenleistungen umgegliedert werden muss.

Aus Sicht eines in den Konzernabschluss einbezogenen Unternehmens können typische Außenumsätze im Konzern untypische Lieferungen oder Leistungen sein, die in die sonstigen betrieblichen Erträge umgegliedert werden müssen.

E. Zwischenergebniseliminierung

I. Gegenstand und Zweck der Zwischenergebniseliminierung

96 Der wirtschaftlichen Einheit des Konzerns (IAS 27.4 (2008)/IAS 27.4 (2003)) folgend, sind alle aus Transaktionen zwischen einbezogenen Konzernunternehmen resultierenden **Gewinne** und **Verluste** in voller Höhe zu eliminieren (IAS 27.20 (2008)/IAS 27.24 (2003)).

Die uneingeschränkte Anwendung dieses Grundsatzes hat für Fälle der Zwischenverlusteliminierung zur Folge, dass ein Wertansatz für Vermögenswerte möglich wird, der den jeweiligen beizumessenden Wert *(recoverable amount)* übersteigt. Damit wäre aus Konzernsicht eine Überbewertung dieser Vermögenswerte gegeben. In IAS 27.21 (2008)/IAS 27.25 (2003) ist deshalb der Umfang der Zwischenverlusteliminierungspflicht durch die beizumessenden Werte der Vermögenswerte begrenzt.

II. Beginn und Ende der Zwischenergebniseliminierung

97 Zwischenergebnisse sind ab dem Zeitpunkt der **erstmaligen Einbeziehung** in den Konzernabschluss zu eliminieren. Soweit ein Konzernunternehmen nicht für das gesamte Geschäftsjahr einbezogen wird, ist die Zwischenergebniseliminierung auf die Beträge beschränkt, die während der Zugehörigkeit zum Konsolidierungskreis realisiert werden. Scheidet ein Unternehmen aus dem Konsolidierungskreis aus, so ist die Zwischenergebniseliminierung insofern zu beenden, als mit der **Entkonsolidierung** des TU der betreffende Vermögenswert den Konsolidierungsbereich verlässt. Dieser vermögensorientierte Ansatz der Zwischenergebniseliminierung führt in den Fällen der *downstream*-Transaktion zu einer Ergebnisrealisierung, während bei *upstream*-Transaktionen das Zwischenergebnis weiterhin zu eliminieren ist (zur abweichenden Vorgehensweise im Rahmen der Equity-Bewertung vgl § 36 Rz 49ff). Zur Behandlung von Zwischenergebnissen aus *upstream*- bzw *downstream*-Geschäften im Rahmen der Übergangskonsolidierung wird auf die Ausführungen in § 38 verwiesen.

III. Erhebungsverfahren für das eliminierungspflichtige Zwischenergebnis

Zur Durchführung der Zwischenergebniseliminierung ist es erforderlich, die im Summenabschluss enthaltenen Zwischengewinne und Zwischenverluste zu identifizieren. Eine auf Transaktionsebene durchzuführende Einzelerhebung erweist sich idR als zu aufwändig. Daher haben sich in der Praxis, abhängig von den Bilanzposten, die nachfolgend beschriebenen Erhebungsverfahren etabliert. 98

Im **langfristigen Vermögen** erfolgt für wesentliche Transaktionen im Rahmen einer separaten Konzernbuchhaltung eine Ermittlung und Fortschreibung von Zwischenergebnissen und ggf korrespondierenden Abschreibungskorrekturen über die Nutzungsdauer des gelieferten Vermögenswerts. 99

Zwischenergebnisse in **Beteiligungsbuchwerten** von einbezogenen Konzernunternehmen sind vor Durchführung der eigentlichen Kapitalkonsolidierung zurückzunehmen. 100

Bei **Vorräten** erfolgt typischerweise zunächst die Erhebung der zum jeweiligen Stichtag vorhandenen konzernintern erworbenen Bestände. Auf dieser Grundlage wird von den (jeweiligen) liefernden Konzernunternehmen die zur Anwendung gelangte Marge erhoben, um damit das Zwischenergebnis zu errechnen. Durch diese vereinfachende Vorgehensweise kann es vorkommen, dass nicht alle im Summenabschluss enthaltenen Zwischenergebnisse identifiziert werden. Darüber hinaus verbleibt ein bilanzpolitisch nutzbares Potenzial durch die Anwendung von Verbrauchsfolgefiktionen im Konzernabschluss. Gleichwohl sind nach der hier vertretenen Auffassung die oben beschriebenen Erhebungsverfahren hinreichend genau. 101

Auf die Zwischenergebniseliminierung kann in **Fällen untergeordneter Bedeutung** verzichtet werden. Dabei ist letztlich entscheidend, ob die kumulierten Zwischenergebnisse insgesamt für die Beurteilung der wirtschaftlichen Lage des Konzerns wesentlich oder unwesentlich sind. Dh, dass die zu eliminierenden Zwischenergebnisse vor einem möglichen Verzicht der Eliminierung geschätzt werden müssen. In Abhängigkeit vom Ergebnis der Schätzung der Zwischenergebnisse ist die Auswirkung des Verzichts auf ihre Eliminierung zu beurteilen. Dabei liefert das Regelwerk der IFRS keine eindeutige Bezugsgröße. Auch wenn in der Literatur mitunter ein Wert von 5% vom Konzernergebnis als Wesentlichkeitsschwelle angegeben wird (zB *Baetge/Schulze* in Baetge ua IFRS-Komm[2] IAS 27 Rz 163), ist uE **anhand des Einzelfalls** zu beurteilen, ob nicht bereits bei einem deutlich geringeren Wert eine Information für den Abschlussadressaten entscheidungsrelevant sein kann und damit wesentlich iSv F. 12 ist. 102

IV. Zwischenergebniseliminierung bei bestehenden Minderheiten

Genaue Angaben hinsichtlich der anzuwendenden Eliminierungstechnik enthält IAS 27 nicht. Innerhalb der Literatur wird strittig diskutiert, wo der den Minderheiten aus der Zwischenergebniseliminierung zustehende Anteil am Gewinn oder Verlust aus **Lieferungen oder Leistungen von TU an das MU** (*upstream*-Lieferungen) innerhalb der Gesamtergebnisrechnung bzw gesonderten GuV (sofern erstellt) ausgewiesen werden sollte. Vor dem Hintergrund der Anforderungen des IAS 27.21 (2008)/IAS 27.25 (2003), die eine vollständige Eliminierung von Zwischenerfolgen fordern, werden folgende Alternativen diskutiert: 103

Nach dem Wortlaut des IAS 1.82 gilt Folgendes:

(1) Der den Zwischengewinn/-verlust verursachende Geschäftsvorfall ist vollständig in den entspr Posten der Gesamtergebnisrechnung bzw gesonderten GuV (sofern erstellt) zu eliminieren und

(2) der den Minderheiten zustehende Anteil ist innerhalb des Postens Minderheitenanteile (IAS 1.83(a)) auszuweisen.

Alternativ dazu wird es auch für zulässig erachtet, eine Zwischenergebniseliminierung in voller Höhe vorzunehmen, jedoch auf die Berücksichtigung des Minderheitenanteils bei der Verteilung des Periodenergebnisses zu verzichten (so *Lüdenbach* in Lüdenbach/Hoffmann IFRS[7] § 32 Rz 146).

104 UE ist die zweite Alternative, ungeachtet ihrer verbreiteten Anwendung in der Bilanzierungspraxis, nicht zulässig. Die **Notwendigkeit einer Zuordnung von anteiligen Zwischenergebniseliminierungen** zu Minderheiten ergibt sich zum einen aus der Unterscheidung von Ergebnisentstehung und Ergebnisverwendung im Rahmen der Gliederung der Gesamtergebnisrechnung. Zum anderen ist in der Eigenkapitalveränderungsrechnung diese Aufteilung ebenfalls geboten.

105 Bei **Zwischenergebniseliminierungen von TU untereinander** ist bei Minderheitenbesitz an beiden die Transaktion durchführenden TU fraglich, welcher Minderheitenanteil für die Dotierung des Minderheitenpostens innerhalb der Konzernbilanz maßgeblich ist. Dem vermögensorientierten Ansatz folgend ist der Minderheitenanteil bei dem Unternehmen maßgeblich, in dessen Vermögen sich der gelieferte Vermögenswert zum Bilanzstichtag befindet.

Beispiel: MU ist an TU 1 mit 70% beteiligt, an TU 2 mit 80%; beide TU werden voll konsolidiert. TU 1 liefert an TU 2 und realisiert dabei einen Zwischengewinn. Die Konstellation verdeutlicht folgende Grafik:

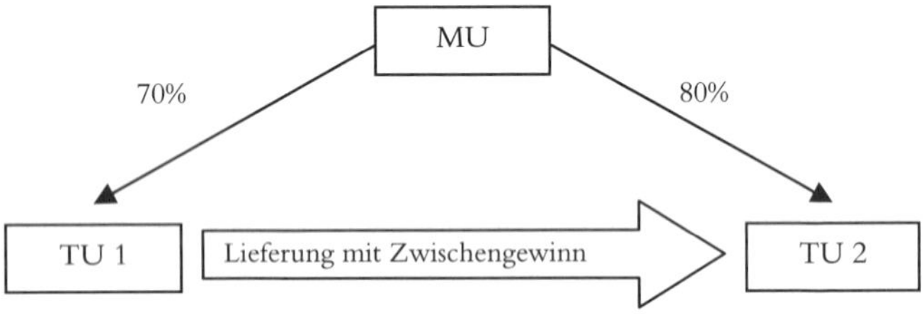

Im Rahmen der Zwischenergebniseliminierung ist der Zwischengewinn vollständig zu eliminieren (IAS 27.20 (2008)/IAS 27.24 (2003)). Dabei sind in Höhe der Minderheitenanteile am Empfängerunternehmen die Minderheiten im Konzern zu belasten. Mithin sind 20% des Zwischengewinns (= Fremdanteilsquote bei TU 2) den Minderheiten im Konzern zuzuordnen.

V. Zwischenergebniseliminierung bei Anwendung der Percentage of Completion-Methode für Fertigungsaufträge im Konzern

106 Für **kundenspezifische Fertigungsaufträge** iSv IAS 11 ist unter den in diesem Standard angegebenen Voraussetzungen eine Gewinnrealisierung nach Leistungsfortschritt unter Zugrundelegung der ***percentage of completion*-Methode** (PoC) vorzunehmen (vgl hierzu ausführlich § 9). Dabei ist auf der Ebene des Einzelabschlusses der Fertigstellungsgrad und damit das Ausmaß der **anteiligen Gewinnrealisierung aus der Sicht des berichtenden Unternehmens** zu beurteilen.

Soweit kundenspezifische Fertigungsaufträge **nur in einer konsolidierungspflichtigen Konzerneinheit** abgearbeitet werden, ist die Darstellung unverändert in den Konzernabschluss zu übernehmen. Eine Korrektur des anteilig ausgewiesenen Projektergebnisses aus Konzernsicht ist insoweit nicht erforderlich.

Wirken an der Durchführung kundenspezifischer Fertigungsaufträge jedoch **mehrere Konzernunternehmen** durch die Erstellung einzelner Fertigungskomponenten mit, so wird es bei der Auslieferung der Komponenten zu einer konzerninternen Fakturierung kommen. Aus Sicht des liefernden Konzernunternehmens wird damit auf Einzelabschlussebene ein Dritterlös realisiert und die PoC-Bilanzierung beendet. Aus Sicht des Konzerns handelt es sich jedoch unverändert um einen noch nicht beendeten Fertigungsauftrag, der insgesamt nach der PoC-Methode im Konzernabschluss darzustellen ist. Die Vornahme einer unabgestimmten Zwischenergebniseliminierung bei den beteiligten Konzernunternehmen könnte in diesen Fällen dazu führen, dass der anteilige Gewinnausweis nach der PoC-Methode nach Vornahme der Zwischenergebniseliminierung im Konzern nicht dem Fertigstellungsgrad aus Konzernsicht entspricht. 107

Um einen zutreffenden PoC-Gewinnausweis auch bei konzerninternen Liefer- und Leistungsbeziehungen sicherzustellen, ist deshalb die Einrichtung eines **konzernweiten Meldesystems** in Bezug auf kundenspezifische Fertigungsaufträge erforderlich. Auf der Basis der in diesem System verfügbaren Daten ist bei der Zwischenergebniseliminierung dann in den folgenden Schritten vorzugehen: 108

(1) Ermittlung der von den TU gemeldeten Zwischenergebnisse,
(2) Berechnung des Fertigstellungsgrads aus Konzernsicht,
(3) Ermittlung des anteilig auszuweisenden PoC-Gewinns auf der Basis des unter (2) ermittelten Fertigstellungsgrads und der um die Zwischenergebnisse aus (1) bereinigten Auftragskosten,
(4) Vergleich des Zwischengewinns aus (1) mit dem anteiligen Gewinn aus (3),
(5) Eliminierung des Anteils der Zwischengewinne, die den anteilig auszuweisenden PoC-Gewinn übersteigen.

F. Latente Steuern auf Konsolidierungsmaßnahmen

Die Bilanzierung latenter Steuern nach IAS 12 innerhalb des vollkonsolidierten Abschlusses kann in zwei Entstehungsbereiche gegliedert werden. Zum einen wird bereits in den Einzelabschlüssen durch die Trennung der handels- und steuerrechtlichen Bilanzierung bzw Ergebnisermittlung die bilanzielle Erfassung von Steuerabgrenzungen notwendig. Zum anderen beeinflussen die **Konsolidierungsmaßnahmen** selbst Ansatz, Bewertung und Ausweis latenter Steuern im Konzernabschluss indem sie die auf HB II-Ebene berücksichtigten sog *inside basis differences I* und *II* sowie *outside basis differences* verändern. Nachfolgend werden ausschließlich Bilanzierungsfragen latenter Steuern im Zusammenhang mit der Vollkonsolidierung von TU besprochen, während die grds konzeptionellen Grundlagen sowie die einzelbilanziellen Vorschriften (einschließlich der Anpassungen auf HB II-Ebene) des IAS 12 in § 25 dargestellt sind. 109

I. Synchronisation von steuerlicher Beurteilungseinheit und Konsolidierungskreis

Im Gegensatz zum Einzelabschluss bezieht sich der Konzernabschluss nicht auf die bilanzielle Abbildung einer gesellschaftsrechtlich definierten Einheit, sondern 110 vielmehr auf die wirtschaftliche Einheit „Konzern", die jedoch insbes im grenzüberschreitenden Kontext **kein Steuersubjekt** ist.

Dies führt regelmäßig dazu, dass einerseits Konzernunternehmen im Konsolidierungskreis nach IAS 27.12 (2008)/IAS 27.12 (2003) enthalten sind, **nicht** aber in der korrespondierenden **ertragsteuerlichen Beurteilungseinheit.** Aus dieser Konstellation ergeben sich keine Besonderheiten, da durch den Vergleich der IFRS-Wertansätze mit den ertragsteuerlichen Wertansätzen im Einzelabschluss bereits alle temporären Differenzen erfasst werden.

Andererseits können in ertragsteuerlichen Sonderregelungen Beurteilungseinheiten definiert werden, die auch **nicht einbezogene Konzernunternehmen** umfassen. Die nachfolgende Übersicht verdeutlicht die in diesem Zusammenhang möglichen Fallkonstellationen:

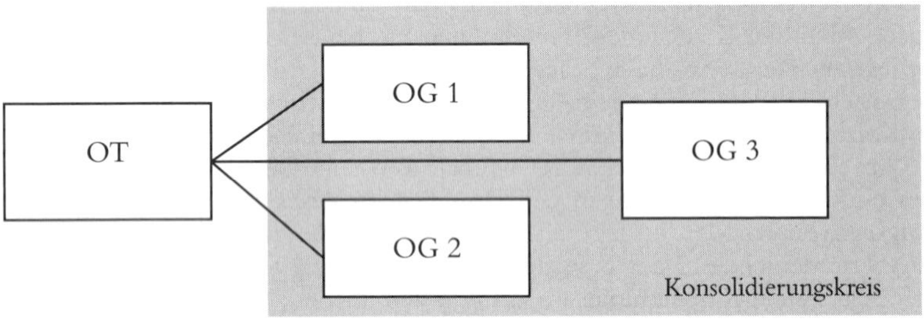

111 Soweit es sich bei dem nicht einbezogenen Unternehmen zB um den Organträger (OT) einer ertragsteuerlichen Organschaft handelt (Fall 1), fällt im Konsolidierungskreis **keine Ertragsteuerbelastung** an. Insoweit entfällt auch mangels zuordnungsfähiger Steuerwerte die Bildung von latenten Steuern. Anders wäre der Fall nur dann zu würdigen, wenn der nicht einbezogene Organträger seinerseits Steuerumlagen berechnet. In diesem Falle sind uE die Steuerumlagen wie tatsächliche Steuern iSv IAS 12 zu würdigen und auf die sich danach ergebenden temporären Differenzen latente Steuern zu bilden. Diese Fälle treten regelmäßig auf, wenn zB aufgrund von Minderheitsgesellschaftern eine Aufstellungspflicht für einen Teilkonzernabschluss besteht.

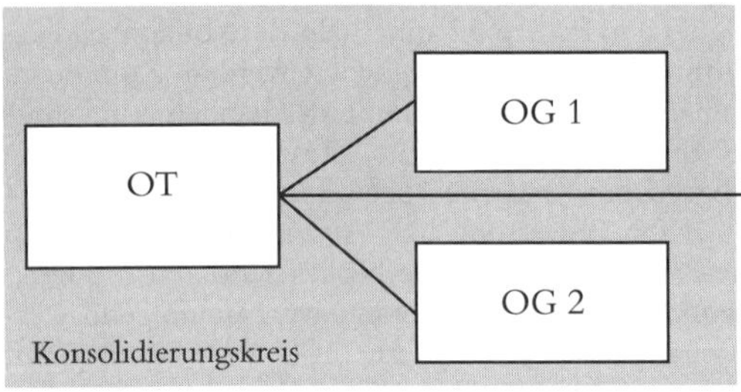

112 Wenn ein wegen Unwesentlichkeit nicht einbezogenes TU Bestandteil einer ertragsteuerlichen Organschaft ist, deren Organträger zum Konsolidierungskreis gehört (Fall 2), wird im Konzernabschluss die nicht einbezogene Beteiligung mit dem beizulegenden Zeitwert bewertet. Die latenten Steuern auf etwaige Wertunterschiede des Beteiligungsansatzes richten sich nach IAS 12.39 (§ 25 Rz 131 ff). Hinsichtlich der Frage der Werthaltigkeit von aktiven latenten Steuern beim Organträger sind positive Steuerergebnisse des nicht einbezogenen TU **wertbegründend** zu berücksichtigen. Gleiches gilt für Verluste der nicht einbezoge-

nen Organgesellschaft, die einen ertragsteuerlichen Verlustvortrag des Organträgers beeinflusst.

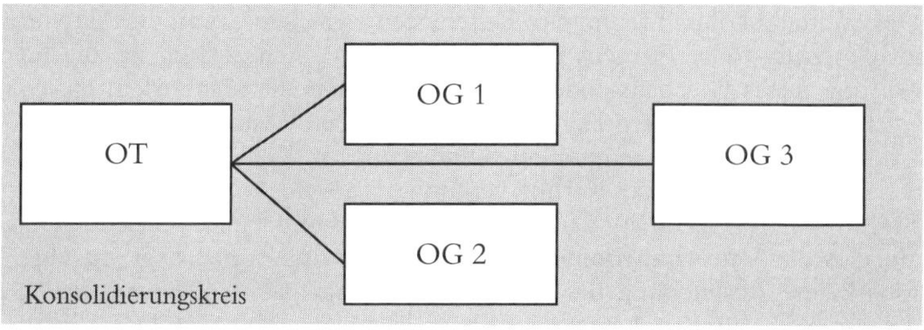

113 Für den Fall, dass aus der Zusammenfassung der HB II der einbezogenen TU, die zugleich zu einer ertragsteuerlichen Beurteilungseinheit gehören (Fall 3), ein Überhang passiver latenter Steuern resultiert, wirkt dieser **wertbegründend für** bislang im Einzelabschluss nicht aktivierte latente Steuern (IAS 12.44), da die Aufrechnungskriterien innerhalb einer steuerlichen Beurteilungseinheit stets gegeben sind.

II. Steuerlatenzen aus Konsolidierungsmaßnahmen

114 Bereits bei der Bilanzierung von Steuerabgrenzungen auf Einzelabschlussebene, also der Konsolidierung vorgelagert, werden die steuerlichen Wertansätze von Vermögenswerten und Schulden mit den IFRS-Buchwerten verglichen (s hierzu § 25 Rz 159). Diese Perspektive wird durch die Einbeziehung von TU in einen Konzern durch die Konsolidierung erweitert. Dies liegt darin begründet, dass die für die Konzernrechnungslegung gem IAS 27 notwendigen Konsolidierungsbuchungen idR für die Ertragsbesteuerung nicht relevant sind (vgl § 25 Rz 131). Um eine periodengerechte Erfassung aller Konsolidierungsbuchungen einschließlich ihrer ertragsteuerlichen Auswirkungen innerhalb der IFRS-Bilanz zutreffend darstellen zu können, sind **latente Steuern** iSd *temporary concept* auf diejenigen Konsolidierungsmaßnahmen zu berechnen und auszuweisen, die eine Wertveränderung der in den Summenabschluss übernommenen Vermögenswerte und Schulden auslösen (s zu latenten Steuern auf konsolidierungsvorbereitende Maßnahmen § 25 Rz 146). Für den Bereich der Vollkonsolidierung können temporäre Unterschiede aus der Kapital- und Schuldenkonsolidierung sowie aus der Zwischenergebniseliminierung und der konzerninternen Gewinnausschüttung resultieren.

1. Temporäre Differenzen aus der Kapitalkonsolidierung

115 Im Rahmen der Kapitalkonsolidierung wird der Beteiligungsbuchwert mit dem korrespondierenden anteiligen Eigenkapital (ggf nach Neubewertung im Rahmen der Kaufpreisallokation) aufgerechnet. Der sich danach ergebende Unterschiedsbetrag ist im Falle eines Unternehmenszusammenschlusses entweder ein zu aktivierender Geschäfts- oder Firmenwert oder ein sog *bargain purchase,* der zu einer sofortigen Ertragserfassung führt.

116 Für den Fall eines aktivierten **Geschäfts- oder Firmenwerts** ist eine temporäre Differenz dann gegeben, wenn für die Ertragsbesteuerung eine erfolgswirksame Abschreibung dieses Geschäfts- oder Firmenwerts nicht zulässig ist. Auf diese temporäre Differenz sind gem IAS 12.15(a) keine latenten Steuern zu be-

rechnen, weil es sich beim Geschäfts- oder Firmenwert um eine Residualgröße handelt und der Ansatz einer latenten Steuerschuld wiederum eine Erhöhung des Geschäfts- oder Firmenwerts zur Folge hätte (IAS 12.21 (geändert 2008)).

117 Des Weiteren können temporäre Differenzen entstehen, wenn die Aktivierung eines Geschäfts- oder Firmenwerts zwar ertragsteuerlich zulässig ist, die Folgebewertung dieses Geschäfts- oder Firmenwerts nach IFRS aber dem *impairment only*-Ansatz folgt. In diesem Fall sind sukzessiv latente Steuern zu bilanzieren, da mit der Entstehung von temporären Differenzen im Zeitablauf eine zukünftige Steuermehr- oder -minderbelastung verbunden ist.

Ergibt sich im Rahmen der Kapitalkonsolidierung ein Unterschiedsbetrag, **ohne** dass ein **Unternehmenszusammenschluss** zugrunde liegt, ist eine erfolgswirksame Ausbuchung des Unterschiedsbetrags geboten. Soweit davon latente Steuern berührt sind, sind diese ebenfalls erfolgswirksam zu behandeln.

Beispiel: IAS 32.37 verlangt die erfolgsneutrale Kürzung der Eigenkapitalbeschaffungskosten vom Eigenkapital. Damit verbundene latente Steuern sind dann ebenfalls erfolgsneutral zu berücksichtigen. Für den Fall einer konzerninternen Kapitalerhöhung, die nicht mit einem Unternehmenszusammenschluss in Verbindung steht, ergibt sich damit im Rahmen der Kapitalkonsolidierung ein Unterschiedsbetrag. Dieser Unterschiedsbetrag hat nicht den Charakter eines Geschäfts- oder Firmenwerts, da kein Erwerbsvorgang gegeben ist. Aus Konzernsicht sind die Eigenkapitalbeschaffungskosten unmittelbar als Aufwand zu behandeln. Damit sind auch die auf HB II-Ebene erfolgsneutral abgegrenzten latenten Steuern nunmehr erfolgswirksam zu buchen.

2. Temporäre Differenzen aus der Schuldenkonsolidierung

118 IAS 27.20 (2008)/IAS 27.24 (2003) fordert die vollständige Eliminierung von Ansprüchen und Verpflichtungen zwischen einbezogenen Konzernunternehmen. Stehen sich dabei die Salden in derselben Höhe ggü, kommt es zu keinen Aufrechnungsdifferenzen und dementsprechend auch nicht zu temporären Differenzen. Bilanzierungs- und Bewertungsunterschiede iSv IAS 12.5 zwischen Summen- und Konzernbilanz nach IFRS ergeben sich vielmehr nur dann, wenn sich Ansprüche und Verpflichtungen in unterschiedlicher Höhe gegenüberstehen und es mithin zu Aufrechnungsdifferenzen kommt.

119 Die Verpflichtung zur Abgrenzung latenter Steuern auf Aufrechnungsdifferenzen aus der Schuldenkonsolidierung ist **nicht explizit in IAS 27 geregelt.** Die dargestellte Steuerlatenzbetrachtung ist gleichwohl aufgrund der allgemeinen Regelungen zu temporären Differenzen des IAS 12 zwingend vorzunehmen.

Beispiel: In einem Konzernunternehmen wurde eine Rückstellung iSv IAS 37 für Gewährleistungsverpflichtungen ggü einem anderen Konzernunternehmen gebildet. Dieses Unternehmen weist aber aufgrund der Unsicherheit hinsichtlich Höhe und/oder Fälligkeit in seinem Einzelabschluss keine entspr Forderung aus.

Konzernunternehmen A hat ggü Konzernunternehmen B eine Darlehensforderung. Aufgrund eines bestehenden Bonitätsrisikos bzgl B wurde die Forderung im IFRS-Einzelabschluss von A wertberichtigt, während sie bei B in voller Höhe passiviert ist.

120 Für diese temporären Differenzen sind latente Steuern abzugrenzen, da ihre Umkehr im Zeitverlauf das **steuerliche Ergebnis** der entspr Einzelabschlüsse beeinflussen wird. Die Veränderungen der latenten Steuern auf echte Unterschiedsbeträge aus der Schuldenkonsolidierung sind grds erfolgswirksam zu berücksichtigen. Dabei kommt der Steuersatz desjenigen Konzernunternehmens zur Anwendung, das den die Steuerlatenz auslösenden erfolgswirksamen Effekt zu buchen hatte.

121 Differenzen aus der Schuldenkonsolidierung, die aus **erfolgsneutralen Anpassungen** der Wertansätze von Finanzinstrumenten resultieren, sind erfolgs-

neutral zu stornieren. Für diesen Fall sind auch die darauf gebildeten latenten Steuern erfolgsneutral auszubuchen.

Beispiel: Ein Konzernunternehmen begibt eine Schuldverschreibung, die von einem anderen einbezogenen Konzernunternehmen erworben wird. Das erwerbende Konzernunternehmen klassifiziert diese Schuldverschreibung innerhalb seines Wertpapierbestands nach IAS 39.9 als *available for sale*. Die Wertveränderung am Stichtag wird beim Erwerber dementsprechend erfolgsneutral im sonstigen Ergebnis verrechnet. Der Emittent bewertet die ausgegebene Schuldverschreibung zum Erfüllungswert (IAS 39.75). Die sich bei der Schuldenkonsolidierung ergebende Differenz ist mithin durch die beim Erwerber erfolgsneutral im sonstigen Ergebnis erfasste Wertänderung bedingt, woraus die erfolgsneutrale Stornierung des Unterschiedsbetrags aus der Schuldenkonsolidierung gegen die Rücklage aus Marktbewertungen resultiert. Die in der HB II des Erwerbers erfolgsneutral erfassten latenten Steuern auf die Marktwertänderung sind ebenfalls erfolgsneutral zu stornieren.

3. Temporäre Differenzen aus der Zwischenergebniseliminierung

IAS 27.21 (2008)/IAS 27.25 (2003) verlangt, dass temporäre Differenzen aus der Zwischenergebniseliminierung gem IAS 12 zum Ausweis latenter Steuern führen sollen. 122

Im Regelfall sehen **Konzernertragsbesteuerungskonzepte** keine Zwischenergebniseliminierung vor. Insoweit führt die Zwischenergebniseliminierung zu temporären Differenzen, auf die eine latente Steuer zu bilden ist. In Ausnahmefällen (zB *integration fiscale* in Frankreich) werden auch in Konzernsteuerrechtssystemen in bestimmtem Umfang Zwischenergebnisse eliminiert. Ist dies der Fall, führt die Zwischenergebniseliminierung insoweit nicht zu temporären Differenzen und damit nicht zum Ansatz latenter Steuern.

4. Temporäre Differenzen aus konzerninternen Gewinnausschüttungen

Nach IAS 18.13(c) ist eine **phasengleiche Gewinnvereinnahmung** nur in den Fällen zulässig, in denen ein Ergebnisabführungsvertrag besteht. Die Aufrechnung der abgeführten bzw erhaltenen Ergebnisse ist Gegenstand der Aufwands- und Ertragskonsolidierung und führt nicht zu temporären Differenzen. 123

Bei **zeitverschobener Gewinnausschüttung** ist eine erfolgswirksame Eliminierung der Beteiligungserträge zu Lasten des Konzernergebnisvortrags bzw der Gewinnrücklagen erforderlich, da das betreffende Ergebnis der ausschüttenden Gesellschaft in der Vorperiode bereits im Konzernerfolg enthalten war. Auch hieraus resultieren keine temporären Differenzen, sodass keine latenten Steuern im Rahmen der Eliminierung konzerninterner Gewinnausschüttung zu berücksichtigen sind. 124

III. Anzuwendender Steuersatz im Konzern

Die Verwendung unternehmensspezifischer Steuersätze bei der Ermittlung latenter Steueransprüche und Steuerschulden ist sowohl auf HB I als auch auf HB II-Ebene sowie für Wertanpassungen im Rahmen der Kaufpreisallokation uneingeschränkt möglich. Hinsichtlich derjenigen Steuerlatenzen, die auf Aufrechnungsdifferenzen aus Konsolidierungsmaßnahmen beruhen, ist im Grundsatz eine unternehmensindividuelle Zuordnung erforderlich. Dabei ist die temporäre Differenz dem Unternehmen zuzuordnen, bei welchem konsolidierungsspezifischen Aufrechnungsdifferenzen steuerergebniswirksame Effekte zugrunde liegen. 125

Beispiel: Ein Konzernunternehmen bildet eine Gewährleistungsrückstellung für eine konzerninterne Lieferung. Soweit die Rückstellung steuerlich in voller Höhe anerkannt wird, liegt auf Ebene der HB II keine temporäre Differenz vor. Folglich ist in diesem Fall auch keine latente Steuer in der HB II hierfür enthalten. Im Rahmen der Schuldenkonsolidierung wird diese Gewährleistungsrückstellung eliminiert. Damit entsteht eine temporäre Differenz zwischen dem Ansatz im steuerlichen Abschluss des Konzernunternehmens und dem IFRS-Konzernabschluss. Auf diese Differenz ist der Steuersatz des Konzernunternehmens anzuwenden, welches im Einzelabschluss die Gewährleistungsrückstellung gebildet hat.

126 Entstehen aus der **Schuldenkonsolidierung** temporäre Differenzen, ist grds eine einzelfallbezogene Zuordnung zu den betroffenen Konzernunternehmen und die anschließende Bewertung mit deren unternehmensindividuellen Steuersätzen erforderlich. In Abhängigkeit vom Gesamtbetrag der nicht individuell zugerechneten Aufrechnungsdifferenzen ist ein solches Vorgehen unter dem Aspekt der Wesentlichkeit jedoch in vielen Fällen nicht notwendig. Vielmehr erscheint für diese Fälle aus Vereinfachungsgründen ein **konzerneinheitlicher Steuersatz** sachgerecht.

127 Hinsichtlich der bei der **Zwischenergebniseliminierung** auftretenden temporären Differenzen enthält IAS 12 keine Angaben bzgl der anzuwendenden Steuersätze. Dem vermögensorientierten Ansatz folgend sind diese Differenzen dem Konzernunternehmen zuzuordnen, das die Lieferung oder Leistung erhalten hat. Damit korrespondierend ist uE der **Steuersatz des Empfängerunternehmens** für die Bewertung der latenten Steuern auf Zwischenergebnisse anzuwenden.

128 Die Anwendung des Empfängersteuersatzes auf eliminierte Zwischenergebnisse hat zur Konsequenz, dass ein Steuerausweis auf ein aus Konzernsicht noch nicht realisiertes Ergebnis ausgewiesen wird. Dies ist immer dann gegeben, wenn für das liefernde Unternehmen in der Periode der konzerninternen Transaktion ein **anderer Steuersatz** gilt als für das empfangende Unternehmen.

Diese Vorgehensweise verdeutlicht das nachstehende Beispiel:

Beispiel: TU A veräußert im Jahr X1 ein Grundstück mit einem Gewinnaufschlag in Höhe von T€ 100 an TU B. Der für den Gewinnaufschlag relevante Ertragsteuersatz im Jahr X1 beträgt 40%. Im Zuge der Zwischenergebniseliminierung ist der Gewinnaufschlag auf Konzernebene zu stornieren. Korrespondierend dazu ist auch der reale Steueraufwand in Höhe von T€ 40 durch einen gleich hohen Ausweis eines latenten Steuerertrags zu eliminieren.

Im Jahr X2 steigt der für vergleichbare Grundstücksverkäufe relevante Ertragsteuersatz auf 50%. Diese Steuersatzänderung führt dazu, dass die Steuerabgrenzung im Jahr X2 nunmehr mit dem Steuersatz von 50% zu rechnen ist (IAS 12.47). Das nunmehr ausgewiesene steuerliche Nutzenpotential ergibt sich aus dem unterstellten Weiterverkauf des Grundstücks bei TU B an einen fremden Dritten.

129 Die Anwendung des jeweiligen Empfängersteuersatzes erfordert eine Erhebung der zu eliminierenden Zwischenergebnisse auf Ebene des empfangenden TU. Soweit aus Vereinfachungsgründen ein **konzerneinheitlicher Steuersatz** in Form eines Mischsatzes zulässigerweise zur Anwendung kommt, kann die Steuerabgrenzung auf Zwischenergebniseliminierungen konzerneinheitlich erfolgen. Dieser konzerneinheitliche Steuersatz sollte sich an der durchschnittlichen Ertragsteuerquote des Konzerns und, sofern vertretbar, vereinfachend am Steuersystem des MU orientieren.

IV. Besonderheiten bei latenten Steuern im Konzern

130 Die in IAS 12.15ff dargestellten **Grundsätze** des Ansatzes, der Bewertung und des Ausweises latenter Steueransprüche und latenter Steuerschulden gelten mangels Differenzierung innerhalb des Standards sowohl für den IFRS-Einzelabschluss als auch für den IFRS-Konzernabschluss. Diese Grundsätze werden in § 25 dargestellt. Hinsichtlich der latenten Steuern auf Konsolidierungsmaßnahmen ergeben sich jedoch Besonderheiten, auf die im Folgenden eingegangen wird.

1. Beginn und Ende der Abgrenzung latenter Steuern

131 Die Abgrenzung von latenten Steuern, die auf Konsolidierungsmaßnahmen zurückzuführen sind, ist **erstmalig** ab dem Zeitpunkt der erstmaligen Einbeziehung in den Konzernabschluss vorzunehmen. Analog dazu ist die Bilanzierung solcher latenter Steuern mit dem **Ausscheiden** aus dem Konsolidierungskreis zu beenden. Die Auflösung der latenten Steueransprüche oder latenten Steuerschulden richtet sich nach der Behandlung der der Steuerabgrenzung zugrunde liegenden Sachverhalte. Da latente Steuern nach dem *temporary-concept* die Eigenschaft eines Vermögenswerts bzw einer Schuld haben, sind sie im Zuge der Entkonsolidierung idR erfolgswirksam zu berücksichtigen. Lediglich der Teil der latenten Steuern, der auf Geschäftsvorfälle entfällt, die erfolgsneutral ausgebucht werden (zB Option zur erfolgsneutralen Verrechnung versicherungsmathematischer Ergebnisse gem IAS 19.93D), kann auch im Zeitpunkt der Entkonsolidierung keine Erfolgswirkung haben.

2. Saldierung von latenten Steuern im Konzernabschluss

132 Die Saldierung von latenten Steuern ist in IAS 12.74 geregelt. Danach sind latente Steuern zu saldieren, wenn ein Ausgleich auf saldierter Basis rechtlich möglich und durch das Steuersubjekt auch beabsichtigt ist (zu detaillierten Regelungen vgl § 25 Rz 182). IAS 12.75 präzisiert diese Anforderung dahingehend, dass eine Saldierung durch ein Steuersubjekt nur erfolgen darf, wenn sich der latente Steueranspruch und die latente Steuerschuld auf Ertragsteuern ggü **derselben Fiskalbehörde** beziehen und wenn es ein **einklagbares Recht** auf Aufrechnung von Steuerschulden und Steuerforderungen hat.

133 Diese Saldierungsvoraussetzungen führen hinsichtlich der Saldierungsmöglichkeiten von latenten Steueransprüchen und latenten Steuerschulden aus Konsolidierungsmaßnahmen idR **zu einem unsaldierten Ausweis** dieser Posten in der Konzernbilanz. Dies ist im Wesentlichen auf zwei Gründe zurückzuführen.

Zum einen ist der **Konzern selbst nicht Steuersubjekt.** Die Besteuerung findet vielmehr auf der Ebene der einzelnen Konzerngesellschaften statt. Die in Rz 114 beschriebene Zuordnung der temporären Differenzen aus Konsolidierungsmaßnahmen zu den einzelnen Konzernunternehmen führt jedoch nicht zu einem Aufrechnungsanspruch iSv IAS 12.74f, da es sich ausschließlich um eine interne Zuordnung für Zwecke der Bestimmung des anzuwendenden Steuersatzes handelt.

Zum anderen bestehen Ansprüche und Schulden aus latenten Steuern auf Konsolidierungsmaßnahmen idR **nicht ggü derselben Fiskalbehörde.** Dies ist jedoch nach IAS 12.75 Voraussetzung für eine Aufrechnung. Verlangt wird außerdem, dass ein einklagbares Recht ggü der Fiskalbehörde auf Aufrechnung besteht. Aufgrund der bereits dargestellten nur internen Zuordnung der Steuerlatenzen aus Konsolidierungsmaßnahmen auf Konzernunternehmen sind diese Voraussetzungen regelmäßig nicht erfüllt.

134 Die Saldierungsmöglichkeiten hinsichtlich latenter Steuern aus Konsolidierungsmaßnahmen erfahren eine Erweiterung bei Vorliegen **ertragsteuerlicher Organschaften** innerhalb des Konsolidierungskreises. In diesen Fällen sind Saldierungen nach IAS 12.74 möglich und insoweit geboten, als die Konsolidierungsmaßnahmen sich auf Konzernunternehmen beziehen, die demselben steuerlichen Organkreis angehören. Aber auch wenn damit die Steuerschuldner- und Fiskalbehördenidentität gewährleistet ist, bleibt vor einem saldierten Ausweis die Notwendigkeit der Prüfung der rechtlichen Aufrechnungsmöglichkeit bestehen.

3. Beurteilung der Werthaltigkeit steuerlicher Vermögenswerte

135 Unternehmen haben Ansatz und **Werthaltigkeit** von aktiven latenten Steuern aus temporären Differenzen und aus steuerlichen Verlustvorträgen bzw Steuergutschriften zu jedem Bilanzstichtag zu überprüfen und ggf anzupassen (IAS 12.37 und IAS 12.56). Diese Beurteilung (s hierzu § 25 Rz 50 ff) vollzieht sich zunächst auf der Ebene der einzelnen Konzerngesellschaft. Im Zusammenhang mit der Konsolidierung ist jedoch auch zu prüfen, ob der Ansatz und die Werthaltigkeit aktiver latenter Steuern aus Konzernsicht anders einzuschätzen ist als aus Einzelabschluss-Perspektive.

Grds ist auch innerhalb des Konzerns das einzelne Unternehmen Steuersubjekt, sodass sich allein aus der Konzernzugehörigkeit keine abweichende Beurteilung aktiver latenter Steuern ergeben kann. Zu einer aus Konzernsicht abweichenden Beurteilung kann es gleichwohl bei Vorliegen ertragsteuerlicher **Organschaftsverhältnisse** innerhalb des Konzernkreises kommen. Auch **konzerninterne Restrukturierungsmaßnahmen** wie Verschmelzungen können bei Vorliegen einer konzernweiten Steuerplanung zu einer vom Einzelabschluss abweichenden Beurteilung des Ansatzes bzw der Werthaltigkeit aktiver latenter Steuern führen.

Beispiel: Ein TU weist einen steuerlichen Verlustvortrag aus, dessen Werthaltigkeit jedoch auf der Grundlage der bisherigen steuerlichen Ergebnisplanung nicht nachgewiesen werden kann. Dementsprechend ist bisher die Bilanzierung aktiver latenter Ertragsteuern aus den Verlustvorträgen unterblieben. Durch die konzerninterne Übertragung von Vermögenswerten und Aktivitäten auf das TU ist die steuerliche Ergebnisplanung dahingehend zu revidieren, dass eine Verwertung der bisher angefallenen steuerlichen Verlustvorträge zu unterstellen ist. Dementsprechend sind innerhalb des IFRS-Einzelabschlusses des TU aktive latente Steuern in Höhe der voraussichtlichen Steuerreduktion aufgrund der Verwertung der steuerlichen Verlustvorträge zu aktivieren.

136 Voraussetzung für die fundierte Beurteilung der Werthaltigkeit aktiver latenter Steuern ist jedoch eine **detaillierte Erfassung** auf der Grundlage des *temporary-concept* sowie einer **zuverlässigen steuerlichen Ergebnisplanung** auf Unternehmensebene einerseits und einer zu den Einzelplanungsrechnungen konsistenten Steuerplanung auf Konzernebene andererseits. Dies impliziert auch ein einheitliches steuerliches Berichtswesen *(tax reporting)* innerhalb des Konzerns. Dieses sollte insbes auch die in IAS 12.79 und IAS 12.81 vorgesehenen Überleitungsrechnungen für die entspr Konzernunternehmen umfassen, da die relevanten Informationen hierfür idR dezentral vorliegen. Zur Sicherstellung dieser Voraussetzung ist eine abgestimmte Organisation des Rechnungswesens und der Konzernsteuerabteilung unabdingbar. Es wird in diesem Zusammenhang auf die Ausführungen in § 25 Rz 47 ff verwiesen.

G. Wesentliche Änderungen und deren Anwendungszeitpunkte

IAS 27 ist grds auf Berichtsperioden, die am oder nach dem 1. Januar 2005 beginnen, anzuwenden (IAS 27.44 (2004)). 137

Die überarbeitete Fassung des **IAS 27** wurde im Januar 2008 veröffentlicht und ist für Berichtsperioden, die am oder nach dem 1. Juli 2009 beginnen, verpflichtend anzuwenden. Eine frühere Anwendung ist erlaubt und entspr im Anhang anzugeben (IAS 27.45 (geändert 2008)).

Darüber hinaus wurden weitere Absätze dieser Neufassung des IAS 27 (2008) bereits im Mai 2008 wieder geändert: IAS 27.38 durch das *Annual Improvements* Projekt 2008 und IAS 27.4, IAS 27.38A bis IAS 27.38C durch die Änderungen des IAS 27 iVm IFRS 1 (*Cost of an Investment in a Subsidiary, Jointly Controlled Entity or Associate*). Diese Folgeänderungen sind indessen bereits für Geschäftsjahre, die am oder nach dem 1. Januar 2009 beginnen, anzuwenden; eine frühere Anwendung ist erlaubt und entspr im Anhang anzugeben (IAS 27.45A bis IAS 27.45C). Damit sind diese spezifischen Regelungen ab dem Geschäftsjahr 2009 anzuwenden, während alle anderen Änderungen des IAS 27 grds erst ab dem Geschäftsjahr 2010 zur Anwendung kommen (sofern das Geschäftsjahr dem Kalenderjahr entspricht), es sei denn, es wird von der Möglichkeit der vorzeitigen Anwendung Gebrauch gemacht. Die Änderungen des *Annual Improvements* Projekts in IAS 27.38 wurden im Mai 2008 verabschiedet und sind ebenfalls für Berichtsperioden, die am oder nach dem 1. Januar 2009 beginnen, anzuwenden. Eine frühere Anwendung ist erlaubt und entspr im Anhang anzugeben (IAS 27.45A (geändert 2008)).

Die vorliegende Kommentierung hat wesentliche materielle Änderungen herausgehoben, darüber hinaus haben die Überarbeitungen klarstellenden Charakter.

H. Gegenüberstellung zu HGB/DRS

Konzeptionell entsprechen die handelsrechtlichen Regelungen zur Vollkonsolidierung von TU in § 301 ff HGB auch nach Inkrafttreten des BilMoG weitgehend den Regelungen in IAS 27 und IFRS 3. Die wesentlichen Unterschiede liegen dabei im Bereich der Erstkonsolidierung. Hierzu wird auf die Ausführungen in § 34 Rz 314 ff verwiesen. 138

Aus Unterschieden im Rahmen der Durchführung der Erstkonsolidierung zwischen IFRS 3 und HGB resultieren auch Abweichungen bei der Folgekonsolidierung. Dies betrifft insbes die Behandlung eines im Rahmen der Erstkonsolidierung ermittelten ***goodwills*** in den Folgeperioden, da das vom IASB verfolgte Konzept der nur noch **einzelfallinduzierten Wertminderung** des Geschäfts- oder Firmenwerts unvereinbar mit der Pflicht zur planmäßigen Abschreibung eines Konzerngeschäfts- oder Firmenwerts nach § 309 Abs 1 HGB (BilMoG) ist. Darüber hinaus ist nach IFRS 3 jeder Geschäfts- oder Firmenwert einer ZGE zuzuordnen, die nicht notwendigerweise mit dem erworbenen Unternehmen identisch ist, während nach HGB (BilMoG) eine vom Erwerbsobjekt abweichende Allokation des Geschäfts- oder Firmenwerts nicht vorgesehen ist.

Die in IFRS 3.36 (2008)/IFRS 3.56 (2004) vorgeschriebene **sofortige Realisierung eines Ertrags** im Zeitpunkt der Entstehung eines negativen Unterschiedsbetrags aus der Kapitalkonsolidierung weicht von den Regelungen des § 309 Abs 2 HGB (BilMoG) und DRS 4.38 ff ab. Dieser lässt eine erfolgswirksame Auflösung nur bei Eintreten der bei der Akquisition antizipierten Verluste oder beim Feststehen eines realisierten Gewinns zu.

Weitere konzeptionelle Abweichungen ergeben sich aus dem **Ansatz und der Fortentwicklung** in Folgeperioden **von Eventualschulden**. Während IFRS 3.23 (2008)/IFRS 3.37 (2004) abweichend zu den Regelungen des IAS 37 eine Passivierung zum beizulegenden Zeitwert fordert und IFRS 3.56 (2008)/ IFRS 3.48 (2004) ebenfalls abweichend zu IAS 37 deren Folgebewertung determiniert, gibt es im deutschen Handelsrecht keine Sondervorschriften für die bilanzielle Berücksichtigung von Eventualschulden.

In den Bereichen der **Schulden-, Aufwands- und Ertragskonsolidierung** und der **Zwischenergebniseliminierung** sind **keine konzeptionellen Unterschiede** zwischen den dargestellten Regelungen in IAS 27 und den entspr handelsrechtlichen Regelungen in §§ 303 bis 305 HGB zu verzeichnen.

I. Aktuelle Entwicklungen/IASB-Projekte

139 Mit der Veröffentlichung der überarbeiteten Fassung von IAS 27 im Jahr 2008 hat der IASB sein Projekt BCP II abgeschlossen. Eine weitere Überarbeitung der Regelungen zur Konzernrechnungslegung ist im Rahmen des **IASB-Projekts *„Consolidations"*** geplant (vgl hierzu § 30 Rz 56ff). Die im Dezember 2008 innerhalb des Standardentwurfs ED 10 *Consolidated Financial Statements* veröffentlichten Änderungsvorschläge aus diesem Projekt beziehen sich jedoch im Wesentlichen auf die Abgrenzung des *control*-Begriffs und damit auf die Bestimmung des Konsolidierungskreises. Hinsichtlich der Konsolidierungstechnik sind derzeit keine weiteren inhaltlichen Änderungen der bestehenden Regelungen des IAS 27 geplant.

§ 36. Equity-Methode

Übersicht

Schrifttum: *Achleitner/Behr* International Accounting Standards, 3. Aufl, München, 2002; *Alexander/Archer* International Accounting/Financial Reporting Standards Guide 2008, New York 2007; *Bentler* Grundsätze ordnungsmäßiger Bilanzierung für die Equity-Methode, Wiesbaden 1991; *Dusemond/Kessler* Rechnungslegung international, 2. Aufl, München/Wien 2001; *Epstein/Jermakowicz* IFRS 2008 Interpretation and Application of International Financial Reporting Standards, New Jersey 2008; *Ernst & Young* International GAAP 2009, London 2009; *B. Hayn* Konsolidierungstechnik bei Erwerb und Veräußerung von Anteilen, Herne/Berlin 1999; *S. Hayn/Graf Waldersee* IAS/HGB/HGB-BilMoG im Vergleich – Synoptische Darstellung mit Bilanzrechtsmodernisierungsgesetz, 7. Aufl, Stuttgart 2008; *Kunowski* Bilanzierung von Anteilen an assoziierten Unternehmen sowie Gemeinschaftsunternehmen im Konzernabschluss nach DRS 8 und DRS 9, StuB 2002, 261 ff; *Lienau* Die Bilanzierung nach der Equity-Methode unter Berücksichtigung latenter Steuern nach IFRS, KoR 2007, 14; *Lüdenbach/Frowein* Bilanzierung von Equity-Beteiligungen bei Verlusten – ein Vergleich zwischen HGB, IFRS und US-GAAP, BB 2003, 2450; *Milla/Butollo* Sonderfälle der Übergangskonsolidierung nach IFRS und die Wechselwirkung zu IFRS 5, IRZ 2007, 173; *Pellens/Fülbier/Gassen* Internationale Rechnungslegung, 7. Aufl, Stuttgart 2008; *Ruhnke/Schmidt/Seidel* Neuregelungen bei der Abgrenzung des Konsolidierungskreises nach IFRS – Darstellung und kritische Würdigung, BB 2004, 2232; *Schruff* Der DRS 8 zur Bilanzierung von Anteilen an assoziierten Unternehmen im Konzernabschluss, BB 2001, 1540; *Wirth* Firmenwertbilanzierung nach IFRS, Stuttgart 2005.

Wesentliche Rechtsgrundlage: IAS 28

A. Allgemeines

I. Grundlagen

1 Besonderes Kennzeichen der Equity-Methode ist die **spiegelbildliche Fortschreibung** des ursprünglichen Beteiligungsbuchwerts um die auf den Anteilseigner entfallenden Eigenkapitalveränderungen beim Beteiligungsunternehmen. Dabei sind die bei der Fortschreibung des Equity-Werts zu berücksichtigenden anteiligen Reinvermögensänderungen in Abhängigkeit von ihrem wirtschaftlichen Gehalt entweder erfolgswirksam oder aber erfolgsneutral zu erfassen. Im Gegensatz zur Voll- und Quotenkonsolidierung werden somit im Rahmen der Equity-Methode **keine Abschlussposten** des Beteiligungsunternehmens in den Konzernabschluss übernommen. Gleichwohl bedarf die Anwendung der Equity-Methode als sog *one-line-consolidation* eines gesonderten Ausweises in Bilanz und Gesamtergebnisrechnung bzw gesonderte GuV (sofern erstellt).

II. Anwendungsbereich

Der Equity-Methode ist eine **Erfassung** von über den reinen Dividendenertrag hinausgehenden **Erfolgsbeiträgen** des Beteiligungsunternehmens systemimmanent. Anwendbar ist die Equity-Methode daher ausschließlich bei der Bilanzierung von Anteilen an Unternehmen, deren Status über den einer reinen Finanzinvestition hinausgeht, weil der Anteilseigner zumindest in gewissem Maße Einfluss nehmen kann und insoweit an der Ertragskraft des Beteiligungsunternehmens bzw der Verzinsung des eingesetzten Kapitals beteiligt ist (IAS 28.17). Demzufolge sind gem IAS 28.1 und 28.13 im **Konzernabschluss** im Wesentlichen Anteile an **assoziierten Unternehmen,** auf die der Anteilseigner einen **maßgeblichen Einfluss** ausüben kann (s IAS 28.2 und IAS 28.6 ff sowie ausführlich § 30 Rz 32 ff; § 32 Rz 19 f), grds nach der Equity-Methode zu bilanzieren. Von diesem Grundsatz gibt es indessen drei **explizite Ausnahmen.** 2

(1) **Verbot der Anwendung der Equity-Methode infolge bestimmter Geschäftstätigkeiten des Anteilseigners:** In IAS 28.1 ist verankert, dass Anteile an assoziierten Unternehmen, die von Wagniskapital-Organisationen, Investmentfonds, Unit Trusts und vergleichbaren Einheiten einschließlich fondsgebundenen Versicherungen gehalten werden, vom Anwendungsbereich des Standards ausgenommen sind, wenn diese Anteilseigner die betreffenden Anteile bei ihrem erstmaligen Ansatz in die Kategorie *„at fair value through profit or loss"* designiert haben oder sie zu Handelszwecken halten. Werden die Anteile demzufolge zum beizulegenden Zeitwert gem IAS 39 bewertet, sind Wertänderungen periodengerecht **erfolgswirksam** zu erfassen (s § 3 Rz 58 ff). Eine Ablehnung der Equity-Methode ist nach Ansicht des Board insofern gerechtfertigt, als ihre Anwendung im Gegensatz zur Bilanzierung zum beizulegenden Zeitwert keine relevanten Informationen (s F. 26 ff sowie § 2 Rz 21 ff) bereitstellt, zumal bei diesen Beteiligungen von häufigen Veränderungen der Einflussnahme ausgegangen werden kann (IAS 28.BC5 ff). Trotz Ausschlusses derartiger Beteiligungen vom Anwendungsbereich der Equity-Methode haben die Anteilseigner gem IAS 28.1 Angaben nach IAS 28.37(f) betreffend Art und Umfang erheblicher Beschränkungen beim Transfer von Finanzmitteln des assoziierten Unternehmens in ihren Abschluss aufzunehmen (Ergänzung des IAS 28.1 im Rahmen des *Annual Improvements* Projekts 2008). 3

(2) **Verbot der Anwendung der Equity-Methode infolge des Erwerbs mit Weiterveräußerungsabsicht:** Werden die Anteile an einem assoziierten Unternehmen (nachweislich) ausschließlich zum Zwecke der Weiterveräußerung innerhalb von zwölf Monaten erworben und gehalten (IFRS 5.11), ist die Anwendung der Equity-Methode gem IAS 28.13(a) ausgeschlossen. Da die Anteile in diesem (Ausnahme-)Fall als zur Veräußerung gehalten zu klassifizieren sind (zu Einzelheiten betreffend die Voraussetzungen s § 28 Rz 30 ff), hat eine Bilanzierung gem IFRS 5 zu erfolgen (IAS 28.14). Folglich sind die **Anteile** gesondert auf der Aktivseite **auszuweisen** (IFRS 5.38) und zwingend mit dem niedrigeren Wert aus Buchwert (hier: Anschaffungskosten) und beizulegendem Zeitwert abzüglich Veräußerungskosten anzusetzen (IFRS 5.15). Wertminderungen ggü den Anschaffungskosten der Anteile sind gem IAS 28.33 bzw IFRS 5.20 aufwandswirksam zu erfassen. Im Gegensatz zur Vorgehensweise bei TU, die trotz einer Klassifizierung als zur Veräußerung gehalten – wenn auch nach den abweichenden Vorschriften des IFRS 5 – voll zu konsolidieren sind (s IAS 27.12; § 28 Rz 17 ff, Rz 123 ff und § 32 Rz 7), ist somit für Anteile an assoziierten Unternehmen die grds vorgesehene kon- 4

zernbilanzielle Einbeziehungsform (Equity-Methode) nicht erlaubt (s IAS 28.13(a) iVm 28.14).

5 Der Erwerb **mit** Weiterveräußerungsabsicht ist stets zu unterstellen, wenn die erworbenen Anteile infolge **gesetzlicher oder behördlicher Anordnungen** veräußert werden müssen (vgl *Baetge/Bruns/Klaholz* in Baetge ua IFRS-Komm[2] IAS 28 Rz 41). Ansonsten sind zur Beurteilung, ob eine Weiterveräußerungsabsicht vorliegt, die Kriterien des IFRS 5.6ff maßgebend (s § 28 Rz 30ff). Eine Klassifizierung von erworbenen Anteilen an assoziierten Unternehmen als zur Veräußerung gehalten liegt dabei gem IFRS 5.11 – unter der Voraussetzung, dass eine Veräußerung innerhalb eines Jahres im Erwerbs- bzw Tauschzeitpunkt realistisch erscheint – auch dann vor, wenn die in IFRS 5.6ff genannten Kriterien innerhalb kurzer Zeit nach dem Erwerb (im Regelfall innerhalb von drei Monaten) erfüllt werden. Die Bedingung, dass der Erwerb und das Halten der Anteile **ausschließlich** zum Zwecke der Weiterveräußerung erfolgen, ist nicht (mehr) als erfüllt anzusehen, sofern der **maßgebliche Einfluss** durch den Anteilseigner – zB im Hinblick auf eine längerfristige Reorganisation des assoziierten Unternehmens – **geltend** gemacht wird. In diesem Fall ist zwingend die Equity-Methode anzuwenden, es sei denn, die Einflussnahme erfolgt gezielt, um die angestrebte Veräußerung voranzutreiben.

6 Gelingt die beim Erwerb beabsichtigte und in der Folgezeit durch konkrete Handlungen (Beschluss des Aufsichtsrats, Beauftragung eines Maklers, eingeleitete Verkaufsverhandlungen, Abschluss von Vorverträgen etc) zu dokumentierende **Veräußerung nicht innerhalb eines Zeitraums von zwölf Monaten**, ist zum Bilanzstichtag zu überprüfen, ob die bisherige Intensität der Veräußerungsversuche sowie die diesbezüglichen Erfolgsaussichten die bisherige Nichtanwendung der Equity-Methode tatsächlich rechtfertigten. War die bisherige Einschätzung sachgerecht, ist des Weiteren zu untersuchen, ob die Kriterien des IFRS 5.9 (Verzögerungen liegen außerhalb des Einflussbereichs des Anteilseigners) erfüllt sind. Liegen die genannten Voraussetzungen nicht vor, hat zum Bilanzstichtag grds eine Umklassifizierung der Anteile aus dem Posten zur Veräußerung gehalten in den Posten Anteile an assoziierten Unternehmen zu erfolgen. Zudem sind die Anteile nunmehr **rückwirkend** ab dem Erwerbs- bzw Tauschzeitpunkt nach der Equity-Methode im Konzernabschluss zu berücksichtigen (retrospektive Erstkonsolidierung; hinsichtlich der Wertermittlung vergleichbar mit dem Vorgehen beim sukzessiven Anteilserwerb; s § 38 Rz 101ff); frühere Abschlüsse sind entspr anzupassen (IAS 28.15). UE kann indessen auf eine Umgliederung und retrospektive Anwendung der Equity-Methode verzichtet werden, wenn der Verkaufsprozess am Bilanzstichtag zwar eingeleitet, aber innerhalb des Zwölf-Monatszeitraums noch nicht vollständig abgeschlossen ist, und keine Zweifel bestehen, dass die Weiterveräußerung kurz nach dem Bilanzstichtag – uE noch vor der Aufstellung des Konzernabschlusses – erfolgt.

7 Werden die Kriterien des IFRS 5.9 hingegen zum Bilanzstichtag erfüllt, steht einer (kurzfristigen) **Beibehaltung der Bilanzierung der Anteile** zum Bilanzstichtag gem IFRS 5 nichts entgegen, sofern das Unternehmen weiterhin den Verkauf der Anteile plant. Um eine später ggf notwendige rückwirkende Erstkonsolidierung im Rahmen der Equity-Methode zutreffend durchführen zu können, ist es aus praktischen Erwägungen sinnvoll, bereits im Rahmen der Abschlusserstellung des ersten auf den Erwerb folgenden Konzernabschlusses eine vorläufige *purchase price allocation* auf den Tauschstichtag vorzunehmen, es sei denn, die Anteile werden innerhalb des Aufstellungszeitraums veräußert.

8 Rechtfertigen hingegen die bisherige Intensität der Veräußerungsversuche sowie die diesbezüglichen Erfolgsaussichten die bisherige Nichtanwendung der Equity-Methode zum Bilanzstichtag nicht, handelt es sich um einen **Fehler gem IAS 8,** der zwar ebenfalls gem IAS 8.41 ff durch eine retrospektive Erstkonsolidierung zu korrigieren ist, darüber hinaus jedoch weitergehende Anhangangaben entspr IAS 8.49 bedingt (s § 45 Rz 47; retrospektive Anpassung).

9 Besteht die **Weiterveräußerungsabsicht** nur für einen **Teil** eines erworbenen Anteilspakets, so sind die folgenden zwei Fälle zu unterscheiden: Gewährleisten die mit den verbleibenden Anteilen verbundenen Stimmrechte die maßgebliche Einflussnahme des Anteilseigners, so sind zumindest diese Anteile nach der Equity-Methode zu bilanzieren. Andernfalls sind die nicht mit Weiterveräußerungsabsicht erworbenen Anteile an dem Beteiligungsunternehmen in Übereinstimmung mit IAS 39 zu berücksichtigen. Die zur Weiterveräußerung erworbenen Anteile sind hingegen in beiden Fällen gem IFRS 5 zu bilanzieren.

Hinsichtlich der Vorgehensweise bei späterer Änderung der Verwertungsintention ursprünglich **ohne** Weiterveräußerungsabsicht erworbener und daher zunächst auf der Grundlage der Equity-Methode bilanzierter Anteile s Rz 86 ff.

10 (3) **Keine Anwendung der Equity-Methode bei Inanspruchnahme der Befreiung von der Aufstellung eines Konzernabschlusses durch den Anteilseigner gem IAS 27.10:** Erfüllt ein MU, das auch Anteile an assoziierten Unternehmen besitzt, die Voraussetzungen des IAS 27.10 und stellt es folglich keinen Konzernabschluss auf, so ist auch auf die Anwendung der Equity-Methode zu verzichten (s IAS 28.13(b); darüber hinaus auch IAS 28.13(c)). Die Aufstellungspflicht für einen Konzernabschluss von Unternehmen mit Sitz in der Bundesrepublik Deutschland ergibt sich indessen nach aktuellem Rechtsstand aus der **nationalen Gesetzgebung,** sodass eine Bezugnahme auf die Befreiungsvorschrift des IAS 27.10 derzeit nicht möglich ist. Dies gilt **auch** für kapitalmarktorientierte Unternehmen, die grds in den Regelungsbereich der EU-VO zur Einführung der IFRS fallen (s ausführlich § 31 Rz 1 ff).

11 Darüber hinaus dürfen im Konzernabschluss eines Partnerunternehmens Anteile an **gemeinschaftlich geführten Unternehmen** (vgl IAS 31.3 sowie ausführlich § 32 Rz 17 ff) alternativ zur Quotenkonsolidierung (s IAS 31.30 ff sowie § 37) auf der Grundlage der Equity-Methode bilanziert werden (IAS 31.38 ff; zur geplanten Abschaffung der Quotenkonsolidierung durch ED 9 vgl Rz 136 und § 29 Rz 49 ff). Indes gelten auch diesbezüglich die in Rz 3 ff für assoziierte Unternehmen gem IAS 28 dargestellten Ausnahmen (vgl IAS 31.1 f sowie IAS 31.42 ff).

12 Letztlich besteht **faktisch** ein **Wahlrecht**, auf die Anwendung der Equity-Methode bei der Bilanzierung von Anteilen an assoziierten Unternehmen und Gemeinschaftsunternehmen zu verzichten, sofern die betreffenden Unternehmen in Übereinstimmung mit dem Grundsatz der Wesentlichkeit (s IAS 1.29 iVm F. 29 f) als von untergeordneter Bedeutung einzustufen sind. Mehrere Unternehmen können nur dann von der Equity-Bilanzierung ausgenommen werden, wenn sie **insgesamt** unwesentlich sind (so auch *Baetge/Bruns/Klaholz* in Baetge ua IFRS-Komm[2] IAS 28 Rz 45). Kommt die Equity-Methode nicht zur Anwendung, hat eine Bilanzierung gem IAS 39 zu erfolgen.

B. Zeitpunkt der erstmaligen/letztmaligen Equity-Bewertung

I. Beginn der Anwendung der Equity-Methode

13 Maßgebend für den Zeitpunkt der erstmaligen Bilanzierung von Anteilen an assoziierten Unternehmen ist gem IAS 28.23 (geändert 2008)/IAS 28.23 (2003) der Zeitpunkt, ab dem der Tatbestand eines assoziierten Unternehmens erfüllt ist **(Erstanwendungszeitpunkt).** Entscheidend für die erstmalige Anwendung der Equity-Methode in zeitlicher Hinsicht ist demnach die Erfüllung des Kriteriums der **Möglichkeit** zur Ausübung des maßgeblichen Einflusses durch den Anteilseigner. Wenngleich es an einer expliziten definitorischen Gleichstellung des Erwerbszeitpunkts mit dem Tag des Übergangs der Möglichkeit, maßgeblichen Einfluss auszuüben, mangelt (s aber IAS 28.11 *„date of acquisition"* iVm IAS 28.23 (geändert 2008)/IAS 28.23 (2003)), ist auch hier von einer entspr Gleichstellung analog zu IFRS 3.8f (2008)/IFRS 3.24f (2004) auszugehen (zum Ausnahmefall des sukzessiven Anteilserwerbs s § 38 Rz 6ff). Insofern wird – wie auch bei der Bestimmung des Zeitpunkts der erstmaligen Vollkonsolidierung von TU (s IFRS 3.8f (2008)/IFRS 3.25 (2004) sowie § 35 Rz 3ff) – der **wirtschaftlichen Betrachtungsweise Vorrang** vor der rechtlichen eingeräumt (vgl F. 35). Folglich wird auf den Zeitpunkt des tatsächlichen Übergangs der „Verfügungsgewalt über die mit den Anteilen verbundenen Rechte" (*Baetge/Bruns/Klaholz* in Baetge ua IFRS-Komm[2] IAS 28 Rz 57) abgestellt. Der Stichtag des Abschlusses einer rechtlichen Transaktion (zB Vertragsunterzeichnung) ist demgegenüber ebenso wenig relevant wie das Datum eines vertraglich fixierten rückwirkenden oder zukünftigen Erwerbs- bzw Übertragungszeitpunkts (… mit wirtschaftlicher Wirkung zum …). Vielmehr sind zur Bestimmung des Erstanwendungszeitpunkts in erster Linie die das Vorliegen eines maßgeblichen Einflusses kennzeichnenden Kriterien in IAS 28.7 (s § 30 Rz 34) zu überprüfen. Obschon der Tag, ab dem der Anteilseigner einen maßgeblichen Einfluss auf das assoziierte Unternehmen ausüben kann, somit vor oder nach dem Tag des rechtlichen Übergangs der Anteile des assoziierten Unternehmens an den Erwerber liegen kann (*closing date*), werden beide Zeitpunkte gleichwohl oftmals übereinstimmen (so auch IFRS 3.9 (2008)).

14 Eine IAS 28.23 (geändert 2008)/IAS 28.23 (2003) entspr explizite Regelung betreffend den Zeitpunkt der erstmaligen Bilanzierung von **Anteilen an Gemeinschaftsunternehmen** fehlt. Im Umkehrschluss aus IAS 31.41 sowie aus dem Verweis auf IAS 28 in IAS 31.40 lässt sich jedoch ableiten, dass allein der Zeitpunkt entscheidend sein kann, ab dem die Definition eines Gemeinschaftsunternehmens erfüllt ist. Folglich ist auf den Zeitpunkt entscheidend, ab dem ein Partnerunternehmen tatsächlich die Möglichkeit zur Ausübung der gemeinschaftlichen Führung hat, Bezug zu nehmen.

15 Die eindeutige und strenge Orientierung des Beginns der Bilanzierung von Anteilen nach der Equity-Methode an der Erfüllung der Kriterien eines assoziierten Unternehmens bzw eines Gemeinschaftsunternehmens gilt selbstverständlich auch im (Regel-)Fall des **unterjährigen Erwerbs** von Anteilen. Da gem IAS 28.11 bei Anwendung der Equity-Methode nur die **nach** dem Erwerbszeitpunkt erwirtschafteten Erfolgsbestandteile bzw Bestandteile des sonstigen Ergebnisses anteilig in der Konzerngesamtergebnisrechnung berücksichtigt werden dürfen, muss in diesem (Regel-)Fall entweder ein echter Zwischenabschluss auf den Erwerbszeitpunkt aufgestellt werden, oder es muss ersatzweise statistisch

durch Rückrechnung vom gesamten Jahreserfolg bzw Gesamtergebnis der Anteil der Aufwendungen und Erträge respektive Gewinne und Verluste errechnet und eliminiert werden, der **vor** der Erfüllung der Voraussetzung zur erstmaligen Anwendung der Equity-Methode von dem assoziierten Unternehmen bzw Gemeinschaftsunternehmen erwirtschaftet wurde. Letztere Methode ist indessen nur anwendbar, wenn sichergestellt ist, dass die Ergebnisse hinreichend verlässlich und auch alle anderen im Rahmen der Erstkonsolidierung notwendigen Informationen (zB beizulegende Zeitwerte des identifizierbaren Reinvermögens) zutreffend ermittelbar sind. So ist eine zeitanteilige Schätzung (pro rata temporis) des erworbenen Erfolgs- bzw Gesamtergebnisses bei **Saisonbetrieben** unzweckmäßig und daher adäquat anzupassen. **Verzichtet** werden kann auf die Aufteilung der Aufwendungen und Erträge des *at equity* zu bewertenden Unternehmens lediglich im Fall der **Unwesentlichkeit** der zu eliminierenden Erfolgs- bzw Gesamtergebnisbestandteile.

Fallen infolge **früherer Nichtkonsolidierung** wegen ursprünglicher Weiterveräußerungsabsicht beim Erwerb ausnahmsweise Erwerbsstichtag und der Stichtag, an dem die Anteile an dem assoziierten Unternehmen erstmals auf der Grundlage der Equity-Methode im Konzernabschluss bilanziert werden, auseinander, hat gem IAS 28.15 eine retrospektive Anpassung, dh inklusive Anpassung von Abschlüssen früherer Perioden, zu erfolgen. Wurden Anteile an einem assoziierten Unternehmen hingegen bislang infolge von Unwesentlichkeit nicht bilanziert, können der Erstkonsolidierung vereinfachend die Wertansätze des Zeitpunkts, an dem das assoziierte Unternehmen für den Konzernabschluss wesentlich geworden ist, zugrunde gelegt werden (s auch § 38 Rz 128). Alternativ kann die Erstkonsolidierung retroaktiv mit den Wertansätzen zum früheren Erwerbszeitpunkt durchgeführt werden (s ausführlich § 38 Rz 128); eine Anpassung von Vorjahresabschlüssen erfolgt im Gegensatz zu IAS 28.15 dabei nicht. 16

Zur Übergangskonsolidierung auf die Equity-Methode vgl § 38 Rz 23ff, Rz 56ff, Rz 109ff und Rz 135ff.

II. Beendigung der Anwendung der Equity-Methode

Abweichend vom Zeitpunkt der Erstanwendung der Equity-Methode wird der Stichtag der **letztmaligen** Anwendung **nicht** (mehr) notwendigerweise durch das Datum bestimmt, ab dem der Anteilseigner den maßgeblichen Einfluss verliert bzw die gemeinschaftliche Führung **erlischt** (so aber IAS 28.18 und IAS 31.41; hier als Entkonsolidierungszeitpunkt bezeichnet). Im Fall einer geplanten Veräußerung von Anteilen ist der Zeitpunkt maßgebend, an dem die Kriterien der IFRS 5.6ff erfüllt und die Anteile als zur Veräußerung gehalten zu klassifizieren sind (s IAS 28.13(a) und IAS 31.2(a)). Zumindest unterjährig werden diese beiden Zeitpunkte auseinander fallen, sodass es im Rahmen der Zwischenberichterstattung in aller Regel bereits zu einer Beendigung der Equity-Methode zugunsten einer Bewertung gem IFRS 5.15 (niedrigerer Wert aus Buchwert (= letztmaligem Equity-Wert) und dem beizulegenden Zeitwert der Anteile abzüglich der Veräußerungskosten) verbunden mit dem gesonderten Ausweis nach IFRS 5.38 kommt. Entscheidend für die Beendigung der Equity-Methode im Fall einer geplanten Veräußerung sind somit nicht die **tatsächlichen Verhältnisse** betreffend den **Wegfall** der mit den Stimmrechten verbundenen Einflussmöglichkeiten, sondern die **konkretisierten Veräußerungspläne** des Managements (s IFRS 5.7f). Insofern sind an die Erfüllung der Voraussetzungen gem IFRS 5.6ff strenge Maßstäbe anzulegen. 17

Bis zum – im Regelfall unterjährig gelegenen – Zeitpunkt der Erfüllung dieser Voraussetzungen hat der Anteilseigner die erwirtschafteten (anteiligen) **Erfolgs-** 18

bestandteile bzw Bestandteile des sonstigen Ergebnisses des assoziierten Unternehmens oder Gemeinschaftsunternehmens in der Konzern-GuV bzw -Gesamtergebnisrechnung zu berücksichtigen. Dies bedingt grds die Aufstellung eines Zwischenabschlusses auf den Zeitpunkt der letztmaligen Anwendung der Equity-Methode. Da der hierfür notwendige Einfluss dem veräußernden Anteilseigner jedoch in aller Regel fehlen wird, kann in diesem Fall – unter Rückgriff auf vorliegende Quartalszahlen – vereinfachend eine statistische Schätzung der entspr Erfolgskomponenten respektive Komponenten des sonstigen Ergebnisses des assoziierten Unternehmens bzw Gemeinschaftsunternehmens unter angemessener Berücksichtigung der Anpassungen gem IAS 28.23 (geändert 2008)/IAS 28.23 (2003) (s Rz 44 ff) erfolgen. Liegen auch keine Quartalszahlen vor, ist der Wertansatz des letzten (Konzern-)Abschlussstichtags zugrunde zu legen.

19 Im Fall einer **Reklassifizierung** der Anteile in späteren (Zwischen-)Perioden infolge des Wegfalls der Veräußerungsabsicht nach IFRS 5 ist zur Equity-Methode zurückzukehren, indem die zwischenzeitlich abweichende Bilanzierung negiert wird. Letztlich hat die Bilanzierung damit so zu erfolgen, als ob die Equity-Methode nie ausgesetzt worden wäre. Frühere Abschlüsse sind entspr anzupassen (retrospektive Anpassung; IAS 28.15, IAS 31.43).

Zur Übergangskonsolidierung von der Equity-Methode vgl § 38 Rz 32 ff, Rz 68 ff, Rz 115 ff und Rz 140 ff.

20–25 *einstweilen frei*

C. Verfahrensweise der Equity-Methode

I. Vorgehen bei erstmaliger Anwendung der Equity-Methode

26 Grds kann infolge des Verweises in IAS 28.20 auf IAS 27 und die Regeln zur Vollkonsolidierung von einer impliziten **Gleichsetzung** von **Erwerbsstichtag** und **Erstanwendungszeitpunkt** der Equity-Methode (= Stichtag, an dem die Möglichkeit der Ausübung eines maßgeblichen Einflusses durch den Anteilseigner erstmals besteht) ausgegangen werden. Wichtig ist diese Feststellung insofern, als die erworbenen Anteile nach IAS 28.11 zwar zunächst mit den **Anschaffungskosten** angesetzt werden. Gem IAS 28.23 (geändert 2008)/IAS 28.23 (2003) hat jedoch bei erstmaliger Anwendung der Equity-Methode in einer außerbilanziellen Nebenrechnung eine Aufrechnung der Anschaffungskosten für die Anteile mit dem auf den Anteilseigner entfallenden Anteil am identifizierbaren Reinvermögen bewertet zum beizulegenden Zeitwert im Erwerbszeitpunkt zu erfolgen (Kapitalkonsolidierung). Inhaltliche Unterschiede zum Vorgehen bei der Kapitalkonsolidierung im Rahmen der Vollkonsolidierung von TU (s § 35 Rz 8 ff) bestehen aufgrund des Verweises in IAS 28.23 (2003) auf IFRS 3 generell nicht. Dies gilt – abgesehen von der Bestimmung der Anschaffungskosten der Anteile – grds auch nach Streichung des Verweises auf IFRS 3 in IAS 28.23 (geändert 2008). Die notwendigen Maßnahmen bei der erstmaligen Anwendung der Equity-Methode werden daher im Folgenden nur kurz dargestellt.

1. Vorbereitende Maßnahmen

27 Der erstmaligen Anwendung der Equity-Methode ist ein auf den **Erstkonsolidierungszeitpunkt aufgestellter Abschluss** des assoziierten Unternehmens bzw Gemeinschaftsunternehmens zugrunde zu legen. Sofern das assoziierte Unternehmen selbst MU ist und einen **Konzernabschluss** aufstellt, stellt dieser anstelle des Einzelabschlusses die Grundlage für die Equity-Bilanzierung dar (s

IAS 28.21). Entspr sollte trotz Fehlens expliziter Regelungen auch für *at equity* bewertete Gemeinschaftsunternehmen, die als MU einen Konzernabschluss aufstellen, gelten. Der auf den Erwerbszeitpunkt aufgestellte Abschluss muss dabei entspr den Bilanzierungs- und Bewertungsmethoden des Anteilseigners (MU), dh ggf angepasst an die **konzerneinheitliche Bilanzierung und Bewertung** (vgl IAS 28.26f und § 32 Rz 26ff), vorliegen (zum Vorgehen bei ggf erforderlicher Währungsumrechnung s § 33 und IAS 29.20). Allerdings fehlt in IAS 28.26f eine Beschreibung der Konsequenzen für den Fall, dass der Anteilseigner eine Anpassung an die konzerneinheitliche Bilanzierung und Bewertung nicht durchsetzen kann. Da die Verpflichtung zu einer derartigen Anpassung explizit und **nachdrücklich gefordert** wird, sind zur Durchsetzung der Maßnahmen bei assoziierten Unternehmen sämtliche Bemühungen durch den Anteilseigner auszuschöpfen, inklusive der Ermittlung der Anpassungsbeträge durch eigene Mitarbeiter des MU. Letztere kann bspw unter Heranziehung des letzten veröffentlichten Abschlusses des assoziierten Unternehmens erfolgen, indem anhand der Anhangangaben zu den Bilanzierungs- und Bewertungsmethoden Abweichungen identifiziert und im Wege der Schätzung quantifiziert werden. Schlägt die Bestimmung der Anpassungsbeträge dennoch fehl und liegt gleichwohl ein maßgeblicher Einfluss vor, sollte die Nichtdurchführung der genannten Maßnahmen im Anhang erläutert werden. Dies gilt analog, sofern zB aufgrund der gesellschaftsrechtlichen Verhältnisse eine Anpassung an die konzerneinheitliche Bilanzierung und Bewertung mehrerer Anteilseigner notwendig wäre und aus wirtschaftlichen Gründen unterbleibt.

Beispiel: An einem assoziierten Unternehmen sind drei Anteilseigner zu 40%, 25% bzw 35% beteiligt, sodass das assoziierte Unternehmen prinzipiell für jeden Anteilseigner einen an dessen Bilanzierungs- und Bewertungsmethoden orientierten Abschluss aufstellen müsste.

2. Erstmalige Bewertung und ihre Parameter

Entspr IAS 28.21 ergibt sich der Konzernanteil an einem assoziierten Unternehmen aus der Summe der dem **MU** und den **TU** gehörenden **Anteile.** Ausgenommen sind demgegenüber Anteile, die von anderen assoziierten Unternehmen oder Gemeinschaftsunternehmen des MU gehalten werden. 28

Nach der Identifikation der bei der Equity-Methode zu berücksichtigenden Anteile sind deren **Anschaffungskosten** zu ermitteln. Mangels einer eigenen Definition der Anschaffungskosten in IAS 28 wird bislang aufgrund des allgemeinen Verweises in IAS 28.20 auf die Regelungen zur Vollkonsolidierung in IFRS 3.24ff (2004) zurückgegriffen. Demnach setzen sich die Anschaffungskosten der Anteile aus dem Betrag zusammen, der beim Anteilserwerb in bar bzw bargeldähnlichen Mitteln geleistet wird, und/oder dem beizulegenden Zeitwert anderer Gegenleistungen (zB im Fall eines Anteilstauschs; s auch IFRS 3.27 (2004)) zuzüglich dem Erwerb direkt zurechenbarer Kosten. Wird die Begleichung der Gegenleistung verschoben, ist der **Barwert** des Kaufpreises maßgebend (IFRS 3.26 (2004)). Auch die **Sondervorschriften** für Anpassungen von Gegenleistungen im Fall des Erwerbs in Abhängigkeit von künftigen Ereignissen (IFRS 3.61f (2004)) und im Fall von nachträglichen Änderungen der Anschaffungskosten (IFRS 3.63ff (2004)) sind analog anzuwenden (s zu den Anschaffungskosten ausführlich § 34 Rz 176ff). 29

Infolge der Streichung des Begriffs und der Erläuterungen zu den Anschaffungskosten in IFRS 3 (2008) ist für die Bestimmung der Anschaffungskosten von Anteilen gem IAS 28.23 (geändert 2008) ein Rückgriff auf die Regelungen in IFRS 3 (2008) nicht mehr ohne Weiteres möglich. Denn in IFRS 3.32 (2008) 30 wird im Gegensatz zu IFRS 3.24ff nicht mehr auf die Anschaffungskosten der Anteile, sondern auf die entrichtete Gegenleistung iSe Kaufpreises abgestellt, die in IFRS 3.37 (2008) näher bestimmt wird. Anschaffungsnebenkosten sind aufwandswirksam zu erfassen; dies gilt mithin nicht für Kosten, die im Zusammenhang mit der Ausgabe von Eigenkapital- oder Schuldtiteln entstehen (IFRS 3.53 (2008)).

31 UE setzen sich die Anschaffungskosten gem IAS 28.11 und IAS 28.23 (geändert 2008) weiterhin aus der **Summe** von **Kaufpreis** und **Anschaffungsnebenkosten** (dem Anteilserwerb direkt zurechenbare Kosten) zusammen (aA *Lüdenbach* in Lüdenbach/Hoffmann IFRS[7] § 33 Rz 46). Hinsichtlich der Ermittlung des Kaufpreises iSe für die Anteile entrichteten Gegenleistung sollte auf die Regelungen des IFRS 3.37f (2008) zurückgegriffen werden, die eine Bewertung der vom Erwerber ausgegebenen Eigenkapitalinstrumente, hingegebenen Vermögenswerte und ggü den Veräußerern eingegangenen Schulden zum beizulegenden Zeitwert fordern (s ausführlich § 34 Rz 176ff). Eine analoge Anwendung ist auch bzgl der geänderten **Sondervorschriften** für Anpassungen von Gegenleistungen im Fall des Erwerbs in Abhängigkeit von künftigen Ereignissen (IFRS 3.45f (2008)) und im Fall von nachträglichen Änderungen der Anschaffungskosten (IFRS 3.49 (2008)) zweckadäquat (s ausführlich § 34 Rz 211ff).

32 Fraglich ist, wie die Anschaffungskosten zu ermitteln sind, wenn die Anteile an dem assoziierten Unternehmen mittels Einbringung von **Sachgesamtheiten** (Vermögenswerten und Schulden) erworben werden. Ein Rückgriff auf die grds anzuwendenden IFRS 3.37f (2008)/IFRS 3.24 (2004) führt insoweit ins Leere, als zB für gebrauchte Maschinen etc in aller Regel kein aktiver Markt existiert, aus dem beizulegende Zeitwerte zuverlässig abgeleitet werden könnten. UE sind daher die Anschaffungskosten der Anteile an dem assoziierten Unternehmen in Höhe der fortgeführten Anschaffungskosten der hingegebenen Vermögenswerte und Schulden im Abschluss des Anteilseigners anzusetzen. Für IFRS-Erstanwender gilt diesbezüglich, dass nicht die historischen Anschaffungskosten nach lokalen Rechnungslegungsvorschriften zugrunde zu legen sind, sondern diejenigen, die sich im Rahmen eines (theoretischen) IFRS-Abschlusses ergeben hätten.

33 Auch bei der Bestimmung der **Bestandteile** und der **Höhe** des **konsolidierungspflichtigen Eigenkapitals** des assoziierten Unternehmens oder Gemeinschaftsunternehmens kann auf die Ausführungen zur Vollkonsolidierung verwiesen werden. So setzt sich das konsolidierungspflichtige Kapital generell aus dem gezeichneten Kapital, der Kapitalrücklage, sämtlichen Gewinnrücklagen (inklusive Neubewertungsrücklage und Rücklage für Währungsumrechnungsdifferenzen uÄ) sowie dem (kumulierten) Ergebnis zum Erwerbsstichtag zusammen. Dies gilt auch, sofern einzelne Eigenkapitalbestandteile oder deren Summe **negativ** sind. Für die **Höhe** des aufrechnungspflichtigen Eigenkapitals ist dabei maßgebend allein die Verpflichtung zum Ansatz der identifizierbaren Vermögenswerte und Schulden zum beizulegenden Zeitwert im Erwerbszeitpunkt (IAS 28.23) einschließlich von **Eventualschulden *(contingent liabilities)*,** wenn diese hinreichend zuverlässig bewertet werden können (IFRS 3.37 (c) (2004); betreffend die Ansatzprinzipien und Wertmaßstäbe vgl IFRS 3.36ff (2004) sowie § 34 Rz 65ff). Der Ansatz von Eventualschulden ist hingegen infolge der Streichung der entspr Passage in IAS 28.23 (geändert 2008) als Folgeänderung des IFRS 3 (2008) nicht mehr zulässig. Vielmehr sind entspr dem ausdrücklichen Wortlaut in IAS 28.23 (geändert 2008) nur Vermögenswerte und Schulden iSd Framework ansetzbar (zu den Ansatzprinzipien vgl IFRS 3.10ff (2008)). Ausnahmen von der Bewertung zum beizulegenden Zeitwert existieren insbes für langfristige Vermögenswerte oder Veräußerungsgruppen, die aufgrund ihrer Klassifikation als zur

Veräußerung gehalten gem IFRS 5.15 zum beizulegenden Zeitwert abzüglich Veräußerungskosten anzusetzen sind (so explizit IFRS 3.31 (2008); zu weiteren Ausnahmen betreffend die Bewertung zum beizulegenden Zeitwert s IFRS 3.24ff (2008)). Der Ansatz der identifizierbaren Vermögenswerte und Schulden hat dabei jeweils unter Berücksichtigung von **latenten Steuern** gem IAS 12.19 (geändert 2008)/IAS 12.19 und IAS 12.26(c) zu erfolgen (*inside basis differences II;* s § 25 Rz 129f).

34 Eine quantitative **Begrenzung** der damit verbundenen Aufdeckung von stillen Reserven und Lasten besteht somit **nicht.** Dennoch wird eine Neubewertung **einzelner** Vermögenswerte und Schulden des *at equity* einzubeziehenden Unternehmens mangels beherrschenden Einflusses des Anteilseigners häufig nicht durchführbar sein. Insofern ist im Regelfall mit Blick auf den Grundsatz der **Wesentlichkeit** die Anwendung von Vereinfachungslösungen wie zB eine Aufdeckung stiller Reserven und Lasten **pro Bilanzposten** (zB betreffend die Vorräte) oder – bei der planmäßigen Abschreibung unterliegenden Sachanlagen – eine Abschreibung über die gewichtete durchschnittliche Restnutzungsdauer als ausreichend anzusehen.

35 **Nicht** Bestandteil des konsolidierungspflichtigen Eigenkapitals sind indessen auf **Minderheiten entfallende Reinvermögensbestandteile,** sofern der Equity-Methode der **Konzernabschluss** eines assoziierten Unternehmens oder Gemeinschaftsunternehmens zugrunde gelegt wird. Diese sind gem IAS 27.27 (2008)/IAS 27.33 (2003) zwar gesondert innerhalb des Eigenkapitals auszuweisen. Sie gehören jedoch gerade nicht dem den Konzernabschluss aufstellenden MU oder einem seiner TU und sind insoweit nicht in die Kapitalkonsolidierung einzubeziehen. Dies gilt auch für die auf Minderheiten entfallenden Beträge im Rahmen der Anpassung des identifizierbaren Reinvermögens an die beizulegenden Zeitwerte.

36 Jegliche **Differenz** zwischen den Anschaffungskosten für die Anteile und dem auf den Anteilseigner entfallenden konsolidierungspflichtigen Eigenkapital ist gem IAS 28.23 (geändert 2008)/IAS 28.23 (2003) als Geschäfts- oder Firmenwert (positiver Unterschiedsbetrag) oder negativer Unterschiedsbetrag zu bilanzieren. Werden die Anteile an einem assoziierten Unternehmen **direkt** erworben, so entfällt indessen ein gesonderter Ausweis dieser Unterschiedsbeträge. Vielmehr wird in IAS 28.23 (geändert 2008)/IAS 28.23 (2003) explizit determiniert, dass ein mit dem assoziierten Unternehmen **verbundener** Geschäfts- oder Firmenwert bzw **jeglicher** sich ergebender negativer Unterschiedsbetrag nach ertragswirksamer Auflösung Bestandteil des gesondert auszuweisenden Equity-Werts ist (sog *one-line consolidation*).

Gleichwohl wird es vielfach zu einem gesonderten Ausweis eines (auch) mit den *at equity* bilanzierten Anteilen eines assoziierten Unternehmens/Gemeinschaftsunternehmens verbundenen Unterschiedsbetrags aus der Kapitalkonsolidierung kommen. Werden bspw die Anteile an einem assoziierten Unternehmen im Rahmen des Erwerbs eines **Teilkonzerns** miterworben, so ist für **jede ZGE** dieses Teilkonzerns – zu dieser werden regelmäßig auch miterworbene Anteile an assoziierten Unternehmen gehören – insgesamt nur **ein** Unterschiedsbetrag zu ermitteln und gesondert als Geschäfts- oder Firmenwert auszuweisen bzw im Fall eines negativen Unterschiedsbetrags ertragswirksam zu vereinnahmen (s § 35 Rz 236ff). Zudem kann es zu einem vom Equity-Wert getrennten Ausweis kommen, wenn aus der Erstkonsolidierung eines TU ein Geschäfts- oder Firmenwert resultiert, der einer ZGU zugeordnet wird, die auch assoziierte Unternehmen enthält. In diesen Fällen sind die Regelungen in IFRS 3.54 (2008) iVm IFRS 3.B63(a) (2008)/IFRS 3.55 (2004) iVm IAS 36.80 zur Vollkonsolidierung anzuwenden.

37 Ist das aufrechnungspflichtige Eigenkapital **negativ,** so ergibt sich der Geschäfts- oder Firmenwert grds als **Summe** aus dem anteiligen negativen konsolidierungspflichtigen Reinvermögen und den Anschaffungskosten. Gleichwohl ist der erstmalige Equity-Wert stets durch die Höhe der Anschaffungskosten begrenzt.

38 Da ein verbleibender negativer Unterschiedsbetrag gem IAS 28.23(b) (geändert 2008)/IAS 28.23(b) (2003) als Ertrag zu vereinnahmen ist, erfolgt bereits unmittelbar im Anschluss an die Erstbewertung zu Anschaffungskosten eine **ertragswirksame Erhöhung des Equity-Werts.**

39 Weicht die **Berichtswährung** von der funktionalen Währung des assoziierten Unternehmens oder Gemeinschaftsunternehmens ab, so verlangt IAS 21.47 zwingend, dass jeglicher Geschäfts- oder Firmenwert sowie sämtliche aufgedeckten stillen Reserven und Lasten als Vermögenswerte und Schulden des **ausländischen Beteiligungsunternehmens** betrachtet werden und folglich zum **Stichtagskurs** umzurechnen sind (s ausführlich § 33 Rz 29). Für nach der Equity-Methode bewertete Unternehmen, die in der Währung eines Hochinflationslands berichten, gelten gem IAS 29.20 die allgemeinen Regeln zur Umrechnung von Abschlüssen aus Hochinflationsländern (s § 33 Rz 32ff).

II. Vorgehen bei Folgebewertungen

1. Vorbereitende Maßnahmen

40 Der **Fortschreibung** des Equity-Werts in Folgeperioden ist grds ein auf den Stichtag des Konzernabschlusses des Anteilseigners (MU) aufgestellter (Konzern-) Abschluss des assoziierten Unternehmens oder Gemeinschaftsunternehmens unter Beachtung der konzerneinheitlichen Bilanzierung und Bewertung zugrunde zu legen (s auch § 32 Rz 21ff). Sofern der Abschlussstichtag des assoziierten Unternehmens oder Gemeinschaftsunternehmens **nicht mehr** als drei Monate **vor** oder **nach** dem Konzernabschlussstichtag des MU liegt **und** die Erstellung eines Zwischenabschlusses auf den Konzernabschlussstichtag **nicht durchführbar oder wirtschaftlich vertretbar ist,** darf die Equity-Fortschreibung auch auf Basis eines auf diesen Zeitpunkt aufgestellten Abschlusses erfolgen (IAS 28.24f). Wesentliche Transaktionen oder Ereignisse in der Zeit zwischen den abweichenden Abschlussstichtagen sind dann jedoch durch angemessene **Anpassungen** (quantitativ) zu berücksichtigen (IAS 28.25). Im Hinblick auf den **Stetigkeitsgrundsatz** sind die Länge der Berichtsperiode und die Abweichung zwischen den Abschlussstichtagen im Zeitablauf konstant zu halten (IAS 28.25). Die Aufstellung eines Zwischenabschlusses ist vom Anteilseigner nachdrücklich zu fordern und ggf auch durch Einsatz eigener Mitarbeiter zu unterstützen. Kann die Aufstellung eines Zwischenabschlusses trotz Vorliegen eines maßgeblichen Einflusses nicht erreicht werden (diese Konstellation negierend *Heuser/Theile*[3] Rz 3511), sollte diese Tatsache durch entspr Anhangerläuterungen kenntlich gemacht werden.

2. Erfolgswirksam zu erfassende Fortschreibungskomponenten

41 In den Folgeperioden ist der Equity-Wert generell um die auf den Anteilseigner entfallenden **Eigenkapitalveränderungen** beim assoziierten Unternehmen bzw Gemeinschaftsunternehmen fortzuschreiben. Je nach Charakter sind diese Eigenkapitalveränderungen im Konzernabschluss des MU **erfolgswirksam** oder **erfolgsneutral** zu erfassen. Unter bestimmten Bedingungen ist zudem auf eine Fortschreibung des Equity-Werts zugunsten des Aussetzens der Equity-Methode zu verzichten.

a) Anteiliger Jahreserfolg und vereinnahmte Ausschüttungen

Wesentliches Kennzeichen der Equity-Methode ist die beteiligungsproportionale Fortschreibung des Equity-Werts um die beim assoziierten Unternehmen oder Gemeinschaftsunternehmen **nach** dem Erwerbszeitpunkt erwirtschafteten Erfolgsbestandteile. Dabei ist der bilanzielle Equity-Ansatz um den anteiligen **(Jahres-)Erfolg** zu erhöhen oder zu vermindern (IAS 28.11 iVm IAS 1.82(c)). Ggf anrechenbare Ertragsteuern sind ebenso wenig zu berücksichtigen wie steuerliche Minderungspotenziale bei thesaurierten Erfolgsbeiträgen im Fall von gespaltenen Steuersätzen (s ausführlich *Baetge/Bruns/Klaholz* in Baetge ua IFRS-Komm^2 IAS 28 Rz 91 ff). Der für die Fortschreibung maßgebende anteilige Jahreserfolg ist dabei aus dem an die konzerneinheitlichen Bilanzierungs- und Bewertungsmethoden **angepassten** Abschluss des assoziierten Unternehmens oder Gemeinschaftsunternehmens abzuleiten. Während potenzielle Stimmrechte bei der Berechnung des auf den Anteilseigner entfallenden Anteils am Jahreserfolg nicht zu berücksichtigen sind (IAS 28.12), ist gem IAS 28.28 von einem um Dividenden auf **(kumulative) Vorzugsaktien** (s § 11 AktG und § 139 AktG) geminderten Erfolg auszugehen, sofern diese Vorzugsaktien als Eigenkapital zu klassifizieren sind (s § 12 Rz 41 ff) und von konzernfremden Dritten gehalten werden. Dies gilt mithin unabhängig davon, ob bereits ein Ausschüttungsbeschluss vorliegt oder nicht. Besitzt der Anteilseigner selbst (kumulative) Vorzugsaktien, ist diese Tatsache bei der Berechnung des anteiligen Jahreserfolgs für die Equity-Fortschreibung gleichermaßen adäquat zu berücksichtigen. 42

Korrespondierend mit der Fortschreibung des Equity-Werts um die anteiligen Jahreserfolge beim Beteiligungsunternehmen sind in Folgeperioden durch den Anteilseigner **vereinnahmte Ausschüttungen** vom Equity-Wert abzusetzen (IAS 28.11). Dabei wird der Equity-Ansatz zu Lasten des vereinnahmten Beteiligungsertrags gekürzt, so dass sich der Sachverhalt buchungstechnisch letztlich als **erfolgsneutraler Aktivtausch** (per Bank/Forderungen an Anteile an assoziierten Unternehmen/Equity-Wert) niederschlägt. 43

b) Im Rahmen der Kapitalkonsolidierung aufgedeckte stille Reserven und Lasten

Gem IAS 28.23 (geändert 2008)/IAS 28.23 (2003) ist der auf den Anteilseigner entfallende Anteil an den Gewinnen oder Verlusten des assoziierten Unternehmens bzw Gemeinschaftsunternehmens um die planmäßigen oder außerplanmäßigen **Abschreibungen/Auflösungen** der bei der Neubewertung im Rahmen der erstmaligen Kapitalkonsolidierung aufgedeckten stillen Reserven/Lasten anzupassen. So ist zB die für die Equity-Fortschreibung maßgebende Abschreibungsbasis von Sachvermögenswerten durch die beizulegenden Zeitwerte im Erwerbszeitpunkt geprägt, dh die aufgedeckten stillen Reserven/Lasten werden ebenso behandelt wie die Vermögenswerte und Schulden, denen sie bei der erstmaligen Kapitalkonsolidierung in der außerbilanziellen Nebenrechnung zugeordnet wurden. Seinerzeit bei der Neubewertung erfolgsneutral abgegrenzte **latente Steuern** sind dabei korrespondierend zu den stillen Reserven/Lasten **erfolgswirksam** aufzulösen (*inside basis differences II;* s § 25 Rz 129 f). Sofern für Zwecke der Equity-Fortschreibung in Folgeperioden – idealerweise – tatsächlich ein spezieller, die Besonderheiten der Equity-Methode berücksichtigender Abschluss aufgestellt wird, werden die Fortführungen der Wertansätze der Vermögenswerte und Schulden auf Basis der beizulegenden Zeitwerte inklusive der latenten Steuern bereits automatisch im Jahreserfolg des assoziierten Unternehmens bzw Gemeinschaftsunternehmens berücksichtigt. Andernfalls ist in der 44 außerbilanziellen Nebenbuchhaltung der jährliche Anpassungsbetrag zu ermitteln und gesondert in die Equity-Fortschreibung einzubeziehen.

45 Weicht die **Berichtswährung** von der funktionalen Währung des Beteiligungsunternehmens ab, so sollten aufgrund der zwingenden Umrechnung zum Stichtagskurs gem IAS 21.47 die aufgedeckten stillen Reserven/Lasten zunächst in der funktionalen Währung fortgeführt und dann zum Stichtagskurs in die Berichtswährung umgerechnet werden.

c) Geschäfts- oder Firmenwert

46 Infolge der Regelungen des IAS 28.23 (geändert 2008)/IAS 28.23 (2003) stellt ein im Zuge der (außerbilanziellen) Erstkonsolidierung verbleibender positiver Unterschiedsbetrag einen Geschäfts- oder Firmenwert dar, der jedoch nicht planmäßig abzuschreiben ist. Der **Besonderheit**, dass der Geschäfts- oder Firmenwert bei Anwendung der Equity-Methode im Regelfall (zu Ausnahmen s Rz 36) im Buchwert der Anteile eingeschlossen und damit anders als bei der Vollkonsolidierung von TU oder der Quotenkonsolidierung von Gemeinschaftsunternehmen nicht gesondert ausgewiesen wird, trägt IAS 28.33 Rechnung: Eine **gesonderte** jährliche Überprüfung des Geschäfts- oder Firmenwerts auf Wertminderung gem IAS 36 entfällt. Vielmehr ist – bei Vorliegen von Anzeichen für eine Wertminderung gem IAS 39 – der **gesamte Equity-Wert** der Anteile gem IAS 36 auf eine Wertminderung zu überprüfen (s im Einzelnen Rz 55 ff). Nicht explizit geregelt war bislang, ob und wie ein derart ermittelter Wertminderungsbedarf auf die einzelnen Vermögenswerte des assoziierten Unternehmens buchungstechnisch zu verteilen war. Nach hM wurde eine vorrangige außerplanmäßige Abschreibung des Geschäfts- oder Firmenwerts für notwendig erachtet (s Vorauflage Rz 34; so auch *Heuser/Theile*[3] Rz 3531; *Lüdenbach* in Lüdenbach/Hoffmann IFRS[7] § 33 Rz 84). Durch eine Ergänzung des IAS 28.33 im Rahmen des *Annual Improvements* Projekt 2008 wird nunmehr indessen klargestellt, dass Wertminderungen nicht auf einzelne Vermögenswerte – inklusive den im Buchwert enthaltenen Geschäfts- oder Firmenwert – zu verteilen sind; vielmehr ist der Equity-Wert als solcher außerplanmäßig abzuschreiben. Der IASB vertritt diesbezüglich die Auffassung, dass der Eigner von Anteilen an einem assoziierten Unternehmen nur dieses Investment, nicht aber die dahinter stehenden Vermögenswerte und Schulden kontrolliert (IAS 28.BC27). Deshalb ist der Equity-Wertansatz nur in seiner Gesamtheit zu bewerten und entspr pauschal abzuschreiben (zu den bilanziellen Auswirkungen in Folgeperioden s Rz 57).

47 In IAS 21.49 (geändert 2008) wird zudem klargestellt, dass der Fall einer vom Anteilseigner erfassten Wertminderung betreffend Anteile an assoziierten oder Gemeinschaftsunternehmen **keine Teilveräußerung** (s Rz 106 ff) darstellt und folglich eine (anteilige) erfolgswirksame Erfassung von bislang erfolgsneutral berücksichtigten Währungsumrechnungsdifferenzen nicht in Frage kommt. Im Rahmen der Übernahme des IAS 27 (2008) in europäisches Recht (Endorsement) im Juni 2009 wurden die Änderungen in IAS 21.49 (geändert 2008) nicht übernommen (s VO (EG) Nr 494/2009 vom 3. Juni 2009, L 149 S 19). UE handelt es sich hierbei um ein **redaktionelles Versehen**, da die übrigen Änderungen der IAS 21.48A bis D (geändert 2008) endorsed wurden und sich damit bei Nicht-Berücksichtigung der Änderungen des IAS 21.49 Inkonsistenzen ergeben.

d) Negativer Unterschiedsbetrag

48 Nach IAS 28.23(b) (2008)/IAS 28.23(b) (2003) ist ein verbleibender negativer Unterschiedsbetrag aus der erstmaligen Kapitalkonsolidierung im (Zwischen-)

Abschluss der Periode, in der die Anteile an dem assoziierten Unternehmen erworben wurden, **ertragswirksam** und damit Equity-Wert erhöhend aufzulösen. Weitere Regelungen für eine Folgebilanzierung erübrigen sich somit.

e) Zwischenergebniseliminierung

Bei Anwendung der Equity-Methode sind generell (unrealisierte) **Gewinne und Verluste** aus Transaktionen zwischen *at equity* einbezogenen assoziierten Unternehmen bzw Gemeinschaftsunternehmen einerseits und dem Anteilseigner (MU) sowie seinen konsolidierten TU andererseits **beteiligungsproportional** zu eliminieren (IAS 28.22; s zur grds Vorgehensweise im Rahmen der Zwischenergebniseliminierung § 35 Rz 96 ff). Eine Verpflichtung zur Eliminierung von Zwischenergebnissen aus Transaktionen zwischen assoziierten Unternehmen (sog Satelitten-Lieferungen) und/oder Gemeinschaftsunternehmen (sog *cross-stream*-Lieferungen) besteht nicht. Vielmehr muss diesbezüglich von einem Eliminierungsverbot ausgegangen werden. 49

Die Pflicht zur Zwischenergebniseliminierung betrifft sowohl Lieferungen und Leistungen vom assoziierten Unternehmen bzw Gemeinschaftsunternehmen an das MU oder eines seiner konsolidierten TU (sog ***„Upstream“*-Transaktionen**) als auch den umgekehrten Fall der sog ***„Downstream“***-Transaktionen. Nicht in IAS 28.22 übernommen wurde der in IAS 31.49 enthaltene Hinweis, dass Zwischen**verluste nicht** eliminiert werden dürfen, sofern die Transaktion substanzielle Anhaltspunkte für eine **Wertminderung** des übertragenen Vermögenswerts gibt, zB weil die Veräußerung zu marktüblichen Konditionen erfolgte. UE ergeben sich aus dem Fehlen dieses Zusatzes in IAS 28.22 jedoch keine abweichenden bilanziellen Auswirkungen. Schließlich ist darauf hinzuweisen, dass die Zwischenergebniseliminierung in aller Regel die Abgrenzung **latenter Steuern** nach sich zieht. 50

Grds kann die Zwischenergebniseliminierung bei **Unwesentlichkeit** unterbleiben. Überdies wird es insbes im Fall von *„Upstream“*-Transaktionen regelmäßig zu einem **Informationsbeschaffungsproblem** kommen, da hier zur Ermittlung der Zwischenergebnisse Kenntnisse über die Kalkulationen des assoziierten Unternehmens bzw Gemeinschaftsunternehmens erforderlich sind. Stehen die zur Zwischenergebniseliminierung notwendigen Informationen trotz intensiver Einflussnahme durch den Anteilseigner nicht zur Verfügung und können die Zwischenergebnisse auch nicht sinnvoll geschätzt werden, ist im Rahmen der Erläuterungen zur Equity-Methode diese Tatsache im Anhang anzugeben. 51

Wenngleich in IAS 28 eine Regelung bzgl des **Ausweises** der zu eliminierenden Zwischenergebnisse und damit verbundener latenter Steuern fehlt, ist nach der hier vertretenen Ansicht unabhängig vom Vorliegen einer *„Upstream“*- oder *„Downstream“*-Transaktion im Regelfall buchungstechnisch eine Berücksichtigung der Saldogröße im (bilanziellen) Equity-Ansatz einerseits und dem korrespondierenden erfolgsrechnerischen Posten andererseits zu präferieren (glA *Pellens/Fülbier/Gassen*[7], 777; s auch die Beispiele unter Rz 117 ff). Diese Ausweisform spiegelt überdies die notwendige **erfolgsorientierte** Zuordnung der Zwischenergebnisse wider, die infolge des lediglich maßgeblichen Einflusses aus der mangelnden Übernahme der Vermögenswerte und Schulden des assoziierten Unternehmens bzw Gemeinschaftsunternehmens im Rahmen der Equity-Methode resultiert. 52

f) Schuldenkonsolidierung

Nach IAS 28.20 ist es vielfach sachgerecht, die auf die Vollkonsolidierung anzuwendenden Konsolidierungsverfahren (s IAS 27) analog bei der Anwendung 53 der Equity-Methode zu berücksichtigen. Demnach muss grds von einer Pflicht zur Schuldenkonsolidierung ausgegangen werden, wenngleich im Gegensatz zur Zwischenergebniseliminierung diesbezüglich auf explizite Regelungen verzichtet wurde. Dies lässt sich zum einen mit dem im Vergleich zu TU geringeren Einfluss auf die Beschaffbarkeit von **Informationen** begründen. Zum anderen ist mangels Übernahme der Abschlussposten von at *equity* einbezogenen Unternehmen zugunsten eines saldierten Ausweises im Rahmen der Equity-Fortschreibung lediglich die Berücksichtigung sich aus den Konsolidierungsmaßnahmen ergebender **erfolgswirksamer Differenzen** sinnvoll.

54 Eine Schuldenkonsolidierung iSd Eliminierung erfolgswirksamer Differenzen wäre bspw dann sachgerecht, wenn das assoziierte Unternehmen zugunsten des Anteilseigners eine Gewährleistungsrückstellung gebildet hat, während das MU in seinem Abschluss keine entspr Forderung bilanziert. Wird in diesem und vergleichbaren Fällen eine Schuldenkonsolidierung – insbes mit dem Ziel der Eliminierung bilanzpolitischen Gestaltungspotenzials – durchgeführt, so hat die Eliminierung der Erfolgsbeiträge analog zur Zwischenergebniseliminierung **beteiligungsproportional** zu erfolgen. Regelmäßig wird dabei auch die Abgrenzung **latenter Steuern** notwendig werden. Der **Ausweis** der resultierenden Saldogröße ist entspr dem Vorgehen bei der Zwischenergebniseliminierung vorzunehmen (s Rz 112 ff).

Die Durchführung einer (erfolgsneutralen) Aufwands- und Ertragskonsolidierung im Rahmen der Equity-Methode scheidet mangels Übernahme der entspr Aufwendungen und Erträge des assoziierten oder Gemeinschaftsunternehmens aus.

g) Wertminderungsaufwendungen

55 Im Anschluss an die Fortschreibung des Equity-Werts (und der diesem gleich gestellten übrigen Bestandteile des finanziellen Engagements gem IAS 28.29; s Rz 70 ff) um anteilige Verluste ist gem IAS 28.31 zu überprüfen, ob entspr IAS 39.58 ff (s § 3 Rz 175 f) objektive Hinweise für eine **zusätzliche Wertminderung** eines verbleibenden positiven Equity-Werts vorliegen. Ergeben sich dabei Hinweise auf eine **dauerhafte** Wertminderung der Beteiligung an einem assoziierten Unternehmen oder Gemeinschaftsunternehmen, ist in Übereinstimmung mit IAS 36 (s § 27 Rz 12 ff) zu überprüfen, ob eine außerplanmäßige Abschreibung des Equity-Wertansatzes vorzunehmen ist (s IAS 28.33). „Vorübergehende Wertminderungen, die lediglich über einen absehbaren Zeitraum bestehen, mindern den Equity-Wert indirekt über die Erfolgsentwicklung" (*Baetge/Bruns* in Baetge ua IFRS-Komm[2] IAS 28 Rz 131 c; s ausführlich zu vorübergehenden und dauerhaften Wertminderungen *Lüdenbach/Frowein* BB 2003, 2454 ff). Die zweistufige Ermittlung von Wertminderungsbedarf unter Berücksichtigung der Regeln des IAS 39 (Prüfung des Vorliegens eines Wertminderungsindikators entspr dem Vorgehen bei Finanzinstrumenten, obwohl gem IAS 39.2 (a) *at equity* bewertete Anteile vom Anwendungsbereich des IAS 39 ausgenommen sind) und des IAS 36 (Durchführung eines Wertminderungstests entspr dem Vorgehen bei langfristigen Vermögenswerten) korrespondiert insoweit mit der **„Zwitterstellung"** (*Lüdenbach* in Lüdenbach/Hoffmann IFRS[7] § 33 Rz 83) von nach der Equity-Methode bewerteten Anteilen.

56 Bei der Feststellung, ob eine **dauerhafte Wertminderung** vorliegt, ist der Equity-Wert der betreffenden Anteile (vollständiger Beteiligungsbuchwert gem IAS 36.59) mit dem erzielbaren Betrag, der durch den höheren Wert von Nettoveräußerungs- und Nutzungswert bestimmt wird (IAS 36.6), zu vergleichen. Der

gegenwärtige Nutzungswert ermittelt sich dabei (IAS 28.33) – abweichend von IAS 36.30 ff – entweder

(1) als auf den Anteilseigner entfallender **Barwert** der geschätzten, zukünftig vom assoziierten Unternehmen bzw Gemeinschaftsunternehmen als Ganzem erzielbaren Cashflows, inklusive der Cashflows aus den Aktivitäten und dem endgültigen Abgang des Beteiligungsunternehmens oder als

(2) Barwert der geschätzten zukünftigen **Cashflows** aus den erwarteten Dividenden und dem endgültigen Abgang des assoziierten Unternehmens bzw Gemeinschaftsunternehmens.

Beide Vorgehensweisen führen unter Zugrundelegung korrekter Annahmen letztlich zum gleichen Ergebnis. Liegt der erzielbare Betrag unter dem vollständigen Beteiligungsbuchwert, ist eine außerplanmäßige Abschreibung erforderlich.

Die **Erfassung** eines sich ergebenden **Wertminderungsbedarfs** ist nicht au- 57
ßerbilanziell auf einzelne Vermögenswerte zu verteilen und führt damit auch nicht zu einer vorrangigen außerplanmäßigen Abschreibung eines im Equity-Wert enthaltenen Geschäfts- oder Firmenwerts. Vielmehr wurde durch eine Änderung des IAS 28.33 im Rahmen des *Annual Improvements* Projekts 2008 klargestellt, dass der Equity-Wert pauschal als solcher wertzuberichtigen ist, und zwar ohne Auswirkungen auf die im Rahmen der Equity-Fortschreibung in Folgeperioden zu berücksichtigenden anteiligen Gewinne und Verluste des assoziierten Unternehmens (aA *Lüdenbach* in Lüdenbach/Hoffmann IFRS[7] § 33 Rz 84). Eine Anpassung der Abschreibungspläne für langfristige Vermögenswerte ist damit nicht erforderlich.

Beispiel: Zum 31. Dezember X1 erwirbt ein MU 40% der Anteile an einem assoziierten Unternehmen A zu einem Kaufpreis von T€ 1.000. Das **anteilige** Eigenkapital nach Neubewertung der Vermögenswerte und Schulden im Konzernabschluss von A beträgt T€ 800 (darin enthalten aufgedeckte stille Reserven in Höhe von T€ 250 (Restnutzungsdauer: fünf Jahre)), sodass sich im Rahmen der erstmaligen Equity-Bilanzierung in der statistischen Nebenrechnung ein Geschäfts- oder Firmenwert in Höhe von T€ 200 ergibt. Im Geschäftsjahr X2 erwirtschaftet A einen Verlust in Höhe von T€ 250, im Geschäftsjahr X3 einen Verlust in Höhe von T€ 500. Zudem ergibt ein Wertminderungstest, dass die gesamte Beteiligung um weitere T€ 400 wertzumindern ist. Im Geschäftsjahr X4 werden weitere Verluste bei A in Höhe von T€ 200 erwirtschaftet. Die Equity-Fortschreibung stellt sich damit wie folgt dar:

		T€
	Equity-Wert zum 31. Dezember X1	1.000
–	Abschreibung stille Reserven (T€ 250 × 0,2)	–50
–	anteiliger Jahresfehlbetrag von A (T€ 250 × 0,4)	–100
=	Equity-Wert zum 31. Dezember X2	850
–	Abschreibung stille Reserven (T€ 250 × 0,2)	–50
–	anteiliger Jahresfehlbetrag von A (T€ 500 × 0,4)	–200
–	Wertminderung Equity-Wert	-400
=	Equity-Wert zum 31. Dezember X3	200
–	Abschreibung stille Reserven (T€ 250 × 0,2)	–50
–	anteiliger Jahresfehlbetrag von A (T€ 200 × 0,4)	–80
=	Equity-Wert zum 31. Dezember X4	70

Die Fortführung der Abschreibung der stillen Reserven hat selbst dann zu erfolgen, wenn der Equity-Wert aufgrund des Erreichens der Nullgrenze ausgesetzt wird (s Rz 70 ff).

58 Generell ist bei der Ermittlung des Wertminderungsbedarfs **einzelfallbezogen,** dh separat für jedes assoziierte Unternehmen und Gemeinschaftsunternehmen, vorzugehen (s IAS 28.34). Erzielt das assoziierte Unternehmen respektive Gemeinschaftsunternehmen hingegen operative Cashflows, die **nicht** weitgehend **unabhängig** von denen anderer Vermögenswerte des Anteilseigners sind, wird die übergeordnete ZGE auf Wertminderung überprüft. Diese Überprüfung (Ermittlung von Anhaltspunkten für eine Wertminderung und Ermittlung der Höhe der Wertminderung) richtet sich indessen nach IAS 36. Sofern damit ein nach der Equity-Methode bewertetes Unternehmen Teil einer ZGE ist, der ein Geschäfts- oder Firmenwert zugeordnet wurde, hat gem IAS 36.90 eine **jährliche** Überprüfung zu erfolgen, auch wenn nach IAS 39 möglicherweise keine Indikatoren für eine Wertminderungsüberprüfung nach IAS 28.31 vorliegen. Ein ggf resultierender Wertminderungsbedarf ist dabei zunächst von einem der ZGE zugeordneten und gesondert ausgewiesenen Geschäfts- oder Firmenwert abzusetzen. Reicht dieser Geschäfts- oder Firmenwerts zur Erfassung der Wertminderung nicht aus, ist der Equity-Wert von assoziierten Unternehmen entspr IAS 36.4(b) in die Zuordnungsregel des IAS 36.104(b) einzubeziehen.

h) Wertaufholungen

59 Die bislang existierende Regelungslücke betreffend die Frage ob und ggf wie Wertaufholungen bei nach der Equity-Methode bewerteten Anteilen zu berücksichtigen sind, wurde durch eine entspr Ergänzung des IAS 28.33 im Rahmen des *Annual Improvements* Projekts 2008 geschlossen. Korrespondierend mit der Klarstellung in IAS 28.33, Wertminderungen, die das gesamte Investment in ein assoziiertes Unternehmen betreffen, nicht auf einzelne Vermögenswerte (Geschäfts- oder Firmenwert etc) aufzuteilen, sondern den Equity-Wert selbst pauschal gem IAS 36 wertzumindern, ist auch eine spätere Wertaufholung in Übereinstimmung mit IAS 36 zu bilanzieren. Demzufolge existiert gem IAS 28.33 iVm IAS 36.4 iVm IAS 36.109ff ein **Zuschreibungsgebot** auf den erzielbaren Betrag, wenn sich – in Anlehnung an IAS 39.65 – in Folgeperioden die Höhe der Wertberichtigung infolge eines objektiv nach der Erfassung der Wertminderung aufgetretenen Sachverhalts verringert hat. Die Ermittlung der ertragswirksam zu erfassenden Wertaufholung auf den höheren erzielbaren Betrag richtet sich wiederum nach IAS 36. Gem IAS 36.117 (bzw IAS 36.122) stellt somit der Betrag, der sich bei „normaler" Fortschreibung des Equity-Werts um anteilige Eigenkapitalveränderungen, Abschreibungen stiller Reserven etc ohne Wertminderungsaufwand zum Stichtag ergeben hätte, die **absolute Wertobergrenze** der Wertaufholung dar. Entspr dem Vorgehen bei der Erfassung von Wertminderungen des gesamten Investments ist auch im umgekehrten Fall der Wertaufholung aufgrund des Wegfalls des Abschreibungsgrunds keine Separierung vorzunehmen. Das in IAS 36.124 kodifizierte Wertaufholungsverbot für den Geschäfts- oder Firmenwert greift somit nicht.

i) Gewinne und Verluste aus beteiligungsquotenverändernden Kapitalmaßnahmen des Beteiligungsunternehmens

60 Führt ein assoziiertes Unternehmen bzw Gemeinschaftsunternehmen eine **Kapitalerhöhung** durch, an der der Anteilseigner **unterproportional** zu seiner bisherigen Beteiligungsquote teilnimmt, und ergeben sich infolge eines Abweichens von Bilanz- und Ausgabekurs Änderungen des auf den Anteilseigner entfallenden Eigenkapitals sind diese **nicht zwingend erfolgsneutral** zu erfassen. Dies lässt sich aus der (klarstellenden) Folgeänderung des IAS 28.11 im Zuge des IAS 1 (2007) ableiten, aus der hervorgeht, dass es sich bei den in IAS 28.11 ge-

nannten, zwingend erfolgsneutral zu berücksichtigenden Fortschreibungskomponenten des Equity-Werts um Veränderungen des sonstigen Ergebnisses beim assoziierten Unternehmen handelt. In der Kommentarliteratur wird übereinstimmend eine erfolgswirksame Erfassung präferiert (so *Ernst & Young* 2009, 830 ff; *Lüdenbach* in Lüdenbach/Hoffmann IFRS[7] § 33 Rz 89 f; *Baetge/Bruns/Klaholz* in Baetge ua IFRS-Komm[2] IAS 28 Rz 129) UE existiert mangels Regelungen ein Wahlrecht zur erfolgswirksamen oder erfolgsneutralen Erfassung von Änderungen des auf den Anteilseigner entfallenden Eigenkapitals; dies gilt entspr im Fall der einer **über-** oder **unterproportionalen** Teilnahme an einer **Kapitalherabsetzung** des assoziierten Unternehmens oder Gemeinschaftsunternehmens (s im Einzelnen Rz 104 f, Rz 107 f) sowie im Fall des (Rück-)Kaufs von Vorratsaktien durch das assoziierte Unternehmen bzw Gemeinschaftsunternehmen. Die erstmalige Festlegung auf eine Vorgehensweise (erfolgswirksam oder erfolgsneutral) hat jedoch infolge des Stetigkeitsgebots verbindliche Wirkung für nachfolgende Fälle.

j) Latente Steuern

Die Pflicht zur Berücksichtigung latenter Steuern im Rahmen der Equity-Bewertung ergibt sich zum einen aus IAS 28.20 sowie zum anderen aus IAS 12. Dabei sind die infolge der **Anwendung der Equity-Methode** abzugrenzenden latenten Steuern sinnvollerweise wie folgt zu differenzieren: 61

(1) **Latente Steuern, die (hypothetisch) in dem der Equity-Fortschreibung zugrunde liegenden Abschluss des assoziierten Unternehmens bzw Gemeinschaftsunternehmens abzugrenzen sind *(inside basis differences II)*:** Diese latenten Steuern betreffen neben der Auflösung von im Zuge der erstmaligen Kapitalkonsolidierung erfolgneutral abgegrenzten latenten Steuern auf aufgedeckte stille Reserven/Lasten auch latente Steuern aus der Zwischenergebniseliminierung und der erfolgswirksamen Schuldenkonsolidierung. Diese latenten Steuern gehen **nicht** als solche in den **Konzernabschluss** des Anteilseigners ein, sondern beeinflussen **saldiert** mit den übrigen unter Rz 42 bis Rz 45 und Rz 49 bis Rz 54 dargestellten Komponenten den der (erfolgsrechnerischen) Equity-Fortschreibung zugrunde zu legenden (Jahres-)Erfolg (s auch das Beispiel unter Rz 69). Infolge dieses Nettoausweises ist im Rahmen der in IAS 12.81(c) geforderten Überleitungsrechnung die Einfügung einer gesonderten Zeile betreffend die Auswirkungen der Equity-Methode notwendig.

(2) **Latente Steuern aufgrund der Anwendung der Equity-Methode:** Diese latenten Steuern sind im **Konzernabschluss** des Anteilseigners (erfolgswirksam) abzugrenzen und als solche auszuweisen (*outside basis differences*; s § 25 Rz 124). Sie resultieren (ggf) aus temporären Differenzen zwischen dem in der Konzernbilanz fortgeschriebenen Equity-Wert und dem Beteiligungsbuchwert lt Steuerbilanz (s IAS 12.39 und IAS 12.44 sowie ausführlich § 25 Rz 131 ff und *Lienau* KoR 2007, 19 ff). 62

3. Erfolgsneutral zu erfassende Fortschreibungskomponenten

Neben den erfolgswirksam zu erfassenden Fortschreibungskomponenten werden in IAS 28.11 explizit Sachverhalte genannt, die zu einer **erfolgsneutralen** Erhöhung oder Verminderung des Equity-Ansatzes im Abschluss des Anteilseigners führen. In erster Linie handelt es sich dabei nach IAS 28.11 in der Terminologie des IAS 1 (2007) um Änderungen des sonstigen Ergebnisses *(other comprehensive income)* des assoziierten Unternehmens, die entspr der Beteiligungsquote des Anteilseigners als Fortschreibungskomponente im sonstigen Ergebnis des Konzernabschlusses zu erfassen sind (zu den Bestandteilen des sonstigen Ergeb- 63 nisses s IAS 1.7 und § 17 Rz 36 ff). Hierzu zählen auch Währungsumrechnungsdifferenzen aus der Umrechnung von Abschlüssen ausländischer assoziierter oder Gemeinschaftsunternehmen. Darüber hinaus stellen auch retrospektive Änderungen von Bilanzierungs- und Bewertungsmethoden sowie Berichtigungen (wesentlicher) Fehler (s § 17 Rz 21 f) beim assoziierten Unternehmen, die jegliche in der Eigenkapitalveränderungsrechnung des assoziierten Unternehmens erfassten Eigenkapitalposten betreffen können, erfolgsneutral zu berücksichtigende Fortschreibungskomponenten dar. Entspr gilt für auf den Anteilseigner entfallende Eigenkapitalveränderungen (Gewinne und Verluste) infolge seiner unterproportionalen Teilnahme an einer Kapitalerhöhung bzw seiner unter- oder überproportionalen Teilnahme an einer Kapitalherabsetzung des assoziierten Unternehmens, sofern diese **erfolgsneutral** im Konzernabschluss erfasst werden (s Rz 60).

a) Neubewertung von Sachanlagen und immateriellen Vermögenswerten, Marktbewertungen gem IAS 39, versicherungsmathematische Gewinne und Verluste

64 Sofern das assoziierte Unternehmen oder Gemeinschaftsunternehmen in dem der Equity-Fortschreibung zugrunde liegenden Abschluss **Neubewertungen** von Sachanlagen oder immateriellen Vermögenswerten gem IAS 16.31 ff bzw IAS 38.75 ff durchführt (s ausführlich § 4 Rz 87 ff; § 5 Rz 123 ff), die in erfolgsneutral zu erfassenden Auf- oder Abwertungsbeträgen nach IAS 16.39 f respektive IAS 38.85 resultieren (Erhöhung/Verminderung des sonstigen Ergebnisses), so sind die auf den Anteilseigner entfallenden Eigenkapitaländerungen bei der Equity-Fortschreibung ebenfalls **erfolgsneutral** zu berücksichtigen. Entspr gilt für erfolgsneutral in der Neubewertungsrücklage zu erfassende Änderungen von Rückstellungen für Entsorgungs-, Wiederherstellungs- und ähnliche Verpflichtungen gem IFRIC 1.6(d) (s auch § 17 Rz 41). Sofern das *at equity* einbezogene Unternehmen in seinem Abschluss Gewinne und Verluste aus der Bewertung zum beizulegenden Zeitwert von zur Veräußerung verfügbaren Finanzinvestitionen gem IAS 39.55(b) erfolgsneutral (im sonstigen Ergebnis) erfasst hat sowie im Fall von Cashflow-Hedge Reserven gem IAS 39.95(a), hat ebenfalls eine erfolgsneutrale Equity-Fortschreibung (durch Erfassung im sonstigen Ergebnis) im Abschluss des Anteilseigners zu erfolgen. Des Weiteren sind auch erfolgsneutral (im periodischen sonstigen Ergebnis des assoziierten Unternehmens) erfasste versicherungsmathematische Gewinne und Verluste gem IAS 19.93B (s § 17 Rz 40 f) hierunter zu subsumieren.

65 Die erfolgsneutrale Equity-Fortschreibung im Abschluss des Anteilseigners umfasst den **Saldobetrag** aus der Neubewertung (zugrunde liegender Sachverhalt) und der diesen Effekt teilweise kompensierenden erfolgsneutralen latenten Steuerabgrenzung (s IAS 12.61, IAS 1.90 ff), die bereits im Abschluss des assoziierten Unternehmens oder Gemeinschaftsunternehmens erfolgt *(inside basis differences I)*.

Die erfolgsneutral zu berücksichtigenden Fortschreibungsbeträge aus der Anwendung der Equity-Methode sind nach IAS 28.39 iVm IAS 1.82(h) in einem **gesonderten Posten des sonstigen Ergebnisses** in der Gesamtergebnisrechnung des Anteilseigners zu erfassen (s Rz 113 f). Eine ebenfalls gesonderte Darstellung innerhalb der Eigenkapitalveränderungsrechnung wird hingegen nicht explizit gefordert, ist jedoch aus Transparenzgründen zu präferieren (s § 17 Rz 59). Dies gilt mithin nicht für versicherungsmathematische Gewinne und Verluste; diese sind analog IAS 1.96 iVm IAS 19.93D im Jahr ihrer Entstehung in die (Konzern-)Gewinnrücklagen umzugliedern.

b) Differenzen aus der Währungsumrechnung

Differiert die funktionale von der Berichtswährung und wird der Abschluss des assoziierten Unternehmens bzw Gemeinschaftsunternehmens demzufolge in einer anderen als der Berichtswährung aufgestellt, hat für Zwecke der Einbeziehung in den Konzernabschluss des Anteilseigners eine Umrechnung nach IAS 21.38ff (Stichtagskursmethode) in die Berichtswährung zu erfolgen. Sofern dabei **Währungsumrechnungsdifferenzen** entstehen, sind diese gem IAS 21.39(c) **separat erfolgsneutral** im Eigenkapital des Beteiligungsunternehmens (sonstigen Ergebnis) zu erfassen (beachte auch IAS 21.47 hinsichtlich der zwingend zum Stichtagskurs umzurechnenden stillen Reserven/Lasten sowie des Geschäfts- oder Firmenwerts in Folgeperioden). Derartige Eigenkapitaländerungen unterliegen – ebenso wie erfolgsneutral erfasste Umrechnungsdifferenzen in einem Konzernabschluss des assoziierten Unternehmens/Gemeinschaftsunternehmens – grds der (ebenfalls erfolgsneutralen) Abgrenzung latenter Steuern (s IAS 21.50 iVm IAS 12.61; s ausführlich § 25 Rz 153ff). 66

Da der Fortschreibungsbetrag aus Währungsumrechnungsdifferenzen nicht originär im Einzelabschluss des assoziierten oder Gemeinschaftsunternehmens entsteht, sondern vielmehr durch die Umrechnung in die Konzernwährung bedingt ist, handelt es sich nicht um Bestandteile des sonstigen Ergebnisses des assoziierten oder Gemeinschaftsunternehmens ieS. UE ist aber unter **praktischen Gesichtspunkten** eine Erfassung des Fortschreibungsbetrags aus Währungsumrechnungsdifferenzen in der Konzern-Gesamtergebnisrechnung mit den unter Rz 64f beschriebenen erfolgsneutralen Eigenkapitalveränderungen gem IAS 28.39 iVm IAS 1.82(h) in einem gesonderten Posten des sonstigen Ergebnisses möglich. Der Ausweis in der Eigenkapitalveränderungsrechnung hat korrespondierend zur Behandlung in der Gesamtergebnisrechnung zu erfolgen. 67

c) Latente Steuern

Die unter Rz 64f dargestellten Sachverhalte führen bereits in dem der Equity-Fortschreibung zugrunde liegenden Abschluss des assoziierten Unternehmens bzw Gemeinschaftsunternehmens zur erfolgsneutralen Abgrenzung latenter Steuern und beeinflussen somit die Höhe des erfolgsneutral (im sonstigen Ergebnis des Anteilseigners) zu erfassenden Fortschreibungsbetrags. Darüber hinaus sind grds latente Steuern **erfolgsneutral** im **Konzernabschluss des Anteilseigners** abzugrenzen, sofern aus den unter Rz 60, Rz 66f beschriebenen Sachverhalten temporäre Differenzen zwischen dem in der Konzernbilanz fortgeschriebenen Equity-Wert und dem Beteiligungsbuchwert lt Steuerbilanz resultieren (*outside basis differences;* s IAS 12.39 und IAS 12.44 sowie ausführlich § 25 Rz 124, Rz 131ff). 68

d) Zusammengefasstes Beispiel zur Equity-Fortschreibung in Folgeperioden

Beispiel: Zum 31. Dezember X1 erwirbt ein MU (KapGes) 30% der Anteile an einem assoziierten Unternehmen A (inländische KapGes, selbst MU) zu einem Kaufpreis von T€ 1.000. Das **anteilige** Eigenkapital nach Neubewertung der Vermögenswerte und Schulden im Konzernabschluss von A beträgt T€ 800 (darin enthalten aufgedeckte stille Reserven in Höhe von T€ 250 (Restnutzungsdauer: fünf Jahre) und darauf entfallende passive latente Steuern (40%) in Höhe von T€ 100), sodass sich im Rahmen der erstmaligen Equity-Bilanzierung in der statistischen Nebenrechnung ein Geschäfts- oder Firmenwert in Höhe von T€ 200 ergibt. In den Folgeperioden erwirtschaftet A Jahreserfolge (vor Berücksichtigung von Abschreibungen auf aufgedeckte stille Reserven) von T€ 150 (Jahr X2) und T€ 120 (Jahr X3). In der Periode X3 wurden zudem T€ 25 an das MU ausgeschüttet. Darüber hinaus erwirtschaftete das MU Zwischengewinne aus Transaktionen mit 69

A in Höhe von T€ 50 (Jahr X2) und T€ 20 (Jahr X3). Die Zwischengewinne aus dem Jahr X2 werden im Jahr X3 realisiert. Die erfolgsneutral erfasste passive Währungsumrechnungsdifferenz im Abschluss von A stieg von T€ 50 (Jahr X1) auf T€ 90 (Jahr X2) und sank schließlich auf T€ 70 (Jahr X3).

Die Fortschreibung des Equity-Werts im Konzernabschluss des MU stellt sich damit wie folgt dar (Werte in T€):

		Jahr X2	Jahr X3
	Equity-Wert zum Jahresbeginn	1.000	1.018
–	Abschreibung stille Reserven (T€ 250 × 0,2)	–50	–50
+	auf Auflösung stille Reserven entfallende Auflösung der passiven latenten Steuer (T€ 100 × 0,2)	20	20
+	anteiliger Jahreserfolg von A (HB I, T€ 150 × 0,3 bzw T€ 120 × 0,3))	45	36
–	Dividendenausschüttung	–	–25
–/+	Eliminierung der Veränderung anteiliger Zwischenerfolge ggü dem Vorjahr (T€ –50 × 0,3 bzw T€ 30 × 0,3)	–15	9
+/–	Abgrenzung/Auflösung aktiver latenter Steuern auf die Zwischenerfolgseliminierung (40%)	6	–3,6
+/–	Anteilige Erhöhung/Verminderung der passiven Währungsumrechnungsdifferenz (T€ 40 × 0,3 bzw T€ –20 × 0,3)	12	–6
=	Equity-Wert zum Jahresende	1.018	998,4

Abgesehen von der Berücksichtigung der Veränderung der Währungsumrechnungsdifferenz sind sämtliche Fortschreibungskomponenten erfolgswirksam zu erfassen, wobei die Dividendenausschüttung durch die Eliminierung des (einzelgesellschaftlichen) Beteiligungsertrags berücksichtigt wird, so dass es hier letztlich zu einem Aktivtausch (per Bank an Anteile an assoziierten Unternehmen) kommt. Aus Mangel an Indizien für eine Wertminderung der Anteile gem IAS 28.31 ff ist eine außerplanmäßige Abschreibung nicht vorzunehmen. Letztlich gestaltet sich die Equity-Fortschreibung buchungstechnisch damit wie folgt:

Jahr X2:	per Anteile an assoziierten Unternehmen	18
	an Ergebnis aus assoziierten Unternehmen	6
	an sonstiges Ergebnis aus assoziierten Unternehmen (WUD)	12
Jahr X3:	per sonstiges Ergebnis aus assoziierten Unternehmen (WUD)	6
	per Beteiligungsertrag	25
	an Ergebnis aus assoziierten Unternehmen	11,4
	an Anteile an assoziierten Unternehmen	19,6.

Eine Abgrenzung latenter Steuern auf den ggü der steuerlichen Rechnungslegung abweichenden Wertansatz der Beteiligung in der IFRS-Konzernbilanz gem IAS 12.39 und IAS 12.44 kommt aufgrund von § 8b Abs 1, 2 und 3 KStG grds nicht in Betracht. Infolge der Pauschalzurechnung gem § 8b Abs 5 KStG sind jedoch im Jahr X2 auf 5% des Differenzbetrags zwischen dem steuerlichen Beteiligungsbuchwert (T€ 1.000) und dem Equity-Wert im IFRS-Konzernabschluss (T€ 1.018) passive latente Steuern (Steuersatz: 40%) abzugrenzen (T€ 18 × 0,05 × 0,4 = € 360; s ausführlich § 25 Rz 139 ff). Sofern auf die Abgrenzung dieser passiven latenten Steuer nicht wegen Unwesentlichkeit verzichtet wird, ist sie aufgrund der Dividendenausschüttung im Jahr X3 wieder aufzulösen.

4. Sonderfall: Aussetzen der Equity-Methode und negativer Beteiligungsbuchwert

70 Entspricht oder übersteigt der auf den Anteilseigner entfallende **Verlust** eines *at equity* einbezogenen Unternehmens sein **finanzielles Engagement** an dem

betreffenden assoziierten Unternehmen oder Gemeinschaftsunternehmen, wird die Equity-Methode in aller Regel ausgesetzt. Abwertungen sind dabei **nicht** auf den Buchwert von Instrumenten beschränkt, „die unbegrenzte Rechte an den Gewinn- und Verlustanteilen und einen Rechtsanspruch auf das Eigenkapital des Beteiligungsunternehmens gewähren" (so noch SIC 20.5). Vielmehr sind neben dem Equity-Wert der Beteiligung sämtliche Komponenten in die Verrechnung mit einzubeziehen, die **wirtschaftlich** betrachtet Teil des finanziellen Engagements (Nettoinvestition) des Anteilseigners bzw eigenkapitalsubstituierend sind, weil zB ihre Begleichung in absehbarer Zukunft weder geplant noch wahrscheinlich ist. Folglich stellen neben dem eigentlichen Equity-Wert auch langfristige Forderungen oder Kredite (Ausleihungen, eigenkapitalersetzende Darlehen) aktives Verrechnungspotenzial dar. Indessen sind Forderungen (und Verbindlichkeiten) aus Lieferungen und Leistungen sowie langfristige, angemessen dinglich gesicherte Forderungen explizit nicht in die Verlustverrechnung mit einzubeziehen (s IAS 28.29).

Übersteigen die anteiligen Verluste die Höhe des vorrangig zu verrechnen- 71
den eigentlichen Equity-Werts, darf die Kompensation mit den anderen Komponenten des finanziellen Engagements des Anteilseigners **nicht willkürlich** durchgeführt werden. Die Verrechnung hat in **umgekehrter** Reihenfolge zu ihrem (Vor-)Rang im Liquidationsfall zu erfolgen (vgl IAS 28.29). Verbleibt nach der Berücksichtigung der anteiligen Verluste ein positiver Betrag der weiteren, im Zusammenhang mit dem Beteiligungsunternehmen stehenden finanziellen Vermögenswerte, hat der Anteilseigner diese gem den Anforderungen des IAS 39 auf die Notwendigkeit der Erfassung zusätzlicher Wertminderungsaufwendungen zu untersuchen (s IAS 28.31 iVm IAS 39.58, IAS 39.63 und IAS 39.66f). Die aufgrund der unterschiedlichen Aufwertungsvoraussetzungen notwendige strikte Trennung zwischen beiden Abwertungsursachen ist dabei durch eine entspr Dokumentation zu gewährleisten. So setzen ertragswirksame Wertaufholungen nach außerplanmäßigen Abschreibungen gem IAS 39.63 zB die Verringerung der Höhe der Wertminderung sowie einen nach der außerplanmäßigen Abschreibung aufgetretenen, objektiv die Reduktion auslösenden Sachverhalt voraus (s IAS 39.65). Die Rückgängigmachung außerplanmäßiger Abwertungen infolge der Verrechnung anteiliger Verluste bedingt indessen, dass das assoziierte Unternehmen bzw Gemeinschaftsunternehmen in Folgeperioden Gewinne erzielt.

Nach Abwertung aller Komponenten des finanziellen Engagements eines An- 72
teilseigners auf Null wird die Equity-Methode grds **ausgesetzt.** Zusätzliche Verluste, die letztlich zum Ansatz eines negativen Equity-Werts in Form einer **Rückstellung** führen, werden nur in dem Umfang berücksichtigt, in dem der Anteilseigner rechtliche oder faktische Verpflichtungen eingegangen ist (zB zur Übernahme anteiliger Verluste; s *Baetge/Bruns/Klaholz* in Baetge ua IFRS-Komm[2] IAS 28 Rz 146) oder Zahlungen im Namen des assoziierten Unternehmens bzw Gemeinschaftsunternehmens geleistet hat (s IAS 28.30; daneben durfte im Fall von bereits geleisteten Zahlungen auch eine (direkte) Abschreibung der korrespondierenden Forderung in Betracht kommen; so auch *Lüdenbach/Frowein* BB 2003, 2450). Ansonsten werden die **nach** dem **Aussetzen** der Equity-Methode anfallenden Verluste des assoziierten Unternehmens oder Gemeinschaftsunternehmens zwar mangels Verrechnungspotenzials nicht mehr anteilig in der Konzern-Gesamtergebnisrechnung bzw gesonderten Konzern-GuV (sofern erstellt) erfasst, sie sind jedoch in der statistischen Nebenbuchhaltung zu vermerken. Dies gilt zB auch für die fortzuführende Abschreibung stiller Reserven. Werden von dem assoziierten Unternehmen bzw Gemeinschaftsunternehmen in Folgeperioden wieder Gewinne erwirtschaftet, sind diese zunächst – außerbilanziell – mit den in der statistischen Nebenbuchhaltung erfassten, bisher nicht berücksichtigten Verlusten zu

verrechnen. Eine Erfassung anteiliger Gewinne in der Konzern-Gesamtergebnisrechnung bzw gesonderten Konzern-GuV (sofern erstellt) kommt demnach erst nach Ausgleich sämtlicher **kumulierter** Verluste in Betracht (vgl IAS 28.30).

73 Nicht geregelt ist hingegen, welchem Aktivposten der Ertrag **buchungstechnisch** zuzuordnen ist. Insofern ist im Einzelfall zu entscheiden, ob als Gegenbuchung eine Erhöhung des Equity-Werts oder anderer aufgrund von anteiligen Verlusten außerplanmäßig wertgeminderter Komponenten des finanziellen Engagements des Anteilseigners sachgerecht ist. Häufig wird es sinnvoll sein, gegensätzlich zur Abwertungsreihenfolge zu verfahren, dh zunächst die zuletzt abgewerteten Posten wieder zu erhöhen.

74 In IAS 28.29f wird explizit nur auf die – nach deutschem Verständnis – erfolgsrechnerisch geprägten Begriffe Verluste (*„losses"*) und Gewinne (*„profits"*) Bezug genommen. Gleichwohl sind die Regelungen analog auf gem IAS 28.11 **erfolgsneutral** im sonstigen Ergebnis zu erfassende Eigenkapitalveränderungen des Beteiligungsunternehmens anzuwenden, da auch im Fall eines positiven Equity-Werts eine Vermischung von erfolgswirksamen und erfolgsneutralen Fortschreibungskomponenten im Equity-Wert erfolgt (s Rz 40ff). Die Gewährleistung einer zutreffenden Buchungstechnik stellt dabei erhöhte Anforderungen an die Dokumentation.

Beispiel: Zum 31. Dezember X1 erwirbt ein MU (KapGes) 30% der Anteile an einem ausländischen Unternehmen A (assoziiertes Unternehmen) zu einem Kaufpreis von T€ 1.000. Das anteilige Eigenkapital von A nach Neubewertung gem IFRS 3.18 (2008)/IFRS 3.36 (2004) beträgt ebenfalls T€ 1.000 (darin enthalten aufgedeckte stille Reserven in Höhe von T€ 250 (Restnutzungsdauer: 5 Jahre) und darauf entfallende passive latente Steuern (40%) in Höhe von T€ 100), sodass sich im Rahmen der erstmaligen Equity-Bilanzierung in der außerbilanziellen Nebenrechnung kein positiver oder negativer Geschäfts- oder Firmenwert ergibt. In den Folgeperioden erwirtschaftet A Jahreserfolge (vor Berücksichtigung von Abschreibungen auf aufgedeckte stille Reserven) von T€ –2.000 (Jahr X2) und T€ –2.000 (Jahr X3) bzw T€ 500 (Jahr X4). Darüber hinaus bewilligt MU seinem assoziierten Unternehmen im Jahr X3 ein langfristiges Darlehen in Höhe von T€ 250. Die erfolgsneutral erfasste aktive Währungsumrechnungsdifferenz aus der Umrechnung des Abschlusses von A in die funktionale Währung von MU beträgt im Jahr X2 T€ 30 sowie T€ 80 (Jahr X3) und T€ 60 (Jahr X4).

Die Fortschreibung des Equity-Werts im Konzernabschluss des MU stellt sich damit wie folgt dar (Werte in T€):

		Jahr X2	Jahr X3	Jahr X4
	Equity-Wert zum Jahresbeginn	1.000	361	–34
–	Abschreibung stille Reserven (T€ 250 × 0,2)	–50	–50	–50
+	auf Auflösung stille Reserven entfallende Auflösung der passiven latenten Steuer (T€ 100 × 0,2)	20	20	20
+	anteiliger Jahreserfolg von A (HB I, T€ –2.000 × 0,3 bzw T€ –2.000 × 0,3 bzw T€ 500 × 0,3)	–600	–600	150
–/+	anteilige Erhöhung/Verminderung der aktiven Währungsumrechnungsdifferenz (T€ –30 × 0,3 bzw T€ –50 × 0,3 bzw T€ 20 × 0,3)	–9	–15	6
=	Equity-Wert zum Jahresende (vorläufig)	361	–284	92
+/–	Verminderung/Erhöhung des langfristigen Darlehens	–	+250	–92
=	Equity-Wert zum Jahresende (nach Verrechnung)	361	–34	–
	Ansatz in der Konzernbilanz	361	–	–
	nicht berücksichtigte Verluste (Nebenrechnung)	–	–34	–

Im Jahr X3 reicht der Equity-Wert nicht mehr aus, um sämtliche negativen Fortschreibungskomponenten zu berücksichtigen. Folglich hat gem IAS 28.29 eine Einbeziehung des langfristigen Darlehens in das Verrechnungspotenzial zu erfolgen. Der danach noch verbleibende Verlust in Höhe von T€ –34 kann nicht in der Konzernbilanz berücksichtigt werden und wird somit allein in der statistischen Nebenrechnung festgehalten. Bevor im Jahr X4 der Equity-Wert wieder fortgeschrieben wird, sind zunächst die bislang nur in der statistischen Nebenrechnung erfassten Verluste in Höhe von T€ –34 auszugleichen. Im Anschluss daran wird zunächst das Darlehen wieder eingestellt, bevor der Equity-Wert als solcher erhöht wird. Letztlich ist die Equity-Fortschreibung buchungstechnisch damit wie folgt zu erfassen:

Jahr X2:	per Ergebnis aus assoziierten Unternehmen	630
	per sonstiges Ergebnis aus assoziierten Unternehmen (WUD)	9
	an Anteile an assoziierten Unternehmen	639
Jahr X3:	per Ergebnis aus assoziierten Unternehmen	346
	per sonstiges Ergebnis aus assoziierten Unternehmen (WUD)	15
	per Abschreibung Darlehen	250
	an Anteile an assoziierten Unternehmen	361
	an Darlehen	250

Hier wird die Verwendungsfolge dergestalt vorgenommen, dass eigentlich aufwandswirksam zu berücksichtigende Verluste in Höhe von T€ –34 nicht in der Konzern-Gesamtergebnisrechnung bzw der gesonderten Konzern-GuV (sofern erstellt) berücksichtigt werden. Ebenso wäre es denkbar, die erfolgsneutral zu erfassende Erhöhung der aktiven Währungsumrechnungsdifferenz in Höhe von T€ –15 und einen verbleibenden, aufwandswirksam zu erfassenden Betrag in Höhe von T€ –19 nicht in die konzernbilanzielle Fortschreibung miteinzubeziehen.

Jahr X4:	per Darlehen	92
	an sonstiges Ergebnis aus assoziierten Unternehmen (WUD)	6
	an Zuschreibung Darlehen	86.

Zum Problem eines negativen Equity-Werts infolge der Eliminierung von Zwischengewinnen s Rz 117 ff.

Gem IAS 28.32 hat der Anteilseigner anhand der Regelungen des IAS 39 darüber hinaus zu prüfen, ob auch Anteile an assoziierten Unternehmen, die keinen Bestandteil der Nettoinvestition (s Rz 70) des Anteilseigners beim assoziierten Unternehmen darstellen, wie bspw kurzfristige Forderungen aus Lieferungen und Leistungen oder gesicherte langfristige Forderungen, wertzuberichtigen sind. 75

III. Vorgehen bei Beendigung der Equity-Methode

Wie unter Rz 17 ff dargestellt, ist die Equity-Methode zum früheren der beiden nachfolgend aufgeführten **Zeitpunkte** zu beenden: 76

(1) Wegfall der Möglichkeit maßgeblichen Einfluss auszuüben (s IAS 28.18 (geändert 2008)/IAS 28.18 (2003) und IAS 31.41 sowie zu den Gründen für den Wegfall IAS 28.10, IAS 31.37 und *Ruhnke/Schmidt/Seidel* BB 2004, 2232) oder

(2) im Fall einer geplanten Veräußerung von Anteilen, Erfüllung der Kriterien der IFRS 5.6 ff (s IAS 28.13 (a) iVm IAS 28.14, IAS 31.2 (a) iVm IAS 31.42).

Insbes im Rahmen der **Zwischenberichterstattung** wird der zuletzt genannte Zeitpunkt maßgebend für die Beendigung der Equity-Methode sein. Erfolgt eine die Kriterien der IFRS 5.6 ff erfüllende Planung und anschließend tatsächlich durchgeführte Veräußerung von Anteilen indessen innerhalb eines Geschäftsjahrs, ist für die Bilanzierung im Konzernjahresabschluss die Berücksichtigung der Regelungen gem IFRS 5 obsolet, da der Konzernjahresabschluss an den Konzernabschluss des vorangegangenen Geschäftsjahrs und nicht an den letzten Zwischenabschluss anknüpft (s § 43 Rz 66ff). Insofern ist in diesem Fall die Abbildung der Beendigung der Equity-Methode unter die oben genannte Kategorie (1) zu subsumieren. Aufgrund der unterschiedlichen Vorgehensweisen im Rahmen der Beendigung der Equity-Methode in Abhängigkeit von der Erfüllung einer der beiden oben genannten Voraussetzungen werden nachfolgend beide Varianten getrennt dargestellt.

1. Wegfall der Möglichkeit zur Ausübung des maßgeblichen Einflusses

77 Ist die Möglichkeit zur Ausübung eines maßgeblichen Einflusses bzw der gemeinschaftlichen Führung nicht mehr gegeben, weil die Anteile an einem assoziierten Unternehmen bzw Gemeinschaftsunternehmen innerhalb eines Geschäftsjahrs **vollständig veräußert** oder im Rahmen einer Kapitalherabsetzung eingezogen werden, ist die Anwendung der Equity-Methode zu beenden (zur Übergangskonsolidierung vgl § 38 Rz 68ff und Rz 140ff). Grds kann der aus Konzernsicht zutreffende Veräußerungs- bzw Entkonsolidierungserfolg aus der (vollständigen) Entkonsolidierung (zur sukzessiven Anteilsverminderung unter Beibehaltung der Equity-Methode s Rz 106ff) auf zwei Arten ermittelt werden: ausgehend vom Veräußerungserlös für die Anteile oder aber ausgehend vom einzelgesellschaftlichen Veräußerungserfolg (vgl grds *B. Hayn*, 336ff). Die Ermittlung des Entkonsolidierungserfolgs ausgehend vom Veräußerungserlös für die Anteile wird nunmehr auch in IAS 28.18ff (geändert 2008) beschrieben; insofern beschränken sich die nachfolgenden Ausführungen auf diese Variante.

	Veräußerungserlös für die Anteile (bzw beizulegender Zeitwert der erhaltenen Gegenleistung)
–	Equity-Wert im Entkonsolidierungszeitpunkt
=	Entkonsolidierungserfolg ieS
+	Wiederaufleben werthaltiger Forderungen etc des Anteilseigners ggü dem assoziierten Unternehmen/Gemeinschaftsunternehmen, die in die Verlustverrechnung gem IAS 28.29 einbezogen wurden
=	Entkonsolidierungserfolg iwS
+/–	bislang erfolgsneutral im Equity-Wert erfasste Gewinne/Verluste aus der Marktbewertung gem IAS 39 beim assoziierten Unternehmen oder Gemeinschaftsunternehmen
+/–	bislang erfolgsneutral im Equity-Wert erfasste passive/aktive Differenzen aus der Währungsumrechnung
+/–	erfolgswirksame Auflösung von im Konzernabschluss des Anteilseigners im Zusammenhang mit der Equity-Fortschreibung abgegrenzten passiven/aktiven latenten Steuern
=	Gesamterfolg aus der Beendigung der Equity-Methode

78 Im Rahmen der Ermittlung des Entkonsolidierungserfolgs ausgehend vom Veräußerungserlös wird dem **Veräußerungserlös** für die Anteile (bzw der erhaltenen Gegenleistung bewertet zum beizulegenden Zeitwert (IAS 28.18 (geändert 2008)) zunächst der auf den Entkonsolidierungszeitpunkt (= Zeitpunkt des Verlusts des maßgeblichen Einflusses) fortgeführte Equity-Wert gegenübergestellt. Sofern eliminierte Zwischenergebnisse aus *Up*- und *Downstream*-Transaktionen sowie erfolgswirksame Differenzen aus der Schuldenkonsolidierung – wie hier befürwortet (s Rz 52 und Rz 54) – ausschließlich als (erfolgswirksame) Verände-

rung des Equity-Werts erfasst werden, resultiert aus der Subtraktion des so ermittelten Equity-Werts vom Veräußerungserlös automatisch die **Realisierung** sämtlicher zuvor eliminierter **Zwischenergebnisse** sowie eine **erfolgswirksame** Auflösung zuvor eliminierter **Aufrechnungsdifferenzen** aus der Schuldenkonsolidierung (s aber auch Rz 118 und Rz 120). Dieses Ergebnis ist in Bezug auf die Aufrechnungsdifferenzen sowie für Zwischenergebnisse aus *Downstream*-Transaktionen infolge des Ausscheidens der betreffenden Vermögenswerte aus dem (erweiterten) Konzernkreis zweifellos sachgerecht. Dagegen muss dieses Resultat in Bezug auf Zwischenergebnisse aus *Upstream*-Transaktionen zumindest hinterfragt werden, da in diesem Fall die betreffenden Vermögenswerte auch weiterhin im Konzernkreis verbleiben. Da nach der hier vertretenen Auffassung die Zuordnung der Zwischenergebnisse im Rahmen der Equity-Methode im Gegensatz zur Vollkonsolidierung nicht vermögens-, sondern erfolgsorientiert zu erfolgen hat (s Rz 52), ist die Realisierung im Zeitpunkt der Entkonsolidierung des assoziierten Unternehmens bzw Gemeinschaftsunternehmens folgerichtig. Für Gemeinschaftsunternehmen bedeutet dieses differierende Vorgehen, dass in Abhängigkeit von der Anwendung der Quotenkonsolidierung einerseits und der Equity-Methode andererseits Unterschiede betreffend die Periodisierung von (Total-)Erfolgsbeiträgen resultieren.

Soll hingegen eine **Realisierung** der Zwischenergebnisse aus *Upstream*- **79**
Transaktionen bei Anwendung der Equity-Methode vermieden werden, ist im Zeitpunkt der Entkonsolidierung zu Lasten/zu Gunsten des Entkonsolidierungserfolgs eine Ab-/Aufwertung der betreffenden Vermögenswerte im Konzernabschluss um die (anteiligen) Zwischengewinne/-verluste durchzuführen.

Nicht geregelt ist, wie im Rahmen der Entkonsolidierung mit vormals **80**
erfolgsneutral erfassten Fortschreibungen des Equity-Werts infolge von **beteiligungsquotenverändernden Kapitalmaßnahmen** des Beteiligungsunternehmens zu verfahren ist. Nach der hier vertretenen Auffassung ist die erfolgsneutrale Behandlung endgültig; eine erfolgswirksame Erfassung im Rahmen der Entkonsolidierung kommt somit nicht in Betracht.

Wurden in die (frühere) **Verlustverrechnung** gem IAS 28.29 auch langfristi- **81**
ge Forderungen uÄ des Anteilseigners ggü dem assoziierten Unternehmen/Gemeinschaftsunternehmen einbezogen, leben diese bei Werthaltigkeit im Zeitpunkt der Entkonsolidierung in Höhe des sich aus IAS 39 ergebenden Betrags wieder auf und erhöhen mithin den Entkonsolidierungserfolg (so auch *Lüdenbach* in Lüdenbach/Hoffmann IFRS[7] § 33 Rz 81).

Sofern der Equity-Wert des assoziierten Unternehmens oder Gemeinschafts- **82**
unternehmens vormals **erfolgsneutral** fortgeschrieben wurde, gilt es im Zuge der Entkonsolidierung, die betreffenden Beträge aus dem entspr Eigenkapitalposten im Konzernabschluss des Anteilseigners zu eliminieren (so nunmehr explizit beschrieben in IAS 28.19A (geändert 2008)). Bislang erfolgsneutral im Equity-Wert erfasste Gewinne/Verluste aus der Bewertung zum beizulegenden Zeitwert von zur Veräußerung verfügbaren finanziellen Vermögenswerten oder Cashflow-Hedge-Reserven beim assoziierten Unternehmen oder Gemeinschaftsunternehmen sowie vormals erfolgsneutral verrechnete passive und aktive Differenzen aus der Währungsumrechnung sind dabei in analoger Anwendung von IAS 39.55 (b), 39.102 respektive IAS 21.48 im Zeitpunkt der Entkonsolidierung **erfolgswirksam** als Umgliederungsbeträge *(reclassification adjustments)* im erfolgswirksamen Teil der Gesamtergebnisrechnung bzw in der gesonderten Konzern-GuV (sofern erstellt) zu erfassen. Eine Erfassung als Teil des Entkonsolidierungserfolgs kommt indessen nicht Betracht; vielmehr erfolgt ein Ausweis entspr dem Vorgehen bei direkter Veräußerung der dahinterstehenden Vermögenswerte in der GuV (IAS 28.19A (geändert 2008) iVm IAS 21.BC34 (geändert 2008).

83 Demgegenüber sind Fortschreibungen des Equity-Werts infolge **erfolgsneutral** erfasster Aufwertungen aus der **Neubewertung von Sachanlagen** und immateriellen Vermögenswerten beim assoziierten Unternehmen/Gemeinschaftsunternehmen im Entkonsolidierungszeitpunkt direkt, dh erfolgsneutral, in die Konzerngewinnrücklagen umzugliedern (s IAS 16.41, IAS 38.87). Dies erfolgt für erfolgsneutral erfasste versicherungsmathematische Gewinne und Verluste bereits im Jahr ihrer Entstehung (IAS 1.96 iVm IAS 19.93D). Eine erfolgswirksame Erfassung ist zudem systemimmanent für erfolgsneutral erfasste Änderungen von Bilanzierungs- und Bewertungsmethoden sowie für die Berichtigung (wesentlicher) Fehler beim assoziierten Unternehmen bzw Gemeinschaftsunternehmen nicht vorgesehen.

84 Letztlich sind auch die vormals auf die Equity-Fortschreibungen im Konzernabschluss des Anteilseigners abgegrenzten **latenten Steuern** im Zuge der Entkonsolidierung erfolgswirksam aufzulösen und im Steueraufwand/-ertrag auszuweisen.

85 War das assoziierte Unternehmen/Gemeinschaftsunternehmen im Konzernabschluss des Anteilseigners Teil einer (größeren) **ZGE,** der gem IAS 36.80 ein Geschäfts- oder Firmenwert zugeordnet war, so ist gem IAS 36.86(a) ein Teil dieses übergeordneten Geschäfts- oder Firmenwerts bei der Ermittlung des Abgangserfolgs als Abzugsposten zu berücksichtigen. Die Bewertung des betreffenden Geschäfts- oder Firmenwerts hat dabei gem IAS 36.86(b) auf der Grundlage der relativen (Unternehmens-)Werte des veräußerten Geschäftsbereichs (s zur Definition des Begriffs *„operation"* § 38 Rz 61) zum verbleibenden Teil der ZGE zu erfolgen (s ausführlich § 27 Rz 116). Die Ausführungen betreffend die Zuordnung von Geschäfts- oder Firmenwerten bei veräußerten TU gelten insoweit analog (s diesbezüglich ausführlich *Wirth*, 299 ff; § 27 Rz 116 und § 35 Rz 33 ff).

2. Erfüllung der Kriterien des IFRS 5

86 Ist die Erfüllung der Kriterien des IFRS 5 maßgebend für den Zeitpunkt der Beendigung der Equity-Methode, sind die entspr Anteile und ggf damit verbundene Vermögenswerte und Schulden einerseits sowie mit dem assoziierten Unternehmen in Zusammenhang stehende Komponenten des sonstigen Ergebnisses andererseits gem IFRS 5.38 gesondert auszuweisen. In bewertungstechnischer Hinsicht wird die unter den Rz 77 ff dargestellte Entkonsolidierung in zwei Schritten vollzogen:

(1) **Übergang von der Equity-Methode auf die Bewertung gem IFRS 5:** Aufwandswirksame Erfassung einer Differenz zwischen dem bisherigen Equity-Wert (ggf erweitert um den Wertansatz von verbundenen Vermögenswerten und Schulden wie im Abschluss des Anteilseigners abgegrenzten latenten Steuern sowie eines zugeordneten Geschäfts- oder Firmenwerts; s ausführlich § 28 Rz 14 ff, Rz 75) und dem beizulegenden Zeitwert abzüglich Veräußerungskosten gem IFRS 5.15, sofern letzterer niedriger ist;

(2) **Übergang von der Bewertung gem IFRS 5 zum vollständigen Ausscheiden der Anteile:** Erfolgswirksame Erfassung der Differenz zwischen dem Veräußerungserlös und dem Wertansatz gem IFRS 5.15 unter Einbeziehung von als Umgliederungsbeträgen *(reclassification adjustments)* zu berücksichtigender Eigenkapitalkomponenten des sonstigen Ergebnisses sowie werthaltiger Forderungen etc des Anteilseigners ggü dem assoziierten Unternehmen/Gemeinschaftsunternehmen, die in die Verlustverrechnung gem IAS 28.29 einbezogen wurden.

87 Sofern im ersten Schritt eine Abwertung vorgenommen werden muss, sind ggf im Abschluss des Anteilseigners abgegrenzte **latente Steuern** auf *outside basis*

differences betraglich anzupassen. Zudem sind diese latenten Steuern zusammen mit dem Equity-Beteiligungsbuchwert als eine Veräußerungsgruppe (zur Definition s IFRS 5.A und § 28 Rz 14ff) aufzufassen (s § 28 Rz 75), die den besonderen **Ausweisvorschriften** des IFRS 5.38, nicht jedoch den besonderen Bewertungsregeln (s IFRS 5.5(a)) unterliegen. **Erfolgsneutral** erfasste Equity-Fortschreibungen infolge von im Abschluss des assoziierten bzw Gemeinschaftsunternehmens erfolgten Neubewertungen gem IAS 16 und IAS 38 sind im Entkonsolidierungszeitpunkt direkt, dh erfolgsneutral, in die Konzerngewinnrücklagen umzugliedern (s Rz 82).

Wird im Rahmen der Umklassifizierung der Anteile ein **Abwertungsbedarf** 88
ermittelt, so ist dieser gem IAS 36 bzw IFRS 5.20 aufwandswirksam zu erfassen. Insoweit werden im Vergleich zur Entkonsolidierung in einem Schritt (s Rz 77ff) negative Abgangserfolgskomponenten bereits vorgezogen. Folglich fällt der sich in Schritt 2 ergebende Abgangserfolg entspr höher aus, da letztlich die Summe dieser beiden (Teil-)Erfolge betraglich identisch sein muss mit dem Entkonsolidierungserfolg in einem Schritt abzüglich Veräußerungskosten.

Besteht in Folge(-Zwischen-)Perioden die Notwendigkeit zur **Reklassifizierung** 89
der Anteile, so sind diese in den Posten Anteile an assoziierten Unternehmen umzugliedern und gem IAS 28.15, IAS 31.43 mit dem Equity-Wert anzusetzen, der sich bei Nicht-Aussetzen der Equity-Methode ergeben hätte. Die Wertänderungen ggü der Bewertung gem IFRS 5 sind dabei **retrospektiv** zu erfassen; frühere Abschlüsse sind gem IAS 28.15, IAS 31.43 entspr anzupassen.

einstweilen frei 90–100

IV. Sukzessive Anteilszunahme/-abnahme unter Beibehaltung der Equity-Methode

1. Sukzessive Anteilserhöhung

Werden weitere Anteile an einem bereits at equity bilanzierten assoziierten 101
Unternehmen oder Gemeinschaftsunternehmen von Dritten hinzuerworben, ohne dass damit **Änderungen der Einflussmöglichkeiten** des Anteilseigners verbunden sind, so führt dies zunächst zu einer Erhöhung des Equity-Werts entspr den Anschaffungskosten. Zugleich ist für die hinzuerworbenen Anteile eine **Kapitalkonsolidierung** basierend auf den Wertverhältnissen im Zeitpunkt des Erwerbs dieser Anteile durchzuführen.

Analog zum Vorgehen bei sukzessivem Anteilserwerb mit Übergangskonsoli- 102
dierung von der Finanzinvestition zur Equity-Methode hat im Fall des Zukaufs von Anteilen an bereits at equity bewerteten Anteilen an assoziierten Unternehmen bzw Gemeinschaftsunternehmen **keine** vollständige Neubewertung analog zu IFRS 3.59 (b) (2004) zu erfolgen, da eine derartige Bewertung nach unserem Verständnis nur **einmalig** im Rahmen eines **Unternehmenszusammenschlusses** vorzunehmen ist (s ausführlich § 38 Rz 111; eine derartige vollständige Neubewertung für unzulässig haltend *Milla/Butollo* IRZ 2007, 174). Nach den Neuregelungen des IFRS 3 (2008) entfällt eine derartige vollständige Neubewertung ohnehin (s § 38 Rz 13 und Rz 23ff).

Einen **Sonderfall** stellt die Situation dar, in der die Equity-Methode in Bezug 103
auf die Altanteile gem IAS 28.29f ausgesetzt wurde (s Rz 70ff). Werden in dieser Situation Anteile hinzuerworben, ist infolge der Verpflichtung, vor einem Aussetzen der Equity-Methode anteilige Verluste sogar mit ausgewählten, nicht Eigenkapital verbriefenden Posten zu verrechnen (s IAS 28.29 und Rz 70f), zu schlussfolgern, dass die Anschaffungskosten der Neuanteile ebenfalls unmittelbar als **Verrechnungspotenzial** dienen. Demnach sind die allein in der außerbilan-

ziellen Nebenrechnung erfassten kumulierten Verluste je nach Charakter direkt erfolgswirksam oder erfolgsneutral mit den Anschaffungskosten der Neuanteile (zuzüglich eines sich ggf aus der Erstkonsolidierung ergebenden negativen Unterschiedsbetrags) zu verrechnen. Im Rahmen der Kapitalkonsolidierung aufgedeckte stille Reserven/Lasten sind dennoch in Übereinstimmung mit IAS 28.23 (geändert 2008)/IAS 28.23 (2003) in Folgeperioden gesondert fortzuführen.

104 Erhöht sich die Beteiligungsquote an dem Beteiligungsunternehmen nicht aufgrund eines Anteilserwerbs von Dritten, sondern infolge der **überproportionalen** Teilnahme an einer **effektiven Kapitalerhöhung** des assoziierten Unternehmens oder Gemeinschaftsunternehmens, so spiegelt sich dies ebenfalls in einer Aufwertung des Equity-Werts in Höhe der Einlage zuzüglich der Anschaffungsnebenkosten wider. Dabei sind die Anschaffungskosten – soweit sie die bisherige Anteilsquote sichern – entspr dem Vorgehen bei proportionaler Teilnahme an einer Kapitalerhöhung als **nachträgliche Anschaffungskosten** dieser Altanteile anzusehen. Ein neuer Unterschiedsbetrag aus der Kapitalkonsolidierung resultiert infolge der Übereinstimmung von Einlage und Veränderung des anteiligen Eigenkapitals des assoziierten Unternehmens/Gemeinschaftsunternehmens lediglich in Höhe der anteiligen Anschaffungsnebenkosten. Dieser Unterschiedsbetrag ist direkt aufwandswirksam zu verrechnen. Die für die Steigerung der Beteiligungsquote ursächlichen Anteile sind demgegenüber wie „normale Zukäufe“ (*Baetge/Bruns/Klaholz* in Baetge ua IFRS-Komm[2] 2002 IAS 28 Rz 128) zu behandeln, indem eine Konsolidierung mit dem auf die neuen Anteile entfallenden Eigenkapital (gezeichnetes Kapital, Kapitalrücklage, Gewinnrücklagen etc) des assoziierten Unternehmens bzw Gemeinschaftsunternehmens basierend auf den Wertverhältnissen im Zeitpunkt des **Erwerbs dieser Anteile** erfolgt.

105 Letztlich kann die Erhöhung der Beteiligungsquote auch aus der **unterproportionalen** Teilnahme des Anteilseigners an einer **effektiven Kapitalherabsetzung** (durch Einziehung von Anteilen) des assoziierten Unternehmens bzw Gemeinschaftsunternehmens resultieren. Gleichwohl besteht kein Konsolidierungs- oder Neubewertungsbedarf, da die Erhöhung der Beteiligungsquote gerade nicht auf den Erwerb zusätzlicher Anteile zurückzuführen ist. Vielmehr ist der Equity-Wert zunächst **erfolgsneutral** in Höhe des Betrags, der an den Anteilseigner bei der Kapitalherabsetzung zurückbezahlt wurde, zugunsten einer Erhöhung der flüssigen Mittel oder Forderungen zu vermindern (Aktivtausch). Darüber hinaus ist zu ermitteln, ob sich aus der Kapitalherabsetzung weitere, auf den Anteilseigner entfallende Veränderungen des Eigenkapitals des assoziierten Unternehmens bzw Gemeinschaftsunternehmens ergeben. Derartige aus der unterproportionalen Teilnahme des Anteilseigners an der Kapitalherabsetzung resultierende Veränderungen des anteiligen Eigenkapitals können **erfolgswirksam** oder **erfolgsneutral** als Erhöhung oder Verminderung des Equity-Werts erfasst werden. Ferner ist zu überprüfen, ob die Kapitalherabsetzung auf eine anhaltend schlechte Ertragslage des Beteiligungsunternehmens zurückzuführen ist, die eine außerplanmäßige Abschreibung erforderlich macht.

Zum sukzessiven Anteilserwerb mit Aufwärtswechsel von der Equity-Methode s § 38 Rz 32ff und Rz 115ff.

2. Sukzessive Anteilsverminderung

106 Veräußert der Anteilseigner Anteile an einen Dritten, ohne dass sein maßgeblicher Einfluss bzw die gemeinschaftliche einheitliche Leitung dabei verloren geht, ist betreffend diese Anteile entspr den oben dargestellten Regeln (s Rz 77ff) eine erfolgswirksame **Entkonsolidierung** (in einem Schritt oder aber unter Einfügung des Zwischenschritts der Bilanzierung nach IFRS 5)

durchzuführen. Der Equity-Wert ist demzufolge in Höhe des abgehenden Eigenkapitals zu reduzieren. Dies beinhaltet auch eine **beteiligungsproportionale** Reduzierung noch nicht erfolgswirksam verrechneter stiller Reserven/Lasten sowie eines noch vorhandenen Geschäfts- oder Firmenwerts. Sofern die veräußerten Anteile zuvor sukzessiv erworben wurden, sind hinsichtlich der Berechnung der anteiligen stillen Reserven/Lasten sowie des anteiligen Geschäfts- oder Firmenwerts/aufgelösten negativen Unterschiedsbetrags Vereinfachungslösungen wie eine Durchschnittsbetrachtung zulässig. Darüber hinaus sind bislang erfolgsneutral im sonstigen Ergebnis erfasste Eigenkapitaländerungen beteiligungsproportional erfolgswirksam als Umgliederungsbeträge (*reclassification adjustments*) zu erfassen oder – im Fall von Neubewertungsrücklagen gem IAS 16 und IAS 38 – erfolgsneutral in die Gewinnrücklagen umzugliedern (so jetzt ausdrücklich geregelt in IAS 28.19A (geändert 2008); in Bezug auf Währungsumrechnungsdifferenzen s IAS 21.48C (geändert 2008) und IAS 21.49 (geändert 2008)). Wertminderungen von nach der Equity-Methode bewerteten Anteilen an assoziierten oder Gemeinschaftsunternehmen gelten nicht als Teilveräußerungen (s IAS 21.49 (geändert 2008); zum (ausgebliebenen) Endorsement von IAS 21.49 (geändert 2008) s Rz 47).

Daneben kann sich die Beteiligungsquote an dem Beteiligungsunternehmen 107
infolge der **unterproportionalen** Teilnahme des Anteilseigners an einer **effektiven Kapitalerhöhung** des assoziierten Unternehmens oder Gemeinschaftsunternehmens vermindern. In diesem Fall ist differenziert vorzugehen. Zunächst erhöht sich der Equity-Wert erfolgsneutral in Höhe der Anschaffungskosten für ggf erworbene junge Anteile. Aus der erforderlichen Kapitalkonsolidierung dieser als nachträgliche Anschaffungskosten für den Erhalt eines Teils der bisherigen Beteiligungsquote zu klassifizierenden Ausgaben resultiert dabei ein aktiver Unterschiedsbetrag in Höhe der Anschaffungsnebenkosten, der direkt aufwandswirksam zu verrechnen ist. Ferner verändern zwei weitere Effekte den Equity-Wert. Einerseits ist der Equity-Wert aufgrund der Verminderung der Beteiligungsquote beteiligungsproportional um noch nicht erfolgswirksam verrechnete stille Reserven sowie einen noch vorhandenen Geschäfts- oder Firmenwert **erfolgswirksam** zu reduzieren (teilweise Entkonsolidierung). Andererseits sind ggf resultierende Veränderungen des auf den Anteilseigner entfallenden Eigenkapitals **erfolgswirksam** oder **erfolgsneutral** im Equity-Wert zu berücksichtigen (vgl Rz 63). Derartige positive oder negative Eigenkapitaländerungen ergeben sich, wenn der Ausgabekurs der neuen Anteile vom Bilanzkurs vor der Kapitalerhöhung abweicht (s ausführlich *B. Hayn,* 417 ff).

Entspr differenziert ist auch vorzugehen, wenn sich die Beteiligungsquote auf- 108
grund der **überproportionalen** Teilnahme des Anteilseigners an einer **effektiven Kapitalherabsetzung** (durch Einziehung von Anteilen) des assoziierten Unternehmens bzw Gemeinschaftsunternehmens vermindert. Neben der erfolgsneutralen Reduzierung des Equity-Werts in Höhe des im Rahmen der Kapitalherabsetzung an den Anteilseigner zurückgezahlten Betrags (Aktivtausch) sind die Effekte aus der **erfolgswirksamen** Entkonsolidierung aufgrund der Verminderung der Beteiligungsquote einerseits und der **erfolgswirksam** oder **erfolgsneutral** (s Rz 63) zu erfassenden Verminderung des anteiligen Eigenkapitals infolge der Kapitalherabsetzung andererseits zu berücksichtigen. Die Entkonsolidierungsquote ergibt sich dabei als Differenz aus dem Verhältnis von Nennbetrag der Anteile und gezeichnetem Kapital **nach** Kapitalherabsetzung und **vor** Kapitalherabsetzung (vgl ausführlich *B. Hayn,* 440).

Zum sukzessiven Anteilserwerb mit Abwärtswechsel von der Equity-Methode s § 38 Rz 68 ff und Rz 140 ff.

einstweilen frei 109, 110

D. Ausweisregelungen

111 Anteile an assoziierten Unternehmen und Gemeinschaftsunternehmen, die nach der Equity-Methode bilanziert werden, sind gem IAS 28.38 **bilanziell** in einem gesonderten Posten als Teil des langfristigen Vermögens auszuweisen (vgl auch IAS 1.54(e)). Entspr IAS 28.23 (geändert 2008)/IAS 28.23 (2003) („*goodwill* ***relating*** *to an associate is included in the carrying amount of the investment*") ist ausweistechnisch in aller Regel (s zu Ausnahmen Rz 36) allein die sog „*one-line-consolidation*", die der handelsrechtlichen Buchwertmethode entspricht, zulässig.

112 Mit Ausnahme der latenten Steuern aufgrund der Anwendung der Equity-Methode, die als solche im Konzernabschluss des Anteilseigners auszuweisen sind (s Rz 62, Rz 68), ist generell ohnehin eine Erfassung sämtlicher mit der Equity-Methode verbundener erfolgswirksamer und erfolgsneutraler Fortschreibungskomponenten in **einem** Aktivposten zu befürworten. Folglich sind grds insbes auch die Eliminierung von Zwischenergebnissen aus *Up-* und *Downstream*-Transaktionen und jegliche Aufrechnungsdifferenzen aus der Schuldenkonsolidierung inklusive korrespondierender latenter Steuern bilanziell als Veränderung des Equity-Werts zu erfassen (zu Ausnahmen vgl Rz 117 ff).

113 Fortschreibungsbeträge, die beim assoziierten oder Gemeinschaftsunternehmen **erfolgsneutral** im sonstigen Ergebnis erfasst werden, sind gem IAS 28.39 korrespondierend auch im Konzernabschluss des Anteilseigners als Veränderung des sonstigen Ergebnisses auszuweisen. Gem IAS 1.82(h) hat dieser Ausweis dergestalt zu erfolgen, dass der Anteilseigner in seinem Konzernabschluss den auf ihn entfallenden Anteil am sonstigen Ergebnis von nach der Equity-Methode bewerteten assoziierten oder Gemeinschaftsunternehmen als gesonderte Komponente seines sonstigen Ergebnisses darzustellen hat. Ein entspr gesonderter Ausweis dieser Komponente des sonstigen Ergebnisses sollte auch in der Eigenkapitalveränderungsrechnung gem IAS 1.106(d) erfolgen.

Beispiel: A ist zu 30% an seinem assoziierten Unternehmen B beteiligt. Für das lfd Geschäftsjahr sind folgende Fortschreibungsbeträge bei der Equity-Bewertung im Konzernabschluss von A zu berücksichtigen:

30% der Veränderung der Rücklage für Marktbewertungen	T€ + 10
30% der Veränderung der Neubewertungsrücklage gem IAS 16	T€ + 25
30% der Veränderung des Ausgleichspostens für Währungsumrechnungsdifferenzen	T€ – 15
30% des Jahreserfolgs von B	T€ + 20

Die Erhöhung des Equity-Werts aus den ersten drei Posten in Höhe von T€ + 20 ist im Konzernabschluss von A als Erhöhung der im sonstigen Ergebnis gesondert auszuweisenden Komponente „Anteil am sonstigen Ergebnis von at equity bilanzierten assoziierten und Gemeinschaftsunternehmen" zu erfassen, die gleichberechtigt neben den in IAS 1.7 genannten weiteren Komponenten des sonstigen Ergebnisses steht. Die Fortschreibung des Equity-Werts um den anteiligen Jahreserfolg von B ist demgegenüber im Ergebnis aus assoziierten Unternehmen im erfolgswirksamen Teil der Konzern-Gesamtergebnisrechnung bzw der gesonderten Konzern-GuV (sofern erstellt) vorzunehmen (s Rz 42 f).

114 Die sachgerechte Fortführung der einzelnen Beträge der sonstigen Ergebniskomponente „Anteil am sonstigen Ergebnis von *at equity* bilanzierten assoziierten und Gemeinschaftsunternehmen" in Folgeperioden erfordert nicht nur die Kenntnis der betreffenden Beträge pro assoziiertem bzw Gemeinschaftsunternehmen, sondern auch der einzelnen zugrunde liegenden Komponenten des sonstigen Ergebnisses des jeweiligen assoziierten bzw Gemeinschaftsunternehmens.

115 Im **erfolgswirksamen Teil** der Konzern-Gesamtergebnisrechnung bzw in der gesonderten **Konzern-GuV** (sofern erstellt) ist der Anteil des Anteilseigners

am Jahreserfolg von assoziierten Unternehmen und Gemeinschaftsunternehmen in einem gesonderten Posten zu zeigen (s IAS 28.38 iVm IAS 1.82(c)). Zusätzlich wird in IAS 28.38 der separate Ausweis des auf den Anteilseigner entfallenden Anteils an jeglichen Erfolgsbeiträgen aus aufgegebenen Geschäftsbereichen (s § 28 Rz 81 ff) von assoziierten Unternehmen oder Gemeinschaftsunternehmen gefordert. Diesbezüglich kommt sowohl eine Angabe als Davon-Vermerk in der Konzern-Gesamtergebnisrechnung bzw der gesonderten Konzern-GuV (sofern erstellt) als auch eine Anhangangabe in Betracht.

UE sind sämtliche erfolgwirksamen Fortschreibungskomponenten in **einem** Erfolgsposten zu berücksichtigen. Insofern ist eine weite Interpretation hinsichtlich dessen, was als *„the investor's share of profit or loss"* (IAS 28.38) anzusehen ist, angemessen. Demgemäß beinhaltet dieser Posten nicht nur anteilige Jahreserfolge ieS, sondern daneben auch Abschreibungen von stillen Reserven bzw Auflösungen negativer Unterschiedsbeträge/stiller Lasten, Ergebnisse aus der Zwischenergebniseliminierung, ggf Differenzen aus der Schuldenkonsolidierung inklusive der hiermit korrespondierenden latenten Steuern und letztlich auch außerplanmäßige Wertminderungen und Wertaufholungen (aA *Baetge/Bruns/Klaholz* in Baetge ua IFRS-Komm[2] IAS 28 Rz 168). Allein die Erfolge aus der (teilweisen oder vollständigen) **Entkonsolidierung** sind mangels des Tatbestands einer Fortschreibungskomponente unter den sonstigen betrieblichen Erträgen/Aufwendungen auszuweisen. 116

Der präferierte Ausweis sämtlicher Veränderungen des Equity-Werts innerhalb eines Bilanz- respektive Erfolgspostens ist jedoch dann nicht mehr sachgerecht, wenn in **Sonderfällen** die Zwischengewinneliminierung zu einem negativen Equity-Wert führen würde. 117

Beispiel: Die Anschaffungskosten für 30% der Anteile eines assoziierten Unternehmens zu Beginn des Jahrs X1 belaufen sich auf T€ 100; sie entsprechen dem anteiligen konsolidierungspflichtigen Eigenkapital (Buchwert = Zeitwert). Sonstige finanzielle Verflechtungen mit dem assoziierten Unternehmen (Ausleihungen etc) bestehen nicht. Die auf den Anteilseigner entfallenden Jahresüberschüsse (in T€) nach Steuern (Definitivsteuer in Höhe von 25%) der Folgejahre sind der folgenden Tabelle zu entnehmen:

Jahr X1	Jahr X2	Jahr X3	Jahr X4
50	60	80	20

Fall (1) *Upstream*-Transaktion: Das assoziierte Unternehmen tätigt in den Geschäftsjahren X1 bis X3 nahezu ausschließlich Geschäfte mit dem Anteilseigner. Die daraus resultierenden Zwischengewinne unter Berücksichtigung aktiver latenter Steuern, die im Rahmen der Equity-Fortschreibung zu eliminieren sind, entsprechen den auf den Anteilseigner entfallenden Jahreserfolgen nach Steuern. Im jeweiligen Folgejahr schüttet das assoziierte Unternehmen den Vorjahreserfolg aus. Erfolgt die Zwischengewinneliminierung in diesem Fall gegen den bilanziellen Equity-Wert, führt dies zu nachstehenden Wertansätzen (in T€):

		Jahr X1	Jahr X2	Jahr X3	Jahr X4
	Equity-Wert am Jahresbeginn	100	100	50	–
+	anteiliger Jahresüberschuss	50	60	80	20
–	zu eliminierender Zwischengewinn (netto)	–50	–60	–80	–
–	Zu eliminierender Beteiligungsertrag (netto)	–	–50	–60	–80
=	Equity-Wert am Jahresende	100	50	–	–
	nicht eliminierte Dividendenzahlungen	–	–	–10	–70

Aufgrund der Ausschüttung der (annahmegemäß auch im Zeitablauf nicht realisierten) Zwischengewinne im jeweiligen Folgejahr muss der Equity-Wert mangels Verrechnungsmasse im Jahr X3 ausgesetzt werden. Weitere Ausschüttungen können nicht mehr gegen den Equity-Wert verrechnet werden und würden somit als solche im Konzernabschluss erfasst werden. Eine (aufwandswirksame) Verrechnung mit dem bilanziellen Equity-Wert wäre erst wieder möglich, wenn dieser aufgrund der Berücksichtigung anderer Fortschreibungskomponenten einen positiven Wert ausweisen würde.

118 Das dargestellte Resultat ist nicht sachgerecht, da die erfolgswirksame Erfassung von **Dividenden** betreffend assoziierte Unternehmen nicht mit der Equity-Methode im Einklang steht. Daher sollte die Eliminierung des **Beteiligungsertrags** erfolgswirksam zu Lasten des Vermögenswerts, der die bislang mangels Veräußerung an Dritte, Anpassung der Abschreibung etc nicht realisierten Zwischengewinne aus der *Upstream*-Transaktion enthält, in der Konzernbilanz erfolgen. Realisierungen der Zwischengewinne in Folgeperioden werden dann mit der Buchung „per Vermögenswert an Ergebnis aus assoziierten Unternehmen" erfasst. Demgemäß ist bei der Entkonsolidierung (s Rz 77 ff) eine zusätzliche Buchung („per Vermögenswert an sonstige betriebliche Aufwendungen/Erträge") notwendig, um die betreffenden Zwischengewinne zu realisieren. Die Vorgehensweise (Kürzung der betreffenden Vermögenswerte in Höhe der Zwischengewinne nach Berücksichtigung von aktiven latenten Steuern) ist grds analog anzuwenden, wenn die zu eliminierenden Zwischengewinne aus *Upstream*-Transaktionen den Equity-Wert übersteigen.

119 Vergleichbare Probleme bei der Equity-Fortschreibung können auch im Fall von ***Downstream***-Transaktionen infolge des letztlich nicht gegebenen Zusammenhangs zwischen der Höhe des Equity-Werts und der Höhe zu eliminierender Zwischengewinne aus *Downstream*-Transaktionen auftreten.

Fall (2) *Downstream*-Transaktionen: Ausgangslage wie oben (s Rz 117). Aus Verkäufen vom Anteilseigner an das assoziierte Unternehmen resultieren folgende auf den Anteilseigner entfallende Zwischengewinne (netto):

Jahr X1	Jahr X2	Jahr X3	Jahr X4
80	100	150	30

Erfolgt die Zwischengewinneliminierung in diesem Fall gegen den bilanziellen Equity-Wert, führt dies zu nachstehenden Wertansätzen (in T€):

		Jahr X1	Jahr X2	Jahr X3	Jahr X4
	Equity-Wert am Jahresbeginn	100	70	30	–
+	anteiliger Jahresüberschuss	50	60	80	20
–	zu eliminierender Zwischengewinn (netto)	–80	–100	–150	–30
=	Equity-Wert am Jahresende	70	30	–	–
	nicht eliminierte Zwischengewinne	–	–	–40	–50

Aufgrund der im Vergleich zu den anteiligen Jahresüberschüssen (annahmegemäß auch im Zeitablauf nicht realisierten) überproportionalen Zwischengewinne aus *Downstream*-Transaktionen muss der Equity-Wert bei Erreichen der Null-Grenze im Jahr X3 ausgesetzt werden. Weitere Zwischengewinne können nicht mehr als Verminderung des Equity-Werts erfasst werden und würden somit als solche in den Konzernabschluss eingehen. Eine (aufwandswirksame) Verrechnung mit dem bilanziellen Equity-Wert wäre erst wieder möglich, wenn dieser aufgrund der Berücksichtigung anderer Fortschreibungskomponenten einen positiven Wert ausweisen würde.

Auch in diesem Fall kann dieses Resultat nicht überzeugen. Analog zur oben erläuterten Vorgehensweise (s Rz 118) kommen hinsichtlich der uE zwingenden Eliminierung der Netto-Zwischengewinne aus *Downstream*-Transaktionen **verschiedene Vorgehensweisen** in Betracht. Zunächst sollte eine ggf ggü dem assoziierten Unternehmen oder Gemeinschaftsunternehmen bestehende Forderung aufwandswirksam abgewertet werden. Bestehen keine abwertungsfähigen Forderungen, kann die Eliminierung der Netto-Zwischengewinne entweder mit der Buchung „per Ergebnis aus assoziierten Unternehmen an *deferred income*" oder aber durch eine direkte Verrechnung mit dem Eigenkapital („per Ergebnis aus assoziierten Unternehmen an Gewinnrücklagen") erfolgen. Realisierungen der Zwischengewinne werden dementsprechend mit der Buchung „per Forderungen/*deferred income*/Gewinnrücklagen an Ergebnis aus assoziierten Unternehmen" erfasst. Entspr ist bei der Entkonsolidierung (s Rz 77 ff) eine zusätzliche Buchung („per Forderungen/*deferred income*/Gewinnrücklagen an sonstige betriebliche Aufwendungen/Erträge") notwendig, um die betreffenden Zwischengewinne zu realisieren. **120**

E. Angaben im Anhang

Die im Zusammenhang mit der **Equity-Methode** gem IAS 28 geforderten Angaben im Anhang lassen sich wie folgt zusammenfassen: **121**

(1) Angabe des **Abschlussstichtags** für den Fall, dass der der Equity-Fortschreibung zugrunde liegende Abschluss auf einen **anderen Abschlussstichtag** oder für eine **andere Periode** als der Abschluss des Anteilseigners (Konzernabschluss) aufgestellt ist (IAS 28.37(e)). Die Verwendung eines vom Konzernabschlussstichtag abweichenden Stichtags oder eines abweichenden Zeitraums, auf den sich der Abschluss bezieht, ist zu **begründen** (zB Aufstellung eines Zwischenabschlusses unterbleibt wegen unverhältnismäßig hoher Kosten; abweichender Zeitraum infolge eines Rumpfgeschäftsjahrs wegen Stichtagsanpassung).

(2) Sofern die Equity-Methode ausgesetzt wurde, Angabe des **nicht realisierten** Anteils am **Verlust** eines assoziierten Unternehmens oder Gemeinschaftsunternehmens sowohl für die jeweilige **Berichtsperiode** als auch **kumuliert** (IAS 28.37(g)). Dies gilt sowohl für Verluste, die erfolgswirksam hätten erfasst werden müssen, als auch für erfolgsneutral den Equity-Wert mindernde Fortschreibungskomponenten. Eine separate Darstellung (erfolgswirksam/erfolgsneutral) ist wünschenswert, aber nicht zwingend.

(3) Angabe der Nichtanwendung der Equity-Methode in Übereinstimmung mit IAS 28.13 (IAS 28.37(h))

(4) Alternativ zum gesonderten Ausweis in der Gesamtergebnisrechnung bzw der gesonderten GuV (sofern erstellt) Angabe des auf den Anteilseigner entfallenden Anteils an Erfolgen aus **aufgegebenen (Geschäfts-)Bereichen** des assoziierten Unternehmens bzw Gemeinschaftsunternehmens (IAS 28.38).

Darüber hinaus sind erläuternde Anhangangaben notwendig, wenn in den folgenden **Ausnahmefällen** mangels Informationen **122**

(5) keine Anpassung an die konzerneinheitliche Bilanzierung und Bewertung vorgenommen wird (s Rz 27),

(6) eine Anpassung des Abschlussstichtags unterbleibt, obwohl der Abschlussstichtag des assoziierten Unternehmens bzw Gemeinschaftsunternehmen um mehr als drei Monate vom Konzernabschlussstichtag abweicht (s Rz 40) und

(7) auf eine Eliminierung von Zwischenergebnissen aus *upstream*-Transaktionen verzichtet wird (s Rz 51). Zu weiteren Angabepflichten betreffend assoziierte Unternehmen s § 32 Rz 28ff, 35.

123, 124 *einstweilen frei*

F. Wesentliche Änderungen und deren Anwendungszeitpunkte

125 **IAS 28** ist anzuwenden für Geschäftsjahre die am oder nach dem 1. Januar 2005 beginnen.

Die Überarbeitung des **IAS 1 (2007)** führte zu Folgeänderungen in IAS 28.11, IAS 28.24, IAS 28.25, IAS 28.37(e) und IAS 28.39. Diese Änderungen sind ebenso wie die aus dem ***Annual Improvements*** **Projekt 2008** resultierenden Änderungen in IAS 28.1 und IAS 28.33 pflichtmäßig erstmals für Berichtsperioden anzuwenden, die am oder nach dem 1. Januar 2009 beginnen. Eine frühere freiwillige Anwendung ist zulässig, wenn diese Tatsache im Anhang deutlich gemacht wird und die korrespondierenden Regelungen des IAS 1 (2007) bzw Folgeänderungen aus dem *Annual Improvements* Projekt 2008 in IFRS 7, IAS 31 und IAS 32 gleichzeitig angewendet werden (IAS 28.41A und IAS 28.41C). Die Änderungen wurden im Dezember 2008 bzw Januar 2009 von der EU übernommen.

Die im Zusammenhang mit der Neufassung von **IFRS 3 (2008)** und **IAS 27 (2008)** stehenden Folgeänderungen in IAS 28.23 bzw IAS 28.18, IAS 28.19 und IAS 28.19A sind gem IAS 28.41B und IAS 28.41D erstmals verpflichtend für Berichtsperioden anzuwenden, die am oder nach dem 1. Juli 2009 beginnen. Eine Anwendung der geänderten Regelungen von IFRS 3 und IAS 27 vor dem 1. Juli 2009 bedingt eine zeitgleiche Berücksichtigung der Folgeänderungen in IAS 28.

Die vorliegende Kommentierung hat wesentliche materielle Änderungen herausgehoben, darüber hinaus haben die Überarbeitungen klarstellenden Charakter.

G. Gegenüberstellung zu HGB/DRS

126 Bei einer Gegenüberstellung der Regelungen zur Equity-Methode nach IAS 28, § 312 HGB und DRS 8 ergeben sich die folgenden Unterschiede:

(1) **Anwendungsbereich:** Im Gegensatz zum HGB und DRS 8 ist die Equity-Methode gem IAS 28.1 nicht anzuwenden, sofern die Anteile an assoziierten Unternehmen von Venture Capitalists Organisationen, Investmentfonds, Unit Trusts und vergleichbaren Einheiten wie Versicherungsfonds gehalten und gem IAS 39 bewertet werden. Sofern Anteile mit Weiterveräußerungsabsicht erworben werden, liegt gem § 311 Abs 1 HGB kein assoziiertes Unternehmen vor bzw ist von einer Anwendung der Equity-Methode abzusehen (s DRS 8.6f), sodass in diesem Fall zwingend eine Bewertung nach der Anschaffungskostenmethode zu erfolgen hat. Eine IFRS 5 entspr Bewertung kennen die nationalen Vorschriften hingegen nicht. Darüber hinaus stimmen die Voraussetzungen zur Befreiung von der Konzernrechnungslegung gem IAS 27.10 nicht im Einzelnen mit denen gem § 291 HGB überein. Andererseits ist eine den §§ 295, 296 HGB entspr Anwendung der Equity-Methode auf nicht voll konsolidierte TU nach IAS 27 und IAS 28 nicht zulässig.

(2) **Anwendbare Methoden:** Während nach § 312 Abs 1 HGB ein Wahlrecht zur Anwendung der Buchwert- oder der Kapitalanteilsmethode besteht, sind nach DRS 8.19 und der geänderten Fassung des § 312 Abs 1 HGB (BilMoG) infolge des Bilanzrechtsmodernisierungsgesetzes allein die Buchwertmethode zulässig (s auch *Schruff* BB 2001, 1542ff). Demgegenüber ist das in IAS 28.17 beschriebene Verfahren zwar eher mit der Kapitalanteilsmethode vergleichbar, die Erfassung im Konzernabschluss entspricht indessen im Regelfall der Buchwertmethode (*Hachmeister* in Baetge/Kirsch/Thiele Bilanzrecht-Komm § 312 Rz 511). 127

(3) **Konzerneinheitliche Bilanzierung und Bewertung:** Gem IAS 28.27 und DRS 8.8 ist ein der Equity-Bilanzierung zugrunde zu legender Abschluss an die konzerneinheitliche Bilanzierung und Bewertung anzupassen. Demgegenüber enthält § 312 Abs 5 Satz 1 HGB ein Wahlrecht zur Anpassung an die konzerneinheitliche Bilanzierung und Bewertung, das auch nach der Überarbeitung der Vorschriften des HGB im Rahmen des BilMoG nicht gestrichen wurde. 128

(4) **Erstbewertung:** Nach IAS 28 und § 312 Abs 3 Satz 1 HGB (BilMoG) kommt allein eine Erstbewertung zu dem Zeitpunkt, ab dem die Kriterien eines assoziierten Unternehmens bzw Gemeinschaftsunternehmens erfüllt sind, in Betracht. Demgegenüber stellt DRS 8.14 auf den – nicht näher spezifizierten – Erwerbszeitpunkt ab. Schließlich besteht bislang gem § 312 Abs 3 HGB neben den beiden vorgenannten Erstbewertungszeitpunkten alternativ die Möglichkeit, die erstmalige Equity-Bilanzierung auf den Stichtag der erstmaligen Einbeziehung in den Konzernabschluss durchzuführen. Können die Wertansätze im Rahmen der Erstbewertung nicht endgültig ermittelt werden, kann gem IAS 28 iVm IFRS 3 und § 312 Abs 3 Satz 2 HGB (BilMoG) innerhalb der folgenden zwölf Monate eine Anpassung vorgenommen werden *(measurement period)*. Darüber hinaus bestehen Abweichungen hinsichtlich der Abgrenzung des konsolidierungspflichtigen Kapitals, in das gem IAS 28 auch dem deutschen Recht fremde Komponenten wie zB Neubewertungsrücklagen gem IAS 16.39f respektive IAS 38.85f einzubeziehen sind. Weitere Abweichungen zwischen den IFRS und dem HGB ergeben sich bei der Abgrenzung der erworbenen und separat identifizierbaren Vermögenswerte und Schulden (inklusive latenter Steuern, Restrukturierungsrückstellungen und Eventualschulden nach IFRS 3) sowie uU bei der Bestimmung der beizulegenden Zeitwerte (s § 34 Rz 80ff). 129

(5) **Folgebewertung:** Abweichungen zwischen IAS 28.24f, § 312 Abs 6 HGB und DRS 8.12f resultieren hinsichtlich des **Abschlussstichtags** des der Equity-Bilanzierung zugrunde zu legenden Abschlusses des assoziierten Unternehmens oder Gemeinschaftsunternehmens. Darüber hinaus ergeben sich Unterschiede hinsichtlich der Fortführung von **Geschäfts- oder Firmenwerten** nach IAS 28.23 (geändert 2008)/IAS 28.23 (2003) iVm IFRS 3.B63(a)(2008)/IFRS 3.51ff (2004) *(impairment-only-approach)* ggü § 312 Abs 2 iVm § 309 Abs 1 HGB (Abschreibung zu mindestens einem Viertel, planmäßige Abschreibung oder erfolgsneutrale Verrechnung des Geschäfts- oder Firmenwerts mit den Konzernrücklagen) bzw DRS 8.23 und § 246 Abs 1 Satz 4 HGB (BilMoG) iVm § 253 Abs 3 HGB (BilMoG) (planmäßige Abschreibung über die Nutzungsdauer, ggf außerplanmäßige Abschreibung). Entspr gilt auch für die Fortführung **negativer Unterschiedsbeträge,** die gem DRS 8.24 ursachengerecht (Auflösung bei Anfall antizipierter künftiger Verluste und Aufwendungen, planmäßig ertragswirksam über die gewichtete durchschnittliche Nutzungsdauer der erworbenen nichtmonetären Vermögenswerte oder aber – in Ausnahmefällen – unmittelbar ertragswirk- 130

sam) aufzulösen sind und gem IAS 28.23 (geändert 2008)/IAS 28.23 (2003) ausschließlich unmittelbar ertragswirksam im Rahmen der erstmaligen Kapitalkonsolidierung zu erfassen sind. Demgegenüber hat gem § 312 Abs 2 HGB iVm § 309 Abs 2 HGB entweder eine Auflösung bei Anfall antizipierter künftiger Verluste und Aufwendungen oder aber dann zu erfolgen, wenn feststeht, dass der negative Unterschiedsbetrag einem realisierten Gewinn entspricht. Unterschiede zwischen den handelsrechtlichen und den IFRS-Regelungen ergeben sich des Weiteren hinsichtlich der Abgrenzung und Auflösung **latenter Steuern** (zB aus IAS 12.19 (geändert 2008), IAS 12.26(c), IAS 12.39, IAS 12.44 und IAS 12.61), **der Entstehung erfolgsneutral zu erfassender Eigenkapitalveränderungen** (s nur IAS 28.11 im Vergleich mit DRS 8.42 betreffend Kapitalmaßnahmen bei assoziierten Unternehmen oder Gemeinschaftsunternehmen; IAS 16.39f respektive IAS 38.76f betreffend Neubewertungsrücklagen und IAS 39.55(b) betreffend erfolgsneutral zu erfassende Gewinne und Verluste aus der Bewertung zum beizulegenden Zeitwert von zur Veräußerung verfügbaren Finanzinvestitionen) sowie uU in Bezug auf die Überprüfung (s nur IAS 28.31ff versus DRS 8.28f) und Erfassung von **Wertminderungen** und **Wertaufholungen** des Equity-Werts respektive des darin enthaltenen Geschäfts- oder Firmenwerts. Schließlich sind im Gegensatz zu IAS 28.29 weder nach § 312 HGB noch nach DRS 8 bei der Equity-Fortschreibung langfristige Forderungen oder Kredite des Anteilseigners vor dem Aussetzen der Equity-Methode infolge eines **negativen Beteiligungsbuchwerts** in das Verrechnungspotenzial einzubeziehen.

131 (6) **Sukzessiver Anteilserwerb:** Unterschiede ergeben sich vor Änderungen des § 312 Abs 3 HGB durch das BilMoG infolge der unterschiedlichen Erstbewertungszeitpunkte (s Rz 129).

132 (7) **Ausweis- und Angabepflichten:** Im Gegensatz zu den handelsrechtlichen Regelungen (vgl § 298 HGB iVm § 268 HGB) besteht nach den IFRS keine Verpflichtung, die Anteile an assoziierten Unternehmen im Anlagespiegel zu zeigen. Demgegenüber werden in IAS 28.37f jedoch erweiterte Angabepflichten im Vergleich zu §§ 312ff HGB und DRS 8.47ff gefordert.

133–135 *einstweilen frei*

H. Aktuelle Entwicklungen/IASB-Projekte

136 Eine Überarbeitung des IAS 28 ist derzeit nicht geplant. Jedoch wurde im Rahmen des im Dezember 2008 veröffentlichten Exposure Draft ED 10 ***„Consolidated Financial Statements“*** vom IASB die Frage aufgeworfen, ob eine Überprüfung der Definition des maßgeblichen Einflusses und der (Konsolidierungsparameter im Rahmen der) Equity-Methode erfolgen soll (ED 10.IN27ff). Generell ist jedoch zu erwarten, dass die Bedeutung des IAS 28 bzw der Equity-Bewertung im Rahmen von IFRS-Konzernabschlüssen zukünftig infolge des geplanten Wegfalls der alternativen Bilanzierung von Gemeinschaftsunternehmen auf der Grundlage der Quotenkonsolidierung gem ED 9 (s § 29 Rz 49ff) zunehmen wird.

§ 37. Quotenkonsolidierung

Übersicht

Schrifttum: *Achleitner/Behr* International Accounting Standards, 3. Aufl, München 2002; *Alexander/Archer* International Accounting/Financial Reporting Standards Guide 2008, New York 2007; *Born* Rechnungslegung international, 5. Aufl, Stuttgart 2007; *Dusemond* Quotenkonsolidierung versus Equity-Methode, DB 1997, 1781; *Epstein/Jermakowicz* IFRS 2008 Interpretation and Application of International Financial Reporting Standards, New Jersey 2008; *Ernst & Young* International GAAP 2009, London 2009; *Früh/Klar* Joint Ventures – Bilanzielle Behandlung und Berichterstattung, WPg 1993, 493; *KPMG* International Financial Reporting Standards, 4. Aufl, Stuttgart 2007; *Krawitz* Quotenkonsolidierung für Gemeinschaftsunternehmen nach E-DRS 9, BB 2001, 668.

Wesentliche Rechtsgrundlagen: IAS 31, SIC 13

A. Allgemeines

I. Grundlagen

1 Die **Quotenkonsolidierung** stellt – derzeit noch (s Rz 35) – eine Methode der Bilanzierung von **gemeinschaftlich geführten Unternehmen** (im Folgenden: Gemeinschaftsunternehmen; vgl IAS 31.3 sowie ausführlich § 30 Rz 41 ff; zur Klassifizierung s Prüfschema § 32 Rz 20) im IFRS-**Konzernabschluss** eines Partnerunternehmens dar. Daneben können gemeinschaftlich geführte Unternehmen alternativ gem IAS 31.38 auf der Grundlage der **Equity-Methode** in den Konzernabschluss einbezogen werden (IAS 31.30; s § 36).

2 Aus IAS 31.30 und IAS 31.40 läßt sich ableiten, dass die **Quotenkonsolidierung** für die Bilanzierung der Gemeinschaftsunternehmen nach Ansicht des IASB (derzeit noch) zu **bevorzugen** ist. Dies liegt darin begründet, dass bei Gemeinschaftsunternehmen das Partnerunternehmen (hier und im folgenden gleichzusetzen mit MU) aktiv an der gemeinschaftlichen Leitung sowie den Gewinnen und Verlusten des betreffenden Unternehmens beteiligt ist und insofern die quotale Einbeziehung den wirtschaftlichen Gehalt der Beziehung iSe Beherrschung des Partnerunternehmens über den künftigen wirtschaftlichen Nutzen des Gemeinschaftsunternehmens in Höhe seines Anteils zutreffender wiedergibt als eine Einbeziehung auf der Grundlage der Equity-Methode (s IAS 31.40). Gleichwohl stehen dem bilanzierenden Unternehmen beide Methoden im Konzernabschluss zur Verfügung.

3 Allerdings ist darauf hinzuweisen, die die Entscheidung für eine der beiden Einbeziehungsformen nicht für jedes einzelne Gemeinschaftsunternehmen getroffen werden kann, sondern eine **Grundsatzentscheidung** im Vorfeld der erstmaligen Einbeziehung eines Gemeinschaftsunternehmens darstellt. Danach sind sämtliche Gemeinschaftsunternehmen **einheitlich** entweder auf der Grundlage der Quotenkonsolidierung oder aber der Equity-Methode in den Konzernabschluss des Partnerunternehmens einzubeziehen. Dies ergibt sich zum einen aus dem Grundsatz der Stetigkeit der Bilanzierungs- und Bewertungsmethoden gem IAS 8.13 (s § 2 Rz 38 ff). Zum anderen lässt sich die Pflicht zur einheitlichen Methodenausübung auch aus IAS 31.57 ableiten, der von einem Partnerunternehmen generell die Angabe der „Bilanzierungsmethode für seine Anteile an gemeinschaftlich geführten Unternehmen" fordert.

4 Der IASB beabsichtigt, das Wahlrecht zur Anwendung der **Quotenkonsolidierung** von Gemeinschaftsunternehmen zugunsten einer zwingenden Einbeziehung auf der Grundlage der Equity-Methode **abzuschaffen** (s ausführlich ED 9.23 und § 29 Rz 48 ff).

II. Anwendungsbereich

5 Die Anwendung der Quotenkonsolidierung im Konzernabschluss ist nur für diejenigen Anteilseigner erlaubt, die an der **gemeinschaftlichen Führung** eines Gemeinschaftsunternehmens **beteiligt** sind **(Partnerunternehmen).** Anteilseigner, die zwar Anteile an dem betreffenden Unternehmen halten, jedoch nicht an der gemeinschaftlichen Führung teilhaben, müssen in Abhängigkeit von ihrer Möglichkeit zur Einflussnahme ihre Anteile entweder auf Basis der Equity-Methode (maßgeblicher Einfluss – assoziiertes Unternehmen) oder aber gem IAS 39 (Finanzinvestition) in ihrem Konzernabschluss bilanzieren (IAS 31.51; s auch *Ernst & Young* 2009, 854).

Beispiel: A ist mit 40%, B mit 15% und C mit 45% an dem Unternehmen D beteiligt. A und B vereinbaren vertraglich, dass die mit der wirtschaftlichen Geschäftstätigkeit von D verbundenen strategischen finanz- und geschäftspolitischen Entscheidungen die einstimmige Zustimmung beider Gesellschafter erfordern. Nach der Diktion des IAS 31.3 werden A und B aufgrund ihrer gemeinschaftlichen Führung (Mehrheit der Stimmrechte von zusammen 55%) als Partnerunternehmen *(venturer)* bezeichnet, während C Gesellschafter *(investor)* des Gemeinschaftsunternehmens D ist.

6 Der neugefasste IAS 31 hat den Anwendungsbereich der Quotenkonsolidierung von Gemeinschaftsunternehmen an denjenigen der Equity-Methode angeglichen. Demzufolge ist die Anwendung der Quotenkonsolidierung (und der Equity-Methode) bei Anteilen an Gemeinschaftsunternehmen im Konzernabschluss eines Partnerunternehmens dann **ausgeschlossen,** wenn

(1) die Anteile von **Venture Capitalists** Organisationen (Wagnisfinanzierungsorganisationen), Investmentfonds, Unit Trusts und vergleichbaren Einheiten gehalten werden und diese Partnerunternehmen die betreffenden Anteile bei ihrem erstmaligen Ansatz in die Kategorie *„at fair value through profit or loss"* designiert haben oder zu Handelszwecken halten (IAS 31.1). Werden die Anteile demzufolge gem IAS 39 zum beizulegenden Zeitwert bewertet, sind Wertänderungen periodengerecht **erfolgswirksam** zu erfassen (s § 3 Rz 145ff). Trotz Ausschlusses derartiger Beteiligungen vom Anwendungsbereich der Quotenkonsolidierung haben die Anteilseigner gem IAS 31.1 Angaben nach IAS 31.55 und IAS 31.56 (s Rz 26) in ihren Abschluss aufzunehmen (Ergänzung des IAS 31.1 im Rahmen der *Annual Improvements* Projekts 2008);

(2) die Anteile (nachweislich) ausschließlich zum **Zwecke der Weiterveräußerung** innerhalb von zwölf Monaten erworben und gehalten werden (IAS 31.2(a); IFRS 5.11). Da die Anteile in diesem (Ausnahme-)Fall als zur Veräußerung gehalten zu klassifizieren sind (zu Einzelheiten betreffend die Voraussetzungen s § 28 Rz 30ff), hat eine Bilanzierung gem IFRS 5 zu erfolgen (IAS 31.42). Folglich sind die **Anteile** gesondert auf der Aktivseite **auszuweisen** (IFRS 5.38) und zwingend mit dem niedrigeren Wert aus Buchwert (hier: Anschaffungskosten) und beizulegendem Zeitwert abzüglich Veräußerungskosten anzusetzen (IFRS 5.15). Wertänderungen ggü den Anschaffungskosten der Anteile sind gem IFRS 5.20 aufwandswirksam zu erfassen (zu Einzelheiten s ausführlich § 36 Rz 4ff); oder

(3) das Partnerunternehmen (MU) die **Ausnahmen** von der Verpflichtung zur **Aufstellung eines Konzernabschlusses** nach IAS 27.10 (2008)/IAS 27.10 (2003) nutzen kann (s IAS 31.2(b) und (c)). Da sich die Aufstellungspflicht für einen Konzernabschluss von Unternehmen mit Sitz in der Bundesrepublik Deutschland nach aktuellem Rechtsstand indessen aus der **nationalen Gesetzgebung** ergibt, ist eine Bezugnahme auf die Befreiungsvorschrift des IAS 27.10 (2008)/IAS 27.10 (2003) derzeit nicht möglich. Dies gilt **auch** für kapitalmarktorientierte Unternehmen, die grds in den Regelungsbereich der EU-VO zur Einführung der IFRS fallen (s ausführlich § 31 Rz 1ff).

Letztlich besteht **faktisch** ein **Wahlrecht,** auf die Anwendung der Quoten- 7
konsolidierung bei der Bilanzierung von Anteilen an Gemeinschaftsunternehmen zu verzichten, sofern die betreffenden Unternehmen in Übereinstimmung mit dem Grundsatz der Wesentlichkeit (s IAS 1.29ff iVm F. 29f) als von untergeordneter Bedeutung einzustufen sind. Mehrere Unternehmen können nur dann von der quotalen Konsolidierung ausgenommen werden, wenn sie **insgesamt** unwesentlich sind. Kommt die Quotenkonsolidierung (und die Equity-Methode) aus Wesentlichkeitsgründen nicht zur Anwendung, hat eine Bilanzierung gem IAS 39 zu erfolgen.

einstweilen frei 8–10

B. Konsolidierung von Gemeinschaftsunternehmen

I. Vorbereitende Maßnahmen

Die Einbeziehung von Gemeinschaftsunternehmen mittels der Quotenkonso- 11
lidierung in den Konzernabschluss eines Partnerunternehmens hat nach den gleichen **Grundsätzen** wie die Vollkonsolidierung zu erfolgen (IAS 31.33 iVm IAS 27). Im Rahmen der **Quotenkonsolidierung** werden die Vermögenswerte, Schulden sowie Aufwendungen und Erträge eines Gemeinschaftsunternehmens

im Gegensatz zur Vollkonsolidierung jedoch nur **anteilig** (beteiligungsproportional) einbezogen.

Entspr dem Vorgehen bei der Vollkonsolidierung ergibt sich auch bei Anwendung der Quotenkonsolidierung eine Pflicht zur **konzerneinheitlichen Bilanzierung und Bewertung.** Insofern sind grds zur Vorbereitung der Quotenkonsolidierung konzerneinheitliche Bilanzierung- und Bewertungsgrundsätze anzuwenden und ggf die Aufstellung einer HB II nach IFRS notwendig (vgl § 32 Rz 26 ff).

Auch die Bestimmung des **Abschlussstichtags** und ggfs die Erstellung eines Zwischenabschlusses orientiert sich an den Vorschriften für die Vollkonsolidierung und ist vorbereitend durchzuführen (s § 32 Rz 21 ff).

Eine **Währungsumrechnung** ist im Rahmen der Quotenkonsolidierung notwendig, sofern die funktionale Währung des Gemeinschaftsunternehmens von der Berichtswährung des Konzernabschlusses abweicht. Da ein Gemeinschaftsunternehmen idR als wirtschaftlich selbstständig einzustufen ist, erfolgt die Umrechnung auf Basis der **modifizierten Stichtagskursmethode** (s § 33 Rz 19 ff) mit einer erfolgsneutralen Behandlung der Kursdifferenzen.

Stellt das Gemeinschaftsunternehmen einen Konzernabschluss auf, so sollte dieser in analoger Anwendung zu den Regelungen zur Equity-Methode (s IAS 28.21) der Quotenkonsolidierung zugrunde gelegt werden.

II. Ermittlung der Anteilsquote

12 Den **ersten Schritt** der eigentlichen Quotenkonsolidierung stellt die **Ermittlung der Anteilsquote** dar, die für die quotale Einbeziehung maßgeblich ist. Probleme ergeben sich dabei insoweit, als der Kapitalanteil eines Partnerunternehmens von seinem Gewinnanteil abweicht. In IAS 31 ist keine ausdrückliche Regelung enthalten, welche Anteile in derartigen Fällen für die quotale Einbeziehung maßgeblich sind. Denkbar wäre eine Einbeziehung nach dem **Kapitalanteil,** dem **Gewinnanteil** oder eine **gespaltene Einbeziehung** (Bilanz nach dem Kapitalanteil und Erfolgsrechnung nach dem Gewinnanteil). IdR wird sich die quotale Einbeziehung nach dem **Kapitalanteil** richten (glA *Heuser/Theile*[3] Rz 3411; demgegenüber die gespaltene Einbeziehung präferierend: *Lüdenbach* in Lüdenbach/Hoffmann IFRS[7] § 34 Rz 73). In diesem Fall ist in die Erfolgsrechnung ein Ausgleichsposten einzufügen, um die vertraglich vereinbarten Gewinnanteile zutreffend darzustellen (vgl hierzu *Baetge/Klaholz/Harzheim* in Baetge ua IFRS-Komm[2] IAS 31 Rz 65, 67).

III. Einzelne Konsolidierungsschritte

13 Bei den einzelnen Schritten der Konsolidierung des Kapitals, der Schulden, der Zwischenergebnisse sowie von Aufwendungen und Erträgen orientiert sich die **Quotenkonsolidierung methodisch** an der **Vollkonsolidierung.**

1. Kapitalkonsolidierung

14 Die Kapitalkonsolidierung hat wie bei der Vollkonsolidierung nach der **Neubewertungsmethode** zu erfolgen (s § 34). Da in den Summenabschluss des Partnerunternehmens (MU) die zum Erwerbsstichtag gem den Regeln des IFRS 3 identifizierten und neu bewerteten Vermögenswerte, Schulden und Eventualschulden des Gemeinschaftsunternehmens nur entspr seiner **Beteili-**

gungsquote einbezogen werden, entfällt ein Ausweis von Anteilen nichtbeherrschender Gesellschafter systembedingt. Ein ggf aus der Kapitalkonsolidierung entstehender Unterschiedsbetrag wird ebenso behandelt, wie im Rahmen der Vollkonsolidierung (IFRS 3.32 ff (2008)/IFRS 3.51 ff (2004), IFRS 3.56 ff (2004)); s ausführlich § 34 Rz 229 ff). Folglich ist ein Geschäfts- oder Firmenwert gesondert auszuweisen und in der Folge nach den Regeln des IAS 36 ggf außerplanmäßig wertzuberichtigen; ein negativer Unterschiedsbetrag ist hingegen unmittelbar ertragswirksam zu erfassen.

2. Schuldenkonsolidierung

15 Grds sind bei der Quotenkonsolidierung konzerninterne **Schulden** und daraus resultierende Ergebnisse zu eliminieren (IAS 31.33 iVm IAS 27.20 (2008)/IAS 27.24 (2003)). Die **Schuldenkonsolidierung** erfolgt stets nur **anteilig** in Höhe der Beteiligungsquote (vgl Rz 12) des den Konzernabschluss aufstellenden Partnerunternehmens, sodass folglich zwar die in den Summenabschluss eingehenden Forderungen und Verbindlichkeiten des **Gemeinschaftsunternehmens** ggü dem betreffenden Partnerunternehmen und seinen TU in **voller Höhe** eliminiert werden, während Forderungen und Verbindlichkeiten des **Partnerunternehmens oder seiner TU** ggü dem Gemeinschaftsunternehmen entspr der Beteiligungsquote der anderen Partnerunternehmen/Anteilseigner im Konzernabschluss **verbleiben.** Diese sind als Forderungen bzw Verbindlichkeiten entspr dem zugrunde liegenden Sachverhalt auszuweisen.

3. Aufwands- und Ertragskonsolidierung

16 Im Rahmen der **Aufwands- und Ertragskonsolidierung** sind sämtliche Salden aus Transaktionen mit dem Gemeinschaftsunternehmen **quotal** zu eliminieren (IAS 31.33 iVm IAS 27.20 f (2008)/IAS 27.24 f (2003)). Folglich werden auch in diesem Fall die konzerninternen Aufwendungen und Erträge aus dem Abschluss des Gemeinschaftsunternehmens aufgrund ihrer nur anteiligen Übernahme in den Summenabschluss letztlich vollständig eliminiert, während Aufwendungen und Erträge des Partnerunternehmens und seiner TU aus Transaktionen mit dem Gemeinschaftsunternehmen in Höhe des Anteils der anderen Partnerunternehmen/Anteilseigner im Konzernabschluss wie ggü Dritten ausgewiesen werden.

4. Zwischenergebniseliminierung

17 Auch die **Zwischenergebniseliminierung** erfolgt systembedingt grds **quotal** entspr den allgemeinen Grundsätzen bei der Vollkonsolidierung. Allerdings sind bei Gemeinschaftsunternehmen schon im Vorfeld spezielle **Gewinn- und Verlustrealisationsgrundsätze** zu beachten, die auch Konsequenzen für die Zwischenergebniseliminierung haben.

Handelt es sich bei den zu beurteilenden Geschäftsvorfällen um **Sacheinlagen in** sowie **Veräußerungen an** das Gemeinschaftsunternehmen, so sind gem IAS 31.48 iVm SIC 13 folgende Grundsätze zu beachten:

(1) Gewinne und Verluste aus diesen Transaktionen sind grds nach den allgemeinen Prinzipien der Erfolgsrealisation (§ 15 Rz 7 ff) **anteilig** in Höhe der Anteilsquote der anderen Partnerunternehmen zu realisieren. Folglich muss im Rahmen der Zwischenergebniseliminierung der entstandene Gewinn/Verlust entspr der Beteiligungsquote des berichtenden Partnerunternehmens (MU) eliminiert werden (IAS 31.48).

(2) Sofern sich aus der Sacheinlage oder der Veräußerung kurz- oder langfristiger Vermögenswerte substanzielle Hinweise auf eine Verringerung des Nettoveräußerungswerts bzw eine Wertminderung ergeben, sind abweichend von dem unter (1) dargestellten Grundsatz sich ergebende **Verluste in voller Höhe zu realisieren,** dh, eine Zwischenverlusteliminierung darf nicht vorgenommen werden (IAS 31.48 aE).

(3) Werden bei einer **Sacheinlage** nicht die wesentlichen Chancen und Risiken übertragen bzw kann die Sacheinlage nicht verlässlich bewertet werden oder fehlt es ihr an wirtschaftlicher Substanz (s IAS 16.25 sowie § 5 Rz 55ff), so sind die sich aus der Transaktion ergebenden Gewinne und Verluste vollständig als **nicht realisiert** zu betrachten (SIC 13.5) und im Rahmen der Zwischenergebniseliminierung **in voller Höhe** mit dem Wertansatz der betreffenden Vermögenswerte beim Gemeinschaftsunternehmen zu verrechnen (SIC-13.7). Abweichendes gilt nur, sofern das berichtende Partnerunternehmen neben einem Kapitalanteil auch monetäre oder nicht monetäre Vermögenswerte erhält. In diesem Fall ist ein angemessener Teil des sich aus dieser Transaktion ergebenden Gewinns oder Verlusts im Periodenerfolg des berichtenden Partnerunternehmens zu erfassen, welcher demgemäß nicht der Zwischenergebniseliminierung unterliegt (SIC 13.6).

18 Im Fall von **Veräußerungen** von Gemeinschaftsunternehmen an das berichtende Partnerunternehmen gelten folgende Prinzipien (IAS 31.49):

(1) Grds dürfen Gewinne und Verluste nur in Höhe des auf die anderen Partnerunternehmen/Anteilseigner entfallenden **Anteils** realisiert werden. Entspr dem Anteil des empfangenden, berichtenden Partnerunternehmens hat eine Zwischenergebniseliminierung zu erfolgen. Eine Realisation dieser Gewinn- oder Verlustanteile ist erst bei einer Weiterveräußerung an konzernfremde Dritte zulässig.

(2) Stellen Verluste aus der Veräußerung kurz- oder langfristiger Vermögenswerte hingegen eine Verringerung des Nettoveräußerungswerts bzw eine Wertminderung dar, sind diese Verluste abweichend von dem unter (1) dargestellten Grundsatz **in voller Höhe zu realisieren,** dh, eine Zwischenverlusteliminierung darf nicht vorgenommen werden.

19, 20 *einstweilen frei*

IV. Beendigung der Quotenkonsolidierung

21 Eine Beendigung der Anwendung der Quotenkonsolidierung ist angezeigt, sobald die gemeinschaftliche Führung nicht mehr besteht (IAS 31.36). Dazu können folgende Fälle unterschieden werden:

(1) Erfolgt ein **vollständiger Abgang** der Anteile an einem Gemeinschaftsunternehmen, so sind grds die Regeln zur Entkonsolidierung analog zum Vorgehen bei der **Vollkonsolidierung** anzuwenden (s ausführlich § 35 Rz 22ff). Sofern indessen im Vorfeld der Veräußerung der Anteile die Kriterien der IFRS 5.6ff erfüllt sind, hat ab diesem Zeitpunkt – entspr dem Vorgehen bei der **Equity-Methode** (s § 36 Rz 86ff) – eine Bilanzierung und der Ausweis (s IFRS 5.38) der **Anteile** an dem Gemeinschaftsunternehmen in Übereinstimmung mit IFRS 5 zu erfolgen (s IAS 31.2(a) iVm 31.42). Dies erfordert zunächst die Ermittlung des **Buchwerts** der Anteile, der sich uE aus dem anteiligen Reinvermögen zu Konzernwerten im Umklassifizierungszeitpunkt ergibt. Die Anteile sind sodann gem IFRS 5.15 mit dem **niedrigeren Wert** aus diesem Buchwert (ggf erweitert um den Wertansatz von verbundenen Vermögenswerten und Schulden wie im Abschluss des Anteilseigners ab-

gegrenzten latenten Steuern sowie eines zugeordneten Geschäfts- oder Firmenwerts; s ausführlich § 28 Rz 14ff, Rz 75) und dem beizulegenden Zeitwert abzüglich Veräußerungskosten anzusetzen. Eine sich ergebende Differenz ist **aufwandswirksam** zu erfassen (IFRS 5.20). Im Zeitpunkt der **tatsächlichen Veräußerung** ist dann die Differenz zwischen dem **Veräußerungserlös** und dem **Wertansatz gem IFRS 5.15** unter Einbeziehung von Umgliederungsbeträgen *(reclassification adjustments)* erfolgswirksam zu erfassen (zu Einzelheiten s § 36 Rz 86ff). Besteht in Folgeperioden die Notwendigkeit zur **Reklassifizierung** der Anteile, so ist gem IAS 31.43 die quotale Konsolidierung wieder aufzunehmen und so durchzuführen, als ob sie nie ausgesetzt worden wäre. Die Wertänderungen ggü der Bewertung gem IFRS 5 sind dabei retrospektiv zu erfassen; frühere Abschlüsse sind gem IAS 31.43 entspr anzupassen.

(2) Sobald ein Gemeinschaftsunternehmen bspw durch den Erwerb weiterer Anteile als **TU** zu klassifizieren ist, wird ein Übergang zur **Vollkonsolidierung** gem IAS 27 iVm IFRS 3 notwendig (IAS 31.45 (geändert 2008)/IAS 31.45 (2003); zu Details s § 38 Rz 36, Rz 122ff).

(3) Wird ein Gemeinschaftsunternehmen zB durch Teilveräußerung zu einem **assoziierten Unternehmen oder einer Finanzbeteiligung,** hat das bisherige Partnerunternehmen die Equity-Methode gem **IAS 28** (IAS 31.45 (geändert 2008)/IAS 31.45 (2003)) bzw IAS 39 (Finanzinvestition) anzuwenden (vgl ausführlich § 38 Rz 66, Rz 70, Rz 135ff).

V. Sukzessiver Anteilserwerb oder sukzessive Veräußerung unter Beibehaltung gemeinschaftlicher Führung

Im – wohl eher seltenen – Fall eines **sukzessiven Anteilserwerbs** bzw einer **sukzessiven Anteilsveräußerung** unter Beihaltung der gemeinschaftlichen Führung hat für neu erworbene Anteile eine Erstkonsolidierung zum Erwerbszeitpunkt zu erfolgen. Für veräußerte Anteile ist hingegen eine erfolgswirksame Entkonsolidierung auf den Veräußerungsstichtag durchzuführen (s auch die expliziten Regelungen hinsichtlich dabei zu berücksichtigender Umgliederungsbeträge in IAS 31.45B (geändert 2008) und IAS 21.48C und D (geändert 2008)). Zudem sind die weiteren Konsolidierungsmaßnahmen (Schuldenkonsolidierung, Zwischenergebniseliminierung, Aufwands- und Ertragskonsolidierung) an die veränderte Beteiligungsquote anzupassen. 22

C. Angaben im Anhang

Gem IAS 31.34 können zur Berücksichtigung der Quotenkonsolidierung im Konzernabschluss **zwei unterschiedliche Berichtsformate** verwendet werden. 23

Einerseits kann das Partnerunternehmen die auf gemeinschaftlich geführte Einheiten entfallenden Vermögenswerte, Schulden, Erträge und Aufwendungen jeweils gesondert als Teil der jeweiligen Posten angeben (sog ***separat line***). Andererseits kann ein Partnerunternehmen seine Anteile an allen Vermögenswerten, Schulden, Erträgen und Aufwendungen von Gemeinschaftsunternehmen mit den entspr Posten des Konzernabschlusses in Bilanz und Gesamtergebnisrechnung zusammenfassen (sog ***line-by-line-basis***). Wird eine Quotenkonsolidierung auf *line-by-line-basis* dargestellt, oder die Equity-Methode angewandt, so hat das Partnerunternehmen im Anhang zusätzlich die Gesamtbeträge der Vermögenswerte und Schulden jeweils gegliedert nach kurz- und langfristig, sowie der Erträge und Aufwendungen des Gemeinschaftsunternehmens anzugeben (IAS 31.56).

24 Im Zusammenhang mit Gemeinschaftsunternehmen hat ein Partnerunternehmen in seinem Konzernabschluss die Summe des Betrags der folgenden **Eventualschulden** separat vom Betrag anderer Eventualschulden anzugeben, es sei denn, die Wahrscheinlichkeit eines Verlusts ist äußerst gering (IAS 31.54):

(1) Eventualschulden, die gemeinschaftlich mit allen Partnerunternehmen zugunsten des Gemeinschaftsunternehmens eingegangen wurden, sowie den eigenen Anteil des berichtenden Partnerunternehmens an diesen gemeinschaftlich eingegangenen Verpflichtungen,

(2) den Anteil an den Eventualschulden, für den das berichtende Partnerunternehmen ggf haftet,

(3) Eventualschulden, die aus der Haftung des Partnerunternehmens für die Schulden der anderen Partnerunternehmen des Gemeinschaftsunternehmens entstehen.

25 Zudem hat ein Partnerunternehmen die Summe des Betrags der im Folgenden angeführten **Verpflichtungen** in Bezug auf seine Anteile an Gemeinschaftsunternehmen separat von anderen Verpflichtungen anzugeben (IAS 31.55):

(1) alle Kapitalverpflichtungen des berichtenden Partnerunternehmens in Bezug auf seine Anteile an Gemeinschaftsunternehmen sowie seinen Anteil an den Kapitalverpflichtungen, die gemeinschaftlich mit anderen Partnerunternehmen eingegangen wurden

(2) seinen Anteil an den Kapitalverpflichtungen der Gemeinschaftsunternehmen selbst.

26 Darüber hinaus hat das berichtende Partnerunternehmen eine Auflistung und Beschreibung von Anteilen an maßgeblichen Gemeinschaftsunternehmen vorzunehmen sowie die Anteilsquote an gemeinschaftlich geführten Unternehmen anzugeben (IAS 31.56). Ferner ist im Abschluss des Partnerunternehmens gem IAS 31.57 anzugeben, auf welcher Grundlage **(Quotenkonsolidierung oder Equity-Methode)** Anteile an Gemeinschaftsunternehmen in den Konzernabschluss einbezogen wurden (zu weiteren Angabepflichten betreffend Gemeinschaftsunternehmen s § 32 Rz 37, Rz 39).

D. Wesentliche Änderungen und deren Anwendungszeitpunkte

27 **IAS 31** ist auf Berichtsperioden, die am oder nach dem 1. Januar 2005 beginnen (IAS 31.58) anzuwenden.

Die Änderungen des ***Annual Improvements*** Projekts 2008 in IAS 31.1 sind für Berichtsperioden, die am oder nach dem 1. Januar 2009 beginnen, verbindlich (IAS 31.58B). Eine frühere Anwendung ist bei einer korrespondierenden Anwendung der geänderten Bestimmungen in IFRS 7.3, IAS 28.1 und IAS 32.4 erlaubt und entspr im Anhang anzugeben (IAS 31.58B). Das Endorsement der Änderungen erfolgte im Januar 2009.

Folgeänderungen aus der Überarbeitung von **IAS 27 (2008)** in IAS 31.45 und die Ergänzungen des IAS 31.45A und IAS 31.45B sowie die Änderungen und Ergänzungen in IAS 21.48, IAS 21.48A bis D und IAS 21.49 sind auf Berichtsperioden, die am oder nach dem 1. Juli 2009 beginnen, anzuwenden (IAS 31.58A, IAS 21.60B). Sofern ein Unternehmen IAS 27 (2008) vorzeitig anwendet, sind auch die Folgeänderungen in IAS 31 und IAS 21 vorzeitig anzuwenden.

Die vorliegende Kommentierung hat wesentliche materielle Änderungen herausgehoben, darüber hinaus haben die Überarbeitungen klarstellenden Charakter.

E. Gegenüberstellung zu HGB/DRS

28 Bei einer Gegenüberstellung der Regelungen zur Quotenkonsolidierung nach IAS 31, § 310 HGB und DRS 9 ergeben sich die folgenden Unterschiede:

(1) **Anwendungsbereich:** Im Gegensatz zum HGB und DRS 9 ist die Quotenkonsolidierung gem IAS 31.1 nicht anzuwenden, sofern die Anteile an Gemeinschaftsunternehmen von Venture Capitalists Organisationen, Investmentfonds, Unit Trusts und vergleichbaren Einheiten wie Versicherungsfonds gehalten und gem IAS 39 bewertet werden. Des Weiteren stimmen die Voraussetzungen zur Befreiung von der Konzernrechnungslegung gem IAS 27.10 (2008)/IAS 27.10 (2003) nicht mit denen gem § 291 HGB überein. Eine IFRS 5 entspr Bewertung bei mit Weiterveräußerungsabsicht erworbenen Anteilen an Gemeinschaftsunternehmen kennen weder das HGB noch DRS 9.

(2) **Anwendbare Methoden:** Weder im HGB (vgl § 310 HGB) noch in DRS 9.4 wird eine bevorzugte Methode der Berücksichtigung von Gemeinschaftsunternehmen kodifiziert; vielmehr stehen die Anwendung der Quotenkonsolidierung und der Equity-Methode gleichberechtigt nebeneinander. Im Gegensatz zu einem IFRS-Konzernabschluss besteht das Methodenwahlrecht zudem für jedes einzelne Gemeinschaftsunternehmen. 29

(3) **Erstbewertung:** Nach IAS 31 kommt allein eine Erstkonsolidierung zu dem Zeitpunkt, ab dem der gemeinschaftlich beherrschende Einfluss ausgeübt werden kann, in Betracht. Entspr gilt nach der Verabschiedung des Bilanzrechtsmodernisierungsgesetzes gem § 310 Abs 2 iVm § 301 Abs 2 HGB (BilMoG). Demgegenüber besteht derzeit gem § 310 Abs 2 iVm § 301 Abs 2 HGB alternativ die Möglichkeit, die erstmalige Quotenkonsolidierung auf den Stichtag der erstmaligen Einbeziehung in den Konzernabschluss durchzuführen. Darüber hinaus bestehen Abweichungen hinsichtlich der Abgrenzung des konsolidierungspflichtigen Kapitals, in das nach IFRS auch dem deutschen Recht fremde Komponenten wie zB Neubewertungsrücklagen gem IAS 16.39f respektive IAS 38.85f einzubeziehen sind. Weitere Abweichungen zwischen den IFRS und dem HGB ergeben sich bei der Abgrenzung der erworbenen und separat identifizierbaren Vermögenswerte und Schulden (inklusive latenter Steuern, Restrukturierungsrückstellungen und Eventualschulden nach IFRS 3) sowie uU bei der Bestimmung der beizulegenden Zeitwerte (s § 31 Rz 80ff). 30

(4) **Folgebewertung:** Unterschiede zwischen IAS 31 und § 310 HGB bestehen hinsichtlich der Fortführung von **Geschäfts- oder Firmenwerten** nach IAS 31 iVm IFRS 3.B63(a) (2008)/IFRS 3.51ff (2004) *(impairment-only-approach)* ggü § 310 Abs 2 iVm § 309 Abs 1 HGB (Abschreibung zu mindestens einem Viertel, planmäßige Abschreibung oder erfolgsneutrale Verrechnung des Geschäfts- oder Firmenwerts mit den Konzernrücklagen) bzw DRS 9.23 und § 309 Abs 1 HGB (BilMoG) iVm § 246 Abs 1 Satz 4 HGB (BilMoG) und § 253 Abs 3 HGB (BilMoG) (planmäßige und ggf außerplanmäßige Abschreibung). Entspr gilt auch für die Fortführung **negativer Unterschiedsbeträge,** die gem DRS 9.24 ursachengerecht (Auflösung bei Anfall antizipierter künftiger Verluste und Aufwendungen, planmäßig ertragswirksam über die gewichtete durchschnittliche Nutzungsdauer der erworbe- 31

nen nichtmonetären Vermögenswerte oder aber – in Ausnahmefällen – unmittelbar ertragswirksam) aufzulösen sind und gem IFRS 3.36ff (2008)/IFRS 3.56 (2004) ausschließlich unmittelbar ertragswirksam im Rahmen der erstmaligen Kapitalkonsolidierung zu erfassen sind. Demgegenüber hat gem § 310 Abs 2 HGB iVm § 309 Abs 2 HGB entweder eine Auflösung bei Anfall antizipierter künftiger Verluste und Aufwendungen oder aber dann zu erfolgen, wenn feststeht, dass der negative Unterschiedsbetrag einem realisierten Gewinn entspricht. Unterschiede zwischen den handelsrechtlichen und den IFRS-Regelungen ergeben sich des Weiteren hinsichtlich der Abgrenzung und Auflösung **latenter Steuern** (zB aus IAS 12.39, IAS 12.44 und IAS 12.61A), **der Entstehung erfolgsneutral zu erfassender Eigenkapitalveränderungen** (s nur IAS 16.39f respektive IAS 38.76f betreffend Neubewertungsrücklagen und IAS 39.55(b) betreffend erfolgsneutral zu erfassende Gewinne und Verluste aus der Bewertung zum beizulegenden Zeitwert von zur Veräußerung verfügbaren Finanzinvestitionen) sowie uU in Bezug auf die Überprüfung und Erfassung von **Wertminderungen eines Geschäfts- oder Firmenwerts.**

32 (5) **Sukzessiver Anteilserwerb:** Unterschiede ergeben sich infolge der zwingenden Bilanzierung zum Stichtag, ab dem die gemeinschaftliche Beherrschung ausgeübt werden kann, gem IAS 31 iVm IFRS 3.41f (2008)/IFRS 3.58 (2004) einerseits ggü den Wahlmöglichkeiten des § 310 Abs 2 iVm § 301 Abs 2 HGB andererseits. Diese Unterschiede werden durch das BilMoG aufgehoben (s § 310 Abs 2 iVm § 301 Abs 2 HGB (BilMoG)).

33 (6) **Entkonsolidierung:** Den handelsrechtlichen Regelungen ist eine der eigentlichen Entkonsolidierung vorgelagerte gesonderte Bilanzierung, wie sie von IFRS 5 in Abhängigkeit von der Erfüllung bestimmter Kriterien gefordert wird, fremd.

34 (7) **Ausweis- und Angabepflichten:** In IAS 31.54ff werden im Vergleich zu §§ 313ff HGB und DRS 9.20ff weitergehende Angaben gefordert.

F. Aktuelle Entwicklungen/IASB-Projekte

35 Der IASB beabsichtigt, die Anwendung der Quotenkonsolidierung zur Einbeziehung von Gemeinschaftsunternehmen ersatzlos zu streichen und statt dessen zwingend eine Bilanzierung auf der Grundlage der Equity-Methode vorzuschreiben. Dies ergibt sich aus dem im September 2007 veröffentlichten Exposure Draft **ED 9 *„Joint Arrangements"*.** Dieser soll die bisher gültigen Regelungen des IAS 31 *„Interests in Joint Ventures"* ablösen und eine weitgehende Konvergenz mit den entspr Regelungen der US-GAAP herstellen. Eine ausführliche Kommentierung des ED 9 im Allgemeinen und der Konsequenzen für die Bilanzierung von Gemeinschaftsunternehmen im Besonderen findet sich in § 29.

§ 38. Fragen der Übergangskonsolidierung

Übersicht

Schrifttum: *Alexander/Archer* International Accounting/Financial Reporting Standards Guide 2008, New York 2008; *Amshoff/Sellhorn* Business Combinations – Phase II des IASB: Der Fall „Springer AG – ProSiebenSat.1 Media AG", PiR 2005, 89; *Baetge/Kirsch/Thiele* Konzernbilanzen, 7. Aufl, Düsseldorf 2004; *Brücks/Richter* Business Combinations (Phase II) – Kritische Würdigung ausgewählter Vorschläge des IASB aus Sicht des Anwenders –, KoR 2005, 407; *Busse von Colbe/Ordelheide* Konzernabschlüsse/Übungsaufgaben zur Bilanzierung nach IAS/IFRS und HGB, 10. Aufl, Wiesbaden 2005; *Epstein/Jermakowicz* IFRS 2008 Interpretation and Application of International Financial Reporting Standards, New Jersey 2008; *B. Hayn* Konsolidierungstechnik bei Erwerb und Veräußerung von Anteilen, Herne/Berlin 1999; *IASB* IFRIC Update November 2006; *IDW* Sukzessiver Unternehmenszusammenschluss: Behandlung des Neubewertungsbetrags gemäß IFRS 3.59, FN IDW 2006, 277; *IDW* RS HFA 2 Stellungnahme zur Rechnungslegung: Einzelfragen zur Anwendung von IFRS (Stand: 2. September 2008), FN IDW 2008, 483; *Kagermann/Küting/Wirth* IFRS-Konzernabschlüsse mit SAP, 2. Aufl, Saarbrücken/Walldorf 2008; *KPMG* Insights into IFRS, 4. Aufl, Beccles, Suffolk 2007; *Küting/Elprana/Wirth* Sukzessive Anteilserwerbe in der Konzernrechnungslegung nach IAS 22/ED 3 und dem Business Combinations Project (Phase II), KoR 2003, 477; *Küting/Weber/Wirth* Die Goodwillbilanzierung im finalisierten Business Combinations Project Phase II, KoR 2008, 139; *Milla/Butollo* Übergangskonsolidierung nach IFRS bei Veränderung der Beteiligungshöhe mit Statuswechsel, IRZ 2007, 81; *Milla/Butollo* Sonderfälle der Übergangskonsolidierung nach IFRS und die Wechselwirkung zu IFRS 5, IRZ 2007, 173; *Pawelzik* Die Konsolidierung von Minderheiten nach IAS/IFRS der Phase II („business combinations"), WPg 2004, 677; *Peemöller/Geiger* Unternehmenserwerbe im Konzernabschluss nach DRS 4: wesentliche Inhalte des Standards unter besonderer Berücksichtigung von Zeitpunkt der erstmaligen Einbeziehung, Goodwill und Restrukturierungsrückstellung, StuB 2001, 281; *Pellens/Fülbier/Gassen* Internationale Rechnungslegung, 7. Aufl, Stuttgart 2008; *Theile/Pawelzik* Fair Value-Beteiligungsbuchwerte als Grundlage der Erstkonsolidierung nach IAS/IFRS?, KoR 2004, 94; *Wirth* Firmenwertbilanzierung nach IAS, Stuttgart 2005; *Zauner* Übergangs- und Endkonsolidierung nach IFRS, Duisburg 2006; *Zülch/Fischer* Neu gestaltete IFRS-Konzernrechnungslegung – IFRS 3 und IAS 27, PiR 2007, 358.

Wesentliche Rechtsgrundlagen: IFRS 3 (2008), IFRS 3 (2004), IAS 27 (2008), IAS 27 (2003), IAS 28, IAS 31

A. Grundlagen

1 Unter den Begriff **Übergangskonsolidierung** werden sämtliche (Konsolidierungs-)Maßnahmen subsumiert, die notwendig werden, wenn sich aus Konzernsicht infolge veränderter Möglichkeiten der Einflussnahme eine Statusänderung eines einfachen Beteiligungs-, assoziierten, Gemeinschafts- oder TU ergibt, die eine entspr angepasste Abbildungsform im Konzernabschluss bedingt. Je nachdem, ob der Grad der Einflussnahme auf das betreffende Unternehmen zu- oder abnimmt, wird zwischen der Übergangskonsolidierung mit Aufwärtswechsel und der Übergangskonsolidierung mit Abwärtswechsel unterschieden. Beide Richtungen der Übergangskonsolidierung im hier verwandten Sinne umfassen zum einen die **Übergangskonsolidierung ieS,** zu der ausschließlich Wechsel zwischen der Equity-Methode, der Quoten- und der Vollkonsolidierung zählen. Zum anderen fällt hierunter auch die Übergangskonsolidierung iwS, die auch Übergänge zur reinen Finanzinvestition, dh von und zur Anschaffungskostenmethode bzw Bewertung gem IAS 39, einbezieht. Hinsichtlich der Bilanzierung von veränderten Beteiligungsverhältnissen betreffend TU, Gemeinschafts- und assoziierte Unternehmen ohne Statuswechsel vgl die §§ 34, 35, 36 und 37 sowie für TU auch im Folgenden Rz 38ff und Rz 82ff.

2 Demgegenüber stellen **Wechsel auf einer Stufe,** dh – vor Verabschiedung des ED 9 (s Rz 7) – bei Gemeinschaftsunternehmen zwischen der Quotenkonsolidierung gem IAS 31 und der Equity-Methode gem IAS 28, Methodenwechsel iSv IAS 8.14ff dar. Da es sich hierbei um echte Durchbrechungen des Grundsatzes der Stetigkeit gem F. 39ff, IAS 1.45f handelt, unterliegen sie den strengen Anforderungen des IAS 8.14ff inklusive der Angabe- und Begründungspflichten. Eine eingehendere Betrachtung der notwendigen Anpassungsmaßnahmen im Rahmen eines Methodenwechsels auf einer Stufe erfolgt auch vor dem Hintergrund der beabsichtigten Eliminierung des Wahlrechts zur Anwendung der Quotenkonsolidierung bei Gemeinschaftsunternehmen im Rahmen des ED 9 im Weiteren nicht.

3 Im **Regelfall** sind veränderte Beteiligungsverhältnisse aufgrund von **Anteilszu- oder -verkäufen** von/an Dritte oder aber der unter- oder überproportionalen Teilnahme an einer Kapitalerhöhung/-herabsetzung eines Unternehmens der Grund für eine Übergangskonsolidierung. Die Pflicht zur Durchführung einer Übergangskonsolidierung setzt indessen **nicht notwendigerweise veränderte Beteiligungskonstellationen** voraus. Vielmehr kann eine Übergangskonsolidierung auch bei unveränderten Beteiligungsverhältnissen verpflichtend sein, zB durch den Abschluss von Stimmrechtsbindungsverträgen bzw sonstige Übertragung von Stimmrechten oder infolge des Wegfalls einer bei Erwerb von Anteilen an einem assoziierten Unternehmen bestehenden Weiterveräußerungsabsicht, die zunächst eine Bilanzierung der Anteile nach den Regeln des IFRS 5 erforderte. Unter die Übergangskonsolidierung sind folglich auch Fälle zu subsumieren, in denen ein TU, Gemeinschafts- oder assoziiertes Unternehmen aus Gründen der Wesentlichkeit bislang zulässigerweise nicht auf der Grundlage der Voll- oder Quotenkonsolidierung bzw Equity-Methode einbezogen wurde, dies aber nunmehr infolge des Wegfalls der Unwesentlichkeit angezeigt ist.

4 Für eine Übergangskonsolidierung ist der **Zeitpunkt** maßgebend, ab dem die **Definition** einer Finanzinvestition, eines assoziierten Unternehmens, eines Gemeinschaftsunternehmens oder eines TU erstmals bzw letztmals erfüllt ist. Die Übergangskonsolidierung von respektive zur Equity-Methode, Quoten- oder Vollkonsolidierung hat somit dann zu erfolgen, sobald die Möglichkeit, einen maßgeblichen Einfluss (IAS 28.18 (geändert 2008)/IAS 28.18 (2003), IAS 28.23

(geändert 2008)/IAS 28.23 (2003)), die gemeinschaftliche Führung (IAS 31.36, IAS 31.41), IAS 31.45 (geändert 2008)/IAS 31.45 (2003)) oder einen beherrschenden Einfluss auszuüben (IFRS 3.8f (2008)/IFRS 3.24ff (2004), IAS 27.13ff (2008)/IAS 27.13ff (2003), IAS 27.36f (2008)/IAS 27.31f (2003)) (nicht mehr) gegeben ist (vgl zu den Gründen des Wegfalls IAS 27.32 (2008)/IAS 27.21 (2003), IAS 28.10, IAS 31.37). Auch in diesem Zusammenhang wird mithin der **wirtschaftlichen Betrachtungsweise** Vorrang vor der rechtlichen eingeräumt (vgl § 34 Rz 58ff, § 35 Rz 3ff und F. 35).

5 Inwiefern **IFRS 5** im Rahmen der Übergangskonsolidierung mit Abwärtswechsel anzuwenden ist, wird einer gesonderten Betrachtung unterzogen (s Rz 73ff und Rz 144).

B. Vorgehensweise nach IFRS 3 (2008), IAS 27 (2008), IAS 28 (geändert 2008) und ED 9

6 Mit Veröffentlichung des IFRS 3 (2008) und des IAS 27 (2008) im Januar 2008 wurden die Regelungen zur Bilanzierung von Unternehmenszusammenschlüssen grundlegend geändert (vgl im Einzelnen § 34 und § 35). **Wesentliche Änderungen** betreffen dabei auch den Bereich der **Übergangskonsolidierung.** Des Weiteren ergeben sich für die Übergangskonsolidierung relevante **Folgeänderungen** in IAS 28, in IAS 31 sowie in IAS 21. Zudem wurde im Rahmen des *Annual Improvements* Projekts 2008 die **Anwendbarkeit des IFRS 5** im Fall der nicht vollständigen Veräußerung von TU durch die Einfügung zweier Absätze (IFRS 5.8A und IFRS 5.36A) geklärt.

IFRS 3 (2008) und IAS 27 (2008) **ersetzen** die derzeit geltenden Fassungen des IFRS 3 (2004) und IAS 27 (2003) **vollständig.** Während die Regelungen des IFRS 3 (2008) **prospektiv** anzuwenden sind, verlangt IAS 27 (2008) grds eine **retrospektive** Anwendung, von der aber wesentliche Sachverhalte wie die für die Übergangskonsolidierung mit Abwärtswechsel maßgebenden neuen Vorschriften ausgenommen sind. Sämtliche neuen Regelungen zur **Übergangskonsolidierung** gelten somit **prospektiv.**

7 Darüber hinaus wurde mit Verabschiedung des Standardentwurfs **ED 9** im September 2007 als Ausfluss des *„Short Term Convergence Projects"* zwischen dem IASB und dem FASB die Absicht des IASB manifestiert, die **Quotenkonsolidierung** für die Einbeziehung von Gemeinschaftsunternehmen **vollständig** zu **streichen** (s zu ED 9 ausführlich § 29). Die Verabschiedung des IFRS 9, der IAS 31 ersetzen soll, wird im dritten Quartal 2009 erwartet.

8 Da die **Neuregelungen** des IFRS 3 (2008) und des IAS 27 (2008) sowie die damit einhergehenden Änderungen der IAS 28 und IAS 31 hinsichtlich der Bilanzierung von Übergangskonsolidierungsfällen **grundlegend** von den derzeit geltenden Regelungen **abweichen,** werden die zukünftig geltenden Regelungen (vgl Abschn B, Rz 6ff) getrennt von den derzeit geltenden (vgl Abschn C, Rz 101ff) dargestellt. Obwohl nach aktuellem Kenntnisstand (Mai 2009) mit einer Verabschiedung eines endgültigen Standards IFRS 9 erst im dritten Quartal 2009 zu rechnen ist, wird im Folgenden bei der Darstellung der Neuregelungen davon ausgegangen, dass die Quotenkonsolidierung parallel mit dem Inkrafttreten von IFRS 3 (2008) und IAS 27 (2008) – Geschäftsjahre, die am oder nach dem 1. Juli 2009 beginnen – abgeschafft sein wird. Fälle der Übergangskonsolidierung betreffend die Quotenkonsolidierung nach IAS 31 (geändert 2008) werden daher nur am Rande betrachtet.

9, 10 *einstweilen frei*

I. Übergangskonsolidierung mit Aufwärtswechsel aufgrund des Zukaufs von Anteilen

1. Übergang von der Finanzinvestition auf die Vollkonsolidierung

Führt der Zukauf von Anteilen dazu, dass ein bislang als **Finanzinvestition** qualifiziertes Unternehmen nunmehr als **TU** einzustufen ist, wird im Konzernabschluss der **Wechsel** von der **Anschaffungskostenbewertung** bzw der Bewertung zum beizulegenden Zeitwert **gem IAS 39** zur **Vollkonsolidierung** zwingend erforderlich. Im Gegensatz zu den Regeln des IFRS 3.58 ff (2004) (vgl Rz 101 ff) ist nach den Vorschriften des IFRS 3.37 ff (2008) **keine Erstkonsolidierung** der **einzelnen Anteilstranchen** unter Berücksichtigung der Wertverhältnisse zu den jeweiligen Erwerbszeitpunkten vorzunehmen. Die Umstände und Wertverhältnisse des sukzessiven Anteilserwerbs werden vielmehr außer Betracht gelassen und statt dessen für **sämtliche Anteile** bzw die dahinter stehenden Vermögenswerte und Schulden eine **einheitliche Anschaffung** im Zeitpunkt des Kontrollerwerbs fingiert (IFRS 3.41 f (2008); *Zauner*, 56). Folglich sind allein die Wertverhältnisse im Übergangszeitpunkt maßgebend; dies gilt sowohl für die Bewertung der (sukzessiv) gekauften Anteile als auch für die erworbenen Vermögenswerte und übernommenen Schulden. Der **Übergangszeitpunkt** wird dabei gem IFRS 3.8 (2008) bestimmt durch den Zeitpunkt der Kontrollerlangung über das TU *(acquisition date)*. Dieser ist nach IFRS 3.9 (2008) grds der Zeitpunkt des rechtlichen Austauschs von Leistung und Gegenleistung für den Erwerb der Anteile und damit identisch mit dem *closing date*. Der Übergangszeitpunkt kann nach Würdigung aller Umstände in begründeten Ausnahmefällen aber auch vor oder nach dem *acquisition date* liegen (s ausführlich § 34 Rz 58 ff, § 35 Rz 3 ff und IFRS 3.BC106 ff (2008)). Sofern die Übergangskonsolidierung unterjährig erfolgt, bedingt dies gem IFRS 3.10 ff (2008) iVm IAS 27.26 (2008) grds die Aufstellung eines auf den Zeitpunkt der Kontrollerlangung aufgestellten Zwischenabschlusses des erworbenen TU. Dabei wird es bei Kontrollerlangung innerhalb eines Monats unter Wesentlichkeitsaspekten regelmäßig möglich sein, auf den Monatsabschluss zum Ende des vorangegangenen oder zum Anfang des folgenden Monats abzustellen (IFRS 3.BC110 (2008)). Weitere Erleichterungen hinsichtlich der Verwendung von Quartalsabschlüssen sind ebenfalls unter dem Wesentlichkeitsaspekt zu würdigen. 11

Im Einzelnen lassen sich die mit dem **Übergang** von einer Finanzinvestition auf die Vollkonsolidierung mit Minderheitenausweis einhergehenden **(Kapital-) Konsolidierungsmaßnahmen** wie folgt skizzieren: 12

(1) Bewertung **sämtlicher Anteile** zu ihrem **beizulegenden Zeitwert im Übergangskonsolidierungszeitpunkt** (Erlangung der Kontrolle). Dabei entstehende Differenzen zwischen der Bewertung der Altanteile zum beizulegenden Zeitwert im Übergangskonsolidierungszeitpunkt und ihrem Buchwert sind **erfolgswirksam** zu erfassen. Soweit die Altanteile zuvor als „zur Veräußerung gehalten" eingestuft und die Wertänderungen gem IAS 39.55(b) erfolgsneutral im sonstigen Ergebnis in einer Rücklage für Marktbewertungen (s § 17 Rz 42 f) erfasst wurden, ist diese Rücklage – inklusive der korrespondierenden latenten Steuern – nunmehr ebenfalls entspr **erfolgswirksam** (Umgliederungsbetrag – *reclassification adjustment*) aufzulösen (IFRS 3.32(iii) (2008) iVm IFRS 3.42 (2008)). **Anschaffungsnebenkosten** sind **aufwandswirksam** zu erfassen; dies gilt mithin nicht für Kosten, die im Zusammenhang mit der Ausgabe von Eigenkapital- oder Schuldtiteln entstehen (IFRS 3.53 (2008)). Erstere sind – unter Berücksichtigung der korrespondie-

renden (latenten) Steuern – gem IAS 32.35 und IAS 32.37 direkt vom (Konzern-)Eigenkapital abzusetzen; letztere erhöhen den Wertansatz der zu bilanzierenden Schuld durch Amortisation über die Laufzeit (IAS 39.47, IAS 39.54).

13 (2) **Vollständige Neubewertung** der identifizierbaren erworbenen Vermögenswerte und übernommenen Schulden (IFRS 3.10ff (2008) iVm den in IFRS 3.21ff (2008) genannten Ausnahmen) des erworbenen Unternehmens zu ihren beizulegenden Zeitwerten zum Zeitpunkt der Kontrollerlangung (*acquisition date*) gem IFRS 3.18 (2008) unter Berücksichtigung der in IFRS 3.24ff (2008) genannten Ausnahmen (zur Begründung vgl IFRS 3.BC198 (2008)). Insofern unterscheidet sich die Vorgehensweise im Prinzip nicht von derjenigen der IFRS 3.58ff (2004). Infolge des Verzichts auf eine tranchenweise Erstkonsolidierung (s Nr (4)) entfällt hingegen die Dotierung einer Neubewertungsrücklage. Zu Einzelheiten hinsichtlich des Ansatzes und der Bewertung der identifizierbaren erworbenen Vermögenswerte und übernommenen Schulden im Rahmen einer Erstkonsolidierung nach IFRS 3.10ff (2008) s § 34 Rz 65ff.

14 (3) **Bewertung der Anteile nicht-beherrschender Gesellschafter** *(non-controlling interests)* alternativ zum beizulegenden Zeitwert der identifizierbaren erworbenen Vermögenswerte und übernommenen Schulden oder aber zum beizulegenden Zeitwert der Anteile selbst (IFRS 3.19 (2008)). Das Wahlrecht hinsichtlich der Bewertung der Anteile nicht-beherrschender Gesellschafter gilt für jeden einzelnen Unternehmenszusammenschluss; die Ausübung unterliegt damit nicht dem Stetigkeitsgebot.

15 (4) **Erstkonsolidierung** sämtlicher Anteile des MU durch Gegenüberstellung der Summe der beizulegenden Zeitwerte aller erworbenen Anteile an dem TU sowie den Anteilen nicht-beherrschender Gesellschafter einerseits und dem beizulegenden Zeitwert der identifizierbaren erworbenen Vermögenswerte und Schulden andererseits basierend auf den Wertverhältnissen des Zeitpunkts der Kontrollerlangung (IFRS 3.32 (2008)). Je nachdem, ob die Anteile der nicht-beherrschenden Gesellschafter zum anteiligen beizulegenden Zeitwert des übernommenen Reinvermögens des TU oder aber zu ihrem beizulegenden Zeitwert angesetzt werden, variiert die Höhe eines sich ergebenden Geschäfts- oder Firmenwerts (beteiligungsproportionaler Geschäfts- oder Firmenwert versus *full goodwill*) bzw eines negativen Unterschiedsbetrags. Die *full goodwill* Methode stellt dabei zwar nicht explizit (keine Bezeichnung als *benchmark*-Methode in IFRS 3.19 (2008)) aber implizit die vom IASB bevorzugte Methode dar (vgl IFRS 3.BC207 (2008)).

16 Der **Geschäfts- oder Firmenwert** im Rahmen der Übergangskonsolidierung von der Finanzinvestition auf die Vollkonsolidierung ermittelt sich dabei in Abhängigkeit von der Bewertung der Anteile nicht-beherrschender Gesellschafter wie folgt:

	Beizulegender Zeitwert der gewährten Gegenleistung für die die Übergangskonsolidierung (Kontrollübergang) auslösenden Anteile	Beizulegender Zeitwert der gewährten Gegenleistung für die die Übergangskonsolidierung (Kontrollübergang) auslösenden Anteile
+	Anteile nicht-beherrschender Gesellschafter am identifizierbaren Nettovermögen des TU	Beizulegender Zeitwert der Anteile nicht-beherrschender Gesellschafter am TU
+	Beizulegender Zeitwert der Altanteile des MU	Beizulegender Zeitwert der Altanteile des MU
./.	Wertansätze der zum Übergangskonsolidierungszeitpunkt identifizierbaren (neu bewerteten) erworbenen Vermögenswerte und übernommenen Schulden des TU (inklusive des Anteils, der auf nicht-beherrschende Gesellschafter entfällt)	Wertansätze der zum Übergangskonsolidierungszeitpunkt identifizierbaren (neu bewerteten) erworbenen Vermögenswerte und übernommenen Schulden des TU (inklusive des Anteils, der auf nicht-beherrschende Gesellschafter entfällt)
=	Beteiligungsproportionaler Geschäfts- oder Firmenwert	*full goodwill*

Beispiel: Unternehmen A erwirbt am 31. Dezember X1 zunächst 10% der Anteile an Unternehmen B zu einem Kaufpreis von Mio € 15 zuzüglich Transaktionskosten (Anschaffungsnebenkosten) von Mio € 0,5 sowie am 31. Dezember X3 weitere 60% der Anteile zu einem Kaufpreis von Mio € 120 und Anschaffungsnebenkosten von Mio € 3, sodass A zum 31. Dezember X3 insgesamt 70% an B hält. Das gem IFRS 3 (2008) angesetzte und bewertete Nettovermögen von B per 31. Dezember X3 beträgt Mio € 140. Die Bilanzierung der 10%igen Beteiligung des ersten Erwerbs im Konzernabschluss von A erfolgt zunächst gem IAS 39 (Kategorie „ zur Veräußerung verfügbar"), wobei Wertänderungen gem IAS 39.55(b) jeweils erfolgsneutral im sonstigen Ergebnis *(other comprehensive income)* erfasst werden. Der beizulegende Zeitwert der ersten Anteilstranche zum 31. Dezember X2 beträgt Mio € 15,0 und zum 31. Dezember X3 Mio € 17. Somit stellt sich die Fortschreibung der Anteile im Einzel-(IFRS-HB II) und Konzernabschluss (bis 31. Dezember X3) des Investors wie folgt dar:

	Per	An	Wertansatz in Mio €
31. Dezember X1	Beteiligungen (zur Veräußerung verfügbar)	Kasse	15,5
31. Dezember X2	Rücklage für Marktbewertung	Beteiligungen (zur Veräußerung verfügbar)	0,5
31. Dezember X3	Beteiligungen (zur Veräußerung verfügbar)	Rücklage für Marktbewertung	2,0
Summe			17,0

Nach Erwerb der zweiten Anteilstranche zum 31. Dezember X3 erfüllt B aus Sicht von A die Voraussetzungen eines TU und ist damit erstmals in den Konzernabschluss im Wege der Vollkonsolidierung einzubeziehen. Im Rahmen der Erstkonsolidierung sind nunmehr **sämtliche** Anteile an dem TU zu ihrem beizulegenden Zeitwert anzusetzen. Dies gilt – mit wenigen Ausnahmen auch für die identifizierbaren erworbenen Vermögenswerte und übernommenen Schulden. Die zuvor infolge der Einstufung als zur Veräußerung verfügbar erfolgsneutral im sonstigen Ergebnis erfassten Beträge betreffend die Altanteile sind nunmehr erfolgswirksam als Umgliederungsbeträge zu behandeln. Da die im Rahmen der Klassifizierung als zur Veräußerung verfügbar bei der Erstbewertung zu aktivierenden

Transaktionskosten (Anschaffungsnebenkosten) (IAS 39.43) bereits bei der Folgebewertung nach IAS 39.AG67 eigenkapitalmindernd zu berücksichtigen sind, sofern der beizulegende Zeitwert der Altanteile nicht entspr angestiegen ist, hat keine gesonderte aufwandswirksame Erfassung der Anschaffungsnebenkosten betreffend die Altanteile im Übergangszeitpunkt zu erfolgen. Die Berücksichtigung der Anschaffungsnebenkosten der Altanteile erfolgt vielmehr implizit als Bestandteil der erfolgswirksam als Umgliederungsbetrag zu behandelnden Rücklage für Marktbewertung oder aber im ggü der Erstbewertung gestiegenen beizulegenden Zeitwert der Altanteile. Im obigen Beispielfall hatte sich der beizulegende Zeitwert der Anteile zum 31. Dezember X2 ggü dem Vorjahr nicht geändert, sodass die Transaktionskosten erfolgsneutral als negative Rücklage für Marktbewertungen zu erfassen waren. Zum 31. Dezember X3 war der beizulegende Zeitwert dagegen um Mio € 2 gestiegen, was in der Rücklage für Marktbewertung im Übergangskonsolidierungszeitpunkt mit Mio € 1,5 als Umgliederungsbetrag *(reclassification adjustment)* zu berücksichtigen ist.

Je nachdem, ob sich das MU A für die *full goodwill* Methode oder aber den Ansatz eines beteiligungsproportionalen Geschäfts- oder Firmenwerts entscheidet, ergeben sich folgende Wertansätze (in Mio €):

		Beteiligungsproportionaler Geschäfts- oder Firmenwert	*full goodwill*
	Beizulegender Zeitwert der gewährten Gegenleistung für die zum 31. Dezember X3 erworbenen Anteile	120	120
+	Anteile nicht-beherrschender Gesellschafter am identifizierbaren Nettovermögen des TU (140 x 0,3)	42	
+	Beizulegender Zeitwert der Anteile nicht-beherrschender Gesellschafter am TU (abgeleitet aus beizulegendem Zeitwert der Altanteile; 17 x $^{30}/_{10}$)		51
+	Beizulegender Zeitwert der Altanteile	17	17
./.	Identifizierbare (neu bewertete) erworbene Vermögenswerte und übernommene Schulden des TU (100%)	140	140
=	Geschäfts- oder Firmenwert	39	48

Die Übergangskonsolidierung per 31. Dezember X3 bei Ansatz eines **beteiligungsproportionalen Geschäfts- oder Firmenwerts** stellt sich wie folgt dar

	A (IFRS-HB II)	B (IFRS-HB III)	Konsolidierung		Konzernbilanz
			S	H	
Geschäfts- oder Firmenwert	–	–	(3) 39		39
Grundstücke	570	126			696
Sachanlagen	290	74			364
Anteile an verbundenen Unternehmen	140	–		(2) 3 (3) 137	–
Summe Aktiva	1.000	200			1.099
Eingezahltes Kapital	200	60	(3) 42 (4) 18		200
Erwirtschaftetes Kapital	398,5	70	(2) 3 (3) 49 (4) 21	(1) 1,5	397
Rücklage für Marktbewertung *(oci)*	1,5	10	(1) 1,5 (3) 7 (4) 3		–
Anteile nicht-beherrschender Gesell	–	–		(4) 42	42
Schulden	400	60			460
Summe Passiva	1.000	200			1.099

Mit der Buchung (1) wird die Rücklage für Marktbewertung betreffend die Altanteile beim MU erfolgswirksam erfasst *(reclassification adjustment)*. Mit Buchung (2) werden demgegenüber die Anschaffungsnebenkosten für die 2. Anteilstranche, die in der HB II von A noch als Transaktions- bzw Anschaffungsnebenkosten aktiviert sind, aufwandswirksam ausgebucht, während Buchung (3) die Erstkonsolidierung sämtlicher Anteile zum 31. Dezember X3 vornimmt. Buchung (2) und (3) werden in der Praxis in aller Regel zusammengefasst. Mit Buchung (4) wird der Posten für Anteile nicht-beherrschender Gesellschafter dotiert. Wäre die *full goodwill* Methode angewendet worden, müsste Buchung (4) um die Buchung:

per Geschäfts- oder Firmenwert 9 an Anteile nicht-beherrschender Gesellschafter 9

ergänzt werden.

Wären die Altanteile demgegenüber bis zur Übergangskonsolidierung zu Anschaffungskosten bewertet worden, so wären im Rahmen der Übergangskonsolidierung nicht nur die bis dahin aktivierten Transaktions- bzw Anschaffungsnebenkosten aufwandswirksam zu erfassen (obiges Beispiel: Mio € 0,5), sondern zudem auch die Altanteile erfolgswirksam an ihren beizulegenden Zeitwert anzupassen (obiges Beispiel: Mio € 2,0). Der saldierte Effekt aus diesen Maßnahmen im Rahmen der Übergangskonsolidierung entspricht dabei demjenigen bei bisheriger Bewertung gem IAS 39 für zur Veräußerung verfügbar kategorisierte Anteile. Sofern die Altanteile indessen bislang – ausnahmsweise – als zum beizulegenden Zeitwert bewertet designiert waren, sind die entspr Erfolgswirkungen bereits im Jahr X1 (aufwandswirksame Berücksichtigung der Transaktions-/Anschaffungsnebenkosten) bzw X3 (ertragswirksame Erfassung des gestiegenen beizulegenden Zeitwerts der Altanteile) vor der Übergangskonsolidierung erfasst worden, sodass sich betreffend die Altanteile insofern keine erfolgswirksamen Auswirkungen mehr ergeben.

17 **Schwierig** gestaltet sich in aller Regel die Bestimmung des **beizulegenden Zeitwerts der Anteile** und hier insbes der **Altanteile**. Maßgebend hierfür ist gem IFRS 3.32(a)(i) (2008) der beizulegende Zeitwert der hingegebenen Gegenleistung – zumindest soweit die aktuell erworbenen Anteile betroffen sind. Nähere Informationen zur Ermittlung des beizulegenden Zeitwerts der Gegenleistung finden sich in IFRS 3.37f (2008) sowie IFRS 3.BC330ff (2008) (s hierzu – auch in Bezug auf die Berücksichtigung bedingter Gegenleistungen – ausführlich § 34 Rz 176ff und Rz 211ff sowie generell § 3 Rz 156ff). Abweichend davon lässt sich der beizulegende Zeitwert der Altanteile nicht anhand einer (aktuell) hingegebenen Gegenleistung bestimmen. Sofern die Bewertung der **Altanteile** im Einzel- und/oder Konzernabschluss nach IFRS allerdings bislang **gem IAS 39 zum beizulegenden Zeitwert** erfolgte, kann die bisher verwandte Vorgehensweise für die Wertermittlung – Ableitung vom aktiven Markt oder aber Berechnung anhand anerkannter Bewertungstechniken – in aller Regel auch im Zeitpunkt der Übergangskonsolidierung zur Bestimmung des beizulegenden Zeitwerts der Altanteile beibehalten werden. Eine **Verifizierung** des Wertansatzes sollte anhand der aktuell hingegebenen Gegenleistung für die zur Kontrollerlangung führenden Anteile vorgenommen werden. Dabei sind jedoch – wie auch in IFRS 3.B45 (2008) explizit für die Bewertung der Anteile nicht-beherrschender Gesellschafter zum beizulegenden Zeitwert ausgeführt – gezahlte Kontrollprämien außer Acht zu lassen (diesbezüglich kritisch *Pawelzik* WPg 2004, 683f). **Praktische Hinweise** zur Ermittlung der zu ignorierenden Kontrollprämie liefert der Standard indessen nicht; insofern bleibt es der Praxis vorbehalten, einzelfallabhängig fundierte Lösungen zu entwickeln.

18 Entspr sind die **Berechnungsgrundlagen** für die Bestimmung (des beizulegenden Zeitwerts) der hingegebenen Gegenleistung der Neuanteile wesentlicher Ausgangspunkt für den Fall, dass die **Altanteile** bislang mangels verlässlicher Wertermittlungsmethoden zu **(fortgeführten) Anschaffungskosten** bilanziert wurden. Ein vollständiger Verzicht auf die **Verifizierung** eines derartig abgeleiteten beizulegenden Zeitwerts mittels anerkannter Bewertungsverfahren wird indessen auch in diesem Fall nicht ohne Weiteres möglich sein. Dies lässt sich aus den Regelungen des IFRS 3 (2008) hinsichtlich vergleichbarer Situationen ableiten. So ergibt sich eine analoge Problematik einerseits für die Bestimmung des beizulegenden Zeitwerts der Anteile nicht-beherrschender Gesellschafter bei Anwendung der *full goodwill* Methode (IFRS 3.19 (2008) 1. Alternative) sowie andererseits für den Fall eines Unternehmenszusammenschlusses ohne Gegenleistung (IFRS 3.43(a) und (b) (2008)). Gem IFRS 3.B44 (2008) ist der beizulegende Zeitwert der Anteile nicht-beherrschender Gesellschafter bei Nicht-Existenz eines aktiven Markts mittels anerkannter Bewertungsverfahren zu ermitteln; dies gilt analog auch für den Fall eines Unternehmenszusammenschlusses ohne Gegenleistung (IFRS 3.33 (2008) iVm IFRS 3.B46 (2008)).

19 Dass die **Wertfindung** bei Anteilen ohne aktuell hingegebene Gegenleistung häufig **kompliziert** ist, ist dem Board offenbar bewusst (IFRS 3.BC332ff (2008)). Dennoch wurde mit Verweis auf das Projekt „*Guidance on Measuring Fair Value*“ auf **Hinweise** bzw **Anleitungen** zur Anwendung von Bewertungstechniken **absichtlich verzichtet** (IFRS 3.BC335 (2008)). Der IASB trägt der Problematik der Wertfindung für die Altanteile im Rahmen von sukzessiven Anteilserwerben jedoch durch explizite Nennung als möglicher Anpassungstatbestand im Rahmen der *measurement period* Rechnung (IFRS 3.46(c) (2008); s zur *measurement period* ausführlich § 34 Rz 94f)).

Die **Übergangskonsolidierung** bei sukzessivem Anteilserwerb beim Übergang von einer Finanzinvestition auf die Vollkonsolidierung wird somit insgesamt infolge des Wegfalls der tranchenweisen Erstkonsolidierung **deutlich vereinfacht.** Diese Erleichterungen sind insofern sinnvoll und notwendig, als die Ermittlung der für die tranchenweise Erstkonsolidierung gem IFRS 3.25 (2004) erforderlichen historischen Werte oftmals zeit- und kostenintensiv oder aber gar nicht durchführbar war. Insofern wird das mit der Einführung der Übergangskonsolidierung mit einheitlichen Wertansätzen zum Zeitpunkt der Kontrollerlangung verfolgte Ziel der Kosten- und Komplexitätsreduktion erreicht (IFRS 3.BC328 (2008)). 20

Ab dem **Übergangszeitpunkt** erfolgt überdies eine Übernahme der vollständigen Aufwendungen und Erträge des TU. Zudem wird im Zuge des Übergangs auf die **Vollkonsolidierung** die Durchführung sämtlicher übriger Konsolidierungsmaßnahmen (Schulden-, Aufwands- und Ertragskonsolidierung, Zwischenergebniseliminierung) notwendig. 21

Sofern im Zeitpunkt der erstmaligen Anwendung des IFRS 3 (2008) ein endgültiger IFRS 9 und damit die (retrospektiv anzuwendende) Abschaffung der **Quotenkonsolidierung** noch nicht verabschiedet sein sollte, sind uE die für den Übergang zur **Vollkonsolidierung** dargestellten **Regelungen analog** für den Fall der Übergangskonsolidierung von der Finanzinvestition auf die Quotenkonsolidierung anzuwenden, weil – im Gegensatz zur Equity-Bewertung – bereits eine – wenn auch gemeinschaftliche – Kontrolle über die erworbenen Vermögenswerte und identifizierbaren Schulden eines Gemeinschaftsunternehmens erlangt wird. Dies wird im Rahmen der Quotenkonsolidierung durch die anteilige Bilanzierung der Abschlussposten des Gemeinschaftsunternehmens zum Ausdruck gebracht. Mangels Ausweises von Anteilen nicht-beherrschender Gesellschafter entfällt das Wahlrecht zur Anwendung der *full goodwill* Methode. 22

2. Übergang von der Finanzinvestition auf die Equity-Bewertung

Die Änderungen des IFRS 3 (2008) in Bezug auf den sukzessiven Anteilserwerb haben (erneut) **nicht** zu **Folgeänderungen** des **IAS 28** geführt, die eine eindeutige Vorgehensweise für den Fall erkennen lassen, dass aufgrund des mit dem Zuerwerb von Anteilen verbundenen Einflusszuwachses der Übergang von einer Finanzinvestition auf die Equity-Methode notwendig wird. 23

Folglich sind drei alternative Vorgehensweisen denkbar:

(1) Übergangskonsolidierung mit einheitlichen Wertansätzen entspr den Neuregelungen des IFRS 3.42 (2008),

(2) Übergangskonsolidierung als tranchenweise Erstkonsolidierung der jeweiligen Anteile, wie sie bereits nach IAS 28 iVm IFRS 3 (2004) für zweckadäquat angesehen wird (s Rz 110),

(3) Übergangskonsolidierung unter Berücksichtigung der Charakterisierung der Equity-Methode als Bewertungsmethode.

Der **Übergangskonsolidierungszeitpunkt** wird dabei stets durch den Zeitpunkt der Erlangung eines maßgeblichen Einflusses determiniert.

Für die **1. Alternative – Übernahme der Neuregelungen** des IFRS 3 (2008) betreffend den sukzessiven Anteilserwerb – spricht die Begründung des Board, mit der Übergangskonsolidierung auf der **Grundlage einheitlicher Wertansätze** eine **Komplexitätsreduktion** der für eine tranchenweise Erstkonsolidierung notwendigen zeit- und kostenintensiven Ermittlung der historischen Wertansätze herbeiführen zu wollen (IFRS 3.BC328 (2008)). Wenn diese Vereinfachungsregel schon für die Übergangskonsolidierung betreffend TU gilt, so ließe sich argumentieren, muss dies erst recht in Bezug auf den Übergang zur 24

Equity-Methode gelten, da hier aufgrund des geringeren, nur maßgeblichen Einflusses die Ermittlung der historischen Wertansätze mangels Informationen sich als noch schwieriger und oftmals als undurchführbar erweist. Des Weiteren sind aufgrund der Folgeänderungen des IAS 28.19 (2008) durch IAS 27 (2008) auch die Regelungen bei der Übergangskonsolidierung mit Abwärtswechsel derart synchronisiert worden, dass nunmehr beim Übergang von der Equity-Methode auf die Finanzinvestition ebenso wie beim Übergang von der Vollkonsolidierung auf die Equity-Methode oder Finanzinvestition stets der beizulegende Zeitwert der verbleibenden Anteile als Zugangswert festgelegt wird (s ausführlich Rz 56ff). Wie bislang verweist IAS 28.20 zudem darauf, dass viele der für die Anwendung der Equity-Methode sachgerechten Verfahren den Konsolidierungsmethoden des IAS 27 entsprechen und dass die Vorgehensweisen, welche den Konsolidierungsverfahren beim Erwerb eines TU zu Grunde liegen, auch bei der Bilanzierung des Erwerbs von Anteilen an einem assoziierten Unternehmen übernommen werden. Fraglich ist jedoch, ob dies auch für die Bewertung der Anteile und die damit verbundene Charakterisierung der Übergangskonsolidierung von der Finanzinvestition auf die Equity-Methode gilt.

25 **Gegen** diese Auslegung könnten im Wesentlichen **zwei Gründe** angeführt werden: zum einen die Begründung für die Neuregelung des IFRS 3.42 (2008) in IFRS 3.BC284 (2008) und zum anderen die Tatsache, dass diese Änderungen keine Folgeänderungen des IAS 28 nach sich gezogen haben.

Der IASB begründet seinen **Paradigmenwechsel** bzgl der Übergangskonsolidierung bei sukzessivem Anteilserwerb gem IFRS 3 (2008) neben der Komplexitätsreduktion mit der nunmehr vorhandenen **Kontrolle** über **einzelne Vermögenswerte und Schulden.** Im Zeitpunkt der Kontrollerlangung tauscht der Erwerber seinen Status als Inhaber eines Investments bzw als nicht-beherrschender Anteilseigner gegen den eines beherrschenden Anteilseigners ein. Damit verbunden ist die Kontrolle über alle Vermögenswerte und Schulden des erworbenen TU sowie das Recht, deren operativen Einsatz zu bestimmen. Nach (neuer) Begründung des Board rechtfertigt diese veränderte Situation – Aufgabe eines (einfachen) Investments gegen Beherrschung einzelner Vermögenswerte und Schulden – die Übergangskonsolidierung mit einheitlichen Wertansätzen im Allgemeinen und die Bewertung der Altanteile zum beizulegenden Zeitwert sowie die damit verbundene Erfolgsrealisierung auch in Bezug auf die Umgliederungsbeträge *(reclassification adjustments)* im Besonderen (IFRS 3.BC384 (2008)). Gerade dieses Argument kann jedoch nicht ohne Weiteres beim Übergang von der Finanzinvestition auf die Equity-Methode angeführt werden; vielmehr wird in IFRS 3.BC384 (2008) insoweit die Finanzinvestition ohne Einflussmöglichkeit dem maßgeblichen Einfluss gleichgestellt. Der Zugewinn an Einflussmöglichkeiten beim Übergang auf die Equity-Methode wird (explizit) nicht als derart signifikant angesehen, als dass dies zu einer der Regelung des IFRS 3.42 (2008) angepassten Folgeänderung des IAS 28 geführt hätte.

26 Isoliert betrachtet ist diese **Argumentation** zutreffend; sie erweist sich hingegen uE unter Einbeziehung der Regelung des IAS 27 (geändert 2008) und der damit verbundenen Folgeänderungen der IAS 28.18ff und IAS 31.45ff als **nicht haltbar**. Denn die **einheitliche Vorgehensweise** im Rahmen der Übergangskonsolidierung mit **Abwärtswechsel** von der Vollkonsolidierung, (Quotenkonsolidierung) und Equity-Methode wird gerade damit begründet, dass der Kontrollverlust in Bezug auf ein TU, der Verlust der gemeinschaftlichen Führung betreffend Gemeinschaftsunternehmen und der Verlust des maßgeblichen Einflusses auf ein assoziiertes Unternehmen aufgrund des nunmehr veränderten Charakters der (Rest-)Beteiligung ähnliche wesentliche wirtschaftliche Ereignisse darstellen, die folglich vergleichbar bilanziert werden sollten (IAS 27.BC64

(2008), IAS 28.BC21 (geändert 2008) und IAS 31.BC16 (geändert 2008)). Entspr muss dies folglich auch für die Übergangskonsolidierung mit Aufwärtswechsel gelten; insofern ist uE eine **analoge Anwendung der Neuregelungen** des IFRS 3.42 (2008) beim Übergang von der Finanzinvestition auf die Equity-Methode **zulässig.**

Dem steht uE auch nicht die Tatsache entgegen, dass erneut – im Gegensatz zur sukzessiven Anteilsveräußerung (s Rz 68 ff) – **keine Übernahme** der Regelungen zum sukzessiven Anteilserwerb gem IFRS 3.42 (2008) oder ein direkter Verweis auf diese Vorschriften in IAS 28 erfolgt sind. Die Pflicht zur analogen Anwendung der Regelungen des IFRS 3.42 (2008) lässt sich mithin bei weiter Auslegung aus IAS 28.18 (geändert 2008) ableiten. Aus dem Wortlaut dieses Absatzes ist nicht eindeutig erkennbar, ob sich die Ergänzungen als Folge der Änderungen des IAS 27 (2008) nur auf den Fall der Übergangskonsolidierung auf die Finanzinvestition beziehen oder ob sich der Anwendungsbereich der Bewertung zum beizulegenden Zeitwert jeglicher verbleibenden Beteiligung nach Verlust des maßgeblichen Einflusses auch auf die Übergangskonsolidierung mit Aufwärtswechsel erstreckt. Wird dies bejaht, sind die Regelungen des IFRS 3.42 (2008) vollumfänglich im Fall der Übergangskonsolidierung von der Finanzinvestition auf die Equity-Methode anzuwenden, indem der **beizulegende Zeitwert der Altanteile** im Übergangszeitpunkt ihre **fingierten Anschaffungskosten** *(deemed costs)* darstellt. 27

Wird dieser Argumentation nicht gefolgt, sondern eine Orientierung am Wortlaut der allgemeinen Vorschriften zur erstmaligen Konsolidierung in IAS 28.23 (geändert 2008) präferiert, muss die Übergangskonsolidierung auf die Equity-Methode **tranchenweise** erfolgen **(Alternative 2)**, da in IAS 28.23 (geändert 2008) weiterhin auf die „*cost of an investment*", dh die **Anschaffungskosten** der Altanteile, Bezug genommen wird. Diese ermittelten sich nach bisherigem Verständnis (s § 36 Rz 29 ff) mangels einer eigenen Definition der Anschaffungskosten in IAS 28 entspr den Regelungen zur Vollkonsolidierung in IFRS 3.24 ff (2004) (s ausführlich § 34 Rz 205 ff). Demnach setzen sich die Anschaffungskosten der Anteile aus dem Betrag zusammen, der beim Anteilserwerb in bar bzw bargeldähnlichen Mitteln geleistet wird, und/oder dem beizulegenden Zeitwert anderer Gegenleistungen (zB im Fall eines Anteilstauschs; s auch IFRS 3.27 (2004)) zuzüglich dem Erwerb direkt zurechenbarer Kosten. Im Rahmen der Änderung des IFRS 3 (2008) erfolgte keine entspr Anpassung des IAS 28.23 dahingehend, dass auch in IAS 28.23 (geändert 2008) nunmehr entspr IFRS 3.37 (2008) explizit auf die zum beizulegenden Zeitwert bewertete hingegebene Gegenleistung abgestellt wird. In praktischer Hinsicht ergeben sich dadurch jedoch im Regelfall keine Abweichungen zur bisherigen Vorgehensweise; die Anschaffungskosten der Neu- und Altanteile wären insofern weiterhin mit dem beizulegenden Zeitwert der aktuell und damalig hingegebenen Gegenleistung zu bewerten, jedoch – im Gegensatz zu den Regelungen des IFRS 3.53 (2008) – **zuzüglich direkt zurechenbarer Anschaffungsnebenkosten.** Den historischen Anschaffungskosten wäre sodann das anteilige Reinvermögen auf Basis der jeweiligen historischen Wertverhältnisse gegenüberzustellen (**tranchenweise Erstkonsolidierung;** s ausführlich Rz 101 ff und Rz 111 ff). Für den Ausweis einer **Neubewertungsrücklage** betreffend die Altanteile, welcher bereits nach den derzeit geltenden Regelungen des IAS 28 iVm IFRS 3 (2004) umstritten und uE abzulehnen ist (s Rz 111), finden sich nach den Neuregelungen des IFRS 3 (2008) und dem damit verbundenen Wegfall des IFRS 3.58 keine Argumente. 28

Letztlich ließe sich uE jedoch auch eine **3. Alternative** für die Abbildung des Übergangs von der Finanzinvestition auf die Equity-Methode begründen. 29

IAS 28.23, der die Erstkonsolidierung im Rahmen der Equity-Methode regelt, wurde als Konsequenz aus IFRS 3 (2008) dahingehend geändert, dass ua durch Streichung des Verweises auf IFRS 3 (2008) eine Abkopplung von den Vorschriften zu Unternehmenszusammenschlüssen im Fall der erstmaligen Konsolidierung zugunsten einer **separaten Regelung** in IAS 28 erfolgt. Die Folgeänderung des IAS 28.23 zielt – so könnte argumentiert werden – ebenso wie die im *Annual Improvements* Projekt 2008 erfolgte Änderung des IAS 28.33 darauf ab, den Charakter der Equity-Methode als **Bewertungsmethode** zu betonen (s auch § 36 Rz 57 f). Durch die ggü der Bilanzierung von Unternehmenszusammenschlüssen abweichenden Regelungen rückt die Equity-Methode damit eher in die Nähe der Bilanzierung von Finanzinvestitionen gem IAS 39. Diese Hinwendung zur Charakterisierung der Equity-Methode als Bewertungsmethode würde dazu führen, beim Übergang von der Finanzinvestition auf die Equity-Methode den **bisherigen Wertansatz** der **Altanteile** gem IAS 39 (beizulegender Zeitwert oder aber Anschaffungskosten) im Übergangskonsolidierungszeitpunkt als **fingierte Anschaffungskosten** *(„deemed costs")* zugrunde zu legen. Im Gegensatz zur Alternative 1 – analoge Anwendung der Regelungen des IFRS 3.42 (2008) – werden damit für die Altanteile **keine** (zusätzlichen) **erfolgswirksamen Anpassungen** an den beizulegenden Zeitwert im Übergangskonsolidierungszeitpunkt vorgenommen; ebenso wenig erfolgt eine aufwandswirksame Erfassung von bislang aktivierten Anschaffungsnebenkosten oder aber eine erfolgswirksame Berücksichtigung von Umgliederungsbeträgen *(reclassification adjustments)* im Fall von bislang als zur Veräußerung verfügbar klassifizierten Altanteilen.

30 Die **Summe** aus diesen **fingierten Anschaffungskosten** für die **Altanteile** und dem **beizulegenden Zeitwert** der hingegebenen Gegenleistung für die zusätzlich **erworbenen Anteile** (inklusive Anschaffungsnebenkosten) ist sodann im Rahmen der außerbilanziellen Erstkonsolidierung gem IAS 28.23 (geändert 2008) dem **anteiligen beizulegenden Zeitwert** der **Vermögenswerte** und **Schulden** des assoziierten Unternehmens im Übergangszeitpunkt gegenüberzustellen. Damit entfällt eine zeit- und kostenintensive Ermittlung der historischen Wertansätze, die als wesentlicher Nachteil der tranchenweisen retroaktiven Erstkonsolidierung identifiziert wurde. Bislang erfolgsneutral im sonstigen Ergebnis erfasste Wertänderungen der Altanteile aufgrund ihrer bisherigen Klassifizierung als zur Veräußerung verfügbar werden erst im Zeitpunkt der Veräußerung der Anteile an dem assoziierten Unternehmen oder aber bei einem ggf erforderlichen Übergang auf die Vollkonsolidierung als Umgliederungsbetrag erfolgswirksam erfasst.

31 **Zusammenfassend** lässt sich somit für die Übergangskonsolidierung mit Aufwärtswechsel von der Finanzinvestition auf die Equity-Methode Folgendes konstatieren:

(1) Eine analoge Anwendung der Vorschriften zum sukzessiven Anteilserwerbs gem IFRS 3.42 (2008) ist trotz des fehlenden Kriteriums der Kontrollerlangung über einzelne Vermögenswerte und Schulden möglich. Somit kann die erstmalige Konsolidierung im Rahmen der Equity-Methode auf der Basis **einheitlicher Wertansätze** zum Übergangskonsolidierungszeitpunkt inklusive einer erfolgswirksamen Erfassung von Wertänderungen der Altanteile sowie Umgliederungsbeträgen erfolgen.

(2) Der **tranchenweisen Erstkonsolidierung** auf Basis der historischen Wertverhältnisse haftet der Nachteil der Zeit- und Kostenintensität sowie – gerade im Hinblick auf den nur maßgeblichen Einfluss – des Informationsbeschaffungsproblems an. Zudem kann aus IAS 28 nach Neufassung des IAS 28.33 (geändert 2008) nicht zwingend die Durchführung einer tranchenweisen Erstkonsolidierung bei sukzessivem Anteilserwerb im Rahmen der Equity-

Methode abgeleitet werden. Folglich ist diese Vorgehensweise uE abzulehnen.

(3) Eine Übergangskonsolidierung, bei der in die Erstkonsolidierung für die Altanteile der **bisherige Wertansatz gem IAS 39** und das anteilige (Alt- und Neuanteile betreffende) Reinvermögen des assoziierten Unternehmens zum beizulegenden Zeitwert im Übergangskonsolidierungszeitpunkt eingehen, vermeidet nicht nur die mit der tranchenweisen Erstkonsolidierung verbundenen Probleme, sondern ist auch unter dem Aspekt der durch den IASB erfolgten Charakterisierung der Equity-Methode als Bewertungsmethode sachgerecht.

Beispiel: Unternehmen A erwirbt am 31. Dezember X1 zunächst 10% der Anteile an Unternehmen B zu einem Kaufpreis von Mio € 15 zuzüglich Transaktionskosten (Anschaffungsnebenkosten) von Mio € 0,5; sowie am 31. Dezember X3 weitere 20% der Anteile zu einem Kaufpreis von Mio € 32 und Anschaffungsnebenkosten von Mio € 1, sodass A zum 31. Dezember X3 insgesamt 30% an B hält. Das zum beizulegenden Zeitwert bewertete Nettovermögen von B per 31. Dezember X3 beträgt Mio € 50. Die Bilanzierung der 10%igen Beteiligung des ersten Erwerbs im Konzernabschluss von A erfolgt zunächst gem IAS 39 (zur Veräußerung verfügbar), wobei Wertänderungen gem IAS 39.55(b) jeweils erfolgsneutral im sonstigen Ergebnis erfasst werden. Der beizulegende Zeitwert der ersten Anteilstranche zum 31. Dezember X2 beträgt Mio € 15,0 und zum 31. Dezember X3 Mio € 17. Die Fortschreibung der Anteile im Einzel-(IFRS-HB II) und Konzernabschluss (bis 31. Dezember X2) des Investors stellt sich wie im obigen Beispiel (Rz 16) dar.

Abhängig von den unter Rz 24 ff beschriebenen alternativen Vorgehensweisen 1 oder 3 ermittelt sich der Equity-Wert zum 31. Dezember X3 wie folgt (in Mio €):

	Alternative 1	Alternative 3
„Anschaffungskosten" der 1. Tranche *(deemed cost)*	17	17
Kaufpreis 2. Tranche	32	32
Anschaffungsnebenkosten der 2. Tranche	–	1
Equity-Wert per 31. Dezember X3	49	50
Abzüglich anteiliges Reinvermögen bewertet zum beizulegenden Zeitwert per 31. Dezember X3 (50 x 0,3)	–15	–15
Geschäfts- oder Firmenwert	34	35

Wird nach der **1. Alternative** (analoge Anwendung des IFRS 3.42 (2008)) vorgegangen, sind neben der Einbuchung des Kaufpreises der Neuanteile (€ 32) und der Umgliederung der Altanteile in den Posten Anteile an assoziierten Unternehmen noch folgende Erfolgswirkungen durch entspr Buchungen zu berücksichtigen:

		Alternative 1
./.	Anschaffungsnebenkosten der 2. Tranche	1
+	Umgliederung der Rücklage für Marktbewertung	1,5
	Summe	0,5

Der Umgliederungsbetrag würden entfallen, sofern die Altanteile bislang – ausnahmsweise – als zum beizulegenden Zeitwert bewertet designiert waren. Wären die Altanteile demgegenüber bis zur Übergangskonsolidierung zu Anschaffungskosten bewertet worden, so wären diese Anteile zunächst ertragswirksam an den beizulegenden Zeitwert im Übergangskonsolidierungszeitpunkt anzupassen (+ Mio € 1,5). Der Equity-Wert zum 31. Dezember X3 und damit der Geschäfts- oder Firmenwert wäre in allen drei Fällen betragsmäßig identisch.

Wird hingegen nach **Alternative 3** (Berücksichtigung der Equity-Methode als Bewertungsmethode) vorgegangen, ergibt sich Folgendes: Abgesehen von der Einbuchung der

Anschaffungskosten in Höhe von Mio € 33 für die hinzuerworbenen Anteile und einer entspr Umgliederung der Altanteile von den Finanzanlagen in den Posten Anteile an assoziierten Unternehmen sind keine Buchungen erforderlich. Die auf das nunmehr assoziierte Unternehmen entfallende, bislang bereits im Konzernabschluss von A erfasste Rücklage für Marktbewertungen in Höhe von Mio € 1,5 bleibt weiterhin bestehen.

Mit Ausnahme der fehlenden Rücklage für Marktbewertungen zugunsten entspr höherer Gewinnrücklagen von Mio € 1,5 ergäben sich die gleichen Werte, sofern die Altanteile bislang – ausnahmsweise – als zum beizulegenden Zeitwert bewertet designiert waren. Wären die Altanteile demgegenüber bis zur Übergangskonsolidierung zu Anschaffungskosten bewertet worden, so wäre der Equity-Wert per 31. Dezember X3 in Höhe von Mio € 48,5 (Mio € 15,5 + Mio € 33) auszuweisen; eine Rücklage für Marktbewertungen existierte nicht. Der zugehörige Geschäfts- oder Firmenwert ermittelt sich dabei in einer Höhe von Mio € 33,5.

Hinsichtlich eines Beispiels zur tranchenweisen Erstkonsolidierung beim Übergang von der Finanzinvestition auf die Equity-Methode vgl Rz 113.

3. Übergang von der Equity-Bewertung auf die Vollkonsolidierung

32 Die für den Übergang von der Finanzinvestition auf die Vollkonsolidierung anzuwendenden **Konsolidierungsregeln** gem IFRS 3.42 (2008) gelten **analog** auch für den Wechsel von der Equity-Methode auf die Vollkonsolidierung infolge des Zukaufs von Anteilen. Im Einzelnen bedeutet dies, dass die **bisherige Equity-Bewertung,** mit der auch eine Kapitalkonsolidierung inklusive einer Kaufpreisallokation *(purchase price allocation)* zum damaligen Erwerbszeitpunkt der Altanteile und deren Fortführung auf den Übergangskonsolidierungsstichtag verbunden war, **vollständig negiert** wird. Vielmehr erfolgt eine **Erstkonsolidierung sämtlicher Anteile** mit **einheitlichen Wertansätzen** im Zeitpunkt der Kontrollerlangung *(acquisition date)*; für die Altanteile kommt dies einer zweiten „Erst"-Konsolidierung – nun allerdings mit veränderten Wertansätzen – gleich. Differenzen zwischen dem Equity-Wert der Altanteile und ihrem beizulegenden Zeitwert im *acquisition date* sind **erfolgswirksam** zu berücksichtigen. Zudem sind sämtliche zuvor erfolgsneutral im sonstigen Ergebnis des Konzerns erfassten Änderungen des Equity-Werts aufgrund von erfolgsneutralen Eigenkapitalveränderungen beim (bislang) assoziierten Unternehmen (bspw aufgrund einer Rücklage für Marktbewertungen oder Währungsumrechnungsdifferenzen (s ausführlich § 36 Rz 64f) aber auch bislang erfolgsneutral im sonstigen Ergebnis des Konzerns erfasste Währungsumrechnungsdifferenzen aus der Umrechnung des Einzelabschlusses des (bislang) assoziierten Unternehmens selbst) im Übergangskonsolidierungszeitpunkt erfolgswirksam als Umgliederungsbeträge zu erfassen. Nicht zu den Umgliederungsbeträgen gehören gem IAS 1.96 indessen nunmehr ausdrücklich Veränderungen von Neubewertungsrücklagen gem IAS 16 und IAS 38 sowie versicherungsmathematische Gewinne und Verluste; diese Bestandteile des sonstigen Ergebnisses sind vielmehr im Übergangskonsolidierungszeitpunkt (Neubewertungsrücklagen) bzw im Jahr ihrer Entstehung (versicherungsmathematische Gewinne und Verluste) erfolgsneutral in die Gewinnrücklagen umzugliedern (s IAS 1.96 iVm IAS 16.41 und IAS 19.93D sowie § 5 Rz 137ff, § 26 Rz 86, § 36 Rz 64f). Eine Beibehaltung der Neubewertungsrücklagen kommt nicht in Betracht, da nach IFRS 3.42 (2008) mit dem Übergang auf die Vollkonsolidierung von sämtlichen bisherigen konsolidierungsverwandten Vorgängen bei der Equity-Methode zu abstrahieren ist.

33 Soweit der beizulegende Zeitwert der Altanteile nicht auch die bislang als Teil des Equity-Werts **aktivierten Anschaffungsnebenkosten** abdeckt, gehen diese im Übergangskonsolidierungszeitpunkt **aufwandswirksam** in die Konzern-Gesamtergebnisrechnung bzw gesonderte Konzern-GuV (sofern erstellt) ein. Eine derartige Situation kann sich dann ergeben, wenn im Rahmen der Equity-

Bewertung aufgrund des Vorliegens eines Wertminderungsindikators gem IAS 39.58 ff der sich daran anschließende Wertminderungstest gem IAS 36 als Ergebnis liefert, dass der **erzielbare Betrag** und damit anzusetzende Equity-Wert durch den im Vergleich zum beizulegenden Zeitwert **höheren Nutzungswert** bestimmt wurde (vgl zu außerplanmäßigen Abschreibungen des Equity-Werts ausführlich § 36 Rz 55 ff).

Begründet wird der **Wechsel** von der **erfolgsneutralen** Übergangskonsoli- 34
dierung gem IFRS 3.58 (2004) und IFRS 3.60 (2004) iVm IFRS 3.IE6 (2004) nach den derzeitigen Regelungen (s ausführlich Rz 115 ff) auf die **erfolgswirksame Übergangskonsolidierung** gem IFRS 3.42 (2008) ebenfalls damit, dass die Kontrollerlangung über einzelne Vermögenswerte und Schulden eine ggü dem nur maßgeblichen Einfluss wesentliche Veränderung darstellt, die eine vollständige Abkehr von der bisherigen Einbeziehungsform erforderlich macht (IFRS 3.BC384 (2008)). UE signalisiert diese Begründung zudem, dass die Equity-Methode nach dem Verständnis des IASB eher als Bewertungsmethode denn als Konsolidierungsmethode zu charakterisieren ist (s ausführlich Rz 29).

Beispiel: Unternehmen A erwirbt am 31. Dezember X1 zunächst 30% der Anteile an Unternehmen B zu einem Kaufpreis von Mio € 25 inklusive Transaktionskosten (Anschaffungsnebenkosten). Zum 30. Juni X5 erwirbt A weitere 50% der Anteile an B zu einem Kaufpreis von Mio € 55 und Anschaffungsnebenkosten von Mio € 2, sodass A zum 30. Juni X5 insgesamt 80% an B hält. Das zum beizulegenden Zeitwert bewertete Nettovermögen von B per 30. Juni X5 beträgt Mio € 80. Der Equity-Wert der Altanteile per 31. Dezember X4 beträgt Mio € 26,5, wobei Mio € 0,3 aufgrund von Marktbewertungen von zur Veräußerung verfügbaren Wertpapieren bei B und Mio € 0,4 aufgrund von Neubewertungen gem IAS 16 bei B entspr auch im Konzernabschluss von A bislang erfolgsneutral im periodischen und kumulierten sonstigen Ergebnis unter der gem IAS 1.82(h) gesondert auszuweisenden Komponente „Anteil am sonstigen Ergebnis, der auf nach der Equity-Methode bilanzierte assoziierte Unternehmen entfällt" erfasst wurden (s ausführlich § 36 Rz 113 f). Bis zum 30. Juni X5 sind noch Gewinne aus assoziierten Unternehmen in Höhe von Mio € 0,8 zu berücksichtigen. Der beizulegende Zeitwert der Altanteile zum 30. Juni X5 wird mit Mio € 30 ermittelt.

Im Rahmen der Übergangskonsolidierung sind demnach folgende Wertansätze zu berücksichtigen (es wird die *full goodwill* Methode gewählt):

		Mio €	Mio €
	Equity-Wert per 31. Dezember X4	26,5	
+	Erfolgswirksame Equity-Fortschreibung per 30. Juni X5	0,8	
+	Aufwertung der Altanteile auf beizulegenden Zeitwert (30 – (26,5 + 0,8))	2,7	
+	Beizulegender Zeitwert der Neuanteile	55	
–	Wert der hingegebenen Gegenleistung der Neuanteile zuzüglich beizulegendem Zeitwert der Altanteile		85
+	Beizulegender Zeitwert der Anteile nicht-beherrschender Gesellschafter		20
./.	Identifizierbare (neu bewertete) erworbene Vermögenswerte und übernommene Schulden des TU (100%)		80
=	Geschäfts- oder Firmenwert		25
	Davon auf A entfallend	21	
	Davon auf nicht-beherrschende Gesellschafter entfallend	4	

Im Übergangskonsolidierungzeitpunkt sind folgende Beträge erfolgswirksam zu erfassen (in Mio €):

		Mio €
+	Erfolgswirksame Equity-Fortschreibung per 30. Juni X5	0,8
+	Aufwertung der Altanteile auf beizulegenden Zeitwert (30 – (26,5 + 0,8))	2,7
+	Umgliederungsbetrag betreffend „Anteil am sonstigen Ergebnis, der auf nach der Equity-Methode bilanzierte assoziierte Unternehmen entfällt" (Anteil Rücklage für Marktbewertung)	0,3
./.	Anschaffungsnebenkosten Neuanteile	2,0
=	Summe	1,8

Zudem ist im Konzernabschluss von A der Anteil der sonstigen Ergebniskomponente „Anteil am sonstigen Ergebnis, der auf nach der Equity-Methode bilanzierte assoziierte Unternehmen entfällt" in Höhe der Neubewertungsrücklage gem IAS 16 bei B (Mio € 0,4) erfolgsneutral in die Konzern-Gewinnrücklagen umzugliedern.

35 Ab dem Zeitpunkt der **Kontrollerlangung** ergibt sich darüber hinaus die Notwendigkeit zur Durchführung der übrigen, im Rahmen der **Vollkonsolidierung** erforderlichen Konsolidierungsmaßnahmen.

36 Sofern im Zeitpunkt der erstmaligen Anwendung des IFRS 3 (2008) eine Verabschiedung des endgültigen IFRS 9 und damit die (retrospektiv anzuwendende) Abschaffung der Quotenkonsolidierung noch nicht verabschiedet sein sollte, sind uE für den Übergang von der **Quotenkonsolidierung** auf die Vollkonsolidierung die für den Übergang von der Equity-Bewertung auf die Vollkonsolidierung dargestellten Regeln **analog** anzuwenden. Dh, die bisherige Quotenkonsolidierung wird vollständig negiert und der Übergang auf die Vollkonsolidierung **erfolgswirksam** erfasst, indem im Zeitpunkt der Kontrollerlangung sämtliche Anteile sowie das übernommene Reinvermögen zu beizulegenden Zeitwerten angesetzt und bislang erfolgsneutral im sonstigen Ergebnis erfasste Eigenkapitalkomponenten – mit Ausnahme der gem IAS 16, IAS 38 und aufgrund versicherungsmathematischer Gewinne und Verluste gebildeten (Neubewertungs-)Rücklagen – als Umgliederungsbeträge erfolgswirksam berücksichtigt werden.

37 Im Fall des Übergangs von der **Equity-Methode auf die Quotenkonsolidierung** infolge einer durch Anteilszukäufe induzierten Einflusszunahme ist uE indessen eine **erfolgsneutrale** Übergangskonsolidierung unter Vorgriff auf die kommenden Regelungen des ED 9 zu präferieren (s auch Rz 115ff).

4. Übergang auf die Vollkonsolidierung und späterer Erwerb von Anteilen nicht-beherrschender Gesellschafter

38 Nach IAS 27.30f (2008) ist der **Erwerb von Anteilen nicht-beherrschender Gesellschafter nach Kontrollerlangung erfolgsneutral** als **Eigenkapitaltransaktion** zwischen zwei Gesellschaftergruppen zu behandeln. Entspr gilt gem IAS 27.30f (2008), sofern die Veräußerung von Anteilen an einem TU an nicht-beherrschende Gesellschafter nicht zum Verlust der Kontrolle führt. Für den Fall des **Zuerwerbs** von Anteilen bedeutet dies, dass der sich ergebende Differenzbetrag zwischen der zum beizulegenden Zeitwert bewerteten hingegebenen Gegenleistung für die erworbenen Anteile und dem entspr auf die nicht-beherrschenden Gesellschafter entfallenden bilanziellen Reinvermögen des TU mit den Konzernrücklagen zu verrechnen ist (zu Einzelheiten s § 34 Rz 254ff). Die Höhe des mit den Konzernrücklagen zu verrechnenden Unterschiedsbetrags variiert dabei in Abhängigkeit von der (früheren) Ausübung des Wahlrechts zur Anwendung der *full goodwill method* (s auch IFRS 3.BC218 (2008)). Die mit den Konzernrücklagen verrechneten Beträge stellen auch im Rahmen der Endkonso-

lidierung keine Umgliederungsbeträge dar; ihre erfolgsneutrale Behandlung ist vielmehr endgültig.

Die unterschiedliche Behandlung von Unterschiedsbeträgen aus der Kapitalkonsolidierung – Ausweis eines Geschäfts- oder Firmenwerts bei Kontrollerlangung versus erfolgsneutrale Verrechnung bei Erwerb von Anteilen nicht-beherrschender Gesellschafter nach Kontrollerlangung – könnte sich als Einfallstor für **bilanzpolitische Gestaltungsmöglichkeiten** erweisen (so auch *Brücks/Richter* KoR 2005, 411 f). Dies gilt umso mehr, als der IASB im Gegensatz zur Übergangskonsolidierung mit Abwärtswechsel auf explizite Vorschriften zur einheitlichen (erfolgswirksamen) Bilanzierung von zusammenhängenden Transaktionen, die (aus bilanzpolitischen Gründen) aufgespalten wurden (IAS 27.33 (2008); s ausführlich Rz 82 ff), verzichtet. Dieser Verzicht ist mit einer gewissen **Inkonsistenz** verbunden, muss jedoch vor dem Hintergrund zweier Umstände gewertet werden: Einerseits der Tatsache, dass das Abrücken von der Pflicht zur Anwendung der *full goodwill method* zugunsten eines Wahlrechts endgültig erst im Rahmen der Überarbeitung des *near final draft* des ED-IFRS 3 (2007) erfolgte und andererseits der bislang noch ausstehenden Regelungen der Bilanzierung von **Put-Optionen** betreffend die Anteile nicht-beherrschender Gesellschafter. Dass entspr Put-Optionen wegen der analogen Anwendung des IAS 32.23 im Zeitpunkt ihrer Entstehung als synthetische Verbindlichkeiten vom Eigen- ins Fremdkapital umzugliedern sind, ist mittlerweile unstrittig (*IASB* IFRIC Update November 2006; s auch § 12 Rz 9, Rz 120, § 14 Rz 45 und § 35 Rz 58 ff). Infolge fehlender Vorschriften ist jedoch unklar, ob die Folgebewertung grds entspr IAS 39 erfolgswirksam zu erfolgen hat oder aber die Put-Option im Zeitpunkt ihrer Einräumung als *contingent consideration* und damit in Übereinstimmung mit IFRS 3 zu bilanzieren ist. Letztere Sichtweise führt dazu, dass bereits im Zeitpunkt der Entstehung der Put-Optionen eine Einbeziehung dieser Anteile in die Erstkonsolidierung verbunden mit dem Ausweis eines Geschäfts- oder Firmenwerts erfolgen würde (vgl im Einzelnen § 35 Rz 58 ff). 39

Werden demnach im **Zeitpunkt der Kontrollerlangung** *(acquisition date)* oder in zeitlicher Nähe dazu zugleich **Put-Optionen** betreffend die Anteile nicht-beherrschender Gesellschafter geschaffen, so ist bei analoger Anwendung der Indizien in IAS 27.33 (2008), insbes IAS 27.33(a) und (c) (2008), regelmäßig eine **einzige Transaktion** zu unterstellen, die zu einer entspr Einbeziehung der mit einer Put-Option belegten Anteile in die Vollkonsolidierung zum Zeitpunkt der Kontrollerlangung führen würde. 40

UE ist **einzelfallabhängig** anhand der in IAS 27.33 (2008) genannten Indizien zu überprüfen, ob ein Erwerb zusätzlicher Anteile nach Kontrollerlangung aufgrund der Zeitnähe und der sonstigen Umstände nicht bereits im Zeitpunkt der Kontrollerlangung zu einer Einbeziehung aller Anteile in die Vollkonsolidierung führen muss, um **Missbrauchsgestaltungen** hinsichtlich der erfolgsneutralen Verrechnung von Unterschiedsbeträgen gerade bei Ausnutzung des Wahlrechts zugunsten der beteiligungsproportionalen Ermittlung des Geschäfts- oder Firmenwerts vorzubeugen. 41

einstweilen frei 42–45

II. Übergangskonsolidierung mit Aufwärtswechsel aufgrund von Kapitalmaßnahmen und bei unveränderten Beteiligungsverhältnissen

Erfolgt der Zuerwerb von Anteilen nicht im Rahmen eines Kaufs, sondern durch die **überproportionale** Teilnahme an einer **effektiven Kapitalerhö-** 46

hung des Beteiligungsunternehmens, so sind die Übergangskonsolidierungsregeln, die für den Übergang von der Finanzinvestition auf die Vollkonsolidierung (Rz 11 ff) und beim Übergang von der Equity-Methode auf die Vollkonsolidierung (Rz 32 ff) infolge eines Kaufs von Anteilen abgeleitet wurden, ohne Einschränkung übertragbar.

47 Dies gilt auch für den Fall, dass die Erhöhung der Anteilsquote und der damit verbundene Einflusszuwachs durch die **unterproportionale** (nicht paritätische) Teilnahme des MU an einer **effektiven Kapitalherabsetzung** des Beteiligungsunternehmens begründet wird. Hinsichtlich der **Bewertung** der verbleibenden Anteile können aufgrund der Analogie der Sachverhalte die Vorschriften zu Unternehmenszusammenschlüssen, die **ohne den Transfer einer Gegenleistung** erfolgen, herangezogen werden.

48 IFRS 3.43 (2008) stellt erstmals ausdrücklich klar, dass ein Unternehmenszusammenschluss nicht notwendigerweise mit **veränderten Beteiligungsverhältnissen** oder aber dem (aktuellen) **Transfer einer Gegenleistung** verbunden sein muss. Der IFRS 3.43 (2008) vorangestellte Titel *„a business combination achieved without the transfer of consideration"* ist insofern missverständlich, als – wie aus den in IFRS 3.43 (a) bis (c) (2008) angeführten Beispielen deutlich wird – durchaus in früheren Perioden Anteile erworben worden sein können. Kennzeichnend für diese Form der Unternehmenszusammenschlüsse ist somit, dass im **Zeitpunkt der Kontrollerlangung keine Gegenleistung** entrichtet wurde, mithin bestehende (Alt-)Anteile aber entspr den Vorgaben des IFRS 3.32 (2008) zum beizulegenden Zeitwert zu bewerten sind. Sofern eine in früheren Jahren erworbene Beteiligung an dem TU besteht, erfordern diese Unternehmenszusammenschlüsse regelmäßig eine **Übergangskonsolidierung mit Aufwärtswechsel** wie die in IFRS 3.43 (2008) genannten Beispiele erkennen lassen:

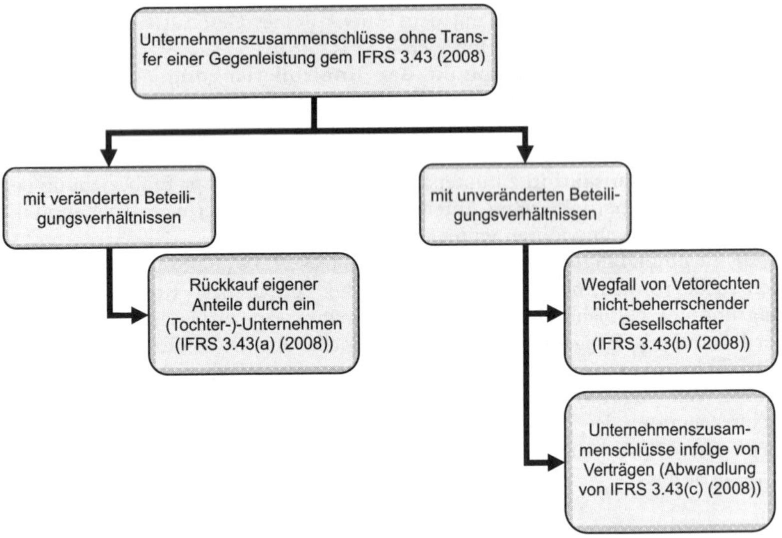

49 Sofern ein Unternehmen (TU) **eigene Anteile** erwirbt, um einem bereits vorhandenen Anteilseigner (MU) zur Kontrollerlangung zu verhelfen, wird der Unternehmenszusammenschluss zwar durch veränderte Beteiligungsverhältnisse ausgelöst, jedoch ohne (aktuellen) Transfer einer Gegenleistung durch das MU. Dieser Kategorie zuzuordnen ist auch die – in IFRS 3.43 (2008) nicht ge-

nannte – **unterproportionale** (nicht paritätische) Teilnahme des MU an einer **effektiven Kapitalherabsetzung** des Beteiligungsunternehmens. Sofern bislang bestehende Vetorechte von nicht-beherrschenden Gesellschaftern betreffend TU, an denen das MU die Mehrheit der Stimmrechte besitzt, erlöschen oder aber ein Unternehmenszusammenschluss allein aufgrund vertraglicher Regelungen zustande kommt (ggf sogar ohne dass das MU überhaupt Anteile an dem TU besitzt), liegt ein Unternehmenszusammenschluss ohne (aktuellen) Transfer einer Gegenleistung und ohne Veränderung der Beteiligungsverhältnisse vor. Unter diese Kategorie fallen auch Unternehmenszusammenschlüsse, in denen wegen **Unwesentlichkeit** zunächst auf eine Vollkonsolidierung verzichtet wurde, in späteren Jahren indessen infolge der zunehmenden Bedeutung des TU für den Konzern eine Einbeziehung notwendig wird.

Hinsichtlich der **Bewertung vorhandener Altanteile** im Übergangskonsolidierungszeitpunkt bestimmen IFRS 3.33 (2008) aE iVm IFRS 3.B46 (2008), dass der beizulegende Zeitwert der Altanteile mangels aktueller Gegenleistung unter Verwendung von **Bewertungstechniken** zu ermitteln ist. Konkrete Bewertungsvorgaben werden dabei nicht gemacht; es ist jedoch darauf zu achten, dass die Bewertungstechniken einzelfallabhängig und unter Beachtung der hinreichenden Verfügbarkeit von Informationen auszuwählen sind. Kommen mehrere Bewertungsverfahren zum Ansatz, sind die Ergebnisse unter den Gesichtspunkten der Relevanz und Zuverlässigkeit der verwendeten Faktoren sowie unter Berücksichtigung der verfügbaren Informationen zu beurteilen (IFRS 3.B46 (2008); s auch Rz 17 ff). 50

Trotz der Bewertungsprobleme hinsichtlich der Feststellung des beizulegenden Zeitwerts von Alt- und Neuanteilen wird auch für den Fall der Übergangskonsolidierung mit Aufwärtswechsel aufgrund von Kapitalmaßnahmen und unveränderten Beteiligungsverhältnissen durch die in IFRS 3 (2008) kodifizierte Übergangskonsolidierung auf der Grundlage einheitlicher Wertansätze ggü der tranchenweisen Erstkonsolidierung (s Rz 101 ff) eine deutliche **Komplexitätsreduktion** erreicht. Zu Übergangsregelungen betreffend Unternehmenszusammenschlüsse, die (allein) auf vertraglichen Vereinbarungen beruhen, s IFRS 3.66 (2008) iVm IFRS 3.B69 (2008). 51

Sofern die **Übergangskonsolidierung von der Finanzinvestition auf die Equity-Methode** auf Basis einheitlicher Wertansätze (1. Alternative, s Rz 24 ff) oder nach dem in Rz 29 f dargestellten vereinfachten Verfahren (3. Alternative) erfolgt, sind auch für die Übergangskonsolidierung mit Aufwärtswechsel auf die Equity-Methode aufgrund von Kapitalmaßnahmen die für den Fall des Zukaufs von Anteilen beschriebenen Regeln analog anwendbar. Wird hingegen der tranchenweisen Erstkonsolidierung der Vorzug gegeben, so verkompliziert sich die Übergangskonsolidierung erheblich (s Rz 126 ff). 52

einstweilen frei 53–55

III. Übergangskonsolidierung mit Abwärtswechsel aufgrund des Verkaufs von Anteilen

1. Übergang von der Vollkonsolidierung auf die Equity-Bewertung

Analog zur Vorgehensweise bei der Übergangskonsolidierung mit Aufwärtswechsel stellt auch die Übergangskonsolidierung mit Abwärtswechsel nach den überarbeiteten Regelungen des IAS 27 (2008) einen **erfolgswirksamen Vorgang** dar. Im Gegensatz zu den Regelungen des IAS 27.31 f (2003) (s Rz 135 ff) erfolgt für die verbleibenden Anteile somit keine (erfolgsneutrale) Fortführung und Folgekonsolidierung. Begründet wird der **Paradigmenwechsel** von der 56 erfolgsneutralen zur erfolgswirksamen Übergangskonsolidierung mit Abwärtswechsel analog zu IFRS 3.BC384 (2008) für die Übergangskonsolidierung mit Aufwärtswechsel mit dem Argument, dass der Verlust der Kontrolle über die einzelnen Vermögenswerte und Schulden des TU ein einschneidendes ökonomisches Ereignis *(significant economic event)* darstellt. Die Mutter-Tochter-Beziehung wird beendet; die neu beginnende Investor-Investment-Beziehung ist indessen von solch anderer („minderer") Qualität, dass eine Bewertung zum beizulegenden Zeitwert zu Beginn ihres Entstehens gerechtfertigt ist verbunden mit einer entspr Realisation von Gewinnen und Verlusten betreffend die verbleibenden Anteile (IAS 27.BC55 (2008)).

Wird aufgrund der mit der Anteilsveräußerung induzierten Statusänderung der Übergang von der Vollkonsolidierung auf die Equity-Methode erforderlich, sind gem IAS 27.34 (2008) auf der Grundlage der **Wertverhältnisse im Zeitpunkt des Kontrollverlusts** eine **Entkonsolidierung** der veräußerten und eine **Übergangskonsolidierung** der verbleibenden Anteile vorzunehmen, indem

(1) die **Vermögenswerte** (ggf inklusive eines anteiligen Geschäfts- oder Firmenwerts) und **Schulden** des **TU** vollständig zu Konzernwerten ausgebucht werden,
(2) die auf **nicht-beherrschende Gesellschafter** des TU entfallenden Eigenkapitalanteile ausgebucht werden (inklusive sämtlicher auf sie entfallenden Komponenten des sonstigen Ergebnisses),
(3) die **erhaltene Gegenleistung** zum beizulegenden Zeitwert angesetzt wird,
(4) sofern der Kontrollverlust mit einer **Übertragung von Anteilen** des TU an die Anteilseigner des MU verbunden ist, diese als solche abgebildet wird,
(5) die **verbleibenden Anteile** zum beizulegenden Zeitwert angesetzt werden. Dieser beizulegende Zeitwert stellt dann als *deemed costs* den Ausgangswert bzw die fingierten Anschaffungskosten für die anschließend durchzuführende Equity-Bewertung dar (IAS 27.37 (2008)) und ist als Pendant zum Veräußerungserlös für die veräußerten Anteile zu interpretieren,
(6) sämtliche auf das MU entfallende, das ausscheidende TU betreffende Bestandteile des **sonstigen Ergebnisses** (Rücklage für Marktbewertungen, Währungsumrechnungsdifferenzen (IAS 21.48A iVm IAS 21.48D (geändert 2008); gem IAS 21.48D (2008) ist der Verlust der Beherrschung bilanziell wie die vollständige Veräußerung eines TU zu behandeln)) erfolgswirksam erfasst oder in die Gewinnrücklagen umgebucht werden (Neubewertungsrücklage nach IAS 16, IAS 38) (IAS 27.35 (2008)) und
(7) jegliche **verbleibende Differenz** als auf das MU entfallender Gewinn oder Verlust in der Konzern-Gesamtergebnisrechnung bzw gesonderten Konzern-GuV (sofern erstellt) erfasst wird.

57 Zudem wird in IAS 27.36 (2008) erstmals explizit darauf hingewiesen, dass bislang im Rahmen der **Schuldenkonsolidierung** eliminierte Forderungen und Verbindlichkeiten ggü dem ehemaligen TU nunmehr nach den einschlägigen IFRS zu bilanzieren sind, dh im Zeitpunkt des Kontrollverlusts wieder aufleben.

Demgegenüber trifft IAS 27 (2008) hinsichtlich zuvor eliminierter **Zwischenergebnisse** keine Aussage; mithin ist davon auszugehen, dass bislang eliminierte Zwischenergebnisse aus **Upstream-Transaktionen** von der Übergangskonsolidierung **unberührt** bleiben. Diese Zwischenergebnisse werden weiterhin gem der vermögensorientierten Sichtweise (s § 35 Rz 97) in voller Höhe bei den betreffenden Vermögenswerten eliminiert. Zuvor eliminierte Zwischenergebnisse aus **Downstream-Transaktionen** werden demgegenüber im Rahmen der Übergangskonsolidierung **vollständig realisiert,** da einerseits die entspr Vermögenswerte des TU im Übergangskonsolidierungszeitpunkt zu ihren Konzernbuchwerten abgehen (IAS 27.34(a) (2008)) und andererseits der Zugangswert der verbleibenden Anteile nicht dem korrespondierenden anteiligen Reinvermögen des TU zu Konzernbuchwerten entspricht. Vielmehr ist dieser zum beizulegenden Zeitwert anzusetzen (IAS 27.34(d) (2008)). Die Problematik bei der Ermittlung des beizulegenden Zeitwerts der verbleibenden Anteile ist dabei identisch mit derjenigen bei der Ermittlung des beizulegenden Zeitwerts der Altanteile im Fall der Übergangskonsolidierung mit Aufwärtswechsel; insofern kann auf die entspr Ausführungen verwiesen werden (s Rz 17ff).

Eine weitere Besonderheit ergibt sich hinsichtlich der **Behandlung der Anteile nicht-beherrschender Gesellschafter am sonstigen Ergebnis** des ehemaligen TU im Übergangskonsolidierungszeitpunkt. Sofern ein TU in lfd Rechnung Bestandteile seines sonstigen Ergebnisses bspw aufgrund der Veräußerung von *avaliable for sale* Wertpapieren als Umgliederungsbetrag erfolgswirksam werden lässt, sind die nicht-beherrschenden Gesellschafter im Konzernabschluss entspr ihrer Anteilsquote an dem TU an dieser Erfolgswirkung beteiligt. Im Gegensatz dazu und auch im Gegensatz zu den Komponenten des sonstigen Ergebnisses des ehemaligen TU, die auf das MU entfallen und im Zeitpunkt der Übergangskonsolidierung erfolgswirksam als Umgliederungsbeträge zu erfassen sind (IAS 27.34(e) (2008), IAS 27.35 (2008) sowie IAS 27.BC56 (2008)), werden die entspr Eigenkapitalkomponenten der nicht-beherrschenden Gesellschafter im Übergangskonsolidierungszeitpunkt nicht erfolgswirksam berücksichtigt, sondern einfach als Bestandteil des Eigenkapitals nicht-beherrschender Gesellschafter am TU ausgebucht (IAS 21.48B (geändert 2008), IAS 27.BC56 (2008); so auch *Küting/Weber/Wirth* KoR 2008, 151). Die Entkonsolidierung der Anteile nicht-beherrschender Gesellschafter stellt damit einen erfolgsneutralen Vorgang dar (zur Problematik der Übergangskonsolidierung mit Abwärtswechsel unter vorheriger Anwendung der *full goodwill method* s Rz 63). 58

Da gem IAS 27.34(f) (2008) nur eine nach Berücksichtigung der in Rz 56 unter (1) bis (5) aufgeführten Posten verbleibende Differenz als Ent- bzw Übergangskonsolidierungserfolg zu erfassen ist, ist zu folgern, dass die Umgliederungsbeträge **nicht Teil des Ent- bzw Übergangskonsolidierungserfolgs** sind, sondern entspr dem Vorgehen bei direkter Veräußerung der dahinterstehenden Vermögenswerte in der Erfolgsrechnung auszuweisen sind (vgl § 15 Rz 111f; glA *Küting/Weber/Wirth* KoR 2008, 151).

Beispiel: Unternehmen A erwirbt am 31. Dezember X1 60% der Anteile am Unternehmen B zu einem Kaufpreis von Mio € 30, der dem anteiligen Nettovermögen von B zum Erwerbszeitpunkt entspricht. Aus der Erstkonsolidierung resultiert somit kein Geschäfts- oder Firmenwert. Zum 1. Januar X9 veräußert A 34% der Anteile an B zu einem Kaufpreis von Mio € 20,7. Das Nettovermögen von B zu diesem Zeitpunkt beträgt Mio € 55, wobei Mio € 5 auf eine Rücklage für Marktbewertung entfallen. Der beizulegende Zeitwert der verbleibenden Anteile wird mit Mio € 15,3 ermittelt. Aufgrund der Anteilsveräußerung ist B nunmehr aus Sicht von A nur noch als assoziiertes Unternehmen einzustufen.

Der **Gesamterfolg** aus der **Ent- und Übergangskonsolidierung** per 1. Januar X9 ermittelt sich wie folgt:

		Mio €	Mio €
	Verkaufspreis für 34% der Anteile	20,7	
./.	Anteiliges, auf die veräußerten Anteile entfallendes Nettovermögen von B zu Konzernbuchwerten (55 x 0,34)	18,7	
=	Entkonsolidierungserfolg		2
./.	Anteiliges, auf nicht-beherrschende Gesellschafter entfallendes Nettovermögen von B zu Konzernbuchwerten (55 x 0,4)	22	
+	Ausgleichsposten für Anteile nicht-beherrschender Gesellschafter (55 x 0,4)	22	
=	Entkonsolidierungserfolg betreffend Anteile nicht beherrschender Gesellschafter		0
./.	Anteiliges, auf die verbleibenden Anteile entfallendes Nettovermögen von B zu Konzernbuchwerten (55 x 0,26)	14,3	
+	Beizulegender Zeitwert der verbleibenden Anteile (26%; Zugangswert Equity-Methode)	15,3	
=	Übergangskonsolidierungserfolg		1
+	Umgliederungsbetrag (5 x 0,6)		3
=	Gesamterfolg aus der Ent- und Übergangskonsolidierung		6

59 Da die verbleibenden Anteile nach IAS 27.34(d) (2008) erfolgswirksam zum beizulegenden Zeitwert anzusetzen sind, ergeben sich für den Fall eines (früheren) sukzessiven Anteilserwerbs keine (Bewertungs-)Probleme. Dies gilt mithin unabhängig davon, ob die Erstkonsolidierung der zuvor sukzessiv erworbenen Anteile gem IFRS 3.42 (2008) auf Basis einheitlicher Wertansätze zum Zeitpunkt der Kontrollerlangung erfolgte oder aber – wegen der prospektiven Anwendung des IFRS 3 (2008) – noch unter Anwendung des IFRS 3.58f tranchenweise durchgeführt wurde (s ausführlich Rz 101ff).

60 Bis zum Zeitpunkt des Kontrollverlusts **(Übergangskonsolidierungszeitpunkt)** ist die Vollkonsolidierung des TU inklusive der Übernahme der während der Konzernzugehörigkeit erwirtschafteten Aufwendungen und Erträge durchzuführen. Ab dem Übergangskonsolidierungszeitpunkt ist die Beteiligung entspr der **Equity-Methode** fortzuführen (s ausführlich § 36), wobei sämtliche ab diesem Zeitpunkt entstehenden Zwischenergebnisse aus Up- und Downstream-Transaktionen bei der Ermittlung des Equity-Werts nur noch anteilig Berücksichtigung finden. Eine Schulden- sowie Aufwands- und Ertragskonsolidierung entfällt (s § 36 Rz 53f). Unmittelbar im Anschluss an die Übergangskonsolidierung ist die zum beizulegenden Zeitwert anzusetzende Restbeteiligung (*deemed costs*; IAS 27.37 (geändert 2008)) entspr dem in IAS 28.33 (geändert 2008) beschriebenen Vorgehen in der statistischen Nebenrechnung erstzukonsolidieren. Maßgebend sind dabei nicht nur für die Bewertung der Anteile, sondern auch für die Bewertung des anteiligen Nettovermögens einheitlich die Wertverhältnisse des Übergangskonsolidierungszeitpunkts. Ein aus dieser Kapitalkonsolidierung resultierender Geschäfts- oder Firmenwert beinhaltet somit auch während der Konzernzugehörigkeit geschaffene (originäre) Mehrwerte, deren Realisation nunmehr aufgrund des mit der Veräußerung verbundenen Kontrollverlusts gleichermaßen für die veräußerten und die verbleibenden Anteile unterstellt wird.

Beispiel: Unternehmen A gründet am 1. Januar X1 TU B. Aus der Erstkonsolidierung (Verrechnung von eingezahltem Kapital in Höhe von T€ 100 und gleichhohem Anteilsbuchwert) entsteht folgerichtig kein Geschäfts- oder Firmenwert. Am 31. Dezember X8 veräußert A 60% der Anteile an B zu einem Verkaufspreis von T€ 600, der beizulegende Zeitwert der verbleibenden Anteile wird mit T€ 380 ermittelt. Das Nettovermögen zu Konzernbuchwerten von B im Zeitpunkt des Kontrollverlusts beträgt T€ 700; der beizulegende Zeitwert des anteiligen, auf die verbleibenden Anteile entfallenden Nettovermögens T€ 300.

Der Ent- und Übergangskonsolidierungserfolg ermittelt sich wie folgt:

		T€
	Verkaufspreis für 60% der Anteile	600
./.	Nettovermögen von B zu Konzernbuchwerten (100%)	700
+	Beizulegender Zeitwert der verbleibenden Anteile (40%)	380
=	Ent- und Übergangskonsolidierungserfolg	280

Die Erstkonsolidierung im Rahmen der erstmaligen Anwendung der Equity-Methode für die verbleibenden Anteile ergibt Folgendes:

		T€
	Equity-Wert per 31. Dezember X8	380
./.	Anteiliges Nettovermögen von B zu beizulegendem Zeitwert per 31. Dezember X8	300
=	Geschäfts- oder Firmenwert	80

Der im Equity-Buchwert ausgewiesene Geschäfts- oder Firmenwert wurde vollständig während der Konzernzugehörigkeit des ehemaligen TU geschaffen. Aufgrund des mit der Veräußerung von 60% der Anteile verbundenen Kontrollverlusts hält der IASB indessen eine Realisation für gerechtfertigt (IAS 27.BC55 (2008)). Zudem werden im Rahmen der Übergangskonsolidierung während der Konzernzugehörigkeit entstandene stille Reserven bei der Erstkonsolidierung der verbleibenden Anteile nach der Equity-Methode aufgedeckt (hier: 300 – (700 x 0,4) = 20).

61 In welcher Höhe ein **Geschäfts- oder Firmenwert** bei der Berechnung des Entkonsolidierungserfolgs für die veräußerten Anteile zu berücksichtigen ist, muss nach den allgemeinen Regeln des IAS 36.86 entschieden werden. Demnach ist ein Geschäfts- oder Firmenwert, der einer zahlungsmittelgenerierenden Einheit (ZGE) zugeordnet wurde, bei Abgang einer *„operation"* dieser ZGE grds entspr dem Verhältnis des beizulegenden Zeitwerts der abgehenden *„operation"* zum beizulegenden Zeitwert des verbleibenden Teils der ZGE in den Abgangswert des TU respektive die Berechnung des Entkonsolidierungserfolgs einzubeziehen. Eine Aufteilung auf der Grundlage einer anderen Verteilungsregel ist nur dann erlaubt, wenn dadurch eine bessere Zuordnung des Geschäfts- oder Firmenwerts auf die abgehende *„operation"* erreicht wird (IAS 36.86(b)). Die deutsche Übersetzung ist bzgl des Begriffs *„operation"* insoweit missverständlich, als hier auf die Veräußerung eines Geschäftsbereichs abgestellt wird. Letztlich muss jedoch grds bei jeglicher Veräußerung von (wesentlichen) Teilen einer firmenwerttragenden ZGE ein anteiliger Geschäfts- oder Firmenwert in den Abgangswert bzw die Berechnung des Entkonsolidierungserfolgs einbezogen werden (s auch § 35 Rz 34).

Beispiel: Ein zu 100% erworbenes TU A und ein gegründetes TU B bilden eine ZGE. Dieser ZGE wurde der aus dem Erwerb des 100%igen TU A resultierende Geschäfts- oder Firmenwert in Höhe von T€ 1.000 zugeordnet. Der beizulegende Zeitwert beider TU beträgt jeweils T€ 2.000. Werden nunmehr 60% der Anteile an TU A veräußert, ist dieser abgehenden *„operation"* ceteris paribus ein anteiliger Geschäfts- oder Firmenwert (hier: T€ 300) zuzuordnen. Entspr gilt auch, sofern bspw 60% der Anteile des TU B veräußert werden. Die verbleibenden 40% der Anteile an TU A (oder TU B) sind auf der Grundlage der Equity-Methode einzubeziehen (s auch das Beispiel unter Rz 58).

62 **Problematisch** ist in diesem Zusammenhang allerdings der **Ausweis des Geschäfts- oder Firmenwerts,** der auf die nunmehr auf der Grundlage der Equity-Methode einzubeziehenden **verbleibenden Anteile** an dem bisherigen TU entfällt. IAS 36.86 zielt nur auf die Ermittlung und Berücksichtigung des Geschäfts- oder Firmenwerts ab, der der veräußerten *„operation"* zuzuordnen ist. Davon unberührt bleibt somit der Geschäfts- oder Firmenwert, der auf die verbleibenden Anteile entfällt. Da nach IAS 27.37 (2008) die verbleibenden Anteile indessen mit ihrem beizulegenden Zeitwert anzusetzen sind, der auch den anteiligen, bislang in einem gesonderten Bilanzposten ausgewiesenen Geschäfts- oder Firmenwert umfasst, ist zu schlussfolgern, dass der auf die verbleibenden Anteile entfallende Geschäfts- oder Firmenwert aus dem entspr Bilanzposten auszubuchen und sodann als Teil des Equity-Werts zu erfassen ist.

Beispiel: Unternehmen A erwirbt am 31. Dezember X1 60% der Anteile an Unternehmen B zu einem Kaufpreis von Mio € 35. Aus der Erstkonsolidierung (anteiliges gezeichnetes Kapital Mio € 12, anteiliges erwirtschaftetes Kapital Mio € 13, keine stillen Reserven/Lasten) resultiert ein beteiligungsproportionaler Geschäfts- oder Firmenwert in Höhe von Mio € 10. Da Unternehmen B aus Sicht des Konzerns eine eigene ZGE darstellt, wird der Geschäfts- oder Firmenwert vollständig dem (rechtlichen) Unternehmen B zugeordnet. Zum 1. Januar X9 veräußert A 30% der Anteile an B zu einem Kaufpreis von Mio € 32 an den bisherigen nicht-beherrschenden Gesellschafter. Im HGB-Einzelabschluss wird demnach aus der Anteilsveräußerung ein Gewinn in Höhe von Mio € 14,5 ausgewiesen. Das Nettovermögen von B zu Konzernbuchwerten zu diesem Zeitpunkt beträgt Mio € 70, wobei Mio € 10 auf eine Rücklage für Marktbewertung entfallen. Der beizulegende Zeitwert der verbleibenden Anteile wird mit Mio € 30 ermittelt. Aufgrund der Anteilsveräußerung ist B nunmehr aus Sicht von A nur noch als assoziiertes Unternehmen einzustufen. Der der ZGE B zugeordnete Geschäfts- oder Firmenwert entfällt im Verhältnis 1 : 1 auf die abgehenden und die verbleibenden Anteile an B.

Der **Gesamterfolg** auch der **Ent- und Übergangskonsolidierung** per 1. Januar X9 ermittelt sich wie folgt:

		Mio €
	Verkaufspreis für 30% der Anteile	32
./.	Nettovermögen von B zu Konzernbuchwerten (100%)	70
./.	der ZGE „Unternehmen B" zugeordneter (gesamter) Geschäfts- oder Firmenwert	10
+	Ausgleichsposten für Anteile nicht-beherrschender Gesellschafter (70 x 0,4)	28
+	beizulegender Zeitwert der verbleibenden Anteile (30%)	30
+	Umgliederungsbetrag (10 x 0,6)	6
=	Gesamterfolg aus der Ent- und Übergangskonsolidierung	16

Da der auf die verbleibenden Anteile (30%) an B entfallende Geschäfts- oder Firmenwert aus der Erstkonsolidierung in Höhe von Mio € 5 im beizulegenden Zeitwert dieser Anteile (Zugangswert *(„deemed costs")* für die Equity-Methode) enthalten ist, ist der gesamte, der ZGE „Unternehmen B" zugeordnete Geschäfts- oder Firmenwert bei der Übergangskonsolidierung als Abgang zu erfassen.

Die Übergangskonsolidierung zum 1. Januar X9 stellt sich buchungstechnisch wie folgt dar (in Mio €):

	A	B	Konsolidierung		Konzern-bilanz
			S	H	
Geschäfts- oder Firmenwert	–	–	(2) 10	(4) 10	–
Grundstücke	560	80		(4) 80	560
Anteile an assoziierten Unternehmen	17,5	–	(1) 17,5 (4) 30	(2) 35	30
Sonstige Aktiva	422,5	70	(4) 32	(1) 32 (4) 70	422,5
Summe Aktiva	1.000	150			1.012,5
Eingezahltes Kapital	200	20	(2) 12 (3) 8		200
Erwirtschaftetes Kapital	400	40	(1) 14,5 (2) 13 (3) 16	(4) 10 (5) 6	412,5
Rücklage für Marktbewertung	–	10	(3) 4 (5) 6		–
Anteile nicht-beherrschender Gesellschafter	–	–	(4) 28	(3) 28	–
Schulden	400	80	(4) 80		400
Summe Passiva	1.000	150	259		1.012,5

Mit der Buchung (1) wird zunächst die beteiligungsproportionale einzelgesellschaftliche Veräußerungsbuchung wieder rückgängig gemacht. Mit der Buchung (2) erfolgen sodann die Erstkonsolidierung und die Folgekonsolidierungen (hier mangels Wertminderungsbedarf betreffend den Geschäfts- oder Firmenwert gem IAS 36 identisch mit der Erstkonsolidierung) der Anteile von B bis zum 31. Dezember X8. Buchung (3) nimmt die Dotierung des Ausgleichspostens für Anteile nicht-beherrschender Gesellschafter per 31. Dezember X8 vor. Mit Buchung (4) erfolgt die erfolgswirksame Entkonsolidierung der Altanteile inklusive des Abgangs der Anteile nicht-beherrschender Gesellschafter und die erfolgswirksame Übergangskonsolidierung für die verbleibenden Anteile auf die Equity-Methode per 1. Januar X9 unter Einbeziehung des gesamten Geschäfts- oder Firmenwerts. Buchung (5) beinhaltet das erfolgswirksam zu erfassende *reclassification adjustment* betreffend die Rücklage für Marktbewertung für den auf A entfallenden Anteil (60%).

Die verbleibenden Anteile werden nunmehr zu ihrem beizulegenden Zeitwert angesetzt und nach der Equity-Methode bewertet. Die Erstkonsolidierung dieser Anteile in der außerbilanziellen Nebenrechnung zum 1. Januar X9 stellt sich unter der Prämisse, dass der beizulegende Zeitwert des Nettovermögens von B aufgrund von stillen Reserven im Posten Grundstücke im Vergleich zum Konzernbuchwert (Mio € 70) um Mio € 5 höher ist, wie folgt dar:

		Mio €
	Beizulegender Zeitwert der verbleibenden Anteile	30
./.	Anteiliges (30%) Nettovermögen von B bewertet zum beizulegenden Zeitwert ((70 + 5) x 0,3)	22,5
=	Geschäfts- oder Firmenwert	7,5

Der im Equity-Wert enthaltene Geschäfts- oder Firmenwert beinhaltet somit nicht nur den bislang auf diese Anteile im Konzernabschluss gesondert ausgewiesenen Teil in Höhe von Mio € 5, sondern darüber hinaus auch einen während der Konzernzugehörigkeit von B geschaffenen anteiligen (originären) Geschäfts- oder Firmenwert in Höhe von Mio € 2,5 (s auch Rz 60).

63 Zur Frage, wie auf nicht-beherrschende Gesellschafter entfallende Geschäfts- oder Firmenwerte aus der Anwendung der ***full goodwill method*** im Rahmen der **Ent- und Übergangskonsolidierung** iVm IAS 36.86 zu berücksichtigen sind s § 35 Rz 35 sowie *Küting/Weber/Wirth* KoR 2008, 150 f.

64 Veränderungen im Vergleich zu den Regelungen des IAS 27 (2003) ergeben sich zudem, wenn das **konzernbilanzielle Nettovermögen** des anteilig veräußerten TU im Zeitpunkt der Übergangskonsolidierung **negativ** ist. Nach IAS 27.31 f (2003) wird aufgrund der grds erfolgsneutralen Übergangskonsolidierung auf die Equity-Methode unter Fortführung der bisherigen Konsolidierung der Zugangswert für die verbleibenden Anteile mit Null (Aussetzen der Equity-Methode bei einem Wert von (unter) Null) ausgewiesen. Dies führt zwar zu einem entspr Ertrag im Übergangskonsolidierungszeitpunkt; das negative Eigenkapital wird jedoch außerbilanziell in der statistischen Nebenrechnung erfasst und muss durch Gewinne späterer Perioden zunächst ausgeglichen werden, bevor eine (positive) Fortschreibung des Equity-Werts in der Bilanz erfolgen darf.

65 Nach den Regelungen des **IAS 27.37 (2008)** ist der **Equity-Zugangswert** der verbleibenden Anteile im Übergangskonsolidierungszeitpunkt ebenfalls mit Null anzusetzen (beizulegender Zeitwert bzw Aussetzen der Equity-Methode bei einem Wert von (unter) Null) verbunden mit der Erfassung eines entspr Übergangskonsolidierungsertrags. In der statistischen Nebenrechnung wird indessen eine Erstkonsolidierung auf der Grundlage der Wertverhältnisse des Übergangskonsolidierungszeitpunkts durchgeführt, sodass sich rein rechnerisch – außerbilanziell – in Höhe des anteiligen negativen Eigenkapitals ein Geschäfts- oder Firmenwert ergibt. Inwieweit eine (positive) Fortschreibung des Equity-Werts in der Bilanz in Folgeperioden erfolgen darf, ist anhand der Wertminderungsregeln des IAS 28.33 (geändert 2008) zu entscheiden. Demnach ist – bei Vorliegen von Anzeichen für eine Wertminderung gem IAS 39.58 ff – der **gesamte Equity-Wert** der Anteile gem IAS 36 auf eine Wertminderung zu überprüfen und ggf abzuschreiben (s ausführlich § 36 Rz 46 und Rz 55 ff). Die Bedingung des IAS 39.59, dass das die Wertminderung auslösende Ereignis **nach** dem erstmaligen Ansatz des Vermögenswerts eingetreten sein muss (*„objective evidence of an impairment as a result of one or more events occurred* ***after*** *the initial recognition of the asset“*), ist uE in diesem Fall – ebenso wie im Fall von negativem Nettovermögen bei Erwerb eines assoziierten Unternehmen (s § 36 Rz 37) – weit auszulegen.

66 Aufgrund der durch IAS 27 (2008) erfolgten Änderungen des IAS 31 sind die Übergangskonsolidierungsregeln im Rahmen der Vollkonsolidierung analog anzuwenden, wenn infolge des Verlusts der gemeinschaftlichen Führung und eines verbleibenden maßgeblichen Einflusses von der **Quotenkonsolidierung** auf die Equity-Methode überzugehen ist. Auch in diesem Fall stellt die Entkonsolidierung für die veräußerten und die Übergangskonsolidierung für die verbleibenden Anteile einen erfolgswirksamen Vorgang dar (IAS 31.45 (geändert 2008) und IAS 31.45B (geändert 2008); zur Begründung s Rz 26, Rz 71. Vgl auch IAS 21.48A(c) (2008); gem IAS 21.48D (2008) ist der Verlust der gemeinschaftlichen Führung bilanziell wie die vollständige Veräußerung eines Gemeinschaftsunternehmens zu behandeln). Da in IAS 31.45 (geändert 2008) ausschließlich auf den Verlust der gemeinschaftlichen Führung als Auslöser für die erfolgswirksame Übergangskonsolidierung abgestellt wird, wäre eine erfolgswirksame Übergangskonsolidierung für die verbleibenden Anteile selbst dann begründbar, wenn das (frühere) Gemeinschaftsunternehmen bereits nach der Equity-Methode bilanziert wurde, nunmehr aber infolge eines – wie auch immer induzierten – Einflussver-

lusts nur noch als assoziiertes Unternehmen zu qualifizieren ist. UE ist diese Vorgehensweise jedoch abzulehnen; vielmehr ist unter analoger Anwendung der Regelungen des ED 9.29 (s § 29 Rz 48 ff) ein erfolgsneutraler Übergang sachgerecht.

Zum Zusammenwirkungen von IAS 27 (2008) und IFRS 5 im Rahmen der Übergangskonsolidierung mit Abwärtswechsel ausgehend von der Vollkonsolidierung s Rz 73 ff. 67

2. Übergang von der Vollkonsolidierung bzw der Equity-Bewertung auf die Finanzinvestition

Verliert das MU aufgrund einer Veräußerung von Anteilen seinen beherrschenden oder maßgeblichen Einfluss auf ein TU respektive ein assoziiertes Unternehmen, so wird für die verbleibenden Anteile gem IAS 27.36 (2008) bzw IAS 28.18 (geändert 2008) der **Übergang von der Vollkonsolidierung bzw Equity-Bewertung zur Bewertung eines finanziellen Vermögenswerts gem IAS 39** notwendig. In beiden Fällen stellt die Übergangskonsolidierung mit Abwärtswechsel auf die Finanzinvestition einen **erfolgswirksamen Vorgang** dar. Beim Übergang von der Vollkonsolidierung sind die unter Rz 56 beschriebenen Regeln analog anzuwenden, allerdings mit dem Unterschied, dass nunmehr der beizulegende Zeitwert für die verbleibenden Anteile den Ausgangspunkt für die zukünftige Bewertung dieser finanziellen Vermögenswerte nach IAS 39 darstellt (IAS 27.37 (geändert 2008)). 68

Entspr gestaltet sich auch die Übergangskonsolidierung mit Abwärtswechsel von der **Equity-Methode.** Gem IAS 28.18 (geändert 2008) ist jegliche verbleibende Beteiligung zum beizulegenden Zeitwert zu bewerten und als Ausgangswert der Folgebilanzierung des finanziellen Vermögenswerts gem IAS 39 zu betrachten. Der Übergangskonsolidierungserfolg ermittelt sich gem IAS 28.18 (geändert 2008) als Differenz zwischen der erhaltenen Gegenleistung für die veräußerten Anteile zuzüglich dem beizulegenden Zeitwert der verbleibenden Anteile und dem Equity-Wert im Übergangskonsolidierungszeitpunkt (Verlust des maßgeblichen Einflusses). Zudem sind gem IAS 28.19A (geändert 2008) und IAS 21.48A(b) (geändert 2008) sämtliche das ausscheidende assoziierte Unternehmen betreffenden Bestandteile des **sonstigen Ergebnisses** (s diesbezüglich ausführlich § 36 Rz 82) aufzulösen. Eine Rücklage für Marktbewertungen und Währungsumrechnungsdifferenzen – gem IAS 21.48D (2008) ist der Verlust des maßgeblichen Einflusses bilanziell wie die vollständige Veräußerung eines assoziierten Unternehmens zu behandeln – sind erfolgswirksam als Umgliederungsbeträge zu erfassen. Neubewertungsrücklagen nach IAS 16 und IAS 38 sind hingegen in die Gewinnrücklagen umzubuchen. Die getrennte Aufzählung der Umgliederungsbeträge von den übrigen Erfolgswirkungen verdeutlicht, dass auch im Rahmen der Übergangskonsolidierung mit Abwärtswechsel von der Equity-Methode diese Anpassungen nicht Teil des Ent- oder Übergangskonsolidierungserfolgs, sondern entspr dem Vorgehen bei direkter Veräußerung der dahinterstehenden Vermögenswerte in der Erfolgsrechnung auszuweisen sind (IAS 28.19A (geändert 2008) iVm IAS 21.BC34 (geändert 2008); vgl auch § 15 Rz 111). 69

Auch der Übergang von der **Quotenkonsolidierung** auf die Finanzinvestition aufgrund des Verlusts der gemeinschaftlichen Führung folgt den in Rz 56 dargestellten Regeln (vgl IAS 31.45 (geändert 2008), IAS 31.45A (geändert 2008) und IAS 31.45B (geändert 2008) sowie IAS 21.48A(c) (geändert 2008)). 70

Der **IASB begründet** das identische Vorgehen im Rahmen der Übergangskonsolidierung mit Abwärtswechsel damit, dass der Kontrollverlust über ein TU, der Verlust des maßgeblichen Einflusses über ein assoziiertes Unternehmen und 71 der Verlust der gemeinschaftliche Führung betreffend Gemeinschaftsunternehmen wirtschaftlich ähnliche Sachverhalte darstellen, die folglich bilanziell vergleichbar abzubilden sind (IAS 27.BC64 (2008), IAS 28.BC21 (geändert 2008) und IAS 31.BC16 (geändert 2008)). In allen drei Fällen handelt es sich nach Ansicht des Board um wesentliche wirtschaftliche Ereignisse *(significant economic event)*, die aufgrund des Verlusts der Kontrolle, des maßgeblichen Einflusses oder der gemeinschaftlichen Führung den Charakter der Beteiligung verändern. Insofern hält es der IASB für gerechtfertigt, die Regelungen des IAS 27 (2008) betreffend die Übergangskonsolidierung mit Abwärtswechsel bei Kontrollverlust auf die Übergangskonsolidierung mit Abwärtswechsel bei Verlust des maßgeblichen Einflusses oder Verlust der gemeinschaftlichen Führung zu übertragen (IAS 27.BC64 (2008)).

72 Sofern die veräußerten Anteile zuvor sukzessiv erworben wurden, gelten die Ausführungen unter Rz 59 sinngemäß.

3. Anwendbarkeit des IFRS 5

73 Die zur Veräußerung vorgesehenen Anteile an TU, Gemeinschafts- und assoziierten Unternehmen unterliegen bei Erfüllung der Kriterien der IFRS 5.6 ff in einem IFRS-**Einzelabschluss** vor der eigentlichen Veräußerung in einem Zwischenschritt den Ausweis- (Bewertung der Anteile nach IAS 39) und Bewertungsregeln (Bewertung der Anteile zu Anschaffungskosten) des IFRS 5 (vgl IAS 27.38 (geändert 2008)). Eine Anwendbarkeit dieser Vorschriften im **Konzernabschluss** im Rahmen der Übergangskonsolidierung mit Abwärtswechsel war demgegenüber lange Zeit fraglich. Dies resultierte daraus, dass im Konzernabschluss im Rahmen der Voll- und Quotenkonsolidierung sowie der Equity-Methode keine Anteile, sondern letztlich – bei der Equity-Methode komprimiert in einem Wert – die hinter diesen Anteilen stehenden Vermögenswerte und Schulden der betreffenden Unternehmen abgebildet werden und im Zuge der Übergangskonsolidierung mit Abwärtswechsel gerade keine **vollständige Veräußerung** dieser Abschlussposten erfolgt. Insbes IAS 27 (2003) und IFRS 5 enthielten zunächst zu diesem Themenkomplex keine (eindeutigen) Regelungen. Auch in der Kommentarliteratur wurde die Anwendbarkeit des IFRS auf Übergangskonsolidierungsvorgänge diskutiert (s Vorauflage § 36 Rz 50 ff und *Milla/Butollo* IRZ 2007, 176 ff).

74 Erst im Rahmen des *Annual Improvements* Projekts 2008 nahm sich der IASB dieses Problems in Bezug auf **vollkonsolidierte TU** an. Durch den neu eingefügten IFRS 5.8A wird nunmehr festgelegt, dass zu unterscheiden ist zwischen einerseits **Anteilsverkäufen**, mit denen ein **Beherrschungsverlust** durch das MU einhergeht, und andererseits **Teilveräußerungen ohne Verlust der Kontrolle**. Hat sich ein MU aufgrund konkreter Planungen zur Veräußerung von Anteilen an einem vollkonsolidierten TU entschieden und verliert das MU dadurch die Beherrschung iSd IAS 27, so ist das TU als Veräußerungsgruppe iSd IFRS 5 zu behandeln. Dies gilt mithin unabhängig von der Höhe der veräußerten Anteilstranche, auch im Verhältnis zu einem ggf verbleibenden Beteiligungsengagement des MU, das anschließend infolge des Beherrschungsverlusts bspw als assoziiertes Unternehmen nach der Equity-Methode oder aber als Finanzinvestition nach IAS 39 zu bilanzieren ist. Als Konsequenz des Beherrschungsverlusts sind im Konzernabschluss sämtliche, das TU betreffende Vermögenswerte und Schulden als Veräußerungsgruppe zu klassifizieren (IFRS 5.8A). Verbunden damit ist nach IFRS 5.38 der gesonderte Ausweis (ggf erweitert um den Wertansatz von verbundenen Vermögenswerten und Schulden wie im Abschluss des Anteilseigners abgegrenzten latenten Steuern sowie eines zugeordneten Ge-

schäfts- oder Firmenwerts; s ausführlich § 28 Rz 14 ff, Rz 73 ff) dieser Vermögenswerte und Schulden als zur Veräußerung gehalten als letzter Posten auf der Aktiv- bzw Passivseite. Zudem sind in Zusammenhang mit dem betreffenden TU stehende Komponenten des sonstigen Ergebnisses gesondert auszuweisen. Darüber hinaus sind die besonderen Bewertungsregeln des IFRS 5 zu berücksichtigen. Ggf auftretende Wertminderungen zwischen dem niedrigeren beizulegenden Zeitwert der Veräußerungsgruppe abzüglich Veräußerungskosten und den bisherigen Konzernbuchwerten (IFRS 5.15) der einzelnen Vermögenswerte und Schulden sind gem IAS 36.59 und IAS 36.104 bzw IFRS 5.20 aufwandswirksam zu berücksichtigen. Sofern das veräußerte TU einen aufgegebenen Geschäftsbereich iSd IFRS 5.32 darstellt, unterliegt es zudem den besonderen Angabepflichten des IFRS 5.33 (vgl IFRS 5.36A).

Beispiel: Die MU-AG hält 60% der Anteile an der TU-AG. Im September X9 entschließt sich das Management der MU-AG, 20% dieser Anteile zu veräußern. Aufgrund der Veräußerung wird der beherrschende Einfluss verlorengehen Allerdings ist die MU-AG weiterhin in der Lage, einen maßgeblichen Einfluss auf die TU-AG auszuüben, sodass diese als assoziiertes Unternehmen auf der Grundlage der Equity-Methode einzubeziehen ist. Im Dezember X9 liegen bereits entspr konkrete Veräußerungspläne vor. Auch hat die aktive Suche nach einem Investor begonnen.

Infolge des Kontrollverlusts verlassen aus Konzernsicht nach der Veräußerung der Anteile die Vermögenswerte und Schulden des TU vollständig den Konzernkreis; dies gilt unbeachtlich der Tatsache, dass die verbleibende 40%ige Beteiligung an der TU-AG aufgrund des verbleibenden maßgeblichen Einflusses als assoziiertes Unternehmen nach der Equity-Methode zu bewerten ist. Sofern die Kriterien des IFRS 5 erfüllt sind, ist dem bevorstehenden Ausscheiden aus dem Konzernkreis bereits im Zeitpunkt der konkreten Veräußerungsabsicht durch eine Separierung der dem TU zuzurechnenden Vermögenswerte und Schulden Rechnung zu tragen.

Zu beachten ist, dass die Anwendung des IFRS 5.8A ausschließlich darauf ab- 75
stellt, dass nach der Veräußerung der Anteile **keine Kontrolle** mehr über das (bisherige) TU besteht. Sollen demgegenüber beispielsweise bei Bestehen einer 100%-igen Beteiligung 40% der Anteile veräußert werden, ohne dass damit ein Kontrollverlust verbunden ist, sind die Regeln des IFRS 5 nicht anwendbar. Die die (zur Veräußerung stehenden) Anteile repräsentierenden Vermögenswerte und Schulden des TU sind weiterhin vollständig nach den einschlägigen IFRS auszuweisen und zu bewerten.

Sofern IFRS 5.8A Anwendung findet, sind im späteren **Übergangskonsoli-** 76
dierungszeitpunkt die **verbleibenden Anteile** sodann in Höhe ihres beizulegenden Zeitwerts zu erfassen (IAS 27.34 (2008)). Eine Differenz zwischen dem Veräußerungserlös, dem beizulegenden Zeitwert der verbleibenden Anteile und den ggf ausscheidenden Anteilen nicht-beherrschender Gesellschafter einerseits sowie dem Wertansatz der zur Veräußerungsgruppe zählenden Vermögenswerte und Schulden gem IFRS 5.15 andererseits ist ebenso erfolgswirksam zu berücksichtigen wie die Umgliederungsbeträge.

Besteht in Folge(-Zwischen-)Perioden mangels Erfüllung der Voraussetzungen 77
der IFRS 5.6 ff die Notwendigkeit zur **Reklassifizierung** der Vermögenswerte und Schulden, so sind diese wieder nach der bisherigen Einbeziehungsform (Vollkonsolidierung) in die entspr Bilanzposten umzugliedern. Der Wertansatz hat dabei so zu erfolgen, als ob die Vollkonsolidierung nie ausgesetzt worden wäre (Konsequenz aus der Anwendung von IFRS 5.27). Ggf resultierende Wertänderungen sind **prospektiv** erfolgswirksam in der Berichtsperiode zu berücksichtigen (IFRS 5.28).

Hinsichtlich der **Veräußerung von Anteilen an Gemeinschafts- und as-** 78
soziierten Unternehmen gab es keine dem IFRS 5.8A entspr Klarstellung.

Diesbezüglich könnte nach einer **ersten Sichtweise** argumentiert werden, dass es einer derartigen Präzisierung auch gar nicht bedurfte. Denn im Gegensatz zu IAS 27.12 (2008)/IAS 27.12 (2003) wird in IAS 28.13(a) und IAS 31.2(a) nicht auf das betreffende Unternehmen bzw die korrespondierenden Vermögenswerte und Schulden, sondern auf die **Anteile** an diesen Unternehmen abgestellt. So sind gem IAS 28.13(a) und IAS 31.2(a) **Anteile** an assoziierten und Gemeinschaftsunternehmen, die die Kriterien der IFRS 5.6 ff erfüllen, von der Anwendung der Equity-Methode bzw der Quotenkonsolidierung ausgeschlossen und in Übereinstimmung mit IFRS 5 zu bilanzieren (IAS 28.14; IAS 31.42). Demnach sind der bisherige anteilige Equity-Wert bzw das anteilige Reinvermögen zu Konzernwerten (Quotenkonsolidierung) der zur Veräußerung gehaltenen Anteile mit dem beizulegenden Zeitwert abzüglich Veräußerungskosten zu vergleichen. Eine Besonderheit besteht, falls bei der Equity-Methode Forderungen des Anteilseigners in die Verlustverrechnung einbezogen wurden (s § 36 Rz 70 ff), da diese dann anteilig im „Buchwert" der zur Veräußerung gehaltenen Anteile enthalten sind. Ist der beizulegende Zeitwert abzüglich der Veräußerungskosten niedriger als der Konzernbuchwert der Anteile, ist die sich ergebende **Wertminderung** aufwandswirksam zu erfassen. Für die verbleibenden Anteile ist die bisherige Einbeziehungsform (Equity-Methode/Quotenkonsolidierung) zunächst beizubehalten.

79 Demgegenüber ist jedoch auch eine **andere Sichtweise** möglich. Als Rechtfertigung für die Einfügung des IFRS 5.8A wird derselbe Grund angeführt wie für den Paradigmenwechsel betreffend die Übergangskonsolidierung mit Abwärtswechsel: Der Beherrschungsverlust ist ein so wesentliches ökonomisches Ereignis, das den Charakter der Beteiligung ändert, weil eine Mutter-Tochter-Beziehung endet und eine sich davon wesentlich unterscheidende Investor-Investment-Beziehung beginnt (IFRS 5.BC24B). Sofern ein entspr Veräußerungsplan mit beabsichtigtem Kontrollverlust vorliegt, tauscht das MU letztlich seine beherrschenden Anteile gegen nicht-beherrschende Anteile (IFRS 5.BC24C).

Infolge der analogen Argumentation, die hinsichtlich der Übergangskonsolidierung mit Abwärtswechsel auch beim Verlust eines maßgeblichen Einflusses oder der gemeinschaftlichen Führung ausdrücklich zum Tragen kommt (s IAS 27.BC64 (2008), IAS 28.BC21 (geändert 2008) und IAS 31.BC16 (geändert 2008) sowie Rz 26 und Rz 71), ließe sich argumentieren, dass demzufolge auch die Regelungen des IFRS 5.8A analog bei der Übergangskonsolidierung mit Abwärtswechsel von der Equity-Methode (oder Quotenkonsolidierung) anzuwenden wären. Ein IFRS 5.8A entspr Ausweis bzw die Berücksichtigung der besonderen Bewertungsregeln des IFRS 5 käme somit nur dann in Frage, wenn mit der beabsichtigten Veräußerung auch der Verlust des maßgeblichen Einflusses oder der gemeinschaftlichen Führung verbunden wäre. In diesen Fällen würden indessen **alle** Anteile (bzw Vermögenswerte und Schulden im Fall von quotenkonsolidierten Gemeinschaftsunternehmen) den Ausweis- und Bewertungsregeln des IFRS 5 unterliegen (s *Milla/Butollo* IRZ 2007, 176 ff mwN).

80 Unabhängig davon, ob der ersten oder der zweiten Sichtweise gefolgt wird, sind im späteren **Übergangskonsolidierungszeitpunkt** die verbleibenden Anteile nach den allgemeinen Regeln (s Rz 56 und Rz 69 f) zum beizulegenden Zeitwert anzusetzen. Eine Differenz zwischen dem Veräußerungserlös und den verbleibenden Anteilen einerseits sowie dem Wertansatz der veräußerten Anteile (bzw Vermögenswerte und Schulden im Fall von quotenkonsolidierten Gemeinschaftsunternehmen) gem IFRS 5.15 andererseits ist ebenso erfolgswirksam zu berücksichtigen wie die Umgliederungsbeträge.

Besteht in Folge(-Zwischen-)Perioden die Notwendigkeit zur **Reklassifizierung** der Anteile, so sind diese wieder entspr der bisherigen Einbeziehungsform in den Posten Anteile an assoziierten Unternehmen bzw auf die dahinter stehenden Bilanzposten (Quotenkonsolidierung) umzugliedern. Der Wertansatz hat dabei so zu erfolgen, als ob die bisherige Einbeziehungsform (Quotenkonsolidierung, Equity-Methode) nie ausgesetzt worden wäre (s IAS 28.15 und 31.43; so auch *IDW* RS HFA 2 Rz 109; aA *Milla/Butollo* IRZ 2007, 180). Die Wertänderungen ggü der Bewertung gem IFRS 5 sind dabei **retrospektiv** zu erfassen; frühere Abschlüsse sind entspr anzupassen (so ausdrücklich gefordert in IAS 28.15 und IAS 31.43). 81

4. Abwärtswechsel von der Vollkonsolidierung und frühere Veräußerung von Anteilen ohne Beherrschungsverlust

Nach IAS 27.30f (2008) ist die **Veräußerung** von Anteilen an vollkonsolidierten TU an nicht-beherrschende Gesellschafter **erfolgsneutral** als **Eigenkapitaltransaktion** zwischen zwei Gesellschaftergruppen zu behandeln, wenn diese Transaktion **nicht** zum **Beherrschungsverlust** führt. Für den Fall der teilweisen Veräußerung von Anteilen bedeutet dies, dass der sich ergebende Differenzbetrag zwischen der zum beizulegenden Zeitwert bewerteten erhaltenen Gegenleistung für die veräußerten Anteile und dem entspr nunmehr auf die nicht-beherrschenden Gesellschafter entfallenden bilanziellen Reinvermögen des TU mit den Konzernrücklagen zu verrechnen ist (zu Einzelheiten s § 35 Rz 41f). Die Verrechnung mit den Konzernrücklagen ist endgültig, dh im Zeitpunkt einer späteren Übergangs- oder Entkonsolidierung werden die verrechneten Beträge nicht als Umgliederungsbeträge behandelt (*Pawelzik* WPg 2004, 689). 82

Die **unterschiedliche Behandlung von Unterschiedsbeträgen** aus der Veräußerung von Anteilen – erfolgswirksame Erfassung im Fall der Ent- und Übergangskonsolidierung versus erfolgsneutrale Verrechnung bei teilweiser Anteilsveräußerung an nicht-beherrschende Gesellschafter ohne Kontrollverlust – könnte gerade im Fall von verlustbringenden TU zu **bilanzpolitischen Gestaltungen** ermutigen. Diese Gefahr hat der IASB erkannt und deshalb in IAS 27.33 (2008) festgelegt, dass mehrere Vereinbarungen bzw Einzeltransaktionen, die (letztlich) zum Kontrollverlust führen, nur dann getrennt voneinander zu bilanzieren sind, wenn dies aus wirtschaftlicher Sicht rational nachvollziehbar ist. Nach IAS 27.33 (2008) weist das Vorliegen eines oder mehrerer der folgenden Indizien auf die Existenz einer – in mehrere Vereinbarungen aufgespaltenen – einzigen Transaktion hin: 83

(1) Die einzelnen Vereinbarungen wurden zeitgleich getroffen oder aber in Abhängigkeit/Berücksichtigung voneinander.
(2) Die Vereinbarungen stellen eine Gesamttransaktion dar, die auf einen wirtschaftlichen Gesamterfolg abzielt.
(3) Das Zustandekommen einer Vereinbarung ist abhängig vom Zustandekommen wenigstens einer weiteren Vereinbarung.
(4) Eine einzelne Vereinbarung ist nur in Zusammenhang mit (den) anderen Vereinbarungen und nicht für sich allein betrachtet wirtschaftlich zu begründen. Dies ist bspw der Fall, wenn zunächst Anteile unter Marktpreis veräußert werden und eine diesbezügliche Kompensation durch die nachfolgende Veräußerung weiterer Anteile über Marktpreis erfolgt.

Sofern aufgrund dieser Indizien aus **wirtschaftlicher Betrachtungsweise** *(substance over form)* auf eine einzige Transaktion zu schließen ist, ist diese insgesamt nach den Regelungen für Ent- oder Übergangskonsolidierungen abzubil- 84 den. Maßgebender Bilanzierungszeitpunkt ist dabei der Zeitpunkt des Kontrollverlusts (so auch *Zülch/Fischer* PiR 2007, 360); indessen kann gem IFRS 5.8A (s Rz 74) bereits ein früherer gesonderter Ausweis der betroffenen Vermögenswerte und Schulden verbunden mit einer Berücksichtigung der besonderen Bewertungsregeln des IFRS 5.15 geboten sein.

85–89 *einstweilen frei*

IV. Übergangskonsolidierung mit Abwärtswechsel aufgrund von Kapitalmaßnahmen und bei unveränderten Beteiligungsverhältnissen

90 Sinkt die Beteiligungsquote und der damit verbundene Einfluss an einem TU, Gemeinschafts- oder assoziierten Unternehmen aufgrund der **unterproportionalen** Teilnahme des Anteilseigners an einer **effektiven Kapitalerhöhung** des Beteiligungsunternehmens derart stark, dass eine Übergangskonsolidierung mit Abwärtswechsel notwendig wird, sind die für die einzelnen Übergangsformen infolge von Anteilsveräußerungen erläuterten Regeln (Rz 56ff, Rz 68ff) vollumfänglich anwendbar (IAS 27.BC53ff (2008)). Ggf erworbene junge Anteile gehen mit dem beizulegenden Zeitwert der für sie hingegebenen Gegenleistung in den Ausgangswert der nunmehr anzuwendende Konsolidierungs- bzw Bewertungsmethode ein. Anschaffungsnebenkosten sind dabei beim Übergang auf die Equity-Methode (und die Quotenkonsolidierung) direkt aufwandswirksam zu erfassen; beim Übergang auf die Bewertung gem IAS 39 erfolgt die Behandlung der Anschaffungsnebenkosten – aufwandswirksame Verrechnung versus Aktivierung – hingegen in Abhängigkeit von der Klassifikation der verbleibenden Anteile. Hinsichtlich der Bewertung der nunmehr zum beizulegenden Zeitwert anzusetzenden Anteile vgl Rz 17f.

91 Die analoge Anwendung der vorgenannten Regeln zur Abbildung von Übergangskonsolidierungen mit Abwärtswechsel infolge von Anteilsveräußerungen (Rz 56ff und Rz 68ff) gilt auch dann, wenn die Verminderung der Anteilsquote und des damit verbundenen, eine Übergangskonsolidierung auslösenden Einflussverlusts durch die **überproportionale** Teilnahme des Anteilseigners an einer **effektiven Kapitalherabsetzung** verursacht wird. Im Vorfeld der Übergangskonsolidierung sind zudem die aus der Kapitalherabsetzung resultierenden Erfolgswirkungen (einzelgesellschaftlicher Abgangserfolg beim MU, Ertrag aus der Kapitalherabsetzung beim Beteiligungsunternehmen) zu eliminieren. Betreffend die Bewertung der nunmehr zum beizulegenden Zeitwert anzusetzenden Anteile vgl Rz 17f.

92 IAS 27.32 (2008) weist erstmals explizit darauf hin, dass der Verlust der Beherrschung auch **ohne veränderte Beteiligungsverhältnisse** erfolgen kann. So kann der Kontrollverlust bspw aus der Übertragung der Beherrschung auf eine Regierung, Gerichte oä resultieren oder aber die Folge des Eingehens oder der Beendigung von vertraglichen Vereinbarungen sein (IAS 27.32 (2008) iVm IAS 27.B53 (2008)). Die in derartigen Fällen notwendige Übergangskonsolidierung mit Abwärtswechsel ist nach den allgemeinen Regeln (Rz 56ff, Rz 68ff) erfolgswirksam vorzunehmen.

93 Offen bleibt die Frage, ob **IFRS 5** auch dann anwendbar ist, wenn der Beherrschungsverlust nicht durch eine Veräußerung von Anteilen des TU, sondern durch die nicht proportionale Teilnahme eines MU an Kapitalmaßnahmen des TU verursacht wird. UE ist diese Frage einzelfallabhängig zu beantworten (so auch *IDW* RS HFA 2 Rz 96).

94 *einstweilen frei*

V. Angaben im Anhang

Infolge der Änderungen des IFRS 3 (2008) und des IAS 27 (2008) werden nunmehr erstmals auch folgende **spezifischen Anhangangaben** zur Übergangskonsolidierung gefordert: 95

(1) bei der **Übergangskonsolidierung mit Aufwärtswechsel zum TU:**
   (a) Angabe des beizulegenden Zeitwerts der Altanteile im Übergangskonsolidierungszeitpunkt,
   (b) Angabe des Gewinns oder Verlusts aus der (Neu-)Bewertung der Altanteile zum beizulegenden Zeitwert im Übergangskonsolidierungszeitpunkt sowie Angabe des Postens in der Gesamtergebnisrechnung, in dem dieser Bewertungserfolg ausgewiesen wird;

(2) bei der **Übergangskonsolidierung mit Abwärtswechsel vom TU:**
   (a) Angabe des Gewinns oder Verlusts, der aus der Bewertung der verbleibenden Anteile zum beizulegenden Zeitwert resultiert (Übergangskonsolidierungserfolg, IAS 27.41(f)(i) (2008)), und
   (b) Angabe des Postens in der Gesamtergebnisrechnung, in dem der Gesamterfolg aus der Übergangskonsolidierung (Entkonsolidierungserfolg der veräußerten und Übergangskonsolidierungserfolg der verbleibenden Anteile) ausgewiesen wird, sofern ein gesonderter Ausweis unterbleibt.

Derartige **Angaben** werden im Rahmen der Übergangskonsolidierung vom/ 96
zum **assoziierten oder Gemeinschaftsunternehmen** nicht gefordert. Es sind jedoch die generellen Angabepflichten für TU, Gemeinschafts- und assoziierte Unternehmen bzw bei Anwendung der entspr Einbeziehungsmethoden (Voll-, Quotenkonsolidierung, Equity-Methode) sowie die Angabepflichten des IFRS 5 zu beachten.

einstweilen frei 97–99

VI. Wesentliche Änderungen und deren Anwendungszeitpunkte

IFRS 3 (2008) und **IAS 27 (2008) ersetzen** die derzeit geltenden Fassungen 100
des IFRS 3 (2004) und IAS 27 (2003) **vollständig.** Sie sind für Geschäftsjahre anzuwenden, die am oder nach dem 1. Juli 2009 beginnen. Eine frühere Anwendung für Geschäftsjahre, die am oder nach dem 30. Juni 2007 beginnen, ist zulässig. Dies allerdings unter der Voraussetzung, dass die Neuregelungen des IFRS 3 (2008) und des IAS 27 (2008) vollständig und parallel umgesetzt werden und die Tatsache der vorzeitigen Anwendung im Anhang angegeben wird (IFRS 3.64 (2008), IAS 27.45 (2008)).

Folgeänderungen mit Bezug zur Übergangskonsolidierung resultierten aus IFRS 3 (2008) hinsichtlich IAS 28.23 und aus IAS 27 (2008) betreffend IAS 28.18, IAS 28.19 und IAS 28.19A, IAS 31.45, IAS 31.45A und IAS 31.45B sowie IAS 21.48, IAS 21.48A bis D und IAS 21.49. Die Änderungen sind für Geschäftsjahre anzuwenden, die am oder nach dem 1. Juli 2009 beginnen. Sofern IFRS 3 (2008) und IAS 27 (2008) vorzeitig angewendet werden, sind auch die Folgeänderungen entspr vorzeitig anzuwenden. Im Rahmen der Übernahme des IAS 27 (2008) in europäisches Recht (Endorsement) im Juni 2009 wurden die Änderungen in IAS 21.49 (geändert 2008) nicht übernommen (s VO (EG) Nr 494/2009 vom 3. Juni 2009, L 149 S 19). UE handelt es sich hierbei um ein **redaktionelles Versehen**, da die übrigen Änderungen der IAS 21.48A bis D (geändert 2008) endorsed wurden und sich damit bei Nicht-Berücksichtigung der Änderungen des IAS 21.49 Inkonsistenzen ergeben.

Darüber hinaus wurden im Rahmen des ***Annual Improvements* Projekts 2008** IFRS 5.8A und IFRS 5.36A eingefügt, die im Januar 2009 von der EU anerkannt wurden. Diese Ergänzungen sind anzuwenden für Geschäftsjahre, die am oder nach dem 1. Juli 2009 beginnen. Sofern IAS 27 (2008) vorzeitig angewendet wird, sind auch die entspr Ergänzungen des IFRS 5 vorzeitig anzuwenden.

Die vorliegende Kommentierung hat wesentliche materielle Änderungen herausgehoben, darüber hinaus haben die Überarbeitungen klarstellenden Charakter.

C. Vorgehensweise nach IFRS 3 (2004), IAS 27 (2003), IAS 28 (2003) und IAS 31 (2003)

I. Übergangskonsolidierung mit Aufwärtswechsel aufgrund des Zukaufs von Anteilen

1. Übergang von der Finanzinvestition auf die Vollkonsolidierung

101 Im Fall des Statuswechsels von einer Finanzinvestition zu einem TU infolge des (sukzessiven) Zukaufs von Anteilen lassen sich die damit verbundenen (Übergangs-)Konsolidierungsmaßnahmen bei der **Kapitalkonsolidierung** im Rahmen der **Vollkonsolidierung mit Minderheitenausweis** nach IFRS 3.58 ff (2004) wie folgt skizzieren (s auch *Küting/Elprana/Wirth* KoR 2003, 478 ff):

(1) Im Fall einer vorangegangenen Bewertung der ersten Anteilstranche(n) zum beizulegenden Zeitwert gem IAS 39 **Anpassung** des **Wertansatzes** an die **historischen Anschaffungskosten** (inklusive Anschaffungsnebenkosten) im Vorfeld der (retroaktiven) Erstkonsolidierung. Dabei sind sämtliche Auf- und Abwertungen die Altanteile betreffend im Vergleich zu den historischen Anschaffungskosten seit Anteilserwerb **erfolgsneutral** zu eliminieren; mithin umfasst die Eliminierung auch vormals aufwandswirksam erfasste Wertminderungen gem IAS 36 im (Ausnahme-)Fall der vorangegangenen Bewertung zu Anschaffungskosten (s IAS 39.46(c)). Die Verpflichtung zu einem derartigen Vorgehen resultiert aus der zwingenden Gegenüberstellung von Anschaffungskosten (s IFRS 3.25 (2004)) und beizulegendem Zeitwert der erworbenen Vermögenswerte und Schulden basierend auf den Wertverhältnissen der jeweiligen Tauschzeitpunkte (s IFRS 3.58 ff (2004) und (2)). Soweit die Anteile zuvor als „zur Veräußerung gehalten" eingestuft und die Wertänderungen gem IAS 39.55(b) erfolgsneutral im sonstigen Ergebnis (Rücklage für Marktbewertungen; s § 17 Rz 42 f) erfasst wurden, ist diese Rücklage ebenfalls erfolgsneutral aufzulösen. Eine erfolgswirksame Ausbuchung der entspr Beträge gem IAS 39.55(b) kommt demgemäß nicht in Betracht (aA *Zauner*, 54).

(2) **Separate Erstkonsolidierung** jeder (wesentlichen) Tranche durch Gegenüberstellung von **Anschaffungskosten** und **beizulegendem Zeitwert** der erworbenen Vermögenswerte und Schulden basierend auf den Wertverhältnissen der jeweiligen Tauschzeitpunkte (= Zeitpunkt, zu dem jede einzelne Finanzinvestition im Abschluss des Erwerbers angesetzt wird) zur Bestimmung des jeweiligen Geschäfts- oder Firmenwerts bzw negativen Unterschiedsbetrags (retroaktive Anpassung). Gerade die Ermittlung der beizulegenden Zeitwerte vorangegangener Transaktionen gestaltet sich dabei oft als schwierig und verlangt nach praxistauglichen Vereinfachungslösungen (s nur *Milla/Butollo* IRZ 2007, 84 ff).

(3) **Vollständige Neubewertung** der aktuellen Vermögenswerte und Schulden des erworbenen Unternehmens zu ihren beizulegenden Zeitwerten zum Erwerbszeitpunkt (= Zeitpunkt, an dem das erwerbende Unternehmen tatsächlich die Beherrschung über das erworbene Unternehmen erhält). Soweit sich betreffend die Altanteile (positive oder negative) Wertänderungen ergeben, sind diese entspr ihrem Charakter als Neubewertung in einer (Konzern-)-**Neubewertungsrücklage** zu erfassen (IFRS 3.58 ff (2004); s zur Fortführung in Folgeperioden Rz 102 ff). Dies gilt nach dem Wortlaut von IFRS 3.59 (2004) zB auch für Wertänderungen infolge der Abschreibung von zum Tauschzeitpunkt der Altanteile aufgedeckten stillen Reserven. Die Neubewertungsrücklage spiegelt damit den anteiligen Nettoeffekt der Änderung der stillen Reserven wider (*Amshoff/Sellhorn* PiR 2005, 92).

(4) **Erfolgsneutrale Fortführung** eines Geschäfts- oder Firmenwerts bzw eines negativen Unterschiedsbetrags aus der retroaktiven Erstkonsolidierung von bislang zu Anschaffungskosten bzw gem IAS 39 bewerteten Anteilstranchen auf den Übergangskonsolidierungszeitpunkt entspr IFRS 3.54 (2004) und IFRS 3.56 (2004).

Eine Aufrechnung des sich aus der Bewertung der Altanteile zum beizulegenden Zeitwert gem IAS 39 ergebenden Werts mit dem beizulegenden Zeitwert des Reinvermögens zum Erstkonsolidierungszeitpunkt (= Erwerbszeitpunkt) ist demgemäß nicht zulässig (so aber bereits zum derzeitigen Rechtsstand befürwortet von *Theile/Pawelzik* KoR 2004, 97 f, 100).

Beispiel: Ein Unternehmen A erwirbt am 31. Dezember X1 zunächst 10% der Anteile am Unternehmen B zu einem Kaufpreis von Mio € 15 sowie am 30. Juni X3 weitere 60% der Anteile zu einem Kaufpreis von Mio € 150, sodass A zum 31. Dezember X3 insgesamt 70% an B hält. Die Bilanzierung der 10%igen Beteiligung des ersten Erwerbs im Konzernabschluss von A erfolgt zunächst gem IAS 39 *(at fair value through profit or loss)*, wobei Wertänderungen gem IAS 39.55(a) jeweils erfolgswirksam erfasst werden. Der beizulegende Zeitwert der ersten Anteilstranche zum 31. Dezember X2 beträgt Mio € 16,5 und zum 30. Juni X3 sowie zum 31. Dezember X3 Mio € 17. Somit stellt sich die Fortschreibung der Anteile im Einzel-(IFRS-HB II) und Konzernabschluss (bis 30. Juni X3) des Investors wie folgt dar:

	Per	An	Mio €
31. Dezember X1	Beteiligungen (erfolgswirksam zum beizulegenden Zeitwert bewertet)	Kasse	15,0
31. Dezember X2	Beteiligungen (erfolgswirksam zum beizulegenden Zeitwert bewertet)	Ertrag	1,5
31. Dezember X3	Beteiligungen (erfolgswirksam zum beizulegenden Zeitwert bewertet)	Ertrag	0,5
Summe			17,0

Nach Erwerb der zweiten Anteilstranche zum 30. Juni X3 erfüllt B aus Sicht von A die Voraussetzungen eines TU und ist damit erstmals im Wege der Vollkonsolidierung in den Konzernabschluss einzubeziehen.

Gem IFRS 3.58 (2004) ist bei der Ermittlung des auszuweisenden Geschäfts- oder Firmenwerts im Rahmen der Vollkonsolidierung jeder Teilerwerbsschritt separat zu beurteilen. In der folgenden Tabelle sind die für eine vollständige Neubewertung von B gem IFRS 3 (2004) notwendigen Angaben enthalten (in Mio €, ohne Berücksichtigung latenter Steuern):

 101

	Tauschzeitpunkt 1 10% am 31. Dezember X1		Tauschzeitpunkt 2 60% am 30. Juni X3		31. Dezember X3	
	Buchwert	Zeitwert	Buchwert	Zeitwert	Buchwert	Zeitwert
Grundstücke	50	50	70	116	80	126
Sachanlagen	50	70	50	64	60	72
Summe Aktiva	**100**	**120**	**120**	**180**	**140**	**198**
Eingezahltes Kapital	20	20	20	20	20	20
Erwirtschaftetes Kapital	30	30	50	50	70	68
„Neubewertungsrücklage“		20		60		60
Schulden	50	50	50	50	50	50
Summe Passiva	**100**	**120**	**120**	**180**	**140**	**198**

Die (fortgeführte) Neubewertungsbilanz zum 30. Juni X3 berücksichtigt in der „Neubewertungsrücklage“ als Aufwertungen im Rahmen des tranchenweisen Erwerbs einerseits Abschreibungen auf die aufgedeckten stillen Reserven im Posten Sachanlagen in Höhe von Mio € – 6 (Restnutzungsdauer ab 31. Dezember X1 von 5 Jahren, verbleiben in der „Neubewertungsrücklage“ per 30. Juni X3 Mio € 14) und andererseits die Aufdeckung zwischenzeitlich neu entstandener stiller Reserven im Posten Grundstücke in Höhe von Mio € 46. Per 31. Dezember X3 werden in der fortgeführten Neubewertungsbilanz die stillen Reserven im Posten Sachanlagen weiter um Mio € 2 zu Lasten des **Jahresüberschusses** abgeschrieben, sodass die „Neubewertungsrücklage“ ggü dem Stand am 30. Juni X3 unverändert fortbesteht.

Aus der Verrechnung der Anschaffungskosten mit dem anteiligen Eigenkapital nach erfolgter Neubewertung zum jeweiligen Tauschzeitpunkt ergeben sich die Geschäfts- oder Firmenwerte für die einzelnen Tranchen (in Mio €):

1. Tranche: Geschäfts- oder Firmenwert = 15 – (0,1 × 70) = 8
2. Tranche: Geschäfts- oder Firmenwert = 150 – (0,6 × 130) = 72

Die Übergangskonsolidierung zum 30. Juni X3 im Rahmen der Konzernabschlusserstellung zum 31. Dezember X3 stellt sich damit wie folgt dar (in Mio €).

	A (IFRS-HB II)	B (IFRS-HB III)	Konsolidierung		Konzernbilanz
			S	H	
Geschäfts- oder Firmenwert	–	–	(2) 8 (3) 72		80
Grundstücke	570	126			696
Sachanlagen	263	72			335
Anteile an verbundenen Unternehmen	167	–		(1) 2 (2) 15 (3) 150	–
Summe Aktiva	1.000	198			1.111
Eingezahltes Kapital	200	20	(2) 2 (3) 12 (4) 6		200
Erwirtschaftetes Kapital	400	68	(1) 2 (2) 3 (3) 30 (4) 20,4		412,6

	A (IFRS-HB II)	B (IFRS-HB III)	Konsolidierung		Konzernbilanz
			S	H	
„Neubewertungsrücklage“	–	60	(2) 2 (3) 36 (4) 18		4
Minderheiten	–	–		(4) 44,4	44,4
Schulden	400	50			450
Summe Passiva	1.000	198			1.111

Mit der Buchung (1) wird der Ansatz der Altanteile zum beizulegenden Zeitwert zum 31. Dezember X3 zunächst wieder erfolgsneutral auf die Anschaffungskosten zurückgeführt. Daran schließt sich mit der Buchung (2) die retroaktive Erstkonsolidierung der Altanteile (10%) mit den Wertansätzen zum Tauschzeitpunkt (31. Dezember X1) an. Eine **erfolgsneutrale** Fortführung des sich ergebenden, ggf nach IAS 36.80 einer größeren (Gruppe von) zahlungsmittelgenerierenden Einheit(en) (ZGE) zuzuordnenden, Geschäfts- oder Firmenwerts auf den Erwerbsstichtag bzw **erfolgswirksame** Fortführung für die zweite Jahreshälfte entfällt, da lt Angaben keine Anzeichen für eine Wertminderung vorliegen. Mit Buchung (3) erfolgt die Erstkonsolidierung der 2. Anteilstranche mit den Wertansätzen zum Erwerbsstichtag (30. Juni X3). Auch hier entfällt mangels Wertminderungsbedarf die erfolgswirksame Fortführung des ggf nach IAS 36.80 einer größeren (Gruppe von) ZGE zuzuordnenden Geschäfts- oder Firmenwerts für die 2. Geschäftsjahreshälfte (im Regelfall wird die Zuordnung der Geschäfts- oder Firmenwerte nach ihrer tranchenweisen Ermittlung auf ZGE gem IAS 36.80 auf kumulierter Basis erfolgen; s auch *Wirth*, 283 f). Buchung (4) zeigt die Dotierung des Minderheitenpostens.

Das erwirtschaftete Konzernkapital per 31. Dezember X3 setzt sich wie folgt zusammen (in Mio €):

Erwirtschaftetes Kapital A	400	
Rückführung Altanteile auf Anschaffungskosten	–2,0	398,0
Anteiliger Jahresüberschuss auf 1. Tranche entfallend für Zeitraum 1. Januar X2 bis 30. Juni X3 (20 × 0,1)	2,0	
Anteiliger Jahresüberschuss für 1. und 2. Tranche für Zeitraum 30. Juni X3 bis 31. Dezember X3 (18 × 0,7)	12,6	14,6
Summe per 31. Dezember X3		412,6

Die „Neubewertungsrücklage“ aus Aufwertungen im Rahmen des tranchenweisen Erwerbs per 31. Dezember X3 lässt sich ableiten aus den auf die 1. Tranche entfallenden, bis zum Erwerbsstichtag neu entstandenen stillen Reserven im Posten Grundstücke (46 × 0,1 = Mio € 4,6) abzüglich der anteiligen Abschreibung auf die im Tauschzeitpunkt der 1. Tranche in den Sachanlagen aufgedeckten stillen Reserven bis zum Übergangskonsolidierungszeitpunkt (Erwerbsstichtag) 30. Juni X3 (6 × 0,1 = Mio € 0,6). Sofern die Aufdeckung der stillen Reserven nicht bereits im Rahmen der IFRS-HB III in einem gesonderten Eigenkapitalposten „Neubewertungsrücklage“, sondern als Teil des erwirtschafteten Kapitals erfasst wird, ist im Rahmen der Konzernabschlusserstellung eine Umgliederung des betreffenden Betrags in den gesondert auszuweisenden Eigenkapitalposten „Neubewertungsrücklage“ vorzunehmen.

Nicht in den IFRS geregelt ist die Behandlung der **Neubewertungsrücklage** 102
in **Folgeperioden.** Eine Fortführung entspr dem Vorgehen gem IAS 16.41 und IAS 38.87 (s § 17 Rz 37 ff) erscheint nicht zwingend, da in IFRS 3.59 (2004) explizit darauf hingewiesen wird, dass die Neubewertungsrücklage infolge des sukzessiven Anteilserwerbs gerade nicht eine Anwendung der Neubewertungsmetho-

de bei diesen Posten gem IAS 16 und IAS 38 indiziert. Somit kommen für die weitere Behandlung in Folgeperioden grds folgende Möglichkeiten in Betracht:

(1) **Erfolgswirksame Auflösung:**
   (a) sofortige erfolgswirksame Auflösung,
   (b) erfolgswirksame Auflösung bei Abgang oder Nutzung des korrespondierenden Bilanzpostens,
   (c) erfolgswirksame Auflösung im Entkonsolidierungszeitpunkt (so *Heuser/Theile*[3] Rz 3627).

(2) **Erfolgsneutrale Auflösung:**
   (a) sofortige erfolgsneutrale Umbuchung in die Gewinnrücklagen (*IDW* FN IDW 2006, 277),
   (b) erfolgsneutrale Umbuchung in die Gewinnrücklagen bei Abgang oder Nutzung des korrespondierenden Bilanzpostens (so *Küting/Elprana/Wirth* KoR 2003, 477 ff; *IDW* FN IDW 2006, 277; *Lüdenbach* in Lüdenbach/Hoffmann IFRS[7] § 31 Rz 139) (i) mit erfolgswirksamer Erfassung von Wertminderungsaufwand iVm einer erfolgsneutralen Umbuchung der Neubewertungsrücklage oder (ii) mit direkter (erfolgsneutraler) Verrechnung von Wertminderungsaufwand gegen die Neubewertungsrücklage,
   (c) erfolgsneutrale Auflösung im Entkonsolidierungszeitpunkt.

103 **Für** eine **erfolgswirksame Auflösung** der Neubewertungsrücklage kann die Tatsache angeführt werden, dass die hier erfassten Beträge letztlich das passive Pendant zu einem Teil der Anschaffungskosten der Vermögenswerte und Schulden des erworbenen Unternehmens im Erwerbszeitpunkt bilden. Die spätere erfolgswirksame Erfassung stellt bei der Behandlung zuvor erfolgsneutral berücksichtigter Beträge den Normalfall dar. Gegen die erfolgswirksame Auflösung und damit **für** eine **erfolgsneutrale Behandlung** der Neubewertungsrücklage in Folgeperioden spricht prinzipiell die Nähe zu den Neubewertungsrücklagen gem IAS 16 und IAS 38. Letztere Argumentation ist aus unserer Sicht allein sachgerecht. Eine erfolgsneutrale Auflösung erst im Zeitpunkt des Ausscheidens des TU aus dem Konsolidierungskreis (Entkonsolidierungszeitpunkt) ist mangels Bezug zur Realisierung der korrespondierenden Bilanzposten abzulehnen. Vielmehr ist die Neubewertungsrücklage entweder aus Vereinfachungsgründen (insbes bei einer Vielzahl von betroffenen Bilanzposten) direkt in die Gewinnrücklagen umzubuchen (s oben (2)(a)) oder aber analog zu IAS 16.41 und IAS 38.87 korrespondierend zum Abgang oder der Nutzung der betreffenden Bilanzposten (so auch *IDW* FN IDW 2006, 277). Um den Bezug zu den Anschaffungskosten aus Konzernsicht zu gewährleisten, sind dabei nach der hier vertretenen Ansicht Wertminderungen der betreffenden Bilanzposten nicht gem IAS 36.60 f direkt erfolgsneutral mit der Neubewertungsrücklage zu verrechnen, sondern stets erfolgswirksam in der Konzern-Erfolgsrechnung zu erfassen. Damit verbunden ist eine korrespondierende erfolgsneutrale Umbuchung der Neubewertungsrücklage in die Gewinnrücklagen (s oben (2)(b)(i); beide Alternativen für zulässig erachtend: *IDW* FN IDW 2006, 277).

104 Die **Zusammensetzung der Neubewertungsrücklage** im Übergangskonsolidierungszeitpunkt (= Erwerbsstichtag) ist folglich hinreichend zu analysieren und zu dokumentieren, um eine ursachenadäquate Fortführung in Folgeperioden zu gewährleisten. Wird die hier präferierte Lösung (s Rz 102 (2)(b)(i)) konsequent angewendet, so sind negative Neubewertungsbeträge infolge der Abschreibung von zum Tauschzeitpunkt früherer Tranchen aufgedeckter und bis zum Erwerbszeitpunkt fortgeführter (abgeschriebener) stiller Reserven (im Beispiel unter Rz 101 betrifft dies den die Neubewertungsrücklage mindernden Betrag von Mio € –0,6) aufgrund ihrer bereits erfolgten Realisierung unmittelbar im Anschluss an die Erstkonsolidierung erfolgsneutral umzubuchen (per Gewinn-

rücklagen an Neubewertungsrücklage). Die im Konzernabschluss ausgewiesene Neubewertungsrücklage würde somit lediglich zwischen dem Tauschzeitpunkt von Alttranchen und dem Erwerbszeitpunkt **neu** entstandene stille Reserven (und Lasten) ausweisen, nicht hingegen (bereits realisierte) Fortschreibungen bereits bei der Kapitalkonsolidierung der Alttranchen berücksichtigter stiller Reserven/Lasten auf den Erwerbszeitpunkt.

Welche Vorgehensweise auch immer für die Fortführung der Neubewertungs- 105
rücklage in Folgeperioden gewählt wird – die einmal gewählte Methode ist auf jedwede Neubewertungsrücklage infolge eines sukzessiven Anteilserwerbs gem IAS 8.13 **einheitlich** anzuwenden (es sei denn, es wird in Ausnahmefällen auf Vereinfachungslösungen zurückgegriffen). Zudem sollte eine Erläuterung des Vorgehens im Anhang erfolgen.

Hinsichtlich der Behandlung von in Vorjahren gebildeten Neubewertungs- 106
rücklagen gem IFRS 3.59 (2004) enthält die Neufassung des **IFRS 3 (2008) keine gesonderten Übergangsregelungen.** Aus der Verpflichtung gem IFRS 3.65 (2008), infolge der prospektiven Anwendung des IFRS 3 (2008) die Bilanzierung von Vermögenswerten und Schulden aus früheren Unternehmenszusammenschlüssen nach dem Inkrafttreten des IFRS 3 (2008) unverändert fortzuführen, resultiert somit systemimmanent auch die Fortführung der Neubewertungsrücklage entspr der bisherigen Vorgehensweise.

Sofern die Übergangskonsolidierung **nicht** zum **Geschäftsjahresbeginn** er- 107
folgt, ist hinsichtlich des Konzern-Jahresüberschusses auf zwei Besonderheiten hinzuweisen:

(1) Da eine Übernahme der Aufwendungen und Erträge eines TU erst ab dem Übergangskonsolidierungszeitpunkt erlaubt ist, erhöht sich das erwirtschaftete Konzerneigenkapital (Gewinnrücklagen) um den Teil des bis zum Übergangskonsolidierungszeitpunkt erwirtschafteten Jahresüberschusses der lfd Berichtsperiode des TU, der auf die Altanteile entfällt (im Beispiel unter Rz 101 betrifft dies einen Betrag von 20 × 0,1 = 2), ohne dass dieser Teil des Jahreserfolgs in die Konzern-Erfolgsrechnung eingeht (so auch *Küting/Elprana/Wirth* KoR 2003, 482).

(2) In den Erläuterungen zum Beispiel betreffend den sukzessiven Anteilserwerb in IFRS 3 (2004) (s IFRS 3.IE6 (2004)) wird für den Übergang auf die Vollkonsolidierung explizit ausgeführt, dass im Vorfeld der retroaktiven Erstkonsolidierung sämtliche Auf- und Abwertungen betreffend die Altanteile seit Anteilserwerb zu eliminieren sind, um eine Aufrechnung der ursprünglichen Anschaffungskosten mit dem im Tauschzeitpunkt zum beizulegenden Zeitwert bewerteten Reinvermögen zu ermöglichen. Nicht ausdrücklich geregelt ist hingegen, **wie** die sich aus IFRS 3.58 f (2004) ergebende notwendige Rückführung der Altanteile bei einer Bewertung gem IAS 39 oder im Fall der Erfassung von früheren Wertminderungsaufwendungen gem IAS 36 auf die ursprünglichen Anschaffungskosten zu erfolgen hat (bzgl des Übergangs von der Equity Methode vgl Rz 115 f). Betreffend den in IFRS 3.IE6 (2004) dargestellten Beispielsfall (retroaktive Erstkonsolidierung zum **Geschäftsjahresbeginn**) wird zudem ausgeführt, dass unmittelbar im Anschluss an die mit dem Erlangen eines beherrschenden Einflusses durch das MU verbundene Vollkonsolidierung ein Konzernabschluss resultiert, der unabhängig von der bisherigen Bewertung von Altanteilen im Konzernabschluss (Bewertung zu Anschaffungskosten, zum beizulegenden Zeitwert oder at equity) ist. Diese Feststellung ist zwar in Bezug auf den Ansatz des Reinvermögens des Beteiligungsunternehmens aufgrund der vollständigen Neubewertung zum jeweiligen Tauschzeitpunkt zutreffend, kann jedoch uE darüber hinaus nicht verallgemeinert werden. Denn ansonsten wären die Berichtsperiode betreffende, bis zum

Übergangskonsolidierungszeitpunkt (unterjährig oder am Geschäftsjahresende) erfolgswirksam zu erfassende Fortschreibungen der Altanteile gem IAS 39 oder Wertminderungsaufwendungen gem IAS 36 im Vorfeld der Übergangskonsolidierung erfolgswirksam, dh mit Auswirkung auf den Konzernjahreserfolg, und nicht erfolgsneutral als Veränderung des erwirtschafteten Kapitals (Gewinnrücklagen) zu stornieren (im obigen Beispiel unter Rz 101 betrifft dies die erfolgswirksame Fortschreibung der Altanteile per 30. Juni X3 in Höhe von Mio € 0,5). Die bisherige Berücksichtigung der Altanteile in Form der Beteiligungsbewertung im Konzernabschluss würde somit vollständig ignoriert. Vielmehr würde fingiert, dass die Altanteile kapitalkonsolidierungstechnisch bereits seit ihrem Erwerb wie im Rahmen der Vollkonsolidierung behandelt worden wären, wobei eine erfolgswirksame Erfassung der entspr Fortschreibungskomponenten erst nach dem Übergangskonsolidierungszeitpunkt erfolgte. Dass dieses Ergebnis zumindest zweifelhaft erscheinen muss, wird insbes deutlich, wenn die Altanteile aufgrund eines maßgeblichen Einflusses bislang auf der Grundlage der Equity-Methode in den Konzernabschluss einbezogen wurden. In diesem Fall könnte die Übergangskonsolidierung für die Altanteile nicht mehr erfolgsneutral durchgeführt werden und stünde auch im Widerspruch zu den Vorschriften zum gesonderten Ausweis des auf assoziierte Unternehmen entfallenden Ergebnisses gem IAS 1.81 (c) (s ausführlich Rz 118f). Da indessen einem zutreffenden Ausweis in der Gesamtergebnisrechnung bzw der gesonderten GuV (sofern erstellt) Priorität einzuräumen ist (s Rz 119), ist bei einer Übergangskonsolidierung während oder am Ende eines Geschäftsjahrs eine erfolgsneutrale Rückführung auch der erfolgswirksam erfassten Fortschreibungsbeträge der Berichts- bzw Übergangsperiode notwendig.

108 Ab dem **Übergangszeitpunkt** erfolgt überdies eine Übernahme der vollständigen Aufwendungen und Erträge des TU. Zudem wird im Zuge des Übergangs auf die Vollkonsolidierung die Durchführung sämtlicher übriger Konsolidierungsmaßnahmen (Schulden-, Aufwands- und Ertragskonsolidierung, Zwischenergebniseliminierung) notwendig.

2. Übergang von der Finanzinvestition auf die Equity-Bewertung oder Quotenkonsolidierung

109 Führt der Zukauf von Anteilen dazu, dass ein **bislang** als **Finanzinvestition** qualifiziertes Unternehmen nunmehr als **assoziiertes oder Gemeinschaftsunternehmen** einzustufen ist, wird im Konzernabschluss der Wechsel von der Anschaffungskostenbewertung bzw der Bewertung zum beizulegenden Zeitwert gem IAS 39 zur Equity-Methode respektive der Quotenkonsolidierung zwingend erforderlich.

110 Während für den sukzessiven Anteilserwerb beim Übergang auf die Vollkonsolidierung die kapitalkonsolidierungstechnische Vorgehensweise in IFRS 3.58ff (2004) explizit geregelt ist, enthalten weder IAS 31 noch IAS 28 derart **eindeutige Regelungen** (s jedoch IFRS 3.60 (2004)). Da jedoch sowohl die Kapitalkonsolidierung im Rahmen der Quotenkonsolidierung als auch bei Anwendung der Equity-Methode methodisch auf der Erwerbsmethode basiert, ist eine analoge Anwendung der für die Vollkonsolidierung geltenden Regelungen sinnvoll (s IAS 28.20 und IAS 28.23). Nach aA besteht demgegenüber im Fall der vorherigen Bewertung der Anteile zum beizulegenden Zeitwert gem IAS 39 beim Übergang auf die Equity-Methode ein Wahlrecht zwischen der Anpassung gem IFRS 3.58 (2004) und einer Ermittlung des sich aus der Kapitalkonsolidierung ergebenden Unterschiedsbetrags durch Verrechnung des aktuellen Beteiligungsbuchwerts mit dem neubewerteten Reinvermögen im Übergangskonsolidie-

rungszeitpunkt (s *Lüdenbach* in Lüdenbach/Hoffmann IFRS[7] § 33 Rz 39ff, Rz 95; diesbezüglich mittlerweile kritisch *Baetge/Bruns/Klaholz* in Baetge ua IFRS-Komm[2] IAS 28 Rz 86w).

UE ist unabhängig von der vorhergehenden Bewertung im Konzernabschluss 111
eine **retroaktive Erstkonsolidierung** mit den Wertansätzen zu den jeweiligen **Tauschzeitpunkten** durchzuführen. Fraglich ist indessen, ob mangels Ausweis der korrespondierenden Bilanzposten im Rahmen der Equity-Methode auch eine vollständige Neubewertung gem IFRS 3.59(b) (2004) notwendig bzw sachgerecht ist (so *KPMG*[4], 294f). Nach der hier vertretenen Ansicht setzt IFRS 3.59 (2004) indessen voraus, dass für eine vollständige Neubewertung ein Unternehmenszusammenschluss stattgefunden haben muss. Insofern sollte eine vollständige Neubewertung nur **einmalig** im Rahmen eines **Unternehmenszusammenschlusses** erfolgen, wenn die Vermögenswerte und Schulden des betreffenden TU **vollständig** (zu 100%) im Konzernabschluss angesetzt werden (s aber § 34 Rz 259ff zu den Alternativen beim Erwerb zusätzlicher Anteile an bereits vollkonsolidierten TU). Da spätestens im Erwerbszeitpunkt (Übergang von *control*) zwingend die ursprünglichen Anschaffungskosten der jeweiligen Anteilstranchen dem Eigenkapital im jeweiligen Tauschzeitpunkt ggü zu stellen sind (s IFRS 3.25 (2004) iVm IFRS 3.58 (2004) und IFRS 3.IE6 (2004)) verbunden mit einer vollständigen Neubewertung gem IFRS 3.59(b) (2004)), werden zu diesem Zeitpunkt auch die zwischenzeitlichen Änderungen ggü den Tauschzeitpunkten der Altanteile zutreffend in der Neubewertungsrücklage erfasst. Die Höhe der Neubewertungsrücklage im Zeitpunkt des *control*-Übergangs weist dabei – unter der Voraussetzung, dass dem hier favorisierten Vorgehen bei der Behandlung der Neubewertungsrücklage in Folgeperioden (Umbuchung bereits realisierter Abschreibungen uÄ erfolgsneutral in die Gewinnrücklagen) gefolgt wird – den Betrag aus, der sich auch ergeben hätte, wenn bereits beim Übergang auf die Equity-Methode oder die Quotenkonsolidierung für Alttranchen eine vollständige Neubewertung durchgeführt und die resultierende Neubewertungsrücklage fortgeführt worden wäre (zuzüglich der bis zum Übergang von *control* neu entstandenen Wertdifferenzen). Mit anderen Worten: Ein Verzicht auf die Neubewertung beim Übergang auf die Equity-Methode oder Quotenkonsolidierung steht einer zutreffenden Berechnung der Neubewertungsrücklage bei alleiniger vollständiger Neubewertung im Zeitpunkt des *control*-Übergangs in keinster Weise entgegen. Aus den genannten Gründen entfällt somit nach unserer Ansicht der Ansatz einer Neubewertungsrücklage beim Übergang von der Finanzinvestition auf die Equity-Methode oder Quotenkonsolidierung.

Erfolgt demgegenüber entgegen der hier vertretenen Ansicht eine **vollstän-** 112
dige Neubewertung zum Übergangskonsolidierungszeitpunkt (Übergang der gemeinschaftlichen Leitung bzw des maßgeblichen Einflusses), so wirkt sich diese mangels des Ausweises von Minderheiten im Rahmen der Quotenkonsolidierung und der Equity-Bewertung nur auf die dem MU gehörenden (anteiligen) Vermögenswerte und Schulden aus. Im Rahmen der Equity-Methode wird überdies eine zusätzliche Buchung zur erfolgsneutralen Erfassung der auf die Altanteile bis zum Übergangskonsolidierungszeitpunkt entfallenden Eigenkapitalveränderungen notwendig.

Zur Übergangskonsolidierung auf die Equity-Methode **ohne** vollständige 113
Neubewertung sei das folgende Beispiel angeführt:

Beispiel: Ausgangslage wie oben (s Rz 101); trotz Erwerbs der Kapitalmehrheit von 70% mittels der 2. Anteilstranche besteht jedoch nur ein maßgeblicher Einfluss, sodass B per 30. Juni X3 nach der Equity-Methode bewertet wird. Die Bilanzierung der 10%igen Beteiligung des ersten Erwerbs im Konzernabschluss von A erfolgt zunächst gem IAS 39 *(available for sale)*, wobei Wertänderungen gem IAS 39.55(b) jeweils erfolgsneutral im

Eigenkapital erfasst werden. Der beizulegende Zeitwert der ersten Anteilstranche zum 31. Dezember X2 beträgt Mio € 16,5, zum 30. Juni X2 sowie zum 31. Dezember X2 Mio € 17. Somit stellt sich die Fortschreibung der Anteile im Einzel-(IFRS-HB II) und Konzernabschluss (bis 30. Juni X3) des Investors wie folgt dar (in Mio €):

	Per	An	Mio €
31. Dezember X1	Beteiligungen (zur Veräußerung verfügbar)	Kasse	15,0
31. Dezember X2	Beteiligungen (zur Veräußerung verfügbar)	Rücklage für Marktbewertungen	1,5
31. Dezember X3	Beteiligungen (zur Veräußerung verfügbar)	Rücklage für Marktbewertungen	0,5
Summe			17,0

Der Equity-Wert (ohne vollständige Neubewertung) per 31. Dezember X3 ergibt sich als (in Mio €):

Anschaffungskosten der 1. Tranche		15,0
Abschreibungen anteiliger stiller Reserven der 1. Tranche per 30. Juni X3 (erfolgsneutral) (20 × 0,1 × 0,3)	– 0,6	
Anteiliger Jahresüberschuss auf 1. Tranche entfallend für Zeitraum 1. Januar X2 bis 30. Juni X3 (erfolgsneutral) (20 x 0,1)	2,0	1,4
Anschaffungskosten der 2. Tranche		150,0
Abschreibungen anteiliger stiller Reserven per 31. Dezember X3 für 1. und 2. Tranche (erfolgswirksam) (20 × 0,7 × 0,1)	– 1,4	
Anteiliger Jahresüberschuss für 1. und 2. Tranche für Zeitraum 30. Juni X3 bis 31. Dezember X3 (Buchwert) (20 × 0,7)	14,0	12,6
Summe per 31. Dezember X3		179,0

Die Übergangskonsolidierung zum 30. Juni X3 im Rahmen der Konzernabschlusserstellung zum 31. Dezember X3 stellt sich damit wie folgt dar (in Mio €):

	A (IFRS-HB II)	Konsolidierung		Konzernbilanz
		S	H	
Grundstücke	570			570
Sachanlagen	263			263
Beteiligungen	167		(1) 2 (2) 165	–
Anteile an assoziierten Unternehmen	–	(2) 165 (3) 1,4 (4) 12,6		179
Summe Aktiva	1.000			1.012
Eingezahltes Kapital	200			200
Erwirtschaftetes Kapital	398		(3) 1,4 (4) 12,6	412
Rücklage für Marktbewertungen	2	(1) 2		–
Schulden	400			400
Summe Passiva	1.000			1.012

Mit der Buchung (1) erfolgt die Rückführung der Altanteile auf die historischen Anschaffungskosten (hier zu Lasten der Rücklage für Marktbewertungen). Buchung (2) nimmt die Umgliederung der Anteile der 1. und 2. Tranche zu historischen Anschaffungskosten in den Posten Anteile an assoziierten Unternehmen vor. Mit der Buchung (3) erfolgt die erfolgsneutrale Fortführung der Altanteile auf den Übergangskonsolidierungszeitpunkt (30. Juni X3). Abschließend wird mit Buchung (4) die erfolgswirksame Fortschreibung des Equity-Werts für den Zeitraum vom 1. Juli X3 bis 31. Dezember X3 durchgeführt.

Ab dem **Übergangszeitpunkt** erfolgt überdies eine Übernahme der anteiligen (Quotenkonsolidierung) Aufwendungen und Erträge des Gemeinschaftsunternehmens respektive eine Fortschreibung um anteilige Jahreserfolge des assoziierten Unternehmens oder Gemeinschaftsunternehmens im Rahmen der Equity-Methode. Zudem wird im Zuge des Übergangs auf die Quotenkonsolidierung bzw die Equity-Bewertung die Durchführung sämtlicher übrigen Konsolidierungsmaßnahmen, die den einzelnen Einbeziehungsformen systemimmanent sind (Schulden-, Aufwands- und Ertragskonsolidierung, Zwischenergebniseliminierung, Abgrenzung latenter Steuern), notwendig. **114**

3. Übergang von der Equity-Bewertung auf die Quoten- oder Vollkonsolidierung

Führt der Zuerwerb von Anteilen an einem Unternehmen, das bislang als assoziiertes Unternehmen oder Gemeinschaftsunternehmen nach der Equity-Methode im Konzernabschluss bewertet wurde, zur **Umqualifizierung zum TU,** so ist zwingend von der Equity-Methode auf die Vollkonsolidierung überzugehen. Entspr kann beim Erlangen der gemeinschaftlichen Führung eines bislang als assoziiert einzustufenden Unternehmens wahlweise auf die Quotenkonsolidierung übergegangen werden. **115**

Für die neu erworbenen Anteile wird dabei eine **Erstkonsolidierung** auf den Erwerbsstichtag nach den allgemeinen Regeln (s IFRS 3.58 ff (2004)) erforderlich. Für die Altanteile hat der Übergang auf die Voll- oder Quotenkonsolidierung prinzipiell **erfolgsneutral** zu erfolgen. Dies kann buchungstechnisch auf zwei unterschiedliche Arten geschehen: **116**

(1) Durchführung einer **Folgekonsolidierung**, indem eine Verrechnung des aktuellen Equity-Werts mit dem aktuellen Reinvermögen des Beteiligungsunternehmens im Übergangskonsolidierungszeitpunkt (TU: Erwerbsstichtag; Gemeinschaftsunternehmen: Möglichkeit zur Ausübung des maßgeblichen Einflusses) erfolgt oder

(2) erfolgsneutrale Eliminierung der Differenzen zwischen dem auf den Übergangskonsolidierungszeitpunkt fortgeführten Equity-Wert und den **historischen Anschaffungskosten** sowie anschließende retroaktive Erstkonsolidierung der einzelnen Tranchen auf der Grundlage der Wertansätze zu den jeweiligen Tauschzeitpunkten (so beschrieben in IFRS 3.IE6 (2004)).

Unabhängig von der gewählten Vorgehensweise ist beim Übergang auf die **Vollkonsolidierung** im Erwerbszeitpunkt eine **vollständige Neubewertung** der erworbenen Vermögenswerte und Schulden des nunmehr als TU zu klassifizierenden Beteiligungsunternehmens durchzuführen. **117**

In IFRS 3.IE6 (2004) wird für den Übergang von der Equity-Methode auf die Vollkonsolidierung explizit ausgeführt, dass unabhängig davon, ob die **Altanteile** bis zum Übergangskonsolidierungszeitpunkt auf der Grundlage der fortgeführten Anschaffungskosten, zum beizulegenden Zeitwert gem IAS 39 oder *at equity* bewertet wurden, jede (wesentliche) Tranche separat auf der Grundlage der Wertverhältnisse zu den jeweiligen Tauschzeitpunkten erstzukonsolidieren ist. **118**

UE kann indessen die den Beispielfall (Übergangskonsolidierung zum **Geschäftsjahresbeginn)** betreffende Feststellung, unmittelbar im Anschluss an die mit dem Erlangen eines beherrschenden Einflusses durch das MU verbundene Vollkonsolidierung einen Konzernabschluss zu erhalten, der **unabhängig** von der bisherigen **Bewertung** von Altanteilen im Konzernabschluss (Bewertung zu Anschaffungskosten, zum beizulegenden Zeitwert oder *at equity*) ist, nicht verallgemeinert werden. Denn dies würde bedeuten, dass die die Berichtsperiode betreffende, bis zum Übergangskonsolidierungszeitpunkt (unterjährig oder am Geschäftsjahresende) erfolgswirksam zu erfassende Equity-Fortschreibung der Altanteile im Vorfeld der Übergangskonsolidierung **erfolgswirksam,** dh mit Auswirkung auf den Konzernjahreserfolg, und nicht erfolgsneutral als Veränderung des erwirtschafteten Kapitals (Gewinnrücklagen) zu stornieren wäre (im nachstehenden Beispiel (s Rz 119) betrifft dies den Fortschreibungsbetrag für den Zeitraum 1. Januar bis 30. Juni X3 in Höhe von Mio € 0,3). Damit wäre der Übergang von der Equity-Methode auf die Vollkonsolidierung insoweit nicht erfolgsneutral. Der Equity-Wert der Altanteile zum Übergangskonsolidierungszeitpunkt könnte zwar in seine Bestandteile zerlegt in die Vollkonsolidierung überführt werden. Um jedoch den Anforderungen an die retroaktive Erstkonsolidierung gem IFRS 3 (2004) zu genügen, würde zusätzlich eine gesonderte Buchung zur Eliminierung der erfolgswirksamen Equity-Fortschreibung der Berichts- bzw Übergangskonsolidierungsperiode zu Gunsten/zu Lasten des erwirtschafteten Kapitals (Gewinnrücklagen) notwendig.

119 Eine derartige **Verallgemeinerung** der Aussage in IFRS 3.IE6 (2004) stände somit im **Widerspruch** zu IAS 1.82(c), der verpflichtend den gesonderten Ausweis des Ergebnisanteils aus assoziierten Unternehmen bei Anwendung der Equity-Methode fordert. Bis zum Übergangskonsolidierungszeitpunkt ist das betreffende Unternehmen indessen noch als assoziiertes Unternehmen zu qualifizieren und als solches insbes auch im Rahmen der unterjährigen Zwischenberichterstattung auf der Grundlage der Equity-Methode zu bewerten. Insofern ist bei einer Übergangskonsolidierung während oder am Ende des Geschäftsjahrs eine **erfolgsneutrale** Rückführung auch der erfolgswirksam erfassten Fortschreibungsbeträge der Berichts- bzw Übergangsperiode zu präferieren, da einem zutreffenden Erfolgsausweis gem IAS 1.82 (c) Priorität einzuräumen ist (s auch Rz 107).

Beispiel: Ausgangslage wie oben (s Rz 101). Die Bilanzierung der 10%igen Beteiligung des ersten Erwerbs im Konzernabschluss von A erfolgt nach der Equity-Methode, da gem IAS 28.6 trotz eines unter 20% liegenden Anteilsbesitzes ein maßgeblicher Einfluss vorliegt. Nach Erwerb der zweiten Anteilstranche zum 30. Juni X3 erfüllt B aus Sicht von A die Voraussetzungen eines TU und wird demzufolge ab dem 30. Juni X3 voll konsolidiert. Im Einzelabschluss von A werden die Anteile gem IAS 27.37(a) (2003) zu Anschaffungskosten bilanziert.

Der Equity-Wert per 30. Juni X3 setzt sich wie folgt zusammen (in Mio €; Hinweis: das erwirtschaftete Kapital von B zum 31. Dezember X2 beträgt Mio € 45, dh Zunahme ggü dem Geschäftsjahresbeginn um Mio € 15, und zum 30. Juni X3 Mio € 50):

Anschaffungskosten der 1. Tranche	15,0	
davon anteiliges Eigenkapital	7,0	
davon Geschäfts- oder Firmenwert	8,0	
Equity-Wert per 31. Dezember X1		15,0
anteiliger Jahresüberschuss (Buchwert) für Zeitraum 1. Januar X2 bis 31. Dezember X2 (15 × 0,1)	1,5	

Abschreibung stille Reserven für Zeitraum 1. Januar X2 bis 31. Dezember X2 (20 : 5 × 0,1)	– 0,4	
Equity-Wert per 31. Dezember X2		16,1
anteiliger Jahresüberschuss für Zeitraum 1. Januar X3 bis 30. Juni X3 (5 × 0,1)	0,5	
Abschreibung stille Reserven für Zeitraum 1. Januar X3 bis 30. Juni X3 (20 : 5 × 0,5 × 0,1)	– 0,2	
Equity-Wert per 30. Juni X3		16,4

Die Übergangskonsolidierung zum 30. Juni X3 im Rahmen der Konzernabschlusserstellung zum 31. Dezember X3 stellt sich bei Anwendung der Methode (1) (s Rz 116) wie folgt dar (in Mio €):

	A (IFRS-HB II)	B (IFRS-HB III)	Konsolidierung		Konzern-bilanz
			S	H	
Geschäfts- oder Firmenwert	–	–	(2) 8 (3) 72		80
Grundstücke	570	126			696
Sachanlagen	263	72			335
Anteile an verbundenen Unternehmen	165	–	(1) 1,4	(2) 16,4 (3) 150	–
Summe Aktiva	998	198			1.111
Eingezahltes Kapital	200	20	(2) 2 (3) 12 (4) 6		200
Erwirtschaftetes Kapital	398	68	(2) 5 (3) 30 (4) 20,4	(1) 1,4	412
„Neubewertungsrücklage"	–	60	(2) 1,4 (3) 36 (4) 18		4,6
Minderheiten	–	–		(4) 44,4	44,4
Schulden	400	50			450
Summe Passiva	998	198			1.111

Mit Buchung (1) werden die Altanteile auf den Equity-Wert per 30. Juni X3 angepasst. Dabei ist die Nachholung in Höhe von Mio € 1,1 erfolgsneutral zu berücksichtigen, während die Anpassungen des Berichtsjahrs in Höhe von Mio € 0,3 erfolgswirksam im gesondert auszuweisenden Posten „Ergebnis aus assoziierten Unternehmen" zu erfassen sind. Mit der Buchung (2) erfolgt die Kapitalkonsolidierung der Altanteile durch Verrechnung des Equity-Werts per 30. Juni X3 mit dem Eigenkapital von B zum **Übergangskonsolidierungsstichtag** (30. Juni X3), wobei es zum Ausweis eines Geschäfts- oder Firmenwerts in Höhe von Mio € 8 gem der statistischen Nebenrechnung kommt. Im Hinblick auf den anteiligen Betrag der Neubewertungsrücklage ist dabei nur der auf den Erwerbsstichtag fortgeführte Neubewertungsbetrag in Höhe von Mio € 14 (31. Dezember X1: Mio € 20 abzüglich Abschreibungen in Höhe von Mio € 20: 5 × 1,5 per 30. Juni X3) maßgebend. Daran schließt sich mit der Buchung (3) die Erstkonsolidierung per 30. Juni

X3 der hinzuerworbenen 60% der Anteile an, während Buchung (4) die Dotierung des Minderheitenpostens (30%) per 31. Dezembver X3 vornimmt. Die Abschreibungen auf die im Tauschzeitpunkt der 1. Anteilstranche aufgedeckten stillen Reserven werden dabei entspr der unter Rz 103 präferierten erfolgsneutralen Auflösung der Neubewertungsrücklage in Folgeperioden bei Abgang oder Nutzung der korrespondierenden Bilanzposten – ebenso wie zuvor im Rahmen der Fortschreibung des Equity-Werts – direkt als Minderung der Gewinnrücklagen erfasst; eine weitergehende Umbuchung erübrigt sich.

Soll demgegenüber eine retroaktive Erstkonsolidierung mit den Wertansätzen zu den jeweiligen Tauschzeitpunkten durchgeführt werden, sind die Buchungen für das obige Beispiel (im Einzel- und Summenabschluss werden die Anteile bereits zu historischen Anschaffungskosten angesetzt) wie folgt anzupassen:

Buchung (1): Erfassung der erfolgswirksamen Fortschreibung des Equity-Werts der Berichtsperiode auf den Übergangskonsolidierungsstichtag und anschließende erfolgsneutrale Rückführung auf die Anschaffungskosten (in Mio €):

per erwirtschaftetes Kapital (Gewinnrücklagen)	0,3
an erwirtschaftetes Kapital (Jahresüberschuss)	0,3

Buchung (2): Retroaktive Erstkonsolidierung mit den Wertansätzen zum Tauschzeitpunkt 31. Dezember X1 (in Mio €):

per eingezahltes Kapital	2
per erwirtschaftetes Kapital	3
per Neubewertungsrücklage	2
per Geschäfts- oder Firmenwert	8
an Anteile an verbundenen Unternehmen	15

Buchung (3) und (4): unverändert.

Buchung (5): Erfolgsneutrale Auflösung der Neubewertungsrücklage in Höhe der bereits realisierten Abschreibungen auf die im Tauschzeitpunkt der 1. Anteilstranche aufgedeckten stillen Reserven (in Mio €):

per erwirtschaftetes Kapital (Gewinnrücklagen)	0,6
an Neubewertungsrücklage	0,6.

Das erwirtschaftete Konzernkapital per 31. Dezember X3 setzt sich wie folgt zusammen (in Mio €):

erwirtschaftetes Kapital A	398,0	
Abschreibung auf 1. Tranche entfallende stille Reserven für Zeitraum 1. Januar X2 bis 30. Juni X3 (20 × 0,1 × 0,3)	– 0,6	
anteiliger Jahresüberschuss auf 1. Tranche entfallend für Zeitraum 1. Januar X2 bis 30. Juni X3 (20 × 0,1)	2,0	
anteiliger Jahresüberschuss für 1. und 2. Tranche für Zeitraum 1. Juli X3 bis 31. Dezember X3 (18 × 0,7)	12,6	14
Summe per 31. Dezember X3		412

120 Beim Übergang auf die **Quotenkonsolidierung** ist hingegen eine vollständige Neubewertung iSd IFRS 3.58 (2004) abzulehnen; der Ausweis einer Neubewertungsrücklage entfällt damit systemimmanent.

121 Ab dem Übergangskonsolidierungszeitpunkt ergibt sich darüber hinaus die Notwendigkeit zur Durchführung der übrigen im Rahmen der Voll- bzw Quotenkonsolidierung erforderlichen **Konsolidierungsmaßnahmen.**

4. Übergang von der Quotenkonsolidierung auf die Vollkonsolidierung

122 Der **Übergang** von der Quotenkonsolidierung auf die Vollkonsolidierung ist nach IFRS 3 (2004) **erfolgsneutral.** Dies bedeutet, dass für die Altanteile eine „normale“ Folgekonsolidierung durchzuführen ist, während die neu erworbenen Anteile – gem IFRS 3.58 (2004) unter Berücksichtigung der zwingenden voll-

ständigen Neubewertung – erstzukonsolidieren sind. Zudem gelten ab dem Übergangskonsolidierungszeitpunkt die Regeln der Vollkonsolidierung.

einstweilen frei 123–125

II. Übergangskonsolidierung mit Aufwärtswechsel aufgrund von Kapitalmaßnahmen und bei unveränderten Beteiligungsverhältnissen

Erfolgt der Zuerwerb von Anteilen nicht im Rahmen eines Kaufs, sondern durch die **überproportionale** Teilnahme an einer **effektiven Kapitalerhöhung** des Beteiligungsunternehmens, ändert sich zunächst nichts an der Verpflichtung, für die Altanteile eine retroaktive Erstkonsolidierung gem den unter Rz 101 ff dargestellten Grundsätzen durchzuführen. Demgegenüber sind die Anschaffungskosten für die neue Tranche aufzuteilen auf (a) die für den Erhalt der bisherigen Beteiligungsquote notwendigen Anteile und (b) die über die alte Beteiligungsquote hinausgehend gekauften Anteile. Die Anschaffungskosten für die den Erhalt der bisherigen Beteiligungsquote sichernden Anteile stellen entspr dem Vorgehen bei proportionaler Teilnahme an einer Kapitalerhöhung **nachträgliche Anschaffungskosten** dieser Altanteile dar. Ein neuer Unterschiedsbetrag aus der Kapitalkonsolidierung dieser Anteile zum Erwerbsstichtag resultiert infolge der Übereinstimmung von Einlage und Veränderung des anteiligen Eigenkapitals beim nunmehr als TU, Gemeinschafts- oder assoziierten Unternehmen zu qualifizierenden Unternehmen lediglich in Höhe der anteiligen Anschaffungsnebenkosten. Dieser ist jedoch direkt aufwandswirksam zu verrechnen. Die für die Steigerung der Beteiligungsquote ursächlichen Anteile sind demgegenüber wie „normale Zukäufe" (*Baetge/Bruns/Klaholz* in Baetge ua IFRS-Komm[2] IAS 28 Rz 128) zu behandeln, indem eine Konsolidierung mit dem auf die neuen Anteile entfallenden Eigenkapital basierend auf den Wertverhältnissen des **Erwerbsstichtags** (IFRS 3.25 (2004)) erfolgt. Auch in diesem Fall ist das gesamte Nettovermögen des Beteiligungsunternehmens beim Übergang auf die Vollkonsolidierung zum Erwerbszeitpunkt neu zu bewerten; auf die Altanteile entfallende Wertänderungen sind gem den unter Rz 101 ff dargestellten Regeln erfolgsneutral in der (Konzern-)Neubewertungsrücklage zu erfassen. 126

Wird indessen die Erhöhung der Anteilsquote und der damit verbundene, sich verändernde Einfluss auf eine bislang als reine Finanzinvestition gehaltene Beteiligung durch die **unterproportionale** (nicht paritätische) Teilnahme des MU an einer **effektiven Kapitalherabsetzung** des Beteiligungsunternehmens begründet, ist für die verbleibenden Anteile wiederum eine retroaktive Erstkonsolidierung auf den Erwerbsstichtag dieser Anteile durchzuführen. Zudem ist eine vollständige Neubewertung der Vermögenswerte und Schulden des Beteiligungsunternehmens mit ihren beizulegenden Zeitwerten auf den Zeitpunkt des Erlangens des beherrschenden Einflusses durchzuführen. Im Fall eines durch die unterproportionale Teilnahme des MU an einer effektiven Kapitalherabsetzung bedingten Übergangs von der Equity-Methode auf die Quoten- bzw Vollkonsolidierung sind zunächst im Vorfeld der Übergangskonsolidierung aus der Kapitalherabsetzung resultierende Erfolgswirkungen (Abgangserfolg beim MU, Ertrag aus der Kapitalherabsetzung beim Beteiligungsunternehmen) zu eliminieren. Die sich anschließende Übergangskonsolidierung stellt sich insoweit erfolgsneutral dar, als der bisherige Equity-Wert durch die Aufnahme der dahinter stehenden Vermögenswerte und Schulden des bisherigen assoziierten Unternehmens gem der nunmehr anzuwendenden Quoten- der Vollkonsolidierung ersetzt wird. Entspr gilt für den Übergang von der Quoten- auf die Vollkonsolidierung. Da- 127 rüber hinaus ist in allen durch unterproportionale Teilnahme an einer Kapitalherabsetzung indizierten Fällen zu prüfen, ob eine Erhöhung oder Verminderung des auf die Altanteile entfallenden Eigenkapitals aufgetreten ist. Die IFRS regeln nicht grds, ob derartige Eigenkapitaländerungen erfolgswirksam oder aber erfolgsneutral zu erfassen sind. UE ist generell für alle Übergangskonsolidierungsfälle eine erfolgsneutrale Erfassung zu präferieren.

128 Eine Übergangskonsolidierung auf die Voll-, Quotenkonsolidierung oder die Equity-Bewertung kann auch notwendig werden, **ohne** dass sich die **Beteiligungsverhältnisse** ggü der Bilanzierung als Finanzinvestition **geändert** haben. Dies ist bspw der Fall, wenn Anteile an einem TU ursprünglich wegen Unwesentlichkeit nicht voll konsolidiert wurden, infolge der zwischenzeitlich eingetretenen Wesentlichkeit des betreffenden TU in einer späteren Periode die Vollkonsolidierung indessen obligatorisch wird. In diesem Fall können der nunmehr erforderlichen Erstkonsolidierung des TU vereinfachend die Wertansätze des Zeitpunkts, an dem das TU für den Konzernabschluss wesentlich geworden ist, zugrunde gelegt werden (s auch § 45 Rz 3). Alternativ kann die Durchführung der Erstkonsolidierung auch retroaktiv mit den Wertansätzen zum früheren Erwerbszeitpunkt erfolgen; diese Vorgehensweise ist uE zu präferieren, sofern das betreffende TU nicht erworben, sondern selbst gegründet worden ist.

Beispiel: Unternehmen A gründet ein TU B zum 31. Dezember X1. Trotz des Vorliegens der Beherrschung unterbleibt die Vollkonsolidierung zunächst infolge der Unwesentlichkeit von B. Am 31. Dezember X5 ist diese Einschätzung nicht mehr zutreffend; B ist vollzukonsolidieren. Während der Phase der Nicht-Konsolidierung liefen Anlaufverluste bei B in Höhe von Mio € 1 an, die aus Konzernsicht (bislang) unwesentlich gewesen ein müssen, weil ansonsten bereits früher zwingend eine Vollkonsolidierung von B hätte erfolgen müssen. Wird B nunmehr vereinfachend auf der Grundlage der Wertverhältnisse zum 31. Dezember X5 vollkonsolidiert, erhöhen die Mio € 1 Anlaufverluste ceteris paribus einen sich aus der Erstkonsolidierung ergebenden Geschäfts- oder Firmenwert, der sodann gem IAS 36 grds auf seine Werthaltigkeit zu überprüfen wäre. Erfolgt hingegen eine retroaktive Erstkonsolidierung mit den Wertansätzen zum 31. Dezember X1 resultiert hieraus – in Übereinstimmung mit den der Gründung zugrunde liegenden Prinzipien – kein Geschäfts- oder Firmenwert. Die Anlaufverluste bis zum 31. Dezember X5 gehen vielmehr als negatives Eigenkapital (Bilanzverlust) des TU in den Konzernabschluss ein und führen damit zu einer entspr erfolgsneutralen Minderung des Konzerneigenkapitals.

129 Ob eine **vollständige Neubewertung** im Erstkonsolidierungszeitpunkt auch dann zu erfolgen hat, wenn der Grund für die erstmalige Vollkonsolidierung nicht eine Veränderung der Beteiligungsverhältnisse war, ist in Abhängigkeit von dem die Vollkonsolidierung auslösenden Sachverhalt zu entscheiden.

Beispiel: Unternehmen A erwirbt 60% der Anteile am Unternehmen B zum 31. Dezember X1. Die Möglichkeit, einen beherrschenden Einfluss auszuüben, kann A (zutreffend) widerlegen. Am 31. Dezember X5 eine liegt hingegen eine Beherrschung von B durch A vor. In diesem Fall ist zum 31. Dezember X5 eine retroaktive Erstkonsolidierung mit den Wertansätzen zum Tauschzeitpunkt (31. Dezember X1) durchzuführen. Zudem hat gem IFRS 3.59 (b) (2004) zum Erwerbszeitpunkt (= Zeitpunkt, an dem das erwerbende Unternehmen tatsächlich die Beherrschung über das erworbene Unternehmen erhält; hier 31. Dezember X5) eine vollständige Neubewertung der Vermögenswerte und Schulden von B zu erfolgen. Sich zwischen Tausch- und Erwerbszeitpunkt ergebende Wertänderungen sind dabei in der Neubewertungsrücklage zu erfassen.

Wurde hingegen die 60%ige Beteiligung trotz des Vorliegens der Beherrschung bislang infolge von Unwesentlichkeit nicht konsolidiert und trifft diese Einschätzung am 31. Dezember X5 nicht mehr zu, ist – sofern die Erstkonsolidierung retroaktiv mit den Wertansätzen zum Erwerbszeitpunkt = Tauschzeitpunkt (31. Dezember X1) erfolgt (s Rz 128) – eine Neubewertung zum 31. Dezember X5 nicht zulässig, da in diesem Fall der Tauschzeitpunkt mit dem Erwerbszeitpunkt zusammenfällt.

130 *einstweilen frei*

III. Übergangskonsolidierung mit Abwärtswechsel aufgrund des Verkaufs von Anteilen

1. Übergang von der Vollkonsolidierung auf die Quotenkonsolidierung

Sofern die **Veräußerung** von Anteilen an einem bislang vollkonsolidierten TU dazu führt, dass das betreffende Unternehmen nunmehr als Gemeinschaftsunternehmen einzustufen ist, wird zwingend der Übergang von der Vollkonsolidierung auf die Quotenkonsolidierung oder Equity-Methode erforderlich (s IAS 27.31 (2003)). Fällt die Entscheidung zugunsten der Quotenkonsolidierung, so sind die auf den **verbleibenden Anteil** entfallenden Vermögenswerte und Schulden des nunmehr als Gemeinschaftsunternehmen zu klassifizierenden Unternehmens dabei unverändert weiterhin in den Konzernabschluss einzubeziehen. Sämtliche Posten sind dabei in analoger Anwendung der Regeln zur Vollkonsolidierung in den Folgeperioden fortzuführen. Indessen werden nicht nur die Vermögenswerte und Schulden ab dem Übergangskonsolidierungszeitpunkt lediglich anteilig entspr der neuen Anteilsquote zu Konzernwerten im Konzernabschluss erfasst, denn auch die Aufwendungen und Erträge des Gemeinschaftsunternehmens gehen ab dem Übergangskonsolidierungszeitpunkt nur noch anteilig in die Konzern-Gesamtergebnisrechnung ein. Demgemäß sind auch die übrigen Konsolidierungsmaßnahmen (Schulden-, Aufwands- und Ertragskonsolidierung, Zwischenergebniseliminierung) ab diesem Zeitpunkt lediglich quotal durchzuführen. Da bei der Quotenkonsolidierung vom Grundsatz her die gleichen Konsolidierungsmaßnahmen wie bei der Vollkonsolidierung anzuwenden sind, erübrigen sich somit für die verbleibenden Anteile besondere Übergangskonsolidierungsmaßnahmen. Der Wechsel von der Voll- auf die Quotenkonsolidierung stellt insoweit für die verbleibenden Anteile einen **erfolgsneutralen Vorgang** dar. 131

Für die **veräußerten Anteile** ist demgegenüber eine **erfolgswirksame Entkonsolidierung,** verbunden mit der Ausbuchung eines ggf vorhandenen Minderheitenpostens, nach den allgemeinen Regeln für TU durchzuführen (s § 35 Rz 22). Neben der anteiligen Ausbuchung der abgehenden Vermögenswerte und Schulden zu Konzernwerten sowie einer anteiligen erfolgswirksamen Erfassung von bislang direkt mit dem Eigenkapital (sonstiges Ergebnis) verrechneten Beträgen (Währungsumrechnungsdifferenzen, Rücklage für Marktbewertungen) ist dabei auch die Schuldenkonsolidierung anteilig, dh in Höhe der veräußerten zuzüglich der bislang den Minderheiten zuzurechnenden Anteile, zu beenden. Zudem sind Zwischenergebnisse aus Downstream-Transaktionen anteilig zu realisieren, während Zwischenergebnisse aus Upstream-Transaktionen entspr der vermögensorientierten Betrachtung (s § 35 Rz 97) weiterhin in voller Höhe zu eliminieren sind, da die betreffenden Vermögenswerte weiterhin im Konzernabschluss verbleiben. Letztlich bedingt der Übergang auf die Quotenkonsolidierung auch eine adäquate Anpassung der latenten Steuern. 132

Ob auch der (Teil-)Abgang eines **Geschäfts- oder Firmenwerts** in Frage kommt, bestimmt sich nach den Regelungen des IAS 36.86. 133

Wurden die nunmehr veräußerten Anteile zuvor **sukzessiv erworben,** sind zur Bestimmung der abgehenden Teile der stillen Reserven/Lasten generell Vereinfachungslösungen wie eine Durchschnittsbetrachtung zulässig (s auch § 35 Rz 44). 134

2. Übergang von der Voll- oder Quotenkonsolidierung auf die Equity-Bewertung

135 Wird infolge einer durch Anteilsveräußerungen induzierten **Statusänderung** der Übergang von der Voll- oder Quotenkonsolidierung auf die Equity-Methode notwendig (s IAS 27.31 (2003), IAS 31.45), ist der auf das MU entfallende, (zunächst) die gesamte Beteiligung umfassende Abgangswert für das bisherige TU aufzuteilen. Für die veräußerten Anteile ist eine erfolgswirksame Entkonsolidierung nach den allgemeinen Regeln inklusive einer anteiligen erfolgswirksamen Erfassung von bislang direkt mit dem Eigenkapital (sonstiges Ergebnis) verrechneten Beträgen (Währungsumrechnungsdifferenzen, Rücklage für Marktbewertungen) durchzuführen. Demgegenüber hat in Höhe des auf die verbleibenden Anteile im Übergangskonsolidierungszeitpunkt entfallenden Abgangswerts respektive **Reinvermögens** zu Konzernwerten prinzipiell der Ausweis eines Zugangs unter den Anteilen an assoziierten Unternehmen zu erfolgen. Dieser Zugangswert stellt im Rahmen der Übergangskonsolidierung der Restbeteiligung das Pendant zum Veräußerungserlös für die veräußerten Anteile im Rahmen der Entkonsolidierung dar.

136 In den Folgeperioden ist aus kapitalkonsolidierungstechnischer Sicht eine Folgekonsolidierung durchzuführen, denn die im Equity-Ansatz noch enthaltenen stillen Reserven/Lasten aus der (vollständigen) Neubewertung im Rahmen der Erstkonsolidierung sind in Folgeperioden gem der bei der Voll- oder Quotenkonsolidierung begonnenen Vorgehensweise fortzuführen, nunmehr allerdings in der statistischen Nebenrechnung. Der – die Restbeteiligung betreffende – Übergang auf die Equity-Methode ist demnach vom Grundsatz her **erfolgsneutral,** da zB auch eliminierte Zwischenergebnisse aus Downstream-Transaktionen und latente Steuern betreffend das nunmehr assoziierte Unternehmen im Zugangswert Berücksichtigung finden. Die Eliminierung von Zwischenergebnissen aus Upstream-Transaktionen bleibt indessen von der Übergangskonsolidierung unberührt; diese Zwischenergebnisse werden weiterhin gem der vermögensorientierten Sichtweise (s § 35 Rz 97) in voller Höhe bei den betreffenden Vermögenswerten eliminiert. Erfolgswirkungen können sich gleichwohl ergeben, wenn – wie in der Praxis üblich – im Rahmen der Equity-Methode zB die (erfolgswirksame) Schuldenkonsolidierung nicht mehr zur Anwendung gelangt.

137 Ob auch ein **Geschäfts- oder Firmenwert** oder Teile davon bei der Berechnung des Entkonsolidierungserfolgs für die veräußerten Anteile zu berücksichtigen ist, muss nach den allgemeinen Regeln des IAS 36.86 entschieden werden.

138 Sofern die veräußerten Anteile zuvor **sukzessiv** erworben wurden, sind hinsichtlich der Berechnung der abgehenden Teile sowie der zugehörigen stillen Reserven/Lasten grds Vereinfachungslösungen wie eine Durchschnittsbetrachtung zulässig (s auch § 35 Rz 44).

Beispiel: Ein Unternehmen A erwirbt am 31. Dezember X1 zunächst 60% der Anteile am Unternehmen B zu einem Kaufpreis von Mio € 35. Aus der Erstkonsolidierung (anteiliges gezeichnetes Kapital Mio € 12, anteiliges erwirtschaftetes Kapital Mio € 3, keine stillen Reserven/Lasten) resultiert ein Geschäfts- oder Firmenwert in Höhe von Mio € 20, der gem IAS 36.80 der übergeordneten ZGE, zu der B im Konzern des Unternehmens A zählt, zugeordnet wird. Zum 1. Januar X7 veräußert A 30% der Anteile an B zu einem Kaufpreis von Mio € 25. Im HGB-Einzelabschluss wird demnach aus der Anteilsveräußerung ein Gewinn in Höhe von Mio € 7,5 ausgewiesen. Aufgrund der Anteilsveräußerung ist B nunmehr aus Sicht von A nur noch als assoziiertes Unternehmen einzustufen. Die Anteilsveräußerung stellt keine Veräußerung eines Geschäftsbereichs iSd IAS 36.86 dar. B erwirtschaftet im Geschäftsjahr X7 einen Jahreserfolg von Mio € 10.

Die Übergangskonsolidierung zum 1. Januar X7 im Rahmen der Konzernabschlusserstellung zum 31. Dezember X7 stellt sich damit wie folgt dar (in Mio €) (Hinweis: von B wird die Bilanz zum 31. Dezember X6 (1. Januar X7) zugrunde gelegt):

	A IFRS-HB II	B IFRS-HB II	Konsolidierung		Konzern- bilanz
			S	H	
Geschäfts- oder Firmenwert	–	–	(2) 20		20
Grundstücke	560	80		(4) 80	560
Anteile an assoziierten Unternehmen	17,5	–	(1) 17,5 (4) 21 (5) 3	(2) 35	24
Sonstige Aktiva	422,5	70	(4) 25	(1) 25 (4) 70	422,5
Summe Aktiva	1.000	150			1.026,5
Eingezahltes Kapital	200	20	(2) 12 (3) 8		200
Erwirtschaftetes Kapital	400	50	(1) 7,5 (2) 3 (3) 20	(4) 4 (5) 3	426,5
Minderheiten	–	–	(4) 28	(3) 28	–
Schulden	400	80	(4) 80		400
Summe Passiva	1.000	150			1.026,5

Mit der Buchung (1) wird zunächst die beteiligungsproportionale, einzelgesellschaftliche Veräußerungsbuchung wieder rückgängig gemacht. Mit der Buchung (2) erfolgen sodann die Erstkonsolidierung und die Folgekonsolidierungen (hier mangels Wertminderungsbedarf betreffend den Geschäfts- oder Firmenwert gem IAS 36 identisch mit der Erstkonsolidierung) der Anteile von B bis zum 31. Dezember X6. Buchung (3) nimmt die Dotierung des Minderheitenpostens per 31. Dezember X6 vor; während mit Buchung (4) die erfolgswirksame Entkonsolidierung der Altanteile inklusive des Abgangs der Minderheiten einerseits und die erfolgsneutrale Übergangskonsolidierung für die verbleibenden Anteile auf die Equity-Methode per 1. Januar X7 andererseits erfolgt. Der Geschäfts- oder Firmenwert wird dabei annahmegemäß mangels der Erfüllung der Voraussetzungen des IAS 36.86 nicht in die Entkonsolidierung einbezogen. Buchung (5) beinhaltet die erfolgswirksame Fortschreibung des Equity-Werts per 31. Dezember X7 (anteiliger Jahresüberschuss Mio € 10 × 0,3).

Die Ent- und Übergangskonsolidierung lassen sich wie folgt aufsplitten (in Mio €):

Entkonsolidierung für 30% inklusive Abgang Minderheiten		
Veräußerungserlös für 30%		25
abzüglich auf abgehende Tranche und auf Minderheiten entfallende Vermögenswerte von B zu Konzernwerten (80 + 70) × 0,7	–105	
zuzüglich abgehende Minderheiten	28	
zuzüglich auf abgehende Tranche und auf Minderheiten entfallende Schulden von B zu Konzernwerten (80 × 0,7)	56	–21
Entkonsolidierungserfolg per 1. Januar X7		4

Ermittlung des Zugangswerts zur Equity-Methode im Rahmen der Übergangskonsolidierung	
anteiliges Reinvermögen von B zu Konzernwerten per 1. Januar X7 (20 + 50) × 0,3	21
Zugangswert bei Erstanwendung der Equity-Methode	21

139 Ab dem Übergangskonsolidierungszeitpunkt ist die Beteiligung entspr der **Equity-Methode** fortzuführen (s ausführlich § 36), wobei sämtliche ab diesem Zeitpunkt entstehenden Zwischenergebnisse *(Up- und Downstream)* bei der Ermittlung des Equity-Werts nur noch anteilig Berücksichtigung finden.

Explizite Regelungen, wie beim Übergang von der **Quotenkonsolidierung** auf die Equity-Methode zu verfahren ist, existieren demgegenüber nicht. Indessen ist allein eine analoge Anwendung der Übergangskonsolidierungsregeln im Rahmen der Vollkonsolidierung sinnvoll, sodass auch in diesem Fall für die veräußerten Anteile eine erfolgswirksame Entkonsolidierung durchzuführen ist. Für die verbleibenden Anteile ist der Übergang auf die Equity-Methode vom Grundsatz her erfolgsneutral.

3. Übergang von der Voll- oder Quotenkonsolidierung bzw der Equity-Bewertung auf die Finanzinvestition

140 **Verliert** das MU aufgrund einer Veräußerung von Anteilen seinen **beherrschenden** oder maßgeblichen Einfluss auf ein TU respektive ein assoziiertes Unternehmen, so wird gem IAS 27.31 (2003) bzw IAS 28.18 der Übergang von der Vollkonsolidierung bzw Equity-Bewertung auf die Bewertung eines finanziellen Vermögenswerts gem IAS 39 notwendig. Während auch in diesen Fällen für die veräußerten Anteile eine **erfolgswirksame Entkonsolidierung** nach den allgemeinen Regeln inklusive einer anteiligen erfolgswirksamen Erfassung von bislang direkt mit dem Eigenkapital (sonstiges Ergebnis) verrechneten Beträgen (Währungsumrechnungsdifferenzen, Rücklage für Marktbewertungen) (vgl § 35 Rz 22 ff) vorzunehmen ist, sind die verbleibenden Anteile gem IAS 27.32 (2003) sowie IAS 28.19 mit dem anteiligen **Reinvermögen** zu Konzernwerten anzusetzen. Dies gilt mithin unabhängig davon, ob die Bewertung der verbleibenden Anteile in Folgeperioden auf der Grundlage der so definierten Anschaffungskosten oder aber zum beizulegenden Zeitwert erfolgt, da dieser „Wert die Anschaffungskosten für die weitere Bilanzierung als Finanzinstrument gem IAS 39" (*Baetge/Hayn, S./Ströher* in Baetge ua IFRS-Komm[2] IAS 27 Rz 198) darstellt.

141 Die Übergangskonsolidierung ist insoweit identisch mit derjenigen von der Voll- oder Quotenkonsolidierung auf die Equity-Methode und damit für die verbleibenden Anteile **erfolgsneutral.** In Folgeperioden ist dieser Eingangswert in Übereinstimmung mit IAS 39 fortzuführen.

142 Vergleichbare Regelungen existieren für bislang auf der Grundlage der **Quotenkonsolidierung** einbezogene Gemeinschaftsunternehmen nicht. Beim Übergang auf die Bewertung gem IAS 39 ist jedoch allein eine analoge Anwendung der dargestellten Regelungen für den Übergang von der Vollkonsolidierung bzw Equity-Methode sinnvoll.

143 Sofern die veräußerten Anteile zuvor **sukzessiv** erworben wurden, gelten die Ausführungen unter Rz 134 und Rz 138 sinngemäß.

4. Anwendbarkeit des IFRS 5

Es gelten die in Rz 73ff dargestellten Prinzipien mit dem Unterschied, dass die Übergangskonsolidierung für die verbleibenden Anteile im späteren Übergangskonsolidierungszeitpunkt **erfolgsneutral** erfolgt. 144

IV. Übergangskonsolidierung mit Abwärtswechsel aufgrund von Kapitalmaßnahmen und bei unveränderten Beteiligungsverhältnissen

Sinkt die Beteiligungsquote und der damit verbundene Einfluss an einem TU, Gemeinschafts- oder assoziierten Unternehmen infolge der **unterproportionalen** Teilnahme des Anteilseigners an einer **effektiven Kapitalerhöhung** des Beteiligungsunternehmens derart stark, dass eine Übergangskonsolidierung mit Abwärtswechsel notwendig wird, sind mehrere Effekte einer separaten Betrachtung zu unterziehen. Entspr der Reduktion der Beteiligungsquote hat zunächst eine erfolgswirksame Abstockung noch vorhandener stiller Reserven/Lasten zu erfolgen. Anschließend ist das auf die verbleibenden Anteile entfallende Reinvermögen zu Konzernwerten erfolgsneutral auf die nunmehr sachgerechte Konsolidierungs- bzw Bewertungsmethode zu überführen und in Folgeperioden fortzuführen. Ggf erworbene junge Anteile sind als nachträgliche Anschaffungskosten für den Erhalt eines Teils der bisherigen Beteiligungsquote zu klassifizieren und entspr der nunmehr anzuwendenden Konsolidierungs- bzw Bewertungsmethode zu behandeln (beim Übergang auf die Equity-Methode und IAS 39 als erfolgsneutrale Erhöhung des Beteiligungsbuchwerts; im Rahmen der Quotenkonsolidierung und Equity-Methode zudem im Rahmen der Kapitalkonsolidierung durch Verrechnung mit dem gleich hohen Eigenkapitalzuwachs beim Beteiligungsunternehmen, wobei ein dabei ggf entstehender aktivischer Unterschiedsbetrag in Höhe der Anschaffungsnebenkosten direkt aufwandswirksam zu verrechnen ist). Schließlich sind auf den Anteilseigner entfallende Eigenkapitalveränderungen aufgrund von Differenzen zwischen dem Ausgabekurs der neuen Anteile und dem Bilanzkurs vor der Kapitalerhöhung zu berücksichtigen. Die IFRS enthalten keine grds Regeln, ob derartige Eigenkapitaländerungen erfolgswirksam oder aber erfolgsneutral zu erfassen sind. UE ist generell für alle Übergangskonsolidierungsfälle eine erfolgsneutrale Erfassung zu präferieren. 145

Vergleichbar ist auch bei einer Verminderung der Anteilsquote und des damit verbundenen, eine Übergangskonsolidierung auslösenden Einflussverlusts aufgrund der **überproportionalen** Teilnahme des Anteilseigners an einer **effektiven Kapitalherabsetzung** vorzugehen (zur Berechnung der Entkonsolidierungsquote vgl § 36 Rz 108). Im Unterschied zur Vorgehensweise unter Rz 145 entfällt zwar eine Berücksichtigung ggf erworbener junger Aktien systemimmanent. Demgegenüber sind jedoch im Vorfeld der Übergangskonsolidierung aus der Kapitalherabsetzung resultierende Erfolgswirkungen (Abgangserfolg beim MU, Ertrag aus der Kapitalherabsetzung beim Beteiligungsunternehmen) zu eliminieren. 146

Wird eine Übergangskonsolidierung notwendig, **ohne** dass damit eine **Änderung** der **Beteiligungsverhältnisse** einhergeht, ist ebenfalls erfolgsneutral auf die nunmehr zutreffende Einbeziehungsform im Konzernabschluss überzugehen. Eine erfolgswirksame Entkonsolidierung infolge einer gesunkenen Beteiligungsquote entfällt. 147

einstweilen frei 148–150

V. Angaben im Anhang

151 **Spezifische Anhangangaben** zur Übergangskonsolidierung werden in den einzelnen IFRS nicht gefordert. Es sind jedoch die generellen Angabepflichten für TU, Gemeinschafts- und assoziierte Unternehmen bzw bei Anwendung der entspr Einbeziehungsmethoden (Voll-, Quotenkonsolidierung, Equity-Methode) sowie die Angabepflichten zu IFRS 5 zu beachten.

D. Zusammenwirkungen von Neu- und Altregelungen

152 Infolge der Neuregelungen von IFRS 3 (2008) und IAS 27 (2008) und der damit einhergehenden Folgeänderungen von IAS 28 und IAS 31 stellt sich die Frage, welche Besonderheiten sich bei Übergangskonsolidierungen nach den neuen Regelungen ergeben, sofern die entspr Sachverhalte zuvor auf der Grundlage von IFRS 3 (2004), IAS 27 (2003) sowie IAS 28 (2003) und IAS 31 (2003) bilanziert wurden. Da die überarbeiteten Übergangskonsolidierungsregelungen ausnahmslos **prospektiv** anzuwenden sind, sind bisherige Übergangskonsolidierungen nicht anzupassen. Dies gilt auch für die Behandlung von in Vorjahren gebildeten Neubewertungsrücklagen gem IFRS 3.59 (2004), da die Neufassung des **IFRS 3 (2008) keine gesonderten Übergangsregelungen** enthält. Aus der Verpflichtung gem IFRS 3.65 (2008), infolge der prospektiven Anwendung des IFRS 3 (2008) die Bilanzierung von Vermögenswerten und Schulden aus früheren Unternehmenszusammenschlüssen nach dem Inkrafttreten des IFRS 3 (2008) unverändert fortzuführen, resultiert somit systemimmanent auch die Fortführung der Neubewertungsrücklage entspr der bisherigen Vorgehensweise. Wird jedoch eine Übergangskonsolidierung mit Abwärtswechsel nach IAS 27 (2008) notwendig, ist es uE sachgerecht, diese Neubewertungsrücklage spätestens im Übergangskonsolidierungszeitpunkt vollständig in die Konzern-Gewinnrücklagen umzugliedern.

E. Gegenüberstellung zu HGB/DRS

153 Fragen der Übergangskonsolidierung werden im **HGB** grds nicht geregelt. Allein die Vorgehensweise beim **sukzessiven Anteilserwerb** und der damit verbundene Übergang von der Anschaffungskostenbewertung auf die Voll- oder Quotenkonsolidierung bzw die Equity-Bewertung ist in § 301 Abs 2 HGB, § 310 Abs 2 iVm § 301 Abs 2 HGB, § 312 Abs 3 HGB kodifiziert. Demnach kann die Übergangskonsolidierung alternativ

(1) mit den Wertansätzen zum jeweiligen Zeitpunkt des Erwerbs der Anteile (retroaktive Erstkonsolidierung),
(2) mit den Wertansätzen zum Zeitpunkt der erstmaligen Einbeziehung als TU, Gemeinschafts- oder assoziiertes Unternehmen oder
(3) mit den Wertansätzen zum Zeitpunkt der Verursachung des Methodenwechsels, dh der erstmaligen Qualifikation als TU, Gemeinschafts- oder assoziiertes Unternehmen

erfolgen. Demgegenüber ergibt sich aus DRS 4.9 ff, DRS 8.15 ff, dass beim Übergang ausgehend von der Anschaffungskostenbewertung grds eine retroaktive Erstkonsolidierung auf Basis der Wertansätze zu den jeweiligen Erwerbsstichtagen durchzuführen ist.

Nach den Änderungen des § 301 Abs 2 HGB und § 310 Abs 2 iVm § 301 Abs 2 HGB und § 312 Abs 3 HGB durch das **Bilanzrechtsmodernisierungsgesetz (BilMoG)** hat die Übergangskonsolidierung zwingend mit den Wertansätzen zu dem Zeitpunkt, zu dem ein Unternehmen TU, Gemeinschafts- oder assoziiertes Unternehmen geworden ist, zu erfolgen. 154

Mangels handelsrechtlicher Vorschriften zu den übrigen Formen der Übergangskonsolidierung mit Aufwärts- und Abwärtswechsel wurde vor der Verabschiedung von DRS 4, DRS 8 und DRS 9 auf die handelsrechtliche Kommentarliteratur mit ihren vielfältigen Ansichten zurückgegriffen (s diesbezüglich *B. Hayn*, 176 ff). In den genannten **DRS** wurde nunmehr fixiert, dass 155

(1) beim Übergang von der Equity-Bewertung auf die Voll- oder Quotenkonsolidierung für die zuerworbenen Anteile eine Erstkonsolidierung zum Erwerbszeitpunkt zu erfolgen hat, während die Altanteile erfolgsneutral auf die neue Konsolidierungsmethode zu überführen sind (DRS 4.9 ff iVm DRS 8.33 f),
(2) der Übergang von der Quoten- auf die Vollkonsolidierung erfolgsneutral vorzunehmen ist (DRS 9.15),
(3) der Übergang von der Voll- auf die Quotenkonsolidierung für die verbleibenden Anteile einen erfolgsneutralen, für die veräußerten Anteile hingegen einen erfolgswirksam Vorgang (Entkonsolidierung) darstellt (DRS 4.47, DRS 4.50 f),
(4) der Übergang von der Voll- oder Quotenkonsolidierung auf die Equity-Bewertung für die verbleibenden Anteile erfolgsneutral durch Ansatz des entspr Reinvermögens zu Konzernbilanzbuchwerten durchzuführen ist, während die veräußerten Anteile erfolgswirksam zu entkonsolidieren sind (DRS 4.47, DRS 4.49, DRS 9.16);
(5) der Übergang von der Voll- oder Quotenkonsolidierung bzw der Equity-Bewertung auf die Anschaffungskostenbewertung ebenfalls erfolgsneutral durch Ansatz des entspr Reinvermögens zu Konzernbilanzbuchwerten vorzunehmen ist, während die veräußerten Anteile erfolgswirksam zu entkonsolidieren sind (DRS 4.47, DRS 4.49, DRS 8.37 f, DRS 8.41, DRS 9.17),
(6) dem MU zuzurechnende Eigenkapitalveränderungen aufgrund von Kapitalmaßnahmen eines assoziierten Unternehmens erfolgswirksam im Rahmen der Fortschreibung des Equity-Werts zu berücksichtigen sind (DRS 8.42).

Als Folge der Einfügung eines § 308 a HGB im Rahmen des **BilMoG** wird nunmehr die Anwendung der **modifizierten Stichtagskursmethode** zur Umrechnung von in ausländischer Währung aufgestellten Abschlüssen kodifiziert. Dabei entstehende Umrechnungsdifferenzen sind zunächst erfolgsneutral in einem gesonderten Eigenkapitalposten zu erfassen. Bei teilweiser oder vollständiger Veräußerung des ausländischen TU, Gemeinschafts- oder assoziierten Unternehmens ist dieser Eigenkapitalposten entspr anteilig oder vollständig aufzulösen. 156

Eine IFRS 3.59(b) (2004) entspr **vollständige Neubewertung** eines Unternehmenszusammenschlusses ist dem HGB und den DRS fremd. Zudem kennen weder das HGB noch die DRS eine **IFRS 5** spezifische (Zwischen-)Bilanzierung im Rahmen der Veräußerung von Anteilen. Auch die Abgangsregeln bzgl eines sich aus der Konsolidierung ergebenden Geschäfts- oder Firmenwerts weichen von den IFRS-Regelungen ab, da die Zuordnung von Geschäfts- oder Firmenwerten nicht auf ZGE, sondern stets auf Basis der erworbenen Anteile bzw rechtlicher Einheiten erfolgt. 157

Die Differenzen zwischen HGB und IFRS werden sich nach Inkrafttreten von IFRS 3 (2008) und IAS 27 (2008) infolge der dann allein zulässigen **erfolgswirksamen Übergangskonsolidierung** mit Auf- und Abwärtswechsel deutlich vergrößern. 158

F. Aktuelle Entwicklungen/IASB-Projekte

159 Trotz der unlängst erfolgten Neuregelungen zur Übergangskonsolidierung mit Aufwärts- und Abwärtswechsel im Rahmen der Neufassung des IFRS 3 (2008) und des IAS 27 (2008) nach Abschluss des *„Business Combinations Projects Phase II"*, die zwingend für die Geschäftsjahre, die am oder nach dem 1. Juli 2009 beginnen, anzuwenden sind, kann in diesem Bereich **nicht** von einer ***stable platform*** für kommende Jahre ausgegangen werden. Grund hierfür ist die Tatsache, dass der IASB verneint hat, sich im Rahmen der überarbeiteten Standards IFRS 3 (2008) und IAS 27 (2008) auf eine bestimmte Konzernabschlusstheorie festgelegt zu haben (IAS 27.BC43 (2008)). Diese Festlegung soll vielmehr im Rahmen des gemeinsamen *„Consolidation Projects"* von IASB und FASB erfolgen. Im Dezember 2008 hat der IASB im Rahmen dieses Projekts den Exposure Draft **ED 10** *„Consolidated Financial Statements"* veröffentlicht, dessen Änderungsvorschläge sich jedoch im Wesentlichen auf die Abgrenzung des *control*-Begriffs und damit auf die Bestimmung des Konsolidierungskreises sowie Offenlegungspflichten beziehen. Unverändert übernommen wurden hingegen die erst zu Beginn des Jahres 2008 im Rahmen der zweiten Phase des *„Business Combinations"*-Projekts geänderten Regelungen zur Entkonsolidierung sowie zur Anteilsauf- und -abstockung. Der Inhalt des Standardentwurfs (s ED 10.39 ff.) ist allgemein gehalten, die zugehörigen Detailvorschriften wurden größtenteils in den Anhang B (*Application Guidance;* ED 10.B17 ff) verlagert.

Teil E. Branchenbesonderheiten

§ 39. Banken

Übersicht

Schrifttum: *Auerbach/Klotzbach* Der IFRS-Konzernabschluss als Basis für die Ermittlung der Eigenmittel von Instituten, KoR 2008, 543; *Bellavite-Hövermann/Prahl* Bankbilanzierung nach IAS, Stuttgart 1997; *Commerzbank AG* Geschäftsbericht 2007; *Eckes/Sittmann-Haury* ED IFRS 7 „Financial Instruments: Disclosures" – Offenlegungsvorschriften für Finanzinstrumente und Auswirkungen auf die Ablösung von IAS 30 für Kreditinstitute, WPg 2004, 1195; *Hirsch* International Accounting Standards: Eine neue Qualität im Jahresabschluss von Banken, Frankfurt am Main 1998; *Frühauf* IAS 39 – Sargnagel für Banken, Börsen-Zeitung 2002, 11; *Gramlich* Bankgeschäftspolitik im Kontext von HGB und IFRS, KoR 2003, 359; *IDW* RS HFA 9 Stellungnahme zur Rechnungslegung: Einzelfragen zur Bilanzierung von Finanzinstrumenten nach IFRS, FN IDW 2007, 326; *KPMG Deutsche-Treuhand Gesellschaft AG* Offenlegung von Finanzinstrumenten und Risikoberichterstattung nach IFRS 7, Stuttgart 2007; *Löw* in: Löw (Hrsg), Rechnungslegung für Banken nach IFRS, Wiesbaden 2005; *PwC* IFRS für Banken, 4. Aufl, Frankfurt am Main 2008; *Scharpf* Bilanzierung von Financial Instruments nach IAS 39, FB 2000, 125, 208, 284, 372; *Scharpf* Handbuch Bankbilanz, Düsseldorf 2002; *Sprißler* Segmentberichterstattung – welche Quellen hat der Erfolg des Bankkonzerns?, ZfgK 1999, 384.

Wesentliche Rechtsgrundlagen: IAS 32, IAS 39, IFRS 7

A. Allgemeines

I. Anzuwendende IFRS

1 Die Rechnungslegung von Banken stellt grds **keinen eigenen Regelungsbereich** der IFRS dar. Bei der Rechnungslegung von Banken sind daher die allgemeinen IFRS zu berücksichtigen, wobei bei deren Auslegung den branchenspezifischen Besonderheiten Rechnung zu tragen ist.

Als **allgemeine Standards** sind insbes
(1) IAS 1: Darstellung des Abschlusses (*presentation of financial statements*),
(2) IAS 7: Kapitalflussrechnungen *(statements of cash flows)*,
(3) IAS 12: Ertragsteuern (*income taxes*),
(4) IAS 17: Leasingverhältnisse *(leases)*,
(5) IAS 21: Auswirkungen von Änderungen der Wechselkurse *(the effects of changes in foreign exchange rates)*,
(6) IAS 32: Finanzinstrumente: Darstellung (*financial instruments: presentation)*,
(7) IAS 39: Finanzinstrumente: Ansatz und Bewertung (*financial instruments: recognition and measurement*),
(8) IFRS 3: Unternehmenszusammenschlüsse *(business combinations)*,
(9) IFRS 5: Zur Veräußerung gehaltene langfristige Vermögenswerte und aufgegebene Geschäftsbereiche *(non-current assets held for sale and discontinued operations)*,
(10) IFRS 7: Finanzinstrumente: Angaben *(financial instruments: disclosures)* sowie
(11) IFRS 8: Segmentberichterstattung *(operating segments)*
zu beachten.

2 Von herausragender Bedeutung sind dabei die Regelungen zu den Finanzinstrumenten (IAS 32, IAS 39 sowie IFRS 7), da die Bankbilanz zum weit überwiegenden Teil aus Finanzinstrumenten besteht.

II. Bedeutung der Rechnungslegung nach IFRS für Banken

3 Banken sind unter den in **§ 315 a HGB** genannten Voraussetzungen zur Aufstellung eines Konzernabschlusses und -lageberichts nach international anerkannten Rechnungslegungsgrundsätzen verpflichtet. Entspr der EG-VO 1606/2002 vom 19. Juli 2002 haben auch Banken, die die in der VO genannten Kriterien erfüllen, ihre Konzernabschlüsse für die am oder nach dem 1. Januar 2005 beginnenden Geschäftsjahre nach den IFRS aufzustellen. Für die Einzelabschlüsse der Banken verbleibt es zunächst bei den jeweiligen nationalen Regelungen.

4 Die Anwendung der grds branchenunabhängigen IFRS stellt für die deutschen Banken einen **bedeutenden Einschnitt** in die Rechnungslegung dar. Die Rechnungslegung der Banken ist in Deutschland neben den allgemeinen Vorschriften des HGB durch die bankenspezifischen Regelungen im Dritten Buch, Vierter Abschnitt, Erster Unterabschnitt des HGB (Ergänzende Vorschriften für Kreditinstitute und Finanzdienstleistungsinstitute (§ 340 bis § 340 o HGB)) sowie die hierzu erlassene Verordnung über die Rechnungslegung der Kreditinstitute und Finanzdienstleistungsinstitute (Kreditinstituts-Rechnungslegungsverordnung – RechKredV) geregelt. Darüber hinaus haben sich auf Basis dieser gesetzlichen Grundlagen allgemein anerkannte Bilanzierungsgrundsätze zB zur Portfoliobewertung entwickelt, die mit der Einführung der Rechnungslegung nach den IFRS ebenfalls nicht fortgeführt werden können. Die wesentlichen Abweichungen sind in Abschnitt G (s Rz 82 ff) und in § 3 Rz 264 ff dargestellt. Die **bedeutendsten Änderungen** resultieren aus der Anwendung von IAS 39 und betreffen die Bilanzierung bestimmter Finanzinstrumente zum beizulegenden Zeitwert *(fair value)* und die restriktiven Bestimmungen bei der Bilanzierung von Sicherungszusammenhängen *(hedge accounting)*. Darüber hinaus verwehren die IFRS die Bildung von stillen Vorsorgereserven. Folge dieser Regelungen ist eine Zunahme der Volatilität des Ergebnisausweises von Banken (hierzu kritisch *Gramlich* KoR 2003, 359).

5 Insbes die Vorschriften von IAS 39 stoßen bei den deutschen Banken weiterhin teilweise auf **Ablehnung.** Aus Sicht der Banken bestehen zB erhebliche Bedenken gegen einzelne Regelungen, wie die Begrenzung des *hedge accounting* auf externe Geschäfte (s ausführlich § 23 Rz 46 ff).

6 Als Folge der Finanzkrise haben die Regierungen der G20-Staaten und die EU Kommission Kritik an der Bilanzierung der Banken geäußert (s § 1 Rz 41 f). IFRS-Konzernabschlüsse von Banken erhalten im Rahmen der Ermittlung der Eigenmittelausstattung von Institutsgruppen eine **eigenständige Bedeutung**. So sind nach Maßgabe des in 2006 geänderten § 10 a KWG und der hierzu erlassenen **Konzernabschlussüberleitungsverordnung** (KonÜV) sowohl der Ermittlung der zusammengefassten Eigenmittel als auch der zusammengefassten Risikopositionen der Konzernabschluss zugrunde zu legen.

B. Bestandteile des Bankenabschlusses

7 Die Abschlüsse von Banken setzen sich aus den in § 2 Rz 141 ff näher beschriebenen **Bestandteilen** zusammen. Im Einzelnen sind dies (IAS 1.10):

(1) Bilanz (vgl § 2 bis § 14),

(2) Gesamtergebnisrechnung (vgl § 15),
(3) Eigenkapitalveränderungsrechnung (vgl § 17),
(4) Kapitalflussrechnung (vgl § 18),
(5) Anhang (*notes*, inklusive Segmentberichterstattung; vgl §§ 19 bis 21).

8–10 *einstweilen frei*

C. Bilanz

I. Gliederung

11 Nach der Aufhebung von IAS 30 (Angabepflichten im Abschluss von Banken und ähnlichen Finanzinstitutionen) bestehen für die Bilanz der Banken keine über die Regelungen in **IAS 1** hinausgehenden Gliederungsvorschriften mehr. Die in IAS 30 in der Bilanz noch vorgesehenen Mindestangaben zu einzelnen Vermögenswerten und Verbindlichkeiten sind somit formell nicht mehr vorgeschrieben. Gleichwohl weisen IAS 1.57(b) und IAS 1.86 darauf hin, dass Finanzinstitute eine Anpassung der in IAS 1.54 vorgesehenen Mindestgliederung vornehmen können, um für ihr Tätigkeitsfeld relevante Angaben zu machen. Darüber hinaus regelt IAS 1.63 iVm IAS 1.60, dass Banken ihre Vermögenswerte und Verbindlichkeiten absteigend oder aufsteigend nach **Liquidität** darzustellen haben. In Übereinstimmung mit den diesbezüglichen Vorgaben der RechKredV (vgl § 2 RechKredV, Formblatt 1) wird in der Praxis überwiegend ein Ausweis nach absteigender Liquidität gewählt.

Die Entscheidung über den Ausweis eines (zusätzlichen) Postens in der Bilanz oder im Anhang ist in Abhängigkeit von der **Wesentlichkeit** des entspr Postens zu treffen (IAS 1.55, IAS 1.77). Hinsichtlich der einmal gewählten Untergliederung ist der **Stetigkeitsgrundsatz** zu beachten (IAS 1.45).

12 Der Bilanzansatz von Vermögenswerten und Verbindlichkeiten hat gem IAS 1.32 **unsaldiert** zu erfolgen. Eine Ausnahme besteht nach IAS 32.42 nur für den Fall, dass ein Rechtsanspruch zur Aufrechnung besteht (vgl zB §§ 387 ff BGB) und die Saldierung die Erwartung über die Realisierung des Vermögenswerts bzw die Tilgung der Schuld wiedergibt. Weitere Ausnahmen ergeben sich aus IAS 12.71 und IAS 12.74 bzgl bestimmter Steuerforderungen und -verbindlichkeiten sowie aus IAS 19.116 bzgl Vermögenswerten und Verbindlichkeiten aus Pensionsplänen.

13 Die nachfolgend dargestellte **Bilanz der Commerzbank AG** stellt eine mögliche Gliederungsform dar:

Aktiva	**31. Dezember 2007 in Mio €**	**31. Dezember 2006 in Mio €**	**Veränderung in %**
Barreserve	5.157	5.967	– 13,6
Forderungen an Kreditinstitute	74.058	75.182	– 1,5
Forderungen an Kunden	289.409	294.471	– 1,7
Risikovorsorge im Kreditgeschäft	– 5.955	–7.371	– 19,2
Positive Marktwerte aus derivativen Sicherungsinstrumenten	8.970	6.979	28,5
Handelsaktiva	97.599	85.527	14,1

Aktiva	**31. Dezember 2007 in Mio €**	**31. Dezember 2006 in Mio €**	**Veränderung in %**
Finanzanlagen	132.192	135.291	– 2,3
Immaterielle Anlagewerte	1.265	1.680	– 24,7
Sachanlagen	1.293	1.388	– 6,8
Ertragsteueransprüche	6.439	5.946	8,3
Sonstige Aktiva	6.047	3.218	87,9
Gesamt	**616.474**	**608.278**	**1,3**

Passiva	**31. Dezember 2007 in Mio €**	**31. Dezember 2006 in Mio €**	**Veränderung in %**
Verbindlichkeiten ggü Kreditinstituten	125.120	125.825	– 0,6
Verbindlichkeiten ggü Kunden	159.187	141.214	12,7
Verbriefte Verbindlichkeiten	205.649	228.753	– 10,1
Negative Marktwerte aus derivativen Sicherungsinstrumenten	14.823	14.119	5,0
Handelspassiva	70.293	59.248	18,6
Rückstellungen	2.919	3.346	– 12,8
Ertragsteuerverpflichtungen	4.945	4.119	20,1
Sonstige Passiva	2.946	1.582	86,2
Nachrangkapital	11.046	11.274	– 2,0
Hybridkapital	3.414	3.540	– 3,6
Eigenkapital	16.132	15.258	5,7
Gezeichnetes Kapital	1.708	1.705	0,2
Kapitalrücklage	5.709	5.676	0,6
Gewinnrücklagen	6.158	5.139	19,8
Neubewertungsrücklage	903	1.746	– 48,3
Bewertungsergebnis aus *cashflow hedges*	31	381	–
Rücklage aus Währungsumrechnung	– 34	– 143	– 76,2
Konzerngewinn	657	493	33,3
Gesamt vor Fremdanteilen	15.135	14.235	6,3
Anteile in Fremdbesitz	997	1.023	– 2,5
Gesamt	**616.474**	**608.278**	**1,3**

(vgl *Commerzbank AG* Geschäftsbericht 2007, 140).

II. Erläuterung von Einzelkomponenten und ausgewählten Bilanzierungsaspekten

1. Forderungen an Kunden

14 Ungeachtet der nur rudimentären Gliederungsvorgaben in IAS 1 sind die Forderungen an Kunden aufgrund ihrer Bedeutung für die Bankbilanz regelmäßig als **separater Posten** gesondert auszuweisen. Aufgrund der fehlenden Begriffsabgrenzung in den IFRS hat die Bank eine **zweckmäßige Abgrenzung** vorzunehmen, zu dokumentieren und stetig anzuwenden. In Anlehnung an § 15 Abs 1 RechKredV können unter dem Posten alle Forderungen an Kunden, ungeachtet, ob diese aus dem Bankgeschäft oder nicht stammen, subsumiert werden. Aus IFRS 7 ergeben sich umfangreiche Angabepflichten zB bzgl Fälligkeiten, Bilanzierungs- und Bewertungsmethoden sowie zu den mit dem Posten verbundenen Risiken (vgl hierzu im Einzelnen § 3 Rz 204ff).

2. Risikovorsorge im Kreditgeschäft

15 Nach IAS 39.63 sind **Wertberichtigungen** direkt vom Buchwert der jeweiligen Forderungskategorie abzusetzen (Nettoausweis), oder – so IAS 39.63 – zunächst auf einem gesonderten Wertberichtigungskonto zu erfassen (Bruttoausweis), das dann den Buchwert mindert. Soweit der Ausweis auf einem gesonderten Wertberichtigungskonto erfolgt, ist dessen Entwicklung im Berichtszeitraum für jede Klasse finanzieller Vermögenswerte gesondert darzustellen (**Risikovorsorgespiegel;** IFRS 7.16). Risikovorsorgen für außerbilanzielle Geschäfte sind als Rückstellung auszuweisen.

Eine mögliche Darstellungsform zeigt das nachstehende Beispiel der Commerzbank AG:

	Einzelwertberichtigungen		Portfoliowertberichtigungen		Gesamt		Veränderung
	2007	2006	2007	2006	2007	2006	
	Mio €	Mio €	Mio €	Mio €	Mio €	Mio €	in %
Stand 1. Januar	**7.066**	**5.119**	**852**	**531**	**7.918**	**5.650**	**40,1**
Zuführungen	1.317	1.567	234	79	1.551	1.646	– 5,8
Abgänge	2.971	1.860	110	54	3.081	1.914	61,0
davon Inanspruchnahmen	1.806	1.040	3	5	1.809	1.045	73,1
davon Auflösungen	1.165	820	107	49	1.272	869	46,4
Veränderungen im Konsolidierungskreis	– 4	2.264	–	296	– 4	2.560	
Wechselkursänderungen/ Umbuchungen	– 17	– 24	40	–	23	– 24	
Risikovorsorge im Kreditgeschäft zum 31. Dezember	5.391	7.066	1.016	852	6.407	7.918	-19,1

Die Risikovorsorge wurde gebildet für:

	31. Dezember 2007 Mio €	31. Dezember 2006 Mio €	Veränderung in %
Forderungen an Kreditinstitute	15	15	0,0
Forderungen an Kunden	5.940	7.356	– 19,2
Risikovorsorge für Bilanzposten	**5.955**	**7.371**	**– 19,2**
Rückstellungen im Kreditgeschäft (Einzelrisiken)	252	356	– 29,2
Rückstellungen im Kreditgeschäft (Portfoliorisiken)	200	191	4,7
Risikovorsorge für außerbilanzielle Posten	**452**	**547**	**– 17,4**
Gesamt	**6.407**	**7.918**	**– 19,1**

(vgl *Commerzbank AG* Geschäftsbericht 2007, 181).

3. Sicherheiten

Die **(Ein- und) Ausbuchung** gewährter (sowie erhaltener) Sicherheiten erfolgt nach den **allgemeinen Regelungen** der IFRS (vgl zB § 3 Rz 86 ff für Finanzinstrumente; § 5 Rz 11 ff für Sachanlagevermögen; § 4 Rz 21 ff für immaterielle Vermögenswerte). Maßgebend ist die wirtschaftliche Zuordnung des Sicherungsgegenstands, die regelmäßig beim Sicherungsgeber liegt. Abweichend von diesem Grundsatz sind Barsicherheiten hingegen beim Sicherungsnehmer zu bilanzieren (IAS 39.IG D.1.1). 16

Nach IFRS 7.14 hat der Sicherungsgeber den Buchwert der als Sicherheit für Verbindlichkeiten oder Eventualverbindlichkeiten gestellten finanziellen Vermögenswerte sowie die wesentlichen Bedingungen der Sicherungsabrede anzugeben.

Die Regelung korrespondiert mit § 35 Abs 5 der RechKredV, der die Angabe der gewährten Sicherheiten differenziert für jeden in der Bilanz ausgewiesenen Verbindlichkeitsposten sowie die unter dem Strich vermerkten Eventualschulden in einem Gesamtbetrag verlangt.

Der Sicherungsnehmer hat, wenn er zur Verwertung (Veräußerung/Sicherheitenstellung) der Sicherheit auch unabhängig vom Ausfall des Sicherungsgebers berechtigt ist, anzugeben.

(1) den beizulegenden Zeitwert der gehaltenen Sicherheit (IFRS 7.15(a)),
(2) den beizulegenden Zeitwert der veräußerten oder neu besicherten Sicherheiten (IFRS 7.15(b)) sowie
(3) die wesentlichen mit der Sicherheitenverwendung einhergehenden Bedingungen (IFRS 7.15(c)).

4. Marktwerte derivativer Sicherungsinstrumente

Für den **Ausweis** von Derivaten, die Gegenstand einer nach den Regeln des *hedge accounting* bilanzierten Sicherungsbeziehung sind, bestehen angesichts fehlender Vorgaben in den IFRS unterschiedliche Alternativen (vgl § 23 Rz 65 ff). Für einen gesonderten Ausweis sprechen neben den spezifischen Bewertungsregeln für Sicherungsinstrumente auch deren besondere Zweckbestimmung. Soweit ein gesonderter Ausweis der derivativen Sicherungsinstrumente 17 erfolgt, wird das abgesicherte Grundgeschäft weiterhin in dem Posten ausgewiesen, dem es ohne die Sicherungsbeziehung zuzuordnen ist. Der Ausweis hat unsaldiert zu erfolgen, dh dass Derivate mit positivem Wert aktivisch, solche mit negativem Wert passivisch auszuweisen sind.

5. Handelsaktiva/-passiva

18 Nach IFRS 7.8 iVm IAS 39.9 sind Handelsaktiva/-passiva in der **Bilanz** oder im **Anhang gesondert** anzugeben. Aufgrund der von anderen Finanzinstrumenten abweichenden Bewertung und Zweckbestimmung der Handelsbestände erscheint ein separater Bilanzausweis sinnvoll, wenn er nicht bereits aufgrund des Postenumfangs nach IAS 1.55 geboten ist. Hinsichtlich der Postenabgrenzung ist IAS 39.9 zu beachten, danach werden Finanzinstrumente als zu Handelszwecken eingestuft, wenn sie
(1) kurzfristig weiterverkauft werden sollen,
(2) Teil eines Portfolios sind, für das kurzfristig Gewinnerzielungsabsicht besteht oder
(3) Derivate außerhalb von Sicherungsgeschäften, die nach den Regeln des *hedge accounting* abgebildet werden, sind.

In Betracht kommen neben Wertpapieren, Derivaten und Devisenpositionen zB handelbare Forderungen und Schuldscheindarlehen, wenn sie mit Handelsabsicht gehalten werden. Auch externe Geldhandelsgeschäfte, die Teil eines mit kurzfristiger Gewinnerzielungsabsicht geführten Portfolios sind, können unter bestimmten Voraussetzungen (vgl hierzu im Einzelnen *PwC*[4], 916) hierunter ausgewiesen werden.

Hinsichtlich der aus IFRS 7 resultierenden Angabepflichten zB bzgl Bilanzierungs- und Bewertungsmethoden sowie zu den mit dem Posten verbundenen Risiken wird auf § 3 Rz 236ff verwiesen.

6. Nachrangkapital

19 Unter den Positionen Nachrangkapital sind Finanzierungsformen zu erfassen, die ungeachtet ihrer möglichen Anerkennung als aufsichtsrechtliche Eigenmittel aufgrund der in den IFRS enthaltenen Abgrenzungskriterien grds als **Verbindlichkeiten** zu klassifizieren sind. Charakteristisch für die hier auszuweisenden Mittel ist, dass diese aufgrund der vertraglichen Vereinbarungen im Insolvenz- oder Liquidationsfall erst nach der Befriedigung aller nicht nachrangigen Gläubiger erfüllt werden dürfen. In Betracht kommen:
(1) stille Einlagen, die nach IAS 32 nicht als Eigenkapital zu klassifizieren sind (ggf Eigenmittel gem § 10 Abs 4 KWG),
(2) **Genussrechte** (ggf Eigenmittel gem § 10 Abs 5 KWG),
(3) sonstige nachrangige Verbindlichkeiten (ggf Eigenmittel gem § 10 Abs 5a KWG).

Zu den Verbindlichkeiten bestehen nach IFRS 7 zahlreiche Angabepflichten (vgl hierzu § 3 Rz 202ff).

7. Hybridkapital

20 Als hybride bzw strukturierte Produkte werden Finanzinstrumente bezeichnet, bei denen ein **Basisvertrag** bestimmte Regelungen enthält, die bei isolierter Betrachtung ein **Derivat** darstellen (zB Wandelschuldverschreibung, mit Schuldverschreibung als Basisvertrag und der Option zum Aktienbezug als eingebettetes Derivat). Nach den Regelungen in IAS 39 sind Basisvertrag und eingebettetes Derivat unter bestimmten Voraussetzungen zu trennen und jeweils gesondert zu

bilanzieren (vgl hierzu § 23 Rz 21 ff). Wie das Nachrangkapital stellen hybride Produkte oftmals eine **Mischform** aus **Eigen- und Fremdkapital** dar, bei der die Interessen der Investoren zB im Hinblick auf Rendite, Risikoübernahme und gesellschaftsrechtlichen Einfluss mit den Interessen der Bank zB im Hinblick auf Finanzierungskosten und Eigenmittelausstattung kombiniert werden. Als Produkte kommen wie beim Nachrangkapital zB stille Einlagen, Genussrechte oder Nachrangdarlehen in Betracht. Die Erscheinungsformen hybrider Produkte sind in der Praxis außerordentlich variantenreich und erfordern daher eine einzelfallbezogene Betrachtung der vertraglichen Vereinbarungen. Hinsichtlich einer erforderlichen Zerlegung und der Zuordnung von Einzelkomponenten zum Eigen- oder Fremdkapital gelten die in IAS 32 und IAS 39 festgelegten Bestimmungen. In Abhängigkeit von den vertraglichen Regelungen ist eine Anrechnung von Einzelkomponenten auf die Eigenmittel der Bank möglich.

8. Eigenkapital

Abgrenzung und Ausweis des Eigenkapitals sind für Banken – mehr noch als für andere Wirtschaftszweige – von **herausragender Bedeutung.** Dies liegt insbes daran, dass das mögliche **Geschäftsvolumen** von Banken aufgrund aufsichtsrechtlicher Bestimmungen durch die aus dem Eigenkapital abgeleiteten aufsichtsrechtlichen Eigenmittel **begrenzt** wird. Zudem ist das Eigenkapital von Banken ein wesentliches Element ihrer Einstufung durch Ratingagenturen, die wiederum Möglichkeiten und Kosten der Finanzierung beeinflusst. Nicht zuletzt dient die Eigenkapitalrentabilität vielen Banken als Erfolgsmaßstab und Steuerungsgröße. Während die beiden erstgenannten Aspekte tendenziell einen möglichst hohen Eigenkapitalausweis nahe legen, wird die Erfüllung der Anforderungen an eine bestimmte Eigenkapitalrentabilität durch ein niedrigeres Eigenkapital erleichtert. In dem vorstehenden **Spannungsfeld** haben sich bei vielen Banken Finanzierungsformen (zB Nachrang- oder Hybridkapital) etabliert, die zwar **bilanzrechtlich** grds als Fremdkapital behandelt werden, **aufsichtsrechtlich** jedoch unter bestimmten Voraussetzungen den Eigenmitteln zugeordnet werden. 21

Die Abgrenzung von Eigen- und Fremdkapital ist in **IAS 32** geregelt und wird ergänzt durch IFRIC 2 und Begriffsabgrenzungen im Framework. Anders als die gesellschaftsrechtlich geprägte Eigenkapitalabgrenzung im HGB verstehen die IFRS das Eigenkapital als **Residualgröße** des Vermögens nach Abzug aller Verpflichtungen (F. 49(c), IAS 32.11). Aufgrund abweichender Ansatz- und Bewertungsregeln zwischen den IFRS und dem HGB kann es zu erheblichen Abweichungen zwischen dem Ausweis des Eigenkapitals in nach dem jeweiligen Regelungsregime erstellten Abschlüssen kommen. Beispielhaft genannt seien die Bewertung zum beizulegenden Zeitwert des Handelsbestands, der Ausweis von Neubewertungsrücklagen und die Bewertung von Pensionsverpflichtungen nach den IFRS, die Bilanzierung von Hybridkapital sowie die (stille) Vorsorge für allgemeine Bankrisiken nach § 340f HGB. 22

Der vom Handelsrecht abweichenden Abgrenzung des Eigenkapitals nach den IFRS wird aufsichtsrechtlich insoweit Rechnung getragen, als dass bestimmte Auswirkungen der IFRS-Rechnungslegung nicht oder nur teilweise übernommen werden. Hierbei greifen die Regelungen der **Konzernüberleitungsverordnung (KonÜV)** zwar nicht in den Ansatz oder die Bewertung einzelner Vermögensgegenstände oder Schulden ein, sondern setzen ausschließlich an den entspr Posten des Eigenkapitals an (vgl *Auerbach/Klotzbach*, KoR 2008, 548). Die gem KonÜV erforderlichen Modifikationen (sog ***prudential filters***) bei der Ermittlung der Eigenmittel betreffen die Behandlung 23

(1) von Gewinnen aus der Bewertung mit dem beizulegenden Zeitwert bei Eigenkapital- und Fremdkapitalinstrumenten von zur Veräußerung verfügbaren Vermögenswerten (§ 2 KonÜV),
(2) von selbst genutzten und als Finanzinvestition gehaltenen Grundstücken und Gebäuden (§ 3 KonÜV),
(3) von bis zur Endfälligkeit gehaltenen Finanzinvestitionen (§ 4 KonÜV),
(4) der Eigenkapitaleffekte aus der Absicherung von Zahlungsströmen (§ 5 KonÜV),
(5) der Eigenkapitaleffekte aus einer Veränderung des eigenen Kreditrisikos (§ 6 KonÜV),
(6) der nach der Äquivalenzmethode bewerteten Beteiligungen im Rahmen des Verfahrens nach § 10a Abs 7 KWG (§ 7 KonÜV).

24 Im Wesentlichen sind für die Behandlung von IFRS-Eigenkapitalbestandteilen aus den vorstehenden Punkten die nachstehenden Regelungen getroffen:

Konzernabschlussüberleitungsverordnung		**Kreditwesengesetz**	
§ 2	Kumulierte Gewinne und Verluste vor latenten Steuern auf zur Veräußerung verfügbare Vermögenswerte können höchstens mit 45% des Unterschiedsbetrags zwischen den Anschaffungskosten und den diese übersteigenden beizulegenden Zeitwerten und nur im Ergänzungskapital berücksichtigt werden. Ergibt sich per Saldo ein negativer Unterschiedsbetrag, der nach den IFRS bislang erfolgsneutral behandelt wurde, ist dieser unter Berücksichtigung latenter Steuern vom Kernkapital abzuziehen.	§ 10 Abs 2b Nr 7	Anrechnung von 45% der nicht realisierten Reserven bestimmter Wertpapiere und Investmentanteile auf das Ergänzungskapital
§ 3	Die Neubewertungsrücklage vor latenten Steuern aus selbst genutzten Immobilien darf mit 45% im Ergänzungskapital berücksichtigt werden. Gewinne (nach latenten Steuern) aus der Veränderung des beizulegenden Zeitwerts von als Finanzinvestition gehaltenen Immobilien sind vom Kernkapital zu kürzen, sie dürfen (vor latenten Steuern) mit 45% als nicht realisierte Reserven im Ergänzungskapital berücksichtigt werden. Liegen die beizulegenden Zeitwerte im Saldo unter den Anschaffungskosten der Grundstücke, ist der Differenzbetrag nach latenten Steuern vom Kernkapital abzuziehen.	§ 10 Abs 4a	Berücksichtigung stiller Reserven beim haftenden Eigenkapital

Konzernabschlussüberleitungsverordnung		Kreditwesengesetz	
§ 4	Bei bis zur Endfälligkeit gehaltenen Finanzinvestitionen dürfen die im letzten Abschluss per Saldo ausgewiesenen, nicht realisierten stillen Reserven mit 45% im Ergänzungskapital berücksichtigt werden.	§ 10 Abs 2b Nr 7	Anrechnung von 45% der nicht realisierten Reserven bestimmter Wertpapiere und Investmentanteile auf das Ergänzungskapital
§ 5	Erfolgsneutrale Eigenkapitaleffekte aus *cashflow hedges* sind nicht in die Ermittlung der zusammengefassten Eigenmittel einzubeziehen. Wird ein Grundgeschäft der Kategorie zur Veräußerung verfügbar abgesichert, sind sich ausgleichende Eigenkapitaleffekte im Kern- und Ergänzungskapital zu verrechnen.		
§ 6	Gewinne und Verluste aus der Bewertung eigener finanzieller Verbindlichkeiten zum beizulegenden Zeitwert, die auf die Veränderung des eigenen Kreditrisikos zurückzuführen sind und die nach IFRS 7.10 offenzulegen sind, sind bei der Ermittlung der zusammengefassten Eigenmittel nicht zu berücksichtigen.		
§ 7	Nach der Äquivalenzmethode bewertete Beteiligungen an Instituten, Finanzunternehmen oder Anbietern von Nebendienstleistungen können (vorbehaltlich § 10a Abs 4 iVm Abs 11 KWG) mit ihrem anteiligen bilanziellen Eigenkapital – differenziert nach Eigenkapitalbestandteilen – berücksichtigt werden. Der Buchwert der Beteiligung ist hälftig vom Kern- und Ergänzungskapital abzuziehen, ein Firmenwert ist vom Kernkapital abzuziehen. Soweit keine Berücksichtigung nach § 10 Abs 6 KWG erfolgt, sind die fortgeführten Buchwerte der Beteiligungen als Risikoposition zu berücksichtigen. Ein Differenzbetrag zwischen dem fortgeführten Buchwert der Beteiligung und deren Anschaffungskosten, der im bilanziellen Eigenkapital des Instituts enthalten ist, bleibt unberücksichtigt, nicht realisierte Reserven (Differenzbetrag zwischen	§ 10 Abs 6, § 10 Abs 2b Satz 1 Nr 7, § 10a Abs 7	Behandlung von Beteiligungen an Instituten und Finanzunternehmen

Konzernabschlussüberleitungsverordnung		**Kreditwesengesetz**	
	Anschaffungskosten der Beteiligung und deren höherem fortgeführten Buchwert) können mit 45% im Ergänzungskapital berücksichtigt werden.		

25 Durch die Überleitung soll aus aufsichtsrechtlicher Sicht die **Funktion des Eigenkapitals** für einen möglichen Verlustausgleich stärker betont werden und eine vom jeweiligen Rechnungslegungsregime weitgehend unabhängige Ermittlung der Eigenmittel erfolgen. Der angestrebte Gleichklang einer aufsichtsrechtlichen Eigenmittelermittlung auf Basis des IFRS-Konzernabschlusses mit einer entspr Ermittlung auf Basis des HGB wird durch die KonÜV aufgrund der Vielzahl der Abweichungen zwischen den IFRS und dem HGB sowie Schwächen in einzelnen Regelungsbereichen nur in Teilen erreicht (vgl *Auerbach/Klotzbach* KoR 2008, 555).

26 Die nachstehende Übersicht zeigt anhand des Abschlusses 2007 der Commerzbank AG beispielhaft die Zusammensetzung der Eigenmittel, differenziert nach Kern- und Ergänzungskapital sowie Drittrangmitteln:

	31. Dezember 2007 in Mio €	**31. Dezember 2006 in Mio €**	**Veränderung in %**
Kernkapital (TIER I)			
Gezeichnetes Kapital	1.708	1.705	0,2
Rücklage, Fremdanteile, eigene Aktien	11.736	10.808	8,6
Hybrides Kapital	3.079	2.914	5,7
Sonstiges	– 190	–	–
Gesamt	**16.333**	**15.427**	**5,9**
Ergänzungskapital (TIER II)			
Hybrides Kapital	202	475	– 57,5
Genussrechte	1.330	1.593	– 16,5
Reserven in Wertpapieren (Ansatz 45%)	315	820	– 61,6
Nachrangige Verbindlichkeiten	6.485	6.802	– 4,7
Sonstiges	807	545	48,1
Gesamt	**9.139**	**10.235**	**– 10,7**
Drittrangmittel	**102**	**77**	**32,5**
Eigenmittel nach BIZ	**25.574**	**25.739**	**– 0,6**

(vgl *Commerzbank AG* Geschäftsbericht 2007, 226).

9. Vorsorgen für allgemeine Risiken des Bankgeschäfts

a) Offene Vorsorgereserven für allgemeine Risiken des Bankgeschäfts

27 Die Bildung offener **Vorsorgereserven** ist im Rahmen der durch F. 66 gesetzten Grenzen zulässig. Der Ausweis hat innerhalb der Bilanz separat von den übrigen Rücklagen zu erfolgen. Die Bildung und Auflösung dieses Sonderpos-

tens darf den Periodenerfolg nicht beeinflussen, hat somit nach der Ermittlung des Jahreserfolgs im Rahmen der Gewinnverwendung zu erfolgen.

Im Vergleich zu den handelsrechtlichen Vorschriften, bei denen eine Verände- 28
rung der Vorsorgen nach § 340g HGB das Ergebnis beeinflusst, wirft die Aussage in F. 66 jedoch die Frage auf, wer über die **Höhe der Vorsorge** entscheidet. Diese ist darauf zurückzuführen, dass in Deutschland die Kompetenzen für die Bilanzierung des Sonderpostens nach § 340g HGB und Maßnahmen der Gewinnverwendung zwischen den geschäftsleitenden Organen und den Anteilseignern unterschiedlich verteilt sind. So entscheidet über die Bilanzierung des Sonderpostens nach § 340g HGB die Geschäftsleitung (Geschäftsführung, Vorstand), während die Entscheidungen über die Gewinnverwendung grds den Anteilseignern zustehen. Nach § 58 Abs 2 AktG können bei AG Vorstand und Aufsichtsrat maximal 50% des Jahresüberschusses in die Gewinnrücklagen einstellen (wenn sie den Jahresabschluss feststellen). Die Aussage in F. 66 ist daher wohl so zu interpretieren, dass die Dispositionsbefugnis bzgl der Dotierung des Sonderpostens für allgemeine Risiken des Bankgeschäfts der Geschäftsleitung als Maßnahme der Geschäftsführung zusteht.

b) Stille Vorsorgereserven für allgemeine Risiken des Bankgeschäfts

Die Bildung **stiller Vorsorgereserven** ist nach F. 37 nicht zulässig. Die gem 29
§ 340f Abs 1 HGB bestehende Möglichkeit, im Rahmen der Bewertung stille Reserven zu legen (sowie die Möglichkeit der Überkreuzkompensation nach § 340f Abs 3 HGB), besteht nicht. Das Verbot entspricht dem allgemeinen Grundgedanken der IFRS, wonach die Bildung stiller Reserven ausgeschlossen werden soll, da ansonsten durch den Jahresabschluss eine verlässliche Information über die VFE-Lage nicht gegeben wird.

10. Fristengliederung

Im Rahmen der **Angaben zum Liquiditätsrisiko** gem IFRS 7.39 hat für fi- 30
nanzielle Verbindlichkeiten eine Analyse der vereinbarten Fälligkeitstermine zu erfolgen, aus der die vertraglich vereinbarten Restlaufzeiten hervorgehen. Für die zu erstellende Restlaufzeitengliederung enthält IFRS 7.39(a) dabei keine starren Vorgaben, vielmehr sind die Laufzeitbänder nach dem Ermessen der Bank zu bilden. IFRS 7.B11 gibt hierzu lediglich folgendes Beispiel:
(1) bis zu einem Monat,
(2) mehr als ein Monat bis zu drei Monaten,
(3) mehr als drei Monate bis zu einem Jahr,
(4) mehr als ein Jahr bis zu fünf Jahren.

Offenzulegen sind die (undiskontierten) Zahlungsströme in Höhe der vertraglich vereinbarten Beträge ohne Abzug (IFRS 7.B14).

Die nachstehende Übersicht gibt anhand der Restlaufzeitengliederung im Ab- 31
schluss 2007 der Commerzbank AG eine mögliche Untergliederung wieder; die Angaben erfolgten dabei jeweils für das Berichtsjahr sowie das Vorjahr:

Mio €	Restlaufzeiten zum 31. Dezember 2007				
	täglich fällig und unbefristet	bis drei Monate	drei Monate bis ein Jahr	ein Jahr bis fünf Jahre	über fünf Jahre
Forderungen an Kreditinstitute	23.311	17.733	11.437	13.609	7.968
Forderungen an Kunden	21.058	47.377	28.060	93.516	99.398

Mio €	Restlaufzeiten zum 31. Dezember 2007				
	täglich fällig und unbefristet	bis drei Monate	drei Monate bis ein Jahr	ein Jahr bis fünf Jahre	über fünf Jahre
Schuldverschreibungen und andere zinsbezogene Wertpapiere sowie Schuldscheindarlehen der Handelsaktiva	–	1.529	2.057	9.659	9.017
Schuldverschreibungen und andere zinsbezogene Wertpapiere der Finanzanlagen	–	7.028	9.527	39.077	71.477
Gesamt	**44.369**	**73.667**	**51.081**	**155.861**	**187.860**
Verbindlichkeiten ggü Kreditinstituten	25.813	68.059	6.902	10.031	14.315
Verbindlichkeiten ggü Kunden	55.273	55.454	8.952	14.336	25.172
Verbriefte Verbindlichkeiten	134	25.184	39.536	107.013	33.782
Nachrang- und Hybridkapital*)	–	82	1.011	5.006	8.001
Gesamt	**81.220**	**148.779**	**56.401**	**136.386**	**81.270**

*) ohne Zinsabgrenzungen und Disagien (361 Mio €) und Bewertungseffekte (-1 Mio €)

Als Restlaufzeiten wird der Zeitraum zwischen dem Bilanzstichtag und der vertraglichen Fälligkeit der Finanzinstrumente angesehen. Bei Finanzinstrumenten, die in Teilbeträgen gezahlt werden, ist die Restlaufzeit für jeden einzelnen Teilbetrag angesetzt worden.

(vgl *Commerzbank AG* Geschäftsbericht 2007, 209).

32 Für **täglich fällige Einlagen** besteht in der Praxis idR ein Bodensatz, der tatsächlich ohne Verfügungen oder Rückzahlungen längerfristig zur Verfügung steht. Trotz des von der vertraglichen Vereinbarung idR abweichenden, im Ermessen des Gläubigers stehenden tatsächlichen Rückzahlungszeitpunkts hat die Klassifizierung nach IFRS 7.B12 nach der vertraglich vereinbarten Fälligkeit, im Zweifel nach dem frühest möglichen Rückzahlungszeitpunkt, zu erfolgen. Sichteinlagen sind daher dem frühesten Laufzeitband zuzuordnen.

In Fällen der **Ratenzahlung** sind die einzelnen Raten dem jeweiligen Laufzeitband zuzuordnen, in dem die Raten frühestens fällig werden (IFRS 7.B13).

33 Wenn IFRS 7.39(a) auch lediglich auf finanzielle Verbindlichkeiten abstellt, kann aus IFRS 7.IG30 geschlossen werden, dass daneben (wie auch nach § 9 Abs 1 RechKredV) Angaben zu finanziellen Vermögenswerten zu machen sind. Entspr Angaben sind darüber hinaus auch aufsichtsrechtlich relevant und entsprechen daher der gängigen Praxis in der Rechnungslegung von Banken.

11. Treuhandgeschäfte

34 Die Bilanzierung von Treuhandgeschäften erfolgt nach IAS 39 in **Abhängigkeit** von der **Art des Treuhandverhältnisses.** Unterschieden werden kann zwischen der Sicherungstreuhandschaft und der Verwaltungstreuhandschaft. Bei der Sicherungstreuhand (zB Sicherungsübereignung) kann der Treuhänder die

ihm eingeräumten Rechte nur nach Maßgabe der Sicherungsabrede wahrnehmen. Bei der Verwaltungstreuhand übt der Treuhänder seine Rechte nicht in eigenem Interesse, sondern für Rechnung des Treugebers aus. Abweichend zur Regelung in § 6 RechKredV, der eine Differenzierung danach vornimmt, ob die Tätigkeit in eigenem oder fremden Namen erfolgt, ist nach IAS 39 allein auf die wirtschaftliche Verfügungsgewalt abzustellen (IAS 39.IG E.4.8). Das Treuhandvermögen gehört aufgrund der dem Treuhandverhältnis zugrunde liegenden Vereinbarungen daher regelmäßig nicht zum Vermögen der Bank. Dementsprechend sind die betreffenden Vermögenswerte **grds nicht in der Bankbilanz anzusetzen.** Dieser Grundsatz besteht bei der Sicherungstreuhand, zumindest solange, wie eine Verwertungsmöglichkeit für den Sicherungstreuhänder (Sicherungsnehmer) aufgrund der Sicherungsabrede nicht besteht. Ist hingegen der Verwertungsfall eingetreten und hat der Sicherungstreuhänder die Möglichkeit zur Sicherheitenverwertung, erfolgt die Bilanzierung beim Treuhänder.

Soweit die Bank **wesentlichen Treuhandaktivitäten** nachgeht, wird dies – 35
aufgrund der potenziellen Haftung, falls die Bank gegen ihre fiduziarischen Pflichten verstößt – mit einem Hinweis auf das Ausmaß im Jahresabschluss angegeben. Die Darstellung wird regelmäßig im **Anhang** vorgenommen.

12. Pensionsgeschäfte

Pensionsgeschäfte sind Verträge, durch die sich ein **Pensionsgeber** verpflich- 36
tet, ihm gehörende Vermögensgegenstände auf den **Pensionsnehmer** zu übertragen und in denen gleichzeitig vereinbart wird, dass die Vermögensgegenstände später gegen Entrichtung eines im Voraus vereinbarten Betrags zurückübertragen werden können oder müssen (§ 340b Abs 1 HGB). In Abhängigkeit davon, ob der Pensionsnehmer zur Rückübertragung der Vermögensgegenstände verpflichtet oder berechtigt ist, wird zwischen echten und unechten Pensionsgeschäften unterschieden. Während der Pensionsnehmer beim **echten Pensionsgeschäft** zur Rückübertragung verpflichtet ist (§ 340b Abs 2 HGB), ist er beim **unechten Pensionsgeschäft** lediglich zur Rückübertragung berechtigt (§ 340b Abs 3 HGB). Bei beiden Formen des Pensionsgeschäftes bleibt der Pensionsgeber zur Rücknahme verpflichtet. Die Bilanzierung von Pensionsgeschäften erfolgt nach IAS 39 in Abhängigkeit davon, ob aufgrund der getroffenen Vereinbarung ein Abgang beim Pensionsgeber/Zugang beim Pensionsnehmer anzunehmen ist oder nicht. Die Entscheidung ist auf der Grundlage einer wirtschaftlichen Betrachtungsweise zu treffen, die davon abhängt, ob die wesentlichen Chancen und Risiken sowie die Kontrollrechte an dem finanziellen Vermögenswert übergegangen sind.

Da beim **echten Pensionsgeschäft** aufgrund der Rückübertragungsverpflich- 37
tung des Pensionsnehmers die Abgangskriterien nicht erfüllt werden, sind die Vermögenswerte weiterhin beim Pensionsgeber zu bilanzieren (IAS 39.AG40(a); *IDW* RS HFA 9 Rz 207). Der Pensionsgeber bilanziert darüber hinaus eine Verpflichtung ggü dem Pensionsnehmer (*IDW* RS HFA 9 Rz 208). Der Pensionsnehmer bilanziert in Höhe des hingegebenen Betrags eine Forderung gegen den Pensionsgeber (*IDW* RS HFA 9 Rz 209). Die Abbildung entspricht hier der Regelung in § 340b Abs 4 HGB.

Bei einem **unechten Pensionsgeschäft** hängt die Entscheidung darüber, ob 38
ein Abgang anzunehmen ist, von der Wahrscheinlichkeit ab, mit der der Pensionsnehmer sein Recht zur Rückübertragung ausüben wird. Im Ergebnis liegt beim **Pensionsnehmer** eine **Verkaufsoption**, bei der der **Pensionsgeber** die **Stillhalterposition** einnimmt (*IDW* RS HFA 9 Rz 205). Ist davon auszugehen, dass der Pensionsnehmer seine Rückübertragungsoption ausüben wird, ist der

(übertragene) Vermögenswert weiterhin beim Pensionsgeber zu bilanzieren. Die Ausübungswahrscheinlichkeit für diese Option hängt dabei davon ab, ob und wieweit diese aus oder im Geld ist. IAS 39.AG40(d) geht davon aus, dass bei einer weit im Geld liegenden Verkaufsoption, die nur noch mit geringer Wahrscheinlichkeit bis zur Fälligkeit aus dem Geld sein wird, mit einer Ausübung der Verkaufsoption zu rechnen ist, sodass wesentliche Chancen und Risiken aus dem finanziellen Vermögenswert beim Pensionsgeber verbleiben und dieser ihn daher weiterhin zu bilanzieren hat. Umgekehrt ist die Situation, wenn die Verkaufsoption weit aus dem Geld ist, sodass mit einer Ausübung der Option bei Fälligkeit nicht zu rechnen ist. In diesem Fall ist davon auszugehen, dass der Vermögenswert beim Pensionsnehmer verbleibt, so dass der Pensionsgeber zur Ausbuchung verpflichtet ist (IAS 39.AG51(g); *IDW* RS HFA 9 Rz 210ff). Entgegen der differenzierten Betrachtung nach IAS 39 werden die Vermögenswerte bei unechten Pensionsgeschäften gem § 340b Abs 5 HGB grds beim Pensionsnehmer zu bilanzieren sein.

13. Wertpapierleihgeschäfte

39 Beim Wertpapierleihgeschäft werden Wertpapiere vom Verleiher (gegen Entgelt) auf den Entleiher **übertragen**, der nach Ablauf der Leihfrist verpflichtet ist, Wertpapiere gleicher Art, Güte und Menge **zurückzuübertragen.** Als rechtlicher Eigentümer kann der Entleiher frei über die entliehenen Wertpapiere verfügen, er erhält auch (unmittelbar) jeglichen Nutzen aus den Wertpapieren. Für letzteres hat er idR **Kompensationszahlungen** an den Verleiher zu leisten. Entgegen der handelsrechtlichen Würdigung (Bilanzierung der entliehenen Wertpapiere beim Entleiher) ist nach IAS 39 auf die wirtschaftliche Betrachtung abzustellen. Da der Entleiher zur Rückübertragung gleichartiger Wertpapiere verpflichtet ist, verbleibt das Marktpreisrisiko beim Verleiher. Durch die regelmäßig vom Entleiher zu leistenden Kompensationszahlungen verbleibt mittelbar auch der Nutzen aus dem Wertpapier beim Verleiher, so dass dieser die wesentlichen Chancen und Risiken zurückbehält. Aufgrund dieser Chancen- und Risikozuordnung hat der Entleiher die Wertpapiere – ungeachtet der Veräußerungsmöglichkeit des Entleihers – weiter zu bilanzieren (IAS 39.20(b), IAS 39.AG51(a) und (b)), da die Voraussetzungen für eine Ausbuchung nach IAS 39.15ff nicht erfüllt sind.

III. Bewertung

40 Für die Bewertung im Rahmen des Jahresabschlusses von Banken bestehen **keine branchenspezifischen Regelungen,** so dass auf die Regelungen in anderen Standards zurückzugreifen ist.

Der wesentliche Teil der in der Bankbilanz auszuweisenden Posten entfällt auf **Finanzinstrumente** iSv IAS 32 und IAS 39, so dass diese Standards und ihre sachgerechte Anwendung für die Bankbilanz von zentraler Bedeutung sind. Dabei stoßen insbes einzelne Bewertungsvorschriften von IAS 39 im Rahmen der Bankbilanzierung trotz zwischenzeitlich erfolgter Anpassungen und Ergänzungen auf erheblichen Widerstand bei den Banken, da sie zT als nicht sachgerecht empfundene Änderungen ggü der bisherigen Bilanzierungspraxis mit sich bringen.

41 **Begriffsbestimmungen** und **grundlegende Fragen** zur Bilanzierung von Finanzinstrumenten sind in § 3 (Finanzinstrumente) und § 23 (Derivate) enthalten, auf die daher verwiesen wird. Von besonderer Bedeutung für Banken sind dabei die

(1) Bewertung des Handelsbestands zum beizulegenden Zeitwert *(fair value)*, die ggf zu einem Ansatz über den Anschaffungskosten führt, und die

(2) Darstellung von Sicherungsbeziehungen *(hedge accounting)* zwischen einzelnen Geschäften und/oder noch nicht bilanzierten Ansprüchen und Verpflichtungen, die eine weitere Einschränkung der bisher zulässigerweise gebildeten Bewertungseinheiten beinhaltet (Verbot von *macro hedges*, keine Berücksichtigung interner Geschäfte).

42 Der **Wertpapierbestand** ist nach den **Vorschriften des HGB** für Zwecke der Bewertung und des Ausweises von Aufwendungen und Erträgen in drei Gruppen aufzuteilen (vgl *Scharpf*, 146):

HGB		
Wertpapierkategorie	**Bewertung**	**GuV-Ausweis von Bewertungs- und Veräußerungsergebnissen**
Handelsbestand	Strenges Niederstwertprinzip (§ 340 e Abs 1 Satz 2 iVm § 253 Abs 1 und 3 HGB) beizulegender Zeitwert abzüglich eines Risikoabschlags (§ 340 e Abs 3 HGB (BilMoG))	Formblatt 2 – Aufwendungen Nr 3 – Erträge Nr 5 Formblatt 3 – Ergebnissaldo Nr 7 Verrechnungsgebot (§ 340 c Abs 1 HGB)
Liquiditätsreserve (Vorsorgewertpapierbestand)	Strenges Niederstwertprinzip (§ 340 e Abs 1 Satz 2 iVm § 253 Abs 1 und 3 HGB) Wahlrecht nach § 340 f Abs 1 zum Ansatz eines niedrigeren Werts	Formblatt 2 – Aufwendungen Nr 7 – Erträge Nr 6 Formblatt 3 – Aufwendungen Nr 13 – Erträge Nr 14 Verrechnungswahlrecht (§ 340 c Abs 3 HGB iVm § 32 RechKredV)
Wie Anlagevermögen behandelter Bestand	Gemildertes Niederstwertprinzip (§ 340 e Abs 1 Satz 2 iVm § 253 Abs 1 und 2 HGB)	Formblatt 2 – Aufwendungen Nr 8 – Erträge Nr 7 Formblatt 3 – Aufwendungen Nr 15 – Erträge Nr 16 Verrechnungswahlrecht (§ 340 c Abs 2 HGB iVm § 33 RechKredV)

Obergrenze für alle drei Kategorien bilden gem § 253 Abs 1 Satz 1 HGB die Anschaffungskosten.

Demgegenüber sieht IAS 39.9 für Finanzinstrumente vier Kategorien vor: 43

IAS 39	
Kategorie	**(Folge-)Bewertung**
Erfolgswirksam mit dem beizulegenden Zeitwert *(fair value)* bewertet – zu Handelszwecken gehalten – designiert	Beizulegender Zeitwert *(fair value)*

IAS 39	
Kategorie	**(Folge-)Bewertung**
Bis zur Endfälligkeit gehalten	Anschaffungskosten
Zur Veräußerung verfügbar	Beizulegender Zeitwert *(fair value)*
Kredite und Forderungen	Anschaffungskosten

Die **Abgrenzung** der Kategorien entspricht nur teilweise den nach dem HGB zu bildenden Gruppen für den Wertpapierbestand. Während die in der ersten Kategorie enthaltene Gruppe zu Handelszwecken gehalten weitgehend dem Handelsbestand nach HGB entspricht, umfasst die Kategorie bis zur Endfälligkeit gehalten zB nur Wertpapiere mit einer festen Laufzeit, sodass zB Aktien oder Investmentanteile nicht hierunter subsumiert werden können (vgl *Scharpf*, 128 ff). Das durch IAS 39 eingeführte Wahlrecht, Finanzinstrumente im Rahmen der Erfassung unter bestimmten Voraussetzungen der ersten Kategorie zuzuordnen und damit mit dem beizulegenden Zeitwert zu bewerten, bietet hier jedoch die Möglichkeit einer einheitlichen Vorgehensweise. Die in der Übersicht zuletzt genannte Kategorie (Kredite und Forderungen) umfasst nach der Regelung von IAS 39.45 **sämtliche** Kredite und Forderungen, also nicht nur die vom bilanzierenden Unternehmen ausgereichten. Wegen weiterer Einzelheiten wird auf die Ausführungen unter § 3 Rz 49 ff verwiesen.

44 Die Bilanzierung von **Sicherungsgeschäften** *(hedge accounting)* ist in IAS 39.71 ff ausdrücklich geregelt (vgl § 23 Rz 46 ff). Die Voraussetzungen und Möglichkeiten für ein *hedge accounting* sind dabei deutlich restriktiver geregelt als die bisherige Bilanzierungspraxis in Deutschland. Nur wenn die durch IAS 39 gestellten Anforderungen erfüllt sind, dürfen die sich aus dem *hedge accounting* resultierenden Bewertungs- und Ausweiskonsequenzen gezogen werden. Insbes für Banken ergeben sich daraus Einschränkungen, da die dort bislang im Rahmen der Risikoabsicherung und -steuerung eingesetzten *macro hedges* und internen Geschäfte unter IAS 39 nicht mehr den Anforderungen an die Bilanzierung von Sicherungsgeschäften genügen. Die Möglichkeit zur Absicherung von Zinsänderungsrisiken auf Portfoliobasis (vgl IAS 39.78, IAS 39.AG114 ff) trägt der diesbezüglich vorgetragenen Kritik zwar in Teilbereichen Rechnung, löst die mit den vorstehend genannten Einschränkungen verbundenen Probleme aufgrund der Begrenzung auf Zinsänderungsrisiken und den im Einzelnen geregelten Anforderungen aber nur teilweise. Dies führt in den betroffenen Bereichen zu einem Auseinanderfallen der wirtschaftlichen Realität und der Abbildung in der Bilanz und somit zu einer verzerrten Darstellung der Ertragslage (vgl *Frühauf* Börsen-Zeitung 2002, 11).

45 Die Bemessung der **Risikovorsorge** (s ausführlich § 3 Rz 173 ff) im Kreditgeschäft hängt von der Beurteilung der entspr Risiken durch das Management der Bank ab. Die der Bemessung der Risikovorsorge zugrunde gelegten Beurteilungsmaßstäbe unterliegen dabei dem Stetigkeitsgrundsatz (vgl IAS 39.AG84 ff). **Wertberichtigungen** sind zu bilden, wenn objektive Hinweise auf eine Wertminderung vorliegen (IAS 39.58). Dh, das wertmindernde Ereignis ist am jeweiligen Bilanzstichtag bereits eingetreten (sog *incurred loss model;* § 3 Rz 174 ff); nicht erforderlich ist hingegen, dass die entspr Kenntnis bereits am Bilanzstichtag bestand. In Frage kommen neben Einzel- und pauschalierten Einzelwertberichtigungen auch Portfoliowertberichtigungen. Zur Ermittlung der erforderlichen Wertberichtigung sieht IAS 39.58 ff ein mehrspuriges Verfahren vor: Bedeutsame Forderungen sind zunächst einzeln auf eine mögliche Wertminderung zu untersuchen und ggf wertzuberichtigen. Ergeben sich im Rahmen dieser Einzelbeur-

teilung keine Hinweise auf eine Wertminderung, sind diese Forderungen – soweit sie vergleichbare Risikoprofile aufweisen – zu Portfolien zusammen zu fassen und auf Portfoliobasis auf Wertminderungen zu untersuchen. Darüber hinaus hat eine Portfoliobetrachtung bzgl der nicht einzeln bedeutsamen Forderungen zu erfolgen (IAS 39.64). Die Höhe der Wertberichtigung ergibt sich aus der Differenz des (unter Verwendung des ursprünglichen Effektivzinssatzes ermittelten) Barwerts der noch erwarteten Zahlungsströme und dem Buchwert der Forderung (vgl IAS 39.63). Entfällt der Grund für eine Wertberichtigung, ist diese erfolgswirksam aufzulösen. Die Wertaufholung wird jedoch durch die fortgeführten Anschaffungskosten begrenzt, die sich ohne Wertminderung im Zeitpunkt der Wertaufholung ergeben hätte.

einstweilen frei 46

D. Gesamtergebnisrechnung/Gewinn- und Verlustrechnung

I. Gliederung

Für den erfolgswirksamen Teil der Gesamtergebnisrechnung (s ausführlich § 15 Rz 46ff) bzw die gesonderte GuV (sofern erstellt) der Banken bestehen **keine starren Vorgaben zur Mindestgliederung;** auch ist nicht festgelegt, ob der erfolgswirksame Teil der Gesamtergebnisrechnung bzw die gesonderte GuV (sofern erstellt) in der international üblichen Staffelform oder in der Kontenform zu erstellen ist. Es sind diesbezüglich die allgemeinen Vorschriften (vgl IAS 1) zu beachten. Ungeachtet der in IAS 1.82 (branchenunabhängigen) vorgegebenen Mindestgliederung für die Erfolgsrechnung ist daher insbes IAS 1.85 zu beachten, wonach Anpassungen der Mindestgliederung vorzunehmen sind, wenn dies für die Darstellung der Ertragslage des Unternehmens relevant ist. Aufgrund der **geschäftszweigspezifischen Besonderheiten** von Banken wird die Gliederung nach IAS 1.82 daher regelmäßig anzupassen sein. 47

Die nachfolgend dargestellte **Erfolgsrechnung der Commerzbank AG** stellt eine mögliche Gliederungsform dar: 48

Erfolgsrechnung	**1. Januar – 31. Dezember 2007 in Mio €**	**1. Januar – 31. Dezember 2006 in Mio €**	**Veränderung in %**
Zinserträge	22.116	18.862	17,3
Zinsaufwendungen	18.096	14.925	21,2
Zinsüberschuss	4.020	3.937	2,1
Risikovorsorge im Kreditgeschäft	– 479	– 878	– 45,4
Zinsüberschuss nach Risikovorsorge	3.541	3.059	15,8
Provisionserträge	3.832	3.484	10,0
Provisionsaufwendungen	682	557	22,4
Provisionsüberschuss	3.150	2.927	7,6
Handelsergebnis	879	1.111	– 20,9
Ergebnis aus Finanzanlagen	126	770	– 83,6
Sonstiges Ergebnis	183	– 14	–
Verwaltungsaufwendungen	5.366	5.204	3,1
Operatives Ergebnis	**2.513**	**2.649**	**– 5,1**
Restrukturierungsaufwendungen	8	253	– 96,8

Erfolgsrechnung	1. Januar – 31. Dezember 2007 in Mio €	1. Januar – 31. Dezember 2006 in Mio €	Veränderung in %
Ergebnis der gewöhnlichen Geschäftstätigkeit/Ergebnis vor Steuern	**2.505**	**2.396**	**4,5**
Steuern vom Einkommen und vom Ertrag	580	595	– 2,5
Ergebnis nach Steuern	**1.925**	**1.801**	**6,9**
Konzernfremden Gesellschaftern zustehende Gewinne/Verluste	– 8	– 197	– 95,9
Konzernüberschuss	**1.917**	**1.604**	**19,5**
Gewinnverwendung	**2007 in Mio €**	**2006 in Mio €**	**Veränderung in %**
Konzernüberschuss Einstellung in Gewinnrücklagen	1.917 – 1.260	1.604 – 1.111	19,5 13,4
Konzerngewinn	**657**	**493**	**33,3**

(vgl *Commerzbank AG* Geschäftsbericht 2007, 139).

II. Saldierung/Kompensation

49 Gem IAS 1.32 dürfen **Ertrags- und Aufwandsposten grds nicht miteinander saldiert** werden. Eine **Ausnahme** besteht bzgl Aufwendungen und Erträgen aus einem Geschäftsvorfall außerhalb der primären Geschäftstätigkeit, wenn dessen Gehalt durch die saldierte Darstellung besser wiedergegeben wird. IAS 1.34 nennt als Beispiele Gewinne und Verluste aus der Veräußerung von Anlagevermögen (IAS 1.34(a)) sowie Aufwendungen, die aufgrund vertraglicher Vereinbarungen von einem Dritten erstattet werden (IAS 1.34(b)). Darüber hinaus erlaubt IAS 1.35 in nicht wesentlichen Fällen die Saldierung von Gewinnen und Verlusten aus einer Gruppe einheitlicher Geschäftsvorfälle wie zB Fremdwährungsgeschäften oder Finanzinstrumenten des Handelsbestands. Sind die Gewinne oder Verluste wesentlich, verbleibt es hingegen beim Saldierungsverbot. Die nach dem Bankbilanzrichtlinie-Gesetz zulässige **Saldierung** von Aufwendungen und Erträgen aus dem Kreditgeschäft und die Überkreuzkompensation von Ergebnisbeiträgen aus dem Kreditgeschäft mit Ergebnisbeiträgen aus den Wertpapieren der Liquiditätsreserve sind somit nicht möglich.

III. Inhalt einzelner Ergebniskomponenten

50 Eine abschließende Festlegung des Inhalts einzelner Ergebniskomponenten wird in den IFRS nicht vorgenommen, sodass es weitgehend dem bilanzierenden Unternehmen überlassen bleibt, eine **zweckmäßige Abgrenzung** vorzunehmen. Bezeichnung und Inhalt der im erfolgswirksamen Teil der Gesamtergebnisrechnung bzw in der gesonderten GuV (sofern erstellt) aufgeführten Posten entsprechen in der Praxis in weiten Teilen den aus der EU-Bilanzierungsrichtlinie bekannten Begriffen und deren Abgrenzung, sodass auf diese zurückgegriffen werden kann.

1. Zinserträge und -aufwendungen

Unter den Zinserträgen und -aufwendungen sind sämtliche Erträge bzw Aufwendungen mit **Zinscharakter** zu erfassen. Da die IFRS keine Regelungen über die im Einzelnen hierunter zu subsumierenden Erträge und Aufwendungen enthalten, kann auf die Abgrenzung der §§ 28 und 29 RechKredV zurückgegriffen werden. Die Zinserträge umfassen Zinserträge aus Kredit- und Geldmarktgeschäften sowie Zinserträge und Dividenden aus Wertpapieren, soweit letztere nicht dem Handelsergebnis zuzuordnen sind. Dazu gehören zB auch die Erträge aus der Auflösung von Disagien sowie der Zuschreibung zu Null-Kupon-Anleihen. Darüber hinaus werden hierunter auch lfd Erträge aus Beteiligungen an TU und assoziierten Unternehmen sowie aus dem Leasinggeschäft ausgewiesen. Weiterhin sind hierunter Erträge aus Gebühren und Provisionen, soweit diese Zinscharakter haben, auszuweisen. Unter den Zinsaufwendungen sind im Wesentlichen die Zinsaufwendungen für Einlagen und übrige Verbindlichkeiten (einschließlich verbriefter Verbindlichkeiten) sowie für Nachrangkapital zu erfassen. Korrespondierend zu den Zinserträgen zählen aber auch Aufwendungen aus Agien, Null-Kupon-Anleihen sowie Gebühren und Provisionen mit Zinscharakter zu den Zinsaufwendungen. Die Abgrenzung der Zinserträge und -aufwendungen erfolgt nach Maßgabe der **Effektivzinsmethode** (IAS 18.30(a) iVm IAS 39.9). Zinserträge und -aufwendungen sind gem IAS 1.82(a) und (b) jeweils gesondert in der GuV auszuweisen. 51

2. Risikovorsorge im Kreditgeschäft

Der als **„Risikovorsorge im Kreditgeschäft"** bezeichnete Posten umfasst: 52

(1) Aufwendungen für die Bildung/Erträge aus der Auflösung von Wertberichtigungen (Einzel-, pauschalierte Einzel- und Portfoliowertberichtigungen),
(2) Abschreibungen (Sofortabschreibungen),
(3) Aufwendungen aus der Dotierung/Erträge aus der Auflösung von Rückstellungen im Kreditgeschäft sowie
(4) Aufwendungen/Erträge aus dem Abgang von Forderungen.

Zur **Erläuterung** der **Risikovorsorgeaufwendungen** fordert IFRS 7.20(e) die Angabe der Wertminderungsaufwendungen für jede Klasse finanzieller Vermögenswerte (s § 3 Rz 235). Auch wenn die Regelung lediglich auf Aufwendungen ausgerichtet ist, kann davon ausgegangen werden, dass ein Nettoausweis von Aufwendungen aus der Zuführung von Risikovorsorgen sowie Erträgen aus deren Auflösung sowie dem Eingang abgeschriebener Forderungen der Intention der Regelung besser entspricht und daher zulässig ist.

Vorsorgebeträge, die über die nach IAS 39 (s unten) zu bildenden Wertberichtigungen hinausgehen, sind im Rahmen der Gewinnverwendung, dh ohne Beeinflussung des Periodenerfolgs, den Gewinnrücklagen zuzuführen.

Ebenso dürfen **Reduzierungen** dieser Risikovorsorgen nicht in den Periodenerfolg einbezogen werden, sondern führen zu einer Erhöhung der Gewinnrücklagen (vgl auch die Ausführungen unter Rz 27).

IAS 39.58 ff befassen sich mit den im Rahmen des lfd Geschäftsverkehrs einer Bank üblichen Verlusten aus dem Kreditgeschäft. Sowohl die Vorsorge für im Einzelfall identifizierte Risiken **(Einzelwertberichtigung)** als auch die Vorsorge für eine Gruppe aus Krediten mit vergleichbaren Ausfallrisikoprofilen (**Portfoliowertberichtigung;** IAS 39.64) sind danach als Aufwand im erfolgswirksamen Teil der Gesamtergebnisrechnung bzw in der gesonderten GuV (sofern erstellt) zu erfassen. Einzel- und Portfoliowertberichtigungen dürfen dabei nach IAS 39.59 nur dann gebildet werden, wenn aufgrund eines eingetretenen Ver- 53 lustereignisses ein objektiver Hinweis auf eine Wertminderung gegeben ist (*incurred loss model;* vgl *IDW* RS HFA 9 Rz 241 ff).

Uneinbringliche Kredite sind abzuschreiben (vgl IAS 39.58 ff). Im Hinblick darauf, dass die Abschreibungen uneinheitlich vorgenommen werden – so erfolgt teilweise eine Abschreibung erst nach Abschluss aller rechtlichen Verfahren, teilweise aber auch schon, wenn zB innerhalb eines bestimmten Zeitraums keine Zins- und Tilgungsleistungen erbracht werden – sind Angaben über die Bilanzierungsgrundsätze, nach denen Abschreibungen auf uneinbringliche Kredite vorgenommen werden, zu machen.

3. Provisionserträge und -aufwendungen

54 Unter die Provisionserträge und -aufwendungen fallen neben den Provisionserträgen und -aufwendungen aus dem **Wertpapiergeschäft** auch Provisionen aus **Privatplatzierungen**, **syndizierten Krediten** und **anderen Finanzdienstleistungen**. Ebenso werden hierunter Provisionen aus dem Treuhandgeschäft und der Vermittlung von Versicherungen, Kreditkarten, Bausparverträgen und Immobilien erfasst. Mangels einer Regelung der Posteninhalte durch die IFRS kann auf die Abgrenzung in § 30 RechKredV zurückgegriffen werden. Hinsichtlich der Erträge aus dem Dienstleistungsgeschäft sind ergänzend die Regelungen in IAS 18.20 zu beachten. Da Provisionserträge und -aufwendungen bei Banken regelmäßig zu den Hauptertrags- bzw Hauptaufwandsarten gehören, sind sie jeweils gesondert im erfolgswirksamen Teil der Gesamtergebnisrechnung bzw in der separaten GuV (sofern erstellt) auszuweisen (IAS 1.35 iVm IAS 1.85).

4. Ergebnis aus Sicherungszusammenhängen

55 Durch die IFRS nicht vorgeschrieben, in der Praxis jedoch üblich, ist der gesonderte Ausweis des Ergebnisses aus Sicherungszusammenhängen **(Hedge Ergebnis).** Hierunter wird idR der Saldo des Bewertungsergebnisses aus effektiven Sicherungsgeschäften im Rahmen von *fair value hedges,* dh Wertveränderungen des Sicherungsinstruments sowie des Grundgeschäfts, letzteres bzgl des abgesicherten Risikos, zusammengefasst.

5. Handelsergebnis

56 Die Abgrenzung des Handelsergebnisses folgt der in der Bilanz vorgenommenen **Abgrenzung der Handelsaktiva und -passiva** und der dem Handelsbereich zugeordneten Geschäftsaktivitäten. Neben dem Kurs- und Bewertungsergebnis können auch die durch den Handelsbestand erwirtschafteten lfd Erträge (Zinsen und Dividenden), Provisionsbeiträge und die mit diesen verbundenen Refinanzierungsaufwendungen im Handelsergebnis berücksichtigt werden. Auch gegen die Einbeziehung der Ergebnisse aus dem Devisenauftragshandel bestehen keine Bedenken. Nach IFRS 7.20(a) ist das Handelsergebnis (getrennt von dem Nettoergebnis, der aufgrund der *fair value option* designierten Finanzinstrumente) als Nettobetrag in einem gesonderten Erfolgsposten oder im Anhang auszuweisen. Wegen der Bedeutung des Handelsergebnisses wird nach IAS 1.85 regelmäßig ein Ausweis in der Gesamtergebnisrechnung bzw der gesonderten GuV (sofern erstellt) vorzuziehen sein.

6. Ergebnis aus Finanzanlagen

57 Einen **gesonderten Ausweis** des Ergebnisses aus Finanzanlagen sehen die IFRS **nicht** vor, vielmehr verlangt IFRS 7.20(a) diesbezüglich ausschließlich den

Ausweis eines Nettoergebnisses aus den in IAS 39.9 genannten Bewertungskategorien in der GuV bzw dem erfolgswirksamen Teil der Gesamtergebnisrechnung oder im Anhang. Soweit – entspr der bisherigen Praxis – unter dem Finanzanlageergebnis Erfolge aus diesen Kategorien zusammengefasst werden, ist im Anhang eine kategoriespezifische Aufteilung vorzunehmen, soweit nach IAS 1.85 kein gesonderter GuV-Ausweis bzw Ausweis im erfolgswirksamen Teil der Gesamtergebnisrechnung geboten ist. Zinserträge und -aufwendungen aus Finanzanlagen werden in Anlehnung an IFRS 7.20(b) regelmäßig im **Zinsergebnis** ausgewiesen. Damit fallen unter das Ergebnis aus Finanzanlagen insbes Abgangsgewinne und -verluste sowie Ab- und Zuschreibungen. Mangels anderslautender Regelungen in den IFRS können unter diesem Posten aber auch Ergebnisse aus der **Währungsumrechnung** erfasst werden.

7. Verwaltungsaufwand

Der Verwaltungsaufwand umfasst (entspr der Abgrenzung in § 31 RechKredV) insbes den **Personal- und Sachaufwand.** Darüber hinaus werden hierunter – abweichend von den Regelungen der RechKredV, die diesbezüglich einen gesonderten Ausweis vorschreiben – auch die Abschreibungen ausgewiesen. Entspr IAS 1.82 stellt der Verwaltungsaufwand zwar keinen Mindestgliederungsposten dar, ist aufgrund seiner Bedeutung für Banken jedoch nach IAS 1.85 regelmäßig als gesonderter Posten in der GuV bzw dem erfolgswirksamen Teil der Gesamtergebnisrechnung anzugeben. 58

einstweilen frei 59

E. Angaben im Anhang

I. Überblick

Die im Anhang zu veröffentlichenden Informationen ergeben sich mangels einer branchenspezifischen Regelung aus den **allgemeinen Standards.** Da das Geschäft der Banken hauptsächlich mit Finanzinstrumenten erfolgt, haben die Regelungen in IFRS 7 eine besondere Relevanz. Auf die entspr Ausführungen, insbes in § 19 und § 3 Rz 202 ff wird verwiesen. Die teilweise in der Bilanz oder Gesamtergebnisrechnung möglichen Angaben werden in der Praxis, soweit möglich, im Anhang präsentiert. 60

II. Angaben zu Finanzinstrumenten nach IFRS 7 – Risikoberichterstattung

Besondere Bedeutung für die Berichterstattung von Banken haben die Angaben zu Finanzinstrumenten, die in IFRS 7 zusammengefasst sind. Durch IFRS 7 soll den Adressaten der Rechnungslegung eine umfassende Information über Finanzinstrumente und daraus resultierende **Risiken** gegeben werden. Die Angaben sollen die Adressaten in die Lage versetzen, die Bedeutung der Finanzinstrumente für die **Finanzlage** und den **Unternehmenserfolg** zu beurteilen (IFRS 7.7). Entspr dem Aufbau des Standards sind Angaben 61
(1) zur Bilanz (IFRS 7.8 bis IFRS 7.19),
(2) zur Gesamtergebnisrechnung (IFRS 7.20),
(3) zu sonstigen Bereichen (IFRS 7.21 bis IFRS 7.30) sowie
(4) zu Risiken aus Finanzinstrumenten (IFRS 7.31 bis IFRS 7.42)
zu machen.

Hinsichtlich der erforderlichen Einzelangaben zu (1) bis (4) wird ergänzend auf die Kommentierung in § 3 Rz 204 ff verwiesen.

62 Die Angaben zu **Risiken aus Finanzinstrumenten** stellen ungeachtet des Umstands, dass IFRS 7 branchenunabhängig für alle Unternehmen gilt, insbes an Banken **weitreichende Anforderungen.** Dies ist zum einen darauf zurückzuführen, dass Finanzinstrumente bei Banken sowohl vom Umfang als auch von der Komplexität her eine ggü anderen Branchen herausragende Stellung aufweisen, zum anderen verfügen Banken idR über weit entwickelte Risikomanagementsysteme. Letzteres ist insoweit von Bedeutung, als dass die Angaben im Rahmen der Risikoberichterstattung auf der Grundlage von Informationen zu machen sind, die die Geschäftsleitung intern zur Risikosteuerung verwendet (sog *management approach*).

63 Im Rahmen der Risikoberichterstattung unterscheidet IFRS 7 qualitative und quantitative Angaben (s auch § 3 Rz 241 ff). Die **qualitativen Angaben** erfordern je Risikokategorie die Angabe von Risikoumfang und Risikoentstehung (IFRS 7.33(a)), der Verfahren und Methoden zur Risikosteuerung und -bewertung (IFRS 7.33(b)) sowie der Veränderungen in den vorstehenden Punkten ggü dem Vorjahr (IFRS 7.33(c)). Einen Überblick über die **quantitativen Angaben** gibt die nachstehende Übersicht:

Quantitative Angaben im Rahmen der Risikoberichterstattung nach IFRS 7 für jede Risikoart	
Risikokonzentration (IFRS 7.34(c))	
Kreditrisiko (IFRS 7.36 f)	– maximales Ausfallrisiko (IFRS 7.36(a) – Kreditsicherheiten (IFRS 7.36(b)) – Kreditqualität (IFRS 7.36(c)) – nachverhandelte Kredite (IFRS 7.36(d)) – Altersstrukturanalyse (IFRS 7.37(a)) – Posten mit EWB (IFRS 7.37(b)) – Sicherheiten (IFRS 7.38)
Liquiditätsrisiko (IFRS 7.39)	– Restlaufzeitanalyse (IFRS 7.39(a)) – Risikosteuerung (IFRS 7.39(b))
Marktpreisrisiko (IFRS 7.40 f, IFRS 7 Anhang A) – Wechselkursrisiko – Zinsrisiko – sonstige Preisrisiken	– Sensitivitätsanalyse (IFRS 7.40) – *value-at-risk*-Analyse (IFRS 7.41) – Ersatzangaben (IFRS 7.42)

Die Angaben zu Risiken aus Finanzinstrumenten nach IFRS 7.31 bis IFRS 7.42 können – mit entspr Verweis im Abschluss – auch in einer anderen Erklärung gemacht werden (IFRS 7.B6). Hierdurch besteht insbes die Möglichkeit, die erforderlichen Angaben mit der **Risikoberichterstattung** im **Lagebericht** zu verbinden und dort zusammengefasst zu präsentieren.

III. Geschäfte mit nahestehenden Unternehmen/Personen

64 Die Angabepflichten bzgl Geschäften mit nahestehenden Unternehmen und Personen werden allgemein in IAS 24 geregelt, ohne dass dort auf die speziellen

Verhältnisse bei Banken eingegangen wird. Der Begriff der **nahestehenden Unternehmen/Personen** wird in IAS 24.9 definiert. Danach sind hierunter Unternehmen oder natürliche Personen zu fassen, die die Möglichkeit haben, eine andere Partei zu beherrschen oder einen maßgeblichen Einfluss auf deren Finanz- oder Geschäftspolitik auszuüben (vgl im Einzelnen § 20).

Verbindungen zu nahestehenden Unternehmen/Personen können einen besonderen Einfluss auf die VFE-Lage der berichtspflichtigen Bank haben. Dies liegt daran, dass zwischen nahestehenden Unternehmen/Personen möglicherweise Geschäftsbeziehungen bestehen, die zwischen unabhängigen Dritten nicht oder nicht in der Art und Weise unterhalten würden. So kann zB eine Bank, einem nahestehenden Unternehmen oder einer nahestehenden Person höhere Kredite oder niedrigere Zinsen – als einem Dritten – gewähren. Auch können Kredite und Einlagen zwischen nahestehenden Unternehmen/Personen schneller und unter geringerer Formalität als unter Dritten bewegt werden. Die in IAS 24 geforderten Angaben sind auch dann für die Abschlussadressaten von Bedeutung, wenn die Geschäfte mit nahestehenden Unternehmen/Personen zur üblichen Geschäftstätigkeit der Bank gehören und zu marktüblichen Bedingungen erfolgten. 65

Um den **Anforderungen** von IAS 24.12ff gerecht zu werden, kommen idR 66
neben einer

(1) Erläuterung der Kreditpolitik ggü nahestehenden Unternehmen/Personen Angaben über:
(2) Kredite, Einlagen, Akzeptkredite und Schuldscheine,
(3) die wichtigsten Hauptertragskomponenten, Zins- und Provisionsaufwendungen,
(4) die im Geschäftsjahr erfassten Aufwendungen und Verluste aus dem Kreditgeschäft sowie die Rückstellungen zum Bilanzstichtag und
(5) unwiderrufliche Zusagen, Eventualschulden sowie andere Verpflichtungen, die aus bilanzunwirksamen Posten resultieren

in Betracht.

IV. Eventualschulden

Die bilanzielle Behandlung von Eventualschulden ist insbes in **IAS 37** geregelt 67
(s auch § 13 Rz 16ff). Darüber hinaus ergeben sich zB aus IAS 19 weitergehende Anforderungen.

Nach der in IAS 37.10 gegebenen **Definition** liegen Eventualschulden vor, wenn

(1) mögliche Verpflichtungen aus einem in der Vergangenheit liegenden Ereignis bestehen, deren Realisierung von weiteren ungewissen Ereignissen in der Zukunft abhängt, die nicht durch das Unternehmen kontrolliert werden können oder
(2) eine gegenwärtige, auf vergangenen Ereignissen beruhende Verpflichtung nicht erfasst wurde, da
   (a) eine Vermögensbelastung des Unternehmens unwahrscheinlich ist oder
   (b) keine hinreichend zuverlässige Schätzung der Belastung möglich ist.

Die **Abgrenzung** der **Eventualschulden** zu den **Rückstellungen** erfolgt auf Basis der Wahrscheinlichkeit, mit der mit einer Belastung des Vermögens des Unternehmens gerechnet wird. Ist oder wird eine Vermögensbelastung wahrscheinlich, ist eine **Rückstellung** zu bilden (IAS 37.30). Soweit für die entspr Posten Rückstellungen gebildet werden, ist der Ausweis der Eventualschulden um den passivierten Betrag zu kürzen. Die Bilanzierung einer Eventualschuld ist unzulässig (IAS 37.27). Darüber hinaus scheidet eine Angabe aus, wenn eine Vermögensbelastung unwahrscheinlich ist (IAS 37.28, IAS 37.86).

68 Anzugeben sind nach IAS 37.86 – für jede Gruppe von Eventualschulden – neben einer Beschreibung der Eventualschuld

(1) eine nach IAS 37.36 bis IAS 37.52 zu bewertende Schätzung der finanziellen Auswirkungen,
(2) Unsicherheiten hinsichtlich der Höhe oder der Fälligkeit von Abflüssen,
(3) mögliche Erstattungsansprüche.

69 In der Praxis orientieren sich die Darstellungen an den differenzierten Anforderungen aus § 26 und § 27 RechKredV, wie das nachstehende Beispiel der Commerzbank AG zeigt:

	31. Dezember 2007 Mio €	31. Dezember 2006 Mio €	Veränderung in %
Eventualverbindlichkeiten	**29.459**	**29.453**	**0,0**
aus weitergegebenen abgerechneten Wechseln	8	4	–
aus Bürgschaften und Gewährleistungsverträgen	29.129	29.110	0,1
Kreditbürgschaften	3.497	3.214	8,8
Sonstige Bürgschaften	19.581	19.604	– 0,1
Akkreditive	5.997	5.847	2,6
Sonstige Gewährleistungen	54	445	– 87,9
Sonstige Verpflichtungen	322	339	5,0
Unwiderrufliche Kreditzusagen	**51.558**	**49.080**	**5,0**
Buchkredite an Kreditinstitute	1.149	1.263	– 9,0
Buchkredite an Kunden	48.993	46.265	5,9
Avalkredite	1.100	762	44,4
Akkreditive	316	790	– 60,0

(vgl *Commerzbank AG* Geschäftsbericht 2007, 221).

V. Segmentberichterstattung

70 Notwendigkeit und Umfang der ggf im Anhang aufzunehmenden Segmentberichterstattung sind in **IFRS 8** geregelt, der IAS 14 ersetzt und spätestens auf Geschäftsjahre anzuwenden ist, die am oder nach dem 1. Januar 2009 beginnen. Auf die diesbezügliche Kommentierung in § 21 wird verwiesen.

Das **DRSC** hat neben seinem allgemeinen Standard zur Segmentberichterstattung DRS 3 einen eigenen Standard für die Segmentberichterstattung von Kreditinstituten (DRS 3–10) verabschiedet, der spezifische Vorgaben für die gem § 297 Abs 1 Satz 2 HGB iVm § 340i HGB ggf vorzunehmende Segmentberichterstattung von Banken enthält.

71 IFRS 8 sieht eine Segmentabgrenzung nach dem sog ***management approach*** vor. Maßgeblich ist danach eine Segmentierung, die der internen Organisationsstruktur des Unternehmens entspricht und die das Management im Rahmen der internen Berichterstattung und Unternehmenssteuerung verwendet. Entspr der derzeitigen Organisationsstruktur der deutschen Großbanken haben diese für die **Segmentberichterstattung ieS** die Geschäftsfelder gewählt, während die Berichterstattung nach geographischen Regionen (IFRS 8.33) im Rahmen der sog unternehmensweiten Angaben erfolgt. Eine einheitliche Segmentierung erfolgt – vor dem Hintergrund unterschiedlicher Organisationsstrukturen – jedoch nicht,

sowohl die Anzahl als auch die Abgrenzung der einzelnen Segmente weichen voneinander ab.

Die nachstehende Übersicht gibt die einzelnen Segmente der Segmentberichterstattung sowie die dazu gemachten Segmentangaben im Abschluss 2007 der Commerzbank AG auf der Grundlage des **IAS 14** wieder: 72

in Mio €	Privat- und Geschäftskunden	Mittelstandsbank	Corporates & Markets	Commercial Real Estate	Public Finance und Treasury	Sonstige und Konsolidierung	Gesamt
Zinsüberschuss	1.296	1.477	373	858	– 2	18	4.020
Risikovorsorge im Kreditgeschäft	– 240	12	– 135	– 115	4	– 5	– 479
Zinsüberschuss nach Risikovorsorge	1.056	1.489	238	743	2	13	3.541
Provisionsüberschuss	1.575	817	186	411	– 24	185	3.150
Handelsergebnis	4	95	891	33	– 161	17	879
Ergebnis aus Finanzanlagen	– 8	7	– 324	– 194	148	497	126
Sonstiges Ergebnis	– 24	– 18	11	18	50	146	183
Erträge	*2.063*	*2.390*	*1.002*	*1.011*	*15*	*858*	*7.879*
Verwaltungsaufwendungen	2.202	1.138	979	564	105	378	5.366
Operatives Ergebnis	**401**	**1.252**	**23**	**447**	**– 90**	**480**	**2.513**
Restrukturierungsaufwendungen	–	–	8	–	–	–	8
Ergebnis vor Steuern	**401**	**1.252**	**15**	**447**	**– 90**	**480**	**2.505**
Durchschnittlich gebundenes Eigenkapital	**2.478**	**3.196**	**2.280**	**4.267**	**1.189**	**32**	**13.442**
Operative Eigenkapitalrendite (%)	**16,2**	**39,2**	**1,0**	**10,5**	**– 7,6**	**–**	**18,7**
Aufwandsquote im operativen Geschäft (%)	**77,5**	**47,9**	**86,1**	**50,1**	**954,5**	**–**	**64,2**
Eigenkapitalrendite des Ergebnisses vor Steuern (%)	**16,2**	**39,2**	**0,7**	**10,5**	**– 7,6**	**–**	**18,6**
Mitarbeiterdurchschnitt	11.711	9.619	1.782	1.609	430	9.645	34.796

(vgl *Commerzbank AG* Geschäftsbericht 2007, 174).

Ebenfalls in **Abhängigkeit** von den **internen Berichtsstrukturen** können sich aus IFRS 8.23 weitere – dort im Einzelnen genannte – quantitative Angabepflichten ergeben. Die in IFRS 8.23 enthaltene Aufzählung trägt den branchenspezifischen Besonderheiten von Banken nicht Rechnung. Wesentliche Ergebniskomponenten, die bei Banken nach IAS 1.85 bzw IAS 1.97 regelmäßig gesondert in der Gesamtergebnisrechnung oder im Anhang anzugeben sind, wer- 73 den von IFRS 8.23 nicht genannt. Soweit sich aus IAS 1.97 infolge der Wesentlichkeit von Aufwands- und Ertragsposten jedoch gesonderte Angabepflichten ergeben, sind diese gem IFRS 8.23(f) auch im Rahmen der Segmentberichterstattung gesondert zu berücksichtigen. In der Praxis der Banken dominiert bislang eine an der Gliederung der GuV orientierte Berichterstattung, die für die einzelnen Posten auch eine nach IFRS 8.28 erforderliche Überleitung der Segmentangaben zur Gesamtzahl für das Unternehmen/den Konzern enthält.

Neben der Segmentberichterstattung ieS sind nach IFRS 8.31ff ungeachtet des *management approach* weitere Angaben zu
(1) Produkten und Dienstleistungen (IFRS 8.32),
(2) geografischen Bereichen (IFRS 8.33) und
(3) wichtigen Kunden (IFRS 8.34)
zu machen.

74 Die nachstehende Übersicht gibt die Berichterstattung nach geografischen Märkten sowie die diesbezüglichen Angaben im Abschluss 2007 der Commerzbank AG wieder:

in Mio €	Europa einschließlich Deutschland	Amerika	Asien	Sonstige	Gesamt
Zinsüberschuss	3.678	278	56	8	4.020
Risikovorsorge im Kreditgeschäft	– 387	– 99	– 9	– 2	– 479
Zinsüberschuss nach Risikovorsorge	3.291	179	61	10	3.541
Provisionsüberschuss	3.052	73	26	– 1	3.150
Handelsergebnis	851	8	13	7	879
Ergebnis aus Finanzanlagen	691	– 543	– 22	–	126
Sonstiges Ergebnis	170	3	10	–	183
Erträge	*8.055*	*– 280*	*88*	*16*	*7.879*
Verwaltungsaufwendungen	5.145	153	61	7	5.366
Operatives Ergebnis	**2.910**	**– 433**	**27**	**9**	**2.513**
Risikoaktiva nach BIZ (ohne Marktpreisrisiken)	**223.744**	**7.419**	**2.774**	**639**	**234.576**

(vgl *Commerzbank AG* Geschäftsbericht 2007, 178).

75, 76 *einstweilen frei*

F. Kapitalflussrechnung

77 Entspr dem allgemeinen Grundsatz (IAS 7.1) haben auch Kreditinstitute die Pflicht, eine Kapitalflussrechnung zu erstellen. Auf die Kommentierung unter § 18 wird insoweit verwiesen.

Der grds auf Handels- und Produktionsunternehmen ausgerichtete IAS 7 enthält für Finanzinstitutionen *(financial institutions)* folgende **Sonderregelungen**:
(1) IAS 7.15: Behandlung von Cashflows aus dem Verkauf und Erwerb von Wertpapieren sowie der Gewährung von Krediten als betriebliche Tätigkeit,

(2) IAS 7.16(e): Auszahlungen aus der Gewährung von Krediten zählen nicht zur Investitionstätigkeit, sondern zur betrieblichen Tätigkeit,
(3) IAS 7.16(f): Einzahlungen aus der Tilgung von Krediten zählen nicht zur Investitionstätigkeit, sondern zur betrieblichen Tätigkeit,
(4) IAS 7.19(b): Behandlung von Zinserträgen und -aufwendungen sowie ähnlichen Erträgen und Aufwendungen, die bei Anwendung der direkten Methode zu den Umsatzerlösen bzw -kosten gehören,
(5) IAS 7.23(a): Annahme und Rückzahlung von Sichteinlagen können bei einer Bank saldiert ausgewiesen werden,
(6) IAS 7.24: Saldierungsmöglichkeit von Cashflows aus
   (a) Ein- und Auszahlungen aus Einlagen mit fester Laufzeit,
   (b) Platzierung von Einlagen bei und Rücknahme von Einlagen von anderen Finanzinstitutionen,
   (c) Ein- und Auszahlungen aus Kundenkrediten,
(7) IAS 7.33: Gezahlte Zinsen sowie erhaltene Zinsen und Dividenden gehören im Normalfall zur betrieblichen Tätigkeit.

Für die von IAS 7 präferierte Aufstellung der Cashflow-Rechnung nach der **direkten Methode** gibt IAS 7 folgendes Gliederungsbeispiel: 78

Beispiel für ein Gliederungsschema bei Anwendung der direkten Methode gem IAS 7 Appendix B:

Mittelzuflüsse/-abflüsse aus lfd Geschäftstätigkeit		
Erhaltene Zinsen und Provisionen	Xxx	
Auszahlungen Zinsen	– xxx	
Einzahlungen aus zuvor abgeschriebenen Darlehen	Xxx	
Auszahlungen an Arbeitnehmer und Lieferanten	– xxx	
Betriebsergebnis vor Änderungen der betrieblichen Vermögenswerte	xxx	
(Erhöhung) Abnahme der betrieblichen Vermögenswerte:		
Kurzfristige Mittel	– xxx	
Einlagen, die für gesetzliche oder monetäre Kontrollzwecke gehalten werden	xxx	
Vorauszahlungen an Kunden	– xxx	
Nettozunahme der Kreditkartenforderungen	xxx	
Andere kurzfristige Wertpapiere	– xxx	
(Erhöhung) Abnahme der betrieblichen Verbindlichkeiten:		
Einlagen von Kunden	xxx	
Begebbare Einlagenzertifikate	– xxx	
Nettozahlungsmittel aus lfd Geschäftstätigkeit vor Ertragsteuern	xxx	
Gezahlte Ertragsteuern	– xxx	
Nettozahlungsmittel aus lfd Geschäftstätigkeit		**Xxx**
Mittelzuflüsse/-abflüsse aus Investitionstätigkeit		
Veräußerung von TU Y	xxx	
Erhaltene Dividenden	xxx	
Erhaltene Zinsen	xxx	
Erlöse aus dem Verkauf von Wertpapieren außerhalb des Handelsbestands	xxx	
Erwerb von Wertpapieren außerhalb des Handelsbestands	– xxx	
Erwerb von Sacheinlagen	– xxx	
Nettozahlungsmittel aus Investitionstätigkeit		**Xxx**
Mittelzuflüsse/-abflüsse aus der Finanzierungstätigkeit		

Emissionen von Schuldverschreibungen	xxx	
Emissionen von Vorzugsanteilen durch TU	xxx	
Rückzahlung langfristiger Ausleihungen	– xxx	
Nettorückgang anderer Ausleihungen	– xxx	
Gezahlte Dividenden	– xxx	
Nettozahlungsmittel aus Finanzierungstätigkeit		**Xxx**
Auswirkungen von Wechselkursänderungen auf Zahlungsmittel und Zahlungsmitteläquivalente		Xxx
Nettozunahme der Zahlungsmittel und Zahlungsmitteläquivalente		Xxx
Zahlungsmittel und Zahlungsmitteläquivalente zu Beginn der Berichtsperiode		xxx
Zahlungsmittel und Zahlungsmitteläquivalente am Ende der Berichtsperiode		**Xxx**

79 Die deutschen Großbanken erstellen ihre Kapitalflussrechnung für den Cashflow aus der lfd Geschäftstätigkeit nach der **indirekten Methode** und orientieren sich dabei an dem vom DRSC ergänzend zu seinem allgemeinen Standard zu Kapitalflussrechnungen (DRS 2) herausgegebenen Standard zur „Kapitalflussrechnung von Kreditinstituten" (DRS 2–10), der bei Anwendung der indirekten Methode die nachfolgende **Mindestgliederung** vorsieht:

1.			Periodenergebnis (einschließlich Ergebnisanteilen von Minderheitsgesellschaftern) vor außerordentlichen Posten
			Im Periodenergebnis enthaltene zahlungsunwirksame Posten und Überleitung auf den Cashflow aus lfd Geschäftstätigkeit
	2.	+/–	Abschreibungen, Wertberichtigungen und Zuschreibungen auf Forderungen, Sach- und Finanzanlagen
	3.	+/–	Zunahme/Abnahme von Rückstellungen
	4.	+/–	Andere zahlungsunwirksame Aufwendungen/Erträge
	5.	–/+	Gewinn/Verlust aus der Veräußerung von Finanz- und Sachanlagen
	6.	–/+	Sonstige Anpassungen (Saldo)
	7.	=	Zwischensumme
			Veränderung des Vermögens und der Verbindlichkeiten aus lfd Geschäftstätigkeit
	8.		Forderungen
	8 a.	+/–	– an Kreditinstitute
	8 b.	+/–	– an Kunden
	9.	+/–	Wertpapiere (soweit nicht Finanzanlagen)
	10.	+/–	Andere Aktiva aus lfd Geschäftstätigkeit
	11.		Verbindlichkeiten
	11 a.	+/–	– ggü Kreditinstituten
	11 b.	+/–	– ggü Kunden
	12.	+/–	Verbriefte Verbindlichkeiten
	13.	+/–	Andere Passiva aus lfd Geschäftstätigkeit
	14.	+	Erhaltene Zinsen und Dividenden

	15.	–	Gezahlte Zinsen
	16.	+	Außerordentliche Einzahlungen
	17.	–	Außerordentliche Auszahlungen
	18.	+/–	Ertragsteuerzahlungen
19.		=	**Cashflow aus der lfd Geschäftstätigkeit**
	20.		Einzahlungen aus Abgängen des
	20 a.	+	– Finanzanlagevermögens
	20 b.	+	– Sachanlagevermögens
	21		Auszahlungen für Investitionen in das
	21 a.	–	– Finanzanlagevermögen
	21 b.	–	– Sachanlagevermögen
	22.	+	Einzahlungen aus dem Verkauf von konsolidierten Unternehmen und sonstigen Geschäftseinheiten
	23.	–	Auszahlungen aus dem Erwerb von konsolidierten Unternehmen und sonstigen Geschäftseinheiten
	24.	+/–	Mittelveränderungen aus sonstiger Investitionstätigkeit (Saldo)
25.		=	**Cashflow aus der Investitionstätigkeit**
	26.	+	Einzahlungen aus Eigenkapitalzuführungen (Kapitalerhöhungen, Verkauf eigener Anteile etc)
	27.		Auszahlungen an Unternehmenseigner und Minderheitsgesellschafter
	27 a.	–	– Dividendenzahlungen
	27 b.	–	– sonstige Auszahlungen
	28.	+/–	Mittelveränderungen aus sonstigem Kapital (Saldo)
	29.	=	**Cashflow aus der Finanzierungstätigkeit**
	30.		Zahlungswirksame Veränderungen des Finanzmittelfonds (Summe aus 19, 25, 29)
	31.	+/–	Wechselkurs-, konsolidierungskreis- und bewertungsbedingte Änderungen des Finanzmittelfonds
32.		+	**Finanzmittelfonds am Anfang der Periode**
33.		=	**Finanzmittelfonds am Ende der Periode**

Hinsichtlich der vorstehenden Gliederung des DRSC ist zu beachten, dass **außerordentliche Posten** (vgl Nr 16 und 17 des Gliederungsschemas) nach IAS 7 nicht mehr gesondert ausgewiesen werden dürfen, sondern den übrigen Gliederungspunkten zuzuordnen sind. 80

einstweilen frei 81

G. Gegenüberstellung zu HGB/DRS

Die Rechnungslegung der Banken nach IFRS weist ggü den handelsrechtlichen Vorschriften, wie sie im HGB und ergänzend in der Verordnung über die Rechnungslegung der Kreditinstitute und Finanzdienstleistungsinstitute (Kredit- 82 instituts-Rechnungslegungsverordnung – RechKredV) festgelegt sind, eine **Vielzahl von Änderungen** auf.

83 Hinsichtlich des **Ansatzes** ist nach IFRS insbes die Bilanzierung von Treuhandvermögen (vgl Rz 34f) sowie der Ansatz stiller Vorsorgereserven (vgl Rz 29) nicht zulässig. Demgegenüber sind nach IFRS sämtliche derivativen Finanzinstrumente zu bilanzieren.

84 Im Rahmen der **Bewertung** führt insbes die Berücksichtigung des beizulegenden Zeitwerts beim Handelsbestand sowie die Einschränkung der Bilanzierung von Sicherungszusammenhängen de lege lata zu Abweichungen ggü dem HGB. Letzteres insbes aufgrund des nach IFRS nicht zulässigen *macro hedges* sowie der nicht zulässigen Berücksichtigung interner Geschäfte. Darüber hinaus ist die Bildung stiller Vorsorgereserven iSv § 340f HGB nach den IFRS nicht zulässig (vgl Rz 29). Nach dem Bilanzrechtsmodernisierungsgesetz **(BilMoG)** sind Finanzinstrumente des Handelsbestands bei Kredit- und Finanzdienstleistungsinstituten zukünftig mit dem beizulegenden Zeitwert abzüglich eines Risikoabschlags zu bewerten (§ 340e Abs 3 HGB (BilMoG)). Gleichzeitig ist dem Sonderposten „Fonds für allgemeine Bankrisiken" nach § 340g HGB in jedem Geschäftsjahr ein Betrag in Höhe von mindestens 10% der Jahresnettoerträge des Handelsbestands zuzuführen (§ 340e Abs 4 HGB (BilMoG)). Eine Auflösung bzw Verminderung dieses Postens ist nur zum Ausgleich von Nettoaufwendungen des Handelsbestands oder, soweit er 50% des Durchschnitts der letzten fünf jährlichen Nettoerträge des Handelsbestands übersteigt, möglich. Darüber hinaus ist in § 254 HGB (BilMoG) erstmals eine Regelung zur Bildung von Bewertungseinheiten aufgenommen worden, die inhaltlich weitgehend den bisher in der Praxis angewandten Grundsätzen entspricht.

85 Beim **Ausweis** geben die IFRS für die Bankbilanz und Bank-Gesamtergebnisrechnung hingegen nur sehr geringe Gliederungsvorgaben. Während nach IAS 1 nur wenige Posten verbindlich vorgegeben werden und in weiten Teilen ein Wahlrecht zur Angabe in der Bilanz/Gesamtergebnisrechnung oder im Anhang besteht, haben Banken nach der RechKredV die dort in den Formblättern enthaltenen, wesentlich weiter differenzierten Posten in der Bilanz/GuV auszuweisen. Die Möglichkeit zur Überkreuzkompensation gem § 340f Abs 3 HGB besteht hingegen nach IFRS nicht (vgl Rz 29).

86 Der Kreis der erforderlichen **Anhangangaben** wird durch die IFRS erheblich erweitert und hängt darüber hinaus deutlich stärker als nach den Regelungen des HGB und der RechKredV von der Ausübung der Ausweiswahlrechte in der Bilanz und Gesamtergebnisrechnung ab.

H. Aktuelle Entwicklungen/IASB-Projekte

87 Es wird auf § 3 Rz 1ff verwiesen.

§ 40. Versicherungsverträge

Übersicht

Schrifttum: *Bacher/Hofmann* Auswirkungen der Einführung von IFRS 4.38–39 (rev 2005) auf die Risikoberichterstattung im IFRS-Konzernabschluss von Versicherungsunternehmen, IRZ 2007, 123; *Bacher/Hofmann* Versicherungsbilanzierung, quo vadis?, IRZ 2007, 311; *Ebbers* IFRS 4: Insurance Contracts, WPg 2004, 1377; *Engeländer* Ziel: Mehr Verlasslichkeit bei IFRS-Abschlüssen, VW 2005, 1222; *Engeländer/Kölschbach* Der IFRS 4 für Versicherungsverträge – Das IASB hat am 31. 3. 2004 erstmals einen Standard für Versicherungen veröffentlicht, VW 2004, 576; *Farny* Versicherungsbetriebslehre, 4. Aufl, Köln 2005; *Gilgenberg/Weiss* Runderneuerung des deutschen Bilanzrechts, VW 2008, 1085; *KPMG* IFRS aktuell, Stuttgart 2004; *Perlet* in: Geib (Hrsg), Rechnungslegung von Versicherungsunternehmen, Festschrift für Richter, Düsseldorf 2001, 295; *PwC* IFRS für Banken, 4. Aufl, Band II, Frankfurt am Main 2008; *Rockel/Helten/Loy/Ott* Versicherungsbilanzen, München 2005; *Rockel/Sauer* Bilanzierung von Versicherungsverträgen – IASB Discussions „Preliminary Views on Insurance Contracts", WPg 2007, 741; *Zielke* IFRS für Versicherer: Hintergründe und Auswirkungen, Wiesbaden 2005; *Zielke* Fair Value Accounting für Versicherer bereits im nächsten Jahr?, VW 2008, 353; *Zimmermann/Schweinberger* Zukunftsperspektiven der internationalen Rechnungslegung: Hinweise aus dem Diskussionspapier des IASB zur Bilanzierung von Versicherungsverträgen, DB 2007, 2157.

Wesentliche Rechtsgrundlagen: IFRS 4, IASB *Discussion Paper „Preliminary Views on Insurance Contracts"*

A. Einleitung und Zielsetzung

1 Bei Erscheinen der 1. Aufl dieses Handbuchs war der Standard IFRS 4 „Versicherungsverträge“ gerade erst wenige Wochen veröffentlicht. Im Mittelpunkt unserer Kommentierung stand daher noch das **DSOP** aus den Jahren 2001 und 2002 mit einigen **ausgewählten Rechnungslegungsvorschlägen** dieses DSOP. Heute, nach Inkrafttreten des in der als Übergangsphase bezeichneten Phase I anzuwendenden IFRS 4 Versicherungsverträge, ist die bis auf Weiteres geltende Situation nur um einiges klarer, da anstelle wesentlicher materieller Regelungen weiterhin umfangreiche Wahlrechte, vor allem im Bereich der Bilanzierung und Bewertung, eingeräumt werden. Diese Unklarheiten soll der im Rahmen des Projekts *„Insurance Contracts (Phase II)“* vom IASB zu entwickelnde Nachfolgestandard zu IFRS 4, der sämtliche Aspekte der Bilanzierung von Versicherungsverträgen, also auch deren Ansatz und Bewertung, umfassend und eindeutig regeln soll, beseitigen. Bis dahin wird noch einige Zeit vergehen (s Rz 2 sowie Rz 76 ff).

2 **Zielsetzung** des IFRS 4 ist es, die Rechnungslegung für Versicherungsverträge für jedes Unternehmen, das derartige Verträge im Bestand hält (in IFRS 4 als „Versicherer“ bezeichnet), zu bestimmen, bis der IASB die zweite Phase des Projekts über Versicherungsverträge abgeschlossen hat (IFRS 4.1). IFRS 4 hat somit eine interimistische Aufgabenstellung zu erfüllen: Der IASB wollte für die Versicherungswirtschaft vor dem Inkrafttreten der IFRS-Bilanzierungspflicht gem EU-VO vom 19. Juli 2002 internationale Bilanzierungsgrundlagen schaffen, musste dabei aber berücksichtigen, dass ein Konsens zu dem DSOP aus den Jahren 2001 und 2002 und den darin enthaltenen Thesen zum Bilanzierungskonzept (vgl 1. Aufl § 22 Rz 29 ff) und zu Ansatz und Bewertung (insbes der Passivseite) nicht rechtzeitig herstellbar war. Entspr der im Jahr 2002 getroffenen Entscheidung des IASB zu einer **Zwei-Phasen-Aufteilung** des IFRS-Umsetzungsprozesses für Versicherungsunternehmen enthält IFRS 4 daher „nur“ Übergangsregelungen, die seit 2005 anzuwenden sind (Phase I), und will für die Phase II materiell keine Entscheidung präjudizieren. Das vom IASB verfolgte Ziel der Vergleichbarkeit der Jahresabschlüsse von Versicherungsunternehmen blieb damit weiterhin unerreicht. Die Veröffentlichung des Diskussionspapiers *„Preliminary Views on Insurance Contracts“* vom 3. Mai 2007 stellt einen ersten Schritt des IASB zu einem in Phase II anzuwendenden Nachfolgestandard von IFRS 4 dar. Als nächsten Schritt dieses seit dem Jahr 2004 initiierten Projekts *„Insurance Contracts Phase II“* will der IASB 2009 einen Exposure Draft erarbeiten. Hinsichtlich der Fertigstellung des endgültigen Standards geht der IASB derzeit davon aus, dass dies nicht vor dem Jahr 2010 erfolgen wird. Mit einer verpflichtenden Anwendung des Nachfolgestandards zu IFRS 4 ist demzufolge also frühestens im Jahr 2011 zu rechnen.

Ziel des IFRS 4 ist es, einen gewissen Fortschritt bei der Bilanzierung von Versicherungsverhältnissen zu erreichen, ohne dass in Phase I größere Veränderungen für die Anwender notwendig werden. Materiell bedeutet dies für die Versicherungsunternehmen, dass sie in wesentlichen Kernbereichen mit ihrer bisher angewandten Bilanzierungs- und Bewertungspraxis fortfahren können. Der IASB gesteht somit den Versicherungsunternehmen zu, dass eine Änderung von Bilanzierungsgrundsätzen für Versicherungsverträge in zwei Schritten unzumutbar wäre. Korrelierend hierzu verlangt IFRS 4.1(b), dass Versicherungsunternehmen auch ohne Zeitwertbilanzierung für die Passivseite ab 2005 ihre **Abschlussinformationen** über ihren Vertragsbestand verbessern und deutlich **erweitern** müssen. Mit einem Mindestmaß an Transparenz und Vergleichbarkeit soll den Abschlussadressaten geholfen werden; sie sollen die Information erhalten, um mit Anhangangaben den Betrag, den Zeitpunkt und die Unsicherheit der künftigen Cashflows aus Versicherungsverträgen zu verstehen.

Dazu konkretisieren IFRS 4.36ff die für notwendig erachteten Anhanganga- 3
ben, der IASB ergänzt diese Paragraphen durch Beispiele relativ detailliert (vgl auch IFRS 4.IG11ff).

B. Der Regelungsinhalt von IFRS 4

I. Anwendungsbereich

IFRS 4.2(a) bestimmt den branchenspezifischen Anwendungsbereich, der sich 4
auf **Versicherungsverträge und Rückversicherungsverträge** erstreckt, wobei nur der Zeichner der Verträge (Versicherer) in den Regelungskontext fällt. Dabei ist es irrelevant, ob der Versicherer iSv IFRS 4 unter aufsichtsrechtlichen Vorschriften als Versicherungsunternehmen qualifiziert ist (IFRS 4.5). Die Versicherungsnehmer fallen nicht in den Anwendungsbereich von IFRS 4. Erstversicherer fallen gem IFRS 4.4(f) als Zedenten allerdings auch mit der abgegebenen Rückversicherung unter IFRS 4.

Die Bilanzierung und Bewertung der Kapitalanlagen wird von IFRS 4 nicht berührt, es bleibt bei den allgemeinen Regelungen (vgl § 3 Rz 49ff). Dies führt größtenteils zu einer **Zeitwertbewertung** und damit zu einem *asset-liability-mismatch,* dh zu einem grds Auseinanderfallen der Bewertungsansätze (beizulegender Zeitwert für den überwiegenden Teil der Aktivseite; fortgeführte Anschaffungskosten für die (versicherungstechnischen) Passivposten; (vgl *Zielke,* 29ff)). Da die Praxis der IFRS-Anwender sich offensichtlich damit abgefunden hat, sah der IASB für Phase I keinen zwingenden Handlungsbedarf zur Lösung des *asset-liability-mismatch* (vgl *Ebbers* WPg 2004, 1379).

1. Versicherungsverträge

IFRS 4 bestimmt ausdrücklich, dass der Standard nur **Regelungen zu Ver-** 5
sicherungsverträgen enthält und andere Aspekte der Rechnungslegung von Versicherern (wie zB die Bilanzierung von Kapitalanlagen und von finanziellen Verbindlichkeiten) nach den allgemeinen IFRS (zB IAS 32 und IAS 39) zu beurteilen sind (IFRS 4.3).

IFRS 4.45 ermöglicht dem Erstanwender sowie im Falle von zulässigen Änderungen der Bilanzierungs- und Bewertungsmethoden (IFRS 4.22ff) die Zuordnung (aller) Kapitalanlagen in die Rubrik „erfolgswirksam zum beizulegenden Zeitwert bewertet" (zu Einzelheiten vgl § 3 Rz 59 und § 44 Rz 4).

IFRS 4 ist nach IFRS 4.4 explizit **nicht anzuwenden** auf: 6

(1) Produktgarantien des Herstellers oder Händlers,
(2) Vermögenswerte und Verbindlichkeiten von Arbeitgebern aus Versorgungsplänen für Arbeitnehmer sowie Verpflichtungen aus Versorgungszusagen von leistungsorientierten Altersversorgungsplänen,
(3) vertragliche Rechte oder Verpflichtungen, die von dem künftigen Gebrauch oder Nutzungsrecht an nicht finanziellen Vermögenswerten (zB Lizenzgebühren, Nutzungsentgelte, Leasingvergütungen) sowie einer Restwertgarantie bei Finanzierungsleasing abhängen,
(4) finanzielle Garantien aus dem Transfer von finanziellen Vermögenswerten und Schulden,
(5) bei Unternehmenszusammenschlüssen gewährte Zahlungszusagen,

(6) die Bilanzierung von Erstversicherungsverträgen durch den Versicherungsnehmer (mit Ausnahme des Zedenten).

Des Weiteren ist IFRS 4 nicht auf in Versicherungsverträgen enthaltene abspaltungspflichtige eingebettete Derivate (IFRS 4.7) sowie aus Versicherungsverträgen abgespaltene Einlagen- oder Finanzierungskomponenten, sog *deposit components* (IFRS 4.12(b)) anzuwenden.

7 Der Begriff **„Versicherungsvertrag"** wird in **Anhang A** zu IFRS 4 definiert. Danach ist der Versicherungsvertrag ein Vertrag, bei dem eine Partei (der **Versicherer**) ein **signifikantes Versicherungsrisiko** von einer anderen Partei (dem **Versicherungsnehmer**) übernimmt, indem sie vereinbart dem Versicherungsnehmer eine Entschädigung zu leisten, wenn ein spezifiziertes ungewisses künftiges Ereignis (das **versicherte Ereignis**) den Versicherungsnehmer nachteilig betrifft.

Diese Definition des Versicherungsvertrags in Anhang A erfolgt ausschließlich für Zwecke der IFRS. Sie wurde im Hinblick auf die Zwecksetzung des IFRS 4 so weit gewählt, damit alle Verträge, bei denen der enthaltene Versicherungsschutz unter einer Bilanzierung nach IAS 39 zu Schwierigkeiten führen könnte, von IFRS 4 erfasst werden (*KPMG*, 134) und somit komplexe Bilanzierungsfragestellungen, die sich aus einer Anwendung von IAS 39 ergeben könnten, vermieden werden können.

8 Während die Begriffe **„Versicherer"** und **„Versicherungsnehmer"** neben den Definitionen im Anhang A weiterer Erläuterungen nicht bedürfen, werden im **Anhang B** ausführlich die Begriffe des **„ungewissen künftigen Ereignisses"** sowie der Unterschied zwischen **„Versicherungsrisiko"** und **„Finanzrisiko"** erläutert. Von besonderer Bedeutung ist die Frage, ob ein **„signifikantes Versicherungsrisiko"** vorliegt, denn nur dann ist man im Regelungsbereich von IFRS 4.

Ungewissheit iSv **Risiko** ist das Kernelement eines Versicherungsvertrags. Bzgl des (versicherten) ungewissen künftigen Ereignisses besteht bei Abschluss eines Versicherungsvertrags das Risiko, ob es überhaupt eintreten wird, wann es ggf eintritt und/oder wie hoch der Schaden/die Entschädigung des Versicherers sein wird (IFRS 4.B2).

9 **Versicherungsrisiko** ist lt Anhang A – mit Ausnahme des Finanzrisikos – dasjenige Risiko, das vom Versicherungsnehmer auf den Versicherer **übertragen** wird. Damit sind die mit der Zeichnung des Risikos für den Versicherer resultierenden Kostenrisiken (Bearbeitungskosten, Stornokosten) kein Versicherungsrisiko (IFRS 4.B15), da diese originär mit dem Vertragsschluss entstehen und nicht vom Versicherungsnehmer übertragen werden. Für den Rückversicherer sind diese Kosten des Erstversicherers allerdings übertragene Risiken (vgl *KPMG*, 136).

10 Wichtig ist hier die Abgrenzung zum **Finanzrisiko** lt Anhang A, als Risiko einer möglichen künftigen Änderung eines spezifischen Zinsrisikos, Wertpapierkurses, Rohstoffpreises, Wechselkurses, Preis- oder Ratenindexes, Bonitätsratings oder Kreditindexes oder einer anderen Variablen unter der Voraussetzung, dass die **nicht finanzielle Variable nicht spezifisch für eine der Vertragsparteien** ist. Dazu gehören nach IFRS 4.B9 zB der Erdbebenindex für eine Region oder ein bestimmter regionaler Temperaturindex. Die nicht finanziellen Variablen, die für eine Vertragspartei spezifisch sind, wie zB der Eintritt eines Feuers, das einen (versicherten) Vermögenswert der Partei vernichtet, schließen dagegen ein Versicherungsrisiko nicht aus. Das Risiko, dass sich der beizulegende Zeitwert eines nicht finanziellen Vermögenswerts (zB Kfz) ändert, ist dann kein Finanzrisiko, wenn der Zeitwert nicht nur Marktpreisänderungen widerspiegelt, sondern auch den physischen Zustand berücksichtigt. Wenn die Restwertgaran-

tie für das bestimmte Kfz des Versicherungsnehmers den Garantiegeber (Versicherer) dem Risiko der Veränderung des physischen Zustands des Kfz aussetzt, handelt es sich um ein Versicherungsrisiko und kein Finanzrisiko. Ein Versicherungsvertrag liegt zB (vgl IFRS 4.B14) dann nicht vor, wenn Leistungspflicht des Vertragspartners besteht, obwohl eine nachteilige Auswirkung des Ereignisses auf den Versicherungsnehmer nicht erfolgt ist. Benutzt ein Versicherungsnehmer ein Derivat, um eine zugrunde liegende nicht finanzielle Variable abzusichern, die mit Cashflows von einem Vermögenswert des Unternehmens korreliert, so ist das Derivat kein Versicherungsvertrag, weil die Zahlung nicht davon abhängt, ob der Versicherungsnehmer nachteilig durch die Minderung der Cashflows aus dem Vermögenswert betroffen ist.

Ein Vertrag, der den Halter neben einem signifikanten Versicherungsrisiko zusätzlich einem Finanzrisiko aussetzt, ist als Versicherungsvertrag zu qualifizieren (IFRS 4.B10).

Nach den in IFRS 4.B18 beschriebenen Beispielen kann davon ausgegangen 11
werden, dass die **üblichen** in **Deutschland gezeichneten Risiken,** die auch nach Aufsichts-, Vertrags- oder Steuerrecht als Versicherungen anerkannt werden, auch nach IFRS 4 **Versicherungsverträge** sind (*KPMG*, 140).

Nicht als Versicherungsvertrag sind uA folgende **Anlageformen** anzusehen 12
(auch wenn sie als „Versicherungsverträge" bezeichnet werden (IFRS 4.B19)):

(1) Lebensversicherungsverträge, bei denen der Versicherer kein signifikantes Sterblichkeitsrisiko trägt (zB fondsgebundene Lebensversicherung mit Todesfallleistung in Höhe des Fondswerts), und
(2) Finanzrückversicherungsverträge.

Sofern diese Verträge finanzielle Vermögenswerte oder finanzielle Verbindlichkeiten bewirken, fallen sie in den Anwendungsbereich von IAS 39 (IFRS 4.B20), anderenfalls unter IAS 18 (IFRS 4.B21).

Die Bezugnahme auf **ein spezifiziertes ungewisses künftiges Ereignis** 13
(Schadenereignis) als **Voraussetzung** für eine Entschädigungszahlung ist das wesentliche Kriterium für das Vorliegen eines Versicherungsvertrags. Nach IFRS 4.B18(c) und (d) sind sowohl das Erleben eines bestimmten Zeitpunkts (Erlebensfallversicherung) als auch Rentenversicherungen Versicherungsverträge (vgl auch IFRS 4.B26). Gleiches gilt für Verträge mit Rentenwahlrecht bei marktgerechten Rentenfaktoren (IFRS 4.B29). Ist der Versicherer allerdings im Zeitpunkt der Ausübung des Rentenwahlrechts frei, den Rentenbetrag zu bestimmen, liegt nach IFRS 4.IG2 Beispiel 1.7 ein Versicherungsvertrag allerdings erst dann vor, wenn der Rentenbetrag – nach Ausübung des Wahlrechts – festgelegt wird (es sei denn, die Konditionen sind so marktgemäß, dass ein signifikantes Risiko nicht übernommen wird).

Voraussetzung für die Anwendung von IFRS 4 ist die Übertragung eines 14
signifikanten Versicherungsrisikos auf den Versicherer. **Signifikanz** liegt nach IFRS 4.B23 vor, wenn ein versichertes Ereignis bewirken kann, dass der Versicherer uU umfangreiche (signifikante) zusätzliche Leistungen zu erbringen hat. Dabei ist die Leistung des Versicherers **bei Eintritt** des versicherten Ereignisses mit der Situation **ohne Eintritt** dieses Ergebnisses zu vergleichen. Die Schadenregulierungskosten sind dabei in den Vergleich einzubeziehen (IFRS 4.B24). Dabei hat grds die Beurteilung für jeden einzelnen Vertrag zu erfolgen. Daher kann das Versicherungsrisiko auch signifikant sein, wenn die Wahrscheinlichkeit wesentlicher Verluste aus dem Bestand in Summe minimal ist (IFRS 4.B25). Im Ergebnis dürfte die Signifikanz regelmäßig kaum in Frage stehen, da die Entscheidung des Versicherungsnehmers, zusätzlich Geld für Versicherungsschutz auszugeben, ebenso für kommerzielle Substanz (Relevanz) spricht, wie die Entscheidung des Versicherers, Beschränkungen in der Annah-

mepolitik einzuführen (*KPMG*, 137). Da IFRS 4 keine quantitativen Kriterien für das Vorliegen eines signifikanten Versicherungsrisikos enthält, lässt sich im Hinblick auf die praktische Handhabung des Signifikanzmerkmals feststellen, dass Versicherungen das Vorliegen von signifikantem Versicherungsrisiko bejahen, wenn die bei Eintritt des Versicherungsfalls zu erbringenden Leistungen die andernfalls zu erbringenden Leistungen um 5 bis 10% übersteigen (*PwC*[4], 1736).

Sofern sich Änderungen im Umfang des Versicherungsrisikos während der Laufzeit ergeben sollten, bleiben diese für den zum Zeitpunkt des Vertragsabschlusses qualifizierten Versicherungsvertrag unbeachtlich. Nach IFRS 4.B30 bleibt ein Vertrag, der die Kriterien eines Versicherungsvertrags erfüllt, so lange ein Versicherungsvertrag, bis alle Rechte und Verpflichtungen aus diesem Vertrag aufgehoben oder erloschen sind.

15 Neben den beschriebenen Versicherungsverträgen fallen auch **Finanzinstrumente mit einer ermessensabhängigen Überschussbeteiligung** nach IFRS 4.2(b) in den Regelungsbereich des IFRS 4.

Nach der Definition von Anhang A ist die **ermessensabhängige Überschussbeteiligung** ein vertragliches Recht, als Ergänzung zu garantierten Leistungen zusätzliche Leistungen zu erhalten,

(1) die wahrscheinlich einen signifikanten Anteil an den gesamten vertraglichen Leistungen ausmachen,
(2) deren Betrag oder Fälligkeit vertraglich im Ermessen des Verpflichteten liegt,
(3) und die vertraglich beruhen auf
   (a) dem Ergebnis eines bestimmten Bestands an Verträgen oder eines bestimmten Typs von Verträgen,
   (b) den realisierten und/oder nicht realisierten Kapitalerträgen eines bestimmten Portefeuilles von Vermögenswerten, die vom Versicherer gehalten werden, oder
   (c) dem Gewinn oder Verlust des Versicherers (oder eines Tarifs).

In diesen Anwendungsbereich fällt zB die gesetzlich vorgeschriebene Mindestüberschussbeteiligung, die dem Versicherungsnehmer von deutschen Lebens- und Krankenversicherungsunternehmen zu gewähren ist.

2. Eingebettete Derivate

16 IFRS 4.7 stellt mit Verweis auf IAS 39 den Grundsatz auf, dass in Finanzinstrumente **eingebettete Derivate** von ihrem **Basisvertrag** zu **separieren,** mit dem beizulegenden Zeitwert zu bewerten und ggf Änderungen dieses Zeitwerts **erfolgswirksam** zu erfassen sind. Dies gilt für Versicherungsverträge allerdings nur dann, wenn das eingebettete Derivat nicht selbst ein Versicherungsvertrag ist. Dies ist konsequent, da Versicherungsverträge nach IAS 39.2(e) nicht in den Anwendungsbereich von IAS 39 fallen.

Ob ein eingebettetes Derivat vorliegt, ist anhand der **Definition** des IAS 39.9 für das Derivat zu prüfen (vgl § 3 Rz 36 und § 23 Rz 4ff). Wesentliche Beispiele hierzu ergeben sich aus IFRS 4.IG4 Beispiel 2.

Es lässt sich, uE nur unwesentlich vereinfacht, feststellen, dass gewöhnliche und klassische Versicherungsverträge (zB klassische Todesfalllebensversicherung, Feuerversicherung) ohne zu separierende Derivate konstruiert sind (vgl auch *Husmann/Sauer* in Lüdenbach/Hoffmann IFRS[7] § 39 Rz 14).

Zerlegungspflichtig sind hybride Versicherungsverträge, die derivate Komponenten, welche nicht aus Versicherungsverträgen bestehen, enthalten. Dazu gehören nach den Beispielen in IFRS 4.IG4 ua:

(1) bestimmte indexgebundene Rentenversicherungen,
(2) bestimmte fondsgebundene Lebensversicherungen und

(3) Schaden-/Unfallversicherungsverträge, die neben der herkömmlichen Risikoabsicherung Fremdwährungspositionen enthalten.

Nach IFRS 4.7 ist das abzuspaltende Derivat wie ein **Handelswert** mit dem beizulegenden Zeitwert zu bilanzieren, wobei Änderungen erfolgswirksam zu berücksichtigen sind. Sofern eine Abspaltung nicht möglich ist (vgl § 23 Rz 40 ff), muss das kombinierte Instrument insgesamt erfolgswirksam zum beizulegenden Zeitwert bewertet werden.

Für die **Praxis** wichtig erscheint der Hinweis, dass IFRS 4.8 ausdrücklich die **Ausnahme** von der **Zerlegung** für die Fälle vorsieht, in denen der Versicherungsvertrag ein betragsmäßig festgelegtes Rückkaufsrecht enthält. Dies gilt auch dann, wenn der Rückkaufswert vom Buchwert der Basisversicherungsverbindlichkeit abweicht. Ist der Wert der Rückkaufoption variabel (zB durch Koppelung an einen Index oder ein anderes Finanzinstrument) ist die Option separat zum beizulegenden Zeitwert zu bilanzieren (*Ebbers* WPg 2004, 1381). Dies gilt auch für in Investmentverträge mit Überschussbeteiligung eingebettete Derivate. Zusammenfassend kann festgestellt werden, dass die in den von deutschen Versicherungsunternehmen angebotenen Versicherungsprodukten enthaltenen eingebetteten Derivate derzeit regelmäßig nicht die Voraussetzungen für eine Abspaltung erfüllen (*PWC*[4], 1739).

Aus eingebetteten Derivaten können sich **Zins- und Marktrisiken** ergeben. 17
Werden diese nach dem Wahlrecht von IFRS 4.8 nicht getrennt bilanziert und zum Verkehrswert bewertet, muss nach IFRS 4.39(e) im Anhang jedenfalls eine Angabe zum Zinsänderungsrisiko und den Marktrisiken aus eingebetteten Derivaten erfolgen.

3. Entflechtung von Einlagenkomponenten

Wenn Versicherungsverträge neben den Versicherungskomponenten auch eine 18
Finanzkomponente enthalten, so ist ein Entflechtungswahlrecht (IFRS 4.10(b)) bzw eine Entflechtungsverpflichtung (IFRS 4.10(a)) bzgl der (meist) Sparkomponente (oder sonstigen Finanzkomponente) vorgesehen.

Die Versicherungskomponente ist nach IFRS 4 zu behandeln, für die übrigen Komponenten gilt vor allem IAS 39.

Voraussetzung für die **Entflechtung** ist, dass eine getrennte Bewertung er- 19
folgen kann. Dies ist ua dann der Fall, wenn die Finanzkomponente „künstlich" in den Versicherungsvertrag eingebaut ist, aber auch isoliert existieren könnte. Da in Deutschland aufgrund des Vollständigkeitsgebots für Aktiva und Passiva (insbes drohende Verluste aus schwebenden Geschäften) alle Vertragskomponenten erfasst werden, ist die Voraussetzung des IFRS 4.10(a)(ii) regelmäßig nicht erfüllt, sodass grds kein Anwendungsfall der Entflechtungspflicht erkennbar ist und es daher bei dem **Entflechtungswahlrecht** des IFRS 4.10(b) verbleibt. Denkbar ist vielleicht nur ein Rückversicherungsvertrag mit Erfahrungstariflerung (IFRS 4.10 iVm IFRS 4.IG5 Beispiel 3). Eine Zerlegung (insbes der Prämienanteile) wäre nur mit hohem EDV-technischem Aufwand möglich, und ist in der Praxis daher unüblich bzw nach IFRS 4 nicht zu erwarten.

II. Ansatz und Bewertung

1. Vorübergehende Befreiung von der Anwendung einiger anderer IFRS

Versicherungsverträge sind grds nicht nach den geltenden IFRS zu bilanzieren, 20
da IAS 8.10 ff ausdrücklich von der Anwendbarkeit für Versicherungsverträge

ausgeschlossen werden (IFRS 4.13). Dies bedeutet, dass die **bisherigen Bilanzierungsmethoden** für Versicherungsverträge **unverändert fortzuführen** sind und zwar unabhängig davon, ob der Versicherer erstmals einen IFRS-Abschluss aufstellt oder ab 2005 für seinen schon bisher nach IFRS aufgestellten Konzernabschluss IFRS 4 anzuwenden hat. Voraussetzung hierfür ist allerdings, dass die bislang angewandten Bilanzierungs- und Bewertungsmethoden den in IFRS 4.14. bis IFRS 4.20 dargestellten Mindestanforderungen genügen. Für die Bilanzierungspraxis ergibt sich hieraus folgende Situation (*PwC*[4], 1746f):

(1) Für Versicherer, die bereits vor Inkrafttreten von IFRS 4 einen IFRS-Abschluss aufgestellt haben, gelten die in diesem IFRS-Abschluss bei der Bilanzierung und Bewertung von Versicherungsverträgen angewandten Bilanzierungs- und Bewertungsmethoden, unter Berücksichtigung der Mindestanforderungen, als bislang angewandte Bilanzierungs- und Bewertungsmethoden iSv IFRS 4. Dies bedeutet bspw für deutsche Versicherungsunternehmen, die einen Konzernabschluss nach § 292a HGB aF, also vor Inkrafttreten von IFRS 4 aufgestellt und dabei die im IFRS-Regelungswerk enthaltenen Regelungslücken durch Rückgriffe auf die einschlägigen Regelungen der US GAAP (SFAS 60, SFAS 97, SFAS 113, SFAS 120) geschlossen haben, dass die entspr US-GAAP-Regelungen als bislang angewandte Bilanzierungs- und Bewertungsmethoden anzusehen sind.

(2) Für Versicherer, die erstmals nach Inkrafttreten von IFRS 4 einen IFRS-Abschluss aufgestellt haben, gelten die bisher im Jahres- oder Konzernabschluss angewandten handelsrechtlichen Rechnungslegungsvorschriften als bislang angewandte Bilanzierungs- und Bewertungsmethoden iSv IFRS 4. Für deutsche Versicherer, die nach § 315a HGB einen IFRS-Abschluss erstmals nach Inkrafttreten von IFRS 4 aufgestellt haben, gelten die bisher im handelsrechtlichen Jahres- oder Konzernabschluss angewandten handelsrechtlichen Rechnungslegungsvorschriften, dh vor allem die in den § 341ff HGB sowie in der RechVersV enthaltenen Vorschriften, als bislang angewandte Bilanzierungs- und Bewertungsmethoden.

21 Die in den IFRS zur Bilanzierung von Versicherungsverträgen bzw von Sparverträgen mit ermessensabhängiger Überschussbeteiligung bestehenden **Regelungslücken sollen nicht nach den allgemeinen IFRS-Grundsätzen** geschlossen werden. Dieser einigermaßen ungewöhnliche Regelungsinhalt ist nur aus der Intention des IASB heraus zu verstehen, bis zum Beginn der Phase II möglichst jeden Änderungsaufwand zu vermeiden. Eindeutige, **materielle Regelungen zur Bilanzierung** und **Bewertung** sollen erst von dem in Phase II anzuwendenden Nachfolgestandard zu IFRS 4 umfasst sein, mit dessen verpflichtender Anwendung allerdings nicht vor dem Jahr 2011 zu rechnen ist.

Damit wird auch die in ED 5 in die Diskussion gebrachte Frage, wann bei Versicherungsverträgen **Gewinne realisiert** werden (vgl 1. Aufl § 22 Rz 39, Rz 61) (vorerst) nicht bilanzrelevant; an der Erfolgsrealisierung ändert IFRS 4 nichts. Allerdings kann nach dem vom IASB in seinem im Mai 2007 veröffentlichten Diskussionspapier vorgeschlagenen Bewertungsmodell sogar bereits zum Zeitpunkt des Abschlusses eines Versicherungsvertrags ein Gewinn oder Verlust entstehen, der dann erfolgswirksam zu vereinnahmen wäre (s Rz 80).

Für die derzeitig gültige Rechtslage bedeutet dies, dass in Phase I die angestrebte internationale Vergleichbarkeit von Jahresabschlüssen von Versicherern nur sehr eingeschränkt erreicht wird, und diesem Ziel ausschließlich über die **Anhangangaben** nach IFRS 4.36ff näher gekommen wird. Die noch in ED 5 vorgesehene Angabepflicht für Marktwerte versicherungstechnischer Passiva findet sich – aus gutem Grunde – in IFRS 4.36ff nicht. Eine solche Angabepflicht wäre nur mit dem aufwendigen Einsatz von EDV-Programmen möglich gewesen. Mangels eindeutiger Wertbestimmungskriterien wäre zudem eine solche Angabe iSd Vergleichbarkeit wenig zielführend gewesen.

Zu den wenigen **materiell bedeutsamen Bilanzierungsregelungen des** 22
IFRS 4 gehören folgende:

(1) Rückstellungen für Verpflichtungen aus noch nicht bestehenden Verträgen dürfen nicht gebildet werden (zB Großschäden- und Schwankungsrückstellung),
(2) Durchführung eines Angemessenheitstests für versicherungstechnische Verbindlichkeiten,
(3) Versicherungsverbindlichkeiten sind nur auszubuchen, wenn die Verpflichtung (teilweise) erfüllt, gekündigt oder erloschen ist,
(4) Verbot der Saldierung von Rückversicherungsposten in Bilanz und GuV,
(5) Pflicht zur Überprüfung der Werthaltigkeit der Rückversicherungsforderungen.

Eine bedeutsame Ausnahme vom Grundsatz der (unveränderten) Fortführung 23
der versicherungstechnischen Passiva ist das **Bilanzierungsverbot für Großschäden- und Schwankungsrückstellungen.** Es ergibt sich aus dem Rahmenkonzept (F.53 ff), wonach nur Vermögenswerte und Schulden bilanziert werden dürfen. Schwankungsrückstellungen nach § 341 h HGB, die einen Ausgleich von Schadenshäufigkeit und -höhe über einen längeren Zeitraum ermöglichen sollen, sind keine Schulden iSd *asset/liability*-Konzepts des Rahmenkonzepts. Im Hinblick auf die Bedeutung solcher zyklischen Schwankungen ist nach IFRS 4.IG55 ff die verbale Berichterstattung im Rahmen des Anhangs verpflichtend. Es sei darauf hingewiesen, dass Schwankungsrückstellungen nach dem langfristig angelegten Versicherungsgeschäft und dem Prinzip des Schadenausgleichs über die Zeit nach unserem Verständnis ein Bilanzinstrument sind, um das Geschäft und die daraus resultierenden Risiken sachgerecht abzubilden. Die angelsächsisch geprägte Praxis betreibt hierfür aber Eigenmittelvorsorge (vgl *Perlet* in FS Richter, 296 f). Für deutsche Versicherungsunternehmen bedeutet dies bspw, dass sie im Rahmen der Aufstellung ihres IFRS-Konzernabschlusses ihre nach handelsrechtlicher Rechnungslegung gebildeten Schwankungsrückstellungen bzw der Schwankungsrückstellung ähnliche Rückstellungen erfolgswirksam unter Berücksichtigung von latenten Steuern auflösen müssen.

IFRS 4.14(b) verpflichtet Versicherer dazu, für versicherungstechnische Ver- 24
bindlichkeiten einen **Angemessenheitstest** durchzuführen. Nach IFRS 4.15 ff muss zu jedem Bilanzstichtag unter Berücksichtigung aller erwarteten Zahlungsströme eine Schätzung vorgenommen werden, ob der Buchwert der Versicherungsverbindlichkeiten dem Barwert der erwarteten Zahlungsströme mindestens entspricht. Dh, die Bewertungsgrundsätze des IAS 37 sind anzuwenden (IFRS 4.17(b)). Der Ansatz des Erwartungswerts (bester Schätzwert) genügt, dh die Bewertung muss nicht (übermäßig) vorsichtig iSd § 341 e HGB sein. Sofern allerdings die bislang vom Versicherungsunternehmen angewandten Bilanzierungs- und Bewertungsmethoden die Durchführung eines den Anforderungen des IFRS 4.16 genügenden *liability adequacy tests* vorschreiben, kann das Versicherungsunternehmen auf die gesonderte/erneute Durchführung eines *liability adequacy test* nach IFRS 4.16 verzichten. ZB können die von deutschen Krankenversicherungen durchgeführten Berechnungen zur Überprüfung der Beitragsanpassung als *liability adequacy test* iSv IFRS 4.16 angesehen werden. Gleiches gilt für die von deutschen Schaden- und Unfallversicherungsunternehmen im Rahmen von § 341 e Abs 2 Nr 3 HGB durchzuführende Überprüfung, ob die Dotierung einer Drohverlustrückstellung erforderlich ist. Schließlich können die vom verantwortlichen Aktuar eines deutschen Lebensversicherungsunternehmens durchgeführten Berechnungen zur Sicherstellung der Angemessenheit der

versicherungstechnischen Rückstellungen als *liability adequacy test* angesehen werden (*PwC*[4], 1750).

Zum Diskontierungszinssatz für die notwendige Cashflow-Berechnung sowie zu der Aggregationsstufe, auf der der *liability adequacy test* durchzuführen ist, erfolgt in IFRS 4.15ff keine Vorgabe. Die im Einklang mit den HGB-Bewertungsgrundsätzen entwickelten Bilanzierungsmethoden genügen regelmäßig diesen Mindestanforderungen (vgl *KPMG*, 144).

25 Die in Deutschland vorgesehene **Saldierung** von Bruttorückstellungen abzgl **Rückversicherungsanteil** auf der Passivseite der Bilanz ist nach IFRS 4.14(d) **nicht zulässig.** Gleiches gilt für die in Deutschland übliche Saldierung in der GuV. Bzgl des Saldierungsverbots gehen die IFRS damit über die Grundsätze der US-GAAP hinaus, die eine Saldierung in der GuV erlauben.

26 Eine **Abwertung** von aktivierten Ansprüchen aus dem passiven **Rückversicherungsvertrag** ist nach IFRS 4.20 vorzunehmen, wenn objektive Hinweise darauf vorliegen, dass die Ansprüche nicht (voll) erfüllt werden können.

In diesem Fall wären die Buchwerte entspr den Vorgaben des IAS 39.59 zu mindern.

27 Im Folgenden geben wir für ausgewählte Posten der Versicherungsbilanz einen kurzen Überblick über **Besonderheiten,** die sich aus der Bilanzierung von Versicherungsverträgen nach IFRS 4 ergeben. Bei den versicherungstechnischen Rückstellungen wird dabei, mit Ausnahme der Schwankungsrückstellung, ausschließlich auf diejenigen Besonderheiten eingegangen, die sich aus der Bilanzierung nach US-GAAP ergeben. Für eine ausführliche Darstellung der Bilanzierung der versicherungstechnischen Posten verweisen wir auf *Rockel/Helten/Loy/Ott*, 106ff.

28 (1) Die **Bilanzierung des Grundbesitzes** richtet sich in Abhängigkeit der tatsächlichen Nutzung nach IAS 16 (Eigennutzung) bzw IAS 40 (Fremdnutzung). Das bilanzierende Versicherungsunternehmen kann nach IAS 16 zwischen der Bewertung zu fortgeführten Anschaffungs- bzw Herstellungskosten und der Bewertung zu einem Neubewertungswert wählen (IAS 16.29). IAS 40 sieht dagegen grds eine Bewertung zum beizulegenden Zeitwert vor, sofern dieser zuverlässig ermittelt werden kann (IAS 40.33).

29 (2) Die Bilanzierung der **Anteile an verbundenen Unternehmen,** Beteiligungen sowie **Ausleihungen** an diese Unternehmensgruppen ist in IAS 27 bzw IAS 28 geregelt. Die Bewertung der Anteile an verbundenen Unternehmen erfolgt zu Anschaffungskosten oder in Übereinstimmung mit den Vorschriften des IAS 39 (IAS 27.37). Die Bewertung von Anteilen an assoziierten Unternehmen wird grds nach der Equity-Methode vorgenommen, es sei denn, die Anteile werden nach IFRS 5 klassifiziert, die Vorraussetzungen des IAS 27.10 sind erfüllt oder die Punkte des IAS 28.13(c)ff treffen zu.

30 (3) Die Bilanzierung der **restlichen Kapitalanlagen** ist grds in IAS 39 *(Financial Instruments)* geregelt. Ein Finanzinstrument wird definiert als ein Vertrag, der gleichzeitig bei dem einen Unternehmen zu einem finanziellen Vermögenswert und bei einem anderen zu einer finanziellen Verbindlichkeit oder einem Eigenkapitalinstrument führt (IAS 32.11). Die Bewertung der Finanzinstrumente erfolgt in Abhängigkeit der Zuordnung zu den vier Kategorien (a) finanzielle Vermögenswerte, die erfolgswirksam zum beizulegenden Zeitwert bewertet werden, (b) bis zur Endfälligkeit gehaltene Finanzinvestitionen, (c) Kredite und Forderungen und (d) zur Veräußerung verfügbare finanzielle Vermögenswerte (IAS 39.45). Beim erstmaligen Ansatz sind finanzielle Vermögenswerte zum beizulegenden Zeitwert zu bewerten (IAS 39.43). Die Folgebewertung erfolgt idR mit dem beizulegenden Zeitwert ohne Abzug von eventuell anfallenden Transaktionskosten, die beim Verkauf oder einer

anders gearteten Veräußerung anfallen könnten (IAS 39.46). Ausgenommen sind allerdings Wertpapiere, der Kategorien „bis zur Endfälligkeit gehaltene Finanzinvestitionen“ und „Kredite und Forderungen“, deren Bewertung zu fortgeführten Anschaffungskosten nach der Effektivzinsmethode erfolgt.

(4) **Erträge** werden nach den US-GAAP nach dem Leistungsfortschritt *(percentage of completion-method)* vereinnahmt. Daher sind in der Schaden- und Unfallversicherung Beiträge so über die Laufzeit zu verteilen, wie der entspr Versicherungsschutz gewährt wird (SFAS 60.13). Beiträge, die in der einen Periode zu einer Einzahlung, jedoch erst in der Folgeperiode zu einem Ertrag führen, sind am Abschlussstichtag abzugrenzen *(unearned premiums)*. Das versicherungstechnische Risiko wird dabei in der Regel gleichmäßig über die Laufzeit des Vertrags verteilt (zeitproportional). Die Ermittlung der Beitragsüberträge erfolgt grds pro rata temporis ohne Kostenabzug. Die Abschlusskosten werden aktiviert *(deferred acquisition costs)* und über die Laufzeit verteilt. In der Lebensversicherung mit natürlicher Gewinnbeteiligung und in der Krankenversicherung werden Beiträge nicht über die Beitragsüberträge abgegrenzt (SOP 95–1.12, SFAS 60.15 iVm SFAS 97.30). Aus der sofortigen Ertragsvereinnahmung resultiert eine entspr Erhöhung der Deckungsrückstellung. 31

(5) Die US-GAAP enthalten keine konkreten Vorschriften zur Zuführung zur **Rückstellung für Beitragsrückerstattung.** Für die in Deutschland typische Lebensversicherung mit natürlicher Gewinnbeteiligung (Produkte nach SFAS 120 iVm SOP 95–1) erfolgt auch nach US-GAAP die Bildung einer Rückstellung für Beitragsrückerstattung in Einklang mit dem deutschen Überschussbeteiligungssystem. Dabei wird auf die nationalen Regelungen der HGB-Bilanzierung zurückgegriffen. Die Teilrückstellung für Schlussüberschussanteile ist allerdings für US-GAAP-Zwecke von der Rückstellung für Beitragsrückerstattung abzuziehen und als Bestandteil der Deckungsrückstellung *(liability for terminal dividends)* auszuweisen. Für Versicherungsprodukte, die nach SFAS 60 bilanziert werden, kann ebenfalls auf die Bilanzierung nach HGB zurückgegriffen werden. Die im Rahmen der IFRS-Erstanwendung bzw bei der Umbewertung vom Einzelabschluss nach HGB auf den Konzernabschluss nach IFRS bzw US-GAAP resultierenden Unterschiedsbeträge führen bei natürlichen Überschusssystemen iSd SFAS 120 zu einer latenten Beitragsrückerstattung sowie zu latenten Steuern *(Rockel/Helten/Loy/Ott*, 168). 32

(6) Für die **Lebensversicherung ohne natürliche Gewinnbeteiligung** (SFAS 60) und die **Lebensversicherung mit natürlicher Gewinnbeteiligung** (SFAS 120) gelten jeweils eigenständige Rechnungsgrundlagen, unterschiedliche Bewertungsvorschriften für die Deckungsrückstellung sowie eine unterschiedliche Behandlung der Abschlusskosten. Darüber hinaus sieht SFAS 97 spezielle Regelungen für bestimmte Verträge, wie zB Investmentverträge, die kein signifikantes versicherungstechnisches Risiko enthalten, vor. Für Lebensversicherungsverträge ohne natürliche Gewinnbeteiligung (SFAS 60) sind realitätsnahe Rechnungsgrundlagen (Zinsen, biometrische Rechnungsgrundlagen, Stornowahrscheinlichkeiten) unter Berücksichtigung von Sicherheitsmargen zu verwenden. Es gilt das sog Lock-in-Prinzip, es sei denn, es liegt ein Prämiendefizit vor. Nach SFAS 60.66 kann die Deckungsrückstellung sowohl prospektiv als auch retrospektiv berechnet werden. Des Weiteren werden nach US-GAAP Abschlusskosten, die im engen Zusammenhang mit dem Vertragsabschluss stehen und variabel zu dem akquirierten Neugeschäft sind, aktiviert und entspr der Ertragsrealisation über die Laufzeit des Versicherungsbestands verteilt (SFAS 60.29). Für Lebensversicherungsverträge mit 33

natürlicher Gewinnbeteiligung (SFAS 120 iVm SOP 95–1) setzt sich die Deckungsrückstellung aus den folgenden drei Teilrückstellungen zusammen: (a) Rückstellung für Versicherungsleistungen, (b) Rückstellung für Schlusszahlungen und (c) Rückstellungen für drohende Verluste. Auch hier dienen als Rechnungsgrundlagen der Rechnungszins, die biometrischen Rechnungsgrundlagen und Stornowahrscheinlichkeiten. Nach SOP 95–1.52 werden im Unterschied zur Behandlung nach SFAS 60 keine Sicherheitszuschläge auf die ermittelten Rechnungsgrundlagen erhoben. Die aktivierten Abschlusskosten werden über die Laufzeit des jeweiligen Versicherungsbestands konstant abgeschrieben. Vor der Tilgung der Abschlusskosten ist allerdings ein Werthaltigkeitstest *(test of recoverability)* durchzuführen.

34 (7) Die Bilanzierung der **Schadenrückstellungen** *(liability for unpaid claims)* nach US-GAAP ist vor allem in SFAS 60 geregelt. Als Teilrückstellungen unterscheidet SFAS 60.9(a) Teilschadenrückstellung für bekannte Versicherungsfälle *(incurred and reported claims)*, (b) Teilschadenrückstellung für Spätschäden *(incurred but not reported claims)* und (c) Teilrückstellung für Schadenregulierungsaufwendungen *(claim adjustment expenses)*. Die Bewertung der Schadenrückstellung nach US-GAAP folgt nicht zwingend dem Grundsatz der Einzelbewertung, sondern erfolgt idR auf Teil-Portefeuillebasis unter Anwendung versicherungsmathematischer Schadenreservierungsverfahren wie dem Chain-Ladder-Verfahren oder dem Bornhuetter-Ferguson-Verfahren. Eine Abzinsung ist grds nur dann gestattet, wenn die aufsichtsrechtlichen Vorschriften eine Abzinsung vorsehen und bzw oder wenn der genaue Betrag und der genaue Zeitpunkt der Rückstellung zuverlässig bestimmbar sind. Hinsichtlich der Höhe der Rückstellungsbewertung ist nach US-GAAP kein dem HGB vergleichbares Vorsichtsprinzip maßgeblich. Die Bewertung erfolgt nach SFAS 60.18 mit dem wahrscheinlichsten Wert *(best estimate)*, wobei die Verhältnisse zum Erfüllungszeitpunkt *(ultimate-cost-principle)* ausschlaggebend sind (*Rockel/Helten/Loy/Ott*, 194 f).

35 (8) In den US-GAAP finden sich keine Vorschriften für die Bildung von **Schwankungsrückstellungen** bzw der Schwankungsrückstellung ähnliche Rückstellungen. Auch nach den Vorschriften des IASB erfüllen die Schwankungs- und Großrisikenrückstellungen nicht die Anforderungen an eine *liabilty* (F.49(b); s auch Rz 23).

2. Änderung der Bilanzierungs- und Bewertungsmethoden

36 Die Regelungen des IFRS 4 zur **Zulässigkeit von Methodenänderungen** gelten nach IFRS 4.21 unbeschadet der Tatsache, ob der bilanzierende Versicherer schon bisher nach IFRS bilanziert hat oder ob der Jahresabschluss (ab dem Jahr 2005) erstmalig nach IFRS erstellt wird oder zukünftig geändert werden soll.

Die weit reichende Bedeutung der IFRS 4.22 ff ergibt sich daraus, dass mit der erstmaligen Anwendung des IFRS 4 für die Jahresabschlüsse eines am 1. Januar 2005 (oder danach) beginnenden Geschäftsjahrs grds die versicherungstechnischen Verpflichtungen nach unveränderten Methoden zu bilanzieren sind, dh eine Fortführung der bestehenden Bilanzierungspolitik weitestgehend erlaubt ist (vgl Rz 20).

Wann und unter welchen Restriktionen Methodenänderungen auch im Zusammenhang mit der erstmaligen Umstellung auf IFRS erlaubt sind, regeln detailliert IFRS 4.22 ff. Diesbezüglich gilt der Grundsatz, dass der Jahresabschluss mit einer **Änderung** für die wirtschaftliche Entscheidungsfindung der Abschlussadressaten **relevanter** oder **verlässlicher** werden muss, ohne gleichzeitig das jeweils andere Kriterium zu beeinträchtigen. Die Frage, ob die Relevanz oder Verlässlichkeit des Abschlusses durch die Änderung verbessert wird, ist nach den Kriterien des IAS 8 zu beurteilen.

Entgegen dem in IAS 39.50 formulierten Verbot dürfen Versicherungsunternehmen ausnahmsweise nach IFRS 4.45 im Rahmen der Änderung der Bilanzierungs- und Bewertungsmethoden gem IFRS 4.22 im Bestand befindliche **finanzielle Vermögenswerte** in die Kategorie erfolgswirksam zum beizulegenden Zeitwert umwidmen. 37

Nach IFRS 4.24 **darf** ein Versicherer seine **versicherungstechnischen Verbindlichkeiten** unter Einbeziehung von **Abzinsungen** mit **marktüblichen Zinssätzen** erfolgswirksam neu bewerten. Nicht zulässig ist es aber, den umgekehrten Weg zu gehen und bisher abgezinste Verbindlichkeiten mit dem Nominalwert anzusetzen (IFRS 4.25(a)). 38

Ein Übergang von einer Abzinsung mit **Marktzinssätzen** zu einer Berücksichtigung von **unternehmensindividuellen Zinssätzen** ist nach IFRS 4.27 grds nicht zulässig. Die von den erwarteten unternehmensindividuellen Kapitalanlageerträgen abhängige Bewertung wird als weniger relevant und zuverlässig eingestuft, kann daher nur durch den Beweis des Gegenteils, dh der höheren Relevanz oder Verlässlichkeit, widerlegt und damit als berechtigte Änderung akzeptiert werden. In IFRS 4.28 werden Beispiele dargestellt, wann die widerlegbare Vermutung erfüllt ist, und damit unternehmensindividuelle Zinsannahmen bei der Kalkulation der Abzinsung der versicherungstechnischen Passiva angewandt werden dürfen. So kann zB ein Übergang dann die Relevanz und Verlässlichkeit verbessern, wenn nach der bisherigen (für den HGB-Abschluss verwandten) Methode aufsichtsrechtlich vorgegebene, sehr konservative langfristige Annahmen zugrunde lagen (vgl auch *Engeländer/Kölschbach* VW 2004, 576). 39

Unzulässig wäre weiterhin die Einführung einer über den Zeitwert hinausgehenden Bewertung von künftigen Gewinnen aus Verwaltungs- und Betriebskostenzuschlägen (IFRS 4.25(b)). Dies betrifft insbes die in britischen Bankkonzernen praktizierte Bewertung des Vertragsbestands von Versicherungstochterunternehmen mit dem ***embedded value,*** der sich oft nicht mit Marktwerten rechtfertigen lässt (*KPMG,* 145). 40

IFRS 4.25(c) lässt zu, dass bestehende **uneinheitliche Bilanzierungs- und Bewertungsmethoden im Konzernabschluss** – sofern nach § 300 Abs 2 HGB und § 308 Abs 2 Satz 2 HGB zulässig – zwar nach dem Übergang auf die IFRS fortgeführt werden können, aber bei einer Änderung der Umfang der Abweichungen nicht vergrößert werden darf. 41

Wichtig erscheint die Regelung in IFRS 4.26, wonach explizit festgehalten wird, dass **übermäßige Vorsicht** (zB iSv § 341e HGB) beibehalten werden darf (was nach dem Grundsatz der unveränderten Fortführung der Bewertungsmethode selbstverständlich ist und daher uE nicht hätte hervorgehoben werden müssen). Ergänzt wird die Regel um den Zusatz, dass bei vorhandener ausreichender Vorsicht (was bei Anwendung der HGB-Grundsätze nicht zweifelhaft sein sollte) eine zusätzliche Vorsicht nicht in die Bewertungsmethode eingeführt werden darf.

IFRS 4.30 enthält eine weitere Regelung zu einem Änderungstatbestand. Danach darf der Versicherer seine Bilanzierungs- und Bewertungsmethoden so ändern, dass ein erfasster aber **nicht realisierter Gewinn oder Verlust** aus einem Vermögenswert die Bewertung der versicherungstechnischen Passiva (einschließlich der zugehörigen abgegrenzten Abschlusskosten) in gleicher Weise beeinflusst, wie ein realisierter Gewinn oder Verlust es täte. Dies bedeutet, dass die in Deutschland davon idR betroffene Rückstellung für Beitragsrückerstattung 42 so bemessen werden darf, wie sie bei einem realisierten Gewinn oder Verlust darzustellen wäre (Schattenbilanzierung). Die Darstellung erfolgt dann allerdings als „latente Beitragsrückerstattung" (vgl *Engländer/Kölschbach* VW 2004, 578). Im Ergebnis wird durch die Bilanzierung der latenten Rückstellung für Beitragsrückerstattung die Beteiligung der Versicherungsnehmer an der zukünftigen Realisierung der zu diesem Zeitpunkt noch nicht realisierten Gewinne antizipiert.

Die Frage, wie die Zuführung zur (latenten) **Rückstellung für Beitragsrückerstattung** (RfB) buchhalterisch zu erfassen ist, hängt davon ab, wie der korrespondierende unrealisierte Gewinn oder Verlust ausgewiesen wird. Erfolgt die Buchung hier erfolgswirksam (wie zB bei Marktwertschwankungen von zu Handelszwecken gehaltenen Wertpapieren), so gilt dies auch für die „Schattenbilanzierung" der RfB. Erfolgt umgekehrt eine Buchung erfolgsneutral im sonstigen Ergebnis, so gilt dies auch für die korrespondierende „Schattenbilanzierung".

43 Im Fall der Ausübung von **Methodenänderungen** ergibt sich eine Berichterstattungspflicht im **Anhang** entspr den Regeln von IAS 8. Dies gilt sowohl für Änderungen im Zusammenhang mit der erstmaligen Bilanzierung nach IFRS wie auch bei Änderungen zu nachfolgenden Bilanzierungszeitpunkten. Angabepflichten ergeben sich dabei aus IAS 8.28 ff und IAS 8.39 f (s auch § 45 Rz 9 ff).

3. Erwerb aus Versicherungsverträgen durch Unternehmenszusammenschluss oder Bestandsübertragung

44 IFRS 4.31 gewährt Versicherern für den Fall von **erworbenen Versicherungsbeständen** bzw des Erwerbs von ganzen Versicherungsunternehmen eine Ausnahme von der Regelung des IFRS 3. Grds wäre nach IFRS 3 eine Bewertung aller Rechte und Pflichten mit dem beizulegenden Zeitwert zum Zeitpunkt des Erwerbs vorzunehmen. Erworbene Versicherungsverträge sollen aber nach dem erläuterten Konzept für Phase I (noch) nicht mit dem beizulegenden Zeitwert bewertet werden. Daher musste konsequenterweise eine Ausnahme von IFRS 3 für Versicherer geschaffen werden. Somit erlaubt IFRS 4.31 solche (erworbenen) Versicherungsbestände mit dem Wert anzusetzen, der sich aus der Fortführung der derzeitigen Bilanzierungsmethode ergibt. Dazu dürfen **erworbene Versicherungsverträge** gem IFRS 4.31 bzw IFRS 4.32 in **zwei Komponenten** aufgeteilt werden:

Neben den versicherungstechnischen Verbindlichkeiten, die (1) zu den (nicht neu bewerteten) Werten fortgeführt werden **dürfen,** ergibt sich (2) ein immaterieller Vermögenswert als ein sog Bestandswert, als Differenz zwischen dem fortgeführten Rückstellungsbetrag und dem Zeitwert der aus dem erworbenen Vertragsbestand resultierenden Rechte und Verpflichtungen. Dieser Wert ist in den Folgejahren wertmäßig im Einklang mit der Bewertung der zugehörigen Versicherungsverbindlichkeit fortzuführen. Dies bedeutet – anders als bei einem Geschäfts- oder Firmenwert nach IFRS 3.55 – eine planmäßige Abschreibung des immateriellen Vermögenswerts **(„Bewertungsunterschiede erworbener Versicherungsverbindlichkeiten")** entspr der Abwicklung der im Rahmen des Erwerbs übernommenen versicherungstechnischen Rückstellungen. Dh im Ergebnis, dass die bei der Bestandsübertragung vergüteten stillen Reserven in den versicherungstechnischen Rückstellungen, die uA aus Nichtabzinsung, Einzelbewertung, der besonders vorsichtigen Bewertung gem § 341 e HGB oÄ Bewertungsmaßnahmen resultieren können, in einer Bruttobilanzierung gesondert erfasst werden dürfen und damit nicht linear, sondern entspr der Schadenzahlung, aufzulösen sind.

Für **Bestandsübertragungen** gilt nach IFRS 4.32 naturgemäß dasselbe wie für aus gleichem wirtschaftlichem Grund entstandene Unterschiedsbeträge aus der Konsolidierung erworbener TU.

Für diese immateriellen Vermögenswerte aus dem „Bewertungsunterschied erworbener Versicherungsverbindlichkeiten" gelten die **allgemeinen Regeln** zu Wertminderungen (IAS 36) und immateriellen Vermögenswerten (IAS 38) **nicht** (IFRS 4.33). 45

Die hier beschriebene **Ausnahmeregelung** für den Ansatz von immateriellen Vermögenswerten aus versicherungstechnischen Passiva gilt systemkonform **nicht** für solche Kaufpreisbestandteile, die nicht für stille Reserven in den Schadenrückstellungen bezahlt wurden, sondern für das **zukünftige Neugeschäft.** In diesem Falle stehen nicht Bewertungsfragen von bestehenden Versicherungsverträgen iSd Anwendungsbereichs von IFRS 4.2, IFRS 4.31 ff in Rede, sondern ganz normale immaterielle Vermögenswerte iSd IAS 38.

Auf die Beispiele zu **IFRS 3** sei an dieser Stelle ergänzend hingewiesen. Danach (IFRS 3.IE4 (2004)) sind die kaufpreisbeeinflussenden Chancen, die sich aus *Cross-Selling*-Potenzialen oder Vertragsverlängerungen ergeben, im Rahmen eines bei Unternehmenszusammenschlüssen erworbenen immateriellen Vermögenswerts auszuweisen und nicht als „Bewertungsunterschied erworbener Versicherungsverbindlichkeiten" (IFRS 4.33; vgl *KPMG*, 148) zu bewerten.

Die **Anhangangaben** bzgl des aktivierten immateriellen Vermögenswerts aus dem „Bewertungsunterschied erworbener Versicherungsverbindlichkeiten" ergeben sich aus IFRS 4.37(b), im Übrigen aus IFRS 3.B60 (2008)/IFRS 3.67 (2004). 46

4. Ermessensabhängige Überschussbeteiligung

IFRS 4.34 bietet für die Bilanzierung von **Versicherungsverträgen** mit ermessensabhängiger Überschussbeteiligung **Wahlrechte** an, legt dabei aber abschließend fest, dass der Ausweis als **Zwischenkategorie** zwischen Eigen- und Fremdkapital unzulässig ist (zur Definition s Rz 15). 47

Die **fondsgebundene Lebensversicherung** fällt nicht unter die Kategorie der ermessenabhängigen Überschussbeteiligung, da hier die Ablaufleistung ohne Ermessen des Versicherers direkt aus dem Wert der anteiligen Fondsanteile abzuleiten ist.

IFRS 4.34 hat in Deutschland Bedeutung für den Bilanzausweis der freien Anteile an der **Rückstellung für Beitragsrückerstattung (RfB).** Nach den allerdings nur für den Einzelabschluss relevanten Vorschriften des VAG (s § 56a VAG) handelt es sich bei dem (noch) nicht gebundenen Teil der RfB um Gewinnanteile, die den Versicherungsnehmern noch nicht zugeordnet sind. Aus steuerlichen Gründen (§ 21 Abs 2 KStG) dürfen sie nicht höher sein, als die Zuführungen zur RfB innerhalb der letzten drei Jahre einschließlich des bis zum Bilanzstichtag verbindlich festgelegten Ausschüttungsbetrags. Die freie RfB kann nach § 56a VAG auch in Anspruch genommen werden, um im Interesse der Versicherungsnehmer einen Notstand abzuwenden oder einen Verlustausweis des Versicherers zu vermeiden.

IFRS 4.34 regelt, dass die ermessensabhängigen Bestandteile von den garantierten Überschussanteilen getrennt ausgewiesen werden dürfen. In diesem Fall ist der **garantierte Anteil** als **Verbindlichkeit** auszuweisen, der **ermessensabhängige** Teil **kann** dann entweder als Verbindlichkeit oder als **gesonderte Komponente des Eigenkapitals** ausgewiesen werden. Eine Zwischenkategorie, die weder Eigen- noch Fremdkapital ist, ist nicht erlaubt. Der Standard setzt keine Maßstäbe nach welchen Grundsätzen die Aufteilung in Eigen- oder Fremdkapital zu erfolgen hat, verlangt aber eine einheitliche Methode. 48

Nach dem von IFRS 4 festgelegten Grundsatz der unveränderten Übernahme der bisherigen Bilanzierung (idR nach nationalem Recht) in die IFRS bedeutet dies, dass die freie RfB als Hauptanwendungsfall von IFRS 4.34 auch nach IFRS als Verbindlichkeit (versicherungstechnische Rückstellung) auszuweisen ist. Eine nach IFRS 4.22 theoretisch zulässige Methodenänderung scheidet uE aus, da eine Umgliederung ins Eigenkapital weder eine Verbesserung der Relevanz noch der Verlässlichkeit darstellt, denn auch die freie RfB nach § 56a VAG unterliegt einer restriktiven Verwendungsmöglichkeit und steht im Grundsatz (nach Verwendung) den Versicherungsnehmern zu. Die Auflösung zum Ausgleich zukünftiger Verluste kommt zum einen im Normalfall nicht vor, zum anderen kann durch eine vorgezogene Darstellung im Eigenkapital (die Auflösung der freien RfB zum Verlustausgleich wäre nur mit Zustimmung der BaFin möglich) uE unter keinem vorstellbaren Gesichtspunkt eine verlässlichere Darstellung der Situation des Versicherers erreicht werden.

49 IFRS 4.34(c) erlaubt, dass alle **Prämien** aus einem solchen Versicherungsvertrag erfolgswirksam erfasst werden, auch wenn ein Teil bei einer entspr Ausübung des Wahlrechts in der Eigenkapitalkomponente landen wird. Die Regelung legt weiter fest, dass der Teil, der schlussendlich der Eigenkapitalkomponente zugerechnet werden kann, als Ergebnisverwendung zu erfassen ist.

50 Gleiche Bilanzierungsgrundsätze/-wahlrechte bestehen nach IFRS 4.35 auch für **Finanzinstrumente mit ermessensabhängigen Überschussbeteiligungen.**

51 Es wird ergänzend (IFRS 4.35(a)) darauf hingewiesen, dass für den Fall eines nicht getrennten Ausweises die gesonderte Überschussbeteiligung als Verbindlichkeit dem **Angemessenheitstest** nach IFRS 4.15ff unterliegt (s Rz 24) und damit nur die für Versicherungsverträge geltenden Bestimmungen des IFRS 4 maßgeblich sind.

Für den **umgekehrten Fall** des getrennten Ausweises muss die ausgewiesene Verbindlichkeit (dh für das garantierte Element) mindestens die Höhe haben, die sich hierfür nach IAS 39 ergibt; somit sind insbes anfängliche Abschlusskosten nur beschränkt berücksichtigungsfähig.

Beiträge für solche Sparverträge dürfen nach IFRS 4.35(c) als Erträge gezeigt werden, obwohl es sich bei diesen Verträgen um Finanzinstrumente handelt.

Nach IFRS 4.35(d) hat der Verpflichtete, der IFRS 7.20(b) (Hinweis d Verf: teilweise wird fälschlicherweise auf den nicht existenten IFRS 7.19(b) verwiesen) auf Verträge mit einer ermessensabhängigen Überschussbeteiligung anwendet, sämtliche erfolgswirksam erfassten Zinsaufwendungen anzugeben, wobei er aber nicht die **Effektivverzinsungsmethode** anwenden muss.

III. Angaben im Anhang

52 Wie in Rz 21 dargelegt, beschränkt sich IFRS 4 auf **wenige materiellrechtliche Vorschriften.** Der Standard geht für die Phase I davon aus, dass die versicherungsspezifischen Bilanzierungs- und Bewertungsvorschriften unzureichend sind, um eine einheitliche und vergleichbare Rechnungslegung für Versicherer zu gewährleisten. Die wenigen materiellrechtlichen Regelungsinhalte (wie zB das Verbot der Bilanzierung von Schwankungs- oder Großschadenrückstellungen, s Rz 23) scheinen das Ergebnis eines denkbar geringen Konsens zwischen den Interessenvertretern zu sein.

Schwerpunkt des IFRS 4 ist daher nach dem eigenen Verständnis des IASB als Minimalergebnis die Verbesserung und Erhöhung der Transparenz durch ein **Mindestmaß an Anhangangaben,** um so bei der Vergleichbarkeit der IFRS-Abschlüsse Fortschritte zu erzielen.

53 Um dieses, nach den ursprünglich deutlich höher gesteckten Forderungen (vgl DSOP 2002 und ED 5 vom 31. Juli 2003), nicht mehr sehr weit reichende Ziel zu erreichen, enthält IFRS 4 zwei Absätze (IFRS 4.36 und IFRS 4.38), die jeweils eine Art **Generalnorm** darstellen und in einem bzw zwei anschließenden Absätzen konkretisiert werden.

Im Zuge der Einführung von IFRS 7 hat der IASB die in IFRS 4.38 (2004) und IFRS 4.39 (2004) enthaltenen Vorschriften durch IFRS 4.38 bis IFRS 4.39A ersetzt sowie die *Revised Guidance on Implementing IFRS 4 Insurance Contracts* veröffentlicht. IFRS 7 regelt den Ausweis von Finanzinstrumenten und ersetzt ua die entspr Vorschriften, die bislang in *IAS 32 Financial Instruments: Disclosure und Presentation (2003)* enthalten waren. Die Ersetzung der IFRS 4.38 (2004) und IFRS 4.39 (2004) war erforderlich, da sich die hierin enthaltenen Regelungen zur Berichterstattung über aus Versicherungsverträgen resultierende Risiken in großen Teilen an die in IAS 32 (2003) enthaltenen Vorschriften anlehnten.

Zur Verbesserung der Transparenz und Vergleichbarkeit wird vorgeschrieben, dass ein Versicherer **Angaben** zu machen hat, die
(1) die **Beträge** in seinem Abschluss, die aus **Versicherungsverträgen** stammen, identifizieren und erläutern (IFRS 4.36) und
(2) es den Abschlussadressaten ermöglichen sollen, Art und Ausmaß der Risiken aufgrund von Versicherungsverträgen zu beurteilen (IFRS 4.38).

54 Während die **erste Kategorie abschlussbezogen** ist und sich damit auf die Erläuterung der Bilanzierungs- und Bewertungsmethoden, der Parameter (zB für die Ermittlung der Schadenrückstellungen), der Änderungen und der Rückversicherungsverhältnisse konzentriert, ist die **zweite Kategorie** vor allem auf die Berichterstattung über die aus Versicherungsverträgen resultierenden **versicherungstechnischen Risiken** sowie die aus Versicherungsverträgen und Finanzinstrumenten resultierenden **Ausfall-, Liquiditäts- und Marktrisiken** ausgerichtet. Nach IFRS 4.IG41 sollen dabei die Angaben über Art und Ausmaß auf zwei Grundsätzen beruhen:
(1) qualitative und quantitative Angaben sollen zueinander in einem ausgewogenen Verhältnis stehen,
(2) die Angaben sollen mit der Risikowahrnehmung des Managements, mit den vom Management angewandten Risikomanagementverfahren und den im Rahmen des Risikomanagements verfolgten Zielsetzungen in Einklang stehen.

55 Die erforderlichen Angaben sollen folglich zwei Gesichtspunkte berücksichtigen. Zum einen soll ein **sinnvolles Gleichgewicht** aus quantitativen wie aus qualitativen Angaben bestehen, um insbes die Konsequenzen des Risikoszenarios darzustellen. Daneben soll die Berichterstattung von der **internen Organisationsstruktur** sowie den Berichtsgrößen des internen Meldewesens ausgehen, die für die Steuerung der Risiken zugrunde gelegt wird bzw werden. Dazu sollte zB von einer **Spartengliederung** ausgegangen werden, die auch intern den Verantwortungsbereichen entspricht. IFRS 4.IG43 verweist in diesem Zusammenhang ausdrücklich auf den zur Segmentberichterstattung in IFRS 8 (Zielsetzung) aufgestellten Grundsatz (vgl § 21 Rz 2). Die deutschen Versicherungszweige nach § 51 Abs 3 RechVersV bieten hierfür Ansatzpunkte. Entscheidend ist aber auch die Frage der Relevanz der Gliederungstiefe für den Abschlussadressaten.

56 Das **übergeordnete Ausweisprinzip** des IFRS 4.38 wird durch IFRS 4.39 und IFRS 4.39A konkretisiert. Hiernach sollen insbes eine Darstellung des Risikomanagementsystems vorgenommen werden und Angaben zur versicherungstechnischen Risikoexposition (Sensitivität, Konzentration, Schadenentwicklung), zu aus Versicherungsverträgen resultierenden Ausfall-, Liquiditäts- und Marktri-

siken sowie zu Marktrisiken aus in Versicherungsverträgen eingebetteten Derivaten gemacht werden.

Es steht zu vermuten, dass die qualitativen Angaben nach IFRS 4.37, IFRS 4.39 und IFRS 4.39A iVm den (unverbindlichen) zahlreichen Beispielen der *Implementation Guidance* (IFRS 4.IG11 ff) das Ziel der Verbesserung der Vergleichbarkeit nicht wirklich erreichen werden.

57 Den Forderungen nach Verbesserung der Transparenz und Vergleichbarkeit soll in IFRS 4.37 mit folgenden **abschlussbezogenen Angaben** nachgekommen werden:

(1) die Bilanzierungs- und Bewertungsmethoden für Versicherungsverträge und zugehörige Vermögenswerte, Verbindlichkeiten, Erträge und Aufwendungen, Abschlusskosten,

(2) die angesetzten Vermögenswerte, Verbindlichkeiten, Erträge und Aufwendungen (und, wenn zur Darstellung der Kapitalflussrechnung die direkte Methode verwendet wird, Cashflows), die sich aus Versicherungsverträgen ergeben. Der Erstversicherer hat weiter die erfolgswirksam erfassten Gewinne und Verluste aus dem Rückversicherungsvertrag auszuweisen und sofern er die Gewinne und Verluste, die sich aus Rückversicherungsverträgen ergeben, abgrenzt und in Folgeperioden auflöst, sind der Auflösungsbetrag der Berichtsperiode und die Abgrenzungsposten am Anfang und Ende der Periode zu nennen,

(3) die zur Bestimmung der Annahmen angewandten Verfahren mit wesentlichen Auswirkungen auf die Bewertung sind anzugeben. Daneben sollen auch zahlenmäßige Angaben zu diesen Annahmen gemacht werden,

(4) die Auswirkung von Änderungen der zur Bewertung von Versicherungsvermögenswerten und Versicherungsverbindlichkeiten verwendeten Annahmen ist für jeden wesentlichen Posten darzustellen,

(5) die Änderungen der Versicherungsverbindlichkeiten und der Vermögenswerte aus Rückversicherungsverträgen und ggf zugehöriger abgegrenzter Abschlusskosten sind zu erläutern.

58 Nach IFRS 4.39 hat der Versicherer folgende **zukunftsbezogenen** Angaben zu Art und Ausmaß der aus den Versicherungsverträgen resultierenden Risiken zu machen:

(1) Ziele, Strategien und Verfahren zur Steuerung der versicherungstechnischen Risiken und die Methoden zur Steuerung dieser Risiken.

(2) Informationen über die Versicherungsrisiken (vor und nach Abzug der Rückversicherung), einschließlich Informationen über:

  (a) die Sensitivität hinsichtlich der Versicherungsrisiken,

  (b) die Konzentration von Versicherungsrisiken mit Beschreibung der Art und Weise, in der die Unternehmensleitung Konzentrationen ermittelt sowie Beschreibung der gemeinsamen Merkmale der einzelnen Konzentrationen,

  (c) die tatsächlichen Schäden verglichen mit früheren Schätzungen (Schadenentwicklung); wobei die Angaben zur Schadenentwicklung noch nicht abgewickelte Schäden, für die noch Unsicherheiten bestehen, betreffen. Die Angaben sollen über die gesamte Abwicklungsdauer, längstens aber 10 Jahre gemacht werden. Diese Angaben brauchen nicht für Schäden gemacht zu werden, die regelmäßig innerhalb eines Jahrs abgewickelt werden,

(3) Informationen über Ausfallrisiken, Liquiditätsrisiken und Marktrisiken, die IFRS 7.31 bis IFRS 7.42 fordern würden, wenn die Versicherungsverträge in den Anwendungsbereich von IFRS 7 fielen. Eine nach IFRS 7.39(a) anzufertigende Fälligkeitsanalyse ist allerdings nicht erforderlich, sofern der Versiche-

rer stattdessen Angaben über den voraussichtlichen zeitlichen Ablauf der Nettomittelabflüsse aufgrund von anerkannten Versicherungsverbindlichkeiten macht. Durch die Anwendung einer alternativen Methode zur Steuerung der Sensitivität bzgl Marktrisiken kann der Versicherer mit dieser Sensitivitätsanalyse der Anforderung nach IFRS 7.40(a) nachkommen und gleichzeitig die nach IFRS 7.41 erforderlichen Angaben machen.
(4) Informationen über Marktrisiken aus eingebetteten Derivaten, die gem IFRS 4.8 nicht zum beizulegenden Zeitwert bewertet werden.

Die Ausweisvorschrift IFRS 4.39(c)(i), nach der Versicherer Angaben über ihre Sensitivität bzgl versicherungstechnischer Risiken darzustellen haben, wird durch den neu eingefügten IFRS 4.39A ergänzt. Hiernach hat ein Versicherer, um den in IFRS 4.39(c)(i) (Hinweis d Verf: teilweise wird fälschlicherweise auf den nicht existenten IFRS 4.39(b)(i) verwiesen) genannten Anforderungen nachzukommen, entweder 59
(1) im Rahmen einer Sensitivitätsanalyse darzustellen, welche Auswirkungen auf Gewinn bzw Verlust und Eigenkapital sich ergeben hätten, wenn Änderungen der relevanten Risikovariablen (zB der statistischen Lebenserwartung, der durchschnittlichen Schadenhäufigkeit oder -höhe) eingetreten wären, die am Bilanzstichtag nach vernünftigem Ermessen möglich gewesen wären sowie die Methoden und zugrunde liegenden Annahmen einschließlich deren Änderungen ggü dem vorangegangenen Berichtszeitraum anzugeben (IFRS 4.39A(a) 1. Satz),
(2) im Fall der Anwendung einer alternativen Methode zur Steuerung der Sensitivität bzgl Marktrisiken (zB *embedded value* Analysen) diese alternative Sensitivitätsanalyse anzugeben sowie die angewandte Methode einschließlich der wichtigsten Parameter und Annahmen zu erläutern (IFRS 4.39A(a) 2. Satz iVm IFRS 7.41) oder
(3) qualitative Informationen über die Sensitivität und Vertragsvereinbarungen, die materielle Auswirkungen auf Höhe, Zeitpunkt oder Ungewissheit künftiger Zahlungsströme des Versicherers haben können, anzugeben (IFRS 4.39A(b)).

Entspr der Zielsetzung des IFRS 4, durch Anhangangaben die **Transparenz und Vergleichbarkeit** der IFRS-Abschlüsse ab 2005 zu verbessern (und so die Chancengleichheit der Versicherungswirtschaft auf den Kapitalmärkten ggü anderen Industrien zu erhöhen), werden im Folgenden die Empfehlungen des IASB in der *Implementation Guidance* selektiv beschrieben und dargelegt (vgl auch *KPMG*, 154ff). Obwohl es sich hierbei nicht um verbindliche Regelungen handelt, erfolgt an dieser Stelle eine umfassende Erläuterung, da der IASB die Umsetzung seiner Vorschläge für notwendig hält, um in Phase I das mit den Anhangangaben von IFRS 4.36ff definierte Ziel zu erreichen. 60

1. Erläuterung der ausgewiesenen Beträge

Die Erläuterungen der Bilanzierungs- und Bewertungsmethoden für Versicherungsverträge haben **herausragende Bedeutung,** da ein geschlossenes System von anzuwendenden Methoden in den IFRS für Versicherer fehlt und nur über die verbale und möglichst umfassende und auch quantitative Aspekte berücksichtigende Beschreibung die Zielsetzung von IFRS 4 in Phase I einigermaßen realisiert werden kann. 61

Der Abschlussadressat kann den Jahresabschluss iSv IFRS 4.1(b) nur verstehen, wenn mindestens die Bilanzierungs- und Bewertungsmethoden, Beiträge und Beitragsüberträge, Schadenreserven und Schadenaufwendungen einschließlich Schadenbearbeitungskosten, die Behandlung von Regressen, Details zur Rück-

und Mitversicherung, Abschlusskosten, Informationen zum Angemessenheitstest für Rückstellungen und zur Frage der Diskontierung etc dargestellt und erläutert werden. Dabei ist insbes auch auf Verfahren einzugehen, wobei hier technische Erläuterungen gegeben werden sollten. Unterschiedliche Bewertungsmethoden sind darzustellen, sofern eine konzerneinheitliche Bewertung nicht vorgenommen wird (vgl hierzu IFRS 4.IG17 ff).

Wesentliche Unterschiede zu den Erläuterungen von Bilanzierungs- und Bewertungsmethoden nach HGB sind nicht ersichtlich.

62 Unter Beachtung dessen, dass es **keine verbindlichen IFRS-Gliederungsvorschriften** gibt (vgl § 2 Rz 45 ff), muss die Aufzählung der zu erläuternden Posten in IFRS 4.IG19 ff berücksichtigt werden. Die beispielhaft gegebenen Erläuterungen beziehen sich darauf, dass entspr den IFRS-Grundsätzen die Erläuterungen sowohl in Bilanz und Gesamtergebnisrechnung offen gelegt werden können, als auch bei einer sehr komprimierten Darstellung von Bilanz und GuV entspr ergänzende Anhangangaben gemacht werden können (s die allgemeinen Erläuterungen zur Gliederung in § 2 Rz 141 ff).

63 Die Erläuterungen der Beträge, die aus Versicherungsverträgen stammen, (IFRS 4.37) entsprechen insgesamt den gewohnten Erläuterungen zu den Abschlussposten, wie sie die **HGB-Vorschriften** fordern. Umfangreicher als nach deutschen Standards dürften die Angabepflichten zu den **Ermittlungsverfahren**, die für die Bestimmung der Annahmen verwandt wurden (IFRS 4.37(c)), sein. Hier werden möglichst quantitative und genauere Angaben zu Sterblichkeitsannahmen, Diskontierungszinssätzen, Trendentscheidungen und zB erwarteten Preissteigerungsraten zu machen sein (IFRS 4.IG32). Auch eine Darstellung des Umgangs mit der Unsicherheit bzgl der Bewertung der (bekannten und unbekannten) Schäden und der angewandten aktuariellen Methoden ist erforderlich, ebenso wie eine Erläuterung der gegenseitigen Abhängigkeiten von diversen Annahmen (zB Überschussbeteiligung und Stornoquote). Hinzuweisen ist darauf, dass diese Angaben jeweils brutto und netto erfolgen sollen. Zu den Erläuterungspflichten bzgl der Veränderungen bei Abschlussposten gehört nach IFRS 4.IG37 f die Darstellung der Entwicklung der Schadenrückstellung vom Anfangsbestand zum Bilanzwert (auch für den Vorjahresvergleichszeitraum).

2. Angaben zu Art und Ausmaß der Risiken aufgrund von Versicherungsverträgen

64 Dieser Teil der in IFRS 4.39 und IFRS 4.39A **katalogisierten Angabepflichten,** die mit Beispielen (IFRS 4.IG41 ff) unterlegt werden, geht in einigen Bereichen weit über in HGB-Abschlüssen gewohnte Darstellungen hinaus.

Wie bereits unter Rz 54 dargelegt, fordert IFRS 4.IG41 eine **ausgewogene** quantitative und qualitative Berichterstattung zu Art und Ausmaß der Risiken aufgrund von Versicherungsverträgen, wobei die Angaben mit der Risikowahrnehmung des Managements, mit den vom Management angewandten Risikomanagementverfahren und den im Rahmen des Risikomanagements verfolgten Zielsetzungen in Einklang stehen sollen.

65 In IFRS 4.IG42 bis IFRS 4.IG47 wird, um den Anforderungen der IFRS 4.38 ff nachzukommen, die Möglichkeit dargestellt, die im Bestand enthaltenen Versicherungsverträge in **Klassen** einzuteilen und jeweils gesonderte Informationen für die unterschiedlichen Klassen von Versicherungsverträgen anzugeben (*Bacher/Hofmann* IRZ 2007, 124).

66 Zur Darstellung der **Ziele, Strategien** und **Verfahren** zur **Steuerung** der versicherungstechnischen Risiken und der Methoden zur Steuerung dieser Risiken (IFRS 4.39(a)) können Versicherer nach IFRS 4.IG48 zB Angaben zur

Struktur und Organisation des Risikomanagementsystems machen und die zur Risikoquantifizierung und Risikosteuerung eingesetzten Verfahren beschreiben (*Bacher/Hofmann* IRZ 2007, 125).

IFRS 4.IG51 zählt die **Anforderungen** zur **Darstellung** des **Versicherungsrisikos** (IFRS 4.39(c)) auf, für die in IFRS 4.IG51A beispielhafte Angaben zur Information angeführt werden. Die nach IFRS 4.39(c) erforderlichen Angaben (s Rz 59) werden durch die Empfehlungen des IASB in IFRS 4.IG52ff (Angaben zur Sensitivität bzgl Versicherungsrisiken (IFRS 4.39(c)(i)), IFRS 4.IG55ff (Angaben zur Konzentration von Versicherungsrisiken (IFRS 4.39(c)(ii)) sowie IFRS 4.IG59ff (Angaben zur Schadenentwicklung (IFRS 4.39(c)(iii)) konkretisiert. Nach IFRS 4.IG52A ist es zB möglich, die in IFRS 4.39(c)(i) iVm IFRS 4.39A zur Erfüllung der Angabepflicht einzeln dargestellten Methoden zu kombinieren. Im Ergebnis können Versicherer einerseits die Auswirkungen einer möglichen Veränderung von einzelnen Risikovariablen quantifizieren und andererseits die Auswirkungen einer möglichen Veränderung von anderen Risikovariablen lediglich verbal beschreiben (*Bacher/Hofmann* IRZ 2007, 125). 67

IFRS 4.IG62ff gibt die Empfehlungen des IASB zu Informationen über **Ausfall-, Liquiditäts- und Marktrisiken** wieder und konkretisiert somit die Anforderungen, die sich aus IFRS 4.39(d) ergeben. Da der Zeitpunkt der aus Versicherungsverträgen resultierenden Auszahlungen häufig nicht genau bestimmbar ist, wird zB hinsichtlich der Angaben zu Liquiditätsrisiken in IFRS 4.IG65B klargestellt, dass als vertraglich vereinbarter Fälligkeitszeitpunkt der vom Versicherer geschätzte zukünftige Zahlungszeitpunkt anzusehen ist (*Bacher/Hofmann* IRZ 2007, 127). 68

Die Angabepflichten nach IFRS 4.39(e) zu aus in Versicherungsverträgen enthaltenen eingebetteten Derivaten resultierenden Marktrisiken werden in IFRS 4.IG66ff konkretisiert. Hiernach können Versicherer zur Erfüllung dieser Angabepflichten zB geeignete Sensitivitätsanalysen durchführen, Angaben zum Zeitpunkt der wesentlichen Einflussnahme der eingebetteten Derivate auf die Zahlungsströme machen oder den Zeitwert der jeweiligen eingebetteten Derivate angeben (IFRS 4.IG70). 69

Während die Vorschriften in IFRS 4.37 und IFRS 4.39 **verbindliche Mindestangaben** darstellen, sind die Beispiele in IFRS 4.IG11 bis IFRS 4.IG71 weder vollständig oder verpflichtend, noch erwecken sie den Anschein einer gewichteten Auswahl. Es bleibt dem Anwender überlassen, welche Schlussfolgerungen er hieraus ziehen will und mit welchen Details und unter welcher Aufgliederung er den Vorgaben von IFRS 4.36 bis IFRS 4.39 folgen will. 70

IV. Zeitpunkt des Inkrafttretens und Übergangsvorschriften

Die Übergangsvorschriften **gelten** nach IFRS 4.40 sowohl für Unternehmen, die bereits IFRS angewendet haben und für das Jahr 2005 erstmals IFRS 4 beachten müssen, sowie für solche Versicherer, die erstmals unter IFRS 4 auf die internationalen Rechnungslegungsstandards übergehen. 71

Von Bedeutung ist die Regelung in IFRS 4.42, wonach Versicherer die Angabepflichten nach IFRS 4 **nicht** auf **Vergleichsinformationen** anwenden müssen, die sich auf vor dem 1. Januar 2005 beginnende Geschäftsjahre beziehen. Dies gilt nach IFRS 4.40 wohl auch für solche Versicherer, die bereits bisher Konzernabschlüsse nach IFRS aufgestellt haben. Eine **Ausnahme** hierzu betrifft allerdings die Angabepflicht gem IFRS 4.37(a) und (b) zu Bilanzierungs- und Bewertungsmethoden, Vermögenswerten, Verbindlichkeiten, Erträgen und Aufwendungen sowie Cashflows (bei Verwendung der direkten Methode).

72 Im Rahmen der Änderungen der IAS 39 und IFRS 4 hinsichtlich Finanzgarantien im Jahre 2005 wurden die Paragrafen IFRS 4.4(d), IFRS 4.B18(g) und IFRS 4.B19(f) geändert. Diese Änderungen sind für Geschäftsjahre, die am oder nach dem 1. Januar 2006 beginnen verpflichtend anzuwenden; eine frühere Anwendung wird empfohlen. Im Falle der früheren Anwendung ist hierauf hinzuweisen; gleichzeitig sind die hiermit im Zusammenhang stehenden Änderungen der IAS 39 und IFRS 7 zu beachten (IFRS 4.41A).

73 Grds ist für alle Bilanz- und GuV-Zahlen bzw Zahlen der Gesamtergebnisrechnung die Angabe von **Vorjahreszahlen** erforderlich, es sei denn, die Ermittlung ist undurchführbar (IFRS 4.43), dann wäre eine entspr Angabepflicht erforderlich. IFRS 4.43 geht aber davon aus, dass solche Fälle eigentlich nicht vorkommen können, da grds die Fortführung der in der Vergangenheit angewandten Bilanzierungsmethoden Kern der Regelung und der Erleichterung für die Versicherungsbranche durch IFRS 4 ist.

74 Für die Angabe der **Schadenentwicklung** nach IFRS 4.39(c)(iii) sind bei der erstmaligen Anwendung lediglich die vier letzten Geschäftsjahre vor der ersten Anwendung einzubeziehen (IFRS 4.44).

75 IFRS 4.45 sieht vor, dass ein Versicherer, der seine Bilanzierungs- und Bewertungsmethoden für **Versicherungsverbindlichkeiten** ändert, berechtigt ist, einige oder alle seiner finanziellen Vermögenswerte als „erfolgswirksam zum beizulegenden Zeitwert bewertet" einzustufen (s § 3 Rz 59). Diese Einstufung ist erlaubt, wenn der Versicherer bei der erstmaligen Anwendung von IFRS 4 seine Bilanzierungs- und Bewertungsmethoden ändert oder wenn er nachfolgend Änderungen der Methoden durchführt, soweit sie von IFRS 4.22 zugelassen sind. Eine solche Neueinstufung ist eine Änderung der Bilanzierungs- und Bewertungsmethoden iSv IAS 8.

C. Ausblick/Aktuelle Entwicklungen/IASB-Projekte

I. IASB Diskussionspapier „Preliminary Views on Insurance Contracts"

76 Seit mehr als zehn Jahren arbeitet der IASB (bzw IASC) an der Entwicklung eines **IFRS für Versicherungsverträge.** Das Erfordernis eines eigenen Standards ergibt sich uA aus der Tatsache, dass Versicherungsverträge, als Folge der branchenspezifischen Besonderheiten des Versicherungsgeschäfts, vom Anwendungsbereich anderer Standards (zB IAS 37, IAS 39 etc) idR ausgeschlossen sind (*Zimmermann/Schweinberger* DB 2007, 2157). Im Mittelpunkt der von Beginn an verfolgten Grundidee des IASB eines ***asset-liabilty-measurement*** **Ansatzes** steht dabei eine ***fair-value*-Bewertung** der versicherungstechnischen Verpflichtungen auf der Grundlage einer risikoadäquaten Ermittlung und Diskontierung aller aus den Versicherungsverträgen resultierenden zukünftigen Zahlungsströme. Mit der Ausrichtung des künftigen IFRS für Versicherungsverträge am beizulegenden Zeitwert der versicherungstechnischen *„assets"* und *„liabilities"* strebt der IASB eine **Konsistenz** zwischen Informationen, die Versicherungsunternehmen zu ihren Verträgen offen legen, und der Bilanzierung von anderen Unternehmen, die ähnliche Transaktionen durchführen, an (*Rockel/Sauer* WPg 2007, 741). Ziel der künftigen Vorschriften zur Bilanzierung von Versicherungsverträgen soll die Gewährleistung einer möglichst umfassenden, branchenübergreifenden Vergleichbarkeit von Informationen sein (vgl DP.9 und DP.10).

77 Wie bereits oben ausführlich dargestellt (s Rz 1 ff) richtet sich die Bilanzierung von Versicherungsverträgen bislang nach den in **IFRS 4** enthaltenen Regelun-

gen. Da IFRS 4 mit seinen vor allem im Bereich der Bilanzierung und Bewertung enthaltenen **Wahlrechten** lediglich einen **Übergangsstandard** darstellt, der keine größeren Veränderungen für die Anwender erfordert und sie in wesentlichen Kernbereichen mit ihrer bisher angewandten Bilanzierungs- und Bewertungspraxis fortfahren lässt, arbeitet der IASB seit dem Jahr 2004 am **Projekt *„Insurance Contracts Phase II“*** (s Rz 2).

Als ersten Schritt zur Entwicklung eines Nachfolgestandards hat der IASB am 78
3. Mai 2007 seine Vorschläge in dem **Diskussionspapier *„Preliminary Views on Insurance Contracts“* (kurz DP)** veröffentlicht. Hierin hat der IASB die folgenden zentralen Probleme einer Zeitwertbilanzierung von Versicherungsverträgen analysiert (*Rockel/Sauer* WPg 2007, 741):

(1) marktkonsistente Schätzung künftiger Zahlungsströme auf Basis neutraler Informationen, gewichtet mit ihren jeweiligen Eintrittswahrscheinlichkeiten (Erwartungswert der Zahlungsströme),

(2) Berücksichtigung des Zeitwerts des Geldes auf Basis des Zinssatzes von Finanztiteln, deren Marktpreise beobachtbar sind und die den zu bewertenden Verpflichtungen aus den Versicherungsverträgen hinsichtlich Laufzeit, Währung und Liquidität entsprechen (vgl DP.69),

(3) Berücksichtigung der Risikopräferenz von Marktteilnehmern, die aufgrund ihrer Erwartungen über mögliche Schwankungen sowohl in der Zeit als auch in der Höhe eine Prämie für das Tragen risikobehafteter Zahlungsströme fordern.

Neben der zentralen Frage der **Zeitwertbilanzierung** beschäftigt sich der 79
IASB in seinem Diskussionspapier im Rahmen der Bewertung auch mit der **Berücksichtigung** der **Bonität** des **bilanzierenden Versicherungsunternehmens**, der Behandlung von **Abschlusskosten**, dem **Verhalten** der Versicherungsnehmer (zB Ausübung vertraglicher Optionen oder mögliche Vertragsverlängerung), der Bildung von **Bewertungseinheiten**, dem Ausweis der **Rückversicherung,** dem sog ***„unbundling“***, dh einer Aufspaltung des Versicherungsvertrags in eine Versicherungs- und eine Investmentkomponente, der **Beteiligung** der Versicherungsnehmer sowie der Behandlung von **Bewertungsänderungen.**

1. Der Bewertungsmaßstab des „Current Exit Values“

Als Wertansatz der Verpflichtungen aus Versicherungsverträgen schlägt der 80
IASB den ***„current exit value“*** vor, also den Wert, den ein Versicherungsunternehmen einem anderen Versicherungsunternehmen für die Übertragung seiner aus den Versicherungsverträgen resultierenden Rechte und Pflichten bezahlen müsste. Auch wenn der IASB stets den beizulegenden Zeitwert als geeigneten Bewertungsmaßstab ansah, veränderte sich die Basis des beizulegenden Zeitwerts in der Sichtweise des IASB vom *„exit value“* im *Issues Paper* im Jahre 1999 und DSOP im Jahre 2001, über den *„entry value“* in IFRS 4 nunmehr zum *„current exit value“* im Diskussionspapier in 2007. Da in der Praxis ein Großteil der Versicherungsverträge entweder abgewickelt oder durch den Versicherungsnehmer gekündigt wird und somit regelmäßig ein Handel an aktiven Märkten nicht stattfindet, stellt der vom IASB gewählte Wertmaßstab des *„current exit value“* als Folge der fehlenden Marktpreise eine auf fiktiven Transaktionen basierende **hypothetische Größe** dar. Demzufolge wird der *current exit value* weniger aufgrund von Markttransaktionen als mit Hilfe von geeigneten Bewertungsmodellen zu ermitteln sein (vgl DP.93, DP.118). Des Weiteren können durch die Bewertung der versicherungstechnischen Verpflichtungen zum *current exit value*, entgegen der branchenspezifisch grds langfristigen Ausrichtung des Versiche-

rungsgeschäfts, bereits **zum Zeitpunkt des Abschlusses eines Versicherungsvertrags Gewinne oder Verluste entstehen,** wenn, vereinfacht formuliert, die bilanzierten Rechte in ihrem Wertansatz die korrespondierenden Verpflichtungen übersteigen bzw unterschreiten (*Zimmermann/Schweinberger* DB 2007, 2157). Sofern also die zu erzielende Prämie aus dem jeweiligen Versicherungsvertrag die Summe aus dem *current exit value* der hieraus resultierenden Verpflichtungen und der im Zusammenhang mit dem Abschluss des Vertrags entstandenen Kosten übersteigt, würde ein Gewinn entstehen, der, wohlgemerkt zum Zeitpunkt des Abschlusses des Versicherungsvertrags, erfolgswirksam zu vereinnahmen wäre. Umgekehrt würde im Falle des Unterschreitens der Prämie ein bilanzierungspflichtiger Verlust entstehen.

81 Mit der Bewertung der versicherungstechnischen Verpflichtungen zum beizulegenden Zeitwert beabsichtigt der IASB das zentrale Problem des IFRS 4, den **bilanziellen *asset-liabiliy-mismatch*** zu beseitigen, der durch die grds Bewertung der Aktivseite, der *assets*, zu Marktwerten, und der nicht sensitiv ggü Veränderung des Marktzinses vorgenommen Bewertung der versicherungstechnischen Rückstellungen, der *liabilities,* entsteht.

Nach der vom IASB im Diskussionspapier (vgl DP 20) vertretenen Auffassung soll ein **einheitliches** Bilanzierungs- und Bewertungsmodell für sämtliche Arten von Versicherungsverträgen zugrunde gelegt werden. Zugunsten dieser einheitlichen bilanziellen Behandlung von sämtlichen aus den Versicherungsverträgen resultierenden zukünftigen Verpflichtungen gibt der IASB die bislang übliche differenzierte bilanzielle Behandlung der versicherungstechnischen Verpflichtungen, zB Schadenrückstellung, Deckungsrückstellung etc, auf. Das vom IASB im Diskussionspapier empfohlene Modell gilt sowohl für Erst- als auch Rückversicherungen sowie für sämtliche Versicherungssparten (*Bacher/Hofmann* IRZ 2007, 312).

82 Nach dem Konzept des IASB sollen die aus den Versicherungsverträgen resultierenden versicherungstechnischen Verpflichtungen zum **Zeitpunkt des Vertragsabschlusses** in der Bilanz des Versicherers erfasst werden (vgl DP.27). Mit dieser Vorgehensweise wird eine Konsistenz zum Ansatz von Finanzinstrumenten (IAS 39.14) herbeigeführt. Nach DP.29 iVm IFRS 4.14(c) werden die versicherungstechnischen Verpflichtungen **ausgebucht,** sobald die im Vertrag festgelegten Verpflichtungen erfüllt, gekündigt oder anderweitig erloschen sind (Tilgung der Versicherungsverbindlichkeit).

83 Die Bewertung der aus den Versicherungsverträgen resultierenden Verpflichtungen soll nach der Empfehlung des IASB im DP zum ***„current exit value"*** erfolgen. Dies gilt sowohl für den Zeitpunkt der **Erst-** als auch den der **Folgebewertung**. Der ***„current exit value"*** setzt sich aus folgenden Komponenten zusammen:

(1) Barwert der aus dem Versicherungsvertrag resultierenden Zahlungsströme, gewichtet mit ihren jeweiligen Eintrittswahrscheinlichkeiten (Abbildung des Erwartungswerts aus den Zahlungsströmen; DP.39),

(2) Aufschlag, den ein risikoaverser Erwerber für die aus dem Versicherungsvertrag resultierenden Ansprüche und Verbindlichkeiten zusätzlich zum erwarteten Barwert verlangen würde (Risikomarge); die Risikomarge dient nicht als Risikopuffer (vgl DP.86(a)),

(3) Servicemarge für sonstige Dienstleistungen.

84 In einem ersten Schritt im Rahmen der Bewertung von Versicherungsverträgen ist die **Schätzung der mit diesen Verträgen verbundenen Zahlungsströme vorzunehmen.** Dabei sind zunächst sowohl sämtliche möglichen Zukunftsszenarien zu identifizieren als auch deren jeweilige Eintrittswahrscheinlichkeiten zu ermitteln. Danach werden für jedes dieser identifizierten Szenarien die bei deren Eintritt auftretenden Ein- und Auszahlungen geschätzt sowie deren Barwerte ermittelt. Schließlich wird in einem letzten Schritt der mathematische Erwartungswert der geschätzten Barwerte bestimmt (*Bacher/Hofmann* IRZ 2007, 313). Die Anforderung, die der Board hinsichtlich Relevanz und Zuverlässigkeit an die Schätzung der Zahlungsströme stellt, ist, soweit möglich, eine Konsistenz mit beobachtbaren Marktpreisen (DP.37) herbeizuführen. Nur hierdurch kann nach Auffassung des IASB gewährleistet werden (*Rockel/Sauer* WPg 2007, 744), dass subjektive Annahmen ausgeschlossen werden (DP.37 a), sämtliche am Markt verfügbaren Informationen in die Bewertung einfließen (DP.37 b) und die Bewertung für die Informationsempfänger aufgrund des einheitlichen Bewertungsrahmens verständlich sind (DP.37 c). In die Bandbreite möglicher Zahlungsströme sind außerdem Optionen und Garantien aus Versicherungsverträgen sowie die Stornoerwartung einzubeziehen. Aus der Anforderung der Marktüblichkeit folgt, dass unternehmensspezifische, individuelle Zahlungsströme, wie zB **eigene** Schadenregulierungs- und Verwaltungskosten nicht berücksichtigt werden dürfen. Individuelle Effizienzen bzw Ineffizienzen ggü dem Markt bleiben somit in der Bewertung unberücksichtigt. So lange allerdings keine Anzeichen für eine wesentlich effizientere bzw ineffizientere Arbeitsweise ggü anderen Marktteilnehmern vorliegen, sind nach Ansicht des IASB doch die eigenen Zahlungsströme im Rahmen der Bewertung zugelassen (vgl DP.62). Dieses Vorgehen zeigt, wie schwer es selbst dem IASB zu fallen scheint, an dieser Stelle an Marktwerte im eigentlichen Sinne zu glauben.

Da versicherungstechnische Verpflichtungen naturgemäß mit einer Unsicherheit über die Anzahl und Höhe von Schäden behaftet sind, drängt sich die Frage der Behandlung von **Änderungen in der Schätzung der Zahlungsströme** auf. Im Diskussionspapier spricht sich der IASB für die Anwendung des sog ***„current estimate approach“*** aus (DP.44 ff), der, im Gegensatz zum sog ***„lock-in-principle“,*** das mit Ausnahme der Feststellung einer Unterdeckung der versicherungstechnischen Rückstellungen im Rahmen des *liability adequacy tests* Änderungen der Annahmen über die gesamte Laufzeit ignoriert, über die gesamte Laufzeit sämtliche verfügbaren Informationen zur Erzielung einer bestmöglichen Schätzung der Zahlungsströme nutzt. Gleichzeitig wird hierdurch die Durchführung eines *liability adequacy test* vermieden. Da diese vom IASB bevorzugte Vorgehensweise auf der Grundlage regelmäßig zu überprüfender Annahmen zuverlässige und relevante Informationen über Höhe, zeitlichen Verlauf und Unsicherheit der versicherungstechnischen Zahlungsströme vermittelt, liefert sie ein weitgehend stimmiges Rahmenkonzept für die Bewertung komplexer Versicherungsverträge (zB Mehrjahresverträge) und weist eine Konsistenz mit der Bewertung von Rückstellungen nach IAS 37 und von sog *„financial liabilities“* nach IAS 39 auf (vgl *Rockel/Sauer* WPg 2007, 744). 85

Entgegen der in IFRS 4 vorgeschriebenen Bewertung, sieht der IASB im Diskussionspapier, nach Abwägung der Vor- und Nachteile, eine **Diskontierung der Zahlungsströme** zur Berücksichtigung des Zeitwerts des Geldes vor (DP.65 f). Bei der Festlegung des Zinssatzes zur Diskontierung wird eine Orientierung am Zinssatz von Finanztiteln, deren Marktpreise beobachtbar sind und die den zu bewertenden Verpflichtungen aus den Versicherungsverträgen hinsichtlich Laufzeit, Währung und Liquidität entsprechen (vgl DP.69), empfohlen. Ein Diskontsatz, der die künftige Rendite der Kapitalanlagen widerspiegelt, wird dagegen ausgeschlossen. 86

Hinsichtlich der **Risikomarge** setzt sich der IASB in dem Diskussionspapier vor allem mit der konzeptionellen Bedeutung der Risikomarge (DP.73 ff), der Schätzung der Risikomarge (DP.76 f) sowie deren Kalibrierung (DP.78 ff) auseinander. Die Frage, ob die Risikomarge lediglich einen sog *„shock absorber“* oder 87 eine Kompensation für die Dienstleistung der Risikoübertragung darstellt, wird aus Sicht des IASB zugunsten des **Kompensationsansatzes** entschieden. Begründet wird diese Entscheidung mit einer höheren Transparenz des Kompensations- ggü dem „*shock absorber* Ansatz" und der Möglichkeit, Veränderungen zeitnah zu erfassen.

Die Risikomarge ist für ein **Portfolio** gleichartiger Versicherungsverträge zu ermitteln (vgl DP.202(b)), da die Bewertung von versicherungstechnischen Verpflichtungen auf Einzelvertragsebene nicht zielführend ist (DP.199). Diese Überlegung trägt dem Gedanken des Risikoausgleichs im Versicherungskollektiv Rechnung. Konkrete Empfehlungen zur Vorgehensweise bei der Abgrenzung der Portfolien bleibt der IASB allerdings schuldig. Während die Bildung der Bewertungseinheit für die Bestimmung des Erwartungswerts der künftigen Zahlungsströme aus dem Versicherungsvertrag grds nicht relevant ist, gewinnt die Frage der Abgrenzung der Portfolien vor dem Hintergrund an Bedeutung, dass **Risikodiversifikationseffekte** mit der Größe des zu bewertenden Portfolios zunehmen und somit unmittelbaren Einfluss auf die Höhe der Gesamtrisikomarge nehmen (*Bacher/Hofmann* IRZ 2007, 314). Mit wachsender Anzahl von versicherten Einzelrisiken im Kollektiv des Versicherungsbestands nimmt die Streuung der Gesamtschadenverteilung ceteris paribus zwar absolut zu, jedoch nicht linear proportional zur Stückzahl der Risiken (vgl *Farny*[4], 48). Im Gegensatz zum Ausgleich innerhalb des Kollektivs, dürfen kollektivübergreifende Diversifikationseffekte und bestehende negative Korrelationen zwischen Kollektiven in der Risikomarge nicht berücksichtigt werden (DP.200f), da in konsequenter Fortführung der Bewertungskonzeption ein potenzieller Käufer eines Einzelportefeuilles von Versicherungsverträgen von diesen risikomindernden Auswirkungen nicht profitieren und sie folglich auch nicht vergüten würde. Für die Praxis bedeutet das vor allem für große Versicherungskonzerne, dass sie die sich einstellenden Ausgleichseffekte zwischen ihren zahlreichen einzelnen Kollektiven, die aus ökonomischer Sicht einen klaren Vorteil darstellen, in der Bilanz im Rahmen einer verpflichtenden Anwendung dieser Regelung nicht berücksichtigen könnten (*Rockel/Sauer* WPg 2007, 747).

Nach den Vorschlägen des IASB im Diskussionspapier soll die **Schätzung der Risikomarge** in vier Schritten erfolgen (vgl DP.76f):

(1) Bewertung der Vorgehensweise der Marktteilnehmer bei der Abschätzung der Größe des Risikos und Bestimmung der Einheiten in denen die Marktteilnehmer die Größe des Risikos ausdrücken würden,

(2) Schätzung der Anzahl der in den Verpflichtungen enthaltenen Risikoeinheiten anhand der Zahlungsstrom-Szenarien,

(3) Einschätzung des Preises je Risikoeinheit unter Verwendung einer angemessen Kombination aus beobachtbaren Marktpreisen für ähnliche Versicherungsverträge, Bewertungsmodellen und anderen verfügbaren Einflussgrößen,

(4) Multiplikation des geschätzten Preises je Einheit (Schritt 3) mit der geschätzten Anzahl der Einheiten (Schritt 2), um die aggregierte Risikomarge (auf Portfolioebene) zu bestimmen.

Die Veränderung der aggregierten Risikomarge ist als Aufwand oder Ertrag zu behandeln.

88 Bei der **Kalibrierung der Risikomarge** werden vom IASB erneut zwei Alternativen diskutiert. Während die erste Alternative eine Kalibrierung auf Basis der Prämie vorsieht und somit zwar einen Gewinnausweis bei Vertragsabschluss, nicht jedoch einen Verlustausweis, grds ausschließt, geht die zweite Alternative von einer Kalibrierung auf Basis der jeweils marktüblichen Bedingungen aus, die wiederum einen Gewinn- oder Verlustausweis bei Vertragsabschluss zulässt. Diese innerhalb des Board stark umstrittene Frage wurde von einer knappen Mehrheit

zugunsten der 2. Alternative entschieden. Die einzelnen Argumente für und wider die beiden Alternativen werden vom IASB unter DP.81 ff aufgelistet. Die Anwendung der 2. Alternative hat zB den Vorteil, dass die Durchführung eines *impairment test* nicht erforderlich ist. Im Übrigen wird vom IASB betont, dass solange sich das jeweilige *„pricing"* im marktüblichen Bereich bewegt, die Anwendung beider Alternativen zu identischen Ergebnissen führt.

Die **Servicemarge** betrifft andere Dienstleistungen, die dem Versicherer, neben dem Tragen des Risikos (Risikomarge), aus den Versicherungsverträgen entstehen (DP.87). Die Berücksichtigung der Servicemarge im Rahmen der Bewertung der versicherungstechnischen Verpflichtungen ist die logische Konsequenz aus der Tatsache, dass ein Versicherer keine Dienstleistungen anbieten würde, ohne hierfür adäquat entschädigt zu werden. Als Beispiel wird die Rolle des Versicherers als Investment-Manager genannt, die insbes im Rahmen der überschussberechtigten gemischten Lebensversicherung und der fondsgebundenen Lebensversicherung ausgeübt wird. Zum Ansatz der Servicemarge bei Vertragsbeginn sowie den aus dem Vertragsabschluss resultierenden Erfolgswirkungen nimmt der IASB wie folgt Stellung (vgl DP.88; sowie *Rockel/Sauer* WPg 2007, 745): 89

(1) Entspricht die Servicemarge, die entweder implizit oder explizit in der Prämie enthalten ist, dem von einem Marktteilnehmer durchschnittlich geforderten Betrag, wird die versicherungstechnische Verpflichtung in Höhe der Prämie abzüglich der Abschlusskosten angesetzt bzw bewertet. Ein Gewinnausweis bei Vertragsabschluss ist damit ausgeschlossen.
(2) Im Falle der (Markt-)Unüblichkeit der Servicemarge, erhöht (vermindert) sich die versicherungstechnische Verpflichtung um die Differenz zwischen der unternehmensindividuellen zu niedrigen (hohen) und der marktüblichen Servicemarge entspr. Bei Vertragsbeginn würde somit ein Verlust bzw ein Gewinn entstehen.
(3) Die Behandlung von Abschlusskosten, die zu der verfügbaren Servicemarge in einem inversen, wechselseitigen Zusammenhang stehen, erfolgt hinsichtlich der Anforderung der Marktüblichkeit entspr.
(4) Bereits bei Vertragsbeginn vom Versicherer erbrachte Serviceleistungen sind im Rahmen der Bewertung der versicherungstechnischen Rückstellungen nicht zu berücksichtigen und führen somit zu einer Verminderung der versicherungstechnischen Verpflichtungen. Bei Vertragsbeginn würde sich somit ein Gewinn ergeben.

Im Zuge der Vertragsabwicklung vermindert sich die Servicemarge in Abhängigkeit der bereits erbrachten Dienstleistungen. Die Verminderung ist erfolgswirksam zu behandeln.

Eine **Veränderung der Marktzinssätze** würde bei einer Bewertung der versicherungstechnischen Verpflichtungen zum *„current exit value"* eine erfolgswirksame Änderung dieser Verpflichtungen bedeuten. Um einen (erneuten) *„accounting mismatch"* zu vermeiden, wären die Versicherer faktisch gezwungen, die zur Bedeckung der versicherungstechnischen Verpflichtungen gehaltenen **Kapitalanlagen** nach IAS 39.9 der Kategorie *„erfolgswirksam zum beizulegenden Zeitwert bewertet"* zuzuordnen, um deren Marktwertänderungen ebenfalls erfolgswirksam zu erfassen (vgl DP.181 und *Bacher/Hofmann* IRZ 2007, 376). 90

Zusammenfassend kann festgehalten werden, dass der IASB in seinem Diskussionspapier zur Bilanzierung von Versicherungsverträgen an seiner bisherigen grundlegenden Absicht festhält, die versicherungstechnischen Verpflichtungen zum **beizulegenden Zeitwert** zu bilanzieren. Konkret sollen versicherungstechnische Verpflichtungen zum *„current exit value"* bewertet werden. Im Rahmen der Bewertung sind marktbezogene Annahmen in Form eines *„best esti-* 91 *mate"* zu künftigen Zahlungsströmen zu treffen, die in regelmäßigen Abständen auf ihre Aktualität zu überprüfen sind. Neben der Diskontierung der Zahlungsströme sind Risiko- und Servicemargen bei der Bewertung der versicherungstechnischen Verpflichtungen zu berücksichtigen.

Hinsichtlich dieses vom IASB angestrebten **Bewertungsmodells** sind uE vor allem die Preisfindung der versicherungstechnischen Verpflichtung aufgrund fiktiver, theoretischer Markttransaktionen sowie die Möglichkeit der Gewinn- bzw Verlustentstehung bereits zum Zeitpunkt des Vertragsabschlusses als besonders **kritisch** einzustufen. Der nur theoretisch zu verifizierende Wertansatz ist quasi systemimmanent, da versicherungstechnische Verpflichtungen idR entweder abgewickelt oder durch den Versicherungsnehmer gekündigt werden und somit ein Handel an aktiven Märkten faktisch nicht stattfindet. Folglich bleiben aufgrund fehlender Marktpreise als einzige Wertfindungsmöglichkeiten theoretische Bewertungsmodelle übrig. Ob diese allerdings dem angestrebten Ziel der Vergleichbarkeit zwischen Versicherungsunternehmen sowie der Vergleichbarkeit von Versicherungsbilanzen mit Bilanzen anderer Unternehmen, die ähnliche Transaktionen durchführen (DP.9), ausreichend Rechnung tragen, ist insbes vor dem Hintergrund der erheblichen Ermessenspielräume, die dem Management bei der Ermittlung der Bewertungsparameter eingeräumt werden, nur schwer vorstellbar. Die Nachprüfbarkeit und Objektivierbarkeit für Rechnungslegungsadressaten wird hierdurch erheblich erschwert.

Die frühzeitige Gewinn- bzw Verlustrealisierung steht uE im **Widerspruch** zur branchenspezifisch grds langfristigen Ausrichtung des Versicherungsgeschäfts. Das Geschäftsmodell wird somit nur unzureichend im Bewertungsmodell reflektiert. Eine Gewinnrealisierung sollte in Einklang mit dem Abbau von Risiko (*„profit recognition in line with release from risk"*) bzw der Abwicklung ggü dem Versicherungsnehmer stehen. Des Weiteren halten wir die praktische Umsetzbarkeit großer Teile des häufig sehr hypothetisch ausgeprägten Bewertungsmodells für schwierig. Dies begründet sich zum einen mit der Ermittlung bzw Aktualisierung der einzelnen zur Bewertung erforderlichen Parameter als auch mit dem Kostenaufwand, der durch die Ermittlung bzw Aktualisierung der Parameter entsteht. Mit der Aktualisierung der einzelnen Parameter geht auch eine starke Volatilität der zukünftigen Ergebnisse der Versicherungsunternehmen einher. Die jüngsten Erfahrungen mit Bewertungsmodellen ohne aktive Werte für Kapitalanlagen sollten den IASB veranlassen, sein bisheriges Konzept in Frage zu stellen.

2. Weitere Bewertungsfragen

Neben der zentralen Bewertungsfrage des *„current exit value"* beschäftigt sich der IASB in seinem Diskussionspapier mit **weiteren Bewertungsfragen**.

92 Nach Ansicht des IASB ist im Rahmen der Bewertung der versicherungstechnischen Rückstellungen das **Ausfallrisiko des Versicherers** zu berücksichtigen (vgl DP.229ff). Unter dem Ausfallrisiko wird das Risiko verstanden, dass der Versicherer seinen vertraglichen Verpflichtungen ggü den Versicherungsnehmern nicht vollständig nachkommen kann. Begründet wird die Berücksichtigung der eigenen Bonität mit der Analogie zu der Bewertung von Finanzinstrumenten, bei denen sich die Kreditwürdigkeit des Schuldners ebenfalls in deren Marktwert widerspiegelt. Die Berücksichtigung der eigenen Bonität führt allerdings zu dem wirtschaftlich schwer nachvollziehbaren Ergebnis, dass im Falle der Verschlechterung der Bonität des Versicherungsunternehmens der Wert der versicherungstechnischen Verpflichtung ertragswirksam vermindert wird. Im Normalfall dürfte sich dieser Bewertungsaspekt allerdings nicht materiell in der Bewertung der versicherungstechnischen Verpflichtungen niederschlagen. Auch der

Board räumt ein, dass wesentliche Auswirkungen auf die Bewertung, hervorgerufen durch die Berücksichtigung der eigenen Bonität, eher unwahrscheinlich sein dürften.

Abschlusskosten sind zum Zeitpunkt ihrer Entstehung in voller Höhe als **93**
Aufwand zu erfassen, da sie nach Auffassung des IASB keinen aktivierungsfähigen Vermögenswert darstellen (vgl DP.165). Damit schlägt der IASB eine andere bilanzielle Vorgehensweise als die nach HGB und US-GAAP weitgehend vorgeschriebene Verteilung der Abschlusskosten über die Vertragslaufzeit vor. Begründet wird die Sichtweise vom IASB mit der Vermeidung einer Doppelerfassung der Abschlusskosten als Teil der kalkulierten Versicherungsprämie, die sich aus der bereits erfolgten indirekten bilanziellen Berücksichtigung der aus den Versicherungsverträgen resultierenden Beitragszahlungen (Zahlungsströmen) und von Teilen des positiven Werts der Kundenbeziehungen ergibt (s Rz 80).

Zur Abbildung des **Kundenverhaltens** bzw des Verhaltens des Versiche- **94**
rungsnehmers, wie zB die Ausübung der Option auf Vertragsverlängerung ohne erneute Gesundheitsprüfung, wendet der IASB das Konzept der sog *„guaranteed insurability"* an, das die zur Erhaltung dieser *„guaranteed insurability"* notwendigen Versicherungsprämien als positiven Wert der Kundenbeziehung bilanziert. Entgegen der Tatsache, dass hierfür kein vertragliches Recht besteht, folgt der IASB mehrheitlich der Auffassung, dass dem Versicherungsunternehmen aus der möglichen Ausübung der Verlängerungsoption durch den Versicherungsnehmer ein bilanzierungsfähiger Vermögenswert entsteht (vgl DP.140 ff). Die bilanzielle Erfassung der Kundenbeziehung erfolgt in Form einer Verminderung der versicherungstechnischen Verpflichtungen (vgl DP.147). Diese Vorgehensweise des IASB kann konzeptionell wenig überzeugen, da in konsequenter Auslegung des IAS 38.63 eine selbsterzeugte Kundenbeziehung als selbst erstellter immaterieller Vermögenswert nicht bilanziert werden dürfte. Des Weiteren wirft die Unterscheidung von ansatzfähigen und nicht ansatzfähigen Bestandteilen in der praktischen Handhabung zahlreiche Fragen auf. Die Verrechnung des positiven Werts der Kundenbeziehung mit den Rückstellungen ist aus Transparenzgesichtspunkten und in Anbetracht des grds Saldierungsverbots gem IAS 1.32 ebenfalls kritisch zu würdigen. Schließlich führt das Konzept der garantierten Versicherbarkeit des IASB aufgrund der Beschränkung auf den aus der garantierten Versicherbarkeit resultierenden Wert der Kundenbeziehung sowie auf Verträge, bei denen der Versicherungsnehmer das Recht besitzt, seinen Versicherungsschutz zu gleichen Konditionen fortführen zu können (vgl DP.154 a), nur zu einer partiellen Abbildung dieses Werts (*Rockel/Sauer* WPg 2007, 746).

Die **Anteile der Rückversicherer** werden nach IFRS 4.14(d) sowohl in der **95**
Bilanz als auch in der Gesamtergebnisrechnung brutto ausgewiesen. Hieran will der IASB nach seinen im Diskussionspapier dargestellten Ausweis- und Bewertungsregeln für die aktive und passive Rückversicherung auch zukünftig nichts ändern (vgl DP.203 ff). Die Bewertung der aus Rückversicherungstransaktionen resultierenden Aktiva und Passiva soll für Erst- und Ruckversicherer zum *„current exit value"* erfolgen (vgl DP.205). Die Risikomarge erhöht dabei sowohl die versicherungstechnischen Verpflichtungen des Erstversicherers als auch das entspr Rückversicherungsaktivum in der Bilanz des Erstversicherers. Reduziert wird dagegen das Rückversicherungsaktivum durch das zu berücksichtigende Ausfallrisiko des Rückversicherers (DP.213).

Nach der im Diskussionspapier vom IASB unter dem Begriff ***„unbundling"*** **96**
diskutierten Frage geht es um die zu Ausweis- bzw Bewertungszwecken mögliche Aufspaltung des Versicherungsvertrags in eine der Risikoabsicherung dienende Versicherungs- und eine Spar- bzw Investmentkomponente (sog *„deposit component;* (DP.220 ff)). Während die erste Komponente unter die Anwendung

des zu entwickelnden Nachfolgestandards zu IFRS 4 fallen soll, wäre die zweite Komponente nach IAS 39 zu behandeln. Eine Trennung ist nach Auffassung des IASB nur dann nicht erforderlich, sofern die beiden Komponenten so eng miteinander verbunden sind, dass eine separate Bewertung nicht möglich ist (DP.228). Auch wenn es bei der Behandlung von Versicherungsverträgen mit einer expliziten Finanzierungskomponente grds beim Alten, nämlich einer einheitlichen Einordnung als Versicherungsvertrag, bleibt (s Rz 19), bedeuten die im Diskussionspapier vorgebrachten Vorschläge ggü der derzeitigen Regelung in IFRS 4 eine Entschärfung der Entbündelungsanforderungen. Fraglich bleibt allerdings der Informationsgehalt der ausgewiesenen Versicherungskomponente, wenn der Investmentanteil zu fortgeführten Anschaffungskosten bewertet wird, und wie die Forderung des IASB nach Willkürfreiheit in der praktischen Anwendung auszulegen ist (*Rockel/Sauer* WPg 2007, 747).

3. Stellungnahmen zum Discussion Paper

97 Die ca 150 auf der Homepage des IASB veröffentlichten Stellungnahmen der interessierten Parteien (Versicherungsunternehmen, Analysten, Aktuare, Wirtschaftsprüfer etc) zu dem Diskussionspapier, die bis zum Ablauf der Kommentierungsfrist vom 16. November 2007 eingegangen sind, zeigen, dass zahlreiche in dem Diskussionspapier enthaltenen Vorschläge bzw Empfehlungen des IASB stark umstritten sind. Die Kritik konzentriert sich vor allem auf die auf fiktiven Transaktionen basierende **hypothetische Größe** des *„current exit values“* (s Rz 80), die aus der Anwendung des vorgeschlagenen Bilanzierungsmodells resultierenden **höheren Kapitalkosten** für die Unternehmen sowie in mehreren Fällen bei ähnlichen Bilanzierungssachverhalten auftretenden **Inkonsistenzen zu Regelungsinhalten anderer Standards** (zB Behandlung der Servicemarge im Diskussionspapier zu den in IAS 18 enthaltenen Regelungen). Weitere Kritikpunkte sind ua die steigende Volatilität der Unternehmensergebnisse als Folge der regelmäßigen Aktualisierung der zugrunde liegenden Bewertungsparameter, die Ableitung der Diskontsätze, die bereits bei Vertragsbeginn entstehenden Gewinne oder Verluste (s Rz 80) sowie die Berücksichtigung des Ausfallrisikos.

98 Als nächsten Schritt im Rahmen des Projekts *„Insurance Contracts Phase II“* will der IASB im Jahr 2009 einen **Exposure Draft** erarbeiten. Hinsichtlich der Fertigstellung des endgültigen Standards, geht der IASB derzeit davon aus, dass dies nicht vor dem Jahr 2011 erfolgen wird. Mit einer verpflichtenden Anwendung des Nachfolgestandards zu IFRS 4 ist demzufolge also frühestens im Jahr 2012 zu rechnen.

II. Enger Zusammenhang zwischen IFRS 4 Phase II und Solvency II

99 Die EU arbeitet seit 2001 im Rahmen des Projekts Solvency II an einer **Reform** ihrer **Solvabilitätsanforderungen.** Die Bundesanstalt für Finanzdienstleistungsaufsicht (kurz BaFin) bezeichnet Solvency II auf ihrer Homepage als eines der wichtigsten Projekte im Bereich Finanzdienstleistungen auf der Ebene der EU. Mit Solvency II soll ein neues Solvabilitätssystem eingeführt werden dessen Ziel es ist, die heutigen Solvabilitätsvorschriften (Eigenmittelanforderungen) für Versicherungsunternehmen zu einem konsequent risikoorientierten System der Finanzaufsicht weiterzuentwickeln. Im Zuge des Projekts werden die Versicherungsunternehmen animiert, ihr eigenes, internes Risikomanagement zu verbessern. Darüber hinaus wird mit Solvency II eine angemessene Harmonisie-

rung der Aufsicht in Europa angestrebt. Dabei gilt das Dreisäulenprinzip, wie es schon für die Banken bei Basel II angewandt wird.

Mit dem Entwurf der Solvency II Rahmenrichtlinie hat die Kommission der EU am 10. Juli 2007 ein für die Zukunft von Versicherungsunternehmen richtungsweisendes Papier vorgelegt. Die Grundlage der Rahmenrichtlinie bildet ein prinzipien- und risikoorientierter ökonomischer Ansatz, der, analog zum Bankensektor, weg von einer quantitativen hin zu einer qualitativen Finanzaufsicht in der EU führen wird.

Die 1. Säule von Solvency II behandelt die finanzielle Ausstattung, also quantitative Fragestellungen. Sie enthält Regelungen zur **Bewertung der Aktiva und Passiva,** insbes zu den versicherungstechnischen Rückstellungen und zu den tatsächlich vorhandenen Eigenmitteln. Vor allem die Bewertung der versicherungstechnischen Rückstellungen beeinflusst die Solvabilitätsanforderungen erheblich. Dementsprechend sollte grds unter Solvency II die Bewertung der versicherungstechnischen Rückstellungen **in Einklang** mit den Vorschriften von IFRS 4 Phase II erfolgen. 100

Synergien aus einem ganzheitlichen Ansatz existieren auch in den Offenlegungsvorschriften nach der dritten Säule von Solvency II, die die Berichtspflichten sowohl ggü der Öffentlichkeit als auch ggü der Aufsichtsbehörde behandelt. Diese Angaben sollten weitestgehend identisch mit den zukünftigen Anforderungen der IFRS sein.

Im Ergebnis lässt sich festhalten, dass Versicherungsunternehmen Synergien im Rahmen der zukünftig unter Solvency II erforderlichen Erstellung des jährlichen Berichts über ihre Solvabilität und ihre Finanzlage nur dann erzielen können, wenn im Idealfall auf die **gleiche Datenbasis und Methodik** zurückgegriffen werden kann, wie bei der Rechnungslegung nach IFRS.

III. Gesetz zur Modernisierung des Bilanzrechts (BilMoG)

Am 26. März 2009 hat der Bundestag das **Gesetz zur Modernisierung des Bilanzrechts (BilMoG)** verabschiedet. Das BilMoG soll vor allem die Aussagekraft des handelsrechtlichen Jahresabschlusses erhöhen und das HGB-Bilanzrecht zu einer dauerhaften und im Verhältnis zu den internationalen Rechnungslegungsstandards vollwertigen, aber kostengünstigeren und einfacheren Alternative weiter entwickeln. 101

Für die Versicherungswirtschaft sind neben der Möglichkeit zur Bildung von Bewertungseinheiten, der Neufassung der Konsolidierungspflicht und zusätzlichen umfassenden Angabepflichten im Anhang vor allem zwei Punkte von entscheidender Bedeutung (vgl *Zielke* VW 2008, 353):

(1) **Bewertung von Finanzinstrumenten zum Marktwert:** Nach dem Regierungsentwurf des BilMoG sollten Finanzinstrumente wie Aktien, Schuldverschreibungen, Fondsanteile und Derivate zukünftig, soweit sie zu Handelszwecken erworben sind, bei allen Unternehmen zum Bilanzstichtag mit ihrem beizulegenden Zeitwert *(fair value)* bewertet werden (§ 253 Abs 1 Satz 3 HGB-E). Eine solche Regelung wurde aber nur für Kreditinstitute eingeführt (§ 340 e Abs 3 HGB (BilMoG)). 102

Eine entspr ausdrückliche Regelung zu Versicherungsunternehmen fehlt. Dies ist uE die logische Schlussfolgerung aus der Tatsache, dass Versicherungsunternehmen Finanzaktivitäten als operatives Geschäft betreiben, also deren Kapitalanlagen nicht zu Handelszwecken gehalten werden (vgl *Zielke* VW 2008, 353). Darüber hinaus sind nach § 7 Abs 2 VAG Handelsaktivitäten mit Wertpapieren und insbes Geschäfte mit Spekulationsabsicht nicht zulässig.

103 (2) **Änderung der Rückstellungsbewertung:** Die Neufassung des § 253 Abs 1 Satz 2 HGB (BilMoG) sieht vor, Rückstellungen in Höhe des nach vernünftiger kaufmännischer Beurteilung notwendigen Erfüllungsbetrags anzusetzen. Die Bewertung mit dem Erfüllungsbetrag erfordert die Berücksichtigung zukünftiger Kosten- und Preissteigerungen sowie von Änderungen in den biometrischen Rechnungsgrundlagen. Darüber hinaus sind nach § 253 Abs 2 Satz 1 HGB (BilMoG) Rückstellungen mit einer Laufzeit von mehr als einem Jahr mit dem ihrer Laufzeit entspr durchschnittlichen Marktzinssatz der vergangenen sieben Geschäftsjahre abzuzinsen. Abweichend von Satz 1 dürfen nach Satz 2 dieser Vorschrift Rückstellungen für lfd Pensionen oder Anwartschaften auf Pensionen pauschal mit dem durchschnittlichen Marktzinssatz abgezinst werden, der sich bei einer angenommenen Laufzeit von 15 Jahren ergibt.

Nach § 341 e Abs 1 Satz 3 HGB (BilMoG) gelten diese Neuregelungen für die Bewertung von Rückstellungen allerdings ausdrücklich nicht für die Bewertung von versicherungstechnischen Rückstellungen. Letztgenannte sind unverändert nach den Wertverhältnissen am Abschlussstichtag zu bewerten und nicht nach § 253 Abs 2 HGB (BilMoG) abzuzinsen.

§ 41. Landwirtschaft

Übersicht

Schrifttum: *Bundesministerium für Verbraucherschutz Ernährung und Landwirtschaft* Agrarbericht 2002, Bonn 2002; *Epstein/Jermakowicz* IFRS 2008 Interpretation and Application of International Financial Reporting Standards, New Jersey 2008; *Epstein/Jermakowicz* Wiley-Kommentar zur Internationalen Rechnungslegung nach IAS/IFRS, 4. Aufl, Braunschweig 2008; *Europäische Kommission* Stellungnahme zum Exposure Draft E65 „Agriculture", Brüssel 2000; *Förschle/Holland/Kroner* Internationale Rechnungslegung: US-GAAP, HGB und IAS, 5. Aufl, Heidelberg 2001; *Haller/Egger* Bilanzierung landwirtschaftlicher Tätigkeiten nach IFRS, WPg 2006, 281; *IASB* IFRIC Update Mai 2004; *IDW* Stellungnahme zum Exposure Draft E 65, Düsseldorf 2000; *Kümpel* IAS 41 als spezielle Bewertungsvorschrift für die Landwirtschaft, KoR 2006, 550; *Rieko* Focus on Farming, Accountancy 2001, 102; *Riley* IAS 41, Agriculture, http://www.acca.co.uk/publications/studentaccountant/professional/2002; *Statistisches Bundesamt* Agrarstatistik 2002, Wiesbaden 2002; *Warren McGregor* Accounting for Agricultural Activities, in FS Knorr Globale Finanzberichterstattung/Global Financial Reporting, Stuttgart 2008, 233.

Wesentliche Rechtsgrundlage: IAS 41

A. Überblick und Definition

I. Abgrenzung der Vorschrift

Zu den Unternehmen, die auf der Grundlage der IFRS Rechnung legen können, gehören auch die Unternehmen der **Landwirtschaft.** Diese werden nach 1 den IFRS (IAS 41) und nach deutschem Rechtsverständnis als **Unternehmen** angesehen (*WPH I* T 47). In Betracht kommen Einzelunternehmen, GbR oder Handelsgesellschaften (OHG, KG, GmbH & Co KG, GmbH, AG). Wendet ein landwirtschaftliches Unternehmen die IFRS an, muss es **sämtliche** Standards beachten. Der mit „Landwirtschaft" überschriebene Standard IAS 41 regelt nur Teilbereiche. Er betrifft im Wesentlichen die Bilanzierung **lebender Tiere und lebender Pflanzen,** die sich im biologischen Transformationsprozess befinden, wie zB Getreide auf dem Halm oder Kälber in der Aufzucht (Rz 6). **Nicht** dazu gehören landwirtschaftliche Erzeugnisse (zB Äpfel) **nach der Ernte,** die wie Vorräte nach IAS 2 zu bilanzieren sind. Zum **Zeitpunkt der Ernte** wird für landwirtschaftliche Erzeugnisse der beizulegende Zeitwert *(fair value)* ermittelt, der nach Abzug der Verkaufskosten als Anschaffungs- oder Herstellungskosten fingiert wird (IAS 41.13).

Nicht unter IAS 41 fallen landwirtschaftlich genutzte Grundstücke, für die IAS 16 anzuwenden ist.

Nicht unter IAS 41 fallen Rechte an Pflanzensorten, die wie andere immaterielle Vermögenswerte nach IAS 38 zu bilanzieren sind.

Nicht unter IAS 41 fallen zB Rechte und Pflichten aus einer Hagelversicherung, deren Bilanzierung sich nach IFRS 4 richtet.

IAS 41 enthält ferner Regeln für **Zuwendungen der öffentlichen Hand** an landwirtschaftliche Betriebe, die teils von IAS 20 abweichen (Rz 21 f).

II. Bedeutung von IAS 41 für deutsche Unternehmen

2 Für die ganz überwiegende Zahl der in Deutschland tätigen landwirtschaftlichen Unternehmen dürften die **IFRS** heute und mittelfristig **keine nennenswerte Bedeutung** haben. Deutsche landwirtschaftliche Unternehmen sind nur buchführungspflichtig, soweit sie die Größenkriterien des § 141 AO überschreiten oder in der Rechtsform einer Handelsgesellschaft geführt werden. Landwirtschaftlich tätige Handelsgesellschaften gibt es insbes in den neuen Bundesländern; diese sind häufig aus ehemaligen landwirtschaftlichen Produktionsgenossenschaften hervorgegangen. Kleine landwirtschaftliche Unternehmen ermitteln ihre Ergebnisse mit Hilfe einer Einnahme-Überschussrechnung iSd § 4 Abs 3 EStG.

Von den in Deutschland ansässigen **börsennotierten Unternehmen,** die eine landwirtschaftliche Tätigkeit betreiben, seien die Bayer AG und die KWS Saat AG genannt. Bayer betreibt neben den Kerngeschäften einen Gemüseanbau. Die landwirtschaftlichen Betriebe der KWS dienen dazu, Samenkörner für Zuckerrüben, Mais und Getreide zu erzeugen, was jedoch nur in wenigen Fällen in Eigenbetrieben und idR mit Hilfe von externen, selbständig tätigen Landwirten geschieht.

Im zweiten Halbjahr 2007 ist die KTG Agrar AG, Hamburg, hinzugekommen. Die Aktien der Gesellschaft sind im Freiverkehr (*Open Market*/Entry Standard) der Frankfurter Wertpapierbörse zugelassen.

III. Bedeutung im internationalen Vergleich

3 Die Bedeutung von IAS 41 liegt bei Unternehmen (Plantagen) **außerhalb Europas,** zB in der Holzwirtschaft, der Rinderzucht oder des Bananenanbaus, der zB von der Del Monte Parcific Limited betrieben wird (*Kümpel* KoR 2006, 550). Die Precious Woods Holding AG, Zug (Schweiz), betreibt über TU Holzwirtschaft, insbes in Südamerika. Die Gesellschaft bilanziert nach IFRS.

Nach Feststellungen von *McGregor* wenden seit dem Jahr 2005 eine Vielzahl von Agrarunternehmen die IFRS an, darunter Unternehmen der Forstwirtschaft, Viehzüchter, Obstbauern, Kautschuk-, Tee- und Kaffeeplantagen sowie Aquakulturen wie Fischzucht (*McGregor* in FS Knorr, 236; Warren McGregor ist Mitglied des IASB).

Die EU-Kommission hat ein Interesse an IAS 41, weil dessen Regeln zur Kontrolle und Anregung für das „**Informationsnetz Landwirtschaftlicher Buchführungen** – INLB –" der EU herangezogen werden können. INLB dient dazu, agrarpolitische Entscheidungen der EU vorzubereiten (*Kümpel* KoR 2006, 550).

einstweilen frei 4, 5

B. Definition biologischer Vermögenswerte und landwirtschaftlicher Erzeugnisse

„Ein **biologischer Vermögenswert** ist ein lebendes Tier oder eine lebende Pflanze" (IAS 41.5). Man muss hinzusetzen, dass sich das Tier oder die Pflanze im biologischen Transformationsprozess befinden muss, wie zB ein Kalb in der Aufzucht oder Getreide auf dem Halm. Nicht dazu gehören zB Kälber in der Hand eines Tierhändlers oder geerntetes Getreide beim Landhandel, die wie Vorräte nach IAS 2 zu bilanzieren sind. 6

Der biologische Transformationsprozess ist in IAS 41.5 definiert. Es muss sich um planvolle und gezielte Prozesse handeln, die Wachstum, Fruchtbringung und/oder Vermehrung verursachen. Hochseefischerei gehört nicht dazu, weil der Hochseefischer zum Entstehen und Wachsen der Fische nichts beiträgt (*Kümpel* KoR 2006, 550).

Von den biologischen Vermögenswerten sind deren **Früchte** (zB Milch, Wolle, Fleisch, Obst, Teeblätter) **abzugrenzen.** Die Früchte werden als landwirtschaftliche Erzeugnisse bezeichnet (IAS 41.5) und wie Vorräte nach IAS 2, also mit den Anschaffungs- oder Herstellungskosten bilanziert (IAS 41.13). Als Anschaffungs- oder Herstellungskosten wird im Zeitpunkt der Ernte der jeweilige beizulegende Zeitwert abzüglich der geschätzten Verkaufskosten angenommen.

IAS 41.4. enthält folgende Übersicht, die die Begriffe anschaulich von einander abgrenzt:

Biologische Vermögenswerte	Landwirtschaftliche Erzeugnisse	Produkte aus Weiterverarbeitung
Schafe	Wolle	Garne, Teppiche
Bäume einer Waldflur	umgestürzte Bäume	gefällte Baumstämme, Bauholz, Nutzholz
Pflanzen	Baumwolle	Faden, Kleidung
Pflanzen	geerntetes Zuckerrohr	Zucker
Milchvieh	Milch	Käse
Schweine	Rümpfe geschlachteter Tiere	Würste, geräucherter Schinken
Büsche	Blätter	Tee, getrockneter Tabak
Weinstöcke	Weintrauben	Wein
Obstbäume	gepflücktes Obst	verarbeitetes Obst

C. Bilanzierung biologischer Vermögenswerte (lebende Tiere und lebende Pflanzen im biologischen Transformationsprozess)

I. Ansatz

7 Ein biologischer Vermögenswert wird zu dem Zeitpunkt bilanziert, in dem das Unternehmen die **Kontrolle** über ihn gewinnt. Das ist bei einem Tier der Kauf oder die Geburt, bei einer Pflanze die Anpflanzung oder die Aussaat. Ferner müssen die allgemeinen Voraussetzungen für eine Bilanzierung vorliegen. Diese sind in IAS 41.10 noch einmal dargestellt, nämlich die Kontrolle über den Vermögenswert, die Wahrscheinlichkeit künftigen Nutzens und die Möglichkeit, den beizulegenden Zeitwert oder die Anschaffungs- oder Herstellungskosten verlässlich ermitteln zu können.

II. Bewertung

8 IAS 41.12 bestimmt: „Ein biologischer Vermögenswert ist beim erstmaligen Ansatz und an jedem Bilanzstichtag zu seinem **beizulegenden Zeitwert** abzüglich der geschätzten Verkaufskosten zu bewerten". Diese *full fair value*-Methode ist von dem damaligen IASC nur mit knapper Mehrheit beschlossen worden (so *McGregor* in FS Knorr, 234).

In erster Linie soll der Bewertende prüfen, ob für den biologischen Vermögenswert ein **aktiver Markt** vorhanden ist (IAS 41.17), wie er in IAS 41.8 beschrieben ist. Dabei kommt es auf den Zustand und Standort des biologischen Vermögenswerts an, wie er an dem jeweiligen Bilanzstichtag oder zum Zeitpunkt seiner erstmaligen Einbuchung steht und liegt. Für ein neugeborenes Kalb mag ein aktiver Markt iSv IAS 41.8 denkbar sein. Für einen heute ausgesäten Zuckerrübensamen gibt es keinen aktiven Markt. IAS 41 bietet für diesen Fall verschiedene Möglichkeiten an, um zu einem Zeitwert zu gelangen: Nach IAS 41.18(c) können zB „Branchen-Benchmarks" vorhanden sein, „wie der Wert einer Obstplantage, ausgedrückt durch Exportkisten, Scheffel oder Hektar …", bewertet wird. Das einzelne Saatkorn wird dann als Teil der Anpflanzung bewertet. Existieren derartige Benchmarks nicht, kann der Bewertende die aus der Anpflanzung erwarteten Netto-Cashflows ermitteln, die bislang mit einem aktuellen marktbestimmten „Vorsteuer-Zinssatz" auf den Barwert abzuzinsen waren (IAS 41.20 (2001)). Nach Änderung des IAS 41.20 im Rahmen des *Annual Improvements* Projekts 2008 hat die Abzinsung für Geschäftsjahre, die am oder nach dem 1. Januar 2009 beginnen, verpflichtend mit einem aktuellen marktbestimmten Zinssatz zu erfolgen.

Bei diesem Verfahren sollten bislang gem IAS 41.21 (2001) aE die **künftigen Werterhöhungen** durch das weitere Wachstum nicht in die Berechnung eingehen; demgegenüber sollten jedoch die Risiken erfasst werden, mit denen bei der weiteren biologischen Transformation zu rechnen ist, wie zB Dürren, Überschwemmungen, Frostperioden. Diese Ungleichbehandlung wurde im Rahmen des *Annual Improvements* Projekts 2008 durch die Streichung des letzten Satzes von IAS 41.21 dahingehend geändert, dass nunmehr für Geschäftsjahre, die am oder nach dem 1. Januar 2009 beginnen, sowohl künftige Werterhöhungen als auch die Risiken berücksichtigt werden müssen. Dies kann bei der Schätzung der Cashflows oder bei der Festlegung des Diskontierungszinssatzes geschehen (IAS 41.BC8).

9 Führen die vorstehend beschriebenen Verfahren beim erstmaligen Ansatz, zB bei der Aussaat, nicht zu „**verlässlichen“ Werten,** so kann der biologische Vermögenswert zu den **Anschaffungs- oder Herstellungskosten** bewertet werden (IAS 41.30), und zwar abzüglich „aller kumulierten Abschreibungen und aller kumulierten Wertminderungsaufwendungen“. Dieser Wert darf allerdings nur so lange beibehalten werden, bis der biologische Wachstumsprozess einen Punkt erreicht hat, zu dem der beizulegende Zeitwert nach den Vorschriften der IAS 41.10 ff verlässlich ermittelbar ist. Die „Umstellung“ auf den Zeitwert kommt insbes bei langen Wachstumsprozessen in Betracht, wie zB bei der Aufzucht von Bäumen, die als Nutzholz erst nach 30 Jahren und später geschlagen werden. In diesen Fällen wird der jährliche Wachstumsprozess Jahr für Jahr durch Wertzuschreibungen in der Ertragsrechnung abgebildet; diese Vorgehensweise ist mit der *percentage-of-completion-method* gem IAS 11.22 vergleichbar (*Haller/Egger* WPg 2006, 288). Bei der Bewertung zum beizulegenden Zeitwert sind die geschätzten Verkaufskosten (IAS 41.12) und latente Steuerlasten zu berücksichtigen, also abzuziehen (*Kümpel* KoR 2006, 550).

10 IAS 41.14 (2001) definierte die **Verkaufskosten** wie folgt: „Die Verkaufskosten (*point-of-sale costs*) schließen Provisionen an Makler und Händler, Abgaben an Aufsichtsbehörden und Warenterminbörsen sowie Verkehrssteuern und Zölle ein. Nicht zu den Verkaufskosten gehören Transport- und andere notwendige Kosten, um Vermögenswerte einem Markt zuzuführen.“

Im Rahmen des *Annual Improvements* Projekts 2008 wurde IAS 41.14 gestrichen und der Begriff *point-of-sale costs* durch den **inhaltsgleichen** (s IAS 41.BC3) Begriff *costs to sell*, der bereits in IFRS 5 und IAS 36 verwendet wird, ersetzt (IAS 41.5). Nach der nunmehr einheitlichen Definition der *costs to sell* in allen drei Standards (IFRS 5 Anhang A, IAS 36.6, IAS 41.5) handelt es sich dabei um zusätzliche Kosten, die dem Verkauf eines Vermögenswerts (bzw einer zahlungsmittelgenerierenden Einheit (ZGE)) direkt zugeordnet werden können, mit Ausnahme der Finanzierungskosten und der Ertragsteuern. Da es sich bei den *costs to sell* definitionsgemäß um **zusätzliche** Kosten handelt, stellen Kosten, die – wie Transportkosten – bereits bei der Bewertung zum beizulegenden Zeitwert berücksichtigt wurden, keine Verkaufskosten dar (IAS 41.BC3). Vielmehr umfassen diese die zuvor genannten Provisionen an Makler und Händler, Abgaben an Aufsichtsbehörden und Warenterminbörsen sowie Verkehrssteuern und Zölle, also Kosten, die im Verkaufszeitpunkt anfallen (IAS 41.BC3).

Rekultivierungskosten werden bei der Bestimmung des beizulegenden Zeitwerts nicht berücksichtigt (*IASB* IFRIC Update Mai 2004, 3; *Kümpel* KoR 2006, 550).

11 Biologische Vermögenswerte sind sehr häufig **körperlich** mit dem **Grundstück fest verbunden,** wie zB Bäume oder Weinstöcke. Mit dieser Situation befasst sich IAS 41.25. Er lässt zu, dass der Wert der biologischen Vermögenswerte durch eine Differenzrechnung zwischen dem Wert des unbestellten Grundstücks und dem Wert des Grundstücks einschließlich Aufwuchs ermittelt wird. Dieses Verfahren soll nach Kümpel (*Kümpel* KoR 2006, 550) zB in der Weinindustrie angewandt werden.

III. Ausweis

12 Nach IAS 1.66 ist ein Vermögenswert ua dann als **kurzfristig** auszuweisen, wenn seine Realisation innerhalb des normalen Verlaufs des Geschäftszyklusses des Unternehmens erwartet wird. Diese Voraussetzung wird idR auf die biologischen Vermögenswerte zutreffen, sodass sie als kurzfristig auszuweisen sind (*Haller/Egger* WPg 2006, 281). Fraglich ist, ob ein kurzfristiger Ausweis auch bei sol-

chen biologischen Vermögenswerten sachgerecht ist, deren Wachstumszyklus 30 und mehr Jahre in Anspruch nimmt, wie das zB bei Bäumen vorkommen kann. Zwar kann in diesen Fällen ein 30-Jahreszeitraum als „normaler Verlauf des Geschäftszyklus" eingeordnet werden. Andererseits gebietet die Gesamtbetrachtung eines Unternehmens mit so langen Prozessen uE einen Ausweis der entspr Vermögenswerte als langfristig.

13–15 *einstweilen frei*

D. Erfolgsausweis und Überleitungsrechnung

16 Die in Rz 8ff dargestellten Bewertungen haben im Jahresvergleich zur Folge, dass Mehr- oder Minderwerte ggü dem Vorjahr entstehen. Diese Unterschiede sind im jeweiligen Geschäftsjahr ihrer Entstehung **erfolgswirksam** in der Gesamtergebnisrechnung (s ausführlich § 15 Rz 46ff) oder der gesonderten GuV (sofern erstellt) zu erfassen (IAS 41.26). Dies gilt auch für einen Mehrwert/Minderwert, der durch den erstmaligen Ansatz eines biologischen Vermögenswerts (zB durch die Geburt eines Kalbs) entsteht.

17 In einer **Überleitungsrechnung** ist außerhalb der Gesamtergebnisrechnung oder der gesonderten GuV (sofern erstellt) anzugeben, welche Änderungen des Buchwerts der biologischen Vermögenswerte sich zwischen Beginn und Ende der Berichtsperiode ergeben haben (IAS 41.50). Für diese Überleitungsrechnung werden folgende Detailangaben verlangt:

(1) Gewinn oder Verlust durch Änderung des beizulegenden Zeitwerts abzüglich der geschätzten Verkaufskosten,
(2) Erhöhungen infolge von Käufen,
(3) Verringerungen infolge von Verkäufen und infolge einer Bilanzierung nach IFRS 5,
(4) Verringerungen infolge von Ernten,
(5) Erhöhungen, die aus Unternehmenszusammenschlüssen resultieren,
(6) Nettowährungsdifferenzen infolge der Umrechnung des Abschlusses einer ausländischen Teileinheit und
(7) andere Änderungen.

18–20 *einstweilen frei*

E. Zuwendungen der öffentlichen Hand

21 Die bilanzielle Behandlung von Zuwendungen der öffentlichen Hand ist in IAS 20 geregelt. IAS 41.34ff enthalten **abweichende Regeln** für den Fall, dass die Zuwendungen mit einem biologischen Vermögenswert in Zusammenhang stehen. In diesem Fall sind die Zuwendungen nicht von dem Wertansatz für die biologischen Vermögenswerte abzusetzen, sondern – vorbehaltlich der Ausführungen in Rz 22 – in dem Jahr als **Ertrag** zu **vereinnahmen,** in welchem sie **einforderbar** sind. Handelt es sich um bedingte Ansprüche, dürfen sie erst als Ertrag vereinnahmt werden, wenn die Bedingung eingetreten ist (IAS 41.35). Dieses steht im Gegensatz zu den Regeln von IAS 20.7. Nach IAS 20.7 reicht es aus, „wenn eine angemessene Sicherheit dafür besteht, dass das Unternehmen die damit verbundenen Bedingungen erfüllen wird …" Ist eine Zuwendung zB an die Bedingung geknüpft, dass eine bestimmte Fläche fünf Jahre bewirtschaftet wird oder fünf Jahre brach liegen bleibt, so darf die Zuwendung erst nach Ablauf der fünf Jahre als Ertrag vereinnahmt werden (Beispiel aus IAS 41.36).

Eine **Ausnahme** gilt für den Fall, dass die biologischen Vermögenswerte nicht mit dem beizulegenden Zeitwert, sondern mit den **Anschaffungs- oder Herstellungskosten** angesetzt werden (vgl Rz 8). In diesem Fall werden Zuwendungen der öffentlichen Hand nach den **Grundsätzen von IAS 20** bilanziert (IAS 41.37). Zuwendungen werden demnach von den Wertansätzen der entspr biologischen Vermögenswerte abgesetzt oder über passivische Abgrenzungsposten auf die Nutzungsdauer der biologischen Vermögenswerte verteilt (IAS 20.24). 22

einstweilen frei 23–25

F. Angaben im Anhang

Neben der bereits in Rz 17 erwähnten Überleitungsrechnung fordern IAS 41.40 ff verhältnismäßig **detaillierte Angaben** im Anhang. Im Einzelnen handelt es sich dabei um die folgenden: 26

(1) Angabe des Gewinns/Verlusts, der in der Berichtsperiode entstanden ist:
  (a) durch den erstmaligen Ansatz biologischer Vermögenswerte und landwirtschaftlicher Erzeugnisse,
  (b) durch Änderung des beizulegenden Zeitwerts abzüglich der geschätzten Verkaufskosten biologischer Vermögenswerte (IAS 41.40).

(2) Jede Gruppe der biologischen Vermögenswerte ist in verbaler oder wertmäßiger Form zu beschreiben (IAS 41.41), wobei nach IAS 41.42 die wertmäßige Beschreibung empfohlen wird (IAS 41.43).

(3) Sofern ein Ausweis nicht schon an anderer Stelle erfolgt ist, sind im Anhang die Art der Tätigkeiten, die mit jeder Gruppe der biologischen Vermögenswerte verbunden sind, anzugeben (IAS 41.46(a)).

(4) Weiterhin sind nicht finanzielle Maßgrößen oder Schätzungen für körperliche Mengen von jeder Gruppe der biologischen Vermögenswerte zum Periodenende sowie die Produktionsmenge landwirtschaftlicher Erzeugnisse während der Periode (IAS 41.46(b)) anzugeben.

(5) Zum ermittelten beizulegenden Zeitwert zum Erntezeitpunkt jeder Gruppe landwirtschaftlicher Erzeugnisse und jeder Gruppe biologischer Vermögenswerte hat der Bilanzierende Methoden und wesentliche Annahmen (IAS 41.47) anzugeben. Zudem ist der beizulegende Zeitwert im Erntezeitpunkt abzüglich der geschätzten Verkaufskosten der landwirtschaftlichen Erzeugnisse, die während der Periode geerntet wurden, anzugeben (IAS 41.48).

(6) Sind biologische Vermögenswerte mit besonderen Risiken oder Lasten verbunden, wie zB einem beschränkten Eigentumsrecht, Verpflichtungen zum Erwerb oder zur Entwicklung biologischer Vermögenswerte, so ist dies anzugeben. Darüber hinaus sind auch Strategien zum Finanzrisikomanagement darzustellen (IAS 41.49).

(7) Außerdem gilt es eine Fülle von verpflichtenden Angaben darzustellen, wenn der beizulegende Zeitwert nicht verlässlich ermittelt werden kann (IAS 41.54 ff).

(8) Erhält das Unternehmen Zuwendungen der öffentlichen Hand, so hat es Art und Ausmaß der Zuwendungen, mit den Zuwendungen im Zusammenhang stehende Erfolgsunsicherheiten sowie wesentliche zu erwartende Verringerungen des Zuwendungsumfangs auszuweisen (IAS 41.57).

Diese Angaben sollen dem Adressaten ua ein eigenes Urteil über die Bewertungsverfahren und deren Folgen für den Ertrags- und Vermögensausweis ermöglichen.

einstweilen frei 27–29

G. Wesentliche Änderungen und deren Anwendungszeitpunkte

30 **IAS 41** war erstmals verpflichtend für Geschäftsjahre, die am oder nach dem 1. Januar 2003 begannen, anzuwenden. Eine Anwendung auf frühere Perioden wurde vom IASB empfohlen.

Eine Änderung einzelner Regeln (s Rz 8, Rz 10) für die Landwirtschaft ist im ***Annual Improvements* Projekt 2008** vom Mai 2008 durch den IASB beschlossen worden. Die Änderungen in IAS 41.4 bis IAS 41.6, IAS 41.17, IAS 41.21 und die Streichung von IAS 41.14 sind auf Berichtsperioden anzuwenden, die am oder nach dem 1. Januar 2009 beginnen. Bereits im Januar 2009 erfolgte die Übernahme des *Annual Improvements* Projekts 2008 in europäisches Recht.

Durch die Überarbeitung von IAS 1 im Jahr 2007 ergaben sich Änderungen in IAS 41.24(a), welche auf Berichtsperioden anzuwenden sind, die am oder nach dem 1. Januar 2009 beginnen. Das Endorsement von IAS 1 (2007) erfolgte im Dezember 2008.

In der vorliegenden Kommentierung werden wesentliche materielle Änderungen dargestellt, darüber hinaus haben die Überarbeitungen klarstellenden Charakter.

H. Gegenüberstellung zu HGB/DRS

31 Nach den Vorschriften des HGB und den deutschen GoB werden die **biologischen Vermögenswerte** mit Richtsätzen oder Standardherstellungskosten bewertet. IAS 41 verlangt demgegenüber eine Bewertung mit dem beizulegenden Zeitwert abzüglich der geschätzten Verkaufskosten (s Rz 8).

Nach den Vorschriften des HGB darf nur ein realisierter Gewinn ausgewiesen werden. Im *fair value*-Modell des IAS 41 werden auch nicht realisierte Gewinne ausgewiesen.

32 Ein Standard des **DRSC** zur Bilanzierung biologischer Vermögenswerte und landwirtschaftlicher Erzeugnisse existiert derzeit nicht.

33–35 *einstweilen frei*

I. Aktuelle Entwicklungen/IASB-Projekte

36 Das IASB plant **keine Neufassung** des IAS 41, obwohl mehrere Anwender und Standardsetter Änderungen angeregt haben (*McGregor* in FS Knorr, 237). Vorgeschlagen sind zB Änderungen bei der Bilanzierung von Obstbäumen und Weinstöcken. Zudem kann das IASB-Projekt zur Leasingbilanzierung (s § 22 Rz 206) Änderungen des IAS 41 erfordern, weil landwirtschaftliche Unternehmen ihre biologischen Vermögenswerte zT als Leasingnehmer nutzen.

§ 42. Exploration und Wertbestimmung mineralischer Vorkommen

Übersicht

Schrifttum: *Epstein/Jermakowicz* IFRS 2008 Interpretation and Application of International Financial Reporting Standards, New Jersey 2008; *Willms* Explorations- und Evaluierungsausgaben in der Rechnungslegung nach IFRS, Lohmar-Köln 2006; *Zülch/Willms* Exploration und Bewertung von mineralischen Ressourcen – Eine kritische Betrachtung des IFRS 6, KoR 2005, 116; *Zülch/Willms* Möglichkeiten der Bilanzierung von Explorations- und Evaluierungsausgaben auf der Grundlage von IFRS 6, WPg 2006, 1201.

Wesentliche Rechtsgrundlage: IFRS 6

A. Allgemeines

I. Vorbemerkung

IFRS 6 *(Exploration for and Evaluation of Mineral Resources)* richtet sich an roh- 1
stofffördernde Industrien, die ua in den Industriezweigen der Öl- oder Gasexploration oder der Erkundung von Erz- oder Kohlevorkommen und anderen nicht regenerativen Ressourcen angesiedelt sind.

Dieser Standard gehört mithin zu denjenigen Regelungen, deren **Anwen-** 2
dungsbereich sich auf **bestimmte Branchen** beschränkt, wie dies zB auch IFRS 4 hinsichtlich der Versicherungswirtschaft oder IAS 41 hinsichtlich landwirtschaftlicher Produktionsbetriebe intendiert.

Gleichwohl stellt IFRS 6 in seiner jetzigen Fassung nur eine **Zwischenlösung** dar, die hinsichtlich ihres sachlichen Anwendungsbereichs lediglich einen Ausschnitt abbildet; eine **umfassende Behandlung** aller die mineraliengewinnenden Industrien tangierenden Bilanzierungs- und Bewertungsfragen hat der IASB für einen späteren Zeitpunkt vorgesehen (s Rz 56). IFRS 6 in der jetzigen Fassung ermöglicht den bilanzierenden Unternehmen über weit reichende Ausnahmeregelungen faktisch die Weiterführung ihrer bisherigen Bilanzierungs- und Bewertungsmethoden.

3–5 *einstweilen frei*

II. Zielsetzung und Anwendungsbereich von IFRS 6

6 Vor Verabschiedung des IFRS 6, der erstmals im Jahr 2006 anzuwenden war, war die Bilanzierungspraxis der mit der Exploration mineralischer Vorkommen befassten Industrien wegen **Fehlens spezifischer IFRS** ausgesprochen heterogen; da diese Industriezweige vom Regelungsbereich einschlägiger Standards, so ua von IAS 16 Sachanlagen und IAS 38 Immaterielle Vermögenswerte, explizit ausgenommen waren (vgl *Zülch/Willms* KoR 2005, 116). Die erhebliche **Bandbreite der in der Praxis angewandten Bilanzierungs- und Bewertungsmethoden** führte folglich dazu, dass eine Vergleichbarkeit der Abschlüsse so gut wie unmöglich war (vgl *Epstein/Jermakowicz* 2008, 949).

7 Nach IFRS bilanzierende Unternehmen dieser Branchen waren wegen des **Fehlens einschlägiger Standards** insoweit auf die allgemeinen Regelungen von IAS 8.10 bis IAS 8.12 verwiesen und hatten nach IAS 8.10 die von ihnen anzuwendenden Bilanzierungs- und Bewertungsmethoden eigenständig zu entwickeln. Dabei ist hinsichtlich der Entwicklung dieser Methoden IAS 8.11 insoweit von besonderer Bedeutung, als diese Vorschrift für die Entscheidungsfindung des Managements eine **strikte Auslegungshierarchie** normiert:

(1) In einer ersten Stufe sind die Anforderungen solcher Standards heranzuziehen, die ähnliche oder verwandte Fragen behandeln.

(2) In einer zweiten Stufe sind die im Rahmenkonzept enthaltenen Definitionen, Erfassungskriterien und Bewertungskonzepte heranzuziehen.

(3) In einer dritten Stufe dürfen schließlich die Verlautbarungen anderer Standardsetter sowie anerkannte Branchenpraktiken berücksichtigt werden, soweit sie mit den IFRS vereinbar sind (IAS 8.12).

8 Mit der Veröffentlichung von IFRS 6 verband der IASB vor dem Hintergrund, dass ab 2005 in den Mitgliedstaaten der EU und in anderen Ländern mit wesentlichen Explorationsaktivitäten (zB Australien) erstmals die IFRS verpflichtend anzuwenden waren, die **Zielsetzung,** den betroffenen Unternehmen wenigstens in einem begrenzten Umfang ein spezifisches Regelwerk zur Verfügung zu stellen. Die **Zielsetzungen** des IASB sind (IFRS 6.IN4):

(1) Verbesserung der Praxis der Rechnungslegung für Ausgaben im Rahmen der Exploration und Bewertung von mineralischen Vorkommen;

(2) Spezifizierung der Bedingungen, unter denen ein Wertminderungstest für in diesem Zusammenhang aktivierte Vermögenswerte nach IAS 36 vorzunehmen ist;

(3) Erläuterungen im Anhang betreffend diese Vermögenswerte und in diesem Zusammenhang durchgeführte Wertminderungstests.

9 Wie bereits erwähnt, trifft IFRS 6 – bezogen auf in einer Zeitachse typischerweise anfallende Ausgaben der Explorationsindustrien – nur für einen spezifischen Ausschnitt Regelungen. Die **typischen Stadien** der in Betracht kommenden Aktivitäten sind nachfolgend dargestellt:

ZEITACHSE	Stadien	Regelungsbereich	Behandlung der Ausgaben
↓	**Prospektionsphase** Bis zur Erlangung der relevanten behördlichen oder privatrechtlichen Genehmigungen	Rahmenkonzept	idR Erfassung als Aufwand, ggf Aktivierung als Anschaffungsnebenkosten eines immateriellen Vermögenswerts oder als Sachanlagen
	Exploration und Wertbestimmung	IFRS 6	Aktivierung als – materielle oder – immaterielle Vermögenswerte
	Entwicklungsphase Nach Feststellung der technischen und wirtschaftlichen Durchführbarkeit	Rahmenkonzept IAS 38	Aktivierung als Entwicklungskosten

Die vorstehende Abgrenzung erschließt sich aus IFRS 6.5. Der Standard verzichtet auf eine genaue Umschreibung der in der **Prospektionsphase** anfallenden Ausgaben (IFRS 6.BC11). Es ist davon auszugehen, dass es sich im Wesentlichen um solche Ausgaben handelt, die iVm Suchverfahren anfallen, mit Hilfe derer aus einem Gesamtgebiet solche Bereiche bestimmt werden, die weiteren Untersuchungen zugeführt werden sollen (vgl *Zülch/Willms* KoR 2005, 117). IFRS 6.BC12, der zur Behandlung dieser Ausgaben auf das Rahmenkonzept verweist, gibt den Hinweis, dass im Einzelfall Ausgaben in der Prospektionsphase auch als Anschaffungsnebenkosten zB einer behördlichen Genehmigung und damit ggf als Teil eines immateriellen Vermögenswerts aktiviert werden könnten; insoweit richtet sich die Bilanzierung dann nach IAS 38. In aller Regel führen Ausgaben in diesem Stadium jedoch zu sofortigem Aufwand. Hiervon zu unterscheiden sind aber in der Prospektionsphase erforderliche Investitionen in Infrastrukturmaßnahmen, zB Zugangswege. Deren Bilanzierung richtet sich nach IAS 16 Sachanlagen. 10

Ausgaben, die in der **Entwicklungsphase** anfallen, also dem Stadium der Erkundung und Wertbestimmung mineralischer Ressourcen zeitlich nachgelagert sind, liegen ebenfalls außerhalb des Regelungsbereichs von IFRS 6. Sie werden in dem Standard nicht näher beschrieben. Diese Ausgaben fallen regelmäßig an, nachdem die technische Machbarkeit und die wirtschaftliche Verwertbarkeit der Erkundung einer mineralischen Ressource nachgewiesen wurden. Es handelt sich zB um Planungskosten für Bohrlöcher oder Bergwerke (vgl *Hoffmann/Lüdenbach* in Lüdenbach/Hoffmann IFRS[7] § 42 Rz 2). IFRS 6.10 und IFRS 6.BC27 verweisen hinsichtlich der bilanziellen Behandlung dieser Ausgaben auf das Rahmenkonzept bzw auf IAS 38.57. Demzufolge sind die Bilanzierungsregeln für Entwicklungskosten anzuwenden. 11

Die im **Stadium der Exploration und Wertbestimmung** mineralischer Ressourcen anfallenden Ausgaben werden schließlich in IFRS 6.9 beispielhaft aufgeführt. Es kann sich ua um folgende Ausgaben handeln: 12

(1) Ausgaben für die Beschaffung von Bohr- und Abbaurechten,
(2) Ausgaben für topographische, geologische, geochemische und geophysikalische Studien,
(3) Ausgaben für Probebohrungen,
(4) Ausgaben für Ausschachtungen,

(5) Ausgaben für die Entnahme von Proben,
(6) Ausgaben für Studien zur technischen Machbarkeit und zur wirtschaftlichen Verwertbarkeit.

Es handelt sich hierbei nicht um eine abschließende Aufzählung der diesem Standard unterliegenden Ausgaben. Sie führen grds zur Aktivierung eines Vermögenswerts (s Rz 26).

13 Erst im Anschluss an das Stadium der Entwicklung beginnt die eigentliche **Produktionsphase** zB als Kohle-, Gas- oder Ölförderung. Die hiermit in Zusammenhang stehenden investiven Ausgaben fallen hinsichtlich ihrer bilanziellen Behandlung zB unter die Regelungen für Sachanlagen (s IAS 16 und § 5).

14, 15 *einstweilen frei*

B. Ansatz und Bewertung

I. Bilanzierung und Bewertung mit den bisher angewandten Methoden

16 IFRS 6 eröffnet den Anwendern eine außergewöhnliche **Erleichterung:** die bilanzierenden Unternehmen dürfen ihre **bisher praktizierten Bilanzierungs- und Bewertungsmethoden** weiterführen (IFRS 6.7, IFRS. 6.IN5(a), IFRS 6.BC17). Soweit Unternehmen nunmehr mit der Bilanzierung erstmalig auf die Vorschriften nach IFRS übergehen, bedeutet dies, dass IFRS 6 die bisher nach anderen Rechnungslegungsvorschriften angewandten Bilanzierungs- und Bewertungsregeln als mit IFRS 6 übereinstimmend anerkennt. IFRS 6.7 normiert einen Verzicht auf die Auslegungshierarchie nach IAS 8.10ff, wonach eine Lückenschließung über das Heranziehen anderer Standards, des Rahmenkonzepts etc verlangt wird (s Rz 7). Für Unternehmen, die bisher schon nach IFRS bilanziert haben und hinsichtlich der relevanten Bilanzierungsfragen auf die Auslegungshierarchie nach IAS 8.10ff verweisen, bedeutet die erstmalige Anwendung von IFRS 6 gleichfalls, dass die nach diesen Grundsätzen entwickelten Bilanzierungs- und Bewertungsmethoden nunmehr mit IFRS 6 in Einklang stehen.

17 Im Falle einer **Methodenänderung** ist sowohl für Erstanwender als auch für Altanwender IFRS 6.13 einschlägig: danach ist ein Wechsel der angewandten Bilanzierungs- und Bewertungsmethoden zulässig, sofern dies für das bilanzierende Unternehmen von größerem Nutzen ist und die Relevanz und Verlässlichkeit der Jahresabschlussinformationen nicht beeinträchtigt wird. IFRS 6.14 verzichtet gleichwohl auf die volle Übereinstimmung mit den Beurteilungskriterien nach IAS 8.

In der Praxis werden folgende Methoden angewandt (*Hoffmann/Lüdenbach* in Lüdenbach/Hoffmann IFRS[7] § 42 Rz 12):
(1) *full costing,*
(2) *successful efforts* und
(3) *area of interests.*

18 Nach der ***full costing*** **Methode** sind die anfallenden Kosten für Erkundung und Entwicklung zu aktivieren. In einer finalen Betrachtungsweise werden sämtliche Ausgaben als Mittel zum Zweck der späteren Leistungserstellung und damit der Ertragserzielung dienend verstanden. Konzeptionell sind auch erfolglose Bohrungen erforderlich, um in einem vermuteten Ölfeld erfolgreich nach Rohstoffen zu suchen (*Zülch/Willms* KoR 2005, 117).

19 Dagegen differenziert die ***successful efforts*** **Methode** insofern, als letztlich auf den Erfolg des jeweiligen Projekts abgestellt wird: aktivierungsfähig sind nur die Ausgaben, die in einem unmittelbaren Zusammenhang mit dem erfolgreichen

Erschließen zB eines Gasvorkommens stehen. „Die Aktivitäten müssen zumindest mittelbar zur Entdeckung, Rechtebeschaffung oder Erschließung einer konkreten wirtschaftlich nutzbaren Reserve beigetragen haben“ (*Zülch/Willms* WPg 2006, 1201). Bis dahin aktivierte Ausgaben sind aufwandswirksam zu buchen, wenn ein Projekt wahrscheinlich nicht mehr zum Erfolg führt (*Willms*, 13).

Die ***area of interests*** **Methode** schließlich wird je nach Betrachtungsweise als eine Variante der *successful efforts* Methode oder der *full costing* Methode gesehen. Sie ordnet unmittelbar mit einem bestimmten, als nutzbringend eingeschätzten geologischen Gebiet in Zusammenhang stehende Ausgaben diesem gleichsam als Projektkosten zu (vgl *Epstein/Jermakowicz* 2008, 955). 20

Beispiel: Die Explore AG hat für das Recht, in einem bestimmten Gebiet nach Erzvorkommen zu suchen und diese im Erfolgsfalle auszubeuten, € 1.000 an staatliche Behörden gezahlt. In der Folge werden in drei vermuteten Abbaufeldern Grabungen vorgenommen und Gesteinsproben entnommen; je Feld werden € 200 aufgewendet. Es stellt sich nach der für € 300 in Auftrag gegebenen Studie zur Auswertung der technischen Machbarkeit und der wirtschaftlichen Verwertung heraus, dass lediglich zwei Vorkommen wirtschaftlichen Erfolg versprechen. 21

Nach der ***full costing*** **Methode** sind alle angefallenen Ausgaben von insgesamt € 1.900 zu aktivieren. Die „erfolglosen“ Ausgaben des sich als unwirtschaftlich erwiesenen Vorkommens werden als erforderlich angesehen, um die Erzvorkommen in dem Gebiet erfolgreich zu erschließen. Nach der ***successful efforts*** **Methode** hingegen werden € 200 für die Grabungen und Probeentnahmen in den Periodenaufwand genommen. Die Ausgaben für das Abbaurecht und die Machbarkeitsstudie (eine eindeutige bzw anteilige Zuordnung zu den erfolgreichen Grabungen ist annahmegemäß nicht möglich) werden hingegen voll aktiviert. Es kommt zu einem Bilanzausweis von € 1.700.

Die Wahl der angewandten Methode kann erheblichen **Einfluss** auf die Darstellung der **Vermögens- und Ertragslage** nehmen (vgl das informative Beispiel bei *Zülch/Willms* WPg 2006, 1205 ff). Tendenziell kommt es bei Anwendung der *successful efforts* Methode im Zeitraum des Anfalls der hier relevanten Ausgaben zu einer stärkeren Erfolgsbelastung. Dagegen liegt der Aktivierungsanteil bei der *full costing* Methode höher, wodurch die Anwendung dieser Methode zu einer stärkeren Periodisierung der Ausgaben führt. Im Hinblick auf die Relevanz der Abschlussinformationen wird die *successful effort* Methode grds der *full cost* Methode vorgezogen, da hier sowohl beim Ansatz als auch bei der Bewertung und Periodisierung relevante und zugleich zuverlässige Informationen bereitgestellt werden (*Willms,* 249). 22

einstweilen frei **23–25**

II. Zugangsbewertung

Relevanter Bewertungsmaßstab für zugehende Vermögenswerte sind die **Anschaffungs- bzw Herstellungskosten.** Dies ergibt sich aus IFRS 6.8. Welche Ausgaben unter die hiernach zu bewertenden Vermögenswerte fallen können, enumeriert beispielhaft IFRS 6.9 (vgl Rz 13). 26

Über IFRS 6.BC28 wird dem Bilanzierenden ein **Wahlrecht** zur Einbeziehung von Verwaltungskosten und anderen Gemeinkosten eingeräumt, sofern ein direkter Bezug zu den nach IFRS 6 zu aktivierenden Ausgaben besteht. 27

Sofern aus der Erkundung von mineralischen Ressourcen Wiederherstellungs- oder Entfernungsverpflichtungen folgen, sind diese in Übereinstimmung mit IAS 37 als **Rückstellung** zu erfassen und den Anschaffungs- oder Herstellungskosten zuzurechnen (IFRS 6.11). Diese Verpflichtung stellt die einzige Ausnahme zur Weiterführungsmöglichkeit der bisherigen Bilanzierungsmethoden dar. 28

einstweilen frei **29, 30**

III. Folgebewertung

1. Allgemeines

31 IFRS 6.12 räumt für die Folgebewertung das **Wahlrecht** ein, entweder zu fortgeführten Anschaffungs- oder Herstellungskosten ***(cost model)*** zu bilanzieren oder das Neubewertungsverfahren ***(revaluation model)*** anzuwenden. Im Hinblick auf ggf vorzunehmende außerplanmäßige Abschreibungen sind die nach IFRS 6 bilanzierten Vermögenswerte einem Wertminderungstest zu unterziehen.

Durch IFRS 6.13 wird den bilanzierenden Unternehmen die Möglichkeit eröffnet, die Bilanzierungs- und Bewertungsmethoden im Zeitablauf zu ändern. Voraussetzung ist, dass sich durch den Methodenwechsel die Relevanz und Verlässlichkeit der Jahresabschlussaussagen erhöht und den allgemeinen Beurteilungsmaßstäben des IAS 8 weitgehend entsprochen wird, ohne dass jedoch verlangt wird, dass hierdurch eine volle Übereinstimmung mit diesen Kriterien erreicht werden muss (IFRS 6.14).

2. Bewertung zu fortgeführten Anschaffungs- oder Herstellungskosten

32 Wird nach dem **Anschaffungskostenmodell** bilanziert, ist das weitere Vorgehen von der Einstufung der aktivierten Ausgaben als materieller oder immaterieller Vermögenswert abhängig. Entspr gilt im Übrigen auch bei Anwendung des Neubewertungsverfahrens. Die Einstufung ist nach der Eigenschaft der angefallenen Ausgaben vorzunehmen und konsistent weiterzuführen (IFRS 6.15). So erfüllen Bohrrechte die Eigenschaften für immaterielle Vermögenswerte; Fahrzeuge, Bohrinseln hingegen sind als Sachanlagen zu behandeln. Der Werteverzehr eines sächlichen Vermögenswerts kann uU in die Herstellungskosten eines immateriellen Vermögenswerts einzubeziehen sein, wenn dieser zur Entwicklung des immateriellen Vermögenswerts verwendet wird (IFRS 6.16).

33 Die grds anzuwendenden Regelungen der Folgebewertung sind mithin für Sachanlagen IAS 16 und für immaterielle Vermögenswerte IAS 38 zu entnehmen. Nach dem Anschaffungskostenmodell ist eine Sachanlage oder ein immaterieller Vermögenswert danach zu ihren/seinen **Anschaffungs- bzw Herstellungskosten** abzüglich der kumulierten Abschreibungen und der kumulierten Wertminderungsaufwendungen anzusetzen (IAS 16.30, IAS 38.74; vgl §§ 4 Rz 70ff und 5 Rz 102ff). Als Abschreibungsmethoden kommen sowohl die lineare Abschreibung als auch die Leistungsabschreibung (Abschreibung nach Maßgabe der abgebauten Reserven) in Betracht (*Zülch/Willms* WPg 2006, 1204).

3. Bewertung nach dem Neubewertungsverfahren

34 Bei Anwendung des **Neubewertungsmodells** sind die zu aktivierenden Ausgaben in der Folgebewertung mit dem **beizulegenden Zeitwert** anzusetzen.

Auch die Anwendung dieses Verfahrens erfordert die vorgelagerte Einstufung der zu aktivierenden Ausgaben als materielle oder immaterielle Vermögenswerte. Diese Einstufung ist im Rahmen des Neubewertungsverfahrens von grds Bedeutung: Während der beizulegende Zeitwert für nach IAS 16 zu behandelnde Vermögenswerte aus **Marktpreisen** abgeleitet werden kann (IAS 16.31), ist für die Ermittlung des beizulegenden Zeitwerts eines immateriellen Vermögenswerts auf einen **aktiven Markt** Bezug zu nehmen.

35 Das Vorhandensein eines **aktiven Markts** ist in den hier relevanten Fällen regelmäßig nicht gegeben, sodass die Neubewertungsmethode als Konzept der Folgebewertung kaum von praktischer Relevanz sein dürfte (*Zülch/Willms* KoR 2005, 119; *Hoffmann/Lüdenbach* in Lüdenbach/Hoffmann IFRS[7] § 42 Rz 17). Wenn das Neubewertungsverfahren gleichwohl in den Regelungsbereich von IFRS 6 übernommen wurde, so war hierfür in erster Linie die Vermeidung systematischer Inkonsistenzen innerhalb der IASB-Rechnungslegung ausschlaggebend (IFRS 6.BC30).

4. Wertminderungen

36 Für die nach IFRS 6 aktivierten Vermögenswerte der Erkundung und Wertbestimmung mineralischer Vorkommen ist ein **Wertminderungstest** durchzuführen, um die Notwendigkeit **außerplanmäßiger Abschreibungen** zu untersuchen. Dabei gelten die Regelungen von IAS 36 zur Wertminderung von Vermögenswerten nur eingeschränkt. Während IAS 36.8 dazu verpflichtet, an jedem Bilanzstichtag zu prüfen, ob Anhaltspunkte dafür vorliegen, dass ein Vermögenswert wertgemindert sein könnte, knüpft IFRS 6.20 für die hier relevanten Vermögenswerte vereinfachend an auslösende Ereignisse an (*Zülch/Willms* KoR 2005, 119). Eine Pflicht zur Vornahme eines Wertminderungstests ist bei Vorliegen folgender beispielhafter tatsächlicher Verhältnisse angezeigt, die **Wertminderungsvermutungen** begründen:

(1) Der Zeitraum des Explorationsrechts ist in der Berichtsperiode abgelaufen oder wird in naher Zukunft ablaufen; eine Verlängerung wird nicht erwartet.

(2) Weder die Planung noch das Budget des Unternehmens sehen wesentliche Ausgaben für weitere Explorations- und Wertbestimmungstätigkeiten in dem betreffenden Gebiet vor.

(3) Die Aktivitäten zur Exploration und Wertbestimmung in dem betreffenden Gebiet haben nicht zur Entdeckung kommerziell verwertbarer Vorkommen geführt und die Unternehmensleitung hat sich zur Einstellung der Aktivitäten in diesem Gebiet entschlossen.

(4) Die Erschließungsaktivitäten in dem betreffenden Gebiet sollen weitergeführt werden; gleichwohl liegen verlässliche Anhaltspunkte dafür vor, dass die aktivierten Ausgaben nicht in voller Höhe durch die wirtschaftliche Verwertung (im Rahmen der Ausbeutung oder durch Verkauf an Dritte) gedeckt werden.

37 Hinsichtlich der Vorgehensweise zur Durchführung des Wertminderungstests verweist IFRS 6.20 auf die **entspr Anwendung** der Regelungen in **IAS 36.** Eine außerplanmäßige Abschreibung ist dann vorzunehmen, wenn der **Buchwert** des Vermögenswerts oberhalb des für ihn **erzielbaren Betrags** liegt. Dieser Wert ist definiert als der höhere Betrag aus beizulegendem Zeitwert abzüglich der Verkaufskosten und dem Nutzungswert, der dem Vermögenswert beizumessen ist (IAS 36.6). Die Wertdifferenz zwischen Buchwert und dem darunter liegenden erzielbaren Betrag des Vermögenswerts ist als **Wertminderungsaufwand** zu erfassen.

38 Die Bezugnahme auf IAS 36 hat zur Konsequenz, dass im Rahmen der vorgegebenen Bewertungsverfahren den Vermögenswerten Cashflows zugeordnet werden müssen. Die Besonderheit der rohstofffördernden Industrien liegt jedoch gerade darin, dass in der Explorationsphase die in Rede stehenden Vermögenswerte keine Cashflows generieren und dass auch noch **keine ausreichenden Informationen** über die Ergiebigkeit der Vorkommen und damit die Werthaltigkeit der im Rahmen der Exploration angesetzten Vermögenswerte vorliegen. Die fehlende Informationsbasis macht es unmöglich, auf der Ebene des Vermögenswerts den **beizulegenden Zeitwert** oder den **Nutzungswert** als die

den erzielbaren Betrag bestimmenden Wertgrößen zu ermitteln. Dieser Umstand würde im Ergebnis in vielen Fällen dazu führen, dass ein Abschreibungsbedarf gegeben ist (IFRS 6.BC36) und die Ausgaben für Exploration und Wertbestimmung überwiegend erfolgswirksam zu erfassen wären (*Zülch/Willms* KoR 2005, 119).

39 Um diese im Einzelfall unplausiblen, jedenfalls aber von den bisherigen Bilanzierungsgepflogenheiten abweichenden Auswirkungen zu vermeiden, räumt IFRS 6 dem Bilanzierenden einen nicht unerheblichen Spielraum ein: Für Zwecke des Wertminderungstests können die aktivierten Vermögenswerte
(1) einer zahlungsmittelgenerierenden Einheit (ZGE) oder
(2) einer Gruppe von ZGE
zugeordnet werden. Der Umfang der (Gruppe von) ZGE, der die betreffenden Vermögenswerte in diesem Zusammenhang zugeordnet werden, ist in seiner Größe begrenzt. Die (Gruppe von) ZGE darf nicht größer sein als ein nach den Regelungen von **IFRS 8** gebildetes operatives **Segment** (IFRS 6.21; vgl § 21 Rz 19ff).

40 **Beispiel:** Die Explore AG ist in Afrika und in Australien im Rahmen der Erschließung und Ausbeutung von mineralischen Vorkommen tätig. Sie berichtet nach in Übereinstimmung mit IFRS 8 gebildeten operativen Segmenten, die geographischen Gesichtspunkten folgen. Die Vorkommen befinden sich in unterschiedlichen Stadien, die von der Prospektionsphase bis zur Ausbeutung einzelner Vorkommen reichen. Jedes dieser Vorkommen wäre nach den Kriterien von IAS 36 als eigene einem Wertminderungstest grds zugängliche Einheit zu beurteilen.

Zwei von mehreren in Afrika angesiedelten Projekten befinden sich in der Explorationsphase, wobei sich aber verlässlich abzeichnet, dass bei keinem dieser beiden Projekte wirtschaftlich verwertbare Vorkommen gefunden werden; gleichwohl soll die Exploration in begrenztem Umfang weiter geführt werden. Weitere Projekte befinden sich in der Phase der wirtschaftlich erfolgreichen Mineraliengewinnung.

Ein Wertminderungstest auf der Ebene der jeweiligen Vermögenswerte oder der ZGE entspr IAS 36 würde zu einem Wertminderungsaufwand führen, da der Buchwert der jeweils aktivierten Explorationsaufwendungen oberhalb der voraussichtlichen Cashflows (unterstellt: „0“) liegen würde. Eine Betrachtung auf Ebene des geographischen Segments Afrika ermöglicht dagegen die Zusammenfassung der in Exploration befindlichen Projekte mit den bereits produzierenden Vorkommen; überwiegen die positiven Ertragsaussichten der produzierenden Vorkommen, würde eine außerplanmäßige Abschreibung der beiden Explorationsprojekte vermieden.

41 Der **Umfang** des potenziellen **Wertminderungsaufwands** ist abhängig von der gewählten Methode im Rahmen der Bemessung der Anschaffungskosten (Zugangsbewertung). Bei Anwendung der *successful efforts* Methode sind bereits Ausgaben (zB für nicht erfolgreiche Probebohrungen) aufwandswirksam erfasst, die hingegen nach der *full costing* Methode aktiviert werden. Insoweit ist das mögliche Abschreibungsvolumen bei Anwendung der *full costing* Methode größer als bei Anwendung der *successful efforts* Methode.

42 Zu jedem Bilanzstichtag ist zu prüfen, ob Anhaltspunkte dafür vorliegen, dass eine in vorangegangenen Berichtsperioden erfasste Wertminderung ganz oder teilweise aufzuheben ist. Die in IAS 36.109ff formulierten Voraussetzungen für eine **Wertaufholung** gelten für nach IFRS 6 zu erfassende Vermögenswerte entspr (IFRS 6.BC48).

43–45 *einstweilen frei*

C. Ausweis

46 Entspr der Qualifikation der im Rahmen der Exploration und Wertbestimmung anfallenden Ausgaben als materielle oder immaterielle Vermögenswerte ist

auch der Ausweis in der Bilanz vorzunehmen: entweder sind die Vermögenswerte unter den **Sachanlagen** oder unter den **immateriellen Vermögenswerten** auszuweisen.

Innerhalb der Vorschriften zum Ausweis regelt IFRS 6.17 grds, wie zu verfahren ist, wenn die technische Machbarkeit und die wirtschaftliche Verwertbarkeit eines Explorationsprojekts **endgültig feststeht.** In diesem Falle sind die aktivierten Vermögenswerte nicht mehr als im Rahmen der Exploration und Wertbestimmung aktivierte Ausgaben auszuweisen. Der Anwendungsbereich von IFRS 6 reicht über dieses Stadium nicht hinaus. Es muss davon ausgegangen werden, dass diese Vorschrift keine Implikationen für Ansatz- oder Bewertungsfragen betrifft, sondern ausschließlich den Ausweis regelt. Nähere Einzelheiten finden sich weder im Standard noch in der *Basis for Conclusions. Hoffmann/Lüdenbach* (in Lüdenbach/Hoffmann IFRS[7] § 42 Rz 25) vertreten in diesem Zusammenhang zutreffend die Auffassung, dass bisher als Sachanlagen bilanzierte Mineralgewinnungsrechte mit Abschluss der Explorations- und Wertbestimmungsphase als **immaterielle Vermögenswerte** zu behandeln sind. 47

einstweilen frei 48–50

D. Angaben im Anhang

Spezifische Vorschriften zu den erforderlichen Anhangangaben finden sich in IFRS 6.23ff. Danach sind folgende Informationen zur Erläuterung der durch Exploration und Wertbestimmung mineralischer Vorkommen verursachten Ausgaben zu machen: 51

(1) Darstellung der angewandten **Bilanzierungs- und Bewertungsmethoden** (zB *full costing* Methode; *successful efforts* Methode; *area of interests* Methode).
(2) Angabe der im Rahmen der Explorations- und Wertbestimmungsphase bestehenden bzw angefallenen **Vermögenswerte, Schulden, Einnahmen, Ausgaben** sowie die **Cashflows** aus operativer und aus Investitionstätigkeit.
(3) Je nach Klassifikation der betreffenden Vermögenswerte als Sachanlagen oder als immaterielle Vermögenswerte sind die auch nach **IAS 16 bzw IAS 38 geforderten Angaben** zu machen. Dabei sind die betreffenden Vermögenswerte für Zwecke der Angaben als eine eigenständige Gruppierung zu behandeln (IFRS 6.25).

einstweilen frei 52–55

E. Aktuelle Entwicklungen/IASB-Projekte

Mit IFRS 6 hat der IASB erstmals einen Standard entwickelt, der Regelungen zu **bilanziellen Fragestellungen** der rohstofffördernden Industrien trifft. Bislang klammerten verschiedene Standards diesen Industriezweig explizit aus ihrem Anwendungsbereich aus. 56

Derzeit ist durch den IASB diesbezüglich lediglich ein **Forschungsprojekt** initiiert worden; die Ergänzung des Standards steht jedoch nicht auf der aktuellen Agenda des IASB. Daher sind neue Regelungen iSe systematischen Vervollständigung des Standards um bisher ausgeklammerte Fragestellungen allenfalls mittelfristig zu erwarten.

Teil F. Zwischenberichterstattung

§ 43. Zwischenberichterstattung

Übersicht

Rz

Schrifttum: *Alvarez/Wotschofsky* Zwischenberichterstattung nach Börsenrecht/DRS, IAS und US-GAAP, 2. Aufl, Bielefeld 2003; *Ammedick/Strieder* Zwischenberichterstattung börsennotierter Gesellschaften, München 2002; *Bosse* Wesentliche Neuregelungen ab 2007 aufgrund des Transparenzrichtlinie-Umsetzungsgesetz für börsennotierte Unternehmen, DB 2007, 39; *Bridts* Zwischenberichtspublizität, Düsseldorf 1990; *Busse von Colbe/Reinhard* Zwischenberichterstattung nach neuem Recht für börsennotierte Unternehmen, Empfehlungen des Arbeitskreises Externe Rechnungslegung der Schmalenbach-Gesellschaft Deutsche Gesellschaft für Betriebswirtschaft e. V., Stuttgart 1989; *Dahl* Zwischenberichterstattung börsennotierter Unternehmen, Wiesbaden 1995; *Ernstberger/Pfauntsch* Die Qualität von Zwischenberichten börsennotierter Unternehmen in Deutschland, IRZ 2008, 195; *EU-Kommission* Richtlinie 2004/109/EG vom 19. Dezember 2004 zur Harmonisierung der Transparenzanforderungen in Bezug auf Informationen über Emittenten, deren Wertpapiere zum Handel auf einem geregelten Markt zugelassen sind, und zur Änderung der Richtlinie 2001/34/EG, ABl L 390 vom 31. Dezember 2004, 38; *EU-Kommission* Decision of 12 December 2008 on the use by third countries' issuers of securities of certain third country's national accounting standards and International Financial Reporting Standards to prepare their consolidated financial statements (2008/961/EC), ABl L 340/112 vom 19. Dezember 2008; FASB Interim Financial Accounting and Reporting, Discussion Memorandum, Stanford 1978; *Federspieler* Zwischenberichtspublizität in Europa, Der Informationsgehalt der Zwischenberichterstattung deutscher, britischer und französischer Unternehmen, Frankfurt am Main et al 1999; *Göhner* Die Zwischenberichterstattung als Element einer kapitalmarktorientierten Rechnungslegung, BBK 2002, 6557; *Green* Towards a Theory of Interim Reports, JAR 1964, 35; *Hahn* Der Bilanzeid – Neue Rechtsfigur im deutschen Kapitalmarktrecht, IRZ 2007, 375; *Hebestreit* Zwischenberichterstattung in Großbritannien und Deutschland, Eine theoretische und empirische Analyse, Bergisch Gladbach 1992; *Hebestreit/Rahe* Die neue Zwischenberichterstattung nach dem Transparenzrichtlinie-Umsetzungsgesetz (TUG), IRZ 2007, 111; *Henes* Börsenrechtliche Zwischenberichtspublizität, Stuttgart 1995; *IDW* PS 900: Grundsätze für die prüferische Durchsicht von Abschlüssen, WPg 2001, 1078; *IDW HFA* Berichterstattung über die 189. Sitzung des HFA, FN IDW 2004, 36; *IDW HFA* Berichterstattung über die 208. Sitzung des HFA, FN IDW 2007, 442; *Kajüter/Reisloh* Zwischenmitteilungen der Geschäftsführung nach § 37x WpHG, KoR 2007, 620; *Köster* Grundsätze ordnungsmäßiger Zwischenberichterstattung börsennotierter Aktiengesellschaften, Düsseldorf 1992; *Kusterer/Kirnberger/Fleischmann* Der Jahresabschluss der GmbH & Co KG nach dem Kapitalgesellschaften- und Co-Richtliniengesetz, DStR 2000, 606; *Leffson* Die Grundsätze ordnungsmäßiger Buchführung, 7. Aufl, Düsseldorf 1987; *Loitz* Erfassung von Steuersatzänderungen in der Zwischenberichterstattung nach IAS 34, DB 2007, 2048; *Mujkanovic* Rechnungslegung und erstmalige Zwischenberichterstattung nach IFRS unter Berücksichtigung der Transparenzrichtlinie, KoR 2005, 146; *Peemöller* in Ballwieser ua (Hrsg), Wiley Kommentar zu internationalen Rechnungslegung IFRS 2008, Weinheim 2008, Abschn 19; *Pellens/Jödicke/Jödicke* Anwendbarkeit nicht freigegebener IFRS innerhalb der EU, BB 2007, 2503; *Riedel/Leippe* in Wiley IFRS Änderungskommentar, Bielefeld 2007, IFRIC 10; *Schindler/Schurbohm/Böckem* Praktische Fragestellungen der Rechnungslegung und Prüfung von Zwischenberichten, KoR 2002, 88; *Shillinglaw* Concepts Underlying Interim Financial Statements, The Accounting Review 1961, 222; *Strieder* Sonderprobleme der kapitalmarktorientierten Rechnungslegung: Unterzeichnung und Rumpfgeschäftsjahr, BB 2001, 1998; *Strieder/Ammedick* Zwischenberichterstattung im Jahr 2005 durch zur Umstellung auf IFRS verpflichtete Unternehmen, BB 2004, 2679; *Strieder/Ammedick* Der Zwischenlagebericht als neues Instrument der Zwischenberichterstattung, DB 2007, 1368; *von Eitzen/Dahlke* Bilanzierung von Steuerpositionen nach IFRS, Stuttgart 2008; *Wagner* Die Bestellung des Abschlussprüfers für die prüferische Durchsicht – Fragen bei der aktuellen Vorbereitung der Hauptversammlung, BB 2007, 454.

Wesentliche Rechtsgrundlage: IAS 34, IFRIC 10

A. Allgemeines

IAS 34 legt die Grundsätze fest, die für den Mindestinhalt eines Zwischenberichts (unterjährige Finanzberichterstattung) sowie für den Ansatz und die Bewertung von Geschäftsvorfällen in einem für Zwecke der Zwischenberichterstattung aufzustellenden Abschluss gelten. Über eine diesen Grundsätzen folgende, zeitnahe und verlässliche Zwischenberichterstattung soll den Investoren, Gläubigern und anderen Adressaten des Zwischenberichts eine bessere **unterjährige Beurteilung** der **VFE-Lage** des Unternehmens ermöglicht werden. Im Einklang mit F. 9 stehen damit nicht nur die Informationsbedürfnisse der derzeitigen und potenziellen Investoren im Vordergrund. 1

B. Anwendungsbereich

IAS 34 gibt nicht vor, welche Unternehmen Zwischenberichte zu erstellen und zu veröffentlichen haben. Gleiches gilt für die Anzahl der Zwischenberichte in einem Geschäftsjahr und die Frist, innerhalb der Zwischenberichte zu veröffentlichen sind. Gem IAS 34.1 ist anhand der jeweiligen **länderspezifischen Rahmenbedingungen** zu beurteilen, ob ein Unternehmen zur Zwischenberichterstattung (Halbjahresfinanzberichterstattung) verpflichtet ist. Besteht eine derartige Verpflichtung und ist aufgrund dieser Verpflichtung der Zwischenbericht (Quartals- oder Halbjahresfinanzbericht) zwingend nach IFRS aufzustellen oder wird er freiwillig nach IFRS aufgestellt und als mit den IFRS übereinstimmend bezeichnet, so ist IAS 34 vollumfänglich anzuwenden (IAS 34.1 und IAS 34.3). 2

Die EU-Kommission hat mit der Transparenzrichtlinie den Kreis der zur Halbjahresfinanzberichterstattung verpflichteten Unternehmen erheblich ausgeweitet. Durch das in diesem Kontext am 20. Januar 2007 in Kraft getretene Transparenzrichtlinie-Umsetzungsgesetz (TUG) wurden die bisher einschlägigen Regelungen des § 40 Abs 1 BörsG sowie § 53 Abs 1 BörsZulV gestrichen und 3 durch neu in das WpHG eingefügte Regelungsinhalte ersetzt. Gem § 37w Abs 1 WpHG haben Inlandsemittenten bei Notierung an einem **organisierten Markt** einen Halbjahresfinanzbericht, bei Aktienemission gem § 37x Abs 1 WpHG zudem zwei unterjährige Zwischenmitteilungen der Geschäftsführung zu veröffentlichen (s Rz 53f). Als organisierter Markt gilt dabei jeder Markt, der von staatlich anerkannten Stellen geregelt und überwacht wird, regelmäßig stattfindet und für das Publikum unmittelbar oder mittelbar zugänglich ist (§ 2 Abs 5 WpHG). Bezogen auf die Frankfurter Wertpapierbörse ist der **regulierte Markt** (General Standard) als organisierter Markt iSd WpHG anzusehen. Keine Pflicht zur Zwischenberichterstattung besteht grds hingegen für Unternehmen, die im Marktsegment des **Freiverkehrs** (an der Frankfurter Wertpapierbörse als *Open Market* bezeichnet) zugelassen sind, da dieses ausdrücklich nicht als organisierter Markt gilt.

4 Eine erweiterte Pflicht zur Zwischenberichterstattung kann sich aus der Zulassung zu bestimmten Marktsegmenten aus der jeweiligen Börsenordnung ergeben. Während Unternehmen des **General Standard** lediglich einen Halbjahresfinanzbericht nach § 37w WpHG sowie, bei Aktienemission, die Zwischenmitteilungen der Geschäftsführung nach § 37x WpHG zu veröffentlichen haben, müssen Unternehmen, die zum Teilbereich des regulierten Markts mit erweiterten Zulassungsfolgepflichten, dem sog **Prime Standard,** zugelassen sind, gem § 66 Börsenordnung der Frankfurter Wertpapierbörse (Stand 15. April 2009) anstelle von Zwischenmitteilungen Quartalsberichte nach § 37x Abs 3 WpHG veröffentlichen. Unternehmen, die dem **Entry Standard** als Teilbereich des Freiverkehrs *(Open Market)* angehören, haben gem § 19 Abs 2 lit c der Allgemeinen Geschäftsbedingungen für den Freiverkehr an der Frankfurter Wertpapierbörse (Stand: 15. April 2009) einen Halbjahreszwischenbericht zu veröffentlichen. Angesichts der Tatsache, dass für konsolidierungspflichtige MU des Entry Standard § 315 HGB nicht einschlägig ist, kann der Konzernabschluss wahlweise nach handelsrechtlichen oder nach internationalen Rechnungslegungsstandards erstellt werden. Regelmäßig wird sich die Zwischenberichterstattung an den zum Bilanzstichtag angewandten Standards orientieren, weshalb auch für Emittenten des Entry Standard ggf IAS 34 vollumfänglich anzuwenden ist (IAS 34.1 und IAS 34.3).

5 Gleichwohl kann sich für Unternehmen aus dem Marktsegment Freiverkehr und alle anderen nicht börsennotierten Unternehmen eine Verpflichtung zur Zwischenberichterstattung aus **privatrechtlichen Vereinbarungen,** zB aus Satzung, Gesellschaftsvertrag oder Kreditvereinbarungen, ergeben. Sofern in diesen Fällen der Zwischenbericht zwingend nach IFRS aufzustellen ist oder sofern freiwillig ein IFRS-konformer Zwischenbericht erstellt werden soll, ist IAS 34 zu beachten.

6 Aus der **Koexistenz** von **WpHG** und **IAS 34** ergibt sich gem § 37w Abs 1 WpHG, dass sämtliche nach IFRS bilanzierenden Unternehmen für den Zwischenabschluss IAS 34, hingegen für den Zwischenlagebericht § 37w Abs 4 WpHG bzw DRS 16.34ff und für Zwischenmitteilungen § 37x WpHG bzw DRS 16.61ff zu beachten haben. DRS 16 wurde vom DRSC am 5. Mai 2008 in öffentlicher Sitzung verabschiedet und am 24. Juli 2008 im BAnz veröffentlicht.

7 Welches Unternehmen als **Inlandsemittent** zu gelten hat, richtet sich nach der in diesem Falle komplexen Normstruktur des § 2 WpHG. Im Wesentlichen gilt ein Unternehmen im Kontext der Zwischenberichterstattung immer dann als Inlandsemittent, sofern es Aktien oder Schuldtitel begeben hat und die Bundesrepublik Deutschland als Herkunftsstaat iSd § 2 Abs 6 WpHG anzusehen ist. Im Einzelnen bedeutet dies, dass neben Unternehmen mit Sitz im Inland, die an

einem organisierten Markt in Deutschland notiert sind, auch Unternehmen des EU-Auslands oder aus Drittstaaten, die ausschließlich an einem organisierten Markt in Deutschland notiert sind, als Inlandsemittenten gelten. Selbiges trifft auf ausländische Unternehmen zu, die neben ihrer Notierung in Deutschland weitere Börsen des EU-Auslands in Anspruch nehmen, aber die Bundesrepublik als Herkunftsstaat iSv § 2b WpHG für mindestens drei Jahre gewählt haben.

Keine Inlandsemittenten iSd WpHG sind im Umkehrschluss daher Unternehmen mit Sitz im Inland, die ausschließlich an ausländischen Börsen gelistet sind bzw bei gleichzeitiger Notierung im Inland ihr Herkunftsstaatenwahlrecht entspr ausgeübt haben.

Ausnahmetatbestände von der Pflicht zur Zwischenberichterstattung existieren gem § 37z WpHG für Inlandsemittenten von Schuldtiteln mit einer Mindeststückelung oberhalb von € 50.000, für Kreditinstitute, die ausschließlich Schuldtitel mit einem Gesamtvolumen unter Mio € 100 ausgegeben haben sowie für Schuldtitelemittenten, deren Papiere mit unbedingten und unwiderruflichen Garantien der öffentlichen Hand versehen sind. In den vorgenannten Fällen sind die Inlandsemittenten nach § 37z Abs 4 und 5 WpHG von der Zwischenberichterstattung nach WpHG befreit. 8

Sonderregeln gelten auch für **bestimmte Abschlüsse aus Drittstaaten.** 9
Die EU-Kommission hat am 12. Dezember 2008 mit Wirkung zum 1. Januar 2009 entschieden, dass Konzernabschlüsse, die nach den IFRS bzw den Rechnungslegungsstandards von Japan oder den USA erstellt werden, als gleichwertig mit Konzernabschlüssen angesehen werden, die nach den von der EU übernommenen IFRS erstellt wurden. Gleiches gilt bis zum 31. Dezember 2011 auch für Konzernabschlüsse, die auf der Grundlage der GAAP der Volksrepublik China, Kanadas, der Republik Korea oder der Republik Indien erstellt werden. Entspr können auch Zwischenberichte nach diesen Rechnungslegungsstandards erstellt werden.

Hinsichtlich der **Frist,** in der Zwischenberichte zu veröffentlichen sind, gelten ebenfalls die länderspezifischen Rahmenbedingungen. In allen Fällen beträgt die Frist zur Veröffentlichung des Zwischenberichts 60 Tage nach Abschluss der Zwischenberichtsperiode.

IAS 34 schreibt im Gegensatz zu § 37w Abs 3 iVm § 37y Nr 2 WpHG nicht 10
vor, dass bei Anwendung der **IFRS im Jahres- oder Konzernabschluss** auch die Zwischenabschlüsse nach IFRS zu erstellen sind (IAS 34.2). Gleichwohl empfiehlt sich diese Vorgehensweise aus Gründen der Einheitlichkeit der Rechnungslegung sowie der damit einhergehenden höheren Transparenz und Verständlichkeit der gesamten Finanzberichterstattung.

C. Definitionen

I. Zwischenbericht

Ein **Zwischenbericht ist nach IAS 34** ein Finanzbericht, der einen voll- 11
ständigen oder verkürzten Abschluss einschließlich erläuternder Anhangangaben (Zwischenabschluss) für eine Zwischenberichtsperiode beinhaltet (IAS 34.4). Zwischenmitteilungen der Geschäftsführung nach WpHG sind somit nicht unter den Begriff „Zwischenbericht" zu subsumieren.

Ein **vollständiger Abschluss** ist ein Zwischenabschluss, der eine Bilanz, eine Gesamtergebnisrechnung (s ausführlich § 15 Rz 46ff) und eine gesonderte GuV (sofern erstellt), eine Eigenkapitalveränderungsrechnung, eine Kapitalflussrechnung und einen Anhang umfasst (IAS 34.8) sowie alle von IAS 34 und anderen

IFRS geforderten Angaben enthält (IAS 34.5). Damit entspricht der Zwischenabschluss inhaltlich einem Jahres- oder Konzernabschluss.

Eine explizite Definition eines **verkürzten Abschlusses** findet sich in IAS 34 nicht. Gleichwohl kann IAS 34.6 iVm IAS 34.8 entnommen werden, dass sich die Reduzierung von Informationen nicht auf die Bestandteile des Zwischenabschlusses, sondern auf den Umfang der Inhalte eines jeden Bestandteils erstreckt. Insofern stellt ein verkürzter Abschluss eine **komprimierte Darstellung** der einzelnen Bestandteile des Zwischenberichts dar. Für den Anhang bedeutet dies zB, dass nur einzelne ausgewählte Angaben offen zu legen sind.

12 Der vollständige oder verkürzte Zwischenabschluss ist nach Übernahme der Transparenzrichtlinie in das deutsche Recht um einen **Zwischenlagebericht** iSd § 37w Abs 4 WpHG sowie – im Kontext der Halbjahresberichterstattung – um eine **Erklärung der gesetzlichen Vertreter** zum Inhalt des Zwischenberichts zu ergänzen. Die beiden bzw drei genannten Instrumente ergeben in Summe den Quartals- bzw Halbjahresfinanzbericht iSd WpHG **(Zwischenbericht nach WpHG).**

II. Zwischenberichtsperiode

13 Eine Zwischenberichtsperiode ist eine Finanzberichtsperiode, die **kürzer als ein Geschäftsjahr** ist (IAS 34.4). Als Zwischenberichtsperiode kann damit ein Monat, ein Quartal, ein Halbjahr oder jede andere unterjährige Periode bezeichnet werden.

D. Form und Inhalt des Zwischenberichts

I. Mindestbestandteile des Zwischenberichts

1. In sachlicher Hinsicht

14 Die Mindestbestandteile eines Zwischenabschlusses stellen gem IAS 34.8 und IAS 34.8A eine verkürzte **Bilanz,** eine verkürzte **Gesamtergebnisrechnung** und eine verkürzte **gesonderte GuV** (sofern erstellt), eine verkürzte **Eigenkapitalveränderungsrechnung,** eine verkürzte **Kapitalflussrechnung** und ausgewählte erläuternde **Anhangangaben** dar. Sofern Inlandsemittenten durch die Vorschriften des WpHG zur Zwischenberichterstattung verpflichtet sind, haben der Halbjahresfinanzbericht und der ggf erstellte Quartalsfinanzbericht (s ausführlich hierzu Rz 50ff) zudem einen **Zwischenlagebericht** zu enthalten. Auf Halbjahresbasis ist darüber hinaus eine **Erklärung der gesetzlichen Vertreter** beizufügen (s Rz 46f). Den Unternehmen steht es frei, über diese Mindestbestandteile hinaus, insbes in Bezug auf die komprimierte Form einzelner oder aller Bestandteile, weitere Angaben aufzunehmen. In ihrer weitesten Form entsprechen die Bestandteile eines Zwischenberichts inhaltlich einem vollständigen Jahres- oder Konzernabschluss.

2. In zeitlicher Hinsicht

15 Zwischenberichte haben verkürzte oder vollständige Zwischenabschlüsse für folgende **Berichtsperioden** zu enthalten (IAS 34.20):

(1) Eine Bilanz zum Ende der aktuellen Zwischenberichtsperiode und eine vergleichende Bilanz zum Ende des unmittelbar vorangegangenen Geschäftsjahrs.

(2) Eine Gesamtergebnisrechnung und eine gesonderte GuV (sofern erstellt) für die aktuelle Zwischenberichtsperiode mit Vergleichszahlen für die entspr Periode des letzten Geschäftsjahrs.
(3) Eine Gesamtergebnisrechnung und eine gesonderte GuV (sofern erstellt) für den gesamten Zeitraum vom Beginn des aktuellen Geschäftsjahrs bis zum Stichtag der Zwischenberichtsperiode (kumulierte Gesamtergebnisrechnung bzw kumulierte GuV) mit Vergleichszahlen für die entspr Periode des letzten Geschäftsjahrs.
(4) Eine Eigenkapitalveränderungsrechnung für Veränderungen des Eigenkapitals vom Beginn des Geschäftsjahrs bis zum Stichtag der Zwischenberichtsperiode mit Vergleichszahlen für die entspr Periode des letzten Geschäftsjahrs.
(5) Eine Kapitalflussrechnung für den gesamten Zeitraum vom Beginn des aktuellen Geschäftsjahrs bis zum Stichtag der Zwischenberichtsperiode mit Vergleichszahlen für die entspr Periode des letzten Geschäftsjahrs.

In der Bilanz entsprechen die **Vergleichszahlen** damit stets dem Jahres- oder 16
Konzernabschluss des letzten Geschäftsjahrs, während bei allen anderen Bestandteilen des Zwischenabschlusses die Vergleichszahlen der korrespondierenden Zwischenberichtsperiode des letzten Geschäftsjahrs zu entnehmen sind.

Für die Gesamtergebnisrechnung und eine gesonderte GuV (sofern erstellt) sind zudem zwei Perioden mit Vergleichszahlen anzugeben. Dies bedeutet, dass bei einer Quartalsberichterstattung spätestens ab dem zweiten Quartal mindestens vier Perioden darzustellen sind. Der Angabe einer kumulierten Gesamtergebnisrechnung und kumulierten GuV (sofern erstellt) kann aber auch durch eine Darstellung der einzelnen Quartale und eine Addition der einzelnen Quartale entsprochen werden. In diesem Fall sind entweder sechs (Halbjahresbericht) oder acht Perioden (Neunmonatsbericht) bzw Spalten in den Zwischenbericht aufzunehmen.

Für Unternehmen, deren Geschäfte **saisonabhängig** sind, empfiehlt IAS 34.21 zusätzlich die Angabe von Informationen über die letzten zwölf Monate vor dem Zwischenberichtsstichtag einschließlich Vergleichszahlen.

Bei den **erläuternden Anhangangaben** sind bei quantitativen Informationen die korrespondierenden Zahlen der jeweiligen Vergleichsperiode zu nennen (IAS 1.38). Soweit es sich dabei nicht um Angaben handelt, die im Zusammenhang mit den vorgenannten Mindestbestandteilen stehen, zB Auftragsbestand und -eingang, ist im Einzelfall zu unterscheiden, welche Referenzperiode einen geeigneten Vergleichsmaßstab darstellt.

Ist das Vergleichsgeschäftsjahr ein **Rumpfgeschäftsjahr,** ist die Vergleichsperiode so zu wählen, dass diese der Länge der Berichtsperiode entspricht. Dies kann in Einzelfällen dazu führen, dass für die Ermittlung der Vergleichsperiode Perioden aus unterschiedlichen (Rumpf-)Geschäftsjahren herangezogen werden müssen (*Hoffmann* in Lüdenbach/Hoffmann IFRS[7] § 37 Rz 14; *Strieder* BB 2001, 2000f).

II. Form von Zwischenabschlüssen

Ein Zwischenbericht ist als **Konzernzwischenbericht** aufzustellen, wenn 17
der Abschluss für das vorhergehende Geschäftsjahr ein Konzernabschluss war (IAS 34.14). In diesem Fall liegen im Regelfall auch die erforderlichen Vergleichszahlen auf konsolidierter Basis vor. Informationen zum Zwischenabschluss des MU können freiwillig in den Konzernzwischenbericht aufgenommen werden (IAS 34.14).

Im Umkehrschluss gilt, dass bei **erstmaliger Aufstellung** eines Konzernabschlusses nicht bereits ein Konzernzwischenbericht für die unterjährigen Berichtsperioden erstellt werden muss, wohl aber freiwillig erstellt werden kann.

Wird bei einem zur Quartalsberichterstattung verpflichteten Unternehmen erst im zweiten oder dritten Quartal von einem Einzel- auf einen Konzernzwischenbericht umgestellt, ist eine Anpassung der im vorhergehenden Quartalsbericht für das gleiche Geschäftsjahr gemachten Angaben ebenfalls nicht zwingend vorgesehen, aber empfehlenswert.

Dieses nach IAS 34 faktisch bestehende **Wahlrecht** wird durch § 37y WpHG **aufgehoben.** Hiernach ist bereits dann ein Konzernzwischenbericht zu erstellen, sobald die Verpflichtung zur Konzernrechnungslegung besteht, unabhängig davon, ob im Vorjahr ein entspr Abschluss aufgestellt worden ist. Inwieweit in diesem Fall auch Vorjahreszahlen auf konsolidierter Grundlage zu ermitteln sind, hängt uE davon ab, ob ein Konzern bereits im Vorjahr bestand oder erstmals im Berichtsjahr, zB aufgrund von Akquisitionen, entstanden ist. Im ersten Fall sind konsolidierte Vorjahreszahlen nach allgemeinen Grundsätzen zu ermitteln. Im zweiten Fall kommen nur sog Pro-Forma-Angaben als Vorjahreszahlen in Betracht. Zur Frage, welche Rechnungslegungsgrundsätze in diesem Fall zur Anwendung kommen s Rz 113ff.

III. Inhalt von Zwischenabschlüssen

18 IAS 34 geht davon aus, dass der Adressat eines Zwischenberichts auch den Zugang zu dem letzten Geschäftsbericht des Unternehmens hat (IAS 34.15). Unabhängig von der Aufstellung eines verkürzten oder vollständigen Zwischenabschlusses soll der Zwischenbericht daher vor allem eine **Aktualisierung** des letzten Jahres- oder Konzernabschlusses bzw Geschäftsberichts darstellen. Dementsprechend soll im Zwischenbericht primär auf neue Aktivitäten, Ereignisse und Umstände eingegangen werden. Bereits berichtete Informationen sollten nicht wiederholt werden (IAS 34.6).

1. Verkürzter Zwischenabschluss

19 Sofern ein Unternehmen einen verkürzten Abschluss veröffentlicht, hat dieser Abschluss mindestens jede der **Überschriften** und **Zwischensummen** zu enthalten, die in dem letzten Jahres- oder Konzernabschluss enthalten waren sowie die von IAS 34 **vorgeschriebenen** erläuternden **Anhangangaben.** Zusätzliche Posten oder Anhangangaben sind einzubeziehen, wenn der Zwischenbericht ohne diese Angaben irreführend oder nicht mit dem letzten Jahres- oder Konzernabschluss vergleichbar wäre (IAS 34.10). Entspr muss uE auch für die Vergleichbarkeit mit einem für das gleiche Geschäftsjahr bereits veröffentlichten Zwischenbericht gelten.

IAS 34 gibt keine konkreten Hinweise, welche Posten in einem verkürzten Abschluss mindestens aufzuführen sind, verweist aber für Überschriften und Zwischensummen auf IAS 1 (IAS 34.12; zu IAS 1 s § 2 Rz 141 ff).

20 Die Entscheidung, welche Posten des Zwischenabschlusses in komprimierter Form und welche Posten wie im Jahres- oder Konzernabschluss dargestellt werden, ist letztendlich eine Frage der **Wesentlichkeit.** Nach IAS 34.23 ist die Wesentlichkeit eines Postens unter gliederungs- und/oder ausweistechnischen Gesichtspunkten ausschließlich an dem Verhältnis des Postens zu den Finanzdaten der Zwischenberichtsperiode zu beurteilen. Damit sind weder der letzte Jahres- oder Konzernabschluss noch der letzte Quartalsbericht und auch nicht der voraussichtliche Jahres- oder Konzernabschluss des lfd Geschäftsjahrs für die Beurteilung der Wesentlichkeit maßgeblich.

Allerdings ist in Bezug auf die Gesamtergebnisrechnung und eine gesonderte GuV (sofern erstellt) zu beachten, dass die Zwischenberichtsperiode nach

IAS 34.20 zwei Perioden umfasst. Zum einen die aktuelle Zwischenberichtsperiode und zum anderen die Periode vom Beginn des Geschäftsjahrs bis zum Zwischenberichtsstichtag. UE ist die Wesentlichkeit in diesem Fall nicht an der kumulierten Gesamtergebnisrechnung und kumulierten GuV (sofern erstellt), sondern an dem Quartal zu messen, über das berichtet wird. Nach IAS 34.25 ist das übergeordnete Ziel sicherzustellen, dass ein Zwischenbericht alle Informationen enthält, die für ein Verständnis der VFE-Lage eines Unternehmens während der Zwischenberichtsperiode, dh des Quartals oder Halbjahrs, wesentlich sind.

a) Verkürzte Bilanz

Die **Gliederung** der Bilanz muss mindestens die Posten umfassen, die auch IAS 1.54 und IAS 1.55 als Mindestbestandteile einer Bilanz fordern (*Baetge/Bruns/Rolvering* in Baetge ua IFRS-Komm[2] IAS 34 Rz 19f; zu den Bestandteilen des Abschlusses s § 2 Rz 158ff). Soweit die letzte Jahres- oder Konzernbilanz über diese Mindestposten hinaus weitere Überschriften oder Zwischensummen enthält, sind auch diese anzugeben (IAS 34.10). 21

b) Verkürzte Gesamtergebnisrechnung und Gewinn- und Verlustrechnung

Nach IAS 34.8(b) besteht das gem IAS 1.81 für den Jahres- oder Konzernabschluss existierende **Wahlrecht** zur Aufstellung **einer Gesamtergebnisrechnung** oder von **zwei Teilrechnungen** (gesonderte GuV und eigentliche Gesamtergebnisrechnung mit Überleitung des Periodenerfolgs zum Gesamtergebnis; s ausführlich § 15 Rz 46ff) auch für den Zwischenbericht. Dieses Wahlrecht ist in der unterjährigen und jährlichen Finanzberichterstattung einheitlich auszuüben (IAS 34.8A). 22

Die **Gliederung** der Gesamtergebnisrechnung und der gesonderten GuV (sofern erstellt) hat mindestens die Posten zu umfassen, die auch IAS 1.82ff als Mindestbestandteile fordern (*Baetge/Bruns/Rolvering* in Baetge ua IFRS-Komm[2] IAS 34 Rz 26; zu den Bestandteilen des Abschlusses s § 2 Rz 164ff). Soweit die letzte Jahres- oder Konzern-Gesamtergebnisrechnung und -GuV (sofern erstellt) über diese Mindestposten hinaus weitere Überschriften oder Zwischensummen enthält, sind auch diese anzugeben (IAS 34.10).

Zusätzlich ist gem IAS 34.11 das unverwässerte und das verwässerte **Ergebnis je Aktie** (zum Ergebnis je Aktie s § 16) der Zwischenberichtsperiode, dh bezogen auf das Quartal und den kumulierten Zeitraum, anzugeben, wenn der Emittent IAS 33 unterliegt. Sofern bei einer Gesamtergebnisrechnung die Option nach IAS 1.81(b) zur gesonderten Aufstellung von zwei Teilrechnungen ausgeübt wird, ist das Ergebnis je Aktie innerhalb der gesonderten GuV und nicht innerhalb der eigentlichen Gesamtergebnisrechnung auszuweisen (IAS 34.11A). Das *Annual Improvements* Projekt 2008 stellt klar, dass nur Unternehmen, die in den **Anwendungsbereich von IAS 33** fallen, das Ergebnis je Aktie anzugeben haben (IAS 34.11).

c) Verkürzte Kapitalflussrechnung

Für die verkürzte Kapitalflussrechnung sind gem IAS 34.12 iVm IAS 1.111 die Grundsätze von **IAS 7** maßgeblich (zur Kapitalflussrechnung s § 18). Bei der Kapitalflussrechnung sollten daher zumindest der Mittelzu-/-abfluss aus lfd Geschäftstätigkeit, aus Investitionstätigkeit und aus Finanzierungstätigkeit sowie die Finanzmittelbestände zu Beginn und Ende der Periode einschließlich der 23

Zusammensetzung und wechsel- bzw konsolidierungskreisbedingter Änderungen der Finanzmittelbestände angegeben werden (IAS 7; *Baetge/Bruns/Rolvering* in Baetge ua IFRS-Komm[2] IAS 34 Rz 45). Soweit die letzte (Konzern-)Kapitalflussrechnung über diese Mindestposten hinaus weitere Überschriften oder Zwischensummen enthält, sind auch diese anzugeben (IAS 34.10).

d) Verkürzte Eigenkapitalveränderungsrechnung

24 Nach IAS 34.8(c) iVm IAS 1.106f sind **sämtliche Eigenkapitalveränderungen** einschließlich der Transaktionen mit Eigentümern zwingend innerhalb der Eigenkapitalveränderungsrechnung auszuweisen.

Die Darstellung der einzelnen Eigenkapitalposten kann grds an der für die **Bilanz** gewählten Untergliederung des Eigenkapitals orientiert werden (zum Eigenkapital s § 12). Soweit die letzte Jahres- oder Konzern-Eigenkapitalveränderungsrechnung über diese Mindestposten hinaus weitere Überschriften oder Zwischensummen enthält, sind auch diese anzugeben (IAS 34.10). Im Regelfall wird sich daher die verkürzte Eigenkapitalveränderungsrechnung nicht wesentlich von der jährlichen Eigenkapitalveränderungsrechnung unterscheiden (zur jährlichen Eigenkapitalveränderungsrechnung s § 17).

25 UE kann für eine verkürzte Eigenkapitalveränderungsrechnung eine **Aufspaltung erfolgsneutraler Eigenkapitalveränderungen** nur dann gefordert werden, wenn es sich um wesentliche Veränderungen handelt oder die jeweiligen Posten wesentliche, gegenläufige Entwicklungen enthalten (aA wohl *Baetge/Bruns/Rolvering* in Baetge ua IFRS-Komm[2] IAS 34 Rz 36f).

e) Ausgewählte erläuternde Anhangangaben

26 IAS 34.16 führt insgesamt **zehn Pflichtangaben** auf, die in einem verkürzten Zwischenabschluss anzugeben sind, sofern diese Informationen wesentlich (s Rz 73) und nicht bereits an anderer Stelle des Zwischenberichts enthalten sind. Die Berichterstattung kann somit entweder im Anhang oder im nach WpHG vorgesehenen Zwischenlagebericht erfolgen, was für die Mehrzahl der Angaben der Regelfall sein wird.

Mittels dieser Angaben sollen die Adressaten vor allem über die Entwicklung der VFE-Lage seit dem letzten Geschäftsbericht informiert werden. Dementsprechend sind die Pflichtangaben idR auf einer vom Geschäftsjahresbeginn bis zum Zwischenberichtsstichtag fortgeführten Grundlage darzustellen. Von diesem Grundsatz gibt es zwei Ausnahmen. Zum einen ist für die Gesamtergebnisrechnung und eine gesonderte GuV (sofern erstellt) nicht nur die **kumulierte Periode** seit Geschäftsjahresbeginn, sondern auch die **aktuelle Zwischenberichtsperiode** (idR ein Quartal) anzugeben. Für Angaben zur Gesamtergebnisrechnung und zu einer gesonderten GuV (sofern erstellt) ist also uE eine zweifache Referenzperiode maßgeblich. Zum anderen sind auch alle Ereignisse oder Geschäftsvorfälle anzugeben, die für ein Verständnis der aktuellen Zwischenberichtsperiode wesentlich sind. Insofern ergibt sich im Einklang mit dem Grundsatz der Wesentlichkeit, dass auch Angaben, die für die kumulierte Periode unwesentlich, aber für die Zwischenberichtsperiode wesentlich sind, im Zwischenbericht zwingend anzugeben sind.

Die durch **andere IFRS** vorgeschriebenen Anhangangaben müssen in einen verkürzten Zwischenabschluss nicht aufgenommen werden. Es steht den Unternehmen jedoch frei, freiwillig weitere Anhangangaben auszuweisen (IAS 34.18).

27 **aa) Bilanzierungs- und Bewertungsmethoden.** Grds sind für die Bilanzierung und Bewertung im Zwischenabschluss die **gleichen Grundsätze** anzu-

wenden wie im vorhergehenden **Jahres- oder Konzernabschluss** (IAS 34.28). Aus diesem Grund fordert IAS 34.16(a) eine explizite Aussage darüber, ob sich die im Zwischenabschluss angewandten Bilanzierungs-, Bewertungs- und Berechnungsmethoden ggü dem letzten Jahres- oder Konzernabschluss geändert haben.

Sofern eine **Methodenänderung** eingetreten ist, sei es durch einen neuen IFRS oder durch eine Entscheidung der Unternehmensleitung, sind die Methodenänderung sowie ihre Ursachen und Auswirkungen zu beschreiben. Wird die Höhe der Methodenänderung in der Eigenkapitalveränderungsrechnung gesondert angegeben, kann unter den Anhangangaben auf eine Wiederholung des Betrags verzichtet werden.

bb) Saison- oder Konjunktureinflüsse. Soweit bei einem Unternehmen die Geschäfte stark saisonabhängig sind, werden bereits bei der Darstellung der Berichtsperioden **zusätzliche Angaben** empfohlen (IAS 34.21). Unabhängig davon, ob von dieser Empfehlung Gebrauch gemacht wird, sind saisonale oder konjunkturelle Einflüsse innerhalb einer Zwischenberichtsperiode zu erläutern (IAS 34.16(b)). 28

cc) Ungewöhnliche Geschäftsvorfälle. Geschäftsvorfälle, die aufgrund ihrer Art, ihres Ausmaßes oder ihrer Häufigkeit ungewöhnlich sind, und Vermögenswerte, Schulden, Eigenkapital, Periodengewinne oder Cashflows beeinflussen, sind hinsichtlich ihrer **Art** und ihrer **Höhe** zu erläutern (IAS 34.16(c)). Dabei sind nur wesentliche Geschäftsvorfälle berichtspflichtig. 29

Beispiele für derartige Geschäftsvorfälle können Restrukturierungsmaßnahmen, Stilllegungen, außerplanmäßige Abschreibungen auf Vermögenswerte, Forderungsausfälle, Rechtsstreitigkeiten, Veräußerungsverluste oder Auflösungen von Rückstellungen sein.

dd) Änderungen von Schätzungen. Soweit wesentliche Änderungen bei der Schätzung von Beträgen zu verzeichnen sind, die in früheren Zwischenberichtsperioden des aktuellen Geschäftsjahrs oder früherer Geschäftsjahre ausgewiesen wurden, sind die **Art** und die **Höhe** dieser Änderung anzugeben (IAS 34.16(d); Rz 77 ff). Beispiele stellen die Vornahme oder Rücknahme von außerplanmäßigen Abschreibungen sowie die Aufstockung oder Auflösung von Rückstellungen dar. In Einzelfällen kann eine Überschneidung mit der Angabepflicht nach Rz 29 bestehen. 30

ee) Eigenkapital und Schuldverschreibungen. Gem IAS 34.16(e) ist über Emissionen, Rückkäufe und Rückzahlungen von Eigenkapitaltiteln oder Schuldverschreibungen zu berichten. Soweit Eigenkapitaltitel betroffen sind, erfolgt die Berichterstattung zweckmäßiger Weise im Rahmen der **Eigenkapitalveränderungsrechnung.** Soweit Veränderungen bei Schuldverschreibungen eingetreten sind, sollten die Erläuterungen im Rahmen der **Kapitalflussrechnung** erfolgen. Dabei haben sich die Angaben nicht auf rein quantitative Bilanz- oder Cashflow-Größen zu beschränken, vielmehr ist der Geschäftsvorfall als solcher ausreichend zu beschreiben. 31

ff) Gezahlte Dividenden. IAS 34.16(f) sieht vor, dass für während der Berichtsperiode gezahlte Dividenden der **Gesamtbetrag** der Ausschüttung oder der **Betrag je Aktie** gesondert für jede Aktiengattung zu nennen ist. Für deutsche börsennotierte AG ist die Bestimmung nur bei Dividendenzahlungen für das vorangegangene Geschäftsjahr relevant, da § 59 AktG keine Abschlagszahlungen auf den Bilanzgewinn des lfd Geschäftsjahrs zulässt. 32

gg) Segmentinformationen. Nach Übernahme von IFRS 8 in das europäische Gemeinschaftsrecht (zur konzeptionellen Neuausrichtung der Segmentberichterstattung s § 21) hat ein Unternehmen, welches in seinem Jahres- oder Konzernabschluss zur Segmentberichterstattung verpflichtet ist, im Rahmen sei- 33 ner Zwischenberichterstattung in wesentlich umfangreicherem Maße Segmentinformationen zu veröffentlichen.

Gem IAS 34.16(g) **verpflichtende Berichtsinhalte** sind die Segmenterträge, ggf differenziert in Erträge von externen Kunden und Erträge, die zwischen den einzelnen Segmenten erzielt wurden sowie die Segmentergebnisse. Darüber hinaus sind in Ihrer Höhe wesentliche Veränderungen der segmentären Gesamtvermögenswerte und eine Überleitungsrechnung der Segmentergebnisse zum Gesamtunternehmensergebnis erforderlich. In methodischer Hinsicht sind vom Unternehmen zudem Angaben zu Veränderungen der Segmentierungsgrundlage und der Bemessungsgrundlage des Segmentergebnisses anzuzeigen.

34 **hh) Ereignisse nach dem Zwischenberichtsstichtag.** Wie im Lagebericht ist auch im Zwischenbericht über wesentliche Ereignisse nach dem Zwischenberichtsstichtag zu berichten (IAS 34.16(h); s auch § 2 Rz 48 ff).

35 **ii) Änderungen in der Unternehmens-/Konzernstruktur.** Gem IAS 34.16(i) sind im Zwischenbericht Änderungen in der Zusammensetzung eines Unternehmens (Einstellung oder Zusammenlegung von Geschäftsbereichen, *asset deals*), Unternehmenszusammenschlüsse, der Erwerb oder die Veräußerung von TU und langfristigen Finanzinvestitionen sowie Restrukturierungsmaßnahmen während der Berichtsperiode anzugeben. Soweit derartige Änderungen nach dem Zwischenberichtsstichtag eintreten, besteht eine Angabepflicht nach Rz 34.

Bei **Unternehmenszusammenschlüssen** sind auch im Zwischenbericht die Angabepflichten nach IFRS 3 zu beachten (IAS 34.16(i)). Hinsichtlich des Anwendungszeitpunkts von IFRS 3 (2008) s Rz 126 (zu den Angabepflichten nach IFRS 3 s § 34 Rz 280 ff).

Für die **Einstellung von Geschäftsbereichen** erfolgt eine Konkretisierung der An-gabepflichten durch IFRS 5 (s § 28). Tritt das die erstmalige Angabe auslösende Ereignis nach dem Zwischenberichtsstichtag, aber vor der Genehmigung des Abschlusses durch ein Aufsichtsgremium bzw vor Veröffentlichung ein, sind zumindest sämtliche in IFRS 5.12 geforderten Angaben in den Zwischenbericht aufzunehmen (ähnlich *Baetge/Bruns/Rolvering* in Baetge ua IFRS-Komm^2 IAS 34 Rz 72).

Wird über die Einstellung eines Geschäftsbereichs erstmalig in einem Jahres- oder Konzernabschluss bzw Zwischenbericht informiert, sind in nachfolgenden Zwischenberichten alle bedeutenden Ereignisse seit dem Ende der letzten Berichtsperiode zu erläutern, die sich auf den einzustellenden Geschäftsbereich beziehen.

36 **jj) Eventualschulden und -forderungen.** Nach IAS 34.16(j) sind (wesentliche) Änderungen der Eventualschulden und -forderungen (IAS 37.27 ff) im Zwischenbericht anzugeben. Eine Fortschreibung dieser Posten ist damit nicht zwingend erforderlich, die Berichterstattung kann sich auf die **Erläuterung von Veränderungen** beschränken.

37 **kk) Geschäfte mit nahestehenden Unternehmen und Personen.** Nach § 37 w Abs 4 Satz 2 WpHG haben Aktienemittenten grds im Rahmen des Zwischenlageberichts Geschäfte mit nahestehenden Unternehmen und Personen anzugeben (s Rz 45). Alternativ kann der Pflicht zur Erläuterung der im Berichtszeitraum neu abgeschlossenen und/oder geänderten Verträge, die einen wesentlichen Einfluss auf die VFE-Lage hatten, gem § 37 w Abs 4 Satz 2 zweiter Halbsatz WpHG auch im Anhang des Abschlusses nachgekommen werden. Für die Identifikation der nahestehenden Unternehmen und Personen ist lt DRS 16.54 von Unternehmen, die nach IFRS bilanzieren, IAS 24, von Unternehmen, die ihren Konzernabschluss nach HGB aufstellen, DRS 11 als maßgeblich anzusehen.

2. Vollständiger Zwischenabschluss

Ein vollständiger Zwischenabschluss unterscheidet sich von einem verkürzten 38
Zwischenabschluss dadurch, dass er neben den in IAS 34 geforderten Angaben auch alle in **anderen IFRS** geforderten Bestandteile und Informationen einschließlich der jeweiligen Vergleichszahlen enthält. Inhaltlich entspricht der Zwischenabschluss damit einem vollständigen Jahres- oder Konzernabschluss.

IV. Inhalt des Zwischenlageberichts

Dem von Inlandsemittenten iSd WpHG zu erstellenden Halbjahresfinanz- 39
bericht ist ein Zwischenlagebericht nach § 37w Abs 4 WpHG beizufügen. Werden zudem den Anforderungen von § 37x Abs 3 WpHG genügende Quartalsfinanzberichte erstellt, so haben auch diese einen entspr Zwischenlagebericht zu enthalten. Das **WpHG erweitert** insoweit die inhaltlichen **Bestandteile** der unterjährigen Finanzberichterstattung nach IAS 34. Zahlreiche nach IAS 34.16 aufzunehmende Anhangangaben werden in praxi in die Zwischenlageberichterstattung integriert. Dies ist gem IAS 34.16 zulässig.

Bzgl des Inhalts erfordert die Ausgestaltung eines Zwischenlageberichts die 40
Angabe der **wichtigen Ereignisse** des Berichtszeitraums im Unternehmen des Emittenten und ihrer Auswirkungen auf den verkürzten Abschluss und damit auf die durch diesen Abschluss vermittelte VFE-Lage. Nach der durch DRS 16.41 vorgenommenen, nicht abschließenden Enumeration können hierbei sowohl externe als auch interne Ereignisse berichtspflichtige Tatbestände repräsentieren. Gem DRS 16.42 ist auf ungewöhnliche, singuläre sowie saisonale Ereignisse gesondert einzugehen.

DRS 16.41 ergänzt diese Angabepflicht um in der Berichtsperiode eingetretene Ereignisse, die wesentlich sind, aber sich noch nicht auf die VFE-Lage ausgewirkt haben. Hierzu können zB Verträge zählen, die die Beschaffung oder den Absatz eines Unternehmens langfristig sichern, aber sich erst in Folgeperioden in der Bilanz und/oder Gesamtergebnisrechnung und gesonderten GuV (sofern erstellt) niederschlagen.

Gem § 37w Abs 4 Satz 1 WpHG hat der Zwischenlagebericht zudem eine 41
Beschreibung der **wesentlichen Chancen und Risiken** für die dem Berichtszeitraum folgenden sechs Monate zu enthalten. UE kann zu diesem Zwecke, wie in DRS 16.46 vorgeschlagen, auf den entspr Berichtsteil des letzten Konzernlageberichts verwiesen werden, verbunden mit der Maßgabe, lediglich wesentliche Änderungen der Chancen- und Risikoexposition des Unternehmens gesondert darzulegen. Eine Saldierung einzelner Chancen und Risiken ist nicht zulässig. Bestandsgefährdende Risiken sind stets gesondert zu beschreiben, ein Verweis auf den letzten Konzern-(Zwischen-)Lagebericht reicht nicht aus.

Durch das Erfordernis, nicht, wie in der Transparenzrichtlinie als europäische Vorgabe formuliert, ausschließlich auf die Risiken zukünftiger Entwicklungen einzugehen, sondern auch Chancen erläutern zu müssen, kommt es auf nationaler Ebene qualitativ wie quantitativ zu einer Ausdehnung berichtspflichtiger Inhalte. Hierdurch erreicht der Gesetzgeber im Ergebnis die inhaltliche Konsistenz von unterjähriger und jährlicher Lageberichtspublizität nach § 289 bzw § 315 HGB, auch wenn der prospektiv abzudeckende Zeitraum unterjährig mit sechs Monaten wesentlich geringer ist.

Über die Anforderungen des WpHG hinausgehend enthält der Gliederungs- 42
vorschlag des DRS 16.39 einen Berichtsteil über **Prognosen** und sonstige Aussagen zur voraussichtlichen Entwicklung. Sofern das Unternehmen aufgrund im

Berichtszeitraum gewonnener Erkenntnisse zu dem Ergebnis kommt, dass sich im letzten Konzernlagebericht veröffentlichte Prognoseinhalte und sonstige Aussagen zur voraussichtlichen Entwicklung in der Zwischenberichtsperiode wesentlich verändert haben, so ist hierüber zu berichten, auch wenn diese Veränderungen zwischenzeitlich bereits kommuniziert wurden. Diese Angabe sollte uE nicht nur auf im letzten Konzernlagebericht abgegebene Prognosen beschränkt werden, sondern alle Prognosen, die bis zum Zwischenberichtsstichtag abgegeben wurden, berücksichtigen. Die Meldung der fehlenden **Aktualität kommunizierter Prognosen** ist als ausreichend anzusehen, es bedarf keiner Quantifizierung hinsichtlich Höhe und Richtung der einzelnen Veränderungen (*Hebestreit/Rahe* IRZ 2007, 116). Die Vorschrift unterstreicht jedoch die einer zeitnahen Aktualisierung unternehmensspezifischer Prognoseinformationen beigemessene Signalwirkung im Rahmen der Kapitalmarktkommunikation. Sofern die Aktualität kommunizierter Prognosen unverändert gegeben ist, ist dies im Zwischenlagebericht anzugeben.

43 Neben inhaltlichen Konkretisierungen stellt DRS 16.37 klar, dass die **Grundsätze der Lageberichterstattung** nach DRS 15 auch im Rahmen der Zwischenberichterstattung Anwendung finden (ablehnend *Strieder/Ammedick* DB 2007, 1369).

44 **In praxi** zeigt sich, dass innerhalb des Zwischenlageberichts die Berichterstattung über wesentliche wirtschaftliche Vorgänge und Entwicklungen vergleichsweise ausführlich erfolgt, während Informationen mit prognostischem Charakter sich im Wesentlichen auf die Ertragslage beschränken und speziell für die Finanzlage selten erfolgen (*Ernstberger/Pfauntsch* IRZ 2008, 205). Aktienemittenten haben gem § 37w Abs 4 Satz 2 WpHG zudem **wesentliche Geschäfte mit nahe stehenden Unternehmen und Personen** anzugeben (s Rz 38). Zur Identifikation nahestehender Unternehmen und Personen ist hierbei nach DRS 16.54 für Unternehmen, die ihren Konzernabschluss nach IFRS erstellen, IAS 24, für Emittenten, die nach HGB bilanzieren, DRS 11 zu beachten. Inhaltlich erstreckt sich die Angabepflicht auf Geschäfte, die während des Berichtszeitraums abgeschlossen und/oder geändert wurden und einen wesentlichen Einfluss auf die VFE-Lage des Unternehmens in diesem Zeitraum hatten. Alternativ können entspr Angaben gem § 37w Abs 4 Satz 2 zweiter Halbsatz WpHG auch im Anhang des Abschlusses gemacht werden.

45 DRS 16.35 sieht vor, dass sich die **Gliederung** des Zwischenlageberichts entweder an der Gliederung des letzten Konzernlageberichts orientieren oder folgender Gliederung folgen sollte: Entwicklung der VFE-Lage, Prognosebericht, Chancen- und Risikobericht, nahestehende Unternehmen und Personen.

V. Versicherung der gesetzlichen Vertreter

46 Neben den gesetzlichen Vorgaben zur Halbjahresberichterstattung verpflichtet das Transparenzrichtlinie-Umsetzungsgesetz (TUG) Inlandsemittenten über § 37w Abs 2 Nr 3 WpHG, eine auf den Inhalt des Halbjahresabschlusses und des Zwischenlageberichts bezogene **Erklärung** zu veröffentlichen, und ergänzt damit die sich aus IAS 34 ergebenden Mindestbestandteile. Die gesetzlichen Vertreter des Unternehmens haben demnach in inhaltlicher Parallele zu § 264 Abs 2 und § 289 Abs 1 HGB bzw § 297 Abs 2 und § 315 Abs 1 HGB die Richtigkeit der Darstellungen im Halbjahres(-konzern-)abschluss und den ihn ergänzenden (Konzern-)Zwischenlagebericht zu versichern.

Gem der **textlichen Konkretisierung** durch DRS 16.56 ist zu erklären, dass der Konzernzwischenabschluss unter Beachtung der anzuwendenden Rechnungslegungsgrundsätze für die Zwischenberichterstattung ein den tatsächlichen Verhältnissen entspr Bild der VFE-Lage des Konzerns vermittelt und im Konzernzwischenlagebericht der Geschäftsverlauf einschließlich des Geschäftsergebnisses und die Lage des Konzerns so dargestellt sind, dass ein den tatsächlichen Verhältnissen entspr Bild vermittelt wird, sowie die wesentlichen Chancen und Risiken beschrieben sind (s zum Zwischenlagebericht auch Rz 39 ff).

Der Bezug auf die anzuwendenden Rechnungslegungsgrundsätze ergibt sich zum einen aus der notwendigen Differenzierung zwischen IFRS- und HGB-Bilanzierern. Zum andern aber insbes aus dem Umstand, dass für die unterjährige Abschlusserstellung die für die jährliche Finanzberichterstattung geltenden Grundsätze nicht in vollem Umfang zur Anwendung kommen, wie dies zB durch die Aufstellung verkürzter Abschlüsse zum Ausdruck kommt.

Die entspr Erklärung ist nach DRS 16.56 als **„Versicherung der gesetzlichen Vertreter“** zu bezeichnen; sie ist lt Gesetz **nach bestem Wissen** durch sämtliche Vorstandsmitglieder zu erbringen. Die in Anlehnung an einschlägige Regelungen des amerikanischen *Sarbanes-Oxley-Act* vielfach als **„Bilanzeid“** bezeichnete Erklärung ist somit nicht als objektive Feststellung, sondern als auf der Grundlage des subjektiven Wissensstands abgegebene Versicherung zu verstehen. Ob in diesem Kontext nur die vorsätzliche Falschabgabe der Versicherung oder auch bereits Fahrlässigkeit rechtliche Konsequenzen haben kann, ist mangels judikativer Vorgaben weitgehend ungeklärt (ablehnend: *Bosse* DB 2007, 45; abwägend: *Hahn* IRZ 2007, 378). 47

VI. Angabe der Übereinstimmung mit den IFRS

Die Angabe der **Übereinstimmung** mit den IFRS, sog *compliance statement*, setzt voraus, dass der Zwischenbericht (einschließlich der Vergleichszahlen) ohne Ausnahme nach IFRS erstellt wird. Für einen verkürzten Zwischenabschluss bedeutet dies die Beachtung von IAS 34 in Bezug auf den Umfang der mindestens anzugebenden Informationen, gleichzeitig aber auch die Beachtung sämtlicher anderer IFRS in Bezug auf die **Datenermittlung.** Bei einem Konzernzwischenabschluss gilt dieser Grundsatz zudem für sämtliche einbezogenen Unternehmen. Bei einem vollständigen Zwischenabschluss sind zusätzlich noch alle anderen Angaben, die von anderen IFRS gefordert werden, zu veröffentlichen (IAS 34.19). 48

VII. Unterzeichnung

Grds stellt sich bei Zwischenberichten die Frage, inwieweit diese einer Unterzeichnung der gesetzlichen Vertreter, die das Berichtsinstrument erstellen, bedürfen. Während die sich die **Unterzeichnungspflicht** für den Jahresabschluss unmittelbar aus § 245 HGB ergibt, wurde eine Unterzeichnung der Zwischenberichte börsennotierter Unternehmen bisher regelmäßig als verzichtbar erachtet (*Winkeljohann/Schellhorn* in BeBiKo[2] § 245 HGB Rz 1). 49

Prinzipiell stellt sich diese Frage auch nach Inkrafttreten des Transparenzrichtlinie-Umsetzungsgesetzes (TUG), sie wird faktisch – zumindest für die Halbjahresfinanzberichte – dadurch beantwortet, dass diese nach § 37 w Abs 2 Nr 3 WpHG eine unterzeichnungspflichtige **Erklärung der gesetzlichen Vertreter** zu enthalten haben. Aus Gründen der Praktikabilität wird sich dieser „Bilanzeid“ regelmäßig am Ende des Halbjahresfinanzberichts befinden, die Unterschrift der gesetzlichen Vertreter daher für die **Gesamtheit des Zwischenberichts** erfolgen (glA *Hahn* IRZ 2007, 377; *Strieder/Ammedick* DB 2007, 371 f). Dieser

Ansicht folgend darf die Unterzeichnungspflicht von nach dem WpHG erstellten **Quartalsfinanzberichten** aufgrund der nicht vorgesehenen Versicherung der gesetzlichen Vertreter als offenes Problem angesehen werden. UE ist der vor Aufnahme der Erklärung der gesetzlichen Vertreter in der Literatur vertretenen Auffassung folgend der Quartalsfinanzbericht nicht zu unterzeichnen.

VIII. Besonderheiten der Quartalsberichterstattung

50 Im Gegensatz zum, nach § 37 w WpHG für Inlandsemittenten, die Aktien oder Schuldtitel iSd § 2 Abs 1 Satz 1 WpHG begeben haben, obligatorischen Halbjahresfinanzbericht, ist eine auf das Quartal abstellende Zwischenberichterstattung nach geltender Rechtslage als **freiwillig** einzustufen, sofern sich nicht aus der Börsenzulassung oder privatrechtlichen Bestimmungen eine derartige Pflicht ergibt (s Rz 4).

51 Bedeutung erlangt die Erstellung eines Quartalsfinanzberichts jedoch durch die **befreiende Wirkung** des Berichtsinstruments im Verhältnis zur gem § 37 x Abs 1 WpHG für Aktienemittenten verpflichtenden Erstellung einer sog **Zwischenmitteilung** der Geschäftsführung (s Rz 53 f). Zentrale Bedingung einer wirksamen Befreiung ist dabei die Übereinstimmung des Quartalsfinanzberichts mit den für den Jahres- oder Konzernabschluss geltenden Rechnungslegungsgrundsätzen (§ 37 x Abs 3 Satz 1 iVm § 37 w Abs 3 Satz 2 und § 37 y Nr 2 WpHG).

In praxi bedeutet dies für die zu einer Abschlusserstellung nach IFRS verpflichteten Unternehmen die vollständige **Konformität** des verkürzten Quartalsabschlusses mit den Regelungen des IAS 34. Einem solchen Zwischenabschluss ist daher uA gem IAS 34.20(b) eine Quartals-Gesamtergebnisrechnung und Quartals-GuV (sofern erstellt) beizufügen. Hieran anknüpfende Kommentierungen können sich nach Empfehlung von DRS 16.60 auf das entspr Quartal beziehen, wobei die durch IAS 34.16 gesetzten Grenzen, welcher eine grds kumulierte Erläuterungsperspektive zugrunde legt, zu beachten sind. Schließlich ist der Quartalsfinanzbericht um einen Zwischenlagebericht (s Rz 39 ff) zu ergänzen. Für eine befreiende Wirkung muss der Quartalsfinanzbericht damit einem Halbjahresfinanzbericht entsprechen.

52 Aufgrund seines befreienden Charakters und in Ermangelung spezifischer Regelungen ist der Quartalsfinanzbericht uE innerhalb der auf die Zwischenmitteilung der Geschäftsführung anzuwendenden **Fristen** zu veröffentlichen. Dies bedeutet eine **Veröffentlichung** bis sechs Wochen vor Ende des Geschäftsjahreshalbjahres und somit ca sieben Wochen nach Ende des Quartals.

IX. Exkurs: Zwischenmitteilung der Geschäftsführung

53 Die in § 37 x WpHG kodifizierten **Zwischenmitteilungen der Geschäftsführung** sind von Inlandsemittenten, die Aktien an einem organisierten Markt iSd WpHG emittiert haben, abzugeben, sofern diese keinen befreienden Quartalsfinanzbericht erstellen (s Rz 51). Diese haben eine Beschreibung der Finanzlage und des Geschäftsergebnisses des Emittenten zu enthalten, wobei beide Größen beeinflussende Ereignisse und Geschäfte zusätzlich zu erläutern und in ihren Auswirkungen zu beschreiben sind (§ 37 x Abs 2 Satz 2 WpHG). Dabei ist der Gesetzeswortlaut in Übereinstimmung mit DRS 16.64 so zu interpretieren, dass neben der Finanzlage auch auf die Vermögens- und Ertragslage einzugehen ist (*Kajüter/Reisloh* KoR 2007, 621). Inhaltlich hat die Zwischenmitteilung durch Bereitstellung von, in überwiegendem Maße, qualitativen Informationen eine zeitnahe Beurteilung der Entwicklungsrichtung der wirtschaftlichen Lage des

Unternehmens seit dem letzten Bilanzstichtag zu ermöglichen. Sie stellt insofern eine **trendorientierte Aktualisierung** des Jahres- oder Konzernabschlusses dar. Die Quantifizierung von Berichtsinhalten ist unterjährig weitestgehend den Halbjahres- und Quartalsfinanzberichten vorzubehalten. In praxi werden jedoch insbes zur Beschreibung der Ertrags- und Liquiditätslage zentrale Messgrößen wie zB Ergebnis- und Umsatzkennzahlen innerhalb von Zwischenmitteilungen quantifiziert (s ausführlich die empirische Auswertung bei *Kajüter/Reisloh* KoR 2007, 626f).

54 In zeitlicher Hinsicht hat sich die Zwischenmitteilung auf einen **Mitteilungszeitraum** zu erstrecken, der mindestens die ersten zehn Wochen, maximal aber die ersten 20 Wochen des Geschäftshalbjahres umfasst (§ 37x Abs 1 Satz 1 WpHG). Die Zwischenmitteilung ist gem § 37x Abs 2 Satz 1 WpHG am letzten Tag des durch das berichtspflichtige Unternehmen in obigen Grenzen flexibel gestaltbaren Mitteilungszeitraums zu veröffentlichen. Als problematisch in der praktischen Umsetzung erweist sich in diesem Zusammenhang, dass zwischen der Erstellung/Verabschiedung durch die gesetzlichen Vertreter und der Veröffentlichung regelmäßig einige Tage vergehen werden. Hier besteht uE keine der **Erstellung nachgelagerte Berichtspflicht,** aber es muss durch geeignete organisatorische Teilprozesse des Managementinformationssystems sichergestellt werden, dass Ereignisse, die sich wesentlich auf die Zwischenmitteilung auswirken, im Wege einer **kurzfristigen Aktualisierung** noch berücksichtigt werden können.

55–60 *einstweilen frei*

E. Bilanzierung und Bewertung

I. Bilanzierungs- und Bewertungsmethoden

1. Funktionen des Zwischenberichts

61 Als primäre **Funktion des Zwischenberichts** ist die Informationsfunktion, als sekundäre Funktion *Investor Relations* anzusehen. Innerhalb der Informationsfunktion kann zwischen der Kontroll-, der Prognose- und der Verbindungsfunktion unterschieden werden (*Alvarez/Wotschofsky*², 155ff).

Nach der **Kontrollfunktion** dient der Zwischenbericht insbes der Kontrolle des Managements, indem er über die abgelaufene Zwischenberichtsperiode Rechenschaft ablegt. Des Weiteren soll der Zwischenbericht eine Überprüfung der bisherigen Prognosen gegenwärtiger und potenzieller Investoren ermöglichen und damit als Grundlage für Investitionsentscheidungen dienen.

Bei der **Prognosefunktion** steht das Ziel im Vordergrund, über unterjährige Finanzinformationen eine verbesserte Prognose des Jahresergebnisses und der zu erwartenden Dividende zu ermöglichen.

Die **Verbindungsfunktion** vereint beide Ansätze. Kontroll- und Prognoseaspekten soll gleichermaßen Rechnung getragen werden.

2. Eigenständige versus integrative Erfolgsermittlung

62 In Abhängigkeit der Funktionen, die einem Zwischenbericht zugemessen werden, ist zwischen einer eigenständigen (diskreten) und einer integrativen Erfolgsermittlung zu unterscheiden (*Bridts*, 104ff; *FASB* Rz 67ff).

63 Wird die **Kontrollfunktion** des Zwischenberichts in den Vordergrund gestellt, ist die primäre Aufgabe die Darstellung der abgelaufenen Zwischen-

berichtsperiode. Daher wird die Zwischenberichtsperiode als vom Geschäftsjahr unabhängige, dh eigenständige Berichtsperiode angesehen. Unterjährige und jährliche Finanzberichterstattung stehen als abschnittsbezogene Ausschnitte aus der Totalperiode des Unternehmens gleichberechtigt nebeneinander (*Shillinglaw* The Accounting Review 1961, 222f). Die Berichterstattung ist folglich primär retrospektiv und kaum prospektiv angelegt. Die Fokussierung auf die Kontrollfunktion geht mit einer **eigenständigen Erfolgsermittlung** einher, bei der die gleichen Bilanzierungs- und Bewertungsmethoden bzw Abgrenzungsgrundsätze wie im Jahres- oder Konzernabschluss zur Anwendung kommen (*Shillinglaw* The Accounting Review 1961, 224; *Alvarez/Wotschofsky*[2], 101f). Dies hat zur Folge, dass das Periodenergebnis, zB durch saisonale oder einmalige Einflüsse, stark schwanken kann.

64 Wird hingegen die **Prognosefunktion** als Hauptaufgabe angesehen, stellt die Zwischenberichtsperiode einen integralen Bestandteil des Geschäftsjahrs dar und ist damit nicht mehr losgelöst von der Entwicklung innerhalb des gesamten Geschäftsjahrs zu betrachten. In diesem Fall ist die Berichterstattung primär prospektiv und weniger retrospektiv auszurichten. Aus diesem Grund sollen Abgrenzungsgrundsätze zur Anwendung kommen, die eine bessere Prognostizierbarkeit des Jahresergebnisses ermöglichen (*Green* JAR 1964, 35f). Die bei der **integrativen Erfolgsermittlung** anzuwendenden Bilanzierungs- und Bewertungsmethoden lösen sich daher weitgehend von denen, die dem Jahres- oder Konzernabschluss zugrunde gelegt werden. Allen in der Literatur vorgeschlagenen Abgrenzungsmethoden ist gemeinsam, dass sie zu einer Glättung des Periodenergebnisses führen und Schwankungen des Periodenergebnisses weitestgehend reduzieren (*Busse von Colbe/Reinhard*, 3). In ihrer reinsten Form würde eine integrative Erfolgsermittlung zu einer zeitanteiligen (Gleich-)Verteilung der für das gesamte Geschäftsjahr geplanten Erfolgsgrößen führen (*Alvarez/Wotschofsky*[2], 100f).

65 Die **kombinierte Erfolgsermittlung** steht für die **Verbindungsfunktion** des Zwischenberichts und vereint folglich eigenständige und integrative Abgrenzungsmethoden. Aufwendungen und Erträge werden bestimmten Gruppen zugeordnet, die entweder eigenständig oder integrativ erfasst werden (*FASB* Rz 92ff und Rz 151ff; *Alvarez/Wotschofsky*[2], 102f; *Köster,* 73ff).

3. Abgeleitete allgemeine Grundsätze

a) Übertragung der Bilanzierungs- und Bewertungsmethoden aus dem jährlichen Abschluss auf den Zwischenabschluss

66 Gem IAS 34.28 sind im Zwischenabschluss die gleichen Bilanzierungs- und Bewertungsmethoden anzuwenden, die auch dem letzten Jahres- oder Konzernabschluss zugrunde gelegen haben. Demnach geht IAS 34 von einer primär **eigenständigen Erfolgsermittlung** aus (*Baetge/Bruns/Rolvering* in Baetge ua IFRS-Komm[2] IAS 34 Rz 95; *Heuser/Theile*[3] Rz 4850f; aA *Peemöller* in Wiley IFRS 2008, Abschn 19 Rz 25, für den IAS 34 der kombinierten Methode folgt). Allerdings finden sich in IAS 34 auch integrative Elemente. So enthält IAS 34.29 die Aussage, dass eine Zwischenberichtsperiode Teil des umfassenderen Geschäftsjahrs ist. Des Weiteren wird in IAS 34.30(c) die Anwendung eines gewichteten durchschnittlichen jährlichen Steuersatzes zur Ermittlung des Ertragsteueraufwands der Zwischenberichtsperiode gefordert. In Zweifelsfragen geht jedoch die eigenständige der integrativen Erfolgsermittlung vor.

67 Für die Beantwortung der Frage, ob ein aktivierungspflichtiger Vermögenswert oder eine passivierungspflichtige Schuld vorliegt, ist nach IAS 34.30(b) und IAS 34.32 ausschließlich auf die **Verhältnisse zum Zwischenberichtsstichtag**

abzustellen. Wenn daher die Erfassungskriterien des F. 49 am Zwischenberichtstag (nicht) erfüllt sind, ist eine Bilanzierung vorzunehmen (zu unterlassen). Eine Aktivierung oder Passivierung kann nicht in der Hoffnung erfolgen, dass die Erfassungskriterien erst zu einem späteren Zeitpunkt im Geschäftsjahr gegeben sind (IAS 34.B8). Gleiches gilt für die Bewertung im Zwischenabschluss.

Aus diesen Grundsätzen folgt auch, dass Aufwendungen, deren Aktivierung zu 68 einem Zwischenberichtsstichtag wegen Nichterfüllung der Erfassungskriterien unterblieben ist, nicht **nachträglich aktiviert** werden dürfen, wenn diese zu einem späteren Zeitpunkt innerhalb eines Geschäftsjahrs erstmals erfüllt sind. Einmal als Aufwand erfasste Ausgaben bleiben damit Aufwand (s für immaterielle Vermögenswerte IAS 38.71). Dies bedeutet, dass aufgrund der unterjährigen Berichterstattung verstärkt auf den Zeitpunkt geachtet werden muss, zu dem die für eine Aktivierung maßgeblichen Kriterien erfüllt sind.

Die Bilanzierung und Bewertung im folgenden **Jahres- oder Konzernabschluss** 69 muss auf den im letzten veröffentlichten Zwischenabschluss angewandten Bilanzierungs- und Bewertungsmethoden aufbauen. Dieser Zwischenabschluss enthält bereits alle im Erstellungszeitpunkt des Zwischenabschlusses beschlossenen zukünftigen Änderungen von Bilanzierungs- und Bewertungsmethoden (s Rz 72) und stellt somit den aktuellen Stand der für das Unternehmen geltenden Bilanzierungs- und Bewertungsgrundsätze dar. Des Weiteren sind in diesem Zwischenabschluss alle ausgewiesenen früheren Zwischenperioden des aktuellen Geschäftsjahrs an die Auswirkungen aus der Methodenänderung und damit an die aktuellen Methoden anzupassen. Dies schließt jedoch nicht aus, dass das Unternehmen im Jahres- oder Konzernabschluss weitere Methodenänderungen vornimmt.

Die Bilanzierung und Bewertung im folgenden Jahres- oder Konzernabschluss orientiert sich ausschließlich an den Verhältnissen zu diesem Bilanzstichtag, auch wenn hierdurch die Erfassung und/oder die Bewertung von Vermögenswerten und/oder Schulden in vorhergehenden Zwischenperioden aufgrund geänderter Verhältnisse korrigiert bzw angepasst werden muss, soweit dem nicht IFRS-Vorschriften entgegenstehen.

Im Kontext der Darstellung dieser Anpassungen ist es notwendig, den zu die- 70 sem Zweck als Referenzgröße zugrunde zu legenden Abschluss zu identifizieren. Die Bedeutung dieser Festlegung erlangt insbes im Zusammenhang mit unterjährig aufgrund von **Wertminderungen** ***(impairment)*** vorgenommenen außerplanmäßigen Abschreibungen Relevanz. Falls zB zur Geschäftsjahreshälfte ein Wertminderungsaufwand nach IAS 36 innerhalb des Zwischenabschlusses abgebildet wurde, war bisher umstritten, ob bei Wegfall des Grundes bis zum nächsten Zwischenberichts- oder Bilanzstichtag der entspr Vermögenswert im Zwischen-, Jahres- oder Konzernabschluss wieder erfolgswirksam zugeschrieben werden konnte.

Das IFRIC hat mittels des am 1. Juni 2007 in das europäische Recht über- 71 nommenen **IFRIC 10** in diesem Zusammenhang klargestellt, dass für folgende Kategorien von Vermögenswerten, bei denen in vorhergehenden (Zwischen-) Berichtsperioden (zB im Halbjahresfinanzbericht zum 30. Juni X1) ein Wertminderungsaufwand erfasst wurde, bei Entfall des Grundes in nachfolgenden Berichtsperioden (zB im Quartalsfinanzbericht zum 30. September X1 oder im Konzernabschluss zum 31. Dezember X1) eine derartige Zuschreibung nicht zulässig ist:

(1) Geschäfts- oder Firmenwerte;
(2) Eigenkapitalinstrumente, die als zur Veräußerung verfügbar eingestuft wurden;
(3) finanzielle Vermögenswerte, die zu Anschaffungskosten bilanziert werden.

Der Regelungsinhalt von IFRIC 10 ist dabei auch Ausdruck des der Zwischenberichterstattung immanenten Spannungsfelds zwischen eigenständiger und integrativer Erfolgsermittlung (s Rz 62f). ISe eigenständigen Erfolgsermittlungskonzeption unterstreicht IAS 34.28 Satz 1, ein Unternehmen habe im Rahmen seiner Zwischenabschlüsse grds die gleichen Bilanzierungs- und Bewertungsmethoden anzuwenden, die auch den Abschlüssen des Geschäftsjahres zugrunde liegen. Dieser Ratio folgend, ergäbe sich demnach sachlogisch, dass auch die auf obige Vermögenswerte bezogenen, in IAS 36.124 bzw IAS 39.69 und IAS 39.66 kodifizierten Wertaufholungsverbote im Kontext der unterjährigen Berichterstattung uneingeschränkte Gültigkeit hätten.

Zugleich fordert IAS 34.28 Satz 2 aber auch, die Frequenz unterjähriger Berichterstattung dürfe keinen Einfluss auf die Höhe des sich am Bilanzstichtag ergebenden Jahresüberschusses haben. Der Konzeption der integrativen Erfolgsermittlung entlehnt, sind Bewertungen in Zwischenabschlüssen daher auf einer vom Geschäftsjahresbeginn bis zum Zeitpunkt der Zwischenberichterstattung kumulierten Grundlage vorzunehmen (IAS 34.28 Satz 3).

Durch IFRIC 10 kommt es damit zu einer grds **Bestätigung** der primär an der **eigenständigen Erfolgsermittlung** orientierten Konzeption der Zwischenberichterstattung nach IAS 34. Die Beschlussfassung unterstreicht zwar den Vorrang der spezifischen Regelungen zu Wertminderungsaufwendungen, untersagt aber auch pauschal Analogieschlüsse, sollten im Zusammenhang mit anderen Einzelnormen weitere Kollisionen mit IAS 34 zu konstatieren sein (IFRIC 10.9), sodass stets eine an den konkreten Verhältnissen des jeweiligen Sachverhalts orientierte Abwägung vorzunehmen ist.

Aus methodischer Perspektive sind die Regelungen des IFRIC 10 als kasuistisch zu bezeichnen, ihre **fehlende konzeptionelle Grundlage** eröffnet mittelfristig die Perspektive einer grundlegenden Neuausrichtung der entspr Standards (*Riedel/Leippe* in Wiley IFRS Änderungskommentar 2007, IFRIC 10 Rz 22f). Ungeachtet der nicht vorzunehmenden Zuschreibung, kann die Anpassung von Ansatz- und/oder Bewertung eines Sachverhalts ggü dem letzten Zwischenabschluss Angabepflichten im (Konzern-)Anhang auslösen (s hierzu Rz 124f).

72 Demnach sind im Zwischenabschluss bis auf die in IAS 34 klar genannten **Ausnahmen** die gleichen Bilanzierungs- und Bewertungsmethoden wie im letzten Jahres- oder Konzernabschluss anzuwenden (IAS 34.29 und IAS 34.31). Bei diesen Ausnahmen handelt es sich im Einzelnen um folgende Sachverhalte:

(1) Soweit im Zeitpunkt der Erstellung eines Zwischenabschlusses bereits beschlossen ist, dass zum nächsten Jahres- oder Konzernabschluss Bilanzierungs- und Bewertungsmethoden geändert werden, sind diese Änderungen auch schon dem Zwischenabschluss zugrunde zu legen (IAS 34.28). In diesem Fall sind bereits dargestellte Zwischenberichtsperioden anzupassen (Rz 111f).

(2) Die Steuern vom Einkommen und vom Ertrag sind für jede Zwischenberichtsperiode auf der Grundlage der Schätzung des gewichteten durchschnittlichen jährlichen Ertragsteuersatzes zu erfassen. Soweit es in nachfolgenden Zwischenberichtsperioden aufgrund einer Korrektur des geschätzten jährlichen Ertragsteuersatzes zu Änderungen in den abgegrenzten Beträgen kommt, ist eine Anpassung dieser Beträge zu Lasten oder zu Gunsten des aktuellen Periodenergebnisses vorzunehmen (IAS 34.30(c)). Die in früheren Zwischenberichtsperioden berichteten Beträge werden nicht angepasst (IAS 34.35f).

(3) Soweit die Höhe von im Zwischenabschluss zu erfassenden Vermögenswerten, Schulden, Erträgen und Aufwendungen davon abhängt, welche Bezugsgröße für das gesamte Geschäftsjahr realisiert wird, ist wie bei der Ermittlung der Steuern vom Einkommen und vom Ertrag die voraussichtliche jähr-

liche Bezugsgröße zu schätzen und anteilig der jeweiligen Zwischenberichtsperiode zugrunde zu legen (IAS 34.B1 zu Sozialversicherungsaufwendungen, IAS 34.B7 zu bedingten Leasingzahlungen, IAS 34.B23 zu Kaufpreisänderungen). Bei einer Änderung der geschätzten Bezugsgrößen sind die in vorhergehenden Zwischenberichtsperioden ausgewiesenen Beträge nicht anzupassen (IAS 34.35 f). Die Rechtfertigung für den Ansatz einer jährlichen Bezugsgröße liegt darin, dass in diesem Fall ein Vermögenswert oder eine Schuld rechtlich oder faktisch iSd Rahmenkonzepts bereits entstanden ist und lediglich die Höhe des Postens unsicher ist.

b) Grundsatz der Wesentlichkeit

In Übereinstimmung mit anderen IAS gibt IAS 34 keine quantitativen Richtl 73
für die Bestimmung der Wesentlichkeit vor. Als Bezugsgröße für die Bestimmung der Wesentlichkeit sind nach IAS 34.23 jedoch die **Daten der Zwischenberichtsperiode** und nicht die für das gesamte Geschäftsjahr erwarteten Daten zugrunde zu legen.

Soweit ein Unternehmen Quartalsberichte veröffentlicht, ergibt sich aus der Angabe von gesamtergebnisrechnungsbezogenen und GuV-bezogenen (sofern erstellt) Finanzinformationen für das aktuelle Quartal und die kumulierten Quartale uE eine **doppelte Wesentlichkeit.** Dabei ist bereits bei Überschreitung eines Wesentlichkeitsmaßstabs von einer Angabepflicht auszugehen.

4. Exkurs: Anwendung von „EU-IFRS"

Aufgrund der Ausgestaltung des Normsetzungsprozesses besteht bei der Än- 74
derung von IFRS durch den IASB regelmäßig eine **zeitliche Verzögerung** zwischen der **Verabschiedung** der IFRS durch das standardsetzende Gremium und der **Transformation** dieser Regelungen in europäisches Gemeinschaftsrecht durch die EU-Kommission. Im Falle des für die Segmentangaben maßgeblichen IFRS 8 betrug dieser Zeitraum zB nahezu ein Jahr.

UE sind die verabschiedeten, aber noch nicht übernommenen *(„endorsed")* IFRS im Rahmen der Zwischenberichterstattung nicht vorzeitig, sondern erst ab dem Zeitpunkt der **Veröffentlichung im Amtsblatt** der Europäischen Union anzuwenden (differenzierend *Pellens/Jödicke/Jödicke* BB 2007, 2507; glA *IDW HFA* FN IDW 2007, 442). Dies schließt jedoch die freiwillige Anwendung zwischen dem Zeitpunkt der Übernahme und dem lt Standardtext verbindlichen Erstanwendungszeitpunkt nicht aus.

II. Verwendung von Schätzungen

1. Grundsätze

Bereits im Jahres- oder Konzernabschluss werden zahlreiche Sachverhalte ab- 75
gebildet, bei denen die aus ihnen resultierenden Erfolgskomponenten im Beurteilungszeitpunkt nicht abschließend und/oder eindeutig bestimmt werden können. Dies gilt umso mehr für Abgrenzungen und Bewertungen in einem Zwischenabschluss, bei dem aus Gründen der Wirtschaftlichkeit und kurzer Veröffentlichungsfristen in verstärktem Umfang Schätzungen erforderlich werden. Die Verwendung vernünftiger **Schätzungen** ist daher ein notwendiger Beitrag zur Aufstellung des (Zwischen-)Abschlusses.

Gem IAS 34.41 ist auch bei einem zunehmenden Einsatz von Schätzungen sicherzustellen, dass bei einer Schätzung die sich hieraus ergebenden Informationen verlässlich sind. Dies bedeutet, dass unter Beachtung des Grundsatzes der

Willkürfreiheit alle im Beurteilungszeitpunkt verfügbaren Informationen in einem ausgewogenen Verhältnis zu berücksichtigen sind. Hieraus folgt jedoch auch, dass bei steigender Unsicherheit dem **Vorsichtsprinzip** eine stärkere Bedeutung beizumessen ist (*Baetge/Bruns/Rolvering* in Baetge ua IFRS-Komm^2 IAS 34 Rz 114).

76 Ferner sind im Zusammenhang mit einer Schätzung, die einen wesentlichen Einfluss (Rz 73) auf die VFE-Lage des Unternehmens nimmt, alle Informationen, die für ein Verständnis dieses Einflusses von Bedeutung sind, unter die erläuternden **Anhangangaben** aufzunehmen (IAS 34.41; Rz 30).

2. Änderung von Schätzungen

77 Eine Schätzung ist zu ändern, wenn sich die Umstände, auf deren Grundlage die Schätzung erfolgt ist, ändern oder neue Informationen, Erfahrungen oder Entwicklungen vorliegen (IAS 8.34). Soweit Zweifel bestehen, ob es sich um die **Änderung** einer **Bilanzierungs- oder Bewertungsmethode** handelt, ist die Änderung als Änderung einer Schätzung zu behandeln (IAS 8.35).

78 In Übereinstimmung mit IAS 8.36 führen Änderungen von Schätzungen nicht zu einer **Anpassung** bereits **dargestellter Zwischenberichtsperioden.** Die Effekte aus der Änderung der Schätzung sind vielmehr bei der Ermittlung des Ergebnisses der Periode zu berücksichtigen, in der die Änderung eintritt, soweit die Änderung den bis zum Zwischenberichtszeitpunkt abgelaufenen Zeitraum betrifft (IAS 34.30(a)). Entspr spiegeln die Erträge und Aufwendungen einer Zwischenberichtsperiode alle Änderungen früherer Schätzungen wider (IAS 34.36).

79 Art und Umfang der Änderung einer Schätzung sind gem IAS 34.16(d) unter den erläuternden **Anhangangaben** bzw gem IAS 34.26 im (Konzern-)Anhang darzustellen. Die Änderung einer Schätzung bezieht sich in diesem Zusammenhang gem IAS 34.16(d) nicht nur auf das lfd Geschäftsjahr, sondern auch auf Änderungen von Schätzungen, die in den jeweiligen Vergleichszahlen enthalten sind und für das Verständnis der VFE-Lage (auch unter intertemporalen Aspekten) von Bedeutung sind (glA wenn auch mit anderer Herleitung *Baetge/Bruns/Rolvering* in Baetge ua IFRS-Komm^2 IAS 34 Rz 127).

III. Gesamtkostenverfahren

80 Aufgrund der Übertragung der Grundsätze für den Jahres- und Konzernabschluss auf den Zwischenabschluss wird auch der Erfolg der Zwischenberichtsperiode nach den gleichen Grundsätzen ermittelt wie in der Jahres- und Konzern-Gesamtergebnisrechnung bzw gesonderten -GuV (sofern erstellt). Im Folgenden soll jedoch auf einige **Besonderheiten** im Zusammenhang mit einer unterjährigen Berichterstattung eingegangen werden.

81 **Umsatzerlöse,** Bestandsveränderungen und andere aktivierte Eigenleistungen werden nach den gleichen Grundsätzen ermittelt wie im Jahres- oder Konzernabschluss. Das **Realisationsprinzip** kommt uneingeschränkt zur Anwendung (*Busse von Colbe/Reinhard,* 17 f). Dementsprechend dürfen Erträge, die innerhalb eines Geschäftsjahrs **saisonal** oder konjunkturell bedingt erzielt werden, am Zwischenberichtsstichtag nur dann abgegrenzt oder vorgezogen werden, wenn dies auch im Jahres- oder Konzernabschluss zulässig wäre (IAS 34.37), was idR nicht der Fall ist. Die hiermit verbundenen stärkeren Schwankungen der leistungsbezogenen Erträge werden im Rahmen des eigenständigen Ansatzes bewusst in Kauf genommen und sollen durch die Angabe von Vergleichszahlen der entspr Vorperiode und der vorangegangenen zwölfmonatigen Berichtsperiode

erklärt werden (IAS 34.21). Bei **langfristiger Fertigung** sieht IAS 34 ebenfalls
keine Ausnahmen vor. Die Grundsätze von IAS 11 finden auch im Zwischenabschluss uneingeschränkt Anwendung (zur langfristigen Fertigung s § 9).

Nach IAS 34.C1 ist eine ausführliche **Inventur** nicht erforderlich. So können 82
die Vorräte und damit auch die Bestandsveränderung geschätzt werden, indem
verstärkt auf repräsentative Stichproben zurückgegriffen wird, mit denen auf die
Grundgesamtheit hochgerechnet wird, und ggf Inflationsindizes zur Anwendung
kommen. Bei einer zuverlässigen Lagerbestandsführung können die Vorräte auch
über eine rechnerische Ermittlung der Zu- und Abgänge ermittelt werden
(*Köster*, 168f).

Bei der Ermittlung der **Herstellungskosten** sind gem IAS 34.B28 Preis-, Ef- 83
fizienz-, Materialeinsatz- und Mengenabweichungen auch dann in vollem Umfang erfolgswirksam zu berücksichtigen, wenn erwartet wird, dass sich diese bis
zum Bilanzstichtag wieder umkehren.

Gem IAS 2.9 und IAS 36.58ff sind **Wertminderungen** bei Vorräten und an- 84
deren Vermögenswerten dann zu berücksichtigen, wenn der erzielbare Betrag
unter den Buchwert gesunken ist. Bei Aufstellung des Zwischenabschlusses sind
aus Zeit- und Wirtschaftlichkeitsgründen an den Detaillierungsgrad der Wertermittlung niedrigere Anforderungen zu stellen als bei der Erstellung des Jahres-
oder Konzernabschlusses. So ist es nach IAS 34.B36 zulässig und ausreichend, am
Zwischenberichtsstichtag zu prüfen, ob Anzeichen für eine Wertminderung vorliegen und nur bei deren Existenz in eine detaillierte Wertermittlung einzutreten.

Bei der (absatzmarktorientierten) **verlustfreien Bewertung** sind die Absatz-
preise am Bilanzstichtag bzw bis zum Zeitpunkt der Aufstellung des Zwischenabschlusses und nicht die am Geschäftsjahresende erwarteten Preisverhältnisse
maßgeblich. Gleiches gilt für die Schätzung der nach dem Zwischenberichtsstichtag noch anfallenden Herstellungskosten bzw der bis zum Verkauf noch anfallenden Kosten (IAS 34.B26; zur verlustfreien Bewertung s § 8 Rz 91ff).

Sofern zum Zwischenberichtsstichtag aufgrund einer Wertminderung eine
Abschreibung des Vermögenswerts erfolgt ist, darf eine **Zuschreibung** an nachfolgenden Zwischenberichts- oder Bilanzstichtagen nur insoweit erfolgen, wie
die Gründe für die Wertminderung entfallen sind (IAS 34.B26) und kein Zuschreibungsverbot besteht.

Besonderheiten bei der Ermittlung des **Materialaufwands** ergeben sich eben- 85
falls aus den aufgrund von Zeit- und Wirtschaftlichkeitsgründen anzuwendenden
Vereinfachungen bzw Schätzungen. So kann zB die Veränderung der Bestände
an Roh-, Hilfs- und Betriebsstoffen sowie der Waren bei einer zuverlässigen La-
gerbuchführung ohne Inventur allein anhand der rechnerischen Zu- und Abgänge (*Köster*, 168f) oder über repräsentative Stichproben ermittelt werden.

Mengenrabatte und andere **vertragliche Preisänderungen** von Rohmate- 86
rialien, Arbeitskraft und anderen erworbenen Gütern und Dienstleistungen sind
im Zwischenabschluss des Verpflichteten oder Berechtigten nur dann zu berücksichtigen, wenn die Preisänderungen bereits erwirtschaftet wurden oder mit hinreichender Wahrscheinlichkeit realisiert werden. Dementsprechend sind grds nur
vertragliche Rabatte und Nachlässe vorwegzunehmen, auch wenn diese auf
Jahresbasis eingeräumt werden. Freiwillige Rabatte und Nachlässe sollen nach
IAS 34.B23 hingegen nicht berücksichtigt werden dürfen, da diese nicht die
Voraussetzungen für die Bilanzierung einer Schuld oder eines Vermögenswerts
erfüllen. UE handelt es sich bei IAS 34.B23 um eine zu undifferenzierte Aussage.
Auch freiwillige Preisänderungen müssen bilanziert werden, wenn sich das Un-
ternehmen der Verpflichtung faktisch nicht mehr entziehen kann.

Die Ermittlung des monatlichen **Lohn- und Gehaltsaufwands** ist idR auch 87
für eine Zwischenberichtsperiode unproblematisch. Soweit **ansammelbare An-**

sprüche bestehen, wie zB auf Urlaubsgeld, sind diese Ansprüche mit den am Zwischenberichtsstichtag angesammelten Beträgen zu passivieren. UE kann von einer Passivierung auch dann nicht abgesehen werden, wenn diese Rückstellungen in nachfolgenden Zwischenperioden in Anspruch genommen werden, mithin zum Bilanzstichtag keine oder keine so hohen Rückstellungen für die jeweiligen ansammelbaren Ansprüche zu bilden sind (aA *Baetge/Bruns/Rolvering* in Baetge ua IFRS-Komm[2] IAS 34 Rz 149). Soweit **nicht ansammelbare Ansprüche,** wie zB auf Krankengeld, bestehen, sind diese Ansprüche im Zeitpunkt der Zahlung als Aufwand zu erfassen. Eine vorzeitige Abgrenzung als Schuld kommt nicht in Betracht (IAS 34.B10).

88 Eine Bilanzierung von **Prämien, Sonderzahlungen** und **Tantiemen** ist vorzunehmen, wenn die Anspruchsgrundlage auf die Erfüllung von Bedingungen in einem unterjährigen Zeitraum gerichtet ist und die Bedingungen am Zwischenberichtsstichtag erfüllt sind, zB bei projektbezogenen Sonderzahlungen. Soweit die Grundlage für die Vergütung hingegen das lfd Geschäftsjahr ist und zum Zwischenberichtsstichtag bereits feststeht, dass das Unternehmen auf Jahresbasis wieder eine Vergütung gewähren muss/wird, zB aufgrund einer rechtlichen oder faktischen Verpflichtung, liegt uE zum Zwischenberichtsstichtag eine bilanzierungspflichtige faktische Verpflichtung vor. Soweit sich die Höhe der Vergütung an der Erreichung von für das gesamte Geschäftsjahr vereinbarten Zielgrößen orientiert, ist uE eine anteilige Abgrenzung auf der Grundlage der zum Zwischenberichtsstichtag realisierten Zielerreichung vorzunehmen. Des Weiteren muss in Übereinstimmung mit den allgemeinen Grundsätzen zur Passivierung einer Schuld eine verlässliche Schätzung des Rückstellungsbetrags möglich sein (IAS 34.B6). UE kann im Rahmen der Zwischenberichterstattung aus Vereinfachungsgründen eine Gruppenbewertung erfolgen, indem Anspruchsberechtigte mit gleichen Anspruchsgrundlagen in einer Gruppe zusammengefasst werden und für diese Gruppe die voraussichtliche Vergütung geschätzt wird.

89 Die Erfassung der **Arbeitgeberanteile** zur **Sozialversicherung** ist in Deutschland grds unproblematisch, da diese an die monatlichen Lohn- und Gehaltszahlungen anknüpfen und insofern periodengerecht aufwandswirksam werden. Etwas Anderes gilt nur dann, wenn die Verpflichtung von Jahresbeträgen abhängt, die am Zwischenberichtstag der Höhe nach nicht genau bestimmt werden können. In diesem Fall sind die Arbeitgeberbeiträge zur Sozialversicherung anhand einer geschätzten jährlichen durchschnittlichen Sozialabgabenrate unter Berücksichtigung etwaiger Vorauszahlungen zu ermitteln (IAS 34.B1).

90 Die Erfassung der **Pensionsaufwendungen** erfordert nicht, dass zu jedem Zwischenberichtsstichtag neue Pensionsgutachten erstellt werden. Es ist vielmehr ausreichend, wenn die Gutachten des letzten Bilanzstichtags extrapoliert werden (IAS 34.C4). Zu diesem Zweck kann eine sog Pensionsaufwandsrate ermittelt werden, die sich aus den Pensionsaufwendungen des letzten Geschäftsjahrs dividiert durch die durchschnittliche Anzahl der Mitarbeiter oder Anspruchsberechtigten des letzten Geschäftsjahrs ergibt. Diese Pensionsaufwandsrate bzw dieser durchschnittliche Pensionsaufwand je Mitarbeiter oder Anspruchsberechtigtem ist bei wesentlichen Veränderungen der maßgeblichen Parameter, wie zB Fluktuation oder Marktzins, anzupassen (IAS 34.B9). Gleiches gilt für Jubiläumsverpflichtungen.

91 **Planmäßige Abschreibungen** sind nur für solche Vermögenswerte zu berücksichtigen, die während der Zwischenberichtsperiode im Eigentum des Unternehmens standen oder stehen. Zukünftige Investitionen fließen in die Bemessung der Abschreibungen nicht ein (IAS 34.33 und IAS 34.B24; zu außerplanmäßigen Abschreibungen s Rz 84).

92 Zu **Zuschreibungsverboten** s Rz 70f.

Bei den **sonstigen betrieblichen Erträgen und Aufwendungen** wird im Schrifttum differenziert zwischen streng zeitraumbezogenen und nicht streng zeitraumbezogenen Erfolgskomponenten (zum Begriff *Leffson*[7], 330). **Streng zeitraumbezogene** Erträge und Aufwendungen, wie zB Mieterträge oder -aufwendungen, sind unabhängig vom Zahlungszeitpunkt entspr dem abgelaufenen Zeitraum in der Gesamtergebnisrechnung bzw gesonderten GuV (sofern erstellt) zu erfassen. Bei **nicht streng zeitraumbezogenen** Erfolgskomponenten wird weiter unterschieden zwischen regel- und unregelmäßig anfallenden Erträgen und Aufwendungen. Soweit regelmäßige Erfolgskomponenten auch unterjährig kontinuierlich anfallen, wie zB Portogebühren und Büromaterial, sind diese Posten im Zahlungszeitpunkt als Ertrag oder Aufwand zu erfassen (*Baetge/Bruns/Rolvering* in Baetge ua IFRS-Komm[2] IAS 34 Rz 171). Soweit regelmäßige Erfolgskomponenten unterjährig nicht kontinuierlich, sondern in größeren Zeitabständen oder im intertemporalen Vergleich zu unterschiedlichen Zeitpunkten innerhalb verschiedener Geschäftsjahre anfallen, sind diese Posten ebenfalls im Zahlungszeitpunkt in der Gesamtergebnisrechnung bzw gesonderten GuV (sofern erstellt) auszuweisen (IAS 34.39, IAS 34.B2 und IAS 34.B11). Eine Abgrenzung oder vorzeitige Erfassung dieser Posten ist nur möglich, wenn eine entspr Vorgehensweise auch am Bilanzstichtag angemessen bzw zulässig wäre, die Posten mithin die Voraussetzungen für die Erfassung eines Vermögenswerts oder einer Schuld erfüllen. Dabei reicht für die Frage, ob diese Voraussetzungen gegeben sind, die bloße Absicht oder Notwendigkeit, diese Erträge oder Aufwendungen entstehen zu lassen, nicht aus (IAS 34.B2). Für unregelmäßig entstehende Erträge und Aufwendungen, dh für Erfolgskomponenten, die in einem Geschäftsjahr, aber nicht regelmäßig in jedem Geschäftsjahr anfallen, wie zB bedeutende periodische Erhaltungen oder Überholungen, gelten uE die gleichen Grundsätze (IAS 34.39, IAS 34.B2 und IAS 34.B11). Zusammenfassend kann damit festgehalten werden, dass bei der Erfassung von sonstigen betrieblichen Erträgen und Aufwendungen die allgemeinen Kriterien, wie sie für den Jahres- oder Konzernabschluss gelten, uneingeschränkt zur Anwendung kommen. 93

Hiervon **abweichend** wird im Schrifttum die Auffassung vertreten, dass bei wesentlichen unregelmäßigen sonstigen betrieblichen Erträgen und Aufwendungen **weiter** zu **differenzieren** ist. Soweit derartige Erfolgskomponenten zuverlässig vorhersehbar sind, soll eine zeitanteilige Verteilung dieser Posten auf die Zwischenberichtsperioden zulässig sein (*Baetge/Bruns/Rolvering* in Baetge ua IFRS-Komm[2] IAS 34 Rz 171 f mwN). Offen bleibt in diesem Zusammenhang, auf welchen Betrachtungszeitpunkt es ankommt. Sind unregelmäßige Erfolgskomponenten bereits realisiert, ist ihre Vorhersehbarkeit per definitionem gegeben, dh jeder realisierte, unregelmäßige Ertrag oder Aufwand könnte zeitanteilig, zB zeit-, umsatz- oder deckungsbeitragsabhängig (*Hebestreit*, 155 f), verteilt werden. UE kann hier nur ein ex ante Zeitpunkt in Betracht kommen. Soweit derartige Erfolgskomponenten zu Beginn des Geschäftsjahrs, zumindest aber der Zwischenberichtsperiode nicht vorhersehbar iSv planbar waren, scheidet auch nach dieser Literaturmeinung eine zeitanteilige Erfassung aus. Unabhängig von dieser Fragestellung steht diese Vorgehensweise uE jedoch nicht in Einklang mit den in IAS 34 niedergelegten Grundsätzen zur Erfassung von Erträgen und Aufwendungen. IAS 34.28 ff sowie die Beispiele in Anhang B fordern explizit die Erfüllung der Voraussetzungen für die Erfassung von Vermögenswerten und Schulden zum Zwischenberichtsstichtag und binden damit auch eine zeitanteilige Abgrenzung an die Erfüllung dieser Kriterien. 94

Etwas Anderes kann uE nur für **wesentliche** Erträge und Aufwendungen gelten, die vorhersehbar sind und regelmäßig erst am Geschäftsjahresende anfallen, wie zB Inventurdifferenzen, Hauptversammlungs- oder Prüfungskosten (ähnlich DRS 16.22). Bei diesen Posten handelt sich um Erfolgskomponenten, die am Zwischenberichtsstichtag zwar nicht rechtlich aber faktisch verursacht sind und dementsprechend in Einklang mit den allgemeinen Grundsätzen zu erfassen sind. Hinsichtlich der Höhe der zu berücksichtigenden Erträge und Aufwendungen gelten die Grundsätze für Schätzungen (s Rz 75f).

95 **Rückstellungen** sind im Zwischenabschluss nach den gleichen Grundsätzen zu bilden, zu erhöhen oder aufzulösen wie im Jahres- oder Konzernabschluss. Aus Zeit- und Wirtschaftlichkeitsgründen müssen für die Bewertung der Rückstellungen im Zwischenabschluss nicht zwingend externe Fachleute in dem Umfang herangezogen werden wie im Jahres- oder Konzernabschluss (IAS 34.C3). Unter Berücksichtigung der im Aufstellungszeitpunkt vorliegenden Erkenntnisse wird es vielmehr für zulässig erachtet, die im vorhergehenden Jahres- oder Konzernabschluss bilanzierten Sachverhalte auf der Grundlage von Schätzungen fortzuschreiben bzw bei der erstmaligen Bildung die Höhe der Rückstellung im Wege der „besten" Schätzung zu bestimmen (IAS 34.B3; *Baetge/Bruns/Rolvering* in Baetge ua IFRS-Komm[2] IAS 34 Rz 182). Die sich hieraus ergebenden Anpassungsbeträge sind erfolgswirksam in der Gesamtergebnisrechnung bzw der gesonderten GuV (sofern erstellt) der betroffenen Zwischenberichtsperiode auszuweisen. Bei wesentlichen Erfolgsunsicherheiten legt IAS 34.C6 indessen die Einholung von Gutachten nahe.

96 Gem IAS 34.B29 sind **Fremdwährungsgeschäfte** nach den gleichen Grundsätzen wie im Jahres- oder Konzernabschluss zu bilanzieren. Folglich werden auch Erträge und Aufwendungen aus der Währungsumrechnung nach den gleichen Grundsätzen wie im Jahres- oder Konzernabschluss erfasst. In Übereinstimmung mit IAS 21 sind die tatsächlichen Stichtagskurse für die Zwischenberichtsperiode zu verwenden. Zukünftige Wechselkursänderungen sind nicht zu berücksichtigen (IAS 34.B30).

97 Gleiches gilt für die **Umrechnung von Abschlüssen** ausländischer Konzerngesellschaften. Bei Zwischenabschlüssen von Unternehmen aus Hochinflationsländern sind die (Preis-)Verhältnisse am Zwischenberichtsstichtag maßgeblich, dh es kommt keine geschätzte jährliche Inflationsrate zur Anwendung (IAS 34.B32ff).

98 Für die Ermittlung des **Zinsergebnisses** ergeben sich keine Besonderheiten, da die Zinserträge und -aufwendungen idR zeitraumbezogen anfallen und so den Zwischenberichtsperioden eindeutig und unter Erfüllung der Voraussetzungen für die Bilanzierung eines Vermögenswerts oder einer Schuld zugeordnet werden können (vgl auch IAS 18.30(a)).

99 Das **Beteiligungsergebnis** umfasst regelmäßig Erträge aus Beteiligungen, aus Gewinnabführungsverträgen und aus assoziierten Unternehmen. Zu den Aufwendungen zählen Aufwendungen aus Verlustübernahmen, aus assoziierten Unternehmen und Abschreibungen auf Beteiligungen.

100 Bei den **Erträgen aus Beteiligungen** dürfen Dividendenerträge nur erfasst werden, wenn dies auch im Jahres- oder Konzernabschluss möglich wäre (IAS 34.37f). Nach IAS 18.30(c) sind Dividendenerträge erst im Zeitpunkt der Entstehung des Rechtsanspruchs auf Zahlung in der Gesamtergebnisrechnung bzw der gesonderten GuV (sofern erstellt) zu erfassen. Dieser Rechtsanspruch ergibt sich aus einem entspr Gewinnverwendungsbeschluss, bei PersGes auch ohne einen derartigen Beschluss, sofern der Gesellschaftsvertrag entspr Regelungen vorsieht (*Kusterer/Kirnberger/Fleischmann* DStR 2000, 609). Somit kommt eine phasengleiche Vereinnahmung nur noch unter bestimmten Voraussetzungen bei PersGes in Betracht. Entspr gilt für einen nicht auf einem Unternehmensvertrag beruhenden Verlustausgleich.

Erträge und Aufwendungen aus **Gewinnabführungsverträgen** sind phasengleich zu vereinnahmen auch wenn der Anspruch bzw die Verpflichtung erst mit Ablauf des Geschäftsjahrs rechtswirksam entsteht. Sofern keine Kündigung des Unternehmensvertrags absehbar ist, liegt in diesen Fällen uE zum Zwischenberichtsstichtag ein bilanzierungspflichtiger Vermögenswert (IAS 18.29) bzw eine (faktische) Verpflichtung vor.

Erträge und Aufwendungen aus **assoziierten Unternehmen** werden im Zwischenabschluss nur dann ausgewiesen, wenn das assoziierte Unternehmen entweder einen Zwischenabschluss erstellt hat, der der Equity-Bewertung im Konzernzwischenabschluss zugrunde gelegt werden kann, oder wenn im letzten Konzernabschluss noch kein aktueller Jahresabschluss des assoziierten Unternehmens vorlag, dies aber mittlerweile der Fall ist. Das/der in der Gesamtergebnisrechnung bzw der gesonderten GuV (sofern erstellt) zu erfassende Ergebnis/Erfolg ergibt sich dann aus dem im jeweiligen Abschluss ausgewiesenen Ergebnis/Erfolg abzüglich der ggf bereits zuvor berücksichtigten Ergebnis-/Erfolgsanteile.

101 **Abschreibungen auf Beteiligungsbuchwerte** sind im Zwischenabschluss nach den gleichen Grundsätzen vorzunehmen wie im Jahres- oder Konzernabschluss. Sofern daher Anzeichen für eine Wertminderung vorliegen und eine weitergehende Überprüfung den Abschreibungsbedarf bestätigt, ist die außerplanmäßige Abschreibung in vollem Umfang in der Gesamtergebnisrechnung bzw der gesonderten GuV (sofern erstellt) der jeweiligen Zwischenberichtsperiode zu erfassen. Zum **Zuschreibungsverbot** s Rz 70f.

102 Die **Steuern vom Einkommen und vom Ertrag** setzen sich aus tatsächlichen und latenten Ertragsteuern zusammen (zu Ertragsteuern s § 25). Dieser in einer Zwischenberichtsperiode zu berücksichtigende Ertragsteueraufwand ist auf der Grundlage des geschätzten, jährlichen **Effektivsteuersatzes,** der auf das Vorsteuerergebnis der Zwischenberichtsperiode bezogen wird, zu ermitteln (IAS 34.30(c)). Die Bestimmung eines jährlichen Effektivsteuersatzes setzt zwei Prognosen voraus. Zum einen ist das voraussichtliche Vorsteuerergebnis des lfd Geschäftsjahrs zu schätzen. Zum anderen ist der voraussichtliche Ertragsteueraufwand zu bestimmen, der auf dieses Vorsteuerergebnis entfällt. Dabei sind die Verhältnisse am Stichtag des Jahres- oder Konzernabschlusses maßgeblich. Sämtliche steuergestaltenden Maßnahmen, die für das lfd Geschäftsjahr geplant, aber noch nicht realisiert sind, sind daher in die Prognose des Steuersatzes mit einzubeziehen, wenn mit hinreichender Sicherheit davon auszugehen ist, dass die Maßnahme bis zum Ende des Geschäftsjahrs umgesetzt wird.

103 IAS 34.41 erkennt an, dass bei diesen Prognosen erhebliche Unsicherheiten bestehen können. Dementsprechend sind gem IAS 34.16(d) und IAS 34.26 wesentliche **Änderungen von Schätzungen** in nachfolgenden Zwischenabschlüssen bzw dem Jahres- oder Konzernabschluss anzugeben und zu erläutern (s Rz 30 und Rz 77ff). Die sich hieraus ergebenden Anpassungsbeträge für zurückliegende Perioden sind in der Periode in vollem Umfang in der Gesamtergebnisrechnung bzw der gesonderten GuV (sofern erstellt) zu erfassen, in der die Anpassung erforderlich wird (IAS 34.30(c); aA wohl *Baetge/Bruns/Rolvering* in Baetge ua IFRS-Komm[2] IAS 34 Rz 197, sowie *von Eitzen/Dahlke,* 170f die eine Verteilung über die verbleibenden Quartale fordern).

Die Ermittlung des Steuersatzes kann für jede Steuerart und jedes in den Konzernabschluss einbezogene Unternehmen bzw für jedes Land gesondert erfolgen. Aus Zeit- und Wirtschaftlichkeitsgründen kann aber auch ein **gewichteter Durchschnitt** der Steuersätze für mehrere Steuerarten und/oder Unternehmen bzw Länder zur Anwendung kommen, wenn dieser Durchschnitt eine vernünftige Annäherung an die Auswirkungen darstellt, die sich bei der Verwendung der spezielleren Steuersätze ergeben würde (IAS 34.B14 und IAS 34.C5).

Bei einem unterschiedlichen **Geschäfts- und Steuerjahr** ist auf die Quartale bzw das Halbjahr der prognostizierte Steuersatz des Steuerjahrs anzuwenden, in das die Berichtsperiode fällt, so dass bei einer Quartalsberichterstattung zwei Steuersätze bestimmt werden müssen (vgl auch das Beispiel in IAS 34.B17f).

104 Die Einführung einer neuen Unternehmenssteuer oder **Änderung eines Steuersatzes** ist ab dem Zeitpunkt zu berücksichtigen, zu dem die Einführung/Änderung bereits beschlossen ist oder zu einem späteren Zeitpunkt beschlossen wird, aber noch für das lfd Geschäftsjahr in Kraft treten wird (IAS 12.46ff). Erfolgt die Verabschiedung einer neuen Unternehmenssteuer bzw einer Steuersatzänderung **unterjährig,** so kommt je nach Auslegung des **IAS 34** die Anwendung zweier unterschiedlicher Methoden in Betracht: die Behandlung der Steuersatzänderung als **Sondereffekt der eigenständigen (Zwischenberichts-)Periode** oder die Berücksichtigung mittels **Anpassung des erwarteten effektiven Steuersatzes**. Wird die Steuersatzänderung als Sondereffekt der eigenständigen Zwischenberichtsperiode behandelt, so erfolgt eine Anpassung der Bewertung der bislang bilanzierten latenten Steuern **einmalig** zum Stichtag der Verabschiedung der Steuersatzänderung auf Basis der zu diesem Zeitpunkt bilanzierten latenten Steuern. Latente Steuern, die sich bis zum Bilanzstichtag noch umkehren werden, sind von der Neubewertung auszunehmen. Erfolgt eine Anpassung des erwarteten effektiven Steuersatzes, so wird der Effekt aus der Steuersatzänderung über die bis zum Bilanzstichtag verbleibenden Quartale geglättet (s ausführlich *Loitz* DB 2007, 2049ff sowie mit Beispielen § 25 Rz 170ff).

105 Zu **Anwendungsbeispielen,** insbes bei Quartalsergebnissen mit wechselnden Vorzeichen vgl IAS 34.B15f sowie *Baetge/Bruns/Rolvering* in Baetge ua IFRS-Komm[2] IAS 34 Rz 195ff. An dieser Stelle sei auf einen Widerspruch in IAS 34 hingewiesen. Nach dem Wortlaut von IAS 34.30(c) und IAS 34.B13f ist ein Effektivsteuersatz zugrunde zu legen. Bei Quartalsergebnissen mit wechselnden Vorzeichen sollten daher dann keine Ertragsteuern anzusetzen sein, wenn das Geschäftsjahr insgesamt mit einem ausgeglichenen (steuerlichen) Jahresergebnis und folglich mit einem Effektivsteuersatz von Null abschließt. Dies stünde auch im Einklang mit der Aussage in IAS 34.B13, dass Ertragsteuern auf einer jährlichen Grundlage festgesetzt werden, es mithin nur auf die effektiven Ertragsteuern des gesamten Geschäftsjahrs ankommen kann. Das Beispiel in IAS 34.B16 sieht in diesem Fall jedoch explizit die Berücksichtigung von Ertragsteuern (Aufwendungen und Erstattungen) in einzelnen Quartalen vor, obwohl für das gesamte Geschäftsjahr ein ausgeglichenes (steuerliches) Ergebnis erwartet wird, so dass es zum Ausweis fiktiver Ertragsteuern kommt. UE sollten nur bei einem insgesamt positiven (steuerlichen) Ergebnis des Geschäftsjahrs in die Quartalsergebnisse Ertragsteueraufwendungen oder -erstattungen auf der Grundlage des jährlichen Effektivsteuersatzes einfließen (die Ermittlung als zumindest zweifelhaft ansehend *von Eitzen/Dahlke*, 166).

106 Steuererstattungen aus einem **Verlustrücktrag** sind in der Zwischenberichtsperiode zu erfassen, in der der rücktragsfähige Verlust entstanden ist (IAS 34.B20). Dies setzt voraus, dass für das gesamte Geschäftsjahr ein rücktragsfähiger Verlust erwartet wird. In diesem Fall ist in dem Verhältnis, in dem der Verlust der Zwischenberichtsperiode zum Verlustrücktrag beiträgt, die insgesamt erwartete Steuererstattung der Zwischenberichtsperiode zuzuordnen.

107 Soweit für das gesamte Geschäftsjahr ein (steuerlicher) Verlust erwartet wird, der auf nachfolgende Geschäftsjahre vorzutragen ist, sind nach IAS 12.34 grds latente Steueransprüche zu aktivieren (zu latenten Steuern s § 25 Rz 60ff). UE sind in Verlustquartalen bzw -halbjahren aktive latente Steuern in dem Verhältnis, in dem der Verlust der Zwischenberichtsperiode zum **Verlustvortrag**

beiträgt, der Zwischenberichtsperiode zuzuordnen. Wurden für Verlustvorträge bisher keine aktiven latenten Steueransprüche bilanziert, sind die Verlustvorträge nach IAS 34.B21f in die Ermittlung des effektiven jährlichen Steuersatzes mit einzubeziehen.

Steuererstattungen oder -aufwendungen im Zusammenhang mit steuerlichen **Außenprüfungen** sind uE in der Zwischenberichtsperiode in vollem Umfang zu erfassen, in der das Unternehmen Kenntnis über die zu bilanzierenden Sachverhalte erlangt und die Voraussetzungen für den Ansatz eines Vermögenswerts oder einer Schuld erfüllt sind. Gleiches gilt für etwaige Anpassungsbeträge. 108

IV. Umsatzkostenverfahren

Über die bei dem GKV dargestellten Grundsätze hinaus sind bei der Anwendung des UKV mit Ausnahme der konzeptionellen Unterschiede zwischen beiden Verfahren (s hierzu § 15 Rz 61ff) **keine weiteren Besonderheiten** zu verzeichnen (glA *Baetge/Bruns/Rolvering* in Baetge ua IFRS-Komm[2] IAS 34 Rz 208ff). Für die Abgrenzung der Ertrags- und Aufwandsarten, insbes der Verwaltungs- und Vertriebskosten, sind gem dem Grundsatz der Darstellungsstetigkeit die gleichen Maßstäbe anzulegen wie im Jahres- oder Konzernabschluss. 109

einstweilen frei 110

F. Anpassung bereits dargestellter Zwischenberichtsperioden

Eine Anpassung bereits dargestellter Zwischenberichtsperioden kommt nur bei einer **Änderung von Bilanzierungs- und/oder Bewertungsmethoden** ggü einer vorhergehenden Zwischenberichtsperiode oder einem vorhergehenden Jahres- oder Konzernabschluss in Betracht. In allen anderen Fällen, wie zB bei der Änderung von Schätzparametern, hat mit Ausnahme der Übergangsregelungen, die durch einen neuen IFRS vorgeschrieben werden, eine rückwirkende Anpassung zu unterbleiben. 111

Entspr der nach IAS 8.19ff vorgesehenen Vorgehensweise kann eine Änderung von Bilanzierungs- und Bewertungsmethoden durch

(1) eine Anpassung der Abschlüsse früherer Zwischenberichtsperioden des aktuellen Geschäftsjahrs und der entspr Vergleichszahlen abgebildet werden (IAS 34.43(a)). In diesem Fall wird die Methodenänderung auf den Beginn der frühesten Zwischenberichtsperiode bezogen, für die Vergleichszahlen dargestellt werden, zB bei einem kalenderjahrgleichen Geschäftsjahr und einer Quartalsberichterstattung zum 30. Juni des Jahrs X2 auf den 1. Januar des Jahrs X1 (aufgrund der Angabe kumulierter Zahlen). Der sich zu diesem Zeitpunkt, dh dem 1. Januar des Jahrs X1, ergebende kumulierte Unterschiedsbetrag aus der Methodenänderung wird erfolgsneutral mit den Rücklagen verrechnet;

(2) eine ausschließliche Anpassung der Abschlüsse früherer Zwischenberichtsperioden des aktuellen Geschäftsjahrs erfolgen, sofern der Anpassungsbetrag, der sich auf die Vergleichsperioden bezieht, nicht ohne unverhältnismäßig hohe Kosten und Mühen bestimmbar ist. In diesem Fall werden die Vergleichszahlen nicht angepasst (IAS 34.43(b)) und die Buchwerte zu Beginn des aktuellen Geschäftsjahrs auf der Grundlage der neuen Bilanzierungs- und/oder Bewertungsmethode fortgeführt. Auf diese Weise wird sichergestellt, dass innerhalb des gesamten Geschäftsjahrs nur eine einzige Bilanzierungs-

oder Bewertungsmethode auf eine bestimmte Gruppe von Geschäftsvorfällen angewandt wird (IAS 34.44).

112 UE ist das Unternehmen iSd **Darstellungsstetigkeit** an die Methode gebunden, die es auch im Jahres- oder Konzernabschluss für die Darstellung einer Methodenänderung angewandt hat bzw anwenden wird (*Baetge/Bruns/Rolvering* in Baetge ua IFRS-Komm[2] IAS 34 Rz 100).

Unabhängig von der gewählten Methode sind **bisher veröffentliche Zwischenberichte** nicht zu korrigieren oder neu zu veröffentlichen. IAS 34.43 sieht lediglich vor, dass die entspr Vergleichszahlen des aktuellen Zwischenberichts in Abhängigkeit von der gewählten Darstellungsmethode anzupassen sind.

G. Erstmalige Anwendung der IFRS in einem Zwischenabschluss

113 Bei der erstmaligen Anwendung der IFRS in einem Zwischenabschluss ist zu differenzieren, ob zuvor bereits ein IFRS-Jahres- oder Konzernabschluss **pflichtgemäß** oder **freiwillig** veröffentlicht wurde oder ob der Zwischenabschluss auf einen nach vorherigen Rechnungslegungsgrundsätzen, zB HGB oder US-GAAP, erstellten Jahres- oder Konzernabschluss folgt.

114 Für den Fall, dass **zuvor bereits ein IFRS-Jahres- oder Konzernabschluss** veröffentlicht wurde, ergeben sich für den ersten IFRS-Zwischenabschluss keine Besonderheiten. Als Vergleichszahlen sind die IFRS-Zahlen für die jeweils geforderten Vergleichsperioden und erläuternden Anhangangaben anzugeben. Dies bedeutet, dass bei Umstellung auf IFRS auch die Zwischenabschlüsse auf IFRS übergeleitet werden müssen, die aufgrund der ersten IFRS-Zwischenberichterstattung für die Vergleichszahlen benötigt werden.

115 Für den Fall, dass **zuvor kein IFRS-Jahres- oder Konzernabschluss** veröffentlicht wurde, besteht uE nach IFRS keine Pflicht im ersten IFRS-Geschäftsjahr auch bereits den Zwischenabschluss nach IFRS zu erstellen (glA *Mujkanovic* KoR 2005, 148f; aA *Strieder/Ammedick* BB 2004, 2680). In diesem Fall können die im vorhergehenden Jahres- oder Konzernabschluss angewandten Rechnungslegungsgrundsätze fortgeführt werden.

Wird der Zwischenabschluss freiwillig nach IFRS erstellt, sind nach IFRS 1.32f (2008)/IFRS 1.45f (2003 geändert im Zuge des IAS 1 (2007)) folgende über IAS 34 hinausgehenden Angaben aufzunehmen:

(1) Erläuterungen zu den wesentlichen Rechnungslegungsmethoden gem IAS 1.117ff (*Mujkanovic* KoR 2005, 152; § 19 Rz 28ff),
(2) Eigenkapitalüberleitungsrechnung für den Beginn und das Ende des vorhergehenden Geschäftsjahrs (IFRS 1.32(b) (2008))/IFRS 1.45(b) (2003/2007), IFRS 1.24(a) (2008)/IFRS 1.39(a) (2003 geändert im Zuge des IAS 1 (2007)) sowie das Ende der Vergleichsperiode (IFRS 1.32(a)(i) (2008)/IFRS 1.45(a)(i) (2003/2007); s § 44 Rz 166ff),
(3) Periodenergebnisüberleitungsrechnung für das vorhergehende Geschäftsjahr (IFRS 1.32(b) (2008)/IFRS 1.45(b) (2003/2007), IFRS 1.24(b) (2008)/IFRS 1.39(b) (2003 geändert im Zuge des IAS 1 (2007)) und die Vergleichsperioden (IFRS 1.32(a)(ii) (2008)/IFRS 1.45(a)(ii) (2003/2007); s § 44 Rz 166ff),
(4) Angaben zu den Überleitungsrechnungen nach IFRS 1.25 (2008)/IFRS 1.40 (2003) und IFRS 1.26 (2008)/IFRS 1.41 (2003/2007); s § 44 Rz 166ff,
(5) (verbale) Erläuterungen zu den wesentlichen Anpassungen der Kapitalflussrechnung für das vorangegangene Geschäftsjahr nach IFRS 1.25 (2008)/IFRS 1.40 (2003); s § 44 Rz 166ff.

Die nach IFRS 1.24 (2008)/IFRS 1.39 (2003/2007), IFRS 1.25 (2008)/IFRS 1.40 (2003) und IFRS 1.26 (2008)/IFRS 1.41 (2003) geforderten Angaben müssen nicht in den ersten IFRS-Zwischenabschluss aufgenommen werden, sondern können auch in einem anderen Dokument veröffentlicht werden. In diesem Fall ist in den Zwischenbericht ein entspr Querverweis aufzunehmen (IFRS 1.33 (2008)/IFRS 1.46 (2003)).

H. Prüfung des Zwischenberichts

Eine **Prüfung des Zwischenberichts** durch den Abschlussprüfer sehen weder IAS 34, die Regelwerke der Deutschen Börse AG noch der neu gefasste DRS 16 vor. Allerdings besteht über den durch das Transparenzrichtlinie-Umsetzungsgesetz (TUG) geschaffenen § 37 w Abs 5 WpHG die Möglichkeit einer Prüfung oder prüferischen Durchsicht von Zwischenabschlüssen. **116**

Konkret können der Zwischenabschluss und der Zwischenlagebericht des **Halbjahresfinanzberichts** freiwillig einer **prüferischen Durchsicht** (§ 37 w Abs 5 Satz 1 WpHG) oder einer **Prüfung iSd § 317 HGB** (§ 37 w Abs 5 Satz 5 WpHG) unterzogen werden. Wird auf diese Möglichkeit verzichtet, so ist dies gem § 37 w Abs 5 Satz 6 WpHG explizit im Halbjahresfinanzbericht anzugeben. Insofern existiert für die Zwischenberichterstattung weiterhin keine gesetzlich normierte Prüfungspflicht. **117**

Hinsichtlich der Prüfungsdurchführung stellt § 37 w Abs 5 Satz 2 WpHG klar, dass die **Bestellung des verantwortlichen Prüfers** für den Zwischenbericht den Vorschriften über die Bestellung des Abschlussprüfers und damit insbes § 318 HGB zu entsprechen hat. Notwendig erscheint mithin ein ausdrücklicher Bestellungsbeschluss der Hauptversammlung (*Wagner* BB 2007, 455 f). Sachlich gilt dies sowohl für die prüferische Durchsicht als auch für die unterjährige Prüfung iSd § 317 HGB. **118**

Die grds **Entscheidung,** ob eine prüferische Durchsicht bzw eine Prüfung des Zwischenberichts erfolgen soll, obliegt nach unserer Auffassung, iSe unternehmerischen Leitungsentscheidung zur Steuerung der Kommunikation mit den Kapitalmärkten dem **Vorstand.** **119**

Über das **Ergebnis der Prüfung** iSd § 317 HGB ist durch Wiedergabe des Bestätigungs- bzw Versagungsvermerks über das Ergebnis der prüferischen Durchsicht mittels einer zusammenfassenden Bescheinigung zu berichten (§ 37 w Abs 5 Satz 4 f WpHG). **120**

Oftmals wird in praxi aus Zeit- und Wirtschaftlichkeitsgründen nur eine prüferische Durchsicht (*review*) vorgenommen. Standards, nach denen eine **prüferische Durchsicht** durchgeführt werden kann, sind der vom IAASB vorliegende ISRE 2410 *„Review of Interim Financial Information Performed by the Independent Auditor of the Entity"* sowie der durch das IDW veröffentlichte Prüfungsstandard PS 900 (*IDW* PS 900). Der PS 900 behandelt allgemein die prüferische Durchsicht von Abschlüssen und ist nicht nur auf Zwischenabschlüsse anzuwenden, ISRE 2410 ist als spezifische auf Zwischenberichte bezogenes Komplement hierzu zu sehen. **121**

Nach diesen Standards ist eine prüferische Durchsicht die kritische Würdigung eines (Zwischen-)Abschlusses auf der Grundlage von Plausibilitätsbeurteilungen, die mit einer **negativ formulierten Aussage** abschließt (Bescheinigung). Ziel der prüferischen Durchsicht ist, dass der Abschlussprüfer nach kritischer Würdigung mit gewisser Sicherheit ausschließen kann, dass der Zwischenbericht in wesentlichen Belangen nicht in Übereinstimmung mit den angewandten Rechnungslegungsgrundsätzen erstellt worden ist (ISRE 2410.7 und *IDW* PS 900 Rz 6 und Rz 9). Eine prüferische Durchsicht ist daher keine, auch keine in ihrem Umfang reduzierte Abschlussprüfung. Im Gegensatz zu gesetzlichen Abschlussprüfungen von Unternehmen mit Sitz in Deutschland, welche nach deutschen Prüfungsgrundsätzen durchzuführen sind, kann die prüferische Durchsicht unabhängig von den angewandten Rechnungslegungsvorschriften nach einem der oben genannten Standards durchgeführt werden (*Schindler/Schurbohm/Böckem* KoR 2002, 94).

122 Hinsichtlich der **Haftung** sind über die Verweisung in § 37w Abs 5 Satz 7 WpHG die entspr Vorschriften der §§ 320 und 323 HGB nicht nur bei einer Prüfung, sondern auch bei einer prüferischen Durchsicht als einschlägig anzusehen. Neben den Regelungen zu Vorlagepflicht und Auskunftsrecht greifen damit insbes die sich aus der Verantwortlichkeit des Abschlussprüfers ergebenden handelsrechtlichen **Haftungsbeschränkungen** *(Hebestreit/Rahe* IRZ 2007, 115*)*. Diese limitieren die Haftungssumme bei börsennotierten Mandaten auf Mio € 4, bei allen anderen Gesellschaften auf Mio € 1. Eine privatrechtliche Ausweitung der Haftungsgrenzen ist nicht mit der in § 16 der Berufssatzung der WPK zum Ausdruck kommenden Berufsauffassung vereinbar. Im Übrigen gelten diese Haftungsbeschränkungen über § 37x Abs 3 Satz 3 WpHG auch im Rahmen der prüferischen Durchsicht des **Quartalsfinanzberichts,** wohingegen der Gesetzgeber uE bewusst nicht auf die für die Halbjahresberichterstattung maßgeblichen Normen zur Bestellung und Berichterstattung über das Prüfungsergebnis verwiesen hat (glA *Wagner* BB 2007, 457).

Gem HFA kann von der Erteilung einer Bescheinigung über die prüferische Durchsicht abgesehen werden, wenn erwartet wird, dass die Bescheinigung ggü Dritten benutzt wird und hierdurch besondere Risiken für den Wirtschaftsprüfer entstehen können (*IDW HFA* FN IDW 2004, 37).

123 Mit Blick auf das ***Enforcement*** nach § 342b Abs 2 HGB ergibt sich aus dem Gesetz bzw seiner Begründung, dass dem Verfahren ausschließlich die Halbjahresfinanzberichte unterliegen. In sachlicher Hinsicht können gem § 37o Abs 1 Satz 6 WpHG zudem lediglich **anlassbezogene Prüfungen** der Halbjahresfinanzberichte durchgeführt werden; anders als bei Jahres- und Konzernabschlüssen sind routinemäßige Prüfungen auf Basis einer Stichprobenauswahl damit ausgeschlossen.

I. Anhangangaben in jährlichen Abschlüssen

124 Nach IAS 34.26 ist in einem Jahres- oder Konzernabschluss über die **Änderung einer Schätzung** zu berichten, wenn über den geschätzten Betrag in einer vorhergehenden Zwischenberichtsperiode des lfd Geschäftsjahrs berichtet wurde, sich der Betrag der Schätzung wesentlich verändert hat und kein gesonderter Zwischenbericht für die das Geschäftsjahr abschließende Zwischenberichtsperiode veröffentlicht wird. Im Anhang des jährlichen Abschlusses ist in diesem Fall die Art und der Betrag der Änderung der Schätzung anzugeben. Die Angabepflicht betrifft nur Änderungen von Schätzungen und keine anderen Daten vorhergehender Zwischenberichtsperioden eines Geschäftsjahrs (IAS 34.27).

Offen bleibt dabei, ob über den geschätzten Betrag bzw den diesem Betrag zugrunde liegenden Sachverhalt in einer **vorhergehenden Zwischenberichtsperiode** gesondert berichtet worden sein muss oder ob eine Angabepflicht bereits dann eintritt, wenn der Sachverhalt als solcher ohne explizite Nennung in einen Zwischenbericht eingeflossen ist. UE wird nur die Zugrundelegung der letztgenannten Auffassung der mit IAS 34.26 verfolgten Zielsetzung gerecht, den Adressaten über wesentliche Veränderungen in Schätzungen zwischen dem letzten Zwischenbericht und dem Jahres- bzw Konzernabschluss zu informieren. Dabei kann es nicht darauf ankommen, ob über den diesen Schätzungen zugrunde liegenden Sachverhalt bereits gesondert berichtet wurde.

Ob eine Änderung von Schätzungen **wesentlich** ist, ist uE anhand der Daten **125**
der Zwischenberichtsperiode zu beurteilen, in der letztmalig der zugrunde liegende Sachverhalt im Zwischenabschluss berücksichtigt wurde. Auf diese Weise wird sichergestellt, dass der Abschluss als Bezugsbasis dient, der den Ausgangspunkt für die Änderung der Schätzung darstellt, und dass Informationen bereitgestellt werden, die es dem Adressaten ermöglichen, diesen Zwischenbericht an die geänderten Rahmenbedingungen anzupassen.

J. Wesentliche Änderungen und deren Anwendungszeitpunkte

IAS 34 ist auf Zwischenberichtsperioden von Geschäftsjahren, die am oder **126**
nach dem 1. Juli 1999 beginnen, anzuwenden (IAS 34.46). Die Folgeänderungen durch **IFRS 8** in IAS 34.16(g) und durch das ***Annual Improvements*** **Projekt 2008** in IAS 34.11 sind für Berichtsperioden, die am oder nach dem 1. Januar 2009 beginnen, anzuwenden. Entspr gilt für die Folgeänderungen aus der Überarbeitung von **IAS 1 (2007)** in IAS 34.4, IAS 34.5, IAS 34.8, IAS 34.8A, IAS 34.11, IAS 34.11A, IAS 34.12, IAS 34.16(j), IAS 34.20, IAS 34.21, IAS 34.30(b), IAS 34.31 und IAS 34.32 (IAS 34.47). Die Folgeänderungen aus IFRS 3 (2008) in IAS 34.16(i) sind prospektiv für Berichtsperioden, die am oder nach dem 1. Juli 2009 beginnen, anzuwenden. Eine frühere Anwendung der geänderten Standards erfordert eine korrespondierende frühere Anwendung der Folgeänderungen in IAS 34.

Die vorliegende Kommentierung hat wesentliche materielle Änderungen herausgehoben; darüber hinaus haben die Überarbeitungen klarstellenden Charakter.

K. Gegenüberstellung zu einschlägigen Bestimmungen des WpHG und DRS 16

Der Regulierungsrahmen für die Zwischenberichterstattung in Deutschland ist **127**
geprägt von der Koexistenz rechnungslegungsspezifischer und kapitalmarktorientierter Vorschriften. Das **HGB** selbst (nach gegenwärtigem Stand auch idF des BilMoG) enthält auch nach Inkrafttreten des Transparenzrichtlinie-Umsetzungsgesetzes (TUG) zum 20. Januar 2007 keine Regelungen zur Zwischenberichterstattung, wirkt aber über die in ihm verankerten (Konzern-)Rechnungslegungsgrundsätze auf den (Konzern-)Zwischenbericht ein. Die Inhalte eines Zwischenberichts wiederum ergeben sich aus **wertpapier-** und/oder **privatrechtlichen Bestimmungen** bzw **DRS 16.**

Zu den Bestimmungen des **WpHG** hinsichtlich der **Pflicht,** einen Zwischen- **128**
bericht zu erstellen, und dessen **Inhalten** s Rz 3ff und Rz 14ff. Ein Zwischenbericht nach WpHG enthält zusätzlich zu einem Zwischenbericht, der ausschließlich nach IAS 34 erstellt wurde, einen Zwischenlagebericht und im Halbjahresfinanzbericht eine Versicherung der gesetzlichen Vertreter. Bei der Erstellung des Zwischenabschlusses bestehen unabhängig von den unterschied-

lichen Rechnungslegungsgrundsätzen (HGB bzw IFRS) Unterschiede nur im Bereich der Ertragsteuern, bei denen nach DRS 16.25 auch jede genauere Schätzung anstelle des durch IAS 34 explizit vorgegebenen Verfahrens verwendet werden kann.

L. Aktuelle Entwicklungen/IASB-Projekte

129 Zurzeit verfolgt der IASB **keine** auf eine grds Überarbeitung des IAS 34 ausgerichteten **Aktivitäten.** Es sind lediglich geringfügige Anpassungen im Rahmen der Überarbeitung anderer Standards sowie der jährlichen Durchsicht des Regelwerks zu erwarten.

Nach der Umsetzung der Transparenzrichtlinie in deutsches Recht Anfang des Jahres 2007 ist auch diesbezüglich in nächster Zukunft uE nicht mit einer weiteren Überarbeitung der Vorschriften zur Zwischenberichterstattung zu rechnen.

Teil G. Sonderfälle der IFRS Anwendung

§ 44. Erstmalige Anwendung der IFRS

Übersicht

Schrifttum: *Andrejewski/Böckem* Einzelfragen zur Anwendung der Befreiungswahlrechte nach IFRS 1 (Erstmalige Anwendung der IFRS), KoR 2004, 332; *Andrejewski/Grube* IFRS-Erstanwendung iSd IFRS 1 (First-Time Adoption of IFRS) – Grundlagen und Anwendungsfragen, Der Konzern 2005, 98; *Böcking/Busam/Dietz* IFRS 1 First-time Adoption of International Financial Reporting Standards vom 19. 6. 2003, Der Konzern 2003, 457; *Budde* Bilanzierung von Common-Control-Transaktionen bei erstmaliger Anwendung der IFRS, KoR 2007, 29; *Ernst & Young* International GAAP 2009, London 2008; *Hayn/Bösser/Pilhofer* Erstmalige Anwendung von International Financial Reporting Standards (IFRS 1), BB 2003, 1607; *IDW* RS HFA 19, IDW Stellungnahme zur Rechnungslegung: Einzelfragen zur erstmaligen Anwendung der International Financial Reporting Standards nach IFRS 1, WPg 2006, 1378; *Köhler/Marten/Schlereth/Crampton* Praxisbefragung: Erfahrungen von Unternehmen bei der Umstellung der Rechnungslegung von HGB auf IAS/IFRS oder US-GAAP, BB 2003, 2615; *Kuhn/Scharpf* Finanzinstrumente: Welche Gestaltungsspielräume enthalten die Regelungen zur erstmaligen Anwendung von IAS 32 und IAS 39 für die Praxis?, DB 2004, 261; *Lüdenbach/Hoffmann* Der Übergang von der Handels- zur IAS-Bilanz gemäß IFRS 1, DStR 2003, 1498; *Müller/Reinke* Empirische Analyse der IFRS-Erstanwendung, KoR 2008, 26; *Pellens/Detert* IFRS 1 „First-time Adoption of International Financial Reporting Standards“, KoR 2003, 369; *Schwinger/Mühlberger* Gestaltungsspielräume bei der Erstanwendung der IFRS am Beispiel von Pensionsverpflichtungen, KoR 2004, 29; *Senger* Begleitung mittelständischer Unternehmen bei der Umstellung auf IFRS, WPg 2007, 412; *Theile* Erstmalige Anwendung der IAS/IFRS, DB 2003, 1745; *Zeimes* Zur erstmaligen Anwendung der International Financial Reporting Standards gemäß IFRS 1, WPg 2003, 982; *Zeimes* Anschaffungskosten von Anteilen an einem Tochterunternehmen – Geplante Änderungen von IFRS 1, WPg 2007, 333; *Zwirner/Boecker/Reuter* Umstellung der Rechnungslegung von HGB auf IFRS, KoR 2004, 217.

Wesentliche Rechtsgrundlage: IFRS 1 8 (2008), IFRS 1 (2003)

A. Grundlagen

I. Einleitung

1 Die erstmalige Anwendung der IFRS iSd IFRS 1 bezeichnet den **Übergang der Rechnungslegung von nationalen Vorschriften (dh HGB) zur Rechnungslegung nach IFRS.** Im Gegensatz zu den Regelungen des IAS 8, die bei jedem Wechsel der Bilanzierungs- und Bewertungsmethode (vgl § 45) zur Anwendung gelangen, hat ein Unternehmen für seinen Jahres- und Konzernabschluss den IFRS 1 grds jeweils nur einmal anzuwenden und zwar für den Zeitpunkt des Übergangs von einer primären Rechnungslegung nach HGB zur primären Rechnungslegung nach IFRS. Für die Frage der erstmaligen IFRS-Bilanzierung wird daher einleitend kurz dargestellt, auf welcher gesetzlichen Grundlage für deutsche Unternehmen ein Übergang zur vollständigen IFRS-Bilanzierung erforderlich bzw möglich ist.

2 Art 4 der Verordnung (EG) Nr 1606/2002 des Europäischen Parlaments und des Rats vom 19. Juli 2002 betreffend die Anwendung internationaler Rechnungslegungsstandards (ABl EG Nr L 243, S 1; nachfolgend: IAS-VO) sieht vor, dass sog **kapitalmarktorientierte Unternehmen** ihre Konzernabschlüsse für das am oder nach dem 1. Januar 2005 beginnende Geschäftsjahr nach den IFRS aufstellen müssen. Den Mitgliedstaaten wird es in Art 9 der IAS-VO gestattet, eine Ausnahme hiervon für bestimmte kapitalmarktorientierte Unternehmen zu schaffen; diese müssen ihre Konzernabschlüsse für das am oder nach dem 1. Januar 2007 beginnende Geschäftsjahr nach den IFRS aufstellen. Die Ausnahme darf nur geschaffen werden für Unternehmen, von denen lediglich Schuldtitel zum Handel in einem geregelten Markt eines Mitgliedstaats zugelas-

sen sind oder deren Wertpapiere zum Handel in einem Nichtmitgliedstaat zugelassen sind und die zu diesem Zweck seit einem Geschäftsjahr, das vor der Veröffentlichung der IAS-VO im Amtsblatt der Europäischen Gemeinschaften lag, internationale anerkannte Standards anwenden. Dies betrifft zB Unternehmen wie die DaimlerChrysler AG und die Deutsche Bank AG, die bereits vor 2002 nach US-GAAP bilanzierten und deren Wertpapiere an der New York Stock Exchange zugelassen sind. Somit haben alle kapitalmarktorientierten Unternehmen iSd Art 4 der IAS-VO – unabhängig davon, ob ihr Geschäftsjahr dem Kalenderjahr entspricht oder nicht – für ihre im Kalenderjahr 2008 und in Folgejahren endenden Geschäftsjahre Konzernabschlüsse nach IFRS aufzustellen.

Die IAS-VO entfaltet **unmittelbare rechtliche Wirkung** in Deutschland 3
und den übrigen Mitgliedstaaten, da es sich um eine VO handelt und nicht um eine Richtlinie, die erst von den Mitgliedstaaten in nationales Recht transformiert werden muss.

Kapitalmarktorientierte Unternehmen iSd Art 4 der IAS-VO sind Unter- 4
nehmen, die unter das Recht eines Mitgliedstaats fallen und deren Wertpapiere am jeweiligen Bilanzstichtag in einem beliebigen Mitgliedstaat zum Handel in einem geregelten Markt iSv Art 1 Abs 13 der Richtlinie 93/22/EWG des Rats vom 10. Mai 1993 über Wertpapierdienstleistungen zugelassen sind. Damit fallen unter diese Vorschrift zB alle Unternehmen, deren Wertpapiere zum Amtlichen Handel oder zum Geregelten Markt zugelassen sind bzw einen Antrag auf Zulassung ihrer Wertpapiere zu einem der genannten Segmente beantragt haben. Der Freiverkehr ist kein geregelter Markt iSd Richtlinie 93/22/EWG. Diese Definition eines kapitalmarktorientierten Unternehmens deckt sich mit derjenigen des durch das **Bilanzrechtsmodernisierungsgesetz** neu geschaffenen § 264d HGB. Danach liegt ein kapitalmarktorientiertes Unternehmen vor, wenn es Wertpapiere iSd § 2 Abs 1 WpHG emittiert hat und diese an einem organisierten Markt iSd § 2 Abs 5 WpHG gehandelt werden bzw deren Zulassung zu einem derartigen Markt beantragt worden ist.

Art 5 der IAS-VO sieht vor, dass die Mitgliedstaaten auch den **nicht kapi-** 5
talmarktorientierten Unternehmen gestatten können, den Konzernabschluss und den Einzelabschluss nach IFRS aufzustellen. Ebenso soll es den kapitalmarktorientierten Unternehmen erlaubt werden, auch den Einzelabschluss nach IFRS aufzustellen. In Deutschland ist der Übergang zur IFRS-Bilanzierung aber trotz dieser Mitgliedstaatenwahlrechte vor allem für den Konzernabschluss von Bedeutung.

Durch das **Bilanzrechtsreformgesetz** wurde **§ 315 a HGB** eingefügt, der 6
inhaltsgleich mit der IAS-VO für kapitalmarktorientierte Unternehmen vorschreibt, dass diese ihren Konzernabschluss für Geschäftsjahre ab 2005 nach IFRS aufstellen müssen. Eine gesonderte Verpflichtung, die materiell von der nach Art 4 der IAS-VO abweicht, ergibt sich mit Ausnahme der in § 315a Abs 1 HGB geforderten zusätzlichen Anhangangaben daraus nicht (vgl § 19 Rz 62). Das zeitliche Wahlrecht nach Art 9 der IAS-VO wurde durch Art 57 EGHGB ausgeübt. Demzufolge müssen Unternehmen, von denen lediglich Schuldtitel zum Handel in einem geregelten Markt eines Mitgliedstaats zugelassen sind oder deren Wertpapiere zum Handel in einem Nichtmitgliedstaat zugelassen sind, die IFRS erst ab 2007 anwenden.

Das in Art 5 der IAS-VO enthaltene **Wahlrecht für nicht kapitalmarkt-** 7
orientierte Unternehmen, den Konzernabschluss ab 2005 nach IFRS aufzustellen, wurde für Deutschland durch § 315a Abs 3 HGB umgesetzt. Das weitere in Art 5 der IAS-VO enthaltene Wahlrecht, kapitalmarktorientierten und nicht kapitalmarktorientierten Unternehmen zu gestatten, ihren Jahresabschluss nach IFRS aufzustellen, wurde durch § 325 Abs 2a HGB umgesetzt. Hiernach besteht

die Möglichkeit, an Stelle eines nach handelsrechtlichen Grundsätzen aufgestellten Jahresabschlusses einen **nach IFRS aufgestellten Jahresabschluss zu veröffentlichen.** Ein derartiger nach IFRS aufgestellter und veröffentlichter Jahresabschluss befreit allerdings nicht von der Verpflichtung, zusätzlich einen Jahresabschluss nach HGB-Grundsätzen aufzustellen, der für die Steuerbilanz maßgeblich ist.

8 *einstweilen frei*

II. Überblick über die Regelungen zur erstmaligen IFRS-Bilanzierung

9 Für den Übergang zur vollständigen Bilanzierung nach IFRS ist zwingend IFRS 1 zu beachten. Da die **Komplexität** des IFRS 1 in seiner bisherigen Form durch regelmäßige Ergänzungen infolge neuer Standards oder Interpretationen permanent gestiegen ist, hat der IASB im November 2008 IFRS 1 **vollständig überarbeitet.** Im Rahmen des Entwurfs des ersten *Annual Improvements* Projekts aus dem Oktober 2007 wurde bereits eine **Neufassung** des IFRS 1 diskutiert, die aber letztlich keinen Eingang in das endgültige erste *Annual Improvements* Projekt im Mai 2008 gefunden hatte. Die vollständige Neufassung des IFRS 1 sollte nach Auffassung des IASB nicht im Rahmen eines *Annual Improvements* Projekts, sondern als separates Projekt erfolgen. Dies ist mit der Veröffentlichung des überarbeiteten IFRS 1 – ohne nochmalige Veröffentlichung eines *Exposure Drafts* – im November 2008 erfolgt. Die Regelungen des IFRS 1 wurden aber lediglich neu gegliedert und besser strukturiert: So wurden die bisher unmittelbar im Standard enthaltenen Ausnahmen von der **retrospektiven Anwendung** in gesonderte Anhänge (Anhänge A bis E) **umgegliedert,** um dadurch die Übersichtlichkeit des Standards zu erhöhen. Die **materiellen Vorschriften** und Erleichterungsregelungen bzw Verbote der retrospektiven Bilanzierung haben durch die Überarbeitung des IFRS 1 **keine Anpassungen** erfahren. Die *Basis for Conclusions* und *Implementation Guidance* sind im Kern unverändert geblieben. Bei zukünftigen Änderungen von Standards oder Veröffentlichungen neuer Standards werden mithin nur noch die Anhänge des IFRS 1 (2008) entspr angepasst, ohne die grds Vorschriften des IFRS 1 (2008) zu tangieren. Im Folgenden sind die Regelungen des im November 2008 überarbeiteten IFRS 1 dargestellt und parallel dazu zur Erleichterung die Fundstellen des alten IFRS 1 (2003) angegeben.

10 IFRS 1 besteht – wie alle neueren IFRS (IFRS 2 bis IFRS 8) – aus drei separaten Bestandteilen:

(1) verbindlichen Regelungen des Standards (inklusive Anhängen A bis E (2008) bzw A und B (2003)),

(2) Grundlagen für Schlussfolgerungen *(„Basis for Conclusions“)*, die die Überlegungen des IASB für bestimmte Regelungen des Standards darlegen und

(3) Hinweisen zur Umsetzung *(„Implementation Guidance“)* des IFRS 1, die typische Fragen bei der erstmaligen Anwendung der IFRS aufgreifen und Wechselwirkungen mit anderen IFRS bei der erstmaligen Anwendung erläutern.

11 Effektiv **verbindlichen Charakter** hat nur der erste Teil, der den Standard IFRS 1 selber beinhaltet, da nur dieser Teil im EU-Amtsblatt veröffentlicht wurde und somit unmittelbar rechtliche Wirkung entfaltet. Der zweite Teil kann als Auslegungshilfe herangezogen werden, um die Überlegungen des IASB zu berücksichtigen, die letztlich zu den im Standard enthaltenen Formulierungen geführt haben. Der dritte Teil kann ebenfalls bei Zweifelsfragen und bei Wechselwirkungen des IFRS 1 mit den Vorschriften anderer IFRS herangezogen werden. Auch nach den IFRS sind der zweite und dritte Teil kein Bestandteil des Standards selber; sie begleiten den IFRS 1 lediglich (vgl IFRS 1.BC1 (2008)/IFRS 1.BC1 (2003), IFRS 1.IG1 (2008)/IFRS 1.IG1 (2003)).

Aufgrund der erkannten Probleme und der Erfahrungen, die in der Vergan- 12
genheit vor allem größere Unternehmen, aber auch zahlreiche mittelständische Unternehmen, deren Aktien börsennotiert waren, mit der Umstellung ihrer Rechnungslegung von HGB auf IFRS nach den Vorschriften des SIC 8 gemacht haben, die bis zur Einführung des IFRS 1 für den Übergang zur IFRS-Bilanzierung anzuwenden waren, wurden die Vorschriften in IFRS 1 in einigen Bereichen **präzisiert** und in anderen Bereichen genau umrissene **Ausnahmen** von den grds Vorschriften eingeführt. Präzisiert wurden vor allem die Regelungen zur retrospektiven Anwendung der Bilanzierungs- und Bewertungsmethoden. In bestimmten Bereichen, bei denen die erforderlichen Informationen zur retrospektiven Bilanzierung nur schwer zu ermitteln sind, wurden klar umrissene Ausnahmetatbestände geschaffen, die bei der Umstellung auf IFRS unverhältnismäßige Kosten vermeiden sollen.

Bei den Umstellungen der Rechnungslegung in der Vergangenheit waren bei 13
vielen Unternehmen die für die erstmalige retrospektive Bilanzierung nach IFRS **erforderlichen Informationen nur schwer zu ermitteln.** Die Vorschriften in SIC 8 (SIC 8.3(b), SIC 8.13), die Ausnahmen hierzu zuließen, waren zu unpräzise („der Anpassungsbetrag aus früheren Perioden nicht verlässlich bestimmt werden kann", „nicht durchführbar oder wirtschaftlich nicht vertretbar"), sodass die in der Vergangenheit erstmals nach IFRS aufgestellten Abschlüsse von sehr unterschiedlicher Qualität waren. Dadurch wurde die im Rahmenkonzept definierte Zielsetzung der Vergleichbarkeit der Abschlüsse verschiedener Unternehmen nicht immer erreicht.

IFRS 1 differenziert hinsichtlich der Zielsetzung der **Vergleichbarkeit** wie 14
folgt: Nach SIC 8 sollte ein Unternehmen, das erstmalig vollständig die IFRS anwendet, dieselben Standards anwenden wie ein Unternehmen, das bereits seit längerem nach IFRS bilanziert. Es sollte durch die vollständige retrospektive Anwendung aller Standards und Interpretationen die Vergleichbarkeit der Abschlüsse eines erstmaligen IFRS-Anwenders und eines Unternehmens, das schon länger die IFRS anwendet, gewährleistet werden. Nach IFRS 1 soll die Vergleichbarkeit primär zwischen den einzelnen Abschlüssen desselben IFRS-Erstanwenders im Zeitablauf gewährleistet sein und parallel dazu sollen die Abschlüsse verschiedener Unternehmen, die zum selben Zeitpunkt die IFRS erstmals anwenden, vergleichbar sein. Die Vergleichbarkeit der Abschlüsse von Unternehmen, die erstmals die IFRS anwenden, mit den Abschlüssen von anderen Unternehmen, die bereits seit längerem die IFRS anwenden, ist nur von sekundärer Priorität (IFRS 1.BC10 (2008)/IFRS 1.BC10 (2003)).

IFRS 1 ist immer dann anzuwenden, wenn das Unternehmen die IFRS erst- 15
mals als Grundlage der Rechnungslegung verwendet und dies durch eine **ausdrückliche uneingeschränkte Stellungnahme,** dass der Abschluss in vollständiger Übereinstimmung mit allen Standards und Interpretationen nach den IFRS aufgestellt worden ist (IAS 1.16), zum Ausdruck bringt.

IFRS 1 verwendet bestimmte Termini, die wichtig für das Verständnis der 16
Regelungen sind und die in Anlage A des IFRS 1 erläutert werden. Die beiden wichtigsten Begriffe sollen hier kurz dargestellt werden: Der **Zeitpunkt des Übergangs auf IFRS** *(date of transition to IFRS)* ist der Anfang des Geschäftsjahrs, das im ersten IFRS-Abschluss als Vergleichszahlen für das Vorjahr dargestellt wird. Dieser Zeitpunkt ist entscheidend, da auf diesen Tag die IFRS-Eröffnungsbilanz aufzustellen ist. Der **Abschlussstichtag** *(reporting date)* ist der letzte Tag des aktuellen Geschäftsjahrs/Quartals, für das ein Abschluss nach IFRS

erstellt wird. Dieser Bilanzstichtag ist relevant, da die an diesem Abschlussstichtag geltenden IFRS auch für die Bilanzierung und Bewertung in der IFRS-Eröffnungsbilanz und für die Vergleichszahlen des Vorjahrs anzuwenden sind.

Beispiel: Ein Unternehmen, das bisher ausschließlich nach HGB bilanziert hat und bei dem das Wirtschaftsjahr mit dem Kalenderjahr übereinstimmt, entscheidet sich dazu, den Konzernabschluss zum 31. Dezember X3 nach IFRS als primäre Grundlage der Rechnungslegung aufzustellen. Der Zeitpunkt des Übergangs auf IFRS *(transition date)* ist der 1. Januar X2 und der Abschlussstichtag *(reporting date)* der 31. Dezember X3.

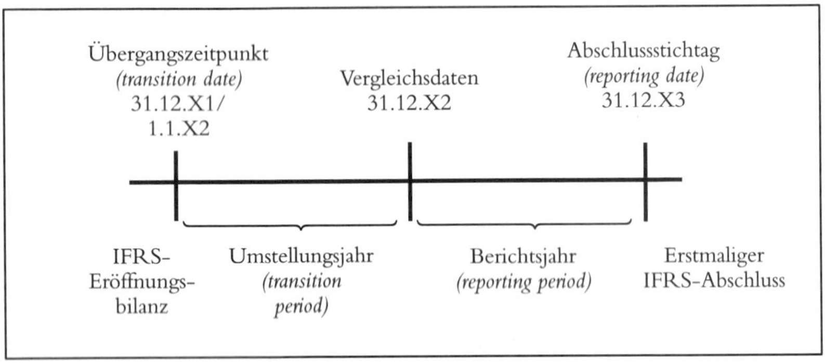

17 IFRS 1.IN4 (2008)/IFRS 1.IN3 (2003) beschreibt die **grds Prinzipien des IFRS 1** wie folgt:

(1) In der IFRS-Eröffnungsbilanz sind alle Vermögenswerte und Schulden anzusetzen, die nach den anwendbaren IFRS bilanziert werden müssen.

(2) Umgekehrt dürfen keine Vermögenswerte und Schulden bilanziert werden, die nicht nach den Vorschriften irgendeines IFRS bilanzierungsfähig sind.

(3) Es sind entspr den Ausweisvorschriften der IFRS in der Eröffnungsbilanz Umgliederungen vorzunehmen, um alle Vermögenswerte, Schulden und Eigenkapitalbestandteile entspr den Ausweis- und Gliederungsvorschriften der IFRS zu bilanzieren.

(4) Sämtliche Vermögenswerte und Schulden sind nach den Vorschriften der IFRS zu bewerten.

18 Von diesen Grundsätzen gibt es **Ausnahmen** in bestimmten Bereichen, in denen erwartet wird, dass die Kosten einer Darstellung des Abschlusses entspr den oben genannten grds Prinzipien den Nutzen für die Abschlussadressaten übersteigen. Ferner ist es in anderen konkreten Fällen verboten, die IFRS retrospektiv anzuwenden. Das **Verbot der retrospektiven Anwendung** der IFRS erstreckt sich im Wesentlichen auf Bereiche, in denen das Management im Nachhinein Einschätzungen und Würdigungen von Gegebenheiten und Bedingungen zu Beginn einer Transaktion vornehmen muss, obwohl das tatsächliche Ergebnis einer Transaktion bereits bekannt ist und feststeht. IFRS 1 fordert darüber hinaus detaillierte Angaben, wie der Übergang der Bilanzierung von bisherigen Rechnungslegungsstandards zu IFRS die VFE-Lage des Unternehmens beeinflusst.

III. Persönliche, sachliche und zeitliche Anwendung

19 Nach IFRS 1.3 (2008)/IFRS 1.3 (2003) liegt ein **erstmaliger IFRS-Jahresabschluss** eines Unternehmens vor, wenn dieser Jahresabschluss durch eine IAS 1.16 entspr Erläuterung im Anhang als mit allen IFRS übereinstimmend

erklärt wurde. Darunter fallen erstmals nach IFRS aufgestellte Abschlüsse, wenn ein Unternehmen seinen letzten zurückliegenden Abschluss der Vergangenheit

(1) nach nationalen Rechnungslegungsvorschriften (zB nach HGB) aufgestellt hat,
(2) in Übereinstimmung mit IFRS, aber ohne die erforderliche Erläuterung nach IAS 1.16 aufgestellt hat,
(3) in Übereinstimmung mit einigen, aber nicht allen IFRS aufgestellt hat,
(4) nach nationalen Rechnungslegungsvorschriften (zB nach HGB) aufgestellt hat und für einige Transaktionen einzelne IFRS angewendet hat, für die die nationalen Rechnungslegungsstandards keine Bilanzierungsvorschriften enthalten, oder
(5) nach nationalen Rechnungslegungsvorschriften (zB nach HGB) aufgestellt hat und für einige Posten eine Überleitung zu einer Bilanzierung nach IFRS dargestellt hat.

20 Daneben fallen hierunter auch erstmals nach IFRS aufgestellte Abschlüsse, wenn bisher IFRS-Abschlüsse **nur für interne Zwecke** aufgestellt wurden, ohne dass sie veröffentlicht wurden, oder wenn bisher gar keine Abschlüsse aufgestellt wurden. Eine Veröffentlichung iSd IFRS 1.3(b) (2008)/IFRS 1.3(b) (2003) liegt nur dann vor, wenn der Abschluss an mindestens eine Person außerhalb des Managements weitergegeben wurde, die nicht für die Erstellung des Abschlusses verantwortlich war, zB an einen Lieferanten oder eine Bank (vgl *ADS*[1] Abschn 3 a Rz 16; *Andrejewski/Grube* Der Konzern 2005, 100; *Zeimes* WPg 2003, 982).

21 Nach IFRS 1.3(c) (2008)/IFRS 1.3(c) (2003) gehören hierzu auch solche Unternehmen, die bisher bereits für **Konsolidierungszwecke** ein **Berichtspaket** (sog *reporting package*) nach IFRS, jedoch keinen vollständigen Abschluss mit allen nach IAS 1.10 erforderlichen Bestandteilen erstellt haben. Diese Unternehmen gehören zum Anwenderkreis der erstmaligen vollständigen Bilanzierer nach IFRS 1; für diese Unternehmen gibt es jedoch Sonderregelungen für die Bilanzierung und Bewertung in der IFRS-Eröffnungsbilanz in IFRS 1.D16 f (2008)/IFRS 1.24 f (2003) (vgl Rz 102 f).

22 Nach IFRS 1.4 (2008)/IFRS 1.4 (2003) ist ein Unternehmen ein Erstanwender iSd IFRS 1, wenn es die **IFRS als neue Grundlage der Rechnungslegung** verwendet. Es werden daher bestimmte Unternehmen eindeutig von der Anwendung des IFRS 1 ausgeschlossen: Ein Unternehmen darf danach in der Vergangenheit nicht parallel einen Abschluss nach HGB und einen vollständig den IFRS entspr Abschluss aufgestellt haben und nunmehr nur noch einen Abschluss nach IFRS weiterführen. Ebenso liegt kein Anwendungsfall des IFRS 1 vor, wenn ein Unternehmen bisher einen Abschluss nach nationalen Rechnungslegungsstandards (HGB) aufgestellt hat, dieser Abschluss zugleich mit allen IFRS im Einklang stand und eine Erläuterung der Übereinstimmung mit allen IFRS nach IAS 1.16 enthielt. Dies betrifft sog duale Abschlüsse, dieser Fall dürfte in Deutschland nicht zuletzt aufgrund der Regelungen des IAS 39 kaum anzutreffen sein. Die Unternehmen, die bisher einen nach **§ 292 a HGB aufgestellten befreienden IFRS-Konzernabschluss** aufgestellt haben, fallen ebenfalls nicht unter die Vorschrift des IFRS 1, da sie bereits in der Vergangenheit alle IFRS beachtet haben und die Konformitätserklärung abgegeben haben müssen. Zwingende Voraussetzung für die Nichtanwendbarkeit des IFRS 1 ist in allen vorgenannten Fällen aber eine Veröffentlichung (vgl Rz 20) des bisher bereits den IFRS entspr Abschlusses in der Vergangenheit. Die Veröffentlichung zugleich mit dem Abschluss der lfd Berichtsperiode ist unzureichend.

23 Sofern ein Abschluss im Vorjahr vollständig nach den IFRS aufgestellt war und eine Erläuterung der Übereinstimmung mit allen IFRS nach IAS 1.16 enthielt,

der Abschlussprüfer jedoch seinen **Bestätigungsvermerk eingeschränkt** hat infolge von wesentlichen Fehlern in der Anwendung von IFRS Bilanzierungs- und Bewertungsmethoden, liegt im Folgejahr ebenfalls kein Anwendungsfall des IFRS 1 vor. In diesem Fall und in ähnlichen Fällen, in denen der Abschlussprüfer seinen Bestätigungsvermerk jedoch nicht eingeschränkt hat, handelt es sich ggf um Fehler, die nach IAS 8 im Folgejahr zu korrigieren sind (vgl IFRS 1.BC6 (2008)/IFRS 1.BC6 (2003); *ADS*[1] Abschn 3a Rz 19; *Ernst & Young* 2009, 288). Enthielt der im Vorjahr aufgestellte IFRS-Konzernabschluss hingegen nur eine **eingeschränkte Übereinstimmungserklärung** nach IAS 1.16 zB dergestalt, dass in diesem Abschluss den Vorschriften eines bestimmten IFRS nicht entsprochen wurde, handelt es sich bei dem Abschluss des Vorjahrs nicht um einen vollstän-digen IFRS-Konzernabschluss. Das hat zur Folge, dass dieses Unternehmen Erstanwender gem IFRS 1 ist (vgl *Baetge/Bischof/Matena* in Baetge ua IFRS-Komm[2] IFRS 1 Rz 12).

24 Bei **umgekehrten Unternehmenserwerben** kommt es für die Beurteilung der Frage der IFRS-Erstanwendung auf den Erwerber für Bilanzierungszwecke an und nicht den rechtlichen Erwerber. Dies ist bspw in den Fällen von Bedeutung, in denen eine bereits nach IFRS bilanzierende Gesellschaft in eine noch nicht nach IFRS bilanzierende Vorratsgesellschaft gegen Gewährung von Anteilen eingebracht wird oder von einer anderen noch nicht nach IFRS bilanzierenden Gesellschaft erworben wird (vgl *IDW* RS HFA 19 Rz 3).

Beispiel: Ein Unternehmen A (Eigenkapital Mio € 10, Umsatzerlöse Mio € 50, Bilanzsumme Mio € 25), das bisher einen Konzernabschluss nach IFRS erstellt und publiziert, wird von den Anteilseignern in eine Vorratsgesellschaft B (Eigenkapital T€ 100, Umsatzerlöse T€ 0, Bilanzsumme T€ 100) gegen Gewährung von neuen Anteilen an B eingebracht. B bilanzierte bisher nicht nach IFRS. Unternehmen B ist zwar der rechtliche Erwerber des Unternehmens A und wäre erstmaliger Ersteller eines IFRS Konzernabschlusses, für Zwecke des IFRS 1 kommt es aber bei umgekehrten Unternehmenserwerben auf den sog Erwerber für Bilanzierungszwecke an. Da im Beispiel A zwar das rechtlich erworbene Unternehmen, aber der Erwerber für Bilanzierungszwecke ist, muss B die IFRS-Buchwerte von A in seinem Abschluss fortführen und ist kein IFRS-Erstanwender iSd IFRS 1.

25 IFRS 1 ist nicht anzuwenden für **Änderungen von Bilanzierungs- und Bewertungsmethoden** von Unternehmen, die bereits nach IFRS bilanzieren (IFRS 1.5 (2008)/IFRS 1.5 (2003)). Diese sind nach IAS 8 oder gem den spezifischen Übergangsvorschriften in den betreffenden IFRS zu behandeln. Dies gilt vor allem für die bereits nach § 315a HGB nach IFRS bilanzierenden Unternehmen, die die durch verschiedene Überarbeitungen des IASB geänderten IAS 1 bis 41, IFRS 2 bis 8 oder neuere Interpretationen für am oder nach dem 1. Januar 2009 beginnende Geschäftsjahre erstmals anwenden. Trotz der zT wesentlichen Auswirkungen der geänderten Standards dürfen diese Unternehmen nicht den IFRS 1 anwenden.

26 Nach IFRS 1.34 ist IFRS 1 zwingend für Geschäftsjahre anzuwenden, die am oder nach dem **1. Juli 2009** beginnen. Der IASB hat in seiner Sitzung im Dezember 2008 beschlossen, den ursprünglich auf den 1. Januar 2009 gelegten Anwendungszeitpunkt des überarbeiteten IFRS 1 auf den 1. Juli 2009 zu verschieben, um Konflikte bei der Anwendung der geänderten IFRS 3 (2008) und IAS 27 (2008), die ebenfalls ab dem 1. Juli 2009 anzuwenden sind, zu vermeiden. IFRS 1.47 (2003) sah vor, dass der bisherige IFRS (2003) für Geschäftsjahre anzuwenden ist, die ab dem 1. Januar 2004 beginnen. Entscheidend ist hierbei der Beginn der Berichtsperiode und nicht der Beginn der Vergleichsperiode (vgl *Hayn/Bösser/Pilhofer* BB 2003, 1608). Für die erstmalige vollständige Bilanzierung nach IFRS für Geschäftsjahre, die vor dem 1. Januar 2004 begonnen haben,

waren noch die Vorschriften in **SIC 8** zu befolgen. Zur Darstellung der Regelungen des SIC 8 wird auf die Vorauflage unter § 43 Rz 26 ff verwiesen.

einstweilen frei 27–31

B. Ansatz und Bewertung

I. IFRS-Eröffnungsbilanz

32 Die **erstmalige vollständige Bilanzierung** nach IFRS erfordert die Erstellung einer Eröffnungsbilanz nach IFRS, die die buchhalterische Grundlage für die folgenden nach IFRS aufgestellten Abschlüsse darstellt. Eine derartige Eröffnungsbilanz ist notwendig, da anderenfalls eine GuV bzw Gesamtergebnisrechnung (s ausführlich § 15 Rz 1 ff), die für das Geschäftsjahr der Umstellung der Rechnungslegung erstellt wird, nicht den IFRS entsprechen würde.

Beispiel: Ein Unternehmen, das bisher ausschließlich nach HGB bilanziert hat und bei dem das Wirtschaftsjahr mit dem Kalenderjahr übereinstimmt, entscheidet sich dazu, den Konzernabschluss zum 31. Dezember X2 nach IFRS als primärer Grundlage der Rechnungslegung aufzustellen. Die einzigen Unterschiede zwischen HGB und IFRS bestehen in der Bewertung der Vorräte, die zum 1. Januar X1 nach IFRS höher zu bewerten wären. Zum 1. Januar X1 ist eine IFRS-Eröffnungsbilanz aufzustellen, auf deren Grundlage die Bilanz zum 31. Dezember X1, die als Vergleichzahlen dargestellt werden müssen und die Bilanz für das aktuelle Geschäftsjahr zum 31. Dezember X2 fortentwickelt werden. Würde zum 1. Januar X1 keine Eröffnungsbilanz erstellt werden, wäre die IFRS-GuV bzw -Gesamtergebnisrechnung für das Jahr X1 aufgrund von ggf nach HGB abweichenden Wertansätzen der Vermögenswerte und Schulden zum 1. Januar X1 nicht IFRS-konform und würde ggf Erträge und Aufwendungen in falscher Höhe ausweisen.

33 Die IFRS-Eröffnungsbilanz selber muss gem IFRS 1.6 (2008)/IFRS 1.6 (2003) erstellt und im erstmaligen vollständig nach IFRS aufgestellten Abschluss veröffentlicht werden. Dies ergibt sich auch aus IFRS 1.21 (2008)/IFRS 1.36 (2003), die aufgrund der Änderung des IAS 1.39 entspr angepasst wurden. Es ist jedoch zu beachten, dass der erstmalige vollständig nach IFRS aufgestellte Abschluss im Anhang ua eine **Überleitung des Eigenkapitals zum Tag des Übergangs auf die IFRS-Bilanzierung** zu enthalten hat (IFRS 1.24(a)(i) (2008)/IFRS 1.39(a)(i) (2003)). Diese Überleitungsrechnung kann in Form einer Bilanz dargestellt werden, die durch eine Anpassungsspalte von einer Bewertung nach bisherigen Rechnungslegungsstandards (HGB) auf die IFRS-Eröffnungsbilanz übergeleitet wird, die der als Abschlussbestandteil nach IAS 1.39 aufgestellten Bilanz auf den Beginn der Vergleichsperiode entspricht. IFRS 1.IG63 (2008)/IFRS 1.IG63 (2003) zeigt ein Beispiel einer derartigen Darstellung der nach IFRS 1.24 (2008)/IFRS 1.39 (2003) geforderten Überleitung. Sofern ein Unternehmen der beispielhaften Darstellung der Überleitung in IFRS 1.IG63 (2008)/IFRS 1. IG63 (2003) folgt, ist damit die IFRS-Eröffnungsbilanz zusätzlich im Rahmen der Anhangangaben des erstmaligen vollständig nach IFRS aufgestellten Abschlusses offengelegt, hier jedoch beschränkt auf die wesentlichen Posten (vgl zu den Anhangangaben im erstmaligen IFRS Abschluss Rz 166 ff).

34 Als Konsequenz der grds retrospektiven Anwendung der IFRS beim Übergang zur IFRS-Bilanzierung und der Beachtung der Grundprinzipien des IFRS 1 (vgl Rz 17) ergeben sich die folgenden typischen Anpassungseffekte in der IFRS-Eröffnungsbilanz (vgl *ADS*[1] Abschn 3 a Rz 42; *Baetge/Kirsch/Wollmert* in Baetge ua IFRS-Komm[2] Kapitel V Rz 29; *Böcking/Busam/Dietz* Der Konzern 2003, 457):

Zusätzlich zu erfassende Vermögenswerte und Schulden betreffen zB

(1) selbst erstellte immaterielle Vermögenswerte (IAS 38.12, IAS 38.21 und IAS 38.57), soweit sie nicht bereits nach § 274 Abs 1 HGB (BilMoG) aktiviert wurden,

(2) den Ansatz aktiver latenter Steuern, insbes auf Verlustvorträge (IAS 12.24 und IAS 12.34), soweit sie nicht bereits nach § 274 Abs 1 HGB (BilMoG) aktiviert wurden,

(3) den Ansatz von Vermögenswerten und Schulden aus Finanzierungs-Leasingverhältnissen (IAS 17.8 ff),

(4) den Ansatz von derivativen Finanzinstrumenten, die isoliert oder in Form von Sicherungsbeziehungen zu Grundgeschäften bestehen (IAS 39.46 f),

(5) den Ansatz von finanziellen Vermögenswerten, die die Ausbuchungskriterien des IAS 39 nicht erfüllen (IAS 39.15 ff).

35 Die folgenden Posten sind ua beim Übergang zur IFRS-Bilanzierung **auszubuchen:**

(1) Rückstellungen, für die keine Verpflichtung ggü Dritten besteht, wie zB bei Aufwandsrückstellungen, oder bei denen der zukünftige Abfluss von Ressourcen nicht hinreichend wahrscheinlich ist,

(2) aktivierte eigene Anteile inklusive einer entspr Rücklage für eigene Anteile,

(3) als Bilanzierungshilfen angesetzte Aufwendungen für die Ingangsetzung und Erweiterung des Geschäftsbetriebs, die nicht die Ansatzkriterien eines immateriellen Vermögenswerts nach IFRS erfüllen,

(4) steuerliche Sonderposten mit Rücklageanteil, die nicht bereits infolge des Wegfalls des § 308 Abs 3 HGB ausgebucht wurden.

36 Die nach IFRS 1 erforderliche Gliederung aller Vermögenswerte und Schulden erfordert ua eine **Umgliederung** folgender Posten:

(1) Rückstellungen für ausstehende Rechnungen sind nicht unter den Rückstellungen auszuweisen, wenn nur ein geringer Grad der Unsicherheit besteht, sondern unter den abgegrenzten Schulden,

(2) Finanzinstrumente, die bisher als Eigenkapital klassifiziert wurden, nach IAS 39 jedoch als Fremdkapital auszuweisen sind,

(3) saldiert ausgewiesene Rückstellungen, bei denen Erstattungsbeträge von Dritten in die Bewertung einbezogen wurden, die jedoch nach IAS 37.53 separat als Forderung erfasst werden müssen,

(4) Umgliederung einzelner Bilanzposten, um einen Ausweis entspr der nach IAS 1.60 ff geforderten Fristigkeit zu erreichen,

(5) gesonderter Ausweis von latenten Steuern und lfd Ertragsteuern (IAS 1.54) sowie gesonderter Ausweis von als Finanzinvestition gehaltenen Immobilien (IAS 1.54).

37 In Bezug auf die **Bewertung** aller in der IFRS-Eröffnungsbilanz ausgewiesenen Vermögenswerte und Schulden können zB die folgenden Anpassungen erforderlich sein:

(1) Bewertung von immateriellen Vermögenswerten und Sachanlagen unter Verwendung wirtschaftlicher Nutzungsdauern und dem tatsächlichen Nutzenverbrauch entspr Abschreibungsmethoden,

(2) Bewertung von Vorräten und Forderungen im Zusammenhang mit Fertigungsaufträgen nach der Teilgewinnrealisierung (IAS 11),

(3) Bewertung zum beizulegenden Zeitwert für finanzielle Vermögenswerte der Kategorien zur Veräußerung verfügbar und erfolgswirksame Folgebewertung zum beizulegenden Zeitwert,

(4) Bilanzierung von latenten Steueransprüchen und Schulden nach der bilanzorientierten Verbindlichkeitenmethode,

(5) Bilanzierung von Rückstellungen (Restrukturierungsrückstellungen, Abzinsung etc).

II. Grundsatz der retrospektiven Umstellung

Nach IFRS 1.7 (2008)/IFRS 1.7 (2003) sind sowohl in der IFRS-Eröffnungsbilanz als auch für das als Vergleichszahlen dargestellte Vorjahr und das aktuelle Berichtsjahr dieselben Bilanzierungs- und Bewertungsmethoden anzuwenden. Es sind – vorbehaltlich bestimmter Ausnahmen – die **IFRS** anzuwenden, die zum **Bilanzstichtag des Jahrs der erstmaligen vollständigen Bilanzierung gültig** sind. 38

Beispiel: Ein Unternehmen, das bisher ausschließlich nach HGB bilanziert hat und bei dem das Wirtschaftsjahr mit dem Kalenderjahr übereinstimmt, entscheidet sich dazu, den Konzernabschluss zum 31. Dezember X2 nach IFRS als primärer Grundlage der Rechnungslegung aufzustellen. In der IFRS-Eröffnungsbilanz zum 1. Januar X1, für den als Vergleichszahlen dargestellten Abschluss zum 31. Dezember X1 und den Abschluss zum 31. Dezember X2 sind jeweils dieselben IFRS anzuwenden, und zwar diejenigen, die zum 31. Dezember X2 angewendet werden (müssen).

Im Gegensatz hierzu forderte der bis 2003 anzuwendende SIC 8 die vollständig retrospektive Anwendung der IFRS inklusive Beachtung der individuellen Übergangsbestimmungen einzelner IFRS, was dazu führen konnte, dass im Zeitablauf oder durch spezifische Übergangsbestimmungen einzelner IFRS in der IFRS-Eröffnungsbilanz und den folgenden Bilanzen ggf unterschiedliche IFRS anzuwenden sind. Nach IFRS 1 dürfen grds zu keinem Zeitpunkt, der innerhalb der Zeitspanne liegt, über die im erstmaligen vollständig nach IFRS aufgestellten Abschluss berichtet wird, unterschiedliche Versionen der IFRS angewendet werden. Die **Übergangsvorschriften einzelner IFRS** gelten für den Übergang eines erstmaligen IFRS-Anwenders somit grds nicht (IFRS 1.9 (2008)/IFRS 1.9 (2003)). Dieser Grundsatz wird in einzelnen Fällen durchbrochen, auf die in den jeweiligen Kommentierungen hingewiesen wird (zB IFRS 1.D4 (2008)/IFRS 1.25D (2003) (s Rz 121 ff), IFRS 1.34B (2003) (s Rz 155 ff)). 39

Abgesehen von den wenigen expliziten Durchbrechungen des Grundsatzes bedeutet dies, dass ein Unternehmen bei Anwendung des IFRS 1 weder zum Stichtag des Vergleichsjahrs noch zum Abschlussstichtag des Berichtsjahrs die Bilanzierungs- und Bewertungsmethoden nach den Vorschriften des IAS 8 ändern darf. Auch bei im Übrigen vorliegenden Voraussetzungen für die **Änderung der Bilanzierungs- und Bewertungsmethoden** (IAS 8.14) ist dies nach IFRS 1.7 (2008)/IFRS 1.7 (2003) für den Abschluss des Vergleichsjahrs und den Abschlussstichtag **unzulässig;** IFRS 1 geht als speziellere Regelung insoweit den allgemeinen Vorschriften zur Änderung von Bilanzierungs- und Bewertungsmethoden im Rahmen der lfd IFRS Bilanzierung vor (vgl hierzu § 45 Rz 5, Rz 15 ff). 40

Neue IFRS, die zum Bilanzstichtag der aktuellen Berichtsperiode noch nicht verbindlich sind, aber nach den Übergangsvorschriften des betreffenden IFRS **vorzeitig angewendet werden können,** dürfen dagegen bereits in der IFRS-Eröffnungsbilanz, dem Abschluss des Vergleichsjahrs und des Berichtsjahrs angewendet werden. 41

Beispiel: Ein Unternehmen, das bisher ausschließlich nach HGB bilanziert hat und bei dem das Wirtschaftsjahr mit dem Kalenderjahr übereinstimmt, entscheidet sich dazu, den Konzernabschluss zum 31. Dezember 2008 nach IFRS als primärer Grundlage der Rechnungslegung aufzustellen. Die IFRS-Eröffnungsbilanz ist auf den 1. Januar 2007 aufzustellen. Bei der Umstellung der Rechnungslegung auf IFRS kann bereits IFRS 8 angewendet werden, obwohl dieser Standard verpflichtend erst für Geschäftsjahre anzuwenden ist, die am oder nach dem 1. Januar 2009 beginnen; IFRS 8.35 lässt aber eine vorzeitige Anwendung zu. Bei vorzeitiger Anwendung des IFRS 8 ist dieser nach IFRS 1.7 (2008)/IFRS 1.7 (2003) in der IFRS-Eröffnungsbilanz zum 1. Januar 2007, für den als Vergleichszahlen dargestellten Abschluss zum 31. Dezember 2007 und den Abschluss zum 31. Dezember 2008 anzuwenden.

42 Durch die Regelungen in IFRS 1.7 (2008)/IFRS 1.7 (2003), denen zufolge auch in der IFRS-Eröffnungsbilanz die Bilanzierungs- und Bewertungsmethoden anzuwenden sind, die zum Abschlussstichtag der Berichtsperiode gelten, ergeben sich in der **praktischen Durchführung der IFRS Umstellung** ggf dann Probleme, wenn zum Abschlussstichtag neue IFRS gelten, deren genauer Regelungsinhalt zum Zeitpunkt der Aufstellung der IFRS-Eröffnungsbilanz noch nicht bekannt war. Dies dürfte insbes solche Unternehmen betreffen, die – dem Leitbild des IASB (IFRS 1.BC27) folgend – ihre IFRS-Eröffnungsbilanz zeitgleich bzw zeitnah zum Zeitpunkt des Übergangs auf IFRS erstellen. Dadurch kann es erforderlich werden, die bereits erstellte IFRS-Eröffnungsbilanz im Nachhinein an solche IFRS anzupassen, die innerhalb der nachfolgenden zwei Jahre bis zum Abschlussstichtag des Berichtsjahrs verpflichtend anzuwenden sind bzw die vorzeitig angewendet werden können. Daher empfiehlt es sich, bei Erstellung der IFRS-Eröffnungsbilanz bereits die **Entwicklung der neueren IFRS und die Agenda des IASB zu beobachten,** um rechtzeitig zu erkennen, ob bis zum Abschlussstichtag neue IFRS Gültigkeit erlangen werden bzw vorzeitig angewendet werden können.

43 Durch die Anwendung der nach IFRS 1 vorgeschriebenen Bilanzierungs- und Bewertungsmethoden ergeben sich in der IFRS-Eröffnungsbilanz idR Wertansätze für Vermögenswerte und Schulden, die von den Wertansätzen nach bisherigen Rechnungslegungsstandards abweichen. Die Beträge aus der Anpassung der bisherigen Buchwerte an die nach IFRS erforderlichen Werte sind in der IFRS-Eröffnungsbilanz unmittelbar mit dem **Eröffnungsbilanzwert der Gewinnrücklagen** *(retained earnings)* zu verrechnen. IFRS 1.11 (2008)/IFRS 1.11 (2003) erlaubt alternativ auch eine Verrechnung mit einem anderen Posten des Eigenkapitals, sofern dies zutreffender ist.

44 Der Begriff *„retained earnings"* wird auch in den beispielhaften Abschlussstrukturen in IAS 1.IG6 ff verwendet. Dieser dem Angelsächsischen entlehnte Begriff beinhaltet sowohl die Gewinnrücklagen als auch den Bilanzgewinn bzw Konzerngewinn. Dies ist darauf zurückzuführen, dass der IASB keine zwingende Gliederung der Posten des Eigenkapitals, wie sie nach dem AktG vorgesehen ist, vorschreibt. Die Vorschriften in den IFRS sollen bewusst allgemein gehalten werden, sodass sie für alle international vorkommenden Rechtsformen anwendbar sind. Eine Unterscheidung von Gewinnrücklagen und Gewinnvortrag ist daher nach dem Wortlaut der IFRS nicht zwingend geboten. Da die Vorschrift zur Verrechnung des Anpassungsbetrags mit den *„retained earnings"* insoweit unpräzise ist, ist gegen eine Verrechnung des Anpassungsbetrags mit dem **Eröffnungsbilanzwert des Gewinnvortrags** (als Alternative zur Verrechnung mit den Gewinnrücklagen) nichts einzuwenden. Diese gelegentlich in der Praxis anzutreffende Handhabung wird durch die explizite Erlaubnis der Verrechnung auch mit anderen zutreffenderen Eigenkapitalposten durch den IASB legitimiert (IFRS 1.11 (2008)/IFRS 1.11 (2003)).

45 Die Vorschrift des IAS 1.7 hat im Kern jedoch einen anderen Hintergrund: Eine Erfassung des Anpassungsbetrags aus der Umstellung der Bewertung auf IFRS in **anderen Eigenkapitalkategorien** kommt in den Fällen in Betracht, in denen die IFRS vorschreiben, bestimmte Wertveränderungen erfolgsneutral in

gesonderten Posten im Eigenkapital (sonstiges Ergebnis – *other comprehensive income*) und ggf später als Umgliederungsbeträge *(reclassification adjustments)* in der GuV bzw in dem erfolgswirksamen Teil der Gesamtergebnisrechnung zu erfassen. Hierunter fallen Anpassungsbeträge (vgl *ADS*[1] Abschn 3a Rz 39)
(1) aus der Anwendung der Neubewertungsmethode für Sachanlagen und immaterielle Vermögenswerte (vgl § 5 bzw § 4),
(2) aus der Bewertung von zur Veräußerung verfügbaren finanziellen Vermögenswerten zum beizulegenden Zeitwert (vgl § 3),
(3) aus der Wertveränderung von Sicherungsgeschäften im Zusammenhang mit Geschäften zur Absicherung von Zahlungsströmen *(cashflow hedges,* vgl § 23).

Zu beachten ist, dass auf Anpassungsbeträge in der IFRS-Eröffnungsbilanz, die aus dem nach IFRS abweichenden Ansatz oder der Bewertung der Vermögenswerte und Schulden resultieren, **latente Steuern** abzugrenzen und ggf **Minderheitenanteile** zu berücksichtigen sind. Hierbei ergibt sich die Besonderheit, dass die latenten Steuern, die in Bezug auf temporäre Differenzen entstehen, bei denen die Gegenbuchung der Transaktion unmittelbar im Eigenkapital (sonstigen Ergebnis) erfolgte (vgl Rz 45), ebenfalls unmittelbar in dem besonderen Eigenkapitalposten des sonstigen Ergebnisses erfasst werden (IFRS 1.IG5 (2008)/IFRS 1.IG5 (2003), IAS 12.61). 46

einstweilen frei 47

C. Ausnahmen von der retrospektiven Umstellung

I. Befreiungen/Wahlrechte

IFRS 1.D1ff (2008)/IFRS 1.13ff (2003) stellen Erleichterungen für den erstmaligen IFRS-Bilanzierer dar, da sie ein Abweichen von den Regelungen der übrigen IFRS erlauben und stattdessen eine Bilanzierung nach den in diesen Abschn des IFRS 1 aufgeführten Regelungen fordern. Die für die Ausnahmetatbestände nach IFRS 1 anzuwendenden Bilanzierungsmethoden stellen für einen erstmaligen IFRS-Bilanzierer überwiegend **erhebliche Vereinfachungen für den Übergang zu einer IFRS-Bilanzierung** dar. Diese Ausnahmeregelungen in IFRS 1.D1ff (2008)/IFRS 1.13ff (2003) dürfen auch einzeln nach Wunsch des jeweiligen Unternehmens gewählt werden, dh bestimmte Ausnahmeregelungen können angewandt werden und andere nicht. 48

Anders als nach SIC 8 dürfen die in IFRS 1.D1ff (2008)/IFRS 1.13ff (2003) enthaltenen Ausnahmeregelungen nach freiem Ermessen des jeweiligen Unternehmens in Anspruch genommen werden, ohne dass dieses als Voraussetzung einer Inanspruchnahme unverhältnismäßige Aufwendungen für die Ermittlung der sonst erforderlichen Anpassungsbeträge nachweisen müsste. 49

Die in IFRS 1.D1(a) bis IFRS 1.D1(n) (2008)/IFRS 1.13(a) bis IFRS 1.13(n) (2003) aufgelisteten Ausnahmeregelungen dürfen nur für diese genau umschriebenen Sachverhalte angewendet werden. **Analoge Anwendungen** dieser Regelungen auf ähnliche Sachverhalte sind nach IFRS 1.D1 Satz 2 (2008)/IFRS 1.13 Satz 2 (2003) **unzulässig.** 50

Einige der Ausnahmeregelungen in IFRS 1.D1ff (2008)/IFRS 1.13ff (2003) erlauben anstelle der nach den übrigen IFRS geforderten Bilanzierungs- und Bewertungsmethoden eine **Bewertung zum beizulegenden Zeitwert.** Diese beizulegenden Zeitwerte sind entspr der Definition des beizulegenden Zeitwerts in Anhang A des IFRS 1 zu bestimmen. Ferner sind die spezielleren Vorschriften anderer Standards zur Ermittlung des beizulegenden Zeitwerts zu beachten, dh bspw die Regelungen in IAS 39.48f, IAS 40.36ff oder IAS 41.12ff. Der bis- 51 herige IFRS 1.14 (2003) verwies an dieser Stelle noch ausschließlich auf die Definitionen des beizulegenden Zeitwerts, die IFRS 3 für entspr Vermögenswerte und Schulden vorsieht, die in einem Unternehmenszusammenschluss erworben wurden. Nach IFRS 1.19 (2008)/IFRS 1.14 (2003 geändert im Zuge des IFRS 3 (2008)) dürfen dabei jedoch nur solche Umstände berücksichtigt werden, die zum Zeitpunkt bekannt waren, auf den die Wertermittlung des beizulegenden Zeitwerts erfolgt (zB zum Zeitpunkt der IFRS-Eröffnungsbilanz oder der Zeitpunkt einer gutachterlichen Marktwertermittlung vor 4 Jahren); spätere wertbegründende Ereignisse dürfen nicht berücksichtigt werden (zur Berücksichtigung von Schätzungen und Annahmen vgl Rz 151 ff; zur Änderung des IFRS 1.14 (2003) durch IFRS 3 (2008) vgl Rz 73 ff).

1. Unternehmenszusammenschlüsse

52 Die Ausnahmeregelungen zur Darstellung von Unternehmenszusammenschlüssen, die vor dem Tag des Übergangs zur IFRS-Bilanzierung erfolgten, sind vollständig im Anhang C zu IFRS 1 (2008)/IFRS 1.15 und Anhang B (2003) erläutert, der einen Bestandteil der verbindlichen Regelungen des IFRS 1 darstellt (vor IFRS 1.IN1). Die Erleichterungen des Anhang C (2008)/Anhang B (2003) des IFRS 1 für Unternehmenszusammenschlüsse gelten sowohl für den **Erwerb von TU als auch für erworbene Anteile an Gemeinschafts- und assoziierten Unternehmen** (IFRS 1.C5 (2008)/IFRS 1.B3 (2003)). Nach IFRS 1.C1 (2008)/IFRS 1.B1 (2003 geändert im Zuge des IFRS 3 (2008)) braucht ein Unternehmen in der IFRS-Eröffnungsbilanz für alle Unternehmenszusammenschlüsse, die vor dem Tag des Übergangs zur IFRS-Bilanzierung erfolgten, nicht IFRS 3 (2008) retrospektiv anzuwenden. Es wären danach nur die Unternehmenszusammenschlüsse nach IFRS 3 (2008) zu bilanzieren, die ab dem Tag des Übergangs zur IFRS-Bilanzierung erfolgten. Das **Wahlrecht** kann jedoch auch so ausgeübt werden, dass alle Unternehmenszusammenschlüsse, die vor einem bestimmten Tag (der vor dem Übergang zur IFRS-Bilanzierung liegt) stattgefunden haben, nicht retrospektiv nach IFRS 3 (2008) bilanziert werden und alle Unternehmenszusammenschlüsse, die nach diesem festzulegenden Tag stattgefunden haben, unter Beachtung von IFRS 3 (2008) bilanziert werden (sog limitierte retrospektive Bilanzierung nach IFRS 3 (2008)). In diesem Fall ist jedoch mit demselben festzulegenden Tag auch der zeitgleich mit IFRS 3 (2008) in 2008 überarbeitete IAS 27 (2008) anzuwenden (IFRS 1.C1 (2008)/IFRS 1.B1 (2003 geändert 2008)). Ferner ist zu beachten, dass das nach IFRS 1.C1 (2008)/IFRS 1.B1 (2003 geändert 2008) gewählte Datum, ab dem IFRS 3 (2008) retrospektiv angewendet wird, auch für den Erwerb von Anteilen an Gemeinschafts- und assoziierten Unternehmen gilt (IFRS 1.C5 (2008)/IFRS 1.B3 (2003)).

Beispiel: Ein Unternehmen, das bisher ausschließlich nach HGB bilanziert hat und bei dem das Wirtschaftsjahr mit dem Kalenderjahr übereinstimmt, entscheidet sich dazu, den Konzernabschluss zum 31. Dezember X5 nach IFRS als primärer Grundlage der Rechnungslegung aufzustellen. Die IFRS-Eröffnungsbilanz ist auf den 1. Januar X4 aufzustellen. Es sind nur solche Unternehmenszusammenschlüsse retrospektiv nach IFRS 3 (2008) zu bilanzieren, die nach dem 1. Januar X4 erfolgten. Alternativ könnte das Unternehmen auch entscheiden, alle Unternehmenszusammenschlüsse, die zB nach dem 30. Juni X1 erfolgten, retrospektiv nach IFRS 3 (2008)/IAS 27 (2008) zu bilanzieren. Die vor dem 30. Juni X1 erfolgten Unternehmenszusammenschlüsse bräuchten danach nur entspr den Vorschriften in IFRS 1.C4 (2008)/IFRS 1.B2 (2003 geändert 2008) angepasst zu werden, jedoch nicht retrospektiv nach IFRS 3 (2008) und IAS 27 (2008) bilanziert zu werden.

53 Nach den Anwendungsvorschriften des IFRS 3 (2008) sind die Regelungen des IFRS 3 (2008) nur für Unternehmenszusammenschlüsse anzuwenden, die in

einem Geschäftsjahr, das am oder nach dem **1. Juli 2009 beginnt,** erfolgt sind. Eine frühere Anwendung ist nach IFRS 3.64 (2008) nur für Geschäftsjahre zulässig, die am oder nach dem 30. Juni 2007 beginnen. Diese Anwendungsregelungen gelten jedoch nicht für erstmalige IFRS Bilanzierer nach IFRS 1.9 (2008)/IFRS 1.9 (2003) bzw IFRS 1.C1 (2008)/IFRS 1.B1 (2003 geändert 2008). Analog gilt dies für die erstmalige Anwendung des IFRS 3 (2004), der für Unternehmenszusammenschlüsse gilt, die nach dem 31. März 2004 erfolgt sind. Eine begrenzte rückwirkende Anwendung ist nach IFRS 3.85 (2004) zulässig, sofern die **für die Bewertungen nach IFRS 3 (2004), IAS 36, IAS 38 erforderlichen Informationen** (Kaufpreisverteilung, *impairment test* etc) ab dem Zeitpunkt des Unternehmenszusammenschlusses erhoben wurden. Nach IFRS 1.9 (2008)/IFRS 1.9 (2003) sind die Übergangsvorschriften der einzelnen IFRS nicht für den Übergang eines erstmaligen Anwenders auf IFRS anzuwenden. Dieser ist daher nicht an der Anwendung des IFRS 3 (2008) für Geschäftsjahre, die vor dem 30. Juni 2007 begonnen haben, gehindert bzw er braucht die Voraussetzungen für die begrenzte rückwirkende Anwendung des IFRS 3 (2004) nicht zu erfüllen; mithin muss er formal nicht die in IFRS 3.85(a) und (b) (2004) geforderten Informationen vorhalten. Auf der anderen Seite ist es in der Praxis schwer vorstellbar, IFRS 3 (2008) oder IFRS 3 (2004) retrospektiv anzuwenden, ohne dass die entspr Informationen für die Kaufpreisverteilung zum Zeitpunkt des Unternehmenserwerbs vorgelegen haben und ohne dass für die Zeitpunkte der nachfolgenden *impairment tests* die entspr Planungsrechnungen zur Verfügung standen. Praktisch dürfte dieses Wahlrecht somit insbes für die Unternehmen von Bedeutung sein, die **bisher nach US-GAAP bilanziert haben** und ihre Rechnungslegung auf IFRS umstellen. Aufgrund der Anforderungen der SFAS 141 und SFAS 142 mussten diese Unternehmen bereits ab dem Anwendungszeitpunkt der SFAS 141 und SFAS 142 die nach IFRS 3 (2008) bzw IFRS 3.85(a) und (b) (2004) erforderlichen Informationen verfügbar haben. Für andere Unternehmen, die die erforderlichen Informationen ebenfalls verfügbar haben, ergeben sich durch die beliebig wählbare begrenzte retrospektive Anwendung des IFRS 3 (2008) bzw IFRS 3 (2004) erhebliche Gestaltungsspielräume für die IFRS-Eröffnungsbilanz. Die bereits in der Vergangenheit erfolgten planmäßigen Abschreibungen auf den Geschäfts- oder Firmenwert können für Unternehmenszusammenschlüsse nach einem bestimmbaren Datum wieder erfolgsneutral eliminiert werden.

Sofern von dem Wahlrecht Gebrauch gemacht wird und **IFRS 3 (2008) bzw** 54
IFRS 3 (2004) in der IFRS-Eröffnungsbilanz nicht retrospektiv angewendet wird, hat dies für die Bilanzierung folgende Konsequenzen: Die nach bisherigen Rechnungslegungsstandards getroffenen **Klassifizierungen der Unternehmenszusammenschlüsse** als Unternehmenserwerb, umgekehrter Unternehmenserwerb oder Interessenzusammenführung bleiben auch für die IFRS-Bilanzierung bestehen (IFRS 1.C4(a) (2008)/IFRS 1.B2(a) (2003)).

In der IFRS-Eröffnungsbilanz sind **alle Vermögenswerte und Schulden** 55
anzusetzen, die im Rahmen des Unternehmenszusammenschlusses erworben wurden, mit Ausnahme von

(1) finanziellen Vermögenswerten und Schulden, die nach IFRS 1.B2 (2008)/IFRS 1.27 (2003) vor dem 1. Januar 2004 nach bisheriger Rechnungslegung ausgebucht wurden (IFRS 1.C4(b)(i) (2008)/IFRS 1.B2(b)(i) (2003); vgl auch Rz 139ff),
(2) solchen Vermögenswerten und Schulden, die im Konzernabschluss nach bisherigen Rechnungslegungsstandards nicht erfasst wurden und zugleich nicht nach IFRS in einem Einzelabschluss des erworbenen Unternehmens zu erfas-

sen wären (IFRS 1.C4(b)(ii) (2008)/IFRS 1.B2(b)(ii) (2003)), IFRS 1.IG22 Example 4 (2008)/IFRS 1.IG22 Example 4 (2003); vgl auch Rz 60 ff).

56 Der Anpassungsbetrag aus dem nach IFRS ggü HGB **abweichenden Ansatz von Vermögenswerten und Schulden** ist unmittelbar mit den Gewinnrücklagen zu verrechnen. Dies gilt nach IFRS 1.C4(b) Satz 2 (2008)/IFRS 1.B2(b) Satz 2 (2003) jedoch nicht für den Ansatz von **immateriellen Vermögenswerten,** die zuvor nach HGB wertmäßig im Rahmen des Geschäfts- oder Firmenwerts aus dem Unternehmenszusammenschluss berücksichtigt wurden, jedoch die Aktivierungsvoraussetzungen des IAS 38 für einen Ansatz erfüllen; in diesen Fällen ist der Betrag des in der IFRS-Eröffnungsbilanz erfassten Geschäfts- oder Firmenwerts (ggf korrigiert um latente Steuern und Minderheitenanteile) zu vermindern (IFRS 1.C4(g)(i) (2008)/IFRS 1.B2(g)(i) (2003)).

57 In der IFRS-Eröffnungsbilanz dürfen keine Vermögenswerte und Schulden angesetzt werden, die aus Unternehmenszusammenschlüssen resultieren, aber **nicht die IFRS-Ansatzkriterien erfüllen** (IFRS 1.C4(c) (2008)/IFRS 1.B2(c) (2003)). Derartige Posten sind auszubuchen, wobei der hieraus resultierende Anpassungsbetrag grds unmittelbar mit den Gewinnrücklagen zu verrechnen ist. Sollte dagegen ein **immaterieller Vermögenswert,** der aus einem Unternehmenserwerb nach HGB resultiert, nicht die Ansatzkriterien des IAS 38 erfüllen, wäre dieser Betrag in der IFRS-Eröffnungsbilanz (ggf korrigiert um latente Steuern und Minderheitenanteile) umzugliedern in den Posten Geschäfts- oder Firmenwert (IFRS 1.C4(c)(i) (2008)/IFRS 1.B2(c)(i) (2003), IFRS 1.C4(g)(i) (2008)/IFRS 1.B2(g)(i) (2003), IFRS 1.IG22 Example 4 (2008)/IFRS 1.IG22 Example 4 (2003)). Wurde der Geschäfts- oder Firmenwert nach HGB mit den Rücklagen verrechnet, wäre die entspr Anpassung ebenfalls in den Gewinnrücklagen zu erfassen (vgl IFRS 1.IG22 Example 5 (2008)/IFRS 1.IG22 Example 5 (2003)).

58 Vermögenswerte und Schulden, die durch einen Unternehmenszusammenschluss erworben wurden und die nach IFRS in der Folgebilanzierung zum beizulegenden Zeitwert zu bewerten sind, sind mit dem **beizulegenden Zeitwert** in der IFRS-Eröffnungsbilanz anzusetzen und Anpassungsbeträge aus dem Vergleich mit dem bisherigen Buchwert nach HGB mit den Gewinnrücklagen zu verrechnen (IFRS 1.C4(d) (2008)/IFRS 1.B2(d) (2003)). Die beizulegenden Zeitwerte sind nach den Vorschriften einzelner IFRS (zB IAS 16, IAS 38, IAS 39) bzw nach den Vorschriften des IFRS 3 (2008) bzw IFRS 3 (2004) für die Ermittlung der beizulegenden Zeitwerte im Rahmen der Kaufpreisverteilung zu ermitteln.

59 Für Vermögenswerte und Schulden, die durch einen Unternehmenszusammenschluss erworben wurden und für die die IFRS eine Bilanzierung zu **(fortgeführten) Anschaffungskosten** vorschreiben, sind die Buchwerte dieser Posten unmittelbar nach dem Unternehmenszusammenschluss die **unterstellten Anschaffungskosten.** Diese unterstellten Anschaffungskosten werden für die IFRS Bilanzierung ab dem Zeitpunkt des Unternehmenszusammenschlusses als Basis für Abschreibungen verwendet (IFRS 1.C4(e) (2008)/IFRS 1.B2(e) (2003)). Das bedeutet jedoch nicht, dass die Buchwerte dieser Vermögenswerte und Schulden unreflektiert in die IFRS-Eröffnungsbilanz übernommen werden können; es ist zusätzlich erforderlich zu überprüfen, ob die Abschreibungsmethoden und Nutzungsdauern, die ab dem Zeitpunkt des Unternehmenszusammenschlusses verwendet wurden, IFRS-konform sind. Sind zB die Nutzungsdauern und Abschreibungsmethoden rein steuerlich motiviert, sind in Bezug auf die Vermögenswerte und Schulden Anpassungen der Buchwerte in der IFRS-Eröffnungsbilanz vorzunehmen, die mit den Gewinnrücklagen zu verrechnen sind (vgl *Baetge/Bischof/Matena* in Baetge ua IFRS-Komm[2] IFRS 1 Rz 71).

Vermögenswerte und Schulden, die durch einen Unternehmenszusammenschluss erworben wurden, die jedoch unter HGB nicht angesetzt wurden, haben dennoch keine unterstellten Anschaffungskosten von null. Derartige Vermögenswerte und Schulden wären in der IFRS-Eröffnungsbilanz mit dem Betrag anzusetzen, mit dem diese Posten in einem **IFRS-Einzelabschluss des erworbenen Unternehmens** zu bilanzieren wären (IFRS 1.C4(f) (2008)/ IFRS 1.B2(f) (2003) sowie (2003 geändert 2008)). 60

Beispiel: Ein MU hat in seinem HGB-Konzernabschluss einen Finanzierungs-Leasingvertrag des TU A nicht bilanziert. Bei Umstellung der Rechnungslegung auf IFRS betragen die Anschaffungskosten für den geleasten Vermögenswert in der IFRS-Eröffnungsbilanz nicht null, sondern sind mit dem Betrag anzusetzen, der nach IAS 17 im Einzelabschluss des TU A nach IFRS anzusetzen wäre.

Der Betrag des **Geschäfts- oder Firmenwerts,** der in der IFRS-Eröffnungsbilanz für Unternehmenszusammenschlüsse dargestellt wird, entspricht dem bisher nach HGB ausgewiesenen Betrag vorbehaltlich der folgenden Anpassungen (IFRS 1.C4(g)(i) bis (ii) (2008)/IFRS 1.B2(g)(i) bis (iii) (2003) sowie (2003 geändert 2008): 61

(1) Der Geschäfts- oder Firmenwert ist um den Betrag der **immateriellen Vermögenswerte** zu erhöhen, die nach HGB erfasst waren, jedoch die Ansatzkriterien nach IAS 38 nicht erfüllen; umgekehrt ist der Geschäfts- oder Firmenwert zu vermindern, wenn immaterielle Vermögenswerte, die zuvor nach HGB wertmäßig im Rahmen des Geschäfts- oder Firmenwerts berücksichtigt wurden, in der IFRS-Eröffnungsbilanz separat nach IAS 38 aktiviert wurden. Die Anpassungen des Geschäfts- oder Firmenwerts sind ggf abzüglich latenter Steuern und Minderheitenanteilen vorzunehmen.
(2) Der Geschäfts- oder Firmenwert ist anzupassen um den Betrag, um den sich nachträgliche **Änderungen des Kaufpreises** des Unternehmens ergeben haben, weil Bedingungen, die den Kaufpreis beeinflussen können, bis zum Tag des Übergangs auf die IFRS-Bilanzierung zuverlässig bewertet werden können und die Kaufpreisanpassung wahrscheinlich ist. Diese Anpassung des Geschäfts- oder Firmenwerts erfolgt infolge der Änderung des IFRS 3 (2008) und der Folgeänderung in IFRS 1.B2 (g)(ii) (2003 geändert 2008), der nicht in IFRS 1.C4(g) (2008) übernommen wurde, nicht mehr in Geschäftsjahren, die am oder nach dem 1. Juli 2009 beginnen (vgl Rz 73 ff).
(3) Unabhängig davon, ob Anhaltspunkte dafür vorliegen, dass der Geschäfts- oder Firmenwert im Wert gemindert sein könnte, ist für den in der IFRS-Eröffnungsbilanz ausgewiesenen Geschäfts- oder Firmenwert ein **Wertminderungstest nach IAS 36** durchzuführen; ein ggf ermittelter Wertminderungsaufwand ist mit den Gewinnrücklagen zu verrechnen.

Abgesehen von den vorgenannten Anpassungen sind nach IFRS 1.C4(h) (2008)/IFRS 1.B2(h) (2003) **keine weiteren Änderungen des Geschäfts- oder Firmenwerts** in der IFRS-Eröffnungsbilanz vorzunehmen. Insbes sind keine Anpassungen vorzunehmen für erworbene Forschungs- und Entwicklungsleistungen (außer wenn diese nach IAS 38 im Jahresabschluss des erworbenen Unternehmens bilanziert werden müssen), um in der Vergangenheit nach HGB vorgenommene Abschreibungen anzupassen oder um sonstige Anpassungen des Geschäfts- oder Firmenwerts zu korrigieren, die nach HGB gemacht wurden, aber nach IFRS 3 unzulässig wären. Dennoch sind weitere Anpassungen des Geschäfts- oder Firmenwerts möglich, die aus folgenden Ursachen resultieren können (vgl *Ernst & Young* 2009, 309; *Baetge/Bischof/Matena* in Baetge ua IFRS-Komm[2] IFRS 1 Rz 79): 62

(1) Anpassung aufgrund retrospektiver Anwendung des IAS 21 (vgl Rz 69), 63

(2) Konsolidierung bisher nicht konsolidierter Unternehmen nach der modifizierten Erstkonsolidierungsmethode gem IFRS 1.C4(j) (2008)/IFRS 1.B2(j) (2003) (vgl Rz 66),
(3) Eliminierung von Geschäfts- oder Firmenwerten aus Transaktionen, die sich nach IFRS nicht als Unternehmenszusammenschluss qualifizieren.

64 Sonderregeln gelten für diejenigen Unternehmen, die den **Geschäfts- oder Firmenwert** nach bisherigen Rechnungslegungsstandards (HGB) **mit den Rücklagen verrechnet** haben. Diese Unternehmen haben in der IFRS-Eröffnungsbilanz keinen Geschäfts- oder Firmenwert zu erfassen. Anpassungen, die daraus resultieren, dass nach HGB immaterielle Vermögenswerte angesetzt wurden, die nach IAS 38 nicht bilanzierungsfähig sind oder umgekehrt, sind in diesen Fällen mit den Gewinnrücklagen zu verrechnen. Bei der Entkonsolidierung eines derartigen TU, Gemeinschafts- oder assoziierten Unternehmens oder der Erfassung eines Wertminderungsaufwands darf nach IFRS 1.C4(i) (2008)/IFRS 1.B2(i) (2003) keine erfolgswirksame Auflösung der verrechneten Geschäfts- oder Firmenwerte erfolgen. Anpassungen des Kaufpreises eines erworbenen Unternehmens durch nachträgliche Erfüllung oder Wegfall von Bedingungen, die den Kaufpreis beeinflussen können, sind in diesen Fällen in der IFRS-Eröffnungsbilanz unmittelbar mit den Gewinnrücklagen zu verrechnen.

65 Die Behandlung von **negativen Unterschiedsbeträgen aus der Kapitalkonsolidierung** im Rahmen der IFRS-Eröffnungsbilanz und bei späteren Entkonsolidierungen ist in IFRS 1 nicht explizit geregelt. Nach dem im Jahr 2008 verabschiedeten IFRS 3 (2008) sowie nach IFRS 3 (2004) sind negative Unterschiedsbeträge bei Entstehung ertragswirksam zu vereinnahmen (IFRS 3.34 (2008)/IFRS 3.56 (2004)). Diese Vorschrift muss jedoch vor dem Hintergrund betrachtet werden, dass IFRS 3 (2008)/IFRS 3 (2004) im Rahmen der Erstkonsolidierung auch den Ansatz von bestimmten Eventualverbindlichkeiten vorsieht und dadurch die Möglichkeit des Entstehens von negativen Unterschiedsbeträgen deutlich reduziert wird. Die Regelungslücke besteht demnach weiterhin bei nicht retrospektiver Anwendung des IFRS 3 (2008)/IFRS 3 (2004) in Bezug auf negative Unterschiedsbeträge, die aus Unternehmenszusammenschlüssen vor dem Übergangszeitpunkt zu IFRS entstanden sind. Diese Regelungslücke im Rahmen der besonderen Vorschriften des IFRS 1 für Unternehmenszusammenschlüsse kann jedoch durch die Anwendung der übrigen Vorschriften des IFRS 1 geschlossen werden. Da ein negativer Unterschiedsbetrag nicht die Ansatzvoraussetzungen für einen Vermögenswert oder eine Schuld erfüllt, ist er **in der IFRS-Eröffnungsbilanz erfolgsneutral in die Gewinnrücklagen umzugliedern** (IFRS 1.10(b) (2008)/IFRS 1.10(b) (2003); vgl *ADS*[1] Abschn 3a Rz 83; *Baetge/Bischof/Matena* in Baetge ua IFRS-Komm[2] IFRS 1 Rz 84).

66 IFRS 1.C4(j) (2008)/IFRS 1.B2(j) (2003) sieht besondere Regelungen für die Bewertung der Vermögenswerte und Schulden von **TU** vor, **die nach bisherigen Rechnungslegungsstandards (HGB) nicht konsolidiert** wurden, jedoch nach IFRS konsolidierungspflichtig sind. Für derartige Unternehmen ist keine rückwirkende Erstkonsolidierung vorzunehmen, sondern eine **modifizierte Erstkonsolidierung** (IFRS 1.C4(j) (2008)/IFRS 1.B2(j) (2003)). Auf den Stichtag der IFRS-Eröffnungsbilanz sind die Vermögenswerte und Schulden eines derartigen TU mit den Werten anzusetzen, die dieses TU in seinem Einzelabschluss nach IFRS ansetzen müsste. Daraus ergibt sich ein Geschäfts- oder Firmenwert in Höhe der Differenz zwischen den Anschaffungskosten des MU in seinem Einzelabschluss nach HGB (IFRS 1.C4(j)(ii) (2008)/IFRS 1.B2(j)(ii) (2003), vgl IFRS 1.IG22 Example 6 (2008)/IFRS 1.IG22 Example 6 (2003)) und dem Anteil des MU an den angepassten Buchwerten des TU (IFRS 1.C4(j)(i) (2008)/IFRS 1.B2(j)(i) (2003)). Abweichend von den Grundsätzen der

Erwerbsmethode erfolgt dabei kein Vergleich der Anschaffungskosten der Beteiligung des MU mit dem anteiligen Eigenkapital des TU zum Erwerbszeitpunkt, sondern mit dem anteiligen nach IFRS angepassten Eigenkapital des TU **zum Stichtag der IFRS-Eröffnungsbilanz.**

Eine **positive Differenz** zwischen den Anschaffungskosten des MU und dem anteiligen nach IFRS bewerteten Eigenkapital des TU ist als Geschäfts- oder Firmenwert in der IFRS-Eröffnungsbilanz anzusetzen, für den zum Übergangszeitpunkt nach IFRS 1.C4(g)(ii) (2008)/IFRS 1.B2(g)(ii) (2003) ein *impairment test* durchzuführen ist. Sollte es sich bei dem TU um ein in der Vergangenheit selbst **gegründetes TU** handeln, darf kein Geschäfts- oder Firmenwert erfasst werden (IFRS 1.IG27(c) (2008)/IFRS 1.IG27(c) (2003)), sondern die Differenz ist mit den Gewinnrücklagen zu verrechnen. In diesen Fällen kann kein Geschäfts- oder Firmenwert entstanden sein, sondern das Eigenkapital des TU ist wahrscheinlich durch Verluste zwischen dem Gründungszeitpunkt und dem Übergang zu IFRS gemindert worden. 67

Eine **negative Differenz** ist unabhängig vom Entstehensgrund in die Gewinnrücklagen umzubuchen, da ein negativer Unterschiedsbetrag nicht in der IFRS-Eröffnungsbilanz angesetzt werden darf (vgl Rz 65; IFRS 1.IG22 Example 6 (2008)/IFRS 1.IG22 Example 6 (2003); vgl *ADS*[1] Abschn 3a Rz 90; *Baetge/Bischof/Matena* in Baetge ua IFRS-Komm[2] IFRS 1 Rz 88). 68

Durch die Überarbeitung des IAS 21 im Rahmen des *Improvements Project* 2003 ist geregelt worden, dass der aus der Erstkonsolidierung resultierende Geschäfts- oder Firmenwert aus dem Erwerb eines **ausländischen Geschäftsbetriebs** sowie die Anpassungsbeträge aus der Kaufpreisverteilung als Vermögenswerte und Schulden des ausländischen Geschäftsbetriebs anzusehen sind. Sie sind somit zum Stichtagskurs umzurechnen (IAS 21.47), wobei **Währungsdifferenzen** entstehen können. Die bis dahin geltende Fassung des IAS 21 (1993) sah diesbezüglich ein Wahlrecht vor, demzufolge der Geschäfts- oder Firmenwert und die Anpassungsbeträge aus der Kaufpreisverteilung auch mit dem Kurs zum Erwerbszeitpunkt umgerechnet werden konnten und somit in den Folgeperioden keine Währungsdifferenzen entstanden. IAS 21.59 beinhaltet das Wahlrecht, IAS 21.47 prospektiv anzuwenden, das in IFRS 1.C2 (2008)/IFRS 1.B1A (2003) auch an den IFRS-Erstanwender weitergegeben wird. Ohne diese Erleichterungsregelung müssten sämtliche Unternehmenszusammenschlüsse vor dem Übergang zur IFRS-Bilanzierung hinsichtlich der Fremdwährungsumrechnung des Geschäfts- oder Firmenwerts und der Anpassungsbeträge aus der Kaufpreisverteilung überprüft werden und ggf die planmäßigen Abschreibungen der zu den jeweiligen Stichtagskursen bewerteten Posten angepasst werden. Bei **Anwendung des Wahlrechts** in IFRS 1.C2 (2008)/IFRS 1.B1A (2003) sind der Geschäfts- oder Firmenwert sowie die Anpassungsbeträge aus der Kaufpreisverteilung als Vermögenswerte und Schulden des erwerbenden Unternehmens zu behandeln und sind daher bereits in der funktionalen Währung des berichtenden Unternehmens angegeben, oder es handelt sich um nicht monetäre Fremdwährungsposten, die mit dem nach bisherigen Rechnungslegungsstandards anzuwendenden Wechselkurs umgerechnet werden (IFRS 1.C2 (2008)/IFRS 1.B1A (2003)). 69

IFRS 1.C2 (2008)/IFRS 1.B1A (2003) und IFRS 1.C3 (2008)/IFRS 1.B1B (2003) erlauben – unter Ausübung des Wahlrechts – folgende Anwendung des IAS 21 in Bezug auf den Geschäfts- oder Firmenwert sowie die Anpassungsbeträge aus der Kaufpreisverteilung (vgl *ADS*[1] Abschn 3a Rz 96; *Baetge/Bischof/Matena* in Baetge ua IFRS-Komm[2] IFRS 1 Rz 94): 70

(1) **prospektive** Anwendung des IAS 21 nur auf nach dem Übergangszeitpunkt erfolgte Unternehmenszusammenschlüsse,

(2) **retrospektive** Anwendung des IAS 21 auf alle Unternehmenszusammenschlüsse, die vor dem Übergangszeitpunkt erfolgt sind oder
(3) **retrospektive** Anwendung des IAS 21 auf alle Unternehmenszusammenschlüsse, für die IFRS 3 (2008)/IFRS 3 (2004) rückwirkend nach IFRS 1.C1 (2008)/IFRS 1.B1 (2003) sowie (2003 geändert 2008) angewendet wird.

71 Die gewählte Alternative ist **einheitlich auf alle entspr Unternehmenszusammenschlüsse anzuwenden.** Aus IFRS 1.C3 (2008)/IFRS 1.B1B (2003) ergibt sich jedoch die Möglichkeit, zB IAS 21 retrospektiv auf alle Unternehmenszusammenschlüsse vor dem Übergangszeitpunkt anzuwenden, während IFRS 3 (2008)/IFRS 3 (2004) nur prospektiv für alle Unternehmenszusammenschlüsse nach dem Übergangszeitpunkt angewendet wird.

72 Bei allen Anpassungen der Vermögenswerte und Schulden aus Unternehmenszusammenschlüssen in der IFRS-Eröffnungsbilanz durch Ansatz- oder Bewertungsvorschriften des Anhangs C (2008)/Anhangs B (2003) des IFRS 1 ist zu beachten, dass korrespondierende Anpassungsbeträge für **latente Steuern** und **Anteile von Minderheitsgesellschaftern** zu ermitteln sind (IFRS 1.C4(k) (2008)/IFRS 1.B2(k) (2003)).

73 Der IASB hat im **Januar 2008** die Standards für Unternehmenszusammenschlüsse **IFRS 3 und IAS 27** im Rahmen des Business Combinations Phase II Projekts **überarbeitet** (vgl zu den Änderungen des IFRS 3 und IAS 27 ausführlich § 34). Die geänderten Standards IFRS 3 (2008) und IAS 27 (2008) sind für Geschäftsjahre anzuwenden, die am oder nach dem 1. Juli 2009 beginnen. Aus diesen Änderungen haben sich in IFRS 1 Änderungen in IFRS 1.19 (2008)/IFRS 1.14 (2003), IFRS 1.C1 (2008)/IFRS 1.B1 (2003), IFRS 1.C4(f) (2008)/IFRS 1.B2(f) (2003) und IFRS 1.C4(g) (2008)/IFRS 1.B2(g) (2003) ergeben, die gem IFRS 1.36 (2008)/IFRS 1.47I (2003 geändert 2008) für Geschäftsjahre anzuwenden sind, die am oder nach dem 1. Juli 2009 beginnen. Ein erstmaliger IFRS-Bilanzierer darf die geänderten IFRS 3 (2008) und IAS 27 (2008) bereits vorzeitig anwenden, dies jedoch nur zusammen mit den vorgenannten geänderten Absätzen des IFRS 1. Im Einzelnen haben die (Folge-)Änderungen des IFRS 1 folgende Konsequenzen:

74 In IFRS 1.19 (2008)/IFRS 1.14 (2003 geändert 2008) erfolgt in Fällen, in denen die Erleichterungsvorschriften des IFRS 1 eine Bewertung zum beizulegenden Zeitwert vorsehen, **kein Verweis** mehr auf die Bewertungsvorschriften des IFRS 3 (2008) (insbes IFRS 3.B16 (2008)), sondern nur auf die **Definition des beizulegenden Zeitwerts** im Anhang A des IFRS 1 und alternativ auf die Hinweise anderer Standards für die Ermittlung der beizulegenden Zeitwerte der jeweiligen Vermögenswerte und Schulden. Dies hat zur Folge, dass die Bewertung zum beizulegenden Zeitwert im Rahmen des IFRS 1 nicht primär anhand der Richtlinien des IFRS 3 (2004) zu erfolgen hat, sondern auch die Regelungen zur Ermittlung des beizulegenden Zeitwerts anderer geeigneter Standards (zB IAS 16, IAS 39, IAS 40 etc) herangezogen werden können. In der Praxis dürfte diese Regeländerung jedoch keine wesentlichen Auswirkungen haben.

75 In IFRS 1.C1 (2008)/IFRS 1.B1 (2003 geändert 2008) wurde die Regelung angepasst, wonach eine **limitierte retrospektive Anwendung des IFRS 3 (2008)** für Unternehmenszusammenschlüsse vor dem Übergangszeitpunkt zur IFRS-Bilanzierung nur zulässig ist, wenn zeitgleich auch die Anwendung von IAS 36 und IAS 38 erfolgt. Analog zur bisherigen Regelung erlaubt der geänderte IFRS 1.C1 (2008)/IFRS 1.B1 (2003 geändert 2008) – neben dem Wahlrecht, auf eine retrospektive Bilanzierung von Unternehmenszusammenschlüssen, die vor dem Übergangszeitpunkt auf IFRS erfolgt sind, vollständig zu verzichten – eine limitierte retrospektive Bilanzierung von Unternehmenszusammenschlüssen

nach IFRS 3 (2008). Dies ist jedoch nur zulässig, wenn dann auch zeitgleich IAS 27 (2008) angewendet wird.

Eine weitere Änderung des IFRS 1 betrifft die Anpassung in IFRS 1.C4(f) (2008)/IFRS 1.B2(f) (2003 geändert 2008): Es wird klargestellt, dass zu den Schulden, die in der IFRS-Eröffnungsbilanz angesetzt werden müssen, auch solche **Eventualschulden** gehören, die zum Zeitpunkt der IFRS-Eröffnungsbilanz noch bestehen, die das erworbene Unternehmen nach bisherigen Rechnungslegungsmethoden aber nicht bilanziert hatte. Entscheidend ist hier jedoch, dass derartige Eventualschulden auch nach IAS 37 im Abschluss des erworbenen Unternehmens ansatzfähig wären. Dh die nur nach IFRS 3.37 (2004), IFRS 3.47 (2004) bzw IFRS 3.23 (2008) im Rahmen von Unternehmenserwerben ansatzfähigen Eventualschulden, die nicht alle Voraussetzungen für eine Bilanzierung nach IAS 37 erfüllen, scheiden für einen Ansatz in der IFRS-Eröffnungsbilanz nach IFRS 1.C4(f) (2008)/IFRS 1.B2(f) Satz 4 (2003 geändert 2008) aus. 76

Als Folge der Änderung des IFRS 3 (2008) in Bezug auf die Bilanzierung von Anpassungen der Anschaffungskosten eines Unternehmenserwerbs, die von zukünftigen Ereignissen abhängen (zB ***earn-out*-Klauseln**) in IFRS 3.39f (2008), IFRS 3.58 (2008) wurde die Regelung in IFRS 1.B2(g)(ii) (2003 geändert 2008) gestrichen. Dementsprechend ist der Geschäfts- oder Firmenwert in der IFRS-Eröffnungsbilanz nicht mehr anzupassen, wenn zum Zeitpunkt der IFRS-Eröffnungsbilanz bessere Erkenntnisse über das Vorliegen weiterer Anschaffungskosten eines Unternehmenserwerbs aufgrund von bedingten Kaufpreisvereinbarungen bestehen. Derartige Verpflichtungen sind in der IFRS-Eröffnungsbilanz mit den Gewinnrücklagen zu verrechnen. 77

2. Beizulegender Zeitwert oder Neubewertung als Ersatz für Anschaffungs- oder Herstellungskosten

Der Übergang zur Bilanzierung nach IFRS erfordert bei Vermögenswerten des Anlagevermögens eine Überprüfung der bisher angesetzten Anschaffungskosten, der angewandten Abschreibungsmethoden und der verwendeten Nutzungsdauern. Sollten diese nicht akzeptabel iSd IFRS sein, wären sie grds retrospektiv an IFRS-konforme Methoden anzupassen und die Anschaffungskosten sowie der Betrag der kumulierten Abschreibungen – vorausgesetzt er ist wesentlich – in der IFRS-Eröffnungsbilanz anzupassen (IFRS 1.IG7 (2008)/IFRS 1.IG7 (2003)). In IFRS 1 ist nicht näher definiert, was unter einer **akzeptablen Abschreibungsmethode oder Nutzungsdauer** zu verstehen ist. Es ist daher nach allgemeinen Wesentlichkeitsüberlegungen zu entscheiden, ob die Beibehaltung der bisherigen Abschreibungsmethoden und Nutzungsdauern zu sachgerechten, unter Wesentlichkeitsaspekten akzeptablen Buchwerten nach IFRS führt. Sollten wesentliche Abweichungen aus der Beibehaltung bisheriger Abschreibungsmethoden und Nutzungsdauern zu erwarten sein, ist grds eine retrospektive Ermittlung der Anschaffungs- oder Herstellungskosten und kumulierten Abschreibungen erforderlich. 78

Als Erleichterungswahlrecht erlaubt IFRS 1.D5 (2008)/IFRS 1.16 (2003) Unternehmen, bestimmte Vermögenswerte in der IFRS-Eröffnungsbilanz zum **beizulegenden Zeitwert** zu bewerten und diesen beizulegenden Zeitwert als **Ersatz für Anschaffungs- oder Herstellungskosten** zu diesem Zeitpunkt zu verwenden. Nach IFRS 1.D5 (2008)/IFRS 1.16 (2003) und IFRS 1.D7 (2008)/IFRS 1.18 (2003) gilt diese Ausnahmeregelung für 79

(1) Vermögenswerte des Sachanlagevermögens,
(2) als Finanzinvestition gehaltene Immobilien, sofern das Anschaffungskostenmodell nach IAS 40 angewendet wird, und

(3) immaterielle Vermögenswerte, die sowohl die Ansatzkriterien des IAS 38 erfüllen als auch die Voraussetzungen für eine Neubewertung von immateriellen Vermögenswerten nach IAS 38.

80 Diese Ausnahmeregelung wurde aus Praktikabilitätsgründen eingeführt (IFRS 1.BC44 (2008)/IFRS 1.BC44 (2003)), da der IASB den Nutzen rekonstruierter fortgeführter Anschaffungskosten für bestimmte in der IFRS-Eröffnungsbilanz angesetzte Vermögenswerte nicht so hoch einschätzt, dass dies erhebliche Anstrengungen bei der Umstellung der Rechnungslegung rechtfertigen würde. Die Ausnahmeregelung kann, anders als die nach IAS 16 und IAS 38 zulässige Neubewertungsmethode, die nur auf Gruppen von Vermögenswerten angewendet werden darf, auch auf **einzelne Vermögenswerte** angewendet werden. Zur Anwendung der Ausnahmeregelung ist es nicht erforderlich, dass das Unternehmen nachweist, dass die Rekonstruktion fortgeführter Anschaffungskosten unzumutbare Aufwendungen erfordern würde. Die Inanspruchnahme dieses Wahlrechts ist vollständig in das Ermessen des betreffenden Unternehmens gestellt. Die Erleichterungsvorschriften beziehen sich auch auf einzelne Vermögenswerte, die nach den Regelungen für Komponenten (IAS 16.13) oder für Großreparaturen (IAS 16.14) aktiviert werden müssen. Bei der Beurteilung der Separierungsverpflichtung und gesonderten Aktivierung und Abschreibung sind die Grundsätze der Wesentlichkeit und die diesbezüglichen Auslegungshinweise in IFRS 1.IG7 (2008)/IFRS 1.IG7 (2003), IFRS 1.IG12 (2008)/IFRS 1.IG12 (2003), IAS 16.9 und IAS 16.43 zu beachten (vgl § 5 Rz 15 ff).

81 Eine Bewertung einzelner oben genannter Vermögenswerte zum beizulegenden Zeitwert oberhalb des bisherigen Buchwerts erfordert daher eine sorgfältige Prüfung, ob Indikatoren einer Wertminderung nach IAS 36 vorliegen. Der beizulegende Zeitwert ist der Ausgangswert, auf dessen Grundlage die Vermögenswerte unter Anwendung IFRS konformer (Rest-)Nutzungsdauern und Abschreibungsmethoden bilanziert werden. Für die **Bestimmung des beizulegenden Zeitwerts der Vermögenswerte** sind die Anwendungsleitlinien in den betreffenden Standards zu beachten: IAS 16.32 bis IAS 16.34, IAS 38.35 ff und IAS 38.77 ff sowie IAS 40.36 bis IAS 40.51. Sofern der beizulegende Zeitwert als Ersatz für die Anschaffungs- oder Herstellungskosten verwendet wird, stellt dieser im Anlagespiegel die Anschaffungskosten zum Zeitpunkt der IFRS-Eröffnungsbilanz dar; kumulierte Abschreibungen entstehen erst zukünftig ab dem Übergangszeitpunkt (IFRS 1.IG9 (2008)/IFRS 1.IG9 (2003); *IDW* RS HFA 19 Rz 11).

82 Für die Bilanzierungspraxis ergeben sich durch die Ausübung dieses Wahlrechts **bilanzpolitische Gestaltungsmöglichkeiten** in der IFRS-Eröffnungsbilanz, da ein erstmaliger IFRS-Anwender zB entscheiden kann, Grundstücke, die erhebliche stille Reserven enthalten, in der IFRS-Eröffnungsbilanz zum beizulegenden Zeitwert nach IFRS 1.D5 (2008)/IFRS 1.16 (2003) anzusetzen, während alle übrigen abschreibungspflichtigen Vermögenswerte zu fortgeführten Anschaffungskosten bilanziert werden.

83 Neben einer Bewertung zum beizulegenden Zeitwert erlaubt IFRS 1.D6 (2008)/IFRS 1.17 (2003) auch die Beibehaltung der Wertansätze infolge einer **Neubewertung nach bisherigen Rechnungslegungsstandards.** Voraussetzung für die Anwendung dieser Alternative ist, dass die Neubewertung nach bisherigen Rechnungslegungsstandards zu Wertansätzen geführt hat, die entweder mit dem beizulegenden Zeitwert oder fortgeführten Anschaffungskosten, die an einen allgemeinen oder speziellen Preisindex angepasst wurden, vergleichbar sind. Das Wahlrecht des IFRS 1.D6 (2008)/IFRS 1.17 (2003) ist für dieselben Kategorien von Vermögenswerten anwendbar wie das Wahlrecht des IFRS 1.D5 (2008)/IFRS 1.16 (2003). Für bisher nach HGB bilanzierende Unternehmen hat

dieses Wahlrecht nach IFRS 1.D6 (2008)/IFRS 1.17 (2003) jedoch keine Bedeutung, da nach HGB keine Neubewertungen zulässig waren.

Ferner ist eine sog **ereignisorientierte Bilanzierung** zulässig (IFRS 1.D8 84
(2008)/IFRS 1.19 (2003)), bei der das Unternehmen zB im Rahmen einer zurückliegenden Privatisierung oder eines Börsengangs einige oder alle Vermögenswerte und Schulden zum beizulegenden Zeitwert bilanziert hat. Bei Privatisierungen werden ggf Vermögenswerte und Schulden zu Zeitwerten in eine Gesellschaft privatrechtlicher Rechtsform eingebracht, die nach IFRS 1.D8 (2008)/IFRS 1.19 (2003) herangezogen werden können. Bei Börsengängen allein kann es nicht zu einer Bewertung von Vermögenswerten und Schulden zu beizulegenden Zeitwerten kommen; dies kann nur bei zeitlich vorgelagerten Einbringungsvorgängen erfolgen (vgl *ADS*[1] Abschn 3a Rz 109). Derartige Wertansätze dürfen als Ersatz für Anschaffungs- oder Herstellungskosten nach IFRS für den Zeitpunkt des jeweiligen Ereignisses verwendet werden. Anders als die Wahlrechte in IFRS 1.D5 (2008)/IFRS 1.16 (2003) und IFRS 1.D6 (2008)/IFRS 1.17 (2003), die nur für bestimmte Vermögenswerte des Anlagevermögens gelten, ist das Wahlrecht des IFRS 1.D8 (2008)/IFRS 1.19 (2003) (vgl *ADS*[1] Abschn 3a Rz 98) für **alle Vermögenswerte und Schulden, die zu fortgeführten Anschaffungskosten bilanziert werden, anwendbar.** IFRS 1 begrenzt nicht den Zeitraum innerhalb dessen eine ereignisorientierte Bewertung vor dem Übergang zur IFRS-Bilanzierung erfolgt sein muss. Ausgehend vom Zeitpunkt der ereignisorientierten Bewertung müssen diese Wertansätze durch IFRS-konforme planmäßige Abschreibungen bis zum Stichtag der IFRS-Eröffnungsbilanz fortentwickelt werden (vgl *Baetge/Bischof/Matena* in Baetge ua IFRS-Komm[2] IFRS 1 Rz 111f).

3. Leistungen an Arbeitnehmer

Für die Bilanzierung von Verpflichtungen ggü Arbeitnehmern (s § 26) nach 85
IAS 19 in der IFRS-Eröffnungsbilanz gelten die allgemeinen Grundsätze. Danach sind die Vermögenswerte und Schulden in der IFRS-Eröffnungsbilanz nach den IFRS zu bewerten, die zum Ende des Geschäftsjahrs der erstmaligen Anwendung der IFRS als Grundlage der Rechnungslegung gelten. Bei Pensionsverpflichtungen aufgrund **leistungsorientierter Versorgungspläne** würde dies bei Anwendung der sog Korridormethode (IAS 19.92) erfordern, die kumulierten versicherungsmathematischen Gewinne und Verluste seit Beginn des jeweiligen Versorgungsplans aufzuspalten in einen bereits erfassten Teil und einen nicht erfassten Teil. Da diese Aufteilung erheblichen Arbeitsaufwand erfordern kann, lässt IFRS 1.D10 (2008)/IFRS 1.20 (2003) zu, alle versicherungsmathematischen Gewinne und Verluste in der IFRS-Eröffnungsbilanz zu erfassen, auch wenn das Unternehmen für die zukünftige Bilanzierung dieser Versorgungspläne die Anwendung der Korridormethode beschlossen hat. Beabsichtigt ein Unternehmen, dieses Wahlrecht in Anspruch zu nehmen, muss es dies für alle leistungsorientierten Versorgungspläne machen. Die Bewertung der Verpflichtungen aus leistungsorientierten Versorgungsplänen bei Anwendung der Erleichterung des IFRS 1.D10 (2008)/IFRS 1.20 (2003) entspricht damit der sog ***„fresh start“*-Methode,** die für die Bewertung dieser Verpflichtungen im Rahmen von Unternehmenserwerben nach IFRS 3.B16(h) (2004) vorgeschrieben ist.

Das Wahlrecht des IFRS 1.D10 (2008)/IFRS 1.20 (2003) für versicherungs- 86
mathematische Gewinne und Verluste gilt jedoch nicht für noch zu amortisierenden **nachzuverrechnenden Dienstzeitaufwand,** der grds linear über den Zeitraum bis zum Eintritt der Unverfallbarkeit der Anwartschaften erfolgswirksam zu erfassen ist (IAS 19.96). Ein noch zu amortisierender Betrag ist demnach

retrospektiv zu ermitteln und ab dem Stichtag der IFRS-Eröffnungsbilanz entspr aufwandswirksam zu erfassen.

87 IAS 19.93A beinhaltet das Wahlrecht, **versicherungsmathematische Gewinne und Verluste** in der Periode ihres Entstehens **erfolgsneutral im Eigenkapital** zu erfassen. Auch in diesem Fall wären die versicherungsmathematischen Gewinne und Verluste retrospektiv seit der Zusage der Leistungen zu ermitteln, da der entspr Betrag nach IAS 19.120A(i) im Anhang anzugeben ist. Das in IFRS 1.D10 (2008)/IFRS 1.20 (2003) verankerte Wahlrecht zur Erfassung aller versicherungsmathematischen Gewinne und Verluste in der IFRS-Eröffnungsbilanz – auch bei späterer Anwendung der Korridormethode – kann uE auch in Bezug auf das Wahlrecht in IAS 19.93A angewendet werden, dh diese Methode des Ausweises der versicherungsmathematischen Gewinne und Verluste kann gewählt werden, wenn in der IFRS-Eröffnungsbilanz alle versicherungsmathematischen Gewinne und Verluste nach IFRS 1.D10 (2008)/IFRS 1.20 (2003) erfasst sind (so wohl auch *Baetge/Bischof/Matena* in Baetge ua IFRS-Komm[2] IFRS 1 Rz 117).

88 Nach IAS 19.120A(p) sind für leistungsorientierte Pläne im Anhang ua Angaben zum Barwert der leistungsorientierten Verpflichtung, zum beizulegenden Zeitwert des Planvermögens sowie erfahrungsbedingten Anpassungen der Verpflichtungen und des Planvermögens jeweils für das Berichtsjahr und die vier vorangegangenen Geschäftsjahre anzugeben. Die Angaben für die vor dem Umstellungszeitpunkt liegenden Jahre wären für einen erstmaligen IFRS-Anwender, der das Wahlrecht des IFRS 1.D10 (2008)/IFRS 1.20 (2003) in Anspruch nimmt, nicht ermittelbar. Das **Wahlrecht in IFRS 1.D11 (2008)/IFRS 1.20A (2003)** gestattet es einem erstmaligen IFRS-Anwender, diese Anhangangaben nur prospektiv ab dem Zeitpunkt des Übergangs auf die IFRS zu machen (vgl *Baetge/Bischof/Matena* in Baetge ua IFRS-Komm[2] IFRS 1 Rz 121).

89 Bei der erstmaligen Bilanzierung nach IFRS sind drei **Zeitpunkte für die Bewertung der Altersversorgungspläne** relevant:

(1) der Zeitpunkt des Übergangs zur Bilanzierung nach IFRS (IFRS-Eröffnungsbilanz),
(2) der Bilanzstichtag des Vergleichsjahrs und
(3) der Bilanzstichtag des Geschäftsjahrs der erstmaligen Anwendung der IFRS.

90 Grds wäre zu jedem der drei Stichtage eine versicherungsmathematische Bewertung der Pensionsverpflichtung durchzuführen. Um diesen Aufwand zu begrenzen, ist es nach IFRS 1.BC51 (2008)/IFRS 1.BC51 (2003) sowie IFRS 1.IG21 (2008)/IFRS 1.IG21 (2003) zulässig, eine **Bewertung** nach versicherungsmathematischen Grundsätzen **nur für einen oder zwei der genannten drei Stichtage** durchzuführen und die Wertansätze für den oder die anderen Stichtage durch Rückrechnung oder Fortschreibung zu ermitteln. Die Rückrechnung oder Fortschreibung muss jedoch entspr IAS 19.57 wesentliche eingetretene Geschäftsvorfälle oder andere wesentliche Änderungen (Änderungen der Marktwerte und Zinssätze) zwischen den Stichtagen berücksichtigen.

4. Kumulierte Währungsumrechnungsdifferenzen

91 Grds sind für die Fremdwährungsumrechnung im Rahmen der IFRS-Eröffnungsbilanz diejenigen IFRS retrospektiv anzuwenden, die zum Ende des Geschäftsjahrs der erstmaligen Anwendung der IFRS als Grundlage der Rechnungslegung gelten. Die Fremdwährungsumrechnungsdifferenzen müssten nach der in IAS 21 vorgeschriebenen Methode für die Vergangenheit seit dem Bestehen der jeweiligen Fremdwährungsposten ermittelt werden.

IAS 21 regelt die **Umrechnung von Abschlüssen ausländischer Geschäftsbetriebe.** Posten in fremder Währung sind in die funktionale Währung des ausländischen Geschäftsbetriebs unter Anwendung der Zeitbezugsmethode umzurechnen, während es sich bei der Umrechnung der funktionalen Währung des ausländischen Geschäftsbetriebs in die Berichtswährung um einen Transformationsprozess handelt, der das Ergebnis des berichtenden Unternehmens nicht beeinflussen darf. Diese Differenzen aus der Umrechnung der funktionalen Währung des ausländischen Geschäftsbetriebs in die Berichtswährung des MU sind nach IAS 21.39 ebenso wie die Differenzen aus der Umrechnung monetärer Posten als Teil einer **Nettoinvestition in eine ausländische Teileinheit** nach IAS 21.15 und IAS 21.32 erfolgsneutral in einem gesonderten Posten im Eigenkapital zu erfassen. 92

Nach IFRS 1.D13 (2008)/IFRS 1.22 (2003) braucht ein Unternehmen in der IFRS-Eröffnungsbilanz diese Vorschriften für die Behandlung **kumulierter Fremdwährungsumrechnungsdifferenzen ausländischer Geschäftsbetriebe** nicht zu beachten. Derartige kumulierte Fremdwährungsumrechnungsdifferenzen ausländischer Geschäftsbetriebe werden bei Ausübung des Wahlrechts in der IFRS-Eröffnungsbilanz mit null angesetzt. Zum Bilanzstichtag des als Vergleichszahlen dargestellten Abschlusses des Vorjahrs und zum Bilanzstichtag des Geschäftsjahrs, in dem die IFRS erstmals als Grundlage der Rechnungslegung angewendet werden, sind die kumulierten Fremdwährungsdifferenzen prospektiv nach IAS 21.39 für die bestehenden ausländischen Geschäftsbetriebe zu berechnen und als gesonderter Posten des Eigenkapitals auszuweisen. Dem Wortlaut des IFRS 1.D13 (2008)/IFRS 1.22 (2003) nach gilt diese Ausnahmeregelung nur für die kumulierten Fremdwährungsumrechnungsdifferenzen ausländischer Geschäftsbetriebe. Nach IFRS 1.BC53 (2008)/IFRS 1.BC53 (2003) scheint dies jedoch auch für solche Umrechnungsdifferenzen zu gelten, die aus der Umrechnung monetärer Posten als Teil einer **Nettoinvestition in eine ausländische Teileinheit** nach IAS 21.15 resultieren. Da derartige Differenzen im Konzernabschluss (IAS 21.32) ebenso zu behandeln sind wie Differenzen aus der Fremdwährungsumrechnung ausländischer Geschäftsbetriebe nach IAS 21.39 dürfen diese bei Inanspruchnahme des Wahlrechts des IFRS 1.D13 (2008)/IFRS 1.22 (2003) ebenso in der IFRS-Eröffnungsbilanz mit null angesetzt werden (ebenso *ADS*[1] Abschn 3a Rz 127; *Baetge/Bischof/Matena* in Baetge ua IFRS-Komm[2] IFRS 1 Rz 126). 93

Sofern ein Unternehmen dieses **Wahlrecht** in Anspruch nimmt, muss es dies **für alle ausländischen Geschäftsbetriebe und Nettoinvestitionen in ausländische Teileinheiten** machen. Es braucht dabei jedoch nicht nachzuweisen, dass die retrospektive Ermittlung der kumulierten Fremdwährungsumrechnungsdifferenzen nach IAS 21 zu unverhältnismäßigen Kosten führen würde. 94

Beispiel: Ein MU A (mit zwei ausländischen TU B und C), das bisher ausschließlich nach HGB bilanziert hat und bei dem das Wirtschaftsjahr mit dem Kalenderjahr übereinstimmt, entscheidet sich dazu, den Konzernabschluss zum 31. Dezember X2 nach IFRS als primärer Grundlage der Rechnungslegung aufzustellen. In der IFRS-Eröffnungsbilanz zum 1. Januar X1 wäre eine kumulierte Fremdwährungsumrechnungsdifferenz in Bezug auf B und C mit null anzusetzen. Im Abschluss zum 31. Dezember X1 wäre eine kumulierte Fremdwährungsumrechnungsdifferenz in Bezug auf B und C erfolgsneutral im sonstigen Ergebnis auszuweisen, die der Veränderung der Wechselkurse zwischen funktionaler Währung und Berichtswährung vom 1. Januar X1 bis zum 31. Dezember X1 entspricht. Analog wäre im Abschluss zum 31. Dezember X2 eine kumulierte Fremdwährungsumrechnungsdifferenz in Bezug auf B und C erfolgsneutral im kumulierten sonstigen Ergebnis auszuweisen, die der Veränderung der Wechselkurse zwischen funktionaler Währung und Berichtswährung vom 1. Januar X1 bis zum 31. Dezember X2 entspricht.

95 Bei Anwendung des Wahlrechts des IFRS 1.D13 (2008)/IFRS 1.22 (2003), die kumulierten Umrechnungsdifferenzen in der IFRS-Eröffnungsbilanz mit null anzusetzen, sind die **nach bisherigen Rechnungslegungsgrundsätzen bilanzierten Währungsumrechnungsdifferenzen auszubuchen** und in die Gewinnrücklagen umzugliedern.

96 Das Wahlrecht des IFRS 1.D13 (2008)/IFRS 1.22 (2003) befreit jedoch nicht davon, IAS 21 im Übrigen retrospektiv anzuwenden. Das bedeutet, dass das Prinzip der Fremdwährungsumrechnung der funktionalen Währungsumrechnung nach IAS 21 entsprechen muss. Sollte in der Vergangenheit eine unzutreffende funktionale Währung für die Fremdwährungsumrechnung verwendet worden sein, zB wurde der Abschluss des ausländischen TU in Landeswährung aufgestellt und mittels Stichtagskursmethode in die Berichtswährung Euro umgerechnet, während sich nach IAS 21 die Berichtswährung Euro als funktionale Währung darstellt, muss der Abschluss des ausländischen TU retrospektiv nach IAS 21 so berichtigt werden, als wenn er schon immer in der funktionalen Währung Euro aufgestellt worden wäre (vgl *Baetge/Bischof/Matena* in Baetge ua IFRS-Komm[2] IFRS 1 Rz 130).

5. Zusammengesetzte Finanzinstrumente

97 Der Emittent eines zusammengesetzten Finanzinstruments (zB Wandelschuldverschreibung), das sowohl Eigen- als auch Fremdkapitalelemente enthält, hat diese nach IAS 32.28 getrennt darzustellen. Durch die retrospektive Anwendung des IAS 32 wäre es erforderlich, diese beiden **Bestandteile zu Beginn der Emission des Finanzinstruments zu separieren** und diese Bestandteile bis zum Stichtag der IFRS-Eröffnungsbilanz weiterzuentwickeln. Sofern die Fremdkapitalkomponente zum Stichtag der IFRS-Eröffnungsbilanz noch nicht bzw nicht vollständig getilgt ist, sind in der IFRS-Eröffnungsbilanz zwei unterschiedliche Bestandteile im Eigenkapital zu erfassen und die noch ausstehende Fremdkapitalkomponente im Fremdkapital. Die erste Komponente des Eigenkapitals besteht aus dem ursprünglichen Eigenkapitalbestandteil des strukturierten Finanzinstruments bei dessen Emission. Die zweite Komponente des Eigenkapitals stellt die kumulierten Zinsen des Fremdkapitalbestandteils dar. Sofern die Fremdkapitalkomponente zum Zeitpunkt der IFRS-Eröffnungsbilanz nicht mehr zu passivieren ist, weil keine Verpflichtung mehr besteht, würden sich nach IAS 32 nur die beiden vorgenannten Eigenkapitalkomponenten ergeben.

98 IFRS 1.D18 (2008)/IFRS 1.23 (2003) erlaubt es Unternehmen, auf die **separate Ermittlung der beiden Eigenkapitalkomponenten** zu verzichten, wenn die Fremdkapitalkomponente eines strukturierten Finanzinstruments zum Stichtag der IFRS-Eröffnungsbilanz nicht mehr bilanzierungspflichtig ist. Die nach IAS 32 vorzunehmende retrospektive Ermittlung der Eigenkapitalkomponenten würde nur zu einer Umbuchung zwischen Kapitalrücklage und Gewinnrücklagen führen.

6. Anteile an Tochterunternehmen, gemeinschaftlich geführten Unternehmen und assoziierten Unternehmen im Einzelabschluss des Mutterunternehmens

99 Im Mai 2008 wurde IFRS 1 um ein Wahlrecht in Bezug auf die Bilanzierung von Anteilen an TU, gemeinschaftlich geführten Unternehmen und assoziierten Unternehmen im separaten Einzelabschluss des MU erweitert. Nach IAS 27.38 (2008)/IAS 27.37 (2003) sind Anteile an derartigen Unternehmen im Einzelabschluss des MU entweder zu **Anschaffungskosten** oder nach **IAS 39** zu bi-

lanzieren. Die Definition der Anschaffungskosten in IAS 27.4 (2008)/IAS 27.4 (2003) beinhaltete bisher eine Regelung, derzufolge der Anteilseigner Erträge aus Ausschüttungen nur dann erfolgswirksam erfassen darf, wenn sie aus nach dem Anteilserwerb erwirtschafteten Ergebnissen resultieren. Bei Beteiligungen, die seit vielen Jahren gehalten werden, kann es im Einzelfall schwierig sein, die nach IAS 27 zutreffenden Anschaffungskosten zu ermitteln, da sämtliche Ausschüttungen der Vergangenheit daraufhin untersucht werden müssten, ob sie nach IAS 27.4 (2008)/IAS 27.4 (2003) als Beteiligungserträge erfasst werden durften oder als Minderung der Anschaffungskosten bilanziert werden mussten.

Da diese Untersuchungen erhebliche Zeit in Anspruch nehmen bzw Kosten **100** verursachen können und es zT unmöglich sein dürfte, die zutreffenden Anschaffungskosten nach IAS 27.4 (2008)/IAS 27.4 (2003) zu ermitteln, wurde in IFRS 1.D1 (2008)/IFRS 1.13 (2003) ein neues Wahlrecht zur Bilanzierung von Anteilen an TU, gemeinschaftlich geführten Unternehmen und assoziierten Unternehmen im separaten Einzelabschluss des MU eingeführt. Nach dem neu eingefügten IFRS 1.D14 (2008)/IFRS 1.23A (2003) sind derartige Beteiligungen entweder mit den Anschaffungskosten oder nach IAS 39 zu bewerten. Wenn ein erstmaliger IFRS-Bilanzierer die Beteiligungen zu Anschaffungskosten ansetzt, hat er das Wahlrecht, die Beteiligungen zu Anschaffungskosten iSv IAS 27 oder zu unterstellten Anschaffungskosten *(deemed cost)* anzusetzen. Als unterstellte Anschaffungskosten kann nach IFRS 1.D15 (2008)/IFRS 1.23B (2003) alternativ – jeweils zum Stichtag der IFRS Eröffnungsbilanz – entweder der beizulegende Zeitwert nach IAS 39 oder der bisherige Buchwert nach HGB verwendet werden.

Sofern von dem neuen Wahlrecht, das erstmals für Geschäftsjahre ab dem **101** 1. Januar 2009 angewendet werden darf (vorzeitige Anwendung ist aber zulässig) Gebrauch gemacht wird und entspr Beteiligungen im Einzelabschluss des MU zu **unterstellten Anschaffungskosten** angesetzt werden, ist im Anhang nach IFRS 1.31 (2008)/IFRS 1.44A (2003) Folgendes anzugeben:

(1) der Gesamtbetrag der zum bisherigen Buchwert nach HGB angesetzten Beteiligungen,
(2) der Gesamtbetrag der zum beizulegenden Zeitwert als unterstellte Anschaffungskosten angesetzten Beteiligungen,
(3) der Gesamtbetrag der Anpassungen der bisherigen Buchwerte der Beteiligungen nach HGB zu den Wertansätzen in der IFRS-Eröffnungsbilanz.

7. Unterschiedliche Erstanwendungszeitpunkte von Mutterunternehmen und Tochterunternehmen

IFRS 1.D16 (2008)/IFRS 1.24 (2003) und IFRS 1.D17 (2008)/IFRS 1.25 **102** (2003) adressieren das Problem **abweichender Stichtage der erstmaligen vollständigen IFRS-Bilanzierung** zwischen MU, TU, Gemeinschafts- und assoziierten Unternehmen sowie dem Einzel- und Konzernabschluss des MU. Durch die Ausnahmeregelungen und Verbote der retrospektiven Bilanzierung in IFRS 1 kommt es in der IFRS-Eröffnungsbilanz zu anderen Wertansätzen als bei vollständiger retrospektiver Anwendung der IFRS.

Für ein **Konzernunternehmen, das in seinem Abschluss später als** **103** **das MU** im Konzernabschluss die IFRS erstmalig vollständig anwendet, sieht IFRS 1.D16 (2008)/IFRS 1.24 (2003) zwei Alternativen der Bilanzierung vor: Nach IFRS 1.D16(a) (2008)/IFRS 1.24(a) (2003) kann das Konzernunternehmen in diesem Fall die Vermögenswerte und Schulden in seiner IFRS-Eröffnungsbilanz mit den Buchwerten ansetzen, mit denen diese Vermögenswerte und Schulden in der IFRS-Konzernbilanz des MU angesetzt werden, vorbehaltlich der Konsolidierungsbuchungen und der Anpassungsbuchungen, die im Konzernabschluss zur Abbildung des Unternehmenszusammenschlusses erfasst wurden. Der Wertansatz dürfte somit den Wertansätzen der Vermögenswerte und Schulden im IFRS-Konzernberichtspaket (sog HB II bzw Summenabschluss) entsprechen.

104 Alternativ können die Vermögenswerte und Schulden in der IFRS-Eröffnungsbilanz des Konzernunternehmens mit den **Buchwerten** angesetzt werden, die sich aus den **Vorschriften des IFRS 1** ergeben. Bei dieser Alternative können sich Abweichungen ggü der ersten Alternative ergeben, wenn sich aus den Erleichterungsvorschriften des IFRS 1 Wertansätze ergeben, die vom gewählten Tag des Übergangs zur IFRS-Bilanzierung abhängen (zB Ansatz von Sachanlagen zum beizulegenden Zeitwert nach IFRS 1.D5 (2008)/IFRS 1.16 (2003)). Ferner können Abweichungen dadurch begründet sein, dass das TU in seiner IFRS-Eröffnungsbilanz sonstige Bilanzierungswahlrechte anders ausübt als das MU (zB Bilanzierung der Sachanlagen nach der alternativ zulässigen Methode in IAS 16). Unabhängig von der gewählten Methode des TU nach IFRS 1.D16 (a) oder (b) (2008)/IFRS 1.24 (a) oder (b) (2003) bleibt der Buchwert der Vermögenswerte und Schulden in der IFRS-Konzernbilanz des MU unverändert (vgl IFRS 1.IG29 Example 8 (2008)/IFRS 1.IG29 Example 8 (2003)).

105 Die beiden vorgenannten alternativen Bilanzierungsmethoden des IFRS 1.D16 (2008)/IFRS 1.24 (2003) stehen **TU, Gemeinschafts- oder assoziierten Unternehmen** offen, die später als das Unternehmen, von dem sie beherrscht bzw unter dessen gemeinsamer Führung sie stehen bzw das einen maßgeblichen Einfluss auf sie ausüben kann, ihre eigenen Abschlüsse vollständig nach IFRS aufstellen.

106 Im umgekehrten Fall, in dem ein **MU seinen Konzernabschluss später als das TU,** Gemeinschafts- oder assoziierte Unternehmen vollständig nach IFRS aufstellt, bleibt das MU an die Wertansätze gebunden, die die Vermögenswerte und Schulden in den Abschlüssen nach IFRS des TU, Gemeinschafts- oder assoziierten Unternehmens haben (IFRS 1.D17 (2008)/IFRS 1.25 (2003)). Anpassungen sind nur erforderlich für vorzunehmende Konsolidierungsbuchungen bzw zur Abbildung des Unternehmenszusammenschlusses (vgl IFRS 1.IG29 Example 9 (2008)/IFRS 1.IG29 Example 9 (2003)). Dies gilt jedoch nicht für Vermögenswerte und Schulden, die das TU vor dem Übergangszeitpunkt des MU zu IFRS durch Unternehmenserwerbe erworben hat (IFRS 1.IG30(a) (2008)/IFRS 1.IG30(a) (2003)). Zu derartigen Unternehmenserwerben gehört einerseits der Erwerb des TU durch das MU aber andererseits auch weitere Unternehmenserwerbe durch das TU. Für alle Vermögenswerte und Schulden, die aus derartigen Unternehmenserwerben vor dem Übergangszeitpunkt des MU resultieren, gilt das Wahlrecht des IFRS 1. IFRS 1.C (2008)/IFRS 1.15 (2003) iVm IFRS 1.B (2003) (vgl Rz 52ff) und IFRS 1.D17 (2008)/IFRS 1.25 (2003) sind insoweit nicht anwendbar (vgl *IDW* RS HFA 19 Rz 15).

Infolge des Wahlrechts des IFRS 1.D10 (2008)/IFRS 1.20 (2003) zur Erfassung versicherungsmathematischer Gewinne und Verluste und den Regelungen des IFRS 1.D17 (2008)/IFRS 1.25 (2003) ergeben sich Wechselwirkungen: Sofern das TU nach seinem Übergang zur IFRS-Bilanzierung die Korridormethode zur Erfassung versicherungsmathematischer Gewinne und Verluste nutzt und das MU bei seinem Übergang zur IFRS Bilanzierung das Wahlrecht in IFRS 1.D10 (2008)/IFRS 1.20 (2003) zur vollständigen Erfassung versicherungsmathematischer Gewinne und Verluste nutzt, ist wie folgt zu differenzieren (vgl *IDW* RS HFA 19 Rz 21):

(1) Wenn das MU nach dem Übergang zur IFRS-Bilanzierung ebenfalls die Korridormethode anwendet, dürfen die zum Zeitpunkt des Übergangs des

MU vorhandenen nicht bilanzierten versicherungsmathematischen Gewinne und Verluste des TU beim MU nicht bilanziert werden; es sind nach IFRS 1.D17 (2008)/IFRS 1.25 (2003) die Buchwerte der Pensionsrückstellungen des TU zu übernehmen.

(2) Wenn das MU nach dem Übergang zur IFRS-Bilanzierung alle versicherungsmathematischen Gewinne und Verluste sofort erfasst, müssen auch die zum Zeitpunkt des Übergangs des MU vorhandenen nicht bilanzierten versicherungsmathematischen Gewinne und Verluste des TU vollständig erfasst werden; es handelt sich um eine Vereinheitlichung der Bilanzierungs- und Bewertungsmethoden im Konzern, die nach IFRS 1.D17 (2008)/IFRS 1.25 (2003) als Konsolidierungsanpassung erforderlich ist.

Ein **MU, das in seinem Einzelabschluss später als in seinem Konzernabschluss** vollständig nach IFRS bilanziert, hat in seiner IFRS-Eröffnungsbilanz die Vermögenswerte und Schulden mit den Wertansätzen zu erfassen, mit denen diese, vorbehaltlich der Konsolidierungsbuchungen, in der IFRS-Konzernbilanz ausgewiesen werden (IFRS 1.D17 (2008)/IFRS 1.25 (2003)). 107

Das Wahlrecht des IFRS 1.D16 (2008)/IFRS 1.24 (2003) gilt nach hM sowohl für zeitlich nachgelagert aufgestellte erstmalige IFRS-**Einzelabschlüsse als auch Teilkonzernabschlüsse** von TU, assoziierten Unternehmen und Gemeinschaftsunternehmen. Ebenso gilt die Verpflichtung des IFRS 1.D17 (2008)/IFRS 1.25 (2003), für den zeitlich nachgelagerten erstmaligen IFRS-Konzernabschluss eines MU, die Wertansätze aus bereits vorhandenen IFRS-Einzelabschlüssen und Teilkonzernabschlüssen von TU, assoziierten Unternehmen und Gemeinschaftsunternehmen zu beachten. In der redaktionell überarbeiteten Fassung des IFRS 1 des IASB wurde zwischenzeitlich der Begriff *„separate financial statements"* in IFRS 1.D16 (2008)/IFRS 1.24 (2003) und IFRS 1.D17 (2008)/IFRS 1.25 (2003) durch *„financial statements"* ersetzt. Dadurch wird deutlich, dass hier sowohl Einzel- als auch Teilkonzernabschlüsse gemeint sind (*ADS*[1] Abschn 3a Rz 127; *Böcking/Busam/Dietz* Der Konzern 2003, 457; *Hayn/Bösser/Pilhofer* BB 2003, 1607). 108

8. Klassifizierung von bisher bereits angesetzten Finanzinstrumenten

Durch IAS 39 wurde Unternehmen die Möglichkeit eingeräumt, bestimmte Arten von Finanzinstrumenten (IAS 39.9) bei ihrer erstmaligen Erfassung in die neu eingefügte Gruppe der **erfolgswirksam zum beizulegenden Zeitwert bewerteten finanziellen Vermögenswerte und Schulden** oder die Kategorie **zur Veräußerung verfügbare finanzielle Vermögenswerte** einzuordnen. Diese von der Unternehmensleitung zu treffende Klassifizierung darf nach den Vorschriften des IAS 39.9 nur bei der erstmaligen Erfassung derartiger finanzieller Vermögenswerte und Schulden erfolgen. Nach IFRS 1.D19 (2008)/IFRS 1.25A (2003) darf dieses Wahlrecht der Klassifizierung jedoch auch bei der **Klassifizierung der finanziellen Vermögenswerte und Schulden im Rahmen der IFRS-Eröffnungsbilanz** ausgeübt werden, dh zu einem Zeitpunkt nach der ursprünglichen ersten bilanziellen Erfassung. Hierdurch kann das Unternehmen bei der Aufstellung der IFRS-Eröffnungsbilanz die Entscheidung treffen, welche finanziellen Vermögenswerte und Schulden zukünftig zum beizulegenden Zeitwert bilanziert werden sollen und bei welchen finanziellen Vermögenswerten und Schulden die zukünftigen Veränderungen des beizulegenden Zeitwerts erfolgswirksam bzw erfolgsneutral erfasst werden sollen. 109

Nach IFRS 1.D19(a) (2008)/IFRS 1.25A(a) (2003) kann ein Unternehmen nunmehr beliebig einen finanziellen Vermögenswert zum Stichtag der IFRS-Eröffnungsbilanz in die Kategorie **zur Veräußerung verfügbare finanzielle** 110

Vermögenswerte einordnen. IFRS 1.D19(b) (2008)/IFRS 1.25A (b) bis (d) (2003) regeln die Einordnung in die Kategorie **erfolgswirksam zum beizulegenden Zeitwert bewertete finanzielle Vermögenswerte und Schulden,** die nach IFRS 1.D19(b) (2008) erfolgen darf, sofern die Voraussetzungen der Absätze 9(b)(i), 9(b)(ii) oder 11A des IAS 39 zum Zeitpunkt der IFRS-Eröffnungsbilanz erfüllt sind. IFRS 1.25A (2003) differenziert je nach dem Zeitpunkt des Übergangs zur IFRS-Bilanzierung. Bei einer IFRS-Eröffnungsbilanz ab dem 1. September 2006 sind die Regelungen des IAS 39 uneingeschränkt anzuwenden. Bei einer IFRS-Eröffnungsbilanz vor dem 1. September 2006 sind spezifische Übergangsvorschriften in IFRS 1.25A(b) bis (e) (2003) zu beachten. Hierzu wird auf die Kommentierung in der Vorauflage unter § 43 Rz 110 ff verwiesen.

111–113 *einstweilen frei*

9. Aktienbasierte Vergütungen

114 IFRS 2 regelt die Bilanzierung von aktienbasierten Vergütungen (s § 24). Darunter fallen von einem Unternehmen für eine erhaltene Leistung oder bezogene Güter gewährte **Eigenkapitalinstrumente** (Aktien, Aktienoptionen etc) oder **Barvergütungen,** deren Höhe auf dem Wert von Eigenkapitalinstrumenten basiert (*stock appreciation rights*, virtuelle Aktien etc); ferner fallen hierunter Mischformen, bei denen entweder das Unternehmen oder der die Leistung erbringende bzw die Güter liefernde Partner wählen kann zwischen einer Vergütung in Form von Eigenkapitalinstrumenten oder in bar (IFRS 2.2). Die Regelungen des IFRS 2 sind für Geschäftsjahre anzuwenden, die ab dem 1. Januar 2005 beginnen. IFRS 2.53 ff enthalten detaillierte Übergangsvorschriften, die über die Wahlrechte des IFRS 1.D2 (2008)/IFRS 1.25B (2003) und IFRS 1.D3 (2008)/IFRS 1.25C (2003) im Wesentlichen auch für einen erstmaligen IFRS-Anwender gelten.

115 Für einen erstmaligen IFRS-Anwender mit einer Berichtsperiode, die am 1. Januar 2008 beginnt, wäre grds eine **retrospektive Bilanzierung aller aktienbasierten Transaktionen erforderlich**, da die Übergangsvorschriften des zum 31. Dezember 2005 anzuwendenden IFRS 2 nach IFRS 1.9 (2008)/IFRS 1.9 (2003) nicht beim Übergang zur erstmaligen IFRS-Bilanzierung anzuwenden sind. Durch die **Wahlrechte des IFRS 1.D2 (2008)/IFRS 1.25B (2003) und IFRS 1.D3 (2008)/IFRS 1.25C (2003)** wird erreicht, dass ein erstmaliger IFRS-Anwender in Bezug auf die Bilanzierung aktienbasierter Vergütungen mit einem bereits seit längerem nach IFRS bilanzierenden Unternehmen **gleich gestellt** wird.

116 Die Vorschriften des IFRS 1.D2 (2008)/IFRS 1.25B (2003) und IFRS 1.D3 (2008)/IFRS 1.25C (2003) unterscheiden zwischen aktienbasierten Vergütungen mit Ausgleich in Form von Eigenkapitalinstrumenten und solchen Vergütungen mit Barausgleich. **Bei Inanspruchnahme des Wahlrechts** in IFRS 1.D2 (2008)/IFRS 1.25B (2003) muss ein Unternehmen **nicht die Vorschriften des IFRS 2** in Bezug auf folgende gewährte Eigenkapitalinstrumente anwenden:

(1) vor dem 7. November 2002 gewährte Eigenkapitalinstrumente (IFRS 1.D2 Satz 1 (2008)/IFRS 1.25B Satz 1 (2003)) und

(2) sämtliche nach dem 7. November 2002 gewährten Eigenkapitalinstrumente, die entweder bis zum Tag der IFRS-Eröffnungsbilanz oder dem 1. Januar 2005 (je nachdem, was später eintritt) ausübbar wurden.

117 IFRS 1.D2 (2008)/IFRS 1.25B Satz 4 (2003) stellt klar, dass für alle vor dem 7. November 2002 gewährten Eigenkapitalinstrumente jedoch die Anhangangabepflichten des IFRS 2.44 und IFRS 2.45 zu beachten sind. IFRS 1.D2

(2008)/IFRS 1.25B Satz 5 (2003) enthält ein weiteres Wahlrecht, demzufolge ein IFRS-Erstanwender, der die **Vertragsbedingungen für bestimmte gewährte Eigenkapitalinstrumente ändert,** auf die IFRS 2 nicht angewendet wurde, die IFRS 2.26 ff für derartige Bewertungsänderungen nicht anzuwenden braucht, vorausgesetzt die Änderungen der Vertragsbedingungen sind vor dem Tag der IFRS-Eröffnungsbilanz oder dem 1. Januar 2005 (je nachdem, was später eintritt) erfolgt. IFRS 1.D2 (2008) enthält keinen Bezug mehr zum 1. Januar 2005, da dies aufgrund der zeitlichen Anwendungsvorschriften des geänderten IFRS 1 (ab 1. Juli 2009) nicht mehr sachgerecht erscheint.

Folgt ein Unternehmen der Empfehlung des IFRS 1.D2 (2008)/IFRS 1.25B 118 (2003) und **wendet es den IFRS 2 vorzeitig** auf zB **vor dem 7. November 2002 gewährte Eigenkapitalinstrumente an,** dann kann es das nur unter Beachtung des IFRS 1.D2 (2008)/IFRS 1.25B Satz 3 (2003) machen: Eine frühere Anwendung des IFRS 2 ist nur zulässig, wenn das Unternehmen den beizulegenden Zeitwert der Eigenkapitalinstrumente am Bewertungsstichtag lt Definition des IFRS 2 offen gelegt hat. Das bedeutet, dass der beizulegende Zeitwert zum Bewertungszeitpunkt nach IFRS 2.16 ff ermittelt werden musste und bereits in der Vergangenheit veröffentlicht wurde. Es ist nicht ausreichend, wenn die Veröffentlichung in dem Jahr der Gewährung oder des erstmaligen IFRS-Abschlusses erfolgt (*Andrejewski/Böckem* KoR 2004, 332). Diese Veröffentlichung kann zB in einem bisherigen nach US-GAAP aufgestellten Abschluss erfolgt sein, in dem diese beizulegenden Zeitwerte nach SFAS 123 anzugeben waren (IFRS 2.IG8; *ADS*[1] Abschn 3a Rz 166; *Baetge/Bischof/Matena* in Baetge ua IFRS-Komm[2] IFRS 1 Rz 163).

Für aus aktienbasierten Vergütungen resultierende Verbindlichkeiten (aufgrund 119 von Barvergütungen) gewährt IFRS 1.D3 (2008)/IFRS 1.25C (2003) das **Wahlrecht,** diese nicht nach IFRS 2 zu bilanzieren, sofern die Verbindlichkeiten entweder bis zum Stichtag der IFRS-Eröffnungsbilanz oder zum 1. Januar 2005 beglichen sind.

Die Wahlrechte des IFRS 1.D2 (2008)/IFRS 1.25B (2003) und IFRS 1.D3 120 (2008)/IFRS 1.25C (2003) können **individuell** auf einzelne aktienbasierte Transaktionen angewendet werden. Es ist nicht erforderlich, die Wahlrechte einheitlich auf alle aktienbasierten Transaktionen anzuwenden (*IDW* RS HFA 19 Rz 22). Soweit die erforderlichen Informationen nach IFRS 1.D2 (2008)/IFRS 1.25B (2003) (veröffentlichte beizulegende Zeitwerte der Eigenkapitalinstrumente) nicht vorliegen, muss ein Erstanwender von dem Wahlrecht des IFRS 1.D2 (2008)/IFRS 1.25B (2003) Gebrauch machen und darf den IFRS 2 auf diese Eigenkapitalinstrumente nicht früher anwenden (*ADS*[1] Abschn 3a Rz 169).

10. Versicherungsverträge

Der erste Teil des zweiphasigen Versicherungsprojekts wurde mit IFRS 4 im 121 März 2004 veröffentlicht (s § 40). IFRS 4 ist nach IFRS 4.41 für Geschäftsjahre anzuwenden, die ab dem 1. Januar 2005 beginnen, wobei eine frühere Anwendung empfohlen wird. Die **Übergangsvorschriften des IFRS 4** sind nach IFRS 4.40 sowohl für bereits nach IFRS bilanzierende Unternehmen als auch **für IFRS-Erstanwender anzuwenden.** Da die Übergangsvorschriften einzelner IFRS nach IFRS 1.9 (2008)/IFRS 1.9 (2003) jedoch nicht für einen IFRS-Erstanwender gelten, stellt IFRS 1.D4 (2008)/IFRS 1.25D (2003) explizit klar, dass ein erstmaliger IFRS-Anwender neben der vollständigen retrospektiven Anwendung des IFRS 4 auch die Übergangsvorschriften des IFRS 4 anwenden kann.

122 Die **Übergangsvorschriften** des IFRS 4.42ff enthalten folgende Regelungen:

(1) Der erstmalige IFRS-Anwender kann auf die Angabe von Ansprüchen nach IFRS 4.39(c)(iii) verzichten, sofern diese Ansprüche früher als fünf Jahre vor dem Ende des Geschäftsjahrs aufgetreten sind, in dem IFRS 4 erstmals angewendet wird (IFRS 4.44).

(2) Nach IFRS 4.45 kann ein erstmaliger IFRS-Anwender einige oder alle seiner finanziellen Vermögenswerte in die Kategorie erfolgswirksam zum beizulegenden Zeitwert bewertete finanzielle Vermögenswerte und Schulden einstufen, wenn er seine Bilanzierungs- und Bewertungsmethoden für Versicherungsverbindlichkeiten ändert.

123 IFRS 4.42 und IFRS 4.44 beinhalten ferner Befreiungen von der Angabe bestimmter Vorjahresvergleichsinformationen, die sich auf vor dem 1. Januar 2005 beginnende Geschäftsjahre beziehen.

11. Rückstellungen für Entsorgungs-, Wiederherstellungs- und ähnliche Verpflichtungen

124 IFRIC 1 regelt die Veränderung von bestehenden Rückstellungen für Entsorgungs-, Wiederherstellungs- und ähnlichen Verpflichtungen und ist für Geschäftsjahre anzuwenden, die ab dem 1. September 2004 beginnen (vgl § 5 Rz 51ff). Für IFRS-Erstanwender mit einem ersten Berichtsjahr, das am 1. Januar 2008 beginnt, ist **IFRIC 1** somit grds **retrospektiv** anzuwenden. IFRIC 1 regelt, dass bei Änderungen von Entsorgungsverpflichtungen, die Bestandteil der Anschaffungskosten einer Sachanlage sind, aufgrund von veränderten Kostenschätzungen oder Änderungen in Diskontierungssätzen, die sich ergebenden Anpassungsbeträge von dem Buchwert der Sachanlagen zu subtrahieren oder ggf hinzuzufügen sind und dass der angepasste Buchwert der Sachanlagen über die jeweilige Restnutzungsdauer abgeschrieben wird. Die Überprüfung der Wertentwicklung der Entsorgungsrückstellung muss bei vollständig retrospektiver Anwendung des IFRIC 1 zu jedem Bilanzstichtag zwischen Entstehen der Entsorgungsverpflichtung und dem Übergang zur IFRS-Bilanzierung erfolgen, wobei Anpassungsbeträge jeweils nur prospektiv über die jeweilige Restnutzungsdauer der Anlagen abgeschrieben werden dürfen. Diese retrospektive Ermittlung für jede Anlage, bei der eine Entsorgungsverpflichtung gegeben ist, kann sehr aufwändig sein. Daher wurde das **Wahlrecht in IFRS 1.D21 (2008)/IFRS 1.25E (2003)** eingeführt, das eine Bilanzierung wie folgt zulässt:

125 (1) Die Entsorgungsverpflichtung wird nach IAS 37 zum Zeitpunkt der **IFRS-Eröffnungsbilanz bewertet.**

(2) Als Teil der Anschaffungskosten der Sachanlage wird der **Barwert der Rückstellung,** der sich zum Zeitpunkt der Entstehung der Verpflichtung unter Anwendung eines risikobereinigten Abzinsungssatzes ergibt, angesetzt.

(3) Die **kumulierte Abschreibung** der Sachanlage in der IFRS-Eröffnungsbilanz ergibt sich durch Anwendung der lfd Schätzungen der Nutzungsdauer und der IFRS-konformen Abschreibungsmethoden.

12. Leasingverhältnisse

126 IFRIC 4 regelt die Bilanzierung von Vereinbarungen, die die Nutzung eines Vermögenswerts erlauben, die jedoch nicht in der Form eines Leasingvertrags gestaltet wurden. IFRIC 4 erläutert dabei wie die Zahlungen, die im Rahmen der Vereinbarung zB für sonstige Lieferungen oder Leistungen gezahlt, separiert und als Leasingzahlungen qualifiziert werden, die für die Bilanzierung nach IAS 17 herangezogen werden (vgl § 22 Rz 12ff). IFRIC 4 ist nach der Über-

gangsvorschrift in IFRIC 4.17 **grds retrospektiv** auf alle zu Beginn der jeweiligen Berichtsperiode noch bestehenden Vereinbarungen anzuwenden. Nach der Übergangsvorschrift in IFRIC 4.17 ist alternativ eine **beschränkte retrospektive Anwendung** erlaubt, derzufolge nur die zu Beginn der frühesten als Vergleichszahlen dargestellten Periode noch existenten Vereinbarungen auf Basis der zu diesem Zeitpunkt vorhandenen Daten und Verhältnisse zu beurteilen sind, ob die Vereinbarungen ggf ein Leasingverhältnis beinhalten. Dadurch erübrigt es sich, alle möglichen Vereinbarungen zum Zeitpunkt des Entstehens der Vereinbarungen vollständig retrospektiv zu überprüfen.

Durch IFRIC 4 wurde ein weiteres Wahlrecht in IFRS 1 eingefügt. Ein erst- 127
maliger IFRS-Anwender hätte ohne dieses Wahlrecht IFRIC 4 vollständig retrospektiv anzuwenden. Das **Wahlrecht des IFRS 1.D9 (2008)/IFRS 1.25F (2003)** erlaubt einem erstmaligen IFRS-Anwender die beschränkt retrospektive Anwendung des IFRIC 4 nach Maßgabe des IFRIC 4.17. Die Untersuchung der existenten Vereinbarungen auf mögliche Leasingverhältnisse hat dabei zum Zeitpunkt des Übergangs auf die IFRS (IFRS-Eröffnungsbilanz) zu erfolgen.

einstweilen frei 128

13. Zeitbewertung von finanziellen Vermögenswerten und finanziellen Schulden

IAS 39.AG76 regelt die Zugangsbewertung bei finanziellen Vermögenswerten 129
und Schulden, für die **kein aktiver Markt** besteht. IAS 39.AG76A beinhaltet Anwendungsleitlinien für die Folgebewertung derartiger finanzieller Vermögenswerte und Schulden. Die beiden Absätze wurden durch eine Änderung des IAS 39 im Dezember 2004 überarbeitet, die ein weiteres Wahlrecht in IFRS 1.D20 (2008)/IFRS 1.25G (2003) zur Folge hatte.

Nach IAS 39.AG76 letzter Satz ist beim erstmaligen Ansatz der **Transak-** 130
tionspreis (die Anschaffungskosten) der beste Nachweis für den beizulegenden Zeitwert eines Finanzinstruments. Hiervon kann es Abweichungen geben, wenn ein Marktpreis aus anderen beobachtbaren Transaktionen desselben Finanzinstruments ermittelbar ist oder wenn der beizulegende Zeitwert auf Bewertungsverfahren beruht, bei dem die Bewertungsparameter ausschließlich Daten aus beobachtbaren Märkten beinhalten. ZB können sich Abweichungen zwischen Transaktionspreis und beizulegendem Zeitwert ergeben bei einem zinslosen Darlehen, wenn letzterer durch die Bewertung mit einem Bewertungsmodell unter Verwendung marktüblicher Konditionen ermittelt wird. Die ggf vorhandene Abweichung zwischen Transaktionspreis und beizulegendem Zeitwert ist dann als sog ***day one profit or loss*** zu erfassen (vgl *Heuser/Theile*[3] Rz 5090).

Nach IAS 39.AG76A sind Gewinne und Verluste in der **Folgebewertung** 131
von finanziellen Vermögenswerten und Schulden ohne aktiven Markt nur dann zu erfassen – soweit nicht nach IAS 39.AG76 Gewinne oder Verluste zu erfassen waren – wenn diese im Rahmen von Bewertungsmodellen ermittelt wurden, bei denen ausschließlich am Markt beobachtbare Parameter wie Laufzeiten, Zinssätze etc verwendet wurden.

Für einen erstmaligen IFRS-Bilanzierer bedeutet diese Regelung bei vollstän- 132
dig retrospektiver Anwendung der IAS 39.AG76 und IAS 39.AG76A, dass sämtliche Finanzinstrumente des Unternehmens rückwirkend auf einen möglichen *day one profit or loss* untersucht werden müssen, um den Effekt in der Eröffnungsbilanz der Gewinnrücklagen darstellen zu können. Mit der Änderung des IAS 39 wurde daher ein weiteres **Wahlrecht in IFRS 1.D20 (2008)/IFRS 1.25G (2003)** aufgenommen: Ein erstmaliger IFRS-Anwender kann danach den überarbeiteten IAS 39.AG76 und IAS 39.AG76A entweder vollständig retrospektiv,

prospektiv auf nach dem 25. Oktober 2002 erfolgte Transaktionen oder prospektiv auf nach dem 1. Januar 2004 erfolgte Transaktionen anwenden (*Baetge/Bischof/Matena* in Baetge ua IFRS-Komm[2] IFRS 1 Rz 189).

14. Nach IFRIC 12 angesetzte Vermögenswerte

133 IFRIC 12 (vgl ausführlich § 9 Rz 97 ff) regelt die Bilanzierung von Vermögenswerten, Schulden sowie Erträgen und Aufwendungen des Lizenznehmers im Zusammenhang mit **Infrastrukturkonzessionsverträgen** im Rahmen von sog **PPP-Projekten** (*public private partnership* Projekte). Nach IFRIC 12.14 sind während der **Bau- bzw Errichtungsphase** der Infrastruktur Vermögenswerte und Schulden nach IAS 11 zu bilanzieren. Je nach Ausgestaltung der vertraglichen Vergütungsregelungen für den Lizenznehmer bzw Betreiber der Infrastruktur hat dieser während der **Betriebsphase** immaterielle oder finanzielle Vermögenswerte anzusetzen. Die Erfassung von Erträgen und Aufwendungen des Lizenznehmers hat während der Betriebsphase entspr IAS 18 zu erfolgen, ggf zu erbringende Instandhaltungsverpflichtungen sind nach IAS 37 zu bilanzieren. IFRIC 12 ist für alle IFRS-Anwender in der EU für Geschäftsjahre, die am oder nach dem 29. März 2009 beginnen, anzuwenden, wobei eine vorzeitige Anwendung zulässig ist.

134 Da die Regelungen des IFRIC 12 relativ komplex sind, sehen die **Übergangsvorschriften** des IFRIC 12 – neben der grds retrospektiven Anwendung nach IAS 8 (IFRIC 12.29) – auch für bereits nach IFRS bilanzierende Unternehmen eine limitierte retrospektive Anwendung vor: Nach IFRIC 12.30 darf der Lizenznehmer im Rahmen eines von IFRIC 12 erfassten Infrastrukturkonzessionsvertrags die nach bisherigen Rechnungslegungsmethoden erfassten Buchwerte von immateriellen Vermögenswerten und finanziellen Vermögenswerten, unabhängig davon wie sie bisher ausgewiesen wurden, als Wertansätze in der Eröffnungsbilanz der Vorjahresvergleichsperiode ansetzen. Die übernommenen Wertansätze der immateriellen und finanziellen Vermögenswerte sind einem *impairment test* zu unterziehen, der auf denselben Stichtag durchzuführen ist oder bei Undurchführbarkeit auf den Eröffnungsbilanzstichtag des aktuellen Geschäftsjahrs.

135 Grds hat ein erstmaliger IFRS-Anwender IFRIC 12 **vollständig retrospektiv anzuwenden**. Das Wahlrecht des IFRIC 12.30, das bereits nach IFRS bilanzierende Unternehmen als Übergangserleichterung in Anspruch nehmen können, erlaubt IFRS 1.D1(m) (2008)/IFRS 1.13(m) (2003) iVm IFRS 1.D22 (2008)/IFRS 1.25H (2003) auch erstmaligen IFRS-Anwendern. Die im IFRS 1 eingefügten Absätze IFRS 1.13(m) (2003) und IFRS 1.25H (2003) sind nach IFRS 1.47F (2003) für Geschäftsjahre anzuwenden, die am 1. Januar 2008 oder später beginnen. Sollte ein Unternehmen IFRIC 12 vorzeitig anwenden (vgl Rz 134), sind auch die geänderten Absätze im IFRS 1 vorzeitig anzuwenden. Der geänderte IFRS 1 (2008) sieht keine spezifischen zeitlichen Anwendungsvorschriften für die Regelungen des IFRS 1.D1(m) (2008) und IFRS 1.D22 (2008) vor.

15. Zinsaufwendungen

136 Der IASB hat im März 2007 den geänderten IAS 23 veröffentlicht, der eine **verpflichtende Aktivierung von Fremdkapitalzinsen** im Zusammenhang mit dem Erwerb, Bau oder Herstellung von **qualifizierten Vermögenswerten** vorsieht (vgl § 5 Rz 37 ff). Der geänderte IAS 23 ist für Geschäftsjahre anzuwenden, die am 1. Januar 2009 oder danach beginnen. Die **Übergangsvorschriften** der geänderten IAS 23.27 und IAS 23.28 erlauben es Unternehmen, die bereits nach IFRS bilanzieren, abweichend von der gem IAS 8 geforderten grds retro-

spektiven Anwendung des neuen Standards, IAS 23 prospektiv ab 1. Januar 2009 anzuwenden.

Ein **erstmaliger IFRS-Anwender** mit Bilanzstichtag zum 31. Dezember 2009 müsste grds die Vorschriften des IAS 23 vollständig retrospektiv anwenden. Durch die Änderung des IAS 23 wurde in IFRS 1 das Wahlrecht in IFRS 1.D1(n) (2008)/IFRS 1.13(n) (2003) und IFRS 1.D23 (2008)/IFRS 1.25I (2003) neu eingefügt. IFRS 1.D23 (2008)/IFRS 1.25I (2003) gestattet es erstmaligen IFRS-Anwendern als Wahlrecht, die Übergangsbestimmungen des IAS 23.27 und IAS 23.28 anzuwenden. Die prospektive Anwendung der Regelungen des IAS 23 hat danach ab dem 1. Januar 2009 oder dem späteren Übergangszeitpunkt auf die IFRS zu erfolgen. Nach IFRS 1.35 (2008)/IFRS 1.47G (2003) sind die neu eingefügten IFRS 1.D1(n) (2008)/IFRS 1.13(n) (2003) und IFRS 1.D23 (2008)/IFRS 1.25I (2003) für Geschäftsjahre anzuwenden, die am 1. Januar 2009 oder später beginnen, wobei eine frühere Anwendung zulässig ist. 137

16. Von Kunden übertragene Vermögenswerte (IFRIC 18)

Der IASB hat im Januar 2009 die Interpretation **IFRIC 18** „Von Kunden übertragene Vermögenswerte" (*Transfers of Assets from Customers*) veröffentlicht. IFRIC 18 befasst sich mit der Bilanzierung von Zuwendungen, die bspw Versorgungsunternehmen oder Outsourcing Leistungen anbietende Unternehmen von ihren Kunden erhalten, um diese entweder mit einem Leitungsnetz zu verbinden oder ihnen permanenten Zugang zur Versorgung mit Gütern oder Dienstleistungen zu gewähren. IFRIC 18 ist nach den Übergangsvorschriften in IFRIC 18.22 prospektiv für von Kunden übertragene Vermögenswerte anzuwenden, die am oder nach dem 1. Juli 2009 empfangen wurden. Eine vorzeitige Anwendung ist zulässig, sofern die dafür notwendigen Informationen bereits zum Zeitpunkt der Übertragung vorlagen. Durch IFRIC 18 wurde in IFRIC 1 ein neues Wahlrecht in IFRS 1.D1(o) (2008) und IFRS 1.D24 (2008) eingefügt. Ein erstmaliger IFRS-Anwender darf demnach die Übergangsvorschriften in IFRIC 18.22 anwenden, wobei die prospektive Anwendung des IFRIC 18 dann ab dem 1. Juli 2009 oder dem späteren Übergangszeitpunkt zur IFRS Bilanzierung zu erfolgen hat. 138

II. Verbot der retrospektiven Umstellung

1. Ausbuchung von finanziellen Vermögenswerten und Schulden

Die Grundsätze des IAS 39 für die Ausbuchung von **nicht derivativen finanziellen Vermögenswerten und Schulden** sind im Rahmen der IFRS-Eröffnungsbilanz nach IFRS 1.B2 (2008)/IFRS 1.27 (2003) **nicht retrospektiv** anzuwenden, sondern **prospektiv** für Transaktionen, die am oder nach dem 1. Januar 2004 erfolgt sind, sofern nicht von dem weiteren Wahlrecht in IFRS 1.B3 (2008)/IFRS 1.27A (2003) Gebrauch gemacht wird (s Rz 142). Ein Unternehmen darf mithin in seiner IFRS-Eröffnungsbilanz keine Vermögenswerte und Schulden erfassen, die es nach bisherigen Rechnungslegungsstandards zu einem Zeitpunkt vor dem 1. Januar 2004 ausgebucht hat, sofern aus der Übertragung dieser Vermögenswerte und Schulden keine weiteren Rechte und Verpflichtungen resultieren, die nach IFRS erfasst werden müssten. 139

Beispiel: Ein Unternehmen, das bisher ausschließlich nach HGB bilanziert hat und bei dem das Wirtschaftsjahr mit dem Kalenderjahr übereinstimmt, entscheidet sich dazu, den Konzernabschluss zum 31. Dezember 2009 nach IFRS als primärer Grundlage der Rechnungslegung aufzustellen. Die IFRS-Eröffnungsbilanz ist auf den 1. Januar 2008 aufzustellen. Das Unternehmen hat in seinem Abschluss zum 31. Dezember 2002 nach bisherigen

Rechnungslegungsstandards einen Vermögenswert zulässigerweise ausgebucht, obwohl die Verfügungsmacht nach IAS 39.15 ff nicht übertragen wurde, weil nicht der gesamte Nutzen aus dem Vermögenswert auf den Empfänger übergegangen ist. Der ausgebuchte Vermögenswert ist nicht in der IFRS-Eröffnungsbilanz zum 1. Januar 2008 anzusetzen, weil er zu einem Zeitpunkt vor dem 1. Januar 2004 übertragen wurde. In der IFRS-Eröffnungsbilanz ist jedoch zu prüfen, ob aus der Transaktion spätere Rechte oder Verpflichtungen resultierten, die eine selbstständige Erfassung als finanzieller Vermögenswert oder Schuld nach IAS 39 erfordern.

140 Der **Hintergrund für das Verbot der retrospektiven Bilanzierung** liegt vor allem darin, Schwierigkeiten beim Übergang zur Bilanzierung nach IAS 39 zu vermeiden, da die Unternehmen vergangene Transaktionen rekonstruieren müssten, was zulasten einer konsistenten Bewertung gehen würde (IFRS 1.BC20 (2008)/IFRS 1.BC20 (2003)).

141 **IFRS 1.B2 (2008)/IFRS 1.27 (2003) gilt nicht für derivative Finanzinstrumente,** die zwingend in der IFRS-Eröffnungsbilanz angesetzt werden müssen (IFRS 1.B4(a) (2008)/IFRS 1.28(a) (2003)), unabhängig davon, ob sie vor dem 1. Januar 2004 nach bisherigen Rechnungslegungsgrundsätzen ausgebucht wurden oder ggf gar nicht bilanziert wurden (IFRS 1.IG53 (2008)/IFRS 1.IG 53 (2003)).

142 Nach **IFRS 1.B3 (2008)/IFRS 1.27A (2003)** ist es Unternehmen erlaubt, nach eigener Wahl einen Tag vor dem 1. Januar 2004 zu bestimmen und für sämtliche Transaktionen, die nach diesem gewählten Tag erfolgt sind, die Ausbuchungsvorschriften des IAS 39 retrospektiv zu befolgen. Diese Möglichkeit darf jedoch nur von solchen Unternehmen gewählt werden, die für alle Transaktionen nach diesem gewählten Tag (zB ab dem 1. Januar 2002) alle Informationen verfügbar haben, die benötigt werden, um die bisher ausgebuchten finanziellen Vermögenswerte oder Schulden entspr den Vorschriften des IAS 39 weiterhin zu bilanzieren. Das könnten zB Unternehmen sein, die bisher nach US-GAAP bilanziert haben und die erforderlichen Informationen aufgrund der bisher angewandten US-GAAP Regelungen verfügbar haben.

2. Bilanzierung von Sicherungsbeziehungen

143 Die **retrospektive Bilanzierung von Sicherungsbeziehungen** (s § 23) in der IFRS-Eröffnungsbilanz ist nach IFRS 1.B4 ff (2008)/IFRS 1.28 ff (2003), **unzulässig.** Der Grund für dieses Verbot liegt darin, dass eine retrospektive Zuordnung von Sicherungsgeschäften zu Grundgeschäften eine gewisse Willkür des Managements erlauben würde, was wiederum die Vergleichbarkeit der Abschlüsse verschiedener Unternehmen, die alle zum selben Zeitpunkt die IFRS erstmals vollständig anwenden, einschränken würde. Der IASB hat daher für die Bilanzierung von Sicherungsbeziehungen im Zusammenhang mit der erstmaligen vollständigen Bilanzierung nach IFRS dieselben Regelungen vorgesehen, die für solche Unternehmen galten, die zum Zeitpunkt des Inkrafttretens des IAS 39 bereits nach IFRS bilanzierten.

144 Für die IFRS-Eröffnungsbilanz ist es daher **nicht zulässig,** einzelne Sicherungsinstrumente, die bisher nicht als Sicherungszusammenhang mit einem Grundgeschäft bilanziert wurden, durch **retrospektive Zuordnung** durch das Management **als Sicherungsbeziehungen zu bilanzieren.** Ferner ist es nicht zulässig, Sicherungsbeziehungen, die nach bisherigen Rechnungslegungsgrundsätzen vor dem Stichtag der IFRS-Eröffnungsbilanz abgeschlossen wurden, die jedoch nicht die Anforderungen des IAS 39.88 (zB Dokumentationspflichten, Effektivität) für die Bilanzierung von Sicherungsbeziehungen erfüllen, in der IFRS-Eröffnungsbilanz als Sicherungsbeziehungen zu bilanzieren (IFRS 1.B5 (2008)/IFRS 1.29 (2003)). Ebenso fallen hierunter nach IFRS 1.B5 (2008)/

IFRS 1.29 (2003) bestimmte Arten von Grundgeschäften oder Sicherungsgeschäften, die sich nach IAS 39 nicht als Grundgeschäfte (IAS 39.78 ff) oder Sicherungsgeschäfte (IAS 39.72 ff) in Sicherungsbeziehungen qualifizieren. Es handelt sich zB um

(1) Kassainstrumente oder geschriebene Optionen, die als Sicherungsgeschäfte verwendet werden,
(2) Nettopositionen als Grundgeschäft oder
(3) Absicherung von bis zur Endfälligkeit zu haltenden Finanzinvestitionen gegen Zinsrisiken.

Wenn ein Unternehmen vor dem Tag des Übergangs zur IFRS-Bilanzierung 145
bestimmte Transaktionen als Sicherungsbeziehungen bilanziert hat, diese Transaktionen jedoch **nicht die Voraussetzungen für die Bilanzierung von Sicherungsbeziehungen nach IAS 39 erfüllen,** dann hat das Unternehmen nach IFRS 1.B6 (2008)/IFRS 1.30 (2003) für die IFRS-Eröffnungsbilanz die Vorschriften in IAS 39.91 bzw IAS 39.101 zu befolgen, die die Beendigung der Bilanzierung von Sicherungsbeziehungen zur Absicherung des beizulegenden Zeitwerts bzw des Cashflows regeln.

Damit sind sog **Makrohedges,** die nach bisherigen Rechnungslegungs- 146
grundsätzen gebildet wurden, **nach IFRS unzulässig;** die beteiligten Grundgeschäfte und Sicherungsgeschäfte müssen jeweils separat nach den für sie geltenden Vorschriften der IFRS bilanziert werden. IFRS 1.B5 (2008)/IFRS 1.29 (2003) enthält für diese Fälle eine **Ausnahmeregelung:** Sofern ein Unternehmen bisher eine Nettoposition als ein Grundgeschäft eingestuft hatte, darf es einen Einzelposten aus dieser Nettoposition als Grundgeschäft einstufen und diesem Einzelposten ein Sicherungsgeschäft zuordnen. Diese Bildung einer Sicherungsbeziehung ist nur dann zulässig, wenn zum Stichtag der IFRS-Eröffnungsbilanz alle übrigen Voraussetzungen des IAS 39.71 ff für die Bilanzierung von Sicherungsbeziehungen erfüllt sind.

In der IFRS-Eröffnungsbilanz sind nach IFRS 1.B4(a) (2008)/IFRS 1.28(a) 147
(2003) **alle Derivate zu erfassen und mit ihrem beizulegenden Zeitwert zu bilanzieren.** Im Gegensatz dazu sind alle nach bisherigen Rechnungslegungsstandards abgegrenzten Erträge und Aufwendungen (zB aktive Rechnungsabgrenzungsposten, sonstige Rückstellungen etc), die aus den erfassten Derivaten resultieren, auszubuchen (IFRS 1.B4(b) (2008)/IFRS 1.28(b) (2003)).

In der IFRS-Eröffnungsbilanz dürfen solche Sicherungsgeschäfte bilanziert wer- 148
den, für die sämtliche **Voraussetzungen zur Bilanzierung als Sicherungsgeschäft kumulativ erfüllt sind** (vgl zu den Voraussetzungen IAS 39.71 ff). Bei Sicherungsgeschäften, bei denen diese Voraussetzungen zum Stichtag der IFRS-Eröffnungsbilanz nicht erfüllt sind, aber danach im Zeitablauf erfüllt werden, dürfen die Vorschriften für die Bilanzierung von Sicherungsgeschäften nur prospektiv ab dem Zeitpunkt, ab dem alle Voraussetzungen des IAS 39.71 ff erfüllt sind, angewendet werden.

Die Anwendung dieser Vorschriften bei **Sicherungsbeziehungen zur Ab-** 149
sicherung des beizulegenden Zeitwerts verdeutlicht das folgende Beispiel:

Beispiel: Unternehmen A entscheidet sich, den Konzernabschluss zum 31. Dezember X3 nach den IFRS als primärer Grundlage der Rechnungslegung aufzustellen und erstellt eine IFRS-Eröffnungsbilanz zum 1. Januar X2. Am 1. Juli X1 hat das Unternehmen ein betrags- und fristenkongruentes Devisentermingeschäft abgeschlossen, das die Wechselkursrisiken einer auf US-$ lautenden Verbindlichkeit, die zum 31. März X2 fällig ist, abdecken soll. Es wurde bei Abschluss des Sicherungsgeschäfts lediglich eine grobe Zuordnung vorgenommen, **nicht jedoch alle Formerfordernisse des IAS 39.88 erfüllt.** Die Transaktion wurde nach HGB zum 31. Dezember X1 als Microhedge behandelt, wobei die US-$-Verbindlichkeit zum Sicherungskurs passiviert und das Devisentermingeschäft im Übrigen nicht bilanziert wurde. Für die **IFRS-Eröffnungsbilanz** sind das Grundgeschäft und das Sicherungsgeschäft separat zu bilanzieren. Die US-$-Verbindlichkeit ist zum Stichtagskurs und das Devisentermingeschäft zum Marktwert in der IFRS-Eröffnungsbilanz anzusetzen, wobei der Anpassungsbetrag aus der Umbewertung der US-$-Verbindlichkeit vom Sicherungskurs zum Stichtagskurs sowie der Einbuchung des Devisentermingeschäfts zum Marktwert mit dem Eröffnungsbilanzwert der Gewinnrücklagen zu verrechnen ist. Für die Zeit nach der IFRS-Eröffnungsbilanz ist zu prüfen, ob eine prospektive Bilanzierung nach den Grundsätzen von Sicherungsbeziehungen erfolgen kann, wenn zu einem späteren Zeitpunkt die Voraussetzungen des IAS 39.71 ff erfüllt werden.

Abwandlung: Sofern zum Zeitpunkt der IFRS-Eröffnungsbilanz am 1. Januar X2 sämtliche Erfordernisse des IAS 39.71 ff erfüllt waren, wären das Grundgeschäft und das Devisentermingeschäft in der IFRS-Eröffnungsbilanz nach den Vorschriften für die Bilanzierung von Sicherungsbeziehungen zu bilanzieren. Hier ist jedoch zu beachten, dass es für die erstmalige Bilanzierung von Sicherungsbeziehungen zur Absicherung des beizulegenden Zeitwerts in IFRS 1.IG60A (2008)/IFRS 1.IG60A (2003) eine Spezialvorschrift gibt: Das Derivat ist, wie sonst auch üblich, zum beizulegenden Zeitwert zu bilanzieren, das Grundgeschäft ist um den geringeren der folgenden Beträge anzupassen:

(1) die kumulierten Änderungen des beizulegenden Zeitwerts des Grundgeschäfts in Bezug auf die abgesicherten Risiken, die nach bisherigen Rechnungslegungsgrundsätzen nicht erfasst wurden (zB die Differenz zwischen dem Sicherungskurs und dem Stichtagskurs),

(2) die kumulierten Änderungen des beizulegenden Zeitwerts des Sicherungsgeschäfts, die nach bisherigen Rechnungslegungsgrundsätzen bisher nicht erfasst wurden oder als Abgrenzungsposten der Bilanz angesetzt wurden (zB die vollständige Änderung des beizulegenden Zeitwerts des Devisentermingeschäfts, da dieses bisher nicht bilanziert wurde).

150 Die Anwendung dieser Vorschriften bei **Sicherungsbeziehungen zur Absicherung des Cashflows** wird durch das folgende Beispiel verdeutlicht:

Beispiel: Unternehmen A entscheidet sich, den Konzernabschluss zum 31. Dezember X5 nach IFRS als primärer Grundlage der Rechnungslegung aufzustellen und erstellt eine IFRS-Eröffnungsbilanz zum 1. Januar X4. Am 1. Juli X1 hat das Unternehmen ein Swapgeschäft (Swapsatz 5,3%) abgeschlossen, das die Zinsänderungsrisiken eines variabel verzinsten Darlehens (Mio € 1, Laufzeit 1. Juli X1 bis 30. Juni X5, Zinssatz bei Beginn: 5,0% pa, Fälligkeit der Zinsen halbjährlich nachschüssig) abdecken soll. Es wurde bei Abschluss des Sicherungsgeschäfts eine exakte Zuordnung von Grundgeschäft und Sicherungsgeschäft vorgenommen und alle übrigen Erfordernisse des IAS 39.71 ff erfüllt. Die Transaktion wurde nach HGB zum 31. Dezember X3 bei einem variablen Zinssatz für das zweite Halbjahr X3 von 5,5% wie folgt bilanziert: Das Darlehen wird mit Mio € 1 passiviert, die Zinsverbindlichkeiten für die Zeit vom 1. Juli X3 bis 31. Dezember X3 sind mit € 27.500 berücksichtigt, wobei die Zinsforderungen aus dem Swap von 0,2% auf Mio € 1 für 6 Monate von € 1.000 in Abzug gebracht sind, sodass € 26.500 Zinsverbindlichkeiten passiviert sind. Für die **IFRS-Eröffnungsbilanz** sind das Grundgeschäft und das Sicherungsgeschäft nach den Vorschriften des IAS 39.71 ff für die Bilanzierung von Sicherungsbeziehungen zu bilanzieren: Das Darlehen ist zu fortgeführten Anschaffungskosten von Mio € 1 zu passivieren, die Zinsverbindlichkeiten für die Zeit vom 1. Juli X3 bis 31. Dezember X3 sind mit € 27.500 zu passivieren, es ist eine Zinsforderung von € 1.000 zu aktivieren und der Swap als derivatives Finanzinstrument ist zum Marktwert (Annahme: Marktwert zum 1. Januar X4 = € 20.000) in der IFRS-Eröffnungsbilanz anzusetzen. Diese Anpassungsbuchungen erfolgen jeweils mit Gegenbuchung im Eröffnungsbilanzwert der Gewinnrücklagen. Die Einbuchung des Marktwerts des Swap von € 20.000 erfolgt (nach Abzug latenter Steuern nach IAS 12.61) erfolgsneutral gegen einen gesonderten Posten im Eigenkapital/sonstigen Ergebnis (Cashflow Hedge Rücklage) (IFRS 1.IG60B (2008)/IFRS 1.IG60B (2003)). Wenn die Erfordernisse der IAS 39.71 ff auch nach dem Stichtag der IFRS-Eröffnungsbilanz erfüllt bleiben, ist die Bilanzierung als Sicherungsbeziehung beizubehalten. Die Cashflow Hedge Rücklage ist aufzulösen, sobald das gesicherte Grundgeschäft erfolgswirksam wird.

3. Schätzungen und Annahmen

Schätzungen und Annahmen sind für die Bewertung vieler Bilanzposten relevant (zB Schätzung des Wertberichtigungsbedarfs für Forderungen, Wahl des Abzinsungssatzes für die Bewertung langfristiger Rückstellungen, Bestimmung der Parameter für die Bewertung von leistungsorientierten Versorgungsplänen etc). Der Zeitpunkt, an dem derartige Schätzungen und Annahmen vorgenommen werden, kann daher erheblichen Einfluss auf die Bewertung von Vermögenswerten und Schulden haben. Im Rahmen der Umstellung der Rechnungslegung auf IFRS werden oft die IFRS-Eröffnungsbilanz und die Vergleichszahlen für das Vorjahr erheblich später auf IFRS umgestellt, als die jeweiligen Bilanzen nach bisherigen Rechnungslegungsstandards ursprünglich aufgestellt wurden. Fraglich ist hierbei, welcher **Wertaufhellungszeitraum** in diesem Zusammenhang anzuwenden ist und welche nachträglichen Ereignisse in den erstmals nach IFRS aufgestellten Bilanzen berücksichtigt werden müssen. 151

Für Annahmen und Schätzungen untersagt IFRS 1.14 ff (2008)/IFRS 1.26(c) (2003) die retrospektive Bilanzierung. IFRS 1.14 ff (2008)/IFRS 1.31 ff (2003) regeln explizit die Berücksichtigung von **wertaufhellenden Ereignissen** bei der erstmaligen Bilanzierung nach IFRS. Der Wertaufhellungszeitraum für die IFRS-Eröffnungsbilanz eines Unternehmens zum 1. Januar 2008 stimmt nach IFRS 1.14 (2008)/IFRS 1.31 (2003) mit dem nach bisherigen Rechnungslegungsstandards erstellten Abschluss zum 31. Dezember 2007 überein. Ebenso gilt dies für die Vergleichszahlen zum 31. Dezember 2008, bei denen der Wertaufhellungszeitraum ebenfalls mit dem nach bisherigen Rechnungslegungsstandards erstellten Abschluss zum 31. Dezember 2008 übereinstimmt. 152

Der Zeitraum, innerhalb dessen berücksichtigungspflichtige (wertaufhellende) Ereignisse eintreten können, die für die Bewertung zu berücksichtigen sind, **verlängert sich damit nicht bis zum Zeitpunkt der tatsächlichen Erstellung der IFRS-Eröffnungsbilanz,** der Vergleichszahlen oder des vollständigen ersten IFRS-Abschlusses für die Berichtsperiode (*Baetge/Bischof/Matena* in Baetge ua IFRS-Komm[2] IFRS 1 Rz 209). Nach SIC 8 gab es diesbezüglich eine andere Auffassung (vgl *IDW* RS HFA 1001 Rz 3, der jedoch zwischenzeitlich aufgehoben wurde), wonach der Wertaufhellungszeitraum erst zum Zeitpunkt der Veröffentlichung des erstmaligen IFRS-Abschlusses endete. 153

Im Weiteren wird unterschieden, ob für die zu beurteilenden Sachverhalte bereits nach bisherigen Rechnungslegungsvorschriften Schätzungen und Annahmen getroffen wurden oder nicht. Wenn für die zugrunde liegenden Sachverhalte **nach bisherigen Rechnungslegungsstandards keine Schätzungen und Annahmen getroffen** wurden, werden Wertaufhellungen grds nach IAS 10 „Ereignisse nach dem Bilanzstichtag" behandelt (s § 2 Rz 48 ff). Die Schätzungen und Annahmen, die dann im Rahmen der Bilanzierung nach IFRS erstmals vorgenommen werden, dürfen jedoch nur die Gegebenheiten und Bedingungen (zB Ausfallrisiken, Marktpreise, Zinssätze oder Wechselkurse) zum Zeitpunkt des Übergangs zur Bilanzierung nach IFRS widerspiegeln (IFRS 1.16 (2008)/IFRS 1.33 (2003), IFRS 1.IG3(c) (2008)/IFRS 1.IG3(c) (2003)). Die Unterscheidung zwischen berücksichtigungspflichtigen und nicht berücksichtigungspflichtigen Ereignissen nach IAS 10 gilt hier analog (IFRS 1.15 f (2008)/IFRS 1.32 f (2003)). 154

Wenn nach **bisherigen Rechnungslegungsstandards bereits Schätzungen und Annahmen** für bestimmte Sachverhalte getroffen wurden, dann werden diese Annahmen und Schätzungen nach IFRS 1.14 (2008)/IFRS 1.31 (2003) auch unverändert für die IFRS-Bilanzierung beibehalten, es sei denn, es liegt bei den vorhandenen Schätzungen und Annahmen ein Fehler iSd IAS 8 vor, der nach den Vorschriften des IAS 8 zu beheben ist (vgl hierzu § 45 Rz 41 ff). 155

Eine spätere Anpassung der in den bisherigen Rechnungslegungsstandards getroffenen und in die IFRS-Bilanzierung übernommenen Schätzungen und Annahmen ist prospektiv in der späteren Periode der Änderung zu berücksichtigen und nicht bereits im Rahmen des Übergangs zur IFRS-Bilanzierung (IFRS 1.IG3(a) (2008)/IFRS 1.IG3(a) (2003)).

156 Dasselbe gilt auch für Annahmen und Schätzungen für Sachverhalte, die sowohl nach bisherigen Rechnungslegungsstandards bilanzierungspflichtig sind als auch nach IFRS, bei denen jedoch die **Bilanzierungs- und Bewertungsmethoden abweichen,** zB die Abzinsung von bestimmten Rückstellungen nach IFRS, die nach HGB nicht zulässig ist. In diesem Fall ist lediglich die Bewertungsmethode anzupassen, indem ein auf den Übergang zur Bilanzierung nach IFRS geltender Zinssatz verwendet wird; die übrigen Schätzungen und Annahmen, die der Bewertung der Rückstellung zugrunde lagen, sind unverändert zu übernehmen (IFRS 1.IG3(b) (2008)/IFRS 1.IG3(b) (2003)).

157 Die Grundsätze zur Berücksichtigung von wertaufhellenden Ereignissen gelten nach IFRS 1.17 (2008)/IFRS 1.34 (2003) sowohl für die IFRS-Eröffnungsbilanz als auch für das Ende des als Vergleichszahlen dargestellten **Vorjahrs.**

158 IFRS 1.IG3 (2008)/IFRS 1.IG3 (2003) enthält ein sehr anschauliches **Beispiel** für die Anwendung dieser Grundsätze beim Übergang zur Bilanzierung nach IFRS. IFRS 1.IG4 (2008)/IFRS 1.IG4 (2003) stellt klar, dass die vorgenannten Grundsätze zur Berücksichtigung von Annahmen und Schätzungen nicht den **speziellen Anforderungen anderer IFRS** vorgehen, bei denen Bilanzierungskonsequenzen davon abhängig sind, dass zu einem bestimmten Tag bestimmte Voraussetzungen erfüllt sind. Beispielhaft werden genannt:

(1) die Analyse von Leasingverträgen auf das Vorliegen von Finanzierungs-Leasingverhältnissen, die zu Beginn des Leasingvertrags erfolgen muss (IAS 17),
(2) das Verbot der Aktivierung von Entwicklungskosten, wenn der betreffende immaterielle Vermögenswert die Ansatzkriterien zum Zeitpunkt des Anfalls der Aufwendungen nicht erfüllte,
(3) die Unterscheidung zwischen finanziellen Schulden und Eigenkapitalinstrumenten nach IAS 32, die bei der erstmaligen Erfassung zu erfolgen hat.

4. Zur Veräußerung bestimmte Vermögenswerte und Aufgabe von Geschäftsbereichen

159 IFRS 1 (2008) enthält keine spezifischen Übergangsvorschriften mehr für die Anwendung des IFRS 5. Mithin sind nach IFRS 1 (2008) die Vorschriften des IFRS 5 vollständig retrospektiv anzuwenden.

160 IFRS 5 beinhaltet für Geschäftsjahre, die ab dem 1. Januar 2005 beginnen, besondere Regelungen für die Bilanzierung und Bewertung von zur Veräußerung bestimmten langfristigen Vermögenswerten bzw Veräußerungsgruppen und für die Aufgabe von Geschäftsbereichen (s § 28). **IFRS 1.34A (2003) und IFRS 1.34B (2003) enthalten Ausnahmen** von dem allgemeinen Grundsatz der vollständigen retrospektiven Anwendung der IFRS, die am Abschlussstichtag der ersten IFRS-Berichtsperiode gelten. Es wird unterschieden zwischen erstmaligen IFRS-Anwendern, die eine IFRS-Eröffnungsbilanz vor dem 1. Januar 2005 oder ab dem 1. Januar 2005 aufstellen. Erfolgt die **Umstellung auf die IFRS-Bilanzierung (IFRS-Eröffnungsbilanz) ab dem 1. Januar 2005,** hat ein Unternehmen die Regelungen des IFRS 5 vollständig retrospektiv anzuwenden (IFRS 1.34B (2003)).

161 Bei einem **Zeitpunkt des Übergangs zu IFRS vor dem 1. Januar 2005** (zB IFRS-Eröffnungsbilanz zum 1. Januar 2004) sind nach IFRS 1.34B (2003) die **Übergangsbestimmungen des IFRS 5.43 anzuwenden.** Nach

IFRS 5.43 sind die Ausweis- und Bewertungsvorschriften des IFRS 5 prospektiv für langfristige Vermögenswerte und Veräußerungsgruppen sowie für aufgegebene Geschäftsbereiche, die die Kriterien des IFRS 5 nach dem 1. Januar 2005 erfüllen, anzuwenden. Ein Unternehmen, das **vor dem 1. Januar 2005 zur IFRS-Bilanzierung** übergeht, hat nach IFRS 1.34A (2003) iVm IFRS 5.43 ferner die Möglichkeit, die Regelungen des IFRS 5 vorzeitig auf langfristige zur Veräußerung gehaltene Vermögenswerte (oder Veräußerungsgruppen) und aufgegebene Geschäftsbereiche anzuwenden. Voraussetzung hierfür ist, dass die für die Anwendung des IFRS 5 notwendigen Bewertungen und Informationen zu dem Zeitpunkt durchgeführt bzw eingeholt wurden, zu dem diese Kriterien ursprünglich erfüllt waren. Zur Inanspruchnahme der Wahlrechte des IFRS 1.34A (2003) und IFRS 1.34B (2003) für einen Übergangszeitpunkt zur IFRS Bilanzierung vor dem 1. Januar 2005 vgl die ausführliche Kommentierung in der Vorauflage unter § 43 Rz 156ff.

einstweilen frei **162**

5. Anteile nicht-beherrschender Gesellschafter

IAS 27 (2008) beinhaltet ua Änderungen hinsichtlich des Ausweises und der Bewertung von Anteilen nicht-beherrschender Gesellschafter in der Gesamtergebnisrechnung und Bilanz. Diese geänderten Vorschriften müssten ohne eine anders lautende spezielle Regelung im IFRS 1 vollständig retrospektiv angewendet werden. Zeitgleich mit der Änderung des IAS 27 (2008) wurden IFRS 1.26(e) und IFRS 1.34C eingefügt, die – ebenso wie IFRS 1.B1(c) (2008) und IFRS 1.B7 (2008) – ein **Verbot** der **retrospektiven Anwendung** folgender Regelungen des IAS 27 (2008) vorsehen: **163**

(1) Verteilung des Gesamtergebnisses *(total comprehensive income)* sowohl auf die Gesellschafter des MU als auch auf die nicht-beherrschenden Gesellschafter, auch wenn deren Anteil dadurch negativ wird (IAS 27.28 (2008)),
(2) Bilanzierung von Veränderungen des Anteils des MU in Bezug auf ein TU, die nicht zu einem Verlust der Beherrschung führen nach IAS 27.30 (2008) und IAS 27.31 (2008),
(3) Regelungen des IAS 27.34 bis IAS 27.37 (2008) für Transaktionen, die zu einem Verlust der Beherrschung eines TU führen.

Die vorgenannten Regelungen des IAS 27 (2008) sind nach IFRS 1.B7 (2008)/IFRS 1.34C (2003 geändert 2008) **prospektiv** ab dem Übergangszeitpunkt zur IFRS Bilanzierung anzuwenden. Durch das *Annual Improvements* Projekt 2008 aus dem Mai 2008 wurde IFRS 5.8A eingefügt, demzufolge ein Unternehmen bei der Veräußerung eines die Beherrschung vermittelnden Anteils an einem TU sämtliche Anteile als zur Veräußerung bestimmt zu klassifizieren hat. Diese Änderung in IFRS 5.8A, die als Folgeänderung auch in IFRS 1.B7 (2008)/IFRS 1.34C (2003 geändert 2008) berücksichtigt wurde, ist mithin nicht retrospektiv, sondern nur **prospektiv** vom Stichtag des Übergangs zur IFRS Bilanzierung anzuwenden.

Sollte ein Unternehmen von dem Wahlrecht in IFRS 1.C1 (2008)/IFRS 1.B1 (2003 geändert im Rahmen von IFRS 3 (2008)) keinen Gebrauch machen und mithin vergangene Unternehmenszusammenschlüsse retrospektiv nach IFRS 3 (2008) bilanzieren, muss es auch IAS 27 (2008) retrospektiv anwenden (IFRS 1.B7 (2008)/IFRS 1.34C (2003 geändert 2008)). Das grds Verbot der retrospektiven Anwendung bestimmter Regelungen des IAS 27 (2008) findet in diesen Fällen keine Anwendung. **164**

Die eingefügten Regelungen in IFRS 1.B1(c) (2008)/IFRS 1.26(e) (2003 geändert 2008) und IFRS 1.B7 (2008)/IFRS 1.34C (2003 geändert 2008) sind **165** nach IFRS 1.37 (2008)/IFRS 1.47J (2003 geändert 2008) für Geschäftsjahre anzuwenden, die am oder nach dem 1. Juli 2009 beginnen. Dies gilt auch für den durch das *Annual Improvements* Projekt 2008 aus dem Mai 2008 geänderten IFRS 1.B7 (2008)/IFRS 1.34C (2003 geändert 2008). Sollte IAS 27 (2008), der grds auch für Geschäftsjahre, die am oder nach dem 1. Juli 2009 beginnen, anzuwenden ist, bereits vorzeitig angewendet werden, sind auch die vorgenannten Änderungen des IFRS 1 vorzeitig anzuwenden.

D. Darstellung und Angaben im Anhang

I. Vergleichszahlen

166 Der erstmalige IFRS-Abschluss hat gem IAS 1.38 für **mindestens eine Periode Vergleichszahlen** darzustellen (IFRS 1.21 (2008)/IFRS 1.36 (2003)). Diese Vergleichszahlen müssen in allen Belangen und Aspekten den IFRS entsprechen, da anderenfalls nicht die Erklärung der Übereinstimmung mit allen IFRS nach IAS 1.16 abgegeben werden könnte. Vergleichszahlen sind somit für alle Zahlenangaben in der Bilanz, Gesamtergebnisrechnung, gesonderten GuV (sofern erstellt), in der Eigenkapitalveränderungsrechnung, der Kapitalflussrechnung und dem Anhang anzugeben. Zu beachten ist, dass durch die Änderung des IAS 1.39 auch eine Bilanz auf den **Beginn** der Vergleichsperiode darzustellen ist. Ferner sind nach IAS 1.38 auch Vergleichsinformationen für bestimmte verbale Informationen anzugeben, sofern dies für das Verständnis des Abschlusses der aktuellen Berichtsperiode erforderlich ist.

167 IFRS 1 verlangt nicht die Angabe weiterer Vergleichszahlen als für eine Periode. Den Unternehmen ist es freigestellt, neben den IFRS entspr Vergleichszahlen für eine Periode auch **Vergleichszahlen für eine oder mehrere Perioden nach bisherigen Rechnungslegungsstandards** innerhalb des Abschlusses (zB in der Bilanz oder im Anhang) darzustellen (IFRS 1.22 (2008)/IFRS 1.37 (2003)). Ferner ist es zulässig, Mehrjahresübersichten in komprimierter Form basierend auf Abschlüssen nach bisherigen Rechnungslegungsstandards **innerhalb des Abschlusses** aufzunehmen. Sofern in dem erstmals vollständig nach IFRS aufgestellten Abschluss neben den IFRS entspr Vergleichzahlen zusätzlich Vergleichszahlen nach HGB oder komprimierte Mehrjahresübersichten nach HGB dargestellt werden, müssen diese nicht IFRS entspr Informationen deutlich als nicht IFRS-konform bezeichnet werden und verbal die Anpassungen beschrieben werden, die erforderlich wären, um die dargestellten Informationen auf IFRS überzuleiten (IFRS 1.22(a) und (b) (2008)/IFRS 1.37(a) und (b) (2003)). Die erforderlichen Anpassungsbeträge müssen jedoch nicht angegeben werden. Sofern Vergleichszahlen für eine oder mehrere Perioden oder komprimierte Mehrjahresübersichten nach HGB angegeben werden, diese jedoch **nicht innerhalb des Abschlusses** gezeigt werden, sind die Vorschriften in IFRS 1.22 (2008)/IFRS 1.37 (2003) nicht einschlägig. Dh in einem Geschäftsbericht (zB im Umschlag), aber außerhalb des eigentlichen Abschlusses können Mehrjahresübersichten nach bisherigen Rechnungslegungsstandards dargestellt werden, ohne dass die zusätzlichen Angaben nach IFRS 1.22(a) und (b) (2008)/IFRS 1.37(a) und (b) (2003) erforderlich wären.

168 Unternehmen, die IFRS vor dem 1. Januar 2006 erstmalig anwenden, haben nach IFRS 1.36A (2003) bis IFRS 1.36C (2003) das Wahlrecht, keine Vergleichsinformationen für die Angaben nach IAS 32, IAS 39, IFRS 4 und IFRS 7 anzugeben. Diese Wahlrechte wurden in IFRS 1 (2008) gestrichen. Für Über-

gangszeitpunkte auf IFRS vor 2006 wird auf die Kommentierung in der Vorauflage unter § 43 Rz 161 ff verwiesen.

einstweilen frei 169–171

II. Erläuterung der Umstellung

172 Der erstmals vollständig nach den IFRS aufgestellte Abschluss muss **alle in den einzelnen IFRS geforderten Anhangangaben** enthalten. IFRS 1 beinhaltet keine Erleichterungen bzgl der Anhangangaben, die von anderen IFRS gefordert werden (s zum Anhang ausführlich § 19). Nach IFRS 1.23 (2008)/IFRS 1.38 (2003) muss das Unternehmen ferner die Effekte erläutern, die die Umstellung von bisherigen Rechnungslegungsstandards auf IFRS auf die VFE-Lage hatte. In IFRS 1.24 (2008)/IFRS 1.39 (2003) wird gefordert, dass folgende **Überleitungsrechnungen** in den Abschluss aufzunehmen sind:

173 (1) Überleitung des Eigenkapitals (IFRS 1.24(a) (2008)/IFRS 1.39(a) (2003)) nach bisherigen Rechnungslegungsstandards zur Bilanzierung nach IFRS zum
   (a) Tag des Übergangs zur Bilanzierung nach IFRS (Eröffnungsbilanz),
   (b) Ende des letzten Geschäftsjahrs, für das nach bisherigen Rechnungslegungsstandards bilanziert wurde.

(2) Überleitung des Ergebnisses des letzten Geschäftsjahrs (IFRS 1.24(b) (2008)/IFRS 1.39(b) (2003)), für das nach bisherigen Rechnungslegungsstandards bilanziert wurde, von nationalem Recht auf IFRS.

174 IFRS 1 schreibt keinen Ort für diese Angaben vor; aus Praktikabilitätsgründen sollten diese Angaben im Anhang erfolgen. Die dargestellten Angaben sollen nach IFRS 1.25 (2008)/IFRS 1.40 (2003) so detailliert sein, dass ein Abschlussadressat die **wesentlichen Anpassungen in der Bilanz und Gesamtergebnisrechnung bzw gesonderten GuV (sofern erstellt)** verstehen kann. Diese Anforderungen können auf verschiedene Art und Weise erfüllt werden. IFRS 1.IG63 (2008)/IFRS 1.IG63 (2003) enthält ein Beispiel wie diese Überleitungen dargestellt werden können. Die Überleitung des Eigenkapitals zum Tag des Übergangs zur Bilanzierung nach IFRS wird dort anhand der Bilanz nach bisherigen Rechnungslegungsstandards mittels einer Überleitungsspalte auf die Bilanz nach IFRS zum selben Stichtag übergeleitet. Bei sämtlichen Anpassungsbeträgen verweist eine Ziffer auf die zugehörigen verbalen Erläuterungen. Analog erfolgt diese Darstellung für die Überleitung des Ergebnisses. Diese in IFRS 1.IG63 (2008)/IFRS 1.IG63 (2003) gewählte Methode ist sehr übersichtlich und aussagekräftig. Es wird jedoch nichts gegen eine **kürzere Darstellung** einzuwenden sein, in der nur das Eigenkapital übergeleitet wird und die Eigenkapitalerhöhungen und -reduzierungen den betreffenden Bilanzposten zugeordnet werden (analog für die Gesamtergebnisrechnung bzw gesonderte GuV (sofern erstellt)).

Beispiel:

Anhang	Bilanzposten	Betrag (T€)
	Eigenkapital nach HGB	25.000
1	Anlagevermögen	1.500
2	Vorräte	700
3	Pensionsrückstellungen	– 600
4	Sonstige Rückstellungen	1.000
5	Passive latente Steuern	– 900
	Eigenkapital nach IFRS	26.700

175 Nach IFRS 1.25 (2008)/IFRS 1.40 (2003) sind ferner die wesentlichen Anpassungen in der **Kapitalflussrechnung** zu erläutern, falls das Unternehmen nach bisherigen Rechnungslegungsstandards verpflichtet war, eine Kapitalflussrechnung aufzustellen. Diese Erläuterungen können in verbaler Form erfolgen (vgl hierzu IFRS 1.IG63 (2008)/IFRS 1. IG63 (2003)). Wenn bei der Aufstellung der IFRS-Eröffnungsbilanz **wesentliche Fehler** festgestellt werden, die im zugrunde liegenden Abschluss nach bisherigen Rechnungslegungsstandards gemacht wurden, so sollen die Anpassungsbeträge in den nach IFRS 1.24(a) und (b) (2008)/IFRS 1.39(a) und (b) (2003) geforderten Überleitungsrechnungen wie folgt aufgeteilt werden in:

(1) Anpassungen aufgrund von Korrekturen festgestellter Fehler und

(2) Anpassungen aufgrund von unterschiedlichen Rechnungslegungsmethoden.

176 Sofern ein Unternehmen im Rahmen der Erstellung der IFRS-Eröffnungsbilanz **Wertminderungsaufwendungen** nach IAS 36 erfasst oder Wertaufholungen von in Vorjahren gebuchten Wertminderungen vorgenommen hat, sind nach IFRS 1.24(c) (2008)/IFRS 1.39(c) (2003) sämtliche Angaben zu machen, die erforderlich gewesen wären, wenn die Wertminderungen oder Wertaufholungen nach IAS 36 im aktuellen Geschäftsjahr oder in der dargestellten Vergleichsperiode vorgenommen worden wären. Diese Angaben sollen verhindern, dass Wertminderungen oder Zuschreibungen nach IAS 36 erfolgsneutral in der Eröffnungsbilanz erfolgen, die anderenfalls erfolgswirksam hätten erfolgen müssen. Mit der Anhangangabe sollen die Adressaten zumindest auf diesen Sachverhalt hingewiesen werden. Diese Angabeverpflichtung gilt jedoch nicht für Wertminderungen oder Zuschreibungen, die nach anderen Standards (zB IAS 2, IAS 12, IAS 39) in der IFRS-Eröffnungsbilanz vorgenommen wurden.

177 Im Anhang ist nach IFRS 1.29 (2008)/IFRS 1.43A (2003) anzugeben, wenn ein Unternehmen von dem Wahlrecht nach IFRS 1.D19 (2008)/IFRS 1.25A (2003) Gebrauch gemacht hat, bestimmte finanzielle Vermögenswerte und Schulden, die schon bisher bilanziert wurden, in die Kategorie **erfolgswirksam zum beizulegenden Zeitwert bewertete finanzielle Vermögenswerte und Schulden** oder als **zur Veräußerung verfügbare finanzielle Vermögenswerte** einzustufen. Für diese finanziellen Vermögenswerte und Schulden sind nach IFRS 1.29 (2008)/IFRS 1.43A (2003) die beizulegenden Zeitwerte, der bisherige bilanzielle Ausweis und die bisherigen Buchwerte anzugeben.

178 Im Anhang sind ferner Angaben zu machen, wenn ein Unternehmen **immaterielle Vermögenswerte, Sachanlagen oder als Finanzinvestition gehaltene Immobilien** in der IFRS-Eröffnungsbilanz **zum beizulegenden Zeitwert** nach IFRS 1.D5 (2008)/IFRS 1.16 (2003) und IFRS 1.D7 (2008)/IFRS 1.18 (2003) bewertet hat und diese Werte als Grundlage für die planmäßigen Abschreibungen der Folgeperioden verwendet. Für jeden separaten Bilanzposten sind die Summe der Marktwerte sowie die Summe der Anpassungsbeträge im Vergleich zur Bilanzierung nach bisherigen Rechnungslegungsstandards anzugeben. Eine Erläuterung, warum die Ermittlung der sonstigen nach IAS 16 erforderlichen Bewertungsgrundlage (Benchmark-Methode: fortgeführte Anschaffungskosten) nur mit unverhältnismäßigen Kosten oder unverhältnismäßigem Arbeitsaufwand möglich gewesen wäre, ist nicht erforderlich.

III. Zwischenberichterstattung

179 Die allgemeinen Grundsätze der Zwischenberichterstattung sind in IAS 34 geregelt. Hier soll nur auf die Besonderheiten bei der erstmaligen Zwischenberichterstattung nach IFRS 1 eingegangen werden; im Übrigen wird auf § 43 verwiesen. In IFRS 1.32 (2008)/IFRS 1.45 (2003 geändert im Zuge des IAS 1

(2007)) werden für die Zwischenberichterstattung, die im Geschäftsjahr des Übergangs zur Bilanzierung nach IFRS erfolgt, Überleitungsrechnungen von bisheriger Rechnungslegung zur Rechnungslegung nach IFRS für das Eigenkapital und das Ergebnis der Zwischenberichtsperiode der als Vorjahreszahlen dargestellten Vergleichsperiode gefordert. Daher ist es erforderlich, nicht nur für das Geschäftsjahr des Übergangs zur Bilanzierung nach IFRS eine Zwischenberichterstattung vorzunehmen, sondern auch die ggf nach bisherigen Rechnungslegungsstandards erstellten Zwischenberichte des Vorjahrs an IFRS anzupassen.

Beispiel: Ein Unternehmen plant, zum 31. Dezember X2 seinen Konzernabschluss erstmals vollständig nach IFRS aufzustellen. Wenn es bereits in X2 Zwischenberichte unter Anwendung von IAS 34 erstellt (freiwillig oder verpflichtend durch zB Börsenordnungen), dann sind auch für die Zwischenberichtszeiträume des Vorjahrs (X1) die Zwischenberichte nach IFRS unter Anwendung der Vorschriften des IFRS 1 als Vergleichszahlen und die in IFRS 1.32 (2008)/IFRS 1.45 (2003/2007) geforderten Überleitungsrechnungen zu erstellen.

Zusätzlich zu den Überleitungen für die oben genannten Zwischenberichtsperioden fordert IFRS 1.32(b) (2008)/IFRS 1.45(b) (2003/2007), dass der **erste Zwischenbericht** nach IAS 34 für das Geschäftsjahr des Übergangs zur Bilanzierung nach IFRS auch die Überleitungen, die in IFRS 1.24(a) und (b) (2008)/IFRS 1.39(a) und (b) (2003 geändert im Zuge des IAS 1 (2007)) verlangt werden, enthält. 180

Beispiel: Ein Unternehmen plant, zum 31. Dezember X2 seinen Konzernabschluss erstmals vollständig nach IFRS aufzustellen. Wenn es bereits in X2 Zwischenberichte unter Anwendung von IAS 34 erstellt (freiwillig oder verpflichtet durch zB Börsenordnungen), dann sind im Rahmen der ersten Zwischenberichterstattung in X2 (1. Quartal X2) folgende Überleitungen zwischen bisherigen Rechnungslegungsstandards und IFRS darzustellen:

(1) Eigenkapital zum 31. März X1 (IFRS 1.32(a)(i) (2008)/IFRS 1.45(a)(i) (2003/2007))
(2) Gesamtergebnis des 1. Quartals X1 (IFRS 1.32(a)(ii) (2008)/IFRS 1.45(a)(ii) (2003/2007)),
(3) Eigenkapital zum 1. Januar X1 und 31. Dezember X1 (IFRS 1.32(b)/IFRS 1.45(b) (2003/2007), IFRS 1.24(a) (2008)/IFRS 1.39(a) (2003/2007)),
(4) Gesamtergebnis für das Geschäftsjahr X1 (IFRS 1.32(b) (2008)/IFRS 1.45(b) (2003/2007)), IFRS 1.24(b) (2008)/IFRS 1.39(b) (2003/2007)).

Die Überleitungen unter (3) und (4) können auch in einem anderen veröffentlichten Dokument gemacht werden, auf das verwiesen wird.

IAS 34 verlangt in der Zwischenberichterstattung nur minimale Angaben und geht davon aus, dass der Adressat **Zugang zum letzten vollständigen Abschluss** hat, in dem alle erforderlichen Angaben zu Bilanzierungs- und Bewertungsmethoden und sonstige Erläuterungen enthalten sind. Wurde der letzte vollständige Abschluss noch nach bisherigen Rechnungslegungsstandards aufgestellt, enthält dieser Abschluss nicht alle Informationen, die erforderlich sind, um den Abschluss der Zwischenberichtsperiode nach IFRS zu verstehen. Nach IAS 34.15 ff sind daher in der Zwischenberichtsperiode, in der erstmals nach IFRS bilanziert wird, **weitere Angaben** zu machen (insbes zu Bilanzierungs- und Bewertungsmethoden), die wesentlich für das Verständnis der jeweiligen Zwischenberichterstattung sind (IFRS 1.33 (2008)/IFRS 1.46 (2003)). 181

IFRS 1.32 (2008)/IFRS 1.45 (2003) **fordert jedoch keine Zwischenberichterstattung** nach IAS 34. Sofern das Unternehmen nicht aus anderen Gründen (zB aus Gesetz oder Börsenordnung) bereits verpflichtet ist, im Jahr des Übergangs zur Bilanzierung nach IFRS eine Zwischenberichterstattung nach IAS 34 vorzunehmen oder freiwillig die Zwischenberichterstattung nach IAS 34 vornimmt, ist die Anwendung des IFRS 1.32 (2008)/IFRS 1.45 (2003/2007) 182 nicht zwingend (vgl IFRS 1.IG37 (2008)/IFRS 1.IG37 (2003)). § 40 BörsG, der bislang die Pflicht zur Zwischenberichterstattung regelte, wurde durch das Transparenzrichtlinie-Umsetzungsgesetz (TUG) gestrichen. § 37w WpHG regelt, dass Unternehmen, die im Inland Wertpapiere iSd § 2 Abs 1 WpHG emittiert haben, einen Halbjahresbericht erstellen müssen, der nach denselben Rechnungslegungsgrundsätzen wie der Jahresabschluss aufgestellt ist. Für im Primestandard notierte Wertpapiere haben die Emittenten entspr der Börsenordnung der Frankfurter Wertpapierbörse zusätzlich Quartalsberichte zu erstellen. Die Empfehlung der CESR *(Committee of European Securities Regulators),* die Zwischenberichterstattung nach IFRS bereits im lfd Geschäftsjahr der erstmaligen IFRS-Bilanzierung vorzuschreiben, wurde nicht in die durch das TUG ergänzten §§ 37v bis 37z WpHG aufgenommen. Die Zwischenberichterstattung kann mithin auch im Jahr des Übergangs zur IFRS-Bilanzierung noch nach anderen Rechnungslegungsstandards (zB HGB) erfolgen. Die Frankfurter Wertpapierbörse hat ferner in ihrem Rundschreiben vom 4. Februar 2004 klargestellt, dass die Unternehmen erst in dem Jahr, das der erstmaligen IFRS-Bilanzierung folgt, ihre Zwischenberichte nach IFRS aufstellen müssen (vgl *ADS*[1] Abschn 3a Rz 254; *Baetge/Bischof/Matena* in Baetge ua IFRS-Komm[2] IFRS 1 Rz 253ff). Die Frankfurter Wertpapierbörse will damit an die Unternehmen keine höheren Anforderungen stellen, als dies gesetzlich gefordert wird.

E. Aktuelle Entwicklungen/IASB-Projekte

183 IFRS 1 wird durch den IASB **regelmäßig angepasst,** wenn durch Änderungen anderer Standards oder Verabschiedung neuer Standards komplexe Bilanzierungs- und Bewertungsmethodenänderungen gefordert werden. In derartigen Fällen werden **Übergangserleichterungen** für die erstmaligen IFRS Bilanzierer geschaffen, die idR den Übergangserleichterungen entsprechen, die die Unternehmen anwenden dürfen, die schon länger nach IFRS bilanzieren.

184 Im September 2008 hat der IASB den Entwurf einer weiteren Ergänzung des IFRS 1 veröffentlicht. Im IFRS 1 sollen danach **weitere Erleichterungen** in folgenden Bereichen geschaffen werden: Unternehmen aus dem Bereich der Öl- und Gasindustrie, die Vermögenswerte für die Erforschung, Evaluierung oder Entwicklung von Rohstoffvorkommen bzw die Produktion von Öl oder Gas nach der Vollkostenmethode bilanziert haben, sollen von der retrospektiven Anwendung der IFRS ausgenommen werden. Daneben sollen Erleichterungen für Unternehmen geschaffen werden, die in einem Markt tätig sind, der regulatorischen Preisfestsetzungen unterliegt. Die in diesem Zusammenhang nach bisherigen Rechnungslegungsmethoden aktivierten Vermögenswerte, die ggf nicht die Aktivierungsvoraussetzungen der IFRS erfüllen, sollen beim Übergang zur IFRS-Rechnungslegung beibehalten werden können. Unternehmen, die Leasingverträge schon nach bisherigen Rechnungslegungsmethoden in Übereinstimmung mit IFRIC 4 bilanziert haben, die nach IFRIC 4 erforderliche Einschätzung sämtlicher Verträge aber zu einem abweichenden Stichtag erfolgt ist, können nach dem neu formulierten Wahlrecht in IFRS 1.D9 (2008)/IFRS 1.25F (2003) von einer erneuten Einschätzung der Verträge nach IFRIC 4 zum IFRS Übergangsstichtag absehen.

185 Derzeit sind keine weiteren geplanten Ergänzungen des IFRS 1 bekannt. Es ist jedoch in **Zukunft** von regelmäßigen weiteren Anpassungen auszugehen, die sich nach der grundlegenden Neustrukturierung des IFRS 1 im November 2008 im Wesentlichen auf Ergänzungen oder Anpassungen in den Anhängen des IFRS 1 erstrecken werden.

§ 45. Änderungen der Bilanzierungs- und Bewertungsmethoden, Änderungen von Schätzungen und Fehlerberichtigungen

Übersicht

Schrifttum: *IDW* RS HFA 6 Stellungnahme zur Rechnungslegung: Änderung von Jahresabschlüssen und Anpassung der Handelsbilanz an die Steuerbilanz, Düsseldorf 2007; *Küting/Weber/Kessler/Metz* Der Fehlerbegriff in IAS 8 als Maßstab zur Beurteilung einer regelkonformen Normanwendung, DB 2007, Beilage 7 zu Heft 45; *Pellens/Füllbier/Gassen* Internationale Rechnungslegung, 6. Aufl, Stuttgart 2008; *Scheffler* in: Heyd/von Keitz, IFRS Management, München 2007, 88; *Zülch/Willms* Jahresabschlussänderungen und ihre bilanzielle Behandlung nach IAS 8 (revised 2003), KoR 2004, 128.

Wesentliche Rechtsgrundlage: IAS 8

A. Allgemeines

1 IAS 8 ist ein Standard, der eine **Vielzahl** von Themen behandelt. So beinhaltet der Standard einerseits Vorschriften zur **Auswahl und Anwendung von Bilanzierungs- und Bewertungsmethoden,** wozu auch Regelungen zur Vorgehensweise bei fehlenden Bilanzierungsvorschriften (sog Regelungslücken) und Beachtung des Stetigkeitsgebots gehören. Andererseits regelt IAS 8 auch explizit die **Durchbrechung der Stetigkeit,** indem erläutert wird, in welchen Fällen eine Abweichung vom Stetigkeitsgebot zulässig sein kann und wie diese Fälle bilanziell zu behandeln sind. Dieser zuletzt genannte Regelungsbereich des IAS 8 beinhaltet Vorschriften zur bilanziellen Behandlung und zu erforderlichen Anhangangaben bei Änderungen der Bilanzierungs- und Bewertungsmethoden, Änderungen von Schätzungen und bei Fehlerkorrekturen. Der Umfang und Detaillierungsgrad der allgemeinen Angaben zu Bilanzierungs- und Bewertungsmethoden ist in IAS 1 geregelt (vgl § 19 Rz 28ff).

Die Regelungen des IAS 8 bezwecken eine **interne und externe Vergleichbarkeit der IFRS-Abschlüsse,** dh eine Konsistenz des Abschlusses eines Unternehmens, um eine Vergleichbarkeit der Abschlüsse eines Unternehmens im Zeitablauf zu gewährleisten sowie um eine Vergleichbarkeit zu Abschlüssen anderer Unternehmen zu ermöglichen (IAS 8.1, IAS 8.15). Die externe Vergleichbarkeit der Abschlüsse verschiedener Unternehmen hat aufgrund der zahlreichen echten und unechten Wahlrechte der IFRS eine etwas geringere Bedeutung als die interne Vergleichbarkeit der Abschlüsse eines Unternehmens im Zeitablauf. Der Standard basiert demnach auf dem Konzept der internen Vergleichbarkeit (vgl § 2 Rz 38ff), das im Wesentlichen über den Stetigkeitsgrundsatz (vgl Rz 10f) realisiert werden soll. Die Vergleichbarkeit soll letztendlich dem Abschlussadressaten eine verlässliche Basis für wirtschaftliche Entscheidungen liefern.

2 Gegenstand der nachfolgenden Kommentierung ist indessen nicht der vollständige Regelungsinhalt des IAS 8. Dieses Kapitel befasst sich vielmehr ausschließlich mit dem unter Rz 1 aufgeführten zweiten Schwerpunkt des IAS 8, der **Durchbrechung der Stetigkeit** durch Änderungen der Bilanzierungs- und Bewertungsmethoden sowie Änderungen von Schätzungen und Fehlerkorrekturen. Der erste Schwerpunkt des IAS 8 (Regelungen zur Auswahl und Anwendung von Bilanzierungs- und Bewertungsmethoden) wird in § 2 erläutert. Dort wird detailliert auf die Auswahl und Anwendung von Bilanzierungs- und Bewertungsmethoden (vgl § 2 Rz 96ff), das Vorgehen bei Regelungslücken (vgl § 2 Rz 59ff) sowie das Stetigkeitsprinzip (vgl § 2 Rz 38ff) eingegangen.

3 Generell findet IAS 8 nicht bei allen im Abschluss ggü der Vorperiode vorgenommenen Änderungen von Bilanzierungs- und Bewertungsmethoden Anwendung. Vielmehr ist durch Definitionen und Negativabgrenzungen klar abgegrenzt, bei welchen Sachverhalten die Regelungen des IAS 8 einschlägig sind. **Keine Änderung von Bilanzierungs- und Bewertungsmethoden** – und damit keinen Anwendungsfall von IAS 8 – stellen folgende Sachverhalte dar (IAS 8.16):

(1) die Anwendung einer Bilanzierungs- und Bewertungsmethode für Ereignisse oder Geschäftsvorfälle, die sich grds von früheren Ereignissen und Geschäftsvorfällen unterscheiden;

(2) die Anwendung einer Bilanzierungs- und Bewertungsmethode für Ereignisse oder Geschäftsvorfälle, die in früheren Geschäftsjahren nicht vorgekommen sind oder unwesentlich waren.

Diese Festlegung hat zur Folge, dass der **Stetigkeitsgrundsatz** (vgl Rz 10f) in diesen Fällen nicht zu beachten ist. Insbes der zweite Fall tritt in der Praxis häufiger auf und führt zu der Frage, wie solche Fälle sachgerecht abgebildet werden. Wurde zB bislang auf die Vollkonsolidierung eines TU wegen Unwesentlichkeit verzichtet und rechtfertigt die zunehmende Bedeutung des TU im Zeitverlauf eine derartige Vorgehensweise nicht mehr, so hat grds eine Erstkonsolidierung des TU auf den Zeitpunkt zu erfolgen, an dem das TU für den Konzernabschluss wesentlich geworden ist (s ausführlich § 38 Rz 49f, Rz 128), ohne dass IAS 8 zu beachten wäre.

Weiter **ausgenommen** von der Anwendung der Bestimmungen des IAS 8 4
zur Änderung von Bilanzierungs- und Bewertungsmethoden ist die erstmalige Anwendung der Neubewertungsmethode für Vermögenswerte nach IAS 16 und IAS 38; in diesen Fällen gelten die Bestimmungen der entspr Standards (IAS 8.17f). Auch ist die erstmalige Bewertung von Grundstücken und Gebäuden zum beizulegenden Zeitwert, wenn diese als Finanzinvestition gehalten werden, von IAS 8 ausgenommen; bei der erstmaligen Anwendung von IAS 40 gelten besondere Übergangsvorschriften (IAS 40.80ff).

Darüber hinaus findet IAS 8 keine Anwendung, wenn ein Unternehmen **erstmalig nach IFRS bilanziert.** In diesem Fall greifen die Vorschriften des IFRS 1 (vgl hierzu ausführlich § 44). 5

Zusätzlich zu IAS 8 müssen ggf die Regelungen des IAS 12 zur Behandlung 6
der **steuerlichen Auswirkungen** der Änderungen herangezogen werden (IAS 8.4). So sind mögliche steuerliche Folgen aus der Änderung von Bilanzierungs- und Bewertungsmethoden und der Korrektur von Fehlern nach den Vorschriften des IAS 12 zu beachten. Dh, sollten durch die Änderung einer Bilanzierungs- und Bewertungsmethode oder die Korrektur eines Fehlers temporäre Differenzen entstehen, sind auf diese nach den Vorschriften des IAS 12 **latente Steuern** abzugrenzen (vgl generell § 25 Rz 36ff).

einstweilen frei **7, 8**

B. Änderungen von Bilanzierungs- und Bewertungsmethoden

I. Grundlagen

Bilanzierungs- und Bewertungsmethoden sind nach IAS 8.5 die Summe 9
der Prinzipien, Grundlagen, Konventionen, Regeln und Verfahrensweisen, die ein Unternehmen bei der Bilanzierung anwendet. Zur Anwendung der Bilanzierungs- und Bewertungsmethoden hat der Bilanzierende am Beginn des Anhangs umfassende Angaben zu machen (IAS 1.114(b) und IAS 1.117; vgl § 19 Rz 28ff). Sollen die angegebenen Bilanzierungs- und Bewertungsmethoden zu einem bestimmten Zeitpunkt **geändert** werden, so sind die im Folgenden dargestellten Vorschriften des IAS 8.14ff anzuwenden.

II. Stetigkeitsgrundsatz

Die **Generalnorm der Vergleichbarkeit** (vgl § 2 Rz 38ff) bezweckt nach 10
IAS 8.15, dass der Abschlussadressat in der Lage ist, Abschlüsse eines Unternehmens im Zeitablauf zu vergleichen, um letztendlich Tendenzen in der Entwicklung der VFE-Lage und der Cashflows zu erkennen.

Um diese Vergleichbarkeit zu gewährleisten, ist sowohl für die Art der Darstellung (IAS 1.45) als auch für die Anwendung von Bilanzierungs- und Bewertungsmethoden der Stetigkeitsgrundsatz (IAS 8.13) einzuhalten. Ansonsten wäre es insbes vor dem Hintergrund verschiedener Wahlrechte im IFRS-Regelwerk nur schwer möglich, näherungsweise eine Vergleichbarkeit zu erreichen.

11 Allerdings soll der Stetigkeitsgrundsatz keiner Verbesserung der Abschlussqualität entgegenstehen; daher ist es unter bestimmten Voraussetzungen geboten, die **Stetigkeit zu durchbrechen.**

III. Begriffliche Abgrenzung zu Schätzungen

12 Um zu prüfen, ob die **Stetigkeit durchbrochen** und die Bilanzierungs- und Bewertungsmethoden geändert werden dürfen, muss in einem ersten Schritt geklärt werden, ob überhaupt eine Bilanzierungs- und Bewertungsmethode oder eine Schätzung vorliegt, da die beiden Varianten bilanziell unterschiedlich behandelt werden. Im ersten Fall ist zwingend eine retrospektive Anpassung, im zweiten Fall dagegen eine prospektive Änderung vorgeschrieben.

13 In den IFRS existiert **keine eindeutige Abgrenzung** zwischen den beiden Begrifflichkeiten. Lediglich für die Bilanzierungs- und Bewertungsmethoden existiert eine Definition (IAS 8.5): Es handelt sich um besondere Prinzipien, grundlegende Überlegungen, Konventionen, Regeln und Praktiken, die ein Unternehmen bei der Aufstellung von Abschlüssen anwendet. Nach IAS 8.5 liegt eine **Änderung von Schätzungen** vor, wenn der Buchwert eines Vermögenswerts oder einer Schuld bzw der periodengerechte Verbrauch eines Vermögenswerts angepasst wird und diese Anpassung aus der Einschätzung des derzeitigen Status von Vermögenswerten und Schulden sowie aus der Einschätzung des künftigen Nutzens und künftiger Verpflichtungen im Zusammenhang mit Vermögenswerten und Schulden resultiert. Änderungen von Schätzungen können sich aus neuen Informationen oder Erkenntnissen ergeben. IAS 8.32 führt verschiedene Sachverhalte auf, bei denen Schätzungen erforderlich sein können, zB bei risikobehafteten Forderungen, Überalterung von Vorräten, Nutzungsdauern oder dem erwarteten Abschreibungsverlauf von abnutzbaren Vermögenswerten. Vorgegebene Regelungen, zu denen auch durchaus **Ermessensentscheidungen** bei echten Verfahrenswahlrechten (zB Bilanzierung von als Finanzinvestition gehaltenen Immobilien unter Verwendung des beizulegenden Zeitwertmodells oder des Anschaffungskostenmodells, Ausweis von Investitionszuschüssen als passivischer eigener Posten oder direkte Verrechnung mit dem Buchwert des bezuschussten Vermögenswerts) gehören, zählen zu den Bilanzierungs- und Bewertungsmethoden, Schätzungen dienen hingegen eher dazu, die vorgegebenen Regelungen auszufüllen (so auch *Heuser/Theile*[3] Rz 814; *Lüdenbach* in Lüdenbach/Hoffmann IFRS[7] § 24 Rz 33ff). Diese Richtschnur erscheint angesichts der nicht sehr genauen Ausführungen der IFRS zu Schätzungen hilfreich, letztendlich wird aber jeder Einzelfall separat zu beurteilen sein.

Hilfreich ist in diesem Zusammenhang die in IAS 8.35 getroffene Aussage, dass die **Änderung einer Bewertungsgrundlage** in jedem Fall die Änderung einer Bilanzierungs- und Bewertungsmethode darstellt. Bei Bewertungsgrundlagen handelt es sich um grundlegende Prinzipien der Bewertung, sozusagen Vorstufen für die Anwendung einer Bilanzierungs- und Bewertungsmethode; hierunter fallen bspw die historischen Anschaffungs- oder Herstellungskosten, der Nettoveräußerungswert oder auch der erzielbare Betrag (s IAS 1.117(a)).

Sollte trotz aller Hinweise eine Unterscheidung zwischen der Änderung einer Bilanzierungs- und Bewertungsmethode einerseits und der Änderung einer Schätzung andererseits unmöglich sein, so ist anzunehmen, dass es sich um eine Schätzung handelt (IAS 8.35).

IV. Zulässige Änderungen

1. Überblick

14 Die IFRS gebieten in zwei Ausnahmefällen die **Durchbrechung des Stetigkeitsgrundsatzes** in Bezug auf die angewandten Bilanzierungs- und Bewertungsmethoden: Eine Bilanzierungs- und Bewertungsmethode darf nur dann geändert werden, wenn
(1) dies durch einen Standard oder eine Interpretation verlangt wird (IAS 1.45(b) und IAS 8.14(a)) oder
(2) eine Änderung zu einer verlässlicheren und relevanteren Darstellung von Geschäftsvorfällen oder der VFE-Lage führt (IAS 1.45(a) und IAS 8.14(b)).

2. Änderungen durch einen Standard oder eine Interpretation

15 Die Regelungen des IAS 8 gelten nur für Unternehmen, die schon mindestens für ein Geschäftsjahr (inklusive der Darstellung eines Vorjahrs als Vergleichszahlen) vollständig nach IFRS bilanzieren. Hingegen hat ein Unternehmen, das die IFRS **erstmals** vollständig anwendet, den Übergang von bisherigen Rechnungslegungsmethoden zu den IFRS Vorschriften nach IFRS 1 zu vollziehen. IAS 8.14 ist demnach dahingehend zu interpretieren, dass die Änderung der Bilanzierungs- und Bewertungsmethode aufgrund der Vorgabe eines Standards oder einer Interpretation bei einem Unternehmen, das bereits nach IFRS bilanziert, lediglich als Folge einer **Neufassung eines Standards/einer Interpretation** oder der erstmaligen Verabschiedung eines IFRS (so zB IFRS 7, IFRS 8, neue IFRICs etc) auftreten kann. In diesem Fall sind dem neuen Standard oder der neuen Interpretation idR spezifische Übergangsvorschriften beigefügt, die bei der Änderung zu berücksichtigen sind (IAS 8.19(a)). Fehlen diese spezifischen Übergangsvorschriften, so gelten die Regelungen der IAS 8.19ff. Dies bedeutet, dass die Änderung grds **retrospektiv** (IAS 8.19(b)) und unter Anpassung der Eröffnungsbilanzwerte und Vorjahresvergleichswerte vorzunehmen ist (IAS 8.22). Die rückwirkende Anwendung der neuen Rechnungslegungsmethode verlangt, dass alle vergleichbaren Transaktionen seit Existenz des Unternehmens nach derselben neuen Rechungslegungsmethode ausgewiesen und bewertet werden (vgl Rz 21).

Die im Abschluss der lfd Berichtsperiode dargestellten Abschlussposten und die entspr Vorjahresvergleichzahlen werden mithin so dargestellt, als ob die neue, geänderte Bilanzierungs- und Bewertungsmethode schon immer angewendet worden wäre.

3. Änderungen zur Verbesserung der Darstellung

16 Bilanzierungs- und Bewertungsmethoden sollen trotz des Stetigkeitsgrundsatzes (Rz 10f) angepasst werden, wenn eine Änderung zu einer **verlässlicheren** und **relevanteren Darstellung** von Geschäftsvorfällen oder der VFE-Lage führt. Dies ist einerseits möglich, wenn ein explizit in den IFRS verankertes Wahlrecht genutzt wird, oder andererseits, wenn ein Unternehmen den äußerst seltenen Fall einer verbesserten Darstellung durch Abweichung von den IFRS begründen kann und damit diese **Ausnahmeregelung** anwenden darf (IAS 1.19f). Insgesamt kann angenommen werden, dass der Fall der verbesserten Darstellung eher selten auftritt, und zwar nur dann, wenn ein durch IFRS gestattetes Wahlrecht ausgeübt wird. Zu den direkt in den IFRS verankerten Bilanzierungswahlrechten zählen im Wesentlichen folgende (vgl auch *Heuser/Theile*[3] Rz 833):

17 (1) Nach IAS 2.25 besteht für bestimmte **Vorräte** ein Bewertungswahlrecht im Rahmen von Verbrauchsfolgeverfahren. So können die Anschaffungs- oder Herstellungskosten entweder nach der FIFO-Methode oder nach der Durchschnittsmethode ermittelt werden (vgl § 8 Rz 82). Bei sachlich ähnlichen Vorräten ist die jeweilige Methode stetig anzuwenden, bei unterschiedlichen Vorratsgütern kann eine unterschiedliche Bewertung durchaus sachgerecht sein.

(2) Ein Methodenwahlrecht liegt bei der Bilanzierung von **als Finanzinvestition gehaltenen Immobilien** vor. Ein Unternehmen hat entweder das Modell des beizulegenden Zeitwerts oder das Anschaffungskostenmodell anzuwenden (IAS 40.30 ff). Allerdings wird nur dem Wechsel zum Modell des beizulegenden Zeitwerts die Möglichkeit einer verbesserten Darstellung zugeschrieben.

(3) Bei der Erfassung **versicherungsmathematischer Gewinne/Verluste** bei **Pensionsverpflichtungen** kann zwischen der sofortigen oder aufgeschobenen erfolgswirksamen Amortisation und der erfolgsneutralen Amortisation im sonstigen Ergebnis (vgl § 15 Rz 111) gewählt werden, sofern dies für alle leistungsorientierten Pläne und für alle Gewinne und Verluste einheitlich erfolgt (IAS 19.93A; vgl § 26 Rz 80 ff).

(4) Der marktübliche Kauf oder Verkauf von **finanziellen Vermögenswerten** ist entweder zum Handelstag oder zum Erfüllungstag anzusetzen bzw auszubuchen (IAS 39.38).

(5) **Investitionszuschüsse** dürfen passivisch als eigener Posten ausgewiesen werden oder aber direkt mit dem Buchwert der entspr Vermögenswerte verrechnet werden (IAS 20.24).

(6) **Handelsunternehmen** dürfen zur Ermittlung der Anschaffungskosten der **Vorräte** anstatt der originären Anschaffungskostenmethode die sog retrograde Methode (Retail-Methode) anwenden (IAS 2.22).

18 Sofern ein Unternehmen sich zwischen den beispielhaft aufgeführten Methoden neu entscheidet und der Methodenwechsel sachgerecht mit einer verlässlicheren und verbesserten Darstellung der VFE-Lage begründet werden kann, handelt es sich um eine Änderung der Bilanzierungs- und Bewertungsmethode, die retrospektiv durchzuführen ist. Abweichend davon finden die Vorschriften zur Änderung der Bilanzierungs- und Bewertungsmethoden keine Anwendung, wenn sog **unechte Wahlrechte** (zum Begriff vgl *Lüdenbach* in Lüdenbach/Hoffmann IFRS[7] § 24 Rz 8 ff; *Heuser/Theile*[3] Rz 815, Rz 834 sprechen von sog verdeckten Wahlrechten) geändert werden, weil eine bessere Darstellung bewirkt werden kann. Bei unechten Wahlrechten handelt es sich nicht um explizit in den IFRS genannte Alternativen, sondern um notwendige **Ermessensentscheidungen** im Rahmen von sich aus einzelnen IFRS ergebenden Verfahrenswahlrechten. Diese gehören zu den Schätzungsänderungen (*Heuser/Theile*[3] Rz 815). Hierunter fallen zB der Wechsel von der *cost-to-cost*-Methode zur *labor-hours*-Methode bei der Bewertung von Fertigungsaufträgen oder die Verwendung von unterschiedlichen Bewertungsmodellen (Binomialmodell oder Black Scholes Modell) zur Bewertung von Optionen.

19 In Fällen, in denen das Management der Auffassung ist, mit der Änderung einer Bilanzierungs- und Bewertungsmethode eine **verlässlichere Darstellung** der VFE-Lage zu erreichen, könnte eine mögliche Begründung in einer zwischenzeitlich verbesserten Informations- und Datenlage liegen, aufgrund derer nunmehr andere zuverlässigere Bilanzierungs- und Bewertungsmethoden anwendbar sind. Die in der *Implementation Guidance* zu IAS 8 dargestellten Beispiele zu dem Thema sind mit ähnlichen, aber eher ungenauen Begründungen ausgestattet (IAS 8.IG2 f). Dort wird ua folgendes Beispiel angeführt:

Beispiel: Ein Unternehmen schreibt ein bestimmtes Anlagegut nicht mehr einheitlich, sondern nach der Nutzungsdauer der wichtigsten Komponenten ab, nachdem eine gesonderte Untersuchung des Anlagegutes neue Informationsgrundlagen geschaffen hat. Dieser Wechsel wird in dem Beispiel folgendermaßen begründet: Das Management ist der Ansicht, dass der Komponentenansatz zuverlässigere und relevantere Informationen liefert, da er die Wertverhältnisse und Nutzungsdauern der Komponenten differenzierter berücksichtigt.

Die in diesem Fall und auch den anderen Beispielen der *Implementation Guidance* zu IAS 8 angegebenen **Begründungen** für die Änderung der Bilanzierungs- und Bewertungsmethode bleiben aber doch unkonkret. Hieraus lässt sich ableiten, dass für die Änderung von Bilanzierungs- und Bewertungsmethoden gem IAS 8 keine sonderlich detaillierten Begründungen notwendig sind. Zwingend notwendig ist indessen, dass die Änderung der Bilanzierungs- und Bewertungsmethode zu einer verlässlicheren Darstellung der VFE-Lage führt; rein bilanzpolitische Motivationen sind danach ausgeschlossen.

Einige andere Fragestellungen ergeben sich durch die in der jüngeren Vergan- 20
genheit vermehrt vorliegenden **Entscheidungen** des **IFRIC,** bestimmte Bilanzierungsfragen nicht aufzugreifen und nicht in Form einer IFRIC Interpretation zu entscheiden. Es handelt sich dabei um Zurückweisungen von Anträgen, in deren Zusammenhang gelegentlich Hinweise zur Auslegung des fraglichen IFRS gegeben werden. Diese Hinweise seitens des IFRIC im Zusammenhang mit der Zurückweisung bzw Nichtaufnahme einer Fragestellung auf die IFRIC Agenda werden in der Praxis auch als **NIFRIC** (no IFRIC) bezeichnet. Sollte sich aus den IFRIC Ausführungen im Zusammenhang mit einem NIFRIC ergeben, dass ein Unternehmen bisher einen bestimmten IFRS nicht bzw nicht so angewendet hat, wie es das IFRIC für offensichtlich eindeutig hält, und das Unternehmen infolgedessen seine Bilanzierungs- und Bewertungsmethode ändert, stellt sich die Frage, ob es sich dabei um eine Änderung der Bilanzierungs- und Bewertungsmethode, eine Schätzungsänderung oder eine Fehlerkorrektur handelt. Diese Entscheidung ist vom jeweiligen **Einzelfall abhängig:** Es ist zu untersuchen, ob ein IFRS für bestimmte Transaktionen ggf überhaupt nicht angewendet wurde. Sollten diese Transaktionen wesentlich sein, liegt ein Fehler im Abschluss vor, der nach den Fehlerkorrekturvorschriften zu korrigieren ist (s Rz 41 ff). Behandeln die Hinweise des IFRIC im Rahmen eines NIFRIC bestimmte Vorgehensweisen oder Schätzungsmethoden im Rahmen einer übergeordneten Bilanzierungs- und Bewertungsmethode, liegt eine Schätzungsänderung vor, die nach den Vorschriften zur Schätzungsänderung zu behandeln ist (s Rz 31 ff). Da mittels eines NIFRIC per definitionem keine neuen Bilanzierungs- und Bewertungsmethoden eingeführt werden können, kann mithin keine Anpassung der Bilanzierungs- und Bewertungsmethoden nach den hierfür geltenden Vorschriften des IAS 8 erfolgen.

V. Praktisches Vorgehen bei der Methodenänderung

1. Normalfall

Liegt einer der beiden in IAS 8.14 beschriebenen Sachverhalte vor, ist also 21
entweder ein Standard erstmals anzuwenden oder liefert eine Methodenänderung eine verbesserte Darstellung, so wird die jeweilige Bilanzierungs- und Bewertungsmethode gem den Anforderungen des IAS 8.22 geändert. Grds hat die Änderung **retrospektiv und erfolgsneutral** zu erfolgen, dh die Änderung hat so zu erfolgen, als ob die neu angewandte Methode schon immer angewandt worden wäre (IAS 8.22). Dabei wird im Regelfall wie folgt vorgegangen: In

einem ersten Schritt sind die Daten der Vorjahre so anzupassen, als sei die neue Methode schon immer angewendet worden. Ein Unternehmen hat die geänderte Rechnungslegungsmethode soweit wie möglich in die Vergangenheit zurück anzuwenden. Die Grenzen der Vergangenheitsorientierung dürften hier – vorbehaltlich des Wesentlichkeitsgrundsatzes und allgemeiner Kosten-Nutzen-Überlegungen – die Aufbewahrungspflichten für Geschäftsunterlagen oder die Verfügbarkeit von geeigneten Informationen aus IT-Anwendungen darstellen. Der Zeitraum der Rückwirkung wird somit ggf dadurch verkürzt, dass die retrospektive Anpassung undurchführbar ist (IAS 8.23; zur Definition der Undurchführbarkeit vgl Rz 23). Die sich aus der Umbewertung der Transaktionen ergebenden Anpassungseffekte werden mit den Buchwerten der in der Eröffnungsbilanz der Vorjahresvergleichszahlen ausgewiesenen jeweiligen Vermögenswerte und Schulden verrechnet und ein sich daraus per Saldo ergebender Anpassungsbetrag im Eigenkapital zB mit den Gewinnrücklagen oder dem Bilanzgewinn verrechnet.

Allerdings können auch andere Eigenkapitalbestandteile angepasst werden, wenn dies von einem Standard gefordert wird. Hierunter fallen folgende **gesonderten Eigenkapitalposten** aus der Bilanzierung nachfolgender Sachverhalte:

(1) Anwendung der **Neubewertungsmethode** für Sachanlagen und immaterielle Vermögenswerte (vgl § 4 Rz 87 bzw § 5 Rz 123; Neubewertungsrücklage); hier ist aber zu beachten, dass die erstmalige Anwendung der Neubewertungsmethode nach IAS 8.17 nicht nach den Regelungen des IAS 8 erfolgt, sondern nach den Regelungen der IAS 16 und IAS 38,

(2) Bewertung von **zur Veräußerung verfügbaren finanziellen Vermögenswerten** zum beizulegenden Zeitwert (vgl § 3 Rz 71, Rz 182; Rücklage für Marktbewertungen),

(3) Wertveränderung von **Sicherungsgeschäften** im Zusammenhang mit Geschäften zur Absicherung von Zahlungsströmen (*cashflow hedges;* vgl § 23 Rz 71; Rücklage für Marktbewertungen),

(4) Darstellung erfolgsneutral amortisierter **versicherungsmathematischer** Gewinne und Verluste aus leistungsorientierten Pensionsplänen (vgl § 26 Rz 80 ff).

Nachdem die vor der frühesten dargestellten Periode angefallenen Anpassungen verrechnet wurden, werden abschließend die im aktuellen Abschluss offen gelegten Perioden korrigiert – idR die aktuelle und die Vorjahresperiode. In der Vorjahresperiode wird der Anpassungseffekt, der auf das Vorjahr entfällt, als Erfolgsveränderung in der GuV bzw dem erfolgswirksamen Teil der Gesamtergebnisrechnung (*statement of comprehensive income*; s ausführlich § 15 Rz 46 ff) erfasst und in der aktuellen Periode wird der Sachverhalt so bilanziert, als sei die Methodenänderung nie aufgetreten.

Beispiel: Entscheidet sich ein Unternehmen im Geschäftsjahr X3, Vorräte nicht mehr nach der FIFO-Methode zu bewerten, sondern die Durchschnittsmethode anzuwenden, so sind folgende Anpassungen vorzunehmen:

Änderung der Bilanzierungs- und Bewertungsmethode in X3 und damit auch des Abschlusses zum 31. Dezember X3.

Für die Vergleichszahlen des Abschlusses zum 31. Dezember X2 wird ebenso die Durchschnittsmethode angewendet und auch im Berichtsjahr so dargestellt, da nach IAS 1.38 immer ein Vergleichsjahr mit angegeben werden muss.

Für die übrigen nicht mehr dargestellten Perioden (X1 und früher) wird die Methode bis zur erstmaligen Einbuchung der Vorräte im Bestand zurückverfolgt und die Anpassungsbeträge aus der retrospektiven Anwendung der Durchschnittsmethode im Vergleich zur FIFO-Methode werden mit dem Eröffnungsbilanzwert der Gewinnrücklagen der frühesten, im Abschluss dargestellten Periode verrechnet – in diesem Fall also für den 1. Januar X2. Die sich für X2 ergebenden Bewertungseffekte aus der Anwendung der

Durchschnittsmethode anstatt der FIFO–Methode werden in der GuV bzw in dem erfolgswirksamen Teil der Gesamtergebnisrechnung für X2 erfasst.

Wenn eine Änderung der Bilanzierungs- und Bewertungsmethode vorgenommen wird, sind ggf nicht nur Bilanz und GuV bzw Gesamtergebnisrechnung anzupassen, sondern auch die übrigen Bestandteile des Abschlusses, wie **Eigenkapitalspiegel, Anlagespiegel, Ergebnis je Aktie, Segmentberichterstattung** und **Kapitalflussrechnung.** 22

Nach IAS 1.39 muss im Fall einer retrospektiven Änderung von Bilanzierungs- und Bewertungsmethoden, anderen retrospektiven Anpassungen und Umgliederungen von Abschlussposten eine entspr korrigierte Eröffnungsbilanz für die Vorjahresperiode dargestellt werden. In diesen Fällen sind mithin **drei Bilanzen** darzustellen.

2. Ausnahmen

IAS 8 erlaubt eine Ausnahme von der rückwirkenden Anwendung einer neuen Bilanzierungs- und Bewertungsmethode, wenn die Änderung der Vorjahre undurchführbar ist (IAS 8.23). Zur Klärung, wann diese Ausnahme greift, ist in IAS 8.5 definiert, unter welchen Umständen eine Anpassung undurchführbar ist. Grds liegt **Undurchführbarkeit** vor, wenn eine Bilanzierungs- und Bewertungsmethode trotz angemessener Anstrengungen des Unternehmens nicht angewendet werden kann. In IAS 8.5 wird weiter konkretisiert, unter welchen Umständen eine Undurchführbarkeit vorliegt. Dies ist der Fall, wenn: 23

(1) die Auswirkungen der Anpassung nicht zu ermitteln sind,
(2) Annahmen über die Intentionen des Managements in der entspr Periode erforderlich sind oder
(3) für die rückwirkende Anwendung Schätzungen zu den früheren Perioden notwendig sind, die in der Vergangenheit noch nicht bekannt waren.

Diese Kriterien werden in den IAS 8.50ff noch **detaillierter** ausgeführt. So liegt eine Undurchführbarkeit nach Punkt (1) gem IAS 8.50 auch vor, wenn notwendige Daten zwar vorhanden, aber nicht entspr aufbereitet wurden oder nicht wieder herstellbar sind.

Für den Punkt (2) wird in IAS 8.53 ein Beispiel dafür angeführt, was unter **Intentionen des Managements** zu verstehen ist, und wie sich dies auswirkt.

Beispiel: Ein Unternehmen korrigiert einen Fehler bei der Bewertung von finanziellen Vermögenswerten aus einer früheren Periode, die vormals nach IAS 39 als bis zur Endfälligkeit gehaltene Finanzinvestitionen klassifiziert wurden. In der Korrekturperiode klassifiziert das Management den Vermögenswert um, da er nach neuerer Einschätzung nicht mehr bis zur Endfälligkeit gehalten werden soll. Damit ändert sich automatisch die Bewertungsgrundlage. In Anwendung von IAS 8.5 ändert diese sich aber nicht rückwirkend, da das Management den Vermögenswert erst in der aktuellen Periode umklassifiziert hat und in der Vergangenheit noch nicht wissen konnte, dass in der Zukunft die Absicht bestehen wird, eine Umklassifizierung vorzunehmen. Die bessere Erkenntnis aus der Korrekturperiode über die Halteabsichten darf hier also nicht bei der im Übrigen retrospektiven Fehlerkorrektur berücksichtigt werden.

IAS 8.51 und IAS 8.52 erläutern die Anwendung des obigen Punktes (3). Als Beispiel für einen Anwendungsfall dieser **Ausnahme** wird Folgendes aufgeführt: Die rückwirkende Anpassung einer Bilanzierungs- und Bewertungsgrundlage erfordert die Bestimmung beizulegender Zeitwerte für die Vergangenheit (IAS 8.52). Besonders problematisch ist die Bestimmung von beizulegenden Zeitwerten dann, wenn diese auf Schätzungen nicht beobachtbarer Marktpreise oder Leistungen basieren. Sollten nunmehr zwar beizulegende Zeitwerte ermittelbar sein, diese nunmehr bekannten Informationen sich aber nicht von den zu den zurück liegenden Zeitpunkten bekannten Werten unterscheiden lassen, so ist die rückwirkende Anwendung der Bilanzierungs- und Bewertungsmethode undurchführbar.

24 Finden diese Kriterien Anwendung, so sind die neuen Bilanzierungs- und Bewertungsmethoden **prospektiv** anzuwenden. Die prospektive Anwendung der neuen Bilanzierungs- und Bewertungsgrundlagen gem IAS 8.5 und IAS 8.50 wird mit IAS 8.26 allerdings noch in zeitlicher Hinsicht eingeschränkt. Demnach kann die prospektive Anwendung erst in der Periode erfolgen, in der die in IAS 8.5 aufgeführten Kriterien greifen. In IAS 8.27 wird ergänzend erläutert, dass die Anwendung einer neuen Bilanzierungs- und Bewertungsmethode zum frühest möglichen Zeitpunkt zu erfolgen hat. Wären also für die retrospektive Anwendung einer neuen Bilanzierungs- und Bewertungsmethode die zurück liegenden zehn Jahre anzupassen, für vier Jahre allerdings nur adäquate Aufzeichnungen vorhanden, so sind diese vier Jahre durchaus retrospektiv anzupassen. Die kumulierten Anpassungen der Vermögenswerte und Schulden, die auf die davor liegenden sechs Jahre entfallen, bleiben dann bei der retrospektiven Anpassung unberücksichtigt (IAS 8.27).

Aus diesen Vorschriften ergibt sich folgende praktische Vorgehensweise: Es ist die Periode zu bestimmen, bis zu der die rückwirkende Anwendung durchführbar ist. Dabei handelt es sich um die erste Periode, in der keine Undurchführbarkeit mehr nach IAS 8.5 vorliegt. Nach IAS 8.24 kann es sich dabei durchaus um die aktuelle Berichtsperiode handeln.

In der Praxis wird immer dann ein unangemessener Aufwand für die Anpassung der Vergangenheit vorliegen, wenn in Jahre zurückgegangen werden müsste, für die die Konten und Belege nicht mehr vorhanden sind. Für die unmittelbar vor der Änderung liegenden ein oder zwei Jahre wird der Anpassungsaufwand idR vertretbar sein.

VI. Angaben im Anhang

25 Für den Fall der **Änderung** einer Bilanzierungs- und Bewertungsmethode sind nach IAS 8.28ff umfangreiche Angaben erforderlich.

Im Fall der **Erstanwendung** eines Standards oder einer Interpretation ist dies anzugeben; zudem sind umfangreiche Angabepflichten gem IAS 8.28 zu beachten, auch wenn für den Standard gesonderte Übergangsvorschriften existieren.

26 Wird eine Methode gewechselt, um die **Darstellung zu verbessern,** so ist gem IAS 8.29 neben Angaben zur Art der Änderung oder zu den Anpassungsbeträgen auch zu erläutern, aus welchen Gründen eine Verbesserung der Informationsdarstellung angenommen wird.

27 Wird aus Gründen der **Praktikabilität/Undurchführbarkeit** auf die retrospektive Anpassung verzichtet (vgl Rz 23), sind auch hier genaue Gründe anzugeben, weshalb eine rückwirkende Änderung undurchführbar ist und ab wann die neue Bilanzierungs- und Bewertungsmethode angewendet wurde (IAS 8.28(h), IAS 8.29(e)).

28 Alle Angaben haben nur im **Berichtsjahr** der Anpassung zu erfolgen (IAS 8.28 und IAS 8.29 jeweils aE).

Eine vollständige Auflistung der notwendigen Anhangangaben findet sich in der Anhangcheckliste in Anlage I dieses Handbuchs.

29, 30 *einstweilen frei*

C. Änderungen von Schätzungen

I. Grundlagen

31 Schätzungen sind nach IAS 8.32 für Abschlussposten notwendig, die **nicht präzise bewertet** werden können. Damit sind Schätzungen ein notwendiger Bestandteil der Abschlusserstellung und idR erforderlich, um Beurteilungs- und Ermessensspielräume auszufüllen (zur Abgrenzung von Bilanzierungs- und Bewertungsmethoden vgl Rz 12 ff).

Grds hat die Schätzung auf der Grundlage der zuletzt verfügbaren und verlässlichen Informationen zu erfolgen (IAS 8.32). In verschiedenen Einzelstandards sind konkrete Angaben zu Schätzungen, die einzelne Posten betreffen, gefordert.

32 Der **Unterschied zu Fehlerkorrekturen** besteht darin, dass es sich bei der Fehlerkorrektur um Anpassungen von Annahmen handelt, die von vorneherein falsch waren oder auf unzureichenden Informationen basierten, obwohl ausreichende Informationen hätten ermittelt werden können (vgl auch die Definition von Fehlern in Rz 41).

Das folgende Beispiel verdeutlicht die Abgrenzung von Schätzungen und Fehlern:

Beispiel: Ein Unternehmen hat Gewährleistungsverpflichtungen, die aufgrund von Erfahrungswerten in prozentualer Relation zu den Umsatzerlösen anfallen. Aus diesen Erfahrungswerten ergibt sich, dass für die vergangenen Jahre eine Rückstellung von 5% des Umsatzes notwendig war und auch gebildet wurde. Für das aktuelle Berichtsjahr wurde nun festgestellt, dass
(1) keine Rückstellung gebildet wurde. In diesem Fall liegt ein **Fehler** vor (zur weiteren bilanziellen Behandlung vgl Rz 45),
(2) die Gewährleistungsfälle nunmehr eher 6% der Umsätze entsprachen. In diesem Fall ist also die **Schätzung** von bisher 5% nicht mehr angemessen gewesen und muss für die Zukunft angepasst werden (vgl Rz 34 f).

33 Bei Anpassungen von Wertansätzen für Vermögenswerte und Schulden, die auf Feststellungen einer **steuerlichen Betriebsprüfung** resultieren, ist im Einzelfall zu analysieren, ob die Feststellungen auch Auswirkungen für die IFRS-Bilanz haben oder nur auf die Steuerbilanz. Sofern die Feststellungen der Betriebsprüfung nur die Bewertung in der Steuerbilanz (zB Ansatz einer Drohverlustrückstellung in der Steuerbilanz) tangieren, handelt es sich bei der Neufestsetzung von lfd Ertragsteuern für vergangene Perioden um **Änderungen von Schätzungen,** dh die Steuernachzahlungen oder -erstattungen sind erfolgswirksam in der Periode der geänderten Festsetzung zu erfassen. Gegenläufig wird sich in diesem Fall ggf der Ansatz latenter Ertragsteuern nach IAS 12 auswirken. Stellt die Betriebsprüfung fest, dass die verwendeten Nutzungsdauern für die Abschreibung von Sachanlagen unzutreffend sind und setzt längere wirtschaftliche Nutzungsdauern an (die dem tatsächlichen und beobachtbaren Werteverzehr entsprechen), so ist dies als eine Änderung von Schätzungen zu interpretieren, die für die IFRS-Bilanzierung zu übernehmen ist; der im Jahr der Schätzungsänderung vorhandene Restbuchwert wird danach über die geänderte voraussichtliche Restnutzungsdauer verteilt. Stellt die Betriebsprüfung fest, dass unzulässigerweise Aufwandsrückstellungen (zB Restrukturierungsrückstellungen ohne externe Verpflichtung) in der Steuerbilanz angesetzt worden sind, hat dies auch Konsequenzen für die IFRS-Bilanzierung, sofern diese Rückstellung auch in der IFRS-Bilanz angesetzt worden ist. Dieser Sachverhalt würde sich als **Fehler** qualifizieren, der nach den hierfür geltenden Vorschriften des IAS 8 erfolgsneutral zu korrigieren wäre (vgl Rz 42 ff).

II. Verpflichtende Änderungen von Schätzungen

34 Da eine Schätzung grds auf der Grundlage der **zuletzt verfügbaren und verlässlichen Informationen** zu erfolgen hat, ergeben sich Änderungen von Schätzungen aus dem Vorliegen neuer Informationen oder Entwicklungen (IAS 8.5). Gehen dem Management also neue Informationen zu, sei es zB durch neue Bewertungsumstände oder aufgrund neuer Entwicklungen, so sind die Schätzungen anzupassen. Dies kann bspw der Fall sein, wenn die Höhe einer Rückstellung nach neueren Erkenntnissen nicht mehr angemessen ist (vgl das Beispiel in Rz 32), wenn eine Forderung zu einem anderen Anteil wertberichtigt werden muss oder sich bei Vorräten, die wertgemindert wurden, der Nettoveräußerungswert ggü der bisherigen Wertminderung geändert hat.

III. Praktisches Vorgehen bei der Änderung von Schätzungen

35 Die bilanziellen Auswirkungen der Änderungen von Schätzungen sind **erfolgswirksam** in der Periode der Änderung (zB Höhe von Einzelwertberichtigungen oder Rückstellungen) und evtl nachfolgenden betroffenen Perioden (zB Änderungen der Nutzungsdauern von Sachanlagen) zu erfassen (IAS 8.36).

Bezieht sich die Änderung einer Schätzung auf einen Bilanzposten, so ist eine Buchwertanpassung in der Periode der Änderung vorzunehmen (IAS 8.37).

Beispiel: Ein Unternehmen hat zum 1. Januar X1 eine Maschine angeschafft. Das Management stellt im Berichtsjahr X10 fest, dass die Maschine, für die es ursprünglich eine Nutzungsdauer von 20 Jahren festgelegt hatte, insgesamt nur 15 Jahre nutzbar sein wird, da die Technik der Maschine sich schneller überholt als in der Vergangenheit angenommen. Daraufhin hat das Management die in X10 verbleibende Restnutzungsdauer auf die neu geschätzte Restnutzungsdauer anzupassen. Die Abschreibung des zum 1. Januar X10 bestehenden Restbuchwerts hat folglich nur noch über sechs und nicht mehr über elf Jahre zu erfolgen. Die Abschreibungen der Vergangenheit und auch der Buchwert der Anlage zum 1. Januar X10 bleiben infolge der Schätzungsänderung unverändert; es ändern sich nur die zukünftige Restnutzungsdauer und damit der Abschreibungsaufwand der lfd und der zukünftigen Perioden.

36 Sind allerdings **Abbruchkostenrückstellungen** von der Änderung der Schätzung betroffen, bspw durch einen veränderten Zinssatz zur Barwertermittlung oder die Veränderung einer Mietvertragslaufzeit und somit Nutzungsdauer, so sind die speziellen Vorschriften des IFRIC 1 zu beachten (vgl § 5 Rz 51 ff). Der Betrag der Abbruchkosten, der als Teil der Anschaffungskosten der Sachanlagen aktiviert wird, ist retrospektiv zu ermitteln, so als ob von Anfang an der zutreffende Betrag als Anschaffungskostenkomponente angesetzt worden wäre. Der sich ergebende Restbuchwert der Sachanlage ist allerdings prospektiv über den verbleibenden Zeitraum der Nutzung abzuschreiben. Die Regelungen des IFRIC 1 führen bei Änderungen der geschätzten Abbruchkosten somit zu einer Kombination der retrospektiven und der prospektiven Anpassung.

IV. Angaben im Anhang

37 Nach der Änderung von Schätzungen sind lediglich **Art**, die **betragsmäßige Auswirkung** der Schätzungsänderung für die **Berichtsperiode** und – sofern zutreffend ermittelbar – auch die Auswirkungen auf **Folgeperioden** anzugeben (IAS 8.39).

38 Wird auf die Angabe der betragsmäßigen Auswirkung auf zukünftige Perioden wegen **Undurchführbarkeit** der betreffenden Schätzung **verzichtet,** so hat das Unternehmen darauf hinzuweisen (IAS 8.40; eine vollständige Erfassung der Anhangangaben findet sich in der Anhangcheckliste in Anlage I dieses Handbuchs).

einstweilen frei 39, 40

D. Fehlerberichtigungen

I. Grundlagen

41 IAS 8.5 definiert einen **Fehler** als fehlende oder unrichtige Information im Abschluss eines Unternehmens, der sich aus einer Nicht- oder Fehlanwendung von zuverlässigen Informationen ergeben hat. Voraussetzung ist demnach, dass bei der früheren, fehlerhaften Abschlusserstellung verlässliche Informationen verfügbar waren und es hätte erwartet werden können, dass der damals Bilanzierende diese Informationen einholt und sie berücksichtigt. Für die Beurteilung der Frage, ob eine fehlerhafte Berücksichtigung von Informationen in einem Abschluss vorliegt, ist es daher erforderlich, die theoretisch vorliegenden Informationen (objektiver Informationsumfang) von den Informationen zu differenzieren, die dem Bilanzierenden bei sorgfältiger Sachverhaltswürdigung tatsächlich vorlagen bzw bei denen es dem Bilanzierenden unter Abwägung von Kosten-Nutzen-Erwägungen zuzumuten war, sie einzuholen (subjektiver Informationsumfang). Ein Fehler iSd IAS 8.5 liegt nur vor bei **fehlerhafter** oder **Nichtanwendung** von **subjektiv vorhandenen Informationen** (vgl *Küting/Weber/Kessler/Metz* DB 2007, 5). Hierbei ist es entscheidend, dass diese subjektiven Informationen zum Zeitpunkt der Bilanzaufstellung und bis zum Ende des nach IAS 10 zu berücksichtigenden Wertaufhellungszeitraums vorgelegen haben müssen; alle nicht darunter fallenden Informationen, die nicht im Abschluss berücksichtigt wurden, stellen keine Fehler iSd IAS 8.5 dar. Bei der zeitlich nachgelagerten Untersuchung eines veröffentlichten Abschlusses durch Enforcementeinrichtungen (Untersuchungen durch BaFin, WPK oder DPR) ist diese Differenzierung zu beachten.

Der **Art** nach geht es bei Fehlern iSd IAS 8.5 ua um Rechenfehler, um die unrichtige Anwendung von Bewertungs- und Bilanzierungsmethoden, um ein Übersehen oder eine unrichtige Würdigung von Tatsachen und um (vorsätzlichen) Betrug (fraud). Betrug idS ist nicht die absichtliche fehlerhafte Anwendung von Rechnungslegungsmethoden, sondern die fehlerhafte Bilanzierung infolge von Unterschlagungen, Täuschungen oder andere Arten von Unregelmäßigkeiten. Ein Fehler liegt hingegen nicht vor, wenn frühere Schätzungen sich aus heutiger Sicht, zB aufgrund neuerer Erkenntnisse oder Ereignisse, als unrichtig erweisen (vgl Rz 31).

II. Verpflichtende Änderungen von Fehlern

42 Ein Abschluss, der **wesentliche Fehler** oder aber **absichtlich herbeigeführte unwesentliche Fehler** enthält, die eine bestimmte Darstellung der VFE-Lage oder der Cashflows ermöglichen sollen, steht nicht mit den IFRS im Einklang. Dabei kann ein Fehler hinsichtlich der Erfassung, Ermittlung, Darstellung oder Offenlegung eines Abschlusses entstehen (IAS 8.41). Sofern ein derartiger Fehler in einem Abschluss vorliegt, ist er zwingend zu korrigieren. Zunächst ist daher

zu analysieren, wann ein Fehler **wesentlich** ist. Sowohl IAS 1.7 als auch IAS 8.5 enthalten wortgleiche Definitionen von Wesentlichkeit. Sie ist wie folgt definiert: „Auslassungen oder fehlerhafte Darstellungen sind wesentlich, wenn sie einzeln oder insgesamt die auf der Basis des Abschlusses getroffenen wirtschaftlichen Entscheidungen der Adressaten beeinflussen können. Die Wesentlichkeit hängt vom Umfang und von der Art der Auslassung oder fehlerhaften Darstellung ab, die unter den besonderen Umständen zu beurteilen sind. Der Umfang oder die Art dieses Postens, bzw eine Kombination dieser beiden Aspekte, könnte der entscheidende Faktor sein." Bei der Beurteilung, ob ein potenzieller Fehler die wirtschaftlichen Entscheidungen eines Adressaten beeinflussen kann, ist zu berücksichtigen, dass die IFRS nach IAS 8.6 und F. 25 einen Adressaten unterstellen, der über ein angemessenes wirtschaftliches Verständnis und grundlegende Rechnungslegungskenntnisse verfügt und den betreffenden Abschluss sorgfältig lesen wird.

Bei der **Beurteilung der Wesentlichkeit** sind sowohl einzelne Fehler als auch die Gesamtwirkung mehrerer einzelner Fehler zu betrachten. Ferner sind nicht nur quantitative Fehler, sondern auch qualitative Fehler, bei denen es sich im Wesentlichen um fehlerhafte Darstellungen oder Auslassungen von Informationen (zB fehlende Anhangangaben) handelt, zu betrachten. Aus der Definition in IAS 1.7 bzw IAS 8.5 ergibt sich, dass keine allgemeingültigen Aussagen zur Wesentlichkeit von Fehlern getroffen werden können. Die Beurteilung hängt immer vom jeweiligen Einzelfall ab, dessen besondere Umstände jeweils individuell gewürdigt werden müssen. Die in der Abschlussprüfung weit verbreiteten Regeln zu Ermittlung quantitativer Wesentlichkeitsgrößen sind als Vergleichsmaßstab geeignet, um die quantitative Wesentlichkeit einzelner oder mehrerer Fehler zu beurteilen. Ungeeignet sind diese Regeln jedoch, um die Wesentlichkeit qualitativer Fehler zu beurteilen. Hier muss es bei einer Einzelfallbetrachtung bleiben, bei der die Art und der Umfang des qualitativen Fehlers und dessen Potenzial, die wirtschaftlichen Entscheidungen des Adressaten zu beeinflussen, gewürdigt werden müssen.

43 Neben wesentlichen Fehlern sind auch **absichtlich herbeigeführte unwesentliche Fehler,** die eine bestimmte Darstellung der VFE-Lage oder der Cashflows ermöglichen sollen, zwingend zu korrigieren. Bei der Analyse dieser Art von Fehlern ist sorgfältig zu betrachten, mit welcher Intention ein unwesentlicher Fehler in einem Abschluss herbeigeführt wurde. Allein das bewusste Abweichen von den Vorschriften eines IFRS, das quantitativ betrachtet einen unwesentlichen Fehler im Abschluss nach sich zieht, stellt noch keinen Fehler idS dar (ebenso *Küting/Weber/Kessler/Metz* DB 2007, 13f). Bspw verstößt die Bildung von Festwerten für bestimmte Arten von Vorräten, die im Abschluss von untergeordneter Bedeutung sind, gegen IAS 2 oder die Beibehaltung von Abschreibungen auf geringwertige Wirtschaftsgüter, die nach rein steuerrechtlichen Vorschriften vorgenommen wurden, entsprechen möglicherweise nicht IAS 16. Bei diesen Verstößen handelt es sich zwar um absichtlich herbeigeführte Fehler, die aber im Wesentlichen aus Kosten-Nutzen-Überlegungen oder auch zeitlichen Aspekten begangen wurden und im Regelfall nicht, um die Darstellung der VFE-Lage zu beeinflussen. Hiervon zu unterscheiden sind jedoch **absichtliche Normabweichungen,** die mit dem Ziel herbeigeführt wurden, eine bestimmte gewünschte Darstellung der VFE-Lage zu erreichen und damit ggf Entscheidungen der Adressaten zu beeinflussen (vgl *Küting/Weber/Kessler/Metz* DB 2007, 13f). Realisiert ein Unternehmen bewusst Umsatzerlöse – in absolut betrachtet unwesentlichem Umfang – zu früh, um dadurch eine bestimmte den Adressaten ggü bereits kommunizierte Rendite zu erzielen oder um ein geringfügig negatives Betriebsergebnis in ein geringfügig positives Be-

triebsergebnis zu modifizieren, kann es sich um einen Fehler iSv IAS 8.41 handeln.

Liegt ein Fehler in einem Abschluss vor, ist dieser zunächst folgenden **Kategorien** zuzuordnen: 44

(1) Unwesentliche Fehler; diese stellen keinen Fehler iSv IAS 8.5 oder IAS 8.41 dar; der Abschluss ist IFRS konform.
(2) Unwesentliche Fehler, die absichtlich begangen wurden, um die Darstellung der VFE-Lage oder der Cashflows zu beeinflussen; ein Abschluss, der derartige Fehler enthält, ist nicht IFRS-konform (IAS 8.41).
(3) Wesentliche Fehler iSd IAS 8.5; ein Abschluss, der derartige Fehler enthält, ist nicht IFRS-konform (IAS 8.41).

Unwesentliche Fehler (1) sind nicht berichtigungspflichtig. IAS 8.42 beinhaltet nur **Korrekturvorschriften** für wesentliche Fehler (3) und regelt, dass diese Fehler retrospektiv zu korrigieren sind (Einzelheiten s Rz 45f). Für absichtlich herbeigeführte unwesentliche Fehler, die begangen wurden, um die Darstellung der VFE-Lage bzw der Cashflows zu beeinflussen, enthält IAS 8.42 keine Korrekturvorschriften. Hierin ist eine Inkonsistenz des IAS 8 zu sehen (vgl *Pellens/Füllbier/Gassen*[6], 108). Es ist fraglich, ob der Bilanzierende in diesen Fällen infolge der **Regelungslücke** ein allgemeines Wahlrecht hat, nach IAS 8.11(a) alle in IAS 8 genannten Methoden der Fehlerkorrektur (retrospektiv, prospektiv oder keine Korrektur infolge der Unwesentlichkeit) anwenden zu dürfen. Da ein Abschluss, der derartige Fehler nach IAS 8.41 enthält, nicht IFRS-konform ist, erscheint es naheliegender, die Korrekturvorschriften des IAS 8.42, die für wesentliche Fehler gelten, auch für diese Art von unwesentlichen Fehlern anzuwenden (glA *Küting/Weber/Kessler/Metz* DB 2007, 18).

III. Praktisches Vorgehen bei der Fehlerkorrektur

1. Normalfall

Ist ein berichtigungspflichtiger Fehler identifiziert, so muss er je nach **Entdeckungs- und Entstehungszeitpunkt** unterschiedlich behandelt werden. Handelt es sich um einen potenziellen Fehler in der Berichtsperiode, der aber noch in der Periode entdeckt wird, so ist er zu korrigieren, bevor der Abschluss veröffentlicht wird (IAS 8.41). Handelt es sich aber um einen berichtigungspflichtigen Fehler, der bereits in einer früheren Periode verursacht wurde, so ist der Fehler retrospektiv zu korrigieren, als wäre er nie gemacht worden (IAS 8.42). Der betroffene Bilanz- oder GuV-Posten bzw Posten im erfolgswirksamen Teil der Gesamtergebnisrechnung ist nach den einschlägigen Bilanzierungs- und Bewertungsmethoden zu bewerten. Sich aus dem korrigierten neuen Bilanzansatz oder der Bewertung ergebende Differenzen ggü dem/der bisherigen Ansatz/Bewertung sind in der Eröffnungsbilanz der ersten dargestellten betroffenen Periode **erfolgsneutral** mit den Gewinnrücklagen zu verrechnen (idR dem Eröffnungsbilanzwert der Gewinnrücklagen des Vorjahrs). Als Konsequenz sind dann im Regelfall auch die Wertansätze der Vermögenswerte und Schulden der Vorjahresvergleichszahlen anzupassen, wenn die betreffenden Vermögenswerte und Schulden in der lfd Periode noch vorhanden sind. IAS 1.39 fordert in diesen Fällen auch die Darstellung einer korrigierten Eröffnungsbilanz für die Vorjahresperiode (vgl Rz 22). 45

Beispiel: Ein Unternehmen hat am 1. Dezember X3 festgestellt, dass leitende Angestellte in den Jahren X1 bis X3 Unterschlagungen von jeweils T€ 1.000 pa begangen haben. Es handelt sich um einen Fehler iSv IAS 8.41, da infolge der Unterschlagung die Ergebnisse der betreffenden Jahre um jeweils T€ 1.000 zu niedrig ausgewiesen wurden. In

X1 liegt ein Fehler von T€ 1.000 vor. Dieser ist in der Eröffnungsbilanz zum 1. Januar X2 des Abschlusses zum 31. Dezember X3 erfolgsneutral zu korrigieren (Erhöhung der Forderungen und Gewinnrücklagen). Der Fehler des Jahres X2 ist in den Vorjahresvergleichszahlen für das Jahr X2 im Abschluss zum 31. Dezember X3 erfolgswirksam zu korrigieren, sodass in den Vorjahresvergleichszahlen für X2 im Abschluss zum 31. Dezember X3 Erstattungsforderungen von T€ 2.000 ausgewiesen werden. Die Erstattungsforderungen aus der Unterschlagung in X3 sind in X3 erfolgswirksam zu erfassen, sodass zum 31. Dezember X3 Forderungen von T€ 3.000 bilanziert werden.

2. Ausnahmen

46 Wie bei der Änderung von Bilanzierungs- und Bewertungsmethoden darf auf die retrospektive Anpassung **verzichtet** werden, soweit die Ermittlung der Anpassungsbeträge **undurchführbar** ist (IAS 8.43 ff). Auch das Vorgehen bei Undurchführbarkeit ist identisch zu den Bilanzierungs- und Bewertungsmethoden, insofern wird an dieser Stelle auf Rz 23 f verwiesen.

IV. Angaben im Anhang

47 Werden **Korrekturen berichtigungspflichtiger Fehler** vorgenommen, so sind Angaben gem IAS 8.49 erforderlich. Auch diese entsprechen den Angaben bei Änderungen von Bilanzierungs- und Bewertungsmethoden weitestgehend. Insofern wird auf Rz 25 ff und den IAS 8.49 verwiesen (eine vollständige Auflistung der Anhangangaben findet sich in der Anhangcheckliste in Anlage I dieses Handbuchs).

48, 49 *einstweilen frei*

E. Wesentliche Änderungen und deren Anwendungszeitpunkte

50 Im Rahmen des im Mai 2008 veröffentlichten ersten *Annual Improvement* **Projekts** des IASB wurde IAS 8 in einigen Absätzen geändert, um die Bedeutung und den Verpflichtungscharakter der *Implementation Guidance (Guidance on Implementation, Illustrative Examples, Illustrative Disclosures and Other Similar Material)* zu klären. Nach den geänderten IAS 8.7, IAS 8.9 und IAS 8.11 hat die *Implementation Guidance* keinen verpflichtenden Charakter und gehört – bei Vorliegen für die Anwendung einzelner IFRS einschlägiger Transaktionen oder Umstände – nicht zu den verpflichtend anzuwendenden IFRS. Die klarstellenden Änderungen des IAS 8 sind für Geschäftsjahre anzuwenden, die am oder nach dem 1. Januar 2009 beginnen. Eine frühere Anwendung wird empfohlen.

F. Gegenüberstellung zum HGB

51 Grds enthalten die **deutschen Rechnungslegungsvorschriften** in Bezug auf Änderungen von Bilanzierungs- und Bewertungsmethoden, Änderungen von Schätzungen und Fehlerberichtigungen **keine** den **expliziten Vorschriften** der IFRS vergleichbaren Regelungen. Dennoch lassen sich anhand von Einzelbestandteilen der GoB oÄ Gemeinsamkeiten oder auch Unterschiede ableiten.

52 Bilanzierungs- und Bewertungsmethoden unterliegen auch nach HGB dem **Stetigkeitsgrundsatz** des § 252 Abs 1 Nr 6 HGB. Zwar bezieht sich das HGB nur auf Bewertungsmethoden, es kann jedoch davon ausgegangen werden, dass

hiervon abgewichen werden darf und auch Bilanzierungsmethoden miteingeschlossen werden können (zur Stetigkeit nach HGB vgl auch *ADS*[6] § 252 Rz 103ff; s auch *Winkeljohann/Geißler* in BeBiKo[6] § 252 HGB Rz 55ff). Inhaltlich entsprechen sich an dieser Stelle IFRS und HGB also weitestgehend, die IFRS verlangen lediglich zusätzlich Angaben im Anhang (s auch *Winkeljohann/Geißler* in BeBiKo[6] § 252 HGB Rz 87).

Zudem existieren auch nach deutschem Recht Aussagen darüber, was ein 53
Fehler ist. So stimmt die **Fehlerdefinition** von IAS 8 mit derjenigen überein, die das *IDW* in RS HFA 6 für das deutsche Handelsrecht dargestellt hat. Das HGB gestattet eine Anpassung an die Fehlerberichtigung, verlangt sie jedoch im Gegensatz zu IAS 8 **nicht** (§ 265 Abs 2 Satz 2f HGB). Allerdings ist die Korrektur eines fehlerhaften Abschlusses ggf rückwirkend geboten (s zu Einzelheiten *IDW* RS HFA 6 Rz 16ff).

Zu **Schätzungsänderungen** äußern sich HGB oder andere deutsche Stan- 54
dardsetter nicht. Logisch lässt sich eine prospektive Änderung ableiten, was den Regelungen der IFRS entspricht.

Allerdings geben die deutschen Vorschriften auch keinerlei Anhaltspunkte vor, 55
wie eine **Änderung von Bilanzierungs- und Bewertungsmethoden** zu erfolgen hat. Die **retrospektive Korrektur** ist in den meisten Fällen ausgeschlossen, da eine formelle Berichtigung früherer Abschlüsse, die ordnungsgemäß festgestellt sind, auf Grenzen im deutschen Handelsrecht stößt. Bei einer retrospektiven Änderung ist es fraglich, ob die Änderung von Abschlüssen der Vergangenheit aus Anlass eines Methodenwechsels zulässig ist. **Unzulässig** sind Änderungen, wenn dadurch in Rechte der Gesellschafter oder Dritter eingegriffen wird (s *IDW* RS HFA 6 Rz 11). Dies dürfte jedoch idR nur bei Änderungen, die den Jahresabschluss betreffen, der Fall sein. Sind ordnungsgemäß festgestellte Abschlüsse zu ändern, bedarf es jedenfalls erneuter Beschlüsse der jeweils zuständigen Organe, wobei diese Beschlüsse auf Rechte Dritter Rücksicht nehmen müssen. Werden Änderungen der Bilanzierungs- und Bewertungsmethoden vorgenommen, so ist dies im Anhang nach HGB ebenso wie nach IFRS zu erläutern (vgl § 284 Abs 2 Nr 3 HGB).

G. Aktuelle Entwicklungen/IASB-Projekte

Die **Änderungen des IAS 8** im Rahmen des ersten *Annual Improvements* 56
Projekts 2008 dienten der Klarstellung der Bedeutung der *Implementation Guidance* (*Guidance on Implementation, Illustrative Examples, Illustrative Disclosures and Other Similar Material*), die nach den geänderten IAS 8.7, IAS 8.9 und IAS 8.11 keinen verpflichtenden Charakter hat. Damit wird unterstrichen, welche Bestandteile der IFRS tatsächlich verpflichtenden Charakter haben und welche nur unverbindliche zusätzliche Erläuterungen darstellen. Da für kapitalmarktorientierte Unternehmen in der EU ohnehin nur die im Amtsblatt der EU veröffentlichten IFRS verbindlich sind (im EU Amtsblatt werden grds nur die Standards selbst veröffentlicht und keine *Implementation Guidance* oder *Basis for Conclusions)*, wurde hierdurch klargestellt, dass der verpflichtende Regelungsinhalt der IFRS für kapitalmarktorientierte Unternehmen in der EU identisch ist mit den Regelungsinhalten, die andere Unternehmen zu beachten haben, die unmittelbar die vom IASB verabschiedeten IFRS anwenden. Die *Implementation Guidance* oder *Basis for Conclusions* geben – trotz ihres **nicht verpflichtenden Charakters** – sowohl für kapitalmarktorientierte Unternehmen in der EU wie auch für alle anderen Unternehmen, die unmittelbar die vom IASB verabschiedeten IFRS anwenden, allerdings wertvolle Hinweise zur Auslegung und Anwendung der

jeweiligen verpflichtenden Standards. Ein Abweichen von diesen Hinweisen führt aber nicht zwangsläufig zu fehlender IFRS-Konformität des Abschlusses.

Derzeit betreibt der IASB **keine weiteren konkreten Projekte,** die ausschließlich IAS 8 betreffen und große Änderungen erwarten lassen. So sind lediglich gewisse Folgeänderungen aus lfd Projekten wie zB dem Projekt *„Conceptional Framework"* zu erwarten.

§ 46. IFRS für den Mittelstand

Übersicht

Schrifttum: *DRSC ua* Ergebnisse einer Befragung deutscher mittelständischer Unternehmen, 2007; *Europäisches Parlament* Bericht über die Internationalen Rechnungslegungsstandards (IFRS) und die Leitung des International Accounting Standards Board (IASB) 2006/2248; *Haller/Beiersdorf/Eierle* ED-IFRS for SMEs – Entwurf eines internationalen Rechnungslegungsstandards für kleine und mittelgroße Unternehmen, BB 2007, 540; *IASB* IASB Update Juli 2008, London 2008; *IASB* IASB Update November 2008, London 2008; *IASB* IASB Update Januar 2009, London 2009; *Köhler* IFRS-Standardentwurf für den Mittelstand – Ausgangssituation in Europa und Entwicklungsperspektiven, BB-Special 6/2007, 2; *Kußmaul/Henkes* IFRS für den Mittelstand: Anwender- und Adressatenkreis im Kontext der neusten Entwicklungen beim SME-Projekt des IASB, BB 2006, 2235; *Lorenz* Ansatz und Bewertung von Finanzinstrumenten im IFRS-Standardentwurf für den Mittelstand, BB-Special 6/2007, 12; *Niehus* IFRS für den Mittelstand? Warum eigentlich?, DB 2006, 2529.

A. Einführung

I. Notwendigkeit eigener SME-IFRS

1 Die **volkswirtschaftliche Bedeutung** sog kleiner und mittlerer Unternehmen ist unbestreitbar. Allerdings gehen die Meinungen darüber auseinander, ob für diese Marktteilnehmer auch weltweit **einheitliche Rechnungslegungsnormen** notwendig sind. Sinnvoll erscheint dies insbes dann, wenn die Geschäftstätigkeit in hohem Maße grenzüberschreitend ausgestaltet ist.

Die IFRS verfolgten bislang in erster Linie das Ziel, die Informationsansprüche von Investoren kapitalmarktorientierter Unternehmen zu erfüllen. Dies kulminierte in teilweise recht komplexen Regelungen, die andere Abschlussersteller von einer freiwilligen Anwendung dieser Standards häufig abhielten. Die Bemühungen des IASB, den Anwendungsbereich der IFRS nun auch auf kleine und mittlere Unternehmen (*small and medium-sized entities* (SME)) auszuweiten, sind vor dem Hintergrund zu sehen, dass die IFRS den Anspruch erheben, weltweit gültige Rechnungslegungsstandards **für alle Unternehmen** zu sein.

2 Bei der **Umsetzung** des **SME-Projekts** steckt der IASB in einem **Dilemma:** Einerseits sollen IFRS für kleine und mittlere Unternehmen eine spürbare Erleichterung ggü den IFRS für kapitalmarktorientierte Unternehmen (im Folgenden: „Full-IFRS“) bieten, um die Akzeptanz beim potenziellen Anwenderkreis zu erhöhen. Andererseits muss sich der Charakter der IFRS auch in den IFRS für kleine und mittlere Unternehmen (im Folgenden: SME-IFRS) widerspiegeln. Das bedeutet, dass sich die materiellen Auswirkungen der Ansatz- und Bewertungsregeln nicht zu weit voneinander entfernen dürfen.

In **Deutschland** sind eigenständige IFRS für kleine und mittlere Unternehmen in weiten Teilen auf **Ablehnung** gestoßen. So wurde angeführt, dass es bei den möglichen Adressaten gar keinen Bedarf hierfür gebe, da die Gesellschafter und andere Kapitalgeber bei kleinen und mittelgroßen Unternehmen aufgrund ihrer Machtposition Zugang zu den für sie relevanten Informationen hätten und deshalb nicht auf eine IFRS-Bilanz angewiesen seien. Außerdem werde die für die Fremdkapitalgeber so wichtige Kapitalschutzfunktion der Handelsbilanz bereits durch das HGB erfüllt (*Kußmaul/Henkes* BB 2006, 2239). Eine andere Kritik geht dahin, dass die IFRS-Konzeption die Besonderheiten des deutschen Mittelstands nicht hinreichend berücksichtige (*Niehus* DB 2006, 2535). Diese Sichtweise ist aber eher national geprägt und verkennt, dass die SME-IFRS **weltweite Gültigkeit** besitzen sollen. In anderen Rechtsgebieten besteht möglicherweise ein Bedarf an solchen spezifischen Regelungen. Dies gilt insbes für Transformations- und Schwellenländer (*Köhler* BB 2007, 5), die bislang noch nicht über ein ausgereiftes Rechnungslegungssystem verfügen. Hier können die SME-IFRS eine Lücke schließen.

Im Folgenden sollen die **grundlegenden Inhalte** der SME-IFRS skizziert werden.

II. Bisheriger Projektverlauf

Erste Überlegungen, kleinen und mittelgroßen Unternehmen den Zugang zur IFRS-Rechnungslegung zu erleichtern, wurden im Jahr 2001 angestellt, als in einer Projektgruppe des IASB erste entspr Ansätze diskutiert wurden. Im Juni 2002 wurde das Thema als ***„active research project"*** eingestuft und im Juli 2003 in die aktive Agenda des IASB aufgenommen (s Vorauflage § 45 Rz 8). 3

Die konkreten Bemühungen des IASB zur Einführung von Rechnungslegungsstandards für kleine und mittlere Unternehmen gehen zurück auf ein Diskussionspapier des Board vom Juni 2004 mit dem Titel „*Preliminary Views on Accounting Standards for Small and Medium-sized Entities*". Hiermit sollte die grds Frage geklärt werden, wie ein eigenständiges Regelwerk für SMEs aussehen könnte, die in dieser Projektphase noch als ***Non Publicly Accountable Entities*** (NPAEs) bezeichnet wurden. Die darauf folgende Resonanz veranlasste den IASB zur Veröffentlichung eines Fragebogens im April 2005, der mögliche Ansatz- und Bewertungserleichterungen zum Gegenstand hatte (vertiefend hierzu *Prasse* in Baetge ua IFRS-Komm[2] E-IFRS für KMU Rz 5f). Die Ergebnisse hieraus mündeten in einem ersten **vorläufigen Entwurf** eines IFRS für KMU im Januar 2006, der am 4. August 2006 veröffentlicht wurde. Am 15. Februar 2007 wurde schließlich der Exposure Draft (ED) „*IFRS for Small and Medium-sized Entities*" vom IASB veröffentlicht. Die Kommentierungsperiode zum ED endete am 30. November 2007. Die Auswertung der eingegangenen Stellungnahmen sowie eine erste Einschätzung der sog *field tests* wurden dem IASB in seiner Sitzung im März 2008 präsentiert. Dabei wurden im Rahmen der *field tests* in 116 Unternehmen in 20 Ländern Probeabschlüsse nach dem ED SME-IFRS erstellt. Die Beratungen des IASB hinsichtlich des ED „*IFRS for Small and Medium-sized Entities*" erstreckten sich bis April 2009. Eine endgültige Verabschiedung eines SME-IFRS ist für das zweite Quartal 2009 geplant. Diese Kommentierung schließt sowohl den ED SME-IFRS als auch die in den IFRS Updates bis April 2009 veröffentlichten Ansichten des IASB ein.

B. Der Standardentwurf „IFRS for Small and Medium-Sized Entities"

I. Anwendungsbereich der SME-IFRS

Aufgrund der jeweiligen nationalen Besonderheiten hat es der Board unterlassen, enge quantitative Kriterien für den Anwenderkreis „Kleine und mittlere Unternehmen" festzulegen. Stattdessen soll sich der Anwendungsbereich der SME-IFRS auf sämtliche Unternehmen erstrecken, die zwar **keiner öffentlichen Rechenschaftspflicht** unterliegen, aber dennoch Abschlüsse für externe Adressaten erstellen, die **keine spezifische Zweckbestimmung** haben und in der deutschen Übersetzung des Standardentwurfs als **Mehrzweckabschlüsse** bezeichnet werden (ED SME-IFRS 1.1). 4

Einer öffentlichen Rechenschaftslegungspflicht idS unterliegen zB alle **kapitalmarktorientierten Unternehmen**, die aufgrund einer (beantragten) öffentlichen Notierung von Wertpapieren zur Einreichung ihrer Finanzberichte bei einer öffentlich-rechtlichen Behörde verpflichtet sind. Unternehmen, die als **Treuhänder vermögensverwaltend** tätig sind (insbes Banken und Versicherungen), fallen ebenfalls in diese Gruppe und bleiben von der Möglichkeit zur

Anwendung der SME-IFRS ausgeschlossen (ED SME-IFRS 1.2). Der IASB geht davon aus, dass für diese Unternehmen die SME-IFRS kein den tatsächlichen Verhältnissen entspr Bild der VFE-Lage vermitteln können (ED SME-IFRS 3.1(b)).

5 Unter dem Begriff **„Mehrzweckabschlüsse“** (*General Purpose Financial Statements*) als zusätzliches Anforderungskriterium sind IFRS-Abschlüsse zu verstehen, die keine spezifische Zweckbestimmung haben, sondern den Informationsbedürfnissen verschiedener Adressaten nachkommen. ZB kann ein Abschluss, der ausschließlich für die Finanzverwaltung bestimmt ist, nicht als Mehrzweckabschluss bezeichnet werden. Gleiches würde für Abschlüsse gelten, die lediglich für geschäftsführende Gesellschafter erstellt werden (ED SME-IFRS BC.32).

6 Welche **Bindungskraft** die SME-IFRS in den einzelnen Staaten letztlich entfalten, überlässt der IASB den nationalen Regulierungsbehörden bzw Standardsettern. In Deutschland wäre hierfür der Gesetzgeber gefordert, eine Anwendung der SME-IFRS auf einer gesetzlich legitimierten Grundlage zu ermöglichen. § 315a und § 325 HGB lassen bislang nur eine Anwendung der IFRS iSd sog IAS-VO (Art 4 der Verordnung (EG) 1606/2002 vom 19. Juli 2002 betreffend die Anwendung internationaler Rechnungslegungsstandards) zu. Damit sind lediglich die Full-IFRS erfasst, die das Endorsement-Verfahren der EU durchlaufen haben. Eine andere Möglichkeit der Implementierung der SME-IFRS wäre die Ausdehnung des Anwendungsbereichs der IAS-VO durch die EU (*Köhler* BB 2007, 2). Bislang hat die EU allerdings nur das Recht zur Durchsetzung der IFRS-Standards für kapitalmarktorientierte Unternehmen (*Europäisches Parlament* Bericht 2006/2248, Rz 38).

Im **Bilanzrechtsmodernisierungsgesetz** hat der deutsche Gesetzgeber jedoch keine Möglichkeit zur befreienden Anwendung der SME-IFRS vorgesehen, sodass damit in Deutschland mittelfristig die SME-IFRS allenfalls **zusätzlich** zu einem HGB oder Full-IFRS Abschluss angewendet werden können. Dies dürfte in der Praxis höchst selten vorkommen.

II. Aufbau des Standardentwurfs

7 Beim ED SME-IFRS soll es sich um einen in sich geschlossenen Standard handeln. Die Regelungen wurden im Wege eines **„*top-down*-Ansatzes“** entwickelt, indem sie aus den bestehenden IFRS abgeleitet und modifiziert wurden (*Haller/Beiersdorf/Eierle* BB 2007, 541). In der konkreten Umsetzung des *top-down*-Ansatzes sollten die Regelungen der Full-IFRS auf die für den potenziellen Anwenderkreis relevanten Geschäftsvorfälle reduziert werden (*Köhler* BB 2007, 6). Zudem wird auch deutlich, dass der Board bestrebt war, die Regelungen durch einfachere Formulierungen verständlicher zu machen.

Der SME-Standardentwurf nimmt innerhalb des IFRS-Regelwerks eine **Sonderstellung** ein. Einerseits ist der Entwurf kein Standard innerhalb der Full-IFRS, andererseits steht er aber auch nicht außerhalb der IFRS-Regelungen. Vom Charakter her handelt es sich hierbei also um einen Standard eigener Art. Der Standardentwurf ist in 38 Abschnitte (*sections*) unterteilt, die nach Themengebieten geordnet sind. Ihre Reihenfolge orientiert sich aber nicht an den Full-IFRS.

Die SME-IFRS werden ergänzt durch Begründungen des Board zu einigen Sachverhalten (*Basis for Conclusions*) sowie diversen Anwendungsleitlinien (*Implementation Guidance*). Diese befinden sich in einem separaten Schriftstück und sind nicht integraler Bestandteil des Regelwerks, sondern haben lediglich einen empfehlenden Charakter. Sinnvoll ist darüber hinaus die sich ebenfalls in diesem Teil befindende Checkliste zur Erfüllung der Anhangangaben.

III. Regelungstechnik

Da nicht alle denkbaren Sachverhalte durch die Standards geregelt werden können, legt Abschn 10.3 eine Hierarchie fest, nach der im Falle von **Regelungslücken** Lösungen herbeizuführen sind. Beim Fehlen einer eindeutigen Regelung in einem Abschn ist zuerst zu prüfen, ob ein anderer Abschn einen ähnlichen Sachverhalt regelt. Ist dies nicht der Fall, so ist auf die **allgemeinen Konzepte und Prinzipien** der SME-IFRS gem Abschn 2 zurückzugreifen. 8

Daneben hat der Anwender aber auch die **Wahl**, auf die Full-IFRS zurückzugreifen, um mit den dortigen Regelungen eine Lösung zu finden. Ist auch in den einzelnen Standards der Full-IFRS keine Lösung zu finden, so soll in Anlehnung an die Auslegungshierarchie gem IAS 8.12 auf die Verlautbarungen anderer Standardsetter sowie als letzte Möglichkeit auf anerkannte Praktiken zurückgegriffen werden können (ED SME-IFRS 10.4).

Aus der Formulierung des Abschn 10.4 geht hervor, dass ein Rückgriff auf die Full-IFRS nur ein Wahlrecht darstellt. Eine Verpflichtung hierzu muss also ausgeschlossen werden. Der Rückgriff auf die Full-IFRS stellt einen **Mehraufwand** dar, was wiederum im Kontrast zu dem Ziel steht, die SME-IFRS einem Anwenderkreis bereitzustellen, der nicht über die entspr Spezialkenntnisse verfügt. Zudem muss bedacht werden, dass ein Rückgriff auf die Full-IFRS dann konsequenterweise auch eine Beachtung sämtlicher IFRICs und anderer Verlautbarungen des IASB zur Folge hätte. ISe möglichst unkomplizierten Anwendung der SME-IFRS sollte bei der Lösung von bilanziellen Spezialfragen das Ziel darin bestehen, diese gem Abschn 10.3 unter Rückgriff auf das Rahmenkonzept und die grundlegenden Prinzipien zu lösen, und nur, dort wo es explizit gefordert ist oder es sich nicht vermeiden lässt, auf die Full-IFRS zurückgegriffen werden.

Einige Sachverhalte wurden dagegen bewusst nicht in die SME-IFRS aufgenommen, da sie vom Board für SMEs als nicht relevant erachtet werden: So ist ua für die Zwischenberichterstattung, die anteilsbasierte Vergütung mit Ausgleich durch Eigenkapitalinstrumente sowie für die Bilanzierung von Finanzierungs-Leasingverhältnissen beim Leasinggeber zwingend auf die Full-IFRS zurückzugreifen (ED SME-IFRS BC57 bis ED SME-IFRS BC65).

Entgegen dieser Sichtweise kommt der IASB in seiner Sitzung im Mai 2008 zu dem Schluss, dass die SME-IFRS ua direkt auf die Bilanzierung von **Finanzierungs-Leasingverhältnissen** beim Leasingnehmer sowie auf **anteilsbasierte Vergütungen** mit Ausgleich durch Eigenkapitalinstrumente eingehen sollten. Sachverhalte wie Zwischenbericht- und Segmentberichterstattung sollen weiterhin nicht in die SME-IFRS aufgenommen werden. 9

C. Wesentliche Inhalte der SME-IFRS

I. Konzeptionelle Grundlagen

Das **theoretische Fundament** der SME-IFRS bildet Abschn 2 mit den Konzepten und grundlegenden Prinzipien. Im Gegensatz zu den Full-IFRS, bei denen das Rahmenkonzept aufgrund seiner Stellung außerhalb der Standards lediglich einen Empfehlungscharakter hat, ist dieser Abschn in die SME-IFRS integriert. Dadurch kommt ihm eine größere Verbindlichkeitswirkung zu, da bei Auslegungsfragen zwingend ein Rückgriff auf diese Vorschriften zu erfolgen hat (*Haller/Beiersdorf/Eierle* BB 2007, 544). 10

Das Ziel eines SME-IFRS-Abschlusses besteht in der **Bereitstellung entscheidungsnützlicher Informationen** über die VFE-Lage sowie die Cashflows eines kleinen oder mittelgroßen Unternehmens (ED SME-IFRS 2.1). Die Erreichung dieses Ziels soll durch bestimmte **qualitative Anforderungen** sichergestellt werden (ED SME-IFRS 2.2 bis ED SME-IFRS 2.11), die denen der Full-IFRS entsprechen (vgl § 2 Rz 20ff). Hervorzuheben sind hierbei die Grundsätze der Verständlichkeit, Wesentlichkeit, der wirtschaftlichen Betrachtungsweise sowie der Vergleichbarkeit. Auf diese ist insbes immer dann zurückzugreifen, wenn ein Sachverhalt nicht eindeutig geregelt ist. Außerdem helfen die Grundsätze dem IASB bei der Entwicklung neuer (SME-)Standards. Mitunter können diese Grundsätze aber Zielkonflikte beinhalten, zB wenn eine Information relevant, aber nicht zuverlässig quantifizierbar ist. In diesem Fall ist eine Abwägung zu treffen, auf welche Weise die Darstellung dennoch zu einem Abschluss führt, der ein den tatsächlichen Verhältnissen entspr Bild der VFE-Lage vermittelt. Hierüber sind dann entspr Angaben im Anhang erforderlich.

11 Im Rahmenkonzept finden sich auch die **Definitionen** für die wichtigsten Begriffe sowie die Ansatz- und Bewertungsgrundsätze. Im Gegensatz zu den Full-IFRS wurden aber Redundanzen dahingehend beseitigt, dass diese Definitionen bis auf wenige Ausnahmen in den einzelnen Abschnitten nicht noch einmal auftauchen.

Grds finden sich alle **Wahlrechte der Full-IFRS** auch in den SME-IFRS wieder (*Prasse* in Baetge ua IFRS-Komm[2] E-IFRS für KMU Rz 89). Die einzige Ausnahme davon bilden die Wahlrechte zur Berücksichtigung versicherungsmathematischer Gewinne und Verluste (s hierzu Rz 67ff). Die SME-IFRS gehen in der Anzahl der Wahlrechte sogar noch darüber hinaus. Dies vermindert für die Erstanwender der SME-IFRS den Umstellungsaufwand und bietet ihnen erhebliche bilanzpolitische Spielräume. Andererseits geht die Einräumung solcher Wahlrechte eindeutig zu Lasten der Vergleichbarkeit dieser Abschlüsse untereinander.

II. Ansatz- und Bewertungsgrundsätze

12 Ein SME-IFRS-Abschluss besteht nur aus **Vermögenswerten**, **Schulden** und dem **Eigenkapital**. Rechnungsabgrenzungsposten iSd HGB oder Aktivierungshilfen tauchen hier – wie auch in den Full-IFRS – deshalb nicht auf. Sofern ein Abschn nichts Abweichendes vorsieht, dürfen Vermögenswerte und Schulden nicht miteinander verrechnet werden. Gleiches gilt für Aufwendungen und Erträge (ED SME-IFRS 2.45).

13 Für den **Ansatz** eines **Vermögenswerts** wird verlangt, dass dieser eine Ressource in der Verfügungsmacht eines Unternehmens darstellt, aus der mit hoher Wahrscheinlichkeit ein wirtschaftlicher Nutzen in Form von Zahlungsmitteln zufließt. **Schulden** stellen dagegen Verpflichtungen dar, die aus Ereignissen der Vergangenheit begründet sind und zu einem Abfluss an Zahlungsmitteln führen werden (ED SME-IFRS 2.12). Für beide Größen muss der Wert zuverlässig ermittelbar sein (ED SME-IFRS 2.24). Das **Eigenkapital** bildet den Saldo der Vermögenswerte und Schulden ab.

14 Für die **Bewertung** der Abschlussposten halten die SME-IFRS im Gegensatz zu den Full-IFRS nur zwei Bewertungsmaßstäbe bereit: Die **historischen Anschaffungs- oder Herstellungskosten** sowie den **beizulegenden Zeitwert** (ED SME-IFRS 2.31). Insbes die Bewertung zum beizulegenden Zeitwert wird immer wieder als Vorteil der IFRS herausgestellt, da stille Reserven aufgedeckt werden und neben einem höheren Vermögen auch ein höheres Eigenkapital

ausgewiesen wird. Dabei ist aber zu bedenken, dass sich bei der Realisierung der Vermögenswerte durch Abschreibung in den Folgeperioden der eigenkapitalerhöhende Effekt ins Gegenteil umkehren kann. Außerdem ist die Ermittlung des beizulegenden Zeitwerts mit einem höheren Ermittlungsaufwand verbunden. Hier besteht die Gefahr, dass die Kosten der Ermittlung der Marktwerte den damit verbundenen zusätzlichen Informationsnutzen übersteigen. Sinnvoll ist eine Neubewertung deshalb meist nur dann, wenn bereits Marktwerte zur Verfügung stehen (*DRSC ua* Befragung, 26).

Während die **Zugangsbewertung** idR zu Anschaffungs- oder Herstellungskosten erfolgt, ist bei der **Folgebewertung** in finanzielle sowie nicht-finanzielle Vermögenswerte bzw Schulden zu unterscheiden (*Prasse* in Baetge ua IFRS-Komm^2 E-IFRS für KMU Rz 44). Finanzielle Vermögenswerte wie Zahlungsmittel, als Aktiva gehaltene Eigenkapitalinstrumente oder Derivate sind zum beizulegenden Zeitwert zu bewerten, sofern ein Abschn nicht ein Wahlrecht bzw die Pflicht zur Bewertung mit den fortgeführten Anschaffungs- oder Herstellungskosten vorsieht (ED SME-IFRS 4.41). Bei nicht-finanziellen Vermögenswerten verhält es sich genau umgekehrt: Der Grundsatz besteht hier in der Bewertung zu fortgeführten Anschaffungs- oder Herstellungskosten, sofern der beizulegende Zeitwert nicht niedriger ist und ein Abschn nichts Abweichendes davon vorsieht (ED SME-IFRS 2.42f). Für die Bewertung nicht-finanzieller Verbindlichkeiten ist der Rückzahlungsbetrag maßgebend (ED SME-IFRS 2.44). 15

III. Abschlussbestandteile

Die **Bestandteile** eines SME-IFRS-Abschlusses sind in Abschn 3.15 aufgezählt. Neben Bilanz, GuV und Anhang sind auch eine Kapitalflussrechnung sowie ein Eigenkapitalspiegel integrale Bestandteile eines SME-IFRS-Abschlusses. 16

Für die **Bilanz** ist analog zu den Full-IFRS keine bestimmte Mindestgliederung vorgesehen (*Haller/Beiersdorf/Eierle* BB 2007, 546). Die **GuV** kann wahlweise nach dem Umsatz- oder Gesamtkostenverfahren erstellt werden (ED SME-IFRS 5.6). Der Ausweis außerordentlicher Aufwendungen und Erträge ist verboten (ED SME-IFRS 5.9). Der Aufbau der **Kapitalflussrechnung** gem Abschn 7.1 unterscheidet sich nicht von IAS 7. Ebenfalls vorhanden ist das Wahlrecht, die Kapitalflussrechnung entweder nach der direkten oder indirekten Methode zu erstellen (ED SME-IFRS 7.9).

Nicht erwähnt ist bei den obligatorischen Abschlussbestandteilen die **Segmentberichterstattung**, die demzufolge von den Anwendern nicht erstellt werden muss. Die Nichtanwendung von IFRS 8 ergibt sich aber bereits aus IFRS 8 selbst, da dieser Standard nur von kapitalmarktorientierten Unternehmen verpflichtend anzuwenden ist (IFRS 8.2). In Abschn 31.1 wird aber darauf hingewiesen, dass die freiwillige Angabe von Segmentinformationen möglich ist, diese dann jedoch in Übereinstimmung mit IFRS 8 erfolgen muss. 17

Eine weitere Besonderheit stellt die Möglichkeit des Verzichts auf die Erstellung eines separaten Eigenkapitalspiegels und einer separaten GuV dar, sofern im Berichtsjahr die Veränderung des Eigenkapitals lediglich auf das Periodenergebnis, Dividendenzahlungen sowie Fehlerkorrekturen bzw Bilanzierungsänderungen zurückzuführen ist. In diesem Fall wird lediglich eine zusammengefasste **Aufstellung über das Ergebnis und die Veränderung der Gewinnrücklagen** verlangt (ED SME-IFRS 3.16). Aus dieser wird ersichtlich, welche Sachverhalte zu einer Erhöhung bzw Verminderung der Gewinnrücklagen geführt haben. Sobald aber erfolgsneutrale Neubewertungen, erfolgsneutrale Verrech- 18 nungen von Währungsdifferenzen oder kapitalverändernde Maßnahmen vorgenommen werden, ist ein vollständiger Eigenkapitalspiegel nebst einer GuV zu erstellen.

IV. Posten der Bilanz und Gewinn- und Verlustrechnung

1. Vorräte

19 Die Bewertung von Vorräten erfolgt zu **Anschaffungs- bzw Herstellungskosten**. Im Falle eines Wertverlusts ist eine Abschreibung auf den niedrigeren beizulegenden Zeitwert vorzunehmen (ED SME-IFRS 12.18). Dazu ist ein jährlicher **Wertminderungstest** erforderlich, bei dem der Buchwert dem Verkaufspreis abzüglich der für die Fertigstellung bzw den Verkauf noch anfallenden Kosten gegenübergestellt wird (*Haller/Beiersdorf/Eierle* BB 2007, 546). Eine Bewertung über die Anschaffungskosten hinaus ist nicht zulässig.

Die Ermittlung der Herstellungskosten erfolgt nach dem **Vollkostenprinzip**, dh neben den direkt zurechenbaren Einzelkosten sind auch notwendige Anteile der Produktionsgemeinkosten mit zu berücksichtigen. Dazu zählen neben Abschreibungen auch angemessene Teile der Kosten der Verwaltung und Geschäftsleitung (ED SME-IFRS 12.7). Ein Einbeziehungswahlrecht bzgl bestimmter Gemeinkostenbestandteile ist nicht vorgesehen. Hinsichtlich der bilanziellen Behandlung von Fremdkapitalkosten ist der IASB in seiner Januarsitzung in 2009 zu der Ansicht gelangt, diese grds aufwandswirksam zu erfassen. Damit erfolgt eine Abkehr von dem noch im ED SME-IFRS 24.2 vorgesehenen Aktivierungswahlrecht von Fremdkapitalkosten. Als Bewertungsvereinfachungsverfahren sind die Methode des gewogenen Durchschnitts sowie das *first-in-first-out*-Verfahren (Fifo) zulässig. Die Anwendung des Lifo-Verfahren ist nicht erlaubt (ED SME-IFRS 12.17).

2. Sachanlagen

20 Sachanlagen sind Vermögenswerte, die der Herstellung von Gütern bzw Dienstleistungen dienen oder für Verwaltungszwecke benötigt werden, wenn sie **länger als ein Jahr genutzt** werden sollen (ED SME-IFRS 16.1). Die **Zugangsbewertung** erfolgt zu den Anschaffungskosten, zu denen neben dem Erwerbspreis auch die Anschaffungsnebenkosten abzüglich Preisminderungen gehören (ED SME-IFRS 16.6 und ED SME-IFRS 16.7(a)).

21 Hinsichtlich der **Bewertung** der Sachanlagen in den Folgeperioden ist davon auszugehen, dass lediglich eine Bewertung zum Anschaffungswert abzüglich planmäßiger sowie ggf außerplanmäßiger Abschreibungen in den endgültigen SME-IFRS aufgenommen wird (vgl auch ED SME-IFRS 16.12). Im IASB Update vom Januar 2009 spricht sich der IASB gegen die Neubewertungsmethode als alternative Folgebewertungsmöglichkeit für Sachanlagen und damit gegen das noch in ED SME-IFRS 16.13 vorgesehene Bewertungswahlrecht aus.

22 Für die **planmäßige Abschreibung** eines Vermögenswerts muss eine voraussichtliche Nutzungsdauer bestimmbar sein (ED SME-IFRS 17.29). Analog zum **Komponentenansatz** gem IAS 16.43 ist der Vermögenswert in seine **wesentlichen Bestandteile** aufzuteilen. Diese sind dann getrennt abzuschreiben, wenn sie eine unterschiedliche Nutzungsdauer haben (ED SME-IFRS 16.14). Allerdings sieht der Standard keine Kriterien vor, wonach die Wesentlichkeit eines einzelnen Bestandteils zu beurteilen ist. IAS 16.43 stellt dagegen darauf ab, ob der Preis eines Bestandteils einen wesentlichen Anteil an den gesamten Anschaffungskosten des Vermögenswerts ausmacht.

Zu den aktivierungspflichtigen Kosten können in den Folgeperioden auch **Ersatzteile** gehören, wenn sie einen zukünftigen Zuwachs an wirtschaftlichem Nutzen liefern (ED SME-IFRS 16.3). Gleiches gilt für **Wartungsaufwendungen**. Sie sind zu aktivieren, wenn sie regelmäßig durchgeführt werden und eine wesentliche Bedingung für die Betriebsfähigkeit einer Sachanlage darstellen (ED SME-IFRS 16.4). Darüber hinaus müssen sie die Aktivierungskriterien erfüllen, dh sie müssen einen zukünftigen Nutzenzufluss in Form von Zahlungsmitteln erbringen und zuverlässig bewertbar sein (ED SME-IFRS 2.34). 23

Während die Bewertung anhand der getätigten Ausgaben idR unproblematisch ist, ist hinsichtlich der Beurteilung eines zukünftigen Nutzenzuflusses abzuschätzen, ob die Wartungsaufwendungen eigenständig Cashflows generieren können. Dies wird nur selten der Fall sein. Allerdings kann sich das Nutzenkriterium auch darin ausdrücken, dass sie einen Nutzenabfluss oder eine Verringerung des wirtschaftlichen Nutzens verhindern, zB durch eine geminderte Leistungsfähigkeit. Hiernach dürfte es uE nicht allein darauf ankommen, dass die Wartung vorgeschrieben ist, um evtl Garantieansprüche zu wahren, sondern dass sie **technisch erforderlich** ist. Durch die Aktivierung der Wartungsaufwendungen werden diese nicht unmittelbar erfolgswirksam, sondern indirekt über eine höhere planmäßige Abschreibung des betreffenden Vermögenswerts in den Folgeperioden.

Eine **außerplanmäßige Abschreibung** des Vermögenswerts hat zu erfolgen, wenn externe oder interne Indikatoren einen Wertminderungsbedarf erkennen lassen. In diesem Fall ist auf den niedrigeren beizulegenden Zeitwert abzuschreiben. 24

Liegen Anhaltspunkte dafür vor, dass der Grund für eine außerplanmäßige Abschreibung in den Folgeperioden entfallen ist, so hat eine **Zuschreibung** auf den fortgeführten Buchwert zu erfolgen, der sich ohne die Wertminderung ergeben hätte (ED SME-IFRS 26.15 ff). Beim Anschaffungskostenmodell erfolgt die Zuschreibung grds erfolgswirksam.

Vom Sachanlagevermögen iSd Abschn 16 muss das **Immobilienvermögen** separiert werden, das ausschließlich als Finanzanlage zur Erzielung von Einnahmen aus Vermietung oder Wertsteigerung dient. Dies betrifft auch Immobilien, die von einem Leasingnehmer im Wege eines Finanzierungs-Leasingverhältnisses zur Erzielung von Einnahmen erworben werden (ED SME-IFRS 15.1). Hierfür ist Abschn 15 maßgebend.

Als Finanzinvestition gehaltene Immobilien können in den Folgeperioden nach dem Erwerb bzw der Herstellung entweder zu fortgeführten Anschaffungskosten oder zum beizulegenden Zeitwert bewertet werden (ED SME-IFRS 15.4). Eine **Bewertung zu fortgeführten Anschaffungskosten** erfolgt nach den Bestimmungen des Abschn 16 (ED SME-IFRS 15.6). Soll vom Wahlrecht der Bewertung zum beizulegenden Zeitwert Gebrauch gemacht werden, so wird auf die vollständige Anwendung des IAS 40 verwiesen (ED SME-IFRS 15.5). Dieser sieht eine **erfolgswirksame Neubewertung** zum Stichtag vor (IAS 40.33 ff; vgl hierzu § 6 Rz 34 ff). 25

Dieses im ED SME-IFRS verankerte **Bewertungswahlrecht** für Folgeperioden **relativiert** der **IASB** auf seiner Sitzung im Januar 2009 dahingehend, dass er klarstellt, dass sich die Bewertung an den gegebenen Umständen zu orientieren hat. Danach hat ein Unternehmen, sofern es den beizulegenden Zeitwert von als Finanzinvestition gehaltenen Immobilien verlässlich ohne unangemessen hohe Kosten sowie ohne erheblichen Aufwand bestimmen kann, eine Bewertung zum beizulegenden Zeitwert vorzunehmen. Anderenfalls hat es auf das Anschaffungskostenmodell zurückzugreifen. 26

3. Immaterielle Vermögenswerte

27 Bei immateriellen Vermögenswerten ist zwischen erworbenen und selbsterstellten Vermögenswerten zu unterscheiden. Für **erworbene immaterielle Vermögenswerte** haben die SME-IFRS ausdrücklich keine Bedenken hinsichtlich ihrer Aktivierungsfähigkeit (ED SME-IFRS 17.5), da die allgemeinen Ansatzkriterien wie zukünftiger wirtschaftlicher Nutzen und zuverlässige Bewertung (ED SME-IFRS 17.2) durch den Erwerb erfüllt sind. Eine Ausnahme hiervon besteht bei immateriellen Vermögenswerten, die **im Rahmen eines Unternehmenszusammenschlusses erworben** wurden. Diese sind im Zuge der Kaufpreisallokation zu ihrem beizulegenden Zeitwert zu bewerten (ED SME-IFRS 17.9). Ein Ansatz der immateriellen Vermögenswerte in Höhe des beizulegenden Zeitwerts darf jedoch nach ED SME-IFRS 18.14(c) nur erfolgen, wenn dieser zuverlässig bestimmbar ist. In allen anderen Fällen geht der Wert von immateriellen Vermögenswerten im Geschäfts- oder Firmenwert auf.

28 Bei **selbsterstellten immateriellen Vermögenswerten** muss dagegen der zukünftige wirtschaftliche Nutzen durch nachvollziehbare Annahmen nachgewiesen werden, um eine Aktivierungsfähigkeit herbeizuführen (ED SME-IFRS 17.3). Wenngleich diese Beurteilung einen großen Ermessensspielraum bietet, so zeigt gerade die Aktivierung selbsterstellter immaterieller Vermögenswerte das zukünftige wirtschaftliche Potenzial, welches in einem Unternehmen steckt. Abschn 17.18 konkretisiert Sachverhalte, für die eine Aktivierung nicht in Frage kommt. Dazu zählen insbes Markennamen, Aufwendungen für die Ingangsetzung und Erweiterung des Geschäftsbetriebs sowie Umstrukturierungsaufwendungen.

29 Hinsichtlich der Behandlung von **Forschungs- und Entwicklungskosten** spricht sich der IASB in seiner Sitzung im Januar 2009 für eine sofortige aufwandswirksame Erfassung aus. Aufgrund dessen ist davon auszugehen, dass das in Abschn 17.14 des Standardentwurfs vorgesehene Aktivierungswahlrecht für Entwicklungskosten in der endgültigen Fassung des Standards nicht zum Tragen kommen wird. Kosten, die der Forschungsphase zuzuordnen sind, sind bereits nach ED SME-IFRS 17.16 in jedem Fall aufwandswirksam zu verrechnen.

Die alleinige Anwendung des Aufwandsmodells bzgl der Erfassung von Entwicklungskosten ist als eine erhebliche Erleichterung anzusehen, da hier keine umfangreichen Dokumentationspflichten zu erfüllen sind, wie sie IAS 38.57 ff vorsieht (*Prasse* in Baetge ua IFRS-Komm² E-IFRS für KMU Rz 93). Des Weiteren würde die oftmals nicht trennscharf vorzunehmende Abgrenzung der Forschungs- von der Entwicklungsphase, die einem bilanzpolitischen Potenzial unterliegt, entfallen.

Entgegen ED SME-IFRS 17.21 kommt der IASB in der Januarsitzung 2009 zu der vorläufigen Entscheidung, dass für die Bilanzierung von aktivierten immateriellen Vermögenswerten in Folgeperioden nicht das Neubewertungsmodell gem IAS 38 heranzuziehen ist (vgl *IASB* IASB Update Januar 2009).

30 Hinsichtlich der **Folgebewertung** von immateriellen Vermögenswerten mit unbestimmter Nutzungsdauer hat der IASB in seiner Sitzung im Januar 2009 – entgegen dem Vorgehen im ED – beschlossen, diesen aus Kosten- und Nutzenüberlegungen eine endliche Nutzungsdauer zu unterstellen. Die Abschreibung hat dann über die zugrunde gelegte Nutzungsdauer – jedoch höchstens zehn Jahre – zu erfolgen.

Bestehen Anhaltspunkte für eine **Wertminderung**, so ist ein Wertminderungstest nach den Vorgaben des Abschn 26 ED SME-IFRS vorzunehmen (ED SME-IFRS 17.30). Dieser sieht eine Abschreibungspflicht auf den niedrigeren beizulegenden Zeitwert abzüglich Veräußerungskosten vor (ED SME-

IFRS 26.11). Kann der beizulegende Zeitwert nicht für einen Vermögenswert einzeln bestimmt werden, so muss die Bewertung für die kleinste identifizierbare Gruppe der Vermögenswerte erfolgen, welcher dieser zuzuordnen ist (ED SME-IFRS 26.9). Sind die Gründe für eine außerplanmäßige Abschreibung in den Folgeperioden entfallen, so hat eine erfolgswirksame Zuschreibung auf die fortgeführten Anschaffungskosten zu erfolgen (ED SME-IFRS 26.18).

4. Finanzielle Vermögenswerte und Schulden

Die Bilanzierung von Finanzinstrumenten nimmt in der IFRS-Rechnungslegung einen großen Stellenwert ein. Vom Regelungsumfang her gilt dies auch für die SME-IFRS. Abschn 11 verwendet nicht den aus IAS 32 und IAS 39 bekannten Begriff der Finanzinstrumente, sondern spricht von finanziellen Vermögenswerten und Schulden. Diese werden als Verträge **definiert**, die gleichzeitig bei einem Vertragspartner zu einem finanziellen Vermögenswert und bei einem anderen zu einer finanziellen Verbindlichkeit oder einem Eigenkapitalinstrument führen (ED SME-IFRS 11.2). Unter dieser abstrakten Definition sind in erster Linie flüssige Mittel, Gesellschaftsanteile (zB Aktien oder GmbH-Anteile), Forderungen und Verbindlichkeiten sowie Derivate zu verstehen. Hieraus ergibt sich kein materieller Unterschied zu Finanzinstrumenten iSd IAS 32.11. Offen bleibt allerdings, wie Finanzgarantien bilanziell zu behandeln sind. Abschn 11 äußert sich hierzu nicht (*Lorenz* BB 2007, 13). Der IASB geht offenbar davon aus, dass kleine und mittelgroße Unternehmen, die die SME-IFRS anwenden, keine oder eher selten Finanzgarantien begeben. 31

Anteile an TU, assoziierten Unternehmen oder Joint Ventures fallen nicht in den **Anwendungsbereich** des Abschn 11 (ED SME-IFRS 11.3). Gleiches gilt für Rechte und Verpflichtungen aus Leasingverhältnissen und Versicherungsverträgen, sofern aus ihnen keine Verluste resultieren können, die der Vertragspartner nicht beeinflussen kann. Hierzu finden sich im Standard eigene Abschn. Zu einer weiteren Abgrenzung des Anwendungsbereichs von Abschn 11 vgl ED SME-IFRS 11.3ff. 32

ED SME-IFRS 11.1 eröffnet den Anwendern das **Wahlrecht**, Finanzinstrumente nach Abschn 11 der SME-IFRS oder vollumfänglich nach **IAS 39** der Full-IFRS zu bilanzieren. Dies mutet zunächst widersprüchlich an, da gerade die komplexen Regelungen des IAS 39 ein ausschlaggebender Punkt für die Einführung einfacherer Standards für kleine und mittlere Unternehmen waren. Außerdem wird nicht begründet, an welche Unternehmen sich die Einräumung dieser Option in erster Linie richtet. Wird IAS 39 freiwillig angewendet, so sind in vollem Umfang auch die damit verbundenen Angabepflichten gem IFRS 7 zu erfüllen (ED SME-IFRS 11.1). Die durch den SME-IFRS eingeräumten Erleichterungen können dann nicht genutzt werden. Hinsichtlich der Konsequenzen aus der Anwendung von IAS 39 und IFRS 7 sei auf die entspr Kommentierung verwiesen (vgl § 3). Die Ausübung des Wahlrechts gem Abschn 11.1 ist in jedem Fall angabepflichtig.

Abschn 11 sieht zwei grds Bewertungsmaßstäbe für Finanzinstrumente vor: Die **Bewertung zu Anschaffungskosten** sowie die **erfolgswirksame Bewertung zum beizulegenden Zeitwert**. Die Bewertung zum beizulegenden Zeitwert stellt gem Abschn 11.8 den Grundsatz dar, die Bewertung zu Anschaffungskosten bildet die alternative Vorgehensweise. Hierbei handelt es sich jedoch nicht um ein Bewertungswahlrecht, sondern es wird in den Abschn 11.7ff klar definiert, wann ein Finanzinstrument wie zu klassifizieren ist. Dies erleichtert zum einen die Handhabbarkeit und erhöht zum anderen die Vergleichbarkeit der SME-IFRS-Abschlüsse, da es insoweit weniger Wahlrechte gibt. Die in IAS 39.9 33 vorgenommene Kategorisierung von Finanzinstrumenten ist in Abschn 11 nicht zu finden.

34 Die Bewertung zu Anschaffungskosten wird in die „Bewertung zu fortgeführten Anschaffungskosten" und „Bewertung zu ursprünglichen Anschaffungskosten" unterschieden. Eine **Bewertung zu fortgeführten Anschaffungskosten** kann dann stattfinden, wenn das Finanzinstrument (a) einen festen Fälligkeitstermin hat oder auf Verlangen fällig wird, (b) die Rendite in einem festen Betrag oder einer festen Verzinsung oder in einer variablen Verzinsung besteht, die sich aber an einem einzigen Referenzzinssatz orientiert, bzw aus einer Kombination dieser festen und variablen Verzinsung besteht. Außerdem darf es (c) keine vertragliche Bestimmung geben, die dazu führen könnte, dass der Inhaber den Kapitalbetrag und die Zinsen verliert und (d) ein mögliches Kündigungsrecht des Emittenten darf nicht von zukünftigen Ereignissen abhängen (ED SME-IFRS 11.9). Im Ergebnis heißt das, dass eine Bewertung zu fortgeführten Anschaffungskosten bei Forderungen und Verbindlichkeiten aus Lieferungen und Leistungen sowie Darlehen in Frage kommt.

35 Die Bewertung der zu fortgeführten Anschaffungskosten bilanzierten Finanzinstrumente erfolgt unter Anwendung der **Effektivzinsmethode** abzüglich einer erfolgswirksamen Berücksichtigung eventueller Wertminderungen (ED SME-IFRS 11.18). Abschn 11.19 liefert Anhaltspunkte dafür, wann eine Überprüfung der Werthaltigkeit besonders geboten ist. Im Wesentlichen handelt es sich hierbei um Zweifel an der Zahlungsfähigkeit von Schuldnern. Ist der Grund für die Wertminderung weggefallen, so ist eine erfolgswirksame Zuschreibung bis maximal zu den ursprünglichen Anschaffungskosten vorzunehmen (ED SME-IFRS 11.23).

36 Finanzinstrumente, die nicht die Voraussetzungen für eine Bewertung zu (fortgeführten) Anschaffungskosten erfüllen, sind immer **erfolgswirksam zum beizulegenden Zeitwert** zu bewerten. Dies gilt zB für börsennotierte Aktien, da für sie ein Marktpreis vorliegt (ED SME-IFRS 11.11(a)). Auch Optionen, Zinsswaps und Termingeschäfte sind zum beizulegenden Zeitwert zu bewerten, da die Rendite hierfür nicht vorher festgelegt werden kann (ED SME-IFRS 11.11(b) und (c)). Die Bewertung zum beizulegenden Zeitwert hat zur Folge, dass die Kosten im Zusammenhang mit dem Erwerb nicht in die Werterrmittlung einfließen (ED SME-IFRS 11.16), sondern sofort aufwandswirksam zu verrechnen sind. Lässt sich der beizulegende Zeitwert nicht aus einem öffentlichen Marktpreis ableiten, so ist dieser mit Hilfe einer finanzmathematischen Bewertungsmethode zu bewerten (ED SME-IFRS 11.14).

37 Wenn bei mittelständischen Unternehmen **Sicherungsgeschäfte** eingegangen werden, dann geschieht dies idR hauptsächlich zur Absicherung von Geschäften in Fremdwährung (*DRSC ua* Befragung, 18). Darüber hinaus wird Sicherungsgeschäften bei dem avisierten Anwenderkreis keine hohe Bedeutung zugemessen. Deshalb war es folgerichtig, dass die sehr komplexen Regelungen zur Bilanzierung solcher Sicherungsbeziehungen im Standardentwurf auf ein Mindestmaß beschränkt wurden. So finden sich zB die aus IAS 39 bekannten hohen Anforderungen an die Dokumentation der Effektivität in Abschn 11 nur in eingeschränktem Umfang wieder (*Haller/Beiersdorf/Eierle* BB 2007, 548). Zudem reicht es aus, wenn die Kompensation des abgesicherten Risikos als in hohem Maße wirksam eingeschätzt wird (ED SME-IFRS 11.30(d)). Übernommen wurde aus IAS 39 aber die Klassifizierung in *fair value hedge* und *cashflow hedge* mit den entspr Konsequenzen. Zwar tauchen diese Begriffe hier nicht auf, doch werden Gewinne und Verluste aus Sicherungsgeschäften für bereits vorhandene Vermögenswerte und Schulden grds erfolgswirksam erfasst. Analog zu einem *cashflow hedge* iSd IAS 39 ist dagegen bei Wertänderungen aus Sicherungsgeschäften, die sich auf zukünftige Zahlungsströme beziehen, der Anteil der Änderung

des beizulegenden Zeitwerts erfolgsneutral zu erfassen, der auf den effektiven Teil des Sicherungsgeschäfts entfällt (ED SME-IFRS 11.37).

Unterstellt man, dass kleine und mittlere Unternehmen finanzielle Vermögenswerte und Schulden hauptsächlich im Zusammenhang mit dem **Waren- und Dienstleistungsverkehr** besitzen, so dürfte Abschn 11 für sie trotz seines beachtlichen Regelungsumfangs keine besondere Hürde darstellen. 38

Die Beratungen des IASB haben dazu geführt, dass der im ED SME-IFRS enthaltene Abschn 11 **neu geordnet** wurde, um die Anwendung für bilanzierende Unternehmen zu erleichtern. Dabei wurde eine Aufteilung des Abschn in Abschn 11A und Abschn 11B vorgenommen. Abschn 11A enthält Regelungen zu grundlegenden typischen Finanzinstrumenten und soll Anwendung auf alle Unternehmen finden. Vorschriften zu komplexen Finanzinstrumenten sind in Abschn 11B kodifiziert. Unternehmen haben dabei grds zu prüfen, ob sie in den Anwendungsbereich des Abschn 11B fallen.

5. Anteile an assoziierten Unternehmen

Assoziierte Unternehmen stellen Beteiligungen dar, bei denen das beteiligte Unternehmen die Möglichkeit eines **maßgeblichen Einflusses** auf das Unternehmen besitzt, ohne aber eine vollständige Kontrolle zu erlangen. Gem IAS 28 wird eine Assoziierung bei einem direkten oder indirekten Stimmrechtsanteil von mindestens zwanzig Prozent vermutet. 39

Für die Bilanzierung von Anteilen an assoziierten Unternehmen, deren Kriterien mit IAS 28.6 übereinstimmen, besteht ein **Wahlrecht**, diese entweder zu Anschaffungskosten, erfolgswirksam zum beizulegenden Zeitwert oder nach der Equity-Methode zu bewerten. Lediglich bei öffentlich notierten assoziierten Unternehmen spricht sich der IASB gegen die Anwendung des Anschaffungskostenmodells aus (vgl *IASB* IASB Update Juli 2008). Die Möglichkeit des Verzichts auf die Anwendung der buchhalterisch aufwendigeren Equity-Methode stellt eine erhebliche Vereinfachung dar.

Beim **Anschaffungskostenmodell** sind Wertminderungen nach den allgemeinen Regeln zu berücksichtigen (vgl Abschn 26, ED SME-IFRS 13.4). Gewinne werden nur vereinnahmt, wenn eine Ausschüttung erfolgt ist. Eine Ausschüttung, die über die thesaurierten Gewinne hinausgeht, ist als Ausschüttung des Nominalkapitals anzusehen, die die Anschaffungskosten der Beteiligung vermindert (*Prasse* in Baetge ua IFRS-Komm[2] E-IFRS für KMU Rz 83). Eine Bewertung über die ursprünglichen Anschaffungskosten hinaus kommt nur in Frage, wenn ausgeschüttete Gewinne wieder eingelegt werden. 40

Die **erfolgswirksame Bewertung zum beizulegenden Zeitwert** erfolgt nach den Regelungen des Abschn 11. Voraussetzung für die Anwendung dieser Bewertungsmethode ist, dass der beizulegende Zeitwert zuverlässig ermittelt werden kann (ED SME-IFRS 13.6). Da gem Abschn 11.14 für die Ermittlung dieses Werts nicht zwingend ein aktiver Markt vorausgesetzt werden muss, kann der beizulegende Zeitwert iSd Abschn 13.6 auch mit einem anerkannten Bewertungsverfahren geschätzt werden. 41

Hinsichtlich der Anwendung der **Equity-Methode** wird auf IAS 28 verwiesen (ED SME-IFRS 13.5; vgl hierzu die Kommentierung zu IAS 28 in § 36). Im Kern läuft die Equity-Methode darauf hinaus, die Anteile an einem assoziierten Unternehmen mit dem Wert des anteiligen Eigenkapitals zum Stichtag zu bewerten. Im Gegensatz zum Anschaffungskosten- oder Zeitwertmodell kann diese Methode technisch weitaus anspruchsvoller sein, wenn zB umfangreiche Lieferungs- und Leistungsbeziehungen zwischen dem assoziierten und dem beteiligten Unternehmen bestehen. 42

Unabhängig von der Anwendung der Bewertungsmethode sind für Anteile mit einem öffentlich verfügbaren Marktpreis immer die beizulegenden Zeitwerte im Anhang anzugeben (ED SME-IFRS 13.7(b)).

6. Joint Ventures

43 Unter einem Joint Venture ist die **gemeinschaftliche Führung** eines Unternehmens durch zwei oder mehrere Partner zu verstehen, bei denen keiner der Beteiligten einen alleinigen beherrschenden Einfluss über dieses Unternehmen ausüben kann, sondern nur gemeinsam und in Absprache mit dem bzw den Partnerunternehmen.

44 Genauso wie für Anteile an assoziierten Unternehmen wird auch für **Anteile an gemeinschaftlich geführten Unternehmen** ein **Wahlrecht** eingeräumt, diese nach der Equity-Methode, der Anschaffungskostenmethode oder erfolgswirksam zum beizulegenden Zeitwert zu bewerten (ED SME-IFRS 14.8). Die in ED SME-IFRS 14.8 ebenfalls vorgesehene Möglichkeit der Quotenkonsolidierung wird in der Zwischenzeit vom IASB abgelehnt (vgl *IASB* IASB Update Januar 2009), sodass damit gerechnet werden kann, dass diese keinen Eingang in den endgültigen Standard finden wird. Dabei kommt nach Ansicht des IASB das Anschaffungskostenmodell nur nicht bei öffentlich notierten gemeinschaftlich geführten Unternehmen in Betracht. Beim Anschaffungskostenmodell sind Wertminderungen nach den Vorgaben des Abschn 26 zu berücksichtigen (ED SME-IFRS 14.9). Hinsichtlich der Anwendung der Equity-Methode wird auf IAS 28 verwiesen.

45 **Veräußert** ein **Partnerunternehmen** einen **Vermögenswert** an das Joint Venture, der dann dort verbleibt, so darf ein Ertrag aus diesem Geschäft nur in Höhe der Anteilsquote der anderen Partnerunternehmen ausgewiesen werden (ED SME-IFRS 14.13). Dieser Grundsatz soll den wirtschaftlichen Gehalt der Transaktion zum Ausdruck bringen und ist dem Gedanken der Quotenkonsolidierung geschuldet, da nur der auf die anderen beteiligten Unternehmen entfallende Gewinnanteil als mit Unternehmensexternen realisiert gilt. Aus Abschn 14.13 ergibt sich nicht, dass diese Regel nur bei Anwendung der ohnehin bereits vom IASB negierten Anwendung der Quotenkonsolidierung greift, sondern auch bei den anderen drei möglichen Bewertungsmethoden anzuwenden ist. Gewinne und Verluste aus solchen Geschäften werden allerdings imparitätisch behandelt. Erfolgt die Veräußerung zu einem Preis unter dem Buchwert, so deutet dies auf einen Wertminderungsbedarf hin. Dieser Verlust ist vollständig zu vereinnahmen (ED SME-IFRS 14.13).

46 Unter einem Joint Venture sind neben gemeinschaftlich geführten Unternehmen auch noch gemeinsame Tätigkeiten sowie Vermögenswerte unter gemeinschaftlicher Führung zu verstehen. Bei **gemeinsamen Tätigkeiten** verwendet jedes Partnerunternehmen seine **eigenen** Vermögenswerte. Die Erlöse sowie bestimmte Aufwendungen werden dann aufgeteilt. Folglich tauchen im Abschluss des an der gemeinsamen Tätigkeit beteiligten Unternehmens auch die in seinem wirtschaftlichen Eigentum stehenden Vermögenswerte und Schulden sowie die auf ihn entfallenden Aufwendungen und Erträge vollständig auf (ED SME-IFRS 14.4).

Wird ein bestimmter **Vermögenswert für Zwecke eines Joint Ventures gemeinsam erworben**, so weist das Unternehmen seinen Anteil an diesem Vermögenswert sowie die in seinem Namen eingegangene Schuld aus. Die zum Erwerb des Vermögenswerts gemeinsam mit den anderen Partnern eingegangenen Schulden werden anteilig abgebildet. Gleiches gilt für die in diesem Zusammenhang stehenden Aufwendungen und Erträge (ED SME-IFRS 14.6).

7. Unternehmenszusammenschlüsse und Geschäfts- oder Firmenwert

Als Unternehmenszusammenschlüsse werden in der internationalen Rechnungslegung die **Zusammenführungen rechtlich selbständiger Unternehmen oder Geschäftsbetriebe** zu einer berichterstattenden Einheit bezeichnet. IdR finden solche Zusammenschlüsse in Form von ***asset* oder *share deals*** statt. Von zentraler Frage ist hierbei die Verteilung der Anschaffungskosten auf die erworbenen Vermögenswerte, Schulden und Eventualschulden (*purchase price allocation*). Gem Abschn 18.5 ist die Erwerbsmethode anzuwenden, dh sämtliche stillen Reserven sind aufzudecken. Nach ED SME-IFRS 18.6 sind bei Unternehmenszusammenschlüssen der Erwerber zu identifizieren, die Anschaffungskosten zu bestimmen und in einem dritten Schritt die Anschaffungskosten auf die identifizierbaren Vermögenswerte, Schulden und Eventualschulden zu verteilen. 47

ED SME-IFRS 18.9 enthält einige Kriterien anhand derer die **Identifizierung des Erwerbers** erfolgen soll, nach denen es auch nach ED SME-IFRS zu einer Bilanzierung von umgekehrten Unternehmenserwerben kommen kann (vgl hierzu § 34 Rz 54ff). Analog zu IFRS 3 ist ED SME-IFRS 18 nicht auf sog *common control transactions* anzuwenden. Bzgl der **Anschaffungskosten des Unternehmenserwerbs** regelt ED SME-IFRS 18, dass diese die beizulegenden Zeitwerte der abgegebenen Vermögenswerte (zB liquide Mittel), ausgegebenen Eigenkapitalinstrumente bzw übernommenen Schulden darstellen. Anschaffungsnebenkosten wie zB Berateraufwendungen gehören ebenfalls zu den Anschaffungskosten. Kaufpreisanpassungen, die von zukünftigen Ereignissen abhängen (zB *earn-out*-Klauseln), sind zum Zeitpunkt des Unternehmenserwerbs zu schätzen und, sofern sie wahrscheinlich eintreten und zuverlässig berechnet werden können, bereits zum Erwerbszeitpunkt in die Anschaffungskosten einzubeziehen. In anderen Fällen sind sie zum späteren Zeitpunkt als nachträgliche Anpassung der Anschaffungskosten des Unternehmenserwerbs zu erfassen. 48

Als dritter Schritt sind die ermittelten Anschaffungskosten des Unternehmenserwerbs auf die erworbenen Vermögenswerte, Schulden und Eventualschulden zu verteilen. Insbes immaterielle Vermögenswerte, die beim übertragenden Unternehmen nicht die Ansatzkriterien für einen Vermögenswert erfüllt haben, können dann beim Erwerber zu bilanzieren sein. Voraussetzung dafür ist, dass diese identifizierbar und zuverlässig bewertbar sind. Erfüllen sie diese Kriterien nicht, so gehen sie im Geschäfts- oder Firmenwert auf. Auch sog **Eventualschulden**, die beim Veräußerer mangels hinreichender Eintrittswahrscheinlichkeit nicht angesetzt werden durften, können im Zuge der Verteilung der Anschaffungskosten zu passivieren sein. Dazu genügt es, wenn ihr beizulegender Zeitwert zuverlässig bemessen werden kann (ED SME-IFRS 18.18). 49

Der **Identifizierung** sämtlicher erworbener immaterieller Vermögenswerte kommt eine besondere Bedeutung zu: Zum einen sollen diese separiert vom Geschäfts- oder Firmenwert gezeigt werden, wenn sie eigenständig Cashflows generieren können. Ohne den eigenständigen Ansatz würde der Geschäfts- oder Firmenwert sonst zu einem aussagelosen Wertekonglomerat aufgebläht werden. Auf seiner Januarsitzung 2009 nimmt der IASB den Standpunkt ein, dass der Geschäfts- oder Firmenwert über eine begrenzte Nutzungsdauer von maximal zehn Jahren verfügt und daher planmäßig abzuschreiben ist. Dabei ist ein Wertminderungstest dann durchzuführen, wenn die im ED SME-IFRS vorgegebenen Indikatoren für eine Wertminderung vorliegen (vgl *IASB* IASB Update Januar 2009). 50

Sofern Anhaltspunkte für eine Wertminderung vorliegen, ist ein **zweistufiger Wertminderungstest** durchzuführen. In einem ersten Schritt ist der Geschäfts- oder Firmenwert soweit wie möglich auf die Berichtseinheiten zu vertei- 51 len. Anschließend wird der Buchwert dieser Einheit inklusive des Geschäfts- oder Firmenwerts mit seinem beizulegenden Zeitwert verglichen (ED SME-IFRS 26.22). Dazu ist eine Unternehmensbewertung nach den gängigen Verfahren erforderlich. Ist der beizulegende Zeitwert niedriger als der Buchwert, so hat eine erfolgswirksame Wertberichtigung zu erfolgen, bei der zuerst der erforderliche Betrag vom anteiligen Geschäfts- oder Firmenwert abgeschrieben wird, der auf diese Einheit entfällt. Reicht dieser Betrag nicht aus, um den notwendigen Wertminderungsaufwand zu berücksichtigen, so ist die darüber hinausgehende Differenz anteilig von den Vermögenswerten der Berichteinheit abzuziehen bzw den Schulden einschließlich der Eventualschulden hinzuzurechnen (ED SME-IFRS 26.22).

52 Dieses Verfahren, das im Prinzip dem zweistufigen **Impairment** gem IAS 36 entspricht, übersieht, dass in kleinen und mittleren Unternehmen meist gar nicht mehrere Berichtseinheiten identifizierbar sein können, da der Geschäftsbetrieb häufig nur aus einer wesentlichen Einheit besteht oder die Abgrenzung einen unverhältnismäßig hohen Aufwand verursacht. Unter Berücksichtigung des Grundsatzes der Abwägung zwischen Kosten und Nutzen einer Rechnungslegungsinformation (ED SME-IFRS 2.11) sollte deshalb ein Verzicht auf die Bestimmung der kleinsten rechnungslegenden Einheiten in den meisten Fällen vertretbar sein. Der Wertminderungstest wäre in diesen Fällen auf der gesamten Unternehmensebene durchzuführen.

53 Auch wenn die Gründe für die Wertberichtigung des Geschäfts- oder Firmenwerts in den Folgeperioden **entfallen** sind, darf dieser nicht wieder zugeschrieben werden (ED SME-IFRS 26.24).

54 Ergibt sich im Zuge der Kaufpreisallokation ein **negativer Unterschiedsbetrag**, da der beizulegende Zeitwert des übernommenen Reinvermögens die Anschaffungskosten übersteigt, hat der Erwerber erneut die Werthaltigkeit der identifizierbaren Vermögenswerte und Schulden zu beurteilen. Verbleibt danach immer noch ein negativer Unterschiedsbetrag, so ist dieser erfolgswirksam zu vereinnahmen (ED SME-IFRS 18.22).

8. Leasing

55 Vor eine besondere Herausforderung werden IFRS-Anwender häufig bei der Identifizierung und korrekten Bilanzierung von Leasingverträgen gestellt.

Abschn 19.3 nimmt die aus IAS 17 bekannte Unterteilung in Finanzierungsleasing (*finance lease*) und operatives Leasing (*operate lease*) vor. Um **Finanzierungsleasing** handelt es sich immer dann, wenn der wirtschaftliche Gehalt des Leasingvertrags darauf hindeutet, dass der Leasingnehmer wirtschaftlicher Eigentümer ist, da er die Chancen und Risiken aus dem Leasinggegenstand trägt. Hier ist ein verdeckter Finanzierungskauf zu vermuten. Die Abschn 19.4 ff konkretisieren hierfür die Kriterien. Das Vorliegen eines Finanzierungs-Leasingverhältnisses führt dazu, dass der Leasingnehmer den Gegenstand aktiviert und korrespondierend dazu eine Verbindlichkeit in gleicher Höhe ausweist.

56 Abweichend zu IAS 17.25, der eine **Zugangsbewertung** beim Leasingnehmer mit dem niedrigeren Betrag aus dem Barwert der Mindestleasingzahlungen und dem beizulegenden Zeitwert des Leasingobjekts vorsieht, ist der Leasinggegenstand nach ED SME-IFRS 19.8 immer mit dem ***fair value*** einzubuchen. Diese Regelung ist zwar als Vereinfachung gedacht, kann in der praktischen Umsetzung aber Bewertungsprobleme hervorrufen. Außerdem ist in diesem Zusammenhang die Regelung, dass die Kosten des Abschlusses des Leasingvertrags mit zu aktivieren sind (ED SME-IFRS 19.8), konzeptionell inkonsequent, da sie den *fair value* nicht erhöhen.

57 Bei der **Folgebewertung** sind die Leasingraten über die Laufzeit des Leasingverhältnisses in einen Zins- und Tilgungsanteil aufzuspalten (ED SME-IFRS 19.9). Aufwandswirksam wird dann nur der Zinsanteil, der im Zinsergebnis auszuweisen ist. Ein zusätzlicher Aufwand entsteht darüber hinaus aus der planmäßigen Abschreibung des aktivierten Leasingguts über die Laufzeit (ED SME-IFRS 19.11).

58 Die Bilanzierung eines Finanzierungs-Leasingverhältnisses beim **Leasinggeber** wird von Abschn 19 nicht problematisiert. Der IASB unterstellt, dass SMEs nur in sehr seltenen Fällen als Leasinggeber auftreten (*Haller/Beiersdorf/Eierle* BB 2007, 547). Für diesen Fall erfolgt ein Verweis auf die Regelungen gem IAS 17.36 ff (ED SME-IFRS 19.15). Verleast der SME-IFRS-Anwender dagegen ein Leasinggut im Wege eines operativen Leasingverhältnisses, so hat er den Leasinggegenstand zu aktivieren und planmäßig abzuschreiben (ED SME-IFRS 19.16 und ED SME-IFRS 19.18). Die Leasingerträge werden erfolgswirksam erfasst (ED SME-IFRS 19.17).

59 Sind die Voraussetzungen für ein Finanzierungs-Leasingverhältnis nicht erfüllt, so liegt **operatives Leasing** vor, bei dem lediglich die Leasingzahlungen aufwandswirksam über die Dauer des Leasingverhältnisses zu verrechnen sind (ED SME-IFRS 19.13).

60 Im Ergebnis unterscheiden sich die Regelungen des Abschn 19 nicht von denen des IAS 17. Allerdings finden sich in Abschn 19 keine Hinweise auf die Identifizierung sog **verdeckter Leasingverhältnisse** wie in IFRIC 4. Dies ist als eine besondere Erleichterung im Vergleich zur Anwendung der Full-IFRS anzusehen.

9. Rückstellungen und Eventualschulden

61 Als Ansatzvoraussetzung für eine Rückstellung verlangt Abschn 20, dass ein Ereignis aus der Vergangenheit zu einer **Verpflichtung** führt, deren Eintritt wahrscheinlich und die zuverlässig bewertbar ist (ED SME-IFRS 20.4). Der Verpflichtungscharakter wird dadurch konkretisiert, dass sich das Unternehmen dieser Schuld nicht mehr entziehen kann (ED SME-IFRS 20.7). Für den Ansatz reiner Aufwandsrückstellungen besteht somit nach Abschn 20 – genauso wie gem IAS 37 – kein Raum, da hier keine Verpflichtung ggü Unternehmensexternen vorliegt, der sich das Unternehmen nicht entziehen kann. Die Nichtentziehbarkeit aus einer Verpflichtung als Ansatzvoraussetzung für eine Rückstellung wird in der IFRS-Rechnungslegung sehr weit ausgelegt. So wird auch in ED SME-IFRS 20.7 explizit hervorgehoben, dass eine rechtliche oder wirtschaftliche Verpflichtung, der sich das Unternehmen durch Einstellung oder Änderung seines Geschäftsbetriebs entziehen kann, keine Rückstellung begründet.

62 Neben rechtlich begründeten Verpflichtungen können aber auch **faktische Verpflichtungen** eine Rückstellung hervorrufen (ED SME-IFRS 20.7), wenn aufgrund des bisherigen Geschäftsgebarens bei den Marktteilnehmern eine Erwartungshaltung ausgelöst wird, dass die Verpflichtung erfüllt wird. Ein Beispiel hierfür sind Kulanzhandlungen, die trotz Ablaufen der gesetzlichen Garantiefrist allen Kunden eingeräumt werden.

63 Zu Zweifelsfragen kann insbes der Ansatz von **Restrukturierungsrückstellungen** führen. Aus der Erläuterung zu Abschn 20 (ED SME-IFRS 20A.3) wird deutlich, dass in diesen Fällen auf die Kriterien gem IAS 37.72 ff zurückzugreifen ist. Die voraussichtlichen Aufwendungen für konkrete Restrukturierungspläne sind dann zurückzustellen, wenn das Unternehmen bspw durch öffentliche Ankündigung sowohl bei den Arbeitnehmern als auch bei sonstigen Parteien den Eindruck erweckt hat, dass die Maßnahmen auch tatsächlich durchgeführt werden. In diesem Fall ist die Restrukturierungsrückstellung faktisch begründet.

64 **Eventualschulden** sind zwar absehbare, aber noch nicht hinreichend konkretisierte Verpflichtungen. Sie dürfen nicht passiviert werden, sofern sie nicht gem ED SME-IFRS 18.18 im Zuge eines Unternehmenszusammenschlusses erworben wurden. Sie sind aber im Anhang angabepflichtig (ED SME-IFRS 20.12).

65 Die **Bewertung** der Rückstellungen erfolgt mit dem Betrag der bestmöglichen Schätzung. Dies sind die für die Erfüllung der Verpflichtung wahrscheinlich anfallenden Zahlungsmittelabflüsse. Sofern ein Abzinsungseffekt wesentlich ist, ist die Rückstellung zum **Barwert** anzusetzen (ED SME-IFRS 20.8) und jährlich aufzuzinsen. Die einer Rückstellung immanente Bewertungsunsicherheit ist dabei entweder im Diskontierungszins **oder** in der Schätzung des Erfüllungsbetrags zu berücksichtigen (ED SME-IFRS 20.8). Ein **Erstattungsanspruch** im Zusammenhang mit einer Verpflichtung, der sich zB aus einer Versicherungsleistung ergibt, darf nicht mit der Rückstellung saldiert werden, sondern ist als separater Vermögenswert zu aktivieren, wenn die Erstattung so gut wie sicher ist (ED SME-IFRS 20.9).

66 Eine aus den Full-IFRS bekannte Besonderheit taucht auch bei der Bilanzierung nach SME-IFRS auf. Wird ein Vermögenswert aktiviert, der gleichzeitig eine Verpflichtung beinhaltet, so ist der zurückzustellende Betrag in gleicher Höhe Bestandteil der Anschaffungskosten (ED SME-IFRS 16.7(c)). In der Praxis betrifft dies in erster Linie **Rückbau- oder Abbruchverpflichtungen**. Hiervon können auch mittelständische Unternehmen betroffen sein. Die Rückstellung wird dadurch nicht bei der Ersterfassung erfolgswirksam eingebucht, sondern die Aufwandswirksamkeit tritt erst indirekt in den Folgeperioden durch eine höhere planmäßige Abschreibung des Vermögenswerts sowie ggf einen Aufzinsungseffekt bei der Folgebewertung der Rückstellung ein.

10. Leistungen an Arbeitnehmer

67 Zu den Leistungen an Arbeitnehmer nach Beendigung eines Arbeitsverhältnisses zählen in erster Linie Versorgungszusagen in Form von Rentenzahlungen. Um zukünftige Pensionsleistungen bilanziell abzubilden, wird – genauso wie in IAS 19 – danach differenziert, auf welchem Wege diese dem Arbeitnehmer zukommen. Bei sog **beitragsorientierten Plänen** entrichtet das Unternehmen festgelegte Beiträge an einen externen Versorgungsträger (Pensionskasse, Fonds etc). Dieser legt die Mittel an und erbringt daraus die Pensionsleistungen. Das Unternehmen trägt weder das Risiko einer Unterdeckung, noch ist es darüber hinaus zu weiteren Zahlungen verpflichtet (ED SME-IFRS 27.10(a)). Die Bilanzierung solcher beitragsorientierter Pläne bereitet keine besonderen Schwierigkeiten, da das Unternehmen lediglich die regelmäßigen Zuführungen an den Versorgungsträger als lfd Personalaufwand ausweist. Eine Verbindlichkeit erscheint lediglich für die noch ausstehenden Einzahlungen (ED SME-IFRS 27.13).

68 Die andere Form der Pensionsleistung kann in sog **leistungsorientierten Plänen** bestehen. Diese zeichnen sich dadurch aus, dass die Pensionsleistung durch das Unternehmen erbracht wird. Damit trägt das Unternehmen zugleich das Anlagerisiko sowie das Risiko einer Unterdeckung (ED SME-IFRS 27.10(b)). Leistungsorientierte Pläne führen zum Ansatz einer **Pensionsrückstellung**. Die Pensionsrückstellung wird allerdings nur in Höhe ihres Nettobetrags ausgewiesen, dh vom Barwert der zukünftigen Leistungsverpflichtungen wird der beizulegende **Zeitwert des Planvermögens** abgezogen (ED SME-IFRS 27.15). Das Planvermögen besteht aus finanziellen Vermögenswerten, die ausschließlich für die Erfüllung der zukünftigen Pensionsansprüche bestimmt sind. Im Falle einer Überdeckung ist unter bestimmten Voraussetzungen

ein Vermögenswert auszuweisen (ED SME-IFRS 27.20). Neben der verhältnismäßig aufwendigen Berechnung der Pensionsrückstellungen für leistungsorientierte Pläne im Vergleich zur HGB-Rechnungslegung sind zudem noch umfangreiche Anhangangaben erforderlich (ED SME-IFRS 27.38), in denen insbes die zugrundeliegenden Parameter sowie die getroffenen Annahmen zur Bewertung der Pensionsrückstellung zu erläutern sind.

Zur **Bestimmung der zukünftigen Leistungsverpflichtung** sind versiche- 69
rungsmathematische Annahmen zu treffen, die bestimmte Parameter wie zB Fluktuation, Sterbewahrscheinlichkeit und Gehaltstrends berücksichtigen (ED SME-IFRS 27.16). Die Diskontierung erfolgt auf Basis einer langfristigen Rendite für erstrangige Industrieanleihen (ED SME-IFRS 27.17). In seiner Sitzung im Februar 2009 stellte der IASB heraus, dass, sofern die Informationen auf Grundlage des IAS 19 nur mit unangemessenem Aufwand beschafft werden können, ein Ansatz auf Grundlage von IAS 19 anzuwenden ist, der die Lebenserwartung des Arbeitsnehmers nach dem Ende des Arbeitsverhältnisses berücksichtigt, nicht jedoch künftige Gehaltssteigerungen, künftige Dienstzeiten oder mögliche Sterbefälle während der Dienstzeit. Des Weiteren stellt der IASB klar, dass eine umfassende Bewertung (ieS ein Gutachten) nur alle drei Jahre vorzunehmen ist. In dem dazwischen liegenden Zeitraum sind lediglich Fortschreibungen hinsichtlich der Zusammensetzung der Arbeitnehmerschaft sowie der Gehälter, jedoch keine Anpassungen der Fluktuation oder Sterblichkeitsannahmen erforderlich.

Die Nettoveränderung der Pensionsrückstellung wird – abgesehen von den 70
geleisteten Pensionszahlungen – erfolgswirksam gebucht. Dies gilt auch für die **versicherungsmathematischen Gewinne und Verluste**, die dadurch entstehen, dass die der Wertermittlung zugrunde liegenden Parameter von den getroffenen Annahmen abweichen (ED SME-IFRS 27.21 f). Als weitere Alternative kommt für den IASB eine Erfassung von versicherungsmathematischen Gewinnen und Verlusten im sonstigen Ergebnis (*other comprehensive income*) in Betracht (*IASB* IASB Update November 2008). Hier besteht ein wesentlicher Unterschied zu IAS 19, der für versicherungsmathematische Gewinne und Verluste neben der erfolgswirksamen Vereinnahmung noch die Korridormethode sowie die erfolgsneutrale Berücksichtigung vorsieht. Auch der nachzuverrechnende Dienstzeitaufwand ist im Zeitpunkt der Planänderung sofort erfolgswirksam zu behandeln (ED SME-IFRS 27.19). Die Methode der erfolgswirksamen Verrechnung versicherungsmathematischer Gewinne und Verluste ist zwar im Gegensatz zur Korridormethode einfacher zu handhaben; im Vergleich zur erfolgsneutralen Verrechnung ist zudem sichergestellt, dass versicherungsmathematische Gewinne und Verluste auch erfasst werden. Allerdings kann die jährliche erfolgswirksame Vereinnahmung Gewinnschwankungen hervorrufen, die mitunter nicht gewollt sind.

11. Latente Steuern

Latente Steuern werden – wie in IAS 12 auch – auf temporäre Differenzen 71
zwischen dem IFRS-Buchwert und dem korrespondierenden Steuerwert abgegrenzt, um eine zukünftige Steuermehr- oder -minderzahlung zu antizipieren. Der Steuerwert ist der Wert, der für Zwecke der steuerlichen Gewinnermittlung anzusetzen ist. **Latente Steueransprüche** entstehen, wenn der Steuerwert eines Vermögenswerts höher oder der Steuerwert einer Schuld niedriger als der IFRS-Buchwert ist. Im umgekehrten Fall entstehen **latente Steuerschulden**.

Latente Steueransprüche können ebenfalls aus einem **steuerlichen Verlustvor-** 72
trag oder ungenutzten Steuergutschriften resultieren (ED SME-IFRS 28.16(b)).

Dadurch weist das Unternehmen zukünftige wirtschaftliche Vorteile in Form verminderter Steuerzahlungen aus. Für den Ansatz latenter Steueransprüche ist es unbedingte Voraussetzung, dass in zukünftigen Perioden ausreichend hohe zu versteuernde Erträge zur Verfügung stehen, mit denen diese verrechnet werden können (ED SME-IFRS 28.18(a)), auch wenn in Abschn 28.16(c) nicht explizit darauf hingewiesen wird. Stellt sich in späteren Perioden heraus, dass aufgrund hoher aufgelaufener Verluste bzw nicht ausreichend hoher Erträge die latenten Steueransprüche nicht genutzt werden können, so sind diese außerplanmäßig abzuschreiben (ED SME-IFRS 28.26).

73 Die **Bewertung der latenten Steuern** erfolgt in Höhe des im Zeitpunkt der Auflösung der Differenz voraussichtlich geltenden Steuersatzes. Da dieser im Zeitpunkt der Berichterstattung bei langfristigen Differenzen nicht prognostizierbar ist, ist der am Stichtag gültige bzw angekündigte Steuersatz zu berücksichtigen (ED SME-IFRS 28.21). Bei einer Änderung des Steuersatzes sind die latenten Steuerposten zu korrigieren.

Es ist bei der Berechnung darauf zu achten, dass nur die Ertragsteuern in die Berechnung einfließen, mit denen die Gesellschaft effektiv belastet wird. So fällt bspw bei deutschen PersGes die Einkommensteuer in die Privatsphäre der Gesellschafter. Eine Steuerabgrenzung findet in diesem Fall nur in Höhe des Gewerbesteuersatzes statt.

Die Erfassung der latenten Steuern hat immer korrespondierend zu dem Geschäftsvorfall zu erfolgen, aus dem die Differenz resultiert. Das bedeutet, dass für erfolgswirksam entstandene Differenzen auch die latenten Steuern erfolgswirksam zu bilden sind, während latente Steuern auf Differenzen, die bspw aus einer erfolgsneutralen Neubewertung hervorgegangen sind, auch erfolgsneutral abgegrenzt werden müssen (ED SME-IFRS 28.19).

74 In IAS 12 werden die ***inside basis differences*** und ***outside basis differences*** zwar nicht explizit erwähnt, aber implizit geregelt. Diese Begriffe wurden bislang nur in der Literatur verwendet. In Abschn 28.11 ED SME-IFRS ist es genau umgekehrt: Die Begriffe werden zwar definiert, welche bilanziellen Folgen sich daraus ergeben, bleibt aber offen. Es handelt sich um temporäre Differenzen, die bei der Erstellung eines Konzernabschlusses relevant sind. Grds müssen sich aber die gleichen Folgen wie für einen Full-IFRS-(Konzern-)Abschluss ergeben. Hierzu sei auf die entspr Kommentierung unter § 25 Rz 120 ff verwiesen.

75 Im Anhang ist eine **steuerliche Überleitungsrechnung** obligatorisch (ED SME-IFRS 28.29(b)), aus welcher ersichtlich wird, warum der zu erwartende Steueraufwand, der sich aus dem Produkt von Jahresergebnis und Steuersatz ableitet, vom ausgewiesenen Steueraufwand abweicht. IdR ist dies auf permanente Differenzen sowie unterschiedliche Steuersätze zurückzuführen.

12. Eigenkapital

76 Abweichend zu den Full-IFRS, bei denen sich Regelungen bzgl des Eigenkapitals lediglich in einzelnen Paragrafen des IAS 1 sowie IAS 32 finden, wird die Bilanzierung des Eigenkapitals für SME-IFRS-Anwender in einem eigenen Abschn geregelt. Die Frage aber, ob **Anteile an Personenhandelsgesellschaften** oder kündbare GmbH-Anteile Eigen- oder Fremdkapital darstellen, wird durch Abschn 21 ED SME-IFRS nicht beantwortet. Insbes aus Deutschland gab es eine breite Kritik an IAS 32, der in der bisherigen Fassung vorsah, Anteile an PersGes aufgrund ihrer jederzeitigen Kündbarkeit als Fremdkapital zu klassifizieren. Im Februar 2008 wurden IAS 1 und IAS 32 dahingehend geändert, dass Anteile an PersGes Eigenkapital darstellen, wenn sie bestimmte Kriterien erfüllen. Hierzu zählen in erster Linie das Recht auf Teilnahme am Liquidationserlös,

Nachrangigkeit ggü anderen Verbindlichkeiten und eine gewinnabhängige Vergütung (IAS 32.16A)).

Im SME-IFRS-Entwurf sind diese Kriterien bislang noch nicht zu finden. 77
Zwar geht aus Abschn 21 nicht unmittelbar hervor, dass PersGes-Anteile Fremdkapital darstellen; es wird aber auch nicht klargestellt, ob bzw wann es sich um Eigenkapital handelt. In SME-IFRS 21.1 heißt es lediglich, dass das Eigenkapital aus den **Einlagen der Gesellschafter** besteht, die zur Verwendung im Unternehmen einbehalten wurden.

Es besteht aber die Möglichkeit, dass der IASB im endgültigen Standard noch 78
eine Anpassung herbeiführt. Dies wäre die sinnvollste Lösung. Sofern dies nicht der Fall ist, liegt hier eine **Regelungslücke** vor, die entspr der Auslegungshierarchie gem Abschn 10.3 ED SME-IFRS durch Rückgriff auf andere Regelungen des SME-Standards zu lösen ist. Eine Schuld ist gem ED SME-IFRS 2.17 als eine gegenwärtige Verpflichtung definiert. Hieraus lässt sich noch keine entspr Klassifizierung der Kapitalanteile ableiten, da es an einer entspr Konkretisierung der Schuld mangelt, sofern der Gesellschafter seinen Rückzahlungsanspruch nicht bereits angemeldet hat. Somit ist auch nach ED SME-IFRS keine Einordnung der Kapitalanteile bei PersGes als Fremdkapital vorzunehmen.

Die genaue **Zusammensetzung des Eigenkapitals** ist sowohl von Kapi- 79
tal- als auch PersGes in der Bilanz oder im Anhang zu erläutern (ED SME-IFRS 4.13 und ED SME-IFRS 4.14). Die bloße Angabe eines Postens „Kapitalanteile" oÄ reicht bei PersGes zur Erfüllung dieser Angabepflicht nicht aus.

Ergänzt wird die Erläuterung des Eigenkapitals durch den bereits erwähnten 80
Eigenkapitalspiegel, der aber mit der GuV zusammengefasst werden kann, wenn die Veränderung des Eigenkapitals nicht auf erfolgsneutrale Neubewertungen, Währungsergebnisse oder gesellschaftsrechtliche Kapitalveränderungen zurückzuführen ist (ED SME-IFRS 3.16).

V. Sonstige Sachverhalte

1. Erfassung von Erträgen

Erträge sind zu **realisieren**, sobald der Verkäufer keine wesentlichen Risiken 81
aus dem Gegenstand mehr zurückbehält. IdR ist dies der Zeitpunkt der Lieferung bzw Erbringung einer Dienstleistung.

Eine Erfassung von Erträgen kann bei **Fertigungsaufträgen**, deren Ausführung in mindestens zwei Berichtsperioden fällt, nach dem Fertigstellungsgrad vorgenommen werden (sog *percentage of completion*-Methode). Unbedingte Voraussetzung dafür ist, dass am Stichtag die mit dem Fertigungsauftrag verbundenen Aufwendungen und Erträge sowie der Fertigstellungsgrad zuverlässig geschätzt werden können (ED SME-IFRS 22.17). Dies erfordert eine entspr Dokumentation im Rechnungswesen. Neuere Erkenntnisse bei der Schätzung der Erlöse und Kosten sind sofort zu berücksichtigen (ED SME-IFRS 22.21). Resultiert aus dem Fertigungsauftrag wahrscheinlich ein Verlust, so ist dieser ebenfalls sofort auszuweisen.

Diese Vorgehensweise bietet den Vorteil, dass die Erlöse aus einem langfristigen Fertigungsauftrag entspr dem Projektfortschritt als realisiert gelten. Hohe Ergebnisschwankungen, durch welche möglicherweise die Periodenergebnisse einzelner Berichtsperioden nicht miteinander verglichen werden können, werden so vermieden. Allerdings sind mit der *percentage of completion*-Methode auch entspr Dokumentationsanforderungen verbunden, die eine zuverlässige Projektkontrolle erfordern.

Sind die Voraussetzungen zur Anwendung der *percentage of completion*-Methode nicht erfüllt, so sind während des Herstellungszeitraums lediglich die aktivierungsfähigen Herstellungskosten anzusetzen (sog *completed contract*-Methode). Der Ertrag aus dem Fertigungsgeschäft kann dann erst mit Projektabschluss vereinnahmt werden.

82 Die Frage der Realisierung von Erträgen stellt sich auch bei Tauschgeschäften. Aus dem **Tausch gleichartiger Waren oder Dienstleistungen** dürfen keine Erträge realisiert werden, dh der Tausch ist zum Buchwert vorzunehmen. Anders sieht dies für den **Tausch ungleichartiger Waren und Dienstleistungen** aus: Hier sind die zu tauschenden Vermögenswerte zum beizulegenden Zeitwert anzusetzen, sofern dieser zuverlässig ermittelbar ist und dem Tauschgeschäft eine wirtschaftliche Substanz nachgewiesen werden kann (ED SME-IFRS 22.6). In diesem Fall ist der Tauschvorgang erfolgswirksam zu erfassen.

83 In ED SME-IFRS 22.7 werden auch sog **Mehrkomponentengeschäfte** angesprochen. Verkauft zB ein Unternehmen eine Ware und ist mit dem Kaufvertrag gleichzeitig eine Serviceleistung für die Zukunft verbunden, so werden der Warenverkauf und der Servicevertrag als getrennte Geschäfte angesehen. Dies setzt allerdings voraus, dass die Serviceleistung abgrenzbar und vor allem zuverlässig quantifizierbar ist (ED SME-IFRS 22.7).

Abschn 22 wird durch einen Anhang ergänzt, der die Erfassung von Erträgen in verschiedenen Konstellationen **veranschaulicht**. Diese Leitlinien stellen allerdings lediglich Empfehlungen des Standardsetters dar. Bzgl der Bilanzierung von Mehrkomponentengeschäften wird hierin aber lediglich ausgesagt, dass bewertbare Dienstleistungen, die mit einem Verkaufsgeschäft verbunden sind, vom Verkäufer in Höhe der voraussichtlichen Kosten zuzüglich einer angemessenen Gewinnmarge abzugrenzen und über die Laufzeit ertragswirksam zu vereinnahmen sind (ED SME-IFRS 22A.18).

2. Korrektur von Schätzungen und Fehlern

84 Auch in der (SME-)IFRS-Rechnungslegung nimmt der Grundsatz der Stetigkeit einen **hohen Stellenwert** ein. Dennoch kann es mehrere Gründe für ein Abweichen von diesem Grundsatz geben. Neben der Änderung von Standards, die eine abweichende Bewertung vorschreiben, können auch bestimmte Feststellungen bei der Erstellung des Abschlusses Korrekturen hervorrufen. Hier ist zu differenzieren in Änderungen von Schätzungen und die Aufdeckung von Fehlern in der Rechnungslegung.

Änderungen von **Schätzungen** sind immer dann vorzunehmen, wenn neue Erkenntnisse dazu führen, dass ein genaueres Bild der VFE-Lage dargestellt werden kann. Anhaltspunkte für eine Änderung der Schätzungsannahmen ergeben sich, wenn sich der Nutzen aus einem Vermögenswert bzw die Verpflichtung aus einer Schuld verändert hat. Typische Beispiele hierfür sind Nutzungsdauern, beizulegende Zeitwerte oder Rückstellungen.

Die neuen Erkenntnisse sind grds **prospektiv** und **erfolgswirksam** in der Periode ihres Bekanntwerdens zu berücksichtigen (ED SME-IFRS 10.14). Dazu ist der Buchwert des Vermögenswerts bzw der Schuld entspr anzupassen (ED SME-IFRS 10.15).

85 Neben Schätzungsänderungen können neue Erkenntnisse aber auch dazu führen, dass **Fehler in der Rechnungslegung** aus vorangegangenen Perioden bekannt werden. Diese können daraus resultieren, dass bewusst oder unbewusst notwendige Informationen nicht dargestellt oder Standards falsch angewendet wurden.

Fehler sind **retrospektiv** zu korrigieren, indem die Beträge für die vergangenen Perioden soweit wie möglich rückwirkend angepasst werden (ED SME-IFRS 10.20). Nach der Korrektur sollte sich der Abschluss so darstellen, als sei der Fehler nie begangen worden. Deshalb werden die Effekte aus der retrospektiven Anpassung auch immer erfolgsneutral mit den Gewinnrücklagen verrechnet.

Von der Pflicht zur retrospektiven Anpassung werden in den Abschn 10.20ff aber **Ausnahmen** vorgesehen. So kann von einer Anpassung abgesehen werden, soweit dies für die vorangegangenen Perioden undurchführbar erscheint. Allerdings gibt der Standard keine Anweisungen, wie weit dieses Kriterium auszulegen ist. Hier ist auf den Grundsatz der Abwägung von Nutzen und Kosten einer zusätzlichen Information gem ED SME-IFRS 2.11 zurückzugreifen. Aber auch dieses Kriterium ist nur schwer zu operationalisieren. Es kommt hier immer auf eine Würdigung der Umstände des Einzelfalls an. Neben der objektiven Verfügbarkeit der relevanten Daten sind auch die Kosten für deren weitere Aufbereitung zu berücksichtigen (vgl die Kommentierung zu IAS 8 in § 45 Rz 23).

3. Anteilsbasierte Vergütungen

Unter dem Begriff „Anteilsbasierte Vergütungen" wird in erster Linie die **Ausgabe von Belegschaftsanteilen** in Form von Aktien oder Optionen an Mitarbeiter für deren Arbeitsleistung verstanden. Daneben fallen unter die Regelung des Abschn 25 aber auch Geschäftsvorfälle, bei denen der Verkäufer einer Ware oder Erbringer einer Dienstleistung nicht mit liquiden Mitteln, sondern in Form von Aktien oder Aktienoptionen am Unternehmen vergütet wird. Abschn 25 ist allerdings nicht auf Unternehmenserwerbe anzuwenden. 86

Für die Anwendung des Abschn 25 spielt es keine Rolle, ob tatsächlich ein Ausgleich durch Eigenkapitalinstrumente hergestellt wird oder lediglich eine Barauszahlung des Wertzuwachses virtueller Anteilsscheine stattfindet (ED SME-IFRS 25.1).

Findet eine **Vergütung durch Eigenkapitalinstrumente** statt, so sind die Regelungen des **IFRS 2** anzuwenden. Primär werden bei anteilsbasierten Vergütungen die erhaltenen Waren oder Dienstleistungen zu ihrem beizulegenden Zeitwert bewertet und in gleicher Höhe eine Gegenbuchung im Eigenkapital des Unternehmens vorgenommen. Bei der Vergütung der Arbeitsleistungen von Mitarbeitern erfolgt deren Bewertung jedoch anhand des *fair value* der hingegebenen Eigenkapitalinstrumente, sofern dieser zuverlässig ermittelbar ist (ED SME-IFRS 25.4). Neben der komplizierten Ermittlung des *fair value* durch finanzmathematische Modelle sind damit auch die umfangreichen Angabepflichten des IFRS 2 verbunden. Der Standardentwurf hält somit für die Vergütung von Mitarbeitern oder sonstigen Geschäftspartnern durch Lieferung von Eigenkapitalinstrumenten keine Vereinfachung für die Anwender bereit. Offenbar ist der Standardsetter davon ausgegangen, dass in dem relevanten Anwenderkreis diese Vergütungsform nur eine untergeordnete Rolle einnimmt. Auf seiner Sitzung im November 2008 hat der IASB vorläufig entschieden, dass für in Eigenkapital zu erfüllende anteilsbasierte Vergütungen ein Aufwand zu erfassen ist. Die Bewertung erfolgt auf Grundlage von beobachtbaren Marktpreisen, falls diese nicht verfügbar sind, auf Basis der bestmöglichen Schätzung des Managements. 87

Bei **Erfüllung durch Barausgleich** erfolgt eine erfolgswirksame Erfassung eines Schuldpostens in Höhe des beizulegenden Zeitwerts der erhaltenen Güter oder Dienstleistungen, wobei die Wertänderung der Verpflichtung bis zu deren Begleichung ebenfalls **erfolgswirksam** erfasst wird (ED SME-IFRS 25.5). Falls der Vergütungsplan eine Sperrzeit vorsieht, in welcher der Ausgleich nicht vor- 88 genommen werden kann, so ist der Aufwand über den entspr Leistungszeitraum anzusammeln (ED SME-IFRS 25.6).

89 Für den Fall, dass der Arbeitnehmer zwischen einem **Barausgleich oder einer Vergütung durch Eigenkapitalinstrumente** wählen kann, wird ebenfalls auf IFRS 2 verwiesen (ED SME-IFRS 25.7).

4. Ereignisse nach dem Bilanzstichtag

90 Die Berücksichtigung von Ereignissen nach dem Bilanzstichtag ist in Abschn 32 geregelt. Als Zeitraum, in dem sog **wertaufhellende Tatsachen** noch zu berücksichtigen sind, bezeichnet Abschn 32.2 die Zeit vom Bilanzstichtag bis zur Freigabe des Abschlusses. Mit Letzterem ist der Zeitpunkt gemeint, an dem je nach Rechtsform entweder der Gesellschafterausschuss oder der Aufsichts- bzw Verwaltungsrat den Abschluss gebilligt hat.

Über bedeutende Ereignisse nach dem Stichtag – sog **wertbegründende Ereignisse** – sind Angaben im Anhang zu machen (ED SME-IFRS 32.9). Abschn 32.10 zählt hierzu verschiedene Beispiele auf, die aber nicht abschließend sind. Hierzu zählen ua bedeutende Anschaffungen oder Veräußerungen von Vermögenswerten, eintretende Rechtsstreitigkeiten oder bedeutende Transaktionen in Bezug auf das Eigenkapital der Gesellschaft.

Werden Ausschüttungen nach dem Bilanzstichtag beschlossen, so dürfen diese im Abschluss des Berichtsjahres noch nicht als Schulden passiviert werden (ED SME-IFRS 32.7).

5. Angaben über Beziehungen zu nahestehenden Personen

91 Als nahestehende Personen und Unternehmen sind Marktteilnehmer zu betrachten, die aufgrund ihrer Stellung zum Unternehmen **Einflussmöglichkeiten** besitzen, die anderen Personen verwehrt bleiben. Dazu zählen neben MU und einzelnen beherrschenden Gesellschaftern auch Geschäftsführungs- und Aufsichtsratsmitglieder. Es sind Angaben über alle Geschäfte des Unternehmens mit den nahestehenden Personen zu tätigen (ED SME-IFRS 33.8). Für Geschäftsführungs- und Aufsichtsratsmitglieder sind daneben auch noch **Angaben zu den Bezügen** erforderlich (ED SME-IFRS 33.6). Hier handelt es sich um eine sehr sensible Angabepflicht, die vom potenziellen Anwenderkreis sehr kritisch gesehen werden dürfte.

Der Zweck der Angabe über Beziehungen zu nahestehenden Personen ist, dass in solchen Fällen eine mögliche Beeinflussung des Unternehmens durch diese Personen vermutet werden kann. Im Hinblick auf KMU sind insbes Geschäftsvorfälle mit beherrschenden Gesellschaftern zu nennen (ED SME-IFRS 33.7). Hier liegt die Vermutung nahe, dass evtl eine verdeckte Gewinnausschüttung oder verdeckte Einlage vorgenommen werden könnte.

Eine Angabe, dass die Geschäfte zu marktüblichen Konditionen vorgenommen wurden, darf nur erfolgen, wenn dies auch eindeutig belegbar ist (ED SME-IFRS 33.11). Die weiteren Angabepflichten werden durch die Aufzählungen in den Abschn ED SME-IFRS 33.8 ff konkretisiert.

6. Aufgegebene Geschäftsbereiche und zur Veräußerung gehaltene Vermögenswerte

92 Abschn 36 unterscheidet – in Anlehnung an IFRS 5 – in aufgegebene Geschäftsbereiche sowie zur Veräußerung gehaltene langfristige Vermögenswerte. Wird ein **Geschäftsbereich eingestellt oder veräußert**, so sind die sich daraus ergebenden Konsequenzen in der GuV sowie in der Kapitalflussrechnung gesondert darzustellen (ED SME-IFRS 36.2).

Die Bewertung der **zu veräußernden Vermögenswerte** erfolgt zum niedrigeren Wert aus Buchwert und beizulegendem Zeitwert abzüglich Veräußerungskosten (ED SME-IFRS 36.6). Die materielle Folge aus der Klassifizierung als zu veräußernde Vermögenswerte ist, dass diese dann nicht mehr planmäßig abgeschrieben werden dürfen (ED SME-IFRS 36.7). Bestehen bleibt aber dennoch die Pflicht zur außerplanmäßigen Wertberichtigung, sofern dafür Anhaltspunkte vorliegen.

VI. Angaben im Anhang

Eine Systematisierung der obligatorischen Anhangangaben findet sich in Abschn 8 des ED SME-IFRS. Dazu zählen neben der Angabe über die **Ausübung von Wahlrechten** in erster Linie die **zugrunde liegenden Annahmen** (ED SME-IFRS 8.5). Für nahezu jeden Bilanzposten werden darüber hinaus in den einzelnen Abschn noch zusätzliche umfangreiche Anhangangaben gefordert. 93

Ursprünglich war zwar geplant, für die Anwender der SME-IFRS eine deutliche Reduzierung der Angaben im Anhang vorzusehen, dennoch sind die Berichtspflichten immer noch sehr umfassend. Dies kann als ein Widerspruch zum Anwendungsbereich der SME-IFRS gesehen werden, da diese Standards ausschließlich für Unternehmen anwendbar sind, die keiner öffentlichen Rechenschaftspflicht unterliegen (*Haller/Beiersdorf/Eierle* BB 2007, 551). Hier ist fraglich, warum dann so umfassende Angabepflichten vorgesehen sind.

Zudem werden viele der in den (SME-)IFRS geforderten Anhangangaben als besonders sensibel erachtet. Dies gilt insbes für Geschäftsvorfälle mit Gesellschaftern und Mitgliedern des Managements oder die Angabe von Kaufpreisen bei Unternehmenserwerben (*DRSC ua* Befragung, 41).

Hilfreich zur vollständigen Erfüllung der Angabepflichten ist eine Checkliste sämtlicher Angaben, die sich in der *Implementation Guidance* befindet.

VII. Übergang auf SME-IFRS

Als Erstanwender gilt, wer die SME-IFRS zum ersten Mal **vollumfänglich** anwendet. Dazu ist eine entspr Bestätigung im Anhang anzugeben (ED SME-IFRS 28.2). Um den nach Abschn 3.12 geforderten Vergleichsangaben der Vorperiode nachzukommen, muss bereits für die der erstmaligen Veröffentlichung vorangegangene Periode ein SME-IFRS-Abschluss aufgestellt werden (ED SME-IFRS 38.4). 94

Die Umstellung auf SME-IFRS erfolgt analog zu IFRS 1 **grds retrospektiv**. Das bedeutet, die Wertverhältnisse in der SME-IFRS-Bilanz müssen sich so darstellen, als hätte das Unternehmen schon immer nach diesem Standard bilanziert. Die retrospektive Anpassung von Ansatz und Bewertung erfolgt erfolgsneutral über das Eigenkapital (ED SME-IFRS 38.6). 95

Vom Grundsatz der retrospektiven Anpassung sehen die Abschn 38.7 bis 38.9 einige Ausnahmen vor. Ein **Verbot der retrospektiven Anpassung** gilt für die Ausbuchung finanzieller Vermögenswerte und Verbindlichkeiten, die Bilanzierung von Sicherungsbeziehungen, Schätzungen sowie aufgegebene Geschäftsbereiche bzw zur Veräußerung gehaltene Vermögenswerte (ED SME-IFRS 38.7). Des Weiteren **kann** in folgenden Fällen vom Grundsatz der retrospektiven Umstellung abgesehen werden (ED SME-IFRS 38.8): 96

(1) **Unternehmenszusammenschlüsse:** Abschn 18 braucht auf vergangene Unternehmenszusammenschlüsse nicht angewendet zu werden. Das bedeutet zB, dass eine Erstkonsolidierung, die nach der *pooling-of-interests*-Methode

vorgenommen worden ist, beibehalten werden kann. Gleiches würde zB auch für eine Verschmelzung iSd Umwandlungsgesetzes gelten, die nach der Buchwertfortführungsmethode gem § 24 UmwG bilanziert wurde.

(2) **Neubewertung:** eine nach vormals anderen Rechnungslegungsgrundsätzen vorgenommene Neubewertung kann beibehalten werden.

(3) **Kumulierte Umrechnungsdifferenzen:** kumulative Umrechnungsdifferenzen aus der Währungsumrechnung von Abschlüssen ausländischer TU brauchen im Zeitpunkt der Umstellung der Rechnungslegung nicht im Eigenkapital gebucht zu werden.

(4) **Hybride Finanzinstrumente:** eine Aufteilung in einen Fremd- und Eigenkapitalanteil braucht nicht vorgenommen zu werden, wenn der Fremdkapitalanteil nicht mehr aussteht.

(5) **Anteilsbasierte Vergütungen:** ED SME-IFRS 25 braucht nicht angewendet zu werden.

Bei diesen Geschäftsvorfällen handelt es sich um ein **Wahlrecht** der retrospektiven Anpassung, durch welches der Umstellungsaufwand verringert werden soll. Das Wahlrecht kann für jede Ausnahme einzeln ausgeübt werden. Allerdings sollte uE für jeden Sachverhalt, der unter die entspr Ausnahme fällt, das Wahlrecht **einheitlich** ausgeübt werden. Dh es sollte nicht möglich sein, einen Unternehmenszusammenschluss retrospektiv, einen anderen Unternehmenszusammenschluss dagegen prospektiv darzustellen. Dies würde die Palette der bilanzpolitischen Möglichkeiten in unzulässiger Weise erweitern und die Vergleichbarkeit verschiedener Abschlüsse würde nahezu unmöglich werden.

97 Unter die Impraktikabilitätsklausel fallen beim Übergang auf die SME-IFRS auch die **latenten Steuern**. Sofern ihre Ermittlung im Zeitpunkt der erstmaligen Anwendung einen unverhältnismäßig hohen Aufwand erfordern würde, kann von einem Ansatz abgesehen werden (ED SME-IFRS 38.8(f)). Fraglich ist, ob dann auch in den Folgeperioden eine Abgrenzung latenter Steuern auf die Differenzen, die ursprünglich bei der Umstellung auf die SME-IFRS entstanden sind, unterbleiben kann. Der Zweck dieser Vereinfachungsregelung würde ins Leere laufen, wenn in den darauffolgenden Jahren die Differenzen letztlich doch in die Steuerabgrenzung einbezogen werden müssten. Andererseits müssten aber die Differenzen zwischen SME-IFRS-Bilanz und Steuerbilanz, die aus der unterschiedlichen Bilanzierung gleicher Sachverhalte in den Folgejahren neu entstehen, von den Differenzen aus der Umstellung separiert werden, um sie mit latenten Steuern zu belegen. Dies würde wiederum einen Zusatzaufwand erfordern, der im Widerspruch zum Ziel der Komplexitätsreduktion der SME-IFRS stünde. Letztlich stellt die Impraktikabilitätsklausel gem ED SME-IFRS 38.8(f) keine tatsächliche Erleichterung dar.

98 Im **Anhang** ist zudem für den erstmaligen SME-IFRS-Abschluss eine Überleitungsrechnung vom bisherigen Eigenkapital auf das nach SME-IFRS ausgewiesene Eigenkapital anzugeben. Dasselbe gilt für die Überleitung des Jahresergebnisses (ED SME-IFRS 38.11). Aus diesen Überleitungsrechnungen werden die Umstellungseffekte ersichtlich.

D. Gesamtbeurteilung und Ausblick

99 Die **Erleichterungen** in der Anwendung der SME-IFRS ggü einer Anwendung der Full-IFRS hielten sich zunächst in überschaubaren Grenzen. Dies war zugleich ein wesentlicher Kritikpunkt in den Stellungnahmen. Dennoch ist es dem IASB gelungen, einen verhältnismäßig kompakten Standard(-Entwurf) zu erarbeiten. Im Rahmen der erneuten Beratungen ist der IASB in seinen Ent-

scheidungen in bemerkenswert vielen Fällen den Eingaben der interessierten Öffentlichkeit gefolgt. Insofern werden zwischen der zu erwartenden finalen Version der SME-IFRS und dem vorliegenden ED deutliche Unterschiede existieren. Insbes sind die Wiedereinführung der planmäßigen *goodwill* Abschreibung, das Verbot der Neubewertungsmethode und die ausschließlich aufwandswirksame Behandlung von Forschungs- und Entwicklungskosten erwähnenswert. Viele Sondersachverhalte, die in den Full-IFRS oder den Stellungnahmen sowie Literaturkommentierungen ausführlich thematisiert werden, wurden in den SME-IFRS nicht aufgegriffen. Dies ist vor dem Hintergrund einer möglichst einfachen Anwendung der SME-IFRS zu begrüßen. Diese gelingt aber nur, wenn kein Rückgriff auf das Full-IFRS-Regelwerk erfolgt. Zweifelsfragen sollten die Anwender uE deshalb immer durch Anwendung der allgemeinen Prinzipien gem Abschn 2 des ED SME-IFRS lösen, wenn sich in anderen Abschn keine entspr Hinweise befinden. Eine freiwillige Anwendung der SME-IFRS ist für den avisierten Anwenderkreis schließlich nur dann interessant, wenn der Umstellungsaufwand überschaubar bleibt. Möglich wäre dies durch eine tendenziell eher großzügige Anwendung der Vorschriften bei Zweifelsfragen. Hier wäre dann allerdings zu hinterfragen, inwieweit dadurch nicht das Ziel konterkariert würde, untereinander vergleichbare Abschlüsse herbeizuführen.

Als weitere Kritik wird in der Literatur angebracht, dass viele der **Regelungen** 100
für SMEs **nicht relevant** seien und aus Gründen der Übersichtlichkeit gar nicht in den Standardentwurf aufgenommen werden müssten. Beispielhaft werden hierfür die Entlohnung von Mitarbeitern durch Unternehmensanteile oder Sicherungsgeschäfte genannt. Dies konnte in Deutschland auch durch Untersuchungen belegt werden (*DRSC ua* Befragung, 16). Im Kern ist diese Kritik zwar richtig, nur hätte eine Herausnahme solcher Regelungen zur Folge, dass die davon betroffenen Unternehmen häufig auf die Full-IFRS zurückgreifen müssten, was eine (freiwillige) Anwendung der SME-IFRS für sie weniger attraktiv machen würde.

Der IASB gedenkt, die SME-IFRS alle **zwei Jahre zu überarbeiten** (ED 101
SME-IFRS V16). Diese Ankündigung könnte potenzielle Anwender von einer frühzeitigen freiwilligen Umstellung auf die Standards abhalten. Gerade in diesem Nutzerkreis besteht ein Bedarf an möglichst langfristig gültigen Rechnungslegungsstandards, da nach der erstmaligen Einführung der SME-IFRS in der Folge der Zeit- und Kostenaufwand aus einer Anpassung an neue Regelungen möglichst vermieden werden soll.

Da in Deutschland mit dem **BilMoG** bereits ein großer Schritt hin zu den 102
IFRS gemacht wurde, werden sich die SME-IFRS in ihrem potenziellen Anwenderkreis nur schwer durchsetzen können. Für eine freiwillige Anwendung dieser Regelungen lassen sich nach derzeitigem Stand zumindest in Deutschland nur schwer Argumente finden, wenn die Anwendbarkeit nicht durch ein absehbares Mitgliedstaatenwahlrecht eröffnet wird

Auch auf **europäischer Ebene** wurde zunächst gegen eine Übernahme der 103
SME IFRS plädiert. In einer Stellungnahme des Europäischen Parlaments äußerte der Berichterstatter des Ausschusses für Wirtschaft und Währung erhebliche Bedenken sowohl am Konzept der SME-IFRS selbst, als auch an der Legitimität des IASB zur Einführung solcher Standards insgesamt (*Europäisches Parlament* Bericht 2006/2248, Rz 36ff). Es bleibt daher abzuwarten, inwieweit sich eine ablehnende Haltung Deutschlands politisch durchhalten lässt, wenn die Mehrheit der Mitgliedstaaten die optionale Anwendung der SME-IFRS für die Unternehmen zulassen möchte.

Anlage I: IFRS-Checkliste zum Jahresabschluss

Die nachfolgend abgedruckte Checkliste in Kurzfassung bzw in Stichworten berücksichtigt alle Interpretationen, Standards und (Folge-)Änderungen, die bis zum 1. Juli 2009 vom IASB verabschiedet waren, unabhängig von ihrem verpflichtenden Erstanwendungszeitpunkt (1. Januar 2009, 1. Juli 2009 oder 1. Januar 2010). Diese Checkliste kann somit für Geschäftsjahre angewendet werden, die am oder nach dem 1. Januar 2010 beginnen, bzw für frühere Geschäftsjahre, sofern sämtliche geänderten Standards und Interpretationen vorzeitig angewendet werden.

Bis zur Drucklegung (1. Juli 2009) waren folgende Interpretationen, Standards und (Folge-)Änderungen noch nicht in europäisches Recht übernommen:

(1) *Revised* **IFRS 1** Erstmalige Anwendung der IFRS (vom IASB veröffentlicht am 27. November 2008),

(2) **Änderungen des IAS 39** Finanzinstrumente: *Recognition and Measurement Eligible Hedged Items* (vom IASB veröffentlicht am 31. Juli 2008),

(3) **Änderungen des IAS 39** Finanzinstrumente: *Reclassification of Financial Assets: Effective Date and Transition* (vom IASB veröffentlicht am 27. November 2008),

(4) **Änderungen des IFRS 7** Finanzinstrumente: Angaben, *Improving Disclosures about Financial Instruments* (vom IASB veröffentlicht am 5. März 2009),

(5) **Änderungen des IFRIC 9 und IAS 39** *Embedded Derivatives* (vom IASB veröffentlicht am 12. März 2009),

(6) ***Improvements to IFRSs*** (vom IASB veröffentlicht am 16. April 2009),

(7) **IFRIC 15** *Agreements for the Construction of Real Estate* (vom IASB veröffentlicht am 3. Juli 2008),

(8) **IFRIC 17** *Distribution of Non-Cash Assets to Owners* (vom IASB veröffentlicht am 27. November 2008),

(9) **IFRIC 18** *Transfers of Assets from Customers* (vom IASB veröffentlicht am 29. Januar 2009).

Für deutsche Unternehmen, die basierend auf der IAS-VO bzw §§ 290, 315 a HGB nach IFRS bilanzieren, ergeben sich zusätzlich Anhangangaben, die in § 19 Rz 62 ff aufgeführt sind.

Die Stichworte, die in die Checkliste aufgenommen sind, werden durch die zitierten IFRS-Texte und durch die Hinweise auf die entspr Abschnitte des Handbuchs erläutert. Die Verweise auf das Handbuch bezeichnen die §§ des Handbuchs und die Randziffern (Rz) der einzelnen §§. Die Stichworte allein können die jeweiligen Anforderungen nicht vollständig vermitteln.

Die Checkliste ist wie folgt gegliedert:

Angaben	Fundstelle	Handbuch	
	IAS	§	Rz
1 **I. Angaben, die von allen Unternehmen gemacht werden müssen**			
1. **Allgemeine Angaben**			
• **Sechs Bestandteile des Abschlusses (Bilanz, Gesamtergebnisrechnung, Eigenkapitalveränderungsrechnung, Kapitalflussrechnung, Anhang, Bilanz zu Beginn der Vorperiode (nur bei rückwirkender Anpassung oder Umgliederung von Posten oder rückwirkender Anwendung von Rechnungslegungsmethoden))**	1.10	2 19	38 ff, 44, 141 1
• **Gleichwertige Darstellung** aller Abschlussbestandteile	1.11	19	3
• **Übereinstimmung mit IFRS** angeben; Vorraussetzungen beachten	1.16	2 19	45 26 f, 52
• Wesentliche Posten **gesondert darstellen,** unwesentliche Posten hingegen **zusammengefasst**	1.29	2	171, 177
• **Quantitative Angaben** zu Vorjahreszahlen sowie verbale und beschreibende Vergleichsinformationen (soweit erforderlich): • Die **Vergleichsinformationen umfassen:** – zwei Bilanzen – zwei Fassungen jedes anderen Abschlussbestandteils und – die zugehörigen Anhangangaben • Bei rückwirkender Änderung einer Rechnungslegungsmethode, umgegliederten oder rückwirkend angepassten Abschlussposten: – drei Bilanzen – zwei Fassungen jedes anderen Abschlussbestandteils und – die zugehörigen Anhangangaben	1.38 1.39	2 19	38 ff 20 f
• **Stetigkeit** in Darstellung und Ausweis von Posten	1.45	2	38
• **Unterscheidbarkeit** der Abschlussbestandteile von anderen Informationen	1.49	2	44
• **Zur Identifikation sind folgende Angaben zu machen:** – Name des Unternehmens – Angabe ob Einzel- oder Konzernabschluss – Stichtag bzw Berichtsperiode – Währung – Angabe ob Zahlen in Tausend	1.51 1.51 (a) 1.51 (b) 1.51 (c) 1.51 (d) 1.51 (e)	2	44
• **Weiter sind im Abschluss oder an anderer Stelle anzugeben:** – Sitz, Rechtsform, Land, Anschrift – Beschreibung der Art der Geschäftstätigkeit und der Haupttätigkeiten sowie – Name des MU und des obersten MU des Konzerns	1.138 1.138 (a) 1.138 (b) 1.138 (c)	19	49

Angaben	Fundstelle	Handbuch	
	IAS	§	Rz
– bei begrenzter Lebensdauer des Unternehmens Angabe der Lebensdauer	1.138 (d)		
• **Grundlagen** für die Abschlusserstellung; Besonderheiten für Bilanzierung und Bewertung hervorheben	1.112 (a)	19	6, 14, 26
• **Pflicht- und Zusatzinformationen,** falls für Verständnis notwendig	1.112 (b) und (c)	19	19, 51
• **Querverweise** in Bilanz, Gesamtergebnisrechnung, gesonderter GuV (sofern erstellt), Eigenkapitalveränderungsrechnung und Kapitalflussrechnung; systematischer Aufbau des Anhangs	1.113	19	11
• Bei **geänderter Darstellung oder Gliederung** von Posten: Art und Betrag der Umgliederung sowie Angabe des Grundes	1.41 f	2	39
• Bei **geändertem Berichtszeitraum:** Angabe des Grundes sowie der Nichtvergleichbarkeit von Beträgen des Abschlusses	1.36	2 19	47 27
• Angaben zum **Kapitalmanagement** • **Qualitative Angaben** zu Zielen, Methoden und Prozessen beim Kapitalmanagement inklusive – Beschreibung, was als Kapital gemanagt wird – ggf Art und Anforderungen **externer Mindestkapitalanforderungen** und Art und Weise, wie in Kapitalmanagement einbezogen – Angabe, wie Ziele erfüllt • Zusammengefasste **quantitative Angaben,** was als Kapital gemanagt wird • Veränderungen ggü vorangegangener Periode betreffend IAS 1.135 (a) und IAS 1.135 (b) • Angabe ob externe Mindestkapitalanforderungen erfüllt • Angabe, der Konsequenzen bei Nichterfüllung externer Mindestkapitalanforderungen • Ggf gesonderte Angaben bei verschiedenen Mindestkapitalanforderungen	1.134 ff 1.135 (a) 1.135 (a) (i) 1.135 (a) (ii) 1.135 (a) (iii) 1.135 (b) 1.135 (c) 1.135 (d) 1.135 (e) 1.136	12 19	131 46
• Zeitpunkt der **Freigabe** Wer ist für Freigabe zuständig? • Ggf, dass eine **Änderung** nach Veröffentlichung möglich ist	10.17	2	51
2. Bilanzierungs- und Bewertungsmethoden			
• **Einheitliche Bilanzierungs- und Bewertungsmethoden** im Konzern, Ausnahmen angeben	27.24	32	26 ff, 48
• Angabe, wenn IFRS vor deren **Inkrafttreten** angewandt werden/noch nicht angewandt werden	8.30	–	–

2

Angaben	Fundstelle	Handbuch	
	IAS	§	Rz
• **Wesentliche Ermessensentscheidungen** des Managements bzgl. Rechnungslegungsmethoden (vgl die Beispiele IAS 1.123)	1.125, 1.131	19	37 ff
• Angabe der **herangezogenen Bewertungsgrundlagen** und sonstige **angewandte Rechnungslegungsmethoden,** sofern relevant, sowie die Ausübung von Wahlrechten	1.117 1.119	2 19 19	24 28 ff 29
• Für folgende **Bereiche** Angaben der Bilanzierungs- und Bewertungsmethoden (allgemein):	1.117 1.119	19	28 ff
– Forschungs- und Entwicklungskosten (s Rz 8)	38.126	4 8	26 ff, 119 48
– Leasing (s Rz 23 ff)	17.31, 17.35, 17.47, 17.56	22	141 ff
– Vorräte (s Rz 15)	2.36	8	121 ff
– Rückstellungen (s Rz 21)	37.84 ff	13	190 ff
– Leistungen an Arbeitnehmer (s Rz 76 ff)/ Altersversorgungspläne (s Rz 79)	19.120 19.23	26 26	126 ff 130
– Steuern (inklusive latente) (s Rz 18)	12.79	25	212 ff
– Erfassung von Erlösen – bei Dienstleistungen und Fertigungsaufträgen (s Rz 16)	11.39 ff	15 9	18 ff, 129 8 ff, 113
– Zuwendungen der öffentlichen Hand (s Rz 27)	20.39	5	59 ff, 81
3. Gesamtergebnisrechnung			
3 • **Darstellung** entweder	1.81	2	167
– in einer einzigen Gesamtergebnisrechnung oder	1.81 (a)	15	53
– in einer gesonderten GuV und einer Gesamtergebnisrechnung (Überleitung vom Gewinn oder Verlust zum Gesamtergebnis mit Ausweis der Bestandteile des sonstigen Ergebnisses)	1.81 (b)/1.84	15	54
• **Mindestgliederung** nach IAS 1.82	1.82	2 15	164 ff 49
– Umsatzerlöse	1.82 (a)	15	67 ff
– Finanzierungsaufwendungen (Finanzergebnis ohne nach der Equity-Methode bewertete Unternehmen)	1.82 (b)	15	95 ff
– Gewinn- und Verlustanteile an assoziierten Unternehmen und Gemeinschaftsunternehmen, die nach der Equity-Methode bilanziert werden	1.82 (c)	36	115
– Steueraufwendungen	1.82 (d)	15	101 ff
– Nachsteuerergebnis aufgegebener Geschäftsbereiche nach Neubewertung	1.82 (e)	15	106 ff
– Gewinn oder Verlust der Periode	1.82 (f)	15	110
– Bestandteile des sonstigen Ergebnisses unterteilt nach Art	1.82 (g)	15	111
– Anteil am sonstigen Ergebnis, der auf assoziierte Unternehmen und Gemeinschaftsunternehmen entfällt, die nach der Equity-Methode bilanziert werden	1.82 (h)	36	113
– Gesamtergebnis	1.82 (i)	15	2

Angaben	Fundstelle	Handbuch	
	IAS	§	Rz
• **Zusätzliche Angabe des** – auf nicht-beherrschende Gesellschafter entfallenden Periodenergebnisses und Gesamtergebnisses – auf Anteilseigner des MU entfallenden Periodenergebnisses und Gesamtergebnisses	**1.83**	2 15 35	**169** **52, 116** **51 ff**
• Weitere **zusätzliche Angabe von Posten,** sofern für das Verständnis der Erfolgslage notwendig	**1.85**	15 2	**55, 119, 128** **171**
• **Verbot** des Ausweises von **außerordentlichen Posten**	**1.87**	15 2	**56** **164**
• Separater Ausweis **wesentlicher Aufwendungen und Erträge**, wenn für das Verständnis der Ertragskraft des Unternehmens relevant; zB die Restrukturierung von Unternehmensteilen oder die Beilegung von Rechtsstreitigkeiten	**1.97, 1.98**	15 2	**55, 92, 93** **172**
• Gliederung der betrieblichen Aufwendungen nach **Funktionsbereichen (UKV)** oder **Aufwandsarten (GKV)**	**1.99**	15	**61 ff, 75 ff, 129**
• Bei Anwendung des **UKV:** Analyse der Umsatzkosten nach Kostenarten	**1.104** **2.39**	15	**63, 129**
• **Angabe von Dividenden,** die in der lfd Periode ausgeschüttet wurden sowie den entspr Betrag je Anteil (alternativ im Anhang oder in der Eigenkapitalveränderungsrechnung)	**1.107**	15	**117**
• Bilanzierungs- und Bewertungsmethode der Umsatzerlös- bzw Ertragserfassung inklusive der Methode der **Gewinnrealisierung** sowie Methode zur **Ermittlung des Fertigstellungsgrads** bei Dienstleistungsaufträgen	**18.35 (a)**	15 9	**70 ff, 127** **56**
• **Bedeutsame Arten von** Umsatzerlösen bzw **Erträgen** wie zB Umsatzerlöse/Erträge aus dem Verkauf von Gütern, der Erbringung von Dienstleistungen, aus Zinserträgen, Nutzungsentgelten oder Dividenden sowie die Umsatzerlöse/Erträge aus Tauschgeschäften mit Waren oder Dienstleistungen, die darin enthalten sind	**18.35 (b)** **18.35 (c)**	15	**8 ff, 70, 129**
• Bzgl Pflichtangaben in der GuV zum **Pensionsaufwand** s Rz 76 f			
• **Darstellung** der Bestandteile des **sonstigen Ergebnisses** – nach Berücksichtigung aller damit verbundenen steuerlichen Auswirkungen oder – vor Berücksichtigung der damit verbundenen steuerlichen Auswirkungen und Ausweis der Summe der Ertragsteuern dieser Bestandteile als zusammengefasster Betrag	**1.91** **1.91 (a)** **1.91 (b)**	2 15	**176** **51, 65, 113**

	Angaben	Fundstelle	Handbuch	
		IAS	§	Rz
	• Angabe der **Umgliederungsbeträge,** die sich auf Bestandteile des **sonstigen Ergebnisses** beziehen	1.92	2 15	174 112
	• Bei Darstellung von Umgliederungsbeträgen im Anhang, Angabe der Bestandteile des sonstigen Ergebnisses nach deren Berücksichtigung	1.94	2 15	174 111 ff
	• Angabe der **Ertragsteuern** für jeden einzelnen Bestandteil des sonstigen Ergebnisses einschließlich der **Umgliederungsbeträge**	1.90	2 15	176 113
4	**4. Eigenkapitalveränderungsrechnung**			
	• In der **Eigenkapitalveränderungsrechnung** sind zumindest nachfolgende Bestandteile abzubilden: – das Gesamtperiodenergebnis getrennt nach dem Anteil der auf die Anteilseigner des MU und dem Anteil, der auf nichtbeherrschende Anteile entfällt – je Eigenkapitalkomponente **Auswirkungen von Änderungen oder Anpassungen** der Bilanzierungs- und Bewertungsmethoden sowie Fehlerkorrekturen gem IAS 8 für jede Vorperiode und für den Periodenanfang – **Überleitungsrechnung** der Buchwerte jeder Eigenkapitalkomponente zu Beginn und am Ende der Periode, wobei folgende Änderungen gesondert anzugeben sind: – Gewinn oder Verlust – jeder Posten des sonstigen Ergebnisses – **Transaktionen mit Anteilseignern** in ihrer Eigenschaft als Anteilseigner getrennt nach Kapitalzuführungen von und Ausschüttungen an Anteilseigner sowie Änderungen der Eigentumsanteile an TU, die nicht zu einem Verlust der Beherrschung führen	1.106/1.108 1.106 (a) 1.106 (b)/1.110 1.106 (d) 1.106 (d) (i) 1.106 (d) (ii) 1.106 (d) (iii)	17	18 ff
	• Folgende Bestandteile sind entweder in der **Eigenkapitalveränderungsrechnung** oder im **Anhang** auszuweisen: – Gesamtbetrag der an die Anteilseigner ausgeschütteten Dividende innerhalb des Berichtszeitraums – ausgeschüttete Dividende pro Aktie	1.107	17	24 ff
	• Angabe von **Transaktionskosten,** die im Zusammenhang mit der Ausgabe von Aktien-/Grundkapital stehen und von diesem abzuziehen sind	32.35 32.22 32.39	12	33 ff

Angaben	Fundstelle	Handbuch	
	IAS	§	Rz
5. Bilanz			
5.1 Allgemeine Angaben			
• **Saldierungsverbot** beachten	1.32	2	53 ff
• Unterteilung der Bilanzposten in **kurzfristige** und **langfristige (gem IAS 1.66) mit**	1.60	2	146 ff
– für jeden solchen Posten Angabe des Betrags, der nach mehr als 12 Monaten realisiert oder erfüllt wird	1.61	2	150 ff
– Ausweis des kurzfristigen Teils langfristiger finanzieller Vermögenswerte und langfristiger Schulden als kurzfristig	1.61	2 7 13 14	150 ff 6 191 26
– Ausweis latenter Steuern als langfristig	1.56	7 25	10 181
• Mindestpostendarstellung:	1.54	2	158 ff
– Sachanlagen	1.54 (a)	5	216 ff
– als Finanzinvestition gehaltene Immobilien	1.54 (b)	6	91
– immaterielle Vermögenswerte	1.54 (c)	4	105 ff
– finanzielle Vermögenswerte ohne 1.54 (e), (h) und (i)	1.54 (d)	3 23	196 f 63 ff
– nach der Equity-Methode bilanzierte Finanzanlagen	1.54 (e)	36	111 ff
– biologische Vermögenswerte	1.54 (f)	41	1 ff
– Vorräte	1.54 (g)	8	116 ff
– Forderungen aus Lieferungen und Leistungen und sonstige Forderungen	1.54 (h)	3	196
– Zahlungsmittel und -äquivalente	1.54 (i)	11	39
– zur Veräußerung gehaltene Vermögenswerte und Veräußerungsgruppen	1.54 (j) (gem IFRS 5)	28	107 ff
– Verbindlichkeiten aus Lieferungen und Leistungen und sonstige Verbindlichkeiten	1.54 (k)	14	27 ff,
– Rückstellungen	1.54 (l)	13	96 ff
– finanzielle Schulden ohne 1.54 (k) und (l)	1.54 (m)	3	86
– Steuerschulden und -erstattungsansprüche	1.54 (n)	25	196 ff
– latente Steueransprüche und -schulden	1.54 (o)	25	26, 181
– Schulden, die einer Veräußerungsgruppe zugeordnet wurden	1.54 (p) (gem IFRS 5)	28	107
– nicht-beherrschende Anteile am Eigenkapital und	1.54 (q)	12	118 160
– gezeichnetes Kapital und Rücklagen, die auf Anteilseigner des MU entfallen (beim gezeichneten Kapital und bei den Rücklagen werden die verschiedenen Gruppen von eingezahltem Kapital, Agio und Rücklagen in der Bilanz oder im Anhang gesondert dargestellt)	1.54 (r) 1.78 (e)	2 12	23 ff, 56ff 64 ff, 71 ff
• Aufnahme **relevanter zusätzlicher Posten, Überschriften und Zwischensummen**	1.55	2	162 f
• **Untergliederung** von Posten in Bilanz oder Anhang	1.77	2 19	145, 162 16

5

Angaben	Fundstelle	Handbuch	
	IAS	§	Rz
• Vor der Abschlussfreigabe **vorgeschlagene oder beschlossene Dividende** – insgesamt und je Anteil – sowie deren ertragsteuerliche Konsequenz • Betrag der aufgelaufenen, noch nicht bilanzierten **Vorzugsdividenden (unter Beachtung von IAS 32.18 (a))**	**1.137 (a)** **10.13** **12.82 A** **1.137 (b)**	12 19 25 12 19	130 47 214 130 48
• **Hinweis:** werden nicht-beherrschende Anteile in der Konzernbilanz innerhalb des Eigenkapitals getrennt vom Eigenkapital des MU ausgewiesen?	**27.27**	12 35	118 50 ff
6 **5.2 Sachanlagen**			
• **Je Gruppe von Sachanlagen** (ähnlicher Art und Verwendung): – Bewertungsgrundlage Anschaffungs- oder Herstellungskosten – Abschreibungsmethoden – Nutzungsdauer oder Abschreibungssätze – Bruttobuchwert und kumulierte Abschreibungen zu Beginn und Ende der Periode – Informationen eines Anlagespiegels mit gesondertem Ausweis der Zugänge, Abgänge, zur Veräußerung gehaltener Vermögenswerte gem IFRS 5, Erwerbe durch Unternehmenszusammenschlüsse, Neubewertungen, erfolgsneutraler und erfolgswirksamer Wertminderungen und Wertaufholungen, Abschreibungen, Nettoumrechnungsdifferenzen aus der Umrechnung von Abschlüssen und Nettoinvestitionen (IAS 21) und sonstiger Bewegungen	**1.78 (a), 16.73** **16.73 (a)** **16.73 (b)** **16.73 (c)** **16.73 (d)** **16.73 (e)**	5 5 5 5 5 5	124 22 ff 111 ff 105 ff 221 221
• **Weitere Angaben:** – Beschränkungen der Verfügungsrechte und die Gewährung von Sachanlagen als Sicherheiten – aktivierte Ausgaben für Anlagen im Bau – vertragliche Verpflichtungen zum Erwerb von Sachanlagen – Entschädigungen für Wertminderungen	**16.74** **16.74 (a)** **16.74 (b)** **16.74 (c)** **16.74 (d)**	5	223
• Bei **Anwendung** der **Neubewertungsmethode:** – Zeitpunkt der Neubewertungen – ob unabhängiger Gutachter hinzugezogen – Methoden und Annahmen bei Schätzung der Zeitwerte – Umfang der Nutzung von Markt-/Transaktionspreisen einerseits und anderen Bewertungsmethoden – hypothetischer Buchwert bei Anschaffungskostenmethode	**16.77** **16.77 (a)** **16.77 (b)** **16.77 (c)** **16.77 (d)** **16.77 (e)**	5	123 ff, 224

Angaben	Fundstelle	Handbuch	
	IAS	§	Rz
– Höhe, Veränderung und Ausschüttungsbeschränkungen der Neubewertungsrücklage • **Ertragsteuerliche** Konsequenzen (IAS 12)	**16.77 (f)** **16.42**	12 25	**71 ff** **56, 102 f, 115 f**
• Folgende **freiwillige Angaben** werden empfohlen: – Buchwert temporär ungenutzter Sachanlagen – Buchwert vollabgeschriebener und genutzter Sachanlagen – Buchwert nicht genutzter und nicht als zum Verkauf nach IFRS 5 bestimmter Sachanlagen – bei Anwendung des Anschaffungskostenmodells: bei wesentlicher Abweichung vom Buchwert Angabe des beizulegenden Zeitwerts – Verwendete Grundannahmen zur Bestimmung des erzielbaren Betrags, wie zB Regeln über die Basis (Nettoveräußerungspreis oder Nutzungswert) und Prognosezeiträume	**16.79** **16.79 (a)** **16.79 (b)** **16.79 (c)** **16.79 (d)** **36.132**	5	**215, 225**
• Weitere Angaben bei Aktivierung von **Fremdkapitalkosten**, **Zuwendungen** der öffentlichen Hand, **Wertminderungen** und **Wertaufholungen** sowie in bestimmten Situationen	**23.26** **20.36, 20.39** **36.126 ff**	5	**37 ff, 70 ff, 152 ff, 202 ff, 227**
5.3 Als Finanzinvestition gehaltene Immobilien			
Folgende Angaben sind verpflichtend **unabhängig** von der Bewertungsmethode: • **Bewertungsmodell** (Zeitwert, Anschaffungskosten) • Zeitwert-Modell: Klassifikation von **Operate-Lease-Immobilien** als Finanzinvestition • Bei Zuordnungsschwierigkeiten (vgl IAS 40.14): **Zuordnungskriterien** • **Methoden** und **Annahmen** für die Bestimmung der beizulegenden Zeitwerte • Stützung auf **unabhängige Gutachter** (bzw Fehlanzeige) • Die im Ergebnis erfassten Beträge für als **Finanzinvestition gehaltene Immobilien:** – Mieterträge – direkte betriebliche Aufwendungen für vermietete Objekte – direkte betriebliche Aufwendungen für Objekte ohne Mieteinnahmen – Änderung des ergebniswirksam erfassten beizulegenden Zeitwerts bei Verkauf von als Finanzinvestition gehaltenen Immobilien von einem Pool, in dem das Anschaf-	**40.75** **40.75 (a)** **40.75 (b)** **40.75 (c)** **40.75 (d)** **40.75 (e)** **40.75 (f)** **40.75 (f) (i)** **40.75 (f) (ii)** **40.75 (f) (iii)** **40.75 (f) (iv)**	6 6 6 6 6 6 6	**112** **34 ff** **14 ff** **8 ff** **40 ff** **38** **97 ff**

7

Angaben	Fundstelle	Handbuch	
	IAS	§	Rz
fungskostenmodell verfolgt wird, in einen Pool mit Anwendung des Modells des beizulegenden Zeitwerts • **Beschränkungen** der Veräußerbarkeit und der Überweisung von Erträgen/Erlösen • **Vertragliche Verpflichtungen** zum Erwerb, zur Herstellung, Entwicklung, Reparatur, Instandhaltung oder Verbesserung	 **40.75 (g)** **40.75 (h)**		
Beim Modell **„Beizulegender Zeitwert"** haben folgende Angaben zusätzlich zu den Angaben nach IAS 40.75 zu erfolgen:	**40.76**	**6**	**115**
• **Überleitungsrechnung** für Buchwerte			
– Zugänge (Erwerb und Nachaktivierungen getrennt)	**40.76 (a)**	**6**	**26, 31 f**
– Zugänge aus Unternehmenszusammenschlüssen	**40.76 (b)**	**34**	**101**
– Vermögenswerte zur Veräußerung iSv IFRS 5 und andere Abgänge	**40.76 (c)**	**6**	**108 ff**
– Nettogewinne oder -verluste aus der Anpassung des beizulegenden Zeitwerts	**40.76 (d)**	**6**	**40 ff**
– Nettoumrechnungsdifferenzen aus der Umrechnung von Abschlüssen und Nettoinvestitionen (IAS 21)	**40.76 (e)**	**33**	**3 ff**
– Übertragungen in den bzw aus dem Bestand der Vorräte und der selbst genutzten Immobilien	**40.76 (f)**	**6**	**108 ff**
– sonstige Änderungen	**40.76 (g)**		
• Bei **wesentlichen Wertanpassungen:** Überleitungsrechnung auf den neuen Buchwert mit besonderen Angaben	**40.77**	**6**	**115**
Bei **ausnahmsweiser** Anschaffungskostenmethode wegen nicht bestimmbarem Zeitwert: **Gesonderte Überleitungsrechnung** gem IAS 40.76:	**40.78**	**6**	**116**
• **Beschreibung** der Immobilien	**40.78 (a)**	**6**	**116**
• **Erklärung,** warum der beizulegende Zeitwert nicht verlässlich bestimmt werden kann	**40.78 (b)**	**6**	**40 ff**
• **Schätzungsbreite** für Zeitwert	**40.78 (c)**	**6**	**40 ff**
• bei **Abgang:**	**40.78 (d)**	**6**	**105 ff**
– den Umstand	**40.78 (d) (i)**		
– den Buchwert zum Verkaufszeitpunkt	**40.78 (d) (ii)**		
– den erfassten Gewinn oder Verlust	**40.78 (d) (iii)**		
Anschaffungskostenmodell	**40.79 (a)–(e)**	**6**	**39, 113 f**
• **Abschreibungsmethoden**	**40.79 (a)**		
• **Nutzungsdauern** oder Abschreibungssätze	**40.79 (b)**		
• **Bruttobuchwert** und kumulierte Abschreibungen zu Beginn und Ende der Periode	**40.79 (c)**		
• **Überleitungsrechnung für Buchwerte:**	**40.79 (d)**		
– Zugänge (Erwerb und Nachaktivierungen getrennt)	**40.79 (d) (i)**	**6**	**26, 31 f**
– Zugänge aus Unternehmenszusammenschlüssen	**40.79 (d) (ii)**	**34**	**101**

Angaben	Fundstelle	Handbuch	
	IAS	§	Rz
– Vermögenswerte zur Veräußerung iSv IFRS 5 und andere Abgänge	**40.79 (d) (iii)**	**6**	**105 ff**
– Abschreibungen	**40.79 (d) (iv)**	**5**	**103 ff**
– Wertminderungsaufwendungen und Wertaufholungen gem IAS 36	**40.79 (d) (v)**	**5**	**161 ff, 213 ff**
– Nettoumrechnungsdifferenzen aus der Umrechnung von Abschlüssen und Nettoinvestitionen (IAS 21)	**40.79 (d) (vi)**	**33**	**3 ff**
– Übertragungen in den bzw aus dem Bestand der Vorräte und der selbst genutzten Immobilien	**40.79 (d) (vii)**	**6**	**97 ff**
– sonstige Änderungen	**40.79 (d) (viii)**	**6**	**113**
• **Beizulegender Zeitwert;** wenn nicht bestimmbar:	**40.79 (e)**	**6**	**35, 114**
– Beschreibung der Immobilien	**40.79 (e) (i)**	**6**	**114**
– Erklärung, warum der beizulegende Zeitwert nicht verlässlich bestimmt werden kann	**40.79 (e) (ii)**	**6**	**40 ff**
– Schätzungsbreite für Zeitwert	**40.79 (e) (iii)**	**6**	**40 ff**
5.4 Immaterielle Vermögenswerte (ohne Geschäfts- oder Firmenwert) 8			
Für jede **Gruppe** – getrennt für **selbst geschaffene** und **sonstige** immaterielle Vermögenswerte:	**38.118**	**4**	**71 ff, 115**
• **Nutzungsdauern**	**38.118 (a)**		
• **Abschreibungsmethode,** ggf Hinweis, dass unbegrenzte Nutzung	**38.118 (b)**		
• **Bruttobuchwert** und kumulierte Abschreibungen zu Beginn und Ende der Periode	**38.118 (c)**		
• **Posten der Gesamtergebnisrechnung,** in dem/denen die Abschreibungen enthalten sind	**38.118 (d)**		
• Aufnahme in **Anlagespiegel** (bzw entspr Angaben) mit **gesonderter Angabe** der:	**38.118 (e)**		
– **Zugänge:** separate Bezeichnung der unternehmensintern entwickelten, gesondert erworbenen und der aus Unternehmenszusammenschlüssen	**38.118 (e) (i)**	**4**	**48 ff**
– **Vermögenswerte** zur Veräußerung iSv IFRS 5 und andere Abgänge	**38.118 (e) (ii)**	**4**	**93 ff**
– **erfolgsneutralen** Wertänderungen	**38.118 (e) (iii)**	**4**	**87 ff, 92**
– erfolgswirksamen **Wertminderungen**	**38.118 (e) (iv)**	**4**	**92, 94**
– erfolgswirksamen **Wertaufholungen**	**38.118 (e) (v)**	**4**	**92**
– **Abschreibungen**	**38.118 (e) (vi)**	**4**	**72 ff, 94**
– **Nettoumrechnungsdifferenzen** aus der Umrechnung von Abschlüssen und Nettoinvestitionen (IAS 21)	**38.118 (e) (vii)**	**33**	**3 ff**
– sonstigen Buchwertänderungen	**38.118 (e) (viii)**		
• Hat das Unternehmen zusätzlich zu den von IAS 38.118 (e) (iii)–(v) verpflichtenden Angaben Informationen zu gem IAS 36 **im Wert geminderten immateriellen Vermögenswerten** gemacht?	**38.120**	**4**	**117**

Angaben	Fundstelle	Handbuch	
	IAS	§	Rz
• Evtl **Einschätzungsänderungen** gem IAS 8 mit wesentlichen Auswirkungen angeben (zB Einschätzung Nutzungsdauer, Abschreibungsmethode, Restwert)	38.121	4	119
Weitere Angaben:	38.122 (a)–(e)		
• Bei immateriellen Vermögenswerten mit **unbegrenzter** Nutzungsdauer: – Begründung für die Einschätzung einer unbegrenzten Nutzungsdauer – Buchwert dieser Vermögenswerte	38.122 (a)	4 4	117 71f
• Für einzelne **wesentliche** Vermögenswerte – Beschreibung – Buchwert – verbleibender Abschreibungszeitraum	38.122 (b)		
• Bei **Zuwendung** der öffentlichen Hand mit Zugangsbewertung zum **beizulegenden Zeitwert:**	38.122 (c)	4	47, 53f
– beizulegender Zeitwert im Zugangszeitpunkt	38.122 (c) (i)		
– Buchwert	38.122 (c) (ii)		
– Methode der Folgebewertung	38.122 (c) (iii)		
• Bei **Beschränkung der Eigentumsrechte:** – Art der Beschränkung – Buchwerte – bei Vermögenswerten, die Sicherheiten für Verbindlichkeiten sind: Buchwerte	38.122 (d)		
• Betrag der **vertraglichen Verpflichtungen** zum Erwerb immaterieller Vermögenswerte	38.122 (e)		
Bei Anwendung der **Neubewertungsmethode:**	38.124	4	118
• Für **jede Gruppe:**	38.124 (a)	4	87 ff
– Stichtag der Neubewertung	38.124 (a) (i)		
– Buchwerte neubewerteter Vermögenswerte	38.124 (a) (ii)		
– hypothetischer Buchwert bei Anschaffungskostenmethode	38.124 (a) (iii)		
• Zugehörige Beträge, Periodenüberleitung und Ausschüttungsbeschränkungen der **Neubewertungsrücklage**	38.124 (b)		
• Methoden und Annahmen der **Zeitwertbestimmung**	38.124 (c)		
• Aufwendungen für **Forschung und Entwicklung**	38.126	4	119
• Weitere Anhangangaben sind notwendig bei der **Aktivierung von Fremdkapitalkosten** und bei der Bilanzierung von **Zuwendungen** der öffentlichen Hand	23.26 20.36, 20.39 36.126 ff	4	47, 52 ff, 120
• Werden immaterielle Vermögenswerte in der Bilanz des Unternehmens ausgewiesen, die durch **Finanzierungs-Leasingverhältnisse** finanziert werden, sind ergänzende Angaben erforderlich	17.32	22	146

Angaben	Fundstelle	Handbuch	
	IAS	§	Rz
Über die vorgenannten Pflichtangaben hinaus, werden folgende Angaben vom IASB **empfohlen:**	38.128 (a), (b)	4	120
• Beschreibung der Vermögenswerte, die **vollständig abgeschrieben** und noch im Gebrauch des Unternehmens sind und	38.128 (a)		
• kurze Beschreibung von **Ressourcen** in der Verfügungsmacht des Unternehmens, die nicht als immaterielle Vermögenswerte aktiviert sind	38.128 (b)		
5.5 Geschäfts- oder Firmenwert 9			
Damit Abschlussadressaten die Entwicklung des Geschäfts- oder Firmenwerts während der Berichtsperiode beurteilen können, ist folgende **Überleitungsrechnung** (Anlagespiegel) zu erstellen:	IFRS 3.B67 (d)	34	239 ff, 284
• **Bruttobuchwert** und **kumulierter Wertminderungsaufwand** zum Beginn der Berichtsperiode	IFRS 3.B67 (d) (i)	34	239 ff
• **Zugänge** durch zusätzlichen Ansatz von Geschäfts- oder Firmenwerten (ohne solche, die bei Erwerb einer Veräußerungseinheit iSv IFRS 5 zugeordnet wurden)	IFRS 3.B67 (d) (ii)	34	230 ff
• Berichtigungen aufgrund nachträglich gem IFRS 3.67 erfasster latenter Steueransprüche	IFRS 3.B67 (d) (iii)	34	97
• Geschäfts- oder Firmenwerte von **Veräußerungseinheiten** iSv IFRS 5 sowie Geschäfts- oder Firmenwerte, die in der Berichtsperiode als Abgang behandelt wurden, ohne zuvor einer solchen Veräußerungseinheit zugeordnet gewesen zu sein	IFRS 3.B67 (d) (iv)	28 35	123 f 22 ff
• **außerplanmäßige Abschreibungen** gem IAS 36 sowie Angaben zu **Wertminderungen** und erzielbarem Betrag	IFRS 3. B67 (d) (v) **IAS 36**	34	239 284
• **Währungsumrechnungsdifferenzen** gem IAS 21	IFRS 3.B67 (d) (vi)		
• **übrige Wertveränderungen**	IFRS 3.B67 (d) (vii)		
• **Bruttobuchwert** und **kumulierte Abschreibungen zum Ende** der Berichtsperiode	IFRS 3.B67 (d) (viii)		
5.6 Wertminderung/-aufholung von Vermögenswerten 10			
Angabe der	36.126 (a)–(d)	27	149 ff
• **Wertminderungsaufwendungen** sowie der **Posten** der Gesamtergebnisrechnung, in dem diese enthalten sind	36.126 (a)		
• **Wertaufholungen** sowie der **Posten** der Gesamtergebnisrechnung, in dem diese enthalten sind	36.126 (b)		

Angaben	Fundstelle	Handbuch	
	IAS	§	Rz
• Im **sonstigen Ergebnis** erfassten Wertminderungen und Wertaufholungen der Berichtsperiode	36.126 (c) und (d)		
• Im Rahmen der **Segmentberichterstattung** sind Angaben zu in der Berichtsperiode erfolgsneutral und/oder erfolgswirksam erfassten Wertminderungen/Wertaufholungen zu machen	36.129	27	151
Sind Wertminderungen oder Wertaufholungen für die Berichtsperiode **wesentlich,** Angabe der	36.130 (a)–(c)	27 16	152 214
• **Ereignisse/Umstände**	36.130 (a)	27	6 ff
• Betrag der **Wertminderung/-aufholung**	36.130 (b)	27	27 ff
• Bei **einzelnen Vermögenswerten** Angabe der **Art** des Vermögenswerts und des betroffenen **Segments**	36.130 (c)	21	38 ff
• Bei zahlungsmittelgenerierenden Einheiten (ZGE) eine **Beschreibung der ZGE**, inklusive etwaiger Änderungen in der Zusammenfassung der Vermögenswerte, die Höhe der Wertminderungen oder Wertaufholungen pro Gruppe und Segment	36.130 (d)	27 21	23, 86 ff, 152, 38 ff
• Angabe, ob beizulegender Zeitwert abzüglich Veräußerungskosten oder Nutzungswert **Berechnungsbasis** ist	36.130 (e)	27	57 ff, 152
• Wenn **beizulegender Zeitwert abzüglich Veräußerungskosten** Berechnungsbasis ist: Basis für die Ermittlung dieser Größe (Bezug auf **aktiven Markt**)	36.130 (f)	27	37 ff, 152
• Wenn **Nutzungswert** Berechnungsbasis ist: Abzinsungssatz der lfd und der Vorperiode	36.130 (g)	27	71 ff, 152
Sind **einzelne** Wertminderungen oder Wertaufholungen **unwesentlich,** ist ihre **Summe** jedoch **wesentlich,** Angabe der	36.131	27 16	153 214
• Wichtigsten **Gruppen** von Vermögenswerten, die von Wertminderungen/-aufholungen betroffen sind	36.131 (a)		
• Wichtigsten **Ereignisse und Umstände,** die zu Wertminderungen/-aufholungen geführt haben	36.131 (b)		
• Folgende **freiwillige Angaben** werden empfohlen: – verwendete Grundannahmen zur Bestimmung des erzielbaren Betrags, wie zB Regeln über die Basis (Nettoveräußerungspreis oder Nutzungswert) und Prognosezeiträume	IAS 36.132	5 27	215, 225 153
Bei am Stichtag **nicht abgeschlossener Zuordnung des Geschäfts- oder Firmenwerts** zu einer ZGE (IAS 36.84): • Noch **nicht zugeordneter Betrag** • **Gründe** für die Nicht-Zuordnung	36.133	34	245

Angaben	Fundstelle	Handbuch	
	IAS	§	Rz
Für **ZGE,** denen ein **Geschäfts- oder Firmenwert oder ein immaterieller Vermögenswert mit unbestimmter Nutzungsdauer** in signifikantem Umfang **zugeordnet wurde,** sind folgende Angaben verpflichtend:	36.134	27	154
• **Buchwert** des zugeordneten **Geschäfts- oder Firmenwerts**	36.134 (a)	34	245
• **Buchwert** des zugeordneten **immateriellen Vermögenswerts**	36.134 (b)	27	98
• **Grundlage** der Bestimmung des **erzielbaren Betrags** der ZGE (Nutzungswert oder beizulegender Zeitwert abzüglich Veräußerungskosten)	36.134 (c)	27	37 ff, 57 ff
• Sofern der erzielbare Betrag auf dem **Nutzungswert** basiert, sind darüber hinaus weitere Angaben nötig:	36.134 (d)	27	57 ff
– wesentliche Prämissen bei der Ableitung der Cashflows	36.134 (d) (i)		
– Angabe, ob Erfahrungen aus der Vergangenheit oder externe Daten in die Planung eingeflossen sind, Begründung für eventuelle Abweichungen von Erfahrungswerten und externen Daten	36.134 (d) (ii)		
– Länge des Detailplanungszeitraums; Begründung, sofern der Detailplanungszeitraum den Zeitraum von fünf Jahren überschreitet	36.134 (d) (iii)		
– Wachstumsrate, die der Fortschreibung der Planung nach dem Detailplanungszeitraum zugrunde liegt, sowie eine Begründung, falls die Wachstumsrate über dem langfristigen Durchschnitt für die Produkte, Branche oder das Land, in dem die ZGE tätig ist, liegt	36.134 (d) (iv)		
– Kapitalisierungszinssatz	36.134 (d) (v)	27	71 f
• Sofern der **erzielbare Betrag** auf dem beizulegenden Zeitwert abzüglich Veräußerungskosten basiert, ist die Methode, mit der der Wert ermittelt wurde, anzugeben. Weitere Angaben sind notwendig, wenn der Wert nicht anhand eines beobachtbaren Marktpreises abgeleitet wurde:	36.134 (e)	27	37 ff
– wesentliche, bei der Ableitung des Werts getroffene Annahmen	36.134 (e) (i)		
– Angabe, ob Erfahrungen aus der Vergangenheit oder externe Daten in die Planung eingeflossen sind, Begründung für eventuelle Abweichungen von Erfahrungswerten und externen Daten	36.134 (e) (ii)		
• Bei Ermittlung des beizulegenden Zeitwerts abzüglich Veräußerungskosten mit Hilfe von **Cashflow-Prognosen**:			
– Periode, für die Cashflows prognostiziert wurden	36.134 (e) (iii)		

Angaben	Fundstelle	Handbuch	
	IAS	§	Rz
– unterstellte Wachstumsrate – angewandte Abzinsungssätze • Wenn das Management es für möglich hält, dass sich eine wesentliche Berechnungsprämisse des erzielbaren Betrags so verändert, dass der **erzielbare Betrag unter den Buchwert der ZGE sinkt,** sind ebenfalls zusätzliche Angaben erforderlich: – der Betrag, mit dem der erzielbare Betrag den Buchwert übersteigt – der der wesentlichen Annahme zugewiesene Wert – der Wert, den die entspr Annahme erreichen darf, damit der erzielbare Betrag dem Buchwert entspricht, es also zu keinem Wertminderungsbedarf kommt	**36.134 (e) (iv)** **36.134 (e) (v)** **36.134 (f)** **36.134 (f) (i)** **36.134 (f) (ii)** **36.134 (f) (iii)**		
Wenn ein **Geschäfts- oder Firmenwert oder ein immaterieller Vermögenswert mit unbestimmter Nutzungsdauer** in nicht signifikantem Umfang verschiedenen ZGE **zugeordnet wurde,** sind folgende Angaben verpflichtend: • die **Tatsache** als solche • die als **insignifikant** eingestuften Buchwerte	**36.135 (Satz 1)**	27	155
Wenn die Bewertung von ZGE, denen **insignifikante** Beträge von Geschäfts- oder Firmenwerten oder immateriellen Vermögenswerten mit unbestimmter Nutzungsdauer zugeordnet wurden, auf denselben wesentlichen Annahmen beruht, wie ZGE, denen entspr signifikante Beträge zugeordnet wurden, und diese verschiedenen, eigentlich als insignifikant eingestuften Beträge von Geschäfts- oder Firmenwerten bzw von immateriellen Vermögenswerten mit unbestimmter Nutzungsdauer gemeinsam im Vergleich zum bilanziell ausgewiesenen Gesamt-Geschäfts- oder Firmenwert bzw immateriellen Vermögenswerten mit unbestimmter Nutzungsdauer als signifikant einzustufen sind, sind folgende Angaben verpflichtend: • Wiedergabe dieses Aspekts des Wertminderungstests von insignifikanten Beträgen von Geschäfts- oder Firmenwerten bzw von immateriellen Vermögenswerten mit unbestimmter Nutzungsdauer	**36.135 (Satz 2)**		
• **Buchwert** jener insignifikanten Beträge, die diesen ZGE zugeordnet wurden	**36.135 (a) und (b)**	27	86 ff
• Beschreibung der **wesentlichen Annahmen,** nach denen der erzielbare Betrag dieser ZGE bewertet wird bzw Verweis auf die Angabe dieser wesentlichen Annahmen im Zusammenhang mit signifikanten Beträgen	**36.135 (c)**	27	57 ff, 86 ff

Angaben	**Fundstelle**	**Handbuch**	
	IAS	**§**	**Rz**
• **Beschreibung** des **Managementansatzes,** welcher der Bestimmung der – jeder wesentlichen Annahme zugewiesenen – Werte zugrunde liegt	**36.135 (d)**	34	242 f
• Wenn das Management **Änderungen** von **wesentlichen Annahmen** für möglich hält, die bei der Bestimmung des erzielbaren Betrags von einzeln betrachtet insignifikanten Beträgen getroffen wurden, und diese Änderungen von wesentlichen Annahmen dazu führen könnten, dass zusätzlicher Wertminderungsbedarf entstünde:	**36.135 (e)**	27	57 ff
– Betrag, um den der erzielbare Betrag der ZGE (Gruppe von ZGE) den Buchwert der ZGE (Gruppe von ZGE) unterschreiten würde, wenn die wesentlichen, für möglich gehaltenen Annahmen im Rahmen des Wertminderungstests tatsächlich geändert würden	**36.135 (e) (i)**		
– der den wesentlichen, für möglich gehaltenen Annahmen zugewiesene Wert	**36.135 (e) (ii)**		
– Angabe, um welchen Betrag sich die für möglich gehaltenen Alternativannahmen inklusive aller Folgewirkungen auf die übrigen für die Bewertung herangezogenen Variablen ändern müssten, damit der erzielbare Betrag der ZGE (Gruppe von ZGE) dem derzeit bilanzierten Buchwert der ZGE (Gruppe von ZGE) entspricht	**36.135 (e) (iii)**		
5.7 Anteile an assoziierten Unternehmen und Equity-Methode			
• **Beizulegender Zeitwert** der Anteile an assoziierten Unternehmen, für die Marktpreise existieren	**28.37 (a)**	3 32	158 40
• **Zusammengefasste Finanzinformationen** einschließlich der Angabe des Gesamtwerts der Vermögenswerte, Schulden, Umsatzerlöse und Jahresergebnisse von assoziierten Unternehmen	**28.37 (b)**	32	40
• **Gründe**, sofern der Anteilseigner zwar direkt oder indirekt **weniger** als 20% der Stimmrechte an einem assoziierten Unternehmen hält, aber **dennoch ein maßgeblicher Einfluss** vorliegt	**28.37 (c)**	30 32	32 ff 30
• **Gründe**, sofern der Anteilseigner zwar direkt oder indirekt 20% oder **mehr** der Stimmrechte an einem assoziierten Unternehmen hält, dennoch aber **kein** maßgeblicher Einfluss vorliegt	**28.37 (d)**	30 32	32 ff 31
• Angabe und Begründung des **Abschlussstichtags** für den Fall, dass der der Equity-Fort-	**28.37 (e)**	36	40, 121

11

Angaben	Fundstelle	Handbuch	
	IAS	§	Rz
schreibung zugrunde liegende Abschluss auf einen **anderen Abschlussstichtag** oder für eine **andere Periode** als der Abschluss des Anteilseigners (Konzernabschluss) aufgestellt ist			
• Art und Umfang erheblicher **Beschränkungen des Finanzmitteltransfers** an den Anteilseigner	28.37 (f)	32	32
• Nicht erfasster **Verlustanteil** des Anteilseigners für die Periode und kumuliert	28.37 (g)	36	72 ff, 121
• Die **Nichtanwendung** der Equity-Methode gem IAS 28.13	28.37 (h)	36	121
• **Zusammengefasste Finanzinformationen** einschließlich der Angabe des Gesamtwerts der Vermögenswerte, Schulden, Umsatzerlöse und Jahresergebnisse von assoziierten Unternehmen für Unternehmen, bei denen die Equity-Methode nicht angewendet wird	28.37 (i)	32	40
• Gesonderter Ausweis **in der Bilanz** als langfristige Vermögenswerte	28.38	36	111
• Gesonderter Ausweis des Beteiligungsergebnisses **in der GuV**	28.38	36	115
• Gesonderte Angabe des **Anteils an aufgegebenen Geschäftsbereichen** von assoziierten Unternehmen	28.38	36	115, 121
• Gesonderter Ausweis des Anteils an Veränderungen des sonstigen Ergebnisses des assoziierten Unternehmens im sonstigen Ergebnis des Anteilseigners	28.39	36	114
• Angabe des Anteils an den **Eventualschulden** und Kapitalverpflichtungen des assoziierten Unternehmens, für den der Anteilseigner gemeinsam mit anderen Anteilseignern ggf haftet	28.40	32	40
• Angabe der **Eventualschulden** infolge der Haftung des Anteilseigners für einzelne Schulden des assoziierten Unternehmens	28.40	32	40
12 **5.8 Gemeinschaftsunternehmen, Quotenkonsolidierung, Berichtsformate**			
Gesonderte Angabe folgender **Eventualschulden** aus Gemeinschaftsunternehmen:	31.54	32	39
• Eventualschulden, die **gemeinschaftlich** mit den Partnerunternehmen zugunsten des Gemeinschaftsunternehmens eingegangen wurden, sowie den **eigenen Anteil** an diesen gemeinschaftlich eingegangenen Verpflichtungen	31.54 (a)	37	24
• **Anteil** an den Eventualschulden des Gemeinschaftsunternehmens, für den das berichtende Unternehmen ggf **haftet**	31.54 (b)	32	39

Angaben	**Fundstelle**	**Handbuch**	
	IAS	**§**	**Rz**
• Eventualschulden, die aus der **Haftung des Partnerunternehmens** für die Schulden der anderen Partnerunternehmen des Gemeinschaftsunternehmens entstehen	**31.54 (c)**	**32**	**39**
Verpflichtungen in Bezug auf den **Anteil am Gemeinschaftsunternehmen (Kapitalverpflichtungen)** • Alle **Kapitalverpflichtungen** des Partnerunternehmens bezogen auf seine Anteile am Gemeinschaftsunternehmen sowie den eigenen Anteil an allen gemeinschaftlich eingegangenen Kapitalverpflichtungen • Seinen **Anteil** an den Kapitalverpflichtungen des Gemeinschaftsunternehmens selbst	**31.55** **31.55 (a)** **31.55 (b)**	**32** **37**	**39** **25**
• **Anteile/Beteiligungsquote** – die Anteile eines Partnerunternehmens an wesentlichen **Gemeinschaftsunternehmen** sind mit Quotenausweis anzugeben und zu beschreiben	**31.56**	**32** **37**	**35** **12, 26**
• Auf die Anteile an Gemeinschaftsunternehmen **angewendete Bilanzierungs- bzw Konsolidierungsmethode**	**31.57**	**32** **37**	**35** **26**
5.9. Tochterunternehmen			
• **Art der Beziehung** zwischen MU und TU, wenn die Beherrschung nicht auf Stimmrechtsmehrheit beruht	**27.41 (a)**	**30**	**8**
• Ggf **Widerlegung des Beherrschungsverhältnisses** bei Stimmrechtsmehrheit	**27.41 (b)**	**30**	**7**
• **Abweichende** der Konsolidierung zugrunde liegende **Abschlussstichtage** von TU mit Begründung	**27.41 (c)**	**32**	**21 ff, 37**
• **Art und Umfang erheblicher Beschränkungen** des Finanzmitteltransfers vom TU an das MU	**27.41 (d)**	**32**	**32**
• Aufstellung, aus der **Auswirkungen aller Änderungen der Beteiligungsquote ohne Beherrschungsverlust** eines MU an TU hervorgehen	**27.41 (e)**	**32** **34** **35**	**33** **254** **41**
• Erfasster **Gewinn oder Verlust im Falle des Verlusts der Beherrschung** über TU gem IAS 27.34 sowie – Gewinn oder Verlust, der aus dem Ansatz aller verbleibenden Anteile am ehemaligen TU zum beizulegenden Zeitwert im Zeitpunkt des Verlusts der Beherrschung resultiert – Posten der Gesamtergebnisrechnung, in welchem/n dieser Gewinn oder Verlust erfasst wird (sofern nicht separat ausgewiesen)	**27.41 (f)** **27.41 (f) (i)** **27.41 (f) (ii)**	**32** **35** **38** **38**	**34** **30 ff** **56** **95**

13

	Angaben	Fundstelle	Handbuch	
		IAS	§	Rz
	Im **Einzelabschluss** des MU, wenn von der Befreiung zur Aufstellung eines Konzernabschlusses gem IAS 27.10 Gebrauch gemacht wird: • Die **Tatsache**, dass es sich bei dem Abschluss um einen **Einzelabschluss** handelt sowie dass von der **Befreiung** Gebrauch gemacht wurde; Name, Gründungs- und Sitzland des Unternehmens, welches einen Konzernabschluss nach IFRS veröffentlicht, Ort der Verfügbarkeit des Konzernabschlusses • Eine Liste aller **wesentlichen Anteile** an TU, Gemeinschafts- und assoziierten Unternehmen unter Angabe des Namens, des Sitzlandes, der Beteiligungsquote und, sofern unterschiedlich, der Stimmrechtsquote • Eine Beschreibung der **Bilanzierungsmethode** für diese Anteile	**27.42** **27.42 (a)** **27.42 (b)** **27.42 (c)**	**31**	**21 ff**
	Im **Einzelabschluss** des MU in anderen Fällen als denen gem IAS 27.42, im Einzelabschluss des Partnerunternehmens eines Gemeinschaftsunternehmens und des Anteilseigners eines assoziierten Unternehmens: • Die Tatsache, dass es sich bei dem Abschluss um einen **Einzelabschluss** handelt, sowie die Gründe, weshalb dieser Abschluss erstellt wurde (sofern nicht gesetzlich vorgeschrieben) • Eine Liste aller **wesentlichen Anteile** an TU, Gemeinschafts- und assoziierten Unternehmen unter Angabe des Namens, des Sitzlandes, der Beteiligungsquote und, sofern unterschiedlich, der Stimmrechtsquote • Eine Beschreibung der **Bilanzierungsmethode** für diese Anteile und außerdem Angabe der **Abschlüsse**, in die der Einzelabschluss in Übereinstimmung mit IAS 27.9, IAS 28 und IAS 31 einbezogen wurde	**27.43** **27.43 (a)** **27.43 (b)** **27.43 (c)** **27.43 aE**	**31**	**21 f**
14	**5.10 Finanzinstrumente**			
	siehe Rz 35 ff			
15	**5.11 Vorräte**			
	Zu den **Vorräten** haben folgende Angaben zu erfolgen: • **Bilanzierungs- und Bewertungsmethoden** einschließlich Zuordnungsverfahren	**2.36** **2.36 (a)**	**8** **8**	**122** **16 ff**
	• **Buchwert** der Vorräte mit **unternehmensspezifischer** Untergliederung (zB Handelsware, Roh-, Hilfs- und Betriebsstoffe, unfertige Erzeugnisse/Leistungen und Fertigerzeugnisse, vgl IAS 2.37) • **Buchwert** der zum **beizulegenden Zeitwert abzüglich Vertriebsaufwendungen** angesetzten Vorräte	**2.36 (b)** **1.78 (c)** **2.36 (c)**	**8** **8**	**116 ff** **91 ff**

Angaben	Fundstelle	Handbuch		
	IAS	§	Rz	
• **Anschaffungs- oder Herstellungskosten** der Vorräte, die als Aufwand der Berichtsperiode erfasst worden sind • Zusätzlich für **UKV** zu beachten: evtl nicht aktivierte Produktionskosten und ggf Vertriebskosten • Zusätzlich für **GKV:** Unterteilung der Aufwendungen nach Kostenarten sowie Angabe der Bestandsveränderungen • **Wertminderungsaufwand** der Periode gem IAS 2.34 • Erträge aus **Wertaufholungen** der Periode gem IAS 2.34 • **Umstände/Ursachen** der Wertaufholungen • Buchwert der als **Sicherheit verpfändeten** Vorräte • Angabe **wertbeeinflussender Ereignisse** mit Bezug zu den Vorräten	**2.36 (d)** **2.38** **2.39** **2.36 (e)** **2.36 (f)** **2.36 (g)** **2.36 (h)** **10.20**	**8** **8** **8** **8** **8** **8** **8** **8**	**111** **122 ff** **122** **111** **102** **102** **122** **122**	
• Einbeziehung von **Fremdkapitalkosten** unter Angabe des Betrags und des angewendeten Finanzierungskostensatzes	**23.26**	**8**	**122**	
5.12 Fertigungsaufträge				**16**
• **Erlöse** aus Fertigungsaufträgen • **Methoden zur Ermittlung** dieser Erlöse (*percentage-of-completion*-Methode und/oder *zero-profit-margin*-Methode) • Methoden zur Ermittlung des **Fertigstellungsgrads** der lfd Projekte	**11.39 (a)** **11.39 (b)** **11.39 (c)**	**9** **9** **9**	**34 ff, 113** **66 ff, 113** **60 ff, 113**	
Zu **lfd Projekten:** • Summe der **angefallenen Kosten** und **ausgewiesenen Gewinne** (abzüglich geschätzter Verluste) • Betrag **erhaltener Anzahlungen** • Betrag von **Einbehalten**	**11.40** **11.40 (a)** **11.40 (b)** **11.40 (c)**	**9** **8**	**113** **35 ff**	
Bilanzieller Ausweis: • Aufträge mit **aktivischem Saldo** ggü dem Kunden als Vermögenswert • Aufträge mit passivischem Saldo als Schulden	**11.42** **11.42 (a)** **11.42 (b)**	**9** **9** **9**	**113** **85** **86**	
• Einbeziehung von **Fremdkapitalkosten** unter Angabe des Betrags und des angewendeten Finanzierungskostensatzes	**23.26**	**9**	**122**	
• Mit Fertigungsaufträgen in Verbindung stehende **Rückstellungen** (vgl Rz 21)	**11.45**	**9**	**78**	
5.13 Forderungen aus Lieferungen und Leistungen				**17**
• **Gesonderte** Angabe von: – Forderungen ggü Handelskunden – Forderungen ggü nahestehenden Unternehmen und Personen	**1.78 (b)**	**10**	**4 ff**	

Angaben	Fundstelle	Handbuch	
	IAS	**§**	**Rz**
• Fälligkeiten von **mehr als 12 Monaten** nach Bilanzstichtag	**1.61**	**2**	**150**
• Angaben für **Finanzinstrumente** (vgl Rz 35 ff)	**IFRS 7**	**10**	**3 ff**
18 **5.14 Ertragsteueransprüche und -schulden**			
Hauptbestandteile des Steueraufwands/-ertrags sind getrennt anzugeben. Dies **können** sein:	**12.79**	**25**	**212**
• **Aufgliederung** des tatsächlichen und latenten Steueraufwands bzw -ertrags	**12.80 (a)**	**25**	**185, 213**
• Alle in dem Geschäftsjahr erfassten **Anpassungen für periodenfremde** tatsächliche Ertragsteuern	**12.80 (b)**	**25**	**15, 213**
• Betrag des latenten Steueraufwands bzw -ertrags, der auf das Entstehen bzw die Umkehrung **temporärer Unterschiede** zurückzuführen ist	**12.80 (c)**	**25**	**213**
• Betrag des latenten Steueraufwands bzw -ertrags, der auf **Änderungen der Steuersätze oder Ertragsteuergesetze** beruht	**12.80 (d)**	**25**	**173, 213**
• Betrag, um den sich der **tatsächliche** Steueraufwand aufgrund der Nutzung bisher nicht berücksichtigter steuerlicher Verluste bzw Steuergutschriften oder bisher nicht berücksichtigter temporärer Differenzen mindert	**12.80 (e)**	**25**	**83, 213**
• Betrag, um den sich der **latente** Steueraufwand aufgrund der Nutzung bisher nicht berücksichtigter steuerlicher Verluste bzw Steuergutschriften oder bisher nicht berücksichtigter temporärer Differenzen mindert	**12.80 (f)**	**25**	**83, 213**
• Latenter Steueraufwand, der auf einer **Abwertung** oder auf einer **Wertaufholung** vorausgegangener Abwertungen beruht	**12.80 (g)**	**25**	**50 ff, 180**
• Betrag des Ertragsteueraufwands bzw -ertrags, der aus **Änderungen der Bilanzierungs- und Bewertungsmethoden** oder der **Berichtigung von Fehlern gem IAS 8** resultiert, sofern er sich ertragswirksam in der GuV niederschlägt, weil er nicht rückwirkend berücksichtigt werden kann	**12.80 (h)**	**25** **45**	**213** **6**
Folgende Sachverhalte sind **zwingend** getrennt auszuweisen/anzugeben:	**12.77, 12.77A, 12.81**	**25**	**214**
• In der Gesamtergebnisrechnung bzw der gesonderten GuV (sofern erstellt), der der **gewöhnlichen Geschäftstätigkeit** zuzurechnende Steueraufwand	**12.77, 12.77A**	**25**	**29**
• Gesamtbetrag der tatsächlichen und latenten Steuern, die **direkt** mit dem **Eigenkapital** verrechnet wurden	**12.81 (a)**	**25**	**117, 214 f**
• Höhe der Ertragsteuer für jeden Bestandteil des **sonstigen Ergebnisses**	**12.81 (ab)**	**25**	**117, 185**

Angaben	Fundstelle	Handbuch	
	IAS	§	Rz
• Die Erläuterung des **Verhältnisses** zwischen dem Steueraufwand bzw -ertrag und dem handelsrechtlichen Periodenergebnis vor Ertragsteuern, und zwar entweder in einer **Überleitungsrechnung** zwischen dem Steueraufwand bzw -ertrag und dem Produkt aus dem handelsrechtlichen Periodenergebnis vor Ertragsteuern und dem anzuwendenden Steuersatz oder in einer Überleitungsrechnung zwischen dem durchschnittlichen effektiven Steuersatz und dem anzuwendenden Steuersatz, wobei der anzuwendende Steuersatz und die Grundlagen seiner Ermittlung anzugeben sind	12.81 (c)	25	15, 86, 214
• Eine Erläuterung zu **Änderungen des anzuwendenden Steuersatzes** im Vergleich zur vorhergehenden Berichtsperiode. Haben sich die bei der Berechnung der Ertragsteuern zugrunde gelegten Steuersätze ggü dem Vorjahr geändert, so sind neben den geänderten Steuersätzen auch die sich aus den Steuersatzänderungen ergebenden Steuereffekte anzugeben	12.81 (d)	25	160 ff 173
• Der Betrag und, sofern vorhanden, das Verfallsdatum der temporären Differenzen aus **nicht genutzten steuerlichen Verlustvorträgen** und nicht genutzten Steuergutschriften, für die in der Bilanz keine aktiven latenten Steuern berücksichtigt wurden	12.81 (e)	25	47 ff 83
• Der Gesamtbetrag der temporären Differenzen, die im Zusammenhang mit Anteilen an **TU, Zweigniederlassungen und assoziierten Unternehmen sowie Anteilen an Gemeinschaftsunternehmen** entstanden sind und für die keine latenten Steuern bilanziert wurden. Aus Praktikabilitätsgründen kann auf die Angabe der auf die temporären Differenzen entfallenden latenten Steuern **verzichtet** werden. Sind diese jedoch ohne unzumutbaren Aufwand ermittelbar, so empfiehlt der Standard auch die Angabe des Gesamtbetrags der latenten Steuern	12.81 (f) 12.87	25 25	143 ff 214
• Für **jede Art von temporären Differenzen** und jede Art von nicht genutzten steuerlichen Verlusten bzw Steuergutschriften den in der Bilanz angesetzten Betrag für latente aktive und passive Steuern, und zwar für jede dargestellte Periode, sowie den Betrag des in der GuV erfassten latenten Steuerertrags oder -aufwands, sofern er nicht bereits aus den Änderungen der in der Bilanz dargestellten Beträge hervorgeht. Für die Darstellung der temporären Differenzen wird auf das Schema in § 25 Rz 214 verwiesen	12.81 (g)	25	83 213

Angaben	Fundstelle	Handbuch	
	IAS	§	Rz
• Der Steueraufwand, der auf Gewinne bzw Verluste aus der **Aufgabe oder Veräußerung von Geschäftsbereichen** entfällt, sowie Steueraufwand, der auf den Gewinn/Verlust aus der gewöhnlichen Geschäftstätigkeit des aufgegebenen Geschäftsbereichs entfällt, inklusive Vergleichszahlen für jede dargestellte Vorperiode • Der Gesamtbetrag latenter Steuern, der aus **Dividendenzahlungen** an die Anteilseigner des Unternehmens resultiert, die im Abschluss noch keine Berücksichtigung fanden • Betrag der **Änderungen** latenter Steueransprüche des **erwerbenden Unternehmens** resultierend aus einem Unternehmenszusammenschluss • Bei **nachträglicher Erfassung** von latenten Steuervorteilen des **erworbenen Unternehmens** nach Erwerbszeitpunkt Beschreibung des Ereignisses oder Änderung der Gegebenheiten, die Erfassung nun begründen	12.81 (h) 12.81 (i) 12.81 (j) 12.81 (k)	25 25 25 25	183 214 214 180
• Der Betrag eines **latenten Steueranspruchs** und die Begründung für seinen Ansatz, wenn die Realisierung des latenten Steueranspruchs von zukünftigen zu versteuernden Ergebnissen abhängt, die größer sind als die Ergebniseffekte aus der Umkehrung bestehender zu versteuernder temporärer Differenzen, und wenn das Unternehmen in der lfd oder Vorperiode im gleichen Steuerrechtskreis, auf den sich der latente Steueranspruch bezieht, Verluste erlitten hat	12.82	25	83, 214
• Bei Umständen gem IAS 12.52 A: Art und Betrag der **potenziellen ertragsteuerlichen Konsequenzen** bei Zahlung von Dividenden an Anteilseigner	12.82 A	25	214
• Zusätzlich zu den Angaben gem IAS 12.82 A sind die **wichtigsten Bestandteile des ertragsteuerlichen Systems** sowie Faktoren, die es beeinflussen, anzugeben	12.87 A	25	214
• Im **separaten Abschluss** des MU, falls vorhanden, beziehen sich die Angaben des IAS 12.82 A auf die ausschüttungsfähigen Gewinne des Unternehmens	12.87 B	-	-
• Ist ein Unternehmen verpflichtet, Angaben zu temporären Differenzen zu machen, die aus Anteilen an TU, Zweigniederlassungen und assoziierten Unternehmen sowie Anteilen an Gemeinschaftsunternehmen entstanden sind, dann soll dies bei den Angaben nach IAS 12.87 A berücksichtigt werden	12.87 C	-	-

Angaben	Fundstelle	Handbuch	
	IAS	§	Rz
• Angabe aller **steuerbezogenen Eventualschulden und -forderungen** gem IAS 37 sowie Auswirkungen wesentlicher Änderungen von Steuersätzen und Steuervorschriften	12.88	25	12, 214
• Der Betrag an aktiven und passiven latenten Steuern, der erwartungsgemäß innerhalb von **zwölf Monaten nach** dem Abschlussstichtag **realisiert** wird	1.61	-	-
5.15 Eigenkapital			
Kapitalgesellschaften			
• Für jede **Klasse von Anteilen** an dem Unternehmen	1.79 (a)	12	130
– Anzahl der genehmigten Anteile	1.79 (a) (i)		
– Anzahl der ausgegebenen und voll eingezahlten Anteile und Anzahl der ausgegebenen und nicht voll eingezahlten Anteile	1.79 (a) (ii)	12	39 f
– Nennwert der Anteile oder Aussage, dass die Anteile keinen Nennwert haben	1.79 (a) (iii)	12	31
– Überleitungsrechnung der Anzahl der im Umlauf befindlichen Anteile am Anfang und am Ende der Periode	1.79 (a) (iv)	12	44 ff
– Rechte, Vorzugsrechte und Beschränkungen für die jeweilige Kategorie von Anteilen einschließlich Beschränkungen bei der Ausschüttung von Dividenden und der Rückzahlung des Kapitals	1.79 (a) (v)	12	41 ff
– Anteile am Unternehmen, die das Unternehmen selbst, seine TU oder assoziierte Unternehmen halten	1.79 (a)(vi)	12	81
– Anteile, die für eine Ausgabe aufgrund von Optionen und Verkaufsverträgen vorgehalten wurden, unter Angabe der Modalitäten und Beträge	1.79 (a) (vii) 32.34	12	51 f
• Beschreibung von **Art und Zweck jeder Rücklage** innerhalb des Eigenkapitals	1.79 (b)	12	130
• Bei **kündbaren Finanzinstrumenten** die als Eigenkapital eingestuft sind:	1.136 A	12	94 ff, 132
– zusammengefasste quantitative Angaben zu dem als Eigenkapital klassifizierten Betrag	1.136A (a)		
– Angabe der Ziele, Methoden und Verfahren, mit denen die Instrumente zurückgekauft bzw zurückgenommen werden, wenn Inhaber dies verlangen, inklusive aller Änderungen ggü vorangegangener Periode	1.136 A (b)		
– Angabe des erwarteten Mittelabflusses bei Rückkauf oder Rücknahme sowie diesbezügliche Berechnungsmethode	1.136 A (c)/ 1.136 A (d)		
• Bei **Umgliederung** eines **als Eigenkapitalinstrument eingestuften kündbaren Finanzinstruments** oder Instrument, das das Unternehmen dazu verpflichtet, einer anderen Partei im Falle der Liquidation einen propor-	1.80 A	12	94 ff

19

Angaben	Fundstelle	Handbuch	
	IAS	§	Rz
tionalen Anteil an seinem Nettovermögen zu liefern, **zwischen finanziellen Verbindlichkeiten und Eigenkapital** für jede Kategorie Angabe des – ein- bzw ausgegliederten Betrags – Zeitpunkts und der Gründe der Umgliederung			
• Bei Sachdividenden ist folgendes anzugeben: – der **Buchwert der zu zahlenden Dividende**, am Anfang und am Ende der Berichtsperiode – ggf die **Buchwerterhöhung oder -minderung** resultierend aus einer Änderung des beizulegenden Zeitwerts der zur Ausschüttung vorgesehenen Vermögenswerte • Wenn **nach dem Stichtag**, jedoch **vor der Freigabe** des Abschlusses zur Veröffentlichung, das Unternehmen entscheidet eine Sachdividende auszuschütten, ist anzugeben: – die Art des auszuschüttenden Vermögenswerts – der Buchwert des auszuschüttenden Vermögenswerts am Ende der Berichtsperiode und – der geschätzte beizulegende Zeitwert des auszuschüttenden Vermögenswerts am Ende der Berichtsperiode, wenn dieser vom Buchwert abweicht sowie die zugrunde gelegte Bewertungsmethode	**IFRIC 17** **IFRIC 17.16 (a)** **IFRIC 17.16 (b)** **IFRIC 17.17 (a)** **IFRIC 17.17 (b)** **IFRIC 17.17 (c)**	12	89
Personengesellschaften, sonstige Unternehmen ohne gezeichnetes Kapital			
• Geeignete **gleichwertige Angaben** wie KapGes	**1.80**	12	99
Sonstige Angaben			
• Betrag der **Transaktionskosten**, der in der Periode als Abzug vom Eigenkapital bilanziert wurde	**32.39 iVm IAS 1**	12	33 ff
• **Anschaffungskosten** für **eigene Anteile** • Ggf Angaben gem IAS 24 bei **Erwerb/Veräußerung von eigenen Anteilen von/an nahestehende Personen**	**32.34**	12 20	80 ff 29 ff
20 **5.16 Verbindlichkeiten aus Warenlieferungen und Leistungen**			
• Angaben wie zu **Rz 17** • Angabe des **beizulegenden Zeitwerts,** wenn dieser von dem Anschaffungswert abweicht • Angaben für **Finanzinstrumente** (vgl Rz 35 ff)	**1.61** **IFRS 7.25 ff** **IFRS 7**	14 14 10	26, 103 113 3 ff

Angaben	**Fundstelle**	**Handbuch**		
	IAS	**§**	**Rz**	
5.17 Sonstige Rückstellungen				21
• **Gruppen bilden** von Risiken, die vergleichbar sind, und je Gruppe erläuternde Angaben zu	**37.84, 37.85**	**13**	**190 ff**	
– Buchwert zu Beginn und Ende der Berichtsperiode	**37.84 (a)**	**13**	**191**	
– Zuführungen, Inanspruchnahme und Auflösungen	**37.84 (b)-(d)**	**13**	**81 ff**	
– Auswirkungen des Zinssatzes und Änderungen des Zinssatzes	**37.84 (e)**	**13**	**74**	
– Beschreibung der Art der Verpflichtung und erwarteter Zeitpunkt des Abflusses wirtschaftlichen Nutzens	**37.85(a)**	**13**	**192**	
– Erläuterung der Unsicherheiten hinsichtlich IAS 37.85 (a)	**37.85 (b)**	**13**	**47 ff**	
– Höhe aller erwarteten Erstattungen unter Angabe der Höhe aller Vermögenswerte, die für die jeweils erwartete Erstattung angesetzt wurden	**37.85 (c)**	**13**	**68 ff**	
• Bei Beginn der Umsetzung eines **Restrukturierungsplans** (mit wesentlichem Umfang) nach dem Bilanzstichtag Angaben nach IAS 10 „Ereignisse nach dem Bilanzstichtag“	**37.75**	**13**	**190 ff**	
• Gesonderte Angaben für **Rückstellungen für Gewährleistung und Restrukturierung;** falls Restrukturierung mit der Aufgabe eines Geschäftsbereichs zusammenhängt, weitere Angaben notwendig	**37.87** **37.10** **IFRS 5.30 ff**	**13** **13**	**190** **162 ff**	
• Betragsmäßige Angaben je Gruppe von Rückstellungen bei **Realisierung nach 12 Monaten**	**1.61**	**13**	**86, 191**	
5.18 Pensionsrückstellungen				22
• Zu Leistungen an Arbeitnehmer und Altersversorgungsplänen s Rz 76 ff und Rz 79				
5.19 Leasingverträge				23
5.19.1 Anhangangaben beim Leasingnehmer				
Bei einem **Finanzierungs-Leasingverhältnis** sind folgende Angaben zusätzlich zu den Anforderungen des IFRS 7 beim **Leasingnehmer** zu machen: • (Netto-)**Buchwert** für jede Gruppe von Vermögenswerten • **Überleitungsrechnung** von der Summe der künftigen Mindestleasingzahlungen zu deren Barwerten am Stichtag, wobei die Summe der künftigen Mindestleasingzahlungen und deren Barwerte gegliedert nach folgenden Fälligkeiten angegeben werden:	**17.31** **17.31 (a)** **17.31 (b)**	**22**	**130 ff,** **146**	

Angaben	Fundstelle IAS	Handbuch §	Handbuch Rz
– bis 1 Jahr – über 1 bis 5 Jahre – über 5 Jahre	**17.31 (b) (i)** **17.31 (b) (ii)** **17.31 (b) (iii)**		
• Erfolgswirksam erfasste, **bedingte** Leasingzahlungen	**17.31 (c)**		
• Summe der künftigen Mindestleasingzahlungen, deren Erhalt auf Grund von **unkündbaren Untermietverhältnissen** am Bilanzstichtag erwartet wird	**17.31 (d)**		
• Allgemeine Beschreibung der **wesentlichen Leasingvereinbarungen** insbes unter Angabe der folgenden Informationen:	**17.31 (e)**		
– Grundlage, auf der bedingte **Mietzahlungen** festgelegt sind	**17.31 (e) (i)**		
– das Bestehen und Bestimmungen von **Verlängerungs- oder Kaufpreisoptionen** und **Preisanpassungsklauseln** und	**17.31(e)(ii)**		
– durch Leasingvereinbarungen auferlegte **Beschränkungen**	**17.31(e)(iii)**		
• Beachtung der **Angabepflichten** gem IAS 16, 36, 38, 40, 41	**17.32**	22	**146**
Bei einem **Operating-Leasingverhältnis** sind folgende Angaben zusätzlich zu den Anforderungen des IFRS 7 beim **Leasingnehmer** zu machen:	**17.35**	22	**115 ff, 144**
• Summe der künftigen Mindestleasingzahlungen der **unkündbaren Operating-Leasingverhältnisse,** gegliedert nach Fälligkeit:	**17.35 (a)**		
– bis 1 Jahr, – über 1 bis 5 Jahre, – über 5 Jahre	**17.35 (a) (i)** **17.35 (a) (ii)** **17.35 (a) (iii)**		
• Summe der künftigen Mindestleasingzahlungen, deren Erhalt auf Grund von **unkündbaren Untermietverhältnissen** am Bilanzstichtag erwartet wird	**17.35 (b)**		
• Zahlungen aus Leasingverhältnissen und Untermietverhältnissen, die **erfolgswirksam** in der GuV erfasst sind, getrennt für Mindestleasingzahlungen, bedingte Mietzahlungen und Zahlungen aus Untermietverhältnissen	**17.35 (c)**		
• **Allgemeine Beschreibung** der wesentlichen Leasingvereinbarungen insbes unter Angabe der folgenden Informationen:	**17.35 (d)**		
– Grundlage, auf der bedingte Mietzahlungen festgelegt sind	**17.35 (d) (i)**		
– das Bestehen und Bestimmungen von Verlängerungs- oder Kaufpreisoptionen und Preisanpassungsklauseln und	**17.35 (d) (ii)**		
– durch Leasingvereinbarungen auferlegte Beschränkungen	**17.35 (d) (iii)**		

Angaben	Fundstelle	Handbuch	
	IAS	§	Rz
5.19.2 Anhangangaben beim Leasinggeber			
Leasinggeber haben bei einem **Finanzierungs-Leasingverhältnis** ergänzend zu den Vorgaben des IFRS 7 folgende Angaben zu machen:	17.47	22	124 ff, 143
• **Überleitung** der Bruttogesamtinvestitionen in das Leasingverhältnis am Stichtag zum Barwert der ausstehenden Mindestleasingzahlungen sowie Bruttoinvestitionen und Barwert der ausstehenden Mindestleasingzahlungen, gegliedert nach der Fälligkeit:	17.47 (a)		
– bis 1 Jahr	17.47 (a) (i)		
– über 1 bis 5 Jahre	17.47 (a) (ii)		
– über 5 Jahre	17.47 (a) (iii)		
• Noch nicht realisierter **Finanzertrag**	17.47 (b)		
• Nicht garantierte **Restwerte,** die zugunsten des Leasinggebers anfallen	17.47 (c)		
• Kumulierte **Wertberichtigungen** für uneinbringliche ausstehende Mindestleasingzahlungen	17.47 (d)	22	143
• Erfolgswirksam erfasste **bedingte** Mietzahlungen	17.47 (e)		
• Allgemeine Beschreibung der **wesentlichen Leasingvereinbarungen** des Leasinggebers	17.47 (f)		
• **Empfohlen** wird die Angabe eines **Wachstumsfaktors:** Bruttoinvestition ./. nicht realisierte Erträge aus in der Periode abgeschlossenem Neugeschäft ./. Beträge aus gekündigten Leasingverhältnissen = **Wachstumsindikator**	17.48	–	–
Leasinggeber haben bei einem **Operating-Leasingverhältnis** Vermögenswerte, die Gegenstand des Operating-Leasingverhältnisses sind, in ihrer Bilanz darzustellen und ergänzend zu den Vorgaben des IFRS 7 folgende Angaben zu machen:	17.49 17.56	22 22	103 ff 141
• Summe der künftigen Mindestleasingzahlungen der **unkündbaren Operating-Leasingverhältnisse**, gegliedert nach Fälligkeit:	17.56 (a)		
– bis 1 Jahr,	17.56 (a) (i)		
– über 1 bis 5 Jahre,	17.56 (a) (ii)		
– über 5 Jahre	17.56 (a) (iii)		
• Summe der **erfolgswirksam** erfassten **bedingten** Mietzahlungen	17.56 (b)		
• **Allgemeine Beschreibung** zu den Leasingvereinbarungen	17.56 (c)		
• Zusätzlich Beachtung der **Angabepflichten** gem IAS 16, 36, 38, 40, 41	17.57	–	–

24

	Angaben	Fundstelle	Handbuch	
		IAS	§	Rz
25	**5.19.3 Besondere Anhangangaben**			
	Für Vereinbarungen in der rechtlichen Form von Leasingverhältnissen, die nach ihrem wirtschaftlichen Gehalt kein Leasingverhältnis nach IAS 17 darstellen:	**SIC 27.10**	22	**174 ff**
	• **Beschreibung der Vereinbarung** mit folgenden Angaben:	**SIC 27.10 (a)**		
	– betreffender Vermögenswert und etwaige **Nutzungsbeschränkung**	**SIC 27.10 (a) (i)**		
	– **Laufzeit** und andere wichtige Bedingungen der Vereinbarung	**SIC 27.10 (a) (ii)**		
	– miteinander **verknüpfte Transaktionen** einschließlich aller Optionen	**SIC 27.10 (a) (iii)**		
	• Weiter ist anzugeben: – die Bilanzierungsmethode, die auf die **erhaltenen Entgelte** angewandt wurde – der Betrag, der in der Berichtsperiode als **Ertrag** erfasst wurde – der **Posten** in der **GuV,** in dem der Ertrag erfasst wurde	**SIC 27.10 (b)**		
	Bei ***sale-and-lease-back*-Transaktionen** sind die Angabepflichten für Leasingnehmer und -geber anzuwenden; die erforderliche Beschreibung der wesentlichen Leasingvereinbarungen führt zur Angabe der Vertragsbestimmungen	**IAS 17.65 f**	22	**141 ff, 156 ff**
26	**5.20 Darlehens- und sonstige Verbindlichkeiten**			
	• **Angemessene Untergliederung** in der Bilanz und im Anhang	**1.77 f**	**14**	**27 ff**
	• Gliederung nach **Fristigkeit** (bis 1 Jahr, mehr als 1 Jahr)	**1.69 ff**	**14**	**26**
	• **Beizulegender Zeitwert**	**IFRS 7.26**	**14**	**113**
	• Enthält ein Finanzinstrument sowohl **Schuld-** als auch **Eigenkapitalelemente**, Angaben zu den Bestandteilen	**32.28 IFRS 7.17**	**12 12 23**	**14 17 73**
27	**5.21 Zuwendungen der öffentlichen Hand**			
	• **Bilanzierungs- und Bewertungsmethoden, Darstellungsmethoden**	**20.39 (a)**	**5**	**70 ff, 81**
	• **Art** und **Umfang** der Zuwendungen	**20.39 (b)**	**5**	**60 ff, 81**
	• **Unerfüllte** Zuwendungsbedingungen, andere Erfolgsunsicherheiten	**20.39 (c)**	**5**	**81**
28	**5.22 Nahestehende Personen (einschließlich Unternehmen)**			
	• **Beziehungen** zwischen MU und TU – Name des MU – falls abweichend: Name des obersten beherrschenden Unternehmens	**24.12**	**20**	**30, 35**

Angaben	**Fundstelle**	**Handbuch**		
	IAS	**§**	**Rz**	
– falls abweichend: Name des nächst höheren MU, das Abschlüsse veröffentlicht				
• Beziehungen zu **anderen Personen,** zu denen ein **Beherrschungsverhältnis** besteht	**24.13**	**20**	**36**	
• **Managementvergütungen für Schüssel-positionen** insgesamt und je Kategorie: – kurzfristig fällige Leistungen – Leistungen nach Beendigung des Arbeitsverhältnisses – andere langfristig fällige Leistungen – Zahlungen aus Anlass der Beendigung des Arbeitsverhältnisses – aktienbasierte Vergütungen	**24.16** **24.16 (a)** **24.16 (b)** **24.16 (c)** **24.16 (d)** **24.16 (e)**	**20** **26** **26** **26** **26** **26** **24**	**21, 38** **129** **102 ff** **16 ff** **106 ff** **112 ff** **11 ff**	
Bei **Geschäften zwischen** nahestehenden Personen: • **Art** der Beziehung • **Information** über das Geschäft • **Betrag** des Geschäftsvorfalls • **Ausstehende Salden,** dazu – Bedingungen, Konditionen inklusive möglicher Besicherung sowie Art der Leistungserfüllung – gewährte und erhaltene Garantien • **Wertberichtigungen** auf offene Salden • Aufwand für **Forderungsabschreibungen** und dergleichen Diese Angaben **gesondert** für: • Das **MU** • Gesellschafter von **Gemeinschafts- und assoziierten Unternehmen** • **TU** • **Assoziierte Unternehmen** • **Gemeinschaftsunternehmen**	**24.17** **24.17 Satz 1** **24.17 Satz 1** **24.17 (a)** **24.17 (b)** **24.17 (b) (i)** **24.17 (b) (ii)** **24.17 (c)** **24.17 (d)** **24.18** **24.18 (a)** **24.18 (b)** **24.18 (c)** **24.18 (d)** **24.18 (e)**	**20** **20** **20** **20** **20** **30** **30**	**31** **34** **7** **9** **7** **44 f** **41 ff**	
• **Management** in Schlüsselpositionen des berichtenden Unternehmens oder dessen MU • **Andere** nahestehende Personen	**24.18 (f)** **24.18 (g)**	**20** **20**	**38** **13**	
5.23 Verpflichtungen				29
• Zum Erwerb von **Sachanlagen**	**16.74 (c)**	**5** **14**	**223** **33**	
• Zum Erwerb **immaterieller Vermögenswerte**	**38.122 (e)**	**4**	**117**	
5.24 Eventualverbindlichkeiten und -forderungen				30
• **Gruppen** von Eventualschulden/-forderungen bilden und je Gruppe – finanzielle Auswirkungen angeben	**37.86** **37.86 (a)**	**13**	**16 ff**	

Angaben	Fundstelle	Handbuch	
	IAS	§	Rz
– Unsicherheiten für Betrag, Fälligkeit und Abfluss erläutern – Möglichkeiten einer Erstattung erläutern	**37.86 (b)** **37.86 (c)**		
• Falls ein **Zufluss aus Eventualforderungen** wahrscheinlich ist: – kurze **Beschreibung** der Art – Schätzung der finanziellen Auswirkungen	**37.89**	**10**	**74**
• Erfolgen die Angaben gem IAS 37.86, IAS 37.89 **nicht,** so ist dies anzugeben	**37.91**	–	–
• Bei **Unternehmenszusammenschlüssen:** Angaben zu Eventualverbindlichkeiten, die im Rahmen der Verteilung der Anschaffungskosten angesetzt bzw ausnahmsweise nicht angesetzt wurden	**IFRS 3.B64 (j)/ IFRS 3.67 (c) iVm IAS 37**	**34**	**152 ff** **281**
• Ggf **Zusammenhang mit Rückstellungen** herstellen	**37.88** **19.125**	–	–
• Eventualschuld aus Angebot auf **Beendigung eines Arbeitsverhältnisses**	**19.141** **19.125**	**13**	**139 ff**
31 **5.25 Ereignisse nach dem Bilanzstichtag**			
• Vor der Abschlussfreigabe **vorgeschlagene oder beschlossene Dividende** insgesamt und je Anteil und alle kumulierten **Vorzugsdividenden**, die bisher unberücksichtigt sind – und deren ertragsteuerliche Konsequenz	**1.137** **10.13** **12.82 A**	**12** **19** **25**	**130** **47** **214**
• **Aktualisierung** von Angaben bei **wertaufhellenden** Informationen	**10.19**	**2**	**49**
• Erläuterung von **Ereignissen von besonderer Wichtigkeit**, die im Abschluss nicht berücksichtigt sind – Art – finanzielle Auswirkungen (Beispiele in IAS 10.22) – bei Unmöglichkeit der Angabe finanzieller Auswirkungen: Angabe dieser Tatsache	**10.21** **10.21 (a)** **10.21 (b)** **10.21 (b)**	**2**	**48**
32 **5.26 Dienstleistungslizenzen**			
Angaben bei **Betreiber und Konzessionsgeber** für jede einzelne Vereinbarung oder für Gruppen von Vereinbarungen: • **Beschreibung** der Vereinbarung • **Wesentliche Bestimmungen** der Vereinbarung, die künftige Cashflows beeinflussen können • **Art** und **Umfang** von: – Rechten, bestimmte Vermögenswerte zu nutzen – zu erfüllenden Verpflichtungen oder Rechten auf das Erbringen von Dienstleistungen	**SIC 29.6** **SIC 29.6 (a)** **SIC 29.6 (b)** **SIC 29.6 (c)** **SIC 29.6 (c) (i)** **SIC 29.6 (c) (ii)**	**4** **9**	**63** **97 ff**

Angaben	Fundstelle	Handbuch	
	IAS	§	Rz
– Verpflichtungen, Sachanlagen zu erwerben oder zu errichten – Verpflichtungen, bestimmte Vermögenswerte am Ende der Laufzeit der Lizenz zu übergeben oder – Ansprüche, solche zu diesem Zeitpunkt zu erhalten – Verlängerungs- und Kündigungsoptionen – anderen Rechten und Verpflichtungen (zB Großreparaturen und -instandhaltungen); • **Veränderungen der Vereinbarung** während der Laufzeit der Lizenz • **Einstufung** der Vereinbarung • Beim **Betreiber** Angabe der Umsätze, Gewinne und Verluste, die innerhalb des Berichtszeitraums durch die Einbringung der Bauleistung gegen einen finanziellen oder immateriellen Vermögenswert entstanden sind	**SIC 29.6 (c) (iii)** **SIC 29.6 (c) (iv)** **SIC 29.6 (c) (iv)** **SIC 29.6 (c) (v)** **SIC 29.6(c)(vi)** **SIC 29.6 (d)** **SIC 29.6 (e)** **SIC 29.6A**		
6. Kapitalflussrechnung			
• **Klassifizierung** der Kapitalflussrechnung nach: – Cashflow aus lfd Geschäftstätigkeit – Cashflow aus der Investitionstätigkeit und – Cashflow aus der Finanzierungstätigkeit	**7.10**	**18** **18** **18** **18**	**5, 17 f** **19 ff** **22 ff** **26 ff**
• Separater Ausweis wesentlicher Posten von **Mittelzu- und -abflüssen aus der Investitions- und Finanzierungstätigkeit** (Nettoausweis von Cashflows gem IAS 7.22 möglich)	**7.16** **7.17**	**18** **18**	**22 ff** **26 ff**
• Die Kapitalflussrechnung kann nach **der indirekten** oder der **direkten** Methode aufgestellt werden, aus der Methodenwahl ergeben sich folgende Anhangangaben: – **direkte Methode**: wesentliche Bruttoein- und -auszahlungen aus lfd Geschäftstätigkeit einzeln angeben – **indirekte Methode:** Ermittlung der Cashflows aus lfd Geschäftstätigkeit durch Korrektur des Jahreserfolgs um nichtzahlungswirksame Geschäftsvorfälle, Veränderungen bestimmter Bilanzposten und Erträge und Aufwendungen im Zusammenhang mit der Investitions- und Finanzierungstätigkeit	**7.18** **7.18 (a)** **7.18 (b)**	**18**	**31 ff**
In der Kapitalflussrechnung hat ein separater Ausweis der • **Zinszahlungen** • **Dividendenzahlungen** und • **Ertragsteuerzahlungen** zu erfolgen	 **7.31** **7.34** **7.35**	 **18** **18** **18**	 **53** **55** **57**

33

Angaben	Fundstelle	Handbuch	
	IAS	§	Rz
Angaben zu **Ein- und Auszahlungen** im Zusammenhang mit der Übernahme oder dem Verlust der **Beherrschung** über TU oder sonstige Geschäftseinheiten	7.40	18	68 ff, 79
• Das **gesamte gezahlte oder erhaltene Entgelt**	7.40 (a)	34	176 ff
• Der Teil des Entgelts, der durch **Zahlungsmittel- bzw Zahlungsmitteläquivalente** beglichen wurde	7.40 (b)	18	8 ff
• Der Betrag der Zahlungsmittel bzw Zahlungsmitteläquivalente des Unternehmens, über welche die **Beherrschung erlangt** oder **verloren** wurde	7.40 (c)	18	8 ff
• Die Beträge der nach **Hauptgruppen gegliederten Vermögenswerte und Schulden** – mit Ausnahme der Zahlungsmittel und Zahlungsmitteläquivalente – der TU oder sonstigen Geschäftseinheiten, über welche die Beherrschung erlangt oder verloren wurde	7.40 (d)	34	99 ff 143 ff
• Darstellung **wesentlicher zahlungsunwirksamer Geschäftsvorfälle** im Anhang, wie zB Erwerb eines Unternehmens gegen Anteilsausgabe, Erwerb von Vermögenswerten durch Schuldenübernahme oder Umwandlung von Schulden in Eigenkapital	7.43, 7.44	18	59, 90
• Erläuterung der Zusammensetzung des **Finanzmittelfonds** (sofern sich Änderungen der Zusammensetzung ggü der Vorperiode ergeben haben: Angabepflicht gem IAS 7.47)	7.45, 7.46	18	8 ff, 87
• **Überleitungsrechnung** zu den korrespondierenden Bilanzposten	7.45	18	87
• Angabe wesentlicher, in den Finanzmittelfonds **eingeflossener Zahlungsmittel/ Zahlungsmitteläquivalente**, über die das Unternehmen nicht verfügen kann	7.48	18	13, 88
• Separater Ausweis der **Cashflows aus aufgegebenen Geschäftsbereichen** wahlweise in der Kapitalflussrechnung oder im Anhang (ebenfalls unterteilt in Cashflow aus lfd Geschäftstätigkeit, Investitions- und Finanzierungstätigkeit); Angabe nicht notwendig für Veräußerungsgruppen in der Form von neu erworbenen TU, welche den Status nach IFRS 5.11 (Veräußerungsabsicht) erfüllen	IFRS 5.33 (c)	18	6
Weitere **freiwillige Angaben** werden empfohlen:	7.50	18	91
• Gesamtbetrag **nicht ausgenutzter Kreditlinien** (etwaige Verfügungsbeschränkungen sind anzugeben)	7.50 (a)		

Angaben	Fundstelle	Handbuch	
	IAS	§	Rz
• Gesamtbetrag der **Zahlungsvorgänge, die sich auf Gemeinschaftsunternehmen beziehen,** die in den Konzernabschluss mittels Quotenkonsolidierung einbezogen wurden (getrennt nach Funktionsbereichen) • Gesamtbetrag der **Zahlungsflüsse, die für die Erweiterung des Geschäftsbetriebs** einerseits und die Erhaltung der bestehenden Kapazitäten andererseits erforderlich sind • Die Aufteilung der Zahlungsmittelzu- und -abflüsse für Bereiche der betrieblichen Tätigkeit, der Investitionstätigkeit und der Finanzierungstätigkeit aufgegliedert nach den einzelnen **berichtspflichtigen Segmenten** gem IFRS 8	**7.50 (b)** **7.50 (c)** **7.50 (d)**		
7. Unternehmenszusammenschlüsse			
• Allgemeine Angaben über **Art und finanzielle Auswirkungen** von Unternehmenszusammenschlüssen – der Berichtsperiode – im Zeitraum zwischen Stichtag und Freigabe des Abschlusses zur Veröffentlichung **Hinweis:** Die im Folgenden genannten Angaben der IFRS 3.B64 und IFRS 3.B65 müssen separat für beide Fälle erfolgen (IFRS 3.60 iVm IFRS 3.64 ff)	**IFRS 3.59** **IFRS 3.59 (a)** **IFRS 3.59 (b)**	34	281
• **Name und Beschreibung** des erwobenen Unternehmens	**IFRS 3.B64 (a)**	34	281
• **Zeitpunkt** des Erwerbs	**IFRS 3.B64 (b)**	34	57 ff, 281
• **Prozentsatz** der erworbenen Stimmrechte	**IFRS 3.B64 (c)**	34	281
• **Hauptgründe** für Unternehmenszusammenschluss und Beschreibung der **Art und Weise,** wie Beherrschung erlangt wurde	**IFRS 3.B64 (d)**	34	14 f, 281
• **Qualitative Beschreibung der Faktoren** die zur Erfassung eines **Geschäfts- oder Firmenwerts** führen (zB erwartete Synergien, nicht gesondert angesetzte immaterielle Vermögenswerte, sonstige Faktoren)	**IFRS 3.B64 (e)**	34	243, 281
• **Beizulegende Zeitwerte** zum Erwerbszeitpunkt der gesamten **übertragenen Gegenleistung** sowie jeder Hauptgruppe von Gegenleistungen, wie: – Zahlungsmittel – sonstige materielle oder immaterielle Vermögenswerte (einschließlich Geschäftsbetrieb oder TU des Erwerbers) – eingegangene Schulden – Eigenkapitalanteile des Erwerbers (einschließlich Anzahl der ausgegebenen bzw noch auszugebenden Instrumente oder Anteile) sowie deren Methode der Ermittlung des beizulegenden Zeitwerts	**IFRS 3.B64 (f)** **IFRS 3.B64 (f) (i)** **IFRS 3.B64 (f) (ii)** **IFRS 3.B64 (f) (iii)** **IFRS 3.B64 (f) (iv)**	34	176 ff

34

Angaben	Fundstelle	Handbuch	
	IAS	§	Rz
• Bei Vereinbarungen über **bedingte Gegenleistung** und Vermögenswerte für Entschädigungsleistungen: – erfasster Betrag zum Erwerbszeitpunkt – Beschreibung der Vereinbarung und Grundlage der Ermittlung des Zahlungsbetrags – Schätzung der Bandbreite der Ergebnisse bzw Gründe, wenn diese nicht geschätzt werden kann, sowie Angabe, wenn Höchstbetrag der Zahlung unbegrenzt	**IFRS 3.B64 (g)** **IFRS 3.B64 (g) (i)** **IFRS 3.B64 (g) (ii)** **IFRS 3.B64 (g) (iii)**	34	211 ff
• Bei **erworbenen Forderungen** für die Hauptgruppen, wie Kredite, direkte Finanzierungs-Leasingverhältnisse und sonstige Gruppen von Forderungen: – beizulegender Zeitwert der Forderungen – Bruttobeträge der vertraglichen Forderungen – zum Erwerbszeitpunkt bestmögliche Schätzung der vertraglichen Cashflows, die voraussichtlich uneinbringlich sein werden	**IFRS 3.B64 (h)** **IFRS 3.B64 (h) (i)** **IFRS 3.B64 (h) (ii)** **IFRS 3.B64 (h) (iii)**	34	130 f
• Erfasste Beträge zum Erwerbszeitpunkt für jede **Hauptgruppe** von erworbenen Vermögenswerten und übernommenen Schulden	**IFRS 3.B64 (i)**	34	281
• Angaben gem IAS 37.85 für **Eventualverbindlichkeiten** und, wenn beizulegender Zeitwert nicht verlässlich ermittelt werden kann: – Angaben gem IAS 37.86 – Gründe für Unmöglichkeit der verlässlichen Bewertung	**IFRS 3.B64 (j)** **IFRS 3.B64 (j) (i)** **IFRS 3.B64 (j) (ii)**	34 13	152 ff 192 f
• **Steuerlich abzugsfähige** Gesamtsumme des Geschäfts- oder Firmenwerts	**IFRS 3.B64 (k)**	25 34	96 f 281
• Für gem IFRS 3.51 vom Erwerb der Vermögenswerte oder der Übernahme der Schulden **getrennt ausgewiesene Transaktionen:** – Beschreibung jeder Transaktion – wie der Erwerber jede Transaktion bilanziert – die für jede Transaktion ausgewiesenen Beträge und Posten im Abschluss, in denen jeder Betrag erfasst ist – Ermittlungsmethode des Erfüllungsbetrags, wenn Transaktion die tatsächliche Erfüllung der zuvor bestehenden Beziehung ist • Betrag, der zu IFRS 3.B64 (l) gehörigen **Abschlusskosten** und separat diejenigen Kosten, die als Aufwand erfasst wurden und die Posten der Gesamtergebnisrechnung, in welchen diese erfasst wurde • Nicht als Aufwand erfasste **Ausgabekosten** sowie deren Erfassung	**IFRS 3.B64 (l)** **IFRS 3.B64 (l) (i)** **IFRS 3.B64 (l) (ii)** **IFRS 3.B64 (l) (iii)** **IFRS 3.B64 (l) (iv)** **IFRS 3.B64 (m)** **IFRS 3.B64 (m)**	34	178 ff

Angaben	Fundstelle	Handbuch	
	IAS	§	Rz
• Bei Erwerb zu einem **Preis unter Marktwert:** – Betrag eines gem IFRS 3.34 erfassten Gewinns sowie der zugehörige Posten der Gesamtergebnisrechnung – Beschreibung der Gründe, weshalb die Transaktion zu einem Gewinn führte	**IFRS 3.B64 (n)** **IFRS 3.B64 (n) (i)** **IFRS 3.B64 (n) (ii)**	**34**	**236 ff**
• Für jeden Unternehmenszusammenschluss, bei dem der Erwerber zum Erwerbszeitpunkt **weniger als 100% der Eigenkapitalanteile** an dem erworbenen Unternehmen hält: – der zum Erwerbszeitpunkt angesetzte Betrag der Anteile nicht-beherrschender Gesellschafter an dem erworbenen Unternehmen und Bewertungsgrundlage für diesen Betrag – Bewertungstechniken und die in das Hauptmodell einfließenden Parameter zur Ermittlung des beizulegenden Zeitwerts für jeden Anteil nicht-beherrschender Gesellschafter	**IFRS 3.B64 (o)** **IFRS 3.B64 (o) (i)** **IFRS 3.B64 (o) (ii)**	**34** **34** **34**	**281** **219** **221**
• Bei sukzessivem Unternehmenszusammenschluss: – der zum Erwerbszeitpunkt geltende beizulegende Zeitwert des Eigenkapitalanteils an dem erworbenen Unternehmen, der unmittelbar vor dem Erwerbszeitpunkt vom Erwerber gehalten wurde – Gewinn oder Verlust der aufgrund einer Neubewertung des Eigenkapitalanteils an dem erworbenen Unternehmen, der vor dem Unternehmenszusammenschluss vom Erwerber gehalten wurde, mit dem beizulegenden Zeitwert erfasst wurde und der zugehörige Posten der Gesamtergebnisrechnung	**IFRS 3.B64 (p)** **IFRS 3.B64 (p) (i)** **IFRS 3.B64 (p) (ii)**	**34** **38**	**254 ff** **11 ff**
• **Erlöse, Gewinne oder Verluste** des **erworbenen Unternehmens** seit dem Erwerbszeitpunkt, welche in der Konzerngesamtergebnisrechnung der betreffenden Periode enthalten sind • **Erlöse, Gewinne oder Verluste des zusammengeschlossenen Unternehmens** für die aktuelle Periode unter der Annahme, dass der Erwerbszeitpunkt für alle Unternehmenszusammenschlüsse am Anfang der Berichtsperiode gelegen hätte	**IFRS 3.B64 (q) (i)** **IFRS 3.B64 (q) (ii)**	**34** **34**	**281** **281**
• Erklärung und Begründung bei **Undurchführbarkeit** (iSd IAS 8) der Offenlegung der in IFRS 3.B64 geforderten Angaben	**IFRS 3.B64 aE**	**34**	**281**
• Sind einzelne Unternehmenszusammenschlüsse während der Berichtsperiode **unwesentlich,** sind zumindest zusammengefasste Angaben gem IFRS 3.B64 (e)–(q) erforderlich	**IFRS 3.B65**	**34**	**281**

Angaben	Fundstelle	Handbuch	
	IAS	§	Rz
• Liegt der Erwerbszeitpunkt eines Unternehmenszusammenschlusses nach dem Ende der Berichtsperiode jedoch **vor Genehmigung zur Veröffentlichung,** hat der Erwerber die in IFRS 3.B64 f vorgeschriebenen Angaben zu machen. Ist die erstmalige Bilanzierung des Unternehmenszusammenschlusses zum Zeitpunkt der Genehmigung nicht vollständig, hat der Erwerber zu beschreiben, welche Angaben nicht gemacht werden konnten und die Gründe hierfür	**IFRS 3.B66**	**34**	**281**
• Angaben, durch die die Abschlussadressaten die **finanziellen Auswirkungen** der in der aktuellen Berichtsperiode erfassten **Berichtigungen** beurteilen können bzgl Unternehmenszusammenschlüssen der aktuellen oder früheren Berichtsperiode	**IFRS 3.61**	**34**	**284**
Hinweis: Alle im Folgenden genannten Angaben müssen für jeden wesentlichen Unternehmenszusammenschluss bzw zusammengefasst für unwesentliche Unternehmenszusammenschlüsse, die gemeinsam wesentlich sind, gemacht werden	**IFRS 3.B67**		
• Bei **unvollständiger Bilanzierung** eines Unternehmenszusammenschlusses während der Berichtsperiode (vgl IFRS 3.45) und nur **vorläufiger Ermittlung** der ausgewiesenen Beträge:	**IFRS 3.B67 (a)**	**34**	**93 ff, 284**
– **Gründe** für eine unvollständige Bilanzierung	**IFRS 3.B67 (a) (i)**		
– **Vermögenswerte, Schulden, Eigenkapitalanteile** oder zu **berücksichtigende Posten,** für welche die erstmalige Bilanzierung unvollständig ist	**IFRS 3.B67 (a) (ii)**		
– **Art und Betrag aller Berichtigungen** im Bewertungszeitraum, die gem IFRS 3.49 in der Berichtsperiode erfasst wurden	**IFRS 3.B67 (a) (iii)**		
• Für **jede Periode nach Erwerbszeitpunkt** bis Unternehmen einen Vermögenswert einer bedingten Gegenleistung vereinnahmt, veräußert oder Anspruch darauf verliert oder bis Unternehmen eine Schuld als eine bedingte Gegenleistung erfüllt oder diese Schuld aufgehoben oder erloschen ist:	**IFRS 3.B67 (b)**	**34**	**211 ff, 284**
– **Änderungen** der **angesetzten Beträge** sowie **Differenzen** resultierend aus der **Erfüllung**	**IFRS 3.B67 (b) (i)**		
– **Änderungen der Bandbreite** der nicht abgezinsten Ergebnisse sowie **Gründe** der Änderungen	**IFRS 3.B67 (b) (ii)**		
– **Bewertungstechniken** und die einfließenden Parameter des Hauptmodells zur Bewertung **der bedingten Gegenleistung**	**IFRS 3.B67 (b) (iii)**		

Angaben	**Fundstelle**	**Handbuch**	
	IAS	**§**	**Rz**
• Angaben zu **Eventualschulden,** die gem IAS 37.84 und IAS 37.85 vorgeschrieben sind	**IFRS 3.B67 (c) iVm IAS 37**	**13**	**190, 284**
• Überleitungsrechnung für **Geschäfts- oder Firmenwert** s Rz 9	**IFRS 3.B67 (d)**	**34**	**284**
• Angabe des in der aktuellen Periode erfassten **Gewinns oder Verlusts** mit Erläuterungen – zu mit diesen in Zusammenhang stehenden erworbenen Vermögenswerten oder übernommenen Schulden im Rahmen eines Unternehmenszusammenschlusses innerhalb der aktuellen oder einer vorherigen Periode – wenn Umfang, Höhe oder Häufigkeit für Verständnis des Abschlusses des zusammengeschlossenen Unternehmens bedeutsam	**IFRS 3.B67 (e)** **IFRS 3.B67 (e) (i)** **IFRS 3.B67 (e) (ii)**	**34**	**284**
• **Zusätzliche Angaben,** sofern zur Erfüllung der Zielsetzungen von IFRS 3.59 und IFRS 3.61 erforderlich	**IFRS 3.63**	**34**	**280**
• Im Fall eines **umgekehrten Unternehmenserwerbs** Angabe, dass es sich um die Fortführung des Abschlusses des rechtlichen TU (des bilanziellen Erwerbers) handelt	**IFRS 3.B21**	**34**	**199 f**
8. Finanzinstrumente			
8.1 Klassen von Finanzinstrumenten			
• Wenn IFRS 7 Angaben zu **Klassen** von Finanzinstrumenten vorschreibt, sind diese entspr ihren Charakteristika so **zusammenzufassen,** dass sie der **Wesensart** der anzugebenden Informationen Rechnung tragen • Es sind **Informationen** bereitzustellen, die eine **Überleitungsrechnung** zu den entspr Posten der Bilanz ermöglichen	**IFRS 7.6**	**3** **3**	**207 ff** **211**
• Die **„Klassen"** entsprechen nicht den „Kategorien" gem IAS 39; mindestens sind folgende Klassen auszuweisen: – Instrumente, die zu fortgeführten Anschaffungs- oder Herstellungskosten ausgewiesen werden – Instrumente, die zum beizulegenden Zeitwert ausgewiesen werden – Instrumente, die nicht in den Anwendungsbereich des IFRS 7 fallen	**IFRS 7.B1 bis IFRS 7.B3**	**3**	**208 f**
• Informationen, aus denen die Bedeutung der Finanzinstrumente für die VFE-Lage erkenntlich wird	**IFRS 7.7**	**3**	**205**

35

	Angaben	Fundstelle	Handbuch	
		IAS	§	Rz
36	**8.2 Bilanz**			
	8.2.1 Kategorien finanzieller Vermögenswerte und Verbindlichkeiten			
	• **Buchwert** für jede der folgenden Kategorien (gem IAS 39):	**IFRS 7.8**		
	– **erfolgswirksam zum beizulegenden Zeitwert** bewertete **finanzielle Vermögenswerte**, getrennt nach: in diese Kategorie eingestuft beim erstmaligen Ansatz und gem IAS 39 als zu Handelszwecken gehalten eingestuft	**IFRS 7.8 (a)**	3	55 ff
	– **bis zur Endfälligkeit zu haltende** Finanzinvestitionen	**IFRS 7.8 (b)**	3	62 ff
	– **Kredite** und **Forderungen**	**IFRS 7.8 (c)**	3	69
	– zur **Veräußerung** verfügbare finanzielle Vermögenswerte	**IFRS 7.8 (d)**	3	71
	– **erfolgswirksam zum beizulegenden Zeitwert** bewertete **finanzielle Verbindlichkeiten**, getrennt nach: in diese Kategorie eingestuft beim erstmaligen Ansatz und gem IAS 39 als zu Handelszwecken gehalten eingestuft	**IFRS 7.8 (e)**	3	55 ff
	– finanzielle Verbindlichkeiten bewertet zu **fortgeführten Anschaffungskosten**	**IFRS 7.8 (f)**	3	155
37	**8.2.2 Erfolgswirksam zum beizulegenden Zeitwert bewertete finanzielle Vermögenswerte oder Verbindlichkeiten**			
	• Bei **Krediten** oder **Forderungen** eingestuft als **erfolgswirksam zum beizulegenden Zeitwert bewertet** (bzw eine Gruppe von Krediten oder Forderungen) ist anzugeben:	**IFRS 7.9**	3	55 ff 220
	– **maximales Ausfallrisiko** (s IFRS 7.36) des Kredits oder der Forderung zum Abschlussstichtag	**IFRS 7.9 (a)**	3	244
	– **Betrag,** um welchen das maximale Ausfallrisiko durch ein zugehöriges **Kreditderivat** oä Instrument kompensiert wird	**IFRS 7.9 (b)**	3	220
	– **Betrag** der **kumulierten Änderung** des beizulegenden Zeitwerts des Kredits oder der Forderung innerhalb der Berichtsperiode, der **resultiert aus Änderungen des Ausfallrisikos** des finanziellen Vermögenswerts. Dieser wird bestimmt entweder:	**IFRS 7.9 (c)**	3	220
	› als **Änderung** des **beizulegenden Zeitwerts** (sofern nicht bedingt durch Änderungen des Marktrisikos resultierend aus veränderten Marktbedingungen) oder	**IFRS 7.9 (c) (i)**		
	› einer aus Sicht des Unternehmens besser geeigneten und exakteren **alternativen Methode**	**IFRS 7.9 (c) (ii)**		
	– **Betrag** der **Änderung** des beizulegenden Zeitwerts jedes zugehörigen Kreditderivats	**IFRS 7.9 (d)**	3	220

Angaben	Fundstelle	Handbuch	
	IAS	§	Rz
oä Instruments während der Berichtsperiode und **seit Einstufung** des Kredits oder der Forderung als erfolgswirksam zum beizulegenden Zeitwert bewertet			
• Sofern eine finanzielle Verbindlichkeit als Finanzinstrument als erfolgswirksam zum beizulegenden Zeitwert (gem IAS 39.9) bewertet eingestuft wurde:	**IFRS 7.10**	3	**221 ff**
– **Betrag** der **kumulierten Änderung** des beizulegenden Zeitwerts der finanziellen Verbindlichkeit innerhalb der Berichtsperiode, der **resultiert aus Änderungen des Ausfallrisikos** der finanziellen Verbindlichkeit, bestimmt:	**IFRS 7.10 (a)**		
› als **Änderung** des **beizulegenden Zeitwerts** s IFRS 7.B4 (sofern nicht bedingt durch Änderungen des Marktrisikos resultierend aus veränderten Marktbedingungen) oder	**IFRS 7.10 (a) (i)**		
› aus Sicht des Unternehmens besser geeigneten und exakteren **alternativen Methode**	**IFRS 7.10 (a) (ii)**		
– **Differenz** zwischen **Buchwert** der finanziellen Verbindlichkeit und **vertragsgemäßen Betrag** bei Fälligkeit	**IFRS 7.10 (b)**		
• Angabe der für IFRS 7.9 (c) und IFRS 7.10 (a) angewendeten **Methode,** ggf **Grund** und **verantwortliche Faktoren** warum Änderung des beizulegenden Zeitwerts nicht zweckmäßig	**IFRS 7.11**	3	**223**
8.2.3. Umgliederungen			
• Bei **Umgliederung** eines **finanziellen Vermögenswerts (**gem IAS 39.51ff) von bewertet zum beizulegenden Zeitwert zu bewertet zu (fortgeführten) Anschaffungskosten bzw umgekehrt: **umgegliederter Betrag** je Kategorie sowie **Gründe** der Umgliederung	**IFRS 7.12**	3	**72 ff 224**
• Bei **Umgliederung** eines **finanziellen Vermögenswerts** aus der Kategorie finanzielle Vermögenswerte **bewertet zum beizulegenden Zeitwert** (gem IAS 39.50B oder IAS 39.50D) bzw aus der Kategorie **zur Veräußerung verfügbar** (gem IAS 39.50E):	**IFRS 7.12A**	3	**72 ff, 79 f, 224**
– **umgegliederter Betrag** je Kategorie	**IFRS 7.12A (a)**		
– **Buchwerte** und **beizulegende Zeitwerte** für jede Berichtsperiode bis zur Ausbuchung für alle finanzielle Vermögenswerte, die in der lfd bzw einer früheren Periode umgegliedert wurden	**IFRS 7.12A (b)**		
– **Indikatoren** und **Umstände** die die besondere Situation begründen, einen Vermögenswert gem IAS 39.50B umzugliedern	**IFRS 7.12A (c)**		

38

Angaben	Fundstelle	Handbuch	
	IAS	§	Rz
– bei **Umgliederung** eines finanziellen Vermögenswerts in der Berichtsperiode **Gewinn** oder **Verlust** durch die **Bewertung** zum **beizulegenden Zeitwert,** welcher in der Gesamtergebnisrechnung bzw GuV (sofern erstellt) in der aktuellen und vorangegangenen Berichtsperiode erfasst wurde – für die lfd und folgenden Perioden bis zur Ausbuchung des finanziellen Vermögenswerts den **Gewinn** oder **Verlust** (erfasst in der Gesamtergebnisrechnung bzw GuV (sofern erstellt)) durch die **Bewertung** zum **beizulegenden Zeitwert,** wenn die **Umgliederung nicht erfolgt wäre** sowie **erfasster Gewinn** oder **Verlust** und **Ertrag** und **Aufwand** – **Effektivzinssatz** und **erwartete Cashflows** zum Zeitpunkt der Umgliederung	**IFRS 7.12A (d)** **IFRS 7.12A (e)** **IFRS 7.12A (f)**		
• Bei **Umqualifizierung** finanzieller Verbindlichkeiten in Eigenkapital wegen Änderung des Rücknahmeverbots: – Betrag der Umgliederung – Zeitpunkt der Umgliederung – Grund für die Umgliederung	**IFRIC 2.13**	–	–
39 **8.2.4 Ausbuchung**			
• Bei **Übertragung** finanzieller Vermögenswerte, welche die dafür erforderlichen **Abgangskriterien** gem IAS 39.15 ff **nicht vollständig erfüllen** für jede Klasse: – **Art** der Vermögenswerte – **Art** der **Risiken und Chancen,** die mit dem Eigentum weiterhin verbunden sind – **Buchwerte** der **Vermögenswerte** und **dazugehörige Verbindlichkeiten,** sofern diese weiterhin angesetzt werden – bei weiterem Ansatz der Vermögenswerte nach Maßgabe eines bestehenden Engagements: **Gesamtbetrag** der ursprünglichen **Vermögenswerte, Betrag** der weiterhin **angesetzten Vermögenswerte** sowie **Buchwert** der dazugehörigen **Verbindlichkeiten**	**IFRS 7.13** **IFRS 7.13 (a)** **IFRS 7.13 (b)** **IFRS 7.13 (c)** **IFRS 7.13 (d)**	3	102 ff, 225
40 **8.2.5 Sicherheiten**			
• Für **Sicherheiten** beim **Sicherungsgeber**: – **Buchwert** der finanziellen Vermögenswerte die als Sicherheit für Verbindlichkeiten oder Eventualverbindlichkeiten gestellt wurden, einschließlich der gem IAS 39.37 (a) umgegliederten Beträge – **Vertragsbedingungen** der Besicherungen	**IFRS 7.14** **IFRS 7.14 (a)** **IFRS 7.14 (b)**	23 3 3	47 226 226

Angaben	Fundstelle	Handbuch		
	IAS	§	Rz	
• Beim **Sicherungsnehmer** für **Sicherheiten,** die **ohne Zahlungsverzug** des Eigentümers **verkauft** oder **verpfändet** werden können:	IFRS 7.15	3	226	
– **beizulegender Zeitwert** der gehaltenen Sicherheiten	IFRS 7.15 (a)			
– **beizulegender Zeitwert** aller **verkauften** oder **weiterverpfändeten** Sicherheiten und ob **Verpflichtung zur Rückgabe** an Eigentümer besteht	IFRS 7.15 (b)			
– **Vertragsbedingungen** zur Nutzung der Sicherheiten	IFRS 7.15 (c)			
8.2.6 Wertberichtigungskonten				41
• Bei **Wertminderung** finanzieller Vermögenswerte durch Kreditausfall und **Verbuchung** dieser Minderung auf einem **separaten Konto** ist für jede Klasse finanzieller Vermögenswerte eine **Überleitungsrechnung** zu erstellen, aus der die Änderungen auf den jeweiligen Konten in der Berichtsperiode hervorgehen	IFRS 7.16	3	173 ff 227 ff	
8.2.7 Zusammengesetzte Finanzinstrumente mit mehreren eingebetteten Derivaten				42
• Bei Ausgabe von **Finanzinstrumenten** bestehend aus einer **Fremd- und Eigenkapitalkomponente** (s IAS 32.28) mit mehreren **eingebetteten Derivaten**, deren Werte von einander abhängen, die Existenz dieser Merkmale	IFRS 7.17	3 23	228 20 ff	
8.2.8 Forderungsausfälle und Vertragsverletzungen				43
• Für am Abschlussstichtag angesetzte **Darlehensverbindlichkeiten:**	IFRS 7.18	3	229	
– Informationen zu in der Berichtsperiode eingetretenen **Zahlungsverzögerungen** bzw **-ausfällen,** die Tilgungs- oder Zinszahlungen, den Tilgungsfonds oder die Tilgungsbedingungen betreffen	IFRS 7.18 (a)			
– Buchwert der Kredite, bei denen zum Ende der Berichtsperiode ein Zahlungsverzug vorliegt	IFRS 7.18 (b)			
– Angabe, ob Zahlungsverzug beseitigt wurde oder die Konditionen neu verhandelt wurden, bevor der Abschluss zur Veröffentlichung freigegeben wurde	IFRS 7.18 (c)			
• Angaben gem IFRS 7.18 auch bei **anderen Verletzungen** von **Darlehensverträgen,** sofern diese den Kreditgeber berechtigen, eine **vorzeitige Rückzahlung** zu fordern und die Verletzungen am oder vor dem Berichtsstichtag nicht behoben oder die Darlehenskonditionen neu verhandelt wurden	IFRS 7.19	3	229	

Angaben	Fundstelle	Handbuch	
	IAS	§	Rz
44 **8.3 Gesamtergebnisrechnung**			
Angabe der nachstehenden Ertrags-, Aufwands-, Gewinn- oder Verlustposten:	IFRS 7.20	3	230 ff
• **Nettogewinne oder -verluste** aus:			
– erfolgswirksam zum beizulegenden Zeitwert bewerteten finanziellen Vermögenswerten oder Verbindlichkeiten getrennt nach denjenigen, die beim erstmaligen Ansatz als solche eingestuft wurden, und denen, die zu Handelszwecken iSv IAS 39 gehalten werden	IFRS 7.20 (a) (i)	3	230 55 ff
– zur Veräußerung verfügbaren finanziellen Vermögenswerten, wobei die Gewinne oder Verluste, die in der Berichtsperiode im sonstigen Ergebnis erfasst wurden, und die vom Eigenkapital in die GuV umgegliederten Gewinne und Verluste getrennt auszuweisen sind	IFRS 7.20 (a) (ii)	3	71
– bis zur Endfälligkeit zu haltende Finanzinvestitionen	IFRS 7.20 (a) (iii)	3	62 ff
– Kredite und Forderungen	IFRS 7.20 (a) (iv)	3	69 f
– finanzielle Verbindlichkeiten, die zu fortgeführten Anschaffungskosten bewertet werden	IFRS 7.20 (a) (v)	3	147
• Der (nach der **Effektivzinsmethode** berechnete) **gesamte Zinsertrag** und der **gesamte Zinsaufwand** für finanzielle Vermögenswerte und finanzielle Verbindlichkeiten, die nicht erfolgswirksam zum beizulegenden Zeitwert bewertet werden	IFRS 7.20 (b)	3	232
• Erträge und Aufwendungen aus **Gebühren und Provisionen** (die nicht in die Berechnung des Effektivzinssatzes einbezogen wurden), die resultieren aus:	IFRS 7.20 (c)	3	233
– finanziellen Vermögenswerten oder finanziellen Verbindlichkeiten, die nicht erfolgswirksam zum beizulegenden Zeitwert bewertet wurden	IFRS 7.20 (c) (i)		
– Treuhändertätigkeiten und anderen treuhändischen Funktionen mit der Folge, dass Vermögenswerte für fremde Rechnung einzelner Personen, Treuhandeinrichtungen, Pensionsfonds und anderer Institutionen gehalten oder investiert werden	IFRS 7.20 (c) (ii)		
• **Zinserträge** auf wertgeminderte finanzielle Vermögenswerte, die gem IAS 39.AG93 abgegrenzt werden	IFRS 7.20 (d)	3	234 179
• Betrag von **Wertminderungsaufwendungen** für jede Klasse finanzieller Vermögenswerte	IFRS 7.20 (e)	3	235 173 ff
45 **8.4 Andere Angaben**			
8.4.1 Bilanzierungs- und Bewertungsmethoden			
• In der Zusammenfassung der wesentlichen Bilanzierungs- und Bewertungsmethoden sind	IFRS 7.21	3	236

Angaben	Fundstelle	Handbuch	
	IAS	§	Rz
die bei der Erstellung des Abschlusses herangezogenen **Bewertungsgrundlagen und sonstigen Bilanzierungs- und Bewertungsmethoden** anzugeben, die für das **Verständnis** des Abschlusses **relevant** sind (IAS 1.117), diese umfassen:			
– bei erfolgswirksam zum beizulegenden Zeitwert bewerteten finanziellen Vermögenswerten und Verbindlichkeiten:	**IFRS 7.B5 (a)**	3	55 236
› Art des finanziellen Vermögenswerts oder Verbindlichkeit	**IFRS 7.B5 (a) (i)**		
› Kriterien für deren Einstufung bei erstmaliger Erfassung	**IFRS 7.B5 (a) (ii)**		
› wie die Kriterien gem IAS 39.9, IAS 39.11A und IAS 39.12 für eine solche Einstufung erfüllt wurden sowie eine Erläuterung der Umstände, der sich ansonsten ergebenden Inkongruenzen bei der Bewertung oder dem Ansatz und inwiefern die Einstufung mit der dokumentierten Risikomanagement- oder Anlagestrategie im Einklang steht	**IFRS 7.B5 (a) (iii)**	3	59 ff
– **Kriterien** für die **Einstufung** von finanziellen Vermögenswerten als zur Veräußerung verfügbar	**IFRS 7.B5 (b)**	3	71
– ob marktübliche Käufe oder Verkäufe von finanziellen Vermögenswerten zum Handels- oder Erfüllungstag bilanziert werden (s IAS 39.38)	**IFRS 7.B5 (c)**	3	95 ff
– sofern ein **Wertberichtigungskonto** verwendet wird, um den durch Kreditausfälle geminderten Buchwert von finanziellen Vermögenswerten herabzusetzen:	**IFRS 7.B5 (d)**	3	227, 236
› **Kriterien** für die **Entscheidung,** wann der **Buchwert** eines im Wert geminderten finanziellen Vermögenswerts **direkt herabgesetzt** (oder – im Falle einer Wertaufholung – direkt erhöht) wird und **wann das Wertberichtigungskonto verwendet** wird und	**IFRS 7.B5 (d) (i)**		
› **Kriterien** für die **Abschreibung** von Beträgen **zu Lasten des Wertberichtigungskontos** bei Aufrechnung gegen den Buchwert wertgeminderter finanzieller Vermögenswerte	**IFRS 7.B5 (d) (ii)**		
– **wie Nettogewinne und -verluste** bei den einzelnen Kategorien von Finanzinstrumenten **ermittelt werden,** zB ob in die Nettogewinne und -verluste bei erfolgswirksam zum beizulegenden Zeitwert bewerteten Posten Zins- oder Dividendenerträge eingehen	**IFRS 7.B5 (e)**	3	230
– **Kriterien** anhand derer ein **Wertminderungsaufwand** objektiv nachweisbar **festgestellt** wurde	**IFRS 7.B5 (f)**	3	173 ff

Angaben	Fundstelle	Handbuch	
	IAS	§	Rz
– bei **Aushandlung neuer Konditionen** für finanzielle Vermögenswerte, die ansonsten überfällig oder wertgemindert würden, deren **Bilanzierungs- und Bewertungsmethoden** – **Ermessensausübungen des Managements** bei der Anwendung der Bilanzierungs- und Bewertungsmethoden – mit Ausnahme solcher, bei denen Schätzungen verwendet werden – die die Beträge im Abschluss am Wesentlichsten beeinflussen (gem IAS 1.122)	**IFRS 7.B5 (g)** **IFRS 7.B5 aE**	**3** **19**	**236** **33 ff**
46 **8.4.2 Bilanzierung von Sicherungsgeschäften**			
• Getrennt für **jede Kategorie** von **Sicherungsbeziehungen** iSv IAS 39: – Beschreibung der einzelnen Arten – **Beschreibung** der Finanzinstrumente, die als Sicherungsinstrument eingesetzt wurden, und deren **beizulegenden Zeitwerte** am Ende der Berichtsperiode – Art der **abgesicherten Risiken**	**IFRS 7.22** **IFRS 7.22 (a)** **IFRS 7.22 (b)** **IFRS 7.22 (c)**	**23** **3**	**46 ff** **237**
• Hinsichtlich ***cashflow hedges*** ist anzugeben: – **Perioden,** in denen die **Zahlungsströme** wahrscheinlich **eintreten** werden, sowie einen **Einfluss** auf den **Gewinn und Verlust** entfalten werden – Beschreibung von **erwarteten zukünftigen Transaktionen,** die wie Sicherungsgeschäfte bilanziert wurden, deren **Eintritt** aber **nicht mehr wahrscheinlich** ist – im sonstigen Ergebnis erfasster Betrag während der Berichtsperiode – vom **Eigenkapital** in **Gewinn oder Verlust umgegliederter Betrag** mit Angabe des Betrags der in den einzelnen Posten der Gesamtergebnisrechnung enthalten ist – vom **Eigenkapital entfernter Betrag** der in der Periode in die **erstmaligen Anschaffungskosten** oder in den **Buchwert** eines nicht finanziellen Vermögenswerts oder Verbindlichkeit **einbezogen** wurde, dessen Erwerb oder Eingehen eine absehbare abgesicherte Transaktion war und deren Eintritt höchst wahrscheinlich war – bei ***fair value hedges***: **Gewinne oder Verluste** aus dem **Sicherungsinstrument** und aus dem **gesicherten Grundgeschäft,** sofern durch das abgesicherte Risiko bedingt – **Ineffektivitäten der Absicherung** von **Zahlungsströmen** und **Nettoinvestitionen** in **ausländische Geschäftsbetriebe,** die erfolgswirksam erfasst wurden	 **IFRS 7.23 (a)** **IFRS 7.23 (b)** **IFRS 7.23 (c)** **IFRS 7.23 (d)** **IFRS 7.23 (e)** **IFRS 7.24 (a)** **IFRS 7.24 (b) u (c)**	**23** **3** **23** **23** **23** **3** **23** **3**	**46** **238** **59** **61** **49 f** **240** **57 f** **239**

Angaben	Fundstelle	Handbuch	
	IAS	§	Rz
8.4.3 Beizulegender Zeitwert				47
• Beizulegender Zeitwert für **jede Klasse** von finanziellen Vermögenswerten und finanziellen Verbindlichkeiten (Ausnahmen gem IFRS 7.29)	**IFRS 7.25** **IFRS 7.26**	**3**	**156 ff,** **211**
• Angaben zur **Ermittlung** der **Zeitwerte** – Methoden und ggf wesentliche Annahmen zur Bestimmung der beizulegenden Zeitwerte gesondert für jede Klasse von finanziellen Vermögenswerten oder finanziellen Verbindlichkeiten (zB Angaben zu Annahmen in Bezug auf die Vorauszahlungssätze, den Prozentsatz der geschätzten Kreditverluste, der Zins- oder Diskontierungssätze) – bei Änderungen der Bewertungsverfahren sind diese Tatsache und die Gründe dafür anzugeben	**IFRS 7.27**	**3**	**15,** **165 ff,** **212 ff**
• Für Bewertungen zum beizulegenden Zeitwert ist **für jede Klasse** von finanziellen Vermögenswerten (möglichst in tabellarischer Form) anzugeben:	**IFRS 7.27B**	**3**	**15**
– Stufe der *fair value* Hierarchie, in die die Bewertungen zum beizulegenden Zeitwert insgesamt zu kategorisieren sind (gem der Abgrenzungen iSv IFRS 7.27A)	**IFRS 7.27B (a)**		
– alle wesentlichen Umgliederungen zwischen den Stufen 1 und 2 der *fair value* Hierarchie und deren Gründe – gesondert für Umgliederungen aus bzw in eine Stufe	**IFRS 7.27B (b)**		
– Überleitungsrechnung zwischen Anfangssaldo und Endsaldo jener Finanzinstrumente, deren beizulegender Zeitwert auf Basis von nicht am Markt beobachtbaren Daten bestimmt wird (Stufe 3), bestehend aus Angaben zu:	**IFRS 7.27B (c)**		
› sämtlichen Gewinnen oder Verlusten der Periode, die erfolgswirksam erfasst werden, einschließlich einer Erläuterung des Postens in der Gesamtergebnisrechnung oder GuV (sofern erstellt), in dem diese Gewinne und Verluste ausgewiesen werden	**IFRS 7.27B (c) (i)**		
› sämtlichen Gewinnen oder Verlusten, die im sonstigen Ergebnis erfasst werden	**IFRS 7.27B (c) (ii)**		
› Verkäufen, Käufen, Ausgaben und Glattstellungen (jeweils separat)	**IFRS 7.27B (c) (iii)**		
› Umgliederungen in oder aus der Stufe 3 und die Gründe hier; für wesentliche Umgliederungen sind die Gründe für eine Umgliederung in und aus der Stufe 3 gesondert anzugeben	**IFRS 7.27B (c) (iv)**		

Angaben	Fundstelle	Handbuch	
	IAS	§	Rz
– sämtliche Gewinne und Verluste (gem IFRS 7.27B (c) (i)), die erfolgswirksam erfasst wurden für Vermögenswerte und Verbindlichkeiten, die am Jahresende bilanziert werden, sowie eine Erläuterung des Postens in der Gesamtergebnisrechnung oder GuV (sofern erstellt)	**IFRS 7.27B (d)**		
– sofern die Veränderung der Inputdaten für Bewertungen der Stufe 3 unter Verwendung grds möglicher Annahmen zu einer wesentlichen Veränderung des beizulegenden Zeitwerts führen würde, sind diese Tatsache, deren Folgen sowie die Berechnungsgrundlage anzugeben	**IFRS 7.27B (e)**		
• Bei einer **Differenz** des beizulegenden Zeitwerts ermittelt durch eine Bewertungsmethode (IAS 39.AG74 bis IAS 39.AG79) und des beizulegenden Zeitwerts beim erstmaligen Ansatz, für jede Klasse von Finanzinstrumenten:	**IFRS 7.28**	**3**	**157 ff, 165 ff, 216**
– **Rechnungslegungsmethoden** zur erfolgswirksamen **Erfassung** dieser Differenz	**IFRS 7.28 (a)**		
– **Summe** der **noch erfolgswirksam zu erfassenden Differenzen** zu Beginn und am Ende der Berichtsperiode und einer **Überleitungsrechnung**	**IFRS 7.28 (b)**		
• Wenn gem den in IFRS 7.29 (b) und (c) beschriebenen Fällen **keine Angaben zum beizulegenden Zeitwert** gemacht werden müssen:	**IFRS 7.30**	**3**	**218**
– die Tatsache, dass Informationen zum beizulegenden Zeitwert dieser Instrumente nicht angegeben werden konnten, da dieser nicht verlässlich ermittelt werden konnte	**IFRS 7.30 (a)**	**3**	**219**
– Beschreibung der Finanzinstrumente – Buchwerte – Erläuterung, warum der beizulegende Zeitwert nicht verlässlich bestimmt werden kann	**IFRS 7.30 (b)**		
– Informationen über den Markt für diese Finanzinstrumente	**IFRS 7.30 (c)**		
– ob und auf welche Weise diese Finanzinstrumente veräußert werden sollen	**IFRS 7.30 (d)**		
• Bei **Ausbuchung** von Finanzinstrumenten, deren **beizulegender Zeitwert früher nicht verlässlich ermittelt** werden konnte: – die Tatsache, dass Finanzinstrumente, deren beizulegender Zeitwert nicht ermittelbar war, ausgebucht werden – Buchwert zum Zeitpunkt der Ausbuchung – der erfolgswirksam erfasste Betrag	**IFRS 7.30 (e)**	**3**	**100 ff, 219**

Angaben	**Fundstelle**	**Handbuch**		
	IAS	**§**	**Rz**	
8.5 Art und Ausmaß von Risiken aus Finanzinstrumenten				48
• Es müssen Angaben gemacht werden, die es den Adressaten seines Abschlusses ermöglichen, Art und Ausmaß der Risiken zu beurteilen, die sich aus Finanzinstrumenten ergeben und denen das Unternehmen zum Abschlussstichtag ausgesetzt ist	**IFRS 7.31** **IFRS 7.32** **IFRS 7.B6**	3	**241 ff**	
8.5.1 Qualitative Angaben				49
Für jede **Risikoart** iVm Finanzinstrumenten (s IFRS 7.IG15 ff): – Umfang und Ursache der Risiken – Ziele, Methoden und Prozesse zur Steuerung der Risiken und deren Bewertungsmethoden – ggf Änderungen von IFRS 7.33 (a) oder (b) ggü der vorhergehenden Periode	**IFRS 7.33** **IFRS 7.33 (a)** **IFRS 7.33 (b)** **IFRS 7.33 (c)**	3	**241**	
8.5.2 Quantitative Angaben				50
• Für jede **Risikoart** iVm Finanzinstrumenten: – Zusammenfassung **quantitativer Auswertungen** hinsichtlich der **einzelnen Risikopositionen** am Ende der Berichtsperiode – wenn ein wesentlich **früherer oder größerer Mittelabfluss** erwartet wird, als aus den quantitativen Daten ersichtlich wird, ist diese Tatsache anzugeben und es sind zusätzliche Informationen bereitzustellen (sofern nicht in den Angaben gem IFRS 7.39 (a) oder (b) berücksichtigt) – bei Einsatz verschiedener Methoden zur Durchführung des Risikomanagements, sind die **Methoden** anzugeben, die **die relevantesten und verlässlichsten Informationen vermitteln** – Angaben gem IFRS 7.36 bis IFRS 7.42 (sofern nicht bereits gem IFRS 7.34 (a) und Risiko nicht unwesentlich) – Risikokonzentrationen	**IFRS 7.34** **IFRS 7.34 (a)** **IFRS 7.B10A** **IFRS 7.B7** **IFRS 7.34 (b)** **IFRS 7.34 (c)**	3 3	**241 ff** **243**	
• Bei **Risikokonzentrationen**: – Beschreibung der Art und Weise, wie Management diese bestimmt – Beschreibung der gemeinsamen Merkmale, die für jede einzelne Risikokonzentration charakteristisch sind – Gesamtbetrag der Risikoposition aller Finanzinstrumente, die das betreffende Merkmal aufweisen	**IFRS 7.B8** **IFRS 7.B8 (a)** **IFRS 7.B8 (b)** **IFRS 7.B8 (c)**	–	–	
• Bei **nicht repräsentativen quantitativen Daten** für die Risiken am Abschlussstichtag sind zusätzliche **kennzeichnende Angaben** zu machen	**IFRS 7.35**	3	**242**	

Angaben	Fundstelle	Handbuch	
	IAS	§	Rz
51 **8.5.2.1 Ausfallrisiko**			
• Für **jede Klasse** von Finanzinstrumenten: – maximales **Ausfallrisiko** (ohne gehaltene Sicherheiten oder andere Instrumente zur Bonitätsverbesserung) – Beschreibung der hinsichtlich der zu unter (a) genannten Beträge erhaltenen Kreditsicherheiten und sonstigen risikomindernden Vereinbarungen – **Werthaltigkeit** der finanziellen Vermögenswerte, die weder überfällig noch wertgemindert sind – **Buchwert** der **neu ausgehandelten finanziellen Vermögenswerte**, die sonst überfällig oder wertgemindert gewesen wären	**IFRS 7.36** **IFRS 7.36 (a)** **IFRS 7.B9 und B10** **IFRS 7.36 (b)** **IFRS 7.36 (c)** **IFRS 7.36 (d)**	3	244
• Für **überfällige** oder **wertgeminderte** finanzielle Vermögenswerte je Klasse: – Analyse der Altersstruktur der finanziellen Vermögenswerte, die zum Abschlussstichtag überfällig aber nicht wertgemindert sind – Analyse der finanziellen Vermögenswerte, bei denen individuelle Gründe für eine Wertminderung festgestellt wurden, und die dafür berücksichtigten Faktoren – Beschreibung der als Sicherheiten gehaltenen Sicherungsgegenstände und sonstigen Maßnahmen zur Bonitätsverbesserung und (sofern möglich) Schätzung der beizulegenden Zeitwerte hinsichtlich der unter IFRS 7.37 (a) und (b) gemachten Angaben	**IFRS 7.37** **IFRS 7.37 (a)** **IFRS 7.37 (b)** **IFRS 7.37 (c)**	3	245
• Bei **Erwerb** von finanziellen oder nichtfinanziellen **Vermögenswerten, durch Inbesitznahme** von als Sicherheit gehaltenen Sicherungsgegenständen oder Inanspruchnahme anderer Maßnahmen zur Bonitätsverbesserungen sind – sofern diese Vermögenswerte die Ansatzkriterien anderer Standards erfüllen – folgende Angaben zu machen: – **Art und Buchwert** der erhaltenen Vermögenswerte – **Methode** der **Veräußerung** oder **Nutzung** im Geschäftsbetrieb, wenn Vermögenswert nicht ohne weiteres liquidierbar	**IFRS 7.38** **IFRS 7.38 (a)** **IFRS 7.38 (b)**	3	246
52 **8.5.2.2 Liquiditätsrisiko**			
• **Analyse der Fälligkeiten** von nicht-derivativen finanziellen Verbindlichkeiten (einschließlich ausgegebener Finanzgarantien und hybriden Finanzinstrumenten mit eingebettetem Derivat) aus der die Restlaufzeiten hervorgehen	**IFRS 7.39 (a), IFRS 7.B11, IFRS 7.B11A bis D**	3	247 ff

Angaben	Fundstelle	Handbuch	
	IAS	§	Rz
• Analyse der Fälligkeiten von derivativen finanziellen Verbindlichkeiten aus der insbes die **Restlaufzeiten** für solche hervorgehen, bei denen die vertragsgemäße Restlaufzeit entscheidend ist für das Verständnis des Zuflusszeitpunkts der Cashflows • **Beschreibung der Steuerung** des mit IFRS 7.39 (a) und (b) verbundenen **Liquiditätsrisikos**	**IFRS 7.39 (b) IFRS 7.B11 IFRS 7.B11A bis D** **IFRS 7.39 (c) IFRS 7.B11E und F**		
8.5.2.3 Marktrisiko			
• Sofern nicht IFRS 7.41 zur Anwendung kommt, sind folgende Angaben zu machen: – **Sensitivitätsanalyse** für jede Art von **Marktrisiko,** die das Unternehmen am Abschlussstichtag betrifft, und die aufzeigt, wie **Änderungen der Risikoparameter** – die an dem Stichtag nach vernünftigem Ermessen möglich waren – sich auf Gewinn oder Verlust und Eigenkapital auswirkt hätten – **Sensitivitäten,** die sich auf das **Ergebnis** auswirken, werden **getrennt von Sensitivitäten** ausgewiesen, die Auswirkungen auf das **Eigenkapital** haben – **Methoden** und **Annahmen** zur Erstellung der Sensitivitätsanalyse – **Änderungen** der verwendeten **Methoden** und **Annahmen** ggü der vorangegangenen Periode sowie die Gründe dafür	**IFRS 7.40 IFRS 7.B17-B28 IFRS 7.40 (a) IFRS 7.B17 bis IFRS 7.B19** **IFRS 7.B27** **IFRS 7.40 (b)** **IFRS 7.40 (c)**	3	255 ff
• Bei Erstellung einer **Sensitivitätsanalyse** (zB ***value-at-risk*-Analyse**), die die **Interdependenzen** der Risikoparameter **widerspiegelt** und Verwendung dieser Sensitivitätsanalyse **zur Steuerung finanzieller Risiken**: – Informationen über **Methode**, **Hauptparameter** und **Annahmen** bei der Erstellung der Sensitivitätsanalyse (IFRS 7.B20) – Erläuterung der **Ziele,** der verwendeten **Methode** sowie Erklärungen, wenn die Informationen die beizulegenden Zeitwerte der entspr Vermögenswerte und Verbindlichkeiten nicht verlässlich widerspiegeln	**IFRS 7.41** **IFRS 7.41 (a) IFRS 7.B20** **IFRS 7.41 (b)**	3	257
• Wenn die **Sensitivitätsanalysen** gem IFRS 7.40 und IFRS 7.41 den **Risikogehalt** eines Finanzinstruments **nicht verlässlich widerspiegeln,** sind diese Tatsache sowie die dafür vermuteten Gründe anzugeben	**IFRS 7.42**	3	262

53

	Angaben	Fundstelle	Handbuch	
		IAS	§	Rz
54	**II. Zusätzliche Angaben für kapitalmarktorientierte Unternehmen**			
	1. Geschäftssegmente (Segmentberichterstattung)			
	• **Geschäftssegmente:** – Definition von Geschäftssegmenten; – Abgrenzung berichtspflichtiger Segmente	 **1.117** **IFRS 8.11 ff**	 **21** **21**	 **19 ff** **25 ff**
	• IFRS 8 fordert die Segmentberichterstattung für den **gesonderten Abschluss** oder **Einzelabschluss** von Unternehmen und für den **konsolidierten Abschluss** einer Gruppe mit seinem **MU**, dessen **Schuld- oder Eigenkapitalinstrumente** auf einem öffentlichen Markt gehandelt werden oder das seinen Abschluss einer Wertpapieraufsichtsbehörde zukommen lässt	**IFRS 8.2**	**21**	**5**
55	**1.1 Allgemeine Informationen**			
	• **Faktoren** die **zur Identifizierung** der berichtspflichtigen Segmente des Unternehmens verwendet werden • **Arten** von **Produkten** und **Dienstleistungen**, die Grundlage der Erträge jedes Segments bilden	**IFRS 8.22 (a)** **IFRS 8.22 (b)**	**21** **21**	**56 f** **56 f**
56	**1.2 Informationen über Gewinne und Verluste sowie Vermögenswerte und Schulden**			
	• Angaben zur **Bewertung** des **Gewinns oder Verlusts** sowie aller **Vermögenswerte** und der **Schulden,** sofern diese der verantwortlichen Unternehmensinstanz regelmäßig gemeldet werden, und: – **(Umsatz-)Erträge** von **externen** Kunden – **(Umsatz-)Erträge** aufgrund von Transaktionen mit **anderen Geschäftssegmenten** – **Zinserträge** – **Zinsaufwendungen** – planmäßige **Abschreibungen** und **Amortisationen** – wesentliche **Ertrags- und Aufwandsposten** gem IAS 1.97 – Anteil am Gewinn oder Verlust an assoziierten Unternehmen, die nach der Equity-Methode bilanziert werden – Ertragsteueraufwand oder -ertrag – **wesentliche zahlungsunwirksame Posten,** sofern keine planmäßige Abschreibungen – **Zinssaldo,** sofern die meisten Umsatzerlöse mit Zinsen erwirtschaftet wurden und Nettozinserträge Hauptkriterium zur Beurteilung der Ertragskraft des Segments	**IFRS 8.23** **IFRS 8.23 (a)** **IFRS 8.23 (b)** **IFRS 8.23 (c)** **IFRS 8.23 (d)** **IFRS 8.23 (e)** **IFRS 8.23 (f)** **IFRS 8.23 (g)** **IFRS 8.23 (h)** **IFRS 8.23 (i)** **IFRS 8.23 aE**	**21** **21** **21** **21** **21** **21** **21** **36** **21** **21** **21**	**58 ff** **63 f** **65** **65** **66 f** **68 f** **58** **1 ff** **58** **70** **65**

Angaben	Fundstelle	Handbuch		
	IAS	§	Rz	
• Angabe der Beträge die in die Bewertung der Vermögenswerte des Segments einfließen, auch wenn sie selbst nicht Gegenstand der Bewertung sind: – **Beteiligungen,** die nach der **Equity-Methode** bilanziert werden – **Zugänge** zu den **langfristigen Vermögenswerten** (ohne Finanzinstrumente, latente Steueransprüche, Leistungen nach Beendigung des Arbeitsverhältnisses und Rechte aus Versicherungsverträgen)	**IFRS 8.24** **IFRS 8.24 (a)** **IFRS 8.24 (b)**	**21**	**71 f**	
1.3 Angaben zur Bewertung				57
• Angabe der **Bewertungsgrundlagen** für Gewinn und Verlust eines Segments sowie **Erläuterungen** zu Vermögenswerten und Schulden – **Rechnungslegungsgrundlage** aller Geschäftsvorfälle zwischen berichtspflichtigen Segmenten – **Art** möglicher **Unterschiede** zwischen den **Bewertungen des Gewinns oder Verlusts** eines Segments und des Unternehmens vor Steueraufwand oder -ertrag und Aufgabe von Geschäftsbereichen – **Art** möglicher **Unterschiede** zwischen den **Bewertungen von Vermögenswerten** eines Segments und des Unternehmens – **Art** möglicher **Unterschiede** zwischen den **Bewertungen der Schulden** eines Segments und des Unternehmens – **Art** etwaiger **Änderungen der Bewertungsmethoden** im Vergleich zu früheren Perioden die zur Bestimmung des Gewinns oder Verlusts des Segments verwendet werden und ggf deren Auswirkungen – **Art** und **Auswirkungen** möglicher **asymmetrischer Allokationen** auf berichtspflichtige Segmente	**IFRS 8.27** **IFRS 8.27 (a)** **IFRS 8.27 (b)** **IFRS 8.27 (c)** **IFRS 8.27 (d)** **IFRS 8.27 (e)** **IFRS 8.27 (f)**	**21**	**48 ff**	
1.4 Überleitungsrechnungen				58
• **Überleitungsrechnungen** für folgende Beträge berichtspflichtiger Segmente: – **Gesamtbetrag** der **(Umsatz-)Erträge** der Segmente zu denen des Unternehmens – **Gesamtbetrag** der **Bewertungen des Gewinns oder Verlusts** der Segmente und des Unternehmens vor Steueraufwand oder -ertrag und Aufgabe von Geschäftsbereichen (bei Zuweisung von Posten wie Steueraufwand (Steuerertrag) seitens des Unternehmens zu Segmenten können diese Posten in der Überleitungsrechnung ausgelassen werden)	**IFRS 8.28** **IFRS 8.28 (a)** **IFRS 8.28 (b)**	**21**	**75 ff**	

Angaben	Fundstelle	Handbuch	
	IAS	§	Rz
– Gesamtbetrag der **Vermögenswerte** der Segmente zu denen des Unternehmens	IFRS 8.28 (c)		
– Gesamtbetrag der **Schulden** der Segmente zu denen des Unternehmens, sofern Segmentschulden gem IFRS 8.23 ausgewiesen werden	IFRS 8.28 (d)		
– Summe der **Beträge** der Segmente für jede andere **wesentliche** angegebene **Information** auf den entspr Betrag für das Unternehmen	IFRS 8.28 (e)		
• **Wesentliche Abstimmungsposten** in den Überleitungsrechnungen sind gesondert zu identifizieren und zu beschreiben	IFRS 8.28 aE		
59 **1.5 Anpassungen von in vorangegangenen Berichtszeiträumen veröffentlichten Informationen**			
• Bei **Strukturänderungen** der internen Organisation, die die Zusammensetzung der Segmente verändert, müssen zuvor veröffentliche Informationen angepasst werden	IFRS 8.29	21	54
– Angabe ob **entspr Posten der Segmentinformationen** für frühere Perioden angepasst wurden	IFRS 8.29	21	54
– bei **Nichtanpassung** der Informationen: Angaben zu den Segmentinformationen für die Berichtsperiode, in der die Änderung eintritt, sowohl auf der Grundlage der alten als auch der neuen Segmentstruktur	IFRS 8.30	21	54
60 **1.6 Informationen über Produkte und Dienstleistungen**			
• Angabe der **(Umsatz-)Erträge** von **externen Kunden** für jedes Produkt und jede Dienstleistung bzw jede Gruppe vergleichbarer Produkte und Dienstleistungen oder Angabe, dass Informationen nicht verfügbar bzw Kosten für Erstellung der Angaben zu hoch	IFRS 8.32	21	83
61 **1.7 Informationen über geografische Regionen**			
• **Geografische Angaben** (sofern verfügbar und Kosten für Erstellung nicht zu hoch):	IFRS 8.33	21	84
• Von externen Kunden erwirtschaftete **(Umsatz-)Erträge:**	IFRS 8.33 (a)		
– die dem **Herkunftsland** des Unternehmens zugewiesen werden			
– die **allen Drittländern insgesamt** zugewiesen werden, in denen das Unternehmen Umsatzerlöse erwirtschaftet			
– gesondert die (Umsatz-)Erträge, die eine **wesentliche Höhe** erreichen und einem **einzigen Drittland** zugewiesen werden			

Angaben	**Fundstelle**	**Handbuch**		
	IAS	**§**	**Rz**	
– **Grundlage der Zuweisung** der Umsatzerlöse mit externen Kunden auf die einzelnen Länder • **Langfristige Vermögenswerte** (ohne Finanzinstrumente, latente Steueransprüche, Leistungen nach Beendigung des Arbeitsverhältnisses und Rechte aus Versicherungsverträgen): – die im **Herkunftsland** des Unternehmens gelegen sind – die in **allen Drittländern insgesamt** gelegen sind, in denen das Unternehmen Vermögenswerte hält – gesondert die Vermögenswerte, die in einem einzigen Drittland eine wesentliche Höhe erreichen	**IFRS 8.33 (b)**			
• Angabe, wenn Informationen **nicht verfügbar** oder Kosten für Erstellung zu hoch	**IFRS 8.33 aE**	**21**	**82**	
1.8 Informationen über wesentliche Kunden				62
• Angabe von Informationen über den Grad der Abhängigkeit von wichtigen Kunden • Berichterstattung über (Umsatz-)Erträge mit einem externen Kunden, wenn die **(Umsatz-)Erträge 10%** und mehr der Gesamterlöse ausmachen, sowie Segment, in welchem diese ausgewiesen werden	**IFRS 8.34**	**21**	**85**	
1.9 Sonstige Angaben				63
• Je Segment Angaben zum **Wertminderungsaufwand** und zu **Wertaufholungen**	**36.129**	**21**	**67**	
• Empfohlene Angabe der **Cashflows aus betrieblicher, Investitions- und Finanzierungstätigkeit** je Segment	**7.50 (d)**	**21**	**73**	
2. Ergebnisse je Aktie (EPS)				64
• IAS 33 verlangt von Unternehmen, deren Stammaktien oder potenzielle Stammaktien öffentlich gehandelt werden, die **Angabe des Ergebnisses je Aktie** (sowohl Gewinn als auch Verlust)	**33.2, 33.69**	**16**	**1 ff, 45**	
• Es sind für jede Klasse von Stammaktien auf der Grundlage der Ergebnisse aus der operativen Tätigkeit und des Gesamtergebnisses Kennzahlen sowohl zu **unverwässerten EPS** als auch zu **verwässerten EPS** offen zu legen	**33.66**	**16**	**2, 5, 45**	
• Ein Ausweis hat für **alle veröffentlichten Perioden** zu erfolgen; entspricht das unverwässerte dem verwässerten Ergebnis, ist eine einzige Angabe ausreichend (umgekehrt nicht)	**33.67**	**16**	**45**	

Angaben	Fundstelle	Handbuch	
	IAS	§	Rz
• Werden EPS-Kennzahlen für **aufgegebene Geschäftsbereiche veröffentlicht,** so sind hierfür sowohl unverwässerte wie auch verwässerte Kennzahlen in der GuV oder im Anhang anzugeben	**33.68**	**16**	**5, 45**
• Errechnung der als **Zähler** verwendeten Beträge (Gewinn oder Verlust) und Überleitung zum **Periodenergebnis**	**33.70 (a)**	**16**	**46**
• Errechnung der als **Nenner** verwendeten Beträge (gewichteter Durchschnitt der Anzahl der Aktien) und Überleitungsrechnung für die Verwendung beim unverwässerten und verwässerten Ergebnis	**33.70 (b)**	**16**	**3, 11, 46**
• Instrumente, die **in der Zukunft** einen potenziell verwässernden Einfluss haben können	**33.70 (c)**	**16**	**46**
• **Beschreibung aller Transaktionen** mit Stammaktien oder potenziellen Stammaktien, soweit es sich nicht um Neuemissionen oder Ausgabe von Gratisaktien, Aktiensplits oder Aktienkonsolidierungen handelt, welche sich nach dem Bilanzstichtag ereignen	**33.70 (d)**	**16**	**46**
• **Die Vergleichszahlen** für alle veröffentlichten Vorjahre sind anzupassen, wenn sich die Aktienzahl aufgrund der in IAS 33.64 genannten Tatbestände geändert hat	**33.64**	**16**	**41**
• Anforderungen des IAS 33.73 beachten, falls **zusätzlich** weitere Ergebnisse je Aktie angegeben werden, die auf anderen Grundlagen (zB Teilen des Periodengewinns) beruhen	**33.73**	**16**	**47**
• Beachtung der Anforderung, dass separate EPS- Kennzahlen, die **Einzelabschlüsse** betreffen, auch nur dort in den Gesamtergebnisrechnungen ausgewiesen werden dürfen	**33.4**	**16**	**1**
• Bei Darstellung der Ergebnisbestandteile in einer gesonderten GuV (gem IAS 1.81) sind die Ergebnisse je Aktie, Angaben gem IAS 33.66 ff und IAS 33.73 in diesem Abschlussbestandteil auszuweisen	**33.4A 33.67A, 33.68A, 33.73A**	**16**	**45**
III. Angaben in bestimmten Situationen			
65 **1. Erstmalige Anwendung**			
• Erstabschluss nach IFRS (zB 31.12.20X0) muss **sämtliche Angaben** enthalten, die in den einzelnen IFRS gefordert werden	**IFRS 1.20**	**44**	**172**
• Der erstmalige Abschluss muss mindestens enthalten: – drei Bilanzen – zwei Gesamtergebnisrechnungen – zwei gesonderte GuV (sofern erstellt)	**IFRS 1.21**	**44**	**38, 166**

Angaben	**Fundstelle**	**Handbuch**	
	IAS	**§**	**Rz**
– zwei Kapitalflussrechnungen – zwei Eigenkapitalveränderungsrechnungen – zugehörige Anhangangaben – Vergleichsinformationen			
• Enthält ein Abschluss Zusammenfassungen historischer Daten oder Vergleichsinformationen **nach vorherigen Rechnungslegungsinformationen,** sind diese als nicht IFRS-konform zu kennzeichnen und die wichtigsten Anpassungen für eine Übereinstimmung mit IFRS anzugeben	**IFRS 1.22**	**44**	**167**
• Im Erstabschluss müssen die **Einflüsse** dargestellt werden, die die **Umstellung** von der bisherigen Rechnungslegung (zB HGB) zum IFRS-Abschluss auf die VFE-Lage sowie Cashflows hatte (s Beispiel in IFRS 1.IG63)	**IFRS 1.23**	**44**	**172**
Dazu muss eine **Überleitungsrechnung** mit folgenden Komponenten aufgestellt werden	**IFRS 1.24**	**44** **12**	**33** **29**
• **Eigenkapitalüberleitung:**			
– HGB-IFRS zum Eröffnungsbilanzstichtag	**IFRS 1.24 (a)**	**44**	**173**
– HGB-IFRS zum letzten HGB-Abschlussstichtag	**IFRS 1.24 (a) (i)**		
– Anpassungen aufgrund von Korrekturen festgestellter Fehler	**IFRS 1.24 (a) (ii)**	**44**	**175**
– Anpassungen aufgrund von unterschiedlichen Rechnungslegungsmethoden	**IFRS 1.26**		
• **Ergebnisüberleitung:**			
– letztes HGB-Geschäftsjahresergebnis zu vergleichbarem IFRS-Ergebnis desselben Jahres	**IFRS 1.24 (b)**	**44**	**173**
– bei vorheriger Aufstellung einer Kapitalflussrechnung: Erläuterung der wesentlichen Anpassungen der Kapitalflussrechnung von HGB nach IFRS für das letzte HGB-Geschäftsjahr	**IFRS 1.25**	**44**	**175**
– Anpassungen aufgrund von Korrekturen festgestellter Fehler	**IFRS 1.26**	**44**	**175**
– Anpassungen aufgrund von unterschiedlichen Rechnungslegungsmethoden			
• Angaben nach **IAS 36** zu **Wertminderungsaufwendungen** oder **Wertaufholungen** in der IFRS-Eröffnungsbilanz, die normalerweise für im Geschäftsjahr erfolgte Wertminderungen/-aufholungen vorgesehen sind	**IFRS 1.24 (c)**	**44**	**176**
• Hat das Unternehmen in **vorangegangenen Berichtsperioden keine Abschlüsse** veröffentlicht, so ist dies anzugeben	**IFRS 1.28**	**–**	**–**
• Hat ein Unternehmen von dem **Wahlrecht** nach IFRS 1.D19 Gebrauch gemacht hat, bestimmte **finanzielle Vermögenswerte und Schulden,** die schon bisher bilanziert	**IFRS 1.29**	**44**	**109 f,** **177**

Angaben	Fundstelle	Handbuch	
	IAS	§	Rz
wurden, in die Kategorie „erfolgswirksam zum beizulegenden Zeitwert bewertete finanzielle Vermögenswerte und Schulden" oder „als zur Veräußerung verfügbare finanzielle Vermögenswerte" einzustufen, hat es folgende Angaben zu machen: – die beizulegenden Zeitwerte der designierten finanziellen Vermögenswerte/Verbindlichkeiten – der bisherige bilanzielle Ausweis und – die bisherigen Buchwerte			
Bei der Verwendung des **beizulegenden Zeitwerts als Ersatz** für Anschaffungs- oder Herstellungskosten bei • **immateriellen Vermögenswerten** • **Sachanlagen** • **als Finanzinvestition gehaltenen Immobilien** ist Folgendes anzugeben: • **Summe** der **beizulegenden Zeitwerte** und • **Gesamtanpassung** der nach vorherigen Rechnungslegungsstandards ausgewiesenen **Buchwerte**	**IFRS 1.30** **IFRS 1.D5** **IFRS 1.D7** **IFRS 1.30 (a)** **IFRS 1.30 (b)**	**44**	**79 ff, 178**
Bei der Verwendung eines gem IFRS 1.23B ermittelten Ersatzes für Anschaffungs- oder Herstellungskosten von Anteilen an TU, gemeinschaftlich geführten oder assoziierten Unternehmen ist im ersten Einzelabschluss nach IFRS anzugeben: • der aggregierte als Ersatz für die Anschaffungskosten von Anteilen angesetzte Wert, der dem gem den **vorherigen Rechnungslegungsmethoden ermittelten Buchwert** entspricht • der aggregierte als Ersatz für die Anschaffungskosten von Anteilen angesetzte Wert, der dem **beizulegenden Zeitwert** entspricht • die **Gesamtanpassung** der nach **vorherigen Rechnungslegungsgrundsätzen ausgewiesenen Buchwerte**	**IFRS 1.31** **IFRS 1.31 (a)** **IFRS 1.30 (b)** **IFRS 1.31 (c)**	**44**	**79 ff, 178**
Neben den allgemeinen Grundsätzen zur **Zwischenberichterstattung** nach IAS 34 (vgl Rz 71 f) sind bei der erstmaligen Anwendung folgende Angaben verpflichtend: • Falls das Unternehmen auch im Vorjahr Zwischenberichte nach bisherigen Rechnungslegungsmethoden erstellt hat, sind **verschiedene Überleitungen** zwischen bisheriger Rechnungslegungsmethode und IFRS anzugeben: – Überleitung des Eigenkapitals (zum Ende der Vorjahres-Zwischenberichtsperiode)	**IFRS 1.32** **IFRS 1.32 (a)** **IFRS 1.32 (a) (i)**	 **44**	 **179**

Angaben	Fundstelle	Handbuch		
	IAS	§	Rz	
– Überleitung des Gesamtergebnisses (zum Ende der Vorjahres-Zwischenberichtsperiode)	**IFRS 1.32 (a) (ii)**			
• Überleitung von **Eigenkapital** und **Ergebnis** gem IFRS 1.24 (s oben)	**IFRS 1.32 (b)**	**44**	**180 f**	
Weiter sind für das **Verständnis** wesentliche Angaben gem IAS 34.15 ff zu machen	**IFRS 1.33**	**44**	**181**	
2. Leasing (siehe Abschn 5.19, Rz 23 ff)				**66**
3. Aufgabe von Geschäftsbereichen und Veräußerungsabsicht bei langfristigen Vermögenswerten				**67**
• **Allgemeiner Umfang** der zu erfüllenden Anhangangaben für zur Veräußerung stehende langfristige Vermögenswerte und aufgegebene Geschäftsbereiche	**IFRS 5.5B**	**28**	**106**	
• Informationen zur **finanziellen Auswirkung** der Aufgabe bzw Veräußerung	**IFRS 5.30**	**28**	**81 f, 106 ff**	
• Separat **in der Gesamtergebnisrechnung:**	**IFRS 5.33**	**28 15**	**113, 119 106 ff**	
– Nachsteuerergebnis des aufgegebenen Geschäftsbereichs	**IFRS 5.33 (a) (i)**			
– Bewertungs- oder Veräußerungsergebnis nach Steuern des aufgegebenen Geschäftsbereichs	**IFRS 5.33 (a) (ii)**			
• Hierzu **Untergliederung** (Anhang oder Gesamtergebnisrechnung):	**IFRS 5.33 (b)**	**28**	**114**	
– Erlöse, Aufwendungen, Ergebnis vor Steuern	**IFRS 5.33 (b) (i)**			
– den dazugehörigen Ertragsteueraufwand	**IFRS 5.33 (b) (ii)**			
– Bewertungs- oder Veräußerungsergebnis nach Steuern des aufgegebenen Geschäftsbereichs	**IFRS 5.33 (b) (iii)**			
– den dazugehörigen Ertragsteueraufwand	**IFRS 5.33 (b) (iv)**			
• **Netto-Cashflows,** die der lfd Geschäftstätigkeit, der Investitions- und der Finanzierungstätigkeit des aufgegebenen Geschäftsbereichs zuzurechnen sind (Anhang oder Bilanz)	**IFRS 5.33 (c)**	**28 18**	**116 6**	
• **Betrag der Erträge aus fortzuführenden und aufgegebenen Geschäftsbereichen**, der den Eigentümern des MU zuzurechnen ist (Anhang oder Gesamtergebnisrechnung)	**IFRS 5.33 (d)**	**28**	**122**	
• Sofern die Darstellung in einer **gesonderten GuV** gem IAS 1.81 erfolgt, muss diese einen **separaten Abschn für aufgegebene Geschäftsbereiche** enthalten	**IFRS 5.33A**	**28**	**114**	
• **Anpassung** der Angaben gem IFRS 5.33 für dargestellte **Vorperioden**	**IFRS 5.34**	**28**	**117, 130**	
• Gesonderter Ausweis von **Änderungen** von Beträgen, die bereits früher im Abschn für	**IFRS 5.35**	**28**	**129**	

Angaben	Fundstelle	Handbuch	
	IAS	§	Rz
aufgegebene Geschäftsbereiche dargestellt wurden und im Zusammenhang mit der Veräußerung in einer Vorperiode stehen • Angabe der **Art und Höhe** der Anpassungen			
• Bei **Aufgabe der Veräußerungsabsicht:** Umgliederung, Anpassung der dargestellten Vorperioden und Kennzeichnung der angepassten Beträge	**IFRS 5.36**	**28**	**129**
• Bei Bindung an einen **Verkaufsplan** der den **Verlust der Beherrschung** eines TU zur Folge hat, sind **Angaben gem IFRS 5.33 ff** offen zulegen, sofern TU eine Veräußerungsgruppe ist, die die Definition eines aufgegebenen Geschäftsbereich erfüllt (iSv IFRS 5.32)	**IFRS 5.36A**	**28**	**118**
• Separater Ausweis und Aufgliederung der zur Veräußerung bestimmten **langfristigen Vermögenswerte** und der **als zur Veräußerung gehaltenen Verbindlichkeiten** in wesentliche Gruppen (gilt nicht für mit Veräußerungsabsicht erworbene TU; vgl IFRS 5.39) • Im sonstigen Ergebnis erfasster **kumulierter Aufwand/Ertrag** im Zusammenhang mit zur Veräußerung bestimmten langfristigen Vermögenswerten	**IFRS 5.38**	**28**	**17 ff, 107 f**
• Wenn in der Berichtsperiode ein langfristiger Vermögenswert als **zur Veräußerung gehalten klassifiziert** oder veräußert wurde: – **Beschreibung** des Vermögenswerts – weitergehende Informationen zu der **(erwarteten) Veräußerung** – der **erfasste Gewinn** oder **Verlust** und **wo** dieser in der GuV **ausgewiesen** wird – ggf das **berichtspflichtige Segment**, in dem der Vermögenswert ausgewiesen wird	**IFRS 5.41** **IFRS 5.41 (a)** **IFRS 5.41 (b)** **IFRS 5.41 (c)** **IFRS 5.41 (d)**	**28**	**17 ff, 111**
• Bei einer **Planänderung** hinsichtlich der Veräußerung eines langfristigen Vermögenswerts in der Berichtsperiode: – Erläuterung der Sachverhalte und **Umstände,** die zur Planänderung führten – **Auswirkung** der Planänderung auf das Ergebnis der Berichtsperiode und Vorperiode	**IFRS 5.42**	**28**	**66 ff, 112**
68 **4. Änderungen von Schätzungen**			
• **Art und Betrag** der Änderungen von Schätzungen mit Auswirkungen in der Berichtsperiode oder in einer zukünftigen Periode	**8.39**	**45**	**31 ff, 37**

Angaben	**Fundstelle**	**Handbuch**	
	IAS	**§**	**Rz**
• Hinweis, wenn Angabe der Auswirkungen auf **zukünftige Perioden** unmöglich	**8.40**	**45**	**31 ff, 38**
• Angaben zu Änderungen von Schätzungen ggü dem letzten **Zwischenbericht**	**34.26**	**–**	**–**
5. Fehlerkorrektur			
Angaben **bei rückwirkender** Korrektur:	**8.49**	**45**	**47**
• **Art** des Fehlers	**8.49 (a)**		
• **Berichtigungsbetrag** für jede dargestellte frühere Periode und für jeden betroffenen Posten	**8.49 (b) (i)**		
• Wenn IAS 33 anwendbar: Auswirkungen auf die anzugebenden **Ergebnisse je Aktie** für jede Periode	**8.49 (b) (ii)**		
• Berichtigungsbetrag zu Beginn der frühesten dargestellten Periode (Neudarstellung der **Eröffnungsbilanzwerte** gem IAS 8.42)	**8.49 (c)**	**45**	**45**
• Falls die rückwirkende Anpassung einzelner vergangener Perioden **nicht durchführbar** ist, sind die **Umstände** aufzuzeigen, und es ist darzulegen, wie und ab wann der Fehler berichtigt wurde	**8.49 (d)**	**46**	**46**
6. Änderungen von Bilanzierungs- und Bewertungsmethoden			
Bei Auswirkungen der **erstmaligen Anwendung von Standards und Interpretationen** ist Folgendes anzugeben:	**8.28**	**45**	**25 ff**
• **Titel** des Standards oder der Interpretation	**8.28 (a)**		
• Ggf: dass die Änderung der Bilanzierungs- und Bewertungsmethoden in Übereinstimmung mit den **Übergangsvorschriften** erfolgte	**8.28 (b)**		
• **Art** der Änderung der Bilanzierungs- oder Bewertungsmethode	**8.28 (c)**		
• Ggf: eine **Beschreibung** der Übergangsvorschriften	**8.28 (d)**		
• Ggf: die Übergangsvorschriften, die einen Effekt auf **zukünftige Perioden** haben könnten	**8.28 (e)**		
• **Anpassungsbetrag** für jede dargestellte Periode und jeden Posten (soweit durchführbar)	**8.28 (f) (i)**		
• Wenn IAS 33 anwendbar: Auswirkungen auf die anzugebenden **Ergebnisse je Aktie** für jede Periode	**8.28 (f) (ii)**		
• Der Betrag der Anpassung, der sich auf **frühere Perioden** bezieht, die im Abschluss nicht dargestellt sind (soweit durchführbar)	**8.28 (g)**		
• Falls die rückwirkende Anwendung für frühere Perioden **nicht durchführbar** ist, sind	**8.28 (h)**		

69 (Randnummer bei 5. Fehlerkorrektur)

70 (Randnummer bei 6. Änderungen von Bilanzierungs- und Bewertungsmethoden)

Angaben	Fundstelle	Handbuch	
	IAS	§	Rz
die **Umstände** aufzuzeigen, und es ist darzulegen, wie und ab wann die Änderung angewendet wurde			
Bei Auswirkungen von **freiwilligen Änderungen** der Bilanzierungs- oder Bewertungsmethoden haben folgende Angaben zu erfolgen:	8.29	45	16 ff, 26
• **Art** der Änderung	8.29 (a)		
• **Gründe** für verlässlichere oder relevantere Informationen durch geänderte Methode	8.29 (b)		
• **Anpassungsbetrag** für jede dargestellte Periode und jeden Posten (soweit durchführbar)	8.29 (c) (i)		
• Wenn IAS 33 anwendbar: Auswirkungen auf die anzugebenden **Ergebnisse je Aktie** für jede Periode	8.29 (c) (ii)		
• Der Betrag der Anpassung, der sich auf **frühere Perioden** bezieht, die im Abschluss nicht dargestellt sind (soweit durchführbar)	8.29 (d)		
• Falls die rückwirkende Anwendung für frühere Perioden **nicht durchführbar** ist, sind die **Umstände** aufzuzeigen, und es ist darzulegen, wie und ab wann die Änderung angewendet wurde	8.29 (e)		
Bei **Nichtanwendung** von herausgegebenen aber noch nicht in Kraft getretenen Standards und Interpretationen:	8.30	–	–
• Diese **Tatsache**	8.30 (a)		
• Angaben zu den **Auswirkungen** in der Periode der erstmaligen Anwendung	8.30 (b)		
Mögliche **konkrete** Angaben:	8.31	–	–
• **Titel** des neuen Standards oder der neuen Interpretation	8.31 (a)		
• **Art** der (bevorstehenden) Änderung der Bilanzierungs- und Bewertungsmethoden	8.31 (b)		
• **Zeitpunkt,** zu dem eine Anwendung des Standards bzw der Interpretation **erforderlich** ist	8.31 (c)		
• **Zeitpunkt,** zu dem eine Anwendung des Standards bzw der Interpretation erstmals **beabsichtigt** ist	8.31 (d)		
• Entweder: eine Diskussion der **erwarteten Auswirkungen** der erstmaligen Anwendung des Standards/der Interpretation auf den Abschluss	8.31 (e) (i)		
• Oder: eine Erklärung, dass diese **Auswirkungen unbekannt** oder nicht verlässlich abzuschätzen sind	8.31 (e) (ii)		

Angaben	**Fundstelle**	**Handbuch**		
	IAS	**§**	**Rz**	
• Angabe der **erlaubten vorzeitigen Anwendung** eines Standards in aktueller Fassung (dh für Berichtsperioden, die vor dem jeweiligen pflichtmäßigen Erstanwendungszeitpunkt liegen; vgl die jeweiligen Vorschriften über das Inkrafttreten) Hinweis: für **Erstanwender** gelten abweichende Vorschriften (vgl Rz 65).	**diverse**	–	–	
7. Währungsumrechnung				71
7.1 Allgemeine Angaben				
• Betrag der **erfolgswirksam** verrechneten Umrechnungsdifferenzen (erfolgswirksame Zeitwertbewertung nach IFRS) • **Saldo der Umrechnungsdifferenzen**, der im sonstigen Ergebnis erfasst und als separater Posten in das Eigenkapitals eingestellt wurde sowie eine **Überleitungsrechnung** des Betrags solcher Umrechnungsdifferenzen zum Beginn und am Ende der Berichtsperiode	**21.52 (a)** **21.52 (b)**	**2** **33** **33**	**126 ff** **50** **51**	
• Ggf Angabe und Begründung, dass Berichtswährung nicht **funktionale** Währung	**21.53**	**33**	**4 ff, 52**	
• Angabe und Begründung eines **Wechsels** der funktionalen Währung	**21.54**	**33**	**45 ff, 53**	
• Bei **zusätzlichen Angaben** in Fremdwährung: – Kennzeichnung als zusätzliche Informationen – Währung – funktionale Währung des Unternehmens sowie die auf die zusätzlichen Informationen angewendete Umrechnungsmethode	**21.57** **21.57 (a)** **21.57 (b)** **21.57 (c)**	**33**	**55**	
7.2 Angaben bei Hochinflation				72
• Angabe der **Rechnungslegungsgrundsätze** für die Hochinflation	**1.117**	**33**	**34 ff**	
• Angabe dass eine Anpassung aufgrund von **Kaufkraftänderungen** erfolgt ist	**29.39 (a)**	**33**	**56**	
• Angabe, ob der Abschluss auf (historischen) **Anschaffungs-/Herstellungskosten** oder auf **Wiederbeschaffungskosten** basiert	**29.39 (b)**	**33**	**56**	
• Angabe des angewandten **Preisindexes** und seiner Veränderung	**29.39 (c)**	**33**	**36 ff, 56**	
• Angabe des Gewinns oder Verlusts aus der **Nettoposition** der monetären Posten	**29.9**	**33**	**39**	
8. Zweifel an der Unternehmensfortführung				73
• Bestehen **Zweifel**, dass das Unternehmen mindestens während der **12 Monate**, die auf	**1.25**	**2**	**18 f**	

	Angaben	Fundstelle	Handbuch	
		IAS	§	Rz
	den Bilanzstichtag folgen, **fortgeführt** werden kann, ist eine Angabe erforderlich			
	• Wird bei der **Bilanzierung** und **Bewertung** nicht von der Unternehmensfortführung ausgegangen, ist dies anzugeben	**1.25**	**2**	**18 f**
74	**9. Abweichen von einem Standard**			
	Weicht ein Unternehmen in einem Ausnahmefall von einem Standard ab, weil nur so eine ***„fair presentation"*** möglich ist, sind anzugeben: • Aussage, dass der Abschluss den **tatsächlichen Verhältnissen** entspricht • **Angabe** der **Abweichung** • **Gründe** für die Abweichung • Angabe der **Bilanzierungsweise,** die der Standard fordert und die Art der Abweichung • **Auswirkungen** auf: – das Periodenergebnis – die Vermögenswerte und Schulden – das Eigenkapital	**1.19** **1.20 (a)** **1.20 (b)** **1.20 (c)** **1.20 (c)** **1.20 (d)**	**2** **45** **2**	**14** **16** **4, 15**
	• Hat eine **Abweichung aus einer früheren Periode** Auswirkungen auf die aktuelle Periode sind die Punkte 1.20 (c) und (d) ebenfalls anzugeben	**1.21**	**–**	**–**
	• **Verbieten** gesetzliche Rahmenbedingungen das für eine *„fair presentation"* notwendige **Abweichen** von einer Vorschrift, sind die für irreführend erachteten Aspekte durch Angaben zur betreffenden Vorschrift, eine Begründung für den Konflikt sowie notwendige Anpassungen für eine *„fair presentation"* bestmöglich zu verringern	**1.23**	**19**	**19**
75	**10. Änderung des Bilanzstichtags**			
	• Ist die Berichtsperiode **länger** oder **kürzer** als ein Jahr: – Grund für die Verwendung einer längeren/kürzeren Periode – Hinweis darauf, dass die Zahlen nicht vergleichbar sind	**1.36** **1.36 (a)** **1.36 (b)**	**2**	**47**
76	**IV. Leistungen an Arbeitnehmer**			
	1. Allgemeines			
	Unterscheidung zwischen **beitrags- und leistungsorientierten Versorgungsplänen** Falls ein **gemeinschaftlicher Plan mehrerer Arbeitgeber** mangels Informationen nicht als leistungsorientierter Plan bilanziert wird: • Die **Tatsache**, dass der Plan ein leistungsorientierter Plan ist	**IAS 19.30** **IAS 19.30 (b) (i)**	**26** **26**	**101** **25 ff**

Angaben	**Fundstelle**	**Handbuch**		
	IAS	**§**	**Rz**	
• Aus welchem **Grund** keine ausreichenden Informationen zur Verfügung stehen	**IAS 19.30 (b) (ii)**			
• Soweit eine **Vermögensüber- oder -unterdeckung** Auswirkungen auf die Höhe der künftigen Beitragszahlungen haben könnte: – alle verfügbaren Informationen über die Vermögensüber- oder -unterdeckung – die zur Bestimmung der Vermögensüber- oder -unterdeckung verwendeten Grundlagen – etwaige Auswirkungen für das Unternehmen	**IAS 19.30 (c)** **IAS 19.30 (c) (i)** **IAS 19.30 (c) (ii)** **IAS 19.30 (c) (iii)**	**26**	**45 f**	
2. Beitragsorientierte Versorgungspläne				77
• Erfasster **Aufwand** der Periode	**IAS 19.46**	**26**	**20, 126 ff**	
3. Leistungsorientierte Versorgungspläne				78
• Für **leistungsorientierte Versorgungspläne** bestehen umfangreiche Angabepflichten, die den Leser grds in die Lage versetzen sollen, die Art der Pläne zu verstehen sowie die finanziellen Auswirkungen von Planänderungen abschätzen zu können (bei mehreren Plänen: sinnvolle Zusammenfassung erlaubt)	**19.120** **19.122**	**26**	**127**	
• **Methode zur Erfassung** versicherungsmathematischer Gewinne und Verluste	**19.120A (a)**	**26**	**82 ff, 127**	
• **Allgemeine Beschreibung der Art des Plans**	**19.120A (b)** **19.121**	**26**	**127**	
• Eine **Entwicklung der Sollwerte der Verpflichtung** unter Angabe von: – lfd Dienstzeitaufwand – Zinsaufwand – Beitragszahlungen der Berechtigten – versicherungsmathematischen Gewinnen und Verlusten – Währungskurseffekten – gezahlten Leistungen – nachzuverrechnendem Dienstzeitaufwand – Auswirkungen von Unternehmenszusammenschlüssen, Plankürzungen oder -abgeltungen	**19.120A (c)** **19.120A (c) (i)** **19.120A (c) (ii)** **19.120A (c) (iii)** **19.120A (c) (iv)** **19.120A (c) (v)** **19.120 A (c) (vi)** **19.120A (c) (vii)** **19.120A (c) (viii-x)**	**26** **26** **26** **26** **26** **26**	**127** **72 ff** **75 ff** **80 ff** **87 ff** **93 ff**	
• Eine **Analyse der Aufteilung des Sollwerts** auf solche Verpflichtungen, die über Planvermögen ganz oder teilweise finanziert sind und solche, die nicht gedeckt sind	**19.120A (d)**	**26**	**127**	
• Eine **Entwicklung der Zeitwerte des Planvermögens** unter Angabe von: – erwarteten Erträgen, – versicherungsmathematischen Gewinnen und Verlusten, – Währungskurseffekten,	**19.120A (e)** **19.120A (e) (i)** **19.120A (e) (ii)** **19.120A (e) (iii)**	**26** **26**	**127** **80 ff**	

Angaben	Fundstelle	Handbuch	
	IAS	§	Rz
– Beitragszahlungen der Arbeitgeber, – Beitragszahlungen der Berechtigten, – gezahlten Leistungen, – Auswirkungen von Unternehmenszusammenschlüssen und Planabgeltungen	**19.120A (e) (iv)** **19.120A (e) (v)** **19.120A (e) (vi)** **19.120A (e) (vii, viii)**	 **26**	 **93 ff**
• **Überleitung** vom Saldo aus dem Sollwert der Verpflichtungen und dem Zeitwert des Planvermögens auf bilanzierte Aktiv- und Passivposten, mindestens: – Saldo noch nicht in der Bilanz erfasster versicherungsmathematischer Gewinne und Verluste – der noch nicht in der Bilanz erfasste nachzuverrechnende Dienstzeitaufwand – jeder aufgrund der Begrenzung von IAS 19.58 (b) nicht als Vermögenswert erfasste Betrag – beizulegender Zeitwert aktivierter Erstattungsansprüche (IAS 19.104A) mit Beschreibung – andere in der Bilanz erfasste Beträge	**19.120A (f)** **19.120A (f) (i)** **19.120A (f) (ii)** **19.120A (f) (iii)** **19.120A (f) (iv)** **19.120A (f) (v)**	**26** **26** **26** **26** **26** **26**	**35, 42, 127** **80 ff** **87 ff** **30 f** **43** **25 ff**
• Die **in der GuV erfassten** Beträge für jede der folgenden Komponenten mit GuV-Postenangabe: – lfd Dienstzeitaufwand – Zinsaufwand – erwartete Erträge aus Planvermögen – erwartete Erträge aus Erstattungsansprüchen gem IAS 19.104A – versicherungsmathematische Gewinne und Verluste – nachzuverrechnender Dienstzeitaufwand – Auswirkungen von Plankürzungen oder -abgeltungen – Auswirkungen aus der Begrenzung nach IAS 19.58 (b)	**19.120A (g)** **19.120A (g) (i)** **19.120A (g) (ii)** **19.120A (g) (iii)** **19.120A (g) (iv)** **19.120A (g) (v)** **19.120A (g) (vi)** **19.120A (g) (vii)** **19.120A (g) (viii)**	**26** **26** **26** **26** **26** **26** **26** **26**	**72 ff, 127** **72 ff** **75 f** **77 ff** **77 ff** **80 ff** **93 ff 127** **30 f**
• Der Gesamtbetrag der im **sonstigen Ergebnis** erfassten Posten von – versicherungsmathematischen Gewinnen und Verlusten – und dem Effekt aus der Begrenzung nach IAS 19.58 (b)	**19.120A (h)** **19.120A (h) (i)** **19.120A (h) (ii)**	**17** **26**	**47 f** **86, 127**
• Der **kumulierte Betrag** der im sonstigen Ergebnis erfassten versicherungsmathematischen Gewinne und Verluste	**19.120A (i)**	**26**	**6**
• Es ist eine prozentuale Aufteilung des Planvermögens in die **wesentlichen Vermögensklassen** vorzunehmen und anzugeben, inwieweit das Planvermögen eigene Finanzinstrumente des Unternehmens sowie selbstgenutzte Immobilien oder andere Vermögenswerte umfasst	**19.120A (j), (k)**	**26**	**25 ff, 127**

Angaben	Fundstelle	Handbuch	
	IAS	§	Rz
• Eine verbale Beschreibung der **Ermittlungsmethode** von **erwarteten Planerträgen**	19.120A (l)	26	127
• Tatsächliche **Erträge** aus Planvermögen und aus aktivierten Erstattungsansprüchen (IAS 19.104A)	19.120A (m)	26	127
• Die wichtigsten **versicherungsmathematischen Annahmen:**	19.120A (n)	26	127
– Abzinsungssätze	19.120A (n) (i)		
– erwartete Renditen des Planvermögens für die dargestellten Berichtsperioden	19.120A (n) (ii)	26	59
– erwartete Erträge aus aktivierten Erstattungsansprüchen (IAS 19.104A), für die dargestellten Berichtsperioden	19.120A (n) (iii)	26	43, 127
– erwartete Lohn- oder Gehaltssteigerungen und Veränderungen anderer relevanter Variablen	19.120A (n) (iv)	26	64 f
– Kostentrends im Bereich der medizinischen Versorgung	19.120A (n) (v)	26	127
– alle anderen verwendeten wesentlichen versicherungsmathematischen Annahmen	19.120A (n) (vi)	26	58 ff
Hinweis: Jede versicherungsmathematische Annahme ist in absoluten Werten anzugeben (zB als absoluter Prozentsatz) und nicht nur als Spanne zwischen verschiedenen Prozentsätzen und anderen Variablen			
• Bei **wesentlichen Zusagen:** Für die Kosten der medizinischen Versorgung eine **Sensitivitätsanalyse** dergestalt, dass die Auswirkungen einer um einen Prozentpunkt höheren oder niedrigeren Trendannahme auf den Versorgungsaufwand und den Wert der Verpflichtung dargestellt wird	19.120A (o)	26	127
• Für einen **Fünfjahreszeitraum** sind	19.120A (p)	26	127
– die Sollwerte der Verpflichtungen	19.120A (p) (i)		
– die Zeitwerte des Planvermögens und	19.120A (p) (i)		
– die jeweiligen Über- oder Unterdeckungen anzugeben (ACHTUNG: der Fünfjahreszeitraum braucht erst sukzessive mit erstmaliger Anwendung der neuen Anhangvorschriften aufgebaut zu werden)	19.120A (p) (i)		
– außerdem die Abweichungen zwischen dem erwarteten und tatsächlichen Verlauf des Sollwerts und des Zeitwerts des Planvermögens und der Planschulden(entweder als Absolutbetrag oder in Prozent des jeweiligen Werts zum Bilanzstichtag)	19.120A (p) (ii)		
• **Voraussichtliche Beitragszahlungen** an den Plan im Folgejahr	19.120A (q)	26	127
• Wenn **Berichtspflicht gem IAS 24** besteht:	19.124	26	129
– *related-party*-Transaktionen mit Plänen für Leistungen nach Beendigung des Arbeitsverhältnisses	19.143 19.124 (a)		

Angaben	Fundstelle	Handbuch	
	IAS	§	Rz
– Leistungen nach Beendigung des Arbeitsverhältnisses für Personen in Schlüsselpositionen des Managements	**19.124 (b)**		
• Angabe einer **Eventualschuld** nach IAS 37.86 für ein Angebot auf Leistungen zwecks Beendigung des Arbeitsverhältnisses, bei dem die Anzahl der Arbeitnehmer, die zustimmen, ungewiss ist	**19.141**	**13**	**139 ff**
• Wesentliche Aufwendungen aus der Beendigung von Arbeitsverhältnissen (IAS 1.97)	**19.142**	**26**	**112 ff**
79 **V. Altersversorgungspläne**			
• **Begründung,** falls eine Schätzung des beizulegenden Zeitwerts von Kapitalanlagen des Altersversorgungsplans nicht möglich ist	**26.32**	**26**	**37**
• **Bewegungsbilanz** des für Leistungen zur Verfügung stehenden Nettovermögens • Zusammenfassung der **maßgeblichen Bilanzierungs- und Bewertungsmethoden** • **Beschreibung** des Planes und der Auswirkung aller **Änderungen** im Plan während der Periode	**26.34 (a)** **26.34 (b)** **26.34 (c)**	**26** **26**	**13, 130** **117 ff**
Dh falls zutreffend: • Aufstellung des für Leistungen zur Verfügung stehenden **Nettovermögens** mit **folgenden Angaben:** – Aufgliederung der Vermögenswerte zum Ende der Periode – Grundlage der Bewertung – Einzelheiten zu jeder einzelnen Kapitalanlage, die entweder 5% des für Leistungen zur Verfügung stehenden Nettovermögens oder 5% einer Wertpapiergattung oder -art übersteigt – Einzelheiten jeder Beteiligung am Arbeitgeber – andere Schulden als den versicherungsmathematischen Barwert der zugesagten Versorgungsleistungen	**26.35 (a)** **26.35 (a) (i)** **26.35 (a) (ii)** **26.35 (a) (iii)** **26.35 (a) (iv)** **26.35 (a) (v)**	**26**	**120** **130**
• Angaben zur **Bewegungsbilanz:** – Arbeitgeberbeiträge – Arbeitnehmerbeiträge – Anlageerträge wie Zinsen und Dividenden – sonstige Erträge – gezahlte oder zu zahlende Leistungen – Verwaltungsaufwand – andere Aufwendungen – Ertragsteuern – Gewinne und Verluste aus der Veräußerung von Kapitalanlagen und Wertänderungen der Kapitalanlagen – Vermögensübertragungen von und an andere Pläne	**26.35 (b)** **26.35 (b) (i)** **26.35 (b) (ii)** **26.35 (b) (iii)** **26.35 (b) (iv)** **26.35 (b) (v)** **26.35 (b) (vi)** **26.35 (b) (vii)** **26.35 (b) (viii)** **26.35 (b) (ix)** **26.35 (b) (x)**	**26**	**130**

Angaben	**Fundstelle**	**Handbuch**	
	IAS	**§**	**Rz**
• Beschreibung der **Grundsätze** der Fondsfinanzierung	**26.35 (c)**	**26**	**130**
• Bei **leistungsorientierten Plänen:** der **versicherungsmathematische Barwert** der zugesagten Versorgungsleistungen	**26.35 (d)**	**26**	**26**
• Bei **leistungsorientierten Plänen:** Beschreibung der **maßgeblichen versicherungsmathematischen Annahmen** und Methoden	**26.35 (e)**	**26**	**50 f, 58**
• **Beschreibung** des **Altersversorgungsplans,** zB durch folgende Angaben:	**26.36**	**26**	**130**
– Namen der Arbeitgeber und der vom Plan erfassten Arbeitnehmergruppen	**26.36 (a)**		
– Anzahl der Begünstigten, welche Leistungen erhalten, und die Anzahl der anderen Begünstigten, in geeigneter Gruppierung	**26.36 (b)**		
– Art des Plans – beitrags- oder leistungsorientiert	**26.36 (c)**	**26**	**17 ff, 25 ff**
– Angabe dazu, ob Begünstigte an den Plan Beiträge leisten	**26.36 (d)**		
– Beschreibung der den Begünstigten zugesagten Versorgungsleistungen	**26.36 (e)**		
– Beschreibung aller Regelungen hinsichtlich einer Schließung des Plans sowie	**26.36 (f)**		
– Veränderungen in den vorgenannten Posten während der Periode, die durch den Bericht behandelt wird	**26.36 (g)**		
VI. Anteilsbasierte Vergütungsformen 80			
IFRS 2 sieht umfangreiche Anhangangaben zu **Art und Umfang** von **anteilsbasierten Vergütungsformen** vor, um sie für den Abschlussadressaten nachvollziehbar zu machen:	**IFRS 2.44**	**24**	**55**
• **Beschreibung** der zugrunde liegenden **Verträge** durch Angabe von Ausübungsbedingungen, maximaler Anzahl gewährter Optionen und Form des Ausgleichs	**IFRS 2.45 (a)**	**24**	**14, 25 ff**
• Die **Anzahl** und der **gewichtete Ausübungspreis** der ausstehenden (zu Beginn und Ende), der gewährten, der verwirkten, der ausgeübten, der verfallenen und der ausübbaren **Optionen**	**IFRS 2.45 (b)**		
• Der der Ausübung zugrunde liegende **gewichtete Durchschnittsaktienkurs**	**IFRS 2.45 (c)**		
• Wertangaben zu den **offenen Optionen** hinsichtlich Ausübungspreisspanne, durchschnittliche Dauer bis zur Ausübung und Zeitpunkt bis zum Verfall	**IFRS 2.45 (d)**	**24**	**35 ff**
Um dem Abschlussadressaten deutlich zu machen, wie der **beizulegende Zeitwert** der erhaltenen Güter oder Dienstleistungen bzw der gewährten Eigenkapitalinstrumente in der	**IFRS 2.46**	**24**	**56**

Angaben	Fundstelle	Handbuch	
	IAS	§	Rz
Berichtsperiode **bestimmt** wurden, sind folgende Angaben notwendig:			
Wurde der beizulegende Zeitwert **indirekt unter Bezugnahme auf den beizulegenden Zeitwert der Eigenkapitalinstrumente** bemessen, sind mindestens folgende Angaben zu machen:	**IFRS 2.47**	**24**	**56**
• Für **gewährte** Aktienoptionen:	**IFRS 2.47 (a)**		
– Angabe des Bewertungsmodells	**IFRS 2.47 (a) (i)**	**24**	**36 ff**
– Ermittlung der Parameter des Modells, insbes Volatilität und risikofreier Zinssatz	**IFRS 2.47 (a) (i)**	**24**	**39 ff**
– Angabe, wie die erwartete Volatilität bestimmt wurde und inwieweit sie auf der historischen Volatilität beruht	**IFRS 2.47 (a) (ii)**	**24**	**39 ff**
– sollten Marktpreise bei der Bewertung herangezogen worden sein, ist die Ermittlung zu erläutern	**IFRS 2.47 (a) (iii)**	**24**	**39 f**
• Für **gewährte Eigenkapitalinstrumente:**	**IFRS 2.47 (b)**	**24**	**55 f**
– wie der beizulegende Zeitwert ermittelt wurde, wenn er nicht anhand eines beobachtbaren Marktpreises ermittelt wurde	**IFRS 2.47 (b) (i)**		
– Berücksichtigung erwarteter Dividenden bei der Ermittlung des beizulegenden Zeitwerts	**IFRS 2.47 (b) (ii)**		
– Einfluss anderer Ausstattungsmerkmale der gewährten Eigenkapitalinstrumente auf die Bestimmung des beizulegenden Zeitwerts	**IFRS 2.47 (b) (iii)**		
• Für **aktienbasierte Vergütungstransaktionen:**	**IFRS 2.47 (c)**		
– Begründung der vorgenommenen Änderungen	**IFRS 2.47 (c) (i)**	**24**	**33**
– der gewährte zusätzliche beizulegende Zeitwert	**IFRS 2.47 (c) (ii)**	**24**	**33**
– Angaben darüber, wie der gewährte beizulegende Zeitwert unter Beachtung von IFRS 2.47 (a) und (b) bestimmt wurde	**IFRS 2.47 (c) (iii)**		
Wurden die in der Berichtsperiode erhaltenen Güter oder Dienstleistungen **direkt** zum **beizulegenden Zeitwert** angesetzt: • **Art** der **Bestimmung** des beizulegenden Zeitwerts	**IFRS 2.48**	**24**	**56**
• Angabe, falls beizulegender Zeitwert bezogener Güter und Dienstleistungen **indirekt** unter Bezugnahme auf den beizulegenden Zeitwert der gewährten Eigenkapitalinstrumente bestimmt wurde einschließlich **Begründung**	**IFRS 2.49**	**24**	**56**
Als Angaben zum **Einfluss** der aktienbasierten Bezahlung **auf die VFE-Lage** des Unternehmens sind folgende Angaben vorgeschrieben:	**IFRS 2.50**	**24**	**57**

Angaben	Fundstelle	Handbuch		
	IAS	§	Rz	
• **Gesamtaufwand** der Berichtsperiode für anteilsbasierte Vergütungstransaktionen, bei denen die erhaltenen Güter und Dienstleistungen nicht für eine sofortige Erfassung als Vermögenswert in Betracht kamen und die **sofort aufwandswirksam** verbucht wurden	**IFRS 2.51 (a)**	–	–	
• **Anteil am Gesamtaufwand**, der auf aktienbasierte Vergütungstransaktionen mit Ausgleich durch **Eigenkapitalinstrumente** entfällt	**IFRS 2.51 (a)**	–	–	
• **Gesamtbuchwert der Schulden** aus anteilsbasierten Vergütungsformen am Ende der Berichtsperiode	**IFRS 2.51 (b) (i)**	–	–	
• **Gesamter innerer Wert der Schulden** am Ende der Berichtsperiode, bei denen das Recht der Gegenpartei auf Erhalt von flüssigen Mitteln oder anderen Vermögenswerten zum Ende der Berichtsperiode ausübbar war	**IFRS 2.51 (b) (ii)**	–	–	
Soweit es das **Verständnis der Lage** des Unternehmens erfordert, werden darüber hinaus weitere Angaben gefordert, welche das Unternehmen für sinnvoll erachtet (zB Umfang der Akzeptanz bei Mitarbeitern)	**IFRS 2.52**	**24**	**57**	
VII. Empfohlene Angaben außerhalb des Abschlusses (Lagebericht)				81
• IFRS verlangen **keinen Lagebericht** wie ihn §§ 289, 315 HGB vorschreiben. IAS 1.13 beschreibt die **Möglichkeit** eines **entspr Berichts** mit folgenden Angaben: – Faktoren, welche die Ertragskraft bestimmen – Investitions- und Dividendenpolitik – bilanzielle und außerbilanzielle Finanzierungsquellen – Verschuldungs- sowie Zielverschuldungsgrad – nicht in der Bilanz ausgewiesene Ressourcen	**1.10** **1.13** **1.13 (a)** **1.13 (a)** **1.13 (b)** **1.13 (b)** **1.13 (c)**	–	–	
• Nach der 4. und 7. EU-Richtlinie ist ein Lagebericht erforderlich, der über die Anforderungen gem IAS 1 hinausgeht (§§ 289, 315 HGB)	–			
VIII. Angaben für Zwischenberichte				82
1. Verkürzter Zwischenbericht				
Bestandteile und Berichtsperioden				
• **Mindestbestandteile** – verkürzte Bilanz – verkürzte Gesamtergebnisrechnung oder verkürzte GuV (sofern erstellt) und verkürzte Gesamtergebnisrechnung	**34.8** **34.8 (a)** **34.8 (b)** **34.8 (c)** **34.8 (d)**	**43**	**14**	

Angaben	Fundstelle	Handbuch	
	IAS	§	Rz
– verkürzte Eigenkapitalveränderungsrechnung – verkürzte Kapitalflussrechnung – ausgewählte erläuternde Anhangangaben	34.8 (e)		
• Bei Darstellung der Ergebnisbestandteile in einer **gesonderten GuV** gem IAS 1.81, sind die verkürzten Zwischenberichtsdaten dort auszuweisen	34.8A	43	22
• **Darzustellende Perioden/Stichtage** – **Bilanz:** Ende der Berichtsperiode und Ende des letzten Geschäftsjahres – **Gesamtergebnisrechnung:** Berichtsperiode und kumuliert lfd Geschäftsjahr – jeweils mit Vergleichszahlen für entspr Perioden des vorangegangenen Geschäftsjahres – **Eigenkapitalspiegel:** Geschäftsjahresbeginn bis Stichtag des Zwischenberichts und vergleichbarer Vorjahreszeitraum – **Kapitalflussrechnung:** Geschäftsjahresbeginn bis Stichtag des Zwischenberichts und vergleichbarer Vorjahreszeitraum	34.20 34.20 (a) 34.20 (b) 34.20 (c) 34.20 (d)	43	15 f
Einzelne Angaben			
• Sämtliche **Überschriften und Zwischensummen** des letzten Geschäftsjahresabschlusses sowie die erläuternden Anhangangaben gem IAS 34	34.10	43	19
• **Zusätzliche** Posten und Angaben, ohne die der Zwischenbericht irreführend ist	34.10	43	19 f
• **Ergebnisse je Aktie** gem IAS 33 in dem Abschlussbestandteil, der die Ergebnisbestandteile für die Periode darstellt • Sofern die Ergebnisbestandteile in einer **gesonderten GuV** gem IAS 1.81 dargestellt werden, sind die Ergebnisse je Aktie gem IAS 33 dort auszuweisen	34.11 34.11A	43	22
• Aussage, dass die **Bilanzierungs- und Bewertungsmethoden des letzten Geschäftsjahresabschlusses** angewendet wurden bzw • Angaben zu **Methodenänderungen**	34.16 (a)	43	27 f
• Auswirkungen von **Saison- oder Konjunktureinflüssen** in der Periode	34.16 (b)	43	26, 28 ff
• Angaben zu **ungewöhnlichen Sachverhalten** mit Auswirkung auf den Zwischenabschluss	34.16 (c)	43	29
• Angaben zu **Änderungen von Schätzungen** mit wesentlicher Auswirkung	34.16 (d)	43	30
• **Emissionen, Rückkäufe** und **Rückzahlungen** von Schuldverschreibungen oder Eigenkapitaltiteln	34.16 (e)	43	31

Angaben	Fundstelle	Handbuch	
	IAS	§	Rz
• **Gezahlte Dividenden** (zusammengefasst oder je Aktie), gesondert je Aktiengattung	34.16 (f)	43	32
• Ggf **Segmentinformationen:** – **(Umsatz-)Erträge von externen Kunden**, sofern sie in die Berechnung der Segmentgewinne oder -verluste eingehen und vom Hauptentscheidungsträger regelmäßig überprüft werden – **(Umsatz-)Erträge zwischen den einzelnen Segmenten**, sofern sie in die Berechnung der Segmentgewinne oder -verluste eingehen und vom Hauptentscheidungsträger regelmäßig überprüft werden – **Segmentgewinn oder -verlust** – **Gesamtbetrag der Vermögenswerte,** bei denen sich die im vorangegangenen Jahresabschluss angegebenen **Beträge wesentlich geändert** haben – Beschreibung der vorgenommenen **Änderungen bzgl der Segmentierungsgrundsätze** und **Ermittlung der Segmentgewinne und -verluste** – **Überleitungsrechnung** der Summe der Gewinne und Verluste sämtlicher berichtspflichtiger Segmente auf den Gewinn oder Verlust des Unternehmens	34.16 (g) 34.16 (g) (i) 34.16 (g) (ii) 34.16 (g) (iii) 34.16 (g) (iv) 34.16 (g) (v) 34.16 (g) (vi)	43 21	33 88
• **Wesentliche Ereignisse nach dem Stichtag,** die nicht im Abschluss der Zwischenberichtsperiode widergespiegelt worden sind	34.16 (h)	43	34
• Auswirkungen von **Änderungen in der Zusammensetzung des Unternehmens** während der Zwischenberichtperiode (einschließlich Unternehmenszusammenschlüssen (weitere Angaben gem IFRS 3), Erwerb oder Veräußerung von TU und langfristigen Finanzinvestitionen, Restrukturierungsmaßnahmen und Aufgabe von Geschäftsbereichen)	34.16 (i)	43	35
• Änderungen der **Eventualschulden und -forderungen** seit dem letzten Bilanzstichtag	34.16 (j)	43	36
• **Beispiele** für erforderliche Angaben enthält IAS 34.17	34.17	43	103
• Angabe der **Übereinstimmung mit IFRS**	34.19	43	48
2. Vollständiger Zwischenbericht			
Wird der Zwischenbericht als vollständiger Abschluss aufgestellt, sind sämtliche für einen **vollständigen Abschluss** geforderten Angaben aufzuführen	34.9	43	38
Besonderheiten eines Zwischenberichts bei **erstmaliger Anwendung** gem IFRS 1; vgl Rz 65			

83

Angaben	Fundstelle	Handbuch	
	IAS	§	Rz
84 **IX. Banken**			
Die im Anhang zu veröffentlichenden Informationen ergeben sich **mangels** einer **branchenspezifischen Regelung** aus den allgemeinen Standards. Da das Geschäft der Banken hauptsächlich mit Finanzinstrumenten erfolgt, haben die Regelungen in IFRS 7 eine besondere Relevanz, darüber hinaus sind aber auch bspw Angaben zu nahestehende Unternehmen, Eventualschulden, Geschäftssegmenten und der Kapitalflussrechnung hervorzuheben	–	39	60 ff
Für die Kapitalflussrechnung von Banken gelten folgende Sonderregeln:		39	77
• **Cashflows** aus dem Verkauf und Erwerb von **Wertpapieren** sowie der Gewährung von **Krediten** gehören zur betrieblichen Tätigkeit	7.15		
• **Auszahlungen** aus der Gewährung von Krediten gehören zur betrieblichen Tätigkeit	7.16 (e)		
• **Einzahlungen** aus der Tilgung von Krediten gehören zur betrieblichen Tätigkeit	7.16 (f)		
• **Gezahlte und erhaltene Zinsen und Dividenden** gehören zur betrieblichen Tätigkeit	7.33		
• **Saldierung** von Annahme und Rückzahlung von **Sichteinlagen**	7.23 (a)		
• Für **Cashflows** aus einer der folgenden Tätigkeiten einer Finanzinstitution ist eine **saldierte Darstellung** möglich:	7.24		
– Einzahlungen und Auszahlungen für die Annahme und die Rückzahlung von Einlagen mit fester Laufzeit	7.24 (a)		
– Platzierung von Einlagen bei und Rücknahme von Einlagen von anderen Finanzinvestitionen	7.24 (b)		
– Kredite und Darlehen für Kunden und die Rückzahlung dieser Kredite und Darlehen	7.24 (c)		
85 **X. Versicherungsverträge**			
IFRS 4 ist auf alle **Versicherungs- und Rückversicherungsverträge** anzuwenden, die ein Unternehmen als **Versicherer** abschließt (Genaueres vgl IFRS 4.2)	IFRS 4.2	40	4
Ein **Versicherer** hat die Beträge aus seinem Abschluss, die aus **Versicherungsverträgen** stammen, folgendermaßen zu identifizieren und zu erläutern:	IFRS 4.36	40	20
• Bilanzierungs- und Bewertungsmethoden für Versicherungsverträge sowie zugehörige Vermögenswerte, Verbindlichkeiten, Erträge und Aufwendungen	IFRS 4.37 (a)	40	57
• Angesetzte Vermögenswerte, Verbindlichkeiten, Erträge und Aufwendungen, die sich aus **Versicherungsverträgen** ergeben (kurz: **„Werte“**)	IFRS 4.37 (b)	40	57

Angaben	**Fundstelle**	**Handbuch**	
	IAS	**§**	**Rz**
– ein Zedent hat zusätzlich erfolgswirksam erfasste Gewinne und Verluste aus der Rückversicherungsmaßnahme anzugeben	**IFRS 4.37 (b) (i)**		
– weiter hat ein Zedent, sofern er Gewinne/Verluste aus Rückversicherungsmaßnahmen abgrenzt und tilgt, die Tilgung für die Berichtsperiode und die ungetilgt verbleibenden Beträge am Anfang und Ende der Periode anzugeben	**IFRS 4.37 (b) (ii)**		
• **Verfahren** zur **Bestimmung** der **Annahmen** hinsichtlich der angesetzten „Werte“, welche die größten Auswirkungen auf die Bewertung der Werte haben	**IFRS 4.37 (c)**	**40**	**57, 63**
• Auswirkungen von **Änderungen der Bewertungsannahmen;** jeder Effekt, der einen wesentlichen Einfluss auf den Abschluss hat, ist separat zu erläutern	**IFRS 4.37 (d)**	**40**	**57**
• **Überleitungsrechnungen** der Änderungen der Versicherungsverbindlichkeiten, Rückversicherungsvermögenswerte und, sofern vorhanden, zugehöriger abgegrenzter Abschlusskosten	**IFRS 4.37 (e)**	**40**	**57**
Weiter hat der Versicherer den Abschlussadressaten das **Verständnis für Art und Ausmaß der Risiken** aufgrund von Versicherungsverträgen zu erleichtern, indem er Folgendes angibt:	**IFRS 4.38**	**40**	**53**
• Beschreibung des Risikomanagements	**IFRS 4.39 (a)**	**40**	**64 ff**
• Information über das **Versicherungsrisiko** (vor und nach Rückversicherung) inklusive Sensitivität bzgl Versicherungsrisiko (s IFRS 4.39A), Konzentration von Versicherungsrisiken und Schadensentwicklung	**IFRS 4.39 (c)**	**40**	**9**
• Informationen zu **Markt-, Liquiditäts- und Ausfallrisiken** gem IFRS 7.31 bis IFRS 7.42 (s Rz 51 ff), wenn sie in den Anwendungsbereich von IFRS 7 fallen, jedoch:	**IFRS 4.39 (d)**	**40**	**58**
– bei Angaben über den voraussichtlichen zeitlichen Ablauf der Nettomittelabflüsse aufgrund von anerkannten Versicherungsverbindlichkeiten braucht eine Fälligkeitsanalyse gem IFRS 7.39 (a) und (b) nicht vorgelegt zu werden	**IFRS 4.39 (d) (i)**		
– bei Anwendung einer alternative Methode zur Steuerung der Sensitivität bzgl Marktrisiken gelten die Anforderungen des IFRS 7.40 (a) als erfüllt und es sind Angaben gem IFRS 7.41 anzugeben	**IFRS 4.39 (d) (ii)**		
• Informationen über **Marktrisiken von eingebetteten Derivaten,** die in einem Basisversicherungsvertrag enthalten sind, wenn der Versicherer die eingebetteten Derivate nicht zum beizulegenden Zeitwert bewerten muss und dies auch nicht tut	**IFRS 4.39 (e)**	**40**	**17** **54**

Angaben	Fundstelle	Handbuch	
	IAS	§	Rz
• Um IFRS 4.39 (c) zu entsprechen: – **Sensitivitätsanalyse,** aus der Auswirkungen von möglichen Änderungen der Risikoparameter auf Gewinn oder Verlust und Eigenkapital hervorgehen, die zugrunde gelegten Methoden und Annahmen sowie ggf deren Änderungen im Vergleich zur Vorperiode – bei Anwendung einer **alternativen Sensitivitätsanalyse** ist diese Tatsache anzugeben sowie die geforderten **Angaben gem IFRS 7.41** oder – **qualitative Informationen** über die **Sensitivität** und über diejenigen **Konditionen von Versicherungsverträgen,** die materielle Auswirkungen auf Höhe, Zeitpunkt und Ungewissheit künftiger Mittelflüsse beim Versicherer haben	**IFRS 4.39A (a) 1. Satz** **IFRS 4.39A (a)** **IFRS 4.39A (b)**	**40** **40** **40**	**59** **59** **59**
• Angabepflichten des IFRS 4 sind mit Ausnahme der Angaben gem IFRS 4.37 (a), (b) **nicht auf Vergleichsinformationen** anzuwenden, die sich auf vor dem 1. Januar 2005 beginnende Geschäftsjahre beziehen	**IFRS 4.42**	**40**	**71**
• Wenn es **undurchführbar** ist, eine bestimmte Vorschrift der IFRS 4.10 ff auf Vergleichsinformationen anzuwenden, die sich auf Geschäftsjahre beziehen, die vor dem 1. Januar 2005 beginnen, hat ein Unternehmen dies anzugeben	**IFRS 4.43**	**40**	**73**
• Bei Anwendung von IFRS 4.39 (c) (iii) müssen keine Informationen über Schadensentwicklungen angegeben werden, bei denen der Schaden **mehr als fünf Jahre** vor dem Ende des ersten Geschäftsjahres, für das IFRS 4 angewendet wurde, zurückliegt	**IFRS 4.44**	**40**	**74**
86 **XI. Landwirtschaftliche Betriebe**			
Von **landwirtschaftlichen Betrieben** werden gem IAS 41 folgende Angaben verlangt: • **Beschreibung** jeder **Gruppe** der biologischen Vermögenswerte (wertmäßig oder verbal) • Angabe des **Gewinns/Verlusts,** der in der Berichtsperiode entstanden ist: – durch den **erstmaligen Ansatz** biologischer Vermögenswerte und landwirtschaftlicher Erzeugnisse, – durch **Änderung des beizulegenden Zeitwerts abzüglich geschätzter Verkaufskosten** biologischer Vermögenswerte	**41.41 f** **41.40**	**41** **41**	**26** **26**

Angaben	Fundstelle IAS	Handbuch §	Handbuch Rz
Sofern ein Ausweis nicht schon an anderer Stelle erfolgt ist, sind im Anhang anzugeben:	**41.46**	**41**	**26**
• **Art der Tätigkeiten,** die mit jeder Gruppe der biologischen Vermögenswerte verbunden sind,	**41.46 (a)**		
• **Nicht finanzielle Maßgrößen** oder Schätzungen für körperliche Mengen von jeder Gruppe der biologischen Vermögenswerte zum Periodenende sowie die Produktionsmenge landwirtschaftlicher Erzeugnisse während der Periode	**41.46 (b)**		
• **Methoden** und **wesentliche Annahmen** zum ermittelten beizulegenden Zeitwert zum Erntezeitpunkt jeder Gruppe landwirtschaftlicher Erzeugnisse und jeder Gruppe biologischer Vermögenswerte	**41.47**		**26**
• **Beizulegender Zeitwert** im **Erntezeitpunkt** abzüglich der geschätzten Verkaufskosten der landwirtschaftlichen Erzeugnisse, die während der Periode geerntet wurden	**41.48**	**41**	**26**
• Sind biologische Vermögenswerte mit besonderen **Risiken oder Lasten** verbunden, wie zB einem beschränkten Eigentumsrecht, Verpflichtungen zum Erwerb oder zur Entwicklung biologischer Vermögenswerte, so ist dies anzugeben. Darüber hinaus sind auch Strategien zum Finanzrisikomanagement darzustellen	**41.49**	**41**	**26**
Es ist eine **Überleitungsrechnung** der Änderung des Buchwerts der biologischen Vermögenswerte über das Berichtsjahr (Anfang und Ende) zu erstellen, die folgende Angaben zu enthalten hat:	**41.50**	**41**	**17**
• **Gewinn/Verlust durch Änderung des beizulegenden Zeitwerts** abzüglich der geschätzten Verkaufskosten	**41.50 (a)**		
• **Erhöhungen** infolge von **Käufen**	**41.50 (b)**		
• **Verringerungen** infolge von **Verkäufen** und biologische Vermögenswerte, die gem **IFRS 5** als zur Veräußerung gehalten klassifiziert werden	**41.50 (c)**		
• **Verringerungen** infolge der **Ernte**	**41.50 (d)**		
• **Erhöhungen**, die aus **Unternehmenszusammenschlüssen** resultieren	**41.50 (e)**		
• **Nettowährungsdifferenzen** infolge der Umrechnung des Abschlusses einer ausländischen Teileinheit	**41.50 (f)**		
• **Andere Änderungen**	**41.50 (g)**		

Angaben	Fundstelle	Handbuch	
	IAS	§	Rz
Eine Fülle von verpflichtenden Angaben sind darzustellen, wenn der **beizulegende Zeitwert nicht verlässlich ermittelt** werden kann:	**41.54**	**41**	**26**
• **Beschreibung** der biologischen Vermögenswerte	**41.54 (a)**		
• **Begründung,** warum der beizulegende Zeitwert nicht verlässlich ermittelt werden kann	**41.54 (b)**		
• Sofern möglich, eine **Schätzungsbandbreite,** innerhalb welcher der beizulegende Zeitwert höchstwahrscheinlich liegt	**41.54 (c)**		
• Verwendete **Abschreibungsmethode**	**41.54 (d)**		
• Verwendete **Nutzungsdauern** oder **Abschreibungssätze**	**41.54 (e)**		
• **Bruttobuchwert** und die kumulierten Abschreibungen (zusammengefasst mit den kumulierten Wertminderungsaufwendungen) zu Beginn und zum Ende der Periode	**41.54 (f)**		
Werden biologische Vermögenswerte zu ihren **Anschaffungs- oder Herstellungskosten abzüglich aller kumulierten Abschreibungen und aller kumulierten Wertminderungsaufwendungen** (s IAS 41.30) bewertet, so sind zusätzlich anzugeben:	**41.55**	**41**	**9**
• Gesonderte Erfassung jedes **Gewinn/Verlust beim Ausscheiden** eines solchen Vemögenswerts	**41.55**	**41**	**26**
• **Überleitungsrechnung** gem IAS 41.50 gesondert für solche Vermögenswerte	**41.55**	**41**	**17**
• **Überleitungsrechnung** für solche Vermögenswerte ergänzt um Wertminderungsaufwendungen, Wertaufholungen aufgrund früherer Wertminderungsaufwendungen und Abschreibungen	**41.55 (a)–(c)**		
Bei **Änderung** der **Bewertung von Anschaffungs- oder Herstellungskosten** abzüglich aller kumulierten Abschreibungen und aller kumulierten Wertminderungsaufwendungen zum beizulegenden Zeitwert:			
• **Beschreibung** der biologischen Vermögenswerte	**41.56 (a)**	**41**	**6 ff**
• **Begründung**, warum der beizulegende Zeitwert verlässlich ermittelbar wurde	**41.56 (b)**	**41**	**26**
• **Auswirkung** der Änderung	**41.56 (c)**	**41**	**26**
Erhält das Unternehmen **Zuwendungen** der öffentlichen Hand, so hat es Art und Ausmaß der Zuwendungen, mit den Zuwendungen im Zusammenhang stehende Erfolgsunsicherheiten sowie wesentliche zu erwartende Verringerungen des Zuwendungsumfangs auszuweisen	**41.57**	**41**	**21 f**

Angaben	Fundstelle	Handbuch	
	IAS	§	Rz
XII. Bodenschätze			
Um die in seinem Abschluss erfassten **Beträge für die Exploration und Evaluierung von mineralischen Ressourcen** zu kennzeichnen und zu erläutern, hat ein Unternehmen folgende Angaben zu machen:	**IFRS 6.23**	42	**51**
• Darstellung der **angewandten Bilanzierungs- und Bewertungsmethoden**	**IFRS 6.24 (a)**	42	**51**
• **Höhe** der Vermögenswerte, Schulden, Erträge und Aufwendungen sowie Cashflows aus betrieblicher und Investitionstätigkeit, die aus der Exploration und Evaluierung von mineralischen Ressourcen resultieren	**IFRS 6.24 (b)**	42	**51**
• Je nach **Klassifikation** der betreffenden Vermögenswerte als Sachanlagen oder als immaterielle Vermögenswerte sind auch die nach IAS 16 und IAS 38 geforderten Angaben zu beachten	**IFRS 6.25**	42	**51**

87

Anlage II: GLOSSAR

Das Glossar enthält Übersetzungen und Erläuterungen zu den wesentlichen Begriffen des IFRS-Kommentars.

		Standard		Handbuch	
		IAS	IFRS	§	Rz
accounting policies	Bilanzierungs- und Bewertungsmethoden	8.5		45	9
accounting profit	Gewinn/Verlust vor Abzug der Ertragsteuern	12.5		15 25	100 3
accrual basis of accounting	Konzept der Periodenabgrenzung, wie in F. 22 und IAS 1.27 f erläutert; auf den Sachzusammenhang, nicht auf den Geldfluss, kommt es an	1.27 f		2	16 ff
acquisition date	Tag, an dem die Kontrollmöglichkeit (s *control*) über das Erwerbsobjekt tatsächlich auf den Erwerber übergeht		3.8 f (2008)/ 3.25 (2004)	34	57 f
acquisition method	Erwerbsmethode (s auch *purchase method*); Bilanzierung aller Vermögenswerte (s *asset*), Schulden (s *liability*) und sich ergebender Unterschiedsbeträge (s *goodwill* und *negative goodwill*) aus einem Unternehmenserwerb zu Erwerbskosten; (s auch *allocation of cost of acquisition*)		3.5 (2008)	34	33 ff
active market	aktiver Markt; Markt, der folgende Bedingungen erfüllt: a) homogene Produkte; b) vertragswillige Käufer/Verkäufer jederzeit vorhanden; c) öffentlich verfügbare Preise	36.6 38.8 41.8 39.AG71 ff		27 3	37 f 157
actuarial gains and losses	versicherungsmathematische Gewinne/Verluste aus a) Anpassung früherer Annahmen an die Wirklichkeit (s *experience adjustments*); b) Auswirkungen geänderter Annahmen	19.7		26	80 ff

		IAS	Standard IFRS	Handbuch §	Rz
adjusting events after the reporting period	berücksichtigungspflichtige Ereignisse zwischen dem Bilanzstichtag und dem Tag der Freigabe des Abschlusses zur Veröffentlichung; (s auch *non-adjusting events after the reporting period*)	10.3 10.9		2	48
agricultural produce	landwirtschaftliches Erzeugnis; Frucht eines biologischen Vermögenswerts zB Wolle vom Schaf (s auch *biological asset* und *biological transformation*)	41.4f		41	6
allocation of cost of acquisition	Kaufpreisallokation; Verteilung der Anschaffungskosten eines Unternehmenserwerbs auf die erworbenen Vermögenswerte/Schulden/Eventualschulden (s auch *acquisition method*)		3.5 (2008)/ 3.16 (2004)	34	37 65ff
amortisation	Abschreibungen von immateriellen Vermögenswerten durch Verteilung der Anschaffungskosten über die Nutzungsdauer; (s zu materiellen Vermögenswerten: *depreciation*)	38.8		4	72
amortised cost of a financial asset/ liability	fortgeführte Anschaffungskosten eines Finanzinstruments; erstmaliger kumulierter Ansatz abzüglich Tilgungen und Abschreibungen und zuzüglich Zuschreibungen nach näherer Maßgabe von IAS 39.9	39.9		10 3	28 147
asset	Vermögenswert wie in F. 49 und IAS 38.8 beschrieben; Ressource/Quelle, die ein Unternehmen als Folge von Ereignissen aus der Vergangenheit kontrolliert/beherrscht und von der erwartet wird, dass dem Unternehmen durch sie künftiger wirtschaftlicher Nutzen (s *economic benefits*) zufließt	38.8		2	71ff
asset deal	Übertragung durch Kauf der einzelnen Vermögenswerte und Schulden; Gegensatz zu der Übertragung durch Kauf von Anteilen (s *share deal*)		3.B5 (2008)/ 3.5 (2004)	34	12

			Standard	Handbuch	
		IAS	IFRS	§	Rz
associate	assoziiertes Unternehmen, bei welchem der Anteilseigner über maßgeblichen Einfluss (s *significant influence*) verfügt, das weder ein TU (s *subsidiary*) noch ein Anteil an einem Gemeinschaftsunternehmen (s *joint venture*) ist; Anteil in der Regel zwischen 20% und 49,9%	28.2		30	32 ff 44
at fair value through profit or loss	erfolgswirksam um beizulegenden Zeitwert bewertet; ein Finanzinstrument wird dieser Kategorie zugeordnet, wenn es sich um eines von beiden Finanzinstrumenten handelt: a) zu Handelszwecken gehaltenes Finanzinstrument (s *held for trading*); b) erfolgswirksam zum beizulegenden Zeitwert designiertes Finanzinstrument	39.9		3	55 ff
available for sale financial assets	zur Veräußerung verfügbare finanzielle Vermögenswerte; (Rest-)Kategorie für nicht derivative Finanzinstrumente, die nicht zu folgenden Kategorien gehören: a) Darlehen und Kundenforderungen (s *loans and receivables*); b) bis zur Endfälligkeit zu halten (s *held to maturity investments*); c) vom Unternehmen in die Kategorie „erfolgswirksam zum beizulegenden Zeitwert bewertet" eingeordnet (s *at fair value through profit or loss*)	39.9		3	71
balance sheet	Bilanz; mit IAS 1 (2007) in *statement in financial position* umbenannt (s dort)	1.54		2	158 ff
basic earnings per share	unverwässertes Ergebnis je Aktie; Ermittlung durch Division des den Stammaktionären des MU zustehenden Periodenerfolgs durch die gewichte-	33.10		16	6 ff

		IAS	Standard IFRS	Handbuch §	Rz
	te durchschnittliche Anzahl der in der Berichtsperiode im Umlauf befundenen Stammaktien (s auch *diluted earnings per share*)				
biological asset	landwirtschaftlicher Vermögenswert; lebende Tiere und Pflanzen, die sich im landwirtschaftlichen Transformationsprozess befinden (s auch *agricultural produce* und *biological transformation*)	41.5		41	6
biological transformation	landwirtschaftlicher Transformationsprozess; qualitative oder quantitative Änderung von biologischen Vermögenswerten (s auch *biological asset*) durch Wachstum, Rückgang, Fruchtbringung oder Vermehrungen (s auch *agricultural produce*)	41.5		41	6
borrowing costs	Fremdkapitalkosten; sie können umfassen: a) Zinsaufwand, der nach der in IAS 39 beschriebenen Effektivzinsmethode (s *effective interest method*) berechnet wird; b) Finanzierungskosten aus Finanzierungs-Leasingverhältnissen, die gem IAS 17 bilanziert werden und c) Währungsdifferenzen aus Fremdwährungskrediten, soweit sie als Zinskorrektur anzusehen sind	23.5 f		5	40
business	Geschäftsbetrieb; eine integrierte Gruppe von Tätigkeiten und Vermögenswerten (s *asset*), die mit dem Ziel geführt werden kann, den Investoren oder anderen Eigentümern, Mitgliedern oder Teilnehmern Rückzahlungen in Form von Dividenden, niedrigeren Kosten oder anderen wirtschaftlichen Vorteilen direkt zukommen zu lassen		3.A (2008)/ 3.A (2004)	34	3

		IAS	Standard IFRS	Handbuch §	Rz
business combination	Unternehmenszusammenschluss; ein Erwerber erlangt die Kontrolle (s *control*) über ein oder mehrere Geschäftsbetriebe (s *business*)		3.A (2008)/ 3.A (2004)	34	12ff
business combination of entities under common control	Unternehmenszusammenschluss von Unternehmen unter gemeinsamer Beherrschung; Unternehmenszusammenschluss, in dem letztendlich alle von derselben Partei oder denselben Parteien sowohl vor als auch nach dem Zusammenschluss (s *business combination*) beherrscht (s *control*) werden und diese Beherrschung nicht nur vorübergehend ist (s auch *common control*)		3.B1 (2008)/ 3.A (2004)	34	20ff
carrying amount	Buchwert; Betrag, mit dem ein Vermögenswert nach Abzug aller kumulierten Abschreibungen (s *amortisation* und *depreciation*) und Wertminderungen (s *impairment of assets* und *impairment of financial assets*) in der Bilanz angesetzt wird	16.6 36.6 38.8		–	–
cash	Zahlungsmittel; umfassen Barmittel und Sichteinlagen (s auch *cash equivalents* und *cashflows*)	7.6		18	9
cash equivalents	Zahlungsäquivalente; kurzfristige, äußerst liquide Finanzinvestitionen, die jederzeit in bestimmte Zahlungsmittelbeträge (s *cash*) umgewandelt werden können und nur unwesentlichen Wertschwankungsrisiken unterliegen (s auch *cashflows*)	7.6		18 11	10 33
cash generating unit	zahlungsmittelgenerierende Einheit; kleinste identifizierbare Gruppe von Vermögenswerten, die Mittelzuflüsse erzeugen, die weitgehend unabhängig von den Mittelzuflüssen anderer Vermögenswerte oder anderer Gruppen von Vermögenswerten sind	36.6	5.A	27	86

		IAS	Standard IFRS	Handbuch §	Rz
cashflow	Zufluss und Abfluss von Zahlungsmitteln (s *cash*) oder Zahlungsmitteläquivalenten (s *cash equivalents*)	7.6		18	8 ff
cashflow hedge	Absicherung von Zahlungsströmen; Absicherung gegen das Risiko zukünftig schwankender Zahlungsströme; Einzelheiten in IAS 39.95 ff geregelt (s auch *fair value hedge* und *hedge of a net investment in a foreign operation*)	39.86		23	46
cashflow statement	Kapitalflussrechnung; mit IAS 1 (2007) umbenannt in *statement of cashflows* (s dort)	7		18	1 ff
cash-settled share-based payment transaction	anteilsbasierte Vergütung mit Barausgleich; anteilsbasierte Vergütung, bei dem das Unternehmen Güter oder Dienstleistungen erwirbt und ggü dem Lieferanten eine Schuld eingeht, deren Höhe vom Aktienkurs oder anderen Eigenkapitalinstrumenten des Unternehmens abhängig ist (s auch *equity-settled share-based payment transaction*)		2.A	24	11
change in accounting estimate	Änderung einer rechnungslegungsbezogenen Schätzung; Anpassung des Buchwerts eines Vermögenswerts bzw einer Schuld oder des Verbrauchs eines Vermögenswerts aufgrund neuer Informationen oder Entwicklungen; Abgrenzung zu Fehlerkorrektur (s auch *error*)	8.5		45	13
close members of the family of an individual	nahe Familienangehörige einer natürlichen Person; Personen, von denen angenommen werden kann, dass sie bei Transaktionen mit dem Unternehmen auf eine natürliche Person Einfluss nehmen oder von ihr beeinflusst werden können	24.9		20	26

		IAS	Standard IFRS	Handbuch §	Rz
closing date	Tag des Abschlusses; Tag, an dem der Erwerber eines Tochterunternehmens die Gegenleistung rechtsgültig transferiert, die Vermögenswerte erhält und die Schulden des erworbenen Unternehmens übernimmt		3.9 (2008)	35	4
closing rate	Stichtagskurs; Kassakurs einer Währung am Bilanzstichtag	21.8		33	19
common control	gemeinsame Kontrolle; ein gemeinsames Kontrollverhältnis (s *control*) liegt vor, wenn zwei oder mehr Unternehmen unter dem gemeinsam ausgeübten Kontrollverhältnis eines oder mehrerer gleicher Gesellschafter stehen (s auch *business combination of entities under common control*)		3.B1 (2008)/ 3.A (2004)	34	20f
comparability	Vergleichbarkeit; eine qualitative Anforderung an den Abschluss (s *qualitative characteristics of financial statement*); die Abschlüsse eines Unternehmens müssen über die Zeit hinweg vergleichbar sein, ebenso wie die Abschlüsse verschiedener Unternehmen	F. 39ff		2 44	38 14
completeness	Vollständigkeit; damit die in einem Abschluss enthaltenen Informationen verlässlich (s *reliability*) sind, müssen sie in den Grenzen der Wesentlichkeit (s *materiality*) und der Kosten vollständig sein	F. 38		2	37
components approach	Komponentenansatz; Aufteilung einer Sachanlage in ihre Bestandteile, wenn die Bestandteile aus unterschiedlichen Nutzungsdauern bestehen, zB Bordküche oder Motoren eines Flugzeugs	16.13		5	15ff
compound financial instrument	zusammengesetztes Finanzinstrument; Finanzinstrument, das sowohl eine Fremd- (s *liability*) wie auch Eigenkapital-	32.28		12	14

		IAS	Standard IFRS	Handbuch §	Rz
	komponente (s *equity*) enthält, zB Wandelanleihen, die vom Emittenten getrennt als Schuld- bzw Eigenkapitalposten auszuweisen sind				
constructive obligation	faktische Verpflichtung; eine in IAS 37.10 näher definierte, aus den Aktivitäten eines Unternehmens entstandene Verpflichtung (s *obligation*), ohne dass eine formell-rechtliche Verpflichtung besteht, zB Garantieleistungen aus Kulanz (s auch *legal obligation*)	37.10		13	166
contingent asset	Eventualforderung; möglicher Vermögenswert, der aus vergangenen Ereignissen resultiert und dessen Existenz durch das Eintreten oder Nichteintreten eines oder mehrerer unsicherer künftiger Ereignisse erst noch bestätigt wird, die nicht vollständig unter der Kontrolle des Unternehmens stehen, zB Schadenersatzforderung aus Wettbewerbsprozessen oder sonstigen gerichtlichen Verfahren; Eventualforderungen dürfen nach IAS 37.31 nicht angesetzt werden (s auch *contingent liability*)	37.10		10	73f
contingent liability	Eventualverbindlichkeit; mögliche, in IAS 37.10 genauer definierte unsichere Verpflichtung, die ggü Schulden (s *liability*) und Rückstellungen (s *provision*) abgegrenzt wird, zB eventuelle Schuld aus einer Schadensersatzklage, mit deren Abweisung gerechnet wird; Eventualverbindlichkeiten dürfen nach IAS 37.27 grds nicht passiviert werden (s auch *contingent asset*)	37.10		13	16ff
contract	Vertrag; Vereinbarung zwischen Parteien, die eindeutige wirtschaftliche Folgen begründet, die aufgrund der rechtli-	32.13		14	3

		Standard		Handbuch	
		IAS	IFRS	§	Rz
	chen Durchsetzbarkeit im Regelfall nicht oder kaum vermeidbar sind				
control	Beherrschung; Möglichkeit, die Finanz- und Geschäftspolitik eines Unternehmens zu bestimmen, um aus dessen Tätigkeit Nutzen zu ziehen	24.9 27.4 (2008)/ 27.4 (2003) 28.2	3.A (2008)/ 3.A (2004)	30	4ff
corporate assets	gemeinschaftliche Vermögenswerte; Vermögenswerte (s *asset*), ausgenommen Geschäfts- oder Firmenwerte (s *goodwill*), die zu den künftigen Cashflows (s *cashflow*) nicht nur einer zahlungsmittelgenerierenden Einheit (s *cash generating unit*) beitragen	36.6		27	98
cost	Anschaffungs- oder Herstellungskosten; der zum Zeitpunkt des Erwerbs oder der Herstellung entrichtete Betrag an Zahlungsmitteln (s *cash*), Zahlungsmitteläquivalenten (s *cash equivalents*) oder des beizulegenden Zeitwerts (s *fair value*)	16.6 38.8 40.5		5	23
costs to sell	Veräußerungskosten; zusätzliche Kosten, die der Veräußerung eines Vermögenswerts (s *asset*) oder eine Gruppe davon direkt zugeordnet werden können; ausgenommen hiervon sind Finanzierungskosten und Ertragsteuern		5.A	5	166f
cost-to-cost-method	inputorientierte Methode zur Bestimmung des Fertigstellungsgrads eines Auftrags durch Vergleich des Verhältnisses der bis zum Stichtag angefallenen Kosten zu den Gesamtkosten (s auch *effort-expended-method*, *value-added-method* und *units-of-delivery-method*)	11.30		9	57f
current assets	kurzfristige Vermögenswerte; ein Vermögenswert (s *asset*) ist als kurzfristig einzustufen, bei	1.66	5.A	2	152

		IAS	Standard IFRS	Handbuch §	Rz
	a) erwarteter Realisierung innerhalb des normalen Geschäftszyklus; b) Halten des Vermögenswerts primär für Handelszwecke; c) erwarteter Realisierung innerhalb von zwölf Monaten nach dem Abschluss oder d) Vorliegen von Zahlungsmitteln (s *cash*) oder Zahlungsmitteläquivalenten (s *cash equivalents*)				
current tax	tatsächliche Ertragsteuern; Betrag, der aus dem zu versteuernden Einkommen/steuerlichen Verlust der Periode resultiert (s auch *deferred tax liabilities* und *deferred tax assets*)	12.5		25	1
date of exchange	Tauschzeitpunkt; Zeitpunkt, zu dem die Gegenleistung für den Erwerb von Anteilen erbracht wird; dieser Begriff wird mit IFRS 3 (2008) nicht mehr verwendet		3.25 (2004)	34	64
date of transition to IFRS	Zeitpunkt des Übergangs auf IFRS; Beginn des Geschäftsjahrs, an dem ein Unternehmen in seinem ersten IFRS-Abschluss vollständige Vergleichsinformationen veröffentlicht		1.A (2008)/ 1.A (2003)	44	16
decision usefulness	Entscheidungsrelevanz; Zielsetzung des Abschlusses ist es, Informationen, die für ein breites Spektrum an Adressaten nützlich sind, um wirtschaftliche Entscheidungen zu treffen, bereitzustellen	1.9		2	6
deemed cost	Wert, der zu einem bestimmten Datum als Ersatz für (fortgeführte) Anschaffungs- oder Herstellungskosten verwendet wird		1.A (2008)/ 1.A (2003)	44	100
deferred tax assets	latente Steueransprüche; Beträge an Ertragsteuern, die in zukünftigen Perioden nach	12.5		25	47 ff

		IAS	Standard IFRS	Handbuch §	Rz
	näherer Maßgabe von IAS 12.5 erstattungsfähig sind (s auch *deferred tax liabilities* und *current tax*)				
deferred tax liabilities	latente Steuerschulden; Beträge an Ertragsteuern, die in zukünftigen Perioden, resultierend aus zu versteuernden temporären Differenzen (s *temporary differences*), zahlbar sind (s auch *deferred tax assets* und *current tax*)	12.5		25	55 ff
defined benefit plan	leistungsorientierter Pensionsplan; Plan für Leistungen nach Beendigung des Arbeitsverhältnisses, der nicht unter die Definition eines beitragsorientierten Plans (s *defined contribution plan*) fällt (s auch *post-employment benefit plan*)	19.7		26	25
defined contribution plan	beitragsorientierter Pensionsplan; Plan für Leistungen nach Beendigung des Arbeitsverhältnisses, bei denen ein Unternehmen festgelegte Beiträge an eine eigenständige Einheit (einen Fonds) entrichtet und weder rechtlich noch faktisch zu einer darüber hinausgehenden Zahlung verpflichtet ist (s auch *defined benefit plan* und *post-employment benefit plan*)	19.7		26	17
deposit component	Einlagenkomponente; Begriff aus Versicherungsverträgen; Vertragskomponente, die nicht als ein Derivat nach IAS 39 bilanziert wird, aber in den Anwendungsbereich von IAS 39 fallen würde, wenn sie ein eigenständiger Vertrag wäre		4.A	40	6
depreciable amount	Abschreibungsvolumen; Differenz zwischen Anschaffungs- und Herstellungskosten (s *cost*) oder eines Ersatzbetrags und dem Restwert (s *residual value*) eines Vermögenswerts	16.6 38.8		5	104

		IAS	Standard IFRS	Handbuch §	Rz
depreciation	Abschreibung von materiellen Vermögenswerten durch die systematische Verteilung des Abschreibungsvolumens über die Nutzungsdauer (s *useful life*) (s zu immateriellen Vermögenswerten: *amortisation*)	16.6		5	103
derecognition (of a financial instrument)	Ausbuchung; Entfernung eines finanziellen Vermögenswerts oder einer finanziellen Verbindlichkeit aus der Bilanz eines Unternehmens; ausführliche Regelung für Finanzinstrumente in IAS 39.15ff	39.9		3	100ff
derivative	Derivat; Finanzinstrument (s *financial instrument*) oder ein anderer Vertrag, der nachstehende Merkmale kumulativ aufweist: a) Kopplung der Wertentwicklung an Änderung von bestimmten Zinssätzen, Preisen, Wechselkursen usw; b) keine oder nur geringe Anschaffungsauszahlung; c) Begleichung zu einem späteren Zeitpunkt	39.9		23	4
development	Entwicklung; Anwendung von Forschungsergebnissen (s *research*) oder anderem Wissen auf einen Plan oder Entwurf für die Produktion von neuen oder deutlich verbesserten Produkten, Dienstleistungen ua vor der kommerziellen Produktion oder Nutzung	38.8		4	26
diluted earnings per share	verwässertes Ergebnis je Aktie; Ermittlung analog des verwässerten Ergebnisses (s *basis earnings per share*) zuzüglich Berücksichtigung potenzieller Aktien	33.31		16	11ff
discontinued operation	aufgegebener Geschäftsbereich; Unternehmensbestandteil, der veräußert wurde oder werden soll und die Anforderungen nach IFRS 5.A erfüllt		5.A	28	81

		IAS	Standard IFRS	Handbuch §	Rz
disposal group	Veräußerungsgruppe; eine zur Veräußerung vorgesehene Sachgesamtheit, die neben kurzfristigen auch langfristige Vermögenswerte (s *asset*) sowie Schulden (s *liability*) umfassen kann		5.A	28	14
earnings per share	Ergebnis je Aktie; (s auch *basis earnings per share* und *diluted earnings per share*)	33		16	1
economic benefit	wirtschaftlicher Nutzen; der aus der Nutzung eines Vermögenswerts resultierende Zufluss als Erfolgsbeitrag bzw Vermögensvorteil; dieser drückt sich gem F. 53 als direkter oder indirekter Beitrag zur Erhöhung des Cashflows aus	38.8		2	75
effective interest method	Effektivzinsmethode; Methode zur Berechnung der fortgeführten Anschaffungskosten eines finanziellen Vermögenswerts oder einer finanziellen Verbindlichkeit (s *amortised cost of a financial asset/liability*) und der Allokation von Zinserträgen und -aufwendungen auf die jeweiligen Perioden (s auch *effective interest rate*)	39.9		3	147
effective interest rate	Effektivzinssatz; Kalkulationszinssatz, mit dem die geschätzten künftigen Ein- und Auszahlungen über die erwartete Laufzeit eines Finanzinstruments oder ggf kürzere Periode exakt auf den Nettobuchwert, nach Maßgabe von IAS 39.9, abgezinst werden (s auch *effective interest method*)	39.9		3	147
effort-expended-method	inputorientierte Methode zur Ermittlung des Fertigstellungsgrads anhand des Verhältnisses der bereits erbrachten Leistungen zu den gesamt anfallenden Leistungen im Rahmen des Fertigungsauftrags (s auch *cost-to-cost-method*, *units-of-delivery-method* und *value-added-method*)	11.30		9	57f

		IAS	Standard IFRS	Handbuch §	Rz
embedded derivative	eingebettetes Derivat; Bestandteil eines strukturierten (zusammengesetzten) Finanzinstruments, das auch einen nicht derivaten Basisvertrag enthält, mit dem Ergebnis, dass ein Teil der Cashflows des strukturierten Finanzinstruments ähnlichen Schwankungen unterliegt, wie ein freistehendes Derivat (s *derivative*), zB eine Wandelanleihe	39.10		23	20 ff
equity	Eigenkapital; gem F. 49 ist das Eigenkapital die Residualgröße aus bilanzierten Vermögenswerten (s *asset*) abzüglich bilanzierter Schulden (s *liability*)	32.11		12	5
equity instrument	Eigenkapitalinstrument; Vertrag, der einen Residualanspruch an den Vermögenswerten eines Unternehmens nach Abzug aller dazugehörigen Schulden begründet	32.11		3	29
equity-method	Equity-Methode; Bilanzierungsmethode von Anteilen an assoziierten Unternehmen (s *associate*), bei dem beim Erstansatz die Anteile mit Anschaffungskosten angesetzt werden, um in Folgeperioden diese um etwaige Veränderungen des Anteils des Eigentümers am Reinvermögen des Beteiligungsunternehmens anzupassen	28.2		36	1 ff
equity-settled share-based payment transaction	anteilsbasierte Vergütung mit Ausgleich durch Eigenkapitalinstrumente; anteilsbasierte Vergütung, bei dem das Unternehmen Eigenkapitalinstrumente einschließlich Aktien oder Aktienoptionen hingibt, für den Erhalt von Gütern oder Dienstleistungen (s auch *cash-settled share-based payment transaction*)		2.A	24	14

		IAS	Standard IFRS	Handbuch §	Rz
error	Fehler; fehlende oder unrichtige Information im Abschluss eines Unternehmens, der sich aus einer Nicht- oder Fehlanwendung von zuverlässigen Informationen ergeben hat (s auch *change in accounting estimate*)	8.5		45	41 ff
events after the reporting period	Ereignisse zwischen dem Bilanzstichtag (*end of reporting date*) und dem Tag der Freigabe des Abschlusses zur Veröffentlichung (*authorised for issue*); (s auch *adjusting events after the reporting period* und *non-adjusting events after the reporting period*)	10.3		2 13	49 ff 87
exchange difference	Umrechnungsdifferenz; Differenz, die sich ergibt, wenn die gleiche Anzahl von Währungseinheiten zu unterschiedlichen Wechselkursen (s *exchange rate*) in eine andere Währung umgerechnet wird	21.8		33	15
exchange rate	Wechselkurs; Umtauschverhältnis zwischen zwei Währungen	21.8		33	11
expenses	Aufwendungen; Abnahme des wirtschaftlichen Nutzens (s *economic benefit*) in der Berichtsperiode in Form von Abflüssen oder Verminderungen von Vermögenswerten (s *asset*) oder einer Erhöhung von Schulden (s *liability*), die zu einer Abnahme des Eigenkapitals (s *equity*) führen, welche nicht auf Ausschüttungen an die Anteilseigner zurückzuführen ist (s auch *income*)	F. 70		2	91
experience adjustment	erfahrungsbedingte Berichtigung; Anpassung einer früheren versicherungsmathematischen Annahme an die tatsächliche Entwicklung; bildet eine Ursache für versicherungsmathematische Gewinne/Verluste (s *actuarial gains and losses*)	19.7		26	80

		IAS	Standard IFRS	Handbuch §	Rz
exploration and evaluation assets	Vermögenswerte für Exploration und Evaluierung; Ausgaben für die Erforschung und Einschätzung von mineralischen Vorkommen, die gem den Rechnungslegungsmethoden des Unternehmens als Vermögenswerte in der Bilanz angesetzt werden		6.A	42	12
exploration and evaluation expenditures	Ausgaben für Exploration und Evaluierung; Ausgaben, die einem Unternehmen im Zusammenhang mit der Erforschung (Exploration) und Einschätzung (Evaluation) von mineralischen Vorkommen entstehen, bevor die technische Durchführbarkeit und ökonomische Realisierbarkeit einer Gewinnung der Bodenschätze nachgewiesen werden kann		6.A	42	9
exploration and evaluation of mineral resources	Exploration und Evaluierung von mineralischen Ressourcen; Suche nach Bodenschätzen, einschließlich Mineralien, Öl, Erdgas und ähnlichen nicht regenerativen Ressourcen		6.A	42	1 ff
fair presentation	Vermittlung eines den tatsächlichen Verhältnissen entspr Bilds; erfordert eine Übereinstimmung mit den Definitionen und Bilanzierungskriterien für Vermögenswerte, Schulden, Erträgen und Aufwendungen, wie sie im Rahmenkonzept festgelegt sind	1.15		2	13
fair value	beizulegender Zeitwert; Betrag zu dem zwischen sachverständigen, vertragswilligen und voneinander unabhängigen Geschäftspartnern ein Vermögenswert (s *asset*) getauscht oder eine Schuld (s *liability*) beglichen werden kann	2.6 39.9	1.A (2008)/ 1.A (2003)	2 3	96 156
fair value hedge	Absicherung des beizulegenden Zeitwerts; Sicherungsgeschäft, das das Risiko einer Änderung	39.86		23	49 f

		Standard		Handbuch	
		IAS	IFRS	§	Rz
	des beizulegenden Zeitwerts eines bilanzierten oder schwebenden Geschäfts absichert (s auch *cashflow hedge* und *hedge of a net investment in a foreign operation*)				
faithful representation	glaubwürdige Darstellung; damit die Informationen eines Abschlusses verlässlich (s *reliability*) sind, müssen die Geschäftsvorfälle und andere Ereignisse glaubwürdig dargestellt werden	F. 33 f		2	29
finance lease	Finanzierungsleasing; Leasingverhältnis, bei dem im Wesentlichen alle mit dem Eigentum verbundenen Risiken und Chancen eines Vermögenswerts übertragen werden (s auch *operating lease*)	17.4		22	47 ff
financial asset	finanzieller Vermögenswert; der Begriff umfasst: a) flüssige Mittel; b) Eigenkapitalinstrumente eines anderen Unternehmens; c) vertragliche Rechte, finanzielle Vermögenswerte eines anderen Unternehmens zu erhalten bzw zu vorteilhaften Bedingungen zu tauschen; d) andere Verträge, die in IAS 32.11 näher definiert sind (s auch *financial instrument* und *financial liability*)	32.11		3	27
financial instrument	Finanzinstrument; Vertrag, der gleichzeitig bei dem einen Unternehmen zu einem finanziellen Vermögenswert (s *financial asset*) und bei dem anderen Unternehmen zu einer finanziellen Verbindlichkeit (s *financial liability*) oder einem Eigenkapitalinstrument (s *equity instrument*) führt	32.11		3	26

		IAS	Standard IFRS	Handbuch §	Rz
financial liability	finanzielle Verbindlichkeit; der Begriff umfasst: a) vertragliche Verpflichtungen, einem anderen Unternehmen finanzielle Vermögenswerte zu liefern oder unter nachteiligen Bedingungen zu tauschen; b) andere Verträge, die in IAS 32.11 näher definiert sind (s auch *financial instrument* und *financial asset*)	32.11		3	28
financial position	Bilanz; (s *statement of financial position*)	1.54		2	158 ff
financial review	Lagebericht; Bericht über die Unternehmenslage, der neben dem Abschluss veröffentlicht werden kann	1.13		2	183
financial risk	Finanzrisiko; Risiko einer möglichen künftigen Änderung einer spezifischen Variablen unter der Voraussetzung, dass im Fall einer nicht finanziellen Variable diese nicht spezifisch für eine der Vertragsparteien ist; Abgrenzung zu Versicherungsrisiko (s *insurance risk*) in IFRS 4.B9 ff geregelt		4.A	40	10
financial statement	Abschluss; ein vollständiger Abschluss besteht mindestens aus: a) Bilanz (s *statement of financial position*) zum Abschlussstichtag; b) Gesamtergebnisrechnung (s *statement of comprehensive income*) für die Periode; c) Eigenkapitalveränderungsrechnung (s *statement of changes in equity*) für die Periode; d) Kapitalflussrechnung (s *statement of cashflows*) für die Periode; e) Anhang (s *notes*); f) unter bestimmten Umständen Bilanz zu Beginn der frühesten Vergleichsperiode	1.10		2	141

		Standard		Handbuch	
		IAS	IFRS	§	Rz
first-time adoption of IFRS	erstmalige Anwendung der IFRS; geregelt in IFRS 1		1.2 (2008)/ 1.2 (2003)	44	1 ff
foreign currency	Fremdwährung; jede Währung außer der funktionalen Währung (s *functional currency*) eines Unternehmens	21.8		33	2
foreign currency transaction	Fremdwährungstransaktion; Geschäftsvorfall, dessen Wert in einer Fremdwährung angegeben ist oder der die Erfüllung in einer solchen erfordert	21.20		33	2
forgivable loans	erlassbare Darlehen; Darlehen, die der Darlehensgeber mit der Zusage gewährt, die Rückzahlung, unter bestimmten im Voraus festgelegten Bedingungen, zu erlassen (s auch *government grants*)	20.3		5	62
functional currency	funktionale Währung; Währung des primären Wirtschaftsumfelds, in dem das Unternehmen tätig ist (s auch *presentation currency*)	21.8		33	4 ff
funding	Fondsfinanzierung; Vermögenstransfer vom Arbeitgeber zu einer vom Unternehmen getrennten Einheit (einem Fonds), um die Erfüllung künftiger Verpflichtungen zur Zahlung von Altersversorgungsleistungen sicherzustellen	26.8		26	37 117
gains	(weitere) Erträge; werden mit den Erlösen (s *revenues*) zu den Erträgen (s *income*) zusammen gefasst	F. 74		15	67
going concern	Grundsatz der Unternehmensfortführung, wie in F. 23 und IAS 1.25 f erläutert; bei der Aufstellung von Abschlüssen ist von der Unternehmensfortführung auszugehen, soweit das Management nichts Abweichendes beschließt oder dazu gezwungen ist	1.25		2	18

		IAS	Standard IFRS	Handbuch §	Rz
goodwill	Geschäfts- oder Firmenwert; künftiger wirtschaftlicher Nutzen aus anderen, bei Unternehmenszusammenschluss (s *business combination*) erworbenen Vermögenswerten, die nicht einzeln identifiziert und separat angesetzt werden können		3.A (2008)/ 3.A (2004)	34	173 ff
government	öffentliche Hand	20.3		5	61
government grants	Zuwendungen der öffentlichen Hand	20.3		5	59
grant date	Tag der Gewährung; Tag, an dem das Unternehmen und eine andere Partei eine anteilsbasierte Vergütungsvereinbarung (s auch *share-based payment transaction*) treffen		2.A	24	15
guaranteed residual value	garantierter Restwert; ist beim a) Leasingnehmer der Teil des Restwerts, der von ihm selbst oder einer mit ihm verbundenen Partei garantiert wurde; b) Leasinggeber der Teil des Restwerts, der vom Leasingnehmer oder einer vom Leasinggeber unabhängigen dritten Partei garantiert wurde	17.4		22	33
hedged item	gesichertes Grundgeschäft	39.9		23	49 ff
hedging instrument	Sicherungsinstrument; idR ein designiertes Derivat (bei der Absicherung von Währungsrisiken auch ein anderer finanzieller Vermögenswert/eine andere finanzielle Verbindlichkeit); Sicherungsinstrumente sollen Änderungen des beizulegenden Zeitwerts (s *fair value hedge*) oder der Cashflows (s *cashflow hedge*) von designierten Grundgeschäften (s *hedged item*) kompensieren	39.9		23	47 ff

			Standard	Handbuch	
		IAS	IFRS	§	Rz
held for trading	zu Handelszwecken gehaltene Finanzinstrumente; Unterkategorie der *at fair value through profit or loss*-Kategorie; mindestens eine der Voraussetzungen muss erfüllt sein: a) Erwerb mit kurzfristiger Verkaufs- oder Kaufsabsicht; b) als Teil eines Portfolios mit nachweislich kurzfristigen Gewinnmitnahmen oder c) Derivat (s *derivative*)	39.9		3	56ff
held to maturity investments	bis zur Endfälligkeit gehaltene Finanzinvestitionen; nicht derivative Finanzinstrumente, die folgende Voraussetzungen kumulativ erfüllen: a) feste oder bestimmbare Zahlungen; b) feste Laufzeit; c) Möglichkeit und Wille des Unternehmens bis zur Endfälligkeit zu halten	39.9		3	62ff
highly probable	höchstwahrscheinlich; erheblich wahrscheinlicher als wahrscheinlich; Wahrscheinlichkeit deutlich höher als 50% (s auch *probable*)		5.A	28	32
hyperinflation	Hochinflation; Anhaltspunkte für das Vorhandensein von Hochinflation: a) Vermögenshaltung der Bevölkerung vorzugsweise nicht in der Landeswährung, um die Kaufkraft zu erhalten; b) Bevölkerung rechnet nicht mit Inlandswährung; c) Definition der Kreditkonditionen inflationsbereinigt; d) Zinssätze, Löhne und Preise an einen Preisindex gebunden; e) kumulierte Inflationsrate der letzten drei Jahre annähernd oder über 100%	29.3f		33	35

		Standard		Handbuch	
		IAS	IFRS	§	Rz
identifiable assets/ liabilities	identifizierbare Vermögenswerte/Schulden; ein Vermögenswert/eine Schuld ist identifizierbar, wenn a) er/sie separierbar ist, dh er/sie kann vom Unternehmen getrennt und verkauft, übertragen, vermietet, lizenziert oder getauscht werden oder b) aus vertraglichen oder anderen gesetzlichen Rechten entsteht		3.A (2008)	34	67
impairment loss	Wertminderungsaufwand; Betrag, um den der Buchwert eines Vermögenswerts oder einer zahlungsmittelgenerierenden Einheit seinen erzielbaren Betrag übersteigt	16.6 36.6		27	37 ff
impairment of assets	Wertminderung von Vermögenswerten gem IAS 36	36.1 ff		27	3 ff
impairment of financial assets	Wertminderungen von finanziellen Vermögenswerten gem IAS 39	39.59 ff		3	173 ff
impairment test	Wertminderungstest für Vermögenswerte geregelt in IAS 36	36.7 ff 39.59 ff		27	6 ff
impracticable	undurchführbar; wird angenommen, wenn eine Vorschrift trotz aller wirtschaftlich angemessenen Anstrengungen nicht angewandt werden kann	1.7 8.5		45	23
inception of the lease	Beginn des Leasingverhältnisses; frühere der beiden Zeitpunkte a) Tag der Leasingvereinbarung oder b) Tag, an dem sich die Parteien über die wesentlichen Bestimmungen der Leasingvereinbarung geeinigt haben (s auch *lease*)	17.4		22	26
income	Erträge; Zunahme des wirtschaftlichen Nutzens (s *economic*	F. 70		2	91

		IAS	Standard IFRS	Handbuch §	Rz
	benefit) in der Berichtsperiode in Form von Zuflüssen oder Erhöhungen von Vermögenswerten (s *asset*) oder einer Abnahme von Schulden (s *liability*), die zu einer Erhöhung des Eigenkapitals (s *equity*) führen, welche nicht auf die Einlage der Anteilseigner zurückzuführen ist (s auch *expenses*)				
inside basis difference	Steuerlatenzen; in der Rechnungslegungspraxis gebildete Begrifflichkeit; hierbei wird unterschieden zwischen: a) *inside basis differences* I: Differenzen zwischen den in der Steuerbilanz und den im IFRS-Einzelabschluss angesetzten Buchwerten; b) *inside basis differences* II: Differenzen, die auf Konzernabschlussebene zwischen den aus der Anpassung von aus dem Einzelabschluss übernommenen Vermögenswerten und Schulden an konzerneinheitliche Bilanzierungs- und Bewertungsregeln und den in der Steuerbilanz angesetzen Buchwerten resultieren			25	121 ff
insurance risk	Versicherungsrisiko; Risiko, ausgenommen Finanzrisiko (s *financial risk*), das von dem Versicherungsnehmer auf den Versicherer übertragen wird; weitere Unterscheidung in IFRS 4.B8 ff		4.A	40	9
intangible asset	immaterieller Vermögenswert; identifizierbarer (s *identifiable assets/liabilities*), nicht monetärer Vermögenswert ohne physische Substanz	38.8		4	3
interim financial report	Zwischenbericht; Finanzbericht für die Zwischenberichtsperiode (s *interim period*), der nicht zwingend ein vollständi-	34.4		43	11

		IAS	Standard IFRS	Handbuch §	Rz
	ger Abschluss sondern auch ein verkürzter Abschluss sein kann				
interim period	Zwischenberichtsperiode; kürzere Finanzberichtsperiode als ein Geschäftsjahr	34.4		43	11
inventories	Vorräte; Vermögenswerte, die a) zum Verkauf innerhalb des normalen Geschäftsgangs bestimmt sind; b) sich im Herstellungsprozess für einen solchen Verkauf befinden oder c) als Roh-, Hilfs- und Betriebsstoffe, bei der Herstellung oder der Erbringung von Dienstleistungen verbraucht werden	2.6		8	6
investment property	als Finanzinvestition gehaltene Immobilien; Grundstücke und Bauten oder Teile davon, die unabhängig von sonstigen Wertschöpfungsprozessen zur Erzielung von Mieteinnahmen und/oder zum Zwecke der Wertsteigerung gehalten werden	40.5		6	8
joint control	gemeinschaftliche Führung; vertraglich vereinbarte Teilhabe an der Führung einer wirtschaftlichen Geschäftstätigkeit	24.9 31.3		20 30	11 27 ff
joint venture	Gemeinschaftsunternehmen; vertragliche Vereinbarung von zwei oder mehr Parteien, die eine wirtschaftliche Tätigkeit unter gemeinschaftlicher Führung (s *joint control*) durchführen	31.3		30	41 ff
judgement	ausgewogenes Urteil, Ermessensentscheidung des Managements; Bewertung eines Vorgangs durch das Management; nach F. 37 gebietet der Grundsatz der Vorsicht (s *prudence*) ein gewisses Maß an Sorgfalt bei der Ermessensausübung	37.38		2	34

		IAS	Standard IFRS	Handbuch §	Rz
key management personnel	Personen in Schlüsselpositionen; Personen, die indirekt oder direkt für die Planung, Leitung und Überwachung verantwortlich sind, insbes Mitglieder der Geschäftsführungs- und Aufsichtsorgane	24.9		20	21
lease	Leasingverhältnis; Vereinbarung, bei der der Leasinggeber dem Leasingnehmer gegen Zahlung das Recht auf Nutzung eines Vermögenswerts für einen vereinbarten Zeitraum überträgt	17.4		22	23
legal obligation	rechtliche Verpflichtung; Verpflichtung (s *obligation*), die sich aus einem Vertrag oder Gesetz ableiten lässt (s auch *constructive obligation*)	37.10		13	38
liability	Schuld; gegenwärtige Verpflichtung, die aus Ereignissen der Vergangenheit entsteht und deren Erfüllung erwartungsgemäß mit einem Abfluss von Ressourcen mit wirtschaftlichen Nutzen verbunden ist (s auch *equity, compound financial instrument* und *obligation*)	37.10		2	80
loans and receivables	Kredite und Forderungen; finanzielle, nicht derivative Vermögenswerte mit festen oder bestimmbaren Zahlungen, die nicht in einem aktiven Markt (s *active market*) notiert sind	39.9		3	69f
management approach	Lösung (Methode, Beurteilung), wie sie das Management sieht; Segmentierungsansatz nach IFRS 8, bei dem die Segmentierung auf Basis der internen Unternehmensberichterstattung und -steuerung erfolgt			21	69
market condition	Marktbedingung; bedeutet bei Aktienoptionen die Bedingungen für den Ausübungspreis, den Rechtsübergang oder die Ausübungsmöglichkeit von Ei-		2.A	24	19

		IAS	Standard IFRS	Handbuch §	Rz
	genkapitalinstrumenten (s *equity instrument*), die mit dem Marktpreis der Eigenkapitalinstrumente des Unternehmens in Zusammenhang stehen				
matching principle	Grundsatz der sachlichen Abgrenzung; Konzept, wonach Aufwendungen den korrespondierenden Erträgen zuzuordnen sind	F. 95		2	94
material, materiality	wesentlich, Wesentlichkeit; Informationen gelten dann als wesentlich, wenn ihr Weglassen oder ihre fehlerhafte Darstellung (einzeln oder insgesamt) die auf der Basis des Abschlusses getroffenen wirtschaftlichen Entscheidungen der Adressaten beeinflussen könnten; Ausfluss der Anforderung an die Relevanz (s *relevance*) von Informationen	1.11 1.7		2	22 f
measurement	Bewertung; Verfahren zur Bestimmung der Werte, mit denen die Abschlussposten im Abschluss anzusetzen sind	F. 99		2	96 f
minority interest	Minderheitenanteil (mit IFRS 3 (2008) durch „nicht beherrschende Anteile" (s *non-controlling interests*) ersetzt); Teil des Eigenkapitals eines TU (s *subsidiary*), das auf Anteile entfällt, die nicht vom MU (s *parent*) gehalten werden	27.4 (2008)/ 27.4 (2003)	3.A (2008)/ 3.A (2004)	34	172
mutual entity	Gegenseitigkeitsunternehmen; Unternehmen auf Gegenseitigkeit, das seinen Eigentümern (s *owners*), Gesellschaftern oder Teilnehmern Dividenden, niedrigere Kosten oder sonstigen wirtschaftlichen Nutzen direkt und anteilig zukommen lässt, zB Versicherungsvereine auf Gegenseitigkeit oder Genossenschaftsbanken		3.A (2008)/ 3.A (2004)	34	16
negative goodwill	negativer Unterschiedsbetrag; Überschuss des Anteils des Er-		3.32 (2008)/	34	236 ff

		Standard		Handbuch	
		IAS	IFRS	§	Rz
	werbers an dem beizulegenden Nettozeitwert der identifizierbaren Vermögenswerte, Schulden und Eventualverbindlichkeiten des erworbenen Unternehmens über die übertragene Gegenleistung/Anschaffungskosten (s auch *goodwill*)		3.56 (2004)		
net realisable value	Nettoveräußerungswert; geschätzter, im normalen Geschäftsbetrieb erzielbarer Verkaufserlös abzüglich der geschätzten noch anfallenden Kosten der Fertigstellung und des Vertriebs	2.6		8	91ff
neutrality	Neutralität; damit die im Abschluss enthaltenen Informationen verlässlich (s *reliability*) sind, müssen sie frei von verzerrenden Einflüssen sein	F. 36		2	32
non-adjusting events after the reporting period	nicht zu berücksichtigende Ereignisse (wertbeeinflussende Tatsachen) zwischen dem Bilanzstichtag und dem Tag der Freigabe des Abschlusses zur Veröffentlichung; (s auch *adjusting events after the reporting period*)	10.3 10.10		44	154
non-controlling interests	nicht-beherrschende Anteile (mit IFRS 3 (2008) und IAS 27 (2008) geänderte Bezeichnung von „Minderheitenanteile" (s *minority interests*)); weder mittelbar noch unmittelbar dem MU (s *parent*) zugeordneter Eigenkapitalanteil eines TU (s *subsidiary*)	27.4 (2008)/ 27.4 (2003)	3.A (2008)/ 3.A (2004)	34	172
normal capacity	normale Kapazität von Produktionsanlagen; das unter normalen Umständen über verschiedene Perioden hinweg zu erwartende durchschnittliche Produktionsvolumen	2.13		8	62
notes	Anhang; Bestandteil eines vollständigen Abschlusses (s *financial statement*); verbale Beschreibungen/Untergliederungen der	1.112		19	4ff

		IAS	Standard IFRS	Handbuch §	Rz
	Grundlagen des Abschlusses einschließlich der Bilanzierungs- und Bewertungsmethoden und der im Abschluss enthaltenen nicht ansatzpflichtigen Posten				
obligating event	verpflichtendes Ereignis; Ereignis in der Vergangenheit, welches eine rechtliche oder faktische Verpflichtung (s *legal obligation* und *constructive obligation*) schafft, aufgrund derer das Unternehmen keine Möglichkeit hat, sich dieser Verpflichtung zu entziehen	37.10		13	37 ff
obligation	Verpflichtung; Verantwortung oder Pflicht, in bestimmter Weise zu handeln oder eine Leistung zu erbringen (s auch *liability*)			2	81
offsetting	Saldierung von Vermögenswerten und Schulden; nur zulässig, wenn: a) in den IFRS gefordert oder gestattet oder b) der wirtschaftliche Gehalt eines Geschäftsvorfalls, eines Ereignisses oder einer Bedingung widergespiegelt wird	32.42 ff		2	53 ff
onerous contract	belastender Vertrag; (Drohverlust-)Vertrag, bei dem die unvermeidbaren Kosten zur Erfüllung höher als der erwartete wirtschaftliche Nutzen (s *economic benefit*) sind	37.10		13	101
operating lease	Operating-Leasingverhältnis; Leasingverhältnis, welches nicht als Finanzierungsleasingverhältnis (s *finance lease*) identifiziert wurde	17.4		22	25
operating segment	Geschäftssegment; Bestandteil eines Unternehmens, welcher die Anforderungen des IFRS 8.5 erfüllt		8.5	21	19
option	Option; Finanzinstrument (s *financial instrument*), das dem	33.5		16	2

			Standard	Handbuch	
		IAS	IFRS	§	Rz
	Inhaber (Berechtigten) das Recht gibt, Anteile eines Unternehmens (s *ordinary shares*) zu kaufen (s auch *warrant*)				
ordinary shares	Stammaktien; Eigenkapitalinstrumente (s *equity instrument*), die allen anderen Arten von Eigenkapitalinstrumenten nachgeordnet sind	33.5		16	2
other comprehensive income	sonstiges Ergebnis; umfasst Ertrags- (s *income*) und Aufwandsposten (s *expenses*), die nach IFRS nicht im Gewinn oder Verlust (s *profit or loss*) erfasst werden dürfen	1.7		15	2
owners	Eigentümer; Inhaber von Eigenkapitalinstrumenten	1.7		12	28
parent	MU; Unternehmen, das ein oder mehrere TU (s *subsidiary*) hat	27.4 (2008)/ 27.4 (2003)		30	4ff
past due	überfällig; wenn ein Verpflichteter seiner vertraglich vereinbarten Frist zur Zahlung nicht nachgekommen ist, ist ein finanzieller Vermögenswert (s *financial asset*) überfällig		7.A	3	244
percentage-of-completion method	(Teil-)Gewinnrealisierungsmethode nach dem Leistungsfortschritt; die Erfassung von Erträgen und Aufwendungen gem dem Leistungsfortschritt	11.25		9	3
plan assets	Planvermögen für Leistungen an Arbeitnehmer; Vermögen, das von einer vom Unternehmen rechtlich unabhängigen Einheit, zB einem Fonds, gehalten wird, welches ausschließlich zum Zwecke der Zahlung oder Finanzierung der dem Arbeitnehmern zugesagten Leistungen gehalten wird und auf das das Unternehmen auch im Falle eines Konkurses nicht zugreifen kann	19.7		26	37

		IAS	Standard IFRS	Handbuch §	Rz
post-employment benefit plan	Plan für Leistungen nach Beendigung des Arbeitsverhältnisses; formelle oder informelle Vereinbarung, durch die ein Unternehmen einem oder mehreren Arbeitnehmern Versorgungsleistungen nach Beendigung des Arbeitsverhältnisses gewährt (s auch *defined benefit plan* und *defined contribution plan*)	19.7		26	16
present obligation	gegenwärtige Verpflichtung; wesentliches Merkmal einer Schuld (s *liability*)	F. 60		2	81
presentation currency	Berichtswährung; Währung, in der der Abschluss veröffentlicht wird (s auch *functional currency*)	21.8		32	5
prior period errors	Fehler aus früheren Perioden; fehlende oder unrichtige Informationen in einer oder mehreren früheren Perioden, deren Konsequenzen in IAS 8.5 geregelt sind	8.5		45	41
probable	wahrscheinlich; es spricht mehr dafür als dagegen (s auch *highly probable*)		5.A	13	26
profit or loss	Periodenerfolg, der erfolgswirksam erfasst wird (s auch *other comprehensive income*)	1.7		15	48
property, plant and equipment	Sachanlagen; materielle Vermögenswerte (s *asset*), die a) mehr als eine Periode genutzt werden und b) für die Herstellung, Lieferung von Gütern und Dienstleistungen, für die Vermietung oder zu Verwaltungszwecken gehalten werden	16.6		5	2
proportionate consolidation	Quotenkonsolidierung; Konsolidierungsmethode, bei der alle Vermögenswerte, Schulden, Erträge und Aufwendungen des Gemeinschaftsunternehmens (s *joint venture*) anteilig einbezogen werden	31.3		37	11

		IAS	Standard IFRS	Handbuch §	Rz
prospective application	prospektive Anwendung; Anwendung einer neuen Bilanzierungs-/Bewertungsmethode auf Ereignisse und Geschäftsvorfälle, die nach dem Zeitpunkt der Änderung eintreten; Einschränkungen gem IAS 8.5 (s auch *retrospective application*)	8.5		45	24
provision	Rückstellung; Schuld, die bzgl ihrer Fälligkeit oder ihrer Höhe ungewiss ist (s auch *contingent liability* und *liability*)	37.10		13	8ff
prudence	Vorsicht, eingeschränkter Vorsichtsgrundsatz; bei der Abschlusserstellung ist ein gewisses Maß an Sorgfalt bei der Ermessensausübung einzubeziehen um verlässlich (s *reliability*) zu sein	F. 37		2	34
purchase method	s *acquisition method*		3.5 (2008)/ 3.16 (2003)	34	33ff
purchase price allocation	Kaufpreisallokation; in IFRS 3 (2008) ersetzt durch *allocation of cost of acquisition* (s dort)		3.18 (2003)	34	37
qualifying asset	qualifizierter Vermögenswert; Vermögenswert, für den ein beträchtlicher Zeitraum erforderlich ist, um ihn in seinen gebrauchs- oder verkehrsfähigen Zustand zu veretzen	23.5		5	41
realisable value	Veräußerungswert (s *net realisable value*)	2.6f		8	91ff
reclassification adjustments	Umgliederungsbeträge; Umgliederung von bislang erfolgsneutral im sonstigen Ergebnis (s *other comprehensive income*) erfassten Gewinnen und Verlusten in die GuV (s *profit or loss*) der laufenden Periode	1.7		2	174
recognition	Erfassung, Ansatz; Einbezug eines Sachverhalts in die Gesamtergebnisrechnung oder in die Bilanz (s *statement in financial position*)	F. 82		2	71ff

		IAS	Standard IFRS	Handbuch §	Rz
recoverable amount	erzielbarer Betrag; höherer Betrag aus beizulegendem Zeitwert (s *fair value*) und Nutzungswert (s *value in use*) eines Vermögenswerts (s *asset*)	16.6	5.A	27	20
related party	nahestehende Unternehmen oder Personen; als nahestehend werden Unternehmen oder Personen verstanden, die wirtschaftlich nach näherer Definition in IAS 24.9 in einer engen Beziehung zum Unternehmen stehen	24.9		20	5
relevance	Relevanz; Informationen sind nützlich und damit relevant, wenn sie die wirtschaftlichen Entscheidungen des Adressaten beeinflussen oder geeignet sind, diese zu beeinflussen (s auch *materiality*)	F. 26		2	21
reliability	Verlässlichkeit; Informationen gelten als verlässlich, wenn sie keine wesentlichen Fehler enthalten und frei von verzerrenden Einflüssen sind	F. 31		2	28ff
reload option	Reload-Option; neue Aktienoption, die gewährt wird, wenn der Ausübungspreis einer früheren Aktienoption mit einer Aktie beglichen wird		2.A	24	15
reporting entity	berichtendes Unternehmen; ein Unternehmen, das Adressaten hat, die sich als ihre wichtigste Quelle für Finanzinformationen auf die Abschlüsse dieses Unternehmens verlassen	F. 8		2	5
research	Forschung; eigenständige und planmäßige Suche mit der Aussicht zu neuen wirtschaftlichen oder technischen Erkenntnissen zu gelangen (s auch *development*)	38.8		4	26
residual value	Restwert; geschätzter Betrag, den ein Unternehmen derzeit bei Abgang eines Vermögenswerts nach Abzug aller voraus-	16.6		5	104

		IAS	Standard IFRS	Handbuch §	Rz
	sichtlich anfallenden Ausgaben erhalten würde, wenn der Vermögenswert (s *asset*) alters- und zustandsmäßig schon am Ende seiner Nutzungsdauer (s *useful life*) angelangt wäre				
restructuring	Restrukturierungsmaßnahme; wesentliche Veränderung von Geschäftsfeldern oder der Art der Geschäftsführung	37.10		13	162ff
retrospective application	rückwirkende Anwendung; Anwendung einer neuen Bilanzierungs-/Bewertungsmethode auf Ereignisse und Geschäftsvorfälle, als ob diese schon immer angewandt worden wäre (s auch *prospective application*)	8.5		45	15
revenues	(Umsatz-)Erlöse; Bruttozuflüsse wirtschaftlichen Nutzens aus der gewöhnlichen Geschäftstätigkeit, der zu einer Erhöhung des Eigenkapitals führt	18.7		15	67
reverse acquisition	umgekehrter Unternehmenserwerb; durch Tausch von Eigenkapitalinstrumenten (s *equity instrument*) zustande gekommener Unternehmenszusammenschluss, bei dem der rechtliche Erwerber wirtschaftlich das erworbene Unternehmen darstellt		3.B.15 (2008)/ 3.21 (2004)	34	199f
reversing (an impairment loss)	Wertaufholung; frühere Wertminderungen (s *impairment of assets*) werden rückgängig gemacht	36.109		27	125ff
risks and reward approach	Risiken und Chancen Ansatz; Ansatz zur Beantwortung der Frage, ob ein Vermögenswert nur teilweise oder vollständig aus- bzw einzubuchen ist	1.123		3	105
sale-and-lease-back-transaction	*sale-and-lease-back*-Transaktion; Verkauf eines Vermögenswerts und Zurückerwerb durch Leasing (s auch *lease*)	17.58		22	156ff
segment	Geschäftssegment (s *operating segment*)		8.5	21	19

		IAS	Standard IFRS	Handbuch §	Rz
settlement date	Erfüllungstag; Tag, an dem an oder durch das Unternehmen ein finanzieller Vermögenswert geliefert wird	39.AG 56		3	95
share deal	Übertragung durch Kauf von Anteilen; Gegensatz zu der Übertragung durch Kauf der einzelnen Vermögenswerte und Schulden (s *asset deal*)		3.B5 (2008)/ 3.5 (2004)	34	12
share-based payment transaction	anteilsbasierte Vergütung; Geschäftsvorfall, bei dem das Unternehmen Güter oder Dienstleistungen erhält und im Gegenzug Eigenkapitalinstrumente des Unternehmens hingibt oder das Unternehmen Güter oder Dienstleistungen erwirbt und ggü dem Lieferanten eine Schuld eingeht, deren Höhe vom Aktienkurs oder anderen Eigenkapitalinstrumenten des Unternehmens abhängig ist (s auch *grant date*, *cash-settled share-based payment transaction* und *equity-settled share-based payment transaction*)		2.A	23	11
short seller	Leerverkäufer (von Aktien); Unternehmen, das noch nicht in seinem Besitz befindliche, geliehene finanzielle Vermögenswerte (s *financial asset*) verkauft	39.AG15		3	57
significant influence	maßgeblicher Einfluss; Möglichkeit an der Finanz- und Geschäftspolitik eines Unternehmens mitzuwirken, ohne die entspr Prozesse beherrschen zu können	24.9 28.2		20	9f
special purpose entity	Zweckgesellschaft; Unternehmen, das ein enges und genau definiertes Unternehmensziel erreichen soll; Einzelheiten sind in SIC 12 geregelt	27.13 (2008)/ 27.13 (2003)		30	19ff
statement of cash-flows	Kapitalflussrechnung (vor IAS 1 (2007) *cashflow statement* genannt); Bestandteil eines vollständigen Abschlusses (s *financi-*	7		18	1ff

		IAS	Standard IFRS	Handbuch §	Rz
	al statement); durch liquiditätsbezogene Informationen dient die Kapitalflussrechnung der Darstellung der Finanzlage eines Unternehmens				
statement of changes in equity	Eigenkapitalveränderungsrechnung; Bestandteil eines vollständigen Abschlusses (s *financial statement*); Darstellung von Veränderungen aus Transaktionen mit Anteilseignern	1.106		17	1 ff
statement of comprehensive income	Gesamtergebnisrechnung; Bestandteil eines vollständigen Abschlusses (s *financial statement*); Darstellung sämtlicher in einer Periode erfolgswirksam und -neutral erfassten Aufwands- und Ertragsposten	1.81		15	46 ff
statement of financial position	Bilanz (vor IAS 1 (2007) *balance sheet* genannt); Bestandteil eines vollständigen Abschlusses (s *financial statement*) zur Darstellung der Vermögens- und Finanzlage	1.54		2	158 ff
subsidiary	TU; ein Unternehmen, das von einem anderen Unternehmen, als MU (s *parent*) bezeichnet, beherrscht wird	27.4 (2008)/ 27.4 (2003)		30	4 ff
substance over form	wirtschaftliche Betrachtungsweise; Geschäftsvorfälle und andere Ereignisse müssen gem ihrem tatsächlichen wirtschaftlichen Gehalt und nicht allein gem ihrer rechtlichen Gestaltung bilanziert werden, um glaubwürdig (s *faithful representation*) dargestellt zu werden	8.10		2	30
swap	Swapgeschäft; Beispiel für ein Derivat (s *derivative*); bei einem Zinsswap werden zB Zinszahlungsverpflichtungen unterschiedlicher Kapitalien und unterschiedlicher Zinssätze ausgetauscht	39.AG9		23	10 ff
temporary differences	temporäre Differenzen; Unterschiedsbeträge zwischen dem	12.5		25	6

		IAS	Standard IFRS	Handbuch §	Rz
	(handelsrechtlichen) Buchwert und dem steuerlichen Buchwert				
timeliness	Zeitnähe; zeitnahe Berichterstattung muss das Management mit einer Bereitstellung verlässlicher Informationen (s *reliability*) gegeneinander abwägen, um sicherzustellen, dass die Informationen ihre Relevanz (s *relevance*) nicht verlieren	F. 43		2	41
total comprehensive income	Gesamtergebnis; Veränderung des Eigenkapitals während einer Periode, ausgenommen Einlagen bzw Entnahmen der Eigentümer (s *owners*); umfasst in der Gesamtergebnisrechnung (s *statement of comprehensive income*) neben allen erfolgswirksamen Gewinnen oder Verlusten (s *profit or loss*) auch die erfolgsneutralen sonstigen Ergebnisbestandteile (s *other comprehensive income*)	1.7		15	2
unbundle	entflechten; bilanzieren von Komponenten eines (Versicherungs-)Vertrags, als wären sie selbständige Verträge		4.A	40	18 f
understandability	Verständlichkeit; Finanzinformationen sollen für den Abschlussadressaten leicht verständlich dargestellt werden	F. 25		2	20
units-of-delivery-method	outputorientierte Methode zur Bestimmung des Fertigstellungsgrads eines Auftrags durch Vergleich des Verhältnisses der produzierten Menge zu der Gesamtmenge gem Vertrag (s auch *effort-expended-method*, *cost-to-cost-method* und *value-added-method*)	11.30		9	60
useful life	Nutzungsdauer eines Vermögenswerts; er umfasst: a) den Zeitraum, über den ein Vermögenswert voraussichtlich im Unternehmen nutzbar ist oder	36.6		5	105 ff

		IAS	Standard IFRS	Handbuch §	Rz
	b) die voraussichtlich durch den Vermögenswert im Unternehmen zu erzielende Anzahl an Produktionseinheiten				
value in use	Nutzungswert; Barwert der geschätzten künftigen Cashflows, die aus der fortgesetzten Nutzung eines Vermögenswerts (s *asset*) und seinem Abgang am Ende der Nutzungsdauer erwartet werden	36.31	5.A	5	168f
value-added-method	outputorientierte Methode zur Bestimmung des Fertigstellungsgrads eines Auftrags durch Abstellung auf das Erreichen von zuvor festgelegten *milestones* (s auch *effort-expended-method*, *cost-to-cost-method* und *units-of-delivery-method*)	11.30		9	61
venturer	Partnerunternehmen; an der gemeinschaftlichen Führung beteiligtes Unternehmen eines Gemeinschaftsunternehmens (s *joint venture*)	31.3		7	48
vesting conditions	Ausübungsbedingungen; Bedingungen im Rahmen von anteilsbasierten Vergütungen (s *share-based payment transaction*), die den Rechtsanspruch an Dienstzeiten oder Erfolgsziele knüpfen		2.A	24	20
warrant	Optionsschein; Finanzinstrument, das dem Inhaber (Berechtigten) das Recht gibt, Anteile eines Unternehmens (s *ordinary shares*) zu kaufen (s auch *option*)	33.5		16	4
weighted average cost method	Methode des gewogenen Durchschnitts; Bildung eines gewogenen Durchschnitts aus den Anschaffungs- oder Herstellungskosten gleichartiger Vorräte der lfd Periode zu den Anschaffungs- oder Herstellungskosten entspr Vorräte zu Beginn der Periode	2.25		8	84

		IAS	Standard IFRS	Handbuch §	Rz
work in progress	unfertige Erzeugnisse; im Herstellungsprozess zum Verkauf befindliche Erzeugnisse	2.6		8	6
working capital	Nettoumlaufvermögen eines Unternehmens			18	8

Sachverzeichnis

Die fetten Zahlen verweisen auf die Paragraphen,
die mageren Zahlen auf die Randziffern.